LANGENSCHEIDTS
HANDWÖRTERBÜCHER

LANGENSCHEIDTS HANDWÖRTERBUCH KATALANISCH– DEUTSCH

Von
Lluís C. Batlle
Günther Haensch
Tilbert Stegmann
Gabriele Woith

LANGENSCHEIDT
BERLIN · MÜNCHEN · WIEN · ZÜRICH · NEW YORK

© 1991 Enciclopèdia Catalana, S.A., Diputació, 250, E-08007 Barcelona
© 1992 Langenscheidt KG, Berlin und München
Druck: Romanyà/Valls, Verdaguer, 1. Capellades (Barcelona)
Printed in Spain · ISBN 3-468-04350-3

Inhaltsverzeichnis

Índex

Vorwort – *Pròleg*	7
Die deutsch-katalanische Lexikographie (1502–1991) *La Lexicografia Catalano-Alemanya (1502–1991)*	9
I. Einleitung mit Hinweisen zum Gebrauch des Wörterbuches *Instruccions per a l'ús del Diccionari*	11
II. Aussprache und Rechtschreibung des Katalanischen	14
III. Zu den Wortarten	22
IV. Zur Wortbildung	44
V. Im Wörterbuch gebrauchte Zeichen und Abkürzungen *Signes i abreviatures que s'usen al Diccionari*	45
Katalanisch-deutsches Wörterverzeichnis *Diccionari català-alemany*	51

VORWORT

Ein Wörterbuch kann nur eine bestimmte Auswahl aus dem reichen Wortschatz einer Sprache bieten. Dies gilt auch für dieses katalanisch-deutsche Wörterbuch. Seine Verfasser haben sich bemüht, den modernen katalanischen Sprachgebrauch zu erfassen. Sie haben deshalb neben dem Standardkatalanischen, dem sogenannten *català comú*, auch Wortschatz der Umgangs-, Volks- und Vulgärsprache, ferner fachsprachlichen Wortschatz und, wenn auch in geringerem Maße, regionale Varianten aufgenommen. Besonderer Wert wurde auf Phraseologie und idiomatische Redensarten gelegt.

Wir möchten an dieser Stelle vielen Kollegen und Freunden aus dem deutschen und katalanischen Sprachgebiet unseren Dank dafür aussprechen, daß sie die Verfasser immer wieder ermutigt haben, trotz vieler Schwierigkeiten dieses Wörterbuch zu vollenden.

Die katalanische Sprache befindet sich in einer Phase des Wandels, einerseits, weil sie als Kommunikationsinstrument eine Reihe von Aufgaben zu erfüllen hat, die ihr jahrzehntelang untersagt waren, andererseits, weil die Veränderung der modernen Gesellschaft viele neue Forderungen an die Sprache stellt. Die Verfasser haben sich bemüht, beiden Faktoren Rechnung zu tragen, sind sich aber bewußt, daß der sprachliche Entwicklungsprozeß des Katalanischen nicht abgeschlossen ist.

Vorschläge zur Ergänzung und Verbesserung dieses Wörterbuchs werden von den Verfassern und vom Verlag dankend entgegengenommen.

Lluís C. Batlle
Günther Haensch
Tilbert Stegmann
Gabriele Woith

PRÒLEG

Un diccionari només pot oferir una tria del lèxic riquíssim d'una llengua. Això val també per a aquest diccionari català-alemany. Els autors s'han esforçat a enregistrar l'ús modern del català. Per aquesta raó han recollit, a més de la llengua estàndard – el "català comú" –, elements lexicals de la parla col·loquial, popular i vulgar i també termes tècnics i, en menor proporció, variants regionals. S'ha concedit una especial importància a la fraseologia i als idiotismes.

Des d'aquí donem les gràcies als nombrosos col·legues i amics dels dominis alemany i català que sempre han anat encoratjant els autors a dur a terme aquest diccionari, malgrat les moltes dificultats.

La llengua catalana es troba en una fase de transformació, d'una banda perquè ha de complir, com a instrument de comunicació, una sèrie de funcions que durant molts decennis li han estat interdites, i d'altra banda perquè la mutació de la societat moderna planteja moltes exigències noves a la llengua. Els autors han intentat de tenir en compte tots dos factors, però són conscients que el procés d'evolució lingüística del català encara no s'ha acabat.

Els autors i l'editorial acolliran amb agraïment les propostes per a completar i perfeccionar el diccionari.

Lluís C. Batlle
Günther Haensch
Tilbert Stegmann
Gabriele Woith

DIE DEUTSCH-KATALANISCHE
LEXIKOGRAPHIE (1502–1991)

Das vorliegende Wörterbuch der deutschen und katalanischen Sprache setzt eine lange Tradition fort, die im Jahre 1502 eingeleitet wurde, als der Heidelberger Drucker Johann Rosembach in Perpinyà ein katalanisch-deutsches Vokabular veröffentlichte, dessen vollständiger Titel *Vocabulari molt profitós per apendre Lo Catalan Alamany y Lo Alamany Catalan* lautet. Diese erste Wortschatzsammlung, die beide Sprachen gegenüberstellte, ist in einem einzigen Exemplar erhalten, das sich in der Biblioteca de Catalunya befindet. Es wurde 1916 von Pere Barnils in Faksimile veröffentlicht und untersucht, und zwar in der Reihe der Publikationen des Instituts d'Estudis Catalans.

Nach der Erneuerung der katalanischen Kultur im 19. Jahrhundert – der sogenannten *Renaixença* – veröffentlichte der Verlag Langenscheidt angesichts des wachsenden Interesses der europäischen Romanisten für das Katalanische 1911 bzw. 1916 in Berlin ein *Taschenwörterbuch der katalanischen und deutschen Sprache* (in zwei Bänden), dessen Verfasser der deutsche Romanist Eberhard Vogel war. Dieses Wörterbuch war eine Pionierleistung, da es zu einer Zeit entstand, in der die Orthographie und Grammatik der katalanischen Sprache noch nicht durch die Arbeiten des Instituts d'Estudis Catalans und durch Pompeu Fabra endgültig kodifiziert worden waren.

In den sechziger Jahren bemühte sich Prof. Dr. Günther Haensch, heute an der Universität Augsburg, um die Verwirklichung eines neuen Wörterbuches Deutsch und Katalanisch, zu einer Zeit, als die katalanische Sprache nach längerer Verfolgung begann, sich ihren angestammten Platz wiederzuerobern. Unter Mitarbeit von Prof. Haensch hat Dr. Lluis Columba Batlle in Augsburg den größten Teil der Redaktionsarbeit geleistet. Die Katalanistin Gabriele Woith hat in Barcelona den 2. Band des Wörterbuches in fünfjähriger Arbeit stark erweitert. Prof. Dr. Tilbert Dídac Stegmann von der Universität Frankfurt hat ebenso wie Prof. Haensch das Werk einer gründlichen Gesamtrevision unterzogen. Die phonetisch-orthographische und grammatikalische Einführung wurde von G. Haensch verfaßt, die Liste der Verben (S. 30–41) von L. C. Batlle.

Möge dieses Wörterbuch dem direkten Kommunikations- und Kulturaustausch zwischen dem deutschen und katalanischen Sprachbereich und allen, die daran beteiligt sind, gute Dienste leisten.

LA LEXICOGRAFIA CATALANO-ALEMANYA (1502–1991)

Aquest diccionari de les llengües alemanya i catalana continua una llarga tradició que s'inicià l'any 1502, quan l'impressor de Heidelberg Johann Rosembach va publicar a Perpinyà un vocabulari català-alemany, el títol complet del qual és *Vocabulari molt profitós per apendre Lo Catalan Alamany y Lo Alamany Catalan*. Aquest primer recull lexicogràfic de les dues llengües conservat en un exemplar únic que es troba a la Biblioteca de Catalunya, fou reproduït en facsímil i estudiat per Pere Barnils l'any 1916 en una publicació de l'Institut d'Estudis Catalans.

Després de la recuperació de la cultura catalana al segle XIX – l'anomenada "Renaixença" – i en vista del creixent interès dels romanistes europeus pel català, l'editorial Langenscheidt publicà a Berlín, els anys 1911 i 1916, un *Taschenwörterbuch der katalanischen und deutschen Sprache* (en dos volums), l'autor del qual fou el romanista alemany Eberhard Vogel. Aquest diccionari va ésser una obra precursora, atès que fou elaborat en un temps en què la llengua catalana encara no havia estat codificada per la tasca de l'Institut d'Estudis Catalans i per Pompeu Fabra, principalment pel que fa a l'ortografia i la gramàtica.

Els anys seixanta el romanista alemany Dr. Günther Haensch, avui catedràtic a la Universitat d'Augsburg, es preocupà de promoure la realització d'un nou diccionari alemany/català i català/alemany, en un temps en què la llengua catalana, després d'una llarga repressió, tot just havia començat a recuperar el lloc que li pertocava. Amb la col·laboració del professor Haensch, el Dr. Lluís Columba Batlle va dur a terme la major part de la tasca de redacció a Augsburg. La catalanòfila Gabriele Woith ha dedicat cinc anys a la revisió i ampliació del segon volum del diccionari. El professor Dr. Tilbert Dídac Stegmann, de la Universitat de Frankfurt, i el professor Haensch han realitzat una revisió final a fons del diccionari. La introducció fonètica, ortogràfica i gramatical fou redactada per G. Haensch, la llista dels verbs (pp. 30–41) per L. C. Batlle.

Que aquest diccionari pugui prestar bons serveis a tots aquells que es dediquen a la comunicació i als intercanvis culturals directes entre el domini lingüístic català i els països de llengua alemanya.

I. EINLEITUNG

Hinweise zum Gebrauch des Wörterbuches

1. Für den richtigen Gebrauch dieses Wörterbuches ist es wichtig, die folgenden Anleitungen zu lesen.
1.1. Die Stichwörter erscheinen fettgedruckt und systematisch in alphabetischer Anordnung. Siehe aber 1.9 und 1.12.
1.2. Die platzsparende Zusammenfassung teilweise gleich geschriebener Wörter zu einer Gruppe, entspricht im allgemeinen etymologischen Kriterien. Ungeachtet der Silbentrennung nach den Rechtschreibungsregeln zeigt ein senkrechter Strich (|) im ersten Stichwort einer Gruppe an, bis wohin der den gruppierten Wörtern gemeinsame Teil reicht. In den nachfolgenden Stichwörtern der Gruppe ist dieser Teil durch eine fettgedruckte Tilde (~) ersetzt. Beispiel:

fein|a..., ~er = feina, feiner.

Wenn das erste Stichwort keinen senkrechten Strich aufweist, steht die fettgedruckte Tilde für das ganze Wort. Beispiel:

amarg..., ~ament..., ~ar = amarg, amargament, amargar.

Ein Akzent über der Tilde zeigt den Wechsel von Klein- zu Großschreibung und umgekehrt an. Beispiele:

alemany..., ~a = alemany, Alemanya;
Plat|ó..., ~ònic = Plató, platònic.

1.3. In Redewendungen und Beispielen zum Gebrauch katalanischer Wörter, immer in Kursivdruck, steht eine ebenfalls kursiv gedruckte Tilde (~) für das ganze unmittelbar davor erfaßte Stichwort. Beispiel:

ball..., ~ *rodó*...; **~ar**..., *anar a ~* = *ball, ball rodó; ballar, anar a ballar.*

1.4. In den deutschen Übersetzungen ersetzt der Bindestrich den gemeinsamen Wortanfang oder das gemeinsame Wortende einer Reihe von Entsprechungen oder grenzt den gemeinsamen Wortteil ab. Beispiele:

s. hin-flegeln, -lümmeln = sich hinflegeln, sich hinlümmeln; Reinigungs-, Wasch-, Spül-mittel = Reinigungsmittel, Waschmittel, Spülmittel.

1.5. Manche Wortvarianten oder Alternativen werden durch Klammern angezeigt. Beispiele:

murt(r)a = murta *oder* murtra; (ver-, umher-)streuen = streuen, verstreuen *oder* umherstreuen.

1.6. Das Geschlecht der Substantive ist sowohl bei den Stichwörtern als auch bei den deutschen Entsprechungen angegeben. Wenn aufeinanderfolgende Substantive das gleiche Geschlecht haben, wird es nur beim letzten angegeben. Beispiele:

botiguer(a *f*) *m* Ladeninhaber(in *f*) *m*;
llebr|eta *f*, **~etí**, **~etó** *m* Häschen, Häslein *n*.

1.6.1. Deutsche Substantive, die wie Adjektive dekliniert werden, erscheinen wie folgt:

Gute(s) *n* = das Gute, ein Gutes
Abgeordnete(r *m*) *m/f* = der Abgeordnete, ein Abgeordneter, die Abgeordnete, eine Abgeordnete.

1.7. Adjektive werden in der männlichen Form erfaßt. Wenn zur Bildung der weiblichen Form nur ein *a* an die männliche angehängt wird oder das auslautende *e* oder *o* zu *a* wird und der graphische

Akzent unverändert bleibt, wird die weibliche Form nicht erfaßt. Sonst wird die weibliche Endung immer ab dem letzten betonten Vokal angegeben. Beispiele:

díscol *adj* = díscol, díscola;
cuat (**-ada** *f*) *adj* = cuat, cuada;
fogós (**-osa** *f*) *adj* = fogós, fogosa.

Wenn ein Adjektiv nur eine einzige Endung hat, wird dies wie folgt angegeben:

contràctil *adj* (*m/f*).

1.8. Pluralendungen werden ebenfalls ab dem letzten betonten Vokal nur dann angegeben, wenn ihre Bildung Schwierigkeiten bereiten kann, insbesondere die unter 18.5.1 und 18.7.5 erwähnten.

1.9. Adverbien auf *-ment*, deren Übersetzung mit der des entsprechenden Adjektivs übereinstimmt, werden wie folgt erfaßt:

eixerit (**-ida** *f*, **-idament** *adv*) *adj* = eixerit, eixerida, eixeridament;
espars(**ament** *adv*) *adj* = espars, esparsa, esparsament;
correctament *adv s: correcte*.

In diesen Fällen wird auf mögliche Übersetzungen mit dem Infix *-er-* und dem Suffix *-weise* verzichtet.

1.10. Bei mehrgliedrigen lexikalischen Einheiten, die als solche unabhängig erfaßt werden, gilt als Stichwort das wichtigste bzw. das erste Wort, je nachdem ob ihre Form katalanisch oder anderer Herkunft ist. Beispiele:

bastament: *a ~ (loc adv)*;
a priori *loc adv*.

1.11. Die in Klammern nach den als Stichwort erfaßten Personalpronomen, Artikel und Verben erscheinenden Zahlen verweisen auf das jeweilige Flexionssystem, auf die Kombinationstabelle der Pronomina oder auf die Zusammenstellung der unregelmäßigen Verben. Auch die Rektion wird systematisch angegeben. So wird zB **garronar** (33) *vi* wie das Muster *cantar* der ersten Konjugation konjugiert und ist intransitiv; **dur** (40) *vt* ist in der Zusammenstellung der unregelmäßigen Verben aufgeführt und ist transitiv.

1.12. Reflexive Verbformen haben einen eigenen Eintrag, der unmittelbar auf den des betreffenden Verbs folgt. Beide Einträge können auch zusammengefaßt erscheinen:

disculpar(**-se**) (33) *vt*(*/r*) (s.) entschuldigen.

1.13. Superlative auf *-íssim*, Verkleinerungs- und Vergrößerungsformen werden nur in Sonderfällen angegeben.
1.14. Die Liste der in diesem Wörterbuch gebrauchten Zeichen und Abkürzungen (siehe V) erläutert manche Sonderfälle des angewandten Systems.

INSTRUCCIONS PER A L'ÚS DEL DICCIONARI

2. Per a l'ús correcte d'aquest diccionari, és important de llegir abans les instruccions que segueixen.
2.1. Les entrades, impreses sempre en negreta, apareixen sistemàticament en ordre alfabètic. Vegeu, però, 2.9 i 2.12.
2.2. L'agrupació de mots de grafia parcialment idèntica, a fi de guanyar espai, obeeix en general a criteris etimològics. Sense tenir en compte les regles ortogràfiques sobre separació de síl·labes, una barra vertical (|) indica en el lema fins on arriba la part comuna de tots els mots agrupats. Aquesta part és substituïda en els restants mots del grup per una titlla en negreta (~). Exemple:

fein|a..., **~er** = feina, feiner.

Si no hi ha cap barra vertical a l'entrada capdavantera, la titlla substitueix el mot enter. Exemple:

amarg..., **~ament**..., **~ar** = amarg, amargament, amargar.

Un accent sobre la titlla (⸍) indica el pas de minúscula a majúscula, o a la inversa. Exemples:

alemany..., ⸍**a** = alemany, Alemanya;
Plat|ó..., ⸍**ònic** = Plató, platònic.

2.3. En les expressions o els exemples d'ús dels mots catalans, sempre en cursiva, una titlla també en cursiva (~) substitueix l'entrada immediatament anterior. Exemple:

ball..., *~ rodó*; **~ar**..., *anar a ~* = ball, ball rodó; ballar, anar a ballar.

2.4. En les versions a l'alemany, el guionet substitueix la part final o inicial comuna d'una sèrie d'equivalències, o bé marca fins on arriba aquesta part comuna. Exemples:

> sich hin-flegeln, -lümmeln = sich hinflegeln, sich hinlümmeln;
> Reinigungs-, Wasch-, Spül-mittel = Reinigungsmittel, Waschmittel, Spülmittel.

2.5. Certes formes variants o alternatives són indicades per mitjà de parèntesis. Exemples:

> **murt(r)a** = murta *od* murtra;
> (ver-, umher-)streuen = streuen, verstreuen, umherstreuen;

2.6. El gènere dels substantius és indicat tant en les entrades com en les equivalències alemanyes. En els casos d'entrada o versió múltiple, aquesta indicació només consta després del darrer substantiu quan els precedents tenen el mateix gènere. Exemples:

> **botiguer(a** *f) m* Ladeninhaber(in *f) m*;
> **llebr|eta** *f*, ~**etí**, ~**etó** *m* Häschen, Häslein *n*.

2.6.1. Els substantius alemanys que es declinen com els adjectius són representats de la manera següent:

> Gute(s) *n* = das Gute, ein Gutes
> Abgeordnete(r *m*) *m/f* = der Abgeordnete, ein Abgeordneter, die Abgeordnete, eine Abgeordnete.

2.7. Els adjectius entren en la forma masculina. No s'han enregistrat les formes femenines que s'obtenen simplement afegint una *a* a les masculines o canviant les terminacions *e* o *o* en *a*, sense diferències en l'accent gràfic. Altrament, la terminació del femení és indicada sempre, des de l'última vocal tònica del mot inclusivament. Exemples:

> **díscol** *adj* = díscol, díscola;
> **cuat (-ada)** *adj* = cuat, cuada;
> **fogós (-osa)** *adj* = fogós, fogosa.

El fet que un adjectiu sigui d'una sola terminació és indicat com segueix:

> **contràctil** *adj* (*m/f*).

2.8. S'indiquen també a partir de l'última vocal tònica les terminacions del plural que poden presentar alguna dificultat, especialment les esmentades en els apartats 18.5.1 i 18.7.5.

2.9. Els adverbis en *-ment* la traducció dels quals coincideix amb la de l'adjectiu corresponent entren així:

> **eixerit (-ida** *f*, **-idament** *adv) adj* = eixerit, exerida, eixeridament
> **espars(ament** *adv) adj* = espars, esparsa, esparsament
> **correctament** *adv s: correcte.*

En aquests casos es renuncia a possibles traduccions amb l'infix *-er-* i el sufix *-weise*.

2.10. Les locucions amb entrada pròpia són alfabetitzades pel mot principal o pel primer mot de la locució segons que siguin o no catalanes. Exemples:

> **bastament:** *a* ~ (*loc adv*);
> **a priori** *loc adv.*

2.11. Els números entre parèntesis que segueixen les entrades de pronoms personals, articles i verbs remeten als models de flexió corresponents, a la taula de combinació de pronoms o a la llista de verbs irregulars. El règim és també indicat sistemàticament. Així **garronar** (33) *vi* es conjuga com el model *cantar* dels verbs de la primera conjugació i és intransitiu; **dur** (40) *vt* consta en la llista de verbs irregulars i és transitiu.

2.12. Les formes verbals reflexives tenen una entrada pròpia, subsegüent a la del verb a què pertanyen. Ambdues entrades poden aparèixer també aglutinades:

> **disculpar(-se)** (33) *vt*(*/r*) (s.) entschuldigen.

2.13. Els superlatius en *-íssim*, els diminutius i els augmentatius només són indicats en casos especials.

2.14. La relació dels signes i les abreviatures que s'usen en aquest diccionari (vegeu V) explicita alguns casos particulars del sistema formal seguit.

II. AUSSPRACHE UND RECHTSCHREIBUNG DES KATALANISCHEN

Die folgenden Hinweise sollen einen kurzen Überblick über Aussprache und Rechtschreibung des Katalanischen geben. Die hier angegebenen phonetischen Normen beziehen sich auf die Standardaussprache, die auf dem Zentralkatalanischen beruht.

ZUSAMMENSTELLUNG DER KATALANISCHEN LAUTE

Zur Erläuterung der wichtigsten Laute des Katalanischen wird die Lautschrift der *Association phonétique internationale* verwendet.

3. Vokale

[a]	helles *a*, wie etwa in St*a*dt, zB: m*à*
[ɛ]	offenes *e* wie etwa in B*e*tt, zB: fr*e*d
[e]	geschlossenes *e* wie etwa in S*ee*le, zB: v*e*nt
[i]	wie etwa in V*ieh*, zB: v*i*sta
[ɔ]	offenes *o*, wie etwa in L*o*tte, zB: p*o*rta
[o]	geschlossenes *o*, wie etwa in B*oo*t, zB: c*o*pa
[u]	wie etwa in M*u*t zB: f*u*m
[ə]	Schwa, wie etwa in Mitt*e*, zB: cas*a*, cas*e*s

4

[j]	*i* als Halbvokal, zB avu*i*, oder als konsonantischer Laut, zB: no*i*a
[w]	*u* als Halbvokal, zB: bo*u*, als Halbkonsonant, zB: lleng*u*a, oder als Konsonant, zB: di*u*en

5. Konsonanten

[b]	stimmhafter bilabialer Verschlußlaut, wie etwa in *B*aum, zB: *B*arcelona oder *V*alència
[β]	stimmhafter bilabialer Reibelaut, zB: her*b*a oder a*v*i
[d]	stimmhafter dentaler Verschlußlaut, wie etwa in *d*umm, zB: *D*éu
[ð]	stimmhafter dentaler Reibelaut, zB: mu*d*a
[f]	stimmloser labiodentaler Reibelaut, wie etwa in *f*ein, zB: *f*ort
[g]	stimmhafter velarer Verschlußlaut wie etwa in *g*ut, zB: *g*os
[γ]	stimmhafter velarer Reibelaut, zB: pa*g*ar
[j]	siehe oben unter 4
[k]	stimmloser velarer Verschlußlaut wie deutsches *k* (aber ohne Hauchlaut), zB: *c*asa
[l]	velarisiertes *l*, zB: co*l*
[λ]	palataler Seitenlaut, wie etwa in spanisch cabe*ll*o, italienisch fi*gl*io, zB: fi*ll*a
[m]	bilabialer Nasal, wie etwa in *M*eer, zB; *m*are
[n]	dentaler Nasal, wie etwa in *N*ase, zB: *n*oia
[ɲ]	palataler Nasal, wie etwa in französisch soi*gn*er, zB: Catalu*ny*a
[ŋ]	velarer Nasal, wie etwa in Di*ng*, zB: bla*nc*
[p]	stimmloser bilabialer Verschlußlaut wie deutsches *p* (aber ohne Hauchlaut), zB: *p*are
[ɾ]	einfach gerollter Zungenspitzenvibrant, zB: ma*r*e
[r]	doppelt gerollter Zungenspitzenvibrant, zB: fe*rr*o
[s]	stimmloser alveolarer Reibelaut, wie etwa in Ta*ss*e, zB: fe*s*ta
[ʃ]	stimmloser palataler Reibelaut, wie etwa in *sch*ön, zB: pun*x*a
[t]	stimmloser dentaler Verschlußlaut, wie deutsches *t* (aber ohne Hauchlaut), zB: *t*res

[w] siehe oben unter 4
[z] stimmhafter alveolarer Reibelaut, wie etwa in Gemüse, zB: casa
[ʒ] stimmhafter palataler Reibelaut wie etwa in Garage, zB: gel, pujar

6. Im Gegensatz zum Deutschen unterscheidet das Katalanische nicht zwischen kurzen und langen Vokalen. Der katalanische Vokalismus beruht auf der Betonung.

DIE EINZELNEN LAUTE DES KATALANISCHEN IN BEZUG AUF DIE GRAPHIE

Die Vokale

6.1. Betontes a wird im allgemeinen [a] gesprochen. Vor *l* und im Diphthong *au* wird es velar gesprochen.

6.2. Unbetontes a wird [ə] gesprochen, ähnlich wie das *a* in englisch *sugar* oder das *e* in deutsch *Ruh*e, zB: p*a*tat*a* [pətátə]. Die gleiche Aussprache hat unbetontes *e*. Im Westkatalanischen wird unbetontes *a* wie [a] oder [ɛ] geschprochen.

6.3. Betontes e wird [ɛ] oder [e] gesprochen. Für diese offene oder geschlossene Aussprache gibt es keine Regeln. Sofern auf dem *e* ein graphischer Akzent steht, gibt uns dieser die Aussprache an: auf offenem *e* [ɛ] steht —wie im Französischen— nur ein Gravis, auf geschlossenem *e* [e], ebenfalls wie im Französischen, nur ein Akut, zB: Gravis: cafè [kəfɛ̀], època [ɛ̀pukə]; Akut: progrés [pruɣrés], és [és].

6.4. Unbetontes e wird [ə] gesprochen. Seine Aussprache fällt also mit der des unbetonten *a* zusammen, zB: cases [kázəs]. Im Westkatalanischen wird *e* als [e] gesprochen.

6.5. Betontes und unbetontes i wird immer [i] gesprochen, zB: filla [fíʎə], dinar [diná].

6.5.1. Unbetontes i zwischen zwei Vokalen wird [j] gesprochen, zB: no*i*a [nɔ́jə]; ebenso im Anlaut vor Vokal, zB: *i*ode [jɔ́ðə] und als zweiter Bestandteil eines Diphthongs, zB: be*i*na [béjnə].

6.5.2. i mit Trema (*ï*) wird von anderen Vokalen getrennt gesprochen, zB: veïna [bəínə].

6.5.3. i ist stumm in den Gruppen -*aix*-, -*aig*, -*eix*-, -*eig*, -*oix*-, -*oig*, -*uix*-, -*uig*, zB: ba*i*x [báʃ], ma*i*g [mátʃ], pe*i*x [péʃ], ormeig [urmɛ́tʃ], coix [kóʃ],], go*i*g [gɔ́tʃ], flu*i*xa [flúʃa], pu*i*g [pútʃ].

6.6. Betontes o wird [ɔ] oder [o] gesprochen. Ähnlich wie beim offenen und geschlossenen *e* gibt es hier keine festen Regeln. Falls ein graphischer Akzent steht, sagt er uns, ob *o* offen gesprochen wird (Gravis), zB: mòbil [mɔ́βil], sólid [sɔ́lit] oder geschlossen (Akut), zB: meló [məló], nació [nəsió].

6.7. Unbetontes o wird [u] gesprochen, zB: p*o*rtar [purtá], h*o*rrorós [ururós], jedoch im Inselkatalanischen und Westkatalanischen wie [o].

6.8. Betontes und unbetontes u werden [u] gesprochen, zB: f*u*mar [fumá], *u*s*u*ra [uzúrə].

6.8.1. Zwischen zwei Vokalen wird u als [w] gesprochen, zB: di*u*en [díwən].

6.8.2. u mit Trema (*ü*) zeigt an, daß es keinen Diphthong bildet, sondern im Hiatus steht, zB: saüc [səúk].

6.8.3 Nach *g* und *q* vor *e* bzw. *i* wird **ü**, als [w] gesprochen, zB: qüestió [kwəstió], lingüista [liŋgwístə].

6.8.4. In den Gruppen *gue*, *gui*, *que*, *qui* ist u (ohne Trema) stumm, zB: g*u*erra [gɛ́rə], g*u*illa [gíʎə], q*u*e [kə], q*u*ina [kínə].

7. Die Diphthonge

Das Katalanische kennt — ähnlich wie das Deutsche — Verbindungen von Vokalen, die eine silbische Einheit bilden. Je nachdem, ob der stärkere Bestandteil der erste oder der zweite Vokal ist, unterscheidet man zwischen „fallenden" und „steigenden" Diphthongen (*diftongs creixents* bzw. *decreixents*).

7.1. Fallende Diphthonge:

    ai, zB: m*ai* [máj]
    ei, zB: r*ei* [réj]
    oi, zB: bo*i*ra [bɔ́jrə]
    ui, zB: v*ui*t [bújt]

au, zB: c*au*sa [káwzə]
eu, zB: b*eu*re [bέwrə]
iu, zB: r*iu*re [ríwɾə]
ou, zB: b*ou* [bɔ́w]
uu, zB: d*uu*s [dúws]

7.2. Steigende Diphthonge:

ua, zB: q*ua*n [kwán]
ue, zB: ung*üe*nt [uŋgwén]
ui, zB: ling*üi*sta [liŋgwístə]
uo, zB: q*uo*ta [kwɔ́ta]

Diese Diphthonge gibt es nur nach *g* oder *q*. Nach anderen Konsonanten muß *u* vor *a*, *e* und *o* als Hiatusvokal gesprochen werden, zB: víd*ua* [bíðu-ə] dreisilbig und nicht [bíðwə].

Auch *-ia*, *-ie* und *-io* sind im Katalanischen nach Konsonant zweisilbig zu sprechen, also nac*ió* [nə-si-ó] (dreisilbig!), ciènc*ia* [si-έn-si-ə] (viersilbig!).

Die Konsonanten

8. Allgemeine Hinweise

8.1. Deutsche (besonders Norddeutsche) müssen darauf achten, daß die stimmlosen Verschlußlaute [p], [t], [k] — vor allem im Anlaut — *ohne Hauchlaut* gesprochen werden, zB: *papa, tutor, cuca*. Diese Laute dürfen aber ebensowenig (wie man es zB bei Deutschschweizern und Franken findet) als stimmhafte Verschlußlaute, also wie [b], [d], [g] gesprochen werden.

8.2. Typische Laute des Katalanischen sind die im Deutschen kaum vorkommenden Reibelaute [β], [ð], [γ] und [ʒ], der velarisierte Seitenlaut [l], der palatale Seitenlaut [λ], der palatale Nasal [ɲ] und die stets mit der Zungenspitze gebildeten Vibranten [ɾ] und [r].

9. Einfache Konsonanten

9.1. b (bzw. **v**) wird gesprochen

9.1.1. als [b] im absoluten Anlaut, zB: *B*arcelona és lluny [bərsəlónezλúɲ], ferner nach *m* oder *n*, zB: un *b*any [úmbáɲ], estan *b*é [əstámbé].

9.1.2. als [β] in allen anderen Fällen, besonders zwischen Vokalen, zB: el *b*ou [əlβɔ́w], els vins de *V*alència [əlzβínzðəβəlénsiə].

9.1.3. als [p] im absoluten Auslaut, zB: el cor*b* [əlkɔ́rp], und infolge Assimilation vor stimmlosen Konsonanten, zB: dissa*b*te [disáptə].

9.1.4. b vor *l* wird geminiert gesprochen, zB: ama*b*le [əmábblə].

9.1.5. b im Auslaut nach *m* ist stumm, zB: am*b* [əm], tom*b* [tóm].

9.2. c wird gesprochen

9.2.1. als [s] vor *e* und *i*, zB: *c*ert [sért], na*c*ió [nəsió]

9.2.2. als [k] vor *a, o, u*, ferner vor den Konsonanten *c, t, s, z* im Silbenauslaut sowie vor *r* und nach den Konsonanten *n, r, s* und im Wortauslaut, zB: *c*asa, *c*or, *c*ura, ac*c*ió, a*c*tor, sa*c*sejar, è*c*zema, *c*reu, en*c*ara, mar*c*ar, bus*c*ar, lla*c*.

9.2.3. als [g] vor stimmhaften Konsonanten, zB anè*c*dota [ənégdutə].

9.2.4. als velares *n* [ŋ] vor *n*, zB: tè*c*nic [téŋnik].

9.2.5. c ist stumm in der Auslautgruppe *-nc*, die [ŋ] gesprochen wird, zB: blan*c* [bláŋ].

9.2.6. c wird vor *l* als [kk] gesprochen, zB: mira*c*le [mirákklə].

9.2.7. ch ist eine veraltete Schreibweise für heutiges c, zB, Vi*c* (früher: Vi*ch*), die sich in Personennamen erhalten hat, zB Lla*ch*, Reixa*ch*. Aussprache: [k].

9.3. ç (*c trencada*) wird als [s] gesprochen, zB: dol*ç* [dóls], capa*ç* [kəpás], Fran*ç*a [fránsə].

9.4. d wird gesprochen

9.4.1. als [d] im absoluten Anlaut und nach *m, n, l*, zB: *D*éu, [déw], bon*d*at [bundát], som *d*os [sómdós], fal*d*a [fáldə].

9.4.2. als [ð], wenn es nicht im absoluten Anlaut oder nach *m, n, l* steht, zB: po*d*er [puðé].
9.4.3. als [t] im Wortauslaut und vor stimmlosen Konsonanten, zB: fre*d* [frɛ́t], un sor*d* curiós [unsórtkuriós], jedoch nicht nach *l* und *n*, zB fecun*d* [fəkún], und auch nicht in dem Nexus *-rds*: sor*d*s [sórs], per*d*s [pɛ́rs].
9.5. f wird stets als [f] gesprochen, zB: *f*ama [fámə], bu*f*a [búfə].
9.6. g wird gesprochen
9.6.1. als [ʒ] vor *e, i*, zB: *g*el [ʒél], *g*irar [ʒirá].
9.6.2. als [tʃ] im Wortauslaut nach betontem *i* und nach den Diphthongen *ai, ei, oi, ui*, zB: mi*g* [mítʃ], fa*ig* [fátʃ], ve*ig* [bétʃ], ro*ig* [rɔ́tʃ].
9.6.3. als [dʒ], wenn auf betontes auslautendes *-ig, -aig, -eig, -oig, -uig* ein stimmhafter Konsonant oder ein Vokal folgt, zB: mi*g* mort [mídʒmɔ́rt]; s: a. 10.7.
9.6.4. als [g] vor *a, o, u* (*s*: 6.8.3, 6.8.4) im absoluten Anlaut sowie nach Nasal, zB: *g*all [gáλ], *g*oma [gómə], un *g*all [uŋgáλ]; s: a. 6.8.3 und 6.8.4.
9.6.5. als Reibelaut [γ], wenn es weder im absoluten Anlaut noch als Nasal steht, zB: pa*g*ar [pəγá].
9.6.6. als [k] im absoluten Auslaut, zB: lla*g* [λárk].
9.6.7. g wird in auslautendem *-ng* als [ŋ] gesprochen, zB: la san*g* [ləsáŋ].
9.6.8. g vor *l* wird [gg] gesprochen, zB: se*g*le [séggla].
9.7. h wird nur in Fremdwörtern und onomatopoetischen Ausdrücken gehaucht, zB: *h*a (Lachen), sonst ist es stumm, zB: *h*ora, a*h*ir.
9.8. j wird [ʒ] gesprochen, zB: el *j*oc [əlʒɔ́k].
9.8.1. mit vorhergehendem *d* oder *t* verbindet es sich zur Affrikata [dʒ], zB: mi*tj*a [mídʒə].
9.9. k erscheint nur in einigen Fremdwörtern und wird stets [k] gesprochen, zB: *k*antisme, *k*rausisme.
9.10. l wird gesprochen
9.10.1. als velarisiertes [l], zB: pi*l*a [pílə], ma*l* [mál], mo*l*t [mól], e*l* gos [əlγós]. Dieser Laut erinnert an das rheinische *l*, zB in *k*ölsch, oder an das englische *l* in *fault*.
9.10.2. als [λ], wenn ein palataler Konsonant folgt, zB: e*l* llop [əλλóp].
9.10.3. l·l wird [ll] gesprochen, zB: xare*l·l*o [ʃəréllu].
9.11. m wird gesprochen
9.11.1. als [m], zB: *m*ar [már], plo*m* [plóm], go*m*a [gómə].
9.12. n wird gesprochen
9.12.1. als [n], zB: la pe*n*a [ləpénə].
9.12.2. als [m] vor *f, m, b, v, p*, zB: u*n* foc [úmfɔ́k], cante*n* bé [kántəmbé], u*n* bou [úmbów], u*n* vi [úmbí], u*n* pa [úmpá].
9.12.3. als [ŋ] vor velaren Konsonanten (g, k), zB: u*n* gos [úŋgós], u*n* cas [úŋkás].
9.13. p wird gesprochen
9.13.1. als [p], zB: *p*ou [pów], co*p*a [kópə].
9.13.2. als [b] vor stimmhaften Konsonanten, zB: ca*p* bou [kábbów], ca*p* gos [kábgós].
9.13.3. p wird stumm in der Gruppe *mp* im Silben- oder Wortauslaut, zB: Assum*p*ció [əsumsió], cam*p* [kám].
9.14. q wird als [k] gesprochen, zB: *q*üestió [kwəstió] (*s*: 10.2).
9.15. r wird gesprochen
9.15.1. als [r̄] in zwischenvokalischer Stellung und in den Gruppen *br, cr, dr, fr, gr, pr, tr*, zB: ca*r*a, mem*br*e, c*r*eu, d*r*ac, Àf*r*ica, g*r*an, p*r*ou, t*r*es.
9.15.2. als [r] im Wortanlaut, ferner nach *m, n, l, s* und im Silbenauslaut zB: *R*ipoll, en*r*aonar, Is*r*ael.
9.15.3 r im Auslaut ist meist stumm, zB: madu*r* [məðú], und in den Infinitiv-endungen immer, zB: di*r* [di], paga*r* [pəγá]; aber co*r* [kɔ́r], ma*r* [már].
9.15.4. In den Wörtern *arbre* und *prendre* ist das erste *r* stumm, also [áβrə] und [péndrə].
9.16. s wird gesprochen
9.16.1. als [s] im absoluten Anlaut und Auslaut, vor oder nach Konsonant im Wortinnern (außer vor stimmhaftem Konsonanten) und nach Präfixen, zB: *s*uc [súk], el*s* pan*s* [əlspáns], fe*s*ta [féstə], pol*s*im [pulsím], anti*s*ocial [ántisusiál].

9.16.2. als [z] in zwischenvokalischer Stellung sowie im Silben- oder Wortauslaut, wenn ein Vokal oder stimmhafter Konsonant folgt, zB: ro*s*a [rɔ́zə], modi*s*me [muðízmə].
9.17. t wird gesprochen
9.17.1. als [t], zB: *t*assa [tásə].
9.17.2. als [d], wenn ein stimmhafter Konsonant folgt, zB: ari*t*mètica [əridmétikə], to*t* d'una [tóddúnə].
9.17.3. wortauslautendes **t** wird stumm nach *l* und *n*, zB: anan*t* a Barcelona [ənánəβərsəlónə]. Ausnahmen sind san*t* + Vokal, zB: san*t* Andreu [sántəndréw], und Gerundium + schwaches enklitisches auf Vokal anlautendes Pronomen, zB: anan*t*-hi [ənánti].
9.17.4. t verbindet sich mit folgendem *ll* zu dem Geminat [ʎʎ], zB batlle [báʎʎə].
9.18. v wird je nach seiner Stellung und der Natur der umgebenden Laute als [b] oder [β] gesprochen (*s:* 9.1.1 und 9.1.2), zB: *v*eu [béu], el *v*i [əlβí] (dialektal auch als [v]).
9.19. w erscheint nur in wenigen Fremdwörtern und wird meist wie *b* ausgesprochen, zB: *w*àter [bátər]; aber *w*hisky [wíski].
9.20. x wird gesprochen
9.20.1. als palatales [ʃ] im Wortanlaut sowie nach Konsonant, nach den Diphthongen mit *u* als zweitem Bestandteil und nach *i* (*s:* 10.4), zB: *x*errar [ʃərá], pun*x*a [púnʃə], cai*x*a [káʃə], coi*x* [kóʃ], gui*x* [gíʃ], pui*x* [púʃ], rau*x*a [ráwʃə].
9.20.2. als [ks] bzw. [gz] in manchen Gräzismen und Latinismen, auch in den oben erwähnten Stellungen: [gz] tritt vor stimmhaften Konsonanten, im Präfix *ex*- vor Vokal oder *h* sowie in der Satzphonetik auslautend vor Vokal oder stimmhaftem Konsonanten auf, sonst [ks], zB: fix [fíks], índex [índəks], òxid [ɔ́ksit], èxit [égzit], índex anual [índəgzənuál].
9.21. y erscheint als [j] in wenigen Fremdwörtern, zB: *y*acht [jɔ́t], sowie in Eigennamen, zB: Mayolas [majɔ́ləs], sonst nur in dem Digraph *ny* (10.6).
9.22. z wird als *s* [z] gesprochen, zB: *z*ero [zéru].

10. Digraphe

10.1. gu vor *e* bzw. *i* wird — je nach Stellung — als Verschlußlaut [g] oder Reibelaut [γ] gesprochen, wenn das *u* kein Trema hat, zB: *gu*erra [gérə], di*gu*i [díγi]; das *u* bleibt stumm.
10.2. qu vor *e* bzw. *i* wird als [k] gesprochen, wenn das *u* kein Trema hat, zB: *qu*i [ki], *qu*eixa [kéʃə]; auch hier bleibt das *u* stumm (*s:* 6.8.3, 6.8.4 und 9.14).
10.3. ig wird als [tʃ] oder [dʒ] gesprochen (*s:* 6.5.3, 9.6.2, und 9.6.3), zB: ro*ig* [rɔ́tʃ], ve*ig* bé [bédʒβé].
10.4. ix wird als [ʃ] gesprochen zB: cai*x*a [káʃə]. Das i bleibt dabei stumm außer nach *gu* und *qu*, zB: gui*x* [gíʃ], qui*x*ot [kiʃɔ́t]. Ausnahmen: gü, qü, mit Trema, zB qüestió [kwəstió]
10.5. ll entspricht [ʎ], zB: *Ll*ull [ʎúʎ], *ll*una [ʎúnə], fi*ll*a [fíʎə].
10.6. ny estspricht [ɲ], zB: a*ny* [áɲ], se*ny*al [səɲál], *ny*ap [ɲáp].
10.7. tg entspricht [dʒ], oder [ddʒ] zB: via*tg*e [biádʒə] bzw [biáddʒə].
10.8. tj entspricht ebenfalls [dʒ], zB: mi*tj*a [mídʒə], pi*tj*or [pidʒó].
10.9. tx wird [tʃ] oder [ttʃ] gesprochen, zB: co*tx*e [kɔ́tʃə] oder [kɔ́ttʃə].
10.10. rr wird [r] gesprochen, zB: ca*rr*er [kəré].
10.11. ss wird [s] gesprochen, zB: pre*ss*a [présə].
10.12. tm wird als Geminat [mm] gesprochen, zB setmana [səmmánə].
10.13. Zu **tll** vgl. 9.17.4.
10.14. tz wird [ddz] gesprochen, zB dotze [dóddzə].

DIE SILBE

11. Silbeneinteilung und -trennung

11.1. Ein Konsonant zwischen zwei Vokalen bildet eine Silbe mit dem folgenden Vokal, zB: va-ca, co-nill, ca-pe-llà.

11.2. Stehen zwei Konsonanten in intervokalischer Stellung (außer wenn der zweite Konsonant *l* oder *r* ist), so gehört der erste Konsonant zur vorhergehenden, der zweite zur folgenden Silbe, zB: dan-sa, cor-da, pac-te.

11.3. Verschlußlaut + *r* oder *l* („muta cum liquida") gehören zur folgenden Silbe, zB: a-ma-ble, pren-dre. Gehen den Gruppen *bl, cl, fl, gl, pl, br, cr, dr, fr, gr, pr, tr* noch ein oder zwei Konsonanten voraus, so gehören diese zur vorhergehenden Silbe, während der Nexus Verschlußlaut + *r* oder *l* zur folgenden Silbe gerechnet wird, zB: trans-cripció, en-trar.

11.4. Bei den übrigen Gruppen aus drei oder mehr Konsonanten (also solchen, die nicht „muta cum liquida" enthalten), gehört der letzte Konsonant zur folgenden, alle übrigen zur vorhergehenden Silbe, zB: obs-cur, cons-tant.

11.5. Von den Digraphen sind *gu* und *gü*, wie *qu* und *qü*, vor *e* und *i* sowie *ll* und *ny* untrennbar, zB: gui-neu, fi-lla, ca-nya, se-güent; dagegen werden die übrigen Digraphe getrennt, wobei der erste Konsonant zur vorhergehenden, der zweite zur folgenden Silbe gehört, zB: vi-at-ge, cai-xa, mit-ja, dot-ze, cot-xe, pres-sa.

11.6. Präfixe und erste Teile zusammengesetzter Wörter werden bei der Silbentrennung als Einheit behandelt, zB: àd-huc, sub-al-tern, nos-al-tres.

DIE BETONUNG

12. Betonungsakzent und graphischer Akzent
Im Katalanischen wird die Betonung graphisch durch Akzente gekennzeichnet. Die Akzentuierungsregeln lassen immer genau erkennen, wo die Betonung liegt, auch bei Wörtern, die keinen graphischen Akzent tragen.

12.1. Terminologie
Wörter, die auf der letzten Silbe betont werden (Oxytona), heißen im Katalanischen *paraules agudes*. Wörter, die auf der vorletzten Silbe betont werden (Paroxytona), heißen *paraules planes*. Wörter, die auf der drittletzten Silbe betont werden (Proparoxytona), heißen *paraules esdrúixoles*. Die betonte Silbe heißt *síl·laba tònica* oder *accentuada*, die unbetonte Silbe heißt *síl·laba àtona* oder *inaccentuada*.

12.2. Graphische Akzente
Die akzentuierten katalanischen Wörter können entweder einen Akut (´) oder einen Gravis (`) tragen:

12.2.1. Der Akut (*l'accent agut*) wird auf *i, u* und auf geschlossenes *e* und *o* gesetzt, zB: capítol, comú, progrés, nació.

12.2.2. Der Gravis (*l'accent greu*) wird auf *a* und auf offenes *e* und *o* gesetzt, zB: català, cafè, harmònium.

12.3. Der Akzent zur Unterscheidung der Bedeutung
Bei einer Reihe von Wörtern dient der graphische Akzent zur Unterscheidung von anderen, sonst gleich geschriebenen Wörtern (*accent diacrític*). Die wichtigsten davon sind:

mit Akzent	ohne Akzent
bé = gut, wohl	be = Lamm
	be = Buchstabe *b*
bóta = Lederflasche, Weinfaß	bota = Stiefel
	bota = (er/sie/es) springt
cóm = Trog	com = wie
cós = Korso	cos = Körper
Déu = Gott	deu = zehn
	deu = Quelle
	deu = (er/sie/es) muß
	deu = ihr gebt
dóna = (er/sie/es) gibt	dona = Frau
dónes = du gibst	dones = Frauen
és = (er/sie/es) ist	es = sich

féu = (er/sie/es) machte	feu = ihr macht
	feu = Lehen
fóra = (er/sie/es) wäre	fora = draußen
mà = Hand	ma = mein (f)
més = mehr	mes = Monat
	mes = meine (pl)
mòlt = gemahlen	molt = viel, sehr
món = Welt	mon = mein (m)
móra = Brombeere	mora = Maurin
nét = Enkel	net = sauber
nós = wir	nos = uns
ós = Bär	os = Knochen
pèl = Haar	pel = für den, für das
què (Fragepronomen oder Relativpronomen nach Präposition)	que (Relativpronomen, Konjunktion oder Adverb)
sèu = Talg	seu = sein, ihr (m)
	seu = Sitz, Kathedrale
	seu = (er/sie/es) sitzt
sí = ja	si = wenn
	si = Note H
sòl = Boden	sol = allein
	sol = (er/sie/es) pflegt
són = sie sind	son = Schlaf
	son = sein, ihr (m)
té = (er/sie/es) hat	te = Tee
	te = dich, dir
	te = Buchstabe t
ús = Gebrauch	us = euch
véns = du kommst	vens = du verkaufst
vénen = sie kommen	venen = sie verkaufen
vós = Sie, Ihr	vos = euch

12.4. Die Akzentuierungsregeln

12.4.1. Ein Akzent muß gesetzt werden auf mehrsilbige Wörter, die auf der letzten Silbe betont werden (Oxytona, *paraules agudes*) und auf *a, e, i, o, u, as, es, is, os, us, en* oder *in* enden, wobei die Vokale *i* und *u* nicht zu einem fallenden Diphthong gehören dürfen, zB: català, cafè, aniré, mallorquí, nació, de debò, comú, matalàs, progrés, francès, paradís, nerviós, repòs, carnús, comprèn, entén, Berlín (dagegen: enmig, animal, emocions, cantaran, Ramon, algun, servei, palau, veniu).

12.4.2. Der Akzent steht ferner auf Wörtern, die auf der vorletzten Silbe betont werden (Paroxytona, *paraules planes*) und nicht auf eine der unter 12.4.1 aufgeführten Endungen ausgehen, zB: anglòfob, càrrec, àcid, geògraf, pròleg, fàcil, màxim, telèfon, príncep, càntir, exàmens, neòfit, índex, còncau, diguéssiu, (dagegen: principi, mestre, anaves, globus, feien, puguin, llengua, iniqua).

12.4.3. Alle auf der drittletzten Silbe betonten Wörter (Proparaxytona, *paraules esdrúixoles*) müssen mit Akzent geschrieben werden, zB: física, termòmetre, història, vàcua, lingüística.

12.4.4. Einsilbige Wörter werden, mit Ausnahme der unter 12.3 erwähnten, nicht akzentuiert, zB: pla, nus, ben.

13. Andere diakritische Zeichen
13.1. Das Trema

Das Trema (*la dièresi*) drückt aus, daß

13.1.1. *u* zwischen *g* oder *q* und *e* bzw. *i* nicht — wie sonst üblich — stumm ist, sondern [w] gesprochen wird, zB: següent, adeqüi.

13.1.2. *i* oder *u* mit einem vorhergehenden Vokal keinen Diphthong bildet, zB: veïna, saüc, suïssa.

13.1.3. intervokalisches *i* nicht als Konsonant [j] gesprochen wird, zB: agraïa (dagegen: noia [nɔ́jə]).

13.1.4. Kein Trema steht, obwohl die Vokale getrennt gesprochen werden, bei den Suffixen *isme* und *ista*, zB: egoisme, altruista; im Infinitiv und den davon abgeleiteten Futur und Konditional, ferner nicht im Gerundium, zB: traduir, traduiré, traduiria, traduint (dagegen: traduïa, traduït); bei den lateinischen Endungen *us* und *um*, zB: Xènius, aquàrium; nach den Präfixen *anti*, *auto*, *co*, *contra*, *re*, *semi*, zB: antiimperialista, coincidir.

13.1.5. Steht auf einem Vokal, auf dem eigentlich ein Trema stehen sollte, ein Akzent, so wird kein Trema geschrieben. Mit anderen Worten: Akzent verdrängt Trema, zB: suís (dagegen: suïssa).

13.2. Der Bindestrich
Der Bindestrich (*el guionet*)

13.2.1. wird in bestimmten zusammengesetzten Wörtern gebraucht, zB: cap-gros, cap-i-cua, sud-est.

13.2.2. wird in bestimmten Fällen nach den Präfixen *arxi*, *ex*, *pre*, *pseudo* und immer nach den Präfixen *no*, *quasi*, *sots*, *vice*, gesetzt, zB: arxi-milionari (*aber* arxiduc), ex-ministre, no-violència, pre-renaixentista (*aber* prejudici).

13.2.3. dient in Zusammensetzungen auch zur Vermeidung von Fehlaussprachen, zB: guarda-roba, Mont-roig, gira-sol, escura-xemeneies.

13.2.4. steht zwischen Zehnern und Einern und zwischen Einern und Hundertern, zB: vint-i-quatre, trenta-quatre, quatre-cents, cinc-centes.

13.2.5. steht zwischen dem Verb und einem oder mehreren enklitisch ohne Apostroph gebrauchten Pronomina, zB: portar-me-la, fer-ho, fer-se'n.

13.2.6. dient als Trennungsstrich am Ende einer Zeile.

13.3. Der Apostroph
Der Apostroph (*l'apòstrof*) zeigt in folgenden Fällen die Elision eines Vokals an.

13.3.1. Der bestimmte Artikel *el* (bzw *lo*, *es*) und der persönliche Artikel *en* werden im Singular vor Vokal oder nicht gehauchtem *h* zu *l'* (bzw *s'*) und *n'*, zB: l'avi, l'interès, l'home, s'Agaró, Castellar de N'Hug. Vor [j] und [w] wird nicht apostrophiert, zB: el iode. Die weiblichen Formen *la* (bzw. *sa*) und *na* werden auch vor unbetontem [i] oder [u] nicht apostrophiert, zB: la il·lusió, sa humitat, na Isabel (dagegen: l'ungla, s'illa, n'Aina). Weitere Sonderfälle sind: la una (1 Uhr; dagegen: l'una i l'altra), la ira, la host, Buchstabennamen (zB: la a) und die mit dem Präfix *a* gebildeten Substantiva (zB: la anormalitat).

13.3.2. Die Präposition *de* wird in denselben Fällen wie der männliche Artikel *el* zu *d'*, zB: d'or, d'avui, d'hora, d'idees (dagegen: de Heidelberg, de Huelva, de Ouagadougou).

13.3.3. Bei den Personal- und Adverbialpronomen werden die Formen *me*, *te*, *se*, *lo*, *la* und *ne* vor einem Verb mit Vokalanlaut zu *m'*, *t'*, *s'*, *l'*, *n'*, zB: m'escriu, t'invita, s'inicia, l'escriu, n'escriu. Die Formen *em*, *ens*, *et*, *es*, *el*, *els* und *en* werden nach einem Verb mit Vokalauslaut zu *'m*, *'ns*, *'t*, *'s*, *'l*, *'ls* oder *'n* , zB: porta'm, escolta'ns, renta't, moure's, porta'l, cerca'ls, parla'n.

DAS ALPHABET

14. Im Katalanischen besteht das Alphabet aus sechsundzwanzig Buchstaben: *a*, *b* (be alta), *c* (ce), *d* (de), *e*, *f* (efa), *g* (ge), *h* (hac), *i* (i llatina), *j* (jota), *k* (ka), *l* (ela), *m* (ema), *n* (ena), *o* (o), *p* (pe), *q* (cu), *r* (erra), *s* (essa), *t* (te) *u* (u), *v* (ve baixa), *w* (ve doble), *x* (ics *oder* xeix), *y* (i grega), *z* (zeta).

III. ZU DEN WORTARTEN

Die folgenden morphologischen und syntaktischen Bemerkungen beziehen sich wiederum hauptsächlich auf das Zentralkatalanische und sollen lediglich als Einführung dienen.

DER ARTIKEL

15. Der bestimmte Artikel
15.1 Der bestimmte Artikel lautet

	sing	pl
m	el	els
f	la	les

15.2. Über die **Apostrophierung** des Artikels siehe oben 13.3.1
15.3. Kontraktion des bestimmten Artikels mit Präpositionen
Mit den Präpositionen *a*, *de* und *per* wird der männliche Artikel im Singular und Plural zusammengezogen. Die entsprechenden Formen lauten: *al, als, del, dels, pel, pels*. Beispiele: vaig *al* cinema, donaré *els* textos *als* alumnes, la casa *del* pare, els consells *dels* pares, passaré *pel* camí més curt, els nens corren *pels* carrers.
Wenn der Artikel apostrophiert wird, erfolgt keine Kontraktion. Beispiele: vaig a *l'*hort, els drets de *l'*home, per *l'*honor.
15.4. Andere Formen des bestimmten Artikels
Im Balearischen (und in einigen Küstengebieten des Empordà) lautet der Artikel:

	sing	pl
m	es so (nach *amb*)	es (vor Konsonant) ets (vor Vokal) sos (nach *amb*)
f	sa	ses

Im Altkatalanischen und in einigen Dialekten (vor allem im Westkatalanischen) lautete bzw. lautet der männliche Artikel *lo, los*.
15.5. Der persönliche Artikel
Personennamen werden meist mit bestimmtem Artikel gebraucht. Statt *el* erscheint auch der sogenannte „persönliche Artikel" (*article personal*) *en*, besonders vor Konsonant. Die weibliche Form *na* ist heute literarisch und nur regional (im Balearischen) gebräuchlich. Sie wird heute meist durch *la* ersetzt. Beispiele: l'Antoni, *en* Pere, *na* Maria, *la* Maria.
16. Der unbestimmte Artikel

	sing	pl
m	un	uns
f	una	unes

SUBSTANTIV UND ADJEKTIV

17. Die Bildung der Femininform
Anders als im Deutschen gibt es im Katalanischen nur zwei Geschlechter, Maskulinum und Femininum.
Soweit wir es nicht mit Substantiven zu tun haben, bei denen die männliche und die weibliche Form verschiedenen Wortstämmen angehören (zB: pare mare, cavall euga), wird die weibliche Form wie folgt gebildet.
17.1. Im allgemeinen wird die weibliche Form durch Anhängen eines *a* an die männliche Form oder durch Umwandlung des auslautenden unbetonten *e, o, u* in *a*

gebildet, zB: el fill la fill*a*, brut brut*a*, el sogr*e* la sogr*a*, flonj*o* flonj*a*, europe*u* europe*a*.
17.2. Andere mögliche Veränderungen:
17.2.1. Stimmlose Auslautkonsonanten können in der weiblichen Form (wo sie intervokalisch sind) stimmhaft werden, zB: el llo*p* la llo*ba*, el nebo*t* la nebo*da*, groc gro*ga*, el ser*f* la ser*va*, mulla*t* mulla*da*, roig roja.
17.2.2. Auslautendes *u* kann zu -*v*- werden, zB: no*u* no*va*, l'here*u* l'here*va*.
17.2.3. Bei betontem Auslautvokal wird „n mobile" (s: 18.5.) + *a* an die Maskulinform gehängt, zB: b*o* bon*a*, fi fin*a*, com*ú* com*una*, el germ*à* la german*a*.
17.2.4. Endet die Maskulinform auf *s* (im Auslaut stimmlos gesprochen), so muß die Femininform -*ss*- erhalten, wenn die stimmlose Aussprache des -*s* auch in zwischenvokalischer Stellung erhalten bleiben soll, zB: ros ros*sa*, el ru*s* la ru*ssa*.
17.3. Besondere weibliche Endungen, oft in Titeln oder Amtsbezeichnungen, sind **-essa, -ina** und **-iu**, zB: el duc la duqu*essa*, l'heroi l'hero*ïna*, l'emperador l'emperadr*iu*.
17.4. Bei Tiernamen, die nur eine Form für beide Geschlechter haben, wird diese durch *mascle* bzw. *femella* ergänzt, wenn das natürliche Geschlecht bezeichnet werden soll, zB: mosquit femella, oreneta mascle, rossinyol femella.
17.5. Einige wenige Maskulinformen sind von der weiblichen Form abgeleitet worden, zB: bruixa bruixot, merla merlot.
17.6. Folgende Substantive und Adjektive haben eine einzige Form für Maskulin und Feminin:
17.6.1. auf **-a** und **-ista**, zB: hipòcrit*a*, belg*a*, homicid*a*, art*ista*, ideal*ista*, flor*ista*.
17.6.2. auf **-ble**, zB: ama*ble*, fe*ble*, possi*ble*, no*ble*, solu*ble*.
17.6.3. auf **-aire**, zB: min*aire*, xerr*aire*.
17.6.4. auf **-aç, -iç-, -oç**, zB: cap*aç*, fel*iç*, prec*oç*.
17.6.5. die meisten auf **-al, -el, -il**, zB: actu*al*, cru*el*, civ*il*.
17.6.6. die meisten auf **-ar, -or**, zB: regul*ar*, escol*ar*, mill*or*, posteri*or*.
17.6.7. die meisten auf **-ant** und viele auf **-ent**, zB: abund*ant*, bast*ant*, abs*ent*, clem*ent*.
17.6.8. anders endende gebräuchliche Adjektive mit einer einzigen Form für beide Geschlechter sind: alegre, mediocre, afí, breu, gran, greu, lleu, màrtir, miop, sublim.
18. Die Bildung des Plurals
18.1. Die Grundregel für die Bildung dels Plurals ist, daß ein *s* an die Form des Singulars angehängt wird, zB: la flor les flor*s*, l'home els home*s*, brut brut*s*, feble feble*s*.
18.2. Die Endung *a* wird zu *es*, zB: la taula les taul*es*, l'atleta els atlet*es*, hipòcrita hipòcrit*es*, mullada mullad*es*.
18.3. Die Endungen *ca, ça, ga, ja, qua* und *gua* werden jeweils zu *ques, ces, gues, ges, qües, gües* um die Aussprache des vorhergehenden Konsonanten zu erhalten, zB: única úni*ques*, la peça les pe*ces*, la lliga les lli*gues*, roja ro*ges*, la pasqua les pas*qües*, la llengua les llen*gües*.
18.4. Die auf *ç* endenden männlichen Formen bilden den Plural auf *os*, zB: el braç els braç*os*, feliç feliç*os*.
18.4.1. Die auf *ç* endenden weiblichen Substantive hängen nur ein *s* an die Singularform an, zB: la falç les falç*s*.
18.4.2. Das Femininum der Adjektive auf *ç* bildet den Plural durch Anhängen von *es*, wobei *ç* zu *c* wird, zB: dona feliç dones feli*ces*.
18.5. Die meisten der auf betonten Vokal endenden Substantive und Adjektive hängen im Plural *ns* an die Singularformen. Es sind jene Wörter, bei denen das *n* des Etymons in der männlichen Singularform geschwunden ist, aber im Femininum und im Plural erhalten bleibt („n mobile" oder „bewegliches n"), zB: català catala*ns*, ple ple*ns*, el camí els cami*ns*, la nació les nacio*ns*, comú comu*ns*.
18.5.1. Bei anderen Wörtern, die etymologisch kein *n* enthalten, wird an den betonten Vokal *s* angehängt, zB: el sofà els sofà*s*, el puré els puré*s*, cru cru*s*.
18.6. Adjektive und Substantive, die auf stummes *r* enden, hängen nur *s* an das *r*, das stumm bleibt, zB: el carrer [əlkəré] els carrer*s* [əlskərés].
18.7. Bei Wörtern, die auf *s* enden, sind mehrere Fälle zu unterscheiden:

18.7.1. die weiblichen bleiben im Plural unverändert, zB: la pols les pols; la vaca està prenys les vaques estan prenys.

18.7.2. die männlichen Paroxytona und Proparoxytona bleiben auch unverändert, zB: el llapis els llapis; el divendres els divendres (ebenso die Namen der anderen Wochentage auf s, auch wenn sie Oxytona sind, zB: el dilluns els dilluns).

18.7.3. einige einsilbige Substantive bleiben ebenfalls im Plural unverändert, zB: el temps els temps; el fons els fons.

18.7.4. an die Singularform der einsilbigen männlichen Adjektive und Substantive und an die mehrsilbigen Oxytona wird im allgemeinen *os* angehängt, zB: el curs els cursos, seriós seriosos.

18.7.5. nach *a*, geschlossenem *e*, *i*, *o* und *u* in betonter Stellung wird das -*s* meist zu -*ss*- verdoppelt, zB: gras grassos, l'accés els accessos, el pastís els pastissos, l'arròs els arrossos, pallús pallussos.

18.8. Einsilbige oder auf der letzten Silbe betonte männliche Adjektive und Substantive auf -*x*, -*ix*, -*sc*, -*st und* -*xt* bilden den Plural bis auf wenige Ausnahmen mit -*os* (an -*sc*, -*st* und -*xt* kann aber auch nur ein *s* gehängt werden), zB: fix fixos, el peix els peixos, el despatx els despatxos, el bosc els boscos (oder boscs), el gust els gustos (oder gusts), mixt mixtos (oder mixts).

18.9. Ähnlich bilden die auf *g* [tʃ] und *ig* endenden Adjektive und Substantive den Plural in der literarischen Sprache auf -*gs* bzw. -*igs*, in der gesprochenen Sprache jedoch auf -*jos* bzw. -*tjos*, zB: mig migs (oder mitjos), roig roigs (oder rojos), el passeig els passeigs (oder passejos).

19. Die Komparation

19.1. Im allgemeinen wird der **Überlegenheitskomparativ** (*comparatiu de superioritat*) nach dem Muster *més* + *Adjektiv/Adverb* (+ *que*) gebildet, zB: és *més savi que* ella; les nits ja són *més llargues*; ho fas *més malament que* jo.

19.1.1. Der **Unterlegenheitskomparativ** (*comparatiu d'inferioritat*) wird meist mit *menys* + *Adjektiv/Adverb* (+ *que*) gebildet, zB: és *menys alt que* tu; ell ho fa *menys bé*. Eine andere Möglichkeit ist *no tan* + *Adjektiv/Adverb* (+*com*), zB: *no és tan alt com* tu.

19.1.2. Manche Adjektive und Adverbien haben außerdem besondere Komparativformen:

>   bo, bé - millor (*aber auch* més bo, més bé)
>   mal, dolent, malament - pitjor (*aber auch* més dolent, més malament)
>   gran - major (*aber auch* més gran)
>   petit - menor (*aber auch* més petit)

Diese Sonderformen sind hauptsächlich im übertragenen Sinn und in feststehenden Redewendungen gebräuchlich.

19.2. Der **Superlativ** (*superlatiu*), der vergleichend eine Eigenschaft im höchsten Grade ausdrückt, wird mit *el*, *la*, *els*, *les més*... gebildet, zB: aquesta casa és *la més alta*; aquests caramels són *els més bons* de tots.

19.2.1. Der absolute Superlativ (Elativ), der ohne Vergleich eine Eigenschaft in hohem Grade ausdrückt, wird mit *molt*... oder *ben*... oder *d'allò més*... gebildet, zB: aquesta lliçó és *molt llarga*; aquesta flor és *ben flairosa*; estic *d'allò més content*.

19.2.2. Die von Adjektiven bzw. Adverbien abgeleiteten Formen auf -*íssim* (m), -*íssima* (f) stellen auch Elative dar, zB: riquíssim, riquíssima, tardíssim.

19.3. Die Vergleichung im gleichen Grade (*comparatiu d'igualtat*) erfolgt durch *tan... com*, zB: tu ets *tan bo com* ell, cantes *tan bé com* jo.

DIE PRONOMEN

20. Das Demonstrativpronomen

20.1. Das Katalanische hat drei Demonstrativpronomen (*pronoms demostratius*), die auch adjektivisch — meist vor dem Substantiv — gebraucht werden:

	sing		pl	
	m	f	m	f
1a pers	aquest	aquesta	aquests	aquestes
2a pers	aqueix	aqueixa	aqueixos	aqueixes
3a pers	aquell	aquella	aquells	aquelles

Aquest bezieht sich auf das Nähere oder auf die grammatikalische erste Person, *aqueix* auf Entfernteres oder auf die zweite Person, *aquell* auf noch weiter Entfernteres oder auf die dritte Person, zB: *aquest* cotxe és bonic, *aqueix* (que hi ha a la vora teu) també m'agrada, però *aquell* (de més enllà) és el més bonic de tots tres.

Heute sind jedoch die gebräuchlichen Formen *aquest* (erste und zweite Person) und *aquell*, während *aqueix* dialektal geblieben ist.

Daneben gibt es noch dialektale Varianten wie westkatal. *eix, eixa,* im Valenzianischen meist *eixe, eixa,* die im Standardkatalanischen *aquest, aquesta* entsprechen.

20.2. Daneben gibt es noch die Neutra *això* (= das hier, dieses) und *allò* (= das dort, jenes), die im Gebrauch *aquest* (ursprünglich und dialektal *aqueix*) bzw. *aquell* entsprechen. *Açò,* das *aquest* entspricht, ist heute dialektal.

21. Das Personalpronomen

Das Katalanische kennt — wie das Französische und Spanische — betonte („starke") und unbetonte („schwache") Personalpronomen (*pronoms forts* bzw. *pronoms febles*).

21.1. Die starken Personalpronomen

Die Formen der betonten Personalpronomen sind für das Subjekt und für das Objekt (nach einer Präposition) gleich, nur in der 1. Person Singular gibt es zwei Formen:

	sing	pl
1a pers	jo (*Subjekt*)	nosaltres
	mi (*Objekt*)	
2a pers	tu	vosaltres
		vós (*Höflichkeitsform*)
3a pers	ell	ells
	ella	elles
	vostè (*Höflichkeitsform*)	vostès (*Höflichkeitsform*)
	si (*Reflexivpronomen*)	si (*Reflexivpronomen*)

Beispiele: podeu comptar amb *mi*; això és per a *tu*; està contra *mi*; aquest noi parla massa de *si* mateix.

Ausnahme: entre *tu* i *jo*.

21.1.1. Da die Person und Zahl des Verbs im Katalanischen in den meisten Fällen durch die Endungen des Verbs ausgedrückt werden, entfällt meist das Personalpronomen vor dem Verb. Also: vaig a casa (und nicht: *jo* vaig a casa).

21.1.2. Das Personalpronomen (als Subjekt) steht jedoch:

21.1.3. wenn ein Zweifel hinsichtlich der Person entstehen kann, weil die Person aus der Verbalendung nicht erkennbar ist, zB kann *anava* bedeuten „ich ging", „er/sie/es ging" oder „Sie gingen" (Höflichkeitsform).

21.1.4. wenn ein Gegensatz ausgedrückt werden soll: *jo* treballo tot el dia i *tu* no fas res.

21.1.5. wenn das Subjekt besonders betont werden soll.

21.1.6. Die starken Personalpronomen können mit *mateix* verstärkt werden, zB: *jo mateix, ells mateixos.*

21.2. Die schwachen Personalpronomen

Die Formen der unbetonten Personalpronomen stehen entweder vor dem Verb (zB: *em diu*) oder, bei Infinitiv, Imperativ und Gerundium, unmittelbar daran angehängt (zB: vols ajudar-*me*?).

Es gibt im Katalanischen vier Gruppen von Formen:

21.2.1. die vollen Formen: me, te, se, nos, vos, lo, la, li, los, les.
21.2.2. die reduzierten Formen: 'm, 't, 's, 'ns, 'l, 'ls.
21.2.3. die verstärkten Formen: em, et, es, ens, us, el, els.
21.2.4. die Formen mit Elision: m', t', s', l'.

Der Gebrauch dieser Formen richtet sich nach folgendem Schema:

vor dem Verb
als Dativ- oder Akkusativobjekt bei Verben, die mit Konsonant beginnen (verstärkte Formen)

	Dativ	Akkusativ
1a pers sing	em	em
2a pers sing	et	et
3a pers sing	li	el (*m*), la (*f*)
	es	es
1a pers pl	ens	ens
2a pers pl	us	us
3a pers pl	els	els (*m*), les (*f*)
	es	es

nach dem Verb
als Dativ- oder Akkusativobjekt bei Verben, die auf Konsonant oder -*u* enden. Diese Formen werden mit dem Verb durch Bindestrich verbunden (volle Formen)

	Dativ	Akkusativ
1a pers sing	-me	-me
2a pers sing	-te	-te
3a pers sing	-li	-lo (*m*), -la (*f*)
	-se	-se
1a pers pl	-nos	-nos
2a pers pl	-vos	-vos
3a pers pl	-los	-los (*m*), les (*f*)
	-se	-se

vor dem Verb
als Dativ- oder Akkusativobjekt bei Verben, die mit Vokal oder *h* beginnen (Formen mit Elision)

	Dativ	Akkusativ
1a pers sing	m'	m'
2a pers sing	t'	t'
3a pers sing	li	l' (*m/f*), la (*f*) *steht vor Verben, die mit unbetontem i (hi) oder u (hu) beginnen*
	s'	s'
1a pers pl	ens	ens
2a pers pl	us	us
3a pers pl	els	els (m), les (*f*)
	s'	s'

nach dem Verb
Dativ- oder Akkusativobjekt bei Verben, die auf *a, e* oder *i* enden (Reduzierte Formen)

	Dativ	Akkusativ
1a pers sing	'm	'm
2a pers sing	't	't
3a pers sing	-li	'l (*m*), -la (*f*)
	's	's
1a pers pl	'ns	'ns
2a pers pl	-us	-us
3a pers pl	'ls	'ls (*m*), -les (*f*)
	's	's

Beispiele:
   verstärkte Form: *em* coneixes; *et* criden; aquí hi ha llibres, *els* comptaré; *ens* han vist; *us* trucarem
   volle Form: volia saludar-*te*; he de comunicar-*vos* una notícia important; ajudeu-*me*!
   Form mit Elision: *m'*han cridat; *no t'*he vist
   reduzierte Form: digue'*ls* que vinguin; ajuda'*ns*!
   21.2.5. Das Objekt kann doppelt ausgedrückt werden, zB: al pare *li* han regalat un televisor; *a vostè* no *l'*havia vist; no *ens* coneix ni *a tu* ni *a mi*. (Auch *en*, *hi* und *ho* werden oft ähnlich zur Hervorhebung von Satzteilen benutzt, zB: de la sort *en* diu encert; no *hi* vaig, a casa teva; això no *ho* sé.)

22. Das Adverbialpronomen
Wie das Französische (*en* und *y*) hat das Katalanische zwei sogenannte Adverbialpronomen (*pronoms adverbials*): *en* und *hi*, die verschiedene Funktionen haben.
   22.1. *En* gibt ein mit *de* eingeführtes präpositionales Objekt bzw. Umstandsergänzung oder ein partitivisch gebrauchtes artikelloses Substantiv wieder, bedeutet meist den Teil eines Ganzen (= davon, von ihm, von ihr), auch die Herkunft von einem Ort (= dorther, von dort).
   Es hat wie die Personalpronomen vier Formen:

| *vor dem Verb* | *verstärkte Form:* en | *Form mit Elision:* n' |
| *nach dem Verb* | *volle Form:* -ne | *reduzierte Form:* 'n |

Beispiele:
   Tens pa? No *en* tinc
   Han tornat de París? Sí, ja *n'*han tornat

Tinc problemes, demà haurem de parlar-*ne*
Tens peres? No, no me'*n* queden.

22.1.2. Wird ein Objekt durch *en* wiedergegeben, so wird vor die Adjektive, die sich darauf beziehen, *de* gestellt, zB: Teniu flors? Sí, en tenim de molt boniques.

22.2 *Hi* gibt ein nicht mit *de* eingeführtes präpositionales Objekt bzw. Umstandsergänzung oder gewisse Prädikative wieder.

23. Das neutrale Pronomen *ho* steht für *això* oder *allò* und gibt ein nicht ausdrücklich genanntes Objekt, einen ganzen Satz, ein Adjektiv oder unbestimmtes Substantiv nach *ésser, estar* usw. wieder, zB: Coneixes això? No, no *ho* conec. En Pep és a casa? No *ho* sé. Semblava que estava cansat, però no *ho* estava.

24. Die Kombinationen zweier unbetonter Personal- bzw. Adverbialpronomen bieten wegen ihrer Komplexität gewisse Schwierigkeiten. Wir geben daher auf der folgenden Tabelle eine Übersicht über die möglichen Kombinationen.

TABELLE DER KOMBINATIONEN VON ZWEI SCHWACHEN PRONOMEN

	TE	VOS	NOS	ME	LO	LOS (acusatiu i datiu)	LA	LES	LI	HO	NE	HI
SE	[1]se't se't (se t')	-se-us se us	-se-ns se ns	-se'm se'm (se m')	-se'l se'l (se l')	-se'ls se'ls	-se-la se la (se l')²	-se-les se les	-se-li se li	-s'ho s'ho	-se'n se'n (se n')	-s'hi s'hi
TE			-te'ns te ns	-te'm te'm (te m')	-te'l te'l (te l')	-te'ls te ls	-te-la te la (te l')²	-te-les te les	-te-li te li	-t'ho t'ho	-te'n te'n (te n')	-t'hi t'hi
VOS³			-vos-ens (-us-ens) us ens	-vos-em (-us-em) us em (us m')	-vos-el (-us-el) us el (us l')	-vos-els (-us-els) us els	-vos-la (-us-la) us la (us l')²	-vos-les (-us-les) us les	-vos-li (-us-li) us li	-vos-ho (-us-ho) us ho	-vos-en (-us-en) us en (us n')	-vos-hi (-us-hi) us hi
ME					-me'l me'l (me l')	-me'ls me'ls	-me-la me la (me l')²	-me-les me les	-me-li me li	-m'ho m'ho	-me'n me'n (me n')	-m'hi m'hi
NOS⁴					-nos-el (-ns-el) ens el (ens l')	-nos-els (-ns-els) ens els	-nos-la (-ns-la) ens la (ens l')²	-nos-les (-ns-les) ens les	-nos-li (-ns-li) ens li	-nos-ho (-ns-ho) ens ho	-nos-en (-ns-en) ens en (ens n')	-nos-hi (-ns-hi) ens hi
LO											-l'en l'en (el n')	-l'hi l'hi
LOS (datiu)					-los-el ('ls-el) els el (els l')	-los-els ('ls-els) els els	-los-la ('ls-la) els la (els l')²	-los-les ('ls-les) els les		-los ho ('ls-ho) els ho	-los-en ('ls-en) els en (els n')	-los-hi ('ls-hi) els hi
LA											-la'n la'n (la n')	-la-hi la hi
LES											-les-en les en (les n')	-les-hi les hi
LI					[-i'l]⁵ [li'l (li l')]	-l'hi [-li'ls] -los-hi ('ls-ho) l'hi [li'ls] els hi	[-li-la] -la-hi [li la (li l')] la hi	[-li-les] -les-hi [li les] les hi		-li-ho li ho	-li'n li'n (la n')	-li-hi li hi
NE												-n'hi n'hi

1. Die erste Linie der einzelnen Unterteilungen stellt die Form der verschiedenen Kombinationen dar, wenn diese konsonantisch oder auf u auslautenden Verben folgen; in Klammern steht die Form der Kombination nach Verben, die auf einen anderen Vokal als u auslauten. Die zweite Linie stellt die Form der Kombination dar, wenn diese vor einem konsonantisch anlautenden Verb steht; in Klammern steht die Form der Kombination vor einem vokalisch oder mit h anlautenden Verb.
2. Wenn das Verb auf ein unbetontes i oder u anlautet, ist die volle Form la der elidierten Form l' vorzuziehen.
3. Vor dem Verb ist auch *vos* anstelle von *us* zulässig. Nach der 2. Person Plural des Imperativs kann -*vos* durch *'s* ersetzt werden: *aneu's-en*.
4. Nach der 1. Person Plural des Imperativs kann -*nos* durch *'s* ersetzt werden: *anem's-en*.
5. Die in eckigen Klammern stehenden Kombinationen des Dativs *li* mit den Akkusativen *lo, los, la, les* werden gewöhnlich durch die danebenangegebenen Kombinationen dieser Akkusative mit dem Pronomen *hi* ersetzt.

25. Das Possessivpronomen
25.1. Das katalanische Possessivpronomen (*pronom possessiu*) kann adjektivisch und substantivisch gebraucht werden, zB: el *meu* germà; aquest és el *meu*. Im Gegensatz zum Spanischen und Französischen gibt es für beide Kategorien nur eine Form:

	m sing	m pl	f sing	f pl
1a pers sing	meu	meus	meva	meves
2a pers sing	teu	teus	teva	teves
3a pers sing	seu	seus	seva	seves
1a pers pl	nostre	nostres	nostra	nostres
2a pers pl	vostre	vostres	vostra	vostres
3a pers pl	seu/llur	seus/llurs	seva/llur	seves/llurs

Die Formen *llur* und *llurs* beziehen sich auf mehrere Besitzer. Sie sind in der gesprochenen Sprache nicht mehr, wohl aber noch im gehobenen Stil gebräuchlich.

Das Possessivpronomen kann in adjektivischer Funktion vor oder nach dem Substantiv stehen. Steht es davor, muß ihm — wie im Italienischen — der bestimmte Artikel oder ein Demonstrativpronomen vorausgehen, zB: el *meu* germà, aquests *vostres* amics; dagegen: un amic *meu*.

25.2. Es gibt auch unbetonte Formen des Possessivpronomens, die vor dem Substantiv stehen und stets ohne Artikel gebraucht werden:

mon	- ma	*entspricht*	el	meu	- la meva
ton	- ta	"	el	teu	- la teva
son	- sa	"	el	seu	- la seva
mos	- mes	"	els	meus	- les meves
tos	- tes	"	els	teus	- les teves
sos	- ses (llur -s)	"	els	seus	- les seves (llur -s)

Diese Formen werden —abgesehen von literarischem und dialektalem Sprachgebrauch— fast nur noch in Verbindung mit Verwandschaftsbezeichnungen gebraucht, zB: *mon* pare, *ta* mare. Vor einem weiblichen Substantiv, das mit Vokal oder *h* beginnt, werden statt *ma, ta, sa* die männlichen Formen *mon, ton, son* gebraucht, zB: *son* àvia.

26. Das Relativpronomen
26.1. Das unbetonte Relativpronomen *que* kann Subjekt oder Akkusativobjekt sein und sich auf Personen oder Sachen beziehen, zB: l'home *que* viu aquí és poeta; la dona *que* veus és la meva veïna; la ciutat *que* veus és Tarragona; has rebut l'obsequi *que* et vaig enviar?

26.2. Die betonten Relativpronomen *qui* (nur für Personen) und *què* (nur für Sachen) werden nach einer Präposition gebraucht, *qui* im Subjektsatz ohne Präposition, zB: el senyor *amb qui* parlaves és el meu amo; *qui* paga mana; aquest és el llibre *de què* t'havia parlat.

26.3. Daneben gibt es zusammengesetzte Relativpronomen: *el qual, la qual, els quals, les quals* (statt *què, qui* nach Präposition oder statt *que* in erklärenden, nicht bestimmenden Relativsätzen); *el qui, la qui, els qui, les qui* (statt *qui*); *el que, la que, els que, les que* (Artikel für Bezugswort). Da die einfachen Pronomen keine Genus-aussage enthalten, dienen die Formen der beiden ersten Gruppen dazu, Zweideutigkeiten zu vermeiden. *Del qual, de la qual, dels quals, de les quals* entsprechen deutsch „dessen", „deren", zB: la senyora *de la qual* no sabia el nom... *El que* bzw *la qual cosa* entsprechen „das, was" (die in der Umgangssprache häufig gebrauchte Form *lo que* wird als *castellanisme* abgelehnt) zB: *el que* s'ha de saber sobre la llengua catalana; tothom ho sabia, *la qual cosa* el sorprengué.

27. Das Fragepronomen
27.1. Die Fragepronomen (*pronoms interrogatius*) *què* und *qui* werden nur substantivisch gebraucht, zB: *què* vols, carn o peix?; *qui* ha vingut, la Maria o l'Anna?

27.2. Adjektivisch gibt es für Personen und Sachen nur ein Fragepronomen, das

zwei Formen im Singular und zwei im Plural hat: *quin, quina, quins, quines*.
Beispiele: *quin* dia és el teu sant?; *quina* tia dius que t'ha regalat les flors?; *quins* llibres necessites?; *quines* lliçons has estudiat?

27.3. Die selben Formen erscheinen auch in indirekten Fragen und Ausrufen, zB: digues-me *qui* ho ha fet; *què* t'has cregut!; *quina* mala sort!

28. Das unbestimmte Pronomen

28.1. Unter den unbestimmten Fürwörtern (*pronoms indefinits*), die adjektivisch gebraucht werden können, gibt es einige unveränderliche, zB: *cada, cap, sengles*, die meisten sind jedoch veränderlich, zB: *algun, un, ni un, tot, mateix, cert, altre, tal, qualsevol, ambdós, tots dos*.

28.1.2. Nur substantivisch gebraucht werden: *algú, u, ningú, cadascú, tothom, altri, res, quelcom, hom, un hom*.

28.2. Eine besondere Gruppe bilden diejenigen, die eine Menge ungenau bezeichnen:

	sing		pl	
	m	f	m	f
	quant	quanta	quants	quantes
	tant	tanta	tants	tantes
	molt	molta	molts	moltes
	poc	poca	pocs	poques
		bastant		bastants
		gaire		gaires

Unveränderlich sind dagegen: *més, menys, gens, prou, força, massa, que*.

Außer *força, massa* und *que* werden sie manchmal — *gens* immer — dem Substantiv mit *de* vorangestellt, zB: *quants* (de) papers!; feia *molta* (de) calor; no té *gens* de gràcia.

DIE ZAHLWÖRTER

29. Die Grundzahlen (*els numerals cardinals*)

0 zero	24 vint-i-quatre
1 un, una (*u* als Name der Zahl 1)	25 vint-i-cinc
2 dos, dues	26 vint-i-sis
3 tres	27 vint-i-set
4 quatre	28 vint-i-vuit
5 cinc	29 vint-i-nou
6 sis	30 trenta
7 set	31 trenta-un, trenta-una
8 vuit	32 trenta-dos, trenta-dues ...
9 nou	40 quaranta
10 deu	50 cinquanta
11 onze	60 seixanta
12 dotze	70 setanta
13 tretze	80 vuitanta
14 catorze	90 noranta
15 quinze	100 cent
16 setze	200 dos-cents, dues-centes
17 disset	300 tres-cents, tres-centes
18 divuit	400 quatre-cents, quatre-centes
19 dinou	500 cinc-cents, cinc-centes
20 vint	600 sis-cents, sis-centes
21 vint-i-un, vint-i-una	700 set-cents, set-centes
22 vint-i-dos, vint-i-dues	800 vuit-cents, vuit-centes
23 vint-i-tres	900 nou-cents, nou-centes

1.000 mil	3.000 tres mil
1.500 mil cinc-cent(e)s	1.000.000 un milió
1.504 mil cinc-cent(e)s quatre	2.000.000 dos milions
2.000 dos mil, dues mil	1.000.000.000.0000 un bilió

Bemerkungen:
Die Zahlwörter sind unveränderlich außer:
a) *un, una;* b) *dos, dues;* c) *cents, centes.*
Auch wenn sie hinter Zehnern, Hundertern usw. stehen, sind diese drei Zahlwörter veränderlich, zB: *trenta-dues* cases, *cent una* pàgines, *mil cinc-centes trenta-dues* persones, *cinc-centes* pessetes.
Bindestrich steht
 a) zwischen Zwanzigerzahlen: *vint-i-cinc;*
 b) zwischen den übrigen Zehnern und Einern, jedoch ohne *i: trenta-vuit, vuitanta-nou;*
 c) zwischen den Einern und Hundertern: *tres-cents, cinc-centes.*

30. Die Ordnungszahlen (*els numerals ordinals*)

1r	primer	19è	dinovè
2n	segon	20è	vintè
3r	tercer	21è	vint-i-unè
4t	quart	22è	vint-i-dosè
5è	cinquè	23è	vint-i-tresè
6è	sisè	...	
7è	setè	30è	trentè
8è	vuitè	40è	quarantè
9è	novè	50è	cinquantè
10è	desè	60è	seixantè
11è	onzè	70è	setantè
12è	dotzè	80è	vuitantè
13è	tretzè	90è	norantè
14è	catorzè	100è	centè
15è	quinzè	200è	dos-centè
16è	setzè	1.000è	milè
17è	dissetè	2.000è	dosmilè
18è	divuitè	1.000.000è	milionè
		1.000.000.000.000è	bilionè

Bemerkungen:
— Alle Ordnungszahlen sind veränderlich, zB: sisè (-ena *f*), quarantè (-ena *f*).
— Ab dem 20. werden meist anstelle der Ordnungszahlen die Grundzahlen gebraucht, und zwar immer unveränderlich und nach dem Substantiv, zB: *la pàgina vint-i-u* (nicht *-un*); *la pàgina dos-cents vint-i-dos.*
— Manchmal gebraucht man auch die gehobenen Formen *vigèsim -a* (20.), *trigèsim -a* (30.), *quadragèsim -a* (40.), *quinquagèsim -a* (50.), *sexagèsim -a* (60.), *septuagèsim -a* (70.), *octogèsim -a* (80.), *nonagèsim -a* (90.), *centèsim -a* (100.), *mil·lèsim -a* (1000.), *milionèsim -a* (1000000.).

DIE ADVERBIEN

31. Neben den ursprünglichen Adverbien wie *bé, mal, sovint, ara, aquí, allà* gibt es abgeleitete Adverbien, die durch Anhängen von *-ment* an die Femininform des Singulars der Adjektive gebildet werden, zB lent, lent*a*, lent*ament*; ple, plen*a*, plen*ament*; ràpid, ràpid*a*, ràpid*ament*.
Hat ein Adjektiv eine gemeinsame Form für Maskulin und Feminin, so wird das betreffende Adverb von dieser abgeleitet, zB: fàcil fàcil*ment*, horrible horrible*ment*.

DAS VERB

32. Allgemeines
Das katalanische Verb weist gegenüber dem deutschen einige Besonderheiten auf.

32.1. Es gibt ein Gerundium (*gerundi*), das durch Anhängen der Endungen *-ant*, *-ent* und *-int* gebildet wird und im allgemeinen eine Handlung ausdrückt, die gleichzeitig mit der des Hauptverbs stattfindet. Das Partizip Präsens, dessen Form außer in der Konjugation auf *-ir* mit der des Gerundiums übereinstimmt, wird heute nur noch adjektivisch und substantiviert gebraucht.

32.2. Dem deutschen Imperfekt entsprechen im Katalanischen zwei Zeiten: das *pretèrit imperfet* (unbestimmte Dauer, nicht vollendeter Vorgang) und das *perfet* (bestimmte Dauer, vollendeter Vorgang), zB: quan sortíem (*imperf*) arribà (*perf*) la Maria.

Neben der einfachen Form, die heute in der Umgangssprache nur noch regional gebraucht wird, hat das *pretèrit perfet* eine aus dem Präsens Indikativ von *anar* und dem Infinitiv des jeweiligen Verbs zusammengesetzte Form, das *perfet perifràstic d'indicatiu*, zB: vaig cantar, vas cantar, va cantar, vam cantar, vau cantar, van cantar.

32.3. Auch im Konjunktiv gibt es ein Präteritum, das mit den Formen des Konjunktiv Präsens von *anar* und dem Infinitiv gebildet wird, zB: vagi cantar, vagis cantar, vagi cantar, vàgim cantar, vàgiu cantar, vagin cantar (cantes, cantessin).

32.4. Die anderen zusammengesetzten Zeiten des Verbs werden nach folgendem Muster mit dem Hilfsverb *haver* und dem Partizip Perfekt gebildet:

Infinitiv Perfekt		haver cantat
Gerundium Perfekt		havent cantat
Perfekt	Indikativ	he cantat, has cantat, ha cantat, hem cantat, heu cantat, han cantat
	Konjunktiv	hagi cantat, hagis cantat, hagi cantat, hàgim cantat, hàgiu cantat, hagin cantat
Plusquamperfekt	Indikativ	havia cantat, havies cantat, havia cantat, havíem cantat, havíeu cantat, havien cantat
	Konjunktiv	hagués cantat, haguessis cantat, hagués cantat, haguéssim cantat, haguéssiu cantat, haguessin cantat
Präteritum der Vorzeitigkeit (pretèrit anterior)		haguí cantat (vaig haver cantat), hagueres cantat (vas haver cantat), hagué cantat (va haver cantat), haguérem cantat (vam haver cantat), haguéreu cantat (vau haver cantat), hagueren cantat (van haver cantat)
Futur II		hauré cantat, hauràs cantat, haurà cantat, haurem cantat, haureu cantat, hauran cantat
Konditional II		hauria cantat, hauries cantat, hauria cantat, hauríem cantat, hauríeu cantat, haurien cantat

Da die zusammengesetzten Zeiten in allen Konjugationen gleich gebildet werden, sind sie in den Paradigmen unter 33-40 nicht aufgeführt.

32.5. Das *pretèrit anterior* drückt Vorzeitigkeit gegenüber dem *perfet* aus, zB: quan *vam haver begut*, vam pagar. Wie beim *perfet* wird es umgangssprachlich meist in der periphrastischen Form gebraucht.

32.6. Das Partizip Perfekt hat regelmäßig gebildete adjektivische Formen, zB: cantat *m*, cantada *f*, cantats *m pl*, cantades *f pl*. Im Aktiv bleibt es jedoch immer unverändert im Maskulinum Singular, außer in Verbindung mit einem Fürwort. In diesem Fall kann es verändert werden, zB: *he vist la Maria*, aber *no l'he vist* oder *no l'he vista*.

32.7. Das Passiv wird analog zum Deutschen mit dem Hilfsverb *ésser* und dem Partizip Perfekt gebildet. Das Partizip stimmt dabei mit dem Subjekt in Geschlecht und Zahl überein.

32.8. Zu den nachstehend aufgeführten Verbformen des Standardkatalanischen gibt es eine Reihe dialektaler Varianten, die wir hier micht aufführen können.

Regelmäßige Verben

33. *inf* auf -ar: cantar; *ger* -ant: cantant; *p p* -at: cantat (-ada *f*)

		sing			pl		
		1a pers	*2a pers*	*3a pers*	*1a pers*	*2a pers*	*3a pers*
pr	ind	canto	cantes	canta	cantem	canteu	canten
	subj	canti	cantis	canti	cantem	canteu	cantin
imperf	ind	cantava	cantaves	cantava	cantàvem	cantàveu	cantaven
	subj	cantés	cantessis	cantés	cantéssim	cantéssiu	cantessin
perf	ind	cantí	cantares	cantà	cantàrem	cantàreu	cantaren
fut		cantaré	cantaràs	cantarà	cantarem	cantareu	cantaran
cond		cantaria	cantaries	cantaria	cantaríem	cantaríeu	cantarien
imper			canta	canti	cantem	canteu	cantin

(Zur Bildung der zusammengesetzten Zeiten siehe oben 32.1-32.4).

Mit Ausnahme von *anar* (*s:* 38) und *estar* (*s:* 40) werden alle Verben auf *-ar* nach obigem Paradigma konjugiert. Zu beachten sind lediglich die normalen orthographischen Veränderungen bei Verben mit Stammauslaut auf *c, ç, g, gu, j, qu* vor Endungen auf *e* oder *i*, zB: to*c*ar, to*qu*em; comen*ç*ar, comen*c*eu; pa*g*ar, pa*gu*in; enai*gu*ar, enai*gü*i; men*j*ar, men*g*em; obli*qu*ar, obli*qü*eu. Außer bei den Verben auf *-guar* und *-quar* wird nach auf Vokal auslautendem Verbstamm auf das *i* der angehängten Endung ein Trema gesetzt, um anzuzeigen, daß die beiden aufeinanderfolgenden Vokale keinen Diphthong bilden, zB: crear, creï; estudiar, estudiïs; suar, suïn. Vor diesen Endungen verschwindet der Stammauslaut [j], zB: esglaiar, esglaï; voleiar, voleïn; enjoiar, enjoïs.

34. *inf* auf -re: perdre; *ger* -ent: perdent; *pp* -ut: perdut (-uda *f*)

		sing			pl		
		1a pers	*2a pers*	*3a pers*	*1a pers*	*2a pers*	*3a pers*
pr	ind	perdo	perds	perd	perdem	perdeu	perden
	subj	perdi	perdis	perdi	perdem	perdeu	perdin
imperf	ind	perdia	perdies	perdia	perdíem	perdíeu	perdien
	subj	perdés	perdessis	perdés	perdéssim	perdéssiu	perdessin
perf	ind	perdí	perderes	perdé	perdérem	perdéreu	perderen
fut		perdré	perdràs	perdrà	perdrem	perdreu	perdran
cond		perdria	perdries	perdria	perdríem	perdríeu	perdrien
imper			perd	perdi	perdem	perdeu	perdin

(Zur Bildung der zusammengesetzten Zeiten siehe oben 32.1-32.4).

Die meisten Verben auf *-re* weichen in einigen Zeiten von diesem Paradigma ab und erscheinen daher im Verzeichnis der unregelmäßigen Verben (s: 40).

35. *inf* auf *-er*: témer

	sing			pl		
	1a pers	2a pers	3a pers	1a pers	2a pers	3a pers
fut	temeré	temeràs	temerà	temerem	temereu	temeran
cond	temeria	temeries	temeria	temeríem	temeríeu	temerien

Die anderen Zeiten der Verben auf *-er* werden wie die der Verben auf *-re* gebildet (*s:* 34).

36. *inf* auf *-ir*: sentir; *ger* -int: sentint; *pp* -it: sentit (-ida *f*)

		sing			pl		
		1a pers	2a pers	3a pers	1a pers	2a pers	3a pers
pr	ind	sento	sents	sent	sentim	sentiu	senten
	subj	senti	sentis	senti	sentim	sentiu	sentin
imperf	ind	sentia	senties	sentia	sentíem	sentíeu	sentien
	subj	sentís	sentissis	sentís	sentíssim	sentíssiu	sentissin
perf ind		sentí	sentires	sentí	sentírem	sentíreu	sentiren
fut		sentiré	sentiràs	sentirà	sentirem	sentireu	sentiran
cond		sentiria	sentiries	sentiria	sentiríem	sentiríeu	sentirien
imper			sent	senti	sentim	sentiu	sentin

(Zur Bildung der zusammengesetzten Zeiten siehe oben 32.1-32.4).

Die meisten Verben auf *-ir* werden jedoch nach folgendem Muster mit Stammerweiterung konjugiert. Zum orthographischen Wechsel von *i* zu *ï* (zB: lluïm, pruït) siehe die Bemerkung unter 37.

37. *inf* auf *-ir*: servir

		sing			pl		
		1a pers	2a pers	3a pers	1a pers	2a pers	3a pers
pr	ind	serveixo	serveixes	serveix	servim	serviu	serveixen
	subj	serveixi	serveixis	serveixi	servim	serviu	serveixin
imper			serveix	serveixi	servim	serviu	serveixin

Die anderen Zeiten der Verben auf *-ir* mit Stammerweiterung werden wie die der Verben auf *-ir* ohne Stammerweiterung gebildet (*s:* 36). Nach Vokal wird *-i-* mit Trema bzw. Akzent geschrieben, zB: reduït, reduïa, reduís. Im Infinitiv, Gerundium, Futur und Konditional wird jedoch kein Trema gesetzt.

Unregelmäßige Verben
A. Hilfsverben

38. *inf* anar; *ger* anant; *pp* anat (-ada *f*)

		sing			pl		
		1a pers	2a pers	3a pers	1a pers	2a pers	3a pers
pr	ind	vaig	vas	va	anem	aneu	van
	subj	vagi	vagis	vagi	vàgim	vàgiu	vagin
imperf	ind	anava	anaves	anava	anàvem	anàveu	anaven
	subj	anés	anessis	anés	anéssim	anéssiu	anessin
perf	ind	aní	anares	anà	anàrem	anàreu	anaren
fut		aniré	aniràs	anirà	anirem	anireu	aniran
cond		aniria	aniries	aniria	aniríem	aniríeu	anirien
imper			vés	vagi	anem	aneu	vagin

(Zur Bildung der zusammengesetzten Zeiten siehe oben 32.1-32.4).
Zur Bildung des *perfet perifràstic indicatiu* gebraucht man die Formen *vaig* (oder dialektal *vàreig*), *vas* (*vares*), *va*, *vam* (*vàrem*), *vau* (*vàreu*), *van* (*varen*).

39. *inf* haver; *ger* havent; *pp* hagut (-uda *f*)

		sing			pl		
		1a pers	2a pers	3a pers	1a pers	2a pers	3a pers
pr	ind	he	has	ha	hem	heu	han
	subj	hagi	hagis	hagi	hàgim	hàgiu	hagin
imperf	ind	havia	havies	havia	havíem	havíeu	havien
	subj	hagués	haguessis	hagués	haguéssim	haguéssiu	haguessin
perf	ind	haguí	hagueres	hagué	haguérem	haguéreu	hagueren
fut		hauré	hauràs	haurà	haurem	haureu	hauran
cond		hauria	hauries	hauria	hauríem	hauríeu	haurien

(Zur Bildung der zusammengesetzten Zeiten siehe oben 32.1-32.4).
Neben *he* erscheint *haig* nur wenn *haver* als Modalverb des Zwangs (*haver + de + inf*) gebraucht wird.
Die übrigen Hilfsverben sind im folgenden alphabetischen Verzeichnis aufgeführt.

B. Andere Verben

40. Alphabetisches Verzeichnis der unregelmäßigen Verben.
(Die Abkürzungen *pr* und *imperf* ohne Angabe des Modus beziehen sich hier stets auf den Indikativ; *sing* bzw. *pl* 1, 2, 3 bedeuten 1., 2. und 3. Person Singular bzw. Plural. Es werden jeweils nur die vom regelmäßigen Paradigma (33, 34, 35, 36, 37) abweichenden Formen angegeben. Oft wird auch von einem unregelmäßigen Verb auf ein anderes verwiesen, das die gleichen Abweichungen aufweist.)

absoldre *s:* 34; *ger* absolent; *pp* absolt; *pr* absolc, absols, absol, absolem, absoleu, absolen; *pr subj* absolgui, absolguis, absolgui, absolguem, absolgueu, absolguin; *imperf* absolia, absolies, absolia, absolíem, absolíeu, absolien; *imperf subj* absolgués, absolguessis, absolgués, absolguéssim, absolguéssiu, absolguessin; *perf* absolguí, absolgueres, absolgué, absolguérem, absolguéreu, absolgueren; *imper* absol, absolgui, absolguem, absoleu, absolguin
abstenir-se *s:* mantenir
abstreure *s:* treure
acollir *s:* collir
acomplir *s:* complir
acórrer *s:* córrer
acréixer *s:* créixer
acudir *s:* 37 (aber auch ohne Stammerweiterung, *s:* pudir)
adir-se *s:* dir
admetre *s:* 34; *pp* admès (-esa *f*)
adscriure *s:* escriure
advenir *s:* prevenir
ajeure *s:* jeure
aparèixer *s:* conèixer
apercebre *s:* concebre
aprendre *s:* 34 *ger* aprenent; *pp* après (-esa *f*); *pr* aprenc, aprens, aprèn, aprenem, apreneu, aprenen; *pr subj* aprengui, aprenguis, aprengui, aprenguem, aprengueu, aprenguin; *imperf* aprenia, aprenies, aprenia, apreníem, apreníeu, aprenien; *imperf subj* aprengués, aprenguessis, aprengués, aprenguéssim, aprenguéssiu, aprenguessin; *perf* aprenguí, aprengueres, aprengué, aprenguérem, aprenguéreu, aprengueren; *imper* aprèn, aprengui, aprenguem, apreneu, aprenguin
arremetre *s:* admetre
asseure *s:* creure
atendre *s:* aprendre; *pr sing* 3 atén; *imper sing* 2 atén
atenir-se *s:* mantenir
atènyer *s:* 35; *pp* atès (-esa *f*)
atreure *s:* treure
avenir-se *s:* prevenir
bestreure *s:* treure
beure *ger* bevent; *pp* begut (-uda *f*); *pr* bec, beus, beu, bevem, beveu, beuen; *pr subj* begui, beguis, begui, beguem, begueu, beguin; *imperf* bevia, bevies, bevia, bevíem, bevíeu, bevien; *imperf subj* begués, beguessis, begués, beguéssim, beguéssiu, beguessin; *perf* beguí, begueres, begué, beguérem, beguéreu, begueren; *imper* beu, begui, beguem, beveu, beguin
cabre *od* **caber** *s:* 34; *pr sing* 2 caps, 3 cap; *pr subj* càpiga, càpigues, càpiga, capiguem, capigueu, càpiguen; *imper sing* 2 cap, 3 càpiga; *pl* 1 capiguem, 3 càpiguen
caldre *od* **caler** (nur in der 3. pers gebraucht) *s:* valer
captenir-se *s:* mantenir
caure *s:* 34 *ger* caient; *pp* caigut (-uda); *pr sing* 1 caic, *pl* 1 caiem, 2 caieu; *pr subj* caigui, caiguis, caigui, caiguem, caigueu, caiguin; *imperf* queia, queies, queia, quèiem, quèieu, queien; *imperf subj* caigués, caiguessis, caigués, caiguéssim, caiguéssiu, caiguessin; *perf* caiguí, caigueres, caigué, caiguérem, caiguéreu, caigueren. *imper sing* 3 caigui, *pl* 1 caiguem, 2 caigueu, 3 caiguin
circumscriure *s:* escriure
cloure *s:* concloure; *pp* clos
cobrir *s:* 37; *pp* cobert
collir *s:* 36; *pr sing* 1 cullo, 2 culls, 3 cull, *pl* 3 cullen; *pr subj sing* 1 culli, 2 cullis, 3 culli, *pl* 3 cullin; *imper sing* 2 cull, 3 culli, *pl* 3 cullin
colltòrcer *s:* tòrcer
cometre *s:* admetre
commoure *s:* moure
comparèixer *s:* conèixer

complaure *s:* plaure
complir *s:* 37; *pp* complert *od* complit (-ida *f*)
compondre *s:* respondre
comprendre *s:* aprendre
comprometre *s:* admetre
concebre *s:* 34; *pr sing* 2 conceps, 3 concep; *imper sing* 2 concep
concloure *s:* 34; *ger* concloent; *pp* conclòs (-osa *f*); *pr sing* 1 concloc, *pl* 1 concloem, 2 concloeu; *pr subj* conclogui, concloguis, conclogui, concloguem, conclogueu, concloguin; *imperf* concloïa, concloïes, concloïa, concloíem, concloíeu, concloïen; *imperf subj* conclogués, concloguessis, conclogués, concloguéssim, concloguéssiu, concloguessin; *perf* concloguí, conclogueres, conclogué, concloguérem, concloguéreu, conclogueren; *imper* conclou, conclogui, concloguem, concloeu, concloguin.
concórrer *s:* córrer
condoldre's *s:* absoldre
conèixer *s:* 35; *pp* conegut (-uda *f*); *pr sing* 1 conec, 2 coneixes; *pr subj* conegui, coneguis, conegui, coneguem, conegueu, coneguin; *imperf subj* conegués, coneguessis, conegués, coneguéssim, coneguéssiu, coneguessin; *perf* coneguí, conegueres, conegué, coneguérem, coneguéreu, conegueren; *imper* coneix, conegui, coneguem, coneixeu, coneguin
confondre *s:* fondre; *pp* confós (-osa *f*)
constrènyer *s:* estrènyer
contenir *s:* mantenir
contòrcer *s:* tòrcer
contradir *s:* dir
contrafer *s:* desfer
contravenir *s:* venir
contreure *s:* treure
convèncer *s:* vèncer
convenir *s:* prevenir
conviure *s:* viure
córrer *s:* 35; *pp* corregut (-uda *f*); *pr sing* 2 corres, 3, corre; *pr subj pl* 1 correguem (*od* correm), 2 corregueu (*od* correu); *imperf subj* corregués, correguessis, corregués, correguéssim, correguéssiu, correguessin; *perf* correguí, corregueres, corregué, correguérem, correguéreu, corregueren; *imper sing* 2 corre, *pl* 1 correguem (*od* correm), 2 correu
correspondre *s:* respondre
corroure *s:* moure
cosir *s:* 36; *pr sing* 1 cuso, 2 cuses, 3 cus, *pl* 3 cusen; *pr subj sing* 1 cusi, 2 cusis, 3 cusi, *pl* 3 cusin; *imper sing* 2 cus, 3 cusi, *pl* 3 cusin
coure *s:* 34; *ger* coent; *pp* cuit *od fig* cogut (-uda *f*); *pr sing* 1 coc, *pl* 1 coem, 2 coeu; *pr subj* cogui, coguis, cogui, coguem, cogueu, coguin; *imperf* coïa, coïes, coïa, coíem, coíeu, coïen; *imperf subj* cogués, coguessis, cogués, coguéssim, coguéssiu, coguessin; *perf* coguí, cogueres, cogué, coguérem, coguéreu, cogueren; *imper sing* 2 cou, 3 cogui, *pl* 1 coguem, 3 coguin
créixer *s:* 35; *pp* crescut (-uda *f*); *pr sing* 2 creixes, *pr subj pl* 1 creixem (*od* cresquem), 2 creixeu (*od* cresqueu); *imperf subj* creixés (*od* cresqués), creixeissis (*od* cresquessis), creixés (*od* cresqués), creixéssim (*od* cresquéssim), creixéssiu (*od* cresquéssiu), creixessin (*od* cresquessin); *perf* creixí (*od* cresquí), creixeres (*od* cresqueres), creixé (*od* cresqué), creixérem (*od* cresquérem), creixéreu (*od* cresquéreu), creixeren (*od* cresqueren); *imper pl* 1 creixem (*od* cresquem)
creure *s:* 34 *ger* creient; *pp* cregut (-uda *f*); *pr sing* 1 crec, *pl* 1 creiem, 2 creieu; *pr subj* cregui, creguis, cregui, creguem, cregueu, creguin; *imperf* creia, creies, creia, crèiem, crèieu, creien; *imperf subj* cregués, creguessis, cregués, creguéssim, creguéssiu, creguessin; *perf* creguí, cregueres, cregué, creguérem, creguéreu, cregueren; *imper sing* 2 creu; *pl* 2 creieu
cruixir *s:* 36; *pr sing* 2 cruixes
decaure *s:* caure

decebre *s:* concebre
decórrer *s:* córrer
decréixer *s:* créixer
defendre *s:* aprendre
defugir *s:* fugir
dependre *s:* aprendre
desacollir *s:* collir
desaparèixer *s:* conèixer
desaprendre *s:* aprendre
desatendre *s:* atendre
desavenir-se *s:* prevenir
descloure *s:* concloure
descobrir *s:* cobrir
descompondre *s:* respondre
desconèixer *s:* conèixer
desconvenir *s:* prevenir
descórrer *s:* córrer
descosir *s:* cosir; *pr sing* 3 descús; *imper sing* 2 descús
descreure *s:* creure
descriure *s:* escriure
desdir *s:* dir
deseixir-se *s:* eixir
desentendre's *s:* atendre
desfer *s:* fer; *pr sing* 2 desfàs, 3 desfà; *imperf subj sing* 1 desfés, 3 desfés; *imper sing* 2 desfés
desmerèixer *s:* créixer
despendre *s:* aprendre
desplaure *s:* plaure
despondre's *s:* respondre
desprendre *s:* aprendre
destòrcer *s:* tòrcer
destrènyer *s:* estrènyer
detenir *s:* mantenir
detraure *s:* treure
deure *s:* beure
dir *ger* dient; *pp* dit; *pr* dic, dius, diu, diem, dieu, diuen; *pr subj* digui, diguis, digui, diguem, diguin; *imperf* deia, deies, deia, dèiem, dèieu, deien; *imperf subj* digués, diguessis, digués, diguéssim, diguéssiu, diguessin; *perf* diguí, digueres, digué, diguérem, diguéreu, digueren; *fut* diré, diràs, dirà, direm, direu, diran; *cond* diria, diries, diria, diríem, diríeu, dirien; *imper* digues, digui, diguem, digueu, diguin
discórrer *s:* córrer
dispondre *s:* compondre
dissoldre *s:* absoldre
distendre *s:* atendre
distreure *s:* treure
doldre *od* **doler** *s:* absoldre; *pp* dolgut (-uda *f*)
donar *s:* 33; *pr sing* 2 dónes, 3 dóna...; *imper sing* 2 dóna
dur *ger* duent; *pp* dut; *pr* duc, duus (*od* dus), duu (*od* du), duem, dueu, duen; *pr subj* dugui, duguis, dugui, duguem, dugueu, duguin; *imperf* duia, duies, duia, dúiem, dúieu, duien; *imperf subj* dugués, duguessis, dugués, duguéssim, duguéssiu, duguessin; *perf* duguí, dugueres, dugué, duguérem, duguéreu, dugueren; *fut* duré, duràs, durà, durem, dureu, duran; *cond* duria, duries, duria, duríem, duríeu, durien; *imper* duu (*od* du), dugui, duguem, dueu, duguin
eixir *s:* 36; *pr sing* 1 ixo, 2 ixes, 3 ix, *pl* 3 ixen; *pr subj sing* 1 ixi, 2 ixis, 3 ixi, *pl* 3 ixin; *imper sing* 2 ix, 3 ixi, *pl* 2 eixiu, 3 ixin
embeure *s:* beure

emetre *s:* admetre
empènyer *s:* 35; *pp* empès (-esa *f*)
emprendre *s:* aprendre
encendre *s:* atendre
encloure *s:* concloure
encobrir *s:* 37; *pp* encobert
encórrer *s:* córrer
endur-se *s:* dur; *pr sing* 2 t'enduus (*od* t'endús), 3 s'enduu (*od* s'endú); *imper sing* 2 enduu-te (*od* endú-te)
enfugir-se *s:* fugir
entendre *s:* atendre
entrelluir *s:* lluir (ohne Stammerweiterung)
entreobrir *s:* obrir
entremetre's *s:* admetre
entretenir *s:* mantenir
entreveure *s:* veure
equivaler *s:* valer
escaure *s:* caure
escollir *s:* collir
escometre *s:* admetre
escopir *s:* 36; *pr sing* 1 escupo, 2 escups, 3 escup, *pl* 3 escupen; *pr subj sing* 1 escupi, 2 escupis, 3 escupi, *pl* 3 escupin; *imper sing* 2 escup, 3 escupi, *pl* 3 escupin
escórrer *s:* córrer
escriure *s:* 34 *ger* escrivint; *pp* escrit; *pr sing* 1 escric, *pl* 1 escrivim, 2 escriviu; *pr subj* escrigui, escriguis, escrigui, escriguem, escrigueu, escriguin; *imperf* escrivia, escrivies, escrivia, escrivíem, escrivíeu, escrivien; *imperf subj* escrivís, escrivissis, escrivís, escrivíssim, escrivíssiu, escrivissin; *perf* escriví, escrivires, escriví, escrivírem, escrivíreu, escriviren; *imper* escriu, escrigui, escriguem, escriviu, escriguin
esdevenir *s:* prevenir
ésser *od* **ser** *ger* essent (*od* sent); *pp* estat (-ada *f*) [*od umg* sigut (-uda)]; *pr* só(c), ets, és, som, sou, són; *pr subj* sigui, siguis, sigui, siguem, sigueu, siguin; *imperf* era, eres, era, érem, éreu, eren; *imperf subj* fos, fossis, fos, fóssim, fóssiu, fossin; *perf* fui, fores, fou, fórem, fóreu, foren; *fut* seré, seràs, serà, serem, sereu, seran; *cond* seria, series, seria, seríem, seríeu, serien (*od* fóra, fores, fóra, fórem, fóreu, foren); *imper* sigues, sigui, siguem, sigueu, siguin
establir *s:* 37; *pp* establert
estar *s:* 33; *pr* estic, estàs, està, estem, esteu, estan; *pr subj* estigui, estiguis, estigui, estiguem, estigueu, estiguin; *imperf subj* estigués, estiguessis, estigués, estiguéssim, estiguéssiu, estiguessin; *perf* estiguí, estigueres, estigué, estiguérem, estiguéreu, estigueren; *imper* estigues, estigui, estiguem, estigueu, estiguin
estendre *s:* atendre
estòrcer *s:* tòrcer
estrafer *s:* desfer
estrènyer *s:* 35; *pp* estret
excloure *s:* concloure
expendre *s:* aprendre
extreure *s:* treure
fendre *s:* prendre
fer *ger* fent; *pp* fet; *pr* faig, fas, fa, fem, feu, fan; *pr subj* faci, facis, faci, fem, feu, facin; *imperf* feia, feies, feia, fèiem, fèieu, feien; *imperf subj* fes, fessis, fes, féssim, féssiu, fessin; *perf* fiu, feres, féu, férem, féreu, feren; *fut* faré, faràs, farà, farem, fareu, faran; *cond* faria, faries, faria, faríem, faríeu, farien; *imper* fes, faci, fem, feu, facin
fondre *ger* fonent; *pp* fos; *pr* fonc, fons, fon, fonem, foneu, fonen; *pr subj* fongui, fonguis, fongui, fonguem, fongueu, fonguin; *imperf* fonia, fonies, fonia, foníem, foníeu, fonien; *imperf subj* fongués, fonguessis, fongués, fonguéssim, fonguéssiu, fonguessin; *perf* fonguí, fongueres, fongué, fonguérem, fonguéreu, fongueren; *imper* fon, fongui, fonguem, foneu, fonguin

fugir *s:* 36; *pr sing* 1 fujo, 2 fuges, 3 fuig; *imper sing* 2 fuig; *pl* 2 fugiu
heure *od* **haver** *s:* 39; *pr* hec, heus, heu, havem, haveu, heuen; *pr subj* hegui, heguis, hegui, haguem, hagueu, heguin; *imper* heu, hegui, haguem, haveu, heguin
imprimir *s:* 37, *pp* imprès (-esa *f*)
incloure *s:* concloure
incórrer *s:* córrer
infondre *s:* confondre
inscriure *s:* escriure
interdir *s:* dir
intervenir *s:* mantenir
jeure *od* **jaure** *ger* jaient; *pp* jagut (-uda *f*); *pr* jec (*od* jac), jeus (*od* jaus), jeu (*od* jau), jaiem, jaieu, jeuen (*od* jauen); *subj* jegui (*od* jagui), jeguis, (*od* jaguis), jegui (*od* jagui), jaguem, jagueu, jeguin (*od* jaguin); *imperf* jeia, jeies, jeia, jèiem, jèieu, jeien; *imperf subj* jagués, jaguessis, jagués, jaguéssim, jaguéssiu, jaguessin; *perf* jaguí, jagueres, jagué, jaguérem, jaguéreu, jagueren; *fut* jauré, jauràs, jaurà, jaurem, jaureu, jauran; *cond* jauria, jauries, jauria, jauríem, jauríeu, jaurien; *imper* jeu (*od* jau), jegui (*od* jagui), jaguem, jaieu, jeguin (*od* jaguin)
lleure *s:* creure
lluir (*konkret*) *s:* 36; *pr sing* 2 lluus (*od* llus), 3 lluu (*od* llu); *imper sing* 2 lluu (*od* llu); (*fig*) *s:* 37
malmetre *s:* admetre
malprendre *s:* aprendre
malvendre *s:* vendre; *pr sing* 3 malvèn; imper *sing* 2 malvèn
malveure *s:* veure
malviure *s:* viure
malvoler *s:* voler
mantenir *s:* tenir; *imper sing* 2 mantén
menystenir *s:* mantenir
merèixer *s:* créixer
moldre *s:* absoldre; *pp* mòlt
morir *s:* 36; *pp* mort
moure *s:* 34 *ger* movent; *pp* mogut (-uda *f*); *pr sing* 1 moc, *pl* 1 movem, 2 moveu; *pr subj* mogui, moguis, mogui, moguem, mogueu, moguin; *imper* movia, movies, movia, movíem, movíeu, movien; *imperf subj* mogués, moguessis, mogués, moguéssim, moguéssiu, moguessin; *perf* moguí, mogueres, mogué, moguérem, moguéreu, mogueren; *imper* mou, mogui, moguem, moveu, moguin
néixer *od* **nàixer** *ger* naixent; *pp* nascut (-uda *f*); *pr* neixo (*od* naixo), neixes (*od* naixes), neix (*od* naix), naixem, naixeu, neixen (*od* naixen); *pr subj* neixi (*od* naixi), neixis (*od* naixis), neixi (*od* naixi), naixem (*od* nasquem), naixeu (*od* nasqueu), neixin (*od* naixin); *imperf* naixia, naixies, naixia, naixíem, naixíeu, naixien; *imperf subj* naixés (*od* nasqués), naixessis (*od* nasquessis), naixés (*od* nasqués), naixéssim (*od* nasquéssim), naixéssiu (*od* nasquéssiu), naixessin (*od* nasquessin); *perf* naixí (*od* nasquí), naixeres (*od* nasqueres) naixí (*od* nasquí), naixérem (*od* nasquérem), naixéreu (*od* nasquéreu), naixeren (*od* nasqueren); *fut* naixeré, naixeràs, naixerà, naixerem, naixereu, naixeran; *cond* naixeria, naixeries, naixeria, naixeríem, naixeríeu, naixerien; *imper* neix (*od* naix), neixi, (*od* naixi), naixem (*od* nasquem), naixeu, neixin (*od* naixin)
noure *s:* coure; *pp* nogut (-uda *f*)
obrir *s:* 36; *pp* obert *pr sing* 2 obres, 3 obre; *imper sing* 2 obre, *pl* 2 obriu
obtenir *s:* mantenir
ocórrer *s:* córrer
ofendre *s:* aprendre
oferir *s:* 37; *pp* ofert; *imper sing* 2 ofereix, *pl* 2 oferiu
oir *s:* 37; *pr sing* 2 oeixes (*od* ous), 3 oeix (*od* ou), *pl* 3 oeixen (*od* ouen); *imper sing* 2 oeix (*od* ou)
ometre *s:* admetre
omplir *s:* 36; *pp* omplert; *pr sing* 2 omples, 3 omple; *imper sing* 2 omple, *pl* 2 ompliu

parèixer *s:* conèixer
péixer *s:* 35; *pp* pascut (-uda *f*); *pr sing* 2 peixes
pellobrir-se *s:* obrir
percebre *s:* concebre
percudir *s:* acudir
perfer *s:* desfer
permetre *s:* admetre
pertànyer *s:* 35; *pp* pertangut (-uda *f*)
pervenir *s:* prevenir
plànyer *s:* 35; *pp* plangut (-uda *f*)
plaure *ger* plaent; *pp* plagut (-uda *f*); *pr sing* 1 plac, *pl* 1 plaem, 2 plaeu; *pr subj* plagui, plaguis, plagui, plaguem, plagueu, plaguin; *imperf* plaïa, plaïes, plaïa, plaíem, plaíeu, plaïen; *imper subj* plagués, plaguessis, plagués, plaguéssim, plaguéssiu, plaguessin; *perf* plaguí, plagueres, plagué, plaguérem, plaguéreu, plagueren; *imper* plau, plagui, plaguem, plaeu, plaguin
ploure *s:* moure
poder *ger* podent; *pp* pogut (-uda *f*); *pr* puc, pots, pot, podem, podeu, poden; *pr subj* pugui, puguis, pugui, puguem, pugueu, puguin; *imperf* podia, podies, podia, podíem, podíeu, podien; *imperf subj* pogués, poguessis, pogués, poguéssim, poguéssiu, poguessin; *perf* poguí, pogueres, pogué, poguérem, poguéreu, pogueren; *fut* podré, podràs, podrà, podrem, podreu, podran; *cond* podria, podries, podria, podríem, podríeu, podrien; *imper* pugues, pugui, puguem, pugueu, puguin
pondre *s:* respondre
preconcebre *s:* concebre
predir *s:* dir
preestablir *s:* establir
prendre *s:* aprendre; *pp* pres; *pr sing* 3 pren; *imper sing* 2 pren
prescriure *s:* escriure
pretendre *s:* atendre
prevaler *s:* valer
prevenir *s:* mantenir
preveure *s:* veure
prometre *s:* admetre
promoure *s:* moure
proscriure *s:* escriure
provenir *s:* prevenir
pruir *s:* lluir (36)
pudir *s:* 36; *pr sing* 2 puts, 3 put; *imper sing* 2 put
rarefer *s:* desfer
raure *s:* plaure; *pp* ragut (-uda *f*)
reaparèixer *s:* conèixer
reblir *s:* establir
rebre *s:* concebre
recaure *s:* caure
recloure *s:* concloure
recobrir *s:* cobrir
recollir *s:* collir
recompondre *s:* respondre
reconèixer *s:* conèixer
reconvenir *s:* mantenir
recórrer *s:* córrer
recosir *s:* descosir
recoure *s:* coure
redir *s:* dir
reeixir *s:* eixir; *pr sing* 1 reïxo, 2 reïxes, 3 reïx, *pl* 3 reïxen; *pr subj sing* 1 reïxi, 2 reïxis, 3 reïxi, *pl* 3 reïxin; *imper* reïx, reïxi, reeixim, reeixiu, reïxin.
refer *s:* desfer

refondre *s:* confondre
reimprimir *s:* imprimir
relluir *s:* lluir (37)
remetre *s:* admetre
remoldre *s:* moldre
remoure *s:* moure
renéixer *s:* néixer
reobrir *s:* obrir
reprendre *s:* aprendre
resoldre *s:* absoldre
respondre *s:* fondre; *pp* respost
ressortir *s:* sortir
restablir *s:* establir
restrènyer *s:* estrènyer
retenir *s:* mantenir
retòrcer *s:* tòrcer
retreure *s:* treure
retrotraure, retrotreure *s:* treure
revendre *s:* malvendre
revenir *s:* mantenir; *pr sing* 2 revéns, *pl* 3 revénen
reveure *s:* veure
reviure *s:* viure
riure *s:* 34 *ger* rient; *pp* rigut (-uda); *pr sing* 1 ric, *pl* 1 riem, 2 rieu; *pr subj* rigui, riguis, rigui, riguem, rigueu, riguin; *imperf* reia, reies, reia, rèiem, rèieu, reien; *imperf subj* rigués, riguessis, rigués, riguéssim, riguéssiu, riguessin; *perf* riguí, rigueres, rigué, riguérem, riguéreu, rigueren; *imper* riu, rigui, riguem, rieu, riguin
romandre *s:* 34; *ger* romanent; *pp* romàs (-asa *f*); *pr* romanc, romans, roman, romanem, romaneu, romanen; *pr subj* romangui, romanguis, romangui, romanguem, romangueu, romanguin; *imperf* romania, romanies, romania, romaníem, romaníeu, romanien; *imperf subj* romangués, romanguessis, romangués, romanguéssim, romanguéssiu, romanguessin; *perf* romanguí, romangueres, romangué, romanguérem, romanguéreu, romangueren; *imper* roman, romangui, romanguem, romaneu, romanguin
saber *s:* caber; *pr sing* 1 sé; *imper sing* 2 sàpigues, *pl* 2 sapigueu
salprendre *s:* aprendre
satisfer *s:* desfer
ser *s:* ésser
seure *s:* creure
sobrecréixer *s:* créixer
sobreeixir *s:* reeixir
sobreentendre *s:* atendre
sobrenéixer *s:* néixer
sobreprendre *s:* aprendre
sobrescriure *s:* escriure
sobreseure *s:* seure
sobresortir *s:* sortir
sobrevaler *s:* valer
sobrevenir *s:* mantenir
sobreviure *s:* viure
socórrer *s:* córrer
sofrir *s:* 37; *pp* sofert
soler *s:* valer
somoure *s:* moure
somriure *s:* riure
sorprendre *s:* aprendre
sortir *s:* 36; *pr sing* 1 surto, 2 surts, 3 surt, *pl* 3 surten; *pr subj sing* 1 surti, 2 surtis, 3 surti, *pl* 3 surtin; *imper* surt, surti, sortim, sortiu, surtin

sostenir *s:* mantenir
sostreure *s:* treure
sotascriure *s:* escriure
sotmetre *s:* admetre
subscriure *s:* escriure
subvenir *s:* mantenir
suplir *s:* 37; *pp* suplert
suspendre *s:* aprendre
tenir *s:* 36; *pp* tingut (-uda); *pr sing* 1 tinc, 3 té; *pr subj* tingui, tinguis, tingui, tinguem, tingueu, tinguin; *imperf subj* tingués, tinguessis, tingués, tinguéssim, tinguéssiu, tinguessin; *perf* tinguí, tingueres, tingué, tinguérem, tinguéreu, tingueren; *fut* tindré, tindràs, tindrà, tindrem, tindreu, tindran; *cond* tindria, tindries, tindria, tindríem, tindríeu, tindrien; *imper* té (*od* ten *bzw.* tingues), tingui, tinguem, teniu, (*bzw.* tingueu), tinguin
toldre *s:* absoldre
tondre *s:* fondre
tòrcer *s:* 35; *pp* tort; *pr sing* 1 torço, 2 torces, 3 torç; *imper sing* 2 torç
tossir *s:* collir
trametre *s:* admetre
transcórrer *s:* córrer
transcriure *s:* escriure
transfondre *s:* confondre
transmetre *s:* admetre
treure *od* **traure** *s:* jeure; *pp* tret
ullprendre *s:* aprendre
valer *s:* 35 *u.* 34; *pp* valgut (-uda *f*); *pr sing* 1 valc; *pr subj* valgui, valguis, valgui, valguem, valgueu, valguin; *imperf subj* valgués, valguessis, valgués, valguéssim, valguéssiu, valguessin; *perf* valguí, valgueres, valgué, valguérem, valguéreu, valgueren; *fut* valdré, valdràs, valdrà, valdrem, valdreu, valdran; *cond* valdria, valdries, valdria, valdríem, valdríeu, valdrien; *imper sing* 2 val, 3 valgui, *pl* 1 valguem, 2 valeu, 3 valguin
vèncer *s:* 35; *pp* vençut (-uda *f*); *pr sing* 1 venço, 2 vences, 3 venç; *imper sing* 2 venç
vendre *s:* aprendre; *pp* venut (-uda *f*); *pr sing* 3 ven; *imper sing* 2 ven
venir *s:* tenir; *pr sing* 2 véns, 3 ve, *pl* 3 vénen; *imper sing* 2 vine; *pl* 2 veniu
veure *s:* 34; *ger* veient; *pp* vist; *pr sing* 1 veig; *pl* 1 veiem, 2 veieu; *pr subj* vegi, vegis, vegi, vegem, vegeu, vegin; *imperf* veia, veies, veia, vèiem, vèieu, veien; *imperf subj* veiés, veiessis, veiés, veiéssim, veiéssiu, veiessin; *perf* viu, veieres (*od* veres), veié (*od* véu), veiérem (*od* vérem), veieren (*od* veren); *imper* veges (*od* ves), vegi, vegem, vegeu (*od* veieu), vegin
viure *s:* 34; *ger* vivint; *pp* viscut (-uda *f*); *pr sing* 1 visc, *pl* 1 vivim, 2 viviu; *pr subj* visqui, visquis, visqui, visquem, visqueu, visquin; *imperf* vivia, vivies, vivia, vivíem, vivíeu, vivien; *imperf subj* visqués, visquessis, visqués, visquéssim, visquéssiu, visquessin; *perf* visquí, visqueres, visqué, visquérem, visquéreu, visqueren; *imper* viu, visqui, visquem, viviu, visquin
voler *s:* 35; *pp* volgut (-uda *f*); *pr sing* 1 vull; *pl* 3 volen; *pr subj* vulgui, vulguis, vulgui, vulguem, vulgueu, vulguin; *imperf subj* volgués, volguessis, volgués, volguéssim, volguéssiu, volguessin; *perf* volguí, volgueres, volgué, volguérem, volguéreu, volgueren; *fut.* voldré, voldràs, voldrà, voldrem, voldreu, voldran; *cond* voldria, voldries, voldria, voldríem, voldríeu, voldrien; *imper* vulgues, vulgui, vulguem, vulgueu, vulguin

IV. ZUR WORTBILDUNG

41. Die Ableitung

Beim Anhängen eines Suffixes an ein Substantiv oder Adjektiv, das auf *a, e* oder *o* endet, fällt dieser Auslaut weg, zB: *agre → agror*; dagegen: *vermell → vermellor*.

Bei Ableitungen von einem Verb werden Suffixe der im Gerundium erscheinenden Stammform angehängt. Bei bestimmten Suffixen, wie zB *-ment, -ble, -dor, -ció*, wird die Stammform durch einen Themavokal erweitert, und zwar bei den Verben der ersten Konjugation durch ein *a*, bei Verben der zweiten und dritten Konjugation durch ein *e* bzw. *i*, zB: *cant-a-ble, bev-e-dor, perd-i-ció*.

Je nach den angehängten Suffixen kann der Stamm eines abgeleiteten Wortes Alternationen aufweisen: c-g (zB: *groc → grogor*), t-d (zB: *set → sedejar*), p-b (zB: *llop → llobató*), ig/g-tg/tj (zB: *lleig → lletgesa*; *mig → mitjó*), ig-g/j (zB: *roig → rogenc* bzw. → *rojor*), u-v (zB: *viu → vivesa*), u-φ (zB: *europeu → europeïtzar*), betonter Vokal-Vokal+n (zB: *germà → germanor*); auch bei einer gewissen Anzahl von Wörtern, die auf ein unbetontes *e* auslauten, wird vor dem Suffix ein *n* eingefügt (zB: *home → homenet*; *jove → jovenesa*); bei manchen anderen wird zwischen Stamm und Suffix ein anderer Konsonant eingefügt (zB: *cafè → cafetera*; *pit → pitrera*).

Bei der Ableitung kann man von Substantiven, Adjektiven, Verben sowie auch von einigen Adverbien ausgehen: sub → sub, zB: *fill → fillada*; sub → adj, zB: *veí → veïnal*; sub → Verb, zB: *llamp → llampegar*; adj → sub, zB: *elegant → elegància*, adj → adj, zB: *blau → blavenc*; adj → Verb, zB: *blanc → blanquejar*; Verb → sub, zB: *trair → traïció*; Verb → adj, zB: *fondre → fonedís*; Verb → Verb, zB: *ploure → plovisquejar*; adv → adj, zB: *davant → davanter*.

41.1. Unter den Suffixen sind hier die diminutiven und augmentativen zu erwähnen, da sie nur selten im Wörterbuch stehen.

Das wichtigste Diminutivsuffix ist *-et, -eta*. Es kann nicht nur an Substantive, sondern auch an Adjektive und sogar Adverbien angehängt werden. Beispiele: *hort → hortet* „Gärtchen", „Gärtlein"; *filla → filleta* „Töchterchen", „Töchterlein"; *petit → petitet* „ganz klein"; *a prop → a propet* „ganz nahe". Mit vorwiegend affektiver Bedeutung werden auch *-ó, -ona* und *-iu, -iua* gebraucht. Manchmal werden zwei Diminutivsuffixe kombiniert, zB: *petit → petitonet*.

Die häufigsten Augmentativsuffixe sind *-às, -assa* und *-ot, -ota*. Sie werden an Substantive und Adjektive angehängt und oft pejorativ gebraucht, vor allem *-ot, -ota*. Beispiele: *dona → donassa* „korpulente Frau", *donota* „Weibsstück"; *estrany → estranyot* „ziemlich seltsam". Auch *-arro, -arra* wird meist pejorativ verwendet.

41.2. Im Wörterbuch schwach vertreten sind auch die Ableitungen mit dem Präfix *re-*, wenn dieses die Bedeutung eines Adjektivs, Adverbs oder Ausrufs intensiviert. Beispiele: *dolent → redolent* „sehr schlecht", „sehr böse"; *bé → rebé* „sehr gut"; *dimonis! → redimonis!* „zum Teufel nochmal!".

42. Die Zusammensetzung

Bei der Zusammensetzung durch Juxtaposition werden zwei oder mehrere Wörter ohne Beeinträchtigung der grammatikalischen Regeln zusammengerückt, zB: *capgros, guàrdia urbà, migdia, busca-raons*.

Bei der elliptischen oder synthetischen Zusammensetzung weist die Neubildung grammatikalische Unregelmässigkeiten oder den Wegfall von Relationselementen auf, zB: *camallarg, tren correu, vagó llit*.

Manche Komposita werden in einem Wort (wie zB *celobert, obrellaunes, bocabadat*), manche mit Bindestrich (wie zB *nord-est, sord-mut, hispano-francès, guarda-roba*) und andere getrennt geschrieben (wie zB *blat de moro, ull de poll, argent viu*). Zum Gebrauch des Bindestrichs siehe oben 13.2.

V. IM WÖRTERBUCH GEBRAUCHTE ZEICHEN UND ABKÜRZUNGEN
(*SIGNES I ABREVIATURES QUE S'USEN AL DICCIONARI*)
Zeichen (*Signes*)

~	*s:* 1.2/2.2.
⌐	*s:* 1.2/2.2.
~	*s:* 1.3/2.3.
=	gleich, gleichwertig mit - igual, equivalent a
+	*plus, mit* - més, amb
|	Trennung verschiedener Bedeutungen eines Stichworts. Trennung von Stichwörtern. Siehe 1.2/2.2. *Separació de les diferents accepcions d'una entrada. Separació d'entrades. Vegeu 1.2/2.2*
||	Wechsel der grammatikalischen Kategorie eines Stichworts, zB von Adjektiv zu Substantiv oder von transitivem zu intransitivem Verb. Abgrenzung von Bedeutungsgruppen oder Stilebenen. *Canvi de la categoria gramatical de l'entrada, per exemple d'adjectiu a substantiu o de verb transitiu a verb intransitiu. Delimitació de grups d'accepcions o nivells estilístics.*

Katalanische Abkürzungen
(*Abreviatures catalanes*)

abs	*usat absolutament* - ohne Akkusativobjekt gebraucht
ac	*acusatiu* - Akkusativ
adj	*adjectiu* - Adjektiv
adj (m/f)	*adjectiu d'una sola terminació* - Adjektiv mit einer einzigen Endung
adm	*administració, llenguatge burocràtic* - Verwaltung(ssprache)
adv	*adverbi* - Adverb
aeron	*aeronàutica* - Luftfahrt
agr	*agricultura* - Landwirtschaft
alg	*algú*
anat	*anatomia* - Anatomie
And	*Andorra, andorrà* - Andorra, andorranisch
ant	*antic, antigament* - veraltet, früher
antrop	*antropologia* - Anthropologie
arc	*arcaic, desuet* - archaisch, veraltend
arg	*argot* - Slang, Argot
arquit	*arquitectura* - Architektur
art	*art* - Kunst
art def	*article definit* - bestimmter Artikel
art ind	*article indefinit* - unbestimmter Artikel
astr	*astrologia; astronomia* - Astrologie; Astronomie
aut	*automòbil, automobilisme* - Kraftfahrzeug, Kraftfahrwesen
Bal	*Balears, baleàric* - Balearen, balearisch
banc	*banca* - Bank(wesen)
bíbl	*Bíblia, bíblic* - Bibel, biblisch
biol	*biologia* - Biologie
bot	*botànica* - Botanik
caç	*caça* - Jagd
cat	*català* - katalanisch
Cat	*Catalunya* - Katalonien
catol	*catolicisme, catòlic* - Katholizismus, katholisch
cient	*científic* - (natur)wissenschaftlich
cin	*cinematografia* - Filmkunst
circ	*circulació* - Verkehr(swesen)
col	*col·lectiu* - Sammelbegriff

com	*comerç* - Handel
conj	*conjunció* - Konjunktion
comp	*comparatiu* - Komparativ
concr	*concret(ament)* - konkret
cond	*condicional* - Konditional
constr	*construcció* - Bau(wesen)
corr	*correus* - Post(wesen)
crust	*crustaci* - Krebstier
dat	*datiu* - Dativ
def	*defectiu* - defektiv
desp	*despectiu* - abwertend
dipl	*diplomàcia* - Diplomatie
dim	*diminutiu* - Verkleinerungsform
dr	*dret* - Recht
ecl	*eclesiàstic* - kirchlich
econ	*economia* - Wirtschaft(sfachsprache)
elect	*electricitat, electrotècnia, electrònica* - Elektrizität, Elektrotechnik, Elektronik
entom	*entomologia* - Entomologie
esport	*esport* - Sport(fachsprache)
estud	*llenguatge estudiantil; ensenyament* - Studentensprache; Bildungswesen
etc	*etcètera* - und so weiter
etnol	*etnologia* - Völkerkunde
euf	*eufemisme* - Euphemismus
ev	*protestantisme, evangèlic* - Protestantismus, evangelisch
excl	*exclamació* - Ausruf
f	*femení* - weiblich
fam	*familiar(ment)* - familiär, umgangssprachlich
ferroc	*ferrocarrils* - Eisenbahn
fig	*figurat, en sentit figurat* - figurativ, übertragen
filos	*filosofia* - Philosophie
fís	*física* - Physik
f/m	*femení o masculí* - weiblichen oder männlichen Geschlechts
folk	*folklore* - Folklore
fotog	*fotografia* - Photographie
fr	*francès* - französisch
fut	*futur* - Futur
gastr	*gastronomia* - Kochkunst
gen	*genitiu* - Genitiv
geog	*geografia* - Geographie
geol	*geologia* - Geologie
geom	*geometria* - Geometrie
ger	*gerundi* - Gerundium
gràf	*arts gràfiques* - Druckwesen
hist	*història; històricament* - Geschichte; geschichtlich
ict	*ictiologia* - Fischkunde, Fischname
imper	*imperatiu* - Imperativ
imperf	*imperfet* - Imperfekt
ind	*indicatiu* - Indikativ
indús	*indústria* - Industrie
inf	*infinitiu* - Infinitiv
infan	*llenguatge infantil* - Kindersprache
int	*interjecció* - Interjektion
inv	*invariable* - unveränderlich
iròn	*irònic(ament)* - ironisch
ling	*lingüística* - Sprachwissenschaft
lit	*literari, literàriament* - gehoben; bildungssprachlich

Lit	*literatura* - Literatur
loc adj	*locució adjectival* - adjektivische Wendung
loc adv	*locució adverbial* - adverbiale Wendung
loc conj	*locució conjuntiva* - konjunktionale Wendung
loc prep	*locució prepositiva* - präpositionale Wendung
m	*masculí* - männlich
mam	*mamífer* - Säugetier
mat	*matemàtica* - Mathematik
med	*medicina* - Medizin
met	*metall; metal·lúrgia* - Metall; Metallurgie
m/f	*masculí o femení* - männlichen oder weiblichen Geschlechts
meteor	*meteorologia* - Meteorologie
mil	*militar* - Militär
min	*mineria; mineralogia* - Bergbau; Mineralogie
mit	*mitologia* - Mythologie
m/n	*masculí o neutre* - männlichen oder sächlichen Geschlechts
mús	*música* - Musik
n	*neutre* - sächlich
nàut	*nàutica* - Schiffahrt
n/m	*neutre o masculí* - sächlichen oder männlichen Geschlechts
nom	*nominatiu* - Nominativ
nord-cat	*nord-català* - nordkatalanisch
num	*numeral* - Zahlwort
numis	*numismàtica* - Münzkunde
oc	*català occidental* - westkatalanisch
onomat	*onomatopeic* - lautmalend
òpt	*òptica* - Optik
or	*català oriental* - ostkatalanisch
ornit	*ornitologia* - Vogelkunde
part	*participi present* - Partizip Präsens
pers	*persona; personal* - Person; persönlich
p ext	*per extensió* - im weiteren Sinne
perf	*perfet* - Präteritum
pint	*pintura* - Malerei
pl	*plural* - Plural
poèt	*poètic(ament)* - poetisch, dichterisch
polít	*política* - Politik
pop	*popular(ment)* - salopp
pop!	*vulgar(ment)* - vulgär, derb
pp	*participi passat* - Partizip Perfekt
prep	*preposició* - Präposition
pron	*pronom* - Pronomen, Fürwort
pron adv	*pronom adverbial* - Adverbialpronomen
pron dem	*pronom demostratiu* - Demonstrativpronomen
pron ind	*pronom indefinit* - Indefinitpronomen
pron int	*pronom interrogatiu* - Interrogativpronomen
pron pers	*pronom personal* - Personalpronomen
pron poss	*pronom possessiu* - Possessivpronomen
pron rel	*pronom relatiu* - Relativpronomen
pr	*present* - Präsens
psic	*psicologia; psiquiatria* - Psychologie; Psychiatrie
quím	*química* - Chemie
rad	*radiotècnia; ràdio* - Funktechnik; Rundfunk
ram	*ramaderia* - Viehzucht
reg	*regional(ment)* - regional, landschaftlich
rel	*religió* - Religion
ret	*retòrica* - Rethorik

s/f	*substantiu femení* - weibliches Substantiv
sg	*singular* - Singular
silv	*silvicultura* - Forstwirtschaft
s/m	*substantiu masculí* - männliches Substantiv
s/mf	*substantiu amb formes masculina i femenina* - Substantiv mit männlicher und weiblicher Form
s/m/f	*substantiu igual en masculí i femení-* - Substantiv mit gleicher männlicher und weiblicher Form
sociol	*sociologia* - Soziologie
sub	*substantiu* - Substantiv
subj	*subjuntiu* - Konjunktiv
sup	*superlatiu* - Superlativ
taur	*tauromàquia* - Stierkampf
teat	*teatre* - Theater
tecn	*tecnologia* - Technik
telecom	*telecomunicacions* - Fernmeldewesen
teol	*teologia* - Theologie
tèxt	*tèxtil* - Textilien
tv	*televisió* - Fernsehen
u/c	*una cosa*
Val	*País Valencià, valencià* - Land València, valencianisch
vi	*verb intransitiu* - intransitives Verb
v/imp	*verb impersonal* - unpersönliches Verb
v/r	*verb reflexiu* - reflexives Verb
vt	*verb transitiu* - transitives Verb
vt/i	*verb transitiu i intransitiu* - transitives und intransitives Verb
vt(/r)	*verb transitiu (i reflexiu)* - transitives (und reflexives) Verb
zool	*zoologia* - Zoologie

Deutsche Abkürzungen
(Abreviatures alemanyes)

a.	auch
Abk	Abkürzung - abreviatura
allg	allgemein - en general, generalment
bes	besonders - especialment, sobretot
bzw	beziehungsweise - respectivament; o bé, o també
e.	ein
e-e	eine
e-m	einem
e-n	einen
e-r	einer
e-s	eines
etw	etwas
gr	groß
gr(e)	große
gr(m)	großem
gr(n)	großen
gr(r)	großer
gr(s)	großes
j-d	jemand
j-m	jemandem
j-n	jemanden
j-s	jemandes
k.	kein
k-e	keine
k-m	keinem

k-n	keinen
k-r	keiner
k-s	keines
kl	klein
kl(e)	kleine
kl(m)	kleinem
kl(n)	kleinen
kl(r)	kleiner
kl(s)	kleines
mst	meist - generalment
nordd	norddeutsch - alemany septentrional
od	oder
örtl	örtlich - local(ment)
s.	sich
S.	Seite - pàgina
s:	siehe - vegeu
s-e	seine
s-m	seinem
s-n	seinen
span	spanisch - espanyol
s-r	seiner
s-s	seines
südd	süddeutsch - alemany meridional
u.	und - i
umg	umgangssprachlich - col·loquial(ment)
usw	und so weiter - etcètera
zB	zum Beispiel - per exemple
zeitl	zeitlich - temporal
zG	zum Gebrauch - per a l'ús
Zssgn	Zusammensetzungen - mots compostos
zus	zusammen
zw	zwischen

A

a, A *f (pl as)* a, A | *no saber ni la a* völlig unwissend *od* ungebildet sein.

a *prep (Lage in od dicht bei; Richtung; Endpunkt; Ziel; a. fig)* ~ *pagès* auf dem Lande | ~ *muntanya* im Gebirge | *viure* ~ *València* in València leben | *érem al cafè* wir waren im Café | *és* ~ *la taula* es ist auf dem Tisch | *una taca* ~ *la paret* e. Fleck an der Wand | *ens hem trobat* ~ *la porta* wir haben uns an der Tür getroffen | *un viatge* ~ *París* e-e Reise nach Paris | *arribar* ~ *casa* zu Hause ankommen | *caure* ~ *terra* zu Boden fallen | *tocar de mans al sostre* mit den Händen an die Decke reichen | *acostar-se al foc* näher an die Feuerstelle rücken | ~ *un quilòmetre del poble* e-n Kilometer vom Dorf (entfernt) | *anar d'una banda* ~ *l'altra* von e-r Seite zur anderen gehen | *de finestra* ~ *finestra hi ha un metre* der Abstand von Fenster zu Fenster beträgt einen Meter | *comptar de vint* ~ *trenta* von zwanzig bis dreißig zählen | *venir* ~ *no res* völlig heruntergekommen | *l'import no arriba* ~ *deu pessetes* der Betrag macht nicht einmal zehn Peseten aus | ~ *taula!* zu Tisch! | ~ *treballar!* an die Arbeit! | *(Zeitpunkt od -raum)* ~ *les dues* um zwei Uhr | ~ *l'estiu* im Sommer | *al segle XX* im 20. Jahrhundert | ~ *la nit* nachts; in der Nacht | ~ *la tarda* nachmittags; am Nachmittag | ~ *trenc d'alba* bei Tagesanbruch | ~ *deshora* zur Unzeit | ~ *final de mes* am Monatsende | ~ *trenta anys* mit dreißig Jahren || *(in Verbindung mit de Ende e-s Zeitraums) de sol* ~ *sol* von Sonnenaufgang bis Sonnenuntergang | *de les 10* ~ *les 11* von 10 bis 11 Uhr | *d'aquí* ~ *un any* in e-m Jahr | *(Art und Weise, bes in festen Wendungen)* ~ *peu* zu Fuß | ~ *l'engròs* en gros | ~ *contracor* ungern | ~ *les fosques* im Dunkeln | ~ *la catalana* auf katalanische Art || *(Mittel, Werkzeug) escrit* ~ *mà (a màquina)* hand-(maschine-)geschrieben | *carn* ~ *la brasa* gegrilltes Fleisch | *tocar una peça al piano* e. Stück auf dem Klavier spielen || *(Entsprechung; Zahl u. Maß; Aufeinanderfolge) tres* ~ *dos* drei zu zwei | ~ *metres* nach Metern | ~ *dotzenes* zu Dutzenden | *anar* ~ *cent per hora* (mit) hundert fahren | ~ *cent pessetes el metre* zu hundert Peseten das Meter | *ho venen* ~ *mil pessetes* sie verkaufen es zu tausend Peseten | *pas* ~ *pas* Schritt für Schritt || *(Zweck)* ~ *aquest efecte* zu diesem Zweck | *tirar* ~ *matar* scharf schießen | *van sortir* ~ *saludar-me* sie kamen heraus, um mich zu begrüßen || *(+inf, zum Ausdruck der Möglichkeit od Notwendigkeit) un detall* ~ *tenir en compte* e. zu berücksichtigendes Detail || *(zur Rektion erforderlich) adequar (adequació, adequat, adequadament)* ~... anpassen (Anpassung, angepaßt) an... | *comença* ~ *ploure* es fängt an zu regnen | *útil* ~ *la humanitat* der Menschheit nützlich || *(indirektes Objekt) comunicar la notícia al públic* der Öffentlichkeit die Nachricht mitteilen || *(personales direktes Objekt; gilt nur vor betonten Personalpronomen, vor einigen Indefinitpronomen u. zur Vermeidung von Zweideutigkeiten als korrekt) mira'l* ~ *ell* sieh ihn dir an | *interrogar-se*

àbac

l'un ~ *l'altre* s. gegenseitig abfragen | *l'estima,* ~ *la Maria?* liebt er Maria? || (*in zusammengesetzten Präpositionen u. präpositionalen Wendungen*) zB s: *cap³, com¹, damunt, fins, per, quant, respecte, tocant* || s: *en².*
àbac *m* Abakus *m,* Rechenbrett *n.*
abacà *m* (*pl -às*) *bot* Manilahanf *m.*
aba|cial *adj* (*m/f*) äbtlich, Abt(s)... | Abtei... | **~dal** *adj* (*m/f*) Abt(s)... | **~dessa** *f* Äbtissin *f* | **~dia** *f* Abtei *f* | **~diat** *m* Amts-würde, -zeit *f* e-s Abtes (e-r Äbtissin) | Abteigebiet *n* | = **abadia.**
abaixa|ment *m* Senken *n,* Tiefergehen *n* | Sinken *n* | **~r** (33) *vt* herab-, herunter-lassen; herunterklappen | niedriger machen | (*Augen*) niederschlagen, senken | (*Preise*) heruntersetzen, senken | (*Blick, Kopf, Stimme*) senken | (*Radio*) leiser stellen | *tecn* glätten, abhobeln, -schleifen | ~ *veles* (*a. fig*) die Segel streichen | **~r-se** *v/r* s. neigen, s. beugen | s. bücken | niedriger werden, sinken | *fig* s. erniedrigen, s. demütigen | *s: baixar, rebaixar*(*-se*).
abalançar-se (33) *v/r* s. vornüber stürzen | ~ *contra alg* s. auf j-n stürzen.
abalisar (33) *vt* durch Baken *od* Bojen kennzeichnen.
abaltir-se (37) *v/r* einnicken, halb einschlummern, bebaken.
abanderar (33) *vt* (*Schiff*) unter fremder Flagge registrieren | (*Schiff*) mit Flaggenpapieren versehen.
aband|ó *m a. dr* Verlassen *n* | Aufgabe *f,* Verzicht *m* | *dr* Abandon *m* | Verlassenheit *f* | **~onament** *m* = **abandó** | **~onar** (33) *vt* verlassen | im Stich lassen | (*Kind*) aussetzen | (*Plan, Sport*) aufgeben | **~onar-se** *v/r* nachlässig werden, s. gehenlassen | ~ *a una passió* (*a un vici*) s. e-r Leidenschaft (e-m Laster) ergeben | **~onat** (*-ada f*) *adj* vernachlässigt | verlassen, einsam | nachlässig.
abans *adv* vorher, vorhin; davor, zuvor; eher, früher; vormals, ehemals, einst | ~ *mengeu!* eßt vorher! | *amb el tren arribaràs* ~ mit dem Zug kommst du vorher (*od* früher) an | ~ *es feia a mà* früher wurde das von Hand gemacht | *molt* ~ viel früher; lang(e) vorher | *des de molt* ~ seit sehr viel früher; seit langem | *poc* ~ kurz vorher *od* davor | *un quilòmetre* ~ e-n Kilometer davor | *l'any* (*el carrer*) ~

abatible

das Jahr (die Straße) davor || lieber, eher | ~ *morir que fer tal cosa* eher sterben als das tun | ~ *diria* ... ich würde eher sagen ... || ~ *de* (*loc prep*) vor | ~ *de sopar* vor dem Abendessen | ~ *d'hora* vor-, früh-zeitig; vor der Zeit | *la primera casa* ~ *de l'església* das erste Haus vor der Kirche | *poc* ~ *de veure-la* kurz bevor ich sie sah | ~ *d'arribar el tren* vor Ankunft des Zuges || ~ *que* (*loc conj*) bevor, ehe | ~ *que te'n vagis* ... bevor du gehst ... | *ho sabré* ~ *que tu* ich werde es vor dir (*od* eher als du) wissen | **~-d'ahir** *adv* vorgestern | *s: altre.*
abarati|ment *m* Verbilligung *f* | **~r(-se)** (37) *vt*(*/r*) (s.) verbilligen.
abaronar (33) *vt nàut* mit der Ruderkette festmachen.
abarrotar (33) *vt bes nàut* verstauen | *a. fig* vollstopfen (*de* mit *dat*) | *el tren anava abarrotat de gent* der Zug war gestopft voll.
abassega|dor *adj* raffgierig | s/m raffgieriger Mensch *m* | Hamsterer *m* | **~ment** *m* Zusammenraffen *n* | **~r** (33) *vt* zusammenraffen | hamstern.
abast *m* Reichweite *f* | (Wirkungs)Bereich *m* | Trag-, Schuß-weite *f* | *fig* Tragweite *f,* Ausmaß *n* | = **~ament** *a l'*~ (*de la mà*) in Reichweite; zur Hand | *al* (*fora del*) *meu* ~ in *od* innerhalb (außerhalb) meiner Reichweite | *míssil de llarg* (*curt*) ~ Lang-(Kurz-)streckenrakete *f* | *míssil d'*~ *mitjà* Mittelstreckenrakete *f* | *fig: un fet de gran* ~ e. Ereignis von gr(r) Tragweite | *una explicació a l'*~ *de tothom* e-e allgemeinverständliche Erklärung | *preus a l'*~ erschwingliche Preise | *tinc tanta feina, que no dono l'*~ ich habe soviel Arbeit, daß ich damit nicht fertig werde | **~ador¹** *m* Lieferant *m* | **~ador²** *adj* greifbar | **~ament** *m* Versorgung *f* | **~ar** (33) *vi* reichen (*a* bis an *ac*) | *amb la mà abasta al sostre* mit der Hand reicht er bis an die Decke | *fig: no* ~ *a comprendre u/c* etw nicht begreifen können | || *vt* herunter-, herüber-holen | umfassen | versorgen (*de* mit *dat*) | ~ *fruita* Obst abpflücken | ~ *una ciutat de queviures* (*aigua, gas*) e-e Stadt mit Lebensmitteln (Wasser, Gas) versorgen.
abat *m* Abt *m* | *arc* Pfarrer *m.*
abat|ible *adj* (*m/f*) zusammenklappbar,

abdicació 53 **ablució**

Klapp... | **~iment** *m* Nieder-schlagen, -reißen *n* | Niedergeschlagenheit *f* | *dr* Bankrott *m* | *com* Rabatt, Nachlaß *m* | *nàut* Abtrift *f* | **~re** (34) *vt* nieder-reißen, -werfen, -schlagen | *fig* entmutigen, mutlos machen | *com* herabsetzen, reduzieren | *~ un arbre* e-n Baum fällen | *~ un avió* e. Flugzeug abschießen | *~ les veles* die Segel streichen | *~ la bandera* die Flagge ein-holen, -streichen | *~ les cartes* (a. *fig*) die Spielkarten aufdecken; die Karten auf den Tisch legen | **~re's** *v/r* mutlos werden | s. entmutigen lassen | Bankrott machen | *nàut* vom Kurs abkommen | *~ sobre* (herab)stoßen auf (*ac*) | **~ussat** (**-ada** *f*) *adj* übel zugerichtet | verprügelt.
abdica|ció *f* Abdankung *f* | *fig* Verzicht *m*; Aufgabe *f* | **~r** (33) *vt* abdanken | *fig* verzichten; aufgeben.
abdom|en *m* *anat* Bauch, Unterleib *m*, Abdomen *n* | *ins crust* Hinterleib *m*, Abdomen *n* | **~inal** *adj* (*m/f*) Bauch..., Unter-, Hinter-leibs..., abdominal | *respiració ~* Bauch-, Zwerchfell-atmung *f* | *cavitat ~* Bauchhöhle *f*.
abduc|ció *f* *dr* Entführung *f* | *med* Abduktion *f* | **~tor** *adj* Abzieh... | *múscul ~* Abduktor *m*.
abec|é *m* a. *fig* Abc *n* | **~edari** (**-ària** *f*) *adj* alphabetisch || Abc-Buch *n*, Fibel *f*.
abegot *m* = **abellot**.
abell *m* Bienen-korb -stock *m* | Bienenschwarm *m* | **~a** *f* *ins* Biene *f* | *~ obrera* Arbeitsbiene | *~ reina* Bienenkönigin *f* || *pl* *bot* Bienenragwurz *f* | **~aire** *m* Imker, Bienenzüchter *m* | **~ar** *m* Bienenstand *m* | **~enc**, **~er**[1] *adj* Bienen... | **~er**[2] *m* Bienenschwarm *m* | = **~aire** | **~era** *f* = **~ar** | *bot* Ragwurz *f* | **~erol** *m ornit* Bienenfresser *m*.
abelli|dor *adj* (ver)lockend | **~ment** *m* (Ver)Lockung *f* | **~r** (36) *vi lit* = **plaure**, **agradar** | **~r-se** *v/r* einwilligen (*a* in *ac*).
abellot *m ins* Drohne *f* | Hummel *f*.
aberr|ació *f* Abweichung *f* | *cient* Aberration *f* | *fig* Ab-, Ver-irrung *f*; Irr-, Wahn-sinn *m* | **~ància** *f* Abweichung *f* | **~ant** *adj* (*m/f*) abweichend | *cient* aberrant | *fig* abwegig; irr-, wahn-sinnig.
aberrugat (**-ada** *f*) *adj* warzig, voller Warzen.

abestiat (**-ada** *f*) *adj* vertiert | *fig* brutal, verroht, tierisch.
abeura|da *f* Tränken *n* | *caçar a l'~* Tiere an der Tränke jagen | **~dor** *m* Tränke *f* | **~dora** *f* Vogeltränke *f*, Trinknapf *m* (*für Vögel*) | **~ll** *m* Futterschleim *m* | **~ment** *m* Tränken *n* | **~r** (33) *vt* tränken | einweichen | **~tge** *m* = **~ment** | = **~ll**.
abie|tàcies *f pl bot* Nadelhölzer *n pl* | **~tinita** *f quím* Tannennadelextrakt *m*.
abilla|ment *m lit* Vor-, Zu-bereiten *n* | Ausstatten *n* | (Aus)Schmücken *n* | Putz, Schmuck *m* | Aufmachung *f* | **~r** (33) *vt lit* vor-, zu-bereiten | (heraus)putzen, (aus)schmücken, ausstatten | (prachtvoll) kleiden.
abintestat *adv dr* ohne Testament *n* | *hereus d'~* gesetzliche Erben *m pl*.
abís *m* (*pl -issos*) = **abisme**.
abis|mal *adj* (*m/f*) Abgrund... | abgrundtief, abgründig | **~mar** (33) *vt* in den Abgrund stürzen | **~mar-se** *v/r*: *la nau s'abismà en la mar* das Schiff versank im Meer | *fig*: *~ en la lectura* (*pregària*) s. in die Lektüre (ins Gebet) versenken | **~me** *m a. fig* Abgrund *m* | *fig* Hölle *f* | *els ~s de la mar* die Tiefen des Meeres | **~sal** *adj* (*m/f*) = **abismal** | Tiefsee..., abyssisch | **~sar** (33) *vt* = **~mar**.
abiss|ini (**-ínia** *f*) *adj* abessinisch || *s/mf* Abessinier(in *f*) *m* || *s/m* Abessinisch, das Abessinische *n* | **~ínia** *f* Abessinien *n*.
abjec|ció *f* Verworfenheit, Niederträchtigkeit, Verkommenheit *f* | **~te** *adj* verworfen, niederträchtig, verkommen.
abjura|ció *f* Abschwörung *f* | Widerruf *m* | **~r** (33) *vt* abschwören (*dat*) | widerrufen (*ac*).
ablació *f med* Ektomie, operative Entfernung *f* | *geol* Abtragung, Ablation *f* | (*Gletscher*) Abschmelzung, Ablation *f*.
ablactació *f biol* Ablaktation *f*, Abstillen *n*.
ablamar(-se) (33) *vt*(*/r*) = **abrandar(-se)**, **aflamar(-se)**.
ablani|dor *adj* aufweichend | **~ment** *m* Erweichung *f* | Milderung *f* | **~r** (37) *vt* aufweichen, weich machen | *fig* mildern | **~r-se** *v/r* aufweichen, weich werden.
ablatiu *m ling* Ablativ *m*.
ablu|ció *f* (Ab)Waschung *f* | (*rituelle*) Waschung *f* | *catol* Ablution *f* | **~ent** *adj* (*m/f*) *u. s/m med* = **abstergent**.

abnega|ció f Opferwilligkeit f | Entsagung f | Selbstverleugnung f | Uneigennützigkeit f | **~t** (**-ada** f) adj opferbereit | selbstlos.
aboca|dor m Müll-, Schutt-abladeplatz m | = **bolquet** | **~ment** m Aus-schütten, -kippen, -gießen n | Ein-schenken, -gießen n | anat Öffnung, Einmündung f | **~r** (33) vt (Gefäße, Rohre) an-, in-einanderfügen | aus-schütten, -kippen, -gießen | ein-schenken, -gießen | umschütten | fig: la inflació ha abocat el país a la ruïna die Inflation hat das Land an den Rand des Ruins gebracht | hi van ~ molts diners (esforços) sie haben viel Geld (Mühe) dafür aufgewandt | li vaig ~ el que en penso ich warf ihm an den Kopf, was ich davon halte | **~r-se** v/r: ~ a la barana s. über das Geländer beugen | ~ a la finestra s. aus dem Fenster lehnen | tothom es va abocar a la plaça alle liefen auf dem Platz zusammen | fig: s'han abocat de ple a la política sie haben s. ganz der Politik verschrieben | **~t** (**-ada** f) adj (Wein) süffig.
aboiar (33) vt nàut aufbojen.
aboli|ble adj (m/f) abschaffbar | **~ció** f a. dr Abschaffung f | **~cionisme** m hist Abolitionismus m | **~ment** m = **~ció** | **~r** (37) vt a. dr abschaffen.
abombollat (**-ada** f) adj aufgebläht | bauchig.
abomina|ble adj (m/f) abscheulich, greulich, scheußlich | **~ció** f Abscheu m | Verabscheuung f | Greuel m | Abscheulichkeit f | **~r** (33) vt verabscheuen | verwünschen, verfluchen.
abona|ble adj (m/f) verbürgbar | glaub-, vertrauens-würdig | com zahlbar | (Wechsel) fällig | **~dor**[1] adj = **abonable** | **~dor**[2] m Gewährsmann m | Bürge m | **~ment** m Billigung f, Gutheißen n | Verbürgen n | Bürgschaft f | Vergütung f | Gutschrift f | Abonnement n | Dauerkarte f | **~nçar** (33) vi, **~nçar-se** v/r (s.) aufheitern, s. bessern (Wetter) | s. beruhigen (Meer) | **~r** (33) vt billigen, gutheißen | (j-m) recht geben | bürgen (für ac) | verbürgen | (Betrag) vergüten | gutschreiben | abonnieren | **~ré** m (pl -és) = pagaré | **~r-se** v/r: ~ a un diari e-e Zeitung abonnieren | ~ al teatre ein Theaterabonnement nehmen | fig: estar abonat al mal de cap dauernd Kopfschmerzen haben | **~t** m Abonnent m | (Gas, Strom) Abnehmer m | (Telefon) Teilnehmer m.
abonir (37) vt bessern | **~-se** v/r gut od besser werden.
abonyega|dura f Beule f | Delle f | **~r** (33) vt verbeulen | **~r-se** v/r e-e Beule (od Beulen) bekommen.
aborció f med Abort m | s: avortament.
aborda|ble adj (m/f) nàut zum Anlegen geeignet | fig ansprechbar; zugänglich | **~dor** adj nàut anlegend; rammend; enternd | **~ment** m nàut Anlegen n | **~r** (33) vt nàut rammen; entern | fig (Thema, Problem) anschneiden | (j-n) ansprechen | (e-n Hund) hetzen (a alg auf j-n) | (über j-n) herfallen (e. Hund) | s: bordar || vi nàut anlegen | **~tge** m nàut Entern n; Zusammenstoß m; Anlegen n.
aborigen adj (m/f) (Naturvolk) eingeboren, einheimisch || (Pflanze, Tier) einheimisch | s/m Eingeborene(r), Ureinwohner m.
aborrallonar-se (33) v/r flocken | bes s. mit Schäfchenwolken bedecken (Himmel).
abortiu (**-iva** f) adj (Leibesfrucht) zu früh geboren | abtreibend, Abtreibungs-... | fig vereitelnd | biol med abortiv || s/m Abtreibungsmittel n.
abotifarrat (**-ada** f) adj wurstartig, wurstähnlich | aufgedunsen.
abraçada f Umarmung f | una ~ del teu bon amic ... (Briefschluß) herzlich grüßt Dich Dein ... | fer una ~ a alg j-n umarmen.
abracadabra m Abrakadabra n | **~nt** adj (m/f) verblüffend.
abraça|dora f tecn Klammer f; Ring m; Rohrschelle f | **~r** (33) vt umarmen | a. fig umfassen | um-fangen, -schlingen, -klammern | (mit den Augen) überblicken | (Beruf) ergreifen | ~ l'estat religiós in den geistlichen Stand eintreten | (Meinung, Partei) s. anschließen (dat) | (Religion) annehmen; s. bekennen (zu dat) | **~r-se** v/r s. umarmen | s. klammern (a an ac).
abrandar (33) vt an-, ent-fachen, -flammen | **~-se** v/r auflodern | s: inflamar(-se).
abraonar (33) vt (j-n) umklammern (bes mit den Oberarmen) | **~-se** v/r (im Kampf) s. aneinanderklammern | aneinandergeraten (amb mit dat) | s. stürzen (a auf ac).
abrasa|dor adj, **~nt** adj (m/f) fig bren-

abrasió   **absorbent**

nend; (*Hitze*) sengend | **~r** (33) *vt* in Glut bringen | *p ext: l'aire abrasat per l'incendi* die vom Brand glühendheiße Luft | *fig: la impaciència m'abrasava* ich brannte vor Ungeduld | **~r-se** *v/r: tota la ciutat s'abrasà* die ganze Stadt brannte nieder | *fig:* ~ *de calor* (*set, impaciència*) vor Hitze (Durst, Ungeduld) vergehen.

abrasi|ó *f geol med tecn* Abrasion *f* | *med a.* Ab-, Ausschabung *f* | *tecn a.* Abrieb, Verschleiß *m*; Abschleifen *n* | **~u** (-iva) *f adj* (ab)schleifend ‖ *s/m* Schleifmittel *n*.

abreacció *f psic* Abreaktion *f*, Abreagieren *n*.

abreuja|dament *adv* kurzgefaßt | **~ment** *m* (Ab-, Ver-)Kürzen *n* | **~r** (33) *vt* (ab-, ver-)kürzen.

abrevia|ció *f* = **abreujament**, **~tura** Kürzel *n* | Kurzform *f* | **~r** (33) *vt* = **abreujar** | **~tiu** (-iva) *f adj* (ab-, ver-)kürzend | *signes ~s* Kürzel *n pl* | **~tura** *f* (*Wort*) Abkürzung *f*.

abri|c *m a. fig* Schutz *m*; Zuflucht *f* | Obdach *n*, Unterschlupf *m* | *nàut* windgeschützte Stelle *f*; Schutzhafen *m* | *bes* (Winter)Mantel *m* | *a l'~* unter Dach und Fach; in Sicherheit | *a l'~ de* im (*od* in den) Schutz von (*dat*); geschützt vor (*dat*) | **~gall** *m* zum Wärmen umgehängtes Kleidungsstück *n* | *Bal* gr(s) Umschlagtuch *n* | Zudecke, Bettwäsche *f* | Unterschlupf *m* | **~gar** (33) *vt* schützen (*bes vor Kälte*) | wärmen (*Mantel, Decke*) | warm anziehen zudecken | *fig: la neu ja abriga les valls* der Schnee bedeckt bereits die Täler | **~gar-se** *v/r s.* warm anziehen | *s.* gut zudecken.

abril *m* April *m* | *fig poèt* Lenz *m* | *una noia de quinze ~s* ein Mädchen von fünfzehn Lenzen | **~at** (-ada) *f adj* April... | *temps ~* Aprilwetter *n* | **~ejar** (33) *vi: ja abrileja* es herrscht bereits frühlingshaftes Wetter (*im Winter*); es ist schon Aprilwetter | **~enc** *adj* April...

abrillantar (33) *vt* (*Steine*) schleifen | auf Hochglanz bringen, polieren.

abrinat (-ada) *f adj* (*Holz*) ast-, knotenfrei | schlank(wüchsig).

abriülls *m pl* = **obriülls**.

abriva|da *f* heftiger Anlauf *m* | **~ment** *m* Ungestüm *n* | Verwegenheit, Kühnheit *f* | **~r** (33) *vt* (*Menschen, Tiere*) antreiben | *fig a.* anstacheln, anspornen | **~r-se** *v/r* ungestüm werden | *s.* erkühnen | **~t** (-ada *f*, -adament *adv*) *adj* kühn | ungestüm | verwegen.

abroga|ble *adj* (*m/f*) *dr* aufhebbar | **~ció** *f dr* Aufhebung *f* | **~r** (33) *vt dr* aufheben, außer Kraft setzen | **~tiu** (-iva) *f adj dr* aufhebend, Aufhebungs...

abrup|ció *f* Abreißen *n* | *bes med* Querbruch *m* | **~te** *adj* steil, jäh | *fig* heftig; schroff; abgerissen; abrupt.

abrusa|dor *adj* = **abrasador** | **~r**(-se) (33) *vt*(*/r*) = **abrasar**(-se) | *bes: el sol abrusa els prats* die Sonne versengt die Wiesen.

abscés *m* (*pl -essos*) *med* Abszess *m*.

abscis|sa *f mat* Abszisse *f* | **~ió** *f cient* Ab-, Heraus-lösung *f*.

absència *f* Abwesenheit *f* | Fehlen *n*, Mangel *m* | Fernbleiben *n* | *dr* Verschollenheit *f* | *med* Absence, Absenz *f* | ~ *d'esperit* Geistesabwesenheit *f* | *en* ~ *de* in Abwesenheit von; bei Mangel an.

absent *adj* (*m/f*) abwesend | fehlend | geistesabwesend, zerstreut | *dr* verschollen | **~a** *f* Absinth *m* | **~ar** (33) *vt* entfernen | verreisen | **~ar-se** *v/r s.* entfernen | **~isme** *m econ* Absentismus *m* | ~ *laboral* Fernbleiben *n* von der Arbeitsstelle.

àbsida *f* = **absis**.

absi|diola *f* Apsiskapelle *f* | **~s** *m arquit* Apsis, Apside *f* | (*Zelt*) Apsis *f*.

absol|dre (40) *vt* entbinden (*de* von *dat*) | *dr* freisprechen | *ecl* lossprechen | **~ta** *f ecl* Respons *f* für die Verstorbenen | **~ució** *f dr* Freispruch *m* | *ecl* Lossprechung, Absolution *f* | *donar l'~* die Absolution erteilen | **~ut** *adj* absolut | *a.* unumschränkt; unbedingt; unabhängig; völlig | *fam* herrisch ‖ *en* ~ (*loc adv; bes in Verneinungen*): *no estic en* ~ *disposat a consentir-ho* ich bin keineswegs bereit, das zuzulassen | *no, en* ~ nein, absolut (*od* ganz u. gar) nicht ‖ *s/m filos: l'~* das Absolute *n* | **~utament** *adv: governar* ~ uneingeschränkt herrschen | *és* ~ *necessari* es ist unbedingt (*od* absolut) nötig | *no hi ha* ~ *ningú* es ist k-e Menschenseele da | **~utisme** *m* Absolutismus *m* | **~utista** *adj* (*m/f*) absolutistisch ‖ *s/m* Absolutist | **~utori** (-òria) *f adj dr* freisprechend | *ecl* lossprechend.

absor|bent *adj* (*m/f*) *cient* absorbierend *a. fig*, Absorptions... | ein-, auf-saugend |

abstemi *fig a.* fesselnd || *s/m* Absorbens *n* | Absorber *m* | **~bible** *adj* (*m/f*) absorptiv | **~biment** *m* = **~ció** | *fig* Versunkenheit *f* | **~bir** (37) *vt cient* absorbieren *a. fig* | *biol a.* resorbieren | ein-, auf-saugen; aufnehmen | *fig a.* auf-, über-nehmen; fesseln; völlig in Anspruch nehmen | **~bir-se** *v/r fig s.* vertiefen (*en* in *ac*) | **~ció** *f cient* Absorption *f* | Ein-, Auf-saugen *n* | *fig:* *l'~ de les petites empreses pels trusts* die Übernahme der Kleinbetriebe durch Trusts | **~t** *adj* vertieft (*en* in *ac*) | gebannt, gefesselt | **~tivitat** *f* Absorptionsvermögen *n*.
abstemi (**-èmia** *f*) *adj* (Alkohol) abstinent || *s/m* Abstinenzler *m*.
absten|ció *f* Enthaltung *f*; Verzicht *m* (*de* auf *ac*) | *polít* (Stimm)Enthaltung *f* | **~cionisme** *m* Wahlboykott *n* | **~cionista** *m* Befürworter *m* der Stimmenthaltung | (willentlicher) Nichtwähler *m* | **~iment** *m* = **abstenció** | **~ir-se** (40) *v/r s.* enthalten (*d'u/c* e-r Sache); verzichten (*de* auf *ac*); absehen (de *von*) | *~ de fumar* auf das Rauchen verzichten | *abstingueu-vos de criticar-lo* seht davon ab, ihn zu kritisieren | *polít:* ~ (*de votar*) s. der Stimme enthalten.
absterg|ent *adj* (*m/f*) *med* (wund)reinigend || *s/m* (Wund)Reinigungsmittel *n* | **~ir** (37) *vt med* reinigen.
abstin|ència *f* Enthaltsamkeit *f* | (*bes* Alkohol *u.* ecl) Abstinenz *f* | *ecl:* *dia d'~* Abstinenztag *m* | **~ent** *adj* (*m/f*) enthaltsam, abstinent || *s/m* Abstinent *m*.
abstrac|ció *f* Abstraktion *f* | Abstrahierung *f* | *fer ~ d'u/c* von etw absehen *od* abstrahieren | **~te** *adj* abstrakt | *en ~* abstrakt genommen | **~tiu** (**-iva** *f*) *adj* Abstraktions... | **~tivitat** *f* Abstraktionsvermögen *n*.
abstr|aure (40) *vt* = **~eure** | **~et** *adj* in Gedanken versunken, weltentrückt | zurückgezogen | **~eure** (40) *vt* abstrahieren | **~eure's** *v/r* in *s.* selbst versinken | *s.* vertiefen (*en* in *ac*) | **~ús** (**-usa** *f*) *adj* verworren, schwer verständlich, abstrus.
absurd *adj* absurd, abwegig, widersinnig, unsinnig, unvernünftig || *s/m* Widersinn, Unsinn *m* | *teatre de l'~* Absurdes Theater *n* | **~itat** *f* Absurdität, Widersinnigkeit, Unsinnigkeit *f*.
abúli|a *f med* Abulie *f* | Willensschwä-che, Willenlosigkeit *f* | **~c** *adj* willensschwach.
abund|ància *f* Überfluß *m*, Fülle *f* (an *dat*) | Reichtum *m* | *cient lit* Abundanz *f* | *en ~* im Überfluß; in Hülle u. Fülle | *de l'~ del cor* aus der Fülle des Herzens | **~ant**(**ment** *adv*) *adj* (*m/f*) reich(lich), reichhaltig | in Hülle u. Fülle | *cient lit* abundant | *una contrada abundant en blat* e-e weizenreiche Gegend | *enguany la fruita és molt ~* dieses Jahr gibt es Obst in Hülle u. Fülle | **~ar** (33) *vi* reichlich vorhanden sein | *el camp abunda en* (od *d'*) *insectes* auf dem Land wimmelt es von Insekten | *els insectes* (*hi*) *abunden* es gibt (dort) sehr viele Insekten | **~or** *f* = **abundància** | **~ós** (**-osa** *f*, **-osament** *adv*) *adj* = **~ant**(**ment**).
aburgesar(**-se**) (33) *vt*(/*r*) verbürgerlichen.
abunyolat (**-ada** *f*) *adj* krapfenartig | rund u. weich wie e. frischer Krapfen.
abús *m* Mißbrauch *m* | *dr:* ~ *d'autoritat* (*de dret, de poder*) Amts-(Rechts-, Ermessens-)mißbrauch *m* | ~ *de confiança* Vertrauensbruch *m* | *dr:* ~ *deshonest* unzüchtige Handlung *f*; sexueller Mißbrauch *m* | *fer abusos en el menjar* übermäßig essen | *fam:* *aquest preu és un ~!* dieser Preis ist unverschämt hoch!
abus|ar (33) *vi:* ~ *d'alg* od *d'u/c* j-n *od* etw mißbrauchen; mit etw Mißbrauch treiben; *s.* ausnutzen | ~ *d'una dona* e-e Frau vergewaltigen | *no abusis!* sei bescheiden! | **~ió** *f arc* = **abús** | **~iu** (**-iva** *f*) *adj* mißbräuchlich | *dr* widerrechtlich | *preus ~s* überhöhte Preise.
acaba|ble *adj* (*m/f*), **~dor**[1] *adj* vollendbar | **~dor**[2] *m* Vollender *m*.
acabala|r (33) *vt* (*Reichtümer*) sammeln | **~t** (**-ada** *f*) *adj* (sehr) reich, begütert.
acaba|ll *m reg* = **~ment**, **fi** *f* | *tenir un mal ~* e. schlechtes Ende nehmen | **~lles** *f pl* Abschlußfest *n* (*nach der Ernte, Saat usw*) | *a les ~* am Ende, am Schluß | *està a les ~* es geht mit ihm zu Ende | *a les ~ de l'estiu* (*de l'àpat*) gegen Ende des Sommers (der Mahlzeit) | **~ment** *m* Beendigung, Vollendung *f* | (Ab)Schluß *m*, Ende *n* | Einfassung *f* | **~r** (33) *vt* (be)enden, beendigen, zu Ende bringen | aufhören (mit *dat*) | abschließen, fertigmachen, -stellen, vollenden | (*Lesestoff*) auslesen | (*Vorrat*) aufbrauchen | (*Waren*) ausverkaufen | ~ *els estudis* das

acabdillament — **acaparador**

Studium beenden *od* abschließen | ~ *un vestit* e. Kleid fertig-nähen, -stellen | ~ *la farina* das Mehl aufbrauchen | *fig: renyant-lo no n'acabaràs res* mit Schimpfen wirst du bei ihm nichts erreichen | ~ *amb algú que faci* (*od de fer*) *u/c* j-n dazu bringen, etw zu tun || (*ohne Angabe des Objekts*) *ja he acabat* ich bin schon fertig | *acaba d'un cop od d'una vegada!* mach doch endlich! || *vi* enden, zu Ende gehen | aufhören, aus-gehen, -laufen | *tot ha acabat bé* es ist alles gut ausgegangen | *tu acabaràs malament!* mit dir wird es e. schlimmes Ende nehmen! | ~ *en consonant* auf Konsonant enden *od* ausgehen | ~ *en punta* spitz zulaufen || ~ *de+inf: ja he acabat de fer les maletes* ich habe die Koffer schon fertiggepackt | *no acabo de comprendre-ho* ich kann es mir nicht ganz erklären | *acaben de dir-m'ho* man hat es mir gerade eben gesagt | *el pare* (*tren*) *acaba d'arribar* der Vater (Zug) ist soeben angekommen || ~ *per+inf*, ~ *+ger: acabaràs per cedir* (*od cedint*) am Ende wirst du nachgeben | **~r-se** *v/r: aquí s'acaba* (*od acaba*) *la Costa Brava* hier endet die Costa Brava | *la funció s'acaba* (*od acaba*) *a mitjanit* die Vorstellung endet um Mitternacht | *s'ha acabat!* fertig!, Schluß! | *la farina s'ha acabat* das Mehl ist alle | *el nen s'ha acabat la carn* (*llet*) das Kind hat das Fleisch aufgegessen (die Milch ausgetrunken) | *fig: no poder* (*od saber*) ~ *u/c* etw nicht begreifen können | **~t** (*-ada*) *adj* fertig, erledigt, vollendet | *fig* am Ende, erledigt | *producte* ~ Fertigprodukt *n* | *és un home* ~ er ist e. erledigter Mann | *bes desp* Erz..., vollkommen | *és un ximple* ~ er ist e. Erzsimpel | *de+inf:* neu..., frisch... | *un nen* ~ *de néixer* e. neugeborenes Kind || *adv:* (*en*) ~ anschließend, gleich danach | (*en*) ~ *de* (*loc prep*): (*en*) ~ *de sopar anirem al cinema* nach dem Abendessen gehen wir ins Kino | ~ *que+futur* (*loc conj*): ~ *que hauràs fet això, avisa'm* wenn du damit fertig bist, sag mir Bescheid | *s/m tecn* Finish *n* | *text* Appretur *f*.
acabdilla|ment *m* Führung *f*, Befehl *m* | **~r** (33) *vt* anführen, befehligen.
acaça|ment *m a. fig* Verfolgung *f* | **~r** (33) *vt a. fig* verfolgen, nachjagen.
acàcia *f bot* Akazie *f* | ~ *de tres punxes* Christusdorn *m*, Gleditschie *f*.
acadèmi|a *f* Akademie *f* | Privatlehranstalt *f* | *pint* Aktstudie *f* | ~ *d'art* (*de música*) Kunst-(Musik-)akademie | ~ *de ball* Tanzschule *f* | ~ *de belles arts* Akademie der schönen Künste | ~ *de ciències* Akademie der Wissenschaften | ~ *militar* Militärakademie | **~c** *adj a. desp* akademisch | *sessió ~a* Akademiesitzung *f* || *s/mf* Mitglied *n* e-r Akademie.
acadenat (*-ada*) *adj* verkettet.
acagallonar-se (33) *v/r* (ver)klumpen (*bes Wolle*).
acalar (33) *vt* senken | **~-se** *v/r* s. senken | s. bücken, s. beugen.
acalora|dament *adv* hitzig | **~ment** *m* Erhitzen *n* | **~r**(**-se**) (33) *vt*(/*r*) (*bes Menschen u. Tiere*) (s.) erhitzen | *pujant l'escala, m'he acalorat* beim Treppensteigen habe ich mich erhitzt | *fig: ~-se discutint* s. beim Diskutieren erhitzen.
acampa|da *f bes esport* Zelten, Campen *n* | **~dor** *m* Zelt(l)er, Camper *m* | **~ment** *m* Zelten, Lagern *n* | *arc* Lagerplatz *m* | *s: campament* | **~nat** (*-ada*) *adj* glockenförmig | *faldilles acampanades* Glockenrock *m* | **~r**[1] (33) *vt bes mil* lagern lassen || *vi a. mil* lagern, kampieren | zelten, campen | **~r**[2] *arc vt* (er)retten | ~ *la vida* mit dem Leben davonkommen || *vi: no podran* ~ *de la mort* sie werden dem Tod nicht entgehen können.
acamussa|r (33) *vt* sämisch gerben | **~tge** *m* Sämisch-, Fett-gerberei *f*.
acanala|dor *m tecn* Kehlhobel *m* | **~dora** *f tecn* Kehlhobelmaschine *f* | **~r** (33) *vt* auskehlen, riefeln | (*Tuch*) riffeln | (*Flüssigkeit*) durch e-n Kanal leiten | **~t** (*-ada*) *adj* gerieft, rinnenförmig, ausgekehlt | gerippt.
acan|ar (33) *vt* (*bes Stoff*) messen | **~onar** (33) *vt* durch Rohre leiten.
acant *m bot* Akanthus *m*, Bärenklau *m/f* | *arquit* Akanthus(blatt *n*) *m*.
acantocèfals *m pl zool* Kratzer *m pl*.
acantona|ment *m mil* Kantonierung, Einquartierung *f* | **~r** (33) *vt mil* kantonieren, einquartieren.
acanya|ment *m* Ab-magerung, -zehrung, Ausmerg(e)lung *f* | **~r-se** (33) *v/r* stark abmagern; abgezehrt *od* ausgemergelt werden | **~t** (*-ada*) *adj* knochendürr, abgezehrt, ausgemergelt.
acapara|dor *m* Aufkäufer, Hamsterer *m* |

acaptador *fig: (és)ser un* ~ alles für s. in Anspruch nehmen | **~ment** *m* Aufkaufen, Hamstern, Horten *n* | **~r** (33) *vt* aufkaufen, hamstern, horten | *p ext:* ~ *el poder* die Macht an s. reißen | *fig:* ~ *l'atenció* die Aufmerksamkeit in Beschlag nehmen.

acapt|ador *m* Spendensammler *m* | **~ar** (33) *vt* Spenden sammeln | **~e** *m* Spendensammlung, Kollekte *f*.

àcar *m entom* Milbe *f*.

acaramel·lar (33) *vt* karamelisieren.

acara|ment *m a. dr* Gegenüberstellung *f* | **~r** (33) *vt a. dr* gegenüberstellen | (*Texte*) vergleichen.

acarcanyar-se (33) *v/r:* ~ *d'aigua* (*fam*) s. mit Wasser vollaufen lassen.

acaricia|dor *adj* liebkosend, zärtlich | **~r** (33) *vt* liebkosen | streicheln | (*Plan, Gedanken, Hoffnung*) hegen.

acarnissa|ment *m* Blutgier, Erbitterung, Verbissenheit *f* | **~r-se** (33) *v/r:* ~ *amb* od *contra alg* an j-m s-e Wut auslassen; zu j-m *od* gegen j-n grausam sein | **~t** (**-ada**) *pp/adj: un combat* ~ e. erbitterter Kampf | *un enemic* ~ e. verbissener Feind.

acaronar (33) *vt* herzen, liebevoll an sich drücken | = **acariciar**.

acarrerar(-se) (33) *vt(/r)* = **encaminar** (**-se**) | *fig:* **~-se** *al vi* s. das Weintrinken angewöhnen.

acaserat (**-ada**) *adj* heiratslustig.

acassolat (**-ada** *f*) *m adj* tiegelförmig, ausgehöhlt.

acastellar (33) *vt* auf-türmen, -stapeln, -häufen.

acata|ment *m* Ehrfurcht, Hochachtung *f* | Befolgung *f* (*von Gesetzen*) | **~r** (33) *vt* (ver)ehren, achten | (*Gesetze, Befehle*) befolgen.

acatarrar-se (33) *v/r* e-n Schnupfen bekommen, s. erkälten.

accedir (37) *vi* gelangen (*a* an, in *ac*; zu *dat*) | Zugang haben (*a* zu *dat*) | *fig:* ~ *al tron* auf den Thron gelangen | ~ *a una petició* e-r Bitte entsprechen | *no hi* **~é** *mai* darin werde ich nie einwilligen.

accelera|ció *f* Beschleunigung *f* | *cient a.* Akzeleration *f* | **~dor** *adj* beschleunigend || *s/m* Beschleuniger *m* | *fís a.* Akzelerator *m* | *aut* Gas-hebel *m*, -pedal *n* | **~ment** *m* = **acceleració** | **~nt** *m quím* Beschleuniger, Katalysator *m* | **~r** (33) *vt* beschleunigen | *cient a.* akzelerieren || *vi: després del revolt,*

accelera gib nach der Kurve Gas | *aquest cotxe no accelera bé* dieser Wagen beschleunigt nicht gut | **~r-se** *v/r* s. beschleunigen, schneller werden.

accent *m* Akzent *m*, Betonung(szeichen *n*) *f*; Sprachfärbung *f* | *fig a.* Nachdruck *m* | *parlar sense* ~ akzentfrei sprechen | *fig: posar l'*~ *en u/c* auf etw Nachdruck legen | **~uació** *f* Betonung, Akzentsetzung *f* | Akzentuierung *f* | *fig: l'*~ *de la crisi* die Verschärfung der Krise | **~uar** (33) *vt* akzentuieren, betonen | *fig a.* (auf etw *ac*) Nachdruck legen; hervorheben; verschärfen | ~ *la «a»* e-n Akzent auf das «a» setzen.

accepció *f* (*Wörter*) Sinn *m*, Bedeutung *f* | *aquest mot té moltes accepcions figurades* dieses Wort hat viele übertragene Bedeutungen | *bes dr: sense* ~ *de persones* ohne Ansehen der Person.

accepta|ble *adj* (*m/f*) annehmbar | **~ció** *f a. dr* Annahme *f* | Anerkennung *f* | *banc* Akzept *n* | **~nt** *m bes banc* Akzeptant *m* | **~r** (33) *vt* annehmen, akzeptieren | anerkennen | *banc* mit Akzept versehen.

accepte *adj lit* angenehm, willkommen (*a alg* j-m).

acc|és *m* (*pl* **-essos**) Zu-gang, -tritt *m* (*a dat*) | *circ* Zufahrt(sstraße) *f* | (*Autobahn*) Zubringer *m* | Auffahrt *f* | *med* Anfall *m* | *de fàcil* ~ leicht zugänglich | *carretera amb limitació d'*~ Vorfahrtsstraße *f* | ~ *de ràbia* Tobsuchtsanfall *m* | ~ *al poder* Machtübernahme *f* | **~essible** *adj* (*m/f*) *a. fig* zugänglich | erschwinglich (*Preise*) | ~ *a la por* ängstlich | **~essió** *f lit* Zu-gang, -tritt *m* | *l'*~ *del català a llengua oficial* die Anerkennung des Katalanischen als offizielle Sprache | *dr:* ~ *a un tractat* Beitritt *m* od Akzession *f* zu e-m Staatsvertrag | **~èssit** *m* (*bei literarischen Wettbewerben*) Nebenpreis, Trostpreis *m* | **~essori** (**-òria** *f*) *adj* zugehörig, Neben..., zusätzlich, Zusatz... | *dr: pena accessòria* Nebenstrafe *f* || *s/m* Zubehörteil *n* || *s/m pl* Zubehör *n* | (*Mode*) Accessoires *n pl*.

accident *m* Vorfall *m* | Zufall *m* | Unfall *m*, Unglück *n* | Ohnmachts-, Schlaganfall *m* | *mús filos* Akzidens *n* (*pl* Akzidenzien) | ~ *de circulació* (*de treball* od *laboral*) Verkehrs-(Arbeits-)unfall *m* | *geol:* **~s** *del terreny* Geländeunebenheiten *f pl* | *ling:* **~s** *gramaticals* grammatische Formveränderungen *f pl* | *per* ~ (*loc adv*) zufällig | **~al(ment** *adv*) *adj* (*m/f*) unwesentlich | zufällig | *filos* akzidentell | *el president* ~ der amtierende Präsident | **~ar-se** (33) *v/r* verunglücken, e-n Unfall erleiden | **~at** (**-ada** *f*) *adj* verunglückt | uneben, holp(e)rig | *vida accidentada* bewegtes Leben || *s/mf* Verunglückte(r *m*) *m/f*.

acció *f a. Lit* Handlung *f* | Tat *f*; Werk *n* | (Ein)Wirkung *f* | Aktion *f* | (*bes Redner, Schauspieler*) Gestik *f* | *dr* Klage *f* | *econ* Aktie *f* | *mil* Gefecht *n* | ~ *de gràcies* (*ecl*) Dankgebet *n* | *home d'*~ Mann der Tat | *entrar en* ~ eingreifen; in Aktion treten | *va fer* ~ *d'agredir-lo* er machte Miene, ihn anzugreifen | *promoure una* (*dr*) ~ e-n Prozeß anstrengen.

accion|ar (33) *vi tecn* arbeiten, funktionieren | gestikulieren || *vt tecn* antreiben, betätigen | *dr* (*Klage, Verfahren*) anstrengen, einleiten | **~ari** (**-ària** *f*) *m* = **~ista** | **~arial** *adj* (*m/f*) *econ* Aktionärs... | **~ariat** *m econ* Aktionäre *m pl* | **~ista** *m/f econ* Aktionär(in *f*), Aktieninhaber(in *f*) *m*.

acèfal *adj* (*Lebewesen*) kopflos | *fig* führerlos.

acen|drar (33) *vt met* läutern | reinigen | **~sar** (33) *vt* verpachten.

acer *m a. poèt* Stahl *m* | ~ *fos* Gußstahl *m* | ~ *al tungstè* Wolframstahl *m* | ~ *inoxidable* rostfreier Stahl *m* | *d'*~ (*a. fig*) stählern | **~ar** (33) *vt a. fig* verstählen | **~at** (**-ada** *f*) *adj a. fig* gestählt, stählern | *fig* (*Waffe, Zunge*) scharf.

acerb *adj lit* herb | *fig* hart, streng, grausam | *s: aspre* | **~itat** *f lit* Herbheit *f* | *fig* Strenge *f*.

acèrrim *adj* erbittert | hartnäckig.

acescent *adj* (*m/f*) säuerlich |

ac|etat *m quím* Acetat *n* | ~ *de plom* Bleizucker *m* | **~ètic** *adj quím* essigsauer, Essig... | *àcid* ~ Essigsäure *f* | **~etilè** *m quím* Acetylen *n* | **~etona** *f quím* Aceton *n* | **~etós** (**-osa** *f*) *adj* essigsauer.

ací *adv arc lit reg* (*zG s: aquí*) hier(-her, -hin).

àcid *adj* sauer || *s/m quím* Säure *f* | ~ *carbònic* Kohlensäure *f*.

acid|ar (33) *vt bes text* in e. Säurebad tauchen | **~esa** *f* Säure *f* | *quím* Acidität *f*, Säuregrad *m* | *med* Sodbrennen *n* |

~ífer *adj* säurehaltig | **~ificar** (33) *vt quím* (an)säuern | **~ificar-se** *v/r quím* sauer *od* zu e-r Säure werden | **~ímetre** *m quím* Säuremesser *m* | **~itat** *f quím* = **~esa** | **~osi** *f med* Acidose *f*.

ac|ídul *adj* säuerlich | *aigua mineral* **~a** Sauerbrunnen, Säuerling *m* | **~idular** (33) *vt quím* leicht ansäuern.

aciença|r (33) *vt* unterweisen (*en* in *dat*) | **~t** (**-ada** *f*, **-adament** *adv*) *adj* gelehrt.

acima|r (33) *vt* an-, auf-häufen | bis zum Rand füllen | **~t** (**-ada** *f*) *adj* (*Berg*) hoch | (*Flüssigkeiten*) abgeklärt.

acingl|at (**-ada** *f*), **~erat** (**-ada** *f*) *adj* mit Steilhängen | abschüssig | steil, schroff.

aclama|ció *f* Beifall(ruf), Zuruf *m* | *polít: per* ~ durch Zuruf *od* Akklamation | **~r** (33) *vt* (*j-m*) zujubeln *od* Beifall spenden | *polít* akklamieren, durch Zuruf wählen.

aclapara|dor *adj* (be-, er-, nieder-)drückend | *un home* ~ e. aufdringlicher Mensch | **~r** (33) *vt* (*j-n*) zu Boden drücken, beugen; (*auf j-m*) schwer lasten | *fig* (be-, er-, nieder-)drücken | *aclaparat per la febre* vom Fieber geschwächt.

aclari|da *f* Lichten *n* | *meteor* Aufklaren *n* | **~ment** *m* Er-, Auf-hellung *f* | *fig a.* (Auf)Klärung, Erläuterung *f* | **~r** (37) *vt* er-, auf-hellen; hell(er) machen | *fig a.* (auf-, er-)klären | (*Flüssigkeit*) verdünnen; (ab)klären | (*Wald, Reihen*) lichten | (*Stimme*) klären | (*Haare*) auskämmen | (*Wäsche*) spülen | (*Worte*) erläutern | (*Lokal*) räumen | (*Blick, Verstand*) schärfen | **~r-se** *v/r* s. er-, auf-hellen; hell(er) werden | *fig a.* s. (auf)klären | *meteor* aufklaren.

aclimata|ció *f* Akklimatisierung *f* | *fig a.* Eingewöhnung *f* | **~r(-se)** (33) *vt*(*/r*) (s.) akklimatisieren | *fig a.* (s.) eingewöhnen, heimisch machen (werden).

aclivellar(-se) (33) *vt*(*/r*) = **clivellar(-se)**.

aclofar-se (33) *v/r* hinhocken; s. hinflegeln, -lümmeln, -fletzen | ~ *en una butaca* s. auf e-m Sessel breitmachen.

aclotar (33) *vt* aushöhlen.

acluca|lls *m pl* Scheuklappen *f pl* | **~r** (33) *vt*: ~ *els ulls* die Augen schließen | *no poder* ~ *l'ull* k. Auge zumachen können | *reg* = **esfondrar** | **~r-se** *v/r*: ~ *d'ulls* die Augen schließen (*fig*

verschließen) | *se m'acluquen els ulls* mir fallen die Augen zu | *reg* = **esfondrar-se**.
acme *f med* Akme *f,* Höhepunkt *m.*
acne *f med* Akne *f.*
açò (20) *pron dem* (*zG s: això*) *arc reg* dies(es), das (hier), es.
acobla|ment *m* Zusammenfügen *n* | *tecn* (Ver-, An-)Kopplung, (An)Kupplung *f* | *zool* Paarung *f* | **~r** (33) *vt* zusammen-, aneinander-fügen | *tecn* verkoppeln, (an)koppeln, (an)kuppeln | (*Zugtiere*) koppeln; anspannen | ~ *els bous a l'arada* die Ochsen vor den Pflug spannen | *zool* paaren | zusammenführen, vereinen | **~r-se** *v/r: els dos satèl·lits es van* ~ die beiden Raumschiffe koppelten s. aneinander.
acòlit *m catol* Akolyth; Ministrant *m* | *fig* Getreue(r) *m.*
acoll|ar(-se) (33) *vt(/r)* (s.) zu e-r Gruppe vereinigen | **~ença** *f arc* = **~iment** | **~ent** *adj* (*m/f*) *arc* = **~idor** | **~idor** *adj* gastlich, (gast)freundlich | *fig* gemütlich, behaglich | **~iment** *m* Aufnahme *f,* Empfang *m* | *oficina d'*~ Empfangsbüro *n* | **~ir** (40) *vt* (*Gast, Nachricht*) aufnehmen | ~ *bé* (*malament*) (un)freundlich aufnehmen | ~ *una petició* e-n Antrag bewilligen | **~ir-se** *v/r a. dr:* ~ *a u/c* s. auf etw berufen.
acolloni|r (37) *vt pop!* (*j-n*) zur Schnecke machen; ins Bockshorn jagen | *deixarse* ~ s. ins Bockshorn jagen lassen | **~r-se** *v/r pop!* Schiß (*od* e-n Bammel) kriegen || **~t** (**-ida** *f*) *adj* verängstigt, eingeschüchtert.
acolor|ar (33) *vt* = **~ir** | *fig* schönfärben, beschönigen; verschleiern | **~ir** (37) *vt* färben | *art* kolorieren.
acoltellar (33) *vt arc lit* mit e-m Messer er-, nieder-stechen | (*Kleidung*) (auf) schlitzen.
acomboia|ment *m* Geleiten *n* | **~r** (33) *vt* geleiten | **~r-se** *v/r:* ~ *amb alg* s. j-m zugesellen.
acomiada|ment *m* Kündigung, Entlassung *f* | Verabschiedung *f* | **~r** (33) *vt* entlassen, (j-m) kündigen | verabschieden | **~r-se** *v/r lit* s. verabschieden, Abschied nehmen.
acomoda|ble *adj* (*m/f*) anpassungsfähig | **~ció** *f* Anpassung *f* | *biol* Akkomodation *f* | **~dor** *m cin teat* Platzanweiser *m* | **~ment** *m* Anpassung *f* | **~r** (33) *vt* anpassen | passend (auf)stellen,

(an-, ein-)ordnen, unterbringen | *biol* akkommodieren | *el vaig* ~ *en un sofà* ich bettete ihn auf e. Sofa | *això no m'acomoda* das paßt mir nicht | **~r-se** *v/r* s. anpassen | **~t** (**-ada** *f*) *adj* wohlhabend | **~tici** (**-ícia** *f*) *adj* anpassungsfähig, gefügig.
acompanya|da *f* Geleit *n* | **~dor** *adj u. s/m f* = **~nt** | **~ment** *m a. mús* Begleitung *f* | *gastr* Beilage *f* | **~nt** *adj* (*m/f*) begleitend || *s/m/f* Begleiter(in *f*) *m* | **~nta** *f* Gesellschafterin *f* | **~r** (33) *vt a. mús* begleiten | geleiten | (*j-m*) Gesellschaft leisten | *acompanyat de ...* in Begleitung von ... | *voleu* **~-nos** *a dinar?* wollt ihr mit uns essen? | ~ *el menjar amb un bon vi* e-n guten Wein zum Essen trinken | ~ *la mà d'un nen* e-m Kind die Hand führen | ~ *una sol·licitud de la documentació reglamentària* e-m Antrag die vorgeschriebenen Unterlagen beilegen.
acomplexa|r (33) *vt* (*j-m*) Komplexe *od* Hemmungen verursachen | **~r-se** *v/r* Komplexe *od* Hemmungen bekommen | **~at** (**-ada** *f*) *adj* komplexbeladen.
acompli|ment *m* Ausführung, Durchführung *f* | Erfüllung *f* | **~r** (40) *vt* aus-, durch-führen | erfüllen | *fets acomplits od acomplerts* vollendete Tatsachen *f pl.*
acompte *m* Anzahlung *f.*
acondiciar (33) *vt* säuberlich ordnen, herrichten.
aconductar(-se) (33) *vt(/r):* ~ *alg amb un metge,* ~ *un metge* od **~se** *amb un metge* e-n Arzt durch e-n Pauschalvertrag als Hausarzt verpflichten.
aconduir (37) *vt* herrichten, zurechtlegen, ordentlich aufstellen.
acònit *m bot* Eisenhut *m.*
aconsegui|dor *adj* erreichbar | **~ment** *m* = **consecució** | **~r** (37) *vt* einholen, erreichen | treffen (*Geschoß, Schlag*) | *fig* erreichen, erlangen (*Zeit, Ereignis*) noch erleben.
aconsella|ble *adj* (*m/f*) ratsam, empfehlenswert | **~r** (33) *vt* (*j-m*) raten, (*j-n*) beraten | ~ *una cosa a alg* j-m etw (*ac*) (an)raten | **~r-se** *v/r:* ~ *amb alg* s. bei j-m Rat holen.
acontentar (33) *vt* befriedigen, zufriedenstellen | *ésser de bon* (*mal*) ~ leicht (schwer) zufriedenzustellen sein | **~-se** *v/r:* ~ *amb* s. zufriedengeben mit, s. abfinden mit (*dat*)

acoquinar(-se) (33) *vt(/r) fam* = **acovardir(-se)**.
acora|ment *m* tiefste Betrübnis *f* | **~r** (33) *vt* (*Tier*) abstechen, schlachten | (*Menschen*) tief betrüben.
acord *m* Übereinstimmung, Übereinkunft *f* | Vereinbarung *f*, Abkommen *n* | *adm* Beschluß *m* | *dr mús* Akkord *m* | *anar d'~* übereinstimmen | *~ comercial* (*de pagaments*) Handels-(Zahlungs-)abkommen *n* | *estar d'~* einverstanden sein | *posar d'~* zu e-r Einigung veranlassen | *posar-se d'~* s. einigen | *prendre l'~* (*de+inf*) den Beschluß fassen (*zu+inf*) | *d'~!* einverstanden! in Ordnung! | *d'~ amb* gemäß, entsprechend (*dat*); in Übereinstimmung mit (*dat*) || *pl mús* Klänge *m pl* | *als ~s de l'himne nacional* unter den Klängen der Nationalhymne | **~ador** *m* Kurvenlineal *n* | **~ar** (33) *vt* vereinbaren | beschließen | in Einklang bringen | zuerkennen (*u/c a alg* j-m etw) | (*Instrument*) stimmen | (*Farben*) abtönen | **~ar-se** *v/r* übereinstimmen, zusammenpassen | s. einigen; s. absprechen.
acordi|ó *m* Akkordeon *n*, Ziehharmonika *f* | **~onista** *m/f* Akkordeonist(in *f*), Akkordeonspieler(in *f*) *m*.
acordona|ment *m* Abriegelung, Absperrung *f* | **~r** (33) *vt* ab-riegeln, -sperren | (*Münzen*) rändeln.
Açores *f pl: les* (*illes*) *~* die Azoren *pl* | *anticicló de les ~* (*meteor*) Azorenhoch *n*.
acorrala|ment *m* (*Tiere*) = **encorralament** | Einkreisung, Hatz *f* | **~r** (33) *vt* (*Tiere*) = **encorralar** | *a. fig* in die Enge treiben | (*j-m*) den Weg verstellen | einkreisen.
acórrer (40) *vi* herbeieilen, s. einfinden | zu Hilfe eilen.
acorr|iolar-se (33) *v/r* im Gänsemarsch gehen | **~uar(-se)** (33) *vt(/r)* (s.) hintereinanderreihen.
acosta|ment *m* Annäherung *f* | geschlechtliche Vereinigung *f* | **~r** (33) *vt* (näher) heranbringen, nähern | *acosta'm la tauleta* rück mir das Tischchen näher | **~r-se** *v/r* (näher) herankommen, s. nähern | (*sitzend*) näher rücken | *fa tres dies que no m'acosto a l'institut* seit drei Tagen habe ich mich im Gymnasium nicht sehen lassen | **~t** (**-ada**) *pp/adj: un parent ~* e. na-

her Verwandter *m* | *medis ~s al govern* der Regierung nahestehende Kreise *m pl*.
acostuma|ment *m* Gewöhnung *f*, Gewöhnen *n* | **~r** (33) *vt*: *~ alg a u/c* j-n an etw (*ac*) gewöhnen; j-m etw angewöhnen || *vi: acostumen de* (od *a*) *venir cap al tard* sie pflegen abends zu kommen | **~r-se** *v/r: ~ a u/c* s. an etw (*ac*) gewöhnen; s. etw angewöhnen | **~t** (**-ada**) *f*) *adj* gewohnt, gewöhnlich, üblich | gewöhnt (*a* an *ac*) | *la teva mare et té molt mal* (iròn a. *ben*) *acostumat* deine Mutter verwöhnt dich sehr.
acota|ció *f* Randbemerkung *f* | *teat* Bühnenanweisung *f* | **~ment** *m* (*Topographie*) Höheneintragung *f* | **~r**^{1} (33) *vt teat* mit Randbemerkungen versehen | (*in e-r topographischen Karte*) die Höhenangaben eintragen | **~r**^{2} (**-se**) (33) *vt(/r)*: *si no acotes el cap* (*l'esquena*), *no passaràs* wenn du den Kopf (Rücken) nicht beugst, wirst du nicht durchkommen | *es va ~ per collir les pomes* er bückte s., um die Äpfel aufzulesen | *caminar acotat* gebeugt gehen.
acotiledònies *f pl bot* Akotyledonen, keimblattlose Pflanzen *f pl*.
acotxar (33) *vt* warm einhüllen, zudecken | **~-se** *v/r* s. zudecken.
acovardir (37) *vt* (*j-n*) einschüchtern | (*j-m*) Angst machen | **~-se** *v/r* den Mut verlieren | Angst bekommen.
acràcia *f polít* Anarchie *f*.
àcrata *adj* (*m/f*) anarchistisch || *s/m/f* Anarchist(in *f*) *m*.
acre *adj* (*m/f*) scharf, herb | bitter | *fig* schroff, rauh; ätzend, beißend.
acreditar (33) *vt bes dipl banc* akkreditieren | in Ansehen bringen | bestätigen, beglaubigen | *banc a.* gutschreiben | **~-se** *v/r* Ansehen erwerben, s. Kredit verschaffen | s. bewähren.
acr|eixement *m* Zuwachs *m* | Zunahme *f* | *dr* Anwachsung *f* | **~éixer** (40) *vt* steigern, vergrößern | *dret d'~* Anwachsungsrecht *n*.
acriaturat (**-ada**) *f*) *adj* kindhaft | kindisch.
acrílic *adj* Akryl... | *àcid ~* Akrylsäure *f*.
acrim|ònia *f* Schärfe *f* | *fig* Herbheit, Bitterkeit *f* | **~oniós** (**-osa** *f*) *adj* scharf, *fig* beißend.
acrític *adj* unkritisch.
acritud *f* = **acrimònia**.

acr|obàcia *f* Akrobatik *f* | **~ aèria** Kunstflug *m* | **~òbata** *m/f* Akrobat(in *f*) *m* | **~obàtic** *adj* akrobatisch, Akrobaten... | **~oleïna** *f quím* Akrolein *n* | **~ònim** *m* Akronym, Initialwort *n* | **~òpoli** *f* Akropolis *f* | **~òstic** *m* Akrostichon *n* | **~oteri** *m arquit* Akroter *m*.

act|a *f bes adm dr* Urkunde *f* | Protokoll *n* | Akte *f* | **~ de naixement** Geburtsurkunde *f* | **~ notarial** notarielle Urkunde *f* | **fer constar en ~** im Protokoll festhalten, protokollieren | **prendre ~** Protokoll aufnehmen | **~e** *m* Tat, Handlung *f* | Feier(lichkeit) *f*, (Fest)Akt *m* | *bes dr ecl filos teat* Akt *m* | *teat a.* Aufzug *m* | **~ heroic** Heldentat *f* | **~ d'humanitat** Akt *m* der Menschlichkeit | *ecl:* **~ de fe** Glaubensakt *m*; *hist* Autodafé *n* | *dr:* **~ jurídic** Rechtsgeschäft *n*; Rechtshandlung *f* | **~ oficial** Amtshandlung *f* | **en ~ de servei** im Dienst (*Beamter*); in Erfüllung s-r Pflicht | **~ (sexual)** (Geschlechts)Akt *m* | **fer ~ de presència** erscheinen; s. einfinden; s. (kurz) sehen lassen | **a l'~** auf der Stelle, sofort, unverzüglich.

act|ini *m quím* Actinium *m* | **~ínia** *f zool* Aktinie, Seeanemone *f* | **~ínic** *adj fís med* aktinisch.

acti|tud *f* Haltung *f* | *fig a.* Einstellung *f*; Benehmen, Verhalten *n* | **prendre una ~** e-e Haltung einnehmen | **~u** (**-iva** *f*, **-ivament** *adv*) *adj* aktiv | tätig | wirksam | unternehmend | rege | *ling* aktiv(isch) | **volcà ~** tätiger Vulkan *m* | **prendre (una) part activa en u/c** aktiv an etw (*dat*) teilnehmen | *adm:* **en (servei) ~** im aktiven Dienst | *com:* **capital ~** Aktivvermögen *n* | *ling:* **veu activa** Aktiv *n* || *s/m com* Aktiva *pl* | *fig: posar alguna cosa en l'~ d'alg* j-m etw zugutehalten | **~var** (33) *vt* beleben, fördern | beschleunigen | *bes cient* aktivieren | **~visme** *m* Aktivismus *m* | **~vista** *m* Aktivist *m* | **~vitat** *f* Tätigkeit | Geschäftigkeit, Betriebsamkeit *f* | Wirksamkeit *f* | *bes cient* Aktivität *f* | **~ comercial** od *mercantil* (*docent*) Geschäfts-(Lehr-)tätigkeit *f* | **~s il·legals** illegale Aktivitäten | **un home de moltes ~s** e. vielbeschäftigter Mann | **en ~** in Tätigkeit; (*Beamter*) im Dienst.

act|or *m* Schauspieler *m* | *dr* Kläger *m* | **~ora** *f dr* Klägerin *f* | **~riu** *f* Schauspielerin *f*.

actua|ció *f* Tätigkeit *f*, Wirken *n* | *a. teat* Auftreten *n* | Darbietung *f*, Spiel *n* | Amtsführung *f* | *ling* Performanz *f* || *pl dr* Prozeßhandlungen *f pl*; Prozeßakten *f pl* | **~l** *adj* (*m/f*) gegenwärtig | aktuell, zeit-gemäß, -nah | *filos* aktual | **~litat** *f* Gegenwart(snähe) *f* | Aktualität *f* | *l'~ política del dia* die politischen Tagesereignisse | *un tema d'~* aktuelles Thema | **~litzar** (33) *vt* aktualisieren | auf den neuesten Stand bringen | **~lment** *adv* gegenwärtig, zur Zeit | heutzutage | **~r** (33) *vi* handeln, wirken; *a. dr* vorgehen | *bes dr u. teat* auftreten | (*Künstler*) spielen | *ha actuat molt bé* er hat sehr gut gespielt | *avui en Llach actua a París* heute singt Llach in Paris | **~ri** *m bes econ* Aktuar *m*.

acubar-se (33) *v/r* vor Hitze ersticken | ohnmächtig werden | (*Alkohol*) verfliegen, s. verflüchtigen.

acudi|r (40) *vi* s. ein-finden, -stellen | **~ a alg** s. (hilfesuchend) an j-n wenden | **~r-se** *v/r* (*Gedanke, Plan*) einfallen | *a mi no se m'hauria acudit mai* es wäre mir nie eingefallen | **~t** *m* Einfall *m* | Witz *m* | *quin ~!* was für e. Einfall! | *explica'ns un ~* erzähl uns e-n Witz.

acuit *m* Verfolgung *f* | *jugar a l'~* Fangen spielen | **~ar** (33) *vt* (*j-n*) verfolgen | (*j-n*) zur Eile antreiben | **~ar-se** *v/r* s. beeilen.

acuïtat *f* (*Wahrnehmung, bes Akustik*) Schärfe *f*.

acular (33) *vt* rücklings anlehnen (*a, contra* an *ac*) | *a. fig* in die Enge treiben | **~-se** *v/r* s. rücklings anlehnen | rücklings hinfallen | hecklastig sein | *nàut* achtern auflaufen | *fig:* **~ en u/c** auf etw versteifen.

acultura|ció *f sociol* Akkulturation *f* | **~r** (33) *vt sociol* akkulturieren.

acumula|ció *f* (An-, Auf-)Häufung *f* | Ansammlung *f* | Speicherung *f* | *cient* Akkumulation *f* | **~dor** *adj* Speicher..., speichernd || *s/mf* Anhäufer(in *f*) *m* | *s/m tecn elect* Sammler, Speicher, Akku(mulator) *m* | **~ hidràulic** Wasserkraftspeicher *m* | **~ment** *m* = **acumulació** | **~r** (33) *vt* (an-, auf-)häufen | ansammeln, zusammentragen | (auf)speichern | *fam* (*Übles*) anhängen, aufbürden | *adm:* **~ un càrrec a alg**

j-m ein zweites Amt übertragen | **~r-se** *v/r* s. (an-, auf-)häufen | **~tiu** (**-iva** *f*) *adj* Sammel..., Speicher..., kumulativ.
acupuntura *f med* Akupunktur *f*.
acurat (**-ada** *f*, **-adament** *adv*) *adj* (*Arbeit*) sorgfältig, akkurat | *s: curós*.
acusa|ció *f bes dr* Anklage *f* | Beschuldigung, Bezichtigung *f* | **~dor** *adj* anklagend || *s/m* Ankläger *m* | **~ment** *m* = **acusació** | *bes com:* ~ *de recepció* Empfangsbestätigung *f* | **~r** (33) *vt bes dr* anklagen | beschuldigen, bezichtigen | erkennen lassen; verraten | *l'han acusat d'assassinat* man hat ihn des (*od* wegen) Mordes angeklagt | *el seu estil acusa inexperiència* sein Stil zeugt von Unerfahrenheit | *com:* ~ *la recepció d'una carta* den Empfang e-s Schreibens bestätigen | **~t** (**-ada** *f*) *m* Angeklagte(r *m*) *m/f* | **~tiu** *m ling* Akkusativ *m* | **~tori** (**-òria** *f*) *adj* anklägerisch | Anklage...
acústic *adj* akustisch | Gehör..., Laut..., Schall... | *nervi* ~ Gehörnerv *m* | **~a** *f* Akustik *f*.
acutangle *adj* (*m/f*) *geom* spitzwinklig.
adagi *m* Spruch *m*.
adàgio *adv mús* adagio | *s/m* Adagio *n*.
adalil *m hist* Führer *m*.
Adam *m bíbl* Adam *m* | *fills d'~* Kinder *n pl* Adams, Menschengeschlecht *n* | *ésser més vell que* ~ uralt sein | *anar amb el vestit d'~* im Adamskostüm sein | (*és*)*ser un* ~ ein Liederjan sein.
adamantí (**-ina** *f*) *adj* diamanten(-artig, -hart).
adapta|bilitat *f* Anpassungsfähigkeit *f* | **~ble** *adj* (*m/f*) anpassungsfähig | anpaßbar | *una novel·la* ~ *al cinema* e. verfilmbarer Roman | **~ció** *f* Anpassung *f* | Angleichung *f* | *cient* Adaptation *f* | *Lit mús teat* Bearbeitung, Adaptation *f* | ~ *radiofònica* Funkbearbeitung *f* | **~dor** *m tecn* Adapter *m* | *Lit mús teat* Bearbeiter *m* | **~r** (33) *vt* an-, ein-passen | angleichen | *cient* adaptieren | *Lit mús teat* bearbeiten, adaptieren | *tecn a.* verstellen | ~ *un nou carburador al motor* an den Motor e-n neuen Vergaser montieren | ~ *la música al text* die Musik auf den Text abstimmen | **~r-se** *v/r: la tapadora no s'adapta a l'olla* der Deckel paßt nicht auf den Topf | ~ *al medi* s. der Umwelt anpassen | *ella s'adapta a tot* sie fügt s. in alles *od* sie findet s. mit allem ab.
addend *m mat* = **summand** | **~a** *f* (*Schriften*) Addenda *n pl*.
addic|ció *f* Neigung, Ergebenheit *f* | (*bes Drogen*) Sucht *f* | *dr* = **adjudicació** | **~ió** *f* Zusatz *m*, Beifügung *f* | *mat* Addition *f*, Addieren *n* | *gastr* Rechnung *f* | **~ional** *adj* (*m/f*) zusätzlich | nachträglich | **~ionar** (33) *vt* hinzufügen | *mat* = **sumar** | **~te** *adj* ergeben, zugetan | (*bes Drogen*) süchtig.
addit|ament *m* Zusatz *m*, Hinzufügung *f* | **~iu** (**-iva** *f*) *adj* zusätzlich, Zusatz... || *s/m* Zusatz(stoff) *m* | Additiv *n*.
addu|cció *f dr* Anführen *n* | *med* Adduktion *f* | **~ctor** *adj med: múscul* ~ Adduktor *m* | **~ir** (37) *vt bes dr* (*Beweise, Begründungen*) anführen.
adelerat (**-ada** *f*, **-adament** *adv*) *adj* begierig, lechzend (*per* nach *dat*); leidenschaftlich; hastig.
adelitar-se (33) *v/r* s. ergötzen (*en* an *dat*).
aden|itis *f med* Adenitis, Drüsenentzündung *f* | **~oma** *m med* Adenom *n*.
adepte *adj* eingeweiht || *s/mf* Anhänger(in *f*) *m* | Eingeweihte(r *m*) *m/f*, Adept *m*.
adequa|ció *f* An-gleichung, -passung; Adäquatheit *f* | **~r(-se)** *vt* (/*r*) (s.) angleichen, -passen | **~t** (**-ada** *f*, **-adament** *adv*) *adj* angemessen, zweckmäßig, geeignet; adäquat.
ad|és *adv reg lit* (so)eben | (so)gleich | ~ ~ ständig, immer wieder | *conj:* ~ (*od* ara) ... ~ bald ..., bald | **~esiara** *adv reg lit* ab und zu, gelegentlich, manchmal, von Zeit zu Zeit.
adéu *int* (auf) Wiedersehen!; leb(e) (*bzw* lebt) wohl! | *umg* tschüs! | *reg* ade!, adieu! | *dir* ~ auf Wiedersehen sagen; Abschied nehmen, s. verabschieden | *fer* ~ *amb la mà* (jdm) Abschied winken | *fig:* ~ *tranquil·litat!* (es ist) aus mit der Ruhe! || *s/m* Lebewohl *n*, Abschied *m* | **~-siau** *int* (*bes zu j-m, den man mit «vós» anspricht od zu e-r Gruppe*) = **adéu**.
adhe|rència *f* Anhaften, An-, Zusammenhängen *n* | *cient* Adhärenz; Adhäsion *f* | *tecn* Haftung *f* | **~rent** *adj* (*m/f*) anhaftend, anhängend, adhärent || *s/m/f* Anhänger(in *f*) *m* | **~rir** (37) *vi* (an)haften (*a* an *dat*) || *vt* (auf-, an-)kleben | **~rir-se** *v/r* (an)kleben | *fig* s. anschließen (*a* an *ac*); beitreten (*dat*); zustimmen (*dat*) | **~sió** *f* Anhaften

n | *cient* Adhäsion *f* | *fig* Anschluß *m*, Beitritt *m*; Bei-, Zu-stimmung; Ergebenheit *f* | **~siu** (**-iva** *f*) *adj* haftend, klebend, Klebe..., Heft... | selbstklebend || *s*/*m* gràf Aufkleber *m*.
àdhuc *adv arc lit* sogar, selbst.
adiamantat (**-ada** *f*) *adj* = **adamantí**.
adiar (33) *vt* e-n Tag festlegen, e-n Termin setzen.
adi|ció *f dr* Annahme *f* e-r Erbschaft | **~ent** *adj* (*m*/*f*) passend, angebracht.
adinera|r(-se) (33) *vt* (/*r*) zu Geld machen (kommen) | **~t** (**-ada** *f*) *adj* reich, vermögend, begütert.
adip|ós (**-osa** *f*) *adj* fettig, fetthaltig, Fett... | *teixit* ~ Fettgewebe *n* | **~osi** *f med* Fettsucht *f* | **~ositat** *f* Fettleibigkeit *f*.
adir (40) *vt dr* (*e-e Erbschaft*) annehmen | **~-se** (40) *v*/*r* zusammen-passen, -stimmen | *el vestit no s'adiu amb les sabates* das Kleid paßt nicht zu den Schuhen.
adjacent *adj* (*m*/*f*) an-liegend, -grenzend.
adjecti|u (**-iva** *f*, **-ivament** *adv*) *adj ling* adjektivisch | *quím: color* ~ adjektive Farbe *f* || *s*/*m ling* Adjektiv, Eigenschaftswort *n* | **~vació** *f ling* Adjektivierung *f* | **~val**(**ment** *adv*) *adj* (*m*/*f*) *ling* adjektivisch | **~var** (33) *vt ling* adjektivieren.
adjudica|ció *f a. dr* Zuerkennung *f* | Zuteilung, Vergabe *f* | Zuschlag *m* | **~r** (33) *vt a. dr* zu-sprechen, -erkennen | zuteilen, vergeben | (*bei Versteigerungen u. Ausschreibungen*) zuschlagen | **~r-se** *v*/*r* s. an-eignen, -maßen | **~tari** *m* (Auftrags)Erwerber *m* | Ersteigerer *m*.
adjunció *f* Hinzufügung *f* | *dr* Verbindung, Vermischung *f* | *ling* Zeugma *n*.
adjunt *adj* stellvertretend | Hilfs... | Vize... | angefügt | an-, bei-, in-liegend | *professor* ~ (*etwa*) Assistent *m*; Privatdozent *m* || *s*/*m* Stellvertreter; Beisitzer *m* | enger Mitarbeiter *m* | Amtsgehilfe *m* | **~ar** (33) *vt* bei-, hinzu-fügen, beilegen.
admetre (40) *vt* zulassen | dulden | aufnehmen | (*Idee*) anerkennen, zugeben.
adminicle *m* (*bes kl*(*s*) *Werkzeug*) Hilfsmittel *n* | *dr* Nebenbeweis *m*.
administra|ble *adj* (*m*/*f*) verwaltbar | *med* verabreichbar | **~ció** *f* Verwaltung, Administration *f* | ~ *local* Gemeindeverwaltung *f* | ~ *pública* öffentliche Verwaltung | ~ *de justícia* Rechtspflege, Rechtsprechung *f* | *com:* **consell** *d'~* Aufsichtsrat; (*öffentlich-rechtlich*) Verwaltungsrat *m* | *ecl* (*Sakramente*) Spendung *f* | (*Arzneien*) Verabreichung *f* | **~dor** *adj* Verwaltungs... || *s*/*m* Verwalter, Administrator *m* | Geschäftsführer *m* | **~r** (33) *vt* verwalten, administrieren | (*Gut*) bewirtschaften | *dr:* ~ *justícia* Recht sprechen | *ecl* (*Sakramente*) spenden | (*Arzneien*) verabreichen | **~tiu** (**-iva** *f*) *adj* Verwaltungs..., administrativ.
admir|able(**ment** *adv*) *adj* (*m*/*f*) bewundernswert, -würdig | **~ació** *f* Bewunderung *f* | Verwunderung *f*, Staunen *n* | *signe d'*~ Ausrufezeichen *n* | **~ador** (**a** *f*) *m* Bewunderer *m*, Bewunder(er)in *f* | **~ar** (33) *vt* bewundern, bestaunen | (ver)wundern, erstaunen | **~ar-se** *v*/*r*: ~ *d'*u/c s. über etw (*ac*) wundern; über etw (*ac*) staunen | **~atiu** (**-iva** *f*) *adj* bewundernd | *punt* ~ Ausrufezeichen *n*.
admissi|bilitat *f* Zulässigkeit *f* | **~ble** *adj* (*m*/*f*) zulässig, statthaft | **~ó** *f* Zulassung *f* | Aufnahme *f* | *tecn* Einlaß *m*; Zufuhr *f*.
admitància *f elect* Admittanz *f*.
admoni|ció *f* Ermahnung *f* | Verwarnung *f* | **~tori** (**-òria** *f*) *adj* ermahnend, Mahn..., Warn...
adob *m* Ausbesserung, Reparatur *f* | *gastr* Zubereitung *f*; Würzen *n*; Beize *f*; Pökellake *f* | *tèxt* Appreturmittel *n* | Gerben *n*; Gerbstoff *m* | *agr* Düngung *f*; Dünger *m* | *fam: no tenir* ~ k-e Rettung *od* Lösung haben | **~ador** *m* Wiederhersteller *m* | = **assaonador** = **saludador** | *agr* Düngerstreumaschine *f* | **~ar** (33) *vt* herrichten, instandsetzen | wiederherstellen | ausbessern | heilen | *gastr* anrichten, zubereiten; würzen; einlegen; pökeln, beizen | *agr* (*Boden*) düngen | (*Leder*) gerben | (*Stoff*) appretieren | (*Wein*) schönen | *hist:* ~ *a novell cavaller* zum Ritter schlagen | **~ar-se** *v*/*r* s. bessern | **~assar** (33) *vt* etw zurechtschustern | **~eria** *f* Gerberei *f*.
adoctrinar (33) *vt* belehren, unterweisen | *polit* schulen.
adolesc|ència *f* Jugend(alter *n*) *f* | *med* Adoleszenz *f* | **~ent** *adj* (*m*/*f*) jugendlich, Jugend... | halbwüchsig | *s*/*m*/*f* Jugendliche(r *m*) *m*/*f* | *med* Adoleszent *m*.
adollar (33) *vt* (ein)gießen | *fig* er-

gießen || vi = ~-se | ~-se v/r s. er-gießen | heraus-, hervor-quellen.

adolor|ament m Betrübnis f | **~ar** (33) vt betrüben | **~at** (**-ada** f) adj schmerzerfüllt | **~iment** m Schmerzen n, Schmerz(gefühl n) m | **~ir** (37) vt schmerzen | **~ir-se** v/r schmerzhaft werden | **~it** (**-ida** f) adj schmerzend.

adonar-se (33) v/r: ~ d'alg od d'u/c j-n od etw bemerken | no m'havia adonat que ja era fosc ich hatte nicht bemerkt, daß es schon dunkel war | fer adonar alg d'u/c j-n auf etw aufmerksam machen.

adondar (33) vt = **domar** | = **avesar** | **~-se** v/r = **avesar-se**.

Adonis m Adonis m.

adop|ció f Adoption, Annahme f | (Parlament) Annahme, Billigung f | **~erar** (33) vt lit anwenden | **~tant** m/f Adoptiv-vater m bzw -mutter f || pl Adoptiveltern pl | **~tar** (33) vt adoptieren | s. zu eigen machen, annehmen | (Maßnahmen) ergreifen | (Beschluß) fassen | (Gesetz) annehmen | **~tiu** (**-iva** f) adj Adoptiv..., Wahl... | fill ~ Adoptivkind n, Adoptivsohn m; Ehrenbürger m | pares ~s Adoptiveltern | pàtria adoptiva Wahlheimat f.

adora|ble adj (m/f) anbetungswürdig | bezaubernd, reizend | **~ció** f Anbetung, Verehrung f | Adoration f | **~dor** adj anbetend, verehrend || s/m Anbeter m | Verehrer m | **~r** (33) vt anbeten, verehren | vergöttern | **~tori** m Kultstätte f | ecl Oratorium n, Hauskapelle f | hist tragbarer Flügelaltar m.

adormi|dor adj einschläfernd | **~ment** m Einschläfern n | Schläfrigkeit, Benommenheit f | **~r** (36) vt einschläfern | (Schmerzen) stillen; betäuben | **~r-se** v/r einschlafen (a. Glieder) | fig: afanya't, no t'hi adormis! beeil dich, schlaf nicht ein (dabei)! | **~ssar-se** (33) v/r einnicken, halb einschlummern.

adorn m Schmuck, Zierat m; Zierde f | **~ament** m Verzierung, Ausschmückung f | Schmuck, Zierat m; Zierde f | **~ar** (33) vt (ver)zieren, (aus)schmücken.

adossar (33) vt anlehnen | constr anbauen | **~-se** v/r: ~ a la paret s. an die Wand anlehnen.

adotzena|r (33) vt dutzendweise zusammenstellen | **~t** (**-ada** f) adj fig Dutzend..., alltäglich | gewöhnlich, gering.

adqui|rible adj (m/f) erwerbbar | **~ridor** m Erwerber m | **~rir** (37) vt a. fig erwerben | (an)kaufen | fig a. gewinnen, erlangen | **~rit** (**-ida** f) adj a. biol filos erworben | **~sició** f Erwerb m | Erwerbung f | **~sitiu** (**-iva** f) adj Erwerbs... | Kauf... | poder ~ Kaufkraft f | **~sitivitat** f Anschaffungsdrang m.

adreç m Satz m, Garnitur f | Schmuckgarnitur f | ~ de la casa Hausrat m | **~a** f Anschrift, a. dipl u. elect Adresse f | **~ador** m tecn Kehlhobel m | fig: passar per l'~ wohl oder übel gehorchen müssen | fer passar alg per l'~ j-n an die Kandare nehmen; j-n an der Kandare halten; j-n in die Pflicht nehmen | **~ar** (33) vt gerade-machen bzw richten, -biegen | fig fam (auf Ordnung) trimmen | (Brief, Wort) adressieren, richten (a an ac) | (j-n) verweisen (a an ac) | ausstatten (de, amb mit) | **~ar-se** v/r s. wenden (a an ac).

adrenalina f Adrenalina n.

adret adj arc ohne Gebrechen n.

adriàtic adj adriatisch | la mar ⩘a (od el mar ⩘) das Adriatische Meer n || s/f/m: l'⩘a, l'⩘ die Adria f.

adroguer m Krämer m | **~ia** f Krämer-, Lebensmittel-laden m.

adscri|pció f Zuschreibung, Zuteilung, Zuweisung f | hist: ~ a la terra Grundgebundenheit f | **~ure** (40) vt zu-schreiben, -teilen, -weisen.

adsor|bir (37) vt quím fís adsorbieren | **~ció** f quím fís Adsorption f.

adula|ció f Schmeichelei, Liebedienerei f | **~dor** adj schmeichlerisch || s/m Schmeichler m | **~r** (33) vt (j-m) schmeicheln | la vanitat d'alg j-s Eitelkeit schmeicheln | **~tori** (**-òria** f) adj (Wort, Haltung) schmeichlerisch.

adult adj (Mensch) erwachsen, (Tier) ausgewachsen | p ext voll entwickelt, reif || s/mf Erwachsene(r m) m/f.

adúlter adj ehebrecherisch || s/mf Ehebrecher(in f) m.

adulter|ació f Verfälschung f | **~ador** adj verfälschend || s/mf Verfälscher(in f) m | **~ar** (33) vt verfälschen (bes Lebensmittel) | fig verderben || vi ehebrechen | **~i** m Ehebruch m | **~í** (**-ina** f) adj im Ehebruch gezeugt.

adust adj (bes Boden) versengt, verdorrt |

advecció 66 **afalac**

(*Person*) spröde | **~ió** *f arc* Verbrennung *f*.
advec|ció *f meteor* Advektion *f* | **~tiu** (**-iva** *f*) *adj* Advektions...
adven|iment *m lit* Ankunft *f* | *bes ecl*: *l'~ del nostre Redemptor* die Ankunft unseres Erlösers | *l'~* (*al tron*) *d'un rei* die Thronbesteigung *f* e-s Königs | **~t** *m ecl* Advent *m* | **~tí** (**-ina** *f*) *adj* Advents... | **~tici** (**-ícia** *f*) *adj lit* zufällig auftretend; hinzukommend; fremd | *gent adventícia* Neuankömmlinge *m pl* | *bes bot*: *plantes adventícies* wildwachsende *od* schmarotzende Pflanzen *f pl* | *arrels adventícies* Adventivwurzeln *f pl* | **~tista** *m/f* Adventist(in *f*) *m* | **~tual** *adj* (*m/f*) adventlich, Advents...
adverar (33) *vt bes dr* als wahr bestätigen *od* bezeugen.
adverbi *m ling* Adverb(ium), Umstandswort *n* | *~ de lloc* (*de temps, de manera*) Orts-(Zeit-, Modal-)adverb *n* | **~al** *adj* (*m/f*) *ling* adverbial, umstandswörtlich.
advers *adj* widrig, ungünstig | entgegenstehend, Gegen... | feindlich | **~ari** (**-ària** *f*) *m a. esport* Gegner(in *f*) *m* | Widersacher *m* | **~atiu** (**-iva** *f*) *adj ling* adversativ | **~itat** *f* Widrigkeit *f* | Mißgeschick, Unglück *n*.
advert|ència *f* Warnung, Mahnung *f* | **~idament** *adv* überlegt | **~iment** *m* Hinweis *m*, Benachrichtigung *f* | Bemerken *n* | *gräf* Vorwort *n*, Vorbemerkung *f* | **~ir** (37) *vt*: *~ alg d'u/c* od *~ u/c a alg* j-n von etw benachrichtigen; j-n auf etw hinweisen (*od* aufmerksam machen; j-n vor etw warnen | (*j-n*) mahnen, warnen | (*etw*) bemerken, wahrnehmen.
advoca|cia *f dr* (Rechts)Anwaltschaft; *arc reg* Advokatur *f* | **~ció** *f* Fürsprache *f* | *ecl* Widmungsname, -titel *m* | **~desc** *adj desp* Advokaten... | **~r** (33) *vi dr* plädieren; als Verteidiger auftreten | *fig*: *~ per alg* od *u/c* für j-n *od* etw eintreten *od* plädieren | **~t** (**-ada** od **-adessa** *f*) *m* (Rechts)Anwalt *m*, Anwältin *f* | *fig* Fürsprecher(in *f*); Verfechter(in *f*) *m* | *~ del diable* Advocatus Diaboli *m* | *s*: *col·legi, defensor, ofici*.
aer|ació *f cient* (Durch)Lüftung *f* | **~ènquima** *m bot* Aerenchym, Durchlüftungsgewebe *n* | **~i** (**aèria** *f*) *adj* Luft... | *fig* leicht, schwerelos; nichtig, phantastisch | *accident ~* Flugzeugunglück *n* | *alarma aèria* Fliegeralarm *m* | *navegació aèria* Luftfahrt *f* || *s/m* Schwebebahn *f* | **~ifer** *adj* luftleitend | **~ificar** (33) *vt fís* vergasen, in gasförmigen Zustand überleiten | **~iforme** *adj* (*m/f*) luftartig, gasförmig | **~obi** (**-òbia** *f*) *adj biol* aerob || *s/m* Aerobier *m* | **~òbic** *adj* Aerobier... || *s/m* Aerobic *n* (*Fitneßtraining*) | **~obús** *m aeron* Airbus *m* | **~odinàmic** *adj fís* aerodynamisch | *p ext* stromlinienförmig | *línia ~a* Stromlinie(nform) *f* || *s/f* Aerodynamik *f* | **~òdrom** *m* Flugplatz *m* | **~òlit** *m astr* Meteorstein *m* | **~olliscador** *f* Luftkissenfahrzeug *n* | **~ologia** *f meteor* Aerologie *f* | **~òmetre** *m* Aerometer *n* | **~omodel** *m* Modellflugzeug *n* | *esport* Flugzeugmodell *n* | **~omodelisme** *m* Modellflugzeugbau *m* | *esport* Modellflugsport *m* | **~onau** *f* Luft-fahrzeug, -schiff *n* | **~onauta** *m/f* Luftschiffer(in *f*) *m* | **~onàutica** *f* Luftfahrt(kunde), Aeronautik *f* | **~oplà** *m obs* Aeroplan *m* | **~oport** *m* Flughafen *m* | **~oportuari** (**-ària** *f*) *adj* Flughafen... | **~opostal** *adj* (*m/f*) Luftpost... | **~osol** *m quím med tecn* Aerosol *m* | **~ostació** *f* Luftschiffahrt *f* | **~òstat** *m* Luftschiff *n*; Ballon *m* | **~ostàtica** *f fís* Aerostatik *f* | **~otrèn** *m* Luftkissenzug, Aerotrain *m*.
afab|ilitat *f* Leutseligkeit *f* | Freundlichkeit *f* | **~le** *adj* (*m/f*) leutselig | freundlich.
afaiçonar (33) *vt* bearbeiten, verarbeiten, fassonieren, zurichten | *fig* zurechtfrisieren, auf Hochglanz bringen.
afait *m arc reg* Schminke *f* | **~ada** *f* Rasur *f* | *fig fam* Gaunerei *f*, Nepp *m* | **~ament** *m* Rasieren *n* | Rasur *f* | **~apagesos** *m* Bauernfänger *m* | **~apobres** *m desp* Habenichts *m* | **~ar** (33) *vt* rasieren | *arc reg* schmükken, *bes* schminken | *arc reg* = **ensinistrar** (*bes Beizvögel, Vieh*) | *fig fam* stibitzen, abstauben; abknöpfen; neppen | *màquina* (*fulla*) *d'~* Rasierapparat *m* (-klinge *f*) | **~ar-se** *v/r* s. rasieren | *arc reg* s. schmücken; s. schminken.
afala|c *m* Schmeicheln *n* | Schmeichelei *f* | Liebkosung *f* | **~gador**(**ament** *adv*) *adj* schmeich-lerisch, -elhaft, -elnd | **~gadura** *f mst pl* = **afalac** | **~gament** *m* Schmeicheln *n* | **~gar** (33) *vt* (*j-n*) umschmeicheln, liebko-

afalconar

sen | (*j-m*) schmeicheln, schöntun.
afalconar (33) *vt* greifen, erjagen (*Beizvögel die Beute*) | *p ext*: *els gats afalconen les rates* die Katzen fangen Ratten | **~se** *v/r reg*: ~ *d'alg* über j-n spötteln.
afam|ar (33) *vt* hungern lassen, aushungern | **~at** (**-ada** *f*) *adj* sehr hungrig | ausgehungert | **~egar** (33) *vt* = **afamar** | **~egat** (**-ada** *f*) *adj* = **~at**.
afan|ar (33) *vt fam* klauen, stibitzen | **~eta** *m/f* Gauner, (Taschen)Dieb, Langfinger *m* | **~y** *m* Anstrengung, Mühe *f* | Eifer *m*, Streben *n* | Sucht, Gier *f* | ~ *de lucre* Gewinnsucht *f amb* ~ mit Eifer, eifrig | **~yar** (33) *vt* erringen, s. erarbeiten | **~yar-se** *v/r* s. anstrengen s. (ab)mühen | s. regen | s. beeilen | *afanya't a venir!* komm schnell! | **~yat** (**-ada** *f*) *adj* geschäftig, rege | **~yós** (**-osa**) *adj* anstrengend, ermüdend | mühsam.
afarrossar-se (33) *v/r fam* s. vollpfropfen.
afarta|ment *m fam* Fresserei *f* | Übersättigung *f*, Überdruß *m* | **~pobres** *m agr* rote Bohnen *f pl* | *ca l'*~ billiges Gasthaus *n* | **~r** (33) *vt fam* vollstopfen, vollpfropfen | *a. fig* übersättigen | *fig* anwidern | ~ *alg de cops* j-n verprügeln | **~r-se** *v/r fam* s. (den Bauch) vollschlagen, s. überessen | ~ *d'u/c* (*fig*) etw satt bekommen *od* kriegen | ~ *de riure* s. die Hucke voll lachen.
afàsi|a *f med* Aphasie *f* | **~c** *adj med* aphasisch.
afavori|dor *adj* vorteilhaft | begünstigend || *s/mf* Gönner(in *f*), Beschützer(in *f*) *m* | **~ment** *m* Begünstigung *f* | Förderung *f* | **~r** (37) *vt* begünstigen, fördern | (*j-m*) gefällig sein | *fig*: *aquest vestit t'afavoreix* dieses Kleid steht dir gut | *la foto t'afavoreix* das Foto schmeichelt dir.
afebli|ment *m* (Ab)Schwächung *f* | **~r** (37) *vt* (ab)schwächen | entkräften | **~r-se** *v/r* schwach werden, ermatten.
afecci|ó *f* Einwirkung, Veränderung *f* | Zuneigung *f*, Hang *m* (*a zu dat*), Vorliebe *f* (für *ac*) | Liebhaberei *f*, Hobby *n* | *col* Anhängerschaft *f* | *med* Affektion *f*, Leiden *n* | *fis* Affekt *m* | ~ *pulmonar* (*del cor*) Lungen-(Herz-)leiden *n* | **~onar-se** (33) *v/r*: ~ *a u/c* s. e-r Sache zuneigen; s. lebhaft für etw interessieren | ~ *a alg* j-n liebgewinnen | ~ *a tocar la guitarra* das Gitarrespielen zu s-m Hobby machen | **~onat**

afeixegar

(**-ada** *f*) *adj* geneigt, zugetan (*a zu dat*); begeistert (von *dat*); ...liebend | Amateur..., Liebhaber..., Laien... || *s/mf*: *un* ~ *a l'esport* (*la música*) e. Sport-(Musik-)freund *m* | *els* **~s** *del Barça* die Anhänger *od* Fans *m pl* des F.C. Barcelona | *un partit d'*~*s* e. Amateurspiel *n* | *teatre d'*~*s* Laientheater *n*.
afecta|ció *f bes* Affektiertheit, Geziertheit, Ziererei *f*, Geziere, Getue *n*; (*Stil*) Geschraubtheit *f* | **~r** (33) *vt* einwirken (auf *ac*), beeinflussen, betreffen | beeinträchtigen | (be)rühren, bewegen, an-, er-greifen, | vor-geben, -täuschen, (er)heucheln | (*Form, Schein*) annehmen | *dr* (*Güter*) belasten; bestimmen (*a zu dat*) | *med* affizieren, angreifen, befallen | ~ *ignorància* s. unwissend stellen | **~r-se** *v/r* ergriffen sein | **~t** (**-ada** *f*) *pp/adj*: *les persones afectades per la mesura* die von der Maßnahme Betroffenen | *estar* ~ *d'una malaltia* von e-r Krankheit befallen sein | *està molt* ~ er ist sehr ergriffen, betrübt | *una persona (pronúncia) afectada* e-e gezierte Person (Aussprache).
afect|e[1] *adj* zugeneigt, zugetan | *dr* belastet; gebunden; bestimmt | **~e**[2] *m* Zuneigung, Liebe *f*, Wohlwollen *n* | *psic* Affekt *m* | *sentir* ~ *per alg od tenir* ~ *a alg* j-n gern haben | *acollir alg amb* ~ j-n freundlich aufnehmen | ~ *maternal* Mutterliebe *f* | **~íssim** *adj* (*sup von* afecte[1]): *el seu* ~ ... Ihr sehr ergebener... (*Briefschluß*) | **~iu** (**-iva** *f*) *adj* Gemüts... | empfindsam | *psic* Affekt..., affektiv | **~ivitat** *f psic* Affektivität *f* | **~uós** (**-osa** *f*, **-uosament** *adv*) *adj* herzlich | zärtlich, liebevoll | *salutacions afectuoses* herzliche Grüße (*Briefschluß*) | **~uositat** *f* Herzlichkeit *f*.
afegi|dura *f* = **~ment** | **~ment** *m* Hinzu-, Zusammen-fügung *f* | = **~t**, **~tó** | *per* ~ außerdem; (noch) obendrein | **~r** (37) *vt* hinzu-fügen, -rechnen, beifügen, dazutun, zusetzen (*a zu dat*); an-setzen, -fügen (*a an ac*) | zusammen-fügen, -setzen, -flicken, -nähen | *fig*: **~hi** übertreiben | **~r-se** *v/r* s. hinzugesellen | hinzukommen | **~t** *m* Hinzu-, Zusammen-gesügtes *n* | Haarteil *n* | Naht(stelle) *f* | **~tó** *m* Hinzugefügtes *n*, Zusatz *m*.
afeixegar (33) *vt* (*Holz, Getreide*) bündeln.

afeixugar (33) *vt* belasten, beschweren.
afeli *m astr* Aphel(ium) *n*.
afemellat (**-ada** *f*) *adj* weibisch | verweichlicht.
afer *m* Angelegenheit *f*, Sache *f*; Geschäft *n* | Affäre *f* | **~s estrangers** od *exteriors* (*polít*) auswärtige Angelegenheiten *f pl*.
aferent *adj* (*m*/*f*) *anat* afferent.
afèresi *f ling* Aphärese *f*.
aferma|nçar (33) *vt* (ver)bürgen | **~r** (33) *vt* befestigen, festmachen | *fig* bekräftigen, bestätigen; festigen, konsolidieren; ratifizieren | **~r-se** *v*/*r* s. festigen | *fig* Fuß fassen; beharren (*en* auf *dat*).
aferr|adís (**-issa** *f*) *adj* leicht haftend | **~ador** *m*, **~all** *m* Griff, Henkel *m* | *fig* Vorwand *m* | **~ament** *m a. fig* Festhalten *n* (*a an ac*) | **~ar** (33) *vt* anpacken, festmachen, festhalten | (fest)kleben | (*Segel*) bergen | (*Schiff*) verankern | **~ar-se** *v*/*r a. fig* s. festhalten, s. anklammern (*a an ac*) | *fig a.* s. versteifen (*a* auf *ac*) | **~issar-se** (33) *v*/*r* s. umklammern (*im Kampf*) *a. fig* s. verbeißen (*a* in *ac*) | **~issat** (**-ada** *f*, **-adament** *adv*) *adj* (*Kampf*) erbittert | **~ussar-se** (33) *v*/*r* = **~issar-se**.
afetgegar (33) *vt* zertreten, zertrampeln | zer-, zusammen-drücken.
afga|nès (**-esa** *f*) *adj* afghanisch || *s*/*mf* Afghane *m*, -nin *f* | **~nistan** *m*: *l'~* Afghanistan *n*.
afí *adj* (wesens)verwandt, ähnlich | *bes cient* affin | *dr* verschwägert, angeheiratet | (*Gelände*) angrenzend.
afiblall *m arc* = **sivella, fermall**.
aficionat (**-ada** *f*) *adj u*. *s*/*mf fam* = **afeccionat**.
afidàvit *m dr* Affidavit *n*.
afiga|nyar (33) *vt* zerknittern | **~t** (**-ada** *f*) *adj* feigenförmig | *fig* lasch.
afigurar (33) *vt* sichten, in der Ferne erblicken | **~-se** *v*/*r* s. ausmalen, s. vorstellen.
afila|dor(**a** *f*) *m* (Scheren)Schleifer(in *f*) *m* || *s*/*m* Streichriemen *m* || *s*/*f* Schleifmaschine *f* | **~dura** *f* Schärfen, Schleifen, Wetzen *n* | **~ment** *m* = **~dura** | Zuspitzung *f* | **~r** (33) *vt* schärfen, schleifen, wetzen | spitzen | **~r-se** *v*/*r* dünn, schmal, spitz werden (*Gesicht Nase, Finger*) | hoch u. dünn aufschießen (*Pflanzen*).
afilera|ment *m* Auf-, Aneinander-reihung *f* | **~r(-se)** (33) *vt* (/*r*) (s.) auf-, aneinander-reihen.

afilia|ció *f* Beitritt *m* | Aufnahme *f* | Anschluß *m*, Angliederung *f* | Mitgliedschaft *f* | **~r** (33) *vt* aufnehmen (*a* in *ac*) | angliedern, anschließen (*dat*) | **~r-se** *v*/*r*: **~** *a un partit* e-r Partei beitreten; in e-e Partei eintreten | **~t** (**-ada** *f*) *adj* angeschlossen || *s*/*mf* Mitglied *n*.
afilla|ment *m* Adoption *f* | **~r(-se)** (33) *vt* (/*r*) adoptieren | **~t** (**-ada** *f*) *m* Adoptivkind *n*.
afil·le *adj bot* blattlos.
afillolar (33) *vt* (*bei j-m*) Pate stehen | (*j-s*) Pate sein.
afina|ció *f* Verfeinerung *f* | *mús* Stimmen *n* | *cantar* od *tocar amb* **~** richtig intonieren | **~dor** *m* Verfeinerer *m* | *mús* (Klavier)Stimmer *m*; Stimmschlüssel *m* | *hist* Eichmeister *m* | *tecn* Abtreiber *m* | **~ment** *m* Verfeinerung *f* | Veredelung *f* | Einstellung; Eichung *f* | *met tecn* Läuterung; Affination *f* | **~r** (33) *vt* verfeinern, fein machen, veredeln | fein *od* richtig einstellen; eichen | *met* läutern; frischen; affinieren | *mús* stimmen || *vi mús* sauber singen *od* spielen | **~r-se** *v*/*r* fein(er) werden | *fig*: *t'hi has afinat molt* du hast es fast getroffen | **~t** (**-ada** *f*) *adj* völlig entkräftet *od* am Ende | fahl, totenblaß.
afinitat *f* (Wesens)Verwandtschaft, Ähnlichkeit *f* | *bes cient agr tecn* Affinität *f* | *dr* Verschwägerung, angeheiratete Verwandtschaft *f* | *les* **~s** *electives* die Wahlverwandtschaften *f pl*.
afirma|ció *f* Bejahung *f* | Behauptung *f* | *bes filos* Affirmation *f* | **~r** (33) *vt* bejahen | behaupten | *bes filos* affirmieren | **~tiu** (**-iva** *f*, **-ivament** *adv*) *adj* bejahend | *bes filos* affirmativ || *s*/*f* Bejahung; Zusage *f*.
afitorar (33) *vt* harpunieren | **~** *amb la vista* (*fig*) mit Blicken durchbohren.
afix *adj* an-, hinzu-gefügt || *s*/*m ling* Affix *m* | **~ar** (33) *vt* (*Plakat*) anschlagen | *ling* affigieren, mit e-m Affix versehen.
aflacar (33) *vi* nachlassen, abnehmen, zurückgehen.
aflama|r (-se) (33) *vt* (/*r*) = **abrandar(-se)** | **~t** (**-ada** *f*) *adj* (*Essen*) angekohlt u. innen nicht gar.
aflaqui|ment *m* Entkräftung *f* | Schwäche *f* | **~r** (37) *vt* schwächen | entkräften | **~r-se** *v*/*r* abmagern | ermatten.
aflat *m arc* Atem, Hauch *m*.

aflauta|t (**-ada** *f*) *adj* flötenartig, Flöten... | *veu aflautada* Flötenstimme *f*.
aflic|ció *f* Betrübnis *f* | Kummer *m*, Niedergeschlagenheit *f* | **~te** *adj arc* = **afligit** | **~tiu** (**-iva** *f*) *adj* betrübend | *dr: pena aflictiva* Leibesstrafe *f*.
afligi|ment *m* = **aflicció** | **~r** (37) *vt* betrüben | kränken | quälen, peinigen | heimsuchen | **~r-se** *v/r s.* grämen (*per über ac*) | **~t** (**-ida** *f*) *adj* betrübt.
aflonjar (33) *vt* locker machen | **~se** *v/r* schwammig werden (*Fleisch*).
aflora|ment *m* Zutagetreten *n* | *geol* Ausbiß, Ausstrich *m*, Ausgehende(s) *n* | **~r** (33) *vi a. fig* zutage treten.
aflotonat (**-ada** *f*) *adj* gruppenweise, in Scharen.
aflu|ència *f a. fig* Zufluß, Zustrom; Andrang *m* | Einmündung *f* | **~ent** *adj* (*m/f*) zufließend, zuströmend | einmündend || *s/m* Nebenfluß, Zufluß *m* | **~ir** (37) *vt a. fig* zufließen, zuströmen (*a zu dat*) | einmünden (*a in ac*).
afluixa|da *f* Lockerung *f* | Nachlassen *n* | **~r** (33) *vt* lockern | *fig* verringern; senken | (*Fluch*) loslassen | (*Geld*) lockermachen, herausrücken | (*Wein*) panschen || *vi* nachlassen | abflauen | lockerlassen; nachgeben | **~r-se** *v/r s.* lösen, locker werden | nachlassen.
afogar[1] (33) *vt reg* in Brand setzen.
afogar[2](**-se**) (33) *vt* (/*r*) = **ofegar**(**-se**).
afollar (33) *vt arc reg* beschädigen, zerstören | *bes* ver-stümmeln, -krüppeln | *fig* verderben; unterdrücken | *~ nius* Nester ausnehmen | **~se** *v/r arc reg* = **avortar** (*bes Tiere*).
afonacases *m/f reg* Verschwender(in *f*) *m*.
afonar(**-se**) (33) *vt*(/*r*) *arc reg* = **enfonsar**(**-se**).
af|onia *f med* Aphonie, Stimmlosigkeit *f* | *p ext* Heiserkeit *f* | **~ònic** *adj med* aphonisch, stimmlos | *p ext: estar ~* heiser sein.
aforar (33) *vt dr* abschätzen, taxieren (*bei Zoll- od Steuerveranlagung*) | *tecn* (*Fassungsvermögen, Flüssigkeitsmenge*) messen; *p ext* (*Meßgerät*) graduieren.
afores *m pl* Umgebung, Umgegend *f* | Stadtrand *m*.
aforesta|ció *f silv* Aufforstung *f* | **~r** (33) *vt* aufforsten.
afor|isme *m* Aphorismus, Sinnspruch *m* | **~ístic** *adj* aphoristisch || *s/f* Aphoristik *f*.
afortuna|dament *adv* glücklicherweise, zum Glück | **~t** (**-ada** *f*) *adj* glücklich | vom Glück begünstigt | erfolgreich | *dia ~* Glückstag *m*.
afrancesa|r (33) *vt* französi(si)eren | **~r-se** *v/r* französische Sitten (*od* Gesinnung) annehmen | **~t** (**-ada** *f*) *adj* französisch gesinnt || *s/m* Franzosling *m*.
afranquir (37) *vt* (*bes Sklaven, Leibeigene*) frei machen, befreien.
afrau *f* = **frau**[1].
Àfrica *f* Afrika *n* | *l'~ negra* Schwarzafrika *n*.
afric|à (**-ana** *f*) *adj* afrikanisch | *Organització de la Unitat Africana* Organisation *f* für Afrikanische Einheit || *s/mf* Afrikaner(in *f*) *m* | **~anista** *m/f* Afrikanist(in *f*) *m*, Afrikaforscher(in *f*) *m*.
africat (**-ada** *f*) *adj ling: so* (*bzw fonema*) *~* affrika-ta, -te *f* || *s/f* Affrika-ta, -te *f*.
afro *adj inv: pentinat ~* Afro-Frisur *f*, Afro-Look *m* | **~alpí** (**-ina** *f*) *adj bot* afroalpin | **~asiàtic** *adj* afro-asiatisch.
afrodisíac *adj* aphrodisisch || *s/m* Aphrodisiakum *n*.
afront *m* (herausfordernde) Beleidigung, Schmähung, Kränkung *f* | Schmach, Schande *f*, Schimpf *m* | **~ació** *f* Angrenzung *f* | **~ador** *adj* beleidigend, kränkend || *s/m* Beleidiger *m* | **~ament** *m* Konfrontation, Gegenüberstellung *f* | **~ar** (33) *vt* einander gegenüberstellen | (*j-m*) trotzen, die Stirn bieten | *~ el perill* der Gefahr ins Auge sehen || (*j-n*) beleidigen, schmähen, kränken || *vi* angrenzen | **~ós** (**-osa** *f*) *adj* schmählich, schändlich, schimpflich, entehrend.
aft|a *f med* Mundfäule, Aphte *f* | **~ós** (**-osa** *f*) *adj: febre aftosa* Maul- und Klauen-seuche, Aphten-seuche *f*.
afuar[1] (33) *vt* zuspitzen | *tecn* kegelförmig schleifen *od* drehen | **~se**[1] *v/r s.* zuspitzen.
afuar[2] (33) *vt* aufstacheln | **~se**[2] *v/r: ~ sobre, contra alg* od *u/c s.* auf j-n *od etw* stürzen; auf j-n *od etw* losgehen.
afullolar (33) *vt* furnieren.
afusa|r(**-se**) (33) *vt* (/*r*) spindelförmig machen (werden) | **~t** (**-ada** *f*) *adj* spindelförmig.
afusella|ment *m* Erschießung *f* | **~r** (33) *vt* (standrechtlich) erschießen | *fig* nachmachen, plagiieren.
afusió *f med* Guß *m*.
agabellar (33) *vt arc reg* hamstern | an-

häufen | versammeln (*bes zu e-m Aufstand*) | **~se** *v/r arc reg* s. zusammentun, -rotten.

agaf|ada *f* Fang *m* (*Wild, Fisch, Verbrecher*) | *taurom: tenir una ~* vom Stier auf die Hörner genommen werden *od* (mit e-m Horn) verletzt werden | **~adís** (**-issa** *f*) *adj* leicht zu fassen | *med* ansteckend | **~ador**[1] *m* Topflappen *m* | **~ador**[2], **~all** *m* Griff, Henkel, Halt(er) *m* | *fig* Vorwand *m* | *tenir bons agafadors* (*fig*) gute Beziehungen haben | **~allós** (**-osa** *f*) *adj* = **~atós** | **~ar** (33) *vt* (*j-n od etw*) ergreifen, (an)fassen, nehmen, (*bes mit Gewalt*) packen; (fest)halten | (*etw*) greifen | zu (*etw*) greifen | (*etw*) an s. nehmen; (weg-, ab-, fort-, mit-)nehmen | nehmen, s. (*e-r Person od Sache*) bedienen | (*etw*) befestigen, festmachen | (*etw in Bewegung*) (auf)fangen, ergreifen | (*j-n*) fangen (*a. Tiere*), fassen, ergreifen, erwischen, gefangennehmen, *umg* kriegen | *fig* (*j-n*) erwischen, ertappen, überraschen | (*j-n*) einholen, erreichen | *taurom* auf die Hörner nehmen | (*etw in bestimmter Weise*) (auf)nehmen | (*etw Angebotenes*) (an-, entgegen-)nehmen | (*Geld, Kredit*) aufnehmen | (*Urlaub*) nehmen | (*j-n in Dienst*) (s.) nehmen | (*Bewerber, Schüler, Kunden; Stellung, Amt*) annehmen | (*Arbeit, Auftrag*) an-, über-nehmen | (*Verantwortung*) übernehmen, auf s. nehmen | (*Beruf; Initiative*) ergreifen | (*Weg, Richtung*) nehmen, einschlagen | (*Laufbahn*) einschlagen | (*Fährte*) annehmen | (*Verkehrsmittel*) nehmen, benutzen | (*Eintritts-, Fahr-karte*) lösen | (*Hörfunk-, Fernseh-sendung*) empfangen | (*Raum*) einnehmen | (*Flüssigkeit mit etw*) schöpfen | (*Luft, Atem*) holen, schöpfen | (*Mut, Vertrauen*) fassen, schöpfen, bekommen, *umg* kriegen | (*Anlauf; Entwicklung*) nehmen | (*Namen, Titel; Gewohnheit*) annehmen | (*Eigenschaft*) annehmen, bekommen | (*Hunger, Durst; Angst, Wut*) bekommen, *umg* kriegen | (*Leiden, Krankheit*) bekommen, s. zuziehen; *umg* s. holen, kriegen | (*Ansehen, Einfluß; Vorsprung*) gewinnen | *~ alg per la cintura* j-n um die Taille fassen | *~ alg pel coll* j-n am (*od* beim) Kragen packen | *~ una tassa per la nansa* e-e Tasse am Henkel (an)fassen | *~ alg per* (*od de*) *la mà* j-n bei der Hand fassen (*od* nehmen); (*e. Kind*) an die Hand nehmen | *~ la forquilla amb la mà esquerra* die Gabel in die linke Hand nehmen | *~ u/c amb les tenalles* etw mit der Zange (er)greifen (*od* fassen) | *~ la tetera de l'armari* die Teekanne aus dem Schrank nehmen | *~ la ploma* (*les armes*) zur Feder (zu den Waffen) greifen | *~ una biga a la paret* e-n Balken an der Wand befestigen | *no m'agafis el llapis!* nimm mir den Bleistift nicht weg! | *el van ~ a la frontera* sie faßten ihn an der Grenze | *el vam ~ en una mentida* wir ertappten ihn bei e-r Lüge | *la tempestat ens va ~ a la intempèrie* der Sturm überraschte uns unter freiem Himmel | *cal ~ les coses tal com són* man muß die Dinge nehmen wie sie sind | *agafa el revolt amb compte!* nimm die Kurve vorsichtig! | *el vaixell ja agafa velocitat* das Schiff nimmt schon Fahrt auf | *~às fred* es wird dir kalt werden | *~ el son* fest einschlafen | *~ son* schläfrig werden | *~ afecte a alg* j-n liebgewinnen | *~ ganes de fer u/c* Lust bekommen, etw zu tun | *la paret ha agafat humitat* die Wand ist feucht geworden | *~à gust de tabac* es wird Tabakgeschmack annehmen | *de mica en mica va agafant forma* nach u. nach nimmt es Gestalt an || *vi: a la mare, li agafa sovint mal de cap* Mutter bekommt oft Kopfschmerzen | *em va ~ por* Angst erfaßte (*od* ergriff) mich | *m'agafen ganes d'engegar-ho tot a passeig* ich bin drauf u. dran, alles hinzuwerfen | *què t'agafa, ara?* was hast du denn plötzlich? | *~ a+inf* anfangen zu+inf | *vaig ~ a córrer* ich rannte los || *vi* greifen, fassen; kleben, (an)haften | anwachsen, Wurzeln schlagen | **~ar-se** *v/r: agafa't a la barana!* halte dich am Geländer fest! | *agafa't fort!* (*a. fig*) halte dich (gut) fest! | *~ els dits* s. die Finger einklemmen; *fig* s. die Finger verbrennen | *ballen sense ~* sie tanzen ohne s. anzufassen | *lluitaven fortament agafats* sie kämpften fest aneinander- (*od* um-)klammert | *l'arròs s'ha agafat* der Reis ist angebrannt | *no sé pas com s'ho agafaran* ich weiß nicht, wie sie es aufnehmen werden | *no t'ho agafis malament!* nimm es nicht übel! | *s'agafen a qualsevol cosa per no haver de treballar* sie nehmen alles zum Vorwand, um nicht

agalla

arbeiten zu müssen | *s: prendre('s), collir* | **~a-sants** *m gastr (Art)* Mehlomelette *f (ohne Ei)* | **~a-sopes** *m/f fam* Tranfunzel *f* | **~atós (-osa** *f) adj* klebrig | *fig* lästig, aufdringlich | **~es** *f pl* Zange, Klammer *f* | **~ós (-osa** *f) adj* = **~atós**.
agalla *f bot* = **gal·la**.
agallinar-se (33) *v/r* ängstlich werden.
àgam *adj cient* agam(isch).
agambar (33) *vt (Kinder, Jungtiere)* aufziehen.
agàmia *f cient* Agamie *f*.
aganat (-ada *f) adj* hungrig | *estar ~* hungrig sein.
àgape *m ecl* Agape *f*, Liebesmahl *n*.
agar-agar *m quím ind* Agar-Agar *m/n*.
agarb|ar (33) *vt agr (Garben)* binden | **~ar-se** *v/r* handgemein werden | **~erar** (33) *vt (Garben)* häufen | **~onar** (33) *vt (Reisigbündel)* zusammenschnüren.
agàric *m bot* Champignon, Agaricus *m (Gattung der Lamellen- od Blätterpilze)* | *~ blanc* Lärchenschwamm *m* («Polyporus officinalis») | *min* Schlämmkreide *f*.
agarra|da *f* Anpacken *n* | Rauferei, Prügelei *f* | *fig* heftiger Streit *m*, Wortwechsel *m* | **~r** (33) *vt* anpacken | *Val* = **agafar** | **~t (-ada** *f) adj* geizig, knickerig | *~ a la seva* halsstarrig, eigensinnig.
agarrofar-se (33) *v/r s.* einrollen *(Blätter, Laub)*.
àgata *f min* Achat *m*.
agave *f bot* Agave *f* | *s: atzavara*.
ageganta|r (33) *vt a. fig* riesengroß machen, ins Riesenhafte steigern | **~r-se** *v/r* riesengroß werden | *fig* über s. selbst hinauswachsen | **~t (-ada** *f) adj* riesenhaft, riesig.
agemoli|ment *m* Beugen, Bücken *n* | **~r-se** (37) *v/r s.* beugen, s. bücken | *fig a.* s. demütigen.
agença|ment *m* Verteilung, Anordnung *f* | *~ d'aparadors* Schaufensterdekoration *f* | **~r** (33) *vt* verteilen, anordnen | herrichten.
agència *f* Agentur *f* | Vertretung *f* | Büro *n* | *~ de premsa* od *de notícies* Presse od Nachrichten-agentur *f* | *~ de publicitat* Werbeagentur *f* | *~ de transports* Spedition *f* | *~ de viatges* Reisebüro *n*.
agencia|ment *m* Erledigung, Besorgung *f* | **~r** (33) *vt* besorgen, betreiben, erledigen.

agenda *f* Terminkalender *m* | Notizbuch *n* | *polít* Tagesordnung *f*.
agenolla|dor *m* Betstuhl *m* | **~ment** *m* Niederknien *n* | Kniefall *m* | **~r-se** (33) *v/r* (nieder)knien | *s.* niederwerfen.
agent *adj (m/f)* wirkend || *s/m* wirkende Kraft; Mittel *n* | *quím ling med filos* Agens *n* | *~s atmosfèrics* Athmosphärilien *f pl* | *~ medicinal* wirksamer Stoff *m*, Heilmittel *n* || *s/m/f* Beauftragte(r *m*) *m/f* | Vertreter(in *f*), Vermittler(in *f*), Makler(in *f*), *bes dipl polít* Agent(in *f*) *m* | *dr* Täter(in *f*) *m* | *~ d'assegurances* Versicherungs-agent, -vertreter *m* | *~ de canvi i borsa* Börsenmakler *m* | *~ comercial* (Handlungs)Reisende(r), Vertreter *m* | *~ diplomàtic* diplomatischer Vertreter *m* | *~ de duanes* Zollagent *m* | *~ immobiliari* Immobilienmakler *m* | *~ d'ordre públic* od *de policia* Polizist *m* | *~ secret* Geheimagent *m*.
agermana|ment *m* Verbrüderung *f* | Städtepartnerschaft *f* | **~r** (33) *vt* verbrüdern | aufeinander abstimmen | *fig a.* vereinen.
agerola *f bot* = **rossinyol**.
agibellar (33) *vt (Salat)* anmachen | *fig* vorbereiten.
àgil(ment *adv) adj (m/f)* geschmeidig | flink, gewandt | agil | *(geistig)* beweglich.
agilita|r (33) *vt* geschmeidig, flink *od* gewandt machen | *fig (Formalitäten)* erleichtern | **~t** *f* Geschmeidigkeit, Gewandtheit *f*.
àgio *m banc* Agio, Aufgeld *n*.
agio|tatge *m econ* Agiotage, Börsenspekulation *f* | **~tista** *m/f* Agioteur, (Börsen)Spekulant(in *f*) *m*.
agita|ció *f* Schütteln, Bewegen *n* | heftige Bewegung *f* | Auf-, Er-regung *f* | *polít* Unruhe, Agitation *f* | *psic* Agitiertheit *f* | *tecn* Schütteln, (Um)Rühren *n* | *polít:* ~ *i propaganda* Agitprop *f* | **~dor** *adj polít* agitatorisch | *tecn* Rühr... || *s/m tecn* Rührvorrichtung *f* | *quím* Schüttelbecher *m* | *polít* Agitator, Hetzer, Unruhestifter *m* | **~ment** *m* Schütteln, Bewegen *n*.
agitanat (-ada *f) adj* zigeuner-haft, -artig.
agita|r (33) *vt* (hin- u. her-)bewegen, schwenken, schütteln | aufregen, beunruhigen | *polít* agitieren | **~r-se** *v/r s.* (heftig) bewegen | s. aufregen, s. beunruhigen | **~t (-ada** *f) adj* auf-

aglà

geregt, erregt | unruhig, bewegt, stürmisch | *psic* agitiert.

agl|à *m/f* = **gla** | **~anar** (33) *vi* Eicheln fressen (*Schweine*) || *vt* (*Tiere*) mit Eicheln mästen **~aner** *m* = **glaner**.

aglevar-se (33) *v/r* Schollen *od* Erdklumpen bilden | verklumpen (*Flüssigkeit*) | gerinnen (*Blut*) | *fig* s. zusammenballen.

aglomera|ció *f* Anhäufung, Zusammenballung *f* | Menschenmenge *f*, Gedränge *n* | *geog* geschlossene Siedlung *f*; *bes* Ballungsraum *m* | *cient tecn* Agglomeration *f* | *tecn a.* Brikettierung *f* | ~ *urbana* städtischer Ballungsraum *m*, städtische Agglomeration *f* | **~r(-se)** (33) *vt* (/*r*) (s.) anhäufen, (s.) zusammenballen | *cient tecn* (s.) agglomerieren | **~t** *m geol tecn* Agglomerat *n* | ~ *de carbó* Brikett *n* | ~ *de suro* Presskork *m*.

aglutin|ació *f* Verklebung, Verklumpung *f* | *fig* Verschmelzung *f* | *quím med ling* Agglutination *f* | **~ament** *m* Verkleben, Verklumpen *n* | **~ant** *adj* (*m/f*) *bes tecn* bindend, Binde-..., klebend, Klebe... | *quím med ling* agglutinierend | *s/m* Binde-, Klebe-mittel *n* | Klebstoff *m* | **~ar** (33) *vt* (ver-, zusammen-)kleben, verklumpen | *fig* verschmelzen | *quím med ling* agglutinieren | **~ar-se** *v/r a. fig* s. fest verbinden; zusammen-kleben, -wachsen | **~atiu** (**-iva** *f*) *adj cient* Agglutinations... | **~ina** *f med* Agglutinin *n*.

agnat *m dr* Agnat *m*, Blutsverwandte(r *m*) *m/f* väterlicherseits | **~ici** (**-ícia** *f*) *adj* Agnat...

agnom *m* Beiname *m* | *hist* (*Rom*) Agnomen *n*.

agn|òsia *f med* Agnosie *f* | **~òstic** *adj filos* agnostizistisch || *s/m* Agnostiker *m* | **~osticisme** *m* Agnostizismus *m*.

agnus *m catol* Agnus Dei *n* (*Wachstäfelchen*) | (*és*)*ser de pasta d'~* e. herzensguter Mensch sein | **~dei** *m catol* Agnus Dei *n* (*Bittruf*).

agombol *m* (Für)Sorge, Pflege *f* | Liebkosung, Hätschelei *f* | **~ador** *adj* fürsorglich, fürsorgend | **~ament** *m* = **agombol** | Anhäufen *n* | **~ar** (33) *vt* (*j-n*) um-, ver-sorgen; liebkosen, hätscheln; (be)schützen; zudecken | anhäufen | **~ar-se** *v/r: la vídua va ~ amb el seu fill* die Witwe fand bei ihrem Sohn Obhut | *la gent s'agombola a la plaça* die Leute drängen s. auf dem Platz zusammen.

agrament

ag|onia *f* Todeskampf *m*, Agonie *f* | **~ònic** *adj* mit dem Tod(e) ringend | Todes(kampf)... | **~onista** *m hist esport* Agonist *m* || *adj anat: múscul ~ Agonist m* | **~onitzant** *adj* (*m/f*) mit dem Tod(e) ringend, sterbend || *s/m/f* Sterbende(r *m*) *m/f* || *s/m catol* Kamillianer *m* (*der den Sterbenden beisteht*) | **~onitzar** (33) *vi* mit dem Tod(e) ringen, im Sterben liegen | *fig* zu Ende gehen, erlöschen.

àgora *f hist* Agora *f*.

agorafòbia *f psic* Agoraphobie, Platzangst *f*.

agosarat (**-ada** *f*, **-adament** *adv*) *adj* kühn, verwegen | gewagt | dreist.

agost *m* August *m* | Erntezeit *f* | *fer el seu ~* s-n Schnitt machen, sein Schäfchen ins Trockene bringen | *tenir od fer cara d' ~* e. zufriedenes Gesicht machen | **~(ej)ador** *m* Sommerweide *f* | Stoppelfeld *n* | **~ejament** *m* Verdorren, Vertrocknen *n* | **~ejar** (33) *vi* auf den Stoppeln weiden, sommern (*Vieh*) || *vt* (auf)trocknen | (*Pflanzen*) welken lassen | **~ejar-se** *v/r* vertrocknen | ausdorren | *a. fig* verwelken; erschlaffen | **~enc** *adj fig* August... | **~er** *adj* (*Vieh*) im August geboren | **~í** (**-ina** *f*) *adj* = **~er** (*bes Küken*) | **~ís** (**-issa** *f*) *adj* August...

agotnar-se (33) *v/r: ~ darrere una mata* s. hinter e-n Busch verkriechen; s. hinter e-m Busch auf die Lauer legen.

agraci|ar (33) *vt* begnadigen | (*j-m*) e. gefälliges Aussehen geben | *aquest vestit t'agracia molt* dieses Kleid steht dir sehr gut | **~at** (**-ada** *f*) *adj* anmutig, graziös, zierlich.

agrad|able(**ment** *adv*) *adj* (*m/f*) gefällig, angenehm, erfreulich | freundlich, nett | **~ar** (33) *vi* gefallen; angenehm sein; behagen (*a alg* j-m) | *el vi no m'agrada* der Wein schmeckt mir nicht; ich mag k-n Wein | **~ar-se** *v/r* s. verlieben (*d'alg* in j-n) | **~ívol** = **~ós** | **~ós** (**-osa** *f*, **-osament** *adv*) *adj* (*bes Person*) = **agradable**(**ment**) | **~osia** = **~ositat** | **~ositat** *f* Freundlichkeit, Liebenswürdigkeit, Nettigkeit *f*.

agra|ïment *m* Dank *m* | Dankbarkeit *f* | **~ir** (37) *vt* danken, s. bedanken, dankbar sein (*a alg u/c* j-m für etw *ac*) | **~it** (**-ida** *f*) *adj* dankbar | *una feina agraïda* e-e dankbare Aufgabe.

agram *m bot* = **gram**².

agrament *adv fig* verbittert | hart | säuerlich.

agran|ada f Kehren n | **~adures** f pl Kehricht m | **~ar** (33) vt (Tiere) mit Getreide füttern | kehren, fegen | **~er** m Besen m.
agrari (-ària) f) adj Agrar..., Boden... | cambra agrària Landwirtschaftskammer f | llei agrària (hist) Ackergesetz n | mesura agrària Feldmaß n | població agrària Agrar-, Land-bevölkerung f | política agrària Agrarpolitik f | reforma agrària Agrar-, Boden-reform f.
agr|às m (pl -assos) bot unreife Traube f | säuerlicher Traubensaft m | **~asser** adj von unreifen Trauben | **~assera** f Glas n für Traubensaft | **~assó** m bot Stachelbeere f | **~assot** m unreife Traube f.
agravació f dr catol vierte Mahnung f (mit Exkommunikationsdrohung).
agre[1] m Geschmack m | Gefallen n | Vorliebe, Lust f | günstiger Platz m (für bestimmte Pflanzen od Tiere) | fig: ~ del terrer die Bindung f an die heimische Scholle.
agre[2] adj sauer | (Ton) grell | (Weg) rauh | (Wort) bitter | (Metall) spröde || s/m Säure f.
agredir (37) vt angreifen, überfallen.
agredolç adj süßsauer | fig bittersüß.
agrega|ció f Hinzufügung, Angliederung, Beigabe f | adm Zuteilung f | estat d'~ (quím) Aggregatzustand m | **~r** (33) vt hinzufügen, angliedern, beigeben (a u/c e-r Sache) | adm (e-r Dienststelle) zuteilen | **~r-se** v/r s. (zu e-m Granzen) verbinden | ~ a un grup s. e-r Gruppe anschließen | **~t** (-ada f) pp/adj: fruit ~ Sammelfrucht f || s/m quím mat min Aggregat n | adm (abgelegener) Ortsteil m | adm zugeteilter Beamter m | dipl Attaché m | ~ comercial (militar) (Militär-)Handels-attaché | professor ~ (etwa) außerordentlicher Professor m.
agrejar (33) vi säuerlich sein (od schmecken) || vt säuern, sauer werden lassen.
agrell|a f bot großer Ampfer m | **~eta** f bot kleiner Ampfer m.
agremant m text Kleider-, Polster-besatz m.
agremia|ció f Zusammenschluß m (zu e-r Innung od Zunft) | **~r(-se)** (33) vt (/r) (s.) in e-r Innung od Zunft zusammenschließen.
agre|nc adj säuerlich | **~r** adj agr für den Anbau geeignet | **~sa** f Säure f.
agresolat (-ada f) adj tiegelförmig.

agress|ió f Angriff m | Überfall m | polít psic | **~iu** (-iva f) adj aggressiv | angreifend | angriffs-, streit-lustig | herausfordernd | **~ivitat** f bes psic Aggressivität f | Angriffslust f | **~or** m Angreifer m | polít Aggressor m.
agrest adj ländlich | unwegsam | bot wild(wachsend) | fig roh, ungeschliffen.
agreuja|ment m Erschwerung f | Verschärfung f | med Verschlimmerung f | **~nt** adj (m/f) erschwerend | dr straferschwerend, -verschärfend || s/m erschwerender Umstand m | **~r** (33) vt erschweren | verschärfen | verschlimmern | beleidigen, kränken, verdrießen | **~r-se** v/r s. verschärfen, s. verschlimmern.
agr|ícola adj (m/f) landwirtschaftlich | Agrar..., Landwirtschafts... | explotació ~ landwirtschaftlicher Betrieb m | productes agrícoles landwirtschafliche Erzeugnisse, Agrarprodukte n pl | **~icultor** m Landwirt m | **~icultura** f Landwirtschaft f, Ackerbau m, Agrikultur f.
agrimens|or m Feldmesser m | **~ura** f (Land)Vermessung f.
agrir (37) vt sauer werden lassen | fig verbittern | verschlimmern | **~se** v/r sauer werden.
agris|ar (33) vt grau machen | **~ar-se** v/r grau werden | **~at** (-ada f) adj gräulich.
agró m ornit Grau- od Fisch-reiher m | ~ blanc Seidenreiher m | ~ roig Purpurreiher m.
agr|ònom m Agronom m | enginyer ~ Diplomlandwirt m | **~onomia** f Landwirtschaftswissenschaft, Agronomie f | **~onòmic** agronomisch | **~o-pecuari** (-ària f) adj Ackerbau- u. Viehzucht... | **~oquímica** f Agrikulturchemie f.
agr|or f Säure f | fig Bitterkeit f | **~ós** (-osa f) adj säuerlich.
agrum|ar (33) vt anhäufen | **~ar-se** v/r s. klumpen (Erde) | **~ollament** m Klumpigwerden, Gerinnen n | **~ollar-se** (33) v/r klumpig werden | gerinnen.
agrunsa|dora f Bal = gronxador | **~r(-se)** (33) vt (/r) Bal = gronxar(-se).
agrupa|ció f Gruppierung f | Gruppe f | a. mil Verband m | mús: ~ coral Gesangverein m | polít politische Gruppe f | **~ment** m Gruppierung, Zusam-

aguait menschluß *m* | *a. tecn mil* Zusammenstellung *f* | *indús econ* Konzern *m* | Konsortium *n* | **~r** (33) *vt* gruppieren | zusammen-stellen, -legen | umfassen | **~r-se** (33) *v/r* s. gruppieren, s. zusammenschließen.

aguait *m* Lauer *f* | *caç* An-sitz, -stand *m* | *fig* Hinterhalt *m*, Falle *f* | *estar a l'~* auf der Lauer liegen; aufpassen | *posar-se a l'~* s. auf die Lauer legen | **~ar** (33) *vt* lauern (auf *ac*) | auflauern (*dat*).

aguant *m* Tragfähigkeit *f* | *fig* Ausdauer *f*; Widerstandsfähigkeit *f*, Durchhaltevermögen *n* | **~ar** (33) *vt* tragen, (aus-, durch-, fest-, stand-, zurück-)halten | *nàut* (*Tau*) an-spannen, -ziehen | *fig a.* er-, ver-tragen, ausstehen, erdulden | *les columnes aguanten l'arc* die Säulen tragen den Bogen | *el pont no va ~ la riuada* die Brücke hielt dem Hochwasser nicht stand | *~ un cop* (*una empenta*) e-m Schlag (Stoß) standhalten | *aguanta'm el paquet!* halte mir das Paket! | *aguanta-ho enlaire!* halte es hoch! | *no sé com ho aguantes* (*fig*) ich weiß nicht, wie du es aushältst *od* durchhältst | *si no m'aguanten, l'hauria agredit* wenn sie mich nicht zurückgehalten hätten, hätte ich ihn angegriffen | *no el puc ~* (*fig*) ich kann ihn nicht ausstehen | *~ la calor* (*el dolor*) Hitze (Schmerz) aushalten | *no aguanta les bromes* er verträgt k-n Spaß | *nàut: ~ el rumb* den Kurs halten || *vi: aquestes bigues no ~an* diese Balken werden nicht halten | *aquestes sabates han aguantat molt* diese Schuhe haben lange gehalten | *els assetjats van ~ mesos* die Belagerten hielten monatelang durch | *ha aguantat com un home* er hat wie e. Mann durchgehalten | *aguantes gaire sota l'aigua?* hältst du es lange unter Wasser aus? | *no aguanta gaire* (*bevent*) er kann nicht viel (Alkohol) vertragen | **~ar-se** *v/r: el pont s'aguanta en* (od *sobre*) *tres pilars* die Brücke wird von drei Pfeilern getragen | *~ amb un bastó* s. auf e-n Stock stützen | *~ dret* s. aufrecht halten | *no m'aguanto* (*dret*) ich kann mich nicht mehr aufrecht halten | *aquesta teoria no s'aguanta* diese Theorie ist nicht stichhaltig | *~ la respiració* den Atem anhalten | *~ el riure* s. das Lachen verbeißen | *em vaig haver d'aguantar per no pegar-li* ich

mußte mich zurückhalten (*od* beherrschen), um ihn nicht zu schlagen.

agud|ament *adv* scharf(sinnig) | geistreich | **~ell** *m* Berggipfel *m* | **~esa** *f* Schärfe *f* | Scharfsinn *m* | geistreicher Ausspruch *m* | *~ sensorial* (*visual*) Sinnes-(Seh-)schärfe *f* | **~itzar** (33) *vt* (ver)schärfen | **~itzar-se** *v/r med* schlimmer werden | (*Krise*) s. zuspitzen, s. verschärfen.

aguerri|r (37) *vt* an den Krieg gewöhnen | *fig* abhärten | **~t** (**-ida** *f*) *adj* kriegserfahren | abgehärtet.

àguila *f ornit* Adler *m* | *poèt* Aar *m* | *astr: l'~* der Adler *m* | *~ imperial od coronada* Kaiseradler *m* | *~ reial od daurada* Stein-, Gold-adler *m* | *~ calçada* Zwergadler *m* | *~ d'estany* od *pescadora* Fischadler *m* | *~ marina* Seeadler *m* | *~ rapaç* Raub-, Steppen-adler *m* | *~ bicèfala* (*Wappenkunde*) Doppeladler *m* | *mirada d'~* Adlerblick *m*.

aguil|enc *adj* Adler... | *nas ~* Adlernase *f* | **~eta** *f ornit* Baumfalke *m* | **~ó** *m* Jungadler *m* | **~ot** *m ornit* Mäusebussard *m*.

aguisar (33) *vt arc* (an)ordnen | (vor)bereiten.

aguitarrat (**-ada** *f*) *adj* gitarrenförmig.

agulla *f a. bot med tecn* Nadel *f* | Zeiger *m* | (*Waage*) *a.* Zunge *f* | Felsnadel *f* | *arquit* Spitze *f* | *ferroc* Weiche *f*; (Weichen)Zunge *f* | *ict* Hornhecht *m*; Große Seenadel *f* | *nàut* Kompaß(nadel *f*) *m* | *ornit* Prachttaucher *m, s: calàbria* | *tecn a.* Bohreisen *m* | *~ de cap* Stecknadel *f* | *~ de corbata* Krawattennadel *f* | *~ de cosir* Nähnadel *f* | *~ d'embalar* Packnadel *f* | *~ d'enllardar* Spicknadel *f* | *~ d'estendre* (*roba*) Wäscheklammer *f* | *~ de fer mitja* Stricknadel *f* | *~ de fonògraf* Grammophonnadel *f* | *~ de ganxo* Haarnadel *f* | *~ imperdible* Sicherheitsnadel *f* | *~ d'injecció* Injektionsnadel *f* | *~ magnètica* Magnetnadel *f* | *~ de pit* Brosche *f* | *les agulles del rellotge* die Uhrzeiger *m pl* | *~ saquera* Sacknadel *f* | *~ de sargir* Stopfnadel | *enfilar una ~* e-e Nadel einfädeln | *fig: cercar* od *buscar una ~ en un paller* e-e Stecknadel im Heuhaufen suchen || *pl bot* Reiherschnabel *m* | Semmelstoppelpilz, Stoppel-, Igel-schwamm *m* | *agulles de pastor* Nadelkerbel *m*.

agull|ada *f* Stachel *m* (*zum Antreiben*

von Rindern) | ~**at** *m ict* (*Art*) gr(r) Dornhai *m* | ~**er** *m* Nadelbüchse *f* | (*eingefädelter*) Faden *m* | ~**eter** *m* Nadler, Nadel-hersteller, -verkäufer *m* | ~**eteria** *f* Nadlerei *f* | ~**ó** *m* Stachel *m* | *fig* Ansporn, Antrieb *m* | ~**onada** *f* Stachelstich *m* | ~**onament** *m* Antreiben, Anstacheln *n* | ~**onar** (33) *vt* stacheln | spornen | *fig* anstacheln, anspornen | ~**ós** (**-osa** *f*) *adj* nadelig | ~**ots** *m pl bot* (*Art*) Reiherschnabel *m*.

agusa|ment *m* Schärfen, Schleifen *n* | ~**r** (33) *vt* schärfen, schleifen, wetzen | (an)spitzen | *fig:* ~ **les orelles** die Ohren spitzen | ~ **la vista** den Blick schärfen.

agustí (**-ina** *f*) *m* Augustiner(-mönch) *m* (-nonne *f*).

agut (**-uda** *f*, **-udament** *adv*) *adj* spitz(ig) | (*Kälte*) schneidend, scharf | (*Schmerz*) stechend | (*Geruch*, *Geschmack*) scharf | (*Stimme*, *Ton*) scharf, grell, schrill, gellend | *mús* hoch | *ling: mot* ~ endbetontes Wort *n* | *accent* ~ Akut *m* | *geom: angle* ~ spitzer Winkel *m* | *med fig* akut | *fig a.* geistreich, scharfsinnig || *s/m mús* hoher Ton *m*.

agutzil *m fam* = **algutzir**.

ah! *int* ah!, ach!, o(h)! | *ah, quin plaer!* ah, welch e. Vergnügen! | *ah, ara hi caic!* ah, jetzt komme ich darauf! | *ah no!* ach nein! *od* o nein! | ~ *st?* ach so?; ach was!

ahir *adv* gestern | *p ext* neulich, vor kurzem | ~ *al matí* (*migdia*, *vespre*) gestern morgen (mittag, abend) | *d'~ença* seit gestern | *el dia d'~* der gestrige Tag | *el diari és d'~* die Zeitung ist von gestern || *s/m: no pensis sempre en l'~* denk nicht immer an das Gestern.

ai *int* (*körperlicher Schmerz*) au!, autsch! | (*Bedauern, Bestürzung, Erschrecken*) ach!, (o) weh!, o je!, ach je! | (*Verwunderung*) ach!, oh! | (*Drohung*) wehe! | (*in Verbindung mit e-m anderen Wort*) ach!; o!; wehe! | ~, *quin mal!* au, das tut weh! | ~, *quin greu!* ach, wie schade! | ~ ~, *com és això?* ach, wie kommt denn das? | ~, *que bonic!* ach, ist das schön!; oh, wie schön! | ~, *me'n descuidava...!* ach, beinahe hätte ich es vergessen...! | ~ *Déu!* ach Gott! *od* o Gott! | ~ *de tu!* wehe dir! | ~ *dels vençuts!* wehe den Besiegten! || *s/m* Ach *n* | ~**s i uis** das Ach u. Weh | *en un dir* ~ in e-m Augenblick, im Nu | *anar amb l'~ al cor* ständig auf das Schlimmste gefaßt sein.

aidar (33) *vt reg* = **ajudar**.

aigua *f* Wasser *n* | Saft *m* (*in Früchter*) | ~ *de l'aixeta* Leitungswasser *n* | *ecl:* ~ *beneita* Weihwasser *n* | ~ *blana* weiches Wasser *n* | ~ *del Carme* Melissengeist *m* | ~ *de Colònia* Kölnischwasser, Kölnisch Wasser *n* | ~ *corrent* fließend(es) Wasser *n* | ~ *dolça* Süßwasser *n* | ~ *dura* hartes Wasser *n* | ~ *ensucrada* od *amb sucre* Zuckerwasser *n* | ~ *ferruginosa* eisenhaltiges Wasser *n* | ~ *gasosa* kohlensäurehaltiges Wasser *n* | ~ *industrial* Gewerbewasser, Industriewasser *n* | ~ *de mar* Meerwasser *n* | ~ *mineral* Mineralwasser *n* | ~ *mineral amb gas* Kohlensäurehaltiges Mineralwasser *n* | ~ *mineral sense gas* (stilles) Mineralwasser (ohne Kohlensäure) | ~ *morta* (od *estancada*) Stauwasser, stehendes Gewässer *n* | ~ *oxigenada* Wasserstoffsuperoxyd *n* | ~ *pesant* (*quím*) schweres Wasser *n* | ~ *de pluja* od *pluvial* Regenwasser *n* | ~ *potable* Trinkwasser *n* | ~ *de taula* Tafelwasser *n* | ~ *règia* (*quím*) Königswasser *n* | ~ *de roses* Rosenwasser *n* | ~ *salabrosa* Brackwasser *n* | ~ *salada* Salzwasser *n* | ~ *viva* fließendes Wasser *n* | *un got d'~* e. Glas Wasser; e. Wasserglas *n* | *corrent d'~* Wasserlauf *m* | *jocs d'~* Wasserspiele *n pl* | *ric en* ~ wasserreich | *clar com* (od *més clar que*) *l'~* (*fig*) sonnenklar | ~ *amunt* (*avall*) fluß-, strom-aufwärts (-abwärts) | *fig: vaig* ~ *amunt* (*avall*) mit mir geht's auf-(ab-)wärts | *l'estany està* ~ *baixant* der Teich liegt unterhalb *od* tiefer | *anar a l'~* ins Wasser gehen | *anarse'n a l'~* (*fig*) ins Wasser fallen | *donen l'~ per l'amor de Déu* (*fig*) es gießt in Strömen | (*és*)*ser del ram de l'~* (*fig*) schwul sein | (*és*)*ser home a l'~* (*fig*) e. toter Mann sein; erledigt sein | *està amb l'~ fins al coll* (*fig*) das Wasser steht ihm bis zum Hals | *home a l'~!* Mann über Bord! | *negar-se od ofegar-se en poca* (od *en un got d'*) ~ (*fig*) über Kleinigkeiten den Mut *od* die Fassung verlieren | *portar* (od *fer anar*) *l'~ al seu molí* (*fig*) auf s-n eigenen Vorteil bedacht sein, sein Schäfchen ins Trockene bringen | *sortir de l'~*

aigua

aus dem Wasser kommen | tirar ~ al vi (a. fig) Wasser in den Wein gießen | tirar-se a l'~ ins Wasser springen; ins Wasser gehen, s. ertränken | treure'n l'~ clara (fig) s. von etw e. klares Bild machen | l'~ (la suor) li corria cara avall das Wasser (der Schweiß) lief ihm von der Stirn | aquests préssecs tenen molta ~ diese Pfirsiche sind sehr saftig || pl Wasser n; Gewässer n (pl) | naút Kielwasser n | (Edelstein) Wasser n | (Holz) Maserung f | tèxt Moiré n | biol Fruchtwasser n | aigües costaneres Küstengewässer n pl | aigües fecals od negres Abwässer n pl | aigües interiors Binnengewässer n pl | aigües internacionals internationale Gewässer n pl | aigües jurisdiccionals od territorials Hoheitsgewässer n pl | aigües subterrànies Grundwasser n | aigües vives (mortes) Spring(Nipp-)flut, -tide f | anar a prendre les aigües e-e Brunnenkur machen | fer aigües (naút) lecken; fig wankend werden (od sein) | fig: nedar entre dues aigües e. doppeltes Spiel treiben; es mit niemandem verderben wollen | trencar aigües (vor der Geburt) Fruchtwasser verlieren | **~barreig** m Zusammenfließen n (von Flüssen) | Zusammenfluß m | **~barrejar-se** (33) v/r a. fig zusammen-fließen, -schließen | **~batent** m Stelle f, wo das Wasser aufschlägt | Wellenbrecher m | **~batre** (34) vt (Unwetter, Sturm) peitschen | bespritzen | **~beneitera** f ecl Weihwasserkessel m | **~cuit** m Leim m | **~da** f = **aiguat** | naút Wasservorrat m | pint Wasserfarbe; Gouache f | prendre od fer ~ (Trink)Wasser auftanken | **~der** adj wassertrinkend, abstinent || s/mf Wasser-trinker(in f) m, -träger(in f), -verkäufer(in f) m, -beauftragte(r m) m/f | **~fort** m quím Ätznatron n | art Radierung f | gravar a l'~ (ein)ätzen, radieren | **~fortista** m/f art Radierer(in f) m | **~l** adj (m/f) = **aiguós** | **~lejar** (33) vt spülen (od waschen) || vi: aigualeja es fällt Tau | **~lera** f Tau m | **~lir** (37) vt verwässern | fig: ~ la festa den Spaß verderben | **~lit (-ida)** adj verwässert | (Fest) verregnet | fig verdorben | **~lós (-osa f)** adj = **aiguós** | **~mans** m ecl Aquamanile n | Wasser-kanne f, -krug m (zum Händewaschen) | Wasch-schüssel f; -wasser n (für die Hände) | **~marina** f min Aquamarin m | **~mel** f Honigwasser n | Met m | **~moll** (a. **~moix**, **~mort**) m Sumpf m, Moor n | **~naf** m Orangenblütenwasser n | **~neix** m Quelle f | **~neu** f Schneeregen m | Schneewasser n | **~pedra** f Regen m mit Hagelkörnern | **~poll** m angebrütetes Ei n | fig: tornar-se ~ nicht zustande kommen | **~rdent** m Schnaps, Branntwein m | veu d'~ Säuferstimme f | **~rdenter** m Branntweinhersteller m | gewohnheitsmäßiger Schnapstrinker m | **~rdentí (-ina f)** adj Schnaps... | **~rdentós (-osa f)** adj schnaps-haltig, -ähnlich | **~relles** f pl verwässerter od minderwertiger Wein m | **~ros** m Rosenwasser n | **~rràs** m Terpentin n | **~sal** f Salzlösung f | **~t** f Wolkenbruch m | Unwetter n | **~tinta** f art Aquatinta f | **~vés** m (pl -essos) Gefälle n, Hang m | Dachschräge, Abdachung f | **~vessant** m (Ab)Hang m.

aigüer m Wasser-träger, -verkäufer m | **~a** f Spül-stein m, -becken n | **~ada** f Ab-, Auf-wasch m | **~ol** m = **aiguamoll** | Pfütze, Lache f | ornit Wasser-amsel f, -schwätzer m | **~ola** f ornit = **~ol**.

aiguós (-osa f) adj wäßrig, sumpfig, morastig.

ailant m bot Chinesischer Götterbaum m.

aïlla|ble adj (m/f) isolierbar | **~cionisme** m polít Isolationismus m | **~dament** adv vereinzelt | einzeln, isoliert | **~dor** adj absondernd | isolierend, Isolier... || s/m Isolator m (Gegenstand od Vorrichtung) | **~ment** m Absonderung f | Vereinzelung, Vereinsamung f | Abgeschiedenheit f | bes cient tecn Iso-lation, -lierung f | cel·la d'~ Isolierzelle f | ~ acústic Schalldämmung f | ~ tèrmic Wärme-isolation, -dämmung f | **~nt** adj = **~dor** | cinta ~ Isolierband n | llengües ~s isolierende Sprachen f pl || s/m Isolator m, Isolier-material n, -stoff m | **~r** (33) vt absondern | bes biol fís psic isolieren | ~ malalts (presos) Kranke (Häftlinge) absondern od isolieren | ~ un conductor (una paret) e-n Leiter (e-e Wand) isolieren | **~r-se** v/r s. absondern, s. abschließen, s. isolieren | **~t (-ada)** pp/adj: ~ contra el soroll schall-dicht, -isoliert | un cas ~ e. Einzelfall m | una masia aïllada e. abgeschiedenes od einzelnstehendes Bauernhaus n.

aimia *f poèt* Geliebte *f.*
aïna *f ant* Gelegenheit *f* | *ant reg* = **eina**.
aïnar (33) *vi* = **eguinar, renillar.**
airada *f* Windstoß *m* | Erkältung *f* | *s: cop d'aire.*
aïra|ment *m* Erzürnen *n*, Zorn *m* | **~r** (33) *vt* verabscheuen, verachten | **~r-se** *v/r* zornig *od* ärgerlich werden.
aire *m* Luft *f* | *a.* Wind *m* | *a.* Zug(luft *f*); Luftzug *m* | *arc* Gas *n* | *fig* Eindruck *m*, Aussehen *n*; Benehmen *n*, Haltung *f*; *desp mst pl* Allüre *f*; Hauch *m*, Flair *n*; Air *n* | *fig* Anmut, Grazie *f*; Schwung *m* | *med fam* leichter Anfall *m*; *bes* Schlägelchen *n* | *mús* Tempo *n*; Weise, Melodie *f*, Air *n* | **~ comprimit** Druck-, Preß-luft *f* | **~ condicionat** Klimaanlage *f* | **~ enrarit** *od* **viciat** schlechte *od* verbrauchte Luft *f* | **~ fresc** (*humit, sa*) frische *bzw* kühle (feuchte, gesunde) Luft *f* | **~s populars** Volksweisen *f pl* | **cambra d'~** (*aut*) Schlauch *m* | **canvi d'~s** Luftveränderung *f*, Klimawechsel *m* | **cop d'~** Windstoß *m*; Erkältung *f* | **massa d'~** (*meteor*) Luftmasse *f* | **~!** Tempo!, auf!, los! | *a mig ~* auf halber Höhe; in der Luft schwebend | *a ple ~* unter freiem Himmel | *a l'~ lliure* im Freien, in der (freien) Luft; ins Freie, an die (frische) Luft; unter freiem Himmel | *teatre a l'~ lliure* Freilichttheater *n* | *en l'~* in der Luft; = **enlaire** | *agafar un cop d'~* Zug abbekommen; s. erkälten | *camina amb un ~!* sie hat e-n Gang! | *corren bons (mals) ~s* es gehen gute (schlechte) Gerüchte um | *estar entre dos ~s* im Luftzug stehen | *no fa gota (od gens) d'~* es regt sich kein Lüftchen | *quins ~s et porten?* was führt dich hierher? | *prendre l'~* (frische) Luft schöpfen *od* schnappen | *tenir un ~ amb alg* j-m leicht ähneln, e-e gewisse Ahnlichkeit mit j-m haben | *té tot l'~ d'una estafa* das sieht ganz nach e-m Schwindel aus | *té un ~ tot encongit* (*resolt*) er macht e-n ganz verschüchterten (entschlossenen) Eindruck | *quins ~s* (*que té*)! was für Allüren (er hat)! | *viure de l'~ del cel* von der Luft (*od* von Luft u. Liebe) leben | **~cel** *m poèt* Himmelsgewölbe *n* | **~ferit** (-ida) *adj med fam* vom Schlag getroffen | **~ig** *m* Lüftung *f* | **~jar** (33) *vt* (aus-, be-, ent-)lüften; der Luft aussetzen | *fig: ~ un secret* e. Geheimnis lüften | *aquest llibre m'ha airejat les idees* dieses Buch hat mich auf neue Gedanken gebracht | **~jar-se** *v/r* auslüften; (frische) Luft schöpfen, (s.) auslüften | *fig fam* s. frische Luft um die Nase wehen lassen | **~jós** (-osa *f*) *adj* luftig, windig | **~t** *m* Lüftchen *n*.
air|ina *f* Lüftchen *n* | **~ívol** *adj lit* = **~ós** | **~ós** (-osa *f*) *adj* luftig, windig | *fig* anmutig; beschwingt | *sortir airós d'u/c* bei etw ehrenvoll *od* glänzend abschneiden | **~ositat** *f* Anmut; Beschwingtheit *f*.
aital *adj ant m* = **tal.**
aixà *adv: aixi o ~* so oder so.
aixa *f* (*Schreinerei*) Dechsel, Krummhaue *f* | *mestre d'~* Schiffszimmermann *m* | **~da** *f agr* Hacke *f* | **~dada** *f* Schlag *m* mit der Hacke *f* | **~dell** *m*, **~della** *f*, **~dó** *m agr* (*verschiedene Arten*) kl(e) Hacke *f*.
aixaf|ada *f* Plattdrücken *n* | Tritt *m* | **~adís** (-issa *f*) *adj* leicht zerdrückbar | **~adissa** *f* Zerdrücken *n* | Vernichtung *f* | **~ament** *m* Mattigkeit *f* | **~ar** (33) *vt* zer-, platt-drücken, zertreten | (*j-n*) überfahren | *fig* (*j-n*) mundtot machen | *estic aixafat* (*fig fam*) ich bin erschossen; *a.* ich bin nieder-gedrückt, -geschlagen | **~aterrossos** *m desp* Bauer *m* | **~inar** (33) *vt* (*Kleid*) zerdrücken, zerknittern.
aixamfranar (33) *vt tecn* abschrägen.
aixec *m* Erhebung *f*, Aufstand *m* | *caç* aufgestöbertes Wild *n* | *dr: ~ de béns* betrügerischer Bankrott *m* | **~ada** *f* Heben *n* | *fig fam: això és una ~ de camisa* das ist Bauernfängerei *f* | **~ament** *m* Heben *n* | Erhebung *f*, Aufstand *m* | *l'~ del setge* (*d'una pena*) die Aufhebung *f* der Belagerung (e-r Strafe) | **~ topogràfic** topographische Vermessung *f* | **~ar** (33) *vt* (auf-, er-, hoch-)heben | aufrichten, aufheben | *caç* aufstöbern, aufscheuchen | (*Staub*) aufwirbeln | (*Belagerung; Sitzung; Strafe, Verbot, Steuer*) aufheben | **~** (*od* **alçar**) *u/c de terra* etw vom Boden aufheben | **~** (*od* **alçar**) *un ferit* e-n Verletzten aufrichten | **~ la persiana** den Rolladen hochziehen | **~ entusiasme** (*protestes*) Begeisterung (Protest) auslösen *od* hervorrufen | **~ la moral** die Stimmung heben | **~ sospites** Verdacht erre-

aixell|a gen | ~ (od *alçar*) *un pla* e-n (Gelände)Plan aufnehmen | ~ *la veu* (*en una assemblea*) (bei e-r Versammlung) sprechen, das Wort ergreifen | **~ar-se** v/r a. *polít* s. erheben | aufstehen | s. aufrichten | *com* betrügerisch Bankrott machen | *s'ha aixecat polseguera* es ist Staub aufgewirbelt | *s'aixeca el dia* (*temps*) es klart (*od* klärt s.) auf | *s'ha aixecat vent* es ist Wind aufgekommen *od* es hat s. Wind erhoben | *es va aixecar un vol de perdius* e. Schwarm Rebhühner flog auf | ~ (od *llevar-se*, *alçar-se*) *d'hora* früh aufstehen | ~ (od *alçar-se*) *del llit* (*de taula*) vom Bett (Tisch) aufstehen.

aixell|a f *anat* Achsel(höhle) f | **~eró** m Achselunterlage f.

aixeta f (*Leitung*, *Faß*) Hahn m | ~ *de l'aigua* (*del gas*) Wasser-(Gas-)hahn m | ~ *de pas* Haupthahn m | *aigua de l'*~ Leitungswasser n | *obrir* (*tancar*) *l'*~ den Hahn auf-(zu-)drehen.

aixi adv so (*auf diese Weise*); *arc* also | also, dann | *fes-ho* ~! mach es so! | ~ *no pots sortir* so kannst du nicht hinausgehen | *ell és* ~ er ist so | ~ *és!* od *és ben bé* ~! so ist es! | ~ *és la vida!* so ist das Leben! | *no és* ~? ist es nicht so?; nicht wahr? | ~ *m'agrada!* so gefällt es mir! | ~ *no!* so nicht! | ~ *parlà Zaratustra* also sprach Zarathustra | ~ *què?* was (denn) nun? | ~, *véns o no?* also, kommst du oder nicht? | *ells també* ⊥, hi serem tots sie auch? Dann werden wir (also) alle da sein | ~ ~ soso; so lala | ~ ... *com* (*arc lit*) sowohl ... als auch | (~) *com...,* ~ (so) *wie...*, so | ~ *com:* ~ *com has vingut avui*, *haguessis vingut ahir*, *l'hauries trobat* wärest du gestern so wie heute gekommen, hättest du ihn angetroffen | ~ *com ella és tan culta, ell és un ignorant* so gebildet sie ist, so ungebildet ist er dagegen | ~ *com* ~: *les coses no es poden fer* ~ *com* ~ man kann die Dinge nicht aufs Geratewohl tun | ~ *i* ~ (od *aixà*) so und so | ~ *i tot* od *tot i* ~ dennoch; trotz allem | ~ *mateix:* *els ho diré* ~ *mateix* genau so werde ich es ihnen sagen | ~ *mateix cal tenir en compte altres fets* desgleichen (*od* darüberhinaus) sind andere Tatsachen zu berücksichtigen | ~ *que:* ~ *que no véns?* du kommst also nicht? | *estic malalt*, ~ *que no puc treballar* ich bin krank, so daß ich nicht arbeiten kann | ~ *que arribis*, *telefona* ruf(e) an, sobald du ankommst | *essent* ~: *essent* ~, *no hi ha res a fer* wenn es so ist, ist nichts zu machen | *essent* ~ *que ja el coneixes*, ... da du ihn ja schon kennst, ... | *i* ~ *successivament* und so weiter || (*in Wunschsätzen*) ~ *sia* (od *sigui*)! es sei!; so sei es denn! | ~ *fos veritat!* wäre es nur wahr! | ~ *plogués!* wenn es nur regnen wollte!

això (20) (a. *açò*) *pron dem* dies(es), das (hier), es | *treu* ~! nimm das weg! | *recorda't d'*~! denk daran! | *d'*~, *no en sé res* davon weiß ich nichts | *com va* ~? wie geht's? | ~ *és* das ist *od* heißt | ~ *mateix!* genau das!; ganz richtig! | ~ *sí que no!* ganz bestimmt nicht! | ~ *sí, ell mateix ho reconeix* er selbst gibt es zwar (*od* allerdings) zu | *i* ~ *que és tímid!* dabei ist er schüchtern! | ~ *i* ~ (*allò*) dies u. das (jenes) | *desp: on va* ~? wo geht der (die) denn hin? | *s: malgrat, obstant, per, que, tot* || (*auf die 2. Person bezogen, im Gegensatz zu* açò *für die 1. Person*) *arc reg: açò d'ací és meu i* ~ *d'aquí és teu* das hier ist meins u. das da ist deins.

aixoplu|c m Unterschlupf m | *a* ~ geschützt vor Regen | *posar-se a* ~ s. unterstellen | **~gar(-se)** (33) vt (/r) (s.) unterstellen.

aixovar m Aussteuer, Ausstattung f | *dr Cat* Mitgift f (*des Bräutigams*).

ajaçar(-se) (33) vt (/r) (s.) lagern, betten.

ajeure (a. *ajaure*) (40) vt (hin)legen | **~'s** v/r s. (hin)legen | (*Getreide*) s. legen | *fig:* ~ *a u/c* s. e-r Sache beugen | *ajeure-s'hi* s. auf die faule Haut legen.

ajoca|ment m *ornit* Schlafengehen n | **~r-se** (33) v/r *ornit* s. zur Ruhe setzen | *p ext* schlafen gehen, s. schlafen legen.

ajogassat (-ada f) adj = **enjogassat**.

ajorn|alar (33) vt auf Tagelohn dingen | **~alar-se** v/r s. auf Tagelohn verdingen | **~ament** m Vertagung f | Aufschub m | **~ar** (33) vt vertagen | aufschieben.

ajuda f Hilfe f, Beistand m, Unterstützung; Stütze f | *med fam* Einlauf m | *econ a.* Zuschuß m | ~ *exterior* Auslandshilfe f | *amb l'*~ *de* mit Hilfe

ajuntament

von | *amb l'~ de Déu* mit Gottes Hilfe | *demanar ~ a alg* j-n um Hilfe bitten | *donar od prestar ~ a alg* j-m Hilfe leisten | **~dor** *adj* helfend | hilfsbereit || *s/mf* Helfer(in *f*) *m* | **~nt** *adj* (*m/f*) helfend | Hilfs... | *professor ~* (Aus)Hilfslehrer *m* | *s/m/f* (a. **-a** *f*) Helfer(in *f*) *m*, Hilfe *f*, Gehilfe *m*, -fin *f*, Hilfskraft *f* | Assistent(in *f*) *m* | *mil* Adjutant *m* | *~(a) de cambra* Kammerdiener (-zofe *f*) *m* | *~ de cuina* Küchenhilfe *f* | *~ de camp* (*mil*) Stabadjutant *m* | *~ de direcció* (*cin*) Regieassistent(in *f*) *m* | *~ de laboratori* Laborassistent(in *f*) *m* | *~ tècnic sanitari* (*ATS*) medizinisch-technische(r Assistent *m*) Assistentin *f* (*MTA*) | **~r** (33) *vt* (*j-m*) helfen, behilflich sein, beistehen, (*j-n*) unterstützen | *~ alg a fer u/c* j-m helfen, etw zu tun | *~ alg en u/c* j-m bei etw helfen | *~ alg a posar-se l'abric* j-m in den Mantel helfen | *~ a missa* ministrieren | *ajudant Déu so* Gott will | *Déu ajut quan* Gott weiß wann | *Déu no m'ajut si...* od *que Déu no m'ajudi si...* Gott soll mich strafen, wenn... || *vi* beihelfen, beitragen (*a.* zu *dat*) | **~r-se** *v/r* s. selbst helfen | einander helfen, s. helfen | *~ d'u/c* etw zu Hilfe nehmen | *ajuda't i Déu* (od *el cel*) *t'ajudarà!* (*Spruch*) hilf dir selbst, so hilft dir Gott!

ajunta|ment *m* Vereinigung *f* | Versammlung *f* | Gemeinde-, Stadt-rat *m* | (*Gebäude*) Rathaus *n* | Geschlechtsakt *m* | **~r** (33) *vt* verein(ig)en, verbinden | versammeln | zusammen, aneinander-legen, -setzen, -fügen | (*Hände*) falten | (*Tür*) anlehnen | **~r-se** *v/r* s. verbinden | s. versammeln | s. zusammentun (*amb alg* mit j-m) | s. anschließen (*a alg* j-m) | s. (geschlechtlich) vereinigen | *fam* zusammenziehen (*Unverheiratete*).

ajupi|ment *m* Beugung, Beuge *f* | **~r** (36) *vt* (*j-n*) beugen | **~r-se** *v/r* s. bükken, s. ducken | *fig* s. beugen, s. fügen.

ajust[1] *m* Anpassung, Angleichung *f* | Übereinkommen *n*, Vereinbarung *f*; Aus-, Ver-gleich *m* | *tecn* (Ad)Justierung, Einstellung *f*; Passung *f*, Sitz *m* | **~**[2] *m*, **~ada** *f* Treffen *n*, Versammlung, Zusammenkunft *f* | **~adís (-issa** *f*) *adj* einstellbar, regulierbar | **~ador** *m tecn* Justierer, Ein-steller, -richter; Maschinenschlosser; Monteur *m* | **~ament**[1] *m* = **ajust**[1], **~atge** | *bes*

alà

psic Anpassung *f* | **~ament**[2] *m* Versammeln *n* | **~ar**[1] (33) *vt* anpassen, angleichen (*a* an *ac*) | abstimmen (*a* auf *ac*) | vereinbaren, aushandeln; aus-, ver-gleichen | *tecn* (ad)justieren, (fein) ein-stellen, -richten; aufstellen, montieren | *~ els comptes* abrechnen | *~ la pau* den Frieden aushandeln | *~ un cargol* e-e Schraube festschrauben | **~ar-se**[1] *vr: aquesta femella no s'ajusta al cargol* diese Mutter paßt nicht auf die Schraube | *això no s'ajusta a la realitat* das stimmt nicht mit der Wirklichkeit überein | *~ un vestit* s. ein Kleid enger machen | *~ el cinturó* (s.) den Gürtel enger schnallen | *~ sobre el preu* über den Preis handelseinig werden | **~ar**[2] (33) *vt* versammeln | zusammenrücken, aneinanderstellen | *~ la porta* (*la finestra, els finestrons*) die Tür (das Fenster, die Fensterläden) anlehnen | *vi: aquesta finestra no ajusta bé* dieses Fenster schließt nicht richtig | **~ar-se**[2] *v/r* s. versammeln, zusammenkommen | **~at (-ada** *f*) *pp/adj: uns pantalons ~s* enganliegende Hosen *f pl* | *una resposta ajustada* e-e angemessene Antwort | **~atge** *m tecn* (Ad)Justierung, (Fein)Einstellung, Abstimmung, Einrichtung *f*.

ajusticia|ment *m dr* Hinrichtung *f* | **~r** (33) *vt* hinrichten.

ajut *m lit* = **ajuda**.

al (*Kontraktion*) **a**+**el**[2].

ala *f ornit entom bot aeron arquit mil polit* Flügel *m* | *poèt* Fittich *m* | *bot a.* Alant *m* | *mil a.* Flanke, Seite *f* | (*Hut*) Krempe *f* | *tecn* (*Windmühle*) Schaufel *f*, Flügel *m* | *nàut* Beisegel *n* | *aeron: ~ de delta* Deltaflügel *m* | *aeron: ~ giratòria* Propellerblatt *n* | *anat: ~ de l'orella* Ohrmuschel *f* | *anat: ales del nas* Nasenflügel *m pl* | *cop d'~* Flügelschlag *m* | *fig: de cap d'~* vortrefflich; unübertroffen | *estàs tocat de l'~* du bist nicht ganz bei Trost | *tenir un perdigó a l'~* spinnen, verrückt sein || *pl fig* Mut *m*, Kühnheit *f* | *agafar ales* Mut fassen | *li cauen les ales del cor* er läßt die Flügel hängen | *donar ales a alg* j-n ermutigen | j-n beflügeln; j-m Flügel verleihen | *trencar a alg les ales* j-m die Flügel beschneiden *od* stutzen | *en ales de...* von... beflügelt *od* angespornt.

alà (-ana *f*) *m hist* Alane *m*, -nin *f* ||

alabaix 80 **albí**

s/m caç Hetzhund *m*.
alabaix *adj* = **alacaigut**.
alaba|nça *f* = **lloança** | **~r(-se)** (33) *vt* (/*r*) = **lloar(-se)**.
alabard|a *f* Hellebarde *f* | **~ada** *f* Hellebardenstoß *m* | **~er** *m* Hellebardier *m*.
alabastr|e *m min* Alabaster *m* | **~í (-ina** *f*) *adj* alabastern, Alabaster...
ala|batre (34) *vi* flattern mit den Flügeln schlagen | **~caigut (-uda** *f*) *adj a. fig* flügellahm.
alacantí (-ina *f*) *adj* alacantinisch, aus Alacant (*span* Alicante) || *s/mf* Alacantiner(in *f*) *m*.
alacrà *m Val* = **escorpí**.
alacritat *f lit* Eifer *m*.
aladern *m bot* Wegdorn *m*.
aladre *m oc* = **arada**.
aladroc *m* = **seitó**.
ala|ferit (-ida *f*) *adj* flügellahm | *caç* geflügelt | **~llarg** *adj* langflügelig.
alam|an(a *f*) *m hist* Alemanne *m*, -nin *f* | **~ànic** *adj* alemannisch || *s/m* Alemannisch; das Alemannische *n*.
alamara *f* Schlinge, Öse *f* (*an* Kleidung, Gardinen).
alamb|í *m* Destillier-, Brenn-kolben *m* | **~inar** (33) *vt* destillieren | *fig* ausklügeln, -tüfteln; überfeinern | **~inat (-ada** *f*) *adj fig* (*Stil*) übermäßig gefeilt; gekünstelt.
alamb|ó *m* Bergamotte *f* (*Frucht*) | **~oner** *m* Bergamotte *f* (*Baum*).
alambor *m* Stützmauer *f* | *fig* Üppigkeit *f*.
alar[1] *adj* (*m/f*) Flügel... | *bot* = **axil·lar**.
alar[2] (33) *vt caç* flügeln.
alarm|a *f a. fig* Alarm *m* | Notruf *m* | Alarmanlage *f* | *donar l'~* Alarm geben, schlagen, läuten | *crit d'~* Alarm-ruf, -schrei *m* | *estat d'~* Alarmzustand *m* | *falsa ~* falscher (*od* blinder) Alarm | *posar en ~* in Alarm versetzen | **~ant** *adj* (*m/f*) *a. fig* alarmierend | **~ar** (33) *vt* alarmieren | *fig a.* aufschrecken, beunruhigen, warnen | **~ar-se** *v/r* s. beunruhigen, in Alarm geraten | **~ista** *m/f* Schwarzseher(in *f*) *m*.
alat (-ada *f*) *adj* ge-, be-flügelt | *caç* = **alaferit**.
alb *adj poèt* weiß | **~a** *f* Tagesanbruch *m*, Morgendämmerung *f* | *bot* = **àlber** | *ecl* Albe, Alba *f* | *Lit* Alba, Aubade *f*, Tagelied *n* | *a trenc d'~* (a. *al rompent de l'~*) bei Tagesanbruch *m* | *estel* (*od estrella*) *de l'~* Morgenstern

m | **~ada** *f* Morgendämmerung *f* (*Zeit*) | *bot* Wundklee *m* (cytisoides» *u*. «terniflora») | *folk* Morgenständchen *n* | *Lit* Morgenlied *n* | *mitja ~* = **esquellots** | **~ader** *m* Morgenständchensänger *m* | **~aïna** *f nàut* Windstille *f* | *med fam* Ohnmacht *f* | **~anell** *m ornit* Baumfalke *m*.
alb|anès (-esa *f*) *adj* albanisch || *s/mf* Albaner(in *f*) *m* || *s/m* Albanisch, das Albanische *n* | **~ània** *f* Albanien *n*.
albarà *m com* Lieferschein *m*; Empfangsbestätigung *f* | Urkunde *f*, Schein *m* | (Aushänge)Zettel *m*.
albard|a *f* Pack-, Saum-sattel *m* | *aquesta ~ per a un altre ase* das ist nichts für mich (*zB* harte Arbeit) | **~à** *m* Possenreißer *m* | **~anejar** (33) *vi* Possen reißen | **~aneria** *f* Posse *f* | **~ar** (33) *vt* (*e-m Tier*) den Saumsattel auflegen | *fig* (*j-m*) e-n Bären aufbinden | **~er** *m* (Saum)Sattler *m* | **~eria** *f* Saumsattlerei *f* | **~ó** *m kl*(*r*) Saumsattel.
albat *m* totes (Klein)Kind *n* | *p ext* Kind *n* | *fig* Einfaltspinsel, Naivling *m*.
albatros *m ornit* Albatros *m*.
alb|eca *f* Splintholz *n* | **~edo** *f astr* Albedo *f*.
albelló *m* Abwasserkanal *m*, Kloake *f*.
àlber *m bot* Silberpappel *f*.
alber|a *f* mit Pappeln bepflanztes Ufer *n* | **~coc** *m* Aprikose *f* | **~coquer** *m bot* Aprikosenbaum *m* | **~eda** *f* Pappelpflanzung *f*, Pappelbestand *m*.
alberg *m* Herberge *f* | Unterkunft *f* | *~ de joventut* Jugendherberge *f* | *~ nocturn* (*etwa*) Obdachlosenasyl *n* | *donar ~ a alg* j-n beherbergen | *fer* (*od prendre*) *~ en un hostal* s. in e-m Gasthaus einlogieren | **~ada** *f* Feldlager *n* | **~ar** (33) *vt* beherbergen || *vi* = **~ar-se** | **~ar-se** *v/r*: *~ en un refugi* in e-r Hütte Obdach finden | *~ a casa d'alg* (*en una pensió*) bei j-m (in e-r Pension) unterkommen | **~atge** *m* Beherbergung *f*.
alberge *m kl*(*r*) Frühpfirsich *m* | *reg* = **albercoc** | **~ner** *m bot* (*Art*) Pfirsichbaum *m* | *reg* = **albercoquer**.
alberg|ínia *f* Aubergine, Eierfrucht *f* | **~iniera** *f bot* Auberginenpflanze *f*.
alberguer|(a *f*) *m* Gastwirt(in *f*) *m* | Herbergs-vater *m*, -mutter *f* | **~ia** *f* Herberge *f* (*bes für Pilger*).
alb|í (-ina *f*) *adj biol med* albinotisch || *s/mf* Albino *m* | **~icant** *adj* weißlich | **~inisme** *m* Albinismus *m*.

albigès (**-esa** *f*) *m hist* Albigenser(in *f*) *m*.
albir *m* Urteil *n*, Überzeugung *f*, Gutdünken *n* | **lliure ~** freier Wille *m*, freies Ermessen *n* | **~ar** (33) *vt* beurteilen, ermessen | vermuten, annehmen | undeutlich sehen, in der Ferne ausmachen, sichten.
albita *f min* Albit *m*.
albixeres (od **albíxeres**) *f pl* Botenlohn *m* (*für e-e gute Nachricht*).
albor *f poèt* Weiße *f* | Dämmerschein *m* | *fig*: *les primeres ~s de la cultura* die ersten Anfänge (*od* die Uranfänge) *m pl* der Kultur.
albufera *f* Salzwassersee *m*, Lagune *f*.
àlbum *m* Album *n*.
alb|umen *m biol* Albumen, Eiklar *n* | *bot* Keimhülle *f* | **~úmina** *f biol tecn* Albumin *n* | **~uminós** (**-osa**) *f*) *adj* albuminós, eiweißhaltig | **~uminúria** *f med* Albuminurie *f*.
alcà *m quím* Alkan *n*.
alça[1] *f* Unterlage *f* zur Erhöhung *f* | (*Schusterei*) Leistenaufschlag *m* | *gràf* Ausgleichsbogen *m* | (*Feuerwaffen*) Aufsatz, Visier *m* | *econ* Erhöhung, Steigerung *f*, Anstieg *m*, (*bes Börse*) Hausse *f* | *l'~ dels preus* der Preisauftrieb, die Preissteigerung.
alça![2] *int s: alçar.*
alcabal|a *f hist* Verkaufssteuer *n* | **~er** *m* Einnehmer *m* der «alcabala».
alça|cavall *m nàut* Ballast *m* | **~coll** *m* Stehkragen *m* (*von Geistlichen*) | **~da** *f* Höhe *f* | (*Person*) Größe *f* | Hochheben *n* | *dr* Berufung *f*, Einspruch *m*.
alcaic *adj Lit* alkäisch.
alcaid *m hist* Burgvogt *m* | Kerkermeister *m*.
alcald|ada *f* Autoritätsmißbrauch, Übergriff *m* | **~e**(**ssa** *f*) *m* Bürgermeister(in *f*) *m* | **~ de barri** Bezirksbürgermeister(in *f*) *m* | *fig*: *tenir el pare ~ den Papst zum Vetter haben* | **~ia** *f* Bürgermeisteramt *n* | Rathaus *n*.
àlcali *m quím* Alkali *n*.
alcal|í (**-ina** *f*) *adj* alkalisch | **~ímetre** *m* Alkalimesser *m* | **~initzar**(**-se**) (33) *vt* (/*r*) (*s.*) alkalisieren | **~oide** *m* Alkaloid *n*.
alça|ment *m* (Hoch)Heben *n* | Erhöhung *f* | Erhebung *f*, Aufstand *m* | (*Belagerung, Strafe*) Aufhebung *f* | *dr* = **aixec** | **~prem** *m* Hebebaum, *a. fig* Hebel *m* | **~premar** (33) *vt* (*etw mit e-m Hebel*) anheben | **~r** (33) *vt* (hoch-, er-, auf-)heben | erhöhen, höher machen | aufrichten, aufheben | *caç* aufstöbern, aufscheuchen | (Belagerung, Strafe) aufheben | (*Kragen, Hutkrempe*) hochschlagen | (*Preis, Miete, Steuer*) erhöhen, erheben | **~** (*od aixecar*) *una casa* e. Haus errichten | **~** (*od aixecar*) *el colze* (*fig fam*) e-n heben; bechern, zechen | **~ Déu** die Hostie (*bei der Wandlung*) in die Höhe halten | **~** (*od aixecar*) *la mà* (*el braç, la cama, els ulls, la vista*) die Hand (den Arm, das Bein, die Augen, den Blick) heben | **~** (*od aixecar*) *la moral* die Moral heben | **~** *veles* unter Segel gehen | **~** *la veu* lauter sprechen; die Stimme (er)heben | *tinc una gana que m'alça!* (*fig fam*) ich habe e-n Mordshunger! || *vi*: *no alces tres pams de terra i ja fumes?* du bist noch e. Dreikäsehoch u. rauchst schon? || *alça!* (*Erstaunen, bes über e-e Übertreibung; Freude*) oha!, oho!, oh là là!; *Bal* (*Aufforderung*) auf!, los! | **~r-se** *v/r a. polít* s. erheben | aufstehen | s. aufrichten | empor-, hervor-ragen | *com* betrügerisch Bankrott machen | **~** *de puntetes* s. auf die Zehenspitzen stellen | *al bell mig de la plana s'alça un turó* mitten in der Ebene erhebt s. e. Hügel | *van ~* (*od aixecar-se*) *contra la República* sie erhoben s. gegen die Republik.
alçària *f a. geom* Höhe *f* | **~ baromètrica** Barometerstand *m*.
alcàsser *m* Alkazar *m* | *nàut* Achterkastell *n*.
alcavot|(**a** *f*) *m* Kuppler(in *f*) *m* | Hehler(in *f*) *m* | **~ejar** (33) *vi* verkuppeln | verdecken, verhehlen | **~eria** *f* Kuppelei *f* | Hehlerei *f* | Begünstigung *f* | Verheimlichung *f*.
alcea *f bot* Sigmarskraut *n*.
alcista *adj* (*m/f*) *econ*: *tendència ~* steigende Tendenz; (*Börse*) Haussetendenz *f* || *s/m/f* (*Börse*) Haussespekulant(in *f*) *m*.
alco|foll *m arc* (*Schminke*) Blei-, Spießglanz *m* | **~hol** *m* Alkohol *m* | **~ etílic** Äthylalkohol | **~ metílic** Methylalkohol | **~ de cremar** Brennspiritus *m* | **~holat** *m med* Alkoholpräparat *n* | **~hòlic** *adj* alkoholisch | trunksüchtig, alkohol-krank, -süchtig || *s/mf* Alkoholiker(in *f*) *m*, Alkohol-kranke(r *m*), -süchtige(r *m*) *m/f* | **~holisme** *m* Alkoholismus *m*, Trunksucht *f* | **~holitzar** (33) *vt* alkoholisieren | **~holitzat** (**-ada** *f*) *adj* alkoholisiert | **~holímetre**, **~hòmetre** *m* Alkoholmesser *m*.

alcoià (-**ana** *f*) *adj* alcoianisch, aus Alcoi (*valencianische Stadt*) || *s/mf* Alcoianer(in *f*) *m*.
Alcor|**à** *m*: *l'~* der Koran *m* | **~ànic** *adj* koranisch | **~anista** *m* Koran-lehrer, -ausleger *m*.
alcova *f* Alkoven *m* | Nebengemach *n* | Schlafzimmer *n* | **~t**^{1} *m* gr(r) Alkoven | **~t**^{2} (-**ada** *f*) *adj*: *una sala alcovada* ein Saal mit Nebengemach.
alçurar-se (33) *v/r Bal* s. exaltieren, s. erregen.
aldarull *m* Trubel, Wirrwarr *m* | Aufruhr *m*, Unruhe *f*.
aldehid *m quím* Aldehyd *n*.
alè *m* Atem, Hauch *m* | *fig a.* Beharrlichkeit *f*, Kraft *f* | *aguantar-se l'~* den Atem anhalten | *beure d'un ~* in e-m Zuge leeren | *perdre l'~* außer Atem kommen | *prendre ~* Atem holen | *sense ~* außer Atem; atemlos | *no fa un ~ d'aire* kein Lüftchen regt sich.
aleatori (-**òria** *f*) *adj* aleatorisch, zufällig, Zufalls... | *variable aleatòria* (*mat*) Zufallsvariable *f* | *música aleatòria* aleatorische Musik, Aleatorik *f*.
alegr|**ança** *f* = **~ia** | **~ar** (33) *vt* erfreuen, erheitern | **~ar-se** *v/r* s. freuen (*de* über *ac*) | *fam* s. e-n Schwips antrinken, s. beschwipsen | *m'alegro de trobar-te* ich freue mich, dich anzutreffen *od* daß ich dich antreffe | *me n'alegro* ich freue mich darüber; es (er)freut mich | **~e** *adj* (*m/f*) fröhlich, vergnügt, froh, lustig | *fam* beschwipst, angeheitert, angesäuselt | *un color ~* e-e lebhafte *od* kräftige Farbe | *una habitació ~* e. freundliches Zimmer *n* | *la vídua ~* die lustige Witwe *f* | *fa un dia ~* es ist e. heiterer Tag | *fou un dia ~* es war e. Freudentag | **~ement** *adv* fröhlich, lustig | leichthin | **~ia** *f* Freude, Fröhlichkeit *f*, Frohsinn *m* | *bot* Sesam *m* | *estar boig d'~* (*fam*) vor Freude außer s. sein | **~ois** *m pl* Jubel *m*, Jauchzen *n*; Jubelrufe *m pl*.
alejar (33) *vi* = **aletejar**.
alemany *adj* deutsch | *la República Democràtica* **~a** die Deutsche Demokratische Republik || *s/mf* Deutsche(r *m*) *m/f* || *s/m* Deutsch *n* | *l'~ Occidental* (*Oriental*) West-(Ost-)deutschland *n* | *la República Federal d'~* die Bundesrepublik Deutschland.
alena *f* (Schuster)Ahle *f*.

alena|**da** *f* ausgeatmete Luft *f* | Hauch *m* | *~ d'aire* Windstoß *m* | **~r** (33) *vi* ausatmen | *a.* atmen | *deixar algú sense ~* j-n fast umbringen.
alenti|**ment** *m* Verlangsamung *f* | *m cin* Zeitlupe *f* | **~r** (37) *vt* verlangsamen | **~r-se** *v/r* langsamer werden.
aleró *m* gerupfter Flügel *m* | *aeron* Querruder *n*.
alerta *f int* Achtung!, Vorsicht! | *~ al tren!* Vorsicht Zugverkehr! || *adv* wachsam, aufmerksam | *estar ~* wachsam (*od* auf der Hut) sein | *vés ~!* sei vorsichtig! || *s/f* Alarm(-bereitschaft *f*, -zustand) *m* | **~r** (33) *vt* alarmieren, in Alarm(zustand) versetzen; warnen.
aleshores *adv* damals | dann, in diesem Falle | *s:* llavors.
alet|**a** *f* Flügelchen *n*, kl(r) Flügel *m* | (*Wassertiere*) *a.* aeron u. nàut Flosse *f* | *esport* (Schwimm)Flosse *f* | *tecn* Flügel *m*; Klappe *f* | (*Ventilator*) Flügel *m* | *~ caudal* (*dorsal*) Schwanz-(Rükken-)flosse | *fer l'~* schweben; um das Weibchen werben (*Vogel*) | *fig: fer l'~ a alg* j-n um-schmeicheln, -werben | **~eig** *m* Flügel- *bzw* Flossenschlagen *n* | Flattern *n* | *med* Herzflattern *n* | **~ejar** (33) *vi* flattern | mit den Flügeln *bzw* Flossen schlagen | zappeln.
aleví *m ict* (*pràlarvaler*) junger Fisch *m* || *pl* Fischbrut *f*.
alexandrí (-**ina** *f*) *adj* alexandrinisch || *s/m* (*a.* vers) Alexandriner *m*.
alfa *f* Alpha *n* | *fig: l'~ i l'omega* Anfang und Ende, das A u. O | *raigs ~* Alphastrahlen *m pl* | **~bet** *m* Alphabet *n* | *~ fonètic* (*ling*) Lautschrift *f* | *~ Morse* (*telecom*) Morsealphabet *n* | **~bètic** *adj* alphabetisch | **~betització** *f* Alphabetisierung *f* | **~betitzar** (33) *vt* (*Analphabeten*) lesen und schreiben beibringen | alphabetisieren.
alfàbrega (*od* **alfàbega**) *f bot* Basilikum *n* | *~ borda* Steinquendel *m*.
alfac *m* Sandbank *f*.
alfals *m bot* Luzerne *f* | **~ar** *m* Luzernenfeld *n*.
alfange *m* Krummsäbel *m*.
alfaquí *m* (*pl* -**ins**) islamischer Gesetzeskundige(r) *m*.
alferes *m mil* Leutnant | *hist* Fähnrich *m*, Fahnenträger *m* | *~ de navili* (Ober)Leutnant *m* zur See.
alfil *m* (*Schach*) Läufer *m*.

alfonsí (**-ina** *f*) *adj hist* alfonsinisch ‖ *s/mf* Alfonsist(in *f*) *m* (*Anhänger von Alfons XII; Gegner der Karlisten*).
alforja *f* Quersack *m* | *duu sempre l'~ al coll* er ist immer auf alles vorbereitet.
alforr|ar (33) *vt ant* (*Sklaven*) freilassen | *Val* (ein)sparen | **~o** *adj ant* frei, freigelassen.
alga *f bot* Alge *f* | *algues brunes* (*verdes, vermelles*) Braun-(Grün-, Rot-)algen *f pl.*
algàlia[1] *f* (*Duftstoff*) Zibet *m* | *gat d'~* Zibetkatze *f.*
algàlia[2] *f med* Katheter *m.*
àlgebra *f* Algebra *f.*
alg|èbric (*od* **~ebraic**) *adj* algebraisch | *equació ~a* algebraische Gleichung *f* | **~ebrista** *m/f* Algebraiker(in *f*) *m.*
algeps *m = guix* | **~ar** *m =* **guixera**.
Alg|er *m* Algier *n* | **~erí** (**-ina** *f*) *adj* aus Algier | **~erià** (**ana** *f*) *adj* algerisch ‖ *s/mf* Algerier(in *f*) *m* | **~èria** *f* Algerien *n.*
àlgid *adj med* Frost... | *febre ~a* Frostfieber *n* | *fig* kritisch, entscheidend.
algid|esa, ~itat *f med* (Eises)Kälte *f.*
alg|ina *f quím* Algin *n* | **~ologia** *f* Algologie, Algenkunde *f.*
algor|isme *m mat* Algorithmus *m* | **~ísmic** *adj* Algorithmus...
algú (28) *pron ind* jemand | *ha vingut ~ (od ningú)?* ist jemand (*umg a.* wer) gekommen? | *~ altre* jemand anders | *~ altre od més* noch jemand | *havia d'explicar-ho a ~ o altre* ich mußte es irgendwem (*od* irgend jemandem) erzählen | *només a casa sóc ~* nur zu Hause bin ich wer.
alguer *m* Algengebiet *n* | **~ès** (**-esa** *f*) *adj* algueresisch, aus L'Alguer (*it* Alghero) ‖ *s/mf* Alguereser(in *f*) *m* ‖ *s/m* Algueresisch *n* | *l'~* das Algueresische *n* (*katalanische Mundart*).
algun (**-a** *f*, **-s** *m pl*, **-es** *f pl*) (28) *pron ind* (*e-e unbestimmte Person od Sache*) (irgend-)ein(e, -er, -es *od* -s), manch(e, -er, -es) | (*mehr als e-e*) einige, mehrere, e. paar, manche; welche | *vindré amb ~(s) amic(s)* ich werde mit irgendeinem Freund (einigen *od* e. paar Freunden) kommen | *~ od un de vosaltres m'ha traït* (irgend)einer von euch hat mich verraten | *en compraré ~ (més)* ich werde davon (noch) ein(e)s *od* einige (a. e. paar *od* welche) kaufen | *en ~s llocs ja ha nevat* an einigen

od manchen Orten hat es schon geschneit | *en ~* (*altre*) *lloc* irgendwo (anders) | *~ od un dia ho entendràs* e-s Tages *od* irgendwann wirst du es verstehen | *hi he estat ~es od unes quantes vegades* ich bin einige Male dort gewesen | *~a vegada* irgendeinmal; manchmal, bisweilen | *a ~s no els agrada* einigen *od* manchen gefällt es nicht | *te'n queden ~s?* hast du noch welche? ‖ (*unbestimmte Menge*) einige(r, -s), etwas | *encara tinc ~a esperança* ich habe noch einige *od* etwas Hoffnung | *amb ~a certesa* mit einiger Sicherheit | *~a cosa etwas* | *te n'ha dit ~a cosa?* hat er dir davon etwas gesagt? | *en això hi ha ~a cosa de veritat* daran ist etwas Wahres.
algutzir *m* Gemeindediener *m* | Amtmann *m* | Amtsbote *m* | *hist* Landvogt, Gouverneur *m.*
alhora *adv* gleichzeitig, zugleich.
alia|nça *f* Bündnis *n, a. bíbl* Bund *m* | *polít* Allianz *f* | Ehebund *m,* Allianz *m* | Ehe- (*od* Trau-)ring *m* | *l'arca de l'~* (*bíbl*) die Bundeslade *f* | *la Santa ~* (*hist*) die Heilige Allianz *f* | *la Triple ~* (*hist*) der Dreibund *m* | *~ de llengües* (*ling*) Sprachbund *m* | **~r** (33) *vt* vereinigen, verbinden (*zu e-m Bündnis*) | met legieren | *fig: ~ la força amb la justícia* die Gewalt mit der Gerechtigkeit verbinden | **~r-se** *v/r* s. verbünden, s. zusammenschließen (*amb* mit *dat*) | *bes polít* alliieren | **~t** (**-ada** *f*) *adj* verbündet, *bes polít* alliiert ‖*s/mf* Verbündete(r *m*), Alliierte(r *m*) *m/f* | *els ~s* die Alliierten *m pl* (*Ersten u. Zweiter Weltkrieg*).
aliatge *m met* Legierung *f.*
àlibi *m dr* Alibi *n.*
alible *adj cient* nahrhaft.
àlic *m ornit: ~ roig* Flamingo *m.*
alicates *f pl* (Draht)Zange *f* | *~ de boca plana* Flachzange *f* | *~ de tallar claus* Vorschneider *m* | *~ universals* Kombizange *f.*
alicorn *m Bal =* **unicorn** | *desp* Hornochse *m.*
alidada *f tecn* Alhidade *f;* Diopterlineal *n.*
ali|è (**-ena** *f*) *adj* anderen gehörig; fremd | *béns aliens* fremdes Gut *n* | *això és ~ a la qüestió* das hat mit der Sache nichts zu tun | **~enable** *adj* (*m/f*) *dr* veräußerlich | **~enació** *f dr* Veräußerung *f* | *filos* Entfremdung *f* | *psic: ~ mental* Geistesgestörtheit *f* | **~enant**

adj (m/f) bes filos entfremdend | **~enar** (33) *vt bes dr* veräußern | (*Freundschaft, Zuneigung*) s. verscherzen | um den Verstand bringen | *filos* entfremden | **~enat** (**-ada** *f*) *adj bes filos* entfremdet | *psic* geistesgestört | *s/mf* Geistesgestörte(r *m*) *m/f* | **~enista** *m/f* Irrenarzt *m*, -ärztin *f*.
àlies *adv* alias, auch ... genannt, anders, sonst || *s/m* Deck-, Spitz-name *m*.
alifac *m Val fam* Gralle *f* (*bei Pferden*) Gebrechen *n*.
alifara *f* Festessen *n od* Umtrunk *m* (*nach Abschluß e-r gemeinsamen Arbeit, e-s Vertrags usw*) | Lei(t)kauf *m* | Richtfest *n*.
alífer *adj poèt* geflügelt.
àliga *f* = **àguila**.
alíger *adj poèt a. fig* beflügelt.
alig|ó *m* = **aguiló** | **~ot** *m ornit* Bussard *m* | **~** *comú* Mäusebussard | **~** *calçat* Rauhfußbussard *m*.
aliguer *m bot* Gemeiner Schneeball *m*.
alimara (od **alimària**) *f arc reg* Signalfeuer *n* || *pl* Festbeleuchtung *f*, Lichterglanz *m*.
aliment *m a. fig* Nahrung *f* | Nahrungs-, Lebens-mittel *n* | Nährstoff *m* | *fig a*. Kost *f* | *donar ~ a u/c* e-r Sache Nahrung geben || *pl dr* Unterhaltsbeitrag *m*, Alimente *n pl* | **~ació** *f* Ernährung, Verpflegung, Beköstigung; Nahrung; Kost *f* | Fütterung *f* | Speisung; Zufuhr *f* | Beschickung *f* | **~ador** *adj tecn* Speise..., Zufuhr... || *s/m* Speise-, Beschickungs-vorrichtung *f* | ...speiser, ...zuführer *m* | *elect* Speisekabel *n* | **~ant** *m/f dr* Unterhaltszahler(in *f*) *m* | **~ar** (33) *vt* (er)nähren, verpflegen, beköstigen | *a. tecn* speisen | (*Hochofen*) beschicken | (*Tiere, Computer*) füttern | *fig* nähren, schüren | **~ar-se** *v/r s.* (er)nähren (*de von dat*) | **~ari** (**-ària** *f*) *adj* Nähr..., Nahrungs..., alimentär | *producte ~* Nahrungsmittel *n* | *indústria alimentària* Nahrungsmittelindustrie *f* | **~ós** (**-osa** *f*) *adj* nahrhaft, nährend.
alinea|ció *f* Ausrichtung; *a. esport mil* Aufstellung *f* | Abstecken, Alignement *n* | Absteckung(slinie) *f* | **~ment** *m bes econ polít* Ausrichtung *f* | *arquit* Flucht; Bauflucht(linie) *f* | *l'~ de Cuba amb el bloc soviètic* Kubas Ausrichtung auf den Ostblock | *el seu ~ inesperat amb els liberals* s-e unerwartete Parteinahme für die Liberalen |
~r (33) *vt* ausrichten (*amb* auf *ac*, nach *dat*); in e-r geraden Linie aufstellen; in e-e Linie bringen | abstecken, alignieren | *arquit* (ein)fluchten | (*Mannschaft*) aufstellen | (*Truppe*) (in Linie; in Reih u. Glied) antreten lassen, aufstellen | **~r-se** *v/r s.* ausrichten; ausgerichtet sein | *esport: en Joan no pot ~ demà amb l'equip* Hans kann morgen nicht mit der Mannschaft spielen | *mil: alineeu-vos!* richt euch! | *polít: ~ amb un bloc* s. e-m Block anschließen.
aliret *m* Aufschrei *m* | (*Fohlen*) Wiehern *n*.
alís (**-isa** *f*) *adj* (*Brot*) ungesäuert | *fig Bal* trübselig, melancholisch.
alisi *adj: vents ~s* Passatwinde *m pl* || *s/m* Passat(wind) *m*.
aljam|a *f* Hauptmoschee *f* (*e-r Stadt*) | *hist* Mauren- *od* Juden-gemeinschaft *f bzw* -viertel *n* | **~ia** *f hist:* maurische Bezeichnung für die romanischen Sprachen | mit arabischen *od* hebräischen Zeichen geschriebene romanische Sprache.
aljava *f ant* = **carcaix**.
aljub *m* Zisterne *f* | **~a** *f hist:* Art maurische Tunika.
all *m bot* Knoblauch *m* | *cabeça* (*gra*) *d'~* Knoblauch-zwiebel *f* (-zehe *f*).
allà *adv* dort(hin), da(hin) | *aquí plou i ~ neva* hier regnet es und dort schneit es | *vés ~!* geh (dort)hin! | *~ dellà* jenseits | *cap ~* dorthin | *d'~ estant* von dort aus | *~ a l'any 20* so um das Jahr 20 herum | *~..., ~ bald* ..., bald.
alla|da *f* Knoblauchsoße *f* | **~r** Knoblauchfeld *n*.
allarg *m* = **~ament** || *pl* = **~ues** | **~ada** *f* (*Geschütz*) Reichweite *f* | **~ament** *m* Verlängerung *f* | Verlängerungs-schnur *f*, -stück *n* | (Aus)Dehnung *f* | **~ar** (33) *vt* verlängern, länger machen | *zeitl a*. ausdehnen | *fig a*. aufschieben, verzögern | (*Hand*) hinreichen, -strecken | (*Arm, Bein*) ausstrecken | (*Hals*) recken | (*Gespräch*) in die Länge ziehen | (*Laut*) dehnen | (*Saft, Soße*) verdünnen, strecken, längen, verlängern | (*Schritt*) beschleunigen | *~ u/c a alg* j-m etw reichen *od* langen | *~ una bufetada a alg* (*fam*) j-m e-e langen | *~ una puntada de peu a alg* j-m e-m Fußtritt geben *od* versetzen | *~ el braç per agafar u/c* nach

allassa etw greifen *od* langen || *vi: aquesta pistola allarga molt* diese Pistole hat e-e gr(e) Reichweite | *fins on allarga el braç (la vista)* soweit der Arm (Blick) reicht | *el pa (sou) ha d'~ fins dilluns* das Brot (Gehalt) muß bis Montag reichen *od* langen | *el moribund encara va ~ una setmana* der Sterbende hielt noch e-e Woche durch | *no ~ gaire (fig fam)* nicht gerade klug sein | **~ar-se** *v/r* s. verlängern, länger werden | *fig. a.* weitschweifig werden | *~ de paraules* mit Worten zu weit gehen | *~ en discussions* endlos diskutieren | *no t'allarguis gaire* fasse dich kurz | **~assar** (33) *vt* übermäßig lang machen *od* ziehen | *fig a.* hin(aus)ziehen, in die Länge ziehen | **~assar-se** *v/r* s. hinstrecken | *fig a.* s. hin(aus)ziehen, s. in die Länge ziehen | **~at (-ada f)** *adj* verlängert | länglich | überlang | **~ues** *f pl* Nahtzugabe *f*; Saum *m* (*zum Auslassen*) | *fig: anar-se'n en ~* im Sand(e) verlaufen | *donar ~ a alg* j-n vertrösten | *donar ~ a u/c* etw auf die lange Bank schieben.
allassa *f bot* (*Art*) Lauch *m* («triquetrum») | Schneeglöckchen *n*.
allau *f* Lawine *f*.
al·lega|ció *f bes dr* Anführung, Geltendmachung (*de* von *dat*), Berufung *f* (*de* auf *ac*) | *escrit d'al·legacions* (*dr*) Beweisschrift *f* | **~r** (33) *vt bes dr* anführen, vorbringen, geltend machen, s. berufen auf (*ac*) | *va ~ que havia estat malalt* er schützte vor, krank gewesen zu sein | **~t** *m dr* Verteidigungsschrift *f*; Schriftsatz *m* | *un ~ contra la pena de mort* e. Plädoyer gegen die Todesstrafe.
al·leg|oria *f* Allegorie *f* | **~òric(ament** *adv*) *adj* allegorisch | **~orisme** *m* Allegorese *f* | **~oritzar** (33) *vt* allegorisieren.
al·legro *adv mús* allegro || *s/m* Allegro *n*.
allejar (33) *vi* nach Knoblauch schmecken *od* riechen.
al·lel *m biol* Allel *n*.
al·leluia *int* halleluja! || *s/m* Halleluja *n*.
allèn *adv* jenseits | *~ de* außer, über ... hinaus.
allenyar (33) *vt* mit Brennholz versorgen.
aller[1] *m agr* = **allar**.
aller[2] *m* Knoblauchhändler *m*.
allera|ment *m* Erlaubnis *f* | Ungezwungenheit *f* | Wohlleben *n* | **~r** (33) *vt* erlauben, gestatten | **~r-se** *v/r: ~ a* (*od de*) *fer u/c* s. erlauben *od* gestatten, etw zu tun | **~t (-ada** *f*, **-adament** *adv*) *adj* frei, ungehindert | wohlhabend | *viure ~* sorglos leben.
al·lèrgi|a *f med u. fig* Allergie *f* (*a* gegen *ac*) | **~c** *adj* allergisch (*a* gegen) || *s/mf* Allergiker(in *f*) *m*.
alleta|ment *m* Stillen, Säugen *n* | **~r** (33) *vt* (*Kind*) stillen, (*a. Tiere*) säugen.
alleugerar (33) *vt* = **alleugerir**.
alleugeri|ment *m* Erleichterung *f* | Linderung *f* | **~r** (37) *vt* erleichtern; leichter machen; entlasten | lindern | *~ el dol* Halbtrauer tragen | *~ el pas* den Schritt beschleunigen | **~r-se** *v/r* s. erleichtern, leichter werden | *~ de roba* s. leichter anziehen.
alleuja|ment *m* Erleichterung *f* | Linderung, Milderung *f* | Besserung *f* | *nàut* Leichtern *n* | **~r** (33) *vt bes fig* erleichtern; leichter machen | lindern, mildern | (ab)helfen (*dat*) | *nàut* leichtern | *aquest medicament m'ha alleujat molt* dieses Medikament hat mir sehr geholfen | *això ~à la seva misèria* das wird ihre Not lindern | *em sento alleujat* ich fühle mich erleichtert | **~r-se** *v/r* nachlassen (*Schmerzen*) | s. bessern (*Kranke*).
allevar (33) *vt* unter-schieben, -stellen (*u/c a alg* j-m etw *ac*).
allí *adv* = **allà** | *~ enllà* noch weiter weg als dort.
al·li|aci (-àcia *f*) *adj* Knoblauch... | **~ària** *f bot* Knoblauchrauke *f*.
allibera|ció *f* = **~ment** | **~dor** *adj* befreiend || *s/m* Befreier *m* | *~ del carro* (*corró*) Wagen(Walzen-)löser *m* (*Schreibmaschine*) | **~ment** *m* Befreiung *f* | Freilassung *f* | *fís* Freisetzung *f* | *moviment d'~* Befreiungsbewegung *f* | *guerra d'~* Befreiungs-, Freiheits-krieg *m* | **~r** (33) *vt* befreien, frei machen; erlösen; entbinden; entlasten | freilassen, entlassen | (*Energie*) freisetzen | *~ alg de la captivitat (d'un mal)* j-n aus der Gefangenschaft (von e-m Übel) befreien | *~ alg per ordre judicial* j-n auf richterliche Anordnung freilassen *od* entlassen | *~ alg d'un deute* j-m e-e Schuld erlassen | **~r-se** *v/r* s. befreien (*de* von *dat*).
al·licient *m* Lockmittel *n* | Anreiz *m*.
al·liçona|dor *adj* lehrreich | **~ment** *m* Belehrung, Unterweisung *f* | **~r** (33) *vt* lehren, unterrichten | belehren.
al·lil *m quím* Allyl *n*.

allioli *m gastr* Allioli *n (katalanische Spezialität, Art Knoblauchmayonnaise).*
allisa|da *f* Glätten *n* | *fig fam* Rüffel *m*, Anschnauzer *m*; Abreibung *f*, Tracht *f* Prügel | **~dor** *m* Glätt-, Polier-werkzeug *n* | **~dora** *f* Glätt-, Polier-maschine *f* | **~dures** *f pl* Schleifspäne *m pl* | **~r** (33) *vt* glätten, glattmachen | (*Haar, Kleidung*) *a.* glattstreichen | (*Wäsche*) auf-, über-bügeln | *tecn a.* (glatt)polieren; (*Holz*) glatthobeln | **~r-se** *v/r s.* glätten, glatt werden | **~tge** *m tecn* Glätten, Polieren *n.*
allista|dor *m* Listen-, Register-führer *m* | *mil hist* Werber *m* | **~ment** *m* Einschreibung *f* | *mil* Musterung; Einziehung, Einberufung *f* | *mil hist* Anwerbung *f* | **~r** (33) *vt* (*in e-e Liste*) einschreiben | *mil* (*Wehrpflichtige*) mustern; einberufen, einziehen | *mil hist* anwerben | **~r-se** *v/r s.* eintragen, -schreiben (lassen) | *mil s.* (freiwillig) melden | *mil hist s.* anwerben lassen.
allita|r-se (33) *v/r s.* krank zu Bett legen | **~t** (-ada) *f) adj* bettlägerig.
al·literació *f Lit* Alliteration *f*, An(laut)reim, Stabreim *m.*
allò (20) *pron dem* das (dort) | *vull això* (*d'aquí*) *i* **~** (*d'allà*) ich möchte dies (hier) u. das (dort) | *per* **~** *de salvar les aparences* um den Schein zu wahren | *i* **~** *que passa, me n'he descuidat* u. wie es so ist, habe ich es vergessen | *plou d'* **~** *més* es regnet sehr stark | *és d'* **~** *més bo* es schmeckt ausgezeichnet | *tenim d'* **~** *més pomes* wir haben Äpfel in Hülle u. Fülle | *desp: on va* **~**? wo geht der denn hin? | was fällt dem denn ein? | *s: això, que.*
allocar-se (33) *v/r* glucken, brüten wollen (*Henne*).
al·lòcton *adj biol geol* allochthon.
al·locució *f* Ansprache, kurze Rede *f.*
al·l|òfon *m ling* Allophon *n* | **~ogàmia** *f bot* Allogamie, Fremdbestäubung *f* | **~omorf** *m ling quím* Allomorph *n.*
allongar(-se) (33) *vt* (/*r*) = **allargar(-se)**.
al·lop|atia *f med* Allopathie *f* | **~àtic** *adj med* allopathisch.
allós (-osa *f*) *adj* Knoblauch...
al·lot(a *f*) *m Bal* = **noi(a), xicot(a).**
allotja|ment *m* Unterkunft *f* | *mil* Einquartierung *f* | *tecn* Lagerung *f* | **~r** (33) *vt* beherbergen | unterbringen | *mil* (*bei j-m, bei s.*) einquartieren | *tecn*

lagern | **~r-se** *v/r* unterkommen, wohnen (*a casa d'alg, en un hotel* bei j-m, in e-m Hotel) | *mil s.* einquartieren | steckenbleiben (*Kugel*).
al·lotropia *f quím* Allotropie *f.*
al·lucin|ació *f* Halluzination, Sinnestäuschung *f*, Wahnvorstellung *f* | **~ador** *adj*, **~ant** *adj* (*m/f*) sinnestäuschend | *fig fam* irre | **~ar** (33) *vt* (*bei j-m*) Halluzinationen hervorrufen | *fig fam* fesseln, bannen, hinreißen || *vi* halluzinieren | *fig fam* irrereden, phantasieren | **~atori** (-òria *f*) *adj* halluzinatorisch, Halluzinationen hervorrufend | **~ogen** (-ògena *f*) *adj med* halluzinogen || *s/m* Halluzinogen *n.*
al·ludir (37) *vi* anspielen (*a alg od u/c* auf j-n *od* etw) || *vt*: **~** *alg* auf j-n anspielen.
allun|ar (33) *vi* auf dem Mond landen || *vt* (leicht) sichelförmig gestalten | **~at** (-ada *f*) *adj* (mond)sichelförmig | **~atge** *m* Mondlandung *f.*
allunya|ment *m* Entfernen, Sichtentfernen *n*, Entfernung *f* | **~r** (33) *vt* entfernen | abrücken | verschieben | **~** *la cadira de la finestra* den Stuhl vom Fenster ab-, fort-, weg-rücken | **~** *el pagament d'una lletra* die Zahlung e-s Wechsels aufschieben | *fig:* **~** *els mals pensaments* böse Gedanken vertreiben | **~r-se** *v/r s.* entfernen | *fig:* **~** *del tema* vom Thema abschweifen *od* abkommen.
al·lusi|ó *f* Anspielung *f* | Andeutung *f* | **~u** (-iva *f*) *adj* anspielend, hindeutend (*a auf ac*).
al·luvi|al *adj* (*m/f*) *geol* angeschwemmt, alluvial | **~ó** *m* Überschwemmung, Wasserflut *f* | *geol* angeschwemmtes Land *n*, Alluvion *f* | **~onament** *m geol* Anschwemmung, Anlandung *f.*
almadra|va *f nàut* Thunfischnetz *n* | **~ver** *m* Thunfischfänger *m.*
almanac *m* Almanach *m.*
al|màssera *f* Ölmühle *f* | **~masserer** *m* Werkmeister *od* Leiter *m* e-r Ölmühle.
almegó *m bot* Honig- *od* Stein-klee *m.*
almenys *adv* wenigstens, mindestens, zumindest.
almes|c *m* = **mesc** | **~car** (33) *vt* mit Moschus parfümieren | **~cat** *m bot* Moschus-Reiherschnabel *m* | **~quera** *f zool* Bisam-rüßler *m*, -spitzmaus *f.*
almirall *m mil* Admiral *m* | *vaixell* **~** Flaggschiff *n* | **~at** *m* Admiralsrang *m* | Admiralität *f.*

almívar *m* Sirup *m* (*dickflüssige Zuckerlösung*).
almogàver *m hist*: mittelalterlicher Berufssoldat in christlichen Königreichen der Iberischen Halbinsel, bes im Dienst der katalanisch-aragonesischen Krone.
almohade *m hist* Almohade *m*.
almoin|a *f* Almosen *n* | *fer ~ d'un tros de pa* e. Stück Brot als Almosen geben | **~ar** (33) *vt* betteln | **~ner** Almosengeber *m* | *hist* Almosenverwalter *m*.
almoixerif *m hist* Schatzmeister *m*.
almoràvit *m hist* Almoravide *m*.
almosta *f* doppelte Handvoll, *reg* Gäspe *f*.
almud *m*: nach Gegenden verschiedenes Hohlmaß von 1,76 l bis 27,25 l.
alna *f* Elle *f* (*Maß*).
aloc *m bot* Keuschlammstrauch, Mönchspfeffer *m*.
alodial *adj* (*m/f*) *hist* allodial | *béns ~s* Allodialgüter *n pl*.
àloe *m bot* Aloe *f* | Aloesaft *m*.
aloer *adj hist* = **alodial** ‖ *s/m* Allodsherr *m*.
alopècia *f med* Alopezie *f*, Haarausfall *m*.
alosa *f ornit* Feldlerche *f* | *ict* Finte *f*.
alot *m ict* Flosse *f* ‖ *ornit* Bugfedern *f pl*.
alou *m hist* Allod *n*.
alpaca *f zool* Alpaka *n* | Alpakawolle *f* | met Neusilber *n*.
alp|estre *adj* (*m/f*) *bes bot* = (**sub**)**alpí** | **~í** (**-ina**) *f*) *adj* alpin, Alpen... | *club ~* Alpenverein *m* | *flora alpina* alpine Flora *f* | *resplendor alpina* Alpenglühen *n* ‖ *s/m* mil Alpenjäger *m* | **~inisme** *m* Alpinismus *m* | Bergsteigen *n* | **~inista** *m/f* Alpinist(in *f*) *m*, Bergsteiger(in *f*) *m* | **~inístic** *adj* alpinistisch | **~s** *m pl*: *els ~* die Alpen *pl*.
alquè *m quím* Alken *n*.
alque|mil·la *f bot* Frauenmantel *m* | **~na** *f* Henna *f* (*Farbstoff*) | **~quengi** *m bot* Judenkirsche *f*.
alqueria *f Bal Val* Bauern-haus *n*, -hof *m* (*mit bewässertem Land*) | *s: mas*.
alqu|í *m quím* Alkin *n* | **~il** *m quím* Alkyl *n*.
al|química *f* Alchimie *f* | **~quimista** *m/f* Alchimist *m*.
als (*Kontraktion*) = **a+els**².
Als|àcia *f* Elsaß *n* | **~acià** (**-ana** *f*) *adj* elsässisch ‖ *s/mf* Elsässer(in *f*) *m* ‖ *s/m* Elsässisch *n* | *l'~* das Elsässische.
alt *adj* (*Sache*) *a. fig* hoch (*prädikativ*), hohe(r, -s) (*attributiv*) | (*Lebewesen*) groß | *a.* höhere(r, -s), obere(r, -s) | *bes geog a.* ober..., Ober... | *un cim* (*arbre, salt, vol, sou*) *~* e. hoher Gipfel (Baum, Sprung, Flug, Lohn) *m* | *un home ~* e. großer Mann *m* | *un noi ~ i prim* e. hoch-aufgeschossener *od* -gewachsener Junge *m* | *la taula és massa ~a* der Tisch ist zu hoch | *aquesta casa és (la) més ~a* dieses Haus ist höher (das höchste) | *les branques* (*més*) *~es* die höheren *od* (höchsten) Zweige *m pl* | *els barris ~s* die höhergelegenen Stadtteile *m pl* | *una habitació ~a de sostre* e. Zimmer *n* mit hoher Decke | *un mur ~ de tres metres* e-e drei Meter hohe Mauer *f* | *la terra ~a* das Hochland *n* | *l'~a muntanya* das Hochgebirge *n* | *~a mar* Hochsee *f* | *l'~ Palatinat* die Oberpfalz *f* | *l'~a Àustria* Oberösterreich *n* | *l'~ Elba* die obere Elbe *f* | *l'~ Rin* der Hoch *bzw* Oberrhein *m* | *l'~ Volta* Obervolta *n* | *el sol ja és ~* die Sonne steht schon hoch | *a ~es hores de la nit* spätnachts | *aquest any Corpus ve molt ~* dieses Jahr fällt Fronleichnam sehr spät | *parlar (llegir) en veu ~a* laut sprechen (lesen) | *notes ~es* (*mús*) hohe Noten *f pl* | *cantar la part ~a* die Oberstimme singen | *tinc la pressió ~a* ich habe (Blut)Hochdruck *od* hohen Blutdruck *m* | *un front d'~es pressions* e-e Hochdruckfront *f* | *les classes ~es* die höheren *od* oberen Klassen *f pl* | *l'~a noblesa* der hohe Adel *od* Hochadel *m* | *l'~a burgesia* das Großbürgertum *n* | *~ oficial* (*rang*) hohe(r) Offizier (Rang) *m* | *~a matemàtica* höhere Mathematik *f* | *~ concepte* hohe Meinung *f* | *converses d'~ nivell* Gespräche *n pl* auf höchster Ebene | *el riu va* (*molt*) *~* der Fluß führt (sehr) viel Wasser | *la gata va ~a* die Katze ist brünstig | *les bones ocasions passen ~es* die Chancen sind außer Reichweite ‖ *adv*: *saltar* (*volar*) *~* hoch springen (fliegen) | *parlar ~* laut sprechen | *parlar ~ d'alg od u/c* j-n *od* etw in den höchsten Tönen loben | *digues-ho més ~!* sag es lauter! | *el violí està afinat massa ~* die Geige ist zu hoch gestimmt ‖ *s/m*: *l'armari té dos metres d'~* der Schrank ist zwei Meter hoch | *quant fas d'~?* wie groß bist du? | *els ~s del Golan* die Golanhöhen *f pl* | *els ~s* (*Gebäude*) die oberen Stockwerke *n pl*; *mús* die hohen

Töne *m pl*, die hohen Stimmen *f pl* | ~s ¸i baixos (Gelände)Unebenheiten *f pl* | els ~s i baixos de la vida das Auf u. Ab *n* des Lebens | tens molts ~s i baixos du hast viele Stimmungsschwankungen *f pl* | ho han passat per ~ sie haben es übergangen | m'havia passat per ~ ich hatte es übersehen | **~a** *f mil adm* (Neu)Anmeldung(sschein *m*) *f* | *med* Entlassungsschein *m*; Gesundschreibung *f* | donar d'~ alg en un club j-n in e-n Club aufnehmen | donar-se d'~ s. einschreiben (lassen), eintreten | donar d'~ un vehicle e. Fahrzeug anmelden | *med:* donar d'~ alg od donar l'~ a alg j-n (aus e-m Krankenhaus) entlassen; j-n gesund schreiben | **~alemany** *adj* hochdeutsch (ober- u. mitteldeutsch) || *s/m* Hochdeutsch, das Hochdeutsche *n* | **~ament** *adv:* ~ qualificat hochqualifiziert | ~ interessant hochinteressant | **~ar** *m* Altar *m* | major Hochaltar | conduir a l'~ zum Altar führen | defensor de l'~ Verteidiger der Kirche | **~aveu** *m* Lautsprecher *m* | **~ell** *m* Anhöhe *f*.

alter|able *adj* (*m/f*) ab-, ver-änderlich | leicht erregbar | **~ació** *f* (Ab-, Ver-)Änderung *f* | Verfälschung *f* | Störung *f* | Aufregung *f* | Alteration *f* | **~ament** *m* Aufregung *f* | **~ar** (33) *vt* ab-, ver-ändern (*mst negativ*) | aufregen, beunruhigen | bes med mús alterieren | els àcids alteren els metalls Säuren greifen Metalle an | ~ aliments Lebensmittel verfälschen | ~ un text (la veritat) e-n Text (die Wahrheit) entstellen | ~ la digestió (la tranquil·litat, l'ordre públic) die Verdauung (die Ruhe, die öffentliche Ordnung) stören | la seva insolència em va ~ s-e Unverschämtheit regte mich auf | **~ar-se** *v/r* s. verändern (*etw*) | verderben (*Lebensmittel*) | s. aufregen (per über *ac*) | **~cació** *f* Wortwechsel, Streit *m*, Auseinandersetzung *f* | **~car** (33) *vi* (herum)streiten | **~cat** *m* = **~cació** | **~n** *adj* abwechselnd | *bot* wechselständig | (en) dies ~s e-n Tag um den anderen, jeden zweiten Tag | *geom:* angles ~s Wechselwinkel *m* | *elect:* corrent ~ Wechselstrom *m* | *Lit:* rimes ~es Wechsel-, Kreuz-reime *m pl* | **~nador** *elect* Wechselstromgenerator *m* | **~nança** *f* Wechsel *m*, Abwechslung *f* | bes ling

Alternation, Alternanz *f* | *agr* Fruchtfolge *f* | **~nant** *adj* (*m/f*) abwechselnd | **~nar** (33) *vi* (s.) abwechseln | s. ablösen | *lit cient tecn* alternieren | ~ amb alg mit j-m verkehren || *vt* abwechseln lassen | *agr* im Wechsel anbauen | ~ la feina amb (od i) el descans abwechselnd arbeiten und ausruhen | *mat:* sèrie alternada alternierende Reihe *f* | **~nativ** (**-iva** *f*) *adj* abwechselnd | Wechsel... | alternativ | energies alternatives alternative Energien *od* Alternativenergien *f pl* | grups ~s alternative Gruppen *f pl* | **~nativa** *f* Alternative *f* | no tenia cap altra ~ ich hatte k-e andere Wahl *od* k-e Alternative *f* || *pl:* les alternatives del temps Wetter-wechsel, -umschläge *m pl* | **~nativament** *adv* abwechselnd; wechselweise | alternativ; als Alternative.

alt|erós (**-osa** *f*) *adj* hoch(gelegen); erhöht | *fig* = **~iu** | **~esa** *f* Hoheit, Erhabenheit *f* | (*Titel*) Hoheit, Durchlaucht *f* | Sa ~ Reial S-e (*bzw* Ihre) Königliche Hoheit | ~ d'ànim Seelengröße *f* | **~ificar** (33) *vt* = enaltir | **~ímetre** *m* Höhenmesser *m* | **~imetria** *f* Höhenmessung *f* | **~inna** *f bot* Seegras *n* («Posidonia oceanica») | **~iplà** *m* Hoch-fläche, -ebene *f* | **~isonant** *adj* (*m/f*) erhaben, hochtönend | hochtrabend | **~itud** *f* Höhe, Höhenlage *f* | **~íssim** *adj* (*sup von* alt) sehr hoch *bzw* groß || *s/m:* l'~ der (Aller)Höchste *m* | **~iu** (**-iva** *f*) *adj* hochmütig, stolz | **~ivar-se** (33) *v/r* hochmütig (*od* stolz) werden | **~ivesa** *f* Hochmut, Stolz *m* | **~ívol** *adj* beträchtlich hoch.

alto *int* halt! || *s/m* Halt *m*, Rast *f* | *mil:* ~ el foc Feuerpause; Waffenruhe *f* | donar l'~ a alg j-n anhalten (*Polizei*).

alt|ocúmul *m meteor* Altokumulus *m* | **~ostrat** *m meteor* Altostratus *m*.

altr|ament *adv* anders || *conj* sonst, anderenfalls | andererseits | übrigens | **~e** (**altra** *f*, **-s** *pl*) (28) *pron ind* andere(r, -s);¸anders | (*mit art def, pron dem, pron int u. pron poss*) l'un..., l'~... der eine..., der andere... | l'un i l'~ beide | o una cosa o l'altra! entweder das eine oder das andere! | es miraven l'un a l'~ sie sahen sich (*od* einander) an | l'~ dia neulich | un dia sí, l'~ no (*od* dia per ~) einen Tag um den anderen | l'~ any voriges (*od* letztes)

Jahr | *demà passat* (no) *l'~* überübermorgen | *l'endemà passat* (no) *l'~* der dritte (*bzw* am dritten) Tag danach | *abans d'ahir* (no) *l'~* vorvorgestern || (*tots*) *els ~s els tinc a casa* die (*od* alle) anderen habe ich zu Hause | *dóna'm els dos ~s* od *els ~s dos* gib mir die beiden anderen *od* die anderen beiden | *els ~s jugaven més bé* die anderen spielten besser | *no penses mai en els ~s* du denkst nie an die anderen | *vull aquest vestit i aquell ~* ich möchte dieses Kleid u. das andere dort | *quin ~, el teu germà!* das ist auch so einer, dein Bruder! | *el meu ~ jo* mein zweites Ich || (*mit un, pron ind u. num*) *viuen en un ~ món* sie leben in einer anderen Welt | *només una altra vegada* nur noch einmal | *avui no, una altra vegada* heute nicht, ein andermal | (*una*) *altra vegada?* schon wieder? | (*elliptisch*) *una vegada i* (*o*) *altra* ein und (oder) das andere Mal | *un ~ dia* an e-m anderen Tag; ein andermal | *dues ~s dotzenes* od *dues dotzenes més* noch zwei Dutzend | *un ~ cafè, si us plau!* noch einen Kaffee, bitte! | *avui porto un ~ vestit* ich trage ein anderes Kleid | *posa-te'n un ~ de més senzill!* zieh ein schlichteres an! | *parlem d'una altra cosa!* reden wir von etwas anderem! | *d'ençà que treballa és* (*tot*) *un ~* seit er arbeitet, ist er ein (ganz) anderer Mensch | *era algú ~* es war jemand anders *od* ein anderer | *qualsevol ~ ja hauria plegat* jeder andere hätte es schon aufgegeben | *en tens cap ~, de regle?* hast du noch ein anderes Lineal? | *és un ~ Gaudí* er ist ein zweiter Gaudí || (*ohne Begleitwort; mst pl in partitiven Ausdrücken*) *consulta* (*d'*) *~s diccionaris!* schlag in anderen Wörterbüchern nach! | (*d'*) *~s se n'alegrarien* andere würden s. darüber freuen | *... i* (*d'*) *~s* (*coses*) *...* und andere(s) | *entre* (*d'*) *~s* (*coses*) unter anderen (anderem) | (*andersartig, verschieden*) *una vocal altra que «u»* ein anderer Vokal als «u» | (*Neutrum*) *arc: no hi havia ~* (*altra cosa*) *a fer que resignar-se* man konnte nichts anderes tun als s. damit abfinden || *~ tant* ebensoviel; dasselbe | *~s tant*(*e*)*s* ebensoviele | *a altra hora* (*reg*) zur Unzeit | *d'una banda* od *part..., d'altra banda* od *part* (od *de l'altra*) einerseits..., andererseits *od* auf der einen Seite..., auf der anderen (Seite) *od* zum einen..., zum anderen.

altr|i (28) *pron ind* ein anderer, die anderen | *prendre alg per ~* j-n mit e-m anderen verwechseln | **~uisme** *m* Altruismus *m*, Selbstlosigkeit *f* | **~uista** *adj* (*m/f*) altruistisch, selbstlos || *s/m/f* Altruist(in *f*) *m*.

altura *f a. astr geom fig* Höhe *f* | Erhebung *f* | *eren a l'~ de València* sie waren auf der Höhe von València | *fig: estar a l'~ de les circumstàncies* der Lage gewachsen sein | *med: mal d'~* Höhenkrankheit *f* || *pl rel* Himmel *m*.

aluda *f* feines Schaf-, Nappa-leder *n*.

al|um *m* Alaun *m* | **~umenar** (33) *vt* alaunisieren | **~úmina** *f* (reine) Tonerde *f* | **~uminat** *m quím* Aluminat *n* | **~umini** *m* Aluminium *n* | **~uminiar** (33) *vt* aluminieren | **~umínic** *adj* Aluminium... | aluminiumhaltig | **~uminífer** *adj* aluminiumhaltig | **~uminita** *f* Aluminit *n* | **~uminós** (-osa *f*) *adj* alaun- *od* tonerde-haltig | **~uminotèrmia** *f* met Aluminothermie *f*.

alum|nat *m col* Schüler-, Studentenschaft *f* | **~ne(-a** *f*) *m* Schüler(in *f*) *m* | (*Gymnasium*) *a.* Gymnasiast(in *f*) *m* | (*Universität*) Student(in *f*) *m* | *hi ha mestres que tenen més de cinquanta ~s* es gibt Lehrer, die mehr als fünfzig Schüler haben | *els ~s de filologia* die Philologiestudenten | *~ intern* Interne(r), Internatsschüler | *arc* Zögling *m* | *~ extern* Externe(r) *m* | *~ oficial* ordentlicher Gymnasiast *od* Student | *~ lliure* Gymnasiast *od* Student, der von der Teilnahme an Lehrveranstaltungen befreit ist | **~nessa** *f* = **alumna**.

al|vèol *m anat* Alveole *f* | Bienenzelle *f* | *tecn* Zelle *f* | **~veolar** *adj* (*m/f*) alveolar | **~veolat** (-ada *f*) *adj* zellenförmig, Zellen...

alvocat *m* Avocado(birne) *f* | **~er** *m bot* Avocado(baum *m*).

alzin|a *f bot* Steineiche *f* | *~ surera* Korkeiche | **~all** *m* junge Steineiche *f* | **~ar**[1] *m* Steineichenwald *m* | **~ar**[2] (-se) (33) *vt*(*/r*) (s.) aufrichten | **~at** (-ada *f*) *adj* aufrecht, kerzengerade | **~eda** *f* Steineichenwald *m* | **~eta** *f* = **camedris** | **~oi** *m bot* Hallimasch *m* | **~oia** *f bot* (*Art*) Seitling *m*.

amab|ilitat *f* Liebenswürdigkeit, Freund-

amaçar

lichkeit *f* | **~le(ment** *adv*) *adj* (*m/f*) liebenswürdig | gütig | entgegenkommend | nett | höflich.
amaçar (33) *vt* klopfen, hämmern | *fig* (*auf etw*) drängen.
amador *adj* = **amant** | liebenswert.
amaga|dor¹ *m arc* = **encobridor** | **~dor**² *adj* zu verstecken || *s/m* = **amagatall** | **~ment** *m* Verbergen *n* | Verheimlichung *f* | **~r** (33) *vt* verbergen, verstecken | verdecken | verschweigen | **~r-se** s. verstecken *od* verbergen | **~t** (-**ada** *f*) *adj* verborgen, versteckt | **d'~** (*loc adv*) insgeheim, im verborgenen | **d'~ d'alg** ohne j-s Wissen | **~tall** *m* Versteck *n*, Schlupfwinkel *m* | **~tons**, **~totis**: **d'~** (*loc adv*) im verborgenen | *s*: **d'amagat**.
amagri|ment *m* Abmagerung *f* | **~r** (37) *vt* mager machen | schlank(er) machen | **~r-se** *v/r* abmagern, mager werden.
amainar (33) *vi* nachlassen (*Regen, Temperatur*) | abflauen (*Wind*).
amalgama *f* quím *u. fig* Amalgam *n* | *fig a.* Gemenge, Gemisch *n*; Verquickung *f* | **~r** (33) *vt* amalgamieren | *fig a.* verquicken, vermengen.
amanera|ment *m* geziertes Wesen *n*, Affektiertheit *f* | Manieriertheit *f* | **~r-se** (33) *v/r* affektiert *od* manieriert werden | **~t** (**-ada** *f*) *adj* affektiert | geschraubt, gekünstelt | manieriert.
amani|da *f* (gemischter) Salat *m* | **~ment** *m* (*bes Salat*) Anrichten *n*, Zubereitung *f* | Zutaten *f pl*, Gewürze *n pl* | **~r** (37) *vt* vorbereiten, herrichten | (*Salat*) anmachen.
amanita *f bot* Knollenblätterpilz, Wulstling *m*.
aman|ollar (33) *vt* bündeln | (*mit der Hand*) umfassen | **~ós** (**-osa** *f*) *adj* handlich.
amans|ar (33) *vt* = **~ir** | **~iment** *m* Zähmung *f* | Besänftigung *f* | **~ir** (37) *vt* zähmen, bändigen | **~ir-se** *v/r* sanft *od* zahm werden | **~it** (**-ida** *f*) *adj* zahm, sanft.
amant¹ *adj* (*m/f*) liebend | **~ de la pau** friedliebend || *s/m/f* Liebhaber(in *f*) *m* | Geliebter(r *m*) *m/f* | *s/f* Mätresse *f*.
amant² *m* nàut Segeltau *n*.
amanuense *m* hist Amanuensis, Schreiber *m*.
amanya|c *m* Besänftigung *f* | Verzärte-

lung *f* | Streicheln *n*, Liebkosung *f* | Gurren *n* | Wiegenlied *n* | **~gador** *adj* schmeichelnd, liebkosend | beschwichtigend | **~gament** *m* Besänftigen *n* | Streicheln, Liebkosen *n* | **~gar** (33) *vt* besänftigen | verzärteln | streicheln, liebkosen.
amanyogar (33) *vt* zerknittern, zerknüllen.
amar (33) *vt lit* lieben; gern haben | *s*: *estimar*.
amarant *m bot* Amarant, Fuchsschwanz *m*.
amarar¹ (33) *vt* durch-nässen, -weichen | *fig* durchdringen | *text* rösten | (*Wein*) verwässern | (*Kalk*) löschen | **amarat de suor** durchgeschwitzt, schweißgebadet.
amara|r² (33) *vi* aeron wassern | **~tge** *m* aeron Wasserung *f*.
amarg *adj* bitter | **~ com el fel** gallenbitter | **gust ~** bitterer Geschmack *m* | **tenir la boca ~a** e-n bitteren Geschmack im Mund haben | *fig*: **llàgrimes** (*paraules*) **~ues** bittere Tränen *f pl* (Worte *n pl*) | **~ament** *adv* bitter, bitterlich | **~ant** *adj* (*m/f*) bitter | **beguda ~** bitteres Getränk *n* || *s/m* Bittere(r); Magenbitter *m* | **~antejar** (33) *vi* griesgrämig sein | **~antor** *f* Bitterkeit *f* | **~ar** (33) *vt* verbittern | **~ l'existència** (*od la vida*) **a alg** j-m das Leben verbittern *od* vergällen *bzw* bitter *od* sauer machen || *vi* bitter sein *od* schmecken | **~ar-se** *v/r* verbittert werden.
amargenar (33) *vt* böschen.
amarg|or *f a. fig* Bitterkeit *f* | bitterer Geschmack *m* | **~ós** (**-osa** *f*, **-osament** *adv*) *adj* bitterlich | **~otejar**, **~uejar** (33) *vi* bitter schmecken | **~uesa** *f* = **amargor** | **~ura** *f bes fig* Bitterkeit *f* | *fig a.* Verbitterung *f*.
amaril·lis *f bot* Amaryllis *f*.
amarinar (33) *vt* (*Schiff*) bemannen.
amarra *f* nàut (Schiffs-, Anker-)Tau *n*; Trosse *f* | **~dor** *m* nàut Anlegeplatz *m* | Sor-ring *m*, -pfosten *m* | **~r** (33) *vt* nàut festmachen, vertäuen | festbinden, befestigen | (*j-n*) fesseln || *vi* festmachen, anlegen | **~tge** *m* nàut Vertäuung, Verankerung *f* | *dret d'~* Anlegegebühr *f*.
amarrir (37) *vt* (*Schaf*) decken, bespringen.
amartellar (33) *vt* hämmern.
am|às *m* (*pl* **-assos**) Anhäufung *f* | **~as-**

sament *m* Anhäufen *n* | **~assar** (33) *vt* anhäufen, ansammeln | **~assar-se** *v/r* s. zusammendrängen | s. zusammenballen.
amat|at (-ada *f*) *adj bot* busch-, strauchförmig | **~ollat (-ada** *f*) *adj* (Gelände) buschig, strauchig.
amaten|ça *f* Bereitschaft *f* | Behendigkeit *f* | **~t** *adj* (*m/f*) bereit (*a* zu *dat*) | flink, behend.
amateur *adj* (*m/f*) Amateur... || *s/m/f bes esport* Amateur *m*.
amatinar-se (33) *v/r* früh aufstehen | *fig* s. beeilen.
amat|iu (-iva *f*) *adj* liebesfähig | **~ivitat** *f* Liebestrieb *m*.
amatonar-se (33) *v/r* (Milch) gerinnen.
amatori (-òria *f*) *adj* Liebes..., erotisch | *poció amatòria* Liebestrank *m*.
amaz|ona *f mit fig esport* Amazone *f* | *vestit d'~* langes Reitkleid *n* | **~ones** *m: l'~* der Amazonas, der Amazonenstrom *m* | **~ònia** *f: l'~* Amazonien *n*.
amb *prep* mit (*dat*) | *voleu dinar ~ nosaltres?* wollt ihr mit uns zu Mittag essen? | *~ tu serem tretze* mit dir werden wir dreizehn sein | *ho venen ~ tots els accessoris* sie verkaufen es mit (*od* samt) allem Zubehör | *cafè ~ llet* Kaffee *m* mit Milch; Milchkaffee *m* | *~ sucre o sense?* mit oder ohne Zukker? | *vaig estudiar ~ un bon mestre* ich lernte bei einem guten Lehrer | *vas ~ botes?* gehst du in Stiefeln? | *molt de gust!* mit Vergnügen!; gern! | *~ totes les forces* mit aller Kraft | *renta't ~ sabó!* wasch dich mit Seife! | *hi hem anat ~ tren* wir sind mit der Bahn hingefahren | *el cotxe ha xocat ~ una moto* das Auto ist mit e-m Motorrad zusammengestoßen | *el Barça juga ~* (*od contra*) *el Bayern de Munic* F.C. Barcelona spielt gegen Bayern München | *t'hi entens bé, ~ ella?* verstehst du dich gut mit ihr? | *sigues amable ~ tothom!* sei nett zu allen! | *les dones parlaven elles ~ elles* die Frauen sprachen mit- *od* unter-einander | *no sé què passa ~ en Ricard* ich weiß nicht, was mit Richard los ist | *~ això no hi havia comptat* damit hatte ich nicht gerechnet | *~ els anys, et tornaràs més tolerant* mit den Jahren wirst du toleranter werden | *~ aquest temps, no podem sortir* bei diesem Wetter können wir nicht

hinausgehen | *fam: ~ aquestes* (*od ~ això*) *ve un policia i...* da kommt auf einmal e. Polizist und... | *~ tant de soroll, no sento la ràdio* bei soviel Lärm höre ich das Radio nicht | *~ que* (+*subj*) wenn nur; unter der Bedingung, daß | *s: tot*.
ambages *m pl* Umschweife *m pl* | *sense ~* ohne Umschweife.
ambaixad|a *f* Botschaft(eramt *n*) *f* | Botschaft(sgebäude *n*) *f* | Botschaftsangehörige(n) *m pl* | Botschaft, Nachricht *f* | **~or(a** *f*) *m* Botschafter(in *f*) *m* | **~riu** *f* Botschafterin *f*.
ambarí (-ina *f*) *adj* bernstein-farben, -artig, Bernstein...
ambdós (ambdues *f*) (28) *pron ind lit* (alle) beide | *entre ~* (*od l'un i l'altre*) *hi ha una gran amistat* zwischen beiden besteht e-e große Freundschaft | *un home i una dona, ~* (*od tots dos*) *armats* e. Mann u. e-e Frau, (alle) beide (*od* alle zwei) bewaffnet | *ambdues* (*od totes dues*) *germanes s'han casat* beide Schwestern haben s. verheiratet.
ambici|ó *f* Ehrgeiz *m* | Bestreben, Ziel *n* | *lit* Ambition *f* | **~onar** (33) *vt* erstreben, sehnlichst wünschen | (nach *dat*) streben | **~ós (-osa** *f*, **-osament** *adv*) *adj* ehrgeizig | strebsam | *lit* ambitioniert, *desp* ambitiös || *s/mf* Ehrgeizling *m*.
ambidext|re *adj* beidhändig (geschickt) || *s/mf* Beidhänder *m* | **~eritat** *f* Beidhändigkeit *f*.
ambient *adj* (*m/f*) umgebend | *medi ~* Umwelt *f* | *s/m* Luft *f*, *a. fig* Atmosphäre, Umgebung *f* | *biol fig* Umwelt *f*, Milieu *n* | *fig a*. Stimmung *f* | *trobar-se od sentir-se en el seu ~* in s-m Element sein *od* s. in s-m Element fühlen | **~ador** *m* Raumspray *m* | **~ar** (33) *vt* (e-m *Milieu*) anpassen | (e-m *Fest, Spiel*) Stimmung geben, Atmosphäre verleihen | **~ar-se** *v/r* s. eingewöhnen | in Stimmung geraten | *cin teat* milieuecht gestalten.
ambi|gu(ament *adv*) *adj* zweideutig, doppelsinnig | *ling* doppelgeschlechtig | **~gú** *m* (*pl -s*) kaltes Buffet *n* | **~güitat** *f* Zweideutigkeit *f*; *ling* Ambiguität *f*.
àmbit *m* Umfang, Umkreis *m* | Bereich *m*.
ambival|ència *f* Doppelwertigkeit, Ambivalenz *f* | **~ent** *adj* (*m/f*) doppelwertig, ambivalent.
ambla|dura *f zool* Paßgang *m* | **~r** (33)

vi zool s. im Paßgang fortbewegen.
ambo *m* (*Lotto*) Ambe *f*, Doppeltreffer *m*.
ambó *m hist* Ambo(n) *m*.
ambr|at (-ada *f*) *adj* bernsteinfarben | **~e** *m* Bernstein *m* | ~ *gris* grauer Amber *m*.
ambros|ia *f mit fig* Ambrosia *f* | **~ià (-ana** *f*) *adj ecl* ambrosianisch | *cant* ~ Ambrosianischen Gesang *m* | **~íac** *adj* ambrosisch.
ambul|ància *f* Krankenwagen *m* | Rettungs-, Unfall-wagen *m* | Ambulanz(wagen *m*) *f* | *mil* Feldlazarett *n*, Ambulanz *f* | **~ant** *adj* (*m/f*) wandernd, umherziehend | Wander... | *bes med* ambulant | *exposició* ~ Wanderausstellung *f* | **~atori (-òria** *f*) *adj med* ambulant, *a. zool* ambulatorisch | *s/m* Poliklinik *f*; Ambulanz *f*; (*bes DDR*) Ambulatorium *n* | *arquit* = **deambulatori**.
amè (-ena *f*) *adj* angenehm | (*Landschaft*) lieblich | (*Gespräch, Stil, Buch, Stück*) unterhaltsam.
am|eba *f* Amöbe *f* | **~èbic** *adj* amöbisch | *disenteria ~a* Amöbenruhr *f* | **~eboide** *adj* (*m/f*) amöboid.
amelar-se (33) *v/r* honigsüß werden.
amén *int ecl* amen! | *p ext* so sei es! | *dir* ~ *a tot* zu allem ja u. amen sagen.
amenaça *f* (An-, Be-)Drohung *f* | drohende Gefahr *f* | ~ *de mort* Morddrohung *f* | *en actitud d'~* drohend | *sota l'~ d'una pena* unter Androhung e-r Strafe | *l'~ de la pau* die Bedrohung (*od* Gefährdung) des Friedens | *proferir amenaces* Drohungen ausstoßen | **~dor(ament** *adv*) *adj* drohend | bedrohlich | *una carta ~a* e. Drohbrief *m* | **~r** (33) *vt* bedrohen, (*j-m*) drohen (*amb* mit *dat*) | (*j-m etw*) androhen | gefährden | ~ *alg de mort* j-m den Tod androhen | *amenacen de* (*od amb*) *fer-ho* sie drohen, es zu tun | *una espècie amenaçada d'extinció* e-e vom Aussterben bedrohte Art | *vt/i: la casa amenaça ruïna* das Haus droht einzustürzen | *amenaça pluja* od *de ploure* es droht zu regnen.
amenit|at *f* Reiz *m*, Unterhaltsamkeit *f* | (*Landschaft*) Lieblichkeit *f* | **~zar** (33) *vt* angenehm machen | anregend gestalten, beleben, auflockern.
amenorrea *f med* Amenorrhö(e) *f*.
ament *m bot* Kätzchen *n* | **~àcies** *f pl bot* Kätzchenblütler *m pl*, Amentifloren *pl*.

Amèrica *f* Amerika *n* | *l'~ Central* (*Llatina*) Mittel-(Latein-)amerika *n* | *l'~ del Nord* (*Sud*) Nord-(Süd-)amerika *n*.
americ|à (-ana *f*) *adj* amerikanisch || *s/mf* Amerikaner(in *f*) *m* | rückgewanderte(r *m*) Amerika-katalane *m*, -katalanin *f* | *s/m* Amerikanisch, das Amerikanische *n* || *s/f* Sakko *m*, Jackett *n* | **~anisme** *m* Amerikanismus *m* | **~anista** *m/f* Amerikanist(in *f*) *m* | **~anitzar(-se)** (33) *vt*(*/r*) amerikanisieren | **~i** *m quím* Americium *n*.
amerindi (-índia *f*) *adj* indianisch || *s/mf* Indianer(in *f*) *m*.
amesurat (-ada *f*) *adj* gemäßigt, maßvoll.
ametista *f* Amethyst *m*.
ametll|a *f* Mandel *f* | Mandelkern *m* | ~ *amarga* Bittermandel | *ametlles garapinyades* gebrannte Mandeln | *ametlles torrades* geröstete Mandeln | *llet d'ametlles* Mandelmilch *f* | **~at (-ada** *f*) *adj* mandelförmig | *ulls ~s* Mandelaugen *n pl* | *s/m* Mandelgebäck *n* | **~er** *m bot* Mandelbaum *m* | **~erar** *m* Mandelbaumpflanzung *f* | **~ó** *m* grüne Mandel *f* (*mit der ersten Schale*).
ametropia *f med* Ametropie *f*.
amfetamina *f quím* Amphetamin *n*.
amf|ibi (-íbia *f*) *adj* amphibisch | *vehicle* ~ Amphibienfahrzeug *n* || *s/m zool* Amphibie *f*, Lurch *m* | **~íbol** *m min* Hornblende *f*, Amphibol *m* | **~ibòlia** *f* = **~ibologia** | **~ibolita** *f min* Amphibolit *m* | **~ibologia** *f* Amphibolie *f* | **~ibològic** *adj* amphibolisch | **~íbrac** *m Lit* Amphibrachys *m* | **~ictionia** *f hist* Amphiktyonie *f* | **~iox** *m zool* Lanzettfisch, Amphioxus *m* | **~ípodes** *m pl crust* Flohkrebse *m pl* | **~iteatre** *m hist* Amphitheater *n* | *cin teat* Rang *m* | (*Universität*) Hörsaal *m* | *geog* Halbkessel *m* | ~ *anatòmic* (*med*) Seziersaal *m* | ~ *mòrenic* (*Gletscher*)Zungenbecken *n* | **~itrió (-ona** *f*) *m* Gastgeber(in *f*) *m*.
àmfora *f* Amphora, Amphore *f*.
amfòter *adj quím* amphoter.
amiant *m min* Asbest *m*.
amic (-iga *f*) *adj* befreundet (*de* mit *dat*) | freundschaftlich, freundlich (gesinnt) | günstig | *som molt ~s* wir sind gut befreundet *od* gute Freunde | *fer-se ~s* Freunde werden, s. an-, befreunden | *fer-se ~ d'alg* j-s Freund werden, s. mit j-m an-, be-freunden | *estats ~s* befreundete Staaten *m pl* | *el temps ens és ~* das Wetter ist uns

günstig | *ja no m'ets amic?* bist du nicht mehr mein Freund? | *no sóc gaire ~ de deixar diners* ich bin k. Freund vom Geldverleihen || *s/mf* Freund(in *f*) *m* | *p ext euf* Geliebte(r *m*) *m/f* | *un bon (mal)* ~ e. guter (schlechter) Freund *m* | *bon* (od *benvolgut*) ~! (*Anrede im Brief*) lieber Freund! | *un bon ~ meu* e. guter Freund von mir | *el meu millor ~* mein bester Freund | *un ~ íntim* e. enger Freund *m* | *un ~ d'escola* e. Schulfreund *m* | *un ~ del govern* e. Regierungsanhänger *m* | *els ~s de la natura* die Naturfreunde *m pl* | *un preu d'~* e. Freundschaftspreis *m* | *entre ~s* unter Freunden | *tinc molts ~s* ich habe viele Freunde | *els costa de fer ~s* sie finden schwer Freunde | *només som (bons) ~s* wir sind nur (gut) befreundet | **~al** *adj* (*m/f*) freundschaftlich | **~ícia** *f arc* = amistat.
amida *f quím* Amid *n*.
amidar (33) *vt* (ab-, aus-, ver-)messen.
amiga|ble(ment *adv) adj* (*m/f*) = amistós, amistosament | *bes dr* gütlich | **~r-se** (33) *v/r* s. an-, be-freunden (*amb* mit *dat*).
am|ígdala *f anat* Mandel *f* | **~igdalitis** *f med* Mandelentzündung *f*.
amiguer *adj* anschluß-, kontaktfreudig.
am|il *m quím* Amyl *n* | **~ílic** *adj*: *alcohol ~* Amylalkohol *m* | **~ina** *f quím* Amin *n* | **~inoàcid** *m quím* Aminosäuren *f*.
amist|ança *f* wilde Ehe *f* | **~ançar-se** (33) *v/r* in wilder Ehe leben (*amb* mit *dat*) | **~ar(-se)** (33) *vt* (*/r*) (s.) an-, befreunden (*amb* mit *dat*) | (s.) versöhnen (*amb* mit *dat*) | **~at** *f* Freundschaft *f* | *fer ~ amb alg* mit j-m Freundschaft schließen | *fer l'~* (*ältere Verwandte*) mit Handkuß begrüßen | *rompre l'~* die Freundschaft brechen | *tenir ~ amb alg* mit j-m Freundschaft halten | *per ~* aus Freundschaft || *pl* Freunde *m pl* | Freundeskreis *m* | **~ós** (**-osa** *f*, **-osament** *adv*) *adj* (*Beziehungen, Haltung, Gefühle*) freundschaftlich | (*Person, Verhalten*) freundlich | (*Diskussion, Lösung*) friedlich | (*Abmachung*) gütlich | *bes esport* Freundschafts... | *partit ~* Freundschaftsspiel *n* | *t'ho dic amistosament* ich sage es dir im Guten od in aller Freundschaft.
amit *m ecl* Achseltuch *n*.
amitjanar (33) *vt* halbieren, zu gleichen Teilen verteilen.
ammonit *m zool* Ammonit *m* | *geol a.* Ammonshorn *n*.
amnèsia *f med* Amnesie *f*, Gedächtnisschwund *m*.
amni *m biol med* Amnion *n*, Fruchtwasserhaut *f*.
àmnic *adj biol med* amniotisch | *líquid ~* Amnion-, Frucht-wasser *n*.
amniòtic *adj* = àmnic.
amnisti|a *f* Amnestie *f* | **~ar** (33) *vt* amnestieren.
amo *m* Herr, Gebieter *m* | Eigentümer, Besitzer *m* | Arbeitgeber *m* | Wirt *m* | *umg* Boß, Chef *m* | *~ i senyor* Herr u. Meister *m* | *un gos sense ~* e. herrenloser Hund *m* | *que no té ~, això?* gehört das niemandem? | *fer-se ~ d'u/c* s. etw aneignen; über etw Meister werden | *jugant al billar, ets l'~* (*fam*) im Billard bist du der Beste.
amoïn|adís (-**issa** *f*) *adj* leicht beunruhigt od besorgt | **~ador** *adj* beunruhigend, besorglich | störend, lästig, aufdringlich | **~ament** *m* Beunruhigung, Besorgnis *f* | Belästigung *f* | **~ar** (33) *vt* beunruhigen | stören, belästigen | **~ar-se** *v/r: no s'amoïna per res* er kümmert s. um nichts; er läßt s. durch nichts aus der Ruhe bringen | *no cal que t'amoïnis per mi* du brauchst dich meinetwegen od um mich nicht zu beunruhigen | *no t'hi amoïnis!* k-e Sorge! | *no t'amoïnis!* sorg dich nicht!, sei unbesorgt! | **~at** (-**ada** *f*) *adj* beunruhigt | besorgt | *estic ~* (*per ella*) ich bin (um sie) besorgt | **~ós** (-**osa** *f*) *adj* lästig.
amoixa|dor *adj* zärtlich, liebkosend | schmeichelnd | **~ment** *m* Streicheln *n* | Zärtlichkeit *f* | Schmeichelei *f* | **~r** (33) *vt* streicheln, liebkosen | *fig* (*j-m*) schmeicheln, schmusen.
amoll|ar (33) *vt* lösen, locker machen | los-, frei-lassen | *fig: ~ una galtada* e-e Ohrfeige versetzen od verpassen | *~ un renec* e-n Fluch ausstoßen || *vi* nachlassen | s. beruhigen | **~ar-se** *v/r* hinuntergleiten | **~iment** *m* Aufweichen *n* | **~ir(-se)** (37) *vt* (*/r*) = ablanir(-se).
amollona|ment *m* Vermarkung *f* | **~r** (33) *vt* vermarken, abgrenzen.
amoltona|ment *m desp* Herdentrieb *m* | **~r-se** (33) *v/r* mit der Herde laufen, der Herde folgen.
amoned|ar (33) *vt* münzen, prägen |

~at (**-ada** f) adj wohlhabend, vermögend.
amonesta|ció f = **~ment** | ecl (Heirats-)Aufgebot n | tirar les amonestacions das Aufgebot bekanntgeben | **~dor** adj (er)mahnend | s/m Mahner m | **~ment** m (Er)Mahnung f | a. dr esport Verwarnung f | **~r** (33) vt (er)mahnen | a. dr esport verwarnen | ecl (Brautpaar) aufbieten.
am|oni m quím Ammonium n | **~oníac** m quím Ammoniak n || adj: gas **~a** Salmiak m | **~ònic** adj quím Ammon(ium)... | sals amòniques Ammoniumsalze n pl | **~oniacal** adj (m/f) quím ammoniakalisch.
amor m Liebe f | **~** a la pàtria Vaterlandsliebe f | **~** a la veritat Wahrheitsliebe f | **~** de Déu Liebe f Gottes; Liebe f zu Gott | **~** a primera vista Liebe f auf den ersten Blick | **~** cortès (hist) Minne f | **~** filial (maternal od de mare Kindes-(Mutter-)liebe f | **~** lliure freie Liebe f | **~** propi (starkes) Selbstbewußtsein n | cançó (carta, declaració, mal) d'**~** Liebeslied n (-brief m, -erklärung f, -kummer m) | el meu primer (gran) **~** meine erste (große) Liebe f | he tingut molts **~**s ich habe viele Lieben od Liebschaften gehabt | casar-se per **~** aus Liebe heiraten | fer l'**~** a alg j-m den Hof machen | fer l'**~** amb alg mit j-m schlafen; j-n lieben; mit j-m Liebe machen | feu l'**~**, i no la guerra! Liebe, nicht Krieg! | sentir **~** per alg Liebe für j-n empfinden od fühlen | tenir **~** als diners e-e Vorliebe für Geld haben | amb **~** mit Liebe; liebevoll; hingebungsvoll | per **~** aus Liebe | per **~** a l'art uneigennützig | per (l') **~** de Déu! um Gottes willen! | **~** meu! Liebling!, Liebste(r)!
amoral adj (m/f) amoralisch | **~itat** f Amoralität f.
amor|ejar vi (33) liebeln | **~et** m art Amourette f | **~etes** f pl verliebte Worte n pl, Blicke m pl usw.
amorf adj gestaltlos, amorph.
amor|ós (**-osa** f, **-osament** adv) adj verliebt, zärtlich | lieblich | liebenswürdig | weich, geschmeidig, schmiegsam | formbar, knetbar | lieblich, köstlich | (Wetter) mild | (Meer) ruhig | una aventura amorosa e. Liebesabenteuer n | mirades amoroses verliebte Blicke m pl | **~osir(-se)** (37) vt (/r) weich, sanft machen (werden) | (s.) erweichen.
amorr|allar (33) vt zäumen | **~ar** (33) vt: **~** alg a terra j-n kopfüber od mit dem Gesicht voran zu Boden stoßen | (ein)rammen | vi nàut buglastig sein | **~ar-se**: **~** al càntir den Krug an die Lippen setzen | nàut buglastig sein | nàut auf Sand laufen | **~iar(-se)** (33) v (/r) im Schatten auf der Weide ruhen (Vieh) | **~onir** (37) vt: **~** els llavis die Lippen schürzen.
amortalla|dor m Leichenwäscher m | **~dora** f Leichenfrau f | **~r** (33) vt ins Leichentuch hüllen | (Leichen) waschen, ankleiden und aufbahren.
amort|ar(-se) (33) vt (/r) arc reg (aus)löschen (bes Feuer) | **~idor** adj dämpfend, Dämpfungs... | quím: solució **~a** Puffer(lösung f) m || s/m tecn Dämpfer m | aut Stoßdämpfer m | **~iment** m bes tecn Dämpfung f; Abfederung f | **~ir** (37) vt = **esmorteir** tecn (ab)dämpfen; abfedern | quím (ab)puffern | **~ir-se** v/r = **esmorteir-se** | **~itzable** adj (m/f) econ tilgbar, amortisierbar; abschreibbar | **~ització** f econ Tilgung, Amortisation; Abschreibung f | **~itzar** (33) vt (Schuld) tilgen, amortisieren; (Kosten, Investitionen) amortisieren; (Verschleiß) abschreiben, absetzen | adm (Amtsstelle) aufheben | dr hist zur toten Hand entäußern | **~itzar-se** v/r econ s. amortisieren.
amotina|ment m Meuterei f, Aufruhr m | **~r** (33) v/t aufwiegeln | **~r-se** v/r meutern, s. auflehnen.
amovib|ilitat f Absetzbarkeit f | Widerruflichkeit f | **~le** adj (m/f) (Beamter, Amtsträger) absetzbar | (Amt) widerruflich | tecn (Teil) abnehmbar.
amp|er = **~ère** | **~ère** m elect Ampere n | **~eratge** m elect Amperezahl, Stromstärke f | **~er-hora** m Amperestunde f | **~erímetre** m elect Amperemeter n.
ampit m (Fenster)Brüstung f | Fenstersims m/n.
ampl|ada = **~ària** | telecom: **~** de banda Bandbreite f | **~ària** f Breite f | Weite f | **~e** adj breit | weit (nicht eng) | d'un pam e-e Spanne breit | **~** d'espatlles breitschult(e)rig | un carrer **~** e-e breite Straße f | un abric **~** e. weiter Mantel m | aquesta brusa

et ve (od *va*) ~ diese Bluse ist dir zu weit | *fig: aquest càrrec li ve* (od *va*) ~ er ist diesem Amt nicht gewachsen | *hi anirem* ~*s, en aquest cotxàs* in diesen Straßenkreuzer werden wir reichlich Platz haben | *no t'hi posis tan* ~*!* mach dich nicht so breit! | *tenir la consciència ampla* e. weites Gewissen haben || *s/m: fa un metre d'*~ es ist e-n Meter breit | *ferroc:* ~ *de via* Spurweite *f* | ~**ejar** (33) *vi* (ziemlich, zu) breit *bzw* weit sein.

ampli (**àmplia** *f*, **àmpliament** *adv*) *adj* weit, geräumig | *fig* weit, breit; weitläufig, ausführlich; weitgehend, umfangreich, umfassend, reichlich | *una sala àmplia* e. geräumiger Saal *m* | ~*s sectors de la població* breite Bevölkerungsschichten *f pl* | *una xarxa àmplia d'emissors* e. weitverzweigtes Sendernetz *m* | ~*s poders* weitreichende Vollmachten *f pl* | *un mostrari* ~ e-e breitgefächerte Musterkollektion *f* | *en sentit* ~ im weiteren Sinne(e) | *els hem derrotat àmpliament* wir haben sie haushoch geschlagen | *una opinió àmpliament difosa* e-e weitverbreitete Meinung *f* | ~**able** *adj* (*m/f*) vergrößerungsfähig | ausdehnbar | ~**ació** *f fotog* Vergrößerung, Ausdehnung, Erweiterung *f* | *constr* Ausbau; Erweiterungsbau *m* | ~ *de capital* (*econ*) Kapitalerhöhung *f* | ~**adora** *f fotog* Vergrößerungsapparat *m* | ~**ar** (33) *vt* erweitern, ausdehnen | *a. fotog* vergrößern | (*Frist*) verlängern | (*Kapital*) erhöhen | *constr* ausbauen | ~**ar-se** *v/r* s. erweitern, s. vergrößern | *s: eixamplar(-se)* | ~**ficació** *bes elect* Verstärkung *f* | *òpt* Vergrößerung | (*Rhetorik, psic*) Amplifikation *f* | ~**ficador** *m bes elect* Verstärker *m* | ~**ficar** (33) *vt* | (*Strom, Schall*) verstärken | (*optisches Gerät*) | *fig* (*Idee, Thema*) amplifizieren, erweitern | *fig a.: això* ~à *la magnitud de la catàstrofe* das wird das Ausmaß der Katastrophe vergrößern | ~**tud** *f* Weite, Geräumigkeit, Ausdehnung *f* | *astr* Breite *f* | *mat fís* Amplitude, Schwingungsbreite *f*; *elect a.* Scheitelwert *m* | *fig* Weite, (Band)Breite; Ausführlichkeit *f*; Umfang *m*, Ausmaß *n* | ~ *de la marea* Tidenhub *m* | *la seva* ~ *de mires* s-e große Aufgeschlossenheit *bzw* Vielseitigkeit *f*.

ampoll|a *f* Flasche *f* | ~ *de Leiden* (*elect*) Leidener Flasche *f* | *fig: això és bufar i fer ampolles* das ist e. Kinderspiel *od* spielend leicht | ~**er** *m* Flaschenregal *n* | ~**eta** *f* Fläschchen, Fläschlein *n* | Sand-, Eier-uhr *f.*

amprar (33) *vt arc reg* = **emprar** | entleihen, s. ausleihen.

ampul·l|a *f anat med* Ampulle *f* | ~**aci** (**àcia** *f*) *adj* ampullenähnlich | ~**ós** (-**osa** *f*, -**osament** *adv*) *adj* schwülstig, hochtrabend | ~**ositat** *f* Schwülstigkeit *f* | Schwulst *m*.

amputa|ció *f med* Amputation *f* | ~**r** (33) *vt med* amputieren.

amulet *m* Amulett *n*.

amullerar-se (33) *v/r* heiraten (*der Mann*), s. e-e Frau nehmen.

amunionar-se (33) *v/r* s. sammeln, s. zusammendrängen.

amunt *adv* (nach) oben; aufwärts; her-, hin-auf, *umg* rauf | *l'estel ja és molt enlaire, i encara va* ~ der Drachen ist schon sehr hoch u. steigt immer noch | *que* ~ *que ha arribat!* (*a. fig*) wie hoch er aufgestiegen ist! | *vine* (*cap*) ~, *fins aquí dalt!* komm herauf, bis hier oben! | (*cap*) ~ *o* (*cap*) *avall?* nach oben oder nach unten?; hinauf oder hinunter?; aufwärts oder abwärts? | *es passejaven* ~ *i avall* (*del carrer*) sie spazierten (die Straße) auf u. ab | ~ *i avall de les escales* die Treppe rauf u. runter | *la casa és més* ~ das Haus liegt weiter oben | *dos carrers més* ~ zwei Straßen weiter oben | *damunt od més* ~ (*in e-m Text*) oben | *carretera* ~ die Straße aufwärts *od* hinauf | *riu* ~ flußaufwärts | ~*!*, auf!, los!; aufstehen! | ~ *i crits* (od *i fora*)! nur zu! nur Mut! | *de ... en* od *per* ~ von ... an *od* aufwärts; ab ...

amuntanyar (33) *vt* (*Vieh*) sömmern.

amunteg|ador *adj* (an-, auf-) häufend | ansammelnd || *s/mf* Anhäufer(in *f*) *m* | ~**ment** *m* (An-, Auf-)Häufung *f* | Ansammlung *f* | ~**r(-se)** (33) *vt*(*/r*) (s.) an-, (auf-)häufen | *fig a.* (s.) ansammeln.

amura *f nàut* (Schiffs)Breite *f* | (Schiffs-)Backe *f* | Halse(ntau *m*) *f*; Ausholer *m* | ~**r** (33) *vt nàut* ausholen | anluven.

ana|baptisme *m ecl* Anabaptismus *m* | ~**baptista** *m/f ecl* Wiedertäufer(in *f*), Anabaptist(in *f*) *m* | ~**bolitzant** *m med* Anabolikum *n* | ~**card** *m bot* Nierenbaum *m* | Cashewnuß *f* | ~**ci-**

cle *m bot* Bertram, Anacyclus *m* | **~colut** *m ling* Anakoluth *n/m*.
anaconda *f zool* Anakonda *f*.
ana|coreta *m/f* Einsiedler(in *f*) *m* | *hist a*. Anachoret *m* | *fer vida d'~* e. Einsiedlerleben *n* führen | **~corètic** *adj* einsiedlerisch | anachoretisch | **~creòntic** *adj lit* anakreontisch || *s/mf* Anakreontiker(in *f*) *m* || *s/f* anakreontische Ode *f* | **~crònic** *adj* anachronistisch | **~cronisme** *m* Anachronismus *m* | **~crusi** *f mús lit* Auftakt *m*, Anakrusis *f*.
ana|da *f* Hin-weg *m*, -fahrt *f* | *una ~ a Poblet* e. Ausflug *m* nach Poblet | *viatge d'~* Hinfahrt *f* | *billet d'~ i tornada* Rückfahrkarte *f* | *anades i vingudes* (*a. fig*) Kommen u. Gehen; Hin u. Her *n* | **~dura** *f* (*bes Pferd*) Gang(art *f*) *m* | *ant* Begehung *f*.
anaerobi (**-òbia** *f*) *adj biol* anaerob || *s/m* Anaerobier *m*.
anafil|àctic *adj* anaphylaktisch | **~axi** *f med* Anaphylaxie *f*.
an|àfora *f ling Lit* Anapher, *a. ecl* Anaphora *f* | **~aforesi** *f fís* Anaphorese *f* | **~afòric** *adj* anaphorisch.
anafrod|ísia *f med* Anaphrodisie *f* | **~isíac** *adj* anaphrodisisch || *s/m* Anaphrodisiakum *n* | **~ita** *m* Anaphrodit *m*.
an|àglif *m art* flache Reliefverzierung *f* | *fotog cin* Anaglyphe(nverfahren *n*) *f* | **~aglifoscopi** *m* Anaglyphenbrille *f* | **~aglíptic** *adj: escriptura ~a* Blinden-, Punkt-schrift *f*.
anagrama *m* Anagramm *n*.
anal(**ment** *adv*) *adj* (*m/f*) anal | Anal..., After... | *fase ~* anale Phase *f* | *erotisme ~* Analerotik *f*.
analectes *f pl Lit* Analekten *pl*.
anàleg (**-àloga** *f*, **-àlogament** *adv*) *adj lit cient tecn* analog | entsprechend, sinngemäß, ähnlich | *anàlogament a aquest cas...* analog (zu) diesem Fall...
analèptic *adj med* analeptisch || *s/m* Analeptikum *n*.
analfabet *adj* analphabetisch, des Schreibens und Lesens unkundig || *s/mf* Analphabet(in *f*) *m* | **~isme** *m* Analphabetentum *n*; Analphabetismus *m*.
analgèsi|a *f med* Schmerzlosigkeit, Analgesie *f* | **~c** *adj* schmerzstillend, analgetisch || *s/m* schmerzstillendes Mittel, *med* Analgetikum *n*.
an|àlisi *f Lit cient* Analyse, *mat* Analysis *f* | *quím Lit a.* Untersuchung *f* | *ling a.* Zergliederung, Zerlegung *f* | kritische Beurteilung *f* | Auswertung *f* | **~alista** *m/f* Analytiker(in *f*) *m* | *econ* Analyst(in *f*) *m* | **~alític**(**ament** *adv*) *adj* analytisch | Analysen... | *balança ~a* Analysenwaage *f* | *llengües analítiques* analytische Sprachen *f pl* | **~alitzable** *adj* (*m/f*) analysierbar | **~alitzar** (33) *vt* analysieren | untersuchen | zergliedern, zerlegen | kritisch beurteilen | auswerten | **~alitzar-se** *v/r s*. (selbst) analysieren.
anal|ogia *f Lit cient* Analogie *f* | Entsprechung, Ähnlichkeit *f* | *per ~ amb...* in Analogie zu... | **~ògic**(**ament** *adv*) *adj* analogisch | Analogie..., Analog... | *calculador ~* Analogrechner *m* | **~ogisme** *m* Analogismus, Analogieschluß *m*.
anament *m arc* Gang(art *f*) *m*.
ana|mnesi *f med filos* Anamnese *f* | **~morfosi** *f biol òpt* Anamorphose *f*.
ananàs *m* (*pl -assos*) *bot* Ananas *f*.
anant *m* (Weg)Gehende(r) *m* | *els ~s i vinents* die Vorübergehenden, die Passanten *m pl*.
anap *m ant* Becher *m*.
anapest *m Lit* Anapäst *m*.
anaplàstia *f med* plastische Chirurgie *f*.
anar (38) *vi* (mit obligatorischer Adverbialbestimmung) gehen (*zu Fuß*); fahren (*e. Fahrzeug*; mit e-m Fahrzeug od etw Beweglichem); *a.* reisen; *a.* reiten, fliegen, segeln | *~ a peu* (zu Fuß) gehen | *l'avi sempre va a peu* Opa geht immer zu Fuß | *si no és gaire lluny, hi aniré a peu od caminant* wenn es nicht (sehr) weit ist, gehe ich (zu Fuß) hin | *~ amb crosses* an Krücken gehen | *~ a cavall* reiten | *~ al trot* (*galop*) in Trott (Galopp) reiten | *saps ~ amb cotxe* (*bicicleta*)? kannst du Auto (rad)fahren? | *hi anirem amb cotxe* (*bicicleta, tren, avió, vaixell, barca*) wir werden mit dem Auto (dem Rad, der Bahn, dem Flugzeug, dem Schiff, dem Boot) hinfahren | *~ amb trineu* (*esquís*) Schlitten (Ski) fahren | *els joves* (*expressos, avions*) *van molt de pressa od molt ràpid*(*s*) junge Leute (Schnellzüge, Flugzeuge) gehen *bzw* fahren (fahren, fliegen) sehr schnell | *~ od caminar de puntetes* auf Zehenspitzen gehen | *~ a les palpentes* (*a. fig*) im Dunkeln tappen | *la dona no parava d'~ i venir de la cuina al menjador* die Frau ging ständig zwischen der Küche u.

dem Eßzimmer hin u. her | *un bitllet d'~ i tornar, si us plau* e-e Rückfahrkarte, bitte | *van de porta en porta* sie gehen von Tür zu Tür | *on vas?* wohin gehst (bzw fährst) du? | *on va aquest autobús?* wohin fährt dieser Bus? | *com s'hi va, al port?* wie kommt man zum Hafen? | *que hi ha cap tren que vagi* (od *per ~*) *a Sils?* gibt es e-n Zug nach Sils? | *vaig a casa* (*a cal barber, a l'escola, al teatre*) ich gehe nach Hause (zum Friseur, in die Schule, ins Theater) | *encara vas a escola?* gehst du noch zur Schule? | *a quina classe vas?* in welche Klasse gehst du? | *van a la universitat* sie gehen in die od zur (regelmäßig auf die) Universität | *van sovint a l'estranger* sie fahren oft ins Ausland | *la nau va a port* das Schiff läuft den Hafen an | *han anat un tros amb nosaltres*, sie sind e. Stück mit uns gegangen | *ja fa temps que va amb la mateixa noia* er geht schon seit langem mit demselben Mädchen | *digue'm amb qui vas, i et diré qui ets* (Spruch) sage mir, mit wem du umgehst, und ich sage dir, wer du bist | *la balandra va cap al nord* der Kutter segelt nach Norden | *vam ~ endavant* (*endarrere, amunt, avall*) wir gingen vorwärts (rück-, auf-, ab-wärts) | *~ per un camí* e-n Weg gehen | *hi anirem per Suïssa* wir werden über die Schweiz (hin)fahren | *anàvem sempre pel bosc* wir gingen immer durch den Wald | *fig fam: ja vaig per la lliçó deu* ich bin schon bei Lektion zehn | *per aquesta sendera* (*carretera*) *no s'hi va gens bé* auf diesem Pfad (dieser Straße) geht od läuft (fährt) es s. nicht gut || (*andere Fortbewegungsarten*) *els rius van a la mar* Flüsse fließen ins Meer | *l'aigua* (*el corrent*) *va per aquesta canonada* das Wasser (der Strom) fließt durch diese Leitung | *el coet* (*la pilota*) *ha anat molt enlaire* die Rakete (der Ball) ist sehr hoch gestiegen (geflogen) | *el tret li ha anat a la cama* der Schuß ist ihm ins Bein gegangen || (*auf etw od j-n gerichtet sein*) *tots dos camins van al poble* beide Wege führen zum Dorf | *el país va a la ruïna* das Land geht dem Ruin entgegen | *tothom va a la seva* jeder ist auf s-n eigenen Vorteil bedacht | *això va per tu!* das geht auf dich! | *vaig pels quaranta* ich gehe auf die vierzig | *van a favor* (*en contra*) *d'ell* sie sind für (gegen) ihn | *això va contra la llei* das geht gegen das Gesetz || (*verlaufen, s. erstrecken*) *el camí va per la vora del riu* der Weg führt, geht od läuft am Flußufer entlang | *les faldilles li van fins als peus* der Rock geht ihr bis an die Füsse | *el terreny va* (*des*) *del bosc* (*fins*) *al riu* das Grundstück reicht vom Wald bis zum Fluß | *fig: aquest període va* (*des*) *de l'any 1950* (*fins*) *a l'any 1956* diese Epoche reicht von 1950 bis 1956 || (e-n gewissen Abstand, Unterschied aufweisen) *només ha anat d'un número que no ens toqués el premi* wir haben den Preis nur um e-e Zahl nicht gewonnen | *va ~ de poc* (*de prim, de res, d'un fil, d'un pèl*) *que* (od *com*) *no m'atropellessin* beinahe (um e. Haar, um Haaresbreite) wäre ich überfahren worden | *d'home a home no hi va res* zwischen Mensch u. Mensch besteht kein Unterschied | *mat: de quatre a dotze en van vuit* von vier bis zwölf sind es acht || (*beim Glücksspiel*) *hi vaig amb cent pessetes* ich spiele mit hundert Peseten mit | *vaig!* ich spiele mit! | *van cent pessetes al tres!* hundert Peseten auf die drei! | *p ext: hi va un duro, que jo acabo primer!* ich wette fünf Peseten, daß ich zuerst fertig werde! | *fig: t'hi va la vida* (*l'honor*) dein Leben (deine Ehre) steht auf dem Spiel || (*Stuhlgang haben*) *avui encara no he anat* (*de ventre, de cos*) heute habe ich noch k-n Stuhlgang gehabt || (*funktionieren*) *el rellotge va* (*bé, malament, endavant, endarrere*) die Uhr geht (richtig, falsch, vor, nach) | *la ràdio ha anat tota l'estona* das Radio ist die ganze Zeit gelaufen | *el cor ja no li va* sein Herz schlägt nicht mehr | *aquest cotxe va amb gasoli* dieses Auto fährt mit Diesel | *la màquina va amb corrent de força* die Maschine funktioniert mit Kraftstrom | *va sobre rodes* es läuft auf Rädern; *fig fam* es geht od läuft wie geschmiert | *el metro va fins a les onze* die U-Bahn geht bis elf | *no sé com va aquest joc* ich weiß nicht, wie dieses Spiel geht || (*in bestimmter Weise vorgehen, wirken, stattfinden, verlaufen; in e-m bestimmten Zustand sein, s. befinden*) *de seguida va a cops de puny* er ist sehr rauflustig | *hem d'anar a l'una* wir müssen zusammenhalten | *vés amb compte!* sei vorsichtig! | *sovint van d'excursió* sie machen oft Ausflüge | *va de per riure o de debò?* ist das zum Spaß oder ernst gemeint? | *aquestes pastilles van fantàstic* diese Tabletten wirken wunderbar | *les eleccions encara van per províncies* die Wahlen werden noch nach Provinzen abgehalten | *l'epidèmia va de baixa* die Epidemie läßt nach | *la festa va bé* das Fest verläuft gut | *el negoci va malament* das Geschäft geht *od* läuft schlecht | *com ha anat el partit?* wie war das Spiel? | *com va (això, la vida)?* od *com anem?* wie geht's? | *com et va la feina?* was macht deine Arbeit? | *ja ens va millor* es geht uns schon besser | *de llatí no vaig gaire bé* in Latein bin ich nicht sehr gut | *avui va (od està) begut* heute ist er betrunken | *vaig molt cansat* ich bin sehr überarbeitet ‖ (*in bestimmter Weise aufgemacht, gekleidet sein*) ~ *vestit (nu* od *despullat)* angezogen (nackt) sein | *sempre va ben vestida (pentinada)* sie geht immer gut gekleidet (frisiert) | *tal com vaig, no puc rebre'l* so wie ich bin, kann ich ihn nicht empfangen | ~ *de dol (d'uniforme, de negre)* in Trauer (in Uniform, in Schwarz) gehen | ~ *amb barret (sense sostenidors)* e-n Hut (k-n Büstenhalter) tragen | ~ *en mànigues de camisa (en pijama)* in Hemdsärmeln (im Schlafanzug) gehen | ~ *elegant (deixat)* elegant (nachlässig) gekleidet sein ‖ (*zu e-m bestimmten Preis verkauft werden*) *els bolets van a mil pessetes el quilo* das Kilo Pilze kostet (jetzt) tausend Peseten | *el caviar és car, però aquests dies va relativament barat* Kaviar ist teuer, aber dieser Tage ist er relativ billig ‖ (*j-m passen, stehen*) *l'americana li va malament (estreta)* das Jackett paßt ihm schlecht (ist ihm zu eng) | *aquest vestit no et va* dieses Kleid steht dir nicht | *li va (bé) el paper d'ingènua* die Rolle der Naiven paßt (gut) zu ihr ‖ (*hin-, zusammen-gehören*) *aquest llibre va al prestatge de dalt* dieses Buch gehört auf das obere Regal | *on van les claus?* wo kommen die Schlüssel hin? | *el rellotge va amb una cadena d'or* zu der Uhr gehört e-e goldene Kette ‖ ~ + *pp: tots els seus esforços van encaminats al mateix objectiu* all s-e Bemühungen sind auf dasselbe Ziel gerichtet | *anava acompanyat del seu seguici* er war von s-r Gefolgschaft begleitet | *va propulsat per un coet* es wird durch e-e Rakete angetrieben ‖ ~ + *ger (progressiver Verlauf): anàvem avançant* wir kamen allmählich voran | *el temps va millorant* das Wetter bessert s. nach u. nach | *aneu fent fins que jo torni* macht weiter bis ich zurückkomme | *com va?* —*Vaig (od Anem) fent (od passant, tirant)* wie geht's? —So einigermaßen ‖ ~ *a* + *inf: vaig a comprar* ich gehe einkaufen | *on ha anat a parar la pilota* wo ist der Ball hingefallen? | (*unmittelbares Bevorstehen; a.* mit *per*) *el cotxe anava a caure daltabaix del barranc* das Auto war nahe daran, den Abhang hinabzustürzen | *quan anàvem a començar...* als wir anfangen wollten,... ‖ (*zur Bildung der periphrastischen Präterita*) *ahir va ploure* gestern regnete es | *tan bon punt ho vaig haver fet, me'n vaig penedir* sobald ich es getan hatte, bereute ich es ‖ *deixar ~: no deixis ~ la corda!* laß das Seil nicht los! | *han deixat ~ els detinguts* man hat die Verhafteten frei- *od* los-gelassen | *ho vaig deixar ~ sense embuts* ich ließ es ohne Unschweife los | *no ho ha dit directament, però ho ha deixat ~* er hat es nicht direkt gesagt, aber er hat es angedeutet ‖ *deixar-se ~* s. gehenlassen | *fer ~: no puc fer ~ el rellotge* ich kann die Uhr nicht zum Gehen bringen | *quan parla no para de fer ~ els braços* er fuchtelt beim Sprechen ständig mit den Armen herum | *tot ho fas ~ de qualsevol manera* du machst alles nachlässig *od* Schlampig ‖ (*in Verbindung* mit *com més*) *com més va, més m'agraden* sie gefallen mir immer besser | *com més anem, menys valem* (Spruch) mit der Zeit taugen wir immer weniger ‖ *va com va* es kommt darauf an; je nachdem ‖ *... va, ... ve: bufetada va, bufetada ve*, es van mig estabornir l'un a l'altre de la Ohrfeigen gingen hin u. her, bis sie s. halb bewußtlos geschlagen hatten ‖ *vés!* (*a. fig*) geh! ‖ *s: vaja!* ~-**se'n** v/r (weg-, fort-)gehen *bzw* fahren | ab-gehen, -fahren | *és tard, me n'haig d'anar* es ist spät, ich muß gehen | *és hora d'~* es ist Zeit zum Gehen | *se n'ha anat empipat* er ist ärgerlich fortgegangen | *vés-te'n!* geh(weg)!; verschwinde! | *vés-te'n al diable!* geh zum Teufel! | *me'n vaig a casa* ich gehe heim *od* nach Hause | *el fill se n'ha anat de casa* der Sohn ist von zu Hau-

se fortgegangen | *me'n vaig a dormir ich gehe schlafen* | *se'n van a (de) Barcelona* sie ziehen nach (von) Barcelona (weg) | *demà se'n van de vacances* sie gehen *od* fahren morgen in Urlaub | *el tren se n'anirà de seguida* der Zug fährt *od* geht sofort ab || (ver)schwinden, s. auflösen, weg-, ab-gehen | *aquesta taca no se'n va* dieser Fleck geht nicht weg *od* ab | *aquest vestit se'n va a trossos* dieses Kleid zerfällt in Fetzen | *tota la seva ira se'n va anar en amenaces* s-n ganzer Zorn löste s. in Drohungen auf | *els anys se'n van i no tornen* die Jahre vergehen u. kehren nicht wieder || *euf* dahingehen, sterben || *(Flüssigkeit, Faß)* auslaufen || *(in bezug auf Körperteile) la ploma se me n'ha anat de la mà* die Feder ist mir aus der Hand geglitten *od* gerutscht | *ja se me n'havia anat del cap* es war mir schon aus dem Gedächtnis geraten | *se me n'ha anat la mà* mir ist die Hand ausgerutscht; *fig* ich bin zu weit gegangen | *se li'n va anar un peu i va caure* er rutschte mit e-m Fuß aus u. fiel hin || *(Kartenspiel) se n'ha anat de l'as* er hat das As abgelegt.
an|arcosindicalisme *m* Anarchosyndikalismus *m* | **~arquia** *f* Anarchie, Gesetzlosigkeit *f* | **~àrquic(ament** *adv)* *adj* anarchisch | anarchistisch | **~arquisme** *m* Anarchismus *m* | **~arquista** *adj (m/f)* anarchistisch | *s/m/f* Anarchist(in *f) m.*
anastigmàtic *adj òpt* anastigmatisch | *objectiu ~* Anastigmat *m.*
anàstrofe *f (Rhetorik)* Anastrophe *f.*
anatema *m* Anathem(a) *n* | *catol a.* Bannfluch *m* | *fig* Verdammung *f* | **~titzar** (33) *vt catol* anathematisieren, mit dem Bannfluch belegen | *fig* verdammen, verwerfen.
anàtids *m pl ornit* Entenvögel *m pl.*
Anatòli|a *f* Anatolien *n* | **~c** *adj* anatolisch | *llengües anatòliques* anatolische Sprachen *f pl.*
anat|omia *f biol med* Anatomie *f* | *a.* Körperbau *m* | *euf: la ballarina exhibia certes parts de la seva ~* die Tänzerin stellte gewisse Körperteile zur Schau | *fig: fer l'~ d'u/c* etw eingehend untersuchen | **~òmic(ament** *adv) adj* anatomisch | **~omista** *m/f* Anatom(istin *f) m* | **~omitzar** (33) *vt med* anatomieren, sezieren, zergliedern | eingehend untersuchen.

anc *adv arc = mai.*
anca *f anat* Hüfte; (Hinter)Backe *f* | *nàut* (Heck)Backe *f* || *pl* Gesäß *n*, Hintern *m* | *gastr: anques de granota* Froschschenkel *m pl* | **~rossegant** *adj* niedergeschlagen | **~t (-ada** *f) adj* starkhüftig.
ancestral *adj (m/f)* Ahnen... | althergebracht.
anci|à (-ana *f) adj* alt, (hoch)betagt, greis || *s/mf* Greis(in *f) m* | **~anitat** *f* (hohes) Alter, Greisenalter *n.*
ancó *m bes Bal* kl(e) Bucht *f.*
àncora *f nàut fig tecn* Anker *m* | *estar a l'~* vor Anker liegen, ankern | *llevar l'~ (les àncores)* den (die) Anker lichten | *tirar l'~ (àncores)* Anker werfen, vor Anker gehen, ankern | *~ de salvació (fig)* Rettungsanker *m.*
anco|rar (33) *vt* verankern || *vi* ankern | **~ratge** *m* Verankerung *f* | Ankern *n* | Ankerplatz *m* | Anker-gebühr *f*, -geld *m constr* Anker(bolzen) *m* | *hist: dret d'~* Ankerrecht *n* | **~rer** *m* Ankerschmied *m* | **~rot** *m nàut* kl(r) Anker *m* | Draggen *m.*
ancut (-uda *f) adj = ancat.*
anda|dor[1] *m ant* Bote, Laufbursche *f (bes e-r Bruderschaft)* | **~dor**[2] *m* Mauer-, Wehr-gang *m.*
andal|ús (-usa *f) adj* andalusisch || *s/mf* Andalusier(in *f) m* | **~usia** *f* Andalusien *n.*
anda|mis *m pl (Person)* Gang(art *f) m* | **~na** *f* Fußsteig *m* | Bankette *f* | Kaistraße *f* | *agr* unbebautes Feldstück *n*; Feldgrenze *f* | *ferroc* Bahnsteig *m* | *bes nàut* Reihe *f* | *text* Gitterregal, Dachgeschoß *n* mit Regalen *(zur Seidenraupenzucht)* | *~ de càrrega* Laderampe *f* | **~nada** *mil nàut* Breitseite *f* | *fig:* llançar una *~* contra alg e-e Breitseite auf j-m abfeuern | **~nar** (33) *vt nàut (e. Schiff)* seeklar machen | **~nte** *adv mús* andante | *s/m* Andante *n* | **~rec (-ega** *f) adj arc* wanderlustig | **~rejar** (33) *vi reg* umherschweifen, -strolchen | **~rivells** *m pl reg* Ausflüchte *f pl.*
And|es *m pl: els ~* die Anden *pl* | **~esita** *f min* Andesit *m* | **~í (-ina** *f) adj* andin, Anden... | *pacte Andí* Andenpakt *m* || *s/mf* Andenbewohner(in *f) m.*
andola *f reg* abgelegene Gegend *f* | *fam* Pesete *f.*
Andorr|a *f* Andorra *n* | **~à (-ana** *f) adj* andorranisch, aus Andorra || *s/mf*

Andorraner(in f) m.
andr|eci, **~oceu** m bot Androzeum n | **~ogen** m biol Androgen n | **~ogin** (-**ògina** f) biol androgyn, zweigeschlechtig, zwitterhaft ‖ s/m Zwitter m | **~ogínia** f med Androgynie, Scheinzwittrigkeit f | **~oginisme** m Androgynie, Zweigeschlechtigkeit f, Zwittertum n | **~oide** adj (m/f) menschenähnlich ‖ s/m Androide m.
andròmina f Trödel m ‖ pl Ausflüchte m pl | Flausen f pl | List f.
androna f dr Gang m (zw zwei Gebäuden) | geol Graben m.
andro|pausa f med Andropause f | **~sterona** f biol Androsteron n.
ànec m ornit Ente f | Enterich m, Erpel m | ~ de bosc (od coll·verd) Stockente f | fam: caminar com un ~ watscheln | fig fam: fer l'~ ertrinken, pop ersaufen; sterben, umg ins Gras beißen; s. lächerlich machen.
an|ècdota f Anekdote f | **~ecdotari** m Anekdotik f | Anekdotensammlung f | **~ecdòtic**(**ament** adv) adj anekdotisch, anekdotenhaft.
anedó m Entenküken n.
ànega f Entenweibchen n.
aneguet m Entchen, Entenküken n.
anell m (Finger-, Schmuck-)Ring m | lit Reif m | cient tecn Ring m | zool a. Ringel m | (Zigarre) Bauchbinde f | (Rauch) Ring, Kringel m | ~ de prometatge (noces) Verlobungs-(Trau-, Ehe-)ring m | ~ sigil·lar od signatori Siegelring m | anat: ~ crural (umbilical) Schenkel-(Nabel-)ring m | astr: ~ lunar (de Saturn) Mond-(Saturn-)ring m | aut: ~ de pistó Kolbenring m | bot: ~ de creixement Jahresring m | quím: ~ de benzè Benzolring m | elect: ~ col·lector Schleifring m | esport: els ~s olímpics olympischen Ringe mpl | mat: ~ booleà Boolescher Verband od Ring m | òpt: ~s de Newton Newtonsche Ringe m pl | **~a** f (größerer) Ring m (zum Festhalten, Befestigen; Griff; Türklopfer) | a. (Ketten-)Glied n | Serviettenring m | (Haar) Ringel m | (Schweine, Bullen) Nasenring m | (Vögel) Fußring m ‖ pl esport Ringe m pl | **~ar** (33) vt mit e-m Ring versehen | (Haar) ringeln | (Vögel) beringen | **~at** (**-ada** f) adj geringelt, beringt | gefaßt | **~atge** m zool Beringung f.
anèl·lids m pl zool Ringel-, Glieder-wür-
mer, Anneliden m pl.
anèm|ia f med Blutarmut, Anämie f | **~ic** adj blutarm, anämisch.
anemò|graf m Anemograph m | **~metre** m Windmesser m, Anemometer n.
anemone f bot Anemone f, Buschwindröschen n | ~ de mar Seeanemone f.
aneroide adj (m/f): baròmetre ~ Aneroidbarometer n ‖ s/m Aneroid m.
anest|èsia f med Anästhesie f | Betäubung f | Narkose f | Unempfindlichkeit f | ~ general Vollnarkose f | ~ local örtliche Betäubung, Lokalanästhesie f | **~esiar** (33) vt anästhesieren, betäuben, narkotisieren | **~èsic** adj anästhetisch, betäubend, Betäubungs... ‖ s/m Betäubungsmittel, Anästhetikum n | **~esiòleg** (-**òloga** f) m Anästhesiologe m, -gin f | **~esiologia** f Anästhesiologie f | **~esista** m/f Anästhesist(in f) m, Narkosefach-arzt m, -ärztin f.
anet m bot Dill m.
ànet m arc = **ànec**.
aneurisma m med Aneurysma n | **~l** adj (m/f) Aneurysma...
anfós m (pl -**ossos**) ict (Brauner)Zackenbarsch.
anfract|e m (Schneckenhaus) Windung f | **~uós** (-**osa** f) adj a. med gewunden | **~uositat** f Gewundenheit f | Windung f | (Weg)Biegung f | ~ cerebral (anat) Gehirnfurche f.
angaria f dr Angarie(nrecht n) f | hist (Art) Frondienst m.
àngel m Engel m | ict Meerengel, Engelhai m | ~ de la guarda Schutzengel m | ~ exterminador Würg-, Todes-engel m | ~ de les tenebres Engel m der Finsternis | fig: ets el meu ~ de la guarda du bist mein guter Engel | ets un ~! du bist e. (wahrer) Engel! | **~a!** int jawohl!, ganz richtig!
ang|elada f col Engel m pl, Engelschar f | **~elet** m Engel-chen, -ein n | braves, reizendes bzw unschuldiges Kind n | iròn (ahnungsloser) Engel m | estar amb els ~s schlafen, süß träumen | **~èlic**(**ament** adv) adj engelhaft, Engels... | ecl: salutació ~a Englischer Gruß m | **~èlica** f bot Engelwurz f | **~elical**(**ment** adv) adj (m/f) engelgut, -haft, -rein | cara ~ Engelsgesicht n | **~elins** m pl bot Pyrenäen-Gamander m | **~elot** m fam Engel m, Seele f von Mensch | art Putte f | fer l'~ etw geflissentlich überhören od übersehen.

àngelus *m catol* Angelus *m/n*.
angina *f med* Angina *f* | ~ *de pit* Angina pectoris *f*.
angio|grafia *f med* Angiographie *f* | **~logia** *f med* Angiologie *f* | **~ma** *m med* Angiom *n* | **~spermes** *f pl bot* Angiospermen *n pl*, Bedecktsamer *m pl*.
Anglaterra *f* England *n*.
angle *m* Ecke *f* | *geom cient tecn* Winkel *m* | ~ *agut (còncau, obtús, pla, recte)* spitzer (überstumpfer, stumpfer, gestreckter, rechter) Winkel *m* | **~s complementaris** *(suplementaris)* Komplement-(Supplement-)winkel *m pl* | ~ *d'incidència (de refracció)* Einfalls-(Brechungs-)winkel *m* | ~ *de tir* Schußwinkel *m* | ~ *mort (mil)* toter Winkel *m* | *un ~ de 45°* e. Winkel von 45° | *fa ~ amb el carrer* es steht im Winkel zur Straße | *des d'aquest ~* von *od* aus diesem Blickwinkel.
angl|ès (-esa) *adj* englisch || *s/mf* Engländer(in *f*) *m* | *fam* Gläubiger *m* || *s/m* Englisch *n* | *l'~* das Englische | **~icà (-ana)** *f adj* anglikanisch || *s/mf* Anglikaner(in *f*) *m* | **~icanisme** *m* Anglikanismus *m* | **~icisme** *m* Anglizismus *m* | **~ística** *f* Anglistik *f* | **~omania** *f* Anglomanie, Vorliebe *f* für alles Englische | **~o-americà (-ana)** *f adj* angloamerikanisch || *s/mf* Angloamerikaner(in *f*) *m* | **~òfil** *adj* englandfreundlich, anglophil | **~òfob** *adj* englandfeindlich, anglophob | **~òfon** *adj (m/f)* anglophon | **~oparlant** *adj (m/f)* englischsprachig | **~osaxó (-ona)** *f adj* angelsächsisch || *s/mf* Angel-sachse *m*, -sächsin *f*.
angoix|a *f* Beklemmung, Bedrückung *f* | Alpdruck *m* | *psic filos* Angst *f* | ~ *de la mort* Todesqual *f* | ~ *vital* Lebensangst *f* | *avui fa ~* es ist ein bedrückender Tag heute | **~ant** *adj (m/f)* beklemmend, bedrückend | **~ar** (33) *vt* beklemmen, bedrücken | bedrängen, quälen, ängstigen | **~ar-se** *v/r* beklommen werden, s. beklommen *od* bedrängt fühlen, s. ängstigen | **~ós (-osa** *f*, **-osament** *adv*) *adj* beklommen, bedrückt | beklemmend, bedrückend.
Angol|a *f* Angola *n* | **~ès (-esa** *f*) *adj* angolanisch || *s/mf* Angolaner(in *f*) *m*.
angora: *d'~ (loc adj)* | *gat (conill, cabra) d'~* Angorakatze *f* (-kaninchen *n*, -ziege *f*) | *llana d'~* Angorawolle *f*.
angost *adj* eng, schmal | **~ura** *f bot* Angosturabaum *m* | Angostura *m*.
àngstrom *m (Einheit)* Ångström *n*.
angui|forme *adj (m/f)* schlangenförmig | **~la** *f ict* Aal *m* | *esmunyir-se com una ~* s. winden wie ein Aal | **~lejar** (33) *vi* s. winden | **~lera** *f* Aalteich *m* | Aalreuse *f*. | **~l·liforme** *adj (m/f)* aalförmig.
angula *f ict* Aallarve *f* | *gastr* Glasaal *m*.
angul|ar *adj (m/f)* eckig, wink(e)lig, Winkel... | *pedra ~* Eckstein *m* | **~ós (-osa** *f*) *adj* (viel)wink(e)lig, eckig | *(Caràcter)* rauh, hart.
ang|únia *f* (Herz)Beklemmung *f* | Besorgnis *f* | Widerwille, Abscheu *m* | *angúnies econòmiques* Geld-knappheit, -not *f* | *fer ~* beklemmen; unruhig machen; anwidern; unangenehm sein | *passar ~* s. ängstigen, s. beunruhigen | **~uniar(-se) = ~uniejar(-se)** | **~uniejar(-se)** (33) *vt(/r)* (s.) beunruhigen, (s.) ängstigen | *~-se per alg* od *u/c* s. um j-n *od* etw Sorgen machen | **~uniós (-osa** *f*, **-osament** *adv*) *adj* beunruhigt, besorgt | beunruhigend, besorgniserregend | *ets massa ~* du machst dir immer zuviel Sorgen.
anhel *m* Sehnsucht *f*, Verlangen *n (de* nach *dat)* | *amb ~* sehnlichst | **~ació** *f* Keuchen *n* | **~ar** (33) *vt* heiß begehren, ersehnen, erstreben | *vi* keuchen, schnaufen | **~ós (-osa** *f*, **-osament** *adv*) *adj* sehnsüchtig | keuchend, kurzatmig.
anh|idre *adj quím* wasser-frei, -los | **~ídrid** *m quím* Anhydrid *n* | **~idrita** *f min* Anhydrit *n*.
anihila|ció *f* Vernichtung, Zerstörung *f* | *fís* Annihilation *f* | **~dor** *adj* vernichtend | **~ment** *m* = **anihilació** | **~r** (33) *vt* vernichten, zerstören, zugrunde richten.
anilina *f quím* Anilin *n*.
ànim *m* Gemüt *n* | Wille *m*, Absicht *f* | Mut *m*, Energie *f* | ~ *de lucre* Profitstreben *n* | *estat d'~* Gemütszustand *m* | *calmar (excitar) els ~s* die Gemüter beruhigen (erregen) | *donar ~ a alg* j-m Mut einflößen | *~!* Mut! | **~a** *f (a. Religion u. fig)* Seele *f* | Geist *m* | Gemüt *n* | *tecn* Kern *m*; Einlage *f*; Innere(s) *n*; *(Kabel, Tau, Streichinstrument, Waffe)* Seele *f* | *bona (mala) ~* gute (böse *od* schwarze) Seele *f* | ~ *de càntir (fig)* Einfaltspinsel, Tropf *m* | ~ *caritativa* barmherzige Seele *f* | ~ *de Déu* vertrauensseliger Mensch,

animació · 102 · **aniversari**

gutmütiger Trottel *m* | ~ *en pena* Seele im Fegefeuer, arme Seele *f* | (*el dia de*) *les Ànimes* Allerseelen(tag *m*) *n* | *toc d'ànimes* Toten-, Sterbe-geläut(e) *n* | *un poble de mil ànimes* e. Dorf von tausend Seelen | *no hi havia* (*ni*) *una ~* (*vivent*) es war k-e (Menschen)Seele da | *per la meva ~!* bei meiner Seele! | *amb ~* mit Seele | *amb tota l'~* mit ganzer Seele; aus ganzer *od* tiefster Seele | *en cos i ~* mit Leib u. Seele | *sense ~* seelenlos | *em va caure l'~ als peus* ich war tief bestürzt *od* völlig ernüchtert | *donar l'~ a Déu* s-n Geist *n* aufgeben | (*és*)*ser l'~ d'u/c* die Seele von e-r Sache sein | *exhalar l'~* (*lit*) den Geist aufgeben | *pregar per l'~ d'alg* für j-s Seelenheil beten | *sortir de l'~* von Herzen kommen | *tenir una ~ apassionada* ein leidenschaftliches Wesen haben | *tenir una bona ~* e-e gute Seele haben, e-e Seele von Mensch sein.

anim|ació *f* Beseelung, Belebung *f* | Belebtheit *f* | Lebhaftigkeit *f* | *cin* Animation *f* | *al carrer hi havia molta ~* die Straßen waren sehr belebt | *discutir amb ~* lebhaft diskutieren | **~ador** *adj* anregend, ermunternd, ermutigend | *s/mf* Beleber(in *f*), Anreger(in *f*) *m* | Unterhalter(in *f*) *m* | Animateur(in *f*) *m* | **~adversió** *f* Abneigung, Feindseligkeit, Animosität *f* (*envers alg* gegen j-n).

animal *adj* (*m/f*) Tier... | *a. fig* tierisch, animalisch; tierhaft | *fig fam a.* viehisch, brutal, rüpel-, tölpel-haft; eklig, gemein | *regne ~* Tierreich *n* | *calor ~* tierische Wärme *f*; (*Mensch*) tierhafte *od* animalische Wärme *f* || *s/m* Tier *n* | *fig fam a.* Bestie *f*, Unmensch *m*; Rüpel, Tölpel, Grobian *m*, Rindvieh *n* | *~s de pèl* (*ploma*) Haar-(Feder-) wild *n* | *~ de sang calenta* (*freda*) Warm-(Kalt-)blütler *m* | *~ domèstic* Haustier *n* | *~ salvatge* wildes Tier *n* | *l'home és un ~ racional* der Mensch ist e. vernunftbegabtes Wesen *n* | *un ~ polític* e. politisches Wesen *n* | *fer l'~* (*fam*) Unfug treiben | **~ada** *f* dummer *od* roher Streich *m* | Unfug, Unsinn *m* | **~er** *adj* tierfreunlich || *s/m* Viehknecht *m* | **~esa** *f* = **~ada** | = **~itat** | **~itat** *f* Tierhaftigkeit *f* | **~itzar** (33) *vt* vertieren (lassen) | zum Tier machen | in Tiergestalt darstellen | *tèxt* animalisieren | **~ó**, **~et** *m* Tierchen *n* | **~ot** *m fig fam* Grobian *m*.

anim|ar (33) *vt* mit Leben erfüllen | *a. fig* beseelen, beleben | *fig a.* anregen, auf-, er-muntern, ermutigen, *a. cin* animieren | *~ alg a fer u/c* j-n ermutigen *od* animieren, etw zu tun | *hem d'~ l'equip* wir müssen die Mannschaft anfeuern | **~ar-se** *v/r* lebendig *od* lebhaft, munter werden | *s.* beleben | Mut fassen | *anima't!* laß den Kopf nicht hängen!, Kopf hoch! | *~ a fer u/c* s. aufschwingen, -raffen *od* s. e. Herz fassen, etw zu tun | **~at** (-**ada** *f*, **-adament** *adv*) *pp/adj: éssers ~s* Lebewesen *n pl* | *la festa va* (*és*)*ser molt animada* es herrschte lebhafte Stimmung auf dem Fest | *un mercat ~* e. belebter Markt | *conversaven animadament* sie unterhielten s. angeregt | *dibuixos ~s* (Zeichen)Trickfilm(e *pl*) *m* | **~eta** *f* Seelchen *n* | *bes* Seele *f* e-s Verstorbenen | *fig iròn* schwarze Seele *f*, Bösewicht *m* | = **xinxeta** (*Licht*) | *catol* = **pàl·lia**.

anímic *adj* seelisch, psychisch | *estat ~* Seelenzustand *m*.

animis|me *m* Animismus *m* | **~ta** *m/f* Animist(in *f*) *m*.

anim|ós (-**osa** *f*, -**osament** *adv*) *adj* beherzt, tapfer, mutig, tatkräftig | **~ositat** *f* Tatkraft, Entschlossenheit *f* | Feindseligkeit, Animosität *f*.

anió *m fís quím* Anion *n*.

aniquilar (33) *vt* = **anihilar**.

an|ís *m* (*pl -issos*) *bot* Anis *m* | Anisbonbon; *p ext* Dragee, kl(s) Bonbon *n* | Anislikör *m* | **~isar** (33) *vt gastr* mit Anis versetzen *od* würzen | *aiguardent anisat* Anis *m* (*Schnaps*) | **~iset** *m* Anisette *m* | **~ísic** *adj* Anis... | **~isofíl·lia** *f bot* Anisophyllie *f*.

anit *adv* heut(e) nacht | *~* (*passada*) gestern abend *od* nacht.

anivella|ció *f a. fig* Nivellierung *f* | Einebnung, Planierung *f* | (*Vermessung*) Nivellement *n* | *fig a.* Ausgleich *m* | **~dor** *adj* nivellierend | (ein)ebnend, planierend | ausgleichend || *s/f constr* Planierraupe *f* | **~ment** *m* = **anivellació** | **~r** (33) *vt a. fig* nivellieren | (ein)ebnen, planieren | *fig a.* ausgleichen.

aniversari *m* Jahrestag *m* | *bes* Geburtstag *m* | Jubiläum *n* | *catol* Seelenmesse *f* (*zum Jahrestag*) | *avui és l'~ del*

nostre casament heute ist unser Hochzeitstag *m* | *l'~ de la seva mort* sein Todes-tag *m*, -jahr *m*.
annal|ista *m* Annalist, Annalenverfasser *m* | **~s** *m pl* Annalen *f pl*, Jahrbücher *n pl*.
annex *adj* an-, bei-liegend, bei-gefügt, -gelegt | zugehörig || *s/m* Anlage *f*, Anhang *m*; Nebengebäude *n*, Anbau *m*; Annex *m* | (*Hotel*) Nebenhaus *n*, Dependance *f* | **~ar** (33) *vt* bei-fügen, -legen | *polít* annektieren | ~ *un document a una carta* e-m Brief e. Dokument beilegen | **~ió** *f bes polít* Annexion; Annektierung *f* | **~ionar** (33) *vt polít* annektieren | **~ionisme** *m polít* Annexionismus *m*.
annonàcies *f pl bot* Annonengewächse *n pl*.
ànode *m elect* Anode *f*.
anodí (-ina) *f) adj med* schmerzstillend | *fig* harmlos, nichtssagend, unbedeutend.
anòdic *adj* Anoden..., anodisch | *raigs* **~s** Anodenstrahlen *m pl*.
anòfel *m ins* Anopheles.
anoll *m* (*Kalb*, *Schaf*) Enter *m*, einjähriges Jungtier *n* | (*zw. 15 u. 18 Monate altes*) Fohlen *n*.
an|òmal(ament *adv*) *adj* regelwidrig, abnorm(al), anomal | **~omalia** *f* Regelwidrigkeit, Abnormität, Anomalie *f*.
anomena|da *f* (guter) Ruf, Leumund *m* | **~r** (33) *vt* (be)nennen, bezeichnen | (*j-n namentlich*) erwähnen | **~r-se** *v/r* genannt werden; heißen | *s: nomenar*.
anònim(ament *adv*) *adj* anonym | namenlos, ungenannt | (*am Ende e-s Textes*) Verfasser unbekannt | *econ: societat* **~a** Aktiengesellschaft *f* || *s/m* Anonymus, anonymer Autor *od* Künstler *m* | anonymer Brief *m* | *conservar l'~* anonym bleiben, die Anonymität wahren.
anonimat *m* Anonymität *f*.
anorac *m* Anorak *m*.
anorè|ctic *adj med* Anorexie... | anorexigen || *s/m* anorexigenes Mittel *m*, Appetitzügler *m* | **~xia** *f med* Anorexie, Appetitlosigkeit *f*.
anorgànic *adj* anorganisch.
anormal|(ment *adv*) *adj* (*m/f*) anormal | *bes med* abnorm | (*Person*) abnormal | minderbegabt; behindert || *s/m* Behinderte(r) *m* | **~itat** *f* Anormale(s) *n* | *bes med* Abnormität *f*.
anorrea|ment *m lit* Vernichtung *f* | **~r** (33) *vt* vernichten.

anortita *f min* Anorthit *m*.
anostrar (33) *vt* uns zu eigen machen | (*j-n*) nach heimischer Art erziehen | (*etw*) in unsere Sprache übersetzen.
anota|ció *f* Aufschreiben *n*, Aufzeichnung *f* | Vermerk *m*, Notiz, Randbemerkung *f* | **~r** (33) *vt* notieren, vermerken, aufschreiben, aufzeichnen.
anovulatori *m med* Ovulationshemmer *m*.
anquil|osar (33) *vt med* (*Gelenk*) versteifen, steif machen | *fig* zurückhalten | **~osar-se** *v/r med* (s.) versteifen, steif werden | *fig* steckenbleiben, nicht weiterkommen | **~osi** *f med* Ankylose, Gelenkversteifung *f* | **~òtic** *adj med* ankylotisch.
ans *adv* = **abans** || *conj* sondern, vielmehr.
ansa *f* Henkel *m* | kl(e) Bucht *f* | *anat*: ~ *del coll* = **clavícula** | *fig*: *donar* ~ *a u/c* zu etw Gelegenheit bieten | *donar anses a alg* j-n ermutigen | *prendre* ~ *d'u/c* etw zum Vorwand nehmen | **~r** (33) *vt* mit Henkeln (*bzw* e-m Henkel) versehen | **~t** *m* Henkeltöpfchen *n*.
ans|erí (-ina *f*) *adj* Gänse... | *pell anserina* Gänsehaut *f* | **~èrids** *m pl* = **anàtids**.
ànsia *f* Eifer *m*, Sorgfalt *f* | (angstvolle) Sorge, Unruhe *f* | Begierde, Sehnsucht *f* | ~ *de venjança* Rachsucht *f* | ~! Eile! | *donar-se* ~ s. beeilen | *estar amb* ~ in Sorge sein | *no passeu* ~ (*per mi*)! sorgt euch nicht (um mich)! || *pl* Übelkeit *f*.
ansi|ejar (33) *vi* sehr besorgt *od* beunruhigt sein | **~etat** *f* Ängstlichkeit, Unruhe, Besorgnis *f* | *psic* Angstzustand *m* | *esperar u/c amb* ~ etw sehnsüchtig *od* ungeduldig erwarten | **~ós** (-osa *f*, -osament *adv*) *adj* sehr besorgt, beunruhigt (*per um ac*) | begierig (*de* auf *ac*), sehnsüchtig (*de* nach *dat*) | ungeduldig.
ant *m zool* Elch *m*.
anta *f arquit* Ante *f*.
antag|ònic *adj* antagonistisch, widerstreitend, gegensätzlich | **~onisme** *m* Antagonismus, Widerstreit, Gegensatz *m*, Gegnerschaft *f* | **~onista** *m*, Antagonist, Widersacher, Gegner, Gegenspieler *m* || *adj anat*: *músculs antagonistes* Antagonisten *m pl*.
antany *adv* voriges Jahr *n* | einst, ehemals || *s/m* Vergangenheit *f* | **~asses** *adv* vor vielen Jahren | in uralten Zeiten.

antàrti|c *adj* antarktisch | *cercle* ~ südlicher Polarkreis *m* | *l'oceà* ~ das Südpolarmeer *n* | **~da** *f: l'~* die Antarktis *f*, das Südpolargebiet *n*.

ante|cedència *f* Voran-, Voraus- gehen *n* | **~cedent** *adj* (*m/f*) voran-, voraus-gehend | *geol: vall* ~ antezedentes Tal *n* || *s/m ling* Bezugswort *n* | *filos* Antezedens *m* || *pl* Vorleben *n* | Vorgeschichte *f* (*e-s Ereignisses*) | *dr: ~s penals* Vorstrafen *f pl* | *registre d'~s penals* Straf-, Vorstrafen-register *n* | *no tenir ~s* (*penals*) nicht vorbestraft sein, k-e Vorstrafen haben | **~cedir** (37) *vt* (*j-m, e-m Ereignis*) voran-, voraus-gehen | **~cessor(a** *f*) *m* Vorgänger(in *f*) *m* | *els nostres ~s* (*Familie*) unsere Vorfahren *od* Ahnen *m pl* | **~data** *f* zurückgesetztes Datum *n*, Zurückdatierung *f* | **~datar** (33) *vt* zurückdatieren | **~diluvià** (-ana *f*) *adj* vorsintflutlich | **~firma** *f* = **antesignatura** | **~lació** *f* Vorwegnahme *f* | *amb* ~ im voraus | **~mural** *m mil* Vormauer *f*.

anten|a *f* Antenne *f* | *zool a.* Fühler *m*, Fühlhorn *n* | *constr* Hebebaum; Zeltmast *m* | *nàut* Rahe *f* | *Bal* Windmühlenflügel *m* | ~ *col·lectiva* Haus- *od* Gemeinschafts-antenne | ~ *paraból·lica* Parabolantenne | ~ *telescòpica* Teleskopantenne *f* | **~iforme** *adj* (*m/f*) antennenförmig.

ante|nupcial *adj* (*m/f*) vorehelich | **~penúltim** *adj* vorvorletzte(r, -s) | **~posar** (33) *vt* voranstellen (*a.* dat) | *fig* den Vorrang einräumen *od* geben (*a* vor dat) | **~posició** *f* Voranstellung *f*.

anter|a *f bot* Staubbeutel *m*, Anthere *f* | **~idi** *m* Antheridium *n*.

anterior *adj* (*m/f*) vorhergehend, früher | vordere(r, -s), Vorder... | *els dies ~s a la festa* die Tage vor dem Fest | *la setmana ~ havia nevat* die Woche davor (*od* zuvor) hatte es geschneit | *en casos* (*èpoques*) *~s* in früheren Fällen (Zeiten) | *en la meva carta ~* in meinem vorigen (*od* letzten) Schreiben | *la part ~ d'un edifici* die Vorderseite e-s Gebäudes | **~itat** *f* Priorität *f*, zeitliches Vorgehen, früheres Vorhandensein *n* | *amb ~* vorher, früher | *amb ~ a* vor (dat) | **~ment** *adv* früher, vorher.

antesala *f* = **avantsala**.

ante|signatura *f* Voruntersignatur, Antesignatur *f* (*der Unterschrift vorangesetzte Eigenschaft des Unterzeichners, zB Amt, Titel*) | **~versió** *med* Vorfall *m* | **~vigília** *f* der vorvorige Tag *m* (*in Bezug auf e. Ereignis*).

anti|àcid *adj* säure-bindend, -neutralisierend | säure-beständig, -fest || *s/m med* Antazidum *n*, Mittel *n* gegen Magensäure | **~aeri** (-èria *f*) *adj* Flugabwehr..., Flak... | *s/m* Flak(geschütz *n*) *f* | **~alcohòlic** *adj* antialkoholisch | *tractament* ~ Alkoholentziehungskur *f* || *s/mf* Antialkoholiker(in *f*) *m* | **~autoritari** (-ària *f*) *adj* antiautoritär | **~bacterià** (-ana *f*) *adj* antibakteriell | **~biòtic** *adj med* antibiotisch || *s/m* Antibiotikum *n*.

antic (-iga *f*) *adj* alt (*seit langer Zeit vorhanden; aus alter Zeit stammend*) | langjährig | althergebracht | altertümlich; antik | (*nur vorgestellt*) ehe-, vor-malig, einstig, frühere(r, -s) | *mobles ~s i trastos vells* alte(rtümliche) Möbel u. alter Plunder | *som ~s* (*od vells*) *companys* wir sind alte Kameraden | *l'~ president* der ehemalige Präsident | *tu ets més vell, però jo sóc més ~ a l'empresa* du bist älter, aber ich bin (*od* arbeite) schon länger bei der Firma | *el funcionari* (*l'oficial*) *més ~* der dienstälteste Beamte (Offizier) | *l'antiga Roma* das alte *od* antike Rom | *els ~s francs* die alten Franken | *estil ~* altertümlicher *od* antiker Stil | *a l'antiga* nach *od* in alter Weise; (*Person*) alten Schlags, vom alten Schlag | *d'~* seit *od* von alters her | *en l'~* in alten Zeiten, früher || *s/m pl: els ~s* die Alten *m pl*.

anti|cancerós (-osa *f*) *adj med* krebsbekämpfend | *prevenció anticancerosa* Krebsvorsorge *f* || *s/m* Krebsbekämpfungsmittel *m* | **~capitalisme** *m* Antikapitalismus *m* | **~capitalista** *adj* (*m/f*) antikapitalistisch || *s/m/f* Antikapitalist(in *f*) *m* | **~carro** *adj* (*m/f*) *mil* = **antitanc** | **~cicló** *m meteor* Hoch(druckgebiet) *n*, Antizyklone *f*.

antici|pació *f* Vorwegnahme *f*, Vorgriff *m*, *bes catol Lit mús* Antizipation *f* | Vorverlegung *f* | Voraus(be)zahlung *f*; Vorschuß *m* | Verfrühung *f* | *ling filos* Prolepse, Prolepsis *f* | *novel·la d'~* Zukunftsroman, Science-fiction-Roman *m* | **~padament** *adv* vorher, im voraus | **~par** (33) *vt* vorwegnehmen, antizipieren | vorverlegen | voraus(be)zahlen; vorschießen | **~par-se** v/r s. verfrühen, s. früher einstellen | **~** a alg od u/c j-m od e-r Sache zuvorkommen, vorgreifen.

anti|clerical adj (m/f) antiklerikal, kirchenfeindlich || s/m/f Antiklerikale(r m)· m/f | **~clericalisme** m Antiklerikalismus m | **~clí** m = **~clinal** | **~clímax** m Antiklimax f | **~clinal** adj (m/f) geol antiklinal, sattelförmig || s/m Antikline f, Sattel | **~coagulant** adj (m/f) med antikoagulierend, blutgerinnungshemmend || s/m Antikoagulans n | **~comunisme** m Antikommunismus m | **~comunista** adj (m/f) antikommunistisch | s/m/f Antikommunist(in f) m | **~conceptiu** (-iva f) adj u. s/m = **contraceptiu** | **~congelant** adj (m/f) gegen den Frost, Frostschutz... | s/m Frostschutzmittel m | **~constitucional** adj (m/f) verfassungswidrig | **~corrosiu** (-iva f) adj korrosionverhütend, korrosionsschutz... | s/m Korrosionsschutzmittel n | **~còs** m (pl -ossos) med biol Antikörper m | **~cresi** f dr Nutzungspfand n, Antichrese f | **~crist** m: l'**~** der Antichrist m | **~cristià** (-ana f) adj antichristlich | **~democràtic** adj antidemokratisch | **~depressiu** (-iva f) adj med antidepressiv || s/m Antidepressivum n | **~detonant** adj (m/f) Antiklopf... || s/m Antiklopfmittel n.

antídot m med Gegengift, Antidot n; a. fig Gegenmittel n.

anti|econòmic adj un-wirtschaftlich, -ökonomisch | **~estètic** adj unästhetisch | **~faç** m Augenmaske f | **~feixisme** m Antifaschismus m | **~feixista** adj (m/f) antifaschistisch || s/m/f Antifaschist(in f) m | **~flogístic** adj med entzündungshemmend, antiphlogistisch || s/m Antiphlogistikum m.

ant|ífona f mús Antiphon f, Wechselgesang m | **~ifonari**, **~ifoner** m mús Antiphonar n | **~ífrasi** f ret Antiphrase f.

antifricció adj inv Antifriktions..., reibfest || s/m Antifriktionsmetall n.

antig|alla f Antiquität f | bes desp alter Kram od Plunder m; alte Klamotte f; alter Zopf m | **~ament** adv einst, früher, in alter Zeit.

anti|gàs adj inv: careta **~** Gasmaske f | **~gen** m biol Antigen n.

antig|or f Altertum n | **~ot** m altes, verfallenes Gebäude n | **~uitat** f hist Altertum n | (großes) Alter n (e-s Gegenstands, e-s Brauchs) | Antiquität f | Altertümlichkeit f | Betriebszugehörigkeit f (Zeit); Dienstalter n | l'**~** clàssica die Antike f, das klassische Altertum n | col·leccionar **~s** Altertümer n pl od Antiquitäten f pl sammeln.

anti|halo adj (m/f) fotog lichthoffrei | **~hemorràgic** adj med blutstillend, antihämorrhagisch || s/m blutstillendes Mittel, Styptikum n | **~heroi** m Antiheld m | **~higiènic** adj unhygienisch | **~jurídic** adj rechtswidrig.

antill|à (-ana f) adj von den Antillen, Antillen... | **~es** f pl: les (Petites, Grans) **~** die (Kleinen, Großen) Antillen f pl | el mar de les **~** das Karibische Meer n.

antil·lis m bot Wundklee m, Anthyllis f.

anti|lliscant adj (m/f) tèxt rutsch-fest, -sicher | aut Gleitschutz... | **~logaritme** m mat Numerus, Antilogarithmus m | **~logia** f filos Antilogie f.

antílop m zool Antilope f.

anti|matèria f fts Antimaterie f | **~militarisme** m Antimilitarismus m | **~militarista** adj (m/f) antimilitaristisch | s/m/f Antimilitarist(in f) m | **~míssil** adj inv mil Raketenabwehr... | s/m Anti(raketen)rakete f | **~monàrquic** adj antimonarchisch.

antimoni m quím Antimon n.

anti|monopolista adj (m/f) antimonopolistisch, Antitrust... | **~nòmia** f Antinomie f, Widerspruch m | **~oxidant** adj (m/f) Antioxydations... || s/m Antioxydations-, Rostschutz-mittel n | **~papa** m Gegenpapst m | **~para** f (Art) Gamasche f | **~paràsit** adj telecom (funk)entstörend || s/m Störschutz m | **~parasitari** (-ària f) adj schädlingsbekämpfend | lluita antiparasitària Schädlingsbekämpfung f || s/m Schädlingsbekämpfungsmittel n | **~partícula** f fts Antiteilchen n | **~patia** f Antipathie, Abneigung f, Widerwille m (a, per, envers, contra gegen ac) | **~pàtic(ament** adv) adj unsympatisch, unangenehm, widerwärtig | m'és **~(a)** ich finde ihn (sie) unsympathisch | **~patriòtic** adj unpatriotisch | **~pirètic** adj med fiebersenkend || s/m Antipyretikum n | **~pirina** f quím Antipyrin n.

ant|ípoda m/f geog u. fig Antipode m || s/m pl fig: tu i jo som als antípodes uns

beide trennen Welten | *quím: antípodes òptics* optische Antipoden *m pl* || *s/f pl bot* Antipoden, Gegenfüßlerzellen *f pl* | **~ipodista** *m* Fußjongleur *m*.
anti|poètic *adj* unpoetisch | **~polític** *adj* unpolitisch.
antiqua|ri (-ària *f*) *m* Antiquitätenhändler(in *f*) *m* | Antiquitäten-sammler(in *f*), -kenner(in *f*) *m* | **~t (-ada** *f*) *adj* antiquiert, veraltet, altmodisch, überholt.
anti|ràbic *adj med* gegen die Tollwut | **sèrum ~** Tollwutserum *n* | **~reglamentari (-ària** *f*) *adj* vorschriftswidrig | **~reumàtic** *adj med* antirheumatisch || *s/m* Antirheumatikum *n* | **~rovell** *adj inv* Rostschutz... | **~semita** *adj* (*m/f*) = **~semític** || *s/m/f* Antisemit(in *f*) *m* | **~semític** *adj* antisemitisch | **~semitisme** *m* Antisemitismus *m* | **~sèpsia** *f med* Antisepsis, Entkeimung *f* | **~sèptic** *adj* antiseptisch | **~sèrum** *m med* Antiserum *n* | **~social** *adj* (*m/f*) unsozial | **~spasmòdic** *adj med* krampf-, spasmen-lösend || *s/m* Anti-spasmodikum, -spasmikum *n* | **~sportiu (-iva** *f*) *adj* unsportlich | **~stàtic** *adj* antistatisch.
antístrofa *f Lit* Antistrophe *f*.
antitanc *m* (*m/f*) *mil* Panzerabwehr...
ant|ítesi *f filos Lit* Antithese *f* | Gegensatz *m* (*entre* zwischen *dat*) | Gegenteil *n* (*de* von *dat*) | **~itètic** *adj* antithetisch | gegensätzlich, entgegengesetzt.
anti|toxina *f biol* Antitoxin *n* | **~xoc** *adj inv* stoß-fest, -sicher.
ant|òleg (-òloga *f*) *m* Zusammensteller(in *f*), Herausgeber(in *f*) *m* (*e-r Anthologie*) | **~ologia** *f Lit* Anthologie *f* | *art mús* Auswahl *f* | *fig: un gol d'~* e. großartiges Tor | **~ològic** *adj* anthologisch | Auswahl... | *un poema ~* e. anthologiewürdiges, hervorragendes Gedicht.
ant|ònim *m ling* Antonym *n* | **~onímia** *f* Antonymie *f* | **~onomàsia** *f ling* Antonomasie *f* | *és el filòsof per ~* er ist der Inbegriff des Philosophen, er ist der Philosoph schlechthin | **~onomàstic(ament** *adv*) *adj* antonomastisch.
antosta *f* Abstellregal *n*.
antra|cè *m quím* Anthra-cen, -zen *n* | **~cita** *f min* Anthrazit *m* | **~quinona** *f quím* Anthrachinon *n*.
àntrax *m med* Anthrax, Milzbrand *m*.
antre *m lit u. fig* Höhle *f*.

antrop|ocèntric *adj* anthropozentrisch | **~òfag** *m etnol* Anthropophage *m* | *umg* Menschenfresser *m* | **~ofàgia** *f etnol* Anthropophagie *f* | **~ofòbia** *f psic* Anthrophobie *f* | **~oide** *adj* (*m/f*) menschenähnlich, *zool* anthropoid || *s/m zool* Anthropoid(e), (bes Menschen)Affe *m* | **~òleg (-òloga** *f*) *m* Anthropologe *m*, -gin *f* | **~ologia** *f* Anthropologie *f* | **~ològic** *adj* anthropologisch | **~ometria** *f* Anthropometrie *f* | **~omètric** *adj* anthropometrisch | **~omorf** *adj* anthropomorph, von menschlicher Gestalt || *s/m zool* Anthropomorph, Menschenaffe *m* | **~omòrfic** *adj* anthropomorphisch | **~omorfisme** *m* Anthropomorphismus *m* | **~osofia** *f* Anthroposophie *f* | **~osòfic** *adj* anthroposophisch.
antull *m* = **capritx** | **~ar-se** (33) *v/r arc reg: se'm va antullar de menjar caviar* es gelüstete mich, Kaviar zu essen.
antuvi *m: d'~, de bell* (od *primer*) **~** (*loc adv*) als erstes, zu(aller)erst, zunächst; von vornherein.
anu|al(ment *adv*) *adj* (*m/f*) (all)jährlich | Jahres... | (ein)jährig (*e. Jahr dauernd*) | *bot* annuell, einjährig | **~alitat** *f* Jahres-betrag, -ertrag *m*, -rate *f* | Annuität *f* | **~ari** *m* Jahrbuch *n*.
anuència *f lit* = **consentiment**.
anular *adj* (*m/f*) ringförmig | Ring... | *dit ~* Ringfinger *m*.
anul·la|ble *adj* (*m/f*) aufhebbar, annullierbar | **~ció** *f* Aufhebung, Ungültigkeitserklärung, Annullierung *f* | Rückgängigmachung, Zurücknahme *f* | **~dor** *adj* aufhebend, annulierend || *s/m tecn* Aufhebungsschalter *m* | (*Schreibmaschine*) Randlöser *m* | **~ment** *m* = **~ció** | **~r** (33) *vt bes dr* aufheben, für ungültig (*od* nichtig *od* null u. nichtig) erklären, annullieren | entwerten, ungültig machen | (*j-n*) unfähig, untätig machen | rückgängig machen, zurücknehmen, umstoßen | *com* stornieren | *esport* abmelden | **~r-se** *v/r:* dues forces contràries s'anul·len zwei entgegengesetzte Kräfte heben s. auf | **~tiu (-iva** *f*) *adj dr* Aufhebungs..., Annulierungs..., Ungültigkeits...
anunci *m* Ankündigung, Bekannt-gabe, -machung *f* | (An)Meldung *f* | (Zeitungs)Anzeige *f*, Inserat *n*, Annonce *f* |

(Werbe)Spot *m* | Reklame-schild, -plakat *n* | ~ *lluminós* Leuchtreklame *f* | *secció d'~s* Annoncenteil *m* | *posar un ~* e-e Anzeige aufgeben | **~ació** *f bes ecl* (Mariä) Verkündigung | (*el dia de*) *l'~* Mariä Verkündigung *f* (*Fest*) | **~ador** *adj* ver-, ankündigend | **~ant** *m/f* Werbungsauftraggeber(in *f*) *m* | (*Zeitung*) Inserent (in *f*) *m* | **~ar** (33) *vt* ankündigen, bekannt-geben, -machen; melden; (*bes in e-r Sendung, Veranstaltung*) ansagen; *lit* verkünden, kund-geben, -tun | verkündigen, predigen | (*j-n*) (an)melden | (*für e. Produkt*) werben; (*in der Zeitung*) anzeigen, inserieren, annoncieren | **~ar-se** *v/r*: *ja s'anuncia la primavera* der Frühling kündigt s. schon an.

anur *adj* schwanzlos || *s/m* Froschlurch *m*.

anúria *f med* Anurie, Harnsperre *f*.

anus *m anat* After, Anus *m*.

anvers *m numis* Avers *m*, Vorder-, Bildseite *f* | (*Blatt, Papier*) Vorderseite *f*; rechte (Buch)Seite *f* | *bot* (*Blatt*) Oberseite *f*.

anxiolític *m med* Beruhigungsmittel *n*.

anxov|a *f ict* = **seitó** | *gastr* An(s)chovis *f* | **~era** *f* = **seitonera**.

any *m* Jahr *n* | Jahrgang *m* | ~ *civil* (*escolar, econòmic, fiscal, litúrgic* od *eclesiàstic*) bürgerliches Jahr *od* Kalender- (Schul-, Wirtschafts-, Finanz-, Kirchen-)jahr *n* | ~ *comú* od *normal* (*bixest* od *de traspàs*) Gemein- *od* Normal- (Schalt-)jahr *n* | ~ *sideri* (*tròpic* od *solar*) siderisches (tropisches) Jahr *od* Stern(Sonnen-)jahr *n* | *~-llum* (*od de llum*) Lichtjahr *n* | ~ *de plor* Trauerjahr *n* | *un ~ prim* (*sec, de neu*) e. mageres (trockenes, schneereiches) Jahr *n* | *un bon* (*mal*) ~ e. gutes (schlechtes) Jahr *n* | *l'~ 1992* das *bzw* im Jahr 1992 | *en l'~ de gràcia* (*del Senyor*) *1947* (*lit*) im Jahre des Heils (des Herrn) 1947 | *l'~ de la Mariacastanya* od *de la picor* (*fam*) Anno dazumal, Anno Tobak | *l'~ xeix* od *d'en Quinze* (*fam*) am (Sankt) Nimmerleinstag | *els ~s vint* die zwanziger Jahre *n pl* | *el llibre de l'~* das Buch des Jahres | *aquest ~* dieses Jahr | *l'~ passat* (*vinent* od *que ve*) voriges (nächstes) Jahr | *l'altre ~* vor zwei Jahren | *cap d'~* Neujahr *n*; Jahrestag *m* | *la nit de cap d'~* die Silvester-, Neujahrsnacht | *~ nou* neues Jahr *n*;

Jahresanfang *m* | (*el dia d'*) *~ nou* Neujahr *n*; der Neujahrstag | *entrada d'~* Jahresanfang *m* | *~s i panys* (*fam*) jahrelang | *fa ~s i panys* seit Jahr u. Tag | *amb els ~s* mit den Jahren | *per molts ~s!* herzlichen Glückwunsch!; (*Trinkspruch*) zum Wohl! | *una noia de quinze ~s* e. fünfzehnjähriges Mädchen *n* | *un home* (*carregat*) *d'~s* e. hochbetagter Mann *m* | *la diferència d'~s* der Altersunterschied | *el dia 6 cau l'~* am 6. wird die Jahresrate fällig | (*és*)*ser de l'~ vuit* uralt sein | *quan fas els ~s?* wann hast du Geburtstag? | *avui faig trenta ~s* heute werde ich dreißig (Jahre alt) | *fa ~s* (od *~s ha*) *que no el veig* ich habe ihn seit Jahren nicht gesehen | *el dia 6 farà l'~ que es va morir* am 6. jährt s. sein Todestag | *tal dia farà un ~!* (*fam*) darauf pfeife ich! | *quants ~s tens?* wie alt bist du? | *ja tinc setanta ~s* ich bin schon siebzig (Jahre alt) | *quan tindràs els meus ~s* wenn du in mein Alter kommst; wenn du so alt bist wie ich | *treure's ~s* (*del damunt*) s. jünger machen | *treure el ventre de mal ~* (*fam*) s. den Bauch vollschlagen | **~ada** *f* Jahresernte *f* | Jahres-ertrag *m*, -rente *f* | Dienst-, Amts-jahr *n* | **~al** *adj* (*m/f*) = **anual** | diesjährig.

anyell *m a. fig* Lamm *n* | *ecl*: *~ de Déu* Lamm Gottes | **~a** *f* weibliches Lamm *n* | **~ada** *f* Lammherde *f* | **~ar** (33) *vi* lammen.

any|enc *adj* alt, überjährig | **~er** *adj bot* alle zwei Jahre Früchte tragend || *s/m hist* (*Zünfte*) Geselle *m* auf ein Jahr; Lehrling *m* im letzten Lehrjahr.

anyí (-**ina** *f*) *adj* Lamm... || *s/m* = **anyell** | *tèxt* Lammwolle *f* || *s/m pl* ungeschorene Lammfelle *n pl* | Lammwolle *f*.

anyil *m bot* Indigopflanze *f* | (*Farbstoff*) Indigo *m/n*.

anyívol *adj* einjährig | *reg* schwächlich | *bot* = **anyer**.

aombrar (33) *vt arc* überschatten, verdüstern | *fig* blenden.

aorist *m ling* Aorist *m*.

aorta *f anat* Aorta, Hauptschlagader *f*.

apa! *int* auf!, los! | (*Ungläubigkeit, Ablehnung*) na (sowas, hör mal)!

apadrinar (33) *vt* (*j-m* od *bei j-m*) Pate stehen | (*bei j-m*) Trauzeuge sein | (*j-m*) sekundieren (*Duell*) | *fig* = **patrocinar**.

apaga|da *f elect* Stromausfall *m* | **~dor** *m* (*Kerze*) Lösch-horn, -hütchen *n* | *elect* (*Schalter*) Löschvorrichtung *f* | *mús* (*Klavier*) Dämpfer *m* | **~llums** *m* Lösch-horn, -hütchen *n* | *fam iròn* = **sagristà** | *fam desp* Dunkelmann, Finsterling *m* | *bot* = **matallums**; **paloma** | **~ment** *m* (Aus-, Er-)Löschen *n* | **~r** (33) *vt* (*Feuer*) (aus)löschen | (*Licht*) aus-machen, -schalten | (*Gas, Ofen, Kerze, Zigarette*) ausmachen; (*Radio, Fernsehen*) a. ab-, aus-schalten | (*Kalk*) löschen | (*Farbe, Schall*) dämpfen | (*Durst*) löschen, stillen | (*Emotion, Gefühl*) dämpfen, mildern; abtöten | *fig a.* verblassen lassen; in den Schatten stellen | **~r-se** *v/r* (v)erlöschen | ausgehen | verblassen | verklingen | *fig: la seva vida va ~ plàcidament* sein Leben erlosch still.
apagesat (**-ada** *f*) *adj* bäu(e)risch.
apaïsat (**-ada** *f*) *adj* (*Bild, Schriftstück*) im Querformat.
apaivaga|dor *adj* beschwichtigend | **~ment** *m* Beschwichtigung, Besänftigung, Beruhigung *f* | Dämpfung *f* | **~r** (33) *vt* beschwichtigen, besänftigen, *a. fig* beruhigen | (*Schall*) dämpfen | **~r-se** *v/r* s. beruhigen | *fig a.* nachlassen, s. legen, abflauen | *la mar* (*tempesta*) *s'ha apaivagat* das Meer (der Sturm) hat s. beruhigt | *el vent ja s'apaivaga* der Wind flaut schon ab.
apall|ar (33) *vt* (*dem Vieh*) Heu geben | **~erar** (33) *vt* (*Stroh*) zu großen Haufen aufschichten; *reg* feimen; einfahren.
apallissar (33) *vt* verdreschen, verprügeln | *esport* vernichtend schlagen.
apamar (33) *vt* nach Spannen messen | *fig fam: tenir apamat* wie s-e Westentasche kennen.
apana|r (33) *vt* mit Brot versorgen | **~tge** *m hist* Apanage *f*.
apany|ar (33) *vt oc* = **adobar** | **~ar-se** *v/r* = **adobar-se** | *fig fam* zurecht-, auskommen; s. zu helfen wissen | *apanya't com puguis!* sieh zu, wie du zurechtkommst! | *com t'apanyes?* wie schaffst du das bloß? | *que s'apanyi!* das ist sein Bier! | **~ussar** (33) *vt oc* = **adobassar**.
apara|dor *m a. fig* Schaufenster *n* | (Schaufenster)Auslage *f* | **~dorisme** *m* Schaufensterdekoration *f* (*Beruf*) | **~dorista** *m/f* Schaufensterdekorateur(in *f*) *m* | **~t** *m* (*Akt, Zeremonie*) prächtige Ausstattung *f* | **~** *crític* (*Textausgabe*) kritische(r) Apparat *m* | **~tós** (**-osa** *f*, **-osament** *adv*) *adj* pomphaft, pompös; protzig; theatralisch | *p ext: una caiguda aparatosa* e. spektakulärer Sturz *m*.
aparca|ment *m aut* Parken *n* | Parkplatz *m* | **~r** (33) *vt aut* parken.
apareda|ment *m* Ein-, Um-, Ver-, Zumauerung *f* | **~r** (33) *vt* ein-, um-, ver-, zu-mauern | (j-n) einmauern.
apar|egut *m* Geist *m*, Gespenst *n* | **~eixement** *m* = **aparició** | **~èixer** (40) *vi* erscheinen, auftauchen | *el llibre va ~ ahir* das Buch erschien gestern | *ja ha aparegut l'anell* der Ring hat s. schon gefunden *od* ist schon (wieder) aufgetaucht | **~èixer-se** *v/r: se li va aparèixer el dimoni* der Teufel ist ihm erschienen.
aparell *m arc* = **~ament**[1] | Auf-wand *m*, -gebot *n*; Aus-rüstung, -stattung *f*; Zubehör *n* | (*Pferde*)Geschirr *n*; Zaum(zeug *n*) *m* | *tecn aeron biol* Apparat *m* | *tecn a.* Gerät *n*; Vorrichtung *f* | *tecn bes* Flaschenzug *m* | *constr* (Mauerstein-, Mauerwerks-, Mauer-)Verband *m* | *nàut* Takel-age, -ung *f*, -werk *n* | **~** *fotogràfic* Fotoapparat *m* | **~** *ortopèdic* orthopädischer Apparat *m*, Geräte *n pl* | **~s** *electrodomèstics* elektrische Haushaltsgeräte *n pl* | *l'~ administratiu* (*del partit*) der Verwaltungs-(Partei-)apparat | **~** *digestiu* Verdauungsapparat *m* | **~** *de mesura* Meß-instrument, -gerät *n* | **~ador** *m arquit* Bau-meister, -führer *m* | *nàut* Takelmeister *m* | **~ament**[1] *m* Zu-, Vor-bereitung, Zurüstung *f* | *nàut* Takelung *f*, (Auf)Takeln *n* | **~ament**[2] *m* Paarung *f* | **~ar**[1] (33) *vt* zu-, vor-bereiten, herrichten, (zu)rüsten | (*Pferd*) (an)schirren | *nàut* auftakeln | **~ar**[2] (33) *vt* paaren | in Paaren *od* paarweise anordnen | **~ar-se** *v/r biol* s. paaren | s. paarweise aufstellen | ein Paar bilden.
aparen|ça *f* Aussehen, Äußere(s) *n*, äußere Erscheinung *f* | (An)Schein, äußerer Schein *m* | *en ~* = **~tment** || *pl: les aparences enganyen* der Schein trügt | *salvar les aparences* den Schein wahren | **~çar** (33) *vt* vor-spiegeln, -täuschen | **~t** *adj* (*m/f*) sichtbar | scheinbar | *sense flors ~s* ohne sichtbare Blüten | *més ~ que real* mehr Schein als Wirklichkeit | *mort ~* Scheintod

apariament

m | **~tar** (33) *vt*: *aquesta nena aparenta (tenir) cinc anys* dieses Mädchen sieht aus, als ob es fünf Jahre alt wäre | *és gitana, però no ho aparenta* sie ist Zigeunerin, sieht aber nicht danach aus | **~tment** *adv* dem Anschein nach, anscheinend, *umg* scheinbar | nur dem Schein(e) nach, scheinbar.

aparia|ment[1] *m* Ausbesserung *f* | Herrichtung *f* | **~ment**[2] *m biol* Paarung *f* | **~r**[1] (33) *vt* ausbessern | herrichten | **~r**[2] (33) *vt* (*bes Tiere*) paaren | **~r-se** *v/r* s. paaren | **~t** *m Lit* Reimpaar *n*.

aparició *f* Erscheinen, Auftauchen *n* | Erscheinung; Vision *f*, Traumbild *n*; Geist *m*, Gespenst *n* | *l'~ d'un llibre* das Erscheinen e-s Buches.

aparionar (33) *vt* (*Dinge*) paaren, paarweise zusammenstellen.

aparracar (33) *vt* = **apedaçar** (*Stoff*).

aparroquia|nar-se (33) *v/r fam* Kundschaft erwerben | **~r-se** (33) *v/r fam* Stammgast, -kunde werden (*a, en* bei *dat*).

apart *m teat* Beiseitesprechen, Aparte *n* | *fer un ~* beiseite *od* zur Seite sprechen | **~ador** *m ferroc* Ausweichgleis *n* | *aut* Ausweichstelle *f* | **~ament**[1] *m* Trennung *f*, Aussonderung *f* | *dr* (*Klage*) Rücknahme *f*, Verzicht *m* | *l'~ del món* die Zurückgezogenheit *f* von der Welt | **~ament**[2] *m* Appartement(wohnung *f*), Apartment *n* | **~ar** (33) *vt* beiseite legen, stellen *od* rücken | absondern, trennen | *bes fig* entfernen | *si el gerro et fa nosa, aparta'l* wenn die Vase dich stört, rück(e) sie zur Seite | *~ alg del bon camí* (*fig*) j-n vom rechten Weg(e) abbringen | *~ la cara* (*els ulls*) das Gesicht (die Augen) abwenden | *~ una mercaderia* e-e Ware zurücklegen | *~ alg d'un càrrec* j-n aus s-m Amt entlassen | *met*: *~ la plata de l'or* Silber von Gold scheiden | **~ar-se** *v/r*: *~ del camí* vom Weg(e) abkommen | *~ de la beguda* vom Trinken ablassen | *~ del tema* vom Thema abschweifen, s. vom Thema entfernen | *~ dels altres* s. von den anderen zurückziehen *od* abwenden | *ens hem anat apartant l'un de l'altre* wir haben uns allmählich voneinander entfernt | *aparta't!* geh aus dem Weg! | **~at** (*-ada*) *f*) *adj* abgelegen, entfernt || *s/m* gràf Absatz *m* | *~ de correus* Post(schließ)fach *n*.

apassar (33) *vt* mit Schritten ab-, ausmessen.

apassiona|ment *m* Leidenschaftlichkeit *f* | Begeisterung *f* | **~nt** *adj* (*m/f*) mitreißend, begeisternd | fesselnd, spannend | **~r** (33) *vt* in Leidenschaft versetzen, leidenschaftlich erregen | mitreißen, begeistern | *el futbol l'apassiona* Fußball ist bei ihm e-e Leidenschaft *od* Passion | *la novel·la m'apassiona cada vegada més* der Roman fesselt mich immer mehr | **~r-se** *v/r* s. leidenschaftlich erregen | s. begeistern, s. erwärmen (*per für ac*); s. leidenschaftlich (*in j-n*) verlieben | **~t** (*-ada*, *-adament adv*) *adj* leidenschaftlich | passioniert | begeistert | *estar ~ per u/c* etw leidenschaftlich lieben.

àpat *m* Mahl(zeit *f*) *n* | Fest-essen, -mahl *n* | *avui només he fet un ~* heute habe ich nur e-e Mahlzeit eingenommen *bzw* nur einmal richtig gegessen | *no bec mai fora d'~* ich trink nie außerhalb der Mahlzeiten | *l'~ de bodes* od *de noces* das Hochzeitsmahl *m*.

ap|atia *f* Apathie, Teilnahmslosigkeit, Gleichgültigkeit *f* | **~àtic**(**ament** *adv*) *adj* apathisch, gleichgültig, teilnahmslos.

apatita *f min* Apatit *m*.

apàtrida *adj* (*m/f*) staatenlos || *s/m/f* Staatenlose(r *m*) (*m/f*).

apatxe (*m/f*) Apache *m*, Apachin *f* || *s/m* Apache, Großstadtganove *m* || *adj* (*m/f*) Apachen...

apedaç|ar (33) *vt* flicken | ausbessern | *anar apedaçat* geflickte Kleidung tragen | *fig fam*: *~ un ferit* e-n Verletzten zusammenflicken | **~ament** *m* Flicken *n*.

apedre|c *m*, **~gada** *f* Steinigung *f* | **~gar** (33) *vt* steinigen | **~gar-se** *v/r*: *l'oncle Joan s'ha apedregat de la bufeta* Onkel Hans hat Blasensteine (bekommen).

apegalós (*-osa f*) *adj* klebrig, leimig | *fig* schmierig, lästig, aufdringlich || *s/m bot* Klebkraut *n*.

apelfa|r (33) *vt* (*Leder, Stoff*) aufrauhen | **~t** (*-ada f*) *adj* felbel-, plüsch-artig | *fig* samtig, flaumig, weich.

apel·la|ble *adj* (*m/f*) *dr* anfechtbar | **~ció** *f dr* Berufung, Appellation *f* | Beiname *m* | *tribunal d'~* Berufungs-, Appelations-gericht *n* | **~nt** *adj* (*m/f*): *la part ~* die Berufungspar-

apellar tei *f* || *s/m* Berufungskläger, Appellant *m* | **~r** (33) *vi dr* Berufung einlegen (*a* bei *dat*; *contra* gegen *ac*) | *arc* (*noch Schweiz*) appellieren (an *ac*; gegen *ac*) | *fig* s. wenden, appellieren (*a* an *ac*); zurückgreifen (auf *ac*).

apellar (33) *vt ant* benennen | *reg* (her)rufen.

apel·lat *m dr* Berufungsbeklagte(r), Appellat *m* | **~iu** (**-iva** *f*) *adj ling* appellativisch || *s/m* Appellativ(um) *n*, Gattungsname *m*.

ap|endicitis *f med* Blinddarmentzündung, Appendizitis *f* | **~èndix** *m* (*pl -xs*) Anhang *m*; Anhängsel *n*; Appendix *m* | *anat bes:* **~** *vermiforme* Wurmfortsatz, Appendix, Blinddarm *m* | *m'han de treure l'~* ich muß mir den Blinddarm herausnehmen lassen.

apen|ínic *adj* Apenninen..., apenninisch | *cultura* **~a** apenninische Kultur *f* | **~ins** *m pl: els ~* die Apenninen *m pl*.

apèpsia *f med* Apepsie *f*.

aperce|bible *adj* (*m/f*) wahrnehmbar | **~biment** *m* Wahrnehmung(svermögen *n*) *f* | **~bre** (40) *vt* gewahren | wahrnehmen | erblicken | erkennen | *filos psic* apperzipieren | **~bre's** *v/r: d'u/c* etw bemerken, wahrnehmen | **~pció** *f* Apperzeption *f* | **~ptiu** (**-iva** *f*) *adj* Apperzeptions..., apperzeptiv.

aperdua|ment *m* allmählicher Verlust, Verfall *m* | **~r-se** (33) *v/r* herunterkommen, verfallen, allmählich verloren gehen.

apergamina|r-se (33) *v/r* rauh und runzelig werden (*Haut*) | **~t** (**-ada** *f*) *adj a. fig* pergamenten | pergamentartig.

aperitiu (**-iva** *f*) *adj* appetitanregend || *s/m* Aperitif *m* | Appetit(s)-bissen, -happen *m*.

apersonat (**-ada** *f*) *adj* stattlich, korpulent.

apesantor *f fís* Schwerelosigkeit *f*.

apesar|ar (33) *vt* (*j-m*) Kummer bereiten, (*j-n*) betrüben | **~at** (**-ada** *f*) *adj* bekümmert, betrübt.

apet|ència *f psic* Appetenz *f*, Trieb(gerichtetheit *f*) *m* | *med* Appetit *m* | **~ir** (37) *vt cient lit* wünschen, begehren | **~it** *m filos psic* Verlangen, Bedürfnis *n*; Begierde, Lust *f*; Streben *n*; Trieb *m* (*de* nach *dat*) | *bes med* Appetit *m*, (Eß-)Lust *f* (*de* auf *ac*) | **~itiu** (**-iva** *f*) *adj* triebgerichtet, Appetenz... | **~itós** (**-osa** *f*) *adj a. fig* appetitlich, appetitanregend.

apetonar (33) *vt* = **petonejar**.

apetxinat (**-ada** *f*) *adj* muschelförmig.

àpex *m* (*pl -xs*) *lit* Spitze *f* | *anat astr ling* Apex *m*.

api *m bot* Sellerie (*m/f*) | **~** *bord* Waldsellerie *m*.

apiadar-se (33) *v/r:* **~** *d'alg* s. j-s erbarmen; Mitleid mit j-m haben.

apiari *m* Bienen-haus *n*, -stand *m*.

apic|al *adj* (*m/f*) *anat bot ling* apikal | **~le** *m anat* kl(r) Apex *m*, Spitzchen *n* | *bot* = **mucró**.

ap|ícola *adj* (*m/f*) Bienenzucht..., Imker... **~icultor** (**a** *f*) *m* Imker(in *f*), Bienenzüchter(in *f*) *m* | **~icultura** *f* Bienenzucht, Imkerei *f*.

apil|adora *f* Stapelgerät *n* | **~ament** *m* (Auf)Stapelung, Aufschichtung *f* | **~ar** *vt* (33) (auf)stapeln, (auf)schichten | **~onar** (33) *vt* (an-, auf-)häufen | **~otar** (33) *vt* (*zu e-m Haufen*) zusammenwerfen | zusammenballen | **~otar-se** *v/r* s. zusammen-, ballen-, -drängen.

apinya|ment *m* Dichte *f*, Gedränge *n* | **~r** (33) *vt* dicht aneinanderpressen | **~r-se** *v/r* s. zusammendrängen.

apitrar (33) *vi* die ganze Kraft anspannen | *vt* (*mit dem Oberkörper*) kräftig anrempeln | *fig* vor den Kopf stoßen | **~-se** *v/r* Reue fühlen, empfinden.

apitxa|ment *m ling: stimmlose Aussprache f von stimmhaften Frikativen u. Affrikaten* | **~r** (33) *vi* mit «apitxament» sprechen | **~t** *m: durch* «apitxament» *gekennzeichnete Mundart des Valencianischen*.

aplacar[1] (33) *vt* besänftigen, beschwichtigen, beruhigen | ermatten, schlapp machen | **~-se** *v/r* s. beruhigen | matt, schlapp werden.

aplaca|r[2] (33) *vt* glatt andrücken | furnieren | **~t** *m* Furnier *n*.

aplaça|ment *m reg* Ein-, An-stellung *f* | **~r** (33) *vt reg* einstellen, in Dienst nehmen *od* stellen | **~r-se** *v/r reg* e-e Stelle antreten.

aplana|dor *adj* Planier... || *s/m tecn* Planierhammer; Stampfer, Klopfer *m* | **~dora** *f agr* Egge; Ackerwalze *f* | *tecn* Planierraupe *f* | **~ment** (Ein)Ebnung *f*, Planieren *n* | **~r** (33) *vt* (ein)ebnen, planieren, glätten | *agr* eggen (*Teppich, Decke*) glatt ausbreiten | *fig* (*Schwierigkeiten*) aus dem Weg räumen | mitnehmen, auspumpen, ermat-

ten (*Krankheit, Anstrengung*) | ~ *el camí a alg* (*fig*) j-m den Weg ebnen | **~r-se** *v/r:* ~ *a una exigència* e-r Forderung nachgeben.
aplanètic *adj òpt* aplanatisch | *sistema* ~ Aplanat *m*.
aplantinat (**-ada** *f*) *adj* (*Wald*) dicht.
aplata|ment *m* Abflachung, (*bes Erde*) Abplattung *f* | **~r** (33) *vt* plattdrücken, abflachen, abplatten | **~t** (**-ada** *f*) *adj* platt, abgeflacht, abgeplattet.
aplaudi|ment *m a. fig* Beifall, Applaus *m* | (Beifall)Klatschen *n* | **~r** (37) *vi* (Beifall) klatschen, Beifall spenden, applaudieren || *vt* Beifall spenden *od* klatschen (*dat*) beklatschen, applaudieren | *fig* loben, billigen, begrüßen.
aple|c *m* (Ver)Sammlung *f* | festliches Treffen, Fest *m* im Freien | *ecl* Wallfahrt *f* | *ram* Zusammentreiben *n* (*der Viehherden im Gebirge*) | **~ga(da)** *f* (Spenden)Sammlung *f* | **~gadís** (**-issa** *f*) *adj* ansteckend | = **arreplegadís** | **~gador** *m* (Spenden)Sammler *m* | (*Herden*) Sammelplatz *m* | Abfallschaufel *f* | **~gament** *m* (Ein-, Ver-)Sammeln *n* | **~gar** (33) *vt* (ein-, ver-)sammeln || *vi Val* ankommen **~gar-se** *v/r* s. versammeln.
apletar (33) *vt ram* einpferchen.
aplic *m* Wandleuchte *f* | **~abilitat** *f* Anwendbarkeit, Applikabilität *f* | **~able** *adj* (*m/f*) anwendbar, gültig, zutreffend, applikabel | **~ació** *f* Anlegen, Auftragen *n*, Anbringung; An-, Ver-wendung *f*, Gebrauch *m*; Applikation *f* | (Lern)Eifer, Fleiß *m* | Applikation, aufgenähte Verzierung *f* | **~ament** *m* = **~ació** | **~ar** (33) *vt* anlegen, anbringen, auftragen, applizieren | *fig* an-, ver-, zu-wenden, applizieren | ~ *un cataplasma a alg* j-m e. Kataplasma anlegen | ~ *una pomada a la ferida* e-e Salbe auf die Wunde auftragen | ~ *una cinta a la mànega* e. Band auf den Ärmel (auf)nähen | ~ *un tractament a un malalt* (bei) e-m Kranken e-e Behandlung anwenden | ~ *antibiòtics* Antibiotika verabreichen | ~ *l'àlgebra a la geometria* die Algebra auf die Geometrie anwenden | ~ *la llei* das Gesetz durchführen | ~ *un impost* e-e Steuer auferlegen | **~ar-se** *v/r* s. anwenden *od* applizieren lassen (*a* auf *ac*); gelten, zutreffen (für *ac*) | s. anstrengen, s. bemühen, *bes* fleißig lernen | **~at** (**-ada** *f*) *adj* (*Wissenschaft*) angewandt | (lern)eifrig, fleißig.
aplom *m* Sicherheit *f*, Selbst-bewußtsein *n*, -sicherheit *f* | Aplomb *m* | **~ar** (33) *vt* loten, mit dem Lot messen | nach dem Lot errichten.
apnea *f med* Apnoe *f*, Atemstillstand *m*.
àpoca *f dr* Quittung *f*.
apocal|ipsi *m bibl:* *l'~* die Apokalypse *f*, die Offenbarung *f* des Johannes | *fig* Apokalypse *f* | **~íptic** *adj* apokalyptisch.
apoca|ment *m* Kleinmut *m* | Verzagtheit *f* | **~t** (**-ada** *f*) *adj* kleinmütig, verzagt, feige | **~r** (33) *vt* verringern | *fig* herabsetzen, erniedrigen | **~r-se** *v/r* s. verringern | *fig* verzagen; schüchtern *od* kleinlaut werden; s. demütigen *od* erniedrigen; klein beigeben.
ap|ocinàcies *f pl bot* Hundsgiftgewächse *n pl* | **~ocopar** (33) *vt ling* apokopieren | **~òcope** *f ling* Apokope *f* | **~òcrif** *adj* apokryph | *s/m pl bibl:* els *~s* die Apokryphen *n pl* | **~ocromàtic** *adj òpt* apochromatisch | *sistema* ~ Apochromat *m*.
àpode *adj zool* apod, fußlos.
apodera|ment *m* Besitzergreifung *f* | Bevollmächtigung *f* | **~r** (33) *vt* unterwerfen, überwältigen | *dr* bevollmächtigen | *com* (*j-m*) Prokura erteilen | **~r-se** *v/r:* ~ *d'u/c* s. e-r Sache bemächtigen; etw an sich reißen | **~t** (**-ada** *f*) *adj* mächtig || *s/m dr* Bevollmächtigte(r) *m* | *com* Prokurist *m*.
ap|odíctic *adj* unwiderleglich, unumstößlich, apodiktisch | **~òdosi** *f ling* Apodosis *f*, Nachsatz *m* | **~òfisi** *f anat* Apophyse *f*, Knochenfortsatz *m* | **~ogeu** *m astr* Apogäum *n*, Erdferne *f* | *fig* Höhepunkt, Gipfel *m* | **~òleg** *m Lit* Apolog *m*, lehrhafte Fabel *od* Erzählung *f*.
apolític *adj* a-, un-politisch.
apol·l|ini (**-ínia** *f*) *adj* apollinisch | **~o** *m zool* Apollo *m*.
apolog|ètic(ament *adv*) *adj* apologetisch, verteidigend, rechtfertigend || *s/f* Apologetik *f* | **~ia** *f* Apologie *f*, Verteidigung(s-rede, -schrift) *f* | *dr:* ~ *d'un delicte* Verherrlichung *f* e-r Straftat | **~ista** *m/f* Apologet(in *f*) Verfechter(in *f*) *m*.
apom|ar-se (33) *v/r* s. runden *od* Fruchttrauben ansetzen (*Pflanze*) | **~at** (**-ada** *f*) *adj* gerundet (*Pflanze*) | **~ellar** (33) *vt* e-n Strauß bilden.

aponcellat (-ada) *f*) *adj* knospig.
aponentar-se (33) *v/r* untergehen (*Sonne*).
apopl|èctic *adj* apoplektisch || *s/mf* Apoplektiker(in *f*) *m* | **~exia** *f med* Apoplexie *f*, Schlag(anfall), Gehirnschlag *m* | *atac d'~* Schlaganfall *m*.
apoqui|ment *m* Verminderung *f* | **~r(-se)** (37) *vt(/r)* (s.) vermindern, (s.) verkleinern.
aporia *f filos* Aporie *f* | Ausweglosigkeit *f*.
aporrinar (33) *vt fam* beleidigen, beschimpfen.
aporta|ció *f* Beitrag *m* | *com* (Gesellschafts)Einlage *f* | *~ de capital* Kapitaleinlage *f* | **~r** (33) *vt ant* = **portar** | bei-steuern,-tragen (*a zu dat*) | (*Gründe*) vorbringen, anführen | (*Beweise*) erbringen | (*Kapital, Güter in Gesellschaft, Ehe*) ein-, mit-bringen.
aposenta|dor *m mil* Quartiermacher *m* | **~r(-se)** (33) *vt(/r) bes mil* = **albergar** (-se), **allotjar**(-se).
ap|osició *f biol ling* Apposition *f* | **~òsit** *med* Wundverband *m* | Damenbinde *f* | *s: compresa* | **~ositiu** (-iva *f*) *adj ling* appositiv; appositionell.
aposta *f* Wette *f* | Einsatz *m* | **~r** (33) *vt* wetten, einsetzen | *bes mil* postieren, aufstellen | **~r-se** *v/r* s. postieren, s. aufstellen | s. auf die Lauer legen.
ap|ostasia *f bes ecl* (Glaubens)Abfall *m*, Abtrünnigkeit, Apostasie *f* | **~òstata** (*m/f*) Abtrünnige(r *m*) (*m/f*), Renegat(in *f*), Apostat(in *f*) *m* | **~ostatar** (33) *vi* abfallen, s. lossagen (*de* von *dat*).
a posteriori *loc adv* a posteriori; im nachhinein; nachträglich, hinterher || *adj a.* aposteriorisch.
ap|òstol *m a. fig* Apostel *m* | *bíbl: els Actes dels ~s* die Apostelgeschichte *f* | **~ostolat** *m* Apostolat *n* | *~ laical* Laienapostolat *n* | **~ostòlic**(**ament** *adv*) *adj* apostolisch | *benedicció ~a* apostolischer Segen *m*.
ap|òstrof *m ling* Apostroph *m*, Auslassungszeichen *n* | **~ostrofar** (33) *vt* (*Wort*) apostrophieren | (*j-n*) apostrophieren; hart anfahren | **~òstrofe** *m ret* Apostrophe *f*.
apotecari (-ària *od* -ariessa *f*) *m arc reg* Apotheker(in *f*) *m* | **~a** *f arc reg* Apotheke *f* | *s: farmàcia*.
apo|tegma *m* Apophthegma *n* | **~teosi** *f a. fig art Lit* Apotheose *f* | *fig* Höhepunkt *m* | **~teòsic**(**ament** *adv*), **~teòtic**(**ament** *adv*) *adj* Apotheo-

sen... | *fig* grandios; glänzend.
apradar (33) *vt* in e-e Wiese verwandeln.
apràxia *f med* Apraxie *f*.
aprecia|ble *adj* (*m/f*) schätzbar | beachtlich | liebens-wert, -würdig | *un error ~ a primera vista* e. auf den ersten Blick wahrnehmbarer Irrtum | **~ció** *f* (Wert-, Ab-)Schätzung *f* | **~r** (33) *vt* schätzen | anerkennen, würdigen | hoch-, wert-schätzen | **~tiu** (-iva *f*) *adj* schätzend, Schätzungs...
apregonar (33) *vt lit a. fig* vertiefen | **~-se** *v/r: el llit del riu s'ha apregonat* das Flußbett ist tiefer geworden *od* hat s. vertieft | *~ en u/c* in etw (*ac*) eindringen; s. in etw (*ac*) vertiefen.
aprehen|dre (40) *vt filos* begreifen, wahrnehmen | **~sible** *adj* (*m/f*) begreiflich, wahrnehmbar | **~sió** *f* Begreifen *n*, Wahrnehmung *f*.
apren|dre (40) *vt* (er)lernen | *~ a* (*od de*) *parlar* sprechen lernen | *~ de memòria* auswendig lernen | *l'alemany* Deutsch lernen | **~edor** *adj* erlernbar | **~ent**(**a** *f*) *m* Lehrling *m* | Anfänger(in *f*), Neuling *m* | **~entatge** *m* Lehre *f* | Lehrzeit *f* | **~sió** *f* Besorgnis, Befürchtung; Beklommenheit; Scheu *f*; Bedenken *n* | Angst(vorstellung); dunkle Ahnung *f*; Mißtrauen *n* | **~siu** (-iva *f*, -**ivament** *adv*) *adj* überängstlich (*bes um die Gesundheit*) | furchtsam; beklommen; scheu, zag.
aprés[1] *m* (*pl* -*essos*) Melkplatz *m*.
aprés[2] *adv ant* = **després**.
apressa|dament *adv* eilends, schleunigst | eilig, hastig | **~ment** *m* Eile *f* | Beschleunigung *f* | **~nt** *adj* (*m/f*) drängend, dringend, eilig | **~r** (33) *vt* (*j-n*) drängen, ketzen, zur Eile antreiben | (*Schritt*) beschleunigen | *m'apressen a acabar-ho* man drängt mich, es zu beenden || *vi: això apressa* es eilt | **~r-se** *v/r* s. beeilen, (s.) hetzen.
aprest *m tèxt* Appretur *f* | **~ador** (**a** *f*) *m* Appreteur(in *f*) *m* || *s/f* Appretiermaschine *f* | **~ar** (33) *vt* zubereiten | *bes tèxt* appretieren.
apreua|ment *m* Beurteilung, Bewertung *f* | **~r** (33) *vt* beurteilen, bewerten.
aprima|ment *m* Dünnermachen; Verdünnen *n* | Abnehmen *n*; Abmagerung *f* | **~r** (33) *vt* dünner machen | (*Brett, Farbe*) verdünnen | **~r-se** *v/r* dünner werden | (*Person*) *a.* abnehmen, schlanker werden; abmagern | s. verdünnen, s. verjüngen | *règim per a ~*

Schlankheits-, Abmagerungs-diät *f.*
aprimorat (**-ada** *f*) *adj* ausgefeilt, sorgfältig.
a priori *loc adv* a priori; von vornherein || *adj* a. apriorisch.
aprior|isme *m filos* Apriorismus *m* | **~ístic** *adj* apriorisch.
aprofita|ble *adj* (*m/f*) verwertbar, brauchbar, nutzbar | **~dor** *adj* sparsam, wirtschaftlich | **~dures** *f pl,* **-lls** *m pl* verwertbare Reste *m pl* | **~ment** *m* Verwertung; (Be-, Aus-)Nutzung *f* | **~** *d'aigües* Wassernutzung *f* | **~r** (33) *vi:* ~ *a alg* j-m nutzen (*bes nordd*), nützen (*bes südd*); helfen; gut bekommen (*Essen*) | *que aprofiti!* wohl bekomm's!; guten Appetit! || *vt* verwerten, (be)nutzen, (be)nützen, gebrauchen, verwenden | *bes fig* (aus)nutzen, (aus)nützen | ~ *els menuts per a la sopa* das Klein für die Suppe verwerten | *ja no es pot* ~ es läßt s. nicht mehr verwerten, es ist nicht mehr zu gebrauchen | ~ *millor l'espai* den Raum besser (aus)nutzen | ~ *una ocasió* (*una oferta, el temps*) e-e Gelegenheit (e. Angebot, die Zeit) (aus)nutzen || *vi: aquest alumne no aprofita* dieser Schüler kommt nicht voran | **~r-se** *v/r:* ~ *d'alg* od *d'u/c* j-n *od* etw ausnutzen; s. etw zunutze machen | **~t** (**-ada** *f*) *adj* (*Schüler*) gelehrig | *fam: és un* ~ er ist e. Nassauer.
aprofundi|ment *m* Vertiefung *f* | **~r** (37) *vt a. fig* vertiefen || *vi:* ~ *en una matèria* e-n Lehrstoff vertiefen | ~ *en un assumpte* e-r Sache auf den Grund gehen | **~r-se** *v/r:* els seus coneixements s'han aprofundit s-e Kenntnisse haben s. vertieft.
apromptar (33) *vt* bereitstellen.
apropa|ment *m* =**aproximació** | Annäherung *f* | *aeron* Anflug *m* | **~r(-se)** (33) *vt*(/*r*) (s.) (an)nähern | *s: acostar*(*-se*), *aproximar*(*-se*).
apropia|ció *f a. dr* Aneignung *f* | Anpassung *f* | ~ *indeguda* (*dr*) widerrechtliche Aneignung *f* | **~r** (33) *vt* über-, zu-eignen (*a alg* j-m), anpassen (*a alg* od *u/c* j-m *od* e-r Sache) | **~r-se** *v/r:* ~ *u/c* s. etw aneignen; s. etw zu eigen machen | **~t** (**-ada** *f,* **-adament** *adv*) passend, geeignet (*a, per a* für *ac*); angemessen (*dat*).
aprova|ció *f* Billigung, Genehmigung *f* | Annahme; Verabschiedung *f* | Zustimmung *f,* Einverständnis *n,* Beifall *m* | (*Buch*) Zulassung, Approbation *f* | **~r** (33) *vt* gutheißen, billigen, genehmigen | *polít* (*Antrag, Resolution, Haushalt*) billigen, annehmen; (*Gesetz*) verabschieden | (*Buch*) zulassen, *bes catol* approbieren | (*Prüfung*) bestehen; (*bei e-r Prüfung, in e-m Lehrfach*) durchkommen; (*e-n Prüfling, Kandidaten*) bestehen lassen | *vi:* (*no*) *he aprovat* ich habe (nicht) bestanden, ich bin (nicht) durchgekommen | **~t** *m: en física he tingut un ~* in Physik habe ich (die Note) «ausreichend» bekommen | **~tiu** (**-iva** *f*), **~tori** (**-òria** *f*) *adj* beifällig | zustimmend.
aprovisiona|ment *m* Versorgung, Verproviantierung *f* | **~r** (33) *vt* versorgen, verproviantieren | **~r-se** *v/r:* ~ *d'u/c* s. mit etw versorgen, s. mit etw eindecken.
aproxima|ció *f* Annäherung *f* | *mat* Näherung(swert *m*) *f,* Approximation *f* | (*Lotterie*) Trostpreis *m* | **~dament** *adv* ungefähr, (in) etwa, annähernd | **~r** (33) *vt* näher bringen, heran-bringen, -führen, nähern | *fig a.* nahe-, näher-bringen; annähern | *el tren ens anava aproximant a la ciutat* der Zug brachte uns allmählich der Stadt näher | ~ *punts de vista diferents* verschiedene Standpunkte einander annähern | **~r-se** *v/r* näher kommen, herankommen; s. (an)nähern; (s.) nahen | anrücken (*Truppen*) | *fig a.* (s.) nahe-, näher-kommen | *ens aproximem a l'objectiu* wir nähern uns dem Ziel (an); wir kommen dem Ziel näher | *s'aproxima una nova crisi* es naht e-e neue Krise | *això s'aproxima a la veritat* das kommt der Wahrheit nahe | *s'han anat aproximant* sie sind s. (*od* einander) nähergekommen | **~t** (**-ada** *f*) *adj* (*Angabe, Wert*) ungefähr, angenähert, approximativ | **~tiu** (**-iva** *f*) *adj bes mat* (*Berechnung*) approximativ.
àpside *m astr* Apside *f.*
apt|e *adj* fähig, befähigt (*per a* zu *dat*); geeignet, begabt (für *ac*); tauglich (für *ac,* zu *dat*) | (*és*)*ser* ~ *per a una feina* für e-e Arbeit geeignet sein | ~ *per a treballar* arbeitsfähig | *mil:* ~ (*per al servei militar*) (wehrdienst)tauglich | *cin: pel·lícula apta* (*per a menors d'edat*) jugendfreie(r) Film *m* | *una secretària apta* e-e fähige *od* tüchtige Sekretärin *f* | **~esa** *f* Geschick(lichkeit *f*) *n* |

~itud *f* Eignung, Befähigung *f* | Begabung, natürliche Veranlagung *f* | Fähigkeit *f* | *bes mil* Tauglichkeit *f* | *~ per als idiomes* Sprachbegabung *f* | *certificat d'~* Befähigungszeugnis *n* | *test d'~* Eignungstest *m*.
apugonar-se (33) *v/r* von Blattläusen befallen werden.
apujar (33) *vt* (*Preise, Gehalt, Steuern*) erhöhen | (*Licht*) heller stellen | (*Heizung*) höher stellen | (*Ofen*) schüren | (*Feuer*) anfachen.
apunt *m art* Skizze *f* ‖ *pl* Notizen *f pl* | mitgeschriebene Vorlesung *f* | *prendre ~s* s. Notizen machen; mitschreiben | **~ació** *f* Anmerkung, Notiz *f* | Los *n*, Lotterieanteilschein *m* | **~ador**[1](**a** *f*) *m teat* Souffleur *m*, Souffleuse *f* ‖ *s/m* Zeigestock *m* | Notizbuch *n* | (*Spiel*) Anzeigetafel *f* | **~ador**[2] *m mil* Richt-schütze, -kanonier *m*.
apuntala|ment *m* (Ab)Stützen *n* | **~r** (33) *vt* (ab)stützen | *constr a.* abfangen | *fig: això ~à el règim* das wird das Regime stützen | **~r-se** *v/r a.* fig *s.* stützen (*en auf ac*).
apunta|ment[1] *m* Notieren *n* | Einschreiben, -tragen *n* | *dr* Aktenauszug *m* | **~ment**[2] *m* Zielen *n* | **~r**[1] (33) *vt* notieren, aufschreiben | (in e-e Liste) einschreiben, -tragen | *fig* andeuten, flüchtig angeben | ein-, vor-sagen, *bes teat* soufflieren | **~**(*-se*) *u/c* (s.) etw notieren | *fig:* **~**-*se un èxit* e-n Erfolg zu verzeichnen haben | (*Kartenspiel*) *he apuntat cent pessetes a l'as* ich habe hundert Peseten auf das As gesetzt | **~r-se** *v/r: m'he apuntat a un curset de sardanes* ich habe mich zu e-m Sardanakurs angemeldet | *fig: m'hi apunto!* ich bin dabei!, ich mache mit! | **~r**[2] (33) *vt* (an)stecken (*nur die Spitze*) | (*provisorisch*) (an)heften | (*Waffe*) richten | *~ una agulla en un coixí* e-e Nadel in e. Kissen stecken | *no toquis el llaç, que només està apuntat!* faß die Schleife nicht an, sie ist nur angesteckt bzw angeheftet! | *li va ~ l'espasa al pit* er setzte ihm das Schwert auf die Brust | *em va ~ el revòlver* er richtete den Revolver auf mich ‖ *vi* zielen | *fig a.* hin-weisen, -deuten | *~ bé* (*malament*) gut (schlecht) zielen | *~ a alg al cap* auf j-s Kopf zielen | *tots els indicis apunten a ETA* alle Indizien deuten auf ETA hin ‖ *vi* s. zu zeigen beginnen, zum Vorschein kommen | *el blat ja apunta* der Weizen sprießt schon | *ja apunta el dia* der Tag bricht schon an | *li apunten les dents* s-e Zähne brechen durch | *fig: ja apunten les primeres discrepàncies* die ersten Meinungsverschiedenheiten treten schon zutage.
apuny|alar (33) *vt* erdolchen, erstechen | **~egar** (33) *vt* boxen, (*j-m*) Faustschläge verpassen.
apurar (33) *vt* = **depurar**, **purificar** | *fig* klären; prüfen.
aqua|rel·la *f* Aquarell *n* | **~rel·lista** (*m/f*) Aquarellmaler(in *f*) *m*.
aqu|ari *m* Aquarium *n* | Aquarienhaus *n* | *astr:* ≮ Wassermann *m* | **~ariologia** *f* Aquarienkunde, Aquaristik *f* | **~àrium** *m* = **aquari**.
aquartera|ment *m mil* Einquartierung *f* | Kasernierung *f* | Unterbringung *f* | **~r** (33) *vt* einquartieren | kasernieren | in Garnison legen.
aquàtic *adj* Wasser... | aquatisch | *esports ~s* Wassersport *m*.
aqüeducte *m* Aquädukt *m/n*.
aqueferat (*-ada*) *adj* beschäftigt | geschäftig.
aqu|eix (**a** *f*, **-os** *m pl*, **-es** *f pl*) (20) *pron dem* (auf die 2. Person bezogen) *arc lit reg* dies(er, -e, -es); der, die, das (da) | *~ llibre que tens al costat* das Buch neben dir | **~ell** (**-a** *f*, **-s** *m pl*, **-es** *f pl*) (20) *pron dem* jene(r, -s); der, die, das (dort) | *~a noia de la finestra és la meva filla* das Mädchen dort am Fenster ist meine Tochter | *en ~ temps* zu jener Zeit | *tinc vi d'~ tan bo* ich habe Wein von dem guten | *només seran admesos ~s que sàpiguen llatí* es werden nur diejenigen aufgenommen, die Latein können | **~est** (**-a** *f*, **-s** *m pl*, **-es** *f pl*) (20) *pron dem* dies(er, -e, -es) | *~ vespre* heute abend | *~a vegada* diesmal | *és ~!* dieser ist es! | *~a vida* (od *~ món*) das Diesseits | *fam: ~a sí que és bona!* das ist ja e. Ding! ‖ (ausschließlich auf die 1. Person bezogen) *arc lit reg: ~ d'ací, aqueix d'aquí i aquell d'allà* dies hier, das da u. das dort.
aqueu (**-ea**) *f*) *adj* achäisch ‖ *s/m/f* Achäer(in *f*) *m*.
aquí *adv* (*a. ací*) hier (-her, -hin) | *no sóc d'~* ich bin nicht von hier | *~ a Catalunya* hier in Katalonien | *~ dalt* (*davant, darrere, dins*) hier oben (vorn

aqüicultura hinten, drinnen) | *d'~* (*estant*) od *des d'~* von hier aus | *vine ~!* komm (hier)her! | *~ ho diu* hier steht es | *~ t'equivoques* da irrst du dich aber | *d'~ endavant* von hier an | *d'~ a Pasqua* (von jetzt) bis Ostern | *d'~ a l'hivern* (von jetzt) bis zum Winter | *d'~ a vuit dies* heute in acht Tagen | *d'~ a ~* von hier bis hier | *d'~ que t'hauràs decidit,* ja serà tard bis du dich endlich entschieden hast, wird es zu spät sein | *~ i allà* hier u. da (*od* dort) | *d'~ a ~...*, *d'~ a ~...* bald..., bald... | *d'~ allà* bis dahin | *d'~ d'allà* von e-r Seite zur anderen; hierhin u. dorthin; hin u. her | *d'~ i d'allà* von hier u. dort; von überallher || (*Ort der 2. Person im Gegensatz zu* ací, *Ort der 1. Person*) *arc lit reg: d'~ no ho pots veure, però d'ací sí que ho veig* von da (aus) kannst du es nicht sehen, aber von hier (aus) sehe ich es.

aqüicultura *f* Aquakultur *f*.

aquiesc|ència *f* (stillschweigende) Zustimmung *f* | **~ent** *adj* (*m/f*) zustimmend.

aquietar(-se) (33) *vt*(*/r*) (*s*.) beruhigen, beschwichtigen.

aqüífer *m geol* Aquifer *m*.

aquilègia *f bot* Akelei *f*.

aqui|lí (-ina) *f) adj* = **aguilenc** | *nas ~* Adlernase *f* | **~ló** *m poèt* Nordwind *m* | Norden *m*.

aquintanar (33) *vt* in Weideland umwandeln.

Aquisgrà *m* Aachen *n*.

aquissar (33) *vt* (*e-n* Hund) hetzen (*a* alg auf j-n).

aquistar (33) *vt lit* erlangen.

aqu|ós (-osa *f) adj* wässerig, wäßrig | Wasser... | **~ositat** *f* Wässerigkeit, Wäßrigkeit *f*.

ara[1] *f* (Opfer)Altar *m* | *ecl* Altarstein *m*.

ara[2] *adv* jetzt, nun | gerade, (so)eben | gleich, sofort, jetzt | *~ plou* jetzt regnet es | *ha començat ~* (*mateix*) es hat (gerade) eben angefangen | *~* (*mateix*) *venim* od *vindrem* wir kommen (jetzt) gleich | *ho faig ~ mateix* ich tue es gleich jetzt | *on para, ~, el llapis?* wo ist denn jetzt *od* nun der Bleistift wieder? | *~ sí que l'hem feta bona!* da haben wir etw Schönes angerichtet! | *i ~ què?* was nun? | *abans d'~* früher; bisher, bis jetzt | *~ com ~* od (*~*) *per ~* zur Zeit, einstweilen, vorläufig | *~ i adés* ab und zu (*s: adesiara*) | *~ mateix* gerade eben; sofort, jetzt gleich; gleich jetzt | *~ si mai* od *o ~ o mai* jetzt oder nie | *~ o suara* das e-e oder das andere Mal | *d'~ endavant* od *des d'~* von jetzt (*od* nun) an | *fins ~* bisher, bis jetzt | *fins ~* (*mateix*)! bis gleich! | *i ~!* was (denn)?, nanu!, na sowas!, woher!, (aber) woher denn!, das wäre ja noch schöner! || *conj* (*am Satzanfang mit adversativem Sinn*) dagegen, aber, doch | *no en tinc gaires ganes, ~, si tu vols, vindré* ich habe k-e gr(e) Lust dazu, aber wenn du willst, komme ich mit | *no és ric; ~, pobre tampoc* reich ist er nicht, aber auch nicht arm || *~ bé* nun (aber), allerdings, jedoch | *tens raó; ~ bé: cal tenir en compte que...* du hast recht; man muß allerdings berücksichtigen, daß... || *~... ~...* (*od adés*) bald..., bald... || *~ que: ~ que ho dius, també em fa estrany* jetzt, wo du es sagst, kommt es mir auch seltsam vor || *com* (*és*) *~: un gos com* (*és*) *~ el nostre* e. Hund etwa so wie unserer | *hi havia moltes personalitats, com* (*són*) *~ ...* es waren viele Persönlichkeiten dort, wie etwa...

àrab *adj* (*m/f*) arabisch | *el poble ~* das arabische Volk *n* | *l'art ~* die arabische Kunst *f* | *la Lliga* (*Legió*) *~* die Arabische Liga (Legion) *f* | *la República ~ Unida* die Vereinigte Arabische Republik *f* | *un cavall de raça ~* e. Araber *m*, e. arabisches Vollblut *n* || *s/m/f* Araber(in *f*) *m* | *s/m ling* Arabisch *n* | *l'~* das Arabische.

ar|abesc *adj* (*Stil*) arabisch || *s/m art mús* Arabeske *f* | (*Ballett*) Arabesque *f* | **~àbia** *f* Arabien *n* | *l'~ Saudita* Saudi-Arabien *n* | **~àbic (-iga** *f) adj* arabisch | *goma aràbiga* Gummiarabikum *n* | *xifres aràbigues* arabische Ziffern *f pl* | **~abista** *m/f* Arabist(in *f*) *m* | **~abitzar** (33) *vt* arabisieren.

arable *adj* (*m/f*) *agr* pflügbar, bebaubar | *terres ~s* Ackerland *n*.

aràcies *f pl bot* Aronstabgewächse *n pl*.

ar|àcnids *m pl entom* Spinnentiere *n pl*, Arachn(o)iden *pl* | **~acnoide** *adj* (*m/f*) spinnwebartig || *s/f anat* Spinngewebshaut, Arachnoidea *f* | **~acnologia** *f* Arachnologie *f*.

arada *f* Pflug *m*.

Arag|ó *m* Aragonien *n* | **~onès (-esa** *f) adj* aragonisch || *s/mf* Aragonese *m*, -sin *f* | *s/m ling* Aragonesisch *n* | *l'~*

aràlia das Aragonesische | **~onita** *f min* Aragonit *m*.
aràlia *f bot* Aralie *f* | ~ *del Japó* (Zimmer)Aralie *f*.
aram *m* (*bearbeitetes*) Kupfer *n* | *s: coure*.
arameu (**-ea** *f*) *adj* aramäisch || *s/mf* Aramäer(in *f*) *m* || *s/m ling* Aramäisch *n* | *l'~* das Aramäische.
aranès (**-esa** *f*) *adj* aranesisch, aus dem Arantal (*cat* la Vall d'Aran), aus der Vall d'Aran || *s/mf* Araneser(in *f*) *m* || *s/m* Aranesisch *n* | *l'~* das Aranesische (*gaskonische Mundart*).
aran|ger *m bot* Grapefruitbaum *m* | *~ gran* od *gros* Pampelmuse *f* (*Baum*) | **~gí** *m bot* Melisse *f* | **~ja** *f* Grapefruit *f* | *~ gran* Pampelmuse *f*.
aranya *f* Spinne *f* | *fig* Kronleuchter, Lüster *m* | *fam desp* Habgierige(r *m*) *m/f*, *pop* Raffzahn *m* | *crust* Meer-, Seespinne *f* | *ict* Drachenfisch *m* | *bot* Damaszener Schwarzkümmel *m* | *~ d'aigua* Wasserspinne *f* | *~ domèstica* Hausspinne *f* | *~ de forat* (*fig*) Eigenbrötler *m* | *tela d'~* = **teranyina**.
arany|ó *m* Schlehe *f* (*Frucht*) | **~oner** *m bot* Schwarz- *od* Schleh-dorn *m*, Schlehe *f*.
aranzel *m* Zoll(tarif) *m* | Warensteuertabelle *f* | **~ari** (**-ària** *f*) *adj* Zoll... | *drets ~s* Zölle *m pl*.
araucà (**-ana** *f*) *adj* araukanisch || *s/mf* Araukaner(in *f*) *m* | **~ria** *f bot* Araukarie *f* | Zimmertanne *f* («excelsa») | Chilefichte *f* («araucana»).
arbitra|ció *f* Schlichtung *f* | **~dor** *adj: jutge* ~ Schiedsrichter *m* | **~l**(**ment** *adv*) *adj* (*m/f*) schiedsrichterlich | Schieds... | **~ment** *m* Schlichtung *f* | Schiedsverfahren *n*; Schiedsspruch *m* | **~r** (33) *vt* (*e-n Streit*) schlichten | (*e-n Schiedsspruch*) fällen | schiedsrichtern (bei *dat*) | (*Geldmittel*) beibringen; bewilligen | (*Lösung, Theorie*) ausdenken, ersinnen | *esport* Schiedsrichter sein (bei *dat*); (*Fußballspiel*) *umg* pfeifen; (*Kampf*) leiten | **~ri** (**-ària** *f*, **-àriament** *adv*) *adj* beliebig, nach Gutdünken | willkürlich, eigenmächtig, nach Ermessen | *lit* arbiträr | **~rietat** *f* Willkür *f* | Willkürakt *m*, -maßnahme *f* | **~tge** *m* (*bes Arbeitsrecht*) Schlichtung *f* | (*Privat-, Völkerrecht*) Schiedsgerichtsbarkeit *f*; Schiedsrichteramt *m* | *econ* Arbitrage *f*.
àrbitre (**-a** *f*) *m* (*bes Arbeitsrecht*) Schlichter(in *f*) *m* | *dr esport* Schiedsrichter(in *f*) *m* | *esport a.* Unparteiische(r *m*) *m/f*; (*Boxen*) Ringrichter(in *f*) *m*; (*Ringen, Judo*) Kampfrichter(in *f*) *m* | *fig* Herr, Gebieter *m* (*de* über *ac*).
arbitri *m* Belieben, Gutdünken, Ermessen *n* | Schiedsspruch *m* | *adm* Gemeinde-abgabe, -steuer, -gebühr *f* | *lliure* od *franc* ~ freier Wille *m*, freies Ermessen *n* | *deixar u/c a l'~ d'alg* etw in j-s Ermessen stellen; etw j-s Gutdünken überlassen.
arbo|ç *m bot* Erdbeerbaum *m* | *cirera d'~* Meerkirsche *f* (*Beere des Erdbeerbaumes*) | **~ça** *f* Meerkirsche *f* | **~çar** *m*, **~ceda** *f* Erdbeerbaumgebüsch *n* | **~cer** *m* = **arboç**.
arbor|ada *f* = **~adura**, **~adura** *f nàut* Bemastung *f* | **~ar** (33) *vt nàut* bemasten | *nàut* (*Flagge*) hissen | (*Leiter*) anlehnen, aufrichten | (*Wogen*) aufpeitschen | (*Feuer*) auf-schlagen, -lodern lassen | *fig* stark erregen; erzürnen, aufbringen | **~ar-se** *v/r s.* (auf)bäumen | auf-lodern, -lohen (*Feuer*) | aufbranden, hochschlagen (*Meer*) | *fig s.* stark erregen; auf-brausen, -fahren | *~ d'amor* in Liebe erglühen | *~ de set* vor Durst vergehen | **~eda** *f* = **arbreda**, **~escència** *f* baumartiger Wuchs *m* | verästelte, baumförmige Kristallbildung *f* | **~escent** *adj* (*m/f*) baum-artig, -förmig | verzweigt, verästelt | *falguera ~* Baumfarn *m* | **~ètum** *m bot* Arboretum *n* | **~i** (**-òria** *f*) *adj* Baum ... | baumähnlich | **~ícola** *adj* (*m/f*) auf Bäumen lebend | **~icultor**(**a** *f*) *m* Baumzüchter(in *f*) *m* | **~icultura** *f* Baumzucht *f* | **~iforme** *adj* (*m/f*) baumförmig | **~ització** *f min* verästelte, baumförmige Maserung *f* | *anat* Verästelung *f* (*der Kapillaren od der Nervenfasern*).
arbr|ar (33) *vt* mit Bäumen bepflanzen | **~ar-se** *v/r* zu e-m Baum heranwachsen | **~at** (**-ada** *f*) *adj* baumbestanden || *s/m* Baumbestand *m* | **~atge** *m* = **~at** | = **arboradura** | **~e** *m* Baum *m* | *nàut a.* Mast(baum) *m* | *tecn a.* Welle, Achse *f* | *gràf* Kegelhöhe *f* | (*Wendeltreppe*) Spindel *f* | *~ blanc* = **àlber** | *~ cigonyal* = **cigonyal** | *~ de la ciència del bé i del mal* (*bíbl*) Baum *m* der Erkenntnis | *~ de la creu* (*ecl*) Kreuzesstamm *m* | *~ de l'amor* od *de Judes* Judasbaum *m* | *~ de la vida* (*bíbl*) Baum *m* des Lebens; *bot* = **tuia**

arbuixell

~ de maig (*folk*) Maibaum *m* | ~ de Nadal Weihnachts-, Christ-baum *m* | ~ del viatger Baum *m* der Reisenden | ~s de ribera Weidengewächse *n pl* | ~s fruiters Obstbäume *m pl* | ~ genealògic Stammbaum *m* | ~ mestre (*nàut*) Haupt-, Groß-mast *m* | **~eda** *f* Baum-gruppe, -pflanzung *f* | **~eforc** *m*: fer l'~ e-n Kopfstand mit gegrätschten Beinen machen | **~ell**, **~et**, **~issó** *m* Bäumchen *n*.

arbu|ixell *m* Sträuchlein *m* | **~st** *m* Strauch, Busch *m*, *südd a.* Staude *f* | **~stiu** (**-iva** *f*) *adj* Strauch... | strauchig | strauchartig.

arc *m* Bogen *m* | *mat a.* Arkus, Arcus *m* | *mús* = **arquet** | *anat:* ~ aòrtic (*crural*) Aorten-(Schenkel-)bogen *m* | ~ del peu Fußgewölbe *n* | *arquit:* ~ apuntat *od* ogival Spitzbogen *m* | ~ de ferradura (*de mig punt*) Hufeisen-(Rund-)bogen *m* | ~ de triomf Triumphbogen | *elect:* ~ voltaic Lichtbogen *m* | llum d'~ Bogenlampe *f* | *esport:* tir amb ~ Bogenschießen *n* | *geom:* ~ de circumferència Kreisbogen *m* | *meteor:* ~ de sant Martí, ~ iris *od* ~ del cel Regenbogen *m* | *mús:* instruments d'~ Streichinstrumente *n pl*.

arç *m bot* Weiß-, Hage-dorn *m* | ~ blanc Eingriffelige(r) Weißdorn *m* | ~ de tanques Mittelmeer-Bocksdorn *m* | ~ groc Sand-, Strand-dorn *m* | ~ negre = **aranyoner** | **~a** *f* nord-cat = **esbarzer**.

arc|a *f* Kasten *m*, Truhe, Lade *f* | *bibl:* l'~ de l'aliança die Bundeslade *f* | l'~ de Noè die Arche *f* Noah | **~à** (**-ana** *f*) *adj* verborgen, geheim || *s/m* Arkanum, Geheimnis, Geheimmittel *n*.

arcab|ús *m* (*pl* -*ussos*) Arkebuse, Hakenbüchse *f* | **~usser** *m* Arkebusier *m* | Büchsenmacher *m*.

arcada *f arquit* Arkade *f*.

arcàdi|a *f* Arkadien *n* | **~c** *adj* arkadisch.

arca|ic *adj* archaisch | (*Wort, Ausdruck*) *a.* veraltet | archaistisch | *geol* archäisch | era **~a** (*geol*) Erdfrühzeit *f* || *s/m geol* Archäozoikum, Archaikum, Archäikum *n* | **~isme** *m* Archaismus *m* | **~ïtzant** *adj* (*m/f*) archaisierend | **~ïtzar** (33) *vi* archaisieren.

arcàngel *m* Erzengel *m*.

arcar(-se) (33) *vt*(/*r*) = **arquejar(-se)**.

arçar *m* (Weiß)Dorngebüsch *n*.

arena

arcbotant *m arquit* Strebebogen *m*.

arçó *m* Sattelbogen *m*.

arcont *m hist* Archon(t) *m*.

arc|osoli *m arquit* Arkosol *n* | **~osinus** *m mat* Arkussinus *m* | **~otangent** *m mat* Arkustangens *m* | **~uació** *f* Krümmung, Wölbung *f* | *arquit* Bogenfries *m* | **~ual** *adj* (*m/f*) Bogen...

ardat *m* Bande, Horde *f*.

ard|ència *f* = **ardor** | *med* = **pirosi** | **~ent**(**ment** *adv*) *adj* (*m/f*) *a.* fig brennend, heiß, glühend | *fig a.* feurig, heftig; inbrünstig | **~entor** *f* = **ardor**.

ardiaca *m ecl* Archi-, Erz-diakon *n*.

ardi|desa *f* Kühnheit, Verwegenheit *f*, Wagemut *m* | fer l'~ de + *inf* die Kühnheit haben, zu + *inf* | **~ment** *m* = **~desa** | **~t**[1] (**-ida** *f*) *adj* kühn, verwegen || *s/m* List *f* | Trick, Kunstgriff *m* | *ant* Kunde, Nachricht *f*.

ardit[2] *m hist* Scheidemünze *f*.

ardor *m/f a.* fig Glut, Hitze *f* | *fig a.* Feuer *n*, Heftigkeit *f* | en l'~ de la batalla in der Hitze des Gefechts | l'~ de la set brennender Durst | **~ós** (**-osa** *f*, **-osament** *adv*) *adj bes fig* = **ardent**(**ment**) | un cavall ~ e. feuriges Pferd *n*.

ardu (**àrdua** *f*, **àrduament** *adv*) *adj* (*Anstieg*) steil | anstrengend, schwierig, mühselig | **~ïtat** *f* Schwierigkeit *f* | Mühsal *f*.

àrea *f* Fläche *f*, Gebiet *n*, Gegend, Zone *f* | Gelände *n* | bes cient Areal *n* | fig Bereich *m*, Gebiet *n* | (*Maß*) Ar *n* | *esport* Torraum *m* | *geom* Fläche(ninhalt *m*) *f* | una ~ de dos quilòmetres quadrats e-e Fläche *od* e. Areal von zwei Quadratkilometern | ~ edificable Bau(erwartungs)land *n*; bebaubare Fläche *f* | ~ de descans (*Autobahn*) Rastplatz *m* | en l'~ de l'estació in der Bahnhofsgegend *f* | l'~ de Barcelona der Raum Barcelona | ~ metropolitana Großstadtbereich *m* | ~ industrial Industriegebiet *m* | ~ monetària Währungsgebiet *n* | l'~ del dòlar der Dollarblock | l'~ de les palmeres das Areal (*od* Verbreitungsgebiet) der Palmen.

are|c (**-ega** *f*) *adj:* un bou ~ e. ackertauglicher Ochse | **~gar** (33) *vt* als Arbeitstier abrichten | (*j-n*) unterweisen, anlernen.

aren|a *f* = **sorra** | *hist fig taur* Arena *f*; (*Zirkus*) *a.* Manege *f* | rellotge d'~ Sanduhr *f* | baixar a l'~ in die Arena steigen | sembrar (*od* llaurar) en l'~

reng auf Sand bauen | ~**aci** (-**àcia** f) adj sandig | Sand... | ~**al** m = **areny**, **sorral** | ~**ar** (33) vt sanden, mit Sand bestreuen | mit Sand abreiben | ~**ària** f bot Sandkraut n.

reng m ict Hering m | ~ **salat** Salzhering m | ~**a** f Ansprache, anfeuernde Rede f | ~**ada** f eingesalzene Sardine f | Salzhering m | ~**ar** (33) vt (e-e Menge) mit e-r Rede anfeuern.

aren|iforme adj (m/f) sandähnlich | ~**ós** (-**osa** f) adj sandig, sandreich | Sand... | ~**y** m Sandfläche f.

ar|èola f anat (umgebendes) Fleckchen n; bes Warzenhof m | bot Areole f | ~**eòmetre** m fís Aräometer n, Senkwaage f.

areòpag m hist Areopag m.

arest|a f bot Granne f | Splitter, Spreißel m | Kante f | **arquit** Grat(leiste f) m | geom Schnittlinie f (zweier Flächen) | geog Gebirgskamm m; Wasserscheide f | ~**ós** (-**osa** f) adj bot borstig | kant. tig.

argamassa f Mörtel m.

argelag|a f bot Stechginster m («Genista scorpius») | ~ **negra** Stutzkelchginster m | ~**ó** m bot (Art) Stechginster m («Genista hispanica»).

argemone f bot Stachelmohn m.

arg|ent m Silber n | ~ **viu** Quecksilber m | d'~ silbern | fig: semblar od (és)ser un ~ viu e. Zappelphilipp sein | ~**entar** (33) vt a. fig versilbern | ~**enter** m Silberschmied m | Juwelier m | ~**enteria** f Silberschmiedekunst, -arbeit f | Silberstickerei f | Silberwaren-, Juwelier-geschäft n | Silberschmiede f | ~**entí**[1] (-**ina** f) adj silbrig | veu argentina silberhelle Stimme | ~**entí**[2] (-**ina** f) adj argentinisch || s/mf Argentinier(in f) m | ~**èntic** adj quím Silber... | bes Silber-II-... | ~**entífer** adj min silberhaltig | ~**entina** f: l'~ Argentinien n | ~**entita** f min Argentit m | ~**entós** (-**osa** f) adj quím Silber... | bes Silber-I-...

argil|a f Lehm, (a. Keramik) Ton m | ~ **refractària** feuerfester Ton m | ~**enc** adj lehmig, tonhaltig | ~**er(a** f) m Lehm-, Ton-grube f | ~**ós** (-**osa** f) adj lehmig, tonig, ton-haltig, -ähnlich | terra argilosa Lehmboden m.

argó m quím Argon n.

argolla f Metallring m | Serviettenring m | hist Halseisen n | tecn Schelle, Klammer f | ~**r** (33) vt mit e-m Ring befestigen | (Flüssigkeit) aufnehmen, schlucken | fig fangen.

argonauta m mit zool Argonaut m.

argot m Argot n, Jargon m, Sondersprache f.

arg|úcia f Spitzfindigkeit f, Sophismus m | ~**uciós** (-**osa** f, -**osament** adv) adj spitzfindig.

argue m nàut (Anker)Spill n | Winsch f | ~**nell** m nàut = **cigala** || pl Traggestell n mit zwei Tragkörben (für Lasttiere).

àrguens m pl Trage f (für Lasttiere).

argüir (37) vi argumentieren, diskutieren, streiten || vt: argüeixen que... sie führen an, daß... | ~ una veritat d'una altra e-e Wahrheit aus e-r anderen folgern | això argüeix malícia das läßt Arglist erkennen.

argument m a. mat Argument n | Beweis(grund) m | Lit cin teat Thema n, Handlung f | ~**ació** f Argumentation, Beweisführung f | ~**al** adj (m/f) argumentativ, Argumentations... | línia ~ Handlungs-ablauf m, -schema n | ~**ar** (33) vi argumentieren || vt: que... argumentieren, daß... | una justificació ben argumentada e-e gut begründete Rechtfertigung.

argus m fig Argus m | ornit Argus-fasan, -pfau m.

ari (**ària** f) adj arisch || s/mf Arier(in f) m.

ària f mús Arie f.

ar|ià (-**ana** f) adj arianisch || s/mf Arianer(in f) m | ~**ianisme** m hist Arianismus m.

àrid adj (Boden) dürr, (a. Klima) trocken, bes geog | arid | fig (Stoff, Stil) trokken, nüchtern; (Leben) freudlos, öd(e).

arid|esa a. ~**itat** f Dürre, Trockenheit, Aridität f | fig Trockenheit, Öde f.

Àries m astr Widder, Aries m.

ariet m hist mil Widder, Sturmbock, Mauerbrecher m | fig esport Mittelstürmer m | tecn Widder m | ~ **hidràulic** hydraulischer Widder, Stoßheber m.

arigany m bot Spitzmorchel f.

aristarc m fig strenger Kritiker m.

arist|ocràcia f Aristokratie f | ~**òcrata** m/f Aristokrat(in f) m | ~**ocràtic** adj aristokratisch.

aristolòquia f bot Österluzei, Pfeifenblume f.

arist|otèlic adj aristotelisch || s/mf Aristoteliker(in f) m | ~**otelisme** m Aristotelismus m | ~**òtil** m Aristoteles m.

arítjol *m bot* Stechwinde *f.*
aritmètic(ament *adv) adj* arithmetisch || *s/mf* Arithmetiker(in *f*) *m* | **~a** *f* Arithmetik *f.*
arítmia *f bes med* Arrhythmie *f.*
arjau *m nàut* (Ruder)Pinne *f.*
arlequ|í *m teat* Harlekin, Hanswurst *m* | *fig a.* wetterwendischer Mensch *m* | *gastr* Zweifrüchteeis *n* | **~inada** *f a. fig* Harlekinade, Hanswurstiade *f* | **~inat** (**-ada** *f*) *adj* bunt-gefleckt, -scheckig.
arlot *m ant* Taugenichts *m, bes* Zuhälter *m* | = **al·lot**.
arm|a *f a. fig* Waffe *f* | Waffe(ngattung), Truppengattung *f* | **~ atòmica** (*od nuclear*) Atom- (*od* Nuklear-) Waffe *f* | **~ biològica** (*convencional, química*) biologische (konventionelle, chemische) Waffe *f* | **~ blanca** Stich-, Hiebwaffe *f* | **~ defensiva** (*ofensiva*) Verteidigungs-(Angriffs-)waffe *f* | **~ de foc** Schußwaffe *f* || *pl:* **a les armes!** zu den Waffen!, an die Gewehre! | *abaixar* (*deposar*) *les armes* die Waffen niederlegen | *alçar-se en armes* s. erheben, s. empören | *carrera d'armes* militärische Laufbahn *f* | *company d'armes* Kriegskamerad *m* | *cridar a* (*od sota*) *les armes* zu den Waffen rufen | *estar sobre les armes* unter (den) Waffen stehen | *fer armes* fechten; kämpfen; Krieg führen | *fer les primeres armes* (*fig*) s. die ersten Sporen verdienen | *fet d'armes* Waffentat *f* | *gent d'armes* Kriegsvolk *n,* Soldaten *m pl* | *llicència d'armes* Waffen-schein *m,* -besitzkarte *f* | *mestre d'armes* Fechtmeister *m* | *passar per les armes* (standrechtlich) erschießen | *plaça d'armes* Exerzierplatz *m* | *prendre les armes* zu den Waffen greifen | *presentar les armes* das Gewehr präsentieren | *retre les armes* die Waffen strecken | *sala d'armes* Fechtsaal *m* | (*Heraldik*) Wappen *n* | **~ada** *f* Kriegsflotte, -marine *f* | *hist: l'~ Invencible* die Unüberwindliche Armada *f* | **~adillo** *m zool* Gürteltier *n* | **~adís** (**-issa** *f*) *adj* leicht aufzustellen | **~ador** *m nàut* Reeder *m* | *hist* = **armer** | **~adura** *f hist* (Ritter)Rüstung *f* | *tecn* Gerüst; Gestell *n,* Armatur *f* | *constr* (Grund)Gerippe *n;* Dachstuhl *m;* (*Beton*) Armierung, Bewehrung *f* | *elect* Anker *m;* Kondensatorplatte *f* | *mús* Vorzeichnung *f* | *nàut* Gerippe *n* | **~ament** *m* Bewaffnung *f* | (Auf-, Aus-)Rüstung *f* | *nàut* Ausrüstung, Bestückung *f* | *cursa d'~s* Wettrüsten *n,* Rüstungswettlauf *m* | *indústria de l'~* Rüstungsindustrie *f* | **~ar** (33) *vt* (be)waffnen, ausrüsten (*de od amb mit dat*) | aufrüsten | (*bes Schiff*) ausrüsten, bestücken | *tecn constr* armieren, bewehren | (*Möbel, Apparat, Gerüst*) aufstellen, montieren | (*Feder*) spannen | (*Bett, Zelt*) aufschlagen | *~ cavaller alg* (*hist*) j-n zum Ritter schlagen | *~ els rems* die Riemen einlegen | *fig: ~ una batussa* e-e Schlägerei anzetteln | *~ gresca od bronquina* Händel suchen, Streit anfangen | *~ soroll od escàndol* Krach schlagen | **~ar-se** *v/r* s. (be)waffnen | (auf)rüsten | *~ fins a les dents* (*fig*) s. bis an die Zähne bewaffnen | *~ per a la guerra* zum Krieg rüsten | *~ d'un ganivet* s. mit e-m Messer bewaffnen | *fig: ~ d'un paraigua* e-n Regenschirm mitnehmen | *~ de paciència* s. mit Geduld wappnen | **~ari** *m* Schrank *m* | *~ cantoner* Eckschrank *m* | *~ de lluna od de mirall* Spiegelschrank *m* | *~ de la roba, ~ rober* Kleiderschrank *m* | *~ de paret* Wandschrank *m* | **~at** (**-ada** *f*) *adj* bewaffnet | gerüstet | ausgerüstet (*de od amb mit dat*) | *tecn constr* armiert, bewehrt | *forces armades* Streitkräfte *f pl* | *resistència armada* bewaffneter Widerstand *n* | *un país ~* e. gerüstetes Land *n* | *robatori a mà armada* bewaffneter Raubüberfall *m* | *formigó ~* Stahlbeton *m* || *s/m* Geharnischter *m* (*bei der Karfreitagsprozession*) | **~ejar** (33) *vi* fechten; kämpfen; Krieg führen.
armella *f* (Eisen-, Holz-)Ring *m* (*bes Türklopfer*).
arm|eni (**-ènia** *f*) *adj* | armenisch || *s/mf* Armenier(in *f*) *m* | *s/m* Armenisch *n* | *l'~* das Armenische | **~ènia** *f* Armenien *n.*
arment *m arc* Rinder- *bzw* Pferde-herde *f.*
armer *m* Waffenschmied, -händler *m* | *hist* Waffenmeister *m* | **~ia** *f* Zeughaus *n,* Waffenkammer *f* | Waffenschmiedekunst *f* | Waffenhandlung *f.*
armilla *f* Weste *f* | *anar fort d'~* viel Geld bei s. haben.
armil·la *f arquit* (*dorisches Kapitell*) Schaftring, Wirtel *m* | *astr* Astrolabium *n* | **~r** *adj* (*m/f*)*: esfera ~* (*astr*) Armillarsphäre *f.*
arm|istici *m* Waffenstillstand *m* | **~ó** *m*

arna

mil hist Protze *f* | **~òria** *f* Heraldik, Wappenkunde *f* | **~orial** *m* Wappenbuch, Armorial *n*.
arna[1] *f entom* Motte *f* | *Bal* (Kopf)Schuppen *pl*.
arna[2] *f* = **rusc** | = **arnot** | **~dí** *m Val* Kürbisgebäck *n* | **~r-se** (33) *v/r* von Motten zerstört (*od* angegriffen) werden | **~t** (**-ada** *f*) *adj* vermottet.
arn|ès *m hist* Harnisch, Panzer *m*, Rüstung *f* | (*Pferd*) Geschirr *n* | **~esat** (**-ada** *f*) *adj* geharnischt, gepanzert.
àrnica *f bot* Arnika *f*, (Berg)Wohlverleih *m* | *tintura d'~* Arnikatinktur *f*.
arnot *m agr* Baumschutz *m*.
arom|a[1] *f* Aroma *n*, Wohlgeruch, Duft *m* | **~a**[2] *f* Duftakazienblüte *f* | **~ar** (33) *vt* = **~atitzar** | **~àtic** *adj a. quím* aromatisch | würzig | wohlriechend | *compost ~* (*quím*) aromatische Verbindung *f*, Aromat *m* | **~atitzant** *m* Aroma(stoff *m*) *n* | **~atitzar** (33) *vt* aromatisieren | **~er** *m bot* Duftakazie *f* | **~ós** (**-osa** *f*) *adj* = **flairós**, **~àtic**.
arpa[1] *f mús* Harfe *f* | *~ eòlica* Äols-, Wind-harfe *f*.
arpa[2] *f* Pranke, Tatze *f* | *fig: fer córrer l'~* s. etw unter den Nagel reißen || *pl agr* Mist-, Heu-gabel *f* | **~da** *f* Pranken-, Tatzen-hieb *m* | **~r** (33) *vt* mit den Pranken packen | zerkratzen | *fig fam* klauen.
arpegi *m mús* Arpeggio *n* | **~ar** (33) *vt* arpeggieren.
arpe|jar (33) *vt* scharren | *agr* eggen, harken | *fig* streifen | **~lla** *f ornit* Rohrweihe *f* | **~lles** *f pl agr* Mistgabel, Forke *f* | **~llut** (**-uda** *f*) *adj zool* krallig, mit Krallen.
arpillera *f* = **xarpellera**.
arpiots *m pl agr* Kartoffel-, Reb-hacke *f*.
arpista *m/f* Harfenist(in *f*) *m*.
arp|ó *m* Harpune *f* | **~onar** (33) *vt* harpunieren | **~oner** *m* Harpunier *m*.
arquebisb|al *adj* (*m/f*) erzbischöflich | **~at** *m* Erz-diözese *f*, -bistum *n* | Amt *n od* Sitz *m* des Erzbischofs | **~e** *m* Erzbischof *m*.
arquegoni *m bot* Archegonium *n*.
arque|ig *m com* Kassen-prüfung *f*, -standnachweis, -abschluß *m* | *nàut* Schiffsvermessung; Tonnage *f*, Tonnengehalt *m* | *~ total* (*net*) Brutto-(Netto-)tonnage *f* | *nàut: certificat d'~* Meßbrief *m* | **~jar**[1] (33) *vt* wölben, (rund)biegen | *~ les celles* die Brauen hochziehen | **~jar-se** *v/r* s. wölben, s. biegen | **~jar**[2] (33) *vt* den Tonnengehalt (*e-s Schiffs*) vermessen | **~lla** *f* Schatulle *f*, Kästchen *n*.
arque|òleg (**-òloga** *f*) *m* Archäologe *m*, -gin *f* | **~ologia** Archäologie *f* | **~ològic** *adj* archäologisch | **~òpterix** *m* Archäopteryx *f/m*.
arque|r *m* Bogenschütze *m* | **~t** *m* (*Säge*) Bügel *m* | *mús* (Streichinstrument) Bogen *m* | *fer l'~* im Weg stehen | **~ta** *f* Schatulle *f*, Kästchen *n*.
arquet|ip *m* Archetyp(us) *m* | Ur-, Vorbild *n* | *biol a.*: Ausgangsform *f* | **~ípic** *adj* archetypisch | **~ipus** *m* = **arquetip**.
arqui|banc *m* Kastenbank *f* | **~lla** *f* (*Möbel*) Sekretäraufsatz *m* | **~mesa** *f* (*Möbel*) Sekretär *m*.
arquitect|e(**ssa** *f*) *m a. fig* Architekt(in *f*) *m* | *despatx d'~* Architektenbüro *n* | **~ònic** *adj* architektonisch | **~ònica** *f* Architektonik *f* | **~ura** *f* Architektur, Baukunst *f*.
arquitrau *m arquit* Architrav, Säulenbalken *m*.
arquivolta *f arquit* Archivolte *f*.
arrabassa|da *f* = **~ment** | Rodung *f* | **~ment** *m* Roden *n* | Ab-, Ent-, Weg-reißen *n* | **~r** (33) *vt* roden | (*Pflanzen*) *a.* entwurzeln | ab-, weg-reißen | *a. fig* entreißen.
arracada *f* Ohrring *m* | *fig fam* Klette *f*; *iròn* sauberer Kerl *m* | *bot* zusammenhängende Kirschen *f pl*; Haselnußkätzchen *n* | *zool* Ziegenbart *m* || *pl bot* Großes Zittergras *n*.
arracona|ment *m* Beiseitesetzung, Verdrängung *f* | Zurückgezogenheit *f* | **~r** (33) *vt* in die Ecke *od* zur Seite rücken, schieben | *a. fig* beiseitelegen, schieben, setzen | *fig a.* aus dem Verkehr ziehen, zum alten Eisen legen; (*j-n*) verdrängen, an die Wand drücken, in den Hintergrund drängen; (*j-n od etw*) links liegenlassen | (*Geld*) beiseite *od* auf die hohe Kante legen | **~r-se** *v/r* s. abkapseln.
arraïma|r-se (33) *v/r* e-e Traube bilden | *fig* s. zusammendrängen | **~t** (**-ada** *f*) *adj* traubenförmig | *fig* dichtgedrängt.
arramadar(**-se**) (33) *vt*(*/r*) (s.) zu e-r Herde scharen, e-e Herde bilden.
arramassar (33) *vt* zusammen-tragen, -lesen.
arramba|dís (**-issa** *f*) *adj* anlehnbar | *fig* anhänglich, klebrig, auf-, zu-dring-

lich | **~dor** *m* Geländer *n* | Brüstung *f* | gr(s) Stützscheit *n* (*im Kamin*) | **~r** (33) *vt* dicht aneinanderstellen | ~ *u/c a u/c* etw dicht an *od* gegen etw stellen *bzw* rücken | *has d'~ més el cotxe a la vorera* du mußt das Auto dichter an den Bürgersteig heranfahren | *fig:* ~ (*amb*) *u/c* etw wegnehmen, an s. reißen | **~r-se** *v/r: arramba't, que ve un cotxe!* geh zur Seite, es kommt e. Auto! | *et deus haver arrambat a la paret* du mußt die Wand gestreift haben | ~ *a alg* s. an j-n (*zudringlich*) heranmachen | **~tge** *m* Tadel *m*, Rüge *f*.
arran *prep* (mst ~ *de*) dicht an, bei, über (*dat bzw ac*); am Rand(e) (*gen*) | *les gavines volaven ~ de l'aigua* die Möwen flogen dicht über dem Wasser | *Castellfollit és ~ d'un precipici* Castellfollit liegt am Rand(e) e-s Abgrunds | *tallar una flor ~ de terra* e-e Blume dicht über dem Boden abschneiden | *fig: la revolta esclatà ~ dels acomiadaments en massa* der Aufstand brach als Folge der Massenentlassungen aus || *adv: tallar els cabells ~* die Haare scheren, ganz kurz schneiden | *segar ~* dicht am Boden (ab)mähen | **~ada** *f* Kahlschnitt *m* | **~ar** (33) *vt* ganz kurz (ab)schneiden | (*Haar*) *a*. scheren | (*Gebäude, Ort*) dem Erdboden gleichmachen.
arrancar (33) *vt oc* = **arrencar**.
arranja|dor *m* *mús* Arrangeur *m* | **~ment** *m* Anordnung *f*, Ein-, Herrichten *n*, *bes mús* Arrangement *n* | *mús a.* Bearbeitung *f* | Vereinbarung, Abmachung *f*, Arrangement *n* | *un ~ floral* e. Blumenarrangement *n* | **~r** (33) *vt* (an)ordnen, ein-, her-richten, *bes mús* arrangieren | *mús a.* bearbeiten | vereinbaren, abmachen | **~r-se** *v/r* s. regeln, s. erledigen | *fam* zurecht-, aus-kommen | *s: arreglar(-se)*.
arrap *m*, **~ada** *f* Kratzer *m* | **~adís** (-issa) *f*) *adj* festkrallend | *plantes arrapadisses* Schlingpflanzen *f pl* | **~ament** *m* Festklammern *n* | *arc* Verzückung *f* | **~ar** (33) *vt* ab-, ent-, weg-reißen | *arc* dahin-, (hin)weg-raffen (*Tod*); verzücken (*Ekstase*) | (zer)kratzen | *s: arrabassar, esgarrapar* | **~ar-se** *v/r* s. anklammern, s. festkrallen (*a* an *dat*) | **~inyar-se** (33) *v/r* = **~ar-se** | **~ós** (-osa *f*) *adj* stachelig.

arras|ador *adj* zerstörerisch, verheerend || *s/m* (*Maß*) Abstreichstange *f* | **~ament** *m* Zerstörung, Verwüstung, Verheerung *f* | *geol* Abtragung *f* | **~ar** (33) *vt* dem Erdboden gleichmachen, zerstören, verwüsten, verheeren | (*Gras*) ganz kurz (ab)mähen | (*Korn*) abstreichen (*beim Messen*) | **~ir-se** (37) *v/r* s. aufklären, s. aufheitern (*Himmel*).
arrastrar (33) *vi* Trumpf ausspielen (*wonach die Mitspieler a. trumpfen müssen*).
arrauli|ment *m* Kauern *n* | **~r-se** (37) *v/r* s. zusammen-kauern, -kuscheln | ~ *de fred* s. vor Kälte zusammenkauern | ~ *a la falda de la mare* s. in Mutters Schoß (zusammen)kuscheln.
arrauxat (-ada *f*) *adj* ungestüm, stürmisch, impulsiv | launisch.
arravata|dament *adv* rasend, überstürzt, wütend | **~ment** *m* Wut *f*, Jähzorn *m* | *dr* Affekt *m* | **~r-se** (33) *v/r* aufbrausen, wutschnauben | außer s. geraten.
arrear(-se) (33) *vt*(*/r*) = **guarnir(-se)**.
arrebossa|r (33) *vt constr* verputzen | *gastr* panieren | verkleiden, decken, einhüllen | **~r-se** *v/r:* ~ *amb u/c* s. in etw einhüllen | **~t** *m constr* (Ver-)Putz *m* | *gastr* Paniermasse *f*.
arrecerar(-se) (33) *vt* (*/r*) (s.) schützen (*vor der Witterung*) | *plovia a bots i barrals, i no podíem arrecerar-nos enlloc* es goß in Strömen, und wir konnten uns nirgends unterstellen | *un indret arrecerat* (*del vent*) e-e (wind)geschützte Stelle | *fig: s'han arrecerat a casa d'uns amics* sie haben bei Freunden Unterschlupf gefunden.
arregla|dament *adv* ordnungsgemäß | **~ment** *m* Regelung, (An)Ordnung *f* | **~r** (33) *vt* regeln, (an)ordnen | ein-, her-richten; in Ordnung bringen; zurechtmachen; ausbessern | vereinbaren, abmachen | *s: arranjar, regular* | *has d'~ la teva vida* du mußt dein Leben regeln *od* in Ordnung bringen | *han arreglat molt bé les habitacions* sie haben die Zimmer sehr schön hergerichtet | *m'haig d'~ les faldilles* ich muß meinen (*bzw* mir den) Rock (ab)ändern | ~ *un casament* e-e Heirat vereinbaren | *encara ho podrem ~* (*fig*) das werden wir noch re-

arregnar

geln können | *això és de bon (mal)* ~ (*fig*) das läßt s. gut *od* leicht (schlecht *od* schwer) einrichten *od* arrangieren | *ja t'-é, jo!* (*fam iròn*) dir werde ich helfen! | **~r-se** *v/r* s. regeln, s. erledigen | s. zurechtmachen, s. herrichten | *fam* zurecht-, aus-kommen; s. zu helfen wissen | *com t'ho has arreglat perquè t'apugin el sou?* wie hast du es geschafft *od* angestellt, e-e Gehaltserhöhung zu bekommen? | *arregla't com puguis!* sieh zu, wie du zurechtkommst! | *ja s'arreglaran!* das ist ihr Problem! | **~t** (**-ada** *f*) *pp/adj*: *portar una vida arreglada* e. geregeltes *od* geordnetes Leben führen | *no són rics, però estan ~s* sie sind nicht reich, aber sie leben in guten Verhältnissen | *quan va arreglada, encara fa goig* wenn sie zurechtgemacht ist, sieht sie noch sehr gut aus | *iròn: estem ben ~s, amb aquest govern!* mit dieser Regierung sind wir bös angeschmiert!

arregnar (33) *vt a. fig* zügeln.

arregussar(-se) (33) *vt* (*/r*) (s.) (auf-, hoch-)krempeln; (s.) umschlagen.

arrel *f a.* mat ling anat Wurzel *f* | mat *a.* (Gleichung) Lösung *f* | *l'~ od les ~s d'una planta* die Wurzel(n) e-r Pflanze | *posar ~s* (*a. fig*) Wurzeln schlagen | *atacar el mal d'~* (*fig*) das Übel an der Wurzel packen | *tallar el mal d'~* (*fig*) das Übel mit der Wurzel ausrotten | *extreure l'~ quadrada* (*cúbica*) *d'un nombre* die Quadrat-(Kubik-)wurzel aus e-r Zahl ziehen | **~am** *m* Wurzel-werk *n* | **~ament** *m* Ein-, Ver-wurz(e)lung *f* | **~ar(-se)** (33) *vi* (*/r*) (an)wurzeln | *a. fig* Wurzeln schlagen, (ver)wurzeln, (s.) einwurzeln | *ens hem arrelat a Horta* wir haben in Horta Wurzeln geschlagen, wir sind in Horta eingewurzelt | **~at** (**-ada** *f*, **-adament** *adv*) eingewurzelt, verwurzelt.

arremangar(-se) (33) *vt* (*/r*) = **arromangar(-se)**.

arrem|esa *f* Ansturm *m* | heftiges Loslaufen, Starten *n* | **~etre** (40) *vi/t*: ~ (*contra*) *alg od u/c* gegen j-n *od* etw anstürmen | *fig:* ~ *contra la corrupció* gegen die Korruption vorgehen.

arremolina|da *f* (Auf)Wirbeln *n* | **~r** (33) *vt* (auf)wirbeln | (*Schafe*) sammeln | **~r-se** *v/r* (auf)wirbeln, (*Wasser*) *a.* strudeln | *fig: una multitud s'ar-*

arrencada

remolinava a l'entrada e-e Menschenmenge drängte s. am Eingang zusammen.

arremorar (33) *vt* aufwiegeln | **~-se** *v/r* s. auflehnen.

arrenca|da *f* Aus-, Ent-, Los-reißen *n* | Start *m* | (plötzliches) Anfahren *n* | Ruck *m* | Anlauf, Anschwung *m* | Schwung(kraft *f*) *m*, Geschwindigkeit *f* | *fig* Aufwallung *f*, Ausbruch *m* | Ausgangspunkt, Anfang *m* | *agafar ~* Anlauf nehmen | *agafar l'~* (*a. fig*) in Schwung kommen | **~dora** *f agr silv* Rodemaschine *f* | **~ment** *m* (Her-)Ausreißen *n* | **~pins** *m* baumstarker Mann, Goliath *m* | *iròn* Zwerg, Dreikäsehoch *m* | **~queixals** *m iròn* Zahnklempner *m* | **~r** (33) *vt* (ab-, aus-, heraus-, ent-, fort-, los-, weg-)reißen | (*Pflanzen, Haar, Feder*) (her)ausreißen; (*Kartoffeln, Rüben*) *a.* aus-hacken, -machen, -graben, (aus)roden; (*Unkraut*) *a.* (aus)jäten; (*Haar, Feder*) *a.* auszupfen | (*Nagel*) herausziehen | (*Zahn*) ziehen | (*Schleim*) aushusten | *fig* ent-reißen, -locken | *ant* = **desembeinar** | *la tempestat ha arrencat moltes oliveres* der Sturm hat viele Ölbäume entwurzelt | ~ *una branca d'un arbre* e-n Zweig von e-m Baum abreißen | *m'han arrencat del llit* sie haben mich aus dem Bett gerissen | ~ *alg de la mort* (*les flames*) j-n dem Tod (den Flammen) entreißen | *el gos li va ~ l'orella d'una mossegada* der Hund riß ihm das Ohr mit e-m Biß ab *od* biß ihm das Ohr ab | ~ *a alg u/c de les mans* j-m etw aus der Hand reißen | ~ *a alg un secret* (*una confessió, una prometença*) j-m e. Geheimnis (e. Geständnis, e. Versprechen) entlocken | ~ *un negoci* e. Geschäft in Gang *od* in Schwung bringen || *vi* s. in Bewegung setzen | starten; anziehen; ab-, los- laufen; ab-, an-, losfahren; antraben, ab-fliegen, -segeln ausgehen (*de* von *dat*); *fig a.* zurückgehen (auf *ac*) | *el cotxe s'ha engegat, però no arrenca* das Auto ist angesprungen, aber es fährt nicht an | *amb el pes de la càrrega, el cavall no podia ~* durch das Gewicht der Ladung konnte das Pferd nicht anziehen | *au, arrenquem, que es fa tard!* los, brechen wir auf, es wird spät! | *els arcs arrenquen de capitells* die Bogen gehen von Kapitellen aus | *el dret català arrenca del romà* das katalanische Recht geht auf das römi-

arrendable — **arribada**

sche zurück || (*Funktionsverb*) ~ *el plor* od *a plorar* in Tränen ausbrechen; losheulen | ~ *el bull* aufkochen, zum Kochen kommen | ~ *a córrer* losrennen | ~**t** (**-ada** *f*) *adj* entschlossen (*Person*) | *una botiga ben arrencada* e. Laden, der gut angelaufen ist.

arrenda|ble *adj* (*m/f*) verpachtbar | vermietbar | ~**dor(a** *f*) *m* Verpächter(in *f*) *m* | Vermieter(in *f*) *m* | ~**ment** *m* Pacht *f* | Verpachtung *f* | Vermietung *f* | Pacht-, Miet-zins *m* | ~**r** (33) *vt* (ver)pachten | (ver)mieten | ~**t** (**-ada** *f*) *adj* vermögend, begütert | ~**tari** (**-ària** *f*) *adj* Pacht... | Miet... || *s/mf* Pächter(in *f*) *m* | Mieter(in *f*) *m*.

arreng|ar(-se), ~**lar(-se)**, ~**lerar(-se)** (33) *vt* (*/r*) (s.) aufreihen.

arrep|apar-se, ~**etellar-se** (33) *v/r*: ~ *en una butaca* es s. in e-m Sessel bequem machen; s. in e-m Sessel breitmachen.

arreple|c *m*, ~**ga** *f* Sammlung, Häufung *f* | *fer* ~ *d'u/c* etw an-häufen, -sammeln | ~**gable** *adj* (*m/f*) auflesbar, auflesenswert | ~**gadís** (**-issa** *f*) *adj*: *aquest mal és molt* ~ diese Krankheit kann man s. leicht holen | ~**gador** *m* Sammler *m* | Kehrschaufel *f* | ~**gadures** *f pl* Rest *m*, Überbleibsel *n* | Abfälle *m pl* | ~**gar** (33) *vt a. fig* (ein-, an-, auf-)sammeln; auflesen; zusammentragen | (*j-n*) erwischen, ertappen | (*Krankheit*) s. holen, s. auflesen | *ens va* ~ *la pluja* wir wurden vom Regen überrascht | ~ *el bestiar* das Vieh in den Stall bringen | ~**gar-se** *v/r* s. (an)sammeln | ~**gat** (**-ada** *f*) *adj u. s/mf*: (*és)ser un* ~ e. Nichts-nutz, -könner *m* sein | *una colla d'~s* e. zusammengewürfelter Haufen *m*.

arrer|a, *oc* ~**e** *adv* = **en(dar)rere**.

arres *f pl* An-, Hand-geld *n* | Brautgeld *n* | Anzahlung *f*.

arrest *m* Festnahme, Verhaftung *f* | Haft *f*, *bes mil* Arrest *m* | ~ *domiciliari* Hausarrest *m* | ~ *major* Gefängnis(strafe *f*) *n* (*1-6 Monate*) | ~ *menor* Haft(strafe) *f* (*1-30 Tage*) | ~**ar** (33) *vt* festnehmen, verhaften.

arreu[1] *adv* hintereinander, ununterbrochen | gleich, sofort | überall | *a tot* ~, *pertot* ~ überall | *vénen d'* ~ *od de tot* ~ sie kommen überallher *od* von überall || ~ *de* (*loc prep*) überall in (*dat*) | ~ *del país* im ganzen Land | ~ *d'Alemanya* in ganz Deutschland |

~ *del món* auf der ganzen Welt.

arreu[2] *m* = **arada** || *pl* Putz, Schmuck *m* | (*Pferde*) Geschirr *n* | Zubehör *n*.

arreveure *m* Abschied *m* | *donar l'*~ Abschied nehmen, s. verabschieden.

arri! *int* hü!, vorwärts!

arri|à (**-ana** *f*) *adj* = **arià** | ~**anisme** *m* *hist* = **arianisme**.

arriar[1] (33) *vt* (*Lasttiere*) antreiben | (*Wagen*) ziehen || *vi fam* schnell gehen *od* fahren.

arriar[2] (33) *vt* (*Leine*) Lockerlassen | *nàut* fieren, niederlassen | (*Segel*) streichen | (*Fahne*) nieder-, ein-holen.

arrib|ada *f* Ankunft *f*, Eintreffen *n* | *l'hora d'~ d'un tren* die Ankunftszeit *f* e-s Zuges | *línia d'*~ (*esport*) Ziellinie *f* | *donar la bona* ~ *a alg* j-n willkommen heißen | *d'*~ als erstes, zuerst | ~**ar** (33) *vi* ankommen, eintreffen | (*Zug, Schiff*) *a.* einlaufen, einfahren | (*Post*) *a.* einlaufen | (*Zeit, Gelegenheit*) kommen | *van* ~ *ahir* sie sind gestern angekommen | *hem arribat bé* wir sind gut angekommen | *va* ~ *corrents* er kam angerannt | *arribeu just a temps* ihr kommt gerade rechtzeitig | *ha arribat una carta per a tu* es ist e. Brief für dich gekommen | ~ *a casa* nach Hause kommen; zu Hause ankommen | *ja hi arribem!* wir sind gleich da! | ~ *a Barcelona* (*a l'aeroport*) in Barcelona (am Flughafen) ankommen | *a quina via arriba el tren?* auf welchem Gleis fährt *od* läuft der Zug ein? | *hem arribat fins a la font* wir sind bis zur Quelle gekommen | *l'aigua va* ~ (*fins*) *al tercer esglaó* das Wasser reichte bis zur dritten Stufe | *amb la mà arribo al sostre* mit der Hand reiche ich bis an die Decke || *fig: aquest xicot* ~*à lluny* (*a president*) dieser Junge wird es weit (bis zum Präsidenten) bringen | *va* ~ *als cent anys* er erreichte das Alter von hundert Jahren | *no* ~*é a vell* ich werde nicht alt werden | *hem arribat als mil socis* wir haben es auf tausend Mitglieder gebracht | *els espectadors no arribaven a una vintena* es waren nicht einmal zwanzig Zuschauer | ~ *a una conclusió* (*a un acord*) zu e-m Schluß (e-r Einigung) kommen | *els diners no ens* ~*an fins a final de mes* das Geld wird uns nicht bis zum Monatsende reichen | *és massa car; no hi arribo* es ist zu teuer; ich habe nicht genug Geld dafür | *arribi el que arribi* was auch im-

mer kommen mag || ~ *a + inf:* ~*à a aconseguir-ho* letzten Endes wird er es erreichen | *no arribo a veure-ho bé* ich kann es nicht richtig sehen | *no arribo a veure-ho clar* ich schaue da nicht ganz durch | *si ho arribo a saber...!* hätte ich das gewußt,...! | *ha arribat a (és)ser molt ric* er ist mit der Zeit sehr reich geworden | *que n'arribes a (és)ser, de ximplet!* was für e. Dummerchen du bist! | *han arribat a dir que ...* sie haben sogar gesagt, (daß) ... | **~ar-se** *v/r:* *al forn* (schnell) mal zum Bäcker rübergehen, -schauen | *m'hi arribaré en un salt: i li ho diré* ich werde auf e-n Sprung dort vorbeigehen u. es ihm sagen | **~isme** *m* Strebertum *n* | **~ista** *m/f* Emporkömmling, Parvenü, Postenjäger *m*.
arri|er *m* = **traginer** | **~esa** *f Bal* = **asenada** | **~et** *m Bal* = **asenet**.
arrima|dor *m* (Wand)Sockel, Wandschutz *m* | **~r**[1] (33) *vt* heranrücken, anlehnen (*a en ac*) | stapeln | **~r-se** *v/r* s. anlehnen (*a an ac*) | *fig:* ~ *a alg* s. in j-s Schutz begeben.
arrimar[2] (33) *vt* reimen.
arrisca|r (33) *vt a. fig* riskieren, wagen | aufs Spiel setzen, gefährden | **~r-se** *v/r: va ~ molt* er riskierte viel, er ging e. großes Risiko ein | ~ *a fer u/c* es riskieren, etw zu tun | *s'arrisquen a perdre-ho tot* sie riskieren dabei, alles zu verlieren | **~t (-ada** *f*, **-adament** *adv*) *adj* gefährlich, riskant | waghalsig, tollkühn.
ariss|ada *f* Kräuselung *f* | *fig fam* Nepp *m* | **~ar** (33) *vt* (*Haar*) locken, in Locken legen; eindrehen, aufwickeln; (*a. Wasser*) kräuseln | *fam:* ~ *alg* j-n übers Ohr hauen; *Bal* j-n versohlen | **~ar-se** *v/r* s. locken; s. kräuseln | **~at (ada** *f*) *adj* lockig; kraus, gekräuselt | *cabell* ~ krauses Haar, Kraushaar *n*.
arrodolar (33) *vt/i* kullern, rollen.
arrodoni|ment *m* (Ab)Runden *n* | **~r** (37) *vt a. fig* abrunden | (*Zahl, Betrag*) *a.* aufrunden | **~r-se** *v/r* rund *od* rundlich werden.
arroentar (33) *vt* zum Glühen bringen, glühen.
arrog|ació *f dr* Anmaßung *f* | ~ *de funcions* Amtsanmaßung *f* | **~ància** *f* Dünkel *m*, Anmaßung, Überheblichkeit, Arroganz *f* | **~ant(ment** *adv*) *adj* (*m/f*) anmaßend, dünkelhaft, überheblich, arrogant | **~ar-se** (33) *v/r* s. anmaßen.
arromançar (33) *vt* (*Text*) in die (romanische) Volkssprache übertragen.
arromangar(-se) (33) *vt* (*/r*) (s.) auf-, hoch-krempeln | (s.) schürzen (*Rock, Kleid*).
arrombollar(-se) (33) *vt* (*/r*) = **arremolinar(-se)**.
arronsa|da *f*, **~ment** *m* Schrumpfen *n*, Eingehen *n* | ~ *d'espatlles* Achselzukken *n* | **~r** (33) *vt* (*Glieder*) anziehen, einziehen | (*Brauen, Nase, Stirn*) = **arrufar** | ~ *les espatlles* die Achseln zucken | **~r-se** *v/r* schrumpfen | *fig* klein beigeben, nachgeben | ~ *d'espatlles* mit den Schultern *od* Achseln zucken | ~ *de fred* s. vor Kälte zusammenkauern | *se li ha arronsat el melic* (*fig*) er hat es mit der Angst zu tun bekommen.
arrop *m* Mostsirup *m*.
arròs *m* (*pl -ossos*) Reis *m* | *d'*~ (*fig fam*) umsonst, frei.
arrosar (33) *vt lit* besprengen | berieseln.
arrossa|da *m* Reisessen *n* | **~ire** *m/f* Reis-bauer *m*, -bäuerin *f* | Reisverkäufer(in *f*) *m* | *fig fam* Schnorrer, Nassauer *m* | **~r** *m* Reisfeld *n* | **~r-se** (33) *v/r fam* schnorren, nassauern, herumschmarotzen.
arrossega|da *f* Schleppen, Schleifen *n* (*bes auf einmal*) | **~ment** *m* Schleppen, Schleifen *n* | Kriechen *n* | *pesca d'*~ Fischerei *f* mit Schleppnetz | **~ll** *m* (Mit-, Nach-)Geschleppte(s) *n* | (*Kleid*) Schleppe *f* | *a l'*~ (*Fischerei*) mit Schleppnetz | **~r** (33) *vt a. fig* (ab-, fort-, her-, herbei-, hin-, mit-, nach-, weg-)schleppen, schleifen | *a. fig* s. (mit etw *dat*) schleppen | in Schlepp nehmen | *a. fig* im Schlepp haben, mit s. bringen, nach s. ziehen | ab-, an-schwemmen (*Wasser*) | ~ *els peus* schlurfen | ~ *una cama* e. Bein nachziehen | ~ *la veu* od *les paraules* schleppend sprechen | ~ *alg pel fang* (*fig*) j-n durch den Schmutz ziehen || *vi* (auf dem Boden) schleppen, schleifen | **~r-se** *v/r* kriechen (*a. Tiere*), s. schleppen | *a. fig* s. (da)hinschleppen; s. hinziehen | ~ *per un lloc* (*fig*) an e-m Ort herumlungern | ~ *als peus d'alg* (*fig*) vor j-m kriechen.
arrosser *adj* Reis... | *s/m/f* = **arrossaire**.
arrossina|r(-se) *vt* (*/r*) *fam* klepperähnlich, hinfällig, elend machen (wer-

den) | **~t** (**-ada** *f*) *pp/adj fam*: *un cavall ~* e. ausgemergeltes Pferd *n* | *un vell ~* e. verkommener Alter *m* | *un vestit ~* e. schäbiger Anzug *m*.
arrova *f* = **rova**.
arruar-se (33) *v/r* (*zu e-m Fluß, Bach*) zusammenfließen | *fig: una gentada s'arruava cap a l'estadi* e-e Menschenmenge strömte zum Stadion.
arrufa|r (33) *vt* (*Stoff*) kräuseln, krausen, fälteln | (*Brauen*) hochziehen | (*Stirn*) runzeln, krausen | (*Nase*) rümpfen, krausen | **~r-se** *v/r* = **estarrufar-se** | **~t** *m tèxt* Kräuselarbeit *f*.
arruga *f* Runzel, (Haut)Falte, Furche *f* | (*Stoff, Papier*) Knitter *m*, Falte *f* | *fer arrugues* Falten schlagen *od* werken | **~r** (33) *vt* falten, fälteln | (zer)knittern | **~r-se** *v/r* s. runzeln, s. falten | knittern, krausen | **~t** *m* = **arrufat**.
arruïnar (33) *vt a. fig* zerstören | *fig* ruinieren, zugrunde richten | **~-se** *v/r* s. ruinieren, zugrunde gehen.
arruix *int reg* sch!, weg da! | **~ar**[1] (33) *vt reg* (*Vieh, Vögel*) (fort-, ver-, weg-)scheuchen.
arruixar[2] (33) *vt* = **ruixar**.
arruixat (**-ada** *f*) *adj* = **arrauxat**.
arrumbar (33) *vi bes nàut* Kurs halten, zusteuern (*cap a* auf *ac*).
arrupir-se (37) *v/r* s. zusammenkauern | *els ocells s'arrupeixen per dormir* Vögel kauern s. zum Schlafen zusammen.
arsenal *m* Arsenal, Waffenlager *n* | Rüstwerft *f* | *fig* Arsenal *n*, Fundgrube, Mine *f*.
ars|ènic *m* Arsen *n* | Arsenik, Arsenoxyd *n* || *adj*: *àcid ~* Arsensäure *f*; arsenige Säure *f* | **~enicisme** *m med* Arsenvergiftung *f* | **~enita** *f m* Arsenolith *m* | **~enopirita** *f min* Arsenkies *m*.
art[1] *m/f* (*pl*: *f*) Kunst *f* | *a*. Geschick *n*, Fertigkeit *f*; Gewerbe *n*; Kunstlehre, Methode *f*; Mittel *n*; *mst pl* Kniff, Schlich, Kunstgriff *m*, List *f* | *l'~ de viure* (*bé*) die Lebenskunst *f* | *l'~ de conversar* die Kunst *f* der Unterhaltung | *l'~ culinari* od *culinària* die Kochkunst *f* | *l'~ militar* od *de la guerra* die Kriegskunst *f* | (*el ram d'*) *~s gràfiques* das graphische Gewerbe *n* | *~s aplicades* od *industrials* angewandte Kunst *f*, Kunstgewerbe *n* | *escola d'~s i oficis* Gewerbeschule *f* | *hist: les ~s* (*liberals*) die (Sieben) Freien Künste *f pl* | *hist: les ~s me-*

càniques od *manuals* die Handwerkskünste *f pl* | *les ~s plàstiques* die bildende(n) Kunst *f* (Künste *pl*) | *les* (*belles*) *~s* die (schönen) Künste *f pl* | *la ceràmica és una ~ aplicada* Keramik ist angewandte Kunst *f* | *~ poètica* Poetik *f* (*Lehrbuch*) | *fer u/c amb* (*sense*) *~* etw kunst-voll (-los) machen | *ha desplegat totes les seves ~s per seduir-lo* sie hat alle ihre Künste spielen lassen, um ihn zu verführen | *ho han aconseguit amb males ~s* sie haben es mit List u. Tücke erreicht | (*com*) *per ~ d'encantament* od *de màgia* wie durch Zauber-hand od -schlag | *no tenir ~ ni part en u/c* nicht an etw (*dat*) beteiligt sein || *m col* (schöpferische, bes bildende) Kunst *f* | *l'~ i la ciència* (*literatura*) Kunst u. Wissenschaft (Literatur) | *l'~* català (*modern, sacre*) die katalanische (moderne, sakrale) Kunst *f* | *l'~ popular* die Volkskunst *f* | *~ abstracte* (*figuratiu*) abstrakte (gegenständliche) Kunst *f* | *l'~ del Renaixement* (*del segle XX*) die Kunst *f* der Renaissance (des 20. Jahrhunderts) | *l'~ dramàtic* die darstellende Kunst *od* Schauspielkunst *f* | *el setè ~* die zehnte Muse, die Filmkunst *f* | *història de l'~* Kunstgeschichte *f* | *exposició* (*col·lecció, crítica*) *d'~* Kunstausstellung (-sammlung, -kritik) *f* | *obra d'~* (*a. fig*) Kunstwerk *n* || *m hist* Zunft *f*.
art[2] *m* (*Fischerei*) (Fang)Netz *n* | *~ d'arrossegament* Schleppnetz *n* | *~ de deriva* Treibnetz *n*; Schwimmschleppnetz *n* | *~ de fons* Grund(schlepp-)netz, Trawl *n* | *~ d'encerclament* Ringwade *f*.
artefacte *m a. biol* Artefakt *n* | *p ext* Apparat *m*, Maschine *f* | *~ explosiu* Sprengkörper *m*.
artell *m* (Finger-, Zehen-)Knöchel *m*.
artemísia *f bot* Beifuß *m*, Edelraute *f*.
arter|(ament *adv*) *adj lit* (hinter-, arg-)listig, verschlagen | **~ia** *f lit* (Hinter-, Arg-)List, Verschlagenheit *f*.
art|èria *f* Arterie, Schlagader *f* | *circ* Verkehrsader *f* | **~erial** *adj* (*m/f*) arteriell, Arterien... | **~eriós** (**-osa** *f*) *adj* = **~erial** | **~eriosclerosi** *f med* Arteriosklerose, Arterienverkalkung *f* | **~erioscleròtic** *adj* arteriosklerotisch | **~eritis** *f med* Arteriitis, Arterienentzündung *f*.
arte|rós (**-osa** *f*, **-osament** *adv*) *adj* = **ar-**

artesià 126 **asafètida**

ter(ament) | **~sà (-ana** *f*) *adj* Handwerks..., handwerklich || *s/mf* (Kunst-)Handwerker(in *f*) *m* | **~sanal** *adj* (*m/f*) = **~sà** | **~sanat** *m* Handwerkerschaft *f* | **~sania** *f* (Kunst)Handwerk *n* | = **~sanat** | *sabates d'~* handgearbeitete Schuhe.
artesià (-ana *f*) *adj geol: pou* ~ artesischer Brunnen *m*.
artet *m* (*Küstenfischerei*) kl(s) Treibnetz *n*.
àrtic *adj* arktisch | *cercle* ~ nördlicher Polarkreis *m* | *l'oceà* ~ od *l'*~ das Nordpolarmeer *n*.
article *m* Artikel *m* | (*Vertrag, Gesetz*) *a*. Paragraph *m*, Abschnitt *m* | (*Zeitung, Sammelschrift*) *a*. Beitrag *m* | *com a.* Ware *f* | *ling a.* Geschlechtswort *n* | *bot ins* Glied *n* | = **artell** | ~ (*in*)*definit* (ling) (un)bestimmter Artikel *m* | ~ *de fe* (*ecl*) Glaubens-artikel, -satz *m* | ~ *de fons* (*Presse*) Leitartikel *m* | ~*s de primera necessitat* Bedarfsartikel *m pl*; Grundnahrungsmittel *n pl* | *en l'*~ *de la mort* an der Todesschwelle *f* | *fer l'*~ *d'alg* od *d'u/c* für j-n *od* etw die Werbetrommel rühren.
articula|ció *f* Gliederung *f* | Verbindung *f* | *anat tecn* Gelenk *n* | *ling mús* Artikulation *f* | **~r**¹ (33) *vt* gliedern | (*durch e. Gelenk*) miteinander verbinden | *ling mús* artikulieren | **~r**² *adj* (*m/f*) *anat* artikular, Gelenk... | *reumatisme* ~ Gelenkrheuma *n* | **~t (-ada** *f*) *adj* gegliedert | Gelenk..., Glieder... | artikuliert | *llenguatge* ~ artikulierte Sprache *f* | *tren* ~ Gelenkzug *m* | *nina articulada* Glieder-, Gelenk-puppe *f* | *s/m: l'*~ *d'una llei* die Artikel *m pl* e-s Gesetzes || *s/m pl zool* Gliedertiere *n pl* | **~tori (-òria** *f*) *adj* artikulatorisch, Artikulations...
articulista *m/f* Artikelschreiber(in *f*) *m*; Kolumnist(in *f*) *m*.
art|ífex *m/f* (*pl* -xs) Kunsthandwerker(in *f*) *m* | *fig* Urheber(in *f*); Schöpfer(in *f*) *m* | **~ifici** *m* Kniff, Trick, Kunstgriff *m* | Blendwerk *n* | Kunststück *n* | *focs d'*~ Feuerwerk *n* | **~ificial(ment** *adv*) *adj* (*m/f*) künstlich | Kunst... | *llum* (*ull*) ~ künstliches Licht (Auge) *n* | *flor* ~ künstliche Blume, Kunstblume *f* | *seda* ~ Kunstseide *f* | *alimentació* ~ künstliche Ernährung *f* | *focs ~s* Feuerwerk *n* | *una alegria* ~ e-e künstliche, gekünstelte *od* gezwungene Heiterkeit *f* | **~ificialitat** *f* Künstlichkeit *f* | Künstelei *f* | **~ifi-**

cier *m mil* Feuerwerker *m* | **~ificiós (-osa** *f*, **-osament** *adv*) *adj* gekünstelt, unnatürlich, unecht.
artig|a *f* Rodung *f*; Urbarmachung *f*; *reg* Brachfeld *n* | *fer* ~ roden | **~aire** *m* Roder; Rodungsbauer *m* | **~ar** (33) *vt* roden, urbar machen | **~uer** *m*=**~aire**.
artill|ar (33) *vt mil* bestücken | **~er** *m* Artillerist *m* | Kanonier *m* | **~eria** *f* Artillerie *f* | Geschütz(ausrüstung *f*) *n* | ~ *antiaèria* Flak(artillerie) *f* | ~ *de campanya* Feldartillerie | *peça d'*~ Geschütz *n*.
art|ista *m/f a.* *fig* Künstler(in *f*) *m* | (*bes Zirkus, Varieté*) Artist(in *f*) *m* | *un* ~ *de cine* (*fam*) e. Filmschauspieler *m* | **~ístic(ament** *adv*) *adj* künstlerisch | artistisch | kunstvoll | *temperament* ~ Künstlertemperament *n*.
artr|àlgia *f med* Arthralgie *f*, Gelenkschmerz *m* | **~ític** *adj med* Gelenk... arthritisch *s/mf* Arthritiker(in *f*) *m* | **~itis** *f med* Arthritis, Gelenkentzündung *f* | **~òpodes** *m pl zool* Gliederfüßer *m pl*, Arthropoden *pl* | **~osi** *f med* Arthrose *f*.
arvense *adj* (*m/f*) (*Unkraut*) Feld..., Acker...
arxi|canceller *m hist* Erzkanzler *m* | **~diòcesi** *f ecl* Erzdiözese *f* | **~duc** *m* Erzherzog *m* | **~ducat** *m* Erzherzogtum *n* | **~duquessa** *f* Erzherzogin *f* | **~episcopal** *adj* (*m/f*) erzbischöflich | **~fonema** *m ling* Archiphonem *n* | **~mandrita** *m ecl* Archimandrit *m* | **~pèlag** *m* Archipel *m*, Inselgruppe *f* | **~prest** *m* Erzpriester *m*.
arxi|u *m* Archiv *n* | Registratur *f* | ~ *de cinema* Filmarchiv *n* | *materials d'*~ Archivalien *pl* | *foto d'*~ Archivbild *m* | **~vador** *m* Akten-schrank *m*, -regal *n* | Karteikasten *m* | (Akten)Ordner *m* | **~var** (33) *vt* archivieren (*Akten, Briefe*) ablegen | *fig fam* zu den Akten legen, *lit* ad acta legen; über etw (*ac*) die Akten schließen | **~ver(a** *f*) *m* Archivar(in *f*) *m* | **~vista** *m/f* = **~ver** | **~ístic** *adj* archivalisch || *s/f* Archivkunde, Archivistik *f* | **~vologia** *f* = **~vística**.
as *m* (*Karten*) As *n*; (*deutsches Kartenspiel*) *a*. Daus *m* | (*Würfel*) Eins *f* | *fig bes esport* As *n*, Meister *m*, *umg* Kanone *f* | *hist* As *m* | *nàut*: ~ *de guia* Achtknoten *m*.
asa|fètida *f* = **assafètida** | **~rina** *f bot* Löwenmaul *n* («asarina»).

asbest *m min* Asbest *m* | **~osi** *f med* Asbestose *f*.
asc *m bot* Askus *m*.
àscari *m hist* Askari *m*.
ascàride *f zool* Spulwurm *m*.
ascen|dència *f* Abstammung, Herkunft; Ahnenreihe *f* | Vorfahren *m pl a. astr* Aszendenz *f* | **~dent** *adj* (*m/f*) aufsteigend | *astr: node ~* aufsteigender Knoten *m* || *s/m/f* Vorfahr(in *f*) *m*, Ahn(e *f*) *m*, Aszendent(in *f*) *m* || *s/m astr* Aszendent *m* | *fig* (moralischer) Einfluß *m* | **~dir** (37) *vi a. fig* aufsteigen | (*im Rang*) *a.* befördert werden | *astr* aszendieren, aufgehen | *Crist va ~ al cel* Christus fuhr zum Himmel auf | *els costos ascendeixen a un milió* die Kosten belaufen s. auf e-e Million || *vt* befördern (*a* zu *dat*) | *s: pujar* | **~s** *m* Beförderung *f* (*im Rang*) | **~sió** *f* Aufstieg *m* | *astr* Aszendenz *f*, Aufgang *m* | *l'~ a una muntanya* der Aufstieg auf e-n Berg; die Besteigung e-s Berges | *ecl: l'~* (*del Senyor*) (Christi) Himmelfahrt *f* | (*el dia de*) *l'~* Himmelfahrt(stag *m*) *n* | **~sional** *adj* (*m/f*) aufsteigend | *força ~* Auftrieb *m* | **~sor** *m* Aufzug, Fahrstuhl, Lift *m* | **~sorista** *m/f* Fahrstuhlführer(in *f*) *m*; Lift-boy *m*, -mädchen *n*.
asc|esi *f* Askese *f* (*Übung*) | **~eta** *m/f* Asket(in *f*) *m* | Aszetiker(in *f*) *m* | **~ètic** *adj* asketisch | **~etisme** *m* Askese *f* (*Lebensweise*) | Aszetik *f*.
ascites *f med* Bauchwassersucht, Aszites *f*.
ascla *f* (Holz)Scheit *m* | **~r** (33) *vt* = **estellar**.
asclepiadeu *m Lit* Asklepiadeus *m*.
asco|goni *m bot* Askogon *n* | **~micets** *m pl bot* Schlauchpilze, Askomyzeten *m pl*.
ascòrbic *adj: àcid ~* Ascorbinsäure *f*.
ase *m a. fig* Esel *m* | *crust* (Wasser)Assel *f* | *ict* = **moixonet** | *anar carregat com un ~* (sehr) schwer bepackt sein | (*és*)*ser l'~ dels cops* der Sündenbock sein | *ja pots xiular si l'~ no vol beure* das ist verlorene Mühe | *sense dir ~ ni bèstia* ohne e. Wort zu sagen; ohne zu grüßen | **~nada** *f* Eselei *f* | **~net** *m* Eselchen *n*.
asèp|sia *f med* Asepsis *f* | **~tic** *adj* aseptisch, keimfrei.
asexua|l *adj* (*m/f*) asexual, asexuell, ungeschlechtlich | **~t** (**-ada** *f*) geschlechtslos.
asf|alt *m* Asphalt *m* | **~altar** (33) *vt* asphaltieren | **~àltic** *adj* asphaltisch, Asphalt...
asf|íctic *adj* asphyktisch | **~íxia** *f* Erstickung, Asphyxie *f* | **~ixiant** *adj* (*m/f*) erstickend | *gasos ~s* Giftgase *m pl* | **~ixiar** (33) *vt* (*j-n*) ersticken | **~ixiar-se** ersticken.
asfòdel *m bot* Affodill, Asphodill *m*.
Àsia *f* Asien *n* | *l'~ Menor* Kleinasien *n*.
asiàtic *adj* asiatisch | *luxe ~* orientalische Pracht *f* || *s/mf* Asiat(in *f*) *m*.
asil *m a. polít* Asyl *n* | Zufluchtsort *m*, Frei-statt, -stätte *f* | (Kinder-, Alters-)Heim *n* | Armen-; Waisen-, Findelhaus *n* | *fig* Zuflucht *f*, Schutz *m* | **~ar** (33) *vt* in e. Heim aufnehmen *od* einweisen | *polít* (*j-m*) Asyl gewähren.
asim|etria *f* Asymmetrie *f* | **~ètric**(**ament** *adv*) *adj* asymmetrisch.
as|ímptota *f geom* Asymptote *f* | **~imptòtic** *adj* asymptotisch.
asíncron *adj tecn* asynchron.
as|indètic *adj* asyndetisch | **~índeton** *m ling* Asyndeton *n*.
asiní (**-ina** *f*) *adj* Esel(s)...
asm|a *f med* Asthma *n* | **~àtic** *adj* asthmatisch | *s/mf* Asthmatiker(in *f*) *m*.
asocial *adj* (*m/f*) asozial.
aspa *f* Andreaskreuz *n*, griechisches Kreuz *n* | Windmühlenflügel *m*.
asparagina *f quím* Asparagin *n*.
aspecte *m* Aussehen *n*, Anblick *m*, Erscheinung *f* | *fig* Gesichtspunkt; *a. astr ling* Aspekt *m* | *tenir bon* (*mal*) *~* gut (schlecht) aussehen | *en od sota aquest ~* unter diesem Gesichtspunkt.
asperg|es *m pl ecl* Besprengung *f* mit Weihwasser, Aspersion *f*; Aspergill *n*, Weih(wasser)wedel *m* | *fam: hi va haver uns ~!* alles stob auseinander | **~il** *m bot* Gießkannenschimmel *m* | **~ir** (37) *vt ecl* mit Weihwasser besprengen | *agr* (be)sprengen, beregnen.
asp|ermatisme *m med* Aspermatismus *m* | **~èrmia** *f* Aspermie *f*.
aspers|ió *f* Besprengung *f* | *ecl a.* Aspersion *f* | *agr a.* Beregnung *f* | **~or** *m tecn* Regner, (Rasen)Sprenger, Sprinkler *m* | **~ori** *m ecl* Weih(wasser)wedel *m*.
aspi *m tèxt* Haspel *f* | **~ador** *m* Haspler *m* | **~ar** (33) *vt* haspeln.
àspid *m zool* Aspisviper *f*.
aspidistra *f bot* Schusterpalme, Aspidistra *f*.
aspira|ció *f* Einatmen, Atemholen *n* | (Pumpe) Ansaugen *n* | *ling* Aspiration,

aspirina Behauchung *f* | *fig* Streben *n*, Bestrebung, Hoffnung *f*; (hohes) Ziel *n*; Aspiration *f* | (*no*) *tener aspiracions* (k-n) Ehrgeiz haben | **~dor** *m* Sauger *m*, Sauggerät *n*, Aspirator *m* | Luft(an)sauger *m* || *s/f* Staubsauger *m* | **~nt** *adj* (*m/f*) an-, ein-saugend | *bomba* **~** Saugpumpe *f* || *s/m/f* Bewerber(in *f*), Anwärter(in *f*), Aspirant(in *f*) *m* | **~r** (33) *vi* trachten, streben (*a nach dat*), (*etw*) erstreben | s. bewerben (*a um ac*), aspirieren (auf *ac*) | abzielen (*a um ac*) | *aspira a la mà de ...* er hält um die Hand von ... an || *vt* einatmen, einziehen | *tecn* an-, ein-saugen | *ling* behauchen, aspirieren | **~tori** (**-òria** *f*) *adj ling* aspiratorisch.
aspirina *f* Aspirin *n* | *p ext* Schmerzmittel *n*.
asprament *adv s: aspre²*
aspr|ar (33) *vt agr* stängeln | (*Reben*) anpfählen | **~e¹** *m agr* Stange *f* | (Reb-)Pfahl *m*.
aspr|e² *adj a. fig* rauh | (*Gelände*) *a.* uneben, holp(e)rig; schroff, steil | (*Haut*) *a.* spröde (*Geschmack*) herb | *fig a.* spröde, herb; rüde, roh, grob, ungehobelt; hart, schroff, barsch | **~ejar** (33) *vi* leicht herb schmecken | **~ella** *f bot* Armleuchteralge *f* (*zB* «Chara vulgaris», «Chara canescens») | **~esa** *f a. fig* Rauheit *f* | (*Wein*) Herbe *f* || *pl* Geländeunebenheiten *f pl* | **~iu** (**-iva** *f*) *adj* rauh, wild | holp(e)rig, unwegsam | **~or** *f* = **aspresa** | **~ós** (**-osa** *f*) *adj* etwas rauh *od* herb | holp(e)rig.
assa *f bot* Sonnerknotenblume *f*.
assabentar (33) *vt* unterrichten, benachrichtigen (*de* von *dat*), informieren (über *ac*) | **~-se** *v/r:* **~** *d'u/c* von etw Kenntnis erlangen, etw erfahren.
assabori|ment *m* Auskosten *n* | **~r** (37) *vt a. fig* auskosten, genießen.
assa|ciar (33) *vt* = saciar | **~dollar** (33) *vt* = sadollar.
assafètida *f bot* (Stink)Asant, Teufelsdreck *m*.
assagetar (33) *vt* mit Pfeilen beschießen, verletzen, töten.
assa|gista *m/f* Essayist(in *f*) *m* | **~ig** *m* (*a. Rugby*) Versuch *m* | Erprobung *f*, Test *m*, Experiment *n* | *teat mús* Probe *f* | *lit* Essay *m* | *tecn:* **màquina d'~** Prüfmaschine *f* | **~jament** *m* Proben *n* | **~jar** (33) *vt* versuchen | (aus-)probieren | *teat mús* proben | *tecn* erproben, testen, versuchen.

assalaria|r (33) *vt* (*j-n*) beschäftigen, in Lohnarbeit nehmen | **~r-se** *v/r* e-e Lohnarbeit nehmen | **~t** (**-ada** *f*) *adj* lohnabhängig | Lohn... | *treball(ador)* **~** Lohnarbeit(er *m*) *f* || *s/m/f* Lohn-, Gehalts-empfänger(in *f*) *m* | Arbeitnehmer(in *f*) *m*.
assalt *m a. fig* Angriff, Überfall *m* (*a auf ac*) | *mil* Sturm(angriff), Ansturm *m* | (*Boxen*) Runde *f* | (*Fechten*) Gang *m* | *tropes d'~* Sturmtruppe *f* | *donar l'~ a l'enemic* gegen den Feind anstürmen | *prendre per* **~** (er)stürmen, im Sturm nehmen | *rebutjar l'~* den Angriff zurückweisen *od* abwehren | **~ador**(**a** *f*) *m* Angreifer(in *f*) *m* | **~s de camins** Wegelagerer *m pl* | **~ant** *m/f=~ador* | *els ~ del banc* die Bankräuber *m pl* | **~ar** (33) *vt* angreifen, (*a. zum Raub*) überfallen | *mil* bestürmen, (gegen *ac*) anstürmen; im Sturm angreifen | anspringen (*Tier*) | *fig* bestürmen; über-fallen, -kommen, befallen.
assaona|dor *m* Gerber *m* | **~ment** *m* Reifung *f* | Würzen *n* | Gerben *n* | **~r** (33) *vt* herrichten | *agr* reifen lassen | *gastr* würzen | (*Fell*) gerben | **~ la terra** die Erde düngen | **~r-se** *v/r* reifen, reif werden.
assarronar (33) *vt* verprügeln, verhauen, versohlen.
assass|í (**-ina** *f*) *adj* mörderisch | *instints assassins* Mord-gier, -lust *f* | *fig: una calor assassina* e-e mörderische Hitze *f* | *una mirada assassina* e. feindseliger *od* vernichtender Blick *m* || *s/m/f* Mörder(in *f*) *m* | *hist* Assassine *m/f* | **~inar** (33) *vt* ermorden, umbringen | **~inat** *m* Mord *m* | *robatori amb ~* Raubmord *m* | *temptativa d'~* Mordversuch *m* | *l'~ de John Lennon* der Mord an John Lennon *od* die Ermordung John Lennons.
asseca|dor *m* Trockenplatz *m* | Trockner *m* | (*Friseur*) Haartrockner *m*, Trokkenhaube *f* | *fotog* Trockenständer *m* | **~ de mà** Fön *m* | **~ment** *m* Trocknen *n* | **~nt** *adj* (*m/f*) trocknend || *s/m* Löschpapier *n* | (*Ölfarbe*) Sikkativ *n* | **~r** (33) *vt* trocknen | (*Boden, Haut*) austrocknen, (*Sumpf*) *a.* trockenlegen | (*Obst, Pflanzen*) (aus)dörren, austrocknen | (*Tinte*) ablöschen | **~r-se** *v/r* trocknen, trocken werden | aus-, ein-, ver-trocknen | aus-, ver-dorren | *a. fig* versiegen | abmagern (*Mensch, Tier*) |

s: *eixugar*(*-se*) | **~tge** *m tecn* Trocknung *f*, Trocknen *n*.
assedega|r (33) *vt* durstig machen | **~t** (*-ada*) *f*) *adj* durstig, dürstend | *fig:* ~ *de diners* geldgierig | ~ *d'afecte* liebebedürftig.
assegura|dor *m dr econ* Versicherer, Versicherungsgeber *m* | Versicherungsvertreter *m* | **~ment** *m* Sichern *n* | *dr* Sicherung *f* | **~nça** *f dr econ* Versicherung *f* | *companyia* (*agent, contracte, pòlissa, prima*) *d'assegurances* Versicherungs-gesellschaft (-agent *od* -vertreter, -vertrag *m*, -police, -prämie *f od* -beitrag *m*) | ~ *privada* (*social*) Privat-(Sozial-)versicherung *f* | ~ *de vida* (*d'incendis, d'automòbils*) Lebens-(Feuer-, Kraftfahrzeug-)versicherung *f* | ~ *a tot risc* Vollkasko(versicherung) *f* | ~ *a tercers* Haftpflichtversicherung *f* | *fer od contractar una* ~ *e-e* Versicherung abschließen || *pl* Versicherungswesen *n* | **~r** (33) *vt a. fig dr* sichern | festmachen, befestigen | *fig* sicherstellen, gewährleisten, garantieren; ver-, zu-sichern; beteuern | *dr econ* versichern | ~ *alg d'u/c* j-n e-r Sache versichern | ~ *a alg u/c* j-m etw ver-, zu-sichern | *això ens assegura la victòria* (*el futur*) das sichert uns den Sieg (die Zukunft) | *no et puc* ~ *res* ich kann dir nichts versprechen | *t'asseguro que és veritat* ich versichere dir, daß es wahr ist | *m'ho han assegurat* man hat es mir zugesichert | ~ *u/c contra incendis* etw gegen Feuer versichern | **~r-se** *v/r: amb el temps s'ha anat assegurant* mit der Zeit ist er sicherer geworden | *a quina companyia t'has assegurat?* bei welcher Gesellschaft hast du dich versichert? | *volen* ~ *de la meva sinceritat* sie wollen s. meiner Aufrichtigkeit vergewissern | *assegura't que no t'enganyen!* vergewissere dich, daß man dich nicht täuscht! | **~t** (*-ada*) *f*) *m dr econ* Versicherte(r *m*) *m/f*, Versicherungsnehmer(in *f*) *m*.
assegut (*-uda*) *f*) *adj* sitzend | *estar* ~ sitzen | *quedar-se* ~ sitzen bleiben.
assemblar-se (33) *v/r* (s.) ähnlich sehen, (s.) ähneln | *ella s'assembla al seu pare* sie sieht ihrem Vater ähnlich | *els germans s'assemblen* die Brüder ähneln s. *od* sehen s. (*bzw* einander) ähnlich.
assemble|a *f* Versammlung *f* | *mil* Sammeln *n* (*a.* Signal) | ~ *constituent* (*legislativa*) verfassunggebende (gesetzgebende) Versammlung *f* | ~ *d'accionistes* Aktionärsversammlung *f* | ~ *general* General- *bzw* Haupt-versammlung *f* | ~ *nacional* Nationalversammlung *f* | ~ *plenària* Vollversammlung *f* | **~ari** (*-ària f*) *adj: un acord* ~ e. Versammlungsbeschluß *m* | *moviment* ~ rätedemokratische Bewegung *f* | **~ista** *m/f* Versammlungs-mitglied *n*, -teilnehmer(in *f*) *m*.
assenta|da *f* Sitzung, Beratung, Besprechung *f* | **~ment** *m* Festigung, Konsolidierung *f* | (*Gebäude*) Setzung; Senkung *f* | *com* Buchung *f*, Eintrag *m* | **~r** (33) (*etw*) fest auf-stellen, -setzen, -legen | (*Fundament*) legen *a. fig* festigen, konsolidieren | (*bes Soldaten*) einschreiben | *com* buchen, eintragen | **~r-se** *v/r* s. setzen (*Bau, Flüssigkeit, Teilchen*) | beständig werden (*Wetter*) | *fig:* els musclos no se m'han assentat bé die Muscheln sind mir nicht gut bekommen | *les meves paraules se li van assentar malament* meine Worte mißfielen ihm | *a veure quan se t'assentarà el cap!* ob du einmal Vernunft annimmst!
assenti|ment *m* Zustimmung, Einwilligung *f* | **~r** *vi* (37): ~ *a u/c* e-r Sache zustimmen, beistimmen, beipflichten; in etw einwilligen.
asseny|aladament *adv ant* insbesondere | **~alador** *m* Zeiger *m* | **~alar** (33) *vt* (an)zeigen | hinweisen (auf *ac*) | bestimmen, festlegen | **~alar-se** *v/r* s. hervortun | **~alat** (*-ada f*) *adj* hervorragend, außergewöhnlich, bedeutend.
assenyat (*-ada f*, *-adament*) *adv*) *adj* vernünftig, verständig.
assenyorat (*-ada f*) *adj* vornehm, fein.
assequible *adj* (*m/f*) erreichbar, möglich | (*Preis*) erschwinglich.
asserció *f lit* Behauptung *f* | *filos* Assertion *f*.
asserena|ment *m* Beruhigung *f* | (*Wetter*) *a.* Aufheiterung *f* | **~r-se** *v/r* s. beruhigen (*a.* Meer) | s. auf-heitern, -hellen (*Wetter, Miene*).
asser|ir (37) *vt filos* asserieren | **~tiu** (*-iva f*), **~tori** (*-òria f*) *adj filos* assertorisch.
asservi|ment *m* Unterwerfung *f* | **~r** (37) *vt* unterwerfen.
assessor *adj* beratend || *s/mf* Berater(in *f*) Ratgeber(in *f*) *m* | ~ *jurídic* (*fiscal*)

Rechts-(Steuer-)berater *m* || *s/m hist* Assessor *m* | **~ament** *m* Beratung *f* | **~ar** (33) *vt* (*j-n*) beraten | (*j-m*) mit Rat beistehen | **~ar-se** *v/r:* ~ *amb alg* s. bei j-m Rat holen | s. von j-m beraten lassen | **~ia** *f* (*Beruf*) Beratung *f* | Beraterhonorar *n* | Beratungsstelle *f*.

assesta|dor *m* Zielscheibe *f* | **~r** (33) *vt* (*Schuß*) abgeben, abfeuern | (*Stein*) werfen | (*Schlag*) versetzen.

assetja|dor *adj*, **~nt** *adj* (*m/f*) belagernd || *s/m* Belagerer *m* | **~ment** *m* Belagerung *f* | **~r** (33) *vt* belagern | *fig a.* überschütten, -häufen; bestürmen | *estàvem assetjats per la neu* wir waren eingeschneit.

asseure (40) *vt* (j-n) (hin)setzen | **~'s** *v/r* s. (hin)setzen | ~ *a terra* (*en una cadira, en una butaca* s. auf den Boden (auf e-n Stuhl, in e-n Sessel) setzen.

assevera|ció *f* Versicherung, Behauptung *f* | **~r** (33) *vt lit* versichern, behaupten | **~tiu (-iva)** *f) adj* bejahend.

assidu (-ídua *f,* **-íduament** *adv) adj* häufig, ständig; regelmäßig | emsig, fleißig, eifrig, beharrlich | *és un ~ concurrent al cafè X* er ist Stammgast im Café X | **~ïtat** *f* Häufigkeit, Regelmäßigkeit, Emsigkeit, Beharrlichkeit *f*, Fleiß *m*.

assigna|ció *f* Zuteilung, An-, Zu-weisung *f* | Bestimmung, Festsetzung *f* | **~r** (33) *vt* zuteilen, an-, zu-weisen | bestimmen, fest-legen, -setzen | (*Beträge*) auswerfen | ~ *una comesa a alg* j-m e-e Aufgabe übertragen *od* zuteilen | *el van ~ al cos de bombers* er wurde der Feuerwehr zugewiesen | ~ *dia per a un judici* e-n Gerichtstermin festsetzen | **~tura** *f* (Lehr)Fach *n*.

assimila|ble *adj* (*m/f*) angleichbar, anpaßbar | *lit cient* assimilierbar | erlernbar | **~ció** *f* Angleichung, Anpassung *f* | *biol ling psic sociol* Assimilation *f* | (*Kenntnisse*) Aufnahme *f* | (*Ideen*) Aneignung *f* | **~r** (33) *vt* angleichen, anpassen (*a u/c* e-r Sache *od* an e-e Sache); ähnlich machen, gleichstellen (*dat*; mit *dat*) | *lit cient* assimilieren | (*Kenntnisse*) aufnehmen, erfassen | (*Ideen*) s. aneignen, s. zueigen machen | **~r-se** *v/r: els immigrants van assimilant-se* die Einwanderer passen s. allmählich an | ~ *al medi* (*cient*) s. an die Umwelt assimilieren | **~tiu (-iva** *f) adj* Assimilations..., assimilierend | **~tori (-òria** *f) adj* assimilatorisch | *condensació assimilatòria* (*ling*) Haplologie *f*.

Ass|íria *f* Assyrien *n* | **~iri (-íria** *f) adj* assyrisch || *s/mf* Assyr(i)er(in *f*) *m* || *s/m* Assyrisch *n* | *l'~* das Assyrische | **~irià (-ana** *f) adj u. s/mf* = **~iri**.

assist|ència *f* Anwesenheit *f*, Beisein *n* | Teilnehmerzahl *f* | ~ *regular a classe* regelmäßiger Schulbesuch *m* | *té moltes faltes d'~* (*stud*) er fehlt oft | Beistand *m*, Mitwirkung, Hilfe, Unterstützung *f* | *donar od prestar* ~ Beistand leisten | ~ *mèdica* ärztliche Betreuung *f* | *social* Sozialarbeit *f* | **~ent** *adj* (*m/f*) anwesend || *s/m/f* Anwesende(r *m*) *m/f*, Teilnehmer(in *f*) *m* | *s/mf* Helfer(in *f*), Assistent(in *f*) *m* | *mil* (Offiziers)Bursche *m* | **~(a)** *social* Sozialarbeiter(in *f*) *m* | **~ir** (37) *vi* anwesend sein (*a* bei *dat*), teilnehmen (*an dat*) || *vt* (*j-m*) helfen *od* beistehen; *bes med* (*j-m*) assistieren | (*j-n*) unterstützen (*amb* mit *dat*) | (*Kranke*) pflegen, betreuen | ~ *els pobres* den Armen helfen.

associa|ció *f* Vereinigung *f*, Zusammenschluß *m* | Verein *m* | Verband *m* | *astr bot polít psic* Assoziation *f* | ~ *d'idees* Ideen-verbindung, -assoziation *f* | ~ *de premsa* Presseverband *m* | *dret d'~* Assoziationsfreiheit *f* | *les associacions obreres* die Arbeiterverbände *m pl* | **~r** (33) *vt* vereinigen, verbinden | beigesellen | *bes polít psic* assoziieren | *com: l'hem associat a la nostra empresa* wir haben ihn zum Gesellschafter unseres Unternehmens gemacht | **~r-se** *v/r:* ~ *a od amb la CE* s. an die *od* (mit) der EG assoziieren | ~ *en una societat mercantil* s. zu e-r Handelsgesellschaft zusammenschließen | **~t (-ada** *f) m* (*Verband, Verein*) Mitglied *n* | *com* Gesellschafter(in *f*), Partner(in *f*) *m* | **~tiu (-iva** *f) adj* Assoziations... | *bes psic* assoziativ.

assola|dor *adj* verheerend | **~ment** *m* Verwüstung, Verheerung *f* | **~r** (33) *vt* verwüsten, verheeren | **~r-se**[1] *v/r* s. setzen (*Flüssigkeit*) | **~r-se**[2] *v/r* s. zurückziehen, s. absondern.

assold|ament *m* Dingen *n* | **~ar** (33) *vt arc* dingen, gegen Lohn in Dienst nehmen.

assolella|da *f* Sonnen(ein)strahlung *f* | *med* Sonnenstich *m* | **~r** (33) *vt* dem

Sonnenlicht aussetzen | besonnen | **~r-se** v/r Sonne(nhitze) f abbekommen | **~t** (**-ada** f) adj sonnig, sonnenbeschienen.
assoli|ment m Erreichung, Erlangung f | **~r** (37) vt erreichen, erlangen.
asson|ància f Lit Assonanz f | **~ant** adj (m/f) assonierend.
assorti|dor(a f) m Lieferant(in f) m | aut: **~ de combustible** Zapfsäule, Tankstelle f | **~ment** m Sortiment n, Auswahl f | **~r** (37) vt versorgen, beliefern (de mit dat) | **~t** (**-ida** f) adj gemischt | sortiert.
assosse|c m (Gemüts)Ruhe, Gelassenheit f | **~gament** m Beruhigung f | **~gar** (33) vt beruhigen, besänftigen, beschwichtigen | **~gar-se** v/r s. beruhigen, umg s. abregen | **~gat** (**-ada** f, **-adament** adv) adj ruhig, gelassen.
assot m Geißel f | Peitschenhieb m || pl hist Prügelstrafe f | **~acrist** m bot Kratzdistel f («acarna») | **~ament** m Geißelung f | **~ar** (33) vt (j-n) auspeitschen, geißeln.
assum|ir (37) vt auf s. nehmen, übernehmen | **~pció** f Übernahme f | Annahme f | catol l'~ Mariä Himmelfahrt f | **~pte** m Angelegenheit, Sache f, Geschäft n | fam Geschichte f | Lit Thema n, Handlung f.
assut m Flußwehr m | **~zena** f bot Weiße Lilie f | **~ marítima** Pankrazlilie f.
ast m Bratspieß m | pollastre a l'~ Brathähnchen n || = **~a** | **~a** f (Lanzen-) Schaft m | Fahnen-mast m, -stange f | a mitja ~ auf Halbmast m.
àstat m quím Astat(in) m.
asteca adj (m/f) aztekisch || s/m/f Azteke m, -kin f.
astèni|a f med Asthenie f | **~c** adj med geschwächt, kraftlos | antrop asthenisch || s/mf med antrop Astheniker(in f) m.
àster m bot Aster, Sternblume f.
aster|isc m gràf Sternchen n, Asteriskus m | **~oide** m Planetoid, Asteroid m.
astig|màtic adj med astigmatisch | **~matisme** m Astigmatismus m.
astor m ornit Hühnerhabicht m | **~ador** adj erschreckend, schreckerregend | **~ament** m Schreck(en) m, Angst f | Benommenheit f | **~ar** (33) vt erschrecken | **~ar-se** v/r (s.) erschrecken; in Schrecken geraten.
astracan m Astrachan m (Fell u. Gewebe) | Persianer m | abric d'~ Persianermantel m.

astràgal m anat Sprungbein n | arquit Astragal m | bot Tragant m | (Spiel) = **osset**.
astr|al adj (m/f) astral, Stern(en)... | **~e** m Gestirn n, Stern m.
astri|cció f med Zusammenziehen n | **~ngent** adj (m/f) med adstringierend, zusammenziehend || s/m Adstringens, zusammenziehendes Mittel n.
astr|ofísica f astr Astrophysik f | **~ògraf** m Astrograph m | **~olabi** m Astrolabium n | **~òleg** m Astrologe, Sterndeuter m | **~ologia** f Astrologie f | **~ològic** adj astrologisch | **~onau** f Raumschiff n | **~onauta** m/f Raumfahrer, Astronaut m | **~onàutica** f Raumfahrt, Astronautik f | **~ònom** m Astronom m | **~onomia** f Astronomie f | **~onòmic(ament** adv) adj a. fig astronomisch.
astru|c (**-uga** f) adj glücklich, vom Glück begünstigt | **~gància** f: bona ~ = **benastrugança** | mala ~ = **malastrugança**.
ast|úcia f List f (a. Tat) | Schlauheit, Gerissenheit f | **~uciós** (**-osa** f, **-osament** adv) adj = **astut(ament)**.
ast|urià (**-ana** f) adj asturisch || s/mf Asturier(in f) m || s/m Asturisch n | l'~ das Asturische | **~úries** f Asturien n.
astut(ament adv) adj schlau, listig | gerissen, verschlagen.
atabala|dor adj ohrenbetäubend | lästig | **~ment** m ohrenbetäubender Lärm m | fig Betäubung, Verwirrung f | **~r** (33) vt (j-m) auf die Nerven gehen | (j-n) verwirren od durcheinanderbringen | estic ben atabalat ich bin ganz durcheinander | **~r-se** v/r verwirrt werden, den Kopf verlieren.
atabuixar (33) vt drängen, treiben.
atac m Angriff m | med Anfall n | mús ling Einsatz m | fig esport med a. Attacke f | un ~ de cavalleria e. Reiterangriff m, e-e Attacke f | línia d'~ (Fußball) Stürmerreihe f, Sturm m | **~able** adj (m/f) angreifbar | **~ador** m tecn Stampfer, Rammer n | Pfeifenbesteck n | **~ant** m/f Angreifer(in f) m | (Fußball) Stürmer m | **~r** (33) vt a. mil fig angreifen | bes fig attackieren | fig a. in Angriff nehmen | befallen (Krankheit) | quím angreifen, fressen | (Bohrloch, Pfeife) stopfen | mús anstimmen | ~ u/c a una altra e-e Sa-

che an e-e andere (an)nähen, (an)knöpfen, (an)nageln.

atacona|dor *m* Flickschuster *m* | **~r**¹ (33) *vt* (*Schuhe*) flicken | (*Schuhen*) die Absätze erneuern | *fig fam* (*j-m*) das Fell gerben | **~r**² *vt* (hinein)stopfen | **~r-se** *v/r fam* s. vollstopfen (*de* mit).

atafetanat (**-ada**) *f*) *adj* taftähnlich.

atalaia|dor *adj* ausschauend, spähend | **~ment** *m* Ausschau *f* | **~r** (33) *vt* (*nach j-m od etw*) Ausschau halten, spähen | **~r-se** *v/r* = **adonar-se**.

ataleiat (**-ada**) *f*) *adj fam* beschäftigt.

atall *m Val* = **drecera** | **~ar** (33) *vt Val* (*j-m*) den Weg abschneiden | *fig* (*j-n*) zurück-, ab-halten ‖ *vi* den kürzesten Weg nehmen.

atalussar (33) *vt constr* böschen, abschrägen.

atandar (33) *vt* (*bes Wasser*) turnusgemäß verteilen | in e-e Reihenfolge bringen | **~-se** *v/r* s. anstellen (*an e-e Reihe*).

atansa|da *f nàut* = **atracada** | **~dor** *m nàut* = **atracador** | **~ment** *m* = **acostament** | **~r**(**-se**) (33) *vt/r* = **acostar** (**-se**) | *nàut* = **atracar**.

atape|¨iment *m* Verdichtung *f* | Gedränge *n* | **~ir** (37) *vt* verdichten, fest-, zusammen-drücken | **~ir-se** *v/r* s. zusammendrängen | **~ït** (**-ïda** *f*) *adj* (sehr) dicht | gedrängt voll | *fig fam* begriffsstutzig, (*geistig*) schwerfällig.

ataquinar(**-se**) (33) *vt*(/*r*) *Val* = **ataconar**²(**-se**).

ataràxia *f filos psic* Ataraxie *f*.

atar|dament *m* Aufschub *m*, Verzögerung *f* | **~dar** (33) *vt* hinaus-, ver-zögern, aufschieben | **~dar-se** *v/r* s. verspäten.

ataronjat (**-ada**) *f*) *adj* orange(nfarbig).

atavellar (33) *vt* (*Stoff*) fälteln | (*Papier*) falten | **~-se** *v/r* s. fälteln | s. falten.

at|àvic *adj* atavistisch | **~avisme** *m* Atavismus *m*.

atàxia *f med* Ataxie *f*.

ate|isme *m* Atheismus *m* | **~ístic** *adj* atheistisch | *s*: **ateu**.

atemori|ment *m* Ver-schüchterung, -ängstigung *f* | **~r** (37) *vt* ver-schüchtern, -ängstigen.

atempta|r (33) *vi* ein Attentat verüben (*contra* u/c auf j-n) | *fig* verstoßen (*contra* u/c gegen etw ac) | **~t** *m* Anschlag *m*, Attentat *n* | *un* **~** *contra el rei* e. Attentat *od* e. Anschlag auf den König | *un* **~** *contra la moral* e. Verstoß *m* gegen die Moral | *l'autor de l'* **~**

ha estat detingut der Attentäter wurde festgenommen | **~tori** (**-òria** *f*) *adj* beeinträchtigen, verletzend | *un decret* **~** *contra les llibertats* e. Dekret, das die Freiheiten antastet *od* schmälert.

aten|ció *f* Aufmerksamkeit *f* | Höflichkeit(sbezeigung), Freundlichkeit *f* | **~!** Vorsicht!, Achtung! | *atreure l'* **~** *d'alg* j-n auf etw aufmerksam machen | *fer od prestar* **~** aufmerksam sein, aufpassen (*a* auf ac) | *posar* **~** *a la feina* sorgfältig arbeiten | **~dre** (40) *vi* achten (*a* auf ac), hören (auf ac) ‖ *vt* beachten, berücksichtigen | (*Gäste, Kranke*) betreuen | behandeln (*Arzt*) | (*Kunden*) bedienen | (*Versprechen, Vereinbarung*) einhalten | (e-r *Verpflichtung*) nachkommen | *s*: **atès**.

aten|eista *m/f* Mitglied e-s «ateneu» | **~enc** *adj u. s/mf* = **és** | **~és** (**-esa** *f*) *adj* athenisch ‖ *s/mf* Athener(in *f*) *m* | **~es** *f* Athen *n* | **~eu** *m* Kulturclub, -verein *m*.

atenir-se (40) *v/r* s. halten (*a* an ac), s. richten (*a* nach dat).

atent *adj* aufmerksam | höflich | **~ament** *adv s*: **atent** | (*Brief*) hochachtungsvoll.

atenua|ció *f* Abschwächung *f*, Milderung *f* | **~nt** *adj* (m/f) mildernd | *dr* strafmildernd ‖ *s/m dr* mildernder Umstand *m* | **~r** (33) *vt* mildern, (ab)schwächen.

atènyer (40) *vt a. fig* erreichen, erlangen ‖ *vi*: **~** *a les orelles d'alg* j-m zu Ohren gelangen.

atèrman *adj fís* atherman.

atermenar (33) *vt* (*Land*) abgrenzen, abstecken.

ateroma *m med* Atherom *n*, Grützbeutel *m*.

aterr|ar (33) *vt a. fig* niederwerfen ‖ *vi nàut aeron* landen | *nàut* anlegen | **~atge** *m nàut aeron* Landung *f* | **~** *forçós od d'emergència* Notlandung *f* | **~idor** *adj* erschreckend | niederschmetternd | **~ir** (37) *vt* in Furcht und Schrecken versetzen, terrorisieren.

aterrossar-se (33) *v/r* verklumpen; klumpig werden.

atès (**-esa** *f*) *pp*/*adj*: *ateses les dificultats*,... in Anbetracht der Schwierigkeiten... | **~** (*od* **atenent**) *que*... (*loc conj*) in Anbetracht dessen, daß...

atesta|ció *f* Bescheinigung *f*, Zeugnis *n* | **~r** (33) *vt* (be)zeugen | **~t** *m* Zeugnis, Gutachten *n*, Bescheinigung *f*.

ateu (-ea f) adj atheistisch, gottlos || s/mf Atheist(in f) m, Gottesleugner(in f) m.

atiar (33) vt (Feuer, Haß) schüren | (Licht) putzen | fig schüren, hetzen | *em va ~ els gossos* er hetzte die Hunde auf mich.

àtic adj attisch | fig (Sprache, Stil) fein, vornehm || s/m constr Dachgeschoß n; Pent-haus, -house n, (Schweiz) Attikawohnung f.

atifells m pl Geräte n pl, Werkzeug n.

atipa|dor adj sättigend | fig stumpfsinnig, lästig | ~r (33) vt sättigen | fig langweilen, anöden | ~r-se v/r s. sättigen | satt werden | fig: ~ *d'u/c* etw satt bekommen od haben; von etw genug haben.

atípic adj atypisch.

atiplat (-ada f) adj (Ton) hoch | *veu atiplada* Sopranstimme f.

atl|ant m arquit Atlant m | ~àntic adj atlantisch | *l'oceà ~* (od *l'~*) der Atlantische Ozean od der Atlantik m | *l'Organització del Tractat de l'~ Nord* (*l'OTAN*) der Nordatlantikpakt m (die NATO f) | ~àntida f: *l'~* Atlantis f | ~es (od ~as) m (Buch) Atlas m (pl Atlanten) | anat Atlas m | ~es (od ~as) m: *l'~* der Atlas m (Gebirge) | ~eta m/f Athlet(in f) m | ~ètic adj athletisch | sportlich, kräftig | ~etisme m (Leicht)Athletik f.

atmosf|era f a. fís tecn Atmosphäre f | Lufthülle f | fig Stimmung, Atmosphäre, Umwelt f | ~ *viciada* verbrauchte Luft f | ~èric adj atmosphärisch.

atofat (-ada f) adj dicht | fig überladen.

ato|l (a. ~l·ló) m Atoll n.

àtom m a. fig Atom n.

at|òmic adj Atom... | atomar | ~omicitat f quím Wertigkeit f | ~omisme m filos Atomismus, Atomistik f | ~omístic adj atomistisch | ~omitzador m Zerstäuber, Spray m | ~omitzar (33) vt zerstäuben | sprühen | atomisieren.

àton adj ling unbetont.

at|onal adj (m/f) mús atonal | ~onalitat f mús Atonalität f | ~onia f med Atonie, Schlaffheit f | ~ònic adj med atonisch, schlaff | ling unbetont.

at|onir (37) vt verblüffen | ~ònit adj verblüfft, verduzt, betroffen, überrascht.

atonyinar (33) vt fam (ver)prügeln, (ver)hauen.

atordi|dor adj betäubend | ~ment m Betäubung f | Verwirrung, Bestürzung f | ~r (37) vt betäuben (*durch e-m Schlag, Krach*) | fig verblüffen, aus der Fassung bringen | ~r-se v/r verwirrt werden.

atorga|ment m Bewilligung, Gewährung f | Verleihung, Erteilung f | ~r (33) vt bewilligen, gewähren | verleihen, erteilen | eingestehen, zugeben | ~ *un crèdit* (*banc*) e-n Kredit einräumen.

atorrentar-se (33) v/r e-n Sturzbach bilden.

atorrolla|dor adj verwirrend | ~r (33) vt verwirren, aus der Fassung bringen, durcheinanderbringen | ~r-se v/r aus der Fassung geraten, die Haltung verlieren.

atot m (Karten) Trumpf m, Atout n/m | *s: trumfo* | *fer ~s* Trumpf bekennen | *haver fet ~s* das Letzte gegeben haben | ~ada f Trümpfe m pl (in e-r Hand).

atra|biliari (-ària f) adj griesgrämig, mürrisch | ~bilis f schwarze Galle f | schlechte Laune f.

atra|cada f nàut Anlegen n | ~cador[1] m nàut Landungsbrücke f, Pier m | ~cador[2] m Straßenräuber m | ~car[1] (33) vt nàut vertäuen, festmachen || vi anlegen | ~car[2] (33) vt überfallen | ~car-se v/r fam s. vollstopfen (*de mit dat*) | ~çar (33) vt pop (*verweisen*) = **adreçar**.

atrac|ció f a. fís Anziehung(skraft) f | fig a. Reiz m | bes ling (a. Zirkus, Theater) Attraktion f | *parc d'atraccions* Vergnügungspark m | ~tiu (-iva f) adj attraktiv; anziehend; reizvoll; verlockend | fís Anziehungs... || s/m Anziehungskraft f, Reiz, Charme m | *els ~ femenins* die weiblichen Reize | ~tívol adj lit = ~tiu.

atrafega|ment m Geschäftigkeit f | ~r-se (33) v/r s. abhetzen, schuften | ~t (-ada f) adj stark beschäftigt.

atraient adj (m/f) anziehend, verlockend.

atrapa|mosques m Fliegen-klappe, -klatsche f | ~r (33) vt fangen | einholen | fig ertappen, erwischen | *ens ha atrapat la nit* die Nacht hat uns überrascht.

atraure (40) vt = **atreure**.

atresorar (33) vt (Schätze) horten | fig a. (*Eigenschaften*) in s. vereinen.

atreure (40) vt a. fig anziehen | auf s. ziehen, anlocken | ~'s v/r: ~ *l'enemistat d'alg* s. j-s Feindschaft zuziehen.

atrevi|ment m Kühnheit f | Frechheit f,

Unverschämtheit *f* | **~r-se** (37) *v/r* ~ *a fer u/c* (es) wagen, etw zu tun | **~t** (**-ida** *f*, **-idament** *adv*) *adj* wagemutig, kühn | (*moralisch*) gewagt, frech, heikel | unverschämt, frech.

atri *n arquit* Atrium *n* | *anat* (*Herz*) *a.* Vor-hof *m*, -kammer *f* | *teat* Vorhalle *f*.

atribola|ment *m* Verwirrung *f* | **~r** (33) *vt* verwirren, stören | durcheinanderbringen | **~r-se** *v/r* verwirrt werden, durcheinanderkommen | **~t** (**-ada** *f*) *adj* verworren, konfus.

atribu|ció *f* Zuschreibung *f* | Unterstellung *f* | Zuteilung, Zuweisung *f* | (*im Amt*) Aufgabe, Befugnis *f* | **~ir** (37) *vt* zuschreiben | unterstellen | zuteilen, zuweisen | *bes ling* attribuieren | *aquesta obra és atribuïda a Dalí* dieses Werk wird Dalí zugeschrieben | *van ~ el retard a la vaga* sie schoben die Verspätung auf den Streik | *m'atribueixen accions que no he fet mai* man unterstellt mir Handlungen, die ich nie getan habe | **~ir-se** *v/r:* ~ *un dret* s. e. Recht anmaßen | **~t** *a.* ling *filos m* Attribut *n* | Eigenschaft *f* | Kennzeichen, Merkmal *n* | *fig a.* Titel *m* | **~tiu** (**-iva** *f*, **-ivament** *adv*) *adj ling* attributiv, Attribut... | zuweisend | *mot ~* Attributivum *n*.

atrició *f ecl* unvollkommene Reue, Attrition *f*.

atrinxera|ment *m mil* Verschanzung *f* | **~r** (33) *vt* verschanzen, befestigen | **~r-se** *v/r a. fig* s. verschanzen | *ella s'atrinxera en el silenci* sie verschanzt sich hinter ihrem Schweigen.

atro|ç(**ment** *adv*) *adj* (*m/f*) abscheulich, fürchterlich, grauenhaft | *fig* ungeheuer, riesig | **~citat** *f* Greuel(tat *f*) *m*, Grausamkeit, Unmenschlichkeit *f* | *fig* Unsinn *m*, verworrenes Zeug *n*.

atr|òfia *f med* Atrophie *f*, Schwund *m* | **~ofiar** (33) *vt* schwinden lassen | **~ofiar-se** *v/r* atrophieren | schwinden, schrumpfen | *a. fig* verkümmern | **~òfic** *adj* atrophisch.

atrompetat (**-ada** *f*) *adj* trompeten-förmig, -ähnlich.

atroncat (**-ada** *f*) *adj: caure ~ de son* vor Müdigkeit umfallen; vom Schlaf übermannt werden.

atropar (33) *vt* (zu e-r Schar) versammeln.

atropell|adament *adv* überstürzt, hastig | **~ament** *m* Überstürzung *f* | (*Verkehr*) Zusammenstoß; *bes* An-, Über-fahren *n* | **~ar** (33) *vt* an-, überfahren | umrennen | *fig* mitnehmen | über-stürzen, -eilen | **~ar-se** *v/r* s. überstürzen | zu hastig sprechen.

atropina *f quím* Atropin *n*.

atrossar(**-se**) (33) *vt*(*/r*) = **trossar**(**-se**).

atrotina|ment *m* Verschleiß *m*, Abnutzung *f* | **~r** (33) *vt* abtragen, verschleißen | **~t** (**-ada** *f*) *adj* verschlissen, abgenutzt, fadenscheinig, schäbig | *anar ~* schäbig gekleidet sein.

atuell *m* Schale *f*, Gefäß *n*, Behälter *m*.

atu|ïment *m* Entkräftung, Schwäche *f* | **~ir** (37) *vt* entkräften, schwächen (*Krankheit*) | *fig* mutlos machen, niederschlagen.

atupar (33) *vt* schlagen | (*Matratzen*) aufschütteln, -klopfen.

atur *m* Arbeitslosigkeit *f* | *~ estacional* saisonbedingte Arbeitslosigkeit | *~ forçós* Arbeitslosigkeit *f* | *subsidi d'~* Arbeitslosengeld *n* | *cobrar el subsidi d'~* Arbeitslosengeld beziehen | *s: desocupació* **~a** *f: gos d'~* Hirten-, Schäfer-hund *m* | **~ada** *f* Halt, Stillstand *m*; Arbeitsniederlegung *f*; (*kurzer*) Streik *m* | *~ cardíaca* (*med*) Herzstillstand *m* | **~ador** *m* Bremsvorrichtung *f* | Hindernis *n* | *fig: no tenir ~* keinen Halt kennen | **~all** *m* = **~ador** | **~ament** Anhalten *n* | Stillstand *m* | **~ar** (33) *vt* anhalten, stoppen || *vi* e-n Aufenthalt machen; s. aufhalten | *s: parar-se* | **~ar-se** *v/r* stehenbleiben, anhalten | innehalten | **~at** (**-ada** *f*) *adj* stillstehend | untätig | arbeitslos | *fig* begriffstutzig, lahm || *s/mf* Arbeitslose(r *m*) *m/f*.

aturonat (**-ada** *f*) *adj* hügelig | auf e-m Hügel.

atxa[1] *f* (Wachs)Fackel *f* | *endavant les atxes!* vorwärts!

atxa[2] *f* (*Mittelalter*) Streitaxt *f*.

atxim! *int onomat* hatschi!

atzabeja *f min* Gagat, schwarzer Bernstein *m*.

atzagaia *f hist* (kurzer) Wurfspieß *m* | **~da** *f* Spießwurf *m* | *fig* Torheit *f*, Unfug *m*.

atzar *m* blinder Zufall *m* | Glücksfall *m* | (Un)Glück, Geschick *n* | *a l'~* durch Zufall | *per ~* zufällig | *jocs d'~* Glücksspiele *m pl* | **~ós** (**-osa** *f*) *adj* gefährlich | unsicher, ungewiß.

atzavara *f bot* Agave *f*.

atzembla *f* Saum-, Last-tier *n*.

atzerol|a *f bot* Azerole *f* | **~er** *m bot* Azeroldorn *m*.

atzucac *m a. fig* Sackgasse *f*.
atzur *m* Azur *m*, Himmelblau *n* | **~at** (**-ada** *f*) *adj* azurblau | *poèt* azurn | (leuchtend) himmelblau | **~ita** *f min* Azurit *m*.
au[1] *f* = **ocell**.
au![2] *int* los!, vorwärts!
auca[1] *f* Bilderbogen *m* | *fer tots els papers de l'~* e-e Wetterfahne sein.
auca[2] *ant* = **oca**.
aüc|ar (33) *vt* anschreien, verscheuchen || *vi* = **audolar** | laut schreien | **~s** *m pl* = **udols** | (lautes) Geschrei, Gejohle *n*.
aud|aç(ment *adv) adj (m/f)* kühn, verwegen, wagemutig | **~àcia** *f* Kühnheit, Verwegenheit *f*, Wagemut *m* | **~aciós (-osa** *f*, **-osament** *adv) adj* = **audaç(ment)**.
audi|ble *adj (m/f)* hör-, vernehm-bar | **~ció** *f* (An)Hören *n* | *mús* Konzert; Recital *m* | (*Dichtung*) Vortrag *m*, Rezitation *f* | (*Rundfunk*) Programm *m*, Sendung *f* | *dr:* **~** *dels testimonis* Zeugenvernehmung *f* | **~ència** *f* Audienz *f*, Empfang *m* | *dr* Anhörung *f*; Gerichtshof *m* | **~** *provincial* Landgericht *n* | **~** *territorial* Oberlandesgericht *n* | *demanar una* **~** um e-e Audienz bitten | *concedir una* **~** *a alg* j-m e-e Audienz gewähren | **~òfon** *m* Hörapparat *m*, Audiphon *n* | **~òmetre** *m med* Audiometer *n* | **~ometria** *f med* Audiometrie *f*.
àudio-visual *adj (m/f)* audiovisuell.
audit|iu (-iva) *adj* Hör..., Gehör... | *auditiv* | **~or** *m dr* Richter *m* | Auditor *m* | *econ* Buch-, Rechnungs-prüfer *m* | **~ori** *m* Zuhörerschaft *f* | Hörsaal *m*, Auditorium *n* | **~oria** *f* Auditorenamt, -büro *n* | *econ* Buch-, Rechnungsprüfung *f*.
aufrany *m ornit* Schmutzgeier *m*.
auge *m astr* = **apogeu** | *estar en* **~** s-n Höhepunkt haben, in voller Blüte stehen *fig*.
augita *f min* Augit *m*.
augment *m* Erhöhung *f* | Aufschlag *m* | Preissteigerung *f* | Zunahme *f* | *a. òpt* Vergrößerung *f* | Verstärkung *f* | *ling* Augment *n* | *un* **~** *de cent pessetes* e-e Erhöhung um hundert Peseten | *un* **~** *de forces* e-e Truppenverstärkung *f* | *un* **~** *de sou* e-e Gehaltserhöhung *f* | **~able** *adj (m/f)* vergrößerungsfähig, vermehrbar | **~ació** *f* Vergrößerung,

Erweiterung *f* | *mús* Augmentation *f* | **~ar** (33) *vt* (*Preise, Leistung*) erhöhen, steigern | *a. òpt* vergrößern | (*Zölle*) anheben | vermehren, erweitern | (*elliptisch*) *l'han augmentat de cinc mil pessetes* sein Gehalt wurde um fünftausend Peseten erhöht || *vi* zunehmen | (*Preise*) steigen | **~atiu (-iva** *f*) *adj ling* Augmentativ... || *s/m* Vergrößerungsform *f*, Augmentativ(um) *n*.
àugur *m hist* Augur *m*.
augur|ació *f* Wahrsagung, Weissagung *f* | **~ar** (33) *vt* wahr-, voraus-sagen, prophezeien, weissagen | **~i** *m* Vorzeichen, Omen *n*.
august *adj* augusteisch | erhaben, erlaucht || *s/m* (*Zirkus*) dummer August *m* | **~inià (-ana** *f*) *m ecl* Augustiner(in *f*) *m* | **~inisme** *m filos* Augustinismus *m*.
aula *f* Hörsaal *m* | Klassenzimmer *n* | **~** *magna* Auditorium Maximum *n*.
aul|eda *f*, **~et** *m* = **alzinar**.
àulic *adj* höfisch, Hof...
aulina *f* = **alzina**.
aur|a *f* Lauftauch *m*, Lüftchen *n* | *psic med* Aura *f* | *fig: exhalava una* **~** *de bondat* sie *od* er strahlte Güte aus | *fig:* **~** *popular* Volksgunst *f* | **~èola** *f ecl art fig* Aureole *f*, Heiligenschein, Nimbus *m* | *fís astr* Aureole *f*, Lichthof *m* | **~eolar** (33) *vt* mit e-m Nimbus umgeben | **~eolat (-ada** *f*) *adj* von e-m Heiligenschein umgeben | gerändert | **~i (àuria** *f*) *adj* golden | *poèt* gülden | *fig* kostbar, herrlich, erlesen.
àuric *adj quím* Gold..., *bes* Gold-III-...
aur|ícula *f* Ohrmuschel *f* | (Herz)Vorhof *m*, Vorkammer *f* | *bot* Alpenaurikel *f* | **~icular** *adj (m/f) med* auriku-lar, -lär | *conducte* **~** Gehörgang *m* | *confessió* **~** Ohrenbeichte *f* | *dit* **~** kl(ein) Finger *m* | *testimoni* **~** Ohrenzeuge *m* || *s/m* (*Telephon*)Hörer *m* | Hörmuschel *f* | Kopfhörer *m*.
aur|ífer *adj* goldhaltig | **~ificació** *f* Vergoldung *f* | **~ificar** (33) *vt* vergolden.
auriga *m hist* Wagenlenker *m* | *astr* Fuhrmann *m*.
aurinyacià *m antrop* Aurignacien *n*.
auró *m bot* (Feld)Ahorn, Maßholder *m*.
aurora *f* Morgenröte *f* | *fig* Anfang *m* | **~** *polar (boreal, austral)* Polar-(Nord-, Süd-)licht *n*.
aurós (-osa *f*) *adj quím* Gold-I-...
aürtar (33) *vt ant* (an)stoßen, anrempeln || *vi* stoßen (*en an od gegen ac*),

rammen (*en* auf *od* gegen *ac*).
ausculta|ció *f med* Auskultation *f*, Abhorchen *n* | **~r** (33) *vt* auskultieren, abhorchen.
auspici *m* Vorzeichen *n* | Vorbedeutung *f* | *sota els ~s de* unter der Schirmherrschaft von.
auster(ament *adv) adj* streng, hart | schmucklos | **~itat** *f* Strenge, Härte *f* | Schmucklosigkeit *f* | *polít: programa d'~* Sparprogramm *n*.
austr|al *adj* (*m/f*) südlich, Süd... || *s/m* Südwind *m* | **~àlia** *f* Australien *n* | **~alià (-ana** *f) adj* australisch || *s/mf* Australier(in *f*) *m* | **~e** *m lit* Südwind *m*.
Àustria *f* Österreich *n*.
austr|íac *adj* österreichisch || *s/mf* Österreicher(in *f*) *m* | **~o-hongarès (-esa** *f) adj* österreichisch-ungarisch | **~omarxisme** *m polít* Austromarxismus *m*.
aut|arquia *f* Autarkie *f* | **~àrquic** *adj* autark(isch) | **~èntic(ament** *adv*) *adj* echt, authentisch | glaubwürdig | **~enticació** *f bes dr* Authentisierung, Beglaubigung, Bestätigung *f* | **~enticar** (33) *vt bes dr* authentisieren, beglaubigen, bestätigen | **~enticitat** *f* Echtheit *f* | Glaubwürdigkeit *f* | *lit* Authentizität *f* | **~isme** *m med* Autismus *m* | **~ista** *adj* (*m/f*) autistisch (*krank*) | **~ístic** *adj* autistisch.
auto *m* Auto *n*, Wagen *m* | **~s de xoc** (Auto)Skooter *m pl* | **~adhesiu (-iva** *f*) *adj* selbst-haftend, -klebend | **~anàlisi** *f* Selbstanalyse *f* | **~biografia** *f* Autobiographie *f* | **~biogràfic** *adj* autobiographisch | **~bús** *m* (Auto)Bus *m* | **~car** *m* (Reise-, Überland-)Bus *m* | **~clau** *f tecn* Autoklav, Dampf(druck)topf *m*.
aut|ocràcia *f* Autokratie, Selbstherrschaft *f* | **~òcrata** *f* Autokrat *m* | **~ocràtic** *adj* autokratisch.
autocrítica *f* Selbstkritik *f*.
autòcton *adj* bodenständig, alteingesessen, autochthon | *s/m* Ureinwohner *m*.
auto|defensa *f* Selbstverteidigung *f* | **~depuració** *f* Selbstreinigung *f* | **~determinació** *f polít* Selbstbestimmung *f* | **~didacte** *m* Autodidakt *m* | **~didàctic** *adj* autodidaktisch | **~dinàmic** *adj* selbstwirkend.
autòdrom *m aut* Auto-, Moto-drom *n*.
auto|educació *f* Selbsterziehung *f* | **~encesa** *f tecn aut* Selbstzündung *f* | **~fecundació** *f biol* = **~gàmia** |

~finançament *m* Selbstfinanzierung *f* | **~gàmia** *f biol* Selbstbefruchtung *f* | **~gen (-ògena** *f) adj* autogen | *soldadura autògena* autogenes Schweißen *n* | **~gestió** *f econ* Selbstverwaltung *f* | **~gir** *m aeron* Tragschrauber *m*, Windmühlenflugzeug *n* | **~govern** *m polít* Selbstverwaltung *f*.
aut|ògraf *adj* eigenhändig geschrieben, autographisch || *s/m* Autograph *n* | *p ext* Autogramm *n* | **~ografia** *f gràf* Autographie *f*, Steindruck *m* | **~ogràfic** *adj* autographisch.
auto|inducció *f* Selbstinduktion *f* | **~infecció** *f med* Selbst-infektion, -ansteckung | **~latria** *f* Selbstverehrung *f* | **~mació** *f* Automatisierung, Automation *f*.
autòmat *m* Automat *m*.
auto|màtic(ament *adv) adj a. fig* automatisch, mechanisch | selbsttätig | **~matisme** *m a. med* Automatismus *m* | *tecn* Automatik *f* | (*Psychologie*) willenlose Handlung, Triebhandlung *f* | **~matització** *f* Automatisierung, Automatisation *f* | **~matitzar** (33) *vt* automatisieren | **~mòbil** *adj* (*m/f*) selbstbewegend, selbstfahrend || *s/m* Kraftfahrzeug *n* | (Kraft)Wagen *m*, Auto *n*, Personen(kraft)wagen, Pkw *m* | **~ de competició** (*od de cursa*) Rennwagen *m* | **~ de turisme** Personenkraftwagen | **~mobilisme** *m* Auto-, Kraftfahr-sport *m* | **~mobilista** *m/f* Kraft-, Auto-fahrer(in *f*) *m* | **~motor** *adj tecn* mit eigenem Antrieb *m* || *s/m ferroc* Triebwagen *m* | **~mutilació** *f* Selbstverstümmelung *f*.
autònom *adj* selbständig, autonom.
auto|nomia *f polít* Autonomie, Selbstverwaltung *f* | **~nòmic** *adj* autonomisch, selbständig | *med: moviments ~s* unwillkürliche Bewegungen *f pl* | **~nomista** *adj* (*m/f*): *moviment ~* Autonomiebewegung *f* || *s/m/f* Autonomist(-in *f*) *m*, Anhänger(in *f*) *m* der Autonomie | **~pista** *f* Autobahn *f* | **~propulsió** *f* Selbstantrieb *m*.
autòpsia *f med* Autopsie, Leichenschau *f* | *dr* Obduktion *f* | *fer l'~* e-e Leichenschau vornehmen.
autor(a *f*) *m a. dr* Täter(in *f*) *m* | Urheber(in *f*), Schöpfer(in *f*) *m* | *Lit* Autor(in *f*), Verfasser(in *f*), Schriftsteller(in *f*) *m* | Erfinder(in *f*), Entdecker(in *f*) *m*.
autoretrat *m* Selbstportrait *n*.
autorit|ari (-ària *f) adj* herrisch | rechtha-

autoservei   **avant**

berisch, autoritär | ~**at** *f* Ansehen *n*, Autorität *f* | Gewalt, Macht *f* | Amtsgewalt *f* | Obrigkeit, Behörde *f* | Befugnis *f* | maßgebliche Person *f* | ~**zació** *f* Bevoll-, Er-mächtigung, Autorisierung *f* | Autorisation *f* | ~ *de residència* (*de treball*) Aufenthalts-(Arbeits-)erlaubnis *bzw* -genehmigung *f* | ~**zar** (33) *vt* bevoll-, er-mächtigen, berechtigen, autorisieren, genehmigen | ~**zat** (-**ada** *f*) *adj* bevoll-, ermächtigt | berechtigt | genehmigt, autorisiert.
auto|servei *m* Selbstbedienung *f* | ~**stop** *m* Autostopp *m* | *fer* ~ Autostopp machen; per Anhalter *od* Autostopp fahren; trampen | ~**stopista** *m/f* Tramper, Anhalter *m* | ~**suggestió** *f* Autosuggestion *f* | ~**via** *f* ferroc Triebwagen, Schienenbus *m* | *circ* Schnellstraße *f*.
autumn|al *adj* (*m/f*) herbstlich, Herbst... | ~**e** *m* poèt Herbst *m* | *s: tardor*.
auxili *m* Hilfe *f*, Beistand *m* | Unterstützung *f* | *ecl:* ~*s espirituals* Sterbesakramente *n pl* | *med: primers* ~*s* erste Hilfe *f* | ~**ar**¹ *adj* (*m/f*) Hilfs... | *verb* ~ Hilfsverb *n* | *professor* ~ Assistent *m*; außerordentlicher (Universitäts)Professor *m* || *s/m/f* Gehilfe *m*, -fin *f* | Hilfskraft *f* Angestellte(r *m*) *m/f* | ~**ar**² (33) *vt* j-m helfen, j-m beistehen | (*Sterbenden*) Beistand leisten.
auxina *f* bot Auxin *n*.
avaj|ó *m* bot Heidelbeere (*Frucht*) | ~**onera** *f* bot Heidelbeere *f* (*Strauch*) | *s: nabiu*.
aval *m* com Wechselbürgschaft *f*, Aval (-akzept) *m* | Bürgschaft, Garantie *f* | ~**ador** *m* (Wechsel)Bürge *m* | ~**ar** (33) *vt* (*für j-n*) bürgen | (*Wechsel*) avalieren.
avall *adv* (nach)unten; abwärts; her-, hinab; her-, hin-unter, *umg* runter | *cap* ~ *és més fàcil* abwärts *od* bergab ist es leichter | *el tap no va ni amunt ni* ~ der Korken geht weder auf- noch abwärts | *porta-ho cap* ~, *fins aquí baix!* bring es herunter, bis hier unten! | *tira la persiana* ~! laß den Rolladen herunter! | *molt* ~ *de la vall tief unten im Tal* | *Tarragona és més* ~ *que Barcelona* Tarragona liegt unterhalb Barcelonas | *la botiga és més* ~, *al port* (*al capdavall del carrer*) der Laden liegt weiter unten, am Hafen (am unteren Straßenende) | *davall od*

més ~ (*in e-m Text*) (weiter) unten | *vaig caure escales* ~ ich fiel die Treppe hinunter | *he caigut molt* ~ (*fig*) ich bin tief gesunken | *les llàgrimes li anaven cara* ~ die Tränen liefen ihm übers Gesicht | ~, *que fa baixada!* (*fam*) los, gleich ist es geschafft! | *de ... en* (*od per*) ~ von ... (an) abwärts; unter...
avalot *m* Aufstand *m*, Erhebung *f* | ~**ador**, ~**apobles** *m* Aufrührer, Aufwiegler *m* | *fig* Unruhestifter *m* | ~**ar** (33) *vt* aufrühren, aufwiegeln | ~**arse** *v/r* s. auflehnen, aufbegehren.
avalua|ble *adj* (*m/f*) schätzbar | ~**ció** *f* Bewertung *f* | Schätzung *f* | ~**r** (33) *vt* bewerten | schätzen, taxieren.
avanç *m* Vorwärtsbewegung *f* | Fortschritt *m* | ~**ada** *f* Vorrücken *n*, Vormarsch *m* | Vorsprung *m* | Vorschuß *m*, Vorauszahlung *f* | *mil* Vorhut *f* | ~**ament** *m* Fortschreiten *n* | Vorschuß *m*, Vorauszahlung *f* | Vorverlegung *f* | Voranschlag, Überschlag *m* | *circ* Überholen *n* | ~**ar** (33) *vt a. mil* vorrücken | vorwärts-gehen, -kommen | überholen | übertreffen | vorverlegen | vorausschicken, andeuten | (*Hand, Geld*) vorstrecken | (*Uhr*) vorstellen | (*mit der Arbeit*) gut vorankommen || *vi* fortschreiten, voran- (*od* vorwärts-)kommen | vorgehen (*Uhr*) | *avança de mitja hora* sie geht eine halbe Stunde vor | ~**ar-se** *v/r:* ~ *a alg* j-m zuvorkommen | (*Uhr*) vorgehen | *el teu rellotge s'avança* deine Uhr geht vor | ~**at** (-**ada**) *adj* fortschrittlich, entwickelt | *mil* vorgeschoben | (*Vorgang, Alter*) fortgeschritten.
avant *adv* = **endavant** | ~**atge** *m* Vorsprung *m* | Vorteil, Vorzug *m* | Überlegenheit *f* | *portar* ~ *a alg* vor j-m Vorsprung haben | *tenir sobre alg l'*~ *de + inf* gegenüber j-m den Vorteil haben, zu + *inf* | *oferir* ~*s* Vorzüge bieten | ~**atjar** (33) *vt* übertreffen, überragen, überholen, hinter s. lassen | ~**atjat** (-**ada** *f*) *adj* tüchtig | begabt | ~**atjós** (-**osa**) *adj* günstig, vorteilhaft, ~**braç** *m anat* Unterarm *m* | ~**cambra** *f* Vorzimmer *n* | *fer* ~ antichambrieren | ~**dit** *adj* schon erwähnt, vorerwähnt | ~**er** *adj* vorder(...) | ~**guarda** *f mil* Vorhut *f* | Vortrupp *m* | *fig* Avantgarde *f* | ~**muralla** *f* Vorwall *m* | ~**passat** *m* Vorfahr, Ahn *m* | ~**port** *nàut* m Vor-

hafen *m* | **~projecte** *m* Vorentwurf *m* | **~sala** *f* Vorzimmer *n* | *fer ~* im Vorzimmer warten, antichambrieren.
avar(**ament** *adv*) *adj* geizig, knauserig | *~ de paraules* wortkarg || *s*/*m* Geizhals, -kragen *m*.
avara|da *f nàut* Stapellauf *m* | **~r** *vt* (33) *nàut* vom Stapel lassen | (*Flugzeug, Rakete*) starten | (*Drachen*) steigen lassen | *fig* anspornen, anfeuern.
avarca *f* Riemenschuh *m* | bäuerliche Sandale *f*.
avaria *f nàut* Havarie *f*, Seeschaden *m* | Schaden *m*, Beschädigung *f* | *aut* Panne *f* | *tecn* Störung *f* | **~r** (33) *vt* beschädigen, Schaden verursachen (an *dat*) | **~r-se** *v*/*r nàut* Havarie erleiden, havarieren | (*Ware*) verderben | schadhaft werden, entzweigehen | (*Auto*) e-e Panne haben.
avar|ícia *f* Habsucht, Geldgier *f*, Geiz *m* | **~iciós** (**-osa** *f*, **-osament** *adv*) *adj* = **avar**(**ament**).
avatar *m* (*Hinduismus*) Awatara, Inkarnation *f* (*e-r Gottheit*) | Veränderung *f*, Wandel *m* | *els ~s de la vida* die Wechselfälle des Schicksals.
aveïna|ment *m* Einbürgerung *f* | **~r** (33) *vt* einbürgern.
avellan|a *f* Haselnuß *f* | **~ar** *m*, **~eda** *f* Hasel-gebüsch *n*, -strauchpflanzung *f* | **~er** *m* Hasel-busch, -(nuß)strauch *m*.
avemaria *f* Ave-Maria *n* | Ave-Maria-Läuten *n*.
avena *f bot* = **civada** | **~ci** (**-àcia** *f*) *adj* Hafer..., haferähnlich.
avenc *m* (steil abschüssige) Höhle *f*.
avenç *m* Ersparnis *f* | Fortschritt *m* | Vorrücken *n* | **~ar** (33) *vt* sparen || *vt*/*i* = **avançar** | **~ar-se** = **avançar-se**.
avenir[1] (40) *vt* einigen, versöhnen | *no els vaig poder ~* ich konnte sie nicht versöhnen | *vi ant* ankommen; s. ereignen | **~se** *v*/*r* s. vertragen, s. versöhnen | s. verstehen, auskommen (*amb alg* mit j-m) | *~ a fer u*/*c* s. einverstanden erklären, etw zu tun | *no saber ~ d'u*/*c* etw nicht fassen können | *encara no me'n sé avenir!* ich kann es noch gar nicht fassen!; es ist mir noch ganz unbegreiflich!
avenir[2] *m* Zukunft *f*.
aventur|a *f* Abenteuer *n* | Wagnis *n* | *a l'~* (*loc adv*) aufs Geratewohl, auf gut Glück | **~ar** (33) *vt* wagen, aufs Spiel setzen | **~ar-se** wagen, s. e-r Gefahr aussetzen | s. einlassen (*a* auf *ac*) | **~er**(**a** *f*) *m* Abenteurer(in *f*) *m*, Glücksritter *m* | **~ina** *f min* Aventurin *m*.
averany *m* = **auguri**.
avergonyi|ment *m* Beschämung *f* | **~r** (37) *vt* beschämen, erröten machen | **~r-se** *v*/*r* s. schämen | **~t** (**-ida** *f*) *adj* beschämt.
avern *m lit* Hölle *f*.
aversió *f* Abneigung *f*, Widerwille *m*.
av|és *m* Gewohnheit *f* | *perdre l'~ d'u*/*c* s. etw abgewöhnen, e-e Gewohnheit ablegen | **~esar**(**-se**) (33) *vt* (/*r*) (s.) gewöhnen (*a* an *ac*).
avet *m bot* (Weiß)Tanne *f* | *~ roig* Fichte, Rottanne *f* | **~ar** *m*, **~eda**, **~osa** *f* Tannenwald *m*.
avi (**àvia** *f*) *m* Großvater *m*, -mutter *f* | *a. fig* Opa *m*, Oma *f* | *els ~s* die Großeltern *pl*.
avia|ció *f* Luftfahrt *f*, Flugwesen *n* | Luftfahrttechnik *f* | *companyia d'~* Luftfahrtgesellschaft *f* | **~da** *f* Los-lassen, -gehen *n* | **~dor**(**a** *f*) *m* Flieger(in *f*) *m*.
avial *adj* (*m*/*f*) Ahnen...
avia|ment *m* Los-lassen, -gehen *n* | **~r** (33) *vt* losbinden, freilassen | aus-, loslassen | auf den Weg bringen | **~r-se** *v*/*r* s. aufmachen, auf den Weg machen.
aviat *adv* bald | früh | *més ~* früher; eher; lieber | *tan ~ com ...* sobald wie (*od* als)... | *com més ~ millor* je eher, desto besser; je eher, je lieber.
avicia|dura *f* Verwöhnung, Verwöhntheit *f* | Verhätschelung *f* | **~r** (33) *vt* verwöhnen | verhätscheln | **~r-se** *v*/*r*: *aquest nen s'ha aviciat* der Junge ist verwöhnt geworden | *no t'aviciïs a fumar!* gewöhne dir das Rauchen nicht an!
av|ícola *adj* (*m*/*f*): *granja ~* Geflügelfarm *m* | **~icultor**(**a** *f*) *m* Geflügel-, Vogelzüchter(in *f*) *m* | **~icultura** *f* Geflügel-, Vogel-zucht *f*.
àvid(**ament** *adv*) *adj* (be)gierig (*de* nach) | gefräßig | *~ de plaers* genußsüchtig.
avidar (33) *vt* beleben | ernähren | **~se** *v*/*r* sein Leben verdienen.
avid|esa *f* Begierde, Gier *f* | Gefräßigkeit *f* | Habsucht *f* | **~itat** *f* = **avidesa**.
avifauna *f* Vogelwelt *f* (*e-s Gebiets*).
avina|grar (33) *vt* sauer werden lassen | **~grar-se** *v*/*r* sauer werden | **~r** (33) *vt* (*e. Weinfaß*) mit Wein füllen | mit Wein versorgen.
avin|ença *f* Übereinkommen *n*, Überein-

kunft f | Eintracht f | dr Vergleich m | fer una ~ zu e-m Vergleich kommen (amb mit dat) | ~ent adj (m/f) leutselig, umgänglich | günstig gelegen | ~ de (loc prep) nahe bei, unweit von | fer ~ u/c a alg j-n an etw erinnern (od auf etw aufmerksam machen) | ~entesa f Gelegenheit, Chance f | ~guda f Allee, Prachtstraße f (mit Bäumen) | (Fluß) Anschwellen, Hochwasser n.

avi|ó m Flugzeug n | ~ de bombardeig (de caça) Bomber m, Bombenflugzeug n (Jäger m, Jagdflugzeug n) | ~ militar (de transport) Militär-(Transport-)flugzeug n | ~oneta f Klein-, Sportflugzeug n.

avior f Altertum n | Herkunft, Abstammung f.

aviram m/f Geflügel, Federvieh n.

av|ís m Benachrichtigung, Nachricht, Bekanntmachung f | Warnung f | Rat m | nàut Aviso(boot n) m | ~isament m Spürsinn m | Benachrichtigung f | ~isar (33) vt benachrichtigen | (j-m) Bescheid sagen od geben | (Arzt, Elektriker) rufen | (Taxi) bestellen | warnen | ankündigen | ~isat (-ada f, -adament adv) adj klug, schlau, gewitzt.

avitaminosi f med Avitaminose f.
avitarda f ornit Großtrappe f.
avitualla|ment m Versorgung, Verpflegung f | ~r (33) vt mil verproviantieren, versorgen.
aviva|dor adj belebend, aufmunternd | ~ment m Belebung f | ~r (33) vt a. fig beleben | (Feuer u. fig) anfachen | (Farbe) hervorheben, aufhellen | ~r-se v/r aufleben, s. aufmuntern | (Feuer) aufflammen.
àvol adj (m/f) ant schlecht; übel; böse | s: dolent.
avorri|ble adj (m/f) abscheulich, verabscheuenswert | ~ció f Abneigung f | ~ment m Langeweile f | Überdruß m Abneigung f | ~r (37) vt verabscheuen, hassen | langweilen, anöden | (e-r Sache od j-s) überdrüssig sein od werden; umg (etw) satt haben od sein,

(etw) leid sein, (etw) überhaben | la lectura l'avorreix Lesen langweilt ihn | he avorrit les olives ich habe mir Oliven übergegessen | ~r-se v/r s. langweilen.

avort|ament m Fehlgeburt f | ~ provocat Abtreibung f | ~ar (33) vi e-e Fehlgeburt haben | abtreiben | verwerfen (Tiere) | fig mißlingen, scheitern | ~í, ~ó m Frühgeburt f (Tier).

avui adv heute | ~ (en) dia heutzutage | ~ per demà einst, einmal (in der Zukunft) | d'~ a demà von heute auf morgen; über Nacht | d'~ endavant von heute an | d'~ en vuit (en quinze) heute in acht (vierzehn) Tagen | el diari d'~ die heutige Zeitung, die Zeitung von heute | en tal dia com ~ ... heute vor ... || s/m: l'~ das Heute n.

avulsió f med Extirpation f.
avuncular adj (m/f) lit onkelhaft, Onkel...
axial adj (m/f) Achsen..., axial.
axil·la f anat Achsel(höhle) f | bot (Blatt)Achsel f | ~r adj (m/f) anat axillar, Achsel... | bot axillar, achsel-, winkel-ständig.
axiom|a m Axiom n | ~àtic(ament adv) adj axiomatisch.
axis[1] m anat zweiter Halswirbel, Epistropheus m.
axis[2] m zool Axishirsch m.
axisimètric adj achsensymmetrisch.
axono|metria f geom Axonometrie f | ~mètric adj axonometrisch.
azalea f bot Azalee, Azalie f.
àzim adj: pa ~ ungesäuertes Brot n.
azimut m astr Azimut n/m | ~al adj (m/f) Azimut... | azimutal.
azoic adj geol Azoikum... | azoisch || s/m Azoikum n.
az|ot m quím Stickstoff m | ~otat m Nitrat n | ~otat (-ada f) adj stickstoffhaltig | ~otèmia f med Azotämie f | ~òtic adj salpetersauer | àcid ~ Salpetersäure f | ~otit m Nitrit, salpetriges Salz n | ~otitzar (33) vt mit Stickstoff behandeln | ~otós (-osa f) adj quím salpeterhaltig | ~otur m Nitrid n | ~otúria f med (Stickstoff)Urämie f.

B

b, B f b, B n.
baba f infan Oma, Omi f | **~i** adj u. s/mf (Bal) = **~u** | **~là**: a la ~ (loc adv) aufs Geratewohl, unüberlegt, gedankenlos | parlar a la ~ (dummes Zeug) daherreden, quasseln, plappern, babbeln | **~rota** f Vogelscheuche f | Gespenst n | fer babarotes Fratzen od Grimassen schneiden; fig protzen | **~u** adj albern, einfältig || s/mf Simpel, Trottel, Einfaltspinsel, Dummkopf m.
babeca f = **òliba**.
bab|el f Wirrwarr m, Durcheinander n | babylonisches Sprachengewirr n | la torre de ~ der Turm zu Babel, der Babylonische Turm | Benidorm és una ~ Benidorm ist e. Babel n | **~iloni** (-ònia) adj babylonisch, aus Babylon(ien) || s/mf Babylonier(in f) m | **~ilònia** f Babylon n (Stadt), Babylonien n (Reich) | **~ilònic** adj babylonisch | fig üppig, prunkvoll.
babirussa f zool Hirscheber m.
bable m fam (Sprache) = **asturià**.
baboia f Vogelscheuche f || s/m/f Simpel, Trottel m | **~da** f Unsinn, Blödsinn m, dummes Zeug n.
babol m = **rosella**.
babord m nàut Backbord n.
babuí m (pl -ïns) zool Babuin m.
babutxa f Babusche f.
bac[1] m = **obac**.
bac[2] m Stempelkissen n.
bac[3] m Val heftiger Fall od Schlag m.
bac[4] m Fähre f | **~a** f aut Dachgepäckträger m | Plane f (für Gepäck) | fer la ~ a alg j-n auf e-m Tuch in die Höhe federn lassen.
bacall|à m ict Kabeljau, Dorsch m | ~ sec Stockfisch m | ~ salat Laberdan m | tallar el ~ (fig) den Ton angeben, das Zepter führen od schwingen | **~aner(a** f) m Kabeljauverkäufer(in f) m.
bacan|al f Bacchanal n | fig a. Orgie f | **~t** f Bacchantin f | fig zügelloses Weib n.
bacarà m (pl -às) Bakkarat n.
bacciforme adj (m/f) bot beerenförmig.
bací m Napf m | Rasierschale f, Barbierbecken n | Nachttopf m | Brunnentrog m | mús Becken n.
bacil m biol Bazillus m | **~·lar**[1] adj (m/f) biol Bazillen..., bazillär | stäbchenförmig | **~·lar**[2] adj (m/f) (Erz) grob gefibert.
bacin|a f Almosenteller m | Napf m | reg Nachttopf m | **~ada** f n Napfvoll | fig Unsinn m, dummes Zeug n | **~et** m hist (Ritter)Helm m.
baci|u (-iva f) adj (Schaf, Stute) nicht zur Zucht geeignet; unfruchtbar | **~var** (33) vt Schafe von den Böcken trennen.
bac|ó m Speckseite f | Räucherspeck m | a. fig Schwein n | fig a. Dreckfink m, -schwein n | dir la lliçó del ~ a alg (pop) j-n zur Sau machen | **~ona** f a. fig Sau f | **~onada** f Schweineherde f | fig Schweinerei f | **~onera** f Schweinestall m.
bacor|a f ict Thunfisch m («Thunnus alalunga») | Val = **figa-flor** | **~eta** f Thunfisch m («Euthynnus alletteratus»).
bacteri m Bakterie f | **~à** (-ana f) adj, **~al** adj (m/f) bakteriell, Bakterien... | **~cida** adj (m/f) bakterizid || s/m Bakterizid n | **~òleg** (-òloga f) m Bakteriologe m, -gin f | **~ologia** f Bakteriologie f | **~ològic** adj bakteriologisch.

bàcul *m lit* Stab, Stock *m* | *ecl* Hirten-, Bischofs-, Krumm-stab *m*.
baculiforme *adj* (*m/f*) *bot* stabförmig.
bada *f reg* = **~dura** | *ant* Wache *f* | **~badoc** *m* Gaffer *m* | *estar-se* ~ Maulaffen feilhalten | **~da** *f* Versehen *n*, Schnitzer, Fehler, Irrtum *m* (*aus Unachtsamkeit*) | **~dor** *m* = **mirador** | **~dura** *f* Spalt(e *f*) *m*, Ritze *f* | Kluft *f*.
badaine (od **-a** *f*) *m* Beitel *m*.
badall *m* Spalt(e *f*) *m*, Ritze *f* | belegtes Brot *n* | Gähnen *n* | *fer el darrer* ~ (*fam*) krepieren, abkratzen | **~ar** (33) *vi* gähnen | ~ *de son* vor Müdigkeit gähnen | **~era** *f* ständiges Gähnen *n*, Lust *f* zu gähnen.
badaloní (**-ina** *f*) *adj* aus Badalona || *s/mf* Badaloniner(in *f*) *m*.
badalot *m* = **claraboia** | Treppenhaus *n*.
badana *f* gegerbtes Schafsleder *n*.
badar (33) *vi* (*e-n Spalt*) offen stehen | klaffen | *fig* gaffen; (geistes)abwesend sein; nicht aufpassen | ~ *davant un aparador* s. ein Schaufenster ansehen | *no badeu!* paßt auf! | *no* (*s'hi*) *val a* ~ man muß die Augen offenhalten | (*Mund, Augen*) öffnen, aufsperren | *fig reg* anschauen | *no* ~ *boca* (*fig*) den Mund nicht aufmachen *od* auftun | **~se** *v/r* klaffen (*Wunde, Abgrund*) | gähnen (*Abgrund*) | s. öffnen (*Knospe*).
badès (**-esa** *f*) *adj* badisch | *s/mf* Baden(s)er(in *f*) *m* || *s/m* Badisch *n* | *el* ~ das Badische.
badia[1] *f* Bund *m*, Bündel *n* | Strang *m*, Strähne *f*.
badia[2] *f* Bai, Bucht *f*.
badia[3] *f oc* Pfarrhaus *n*, Pfarrei *f*.
badiana *f bot* Echter Sternanis *m*.
badina *f reg* Teich, Tümpel *m*.
bad|iu *m* Nasenloch *n* | *reg* Hinterhof *m* | **~ívol** *adj reg* geräumig | *corral* ~ offener, freier Hof *m*.
bàdminton *m esport* Badminton, Federballspiel *n*.
badoc[1] *m* Granat-, Kürbis-blüte *f*.
badoc[2] *adj* gaffend | neugierig, schaulustig | schlafmützig || *s/mf* Gaffer(in *f*) *m*, Schaulustige(r *m*) *m/f* | Schlafmütze *f* | **~ar** (33) *vi* (herum)gaffen.
badola *f bot* Schildampfer *m*.
badom|eries, ~ies *f pl* Märchen *n pl*, Lügen, Unterstellungen *f pl* | Bagatellen, Kleinigkeiten *f pl*, Kinkerlitzchen *n pl*.
badoque|jar (33) *vi* = **badocar** | **~ra** *f* (*Gerät*) Obstpflücker *m*.

baf *m* Dampf, Dunst *m* | Ausdünstung *f* | *fer* ~ *de tabac* nach Tabak riechen | *prendre* ~s e. Dampfbad nehmen | **~ada** *f* Dunstschwaden *m* | **~arada** *f* Dunstschwaden *m* | (*Comics*) Sprechblase *f* | **~or** *f* = **baf(arada)**.
baga[1] *f* = **obaga**.
baga[2] *f* Schlinge; Schlaufe *f* | Ring *m* | *text* Helfe *f* | *tecn*: ~ *oberta* Schraubhaken *m* | ~ *tancada* Ringschraube *f*.
bagant *m* (*Wasserbau*) Schütz *n*.
bagàs *m* (*pl* **-assos**) Bagasse *f*.
bagass|a *f* Hure, Dirne *f* | **~ejar** (33) *vi* huren | **~er** *adj*: *home* ~ Hurenbock *m* | **~eria** *f* Hurerei, Prostitution *f*.
bagatel·la *f a. mús* Bagatelle *f*.
bagatge *m* (Reise)Gepäck *n* | *bes mil* (Marsch)Gepäck *n*; Troß *m* | *fig:* ~ *intel·lectual* (*científic*) intellektuelles (wissenschaftliches) Rüstzeug *n*.
bagol *m reg* lauter Schrei *m* | **~ar** (33) *vi* schreien, brüllen.
bagot *m* (*Traube*) Spätling *m*.
bagra *f ict* Döbel *m*, *südd* Aitel *m*.
bagueny *m* = **obac**.
bagueta *f kl*(e) Schleife *f* | *kl*(e) Schließe *f*.
bagul *m* Truhe *f* | Schrank-, Übersee-koffer *m* | Sarg *m* | **~aire, ~er** *m* Sargschreiner, -tischler *m*.
bah! *int* bah!, pah! | ~, ~ ach was!, *südd* ach geh!
Bahames *f pl*: *les* (*illes*) ~ die Bahamainseln, die Bahamas *f pl*.
bai *adj* (*Pferd*) fuchsrot.
baia *f* Beere *f*.
baiadera *f* Bajadere *f*.
baiard *m* (Trag)Bahre *f* | Traggestell *n*.
baieta *f* grober Flanell *m* | Scheuerlappen, Putzlumpen *m* | *passar* (*la*) ~ den Boden aufwischen.
baion|a *f nàut* Seitenruder *n* | **~eta** *f* Bajonett, Seitengewehr *n* | *elect*: *acoblament de* ~ Bajonettfassung *f* | **~etada** *f* Bajonett-stich, -stoß *m*.
baix *adj a. fig* niedrig, (*bes Rang*) nieder (*Lage, Grad*) *a.* tief | *a.* untere(r, -s) | (*Statur*) klein | *bes geog* Nieder..., nieder..., Unter..., unter... | *hist* Spät..., spät... | *fig a.* gering; minderwertig; niederträchtig, gemein | (*Farbe*) matt | (*Lautstärke*) leise | *mús* tief | Baß... | *un arbre* (*salt, preu, instint*) ~ e. niedriger Baum (Sprung, Preis, Instinkt) *m* | *núvols* ~os niedrige *od* tiefe Wolken *f pl* | *boira* ~*a* Bodennebel *m* | *el vol* ~ *de les gavines* der niedri-

ge *od* tiefe Flug *m* der Möwen | *cop ~* Tiefschlag *m* | *una dona ~a i menuda* e-e kl(e), zierliche Frau *f* | *la part* (*més*) *~a d'u/c* der unter(st)e Teil e-r Sache | *una taula ~a de potes* e. Tisch *m* mit niedrigen Beinen | *~ de sostre* mit niedriger Decke *f*; *fig* engstirnig, beschränkt | *terra ~a* Tiefland *n* | Niederung *f* | *els Països ~os* die Niederlande | *la ~a Àustria* (*Saxònia*) Nieder-österreich (-sachsen) *n* | *la ~a Itàlia* Unteritalien *n* | *el ~ Ter* der niedere *od* untere Ter, der Unterlauf des Ter | *el ~ Rin* der Niederrhein | *la ~a edat mitjana* das Spätmittelalter | *or ~* geringhaltiges *od* minderwertiges Gold *n* | *~ en nicotina* nikotinarm | *notes ~es* (*mús*) tiefe Noten; (*Schule*) schlechte Noten *f pl* | *cantar la part ~a* die Baß-partie *od* -stimme *bzw* die Unterstimme singen | *clarinet ~* Baßklarinette *f* | *pressió ~a* (*med*) niedriger Blutdruck; (*tecn*) Niederdruck *m* | *una àrea de ~es pressions* e. Tief(druck)gebiet) *n* | *~es temperatures* niedrige *od* tiefe Temperaturen *f pl* | *la ~a noblesa* der niedere Adel | *el ~ poble* das niedere *od* niedrige Volk | *la riera va ~a* der Bach führt wenig Wasser | *amb els ulls ~os* mjt gesenkten Augen | *en veu ~a* leise, mit leiser Stimme || *adv* niedrig, tief | unten | *mús* (zu) tief | *parlar* (*cantar*) *~* leise sprechen (singen) | *són* (*a*) *~* sie sind unten | *ho tinc a ~* ich habe es unten | *com es pot caure tan ~ od avall!* wie kann man nur so tief sinken! | *a ~ els tirans!* nieder mit den Tyrannen! || *s/m mús* Baß (-stimme, -partie *f*, -sänger *m*, -instrument *n*) *m*; (*Person*) a. Bassist *m* | *nàut* Untiefe; Sandbank *f* | *mst pl* unterer Teil *m* | *~ continu* (*mús*) Generalbaß *m* | *~ xifrat* (*mús*) bezifferter Baß *m* | *els ~os* (*Haus*) das Erdgeschoß; (*Flüssigkeit*) der Bodensatz; *mús* die Bässe *m pl* | *van al ~* (*fig*) es geht abwärts mit ihnen | *~a f* Rückgang *m*, Abnahme *f*, Fallen, Sinken *n* | (*Börse*) Baisse *f* | *adm* Abmeldung(sschein *m*) *f*; (*Beamte, Offiziere*) Entlassung *f*, Abschied *m* | *med* Krankmeldung *f*, Krankenschein *m* | *mil* (*Opfer*) Verlust, Abgang *m* | *meteor* Tief *n* | *donar de ~ alg d'una associació* j-n von e-m Verband abmelden *bzw* aus e-m Verband ausschließen | *donar de ~ el telèfon* das Telefon abmelden | *donar-se de ~ s.* abmelden; aus-scheiden, -treten | *donar de ~ alg od donar la ~ a alg* (*med*) j-n krank schreiben | *estar de ~* (*med*) krank geschrieben sein | *encara no sabem quantes baixes hi haurà per al curs que ve* wir wissen noch nicht, wieviel Abgänge es zum nächsten Schuljahr geben wird | *anar de ~* abnehmen, zurückgehen; geringer werden | *ja vaig de ~* es geht schon bergab mit mir.

baixà *m* (*pl -às*) = **paixà**.

baix|ada *f* Hinunter-, Herunter-gehen, -fahren *n* | (*a. Weg*) Abstieg *m* | (*Gelände*) (Ab)Hang, Abfall *m*, Gefälle *n*, Neigung *f* | *aut* Talfahrt *f* | (*Ski*) Abfahrt *f* | *fig* (*plötzliches*) Fallen, Sinken *n* | *la ~ a la cova* der Abstieg zur Höhle | *fer ~* abfallen | *un camí que fa ~* e. abfallender (*od* herab- *bzw* hinunterführender) Weg *m* | *venir de ~* auf dem Weg nach unten liegen | **~ador** *m* Tritt *m* (*zum Absitzen*); *ferroc* Haltepunkt *m* | **~alemany** *adj* nieder-, platt-deutsch || *s/m* Niederdeutsch, Platt(deutsch), das Niederdeutsche *od* Platt(deutsche) *n* | **~amar** *f* (*Ebbe*) Niedrigwasser *n* | **~ament** *adj* niederträchtig, gemein | **~ant** *m* (Ab-)Hang *m* | Abstieg *m* | *constr* Abflußrohr *n* | **~ar** (33) *vi* herunter- *bzw* hinunter- (*fam* runter-)gehen, -kommen, -fahren, -führen, -steigen, absteigen, abwärts steigen (ab)steigen (*de* von *dat*), (aus)steigen (*aus dat*) | sinken, fallen, nachlassen, abnehmen, zurück-, herunter- (*fam* runter-)gehen | *esport* absteigen | *vam ~ del cim a la vall en una hora* wir stiegen in e-r Stunde vom Gipfel ins Tal ab *od* hinunter (*fam* runter) | *sempre el cridem, però no el deixen ~ al carrer* wir rufen ihn immer, aber sie lassen ihn nicht auf die Straße herunter (*fam* runter) | *~ a terra* (*nàut*) an Land gehen *od* steigen | *~ de la bicicleta* (*moto*) vom Fahr-(Motor)rad (ab)steigen | *~ del cavall* vom Pferd (ab)steigen *od* absitzen | *~ del cotxe* (*del tren, de l'avió*) aus dem Auto (Zug, Flugzeug) (aus)steigen | *baixo a Figueres* ich steige in Figueres aus | *el riu baixa ple* der Fluß führt viel Wasser | *el nivell de l'aigua* (*la temperatura, el preu del pa*) *baixa* der Wasserstand (die Temperatur, der Brotpreis) fällt *od*

sinkt | *la reparació no ~à de mil pessetes* die Reparatur wird nicht unter tausend Peseten kosten || *vt:* ~ *l'escala (els esglaons)* die Treppe (Stufen) herunter- *bzw* hinunter- *(fam* runter-)gehen, -steigen | *vaig ~ tota la baixada sense frenar* ich fuhr den ganzen Hang ohne zu bremsen hinunter *(fam* runter) | *baixa les maletes de la baca!* nimm die Koffer vom Gepäckträger (herunter, *fam* runter)! | ~*em els mobles amb una corda* wir werden die Möbel an e-m Seil hinunter- *(fam* runter-) lassen | *baixa'm un jersei!* bring mir e-n Pulli runter! | *s: abaixar, rebaixar* | ~**esa** *f fig* Niedrigkeit *f* | Niedertracht, Gemeinheit *f* | ~**est** *m ant* = ~**ada, pendent** | *Bal* Mulde *f* | ~**ista** *m/f (Börse)* Baissespekulant(in *f),* Baissier *m* | ~**ó** *m* = **fagot** | ~**úrria** *f desp* Pöbel, Mob *m*, Lumpengesindel *n.*
baj|**à (-ana** *f) adj* dumm, dämlich || *s/mf* Dummkopf, Einfaltspinsel *m* | ~**anada,** ~**aneria** *f (Tat)* Dummheit, Torheit *f* | ~**ania** *f (Tat u. Eigenschaft)* Dummheit, Torheit *f* | ~**oc** *m* Trottel, Narr, Simpel *m* | ~**oca** *f* Schote *f* | (grüne) Bohne *f* || *s/m/f* Narr *m*, Närrin *f* | *s: mongeta* | ~**oquera** *f* = **mongetera.**
bala *f com* Ballen *m* | *gràf* Farbkissen *n* | *(Geschoß)* Kugel *f* | *(Spiel)* Murmel *f* | ~ *lluminosa od traçadora* Leuchtkugel *f* | ~ *perduda* verirrte Kugel *f; fig (a. s/m)* Tunichtgut, Hitzkopf *m* | *com una* ~ *(fig)* wie der Blitz, blitzschnell.
balada *f lit mús* Ballade *f.*
baladre *m bot* Oleander *m* | Weißer Germer *m* | Grüner Nieswurz *f* | Laserkraut *n.*
baladre|**ig** *m* Gegröle, Lärmen *n*, Krakeel, Radau *m* | ~**jar (33)** *vi* grölen, lärmen, krakeelen | ~**r** *adj* grölend, lärmend, krakeelend | großmäulig || *s/mf* Schreihals *m* | Großmaul *n.*
balafia|**dor(a** *f) m* Verschwender(in *f) m* | ~**ment** *m* Verschwendung, Vergeudung *f* | ~**r** (33) *vt* verschwenden, verprassen, vergeuden.
balalaica *f mús* Balalaika *f.*
bàlan *m crust* Seepocke, Meereichel *f.*
balan|**ç** *m* Schwanken *n* | *nàut* Schlingern, Rollen *n* | *(Buchhaltung) a. fig* Bilanz *f* | *(Konten)*Abschluß *m* | *fer (el)* ~ (die) Bilanz aufstellen *od a. fig* ziehen | *fer (el)* ~ *d'u/c* die Bilanz über

etw aufstellen, *a. fig* (die) Bilanz aus etw ziehen, etw bilanzieren | *prendre* ~ aus dem Gleichgewicht kommen | ~**ça** *f (oft pl)* Waage *f* | *astr:* ~ Waage *f* | ~ *analítica* Analysenwaage *f* | ~ *automàtica* Schnellwaage | ~ *de braços iguals* gleicharmige Balkenwaage *f* | ~ *de precisió* Präzisions-, Feinwaage *f* | ~ *de ressort* Federwaage *f* | ~ *romana* Laufgewichtswaage *f* | ~ *de torsió* Torsionswaage *f* | *econ:* ~ *de pagaments (comercial)* Zahlungs-(Handels-)bilanz *f* | *fig: (és)ser a la* ~ auf der Kippe stehen | ~**çada** *f* e-e Waagschale *f* voll | *fer la* ~ ein gutes Gewicht geben; *fig* den Ausschlag geben | ~**çar(-se)** *vt(/r)* = ~**cejar(-se)** | ~**cé** *m (pl -és)* Wiegeschritt *m* | ~**ceig** *m* Schwanken *n* | *nàut* Schlingern, Rollen *n* | ~**cejar (33)** *vi s.* wiegen, schaukeln, schwanken, pendeln, baumeln *a.* schlingern, rollen *(Schiff)* | balancieren | *vt* schaukeln, wiegen | ~**cejar-se** *v/r: la barca es balancejava lleument* das Boot schwankte *od* schaukelte leise | ~**cí** *m* Schaukelstuhl *m* | Balancierstange *f* | *ins* Schwingkölbchen *n*, Haltere *f* | *tecn* Schwing-arm, -hebel; (Bohr)Schwengel *m* | *(Fuhrwerk)* Deichselquerholz *n* | ~**çó** *m* Waagschale *f.*
balandr|**a** *f nàut* Kutter *m* | Slup *f* | ~**e** *m nàut esport* (Segel)Jolle *f* | ~**eig** *m* = **balanceig** | ~**ejar(-se) (33)** *vi(/r)* = **balancejar(-se)** | ~**im-balandram** *adv* schwankend | baumelnd | schlenkernd.
balan|**ífer** *adj* = **glandífer** | ~**itis** *f med* Balanitis, Eichelentzündung *f* | ~**oide** *adj (m/f)* eichelförmig.
balast *m nàut* (Kies)Ballast *m* | *ferroc* Schotter *m.*
balb *adj (Zunge)* schwer, gehemmt | *(Glieder)* taub, starr, steif | *fig* benommen, wie betäubt | *s: mosca* | ~**ar-se** (33) *v/r: se m'han balbat les mans de fred* meine Hände sind vor Kälte erstarrt | ~**ejar** (33) *vi* = ~**ucejar** *(bes durch e-n physischen Mangel)* | ~**oteig** *m* Lallen *n* | ~**otejar** (33) *vt/i* lallen *(Kind)* | ~**uç** *adj* = ~**ucient** | ~**uceig** *m* Stammeln *n* | Nuscheln *n* | Lallen *n* | ~**ucejar** (33) *vt/i* stammeln | nuscheln | lallen | ~ *una excusa* e-e Entschuldigung stammeln | ~**ucient** *adj (m/f)* stammelnd | nuschelnd | lallend | ~**ucitar** (33) *vt/i ant* = ~**ucejar.**

balç *m* Abgrund *m* | steiler Abhang *m*.
balca *f bot* Rohrkolben *m*.
balc|ànic *adj* balkanisch, Balkan... | *la península* ~*a* die Balkanhalbinsel *f* | ~**ans** *m pl: els* ~ der Balkan *m* | ~**anització** *f polít* Balkanisierung *f*.
balcar-se (33) *v/r* s. krümmen, s. werfen.
balc|ó *m* Balkon *m* | ~**ona** *f* langer Balkon *m* (*mit mehreren Türen*) | ~**onada** *f* gr(r) Balkon *m* | Balkonreihe *f* | ~**oner** *adj* Balkon... | *porta* ~*a* Balkontür *f* | *és molt* ~*a* sie verbringt viel Zeit auf dem Balkon.
balda *f* (Tür-, Fenster-)Riegel *m* | Türklopfer *m* | ~**da** *f* Klopfen *n*, Klopfschlag *m* (*an der Tür*).
balda|dura *f*, ~**ment**[1] *m* Lähmung *f* | Zerschlagenheit *f*.
baldament[2] *conj* (+ *subj*) ob-gleich, -wohl.
baldana *f* (*Art*) Blutwurst.
baldaquí *m* Baldachin *m* | = **dosser**.
balda|r (33) *vt* (*j-n*) lähmen | ~ *alg a cops* j-n zum Krüppel schlagen; *p ext* j-n zusammenschlagen | *fig:* ~ *el poble a impostos* das Volk mit Steuern erdrücken | ~**r-se** *v/r* gelähmt *od* wie gelähmt werden | ~**t** (-*ada f*) *adj* lahm, gelähmt | *p ext: estic* ~ ich bin (wie) zerschlagen.
baldell, ~**ó** *m* = **baldó**.
balder *adj* locker, zu weit | *aquestes sabates em van* ~*es* diese Schuhe sind mir zu weit | ~**ejar** (33) *vi* locker sitzen, locker *od* zu weit sein | *a.* schlottern (*Kleid*).
bald|eta *f* (*bes seitlich befestigter*) kl(r) Riegel *m* | ~**ó** *m* (*bes in der Mitte befestigter*) kl(r) Riegel *m*.
baldor *f Bal* = **abundància** | *a la* ~ (*loc adv*) (sehr) reichlich.
baldrag|a *m* = **sapastre** | *de* ~ (*loc adv*) auf Kosten anderer, umsonst | *f pl arc* Pluderhose *f* | ~**ues** *m reg* = **calçasses**.
baldric *m mil* Wehrgehänge *n*.
baldri|ga, *Bal* ~**txa** *f ict* Sturmtaucher *m* | ~ *cendrosa* Gelbschnabelsturmtaucher *m*.
baldufa *f* Kreisel *m* | *ict* = **melva** | *zool* Kreiselschnecke *f* | *fig* Stöpsel, Knirps, Zwerg *m* | *fer ballar alg com una* ~ j-n am Bändel haben; j-n nach s-r Pfeife tanzen lassen.
bale|ar *adj* (*m/f*) balearisch | *les* (*illes*) ~*s* die Balearen *f pl* || *s/m/f* Balear(in *f*) *m* || *s/m* Balearisch *n* | *el* ~ das Ba-

learische | ~**àric** *adj* balearisch.
bàlec *m bot* (*Art*) Besenginster *m* («purgans») | Stutzkelchginster *m*.
bale|igs *m pl* Spreu *f* | ~**ja** *f* Worfschaufel *f* | Reisig-, Strauch-besen *m* | ~**jar** (33) *vt* (*Getreide*) worfeln.
balen|a *f zool* Wal *m* | *balenes franques* Glattwale *m pl* | ~ *franca àrtica* (*blava, grisa, amb gep*) Grönland-(Blau-, Grau-, Buckel-)wal *m* | ~**er** *adj* Wal... | Walfang... || *s/m* (*Person*) Walfänger *m* | Wal-fänger, -fangschiff, -fangboot *m* | ~**ó** *m* Jungwal *m*.
balí *m* Schrotkugel *f* | *escopeta de balins* Schrotflinte *f*.
baliga-balaga *m/f* Luftikus, Hallodri, Windbeutel *m*.
balir-se (37) *v/r* wurmstichig werden (*Holz*).
balisa *f* Bake, Boje *f* | ~ *lluminosa* Leuchtbake *f*.
bal|ista *f hist* Balliste *f* | ~**ístic** *adj* ballistisch || *s/f* Ballistik *f*.
baliva *f* = **minova**.
ball *m* (*a. Musikstück, Veranstaltung*) Tanz *m* | (*festliche Veranstaltung*) Ball *m* | ~ *rodó* Rundtanz, Reigen *m* | *música* (*sala*) *de* ~ Tanz-musik *f* (-saal *m*) | *vestit de* ~ Ballkleid *n* | ~ *d'etiqueta* (*de disfresses, de màscares*) Gala-(Kostüm-, Masken-)ball *m* | ~ *de sant Vito* Veitstanz *m* | *fig: en bon estem ficats!* wir stecken ganz schön im Schlamassel! | ~**a** *f* = ~**ada** | ~**able** *adj* (*m/f*) tanzbar, Tanz... | *música* ~ Tanzmusik *f* || *s/m* Tanzstück *n* | ~**ada** *f* (*bes Sardana, im Freien*) Tanz(veranstaltung *f*) *m* | ~**ador**[1] *adj* tanzlustig || *s/mf* Tänzer *m* | *sempre té molts* ~*s* sie hat immer viele Tänzer || *s/m anat* Gelenkkopf *m* | ~**ador**[2] *adj* tanzbar | zum Tanzen einladend | ~**adores** *f pl bot* gr(s) Zittergras *n* | ~**ar** (33) *vi* tanzen | wakkeln, *umg* kippeln | locker sein | schlottern (*Kleid*) | *umg* eiern (*Rad*) | s. drehen (*Kreisel*) | *anar a* ~ tanzen (*od* zum Tanzen) gehen | *en aquestes sabates, els peus m'hi ballen* diese Schuhe sind mir (viel) zu groß | *fer* ~ *la baldufa* den Kreisel tanzen lassen | ~ *d'alegria* vor Freude tanzen; e-n Freudentanz aufführen | *fig: les lletres em ballen* (*davant els ulls*) die Buchstaben tanzen mir vor den Augen | *em balla tot* mir dreht s. alles | *em balla pel cap que ja n'havia sentit a parlar* mir ist,

als ob ich schon davon gehört hätte | *aquesta idea em balla pel cap* diese Idee geht *od* spukt mir im Kopf herum | *això em fa ~ el cap* das bringt mich ganz durcheinander || *vt* tanzen | *~ un vals* e-n Walzer tanzen | *fig: ~-la s.* in e-r brenzligen Lage befinden | *~-la magra* (*grassa*) ein kümmerliches Leben fristen (ein üppiges Leben führen) | *et balla l'aigua als ulls* er gaukelt dir etw vor | **~arí** (**-ina**) *f*) *m* (Berufs)Tänzer(in *f*) *m* | Balletttänzer(in *f*) *m*, Balletteuse, Ballerina *f* | **~arida** *f bot* Lappenblume *f* («grandiflorum») | **~arola** *f entom* Küchenschabe *f* | **~aruc** *m bot* (Eichen)Galle *f* | **~aruga** *f bot* = **~aruc** | *zool* Kegelschnecke *f* | (*Spielzeug*) Tanzknopf; Kreisel *m* | *fig* Zappelphilipp *m* || *pl fam* Ringelpiez, Tanz *m* | *fer ballarugues* das Tanzbein schwingen | **~era** *f* Tanzlust *f*.
ballest|a *f hist* Armbrust *f* | *tecn* (Blatt-)Feder *f* | Vogelfalle *f* | **~ada** *f* Armbrustschuß *m* | **~er**[1] *m* Armbrustschütze *m* | **~er**[2] *m ornit* Alpensegler *m* | **~rinca** *f nàut* Webeleinstek *m* | *doble ~* Stopperstek *m*.
ball|et *m* Ballet *m* | Volkstanz *m* | **~manetes** *infan: fer ~* (in die Hände) klatschen.
balm *m* Höhle *f* (*unter Wasser*) | **~a** *f* kl(e) Höhle *f* | **~ar-se** (33) *v/r* hohl werden | **~at** (**-ada**) *f*) *adj* hohl.
balneari (**-ària** *f*) *adj* Bade... | *s/m* (Heil-)Bad *n* Kurort *m* | Kurhaus *n*.
ball|ó *m esport* Ball *m* | *aeron quím tecn* Ballon *m* | *quím a.* Glaskolben *m* | *tecn a.* Gasbehälter *m* | *com* kl(r) Ballen *m* | **~ot** *m com* kl(r) Ballen *m*.
balquena *f* Überfluß *m*, Fülle *f* | *loc adv: a ~* in Hülle u. Fülle.
balquer *m ornit* (*Art*) Rohrsänger *m*.
balsa *f bot* Balsabaum *m* | Balsa(holz) *n*.
bàlsam *m a. fig* Balsam *m* | *bot* Fetthenne *f*.
bals|amer *m* = **~amilla** | **~àmic** *adj* balsamisch | **~amilla** *f bot* Balsamapfel *m*, -gurke *f* | **~amina** *f bot* Springkraut *n*, (Garten)Balsamine *f* | **~amita** *f bot Val* Dreifinger-Steinbrech *m*.
bàltic *adj* Ostsee... | baltisch | *la mar ~a* (*od el mar ~*) die Ostsee | *els països ~s* das Baltenland *od* Baltikum *n* || *s/mf* Balte *m*, Baltin *f*.
baluard *m a. fig* Bollwerk *n*, Bastion *f*.

baluern *m* Donner *m* | Krachen, Gedröhne *n* | **~a** *f* Ungetüm *n*, sperriger Gegenstand *m*.
balustr|ada *f* Balustrade *f* | **~e** *m* Baluster(säule *f*) *m*.
balutxi *adj* (*m/f*) belutschisch || *s/m/f* Belutsche *m*, Belutschin || *s/m* Belutschisch *n* | *el ~* das Belutschische | **~stan** *m: el ~* Belutschistan *n*.
bamba *adj f reg: pasta ~* weicher, stark aufgegangener Teig *m* | *coca ~* (*Art*) Blechkuchen *m*.
bàmbol *m Bal fam* Trottel, Tölpel *m*.
bambolina *f teat mst pl* Soffitte *f*.
bambú *m* (*pl -ús*) *bot* Bambus(rohr *n*) *m*.
ban *m* (öffentliche, bes strafandrohende) Bekanntmachung *f*, Erlaß *m*, *hist* Bann *m* | *hist* Bannbuße, Geldstrafe *f* | **~al** *adj* (*m/f*) banal | **~alitat** *f* Banalität *f*.
banan|a *f* Banane *f* | *s: plàtan* | **~er** *adj* Bananen... | *república ~a* Bananenrepublik *f* || *s/m* Bananenstaude, (Obst)Banane *f*.
banast|a *f* gr(r) (Trag)Korb *m* | **~ell** *m* (*rundes*) (Trag)Körbchen *n* | *caç* Frettchenkorb *m*.
banau *adj u. s/mf* = **babau**.
banc *m* (Sitz-, Werk-, Ruder-, Sand-)Bank *f* (*pl* Bänke) | = **caixabanc** | (*Fische*) Schwarm *m* | *econ* Bank *f* (*pl* Banken) | *~ de paret* (*raconer*) Wand-(Eck-)bank *f* | *~ ras* Bank *f* ohne Rückenlehne | *~ dels acusats* (*ministres*) Anklage-(Minister-)bank *f* | *~ de sorra* (*de glaç*) Sand-(Eis-)bank *f* | *~ de sardines* Sardinenschwarm *m* | *~ de corall* (*d'ostres*) Korallen(Austern-)bank *f* | *tecn: ~ de proves* Prüfstand *m* | *econ: ~ central* (*comercial, industrial, hipotecari*) Zentral-(Handels-, Industrie-, Hypotheken-)bank *f* | *bitllet de ~* Banknote *f* | *med: ~ de sang* Blutbank *f* | *elect: ~ de dades* Datenbank *f* | **~a** *f* Bänkchen *n* (*ohne Lehne*); Schemel, Hocker *m* | *econ* Bankwesen, -geschäft *n*, -welt *f*; Bank-fach, -gewerbe *n*; Banken *pl* | (*a. casa a ~*) Bankhaus *n* (*Spiel*) Bank *f* | *fer saltar la ~* die Bank sprengen | **~ada** *f* (*Bettgestell*) Seitenteil *n* | *tecn* Bett, Gestell *n* | *agr* Pflugstreifen *m* (*zw Pflanzenreihen*) | **~al** *m* = **caixabanc** | *ant* (Bank-, Tisch-)Decke *f* | *agr* Beet *n* | **~ari** (**-ària** *f*) *adj econ* Bank... | **~arrota** *f a. fig* Bankrott *m* | *fam* Pleite *f* | *fer ~* Bankrott *od* Pleite machen | **~arroter** *m* Bankrotteur *m*.

banda¹ *f* Band *n*, (breiter) Streifen *m*, Binde *f*, Gurt *m* | Ordensband *n*, Schärpe *f* | *s: cinta, faixa* | *fís telecom* Band *n* | *esport (bes Billard)* Banda *f* | *(Wappen)* Schräglingsbalken *m* | *aeron:* ~ *d'aterratge* Landebahn *f* | *(Reifen)* ~ *de rodament* Lauffläche *f* | *cin:* ~ *sonora* Tonstreifen *m* | *elect:* ~ *magnètica* Tonband *n* | *en* ~ schrägkant.

banda² *f* Seite *f*; Rand; Teil *m* | Gegend; Stelle *f*, Ort *m* | *esport* Seitenlinie *f* | *a l'altra* ~ *del carrer* auf der anderen Straßenseite *f* | *la* ~ *de davant de l'armari* die Vorderseite *f* des Schranks | *és per la* ~ *d'Olot* es liegt in der Gegend von Olot | *la* ~ *de babord (estribord)* die Backbord-(Steuerbord-)seite *f* | *anar a la* ~ *(nàut)* krängen; Schlagseite haben | *de quina* ~ *ve el vent?* aus welcher Richtung (*od* woher) weht der Wind? | *d'un temps a aquesta* ~ seit einiger Zeit | *deixar u/c de* ~ etw beiseite lassen | *deixar alg de* ~ j-n beiseite schieben | *jo estic de la teva* ~ ich stehe auf deiner Seite | *a* ~ *i* ~ auf beiden Seiten | *a od per totes bandes* überall | *de* ~ *a* ~ von e-r Seite zur anderen | *d'altra* ~ andererseits, zum andern, auf der anderen Seite; überdies, außerdem | *d'una* ~ ..., *d'altra* ~ (*od de l'altra*) einerseits ..., andererseits | *en alguna (altra)* ~ irgendwo (anders) | *per la meva (teva, seva)* ~ meiner-(deiner-, seiner-)seits.

banda³ *f (von Bewaffneten, Verbrechern)* Bande *f* | = **bàndol** | *mús:* ~ *(de músics)* (Musik-, Blas-)Kapelle *f* | ~ *militar* Militärkapelle | ~ *de jazz* Jazzband *f* | ~**da**¹ *f (Vögel)* Zug, Flug, Schwarm *m* | *p ext* Schar *f*, Schwarm *m*.

bandada² *f nàut* Krängung *f* | *fer bandades* krängen.

bandarra *f* Flittchen *n*, Schlampe *f* || *s/m/f* Schurke, Schuft *m* | ~**da** *f* Schurkerei, Schuftigkeit *f*.

bandat (-**ada**) *f) adj (Wappen)* gestreift.

bande|**ig** *m* = ~**jament** | ~**jament** *m* Verbannung *f* | *hist a.* Acht, Ächtung *f* | ~**jar** (33) *vt a. fig* verbannen | *hist a.* ächten | *fig a.* vertreiben | ~**jat** (-**ada**) *f) m* Verbannte(r *m*) | *hist a.* Geächtete(r *m*) *m/f*.

bander|**a** *f a. fig* Fahne *f* | *polít a.* Flagge *f* | *nàut (a.* Signal)Flagge *f* | *hist u. fig* Banner *m* | *mil* Bataillon; *hist* Fähnlein *n* | *tèxt* (Stoff)Musterkollektion *f* | *(Taxi)* Zählereinschalter *m* | ~ *blanca* (*od de pau, parlamentària*) weiße Fahne *f* | ~ *negra (roja)* schwarze (rote) Fahne *f* | ~ *nacional* Nationalflagge *f* | *jura de* ~ *(mil)* Fahneneid *m* | *el vaixell navega sota* ~ *liberiana* das Schiff fährt unter liberianischer Flagge | *a banderes desplegades* mit fliegenden Fahnen | *abaixar* (*od abatre*) ~ *od plegar banderes (fig)* die Flagge *od* Segel streichen | *abandonar la* ~ *(mil)* die Fahne verlassen, Fahnenflucht begehen | *alçar* ~ *(fig)* Leute um s-e Fahne scharen; s. zum Führer (*e-s Aufruhrs, e-r Bewegung*) machen | *hissar (arriar) la* ~ die Fahne hissen (einholen) | *mudar de* ~ *(fig)* die Partei wechseln | *portar alta la* ~ *(fig)* die Fahne hochhalten | *plantar la* ~ *(a. fig)* die Fahne aufpflanzen | ~**ejar** (33) *vi* flattern, wehen | (umher)strolchen, (herum)streunen | *vt* schwingen, schwenken, flattern lassen | ~**er** *m* Fahnenträger *m* | *hist* Fähnrich *m* | ~**eta** *f* Fähnchen *n* | *(bei e-r Sammlung)* Abzeichen *n* | Wetterfahne *f* | ~**í** *m* Wimpel *m*, Fähnchen *n* | Stander *m (am Wagen)* | *mil* Feldzeichenträger *m* | ~**illa** *f taur* Banderilla *f* | ~**iller** *m taur* Banderillero *m* | ~**ola** *f* (Lanzen-, Absteck-)Fähnchen *n* | Wimpel *m* | Wetterfahne *f*.

bandi|**datge** *m dr* Bandenraub *m* | *hist* = **bandolerisme** | ~**r** (37) *vt* = **bandejar** | ~**t** *m* (Straßen)Räuber, *a. hist* Bandit *m*.

bàndol *m* Partei, Seite *f*, Lager *n*.

bandola¹ *f* = **bolquer**.

bandola² *f mús* Mandola *f*.

bandoler *m* (Straßen)Räuber, Wegelagerer, Bandit *m* | ~**a** *f* Räuberbraut *f* | Schulterriemen *m*, Wehrgehänge, Bandelier *n* | ~**isme** *m hist* Banditentum *n*, Wegelagerei *f*.

bandositat *f* = **bàndol** | Parteienkampf *m*.

band|**ura** *f mús* Bandura *f* | ~**úrria** *f mús* Bandurria *f*.

banjo *m mús* Banjo *n*.

banque|**r** *m* Bankier *m* | *(Glücksspiel)* Bankhalter *m* | ~**t**¹ *m* Festessen; Bankett *n* | ~ *de noces* Hochzeitsmahl *n* | ~**t**² *m* Bänkchen *n* | ~**ta** *f* Schemel *m* | Fußbank *f* | ~**tejar** (33) *vi* festlich tafeln.

bantú *adj (m/f)* bantuisch || *s/m/f* Bantu

banús 148 **bàratre**

m/f, Bantuneger(in *f*) *m* ‖ *s/m* (*Sprache*) Bantu *m*.
banús *m* (*pl* -*ussos*) Ebenholz *n*.
bany *m a. tecn* Bad *n* | *a.* Bade-wasser *n*, -zimmer *n* | Baden *n* | *tecn a.* Uberzug *m*, Glasur *f* | ~ *d'aire* (*de fang*) Luft-(Schlamm-)bad *n* | *fotog:* ~ *de fixació* Fixierbad *n* | *gastr:* ~ *maria* Wasserbad *n* | ~ *de plata* Silberbad *n* | ~ *de vapor* Dampfbad *n* | *anar als* ~*s* e-e (Bäder)Kur machen | *prendre* ~*s de sol* e. Sonnenbad nehmen | *temporada de* ~*s* Badesaison *f*.
banya *f a. fig* Horn *n* | (*Hirsche*) (Geweih-)Stange *f* | (*Insekt, Schnecke*) Fühler *m*, Fühlhorn *n* | (*Schwellung*) *fam* Horn *n*, Beule *f* | *fer-se una* ~ s. e. Horn stoßen *od* rennen, s. e-e Beule schlagen | *ficar la* ~ *en u/c* (*fig fam*) s. in etw (*ac*) verbohren | *bot:* ~ *de cabra* Gliederförmige Kronwicke *f*; Ranken-Platterbse *f* ‖ *pl* Hörner *n pl*; Gehörn *n*; (*Hirsch*) Geweih *n* | *fig fam* Hörner *n pl* | *mudar les banyes* das Geweih abwerfen | *fig: portar banyes* Hörner tragen | *posar banyes a alg* j-n hörnen, j-m Hörner aufsetzen | *veure's les banyes* etw einsehen | ~**baix** *m* verschlagener Mensch *m* | ~**da**[1] *f* Hornstoß *m* (*a. Verletzung*).
banyad|a[2] *f* Baden, Bad *n* | ~**or**[1] *m* Badestelle *f*, -platz *m* | ~**or**[2](-**a** *f*) *m* Bade-meister *m*, -frau *f*.
banyam *m* Gehörn, Geweih *n*.
banyar (33) *vt* baden | *a. tecn* (ein)tauchen | naß machen | be-, um-spülen (*Wellen, Meer*) | durchfluten (*Licht*) | bescheinen (*Sonne, Mond*) | ~ *les criatures* die Kinder baden | *les llàgrimes li banyaven la cara* Tränen benäßsten sein Gesicht | *estava banyat de suor* er war schweiß-gebadet, -naß | ~**se** *v/r* (s.) baden.
banyarriquer *m ins* (*verschiedene Arten*) Bockkäfer *m* | ~ *del roure* Eichen-, Held-bock *m* | ~**ar** (33) *vt* zerfressen, dúrchlöchern.
banyegar (33) *vt* mit den Hörnern stoßen.
banyer|a *f* Badewanne *f* | ~**ola** *f* Sitzbadewanne *f*.
banyeta *f* Hörnchen, kl(s) Horn *n* | *bot* Fremde(r) Rittersporn *m* ‖ *s/m: en* ~ (*fam*) der gehörnte, der Böse, der Teufel *m*.
banyista *m/f* Badende(r *m*) *m/f* | Badegast *m*.

bany|ó *m* Hörnchen, kl(s) Horn *n* | (*Hirsch*) Spieß *m* | *fig* Horn *n*, (*herausragender*) Stift, Griff *m* | ~**olí**[1] *m* Inneres *n* des Horns | ~**olí**[2] *m* = **fesolet** | ~**ot** *m* Hörnchen, kl(s) Horn *n* | *constr* Balkenkopf *m* | ~**ut** (-**uda** *f*) *adj* gehörnt | *adj u. s/m fig* = **cornut** ‖ *s/m:* *el* ~ (*fam*) der Gehörnte, der Teufel *m*.
banzim-banzam *loc adv* schaukelnd | wankend.
baobab *m bot* Baobab, Affenbrotbaum *m*.
baptis|mal *adj* (*m/f*) Tauf... | *les fonts* ~*s* das Taufbecken *n* | ~**me** *m ecl* Taufe *f* | Baptismus *m* | *fe de* ~ Taufschein *m* | *fig:* ~ *de foc* Feuertaufe *f* | ~**ta** *m/f* Täufer(in *f*) *m* | Baptist(in *f*) *m* | *sant Joan* ~ Johannes der Täufer *m* ‖ *adj* (*m/f*) Baptisten... | *església* ~ Baptistengemeinde *f* | ~**teri** *m* Baptisterium *n*, Tauf-becken *n*, -kirche *f*.
baquelita *f* Bakelit *n*.
baquet|a *f* (*Gewehr*) Ladestock *m* | Waffenreiniger *m* | *mús* Schlegel, Stock *m* | *hist: càstig de baquetes* Spießrutenlaufen *n* | *passar alg per les baquetes* j-n Spießruten laufen lassen | *tractar a* ~ rücksichtslos behandeln | ~**ejar** (33) *vt hist* Spießruten laufen lassen | *p ext* mißhandeln | *fig* quälen, plagen.
bàquic *adj* bacchisch, bacchantisch.
bar[1] *m* Lokal *n*, Ausschank *m*, Imbißstube *f*, (*bes in e-m Hotel*) Bar *f* | Bar *f*, (Steh)Café *n*.
bar[2] *m fís* Bar *n*.
barall|a[1] *f* Zank, Streit *m* | Prügelei *f* | ~**a**[2] *f* Karten *f pl*, Kartenspiel, Spiel *n* Karten | ~**adís** (-**issa** *f*), ~**ós** (-**osa** *f*) *adj* streitsüchtig | rauflustig | ~**ar**[1] (33) *vt reg* ausschimpfen, tadeln | ~**ar**[2] (33) *vt Val* (*Karten*) mischen | *s: escartejar* | ~**ar-se** *v/r* s. zanken, s. streiten | s. prügeln.
baran|a *f* Geländer *n* | (*aus Mauerwerk*) Brüstung *f* | ~**atge** *m* (Geländer) Handlauf *m* | ~**dat** *m Val* = **envà**.
barat *adj* billig, preis-wert, -günstig | *s/m* = ~**a** | *ant* Täuschung *f*, Schwindel *m* | ~**a** *f* Tausch, Baratt *m* | ~**ador**(**a** *f*) *m* Tauschhändler(in *f*) *m* | *ant* = ~**er** | ~**ar** (33) *vt* tauschen, barattieren | ~**er** (**a** *f*) *m ant* Betrüger(in *f*), Schwindler(in *f*) *m* | ~**eria** *f* Betrügerei, Schwindel | *dr nàut* Barratterie *f* | ~**or** *f* Billigkeit *f*.
bàratre *m poèt* Abgrund *m*; Unterwelt, Hölle *f*.

barb[1] *m med* Mitesser *m*.
barb[2] *m ict* Barbe *f*.
barba *f* (*a. Ziegen, Vögel, Pflanzen*) Bart *m* | Kinn *n* | (*Federkiel*) Fahne *f* | (*Fische*) Bartel *f* | (*Hornplatte der Bartenwale*) Barte *f* | (*Papier*) Büttenrand *m* | met tèxt Grat *m* | ~ de cabra od de frare (*bot*) Wiesenbocksbart *m* | ~ de caputxí, d'alzina od de reboll (*bot*) Bartflechte *f* | ~ espessa, serrada od closa Vollbart *m* | ~ a ~ von Angesicht zu Angesicht | a les barbes d'alg vor j-s Nase | agafar alg per la ~ (od les barbes) j-n am Schopf fassen | deixar-se (la) ~ s. e-n Bart stehen od wachsen lassen | fer la ~ a alg j-n rasieren; *fig* j-n übervorteilen | fer-se la ~ d'or steinreich werden | per ~ pro Nase, pro Kopf || *pl* Wurzelfasern *f pl* | (Algen) Bewachsung *f* (*am Schiffsrumpf*) | **~blanc** *adj* weißbärtig | **~blava** *m* Blaubart *m*.
barbacana *f mil hist* Barbakane *f*, Außenwerk *n* | Vordach *n* | Schutz-, Wetterdach *n*.
barba|clar *adj* dünnbärtig | **~clòs** (-**osa** *f*) *adj* vollbärtig.
barbacoa *f* Grill *m*, Barbecue *n*, Bratrost *m*.
barba|da *f* (*Pferd*) Unterkiefer *n* | Kinn-, Kandaren-kette *f* | **~florit** (-**ida** *f*) *adj* weiß-, graubärtig | **~fort** *adj* stark-, rausche-bärtig | **~fresc** *adj* frischrasiert | **~grís** *adj* graubärtig | **~llera** *f* (*Tier*) Wamme *f* | (*Mensch*) Doppelkinn *n* | (*Ziegen*)Bart *m* | (*Zaum*) = **barbada** | (*Helm*) Kinnband *n* | **~lló** *m bot* (Spitz)Lavendel *m* | **~mec** *adj* bartlos, dünnbärtig || *s/m fig* Milchbart *m* | **~negre** *adj* schwarzbärtig | **~punyent** *adj* (*m/f*) flaum-, milchbärtig | **~r** (33) *vi* e-n Bart bekommen.
bàrbar *adj hist* barbarisch, Barbaren... | *fig a.* grausam, wild, roh; ungebildet, unkultiviert || *s/mf hist* Barbar(in *f*) *m* | *fig a.* Rohling, Unmensch; ungebildeter Mensch *m*.
barbàrea *f bot* Barbara-, Barben-kraut *n*.
barbaresc *adj ant* = **berber**.
barb|àric *adj hist* barbarisch | **~àrie** *f* (*Eigenschaft*) Barbarei *f* | *fig a.* Unkultur; Grausamkeit, Rohheit *f* | **~arisme** *m ling* Barbarismus *m* | **~aritat** *f* (*Tat*) Barbarei *f* | Greueltat *f* | gr-

Dummheit *f*, Unsinn *m* | Wahnwitz *m* | Unmenge *f* | m'agrada una ~! es gefällt mir wahnsinnig gut! | dir ~s Unsinn reden | una ~ de coses e-e Unmenge Dinge | quina ~! toll!, na Sowas! | costa una ~ es kostet ein Heidengeld.
barb|a-roig (-**roja** *f*) *adj* rotbärtig | *hist:* Frederic Barba-roja Friedrich Barbarossa | *s/m* = **pit-roig** | **~a-ros** (-**rossa** *f*) *adj* blondbärtig | **~at** (-**ada** *f*) *adj* bärtig | *fig* (*Mann*) gereift, erfahren | **~er** *m* Herrenfriseur, *arc* Barbier *m* | *hist* Bader *m* | **~eria** *f* Herrenfriseurgeschäft, -handwerk *n* | *arc* Barbierstube *f* | **~eta** *f* Kinn(spitze *f*) *n* | *bot* Wiesenbocksbart *m* | tocar od fer la ~ a alg (*fig*) j-m um den Bart gehen; j-m Honig um den Bart schmieren | **~im** *m bot* Wurzelfasern *f pl* | **~ís** *m* Blütenfasern *f pl* = **~im**.
barbit|urat *m quím med* Barbiturat *n* | **~úric** *adj:* àcid ~ Barbitursäure *f* || *s/m* Barbiturat, (barbiturhaltiges) Schlafmittel *n*.
barbó *m* Kinn(spitze *f*) *n*.
barb|ollar (33) *vi* schwatzen | **~oteig** *m* Brumme(l)n, Gemurmel *n* | **~otejar** (33) *vi* brumme(l)n, murmeln | **~ull** *m* Getöse *n* | **~ullent** *adj* (*m/f*) tosend | **~ullir** (36) *vi* tosen.
barbut (-**uda** *f*) *adj* (voll) bärtig || *s/m* Bartträger *m*.
barca *f* Boot *n*; Kahn *m*; (bes Mittelmeer) Barke *f*; (von größerem Umfang) Schiff *n* | tèxt Trog *m* | tecn Ölwanne *f* | ecl Weihrauchschiffchen *n* | ~ de pesca (de pas) Fischer-(Fähr-)boot *n* | ~ de rems (de vela) Ruder-(Segel-)boot *n* | **~da** (Boots-, Schiffs-)Ladung *f* | **~rola** *f mús* Barkarole *f* | **~ssa** *f* Fracht-, Last-, Schlepp-kahn, Leichter *m* Barkasse *f* | **~tge** *m* Fährgeld *n*.
barcella *f hist:* Getreidemaß (16-20 *l*).
barcelon|ès (-**esa** *f*) *adj* = **~í** | **~í** (-**ina** *f*) *adj* aus Barcelona, barceloninisch, barcelonesisch || *s/mf* Barceloniner(in *f*) *m* | **~ista** *m/f* Anhänger(in *f*) *m* des F.C. Barcelona || *adj* (*m/f*): l'afecció ~ die Anhängerschaft *f* des F.C. Barcelona.
bard *m lit* Barde *m*.
bard|a *f* Pferdzaum *m* | **~aix** *m* Hinterlader, passive(r) Homosexuelle(r) *m* | **~aixa** *f* Hure, Dirne *f* | **~ana** *f bot* Gr(e) Klette *f* | **~er** *m* = **~issa** | **~issa** *f* Dornengestrüpp *n* | Dornen-

barem hecke *f* | **~issar** *m* Dornen-gestrüpp, -dickicht *n*.
barem *m* Verrechnungs-, Verteilungs-schlüssel; Satz; Tarif *m*; Tabelle *f*; Gebührenordnung *f*.
bar|i *m quím* Barium *n* | **~icentre** *m fís geom* Schwerpunkt *m*, Baryzentrum *n* | **~ió** *m fís* Baryon *n* | **~isfera** *f geol* Barysphäre *f* | **~ita** *f min* Baryt, Schwerspat *m* | **~íton** *m mús* Bariton *m* | (*Instrument*) Baryton *n*.
barjaula *f* Hure, Dirne *f*.
barjola *f* Hirtentasche *f*.
barliqui-barloqui *m* = **baliga-balaga**.
bàrman *m* Barkeeper, -mann *m*.
barnilla *f* (*Fächer*) Stäbchen *n* | (*Schirm, Korsett*) Stab *m*, Stange *f* | **~tge** *m* Gestänge *n*.
barnús *m* (*pl -ussos*) Bademantel *m* | (*Beduinen*) Burnus *m*.
baró *m* Baron *m*, Freiherr *m* | (erwachsener) Mann *m*; (männliche) Respektsperson *f* | (*és*)*ser un sant ~* e-e Seele von Mensch sein.
bar|ògraf *m* Barograph *m* | **~òmetre** *m* Barometer *n* | **~omètric** *adj* barometrisch, Barometer...
baron|essa *f* Baronin *f*, Freifrau *f* | Baronesse, Freiin *f*, Freifräulein *n* | **~et** *m* Baronet *m* | **~ia** *f* Baronie, Freiherrschaft *f* | **~ial** *adj* (*m/f*) Freiherrn... | **~ívol** *adj* männlich, mannhaft.
baròstat *m tecn* Barostat, Druckregler *m*.
barque|jar (33) *vi* Boot fahren || *vt* mit *od* in e-m Boot befördern | **~r** *m* Bootsführer *m* | Fährmann *m* | Bootsverleiher *m* | **~t** *m* Kniekasten *m* (*der Waschfrauen am Fluß*) | **~ta** *f* kl(s) Boot, Bötchen *n*, Kahn *f* | *aeron* Frachtraum *m* | *ecl* Weihrauchschiffchen *n*.
barra[1] *f* (*Metall, Holz; Brot; Gardinen; Ballett*) Stange *f* | *tecn a.* Stab *m* | (*Gold, Silber*) Barren *m* | (*Steuerruder*) = **arjau** | (*Schokolade, «torrons»*) Tafel *f* | (*Gericht*) Schranken *f pl* | (*Flußmündung*) Barre *f* | (*Fische*) Schwarm *m* | (*Lokal*) *fam* Theke, Bar *f* (*s: taulell*) | (*Farbe*) Streifen *m*, (*Wappen*) (Schräg)Balken *m* | *gràf* (senkrechter *od* schräger) Strich *m* | *mat* Bruchstrich *m* | *mús* Taktstrich *m* | *esport* (*Turngerät*) Holm *m* | *~ fixa* Reck *n* | *~ d'equilibri* Schwebebalken *m* | *barres paral·leles* Barren *m* | *les quatre barres* die vier Balken (der katalanischen Flagge); *p ext* die katalanische Flagge *bzw* das katalanische Wappen | *dret de ~* (*hist*) Wegegeld *n* | *en ~* schräg (gestellt) | *portar alg a la ~* j-n vor die Schranken des Gerichts laden | *trobar ~ de cap* (*fig*) auf eisernen Widerstand stoßen.
barra[2] *f anat* Kiefer *m* | *fig fam* Dreistigkeit, Frechheit, Unverschämtheit *f* | *~ de dalt* Oberkiefer *m* | *~ de baix* Unterkiefer *m*, Kinnlade *f* | *mal de barres* Zahnschmerzen *m pl* | *clavar una cosa barres avall a alg* (*fig*) j-m etw ins Gesicht sagen | *estar barres a pit* (*a. fig*) den Kopf hängen lassen | *penjar les barres al sostre* (*fig*) am Hungertuch nagen; darben | *tenir bona ~* (*fig*) e-n tüchtigen Appetit haben; ein guter Esser sein | *tenir ~* (*fig*) dreist, frech, unverschämt sein | *ha tingut la ~ de dir que...* er hat die Stirn gehabt, zu behaupten, daß... || *s/m fig fam* unverschämter Kerl *m*.
Barrab|às *m* Barabbas *m* | *fig* Bösewicht, Teufel *m* | **~assada** *f* böser Streich *m* | Unfug, Unsinn *m*.
barrac|a *f* (*Köhler, Holzfäller*) Hütte *f* | (*Geräte*) Schuppen *m* | (*Jahrmarkt*) Bude *f* | (*Notwohnung, bes in Slums*) Baracke *f* | *Val*: schilfgedecktes Bauernhaus | *barris de barraques* Elendsviertel *m pl*, Slums *m pl* | **~aire** *m ornit* (Haus)Rotschwanz *m* | **~ot** *m* baufällige *od* schäbige Hütte *f* | **~uda** *f ict* Barrakuda, Pfeilhecht *m* | **~ull** *m Bal* = **~ot**.
barragà *m tèxt* Barchent, Berkan *m*.
barral *m* Faß *n* (*bes hölzerner*) Krug *m* | *fig*: *tap de ~* Stöpsel, Dreikäsehoch *m* | *fig*: *plou a bots i ~s* es gießt wie aus Eimern *od* in Strömen | **~er** *m* Zecher *m* | **~ó** *m* (Trag)Fäßchen *n* | Weinmaß (*etw 30 l*).
barram[1] *m Bal* Kiefer *m pl* | Gebiß *n*.
barram[2] *m* Hure, Dirne *f*.
barranc *m* Steilhang *m* | Klamm *f* | Wild-, Gieß-bach *m* | **~ada** *f* Schlucht *f* | reißendes Hochwasser *n* (*e-s Wildbachs*) | **~ós** (*-osa*) *adj* voller Schluchten, zerklüftet.
barra|quer(*a f*) *m Val* Bewohner(in *f*) *m* e-r «barraca» | Baustellenwächter(in *f*) *m* | **~quisme** *m* Elendsquartiere *n pl*, Slums *pl*; Slumwesen *n* | **~quista** *m/f* Baracker(in *f*), Slumbewohner(in *f*) *m*.
barra|r (33) *vt a. fig* versperren | *umg a.* verrammeln | (*Geschriebenes*) durch-

barreig 151 barroquejar

streichen | ~ *el pas a alg* j-m den Weg versperren | *banc: talò barrat* Verrechnungsscheck *m* | **~sec** *adj: un home ~* e. Mann mit hagerem Gesicht | **~stral** *m* (*Hühner*) Sitzstange *f* | Heuboden *m* | **~t** (**-ada** *f*) *adj* gestreift | (*Tiere*) gescheckt, fleckig | **~tge** *m* (Fluß) Wehr *n*, Staustufe *f*.
barre|ig *m ant* Plünderung *f* | *reg* = **~ja** | **~ja** *f* Mischung *f*, Gemisch *n* | Mischmasch *m* | Durcheinander, Wirrwarr *n* | Mixgetränk *n* (*bes aus Schnaps u. Wein*) | **~jadís** (**-issa** *f*) *adj* gut *od* leicht zu mischen | **~jadissa** *f* Mischmasch *m* | **~jar** (33) *vt* (*a. Karten*) mischen | (*Getränke*) a. mixen | (ver)mengen, vermischen | durcheinanderbringen | verwirren | *arc* plündern || *vi* (*an Abstinenztagen*) bei e-r Mahlzeit Fleisch u. Fisch essen | **~jar-se** *v/r* s. vermischen | zusammenfließen (*Flüsse*) | *~ amb un grup* s. unter e-e Gruppe mischen | *~ en una discussió* s. in e-e Diskussion (ein)mischen |
barrell *m* (Gold-, Silber-)Barren *m* | **~a**[1] *f* (*Vogelkäfig*) Sitzstange *f* | **~a**[2] *f bot* Salzkraut *n*.
barrer|a *f a. ferroc u. fig* Schranke *f* | Sperre *f* | Schlagbaum *m* | *bes geog fig* Barriere *f* | *fig a.* Mauer *f*; Hindernis *n* | *circ* Leitplanke *f* | (*Fußball*) (Sperr)Mauer *f* | *~ del so* Schallmauer *f* | *barreres lingüístiques* Sprachbarrieren *f pl* | *barreres comercials* (*duaneres*) Handels-(Zoll-)schranken *f pl* | **~ó** *m* (Schranken)Pfosten *m*.
barret *m a. bot* Hut *m* | *~ de batre* breitkrempiger Strohhut *m* | *~ de copa* Zylinder *m* | *~ fort* (*tou*) steifer (weicher) Hut, Melone *f* | *~ de palla* Strohhut *m* | *~ de xemeneia* (*constr*) Wetterhaube *f* (*auf Schornsteinen*) | *fig: anar ~ en mà* zuvorkommend sein | *n'hi havia per tirar el ~ al foc* am liebsten hätte man alles zum Teufel gejagt | *tants caps tants ~s* soviel Leute, soviel Meinungen | **~a** *f* kl(e) Stange *f*, Stäbchen *n* | kl(e) Stangenbrot *m*, Baguette *f* | **~ada** *f: fer una ~ a alg* vor j-m (ergeben) den Hut ziehen | **~aire** *m/f*, **~er(a** *f*) *m* Hutmacher(in *f*); Hutverkäufer(in *f*) | **~era** *f bot* Duftende Pestwurz *f* | **~eria** *f* Hutmacherwerkstatt *f* | Hutgeschäft *n* | **~es** *f pl fam* = **trisme** | **~et** *m* Hütchen *n* | *zool* = **pege-**

llida || *pl bot* Venusnabel *m* | **~ina** *f* (*Art*) phrygische Mütze *f* (*typische ländliche Kopfbedeckung in Katalonien*) | Stoffilter *m* | *~ de xeixa* Schlafmütze *f* | *fig fam: això no em cap a la ~* das will mir nicht in den Kopf gehen | *passar per la ~* (j-m) durch den Kopf gehen | *treure's u/c de la ~* s. etw aus dem Kopf schlagen.
barri *m* Hof *m* (*e-s Bauernhauses*) | Hofzaun, -gitter *n* | (Stadt)Viertel *n*, Stadt-; Orts-teil *m* | *~ residencial* Wohnviertel *n* | *~s baixos* Elends-, Unterwelt-viertel *n pl* | *fig fam: anar-se'n a l'altre ~* seine letzte Reise antreten, s. davonmachen, sterben | **~ada** *f* Stadtviertel *n* | Vorstadt *f* | *un cine de ~* e. Vorstadtkino *n*.
barricada *f* Barrikade *f* | *a les barricades!* auf die Barrikaden!
barrigar (33) *vt* (*den Boden*) aufwühlen (*bes Schweine*).
barrija-barreja *f* Mischmasch *m*, Durcheinander *n*.
barril *m* Faß *n* | Tonne *f*, (*a. Hohlmaß*) Barrel *n* | (*Fischerei*) Schwimmer *m* | **~a** *f* Jux, Ulk *m* | = **tabola** | **~aire** *m/f* = **tabolaire**.
barrim-barram *adv* Hals über Kopf, hastig, überstürzt.
barrina *f tecn* Bohrer *m* | *ins* Maulwurfsgrille *f* | *aeron: caure en ~* (ab)trudeln | **~da** *f* Bohr-, Spreng-loch *n* | Sprengladung; Sprengung *f* | **~dor** *adj* Spreng... || *s/f* Bohrmaschine *f* | **~dura** *f* Bohrloch *n* | **~r** (33) *vt* bohren | sprengen | *fig fam* grübeln.
barriola *f Bal* Haarnetz *n*.
barrisc *m Bal* Pauschal-kauf *bzw* -verkauf *m* | *a ~* in Bausch u. Bogen; nach Augenmaß | **~ar** (33) *vt* in Bausch u. Bogen (ver)kaufen | (*Obst- od Gemüsereste*) herunterhandeln u. kaufen.
barró *m* Stab *m*, kl(e) Stange *f* | Holzscheit *n* | (*Gitter usw*) = **barrot**.
barroc *adj* barock, Barock... | *fig a.* verschnörkelt, überladen, schwülstig, überspannt | *perles barroques* Barockperlen *f pl* | *s/m* Barock(stil *m*) *n/m* | *el ~* das *od* der Barock *n/m*.
barroer(ament *adv*) *adj* schlud(e)rig | pfuscher-, stümper-haft | tolpatschig, ungeschickt | grob, plump || *s/m/f* Schludrian | Tolpatsch *m* | Bohemann *m* | **~ia** *f* Schluderei *f* | Pfuscherei, Stümperei *f* | Grobheit, Plumpheit *f*.
barromba *f* Kuhglocke *f*.
barro|quejar (33) *vi* barock wirken |

barrot 152 **bàsquet**

~quisme *m* Barock(stil *m*) *n/m* | *fig* Schwülstigkeit *f*.
barrot *m* (*kurze dicke*) Stange *f* | (Gitter-)Stab *m* | (*Leiter*) Sprosse *f* | (*Stuhl*) Querstab *m* | (*Tür*) Eisenstange *f* | **~ar** (33) *vt* (*Tür*) mit der Eisenstange versperren, -riegeln.
barruf *m* Vision *f*, Traumbild *n*, Erscheinung *f* | **~ell** *m* Visionär *m* | Geisterseher, Phantast *m* | **~et** *m* Kobold *m* | *umg* Lausbub *m* | (*Comics*) Schlumpf *m* | *meteor* Wirbelwind *m* | *en* ⋖ (*fam*) der Böse, der Teufel *m*.
barru|mbada *f* reißendes Hochwasser *n* | Wolkenbruch, Platzregen *m* | **~ndanya** *f* gr(s) Unwetter *n* | *med fam* Anfall *m*.
barrusca *f* (*Traube*) Kamm *m* | (*Mais*) Kolbenstrunk *m*.
barrut (-uda *f*) *adj* gefräßig | *fig* unverschämt, frech, dreist.
barsa *f* = esbarzer.
bartonel·la *f med* Bartonelle *f*.
barutell *m* Mehlsieb *m* | **~ar** (33) *vt* (*Mehl*) sieben.
basa *f* (*Karten*) Stich *m* | *fer una* ~ e-n Stich machen.
basal *adj* (*m/f*) *cient* basal, Basal..., Grund... | *temperatura* ~ Basaltemperatur *f* | *metabolisme* ~ Basal-, Grund- umsatz *m*.
bas|alt *m* Basalt *m* | **~àltic** *adj* basaltig, basaltisch, Basalt...
basament *m arquit* Basis *f*; Unterbau *m*; *a. geol* Sockel *m*.
basanita *f* Basanit *m* | Probierstein *m*.
basar¹ *m* Basar *m* | Warenhaus *n*.
basar² (33) *vt* gründen, stützen; *fig a.* aufbauen, basieren (*en* auf *dat*) | **~-se** *v/r fig* (s.) gründen, s. stützen, beruhen, fußen, basieren (*en* auf *dat*).
basard|a *f* Schauder *m*, Grausen *n* | **~ós** (-osa *f*) *adj* grauenhaft, grausig.
basc *adj* baskisch | *el País* ⋖ das Baskenland *n* | *s/mf* Baske *m*, Baskin *f* || *s/m* Baskisch *n* | *el* ~ das Baskische.
basc|a *f* Unruhe, Sorge *f* | Ohnmacht *f* | *caure en* ~ od *tenir una* ~ in Ohnmacht fallen, ohnmächtig werden | ~ *de la mort* Todeskampf *m* || *pl* Übelkeit *f* | *fig* Ekel *m* | *tinc basques* mir ist es übel; ich muß brechen od mich übergeben | **~ar** (33) *vi* = **basquejar** | **~ós** (-osa *f*) *adj* beunruhigt, besorgt | sehn-süchtig, -suchtsvoll | ekel-erregend, -haft.
bàscula *f* (Stand)Waage *f* | *elect* Kippschaltung *f* | *fer la* ~ s. wiegen, wippen; kippen; *a. fig* schwanken.
bascula|dor *m elect* = **bàscula** | **~r** (33) *vi* s. wiegen, wippen | kippen.
base¹ *f* Basis *f* | *fig a.* Grundlage *f*; Haupt-, Grund-bestandteil; Ausgangspunkt *m* | *arquit a.* Sockel; Unterbau *m* | *ling a.* Wort-stamm *m*, -wurzel *f* | *mat a.* (*Potenz*) Grundzahl *f*; *geom* Grund-linie, -fläche *f* | *mil a.* Stützpunkt *m* | *econ* Index-wert, -preis *m* | (*Lampe, Berg*) Fuß *m* | ~ *imposable* Steuerbemessungsgrundlage *f* | *una amanida a* ~ *de ceba* e. Salat hauptsächlich aus Zwiebeln | *a* ~ *de paciència ens en sortirem* mit (viel) Geduld werden wir es schaffen | *sobre la* ~ *dels testimoniatges* auf Grund od aufgrund der Zeugenaussagen.
base² *f quím* Base *f*.
base³ *m/f* (*Basketball*) Verteidigungsspieler(in *f*) *m*.
bàsic *adj* grundlegend | Grund..., Haupt... | wesentlich | *quím geol* basisch | *salari* (*vocabulari*) ~ Grundgehalt *n* (-wortschatz *m*) | *principis* **~s** Hauptgrundsätze *m pl* | *és* ~ *que...* es ist unbedingt nötig, daß... | **~ament** *adv* grundlegend, hauptsächlich | im Grunde | im wesentlichen.
basicitat *f quím* Basizität *f*.
basidi *m bot* Basidie *f* | **~omicets** *m pl* Basidiomyzeten, Ständerpilze *m pl*.
basilar *adj* (*m/f*): *ossos* **~s** *del crani* Schädelbasisknochen *m pl*.
Basilea *f* Basel *n* | *el concili de* ~ das Basler Konzil *n* | *la pau de* ~ der Basler Friede *m*.
bas|ileu *m hist* Basileus *m* | **~ilià** *m ecl* Basilianer *m* | **~ílica** *f* Basilika *f* | **~ilical** *adj* (*m/f*) basilikal | **~ilicó** *m* Königssalbe *f* | **~ilisc** *m mit zool* Basilisk *m* | *ulls de* ~ (*fig*) Basiliskenblick *m*.
basque|ig *m* Übelkeit *f*, Brechreiz *m* | **~jar** (33) *vi* s. sorgen, (s.) bangen (*per um ac*) | sorgen (für *ac*) | s. anstrengen (*um ac*) | s. sehnen (nach *dat*) | Brechreiz haben, s. übergeben müssen | **~jar-se** *v/r*: *no us basquegeu, que no passarà res* sorgt euch nicht, es wird nichts geschehen | *m'he basquejat tot el dia per no res* ich habe mich den ganzen Tag umsonst abgerackert | ~ *u/c* s. etw sauer verdienen.
bàsquet *m* = **basquetbol** | (*Treffer*) Korb *m*.

basquetbol *m esport* Basketball *m*.
bass|a *f* Teich, Weiher, Tümpel *m* | Wasserbecken, Bassin *n* (*bes zur Bewässerung*) | Pfütze, Lache *f* | Dunggrube *f*; *p ext* Dung *m* | Plumpsklosett *n* | ~ *de molí* Mühlwehr *n* | *fig: avui la mar sembla una* ~ *d'oli* heute ist das Meer ganz ruhig | *la reunió va anar com una* ~ *d'oli* die Versammlung verlief ganz reibungslos *od* in aller Ruhe | ~**al** *m* Pfütze, Lache *f* | ~**eta** *f* Pfützchen *n* | Strandpfütze *f* | (Kinder)Nachtstuhl *m* || *pl* Schäfchenwolken *f pl*.
bassetja *f* (Stein) Schleuder *f*.
bassi *m* (*Mühle*) Holzbottich *m* | = **bàssia**.
bàssia *f* Trog, Kübel *m* | Bütte *f*.
bass|inyol, ~**iol**, ~**ol**, ~**ot** *m* Pfützchen *n*.
bast[1] *m* Packsattel *m* | *animal de* ~ Saumtier *n*.
bast[2] *adj* ungeschlacht, grob, derb.
basta *f* Heftnaht *f* | (*Stricken, Häkeln*) ausgelassene Masche; Schlinge *f*.
bastaix *m* (Last)Träger *m* | *fig fam* Kuli *m* | ~**ar** (33) *vt* tragen, schleppen, *umg* buckeln.
basta|ment *m*, ~**nça** *f arc* genügender Vorrat *m* | *a* ~ (*loc adv*) zur Genüge, genügend, ausreichend | ~**nt** *adj* (*m/f*) *arc* = **suficient** || *adv* ziemlich (viel) | *el conec* ~ *bé* ich kenne ihn ziemlich gut | *encara és* ~ *calent* es ist noch ziemlich warm | *a la tardor plou* ~ im Herbst regnet es ziemlich viel || (28) *pron ind* (*fam f: -a; f pl: -es*) (*attributiv a.+de*) ziemlich viel(er, -e, -es) *bzw* groß(er, -e, -es); *umg* ziemlich(er, -e, -es) | *tenen* ~*s* (*de*) *diners* sie haben ziemlich viel Geld | *encara hi ha* ~ *de feina* es ist noch ziemlich viel (*umg* e-e ziemliche) Arbeit | *serem* ~*s* wir werden ziemlich viele sein | ~**ntment** *adv* = **suficientment** | ~**r** (33) *vi* (aus)reichen, genügen, langen | *arc reg* (er)tragen; = **abastar** | *Bal: ton pare* ~*à venir* dein Vater wird wohl kommen | ~**r-se** *v/r:* ~ *a si mateix* s. selbst genügen *od* zu helfen wissen.
bastard *adj lit* un-, außer-ehelich; *hist* Bastard...| *fig* verfälscht, unecht; Misch...; niederträchtig | *s: bord, híbrid, il·legítim* | *color* ~ verschwommene Farbe | *escriptura* ~*a* (*hist*) Bastarda *f* | *lletra* ~ (*gràf*) Bastardschrift *f* || *s/mf lit* uneheliche(r Sohn *m*) Tochter *f*; *hist* Bastard *m* || *s/m*

nàut Racktau *n* || *s/f tecn* Bastard-, Vor-feile *f* | ~**ia** *f* uneheliche Geburt, Unehelichkeit *f* | *fig* Unechtheit; Niederträchtigkeit *f*.
baste|r *m* Sattler *m* | ~**t** *m* (*Zugtier*) Kammdeckel *m*.
basti|da *f* (*Bau*) Gerüst *n* | ~**dor** *m* (Stick-, Leinwand-)Rahmen *m* | *aut* Fahrgestell *n* | (*Maschine*) Gestell *n*, Unterbau *m* | *teat* Kulisse *f* | *fig: entre bastidors* hinter den Kulissen | ~**gi** *m* (*Sticken*) = ~**dor** | ~**ment** *m* Bau *m*, Bauen *n* | Zusammenbau *m* | (Ein-) Rahmung *f* | (Tür-, Fenster-)Rahmen *m* | *aut tecn* = ~**dor** | *nàut* = **vaixell** | ~**ó** *f a*. *fig* Bastion *f*, Bollwerk *n* | ~**r** (37) *vt* (er)bauen, errichten | zusammenbauen, aufstellen.
bast|ó *m* (Spazier-, Prügel-)Stock *m* | *reg a*. Stecken *m* | (*zum Schlagen*) *a*. Knüppel, *reg* Prügel *m* | (*bes als Zeichen e-r Würde*) Stab *m* | *gastr* (dünne, knusprige) Brotstange *f* | *esport:* ~ *de golf* Golfschläger *m* | ~ *d'esquí* Skistock *m* | ~ *de comandament* (*hist*) Amtsstab *m*; (Altsteinzeit) Kommando-, Loch-stab *m* | *posar bastons a les rodes* (*fig*) Knüppel *m pl* zwischen die Beine werfen || *pl* (*Farbe des span Kartenspiels*) Stäbe *m pl* (*etwa Eicheln bzw Treff od Kreuz*) | ~**onada** *f* Stock-hieb, -schlag *m* || *pl* (e-e Tracht) Prügel *m pl* | ~**onejar** (33) *vt* prügeln, knüppeln | ~**oner(a** *f*) *m* Stock-macher(in *f*), -händler(in *f*) *m* | *s/m hist* Stabträger *m* | ~**onera** *f* Stockständer *m* | ~**onet** *m* Stöckchen *n* | *bes anat* Stäbchen *n*.
bastos *m pl* (*Karten*) = **bastons**.
bat[1] *m* = **baterell** | *de* ~ *a* ~ sperrangelweit offen | *fig: obrir el cor de* ~ *a* ~ *a alg* j-m sein Herz ausschütten.
bat[2] *m* (*Baseball*) Schlagholz *n*, Keule *f*.
bata *f* Morgen-, Schlaf-rock *m* | (Arbeits-) Kittel *m*.
batà *m* = **batan**.
batall *m* (Glocken)Klöppel, Schwengel *m* | ~**a** *f* Schlacht *f* | *fig a*. Kampf *m* | ~ *a camp obert* offene Schlacht | ~ *aèria* (*naval*) Luft-(See-)schlacht *f* | *lliurar od presentar* ~ *a l'enemic* dem Feind e-e Schlacht liefern | *de* ~ Schlacht...; *fig* Alltags..., Werktags..., strapazierfähig | ~**ada** *f* Glockenschlag *m* | ~**ador** *adj a*. *fig* kriegerisch, kämpferisch || *s/mf a*. *fig* Kämpfer(in *f*) *m* | ~**aire** *adj* (*m/f*) = ~**ador** ||

batan

s/m ict Kampffisch *m* | *ornit* Kampfläufer *m* | **~ar** (33) *vi a. fig* kämpfen, streiten | **~ó** *m mil* Bataillon *n* | *fig* Trupp, Haufen *m*.
batan *m tèxt* Walke, Walk-maschine, -mühle *f* | **~ar** (33) *vi tèxt* walken | **~er(a** *f) m* Walker(in *f) m*.
batata *f* = **moniato**.
batec *m* (*Herz, Puls*) Schlag(en *n*) *m* | = **esbatec**.
bàtec *m*: **~** *d'aigua* Regenguß, Wolkenbruch *m*.
batedor[1] *m* (*Tür, Fenster*) Falz *m*.
batedor[2] (**-a** *f*) *m agr* Drescher(in *f*) *m* | *caç* Treiber(in *f*) *m* | *tecn esport* (*Baseball*) Schlager(in *f*) *m* | Kundschafter(in *f*), Späher(in *f*) *m* || *s/m* Schneeschläger, -besen *m* | (Wäsche)Bleuel *m* | *agr* Dreschwalze *f* || *s/f agr* Dreschmaschine *f* | *tecn* Rühr-maschine *f*, -werk *n* | (*Küche*) Mixer *m*.
batega *f* = **batussa** | **~da** *f* = **batec** | = **bàtec** | **~r** (33) *vi* schlagen (*Herz, Puls*) | (*stärker*) klopfen, pochen | klappern, aneinanderschlagen | = **esbatussar-se** | *fig*: hi batega el desig de llibertat der Wunsch nach Freiheit ist darin zu spüren.
bate|ig *m* Taufe *f* | Tauffeier *f* | Taufgesellschaft *f* | *nom de* **~** Taufname *m* | *vestit de* **~** Taufkleid *n* | *fig*: **~** *del cel* Hagel(schlag) *m* | **~** *de foc* Feuertaufe *f* | **~jar** (33) *vt a. fig* taufen | (*Wein*) *a.* panschen.
bate|ment *m* Schlagen *n* (*Herz, Flügel, Tür*) | *fís* Schwebung *f* | **~nt** *adj* (*m/f*) schlagend, hämmernd, trommelnd | *pluja* **~** niederprasselnder Regen *m* | *porta* **~** Flügeltür *f* || *s/m* (Tür-, Fenster-)Flügel *m* | = **~rell** | **~rell** *m* ausgesetzte Stelle *f* (*Luftzug, pralle Sonne, Regen, Wellen*) | *jèiem al* **~** *del sol* wir lagen in der prallen Sonne *f* | **~ria** *f mil* Batterie *f*; Geschütz-stand, -park *m* | *elect tecn* Batterie *f* | *mús* Schlagzeug *n*; (*Schlagzeuggruppe*) Batterie *f* | *teat* Rampenlicht *n* | **~** *de cuina* Küchengeräte *n pl, bes* Satz *m* Kochtöpfe || *s/m/f* Schlagzeuger(in *f*) *m*.
batí *m* (*kurzer*) Morgen-, Haus-rock *m*.
batial *adj* (*m/f*) (*Meer*) bathyal | *zona* **~** Bathyal *n*.
batialles *f pl* Tauffest *n* (*a. den Kindern zugeworfene Süßigkeiten, Münzen usw*).
bati|bull *m* Gewirr *n*, Trubel *m* | **~cor** *m* Herzklopfen *n* | **~fullar** (33) *vt met* = **batre**.

batre

bàtik *m tèxt* Batik *m/f*.
batimetria *f* Bathymetrie, Tiefseemessung *f*.
batiport *m* Falltür *f* | Bodenklappe *f*.
batis|caf *m* Bathyskaph *m* | **~fera** *f* Bathysphäre, Tauchkugel *f*.
batisser *adj u. s/mf* = **batusser**.
batista *f tèxt* Batist *m* | *de* **~** batisten, aus Batist.
batll|e *m hist* Vogt *m* | = **alcalde** | **~essa** *f* = **alcaldessa** | **~ia** *f hist* Vogtei *f* | = **alcaldia** | **~iu** *m hist* Vogtei *f*.
batolla *f agr* Schlagstock *m* (*zum Abschlagen von Mandeln usw*) || *pl* (Dresch)Flegel *m* | **~r** (33) *vt* (*Mandeln, Oliven usw*) vom Baum (ab)schlagen | (*Getreide*) mit dem Flegel dreschen.
batracis *m pl zool* (Frosch)Lurche *m pl*.
bat|re[1] (34) *vt* (*Metall, Münzen, Trommel, Eier, Sahne, Feind, Gegner, Rekord*) schlagen | (*Metall*) *a.* hämmern; treiben | (*Münzen*) *a.* prägen | (*Trommel*) *a.* rühren | (*Feind, Gegner*) *a.* besiegen | (*Rekord*) *a.* brechen | (*Gelände, bes polizeilich*) durch-streifen, -kämmen | *agr* (aus)dreschen; (*Mandeln, Oliven usw*) vom Baum (ab)schlagen | *caç* Wild (*durch das Buschwerk*) treiben | *mil* (*mit schwerem Geschütz*) beschießen | **~** *les ales* flattern, mit den Flügeln schlagen | *la pluja bat la teulada* (*la finestra*) der Regen trommelt auf das Dach (schlägt ans Fenster) || *vi* schlagen (*Herz, Puls*) | klappern (*Zähne*) | dröhnen, (*Trommel*) | *les onades batien contra la roca* die Wellen schlugen gegen den Felsen | *el sol hi bat de ple a ple* die Sonne prallt darauf | **~re**[2] *m agr* Dreschen *n*, Drusch *m* | **~re's** *v/r s.* schlagen, kämpfen | **~** *en retirada* den Rückzug antreten, *s.* zurückziehen | **~uda** *f agr* Dreschen *n*; Dreschgang; Drusch *m* | *caç* Treibjagd *f* | (*Polizei*) Razzia *f* | *fer una* **~** *e-e* Razzia veranstalten | **~ussa** *f* Schlägerei, Rauferei *f* | Streit, Zank *m* | **~usser** *adj* streitsüchtig, rauflustig || *s/mf* Raufbold *m* | **~ut (-uda** *f) adj* geschlagen | (*Weg*) = **fressat** | *s/m gastr* Milchmixgetränk *m* | **~uta** *f mús gastr* Taktstock *m* | *portar la* **~** den Stab führen; *fig* den Ton angeben | *sota la* **~** *de* ... unter der Stabführung von ...

batxille|jar (33) *vi fam* (herum)schnüffeln | **~r(a** *f*) *m* (*etwa*) Abiturient(in *f*) *m*; Bakkalaureus *m* (*a. akademischer Grad*) | *fig fam* Schnüffler(in *f*) *m* || *adj* neugierig, vorwitzig | **~rat** *m* (*etwa*) Gymnasialstudium *n*; Abitur *n*, Reifeprüfung *f*; Bakkalaureat *n* | *fer el* ~ *das Gymnasium besuchen* | *té el* ~ *er hat die Reifeprüfung od das Abitur* (abgelegt) | **~ria** *f fam* Schnüffelei *f*.
batz|ac *m*, **~acada** *f* Stoß, Schlag *m* | **~egada** *f* An-, Auf-prall *m* | Ruck, Stoß *m* | *a batzegades* ruckweise | **~egar** (33) *vt* rütteln, schütteln.
batzoles *f pl Bal* = **matraca**.
bau *m nàut* Deckbalken *m*.
baula *f* (Ketten)Glied *n* | Türklopfer *m*.
bauprès *m nàut* Bugspriet *n*.
bausia *f hist* Treuebruch *m*, Felonie *f*.
bauxa *f* Feier, Vergnügung *f* | *fer la* ~ prassen, feiern, flott leben, s. amüsieren.
bauxita *f min* Bauxit *m*.
bava *f* Geifer *m* | (*Schnecke*) Schleim *m* | *fig fam: a l'avi, quan la veu jugar, li cau la* ~ wenn Opa sie spielen sieht, ist er ganz hingerissen (*od* weg) | *tenir mala* ~ boshaft (*od* unwirsch) sein || *pl* Sabber *m* | **~lles** *f pl* Sabber *m* | Speisereste *m pl* | Überbleibsel *n* | **~llós** (-**osa** *f*) *adj* besabbert | schleimig | **~r** (33) *vi* sabbern.
bàvar *adj u. s/mf bes hist* = **bavarès**.
bavarès (-**esa** *f*) *adj* bay(e)risch | *ling a.* bairisch || *s/mf* Bayer(in *f*); *ling* Baier(in *f*) *m* || *s/m ling* Bairisch *n* | *el* ~ *das Bairische*.
bav|ejar (33) *vi* geifern | sabbern | e-e Schleimspur hinterlassen || *vt* begeifern | besabbern | mit Schleim beschmieren | **~era** *f* (*am Helm*) Kinnstück *n* | = **bavalles**.
babi *m infan* Opa, Opapa *m*.
Baviera *f* Bayern *n*.
bavor *f reg* = **baf(or)** | **~ada** (*od* **bavarada**) *f reg* = **bafarada**.
bavós (-**osa** *f*) *adj* geifernd | sabbernd | schleimig || *s/m* Geiferer *m* || *s/f ict* Schleimfisch *m*.
be[1] *f* (*pl* **bes**) (*Name des Buchstabens*) b, B *n* | *prendre la a per la* ~ (*fig*) das eine für das andere halten.
be[2] *int onomat* mäh! || *s/m* Schaf *n*.
bé[1] (**ben** *vor adj, adv u. präfixartig vor Verbformen*) *adv allg* gut; (*bes Befinden*) wohl | recht, richtig | *s: bo* | *la pel·lícula acaba* ~ (*malament*) der Film endet gut (schlecht) | *un article ben* (*mal*) *escrit* e. gut (schlecht) geschriebener Artikel | *ara canten més* ~ (*od millor*) jetzt singen sie besser | *que* ~ (*que*) *ballen!* wie gut sie tanzen! | *anem* ~ *per anar al riu?* sind wir auf dem richtigen Weg zum Fluß? | *esteu* ~ (*de salut, de diners*)? geht es euch (gesundheitlich, finanziell) gut? | *no hi estic* (*od m'hi trobo, m'hi sento*) ~ ich fühle mich dort nicht wohl | *està* ~ *aquesta novel·la?* ist dieser Roman gut? | *aquest vestit t'està* ~ dieses Kleid steht dir (gut) | (*ja*) *t'està* ~! das geschieht dir ganz recht! | *ja està* ~ es ist gut (*od* recht) so; es reicht | *ja està* ~, *què t'has cregut!* jetzt reicht es aber, was bildest du dir ein! | *està* ~, *et diré la veritat* na gut, ich werde dir die Wahrheit sagen | *no està* ~ (*de*) *fer això* das darf man nicht tun | *està* ~ *que vinguin* es ist gut, daß sie kommen | *fas* ~ (*od ben fet*) *de dir-m'ho* du tust gut daran, es mir zu sagen | *s'hi menja* ~ man ißt dort gut | *menja* ~! iß richtig! | *morir* ~ friedlich sterben; als Christ sterben | *pensa-t'ho* ~! überlege es dir gut (*od* genau, richtig)! | *no hi sento* (*veig*) ~ ich höre (sehe) nicht gut, ich kann nicht gut hören (sehen) | *viure* ~ gut leben, e. gutes Auskommen haben; anständig leben || (*in Wunsch-u. Grußformeln*) *dorm* (*od que dormis*) ~! schlaf gut! | *passi-ho* ~! (*höflich im Vorbeigehen*) guten Tag (*bzw* Morgen, Abend)!; (*zum Abschied*) auf Wiedersehen! | *que vagi* ~! alles Gute!; mach(t)'s gut! || (*als Antwort*) *com va?* —~; *Molt* ~; *No gaire* ~ wie geht's? —Gut; Sehr gut; Nicht besonders | *m'ajudes?* —~ *od Està* ~ hilfst du mir? —Na gut *od* Na schön | *sigues puntual!* —*od Està* ~ sei pünktlich! —Ja gut || *int* (*Zustimmung, Beifall*) gut!, schön! | (*Zweifel*) ~, ~, *qui sap!* nun (*od* na ja), wer weiß! || (*als Gesprächspartikel in isolierter Stellung am Satzanfang*) ~, *parlem ja del tema* nun, kommen wir zum Thema | ~, *per què no?* nagut, warum nicht? | (*bekräftigend, einschränkend od adversativ am Satzanfang*) ~ *deuen saber-ho* sie wissen es doch wohl | ~ *ho van dir, però qui sap...* sie sagten es wohl (*od* zwar), aber wer weiß | ~ *hauries pogut telefonar* du hättest doch anrufen

können || (*betonend vor adj, adv*) *la llet m'agrada ben calenta* Milch trinke ich gern sehr (*od* schön) warm | *està ben sol* er ist ganz allein | *ets ben boig!* du bist ja vollkommen verrückt! | *vas tornar ben tard!* du kamst sehr (*od* recht) spät zurück! | *és ben possible* das ist sehr gut (*od* wohl) möglich || (*verstärkend zw Hilfs- od Modalverb u. Vollverb od zw unbetontem Pronomen u. Verb*) | *t'han ben enganyat* sie haben dich schön reingelegt | *ja ho pots ben dir* das kannst du wohl sagen | *m'ho puc ben imaginar* das kann ich mir gut vorstellen | *et ben planyo* ich bedaure dich sehr || *ben ~: ha costat (no) ben ~ un milió* es hat gut u. gern (nicht ganz) eine Million gekostet | *no són ben (~) iguals* sie sind nicht ganz gleich | *és ben ~ que havia de ser així* es sollte wohl wirklich so sein | *~ o malament:* o *malament, ens en sortirem* wir werden es schon irgendwie schaffen | *i ~: i ~, què penseu fer?* also (nun), was wollt ihr machen? | *ni ~ ni malament* weder gut noch schlecht; mittelmäßig | *o ~: (o ~) tu o ~ ell* entweder du oder er | (*per*) *~ que od si ~* wenn auch; ob-gleich, -wohl | *tenen raó,* (*per*) *~ que* (*od si ~*) *em costa d'admetre-ho* sie haben recht, wenn es mir auch schwerfällt, es zuzugeben | *~ que a contracor, tanmateix ho van fer* olwohl ungern, taten sie es dennoch | *que ~!* wie gut! | *que ~ que hagis vingut!* wie gut, daß du gekommen bist!

bé[2] *m* das Gute *n* | Wohl *n* | *econ* Gut *n* | *el ~ i el mal* das Gute u. das Böse | *~ comú* Gemeinwohl *n* | *~ comunal* Gemeindeeigentum *n* | *~ dotal* Heiratsgut *n* | *~ns immobles od seents* Immobilien *f pl*, Grundbesitz *m*, Liegenschaften *f pl* | *~ litigiós* Streitgegenstand *m* | *~ns mobles* od *movents* Mobilien *f pl*, Mobiliarvermögen *n* | *~ públic* öffentliches Wohl *n* | *~ns de consum (de producció)* Konsum-(Investitions-)güter *n pl* | *separació de ~ns* Gütertrennung *f* | *gent (home) de ~* rechtschaffene(r) Leute *pl* (Mann *m*) | *acabar en ~* gut ausgehen | (*Kranker*) *anar per ~* auf dem Wege der Besserung sein | *fer* od *practicar el ~* Gutes tun | *fer ~ als pobres* den Armen Gutes tun | *prendre's u/c a ~* etw beifällig aufnehmen |

pensar (*dir*) *~ d'alg* Gutes von j-m denken (sagen) | *tornar ~ per mal* Böses mit Gutem vergelten | *voler ~ a alg* j-m gut *od* wohlgesinnt sein | *en* (od *a*) *~ de* (*loc prep*) zugunsten (*gen*; von *dat*) | *pel teu ~* zu deinem Besten | *~ de Déu* (Un)Menge, Fülle *f* | *quin ~ de Déu de flors!* was für e-e Blumenpracht!

beabà *m* = **beceroles**.
beat *adj ecl* selig | *desp* fromm, frömmlerisch | *s/mf catol* Selige(r *m*) *m/f* | *desp* Frömmler(in *f*), Bet-bruder *m*, -schwester *f* | **~eria** *f desp* Frömmelei *f* | **~ífic** *adj* selig, beseligend | *un somriure ~* e. verklärtes Lächeln *n* | **~ificació** *f catol* Seligsprechung *f* | **~ificar** (33) *vt catol* seligsprechen | *fig* seligpreisen | **~itud** *f* (Glück)Seligkeit *f* | *Sa ∠* (*Titel des Papstes*) Seine Heiligkeit *f*.
bebè *m* (*pl* -**ès**) Baby *n* | Babypuppe *f*.
bec *m a. fig* Schnabel *m* | *a.* Spitze, Zakke *f* | (*Flöte*) *a.* Mundstück *m* | (*Wasser, Gas*) Hahn *m* | (*Kanne*) *a.* Schnauze, Tülle *f* | *tecn: ~ de Bunsen* Bunsenbrenner *m* | *ornit: ~ d'alena* Säbelschnäbler *m* | *bot: ~ de cigonya* Storchenschnabel *m* | *~ eixut* wortkarg | *~ moll* = **bocamoll** | *donar-se el ~* (*a. fig pop*) (s.) schnäbeln | *fer ~s* zipfeln (*Rock*) | *tenir bon ~* e. gutes Mundwerk haben.
beç *m* = **bedoll**.
beca *f* Stipendium *n* | (*bes als Schulauszeichnung*) Schärpe *f* | *reg* (*Art*) Mütze, Kappe *f* | **~da** *f* Schnabel *m* voll | *ornit* Waldschnepfe *f* | *~* = **~ina** | **~dell** *m ornit* Bekassine, Sumpfschnepfe *f* | *~ sord* Zwergschnepfe *f* | **~ina** *f* Einnicken *n* | Nickerchen *n* | *fer una ~* e. Nickerchen halten *od* machen | **~ire** *m mús* Auflösungszeichen *n* | **~r**[1] (33) *vi* einnicken | (*vor s. hin*) dösen | **~r**[2] (33) *vt* (*j-m*) e. Stipendium geben *od* gewähren | **~ri** (-**ària** *f*) *m* Stipendiat(in *f*) *m* | **~rrada** *f* Schnabelhieb *m* | Schnabel *m* voll.
beceroles *f pl* Fibel *f* | Anfangsgründe *f pl*.
bec-planer *m ornit* Löffler *m*.
becquerel *m fís* Becquerel *m*.
becut *m ornit* Große(r) Brachvogel *m*.
bedoll *m bot* Birke *f* | *~ nan* (*pubescent*) Zwerg-(Moor-)birke *f*.
beduí (-**ïna** *f*) *adj* (*pl* -**ïns**, -**ïnes**) beduinisch || *s/mf* Beduine *m*, -nin *f*.

befa *f* Spott, Hohn *m* | **~r** (33) *vt* verspotten, verhöhnen.
begoleig *m* (wiederholtes) Trinken, Nippen, Läppern *n*.
begònia *f bot* Begonie *f*.
begu|da *f* Getränk *n* | Getränke *n pl* | Trinken *n*; Trunk(sucht *f*) *m* | ~ *(no) alcohòlica* alkoholisches (alkoholfreies) Getränk *n* | *la ~ va a part* Getränke werden extra bezahlt | *fer ~* trinken; e-n Imbiß einnehmen, Brotzeit machen | **~der** *adj* trunksüchtig | **~t (-uda)** *adj* betrunken | *un xic ~* angeheitert, beschwipst | *fig: un home ~ de cara (de galtes)* e. Mann mit hagerem Gesicht (abgezehrten *od* eingefallenen Wangen).
bei[1] *m min* Ader *f*, Gang *m*.
bei[2] *m* (*orientalischer Titel*) Beg, Bei *m*.
beina *f* (Messer-, Degen-)Scheide *f* | Futteral *n* | Hülle *f* | *bot* Hülse, Schote *f* | *nàut*: Segel- *od* Flaggen-saum *m* (*zum Durchziehen der Leinen*).
beisbol *m esport* Baseball *m*.
beix *adj* (*m/f*) beige.
beixamel *f gastr* Bechamelsoße *f*.
bel[1] *m fís* Bel *n*.
bel[2] *m* Blöken, Geblöke *n* | **~ar,** (33) *vi* blöken.
belga *adj* (*m/f*) belgisch || *s/m/f* Belgier(in *f*) *m*.
Bèlgica *f* Belgien *n*.
belitr|ada *f* Schurkenstreich *m* | **~alla** *f* Gesindel, Lumpenpack | **~e** *m* Schurke, Lump, Halunke, Taugenichts *m*.
bell *adj* schön | *una dona ~a* e-e schöne Frau *f* | *el ~ sexe* das schöne Geschlecht *n* | *mans ~es* schöne Hände *f pl* | *una obra d'art ~a* e. schönes Kunstwerk *n* || (verblaßt, stets vorgestellt) *una ~a collita* e-e gute Ernte *f* | *una ~a estona* e-e gute Weile *f* | *a ~ ull* nach Augenmaß; über den Daumen gepeilt | *al ~ cor de la nit* in tiefster Nacht | *al ~ punt de les dotze* um Punkt zwölf (Uhr) | *al ~ punt que el vaig veure* sowie *od* sobald ich ihn sah | *s: antuvi, mig, nou* || *s/m: el ~* das Schöne *n* || *s/mf: la ~a i la bèstia* die Schöne *f* u. das Tier | **~adona** *f bot* Tollkirsche, *a. med* Belladonna *f* | **~ament** *adv*: *un paisatge ~ pintat* e-e schön gemalte Landschaft *f* | *els nostres estalvis han crescut ~* unsere Ersparnisse sind schön *od* beträchtlich angewachsen | **~aombra** *f bot* Zweihäusige Kermesbeere *f* | **~eraca** *f bot* Wiesenbärenklau *m* | **~esa** *f* Schönheit *f* | *concurs de ~* Schönheitswettbewerb *m* | *és una ~* sie ist e-e Schönheit *f* | *el concepte de ~* der Begriff des Schönen, der Schönheitsbegriff *m*.
bèl·lic *adj* kriegerisch, Kriegs...
bel·li|cós (-osa) *f) adj* kriegerisch | kriegslüstern | **~cositat** *f* Kriegslust *f* | **~gerància** *f* Kriegs-teilnahme *f*, -zustand *m* | *fig* Teilnahme-, Mitspracherecht *n* | *donar ~ a alg* j-n mitreden (*bzw* teilnehmen) lassen | *no donar ~ a alg* j-n links liegen lassen, j-n als unwichtig ansehen | **~gerant** *adj* (*m/f*) kriegführend | *s/m* Kriegführende(r) *m*.
bellíssim *adj* (*sup von* bell) sehr schön | vortrefflich | *(és)ser una ~a persona* e. vortrefflichen Mensch sein.
bellot|a *f reg* = **gla** | **~era** *f reg* = **alzina**.
bèl·lua *f lit* Raubtier *n*, Bestie *f*.
bellug|a *f* = **~adissa** | *ant* = **espurna** | **~adís (-issa** *f) adj* beweglich | *fig* lebhaft | **~adissa** *f* Gewimmel, Gewühl *n* | Trubel *m* | **~ar,** (33) *vt* bewegen, rühren | *fig* antreiben | *~ el cap* den Kopf schütteln || *vi* s. bewegen | zukken, zappeln | wackeln | **~ar-se** *v/r* s. bewegen | *a. fig* s. regen, s. rühren | *belluga't!* nun mach schon! | **~or** *f*, **~ueig** *m* = **~adissa** | **~uejar,** (33) *vi* s. bewegen | wackeln | **~uet** *m fig* Wirbelwind, Zappelphilipp *m* | *bot* Zittergras *n*.
bellumes *f pl Bal* = **pampallugues**.
beluga *f zool* Weißwal *m*, Beluga *f*.
bemoll *m mús* Erniedrigungszeichen, b *n* | *s: do*[1]*, fa, la*[3]*, mi*[1]*, re*[1]*, si*[2]*, sol*[1].
ben *adv s*: bé.
bena *f med* Binde *f* | *~ elàstica (de gasa, de guix)* elastische (Mull-, Gips-)Binde *f* | *fig*: *llevar a alg la ~ dels ulls* j-m die Augen öffnen | *tenir una ~ davant (d)els ulls* mit Blindheit geschlagen sein.
ben|afecte *adj* zugeneigt, gewogen (*a alg* j-m) | **~amat (-ada** *f) adj* vielgeliebt, angebetet, hochverehrt | **~anada** *f* Abschiedsgruß *m*, Lebewohl *n* | **~anant** *adj* (*m/f*) wohlhabend, sorgenfrei | **~astruc (-uga** *f) adj* glücklich, vom Glück begünstigt, glückbringend | **~astrugança** *f* Glück *n*, Segen *m* | Glücksstern *m* | **~aurança** *f* (Glück)Seligkeit *f* | *bíbl* Seligpreisung *f* | **~aurat (-ada** *f) adj* glücklich;

benedicció glückselig; *bíbl* selig; glückbringend | *dia* ~ Glückstag *m* | **~avenir** *m* sorglose Zukunft *f* | **~aventurança** *f bes ecl* Seligkeit *f* | *bíbl* = **~aurança** | **~aventurat (-ada** *f*, **-adament** *adv) adj bes ecl* selig | *bíbl* = **~aurat** | *iròn* einfältig, naiv | **~cossat (-ada** *f) adj* wohlgestalt(et), gut proportioniert.

benedic|ció *f* Segen(sspruch) *m* | (Ein-)Segnung, Weihe *f* | *catol a.* Benediktion *f* | *fig* Segen *m*, Wohltat *f* | *donar la ~ a alg* j-n segnen | *rebre la ~* gesegnet werden | *~ nupcial* (kirchliche) Trauung *f* | **~tí (-ina** *f) adj* Benediktiner... || *s/mf* Benediktiner(in *f*) *m*.

ben|efactor *adj* wohltätig, barmherzig || *s/mf* Wohltäter(in *f*) *m* | **~èfic(ament** *adv*) *adj* wohl-, mild-tätig | wohltuend | günstig, gewogen | Wohltätigkeits..., Benefiz... | *funció ~a* Wohltätigkeitsveranstaltung *f* | **~eficar** (33) *vt ant* = **beneficiar** | **~eficència** *f* Wohltätigkeit *f* | **~efici** *m* Wohltat, Gabe *f* | Nutzen *m* | *com* Gewinn *m* | *hist* Benefizium *n* | *ecl* Pfründe *f*, Benefizium *n* | *min* Abbau *m*, Ausbeutung *f* | *teat* Benefiz *n* | *els diners són a ~ de la vídua* das Geld kommt der Witwe zugute | *en ~ del poble* zum Wohl(e) des Volkes; für das Volk | **~eficiar** (33) *vt* (*j-m od e-r Sache*) gut-, wohl-tun, zugute kommen, nutzen, helfen | *agr* (*Boden*) nutzbar machen | *min* abbauen, ausbeuten | *met* läutern | **~eficiar-se** *v/r* Nutzen ziehen (*de aus dat*) | **~eficiari (-ària** *f) adj* nutznießerisch || *s/mf* Nutznießer(in *f*) *m* | *com* Zahlungs bzw Leistungs-empfänger(in *f*) *m* | (*Versicherung, Scheck, Wechsel*) Begünstigte(r *m*) *m/f* | **~eficiat** *m* Pfründner, Benefiziar, Benefiziat *m* | **~eficiós (-osa** *f*, **-osament** *adv*) *adj* vorteilhaft | wohltuend | nützlich | einträglich.

benei|r (37) *vt* (ein)segnen | (ein)weihen | loben | (lob)preisen | *arc* benedeien | *catol a.* benedizieren | *~ la taula* das Tischgebet sprechen | *beneït si(g)a Déu!* gelobt sei Gott! | *que Déu et beneeixi!* Gott segne dich! | **~t** *adj arc* gebenedeit; geweiht, gesegnet | *fig fam* einfältig, naiv, simpel | *aigua ~a* Weihwasser *n* | *vendre's com pa ~* wie warme Semmeln weggehen || *s/mf fig fam* Einfaltspinsel, Simpel, Trottel, Dummkopf *m* | **~tejar** (33) *vi* s. tö-

richt *od* albern benehmen | **~ter(a** *f*) *m* Weihwasserbecken *n* | **~teria** *f* Dummheit, Torheit *f* | Albernheit *f* | **~tó (-ona** *f*) *adj u. s/mf fam* (*oft zärtlich*) = **~t**, ximplet | **~tura** *f* = **~teria**.

ben|emèrit *adj* verdienstvoll | **~entès** *m: amb el ~ que ...* unter der Bedingung (*od* Voraussetzung), daß ... | **~eplàcit** *m* Einwilligung, Zustimmung *f* | **~estant** *adj* (*m/f*) bemittelt, wohlhabend | **~estar** *m* Wohl(-befinden, -behagen, -ergehen) *n* | Wohlstand *m* | *polít* Wohlfahrt *f* | **~èvol(ament** *adv*) *adj* wohl-gesinnt, -wollend | gütig | (*Richter, Kritik*) mild | **~evolència** *f* Wohlwollen *n*, Gunst *f* | Milde *f* | **~fer** *m* rechtschaffenes *od* redliches Handeln *n*.

bengal|a *f* Peddigrohr *n* | Stab *m* (*bes als Zeichen des Ranges*) | bengalisches Feuer *od* Hölzchen *n* | **~a** *f* Bengalen *n* | *tigre de ~* bengalischer Tiger, Königstiger *m* | **~í** *adj* (*m/f*) *u. s/m/f* = **~í** | **~í (-ina** *f*) *adj* bengalisch || *s/mf* Bengale *m*, -lin *f* || *s/m* Bengali *n* | **~ina** *f tèxt* Bengaline *f*.

beni|fet *m hist* Benefizium *n* | *ecl a.* Pfründe *f* | **~gne** *adj* gütig, sanft | (*Wetter*) mild | *med* gutartig | **~gnitat** *f* Güte, Gutherzigkeit *f* | Milde *f* | *med* Gutartigkeit *f*.

Benín *m* Benin *n*.

benjamí *m* Nesthäkchen *n*, Benjamin *m*.

benjuí *m* (*pl -ís*) Benzoe(harz) *n*) *f*.

ben|mereixença *f* Verdienst *n* | **~mereixent** *adj* (*m/f*) verdienstvoll | wohlverdient | **~parlant** *adj* (*m/f*) redegewandt, beredt | **~parlat (-ada** *f*) *adj* sich gepflegt ausdrückend; wohlredend.

bentos *m biol* Benthos *n*.

ben|veure *m* Beliebtheit *f* | **~vinguda** *f* Begrüßung *f*, Willkommensgruß *m* | *donar la ~ a alg* j-n willkommen heißen | **~vingut (-uda** *f*) *adj* willkommen | **~vist** *adj* beliebt, gerngesehen, angesehen | **~viure** *m* redliches Leben *n* | **~volença** *f* Wohlwollen *n*, Gutmütigkeit *f* | **~volent** wohlwollend, gutmütig | **~voler** *m* = **~volença** | **~volgut (-uda** *f*) *adj* lieb, geliebt | (*Briefanfang*) *~ Joan* lieber Hans.

benz|è *m quím* Benzol *n* | **~ina** *f* Benzin *n* | *s: gasolina* | **~oic** *adj*: *àcid ~* Benzoesäure *f* | **~ol** *m* Benzol *n* |

beoci

~**opirè** *m quím* Benzpyren *n*.
be|oci (-òcia *f) adj* böotisch | *fig* banausisch || *s/m/f* Böotier(in *f) m* | *fig* Banause *m* | ~**òcia** *f* Böotien *n*.
beque|rada *f* Schnabelhieb *m* | ~**rut (-uda** *f) adj* mit Schnabel | Schnabel... | ~**tejar-se** (33) *v/r* ornit schnäbeln.
berbena *f bot* Eisenkraut *n*.
berber *adj* (*m/f*) berberisch || *s/m/f* Berber(in *f) m* || *s/m* Berbersprache *f* | ~**ina** *f quím* Berberin *n*.
bèrberis *m bot* Sauerdorn *m*, Berberis *f*.
bèrbol *m med fam* = **liquen**.
berena *f* = ~**r²** | ~**da** *f* (*reichliches, bes geselliges*) Vespern, *Bal* Frühstükken *n* | ~**r¹** (33) *vi* vespern | *Bal* frühstücken | ~**r²** *m* Vesper(brot *n*) *f/n* | *Bal* Frühstück *n*.
bergamot|a *f* Bergamotte *f* | ~**er** *m bot* Bergamottbaum *m*.
bergant *m* Strolch, Gauner, Schurke *m* | Flegel, Bengel, Lausbube *m* | ~**ejar** (33) *vi* e. Gaunerleben führen | herumstreunen | ~**eria** *f* Gaunerei *f* | (Schurken)Streich *m* | ~**í** *m nàut* Brigg, Brigantine *f* | ~**í-goleta** *m nàut* Schonerbrigg *f* | ~**ina** *f nàut* (Mittelmeer)Brigantine *f*.
beril·l|e *m min* Beryll *m* | ~**i** *m quím* Beryllium *n*.
berkeli *m quím* Berkelium *n*.
Berl|ín *m* Berlin *n* | el ~ Occidental (Oriental) West-(Ost-) Berlin *n* | el mur de ~ die Berliner Mauer *f* | ~**ina** *f* Berline *f* | *p ext* Limousine *f* | ~**inès (-esa** *f) adj* Berliner, berlinerisch, *bes ling* berlinisch || *s/m/f* Berliner(in *f) m*.
Bermud|a *f* Bermuda *f* | ~**es** *f pl*: *les (illes)* ~ die Bermudas, die Bermudainseln *pl* | ~**es** *f pl* Bermudas, Bermudashorts *pl*.
Berna *f* Bern *n*.
bernat¹ *m* Torriegel *m*, (*eiserne*) Querstange *f*.
bernat² *m ornit*: ~ *pescaire* Fisch-, Grau-reiher *m* | ~ *ermità* (*zool*) Einsiedlerkrebs *m*.
bernès (-esa *f) adj* Berner | *els Alps Bernesos* die Berner Alpen *pl* || *s/m/f* Berner(in *f) m*.
berrug|a *f* Warze *f* | ~**ós (-osa** *f) adj* warzig.
bertran *adj m s: os* | ~**ada** *f* = **bajanada**.
bertrol *m* (Aal)Reuse *f* | *caure al ~ in die Falle gehen; auf den Leim gehen* |

bessa

~**a** *f* = **bertrol** | ~**ada** *f* Reuse *f* voll.
bes *m*, ~**ada** *f* Kuß *m* | *s: petó* | ~**amà**, *mst* ~**amans** *m* Handkuß *m* | Kußhand *f* | ~**ament** *m* Küssen *n* | ~**ar¹** (33) *vt a. fig* küssen | ~**ar²** *m lit* = **bes** | ~**ar-se** *v/r s*. küssen | *fig s.* berühren; (*im Ofen*) zusammenbakken, aneinander haften.
bes|avi (-àvia *f) m* Urgroß-vater *m*, -mutter *f* | ~**cambra** *f reg* Abort *m*, Klosett *n* | ~**cambrilla** *f* (*Kartenspiel*) Briska(spiel) *n* | ~**cantador** *adj* verleumderisch, diffamierend || *s/m/f* Verleumder(in *f) m* | Ehrabschneider(in *f) m* | ~**cantament** *m* Verleumdung *f* | ~**cantar** (33) *vt* verleumden, diffamieren, lästern | ~**canvi** *m* Tausch *m* | *a. cient* Austausch *m* | *economia de ~* Tauschhandel *m*, -wirtschaft *f* | ~ *de presoners* Gefangenenaustausch *m* | ~ *de notes* (*dipl*) Noten-austausch, -wechsel *m* | ~**canviable** *adj* (*m/f*) austauschbar | ~**canviar** (33) *vt* (aus)tauschen | ~**cara** *f* Rückseite *f* | ~**cavar** (33) *vi agr* nochmals umgraben | aufhäufeln | ~**coll** *m* Nacken *m* | ~**collada** *f* Schlag *m* in den Nacken | ~**collut (-uda** *f) adj* stiernackig | ~**comptar-se** (33) *v/r s*. verrechnen | ~**compte** *m* Rechenfehler *m* | Irrtum, Fehler *m* | ~**cuit** *m* Zwieback *m* | Biskuit *n* | Biskuitporzellan *n* | ~**cuitada** *f* Milchsuppe *f* mit Zwieback | ~**cuitar** (33) *vt* rösten, e. zweites Mal backen | ~**llaurar** (33) *vi agr* zwiebrachen, zum zweiten Mal pflügen | ~**llum** *m* durchscheinendes Licht *n* | Widerschein *m* | *fig* Schimmer *m*, Ahnung, Vermutung *f* | *de ~ im Gegenlicht* | ~**llumar** (33) *vi* durchscheinen | ~**nét(a** *f) m* Urenkel(in *f) m* | ~**oncle** *m* Großonkel *m*.
besote|ig *m* (Ab)Küssen *n* | Küsserei *f* | ~**jar** (33) *vt* (ab)küssen, abknutschen.
bess|a *f* Ast *m* | ~**ó¹ (-ona** *f) adj* Zwillings... | *p ext a.* Doppel... | *múscul*s *bessons* (*anat*) Zwillingswadenmuskeln *m pl* | *rodes bessones* (*aut*) Zwillingsräder *n pl* || *s/m/f* Zwilling(sbruder *m*, -schwester *f*) *m* || *s/m pl* Zwillinge *m pl*, Zwillings-geschwister *pl*, -paar *n* | *astr: els Bessons* Zwillinge *m pl* | *bessons idèntics* od *univitel·lins* (*fraterns* od *bivitel·lins*) ein-(zwei-)eiige Zwillinge | ~**ó²** *m Bal* (Mandeln, Nüsse usw) Kern *m* | (Knochen) Mark

n | *fig* Beste(s) *n* | **~onada** *f* Zwillingsgeburt *f*.
bestenaga *f* = **grívia**.
bèstia *f* (*bes Vierfüßer, Lasttiere*) Tier *n* | (*a. s/m*) *fig fam desp* Bestie *f*, Biest, Vie(c)h, Tier *n*; Rohling, Unmensch *m* | *la ~ que portem a dins das* Tier(ische) *n* in uns | *el sergent és un(a) ~* der Sergeant ist e. Viechskerl | *mala ~* Mist-vieh *n*, -kerl *m* | *~ bruta* brutaler Kerl *m* || *adj* (*m/f*) *fam* roh, brutal | dumm.
bes-tia *f* Großtante *f*.
besti|al(ment *adv*) *adj* (*m/f*) bestialisch, viehisch, tierisch | **~alitat** *f* Bestialität *f* | Sodomie *f* | **~am** *m* Getier *n* | **~ar** *m* Vieh *n* | *~ gros* (*menut*) Groß-(Klein-)vieh *n* | **~ari** *m lit* Bestiarium *n* | **~esa** *f fam* Dummheit *f*; Unfug, Unsinn *m* | *quina ~!* was für ein Blödsinn! | **~ola** *f* Tierchen *n* | *bes* Insekt *n*; Käfer *m*; Wurm *m* | **~oler** *adj* tierfreundlich.
bes|traure (40) *vt* = **~treure** | **~treta** *f* Vorschuß(zahlung *f*) *m* | **~treure** (40) *vt* voraus(be)zahlen; vorschießen.
besuc *m ict* See-, Meer-brassens *m*.
beta *f* Beta *n* | *partícula ~* (*fís*) Betateilchen *n* | *raigs* (*radiació*) *~* (*fís*) Betastrahlen *m pl* (-strahlung *f*) | **~tró** *m fís tecn* Betatron *n*.
bètel *m bot* Betelpfeffer *m* | Betelnuß *f*.
Betlem *m* Bet(h)lehem *n*.
betònica *f bot* Heil-betonie *f*, -ziest *m*.
betulàcies *f pl bot* Birkengewächse *m pl*.
betum *m* Bitumen, Erdpech *n* | Teer *m* | Schuhcreme, Stiefelwichse *f* | *~ de Judea* Asphalt *m*.
betz|a *f Bal* Wanst, Schmerbauch *m* | **~arrut** (**-uda**) *adj Bal* dickwanstig, schmerbäuchig | *fig* = **~ol** | **~ef**: *a ~* (*loc adv*) *Bal* in Hülle und Fülle | **~ol** *adj Bal* = **~arrut** | *fig* dumm, blöde.
beu|arra *m/f reg desp* Säufer(in *f*) *m* | **~rada** *f constr* Tünche, Kalkmilch *f* | Mörtel(brei) *m* | **~ratge** *m* Trank *m* | Gebräu, Gesöff *n* | **~re**[1] (40) *vt/i a. fig* trinken | (*pop u. Tiere*) saufen | *~ a glops* schluckweise trinken | *~ d'un glop* auf e-n Zug leeren | *~ a galet od a raig* vom Strahl trinken (*ohne die Flasche zu berühren*); *fig* arglos *od* vertrauensselig sein | *fer ~ a galet alg* (*fig*) j-n übers Ohr hauen | *~ a morro od amorrat* nuckeln | *~ a broc d'ampolla* an der Flasche nuckeln | *~ a raig d'ampolla* aus der Flasche trinken | *~ a la salut d'alg* auf j-s Wohl *od* Gesundheit trinken | *~ a xarrup* schlürfen | *~ amb got* aus dem Glas trinken | *fig: ja has begut oli* es ist aus mit dir; du bist erledigt | *l'esponja beu l'aigua* der Schwamm saugt das Wasser auf | **~re**[2] *m* Trinken *n* | Getränke *n pl* | **~re's** *v/r* austrinken, leeren vertrinken, *pop* versaufen | aufsaugen, aufnehmen | *fig: ~ amb els ulls* od *amb la mirada* mit Blicken auffressen | *t'has begut el seny* od *l'enteniment* du bist nicht (ganz) bei Trost *od* übergeschnappt | *beure-s'ho tot s*. alles aufbinden lassen.
beutat *f poèt* = **bellesa**.
bev|edor (**a** *f*) *m* Trinker(in *f*) *m* | *un ~ de cervesa* e. Biertrinker *m* | **~enda** *f* = **beuratge** | = **~ent** | **~ent** *m* Geschmack *m*, Süffigkeit | *aquest vi té bon ~* dieser Wein ist süffig, mundet trefflich | **~erri** (**-èrria** *f*) *m reg desp* Säufer(in *f*) *m* | **~èrria** *f reg desp* Suff, Trunksucht *f* | **~otejar** (33) *vi* in kl(n) Schlucken trinken; nippen.
biaix *m* Schräge *f* | (*Nähen*) Schrägstreifen *m* | *treure els ~os* (*fig*) einsparen | *al ~, de ~* schräg, quer.
bi|angular *adj* zweiwink(e)lig | **~anual** *adj* zweimalig im Jahr; zweimal jährlich | **~articulat** (**-ada**) *adj* zweigelenkig, mit zwei Gelenken | **~atló** *m esport* Biathlon *n* | **~axial** *adj* (*m/f*) *tecn* zweiachsig.
bibelot *m lit* Nippfigur *f* || *pl* Nippes, Nippsachen *f pl*.
biberó *m* (Säuglings)Fläschchen *n*.
Bíbli|a *f a. fig* Bibel *f* | **~c** *adj* biblisch, Bibel...
bibli|obús *m* Fahrbücherei *f* | **~òfil(a** *f*) *m* Bibliophile(r *m*) *m/f*, Bücherliebhaber(in *f*) *m* | *edició de ~* bibliophile Ausgabe *f* | **~ofília** *f* Bibliophilie *f* | **~ògraf(a** *f*) *m* Bibliograph(in *f*) *m* | **~ografia** *f* Bibliographie *f* | **~ogràfic** *adj* bibliographisch | **~ologia** *f* Bücherkunde *f* | **~òman(a** *f*) *m* Bibliomane *m*, -nin *f* | **~oteca** *f* Bibliothek, (*kleinere, öffentliche*) Bücherei *f* | *a. Bücher-, Schriften-sammlung f* | Bücherschrank *m* | *~ universitària* Universitätsbibliothek *f* | **~otecari** (**-ària** *f*) *m* Bibliothekar(in *f*) *m* | *escola de ~s* Bibliotheksschule *f* | **~oteconomia** *f* Bibliothekslehre *f*.
bi|cameral *adj* (*m/f*) *polít* Zweikam-

mer... | **~cameralisme** *m polít* Zweikammersystem *n* | **~carbonat** *m gastr med* Natron *n* | *quím* (Natrium)Bikarbonat *n* | **~cèfal** *adj* doppelköpfig | (*Heraldik*) àguila *~a* Doppeladler *m*.
bíceps *m anat* Bizeps *m*.
bi|cicle *m* Zweirad *n* | **~cicleta** *f* Fahrrad *n* | *~ de competició* od *de cursa* Rennrad *n* | *~ plegable* Klapprad *n* | *anar amb ~* Fahrrad fahren, radfahren, *umg* radeln; *mit dem (Fahr)Rad fahren* | **~color** *adj* (*m/f*) zweifarbig | **~còncau** (**-ava** *f*) *adj* bikonkav | **~convex** *adj* bikonvex | **~corn** *m* Zweispitz *m* | **~corne** (*d*) *adj* (*m/f*) zweizackig, zweispitzig | **~cornuat** (**-ada** *f*) *adj* zweihörnig | **~cromia** *f gràf* Zweifarbendruck *m*.
bidell *m* Pedell *m*.
bident *m* Zweizack *m*.
bid|et *m* Bidet *n* | **~ó** *m* (Blech)Kanister *m* | Tonne *f*.
biela *f tecn* Pleuel-, Kurbel-stange *f*.
bielorús (**-ussa** *f*) *adj* weiß-, belorussisch || *s/mf* Weiß-, Belo-russe *m*, Weiß-, Belo-russin *f* | **~sia** *f* Weiß-, Belo-rußland *n*.
bi|ennal *adj* (*m/f*) zwei-jährig, -jährlich || *s/f* Biennale *f* | **~enni** *m* zwei Jahre *n pl* (*Zeitraum*), Biennium *n* | **~facial** *adj* (*m/f*) doppelgesichtig | **~fàsic** *adj electr* zweiphasig | **~fi** (**bífia** *f*) *adj* mit dicker Unterlippe.
bífid *adj zool bot* bifid, zweispaltig.
bi|filar *adj* (*m/f*) *elect* bifilar, zweidrähtig | **~focal** *adj* (*m/f*) *òpt* bifokal | *ulleres ~s* Bifokalbrille *f* | **~foliat** (**-ada** *f*) *adj* zweiblättrig | **~front** *adj* (*m/f*) zweistirnig | **~furcació** *f* Gabelung *f* | Abzweigung *f* | *cient a.* Bifurkation *f* | **~furcar-se** (33) *v/r* s. gabeln | abzweigen | **~furcat** (**-ada** *f*) *adj* gegabelt, gabelförmig.
biga *f constr* Balken *m*, Träger *m* | *hist* Biga *f* | *~ mestra* Tragbalken *m* | *fig fam: ~ de l'esquena* Rückgrat *n*, Wirbelsäule *f* | *comptar les bigues* (vor s. hin) dösen | *portar la ~* e-n in der Krone haben | *~m* Gebälk, Balkenwerk *n*.
bígam *adj* bigamistisch || *s/m* Bigamist *m*.
bigàmia *f* Bigamie, Doppelehe *f*.
bigarrat (**-ada** *f*) *adj* kunterbunt | bunt(gescheckt).
bignònia *f bot* Bignonie, Kreuzrebe *f*.

bigòrnia *f* Spitzamboß *m*.
bigot|era *f* Schnurrbartbinde *f* | Schuhkappe *f* | **~i** *m* (*oft pl*) Schnurrbart *m* | *fig fam: caure de ~s* auf die Nase fallen | *llepar-se'n els ~s* s. die Finger danach lecken | *clavar pels ~s u/c a alg* j-m etw ins Gesicht sagen | **~ut** (**-uda** *f*) *adj* schnurr-, schnauz-bärtig.
bijuteria *f* Modeschmuck(waren *f pl*) *m* | Modeschmuck-fabrik *f od* -handlung *f*.
bikini *m* Bikini *m*.
bi|labial *adj* (*m/f*) *ling* bilabial || *s/f* Bilabial *m* | **~labiat** (**-ada** *f*) *adj bot* zweilippig | **~lateral** *adj* (*m/f*) *a. dr* zweiseitig, bilateral.
biliar *adj* (*m/f*) *med* Gallen... | *conductes ~s* Gallengänge *pl* | *càlcul ~* Gallenstein *m*.
bi|lingüe *adj* (*m/f*) zweisprachig | **~lingüisme** *m* Bilinguismus *m*, Zweisprachigkeit *f* | **~lió** (29) *num m* (*zG s: milió*) Billion *f* | **~lionèsim** (30) *num* (*zG s: vuité*) billionste(r, -s); billion(s)tel.
bili|ós (**-osa** *f*) *adj med* gallsüchtig | cholerisch, reizbar | **~rubina** *f med* Bilirubin *n* | **~s** *f* Galle *f* | *fig: se li va regirar la ~* ihm lief die Galle über | **~verdina** *f med* Biliverdin *n*.
bill|ar *m* Billard *n* | Billard-salon *m* | **~arista** *m/f* Billardspieler(in *f*) *m* | **~ó** *m* Billon *m/n*.
bilorda *f* Laub *n*, Schmutz *m* (*bes in Wasser od Leitungen*) | Splitter *m*; Körnchen *n*.
bi|mà (**-ana** *f*) *adj* zweihändig | **~manual** *adj* (*m/f*) beidhändig.
bimbirimboies *f pl* = **birimboies**.
bi|mensual *adj* (*m/f*) vierzehntägig | **~mestral** *adj* (*m/f*) zweimonatlich zweimonatig | **~mestre** *m* zwei Monate *m pl* (*Zeitraum*); *arc* Bimester *n* | **~metal·lisme** *m econ* Doppelwährung *f*, Bimetallismus *m* | **~motor** *adj* zweimotorig || *s/m* zweimotoriges Flugzeug *n*.
binar (33) *vt agr* zwiebrachen | **~i** (**-ària** *f*) *adj* binär, binar(isch), Binär... | *mat a.* Dual... | *astr: estel ~* Doppelstern *m* | *mús: compàs ~* Zweiertakt *m*, a. Zweivierteltakt *m*.
binoc|le *m* Fernglas, Binokel *n* | Opernglas *n* | **~ular** *adj* (*m/f*) binokular, beidäugig.
binomi Binom *n* | **~al** *adj* (*m/f*) binomisch, Binomial...
bio|cenosi *f* Biozönose *f* | **~clima** *m*

Bioklima n | **~degradable** adj (m/f) biologisch abbaubar | **~física** f Biophysik f | **~gàs** m Bio-, Faulgas n | **~gènesi** f Biogenese f | **~genètic** adj biogenetisch | **~gènic** adj biogen.

bi|ògraf(a f) m Biograph(in f) m | **~ografia** f Biographie f | **~ografiar** (33) vt (j-s) Biographie schreiben | **~ogràfic** adj biographisch.

bi|òleg (-òloga f) m Biologe m, -gin f | **~ologia** f Biologie f | **~ològic** adj biologisch.

bio|ma m Biom n | **~massa** f Biomasse f | **~metria** f Biometrie f.

biò|nica f Bionik f | **~psia** f Biopsie f.

bio|químic adj biochemisch || s/mf Biochemiker(in f) m | **~química** f Biochemie f | **~ritme** m Biorhythmus m.

biorxa Bal: a la **~** (loc adv; a. fig) schräg, schief; krumm | mirar a la **~** schielen.

bio|sfera f Biosphäre f | **~síntesi** f Biosynthese f.

bi|òtic adj biotisch, Lebens... | **~otip (us)** m Biotyp(us) m | **~òtop** m Biotop m/n.

biparti|ció f Zweiteilung f | **~disme** m polít Zweiparteiensystem n | **~t (-ida** f) adj zweigeteilt | zweiteilig | zweiseitig, Zweiparteien...

bípede adj zweifüßig, bipedisch || s/m Zweifüßer, Bipede m.

bi|penne adj (m/f) : insectes **~s** Dipteren pl, Zweiflügler m pl | **~plà** m aeron Doppeldecker m | **~polar** adj (m/f) zweipolig, bipolar | **~polaritat** f Zweipoligkeit, Bipolarität f | **~quadrat** m mat Biquadrat n | **~quadràtic** adj biquadratisch.

birbar (33) vi oc = **eixarcolar**.

bireactor m zweimotoriges Düsenflugzeug n.

birimboies f pl Bal fam Firlefanz m.

birmà (-ana) adj birmanisch || s/mf Birmane m, -nin f || s/m Birmanisch n | el **~** das Birmanische | **~nia** f Birma n.

birrem adj nàut hist Bireme f, Zweiruderer m.

birret m Barett n | ecl Birett n | **~a** f Kardinalshut m.

bis adv mús teat da capo, noch einmal || adj (bei Hausnummern) núm. 4 **~** Nr. 4 A || s/m mús teat Zugabe f | **~ar** (33) vt mús teat zugeben, (e. Stück) wiederholen.

bisb|al adj (m/f) = **episcopal** | **~at** m Bistum n | Bischofsamt n | durant el **~** de X unter Bischof X | **~e¹** m Bischof m | **~** sufragani Sufragan m | **~** titular Titularbischof m | **~e²** m (Art) Blutwurst f.

bisbètic adj launisch, überspannt.

bisca|í (-ïna f) adj biskayisch, aus der Biskaya || s/mf Biskayer(in f) m || s/m Biskayisch n | el **~** das Biskayische | **~ia** f Biskaya f | el golf de **~** der Golf m von Biskaya; die Biskaya f.

bisec|ció f geom Halbierung f | **~tor** adj halbierend | **~triu** f (Winkel)Halbierende f.

bisell m tecn Schrägkante f | **~ar** (33) vt abschrägen | (Glas) schräg schleifen.

bisexua|l adj (m/f) bisexuell | biol = **~t** | s/m/f Bisexuelle(r m) m/f | **~litat** f Bisexualität f | biol Zwittrigkeit, Doppelgeschlechtigkeit f | **~t (-ada** f) adj zwittrig, doppelgeschlechtig.

bismut m Wismut n | quím Bismut(um) n | **~ita** f min Bismutit m.

bisnaga f bot Zahnstocherkraut n.

bisó m zool Bison m | **~** europeu Wisent m.

bissextil adj (m/f) = **bixest**.

bistec m Steak m.

bístia f ant reg = **bèstia**.

bistorta f bot Wiesen-, Schlangen-knöterich m.

bistre m pint Bister m.

bisturí m med Skalpell n.

bit m elect Bit m.

bita f nàut (Schiffs)Poller m.

bitàcola f nàut Kompaßhaus n.

bitll|a f Kegel m | joc de bitlles Kegeln n | tèxt Flyerspule f | **~aire** m/f Flyer(in f) m | **~et** m (Eintritts-, F a h r -) K a r t e f; reg Billett n | (Bank)Note f, (Geld-)Schein m | (Lotterie)Los n | **~** d'avió Flugschein | un **~** de mil (pessetes) e. Tausendpesetenschein m | **~** premiat (Lotterie) Treffer m | treure od agafar **~** e-e Karte lösen | **~etaire** m/f Losverkäufer(in f) m | **~o-bitllo** adv: pagar **~** (in) bar zahlen | **~ot** m Kegelkugel f.

bitó m ornit Rohrdommel f | = **bernat pescaire**.

bituminós (-osa f) adj bituminös | bitumig.

bitxac m ornit Schmätzer m | **~** comú (rogenc) Schwarz-(Braun-)kehlchen n.

bitxo m bot Spanischer Pfeffer, Cayenne-Pfeffer m.

bitzac m reg (Huftier) = **guitza**.

bitzega *f* (*Schuhmacher*) Glättholz *n*.
bivac *m* Biwak *n*, Feldlager *n*.
bi|valència *f* Bivalenz, Zweiwertigkeit *f* | **~valent** *adj* (*m/f*) bivalent, zweiwertig | **~valve** *adj* (*Muschel*) zweischalig | **~vaquejar** (33) *vi* biwakieren.
bivitel·lí (**-ina** *f*) *adj biol* (*Zwillinge*) zweieiig.
bixa *f bot* Orleansstrauch *m*.
bixest *adj: any ~* Schaltjahr *n*.
Bizan|ci *m* Byzanz *n* | **~tí** (**-ina** *f*) *adj* byzantinisch | *fig: discussions bizantines* Haarspaltereien *f pl* || *s/mf* Byzantiner(in *f*) *m* | **~tinisme** *m* Byzantinismus *m* | *fig* Neigung *f* zu Haarspaltereien.
bla (**-na** *f*, **-nament** *adv*) *adj* weich | *fig a.* nachgiebig; sanft; mild | *s: tou*.
blada *f bot* Schneeballblättriger Ahorn *m*.
blad|ar *m* Weizenfeld *n* | **~er** *adj* Weizen... || *s/mf* Weizenhändler(in *f*) *m* | **~eres** *f pl agr* (Garben)Ladegerüst *n* (*auf dem Packsattel*).
blanc *adj* weiß | (*Haut*) *a.* hell | (*Gesicht*) *a.* bleich, blaß | (*Haar*) *a.* grau | (*Papier, Seite*) leer | *gràf* (*Typen*) nichtdruckend, niedrig | *met* weißglühend | *~ com la cera* wachsbleich | *~ com la neu* schneeweiß, weiß wie Schnee | *~ com la paret* weiß wie die Wand | *~ com un glop de llet* milchweiß | *~ i negre* schwarzweiß | *home ~* Weiße(r) *m* | *vidre ~* farbloses Glas *n* | *quedar ~ de l'espant* weiß vor Schreck werden, vor Schreck erblassen || *s/m* Weiß *n* | (*in e-m Schriftstück*) freier Raum *m*, leere Stelle *f* | Ziel(scheibe *f*) *n* | *el ~ de l'ou* das Weiße *n* im Ei, das Eiweiß *n* (*s: clara*) | *el ~ de l'ull* das Weiße *n* im Auge | *el ~ de l'ungla* das Nagelmöndchen *n* | *~ de calç* Kalkmilch, weiße Tünche *f* | *~ d'Espanya* Schlämmkreide *f* | *~ de plom* (*zinc*) Blei-(Zink)weiß *n* | *anar de ~* Weiß tragen | *deixar un ~ per a la data* Platz *m* für das Datum lassen | *fer ~* das Ziel treffen; *fig* ins Schwarze treffen | *espai en ~* (Zwischen)Raum *m* (*in e-m Schriftstück*) | *full en ~* leeres *od* unbeschriebenes *bzw* unbedrucktes Blatt *n* | *deixar una línia en ~* e-e Linie frei lassen | *xec en ~* (*a. fig*) Blankoscheck *m* | *firmar od signar u/c en ~* etw blanko unterschreiben | *passar la nit en ~* e-e schlaflose Nacht verbringen | *quedarse en ~* leer ausgehen; nichts mitbekommen; e. Blackout haben || *s/mf* Weiße(r *m*) *m/f* | *els ~s* die Weißen *pl* | *tràfic de blanques* Mädchenhandel *m* | **~a** *f mús* halbe Note *f* | *hist* Billonmünze *f* | **~all** *m* weiße *od* graue Stelle *f* (*bes. im Haar*) | **~aneu** *f* Schneewittchen *n* | **~alló** *m* heller Punkt *m* in der Ferne | **~or** *f* Weiße *f* | *poèt* Reinheit, Unschuld *f* | Rauhreif *m* | **~úria** *f lit* Weiße *f*.
blandar (33) *vi* flammen, lichterloh brennen.
blan|dícia *f lit* Verweichlichung *f* | Schmeichelei *f* | **~eig** *m* Wettermilderung *f* (*bes vor Schneefall*) | Tauwind *m* | **~ejar** (33) *vi* = **ablanir-se** | *s.* mildern (*Wetter*) | tauen (*Schnee*) | **~enc** *adj* e. wenig weich, weichlich | **~esa** *f* Weichheit *f* | *fig* Weichlichkeit *f* | **~et** *m ornit* Fliegenschnäpper *m* | **~or** *f* = **~esa** (*Wetter*) Milde *f*.
blanqu|eig *m* Bleichen *n* | Blanchieren *n* | Gerben *n* | **~ejador(a** *f*) *m* Bleicher(in *f*) *m* | **~ejant** *m* Bleichmittel *n* | **~ejar** (33) *vt* = **emblanquir** | = **emblanquinar** | *a. agr quím tèxt* bleichen | *gastr* blanchieren | (*Häute, Felle*) gerben || *vi* weiß(lich) schimmern, ins Weiße spielen | **~er(a** *f*) *m* Gerber(in *f*) *m* | **~eria** *f* Gerberei *f* | **~et** *m* herbe Weißtraubenart *f* | weiße Schminke *f* | Bleiweiß *n* | Griebenschmalz; -wurst *f* | **~eta** *f ornit* Bachstelze *f* | **~í** (**-ina** *f*) *adj* (*Haar, Fell*) weiß | **~iella** *f bot* (*Art*) Flockenblume *f* («Centaurea solstitialis») | **~inós** (**-osa** *f*) *adj* weißlich.
blas|fem(a *f*) *m* Gotteslästerer *m*, -rin *f* || *adj* gotteslästerlich, blasphemisch | **~femador** *adj u. s/mf* = **blasfem** | **~femar** (33) *vi* fluchen, lästern, blasphemieren || *vt* verfluchen, verhöhnen, blasphemieren | **~fèmia** *f* (Gottes)Lästerung, Blasphemie *f*.
blasm|able *adj* (*m/f*) *lit* tadelnswert, verwerflich | **~ar** (33) *vt lit* tadeln, rügen | **~e** *m lit* Tadel *m*, Rüge *f*.
blas|ó *m* Wappen *n* | Wappenschild *m/n*, Blason *m* | Wappen-kunde *f* | **~onar** (33) *vt* (*Wappen*) blasonieren || *vi fig: ~ d'u/c* s. als etw aufspielen.
blasto|derma *m biol* Blastoderm *n* | **~gènesi** *f* Blastogenese *f*.
blastom|ar (33) *vt/i ant* = **blasfemar** | **~ia** *f* = **blasfèmia**.
blàstula *f biol* Blastula *f*.
blat *m* Weizen *m* | *~ bojal od del mira-*

cle Rauhweizen *m* | ~ *dur* Hart-, Glas-weizen *m* | ~ *polònic* Gommer *m* | ~ *xeixa* od *candial* Saat-, Weichweizen *m* | ~ *de moro, de l'Índia* od *de les Índies* Mais *m* | ~ *negre* Echter Buchweizen *m* | **~demorar** *m* Maisfeld *n* | **~demorera** *f* (abgeerntetes) Maisfeld *n*.
bla|u (blava *f) adj* blau | *ulls* ~*s* blaue Augen *n pl* | ~ *cel* (*clar, marí*) himmel-(hell-, marine-) blau | *fig: sang blava* blaues Blut | *fig fam: deixar alg* ~ j-n verblüffen | *aquesta sí que és blava!* das ist e. dicker Hund! || *s/m* Blau *n* | *fam* blauer Fleck, Bluterguß *m* | Waschblau *n* | ~ *de Prússia* Preußischblau *n* | ~ *d'ultramar* Ultramarin *n* | **~uet** *m* Waschblau *n* | *ornit* Eisvogel *m* | *bot* Kornblume *f* | *folk* Sängerknabe des Klosters Lluc (*Mallorca*) | **~u-grana** *adj inv* blau-rot | **~va** *f bot* Violetter Schleierling *m* | **~vejar** (33) *vi* ins Blaue spielen, blauen | | *vt:* ~ *alg* j-n grün und blau schlagen, j-n durchbleuen | **~venc** *adj* bläulich | **~venca** *f ornit* = **~uet** | **~verol** *m* Bluterguß *m* | **~vet** *m* = **~uet** | **~veta** *f ornit* = **~uet** | Weißsterniges Blaukehlchen *n* | **~vís (-issa)** *f) adj* bläulich | **~vor** *f* Bläue *f* | **~ós (-osa** *f) adj* bläulich.
ble *m* Docht *m* | (Haar)Strähne *f*.
blec *m* Falte, Biegung *f*.
bled|a *f bot gastr* Mangold *m* | *fig* blöde Gans *od* Kuh, Zimperliese *f* || *adj* blöde, zimperlich | **~à (-ana** *f) adj Val* üppig, kraftstrotzend, vollsaftig | **~ania** *f Val* Üppigkeit *f* | **~ar** *m* Mangoldfeld *n* | **~a-rave** *f bot* Zuckerrübe *f* | **~ejar** (33) *vi* blöde *od* zimperlich sein | s. blöd(e) anstellen *od* benehmen | **~era** *f bot* Mangold *m*.
blefaritis *f med* Blepharitis, Lidentzündung *f*.
blega|dís (-issa) *adj* biegbar | **~r** (33) *vt* biegen, krümmen, *a. fig* beugen.
bleir (37) *vt* verbrennen | versengen | **~se** *v/r* anbrennen | s. verbrennen.
bleix *m* Keuchen *n* | Schnaufen *n* | **~ar** (33) *vi* keuchen | schnaufen.
blen|at (-ada *f) adj* strähnig | **~er(a** *f) m* (Lampen)Brenner *m*.
blennorr|àgia *f med* Blennorrhagie *f* | **~ea** *f med* Blennorrhö *f*, Tripper *m*.
blet *m bot* Gänsefuß *m* | *bot* Fuchsschwanz *m*.

blinda|r (33) *vt tecn mil* panzern | *elect* abschirmen | **~tge** *m tecn mil* Panzerung *f* | *elect* Abschirmung *f*.
bloc *m a. arquit geol polít tecn* Block *m* | Klotz *m* | (Schreib)Block *m* | ~ *erràtic* (*geol*) erratischer Block, Findling *m* | ~ *monetari* (*econ*) Währungsblock *m* | ~ *motor* (*aut*) Motorblock *m* | ~ *de dibuix* Zeichenblock *m* | ~ *de pedra* Steinblock, Quader *m* | ~ *de pisos* (*cases*) Wohn-(Häuser-)block *m* | *en* ~ im Ganzen, en bloc | **~ar** (33) *vt* blockieren | (ab)sperren | *econ* (*Kredite, Preise*) stoppen | *esport* (*Spieler, Gegner*) blocken; (*Ball*) stoppen | *ferroc* blocken, sperren | **~ar-se** *v/r tecn* blockieren, stehenbleiben | **~atge** *m* Blockierung *f* | *ferroc a.* Block *m* | *bes mil* Blockade, (Ab)Sperrung, Sperre *f* | ~ *econòmic* Wirtschaftsblockade *f* | ~ *de preus* Preisstop *m* | ~ *cardíac* (Herz)Block *m* | ~ *ganglionar* Ganglienblockade *f* | **~aus** *m mil* Sperrfort *n*.
blonda *f tèxt* Blonde *f*.
bloque|ig *m* = **blocatge** | **~jar** (33) *vt* = **blocar**.
bluf *m* Bluff *m*.
bo[1] (*vorgestellt* **bon**; **bona** *f) adj* (*oft vor dem Substantiv, bes in zahlreichen Fixierungen*) allg gut | gutmütig; lieb, freundlich; einfältig, vertrauensselig | gesund | (*Kind*) brav, artig, lieb | (*von guter Qualität; schmackhaft*) fein | schön, angenehm | tüchtig | wirksam; gültig; geeignet | *s: bé* | *un* ~*n* (*mal*) *viatge* e-e gute (schlechte) Fahrt | *una terra* ~*na* (*dolenta*) *per al blat* e. guter (schlechter) Boden für Weizen | *una collita més* ~*na* (*od millor*) e-e bessere Ernte | *de més* ~*n humor* besserer Laune; besser gelaunt | *ets el més* ~ (*od el millor*) du bist der Beste | *l'ocasió més* ~*na* (*od la millor ocasió*) die beste Gelegenheit | *un poema molt* ~ e. sehr gutes Gedicht | *el vestit* ~ das gute Kleid | *la cara* ~*na* od *el costat* ~ die rechte Seite | *de casa* ~*a* aus gutem Haus(e) | *de* ~*na família* aus guter Familie | *una* ~*na persona* e. guter Mensch | *un* ~*n noi* e. guter Junge | *és molt* ~*n nen* er ist e. sehr braver Junge | *aquest* ~*n home en treu de polleguera* dieser gutmütige Trottel tötet mir den Nerv | *el* ~ *d'en Joan* der gute Hans | *els* ~*ns i els dolents* die Guten u. die Bösen | *els* ~*ns*

i els malalts die Gesunden u. die Kranken | *res de ~* nichts Gutes | *avui dóna* (*od fa*) *~ de prendre el sol* heute tut es gut, s. zu sonnen | *la carn* (*l'entrada*) *ja no és ~na* das Fleisch (die Eintrittskarte) ist nicht mehr gut (gültig) | *la salsa és molt ~na* die Soße schmeckt sehr gut *od fein* | *això és ~ per a llençar* das ist zum Wegwerfen | *avui no sóc ~ per a res* heute tauge ich zu nichts | *ets massa ~* (*amb ella*) du bist zu gut (zu ihr) | *és ~ de saber-ho* es ist gut, das zu wissen | *fóra od seria ~ que hi pensessis* es wäre gut, wenn du daran dächtest | *el ~* (*del cas*) *és que...* das Gute od Schöne dabei ist, daß... | *ja està ~* er ist wieder gesund | *fa ~n temps* es ist schönes (*od* gutes) Wetter | *avui fa ~ es* ist schön heute | *aquesta catàstrofe fa bones les desgràcies anteriors* gegen diese Katastrophe waren die bisherigen Unglücksfälle nicht so schlimm | *em farà de ~ amb el seu marit* sie wird bei ihrem Mann für mich eintreten | *tenen molt de ~ a la cort* (*amb el rei*) sie haben viel Einfluß bei Hofe (beim König) | *això ho té de ~* das muß man ihm lassen || (in Wunsch- u. Grußformeln) *us desitgem un ~n any* wir wünschen euch (*od* Ihnen) e. gutes neues Jahr | *~n Nadal!* frohe Weihnachten! | *estigui ~!* leben Sie wohl! | *estigueu ~ns!* lebt wohl! || (Anrede für Fremde) *fam: ep, vós, ~n home!* hallo, verzeihen Sie! (*zu e-m älteren Mann*) | *digueu-me, ~na gent, ...* sagt mir, ihre guten Leute, ... || (reichlich gerechnet, bemessen; beträchtlich, groß) *fer ~n pes* (*~na mesura*) gut wiegen (messen) | *hem caminat dues hores ben ~nes* wir sind gut (u. gern) zwei Stunden gelaufen | *ha durat una ~na estona* es hat e-e gute Weile gedauert | *un ~n tros de formatge* e. ordentliches Stück Käse | *una ~na pallissa* e-e tüchtige Tracht Prügel | *una ~na picossada* e-e schöne Stange Geld | *~ns maldecaps passareu!* es wird euch (*od* Ihnen) schöne Kopfschmerzen bereiten! || *iròn: sí que ets un ~n amic!* du bist mir ja e. schöner Freund! | (im Femininum in elliptischen Ausdrücken) *aquesta sí que és ~na!* das ist (ja) gut! | *sí que l'hem feta ~na!* da haben wir ja etw Schönes angerichtet! | *avui té la ~na, en Joan* heute hat Hans Glück; heute ist Hans guter Laune | *la Maria en té de ~es* Maria hat witzige Einfälle || *int* (Zustimmung) gut! | (unangenehme Überraschung) auch das noch! || *~ i...* (intensivierend bei *adj od adv*) *l'avi dormia ~ i assegut* Opa schlief im Sitzen | (bei *ger*) *no s'ha de llegir ~ i menjant* beim Essen liest man nicht | *reg* beinahe | *~ i t'he agafat* beinahe hätte ich dich gefangen || *de ~n* (*od ~ de*) + *inf: sóc de ~n acontentar* ich bin sehr zufriedenzustellen | *fa de ~n portar* es ist leicht zu tragen | *fa de ~n llegir* es liest s. leicht | *una feina de ~n fer* e-e leicht zu erledigende Arbeit || *al ~ de* mitten in, auf dem Höhepunkt von | *a la ~na de Déu* aufs Geratewohl, auf gut Glück | *a les ~nes* im guten | *a les ~nes o a les males* wohl oder übel | *si no ho fas a les ~nes, ho faràs a les males* wenn du es nicht im guten tust, dann im bösen | *~ i sa* gesund u. munter | *de ~* (*de ~*): *ara va de ~* jetzt ist es im Ernst gemeint; jetzt gilt es | *s: debò* | *de ~n matí* frühmorgens, früh am Morgen | *de ~n principi* (*od començament, primer*) von Anfang an; anfangs.

bo[2] *m com* Gutschein, Bon *m* | *econ* Schuldverschreibung *f* | *~ns del tresor* Schatzanweisungen *f pl*.

bo|**a** *f zool* Boa *f* | *~à m* (*pl -às*) (Feder-)Boa *f*.

bòbila *f* = **bòvila**.

bobina *f* Spule *f* | *cin a.* Rollfilm *m* | (Papier) Rolle *f* | *~dora f* Spulenwickelmaschine *f* | *~r* (33) *vt* (auf)spulen.

bobó *m infan* Bonbon *n*.

boc[1] *m* (Ziegen)Bock *m* | *~ emissari* (*od expiatori*) Sündenbock *m*.

boc[2] *m* (Bier) Halbe(r *m*, -s *n*) *m/n/f*.

boç *m* Maulkorb *m*.

boca *f* Mund *m* | (Tier u. desp) Maul *n*; Schnauze *f* | *~ de calaix* sehr breiter Mund *m* | *~ de pinyó* sehr kl(r) Mund *m* | *un cavall bla od moll* (*dur*) *de ~* e. weich-(hart-)mäuliges Pferd | *respiració ~ a ~* Mund-zu-Mund-Beatmung *f* | *fer el ~ a ~ a alg* j-n von Mund zu Mund beatmen | *provisions de ~* Mundvorrat, Proviant *m* | *~* (*per*) *avall* bäuchlings, auf dem Bauch (liegend) | *~* (*per*) *amunt* rücklings, auf dem Rücken (liegend) | *amb la ~ oberta* (*a. fig*) mit offenem Mund(e) |

anar (córrer) de ~ en ~ von Mund zu Mund gehen (laufen) | *anar en ~ de tothom* in aller Munde sein | *anarse'n de la ~* s-e Zunge nicht im Zaum halten; plaudern; *umg* s. verplappern | *cloure* (od *tancar, tapar*) *la ~ a alg* (*fig*) j-m den Mund stopfen | *deixar alg amb la paraula a la ~* j-n nicht ausreden lassen; j-m über den Mund fahren | *dir u/c a ~* etw mündlich mitteilen *od* weitergeben | *dir u/c només de ~* etw nur der Form halber sagen | (*és*)*ser una ~ d'infern (d'or, de trons)* e. Lästermaul (ausgezeichneter Redner, Schreihals) sein | *fer ~* den Appetit wecken (*durch Appetithappen, Aperitif*) | *fer venir aigua a la ~* den Mund wäßrig machen | *se'm fa la ~ aigua* mir läuft das Wasser im Munde zus. | *menjar més amb els ulls que amb la ~* das Aussehen mehr als den Geschmack genießen | *menjar a ~ plena* s. den Mund vollstopfen | *obrir primer la ~ que els ulls* hungrig aufwachen | *posar u/c en ~ d'alg* (*fig*) j-m etw in den Mund legen | (*no*) *posar-se u/c a la ~* (*fig*) etw (nicht) in den Mund nehmen | *tenir el cor a la ~* das Herz auf der Zunge haben | *tenir sempre a la ~ alg* od *u/c* (*fig*) j-n od etw dauernd im Mund führen | *no tenir ~ per a parlar* od *respondre* k-e Worte finden | *no tenir prou ~ per a lloar alg* od *u/c* j-n od etw über alle Maßen loben | *encara tinc el menjar a la ~* ich habe den Magen noch voll; ich bin noch satt | *el dinar em torna a la ~* das Mittagessen stößt mir auf | *tractar alg a ~ què vols* (*cor què desitges*) j-m jeden Wunsch von den Augen ablesen; j-n auf Händen tragen | *treure's el menjar de la ~ per alg* (*fig*) s. für j-n etw vom Mund(e) absparn | *m'ho has tret de la ~* (*fig*) du hast mir das Wort aus dem Mund genommen | *no em va venir (la) ~ cap excusa* es fiel mir k-e Entschuldigung ein || *fig* (*Geschmack*) *gust de ~* Geschmack *m* im Mund(e) | *el menjar m'ha deixat bona* (*mala*) *~* das Essen hat mir e-n guten (schlechten) Nachgeschmack hinterlassen | *aquest vi té bona ~* dieser Wein ist süffig || *fig* (*Esser*) *haig de mantenir moltes boques* ich habe viele (hungrige) Münder *od* Mäuler zu stopfen | *una ~ inútil* e. unnützer Esser || *fig* (*Gefäß, Ärmel, Rohr*) Öffnung *f* | (*Glocke,*

Schacht) Mund *m* | (*Werkzeug*) Maul *n* | (*Blasinstrument*) Mundstück *n* | (*Fluß, Feuerwaffe*) Mündung *f* | (*Straße, Fluß*) Einmündung *f* | (*Tunnel*) Ein bzw Aus-fahrt *f* | (*U-Bahn*) Ein- bzw Ausgang *m* | (*Vulkan*) Schlund *m* | *~ del cor* Magengrube *f* | *~ de l'escenari* Bühnenrahmen *m* | *~ de foc* (od *d'artilleria*) Geschütz *n* | *~ d'un forn* Ofenloch *n* | *~ del port* Hafeneinfahrt *f* | *~ de reg*(*atge*) Hydrant *m* | *posar una galleda ~* (*per*) *avall* e-n Eimer umstülpen | *a ~ de canó* (*Schuß*) aus nächster Nähe | *a ~ de nit* (*fosc*) bei Einbruch der Nacht (Dunkelheit) || *bot:* ~ *de conill* (od *de dragó*) = **conillets** | **~ample** *adj* mit breitem Mund bzw Maul | **~badant** *adj* (*m/f*) mit weit aufgesperrtem Mund | *fig* gierig, unersättlich | **~badat** (**-ada** *f*) *adj* mit offenem Mund | *fig a.* verblüfft, *umg* baff | **~da** *f* Mundvoll *m* | Bissen, Happen *m* | *fig: fer bocades* (*d'u/c*) s. (mit etw *dat*) brüsten, s. (e-r Sache) rühmen | **~dents**: *de ~* (*loc adv*) auf dem Bauch (liegend); bäuchlings | **~dur** *adj* (*Reittiere*) hartmäulig | **~estret** *adj* mit schmalen Mund bzw Maul | **~fí** (**-ina** *f*) *adj: una persona bocafina* e. (e-e) Feinschmecker(in *f*) *m* | **~fluix** *adj fig =* **moll** | **~fort** *adj =* **~dur** | **~fresc** *adj* (*Reittiere*) weichmäulig | **~gròs** (**-ossa** *f*) *adj* mit gr(m) Mund bzw Maul | **~m** *m* Geschmack *m* (*von Getränken*) | **~mànega, ~màniga** *f* Ärmelloch *n* | **~moll** *adj* (*Pferd*) = **fresc** | *fig* geschwätzig (*alles ausplaudernd*) | **~na** *f* Brunnen-, Ofen-loch *n* | (*Hafen*) Einfahrt *f* | **~negre** *adj* (*bes Pferd*) schwarz-mäulig od -schnäuzig.

boçar (33) *vt* (*e-m Tier*) e-n Maulkorb anlegen.

boca|rrut (**-uda** *f*) *adj* mit gr(m) Mund bzw Maul | **~-rugat** (**-ada** *f*) *adj* mit hängenden od schlaffen Lippen | **~ssa** *f* gr(r) Mund *m* bzw gr(s) Maul *n* | schlechter Geschmack *m* im Mund | **~terrós** (**-osa** *f*) *adj: de bocaterrosa* (*loc adv*) auf dem Bauch (liegend); bäuchlings | **~tge** *f* (*Brunnen*) Loch *n* | **~tort** *adj* schiefmäulig.

bocell *m arquit* (Säulen)Wulst *f od* Torus *m* | *tecn* Kehlhobel *m* | **~es** *f pl* (*Juwelier*) Spatelpinzette *f*.

boc|í *m* Bissen *m*, Stück *n* | Happen *m* |

Stück *n*, Fetzen, Brocken *m* | Stück *n* Weg | ~ *de mal empassar* od *de mal pair* (*fig*) heikle od unangenehme Frage *f* | *li agraden els bons bocins* er ist ein Feinschmecker | **~inada** *f* Mundvoll *m* | *menjar en quatre bocinades u/c* etw hastig (auf)essen, hinunterschlingen, *umg* verputzen | **~inalla** *f* Überbleibsel *n*, Rest *m* | **~inejar** (33) *vt* zerstückeln.
bocoi *m* Weinfaß *m* (*von etw 600 l*).
boc|ons: *a* ~ (*loc adv*) auf dem Bauch (liegend); bäuchlings | **~ut (-uda** *f*) *adj* = **bocarrut**.
boda *f* Hochzeit *f* | *mst pl* Hochzeitsfest *n* | *bodes d'argent* od *de plata* (*d'or, de diamant*) silberne (goldene, diamantene) Hochzeit *f* | *fig*: *a bodes em convides!* das lasse ich mir nicht zweimal sagen!; und ob!
bodega *f nàut* Fracht-, Lade-raum *m*.
bodris *m bot* (*Art*) Gänsefuß *m*.
bòer *m/f* Bure *m*, Burin *f* || *adj* (*m/f*) burisch.
boet *m* Spundhobel *m*.
bòfega *f* Blase *f*.
bofegar-se (33) *v/r* Blasen ziehen od werfen.
bòfia *f* Blase *f* | *fig fam* Blunkerei, Lüge *f*, Schwindel *m* | *pop* (*Polizei*) Polente *f*, Bullen *m pl* || *s/m pop* Bulle *m*.
boga[1] *f bot* Rohrkolben *m* | *cadira de* ~ Rohr-, Korb-stuhl *m*.
boga[2] *f ict* Gelbstriemen *m*.
boga[3] *f oc* Grenze, Grenz-marke, -linie *f*.
bogar (33) *vt oc* düngen.
boge|jar (33) *vi* Unfug treiben od reden | herumalbern | *umg* verrückt spielen | **~ria** *f a. fig* Verrücktheit *f*, Wahn-, Irr-sinn *m* | verrückter Einfall *m* | *ant* Irrenhaus *n* | *tenir una* ~ *pel futbol* Fußballfan sein | *tenir una* ~ *per les criatures* e. Kindernarr sein | *ha fet la* ~ *de casar-se amb aquest xarlatà* sie war so verrückt, diesen Scharlatan zu heiraten | *no diguis bogeries!* red keinen Unsinn! | *quina* ~*!* so e. Wahn-, Irr-sinn!, so etw Verrücktes!
boh|emi (-èmia *f*) *adj* böhmisch | *fig* Boheme... | *vida bohèmia* Bohemeleben *n* || *s/mf* Böhme *m*, Böhmin *f* | *arc a.* Tscheche *m*, Tschechin *f* | *hist* = **~emia** | *fig* Bohemien(ne *f*) *m* | **~èmia** *f* Böhmen *n* | **~emià (-ana** *f*) *m hist* Zigeuner(in *f*) *m*.
boia *f nàut* Boje *f*.
boïc *m agr* (Reisig)Meiler *m* (*zum Düngen*).

boicot *m* Boycott *m* | **~ar** (33) *vt* = **~ejar** | **~ejar** (33) *vt* boykottieren.
boig (boja *f*) *adj a. fig* verrückt, wahnsinnig, irr(e) | *sort boja* wahnsinniges Glück | *entusiasme* ~ rasende Begeisterung | *estar* ~ *d'alegria* außer sich vor Freude sein | *estar* ~ *per alg* od *u/c* (ganz) verrückt nach j-m od auf etw sein; wild auf j-n od etw sein | *fer el* ~ verrückt spielen | *fer tornar* ~ *alg* j-n verrückt machen | *tornar-se* ~ verrückt werden | *n'hi ha per tornar-s'hi* ~ es ist zum Verrücktwerden | *de* ~ überstürzt, Hals über Kopf || *s/mf* Verrückte(r *m*), Wahnsinnige(r *m*), Irre(r *m*) *m/f* | *com un* ~ wie verrückt, wie e. Verrückter | *tenir una arrel de* ~ nicht recht bei Trost sein.
boïga *f agr* Rodung *f* (*mit «boïcs» gerodetes u. gedüngtes Stück Land*); Brandloch *n*.
boina *f* Baskenmütze *f*.
boir|a *f* Nebel *m* | Dunst *m* | ~ *baixa* od *terrera* Bodennebel *m* | ~ *encelada* Hochnebel *m* | ~ *pixanera* Nieselregen *m* | *hi ha* ~ od *fa* ~ es ist neblig | *fig: anar a escampar la* ~ frische Luft schnappen gehen | **~ada** *f* Nebelfeld *n* | **~ar-se** (33) *v/r* wegen des Nebels eingehen (*Pflanzen*) | *s: emboirar(-se)* | **~assa** *f* dichter od dicker Nebel *m*, *umg* Waschküche *f* | **~at** *m* Bewölkung *f* | **~ina** *f* leichter Nebel *m* | **~ós (-osa** *f*) *adj* neb(e)lig, dunstig, diesig | *fig* wirr, unklar.
boix *m bot* gemeiner Buchsbaum *m* | *gràf* Holzschnitt *m* | (*Mörser*) Stößel *m* | ~ *baleàric* Balearen-Buchsbaum *m* | ~ *de Núria* Rostblättrige Alpenrose *f* | ~ *grèvol* Gemeine Stechpalme | ~ *marí* Mäusedorn *m* | **~a** *f* Stopfen, Spund *m* | (*Rad*) Lünse *f*, Achsnagel | **~ac** *m bot* (*Acker*)Ringelblume *f* | ~ *de jardí* Gartenringelblume, Gemeine Ringelblume *f* | **~ar**[1] *m* = **~eda** | **~ar**[2] (33) *vt* zustopfen, mit e-m Spund verschließen | **~ar-se** *v/r bot* frühzeitig welken | **~eda** *f* Buchsbaumgebüsch *n* | **~erica** *f bot* = **gavet** | **~erola** *f bot* Immergrüne Bärentraube *f* | **~et** *m* (*Spitzen*) Klöppel *m* | *fig*: (*és*)*ser* od *semblar un* ~ spindeldürr sein | **~imà (-ana** *f*) *adj* buschmännisch, Buschmann... || *s/m* Buschmann *m* | Buschmannsprache(n) *f* (*pl*).

boj|ament *adv* (wie) verrückt | wahnsinnig | *estar* ~ *enamorat* wahnsinnig od bis über beide Ohren verliebt sein | **~or** *f* = **bogeria, follia**.
bol¹ *m* Napf *m*, (tiefe) Schale *f* (*a. Inhalt*).
bol² *m min med* Bolus *m*.
bol³ *m* Fischzug *m* | Fang *m*.
bola *f* (*Billard, Kegeln usw; a. tecn*) Kugel *f* | Murmel *f* | Giftbrocken *m* (*für streunende Tiere*) | *fig fam* Flunkerei, Lüge *f*, Schwindel *m* | *la ~ del món* die Erdkugel *f* | *una ~ de neu* e. Schneeball *m* | *~ de senyals* (*nàut*) Signalball *m* | *dir boles* (*fam*) flunkern, lügen, schwindeln | *donar la ~ a alg* (*fig fam*) j-m e-e Abfuhr erteilen; j-m den Laufpaß geben | *fer ~* (*Karten*) alle Stiche machen | *tenir ~ a alg* (*fam*) j-n gefressen haben | **~da** *f* (*Kegelspiel*) Schub *m* | (*Billard*) Stoß *m*.
bolca|da Umkippen, Umwerfen *n* | Babywäsche *f* | *~ de néixer* Erstlingswäsche, erste Babywäsche *f* | **~dor** *m* Suhle *f* | **~ll** *m* = **bolquer** | **~r** (33) *vt* umkippen, umwerfen | (*Gefäß*) umstülpen | (*Säugling*) wickeln || *vi* (um)kippen | s. überschlagen | *el cotxe va ~ en un revolt* der Wagen überschlug s. in e-r Kurve | **~r-se** *v/r* (um)kippen | s. überschlagen | = **rebolcar-se**.
bolei *m* Flugschlag *m* | **~a** *f* heftiger Schlag *m* mit der Hand | *esport* = **volea** | **~ar** (33) *vt* hochwerfen | abwerfen (*Pferd*).
bolero *m* (*Tanz*) Bolero *m*.
bolet *m bot gastr* Pilz *m* | *fig fam* Stöpsel, Dreikäsehoch *m* | Ohrfeige *f* | Bowler *m*, *umg* Melone *f* | *~ de femer* Tintling *m* | *~ de ginesta* Schildrötling *m* | *~ de greix* Speise-, Frühjahrs-lorchel *m* | *~ de noguer* Schuppenzähling *m* | *~ de pi* Büscheliger Träuschling *m* | *~ de tinta* Schlopftintling *m* | *~ verinós* Giftpilz *m* | *anar a buscar* od *cercar* (reg a. *caçar*) *~s* Pilze suchen od sammeln gehen, *umg* in die Pilze gehen | *et daré od clavaré un ~* (*fam*) ich werde dir e-e (he)runterhauen od langen | *estar tocat del ~* (*fam*) e-n Dachschaden haben, übergeschnappt sein | **~ada** *f*: *fer una ~* e. Pilzessen veranstalten | **~aire** *m/f* Pilzsammler(in *f*) *m* | **~era** *f* Pilzstelle *f*.
bolic *m* Ballen *m*, Bündel *n* | Büschel *n*.
bòlid *m astr* Bolid *m* | *esport* Bolid(e) *m*.

bolig¹ *m* (*Boccia*) Pallino *m*, Zielkugel *f*.
bolig² *m* = **artet**.
bolígraf *m* Kugelschreiber, *umg* Kuli *m*.
bolina *f nàut* Bulin(e) *f* | *anar* od *navegar de ~* bei Quer- od Gegen-wind segeln.
bòlit *m* Tala- od Klipper-spiel *n* | *fig: anar de ~* (s.) hetzen, in Hetze sein; nicht wissen, wo e-m der Kopf steht.
Bol|ívia *f* Bolivien *n* | **~ivià** (-**ana**) *f*) *adj* bolivianisch || *s/mf* Bolivianer(in *f*) *m*.
boll *m* Kornhülse *f* | Spreu *n* | **~a** *f Bal* = **bola** | *com hist* Bulle *f*, Metallsiegel *n* | *ant* = **butlla** | **~abessa** *f gastr* Bouillabaisse *f* | **~ar**¹ (33) *vt hist* versiegeln | **~ar**² (33) *vt* (*Metall*) treiben | **~ar**³ (33) *vi* Blasen werfen (*Fischschwarm*) | **~at** *m* Treibarbeit *f* | (*Stoff*) Beutel *m* | **~eta** *f* = **butlleta** | **~etí** *m* = **butlletí** | **~ó** *m* Ziernagel *m*.
boló *m* = **bonó**.
bolòmetre *m fís* Bolometer *n*.
bolque|r *m* Windel *f* | *criatura de ~s* Wickelkind *n*, Säugling *m* | **~t** *m* Schubkarren *m* | (*Transport*) Kipper *m*; Kipp-lore *f*, -wagen *m*.
bolxevi|c *adj* bolsche-wistisch, -wikisch | *s/mf* Bolschewik, Bolschewist(in *f*) *m* | **~sme** *m* Bolschewismus *m*.
bomb|a¹ *f a. fig* Bombe *f* | Luftballon *m* | Lampion *m* | *~ atòmica* (*nuclear*) Atom-(Kern-)bombe *f* | *~ d'hidrogen* H-Bombe, Wasserstoffbombe *f* | *~ de mà* Handgranate *f* | *~ de profunditat* (*de rellotgeria*) Wasser-(Zeit-)bombe *f* | *~ incendiària* (*lacrimògena*) Brand-(Tränengas-)bombe *f* | *caure com una ~* wie e-e Bombe einschlagen | *a prova de ~* bombenfest | **~a**² *f* Pumpe *f* | *~ aspirant* (*impel·lent*) Saug-(Druck-)pumpe *f* | *~ d'incendis* Feuerspritze *f* | *~ d'inflar* (*d'oxigen*) Luft-(Sauerstoff-)pumpe *f* | **~ada** *f* Pumpenhub *m* | **~ar**¹ (33) *vt* wölben | *fig fam: ~ alg* j-n durchfallen lassen | *que et bombin!* scher dich zum Kuckuck od zum Teufel! | **~ar**² (33) *vt* pumpen | **~arda** *f mil* **~ardeig** *m* Bombardement *n*, -dierung *f* | Bombenangriff *m* | **~ardejar** (33) *vt a. fig* bombardieren | **~arder** *m mil* Bombenflugzeug *n*, *umg* Bomber *m* | **~ardó** *m mús* Bombardon *n*, Baßtuba *f* | **~ar-se** (33) *v/r* s. wölben | *fig* s. aufblasen | **~at** (-**ada**) *f*) *adj* gewölbt | *fig*

aufgeblasen | ~**atxos** *m pl* Pluder-, Pump-hose *f* | **~ejar**[1] (33) *vt* = **bombardejar** | **~ejar**[2] (33) *vt* übermäßig loben, rühmen, in den Himmel heben | **~er** *m* Feuerwehrmann *m* || *pl: els ~s* die Feuerwehr *f* | **~eta** *f* (Glüh)Birne *f*.
bòmbix *m entom* Seiden-spinner *m*, -raupe *f*.
bombo *m mús tecn* Trommel *f* | *mús a.* (Kessel)Pauke *f* | (*Lotterie*) Lostrommel *f* | *fig* übertriebene Reklame *f*; übertriebenes Lob *n* | *anunciar u/c a so de ~ i plalerets* etw groß herausbringen, mit Pauken und Trompeten ankündigen.
bombó *m* Praline *f*.
bomboll|a *f* (Wasser-, Luft-)Blase *f* | **~ar** (33) *vi* Blasen werfen, sprudeln | **~eig** *m* Sprudeln, Brodeln *n*.
bombona *f* Glasballon *m* | *~ de gas* Gasflasche *f*.
bombonera *f* Pralinenschachtel, Bonbonniere *f*.
bon *adj m s: bo*[1] | **~ament** *adv* einfach | gut u. gern | **~ança** *f* Windstille *f* | heiteres, ruhiges Wetter *n* | **~ancenc** *adj* (*Wind*) sanft | (*Meer*) ruhig | (*Wetter*) heiter, mild | **~às** (**-assa**) *adj* herzensgut, (zu) gütig | **~astre** *m* gutmütiger Mann *m* | **~aventura** *f* Wahrsagen *n* | *dir la ~ a alg* j-m (aus der Hand) wahrsagen.
bonda[1] *f* Spund(zapfen), Zapfen *m*.
bonda[2] *f* Bal = **~t** | **~dós** (**-osa**) *adj* gütig, gutherzig | **~t** *f* Güte *f* | Großmut *m*, Gutherzigkeit *f* | *fer ~ s.* (anständig) benehmen; brav *od* artig sein (*Kind*) | *vol tenir la ~ de repetir-ho?* sind Sie (*od* seien Sie) bitte so freundlich (*od* seien Sie bitte so gut), es zu wiederholen!
boneg|ada *f* Tadel *m* | **~ar** (33) *vt Val* tadeln | **~ó** *m* = **bonegada**.
bonesa *f* Güte *f*.
bonet *m* Barret *n* | *ecl* Birett *n* | *bot* Pfaffenhütchen *n* | *~s blaus* Gemeine Akelei *f* | *zool* Netzmagen *m*.
bongo *m mús* Bongo(trommel *f*) *n*.
bonhomi|a *f* Gutmütigkeit, Bonhomie *f* | **~ós** (**-osa**) *adj* gutmütig.
bonic *adj* hübsch | schön | anmutig, reizend | *una noia molt ~a* e. sehr hübsches Mädchen *n* | *això fa ~* das sieht hübsch aus || *s/m pl* Juwelen *n pl*, Schmuck *m* | *bes* Brautschmuck *m*.
bonidor *adj* summend.

bonifaci (**-àcia** *f*) *adj* = **bonàs**.
bonifica|ció *f com econ* (zusätzliche) Vergütung; Gutschrift *f*; Bonus *m*; Bonifikation *f* | *agr* Bodenverbesserung, Melioration *f* | **~r** (33) *vt com econ* vergüten; gutschreiben; bonifizieren | *agr* verbessern, meliorieren | *s: abonar, femar* | **~r-se** *v/r s.* verbessern | *el comerç es bonificarà amb aquestes inversions* diese Investitionen werden dem Handel zugute kommen.
bonior *f* Summen *n* | Gemurmel, Raunen, Geraune *n*.
boniquesa *f* Hübschheit *f* | Schönheit *f* | Annut *f*, Reiz *m*.
bonir (37) *vi* summen | murmeln, raunen | murren.
bonítol *m ict* Bonito *m*, Pelamide *f*.
bonó *m* Spundloch *n* | Abfluß *m* | Spund(zapfen), Zapfen *m* | Stöpsel *m*.
bony *m* Beule *f* | **~egut** (**-uda** *f*) *adj* ver-, zer-beult | **~iga** *f* Kuhfladen *m*.
bonze *m* (*Buddhismus*) Bonze *m*.
boque|jar (33) *vi* den Mund öffnen u. schließen | blasen, pusten | beuteln (*Kleid*) | zu weit sein (*Schuhe*) | **~res** *f pl med fam* Faulecken *f pl*.
boqui|na *f* Ziegenbock(s)fell *n* | **~r** (37) *vt zool* decken (*der Bock die Ziege*).
bor *m quím* Bor *n* | **~acita** *f min* Borazit *m* | **~at** *m quím* Borat *n*.
bòrax *m quím* Borax *m*.
Borbó *m hist* Bourbon *n* | *els ~* die Bourbonen *m pl*.
borboll *m* Sprudeln, Aufwallen *n* | *fig* Wirbel, Trubel *m*; Tumult, Wirrwarr *m*; Rauferei *f*, Streit *m* | *a ~s* (*loc adv*) sprudelnd; *fig a.* stoßweise; hastig | *cercar ~s* (*fig*) Streit suchen | **~ades**: *a ~* (*loc adv*) = **a borbolls** | **~aire** *adj* (*m/f*) lärmend, tobend | **~ar** (33) *vi* sprudeln, Blasen werfen || *vt* haspeln, heraussprudeln, hastig sprechen | **~eig** *m* Aufsprudeln, Aufwallen *n* | **~ejant** *adj* (*m/f*) sprudelnd, aufwallend, brausend | **~ejar** (33) *vi* = **~ar** | **~ons**: *a ~* (*loc adv*) = **a borbolls**.
borbònic *adj* bourbonisch.
borborigme *m med* Darm-geräusch *n*, -kollern *n*.
bord[1] *m nàut* Bord *m* | *a ~* an Bord | *de ~* Bord... | *constr* Stahlbalken *m* (*e-s Balkons*).
bord[2] *adj* un-, außer-ehelich; *hist* Bastard... | (*Kind*) *a.* ausgesetzt | *bot* unecht; wild; (*Baum*) *a.* ungepfropft |

borda

fig falsch; (*Mensch*) *a.* niederträchtig || *s/mf* uneheliche(r Sohn *m*) Tochter *f* | *hist* Bastard *m* (*a. Schimpfwort*) *desp* Bankert *m* | Findelkind *n*.

borda[1] *f agr* Schuppen *m*; Vorwerk *n* | (*Pyrenäen*) (*Art*) Sennhütte; Sommerscheune *f*.

borda[2] *f nàut* Reling *f*; Bord *m* | *tirar per la ~* (*a. fig*) über Bord werfen | **~da**[1] *f nàut* Gang, Schlag *m* | *nàut mil* Breitseite *f* | *donar bordades* lavieren.

bordad|a[2] *f* Bellen *n* | **~issa** *f* Gebell *n* | **~or** *adj* bellend | bellfreudig.

bordall *m bot* Trieb, Schößling *m* (*e-s Obstbaumes*).

bordar (33) *vi* bellen, anschlagen.

bordatge *m* = **borda**[2].

bordegàs *m ant* = **bord**[2] | Bursche, Bengel *m* | *desp* Flegel, Lausejunge *m*.

bordejar[1] (33) *vi nàut* lavieren.

bord|ejar[2] (33) *vi* verwildern, entarten | s. niederträchtig benehmen | **~ell** *m* Bordell, Freudenhaus *n* | **~eller** *adj* Bordell... | *home ~* Bordellkunde *m* | *mossa ~a* Freudenmädchen *n* | **~enc** *adj bot* unergiebig | verwildert | **~eria** *f* Findelhaus *n* | **~erís** *m bot* wilder Trieb *od* Schößling *m* | **~et(a)** *f) m* Findelkind *n* | **~iol** *m bot* Lorbeerblättrige Zistrose *f* | **~ís** *m bot* wilder (*bes* Oliven)Baum *m* | = **~erís** | **~issalla** *f* Gesindel, Lumpenpack *n* | **~issenc** *adj* entartet, verwildert | **~isser** *adj* = **bord**[2], bastard.

bordó[1] *m* Pilgerstab *m* | Prozessionsstab *m* | *hist* Stoßlanze *f* || *pl astr* Jakobsstab *m*.

bordó[2] *m gràf* Textauslassung *f*.

bordó[3] *m tecn* Wulst, Rand *m*.

bordó[4] *m mús* Baßsaite *f* | (*Orgel*) Baßregister *n* | *hist* Brummbaß *m* (*e-r Harmonie*).

boreal *adj* (*m/f*) boreal, nördlich, Nord... | *aurora ~* Nordlicht *n*.

bòrees *m* (*a.* bòreas) *poèt* Boreas *m*.

Borgony|a *f* Burgund *n* | **~a** *m* Burgunder(wein) *m* | **~ó** (**-ona** *f*) *adj* burgundisch || *s/mf* Burgunder(in *f*) *m* || *s/m* Burgundisch, das Burgundische *n*.

bòria *f agr* (Wein)Parzelle *f* (*in Hanglage*) | = **raval**.

bòric *adj quím* Bor... | *àcid ~* Borsäure *f* | *aigua ~a* Borwasser *n*.

borina[1] *f nàut* = **bolina**.

borin|a[2] *f* Radau, Krawall *m* | *moure ~* Radau machen, Krawall schlagen |

~or *f* Donnergrollen *n* | **~ot** *m entom* Hummel *f* | *fig fam* Nervensäge *f*, Quälgeist; Naseweis; Schnüffler *m* | **~otejar** (33) *vi* herumschwirren | brummen, summen | *fig fam* herumschnüffeln.

borja *f* (Winzer)Hütte *f*.

borl|a *f* Quaste, Troddel *f* | **~ar** (33) *vt* mit Quasten *od* Troddeln verzieren | **~í** *m* Quästchen *n*.

borm *m* Rotz(krankheit *f*) *m* | Qualle *f*.

born *m hist* Turnier *n*; Turnierplatz *m* | = **~ada** | *elect tecn* Klemme *f* | **~ada** *f* Rundgang *m* | kl(r) Spaziergang *m* | **~ador** *hist* Turnierreiter *m* | *tecn* Spundbohrer *m* | **~ar** (33) *vt hist* turnieren | *fig* unruhig sein = **brivar** | *nàut* schwoien, schwojen, s. vor Anker drehen | **~ejar** (33) *vi nàut* = **~ar**.

borni (**bòrnia** *f*) *adj* einäugig.

bornita *f min* Buntkupferkies *m*.

born|oi *m* (*Fischerei*) Korkschwimmer *m* | **~oiera** *f* Korkleine *f* | **~ós** (**-osa** *f*) *adj* (*Kork*) mißgebildet.

boroglicerina *f med* Borsalbe *f*.

borra *f tèxt* Flocke *f*, Flaum *m*, Fussel *f/m* | *bot* Behaarung *f* | *oc* Moos *n* | **~dura** *f* Hautausschlag *m*.

borraina *f* = **borratja**.

borraix *m* = **bòrax**.

borrall *m* = **~ó** | *fig* Schimmer *m*, Spur *f*, Hauch *m* | *no entendre-hi* (*od no saber-ne*) *un ~* k-e blasse (*od* nicht die geringste) Ahnung (*od* k-n blassen Schimmer) von etw haben | **~ó** *m* Fussel *f* | Schneeflocke *f* | **~ut** (**-uda** *f*) *adj* fusselig.

borràs *m* (*pl* -assos) Werg *n* | Werggewebe *n* | *fig: van a* (*od de*) *mal ~* es geht bergab mit ihnen.

borras|ca *f a. fig* Sturm *m* | Unwetter *n* | *~ de neu* Schneesturm *m* | **~cada** *f* Unwetter *n* | Graupelwetter *n* | **~call** *m* leichter Schneefall *m* | **~cós** (**-osa** *f*) *adj* stürmisch | *fig a.* wechselvoll, bewegt | **~quejar** (33) *vi: borrasqueja* es stürmt | **~quer** *adj: vent ~* stürmischer Wind | *fig* (*Person*) rauflustig, streitbar.

borrassa *f agr* Hanf- *od* Jute-matte *f* | *mús* Dudelsack *m*.

borratja *f bot* Gurkenkraut *n*, Borretsch *m* | *~ borda* Natternkopf *m*.

borratx|a *f reg* Lederflasche, Kürbisflasche *f* (*für Wein*) | **~ada** *f fam* Unmenge *f* | Schnapsidee, Torheit *f* |

~era *f fam* Betrunkenheit *f, pop* Suff *m* | *a. fig* Rausch *m*, Trunkenheit *f* | **~o** *adj fam* betrunken, *pop* besoffen | *a. fig* berauscht, trunken || *s/mf* Betrunkene(r), *pop* Besoffene(r) *m/f* | *p ext* Trinker(in *f*), *pop* Säufer(in *f*) *m*, Saufbold *m* || *s/m gastr* (*flambierter*) Rumkuchen *m* | *ict* = **lluerna**.

borre|c *m*, **~ga** *f* (*ein- bis zweijähriges*) Lamm *n* | *fam* Schafskopf *m* || *s/f* **mús** Dudelsack *m* | **~gada** *f* Lämmerherde *f* | **~go** *m fam* = **borrec** | *gastr* (*kleiner gekümmelter*) Zwieback *m* | **~guer** *m* Schafhirt *m*.

borr|er *adj bot* mit nur männlichen Blüten | *fig* unfruchtbar | **~im** *m* = **~issol** | Nieselregen *m* | **~imejar** (33) *vi* nieseln | **~issó**, **~issol** *m* Flusen, Fusseln, Flocken *f pl* | (*Bart, ornit*) Flaum *m* | (*Obst*) samtige Schale *f* | Rasen *m* | *bot* Ackergauchteil *m* | **~ó** *m bot* Trieb *m*, Knospe *f* | (*Bart, ornit*) Flaum *m* | (*Staub*)Fusseln *f pl*.

borromb|a *f* Kuhglocke, Viehglocke *f* | *fig:* dur la **~** Klassenletzte(r) sein | **~ori** *m* gr(r) Lärm, Radau, Spektakel, Tumult *m*.

borrona|da *f bot* Treiben *n* | **~dura** *f* = **borradura** | **~r** (33) *vi bot* treiben, ausschlagen.

borrós (**-osa** *f*) *adj* fusselig, fußlig | *fig* unklar, verschwommen.

borru|fa *f* Schneetreiben *n* | **~fada** *f* Schnee-gestöber *n*, -sturm *m* | **~f(ej)ar** (33) *vi:* ahir va **~** gestern war Schnee-gestöber *od* -treiben.

borrut (**-uda** *f*) *adj* fusselig.

borsa *f* Börse *f* | **~** d'estudi Stipendium *n* | **~** de treball Arbeitsvermittlung *f;* Arbeitsamt *n* | **~** de valors Effekten-, Wertpapier-börse *f* | jugar a la **~** an der Börse spekulieren | **~ri** (**-ària** *f*) *adj* Börsen...

borseguí *m* geschnürter Halbstiefel *m*.

bors|í *m econ* Nebenbörse *f* | **~ista** *m/f econ* Börsenmakler(in *f*), -spekulant(in *f*), *umg* Börsianer(in *f*) *m*.

bosc *m* Wald *m* | Gehölz *n* | Forst *m* | **~** baix Unterholz *n* | **~** de pins Pinienwald; Kiefernwald *m* | conill de **~** Wildkaninchen *n* | **~à** (**-ana** *f*) *adj* Wald..., Wild... | **~aler** *m ornit* Seidensänger *m* | **~am** *m* = **~atge** | **~ana** *f Bal* Hochwald *m* | *bot* Buschwindröschen *n* | **~any** *m* Boskett, Parkwäldchen *n* | **~ar** (33) *vt* = **esboscassar** | **~arla** *f ornit* Schilfrohr-

sänger *m* | **~at** (**-ada** *f*) *adj* bewaldet, waldbedeckt | **~ater** *m* Holz-fäller, -hacker *m* | **~atge** *m lit* Wald *m* | schattiges Gehölz *n* | **~ós** (**-osa** *f*) *adj* waldig, Wald... | **~úria** *f lit* dichter Wald *m*, Dickicht *n*.

Bòsfor *m: el* **~** der Bosporus *m*.

Bòsnia *f* Bosnien *n*.

bosnià (**-ana**) *adj* bosnisch || *s/mf* Bosnier(in *f*), Bosniak(in *f*) *m*.

bosqu|er *m* = **boscater** | **~eró** *m* Wäldchen *n* | **~erol** *adj* = **boscà** | **~et** *m* Wäldchen *n* | Gehölz *n* | **~eta** *f ornit* (*Arten*) Grasmücke *f*; Laubsänger *m* | **~età** (**-ana** *f*) *adj* = **boscà** | **~í** (**-ina** *f*) *adj* Wald... || *s/f* Gebüsch, Buschwerk *n*.

bossa *f* Geld-beutel *m*, -börse *f* | Tasche *f* | *a. zool* Beutel *m* | Tüte *f* | Bausch *m*, Wölbung *f* | (*Kleid*) Sackfalte *f* | *fig fam* Geld, Vermögen *n* | aeron: **~** d'aire Luftloch *n* | anat: **~** de les aigües Fruchtblase *f* | bot: **~** de pastor Hirtentäschelkraut *m* | bosses vermelles Blasenkirsche, Lampionpflanze *f* | **~** de mà Handtasche *f* | **~** de malla Netz *n* | **~** de paper (Papier)Tüte *f* | **~** de plàstic Plastik-beutel *m*, -tragetasche *f* | **~** de viatge Reisetasche *f* | *fam: afluixar* (*od gratar-se*) *la* **~** Geld rausrücken | consultar amb la **~** nachsehen, wieviel Geld man ausgeben kann; Kassensturz machen | *fer* **~** sparen; Geld auf die hohe Kante legen | fer bosses Falten werfen; beuteln (*Kleidung*) | *la* **~** *o la vida!* Geld her oder das Leben! | tenir els cordons de la **~** über das Geld verfügen | **~nya** *f* Beule *f*, Buckel *m* | **~t** *m* Tragnetz *n* (*unter e-m Leiterwagen*).

bossell *m* (*Flaschenzug*) Rolle, Flasche *f*.

boss|er *m* Täschner *m* | *hist* Säckelmeister *m* | **~ic** *m* (Taschen)Fach *m* | **~oga** *f* Beule *f*, Buckel *m* | (*Baum*) Knoten *m* | **~ot** *m* Tornister, Ranzen *m* | **~ut** (**-uda** *f*) *adj* bauschig, gebauscht.

bot[1] *m* (Wein)Schlauch *m* | *mús:* **~** (*dels gemecs*) Dudelsack *m* | *fer molt* (*poc*) **~** viel (wenig) herausragen, s. abheben | fa més **~** la càrrega que el vehicle die Ladung ist größer (umfangreicher) als das Fahrzeug selbst | *fig: fer el* **~** dem Weinen nahe sein; bokkig sein (*Kind*); schmollen | plou a **~** i barrals es gießt in Strömen; es schüttet | rebentar el **~** herausplatzen | tenir el **~** ple die Nase voll haben.

bot² *m* Satz, Sprung *m* | (*Ball*) Aufspringen *n*; Aufprall *m* | *anar a la plaça en un* (od *d'un*) ~ auf e-n Sprung auf den Markt gehen | *fer un* ~ hoch-, aufspringen; *a. fig* hoch-, auf-fahren; *fig* aufschrecken; (*vor Freude*) e-n Luftsprung machen | *agafar la pilota al primer* ~ den Ball beim ersten Aufprall fangen | *quants* ~*s ha fet la pilota?* wie oft ist der Ball aufgesprungen? | *baixar l'escala fent* ~*s* die Treppe herunterspringen | *fer u/c a* ~*s i empentes* etw holterdiepolter erledigen; etw überstürzen.

bot³ *m nàut* Boot *n* | ~ *pneumàtic* Schlauchboot *n* | ~ *salvavides* Rettungsboot *n*.

bot⁴ *m ict* Mond-, Kump-fisch *m*.

bota *f* Stiefel *m* | Ärmelaufschlag *m* | *botes de muntar* Reitstiefel *m pl*.

bóta *f* Faß *n* | *p ext* (Wein)Lederflasche *f* | *vi de la* ~ *del racó* Wein vom Besten | *fig: semblar una* ~ (*de set càrregues*) aus allen Nähten platzen.

bota|da *f* Faß *n* (*Inhalt*) | (*Böttcherei*) Holz *n* zum Herstellen von Fässern | *fusta de* ~ Kastanien-, Eichen-holz *n* (*für Faßdauben*) | ~**fió** *m nàut* Reff *n* | ~**foc** *m mil hist* Zünd-, Luntenstoff *m* | ~**fora** *f nàut* Besanmast *m* | Heckfiere *f* | ~**ll** *m* (Dessertwein)Faß *n* (60,8 l od 30,4 l) (*Köhler*) Tragfaß *n* | ~**ló** *m nàut* Fockmast *m* | ~**m** *m col* Wasserfässer *n pl* an Bord | Faßbestand *m*, Fässer *n pl* | ~**na** *f* (Spund)Zapfen, Zapfen *m* | (*Lederflasche*) Kappe *f*.

botànic *adj* botanisch ‖ *s/mf* Botaniker(in *f*) *m* ‖ *s/f* Botanik *f*.

bot|ar¹ (33) *vi* = **botre** | *vt* überspringen | ~ *foc* (*oc*) Feuer legen | *s: calar* | ~**ar²** (33) *vi* schmollen, bockig sein | ~**avant** *m nàut* Bootshaken *m* | *enviar alg al* ~ j-n abblitzen lassen | ~**avara** *f nàut* Giekbaum *m* | ~**edor¹** *m* (*Vogelkäfig*) (Sitz)Stange *f* | Aufprall-stelle, -fläche *f* | ~**edor²** *adj* Hüpf... ‖ *s/m* (*Grashüpfer*) Sprungbein *n* | ~**ejar** (33) *vi* hüpfen.

botell *m agr* Trinkfäßchen *n* | ~**a** *f* Lederflasche *f* | = **botell** | = **ampolla** | *mús* Dudelsack *m* | ~**er** *m hist* Kellermeister *m*.

boter *m* Böttcher *m*.

boter|a *f* Schlupfloch, Katzenloch *n* | Abflußloch *n* | ~**at** *m agr* (Bewässerungs) Zufluß *m* | ~**ell** *m arquit* Strebepfeiler *m* ‖ *adj: arc* ~ = **arcbotant**.

boteria *f* Böttcherei *f* | *col* Fässer *n pl* (*e-s Weinkellers*).

boterut (-**uda** *f*) *adj* rundlich, füllig | klein u. dick | (*Fläche*) wellig, uneben.

botet *m* Lockruf *m* | *mús* Dudelsack *m* | *tocar el* ~ *a alg* bei j-m auf den Busch klopfen; j-n aushorchen.

botgeta *f* Säckel, kl(r) Beutel *m* | *bot* (*Art*) dorniges Steinkraut *n*.

botí¹ *m a. mil* Beute *f*.

botí² *m* Gamasche *f*.

botifarr|a *f* (grobe Brat)Wurst *f* | ~ *blanca* (*negra*) Weiß-(Blut-)wurst *f* | ~**er** *m* Wurstmacher *m* | Wurststange *f*, Wurstständer *m* | ~**ó** *m* Würstchen *n*.

botifler *adj* pausbackig | *fig* aufgeblasen anmaßend, arrogant, eingebildet ‖ *s/mf hist:* Anhänger(in *f*) *m* Philipps V. im Spanischen Erfolgekrieg | *p ext* Kollaborateur(in *f*) *m*; Verräter(in *f*) *m*.

botig|a *f* (Kauf)Laden *m* | *ant* Apotheke *f* | *reg* ebenerdiger Weinkeller *m*; Stöpselsfabrik *f* | *posar* od *parar* ~ *en* Laden eröffnen | ~**uer**(**a** *f*) *m* Ladeninhaber(in *f*) *m* | Kleinhändler(in *f*), Krämer(in *f*) *m* ‖ *s/m ornit* = **blauet**.

botija *f* bauchiger Tonkrug *m* (*mit engem, kurzem Hals*) | Beule *f* (*am Kopf*).

bòtil *m reg* Kiesel *m* | *gr*(e) Flasche *f* | *fig* = **botiró²**.

botilla *f* = **botija**.

botina *f* Halbstiefel *m* | Stiefelette *f*.

bot|inflament *f* Anschwellen *n* | ~**inflar-se** (33) *v/r* anschwellen | *figues botinflades* ausgewachsene, nicht ganz reife Feigen *f pl* | ~**ir** (37) *vi* anschwellen | ~**iró¹** *m* = **potera** | ~**iró²** *m* Dickerchen *m*, Stöpsel *m* | ~**it** *m* (*Fluß*) Hochwasser *n*.

botja *f kl*(*s*) Büschel *n* | *bot* Wilder Wermut *m* | ~ *blanca* (*Art*) Wundklee *m* | ~ *d'escombres* Halbstrauchartiger Bakkenklee *m* | ~ *pudent* (*Art*) Edelraute *f* ‖ *pl* (*Art*) Wegerich | *botges de sant Joan* Heiligenkraut *n*.

bot|ó *m a. tecn* Knopf *m* | *bot* Knospe *f*, *reg a.* Knopf *m* | *tecn a.* Nabe *f* | (*Florett, Licht, Klingel, Radio*) Knopf *m* | ~ *de foc* (*med*) Brennkugel *f* | ~ *d'or* (*bot*) Kriechender Hahnenfuß *m* | *botons de puny* Manschettenknöpfe *m pl* | *anar de vint-i-un* ~ wie aus dem Ei gepellt sein; piekfein angezogen sein | *pl pop!* Eier *n pl* | ~**onada** *f* Knopfgarnitur *f* | ~**onador** *m* (Schuh-)

botorn

Knöpfer *m* | **~onadura** *f* = **~onada** | **~onar** (33) *vt* (zu)knöpfen || *vi* knospen | **~oner** (a *f*) *m* Knopfmacher(in *f*) *m*; händler(in *f*) *m* || *s/f* Knopfloch *n* | *s: trau* | **~oneria** *f* Knopf-fabrik *f*; -laden *m*.
botorn *m* Schwüle *f*.
botornons *m pl med* Skrofeln *f pl*.
botós (**-osa** *f*) *adj* (*Kind*) bockig; weinerlich.
botre (34) *vi* (auf)springen | *fig a*. hoch-, auf-fahren.
botuli|forme *adj* (*m/f*) wurstförmig | **~sme** *m med* Botulismus *m*.
botxa *f* Bocciakugel *f* | (*am Kleid*) Beutel *m*, Falte *f* | (*joc de*) *botxes* Boccia (spiel) *n*.
botx|í *m* Henker *m* | *fig* Quälgeist *m* | *ornit* Raubwürger *od* gr(r) Grauwürger *m* | **~inejar** (33) *vt* peinigen, quälen.
botzin|a *f* Schalltrichter *m* | Horn *n* | (Auto)Hupe *f* | Sprachrohr *n* | **~aire** *adj* (*m/f*) brummig || *s/m/f* (alter) Brummbär *m* | Meckertante *f* | **~ar** (33) *vi* brummen, murren | **~ejar** (33) *vi* = **~ar** || *vt* ausposaunen.
bo|u[1] *m* Rind *n* | Ochse *m* | **~** *mener* od *esqueller* Leitochse *m* | *carn de ~* Rindfleisch | *anar a pas de ~* im Schneckentempo gehen | *fig: passar ~ per bèstia grossa* fünf gerade sein lassen | *perdre* (el) *~ i* (les) *esquelles* Haus und Hof verlieren | **~u**[2] *m* Grund(schlepp)netz, Trawl *n* (*mit zwei Booten*) | Trawler *m* | *anar* od *pescar al ~* mit Grund(schlepp)netz fischen | **~uada** *f* Ochsenherde *f* | **~ual** *m/f* Ochsenstall *m* | **~uejar** (33) *vi* s. wie e. Ochse aufführen | **~uenc** *adj* rinderartig | **~uer(a** *f*) *m* Ochsenhirte *m*, -tin *f* | **~u-vaca** *m* = **~u**[2] (*mit e-m Boot*) | **~va** *f* = **boga**[1] | **~vatge** *m hist* Ochsensteuer *f* | **~venc** *adj* = **~uenc** | **~ver** *adj*: *cargol ~* (*Art*) Schnirkelschnecke *f* («Helix aspersa») || *s/mf* = **~uer** | **~ví** (**-ina** *f*) *adj* Rinder..., Rind(s)... | *bestiar ~* (*col*) Rindvieh *n*.
bòvids *m pl zool* Rinder *n pl*.
bòvila *f* Ziegelbrennerei, Ziegelei *f*.
bovor *f* Schwüle *f* | Treibhausluft, stikkige Luft *f*.
box *m esport* Box *f* | **~a** *f esport* Boxen *n* | **~ador** *m* Boxer *m* | **~ar** (33) *vi* boxen | **~calf** *m* Boxkalf *n* | **~ejar** (33) *vi* = **~ar**.
bòxer[1] *m* (*Hund*) Boxer *m*.

bòxer[2] *m hist* Boxer *m* | *la revolta dels ~s* der Boxeraufstand *m*.
brac[1] *m ant* Schlamm *m* | Schwäre *f*.
brac[2] *m* Bracke *f*, Schweißhund *m*.
braç *m a. fig* Arm *m* | *zool a*. Vorderbein *n*; (*Polyp*) Fangarm *m* | *hist* Stand *m* | (*Plattenspieler*) Ton-arm, -abnehmer *m* | (*Sitz*) (Arm)Lehne *f* | (*Waage*) Arm, Balken *m* | (*Wagen*) Deichsel, Gabel *f* | *hist: ~ eclesiàstic* (*reial* od *popular*) geistlicher (bürgerlicher) Stand *m* | *~ militar* Adelsstand *m* | *gastr: ~ de gitano* (*mit Sahne* od *Vanillepudding gefüllte*) Biskuitrolle *f* | *~ de mar* (*riu*) Meeres-(Fluß-)arm *m* | *tecn: ~ de potència* Kraftarm *m* | *home de ~* kräftiger Mann *m* | *gent del meu* (*teu*) *~* Leute *pl* meines (deines) Standes | *gent de poc ~* gemeines Volk *n* | *~ a ~* Arm in Arm | *portar un infant al ~* od *a plec de ~* e. Kind auf dem Arm tragen | *portava un cistell al ~* od *a plec de ~* sie trug einen Korb am Arm | *prendre alg del ~* od *agafar alg pel ~* s. bei j-m ein- od unter-haken, j-n am Arm führen *od* halten | *dur* od *portar sota el ~* unter dem *od* unterm Arm tragen || *fig*: (*és*)*ser el ~ dret d'alg* j-s rechte Hand sein | *el llarg ~ de la llei* der lange Arm des Gesetzes | *estirar més el ~ que la mànega* über s-e Verhältnisse leben | *tenir el ~ llarg* e-n langen Arm haben || *pl: la força de ~os* aus eigener Kraft, mit gr(r) Anstrengung | *amb els ~os arromangats* mit aufgekrempelten Ärmeln | *amb els ~os caiguts* mit herunterhängenden Armen | *amb els ~os oberts* (a. *fig*) mit offenen Armen | *amb els os de ~os plegats* (a. *fig*) mit verschränkten Armen | *hist: els ~os de la corona* die Reichsstände *m pl* | *zool: els ~os dels crancs* die Scheren *f pl* der Krebse | *cadira de ~os* Armstuhl *m* | *un canelobre de tres ~os* e. dreiarmiger Leuchter | *llançar-se* od *tirar-se als ~os d'alg* (a. *fig*) s. j-m in die Arme werfen | *prendre en ~os* auf die Arme nehmen | *al taller ens calen més ~os* in der Werkstatt brauchen wir mehr Arme *m pl od* Arbeitskräfte *f pl*.
braça *f esport* Brustschwimmen *n* | *nàut* Klafter, Faden *m* (*Cat 1,67 m*) | *tenir ~* kräftig sein | *fer ~* brustschwimmen | **~da** *f* (*Arm*) Zug *m* | Schwimmstoß *m* | = **~t** | **~l** *m hist* (*Harnisch*) Armschiene *f* | Armbinde

f | (Arm)Schlinge *f* | Flußarm, Seitenkanal *m* | ~ *negre* Trauer-binde *f*, -flor *m* | **~lada** *f* Türleibung *f* | **~lera** *f* (*Sitzbank*) Armlehne *f* | **~let** *m* Armband *n* | Armreif *m* | **~t** *m* Armvoll *m* | Kornbüschel *n* | *agafar d'un* ~ fest umarmen.

brace|ig *m* Armbewegung (en *pl*) *f* | Gestikulation *f* | **~jar** (33) *vi* die Arme bewegen; mit den Armen in der Luft herumfuchteln, gestikulieren | **~r**[1] *m* Feldarbeiter, Tagelöhner *m* | **~r**[2] *adj* tüchtig (*bes Frauen*) | (*Tiere*) Arbeits...; Zug... | **~ra** *f bot* (*Art*) Flokkenblume *f* («aspera») | **~t** *m* Ärmchen *n* | *anar de* ~ *od fer* ~ Arm in Arm gehen, ein-, unter-gehakt gehen.

braçol, -í *m* (*Fischerei*) (einzelne) Stellangelschnur *f* | **~ada** *f col* Stellangelschnüre *f pl*.

bràctea *f bot* Braktee *f*, Trag-, Deckblatt *n*.

bractèola *f bot* Brakteole *f*.

bradi|càrdia *f med* Bradykardie, Verlangsamung *f* der Herztätigkeit | **~pnea** *f med* Bradypnoe, Atemverlangsamung *f*.

brag|a *f* (*Windel*) Unterlegetuch *n* | *nàut* Hebeseil *n* | *ict* (*Art*) Nase *f* («genei») || *pl hist* (Männer)Hosen; Knie- *od* Pluderhosen *f pl* | (*Damen*) Schlüpfer *m* | **~ada** (*Pferd, Rind*) innere Schenkelseite *f* | **~asses** *m fig* Schwächling, Pantoffelheld *m* | **~at** (**-ada** *f*) *adj* (*Pferd, Rind*) mit andersfarbigen inneren Schenkelseiten | **~uer** *m ant* Gurt *m* | *zool* Euter *n* | *med* Bruchband *n* | **~ueta** *f* Hosenschlitz *m*.

bram[1] *m* Esels(ge)schrei, Iah *m* | (*Stier*) Brüllen *n* | (*Hirsch*) Röhren *n* | Gebrüll *n* | (*Elemente*) Toben, Wüten *n*.

bram[2] *m* Strömung *f*, Wasserschwall *m*.

brama[1] *f* Gerücht *n*, Kunde *f* | Ruf, Leumund *m* | *corre la* ~ *que...* es geht das Gerücht um, daß... | *és tinguda en* ~ *de santa* sie steht im Rufe der Heiligkeit.

brama[2] *f* Schaum *m* (*auf der Milch*).

brama|dissa *f* Eselsgeschrei *n* | **~dor** *adj* schreiend | **~ire** *adj* (*m/f*) = **~dor** || *s/m/f* Schreihals *m*.

bram|an *m* Brahmane *m* | **~ànic** *adj* brahmanisch | **~anisme** *m* Brahmanismus *m*.

bram|ar (33) *vi* brüllen | röhren (*Hirsch*) | heulen (*Wind*) | toben, brüllen (*Meer*) | grölen (*Mensch*) | **~ul** *m* (*Stier*) Brüllen *n* | (*Kuh*) Muhen *n* | (*Meer*) Toben *n* | **~ular** (33) *vi* brüllen | muhen | wüten, toben, tosen, heulen (*Unwetter*).

bran *m hist* (*Schwert*) Zweihänder *m*.

branc *m* = **~a** | (*Weg*) Abzweigung *f* | (*Fluß*) Arm *m* | (*Kanal*) Seitenkanal *m* | (*Gebirge*) Ausläufer *m* | **~a** *f bot* Ast *m* | *a. fig* Zweig *m* | *ling* Kette *f* | *geom* Schenkel *m* (*Leuchter*) Arm *m* (*Brille*) Bügel *m* | **~ada** *f* Blüten-, Frucht-zweig *m* | Geäst, Astwerk *n* | **~adella** *f bot* (*Art*) Zahntrost *m*; Wiesen-Wachtelweizen *m* | **~al** *m* Türpfosten *m* | **~all** *m* Astholz, Reisig *n* | **~allós** (**-osa** *f*) *adj* = **~ut** | **~am** *m* Astwerk, Geäst *n* | **~ar** (33) *vi* Zweige treiben || *vt* (*Baum*) zurechtschneiden | (*Wasser*) abzweigen | **~atge** *m* = **~am** | **~ó** *m* Ästchen *n* | **~ut** (**-uda** *f*) *adj* vielästig, astreich | verzweigt.

brand|a *f nord-cat* Flamme *f* | **~ada** *f* Schwenken *n* | **~ar** (33) *vt* schwenken | (*Schwert*) schwingen | (*Glocke*) ziehen | (*mit dem Schwanz*) wedeln | (*Kopf*) hin und her bewegen || *vi* (sch)wanken, s. wiegen, pendeln, schaukeln | **~ejar** (33) *vt*, **~ir** (36) *vt* = **~ar** (*Schwert*) | **~ó** *m* (Wachs-)Fackel *f* | **~onera** *f* Fackelleuchter *m* | *gr(e)* längliche Kiste *f*.

branque|jar (33) *vi* (*im Geäst*) herumturnen | **~ll** *m* = **brancó**.

br|ànquia *f zool* Kieme, Branchie *f* | **~anquial** *adj* (*m/f*) Kiemen... | **~anquiat** (**-ada** *f*) *adj* mit Kiemen ausgestattet.

branquilló *m* dünner Zweig *m*.

branqui|òpodes *m pl zool* Kiemenfüße *m pl* | **~òsteg** *m* Kiemendeckel *m* | **~ürs** *m pl* Kiemenschwänze *m pl*.

bransole|ig *m* = **balanceig** | **~jar** (33) *vi* = **balancejar**.

braó *m* Oberarm *m* | *fig* (Körper)Kraft *f*; Energie, Tatkraft *f*; Mut, Schneid *m* | ~ *de la cama* Oberschenkel *m*.

braol *m* = **bramul** | **~ar** (33) *vi* = **bramular**.

braqui|al *adj* (*m/f*) *anat* Arm..., brachial | **~cèfal** *adj antrop* kurzköpfig | rundschädelig | **~òpodes** *m pl zool* Armfüßer *m pl* | **~ürs** *m pl* Kurzschwanzkrebse *m pl*; Krabben *f pl*.

bras|a *f* (Holz-, Kohlen-)Glut *f* | *vermell com una* ~ feuerrot | *donar-se* ~ (*fig*) s. beeilen *od* beeifern | *fer carn a* *la* ~ Fleisch grillen | *a la* ~ Grill..., gegrillt | *fugir del foc i caure a les brases (fig)* vom Regen in die Traufe kommen | **~ada** *f col* Glut(haufen *m*) *f* | **~ejar** (33) *vt* anbraten || *vi* glühen (*Holz, Kohlen*) | **~er** *m* Glut(haufen *m*) *f* | Kohlenbecken *n* | **~erada** *f* glühende Kohlen *f pl* (*in e-m Kohlenbecken*) | **~eret** *m* Fußwärmer *m*.

Brasil *m: el* ~ Brasilien *n*.

brasil *m* Brasil(ien)holz *n* | Brasil(e)in *n* | **~er** *adj* brasilianisch || *s/mf* Brasilianer(in *f*) *m*.

bra|u (**-ava** *f*) *adj* mutig, tapfer, kühn, brav | vortrefflich | Erz... | (*Tier*) wild; unbändig | (*Meer*) stürmisch, aufgewühlt | *un* ~ *lladre* e. Erzdieb *m* | *costa brava* Felsküste *f* || *s/m* Bulle, Stier *m* || *s/f* Färse, Jungkuh *f* | **~ument** *adv* sehr, höchst | **~vada** *f* Gestank, *umg* Mief *m*, schlechte Luft *f* | **~vament** *adv* mutig, kühn | **~vata** *f* Herausforderung, prahlerische Drohung *f* | **~vatejar** (33) *vi* prahlen; prahlerisch drohen | **~vatell** *m* junger Stier *m* | **~vejar** (33) *vi* prahlen, protzen | ~ *d'u/c* s. e-r Sache rühmen | **~vesa** *f* Mut *m*, Tapferkeit, Bravour *f* | (*Tiere*) Wildheit *f* | (*Elemente*) Gewalt, Heftigkeit *f*, Ungestüm *n* | mutige Tat *f* | **~vo** *int* bravo! | großartig! || *s/m* Bravo-, Beifallsruf *m*, Bravo *n* | **~vor** *f* = **~vesa** | **~vura** *f* = **~vesa** | *mús* Bravour *f*.

brea *f* Teer *m*.

brec[1] *m agr* (*Hacke*) Spitze *f*.

brec[2] *m* Kombi(wagen) *m*.

breg|a *f* Streit, Zank *m* | *a. fig* Kampf *m* | *moure* (*cercar od buscar*) ~ Streit anfangen (*od* suchen); Radau machen | **~adores** *f pl* *text* Flachs-, Hanf-breche *f* | **~ar** (33) *vi a. fig* kämpfen | streiten || *vt* (*Hanf, Flachs*) brechen | (*Wäsche*) durchdrücken | **~at** (**-ada** *f*) *adj* alterfahren | **~ós** (**-osa** *f*) *adj* streitsüchtig, zänkisch | **~uejar** (33) *vi* Streit suchen, zanken.

brell *m ant* Vogelfalle *f* | **~ar** (33) *vt ant* (*Vögel*) mit Fallen fangen.

bren *m reg* = segó.

br|èndola *f arquit* (schmale) Leiste *f* | (*Käfig, Geländer*) Stab *m* | (*Rad*) Speiche *f* | **~endolat** *m* Geländer *n*.

bres *m* (*pl bressos*) = **bressol** | *reg* Wäsche-, Gemüse-korb *m*.

bresca *f* Honig-wabe, -scheibe *f* | **~dor** *m* Honigschleuder *f* | **~dura** *f* Honigschleudern *n* | *südd* Zeideln *n* | **~m** *m col* Honigwaben *f pl* | Wabe *f* ohne Honig | **~r** (33) *vt* Honigschleudern || *vi* Waben bauen (*Bienen*) | **~t**[1] *m agr* (*Art*) Kelter *f* für Weintrauben | Drahtgewebe *n* | **~t**[2] (**-ada** *f*) *adj* (*Brot, Käse*) voller Löcher, voller Augen.

bress|ar (33) *vt* (*Kind*) wiegen | **~ol**(**a** *f*) *m a. fig* Wiege | **~olar** (33) *vt* (*Kind*) wiegen | **~oleig** *m* Wiegen, Schaukeln *n* | **~olera** *f* Kindermädchen *n*.

Bret|anya *f* die Bretagne *f* | *la Gran* ~ Großbritannien *n* | **~ó** (**-ona** *f*) *adj* bretonisch || *s/mf* Bretone *m*, -nin *f* || *s/m* Bretonisch *n* | *el* ~ das Bretonische.

br|ètol *m* Gauner, Schurke *m* | **~etolada** *f* (Hunds)Gemeinheit, Schurkerei *f* | **~etolalla** *f* Lumpenpack, Gesindel *n*.

bretxa *f a. fig* Bresche *f* | *min* Breccie, Brekzie *f*.

breu *adj* (*m/f*) (*Zeit*) kurz | (*és)ser* ~ s. kurz fassen (*beim Sprechen*) | *en breus dies* in wenigen Tagen | *en* ~ (*loc adv*) bald, in Kürze || *s/m ecl* Breve *n* || *s/f mús* Brevis *f* | **~ment** *adv* kurz | in wenigen Worten.

breva *f* Flachzigarre *f*.

brev|etat *f* Kürze, kurze Dauer *f* | Kürze, Bündigkeit *f* | **~iari** *m ecl* Brevier *n* | *fam fig* Bibel *f*, Leitfaden *m* | *gràf* Borgis *f*.

brèvol *adj* brüchig | mürbe | *carn* **~a** mürbes Fleisch.

bri *m* Halm *m* | ~ *de palla* Strohhalm *m* | (*a. text, Holz, Fleisch*) Faser, Fiber *f* | *text* Hanf- *od* Leinen-gewebe *n*.

brià *m med fam* Herpes *m/f*, Bläschenausschlag *m*.

brial *m* (*Mittelalter*) kostbares (Seiden-)Kleid *n* | **~s** *f pl bot* Moospflanzen *f pl*.

brianós (**-osa** *f*) *adj med fam* herpetisch.

brianxa *f* kühle Brise *f*.

bricall|aire *m/f*, **~er**(**a** *f*) *m* Auf-u. Wiederverkäufer(in *f*) *m* (*von Eiern, Geflügel usw*).

bricolatge *m* Heimwerken *n*; Basteln *n*.

brida *f* Zügel, Zaum *m* | (*Hut*) Kinnband *n* | *tecn* Lasche *f*, Flansch *m*; Bügel *m* | *a* ~ *abatuda* mit hängenden Zügeln; *fig* ungehemmt, zügellos | *a tota* ~ in vollem Galopp; *fig* in fliegender *od* rasender Eile | *donar al cavall tota la* ~ dem Pferd die Zügel hingeben *od* las-

bridge sen | *posar la ~ a un cavall* e. Pferd aufzäumen | **~da** *f* Parade *f*, plötzliches Zügeln *n*.
bridge *m* Bridge *n*.
bridó *m* kl(r) Zügel *m* | Trense *f* | *agr* Sensenschuh *m*.
brigad|a *f mil* Brigade *f* | (Arbeits)Trupp *m*, Gruppe *f* | ~ *de bombers* Löschzug *m* | *tèxt* Abteilung *f* von Webstühlen, die einem Werkmeister untersteht | ~ *d'obrers* Arbeiter-gruppe *od* -kolonne || *s/m mil* Oberfeldwebel *m* | **~ier** *m mil* Brigadier *m*.
brigola *f hist mil* Sturmbock *m* | Steinschleudermaschine *f*.
brill *m caç* Lockpfeife *f* | Lockvogel *m* | **~a** *f* = **brida** | **~ador** *m* = **brill** | **~ant** *adj* (*m/f*) strahlend, leuchtend | *a. fig* glanzend | Glanz... | *fig* hervorragend, brillant || *s/m* Brillant *m* | **~anté** *m tèxt* Glanzperkal(in *n*) *m* | **~antina** *f* Brillantine | **~antment** *adv* herrlich, glänzend, prächtig, brillant | **~antor** *f* Glanz *m* | *fotog gràf* Brillanz *f* | **~ar**[1] (33) *vi* funkeln, strahlen, leuchten | *a. fig* glänzen | scheinen, schimmern | *fig* hervorragen, s. auszeichnen | *fig: brillar per la seva absència* durch Abwesenheit glänzen | **~ar**[2] (33) *vi caç* die Lockpfeife ertönen lassen | **~ós** (**-osa** *f*) *adj* glänzend, glitzernd, schillernd.
brinca *f bot bes Val* Halm *m*.
brind|ar (33) *vi* (*beim Trinken*) anstoßen, toasten | ~ *per alg* auf j-n e-n Trinkspruch ausbringen; auf j-s Wohl trinken || *vt* (an-, dar-) bieten | **~ar-se** *v/r: ell mateix s'ha brindat a fer-ho* er selbst hat s. angeboten, es zu tun | **~is** *m* Trinkspruch, Toast *m*.
brinós (**-osa** *f*) *adj* faserig.
brio *m mús* Brio *n*.
briòfits *m pl bot* Moospflanzen *f pl*, Bryophyten *pl*.
brioix *m gastr* Brioche *f*.
briologia *f bot* Mooskunde, Bryologie *f*.
briònia *f* = **carbassina**.
briqueta *f* Brikett *n*.
bris|a[1] *f* (Trauben-, Wein-)Trester *m pl* | **~a**[2] *f* Brise *f* | **~aina** *f* eiskalter feuchter Morgenwind *m* | **~all** *m* Stoffrest *m* | **~ca**[1] *f* scharfer kalter Wind *m* | **~ca**[2] *f* (*Kartenspiel*) = **bescambrilla** | **~ot** *m* steife Brise *f* | **~quet** *m* schneidender Wind *m*.
britànic *adj* britisch | *les illes Britàniques* die Britischen Inseln *f pl* || *s/mf* Brite *m*, Britin *f*.

briva *f* Gesindel *n*, Pack *m* | *gent de la* ~ Lumpenpack *n* | *donar-se a la* ~ verlottern, verkommen, verwahrlosen | **~ll** *m* Strolch, Gauner, Schuft *m* | Schlingel, Frechdachs, Spitzbube *m* | **~lla** *f* Lumpenpack, Gesindel *n*, Pöbel *m* | **~llada** *f* Gaunerei *f* | Dummerjungenstreich | **~nt** *m* = **~ll**.
brivar (33) *vi* ins Netz schwimmen, s. im Netz verfangen (*Fische*).
brívia *f folk* (weiblicher) Drache *m* (*bei Umzügen*).
broc *m* (*Kanne, Krug*) Tülle *f*, Schnabel *m*, Schnauze *f*, Ausguß *m* | (*Öllampe*) Docht *m*, Licht *n* | *bot* trockenes Aststück *n* | Nichtigkeit, Belanglosigkeit *f* | *abocar u/c pel ~ gros* (*fig fam*) etw ohne Umschweife sagen | *anar-se'n com el ~ d'un càntir* anhaltenden Durchfall haben || *pl fam* Ausreden *f pl*, Sperenzchen *n pl* | *no em vinguis amb ~s!* komm mir nicht mit Ausreden! | *no estic per ~s* ich bin nicht für Sperenzchen aufgelegt | **~a** *f tecn m* Wetzstahl *m* | Leimrute *f* | Schuhzwecke *f* | (*Bienenhaus*) Rahmenleiste *f* | *tèxt* Spule *f* | *tecn:* ~ *helicoïdal* Drillbohrer *m* | ~ *de centrar* Zentrierbohrer *m* | **~ada** *f agr* beschnittener Weinstock *m* | **~al** *m* Mundstück *n*, Einfassung *f* (*e-r Öffnung*) | Brunnenrand *m* | bauchige Karaffe *od* Flasche *f* | **~ar** (33) *vt* ansporren | *vi* in e-e bestimmte Richtung reiten | **~at**[1] *m* Brokat(stoff) *m* | **~at**[2] (**-ada** *f*) *adj* Brokat..., brokaten | **~atell** *m* Brokatell *m* | **~atellat** (**-ada** *f*) *adj* brokatellen | **~ater**(**a** *f*) *m* Brokatweber(in *f*) *m*.
broda|dor(**a** *f*) *m* Sticker(in *f*) *m* | **~dura** *f* = **~t** | **~r** (33) *vt* sticken | *fig* (*Geschichte, Melodie*) ausschmücken | *fig: això els ha sortit brodat* das ist ihnen fabelhaft gelungen | *màquina de* ~ Stickmaschine *f* | **~ria** *f* Sticken *n* | **~t** *m* Stickerei *f* | ~ *al realç* Hochstickerei *f*.
bròfec (**-ega** *f*, **-egament** *adv*) *adj* schroff, barsch | rauh | grob.
brog|ent *adj* (*m/f*) brausend, dröhnend, tobend | **~idor** *adj* geräuschvoll unruhig | **~idós** (**-osa** *f*) *adj* = **brogent** | **~iment** *m* = **~it** | **~ir** (37) *vi* brausen, toben, lärmen | **~it** *m* Brausen, Rauschen *n* | Getöse *n*, Lärm *m* | *moure* ~ Lärm machen.

broida *f bot* Eberraute *f*.
broix *adj Bal* kahl, blank, (menschen)leer, (gott)verlassen | öde | **~ina** *f* kalte Luft *f*.
broll *m* (*Wasser*) Strahl *m* | = **~a** | **~a** *f* (*Wald*) Gestrüpp, Dickicht *n* | **~ador** *m* Wasserstrahl, Sprudel *m* | Quelle *f* | Springbrunnen *m* | **~ar**¹ *m* = **~a** | **~ar**² (33) *vi* quellen, ausfließen, ausströmen | *agr* aufgehen, sprießen (*Saat*) | *fig* erscheinen, zutagetreten, auftauchen | **~eria** *f* Kleinigkeit, Bagatelle *f* | **~im** *m col* Schößlinge *m pl*.
brom¹ *m quím* Brom *n*.
brom² *m* (*Geflügel*) Pips *m*.
brom³ *adj* (*m/f*) bewölkt *od* wolkig.
broma¹ *f* Nebel, Dunst *m*.
broma² *f* Schaum *m*.
broma³ *f* Scherz, Spaß, Witz *m* | *fer* **~** Spaß machen | *estar de* **~** zu Späßen aufgelegt sein; (nur) Spaß machen | *estàs de* **~** mach k-e Witze! | *de* **~** (*loc adv*) im Scherz, im Spaß | *ésser de la* **~** e. Spaßvogel *m* sein | *no estic de* **~** mir ist nicht zum Lachen (zumute) | *una* **~** *pesada* ein übler Scherz *m*.
bromada¹ *f* dichter Nebel *m*.
bromada² *f* Scherz, Spaß, Streich *m*.
broma|dora *f* Schaumlöffel *m* | **~ll** *m* Wolkenfetzen Nebelschwaden *m* | **~llada** *f col* Wolkenfetzen *m pl*, Nebelschwaden *m pl* | **~lló** *m* Wölkchen *n* | **~r** (33) *vt* abschäumen, den Schaum abschöpfen | **~r-se** *v/r bot* (*Getreide*) brandig werden | **~ssa** *f* dichter *od* dicker Nebel *m* | **~t** (**-da** *f*) *adj quím* bromhaltig || *s/m* Bromat, bromsaures Salz *n* | **~tologia** *f* Bromatologie *f*.
bromejar (33) *vi* spaßen, scherzen, Spaß machen.
brom|èlia *f bot* Bromelie *f* | **~eliàcies** *f pl bot* Bromeliazeen *f pl*, Ananasgewächse *n pl*.
brome|ra *f* Schaum *m* | Geifer *m* | *treure* **~** *per la boca* (*fig*) vor Wut schäumen | **~reig** *m* Schäumen *n* | **~rejar** (33) *vi* schäumen | **~rós** (**-osa** *f*) *adj* schäumend; schaumig.
bromhídric *adj quím:* *àcid* **~** Bromwasserstoffsäure *f*.
bròmic *adj quím* Brom..., *bes* Brom-V-... | *àcid* **~** Bromsäure *f*.
bromista *adj* (*m/f*) lustig, humorvoll, spaßig || *s/mf* Spaßmacher(in *f*), Spaßvogel, Witzbold *m*.
brom|itja *f* Dunst *m* | **~ós**¹ (**-osa** *f*) *adj* neb(e)lig, dunstig.
brom|ós² (**-osa** *f*) *adj quím* bromhaltig | **~ur** *m quím* Bromid *n* | **~** *de plata* Bromsilber *n* | *cin fotog: paper de* **~** *de plata* Bromsilberpapier *n*.
broncopneumònia *f med* Bronchopneumonie *f*.
bronqui *m anat* Bronchie *f* | **~al** *adj* (*m/f*) Bronchial...
bronquin|a *f* Zank, Streit, Wortwechsel *m* | *cercar* **~** Streit suchen | *moure od armar* **~** e-n Streit vom Zaun(e) brechen *od* beginnen *od* heraufbeschwören | **~ejar** (33) *vi* Streit suchen | **~ós** (**-osa** *f*) *adj* streitsüchtig, zänkisch.
bronquitis *f med* Bronchitis *f*.
bronsa *f* = **bruguerola**.
brontosaure *m* Brontosau-rier, -rus *m*.
bronze *m* Bronze *f* | *l'edat del* **~** Bronzezeit *f* | **~jar** (33) *vt* bronzieren | (*Sonne*) bräunen | **~jat** *m* Bräunung *f*.
broquer *m hist mil* (kl(r) runder Holz-)Schild *m* (*mit Lederbezug*).
broquet *m* (*Pfeife*) Schaft *m* | Zigarettenspitze *f* | **~a** *nàut mús* (*Trommel*) Schlegel *m*.
bròquil *m bot* Brokkoli *m pl* | *s'ha acabat el* **~**! (*fam*) der Bart ist ab!, nun ist es aber genug!
bross|a¹ *f gràf* Bürste *f* | Pferdebürste *f* | **~a**² *f* dürres Laub, Reisig *n* | Gestrüpp, Unterholz *n* | Abfall, Müll *m* | Splitter *m*, Körnchen *n* | *fig* Geschwätz *n*, Faselei *f*, Sprüche *pl* | *tinc una* **~** *a l'ull* mir ist etw ins Auge gekommen | **~ador** *m gràf* Kübel, Kanister *m* | **~aire** *m* Müllkutscher *m* | **~all** *m*, **~am** *m* Gestrüpp *n*, Dickicht *n* | **~ar**¹ (33) *vt* (aus)bürsten | **~ar**² (33) *vt reg* = **coagular** | **~ar-se** *v/r* gerinnen | **~at** *m* Hüttenkäse *m* | **~egar** *m* Gestrüpp, Dickicht *n* | **~ella** *f* Gerinnsel *n*, (*schwimmendes*) Klümpchen *n* | **~enc** *adj* mit Gestrüpp bewachsen | **~ós** (**-osa** *f*) *adj* voller Gestrüpp | klümp(e)rig, flokkend.
brost|a *f* Laub-, Blattwerk *n* | **~ada** *f* (*Baum*) Ausschlagen *n* | **~am** *m col* Laubwerk *n* | Schößlinge *m pl* | **~ar** (33) *vi* ausschlagen (*Baum*) | **~atge** *m col* = **brosta** | **~ejar** (33) *vt* (*Laub, Triebe*) ab-fressen, -zupfen | *fig* (*das Beste*) aus-suchen, -wählen | **~im** *m*

col gestützte Zweige *m pl.*
brot *m* Sproß *m* | Trieb *m* | Setzling *m* | ~ *de pit* (*Lammfleisch*) Brust *f* | *cap de* ~ (*fig*) Nummer *f* eins | *de cap de* ~ erstklassig, sehr gut, ausgezeichnet | *no ...* ~ kein bißchen | *no va dir* ~ er tat k-n Mucks; er sagte k. Wort | **~ada** *f* Knospen, Sprießen *n* | **~am** *m col* Knospen *f pl,* Sprosse *m pl* | **~ar** (33) *vi* (hervor)keimen, sprießen | ausschlagen (*Baum*) | aufgehen (*Saat*) | **~ó** *m* kl(e) (Baum)Knospe *f* | kl(r) Sproß *m.*
bròtola *f ict* Gabeldorsch *m.*
brotonar (33) *vi* = **brotar.**
brotxa *f* (*Maler*) Rundpinsel *m* | Rasierpinsel *m.*
brou *m* (Fleisch)Brühe *f* | ~ *bufat* Wurstbrühe *f* | *biol:* ~ *de cultiu* Nährlösung *f* | *fig:* ~ *de llengua* leere Worte *n pl.*
bru (**bruna** *f*) *adj* schwarzgrau | dunkelhäutig, -haarig.
bruc *m bot* Heidekraut *n,* Erika *f* | ~ *d'escombres* od *femella* Besenheide *f* | ~ *vermell* od *bruguera* Vielblütiges Heidekraut *n* | *fig: sense suc ni* ~ saftu. kraft-los.
bruel[1] *m ornit* = **reietó.**
bruel[2] *m* Brüllen *n* | **~ar** (33) *vi* brüllen | *s: bramular.*
brufa|da *f* Regen- (*bzw* Hagel-)wolke *f* im Gebirge | **~dor** *m* (Wäsche)Sprenger *m* | **~r** (33) *vi* spritzen || *vt* bespritzen, (be)sprengen, benetzen.
brúfol *m zool* = **búfal** | *ornit* = **duc.**
brug|a *f bot* Besenheide *f* | **~uera** *f bot* Heidebusch *m* | **~uerar** *m* Heide(land *n*) *f* | **~uerola** *f* Besenheide *f.*
bruit *m lit* Getöse *n,* Lärm *m.*
bruix|a *f a. fig* Hexe | Zauberin *f* | *p ext* Nachtvogel *m, bes* Eule *f*; Nachtfalter *m* | *cacera de bruixes* Hexen-jagd, -verfolgung *f* | **~ar** (33) *vt* verhexen, verzaubern | **~eria** *f* Hexerei, Zauberei *f* | *per art de* ~ durch Zauberei.
bruixó *m* Hagel *m.*
brúixola *f* Kompaß *m.*
bruixonada *f* Hagelschauer *m.*
bruixot *m* Hexenmeister *m* | Zauberer *m.*
brull[1] *m reg* Hüttenkäse *m.*
brull[2] *m,* **~a** *f* aufgehendes Saatgut *n* | Keimling *m* | **~ar** (33) *vi* aufgehen, keimen | **~ol** *m* (*Feld*) keimende Saat *f.*
brum *m* Säuseln *n* | Brausen *n* | **~ent** *adj* (*m/f*) säuselnd, brausend | **~idor** *m* Schnarre *f* | **~ir** (37) *vi* säuseln | brausen.

brunenc *adj* dunkelgrau (*ins Grünliche spielend*).
bruny|idor *m* Polierer *m* | Polierstahl *m* | **~iment** *m* Polieren *n* | **~ir** (37) *vt* glätten, polieren | (blank)schleifen.
brunz|ent *adj* (*m/f*) surrend, summend | schwirrend | **~idera** *f* = **~it** | **~idor** *m elect* Summer *m* | **~idora** *f* Schnarre *f* | **~iment** *m* Surren, Summen *n* | Schwirren *n* | **~inaire** *adj* (*m/f*) surrend, schwirrend, brummend | **~inar** (33) *vi* schwirren, surren | *fig* murren, knurren, brumme(l)n | **~ir** (36/37) *vi* vorbei-sausen, -brausen | **~it** *m* Sausen, Schwirren *n.*
brusa *f* (Arbeits)Kittel *m* | Bluse *f* | ~ *camisera* Hemdbluse *f.*
brusc[1](**ament** *adv*) *adj* plötzlich, jäh | *a. fig* brüsk | schroff, barsch.
brusc[2] *m bot* Mäusedorn *m.*
brusca[1] *f reg* Fimmel *m* | fixe Idee, Manie *f.*
brusca[2] *f* Sprüh-, Niesel-regen *m.*
brus|ent *adj* (*m/f*) sengend | **~ir**[1] (37) *vt* (ver)sengen | **~ir**[2] (37) *vt tecn* (*Glasspitzen*) beschneiden.
brusque|dat *f* Barschheit, Schroffheit *f* | **~jar** (33) *vi* nieseln | **~r** *adj reg* schrullig, grillig, launenhaft.
brusquin|a *f* Nieselregen *m* | **~ejar** (33) *vi* nieseln.
Brussel·les *f* Brüssel *n* | *el tractat de* ~ der Brüsseler Vertrag.
brut *adj lit* (*Tier*) nicht vernunftbegabt; (*Verhalten, Trieb*) tierisch, viehisch, roh | (*Stoff, Erzeugnis*) Roh...; (*Gewicht, Betrag*) Brutto...; (*Sekt*) sehr trocken | *a. fig* schmutzig; *umg* dreckig; (*Schuhe, Teppich, Wunde*) *a.* verschmutzt; (*Gewissen*) unrein; (*Zunge*) belegt; (*Spiel, Spieler*) unfair | *en* ~ Roh...; roh; im Rohzustand; in der Rohfassung; im Konzept | *un diamant* (*en*) ~ e. Rohdiamant *m* | *primer ho escric en* ~ ich schreibe es erst einmal ins Unreine | *ingressos* **~s** Bruttoeinkommen *n* | *guanyo tres milions* **~s** ich verdiene brutto drei Millionen | *colors* **~s** schmutzige Farben *f pl* | *un blau* ~ e. schmutziges Blau | *negocis* **~s** schmutzige Geschäfte *n pl* | *un cambrer* ~ e. schmutziger (*od* unreinlicher, unsauberer) Kellner | *que* **~a** *que vas!* du bist ja ganz schmutzig! | *les tovalles són* **~es** die Tischdecke ist

schmutzig || *adv: jugar* ~ unfair spielen; *fig* e. falsches Spiel treiben | *parlar* ~ anstößig (*od* unanständig) reden || *s/m lit* (nicht vernunftbegabtes) Tier *n* | **~al(ment** *adv*) *adj* (*m/f*) tierisch, viehisch | brutal, roh, gewalttätig || *s/m* = **brut** | **~alitat** *f* Brutalität, Rohheit *f* | **~ament** *adv* tierisch, viehisch | *fig* schmutzig, unanständig | **~edat** *f* Schmutzigkeit *f* | **~ejar** (33) *vi* schmudd(e)lig sein | **~ícia** *f* Schmutz, Dreck *m* | *meteor* Hagel(schlag) *m* | *dir brutícies* anstößig reden | **~or** *f lit* = **~edat**.

bua¹ *Bal med fam* Pustel *f* | *infan* Wehweh *n* | *fig: mala* ~ Giftschlange *f* | *fig iròn: ja ets una bona* ~, *tu!* du bist mir eine Marke! *od* du bist ja ein sauberes Früchtchen!

bua² *f* = **gúa**.

buanya *f* Schorf *m*.

buata *f* Wattierung *f* | Watte *f*.

buba *f* = **bua**¹.

búbal *m zool* Hartebeest *m* (*Antilopenart*).

bub-bub *int onomat* wau, wau! || *s/m infan* Wauwau *m*.

bub|**ó** *m med* Geschwulst *n* | Pestbeule *f* | Bubo *m* | **~ònic** *adj med: pesta* **~a** Beulenpest *f*.

bubota *f* Popanz, Butzemann *m* | Gespenst *n*, Geist *m*.

buc *m nàut aeron* Rumpf *m* | *aut* Karrosserie *f* | Bienen-stock, -korb *m* | Hohlraum *m*, Höhlung *f*, Schacht *m* | Bauch, Wanst *m* | Flußbett *n* | (*Angelrute*) Griff *m* | *el* ~ *de l'ascensor* der Fahrstuhlschacht *m* | *omplir el* ~ s. den Bauch vollschlagen.

bucal *adj* (*m/f*) Mund... | *cavitat* ~ Mundhöhle *f* | *orifici* ~ Mundöffnung *f*.

bucaner *m hist* Bukanier *m*.

búcar *m* schwarzen Lehm, Ton *n* | Terrakotta *f* (*Plastik, Gefäß*) | *reg* = **caduf**.

bucentaure *m* mit Stiermensch, Buzentaur *m*.

bucle *m* (Ringel)Locke *f*.

bucòlic *adj* bukolisch, Hirten..., Schäfer... | *poeta* ~ Bukoliker *m* || *s/f pl* Bukolik, Hirten-, Schäfer-dichtung *f*.

buda *m* Buddha *m*.

budell *m* Darm *m* | **~s prims** (*grossos*) Dünn-, (Dick-)darm *m* | ~ *culà* Mastdarm *m* | ~ *primer* Zwölffingerdarm *m* | *med fam:* ~ *girat* Koterbrechen *n* mit Darmverschlingung | **~ada** *f*, **~am** *m* (*Tier*) Eingeweide *n pl*, Kutteln *f pl*, Innereien *f pl* | **~er** *m* Kaldaunenhändler *m* | Wurstmacher *m* | **~era** *f* = **~ada**.

buderol *m* Nesthäkchen *n*.

búdic *adj* buddhistisch (*zB Kunst*).

budis|**me** *m* Buddhismus *m* | **~ta** *adj* (*m/f*) buddhistisch || *s/m/f* Buddhist(in *f*) *m*.

buf¹ *m* Blasen, Pusten *n* | Windstoß *m* | *apagar l'espelma d'un* ~ die Kerze mit einem Male ausblasen.

buf² (**a** *f*) *m mús* Buffo *m* || *adj: òpera* **~a** komische Oper, Buffa *f*.

bufa¹ *f fam* Ohrfeige, Backpfeife *f*.

bufa² *f anat* Blase *f* | (*Stoff*) Falte *f* | (*Darm*) Wind *m*, Blähung *f*, Furz *m* | *bot:* ~ *del diable od dimoni* Bovist *m*.

bufa!³ *int pop* Mensch! | Mann! | Himmeldonnerwetter! | Mannomann!

bufa|**canyes** *m mús* Rohrflöte *f* | **~da** *f* Blasen, Pusten *n* | Windstoß *m* | **~dera** *f* (*Tier*) Schnauben *n* | **~dor** *m* Bläser *m* | Schnaufer *m* | windige Stelle *f* | Felsspalte *f* (*aus der Gischt aufspäumt*) | *tecn* Gebläse *n* | **~focs** *m* Fächer *m* (*zum Anfachen des Feuers*) || *s/f fig desp* Küchenfee *f* | **~forats** *m entom* Hummel *f*.

búfal *m zool* Büffel *m*.

bufalaga *f bot* Spatzenzunge *f*.

bufa|**llums** *m pl bot* = **apagallums** | **~ment** *m* Blasen *n*.

bufanaga *m bot* Wilde Möhre *f*.

bufanda *f* Schal *m*.

bufar (33) *vi* blasen, pusten | schnaufen, keuchen | schnauben (*Tier*) | blasen, wehen (*Wind*) | *fig fam:* ~ *a l'orella d'alg* auf j-n einflüstern | ~ *de ràbia* vor Wut schnauben | *la mare està que bufa* Mutter ist sehr aufgebracht *od* ungehalten | *la situació està que bufa* die Lage ist sehr heikel *od* brenzlig *bzw* gespannt | *això és* ~ *i fer ampolles* das ist e. Kinderspiel *od* kinderleicht | *s: bufa*³ | *vt* (an-, aus-)blasen, anfachen | (*Damespiel*) Figur wegnehmen | **~-se** *v/r* Blasen werfen *od* ziehen; s. aufwölben; beuteln | *pop* s. vollaufen lassen, s. betrinken | **~ell** *m* eindringende Luft *f* (*an undichten Fenstern u. Türen*) | **~ut** *m* Wirbelwind *m*.

bufassa *f bot* Eselsdistel *f*.

bufat (**-ada** *f*) *adj* geschwollen | bauschig | *fig* aufgeblasen, aufgeplustert; eitel.

bufe|**c** *m* Schnauben *n* | Windstoß *m* | **~gar** (33) *vi* schnauben | (*Wind*) pfeifen, blasen.

bufera¹ *f* Lagune *f*, Salzwassersee *m*.
bufera² *f: tenir molta ~* e-e gute Puste haben.
bufet¹ *m* = **bufetada**.
bufet² *m* Anrichte *f*, Büfett *n* | kaltes Büffet *n* | *dr* Anwaltskanzlei *f*.
bufeta *f anat* Blase *f* | *~ biliar* Gallenblase *f* | *~ natatòria* Schwimmblase *f* | *~ urinària* Harnblase *f* | *bot: ~ de gos* Blasenkirsche, Lampionpflanze *f*.
bufet|ada *f* Ohrfeige, Backpfeife *f* | *donar una ~ a alg* j-m e-e Ohrfeige geben *od* verabreichen; *umg* j-m e-e heruntherhauen; *fig* j-m vor den Kopf stoßen | **~eig** *m* Ohrfeigen *n* | **~ejar** (33) *vt* ohrfeigen.
bufó¹ *m hist* Hofzwerg, Hofnarr *m* | Possenreißer *m*.
bufó² (**-ona**) *f*) *adj* hübsch, niedlich.
bufo|ga, ~lla *f* (Wasser)Blase *f*.
bufon|ada *f* Narren-posse *f*, -streich *m* | Drolerie *f* | **~ejar** (33) *vi* Possen reißen | **~esc** *adj* komisch, possenhaft | närrisch, Narren...
bufor *f* (*fernes*) Donnergrollen *n*.
buga|da *f* große Wäsche *f* | *dilluns farem ~* Montag ist Waschtag | *fer od passar ~* waschen | *posar la ~ a estendre* die Wäsche aufhängen | **~dejar** (33) *vi* waschen | **~der¹** *m* Waschbütte *f*, -trog, -zuber *m* | **~der²** (**a** *f*) *m* Wäscher(in *f*) *m* || *s/f fig desp* Waschweib *n* | **~deria** *f* Wasch-raum, -platz *m* | Waschanstalt, Wäscherei *f* | **~t** *m Bal* Durcheinander *n*, Wirrwarr *m*.
bugi|a *f* Kerze *f* | *aut: ~ (d'encesa)* (Zünd)Kerze *f* | *arc zool* Affenweibchen *n* | *arc med* Sonde *f* | **~ot, ~u** *m arc zool* kl(r) langschwänziger Affe *m*.
buglossa *f bot* Gemeine Ochsenzunge *f*.
bugonar (33) *vi* summen (*Bienen*) | murmeln; murren (*Menschen*).
bugre *m* Taugenichts, Tunichtgut *m* | Schelm, Schalk *m*.
buguenvíl·lea *f bot* Bougainvillea *f*.
buguera *f nàut* Abflußrinne *f*.
buid|a *f* (Wellen- *od* Hügel-)Tal *n* | **~aampolles** *m* Trinker *m* | Säufer *m* | *pop* Saufloch *n* | **~abutxaques** *m* Taschendieb *m* | **~ada** *f*, **~ament** *m* Ausleeren *n* | **~ador** *m* Schuttplatz *m* | *tecn* Gießer *m* | Schmelzer *m* | Schleifer, Schärfer *m* | *nàut* (Schöpf)Kelle *f* | **~ar** (33) *vt* (aus)leeren | (*Messer*) schleifen | *tecn* aushöhlen || *vi fam* s. entleeren; Stuhlgang

haben; s. übergeben, s. erbrechen | **~arada** *f fam* (Er)Brechen *n* | Stuhlgang *m* | **~ar-se** *v/r* s. (aus-, ent-)leeren | **~atge** *m* (Ent)Leeren *n* | (Aus)Höhlung *f* | Vertiefung *f* | Schliff *m* | **~edat** *f* = **~or** | **~esa** *f mst fig* Leere *f* | Gehaltlosigkeit, Sinnlosigkeit, Hohlheit *f* | **~or** *f* Leerheit *f*.
buina *f* Kuhfladen *m*.
buirac *m* Köcher *m* | Traggurt *m* | Nadelkissen *m*.
buit (**buida** *f*) *adj* leer, hohl | (*Wohnung*) leerstehend | *fig: cap ~* Hohlkopf *m* | *~ de sentit* ohne Sinn, sinnlos | *de ~* (*loc adv*) leer | *anar de ~* leerfahren, e-e Leerfahrt machen || *s/m a. fig* Lücke *f* | Leere *f* | Loch *n* | freier Sitzplatz *m* | *fís* Vakuum *n* | Höhlung *f* | *arquit* Aussparung *f* | *fig: deixar un ~* e-e Lücke schlagen *od* reißen | *fer el ~ a alg* (*a u/c*) j-n (etw) ignorieren, absichtlich über-sehen, -gehen, nicht beachten, links liegenlassen | *gravat al ~* Tiefdruck *m*.
buixarda *f tecn* Fäustel *m*.
buixol *m bot* Buschwindröschen *n*.
búixola *f reg* = **brúixola**.
buixot *m ornit* Bergente *f*.
bujol *m nàut* (Holz)Eimer *m* | **~a** *f* Bottich *m*, Wanne *f*.
bulb *m bot* Blumenzwiebel, Knolle *f* | *anat* Bulbus *m* | *~ pilós* Haarbalg *m* | *~ raquidi* verlängertes Rückenmark *n* | **~ar** *adj* (*m/f*) *bot* Knollen... | *anat* bulbär | **~iforme** *adj* (*m/f*) knollenförmig | **~ós** (**-osa** *f*) *adj* knollig.
buldog *m zool* Bulldogge *f*.
bulevard *m* Boulevard *m*.
búlgar *adj* bulgarisch || *s/mf* Bulgare *m*, -rin *f* || *s/m* Bulgarisch *n* | *el ~* das Bulgarische.
Bulgària *f* Bulgarien *n*.
bulímia *f med* Heißhunger *m*, Bulimie *f*.
bull *m* Sieden, Brodeln *n* | Aufkochen *n* | *gastr* (*Art*) Preßsack *m* | *arrencar el ~* aufkochen | *als pèsols els falta un ~* die Erbsen sind nicht ganz gar (gekocht) | *fig fam: a tu et falta un ~!* du hast wohl nicht alle beisammen | *fam donar un ~ a u/c* etw einmal kurz aufkochen lassen | *fig fam veure-se'n un ~* in der Klemme sitzen | **~anga** *f* Aufruhr, Tumult *m* | **~angós** (**-osa** *f*) *adj* lärmend, laut | streitsüchtig, aufrührerisch | **~ent** *adj* (*m/f*) kochend | kochendheiß | aufwallend |

~entor *f* Sieden, Kochen *n* | *fig* Wallen *n* | *fig* Hitze *f* | **~ícia** *f* Getöse, Lärmen *n* | Unruhe *f*, Tumult *m* | **~iciós** (**-osa** *f*, **-osament** *adv*) *adj* unruhig, lärmend | aufrührerisch | **~ida** *f* = **bull** | *fig:* això farà la ~ das wird s-e Wirkung tun; das wird helfen | **~idera** *f* Kochen *n* | Brodeln *n* | *fig* Gewühl, Gewimmel *n* | **~idor** *m tecn* Siedekessel *m* | (*Wasser*) Strudel *m* | **~iment** *m* = **bull**(**ida**) | **~ir** (36) *vi* kochen | brodeln, sprudeln | toben (*Meer*) | gären (*Most*) | ~ de còlera vor Wut kochen | ~ d'impaciència vor Ungeduld fast vergehen | *la sang li bull* sein Blut gerät in Wallung | *tenir per a fer ~ l'olla* (*fig*) sein Auskommen haben | *vt* (auf)kochen (lassen) | auskochen | **~it** *m gastr* (Fleisch)Eintopf *m* | *fig* Durcheinander *n*, Wirrwarr *m*, Unordnung *f*.

bum *int* bums!, bum! | *s/m* Getöse *n*, Krach(en *n*) *m*, Gepolter *n* | **~-bum** *m* Dröhnen *n* | Gepolter *n* | Gemurmel *n*.

bumerang *m a. fig* Bumerang *m*.

buna[1] *f mús* (*Dudelsack*) Spielpfeife, Schalmei *f* || *pl* Dudelsack *m*.

buna[2] *f quím* Buna *m/n*.

búndel *m* tèxt (*Maß*) Bündel *n* (54 864 *m*).

búnquer *m* Bunker *m*.

bunyol *m gastr* Pfannkuchen, *reg* Krapfen *m* (*aus Hefeteig*) | *fig fam* mißratene Arbeit *f*, Murks *m*, Stümperei *f* | **~s de bacallà** (*de cervell, de quaresma*) Stockfisch-(Hirn-, Fastnachts-)krapfen *m pl* | *com ~ dins mel* wie gerufen | **~er** *m* Krapfen-bäcker *od* -verkäufer *m* | *fig fam* Pfuscher, Stümper *m* | **~eria** *f* Krapfenbäckerei *f*.

buós (**-osa** *f*) *adj* pickelig.

bura *f*, **~t** *m*, **~ta** *f*, **~tí** *m* tèxt geköperter Seiden- *od* Woll-stoff *m*.

burda *f nàut* Pardune *f*.

burell *adj* dunkelgrau.

bureta *f quím* Bürette *f*.

burg *m hist* Vorstadt *f* (*außerhalb der ummauerten Anlagen*) | **~ès** (**-esa** *f*) *adj* bürgerlich | *desp* spießig, spießbürgerlich | *s/mf a. hist* Bürger(in *f*) *m* | *sociol a.* Bourgeois *m* | *desp* Spießer(in *f*), Spießbürger(in *f*) *m* | **~esia** *f a. hist* Bürgertum *n* | *sociol a.* Bourgeoisie *f* | *alta od gran* (*petita*) ~ Groß-(Klein-)bürgertum *n* | **~gravi** *m hist* Burggraf *m* | **~graviat** *m* Burggrafschaft *f* | **~mestre** *m* Bürgermeister *m* (*zB in Deutschland*) | *s: alcalde, batlle*.

bur|í *m tecn* (Grab-, Gravier-)Stichel *m* | **~illa** *f* Zigarettenstummel *m* | *fam* Popel *m* | *fer burilles* popeln | **~inar** (33) *vt* stechen, gravieren.

burja *f* (*Korkindustrie*) spitzer Stab *m* (*zum Korkschälen*) | **~dor** *m* (*Korkenwäsche*) Rührstab *m* (*mit Holzscheibe zum Unterwasserhalten der Korken*) | **~r** (33) *vt* (*Kork*) vom Baum lösen.

burl|a *f* Spott *m* | Hänselei, Fopperei *f* | Scherz *m* | *fer ~ d'alg* über j-n spotten; s. über j-n lustig machen | **~ador** *adj u. s/mf* = **~er** | **~aner** *adj* spöttisch, anzüglich | **~ar-se** (33) *v/r:* ~ *d'alg od d'u/c* s. über j-n *od* etw lustig machen; j-n od etw nicht ernst nehmen | ~ *de les regles* s. über die Regeln hinwegsetzen | ~ *de la confiança d'alg* j-s Vertrauen mißbrauchen | **~er** *adj* spöttisch | anzüglich | schalkhaft | *s/mf* Spötter(in *f*) *m* | Spaßvogel *m* | **~eria** *f* Spotten *n*, Spotterei, Hänselei, Fopperei *f* | **~esc** *adj* spaßhaft, scherzhaft | *lit* burlesk | **~eta** *m/f* Spötter(in *f*) *m* | Schelm *m* | **~ot**[1] *m* Spott *m*, Gespött *n* (*Gegenstand*) | *ésser el ~ de la gent* das Gespött der Leute sein | **~ot**[2] *m* Garbenbund *m* auf der Tenne.

búrnia *f* = **albúrnia**.

bur|ocràcia *f* Bürokratie *f* | **~òcrata** *m/f* Bürokrat(in *f*) *m* | **~ocràtic** *adj* bürokratisch | **~ocratització** *f* Bürokratisierung *f* | **~ocratitzar** (33) *vt* bürokratisieren, bürokratisch verwalten | **~ocratisme** *m* Bürokratismus *m*.

burot[1] *m hist* Stadtzzöllner *m*.

burot[2] *m* Gekritzel *n*, Kritzelei *f* | (Peitschen)Kreisel *m*.

burr|a *f zool* Eselin *f* | **~ada** *f* Dummheit, Torheit *f* | **~et** *m* Eselchen *n* | **~o** *m a. fig* Esel *m* | *fig* Wärmflasche *f*, Bettwärmer *m* | *fig* Packesel; Schwerarbeiter *m* | (*Kartenspiel*) Dreiblatt *n* | *tecn* Antriebsrad *n* | *s: ase, ruc* | **ict** = **gòbit**.

bursada *f* Stoß, Ruck *m* | Zug *m* | *de ~* (*loc adv*) hastig, überstürzt; unbeständig, unstet(ig).

burseràcies *f pl bot* Balsambaumgewächse *n pl*.

burx|a *f* Schür-eisen *n*, -haken *m* | Spießrute *f* | *fig* Schnüffler *m* | **~ada** *f* Stichwunde *f* | **~ador** *m* Schürhaken *m* | Stoßdegen *m* | Stocher *m* | **~anc**

bus *m* spitz auslaufender Ast *m od* Stock *m* | **~ar** (33) *vt* stechen | (*Feuer*) anschüren | stochern (in *dat*) | *fig* aushorchen; anschüren, anstacheln | **~ar-se** *v/r*: ~ el nas in der Nase bohren | **~eta** *f* = **~ó** | **~inar** (33) *vt* = **~ar** | **~ó** *m* Aufwiegler *m*.
bus[1] *m* (*pl* bussos) (Tief)Taucher *m*.
bus[2] *m ant: fer el* ~ katzbuckeln, zu Kreuze kriechen.
bus[3] *m* (*Stadt*) (Omni)Bus *m*.
busaroca *f* = **gamarús**.
busca *f* Krümel, Splitter *m*, Stäubchen *n* | (Stroh)Halm *m* | Stab *m* (*der Sonnenuhr*) | Uhrzeiger *m* | Zeigestock *m* | **~gatoses** *m* Bummler, Herumtreiber, Vagabund *m* | **~ll** *m* Holzklotz, (Holz)Scheit *n*, Kloben *m* | **~llada** *f* Stockschlag *m*.
busca|r (33) *vt* suchen | holen | *anar a* ~ (ab)holen | **~-raons** *m* Rechthaber, Streithahn *m*.
busigar (33) *vt nord-cat* = **burxar**.
busil·lis *m Bal Val* Hauptpunkt *m* | *ací hi ha es* ~ das ist des Pudels Kern; da liegt der Hase im Pfeffer.
bust *m* Büste *f* | Brustbild *n*.
bústia *f* Brief-, Post-kasten *n*.
butà *m quím* Butan, Butangas *n*.
butaca *f* Lehnsessel *m* | ~ *d'orelles* Ohrensessel *m* | *teat* Parkett-sitz, -platz *m*.
butaner *adj* Butan... ǁ *s/m* nàut Gastanker *m*.
but-but *f* = **puput**.
but|è *m quím* Butylen *n* | **~ilè** = **butè**.
but|irat *m quím* Butyrat *n* | **~íric** *adj quím: àcid* ~ Buttersäure *f*.

butll|a *f hist catol* Bulle *f* | *catol a.* Ablaß-(brief) *m* | **~aire** *m* Ablaß-verkäufer, -händler *m* | **~ari** *m* Bullensammlung *f* | **~eta** *f* Zettel, Schein, Beleg, Ausweis *m* | **~etí** *m* amtlicher Bericht *m* | Mitteilungsblatt, Bulletin *n* | Blatt *n* | Anzeiger *m* | *arc* amtliche Beglaubigung *f* | ⁀ *Oficial* Amtsblatt, Gesetzblatt *n*.
butllofa *f* (Wasser-, Haut-, Brand-)Blase *f* | *fig* Schwindel *m*, Lüge, Ente *f*.
butomàcies *f pl bot* Schwanenblumengewächse *n pl*.
butxa|ca *f* (*in Kleidungsstücken*) Tasche *f* | *fig fam a.* Geldbeutel *m* | *de* ~ Taschen..., Kleinst... | *edició de* ~ Taschenausgabe *f* | *treu-te les mans de les butxaques!* nimm die Hände aus den Taschen! ǁ *fig fam: ficar-se diners a la* ~ Geld in die eigene Tasche stecken | *ficar-se alg a la* ~ j-n in die Tasche stecken | *gratar-se la* ~ tief in die Tasche greifen | *omplir-se les butxaques* s. die Taschen füllen | *pagar de la seva* ~ aus eigener (*od* der eigenen) Tasche zahlen | *riure per les butxaques* s. krumm und bucklig lachen | *tenir la* ~ *foradada* das Geld nicht beisammen halten können | *fig: tenir alg ficat a la* ~ j-n in der Tasche haben | **~có** *m* Westentasche *f* | (*in der Hose*) Münztäschchen *n* | **~cós** (-osa *f*) *adj* hohl, ausgehöhlt | ausgebeult | schlaff | **~quejar** (33) *vi* in den Taschen kramen.
butza, **~da** *f*, **~m** *m Bal* Wanst *m* | Innereien *pl*.
buxàcies *f pl bot* Buchsgewächse *n pl*.

C

c, C *f* c, C *n*.
ca¹ *m lit Bal nord-cat* Hund *m* | *s:* gos | *astr:* el ⁓ Major (Menor) der Große (Kleine) Hund.
ca² *f (vor Artikel, Possessivpronomen od Eigennamen gebrauchte Kurzform)* = casa | a ⁓ l'Alfons bei Alfons (zu Hause) | vaig a cal metge (a ⁓ la modista) ich gehe zum Arzt (zur Schneiderin) | (la masia de) can Cabirol der (Bauern)Hof Cabirol | ⁓ N'Anglada és un barri de Terrassa Ca N'Anglada ist e. Stadtviertel von Terrassa | *fam:* anar-se'n a can pistraus vor die Hunde gehen; draufgehen.
ca!³ *int fam* (mst i ⁓!) ach (od i) wo(her)! | ⁓, barret! (ja,) Pustekuchen!
ca⁴ *f (pl* cas) *(Name des Buchstabens)* k, K *n*.
ça *adv arc* hierher(um) | ⁓ com lla irgendwie; wie dem auch sei | ⁓ i lla hier und da *od* dort | poc ⁓ poc lla ungefähr | *s:* deçà, ençà.
cabal *m* Hab und Gut, Vermögen *n* | *(Fließendes)* Menge *f*, Volumen *n*; Durchfluß(volumen *n*) *m* (a. ⁓ de sang) Vieh(bestand *m*) *n* | *dr:* ⁓ hereditari Erbgut *n* | fer ⁓ d'alg *od* d'u/c j-n *od* etw beachten, j-m *od* e-r Sache Beachtung schenken ‖ *pl* Geld *n*.
càbala *f* Kabbala *f* | *fig* Kabale, Intrige *f*.
cabal|er(a *f*) *m dr cat (jüngeres Kind)* Pflichtteil-erbe *m*, -erbin *f* | ⁓ímetre *m tecn* Durchflußmesser *m*.
cabal|ista *m* Kabbalist *m* | ⁓ístic *adj* kabbalistisch | *fig* geheimnisvoll, dunkel ‖ *s/f* Kabbalistik *f*.
cabalós (-osa *f*) *adj* begütert | *(Fluß)* wasserreich.

caba|na *f* = ⁓nya | ⁓ner *m ornit* Grasmücke *f* | ⁓nya *f* Hütte *f* | Vieh(bestand *m*) *n* | ⁓nyar *m* Hüttensiedlung *f* | ⁓nyelles *f pl:* (la festa de) les ⁓ das Laubhüttenfest.
cabaret *m* Kabarett *n*.
cab|às *m (pl* -assos) (Henkel-, Trag-)Korb *m (mst aus Spart)* | = ⁓assat | fer-ne una com un ⁓ *(fig fam)* e-n Bock schießen | ⁓assa *f* gr(r) Korb *m* | *(mit Tragriemen)* Kiepe *f* | *agr a.* (runde) Matte *f* | ⁓assada *f*, ⁓assat *m* Korb *m* (voll) | *fig fam* Menge *f*, Haufen *m* | a cabassats *od* a cabassos körbeweise; in rauhen Mengen | ⁓asset Körbchen *n* ‖ *pl* Schäfchenwolken *f pl*.
cabd|al¹ *adj (m/f)* Haupt..., hauptsächlich; bedeutendste(r, -s); wichtigste(r, -s) | *s: capital*¹ | ⁓al² *m hist* (Lehns-)Herr, Fürst *m* | ⁓ell¹ *m a. fig* Knäuel *n* | *(Kohl, Salat)* Kopf *m* | ⁓ell² *m ant* (An)Führer *m* | ⁓elladora *f tèxt* Knäuel(wickel)maschine *f* | ⁓ellar¹ (33) *vt* aufwickeln | *p ext* mitreißen ‖ *vi* e-n Kopf bilden *(Kohl, Salat)* | ⁓ellar-se *v/r* s. knäueln | ⁓ellar² (33) *vt ant* (an)führen | ⁓ill *m ant* (An)Führer *m*.
cabeç *m ant* Halsausschnitt *m* | ⁓a *f* Knolle, Zwiebel *f* | ⁓ d'alls Knoblauchzwiebel *f* | ⁓ada *f* Zaumzeug *n* | ⁓ó *m (Pferd)* Halfter *m/n* | ⁓uda *f ict* Ährenfisch *m*.
cabell *m (Kopf)* Haar *n* | *col mst pl* Haar(e *pl*) *n* | *bot:* ⁓s (d'àngel *od* de la Mare de Déu) = cuscuta | *gastr:* ⁓ d'àngel Kürbiskonfitüre *f* | tenir els ⁓s blancs *(castanys, negres, rossos)* weißes (braunes, schwarzes, blondes) Haar haben | portar els ⁓s curts (llargs, deixats

anar) das Haar kurz (lang, offen) tragen | *tallar* (*pentinar*) *els* ~*s* die Haare schneiden (kämmen) | *li cau*(*en*) *el*(*s*) ~(*s*) die Haare fallen ihm aus || *fig fam*: *agafar u/c per la punta dels* ~*s* etw an (od bei) den Haaren herbeiziehen | *se'm van posar els* ~*s drets* od *de punta* die Haare sträubten s. mir; mir standen die Haare zu Berge | *estirar-se els* ~*s* s. die Haare raufen | ~**blanc** *adj* weißhaarig | ~**era** *f col* Haar(e *pl*) *n*, Haupt-, Kopf-haar *n* | Haarschopf *m* | (*a. Tiere*) Mähne *f* | (*Indianer*) Skalp *m* | (*Kolben*) Bart *m* | (*Komet*) Schweif *m* | ~**ut** (-**uda** *f*) *adj* (dicht) behaart, haarig | *cuir* ~ Kopfhaut *f*.
caber (40) *vi* = **cabre**.
cabestr|ar (33) *vt* anhalftern | ~**e** *m* (*Pferd*) Halfter *m/n* | ~**ell** *m med* Tragschlinge *f* | ~**er** *m* Halftermacher *m*.
cabila *f* Kabylenstamm *m*.
cabina *f a. nàut* Kabine *f* | Badekabine *f* | Umkleidekabine *f* | ~ *de passatge* (*aeron*) Kabine *f*, Fahrgastraum *m* | ~ *telefònica* Telefon-zelle *f*, -häuschen *n* | *la* ~ *del camió* das Fahrer-, Führer-haus *n*.
cabir|ó *m* Dach-balken, -sparren *m* | ~**ol** *m* Reh *m*.
cabiscol *m ecl* Kantor; Vorsänger *m* | ~**ia** *f* Kantorat *n*.
cabl|ar (33) *vt* verkabeln | ~**atge** *m* Verkabelung *f* | Kabelwerk *n* | ~**e** *m* Kabel *n* | *nàut a.* Kabeltau *n*; Kabellänge *f* | ~ *submarí* Unterwasserkabel *n* | *televisió per* ~ Kabelfernsehen *n* | ~**egrafiar** (33) *vt* kabeln, drahten | ~**egrama** *m telecom* Kabel *n* | ~**er** *m nàut* Kabelleger *m*.
cab|òria *f oft pl* Kopfzerbrechen *n*, Besorgnis *f* | Grübeln *n* | ~**oriejar** (33) *vi* s. Kopfzerbrechen (*od* Sorgen) machen | (nach)grübeln.
cabot *m ict* = **gòbit** | ~**a** *f* (Nagel)Kopf *m* | *bot* Knolle, Zwiebel *f* | (*Arbeit*) Frei-, Blau-machen *n* | *voler fer entrar el clau per la* ~ (*fig*) mit dem Kopf durch die Wand wollen | ~**ada** *f* Stoß *m* mit dem Kopf | Kopf-nicken; -schütteln *n* | *fer cabotades* einnicken | ~**atge** *m nàut* Küstenschiffahrt, Kabotage *f* | ~**ejar** (33) *vi* den Kopf schütteln | einnicken.
cabra *f zool* Ziege, *bes* Zicke *f* | *entom* Filzlaus *f* | *crust* Teufelskrabbe, Gr(e) Seespinne *f* | *bot* Reizker *m* («Lactarius zonarius») | ~ *blanca* Schnee-ziege, -gemse *f* | ~ *dels Alps* Alpensteinbock *m* | ~ *pirinenca* od *salvatge* Spanische(r) Steinbock *m* || *fig fam: carregar les cabres a alg* j-m den Schwarzen Peter zuschieben | *està* (*boig*) *com una* ~ er ist völlig übergeschnappt *od* plemplem | ~**da** *f* Ziegenherde *f* | ~**figa** *f* Bocks-, Geiß-feige *f* | ~**figar** (33) *vt* = **caprificar** | ~**figuera** *f bot* Bocks-, Geiß-feige(nbaum *m*) *f* | ~**ll** *m col* Ziegen *f pl* | *s: cabrum.*
cabre (40) *vi* (*reg a: caber*) hinein-passen, -gehen (*a, en* in *ac*) | (genug) Platz haben (in, auf *dat*) | *era tan ple, que no hi cabíem* es war so voll, daß wir kaum Platz hatten | *aquí, ja no hi caben més llibres* hier ist kein Platz mehr für Bücher || *fig: això no em cap al cap* das geht mir nicht in den Kopf | *no* ~ *a la pell d'alegria* vor Freude außer s. (*dat*) sein | ~-*hi* möglich sein | *sobre això, no hi caben discussions* darüber läßt s. nicht streiten.
cabre|ig *m* (*Meer*) Kräuselung *f* | ~**jar** (33) *vi* s. kräuseln, Schaumkronen aufsetzen (*Meer*) | ~**lla** *f* Zicklein *n* | *crust* Gespenstkrebschen *n* | *astr*: *les Cabrelles* das Siebengestirn *n* | ~**r**(**a** *f*) *m* Ziegenhirt(in *f*) *m* | ~**ria** *f* Ziegenmolkerei *f*.
cabrestant *m* = **argue**.
càbria *f nàut* Hebebock *m*, Hebezeug *n*.
cabr|ida *f* Zicklein *n* | ~**idar** (33) *vi* zikkeln | ~**iola** *f* Luftsprung *m*, (*a. Reiten*) Kapriole *f* | *fer cabrioles* Luftsprünge (*od* Kapriolen) machen | ~**iolar** (33) *vi* kapriolen | ~**iolé** *m* (*pl* -*és*) Kabriolett *n* | ~**issa** *f* Ziegenstall *m* | ~**it** *m* Böcklein *n* | ~**itilla** *f* Glacéleder *n* | *guants de* ~ Glacéhandschuhe *m pl* | ~**ó** *m* = **boc**[1] | *fig pop!* wissentlicher Hahnrei *m* | (*bes als Schimpfwort*) Schweinehund, Scheißkerl *m* | ~**onada** *f pop!* Sauerei, Hundsgemeinheit *f* | ~**ot** *m* = **boc**[1] | *crust* = **cabra** | ~**um** *adj* (*m/f*) Ziegen... || *s/m col* Ziegen *f pl* | ~**una** *f bot* Harzklee *m*.
cabuda *f* Fassungsvermögen *n* | *s: capacitat*.
cabuss|ada *f* Kopfsprung *m* | *nàut* Stampfen *n* | ~**ador** *adj* tauchend || *s/mf* Taucher(in *f*) *m* | ~**ament** *m* (Ein-, Unter-)Tauchen *n* | ~**ar** (33) *vt* (*den Kopf, j-n*) (unter)tauchen | umkip-

cabut pen || *vi nàut* stampfen | **~ar-se** *v/r* e-n Kopfsprung machen | (ein-, unter-)tauchen | **~ejar** (33) *vi* Kopfsprünge machen | **~et** *m ornit* Zwergtaucher *m* | **~ó** *m* Kopfsprung *m* | (Ein-, Unter-)Tauchen *n* | Rolle *f*, Purzelbaum *m* | *nàut* Stampfen *n* | *ornit* Lappentaucher *m* | ~ *coll-negre (emplomallat, gris, orellut)* Schwarzhals-(Hauben-, Rothals-, Ohren-)taucher *m* | **~ot** *ornit* = **~ó**.

cabut (-uda) *f) adj* großköpfig | *fig* dickköpfig || *s/m ict* Rote(r) Sägebarsch *m*.

caca *f infan* Aa *n*, *pop* Kacke *f* | *fig* Dreck, Schmutz *m* | ~ *de les orelles* = **cerumen** | *fer* ~ Aa machen.

caça *f* Jagd *f* | *a*. Wild(-bestand *m*, -bret) *n* | (Jagd)Beute, Strecke *f* | *fig* Jagd; Verfolgung(sjagd); Suche *f* | | ~ *major (menor)* Hoch-(Nieder-)jagd *f* | *gos de* ~ Jagdhund *m* | *avió de* ~ Jagdflugzeug *n* | *aixecar la* ~ Wild aufstöbern | *anar a la* ~ *del senglar* auf (die) Schwarzwildjagd gehen | *fig: anar a (la)* ~ *d'u/c* auf der Jagd nach etw sein; nach etw jagen; e-r Sache nachjagen || *s/m mil* Jagdflugzeug, Jäger *m* | **~-bombarder** *m mil* Jagdbomber *m* | **~da** *f* = **cacera** | **~dor**[1] *adj* jagend | jagdlustig || *s/mf* Jäger(in *f*) *m* | ~ *furtiu* Wilderer *m* | **~dor**[2] *adj* jagdbar | **~dora** *f* Wind-, Sportjacke *f* | **~mines** *m nàut mil* Minensuchboot *n* | **~mosques** *m* Fliegenklappe *f* | **~papallones** *m* Schmetterlings-kescher *m*, -netz *n* | **~r** (33) *vt* (er)jagen | nachjagen *(dat)*; Jagd machen auf *(ac)*; verfolgen; hetzen | (ein)fangen, erlegen, zur Strecke bringen | *reg (bes Pilze)* suchen | *fig* erbeuten, ergattern; erhaschen; ertappen, erwischen; ausfindig machen | *nàut (Schot)* anziehen | *anar a* ~ auf die Jagd *(od* jagen) gehen | ~ *al vol u/c (fig)* etw aufschnappen, mitbekommen, zufällig hören; etw rasch erfassen, schnell begreifen | **~torpediner** *m nàut mil* Torpedobootjäger *m*.

cacatua *f ornit* Kakadu *m*.

cacau *m* Kakao(-baum *m od* -pflanze; -bohne *f*) *m* | *mantega de* ~ Kakaobutter; Lippenpomade *f* | **~er** *m bot* Kakao-baum *m*, -pflanze *f* | **~et** *m* Erdnuß *f*.

cacera *f* Jagd, Jägerei *f* | *a*. Jagdgesellschaft *f* | *anar a (od de)* ~ auf die Jagd *(od* jagen) gehen | *fer bona* ~ viel Wild erlegen, e.e gute Strecke erzielen.

caci|**c** *m hist* Kazike *m* | *polít* Lokalpotentat *m* | **~cat** *m* Kazikentum *n* | **~quisme** *m* Cliquenwirtschaft *f (durch Lokalpotentate)*.

caçó *m ict* Hundshai *m*.

caco|**fonia** *f* Mißklang *m*, Kakophonie *f* | **~fònic** *adj* mißtönend, kakophonisch.

cact|**àcies** *f pl bot* Kaktusgewächse *n pl*, Kakteen *f pl* | **~us** *m* Kaktus *m*.

cada (28) *pron ind (nur attributiv)* jede(r, -s) | *han donat mil pessetes a* ~ *nét* sie haben jedem Enkel tausend Peseten gegeben | ~ *cosa al seu temps* alles zu s-r Zeit | ~ *dia* jeden Tag; täglich | ~ *tres dies* jeden dritten Tag; alle drei Tage | *el nostre pa de* ~ *dia* unser täglich Brot | *un vestit de* ~ *dia* e. Alltags-kleid *n*; -anzug *m* | *t'estimo* ~ *dia més* ich liebe dich von Tag zu Tag mehr | ~ *vegada (que)* jedesmal (wenn) | ~ *vegada m'agraden menys* sie gefallen mir immer weniger | *a* ~ *moment (od instant od pas)* alle Augenblicke | *me'n fas* ~ *una! (fam)* du machst mir schöne Sachen! | *me'n quedo un de* ~ *(classe)* ich nehme von jedem (von jeder Sorte) eins || ~ *u* = **cadascú** | ~ *un(a)* = **cadascun(a)**.

cadaf *m Bal* Krug *m*.

cadafal *m* Podium *n*, (Bretter)Bühne *f* | Schafott *n* | Katafalk *m*.

cadamunt *m* Dachgeschoß *n*.

cadarn *m* Erkältung *f*, Schnupfen *m* | **~ós** (**-osa** *f*) *adj* er kältet, verschnupft | Erkältungs...

cadars *m* Flockseide *f*.

cadasc|**ú** (28) *pron ind (nur substantivisch)* jeder(mann) | ~ *segons la seva capacitat, a* ~ *segons les seves necessitats* jeder nach s-n Fähigkeiten, jedem nach s-n Bedürfnissen | *a* ~ *el que és seu* jedem das Seine | *cada u és* ~ jeder (Mensch) ist anders | **~un(a** *f*) (28) *pron ind (nur substantivisch)* jede(r, -s) *(von e-r bestimmten Gruppe)* | ~ *(dels invitats) va rebre un obsequi* jeder (der Gäste) erhielt e. Geschenk | *teniu tres oportunitats* ~ ihr habt jeder drei Gelegenheiten | *em calen deu còpies de* ~*a (d'aquestes pàgines)* ich brauche je e. zehn Kopien (von diesen Seiten) | *s: cada*.

cadastr|**al** *adj (m/f)* Kataster... | **~e** *m* Kataster *n/m*.

cad|**àver** *m* Leiche *f*, Leichnam *m* |

càdec

~avèric *adj* Leichen... | ausgezehrt, ausgemergelt | leichen-blaß, -fahl | *pal·lidesa (rigidesa)* ~a Leichen-blässe (-starre) *f* | **~averina** *f quím* Kadaverin *n*.
càdec *m bot* Baumwacholder *m*.
cadell *m* Welpe *m*; *p ext* Junge(s) *n* | *bot* = **nimfea** | *entom* Maulwurfsgrille *f* | *ornit* = **cames-llargues** | *tecn* Klinke, Sperre *f* | *tèxt* Garn-; Seiden-docke *f* | *(Tischlerei)* Kehlhobel *m*; *(Hohl)*Kehle *f* | *(Windmühle)* Klapper *f* || *pl bot* = **cospí; espina-xoca** | **~a** *f* Welpenweibchen; *p ext* weibliche(s) Junge(s) *n* | **~ada** *f zool* Wurf *m* | **~ar** (33) *vi zool* werfen | *fig* zunehmen, s. vermehren, anwachsen.
cadena *f* Kette *f* | *fig mst pl a*. Fessel *f* | *(Fabrik)* (Fließ)Band *n* | *~ d'agrimensor* Meßkette *f* | *~ de baules (dentada, de rodets)* Glieder-(Zahn-, Rollen-)kette *f* | *~ d'emissores* Sendergruppe *f* | *~ d'hotels* Hotelkette *f* | *~ de muntanyes* Bergkette *f* | *~ de muntatge* Montageband *n* | *~ perpètua* lebenslängliche Freiheitsstrafe *f* | *aut: cadenes (antilliscants)* (Schnee)Ketten *f pl* | *tv: 1a., 2a. ~ 1., 2.* Programm *n* | *reacció en ~ (a. fig)* Kettenreaktion *f* | *treball en ~* Fließ- bzw Fließbandarbeit *f* | *fer la ~* e-e Kette bilden || *fig: una ~ de fets* e-e Kette von Ereignissen | *una ~ d'idees* e-e Gedankenkette | *les cadenes de l'amor* die Fesseln der Liebe | **~t** *m* Vorhängeschloß *n*.
cad|ència *f ling Lit mús* Kadenz *f* | Tonfall *m*, Sprachmelodie *f* | *(Tanz)* Takt; Rhythmus *m* | *(Marsch)* Tempo *n* | *(Waffen)* Kadenz, Feuergeschwindigkeit *f* | *cin tv* Bildfrequenz *f* | **~enciós (-osa** *f*, **-osament** *adv*) *adj* kadenziert | taktmäßig; rhythmisch; harmonisch.
cadeneta *f* Zierkettchen *n* | *punt de ~ (Häkeln)* Luftmasche *f*.
caderne|ll *m* = **~ra** | **~ra** *f ornit* Stieglitz, Distelfink *m*.
cadet *m mil* Kadett *m*.
cadi *m* Kadi *m*.
cadir|a *f* Stuhl *m* | *~ de boga (de braços, giratòria)* Korb-(Arm-, Dreh-)stuhl *m* | *~ elèctrica* elektrischer Stuhl *m* | *un joc de cadires* e-e Stuhlgarnitur *f* || *fig fam: escalfar cadires* Sitzfleisch haben; herum-sitzen, -hocken | *n'hi ha per a llogar cadires* od *s'hi poden llogar cadires* es ist unerhört *od* unglaublich |

càfila

~aire *m* Stuhl-macher, -flechter *m* | **~al** *m (Schleuse)* Schütz *n*, Falle *f* | **~am** *m* Gestühl *n* | **~at** *m* Chorgestühl *n* | **~atge** *m* Stuhlgarnitur *f* | Gestühl *n* | **~ejar** (33) *vi* Stühle hin u. her rücken | **~er** *m* = **~aire** | **~eta** *f* Stühlchen *n* | *tecn* Lager *n* | *fer la ~* s. die Hände zum Tragsitz reichen | *dur alg a la ~* j-n auf vier Händen tragen.
cadmi *m quím* Cadmium, Kadmium *n* | **~ar** (33) *vt* kadmieren, verkadmen.
càdmic *adj quím* Cadmium... | *clorur ~* Cadmiumchlorid *n*.
cadolla *f* Mulde *f (im Gestein)*.
caduc *adj* hinfällig | gebrechlich, altersschwach, *umg* klapp(e)rig | vergänglich | *bot* abfallend | *arbre de fulles caduques* laubwerfende(r) Baum *m* | *zool: banyes caduques* Geweih *n*, das abgeworfen wird | *med: mal ~* Fallsucht *f* | *fig: una institució ~a* e-e unzeitgemäße Einrichtung *f* || *s/m fig* = **catúfol** | **~ar** (33) *vi* ablaufen; verfallen; erlöschen; ungültig werden | *dr a.* verjähren | *fig* außer Gebrauch kommen; unzeitgemäß werden.
caduceu *m* Merkurstab *m* | *(Wappen)* Heroldsstab *m*.
caduci|foli (-òlia *f*) *adj bot* laubwerfend | **~tat** *f* Hinfälligkeit *f* | Gebrechlichkeit *f* | Vergänglichkeit *f* | Ablauf; Verfall *m*; Erlöschen *n* | *dr a.* Verjährung *f* | *la data de ~ d'un comestible* das Verfallsdatum e-s Lebensmittels.
caduf = **catúfol** | *(Kanalisation)* gemauerte Leitung *f*.
caduquejar (33) *vi* = **repapiejar**.
caf|è *m (pl* **-ès)** Kaffee *m* | *(Getränk) a.* Espresso *m* | *(Lokal)* Café *n*; *hist* Kaffeehaus *n* | *~ amb llet* Milchkaffee *m* | *~ descafeïnat* koffeinfreier Kaffee *m* | *~ soluble* Pulverkaffee *m* | *caramel de ~ i llet* Mokkabonbon *m* | *fer (el) ~* Kaffee kochen | *fer un ~ (fam)* e-n *(od* e-e Tasse) Kaffee trinken | *prendre ~* Kaffee trinken | **~eïna** *f* Koffein *n* | **~etar** *m* Kaffeeplantage *f* | **~eter** *adj* Kaffee... || *s/mf* Cafébesitzer(in *f*) *m* | Kaffeeverkäufer(in *f*) *m* | **~etera** *f* Kaffeekanne *f* | Kaffeemaschine *f* | *fig fam* alter Kram *m*, Gerümpel *n*; *(Fahrzeug)* alte Mühle *f*, Klapperkasten *m*; *(Person)* Wrack *n* | **~eteria** *f* Cafeteria *f*.
càfila *f ant* Karawane *f* | *desp* Haufen *m*, Horde *f*.

cafís m (pl -issos): Getreidemaß (1 hl; hist 2 hl).
cafr|ada f fam Hundsgemeinheit f | **~e** m (im Islam) Kafir m | a. fig Kaffer m.
caftà m Kaftan m.
caga|calces m fam Hosenscheißer, Schisser m | **~da** f pop! Scheißen n | fig fam grobe(r) Schnitzer m | fer una ~ scheißen; fig e-n Schnitzer machen; Mist bauen | **~dora** f pop! Scheißhaus n | **~dubtes** m/f fam Zaud(e)rer m, Zaud(r)erin f | **~dur** m fam Geiz-hals, -kragen m | **~ferro** m met Schlacke f | **~ire** adj (m/f) u. s/m/f = **~ner** || s/m ornit = **paràsit** | **~latxa** m = **~miques** | **~lló** m Kotkügelchen n (von Schaf, Ziege) | fig fam (Person) Schisser, Angsthase m; (kleiner) Scheißer; (Angst) Schiß m | agafar (tenir) ~ Schiß kriegen (haben) || pl Raufwolle f | **~mànecs** m = **bitxac** | **~miques** m fam Pfennigfuchser, Knauser m | **~muja** f bot Springwolfsmilch f | **~ner** adj pop! (oft) scheißend | fam (Kind) nicht sauber || s/mf pop! Scheißer(in f) m | fam Kleinchen n | fig fam Schisser m | **~niu(s)** m ornit Nesthocker m | fig fam Nesthäkchen n | **~r** (33) vi pop! scheißen, kacken | vt pop! ver-, voll-scheißen | fam (Geld, Besitz) herausrücken, lokkermachen | **~-la** (a. fig) e-n Schnitzer machen; Mist bauen | **~r-se** v/r pop! s. ver-, voll-scheißen | fig fam Schiß kriegen | ~ a les calces (a. fig) in die Hose(n) scheißen | ~ de por (a. fig) vor Angst in die Hose(n) scheißen || fig pop!: ~ en alg od u/c auf j-n od etw scheißen | me cago en dena, en l'ou, en l'olla! verdammte (od verfluchte) Scheiße! | **~rada** f pop! Schiß m | umg Haufen m | (Kuh)Fladen m | (Pferde)Apfel m | cagarades de mosca Fliegen-dreck, pop! -schiß m | fer una ~ e-n Haufen machen | **~rel·la** f fam Dünn-schiß, -pfiff m | fig: fer ~ Scherze machen, schäkern | **~r(r)ina** m/f fam Schisser m || s/f pl fam Dünnschiß, -pfiff m, Scheißerei, Scheißeritis f | tenir cagar(r)ines Dünnpfiff haben; fig Schiß haben | sembla que tinguis cagar(r)ines (fig) du hast es aber eilig | **~rro** m pop! (Kot) Wurst f | **~rulla** f = **~lló** | **~t** (-ada) adj pop! verschissen || fig fam beschissen, pop! Scheiß...; pop! scheiß-ängstlich; = **clavat**, **pastat** || s/mf fam Schisser m.
cague|ra f pop!: tenir ~ scheißen müssen | **~rot** m fam Knirps, Dreikäsehoch m | **~rri(s)** m = **cagacalces** | **~tes** f pl = **cagar(r)ines** || s/m/f = **cagar(r)ina**.
caiac m nàut esport Kajak m.
caid m Kaid m.
cai|ent m (Stoff, Gardinen) Fall m | (Kleidung) Stiz, Faltenwurf m | fig Art, Gestalt f; (Person) a. Neigung f, Wesen(sart f) n | aquest vestit té molt bon ~ dieses Kleid fällt sehr gut | ~ d'ulls Augenniederschlag m | nàut (Segel): ~ de sotavent (sobrevent, proa, popa) Lee-(Luv-, Bug-, Heck-)seite f | al ~ de la tarda am Spätnachmittag; gegen Abend | al ~ de les 9 gegen 9 Uhr | **~guda** f Fallen n | a. fig Fall, Sturz m | fts Fall m | (Flugzeug) Absturz m | (Gebäude) Einsturz m | (Haar, Zähne) Ausfall m | bes nàut Neigung f, Fall n | ~ lliure (fts) freier Fall m | ~ de potencial od de tensió (elect) Spannungsabfall m | ~ de pedres (circ) Steinschlag m | fig: l'ascensió i la ~ d'un llinatge der Aufstieg und Fall e-s Geschlechtes | la ~ d'una fortalesa (ciutat) die Übergabe (bzw Einnahme) e-r Festung (Stadt) | la ~ de Troia der Fall Trojas | la ~ d'un país der Zusammenbruch e-s Landes | la ~ d'Adam der Fall Adams, der Sündenfall | la ~ dels preus (del dòlar, de les temperatures) der Preis-(Dollar-, Temperatur-)sturz | la ~ del govern (d'un ministre) der Sturz der Regierung (e-s Ministers) | a la ~ de la fulla wenn die Blätter fallen; im Herbst | a la ~ del sol beim Sonnenuntergang | anar de ~ herunterkommen; in Verfall geraten | tenir la ~ a la dreta nach rechts geneigt sein | **~gut** (-uda) adj a. fig gefallen | (herunter-, herab)hängend | (Blatt) abgefallen | s/m Gefallene(r) m.
caiman m zool Kaiman m.
Caín m bíbl Kain m | el senyal (od signe) de ~ das Kains-mal od -zeichen.
caïnita f min Kainit m.
cair|ar (33) vt abkanten | **~at** (-ada f) adj (vier)kantig || s/m Kreuzholz n, Balken m | **~e** m (Schnitt)Kante f | fig Aspekt m, Seite; Richtung, Wendung f | un ~ viu (rebaixat) e-e scharfe (abgeflachte) Kante | treure (od fer) ~s a u/c etw abkanten | matar un ~

e-e Kante ab-flachen *od* -runden | *al ~ de l'abisme* (*a. fig*) am Rande des Abgrunds | *la conversa agafà un altre ~* das Gespräch nahm e-e andere Wendung.
Caire *m*: *el ~* Kairo *n*.
cair|ejar (33) *vt* = **cairar** | **~ell** *m* kantiger Stein *m* | *hist mil* (*Armbrust*) Bolzen *m* | *bot* Windenknöterich *m* || *pl bot* Wassernuß *f* | **~eta** *f* = **guixa** *f* | **~ó** *m* (*quadratische*) Fliese, Kachel *f* | **~onar** (33) *vt* fliesen, kacheln.
cairota *adj* (*m/f*) Kairoer, aus Kairo || *s/m/f* Kairoer(in *f*) *m*.
cairut (**-uda** *f*) *adj* kantig, eckig.
caix|a *f* Kiste *f*, *a*. *elect gràf mús tecn* Kasten *m* | Truhe *f* | *s*: *capsa* | *bot* = **càpsula** | *com econ* Kasse *f* | *mús a*. Trommel *f* | *nàut aeron* Rumpf *m* | *nàut a*. Spantenzwischenraum *m* | *tecn a*. Gehäuse *n* | (*Fahrstuhl, Treppe, Brunnen*) Schacht *m* | (*Fahrzeug*) Kasten *m* | (*a*. *~ de mort od de morts*) Sarg *m* | (*a*. *~ del pit od toràcica*) Brustkorb, -kasten *m* | *una ~ de taronges* e-e Kiste Orangen | *una ~ de cervesa* e. Kasten Bier | *~ acústica* Lautsprecherbox *f* | *~ de cabals od forta* Geldschrank, Tresor *m* | *~ del canvi* (*aut*) Kupplungsgehäuse *n* | *~ de l'escala* Treppen-schacht *m bzw* -haus *n* | *~ d'estalvis* (*de resistència*) Spar- (Streik-)kasse *f* | *~ d'impremta* Setzkasten *m* | *~ negra* (*aeron*) Flugschreiber *m* | *la ~ de Pandora* die Büchse der Pandora | *~ de reclutament* Wehrersatzstelle *f* | *~ del rellotge* Uhrgehäuse *n*, Uhrenkasten *m* | *~ de ressonància* Resonanz-kasten, -körper *m* | *gràf*: *de ~ alta* (*baixa*) groß (klein) geschrieben | *llibre de ~* Kassenbuch *n* | *fer la ~* abrechnen, Kasse machen | **~abanc** *m* Truhenbank, Sitztruhe *f* | **~ada** *f* Kiste, Truhe *f* (*Inhalt*) | **~er**¹ *m* (*Treppe*) = **caixa** | *gràf* (*Buchstabe*) Auge *n* | **~er**²(**a** *f*) *m* Kassierer(in *f*) *m* | *~ automàtic* (*banc*) Geld(ausgabe)automat *m* | **~etí** *m gràf* Fach *n* | **~ista** *m/f gràf* (Schrift-) Setzer(in *f*) *m*.
caixmir *m tèxt* Kaschmir *m* | Kaschmirschal *m*.
Caixmir *m*: *el ~* Kaschmir *n*.
caix|ó *m* Kästchen *n* | **~onera** *f agr* Frühbeet *n* | **~ot** *m agr* gr(s) Jauchefaß *n*.
cal (*Kontraktion*) = **ca**² + **el**².

cala¹ *f* kl(e) Bucht *f*.
cala² *f* (*Netz*) Auswerfen *n* | *med* Stuhl-, Seifen-zäpfchen *n*; Wundpfropfen *m*; Sonde *f* | *fer ~ buida* (*fig*) scheitern; nicht zum Ziel gelangen; mit leeren Händen nach Hause kommen.
calabós *m* (*pl -ossos*) Arrest-zelle *f*, -lokal *n* | Strafzelle *f* | *mil umg* Bau *m* | *hist* Verlies *n*, Kerker *m*.
calabre *m arc* = **cadàver** | *desp* = **tafur**.
cal|abrès (**-esa** *f*) *adj* kalabrisch || *s/m/f* Kalabrier(in *f*) *m* | **~àbria** *f* Kalabrien *n*.
calàbria *f ornit* Seetaucher *m* | *~ agulla* (*grossa, petita*) Pracht-(Eis-, Stern-) taucher *m*.
calabrot *m nàut* Trosse *f* | Schlepptau *n*.
calabruix *m meteor* (Reif)Graupeln *f pl* | *bot* wilder Lauch *m* | **~a** *f meteor* = **calabruix** | *bot* (Schopfige) Traubenhyazinthe *f* | **~ada** *f* Graupel-schlag *m*, -wetter *n* | **~ar** (33) *v/imp*: *calabruixa es* graupelt | **~ó** *m* Graupelschauer *m* | **~onada** *f* leichter Graupelschauer *m* | **~onar** (33) *v/imp*: *calabruixona es* graupelt leicht.
calad|a *f* (*Segel*) Einziehen, Streichen *n* | (*Netz*) Werfen *n* | Fischzug, Fang *m* | *tèxt* (*Webfach*) Fadenöffnung *f* | **~ís** (**-issa** *f*) *adj* (leicht) versenkbar | *hist*: *porta caladissa* Fallgitter *n* | **~or**¹ *m med* Sonde *f* | *nàut* Kalfathammer *m* | **~or**² *m* Fischfanggebiet *n*, Fisch-, Fang-gründe *m pl*.
calafat *m* Kalfaterer *m* | Schiffszimmermann *m* | Kalfathammer *m* | **~ador** *m* Kalfaterer *m* | **~(ej)ar** (33) *vt nàut* kalfatern | *tecn* abdichten.
calaix *m* Schublade *f* | *fam* (*Laden*) Kasse *f*, Einnahmen *f pl* | *avui hem fet deu mil pessetes de ~* heute haben wir zehntausend Peseten eingenommen | *~ de sastre* (*fig*) Sammelsurium, Wirrwarr *n*; *p ext* Wirrkopf *m* || *fig fam*: *anar-se'n al ~* ins Gras beißen, sterben | *portar alg al ~* j-n ins Grab bringen | *tenir una cama al ~* mit e-m Fuß im Grab(e) stehen | **~ada** *f*, **~at** *m* Schublade *f* (*Inhalt*) | **~ejar** (33) *vi* Schubladen auf- u. zu-machen | **~era** *f* Kommode *f*.
càlam *m bot* Kalmus *m*.
calamar *m* = **~s** | **~s** *m* (*pl inv od -os*) *zool* (Gemeiner) Kalmar, Tintenfisch *m* | *~ gegant* Riesen-kalmar, -krake *m*.
calamars|a *f meteor* (Frost)Graupeln *f pl*, (feinkörniger) Hagel *m* | **~ada** *f*

Hagel-schauer, -schlag *m* | **~ejar** (33) *v/imp: calamarseja* es graupelt *od* grießelt, hagelt | **~ó** *m meteor* Grieß *m*.
calambac *m bot* Aloeholz *n*.
calament[1] *m col* (*Fischerei*) ausgelegte Netze *n pl od* Reusen *f pl*.
calament[2] *m* = **clinopodi** | = **rementerola** | **~a** *f* = **clinopodi**.
calamina *f min* Galmei *m*.
calamit|at *f* Katastrophe *f*, (schweres) Unheil *od* Unglück *n* | **~** **pública** Notstand *m* || *fig fam: en Joan és una ~* (der) Hans ist e. Unglücksrabe *bzw* Tolpatsch *od* Nichtsnutz; mit Hans ist .es e. Elend | *en física sóc una ~* in Physik bin ich e-e Niete | **~ós (-osa** *f*, **-osament** *adv*) *adj* katastrophal, unheilvoll, verheerend.
calanca *f* (schmale) Felsenbucht *f*.
cal|andra *f ornit* = **~àndria** | *indús* Kalander *m* | *aut* Kühlergrill *m* | **~andrar** (33) *vt indús* kalandern, kalandrieren | **~andreta** *f* = **terrerola** | **~àndria** *f ornit* Kalanderlerche *f* | **~andrieta** *f* = **trobat** | **~andrió** *m* = **terrerola**.
calapàndria *f* = **calipàndria**.
cal|àpet *m zool* Kröte *f* | **~apetenc** *adj* krötenartig.
calar (33) *vt* = **acalar** | durch-dringen, -nässen, -tränken; *fig fam* durchschauen | tief hineinstecken | (*Netz*) auswerfen | (*Segel*) einziehen, streichen | (*Motor*) absaufen lassen; abwürgen | (*Gewebe, Holz, Metall, Stein*) mit e-r Durchbrucharbeit verzieren | *~ la baioneta* das Bajonett aufpflanzen | *~ foc a u/c* etw in Brand setzen *od* stecken | *vaig ~ el truc de seguida* ich durchschaute den Trick sofort | *el mestre em té calat* der Lehrer hat mich auf dem Kieker || *vi: quants litres cala la bóta?* wieviel Liter faßt das Faß? | *nàut: aquesta barca cala tres metres* dieses Boot hat drei Meter Tiefgang | *fig fam: aquest noi no cala gaire* dieser Junge ist nicht sehr helle || *vi pop* fressen, futtern | **~-se** *v/r: el motor s'ha calat* der Motor ist abgesoffen *od* gestorben | *s'ha calat foc al paller* die Scheune ist in Brand geraten *od* hat Feuer gefangen | *va ~ la gorra fins a les orelles* er zog s. (*dat*) die Mütze bis über die Ohren | *pop: s'han calat tot el pastís* sie haben den ganzen Kuchen verputzt *od* verdrückt.

calast(r)ó *m* = **canastró** | *fig nord-cat* Verstand *m*.
calat *m nàut* (*Schiff*) Tiefgang *m*; (*Gewässer*) Wasserstand *m* | Durchbrucharbeit *f*; *tèxt a.* Lochstickerei *f bzw* Hohlsaum *m*.
calàtide *f bot* = **capítol**.
calavera *f* Totenkopf, Schädel *m* | *p ext* Skelett *n* || *s/m fig* Windhund, Bruder Leichtfuß, Lebemann *m* | **~da** *f* Ausschweifung *f*.
càlaza *f bot* Nabelfleck *m* | *ornit* (*Ei*) Hagelschnur *f*.
calb *adj* kahl(köpfig), glatzköpfig | (*és*)*ser* (*tornar-se*) **~** e-e Glatze haben (bekommen) || *s/mf* Glatz-, Kahl-kopf *m* (*Person*) | **~a** *f* Glatze *f*, Glatzkopf *m* | kahle (*od* lichte) Stelle *f* | **~ejar** (33) *vi: el pare ja calbeja* Vaters Haar lichtet s. schon *od* wird schon schütter | **~esa** *f* = **calvície** | **~ot** *m* Kopfnuß *f*; Schlag *m* auf den Kopf.
calc *m* Durch-pausen, -zeichnen *n* | Pause, Durchzeichnung *f* | *fig* Abklatsch *m* | *ling* Lehn-bildung, -prägung *f*.
calç *f* Kalk *m* | **~** *morta od amarada, apagada* gelöschter Kalk, Löschkalk *m* | **~** *viva* ungelöschter Kalk *m* | *aigua de* **~** Kalkwasser *n*.
calca *f tecn* Pedal *n*, Fuß-, Tret-hebel *m*.
calça *f hist Bal Val* Strumpf *m* | *s: mitja* | *hist a.* Beinling *m*; (Knie)Hose *f* | (*Korkeiche*) am Stamm belassene Rinde *f* || *pl* Beinkleider *n pl*, Hosen *f pl* | *s: pantalons* | Schlüpfer *m* | *s: calcetes* || *fig fam: anar de calces* groß machen | *cordar-se bé les calces* all s-n Mut zusammennehmen | *és un calces* er ist e. Pantoffelheld | *ella porta les calces* sie hat die Hosen an | *posar-se les calces d'alg* j-n am Gängelband führen | *saber-se cordar les calces* s. (schon) zu helfen wissen.
calçada *f* Fahr-bahn *f*, -damm *n* | *arc* Chaussee *f*.
calçador *m* Schuh-anzieher, -löffel *m*.
calcan|i, ~y *m anat* Fersenbein *n*.
calcar (33) *vt* ab-, durch-pausen, durchzeichnen | *fig* abklatschen, kopieren, (genau) nachahmen | *ant* = **calcigar**.
calçar (33) *vt* (*j-m*) Schuhe (u. Strümpfe) anziehen | mit Schuhen versehen | *a. tecn* beschuhen | (*Balken, Rad*) ver-, fest-keilen | (*Mauer, Schacht*) absteifen | (*Pflanze*) häufeln | **~** *el quaranta* Schuhgröße 40 haben | **~** *pocs punts* (*fig*) geistig minderbemittelt

calcari

sein | **~-se** *v/r: el nen ja sap ~ tot sol* das Kind kann s. *(dat)* die Schuhe schon allein anziehen | *on et calces?* wo kaufst du deine Schuhe? | *calça't les botes!* zieh dir die Stiefel an! | *calça't!* od *ja cal que et calcis! (fig)* du kannst dich auf etw gefaßt machen!
calcari (**-ària** *f*) *adj quím* Kalk... | kalkig, kalkhaltig || *s/f* Kalkstein *m.*
calça|**sses** *m* Pantoffelhed *m* | **~t**¹ *m* Schuhe *m pl,* Schuhwerk *n* | **~t**² (**-ada** *f*) *adj* beschuht | *zool a. (Pferde)* weißfüßig; *(Vögel)* rauhfüßig.
calcedònia *f min* Chalzedon *m.*
calceolària *f bot* Pantoffelblume *f.*
calcer *m Val* = **calçat**¹.
calcés *m nàut (Mast)* Topp *m.*
calcet|**er(a** *f*) *m* Strumpf-wirker(in *f*) *bzw* -händler(in *f*) *m* | **~eria** *f* Strumpfwirkerei *f bzw* -geschäft *n* | **~es** *f pl (Damen, Kinder)* Höschen *n,* Slip *m.*
calci *m quím* Kalzium, Calcium *n* | *carbonat de ~* Kalziumkarbonat *n.*
càlcic *adj* kalziumhaltig, Kalzium...
calcícola *adj* (*m/f*) *bot* kalkliebend, Kalk... | *planta ~* Kalkpflanze *f.*
calcida *f bot* Acker(kratz)distel *f.*
calc|**ificació** *f* Kalkablagerung *f* | *med* Verkalkung *f* | **~ificar** (33) *vt* verkalken lassen | **~ificar-se** *v/r* verkalken | **~ífug** *adj bot* kalkfliehend, kalzifug | *planta ~a* Kalkflieher *m.*
calciga|**da** *f* Stampfen *n* | Zertrampeln *n* | **~r** (33) *vt* stampfen | zertrampeln, zertreten.
calcilla *f* Wadenstrumpf *m.*
calci|**na** *f* Kalkmilch *f* | Kalkmörtel *m* | **~nació** *f quím* Kalzination *f* | Brennen *n* | Rösten *n* | **~naire** *m* Kalkbrenner *bzw* -händler *m* | **~nal**¹ *adj* (*m/f*) = **calcari** | **~nal**² *m* Baumstumpf *m* | **~nar** (29) *vt quím* kalzinieren | (*Kalk*) brennen | (*Erze*) rösten | (*organische Substanzen*) veraschen; verkoken | *fig* (völlig) aus-, verbrennen | **~ner** *m* = **~naire** | Kalkgrube *f* | **~neria** *f* Kalk-ofen *m,* -brennerei *f* | Kalkhandlung *f* | **~nobre** *m* = **calçobre** | **~nós** (**-osa** *f*) *adj* kalkhaltig, kalkig | **~ta** *f min* Kalzit, Calcit, Kalkspat *m.*
calçó *m* Gamasche *f* | (*Korkeiche*) = **calça** || *pl Bal Val* = **calces, pantalons** | *calçons blancs* = **calçotets**.
calçobre *m* Mörtelschutt *m.*
calc|**ògraf(a** *f*) *m* Kupferstecher(in *f*) *m* | **~ografia** *f* Kupfer-stich, -druck *m* | **~ogràfic** *adj* Kupferstich...

calçol *m* Beinschutz *m (von Jägern u. Hirten)* | *bes mil* Fußlappen *m.*
calco|**lític** *m* Chalkolithikum *n,* Kupferzeit *f* | **~mania** *f* Abziehbild *n* | **~pirita** *f min* Kupferkies, Chalkopyrit *m.*
calçot *m* (Frühlings)Zwiebelsproß *m (zum Grillen)* | **~ada** *f gastr* Zwiebelsproßgrillade *f (mit e-r speziellen Tunke)* | **~et** *m mst pl (Herren)* Unterhose(n *pl*) *f.*
càlcul¹ *m* (Aus-, Be-, Er-)Rechnung *f* | *econ u. fig* Kalkulation *f* | *fig a.* Kalkül *n;* Schätzung *f* | *mat* Rechnen *n;* Kalkül *m,* Kalkulation *f* | *centre de ~* Rechen-zentrum *n* (-fehler *m,* -operation *f,* -schieber *m*) | *~ diferencial (integral, de probabilitats)* Differenzial-(Integral-, Wahrscheinlichkeits-)rechnung *f* | *~ mental* Kopfrechnen *n* | *fer els seus ~s (fig)* Berechnungen anstellen | *segons els meus ~s ... (fig)* nach meiner Rechnung ...
càlcul² *m med* Stein *m* | *~ biliar (renal, urinari)* Gallen-(Nieren-, Blasen-)stein *m.*
calcul|**able** *adj* (*m/f*) berechenbar, kalkulierbar | **~ació** *f* Berechnung, Kalkulation *f* | **~ador** *adj* (*Person*) berechnend | *tecn* Rechen... | *s/mf* Rechner(in *f*) *m* || *s/m tecn* Rechner *m* | Rechenautomat *m* | *p ext* Computer *m* | *~ de butxaca (digital, electrònic)* Taschen-(Digital-, Elektronen-)rechner *m* || *s/f (a. màquina ~a* od *de calcular)* Rechenmaschine *f* | **~ar** (33) *vt* aus-, be-, er-rechnen | *econ u. fig* kalkulieren | *fig a.* schätzen, annehmen; (voraus)bedenken | *calculo que arribaran cap a les nou* ich schätze, daß sie gegen neun ankommen werden || *vi* rechnen | *fig a.* Berechnungen anstellen | **~atori** (**-òria** *f*) *adj* rechnerisch, kalkulatorisch | Rechen... | **~ista** *m/f* Rechenexperte *m,* -tin *f* | **~ós** (**-osa** *f*) *adj med* Stein... | *concreció calculosa* Konkrement *n* || *s/mf* an Steinen Leidende(r *m*) *m/f* | **~osi** *f* = **litiasi**.
cald *adj arc reg* = **calent** | **~a** *f* (Sonnen)Hitze, (drückende) Schwüle *f* | *indús (Eisen)* Glühen, Erhitzen *n.*
cald|**aic** *adj hist* = **caldeu** | **~ea** *f* Chaldäa *n.*
calde|**jar** (33) *vt (bes Erde, Luft)* erwärmen | *indús (Eisen)* glühen | *s: escal-*

far || *vi* glühen (*Eisen*) | **~r** *m* kl(r) Henkelkessel *m* | **~ra** *f a. tecn* Kessel *m* | *s: perol(a)* | *gastr:* balearische Fischsuppe | *geol* Caldera *f* | *~ de vapor* (*de gas, de calefacció, d'alta pressió*) Dampf-(Gas-, Heiz-, Hochdruck-)kessel *m* | **~rada** *f* Kessel *m* (voll) | (gekochtes) Schweinefutter *n* | **~rer** *m* Kesselschmied *m* || *pl* = **clemàstecs** | **~reria** *f* Kesselschmiede(kunst) *f* | **~reta** *f* kl(r) Kessel *m*, Kesselchen *n* | *gastr* = **~ra** | **~ró**[1] *m* kl(r) Stielkessel *m* | **~ró**[2] *m mús* Fermate *f* | **~rona** *f* Kochkessel *m*.
caldeu (-**ea** *f*) *adj* chaldäisch | *església caldea* chaldäische Kirche *f* || *s/mf* Chaldäer(in *f*) *m*.
caldo *m fam* = **brou**.
caldre (40) *vi* nötig sein | *et calen unes sabates noves* du brauchst neue Schuhe | *per a aquesta feina cal molta paciència* zu dieser Arbeit braucht man (*od* gehört) viel Geduld | *és l'home que cal* er ist der richtige Mann | *hem de dir-li-ho, i cal fer-ho* (*od que ho fem*) *aviat* wir müssen es ihm sagen, und zwar bald | *no cal estudiar tant* es ist nicht nötig, so viel zu lernen | *cal no abandonar l'esperança* man darf die Hoffnung nicht aufgeben | *cal que vinguin tots* es müssen alle kommen | *no cal que vinguem* wir brauchen nicht zu kommen | *vols que t'ajudi?* —*No cal* soll ich dir helfen? —Es ist nicht nötig | *cal que no ho oblidis!* du darfst es nicht vergessen! | *si cal, treballaré de nit* wenn nötig, werde ich nachts arbeiten | *no cal dir que us esperem* selbstverständlich erwarten wir euch | *no caldria sinó* (*od només caldria*) *que ara es posés a ploure* jetzt fehlte nur noch, daß es anfängt zu regnen | *no caldria sinó!* od *només caldria!* das fehlte gerade noch!, das wäre ja noch schöner!; das ist doch ganz selbstverständlich! | *no calia!* das wäre doch nicht nötig gewesen! | *porteu-vos com cal!* benehmt euch anständig *od* wie es s. gehört! | *no em trobo com cal* ich fühle mich nicht ganz wohl | *una persona com cal* e. anständiger Mensch.
calé *m* (*pl -és*) *fam mst pl* (*Geld*) Kies *m*, Pinke *f*, Zaster *m* | *no tinc ~s* ich habe k-e Moneten *od pop* Kohlen, Piepen, Mäuse *f pl*.
calefac|ció *f a. tecn* Heizung *f* | *~ central* Zentralheizung *f* | **~tar** (33) *vt tecn*

(be)heizen | **~tor** *m tecn* Heizgerät *n*.
cal|endari *m* Kalender *m* | *~ de bloc* Abreißkalender *m* | *~ gregorià* (*julià*) Gregorianischer (Julianischer) Kalender *m* | *~ perpetu* immerwährender Kalender *m* | *fig fam: fer ~s* Pläne schmieden | **~endes** *f pl* Kalenden *f pl* | **~èndula** *f bot* Ringelblume *f*.
calent *adj* warm | (*stärker; unangenehm*) heiß | (*sexuell*) *fam* heiß, brünstig; (*bes Hündin*) *a.* läufig; (*Mann*) *a.* geil | *l'aixeta de l'aigua ~a* der Warmwasserhahn | *la sopa és molt* (*massa*) *~a* die Suppe ist (zu) heiß | *com vol la llet, freda o ~a?* möchten Sie die Milch kalt oder warm? | *avui encara no he menjat* (*res de*) *~* heute habe ich noch nichts Warmes gegessen | *vi ~* Glühwein *m* | *ja tens els peus ~s?* hast du schon warme Füße? | *vora l'estufa s'hi està ~* am Ofen ist es schön warm | *animals de sang ~a* Warmblüter *m pl* | *una habitació* (*americana*) *~a* e. warmes Zimmer (Jackett) | *un hivern ~* e. warmer Winter | *un color ~* e-e warme Farbe | *partícules ~es* (*fís*) heiße Teilchen *pl* || *fig fam: anar ~* die Hucke voll kriegen; (*sexuell*) heiß (*bzw* läufig, geil) sein | *anar ~ de cap od d'orelles* angetrunken sein | (*és*)*ser un cap ~* e. Hitzkopf sein | *tenir les sangs ~es* hitziges Blut haben, heißblütig sein | *els sindicats anuncien una tardor ~a* die Gewerkschaften kündigen e-n heißen Herbst an | *de ~ en ~* solange das Eisen heiß ist; im ersten Moment | **~ejar** (33) *vi* etwas warm sein | *med fam* erhöhte Temperatur haben || (*beim Spiel*) *~!* heiß! | **~ó** (-**ona** *f*) *adj* schön warm | **~or** *f* (*Eigenschaft*) Wärme *f* | *s: calor, escalfor* | *entrar en ~* s. allmählich erwärmen.
caler (40) *vi* = **caldre**.
calessa *f* Kalesche *f*.
calet *m ict* Graubarsch *m* | **~a** *f* kl(e) Bucht *f*.
cal|far (33) *vt Val* = **escalfar** | **~fred** *m* Schüttelfrost, Schauder, (Kälte-) Schauer *m*, Frösteln *n* | *tinc ~s* mich fröstelt (es).
calibr|ador *m tecn* Kaliber(maß) *n*; Lehre *f* | **~ar** (33) *vt* kalibrieren | eichen | (aus)messen | *fig* einschätzen | **~atge** *m* Kalibrierung *f* | **~e** *m a. fig* Kaliber *n*.
calicant *m bot* Blütenreiche(r) Gewürz-

calicí 192 **calomelans**

strauch *m* | **~àcies** *f pl* Gewürzsträuchergewächse *n pl*.
calic|í (-ina *f*) *adj bot* Kelch... | **~iforme** *adj* (*m/f*) kelchförmig | **~le** *m bot* Außenkelch *m*.
cali|có, ~cot *m* tèxt Kaliko *m*.
càlid *adj* (*Klima*, *Land*) heiß | (*Farbe*, *Ton*) warm | *fig* warm; herzlich | **~ament** *adv fig* warm; herzlich.
calid|esa, ~itat *f* (*Eigenschaft*) Hitze *f* | (*Farbe*, *Ton*) *a. fig* Wärme *f*.
calidos|copi *m* Kaleidoskop *n* | **~còpic** *adj* kaleidoskopisch.
califa *m* Kalif *m* | **~t** *m* Kalifat *n*.
calif|orni *m quím* Californium *n* | **~òrnia** *f* Kalifornien *n* | **~ornià (-ana** *f*) *adj* kalifornisch || *s/mf* Kalifornier(in *f*) *m*.
cali|ginós (-osa *f*) *adj* = **calitjós** | **~ma** *f* = **calitja** | **~mós (-osa** *f*) *adj* = **calitjós**.
calipàndria *f fam* (schwere) Krankheit, *bes* Erkältung *f*.
caliqueny|a *f*, **~o** *m* (*Art*) Zigarillo *m*, *desp und* Giftnudel *f*.
calit|ja *f* Dunst *m*, diesige Luft *f*, leichter Nebel *m* | **~jós (-osa** *f*) *adj* dunstig, diesig, leicht nebelig.
cali|u *m* glühende Asche, (schwelende) Glut *f* | *fig* verhaltene Leidenschaft; Stimmung, Belebtheit *f* | *coure patates al ~* Kartoffeln in der Glut rösten *od* garen | **~uada** *f* glühende(r) Aschhaufen *m* | **~uejar** (33) *vi* glimmen | **~uera** *f* = **~uada** | **~vós (-osa** *f*) *adj* glimmend.
call[1] *m* Engpaß *m* | Talenge, Schlucht *f* | schmale Gasse *f* | *hist* Judenviertel, G(h)etto *n* | *obrir-se ~* s. (*dat*) e-n Weg bahnen.
call[2] *m* Hornhaut, Schwiele *f* | *med* Kallus *m* | *bot* = **cal·lus** | *el ~ de la mà* die Handfläche *f* | *pla (ras) com el ~ de la mà* tellerflach | *fig: posar ~ en una feina* alt werden bei e-r Arbeit.
cal·la *f bot* Calla, Kalla, Drachenwurz *f* | weiße Lilie *f*.
calla|da *f* Schweigen *n* | *a la ~* stillschweigend; *fig a.* im Stillen; (still u.) heimlich | *va de ~* das versteht s. von selbst | **~r** (33) *vi a. fig* schweigen; still sein | aufhören zu sprechen, weinen *od* schreien; *a. fig lit* verstummen | *umg* den Mund halten | *calla!* schweig!; sei still! | *p ext: calla, ara que hi penso...* warte mal, da fällt mir ein... | *vols ~?* willst du wohl still sein? | *p ext: gràcies per tot!* —*Calla*,

home! Danke für alles! —Das ist doch nicht der Rede wert! | *fer ~ algú* j-n zum Schweigen bringen || *vt* verschweigen | (*Geheimnis*) bewahren | **~t (-ada** *f*, **-adament** *adv*) *adj* schweigend, still; stumm | schweigsam, wortkarg | verschwiegen.
callicida *m med* Mittel *n* gegen Hornhaut *od* Schwielen.
cal·l|ígraf(a *f*) *m* Schönschreiber(in *f*), Kalligraph(in *f*) *m* | **~igrafia** *f* Schönschreibkunst, Kalligraphie *f* | **~igràfic** *adj* kalligraphisch, Schönschreib... | **~igrama** *m lit* visuelle(s) Gedicht *n*.
callís *m* (*pl -issos*) Durchgang *m*, (enge) Gasse *f* | (*zw Bäumen*, *Beeten*) Pfad, Weg *m*.
callista *m/f* Fußpfleger(in *f*) *m*.
callol *adj* (*Tier*) gelbblond.
call|ós (-osa *f*) *adj* schwielig | *bot med* kallös | *anat: cos ~* Gehirnbalken *m*, «*Corpus callosum*» *n* | **~ositat** *f* Hornhaut, Schwiele *f*.
cal·lus *m med bot* Kallus *m*.
calm *adj lit* = **encalmat** | **~a**[1] *f* Ruhe, Stille *f* | (Gemüts)Ruhe, Gelassenheit *f* | *desp* Langsamkeit, Trägheit *f* | *meteor* Kalme, Windstille *f* | *nàut* ruhige See; Flaute *f* | *amb ~* in (aller) Ruhe | *la mar està en ~* die See ist ruhig | *sense perdre la ~* ohne aus der Ruhe zu kommen | *~!* langsam!; (immer mit der) Ruhe! || *s/m fam* langsamer Mensch, Phlegmatiker *m* | **~a**[2] *f* Alm *f* | **~ant** *adj* (*m/f*) beruhigend || *s/m* Beruhigungsmittel *n* | **~ar** (33) *vt* beruhigen | besänftigen, beschwichtigen | (*Schmerz*) lindern, mildern | *vi: ha calmat el vent* der Wind hat nachgelassen *od* hat s. gelegt, *nàut* ist abgeflaut | **~ar-se** *v/r* s. beruhigen, ruhig werden | nachlassen, s. legen | *nàut* abflauen (*Wind*) | **~at (-ada** *f*, **-adament** *adv*) *adj* ruhig, still | **~ós (-osa** *f*, **-osament** *adv*) *adj* ruhig, still | gelassen | *bes desp* langsam, träge, phlegmatisch.
calmuc *adj* kalmückisch || *s/mf* Kalmück(e) *m*, Kalmückin *f* | *la República Socialista Soviètica Autònoma dels ~s* die Kalmückische Autonome Sozialistische Sowjetrepublik.
caló[1] *m ling* Zigeunersprache *f* | *p ext* Gaunersprache *f*.
caló[2] *m* kl(e) Bucht *f*.
calomelans *m pl quím med* Quecksil-

berchlorid, Kalomel *n*.
cal|or *f a. fís* Wärme *f* | (*stärker, unangenehm*) Hitze *f* | *fig a.* Eifer *m*; Herzlichkeit *f* | ~ *animal* Körperwärme *f* | ~ *d'adsorció* Adsorptionswärme *f* | ~ *específica* spezifische Wärme *f* | *fa* ~ *es ist heiß od sehr warm* | *aquest jersei em fa* ~ dieser Pullover ist mir zu warm | *tinc* ~ mir ist (es) heiß *od* warm | **~orada** *f* große Hitze *f* | *agafar una* ~ s. erhitzen, in Hitze (*od* Schweiß) geraten | **~oria** *f* Kalorie *f* | ~ *gram* Grammkalorie *f* | *gran* ~ Kilokalorie *f* | *pobre* (*ric*) *en calories* kalorien-arm (-reich) | **~òric** *adj* kalorisch | **~orífer** *m tecn* Heizgerät *n* | **~orífic** *adj* wärmeerzeugend | *poder* ~ Heizwert *m* | **~orímetre** *m* Kalorimeter *n* | **~orimetria** *f* Kalorimetrie *f* | **~orimètric** *adj* kalorimetrisch | **~oritzar** (33) *vt* kalorisieren | **~orós** (-*osa f*, -*osament adv*) *adj* (*Wetter*) heiß | (*Person*) leicht schwitzend | *fig* warm, herzlich.
calostre *m* Kolostrum *n*, Kolostral-, Erst-, Biest-milch *f*.
calquejar (33) *vi tèxt* den Webstuhl treten | *fig fam* s. ab-strampeln, -mühen.
calrada *f Bal* Erröten *n*, Röte *f*.
cals (*Kontraktion*) = **ca**^{2} + **els**^{2}.
caluga *f* = **llíssera**.
caluix *m bot* (*Gemüse*) Strunk *m*.
cal|úmnia *f* Verleumdung *f* | **~umniador** *adj* verleumderisch || *s/mf* Verleumder(in *f*) *m* | **~umniar** (33) *vt* verleumden | **~umniós** (-*osa f*, -*osament adv*) *adj* verleumderisch.
calvari *m*: *el* ~ *catol* Kalvarienberg; Kreuzweg; Bildstock *m* | *fig* Leidensweg *m*, Golgatha *n* | *això és un* ~ das ist e. Kreuz | *passar un* ~ e. schweres Leid durchmachen.
calvície *f* Kahlköpfigkeit *f* | Haarausfall *m*.
calvinis|me *m* Kalvinismus *m* | **~ta** *adj* (*m/f*) kalvinistisch || *s/m/f* Kalvinist(in *f*) *m*.
calze *m a. fig* Kelch *m* | *bot* (Blüten-) Kelch *m* | ~ *de dolor* Kelch *m* des Leidens | ~ *d'amargura* bittere(r) Kelch *m*.
cama *f* (*a.* Hosen, Strümpfe, Möbel, Geräte) Bein *n* | Unterschenkel *m* | (*Pflanzen*) Stengel, Stiel *m* | (*Zirkel, Schere*) Schenkel *m* | (*Buchstabe*) Balken *m* | *la nena té les cames primes* (*tortes, llargues*) das Mädchen hat dünne (krumme, lange) Beine | *és curt* (*ben fet*) *de cames* er hat kurze (schöne) Beine | ~ *artificial* künstliche(s) Bein *n* | ~ *de fusta* Holzbein *n* | *una* ~ *d'alls* e. Knoblauchzopf *m* (*aus 50 Zwiebeln*) | ~ *de perdiu* (*bot*) Kupferrote(r) Schmierling *m* | ~ *de perdiu mucosa* (*bot*) Kuhmaul *n* | ~ *ací* ~ *allà* rittlings | *cames ajudeu-me* Hals über Kopf, schleunigst | *vaig anar-me'n cames ajudeu-me* ich nahm die Beine in die Hand *od* unter die Arme | *carregar-se les cames al coll* (*fig fam*) auf Schusters Rappen gehen | *caure cames enlaire* auf den Hintern fallen | *vaig a estirar les cames* ich geh mir mal die Beine vertreten | *tallar les cames a alg* (*fig fam*) j-m (e-n) Knüppel zw die Beine werfen | *tenir* (*bona*) ~ gut zu Fuß sein | *tenir una* ~ *al fossar* (*fig*) mit e-m Bein im Grab(e) stehen | *tocar la* ~ *del mal* den wunden Punkt berühren *od* treffen | **~curt** *adj* kurzbeinig | **~da** *f* = **gambada** | = **camallada** | *agr* = **bancada** | **~dejar** (33) *vi* = **gambar**.
camafeu *m* Kamee *f*.
cama|groc *m bot* Pfifferling *m* («Cantharellus lutescens») | **~l** *m* Hosenbein *n* | *silv oc* = **bessa**.
cam|àldula *f catol* Kamaldulenserkloster *n* | **~aldulenc** *adj* kamaldulensisch || *s/mf* Kamaldulenser(in *f*) *m* | **~aldulès** (-*esa f*) *adj u s/mf* = **~aldulenc**.
camaleó *m a. fig* Chamäleon *n*.
camalets *m pl Val* weite Kniehosen *f pl*.
camàlic *m* Gepäck-, Last-träger *m*.
cama|ll *m* (*Hose*) Beinling *m* | *folk* Schellengamasche *f* | **~llada** *f* Stoß *m* gegen das Bein | Satz, großer Schritt *m* | **~llarg** *adj* langbeinig || *s/m pl ornit arc* Stelzvögel *m pl* | **~lliga** *f reg* = **lligacama** | **~llot** *m reg* = **pernil** | **~lluent** *m desp* (Bauern)Tölpel *m*.
camami|lla, *Bal* **~l·la** *f bot* (Echte) Kamille *f* | Kamillentee *m* | ~ *borda* Akkerhundskamille *f* | ~ *groga* = **espernallac** | ~ *romana* Römische Kamille *f*.
cam|àndula *f* = **camàldula** | Rosenkranz *m* || *pl* Ausreden, Flausen, Heucheleien *f pl* | *no em vinguis amb camàndules!* komm mir nicht mit faulen Ausreden! | **~andulejar** (33) *vi* mit faulen Ausreden (*od* Ausflüchten) kommen | **~anduler** *adj* scheinheilig, heuchlerisch || *s/mf* Scheinheilige(r *m*) *m/f*, Heuchler(in *f*) *m* | **~anduleries** *f pl*

Ausreden, Flausen *f pl.*
cama|obert *adj* spreizbeinig | **~prim** *adj* dünnbeinig.
camar|ada *m/f* Kamerad(in *f*) *m* | *polít* Genosse *m*, Genossin *f* | *s: company* | **~illa** *f* Kamarilla *f* | **~lenc** *m hist* Kammerherr *m* | *catol* Kardinalkämmerling *m.*
cama|-roig *m* = **~-roja**¹ | **~-roja**¹ *f ornit* Stelzvogel *m* (*mit roten Beinen*) | **~-roja**² *f* = **xicoira** | **~-sec** *m bot* Feld- *od* Nelken-schwindling *m* | = **alzinoi** | **~-segat** (**-ada** *f*) *adj* (*vor Müdigkeit od Schreck*) starr, wie gelähmt | **~t** (**-ada** *f*) *adj* mit stämmigen Beinen | *una noia ben* (*mal*) *camada* e. Mädchen mit wohlgeformten (unförmigen) Beinen | **~tge** *m col* Beine *n pl* | *tenir bon* ~ gut zu Fuß sein | **~timó** *m agr* Pflugbalken *m* | **~tort** *adj* krummbeinig | **~trencar** (33) *vt* (*e-m Tier*) e. Bein (*bzw die Beine*) brechen.
càmbium *m bot* Kambium *n.*
Cambodj|a *f* Kambodscha *n* | **~à** (**-ana** *f*) *adj* kambodschanisch || *s/mf* Kambodschaner(in *f*) *m* || *s/m ling* Kambodschanisch *n* | *el* ~ das Kambodschanische.
cambra *f* Raum *m*, Zimmer *n*, *arc* Gemach *n* | (*bes zu e-m bestimmten Zweck*) *a.* Kammer *f*; *bes* Schlafzimmer *n* | Dach-boden *m*, -scheune *f* | *nàut* Kammer *f*; = **cabina** | *hist com polít biol med tecn* Kammer *f* | *polít. a.* Haus *n* | *òpt* Kamera *f* | (*Reifen*) Schlauch *m* | *mst pl arc* Stuhl(gang) *m* | ~ *alta* (*baixa*) erste (zweite) Kammer *f*, Ober- (Unter-)haus *n* | ~ *de les armes* (*hist*) Waffenkammer *f* | ~ *de bany* Badezimmer *n* | ~ *de comerç* Handelskammer *f* | ~ *cinematogràfica* Filmkamera *f* | ~ *cuirassada* Stahlkammer *f* | ~ *de diputats* Abgeordnetenhaus *n* | ~ *fotogràfica* Fotoapparat *m* | ~ *frigorífica od freda* Kühlraum *m* | ~ *funerària* Grabkammer *f* | ~ *de gas* Gaskammer *f* | ~ *dels mals endreços* Rumpelkammer *f* | ~ *mortuòria* Leichenkammer *f* | ~ *nupcial* Brautgemach *n* | ~ *obscura od fosca* (*òpt*) Camera obscura; Lochkamera *f*; *fotog* Dunkelkammer *f* | ~ *vítria* (*anat*) Glaskörper *m* | *a* ~ *lenta* in der Zeitlupe | *ajudant de* ~ Kammerdiener *m* | *música de* ~ Kammermusik *f* | *anar de* ~ Stuhlgang ha-

ben | *cambres clares* Durchfall *m* | *cambres de sang* blutiger Stuhlgang *m* | **~da** *f ant* Schlafsaal, *bes* Krankensaal *m.*
cambrai *m tèxt* Kambrik(batist) *m.*
cambre|jar (33) *vi arc* Stuhlgang *m* haben | **~r** *m* Kellner *m* | *hist* Kammerdiener *m* | (*Vatikan*) Kämmerer *m* | ~ *major* (*hist*) Kammerherr *m* | **~ra** *f* Kellnerin *f* | Zimmermädchen *n* | *hist* Kammer-frau, -zofe *f* | **~ta** *f* Zimmerchen, Kämmerchen *n* | *bes* Kohlenkeller *m.*
cambrià (**-ana** *f*) *adj geol* kambrisch.
cambr|il *m catol* Altarkapelle *f* (*über dem Hauptaltar*) | **~ó**¹ *m* Zimmerchen, Kämmerchen *n* | *bes* Ankleidekammer *f*, *kl(r)* Nebenraum *m.*
cambr|ó² *m bot* Purgierkreuzdorn *m* | **~onera** *f bot* Europäische(r) Bocksdorn *m.*
camedris *m bot* Echte(r) Gamander *m.*
camejar (33) *vi* strampeln | mit den Beinen zappeln.
cam|èlia *f bot* Kamelie *f* | **~eliera** *f bot* Kamelienstrauch *m* | **~elina** *f bot* Leindotter *m.*
camell *m zool* Kamel *n* | *arg* Dealer, Pusher *m* | **~a**¹ *f* Kamelstute *f* | **~a**² *f agr* Deichelstange *f* | Pflugsterz *m* | **~er** *m* Kameltreiber *m.*
camer|a *f cin tv* = **cambra** || *s/m/f* Kameramann *m*, -frau *f* | **~alisme** *m econ* Kameralistik *f* | **~aman** *m* (*pl* -men) Kameramann (*pl* -männer *od* -leute) | **~ino** *m teat* (Künstler)Garderobe *f.*
Camerun *m: el* ~ Kamerun *n* | **~ès** (**-esa** *f*) *adj* kamerunisch, aus Kamerun || *s/mf* Kameruner(in *f*) *m.*
came|s-llargues *m ornit* Regenpfeifer *m* | **~ta** *f* Stiefelschaft *m* | Angel-haken *m u.* -leine *f* | *agr* Pflugbaum, Grindel *m* | *nàut* (*Rahe*) Gabelstütze *f.*
càmfora *f* Kampfer *m.*
camfor|aci (**-àcia** *f*) *adj* Kampfer... | **~ar** (33) *vt* mit Kampfer behandeln *bzw* tränken | **~at** (**-ada** *f*) *adj* Kampfer... | *alcohol* ~ Kampferspiritus *m* | **~er** *m bot* Kampfer-baum, -loorbeer *m.*
cam|í *m a. fig* Weg *m* | (*bes durch unwegsames Gelände*) *a. fig* Bahn *f* | *reg* = **vegada**, **cop** | ~ *privat* Privatweg *m* | ~ *públic* öffentliche(r) Weg *m* | ~ *ral, general od seguit* (*hist*) Land-, Heer-straße *f* | ~ *veïnal* Gemeindeweg *m bzw* -straße *f*; Feldweg *m* | ~

camí *de bast, de ferradura* od *de muntanya* Saumpfad *m* | ~ *de carro, de rodes, de roderes* od *carreter* Fahrweg *m* | ~ *de pas* Pfad, Fußweg *m* | ~ *de bosc* od *boscater* (*de desemboscar* od *de treta, forestal*) Wald-(Holz-, Forst-)weg *m* | ~ *de cim, de carena* od *carener* Kammweg *m* | ~ *de sirga* Treidel-pfad, -weg *m* | ~ *d'anada* (*de tornada*) Hin-(Rück-)weg *m* | ~ *retent* Richtweg *m*, Abkürzung *f* | ~ *de mala petja, de cabres* od *aspre* holprige(r) Weg *m* | *el* ~ *de Sant Jaume* die Milchstraße *f* | *a mig* ~ (*a. fig*) auf halbem Weg(e) | ~ *de Vic* in Richtung Vic; auf dem Weg(e) nach Vic | ~ *dret* od *dret* ~ geradewegs, direkt | ~ *tirat* zügig, im Eilschritt | *de* ~ (*cap a* ...) auf dem Weg(e), unterwegs (nach *bzw* zu ...) | *anar fora de* ~ irregehen; *fig a.* auf dem Holzweg sein | *anaven* (od *tiraven*) *cadascú pel seu* ~ (*fig*) jeder ging s-r Wege | *anar pel bon* ~ od *pel* ~ *dret* (*fig*) auf dem rechten Weg(e) sein | *anar pel mal* ~ od *no anar pel* ~ *dret* (*fig*) auf Abwege (*od* auf die schiefe Bahn) geraten; krumme Wege gehen | *el malalt ja va per bon* ~ der Kranke ist schon auf dem Weg(e) der Besserung | *les negociacions van per mal* ~ die Verhandlungen kommen schlecht voran | *tots els camins van a Roma* (Spruch) viele Wege führen nach Rom | *donar un* ~ *a alg* (*fig*) j-m e-n Weg weisen | *desfer el* ~ den Weg zurückgehen | *emprendre el* ~ s. auf den Weg machen | *anàvem fent* ~ wir gingen immer weiter | *ja hem fet molt de* ~ wir haben schon e-n weiten Weg zurückgelegt | *hem fet el* ~ *en una hora* wir haben den Weg in e-r Stunde zurückgelegt | *tu fes el teu* ~! geh nur deinen (eigenen) Weg! | *girar de* ~ e-n anderen Weg einschlagen | *hi ha tres hores de* ~ es ist e. Weg von drei Stunden | *obrir-se* ~ s. e-n Weg bahnen, s. Bahn schlagen; *fig a.* s. Bahn brechen | *posar-se en* ~ s. auf den Weg machen | *prendre un* ~ e-n Weg nehmen *od* einschlagen | *prendre un* ~ *per* (*un*) *altre* den Weg verfehlen | *prosseguir el* ~ den Weg fortsetzen | *seguir el* ~ *de les arts* die künstlerische Laufbahn einschlagen | **~inada** *f* (Fuß)Marsch *m*, Wanderung *f*, weiter Spaziergang *m* | *hi ha una bona* ~ das ist e. ganz schöner Marsch; das ist ganz schön weit zu Fuß *od* zu laufen | **~inador** *adj* wanderlustig | gut zu Fuß || *s/mf* gute(r) Fußgänger(in *f*) *m* || *s/m pl* (*Kinder*) Lauf-stuhl *m*, -geschirr, Gängelband *n* | *anar sense* ~*s* od *no necessitar* ~*s* (*fig*) auf eigenen Beinen stehen | **~inaire** *m* Straßenarbeiter *m* | **~inal** *m* (Garten)Weg, Pfad *m* | **~inant** *m/f* Wanderer *m*, Wanderin *f* | **~inar** (33) *vi* (zu Fuß) gehen; laufen, wandern | *camines molt de pressa* du gehst sehr schnell | *tu no camines, tu corres* du gehst nicht, du läufst | *aquest cavall no pot* ~ dieses Pferd kann nicht gehen | *el nen ja camina* das Kind kann schon laufen | *hem caminat tot el dia* wir sind den ganzen Tag gelaufen | *vaig a la feina caminant* ich gehe zu Fuß (*od* ich laufe) zur Arbeit | *m'agrada* (*de*) ~ *pel bosc* ich gehe (*od* wandere) gern durch den Wald | ~ *de puntetes* (*de recules, fent saltets*) auf Zehenspitzen (rückwärts, hüpfend) gehen | *els cangurs caminen a salts* Kängeruhs bewegen s. hüpfend fort | *camina que* ~*às* (od *caminant, caminant*), *van arribar a un castell* sie gingen u. gingen immer weiter u. kamen (schließlich) an e. Schloß | **~iner** *adj s: peó* | **~inera** *f* Wanderlust *f*, Prikkeln *n* in den Beinen | **~inet, ~inoi** *m* Pfad, schmale(r) Weg *m*.

cami|ó *m* Last(kraft)wagen, Lkw, *umg* Laster *m* | ~ *cisterna* Tankwagen *m* | ~ *de trabuc* Kipper, Kipplaster *m* | ~ *grua* Abschleppwagen *m* | ~ *pesant* Schwerlaster *m* | ~ *tractor* Sattelschlepper *m* | **~onatge** *m* Spedition *f*, Transport *m* per Lastwagen | Speditions-, Transport-kosten *pl* | **~oner(a** *f*) *m* Lastwagenfahrer(in *f*), Lkw-Fahrer(in *f*) *m* | **~oneta** *f* (offener) Kleinlast-, Liefer-wagen *m*.

camí-raler *m* Straßenarbeiter *m*.

camis|a *f* (Ober)Hemd *n* | *hist* (Unter-)Hemd *n* | (Schutz)Umschlag *m* | Aktendeckel *m* | Glühstrumpf *m* | *tecn* Mantel; Futter *n*; Ver-, Aus-kleidung *f* | ~ *de dormir* Nachthemd *n* | ~ *de força* Zwangsjacke *f* | ~ *de màniga llarga* (*curta*) lang-(kurz-)ärmelige(s) Hemd *n* | *aixecar la* ~ *a alg* (*fig fam*) j-n an der Nase herumführen | *anar en* ~ im (bloßen) Hemd gehen *od* sein | *anar en cos* (od *en mànigues*) *de* ~ in Hemdsärmeln gehen *od* sein | *canviar-se la* ~ das Hemd wechseln | *canviar* *de* ~ (*fig fam*) den Mantel (*od* das Mäntelchen) nach dem Wind hängen | *deixar alg sense* ~ *od amb la* ~ *a l'esquena* (*fig fam*) j-n bis aufs Hemd ausziehen *od* -plündern | *jugar-se la* ~ (*fig fam*) alles aufs Spiel setzen | *quedar-se amb la* ~ *a l'esquena* (*fig fam*) alles bis aufs Hemd verlieren || *s*/*mf polít:* els camises brunes (negres, roges) die Braun-(Schwarz-, Rot-)hemden *n pl* | **~er** *adj: brusa ~a* Hemdbluse *f* | *vestit* ~ Hemdblusenkleid || *s*/*mf* Hemden-näher(in *f*); -verkäufer(in *f*); -fabrikant(in *f*) *m* | **~eria** *f* Hemdenladen *m* | Herrenartikel-geschäft *n*; -industrie | **~eta** *f* = **samarreta** | **~ola** *f* Hemdchen *n* | Rüschenhemd *n* | *hist* Kamisol *n*; Wams *m*.

camos|**a** *adj f: poma* ~ Kantapfel *m* | **~ina** *adj f: pera* ~ (*Art*) Frühbirne *f*.

camp *m a. ling mat fís* Feld *n* | *agr a.* Acker *m* | *fig a.* Gebiet *n*, Bereich *m* | (*im Gegensatz zur Stadt*) Land *n* | *mil* (Schlacht)Feld *n*, (Feld)Lager *m* | *fig* Lager *n* | *esport* (Spiel)Feld *n*, (Sport-)Platz *m* | = **camper**² | *un* ~ *de blat* e. Weizenfeld *n* | *un* ~ *de patates* e. Kartoffelacker *m*, e. Feld *n* mit Kartoffeln | *els* ~*s d'una masia* die Felder *n pl* (*od* das Ackerland) e-s Hofes | *la gent del* ~ die Landbevölkerung *f* | *productes del* ~ landwirtschaftliche Erzeugnisse *n pl*, Feldfrüchte *f pl* | *passar les vacances al* ~ die Ferien auf dem Land verbringen | *a* ~ *obert od ras* auf offenem (*od* freiem) Gelände *od* Feld(e) | ~*s a través* querfeldein | ~ *clos* (*hist*) Turnierplatz *m* | ~ *gravitatori* Gravitations-, Schwere-feld *n* | ~ *magnètic* Magnetfeld, magnetisches Feld *n* | ~ *semàntic* semantisches Feld, Wortfeld *n* | ~ *visual* Blick-, Gesichts-feld *n* | ~ *d'acció* Wirkungs-, Betätigungs-feld *n*, Wirkungs-bereich *m* | ~ *d'aterratge* Landeplatz *m* | ~ *d'audibilitat* Hörbereich *m* | ~ *d'aviació* (*militar*) (Militär)Flugplatz *m* | ~ *de batalla* Schlachtfeld *n*, *lit* Walstatt *f* | ~ *de concentració* Konzentrationslager *n* | ~ *d'esports* Sportplatz *m* | ~ *d'extermini* Vernichtungslager *n* | ~ *de futbol* Fußballplatz *m* | ~ *d'instrucció* Exerzierplatz *m* | *el* ~ *de l'honor* das Feld *n* der Ehre | ~ *de maniobres* Truppenübungsplatz *m* | ~ *de mines*

Minenfeld *n* | ~ *de refugiats* Flüchtlingslager *n* | ~ *de tir* Schießplatz | ~ *de treball* Arbeitslager *n* | *estudi* (*treball*) *de* ~ Feld-studie (-arbeit, -forschung) *f* | *assentar od establir* (*llevar*) *el* ~ (*mil*) das Lager aufschlagen (abbrechen) | *deixar el* ~ *lliure* (*fig*) das Feld räumen | *deixar el* ~ *lliure a alg* (*fig*) j-m das Feld überlassen | *fer el* ~ (*pop!*) abhauen | *haver-hi* (*od tenir*) ~ *per córrer* Spielraum (*od* freie Bahn) haben | **~a** *adj f: terra* ~ Ackerboden *m* (*für Getreide u. Hülsenfrüchte*) | **~al** *adj* (*m*/*f*): *batalla* ~ (*a. fig*) Feldschlacht *f* | *Val* ungezwungen, freimütig | **~ament** *m* (Feld-; Ferien-; Zelt-)Lager *n*, Lagerplatz *m*.

camp|**ana** *f* Glocke *f* | ~ *de bus* Taucherglocke *f* | ~ *de la xemeneia* Rauchfang *m* | ~ *de vidre* Glas-glokke *f*, -sturz *m* | *a toc de* ~ mit dem Glockenschlag; *p ext* streng nach e-r festgelegten Ordnung | *fer* ~ (die Schule) schwänzen | *fer la volta de* ~ e-n Purzelbaum machen *od* schlagen; *aut s.* überschlagen | *llançar les campanes al vol* (*fig*) die Freudenglocken läuten | *sentir tocar campanes* (*i no saber on*) (*fig*) die Glocke läuten hören (aber nicht wissen, wo sie hängt); von etw läuten hören | *tocar* (*ventar*) *les campanes* die Glocken läuten (schwingen) | **~anada** *f* Glockenschlag *m* | **~anar** *m* Glockenturm *m* | Kirchturm *m* | **~aneig** *m* Glockengeläut, Glockenläuten *n* | **~anejar** (33) *vi* anhaltend läuten (*Glocken*) | **~anella** *f* = **picarol** | **~aner**(**a** *f*) *m* Glockengießer(in *f*) *m* | Glöckner(in *f*) *m* | **~aneria** *f* Glockenläuten *n* | *col* Glocken *f pl* (*e-s Glockenturms*) | **~aneta** *f* Glöckchen *n*, Schelle *f* | Tischglocke *f* | *anat fam* Zäpfchen *n*; Pauken-, Trommel-fell *n* | *bot* Glockenblume *f* | **~aniforme** *adj* (*m*/*f*) glockenförmig | **~anòleg** *m* *mús* Glockenspiel *n* | **~ànula** *f bot* = **campaneta** | Marienglockenblume *f* | **~anulat** (-**ada** *f*) *adj bot* glockenförmig | **~anut** (-**uda** *f*) *adj* glockenähnlich | (*Klang, Stimme*) volltönend, dröhnend | *fig* schwülstig; hochtrabend, bombastisch.

camp|**anya** *f poèt* Flur *f*, Gefilde *n* | *mil u. fig* Feldzug *m* | *bes fig* Kampagne *f* | *la* ~ *d'Àfrica* der Afrikafeldzug *m* | *artilleria de* ~ Feldartillerie *f* | *pla de* ~ Feldzugsplan *m* | *tenda de* ~ Zelt *n* |

càmping

emprendre una ~ e-n Feldzug unternehmen | *entrar en ~* ins Feld ziehen | *fer ~ per (contra)* u/c e-e Kampagne für (gegen) etw führen | *~ electoral* Wahlkampf *m* | *~ de premsa* Pressekampagne *f* | *~ publicitària* Werbekampagne *f*, Reklamefeldzug *m* | *agr: la ~ de l'oli* die Ölkampagne | **~anyol** *adj* | **~erol** | **~ar** (33) *vi fam* leben, aus-, durch-, zurechtkommen | *campi qui pugui!* rette s. wer kann! | *quan es va posar a ploure, allò va (és)ser (un) campi qui pugui* als es anfing zu regnen, stoben alle (*od* stob alles) auseinander || *vt ant* (er)retten, bergen | *Bal* vertrösten, hinhalten | **~ar-se** *v/r ant* s. retten, entkommen | *fam: ~-la, ~-les* s. durchschlagen | **~ejar** (33) *vi ant mil* im Felde liegen | s. in der Natur *od* im Freien aufhalten | weiden (*Vieh*) | (*Wappen*) den Grund *od* das Feld bilden | **~er**[1](*a f*) *m reg* Kleinbauer *m*, -bäuerin *f* | **~er**[2] *m* (*Bild*, *Münze*) Grund *m*, Fläche *f* | (*Wappen*, *Flagge*) Grund *m*, Feld *n* | **~erol** *adj* ländlich | bäuerlich, Bauern... | Land..., Feld... | *costums ~s* ländliche (*od* bäuerliche) Sitten *f pl* | *flors ~es* Feldblumen *f pl* | *s/mf* Bauer *m*, Bäuerin *f* | *la guerra dels ~s* der Bauernkrieg || *s/m bot* Feld-, Wiesen-champignon *m* | **~estre** *adj* (*m/f*) *bes bot u. lit* = **~erol**.

càmping *m* Camping *n* | Campingplatz *m* | *guia de ~s* Campingführer *m* | *fer (anar de) ~* campen (gehen).

campinyià *m hist* Campignien *n*.

campi|ó *m hist* Turnierkämpfer, Kämpe *m* | *fig* Verfechter, Vorkämpfer *m* | *esport* Meister, Champion *m* | *~ d'Europa (del món)* Europa-(Welt-)meister *m* | *~ olímpic (de Copa)* Olympia-(Pokal-)sieger *m* | **~ona** *f esport* Meisterin *f* | **~onat** *m* Meisterschaft *f*, Championat *n* | Meisterschaftskampf *m* | *disputar un ~* e-e Meisterschaft austragen | *guanyar el ~ mundial* die Weltmeisterschaft gewinnen.

camp|ir (37) *vt pint* grundieren | **~us** *m* Campus *m*, Universitätsgelände *n*.

camufla|ment *m* Tarnung *f* | **~r(-se)** (33) *vt(/r)* (s.) tarnen.

camús (-usa) *f*) *adj* (*Nase*) stumpf; Stumpf... | (*Person*, *Tier*, *Gesicht*) stumpfnasig.

camussa *f zool* = **isard** | Sämischleder,

Chamois(leder) *n* | *p ext* Auto-, Fensterleder *n*.

camut (-uda) *f*) *adj* mit stämmigen Beinen.

can (*Kontraktion*) = **ca**^{2} + **en**^{3}.

cana *f ant* = **canya** | *ant*: Längenmaß von etwa 1.60 m | Fischwehr *n*.

Can|à *m* Kana *n* | *les noces de ~* die Hochzeit zu Kana | **~aan** *m* Kanaan *n*.

canabassa *f bot* Wasser-dost, -hanf *m*, Kunigundenkraut *n*.

canac *m* Kanake *m*.

Canadà *m: el ~* Kanada *n*.

canadella *f* = **setrill** | *ecl* Meßkännchen *n* | *pl* = **setrilleres**.

canadenc *adj* kanadisch || *s/mf* Kanadier(in *f*) *m*.

canal *m a. anat geog telecom fig* Kanal *m* | Wasserstraße *f* | Fahr-rinne *f*, -wasser *n* | *~ de drenatge* Abfluß- *od* Entwässerungs-kanal *m* | *el ~ de la Mànega* der (Ärmel)Kanal *m* | *~ digestiu* Verdauungskanal *m* | *~ industrial* Werkkanal *m* | *~ de navegació* Schiffahrtskanal *m* | *~ de regatge* Bewässerungskanal *m* || *s/f* Kanal *m*, Rohr *n*, Leitung *f* | Dachrinne, Traufe *f* | Traufziegel *m* | Rinne, Furche *f* | Rille, Kannelur *f* | (*Stoff*)Falte *f* | (*Bücher*) ausgekehlter Schnitt *m* | Hohlweg *m* | Talenge, Schlucht *f* | enges Tal *n* | *obrir en ~* (*Schlachtvieh*) längs auf-schneiden, -schlitzen | **~é** *m* (*pl -és*) (*Stricken*) Rippenmuster *n* | (*Pullover*) *a*. Bund *m* | **~era** *f* (*Dach*) Nonnenrinne *f*; = **canal** | *a la mare, els ulls li feien ~* Mutters Augen schwammen in Tränen | **~eta** *f* (*Säule*) Rille, Kannelur *f* | **~ís** *m* (*pl -issos*) Fahrrinne *f* | **~itzable** *adj* (*m/f*) kanalisierbar | **~ització** *f* Kanalisation *f* | *fig* Kanalisierung *f* | **~itzar** (33) *vt a. fig* kanalisieren | (*Wasser*) in Rohre leiten.

canall|a *f col arc* Gesindel, Pack *n*, Kanaille *f* | *col fam* Kinder *n pl* || *s/m* Lump, Schuft *m*, Kanaille *f* | **~ada** *f* Kinderei *f* | *col* Kinderschar *f* | Gemeinheit, Schurkerei *f* | **~er** *adj* kinderlieb.

canaló *m kl(r)* Kanal *m* | Dachrinne *f*.

canana *f* Patronengurt *m*.

cananeu (-ea) *f*) *adj* kanaanäisch || *s/mf* Kanaaniter(in *f*) *m* || *s/m ling* Kanaanäisch *n* | *el ~* das Kanaanäische.

canapè *m (pl -ès) a. gastr* Kanapee *n*.

canar *m dr* = **androna**.
canari (-ària *f)* *adj* kanarisch | *les* (*illes*) *Canàries* die Kanarischen Inseln, die Kanaren *f pl* ‖ *s/mf* Kanarier(in *f*) *m* ‖ *s/m ornit* Kanarienvogel *m* | Kanarienhahn *m* ‖ *s/f ornit* Kanarienweibchen *n* ‖ *s/m pl bot* Fremdländische Kapuzinerkresse *f*.
canastr|a *f* Weidenkorb *m* (*mit zwei Henkeln*) | (*Spiel*) Canasta *n* | **~ell** *m* kl(r) Henkelkorb *m* | Fisch-; Frettchen-korb *m* | **~ó** *m* Waagebalken *m*.
canat *m* Rohrgeflecht *n* | Getreide-korb *m*, -behälter *m* | geflochtene Reuse *f*.
canca *f* = **cancaneta**.
can-can *m* Cancan *m*.
cancaneta *f*: *fer* ~ *a alg* j-m hinaufhelfen (*mit gebeugtem Rücken od gekreuzten Händen*).
cancell *m* (*Tür*) Windfang *m*.
cancel·l|ació *f* Annullierung, Rückgängigmachung *f* | Löschung *f* | Streichung *f* | **~ar** (37) *vt bes adm dr com* ungültig (*bzw* rückgängig) machen | (*Urkunde, Eintragung*) löschen | (*Scheck*) sperren | (*Auftrag*) zurückziehen; streichen, stornieren | (*Schuld*) tilgen, streichen | (*Verabredung, Reise*) absagen | (*Zug, Flug*) ausfallen lassen, streichen | (*Abonnement*) kündigen.
canceller *m* Kanzler *m* | **~esc** *adj* Kanzler... | *estil* ~ Kanzleistil *m* | **~ia** *f* Kanzler-amt *n*, -schaft *f* | (Staats-) Kanzlei *f*.
càncer *m med* Krebs *m* | *astr*: ⚹ Krebs *m*.
cancer|iforme *adj* (*m/f*) *med* krebsartig, -ähnlich | **~igen (-ígena** *f) adj med* kanzerogen, krebserzeugend | **~ologia** *f med* Kanzerologie *f* | **~ós (-osa** *f) adj* krebsartig, kanzerös | *ung* verkrebst | Krebs... ‖ *s/mf* Krebskranke(r *m*) *m/f*.
canç|ó *f* Lied *n* | Gesang *m* | Chanson *n*; Song *m* | *Lit* Kanzone; Chanson *f*; Minnelied *n* | ~ *popular* Volkslied *n* | ~ *d'amor* (*de bressol*) Liebes-(Wiegen-) lied *n* | ~ *de gesta* Heldenepos *n* | ~ *de moda* Schlager *m* | ~ *de protesta* Protestsong *m* | *fig: la mateixa* ~ *od la* ~ *de sempre* das alte Lied | *és la* ~ *de l'enfadós!* es ist immer dieselbe Leier! ‖ *pl fig pl* dummes Gewäsch *n*, faule Ausreden *f pl* | **~onaire** *m/f* Liederkenner(in *f*) *m* | **~onejar** (33) *vi* trödeln, bummeln | mit faulen Ausreden kommen | **~oner**[1] *m Lit* Liederhandschrift *f*; Chansonnier *m* | Lieder-buch *n*, -sammlung *f* | **~oner**[2] *adj* tranig, trödlerisch | **~oneria** *f* Tranigkeit, Trödeln *n* ‖ *pl* Flausen *f pl*, dummes Geschwätz *n* | **~oneta** *f* Liedchen *n* | Chanson(n)ette *f* | **~onetista** *m/f* Chansonnier *m*, Chansonette *f*, Chansonsänger(in *f*) *m*.
cancriforme *adj* (*m/f*) *zool* krebsförmig | *med* = **canceriforme**.
candel|a *f* (Wachs)Kerze | *fts* Candela *f* | Eiszapfen *m* | *fam* Rotz *m* | *bot* (Blüten)Kerze *f* | (*Kiefer, Eiche*) Schößling *m*, Knospe *f* | ~ *de bruc* (*Pilz*) Mönchskopf *m* | *em cau la* ~ meine Nase läuft | *s'ha acabat la* ~ (*fig*) die Zeit ist um | **~er** *m* Kerzen-gießer, -zieher *m* | Kerzenhalter *m* | **~era** *f* Kerzenkasten *m* | *bot* Königskerze *f* | *ecl: la* ⚹ (*fam*) Mariä Lichtmeß, Mariä Reinigung *f* | **~eta** *f* Kerzlein *n* | *esperar alg od u/c amb candeletes* (*fig*) s. sehr auf j-n *od* etw freuen.
candent *adj* (*m/f*) glühend | weiß- *od* rotglühend | *fig: un problema* ~ e. brennendes Problem.
candi[1] *adj m: sucre* ~ Kandiszucker *m* ‖ *s/m* Kandis *m*.
candi[2] (**càndia** *f*) *adj* = **càndid**.
càndid(ament *adv) adj* naiv, einfältig.
candidat(a *f*) *m* Kandidat(in *f*), (Amts-) Bewerber(in *f*) *m* | **~ura** *f* Kandidatur *f* | Bewerbung *f* | Kandidaten-, Vorschlags-liste *f*.
candidesa *f* Naivität, Einfalt *f*.
candi|ment *m* Siechtum *n* | Dahinsiechen *n* | **~r** (37) *vt* kandieren | **~r-se** *v/r* (dahin)siechen | allmählich verfallen.
candor *m/f* Unschuld, Einfalt *f* | Treuherzigkeit, Arglosigkeit *f* | **~ós (-osa** *f*, **-osament** *adv*) *adj* unschuldig, einfältig | treuherzig, arglos.
canèfora *f hist* Kanephore *f*.
caneja|dor *m* Feldmesser *m* | **~r** (33) *vt* (ver)messen.
canell *m* Handgelenk *n* | **~a** *f* Brunnenrohr *n* | *anat* = **canyella**[2].
caneló *m mst pl gastr* Cannelloniröllchen *n* ‖ *pl* Cannelloni *pl*.
canelobre *m* Armleuchter, Kandelaber *m*.
cànem *m* Hanf *m* | ~ *de Manila* Manilahanf *m* | ~ *indi* Indischer Hanf *m* | *corda de* ~ Hanfseil *n*.
canem|ar *m* Hanf-pflanzung *f*, -feld *n* | **~às** *m* (*pl -assos*) Stramin *n*, Kanevas *m*, Gitterleinen *f* | *fig* Rohentwurf *m*, Gerippe *n* | **~era** *f* Hanf-feld *n*, -aus-

saat f | **~uixa** f Hanfschäbe f.
caner adj Hunde... ‖ s/mf Hunde-fänger(in f) bzw -wärter(in f) m ‖ s/f Hundeheim n | Bal = **gossera**.
canescent adj (m/f) bot mit weißen Härchen bedeckt.
canesú m (pl -ús) Leibchen n.
canet m irdene Schnapsflasche f | (Bier) Liter-, Maß-krug m.
cangrea f nàut Gaffelsegel n.
cangrí f arg Kittchen n.
cangueli m fam Bammel, Schiß m.
cangur m zool Känguruh n | Babysitter m.
caní (-ina f) adj Hunde... | raça canina Hunderasse f | dent canina Eckzahn m; (Tier) Reiß-, Fang-zahn m | fam canina (fig) Bären-, Wolfs-, Heiß-hunger m.
can|íbal m/f Kannibale m, Kannibalin f, Menschenfresser(in f) m ‖ adj kannibalisch | **~ibalesc** adj kannibalisch | **~ibalisme** m Kannibalismus m, Menschenfresserei f.
canic m reg Hündchen n.
canície f graues Haar n | fig Alter n.
can|ícula f Hundstage m pl, Sommerhitze f | **~icular** adj (m/f) hochsommerlich | dies **~s** Hundstage m pl.
cànids m pl zool Hunde, Caniden m pl.
canilla¹ f caç Meute f.
canilla² f tèxt = **bitlla**.
cannabàcies f pl bot Hanfgewächse n pl.
cannàcies f pl Blumenrohrgewächse n pl.
canó m Rohr n; Röhre f | anat fam Schlund m | mil Kanone f, Geschütz n | ornit Federkiel m; Flaumfeder f | (Gewehr) Lauf m | (Nähgarn) Rolle f | (Orgel) Pfeife f | **~ de l'aigua** (del gas) Wasser-(Gas-)rohr n | **~ de xemeneia** Schornstein m, Kaminrohr n | a boca de **~** (Schuß) aus kürzester Entfernung | mil: **~ antiaeri** (antitanc) Flak-(Panzerabwehr-)geschütz n | carn de **~** (fig) Kanonenfutter n.
cano|a f nàut Kanu n | Einbaum m | **~ca** f (bes Mais) Rohr n, Halm m | **~er(a** f) m Kanufahrer(in f), Kanute m, Kanutin f.
cànon m art catol mús Kanon m | Leitfaden m, Richtschnur f | dr adm Pacht(zins m) f | gràf Kanon f, Drei Cicero f.
canon|ada f (Rohr)Leitung f | Wasserleitung f | mil Kanonenschuß m | batre a canonades mit Artilleriefeuer beschießen | han tirat deu canonades es wurden zehn Kanonenschüsse abgefeuert | **~ar** (33) vi die ersten Federn bekommen (Vögel) ‖ vt tèxt (Kops, Bobine) aufwickeln | **~eig** m Geschützfeuer n, Beschießung f (mit Kanonen) | Kanonade f, Geschützfeuer n | **~ejar** (33) vt mit Kanonen beschießen, mit Geschützfeuer belegen; arc kanonieren | **~er** adj Kanonen..., llanxa **~a** Kanonenboot n ‖ s/mf tèxt Bobinenaufwickler(in f) m | **~era** f Schießscharte f | **~et** m Röhrchen n.
can|onge m ecl Dom-, Chor-, Stifts-herr m, Kanoniker, Kanonikus m | fer vida de **~** (fig) e. sorgloses Leben führen | **~ongessa** f Stiftsdame, Chorfrau, Kanonisse f | **~ongia** f Kanonikat n | fig Pfründe f, einträglicher, ruhiger Posten m | **~ònic** adj kanonisch | dret **~** kanonisches Recht n | **~ònica** f Chorherrenstift n | **~onical** adj (m/f) kanonisch, Kanoniker..., Kanonikats... | **~onicat** m = **~ongia** | **~onista** m Kanonist | **~onitzable** adj (m/f) kanonisierbar | **~onització** f Kanonisation, Heiligsprechung f | **~onitzar** (33) vt kanonisieren, heiligsprechen.
canor adj poèt melodisch singend | els ocells **~s** die Singvögel m pl.
canós (-osa f) adj grauhaarig, weißhaarig.
canot m esport Paddelboot n | **~ier** m flacher Strohhut m (mit steifer Krempe); umg Kreissäge f.
cansalad|a f Speck m | **~ fumada** Räucherspeck m | **~ viada** magerer Speck | fam: suar la **~** stark schwitzen; fig s. ins Zeug legen, s. abplagen | **~er(a** f) m Schweinemetzger(in f) m | **~eria** f Schweinemetzgerei f.
cans|ament m Müdigkeit | Ermüdung f | Überdruß m | **~ar** (33) vt ermüden, müde machen | (über)anstrengen, strapazieren | belästigen, langweilen | **~ la vista** od els ulls die Augen anstrengen od strapazieren | **~ -se** v/r ermüden, müde werden | **~ d'alg** od d'u/c j-n od etw satt haben od leid sein; etw überhaben; lit j-s od e-r Sache müde (od überdrüssig) sein bzw werden | s'han cansat de no fer res sie sind des Nichtstuns überdrüssig | m'he cansat d'avisar-lo, però no em vol escoltar ich habe ihn immer wieder gewarnt, aber er will nicht auf mich hören | no es cansen mai de jugar sie werden nie müde (od satt) zu spielen | no us hi canseu, que no ho entendran! gebt euch k-e Mühe, sie werden es doch

cant nicht verstehen! | *no t'hi cansis gaire!* überanstrenge dich nicht (dabei)! | **~at** (**-ada** *f*) *adj* ermüdet | müde | ermüdend, anstrengend, mühsam, beschwerlich | *estic ~ de dir-t'ho* ich bin es leid (*od umg* habe es satt), dir das immer wieder zu sagen | **~ós** (**-osa** *f*) *adj reg* = **~at, fatigós**.

cant *m* Singen *n* | *a. Lit* Gesang *m* | *ecl mús* Cantus, Gesang *m* | (Grille, Zikade) Zirpen *n* | (Hahn) Krähen *n* | (Vogel, Zikade, Geige) Gesang *m* | *el ~ d'una cançó* das Singen (*od* der Gesang) e-s Lieds | *se sentien ~s i rialles* man hörte Singen u. Lachen *od* Gesang u. Gelächter | *~ coral* Chorgesang *m* | *~ gregorià* Gregorianischer Gesang *m* | *~ pla* (*mús*) Cantus planus *m* | *~s tribals* Stammesgesänge *m pl* | *~ del cigne* Schwanengesang *m* | *~ de sirena* Sirenengesang *m* | *mestre de ~* Gesangslehrer *m* | *aprendre* (*el*) *~* Gesangsunterricht nehmen | **~àbil** *m mús* Kantabile *n* | **~able** *adj* (*m/f*) sangbar | *mús a.* kantabel.

càntabre (**-a** *f*) *m* Kantabrer(in *f*) *m*.

cantàbric *adj* kantabrisch | *la mar* (*serralada*) *~a* das Kantabrische Meer (Gebirge).

canta|da *f* (Lieder)Singen *n*, Gesang *m* | Gesangsvortrag *m* (*bes von volkstümlichen Liedern*) | *fig fam* Schnitzer, Patzer *m* | **~dissa** *f col* Gesang *m* | (Vögel) *a.* Gezwitscher *n* | **~dor** *adj* sangesfreudig -froh, -lustig | **~ire** *adj* (*m/f*) = **~dor** || *s/m/f* (Chor)Sänger(in *f*) *m*.

cantal *m Val* (Gerröll)Stein *m* | **~ada** *f Val* Steinwurf *m* | *va rebre una ~* er wurde von e-m Steinwurf getroffen.

canta|nt *m/f* Sänger(in *f*) *m* | *un ~ d'òpera* (*de jazz*) e. Opern-(Jazz-)sänger *m* | **~r** (33) *vi* singen (*a.* Vögel, Zikade, Geige) | *fig fam* singen, auspacken; übel riechen, stinken; unpassend (*od* störend) wirken | *~ com una calàndria od un rossinyol* wie e-e Lerche (*od* Nachtigall) singen | *~ en cor* im Chor singen | *fer ~ alg* (*a. fig*) j-n zum Singen bringen | *vt* singen | lobpreisen, besingen | mit singender Stimme ausrufen *od* verlesen | *fig fam* verraten, auspacken | *~ missa* (s-e erste) Messe zelebrieren | *~ les absoltes a alg od u/c* j-n (*fig fam*) *od* etw abschreiben | *~ les veritats od ~les* (*clares*) *a alg*

(*fig fam*) j-m gründlich die (*od* s-e) Meinung sagen | **~rella** *f* (eigenartiger) Tonfall *m* | Singsang *m* | **~rellejar** (33) *vi* e-n besonderen Tonfall haben.

cantàrida *f entom* Kantharide *f*.

cant|ata *f mús* Kantate *f* | **~atriu** *f* (Konzert)Sängerin *f* | **~autor(a** *f*) *m* Liedermacher(in *f*) *m*.

cantell *m* Kante *f* | (*Brot*) Kanten, Knust *m* | *posar u/c de ~* etw kanten *od* auf die Kante stellen | **~atge** *m bot* = **tortellatge** | **~ejar** (33) *vt indús* abschrägen, abkanten || *vi* kantig sein | **~ós** (**-osa** *f*), **~ut** (**-uda** *f*) *adj* kantig | *a. fig* eckig, spitz.

cànter *m reg* = **càntir**.

cantera[1] *f gr*(*r*) Stein, Felsblock *m*.

cantera[2] *f* Singlust *f*.

càntera[1] *f* Henkelkrug *m*.

càntera[2] *f ict* Brand- *od* Streifenbrassen *m*.

canterano *m* (*Art*) Kommode *f*.

canterell *m* Krüglein *n* | Zierkrug *m*.

càntic *m* Lob-gesang *m*, -lied *n* | *bíbl: el ~ dels ~s* das Lied der Lieder, das Hohelied.

canti|cela *f* = **cantúria** | **~lena** *f Lit mús* Kantilene *f*.

cantimplora *f* Feldflasche *f*.

cantin|a *f* Kantine *f* | **~er(a** *f*) *m* Kantinenwirt(in *f*) *m* || *s/f hist* Marketenderin *f*.

càntir *m* Trinkkrug *m* (*oben mit Henkel u. zwei Tüllen*) | *ant*: Öl- *od* Weinmaß von etwa 11 *l* | *fig: anar-se'n com el broc del ~* Durchmarsch (*od* Dünnpfiff) haben.

cantire|r(a *f*) *m* Töpfer(in *f*) *m* || *s/m* Krugständer *m* | **~t** *m* Krüglein *n* || *pl bot* Mannschild *m*.

cant|ó *m* Ecke *f* | *fam* = **banda**[2], **costat** | *adm* Kanton *m* | (*Heraldik*) (rechtes Ober)Eck *n* | *quatre cantons* (Weg-, Straßen-)Kreuzung *f* | *no saber cap a quin ~ girar-se* (*fig*) nicht aus noch ein wissen; vor Scham vergehen | **~onada** *f* (Straßen)Ecke *f* | *la botiga de la ~* das Geschäft an der Ecke | *la casa que fa ~* das Eckhaus | **~onal** *adj* (*m/f*) kantonal | Kantonal..., Kantons... | **~oner** *adj* Eck... || *s/f* Eckbrett *n* | Ecktisch *m* | Kante(nschutz *m*) *f* | Eckbeschlag *m* (*a. an Büchern*) | Randverzierung *f*.

cant|or(a *f*) *m lit* Sänger(in *f*) *m* | *els Petits ~s de Viena* die Wiener Sängerknaben *m pl* | *un ~ de l'amor* e. Sänger der Liebe | **~oral** *m ecl* Chorbuch; Gesangbuch *n* | **~úria** *f col* Gesang *m* | **~ussar, ~ussejar** (33) *vi* vor sich hin singen | **~ussol** *m* Singsang *m*, Singerei *f* | *fer el ~* quengeln (*Kind*).

canudera *f bot* Gefiederte Zahnwurz *f*.
cànula *f med* Kanüle *f*.
canu|sir (37) *vi lit* weiß werden (*Haare*) | **~t** (**-uda** *f*) *adj* grauhaarig, weißhaarig.
canvi *m a.* *econ* (Aus-, Um-)Tausch *m* | Wechsel *m* | (Ver)Änderung *f* | Umstellung *f* | Wandel *m* | Abwechslung *f* | *econ a.* (Geld)Umtausch, (Geld)Wechsel *m*; (Wechsel)Kurs *m* | Wechselgeld *n*; (*Münzen*) Kleingeld *n* | ~ *fonètic* (*ling*) Lautwandel *m* | ~ *de direcció* (*de govern*) Richtungs-(Regierungs-)wechsel *m* | ~ *de marxes* (*aut*) Gang-schaltung *f* | ~ *de moda* Modewandel *m* | ~ *de notes diplomàtiques* diplomatischer Notenaustausch *m* | ~ *de presoners* Gefangenenaustausch *m* | ~ *de temps* Wetterveränderung *f* | *casa* (*taxa*) *de* ~ Wechsel-stube *f* (-kurs *m*) | *el temps ha fet un* ~ das Wetter ist umgeschlagen | *guanyar* (*perdre*) *en el* ~ e-n guten (schlechten) Tausch machen | *quedi's el* ~*!* der Rest ist für Sie! | *té* ~ *de cinc mil pessetes?* können Sie auf fünftausend Peseten heraus- (*od umg* raus-)geben? | *no tinc* ~ ich kann leider nicht wechseln | *tornar el* ~ *a alg* j-m (Wechselgeld) herausgeben; *fig* j-m etw heimzahlen | *a* (*od en*) ~ dafür | *en* ~ *da-*, hin-gegen | *què t'han donat en* ~*?* was hat man dir dafür gegeben? | *ell, en* ~, *hi estava d'acord* er dagegen war damit einverstanden | **~able** *adj* (*m/f*) (aus-, um-)tauschbar | veränderbar | wandelbar | auswechselbar | verstellbar | **~ador(a** *f*) *m econ* Wechsler(in *f*) *m* | **~ant** *adj* (*m/f*) *s.* verändernd, wechselnd | veränderlich | **~ar** (33) *vt* (aus-, um-)tauschen | (aus)wechseln | (ver)ändern | um-, ver-wandeln | (*Geld*) (ein-, um-)wechseln; (*in e-e andere Währung*) *a.* umtauschen | ~ *segells* Briefmarken (aus)tauschen | ~ *els llençols* die Bettwäsche wechseln; das Bett frisch beziehen | ~ *el mobiliari de la sala* das Wohnzimmer neu möblieren | ~ *una roda* (*l'oli*) e. Rad (das Öl) wechseln | ~ *les sabates* die Schuhe umtauschen (*im Geschäft*) | ~ *el rumb* den Kurs ändern od wechseln | ~ *mirades* (*impressions*) Blicke (Eindrücke) wechseln *od* (aus)tauschen | ~ *el nen* das Kind frisch wickeln | *la malaltia l'ha canviat* die Krankheit hat ihn verändert | ~ *de lloc els mobles* die Möbel umstellen | ~ *de test una planta* e-e Pflanze umtopfen | ~ *de llit un malalt* e-n Kranken umbetten | *voldria* ~ *marcs en pessetes* ich möchte Mark in Peseten umtauschen *od* (ein-, um-)wechseln | *la bruixa els va* ~ *en porcs* die Hexe verwandelte sie in Schweine | *et canvio la baldufa pel rellotge* ich tausche dir den Kreisel gegen die Uhr | *l'han canviat per un de més jove* man hat ihn durch e-n Jüngeren ersetzt | *no em ~ia per ningú* ich möchte mit niemandem tauschen || *vi s.* (ver)ändern, anders werden | *s.* wandeln | wechseln | *no ~às mai* du wirst dich nie ändern | *com has canviat!* du hast dich aber verändert! | *tot canvia* alles wandelt s. | *no ha canviat res* es hat s. nichts verändert | *el temps ha canviat* das Wetter hat s. geändert *od* (plötzlich) ist umgeschlagen | ~ *de direcció* (*d'opinió*) die Richtung (s-e Meinung) ändern *od* wechseln | ~ *de domicili* (*de feina, d'ofici*) den Wohnsitz (die Stelle, den Beruf) wechseln | ~ *de casa* umziehen | ~ *de color s.* verfärben, die Farbe wechseln | ~ *de marxa* (*aut*) (um)schalten | ~ *de canal od de programa* (*tv*) (auf e-n anderen Kanal *od* e. anderes Programm) umschalten | ~ *de tren* (bzw *d'autobús* usw) umsteigen | *la casa ha canviat d'amo* das Haus hat den Besitzen gewechselt | **~ar-se** *v/r s.* umziehen, die Kleider (bzw die Wäsche) wechseln | *canvia't les sabates!* zieh (dir) andere Schuhe an! | *les rialles van* ~ *en ploralles* das Lachen ging in Weinen über | **~sta** *m/f econ* Wechsler(in *f*) *m*.

cany|a *f bot* Rohr (*a. Stengel, Stück*), bes Pfahlrohr *n*, Riesenschilf *m* | (*Getreide*) Halm *m* | (a. ~ *de pescar*) Angelrute *f* | Zuckerrohrschnaps *m* | (*Ruder, Säule, Schlüssel, Stiefel*) Schaft *m* | (*Strumpf*)Bein *n* | (*Bier*) kl(s) Glas *n* | *anat fam* Luftröhre *f*; = **~ella**[2] | ~ *d'Amèrica od americana* Bambus(rohr *n*) *m* | ~ *d'Índia od de rosaris* Blumenrohr *n*, Schwanenblume *f* | ~

dolça od *de sucre* Zuckerrohr *n* | *córrer canyes* (*hist*) mit Rohren (*statt mit Lanzen*) turnieren | (*és*)*ser prim com una* ~ spindeldürr sein | *no deixar* ~ *dreta* (*fig*) k-n Stein auf dem anderen lassen | ~**ada**¹ *f* enges Tal *n* (*mit Röhricht*) | ~**ada**² *f* (*Angel*) Auswerfen *n* | ~**aferla** *f bot* Riesenfenchel *m* | ~**afístula** *f bot* Röhrenkassie *f* | ~**mel** *f bot* Zuckerrohr *n* | ~**amelar** *m* Zuckerrohrpflanzung *f* | ~**ar** *m col* Rohr, Röhricht *n* | ~**avera** *f*, ~**a-xiula** *f bot* = ~**ís** | ~**ella**¹ *f* Zimt *m* | ~**ella**² *f anat* Schienbein *n* | ~**eller** *m bot* Zimtbaum *m* | ~**ellera** *f esport* Beinschutz *m* | ~**er** *m bot* = **canya** | = ~**ar** | ~**et** *m* Schind-acker, -anger *m* | *anar-se'n al* ~ (*pop*) krepieren, ins Gras beißen | ~**eta** *f bot* = ~**ís** | ~**ís** *m* (*pl* -*issos*), ~**issa** *f* Rohrgeflecht *m* | *bot* Schilf(rohr) *n* | ~**issada** *f constr* Rohrdeckengeflecht *m* | ~**issar** *m col* Röhricht, Schilf, Ried *n* | ~**issat** *m* (*Fischerei*) Meeräschenringwade *f* | ~**isser** *m col* Röhricht, Schilf, Ried *n* | ~**iula** *adj* (*m/f*) spindeldürr || *s/m* Lulatsch *m* || *s/f* Hopfenstange *f* | ~**ó**¹ *m anat fam* Schlund, Rachen *m* | ~**ó**² *m geol* Cañon *m* | ~**oca** *f* = **canoca** | ~**ota** *f bot* Mohrenhirse *f*.

caoba *f bot* Mahagonibaum *m* | Mahagoni(holz) *n*.

caolí *m min* Kaolin *n*, Porzellanerde *f*.

ca|os *m* Chaos *n* | ~**òtic**(**ament** *adv*) *adj* chaotisch.

cap¹ *m* Kopf *m*, *lit* Haupt *n* | ~ *blanc* weißes Haar *n* (*s: capblanc*) | ~ *d'escarola* Kraus-kopf *m*, -haar *n* | ~ *pelat* kahler Kopf, Kahlkopf *m* | ~ *de mort* Totenkopf *m* | ~ *de turc* (*fig*) Sündenbock *m* | *abaixar el* ~ (*a. fig*) den Kopf senken *od* einziehen; *fig a.* s. fügen, s. beugen | *alçar el* ~ den Kopf hochheben; *fig* (wieder) auf die Beine kommen, s. aufrappeln | *amagar el* ~ *sota l'ala* (*fig*) den Kopf in den Sand stecken | *anar amb el* ~ *alt* (*a. fig*) den Kopf hoch tragen (*s: capalt*) | *anar amb el* ~ *baix* od *cot* od *jup* (*a. fig*) den Kopf hängen lassen (*s: capbaix*) | *anar amb el* ~ *sota l'ala* (*fig*) die Flügel hängen lassen | *fer un* ~ *nou a alg* (*fig*) j-n zusammenschlagen *od* verprügeln | *haver-se'n d'estrènyer el* ~ (*fig*) s. fügen müssen | *no mirar* ~ *ni cara* (*fig*) auf niemanden Rücksicht nehmen | *el vi* (*la fama*) *t'ha pujat al* ~ der Wein (der Ruhm) ist dir in den Kopf (zu Kopf) gestiegen | *em surt fum del* ~ (*fig*) mir raucht der Kopf | *tallar* (*od llevar*) *el* ~ *a alg* j-n köpfen, j-n (um) e-n Kopf kürzer machen | *tenir el* ~ *espès* od *carregat* e-n dicken (*od* schweren) Kopf haben | *no tenir* (*ni*) ~ *ni peus* weder Hand noch Fuß haben | *treure el* ~ *per la finestra* den Kopf aus dem Fenster strecken | ~ *per amunt* aufrecht, nach oben | ~ *per avall* umgekehrt, nach unten; *fig* bergab | *tota la casa estava* ~ *per avall* das ganze Haus stand auf dem Kopf | *de* ~ (*a. fig*) kopfüber | *de* ~ *a peus* (*a. fig*) von Kopf bis Fuß | *entre* ~ *i coll* (*fig*): *m'ha engegat tot de retrets entre* ~ *i coll* er hat mir lauter Vorwürfe an den Kopf geworfen | *la mare tenia entre* ~ *i coll que es fes capellà* die Mutter hatte s. in den Kopf gesetzt, daß er Pfarrer werden sollte || *fig* (*Sitz des Lebens*) *demanar el* ~ *d'alg* j-s Kopf fordern | *posar preu al* ~ *d'alg* e-n Preis auf j-s Kopf aussetzen | *li va el* ~ es geht um s-n Kopf | *m'hi jugaria el* ~ darauf würde ich meinen Kopf wetten | *pel meu* ~! u. koste mein Leben! || *fig* (*Sitz des Intellekts, des Willens*) *m'ha fugit* (*od se me n'ha anat*) *del* ~ es ist mir entfallen | *no se me'n va del* ~ es geht mir nicht aus dem Kopf | *em balla pel* ~ ... ich erinnere mich dunkel ...; mir geht durch den Kopf ...; ich spiele mit dem Gedanken ... | *buidar-se* ~ *en u/c* mit rauchendem Kopf über etw sitzen | *dur* (*od portar*) *u/c de* ~ s. etw in den Kopf gesetzt haben, etw im Schilde führen | *això no m'entra* (*od no em cap*) *al* ~ das will mir nicht in den Kopf | *escalfar el* ~ *a alg* j-n aufhetzen | *s'escalfa el* ~ *estudiant* ihm raucht der Kopf vom Lernen | *ens vam escalfar el* ~ *discutint* wir redeten uns die Köpfe heiß | (*és*)*ser un* ~ *buit* (*od d'ase, de ruc, de carbassa*) e. Dumm- (*od* Hohl-, Schafs-, Stroh-)kopf sein | (*és*)*ser un* ~ *calent* (*od boig, de trons*) e. Hitz- (*od* Rappel-, Knall-)kopf sein | (*és*)*ser un* ~ *desgavellat* e. Wirrkopf sein | (*és*)*ser un* ~ *fluix* e. Schwachkopf sein | (*és*)*ser un* ~ *lleuger* od *verd, de pardals* e. Leichtfuß (*od* Luftikus, Hallodri) sein | (*és*)*ser un mal* ~ e. Taugenichts sein | (*és*)*ser un* ~ *quadrat* e. Quadratschädel (od Dickkopf) sein | (és)ser un ~ de ferro geistig unermüdlich sein | estar malament (od no estar bé) del ~ nicht ganz richtig im Kopf sein | fer el ~ viu die Augen offen halten; auf Draht sein | fer u/c amb el ~ etw mit Köpfchen machen | fer (od obrar) del seu ~ von s. aus (od aus eig enem Antrieb) handeln | inflar el ~ d'alg j-m e-n Floh ins Ohr setzen | omplir el ~ a alg auf j-n einreden | passar a alg pel ~ j-m in den Kopf od Sinn kommen | perdre el ~ den Kopf verlieren | aquesta noia li ha fet perdre el ~ dieses Mädchen hat ihm den Kopf verdreht | posar a alg un ~ com un timbal od tres quartans j-m in den Ohren liegen | posar-se (od ficar-se) u/c al ~ s. (dat) etw in den Kopf setzen | tenir ~ Köpfchen haben | tenir un bon od molt de (poc de) ~ (k)ein kluger Kopf sein | tenir el ~ dur e-n dicken Schädel haben; schwer von Begriff sein | tenir el ~ ple de vent (od de fum, de pardals, de pardalets, de grills) od tenir pardal(et)s al ~ Flausen (od Grillen, Rosinen) im Kopf haben | tenir el ~ buit od no tenir res al ~ e-n hohlen Schädel haben | només té al ~ el futbol er hat nichts anderes als Fußball im Kopf od im Sinn | ja no sé on tinc el ~ ich weiß kaum mehr, wo mir der Kopf steht | trencar-se el ~ s. den Kopf zerbrechen | treure a alg u/c del ~ j-m etw ausreden | no puc treure-m'ho del ~ es geht mir nicht aus dem Kopf | treu-t'ho del ~! schlag es dir aus dem Kopf! || fig (Einzelwesen) a dos per ~ pro Kopf zwei Stück | cent ~s de bestiar hundert Stück Vieh | fig (oberer od vorderer Teil; äußerster Teil) les flors deixen penjar els ~s die Blumen lassen die Köpfe hängen | els ~s nevats dels Pirineus die schneebedeckten Gipfel (od lit Häupter) der Pyrenäen | el ~ d'una agulla (d'un martell) der Kopf e-r Nadel (e-s Hammers); e. Nadel-(Hammer-)kopf | el ~ del nas (de la llengua, dels dits) die Nasen-(Zungen-, Finger-)spitze | els dos ~s d'una corda die beiden Enden e-s Seils | he recorregut el carrer d'un ~ a l'altre ich bin die Straße von einem Ende bis zum andern abgegangen | ~ de setmana (de mes) Wochen-(Monats-)ende n | s: any | ~ de núvol Wolkenfetzen m | el padrí, que segui al ~ de taula der Pate soll am Kopf(ende) der Tafel sitzen | anat: el ~ del fèmur (pàncrees) der Oberschenkel-(Pankreas-)kopf | mil: ~ de pont Brückenkopf m | tecn: ~ atòmic (magnètic) Atomspreng-(Magnet-)kopf m | donar ~ a u/c etw aus-, durch-führen | fer ~ a un lloc an e-m Ort ankommen, -langen; bis zu e-m Ort führen | lligar ~s s. etw zusammenreimen | no sé per quin ~ començar od posar-m'hi ich weiß nicht, wie ich es anpacken soll | tenir (od saber) u/c pel ~ dels dits etw hervorragend beherrschen | no tenir ~ ni centener weder Hand noch Fuß haben | tira pel ~ que vulguis ganz gleich, was du machst bzw wie du es machst | tornar a prendre el ~ del fil den Faden wieder aufnehmen | treure el ~ keimen, sprießen | això no treu ~ a res das führt zu nichts | a què treu ~ això? was soll denn das? | treure el ~ del fil d'u/c etw ergründen | al ~ de nach (e-m Zeitraum) | al ~ d'un mes nach e-m Monat od e-n Monat danach | al ~ i a la fi od al ~ i l'últim od al ~ darrer schließlich (u. endlich); letzten Endes | de ~ a ~ von e-m Ende zum anderen; von Anfang bis Ende; von vorne bis hinten | de ~ i de nou (nochmal) neu od von vor(n)e | pel ~ alt (baix) höchstens (mindestens) || fig (Leiter, Führer) el meu ~ m'ha felicitat mein Chef (od Vorgesetzter) hat mir gratuliert | els soldats es neguen a obeir els ~s die Soldaten weigern s., den Befehlshabern (od Kommandeuren) zu gehorchen | el ~ dels rebels fou executat der Anführer der Rebellen wurde hingerichtet | ~ de casa Hausherr(in f), Haushaltungsvorstand m, Familienoberhaupt n | ~ de colla Vorarbeiter(in f) m | ~ de corda Seilerste(r m) m/f | ~ de dansa Vortänzer(in f) m | ~ de departament Abteilungsleiter(in f) m; med Stations-arzt m, -ärztin f | ~ d'estació Bahnhofsvorsteher(in f) m | ~ d'estat Staatsoberhaupt n | ~ de govern Regierungschef(in f) m | ~ de llista Listenführer(in f), Spitzenkandidat(in f) m | ~ de personal Personal-leiter(in f), -chef(in f) m | ~ de sèrie (Spieler, Mannschaft) erste(r) Gesetzte(r m) m/f | ~ de taula (bei Tisch) Ehrenplatzinhaber(in f) m | ~ de tribu (Stammes)Häuptling m | ~ de *vendes* Verkaufsleiter(in *f*) *m* | *en ~ (e-r Amts- od Berufsbezeichnung nachgestellt)* Ober-..., Chef... | *comandant en ~* Ober-kommandeur, -befehlshaber *m* | *redactor en ~* Chefredakteur *m* || *fig* Hauptstadt *f* | *~ de partit (judicial)* (Gerichts)Bezirkshauptstadt *f* | *~ i casal (de Catalunya)*: Ehrenname von Barcelona als wichtigste Stadt Kataloniens | *bot*: *~s blancs* Meeressteinkraut *n* | *~s d'ase* Stöchaslavendel *m* || *geog* Kap *n* | *~ de Creus* Kap Creus | *~ de Bona Esperança* Kap der Guten Hoffnung | *~ d'Hornos* Kap Hoorn | *~ del Nord* Nordkap | *~ Verd* Kap Verde | *illes del ⌐ Verd* Kapverden *od* Kapverdische Inseln *f pl* | *península del ⌐* Kaphalbinsel *f* | *Ciutat del ⌐* Kapstadt *f* || *bes nàut* Tau, Seil *n*; Leine *f* | *tèxt* (Seil)Strähne *f* | (Garn)Faden *m* | *pl* (lose) Endchen; *reg* Fitzchen *n pl* || *zool*: *~ d'ase* Grauer Knurrhahn *m* | *~ d'olla* Grindwal *m*.

cap² (28) *pron ind (in Verbindung mit* no; *a. als selbständige Negation vor dem Verb u. in Ellipsen)* kein(er, -e, -es *od* -s) | *no tenen ~ filla* sie haben keine Tochter | *no hi ha ~ bistec? —No, no queda gens de carn* gibt es k. Steak? —Nein, es ist überhaupt k. Fleisch mehr da | *~ de nosaltres* (no) *ho faria* keiner von uns würde es tun | *ell només ha trobat un bolet, i jo ~* er hat nur e-n Pilz gefunden u. ich keinen | *quants germans tens? —⌐* wie viele Geschwister hast du? — Keine | *pago jo? —De ~ manera!* soll ich bezahlen? —Auf keinen Fall! | *de dones, no n'hi havia ~ ni una* es war keine einzige Frau dort || *(beim Auftreten zusätzlicher Negationswörter; a. mit positiver Bedeutung in Fragen, Hypothesen, Vergleichen)* (irgend)ein(er, -e, -es *od* -s) | *no he vist mai ~ lleó* ich habe nie e-n Löwen gesehen | *que tens ~ problema?* hast du irgendein Problem? | *m'agrada més que ~ altra cosa* es gefällt mir besser als alles andere | *sense ~ mena de dubte* ohne jeden Zweifel.

cap³ *prep* (+ *a* außer vor Demonstrativpronomen *u. mit Vokal anlautenden Adverbien)* nach *(dat)*, auf *(ac)* zu | *(ungefähre Orts-, Zeit- od Zahlenangabe)* bei; gegen | *vaig ~ a casa* ich gehe nach Haus(e) | *~ aquí* hierher | *~ allà* dorthin | *~ amunt (avall)* nach oben (unten), auf-(ab-)wärts | *~ endavant (endarrere)* nach vorn (hinten), vor-(rück-)wärts | *~ a la dreta (l'esquerra)* nach rechts (links) | *el dolmen és ~ (en) aquell turó* der Dolmen liegt bei jenem Hügel | *~ a les onze* gegen elf (Uhr) | *~ al tard* gegen Abend | *érem ~ a cent* wir waren gegen hundert.

capa|ç(ment *adv*) *adj* (*m/f*) fassend, Raum bietend | fähig, begabt, tüchtig, geschickt | *dr* fähig; befugt; gesetzlich berechtigt | *(és)ser ~ de + inf* fähig *(od* imstande *bzw* in der Lage) sein, zu + *inf* | *és ~ de nevar* es ist möglich, daß es schneit | *és ~ de mentir-nos* er bringt es fertig, uns anzulügen | *la sala és ~ per a cent persones* der Saal faßt hundert Personen | **~citar** (33) *vt* befähigen | *dr* berechtigen, befugen | **~citat** *f* Fassungsvermögen *n* | Fähigkeit, Befähigung, Tüchtigkeit *f* | Talent *n* | *bes cient tecn* Kapazität *f* | *tecn a.* Leistung(sfähigkeit), Kraft *f* | *nàut* Ladefähigkeit *f* | *aeron* Tragfähigkeit *f* | *dr* (Rechts)Fähigkeit; Befugnis *f* | **~citiu** (-**iva** *f*) *adj elect* kapazi(ta)tiv.

capador *m* = **castrador**.

capal|çar (33) *vt* an e-r Seite anheben | **~çar-se** *v/r s*. hochbiegen | **~t** *adj*: *aneu ~s!* Kopf hoch! | *anar ~* (*a. fig*) den Kopf hoch tragen.

capar (33) *vt* = **castrar**.

caparàcies *f pl bot* Kaparidengewächse *n pl*.

caparr|a *f* schwerer Kopf *m*, Kopfschmerz(en *pl*) *m*, -weh *n*, *umg* Brummschädel *m* | **~ada** *f* Stoß *m* mit dem Kopf | *fig* verrückter Einfall *m* | **~às** *m* (*pl* -**assos**) gr(r) Kopf *m* | *fig* kluger *od* fähiger Kopf *m* | **~o** *m Bal* Anzahlung *f* | **~ó** *m* Köpfchen *n* | *fig* leichtsinniger Mensch *m* | **~ós** *m* (*pl* -**ossos**) *quím* Vitriol *n* | *~ blau* Kupfervitriol *n* | *~ blanc* Zinkvitriol *n* | **~otada** *f* = **~ada** | **~udesa** *f* Halsstarrigkeit *f*, Starr-, Eigen-sinn *m*, Sturheit *f* | **~ut** (-**uda** *f*) *adj* halsstarrig, starrköpfig, eigensinnig, stur.

capatàs *m* (*pl* -**assos**) Vorarbeiter *m* | Aufseher *m* | Werkmeister *m* | *min*: *~ de mines* Steiger *m*.

cap|avallós (-**osa** *f*) *adj Bal* abwärts, bergab | *fig* mühelos, (spielend) leicht | **~baix** *adj* mit gesenktem Kopf | *fig a.* kopfhängerisch, niedergeschlagen, geknickt | **~baixar-se** (33) *v/r s.* nach

capça

unten biegen (*Balkenende*) | **~blanc** *adj* weißhaarig | **~blau** *m bot* Kornblume *f* | **~breu** *m dr hist* Rechtsnotierung *f* | **~brot** *m* endständige Frucht *bzw* Blüte *f* | **~buidada** *f* Unfug, Unsinn *m* | **~bussar(-se)** (33) *vt(/r)* = **cabussar(-se)**.

capça *f* (*Blumenkohl*) Kopf *m* | (*Baum*) Krone *f* | **~da** *f* (*Baum*)Krone *f* | (*Garten-, Gemüse-*)Beet *n* | *gràf* Kapital(band) *n* | **~l** *m ant* Kopfkissen *n* | (*Bett*) Kopfende *n* | (*Fenster, Tür*) Querbalken *m* | Glockenstuhl *m* | *med* Druckverband *m*, (*Art*) Kompresse *f* | *tecn* Lager, Kissen *n*; Kopf *m* | *fig:* renyines de ~ Ehestreitigkeiten *f pl* | *posar* (od *fer*) *un bon ~ a alg* j-m die Leviten lesen | **~lada** *f* (*Baum*)Krone *f* | **~lera** *f* (*Bettgestell*) Kopfende *n* | (*Brief, Buchseite, Zeitung*) Kopf *m* | (*Buch*) *a.* Titelvignette *f* | (*Zeitung*) *a.* Kopfleiste *f* | (*Text*) Vorbemerkung *f* | **~na** *f* Kopfpolster *m* (*zum Tragen von Lasten auf dem Kopf*) | Topfuntersetzer *m* | *reg* Handtuch *n* | **~ner** *m* Mauerkrone *f* | **~r** (33) *vt* (*Enden*) verstärken, beschlagen | (*Ränder*) einfassen | (*Mauern*) die Mauerkrone anbringen | (*Degen, Säbel*) abstumpfen | (*Zigarrette*) Papierende zusammendrehen | **~t** *m* (*Schnürsenkel*) verstärktes Ende *f*.

capcer *m* (*Fischerei*) Schwimmer *m* | (*Berg*) Gipfel *m*.

capcin|ada *f* Kopfnicken *n* | Nickerchen *n* | **~al** *m* Kopfunterlage *f* | **~eig** *m* Kopfnicken *n* | Einnicken *n* | *bes aeron* Schwingen *n* | **~ejar** (33) *vi* mit dem Kopf nicken | einnicken | schwingen, pendeln.

capcinès (-esa) *f*) *adj* capcinesisch, aus dem Capcir || *s/mf* Capcineser(in *f*) *m* || *s/m ling* Capcinesisch *n* | *el ~* das Capcinesische.

capcingle *m* (*Sattelgurt*)Schnalle *f*.

capci|ó *f* = **captura** | **~ós** (-**osa** *f*, -**osament** *adv*) *adj* hinterlistig, arglistig, verfänglich, tückisch.

cap|ciró *m* Zipfel *m*, Spitze *f*, Ende *n* | Fingerspitze *f* | **~çó** *m* Babyhäubchen *n*.

cap|damunt: *al ~* (*loc adv*) oben; obenan, -auf; zuoberst; auf der Spitze; ganz oben; in der Höhe | *al ~ del carrer* am beren Ende der Straße | *fig fam: estar fins al ~ d'alg* od *d'u/c* von j-m *od* von etw die Nase voll haben | **~danser(a**

f) *m* Vortänzer(in *f*) *m* | *fig* Anführer(in *f*) *m*, treibende Kraft *f* | **~davall:** *al ~* (*loc adv*) unten, zuunterst, untenan; *fig* am Ende, schließlich u. endlich, letztenendes, endlich | *al ~ de la baixada* am unteren Ende des Abstieges | *al ~ del passeig* am Ende der Allee | *al ~ de la carta* am Schluß des Briefes, am Briefende | **~davant:** *al ~* (*loc adv*) vor, zuvorderst, vorn(e)an | *al ~ de* an der (*bzw* die) Spitze | **~davanter(a** *f*) *m* (An)Führer(in *f*) *m*.

capeja|dor¹ *m* (Kork)Anschneider *m* | **~dor²** *m taur* Capeador *m* | **~r¹** (33) *vi* mit dem Kopf wackeln (*bes Pferde*) || *vt* (Kork zur Qualitätskontrolle) anschneiden | **~r²** *vt taur* (*den Stier*) mit der Capa reizen | *nàut* (*e-m Sturm*) durch Beidrehen standhalten.

capel *m ecl* Kardinalshut *m* | Kardinalswürde *f*.

capell *m* Hut *m* | *s: barret* | Abdeckung, Abschirmung *f* | (*an Gipfeln*) Wolkenstreif *m* | (*Seidenraupe*) Kokon *m* | *~ de cardenal* = **capel** | *~ de copa alta* Zylinder(hut) *m* | *~ de ferro* (*hist*) Sturmhaube *f*, Eisenhut *m* | *~ de teula* (*Priester*) Schaufelhut *m* | *~ tou* (*fort*) weicher (steifer) Hut *m* | *calar-se el ~ fins a les orelles* s. den Hut über die Ohren ziehen | *posar un ~ a alg* (*fig*) j-m etw anhängen; j-n verleumden | **~a** *f ecl* Kapelle *f* | *a.* Seitenaltar *m* | Gotteshaus *n*, Kirche *f* (*e-r religiösen Minderheit*) | *mús* (*Chor*) Kapelle *f* | *mestre de ~* (*hist*) Kapellmeister *m* | *~ ardent* feierliche Aufbahrung *f* | *~ reial* Schloßkapelle *f* | *estar en ~* s. in der Gefängniskapelle auf die Hinrichtung vorbereiten; *fig* vor etw Schwerwiegendem stehen; in tausend Ängsten schweben | **~à** *m* Kaplan *m* | Geistliche(r), Priester *m*, Pfarrer *m* | *desp* Pfaffe *m* | *~ castrense* Militärgeistliche(r) *m* | *~ obrer* Arbeiterpriester *m* | *estudiar per ~* Theologie studieren | *fig fam: tirar capellans* (*beim Sprechen*) spucken | **~ada** *f* = **barretada** | **~anada** *f fam* Schar *f* Priester | *això si que és una ~* das konnte doch nur e-m Pfarrer einfallen! | **~anatge** *m fam* Priestertum *n* | **~anejar** (33) *vi fam* priesterhaft (*desp* pfäffisch) wirken | **~aner** *adj* (*Ort*) mit vielen Priestern | priesterfreundlich | **~aneria** *f fam* Klerisei *f* | **~anesc** *adj fam desp* pfäffisch |

klerikalistisch | **~ania** *f* Kaplanei, Kaplanstelle *f* | **~anum** *m fam desp* Klerisei *f*, Pfaffen(tum *n*) *m pl* | **~er(a** *f*) *m* Hutmacher *m*, Hut-, Putz-macherin *f* | Hutverkäufer(in *f*) *m* | **~era** *f* Hutschachtel *f* | **~eria** *f* Hutmacherhandwerk *n* | Hutfabrik *f bzw* Hut-abteilung *f*, -geschäft *n*, -laden, -salon *m* | **~et** *m* Hütchen *n* | Babyhäubchen *n* | **~eta** *f* (*Prozession*) Straßenaltar *m* | *fig* Klüngel *m*, Clique *f* | *esperit de* **~** Gruppenegoismus *m* | **~ina** *f hist* Helmkappe *f* | (*Frauen*) Tuch *n* um das Gesicht.

caper|ó *m hist* spitze Kappe *od* Haube *f* | **~ull** *m* Hirtenkapuze *f* | **~ulla** *f gr*(e) Hirtenkapuze *f* | **~utxa** *f* spitze Kapuze *f*.

capet *m* kl(r) Kopf *m*, Köpfchen *n* | *fig* Leichtfuß *m*.

capeta *f* Pelerine *f*.

cap|fermar (33) *vt* an e-m Ende anbinden | **~ficada** *f* = **~ficall**; **~ficat** | **~ficall** *m nàut* Stampfen *n* | *fer* **~s** (*nàut*) stampfen | **~ficament** *m* Nachdenklichkeit *f* | Grübelei *f* | **~ficar** (33) *vt* kopfüber hineinstecken | *agr* (*Reben*) absenken || *vi nàut* stampfen | **~ficar-se** *v/r* (nach)grübeln, brüten, in Gedanken versunken sein |. s. den Kopf zerbrechen, s. Gedanken machen | **~ficat** *m* (*Weinbau*) Rebling; Ableger, Absetzer *m* | **~fluix** *adj* geistesschwach | leichtsinnig, leichtfertig, frivol | **~foguer** *m* (*Kamin*) Feuerbock *m* | **~girada** *f* Ver-, Um-drehung *f* | *fig* Ausflucht, (Not)Lüge *f* | **~girament** *m* Wenden, Ver-, Um-drehung *n* | Ver-, Um-drehung *f* | Verkehrung; Verkehrtheit *f* | Durcheinander *n* | Wende, Wendung *f*; Umschwung *m*, -wälzung *f* | **~girar** (33) *vt* auf den Kopf stellen, um-drehen, -wenden, -kehren | *fig a.* ver-drehen -kehren; um-werfen, -stoßen, -stürzen; durcheinanderbringen; grundlegend umwandeln | **~girar-se** *v/r fig* umschwenken | **~girell** *m* Purzelbaum, Überschlag *m* | *fig* (mißliche) Wendung *f* | *a* (*od de*) **~s** (*loc adv*) s. überschlagend | *fer un* **~** e-n Purzelbaum machen, schlagen *od* schießen | *fer* **~s** = **~girellar** | *fig: l'empresa va fer un* **~** dann kam e. plötzlicher Abstieg für den Betrieb; dann ging es mit dem Werk bergab | **~girellar** (33) *vi* Purzelbäume machen, schlagen *od*

schießen | *a. aut* s. (mehrmals) überschlagen | purzeln | **~giró** *m* = **~girell** | *agr* schrägverlaufende Ackerfurche *f* | **~gros** *m* (*pl* caps-grossos) Kaulquappe *f* | **~gròs** (-ossa *f*) *adj* großköpfig || *s/m folk* Schwellkopf *m* | **~guardar-se** (33) *v/r Bal* Vorkehrungen treffen, s. absichern | **~i-causa** *m/f* Anstifter(in *f*) *m* | **~i-cua** *m/f* symmetrische Zahl *f* | Fahrschein *m od* Lotterielos *n* mit e-r symmetrischen Zahl | **~icular** (33) *vt* umgekehrt nebeneinander stellen *od* legen.

capida *f* Taufhäubchen *n*.

capil·l|ar *adj* (*m/f*) Haar..., | *med fís* kapillar..., Kapillar... | *loció* **~** Haarwasser *n* | *vasos* **~s** Kapillargefäße *n pl*, Kapillaren *f pl* | *tub* **~** Kapillarröhrchen *n*, Kapillare *f* || *s/m* Kapillargefäß *n*, Kapillare *f* | **~aritat** *f fís* Kapillarität *f* | **~era** *f bot* Frauenhaar *n* | **~** *negra* schwarzes Frauenhaar *n*.

cap-i-moca *m* (*Fischerei*) Fischpaste *f* (*als Köder*).

capir (37) *vt* verstehen, begreifen | *umg* kapieren.

capir|ó *m* = **caperó** | **~onat** *m bot* Weiße Reseda *f* | **~ot** *m* (*bes akademisches Zeichen*) Schulterumhang *m* mit Kapuze.

capiss|ar (33) *vt fam* = **capir** | **~er** *adj* launisch, launenhaft, eigensinnig | **~ola** *f fam* Köpfchen *n*, Grips, Verstand *m*.

capistr|at (-ada *f*) *adj zool* vorn andersfarbig gefiedert *od* behaart | **~e** *m* Kinnbinde *f* | *ornit* Kehle *f*.

càpita: *per* **~** (*loc adv*) pro Kopf | *consum* (*renda*) *per* **~** Pro-Kopf-verbrauch *m* (-einkommen *n*).

capit|à *m bes mil* Hauptmann *m* | *mil hist a.* Feldherr, Heerführer *m* | (An)Führer *m* | *esport nàut* Kapitän *m* | **~** *de bandolers* Räuberhauptmann *m* | **~** *de cavalleria* Rittmeister *m* | **~** *de corbeta* (*fragata*) Korvetten-(Fregatten-)kapitän *m* | **~** *d'infanteria* Infanteriehauptmann *m* | **~ació** *f hist* Kopfsteuer *f* | **~al**[1] *adj* (*m/f*) kapital | *dr gràf* Kapital... | Haupt..., hauptsächlich; grundlegend; wesentlich; unerläßlich | *s: cabdal* | *dr a.* Todes..., todeswürdig | *delicte* **~** (*dr*) Kapitalverbrechen *n* | *enemic* **~** Todfeind *m* | *error* **~** kapitale(r) Irrtum *m*, Kapitalfehler *m* | *lletra* **~** (*gràf*) Kapital-, Groß-buchstabe *m* | *escriptura* **~**

capítol

(*hist*) Kapitalis *f* | *pecat* ~ (*ecl*) Todsünde *f* | *pena* ~ (*dr*) Todesstrafe *f* | **~al**² *f* Hauptstadt, *arc* Kapitale *f* | Großstadt *f* | Zentrum *n*, Hochburg *f* | *gràf* Kapital-, Groß-buchstabe *m*; *hist* Kapitalis *f* | **~al**³ *m econ* Kapital *n* | Vermögen *n* | ~ *circulant* Umlaufvermögen | ~ *fix* Anlagekapital, festes (*od* unbewegliches) Kapital *n* | ~ *hipotecat* mit e-r Hypothek belastetes Kapital *n* | ~ *improductiu od mort* stilliegendes (*od* totes) Kapital *n* | ~ *líquid* flüssiges Kapital *n* | ~ *social* Grund-, Aktien-, Gesellschafts-kapital *n* | ~ *subscrit* gezeichnetes Kapital *n* | ~ *en accions* Aktienkapital *n* | *impost sobre el* ~ Kapitalsteuer *f* | *inversió de* ~ Kapitalinvestition *f* | *mercat de* ~s Kapitalmarkt *m* | **~alisme** *m* Kapitalismus *m* | **~alista** *adj* (*m/f*) kapitalistisch | *soci* ~ Kapital-, Geld-geber *m* || *s/m/f* Kapitalist(in *f*) *m* | **~alitat** *f* hauptstädtischer Charakter *m* | **~alització** *f* Kapitalisation, Kapitalisierung *f* | **~alitzar** (33) *vt* kapitalisieren | ~ *al deu per cent* zu zehn Prozent verzinsen || *vi* Kapital ansammeln | **~ana** *f* (An)Führerin *f* | *nàut* (a. *nau* ~) Admirals-, Flagg-schiff *n* | **~anejar** (33) *vt* befehligen, anführen | leiten | **~ania** *f* Hauptmanns-amt *n*, -würde, -stelle *f* | *esport u. fig* Führung *f* | *nàut* Kapitänspatent *n*; Hafenbehörde; *hist* Hafengebühr *f* | **~ell** *m arquit* Kapitell *n* | Bock *m*, Gestell *n*.

capítol *m a. fig u. ecl* Kapitel *n* | *bot* (*Blütenstand*) Köpfchen *n* | ~ *de culpes* (*ecl*) öffentliches Sündenbekenntnis *n* | *fig: cridar alg a* ~ j-n zur Rechenschaft ziehen | *posar* ~ *de culpes a alg* j-m sein Sündenregister (*im Amt*) vorhalten || *pl* (*Vertrag, Satzung*) Paragraphierung *f* | *p ext* Vertrag(sbestimmungen *f pl*) *m*; (Geschäfts)Ordnung; Satzung *f* | *dr:* ~s *matrimonials* Ehevertrag *m*.

capítol|i *m arquit* Kapitol *n* | *el* ~ das Kapitol | **~í** (**-ina**) *f*) *adj* kapitolinisch.

capitomba *f* = **capgirell, tombarella** | Sturz *m* kopfüber | **~r** (33) *vi* = **capgirellar, tomball(ej)ar** | (s.) kopfüber stürzen || *vt* vornüber stoßen.

capitonar (33) *vt* polstern.

capitós (**-osa** *f*) *adj* = **caparrut** | (*Alkohol*) zu Kopfe steigend, berauschend.

capitost *m* Heerführer *m* | Anführer *m*.

capitula|ció *f* (*a.* Vertrag) Kapitulation *f* | ~ *incondicional* bedingungslose Kapitulation | **~r**¹ *adj* (*m/f*) Kapitular..., Kapitel(s)... | *sala* ~ Kapitelsaal *m* | *vicari* ~ Kapitular-, Kapitels-vikar *m* || *s/m ecl* Kapitular *m* | **~r**² (33) *vt in* Kapitel unterteilen || *vi* kapitulieren, s. ergeben, e-e Kapitulation abschließen | *fig* kapitulieren, aufgeben.

cap||lletra *f* Initiale *f*, Initial(buchstabe *m*) *n* | **~lletrar** (33) *vt* (*e-n Text*) mit Initialen verzieren | **~lleuta** *f hist* Bürgschaft, Kaution *f* (*für Gefangene*) | **~llevador** *m hist* Kautionsteller, Bürge *m* | **~llevar**¹ (33) *vt hist* (*für j-n*) e-e Kaution *od* Bürgschaft stellen | **~llevar**² (33) *vi* sprießen, austreiben | **~mall** *m hist* (*unter dem Helm getragene*) Kettenkappe *f* | **~màs** *m* Überschlag *m*, ungefähre Schätzung *f* | *fer un* ~ e-n Pauschalpreis machen | **~massar-se** (33) *v/r* = **capficar-se** | **~moix** *adj* niedergeschlagen, gedrückt.

capó¹ *m* Kapaun *m* || *ornit:* ~ *d'aiguaros* Schopfreiher, Rallenreiher *m* | ~ *reial* Braune(r) Sichler *m*.

capó² *m nàut* Ankerbette *f*.

capoc *m* tèxt Kapok *m*.

capol *m* Brocken *m*, Bruchstück *n* | **~ador** *adj* anstrengend, ermüdend, strapaziös || *s/m* Holz-, Hack-, Fleisch-klotz *m* (*mst dreifüßig*) | **~ament** *m* Zerkleinerung, Zerlegung *f* | *fig* Müdigkeit, Zerschlagenheit *f* | **~ar** (33) *vt* zerkleinern, zerlegen | (zer)quetschen | *fig* erschöpfen, ermüden | **~at** *m gastr* Haschee *n* (*mit Speck, Gemüse, Knoblauch*).

capoll *m* Knospe *f* | (*Obst, Blatt*) Stiel *m* | (*Seidenraupe*) Kokon *m*.

capon|ar (33) *vt* kapaunen, kappen | (*Vogelweibchen*) begatten, kappen, treten | (*Baum*) stutzen, kappen | *fig: la més petita ha caponat la gran* die Jüngste hat vor der Ältesten geheiratet | **~at** *m* Kapaun *m* | Eunuch, Kastrat *m* | **~era** *f* Kapaun(en)käfig *m* | (*Festung*) Schutzwehr *f*.

capoquer *m bot* Kapokbaum *m*.

caporal *m* Anführer *m* | *mil* Gefreiter, Korporal *m*.

capot *m* loser Mantel *m* mit Kapuze | *aut* Motorhaube *f* | (*Kartenspiel*) *fer od donar* ~ alle Stiche machen | **~a** *f*

cappare Kapotthut *m* | *aut* Verdeck *m* | ~**ar** (33) *vi aut aeron* s. überschlagen | ~**ejar** (33) *vi* den Kopf schütteln | ~**ell** *m* (*taillenkurze*) Hängejacke *f* mit Kapuze.
cappare *m bot* Hauptsproß *m* | *fig* Führer, Leiter, Chef *m*.
caprí (-**ina** *f*) *adj zool* Ziegen...
caprici *m* = **capritx** | ~**ós** (-**osa** *f*) *adj* = **capritxós**.
Capri|**corn** *m astr* Steinbock *m* | ~**ficació** *f agr* Kaprifikation *f* | ~**ficar** (33) *vt agr* (*Feigen*) kaprifizieren | ~**foliàcies** *f pl bot* Geißblattgewächse *n pl*.
capritx *m* Laune, Grille, *lit* Kaprice *f* | Gelüst *n* | *mús* Capriccio *n* | *tenir un* ~ *per alg* e-e Schwäche für j-n haben | ~**ada** *f* (*Einfall, Handlung*) *f* Laune *f* | ~**ós** (-**osa** *f*, -**osament** *adv*) *adj* launenhaft, launisch, *lit* kapriziös | *formes capritxoses* bizarre Formen *f pl* | ~**ositat** *f* Launenhaftigkeit *f* | Eigenwilligkeit *f* | = ~**ada**.
cap-|**roig** *m ict* = **escòrpora** | *ornit* Tafelente *f* | ~**rossenc** *adj* blondhaarig.
caps|**a** *f* Schachtel *f* | Karton *m* | Kasten *m*; Kästchen *n* | *s: caixa* | ~ *de bombons* Pralinenschachtel *f*; Schachtel *f* Pralinen | ~ *de colors* Buntstiftschachtel *f* | ~ *de compassos* Zirkelkasten *m* | ~ *de galetes* Keks-schachtel (*aus Pappe*), -dose *f* (*aus Blech*) | ~ *de llumins* Streich-, Zünd-holzschachtel *f* | ~ *de música* Spieldose *f* | ~ *de sabates* Schuh-karton *m*, -schachtel *f* | *voldria un paquet de cigarrets i una* ~ *de llumins* ich möchte e-e Packung Zigarretten u. e-e Schachtel Streichhölzer | *sembla que surtis de la* ~ du siehst aus wie aus dem Ei gepellt | ~**er**(**a** *f*) *m* Schachtelhersteller(in *f*) *m* | Spitzenfabrikant(in *f*) *m* | ~**eta** *f* Schächtelchen *n* | Kästchen *n*.
capsià *m hist* Capsien *n*.
capsigrany *m ornit* Rotkopfwürger *m* | *fig* verrückter Kerl, Spinner *m*.
caps-i-puntes *m pl* (*verwertbare*) Korkstückchen *n pl*.
capsou *m hist dr* (*Verwalter, Vermittler*) Vergütung *f*.
càpsula *f* Kapsel *f* | *bot a.* Kapselfrucht; Samen-, Frucht-kapsel *f* | (*Flasche*) Kron(en)korken *m* | *quím* Abdampfschale *f* | *aeron*: ~ *espacial* Raumkapsel *f* | *anat*: ~ *articular* Gelenkkapsel *f* | ~ *suprarenal* Nebenniere *f* | *elect*: ~ *fonocaptora* Tonabnehmer *m*.

capsul|**ar** *adj* (*m/f*) Kapsel..., kapselig | ~**iforme** *adj* (*m/f*) kapselförmig.
capta *f* Sammlung *f*, (Geld)Sammeln *n* | ~**bilitat** *f* Auffassungsgabe *f* | ~**ció** *f*: ~ *d'aigua* Wasserfassung *f* | ~ *de recursos financers* Erschließung *f* von Einnahmequellen | ~**dor** *adj* Bettel..., Sammel... || *s/mf* = ~**ire** | *s/m tecn*: ~ *solar* Sonnen-, Solar-kollektor *m* | ~**ire** *m/f* Bettler(in *f*), Hausierer(in *f*) *m* | ~**r** (33) *vi* betteln, hausieren | sammeln || *vt* (*Wasser*) auffangen | (*Quelle*) fassen | (*Strom*) ab-, ent-nehmen | (*Mittel*) erschließen | (*Sender*) empfangen, hereinbekommen | *fís* sammeln; einfangen | *fig* = **copsar** | ~**r-se** *v/r* (für s.) gewinnen | (s. *dat*) erschleichen | ~ *l'atenció del públic* die Aufmerksamkeit des Publikums auf s. ziehen.
cap|**teniment** *m lit* Benehmen, Betragen *n* | Verhalten *n* | ~**tenir-se** (40) *v/r lit* s. benehmen, s. betragen, s. verhalten | ~**teny** *m ant* = **capteniment** | ~**terrera** *f* Dornenabdeckung *f* (*auf Mauern*) | ~**tinença** = **capteniment** | ~**tinyós** *m ict* roter Drachenkopf *m*.
captiri *m* Almosensammlung *f* | Kollekte *f* | Sammelteller *m*.
capti|**u** (-**iva** *f*) *adj* gefangen | *globus* ~ Fesselballon *m* | *ocell* ~ Vogel *m* in Gefangenschaft | *voluntat captiva* gefesselter Wille *m* | *fer* (*tenir*) ~ gefangen-nehmen (-halten) || *s/mf* Gefangene(r *m*) *m/f* | ~**vador** *adj* bezaubernd, reizend | verführerisch | ~**var** (33) *vt* gefangen-nehmen *bzw* -halten | *fig a.* bezaubern, entzücken, fesseln | ~**vitat** *f* Gefangenschaft *f* | *caure en* ~ in Gefangenschaft geraten | *tenir alg en* ~ j-n gefangenhalten, j-n in Gefangenschaft halten.
captrencar (33) *vt* am Kopf verletzen, schwer verwunden | ~**se** *v/r* umschlagen, sauer werden (*Wein*).
captura *f* Festnahme, Ergreifung *f* | Beschlagnahme *f* | (*a. Fischerei*) Fang *m* | Beute *f* | *a. mil* Gefangennahme *f* | *nàut* Prise *f* | *fís* Einfang *m* | ~**r** (33) *vt* festnehmen, ergreifen | beschlagnahmen | (ein)fangen | erbeuten | gefangennehmen | *nàut* aufbringen, kapern.
capu|**lla** *f* = ~**txa** | *anat* Vorhaut *f* | ~**txa** *f* Kapuze *f* | *gràf* Zirkumflex *m* | ~**txeta** *f* kl(e) Kapuze *f* | *la* ~ *Vermella* Rotkäppchen *f* | ~**txí** (-**ina** *f*)

adj Kapuziner... || *s/mf* Kapuzinermönch *m*, -nonne *f* | *barba de* ~ langer Bart *m* || *s/m zool* Kapuziner(affe), Weißschulteraffe *m* || *s/f bot* Kapuzinerkresse *f* | **~txó** *m* kl(e) Kapuze *f*.
cap|vesprada *f* Dämmerstunde *f* | **~vespre** *m* Abenddämmerung *f*, Spätnachmittag, Abend *m* | *Bal* Nachmittag *m* | **~vuitada** *f* achte(r) Tag *m*, acht Tage *m pl (nach e-m Fest)*.
caquèxia *f med* Kachexie *f*.
caqui[1] *adj (m/f)* khakifarben || *s/m (Farbe)* Khaki *n* | *tèxt* Khaki *m*.
caqui[2] *m bot* Kakipflaume *f*.
car[1] *m nàut (Lateinersegel)* Oberrahstenge *f*.
car[2] *conj arc lit* denn.
car[3] *adj* teuer; kostspielig | *lit* teuer, lieb, wert | *(és)ser (comprar, vendre)* ~ teuer sein (kaufen, verkaufen) | *els bolets van molt ~s* Pilze sind jetzt sehr teuer | *aquesta reparació et resultarà (od sortirà)* ~*a* diese Reparatur wird dich teuer zu stehen kommen | *una botiga* ~*a* e. teures Geschäft | *Barcelona és una ciutat* ~*a (umg)* Barcelona ist e. teures Pflaster | *la vida és* ~*a* das Leben ist teuer || *fig: (és)ser* ~ *de veure* s. rar machen; s.selten sehen lassen | *van vendre* ~*a la seva vida* sie verkauften ihr Leben teuer | *et costarà (od ho pagaràs)* ~ das wird dich teuer zu stehen kommen; das wirst du teuer bezahlen (müssen).
cara *f* Gesicht *n* | Miene *f* | *desp* Visage *f* | *fig fam* Stirn, Dreistigkeit, Unverschämtheit *f* | *fig* Aussehen *n*, Anschein *m* | *fig* (Vorder-, Stirn-, Front-, Schau-, Außen-)Seite *f*; (Ober)Fläche *f*; *(Blatt Papier, Tuch, Pelz)* (rechte) Seite *f*; *(Münze, Medaille)* (Bild)Seite *f*; *(Polyeder)* Seite(nfläche) *f* | ~ *d'aguilot (d'àngel)* Adler-(Engels-)gesicht *n* | ~ *d'àngel bufador (de rosa)* pausbäckiges (rosiges) Gesicht *n* | ~ *de lluna (plena)* od *de pa (de ral)* (Voll)Mondgesicht *n* | ~ *de bon any* od *de pasqua* strahlendes Gesicht *n* | ~ *de circumstàncies* betretene Miene *f* | ~ *de pomes agres* saure Miene *f*; e. Gesicht wie drei *(od* sieben, acht, vierzehn) Tage Regenwetter | ~ *de jutge* od *de pocs amics, de tres déus* strenge *(od* finstere) Miene *f* | ~ *de malícia* od *de nyau-nyau, de Judes* tückisches *(od* arglistiges) Gesicht *n* | ~ *estirada* od *llarga* langes Gesicht *n* | *un home bru (ple) de* ~ od *de* ~ *bruna (plena)* e. Mann mit braunem (vollem) Gesicht *(s: carabrú, caraplè)* | ~ *de dalt (baix)* Ober-(Unter-)seite *f* | ~ *interior (exterior)* innere (äußere) Seite *f* | *tèxt:* ~ *bona (dolenta)* rechte (linke) Seite *f* | *la* ~ *de la terra (de l'aigua)* die Erd-(Wasser-)Oberfläche *f* | *les cares de la lluna* die Mondphasen *f pl* | *un políedre de vuit cares* e. achtseitiges Polyeder | ~ *o creu?* Kopf oder Zahl? | ~ *a (od per)* ~ von Angesicht zu Angesicht; gegenüber | *es van trobar* ~ *a* ~ sie standen s. plötzlich gegenüber | ~ *a* ~ *no m'ho diria* er würde es mir nicht ins Gesicht sagen | *posa-ho* ~ *a* ~ *amb l'armari!* stell es dem Schrank gegenüber! | *a la* ~ *(fig)* ins Gesicht | *m'ha dit una mentida a la* ~ er hat mir ins Gesicht gelogen | *a la* ~ *d'alg* vor j-m; vor j-s Augen | *de* ~ von vorn(e) | *el sol ens venia de* ~ die Sonne schien uns ins Gesicht | *vaig caure de* ~ ich fiel vornüber *od* auf die Nase | *fig: tot els ve de* ~ alles glückt ihnen | *de* ~ *a* in Richtung auf *(ac)*; zugewandt *(dat)*; entgegen *(dat)*; *fig* im Hinblick auf *(ac)*; mit der Absicht zu (+ *inf*) | *de* ~ *a la paret* mit dem Gesicht zur Wand | *de* ~ *a fer diners* um Geld zu verdienen | *de* ~ *a la galeria (fig)* nach außen hin | *en la* ~*: se't veu (coneix) en la* ~ man sieht (merkt) es dir am Gesicht an | *per la (bona)* ~ *d'alg* j-m zu Gefallen | *els cau la* ~ *de vergonya* sie vergehen vor Scham | *clavar* (od *tirar, fer petar) u/c a alg per la* ~ *(fig)* j-m etw ins Gesicht schleudern *od* an den Kopf werfen | *donar* (od *treure*) la ~ *(per alg) (fam)* für s-e Handlung (für j-n) einstehen | *escopir a alg a la* ~ *(a. fig)* j-m ins Gesicht spucken | *(és)ser l'altra* ~ *de la moneda (fig)* die andere Seite der Medaille sein | *fer bona (mala)* ~ gut (schlecht) aussehen | *fer bona (mala)* ~ *a alg* j-n (un)freundlich ansehen | *aquesta paella fa bona* ~ diese Paella sieht lecker aus | *fa* ~ *de bon home* er sieht gutmütig aus | *fas* ~ *d'avorrir-te* du siehst aus, als ob du dich langweil(te)st | *aquests núvols fan* ~ *de portar pluja* diese Wolken sehen nach Regen aus | *l'església fa* ~ *a la farmàcia* die Kirche liegt der Apotheke gegenüber | *cal fer* (od *plantar*) ~ *a l'enemic* man muß dem Feind die Stirn bieten *od* entgegentreten | *fer la*

~ a u/c etw putzen | fer una ~ nova a alg (fig) j-n zu Brei schlagen | fer (od tenir) dues cares e. doppeltes Spiel treiben | negar la ~ a alg das Gesicht von j-m abwenden (um ihn nicht grüßen zu müssen) | no mirar la ~ a alg (fig) j-n nicht leiden können | sense mirar ~ ni ulls rücksichtslos | és un home que ja paga amb la ~ das Gesicht dieses Mannes sagt schon alles | passar a alg la mà per la ~ (fig) j-n über-runden, -treffen; j-n in die Tasche stecken | porten la mentida escrita a la ~ die Lüge steht ihnen im Gesicht geschrieben | aquest paleta no sap on té la ~ dieser Maurer versteht nichts von s-r Arbeit | tenir ~ i ulls (fig) e. Gesicht haben | tenir ulls a la ~ (fig) Augen im Kopf haben | tenir ~ d'ovella i urpes de llop e. Wolf im Schafspelz sein | tenir ~ od tenir la ~ gruixuda (fig) e. dickes Fell haben; schamlos (od unverfroren) sein | han tingut la ~ de negar-ho sie haben die Frechheit besessen, es zu leugnen | trencar (od rompre, desfer, girar) la ~ a alg j-m das Gesicht einschlagen | fa temps que no li veiem la ~ wir haben ihn seit langem nicht zu Gesicht bekommen | hi he vist moltes cares conegudes ich habe dort viele bekannte Gesichter gesehen | ja ens veurem les cares! wir werden uns noch sprechen! | ~alegre adj (m/f) mit heiterem (od fröhlichem) Gesicht | ~ample adj mit breitem Gesicht.
carabao m zool Wasserbüffel m.
carabassa f = **carbassa**.
cara|brú (-una f) adj von dunkelbrauner Gesichtsfarbe | ~**brut** adj mit schmutzigem (od dreckigem) Gesicht.
caracal m zool Wüstenluchs, Karakal m.
car|àcter m a. psic Charakter m | Eigenart f, Gepräge n | Wesen(sart f) n | Merkmal, Kennzeichen n | gràf Schriftzeichen n, Charakter m, Type f, Letter f | ecl unauslöschliches (Merk-)Mal n (durch Taufe, Firmung, Priesterweihe) | ~s cuneïformes (d'impremta) Keil-(Druck-)schrift f | ~ sexual Geschlechtsmerkmal n | ~ tipogràfic Drucktype f | comèdia de ~s (teat) Charakter-komödie f, -stück n | força (feblesa) de ~ Charakter-stärke (-schwäche) f | un home de ~ e. Mann von Charakter | (és)ser (tot) un ~ e. Charakter sein | tenir (bon, mal) ~ (e-n guten, schlechten) Charakter haben | amb ~ de in der Eigenschaft als | ~**acterial** adj (m/f) psic Charakter... | ~**acterístic(ament** adv) adj charakteristisch, bezeichnend (de für ac) | tret ~ Charakter-, Wesens-zug m; Kennzeichen n || s/mf teat Charakterdarsteller(in f) m || s/f (charakteristisches) Merkmal, lit Charakteristikum n | Charakter-, Wesens-zug m; Kennzeichen n; Eigenschaft f | mat Kennziffer, Charakteristik f | ~**acterització** f Charakterisierung f | teat a. Kostümierung f | Charakteristik f | ~**acteritzar** (33) vt charakterisieren | schildern, darstellen | kennzeichnen | ~**acteritzar-se** v/r teat s. für e-e Rolle zurechtmachen, s. kostümieren | ~ per u/c durch etw charakterisiert (od gekennzeichnet) sein | ~**acterologia** f psic Charakterologie, Charakterkunde f.
caracul m Karakulschaf n | Persianer(fell n) m.
cara|feixar (33) vt ant leicht spalten, beschädigen, beeinträchtigen | ~**fresc** adj mit frischem (od munterem) Gesicht | ~**girar** (33) vt fam (j-n) umstimmen | ~**girar-se** v/r fam s-e Meinung (od Haltung) ändern | abtrünnig werden | sein Wort brechen | ~ contra alg od u/c s. gegen j-n od etw wenden | ~**girat** (-ada f) adj fam abtrünnig, treulos, wortbrüchig | falsch, heuchlerisch || s/mf Abtrünnige(r m) m/f, Überläufer(in f) m | Heuchler(in f), falscher Fuffziger m.
caragol m = **cargol**.
cara|i! int fam (Erstaunen, Bewunderung) Donnerwetter!, ach!, nanu!, Mensch (enskind)!, Teufel auch!, sieh mal einer an!, was du nicht sagst! | (Entrüstung) zum Donnerwetter (noch mal)!, verdammt!, verflucht!, verflixt!, da haben wir die Bescherung! || (emotional verstärkend) qui ~ t'ho ha dit? wer zum Teufel hat es dir gesagt? | aquest ~ de cotxe ja s'ha tornat a espatllar! dieses verdammte Auto ist schon wieder kaputt! | ~**ina!** int euf = **carai** | ~**ll** m arc pop (Penis) Schwanz m | ict Lippfisch («bimaculatus») | enviar al al ~ j-n zum Teufel schicken | ~**llada** f fam Unfug, (dummer) Streich m | ~**llot** m fam Dummkopf, blöder Kerl, Trottel m | ~**llotada** f = ~**llada** | ~**m!** int euf = **carai**.

carambola *f* (*Billard*) Karambolage *f* | *fer* ~ karambolieren | *fig: per* ~ nebenbei, beiläufig, zufällig.

caramel *m gastr* Karamel(zucker) *m* | Bonbon *m/n* | ~ *de menta* Pfefferminz-bonbon *m/n*.

caramell *m* Eiszapfen *m* | Stalaktit *m* | Wachsträne *f* | verkohltes Dochtende *n* | dünne Bastschnur *f* | **~a** *f mús* Schalmei *f* (*Hirtenrohr, Spielpfeife*) | *indús* Glasbläserpfeife *f*; Glaskolben, Metallkolben *m* (*zum Einstellen e-r Flamme*) | **~aire** *m* Sänger *m* von «caramelles» | **~es** *f pl folk* (*alter Brauch, nach dem Gruppen junger Burschen am Karsamstag Osterlieder singend von Hof zu Hof ziehen u. dafür Eßwaren u. Leckereien bekommen*) Karsamstags-singen *n*, -lieder *n pl* | Ostergaben *f pl*.

carament *adv ant* teuer | inständig, eindringlich.

caramida *f ant* = **imant**.

caramuixa *f* Hanfschäbe *f* | *bot* Affodill *m*.

caramull *m* Überstehende(s), Heraustehende(s) *n* | Haufen *m* | obere(r) Teil *n* | *a. fig* Gipfel *m* | *a* ~ gehäuft; *a. fig* reichlich | *fer* ~ überlaufen.

caran|ques *f pl*, **~toines** *f pl* Zärtlichkeiten, Liebkosungen *f pl* | Schmeicheleien *f pl*.

cara|-sol *m* sonniger Platz *m* | Sonnenseite *f* | **~ssa** *f* gr(s) Gesicht, Riesengesicht *n* | *arc* Maske *f* | Fratze, Grimasse *f* | *arquit* Wasserspeier; Maskaron *m* | Vogelscheuche *f* | gr(r) Türkenkopf *m* (*an alten Orgeln*) | *fer carasses* Fratzen schneiden *od* ziehen.

carat! *int euf* = **carai**.

caràtula *f* Maske, Larve *f* | (*Papier*) Fabrikzeichen *n*.

carav|ana *f a. fig* Karawane *f* | Wohnwagen, Caravan *m* | **~aner** *m* Karawanenführer *m* | **~àning** *m* Caravaning *n* | Campingplatz *m* für Wohnwagen | **~anserrall** *m* Karawanserei *f*.

caravel·la *f nàut* Karavelle *f*.

cara-xuclat (**-ada** *f*) *adj* hohlwangig.

carbass|a *f a. fig* Kürbis *m* (*Frucht*) | Kalebasse, Kürbisflasche *f* | ~ *de cabell d'àngel* Fasermelone *f* | ~ *de rabequet* Riesenkürbis *m* | *fig fam: donar* ~ *a alg* j-n durchfallen lassen (*in e-r Prüfung*); j-m e-n Korb geben *od* e-e Abfuhr erteilen | *ésser tap i* ~ e. Herz u. e-e Seele sein | *nedar sense carbasses* allein aus-, zurecht-kommen | *no poder beure'n en* ~ erlesen (*od* hervorragend) sein | *portar-se'n* (*od rebre*) ~ e-n Korb bekommen *od* erhalten | *sortir* ~ fade schmecken (*Melone*); *fig* nicht den Erwartungen entsprechen | *treure* ~ durchfallen; (*Schule*) sitzenbleiben | **~ada** *f col* viele Kürbisse *m pl* | Kürbis *m* (voll) | Kopfstoß *m* | **~aire** *m/f fam* (*Schüler*) Sitzenbleiber(in *f*) *m* | (*Student*) Versager(in *f*) *m* | **~al** *m* dicker, lockerer Korken *m* | **~at** *m* Kürbiskonfitüre *f* | **~ejar** (33) *vi* e-m Kürbis ähneln | ins Kürbisrot *od* Kürbisgelb spielen | fad(e) schmecken (*Melone*) || *vt fig fam* (*j-n*) durchfallen lassen | (*j-m*) e-n Korb geben, (*j-n*) abweisen | **~enc** *adj* kürbisähnlich | fade (*Melone*) | **~er** = **~era**; **~erar** | **~era** *f bot* Kürbis *m* (*Pflanze*) | **~erar** *m* Kürbisfeld *n* | **~eta** *f* kl(r) Kürbis *m*, kl(e) Kalebasse *f* | (Pulver)Fläschchen *n* | **~ina** *f bot* Zaunod Gift-rübe *f* | **~ó** *m* Gartenkürbis *m*, *gastr* Zucchini *m* | **~onera** *f bot* Gartenkürbis *m* (*Pflanze*) | **~ot** *m* Kürbis-flasche *f*, -gefäß *n* | *fig fam* (*Kopf*) Kürbis *m*, Birne *f* | Beule *f* am Kopf | **~otada** *f fam* Kopfstoß *m*, bes Zusammenprall *m* (*zweier Köpfe*).

carb|ó *m* Kohle *f* | *art* Zeichenkohle *f*, Kohlestift *m* | ~ *animal* Tier-, Knochen-kohle *f* | ~ *de coc* Koks *m* | ~ *de pedra* od *mineral* Steinkohle *f* | ~ *vegetal* Holzkohle | *dibuix al* ~ Kohlezeichnung *f* | *paper* ~ Kohlepapier *n* | **~onada** *f* Kohlenschub *m* | *med fam* Kindspech *n* | *gastr* auf Holzkohle gegrilltes Schweine-, Kalbs- *od* Rindfleisch *n* | **~onar** (33) *vt* (*Holz*) verkohlen | *vi* schwärzlichen Stuhl(gang) haben | **~onar-se** *v/r* brandig werden (*Getreide*) | **~onari** *m hist* Karbonaro *m* | **~onat** *m quím* Karbonat *n* | **~onatar** (33) *vt quím* in Karbonat verwandeln | mit Kohlensäure versetzen | **~onatat** (**-ada** *f*) *adj* min karbonatisch | **~oncle** *m min* Karfunkel, Rubin *m* | *med* Karbunkel; Milzbrand *m* | **~oneig** *m* (*Handwerk*) Köhlerei *f* | *nàut* Kohlenübernahme *f* | **~onejar** (33) *vt* = **~onar** || *vi* der Kohle ähneln | *nàut* kohlen | **~oner** *m* Köhler *m* | Kohlenhändler *m* | *nàut* Kohlendampfer, -schlepper *m* | *ornit* Gartenrotschwanz *m* | **~onera** *f* Köhlerin *f* | Kohlenhändlerin | Kohlenmeiler *m* | (*Ort*) Köhlerei *f* | Kohlenschuppen,

carbur -keller *m* | *nàut* Kohlenbunker *m* | *ornit* Samtkopfgrasmücke *f* | **~oneria** *f* Kohlenhandlung *f* | **~onet** *m* Feinkohle *f* | Holzkohle *f* | Zeichenkohle *f*, Kohlestift *m* | **~oni** *m* *quím* Kohlenstoff *m* | *fibra de* ~ Kohlenstoff-, Kohle-faser *f* | **~ònic** *adj* *quím*: *àcid* ~ Kohlensäure *f* | *anhídrid* (*gas*) ~ Kohlendioxyd *m* | **~onífer** *adj* kohlehaltig, -führend; karbonisch || *s/m* Karbon *n* | **~onissa** *f* Kohlen-grus, -staub *m* | **~onització** *f* Verkohlung, Karbonisation *f* | **~onitzar** (33) *vt quím geol tèxt* verkohlen (lassen), karbonisieren | **~onitzar-se** *v/r* verkohlen | **~onós** (**-osa** *f*) *adj* kohle-artig, -haltig | **~orúndum** *m* *quím* Karborund *n*.
carbur *m* *quím* Karbid *n* | *llum de* ~ Karbid-lampe *f*, -licht *n* | **~ació** *f* *aut* Vergasung *f* | **~ador** *m* *aut* Vergaser *m* | **~ant** *m* *aut* Kraft-, Treib-stoff *m* | **~ar** (33) *vt* *quím* mit Kohlenstoff anreichern | *aut* vergasen | (*Stahl*) aufkohlen | *vi* *fig fam* laufen, funktionieren.
carca *adj* (*m/f*) *hist desp* = **carlí** | *fam* stockkonservativ || *s/m/f hist desp* = **carlí** | *fam* Stockkonservative(r *m*) *m/f*.
carcabòs *m* (*pl* -**ossos**) = **carcanyell**.
carcaix *m* Köcher *m*.
carcanada *f* (*Tier*) Gerippe *n* | (*Vögel*) Rückgrat *n*, Rückenknochen *m pl* | *fam* Gerippe, Skelett *n*.
carcany|ell *m* Kehle *f* | Rachen *m* | **~ol** *m* *constr* Hängewickel *m*.
carcàs *m* (*pl* -**assos**) = **gargall**.
carcassa *f* Gerippe *n* | Skelett, Gerüst *n* | *hist* (*Geschoß*) Karkasse *f*.
carceller(**a** *f*) *m* = **escarceller**.
càrcer *m* *ant* Kerker *m*.
carcerari (**-ària** *f*) *adj* Gefängnis...
carcino|ma *m* *med* Karzinom *n* | **~matós** (**-osa** *f*) *adj* karzinomatös | **~si** *f* Karzinose *f*.
carcomprar (33) *vt ant bes fig* teuer bezahlen.
carculla *f* Muschel(schale) *f*.
card *m* *bot* Distel *f* | ~ *d'ase* Kratzdistel *f* | ~ *marià* Mariendistel *f* | **~a** *f tèxt* Wollkamm *m*, Karde, Krempel *f* | Rauhmaschine *f* | **~ada** *f* *tèxt* Krempelmenge *f* | Krempeln *n* | **~ador**(**a** *f*) *m* Woll-kratzer(in *f*), -kämmer(in *f*) *m* | **~aire** *m* *ict* Rochen *m* | **~amom** *m* *bot* Kardamom *m/n* | **~ar** (33) *vt* (*Wolle*) kämmen, karden, krempeln | (*Tuch*) aufrauhen | *pop!* = **fotre** || *vi pop!* ficken, vögeln | **~ar-se** *v/r pop!* = **fotre's** | **~assa** *f bot* Eselsdistel *f* | **~atge** *m tèxt* Kardieren *n*.
cardenal *m* Kardinal *m* | **~at** *m* Kardinals-würde *f* | **~ici** (**-ícia** *f*) *adj* Kardinals...
cardet *m* *bot* = **cardó** | **~a** *f bot* Stern-Skabiose *f* (*Unterart* «monspeliensis»).
càrdia *m* *anat* Kardia *f*, Magenmund *m*.
card|íac *adj* *anat med* Herz... | kardial | herzkrank || *s/m/f* Herzkranke(r *m*) *m/f* | **~íaci** (**-àcia** *f*) *adj* herzförmig | **~iàlgia** *f med* Kardialgie *f*.
cardi|ga *f bot* Eseldistel *f* | **~gassa** *f bot* Wollkratzdistel *f* | **~na** *f* = **cadernera**.
cardinal *adj* (*m/f*) wesentlich, Haupt..., Kardinal... | *nombres* ~**s** Kardinal-, Grund-zahlen *f pl* | *els quatre punts* ~**s** die vier Himmelsrichtungen *f pl* | *virtuts* ~**s** Kardinal-, Haupt-tugenden *f pl*.
cardi|ògraf *m med* Kardiograph *m* | **~ografia** *f med* Kardiographie *f* | **~ograma** *m med* Kardiogramm *n* | **~òleg** (**-òloga** *f*) *m* Kardiologe *m*, -gin *f*, Herzspezialist(in *f*) *m* | **~ologia** *f med* Kardiologie, Herzforschung *f* | **~òpata** *m/f med* Herzkranke(r *m*) *m/f* | **~opatia** *m med* Herzleiden *n pl* | **~opulmonar** *adj* (*m/f*) *anat* Herz-Lungen... | **~osclerosi** *f med* Kardiosklerose *f* | **~otònic** *m med* Kardiotonikum, Herzmittel *n* | **~ovascular** *adj* (*m/f*) *anat* kardiovaskulär, Herz-Kreislauf... | **~tis** *f med* Karditis, Herzentzündung *f*.
card|ó *m bot* Wilde Waldkarde *f* | **~ot** *m bot* Distel *f* | Gemeine Mariendistel *f*.
carei *m* *zool* Karette, Karettschildkröte *f* | Schildpatt *m* | *ulleres de* ~ Hornbrille *f*.
carejar (33) *vi* ziemlich teuer sein; nicht gerade preiswert sein.
Car|èlia *f* Karelien *n* | **~elià** (**-ana** *f*) *adj* karelisch || *s/m/f* Karelier(in *f*) *m* || *s/m ling* Karelisch *n* | *el* ~ das Karelische.
carena *f nàut* Kiel *m*; Kielholung *f* | (*Gebirge*) Grat, Kamm *m* | *agr* Scholle *f* | *constr* First-balken *m*, -pfette *f* | *donar* ~ *a un vaixell* e. Schiff kielholen | **~dor** *m nàut* Trockendock *n* | **~r** (33) *vt nàut* (*Schiff*) kielholen.
car|ència *f dr* Mangel *m*, Entbehrung *f* | ~ *de béns* Mittellosigkeit *f* | *med:* ma-

laltia per (od *de*) ~ Mangelkrankheit *f* | *econ* (*bes Versicherung*) período de ~ Karenz-, Warte-zeit *f* | **~encial** *adj* (*m*/*f*) Mangel..., Karenz...
carene|jar (33) *vi* den Bergkamm entlanglaufen, e-e Gratwanderung machen | **~r** *m constr* Dach-first, -sattel *m*.
carés *m* Aussehen *n*, Aussicht *f* | *el ~ del temps* die Wetterlage *f* | *això presenta bon* (*mal*) ~ das sieht gut (bedenklich) aus.
caresti|a *f* Mangel *m* | Teuerung *f* | **~ós (-osa** *f*) *adj* karg, unergiebig | *arc fig* geizig.
careta *f* Maske, Larve *f* | *esport* Fechtmaske *f* | *indús* Kopf-blende *f*, -blendschirm *m* | *~ antigàs* Gasmaske *f* | *llevar-se* od *treure's la ~* die Maske abnehmen; *fig* die Maske fallen lassen.
carga *f*: *Weinmaß von 121,6 l* | *Getreide-, Kohlen-, Holz-maß von 120-126 kg* | (*Weinlese*) Butte *f* voll Trauben.
cargol *m zool anat* Schnecke *f* (*mit Haus*) | Schneckenhaus *n* | *tecn* Schraube *f* | (*Haar*) Locke *f*, Kringel *m* | (*Luft, Wasser*) Wirbel *m* | *~ bover* Weinbergschnecke *f* | *~ de banc* Schraubstock *m* | *~s de fuster* Hobelspäne *m pl* | *~ sense fi* endlose Schraube, Schnecke *f* | *escala de ~* Wendeltreppe, Schnecke *f* | **~a** *f bot* Reiherschnabel *m* | **~ada** *f* Schneckenessen *n* | **~adís (-issa** *f*) *adj* s. leicht (ein)rollend | **~aire** *m*/*f* Schnecken-sammler(in *f*); -verkäufer(in *f*) *m* | **~ament** *m* Ein- Zusammen-rollen *n* | **~ar** (33) *vt* ringeln, winden, schlingen | (auf-, ein-, zusammen-)rollen, (auf)wickeln | (ein)schrauben, (ein)drehen, winden | (*Zigarrette*) drehen | *fig*: *~ un renec* e-e Gotteslästerung von s. geben | **~ar-se** *v*/*r* s. kringeln (*Haar*) | *~ el bigoti* s. (*dat*) den Schnurrbart zwirbeln | *fig*: *~ de riure* s. krank- od tot-lachen, s. vor Lachen kringeln | *~ de mal de ventre* s. vor Bauchschmerzen krümmen | **~era** *f* Schneckenkäfig *m* | **~et** *m ornit* Zaunkönig *m* | **~í** *m zool* kl(e) Schnecke; Strandschnecke *f* | *bot* Bohne *f* («Phaseolus caracalla») | (irdenes) Töpfchen *n*.
cariar-se (33) *v*/*r* von Karies befallen werden, anfaulen.
cariàtide *f art* Karyatide *f*.
carib *adj* (*m*/*f*) karibisch | *la* (od *el*) *mar ~* das karibische Meer || *s*/*m*: *el ~* die Karibik *f* || *s*/*m*/*f* Karibe *m*/*f*.
caribú *m* (*pl -ús*) *zool* Karibu *m*.
caricatur|a *f a. fig* Karikatur *f* | **~ar** (33) *vt* karikieren | **~esc** *adj* karikaturistisch, karikierend | karikaturartig, karikaturesk | **~ista** *m*/*f* Karikaturist(in *f*) *m*.
carícia *f* Liebkosung *f*, Streicheln *n*, Zärtlichkeit *f* | *fer carícies a alg* j-n liebkosen od streicheln | *la ~ del vent* das Streicheln *n* des Windes.
càries *f med* Karies *f*.
carilló *m mús* Glockenspiel *n*.
carinar (33) *vi* jaulen, heulen | *fig* krachen, knacken.
Caríntia *f*: *la ~* Kärnten *n*.
cariofil·làcies *f pl* Nelkengewächse *n pl*.
carism|a *m* Charisma *n* | **~àtic** *adj* charismatisch.
caritat *f* (christliche) Nächstenliebe *f* | Barmherzigkeit *f*, Mitleid *n* | milde Gabe *f*, Almosen *n*, Liebesgabe *f* | *obra ~* Werk *n* der Nächstenliebe; Liebes-tat *f*, -werk *n* | *demanar ~* um Almosen (od e-e milde Gabe) bitten; betteln | *fer ~* Almosen geben | *viure de ~s* von Almosen leben | **~iu (-iva** *f*) *adj* wohltätig, karitativ | barmherzig.
Carlemany *m hist* Karl der Große.
carlet *m bot* Wiesenegerling, Champignon *m* | Feldchampignon *m*.
carl|í (-ina *f*) *m hist polít* Karlist(in *f*) *m* || *adj* karlistisch | *les guerres carlines* die Karlistenkriege *m pl* | **~ina** *f bot* Silberdistel *f* | **~inada** *f col* Karlisten *m pl* | Karlisten-aufstand *bzw* -angriff, -krieg *m* | **~inalla** *f col desp* Karlisten *m pl* | *bes* Karlisten-bande *f*, -haufen *m* | **~inga** *f nàut* Mast-grund *m*, -basis *f* | *aeron* Pilotenkanzel *f* | **~isme** *m hist polít* Karlismus *m* | **~ista** *m*/*f u. adj* = **carlí**.
carmanyola *f* Picknickdose *f*.
carmelit|a *m*/*f ecl* Karmeliter(in *f*), Karmelit(in *f*) *m* | **~à (-ana** *f*) *adj* Karmeliter... || *s*/*m*/*f* = **carmelita** || *s*/*f bot* Garteneisenkraut *n*.
carmenar (33) *vt* (*Wolle*) kämmen.
carm|esí (-ina *f*) *adj* karmesin-, bordeaux-rot || *s*/*m* Karmesin *n* | **~í** *m* Karmin *n* | Karmin-, Scharlach-rot *n* | (*Wangen, Lippen*) Rouge *n* || *adj* (*m*/*f*) karmin-, scharlach-rot, leuchtend rot | **~inatiu (-iva** *f*) *adj med* blähungstreibend || *s*/*m* blähungstreibendes Mittel *n*.

carn *f a. fig* Fleisch *n* | ~ *a la brasa* gegrilltes Fleisch *n* | ~ *de pèl (caç)* Haarwild *n* | ~ *de plomes (caç)* Federwild *n* | ~ *de porc (de vedella)* Schweine-(Kalb-)fleisch *n* | ~ *picada* Hackfleisch *n*, Hackepeter *m* | ~ *rostida* (Fleisch)Braten *m* | *entre* ~ *i pell* unter der Haut | ~*s fresques (fig)* frisches Aussehen *n* | ~ *sense ossos* entbeintes Fleisch *n*; *fig* einträglicher ruhiger Posten *m* | *color de* ~ fleischfarben | *extret de* ~ Fleischextrakt *m* | *pecats de la* ~ *(ecl)* Sünden *f pl* des Fleisches | *en* ~ *i ossos* wie er leibt und lebt, leibhaftig | *no és ni* ~ *ni peix (fig)* es ist weder Fleisch noch Fisch | *(és)ser de* ~ (*i ossos*) aus Fleisch und Blut sein; auch nur e. Mensch sein | *fer* ~ Beute machen (Raubtiere) | *el Verb s'és fet* ~ *(bíbl)* das Wort ward Fleisch | *perdre* ~ abnehmen, abmagern, vom Fleisch fallen | *la* ~ *no et pesa* du bist mager | *posar* ~ zunehmen; Fett ansetzen | *posar tota la* ~ *a la graella (fig)* alles auf e-e Karte setzen | *tenir poca (molta)* ~ *damunt* mager (fett *od* gut gepolstert) sein | *tornar la* ~ *a la terra (ecl)* den Weg allen Fleisches gehen | **~ació** *f a. pint* Fleisch-farbe *f*, -ton *m* | **~ada** *f (Fischfang)* Fleischköder *m* | **~adura** *f: tenir bona (mala)* ~ leicht (schwer) heilendes Fleisch haben | **~al** *adj* (*m/f*) fleischlich, sinnlich | *(Verwandte)* leiblich, blutsverwandt | *unió* ~ Begattung *f*, Beischlaf *m* | **~alatge** *m nàut* Pökelfleisch(vorrat *m*) *n* | **~alitat** *f* Fleischlichkeit *f* | Fleisches-, Sinnenlust *f* | **~al·lita** *f min* Karnallit *m* | **~alment** *adv: conèixer* ~ *alg* mit j-m geschlechtlich verkehren | *pecar* ~ fleischlich (*od* sinnlich) sündigen | **~atge** *m caç* zerrissenes Fleisch *n od* Beute *f* | Gemetzel *n* | **~aval** *m* Karneval *m*, Fastnacht *f*, *südd* Fasching *m* | *diumenge de* ~ Karnevals-, Fastnachts-, Faschings-sonntag *m* | *dilluns de* ~ Rosenmontag *m* | *dimarts de* ~ Karnevals-, Fastnachts-, Faschings-dienstag *m* | *ball de* ~ Karnevals-, Fastnachts-, Faschings-ball *m* | **~avalada** *f* Karnevals-scherz *m*, -treiben *n* | *fig* Farce *f* | **~avalesc** *adj* Karnevals... Fastnachts..., Faschings... | karnevalistisch, karnevalesk | **~er** *m* Karner *m* | (Grab)Urne *f* | *p ext* Friedhof *m* | = **canyet** | *(Küche)* Fliegenschrank *m* | Vorratstopf *m* (für Pökelfleisch) | Hackklotz *m* (für Fleisch) | **~era** *f bot* Bärenklau *f*, Akanthus *m* | **~estoltada** *f* = **~avalada** | **~estoltes** *m* (*a. Strohpuppe*) Fastnacht *f* | *fam: anar fet un* ~ wie e-e Vogelscheuche aussehen | *(és)ser* ~ e. Windbeutel sein.

carnet *m* Ausweis(karte *f*) *m* | Notizbuch *m* | (Zeitung) Notizen *f pl* | ~ *de ball* Tanzkarte *f* | ~ *de conduir* Führerschein *m* | ~ *d'identitat* Personalausweis *m* | ~ *de periodista* Presseausweis *m* | ~ *de soci* Mitglieds-karte *f*, -ausweis *m* | ~ *escolar* Schulzeugnis *n*.

carn|i (càrnia *f*) *adj* Fleisch... | fleischfarben | *productes* ~*s* Fleisch- u. Wurstwaren *f pl* | **~issada** *f* Fleischessen *n* | **~isser** *adj* fleischfressend, reißend | *fig* blutgierig, grausam | *animal* ~ Raubtier *n* | *lliura* ~*a* Fleischerpfund *n* (36 Unzen) | *quin metge més* ~*!* so e. Schlachter von Arzt! || *s/mf* Fleischer(in *f*), Metzger(in *f*), Schlachter(in *f*) || *s/f* Jagdtasche *f* | **~isseria** *f* Fleischerei, Metzgerei, Schlachterei *f* | Gemetzel, Blutbad *n* | **~ívor** *adj* fleischfressend, karnivor | *animals* ~*s* Fleischfresser *m pl* | *planta* ~*a* fleischfressende Pflanze *f* || *s/m zool* Karnivore, Fleischfresser *m* || *s/f bot* Karnivore, fleischfressende Pflanze *f* | **~ós** (-*osa f*) *adj a. bot* fleischig, üppig, dick | **~ositat** *f* Fleischigkeit *f* | = **~ot** | **~ot** *m* (Fleisch)Wucherung *f* || *pl* (Nasen)Polypen *m pl* | **~um** *m* verdorbenes Fleisch *n* | **~ús** *m* (*pl* -*ussos*) = **~ot** | angefaules Fleisch *n* | Aas *n* | *fig* verwahrloster Mensch *m* | *fig* dicker Tölpel *m* | **~ut** (-*uda f*) *adj* = **~ós**.

carol|í (-*ina f*) *adj* Karls... | = **~ingi** | *escriptura carolina* karolingische Minuskel *f* | **~ina** *f bot* Deltaförmige Pappel *f* | **~ines** *f pl: les* ~ die Karolinen *f pl* | **~ingi** (-**íngia** *f*) *adj* karolingisch || *s/mf* Karolinger(in *f*) *m*.

carona *f* Gesichtchen *n*.

caror *f* Teuerung *f*.

carota *f* Maske *f* | Fratze *f* | *fig:* (*és)ser un motlle de fer carotes* potthäßlich sein.

caròtid|a, ~e *f anat* Halsschlagader *f*, *med* Karotis *f*.

carp *m anat* Handwurzel *f* | **~a** *f ict* Karpfen *m* | **~anell** *m arquit* Flachbogen *m*.

Carp|ats *m pl:* els ~ die Karpaten *pl* | **~àtic** *adj* karpatisch.
carpel *m bot* Fruchtblatt, Karpell(um) *n*.
carpeta *f* Akten-mappe *f*, -deckel *m* | **~da** *f fig: donar* ~ *a u/c* etw ad acta legen.
carpià (-ana *f) adj anat* Handwurzel...
carpir-se (37) *v/r* s. verzehren, vergehen.
carpó *m anat* Steißbein *n*.
carquinyoli *m* (Mandel)Keks *m/n*.
carrabi|na *f* Karabiner *m* | **~er** *m hist* Karabinier *m*; *(Italien)* Karabiniere *m* | Grenzpolizist *m*.
carrac *m* Korkwürfel *m*.
carraca *f nàut hist* gr(s) Lastschiff *n* | schwerfälliges Schiff *n* | *fig fam* Klapper-, Rumpel-kasten *m*; lahmer Kerl *m*, lahme Ente *f*.
carrall *m* Schlacke *f* | *med* Zahnstein *m*; Kalkbelag *m*.
carranc *adj (Gang)* hinkend, lahmend.
carrandella *f* lange Reihe *f*.
carranquejar (33) *vi* hinken, lahmen, humpeln.
carrar (33) *vt (Korken)* zu Würfeln schneiden.
carràs *m (pl -assos)* Traube *f*, Büschel *n*.
carrasca *f bot* Steineiche *f* | **~r** *m* Steineichenwald *m*.
carrat (-ada *f) adj* stumpf, abgestumpft | *escot* ~ viereckiger (Hals)Ausschnitt *m*.
carrau *m* Knarre *f*.
càrre|c *m ant* = **~ga** | *nàut* Kargo *m*, (Schiffs)Fracht, Ladung *f* | *constr* Last, Belastung *f* | *fig* Fürsorge; Pflege *f*; Auftrag *m*; Pflicht; Verantwortung *f* | Posten *m*, Amt *n*, Stellung, Charge *f* | *dr* Belastung *f* Anklage(punkt *m*) | *com* Soll, Debet *m* Last | ~ *d'ànimes (ecl)* Seelsorge *f* | *testimoni de* ~ *(dr)* Belastungszeuge, Zeuge *m* der Anklage | *a* ~ *de* zu Lasten von; unter der Leitung, Verantwortung *od* Aufsicht von | *les despeses són od van a* ~ *nostre* die Kosten gehen zu unseren Lasten | *exercir un* ~ e. Amt ausüben | *fer-se* ~ *d'alg* die Sorge *od* Obhut für j-n übernehmen | *et pots fer* ~ *del gos mentre sóc fora?* kann ich dir den Hund während meiner Abwesenheit anvertrauen? | *fer-se* ~ *d'u/c* etw *(od* die Verantwortung für etw) übernehmen; etw verstehen (können) | *fes-te (el)* ~ *que encara és un nen* du mußt bedenken, daß er noch e. Kind ist | *fer* ~*s a alg* j-m Vorwürfe machen | *investir alg d'un* ~ j-n in e. Amt einsetzen |

ocupar (revestir) un ~ e. Amt innehaben (bekleiden) | *renunciar un* ~ e. Amt abschlagen *od* abgeben | **~ga** *f a. fís* Ladung *f* | *elect a.* Leistung; Spannung *f* | *met a.* Charge, Beschickung *f* | (Spreng)Ladung *f*, Sprengsatz *m* | Ladung, Fracht(gut *n*), Last; Fuhre *f* | *constr econ fig* Last, Belastung *f* | *fig a.* Bürde *f* | *(Maß)* = **carga** | *mil* Angriff, Sturm *m* | Auf-, Be-, Ver-ladung *f*, -laden *n* | ~ *de la prova (dr)* Beweislast *f* | *la* ~ *sentimental d'una obra* der sentimentale Gehalt e-s Werkes | ~ *màxima* Ladegewicht *n* | ~ *útil* Nutzlast *f* | *excés de* ~ Überlastung; -fracht *f* | *bèstia de* ~ Lasttier *n* | *tren (vagó) de* ~ Güter-zug (-wagen) *m* | *vaixell de* ~ Frachtschiff *n*, Frachter *m* | *estació de* ~ Verladebahnhof *m* | ~ *i descàrrega* Be-u. Entladen *n* | *càrregues fiscals* Steuerlasten *f pl* | *(és)ser una* ~ *per a alg (fig)* j-m zur Last fallen | *tornar a la* ~ *(fig)* noch-mal(s) damit anfangen; e-n neuen Anlauf machen *od* nehmen.
carreg|ada *f bes fig* Ladung, Menge, Reihe *f*, Haufen *m* | *(Fieber)* Anstieg *m* | **~ador**[1] *m* Auflader *m* | *nàut* Schauermann *m (pl* Schauerleute) | *fís* Ladegerät *n* | *(Feuerwaffe)* Magazin *n* | **~ador**[2] *m* Ladeplatz *m* | *fig: no treure res a* ~ nichts davon haben; *(j-m)* nichts einbringen || *adj* Lade... | **~ament** *m:* el ~ *d'un camió* das Beladen e-s Lastkraftwagens | *el vaixell porta un* ~ *d'armes* das Schiff befördert e-e Ladung *(od* Fracht) Waffen | *med fam:* ~ *de cap* Kopfdruck *m* | ~ *d'estómac* Magendrücken *n* | **~ar** (33) *vt (Waren, Lasten)* (auf-, ver-)laden | *(j-n, e. Tier, e. Fahrzeug, e. Behältnis, e. Möbel)* beladen; *(intensivierend)* bepacken | *(Schiff) a.* befrachten | *a. fig* belasten, beschweren | *fig fam (j-m)* lästig sein; auf die Nerven gehen | *(Steuer, Preis)* erhöhen | *(Batterie, Gewehr)* (auf)laden | *(Hochofen)* chargieren, beschicken | *(Pfeife)* stopfen | *(Füllfederhalter, Feuerzeug)* füllen | *(Spule)* aufspulen | *(Magen)* beschweren, überladen | ~ *una màquina de retratar* e-n Film in e-n Fotoapparat einlegen | *aquest cotxe carrega vuit persones* in diesem Wagen haben acht Personen Platz | *jo carrego sempre les culpes* ich bin immer an allem schuld | *el pare em va* ~ *el sac a l'esquena* Vater

lud mir den Sack auf den Rücken | ~ *les culpes a alg* j-m die Schuld zuschieben | ~ *un camió de pomes* e-n Laster mit Äpfeln beladen; Äpfel auf e-n Laster laden | ~ *un cotxe de paquets* e. Auto mit Päckchen bepacken | ~ *alg de cops* j-n windelweich schlagen | ~ *de coses inútils la memòria* sein Gedächtnis mit unwichtigen Dingen belasten | ~ *un presoner de cadenes* e-n Gefangenen mit schweren Ketten fesseln | ~ *el poble d'impostos* das Volk mit Steuern überlasten; dem Volk Steuern aufbürden | ~ *alg d'honors* j-n mit Ehrungen über-schütten *od* -häufen | *hi carreguen un cinc per cent* es werden fünf Prozent darauf aufgeschlagen || *vi:* ~ *sobre alg od u/c (a. fig)* auf j-m *od* etw lasten | ~ *contra alg od u/c (a. fig)* gegen j-n *od* etw anstürmen; j-n *od* etw angreifen | **~ar-se** *v/r* s. aufladen (*Batterie*) | s. bewölken (*Himmel*) | s. eintrüben (*Wetter*) | s. verschlimmern (*Kranker*) | ~ *u/c a l'esquena* s. (*dat*) etw auf den Rücken laden | ~ *al damunt una responsabilitat* é-e Verantwortung übernehmen *od* auf s. nehmen | ~ *de febre* hohes Fieber bekommen | ~ *de deutes* s. mit Schulden beladen | ~ *de paciència* s. mit Geduld wappnen | *pop:* ~ *alg* j-n kaputt-, fertig-machen; j-n umlegen; j-n heruntermachen; j-n durchrasseln lassen | ~ *un rellotge* e-e Uhr kaputtmachen | ~ *una pel·lícula* e-n Film heruntermachen | *si no fas bondat te les carregaràs!* wenn du nicht brav bist, kannst du was erleben! | **~at (-ada)** *f) adj* beladen | belastet | ~ *com una mula* wie ein (Maul)Esel bepackt | *cafè* ~ starker Kaffee *m* | ~ *de deutes* stark (*od* über u. über) verschuldet | ~ *d'anys* hochbetagt, uralt | ~ *de diners* steinreich | *un cel* ~ *de núvols* e. stark bewölkter Himmel | *una taula carregada de fruita* e. Tisch voller Obst | *aigua carregada d'àcid carbònic* Wasser mit hohem Kohlensäuregehalt *m* | *anar (od estar)* ~ *(fig pop)* schwer (*od* ganz schön) geladen haben | **~ós (-osa** *f) adj* lästig | beschwerlich.

carrejar (33) *vt* = **carretejar**.

carrell *m* Seilerrad *n* | ~ *de figues* Kranz *m* Feigen.

carrer *m* Straße *f* (*in e-m Ort*) | *esport* Bahn *f* | ~ *gran od major* Hauptstraße *f* | *l'home del* ~ *(fig)* der Mann von der Straße | *una dona del* ~ *(fig)* e. Mädchen von der Straße, e. Straßenmädchen *n* | *al* ~ auf der Straße | *deixar alg al mig del* ~ *(fig)* j-n im Stich lassen | *fer* ~ *(fig)* e-n Weg bahnen; Platz machen | *sortir al* ~ *(a. fig)* auf die Straße gehen | *tirar-se al* ~ *(fig)* auf die Straße gehen, s. empören | *treure al* ~ *alg (fig)* j-n auf die Straße setzen, j-n hinauswerfen | *tot el* ~ *ho ha vist* die ganze Straße hat es gesehen | **~a** *f ant* = **carretera, carrer** | Weg *m*, Route *f* | *fam* = **cursa** | Laufbahn, Karriere *f* | Studium *n* | Laufmasche *f* | (Messer)Schneide *f* | *anar* ~ *dreta a ...* s. schnurstracks nach ... begeben | *donar* ~ *a alg* j-n studieren lassen | *fer* ~ *(a. fig)* Karriere machen | *fer* ~ *de ...* auf dem Weg nach ... sein | *fer la* ~ *de metge* Medizin studieren | *sortir a* ~ *a alg* j-m entgegen-gehen, -fahren | *a llarga* mit der Zeit | *de* ~ ununterbrochen, ohne Unterlaß | **~ada** *f* Viehtrift *f* | **~any** *m* Pfad, schmaler Weg *m* | (*ausgefahrene*) Spur, Furche *f* | **~ó** *m* Gasse *f* | steiniger Pfad *m* | ~ *que no passa (a. fig)* Sackgasse *f*.

carret *m* kl(r) Wagen *od* Karren *m* (*Reisernte*) Garbenschlitten *m* | **~a** *f agr* Wagen *n*, Fuhrwerk *n* (*niedriger als der* «*carro*») | **~ada** *f* Fuhre *f* | *fig fam* Ladung, Menge *f*, Haufen *m* | *a carretades (loc adv)* haufenweise | **~am** *m* Fuhrpark *m* | **~atge** *m* Transport- *od* Fracht-kosten *pl* | **~eig** *m* Beförderung *f*, Transport *m* | **~ejar** (33) *vt* (*mit e-m Fuhrwerk*) befördern, transportieren | *fig* mit s. herumschleppen | **~ell** *m* Faß *n* (*ca. 30 l*) | Spule *f* | **~el·la** *f* Kalesche *f* | **~er**[1] *m* Wagen-, Stell-macher *m* | Fuhrmann *m* | *suar com un* ~ in Schweiß gebadet sein | **~er**[2] *adj* Karren... | Fahr... | *camí* ~ Fahrweg *m* | **~era** *f* (Land-, Überland-)Straße *f* | *si vols fer drecera no deixis la* ~ (*Spruch*) wenn du es eilig hast, weich nicht vom Wege ab | **~ó** *m* Handwagen *m*, (Schub)Karren *m* | ~ *elevador od d'elevació* Gabelstapler *m*.

carreu *m constr* Quader(stein) *m* | **~ada** *f* Quaderreihe *f*.

carril *m ferroc* Schiene *f*, Gleis *n*; *p ext* Eisenbahn *f* | *tecn* Schiene *f* | **~ada** *f* Radspur *f* | **~aire** *m* Eisenbahner *m* | **~et** *m fam* Kleinbahn *f*, Bummel-

zug *m*, Bimmelbahn *f*.
carrincl|ó (-ona *f*) *adj* kitschig, gefühlsduselig | spießig | abgeschmackt | alt-, haus-backen | albern ‖ *s/mf* Banause *m*; Spießer(in *f*) *m* | **~onada** *f* (*Handlung, Äußerung*) Albernheit *f*, Firlefanz *m* | Torheit *f* | **~oneria** *f* Gefühlsduselei *f* | Abgeschmacktheit *f* | Spießigkeit *f* | = **~onada** | **~onejar** (33) *vi* kitschig (*od* abgeschmackt) sein *od* wirken.
carriot *m* Kipp-karren *m*, -lore *f*.
carrisque|ig *m* Knarren, (Zähne)Knirschen *n* | **~jar** (33) *vi* knarren, knirschen | ~ *de dents* mit den Zähnen knirschen.
càrritx *m bot* Schilfrohr *n* | Binse *f*.
carritxar *m* Schilf, Röhricht *n*.
carro *m* Wagen *m*, Fuhrwerk *n*, Karren *m* | (*Schreibmaschine*) Wagen *m* | *tecn a*. Laufkatze *f* | *hist* Streitwagen *m* | *astr fam*: el ~ der Gr(o)ße Wagen | *mil*: ~ *de combat* Panzer(wagen) *m* | *mit*: el ~ *del Sol* der Sonnenwagen *m* | *hist*: ~ *triomfal* Triumphwagen *m*.
carroll *m* Traube *f*, Büschel *n* | (*Weinlese*) Spätling *m*.
carronya *f* Aas, Luder *n* | *desp* Tattergreis *m*.
carross|a *f* Karosse *f* | *fig fam* Klapper-, Rumpel-kasten *m*, Kutsche ‖ *s/f pl* treibendes Wurzelwerk *n* | **~eria** *f aut* Karrosserie *f*.
carrotxa *f* Pinienrinde *f*.
carru|atge *m* Gefährt, Gespann, Fuhrwerk *n*, *bes* Kutsche *f* | **~txes** *f pl* Laufstühlchen *m*.
carst *m geol* Karst *m*.
càrstic *adj geol* Karst..., karstig.
carta *f* Brief *m*; *com adm a*. Schreiben *n* | Urkunde *f*, Dokument *n* | Ausweis *m* | (Spiel)Karte *f* | *polít* Charta *f* | *nàut aeron* Karte *f* | ~ *aèria* Luftpostbrief *m* | ~ *apostòlica* apostolischer Brief *m* | ~ *blanca* Blankovollmacht *f*; *fig* Blankoscheck *m*, freie Hand, *lit* Carte blanche *f* | ~ *certificada* Einschreibebrief *m* | ~ *circular* Rundbrief *m* | ~ *credencial* Beglaubigungs-brief *m*, -schreiben *n* | ~ *nàutica* Seekarte *f* | ~ *oberta* offener Brief *m* | ~ *pastoral* · Hirtenbrief *m* | ~ *urgent* Eilbrief *m* | ~ *verda* (*aut*) Grüne Karte *f* | ~ *d'ajust* (*tv*) Testbild *n* | ~ *de ciutadà* Staatsbürgerurkunde *f* | ~ *de colors* Farbmusterkatalog *m* | ~ *de condol* Beileids-brief *m*, -schreiben *n* | ~ *de crèdit* Kreditbrief *m*, Akkreditiv *n* | ~ *al director* (*Zeitung*) Leserbrief *m*, Zuschrift *f* | ~ *de felicitació* Glückwunsch-brief *m*, -schreiben *n* | ~ *de navegar* Seekarte *f* | ~ *de pagament* Quittung *f* | ~ *de recomanació* Empfehlungs-schreiben *n* | ~ *de treball* Arbeitskarte *f* | ~ *del temps* Wetterkarte *f* | *castell de cartes* (*a. fig*) Kartenhaus *n* | *datar* (*franquejar, segellar, tirar, trametre*) *una* ~ e-n Brief datieren (frankieren, versiegeln, einwerfen, senden) | (*Spiel*) *barrejar les cartes* die Karten mischen | *donar les cartes* Karten austeilen *od* geben | *girar* (*jugar, tirar*) *una* ~ e-e Karte aufdecken (spielen *od* ausspielen, ab-legen, -werfen) | *jugar a cartes* Karten spielen | *jugar a cartes vistes* (*a. fig*) mit offenen Karten spielen | *jugar-se l'última* ~ (*fig*) die letzte Karte ausspielen | *posar-ho tot sobre una* ~ (*a. fig*) alles auf e-e Karte setzen | *tirar les cartes a alg* j-m die Karten legen | *per* ~ brieflich.
cartabò *m* Zeichendreieck, Winkelmaß *n* | *tecn* Winkeleisen *n* | *constr* First-, Dachstuhl-winkel *m*.
cartaci (-àcia *f*) *adj* papieren.
cartaginès (-esa *f*) *adj* karthagisch, aus Karthago ‖ *s/mf* Karthager(in *f*) *m*.
càrtam *m bot* Färberdistel *f*.
carte|ig *m* Briefwechsel *m* | **~jar** (33) *vt arc* (*in e-m Buch*) blättern | **~jar-se** *v/r* in Briefwechsel stehen, Briefe wechseln.
càrtel *m econ* Kartell *n*.
carte|ll *m* Plakat *n*, Anschlag *m* | Poster *n* | (*Schule*) Wandbild *n* | (*Wettbewerb*) Teilnahmebedingungen *f pl* | *hist* Kartell *n*, schriftliche Herausforderung *f* | *dr polít* (schriftlicher) Vertrag *m* zwischen Kriegsführenden | *prohibit d'afixar* ~s Plakate ankleben verboten | **~l·la** *f constr* Kragstein *m*, Konsole *f* | **~llera** *f* (*Zeitung*) Vergnügungsanzeiger *m* | **~llista** *m/f* Plakatmaler(in *f*) *m*.
cartenir (40) *vt ant* wertschätzen.
carter(a *f*) *m* Briefträger(in *f*) *m* ‖ *s/m* (*Kartenspiel*) Stoß *m*.
càrter *m aut* Gehäuse *n*.
carter|a *f* Brieftasche *f* | Aktentasche *f* | (Schreib-, Brief-)Mappe *f* | Schul-tasche *f*, -ranzen *m* | *polít* Ministerium; Ressort *n* | Taschenklappe *f*, Patte *f* | ~ *de comandes* Auftragsbestand *m* | *ministre sense* ~ Minister ohne Ge-

cartesià

schäftsbereich *od* Portefeuille | *tenir la ~ de finances* Finanzminister sein | *tenir en ~ u/c* etw in Vorbereitung haben | **~ia** *f* Briefträgeramt *n* | Briefabfertigung *f* | **~ista** *m/f* Taschendieb(in *f*) *m*.
cartesià (**-ana** *f*) *adj* kartes(ian)isch || *s/mf* Kartesianer(in *f*) *m*.
cart|íleg *m* Knorpel *m* | **~ilaginós** (**-osa** *f*) *adj* knorpelartig, knorpelig, Knorpel...
cart|illa *f* Personalakte *f* | *~ escolar* Schulzeugnis *m* | *~ militar* Wehrpaß *m* | **~ipàs** *m* (*Schule*) Schreibheft *n* | *polít* Ämtereinteilung *f* | **~ó** *m* Pappe *f*, Karton *m* | (Papp)Karton *m*, Pappschachtel *f* | Pappdeckel *m* | (Karton)Bild *n* | (*Malerei*) Karton *m* | *~ pedra* Papiermaché, Pappmaché *n* | *cavall de ~* Kartonpferd *n* | *un ~ de cigarrets* e-e Stange Zigaretten | **~ògraf(a)** *m* Kartograph(in *f*) *m* | **~ografia** *f* Kartographie *f* | **~ogràfic** *adj* kartographisch.
cartoix|a *f* Kartause *n* | Kartäuserorden *m* | **~à** (**-ana** *f*) *adj* Kartäuser... || *s/mf* Kartäuser(in *f*) *m*.
carto|lina *f* dünne Pappe *f*, Karton *m* | **~mància** *f* Kartenlegen *n* | **~teca** *f* Kartothek *f*.
cartr|e *m* gr(r) Weidenkorb *m* | **~ó**¹ *m* kl(r) Weidenkorb *m*.
cart|ró² *m* = **cartó** | **~ulari** *m* Kopialbuch *n* | **~utx** *m* Patrone *f* | *a. art* Kartusche *f* | Kleingeldrolle *f* | *fotog* Kassette *f* | **~utxera** *f* Patronentasche *f*, -gurt *m*.
carura *f reg* Gesichtsausdruck *m*, Aussehen *n*.
carvendre (40) *vt ant* teuer verkaufen | *bes fig* rächen.
carxof|a *f* Artischocke *f* | **~ar** *m* Artischockenfeld *n* | **~er(a** *f*) *m bot* Artischocke *f* (*Pflanze*).
carxot *m fam* Ohrfeige *f*.
cas¹ *m* (*Umstand, Angelegenheit*) *a. dr med* Fall *m* | *ling a.* Kasus *m* | *un ~ especial* e. Sonderfall *m* | *un ~ tipic de gelosia* e. typischer Fall von Eifersucht | *un ~ de consciència* Gewissensfall *m*, -frage *f* | *en aquest ~* in diesem Fall | *en cap ~* in k-m Fall; auf k-n Fall, keinesfalls, unter k-n Umständen | *en tot ~* jedenfalls | *en tots els ~os* in allen Fällen | *en ~ contrari* anderenfalls | *en ~ de guerra* im Fall(e) e-s Krieges, im Kriegsfall | *en ~ de plou-*

casa

re falls es regnet | *en ~ que no puguis venir* falls (*od* im Fall(e), daß) du nicht kommen kannst | *posat* (*od donat*) *~ que fóssim immortals* gesetzt den Fall, wir wären unsterblich | *si de* (*od per*) *~ demanaven per mi* falls man nach mir fragen sollte | *si de* (*od per*) *~, ja ho farem demà* das können wir ja allenfalls morgen machen | *per si de ~, emporta't el paraigua!* nimm auf alle Fälle (*od* vorsichtshalber) den Schirm mit! | *el ~ és que* es ist so, daß...; Tatsache ist, daß... | *és ~ de veure si...* jetzt bleibt abzuwarten, ob...; mal sehen, ob... | *el convidaré, no fos ~ que s'enfadés* ich werde ihn einladen, sonst wäre er womöglich beleidigt | (*és*)*ser cosa de gran ~* von gr(r) Bedeutung sein | *estar en el ~ de fer u/c* in der Lage sein, etw zu tun | (*no*) *fer al ~ od* (*és*)*ser del ~* (nicht) zur Sache gehören; (nicht) angemessen sein | (*no*) *fer ~ d'alg od d'u/c* j-n *od* etw (nicht) beachten; auf j-n *od* etw (nicht) hören | *posar-se en el ~ d'alg* s. in j-s Lage versetzen.
cas² *m Bal* Messerrücken *m*.
cas³ *m* (*pl* **cassos**) *ant* Schmelztiegel *m*.
cas⁴ (*Kontraktion*) = **ca**² + **es**².
casa *f a. astr* Haus *n* | *com a.* Firma *f* | *zool a.* Gehäuse *n* | (*Unterkunft*) *a.* Wohnung *f*; (*emotional*) Zuhause, (Da)Heim *n* | (*Wohngemeinschaft*) *a.* Haushalt *m* | (*Brettspiel*) Feld *n* | *cases barates* Arbeitersiedlung *f* | *~ bressol* Kinderkrippe *f* | *la ~ gran de Barcelona* das Rathaus (*bzw* der Stadtrat) von Barcelona | *la ~ d'Àustria* das Haus Habsburg | *~ mare* (*Orden*) Mutterhaus *n* | *~ mortuòria* Totenhaus *n* | *~ pairal* Stammhaus *n* (e-r *Familie*) | *~ d'abelles* Bienenstock *m* | *~ de banys* öffentliches Bad(e-haus) *n* | *~ de boigs* Irren-haus *n*, -anstalt *f* | *~ de camp* Landhaus *n* | *~ de caritat* Armenhaus *n* | *~ de cites* Stundenhotel *n* | *~ de correcció* Besserungsanstalt *f* | *~ de Déu* Gotteshaus *n* | *~ d'hostes* Gästehaus *n*, Pension *f* | *~ d'infants orfes* Waisenhaus *n* | *~ de joc* Spiel-bank *f*, -kasino *n* | *~ de llloguer* Mietshaus *n* | *~ de maternitat* Entbindungsheim *n* | *~ de moneda* Münz-stätte, -anstalt *f* | *~ de pagès* Bauern-hof *m*, -haus *n* | *una ~ de tres pisos* e. dreistöckiges Haus | *~ de pisos od de veïns* Wohnungsge-

bäude *n* | ~ *de propietat* Eigenheim *n* | ~ *de putes* od *de barrets* (*pop!*) Hurenhaus *n*, Puff *m* | ~ *de toleràn-cia* (*arc*) Freudenhaus *n* | ~ *de la vila* od *del comú* Rathaus *n* | *de* ~ *bona* od *de bona* ~ aus gutem Hause | *fig: d'estar per* ~ fürs Haus, für zu Hause; *fig* beschränkt, kurzsichtig | *una bestiesa com una* ~ (*fam*) e-e Riesendummheit *f* | *partit* (*derrota*) *a* ~ Heim-spiel *n* (-niederlage *f*) | *anar-se'n a* ~ nach Haus(e) gehen *bzw* fahren, heim-gehen *bzw* -fahren | *arribar a* ~ nach Hause kommen, heimkommen | (*és*)*ser a* ~ zu Haus(e) (*od* daheim) sein | (*és*)*ser a* ~ *d'alg* od *a* ~ *alg* bei j-m (zu Hause *od* zu Haus) sein | (*és*)*ser com de* ~ wie von der Familie sein | (*és*)*ser molt de* ~ sehr häuslich sein | *fer* ~ *a part* e-n getrennten Haushalt führen | *jugar a* ~ zu Haus(e) spielen | *esport a*. auf eigenem Platz spielen | *posar* (*od parar*) ~ (s.) e-e Wohnung einrichten; e-n Hausstand gründen | *sortir de* ~ aus dem Haus(e) gehen | *tenir* ~ *oberta* (*fig*) e. offenes Haus haben, gastfreundlich sein | *llençar* (*od tirar*) *tirar la* ~ *per la finestra* (*fig fam*) das Geld mit vollen Händen hinauswerfen; etw ganz groß feiern.

casaca *f* Uniformrock *m*.

casa|da *f col* Hausbewohner *m pl* | **~dor** *adj* heiratsfähig | **~l** *m* gr(s) Haus *n* | Stammhaus *n* (e-r *Familie*) | Heim *n*, Klub(haus *n*), Verein(shaus *n*) *m* | *hist* (Herrscher)Haus *n* | **~lici** *m* gr(s) Haus *n* | **~lot** *m* gr(s) altes, halbzerfallenes Haus *n* | **~mata** *f mil* Kasematte *f* | **~ment** *m* Heirat, Hochzeit *f* | Trauung *f* | *fig* Zusammentreffen *n* (*zweier Dinge*) | *donar paraula de* ~ die Ehe versprechen | *desfer un* ~ e-e Hochzeit vereiteln | *fer un* ~ e-e Ehe vereinbaren *od* vermitteln | **~r** (33) *vi* heiraten | *fig* gut zusammenpassen, harmonisieren | *per* ~ noch nicht verheiratet, ledig || *vt* verheiraten | trauen | *fig* zusammenfügen | **~r-se** *v/r* (s. ver)heiraten, *lit* s. vermählen | ~ *per l'església* s. kirchlich trauen lassen | ~ *pel civil* od *civilment* s. standesamtlich trauen lassen | **~t** (**-ada** *f*) *adj* verheiratet | ~ *de nou* jung-verheiratet, -vermählt || *s/mf* Verheiratete(r *m*) *m/f*.

casc *m* Helm *m* | (*Hut*) Kopf *m* | Gefäß *n*, Behälter *m* (*für Flüssigkeiten*) |
Kopfhörer *m* | *zool* Huf *m* | (*Friseur*) Trockenhaube *f* | ~ *blau* Blauhelm *m* | ~ *protector* Schutzhelm *m* | **~a** *f* Schale, Hülse *f* | *Val Bal* Kranz(kuchen) *m*.

cascad|a *f* Kaskade *f*, Wasserfall *m* | **~ejar** (33) *vi* (in Kaskaden) herabfallen *bzw* hinunterstürzen.

cascadura *f* Quetschung *f* | *fam* Brustdrüsenentzündung *f*.

cascall *m bot* Schlafmohn *m*.

casc|ament *m* Quetschung *f* | Quetschen *n* | **~ar** (33) *vt* (zer)quetschen, zerdrücken | *veu cascada* (*fig*) brüchige Stimme *f* | **~arres**, **~àrries** *f pl* Kotkügelchen *n pl* (*an Wolle, Fell*) | Zottelfell *n* (*am Bauch*).

cascaula *f bot* = **argelagó**.

cascavell *m* Glöckchen *n*, Schelle *f* | (*és*)*ser un* ~ (*fig*) e. Luftikus (*bzw* e. Hohlkopf) sein | *omplir a alg el cap de* ~*s* (*fig*) j-m Flausen in den Kopf setzen | *posar el* ~ *al gat* (*fig*) der Katze die Schelle anhängen | *serpent de* ~ Klapperschlange *f* | **~ada** *f* Schellenkum(me)t *n* | **~eig** *m* Schellengeläut *n* | **~ejar** (33) *vi* läuten | klappern, scheppern.

casc|ú *pron ind ant reg* = **cadascú** | **~un(a** *f*) *pron ind ant reg* = **cadascun(a)**.

caseïna *f* Kasein *n*.

casell *m* Verschlag *m*, Abteil(ung *f*) *n* | (*Garten*) Beet *n* | **~a** *f* Häuschen *n* | Fach *n* | (*Schachbrett, kariertes Papier*) Feld *n*.

caseós (**-osa** *f*) *adj* käsig | *degeneració caseosa* (*med*) Verkäsung *f*.

case|ra[1] *f* Haushälterin *f* | **~ra**[2] *f* Heirats-lust, -wut *f* | **~ra**[3] = **arnot** | = **rusc** | **~ria** *f col* Häuser *n pl* (*e-s Ortes*) | Ortsteil; Weiler *m* | **~riu** *m* = **~ria** | **~rna** *f* Kaserne *f* | **~ta** *f* Häuschen *n* | Hütte *f* | Bude *f* | = **casella** | ~ *de banys* (*Bad, Strand*) Umkleidekabine *f* | *la* ~ *del gos* die Hundehütte.

càseum *m* = **casi**.

casi *m* Dickmilch *f*.

casimir *m tèxt* = **caixmir** | Kaschmirimitation *f*.

cas|ino *m* Kasino *n* | Spielkasino *n* | Klub(lokal *n*) *m* | **~inyot** *m* elende Hütte, Spelunke *f* | **~olà** (**-ana** *f*) *adj* häuslich, Haus... | *menjar* ~ Hausmannskost *f* | *animals casolans* Haustiere *n pl* | **~or** *f* = **casera**[2] | **~ori**

caspa

m Hochzeit, Trauung *f* | ~**ot** *m* Bruchbude, Spelunke *f*.
casp|a *f* (Kopf)Schuppen *f pl* | ~**era** *f* Staubkamm *m*.
caspi (**càspia** *f*) *adj* kaspisch | *la mar Càspia* od *el mar* ~ das Kaspische Meer *n*.
caspós (**-osa** *f*) *adj* schuppig.
casquet *m* Mütze, Kappe *f* | *arc* Krätzekappe *f* | (*Geschoß*) Hülse *f* | *elect* Birnensockel *m* | ~**a** *f gastr* Marmeladentörtchen *n*.
cassa *f* Schöpf-kelle *f*, -löffel *m*.
cassació[1] *f dr* Kassation, Aufhebung *f* | Ungültigkeits-erklärung *f* | *recórrer en* ~ Revision *f* einlegen | *recurs de* ~ Revisionsantrag *m*.
cassació[2] *f mús* Kassation *f*.
cassanella *f bot* Gallapfel *m*.
cassar *vt* (33) *dr* aufheben, für ungültig erklären.
casserola *f* Stieltopf *m*, Kasserolle *f*.
casset|ó *m arquit* Kassette *f* | ~**onat** (**-ada** *f*) *adj arquit* Kassetten... || *s/m* Kassettierung *f* | ~**te** *f* Kassette *f* | *p ext a.* Kassetten-gerät *m*, -recorder *m*.
cassigall *m* Lumpen, Lappen *m*.
cassiterita *f min* Zinnstein, Kassiterit *m*.
cass|ó *m* kl(r) Stieltopf *m* | ~**ola** *f* (irdene) Kasserolle *f* | ~**olada** *f* Kasserolle *f* (*Inhalt*) | ~**oleta** *f* kl(e) (Steingut)Kasserolle *f* | *anat* Kniescheibe *f* | *bot fam* Becherpilz, Becherling *m* | (*Degen*) Glocke *f*, Stichblatt *n* | (*Feuerwaffe*) Zünd-, Pulver-pfanne *f* | (*Rüstung*) Schildbuckel *m* | ~ *ataronjada* Orangenbecherling *m* | ~ *groga* Blasige(r) Becherling *m*.
cassot *m Bal* (*Bauern*) Arbeitskittel *m*.
cassussa *f fam* Bären-, Heiß-hunger *m*.
cast(**ament** *adv*) *adj* keusch | enthaltsam | sittsam, ehrbar.
casta *f* Stamm *m*, Geschlecht *n* | Kaste *f* | Art, Rasse *f* | Natur *f*, Wesen *n* | *de bona* ~ reinrassig; fig edel | *de mala* ~ (fig) verderbt | *esperit de* ~ Kastengeist *m*.
castany *adj* kastanienbraun | ~**a** *f* (Edel)Kastanie, Marone *f* | Haarknoten, Dutt *m* | *fig fam* Ohrfeige *f* | ~ *de mar* (*zool*) Seeigel *m* | *donar* (od *clavar*) *una* ~ *a alg* (fig fam) j-m e-e herunterhauen *od umg* schmieren | *treure les castanyes del foc a alg* (fig fam) für j-n die Kastanien aus dem Feuer holen | ~**ada** *f folk* (Röst)Kastanienessen *n* (bes zu Allerheiligen) | ~**ar** *m*,

~**eda** *f* Kastanien-wald; -bestand *m* | ~**er** *m bot* (*Baum*) Edelkastanie *f* | ~**era** *f* Kastanienverkäuferin *f* | (*Kastanien*) Röstpfanne *f* | ~**etes**, ~**oles** *f pl mús* Kastagnetten *f pl* | *tocar les* ~ die Kastagnetten schlagen.
castedat *f* Keuschheit *f* | Enthaltsamkeit *f* | Sittsamkeit *f* | *fer vot de* ~ das Keuschheitsgelübde ablegen.
castell *m* Burg *f*, Schloß *n* | Kastell *n* Feste *f* | Herrensitz *m* | *folk* Menschenpyramide *f* | Haufenwolke *f* | Haufen, Berg *m* | ~*s en l'aire* (fig) Luftschlösser *n pl* | ~ *de cartes* (*a. fig*) Kartenhaus *n* | ~ *feudal* Ritterburg *f* | ~ *de focs* Feuerwerk *n* | *nàut*: ~ *de popa* (*proa*) Achterdeck *n* (Vorschiff *n*) | ~ *de sorra* Sandburg *f* | ~ *de vent* (fig) Luftschloß *n* | ~**a** *f* Kastilien *n* | ~**à**[1] *m hist* Kastellan, Burgvogt *m* | ~**à**[2] (**-ana** *f*) *adj* kastilisch | (*Sprache*) spanisch | *s/mf* Kastilier(in *f*) *m* || *s/m ling* Kastilisch; Spanisch *n* | *el* ~ das Kastilische; das Spanische | ~**anada** *f desp* spanischer Ausdruck *m* (*im Katalanischen*) | ~**anejar** (33) *vi* kastilisch (*bzw* spanisch) wirken *bzw* tun | ~**ania** *f* Burggrafschaft, Burgvogtei *f* | ~**anisme** *m ling* Hispanismus *m* | ~**anitzar**(**-se**) (33) *vt* (/r) (s.) hispanisieren | ~**anoparlant** *adj* (*m/f*) spanischsprachig | ~**er** *m folk:* Mitwirkender an e-m «castell» | ~**era** *f* Haufenwolke *f* | ~**et** *m* kl(e) Burg *f* | (*Bienen*) Königinnenzelle, Weiselwiege *f* | ~**onenc**, ~**oner** *adj* castellonenkisch, aus Castelló de la Plana || *s/mf* Castellonenker(in *f*) *m* | ~**ot** *m* Aussichts-, Wach(t)turm *m*.
càstig *m* Strafe, Bestrafung *f* | *en* ~ od *per* ~ zur Strafe.
castigar (33) *vt* (be)strafen | züchtigen, kasteien | schaden, angreifen | (*Schriftliches*) (aus)feilen | (*dem Feind*) schwer zusetzen | (*Bäume*) stark zurückschneiden.
castís (**-issa** *f*) *adj* echt, rein | typisch | urwüchsig, originell.
castor *m zool* Biber *m* | Biber-pelz *m*, -fell *n* | *tèxt* Biber *m/n* | ~**i** *m* Bibergeil *n*.
castra|ció *f med* Kastration, Kastrierung *f* | ~**dor** *m* Verschneider, Kastrierer *m* | ~**r** (33) *vt* (*Tier*) verschneiden, kastrieren | (*Menschen*) kastrieren, entmannen | (*Bienen*) zeideln | (*Pferde*) wallachen.

castrense *adj* (*m/f*) *mil* Feld..., Militär..., Heeres...
casu|al(ment *adv*) *adj* (*m/f*) zufällig | **~alitat** *f* Zufall *m*, Zufälligkeit *f* | *per ~* zufällig(erweise), durch Zufall | **~ista** *m/f* Kasuist *m* | **~ístic** *adj* kasuistisch | *fig* spitzfindig | **~ística** *f* Kasuistik *f* | *fig* Haarspalterei *f*.
casull *m* erbärmliches kl(s) Haus *n* | **~a** *f* Meßgewand *n*, Kasel *f* | **~er** *m* Paramentenmacher *m* | **~eria** *f* kirchliche Schneiderei *f*.
casunyet *m* kl(s) ländliches Haus *n*.
catabauma *f* = **catau**.
cata|bolisme *m med biol* Katabolie *f*, Katabolismus *m* | **~clisme** *m geol* Erdumwälzung *f* | *fig* weltbewegendes Ereignis *n*, Katastrophe *f* | *bot* Umsturz *m*, Umwälzung *f*.
catacrac *int onomat* krach! || *s/m* Krach *m*.
catacresi *f* (*Rhetorik*) Kata-chrese, -chresis, verblaßte Bildlichkeit *f*.
catacumbes *f pl* Katakomben *f pl*.
catal|à (**-ana**) *f*) *adj* katalanisch | *s: companyia, depressió, país, serralada, sistema* | *el poble ~* das katalanische Volk | *la població de parla catalana* die katalanischsprachige Bevölkerung | *sóc ~* ich bin Katalane | *s/mf* Katalane *m*, Katalanin *f* | *nosaltres els catalans* wir Katalanen *pl* || *s/m ling* Katalanisch *n* | *el ~* das Katalanische | *el ~ occidental* (*oriental*) das West-(Ost-)katalanische | *càtedra de ~* Lehrstuhl *f* für Katalanisch | *el nostre professor de ~* unser Katalanischlehrer | *l'ensenyament del ~* der Katalanischunterricht, der Unterricht des Katalanischen, der katalanischsprachliche Unterricht | *l'ensenyament en ~* der katalanischsprachige Unterricht | *el ~ és una llengua romànica* das Katalanische ist e-e romanische Sprache | *entendre* (*bé*) *el ~* (gut) Katalanisch verstehen | *traduir a* (*del*) *~* ins Katalanische (aus dem Katalanischen) übersetzen | *aprendre* (*ensenyar, saber*) *~* Katalanisch lernen (lehren, können) | *parlar* (*un bon*) *~* (e. gutes) Katalanisch sprechen | *un alemany que parla ~* e. katalanischsprechender Deutscher | *parlar en ~* (auf) katalanisch sprechen *od* reden | *parli'm en ~!* sprechen Sie katalanisch mit mir! | *digues-m'ho en ~!* sag es mir auf katalanisch! | *en ~, si us plau!* auf katalanisch, bitte! | **~anada** *f desp* katalanischer Ausdruck *m* (*in e-r anderen Sprache*) | **~anejar** (33) *vi* katalanisch wirken *bzw* tun | katalanischgesinnt sein | **~anesc** *adj u. s/m ant* = **català** | **~anisme** *m ling polít* Katalanismus *m* | **~anista** *adj* (*m/f*) *ling polít* katalanistisch || *s/m/f* Katalanist(in *f*) *m* | **~anística** *f* Katalanistik *f* | **~anitat** *f* Katalanentum *n* | Katalanität *f* | **~anització** *f* Katalanisierung *f* | **~anitzar(-se)** (33) *vt*(/*s*) (s.) katalanisieren | **~ano-alemany** *adj* katalanisch-deutsch | *amistat ~a* katalanisch-deutsche Freundschaft *f* | **~anoaragonès** (**-esa** *f*) *adj: la corona catalano-aragonesa* die katalanisch-aragonesische Krone *f* | **~anòfil** *adj* katalanophil, katalanenfreundlich || *s/mf* Katalanen-, Katalonien-freund(in *f*) *m* | **~anista** | **~anofília** *f* Katalanophilie, Katalanen-, Katalonienfreundlichkeit *f* | **~anòfob** *adj* katalanophob, katalanenfeindlich || *s/mf* Katalanen-, Katalonien-feind(in *f*) *m* | **~anofòbia** *f* Katalanophobie, Katalanen-, Katalonien-feindlichkeit *f* | **~anoparlant** *adj* (*m/f*) katalanischsprachig | *la part ~ d'Aragó* der katalanischsprachige Teil Aragoniens.
catalèctic *adj Lit* katalektisch | *vers ~* katalektischer Vers *m*.
catàleg *m* Katalog *m*, Verzeichnis *n* | *número* (*preu*) *de ~* Katalog-nummer *f* (-preis *m*).
cata|lèpsia *f med* Katalepsie, Starrsucht *f* | **~lèptic** *adj* kataleptisch, starrsüchtig || *s/mf* Kataleptiker(in *f*), Starrsüchtige(r *m*) *m/f*.
cat|àlisi *f quím* Katalyse *f* | **~alític** *adj* katalytisch | **~alitzador** *m* Katalysator *m* | **~alitzar** (33) *vt* katalysieren | *fig* herauskristallisieren.
cataloga|ció *f* Katalogisierung *f* | **~r** (33) *vt* katalogisieren.
Catalunya *f* Katalonien *n* | *la ~ gran* Groß-, Gesamt-katalonien *n*, die Katalanischen Länder *pl* | (*la*) *~* (*del*) *Nord* Nordkatalonien *m* (*katalanischer Teil Frankreichs*).
cata|plasma *m med* Kataplasma *n*, (Brei-) Umschlag *m* | **~plexia** *f med* Kataplexie *f* | **~pulta** *f mil tecn* Katapult *n* | **~pultar** (33) *vt a. fig* katapultieren.

càtar *adj* katharisch || *s/mf* Katharer(in *f*) *m*.
cataracta *f med* Katarakt(a) *f*, grauer Star *m*.
catarr|al *adj m/f* katarrhalisch, Katarrh... | **~o** *m med* Katarrh *m* | *bes* keuchhusten *m* | **~ós (-osa** *f*) *adj* an Katarrh (*bzw* Keuchhusten) leidend.
cat|arsi *f Lit psic* Katharsis *f* | *fig* Läuterung, Reinigung *f* | **~àrtic** *adj* kathartisch | *med* abführend.
cat|àstrofe *f a. Lit* Katastrophe *f* | Unglück *n* | Zusammenbruch *m* | **~astròfic(ament** *adv*) *adj* katastrophal | **~astrofisme** *m geol biol* Katastrophentheorie *f*.
catau *m* Versteck *n*, Schlupf-winkel *m*, -loch *n*.
catec|isme *m* Katechismus *m* | **~umen (-úmena** *f*) *m* Kathechumene *m*, -nin *f* | Katechetenschüler(in *f*) *m*.
càtedra *f* Katheder *n/m* | Lehrstuhl *m*, Professur *f* | *la ~ de física* der Lehrstuhl für Physik | *la ~ de Sant Pere* der Petrusstuhl | *exercir la ~ de dret* ordentlicher Professor (*od* Ordinarius) für Recht sein.
catedr|al *f* Kathedrale *f* | (*bes Deutschland, Italien*) Dom *m* | *la ~ de Colònia* der Kölner Dom | *la ~ de Friburg* das Freiburger Münster *m* | **~alici (-ícia** *f*) *adj* Kathedral... | **~àtic(a** *f*) *m* (*a.* **~(a)** *d'institut*) Gymnasiallehrer(in *f*) *m*; Studienrat *m*, -rätin *f* | *~ d'universitat* Hochschullehrer, (Universitäts)Professor *m* | *fig: poder (és)ser ~ d'una matèria* auf e-m Gebiet sehr viel wissen *od* sehr gut bewandert sein.
categ|oria *f a. filos* Kategorie *f* | Art, Klasse, Sorte *f* | Rang *m* | Begriffsklasse *f* | *de ~* hochgestellt, bedeutend | **~òric** *adj* kategorisch, bestimmt, entschieden | **~òricament** *adv* kategorisch, rundweg | **~orització** *f* Kategorisierung *f* | **~oritzar** (33) *vt* kategorisieren.
caten|ària *f mat* Kettenlinie *f* | *ferroc* Ober-, Fahr-leitung *f* | **~oide** *f geom* Katenoid *n*, Kettenfläche *f*.
catequ|esi *f* Katechese, religiöse Unterweisung *f* | **~isme** *m* Katechese *f* | **~ista** *m/f* Katechet(in *f*), Religionslehrer(in *f*) *m* | **~itzar** (33) *vt* katechisieren, (*j-m*) Religionsunterricht erteilen (*dat*) | belehren, unterweisen | *desp* indoktrinieren; beschwatzen, *umg* breitschlagen.

caterètic *adj* leicht ätzend || *s/m* leichtes Ätzmittel *n*.
cat|erva, ~èrvola *f* Haufe(n) *m*, Menge, Rotte *f*.
cat|et *m geom* Kathete *f* | **~èter** *m med* Katheter *m*, Sonde *f* | **~eterisme** *m* Katheterung *f*.
catgut *m med* Katgut *n*.
catif|a *f a. fig* Teppich *m* | *~ de flors* Blumenteppich *m* | **~er(a** *f*) *m* Teppich-knüpfer(in *f*) *od* -verkäufer(in *f*) *m*.
catilinària *f: les Catilinàries* die Reden gegen Catilina | *fig* Schmährede *f* | *fam* Strafpredigt, Standpauke *f*.
catió *m fís* Kation *n*.
càtode *m elect* Kathode *f*.
catòdic *adj* Kathoden...
cat|òlic *adj* (römisch-)katholisch | *els Reis ~s* das Katholische Königspaar; die Katholische Majestät; die Katholischen Könige *m pl* | (*és)ser ~* katholisch (*od* Katholik) sein | *no estar ~* (*fig fam*) s. nicht recht wohlfühlen | *s/mf* Katholik(in *f*) *m* | **~olicisme** *m* Katholizismus *m* | **~olicitat** *f ecl* Katholizität *f*.
catòptric *adj* òpt katoptrisch, Spiegel...
catorz|e (29) *num* (*zG s: vuit*) vierzehn | **~è (-ena** *f*) (30) *num* (*zG s: vuitè*) vierzehnte(r, -s); vierzehntel.
catracòlica *f fam* unbequemer Sonntagsstaat *m*.
catre *m* Feldbett *n*, Pritsche *f*.
catric-catrac *m onomat* Ra-ta-tatt *n*.
catúfol *m* Schöpfeimer *m* (*am Wasserrad*) | *fig: fer ~s* kindisch werden (*im Alter*).
catxa *f* (*im Spiel*) Bluff *m*.
catxalot *m zool* Pottwal *m*.
catxap *m* = **llorigó**.
catxaruta *f gastr* Gemüsesuppe *f*.
catxerulo *m Val* Drachen *m*.
catxet *m* Oblate, Kapsel *f*.
catxumbo *m* harte Rinde *f* | *de color de ~* (*fam*) von undefinierbarer Farbe.
cau *m a. fig* Höhle *f* | (Kaninchen)Bau *m* | Versteck *n*, Schlupf-loch *n*, -winkel *m* | Bude *f* | *a ~ d'orella* ins Ohr | *m'ho ha dit a ~ d'orella* er hat es mir ins Ohr geflüstert.
Cauc|as *m: el ~* der Kaukasus | **~àsia** *f* Kaukasien *n* | **~asià (-ana** *f*) *adj* kaukasisch || *s/mf* Kaukasier(in *f*) *m* | **~àsic** *adj ling* kaukasisch | *antrop* (*Rasse*) weiß.
cauci|ó *f* Bürgschaft, Kaution *f* | **~onar** (33) *vt: ~ alg* für j-n e-e Kaution stel-

caudal len, für j-n bürgen; s. für j-n verbürgen.
cauda|l *adj* (*m/f*) *zool* Schwanz... | **~t** (**-ada** *f*) *adj* geschwänzt | (*Wappen*) geschweift.
cauli|cle *m* Stengel *m* | **~forme** *adj* (*m/f*) *bot* stamm-förmig, -ähnlich.
caure (40) *vi* (hin-, hinunter-, herab-, herunter, nieder-, ab-, um-) fallen | (*heftig; unglücklich; aus gr(r) Höhe*) bes stürzen | ausfallen (*Haare, Zähne*) | abstürzen (*Flugzeug, Bergsteiger*) | fallen; eingenommen (*od* erobert) werden (*Land, Festung*) | stürzen, gestürzt werden (*Minister, Regierung*) | untergehen, (ver)sinken (*Sonne*) | s. neigen (*Tag*) | hereinbrechen (*Nacht*) | nachlassen, s. legen (*Wind*) | *cau neu* es fällt Schnee, es schneit | *cau pedra* es fallen Hagelkörner, es hagelt | *~ a plom* senkrecht fallen | *~ de cara* (*de costat*) kopfüber (zur Seite) fallen | *~ d'esquena* rücklings fallen; *fig* verblüfft (*od* verdutzt) sein | *~ de memòria* rücklings auf den Kopf fallen | *~ de la memòria* (*fig*) entfallen, aus dem Gedächtnis kommen | *~ escales avall* die Treppe herunterfallen | *~ agenollat* (*malament*) auf die Knie (unglücklich) fallen | *va ~ tan llarg com és* er fiel der Länge nach hin | *~ de fatiga* vor Müdigkeit umfallen | *~ a trossos* zerfallen, in Stücke gehen | *~ malalt* erkranken, krank werden | *~ pel seu propi pes* (*fig*) offenkundig sein; auf der Hand liegen | *~ al front* an der Front fallen | *deixar ~ els braços* die Arme hängen lassen | *deixar ~ un plat* e-n Teller fallen lassen | *deixar ~ una observació* e-e Bemerkung fallenlassen | *deixar-se ~ en un indret* an e-m Ort aufkreuzen *od* hereingeschneit kommen | *fer ~ la fruita* Obst vom Baum schütteln | *fer ~ alg* j-n umwerfen; j-n stürzen, hinunterwerfen, zu Fall bringen | *el llibre em cau de les mans* (*fig*) das Buch ist zum Einschlafen langweilig | *els cabells et cauen a la cara* die Haare fallen (*od* hängen) dir ins Gesicht | *et cauen les mitges* deine Strümpfe rutschen herunter | *tot li cau i li penja* an ihm schlottert alles | *aquesta brusa et cau molt bé* diese Bluse steht dir sehr gut | *tot et cau malament* (*fig*) nichts ist dir recht | *et cau simpàtic?* findest du ihn sympathisch? | *li ha caigut un premi* er hat e-n Preis gewonnen | *el gerro ha caigut a terra* die Vase ist auf den Boden gefallen | *~ a l'aigua* ins Wasser fallen | *~ a les mans d'alg* (*fig*) in j-s Hände fallen *od* geraten | *~ als peus d'alg* (*fig*) j-m zu Füßen fallen | *~ daltabaix d'una bastida* von e-m Gerüst hinunterstürzen | *~ de molt enlaire* von hoch oben herunterfallen | *~ dels núvols* od *del cel* (*fig*) wie von Himmel gefallen (*od* geschneit) sein | *~ del cavall* vom Pferd stürzen | *~ del ruc* (*fig fam*) d(a)raufkommen | *l'accent cau en la e* der Akzent liegt auf dem e | *on cau el poble?* wo liegt das Dorf? | *en quin dia cau el teu aniversari?* auf welchen Tag fällt dein Geburtstag? | *~ en u/c* (*fig*) auf etw kommen | *ara hi caic!* jetzt geht mir e. Licht auf! | *~ en captivitat* in Gefangenschaft geraten | *~ en la desesperació* verzweifeln | *~ en desgràcia* in Ungnade fallen | *~ en desús* ungebräuchlich werden | *~ en dubte* zu zweifeln beginnen | *~ en error* (s.) irren, im Irrtum sein | *~ en mans d'alg* (*fig*) in j-s Hände fallen | *~ en (l')oblit* in Vergessenheit geraten | *~ en pecat* sündig werden | *~ en ridícul* s. lächerlich machen | *~ en temptació* in Versuchung geraten | *~ en una trampa* in e-e Falle gehen | *~ sobre l'enemic* über den Feind herfallen | *totes les sospites cauen sobre ell* aller Verdacht fällt auf ihn | *em cau la casa a sobre* (*fig*) die Decke fällt mir auf den Kopf | *caigui qui caigui* ganz gleich wen es trifft; rücksichtslos | *està per ~* od *està si cau no cau* (*fig*) es wird gleich soweit sein; es steht auf der Kippe.
causa *f* Ursache *f* | Grund *m* | *fig* Sache *f* | *dr* Sache *f*, Fall *m*; Prozeß *m*, Verfahren *n* | *~ i efecte* Ursache u. Wirkung | *~ civil* (*criminal*) Zivil- (Straf-)verfahren *n od* -prozeß *m* | *guanyar una ~* e-n Prozeß gewinnen | *fer ~ comuna amb alg* mit j-m gemeinsame Sache machen | *obrar* (*od parlar*) *amb coneixement de ~* genau wissen, was man tut *bzw* wovon man spricht | *a ~ de* wegen | *a ~ del mal temps* wegen des schlechten Wetters | **~dor** *adj* = **~nt** | **~l** *adj* (*m/f*) ursächlich | *bes filos ling* kausal | *conjunció ~* Kausalkonjunktion *f* | **~litat** *f filos dr* Kausalität *f* | *principi de ~* Kausalprinzip *n* | **~nt** *adj*

(*m/f*) verursachend || *s/m/f* Urheber(in *f*) *m* | **~r** (33) *vt* verursachen, hervorrufen, veranlassen, herbeiführen, bewirken | (*Schaden*) anrichten, zufügen | (*Unruhe, Unheil*) stiften | (*Freude, Eindruck, Kummer*) machen | **~tiu** (**-iva** *f*) *adj ling* kausativ || *s/m* Kausativ *n*.

càustic *adj quím* kaustisch | ätzend, beißend | *Ätz...* | *fig* kaustisch, beißend, bissig | **~ament** *adv* in ätzendem *od* bissigem Ton, kaustisch.

causticitat *f quím* Ätz-, Beiz-kraft *f* | *fig* Bissigkeit *f*.

caut(**ament** *adv*) *adj* vorsichtig, behutsam | **~ela** *f* Vorsicht, Behutsamkeit *f* | **~elós** (**-osa** *f*, **-osament** *adv*) *adj* vorsichtig, behutsam.

cauteri *m med* Kauter *m* | **~tzació** *f med* Kauterisation *f* | **~tzar** (33) *vt* kauterisieren.

cautx|**ú** *m* Kautschuk *m* | ~ *sintètic* Synthese-, Kunst-kautschuk *m* | **~utar** (33) *vt* kautschutieren.

cava[1] *f anat* Hohlvene *f* | *ant* = **cova**.

cava[2] *f* Weinkeller *m* || *s/m* (katalanischer) Sekt *m*.

cavador(**a** *f*) *m* (Um)Gräber(in *f*) *m*.

cavalca|**da** *f* Ritt *m* | *folk* Kavalkade *f* | *hist* Streifzug (*in Feindgebiet*), Erkundungsritt *m* | **~dor**[1](**a** *f*) Reiter(in *f*) *m* | **~dor**[2] *m* Stufe *f* (*zum Aufsitzen*) | **~dura** *f* Reittier *n* | **~r** (33) *vi* reiten | ~ *en un cavall blanc* auf e-m Schimmel reiten || *vt* reiten | *zool* beschälen, decken | *p ext* teilweise überdecken.

cavall *m* (*a. Turnen*) Pferd *n* | (*Schach*) *a.* Springer *m*, Pferdchen *n* | *tecn* Pferdestärke *f*, PS *n* | (*Spielkarten*) Reiter *m* | ~ *de batalla* (*hist*) Schlachtroß *n*; *fig* Steckenpferd, Lieblingsthema; hauptanliegen *n*; Kernpunkt *m* | ~ *de muntar* (*de tir*) Reit-(Zug-)pferd *n* | ~ *de mala mort* Klepper *m*, Schindmähre *f* | ~ *de Troia* Trojanische(s) Pferd; *fig a.* Danaergeschenk *n* | ~ *fort* (*Spiel*) Bockspringen *n* | ~ *marí* (*ict*) Seepferdchen *n* | *tres-cents* ~*s* (*mil*) dreihundert Reiter *m pl* | *home a* ~ Reiter *m* | *a* ~ (*de*) zu Pferd(e); rittlings (*auf dat*) | *anar* (*od muntar*) *a* ~ reiten | *anar en el* ~ *de sant Francesc* (*iròn*) auf Schusters Rappen reisen | *fer una entrada de* ~ *sicilià* (*fig*) stürmisch anfangen | *pujar a* ~ *d'alg* (*fig*) j-m auf dem Kopf tanzen *od* auf der Nase herumtanzen | *a* ~ *regalat no li miris el dentat* (*Spruch*) e-m geschenkten Gaul schaut man nicht ins Maul | *a* ~ (*de*) im Reitersitz, rittlings auf (*dat*) | *pujar a* ~ *d'alg* (*fig*) j-m auf dem Kopf tanzen | **~a** *f ict* Makrele *f* | **~ada** *f* Pferdeherde *f* | **~ar** (33) *vi* übereinanderrollen (*Wellen*) | **~-bernat** *m* (*Kinderspiel*) Bockspringen *n* | **~er** *m* Reiter *m* | *hist* Ritter *m* | Ehrenmann *m*, Kavalier *m*, Gentleman *m* | ~ *aventurer* od *de ventura* Ritter, der auf Abenteuer ausgeht | ~ *errant* fahrender Ritter *m* | ~ *de fortuna* Glücksritter *m* | ~ *d'indústria* Hochstapler *m* | ~ *de la Legió d'Honor* Ritter *m* der Ehrenlegion | ~ *del Temple de Malta* Malteser(ritter) *m* | (*és*)*ser un* ~ ritterlich sein | (*Anrede*) ~*s!* meine Herren! | **~eresc**(**ament** *adv*) *adj* ritterlich | Ritter... | *literatura* ~*a* Ritterdichtung *f* | **~eressa** *f* Reiterin *f* | **~eria** *f* Reittier *n* | *hist* Rittertum *n*, Ritterschaft *f*, Ritterstand *m* | ritterliches Benehmen *n* | *mil* Kavallerie, Reiterei *f* | *mil:* ~ *lleugera* leichte Reiterei | *novel·la de* ~ Ritterroman *m* | **~erís** *m* (*pl* -*issos*) Stallmeister *m* | ~ *reial* königlicher Hofstallmeister *m* | **~erissa** *f* Pferdestall | Stallung *f* (*e-s Fürsten*), Marstall *m* | **~erós** (**-osa** *f*, **-osament** *adv*) *adj* ritterlich, ehrenhaft | edelmütig | **~erositat** *f* Ritterlichkeit *f* | Ehrenhaftigkeit *f* | Großmut *f* | **~et** *m* Pferdchen *n* | Schaukelpferd *n* | *indús* (Arbeits)Gestell *n*, Bock *m* | (*Malerei*) Staffelei *f* | *tèxt* Scherbock *m* | ~ *marí* (*ict*) Seepferdchen *n* || *pl* Karussell *n* | **~í** (-**ina** *f*) *adj* Pferde... | *bestiar* ~ Pferde *n pl* | **~ina** *f* gegerbtes Pferdefell *n* | **~ó** *m agr* Ackerscholle *f* | Erdwall *m* | Hocke *f* (*von 10-16 Garben*) | *constr* Dachfirst *m* | **~ot** *m desp* Gaul *m* | *fig* Dragoner *m*.

cava|**palles** *m agr* Strohgabel *f* | **~r** (33) *vt* hacken | (um)graben | aushöhlen | *fig* bohren | **~tina** *f mús* Kavatine *f*.

càvec *m agr* schmale Hacke *f*.

cavegue|**ll, ~t** *m* Jäthacke *f*.

cavern|**a** *f* Höhle, Grotte *f* | *med* Kaverne *f* | *art de les cavernes* Höhlenmalerei *f* | *l'home de les cavernes* der Höhlenmensch | **~ícola** *adj* (*m/f*) in Höhlen lebend | *fig fam* stockreaktionär || *s/m/f* Höhlen bewohner(in *f*) *m* | **~ós** (-**osa**

f) adj höhlenreich | ausgehöhlt, unterhöhlt | *med* kavernös, schwammig | (*Ton, Stimme*) hohl.
caviar *m* Kaviar *m*.
cavil·l|ació *f* Grübelei | **~ador** *adj* grüblerisch || *s/mf* Grübler(in *f*) *m* | **~ar** (33) *vt* (nach)grübeln über (*ac*) | **~ós** (**-osa**) *f*) *adj* grüblerisch | argwöhnisch.
cav|im *m agr* Abflußgraben *m* | **~itat** *f* Höhlung *f*, Hohlraum *m*, Vertiefung *f* | *med* Höhle *f* | **~orca** *f* = **caverna, cova**.
ce *f* (*pl* **ces**) (*Name des Buchstabens*) c, C *n* | ~ **trencada** c mit Cedille (*ç*).
ceb|a *f* Zwiebel *f* | *fig* fixe Idee *f* | *bot:* ~ **marina** Meerzwiebel *f* | *quina* ~ *li fa coure els ulls?* (*fig*) wo drückt ihn der Schuh? | (*és*)*ser de la* ~ (*fam*) Katalanist sein | **~aci** (**-àcia**) *f*) *adj* zwiebelförmig | **~allaire** *m/f* Zwiebelhändler(in *f*) *m* | **~allar** *m* = **~ar** | **~allot** *m* Zwiebeltrieb *m* | *fig* Schafskopf, Trottel *m* | **~allut** (**-uda**) *f*) *adj* verbohrt | **~ar** *m* Zwiebelfeld *n* | **~ollí** *m* Zwiebelsamen *m* | *s*: **caramuixa**.
cec (**cega** *f*) *adj* blind | *fig a*. geblendet, verblendet | verstopft | (*Netz*) engmaschig | ~ *de ràbia* blindwütig | *a cegues* (*loc adv*) blind | *anar a cegues* im Dunkeln tappen || *s/m anat* Blinddarm *m*.
cecidi *m bot* Zezidie, Galle *f*.
cedir (37) *vt:* ~ *u/c a alg* j-m etw (*od* etw an j-n) abtreten; j-m etw überlassen | ~ *el pas a alg* j-m den Vortritt lassen || *vi* nachgeben | *s.* beugen | weichen | nachlassen (*Fieber, Wind, Regen*) | *si pitges fort, la porta* ~*à* wenn du fest drückst, wird die Tür nachgeben | *han cedit a les pressions del govern* sie haben s. dem Druck der Regierung gebeugt | ~ *a la son* einschlafen | *no* ~ *a alg en u/c* j-m in etw nicht nachstehen.
cedr|e *m* Zeder *f* | **~í** (**-ina** *f*) *adj* Zedern...
cèdria *f* Zedernharz *n*.
cèdula *f* Schein, Ausweis *m* | Karteikarte *f*, Archivzettel *m* | *banc:* ~ *hipotecària* Pfandbrief *m* | *dr:* ~ *judicial* Vorladung *f* | *hist:* ~ *reial* Königlicher Gnadenbrief *od* Erlaß *m* | *dr:* ~ *testamentària* Kodizill *n*.
cedulari *m* Sammlung *f* königlicher Erlasse.
cef|alàlgia, ~alea *f med* Kopfschmerz *m* | **~àlic** *adj* Kopf..., Schädel... | **~alometria** *f med antrop* Zephalometrie *f* | **~alòpodes** *m pl zool* Zephalopoden, Kopffüßer *m pl*.
ceg|a *f ornit* = **becada** | **~allós** (**-osa** *f*) *adj* triefäugig | **~ament** *adv* blind | blindlings | **~ar** (33) *vt a. fig* blenden, blind machen | (*Fenster*) zumauern | ver-, zu- stopfen | **~ard** *m ornit* = **becadell** | **~uesa, ~uetat** *f* Blindheit *f* | ~ *de colors* Farbenblindheit *f* | ~ *nocturna* Nachtblindheit *f*.
ceilan *m bot* Rittersporn *m*.
Ceilan *m* Ceylon *n*.
cel *m* Himmel *m* | *un* ~ *amb lluna* e. Mondhimmel *m* | ~ *blau* (*cobert, núvol*) blauer (bedeckter, bewölkter) Himmel | ~ *emboirat* (*esboirat*) bedeckter (wolkenloser) Himmel | ~ *ras* (*constr*) Zwischendecke *f* | *el setè* ~ der siebente Himmel | *la volta del* ~ das Himmelsgewölbe | *a* ~ *obert* unter freiem, Himmel, im Freien | *anar* (*od pujar-se'n*) *al* ~ in den Himmel kommen | *anar-se'n al* ~ (*fig*) pleite machen | *baixat del* ~ (*fig*) urplötzlich vom Himmel gefallen | *escopir al* ~ (*fig*) gegen den Wind spukken | (*és*)*ser* (*od estar*) *al* ~ (*fig*) selig sein, den Himmel auf Erden haben | *guanyar-se el* ~ s. den Himmel verdienen | *posar alg fins al* ~ (*fig*) j-n in den Himmel heben | *remoure* ~ *i terra* (*fig*) Himmel u. Hölle (*od* Erde) in Bewegung setzen | *veure el* ~ *obert* (*fig*) den Himmel offen *od* voller Geigen sehen | *que al* ~ *sia!* Gott hab' ihn selig!
cela|da *f* Helm *m* | **~r** (33) *vt* verbergen, verstecken | **~at** (**-ada** *f*) *adj* verborgen, versteckt.
celatge *m lit* Tönung *f* des Himmels.
celebèrrim *adj* (*sup von* **cèlebre**) höchst berühmt.
celebra|ció *f* Feier *f* | Feiern *n* | Abhaltung *f* | (*Messe*) Zelebrierung *f* | **~nt** *m* Zelebrant *m* | **~r** (33) *vt* feiern | feierlich begehen | *s.* freuen über (*ac*) | rühmen | (*Sitzung*) abhalten | (*Gespräch*) führen | (*Trauung*) vollziehen | ~ *missa* Messe zelebrieren *od* halten *bzw* lesen | *molt celebrat* vielgerühmt, hochgefeiert.
cèlebre *adj* (*m/f*) berühmt, namhaft.
celebritat *f* (*a. Person*) Berühmtheit *f* | Ruhm *m*.

celenterats *m pl zool* Zölenteraten *m pl*, Hohltiere *n pl*.

celer|ímetre *m tecn* Geschwindigkeitsmesser *m* | **~itat** *f* Schnelligkeit *f* | *tecn* Geschwindigkeit *f*.

celest *adj (m/f)* himmlisch | Himmels... | *blau* ~ himmelblau | **~ial** *adj (m/f) bes fig* himmlisch | **~ina** *f min* Zölestin *m*.

celíac *adj med* Darm...

celiandre *m bot* Koriander *m*.

celibat *m ecl* Zölibat *n/m*, Ehelosigkeit *f* | **~ari** (**-ària** *f) m* Zölibatär(in *f*) *m*, Ehelose(r *m*) *m/f*.

cèlibe *m/f* = **celibatari**.

cèlic *adj lit* himmlisch.

cel|ístia *f* Sternenschein *m* | **~istre** *m* kalte Zugluft (*an undichten Fenstern, Türen*).

cell *m arc* = **cella** (*Wolke*).

cel·la *f* (Kloster-, Gefängnis-, Bienen-, Reaktor-)Zelle *f* | *s:* **cel·lula**.

cella *f* (Augen)Braue *f* | Wolkenstreif *m* | *p ext* hervorstehender Rand *m* | *arrufar les celles* (a. fig) die Stirn runzeln | *cremar-se les celles* (fig) büffeln, ochsen | *ficar-se u/c entre ~ i ~* (fig) s. etw in den Kopf setzen | **~canut** (**-uda** *f) adj* mit weißen Brauen | **~junt** *adj* mit eng zusammenstehenden Brauen | **~negre** *adj* mit schwarzen Brauen.

celler *m* Weinkellerei *f* | Keller *m* | **~at** *m* gefüllter (Wein)Keller *m* | **~er** *m* Kellermeister *m*.

celleta *f mús* Kapodaster *m*.

cel·lofana *f* Cellophan(e *f*) *n*.

cèl·lula *f biol elect polít* Zelle *f* | ~ *fotoelèctrica* Photozelle *f*.

cel·lul|ar *adj (m/f)* zellular, zellulär | Zell(en)... | *divisió* ~ Zellteilung *f* | **~itis** *f med* Zellulitis *f* | **~oide** *m* Zelluloid *n* | **~ós** (**-osa** *f) adj* Zell..., zell(en)förmig | **~osa** *f* Zellulose *f*, Zellstoff *m* | *tèxt* Zellwolle *f*.

cellut (**-uda** *f) adj* mit buschigen Augenbrauen.

celobert *m constr* Luftschacht *m*.

cel|oma *m biol* Zölom *n* | **~òstat** *m astr* Zölostat *m*.

celt|a *m/f* Kelte *m*, Keltin *f* || *adj (m/f)* = **cèltic** | **~iber(a** *f) m* Keltiberer(in *f*) *m* | **~ibèric** *adj* keltiberisch.

cèltic *adj* keltisch || *s/m ling* Keltisch *n* | *el* ~ das Keltische.

cèmbal *m mús* Cembalo *n*.

cement *m met* Härtemittel *n* | (*Zahn*)Zement *n* | **~ació** *f met* Zementieren *n* | (*Kupfer*) Ausfällung *f* | **~ar** (33) *vt met* härten, zementieren.

cement|iri, *reg* **~eri** *m* Fried-, Kirchhof *m*.

cena *f ant* = **sopar** | *ecl: la Santa* ~ das heilige Abendmahl | **~cle** *m* Abendmahlssaal *m* | *fig* (literarischer) Zirkel *m* | Club *m* (*von Künstlern, Politikern*).

cendr|a *f* Asche *f* | *ecl poèt* Staub *m* | (*oft pl*) sterbliche Reste *m pl* | (*a.* ~ *bugadera*) Laugenasche *f* | ~ *viva* Glutasche *f* || *fig: fer cendres* zugrunderichten, zerstören, in Schutt u. Asche legen | *replegar la* ~ *i escampar la farina* das Gute verkommen lassen u. das Schlechte bewahren | *tenir entre cendres* verborgen halten | **~ada** *f* Aschenlauge *f* | *med* Umschlag *m* | **~ar** (33) *vt tecn* (*Metalle*) läutern | **~ejar** (33) *vi* in der Asche herumstochern | grau schimmern | **~er** *m* Aschenbecher *m* | **~era** *f* Aschkasten *m* (*am Ofen*) | **~ós** (**-osa** *f) adj* aschig | aschgrau | aschblond | mit Asche bedeckt.

cenob|i *m ecl biol* Zönobium *n* | **~ita** *m ecl* Zönobit *m* | **~ític** *adj* zönobitisch.

cenotafi *m* Kenotaph, Zenotaph *n*.

cens *m* Volkszählung *f*, Zensus *m*; Einwohnerverzeichnis *n* | *p ext* statistische Erhebung *f* | *dr econ* (Grund)Zins *m*; Pacht(zins *m*) *f*; (*a. Abgabe, Steuerleistung*) Zensus *m* | ~ *electoral* Wählerverzeichnis *n*; *hist* Zensuswahlrecht *n* | ~ *escolar* Statistik *f* der schulpflichtigen Kinder | **~al** *m dr cat* jährliche Rentenschuld *f* | **~or** *m a. hist* Zensor *m* | ~ *de comptes* (*adm*) Rechnungsprüfer *m* | ~ *jurat de comptes* vereidigter Buchprüfer *m* | **~ura** *f* Zensur *f* | Kritik *f*, Tadel *m* | amtliche Rüge *f* | Zensurbehörde *f* | *polít: moció de* ~ Mißtrauensantrag *m* | **~urable** *adj (m/f)* tadelnswert | **~urar** (33) *vt* zensieren | tadeln, rügen | kritisieren, beanstanden.

cent (29) *num* (ein)hundert | (*nachgestellt*) *a.* hundertste(r, -s) | *compteu fins a* ~! zählt bis hundert! | *els* ~ *deu metres tanques* der Hundertzehnmeterhürdenlauf | *un bitllet de* ~ *marcs* e. Hundertmarkschein *od* umg e. Hunderter *m* | *ja t'ho he dit (més de)* ~ *vegades* ich habe es dir schon hundertmal *od* zigmal gesagt | *la pàgina* ~ Seite hundert | *el candidat número* ~ *al càrrec* der hunderste Bewerber für

centaura

das Amt ‖ *s/m* (*pl -s*) = **~enar** | *a tant el ~ zu soundso viel das Hundert* | *el cinc per ~* fünf vom Hundert; fünf Prozent | *un interès del tres per ~* e. dreiprozentiger Zins | *guanyar el ~ per ~* e-n hundertprozentigen Gewinn machen | *és ~ per ~ veritat* es ist hundertprozentig wahr | *~s de morts* Hunderte von Toten | *de dones, n'hi havia a ~s* (od *fam a ~es*) Frauen gab es dort zu Hunderten | *des que han heretat, tot són ~s i milers* seit sie geerbt haben, tun sie s. (mit ihrem Geld) groß ‖ *s/m* (*pl -s*) (*Zahl*) Hundert *f* (*pl -en*) | **~au** *m* Centavo *m*.

cent|aura *f bot* = **~auri** | *~ groga* Bitterling *m* | **~aure** *m* Zentaur, Kentaur *m* | **~àurea** *f bot* Flockenblume *f* | **~auri** *m bot* Tausendgüldenkraut *n*.

cent|cames *m entom* Steinläufer *m* | **~è** (**-ena**) *f*) (30) *num* (*zG s: vuitè*) hundertste(r, -s); hundertstel.

centell|a *f* Funke(n) *m* | **~eig** *m* Funkeln *n* | Glitzern *n*, Flimmern *n* | **~ejar** (33) *vi* funkeln, glitzern, flimmern.

centena *f col mat* Hunderter *m* | **~r** *m col* (etwa) hundert; Hundert *n* | *hist mil* Hundertschaft *f* | *érem un ~* wir waren (etwa) hundert *od* zu hundert | *un ~ de vegades* hundertmal | *fer el ~* das Hundert vollmachen | *mig ~* (etwa) fünfzig; e. halbes Hundert | *uns quants ~s d'espectadors* mehrere Hundert Zuschauer | *~s de víctimes innocents* Hunderte unschuldiger Opfer *od* unschuldige Opfer *od* von unschuldigen Opfern | *~s i ~s de persones* Hunderte u. Aberhunderte von Menschen | *a ~s* zu Hunderten | **~ri** (**-ària**) *f*) *adj* hundertjährig ‖ *s/m* hundertster Jahrestag *m* | Hundertjahrfeier *f* | *amb motiu del ~ de la mort de Franz Liszt* anläßlich des hundertsten Todestages Franz Liszts *od* von Franz Liszt.

centenell(**a** *f*) *m* Stellwinkel *m*, Schmiege *f*.

cent|ener *m hist mil* Zenturio *m* (*e-r «centena»*) | *tèxt* Fizfaden *m* | *s: cap*[1] | **~enni** *m* hundert Jahre *n pl* (*Zeitraum*), Jahrhundert *n* | **~èsim** (30) *num* (*bes Bruchzahl*) = **centè** | *una ~a de segon* e-e Hundertstelsekunde *f* | **~esimal** *adj* (*m/f*) *mat* zentesimal | **~ígrad** *adj* hundertgradig | *tres graus ~s* drei Grad Celsius | **~igram** *m* Zentigramm *n* | **~ilitre** *m* Zentiliter *m*.

cèntim *m* (*1/100 Pesete*) Céntimo *m* | (*1/100 Frank*) Centime *m* | Pfennig *m* | *no tenen ni un ~* sie haben k-n Pfennig | *fer* (*tenir*) *~s* Geld machen (haben) | *fig fam: fes-me'n cinc ~s, del teu viatge!* erzähl mir etwas von deiner Reise!

cent|ímetre *m* Zentimeter *m* | **~mil·lèsim** (30) *num* (*zG s: vuitè*) hunderttausendste(r, -s); hunderttausendstel | **~milionèsim** (30) *num* (*zG s: vuitè*) hundertmillionste(r, -s); hundertmillionstel | **~peus** *m* = **centcames** | *fig fam: això és un ~* man weiß nicht, wie man es anpacken soll.

centrafricà (**-ana** *f*) *adj* zentralafrikanisch | *República Centrafricana* Zentralafrikanische Republik *f*.

central *adj* (*m/f*) zentral, Mittel..., Zentral..., Haupt... ‖ *s/f* Zentrale, Haupt(geschäfts)stelle *f* | (*Orden*) Mutterhaus *n* | *~ de correus* Hauptpostamt *n* | *~ elèctrica* Elektrizitätswerk, E-Werk *n* | *~ hidràulica* od *hidroelèctrica* Wasser-kraftwerk *n* | *~ mareomotriu* Gezeitenkraftwerk *n* | *~ nuclear* Kern-, Atom-kraftwerk *n* | *~ telefònica* (Telefon)Zentrale *f*; Zentral-, Hauptvermittlungsstelle *f*; Fernsprechamt *n* ‖ *s/m* (*Fußball*) Stopper *m* | **~eta** *f* (*Telefon*) Kleinzentrale *f*; Hausvermittlung *f* | **~isme** *m* Zentralismus *m* | **~ista** *adj* (*m/f*) zentralistisch ‖ *s/m/f* Zentralist(in *f*) *m* | **~ització** *f* Zentralisierung Zentralisation *f* | **~itzar** (33) *vt* zentralisieren.

centramericà (**-ana** *f*) *adj* mittelamerikanisch.

centrar (33) *vt* zentrieren, auf die Mitte einstellen ‖ *vi esport* den Ball in die Mitte geben | **~-se** *v/r* s. zentrieren | *fig* ausgeglichen werden, ins Gleichgewicht kommen; s. fangen.

centre *m* Mittelpunkt *m* | *a. polit* Zentrum *n*, Mitte *f* | Orts-, Stadt-mitte *f*; (Stadt)Zentrum *n* | Landesinnere *n* | (Zentral)Stelle *f* | Verein *m*, Vereinigung *f*, Union *f* | Vereinshaus *n* | Institut *n* | *~ Català* Katalanischer Club *od* Verein *m* (*bes außerhalb Kataloniens*) | *~ comercial* (*industrial, recreatiu*) Einkaufs-(industrie-, Freizeit-)zentrum *n* | *~ de gravetat* Schwerpunkt *m* | *~s nerviosos* Nervenzentren *n pl* | **~-dreta**, **~-esquerra** *m polit* rechts-, links-

orientiertes Zentrum *n*.
centreuropeu (**-ea** *f*) *adj* mitteleuropäisch.
cèntric *adj* Zentral..., Mittel... | zentral gelegen.
centr|ífug *adj* zentrifugal | *força* **~a** Zentrifugal-, Flieh-kraft *f* | **~ifugació** *f* Zentrifugierung *f* | **~ifugadora** *f* Zentrifuge, Schleuder *f* | **~ifugar** (33) *vt* zentrifugieren, schleudern | **~íol** *m biol* Zentriol, Zentralkörperchen *n* | **~ípet** *adj* zentripetal | *força* **~a** Zentripetalkraft *f* | **~ista** *adj* (*m/f*) Zentrums... || *s/m/f* Zentrums-politiker(in *f*) *m*, -anhänger(in *f*) *m* | **~òmer** *m biol* Zentromer *n* | **~osfera** *f biol* Zellkern *m* | *geol* Erdkern *m* | **~osoma** *m biol* Zentrosom *n*.
cèntuple[1] *adj* (*m/f*) hundertfältig.
cèntuple[2] *adj mat* hundertfach || *s/m* Hundertfache(s) *n*.
centuplicar (33) *vt* verhundertfachen.
cent|úria *f lit* Jahrhundert *n* | *hist* Zenturie *f* | **~urió** *m hist* Zenturio *m*.
cenyi|dor *m* Gürtel *m*; Leibbinde *f* | **~ment** *m* Gürten *n* | **~r** (37) *vt* (um)gürten, umschnallen | umgeben, umfassen | einschließen | (*Kleid*) enger machen | *un vestit cenyit* ein enganliegendes Kleid | *~ la corona* die Krone aufsetzen; *fig* König werden | **~r-se** *v/r* s. gürten | s. schnüren | *fig* s. be-, ein-schränken.
cep *m* Weinstock *m*, Rebe *f* | (*Sträflinge*) Hals- *bzw* Fuß-block *m* | (*Raubtier*) Falle *f* | Teller-, Fang-eisen *n* | Halter *m* | *nàut* Ankerstock *m* | **~ada** *f col* Trauben *f pl* (*e-s Weinstocks*) | **~at** (-**ada** *f*) *adj* kräftig, stämmig.
ceptre *m a. fig* Zepter *n*.
cer *m* = **acer**.
cera *f* Wachs *n* | *ecl* Wachslichter *n pl* | *~ verge* Rohwachs *n* | *~ de les orelles* Ohrenschmalz *n* | *groc com la ~* wachsbleich | *tou* (od *bla*) *com la ~* wachsweich | *figures de ~* Wachsfiguren *f pl* | *impressió en ~* Wachsabdruck *m* | *fig: (és)ser com una ~* fügsam sein | *no hi ha més ~ que la que crema* das ist alles, mehr ist nicht drin.
cer|àmic *adj* keramisch | **~àmica** *f* Keramik *f* | Töpferkunst *f* | *~ de bandes* (*de cordes*) Band-(Schnur-)keramik *f* | **~amista** *m/f* Keramiker(in *f*) *m*, Kunsttöpfer(in *f*) *m*.
cerapega *f* = **cerot**.
cerasta *f zool* Hornviper *f*.

cerat *m med* Zerat *n*.
ceratina *f biol quím* Keratin *n*.
cerç *m* Nordwestwind *m*.
cerca *f* Suche *f* | Suchen *n* | *en ~ de* auf der Suche nach (*dat*) | *això val les cerques* es lohnt s., danach zu suchen | **~bregues** *m/f* = **~raons** | **~dits** *m med* Umlauf *m* | **~dor(a** *f*) *m* Sucher(in *f*) *m* | *~ d'or (de tresors)* Gold-(Schatz-)gräber *bzw* -Sucher *m* || *astr telecom* Sucher *m* | **~fresses** *m/f* = **~-raons** | **~persones** *m telecom* Personensuchanlage *f* | **~poals**, **~pous** *m* Brunnenhaken *m* | **~r** (33) *vt* suchen | *~ un objecte* e-n Gegenstand suchen | *~ la veritat (una solució)* nach der Wahrheit (e-r Lösung) suchen | *vés a ~-lo!* hol ihn ab! | *~ món* in der Welt herumziehen | *~ raons od bregues* Streit suchen | **~-raons** *m/f* Zänker(in *f*) *m*, Streitsüchtige(r *m*) *m/f* | Raufbold, Streit-hahn, -hammel *m*; Xanthippe *f* | Rechthaber(in *f*) *m* | Quertreiber(in *f*) *m* | **~-renous**, **~-renyines** *m/f* = **~-raons** | **~-revolts** *m/f*: *és un ~* er hat stets e-e Ausrede (*od* Ausflüchte *f pl*) bereit | **~vila** *f folk* (Fest)Umzug *m* (mit Musik) | *p ext: fer la ~* umherschlendern | **~vores** *m ornit* Alpenbraunelle *f*.
cercinyol *m* schwacher Nordwestwind *m*.
cerciorar(-se) (33) *vt(/r)* = **encertir(-se)**.
cercl|ada *f* Kreis *m* (*v. Personen od Sachen*) | *fer ~* s. im Kreis aufstellen | **~ar** (33) *vt* umkreisen, einkreisen | (*Fässer*) reifen | **~e** *m* Kreis *m* | *fig a.* Zirkel; Klub *m* | *descriure un ~ amb el compàs* mit dem Zirkel e-n Kreis schlagen *od* beschreiben | *~ d'amistats (de família)* Freundes-(Familien)kreis *m* | *~ harmònic (mús)* Quintenzirkel *m* | *~ polar* Polarkreis *m* | *~ viciós* Zirkelschluß; Teufelskreis; *lit* Circulus *m* vitiosus | *trencar el ~ viciós* den Teufelskreis durchbrechen | *en ~* im Kreis | *en ~s ben informats hom afirma que ...* aus gut unterrichteten Kreisen verlautet, daß ... | *de ~s oficials hom sap que ...* aus amtlichen Kreisen verlautet, daß ...
cèrcol *m* Reif(en) *m*.
cercol|aire *m/f*, **-er(a** *f*) *m* Faßbinder(in *f*) *m* | Reifhersteller(in *f*) *m* | **~ar** (33) *vt* (*Faß*) reifen.
cerdà (**-ana** *f*) *adj* aus der Cerdanya || *s/m/f* Cerdaner(in *f*) *m*.

cereal *adj (m/f)* Getreide... || *s/m (oft pl)* Getreide *n*, Zerealie(n *pl*) *f* | **~icultura** *f* Getreide(an)bau *m* | Getreidewirtschaft *f* | **~ista** *adj (m/f)*: *comerç ~* Getreidehandel *m* || *s/m/f* Getreidebauer *m*, -bäuerin *f* | Getreidehändler(in *f*) *m*.

cereb|el *m anat* Kleinhirn, Zerebellum *n* | **~el·lós** (**-osa**) *f) adj* Kleinhirn... | **~ració** *f (Entwicklungslehre)* Gehirnbildung *f* | *psic* Gehirntätigkeit *f* | **~ral** *adj (m/f)* Gehirn..., Hirn... | *cient* zerebral | *hemorràgia ~* Gehirnblutung *f* | *mort ~* Hirntod *m* | **~ritis** *f* = **encefalitis**.

cèrebro-espinal *adj med* zerebrospinal.

cer|er(a *f) m* Wachszieher(in *f*) *m* | **~eria** *f* Wachszieherei *f*, Wachszieherladen *m* | **~eta** *f* Wachspomade *f* | Frisiercreme *f*.

cerfull *m bot* Kerbel *m* | *~ bord* Wiesenkerbel *m*.

ceri[1] *m min* Cer(ium), Zer *n*.

ceri[2] (**cèria** *f) adj* wächsern | Wachs...

cèric *adj quím* Cer..., *bes* Cer-IV-...

cerilla *f* Wachsstock *m* | *fam* = **llumí**.

cerim|ònia *f* Zeremonie, Feierlichkeit *f* | Förmlichkeit *f* | *sense cerimònies* ohne Umstände | *mestre de cerimònies* Zeremonienmeister *m* | *pura ~* reine Förmlichkeit *f* | **~onial** *adj (m/f)* zeremoniell, feierlich, förmlich || *s/m* Zeremoniell *n*, Förmlichkeit(en *pl*) *f* | *ecl* Zeremoniale *n* | **~onier** *m hist* Zeremonienmeister *m* | **~oniós** (**-osa** *f*, **-osament** *adv*) *adj* zeremoniös, steif, (übertrieben) förmlich | **~oniositat** *f* übertriebene Förmlichkeit *f*.

cerita *f min* Zerit *m*.

cern|dre (34) *vt* sieben | (*Mehl*) a. beuteln | **~edor(a** *f) m* (Sieb)Gestänge *n*, (Sieb)Rahmen *m*.

cer|ografia *f* Zerographie, Wachsgravierung *f* | **~oferari** *m ecl* Kerzenträger | **~oplàstia** *f* Zeroplastik, Wachsbildnerei *f* | **~ós**[1] (**-osa** *f) adj* wachsartig | wachsweich.

cerós[2] (**-osa** *f) adj quím* Cer..., *bes* Cer-III-...

cerot *m* Schusterpech *n*.

cerr|a *f* (Schweins)Borste *f* | **~eig** *m bot* Borstenhirse *f* | **~o** *m tecn* Baumwoll- *bzw* Hanf- *od* Lein-faser *f* | **~ut** (**-uda** *f) adj* borstig.

cert *adj (mst prädikativ)* wahr, zweifellos; sicher, gewiß | *això que dius no és ~* was du sagst ist nicht wahr *od* stimmt nicht | *els rumors eren ~s* die Gerüchte stimmten | *és ~, m'enyoro* ich habe tatsächlich Heimweh | *és ~ que l'he vista, però...* ich habe sie wohl (*od* zwar) gesehen, aber... | (*és*) *~!* sicher!, gewiß!; ganz richtig! | *estar ~ d'u/c* (s.) e-r Sache sicher (*od* gewiß) sein | *saber u/c del ~* (*od de ciència ~a*) etw ganz bestimmt wissen | *tenir u/c per ~a* etw für sicher (*od* gewiß) halten || (28) *pron ind* (*nur attributiv*) gewisse(r, -s) | *~es coses, val més no anomenar-les* gewisse Dinge erwähnt man besser nicht | *no vull rebaixar-me a parlar de ~a gent* ich möchte mich nicht dazu herablassen, von gewissen Leuten zu reden | *fam: haig d'anar a ~ lloc* ich muß e-n gewissen Ort aufsuchen | *en ~a manera* gewissermaßen | *tens una ~a semblança amb ell* du hast e-e gewisse Ähnlichkeit mit ihm | **~amen** *m bes lit mús* Wett-streit, -bewerb *m* | Leistungsschau *f* | **~ament** *adv* sicher(lich), gewiß | *~!* aber sicher!, bestimmt! | **~esa** *f* Gewißheit, Sicherheit, Bestimmtheit *f* | **~ificable** *adj (m/f)* zu bestätigen, zu beglaubigen | **~ificació** *f* Bescheinigung, Beglaubigung, Bestätigung *f* (*zB* e-s Arztes) | **~ificador** *m* Beglaubigungsbeamte(r) *m* | **~ificar** (33) *vt* bescheinigen, bestätigen, beglaubigen | (*mit Worten*) a. versichern | *corr: ~ una carta od una lletra* e-n Brief einschreiben lassen | **~ificat** (**-ada** *f) adj corr* eingeschrieben | *s/m* Bestätigung, Bescheinigung *f* | Zeugnis, Attest *n* | Schein *m* | Zertifikat *n* | *corr* Einschreiben *n* | *~ de bona conducta* (polizeiliches) Führungszeugnis *n* | *~ de defunció* Totenschein *m* | *~ d'estudis* Studienzeugnis *n* | *~ de pràctiques* Übungsschein *m* | *com: ~ de dipòsit* Lagerschein *m* | *~ d'origen* Ursprungszeugnis *n* | **~itud** *f* = **~esa**.

ceruli (**-úlia** *f) adj lit* himmelblau, azurblau, *pint* grünblau.

cer|umen *m anat* Ohrenschmalz *n* | **~uminós** (**-osa** *f) adj* Ohrenschmalz... | *glàndules ceruminoses* Ohrenschmalzdrüsen *f pl* | **~ussa** *f min* Zerussit *m* | **~ut** *m* Bienenharz *n* | *Bal* = **cerumen**.

cerva|l *adj (m/f)* Hirsch... | *por ~* panische Angst *f* | **~tell**, **~tó** *m* Hirschkalb *n*.

cervell *m* Gehirn, *a. gastr* Hirn *n* | *fig* Verstand, Intellekt *m*, Denkfähigkeit *f*; *umg* Köpfchen *n*, Grips *m* | ~ *electrònic* Elektronenhirn | *un* ~ *de pardal* (*fig*) e. Spatzenhirn *n* | *és una dona sense* ~ sie ist e-e Frau ohne Hirn (*od* ohne Verstand) | (*és*)*ser un* (*gran*) ~ (*umg*) e. kluger Kopf sein | *beure's el* ~ (*fig fam*) s-n Verstand versaufen; überschnappen, den Verstand verlieren | **~era** *f hist* Eisenhut, Helm *m* | **~et** *m* Kleinhirn *n*.
cerve|**llina** *f* = **~rina** | **~rina** *f bot* «Catanache coerula» | *a.* Kapuzinerbart *m*.
cerves|**a** *f* Bier *n* | ~ *blanca od clara* helles Bier, Weißbier *n*, Blonde *n/f* | ~ *negra* dunkles Bier *n* | ~ *de barril* Faßbier *n* | *fàbrica de* ~ (Bier)Brauerei *f* | *llevat de* ~ (*med*) Bierhefe *f* | **~er** *adj* Bier..., Brauerei... || *s/mf* Bierbrauer(in *f*) *m* | Bierwirt(in *f*) | **~eria** *f* (Bier)Brauerei *f* | Bier-lokal *n*, -halle, -stube *f*.
cerví (-**ina** *f*) *adj* Hirsch...
cervical *adj* (*m/f*) zervikal | Genick... | *vèrtebres* **~s** Nackenwirbel *m pl*.
cèrvids *m pl zool* Hirsche *m pl*, Cerviden *pl*.
cérvol(**a** *f*) *m* Hirsch(kuh *f*) *m*.
cèsar *m* (*Titel*) Cäsar *m* | *els* **~s** *de Roma* die römischen Kaiser *m pl* | *Juli* **~** Julius Cäsar.
cesar|**i** (-**ària** *f*) *adj* cäsarisch, Cäsaren... | kaiserlich, Kaiser... || *s/f med* Kaiserschnitt *m* | **~ià** (-**ana** *f*) *adj* = **cesari** | **~isme** *m* Cäsarismus *m* | Diktatur *f* | **~opapisme** *m* Cäsaropapismus *m* | **~opapista** *adj* cäsaropapistisch.
cesi *m quím* Cäsium, Zäsium *n*.
cespitós (-**osa** *f*) *adj* rasen-ähnlich, -artig.
cessa|**ció** *f* Aufhören *n* | Stillstand *m* | **~ment** *m* = **cessació** | **~nt** *adj* (*m/f*) aufhörend | (*Beamter*) im Wartestand | **~ntia** *f* Wartestand *m* | Wartegeld *n* | **~r** (33) *vt* einstellen, beenden | *ha cessat el seu parlament* er hat s-e Rede beendet || *vi* aufhören | *la pluja havia cessat* der Regen hatte aufgehört.
cessi|**ó** *f bes dr* Abtretung *f* | Überlassung, Zession *f* | ~ *de béns* Güterüberlassung *f* | **~onari** (-**ària** *f*) *m* Zessionar(in *f*) *m* | **~onista** *m/f* Abtretende(r *m*) *m/f*, Zedent(in *f*) *m*.
cesura *f Lit u. fig* Zäsur *f*.

cetacis *m pl zool* Wale *m pl*.
cet|**ona** *f quím* Keton *n* | **~ònic** *adj* Keton... | *cossos* **~s** Ketonkörper *m pl*.
cia *f anat* Hüftbein *n*.
ci|**anat** *m quím* Zyanat *n* | **~anhídric** *adj quím: àcid* ~ Blausäure *f* | **~ànic** *adj quím: àcid* ~ Zyansäure *f* | **~anogen** *m med* Zyan *m* | **~anosi** *f med* Zyanose *f* | **~anòtic** *adj med* Zyanose... | an Zyanose leidend | **~anur** *m quím* Zyanid *n* | ~ *potàssic* Zyankali *n* | **~anúric** *adj: àcid* ~ Zyansäure *f*.
ciar (33) *vi nàut* rückwärts rudern *od* fahren.
ciat|**eàcies** *f pl bot* Becherfarne *m pl* | **~i** *m bot* Cyathium *n*.
ciàtic *adj anat* Hüft... | *nervi* ~ Hüftnerv *m* | **~a** *f med* Ischias *m/n*.
cibernètic *adj* kybernetisch || *s/mf* Kybernetiker(in *f*) *m* | **~a** *f* Kybernetik *f*.
cicadàcies *f pl bot* Palmfarne *m pl*.
cicatri|**tzable** *adj* (*m/f*) *med* vernarbbar, vernarbungsfähig | **~tzació** *f* Vernarbung *f* | **~tzant** *adj* (*m/f*) vernarbend | **~tzar**(-**se**) (33) *vi* (/*r*) vernarben, verheilen | **~u** *f a. fig* Narbe *f* | Wundmal *n* | *fig a.* Spur *f*.
cícero *m gràf* Cicero *f* (*12 Punkt-Schrift*).
Cicer|**ó** *m* Cicero *m* | **~one** *m lit* Cicerone, Fremdenführer *m* | Kunstführer *m* | **~onià** (-**ana** *f*) *adj* ciceroni(ani)sch.
ciclamen *m bot* Zyklamen, Alpenveilchen *n*.
ciclantàcies *f pl bot* Scheibenblumengewächse *n pl*.
cicl|**e** *m* Zyklus *m* | *a.* (Kreis)Lauf *m*; Reihe; Folge *f* | *Lit a. bes* Sagenkreis *m* | *astr: en* ~ = **cíclic** | ~ *pasqual* Osterzyklus *m* | ~ *de conferències* Vortragsreihe *f* | ~ *econòmic* Konjunkturzyklus | *el* ~ *del rei Artur* (*Lit*) die Artussage | ~ *de dos temps* (*aut*) Zweitakt *m* | ~ *menstrual* (Menstruations)Zyklus *m*, Periode *f*.
cíclic *adj* zyklisch.
ciclis|**me** *m esport* Radsport *m* | **~ta** *adj* (*m/f*) Rad... | *cursa* ~ Radrennen *n* || *s/mf* Radfahrer(in *f*) *m* | Radsportler(in *f*) *m*.
cicl|**ó** *m* Wirbelsturm, Zyklon *m* | (Tiefdruckgebiet) Zyklone *f* | **~ocròs** *m esport* Querfeldeinradfahrt *f* | **~oïdal** *adj* (*m/f*) Zykloiden... | radkurvenähnlich | **~oide** *adj* (*m/f*) in Kreisen

ciclop angeordnet || *s/f geom* Radkurve, Zykloide *f* | **~omotor** *m* Moped *n* | Motorfahrrad, Mofa *n* | **~ònic** *adj* Zyklon(en)... | Zyklonartig.
ciclop *m* mit Zyklop *m* | *fig a.* Riese *m* | **~i** (-**òpia** *f*) *adj* zyklopisch | riesenhaft.
ciclo|stil *m* *gràf* Vervielfältigungsapparat *m* | **~stilar** (33) *vt gràf* vervielfältigen | **~tímia** *f psic* Zyklothymie *f* | **~tímic** *adj psic* zyklothym || *s/m* Zyklothyme(r *m*) *m/f* | **~tró** *m elect* Zyklotron *n*, Elektronenschleuder *f*.
cicònids *m pl ornit* Störche *m pl*.
cicuta *f bot* Schierling *m* | **~** menor Wasser-Schierling *m*.
ci|ència *f* Wissenschaft *f* | *un home de ~ e.* Wissenschaftler *m* | *saber u/c de ~ certa* etw mit Bestimmheit wissen | (*és*)*ser un pou de ~* hochgelehrt sein | *ciències* (*naturals*) *f pl* Naturwissenschaften *f pl* (*einschließlich Mathematik*) | *ciències socials* Sozialwissenschaften *f pl*, Gesellschaftswissenschaft *f* | **~ència-ficció** *f Lit cin* Science-fiction *f* | *novel·la de ~* Science-fiction-Roman *m* | **~ent** *adj ant* wissend | *a ~* (*loc adv*) wissentlich | *a ~ d'alg* (*loc prep*) mit j-s Kenntnis of Wissen | **~entífic**(**ament** *adv*) *adj* wissenschaftlich | *s/m/f* Wissenschaftler(in *f*) *m* | **~entment** *adv ant* wissentlich.
cifosi *f med* Kyphose, Wirbelsäulenverkrümmung *f* nach hinten.
cigal|a *f entom* Zikade, Baumgrille *f* | *crust* gr(r) Bärenkrebs *m* | *nàut* Ankerring *m* | *pop!* (*Penis*) Schwanz *m* | **~ó** *m* Gläschen *n* Weinbrand *od* Schnaps | Kaffee *m* mit Schuß (*Weinbrand*).
cigar *m* Zigarre *f* | ~ *de l'Havana* od ~ *havà* Havanna(zigarre) *f* | **~rer**(**a** *f*) *m* Zigarrenarbeiter(in *f*) *m* | **~rera** *f* Zigarrenetui *n f* | Zigarettenetui *n* | **~ret**(**a** *f*) *m* Zigarette *f*.
cig|ne *m zool* Schwan *m* | **~ni** (**cígnia** *f*) *adj* Schwan(en)...
cigonya *f ornit* Storch *m* | **~l** *m aut* Kurbelwelle *f*.
cigr|ó *m* Kichererbse *f* | **~onera** *f bot* (*Pflanze*) Kichererbse *f* | **~onaire** *m/f* Kichererbsenverkäufer(in *f*) *m* | **~onar** *m* Kichererbsenfeld *n*.
cili *m biol* Wimper *f* | **~ar** *adj* (*m/f*) wimpernartig, Wimpern... | *cos ~* (*anat*) Ziliarkörper *m* | **~at** (-**ada** *f*)

adj bewimpert || *s/m pl biol* Wimpertierchen *n pl*, Ziliaten *f pl*.
cilici *m* Bußhemd, Bußgewand *n*.
cil|indrada *f aut* Hubraum *m* | **~indrador**(**a** *f*) *m*, **~indraire** *m/f tèxt* Walker(in *f*) *m* | **~indrar** (33) *vt tecn* walzen | *tèxt* walken | **~indratge** *m tecn* Walzen *n*, Walzarbeit *f* | *tèxt* Walken *n* | (*Papier*) *a.* Satinieren | **~indre** *m mat tecn* Zylinder *m* | *tèxt* Walke *f* | Walze, Rolle *f* | **~índric** *adj* zylindrisch | **~indroide** *adj* (*m/f*) zylinderähnlich.
cim *m a. fig* Gipfel *m* | (*Turm*) Spitze *f* | *havia arribat al ~ de la glòria* er war auf dem Gipfel des Ruhms angelangt | **~a** *adj* Wipfelzweig *m* | *bot* Dolde *f* | (*a. Angelrute*) Spitze *f* | **~adal** *m* = **cim** | **~al** *m* (Berg)Gipfel *m* | Wipfelast *m* | = **~all** | **~alada** *f* = **~al**, **~all** | **~all** *m* Wipfel *m* | **~allejar** (33) *vi* den Wipfel bilden | **~ar** (33) *vt* (*e-n Baum*) in die Höhe wachsen lassen.
címbal *m mús* Zimbel *f* || *pl* Becken *n*.
cimbell *m* Lockvogel *m* (*auf e-r Stange*) | *fig* Lockmittel, Köder *m*.
cimbori *m arquit* Kuppelgewölbe *n*.
cimejar (33) *vi* den Gipfel bilden | *s.* erheben | *fig* hervorragen.
ciment[1] *m* (*Dauben*) Schlichthobel *m*.
ciment[2] *m constr* Zement *m* | ~ *ràpid* schnellbindende(r) Zement *m* | **~ar**[1] (33) *vt* (*Dauben*) schlichten | **~ar**[2] (33) *vt* zementieren.
cimer *adj* Gipfel... | Wipfel... | *polít: conferència* (*reunió*) **~a** Gipfel-konferenz *f* (-treffen *n*) || *s/f polít* Gipfel *m* | **~a** *f hist* Helm-schmuck, -busch *m* | **~ol** *m bot* höchster Sproß *m* | (*Angel*) = **cima**.
cimolsa *f tèxt* Web(e)kante *f*.
cimós (-**osa** *f*) *adj* Wipfel...
cinabri *m min* Zinnober *m*.
cinc (29) *num* (*zG s: vuit*) fünf || *fig: per quins ~ sous?* weshalb denn nur? | **~-centè** (-**ena** *f*) (30) *num* (*zG s: vuitè*) fünfhundertste(r, -s); fünfhundertstel | **~-cents** (-**centes** *f*) (29) *num* (*zG s: vuit, vuit-cents*) fünfhundert | **~-enrama** *m bot* Fünffingerkraut *n*.
cincona *f bot* Chinarindenbaum *m*.
cin|e *m fam* = **cinema** | **~easta** *m/f* Filmschaffende(r *m*) *m/f*, Cineast(in *f*) *m* | **~e-club** *m* Filmklub *m* | **~èfil**(**a** *f*) *m* Film-liebhaber(in *f*), -fan *m* | Kinogänger(in *f*) *m*.
cinegètic *adj* Jagd..., zynegetisch | **~a** *f*

Jagd-kunde, -kunst, Zynegetik *f*.
cinem|a *m* Kino, Lichtspieltheater *n* | *col* Film(kunst *f*) *m*; Kino *n* | ~ *de barri* (*d'estrena, de reestrena, de sessió contínua*) Vorstadt-(Erstaufführungs-, Nachspiel-, Nonstop-)kino *n* | *una sala de* ~ e. Filmtheater *n* | *el* ~ *mut* (*sonor od parlat*) der Stumm-(Ton-)film | *el* ~ *català* der katalanische Film *od* das katalanische Kino | *actor* (*actriu*) *de* ~ *od cinematogràfic*(*a*) Filmschauspieler(in *f*) *m* | *la indústria del* ~ *od cinematogràfica* die Filmindustrie *f* | *una sessió de* ~ *od cinematogràfica* e-e Kinovorstellung *f* | *anar al* ~ ins Kino gehen | **~ateca** *f* Filmarchiv *n*, Cinemathek *f* | **~àtic** *adj fts* kinematisch | **~àtica** *f fts* Kinematik *f* | **~atògraf** *m hist* Kinematograph *m* | *arc* Lichtspieltheater *n* | **~atografia** *f* Filmkunst, Kinematographie *f* | **~atografiar** (33) *vt* verfilmen | **~atogràfic** *adj* Film..., filmisch, kinematographisch | *versió* (*od adaptació*) ~*a* Verfilmung *f* | *s: cinema*.
ciner|ari (**-ària** *f*) *adj* Aschen... | *una cineràrria* (Grab)Urne *f* | **~ària** *f bot* Aschenkraut *n*, Zinerarie *f* | **~i** (**-èria** *f*) *adj* aschfarben, aschgrau.
cin|esiteràpia *f med* Kinesio-, Bewegungstherapie *f* | **~estèsia** *f med* Kinästhesie *f* | **~ètic** *adj* kinetisch | *art* ~*a* kinetische Kunst, Kinetik *f* ‖ *s/f fts* Kinetik *f*.
cingalès (**-esa** *f*) *adj u. s/mf* = **singalès**.
cingla *f* Sattel-, Bauch-riemen *m* | Gurt *m* | **~da** *f* Riemen-, Peitschen-hieb *m* | (*Schmerz*) Stich *m* | *fig* Hieb, Rüge *f* | **~nt** *m* Gerte *f* | **~ntada** *f* Gertenschlag *m* | **~r** (33) *vt* (*Esel, Pferd*) gurten | peitschen, schlagen.
cingle *m* Felswand *f* | **~ra** *f col* Felswände *f pl* | langgestreckte Felswand *f*.
cíngol *m catol* Zingulum *n*.
cínic(**ament** *adv*) *adj* zynisch | *filos* kynisch ‖ *s/mf* Zyniker(in *f*) *m* ‖ *s/m filos* Kyniker.
cinisme *m* Zynismus *m* | *filos* Kynismus *m*.
cinn|abarí (**-ina** *f*) *adj* zinnoberrot | **~amat** *m quím* Zinnamat *n*, Salz *n* od Ester *m* der Zimtsäure | **~àmic** *adj* zimt..., Zimt... | *àcid* ~ (*quím*) Zimtsäure *f* | **~amom** *m bot* Zimtbaum *m*.
cin|ocèfal *adj* hundsköpfig | **~òdrom** *m*

Hunderennbahn *f* | **~oglossa** *f bot* Hundszunge *f*.
Cinquagesma *f ecl arc* = **Pentecosta**.
cinquant|a (29) *num* (*zG s: vuit, vuitanta*) fünfzig | **~è** (**-ena** *f*) (30) *núm* (*zG s: vuitè*) fünfzigste(r, -s); fünfzigstel | **~ejar** (33) *vi* in die Fünfzig kommen; um (die) Fünfzig sein | **~ena** *f* (*zG s: vuitantena*) (etwa) fünfzig | **~enari** *m* fünfzigster Jahrestag *m* | Fünfzigjahrfeier *f* | **~í** (**-ina** *f*) *adj* fünfzigjährig ‖ *s/mf* Fünfziger(in *f*) *m*.
cinqu|è (**-ena** *f*) (30) *num* (*zG s: vuitè*) fünfte(r, -s) | **~ena** *f col* (*zG s: vuitena*) (etwa) fünf | *arc* (*Ölmaß*) 5 «quartans».
cint *m ant* Gürtel *m* | **~a** *f* Band *n*, (schmaler) Streifen *m* | Schleife *f* | Film(streifen) *m* | Farbband *n* | *ict* roter Bandfisch *m* («Cepola rubescens») | ~ *adhesiva* Kleb(e)streifen *m* | ~ *aïllant* Isolierband *n* | ~ *bicolor* Zweifarbenband *n* | ~ *magnètica* Tonband *n* | ~ *mètrica* Bandmaß, Meterband *n* | ~ *perforada* Lochband *n*, -streifen *m* | ~ *sense fi* endlose(s) Band *n* | ~ *transportadora* Förder-, Transport-band *n* ‖ *pl bot* Grünlilien *f pl* | **~aire** *m/f* = **~er**(**a**) | **~ar** (33) *vt* posamentieren; mit Bändern versehen | **~er**(**a** *f*) *m* Posamenter(in *f*) *m* | **~eria** *f* Bandwaren *f pl* | Posamenten *n pl* | Bandweberei *f* | Posamentengeschäft *n* | **~iforme** *adj* (*m/f*) bandförmig | **~ó** *m reg* Gürtel *m*; Leibbinde *f* | **~ra** *f constr* Gewölbebogen *m* | gewölbtes (Holz)Gerüst *n* | **~rar** (33) *vt* wölben | **~ura** *f* Taille *f* (*bes Boxen*) Gürtellinie *f* | *agafar alg per la* ~ j-n um die Taille fassen | ~ *de vespa* Wespentaille *f* | **~urar** (33) *vt* (um)gürten | **~urat** (**-ada** *f*) *adj* tailliert, taillenleng | **~uró** *m a. fig* Gürtel *m* | *aut aeron* Gurt *m* | *mil* Koppel; Gehenk *n* | ~ *de seguretat* (*aut aeron*) Sicherheitsgurt *m* | ~ *industrial* (*verd*) Industrie-(Grün-)gürtel *m* | ~ *de ronda* Umgehungsstraße *f* | *estrènyer-se el* ~ (*a. fig*) s. den Gürtel enger schnallen.
cinyell *m lit* = **cinturó** | *zool:* ~ *de Venus* Venusgürtel *m*.
ciperàcies *f pl bot* Riedgräser *n pl*.
cipolí *m min* Cipollin(o), Zwiebelmarmor *m*.
circ *m* Zirkus *m* | *geog* Talkessel *m*; Gebirge *n* im Halbkreis | ~ *lunar*

Mondkrater *m* | ~**ell** *m bot* Ranke *f* | ~**ense** *adj* (*m/f*) Zirkus... | *jocs* ~*s* od *de circ* Zirkusspiele *n pl*.
circu|ició *f* Umkreisung *f*, Umkreisen *n* | ~**ir** (37) *vt* umkreisen, umgeben | (*um etw*) herum-gehen, -fahren | ~**it** *m* Umkreis *m* | Kreisbewegung *f* | Rund-gang *m*, -fahrt, -reise *f* | *elect* Strom-, Schalt-kreis *m*; Schaltung *f* | *esport* Renn-strecke, -bahn *f* | *s: curt* | *el* ~ *de Girona* der Rundgang *od* die Rundfahrt um Girona | ~ *integrat* (*elect*) integrierte Schaltung *f* | ~ *tancat* (*tv*) interne Fernsehanlage *f*.
circula|ció *f a. econ* Umlauf *m*, Zirkulation *f* | *med* Kreislauf *m*, Zirkulation *f* | *bes circ* Verkehr *m* | ~ *monetària* (*fiduciària*) Geld-(Noten-)umlauf *m* | *fora de* ~ (*Geld*) außer Kurs | ~ *sanguínia* Blut-kreislauf *m*, -zirkulation *f* | *posar en* ~ in Umlauf bringen | *retirar od treure de la* ~ aus dem Verkehr ziehen | ~**nt** *adj* (*m/f*) Umlauf... | in Umlauf | ~**r**^{1} *adj* (*m/f*) kreisförmig, Kreis... | *cient a.* zirkular, zirkulär || *s/f* Rundschreiben *n* | ~**r**^{2} (33) *vi* zirkulieren (*Luft, Blut*) | im Umlauf sein, kursieren, zirkulieren (*Geld, Gerüchte*) | (*in e-r Runde, Gesellschaft*) um-, herum-, rund-gehen | verkehren, fahren (*Fahrzeuge*) | (hin u. her) gehen (*Fußgänger*) | *circulin!* weitergehen! | ~**rment** *adv* im Kreis, kreisförmig | ~**tori** (-**òria** *f*) *adj bes med* Kreislauf...
circum|cidar (33) *vt* beschneiden | ~**cís** (-**isa** *f*) *adj* beschnitten | ~**cisió** *f* Beschneidung, *med* Zirkumzision *f* | ~**dant** *adj* (*m/f*) umgebend | ~**dar** (33) *vt* umgeben (*de* mit *dat*) | ~**ferència** *f* Umfang *m*, *cient a.* Zirkumferenz *f* | ~**flex** *adj m: accent* ~ Zirkumflex *m* | ~**locució** *f* = ~**loqui** | ~**loqui** *m* Umschreibung *f* | Weitschweifigkeit *f* | ~**navegació** *f* Umfahrung; Umschiffung; Umsegelung *f* | ~**navegar** (33) *vt* umfahren; umschiffen; umsegeln | ~**polar** *adj* (*m/f*) um den Pol herum, Zirkumpolar... | ~**scripció** *f* Bezirk *m* | *bes fig* Begrenzung *f* | *mat* Umschreibung *f* | ~ *electoral* Wahlkreis *m* | ~**scriure** (40) *vt* eingrenzen | *fig a.* begrenzen, beschränken | *mat* umschreiben | ~**scriure's** *v/r:* ~ *a u/c* s. auf etw beschränken | ~**specció** *f* Umsicht, Bedachtsamkeit, Vorsicht *f* | ~**spectament** *adv* mit Bedacht, umsichtig, mit Umsicht | ~**specte** *adj* umsichtig, bedächtig, bedachtsam | ~**stància** *f* Umstand *m* | *les circumstàncies actuals* die gegenwärtigen Umstände *m pl*; die gegenwärtige Lage *od* Situation *f* | *dr: circumstàncies agreujants* (*atenuants*) straferschwerende (mildernde) Umstände *m pl* | *fer cara de circumstàncies* ein betretenes Gesicht machen | ~**stancial** *adj* (*m/f*) von den Umständen abhängig | den Umständen entsprechend | gelegentlich, nebensächlich | *complement* ~ (*ling*) Umstands-, Adverbial-bestimmung *f* | ~**stancialitat** *f* Umständlichkeit *f* | Abhängigkeit *f* von den Umständen | ~**stanciar** (33) *vt* ausführlich schildern | ~**stanciat** (-**ada** *f*, -**adament** *adv*) *adj* ausführlich, detailliert | ~**stant** *adj* (*m/f*) zugegen, anwesend || *s/mf* Zuschauer(in *f*) *m*, Augenzeuge *m*, -gin *f* (*e-s Vorfalls*) | ~**val·lació** *f mil* Umwallung *f* | *circ* Ring-, Umgehungs-straße *f* | *línia* (*tramvia*) *de* ~ Ring-strecke (-bahn) *f* | ~**val·lar** (33) *vt* umringen, umgeben | ~**veí** (-**ïna** *f*) *adj* (*pl -ïns, -ïnes*) umwohnend || *s/m/f* Umwohner(in *f*) *m* | ~**volar** (33) *vt* umfliegen | ~**volució** *f* Umdrehung *f* | *med* Windung *f* | *circumvolucions cerebrals* Hirnwindungen *f pl*.
cirer *m* = ~**er** | ~**a** *f* Kirsche *f* | ~ *d'arboç* Erdbeerbaumfrucht *f* | *remenar les cireres* (*fig fam*) das Regiment führen; bestimmen | ~**ar** *m* Kirsch(baum)garten *m* | ~**er** *m bot* Kirschbaum *m* | ~ *de santa Llúcia* Felsenkirschbaum *m* | ~ *bord* Traubenkirschbaum *m* | ~ *d'arboç* od *de llop* Erdbeerbaum *m* | ~**eta** *f* (sehr) kleine Kirsche *f* | = **bitxo** (*Frucht*) | ~ *de pastor* Weißdornbeere *f* | ~ *del bon pastor* Mäusedornbeere *f* | ~**ol** *m* kleine, runde Tomate *f* | ~**ola** *f bot* Alpenjohannisbeere *f*.
ciri *m* (Kirchen)Kerze *f* | ~ *pasqual* Osterkerze *f* | *dret* (od *encarcarat*) *com un* ~ kerzengerade | *sortir amb un* ~ *trencat* (*fig*) mit Ausflüchten kommen; vom Thema ablenken; Stuß reden | ~**al** *m* Kerzenleuchter *m* | ~**aler** *m* (*Meßdiener*) Kerzenträger *m* | ~**alera** *f bot* Fruchttragende(r) Queller *m* | ~**er** *m* Kerzenständer *m*.
ciríl·lic *adj* kyrillisch | *escriptura* ~**a** kyrillische Schrift.
cirineu *m: el* ~ Simon von Kyrene | *fig*

cirriforme 234 **cívic**

Helfer *m*; Stütze *f*.
cirr|iforme *adj* (*m*/*f*) *bot* rankenartig | *biol meteo* zirrusförmig | **~ípedes** *m pl crust* Rankenfüßer *m pl* | **~ocúmul** *m meteor* Zirrokumulus *m* | **~ós** (**-osa** *f*) *adj bot* rankig | *biol meteo* Zirrus... | **~osi** *f med* Zirrhose *f* | **~ hepàtica** Leberzirrhose *f* | **~ostrat** *m meteor* Zirrostratus *m* | **~òtic** *adj med* Zirrhose... | **~us** *m bot* Ranke *f* | *biol meteor* Zirrus *m*.
cirurgi|a *f med* Chirurgie *f* | **~ estètica** (od **plàstica**) Schönheitschirurgie *f* | **~à** (**-ana** *f*) *m* Chirurg(in *f*) *m*.
cisa *f* Ab- (*bzw* Aus-)schneiden *n* | (*Schneiderei*) Ärmelausschnitt *m* | (*beim Ab- od Aus-schneiden von Metall od Stoff*) Rest *m* | *p ext fam* Schmu *m*, Mogelei *f* | **~dor(a** *f*) *m* Mogler(in *f*) *m* | **~lla** *f* große Blech- *od* Metallschere *f*.
cisalpí (**-ina** *f*) *adj* zisalpin(isch).
cis|ar (33) *vt* (*Metall- od Stoff-rand*) ab- *bzw* aus-schneiden | (*Armloch*) ausschneiden | (*e. Stück Zeug*) für s. zurückbehalten (*Schneider*) | *fam* Schmu machen (*bes beim Einkaufen*) | **~ell** *m* Meißel *m* | **~ellador(a** *f*) *m* Ziseleur(in *f*), Ziselierer(in *f*) *m* | **~ellar** (33) *vt* meißeln, ziselieren.
cism|a *m ecl* Schisma *n*, Kirchenspaltung *f* | *fig* Spaltung *f* | **~ d'Occident** (**d'Orient**) Abend-(Morgen-)ländische(s) Schisma *n* | **~àtic** *adj* schismatisch || *s*/*m*/*f* Schismatiker(in *f*) *m*.
ciss|oide *f mat* Zissoide *f* | **~ura** *f anat* Furche, Spalte *f*.
cist *m biol* Zyste *f* | *bot* Zistrose *f* | **~a** *f* Zista, Ziste *f* | **~àcies** *f pl bot* Zistrosengewächse *n pl* | **~ell** *m* (Binsen- *od* Weiden-)Korb *m* | **~ell** *ecl* = **Cister** | **~ella** *f* großer Korb *m* | *esport* Korb *m* | **~ellada** *f*, **~ellat** *m* Korb *m* (voll) | **~eller(a** *f*) *m* Korbflechter(in *f*), Korbmacher(in *f*) *m* | **~elleria** *f* Korbflechterei *f* | Korbwaren(geschäft *n*) *f pl*.
Cister *m ecl* Zisterzienserorden *m* | **~cenc** *adj* Zisterzienser... || *s*/*m*/*f* Zisterzienser(in *f*) *m*.
cistern|a *f* Zisterne *f* | **~ó** *m* (Zisterne) kl(e) Bodenmulde.
cístic *adj med* Blasen..., zystisch.
cist|itis *f med* Blasenentzündung, Zystitis *f* | **~oscopi** *m* Zystoskop *n* | **~oscòpia** *f* Zystoskopie *f*.
cita *f* Verabredung *f* | Termin *m* | (Verliebte) *a*. Rendezvous, Stelldichein *n* | **~ció** *f dr* (Vor)Ladung *f* | *Lit* Zitat *n*, (wörtliche) Anführung *f* | **~dor(a** *f*) *m* Zitierende(r *m*) *m*/*f* | *dr a*. Vorladende(r *m*) *m*/*f* | **~r** (33) *vt* zitieren, (wörtlich) anführen | *dr* vorladen; zitieren | *fig* lobend erwähnen, öffentlich loben | **~r-se** *v*/*r*: **~ amb alg** s. mit j-m verabreden.
cítara *f mús* Zither *f*.
citarista *m*/*f* Zitherspieler(in *f*) *m*.
citatori (**-òria** *f*) *adj* Vorladungs...
citerior *adj* (*m*/*f*) diesseitig | Vor(der)...
cito|logia *f med* Zytologie, Zellenlehre *f* | **~lògic** *adj* zytologisch | **~plasma** *m biol* Zytoplasma, Zellplasma *n* | **~stàtic** *adj med* zytostatisch || *s*/*m* Zytostatikum *n*.
citr|at *m quím* Zitrat *n* | **~í** (**-ina** *f*) *adj* zitronenfarbig.
cítric *adj* zitrisch | **àcid ~** Zitronensäure *f* | *s*/*m bot* Zitruspflanze *f* | Zitrusfrucht *f*.
citro|nat *m* Zitronat *n* | **~nella** *f* = **tarongina**.
ciureny *m* = **sureny**.
ciuró *m* = **cigró**.
ciuta|dà[1] (**-ana** *f*) *adj* städtisch | staatsbürgerlich | *s*/*m*/*f* Städter(in *f*) *m* | Bürger(in *f*) *m* | Staatsbürger(in *f*) *m* | **~ d'honor** od **honorari** Ehrenbürger *m* | **~ del món** Weltbürger *m* | **~dà**[2] (**-ana** *f*) *adj* aus Ciutat (*bzw* Palma) de Mallorca || *s*/*m*/*f* Palmesaner(in *f*) *m* | **~dania** *f* Bürgerrecht *n* | Staatsangehörigkeit *f* | **~dejar** (33) *vi* e. städtisches Gesicht zeigen | **~della** *f* Zitadelle *f* | **~t** *f* Stadt *f* | **~ dormitori** (*jardí*, *satèl·lit*) Schlaf-(Garten-, Satelliten- *od* Trabanten-)stadt *f* | **~ estat** Stadtstaat *m* | **~ lliure** (**oberta**) freie (offene) Stadt *f* | **la ~ comtal** Barcelona | **la ~ eterna** die Ewige Stadt, Rom | **la ~ santa** die Heilige Stadt, Jerusalem | **viure a ~** in der Stadt leben.
civad|a *f bot* Hafer *m* | **farinetes de ~** Haferbrei *m* | **flocs de ~** Haferflocken *f pl* | **~ar** *m* Haferfeld *n* | **~er** *m* Haferscheune *f* | **~era** *f* Hafersack *m*.
civera *f* = **baiard**.
civet *m gastr* Civet *m*.
civeta *f zool* Zibetkatze *f*.
cívic(**ament** *adv*) *adj* bürgerlich, Bürger..., | **deures ~s** Bürgerpflichten *f pl* | **drets ~s** bürgerliche Ehrenrechte *n pl* | **educació** (od **instrucció**) **~a**

Gemeinschafts- *od* Staatsbürger-kunde *f* | *iniciativa ~a* Bürgerinitiative *f*.
civil *adj* (*m/f*) bürgerlich, zivil | Bürger..., Zivil... | (staats)bürgerlich | zivilrechtlich | zivilistisch | *el dret ~* das Zivilrecht, das Bürgerliche Recht | *drets ~s* (staats)bürgerliche Rechte, Bürgerrechte *n pl* | *moviment pels drets ~s* Bürgerrechtsbewegung *f* | *guerra ~* Bürgerkrieg *m* | *jurisdicció ~* Zivilgerichtsbarkeit *f* | *matrimoni ~* Zivilehe *f* | *registre ~* Standesamt *n* || *s/m fam* Polizist *m* der Guardia Civil | **~itat** *f* Höflichkeit *f* | Gesittung *f* | **~itzable** *adj* (*m/f*) zivilisierbar | bildungsfähig | **~ització** *f* Zivilisation *f* | Kultur *f* | Zivilisierung *f*, Zivilisieren *n* | *malaltia de ~* Zivilisationskrankheit *f* | *una ~ antiga* e-e antike Kultur *f* | **~itzador** *adj* zivilisatorisch, zivilisierend | ausbildend | **~itzar** (33) *vt* zivilisieren | (*j-m*) Kultur beibringen | (*Sitten*) *a.* erheben | verfeinern | **~ilitzar-se** *v/r* zivilisiert werden | Kultur (*od* feinere Sitten) annehmen | **~itzat** (*-ada f, -adament adv*) *adj* zivilisiert | (aus)gebildet, kultiviert | gesittet | *el món ~* die zivilisierte Welt *f* | **~ment** *adv* höflich, gesittet | wohlerzogen | *dr* zivilrechtlich. | *casar-se ~* s. standesamtlich trauen lassen.
civisme *m* Bürger-, Gemein-sinn *m*.
clac *m* Knall, Prall *m* | Klapphut, Klappzylinder *m* | **~a**[1] *f teat* Claque *f* | **~a**[2] *f* Geplauder *n*, Plauderei *f* | *Geschwätz n* | *fer petar la ~* s. ausplaudern, s. zwanglos unterhalten | **~ar** (33) *vi* plaudern, schwatzen, *südd* schwätzen | schnattern (*Gänse*).
clam *m* Geschrei *n* | Klage *f* | *hist dr a.* Beschwerde *f* | **~adissa** *f* Gejammer, Jammergeschrei *n* | Geschrei *n* | **~ant** *adj* (*m/f*) klagend, jammernd || *s/m/f* Kläger(in *f*) *m* | **~ar** (33) *vt*: *~ u/c* nach etw (*dat*) schreien; etw fordern *od* verlangen | *la terra clama aigua* die Erde schreit nach Wasser | *reg* (*Haustiere*) herbei-locken, -rufen || *vi* schreien, jammern | *~ a Déu* zum Himmel schreien | *~ en el desert* tauben Ohren predigen | **~ar-se** *v/r* Klage erheben | **~or** *m/f* Geschrei *n* | Klage *f* | Jammergeschrei *n* | **~oreig** *m* wiederholtes *od* fortwährendes (Jammer)Geschrei *bzw* Klagen *n* | **~orejar** (33) *vi* wiederholt *od* fortwährend schreien, klagen *bzw* jammern | **~orós** (*-osa f, -osament adv*) *adj* schreiend | jammernd | (*Beifall*) tosend | (*Erfolg*) gewaltig; durchschlagend.
clan *m* (*Kelten*) Clan *m* | *antrop* Klan *m*, Sippe *f* | (*Pfadfinder*) Rovers *m pl* | *fig* Clan, Klan; Klüngel *m*, Clique, *desp a.* Sippschaft, Mischpoche *f*.
clandest|**í** (**-ina** *f*, **-inament** *adv*) *adj* heimlich, verborgen, verstohlen | geheim, Geheim... | *umg* schwarz, Schwarz... | *polít* Untergrund... | **~initat** *f* Heimlichkeit, Verborgenheit *f* | *polít* Untergrund *m* | *passar a la ~* in den Untergrund gehen.
clap *m* Fleck(en) *m*, (*andersartige*) Stelle *f* | *un ~ de neu* e. Schneefleck(en) *m* | *un ~ d'ombra* e-e schattige Stelle | *un ~ d'arbres* e-e Baumgruppe | *a ~s* stellenweise, streckenweise | **~a** *f* Fleck(en) *m*, (*andersfarbige*) Stelle *f* | = **clariana** | *una vaca negra amb clapes blanques* e-e schwarze Kuh mit weißen Flecken | **~ada**[1] *f*: *una ~ d'herba entre roques* e-e Grasfläche zw Felsen | *una ~ de bolets* e-e gr(e) Pilzgruppe | **~ada**[2] *f pop* = **dormida** | **~ar**[1] (33) *vt* mit Flecken bedecken | **~ar**[2] (33) *vi pop* pennen | **~at** (**-ada** *f*) *adj* gescheckt, scheckig | **~ejar** (33) *vt* = **~ar**[1] | **~er** *m* steinige(r) Boden *m*, felsige(s) Gelände *n* | Steinhaufen *m* | Holzhaufen *m* | *~ de gegants* zyklopische Mauerreste *m pl* | **~era** *f* steinige(r) Boden *m* | *geol* Geröll *n*; Moräne *f* | *reg* Radspur *f* | **~erot** *m* Reste *m pl* von zyklopischen Bauten | **~ir** (37) *vi* kläffen (*Hund*) | **~issa** *f* steinige(r) Boden *m* | *geol* = **~era** | **~issar** *m* lichte(r) Wald *m* | **~issat** (**-ada** *f*) *adj* = **~at** | **~it** *m* Kläffen, Gekläff *n*.
clapote|**ig** *m* (*Wasser*) Plätschern *n* | **~jar** (33) *vi* plätschern.
claqu|**é** *m* (*Step(tanz) m* | *ballarí de ~* Steptänzer *m* | **~era** *f* Gesprächigkeit *f* | **~eta** *f cin* Klappe *f* | (*am Schuh*) Stepeisen *n*.
clar *adj* (*a. hochklingend*) hell | (*wolkenlos*) *a.* klar, heiter | (*durchsichtig, nicht trübe, rein; gut wahrnehmbar, scharf umrissen, offenbar; gut wahrnehmend, scharfsinnig*) *a. nàut* klar; (*Verstand, Kopf*) *umg a.* hell | deutlich; eindeutig | offen, freimütig, aufrichtig | (*nicht dicht, wenig konzentriert*) dünn |

clar 236 **clàssic**

(*Haar*) dünn, (*a. Wald*) schütter, licht | *ja és* (*es fa*) ~ es ist (wird) schon hell | *llums* (*estels, locals, mobles*) ~s helle Lichter (Sterne, Räumlichkeiten, Möbel) | *un verd* ~ e. helles Grün *n* | *és blau* ~ es ist hellblau | *aigua* ~*a* klares Wasser *n* | *sopa* ~*a* klare (*od* dünne) Suppe *f* | *cristall* (*mirall, esguard*) ~ klarer Kristall (Spiegel, Blick) *m* | *idea* (*línia, resposta*) ~*a* klare Vorstellung (Linie, Antwort) *f* | *veu* ~*a* helle *bzw* klare Stimme *f* | *foto* ~*a* scharfes (*od* klares) Bild *n* | *derrota* ~*a* klare (*od* eindeutige) Niederlage *f* | *és* ~ *que...* es ist klar, daß... | *és* ~*!* (es ist) klar!; natürlich!; selbstverständlich! | *deixar* ~*a u/c* etw klarstellen | *tenir* ~*a u/c* s. über etw klar *od* im klaren sein | *cantar-les* ~*es* klipp u. klar s-e Meinung sagen | *a la* ~*a* offensichtlich; ohne Umschweife || *pl*: *els homes de talent són ben* ~*s* talentierte Männer sind sehr dünn gesät *od* rar | ~*es vegades* selten || *adv: veure-hi* ~ klar sehen können; *fig* klarsehen | *sembrar* ~ dünn säen | ~ *i net* klar u. deutlich, *umg* klipp u. klar | ~ *i català* auf gut deutsch | *s/m* lichte Stelle; *a. fig* Lücke *f* | *mil* Klartext *m* | *pint* (Glanz)Licht *n* | (*al*) ~ *de lluna* (im, bei) Mondschein *m* | *avui hi ha* ~ *de lluna* heute ist Mondschein | *deixar* od *posar en* ~ *u/c* etw klarstellen | *què n'has tret en* ~? was hast du daraus geschlossen *od* gefolgert? | ~**a** *f* Eiweiß *n* | ~**aboia** *f* Dachluke *f* | Oberlicht(fenster) *n* | ~**ament** *adv s: clar* | *són* ~ *superiors* sie sind klar (*od* deutlich) überlegen | ~**edat** *f* Klarheit *f* | (*Bild*) *a.* Schärfe *f* | Helligkeit *f* | ~**ejar** (33) *vi* hell (*od* Tag) werden; tagen | scheinen, leuchten (*bes Mond*) | matt, blaß *od* (zu)hell sein | s. lichten | klar *od* dünn sein | rar *od* selten sein | ~**et** *adj m: vi* ~ Roséwein *m* || *s/m* Rosé, Weißherbst; Bleichert; Klarett *m* | ~**í** *m mús* (Signal)Horn *n*; Fanfare *f* | Clarino *n* | Bach-Trompete *f* | ~**iana** *f* wolkenlose Stelle; (Zwischen)Aufheiterung *f* | (*Kopf*) kahle Stelle *f* | (*Wald*) Lichtung *f* | *meteor: núvols i clarianes* wechselnd bewölkt; heiter bis wolkig | ~**ícia** *f* Erläuterung, Aufklärung, Aufhellung *f* || *pl* Daten *n pl* | Anzeichen *n pl* | ~**ificació** *f bes tecn* Klärung *f* | ~**ificador** *adj tecn* klärend, Klär... | ~**ificar** (33) *vt bes tecn* klären | *s: aclarir* | ~**inet** *m mús* Klarinette *f* | Klarinettist *m* | ~**inetista** *m/f* Klarinettenspieler(in *f*) *m* | ~**ió** *m* Kreidestift *m* | Zeichenkreide *f* | ~**issa** *f ecl* Klarissin, Klarisse *f* | ~**ividència** *f* Hellsichtigkeit *f*, Scharfblick, -sinn *m* | ~**ivident** *adj* (*m/f*) hellsichtig, scharf-blickend, -sinnig | ~**ó** *m* kl(e) Reuse *f* | ~-**obscur** *m pint* Helldunkel(malerei *f*), Clair-obscur *n* | *fig mst pl* Kontrast *m* | ~**or** *f* Helligkeit, *lit* Helle *f* | Licht(schein *m*) *n*, Schein *m* | *una* ~ *enlluernadora* e-e blendende Helligkeit | *una* ~ *llunyana* e. entferntes Leuchten *n* | *la* ~ *del sol* (*de la lluna, d'un fanal*) das Licht der Sonne (des Mondes, e-r Laterne) | *llegir a la* ~ *d'una espelma* (*de la lluna*) bei Kerzen-(Mond-)licht lesen | *aquesta bombeta fa molta* (*poca*) ~ diese Glühbirne gibt viel (wenig) Licht | *aquí hi ha massa poca* ~ hier ist zuwenig Licht | *entre dues* ~*s* in der Dämmerung, im Zwielicht | ~**ós** (-**osa** *f*) *adj* ziemlich hell.

classe *f* Art, Sorte *f, a. biol filos esport ferroc* Klasse *f* | (Gesellschafts)Schicht *f*, Stand *m, sociol* Klasse *f* | Unterricht *m*; (Unterrichts)Stunde *f*; (*Gruppe u. Raum*) Klasse *f* | (*Universität*) Vorlesung *f* | *classes altes* (*baixes*) Ober- (Unter-)schichten *f pl* | *la* ~ *dominant* die herrschende Klasse, die Herrschenden *pl* | *la* ~ *mèdica* die Ärzteschaf | ~ *mitjana* Mittelstand *m* | ~ *obrera* Arbeiterklasse *f* | ~*s passives* nichterwerbstätige Bevölkerung *f* | *la* ~ *política* die Berufspolitiker *m pl* | *la lluita de classes* der Klassenkampf *m* | *a quina* ~ *vas?* in welche Klasse gehst du? | *fer* ~ unterrichten, Unterricht erteilen *bzw* Vorlesungen halten | *faig* ~ *de música* ich unterrichte *od* gebe Musik | *faig* ~*s* (*particulars*) ich gebe (Privat)Stunden | *avui no hi ha* ~ heute ist k. Unterricht | ~ *d'idiomes* Sprachunterricht *m* | ~*s de recuperació* Nachhilfestunden *f pl* | *de primera* (*segona, tercera*) ~ erster (zweiter, dritter) Klasse; *bes fig* erst-(zweit-, dritt-)klassig | *fam: tenir* ~ Klasse sein; Stil (*od* Format) haben | ~**jar** (33) *vt* (*bes Kork*) nach Qualitäten einteilen.

cl|**àssic** *adj* klassisch | *fig a.* typisch | *fi-*

lologia ~*a* Altphilologie *f* ‖ *s/m* Klassiker *m* | ~**assicisme** *m* Klassizismus *m* | ~**assicista** *adj* (*m/f*) klassizistisch ‖ *s/m/f* Klassizist(in *f*) *m*.

classifica|ble *adj* (*m/f*) klassifizierbar | ~**ció** *f* Klassifizierung, Klassifikation *f* | Klassierung *f* | *esport* Tabellenstand *m*; Qualifikation *f* | ~**dor** *adj* klassifizierend | Akten- (*od* Brief-)ordner *m* ‖ *s/mf* Sortierer(in *f*) *m* ‖ *s/m* met *quím* Setzmaschine *f* ‖ *s/f* (*Lochkarten*) Sortiermaschine *f* | ~**r** (33) *vt* klassifizieren, (*nach Klassen, Gruppen*) einteilen, (ein)ordnen | klassieren | sortieren | ~**r-se** *v/r esport* s. qualifizieren (*per a* für) | ~ *primer* (*desè*) erster (zehnter) werden.

classis|me *m* Klassismus *m*, Tendenz *f* zur Klassengesellschaft | ~**ta** *adj* (*m/f*) Klassen... | *societat* ~ Klassengesellschaft *f*.

clasta *f* = **clastra**.

clàstic *adj geol med* klastisch.

clastra *f arquit* (Innen)Hof *m*.

clatell *m* Nacken *m*, Genick *n* | Hinterkopf *m* | *tret al* ~ Genickschuß *m* | *fig fam: (és)ser net de* ~ sehr geschickt (*od* schlau) sein | *tenir* (*od portar*) *llana al* ~ zu leichtgläubig (*od* dumm) sein | ~**ada** *f* Schlag *m* in den Nakken, *a. fig* Nackenschlag | ~**ejar** (33) *vt* (*j-m*) in den Nacken schlagen | ~**era** *f* Nacken-schutz *m* | *fam* Stiernacken *m* (*e-s Menschen*) | ~**ot** *m* (starker) Nackenschlag *m* | ~**ut** (-**uda** *f*) *adj* breitnackig.

clau[1] *m* Nagel *m* | *bot* (a. ~ *d'espècia*) (Gewürz)Nelke *f* | (*Elefant*) Stoßzahn; (*Keiler*) Hauer *m* | ~ *de ganxo* Haken *m* | ~ *de rosca* Schraube *f* | ~ *de Nostre Senyor* (*bot*) Schopfige Traubenhyazinthe *f* | (*és*)*ser un* ~ *od sec com un* ~ nur noch e. Strich (*od* spindeldürr) sein | *fer* (*od fotre*) *un* ~ (*fig pop!*) nageln, stoßen, ficken | *no tenir* (*valer*) *ni un* ~ (*fig fam*) k-n Pfennig haben (wert sein) | *un* ~ *en treu un altre* (*fig fam*) e-e Sorge (*bzw* Liebe) verdrängt die andere.

clau[2] *f a. fig* Schlüssel *m* | *tecn a.* Hahn *m* | *mús a.* (*Blasinstrument*) Klappe *f*, (*Saiteninstrument*) Wirbel *m* | *arquit* Schlußstein *m* | *gràf* geschweifte Klammer *f* | *med* Zahnzange *f* | (*Ringen*) (Fessel)Griff *m* | ~ *anglesa* (*tecn*) Franzose, Engländer *m* | ~ *de contacte* (*aut*) Zündschlüssel *m* | ~ *falsa* Nachschlüssel *m* | ~ *de do* (*mús*) C-Schlüssel *m* | ~ *de fa* (*mús*) Baßschlüssel *m* | ~ *de sol* (*mús*) Violinschlüssel, G-Schlüssel | ~ *de pas* Absperrhahn *m* | ~ *de serreta* Flachschlüssel *m* | ~ *mestra* Hauptschlüssel *m* | *escriure* (*od posar*) *un text en* ~ e-n Text verschlüsseln *od* kodieren | *tancar amb pany i* ~ zuschließen, zusperren | *sota* ~ unter Verschluß ‖ *adj inv* Schlüssel... | *indústria* (*mot, qüestió*) ~ Schlüsselindustrie *f* (-wort *n*, -frage *f*).

claudàtor *m* eckige Klammer *f* | ~*s angulars* spitze Klammern *f pl*.

clàudia *adj f: pruna* ~ Reineclaude, Reneklode *f*.

claudica|ció *f fig* Nachgeben, Weichwerden *n* | *med:* ~ *intermitent* intermittierendes Hinken *n* | ~**r** (33) *vi* aufgeben, aufhören | s. selbst (*od* s-n Grundsätzen) untreu werden.

clauer *m* Schlüssel-bund *n*, -ring *m*; -brett *n* | *hist* = **clavari**.

claustr|al *adj* (*m/f*) klösterlich, Kloster... | ~**at** (-**ada** *f*) *adj* in Form e-s Klosters *bzw* Kreuzgangs | im Kloster lebend | ~**e** *m ecl* Kloster *n* | *arquit* Kreuzgang *m* | (*Universität*) Senat *m* | (*Schule*) Lehrerkonferenz *f* | ~**ofòbia** *f psic* Klaustrophobie *f*.

clàusula *f dr* Klausel *f* | *ling* Satz *m* | Periode *f* | ~ *de nació més afavorida* Meistbegünstigungsklausel *f* | ~ *penal de contracte od contractual* Klausel *f* über Konventionalstrafe | ~ *de salvaguarda* Schutzklausel *f*.

clausura *f bes ecl* Klausur *f* | Schließung *f* | (*Debatte, Veranstaltung*) Schluß *m* | ~**r** (33) *vt* (*amtlich od feierlich*) schließen.

clava *f* Keule *f* | Knüppel *m* | ~**dora** *f* Nagelapparat *m* | ~**ó** *f col* eingeschlagene Nägel; Beschlagnägel *m pl* | ~**r** (33) *vt* (*Nagel*) einschlagen | (*Bretter, Deckel*) (an-, fest-, zusammen-)nageln | *p ext* befestigen | (*Edelsteine*) einfassen | ~ *agulles a la roba* Nadeln in den Stoff (ein)stechen | ~ *una estaca a terra* e-n Pfahl in die Erde (ein)stoßen *od* rammen | *li va* ~ *el punyal al pit* er stieß ihm den Dolch in die Brust ‖ *fig:* ~ *la vista en alg od en u/c* den Blick auf j-n *od* etw heften ‖ *fig fam* (*Schlag, Stoß, Tritt*) versetzen, verpassen | (*Schrei*) ausstoßen | (*Schreck*) einjagen | ~ *un crit* (*un disgust, una* *mentida, insults) a alg* j-n anschreien (verärgern, anlügen, beschimpfen) | *li he clavat per la cara* (od *pels nassos, pels morros, barres avall*) *que ja n'estic tip* ich habe ihm ins Gesicht gesagt, daß ich es satt habe | **~r-se** *v/r: m'he clavat una espina* ich habe mir e-n Dorn eingerissen || *fig: el motor (la barca) s'ha clavat* der Motor (das Boot) ist weggeblieben (aufgelaufen) || *fig fam:* **~ a riure** (*plorar, córrer*) los-lachen (-heulen, -rennen) | **~** *un plat de mongetes* (*un got de vi*) e-n Teller Bohnen (e. Glas Wein) verputzen (hinuntergießen) | **~ri** *m hist* Schlüssel-, Zahlmeister *m* | *Bal Val* Präsident *m* (*e-r Bruderschaft*) | **~t** (**-ada** *f*) *pp/adj: sabates clavades* Nagelschuhe *m pl* | *quedar-se* **~** (*fig fam*) wie angenagelt bleiben; steckenbleiben || *fig fam* ganz genau *od* ähnlich | *són les dotze clavades* es ist Punkt zwölf | *hi va* **~** es paßt haargenau | *és* **~** *a son pare* er ist s-m Vater wie aus dem Gesicht geschnitten.

clavec|í *m mús hist* Clavicembalo *n* | **~inista** *m/f* Cembalist(in *f*) *m*.

claveguer|a *f* Kloake *f*, Abwasserkanal *m* | *rata de* **~** Wanderratte *f* | **~am** *m* Kanalisationsnetz *n* | **~ó** *m* Abflußrohr *n*.

clavell *m bot* Nelke *f* | (a. **~** *d'espècia*) Gewürznelke *f* | **~** *d'agost* Aufrechte Sammetblume *f* | **~** *d'ase* (od *de blat*) = **niella** *f* | **~** *de moro* Ausgebreitete Sammetblume *f* | **~** *muntanyenc* Karthäusernelke *f* | **~** *de pastor* Montpelliernelke *f* | **~** *de pom* Bartnelke *f* | **~** *de trenta* Chinesernelke *f* | **~ada** *f ict* = **rajada** | **~er** *m bot* Gewürznelkenbaum *m* | **~ina** *f bot* Gartennelke *f*.

claver *m* = **clauer**.

clavet|aire *m* Nagelschmied *m* | Nagelhändler *m* | **~ejar** (33) *vt* mit Nägeln beschlagen | **~er** *m* = **clavetaire** | **~eria** *f* Nagelschmiede *f* | Nagelhandlung *f*.

clàvia *f* = **clavilla**.

clav|icèmbal *m* = **clavecí** | **~icordi** *m mús hist* Klavichord *n* | Spinett *n* | **~ícula** *f anat* Schlüsselbein *n* | **~icular** *adj* (*m/f*) klavikular, Schlüsselbein... | **~iculat** (**-ada** *f*) *adj* mit Schlüsselbeinen | **~iforme** *adj* (*m/f*) nagelförmig | *bot* keulenförmig.

clavill|a *f* (Eisen)Stift, Bolzen, Bolz *m* | Splint *m* | Pflock, Pfahl, Zapfen *m* | Kleiderhaken *m* | *anat* Fußknöchel *m* | *elect* Stecker, Stöpsel *m* | (*Saiteninstrument*) Wirbel *m* | *estrènyer* (od *tibar*) *les clavilles a alg* (*fig*) j-m Daumenschrauben anlegen | **~ar**[1] *m* Fußknöchel *m* | **~ar**[2] (33) *vt* = **enclavillar** | **~er** *m* Steckloch *n* (*für Stifte, Bolzen*) | *elect* Steckdose *f* | Kleiderständer *m* | (*Instrument*) Wirbelkasten *m* | **~ó** *m ict* = **escatós**.

clàxon *m aut* Hupe *f* | *tocar el* **~** auf die Hupe drücken; hupen.

cleca *f fam: clavar* (od *ventar*) *una* **~** *a alg* j-m e-e knallen | *fer cleques* schallend lachen.

cleda *f* Pferch *m* | Hühnerhof *m* | Gatter *n*, Lattentor *n*.

clemàstecs *m pl* Kesselhaken *m* (*über dem Herdfeuer*).

clem|ència *f* Milde *f* | Nachsicht *f* | Gnade *f* | **~ent**(**ment** *adv*) *adj* (*m/f*) mild | nachsichtig | gnädig | **~entina** *f* Klementine *f*.

clenx|a *f* (*Haar*) Scheitel *m* | *fer-se la* **~** *s.* den Scheitel | ziehen | **~ar**, **~inar** (33) *vt* (*Haar*) scheiteln | (*j-m*) das Haar scheiteln.

clepsa *f fam* Schädeldecke *f*, Schädeldach *n* | *fig* Grips *m* | (*és*)*ser dur de* **~** (*fam*) schwer (*od* langsam) von Begriff sein; *a.* dickköpfig sein.

clepsidra *f* Klepsydra, Wasseruhr *f*.

clept|òman *adj* kleptomanisch || *s/mf* Kleptomane *m*, -nin *f* | **~omania** *f psic* Kleptomanie *f*.

cler|ecia *f* = **~icat** | **~gat** *m* = **~icat** | **~gue** *m* Kleriker *m* | **~** *regular* Ordenspriester *m* | **~** *secular* Laienpriester *m* | **~ical**(**ment** *adv*) *adj* (*m/f*) klerikal, geistlich | **~icalisme** *m* Klerikalismus *m* | **~icat** *m* Klerikerstand *m* | Klerikerwürde *f* | (*Körperschaft*) Klerus *m*, Geistlichkeit *f* | **~o** *m fam* Klerus *m*.

clet(**x**)**a** *f* = **escletxa**.

clic *int onomat* klick! || *s/m* Klick *m* | *ling a.* Schnalzlaut *m*.

client|(**a** *f*) *m* Kunde *m*, Kundin *f* | (*Anwalt*) Mandant(in *f*), (*a. Steuerberater u. hist*) Klient(in *f*) *m* | **~ela** *f* Kundschaft *f* (*Anwalt*) Klientel *f* | **~** *fixa* Stammkundschaft *f*.

clim|a *m a. fig* Klima *n* | Klimazone *f* | *fig a.* Witterung *f* | **~ateri** *m med* Klimakterium *n*, Wechseljahre *n pl* | **~atèric** *adj* klimakterisch | *p ext* Kri-

sen....| **~àtic** *adj* klimatisch, Klima... | **~atització** *f* Klimaanlage *f* | **~atitzar** (33) *vt* klimatisieren, mit Klimaanlage versehen | **~atitzat** (**-ada** *f*) *adj* klimatisiert, mit Klimaanlage | **~atologia** *f* Klimakunde, Klimatologie *f* | **~atològic** *adj* klimatologisch | = **~àtic**.
clímax *m* Klimax *f* | Höhepunkt *m*.
clin *m/f* = **crin**.
clínic *adj* klinisch | *hospital ~* Universitätsklinik *f*; Klinikum *n* || *s/m/f* Kliniker(in *f*) *m* | **~a** *f* Klinik *f* | *~ dental* (*ginecològica*) Zahn-(Frauen-)klinik *f*.
clin|òmetre *m* Klinometer *n*, Neigungsmesser *m* | **~opodi** *m* *bot* Wirbeldost *m*.
clip *m* Büroklammer *f* | Haar-klammer, -klemme *f* | *tv* Clip *m*.
clissar (33) *vt fam* erblicken, bemerken | *fig* durchschauen || *vi: aquest xicot no hi clissa gaire* dieser Junge kann nicht gut sehen; *fig* dieser Junge ist nicht sehr klug.
clister, ~i *m* = **ènema**.
clist|ògam *adj bot* kleistogam | **~ogàmia** *f bot* Kleistogamie *f*.
clítoris *m anat* Kitzler *m*, Klitoris *f*.
clivell *m* (Holz-, Kork-)Spalte *f* | **~a** *f* Spalte *f*, Riß *m* | Hautriß *m* | **~adís** (**-issa** *f*) *adj* leicht Spalten bekommend, leicht rissig werdend | **~ar** (33) *vt* rissig machen, Spalten verursachen (in *dat*) | **~ar-se** *v/r* Risse bekommen, rissig werden | **~at** (**-ada** *f*) *adj* rissig.
clixé *m* (*pl -és*) *gràf* Klischee *n* | *fotog* Negativ *n* | *fig ling* Klischee *n*.
cloaca *f zool* Kloake *f*.
cloc|a *f* = **lloca** | **~-cloc** *int onomat* gack, gack! || *s/m* Gackern *n* | **~-piu** *adj* (*m/f*): *estar* (*od anar*) *~* kränkeln (*Personen u. Vögel*).
cloenda *f* Scheide-, Trenn-, Zwischenwand *f* | *bes fig* (*Vortrag*) Schluß(wort *n*) *m* | *festa de ~* Schlußfeier *f* | **~t** (**-ada** *f*) *adj* durch Zwischenwände getrennt.
clòfia *f* = **clofolla**.
clofoll *m col* (harte) Schalen *od* Hüllen *f pl* (*zum Verbrennen od für industrielle Verwertung*) | **~a** *f* harte Schale *f* (*Eier, Mandeln*) | **~ós** (**-osa** *f*) *adj* mit viel harter Schale.
cloïssa *f zool* Teppichmuschel *f*.
clon *m biol* Klon *m* | **~ar** (33) *vt* klonen, klonieren,

cloqu|eig *m* Gegacker *n* | **~ejar** (33) *vi* gackern | *fig: el cap em cloqueja* mir schwirrt der Kopf | **~er** *m lit* = **campanar**.
clor *m quím* Chlor *n* | **~al** *m quím* Chloral *n* | **~ar** (33) *vt quím* chlor(ier)en | **~at** *m quím* Chlorat *n* | **~hídric** *adj quím: àcid ~* Salzsäure *f*.
clòric *adj quím* chlorig | *bes* Chlor-V-... | *àcid ~* Chlorsäure *f*.
clorit *m quím* Chlorit *n* | **~a** *f min* Chlorit *m*.
cloro|fil·la *f* Chlorophyll, Blattgrün *n* | **~form** *m* Chloroform *n* | **~formització** *f* Chloroformieren *n* | Chloroformnarkose *f* | **~formitzar** (33) *vt* chloroformieren.
clor|ós (**-osa** *f*) *adj* chlorig | *bes* Chlor-III-... | *àcid ~* Chlorsauerstoffsäure *f* | **~osi** *f med* Bleichsucht, Chlorose *f* | **~òtic** *adj med* bleichsüchtig | **~ur** *m* Chlorid, salzsaures Salz *n* | *~ d'etil od etílic* Äthylchlorid, Chloräthyl *n* | *~ de calci od càlcic* Kalziumchlorid, Chlorkalzium *n* | *~ de magnesi od magnèsic* Magnesiumchlorid, Chlormagnesium *n* | *~ de sodi od sòdic* Natriumchlorid, Kochsalz *n*.
clos *adj* geschlossen | eingehegt, eingezäunt, umzäunt | (*Mensch*) verschlossen | *amb el puny ~* mit geballter Faust || *s/m* eingefriedetes Grundstück *n* | **~a** *f* Schließen *n*, Schließung *f* | Zaun *m*, Einfriedigung, Umzäunung *f* | Koppel *f*, eingezäuntes Weideland *n*.
closca *f crust* Panzer *m* | *anat* Hirnschale *f*, Schädeldach *n*, Schädeldecke *f* | (*Eier, Nüsse, Mandeln*) Schale *f* | *nàut fig: ~ de nou* Nußschale *f* | (*és*)*ser dur de ~* (*fig fam*) schwer von Begriff sein | *no haver sortit encara de la ~* (*fig fam*) noch feucht hinter den Ohren sein | **~r** (33) *vt* (*j-m*) auf den Kopf schlagen | **~t** (**-ada** *f*) *adj* hartschalig | *crust* gepanzert | *un ou ~* e. Ei mit Schale.
closquet *m fam* Kopfnuß *f* | **~a** *f* feines (Kinder)Häubchen *n*.
clot *m* Grube *f* | Höhlung, Vertiefung *f* | ausgehobenes Loch *n* | (Schlag)Loch *n* | Ausgrabung *f* | *pop* Grube *f*, Grab *n* | (*Gesicht*) Grübchen *n* | *med* Pockennarbe *f* | *anar-se'n al ~* (*pop*) zur Grube fahren; sterben | (*és*)*ser* (*od beure més que*) *un ~ d'arena* (*pop*) saufen wie e. Loch | **~a** *f* große Grube (*od*

Vertiefung *bzw* Ausgrabung) | **~ada** *f* Mulde *f* | Bodensenkung *f* | Niederung *f* | **~ar** (33) *vt* (*Pflanzen*) absenken, mit Erde (be)decken | **~erada** *f* = **~ada** | **~et** *m* (*Gesicht*) Grübchen *n* | **~ós** (**-osa** *f*) *adj* löcherig, voller Gruben *od* Löcher | **~ut** (**-uda** *f*) *adj* mit Grübchen (*bes in den Wangen*).

clotx|a *f* = **closca** | **~eta** *f*: *jugar a la ~* Münzen (*od* Steinchen) in e-e Grube werfen (*Kinderspiel*).

clòtxina *f* gr(e) Muschelschale *f*.

cloure (40) *vt* lit (ab-, ver-)schließen | *s*: *tancar* | *~* (*od tancar*) *els ulls* (*a. fig*) die Augen schließen *od* zumachen | *~ les dents* die Zähne zusammenbeißen | *~ el puny od la mà* die Faust ballen | *fig*: *~ la sessió* die Sitzung schließen | *~ un compte* e. Konto abschließen | *~ un tracte* e-n Vertrag (ab)schließen || *vi*: *el pany tanca bé, però la porta no clou* das Schloß schließt gut, aber die Tür ist nicht dicht | *el cavall ja ha clos* das Pferd hat schon ausgezahnt | **~'s** *v/r* s. schließen | zuheilen (*Wunde*) | *~* (*od encloure's*) *els dits amb la porta* s. die Finger an der Tür einklemmen.

clov|(ell)a *f* = **clofolla** | äußerer, holziger Teil des Korks | **~ellós** (**-osa** *f*) *adj* = **clofollós**.

club *m* Club, Klub *m* | *~ nàutic* Jachtklub *m*.

cluc *adj* (*Augen*) geschlossen | *a ulls ~s* (*fig*) mit verbundenen Augen | **~aina** *f*: *fer la ~* die Augen schließen (*sterben*).

cluniacenc *adj* kluniazensisch || *s/m* Kluniazenser *m*.

clusa *f* geol Klause, Klus *f*.

ço *pron dem arc* = **açò** | *~ que* (dies *od* das) was | *~ és* das heißt || (*bes auf Landbesitz bezogen*) *reg*: *~ del meu* (*del seu, d'ell*) das Meine (Seine) | *ja hem entrat en ~ d'en Saura* wir sind schon auf Sauras Land.

coa *f Bal Val* = **cua**.

coac|ció *f* Zwang *m* | *dr a.* Nötigung *f* | **~cionador** *adj* zwingend | **~cionar** (33) *vt* zwingen | *dr a.* nötigen | **~tiu** (**-iva** *f*) *adj* Zwangs...

coacusa|dor(a *f*) *m* Mitkläger(in *f*) *m* | **~r** (33) *vt* mitanklagen | **~t** (**-ada** *f*) *adj* mitangeklagt || *s/mf* Mitangeklagte(r *m*) *m/f*.

coadju|tor *m* lit (Mit)Gehilfe *m* | *catol* Koadjutor, Kaplan, Vikar *m* | **~toria** *f catol* Koadjutorstelle *f* | **~vant** *adj* (*m/f*) mithelfend, mitwirkend | **~var** (33) *vi* mithelfen, mitwirken.

coàgul *m* med Koagulum, (Blut)Gerinnsel *n* | *quím* Koagulat *n* | Pfropf *m*.

coagula|ble *adj* (*m/f*) med gerinnungsfähig | **~ció** *f* Gerinnen *n*, Gerinnung *f* | *quím* Koagulation *f* | **~dor** *adj* = **~nt** | **~nt** *adj* (*m/f*) gerinnungsfördernd || *s/m* med Koagulans *n* | **~r** (33) *vt* zum Gerinnen bringen | *quím* koagulieren | **~r-se** *v/r* gerinnen | *quím* koagulieren | **~tiu** (**-iva** *f*) *adj* = **~nt**.

coala *m* zool Koala, Beutelbär *m*.

coali|ció *f* hist Bund *m*, Bündnis *n* | *polít* Koalition *f* | *govern de ~* Koalitionsregierung *f* | **~tzar-se** (33) *v/r* koali(si)eren, s. verbünden (*amb* mit).

coarrendatari (**-ària** *f*) *adj* mitpachtend || *s/mf* Mitpächter(in *f*) *m*.

coarta|ció *f* Einschränkung *f* | Zwang *m* | **~da** *f dr* Alibi *n* | *provar la ~* sein Alibi nachweisen | **~r** (33) *vt* einschränken, einengen | zwingen.

coautor(a *f*) *m dr* Mittäter(in *f*) *m* | (*Werk*) Mitverfasser(in *f*) *m*.

coaxial *adj* (*m/f*) koaxial | *cable ~* Koaxialkabel *n*.

cobai *m* zool Meerschweinchen *n*.

cob|alt *m* quím met Kobalt *n* | *blau de ~* Kobaltblau | **~àltic** *adj quím* Kobalt..., *bes* Kobalt-III-... | **~altina** *f quím* min Kobaltglanz *m* | **~altós** (**-osa** *f*) *adj quím* Kobalt..., *bes* Kobalt-II-...

cob|dícia *f* Geld-, Hab-gier, Habsucht *f* | **~diciós** (**-osa** *f*) *adj* geld-, hab-gierig, habsüchtig | **~ejable** *adj* (*m/f*) *lit* begehrenswert | **~ejament** *m arc* = **~ejança** | **~ejança** *f lit* Begehr(en) *n* | Begierde, Gier *f* | **~ejar** (33) *vt lit* begehren | **~ejós** (**-osa** *f*, **-osament** *adv*) *adj* (be)gierig, begehrlich | habsüchtig.

cobert *adj* bedeckt | *bes econ* gedeckt | (*Himmel*) bewölkt, bedeckt | *fig* heimlich, verhohlen | *~ de neu* schneebedeckt | *un lloc ~* e-e geschützte Stelle *f* | *s/m* Schuppen *m* | Schutzdach, Vordach *n* | Speicher, Dachboden *m* | *fig* Unterschlupf *m*, Obdach *n* | *mst* pl Gedeck, Kuvert *n*; Besteck | (*Menü*) Gedeck *n* | *a* (*od sota*) *~* (*vor der Witterung*) geschützt, unter Schutz | *estar a ~* (*fig*) sicher *od* (ab)gesichert sein; in Sicherheit (*mil* Deckung) sein | *estàvem a ~ del vent* (*de l'artilleria*) wir waren vor dem Wind (der Artillerie) geschützt | *posarse a ~* s. unterstellen; *mil* in Deckung gehen; *fig* s. in Sicherheit bringen | **~a** *f* Bedeckung, Hülle *f* | Decke *f* | Kuvert *n*, (Brief)Umschlag *m* | *mst pl* (Buch)Deckel *m* | (*Reifen*) Mantel *m*, Decke *f* | *constr* Bedachung *f*, Dach *n* | *nàut* Deck *n* | **~ada** *f nàut* Deckladung, Decklast *f* | **~ament** *adv* heimlich(erweise) | **~or** *m* Stoffdecke *f* | *~ d'altar* Altardecke *f* | *~ de llit* Überdecke, Bettdecke *f* | *~ de taula* Tischdecke *f* | **~ora** *f* = **tapadora** | *constr* Mönchziegel *m* | **~ura** *econ mil fig* Deckung *f*.

cobl|a *f mús* Cobla *f* (*Sardanakapelle*) | *lit hist* Strophe *f* | *folk* Liedchen *n*; (*Art*) Bänkellied *n* | **~aire** *m/f folk* Verfasser(in *f*) *bzw* Sänger(in *f*) *od* Verkäufer(in *f*) von «cobles» | **~e** *m* Koppel(riemen *m*) *n* | **~ejador(a** *f*) *m* = **~aire** | **~ejar** (33) *vi folk* «cobles» verfassen *bzw* vortragen.

Coblença *f* Koblenz *n*.

cobra *f zool* Kobra *f*.

cobra|ble *adj* (*m/f*) einziehbar | *dr* eintreibbar | **~dor** *adj* einziehbar | fällig | eintreibbar || *s/mf ferroc* Schaffner(in *f*) *m* | *com* Kassier(in *f*) *m* | (*Gasthaus*) Zahlkellner(in *f*) *m* | **~ment** *m* Einziehung *f* | Inkasso, (Ein)Kassieren *n* | Eintreibung *f* | Einlösung *f* | **~s pendents** *od* **endarrerits** Außenstände *m pl* | **~nça** *f* = **~ment** | **~r** (33) *vt* (*Geld, Gebühren, Zinsen*) einziehen; (ein)kassieren | (*Gehalt*) haben, bekommen; verdienen | (*Scheck*) einlösen | (*Schulden*) eintreiben | *fig lit* erwerben; bekommen | *ant* = **recobrar** | *nàut* (*Seil*) ein-ziehen, -holen | *encara no he cobrat el sou* ich habe mein Gehalt noch nicht (aus)gezahlt bekommen | *~ amor a alg* od *a u/c* (*lit*) j-n od etw liebgewinnen || *vi: demà passaré a ~* morgen komme ich kassieren | *el dia de ~* der Zahltag *m* | *fig fam: mira que ~às!* paß auf, sonst wirst du eins abbekommen!

cobre|calze *m ecl* Kelchtuch *n* | **~llit** *m* (*Bett*) Überdecke *f* | **~nt** *adj* (*m/f*) *pint* deckend, Deck... | *color ~* Deckfarbe *f* | **~taula** *m* Tischdecke *f*.

cobri|cel *m* Betthimmel *m* | **~celar** (33) *vt* (*Bett, Wiege*) mit e-m Betthimmel überdecken | *fig* schirmen, schützen |

~espatlles *m* Schultertuch *n* | **~ment** *m* Bedecken *n*, Bedeckung *f* | Decken *n*, Deckung *f* | *~ de cor* Ohnmacht(sanfall *m*) *f* | **~r** (37) *vt* bedecken, (ab-, ver-, zu-)decken (*de* od *amb* mit) | *econ mil esport* decken (*amb* mit) | *econ* (*u. Schach*) *a*. abdecken | *zool* decken, bespringen | *~ una casa* e. Haus decken od bedachen | *~ la carn* das Fleisch panieren | *el vel li cobria la cara* der Schleier verdeckte (*od* verbarg) ihr Gesicht | *la mare va ~ el nen amb el seu cos* die Mutter deckte das Kind mit ihrem Körper | *~ un còmplice* e-n Komplizen decken | *~ alg de petons* j-n mit Küssen bedecken | *~ alg d'elogis* j-n mit Lob überhäufen || *vi: aquest color no cobreix bé* diese Farbe deckt nicht gut | **~r-se** *v/r* s. bedecken | s. decken | (*a. ~ el cap*) s. bedecken, das Haupt bedecken, den Hut aufsetzen | *el cel s'ha cobert* der Himmel hat s. bedeckt *od* bewölkt | *aquest boxador es cobreix malament* dieser Boxer deckt s. schlecht | *~ amb l'escut* s. mit dem Schild decken | *~ la cara amb les mans* das Gesicht mit den Händen bedecken | *~ de rovell* von Rost bedeckt werden, verrosten | *~ de joies* s. mit Schmuck beladen | *~ de glòria* (*a. iròn*) s. mit Ruhm bedecken *od umg iròn* bekleckern.

coc^1 *m* = **cuiner**.

coc^2 *m* (*Kohle*) Koks *m*.

coc^3 *m* (*Bakterie*) Kokke *f*, Kokkus *m*.

còc *m* = **coca** | = **bescuit** | = **llonguet**.

coca^1 *f* (Blech)Kuchen *m* | (Oster)Fladen *m* | *estar fet una ~* (*fig*) am Boden zerstört sein | *fer-se una ~* (*fig*) ganz zermalmt werden.

coca^2 *f bot* Koka(strauch *m*) *f* | **~ïna** *f* Kokain *n* | **~ïnisme** *m* Kokainismus *m* | **~ïnòman(a** *f*) *m* Kokainsüchtige(r *m*) *m/f* | **~ïnomania** *f* Kokainsucht *f*.

cocci|geal *adj* (*m/f*), **~gi** (**-ígia** *f*) *adj med* Steißbein...

coccin|el·la *f zool* Marienkäfer *m* | Siebenpunkt *m* | **~i** (**-ínia** *f*) *adj* purpurn | scharlachartig, scharlachrot.

cocció *f* Abkochen, Garkochen *n* | Abkochung *f* | Sud *m*.

còccix *m anat* Steißbein *n*.

cocleària *f bot* Löffelkraut *n*.

coco *m* Kokosnuß *f* | *tèxt* Kokosfaser *f* | *... de ~* Kokos...

cocó *m* = **cadolla**.
cocodril *m zool* Krokodil *n* | Krokodilleder *n* | *llàgrimes de* ~ Krokodilstränen *f pl*.
coco|tar *m* Kokoshain, Kokoswald *m* | **~ter** *m bot* Kokospalme *f*.
cocou *m infan* Gackei *n* | **~ada** *f col* viele Eier *n pl* | Eierschmaus *m*, Eiergericht *n* | **~er(a** *f*) *m* Eier- u. Geflügelhändler(in *f*) *m*.
còctel *m* Cocktail *m* | *fer un* ~ e-e Cocktailparty geben | ~ *Molotov* Molotowcocktail *m*.
coctelera *f* Mixbecher *m*.
coda *f mús* Koda *f*.
codast *m nàut* Achtersteven *m*.
codeïna *f med* Kodein *n*.
còdex *m hist* Kodex *m* | Arzneibuch *n*.
codi *m* Kode, Code *m* | *dr* Gesetzbuch *n* | ~ *civil* Bürgerliches Gesetzbuch *n* | ~ *de comerç* Handelsgesetzbuch *n* | ~ *penal* Strafgesetzbuch *n* | ~ *de circulació* Straßenverkehrsordnung *f* | **~cil** *m dr* Kodizill, Testamentszusatz *m* | **~cil·lar**[1] *adj* (*m/f*) zusätzlich, Zusatz... | **~cil·lar**[2] (33) *vi* e. Kodizill hinzufügen | **~ficació** *f* Kodierung *f* | Kodifizierung *f*, Kodifizieren *n* | **~ficar** (33) *vt* kodieren | *bes dr* kodifizieren.
codillo *m* (*Kartenspiel*) Kodille *f*.
codin|a *f* nackter Fels *m* (*zu ebener Erde*) | abgedecktes Wasserloch *n* | **~ar** *m*, **~era** *f* felsiges Gelände *n*.
còdol *m* Kiesel(stein) *m*.
codol|ada[1] *f* Kieselwurf *m* | **~ada**[2] *f Lit folk*: Dichtungsform in Verspaaren mit erzählendem od satirischem Inhalt | **~ar** *m* Kieselgeröll *n* | **~ell** *m* kl-r Kiesel *m* | **~enc** *adj* kiesig | *persona* ~*a* (*fig*) ungeschliffene Person *f* | **~ós** (-osa) *f*) *adj* kiesig.
codony *m* Quitte *f* | **~(er)ar** *m* Quitten(baum)pflanzung *f* | **~at** *m gastr* Quitten-konfitüre *f*, -gelee *n/m* | **~er** *m bot* Quitte(nbaum *m*) *f*.
coeducació *f* Koedukation, Gemeinschaftserziehung *f*.
coeficient *adj* (*m/f*) zusammenwirkend || *s/m mat fís* Koeffizient *m*.
coent *adj* (*m/f*) brennend, scharf | *fig a.* ätzend, beißend, verletzend | **~or** *f* Brennen *n*, Schärfe *f*.
coenzim *m biol* *quím* Koenzym, Coenzym *n*.
coerci|bilitat *f dr* Zwangsgewalt *f* | **~ble** *adj* (*m/f*) erzwingbar, durchsetzbar | *fís* (*Gas*) kompressibel, verflüssigbar | **~ó** *f* Zwang *m* | *dr a.* Nötigung *f* | **~r** (37) *vt* = **constrènyer** | **~tiu** (-**iva** *f*) *adj* Zwangs... | *fís: força coercitiva* Koerzitivkraft *f*.
coet *m* Rakete *f* | (*Feuerwerk*) *a.* Schwärmer *m* | ~ *antiaeri* Luftabwehrrakete *f* | ~ *escalonat* (*portador, propulsor*) Mehrstufen-(Träger-, Antriebs-)rakete *f* | ~ *teledirigit* ferngelenkte Rakete *f* | **~aire** *m/f* Feuerwerker(in *f*) *m*.
coetani (-**ània** *f*) *adj* der gleichen Zeit | zeitgenössisch || *s/mf* Zeitgenosse *m*, -genossin *f*.
coexist|ència *f* Koexistenz *f*, gleichzeitiges Bestehen *n* | ~ *pacífica* friedliche Koexistenz *f* | **~ent** *adj* (*m/f*) koexistierend, gleichzeitig (*od* nebeneinander) bestehend | **~ir** (37) *vi* koexistieren, gleichzeitig (*od* nebeneinander) bestehen.
cofa *f nàut* Mars *m/f*, Mastkorb *m* | **~r** (-**se**) (33) *vt* (/*r*) (s.) bedecken (*mit e-m Hut od e-r* Haube) | **~t** (-**ada** *f*) *adj reg* geschmückt, aufgeputzt | = **cofoi**.
cofí *m* flacher Espartokorb *m* (*bes für Oliven*).
còfia *f* Haube *f* | Haarnetz *n* | Schutzhaube *f*.
cofis-i-mofis *m pl: fer* ~ unter e-r Decke stecken; zusammenstecken; gemeinsame Sache machen.
cofoi|(ament *adv*) *adj* zufrieden u. stolz | selbstgefällig | **~sme** *m* Selbstgefälligkeit *f*.
cofre *m* Truhe *f* | Kasten *m* | Kästchen *n*, Schatulle *f* | **~r** *m ant* Schatzmeister *m*.
cofurna *f desp* alte Bude, Spelunke *f*, Verschlag *m*, ärmliche(s) Loch *n*.
cogestió *f sociol* Mitbestimmung *f*.
cogita|ció *f ant filos* (Nach)Denken *n*, Meditation *f* | **~r** (33) *vt ant filos* (nach)denken, meditieren | **~tiu** (-**iva** *f*) *adj ant filos* Denk..., denkerisch.
cogna|ció *f* Blutsverwandtschaft, *dr* Kognation *f* | **~t** (-**ada** *f*) *adj* blutsverwandt || *s/mf* Blutsverwandte(r *m*) *m/f*.
cogni|ció *f filos dr* Kognition, Erkenntnis *f* | **~tiu** (-**iva** *f*) *adj* kognitiv.
cognom *m* Familienname, Nachname, Zuname *m* | **~enar** (33) *vt* beim Familiennamen nennen.
cognosci|ble *adj* (*m/f*) *filos* erkennbar | **~tiu** (-**iva** *f*) *adj filos* kognitiv, Erkenntnis...
cogom|a *f bot* = **camperol** | = **farinera** |

~assa *f bot* Frühlingsknollenblätterpilz *m* («Amanita verna») | **~brar** *m* Gurkenfeld *n* | **~bre** *m bot* Gurke *f* | *nordd* Kukum(b)er *f* | ~ *salvatge* Spritzgurke *f*.
cogulla *f* Mönchskutte *f* | **~da** *f ornit* Haubenlerche *f*.
cohabi|tació *f* Zusammen-wohnen, -leben *n* | Beischlaf *m*, *lit* Kohabitation *f* | **~tar** (33) *vi (mst* ehelich) zusammenwohnen, -leben | den Beischlaf vollziehen, *lit* kohabitieren.
coher|ència *f* Zusammenhang *m*, Kohärenz *f* | **~ent(ment** *adv) adj (m/f)* zusammenhängend, kohärent.
cohereu (-eva *f) m* Miterbe *m*, -erbin *f*.
cohesi|ó *f* innere(r) Zusammenhalt *m*, Kohäsion *f* | **~u** (-iva *f) adj* kohäsiv.
cohibi|ció *f* Hemmung, Zurückhaltung *f* | Gehemmtheit, Befangenheit *f* | **~dor** *adj* hemmend, zurückhaltend | **~r** (37) *vt* hemmen | zurückhalten | in Verlegenheit (*od* Befangenheit) bringen | **~t** (-ida *f) adj* gehemmt, befangen | schüchtern | verlegen.
cohonesta|ment *m* Beschönigung, Bemäntelung *f* | **~r** (33) *vt* beschönigen, bemänteln.
cohort *f. hist* Kohorte *f*.
coi[1] *m nàut* Hängematte *f* (aus Segeltuch).
coi[2] *int euf* = **cony**.
coincid|ència *f* Zusammen-treffen *n*, -fall *m* | *cient lit* Koinzidenz *f* | *fam* Zufall *m* | **~ent** *(m/f) adj* zusammen-treffend, -fallend | *cient lit* koinzident | **~ir** (37) *vi* zusammen-treffen, -fallen | übereinstimmen | *cient lit* koinzidieren | *els dos congressos van* ~ die beiden Kongresse fanden zur gleichen Zeit statt | *coincideixo amb tu* ich stimme mit dir überein.
coiot *m zool* Kojote, Präriewolf *m*.
coïssor *f* Jucken, Brennen *n*.
coit *m* Geschlechtsakt, Koitus *m*.
coïtja *f* = **coïssor**.
coix *adj a. fig* hinkend | lahm | *fig* wackelig (*zB Tisch*) || *s/mf* Hinkende(r *m) m/f* | **~ària** *f* = **~esa** | **~ejar** (33) *vi a. fig* hinken | lahmen | *fig* wackeln | **~esa** *f* Hinken, Lahmsein *n*, Lahmheit *f*.
coix|í *m* Kissen *n* | **~inera** *f* Kissenbezug *m* | *p ext* Brot-; Klammer-beutel *m* | **~inet** *m* kl(s) Kissen *n* | *tecn* (Wellen-, Zapfen-)Lager *n* | ~ *de boles* Kugellager *n* | ~ *de les agulles* Nadelkissen *n*.

col *f* Kohl *m* | ~ *arrissada* (*od cargolada*) Krauskohl *m* | ~ *de brot* (*od de Brussel·les*) Rosenkohl *m* | ~ *de cabdell* (*od cabdellada*) Weißkohl *m* | ~ *llombarda* (*od morada od vermella*) Rotkohl *m* | ~ *nana* (*od borratx[on]a*) Wirsing(kohl) *m*.
cola[1] *f bot* Kolabaum *m* | *gastr med* Kola *f* | *nou de* ~ Kolanuß *f*.
cola[2] *f* Leim *m* | ~ *de peix* Fischleim *m*.
colad|a *f* geronnene Milch *f* | **~ís** (-issa *f) adj* leicht zu filtern | **~or** *m* Seih-, Kolier-tuch *n* | (Tee)Sieb *n* | Ausguß *m*, Abflußloch *n* | (*és*)*ser un* ~ (*fam*) saufen wie e. Loch.
colagog *adj med* cholagog, gallentreibend.
colament *m* Filtern, Seihen *n*.
colangitis *f med* Cholangitis, Entzündung *f* der Gallenwege.
colar[1] *m* Kohlfeld *n*.
colar[2] (33) *vt* durchseihen, filtern | *quím fís a.* kolieren.
colcar (33) *vi/t Bal* = **cavalcar**.
colcrem *m* Cold Cream *f/n*.
coldre (34) *vt ant lit* verehren | (*Festtage*) heilighalten.
col|ecistitis *f med* Cholezystitis, Gallenblasenentzündung *f* | **~èdoc** *m anat* Choledochus, *m* Gallengang *m*.
coleòpters *m pl entom* Koleopteren, Käfer *m pl*.
còlera[1] *m med* Cholera *f* | ~ *asiàtic* asiatische (*od* echte) Cholera.
còlera[2] *f* = **bilis** | *fig* Wut *f*, Zorn *m* | *deixar-se endur per la* ~ in Wut (*od* Zorn) geraten.
col|èric *adj med* Gallen...; Cholera... | cholerisch | aufbrausend, jähzornig | *s/mf* Choleriker(in *f) m* | **~èricament** *adv* wutentbrannt | cholerisch | **~eriforme** *adj (m/f)* choleraähnlich | **~esterina** *f* = **~esterol** | **~esterol** *m med* Cholesterin *n* | **~esterolèmia** *f* Cholesterinspiegel *m*.
colet *m bot* Kuhkraut *n*.
colga|focs *m* dickes Holzstück *n* (*zum Aufrechterhalten des Feuers*) | *fig* Faulenzer; Drückeberger *m* | = **matafocs** | **~r** (33) *vt* ver-, ein-graben | begraben | be-, über-, zu-decken | beschütten, überschütten | **~r-se** *v/r* zu Bett gehen | (*Sonne*) = **pondre's** | **~t** *m* (*Rebe*) Ableger, Senker *m*.
colibrí *m* (*pl* -ís) *ornit* Kolibri *m*.
còlic *m med* Kolik *f* | ~ *gàstric* Magenkolik *f* | ~ *hepàtic* Gallenkolik *f* | ~

nefrític Nierenkolik *f* | *fam* Durchfall *m*.
col·i|-flor *f bot* Blumenkohl *m* | **~-nap** *m bot* Kohlrübe *f*.
coliseu *m hist* Kolosseum *n* | *p ext* gr(s) Theater *od* Kino *n*.
colissa *f tecn* Kulisse *f* | Gleitrinne *f*.
colissos *m pl* = **colitxos**.
còlit *m ornit* Schwarzkehlchen *n*.
colitis *f med* Kolitis, Dickdarmentzündung *f*.
colitxos *m pl bot* Leimkraut *n* («Silene vulgaris»).
coll *m anat* Hals *m* | (*Kleidung*) Kragen *m* | (*Gebirge*) Schlucht *f*; Paß *m* | (*Spielkarten*) Farbe *f* | (*Flasche*) Hals; Kragen *m* | (*Brunnen*) Rand *m* | **~ dur** steifer Kragen; Stehkragen *m* | **~ postís** loser Kragen *m* | **~ de mariner** (*de pell, de randes*) Matrosen-(Pelz-, Spitzen-)kragen *m* | *mal de* **~** Halsschmerzen *m pl od umg* -weh *n* | **~ uterí** (*del fèmur*) Gebärmutter-(Oberschenkel-)hals *m* | *fig fam: n'estic fins al* **~** es hängt mir zum Hals(e) heraus | *estar endeutat fins al* **~** bis über den Hals in Schulden stecken | *portar alg od u/c a* **~** j-n *od* etw auf dem Rücken (*od umg* huckepack) tragen | *posar el* **~** *en un treball* s. ins Zeug legen | *posar el peu al* **~** *d'alg* j-m den Fuß auf den Nacken setzen | *tenir una hora de* **~** e-e Stunde Frist haben | *tenir u/c a mig* **~** (*od* **~** *avall*) etw schon in der Tasche haben | *tenir el peu al* **~** *d'alg* j-n in der Gewalt (*od umg* in der Tasche) haben | *trencar-se (od rompre's) el* **~** s. den Hals brechen.
colla *f* Schar, Gruppe *f* | *bes* Clique *f* | *p ext* Reihe, Sammlung *f* | *reg* = **coble**.
col·labora|ció *f* Mitarbeit *f* | Mitwirkung *f* | Zusammenarbeit *f* | (*Presse*) Beitrag *m* | *polít* Kollaboration *f* | **~cionista** *m/f polít* Kollaborateur(in *f*) *m* | **~dor(a** *f*) *m* Mitarbeiter(in *f*) *m* | **~r** (33) *vi* mitarbeiten | mitwirken | zusammenarbeiten | **~** *amb l'enemic* mit dem Feind kollaborieren | **~** *al diari «Avui»* für die Zeitung «Avui» schreiben.
col·laci|ó *f catol* Kollation *f* | *p ext* leichte Mahlzeit *f* | Verleihung *f* e-r akademischen Würde | *gràf* Kollation *f* | *portar u/c a* **~** etw zur Sprache bringen | **~onar** (33) *vt* (*Texte*) kollationieren, vergleichen.
colla|da[1] *f arc* Schlag auf (*od* in) den Nacken | Ruck (*mit dem Nacken*) | Schluck *m*, Schlucken *n* | **~da**[2] *f* Gebirgsschlucht *f*, -paß *m* | **~da**[3] *f* (*Kartenspiel*) Folge *f* (*e-r Farbe*) | **~da**[4] *f* größere Gruppe (*od* Schar) *f* | **~da**[5] *f* Anschrauben, Anziehen *n* (*e-r Schraube*) | **~der** *m* Tragjoch *n* (*für Wassereimer*) | **~dor** *m* Schraubenzieher *m* | Schraubenschlüssel *m*.
col·lap|sar (33) *vt med* (*j-m*) e-n Kollaps verursachen | *fig* zusammenbrechen lassen | **~sar-se** *v/r med* kollabieren | *fig* zusammenbrechen | **~se** *m astr med* Kollaps *m* | *fig* Zusammenbruch *m* | *tenir (od sofrir) un* **~** (*med*) kollabieren; e-n Kollaps erleiden.
collar[1] *m* Halsband *n* | Halskette *f*; (*wertvoll*) Kollier *n* | *s:* collaret | (*Tier*) Kumt, Kummet *n*; *nordd* Hamen *m* | *ecl hist* Ordenskette *f* | *hist* Halseisen *n* (*von Sklaven, Gefangenen*) | *zool caç* Kragen *m*.
collar[2] (33) *vt* (an-, ein-, fest-)schrauben | ineinanderfügen | (an)schirren | *fig fam:* **~** *alg* bei j-m (die) Daumenschrauben an-legen *od* -setzen.
collaret *m* Halskette *f* | (*wertvoll*) Kollier *n* | *un* **~** *de perles* e-e Perlenkette *f*.
collater *m* = **camàlic**.
col·lateral *adj* (*m/f*) Seiten... | Neben... | *cient* kollateral | *un parent* **~** e. Verwandter in der Nebenlinie | **~ment** *adv* nach der Seitenlinie | parallel.
col·lec|ció *f* Sammlung *f* | Auswahl *f* | Kollektion *f* | **~** *de monedes (pintures)* Münz-(Gemälde-)sammlung *f* | *fer* **~** *de segells* Briefmarken sammeln | **~cionador(a** *f*) *m* = **~cionista** | **~cionar** (33) *vt* sammeln | **~cionista** *m/f* Sammler(in *f*) *m* | **~ta** *f* Geldsammlung *f* | (Straßen) Sammlung *f* | *ecl* Kollekte *f* | **~tar** (33) *vt* (*Geld, Spenden*), (ein)sammeln | **~tici (-ícia** *f*) *adj* (*bes Leute*) zusammengewürfelt | **~tiu (-iva** *f*, **-ivament** *adv*) *adj* gemeinsam | kollektiv | Sammel... | Kollektiv... | *consciència col·lectiva* Kollektivbewußtsein *n* | *nom* **~** (*ling*) Sammel-name *m*, -bezeichnung *f*, Kollektivum *n* | *propietat col·lectiva* Kollektiveigentum *n* | *treball* **~** Gemeinschaftsarbeit, Kollektivarbeit *f* || *s/m* Kollektiv *n* | *ling* Kollektivum *n* | **~tivisme** *m* Kollektivismus *m* | **~tivista** *m/f* Kollektivist(in *f*) *m* || *adj* (*m/f*) kollektivistisch | **~tivitat** *f* Gemeinschaft *f* | Gesamtheit *f* | Kol-

lektivität *f* | **~tivització** *f* Kollektivierung *f* | **~tivitzar** (33) *vt* kollektivieren | **~tor** *adj* Sammel... | *claveguera ~a* Sammelkloake *f* ∥ *s/mf* (Steuer)Einnehmer(in *f*) *m* ∥ *s/m* Sammelkloake *f* | *tecn* Kollektor; *elect a.* Stromabnehmer *m* | **~toria** *f* Amt *n* (*od* Büro *n*) e-s Einnehmers.

col·leg|a *m/f* Kollege *m*, -gin *f*; Amtsgenosse *m*, -sin *f* | **~i m** Kollegium *n*, Gremium *n*, Körperschaft *f* | (Berufs-) Kammer, Berufsgenossenschaft *f* | Schule *f* | **~** *electoral* Wählerschaft *f* (e-s *Wahlkreises*); Wahllokal *n* | **~** *d'advocats* Anwaltskammer *f* | **~** *de metges* Ärztekammer *f* | **~** *militar* Kadetten-schule (*od* -anstalt) *f* | *ecl: el sacre* **~** Kardinals-kollegium *f* | *particular* (*od privat*) Privatschule *f* | **~** *major* (*universitari*) Studentenwohnheim *n* | **~ial** *adj bes ecl* Kapitel..., Stifts... | kollegial ∥ *s/mf* Kollegiat(in *f*) *m*; Schüler(in *f*) *m* | **~ialment** *adv* kollegial | Kollegium bildend | **~iar-se** (33) *v/r* s. zu e-m Kollegium (*od* zu e-r Berufskammer) zusammenschließen | **~iat** (-ada *f*) *adj* zu e-r (Berufs)Kammer gehörend (*Anwälte, Ärzte*) | *església col·legiada* = **~iata** | **~iata** *f* Stiftskirche *f*.

col·legir (37) *vt* = **inferir**.

coll|ejar (33) *vi* den Hals bewegen *od* rekken | (*am Essen*) würgen ∥ *vt* (hinunter)schlucken | **~er** *m* = **collater, camàlic** | **~era** *f* Kumt, Kummet(polster) *n* | **~eró** *m* kl(s) Kummetpolster *n* | **~estret** *adj* enghalsig | **~et** *m* Krägelchen *n* | *bes ecl* Stehkragen *m* | **~-i-be** : *a* **~** (*loc adv*) huckepack, auf dem Rücken.

col·lidir (37) *vi* kollidieren.

collidor *adj* pflückreif | *fig* (*zum Heiraten, Sterben*) reif, vorbereitet ∥ *s/mf* Pflücker(in *f*) *m*.

col·liga|ció *f* Verbindung *f* Verknüpfung *f* | Verkettung *f* | **~r** (33) *vt* verbinden | verknüpfen | verketten | **~tiu** (-iva *f*) *adj* verbindend.

col·lima|ció *f* *fís* Kollimation *f* | **~dor** *m fís* Kollimator *m*.

col·lineal *adj* (*m/f*) *mat* kollineal.

collir (40) *vt a. fig* pflücken | ernten | packen, anfassen, erfassen | auf-heben, -lesen, -nehmen | *fig fam* mitkriegen, aufschnappen | *~ un punt de la mitja* e-e Laufmasche des Strumpfes aufnehmen | *~ de terra* vom Boden auflesen.

col·liri *m med* Augen-salbe *f*; -wasser *n*.

col·lisió *f* Zusammen-stoß, -prall *m* | Kollision *f* | *fig a.* Konflikt *m*.

colli|ta *f a. fig* Ernte *f* | *fig a.* Sammlung *f* | *de* **~** *pròpia* aus eigener Ernte; *fig* Frucht *f* eigener Arbeit; selbsterdacht | **~ter(a** *f*) *m* Erntearbeiter(in *f*) *m* | Pflücker(in *f*) *m*.

col·litigant *m/f dr* Mitkläger(in *f*) *m*.

colló *m pop!* Ei *n*, Hode *f* | *fig* Kujon *m*, doofes Ei *n*, Memme *f* | *tenir collons* (*fig*) Mumm *od* Schneid haben | *ha tingut els* (*sants*) *collons d'estafar-me a mi* dieses Arschloch hat es fertiggebracht, mich zu betrügen | *això sí que té collons!* das ist ja e. dicker Hund! | *tocar els collons a alg* (*fig*) j-m auf die Eier gehen; j-n kujonieren; j-n piesacken | *i un ~!* denkste! ∥ *pl int* (*a*. als verstärkendes Füllwort) *pop!* = **carai** | *i a mi, què collons m'importa!* das ist mir doch scheißegal!; das kümmert mich e-n Scheißdreck!

col·loca|ció *f* Aufstellen *n* | Aufstellung *f* | (*Amt*) Stelle, (An)Stellung *f*, Posten *m* | Unterbringung *f* | (*Geld*) Anlage, Plazierung, Placierung *f* | **~r** (33) *vt* an-, auf-stellen | unterbringen | anlegen | *a. esport* plazieren, placieren | *~ un satèl·lit en* (*la seva*) *òrbita* e-n Satelliten in s-e Bahn bringen | **~r-se** *v/r* e-e Stelle (*od* Anstellung) finden | Absatz finden | *s.* plazieren.

col·locutor(a *f*) *m lit* Gesprächsteilnehmer(in *f*) *m*.

col·lo|dió *m quím* Kollodium *n* | **~ïdal** *adj* (*m/f*) *quím* kolloid(al) | **~ide** *m quím* Kolloid *n*.

collon|ada *f pop!* Eier *n pl*, Hoden *f pl*, Sack *m* | *fig* Scheiß *m*; Bockmist, Mumpitz *m*; Hundsgemeinheit *f* | *collonades!* Quatsch (mit Soße)! | **~eria** *f pop!* Memmenhaftigkeit *f* | = **collonada** *fig* | **~ut** (-uda *f*) *adj pop!* prima, klasse; pfundig; (*a.* merkwürdig) doll, toll.

col·loqui *m* Kolloquium *n* | Gespräch *n* | **~al** *adj* (*m/f*) *bes ling* umgangssprachlich | *llenguatge* **~** Umgangssprache *f* | *to* **~** Plauder-, Konversationston *m*.

coll|pelat (-ada *f*) *adj* mit kahlem Nakken | **~portar** (33) *vt* auf den Schultern tragen | **~torçar(-se)** (33) *vi* (/*r*), **~tòrcer(-se)** (40) *vi* (/*r*) den Hals krümmen *od* schief halten | *fig* (*Pflanze*) einknicken; *s.* umbiegen | *fig* er-

col·lusió 246 **colp**

matten; sterben | **~tort** *adj* mit schiefem Hals; krummhalsig | *fig* geknickt, gekrümmt | schwach || *s/mf* Frömmler(in *f*) *m*; Scheinheilige(r *m*) *m/f* || *s/m ornit* = **torcecoll** | **~trencar-se** (33) *v/r* s. den Hals brechen | sterben, umkommen.

col·lus|ió *f dr* geheimes Einverständnis *n* Kollusion *f* | **~ori** (**-òria** *f*) *adj* Kollusions...

coll|ut (**-uda** *f*) *adj* mit kräftigem Hals, dickhalsig | **~vinclar-se** (33) *v/r* einknicken, s. umbiegen (*Pflanzenstengel*).

colobra *f zool* Natter *f*.

colof|ó *m* Schlußbemerkung *f* | Kolophon *m* | **~ònia** *f* Geigenharz, Kolophonium *n*.

col|om *m ornit a. fig* Taube *f* | Täuberich *m* | **~** *missatger* Brieftaube *f* | **~** *roquer* Felsentaube *f* | **~** *tudó* Ringeltaube *f* | **~om** *m* Kolumbus *m* | *fig*: *l'ou de ~* das Ei des Kolumbus | **~oma** *f* Täubin *f* | **~omaire** *m/f* Tauben-züchter(in *f*); -verkäufer(in *f*) *m* | **~omar** *m* Tauben-schlag *m*, -haus *n* | *fig fam* Mansarde *f* | *viure al ~* unterm Dach (*od* im Juchhe) wohnen | **~omassa** *f* Taubenmist *m* | **~ombí** (**-ina** *f*) *adj* kolumbinisch, Kolumbus... | **~òmbia** *f* Kolumbien *n* | **~ombià** (**-ana** *f*) *adj* kolumbianisch | *s/mf* Kolumbianer(in *f*) *m* | **~omer** = **~omar** | **~omí** *m* junge Taube *f* | *fig* Täubchen *n*; Grünschnabel *m* | **~omista** *m/f* = **~aire**.

còlon *m anat* Kolon *n*, Grimmdarm *m*.

col|on *m hist* Kolonne *m* | Kolonist *m* | **~onat** *m hist* Kolonat *n* | **~ònia** *f* Köln *n* | *aigua de ~* = **~ònia**[1] | **~ònia**[1] *f* Kölnisch Wasser, Kölnischwasser *n* | **~ònia**[2] *f* Kolonie *f* | Siedlung *f* | Niederlassung *f* | (*Bakterien*) Kultur *f* | *~ obrera* Arbeitersiedlung *f* | *~ penitenciària* Strafkolonie *f* | *~ de vacances* Ferienkolonie *f* | *~ alemanya de Barcelona* deutsche Kolonie in Barcelona | **~onial** *adj* (*m/f*) kolonial, Kolonial... | Siedlungs..., Kolonie... | **~onialisme** *m* Kolonialismus *m* | **~onialista** *adj* (*m/f*) kolonialistisch | *s/mf* Kolonialist(in *f*) *m* | **~onitzable** *adj* (*m/f*) kolonisierbar | **~onització** *f* Kolonisation, Kolonisierung *f* | Ansiedlung *f* | Besiedlung *f* | **~onitzador** *adj* kolonisierend || *s/m* Kolonisator, Kolonist *m* | **~onitzar** (33) *vt* kolonisieren | besiedeln.

coloquinta *f bot med* Koloquinte *f*.

color *m* (*/f*) Farbe *f* | *fig a.* Färbung *f*; Kolorit *n*; Atmosphäre *f* | *~ polític* politische Färbung *f* | *~s a l'aiguada* Wasserfarben *f pl* | *~s a l'oli* Ölfarben *f pl* | *un home de ~* e. Farbiger *m* | *pobles de ~* farbige Völker *n pl* | *capsa de ~s* Farbkasten *m* (*der Knabe*) | *de ~ d'ala de mosca* od *de gos com fuig* von undefinierbarer Farbe; von verwaschenem Dunkel | *de ~ pujat* (*fig*) pikant | *foto* (*film*) *en ~* Farbfoto *n* (-film *m*) | *sense ~* farblos | *sots* (*od sota*) *~ de* unter dem Vorwand von | *agafar ~* Farbe annehmen | *mudar* od *canviar de ~* die Farbe wechseln | *perdre el ~* (alle) Farbe verlieren | *pintar u/c amb ~s molt negres* etw in den schwärzesten Farben (aus)malen | *fer sortir* (*od pujar*) *a alg els colors a la cara* j-n zum Erröten bringen | *me n'ha fet* (*veure*) *de tots ~s* (*fig fam*) ich habe allerhand mit ihm aushalten müssen | *veure-ho tot de ~ de rosa* alles durch e-e rosarote Brille sehen || *pl* (*Land, Verein*) Farben *f pl* | **~able** *adj* (*m/f*) färbbar | **~ació** *f* Färbung *f* | Farbgebung *f* | **~aina** *f* grelle Farbenmischung *f* | *una cortina de coloraines* e. bunter Vorhang *m* | **~ant** *adj* (*m/f*) färbend | farbgebend || *s/m* Farbstoff *m* | *~ alimentari* Lebensmittelfarbstoff *m* | **~ar** (33) *vt* = **acolorir** | **~et** *m* rote Schminke *f* | Rouge *n* | *posar-se ~* Rouge auflegen, s. schminken | **~ímetre** *m* Kolorimeter *m* | **~imetria** *f* Kolorimetrie *f* | **~imètric** *adj* kolorimetrisch | **~isme** *m art* Kolorismus *m* | **~ista** *adj* koloristisch || *s/m/f* Kolorist(in *f*) *m* | **~it** *m pint* *mús u. fig* Kolorit *n* | *pint a.* Farbgebung *f* | *mús a.* Klangfarbe *f*.

col|ós *m* (*pl -ossos*) *a. fig* Koloß *m* | **~ossal**(**ment** *adv*) *adj* (*m/f*) riesig, riesenhaft, kolossal.

colp *m ant Val* = **cop** | **~ejar** (33) *vt* schlagen | klopfen | **~idor** *adj* treffend | eindrucksvoll | ergreifend; erschütternd | **~iment** *m* Eindruck *m* | Trefflichkeit *f* | **~ir** (37) *vt* schlagen, treffen | *fig* ergreifen; erschüttern | **~ir-se** *v/r*: *~ el pit* s. an die Brust klopfen | **~isme** *m polít* Putschismus *m* | **~ista** *adj* (*m/f*) Putsch... | *un intent ~* e. Putschversuch *m* || *s/m/f* Putschist(in *f*) *m*.

colpo|scopi *m med* Kolposkop *m* | **~scòpia** *f* Kolposkopie *f*.
còlquic *m bot* Herbstzeitlose *f*.
colquicina *f biol quím* Kolchizin *n*.
colra|da *f*, **~ment** *m* Bräune *f* | Braunfärbung, Bräunung *f* | **~r** (33) *vt* braun machen, bräunen | **~r-se** *v/r* braun werden | *p ext (Essen)* ankohlen; anbrennen.
col-rave *f bot* Kohlrabi *m*.
coltell *m lit* Messer *n*; Dolch *m* | *bot* Gladiole *f* | **~** *groc* Gelbe Schwertlilie *f* | **~ada** *f* Messerstich *m* | **~ejar** (33) *vt* niederstechen | **~ejar-se** *v/r* mit Messern aufeinander losgehen | **~er** *m* Messerschmied *m* | **~eria** *f* Stahlwaren *f pl* | Messergeschäft *n*.
columb|ari *m hist* Kolumbarium *n* | **~i** *m* = **niobi** | **~í (-ina** *f*) *adj* taubenähnlich | Tauben... | **~òfil** *adj* taubenfreundlich | *societat ~a* Taubenzüchterverband *m* || *s/mf* Tauben-liebhaber(in *f*), -züchter(in *f*) *m* | **~ita** *f min* Kolumbit *n*.
colum|na *f a. fig* Säule *f* | *(Tabellenreihe)* Kolonne *f* | *(Zeitung)* Kolumne *f* | *gràf* Spalte; Kolumne *f* | *mil* Kolonne *f* | **~** *triomfal* Siegessäule *f* | **~** *vertebral* Wirbelsäule *f* | **~** *de mercuri* Quecksilbersäule *f* | *la cinquena (od quinta)* **~** die fünfte Kolonne | **~nar** *adj* (*m*/*f*) säulenförmig | Säulen... | **~nata** *f* Kolonnade *f*, Säulengang *m* | **~ista** *m*/*f* Kolumnist(in *f*) *m*.
colza *f bot* Raps *m*.
colz|ada *f* Stoß *m* mit dem Ell(en)bogen | *(Weg, Fluß)* Knick *m*, Kehre *f* | *(Maß)* Elle *f* | *obrir-se pas a colzades* od *a cops de colze (a. fig)* die Ellbogen gebrauchen | **~ar** (33) *vt* knicken, umbiegen || *vi* scharf abbiegen *(Weg, Fluß)* | **~at** *m (ellenlange)* kl(e) (Wachs)Fakkel *f* | **~e** *m* Ell(en)bogen *m* | *(Rohr, Fluß)* Knie *n* | *(Maß)* Elle *f* | *un cop de* **~** *e.* Stoß *m* mit dem Ellbogen | **~** *de tennista (med)* Tennis-arm, -ell(en)bogen *m* | *aixecar el* **~** *(fig fam)* gern e-n heben | *porta els colzes foradats* er hat Löcher an den Ellbogen | *riure pels* **~** *(fig fam) s.* ausschütten vor Lachen | *xerrar pels* **~s** *(fig fam)* wie e. Wasserfall reden | **~era** *f* Flikken *m* auf dem Ellbogen | Bausch *m* am Ellbogen | *hist (Rüstung)* Armkachel *f* | Armschutz *m (zum Schneiden von Gestrüpp)* | Schmutzkruste *f* auf dem Ell(en)bogen.

com *adv u. conj* wie | **~** *va (això)?* wie geht's? | **~** *és que...?* wie kommt es, daß...? | **~** *et dius?* wie heißt du? | **~** *(dius)?* wie (bitte)? | **~** *es fa?* wie macht man das? | *no sé pas* **~** *t'ho fas* ich weiß nicht, wie du es fertigbringst | **~** *és de lluny?* wie weit ist es? | *pensa* **~** *és d'important!* denke daran, wie wichtig es ist! | *no et sabria pas dir* **~** *m'ha anat de bé!* ich kann dir gar nicht sagen, wie gut es mir getan hat! | **~!** wie! | **~** *corren!* wie (schnell) sie laufen! | *vaig sentir* **~** *sonava el telèfon* ich hörte, wie das Telefon klingelte | *ja veuràs* **~** *vindran* du wirst schon sehen, daß sie kommen | *no m'agrada (la manera)* **~** *el tractes* mir gefällt (die Art) nicht, wie du ihn behandelst | *fes* **~** *vulguis* mach es, wie du willst | *ho farem (tal)* **~** *tu dius* wir werden es (so) machen, wie du sagst | *tal* **~** *estan les coses* so wie die Dinge liegen | **~** *és sabut* wie man weiß, bekanntlich | **~** *damunt és dit* wie oben gesagt | *en un cas* **~** *aquest* in e-m Fall(e) wie diesem | *certes epidèmies,* **~** *la pesta,* ... gewisse Seuchen, wie die Pest, ... | *estava* **~** *morta* sie war wie tot | *ha quedat* **~** *nou* es sieht wieder wie neu aus | *tant* **~** *puc* so sehr ich kann | *blanc* **~** *la neu* weiß wie Schnee; schneeweiß | *murri* **~** *és,* ... schlau wie er ist, ... | **~** *aquell:* **~** *et va?* —*Mira,* **~** *aquell* wie geht's dir? —Na, so einigermaßen | **~** *(aquell) qui diu* sozusagen | **~** *(és) ara: és alt* **~** *ara tu* er ist etwa so groß wie du | *per moltes raons,* **~** *(és) ara...* aus vielen Gründen, wie zum Beispiel... | **~** *si: el tractes* **~** *si fos una criatura* du behandelst ihn, als wäre er e. Kind *od* als ob *(umg* als wenn *od* wie wenn) er e. Kind wäre | **~** *si no ho sabessis!* als ob du es nicht wüßtest! | **~** *si (od aquell qui) res* als ob nichts wäre | *encara* **~** *aquell: si és aixi, encara* **~** *aquell* wenn es so ist, geht's ja noch | *s:* aixi, ara, aviat, caldre, ésser, segons, tal, tan, tant || *s/m* Wie *n* | *el* **~** *i el perquè* das Wie u. das Warum || *conj (außer vor Artikel* com a*)* als | *ha fet la declaració* **~** *a president* er hat die Erklärung als Präsident abgegeben | *mil pessetes* **~** *a paga i senyal* tausend Peseten als Anzahlung | *és considerat* **~** *el millor pianista del món* er wird als der beste Pianist der Welt

angesehen || *conj* (*zur Einführung von Korrelationen mit* més, menys, millor, pitjor) je | ~ *més m'ho miro, més m'agrada* je mehr ich es mir ansehe, desto besser gefällt es mir | ~ *més curt, millor* je kürzer, desto besser | ~ *més temps passi, pitjor* je mehr Zeit vergeht, desto schlimmer | ~ *més va, més* (*menys*) immer mehr (weniger) || *conj* (*mst* com que, *seltener* com sigui que) ~ *que no m'ho demanaves, em pensava que no et feia falta* da du mich nicht darum batest, dachte ich, du brauchtest es nicht.
cóm *m* = **obi**.
coma[1] *f ling* Komma *n*.
coma[2] *m med* Koma *n*.
coma[3] *f òpt astr* Koma *f*.
coma[4] *f geog* Gletschertopf; Trog *m*; Talsenke *f* | **~da** *f* Trog *m* (*Inhalt*) | **~l** *m* Senke *f* | **~lada** *f* längere Senke *f*.
coman|ador *m* Komtur *m* | **~adoria** *f* Kommende, Komturei *f* | **~ar** (33) *vt* = **encomanar, encarregar** | *Bal:* comana'm força el teu pare! grüß mir deinen Vater herzlich! | *hist* lehnen, zu Lehen geben | **~da** *f bes com* Auftrag *m*, Bestellung *f* | Aufsicht *f* | *hist* Belehnung *f*; Lehen *n* | (*Ritterorden*) Kommende, Komturei *f* | *ecl* = **comenda** | *servir* (*anul·lar*) *una* ~ e-n Auftrag liefern (stornieren) | **~dacions** *f pl Bal* Grüße *m pl*, Empfehlungen *f pl* | Grußadresse, -botschaft *f* | **~dament** *m bes mil* Kommando *n*, Befehlsgewalt *f*, (Ober)Befehl *m* | *col mil* Führungsstab *m* | *tecn* Steuerung *f*; Bedienung *f* | *alt* ~ (*mil*) Oberkommando *n* | *arbre de* ~ (*tecn*) Antriebswelle *f* | *crit* (*post*) *de* ~ (*mil*) Kommando-ruf (-posten) *m* | **~dància** *f mil* Kommandantur *f* | Majorsrang *m* | **~dant** *m mil* Kommandant *m* | (*e-s Verbandes*) Kommandeur; (*e-s Großverbandes*) *a.* Befehlshaber *m* | (*bei der spanischen Armee*) Major *m* | *aeron* (Flug)Kapitän *m* | **~dar** (33) *vt bes mil* kommandieren, befehligen | *lit Bal* = **manar** | *tecn* steuern; (*Maschine, Gerät*) *a.* bedienen | **~dita** *f com* (*a.* societat en ~) Kommanditgesellschaft *f* | **~ditar** (33) *vt* als stiller Teilhaber finanzieren | **~ditari** (-**ària**) *adj* Kommandit... || *s/mf* Kommanditist(in *f*) *m* | **~do** *m* (*Gruppe*) Kommando *n*.
comarc|a *f geog* Gegend *f* | (*katalanischer* Verwaltungsbezirk) (Land)Kreis *m* | **~à** (-**ana**) *f adj* (aus) der Gegend | angrenzend | **~al** *adj* (*m/f*): *la divisió* ~ *de Catalunya* die Einteilung Kataloniens in «comarques» | *hospital* ~ Kreiskrankenhaus *n* | *premsa* ~ Landpresse *f*.
comare *f* Gevatterin *f* | *oc Bal* Hebamme *f* | *fam* Nachbarin; *desp* Klatschbase *f* | **~ig** *m* Weibergeschwätz *n* | Klatsch(erei *f*), Tratsch(erei *f*) *m* | **~jar** (33) *vi* klatschen, tratschen.
comatós (-**osa**) *f*) *adj med* komatös.
combat *m* Kampf *m* | Gefecht *n* | Streit *m* | ~ *de boxa* Boxkampf *m* | *posar fora de* ~ außer Gefecht setzen, kampfunfähig machen | **~ent** *adj* (*m/f*) kämpfend || *s/m/f* Kämpfer(in *f*) *m* | Kriegsteilnehmer(in *f*) *m* | *dr* Kombattant *m* | **~iment** *m* Bekämpfung *f*, Bekämpfen *n* | **~iu** (-**iva** *f*) *adj* kämpferisch, kampflustig | **~ivitat** *f* Kampf-geist *m*, -lust *f* | **~re** (34) *vt a. fig* bekämpfen || *vi* kämpfen (*contra* gegen).
combina|ble *adj* (*m/f*) kombinierbar | **~ció** *f a. esport* (*Ballspiel*) *mat mús* Kombination *f* | *a. quím* Verbindung *f* | Zusammenstellung; Verknüpfung *f* | (*Verkehrsmittel*) Anschluß *m* | (*Wäsche*) Unterrock *m* | *en* ~ *amb* zusammen (*od* in Kombination) mit; im Einverständnis mit | **~r** (33) *vt* zusammenstellen, *a. mat mús* kombinieren | *a. quím* verbinden | **~r-se** *v/r* (s) kombinieren | s. verbinden | ~ *bé* gut kombinieren, gut zusammenpassen | ~ *en una unitat* s. zu e-r Einheit kombinieren *od* verbinden | *fam: m'ho he combinat per poder fer festa* ich habe es mir so eingerichtet, daß ich frei machen kann | *van* ~ *per estafar-me* sie taten s. zus., um mich zu betrügen | **~t** (-**ada** *f*) *adj* zusammengestellt | kombiniert | *un plat* ~ (*Imbißstube*) e. Tellergericht *n* || *s/m* Cocktail *m* | *esport* Auswahl *f* || *s/f esport: combinada alpina* (*nòrdica*) alpine (nordische) Kombination *f* | **~tori** (-**òria** *f*) *adj* filos mat kombinatorisch || *s/f* Kombinatorik *f*.
comboi *m* Konvoi *m* | *nàut a.* Geleitzug *m* | *ferroc* Zug *m*.
combrega|dor *adj* sakramentsbereit | *estar* ~ im Sterben liegen || *s/m* Kommunionbank *f* | **~nt** *m/f* Kommunikant(in *f*) *m* | **~r**[1] (33) *vt catol* (j-m)

die Kommunion (*ev* das Abendmahl) reichen || *vi* kommunizieren | die Kommunion (*ev* das Abendmahl) empfangen | *fig:* ~ *amb alg* s. mit j-m verstehen, mit j-m übereinstimmen | **~r**^{2} *m ecl* = **viàtic**.
combu|rent *adj* (*m/f*) *quím* Verbrennungs... || *s/m* Verbrennungsmittel *n* | **~stibilitat** *f* Brennbarkeit *f* | **~stible** *adj* (*m/f*) brennbar || *s/m* Brennstoff *m* | Brennmaterial *n* | *aut* Kraftstoff *m* | **~stió** *f* Verbrennung *f*, Verbrennen *n* | ~ *espontània* Selbstentzündung, spontane Verbrennung *f* | ~ *lenta* Glimmen, Schwelen *n*.
com|èdia *f teat* Komödie *f*, Lustspiel *n* | *fig fam* Theater *n*, Vortäuschung *f* | ~ *de capa i espasa* Mantel- u. Degenstück *n* | ~ *de costums* Sitten-, Gesellschafts-stück *n* | ~ *d'intrigues* od *d'embolics* Intrigenstück *n* || *fig fam:* fer molta ~ viel Theater machen | *és pura ~* das ist nur Theater *od* Komödie | **~ediant(a** *f*) *m* Schauspieler(in *f*) | *a. fig* Komödiant(in *f*) *m* | **~ediògraf(a** *f*) *m* Komödienschreiber(in *f*) *m*.
comella *f geog* kl(e) Senke *od* Mulde | **~r** *m* = **coma**^{4}.
començ *m* = **~ament, principi** | **~ador** *adj u. s/mf* = **iniciador** | **~all** *m bes or* Webfadenanfang *m* | **~ament** *m* Beginn, Anfang *m* | *al ~* am (*od* zu) Anfang | *des del ~* od *de bon ~* von Anfang an | *en el ~ Déu creà el cel i la terra* am Anfang schuf Gott Himmel u. Erde | **~ant** *m/f* Anfänger(in *f*) *m* | **~ar** (33) *vt* beginnen, anfangen | (*Vorrat, Flasche, Packung*) anbrechen | *vi* beginnen, anfangen | ~ *a* (od *de + inf*) beginnen (*od* anfangen) zu + *inf* | *co-mença a ploure* es fängt an zu regnen | ~ *per u/c* etw zuerst (*od* als erstes) tun | ~ *pel començament* ganz von vorne anfangen.
comenda *f hist ecl* Kommende *f* | **~tari** (-**ària** *f*) *adj* kommendatar | *abat ~* Kommendatarabt *m*.
comensal *m/f* Tischgenosse *m*, -sin *f* || *s/m biol* Kommensale *m* | **~isme** *m biol* Kommensalismus *m*.
coment^1 *m nàut* Fuge *f*.
coment^2 *m ant* = **~ari** | **~ador(a** *f*) *m* = **~arista** | **~ar** (33) *vt* kommentieren, auslegen | Stellung nehmen (zu *dat*) | **~ari** *m* Kommentar *m*, Auslegung *f* | Stellungnahme *f* || *pl* Bemerkungen *f pl* | **~arista** *m/f* Kommentator(in *f*) *m*.
comer|ç *m econ* Handel *m* | *a.* Geschäftsverkehr, Warenaustausch *m* | *a.* Handelswesen *n*, Handelsstand *m* | *a.* Geschäft *n*, Laden *m* | *fig lit* Umgang, Verkehr *m* | ~ *al detall*, ~ *a la menuda* Einzelhandel *m* | ~ *a l'engròs* Großhandel *m* | ~ *de cabotatge* Küstenhandel *m* | ~ *carnal* Geschlechtsverkehr *m* | ~ *clandestí* Schleichhandel *m* | ~ *exterior* (*od d'exportació*) Außenhandel *m* | ~ *interior* Binnenhandel *m* | *lliure ~* Freihandel *m* | ~ *ultramarí* (*od d'ultramar*) Überseehandel *m* | ~ *de vendes per correspondència* Versandhandel *m*, Versandhaus *n* | **~ciable** *adj* (*m/f*) handelsfähig | (ver-)käuflich, umsetzbar | **~cial(ment** *adv*) *adj* (*m/f*) kommerziell | kaufmännisch | Handels... | Geschäfts... | **~cialitzar** (33) *vt* kommerzialisieren | **~ciant(a** *f*) *m* Händler(in *f*) *m* Kauf-mann *m*, -frau *f* (*pl* Kaufleute) | ~ *al detall* (od *a la menuda*) Einzelhändler(in *f*) *m* | ~ *a l'engròs* Großhändler(in *f*) *m* || *adj* (*m/f*): *un poble ~* e. Handelsvolk *n* | **~ciantalla** *f desp* Krämervolk *n* | **~ciar** (33) *vi* handeln, Handel (*od* Geschäft) treiben (*en* od *amb u/c* mit etw) | ~ *amb alg* mit j-m Umgang haben *od* verkehren | **~ciejar** (33) *vi* = **~ciar**.
comesa *f* Auftrag *m*, Aufgabe *f* | Obliegenheit *f*.
comestib|ilitat *f* Eßbarkeit, Genießbarkeit *f* | **~le** *adj* (*m/f*) eßbar, genießbar || *s/m pl* Eßwaren *f pl*, Lebensmittel *n pl* | *una botiga* (od *tenda*) *de ~s* e. Lebensmittelgeschäft *n*.
cometa *m astr* Komet *m*.
cometedor(a *f*) *m dr* Täter(in *f*) *m*.
cometes *f pl* Anführungszeichen *n pl*.
cometre (34) *vt* (*Irrtum, Verbrechen*) begehen, tun, verüben | *ant:* ~ *u/c a alg* j-m etw anvertrauen *bzw* übertragen.
comí *m bot* (Kreuz)Kümmel *m*.
comiat *m* Abschied *m* | Entlassung, (*a. e-s Mietvertrags*) Kündigung *f* | *un mes de ~* e-e einmonatige Kündigungsfrist | *donar ~ a alg* j-n zum Gehen auffordern; j-n entlassen; j-m kündigen | *prendre ~* Abschied nehmen.
còmic(ament *adv*) *adj* komisch | lustig, spaßhaft | witzig || *s/mf* Komödienschreiber(in *f*) *m* | Komiker(in *f*) *m* ||

s/m Comic(strip) *m*.
comicis *m pl hist* Komitien *n pl* | *polìt hist* Wahlveranstaltungen *f pl*; Wahl(en *pl*) *f*.
comicitat *f* Komik *f*.
com|ís *m dr* Beschlagnahme, Einziehung *f*, Verfall *m* | beschlagnahmte(s) Gut *m* | *hist* Heimfall *m* | **~issar** (33) *vt dr* beschlagnahmen, einziehen | *han comissat cinc quilos de droga* es wurden fünf Kilo Rauschgift beschlagnahmt | **~issari** (**-ària** *f*) *m* Kommissar(in *f*) *m* | Beauftragte(r *m*) *m/f* | *~ de policia* Polizeikommissar *m* | **~issaria** *f* Kommissariat *n* | Polizeirevier *n* | **~issariat** *m* = **~issaria** | **~issió** *f* (*e-r Tat*) Begehung *f*, Begehen *n* | Auftrag *m* | *a.* *polít* Kommission *f*, Ausschuß *m* | *com* Vermittlungsgebühr, Provision, Vergütung *f* | *a ~* auf Provision(sbasis) | *en ~* in Kommission | *~ bancària* Bankprovision *f* | *~ directiva* Lenkungsausschuß *m* | *~ de control* Kontrollkommission *f* | *~ d'investigació* Untersuchungsausschuß *m* | *~ parlamentària* (*permanent*) Parlamentsausschuß, parlamentarischer (ständiger) Ausschuß *m* | *la ~ Europea* die Europäische Kommission | **~issionar** (33) *vt* beauftragen | **~issionista** *m/f com* Kommissionär(in *f*) *m* | (Handels)Vertreter(in *f*), Agent(in *f*) *m* | *~ de transports* Spediteur *m* | **~issori** (**-òria** *f*) *adj dr* befristet (gültig), auflösend | Verfall(s)... | **~issura** *f anat* Verbindungsstelle, Naht *f* | *~ dels llavis* Mundwinkel *m*.
còmit *m hist nàut* Galeerenoffizier *m*.
comit|è *m* Ausschuß *m*, Komitee *n* | *~ central* Zentralkomitee *n* | *~ electoral* Wahlausschuß *m* | *~ executiu* Exekutivkomitee *n*; geschäftsführender Ausschuß *m* | **~ent** *m* Kommittent, Auftraggeber *m*.
comitiva *f* Begleitung *f*, Gefolge *n* | *~ fúnebre* Trauerzug *m*.
commemora|ble *adj* (*m/f*) erinnerungs-, gedenk-würdig | **~ció** *f* Gedenken, Gedächtnis *n* | Gedenkfeier *f* | *ecl: ~ dels difunts* Allerseelen(tag *m*) *n* | *en ~ de* zur Erinnerung an (*ac*) | **~r** (33) *vt* gedenken (*gen*), feierlich begehen | **~tiu** (**-iva** *f*) *adj* Gedenk..., Gedächtnis..., Erinnerungs...
commensura|ble *adj* (*m/f*) *bes mat* kommensurabel | **~r** (33) *vt lit* gleichmessen, mit gleichem Maß messen.
commina|ció *f* (Straf)Androhung *f* | Aufforderung *f* | **~r** (33) *vt bes dr* (*j-m*) Strafe androhen | *p ext: el vaig ~ a pagar* ich forderte ihn auf zu zahlen | **~tori** (**-òria** *f*) *adj* drohend, Droh...
commiseració *f* Erbarmen, Mitleid *n*.
commixt|ió, **~ura** *f* Vermischung *f*.
commo|ció *f a. fig* Erschütterung *f* | *~ cerebral* Gehirnerschütterung *f* | **~ure** (40) *vt* erschüttern, bewegen | *fig a.* rühren | **~ure's** *v/r* erschüttert, bewegt werden | *fig a.* gerührt werden | **~vedor** *adj* erschütternd, bewegend | rührend | **~vible** *adj* (*m/f*) erschütterungsfähig | **~viment** *m* Bewegung, Rührung *f*.
commuta|bilitat *f* Vertauschbarkeit *f* | Kommutabilität *f* | *dr* Umwandelbarkeit *f* | **~ble** *adj* (*m/f*) vertauschbar kommutabel; *elect a.* umschaltbar | *dr* umwandelbar | **~ció** *f* Umtausch *m* | Kommutation *f*; *elect a.* (Um-)Schaltung *f* | *telecom* Vermittlung *f* | *dr* Umwandlung *f* | *~ de pena* Strafumwandlung *f* | **~dor** *m* Kommutator *m*; *elect a.* (Um)Schalter *m* | **~r** (33) *vt* vertauschen | *bes mat ling* kommutieren; *elect a.* (um)schalten | *dr* umwandeln | **~tiu** (**-iva** *f*) *adj* kommutativ..., Kommutativ...
còmoda *f* Kommode *f* | **~ment** *adv s: còmode*.
comod|ant *m dr* (*unentgeltlicher*) Verleiher *m* | **~at** *m dr* Leihe *f* | **~atari** *m dr* (*unentgeltlicher*) Entleiher *m*.
còmode *adj* bequem | leicht.
comoditat *f* Bequemlichkeit *f* | Wohlbehagen *n*, Behaglichkeit *f* || *pl* Komfort *m*.
comodor *m nàut mil* Kommodore *m*.
Comores *f pl: les ~* die Komoren *pl*.
compac|itat *f* Kompaktheit *f* | Zähigkeit *f* | Dichte, Dichtigkeit *f* | **~tament** *adv s: compacte* | **~te** *adj* kompakt | dicht | zäh, fest.
compadir (37) *vt* bemitleiden | **~-se** *v/r: ~ d'alg* mit *j-m* Mitleid haben *od* empfinden.
compagina|ció *f gràf* Umbruch *m*, Umbrechen *n* | **~dor(a** *f*) *m gràf* Metteur(in *f*) *m* | **~r** (33) *vt gràf* umbrechen | *fig* in Einklang bringen (*amb* mit) | **~r-se** *v/r* im Einklang stehen (*amb* mit) | **~t** (**-ada** *f*) *adj gràf* umbrochen || *s/f* Seitenabzug *m* | *pl* Um-

companatge bruch, umbro chener Satz *m* | *correcció de compaginades* Umbruchkorrektur *f*.

compan|atge *m arc* Zuspeise *f* zum Brot | **~ejar** (33) *vt* (*Fleisch, Fisch, Käse*) mit Brot essen.

company|(a *f*) *m* Genosse *m*, -sin *f* | Kollege *m*, -gin *f* | Kamerad(in *f*) *m* | Gefährte *m*, -tin *f* | Begleiter(in *f*) *m* | Mitarbeiter(in *f*) *m* | Mitschüler(in *f*) *m* | Mitspieler(in *f*) *m* | **~ de fatigues** Leidensgenosse *m* | **~ de viatge** Reisegefährte, Mitreisende(r) *m*; *fig polít* Mitläufer *m* | **~ia** *f a. fig dr* Gesellschaft *f* | Begleitung *f* | *mil* Kompanie *f* | *teat* (Schauspieler)Truppe *f* | **~ d'aviació** Fluggesellschaft *f* | **~ d'assegurances** Versicherungsgesellschaft *f* | **~ de navegació** Reederei, Schiffahrtsgesellschaft *f* | **~ de transports** Transportunternehmen *n*; Speditionsfirma *f* | **~ de Jesús** Jesuitenorden *m*, Gesellschaft *f* Jesu | **la ~ Catalana** (*hist*) die Katalanische Kompanie | *dama od senyoreta de* ~ Gesellschafterin *f* | *fer* ~ *a alg* j-m Gesellschaft leisten | **~ó** (-ona *f*) *m* = **company** || *s/m hist econ* Kompagnon *m* | *ant mil* Soldat *m* | **~onatge** *m* Kameradschaft *f* | **~onia** *f* Kameradschaftlichkeit *f*.

compara|ble(ment *adv*) *adj* (*m/f*) vergleichbar | **~ció** *f* Vergleich *m* | *ling a.* Komparation *f* | *grau de* ~ Vergleichsstufe *f* | *en* ~ *de od per* ~ *a* im Vergleich zu (*dat*) | **~nça** *f* = **~ció** | **~r** (33) *vt* vergleichen (*amb, a* mit *dat*) | **~t** (-ada *f*) *pp/adj: mètode* ~ *od comparatiu* vergleichende *od* komparative Methode *f* | *literatura comparada* vergleichende *od* komparative Literaturwissenschaft *f* | ~ *amb* verglichen mit | **~tisme** *m* Komparatistik, vergleichende Literatur- *od* Sprach-wissenschaft *f* | **~tista** *adj* (*m/f*) komparatistisch || *s/m/f* Komparatist(in *f*) *m* | **~tiu** (-iva *f*) *adj: anatomia* (*psicologia*) *comparativa od comparada* vergleichende (*od* komparative) Anatomie (Psychologie) | *proposició comparativa* Komparativ- *od* Vergleichs-satz *m* || *s/m* Komparativ *m* | **~tivament** *adv* vergleichsweise.

compare *m* Gevatter *m* | *fer* ~*s i comares* (*fig*) unsaubere Machenschaften betreiben; Zwietracht säen.

compar|eixença *f* Erscheinen *n* | *dr a.* **citació** | **~eixent** *adj* (*m/f*) *dr* erscheinend || *s/m/f* Erscheinende(r *m*) *m/f* | Erschienene(r *m*) *m/f* | **~èixer** (40) *vi a. dr* erscheinen.

comparet *m* Kleinbauer u. Tagelöhner *m* | kl(r) Vieh-händler u. -halter *m*.

compars|a *m/f* Statist(in *f*) *m*; Komparse *m*, -sin *f* || *s/f* = **~eria** | *folk* Kostümgruppe *f* | **~eria** *f col* Statisterie; Komparserie *f*.

comparti|ció *f* Miteinanderteilen *n* | **~dor** *adj* teilbar, zu teilen(d) | **~ment** *m* Abteilung *f* | Fach *n* | *ferroc* Abteil *n* | **~r** (37) *vt a. fig* teilen | ~ *u/c amb alg* etw mit j-m teilen, etw miteinander teilen.

comp|às *m* (*pl -assos*) Zirkel *m* | *mús* Takt *m* | *nàut* Kompaß *m* | **~ d'espera** (*mús*) leerer Takt *m*, Eintaktpause *f*; *fig* Wartezeit *f* | *al* ~ nach dem Takt | *portar el* ~ nach dem Takt spielen | *perdre el* ~ (*a. fig*) aus der Reihe tanzen | *marcar el* ~ den Takt angeben | **~assar** (33) *vt* abzirkeln | regelmäßig ein- (*od* aus-)teilen | abmessen, abwägen.

compass|ió *f* Mitleid *n* (*de od per* mit) | **~iu** (-iva *f*, -ivament *adv*) *adj* mitleidig.

compatib|ilitat *f* Vereinbarkeit *f* | Kompatibilität *f* | **~le** *adj* (*m/f*) vereinbar | verträglich | *ling med telecom* kompatibel | **~lement** *adv* soweit es vereinbar ist.

compatr|ici (-ícia *f*) *m* = **~iota** | **~iota** *m/f* Lands-mann *m*, -männin *f* || *pl* Landsleute *pl* | **~ó** (-ona *f*) *m* (Mit-)Beschützer(in *f*) *m* | (Mit)Schutzheilige(r *m*) *m/f*.

compel·latiu (-iva *f*) *adj ling* Anrede-..., Ruf...

compel·lir (37) *vt* zwingen (*a* zu).

compendi *m* Kompendium *n*, Abriß *m* | Leitfaden *m*, Lehrbuch *n* | Auszug *m*, Auswahl *f* | *en* ~ kurzgefaßt, in kurzer Zusammenfassung | **~ar** (33) *vt* kürzen, zusammenfassen | im Auszug bringen | **~ós** (-osa *f*, -osament *adv*) *adj* gedrängt, summarisch.

compenetra|ció *f* gegenseitige Durchdringung *f* | Einvernehmen, Einverständnis *n*, Harmonie, Übereinstimmung *f* | **~r-se** (33) *v/r* s. (geistig) durchdringen | s. aufeinander einstellen | ineinander aufgehen | harmonieren, s. gut verstehen (*amb* mit).

compensa|ble *adj* (*m/f*) ausgleichbar | ersetzbar | **~ció** *f* Ausgleich *m* | Abgeltung *f* | Entschädigung *f* | Abfin-

competència ... dung f | Verrechnung f, Clearing n | econ med fís tecn a. Kompensation f | **~dor** adj ausgleichend | pèndol ~ (Uhr) Ausgleichspendel n || s/m tecn Kompensator m | **~r** (33) vt ausgleichen | abgelten | entschädigen (alg d'u/c j-n für etw) | aufwiegen | verrechnen | cient tecn kompensieren | **~tori** (-òria f) adj ausgleichend | kompensierend | kompensatorisch, Kompensations...

compet|ència f dr Zuständigkeit, Befugnis f | com Konkurrenz f, Wettbewerb m | dr ling Kompetenz f | fer la ~ a alg j-m Konkurrenz machen, mit j-m konkurrieren | això no és de la meva ~ dafür bin ich nicht zuständig | **~ent(ment** adv) adj (m/f) zuständig, berechtigt, befugt | urteilsfähig | geeignet | sachkundig | kompetent | el tribunal ~ das zuständige Gericht n | **~ició** f Wettbewerb m | bes esport Wettkampf m, Konkurrenz f | **~idor(a** f) m Mitbewerber(in f) m | bes econ Wettbewerber(in f), Konkurrent(in f) m | esport Wettkämpfer(in f), Teilnehmer(in f) m | **~ir** (37) vi zustehen; zukommen (a alg j-m) | konkurrieren, in Wettbewerb stehen; wetteifern (amb mit; per um) | esport teilnehmen (en an dat) | **~itiu** (-iva f) adj Wettbewerbs... | wettbewerbs-, konkurrenz-fähig.

compila|ció f Kompilation f, Sammelwerk n | **~dor** adj kompilatorisch || s/mf Kompilator(in f) m | **~r** (33) vt kompilieren, zusammen -tragen, -stellen.

compixar (33) vt pop anpinkeln, pop! anpissen | **~-se** v/r fam: ~ de riure s. vor Lachen nicht mehr halten können.

compla|ença f Wohlgefallen n | Gefälligkeit, Kulanz f | Entgegenkommen n | **~ent** adj (m/f) gefällig, entgegenkommend, kulant, zuvorkommend.

complanta f lit Klage f | bes Kagelied n.
complànyer (40) vt bemitleiden || vi mit anderen weinen | **~-se** v/r Mitleid haben (d'alg mit j-m).
complaure (40) vt (j-m) gefällig sein | (j-n) befriedigen | **~'s** v/r Gefallen finden, s. weiden (en an dat).
compleció f Ergänzung, Komplettierung f.
complectiu (-iva f) adj einwickelnd | umfassend.
complement m a. ling Ergänzung f | Vervollständigung f | | bes mat med Komplement n | ~ directe (ling) Akkusativobjekt n | **~ar** (33) vt ergänzen | vervollständigen | lit komplementieren | **~ar-se** v/r s. ergänzen | **~ari** (-ària f) adj ergänzend, Ergänzungs... | komplementär, Komplementär... | **~arietat** f bes econ Komplementarität f.

complert adj = **complit**.
complet adj vollständig | ganz | komplett | voll besetzt | teat ausverkauft | per ~ ganz u. gar | **~ament** adv vollständig, völlig, ganz u. gar | **~ar** (33) vt vervollständigen, ergänzen | lit komplettieren | **~es** f pl catol Komplet f | **~esa** f Vollständigkeit f | **~iu** (-iva f, -ivament adv) adj ling ergänzend, komplettiv | **~ori** (-òria f) adj ergänzend, vervollständigend.

complex adj komplex vielschichtig | zusammengesetzt | nicht auflösbar | verwickelt, kompliziert | nombres ~os (mat) komplexe Zahlen f pl || s/m Komplex m | quím Komplexverbindung f | ~ esportiu Sportanlage f | ~ industrial Industriekomplex m | ~ d'inferioritat Minderwertigkeitskomplex m | **~ió** f Konstitution f | med a. Körperbau m | **~ional** adj konstitutionell | **~ionat (-ada** f) adj: ben ~ von gutem (od kräftigem) Körperbau | **~itat** f Komplexität f | Kompliziertheit f.

complica|ció f a. med Komplikation f | Kompliziertheit f | hi haurà complicacions es wird Komplikationen geben | **~r** (33) vt komplizieren | **~r-se** v/r s. komplizieren | ~ la vida s. das Leben (unnötig) schwer machen | **~t** (-ada f) adj kompliziert.

còmplice m/f Mitschuldige(r m) m/f, Komplize m, Komplizin f, Mittäter(in f) m.

complicitat f Komplizenschaft f.
compli|dament adv vollkommen, ganz u. gar | wie es s. gehört | **~dor** adj gewissenhaft, pflichtbewußt | zuverlässig | (Termin) fällig | ausführbar | ablaufend | **~ment** m Erfüllung f | Vollziehung f | Vollstreckung f | Kompliment n | per ~ aus Höflichkeit; der Form halber | fer ~s Komplimente machen | sense ~s frei von der Leber weg; formlos; ohne Förmlichkeiten | **~mentar** (33) vt (j-m) Höflichkeiten bezeigen | **~mentós (-osa** f,

-osament *adv) adj* übertrieben höflich *od* schmeichelhaft | **~r** (37) *vt* erfüllen | ausführen | befriedigen | (*Dienstzeit*) ableisten | ~ *anys* s-n Geburtstag feiern | ~ *els seus deures (la seva obligació)* s-e Pflicht (Verpflichtung) erfüllen || *vi* s-e Pflicht tun | zu Ende gehen; ablaufen | **~r-se** *v/r* s. erfüllen, in Erfüllung gehen | **~t** (**-ida** *f) od* **complert** *adj* = **complet** | aufmerksam, höflich | *té 30 anys complerts od complits* er ist volle 30 Jahre alt.

complot *m a. fig* Komplott *n*, Verschwörung *f* | **~ar** (33) *vt* durch Komplott (*od* Verschwörung) vorbereiten.

compon|dre (40) *vt* zusammensetzen | (kunstvoll) anordnen | *art Lit mús* komponieren | *Lit a.* verfassen | *gràf* (ab)setzen | **~dre's** *v/r* s. zurechtmachen, s. herrichten | ~ *de* bestehen aus (*dat*) | *compondre-s'ho od compondre-se-les* s. zu helfen wissen; e-n Ausweg finden; zurechtkommen; es s. einrichten | ~ *amb els seus creditors* s. mit s-n Gläubigern vergleichen | **~edor(a** *f) m* Vermittler(in *f) m* | *amigable* ~ (*dr*) Schlichter *m* || *s/m gràf* Winkelhaken *m* || *s/f gràf* = **linotip** | **~ent** *adj (m/f)* zusammensetzend (*e. Ganzes*) || *s/m* Bestandteil *m*, *quím elect ling* Komponente *f* || *s/m od s/f mat fís* Komponente *f* | **~ible** *adj (m/f)* zusammensetzbar | **~iment** *m* = **composició**.

comporta *f* Schleusentor *n*.

comport|able(ment *adv) adj (m/f)* erträglich | erduldbar | **~ador** *adj* ertragend | erduldend | **~ament** *m* Betragen, Benehmen, Verhalten *n* | **~ar** (33) *vt* ertragen, erdulden | mit s. bringen | **~ar-se** *v/r* s. benehmen, s. betragen, s. verhalten | *ella s'ha comportat bé amb mi* sie hat s. mir gegenüber anständig verhalten | **~ívol** *adj lit* erträglich | duldsam | gefällig.

compos|ar (33) *vt* (mit e-r Steuer bzw Strafe) willkürlich belegen | **~ició** *f (Tätigkeit)* bes *mús* Komponieren *n*, Komposition *f*, *Lit* Verfassen *n* | (*Aufbau*) *a. quím ling* Zusammensetzung *f*; *art mús ling Lit* Komposition *f* | (*Werk*) *mús* Komposition *f*, *Lit* Dichtung *f* | *gràf* Setzen *n*; Satz *m* | *dr* Vergleich *m* | *amigable* ~ Schlichtung *f* | *fer una* ~ *de lloc* s. mit der Lage vertraut machen; die Lage bedenken | **~itor(a** *f)*

m mús Komponist(in *f) m* | **~t** *adj* zusammengesetzt | *interès* ~ Zinseszins *m* || *s/m agr* Kompost *m* | *quím* Verbindung *f* | *ling* Kompositum, zusammengesetztes Wort *n* | **~tes** *f pl bot* Kompositen *f pl*, Korbblütler *m pl*.

compot|a *f gastr* Kompott *n* | **~era** *f* Kompottschale *f*.

compra *f* Kauf *m* | Ein-, Auf-kauf *m* | Bezug *m* | ~ *al comptat* Barkauf *m* | ~ *a terminis* Ratenkauf *m* | **~ble** *adj (m/f)* käuflich | kaufenswert | **~dor**[1] (**-a** *f) m* Käufer(in *f) m* | **~dor**[2] *adj* käuflich zu erwerben | zu kaufen(d) | **~r** (33) *vt a. fig* kaufen | ein-, an-kaufen | ~ *u/c a alg* j-m etw kaufen *bzw* abkaufen | ~ *regals per als nens* Geschenke für die Kinder kaufen | ~ *u/c a fiar* etw auf Pump kaufen | *ho he comprat per mil pessetes* ich habe es für tausend Peseten gekauft || *vi* kaufen | *anar a* ~ einkaufen gehen | **~venda** *f dr* Kauf(vertrag) *m*.

compren|dre (40) *vt* umfassen, einschließen; einbegreifen | erfassen; verstehen, begreifen | *mil marcs, tot comprès* tausend Mark, alles inbegriffen | **~sibilitat** *f* Begreiflichkeit, Verständlichkeit *f* | **~sible(ment** *adv) adj (m/f)* begreiflich, verständlich | **~sió** *f* Begreifen, Verstehen *n* | Verständnis *n* | *filos* Begriffsinhalt *m* | **~siu** (**-iva** *f*, **-ivament** *adv) adj* verständnisvoll | (ein)begreifend.

compr|esa *f med* Kompresse *f* | Damenbinde *f* | **~essibilitat** *f* Zusammendrückbarkeit, Kompressibilität *f* | **~essible** *adj (m/f)* zusammendrückbar, kompressibel | **~essió** *f tecn* Kompression, Verdichtung *f* | **~essiu** (**-iva** *f) adj* zusammendrückend, pressend | **~essor** *adj* = **~essiu** || *s/m tecn* Kompressor *m* | **~imible** *adj (m/f)* zusammendrückbar, komprimierbar | **~imir** (37) *vt* zusammen-pressen, -drücken, komprimieren | fig unterdrücken | **~imir-se** *v/r* s. mäßigen | **~imit** (**-ida** *f) adj* Druck... || *s/m med* Tablette *f*.

comprom|ès (**-esa** *f) pp/adj:* *un escriptor* ~ e. engagierter Schriftsteller | *una situació compromesa* e-e heikle Lage | *ja estic* ~ *amb un company* ich bin schon mit e-m Kollegen verabredet | *tenim totes les taules compromeses* die Tische sind alle reserviert | **~etedor** *adj* kompromittierend | hei-

comprovable

kel | riskant | **~etre** (34) *vt* verpflichten | verloben | gefährden | kompromittieren, bloßstellen | **~etre's** *v/r* s. kompromittieren, s. bloßstellen | ~ *a u/c* s. zu etw verpflichten | ~ *amb alg* s. j-m gegenüber verpflichten; s. mit j-m verabreden | **~ís** *m* Kompromiß *m/n* | Verpflichtung *f* | Verabredung *f* | Engagement *n* | *dr a.* Übereinkunft *f*, Vergleich *m* | *candidat (solució) de* ~ Kompromiß-kandidat *m* (-lösung *f*) | *estar (od trobar-se) en un* ~ s. in Verlegenheit befinden | *posar en un* ~ kompromittieren | *per* ~ aus Verpflichtung; weil man nicht anders kann | *sense* ~ unverbindlich | **~issari** *m* Schiedsrichter *m* | Wahlmann *m*.

comprova|ble *adj (m/f)* feststellbar | nachprüfbar | **~ció** *f* Feststellung *f* | Bestätigung *f*, Nachweis *m* | Kontrolle, Überprüfung *f* | **~nt** *m* (Buchungs)Beleg *m* | **~r** (33) *vt* feststellen | bestätigen, nachweisen | überprüfen, kontrollieren.

compta|bilitat *f* Buch-führung, -haltung *f* | Rechnungswesen *n* | ~ *per partida simple (doble)* einfache (doppelte) Buchführung | **~bilitzar** (33) *vt* (ver-)buchen | **~ble** *adj (m/f)* zählbar || *s/m/f* Buchhalter(in *f*) *m* | **~dor** Rechnungsführer *m* | *tecn elect* Zähler, Zählapparat *m* | **~doria** *f* Rechnungsamt *n* | **~fils** *m* *tèxt* Fadenzähler *m* | **~gotes** *m* Tropfenzähler *m* | Pipette *f* | *amb* ~ (sehr) spärlich | **~nt** *adj (m/f)* bar *(Geld)* | *en diners* ~s in bar; in klingender Münze | **~passes** *m* Schrittzähler *m* | **~quilòmetres** *m* Kilometerzähler *m* | **~r** (33) *vt* (ab)zählen | mit-rechnen, -zählen; rechnen *od* zählen *(en, entre* zu *dat)*; einrechnen (in *ac*) | *(Ware, Dienstleistung)* berechnen | *fig* schätzen, bewerten | *les pàgines (els assistents)* die Seiten (Anwesenden) zählen | ~ *els dies (les hores)* (*a. fig*) die Tage (Stunden) zählen | ~ *trenta anys d'edat (lit)* dreißig Jahre zählen | *compta també el que et dec!* rechne auch mit, was ich dir schulde! | *serem deu, comptant-hi les criatures* die Kinder mitgerechnet, werden wir zu zehnt sein | *em compto entre els teus amics* ich zähle mich zu deinen Freunden | *m'ho comptes massa car* du berechnest es mir zu teuer | *no compten per res els*

compte

meus sacrificis sie messen meinen Opfern k-n Wert bei || *vi* zählen | rechnen | ~ *fins a deu* bis zehn zählen | *ja sé llegir, escriure i* ~ ich kann schon lesen, schreiben u. rechnen | *cada vot compta* jede Stimme zählt | *tu no comptes* du zählst nicht | *comptem amb pocs mitjans* wir verfügen über wenige Mittel | *compteu amb el nostre ajut!* ihr könnt auf unsere Hilfe zählen *od* rechnen | *comptem amb uns cent convidats* wir rechnen mit etwa hundert Gästen | *compto que arribaran demà* ich rechne damit, daß sie morgen ankommen | *t'ho han pagat? —Ja pots ~! (fam iròn)* hat man es dir bezahlt? —Das kannst du dir ausrechnen! | *compta! (fam)* na so was! | *a* ~ *del dia 1* vom 1. ab | **~revolucions** *m* Drehzahlmesser *m* | **~t** (-ada *f*) *adj*: *tres hores ben comptades* gut u. gern drei Stunden | *cinc minuts* ~s knapp fünf Minuten | *els meus dies són* ~s meine Tage sind gezählt | *(tot)* ~ *i debatut (loc adv)* alles in allem | *al* ~ *(loc adv)* (in) bar || *pl: érem* ~s wir waren sehr wenige | *comptades vegades* sehr selten.

compte *m* Rechnen *n* | Rechenschaft *f* | Rechnung *f* | Konto *n* | Sorgfalt *f*, Achtsamkeit *f* | Erwägung *f* | (Für-)Sorge, Acht *f* | ~ *bancari* Bankkonto *n* | ~ *bloquejat* Sperrkonto *n* | ~ *corrent* Kontokorrent, laufendes Konto *n* | ~ *col·lectiu* Sammelkonto *n* | ~ *de compensació* Verrechnungskonto *n* | ~ *de dipòsit* Depositenkonto *n* | ~ *de despeses* Spesenrechnung *f* | ~ *d'estalvi(s)* Sparkonto *n* | ~ *obert* offenstehende Rechnung *f*; offenes Konto *n* | ~ *de pèrdues i guanys* Gewinn- und Verlust-rechnung *f* | *a* ~ als Anzahlung; *banc* a conto | *a* ~ *d'alg (a. fig)* auf j-s Konto *od* Rechnung | *a bon* ~ meines Erachtens; wie es scheint | *en ~(s) de* anstatt; an Stelle *od* anstelle von | *més del* ~ übermäßig | *pel* od *per* ~ *d'alg (fig)* auf j-s Rechnung | *pel seu* ~ od *per compte propi* auf eigene Rechnung | *abonar al* ~ gutschreiben | *carregar u/c al* (od *en el*) ~ *(banc)* e. Konto mit etw belasten | *donar* (od *retre*) ~ *d'u/c a alg* j-m über etw Rechenschaft ablegen | *fer* ~ *d'alg* auf j-n rechnen | *fer* *d'u/c* etw bedenken *od* vorhaben | *incloure en (el) compte* mit auf die Rech-

compulsa nung setzen | *passa ~s* abrechnen | *perdre el ~ d'u/c* die Übersicht über etw verlieren | *posar al ~* auf die Rechnung setzen | *prendre's u/c pel seu ~* etw auf s. nehmen | *retre ~s* Rechenschaft ablegen | *saldar un ~* e-e Rechnung begleichen | *sortir a ~* s. lohnen; s. bezahlt machen | *els ~s no surten* die Rechnung geht nicht auf | *tenir (od prendre) u/c en ~* etw berück-sichtigen (*od* in Betracht ziehen) | *tenint en ~ que...* wenn man berücksichtigt, daß... | *tenir ~ d'u/c (od d'alg)* (Für)Sorge haben für (*od* über) etw (j-n) | *tribunal de ~s* Rechnungshof *m* ‖ *int*: *~!* Achtung!, Vorsicht! | **~correntista** *m/f* Kontokorrentinhaber(in *f*) *m*.
compuls|a *f dr* beglaubigte Abschrift *f* | **~ar** (33) *vt* richterlich beglaubigen lassen | *p ext (Handschriften)* vergleichen | **~ió** *f bes dr psic* Zwang *m* | **~iu** (**-iva** *f*, **~ivament** *adv*) *adj bes psic* zwanghaft | Zwangs... | **~ori** (**-òria** *f*) *adj bes dr* Zwangs...
compun|ció *f* Zerknirschung *f* | **~giment** *m* = **compunció** | **~gir** (37) *vt* bedrücken, betrüben | **~gir-se** *v/r* zerknirscht werden | **~git** (**-ida** *f*) *adj* zerknirscht | *cara compungida* zerknirschtes Gesicht.
còmput *m* Berechnung *f* | *ecl* (a. *~ eclesiàstic*) kirchliche Kalenderberechnung *f*.
computa|ció *f* Berechnung *f* | **~dora** *f* Computer, Elektronenrechner *m* | **~r** (33) *vt* be-, er-, aus-rechnen.
comsevulla *adv* beliebig, irgendwie | *~ que sigui...* wie auch immer...
comt|al *adj* (*m/f*) gräflich | *la ciutat ~* die Grafenstadt (*Barcelona*) | **~at** *m* Grafschaft *f* | **~e** *m* Graf *m* | **~essa** *f* Gräfin *f*.
com|ú (**-una** *f*, **-unament** *adv*) *adj* gemeinsam | gemeinschaftlich; gemein, Gemein... | gewöhnlich; häufig; alltäglich | *denominador ~* (*mat*) gemeinsamer Nenner *m* | *lloc ~* Gemeinplatz *m* | *nom ~* (*ling*) Gattungsname *m* | *sentit ~* Gemeinsinn *m* | *en ~* (*loc adv*) gemeinsam | *no tenim res en ~* (*fig*) wir haben nichts miteinander gemein ‖ *s/m hist* Gemeinschaft, *bes* Gemeinde *f*; Gemeinderat *m*; Gemeindeflur *f* | *el ~ (de la gent)* die Allgemeinheit *f*; die meisten Leute | *la casa del ~* das Rathaus *n* | *la Cambra dels Comuns* das (Britische) Unterhaus *n* | **~una** *f ant nord-cat* Kommune, Gemeinde *f* | (*polit u. Wohngemeinschaft*) Kommune *f* | *fam* Abort *m*, Klosett *n* | *la ~ de París* die Pariser Kommune | *~ popular* Volkskommune *f* | **~unal** *adj* (*m/f*) Gemeinde... ‖ *s/m* Gemeindeflur *f*, Gemeindegut *n* | **~unament** *adv* gewöhnlich | **~uner** *adj* gemeinschaftlich, Gemeinde...
comunica|ble *adj* (*m/f*) mitteilbar | **~ció** *f* (a. *Meldung, Bericht*) Mitteilung *f* | Vermittlung; Übertragung *f* | Umgang, Verkehr *m*; Kontakt *m*; Verständigung *f* | a. *circ telecom* Verbindung *f* | *bes ling psic sociol* Kommunikation *f* ‖ *pl* Verbindungen *f pl* | Verkehrs-wesen *n bzw* -wege *m pl* | Post- u. Fernmeldewesen *n* | **~nt** *adj* (*m/f*): *vasos ~s* (*fís*) kommunizierende Röhren *f pl* ‖ *s/m/f* Mitteilende(r *m*) *m/f* | (*am Telefon*) Anrufer(in *f*) *m* | *ling sociol* Kommunikant(in *f*) *m* | **~r** (33) *vt* mitteilen | vermitteln; übertragen | verbinden ‖ *vi*: *les dues torres* (*es*) *comuniquen per un passadís* die beiden Türme sind durch e-n Gang verbunden | *telecom: comunica! od comuniquen!* besetzt! | **~r-se** *v/r* s. mitteilen; s. übertragen (*a* auf *ac*) | s. in Verbindung (*bzw* Kontakt) setzen (*amb* mit) | in Verbindung (*bzw* Kontakt) stehen; verkehren; s. verständigen; *lit* kommunizieren (*amb* mit) | **~t** *m* Kommuniqué *n*, Verlautbarung, Bekanntmachung *f* | **~tiu** (**-iva** *f*) *adj* mitteilsam, gesellig, gesprächig | a. *ling psic sociol* kommunikativ | (*Lachen, Stimmung*) ansteckend.
comuni|ó *f bes ecl* Gemeinschaft *f* | (*Sakrament*) *catol* Kommunion *f*; *ev* Abendmahl *n* | *fig* Verbundenheit *f* | *la ~ dels sants* (*ecl*) die Gemeinschaft der Heiligen | **~sme** *m* Kommunismus *m* | **~sta** *adj* (*m/f*) kommunistisch ‖ *s/m/f* Kommunist(in *f*) *m* | **~tari** (**-ària** *f*) *adj* Gemeinschafts... | *polit* EG-...; EWG-... | **~tat** *f* a. *ecl* Gemeinschaft *f* | Volksgruppe *f* | Gemeinsamkeit *f* | *~ de béns* (*dr*) Gütergemeinschaft *f* | *la ~ Europea del Carbó i de l'Acer* (*CECA*) die Europäische Gemeinschaft für Kohle u. Stahl, die Montanunion (*EGKS*) | *la ~ Europea d'Energia Atòmica* (*EURATOM*) die Europäische Atomgemeinschaft | *la ~ Econòmica Europea* (*CEE*) die

Europäische Wirtschaftsgemeinschaft *f* (EWG) | *les ~s Europees (CE)* die Europäischen Gemeinschaften *pl* (EG).
con *m* Kegel, Konus *m* | *bot* (Tannen) Zapfen *m* | *~ truncat* Kegelstumpf *m*.
çon (*Kontraktion*) = **ço** + **en**³
conat *m dr* Versuch *m*.
conc *m* Schweinetrog *m* | **~a**¹ *f* Waschschüssel *f* | Becken *n* | *~ d'un riu* Flußgebiet *n* | (*Gebirge*) Talbecken *n*, Tallandschaft *f* | = **conc**.
conca² *f desp* alte Jungfer *f*.
concagar(-se) (33) *vt*(/*r*) *pop!* (*s.*) ver-, vollscheißen | *fig fam: tots ens concagàvem (de por)* wir Kriegten alle Schiß.
concassar (33) *vt* zermahlen.
concatena|ció *f* Verkettung | *p ext* enge Verbindung | **~r** (33) *vt* verketten | *fig* eng miteinander verbinden.
còncau (-ava *f*) *adj* konkav.
concausa *f* Mitursache *f*.
concav|at (-ada *f*) *adj* = **còncau** | **~itat** *f* Höhlung, Konkavität *f*.
còncavo-convex *adj* konkav-konvex, hohlerhaben.
conce|bible *adj* (*m/f*) faßbar | verständlich | **~biment** *m* = **concepció** | **~bre** (40) *vt* (*Kind*) empfangen | *fig* begreifen | (*Plan*) fassen | *~ esperances* Hoffnung schöpfen.
concedi|ble *adj* (*m/f*) verleihbar, gewährbar | **~r** (37) *vt* gewähren, zubilligen | erteilen | zugestehen | (*Kredit*) einräumen | (*Preis*) verleihen | *~ la paraula* das Wort erteilen.
concentra|ció *f* Konzentration *f* | (*Menschenmenge*) Ansammlung *f* | *bes quím* (*Vorgang*) Konzentrierung *f* | *min* Anreicherung *f* | *~ parcel·lària* (*agr*) Flurbereinigung *f* | *capacitat de ~* Konzentrationsfähigkeit *f* | **~r** (33) *vt a. cient mil* konzentrieren | (*Strahlen*) sammeln, fokussieren | **~r-se** *v/r* s. konzentrieren | s. sammeln | *~ en la feina* s. auf die Arbeit konzentrieren | **~t (-ada** *f*) *adj a. quím* konzentriert || *s/m bes quím* Konzentrat *n*.
concèntric(ament *adv*) *adj* konzentrisch.
concep|ció *f* Empfängnis *f* | (*geistig*) Auffassung *f* | *bes* Idee *f*, Plan *m* | *la Puríssima* (*od la Immaculada*) *~* (*catol*) die Unbefleckte Empfängnis | **~te** *m* Begriff *m*, Idee *f* | Auffassung, Meinung *f* | *en ~ de* als | *en ~ de recompensa* als Belohnung | *en tots conceptes* in jeder Hinsicht | *en cap ~* unter k-n Umständen | *formar-se un ~ d'u/c* s. über etw e-e Meinung bilden | *tenir un bon ~ d'alg* von j-m e-e gute Meinung haben | **~tista** *adj* (*m/f*) *Lit* konzeptistisch || *s/m/f* Konzeptist(in *f*) *m* | **~tiu (-iva** *f*) *adj* auffassungsfähig | einfallsreich | **~tual** *adj* (*m/f*) begrifflich | *art ~* Konzeptkunst *f* | **~tualisme** *m* Konzeptualismus *m* | **~tualista** *adj* (*m/f*) konzeptualistisch || *s/m/f* Konzeptualist(in *f*) *m* | **~tuar** (33) *vt* erachten als, halten für | **~tuós (-osa** *f*) *adj* gesucht geistreich.
concer|nència *f* = **~niment** | **~nent** *adj* (*m/f*): *~ alg* od *u/c* j-n od etw betreffend | **~niment** *m* Betreffen *n* | Interesse *n* | **~nir** (37) *vt* betreffen, angehen | *pel que concerneix l'exportació* was den Export betrifft.
concert *m mús* Konzert *n* | *fig a.* Einklang *m*; Übereinstimmung *f* | *polit econ dr* Abmachung *f* | *de ~ amb alg* in Übereinstimmung (*od* übereinstimmend) mit j-m | *sense ordre ni ~* ungeregelt, ungeordnet | **~ació** *f* Abmachung, Vereinbarung *f* | Übereinstimmen *n*, Übereinstimmung *f* | *polit econ* konzertierte Aktion *f* | **~ant** *adj mús* konzertant | **~ar** (33) *vt* (*Geschäft*) abschließen | vereinbaren, abmachen | in Einklang bringen | (*Sachen*) ordnen || *vi* übereinstimmen | *mús* konzertieren | **~ina** *f mús* Konzertina *f* | **~ista** *m/f* Konzertkünstler(in *f*) *m* | Konzertsänger(in *f*) *m*.
concessi|ó *f* Bewilligung, Erteilung, Gewährung *f* | Konzession *f*, Zugeständnis *n* | *com* Konzession *f* | (*Preis*) Verleihen *n*, Verleihung *f* | (*Patent*) Lizenz *f* | *~ de divises* Devisenzuteilung *f* | *fer concessions* Zugeständnisse machen | **~onari (-ària** *f*) *adj* Konzessions... | *s/mf* Konzessionär(in *f*) *m* | Lizenzinhaber(in *f*) *m* | *bes aut* Vertragshändler(in *f*) *m* | **~u (-iva** *f*) *adj ling* konzessiv, einräumend | *proposició concessiva* Konzessivsatz *m*.
concili *m ecl* Konzil *n* | **~able(ment** *adv*) *adj* (*m/f*) vereinbar (*amb* mit) | **~àbul** *m hist* unrechtmäßiges Konzil *n* | *fig* geheime Zusammenkunft *f* | *p ext* Verschwörung *f* | **~ació** *f* Versöhnung *f* | Aussöhnung *f* | *dr: intent de ~* Schlichtungsversuch *f* | *procediment de ~* Schlichtungsverfahren *n* | **~ador** *adj* versöhnlich, ausgleichend,

vermittelnd || *s/m* Schlichter, Vermittler *m* | ~**ant** *adj* (*m/f*) = ~**ador** | ~**ar**¹ (33) *vt* ver-, aus-söhnen | in Einklang bringen | ~**ar-se** *v/r* a. versöhnen | *fig* s. (j-s) Wohlwollen gewinnen | ~**ar**² *adj* (*m/f*) Konzils... | ~**arment** *adv* im Konzil | ~**atori** (**-òria** *f*) *adj* = ~**ador**.
concinnitat *f* Konzinnität *f*.
conc|ís (**-isa** *f*) *adj* gedrängt | kurzgefaßt | knapp | ~**isament** *adv* in aller Kürze, mit wenigen Worten | ~**isió** *f* Gedrängtheit *f* | Kürze *f* | Knappheit *f*.
concita|ció *f* Aufhetzung, Aufreizung *f* | ~**dor** *adj* aufwieglerisch || *s/mf* Aufwiegler(in *f*) *m* | ~**ment** *m* = **concitació** | ~**r** (33) *vt* aufhetzen, aufwiegeln | ~**tiu** (**-iva** *f*) *adj* aufwieglerisch.
conciutadà (**-ana** *f*) *m* Mitbürger(in *f*) *m* | Landsmann *m*, -männin *f*.
concla|ve (*od* ~**u**) *m* *catol* Konklave *n*.
con|cloent(**ment** *adv*) *adj* (*m/f*) überzeugend | schlüssig, schlagend | ~**cloure** (40) *vt* (ab)schließen, beenden, vollenden | entscheiden | folgern || *vi* enden, zum Schluß kommen | ~**clús** (**-usa** *f*) *adj* abgeschlossen, entschieden | ~**clusió** *f* Vollendung *f* | Abschluß *m* | Schlußfolgerung *f* | *filos* Konklusion *f* | *dr* (Zivilprozeß) Antrag *m* | *en* ~ schließlich | ~**clusiu** (**-iva** *f*, **-ivament** *adv*) *adj* schließend | schlüssig | *ling* konklusiv.
conco *m desp* alter Junggeselle; *arc* Hagestolz *m*.
concoide *f geom* Konchoide *f*.
concomit|ància *f* Zusammenwirken *n* | ~**ant** *adj* (*m/f*) Begleit... | *símptoma* ~ (*med*) Begleiterscheinung *f* | *circumstàncies* ~*s* Begleitumstände *m pl*.
con|cordable *adj* | abstimmbar | übereinstimmbar | ~**cordadament** *adv* einmütig, im gegenseitigen Einvernehmen | ~**cordador** *m* Schlichter, Vermittler *m* | ~**cordament** *m* Übereinstimmen *n* | ~**cordança** *f* Übereinstimmung *f* | *cient ling btbl* Konkordanz *f* | ~**cordant** *adj* (*m/f*) übereinstimmend | konkordant | ~**cordar** (33) *vi* übereinstimmen || *vt* in Einklang bringen | ~**cordat** *m bes catol* Konkordat *n* | Übereinkommen *n* | ~**corde**(**ment** *adv*) *adj* (*m/f*) einstimmig | ~**còrdia** *f* Eintracht *f* | Übereinstimmung *f*.
conc|órrer (40) *vi* zusammenströmen | zusammenkommen | *zeitl* zusammenfallen | teilnehmen (*a* an *dat*); konkurrieren, rivalisieren (um *ac*) | *dues línies concorren en un punt* zwei Linien treffen in e-m Punkt zusammen | ~**orriment** *m* Zusammenströmen *n* | = **concurrència**.
concre|ció *f* Konkretisierung *f* | Konkretheit *f* | *bes geol* Konkretion *f* | *med* Konkrement *n* | ~**t** *adj* konkret | (Objekt, Idee, Bild) a. gegenständlich | (a. Person) sachlich | *art* ~ konkrete Kunst *f* | *música* (*poesia*) ~*a* konkrete Musik (Poesie) *f* | *nom* ~ (*ling*) Konkretum, konkretes (*od* gegenständliches) Hauptwort *n* | *en* ~ = ~**tament** | *no en sé res de* ~ ich weiß nichts Bestimmtes (*od* Genaueres) davon | ~**tament** *adv* konkret | im einzelnem | besonders, im besonderen | ~**tar** (33) *vt* konkretisieren | verwirklichen || *vi*: *concretem!* kommen wir zur Sache! | ~**tar-se** *v/r* konkret werden | konkrete Formen annehmen | s. verwirklichen | ~ *a u/c* s. auf etw (*ac*) konzentrieren *od* beschränken | ~ *en u/c* s. in etw (*dat*) ausdrücken | ~**tesa** *f* Konkretheit *f*.
con|cubí *m* Mann *m*, der im Konkubinat lebt | ~**cubina** *f* Konkubine *f* | ~**cubinari** *m* = **concubí** | ~**cubinat**(**ge**) *m* wilde Ehe *f*, Konkubinat *m* | ~**cúbit** *m* Beischlaf, Koitus *m*.
conculca|ció *f* Übertretung, Mißachtung *f* | ~**r** (33) *vt* übertreten, mißachten.
concunyat (**-ada** *f*) *m umg* Schwippschwager *m*, -schwägerin *f*.
concupisc|ència *f* (*sinnliche*) Genußsucht, Konkupiszenz, Lüsternheit *f* | ~**ent** (**ment** *adv*) *adj* (*m/f*) (Person) genußsüchtig | lüstern | ~**ible** *adj* (*m/f*) wünschens-, begehrens-wert.
concurr|ència *f* Zulauf, Andrang *m* | Menschenmenge, gr(e) Versammlung *f* | Publikum *n* | Zusammenkommen *n*, Begegnung *f* | Rivalität *f* | *s: competència* | ~**ent**(**ment** *adv*) *adj* (*m/f*) zusammenlaufend | zusammenwirkend || *s/m/f* Besucher(in *f*) *m*, Anwesende(r *m*) *m/f* | (Mit)Bewerber(in *f*) *m*.
concurs *m* Wettbewerb *m*; *rad tv* Quiz; (*Presse*) Preisausschreiben *n* | Mitarbeit, Mitwirkung *f* | *dr* Auswahlprüfung *f*, Konkurs *m* | Beistand *m* | ~ *de creditors* (*dr*) Konkurs(verfahren *n*) *m*; Gläubigerversammlung *f* | ~ *públic* Ausschreibung *f* | *fora de* ~ außer-

ordentlich | (és)ser posat fora de ~ von e-m Wettstreit ausgeschlossen werden; ausscheiden | *concurs subhasta* Ausschreibung, Submission *f* | **~ant** *m/f* Bewerber(in *f*) *m* | (Wettbewerbs) Teilnehmer(in *f*) *m* | *econ* Submittent *m* | **~ar** (33) *vi* teilnehmen, s. beteiligen (*en* an *dat*) || *vt dr* zur Konkursmasse erklären.

concussi|ó *f* Bereicherung *f* (*durch Amtsmißbrauch*) | **~onari** (**-ària** *f*) *adj* (*Beamte*) erpresserisch || *s/mf* Erpresser(in *f*) *m*.

condecent(**ment** *adv*) *adj* (*m/f*) passend, zweckmäßig, geeignet | entsprechend.

condecora|ció *f* Auszeichnung *f* | Ehren-, Ordens-zeichen *n*, Orden *m* | **~r** (33) *vt* (*mit e-m Orden*) auszeichnen.

condeixeble (**-a** *f*) *m* Mitschüler(in *f*), Schulkamerad(in *f*) *m*.

condemna *f* Verurteilung *f* | *dr a.* Strafe *f*; Strafmaß *n* | ~ *condicional* bedingte Verurteilung | ~ *en rebel·lió* Versäumnisurteil *n* | **~ble** *adj* (*m/f*) verwerflich | strafbar | **~ció** *f* Verurteilung *f* | *rel* Verdammnis *f* | **~dor** *adj* verurteilend, verdammend || *s/mf* Verurteilende(r *m*), Verdammende(r *m*) *m/f* | **~ment** *m* = **~ció** | **~r** (33) *vt* verurteilen (*a* zu *dat*) | *bes rel* verdammen | *fig a.* zwingen | (*Öffnung, Weg*) zumauern, versperren | (*Schiff*) als fahruntüchtig erklären | (*Schwerkranken*) aufgeben | **~t** (**-ada** *f*) *adj* verurteil | verdammt || *s/mf* Verurteilte(r *m*) *m/f* | Verdammte(r *m*) *m/f* | **~tori** (**-òria** *f*) *adj* verurteilend | Straf... | Verdammungs...

condensa|ció *f* Kondensation *f* | *punt de* ~ Kondensationspunkt *m* | **~dor** *adj* kondensierend || *s/m elect tecn* Kondensator *m* | *òpt* Kondensor *m* | **~r** (33) *vt fís quím* kondensieren | *fig* zusammenfassen; straffen; komprimieren | **~r-se** *v/r* kondensieren.

condescend|ència *f* Herablassung | Nachgiebigkeit | Gefälligkeit *f* | **~ent** *adj* (*m/f*) herablassend | nachgiebig | **~ir** (37) *vi* s. herablassen (*a u/c* zu etw) | ~ *amb alg* j-m nachgeben | ~ *a fer u/c* einwilligen etw zu tun.

condícia *f lit* Sauberkeit *f* | (gute) Ordnung *f*.

condici|ó *f* Beschaffenheit; Wesen *n*, Natur *f*; Rang, Stand *m*; Zustand *m*; Verfassung, *bes esport* Kondition *f* | Bedingung; Voraussetzung *f*; Umstand *m* | ~ *prèvia* Voraussetzung *f* | *condicions de pagament* (*treball*) Zahlungs-(Arbeits-)bedingungen *f pl* | *condicions de vida* Lebens-bedingungen *f pl*, -umstände *m pl*, -verhältnisse *n pl* | *a* (*od sota*) ~ *de* + *inf*, *a* ~ *que* + *subj* unter der Bedingung (*od* Voraussetzung), daß + *ind* | *per la seva* ~ *de jutge* in s-r Eigenschaft als Richter | *sense condicions* bedingungslos | *estar en bones* (*males*) *condicions* in gutem (schlechtem) Zustand sein | (*no*) *estar en condicions de fer u/c* (nicht) in der Lage sein, etw zu tun | *posar una* ~ *e-e* Bedingung stellen | **~onadament** *adv* unter gewissen Bedingungen *od* Voraussetzungen | **~onal** *adj* (*m/f*) bedingt, mit Vorbehalt, vorbehaltlich | *ling* konditional, bedingend | *proposició* ~ Konditionalsatz *m* || *s/m ling* Konditional(is) *m*, Bedingungsform *f* | **~onalment** *adv* bedingt | bedingungsweise | **~onament** *m* Bedingen *n* | Bedingtheit *f* | Konditionieren *n* | Herrichtung *f* | ~ *de l'aire* Klimatisierung *f* | **~onar** (33) *vt a. psic* bedingen | *text gràf psic* konditionieren | herrichten | klimatisieren | **~onat** (**-ada** *f*) *adj* bedingt | konditioniert | klimatisiert | *aire* ~ Klimaanlage *f*.

condign|ament *adv* in angemessener Weise | im entsprechenden Maß | **~e** *adj* (*dem Verdienst od der Schuld*) angemessen, entsprechend.

còndil *m anat* Gelenkkopf *m*.

condiment *m* Gewürz *n* | Würze *f* | **~ar** (33) *vt* würzen | *p ext* zubereiten | **~at** (**-ada** *f*) *adj* (ge)würzig, gewürzt, gewürzreich.

condol *m* Beileid *n*, Anteilnahme *f* | **~dre's** (40) *v/r* Mitleid haben (*de* mit) | sein Beileid (*od* s-e Anteilnahme) ausdrücken (*a alg* j-m) | **~ença** *f* = **condol** | **~ir-se** (37) *v/r* Beschwerden (*bzw* Schmerz) haben (*de* in, an *dat*) | s. beklagen (*de* über *ac*) | **~it** (**-ida** *f*) *adj* = **adolorit**.

condom *m* Kondom *m*, Präservativ *n*.

condo|mini *m* Mitbesitz *m* | *polít* Kondominium *n* | **~nable** *adj* (*m/f*) erläßlich, verzeihbar | **~nació** *f* Straferlaß *m* | Verzeihung *f* | **~nador**(**a** *f*) *m* Verzeihende(r *m*) *m/f* | Erlassende(r *m*) *m/f* | **~nar** (33) *vt* verzeihen | (*Strafe*) erlassen.

còndor *m* Kondor *m*.
condormir-se (36) *v/r* einschlummern | einschlafen.
condret *adj reg* (*Mensch*) gesund, heil, stattlich | (*Ding*) heil, in gutem Zustand, normal | *nàut* (*Stück, Teil*) gut angepasst.
condu|cció *f* Herbei-, Über-führung *f* | *tecn* Leitung *f* | *aut* Lenkung *f* | **~cta** *f* Führung *f*, Verhalten, Benehmen, Betragen *n* | **~ctància** *f elect* Leitwert *m* | **~cte** *m* Leitung, Röhre *f*, Rohr *n* | *med* Gang; Kanal *m* | *per ~ de* durch Vermittlung von | **~ctibilitat** *f* Lenkbarkeit *f* | = **~ctivitat** | **~ctible** *adj* (*m/f*) lenkbar | **~ctisme** *m psic* Behaviorismus *m* | **~ctista** *adj* (*m/f*) behavioristisch | **~ctiu** (**-iva** *f*) *adj elect fís* leitfähig | **~ctivitat** *f elect fís* Leitfähigkeit *f* | **~ctor** *adj* (wärme-, strom-)leitend | *fil ~* Leitungsdraht *m* || *s/mf* Wagenführer(in *f*) *m* | *aut* Fahrer(in *f*) *m* || *s/m fís* (Wärme-, Strom-)Leiter *m* | *s/f* Möbelwagen *m* | **~ent** *adj* führend (*a* zu) | **~idor(a** *f*) *m lit* (An)Führer(in *f*) *m* | **~ir** (37) *vt* führen | *a. fís* leiten | (*Fahrzeug*) lenken; steuern; fahren || *vi*: *condueixes molt bé* du fährst sehr gut | *aquest camí condueix al poble* dieser Weg führt zum Dorf | *això no condueix a res* das führt zu nichts | **~ir-se** *v/r* s. benehmen, s. betragen.
con|egut (**-uda** *f*) *adj* bekannt || *s/mf* Bekannte(r *m*) *m/f* | *s/f*: *a coneguda de* (*loc prep*) nach Meinung *od* Ansicht von | **~eixedor**[1] *adj* kennend | (*és*)*ser ~ d'u/c* von etw Kenntnis haben || *s/mf* Kenner(in *f*) *m* | **~eixedor**[2] *adj* erkennbar | (deutlich) zu erkennen(d) | **~eixement** *m* Kenntnis *f* | *a. filos* Erkenntnis *f* | Einsicht *f* | *med* Bewußtsein *n* | *nàut: ~ d'embarcament* Konnossement, Seefrachtbrief *m* | *perdre el ~* das Bewußtsein verlieren, bewußtlos werden | **~eixença** *f* Kenntnis *f*, Wissen *n* | Bekanntschaft *f* | *en l'estat actual de les nostres coneixences* bei unserem gegenwärtigen Kenntnisstand | *fer la ~ d'alg* j-s Bekanntschaft machen | *saludar les coneixences* s-e Bekanntschaften begrüßen | *tenir ~ d'u/c* von etw Kenntnis erlangen *bzw* haben | **~èixer** (40) *vt* kennen | kennenlernen | erkennen (*per an dat*) | *bíbl* (begatten) erkennen | *el conec de vista* ich kenne ihn vom Sehen | *no coneixes la ciutat* sie kennen die Stadt nicht | *el vaig ~ a Pals* ich lernte ihn in Pals kennen | *t'he conegut per la veu* ich habe dich an der Stimme erkannt | *donar*(**-se**) *a. ~* (s.) zu erkennen geben | *fer ~* bekanntmachen | *fer-se ~* bekannt werden || *vi: ~ d'u/c* (*dr*) befinden über etw, über etw richten | **~èixer-se** *v/r* s. kennen | s. kennenlernen | s. erkennen | *coneix-te a tu mateix!* erkenne dich selbst! | *fa temps que prenc vitamines, però no m'hi conec gens* ich nehme schon lange Vitamine, aber ich merke nichts davon || *v/imp: es coneix que ...* man sieht gleich, daß ...
conestabl|e *m hist* Konnetabel *m* | **~ia** *f* Amt *n* u. Würde *f* e-s Konnetabels.
confabula|ció *f* Verschwörung *f* | **~dor(a** *f*) *m* Verschwörer(in *f*) *m* | **~r(-se)** (33) *vi* (*/r*) (s.) verschwören.
confecci|ó *f* Anfertigung, Herstellung, Verarbeitung *f* | *tèxt* Konfektion *f* | *vestit de ~* Konfektionsanzug *m* | **~onador(a** *f*) *m* Hersteller(in *f*) *m* | **~onar** (33) *vt* an-, ver-fertigen | *tèxt* konfektionieren | **~onista** *m/f tèxt* Konfektionär *m*, Konfektioneuse *f*.
confedera|ció *f* Bund *m*, Bündnis *n* | Konföderation *f*, Staatenbund *m* | *la ~ Helvètica* die Schweizerische Eidgenossenschaft *f* | **~l** *adj* (*m/f*) Bundes... | konföderal | **~r(-se)** (33) *vt* (/*r*) (s.) verbünden | (s.) konföderieren | **~t** (**-ada** *f*, **-adament** *adv*) *adj* verbündet | konföderiert | **~tiu** (**-iva** *f*) *adj* Bundes... | konföderativ.
confegir (37) *vt* zusammenkleben, verbinden, reparieren | buchstabieren | *p ext* langsam u. mit Mühe lesen.
confer|ència *f* Konferenz, Beratung, Besprechung *f* | Vortrag *m* | *telecom* Ferngespräch *n* | *~ d'alt nivell* Konferenz *f* auf höchster Ebene | *~ cimera* Gipfelkonferenz *f* | *~ de premsa* Pressekonferenz *f* | *celebrar una ~* e-e Konferenz abhalten | *fer una ~-n* Vortrag halten | **~enciant** *m/f* Vortragende(r *m*) *m/f*, Vortragsredner(in *f*) *m* | **~enciar** (33) *vi* verhandeln, konferieren | Gespräche führen | **~ir** (37) *vt* verleihen, erteilen | (*Handschriften, Texte*) vergleichen | *vi* = **~enciar**.
conf|és (**-essa** *f*) *adj dr* geständig || *s/m* = **~essor** | **~essable** *adj* (*m/f*) eingestehbar | **~essant** *adj* = **confés** || *m/f*

confeti Gestehende(r *m*) *m/f* | **~essar** (33) *vt* (ein)gestehen, zugeben | (*a. Glauben*) bekennen | *ecl* (*Sünden*) beichten; (*j-m*) die Beichte abnehmen || *vi* gestehen | beichten | (die) Beichte hören | ~ *de ple* e. volles Geständnis ablegen | **~essar-se** *v/r* s. bekennen | *ecl* beichten | ~ *culpable* s. (als *od* für) schuldig bekennen | ~ *dels seus pecats* s-e Sünden bekennen *bzw* beichten | **~essió** *f* Eingeständnis *n* | (*e-s Verbrechens*) Geständnis *n* | *ecl* (*von Sünden*) Beichte; (Schuld-, Sünden-)Bekenntnis *n*; (*a*. ~ *de fe*) (Glaubens-)Bekenntnis *n*, Konfession *f* | **~essional** *adj* konfessionell | Beicht..., Bekenntnis..., Konfessions... | *secret* ~ Beichtgeheimnis, Beichtsiegel *n* | **~essionari** *m* Beichtstuhl *m* | **~essor(a** *f*) *m ecl* Bekenner(in *f*) *m* || *s/m ecl* Beichtvater *m*.

confeti *m* Konfetti *n*.

confí *m lit* Grenze *f*.

confia|ment *m* Anvertrauen, Überlassen *n* | *arc* Vertrauen *n* | **~nça** *f* Vertrauen *n* | Zuversicht(lichkeit) *f* | Selbstsicherheit *f* | ~ *en si mateix* Selbstvertrauen *n* | *amb tota* (*la*) ~ mit vollem Vertrauen | *de* ~ zuverlässig, vertrauenswürdig | *aquesta marca és de* ~ diese Marke ist bewährt | *home* (*persona, càrrec, missió*) *de* ~ Vertrauens-mann *m* (-person, -stellung, -aufgabe *f*) | *en* ~ vertraulich, im Vertrauen | *posar* (*la*) ~ *en alg od u/c* sein Vertrauen in (*od* auf) j-n *od* etw setzen | *tenir* ~ *amb alg* mit j-m auf vertrautem Fuße stehen | *tenir* ~ *en alg od u/c* zu j-m *od* etw Vertrauen haben | *tenir la* ~ *d'alg* j-s Vertrauen genießen | **~r** (33) *vt* anvertrauen | überlassen | (*Aufgabe*) übertragen || *vi* vertrauen (*dat*) | *confio en el meu amic* ich vertraue meinem Freund | *confio en el meu fill; arribarà lluny* ich vertraue auf meinen Sohn; er wird es weit bringen | ~ *en si mateix* s. selbst vertrauen | ~ *en Déu* auf Gott vertrauen | ~ *en les paraules* (*l'honorabilitat*) *d'alg* j-s Worten (auf j-s Ehrlichkeit) vertrauen | ~ *que*... darauf vertrauen, daß...; fest damit rechnen, daß... | **~r-se** *v/r*: ~ *amb alg* j-m anvertrauen | *s'han confiat i han acabat perdent* sie waren zu selbstsicher u. haben am Ende verloren | **~t** (**-ada**) *adj* vertrauensvoll, -selig | ~ *de si mateix* von s. eingenommen.

confid|ència *f* Vertraulichkeit *f* | vertrauliche Mitteilung *f* | **~encial** *adj* (*m/f*) vertraulich | **~encialment** *adv* im Vertrauen, vertraulich | **~ent** *m/f* Vertraute(r *m*) *m/f* | *p ext* (Polizei-)Spitzel *m*.

configura|ció *f* Gestalt(ung) *f* | **~r** (33) *vt* bilden, gestalten.

confina|ment *m dr* Verbannung *f*, Zwangsaufenthalt *m* | *fís* Einschließung *f* | *fig* Abgeschiedenheit, Zurückgezogenheit *f* | **~r** (33) *vt dr* verbannen, in Verbannung schicken || *vi* angrenzen (*amb* an) | **~r-se** *v/r fig* s. abschließen, s. zurückziehen.

confirma|ció *f* Bestätigung *f*, Bestärken *n* | *catol* Firmung *f*; *ev* Einsegnung, Konfirmation *f* | **~nd(a** *f*) *m catol* Firmling *m* | *ev* Konfirmand(in *f*) *m* | **~nt** *adj* = **~tiu** | **~r** (33) *vt* bestätigen, bestärken | *catol* firmen | *ev* konfirmieren | *fam* ohrfeigen | **~tiu** (**-iva** *f*), **~tori** (**-òria** *f*) *adj* bestätigend | *sentència confirmatòria* (*dr*) Bestätigungsurteil *n*.

confisca|ble *adj* (*m/f*) konfiszierbar | **~ció** *f* Beschlagnahme, Konfiskation *f* | **~dor** *adj* beschlagnahmbar | zu beschlagnahmen(d) | **~r** (33) *vt* beschlagnahmen, einziehen, konfiszieren | *fig* in Beschlag nehmen.

confit *adj arc* = **~at** | gesättigt, imprägniert || *s/m* Zuckermandel *f* | *a. med* Dragée *n* | *fig* Kugel *f*, Geschoß *n* | *arc* = **~ura** | **~ar** (33) *vt* mit Zukker einkochen | überzuckern | (*Früchte*) kandieren | (*Fleisch, Gemüse, Obst*) ein-machen, -legen | **~ar-se** *v/r*: *ja te'ls pots confitar, els segells* (*fam*) du kannst dir die Briefmarken an den Hut stecken | **~at** (**-ada** *f*) *pp/adj*: *bolets* ~*s* eingemachte Pilze | *fruita confitada* kandierte Früchte || *s/m* Eingemachte(s) *n* | **~er** *m* (Konfekt)Konditor(in *f*); *reg* Zuckerbäcker(in *f*); Konfiseur(in *f*) *m* | **~era** *f* Konfektdose *f* | Marmeladentopf *m* | **~eria** *f* (Konfekt)Konditorei; *reg* Zuckerbäckerei, Konfiserie *f* | **~ura** *f* Konfitüre, Marmelade *f* | **~urer** *adj* Konfitüren... || *s/m* Konfitüren-hersteller(in *f*) *bzw* -händler(in *f*) *m* | **~er** = **~ureria** *f* Konfitüren-fabrik *f*, -geschäft *n*.

conflagració *f arc* großer (*od* Welt)Brand *m* | *fig:* ~ *mundial* Weltkrieg *m*.

conflent *m* Zusammenfluß *m* (*Stelle*).
conflict|e *m* Konflikt, Streit *m* | ~ *laboral* Arbeitskampf *m* | **~iu** (**-iva** *f*) *adj* Konflikt... | *persona conflictiva* streitlustige Person *f* | *relacions conflictives* konfliktgeladene Beziehungen *f pl* | **~ivitat** *f* Konfliktfreudigkeit *f*.
conflu|ència *f* Zusammenfluß *m* | **~ent** *adj* (*m/f*) zusammenfließend | **~ir** (37) *vi* zusammenfließen | *a. fig* zusammenströmen | *fig* s. vereinigen.
confondre (40) *vt* verwechseln | verwirren, durcheinanderbringen, aus dem Konzept bringen | beschämen | verblüffen | zuschanden machen | **~'s** *v/r* s. täuschen | verschwimmen, s. verwirren | s. zum Verwechseln ähneln | ~ *en excuses* s. übertrieben entschuldigen.
conform|ació *f* Gestalt(ung) *f* | Übereinstimmung, Gleichgestimmtheit *f* | **~adament** *adv* übereinstimmend | ergeben, fügsam | **~ar** (33) *vt* Gestalt geben, gestalten | in Übereinstimmung bringen | **~ar-se** *v/r* resignieren | s. fügen | ~ *amb u/c* s. mit etw einverstanden erklären; s. mit etw abfinden *od* begnügen | **~at** (**-ada** *f*) *adj* nach e-r Form gebildet *od* gestaltet | **~e** *adj* (*m/f*) übereinstimmend | angemessen, passend | anständig, schicklich | (*és*)*ser* ~ *a la llei* dem Gesetz entsprechen | *estar* ~ *amb* einverstanden sein mit | ~! einverstanden! | ~ *a* gemäß (*dat*); in Übereinstimmung mit || *adv* = **~ement** | **~ement** *adv* übereinstimmend (*a mit*) | **~isme** *m* Konformismus *m* | **~ista** *adj* (*m/f*) konformistisch || *s/m/f* Konformist(in *f*) *m* | **~itat** *f* Übereinstimmung *f* | Zustimmung, Billigung *f* | Ergebung, Fügung *f* (*in das Schicksal*) | *de* ~ *amb* = **conforme** a.
confort *m* Kräftigung, Stärkung *f*; *fig* Ermutigung, Bestärkung *f* | Komfort *m*, Bequemlichkeit *f* | **~able**(**ment** *adv*) *adj* (*m/f*) bequem, gemütlich, komfortabel | **~ació** *f* Stärkung *f* | Tröstung *f* | **~ador** *adj* stärkend | *fig* ermutigend, ermunternd || *s/m/f fig* Tröster(in *f*) *m* | **~ament** *m* = **~ació** | **~ant** *adj* (*m/f*) kräftigend | *fig* ermutigend || *s/m* Stärkungsmittel *n* | **~ar** (33) *vt* stärken | kräftigen | *fig* ermutigen, ermuntern | **~atiu** (**-iva** *f*) *adj* kräftigend, stärkend.
confra|re *m* Mitbruder *m* | **~ressa** *f* Mitschwester *f* | **~ria** *f* Bruderschaft *f* | **~ternal** *adj* (*m/f*) mitbrüderlich(er Gesinnung) | **~ternitat** *f* Mitbruderschaft *f* | Konfraternität *f* | **~ternitzar** (33) *vi*: ~ *amb alg* für j-n e-e mitbrüderliche Gesinnung hegen.
confront *m* = **~ació** | *posar en* ~ = **~ar** | **~able** *adj* (*m/f*) konfrontierbar | **~ació** *f* Gegenüberstellung, Konfrontation, Konfrontierung *f* | Vergleich *m* | **~ant** *adj* (*m/f*) angrenzend | gegenüberstehend | **~ar** (33) *vt* gegenüberstellen, konfrontieren | (*Texte*) vergleichen || *vi* angrenzen (*amb* an *ac*) | übereinstimmen (*amb* mit *dat*).
Confuci *m* Konfuzius *m* | **~à**(**-ana** *f*) *adj* konfuzianisch || *s/mf* Konfuzianer(in *f*) *m* | **~anisme** *m* Konfuzianismus *m* | **~anista** *adj* (*m/f*) konfuzianistisch.
confugir (36) *vi lit* (*bei j-m*) Zuflucht suchen.
conf|ús (**-usa** *f*, **-usament** *adv*) *adj* verwirrt, wirr | undeutlich, konfus | **~usible** *adj* (*m/f*) verwechselbar | **~usió** *f* Verwirrung *f* | Verwechslung *f* | Beschämung *f* | Bestürzung *f* | **~usionari** (**-ària** *f*) *adj* verwirrend | **~usioner** *adj* = **~usionari** | = **xafarder, murmurador**.
confuta|ble *adj* (*m/f*) widerlegbar | **~ció** *f* Widerlegung *f* | **~r** (33) *vt* widerlegen.
congela|ble *adj* (*m/f*) gefrierbar | **~ció** *f* Gefrieren *n* | *med* Erfrierung *f* | *a. fig* Einfrieren *n* | **~dor** *m* Tiefkühl-, Gefrier-fach *n*, -anlage *f* | **~r** (33) *vt* einfrieren, tiefkühlen | **~r-se** *v/r* gefrieren | **~t** (**-ada** *f*) *adj* sehr, kalt, eiskalt, eisig | tief-gekühlt, -gefroren | Gefrier... | *carn congelada* Gefrierfleisch *n*.
congènere *adj* (*m/f*) gleichartig.
cong|enial *adj* (*m/f*) geistes- (*od* gesinnungs-)verwandt | **~eniar** (33) *vi* harmonieren, zusammenpassen | s. vertragen (*amb alg* mit j-m) | **~ènit** *adj* angeboren.
congest|a *f* Schneewehe *f* | **~ible** *adj* (*m/f*) *med* zu Stauung (*od* Blutandrang) neigend | **~ió** *f* *med* Kongestion, Hyperämie *f* | *fig* Stau *m*; Stockung *f* | **~ionar** (33) *vt med* hyperämisieren | *fig* (*bes Straßen*) verstopfen | **~ionar-se** *v/r*: *els seus pulmons s'han congestionat* in s-r Lunge hat s. Blut angestaut | **~iu** (**-iva** *f*) *adj med* kongestiv.

conglaçar (33) *vt* = **congelar**.
congloba|ció *f* Anhäufung *f* | Ballung *f* | **~r** (33) *vt* zusammenballen.
conglomera|ció *f* Zusammen-, An-häufung *f* | Miteinanderverschmelzen *n* | **~r** (33) *vt* zusammenhäufen, miteinander verschmelzen | **~t** *m geol* Konglomerat, Sedimentgestein *n* | *fig a.* Gemenge, Gemengsel, Gemisch *n*.
conglutina|ció *f cient* Konglutination, Verklebung *f* | **~nt** *adj (m/f) cient* konglutinierend, verklebend | **~r(-se)** *vt(/r) cient* konglutinieren, verkleben.
Congo *m*: el ~ der Kongo | **~lès (-esa** *f*) *adj* kongolesisch || *s/mf* Kongolese *m*, Kongolesin *f*.
congost *m* Engpaß *m*, Schlucht *f*.
congra|ciar-se (33) *v/r*: ~ *amb alg* s. j-s Wohlwollen erheischen; s. bei j-m beliebt machen | **~tulació** *f* Glückwunsch *m*, Beglückwünschung *f* | **~tular** (33) *vt* beglückwünschen | **~tular-se** *v/r (amb alg)* (an j-s Freude) Anteil nehmen | *(d'u/c)* s. über etw freuen | **~tulatori (-òria** *f*) *adj* beglückwünschend, Glückwunsch...
congre[1] *m ict* Meeraal *m*.
congre[2] *m* Anisblechkuchen *m*.
congrega|ció *f catol* Kongregation *f* | Versammlung *f* | ~ *dels fidels* Gemeinschaft *f* der Gläubigen | **~** *de Ritus (kanonisch)* Ritenkongregation | **~cional** *adj (m/f) catol* Kongregations... | **~nt** *m catol* Kongregationist *m* | **~r** (33) *vt* versammeln | **~r-se** *v/r* s. versammeln | s. zusammenscharen.
congreny *m (Schreinerei)* Schraubstock *m* | Faßband *n* | **~at (-ada** *f*) *adj (Faß)* gereift.
congrera *f* Meeraalreuse *f*.
congr|és *m (pl -essos)* Kongreß *m* | ~ *dels diputats* Abgeordneten-haus *n od* -kammer *f* | **~essista** *m/f* Kongreßteilnehmer(in *f*) *m* | **~essual** *adj (m/f)* Kongreß...
congriar (33) *vt* an-häufen, -sammeln | **~se** *v/r* s. zusammen-brauen, -ziehen.
congru (còngrua *f*) *adj* passend, angemessen | *mat* kongruent | **~ència** *f* Übereinstimmung *f* | Zweckmäßigkeit *f* | *mat* Kongruenz *f* | *amb* ~ = **~entment** | **~ent(ment** *adv*) *adj (m/f)* passend *od* angemessen, gebührend, geziemend; richtig | **~itat** *f* Zweckmäßigkeit *f* | Angemessenheit *f*.
conhort *m lit* Trost *m*, Tröstung *f* | *sense* ~ trostlos | **~ar** (33) *vt lit* trösten | ermutigen | **~ar-se** *v/r* s. trösten | s. abfinden, s. zufriedengeben *(amb* mit).
cònic(ament *adv*) *adj* konisch, kegelförmig.
con|íferes *f pl bot* Nadelhölzer *n pl*, Koniferen *f pl* | **~iforme** *adj (m/f)* kegelförmig.
conill *m* Kaninchen *n* | *(a.* ~ *mascle)* Rammler *m* | ~ *de bosc* Wildkaninchen | **~a** *f* Kaninchenweibchen *n*, *nordd* Zibbe *f* | *fig fam* kinderreiche Frau *f* | **~ada** *f col* Kaninchenwurf *m* | **~aire** *m/f* Kaninchenzüchter(in *f*) *m* | **~am** *m* Kaninchenschar *f* | **~ar**[1] *m* Kaninchenstall *m* | **~ar**[2] (33) *vi (Kaninchenjunge)* werfen | **~er**[1] *m* = **~ar**[1] | **~er**[2] *adj* Kaninchen... || *s/m* Hasenhund *m* | **~era** *f* Kaninchenkäfig *m* | Kaninchenstall *m* | Kaninchenbau *m* | **~erada** *f* = **~ada** | **~et** *m kl(s)* Kaninchen *n* | ~ *d'Indies (od ~ porquí)* Meerschweinchen *n*; *a. fig* Versuchskaninchen *n* || *pl bot* großes Löwenmaul *n*; Leinkraut *n* | *(Art)* Versteckspiel *n*.
coniza *f bot* Alant *m* («Inula conyza»).
conjectura *f* Vermutung, Mutmaßung *f* | *Lit* Konjektur *f* | *fer conjectures* Vermutungen anstellen | **~ble(ment** *adv*) *adj (m/f)* vermutlich, annehmbar | **~l(ment** *adv*) *adj (m/f)* vermutlich, mutmaßlich | *Lit* konjektural, Konjektural... | **~r** (33) *vt* vermuten, mutmaßen || *vi Lit* konjizieren.
conjuga|ble *adj (m/f)* konjugierbar | **~ció** *f* Konjugation *f* | **~l(ment** *adv*) *adj (m/f)* ehelich | Ehe... | Gatten... | **~r** (33) *vt ling biol* konjugieren | *ling a.* beugen | **~t (-ada** *f*) *adj ling biol mat* konjugiert | *anat* gepaart.
cònjuge *m/f lit* Ehe-partner, -gatte *m*, -frau *f* || *pl* Eheleute *pl*.
conjugi *m* Ehe(stand *m*) *f*.
conjumina|ció *f* Zusammensetzung *f* | Verbindung *f* | **~r** (33) *vt* zusammenbasteln, -stoppeln | verbinden | **~r-se** *v/r*: ~ *un vestit de retalls* s. ein Kleid aus Resten zusammennähen | *tot s'ha conjuminat en contra meu* alles hat s. gegen mich verbündet.
conjun|ció *f ling astr filos* Konjunktion *f* | *(a. eheliche)* Verbindung, Vereinigung *f* | **~t** *adj* gemeinsam | vereint || *s/m* Ganze(s) *n*, Gesamtheit *f* | Einheit *f*, Komplex *m* | *mat* Menge *f* | *(Künstlergruppe; Kleidung)* Ensemble *n* | el

~ **de la població** die gesamte Bevölkerung | **un ~ de casos** e-e Reihe von Fällen | **foto de ~** Gruppenbild *n* | **impressió de ~** Gesamteindruck *m* | **joc de ~** (*esport*) Zusammenspiel *n* | **visió de ~** Überblick *m* | **en ~** im ganzen (gesehen); im großen (u.) ganzen; insgesamt | **~tament** *adv* zusammen, miteinander | **~tiu (-iva** *f*) *adj* Binde..., verbindend | *ling a.* konjunktional, Konjunktional... | *anat: teixit ~* Bindegewebe *n* | **~tiva** *f anat* Bindehaut *f* | **~tival** *adj* (*m/f*) Bindehaut... | **~tivitis** *f med* Bindehautentzündung, Konjunktivitis *f* | **~tura** *f* Lage *f*, Verhältnisse *n pl* | *econ polít* Konjunktur *f* | **~tural(ment** *adv*) *adj* (*m/f*) konjunkturell | konjunktur-abhängig, -bedingt | Konjunktur...
conjur *m* Beschwörung *f* | flehentliche Bitte *f* | **~a**, **~ació** *f* Verschwörung *f* | **~able** *adj* (*m/f*) be- *bzw* ver-schwörbar | **~ador(a** *f*) *m* Beschwörer(in *f*) *m* | *fig* Mahner(in *f*) *m* | **~ament** *m* = **conjur** | **~ar** (33) *vt* (*Geister*) *a. fig* beschwören, bannen | **~ar-se** *v/r a. fig* s. verschwören | **~at (-ada** *f*) *m* Verschworene(r *m*) *m/f*.
conjutge *m* Mitrichter *m*.
connat *adj* mitgeboren.
connatural *adj* (*m/f*) derselben Natur | naturgemäß, angeboren | **~ització** *f* Eingewöhnung *f*, Sicheingewöhnen *n* | **~itzar** (33) *vt* (*j-m etw*) zur festen Gewohnheit machen | **~itzar-se** *v/r* (*j-m*) zur festen Gewohnheit (*od* zur zweiten Natur) werden.
conne|ctador *adj* Verbindungs... | Anschluß... | **~ctar** (33) *vt* verbinden (*amb* mit) | *elect* (*Gerät*) einschalten | (*Leitungen, Telefon*) anschließen | **~ a terra** erden | **~ctiu (-iva** *f*) *adj* verbindend | **~ctor** *m tecn* Verbindungs-, Anschluß-stück *n* | **~x** *adj* verbunden, verknüpft | **~xament** *adv* zusammenhängend | **~xió** *f* Verbindung, Verknüpfung *f* | Zusammenhang *m* | *tecn* Verbindung *f*, Anschluß *m* | *lit ling* Konnexion *f* | **~xitat** *f* Zusammenhang *m*.
conniv|ència *f* Nachsicht, Duldsamkeit *f* | *dr* Konnivenz *f* | **~ent** *adj* (*m/f*) (zu) nachsichtig (*od* duldsam) | *dr* konnivent | *bot anat* gegeneinander geneigt.
connota|ció *f filos ling* Konnotation *f* | Begriffsinhalt *m* | Assoziation, Nebenbedeutung *f* | **~r** (33) *vt* hinzu-, dazu-bedeuten | suggerieren | **~tiu (-iva** *f*) *adj* konnotativ.
con|novici *m* Geselle *m* des Noviziats | **~nubi** *m lit* Konnubium *n*, Ehe(gemeinschaft) *f* | **~nubial** *adj* (*m/f*) *lit* = **conjugal, nupcial** | **~numerar** (33) *vt* mitrechnen, mitzählen.
cono|idal *adj* (*m/f*) kegelähnlich | **~ide** *m mat* Konoid *n*.
conque|ridor *adj* eroberungs-lustig, -süchtig | Eroberungs... || *s/mf* Eroberer *m*, -in *f* || *s/m hist* (*spanischer*) Konquistador *m* | **~rir** *vt* (37) erobern | *fig:* ~ *l'estima d'alg* (*el poder, un mercat*) j-s Achtung (die Macht, e-n Markt) erobern | **~sta** *f* Eroberung *f*.
conquilla *f* Muschelkalkschale *f*.
conquista *f* = **conquesta** | *bes fig: que has fet gaires conquistes a la platja?* hast du am Strand viele Eroberungen gemacht? | **~dor** *adj u. s/mf* = **conqueridor** || *s/m bes fig* Frauenheld *m* | **~r** (33) *vt* = **conquerir** | *bes fig: dones fàcils de ~* leicht zu erobernde Frauen | *mira de ~-lo perquè vingui* versuche, ihn zum Kommen zu überreden.
conr|adís (-issa *f*) *adj* = **conrador** || *s/m* bebaubares Stück *n* Land | **~ador** *adj* anbaufähig | bestellbar, urbar | ackerbautreibend | Ackerbau... || *s/m* = **~eador** | **~eador** *s/m* Landwirt *m* | *un ~ de vi* e. Weinbauer *m* | *un ~ de roses* e. Rosenzüchter *m* | *fig* (*von etw geistigem*) Pfleger *m* || *s/mf* Grubber, Kultivator *m* | **~ear** (*od* **~ar**) (33) *vt* (*Pflanzen*) an-bauen, -pflanzen; züchten | (*Acker*) be-bauen, -stellen | *bes fig* kultivieren; *fig a.* pflegen; (aus)üben, betreiben; (*Gedächtnis, Geist*) ausbilden | ~ *alg* (*fam*) s. (*dat*) j-n warmhalten | **~eria** *f* Klosterlandhaus *n* (*für Landarbeiter u. Gäste*) | **~eu** *m agr* Anbau *m*; Zucht *f*; Bebauung, Bestellung, Kultivierung *f* | *fig* Pflege, (Aus)Übung, Ausbildung *f* | *el ~ del blat* der Anbau von Weizen; der Weizen(an)bau | *el ~ del clavell* die Zucht von Nelken, die Nelkenzucht | *el ~ d'un camp* die Bebauung (*od* Bestellung) e-s Feldes | *en terrasses* Terrassen kultur *f* | *~s de roses* Kulturen von Rosen; Rosenkulturen | *p ext* Acker *m* | *terra de ~* Akkerland *n*.
consagra|ció *f a. ecl* Weihe, Einweihung

f | *catol a.* Konsekration *f*; (*Messe*) *a.* Wandlung *f* | *fig* Widmung *f* | ~**nt** *m* (Ein-)Weihender *m* | ~**r** (33) *vt ecl* (ein)weihen, einsegnen | *ecl a.* konsekrieren | *fig* bestätigen | ~ *u/c a alg* od *u/c* etw *a* j-m *od* e-r Sache widmen | ~**r-se** *v/r fig* s. bestätigen | ~ *a la música* s. der Musik widmen.

consanguini (-**ínia** *f*) *adj* blutsverwandt | ~**tat** *f* Blutsverwandtschaft *f*.

consci|**ència** *f* Gewissen *n* | Bewußtsein *n* | Gewissenhaftigkeit *f* | *a* ~ gewissenhaft; mit gutem Gewissen | *segons (bona)* ~ nach gutem Gewissen | *un cas de* ~ e-e Gewissensfrage | *no tenir* ~ kein Gewissen haben; kein Bewußtsein haben | ~**enciós** (-**osa** *f*) *adj* gewissenhaft | ~**enciosament** *adv* mit (*od* nach) gutem Gewissen | gewissenhaft | ~**ent** *adj* (*m/f*) bewußt (*d'u/c* e-r Sache *gen*) | selbstbewußt | ~**entment** *adv* bewußt, wissentlich.

consectari (-**ària** *f*) *adj* = **consegüent** || *s/m* = **corol·lari**.

conse|**cució** *f* Erlangung, Erreichung *f*, Erlangen, Erreichen *n* | *de difícil* ~ schwer zu erreichen | ~**cutiu** (-**iva** *f*) *adj* aufeinanderfolgend | Konsekutiv... | *deu dies* ~**s** zehn Tage hintereinander | *proposició consecutiva* (*ling*) Konsekutivsatz, Folgesatz *m* | ~ *a* (od *de*) folgend auf (*ac*) | ~**cutivament** *adv* folgerichtig, nacheinander | ~**güent** *adj* (*m/f*): ~ *a* s. ergebend aus | *per* ~ folglich, daher || *s/m* Folge, Folgerung | ~**güentment** *adv* folgerichtig | folglich | also.

consell *m* Rat(schlag) *m* | (*Gremium*) Rat *m* | ~ *d'administració* (*com*) Verwaltungsrat *m* | ~ *de família* (*dr*) Familienrat *m* | ~ *de guerra* Militärgericht, Standgericht *n* | ~ *de ministres* Ministerrat *m*, Kabinett *n* | ~ *municipal* Stadt- (*bzw* Gemeinde-)rat *m* | *el ⚡ Executiu de la Generalitat de Catalunya* die Regierung Kataloniens | *el ⚡ d'Europa* der Europarat | *el ⚡ de Seguretat* der (Welt)Sicherheitsrat | *demanar* ~ *a alg* j-n um Rat fragen *od* bitten | *donar un* ~ *a alg* j-m e-n Rat geben | *prendre* ~ *d'alg* j-n zu Rate ziehen | ~**ar** *vt* = **aconsellar** | ~**er** *m* Ratgeber *m* | Berater *m* | Ratsmitglied *n* | Rat *m* (*Person*) | *s: regidor* | *polít Cat* Regierungsmitglied *n*, Minister *m* | ~ *de Cultura* Kultusminister *m* | ~**eria** *f polít Cat* Ministerium *n* | ~ (od *departament*) *d'Economia i Finances* Wirtschafts- u. Finanz-ministerium *n*.

consemblan|**ça** *f* Ähnlichkeit *f* | ~**t** *adj* (*m/f*) ähnlich | ähnlichen Standes.

consens *m* Übereinstimmung *f*, Konsens *m* | Zustimmung *f* | ~**ual** *adj* (*m/f*) *dr: contracte* ~ durch bloße Zustimmung gültiger Vertrag *m*.

consent|**ent** *adj* (*m/f*) *arc* zustimmend, einwilligend || *s/m arc* Helfershelfer *m* | ~**idor** *adj* erlaubend, einwilligend | zu nachsichtig | duldsam, erträglich | ~**iment** *m* Einwilligung, Zustimmung *f*, Einwilligen *n* | ~**ir** (37) *vi* einwilligen (*a* in *ac*), zustimmen (*dat*) || *vt* gestatten, billigen | (er)dulden | ~**ir-se** *v/r* brüchig werden, springen, Risse bekommen | ~**it** (-**ida** *f*) *adj* verwöhnt, launisch | duldsam | *marit* ~ wissentlich betrogener Ehemann.

conseqü|**ència** *f* Konsequenz, Folge(richtigkeit) *f* | *a* ~ *de* als Folge von | *en* ~ folglich, infolgedessen | *tenir conseqüències* Folgen nach s. ziehen | ~**ent**(**ment**) *adv*) *adj* (*m/f*) folgerichtig, konsequent | s. selbst treu.

conserge *m/f* Hausmeister(in *f*), Portier(sfrau *f*), Pförtner(in *f*) *m* | ~**ria** *f* Portiersloge *f* | Pförtneramt *n*.

conserv|**a** *f* Konserve *f* | Eingemachte(s) *n* | *en* ~ konserviert | *carn en* ~ Büchsenfleisch *n* | *llaunes de conserves* Konserven-dosen, -büchsen *f pl* | ~**able** *adj* konservierbar | haltbar | ~**ació** *f* (Auf)Bewahrung *f* | Erhaltung *f* | Konservierung *f* | *la llei de* ~ *de l'energia* der Satz von der Erhaltung der Energie | ~**ador** *adj* erhaltend | *a. polít* konservativ || *s/m* Konservierungs-mittel *n*, -stoff *m* || *s/mf polít* Konservative(r *m*) *m/f* | (*Museum*) Konservator(in *f*) *m* | ~**adoria** *f* Konservatorenamt *n* | ~**ament** *m arc* = ~**ació** | ~**ar** (33) *vt* erhalten | (auf)bewahren | (*Eßbares*) einmachen, konservieren | ~**ar-se** *v/r* erhalten bleiben | s. gut halten | ~**atiu** (-**iva** *f*) *adj* konservativ | = ~**ador** | ~**atori** (-**òria** *f*) *adj* der Erhaltung dienend || *s/m* Konservatorium *n*, Musikhochschule *f* | ~**er** *adj* Konserven... || *s/mf* Konservenfabrikant(in *f*) *m* | ~**eria** *f* Einmachen *n* | Konserven-geschäft *n*, -verkauf *m*.

considera|**bilitat** *f* Bedeutsamkeit *f* | Beträchtlichkeit *f* | **~ble(ment** *adv*) *adj* (*m/f*) beachtlich, beträchtlich, erheblich | bedeutend | **~ció** *f* Erwägung, Betrachtung *f* | (Hoch)Achtung *f* | Rücksicht(nahme) *f* | *de* ~ bedeutend, gewichtig | *per* ~ *a* aus Rücksicht auf (*ac*) | *en* ~ *a* in Anbetracht (*gen*) | *sense* ~ (*loc adv*) rücksichtslos; unüberlegt, ohne Überlegung | *prendre en* ~ *u/c* etw berücksichtigen; etw in Erwägung ziehen | *tenir* ~ *amb alg* j-n rücksichtsvoll (*od* respektvoll) behandeln | *tenir u/c en* ~ etw bedenken *od* berücksichtigen *bzw* erwägen | **~dament** *adv* rücksichtsvoll | **~nt** *m dr mst pl* Urteilsbegründung *f* | **~r** (33) *vt* bedenken, erwägen | berücksichtigen | achten | s. überlegen | *el considero com un gran músic* ich halte ihn für e-n gr(n) Musiker | *considerant que...* angesichts *od* in Anbetracht der Tatsache, daß...; da... | **~t** (**-ada** *f*) *adj* rücksichtsvoll | überlegt | *a.* angesehen.

consigna *f* Losung, Weisung *f* | *mil* strenger Befehl *m*, Parole *f* | *ferroc* Gepäckaufbewahrung *od* -annahme *f* | **~ció** *f com* Konsignation, Sendung *f* | Kaution *f* | Anweisung *f* | *dr* Hinterlegung *f* | **~dor** *m com* Konsignant, Einsender *m* || *adj: la casa consignadora* die Einsenderfirma *f* | **~r** (33) *vt* anweisen | *com* konsignieren, einsenden | *ferroc* (*Handgepäck*) zur Aufbewahrung geben | *dr* hinterlegen | ~ *per escrit* schriftlich festhalten *od* notieren | **~tari** *m com* Konsignatar, Konsignatär, Empfänger *m* | ~ *de vaixells* Schiffsmakler *m* || *adj: la casa consignatària* die Empfangs- (*od* Empfänger-)firma *f*.

consiliari *m* Rat(geber), Berater *m* | *ecl* geistlicher Rat, Kaplan *m*.

consirós (**-osa** *f*, **-osament** *adv*) *adj lit* be-, nach-denklich | bekümmert, sorgenvoll.

consist|ència *f* (*Körper*) Festigkeit, Konsistenz *f* | (*Flüssigkeit*) Dicht-e, -igkeit *f*, Dickflüssigkeit *f* | *fig* Dauer(haftigkeit) *f* | Beständigkeit *f*, Bestand *m* | feste Beschaffenheit *f* | **~ent(ment** *adv*) *adj* (*m/f*) fest, hart, steif, beständig | dickflüssig | bestehend (*en* aus) | **~ir** (33) *vi:* ~ *en u/c* aus etw bestehen; auf etw beruhen; an etw liegen | **~ori** *m ecl* Konsistorium *n* | Kirchenrat *m* | *adm* Gemeinderat *m* | («*jocs florals*») Preisgericht *n* | **~orial** *adj* (*m/f*) *ecl* Konsistorial... | *adm* Gemeinde... | Rat...

con|soci (**-sòcia** *f*) *m* Mit-gesellschafter(in *f*), -teilhaber(in *f*) *m* | **~sogre** (**-sogra** *f*) *m* Mit-schwiegervater *m*, -schwiegermutter *f*.

consol *m* Trost *m* | Tröstung *f* | *sense* ~ trostlos | *tenir mal* ~ *d'alg* von j-m schlecht behandelt werden.

cònsol *m a. hist* Konsul *m* | ~ *de carrera* Berufskonsul | ~ *general* Generalkonsul *m* | ~ *honorari* Honorar-, Wahl-konsul *m* | *s: consular*.

consola *f* Konsole *f*.

consola|ble *adj* (*m/f*) tröstbar | **~dor** *adj* tröstlich || *s/m* Tröster | **~r** (33) *vt* trösten | **~r-se** *v/r* s. trösten *od* abfinden (*amb* mit *dat*).

consolat *m a. hist* Konsulat *n* | **~iu** (**-iva** *f*), **~ori** (**-òria** *f*) *adj* tröstlich, tröstend.

consolda *f bot* Beinwell *m*, (Gemeine) Schwarzwurz *f* | Knolliger Beinwell *m*.

consolessa *f* Konsulin *f*.

consolida|ble *adj* (*m/f*) zu festigen, konsolidierbar | **~ció** *f* Festigung, Konsolidierung *f* | Sicherung *f* | *med* Konsolidierung, Verknöcherung *f* | *tecn* Befestigung *f* | (*Finanzen*) Gesundung *f* | **~nt** *adj* (*m/f*) (be)festigend | Konsolidierungs... | **~r** (33) *vt* (be)festigen | konsolidieren | sichern | verstärken | *med* der Heilung nachhelfen | **~r-se** *v/r* s. festigen | *med* s. konsolidieren; verknöchern (*Bruch*) | **~tiu** (**-iva** *f*) *adj* = **~nt**.

consolva *f bot* (Dach)Hauswurz *f*.

consomé *m* (*pl* **-és**) *gastr* Consommé *n*, Kraftbrühe *f*.

conson|ància *f mús* Konsonanz *f* | *Lit a.* Konsonantengleichklang, reine(r) Reim *m* | *fig* Einklang *m* | Übereinstimmung *f* | *en* ~ *amb* in Übereinstimmung mit | **~ant** *adj* (*m/f*) *mús* konsonant | *Lit a.* zusammenstimmend | rein reimend || *s/f* Konsonant *m*, Mitlaut *m* | **~antar** (33) *vt* in reine Reime bringen | **~antment** *adv* in Zusammenklang *od* Übereinstimmung | **~ar** (33) *vi* gleich lauten *od* klingen | s. rein reimen | *fig a.* passen, s. schicken.

cons|orci *m* Konsortium *n* | Konzern *m* | **~òrcia** *f arc* = **conxorxa** | **~ort** *m/f lit* Ehegatte *m*, Ehegattin *f*.

conspicu (-ícua *f*, -ícuament *adv*) *adj* hervorragend | **~itat** *f* Berühmtheit *f*.
conspira|ció *f a. fig* Verschwörung *f* | **~dor(a** *f*) *m* Verschwörer(in *f*) *m* | **~r** (33) *vi s.* verschwören (*contra* gegen *ac*) | e-e Verschwörung anstiften | konspirieren | ~ *a u/c* etw anstreben; auf etw hinzielen.
Constança *f* Konstanz *n*.
const|ància *f* Standhaftigkeit, Beharrlichkeit *f* | Ausdauer, Beständigkeit *f* | **~ant** *adj* (*m/f*) standhaft, beharrlich | (be)ständig | *mat* konstant || *s/f* Konstante *f* | **~antment** *adv* standhaft, ständig | **~ar** (33) *vi* gewiß sein, feststehen | *fer* ~ feststellen | ~ *de* bestehen aus (*dat*) | *em consta* ich weiß (es) mit Bestimmtheit | **~atació** *f* Feststellung *f* | festgestellte Tatsache *f* | **~atar** (33) *vt* feststellen, konstatieren.
constel·la|ció *f* Sternbild *n* | *astr fig* Konstellation *f* | **~r** (33) *vt* mit Sternen bedecken | *fig* übersäen | **~t** (-ada *f*) *adj* gestirnt, sternbesät | *fig*: ~ *de* übersät, reichlich behangen mit (*dat*).
consterna|ció *f* Bestürzung *f* | **~r** (33) *vt* bestürzen, in Bestürzung versetzen, *lit* konsternieren.
constipa|ció *f med* Verstopfung, Konstipation *f* | **~r** (33) *vt med* (ver)stopfen | (*bei j-m*) e-e Erkältung auslösen | **~r-se** *v/r s.* erkälten | *s.* e-n Schnupfen holen | **~t** (-ada *f*) *adj med* verstopft | *fam* erkältet | *estic* ~ ich bin erkältet || *s/m med* Erkältung *f* | Schnupfen *m*.
constitu|ció *f* Beschaffenheit, Konstitution *f*, Zustand *m* | Aufbau *m* | *polít* Verfassung *f* | ~ *d'hereus* Erbeneinsetzung *f* | **~cional(ment** *adv*) *adj* (*m/f*) verfassungsmäßig, Verfassungs... | **~ent** *adj* (*m/f*) bildend, aufbauend | verfassunggebend | **~ir** (37) *vt* bilden, konstituieren, gründen, einrichten | einsetzen | errichten | darstellen | bestimmen | **~ir-se** *v/r* : ~ *presoner s.* gefangen geben | *fig*: ~ *jutge s.* zum Richter aufwerfen | **~tiu** (-iva *f*) *adj* wesentlich | Haupt... | Bestand... | konstituierend.
constr|enyedor *adj* nötigend, zwingend | **~ènyer** (40) *vt* zwingen, nötigen (*a* zu) | beschränken, beengen | zusammendrücken | **~enyiment** *m* Zwang *m*, Nötigung *f* | Beschränkung *f* |

~icció *f* Zusammenziehung *f* | *med anat* Ab-, Ein-schnürung, Konstriktion *f* | **~ictiu** (-iva *f*) *adj* zusammenschnürend, konstriktiv | **~ictor** *adj* zusammenziehend | *múscul* ~ Schließmuskel *m* | **~ingent** *adj* (*m/f*) *med* zusammenziehend, konstringierend.
constru|cció *f* Bauen *n* | Bau *m* | Bauwesen *n*, -kunst *f* | Konstruktion *f* | *en* ~ im Bau (befindlich) | **~ctiu** (-iva *f*, -ivament *adv*) *adj* konstruktiv | aufbauend | **~ctor** *m* Erbauer *m* | Konstrukteur *m* | **~ïble** *adj* (*m/f*) konstruierbar | **~ir** (37) *vt* (er)bauen | errichten | konstruieren | zusammenstellen.
consubstan|ciació *f ecl* Konsubstantiation, Wesensvereinigung *f* | **~cial** *adj* (*m/f*) wesenseinheitlich | **~cialitat** *f* Wesenseinheit *f*.
consuet *adj ant* gewöhnlich | gebräuchlich | **~a** *f* Theatermanuskript *n* (mit Aufführungsanweisungen) | *ecl* Ritualbuch *n* | **~ud** *f* Gebrauch *m* | Gewohnheit *f* | **~udinari** (-ària *f*) *adj* gewöhnlich | Gewohnheits... | **~udinàriament** *adv* gewohnheitsmäßig.
consular *adj* (*m/f*) konsularisch | Konsulats...
consult|a *f* Befragung *f* | *med dr* Konsultation *f* | *med* Sprechstunde *f* | *fer una* ~ *a alg* j-n (*beruflich*) konsultieren | *obra de* ~ Nachschlagewerk *n* | **~able** *adj* (*m/f*) konsultierbar | beratschlagenswürdig | **~ació** *f* = **consulta** | **~ant** *adj* (*m/f*) konsultierend, ratsuchend | **~ar** (33) *vt* befragen, um Rat fragen, zu Rate ziehen | beratschlagen | ~ *un llibre* in e-m Buch nachschlagen | **~iu** (-iva *f*) *adj* beratend | konsultativ | **~or** *m* Berater, Ratgeber *m* | **~ori** *m* Beratungsstelle *f* | Praxis *f* (*Räumlichkeiten*) | (*Arzt a.*) Sprechzimmer *n*.
consum *m* Verbrauch, Verzehr *m* | *econ a.* Konsum *m* | ~ *d'electricitat* (*de gasolina*) Strom-(Benzin-)verbrauch *m* | *béns* (*societat*) *de* ~ Konsum-güter *n pl* (-gesellschaft *f*) | *hist dr*: (*impost de*) ~*s* Verbrauchssteuer *f* | *fem un pam* ~ *d'arròs* wir verbrauchen viel Reis | *aquest cotxe té molt (de)* ~ dieses Auto verbraucht viel (Benzin) | **~ació**[1] Vollendung *f* | *dr* Vollziehung *f*, Vollzug *m* | *la* ~ *dels segles* das Ende der Zeiten | **~ació**[2] *f* = **~ició** |

~ador(a *f)* *m* Vollender(in *f) m*, Vollziehende(r *m) m/f* | **~ar** (33) *vt* vollenden | vollbringen | *dr* vollziehen | (*Verbrechen*) begehen | **~** *el matrimoni* die Ehe geschlechtlich vollziehen | **~** *un sacrifici* e. Opfer bringen | **~at (-ada** *f,* **-adament** *adv) adj* vollendet | gründlich | **~atiu (-iva** *f) adj* vollendend | vollbringend | **~ible** *adj (m/f)* verzehrbar | verbrauchbar, Verbrauchs... | **~ició** *f* (*Restaurant*) Verzehr *m, reg a.* Konsumation *f* | **~idor** *m* (*Restaurant*) Gast *m* | *econ* Verbraucher, Konsument *m* | Abnehmer *m* | **~iment** *m* Abzehrung *f* | **~isme** *m* Konsum-drang, -terror, -zwang *m* | **~ir** (36/37) *vt* auf-, verzehren | auf-, ver-brauchen | *econ a.* konsumieren | (*Essen*) (ver)speisen, aufessen | (*Getränke*) (auf-, aus-)trinken | **~ir-se** *v/r* s. verzehren | s. aufreiben | (*Holz*) ausbrennen | *fig:* **~** *de ràbia* vor Wut vergehen | **~pció** *f med* Auszehrung, Konsumtion *f* | *ecl* Verzehrung *f* | *morir de* **~** an Schwindsucht sterben | **~ptiu (-iva** *f) adj* aus-, ver-zehrend.
contabesc|ència *f med* = **decandiment** | = **atròfia** | **~ent** *adj (m/f)* = **decandit** | **atròfic**.
contacte *m* Berührung *f* | Fühlung(nahme) *f* | *a. elect* Kontakt *m* | *posar-se en* **~** *amb alg* s. mit j-m in Verbindung setzen, mit j-m Kontakt aufnehmen | *tenir punts de* **~** etw miteinander gemein haben.
contagi *m med a. fig* Ansteckung *f* | **~ar** (33) *vt:* **~** *una malaltia* (*un estat d'ànim*) *a alg* j-n mit e-r Krankheit (Stimmung) anstecken; e-e Krankheit (Stimmung) auf j-n übertragen | **~ar-se** *v/r a.* fig s. anstecken | angesteckt werden | **~ós (-osa** *f,* **-osament** *adv) adj* ansteckend.
contalla *f* (erdichtete) Erzählung *f* | Märchen *n* | *s: contar.*
contamina|ble *adj (m/f)* infizierbar | verseuchbar | **~ció** *f* Ansteckung *f* | Verunreinigung *f* | Verseuchung *f* | *a. ling* Kontamination *f* | **~** *atmosfèrica* Luftverschmutzung *f* | **~** *del medi ambient* Umweltverschmutzung *f* | **~r** (33) *vt* anstecken | infizieren | verunreinigen | verseuchen | *a. ling* kontaminieren.
cont|ar (33) *vt* erzählen | berichten | **~** *una rondalla* od *un conte* e. Märchen erzählen | **~** *fil per randa* (od *per menut, per peces menudes*) ausführlich beschreiben, bis in die kleinsten Einzelheiten erzählen | **~arella** *f* = **rondalla** | **~e** *m* Märchen *n* | Erzählung, (Kurz)Geschichte *f* | *un* **~** *antic* od *vell (fig)* e-e alte Geschichte | *contes de velles* Ammenmärchen *n*; Altweiberklatsch *m* | *un* **~** *llarg de contar* od *de mai no acabar* e-e endlose Geschichte | *s: rondalla.*
contempera|ció *f* Anpassung *f* | **~nt** *adj (m/f)* anpassend | mildernd | **~r** (33) *vt* anpassen (*dat*) | **~** *r-se v/r* s. anpassen (*dat*) | **~** *a les circumstàncies* s. den Umständen anpassen.
contempla|ció *f* Betrachtung *f* | Anschauung *f* | Kontemplation (*mystische*) Beschaulichkeit, Versenkung *f* | *actuar* (od *obrar*) *sense contemplacions* rücksichtslos handeln | *omplir alg de contemplacions* j-n mit aller Rücksicht behandeln | **~dor** *m* Beschauer, Betrachter *m* | **~r** (33) *vt* betrachten | be-, an-schauen (*alg* j-n) verwöhnen || *vi* nachsinnen, meditieren | kontemplieren | in Beschaulichkeit leben | **~tiu (-iva** *f,* **-ivament** *adv) adj* beschaulich | betrachtend | kontemplativ.
contempor|aneïtat *f* Gleichzeitigkeit *f* | **~ani (-ània** *f,* **-àniament** *adv) adj* gleichzeitig | zeitgenössisch || *s/mf* Zeitgenosse *m*, Zeitgenossin *f* | **~ització** *f* kluge Rücksichtnahme *f* | **~itzador** *adj* anpassungsfähig | nachgiebig | **~itzar** (33) *vi:* **~** *amb alg* auf j-s Wünsche geschickt eingehen; gegenüber j-m Nachsicht üben.
contemptible *adj (m/f) lit* verachtenswert.
conten|ció[1] *f* Bezwingung *f* | Mäßigung, Beherrschung *f* | *un mur de* **~** e-e Stützmauer *f* | **~ció**[2] *f ant* = **disputa** | **~ciós (-osa** *f,* **-osament** *adv) adj* strittig | *dr* streitig, Streit... | **~** *administratiu* Verwaltungsstreit..., verwaltungsrechtlich || *s/m bes dr adm* Streit *m* | **~** *administratiu* Verwaltungsgerichtsverfahren *n* | **~dent** *adj (m/f)* streitend, gegnerisch || *s/m* Streiter, Gegner *m* | **~dir** (37) *vi* = **~dre** (40) *vi* kämpfen, streiten | **~idor** *m* Container *m* | **~** *d'escombraries* Müllcontainer *m* | **~iment** *m* = **contenció** | **~ir** (40) *vt* (in s.) enthalten | umfassen | haben, zählen | im Zaum halten, eindämmen | (*Angriff*) aufhalten | (*Atem*) an-

halten | **~ir-se** *v/r* s. mäßigen, Maß halten.
content *adj* zufrieden, froh | vergnügt, heiter | *estar* od *sentir-se ~ d'u/c* mit etw (*dat*) zufrieden sein; über etw (*ac*) froh sein | *s: acontentadís, acontentar-(-se)* | **~ació** *f* Zufriedenheit *f* | Freude *f* | Befriedigung *f* | **~iu** (**-iva** *f*) *adj* eindämmend.
conterrani (**-ània** *f*) *adj* landsmännisch || *s/mf* Landsmann *m*, -männin *f*.
contertulià (**-ana** *f*) *m* Teilnehmer *m* e-r «tertúlia» | Stammgast *m* | *s: tertulià*.
contesa *f* Streit, Zank *m* | *p ext* Krieg *m*.
contesta, **~ció** *f* Antwort, Beantwortung *f* | Entgegnung *f* | Widerspruch *m* | Bestreiten *n*, Streit(igkeit *f*) *m* | *en ~ a la teva carta* in Beantwortung Deines Briefes | **~able** *adj* (*m/f*) beantwortbar | bestreitbar | strittig, streitbar | **~r** (33) *vt* (*Brief*) beantworten | bestreiten, beanstanden | (*Gruß, Rede*) erwidern | *vi* antworten (*a alg* j-m; *a u/c* auf etw *ac*) | widersprechen.
context *m* Kontext, Zusammenhang *m* | **~ura** *f* Anordnung *f*, Aufbau *m*, Gefüge *n* | *cient Lit* Textur *f* | *~ dels ossos* Knochenbau *m*.
contigu|(**ament** *adv*) *adj* anstoßend, angrenzend (*a* an *ac*) | benachbart | **~ïtat** *f* Nebeneinanderliegen, Angrenzen *n* | *bes psic* Kontiguität *f*.
contin|**ença** *f arc lit* Körperhaltung *f*, Auftreten *n* | Miene *f* | **~ència** *f* Enthaltsamkeit, Enthaltung *f* | Mäßigkeit *f* | Keuschheit *f* | *bes med* Kontinenz *f* | **~ent**[1] *adj* (*m/f*) enthaltsam | mäßig | keusch | **~ent**[2] *m* Behälter *m* | *bes* Kontinent; Erdteil *m*; Festland *n* | **~ent**[3] *m arc lit: fer ~ de fer u/c* Miene machen, etw zu tun | *de ~* sofort | *s: encontinent* | **~ental** *adj* (*m/f*) kontinental | festländisch | **~entment** *adv* mit Mäßigkeit.
conting|**ència** *f* Eventualität, Zufälligkeit *f* | *filos* Kontingenz *f* | **~ent**(**ment** *adv*) *adj* (*m/f*) zufällig | *filos* kontingent || *s/m* Kontingent *n* | *econ a.* Anteil *m*, Quote *f* | **~entació** *f econ* Kontingentierung *f*.
contingut *m* Inhalt *m* | Gehalt *m*.
cont|**inu** (**-ínua** *f*) *adj* stetig, fortlaufend, ununterbrochen, kontinuierlich, zusammenhängend | beständig, (fort-)dauernd | lückenlos | unablässig | *tecn* durchgehend | *mús: baix ~* begleitender Generalbaß *m* | *s: corrent* | *fracció contínua* (*mat*) Kettenbruch *m* | *de ~* = **~ínuament** | **~inuabilitat** *f* Fortsetzbarkeit *f* | **~inuable** *adj* (*m/f*) fortsetzbar | **~inuació** *f* Fort-setzung, -führung *f* | Verlängerung *f* | Fortdauer *f* | *a ~* (*Gegenwart*) gleich, jetzt, nun; (*Vergangenheit*) dann, darauf, anschliessend | **~inuadament** *adv* fort-dauernd, -während, -laufend | **~inuador** *m* Fort-setzer, -führer *m* | **~ínuament** *adv* ständig, ununterbrochen | **~inuar** (33) *vt* fortsetzen, -führen, weiterführen || *vi* andauern, anhalten | fortfahren | weitergehen; s. fortsetzen | (*im Posten*) bleiben | *~ fent* weitermachen | *~ treballant* weiterarbeiten | *continua plovent* es regnet weiterhin | (*ell*) *continuava escrivint* er schrieb weiter | *gräf: ~à* Fortsetzung folgt | **~inuat** (**-ada** *f*) *adj* fortdauernd, anhaltend, stetig | **~inuatiu** (**-iva** *f*) *adj* fortsetzend | **~inuïtat** *f* Kontinuität, ununterbrochene Fortdauer *f* | Stetigkeit *f* | Anhalten *n* | Zusammenhang *m* | *~ d'acció* (*teat*) Einheit *f* der Handlung | *solució de ~* Unterbrechung *f* (des Zusammenhangs).
contista *m/f* (Märchen)Erzähler(in *f*) *m*.
contorba|**ció** *f* innere Unruhe, Beunruhigung *f* | Verwirrung *f* | **~r** (33) *vt* beunruhigen | verwirren, verstören | **~r-se** *v/r* s. beunruhigen | verwirrt werden.
cont|**orçar-se** (33), **~òrcer-se** (40) *v/r* s. verrenken, s. verdrehen | s. winden.
contorn *m* Umriß, Umkreis *m*, Kontur *f* | *mst pl* Umgebung *f* | **~ar** (33) *vt* umwenden, umdrehen | **~ejar** (33) *vt* den Umriß zeichnen, umreißen | umgehen, -fahren, -fließen, -kreisen.
contorsi|**ó** *f med* Verrenkung *f* | Verzerrung *f* | **~onista** *m/f* Schlangenmensch, Bodenakrobat *m*.
contra[1] *prep* gegen (*ac*) | (*Entgegenwirken, Gegensatz*) *lit a.* wider (*ac*) (*örtl*). an (*dat* od *ac*) | *repenjar u/c ~ una altra* etw anlehnen, gegen etw lehnen | *topar ~ una pedra* an e-n Stein stoßen | *~ tota esperança* ganz wider Erwarten | *estar ~ alg* od *u/c* gegen j-n od etw (eingestellt) sein | *~ ~* dagegen (*ablehnend*) | *votar en ~* dagegen stimmen | *en ~ d'alg* od *d'u/c* gegen j-n od etw | *per ~* dagegen, hingegen || *s/m: el pro i el ~* od *els pros i*

els contres das Für u. Wider *n* ‖ *s/f fam:* fer (od *portar*) la ~ a *alg* j-m widersprechen, j-m Kontra geben.
contra² *f* (*Fechten*) Gegen-hieb, -stoß *m*.
contra|acusació *f* Gegenklage *f* | **~almirall** *m* Konteradmiral *m* | **~atac** *m* Gegenangriff *m* | **~atacar** (33) *vi* e-n Gegenangriff unternehmen | **~baix** *m mús* Kontrabaß *m* | **~baixista** *m* (Kontra)Bassist *m* | **~balanç** *m* Gegengewicht *n* | **~balançar** (33) *vt* ins Gleichgewicht bringen | ausgleichen, ausbalancieren.
contraban *m* Schmuggel *m* | ~ *de guerra* Konterbande *f* | *de* ~ Schmuggel..., (ein)geschmuggelt | *fer* (*el*) ~ schmuggeln | *passar u/c de* ~ (*a. fig*) durchschmuggeln | **~dista** *m/f* Schmuggler(in *f*) *m*.
contra|barana *f* zweites Geländer *n* | **~barrera** *f* zweite Schranke *f* | *esport taur* zweite Sperrsitzreihe *f* | **~bateria** *f mil* Gegenbatterie *f* | **~batre** (34) *vt mil* (*e-e feindliche Batterie*) beschießen | **~calcar** (33) *vt* (*von etw*) e-n Gegenabdruck machen | **~canal** *m* Seitenkanal *m* | **~canvi** *m* Umtausch, Wechsel *m*.
contracció *f* Zusammenziehung *f* | *ling med fís* Kontraktion *f* | ~ *monetària* Währungsschrumpfung *f*.
contra|cèdula *f* Gegenschein *m* | **~cepció** *f med* Empfängnisverhütung, Kontrazeption *f* | **~ceptiu** (-iva *f*) *adj* empfängnisverhütend, kontrazeptiv ‖ *s/m* (Empfängnis)Verhütungsmittel, Kontrazeptiv(um) *n* | **~claror** *f* durchscheinendes Licht *n* | *a* ~ im Gegenlicht | **~clau** *f arquit* Nebenschlußstein *m* | **~cop** *m* Gegenschlag, -stoß *m* | Rückwirkung *f* | *de* ~ (*loc adv*) indirekt, mittelbar | **~cor**: *a* ~ (*loc adv*) widerwillig, mit Unlust | **~corrent** *m* Gegenströmung *f*.
contr|acta *f bes constr* (Dienstleistungs-, Werk-)Vertrag *m* | **~actació** *f* Vertragsabschluß *m* | An-, Ein-stellung *f* (*von Personal*) | *com a*. Umsatz *m* | **~actant** *adj* (*m/f*) vertragschließend ‖ *s/m*: un ~ e. Vertragspartner, Kontrahent *m* | **~actar** (33) *vt* (*e-n Vertrag*) schließen *od* abschließen | (*Personal*) einstellen, in Dienst nehmen, engagieren | **~acte**¹ *m* Vertrag, Kontrakt *m* | *fer od estipular un* ~ e-n Vertrag ausfertigen | ~ *d'assegurança* Versicherungsvertrag *m* | ~ *de matrimoni* Heiratsvertrag *m* | ~ *de treball* Arbeitsvertrag *m* | **~acte**² *adj ling* zusammengezogen, verkürzt | *forma contracta d'un verb* verkürzte Form e-s Verbs | **~àctil** *adj* (*m/f*) zusammenziehbar | **~actilitat** *f* Zusammenziehbarkeit *f* | **~actista** *m/f*: ~ (*d'obres*) Bauunternehmer(in *f*) *m* | **~actor** *adj* zusammenziehend | **~actual**(ment *adv*) *adj* (*m/f*) vertraglich, vertragsgemäß | **~actura** *f med* Kontraktur *f* | **~acultura** *f sociol* Gegenkultur *f*.
contrada *f* Gegend *f*, Gebiet *n*.
contra|dansa *f* Kontertanz, Contretanz *m* | **~declaració** *f* Gegenerklärung *f* | **~denúncia** *f dr* Gegenanzeige *f* | **~dic** *m* Gegen-, Vor-deich, Vordamm *m* | Nebendeich *m*.
contradi|cció *f* Widerspruch *m* | Gegensatz *m* | Kontradiktion *f* | *en* ~ *amb* ... im Widerspruch zu ... | *esperit de* ~ Widerspruchsgeist *m* | **~ctor** *m dr* Widersprecher *m* | **~ctori** (-òria *f*, -òriament *adv*) *adj* widersprüchlich | kontradiktorisch | **~ent** *adj* (*m/f*) zum Widerspruch neigend | **~ment** *m arc* = **contradicció** | **~r** (40) *vt* widersprechen (*alg* j-m) | **~r-se** *v/r* s. widersprechen | einander widersprechen.
contra|emboscada *f* Überfall *m* auf e-n Hinterhalt | **~enquesta** *f* Gegen-untersuchung, -umfrage *f*.
contraent *adj* (*m/f*) vertragschließend ‖ *s/m/f* Vertragsschließende(r *m*) *m/f* | *bes* Eheschließende(r *m*) *m/f*.
contra|escriptura *f* Widerruf(ung)surkunde *f* | **~espionatge** *m* Gegenspionage, Spionageabwehr *f* | **~faent, ~faedor** *m* betrügerischer Nachahmer, Fälscher *m* | **~faïment** *m* betrügerische Nachahmung, Nachbildung *f* | Fälschung *f* | **~fallada** *f* Übertrumpfen *n* | **~fallar** (33) *vt* übertrumpfen | **~femella** *f indús* innere Schraubenmutter *f* | **~fer** (40) *vt* nachmachen, nachahmen | (ver)fälschen | **~fet** *adj* mißgestaltet | verwachsen | buckelig | verfälscht, unecht | **~firma** *f* Gegenzeichnung *f* | **~firmar** (33) *vt* gegenzeichnen | **~floc** *m nàut* (Außen)Klüver *m* | **~fort** *m constr* Strebe-pfeiler, -bogen *m*; Widerlager *n* | (*Schuh*) Hinterkappe *f* | (*Gebirge*) *mst pl* Ausläufer *m* | *els* ~*s dels Pirineus*

die Ausläufer der Pyrenäen, die Vorpyrenäen | **~fuga** *f mús* Kontrafuge *f* | **~fur** *m* Eingriff *m* in e. Privileg («fur») | Rechts- (*bzw* Sitten-)bruch *m* | **~girar** (33) *vt banc* (*Rückwechsel*) ausstellen | **~guàrdia** *f mil arquit* Vorwall *m*.
contraindica|ció *f med* Kontraindikation, Gegenanzeige *f* | **~r** (33) *vt med* kontraindizieren | **~t** (**-ada** *f*) *adj bes med* gegenangezeigt, kontraindiziert.
contrallum *m* Gegenlicht *n* | *a* ~ bei Gegenlicht | *foto*(*grafia*) *a* ~ Gegenlichtaufnahme *f*.
contralt *m/f mús* Kontraalt *m*, Sänger(in *f*) *m* mit tiefer Altstimme.
contra|malla *f nàut* (*Netz*) Doppelmasche *f* | **~manar** (33) *vt* (*Befehl*) widerrufen | **~manifestació** *f polít* Gegenkundgebung *f* | **~marc** *m* äußerer Fensterrahmen *m* | **~marca** *f* (*bes Münzen*) Kontermarke *f*, Gegenstempel *m* | **~marcar** (33) *vt* (*bes Münzen*) mit Kontermarke *od* Gegenstempel versehen | **~marea** *f* Gegenflut *f* | **~marxa** *f tecn* Vorgelege *n* | *mil* Gegenmarsch *m* | **~mestre** *m indús* Werkmeister *m* | *nàut* Obermaat *m* | **~metzina** *f* Gegengift *n* | **~mina** *f mil* Gegenmine *f* | **~minar** (33) *vt mil* gegenminieren | *fig* entgegenarbeiten | **~mitjana** *f nàut* Kreuzmast *m* | **~mur** *m constr* Stützmauer *f*.
contra|natural *adj* (*m/f*) widernatürlich | **~ofensiva** *f mil* Gegenoffensive *f* | **~oferta** *f* Gegenangebot *n* | **~ordenar** (33) *vt* (*Befehl*) widerrufen | **~ordre** *f* Gegenbefehl *m* | *fig* Widerruf *m* | **~part** *f arc* Gegenseite *n* | *s*: *part*² *mús* Gegenstimme *f* | **~partida** *f com* Gegenposten *m* | Gegenbuchung *f* | *fig:* en ~ zum Ausgleich | **~pàs** *m folk* Kontrapaß *m* (*alter katalanischer Schreittanz*) | **~passa** *f* (*Tanz*) Gegenschritt *m* | **~passaire** *m/f* Tänzer(in *f*) *m* des «contrapàs» | **~passar** (33) *vi* (*Tanz*) aneinander vorbeischreiten | **~pèl** : *a* ~ (*loc adv*) gegen den Strich | verkehrt | **~pès** *m a. fig* Gegengewicht *n* | **~pesar** (33) *vt* (*durch e. Gegengewicht*) ausgleichen, ins Gleichgewicht bringen | **~peu** *m* (*Tanz*) Trittwechsel *m* | *bes esport: a* ~ im Gegenzug | **~pilastra** *f constr* Strebepfeiler *m* | **~porta** *f* Doppeltür *f* | **~posar** (33) *vt* entgegen-, gegenüber-stellen | **~posició** *f*

Gegenüberstellung *f* | Gegensatz *m* | en ~ *a* im Gegensatz zu | **~pressió** *f* Gegendruck *m* | **~produent** *adj* (*m/f*) das Gegenteil bewirkend | unzweckmäßig | **~projecte** *m* Gegenentwurf, Gegenplan *m* | **~proposició** *f* Gegenvorschlag, Gegenantrag *m* | **~prova** *f* Gegenbeweis *m* | Gegenprobe *f* | *gràf* Probeabzug *m* | **~punt** *m mús* Kontrapunkt *m* | **~puntarse** (33) *v/r s.* herausfordern | *s.* verfeinden | **~puntejar** (33) *vt mús* im Kontrapunkt singen | **~puntista** *m/f mús* Kontrapunktsänger(in *f*) *m* | **~puntístic** *adj mús* kontrapunktisch | **~punxó** *m tecn* Durchschlag *m* | **~quilla** *f nàut* Kielschwein *n* | doppelter Kiel *m* | **~rebut** *m* zweite Quittung *f* | **~reforma** *f hist* Gegenreformation *f* | **~registre** *m* zweite Kontrolle *f* (*bes Zoll*) | **~rèplica** *f dr* Replik, Gegenrede *f* (*auf e-e Replik*) | **~requesta** *f* Gegenforderung *f* | **~restar** (33) *vt* entgegenwirken | wettmachen | ausgleichen, aufheben | **~revolució** *f* Gegen-, Konter-revolution *f* | **~revolucionari** (**-ària** *f*) *adj* gegen-, konter-revolutionär || *s/mf* Gegen-, Konter-revolutionär(in *f*) *m*.
contr|ari (**-ària** *f*) *adj* entgegengesetzt, gegensätzlich, gegenteilig | Gegen... | widersprechend | widrig | feindlich | ~ *a* nachteilig, schädlich (*dat*) | *en* (*el*) *cas* ~ andern-, widrigenfalls | *en sentit* ~ in entgegengesetzter Richtung | ~ *a la raó* vernunftwidrig || *s/m: el* ~ das Gegenteil *n* | *el meu* ~ mein Gegner *m* | *al* ~ im Gegenteil | *al* ~ *de* im Gegensatz zu | **~àriament** *adv* gegensätzlich | entgegen ~ *a* im Gegensatz zu (*dat*) | **~ariant** *adj* (*m/f*) ärgerlich | **~ariar** (33) *vt s.* entgegen-, wider-setzen (*dat*) | entgegenstehen (*dat*) | behindern, vereiteln | (*Pläne*) durchkreuzen | ärgern, verdrießen | *això em contraria* das ärgert mich | **~ariejar** (33) *vt* widersprechen (*alg* j-m) | = **~ariar** | **~arietat** *f* Gegensätzlichkeit *f* | Hindernis *n*, Behinderung, Hemmung *f* | Ärger, Verdruß *m* | Unannehmlichkeit *f* | **~ariós** (**-osa** *f*) *adj ant* = **contrari**.
contra|roda *f nàut* (Vorder)Steven *m* | **~ronda** *f* zweite Ronde *f*, zweiter Rundgang *m* | **~segell** *m* Gegen-, Bei-siegel *n* | **~segellar** (33) *vt* gegensiegeln | **~sentit** *m* Sinnentstellung

contrast

f | Ungereimtheit *f* | Widersinn, Widerspruch *m* | **~senya** *f mil* Losungswort *n* | Kennwort *n*, Parole *f* | **~signar** (33) *vt* gegenzeichnen | **~signatura** *f* Gegenzeichnung, Mitunterschrift *f*.

contrast *m* Gegensatz *m* | *a. òpt fotog tv* Kontrast *m* | *fer (od posar)* **~** *a u/c* etw zu verhindern versuchen | *en* **~** im Gegensatz *(amb zu dat)* | *per* **~** dagegen, vergleichsweise | *substància de* **~** *(med)* Kontrastmittel *n* | **~able** *adj (m/f)* unterscheidbar | **~ament** *m* = **contrast** | **~ar** (33) *vt* widerstehen | eichen || *vi* kontrastieren | s. stark unterscheiden | s. abheben *(amb von dat)* | im Gegensatz stehen *(amb zu dat)* | *no contrastant* obwohl | *no contrastant això* trotzdem; dessenungeachtet | **~ia** *f* Eichamt *n* | Eichbüro *n*.

contra|temps *m* unerwartetes Mißgeschick *n*, Widerwärtigkeit *f* | Rückschlag *m* | *mús* Kontratempo *n* | **~torpediner** *m nàut* Torpedobootzerstörer *m* | **~trinxera** *f mil* Gegenlaufgraben *m*.

contraure (40) *vt* = **contreure**.

contra|vall *m (Festung)* Vorgraben *m* | **~valor** *m* Gegenwert *m* | **~venció** *f* Übertretung *f* | Zuwiderhandlung *f* | **~venir** (40) *vi*: **~** *a una llei* e. Gesetz übertreten; e-m Gesetz zuwiderhandeln | **~ventor(a** *f) m* Übertreter(in *f) m*, Zuwiderhandelnde(r *m) m/f* | **~verí** *m* Gegengift *n* | **~vidriera** *f* Doppelfenster *n* | **~xifra** *f* (Chiffre)Schlüssel *m*.

contreure (40) *vt* zusammenziehen, kontrahieren | verkürzen | *(Haut)* runzeln | *(Ehe, Freundschaft)* schließen | *(Krankheit)* s. zuziehen | *(Schulden)* machen | *(Verpflichtungen)* eingehen | *(Gewohnheit)* annehmen | **~'s** *v/r* s. zusammenziehen | schrumpfen, schwinden.

contribu|ció *f* Beitrag, Anteil *m* | Steuer, Umlage, Abgabe *f* | **~** *territorial* Grundsteuer *f* | **~ent** *m/f* Steuerzahler(in *f) m* | **~idor** *adj* beitragend || *s/mf* Beiträger(in *f) m* | Mitwirkende(r *m) m/f* | **~ir** (37) *vi* beitragen, mitwirken *(a zu, bei)* | **~tari** *m* = **~idor** | **~tiu** (**-iva** *f) adj* beitragend, mitwirkend | Steuer...

contrició *f ecl* vollkommene Reue *f*.

contrincant *m/f (bes bei Auswahlprüfun-*

convalescència

gen) Mitbewerber(in *f)*, Konkurrent(in *f) m* | *p ext* Rivale *m*, -lin *f*, Gegner(in *f) m*.

contri|star (33) *vt* betrüben, traurig machen | **~t(ament** *adv) adj ecl* reuevoll, reumütig.

control *m a. tecn* Kontrolle *f* | *a.* Überwachung, Aufsicht *f*; (Über)Prüfung *f*; Beherrschung, Gewalt *f* | Kontrollpunkt *m*, -station, -stelle *f* | **~** *aeri* Flugsicherung *f* | **~** *de canvi(s)* Devisenbewirtschaftung *f* | **~** *de naixements (de passaports, de qualitat)* Geburten-(Paß-, Qualitäts-)kontrolle *f* | *grup (sistema) de* **~** Kontroll-gruppe *f* (-system *m*) | *perdre el* **~** die Kontrolle (über s.) verlieren | *sota* **~** unter Kontrolle | **~able** *adj (m/f)* kontrollierbar | **~ador** *m (Person)* Aufseher, Kontrolleur *m* | **~** *aeri* Flug-leiter, -lotse *m* || *tecn* Kontrollapparat *m* | Kontroller *m* | **~ar** (33) *vt* kontrollieren | *a.* beaufsichtigen, überwachen; (über)prüfen; beherrschen | *tecn* steuern | *(Devisen)* bewirtschaften.

contro|vèrsia *f* Meinungsstreit *m*, Auseinandersetzung, Kontroverse *f* | *punt de* **~** Streitpunkt *m* | **~vertible** *adj (m/f)* bestreitbar, fragwürdig | **~vertir** (37) *vi* e-e Kontroverse austragen, streiten || *vt* bestreiten, erörtern, diskutieren | *una qüestió controvertida* e-e umstrittene *od* kontroverse Frage.

contuberni *m* Zusammenwohnen *n* | wilde Ehe *f* | *bes fig desp* Einigung *f*, Bündnis *n*.

contum|aç(ment *adv) adj (m/f)* widerspenstig | *dr* abwesend, nicht erscheinend, säumig | **~àcia** *f* Widerspenstigkeit *f* | *dr* Nichterscheinen *n* (vor Gericht), Säumnis, Kontumaz *f* | *condemnar en* **~** in Abwesenheit verurteilen | *procés en* **~** Kontumazialverfahren *n*.

contumèlia *f dr* Beleidigung *f*.

cont|undent(ment *adv) adj (m/f)* quetschend, prellend | *a. fig* schlagend | **~ús** (**-usa** *f) adj med* gequetscht, geprellt; stumpf | **~usió** *f med* Quetschung, Prellung, Kontusion *f* | **~usionar** (33) *vt* quetschen, prellen.

convalesc|ència *f* Genesung(szeit), *med* Rekonvaleszenz *f* | *entrar en* **~** genesen, *med* rekonvaleszieren | **~ent** *adj (m/f)* genesend, *med* rekonvaleszent || *s/m/f* Genesende(r *m) m/f*, Rekonvaleszent *m*.

con|vecció *f fís* Konvektion *f* | **~vector** *m tecn* Konvektor *m* | **~veí (-ïna** *f***)** *m* (*Stadt*) Mitbürger(in *f*) *m*.

conv|èncer (40) *vt* überzeugen (*de* von *dat*) | **~èncer-se** *v/r* s. überzeugen | **~encible** *adj* (*m/f*) überzeugbar, zu überzeugen | **~enciment** *m* Überzeugung *f*.

convenci|ó *f* (*bes Völkerrecht*) Konvention; Vereinbarung *f*, Übereinkommen *n*; Abkommen *n*, Vertrag *m* | (*Brauch*) *mst pl* Konvention *f* | (*Versammlung*) Kongreß *m* | la *~* de Ginebra die Genfer Konvention | la *~* Nacional francesa der französische Nationalkonvent | **~onal(ment** *adv*) *adj* (*m/f*) vertragsmäßig, konventional | herkömmlich, üblich, konventionell | **~onalisme** *m* Konventionalität, Formgebundenheit *f*, (übertriebene) Förmlichkeit *f*.

conveni *m* Vereinbarung *f*, Übereinkommen *n*; Abkommen *n*, Vertrag *m* | *dr a.* Vergleich *m* | *~* col·lectiu Tarifvertrag *m* | *~* internacional internationales Abkommen *n* | **~ble** *adj arc* = **~ent** | **~ència** *f* Zweckmäßigkeit, Angemessenheit *f* | Schicklichkeit *f* | Nutzen, Vorteil *m* | matrimoni de *~* Vernunftehe *f* | conveniències (od convencions) socials gesellschaftliche Konventionen *f pl* | **~ent(ment** *adv*) *adj* (*m/f*) angemessen, passend, angebracht, zweckmäßig | schicklich | nützlich, ratsam | **~r** (40) *vt* vereinbaren, verabreden, abmachen ‖ *vi*: *~ en u/c* in etw übereinstimmen | *en això, hi convenen tots* darin sind s. alle einig | *convinc que m'he equivocat* ich gebe zu, daß ich mich geirrt habe ‖ *vi* angebracht *od* nützlich sein (*a alg od u/c* für j-n *od* etw) | *li cal una dona, però aquesta no li convé* er braucht e-e Frau, aber diese ist nicht die Richtige für ihn | *a aquest vestit li convé* (od *cal*) *una bona planxada* dieses Kleid müßte ordentlich gebügelt werden | *aquestes condicions no em convenen* diese Bedingungen sagen mir nicht zu | *més et convindria callar* du solltest besser schweigen | *ara convé vendre* jetzt empfiehlt es sich zu verkaufen | *convindria que vinguessis* es wäre gut, wenn du kämest | *si molt* (od *tant*) *convé* womöglich | **~r-se** *v/r* s. einigen, s. verständigen.

convent *m ecl* Kloster *n* | Konvent *m* | **~ual** *adj* (*m/f*) klösterlich, Kloster... | *s/m/f* Konventua-le *m*, -lin *f* | **~ualitat** *f* Klosterleben *n* | klösterlicher Stand *m* | **~ualment** *adv* in klösterlicher Gemeinschaft.

converg|ència *f* Zusammenlaufen *n* (*zB* Linien) | *cient u. fig* Konvergenz *f* | *fig a.* Annäherung, Übereinstimmung *f* | **~ent** *adj* (*m/f*) zusammenlaufend | *cient u. fig* konvergent | *fig a.* übereinstimmend | *lent ~* Sammellinse *f* | *raigs ~s* konvergente Strahlen *m pl* | **~ir** (37) *vi* zusammenlaufen (*en un punt, en un lloc* in e-m Punkt, an e-r Stelle) | *cient u. fig* konvergieren | *fig a.* s. einander annähern, übereinstimmen.

convers *adj* bekehrt ‖ *s/mf ecl* Konvertit(in *f*) *m* | (Neu)Bekehrte(r *m*) *m/f* | Laien-bruder *m*, -schwester *f*.

convers|a *f* Gespräch *n* | Unter-haltung, -redung *f* | Konversation *f* | *~* telefònica (Telefon)Gespräch *n* | *s: conferència* | *tema de ~* Gesprächsthema *n* | *donar ~ a alg* im Gespräch auf j-n eingehen | *fer ~* (*im Unterricht*) Konversation treiben | *ficar-se en una ~* s. in e. Gespräch (ein)-mischen | *tenir una ~* (*amb alg*) (mit j-m) e-e Unterredung haben; s. (mit j-m) unterhalten | *tenir ~* redegewandt sein | *pl polít* Gespräche *n pl*, Verhandlungen *f pl* | **~ació** *f* = **conversa** | Konversationskunst *f* | **~acional** *adj* (*m/f*) *ling cient* Gesprächs... | *terapèutica ~* Gesprächstherapie *f* | **~ador** *adj* gesprächig | redegewandt ‖ *s/mf* Plauderer *m*, Plaud(r)erin *f* | **~ar** (33) *vi* s. unterhalten (*amb alg* mit j-m) | **~ejar** (33) *vi* plaudern ‖ *vt arc* anreden.

conver|sió *f* (Um-, Ver-)Wandlung *f* | *ecl* Bekehrung, Konversion *f* | *econ* Konversion, Konvertierung *f*; (*Währung*) Umtausch *m* | *ling cient* Konversion *f* | *mil* Schwenkung *f* | **~siu (-iva** *f*) *adj cient* Konversions... | **~tibilitat** *f* Umwandelbarkeit *f* | *econ* Konvertierbarkeit, Konvertibilität *f* | **~tible** *adj* (*m/f*) umwandelbar | *econ* konvertierbar, konvertibel ‖ *s/m* Kabriolett *n* | **~tidor**[1] *adj* = **~tible** | **~tidor**[2] *m ecl* Bekehrer *m* | *tecn* Konverter *m* | *elect* Umformer *m* | **~timent** *m* = **conversió** | **~tir** (37) *vt* (um-, ver-)wandeln (*en* in *ac*) | *ecl* bekehren (*a* zu *dat*) | *econ ling cient* konvertieren (*en* zu *dat*) | **~tir-se** *v/r* s. (um-, ver-)wandeln (*en* in *ac*) | *ecl* konvertieren,

übertreten (*a* zu *dat*).
convex *adj* konvex, nach außen gewölbt | **lent ~a** Konvexlinse *f* | **~itat** *f* Konvexität *f* | Wölbung *f* | **~o-còncau** (**-ava** *f*) *adj* konvex-konkav, erhabenhohl.
convic|ció *f* Überzeugung *f* | *tenir conviccions* feste Anschauungen haben | **~te** *adj dr* überführt | **~tor** *m ecl* Konviktuale *m* | **~tori** *m ecl* Konvikt *n*.
convid|ar (33) *vt* einladen (*a* zu *dat* od + *inf*) | **~at** (**-ada** *f*) *m* Gast *m*, (Ein)Geladene(r *m*) *m/f*.
convincent(**ment** *adv*) *adj* (*m/f*) überzeugend | triftig, schlagend.
convin|ença *f bes hist* = **conveni** | **~ent** *adj arc* = **convenient** | **~gut** (**-uda** *f*) *adj* vereinbart, verabredet, abgemacht.
con|vit *m* Gastmahl *n* | **~viure** (40) *vi* zusammen-leben, -wohnen (*amb* mit *dat*) | **~vivència** *f* Zusammen-leben, -wohnen *n* | **~vivent** *adj* (*m/f*) zusammen-lebend, -wohnend || *s/m/f* Hausgenosse *m*, -sin *f*.
convoca|ció *f* Einberufung *f* | Vorladung *f* | Aufruf *m* | **~dor** *adj*, **~nt** *adj* (*m/f*) einberufend || *s/m* Einberufer *m* | **~r** (33) *vt* einberufen, zusammenrufen | *dr* vorladen | (*Wettbewerb, Wahlen*) ausschreiben | (*Streik, Demonstration*) aufrufen (zu *dat*) | **~tori** (**-òria** *f*) *adj* Einberufungs... || *s/f* Einberufungsschreiben *n* | Ausschreibung *f* | = **convocació**.
convol|ució *f bot* Winden *n*, Windung *f* | **~ut** *adj bot* gewunden, zusammengerollt | **~vulàcies** *f pl bot* Windengewächse *n pl*.
convuls *adj med* an Zuckungen *od* Krämpfen leidend | zuckend; krampfhaft; verkrampft | **~ar** (33) *vt* krampfartig verzerren | *fig* erschüttern | **~ar-se** *v/r* s. krampfartig verzerren | *fig* erschüttert werden | ~ *de dolor* s. vor Schmerz winden | **~ió** *f med* Konvulsion *f*, Zuckung *f*, Krampf *m* | *fig* Erschütterung, Konvulsion *f* | **~iu** (**-iva** *f*, **-ivament** *adv*) *adj* krampfartig, konvulsiv(isch).
conxa *f* Tagesdecke *f* | Steppdecke *f*.
conxo *int euf* = **cony**.
conxorxa *f fam* Verschwörung *f* | *fer ~ amb alg* s. mit j-m heimlich zusammentun | **~r-se** (33) *v/r* s. verschwören.
cony *m pop!* Fotze, Möse *f* || *int* (*a.* als verstärkendes Füllwort) = **collons** |

~a *f pop!* Jux, Spaß *m* | Mist *m* | *fer ~* Jux machen; juxen | *de ~* aus Jux; prima.
conyac *m* Weinbrand, Kognak *m* | (*französisch*) Cognac *m* | *bombó de ~* Kognak-praline, -bohne *f* | *de color ~* cognac(farben).
coopera|ció *f* Zusammenarbeit *f* | Mitwirkung *f* | Kooperation *f* | **~dor**(**a** *f*) *m* Mitarbeiter(in *f*) *m* | Mitwirkende(r *m*) *m/f* | Mithelfer(in *f*) *m* | **~r** (33) *vi* zusammen-arbeiten, -wirken | mit-arbeiten, -wirken | *bes econ polít* kooperieren | *~ amb alg en un projecte* mit j-m an (*od* bei) e-m Projekt zusammenarbeiten | *~ a un fi comú* auf e. gemeinsames Ziel hinarbeiten | **~tiu** (**-iva** *f*, **-ivament** *adv*) *adj* kooperativ | genossenschaftlich; auf Genossenschaftsbasis; Genossenschafts... | **~tiva** *f* Genossenschaft, (*bes DDR*) Kooperative *f* | *~ de consum* (*de producció*) Konsum-(Produktions-)genossenschaft *f* | **~tivista** *adj* (*m/f*) Genossenschafts... || *s/m/f* Genossenschaft(l)er(in *f*) *m*.
coopositor(**a** *f*) *m* (*bei Auswahlprüfungen*) Mitbewerber(in *f*), Konkurrent(in *f*) *m*.
coopta|ció *f* Kooptation *f* | **~r** (33) *vt* kooptieren.
coord|enada *f mat geog* Koordinate *f* | **~inació** *f* Koordination *f* | *ling a.* Nebenordnung *f* | *conjunció de ~* nebenordnende *od* koordinierende Konjunktion *f* | **~inador** *adj* koordinierend || *s/mf* Koordinator(in *f*) *m* | **~inament** *m* Koordinierung *f* | **~inar** (33) *vt* koordinieren | *ling a.* nebenordnen | **~inat** (**-ada** *f*, **-adament** *adv*) *adj* koordiniert | *ling a.* nebengeordnet | **~inatiu** (**-iva** *f*), **~inatori** (**-òria** *f*) *adj* = **~inador**.
cop *m* (*mit der Hand, e-m Werkzeug, e-m Schläger*) Schlag *m* | (*bes mit e-m Stock, e-m Schwert, e-r Peitsche*) *a.* Hieb *m* | *lit a.* Streich *m* | (*mit dem Ellbogen, dem Kopf, e-r Stichwaffe; von Naturelementen*) Stoß *m* | (*mit dem Fuß*) *a.* Tritt *m* | (*mit der Feder, der Bürste, dem Pinsel*) Strich *m* | Hieb *m*, Prellung, Quetschung *f*; Druckstelle; Beule *f* | *fig* (*Unglück*) Schlag *m*; (*Erschütterung*) Stoß *m*; (*überraschende Tat*) Streich *m*, (*bes Überfall*) Coup *m* | = **vegada** | *~ d'aire* Erkältung *f* (*durch Zugluft*) | *~ d'ala* Flügelschlag *m* | *~ baix* (*a. fig*) Tiefschlag *m* | *~ de*

cap Stoß *m* mit dem Kopf; *esport* Kopfstoß *m*, *(Fußball)* a. Kopfball *m*; *fig* unbesonnener Entschluß *m* | ~ *d'efecte* Knalleffekt *m* | ~ *d'estat* Staatsstreich, Putsch *m* | ~ *de força* Gewaltstreich *m* | ~ *de geni* Wutanfall *m* | ~ *genial* Geniestreich *m* | ~ *de gràcia* Gnadenstoß *m* | ~ *lliure* od *franc (Fußball)* Freistoß *m* | ~ *de mà* Handreichung, Hilfe *f; mil* Handstreich *m* | ~ *de mar* Sturz-see, -welle *f* | ~ *de martell* Hammerschlag *m* | ~ *de pedal* Tritt *m* aufs Pedal | ~ *de pinzell (ploma)* Pinsel-(Feder-)strich *m* | ~ *de puny* Faustschlag *m* | ~ *de rem* Ruderschlag *m* | ~ *de sol* Sonnenstich *m* | ~ *de sort* Glücksfall *m* | ~ *de teatre* plötzliche Wendung *f*; Knalleffekt *m* | ~ *d'ull* (flüchtiger) Blick *m*; (gutes) Aussehen *n; fig* (sicherer) Blick *m* | *al primer* ~ *d'ull* auf den ersten Blick | ~ *de vent* Windstoß *m* | *donar* (od *clavar, ventar*) *un* ~ *a alg* od *a u/c* j-m od e-r Sache e-n Schlag (*bzw* Stoß) versetzen *od* geben | *em va donar un* ~ *amb el genoll* er versetzte mir e-n Stoß (*od* er stieß mich) mit dem Knie | *donar un* ~ *de planxa a un vestit* e. Kleid überbügeln | *donar-se un* ~ *al cap* s. den Kopf anstoßen, -schlagen | *dóna-hi un* ~ *d'ull de tant en tant!* schau ab u. zu danach! | *(és)ser un* ~ *(molt dur) per a alg* e. (schwerer) Schlag für j-n sein | *fer* ~ einschlagen, Eindruck machen | *fer un* ~ *de cap* s-m Herzen e-n Stoß geben | *parar el* ~ den Schlag abwehren *od* abfangen; *(Fechten)* den Hieb *od* Stoß parieren; *fig* standhalten | *rebre un* ~ e-n Schlag (*bzw* Stoß) (ab)bekommen | *tenir* ~ *d'ull* e-n (sicheren) Blick haben || (*gran*) ~ *de formigues (peix) (ant reg)* e-e (große) Menge Ameisen (Fisch) | *la criatura,* ~ *de plors, però ningú no en feia cas (fam)* das Kind weinte u. weinte, aber niemand achtete darauf | *ell,* ~ *de córrer! (fam)* er rannte u. rannte | *a* ~ *de diners (treballar)* durch viel Geld (Arbeiten) | *a* ~ *calent* im ersten Augenblick; im ersten Eifer; Knall u. Fall, auf der Stelle | *a* ~ *segur* unfehlbar; mit absoluter Sicherheit | *a* ~*s de puny* handgreiflich; *fig fam* stümperhaft | *de* ~ *(sobte, descuit* od *i volta),* *tot de* (od *d'un*) ~ mit e-m Schlag; schlagartig; auf einmal, ganz plötz-lich | *(tot) d'un* ~ auf e-n Schlag, auf einmal, gleichzeitig | *tancar una porta de* ~ e-e Tür zuschlagen | *la porta es va tancar de* ~ die Tür schlug (*od* fiel) zu *od* fiel ins Schloß || *pl* Schläge, Hiebe, Prügel *pl*.

cóp *m ant* gr(r) Kelch *m*; Becken *n* | *ant:* Hohlmaß von etwa 3 Litern | (Schnee-)Flocke *f* | *tèxt* = **cerro**.

copa *f* (Stiel)Glas *n* | Kelch *m, a. esport* Pokal *m* | *esport a.* Cup *m* | (Baum-)Krone *f* | (Waag)Schale *f* | (Knie-)Scheibe *f* (Kohlen)Becken *n* | (*Hut*) Kopf *m* | ~ *de Neptú* (*zool*) Neptunsbecher *m* | *fer la* ~ e. Glas trinken || *pl (Farbe des span Kartenspiels)* Becher *m pl (etwa* Herz).

copai|ba *f* Kopaivabalsam *m* | **~er** *bot* Kopaivabaum *m*.

copal *m* Kopal(harz *n*) *m*.

copalta *m* Zylinder(hut) *m*.

copar (33) *vt mil u. fig* (j-m) den Rückzug abschneiden | *p ext:* ~ *la banca* (*im Kartenspiel*) um die Bank spielen | *els vots (títols)* alle Stimmen (Titel) auf s. vereinigen.

coparticipa|ció *f* (Mit)Teilhaberschaft *f* | **~nt** *m/f* (Mit)Teilhaber(in *f*) *m*.

copec *m* Kopeke *f*.

copejar (33) *vt* schlagen | klopfen.

copel·la *f met* (*Tiegel*) Kapelle, Kupelle *f* | **~ció** *f met* Kupellieren *n*, Scheidung *f* | **~r** (33) *vt met* kupellieren, scheiden.

Copenhaguen *m* Kopenhagen *n*.

coper *m hist* Mundschenk *m* | **~a** *f* Gläserschrank *m*.

Cop|èrnic *m* Kopernikus *m* | **~ernicà** (**-ana**) *f) adj a. fig* kopernikanisch.

còpia[1] *f* Menge, Fülle *f* | *a* ~ *de pràctica n'aprendràs* durch viel Übung wirst du es lernen | *a* ~ *d'estudiar me'n surto* ich komme durch, indem ich fleißig lerne.

còpia[2] *f a. fig* Kopie *f* | (*Schriftstück*) *a.* Ab-, Zweit-schrift *f*; Durch-schlag *m*, -schrift *f* | *fotog a.* Abzug *m* | *a. fig* Abbild *n*; Abklatsch *m*; Nachahmung *f*.

copia|dor *adj* Kopier... || *s/m* Kopialbuch *n* || *s/f* Kopiergerät *n*, Kopierer *m* | **~da** *f* Abschreiben *n* | **~r** (33) *vt a. fig* kopieren | *a. estud* abschreiben | nachmachen | nachahmen | ~ *Brecht* (von) Brecht abschreiben | *un pintor que copia la natura* e. Maler, der die Natur abmalt.

copilot *m/f* Kopilot(in *f*) *m*.

copinya f Muschel(schale) f | = **escopinya** | = **cloïssa**.
copi|ós (**-osa** f, **-osament** adv) adj reichlich, ausgiebig | **~ositat** f Reichlichkeit, Ausgiebigkeit f.
copista m/f Kopist(in f) m.
copó m ecl Hostiengefäß, Ziborium n, Hostienkelch m.
coposseir (37) vt mitbesitzen.
copra f Kopra f | Kokosraspel f.
coprí m bot Tintling m.
coprincep m Koprinz m (*Mitherrscher von Andorra: der französische Staatspräsident u. der Bischof von La Seu d'Urgell*).
coproducció f cin tv Koproduktion f.
copr|òfag adj koprophag || s/mf Koprophage m/f | **~ofàgia** f Koprophagie f | **~òlit** m Koprolith m.
copropieta|ri (**-ària** f) m Mit-besitzer(in f), -eigentümer(in f) m | **~t** f Mit-besitz m, -eigentum n.
copsar (33) vt (im Flug) (auf)fangen | erhaschen (auf-, er-)schnappen | fig: ~ *un càrrec* e. Amt an s. reißen | ~ *un somriure* e. Lächeln auffangen od erhaschen | ~ *el sentit d'una paraula* den Sinn e-s Wortes begreifen od erfassen.
copte adj koptisch || s/mf Kopte m, Koptin f.
còpula f ling Satzband n, a. biol filos Kopula f | biol a. Begattung f.
copul|ació f biol Kopulation, Begattung f | **~ar** (33) vt paaren || vi kopulieren, s. begatten | **~ador** adj Kopulations..., Begattungs... | **~atiu** (**-iva** f) adj bes ling kopulativ | *conjunció copulativa* kopulative Konjunktion f | *verb ~* Kopula f.
coqueria f Kokerei f.
coquessa f (Fest)Köchin f.
coquet|a(ment adv) adj f kokett || s/f Kokette f | **~ejar** (33) vi kokettieren | **~eria** f Koketterie f.
coqu|í (**-ina** f, **-inament** adv) adj desp knauserig, geizig | feig(e) | hinterhältig, gemein | **~ineria**, **~inesa** f Knauserei f, Geiz m | Feigheit f | Hinterhältigkeit, Gemeinheit f.
coquitza|ció f Verkokung f | **~r** (33) vt verkoken.
cor[1] m a. fig Herz n | *poèt* Herze n | *atac de ~* Herzanfall m | *els batecs del ~* die Herzschläge m pl | *boca del ~* Herzgrube f | *inflamació del ~* Herzentzündung f | *malaltia del ~* Herzkrankheit f | *palpitacions de ~* Herzklopfen n | *trasplantament de ~* Herzverpflanzung, -transplantation f | *~ de Maria* (bot) Flammende(s) Herz n || fig: *~ meu!* Herzchen!, mein Herz! | *~ de gallina* Hasenherz n | *~ de lleó* Löwen-herz n, -mut m | *Ricard ~ de Lleó* Richard Löwenherz | *el ~ d'una poma* das Kerngehäuse e-s Apfels | *el ~ d'un enciam* das Herz e-s Salatkopfes | *~ de carxofa* (gastr) Artischokkenboden m | *el ~ de la qüestió* der Kern der Sache | *al ~ d'Alemanya* im Herzen Deutschlands | *al ~ de l'hivern* im tiefsten (od mitten im) Winter | *a ~ què vols ~ què desitges* nach Herzenslust | *amb el ~ lleuger* (*oprimit* od *anguniós*) leichten (beklommenen) Herzens | *un home de ~* e. Mann von Herz | *un home sense ~* e. herzloser Mann | *una dona de bon ~* e-e gutherzige Frau | *mal de ~* Übelkeit f | *de ~* (loc adv) auswendig | *de bon* (od *tot*) *~* (loc adv) herzlich gern(e); von (ganzem bzw aus tiefstem) Herzen | *de mal ~* od *a contracor* (loc adv) ungern, widerwillig; schweren Herzens | *anar amb el ~ a la mà* gutgläubig od ganz aufrichtig sein | *el ~ se me n'hi anava* mein Herz sehnte s. danach | *m'ha arribat al ~* das hat mir ans Herz gegriffen | *el ~ m'ho diu* ich habe es im Gefühl | *t'ho dic amb el ~ a la mà* od *la boca* ich sage es dir mit der Hand auf dem Herz(en) | (*és*)*ser tot ~* e-e Seele von Mensch sein | (*és*)*ser dur de ~* hartherzig sein | *estrènyer alg contra el ~* j-n ans Herz drücken | *fer el ~ fort* s. e. Herz fassen; das Herz in die Hand (od in beide Hände) nehmen | *guanyar el ~ d'alg* j-s Herz gewinnen | *obrir el ~ a alg* j-m sein Herz ausschütten | *portar el ~ a la boca* das Herz auf der Zunge tragen | *portar alg al ~* j-n im Herzen tragen | *posar-se en ~ de fer u/c* s. e. Herz nehmen, etw zu tun | *sortir del ~* vom Herzen kommen | (*no*) *tenir ~* (k.) Herz haben | *tenir bon* (*mal*) *~* e. gutes (böses) Herz haben | *tenir el ~ net* e. reines Herz haben | *avui tinc el ~ alegre* heute lacht mir das Herz | *tenir un ~ de pedra* e. Herz aus Stein haben | *tinc una pena al ~* mir ist das Herz schwer | *tenir en ~ de fer u/c* vorhaben, etw zu tun | *no tenir ~ de fer u/c* nicht das Herz haben (od es nicht übers Herz bringen), etw zu tun | *se'm trenca el ~ quan el veig*

tan trist es zerreißt mir das Herz, wenn ich ihn so traurig sehe | *veure's amb ~ de fer u/c* s. imstande fühlen, etw zu tun || *pl* (*Spielkarten*) Herz *n*, Coeurs *m pl*.
cor² *m* Chor *m* | *arquit a.* Empore *f* | *a cor* (*a. fig*) im Chor.
cora|da *f* Eingebung *f* | *mst pl* Eingeweide *n* (*mst pl*) | **~della** *f* Innereien *f pl* | **~gre** *m*, **~gror** *f* Sodbrennen *n* | **~l**¹(**ment** *adv*) *adj* (*m/f*) *lit* herzlich.
coral² *adj* (*m/f*) Chor... | Choral... | chorisch | *societat* ~ Chorverein *m* || *s/m* Choral *m* || *s/f* Chor *m* (*Gruppe*).
coral³ *m* = **corall** | **~et** *m bot* (Hecken-)Berberitze *f*, Gemeine(r) Sauerdorn *m*.
corall *m* Koralle *f* | *de* ~ korallen, Korallen...; korallenrot | **~ar** (33) *vi nàut* Korallen fischen | **~er** *m nàut* Korallen-fischer, -händler *m* | **~ejar** (33) *vi* Korallen fischen.
coral·l|í (**-ina** *f*) *adj* korallen, Korallen... | korallenähnlich | **~ina** *f bot* Korallenkalkalge *f* | **~oide** *adj* (*m/f*) korallenartig, korallenförmig.
corat|ge *m* Mut *m* | Beherztheit, Courage *f* | **~gia** *f* Tapferkeit *f* | **~jós** (**-osa** *f*, **-osament** *adv*) *adj* mutig | beherzt, couragiert | unerschrocken, furchtlos | tapfer.
corb¹ *adj* krumm | gebogen | *línia* **~a** krumme *od* gekrümmte Linie Kurve *f* || *s/f* Kurve *f* | *s: revolt*¹.
corb² *m ornit* Rabe *m* | *ict* Meerrabe *m* | *color d'ala de* ~ blauschwarz | ~ *de mar* Kormoran *m* | **~a** *f ornit* Rabenweibchen *n* | *ict* Meerrabe *m* | **~all** *m ict* Umber *m* | ~ *de roca* Meerrabe *m*.
corbar (33) *vt* krümmen, biegen, beugen | **~-se** *v/r* s. krümmen, s. beugen | krumm werden.
corbat|a *f* Krawatte *f*, *fam* Schlips *m* | Fahnenschleife *f* | *fer*(*-se*) *el nus de la* ~ (s.) die Krawatte (um)binden | **~í** *m* (Hals)Schleife *f*, Fliege *f*.
corbató *m ornit* junge(r)Rabe *m*.
corbell *m* Tragkorb *m* (*für Brennholz auf Lasttieren*) | **~a** *f* = **falç** | **~ot** *m* gr(s) (Garten)Messer *n*.
corbera *f* Rabennest *n*.
corbesa *f* Krümmung, Biegung *f*.
corbeta *f nàut* Korvette *f*.
corbina *f ict* Adlerfisch *m*.
corc *m* Holz-, Getreide-, Obst-wurm *m* | **~adura** *f*, **~at** *m* Wurmfraß, Wurmstich *m* | **~ar** (33) *vt* zerfressen

(*Würmer*) | **~ar-se** *v/r* von Würmern zerfressen werden | wurmig werden (*Obst*) | wurmstichig werden (*Holz u. Obst*) | anfaulen (*Zahn*) | **~at** (**-ada** *f*) *adj* wurmig | wurmstichig | (*Zahn*) kariös, angefault | **~ó** *m* = **corc** || *fig fam* Nagen *n*, Qual *f* | Nervensäge *f*, Quälgeist *m* | (*és*)*ser un* ~ *de treball* e. Arbeitstier sein | *treballar com un* ~ unermüdlich arbeiten.
corcoll *m* (*Kreisel*) Stiel *m* || *fam: caure* (*od anar*) *de* ~ auf den Hinterkopf stürzen | *fig: en Ricard* (*l'empresa*) *va de* ~ mit Richard (dem Unternehmen) geht es bergab | **~ana** *f entom* = **papaorelles**.
cor|corcar-se (33) *v/r* s. vor Kummer verzehren | **~cuitós** (**-osa** *f*) *adj* voreilig, übereilt.
cord|a *f* Seil *n* | *nàut* Tau *n* | (*Glocke*) Strang *m* | (*zum Erhängen*) Strang, Strick *m* | (*Musikinstrument, Tennisschläger*) Saite *f* | (*Bogen, Armbrust*) *a. mat* Sehne *f* | (*Uhr*) Feder *f* | ~ *fluixa* (*Seiltanzen*) Seil *n* | ~ *de nusos* Kletter-seil, -tau *n* | *la* ~ *d'estendre la roba* die Wäscheleine *f* | *les cordes del ring* die Ringseile *n pl* | ~ *dorsal* (*biol*) Rückensaite *f* | ~ *vocal* (*anat*) Stimmband *n* | *ceràmica de cordes* Schnurkeramik *f* | *escala de* ~ Strickleiter *f* | *instrument de* ~ Saiteninstrument *n* | *joc de la* ~ Seilspringen *n* | *afluixar* (*estirar od tibar*) *la* ~ (*fig*) mildere (andere *od* strengere) Saiten aufziehen | *donar* ~ *a un rellotge* (*una joguina*) e-e Uhr (e. Spielzeug) aufziehen | *donar* ~ *a alg* j-n zum Weiterreden *od* -machen antreiben | *saltar a* ~ seilspringen | *tenir* ~ aufgezogen sein (*Uhr*); *fig* e-n langen Atem haben; viel aushalten | *tocar la* ~ *sensible a alg* bei j-m e-e empfindliche Saite berühren | **~ada** *f* Seilhieb *m* | (*Bergsteiger*) Seilschaft *f* | ~ *de presos* Sträflingszug *m* | ~ *de roba* aufgehängte Wäsche *f* | **~am** *m col* Seile *n pl* | *nàut* Tauwerk *n* | **~ar** (33) *vt* (*Kleidungsstück, Verschluß*) schließen, (*mit Knöpfen*) (zu)knöpfen; (*Hakenverschluß, Aufgehaktes*) zuhaken | (*Schuh*) (zu)schnüren | (*Schnürsenkel*) zubinden | (*Schnalle, mit Schnallen*) zuschnallen | (*Hanf*) drehen, spinnen | (*Instrument*) besaiten | (*Schläger*) bespannen | (*Stühle*) flechten | **~ar-se** *v/r:* ~ *l'abric* s. (*dat*) den Mantel zu-

corder knöpfen | ~ *les sabates* s. (*dat*) die Schuhe zuschnüren | **~atge** *m col* (*Instrument*) Besaitung *f* | (*Tennisschläger*) Bespannung *f* | (*Stuhl*) Geflecht, Flechtwerk *n* | *nàut* = **~am** | **~ats** *m pl biol* Chordaten *pl* | **~ejar** (33) *vt nàut* treideln | **~ell** *m ant reg* = **cordill** | **~er**[1] *m* Seiler *m*.

corder[2] *m* = **anyell** | **~ar** (33) *vi* = **anyellar**.

corderia *f* Seilerei *f*.

cordi|al *adj* (*m/f*) herzlich | freundlich | *med* herzstärkend | *salutacions* **~s** (*Brief*) herzliche Grüße *m pl* || *s/m med* Herzmittel *n* | **~alitat** *f* Herzlichkeit *f* | Freundlichkeit *f* | **~alment** *adv s: cordial* | (*Brief*) mit herzlichen Grüßen, herzlich(st) | **~forme** *adj* (*m/f*) herzförmig.

cord|ill *m* (*dünne*) Schnur *f*, Bindfaden *m* | *tirar una línia a* ~ e-e Linie nach e-r gespannten Schnur ziehen | **~itis** *f med* Chorditis, Stimmbandentzündung *f* | **~ó** *m* Schnur *f* (*a. elect*), Kordel *f* | *a. elect* Litze *f* | (*Schuhe*) Schnürsenkel *m* | (*Schürze*) Band *n* | *agr* Schnurbaum, Kordon *m* | *biol* Strang *m* | *ecl* (Gürtel-, Leib-)Strick *m* | (*Ordensband*) Kordon *m* | Postenkette, Absperrung *f*, Kordon *m* | ~ *litoral* Nehrung *f* | ~ *nerviós* (*anat*) Nervenstrang *m* | ~ *sanitari* Cordon sanitaire, Sperrgürtel *m* | ~ *umbilical* Nabelschnur *f* | *cordons de gitana* (*bot*) Gartenfuchsschwanz *m* | *fig fam: afluixar els cordons* den Geldbeutel öffnen || *pl int euf* = **collons** | **~onada** *f* Hieb *m* mit e-m Strick | **~oner** *m* Posamenter *m* | **~oneria** *f* Posamenterie *f* | **~onet** *m* Schnürchen, Kördelchen *n* | *bot* = **espernallac**.

cordovà *m* Korduan(leder) *n*.

cor-dur *adj* hartherzig.

corea *f med* Chorea *f* | *s: ball de sant Vito*.

Core|a *f* Korea *n* | ~ *del Nord* (*Sud*) Nord-(Süd-)korea *f* | **~à** (**-ana**) *adj* koreanisch || *s/mf* Koreaner(in *f*) *m* || *s/m ling* Koreanisch *n* | *el* ~ das Koreanische.

core|jar (33) *vt mús* im Chor singen; mit Chor begleiten; (*Lied*) *a.* mitsingen | *fig* im Chor rufen; zustimmend wiederholen | **~ògraf**(**a** *f*) *m* Choreograph(in *f*) *m* | **~ografia** *f* Choreographie *f* | **~ogràfic** *adj* choreographisch.

coresforç *m reg* Anstrengung, Bemühung *f* | **~ar-se** (33) *v/r* s. anstrengen, s. bemühen.

coreu *m Lit* Choreus *m*.

corfa *f Val* = **clofolla, closca** | = **crosta** | = **escorça**.

cor|ferir (37) *vt* ins Herz treffen | *fig a.* tief bewegen | **~fondre's** *v/r fig* verschmelzen, eins sein (*amb* mit *dat*) | **~gelar-se** (33) *v/r* erfrieren (*bes Obst, Fruchtfleisch*) | *fig* (vor Schreck) erstarren | **~glaçar-se** (33) *v/r* (vor Schreck) erstarren.

cori *m biol* Chorion *n*, Zottenhaut *f*.

coriaci (**-àcia** *f*) *adj* ledern, lederartig | *fig* zäh.

cori|ambe *m Lit* Choriambus *m* | **~àmbic** *adj* choriambisch.

coriandre *m bot* Koriander *m*.

coriariàcies *f pl bot* Gerberstrauchgewächse *n pl*.

cori|bant *m hist* Korybant *m* | **~feu** *m hist teat* Koryphäe *f* | *fig* Anführer *m*.

corimbe *m bot* Doldenrispe *f*.

cori-mori *m fam* Flauheit, Schwäche *f* (*bes vor Hunger*).

corindó *m min* Korund *m*.

Cor|int *f* Korinth *n* | **~inti** (**-íntia** *f*) *adj* aus Korinth, korinthisch | *arquit: ordre* ~ korinthischer Stil *m* || *s/mf* Korinther(in *f*) *m* | **~íntic** *adj* = **~inti**.

corissó *m tèxt* Exzenter *m*.

corista *m/f* Chorsänger(in *f*) *m*, Chorist(in *f*) *m* | *teat* Revue-tänzer(in *f*) *m*, -girl *n*.

coriza *f med* Koryza *f*, Nasenkatarrh *m*.

corma *f* hölzerne Fußfesseln *f pl*.

cormòfits *m pl bot* Kormophyten *m pl*, Sproßpflanzen *f pl*.

cormorà *m ornit* Kormoran *m*.

corn *m ant reg* = **banya** | *mús* Horn *n* | Ecke, Spitze *f* | *ant mil* Flügel, Flanke *f* | *bot* = **corniol** | ~ *de caça* Jagdhorn *n* | ~ *de l'abundància* Füllhorn *n* | *els* **~s** *de la lluna* die Spitzen der Mondsichel | *capell de tres* **~s** Dreispitz *m* | **~ac** *m* Elefantentreiber *m* | **~àcies** *f pl bot* Hartriegelgewächse *n pl* | **~ada** *f* Hornstoß *m* | **~alera** *f* Traggriff *m* | **~alina** *f min* Karneol *m* | **~aló** *m* Ecke, Spitze *f* (*zB e-r Decke*) | **~amenta** *f* Gehörn, Geweih *n* | **~amusa** *f mús* Cornemuse, (*einfache*) Sackpfeife *f* | *s: sac de gemecs* | **~amusaire** *m* Dudelsackpfeifer *m* | **~ar** (33) *vi* ins Horn blasen (*od* stoßen) | **~eïtis** *f med* Hornhautentzündung *f*.

cornella *f ornit* Krähe, Aaskrähe *f* | ~ *negra* (*emmantellada*) Raben-(Nebel-)krähe *f*.

corner *m bot* Felsenbirne *f*.
córner *m esport* Eckball, Eckstoß *m*.
cornet *m* (Würfel)Becher *m* | *anat* Nasenknorpel *m* | **~a** *f mús* Zink *m* | *mil* Signalhorn *n*; Hornist *m* | **~í** *m mús* Kornett *n* || *s/m/f* Kornettist(in *f*) *m*.
corni (còrnia *f*) *adj* hornig, hornartig, Horn... || *s/f anat* Hornhaut *f* | **~cabra** *f bot* Terebinthe *f* | **~culat (-ada** *f*) *adj* hörnchenförmig | **~forme** *adj* (*m/f*) hornförmig | **~ol** *m bot* (Gemeine) Akelei *f*.
cornisa *f arquit* (Dach-, Kranz-)Gesims *n* | Karnies *n* | (*Felsen*) Vorsprung *m* | ~ *de neu* Wächte *f*.
cornuar-se (33) *v/r lit* in Ohnmacht fallen, ohnmächtig werden.
corn|ucòpia *f* Füllhorn *n* | Rokokospiegel *m* (*oft mit Rahmenleuchtern*) | **~uda** *f ict* Hammerhai *m* | **~úpeta** *adj* (*m/f*) *numis* (*Tier*) stoßbereit | **~ut (-uda** *f*) *adj* gehörnt | (*Ehemann*) *a.* betrogen || *s/m* Gehörnte(r), betrogene(r) Ehemann, Hahnrei *m*.
coro|grafia *f* Chorographie, Länderkunde *f* | **~gràfic** *adj* chorographisch.
coro|ïdal *adj* (*m/f*) Aderhaut... | **~ide** *f anat* Aderhaut *f* | **~ïditis** *f med* Aderhautentzündung, Chorioiditis *f*.
corol·la *f bot* Blumenkrone Korol-la, -le *f* | **~ri** *m* (logische) Folge *f* | *mat filos* Korollar(ium) *n*.
corologia *f biol geog* Chorologie, Arealkunde *f*.
coromina *f* = **quintana**.
corona *f* (Sieges)Kranz *m* | Krone *f* | *astr* (Licht)Hof, Strahlenkranz *m*; (*Sonne*) Korona *f* | *bot* Nebenkrone *f* | *ecl* Heiligenschein *m*; Tonsur *f* | *med* (Zahn-)Krone *f* | (*Währungseinheit*) Krone *f* | *les joies de la* ~ die Kronjuwelen *n pl* | ~ *d'espines* Dornenkrone *f* | ~ *de rei* (*bot*) Honig-, Stein-klee *m*; Steinbrech *m* | ~ *imperial* (*bot*) Kaiserkrone *f* | **~ció** *f* Krönung *f* | **~dís (-issa** *f*) *adj: un arbre* ~ e. Baum, der gestutzt *od* beschnitten werden muß | **~l** *adj* (*m/f*) *med: os* ~ Stirnbein *n* | *sutura* ~ Kranznaht *f* | **~ment** *m a.* *fig* Krönung *f* | *bes arquit* Bekrönung *f* | **~r** (33) *vt a. fig* krönen | bekränzen | *bes arquit* bekrönen | (*Baum, Strauch*) beschneiden, kappen, stutzen | **~r-se** *v/r:* ~ *de glòria* s. mit Ruhm bedecken | **~ri (-ària** *f*) *adj*

anat koronar, Koronar..., (Herz-)Kranz... | *artèries coronàries* Kranz-, Koronar-arterien *f pl* | **~t (-ada** *f*) *adj* gekrönt | *les testes coronades* die gekrönten Häupter *n pl*.
coron|dell *m gràf* (Spalten)Steg *m* | **~el** *m mil* Oberst *m* | **~ela** *f: la* ~ (*hist*) die Bürgerwehr *f* (*von Barcelona u. Ciutat de Mallorca*) | **~ell**[1] *m reg* = **~el** | **~ell**[2] *m* (*Kopf*) = **~eta** | *reg* Nadelköpfchen *n* | *arquit* Bekrönungsleiste *f* | **~ella** *adj f: finestra* ~ (*arquit*) geteiltes Bogenfenster *n* | **~eta** *f* Kränzchen *n* | Krönchen *n* | (*höchster Punkt des Kopfes*) Scheitel *m* | *ecl* Tonsur *f* | *p ext* kahle Stelle, Glatze *f* | **~il·la** *f bot* Kronwicke *f*.
corpenta *f oc* = **còrpora** | = **carcanada**.
corpetassa *f ornit* Braune(r) Sichler *m*.
còrpora *f* Rumpf, Leib *m*.
corpor|ació *f* Körperschaft, Korporation *f* | *la* ~ *municipal* der Gemeinde-, Stadt-rat *m* | **~al(ment** *adv*) *adj* (*m/f*) körperlich, Körper... | leiblich, Leibes... | *pena* ~ Körperstrafe *f* || *s/m mst pl ecl* Korporale *n* (*pl* -ien) | **~alitat** *f* Körperlichkeit *f* | Leiblichkeit *f* | **~atiu (-iva** *f*, **-ivament** *adv*) *adj* körperschaftlich, korporativ | *associació corporativa* Innung *f* | **~ativisme** *m* Körperschaftswesen *n* | *polít* Korporationensystem *n* | **~eïtat** *f* Körperlichkeit *f* | Leiblichkeit *f* | **~i (-òria** *f*, **-òriament** *adv*) *adj* körperlich, körperhaft | **~ificar** (33) *vt* verkörpern, (*dat*) Körperform geben | (*Flüssiges*) verfestigen.
corpren|dre (40) *vt* berücken, bezaubern | ergreifen, packen | **~edor** *adj* berückend, bezaubernd | ergreifend, packend.
corpu|lència *f* Korpulenz, Beleibtheit *f* | **~lent** *adj* korpulent, beleibt | **~s** *m* (*Sammlung*) Korpus, Corpus *n* | *ecl:* (*el*) ~ (*Christi*) Fronleichnam *m* | **~scle** *m anat* Körperchen *n* | *fís* Korpuskel *n* | **~scular** *adj* (*m/f*) *fís* korpuskular, Korpuskular... | *teoria* ~ (*òpt*) Korpuskulartheorie *f*.
corquim *m* Wurmfraß *m* | Gewürm *n*, Holzwürmer *m pl*.
corral *m* Geflügel-, Hühner-hof *m* | (offener) Stall *m* | Pferch *m* | **~er** *m* Stallknecht *m* | **~eta** *f* (Schweine-)Koben *m* | **~ina** *f* = **~eta** | Verschlag *m* (*für krankes Vieh, Muttertiere*).

corranda *f mús* Courante *f* | *folk* (*Art*) Reigen *m*; kurzes Volkslied *n* (*mst aus vier siebensilbigen Versen; oft improvisiert*).
corrasió *f geol* Korrasion *f*.
correbou *m folk* Stier-, Ochsen-hatz *f* (*durch Straßen*).
còrrec *m* (Wasser)Rinne *f*.
correcames *m* (*Feuerwerk*) Schwärmer *m*.
correcci|ó *f* Verbesserung, Berichtigung, Korrektur *f* | Richtigkeit *f* | (*Verhalten*) Korrektheit *f* | Mahnung; Rüge *f*, Tadel, Verweis *m*; Strafe *f* | ~ *fraterna* brüderliche Mahnung *f*; Verweis *m* unter vier Augen | ~ *de proves* (*gràf*) Korrekturlesen *n*, Fahnenkorrektur *f* | *casa de* ~ (*dr*) Besserungsanstalt *f* | *parlar* (*escriure*) *amb* ~ richtig (*od* korrekt) sprechen (schreiben) | **~onal** *adj* (*m/f*) *dr* Besserungs..., Erziehungs... || *s/m* Besserungs-, Erziehungs- anstalt *f*.
corre-corrents: *a* ~ (*loc adv*) in (aller) Eile, eilends, schleunigst.
correct|ament *adv s: correcte* | **~e** *adj* richtig, fehlerfrei, einwandfrei | (*a*. anständig, höflich) korrekt | passabel, annehmbar | (*Gesichtszüge*) regelmäßig | **~iu** (**-iva** *f*) *adj* korrigierend || *s/m* Korrektiv *n* | *med* Korrigens *n* | *dr* Zucht-, Erziehungs-mittel *n* | **~or(a** *f*) *m gràf* Korrektor(in *f*) *m*.
corre|-cuita: *a* ~ (*loc adv*) in (aller) Eile | eilends, schleunigst | hastig, übereilt | **~dís** (**-issa** *f*) *adj* Schiebe... | *porta corredissa* Schiebetür *f* | **~dissa** *f* kurzer Lauf *m* | *col mst pl* Gerenne; Auseinanderstieben *n* || *pl* Rennerei(en *pl*); Lauferei(en *pl*); Hetze *f* | **~dor**[1] *adj* (*Person, Tier, im Lauf*) schnell || *s/mf* (*Athletik*) Läufer(in *f*); (*Motor-, Rad-sport*) Rennfahrer(in *f*) *m* | *com* Makler(in *f*); Vertreter(in *f*) *m* | ~ *de borsa* (*d'assegurances*) Börsen-(Versicherungs-)makler *m* | ~ *de comerç* Handelsvertreter *m* || *s/m mil hist* Späher, Kundschafter *m* | *ornit* Rennvogel *m* | **~dor**[2] *m* Flur, Korridor; (*a. Zug, Schiff*) Gang *m* | *nàut a.* Zwischendeck *n* | *polít* Korridor *m* | *tèxt* Läufer *m* | ~ *aeri* Luftkorridor *m* | **~dora** *f agr* Bewässerungsgraben *m* | *nàut* Log(ge *f*) *n*| Logleine *f* | *tecn* Schieber *m* | **~doria** *f* Makler-geschäft *n od* -gebühr *f*.
correga|da *f* = **barranc** | **~ll** *m* = **còrrec**.
correg|ència *f* Mitregentschaft *f* | **~ent**

m/f Mitregent(in *f*) *m* | **~ible** *adj* (*m/f*) korrigierbar | (ver)besserungsfähig | **~idor** *m hist* Land-richter, -vogt *m* | **~ir** (37) *vt* verbessern, berichtigen, richtigstellen, *a. gràf* korrigieren | mahnen; tadeln, rügen; (be)strafen | ~ *alg d'un vici* j-m e. Laster abgewöhnen | ~ *proves* Korrektur(en) lesen | **~ir-se** *v/r s.* bessern | ~ *de renegar s.* das Fluchen abgewöhnen | **~nant** *adj* (*m/f*) mitherrschend || *s/m* Mitherrscher *m* | **~nar** (33) *vi* mitherrschen.
correguda *f* Lauf *m*, Rennen *n* | = **cós**; **cursa** | *mil* Streif-, Raub-zug *m* | *quina* ~ *que has fet!* wie du gelaufen *od* gerannt bist! | ~ *de bous* = **correbou** | *de* ~ hastig; im Handumdrehen; in e-m (*od* auf e-n) Rutsch; hintereinander(weg) | *en una* (*od d'una*) ~ eilig, flugs, geschwind, schnell; im (*od* in e-m) Nu.
correig *m* Lederstreifen *m* || *pl* Jochriemen *m pl*.
correla|ció *f* Wechselbeziehung, *bes cient* Korrelation *f* | **~t** *m* Korrelat *n* | **~tiu** (**-iva** *f*, **-ivament** *adv*) *adj* wechselseitig, korrelativ | Korrelations... || *s/m* Korrelat *n*.
correligionari (**-ària** *f*) *m a. fig* Glaubensgenosse *m*, -sin *f*.
corren|ça *f reg* (Aus)Fluß *m*, Absonderung *f* | *mst pl* Durchfall *m* | **~t** *adj* (*m/f*) (*Wasser*) fließend | (*Ausgaben, Kredite; Monat, Jahr*) laufend | (*Geld*) kurant, im Umlauf; gültig | geläufig, gebräuchlich, üblich; gewöhnlich; alltäglich | *aigua* ~ fließendes Wasser *n* | *el 18 del mes* ~ am 18. des laufenden Monats | *preu* ~ übliche(r) Preis *m* | *al* ~ auf dem laufenden | *estar al* ~ *de les novetats* (*dels pagaments*) über die Neuigkeiten (mit den Zahlungen) auf dem laufenden sein | *m'has de posar al* ~ *de la situació* du mußt mich über die Lage ins Bild setzen | *tenir alg al* ~ j-n auf dem laufenden halten || *s/m* Strömung *f*, *a. elect* Strom *m* | *fig a.* Tendenz *f*, Trend *m* | (*Luft*) Zug *m* | ~ *d'aigua* Wasserlauf *m* | ~ *d'aire* Luftzug *m* | ~ *aeri od atmosfèric* Luft-strömung *f*, -strom *m* | *elect:* ~ *continu* (*altern*) Gleich-(Wechsel-)strom *m* | ~ *marí* Meeres-strom *m*, -strömung *f* | *el* ~ *del Golf* der Golfstrom *m* | **~s literaris** literarische Strömungen *f pl* | *a favor del* (*od se-*

guint el) ~ mit dem Strom *od* der Strömung | *contra* ~ gegen den Strom *od* die Strömung | *anar (a) contra* ~ (*fig*) gegen den Strom schwimmen | *deixar-se dur pel* ~ (*fig*) mit dem Strom schwimmen | *tanca la finestra, que hi ha* ~! mach das Fenster zu, es zieht! | **~tia** *f* (*bes Meer*) Strömung *f* | **~tment** *adv* geläufig, gewöhnlich | **~ts** *adv* in (aller) Eile, eilends, schleunigst, (sehr) schnell.

córrer (40) *vi* rennen, *a.* esport laufen | s. (be)eilen | (schnell) fahren | schnell reiten (*Reiter*) | laufen, fließen (*Flüssigkeit*) | gehen (*Luft*), wehen (*Wind*) | ziehen (*Wolken*) | (ver)laufen (*Fluß, Weg, Gebirge*) | eilen, schnell vergehen (*Zeit*) | laufen (*Frist*) | in Umlauf sein, umlaufen, zirkulieren, kursieren (*Geld, Gerüchte, Nachrichten*) | umgehen (*Gerüchte, Nachrichten*) | verbreitet *od* üblich sein | *hem corregut tota l'estona* wir sind die ganze Zeit gerannt *od* gelaufen | *sortien corrent* sie kamen heraus-gelaufen *od* -gerannt | *corre!* lauf!; *fig a.* beeile dich!, *umg* mach schnell! | *no corris tant!* (*fig fam*) nur nicht so eilig *od* schnell!; (nur od immer) langsam! | (*em*) *corre pressa* es eilt (mir damit) | *el mes que corre* der laufende Monat | *quina joventut que corre!* das ist die heutige Jugend! | *ja no en corren, de correctors com l'Artells* Korrektoren wie Artells gibt es heute nicht mehr | *no corre ni un bri d'aire* es regt s. k. Lüftchen | *corres massa, llegint* du liest zu schnell | *van* ~ *a ajudar-lo* sie eilten ihm (*od* kamen ihm schnell) zu Hilfe | *corro a cridar-la* ich gehe sie schnell rufen | *correu a la vostra perdició* ihr rennt ins (*od* in euer) Verderben | *ara hi corro!* (*iròn fam*) denkste!, da kannst du lange warten! | *tots van* ~ *cap a ell* alle liefen *od* rannten auf ihn *bzw* ihm entgegen | *el lloguer corre des de l'1 de juny* die Miete läuft ab 1. Juni | *he corregut tot el dia per la ciutat* ich bin den ganzen Tag durch die Stadt gelaufen | *la grua corre sobre rails* der Kran läuft auf Schienen | *deixar* ~ *els estudis* das Studium aufgeben | *deixa-ho* ~! laß es sein! | *deixem-ho* ~! sprechen wir nicht mehr darüber! | *fer* ~ *la taula cap a la paret* den Tisch zur Wand rücken | *fer* ~ *u/c* (*fig fam*) etw mitgehen lassen | *a més* (*od tot*) ~ so schnell wie möglich || *vt* (*Strecke*) rennen, *a.* esport laufen | (*Land, Orte*) bereisen | (*Straßen, Geschäfte, Stadt*) ablaufen | *mil* (*feindliches Land*) (aus)plündern | *com* (*als Vertreter*) verkaufen | (*Möbel*) rücken | (*Riegel*) vorschieben | (*Vorhang*) zuziehen | ~ *bous* (*folk*) Stiere *od* Ochsen (*durch die Straßen*) hetzen | ~ *món* durch die Welt ziehen, in die Welt hinausgehen; in der Welt herumkommen; *hist* auf (die) Wanderschaft gehen *od* ziehen | ~ *perill* Gefahr laufen | *és un perill od risc que has de* ~ es ist e. Risiko das du eingehen mußt | *tots correrem la mateixa sort que ell* es wird uns allen wie ihm ergehen.

correra *f constr* (*Ziegel*) Nonne *f*.

correspo|ndència *f* Entsprechung *f* | Übereinstimmung *f* | *circ* Anschluß *m* | *mat fís* Korrespondenz *f* | Briefwechsel, Schriftverkehr *m*, Korrespondenz *f* | Post *f*, Briefe *m pl* | ~ *comercial* Handelskorrespondenz | *curs per* ~ Fernkurs *m* | *estar en* ~ *amb alg* mit j-m in Briefwechsel *od* Korrespondenz stehen | **~ndre** (40) *vi*: ~ *a* entsprechen (*dat*) | ~ *a alg* j-m zukommen, zustehen *od* gebühren; j-s Gefühle *od* Gefälligkeiten erwidern; j-m entsprechen | ~ *l'afecte d'alg* j-s Zuneigung erwidern | ~ *a una invitació* e-e Einladung erwidern | ~ *amb alg* mit j-m in Briefwechseln stehen *od* korrespondieren | **~ndre's** *v/r*: *aquesta versió no es correspon amb l'altra* diese Version stimmt nicht mit der anderen überein | *les dues cambres es corresponen per un corredor* die zwei Zimmer sind durch e-n Gang verbunden | **~nent**(**ment** *adv*) *adj* (*m/f*) entsprechend || *s/m* korrespondierendes Mitglied *n* (*e-r Akademie*) | **~nsal** *m/f* Briefpartner(in) *f*) *m* | (*Handel, Presse*) Korrespondent(in *f*) *m* | (*Presse*) *a.* Berichterstatter(in *f*) *m* | ~ *de guerra* Kriegsberichterstatter *m* | **~st** *pp/adj*: *amor* (*no*) ~ (un)erwiderte Liebe *f* | (*no*) (*és*)*ser* ~ (keine) Gegenliebe finden.

corret|atge *m* Maklervertrag *m* | Maklergebühr *f* | (*Börse*) Courtage *f* | **~er** *m com* = **corredor**.

corret|ger *m* Riemer, Sattler *m* | **~geria** *f* Sattlerei *f* | **~ja** *f* Riemen *m* | *tecn*: ~ *de transmissió* Treibriemen *m* | *fig fam*: *tenir* ~ Geduld haben; s. zu beherrschen wissen | **~jada** *f* Riemenhieb *m* ‖ *pl* = **assots** | **~jam** *m* Riemenwerk *n* | *mil* Koppelzeug *n* (*mit Schulterriemen*) | **~jola** *f bot* Ackerwinde *f* | **~ gran** (*od grossa*) Zaunwinde *f* | **~ de serp** Stockmalvenähnliche Winde *f* | **~jós** (**-osa** *f*), **~jut** (**-uda** *f*) *adj* (*Essen*) ledern, zäh | *pa ~* teigiges Brot *n*.

correu *m* Bote, Kurier *m* | (*Briefe*) Post *f* | **~ aeri** Luftpost | **tren** (*vaixell*) **~** Post-zug (-schiff) *m* | *p ext:* (*tren*) **~** Personenzug *m* | **a ~ seguit** *od pel primer ~* postwendend | **per ~** mit der Post, auf dem Postweg ‖ *pl* (*Dienst, Amt*) Post *f oficina* (*servei*) **de ~s** Postamt *n* (-dienst *m*) | **fer una reclamació a ~s** bei der Post reklamieren.

corr|ible *adj* (*m/f ant*) leicht beweglich | (*Weg*) gangbar | (*bes Geld*) = **corrent** | **~ida** *f taur* Corrida *f*, Stierkampf *m* | **~iment** *m geol* Erdrutsch *m* | *med fam* = **flux** | **~inyar** (33) *vi reg* trotten | **~iol**[1] *m* Pfad *m* | **~iol**[2] *m ornit* Regenpfeifer *m* | **~iola**[1] *f* = **~iol**[2] | **~iola**[2] *f bes oc* = **corretjola** | **~iola**[3] *f* = **politja** | **~iolada** *f* Reihe, Kolonne *f* | **~iolejar** (33) *vi* im Gänsemarsch gehen | **~ípies** *f pl fam* Durchfall *m* | **~ó** *m tecn* (*Gerät*) Rolle *f* | (*Maschinenteil*) Walze *f*.

cor-robat (**-ada** *f*) *adj:* **aquesta actriu** (*estàtua*) **em té ~** ich bin von dieser Schauspielerin (Statue) entzückt *od* hingerissen.

corrobora|ció *f* Stärkung *f* | Bestätigung, Bekräftigung *f* | **~nt** *adj* (*m/f*) stärkend | bestätigend, bekräftigend | *s/m med* Stärkungsmittel *n* | **~r** (33) *vt* stärken | *fig* bestätigen, bekräftigen | **~tiu** (**-iva** *f*) *adj* = **~nt**.

corro|ible *adj* (*m/f*) korrosionsanfällig, (leicht) korrodierend | **~ir** (37) *vt* = **corroure**.

corromp|iment *m* Verderben *n* | *fig a.* Korrumpierung *f* | **~re** (34) *vt* verderben (lassen); faulig *od* schlecht machen | (*Abgestorbenes*) zersetzen ‖ *fig:* **~ els costums** (**el gust, el llenguatge**) die Sitten (den Geschmack, die Sprache) verderben | **~ alg** j-n verderben; j-n korrumpieren; j-n bestechen; j-n (*bes e-e Minderjährige*) verführen | **~re's** *v/r* verderben | ***l'aigua estancada es corromp*** stehendes Wasser wird faulig | ***el cadàver va ~ ràpidament*** die Leiche verweste rasch ‖ *fig: amb la droga el jovent es corromp* durch Rauschgift verdirbt die Jugend | ***el sistema*** (*jutge*) ***s'ha corromput*** das System (der Richter) ist korrupt geworden | **~ut** (**-uda** *f*, **-udament** *adv*) *adj* verdorben | ***aigua corrompuda*** fauliges Wasser *n* | ***aire ~*** verbrauchte Luft *f* ‖ *fig a.* verderbt | korrumpiert | korrupt | bestechlich | *Lit: text ~* verderbter *od* korrumpierter Text.

corro|sió *f* Korrosion *f* | **~siu** (**-iva** *f*) *adj* ätzend, zerfressend | korrosiv, korrodierend | *fig* ätzend; zersetzend ‖ *s/m* Ätzmittel *n* | Beize *f* | **~ure** (40) *vt* verätzen, *a. fig* zerfressen | *quím a.* korrodieren | **~ure's** *v/r* zerfressen werden | korrodieren.

corrua *f* Reihe, Kette, Kolonne, Schlange *f* (*von Menschen, Tieren, Fahrzeugen*).

corruga|r (33) *vt* runzeln, in Falten ziehen | **~tiu** (**-iva** *f*) *adj* runz(e)lig, faltig.

corruix|ar-se (33) *v/r* wütend werden | **~es** *f pl Val fam* Rennerei(en *pl*); Hetze *f* | Ungeduld, Spannung *f*.

corrup|ció *f* Verderben *n* | Fäulnis; Zersetzung; Verwesung *f* ‖ *fig a.* Verdorben-, Verderbt-heit *f* | Korruption *f* | Bestechung; Bestechlichkeit *f* | *lit* Verderbtheit, Korrumpierung *f* | **~ dels costums** Sitten-verfall *m*, -verderbnis *f* | **~ de menors** (*dr*) Verführung *f* Minderjähriger | **~tament** *adv s. corrupte* | **~te** *adj* verderbt, verdorben | korrupt | bestechlich | **~tela** *f* Korruption(sfall *m*) *f* | **~tibilitat** *f* Verderblichkeit *f* | Verweslichkeit *f* ‖ *fig* Korrumpierbarkeit *f* | Bestechlichkeit *f* | **~tible** *adj* (*m/f*) (leicht) verderblich | fäulnisanfällig; verweslich ‖ *fig* korrumpierbar | bestechlich | **~tiu** (**-iva** *f*) *adj* verderblich, verderbend | **~tor** *adj* = **~tiu** ‖ *s/mf* Verderber(in *f*) *m* | Bestecher(in *f*) *m* | **~ de menors** (*dr*) Verführer *m* Minderjähriger.

corruque|ig *m Val* Gurren, Girren *n* | *bes fig* Turteln *n* | **~jar** (33) *vi* gurren, girren | *bes fig* turteln.

cors[1] *adj* korsisch ‖ *s/mf* Korse *m*, Korsin *f* | *s/m ling* Korsisch *n* | **el ~** das Korsische.

cors[2] *m ant* = **curs** (*Lauf; Bahn; Kurs*) | *ant* = **cós** | *hist* Kaperei *f* | **anar en ~** *od* **fer el ~** auf Kaperfahrt gehen *od* sein | **armar en ~** (*e. Schiff*) zur Kaperfahrt rüsten | **patent de ~** Kaper-

brief *m* | **~ari** (**-ària** *f*) *adj hist* Kaper..., Korsaren... || *s/m* Kaper(schiff *n*) *m*; Kórsar *m* | (*Person*) Korsar, Seeräuber *m*.
corseca|dor *adj* ausdörrend | *fig* verzehrend | **~ment** *m* Ausdörren *n* | *fig* Verzehrung *f* | **~r** (33) *vt* (Pflanzen) aus-dörren, -trocknen | *fig* grämen | verzehren | **~r-se** *v/r* aus-, ver-dorren || *fig* s. grämen | s. verzehren.
Còrsega *f* Korsika *n*.
corser *m hist* Streitroß *n* | *poèt* Roß *n*.
cort *f* Hof *m* (*e-s Herrschers*) | (*Gefolge*) *a.* Hofstaat *m* | (*Vieh*) Stall *m* | *dr* Gericht(s-hof, -saal *m*) *n* | *polít hist:* **~ general** (od **~s**) Stände-tag *m*, -versammlung *f* | *polít:* les **~s** (*Generals*) die Cortes *pl* (*spanische Volksvertretung*) | *Lit:* **~** *d'amor* Minnehof *m* | **fer la ~ a** *alg* j-m den Hof machen | **té una ~ d'adoradors** sie hat e-n Schwarm Anbeter *od* von Anbetern | *la* **~ dels bous** (*porcs*) der Ochsen-(Schweine-)stall | *fig fam:* **en aquesta ~** (*de porcs*) **no s'hi pot viure** in diesem Sau- *od* Schweine-)stall kann man nicht leben | **~al** *m* (*teilweise überdachter*) Pferch *m* || *pl And* Alm-, Senn-weiler *m* | **~aler** *m* Almhirt, Senn *m* | **~ejar** (33) *vt* (*j-m*) den Hof machen.
cort|ès (**-esa** *f*, **-esament** *adv*) *adj* höflich | *Lit: amor* **~** Minne *f* | **~esà** (**-ana** *f*) *adj* höfisch, Hof... || *s/mf* Höfling *m*, Hofdame *f* || *s/f a.* Kurtisane *f* | **~esania** *f* höfische(s) Benehmen *n* | **~esia** *f* Höflichkeit *f* | Höflichkeitsbezeigung *f* | *per* **~** aus Höflichkeit | *visita de* **~** Höflichkeitsbesuch *m*.
còrtex *m anat bot* Kortex *m* | Rinde *f* | **~ cerebral** Hirnrinde *f*.
cortical *adj* (*m/f*) *anat bot* kortikal.
corti|ella *f* Schweinestall *m* | **~na**[1] *f* (*oft pl*) Vorhang *m* | (*Fenster*) *a.* Gardine *f* | *fig* Schleier *m* | **~ de boira** (*fum, pluja*) Nebel-(Rauch-, Regen-)wand *f* | **~na**[2] = **~ella** | **~nari** *m bot* Schleierling *m* | **~natge** *m* (*Bett, Tür*) Vorhangsgarnitur *f* | **~neta** *f* (*oft pl*) Scheibengardine *f* | **~ol** *m* Ställchen *n*.
cortisona *f med* Kortison *n*.
corunyer *m bot* = **corner**.
còrvids *m pl ornit* Rabenvögel *m pl*.
corxera *f mús* Achtel(note *f*) *n*.
cos[1] *m* (*pl cossos*) Körper, *bes ecl u. lit* Leib *m* | Leiche *f*, *lit* Leichnam *m* | (*ohne Kopf*) Körper, Leib *m*; (*ohne Kopf u. Gliedmaßen*) *a.* Rumpf *m* | (*Pferderennen*) Länge *f* | Hauptteil *m* | (*Schiff, Flugzeug*) Rumpf, Körper *m* | *gràf* (*Lettern*) Körper; Schrift-grad *m*, -größe *f*; (*Schrift*)Kegel *m* | (*Wein*) Körper *m*; (*Papier, Stoff*) Stärke, Festigkeit *f* | (*Verband*) Körperschaft *f* Körper *m*; *bes mil* Korps *n* | (*Sammlung*) *bes dr* Corpus *n* | *anat quím mat fís* Körper *m* | **el ~ humà** (*animal*) der menschliche (tierische) Körper *m* | **un ~ vivent** (*mort, vell, atlètic*) e. lebender (toter, alter, athletischer) Körper *m* | **el ~ de Jesucrist** (*ecl*) der Leib Christi *od* des Herrn | **separació de cossos i béns** Trennung *f* von Tisch u. Bett | **~ de ball** Ballettkorps, Corps de ballet *n* | **~ de bombers** Feuerwehr *f* | **~ diplomàtic** diplomatisches Korps *n* | **~ docent** Lehrkörper *m*; (*Lehrer*)Kollegium *n* | **~ franc** (*hist*) Freikorps *n* | **~ mèdic** Ärzteschaft *f* | **~ de sanitat** (*mil*) Sanitätskorps *n* | **esperit de ~** Korpsgeist *m* | **~ celest** (*astr*) Himmelskörper *m* | **~ estrany** (*med*) Fremdkörper *m* | **~ legal** (*dr*) Gesetz-buch *n*, -sammlung *f*, Corpus juris *n* | **~ simple** (*quím*) Element *n*, Grundstoff *m* | **~ a ~** Mann gegen Mann | **combat** *od* **lluita a ~** Nahkampf *m* | **de ~ present** (*Leiche*) aufgebahrt; (*Trauerfeier*) mit aufgebahrter Leiche | **buscar el ~ a** *alg* (*fig fam*) j-n reizen, mit j-m Streit suchen | **què et demana el ~?** (*fam*) wozu hast du Lust?; worauf hast du Appetit? | (*és*)*ser* **~** tot sein | **estar de ~ present** aufgebahrt sein | **fer** (*od anar*) **de ~** Stuhlgang haben | **prendre ~** s. verdicken; *fig* s. verdichten; Gestalt annehmen | **no tenir res al ~** nichts im Leib haben | **tenir un** (*od el*) **diable al ~** den Teufel im Leib haben.
cos[2] *m* (*Nadel*) Öhr *n*.
cós *m* (*pl cóssos*) *ant u. hist* = **cors**[2] | *reg* Spaziergang; Ausflug *m* | *reg* Bauplatz *m* (*etwa 5 Meter breit*) | *folk* Wett-lauf *m*, -rennen *n*; Lauf-, Renn-strecke *f* (*Straße, Platz*) | **~ de bous** = **correbou** | **~ de sacs** Sackhüpfen *n*.
cosa *f* (*Gegenstand*) *a.* filos Ding *n*; *dr* Sache *f* | (*Geschehen, Umstand, Angelegenheit*) Sache *f* | **alguna ~** (irgend)etwas | **una ~** etwas | **una ~ especial** (*de valor*) etwas Besonderes (Wertvolles) | (**una**) **altra ~** etwas an-

deres | *o una ~ o l'altra* entweder das e-e od das andere | *entre una ~ i l'altra* alles in allem | *si altra ~ no* zumindest | *la mateixa ~* dasselbe | *tota ~* alles, jedes Ding | *molta ~* viel, e-e Menge *f* | *poca ~* wenig; etw Unbedeutendes; e-e Kleinigkeit; e. unbedeutender *od* würdeloser Mensch | (*una*) *bona ~* (recht) viel, nicht wenig | *enguany collirem bona ~ de blat* dieses Jahr werden wir e-e gute Weizenernte haben | *~ de* etwa, ungefähr | *~ d'una hora* etwa e-e Stunde | *~ rara!* (wie) merkwürdig! | *~ judicada od jutjada* (*dr*) rechtskräftig entschiedene Sache, «res judicata» *f* | *la ~ pública* (*polít*) die öffentliche Sache, der Staat, das Gemeinwesen | *la ~ anirà malament* die Sache wird schiefgehen | *una ~ va per l'altra* eins fürs andere | *digues-me una ~ ...* sag mal ... | *una ~ t'haig de dir* eines muß ich dir sagen | *tu seràs alguna ~* du wirst etwas werden | *això ja és una altra ~* das ist schon etwas anderes; das ist schon besser | *altra ~ seria que...* anders wäre es, wenn... | *és ~ feta* es ist beschlossene Sache, es ist abgemacht | *això no és ~ teva* das ist nicht deine Sache | *no és ~ de riure* das ist nicht zum Lachen | *és ~ d'actuar* man muß handeln | *és ~ (ben) sabuda que...* es ist bekannt, daß... | *seria ~ que s'ho pensessin* sie sollten es s. überlegen | *guarda-ho bé, no fos ~ que ho perdessis* hebe es gut auf, nicht daß du es verlierst! | *la ~ està arreglada* die Sache ist geregelt | *el nom no fa la ~* der Name tut nichts zur Sache | *fes alguna ~!* mach was! | *em fa ~ (de) menjar cargols* es ekelt mich, Schnecken zu essen | *li fa ~ (de) parlar amb el director* er hat Hemmungen, mit dem Direktor zu sprechen | *en això hi ha alguna ~ de veritat* daran ist etwas Wahres | *ha passat una ~ terrible* es ist etwas Schreckliches passiert | *saps una ~?* weißt du schon das Neueste?; weißt du was? | *surts amb cada ~!* was du nicht alles sagst! | *com (aquell) qui no vol la ~* als ob man es nicht möchte; (wie) beiläufig *od* obenhin | *pl* Sachen *f pl*, Dinge, *bes desp* Dinger *n pl*, Zeug *n* | *fig* Sachen *f pl*, Dinge *n pl* | *el curs* (*l'estat*) *de les coses* der Lauf (die Lage) der Dinge | *quines coses!* das sind ja nette Sachen!; Sachen gibt's! | *coses d'en Pau!* das ist echt Paul! | *entre altres coses* unter anderm | *totes les coses* alles, jedes Ding | *en totes les coses* in allen Dingen, in (*od* bei) allem | *sobre totes les coses* vor allen Dingen | *anar al fons de les coses* allem auf den Grund gehen | *dir* (*od anomenar*) *les coses pel seu nom* die Dinge (od das Kind) beim Namen nennen | *dir quatre coses ben dites a alg* j-m tüchtig die Meinung sagen | *són coses que passen od de la vida* so was kommt eben vor | *tal com estan les coses* so wie die Dinge liegen | *aquestes coses no es fan* so was macht man nicht | *porta totes les teves coses!* bring alle deine Sachen mit! | *en Joan té unes coses!* Hans ist sehr eigen(artig).

cosac *adj* Kosaken... ‖ *s/mf* Kosak(in *f*) *m*.
coscoll|(**a** *f*) *m bot* Kermeseiche *f* | **~ar** *m* Kermeseichenheide *f*.
coscorra *f reg* = **esquella**.
cosecant *f mat* Kosekans *m*.
cosí (**-ina** *f*) *m* Cousin(e *od* Kusine, *arc reg* Base *f*), Vetter *m* | *~ germà* (*prim od segon*) Vetter ersten (zweiten) Grades | *en Pere i la Núria són cosins* Peter u. Núria sind Cousin u. Cousine.
cosid|**or** *adj* nähend ‖ *s/mf* Näher(in *f*) *m* ‖ *s/m* Näh-raum *m*, -abteilung *f* | Näh-kasten, -korb, -tisch *m* ‖ *s/f* gràf Heftmaschine *f* | **~ura** *f* Naht(stiche *m pl*) *f* | *s: costura*.
cosina‖**lla** *f col* Vetternschaft *f* | **~tge** *m* Vetternschaft, Verwandtschaft *f*.
cosinus *m mat* Kosinus *m*.
cosi|**r** (40) *vt* (an-, auf-, zu-, zusammen-) nähen | gràf (*Buch*) heften | *màquina de ~* Näh- (gràf Heft-)maschine *f* | *~ a màquina* mit der Maschine nähen | *med: ~ una ferida* (*alg*) e-e Wunde (j-n) nähen | *fig: ~ alg a punyalades* (*a trets*) j-n mit Dolchstichen (Kugeln) durchlöchern | **~t** (**-ida** *f*) *pp*/*adj: ~ a mà* handgenäht | *una cara cosida de* (*taques de*) *verola* e. pokkennarbiges Gesicht *m* ‖ *s/m* Nähen *m* | Naht(stiche *m pl*) *f* | gràf Heften *n* | *s: costura*.
cosmètic *adj* kosmetisch | *s/m* Schönheitsmittel, Kosmetikum *n* | **~a** *f* Kosmetik, Schönheitspflege *f*.
còsmic *adj* kosmisch | *lleis còsmiques* kosmische Gesetze *n pl* | *radiacions còsmiques* kosmische Strahlungen *f pl*.
cosm|**ogonia** *f* Kosmogonie *f* | **~ogònic** *adj* kosmogonisch | **~ògraf** *m* Kos-

mograph *m* | **~ografia** *f* Kosmographie *f* | **~ogràfic** *adj* kosmographisch | **~ologia** *f* Kosmologie *f* | **~ològic** *adj* kosmologisch | **~onauta** *m/f aeron* Kosmonaut(in *f*) *m* | **~onàutica** *f* Kosmonautik, Raumfahrt *f* | **~opolita** *adj* (*m/f*) kosmopolitisch | *s/m/f* Kosmopolit(in *f*), Weltbürger(in *f*) *m* | **~opolític** *adj* kosmopolitisch | **~opolitisme** *m* Kosmopolitismus *m* | **~orama** *m* Kosmorama *n* | **~os** *m* Kosmos *m*, Weltall *n* | **~otró** *m* Kosmotron *n*, Teilchenbeschleuniger *m* | **~ovisió** *f* Weltanschauung *f*

cos|ó (-ona *f*) *adj* schmeichlerisch, auf-, zudringlich || *s/mf* Schmeichelkatze *f*, -kätzchen *n* || *s/m* Weichling *m* | **~oneria** *f* Auf-, Zu-dringlichkeit *f* | Schmeichelei *f* | Weichlichkeit *f*.

cospí *m bot* Haftdolde *f* («platycarpos»).

coss|ar(-se) (33) *vt*(*r*) (s.) schnüren (*mit e-m Mieder*) | **~at (-ada** *f*) *pp/adj*: *una dona ben cossada* e-e wohlgestaltete Frau | *anava sempre molt cossada* sie ging immer stark geschnürt | **~atge** *m* Taille, Figur *f* | *nord-cat* Mieder, Korsett *n* | **~elet** *m hist* Korselett *m*, Brustharnisch *m* | *ins* Brustschild *m* | **~et** *m* kl(r) Körper *m* | Figürchen *n* || (*Kleidung*) Korsage *f* | Leibchen | = **cotilla**.

cossi *m* Wasch-bütte *f*, -trog *m*.

cossigolles, còssigues, cossiguetes *f pl reg* = **pessigolles**.

cossiol *m* kl(e) Bütte *f*, kl(r) Trog *m*.

cossol *m mst pl reg* Fundament *n* | **~ar** (33) *vt* fundamentieren.

cost[1] *m bot* Balsamkraut *n*.

cost[2] *m* Kosten *pl* | *~ fix* (*variable*) fixe *od* feste (variable) Kosten *pl* | *~ de la vida* Lebenshaltungskosten *pl* | (*a*) *preu de ~* (zum) Selbstkostenpreis *m* | *calcular els ~(o)s* die Kosten berechnen | **~a**[1] *f*: *a ~ d'alg* auf j-s Kosten, auf Kosten von j-m | *a ~ meva* auf meine Kosten | *a ~ de la salut* (*de perdre la feina*) auf Kosten der Gesundheit (s-r Stelle) | *a ~ d'esforç* mit gr(r) Anstrengung | *a ~ de sacrificis* unter gr(n) Opfern | *a tota ~* um jeden Preis || *pl dr* Kosten *pl*.

cost|a[2] *f ant* = **costella**; = **costat** | Küste *f* (Ab)Hang *m* | Küste *f* | *~ amunt* (*avall*) bergauf (bergab) | *pujar ~ amunt* bergauf steigen | *em ve* (*od se'm fa*) *~ amunt* (*fig*) es fällt mir schwer;

es kommt mich hart *od* sauer an | *~ baixa* (*brava*) flache (steile) Küste; Flach-(Steil-)küste *f* | *som a la ~* wir sind an der Küste *od* am Meer | *seguir la ~* die Küste entlangfahren | *la ↙ d'Ivori* (*d'Or*) die Elfenbein-(Gold-)küste | *↙ Rica* Costa Rica, Kostarika *n* | **~al**[1] *m* großer Sack *m* | Brennholzbündel *n* | (*Lasttier*) Seiten-saum *m*, -last *f* | **~al**[2] *adj* (*m/f*) Rippen... | *med* kostal | **~àlgia** *f med* interkostale Neuralgie *f* | *adj* Küsten... || *s/f mil* Flanke *f*.

costar (33) *vi* kosten | *fig a.* Mühe kosten *od* machen; schwerfallen | *el llibre m'ha costat mil pessetes* (*molt car*) das Buch hat mich tausend Peseten (viel Geld) gekostet | *m'ha costat un ull* (*de la cara* od *un ronyó*) (*fam*) es hat mich e. Heidengeld gekostet | *costa molt* (*poc*) es kostet viel (wenig); *fig* es ist schwer (leicht) | *no us ~à gens d'aprendre català* es wird euch leichtfallen, Katalanisch zu lernen | *què et costava de telefonar?* du hättest doch anrufen können! | *això et ~à car!* (*fig*) das wird dich teuer zu stehen kommen! | *~ sacrificis* (*temps, la vida*) Opfer (Zeit, das Leben) kosten | *costi el que costi* um jeden Preis; koste es, was es wolle.

costa-riqueny(a *f*) *adj* costaricanisch, aus Costa Rica || *s/mf* Costaricaner(in *f*) *m*.

costat *m* (*Körper; Gegenstand; Raum; Richtung*) *a. geom nàut fig* Seite *f* | *mst pl* Hüfte(n *pl*) *f* | (*Winkel*) Schenkel *m* | *fig a.* (*Person*) Stütze *f* | *està paralitzat d'un ~* (*del ~ dret*) er ist auf e-r (der rechten) Seite gelähmt | *tinc punxades al ~* ich habe Stiche in der Seite; ich habe Seitenstechen | *en aquest* (*a l'altre*) *~ del riu* auf dieser (auf der anderen) Seite des Flusses | *per un ~ limita amb el bosc* es grenzt an e-r Seite (*od* seitlich) an den Wald | *inclinar-se* (*cap*) *a un ~* s. zur Seite (*od* seitwärts) neigen | *de quin ~ ve el vent?* aus welcher Richtung weht der Wind? | *per quin ~ atacaran?* von welcher Seite werden sie angreifen? | *els ~s d'una pàgina* die Ränder e-r Seite | *~ bo* (*feble*) gute (schwache) Seite *f* | *la paperera és al ~* (*de la taula*) der Papierkorb steht daneben (neben dem Tisch) | *els pares són al ~, amb els veïns* die Eltern sind nebenan, bei den Nachbarn | *seien al meu ~* sie

saßen neben mir | *només se sent segura al ~ d'ell* nur an s-r Seite (*od* bei ihm) fühlt sie s. sicher | *al ~ d'aquests regals, el meu fa riure* neben (*od* im Vergleich zu) diesen Geschenken wirkt meines lächerlich | *sèiem de ~* od *per ~* wir saßen nebeneinander *od* Seite an Seite | *vaig caure (posar-ho) de ~* ich fiel (stellte es) auf die Seite | *ell dorm (neda) de ~* er schläft (schwimmt) auf der Seite | *de ~ hi entra* seitlich geht es hinein | *la barca va de ~* das Boot ist zur Seite geneigt *od* hat Schlagseite | *el vent ve de ~* der Wind kommt von der Seite | *vent de ~* Seitenwind *m* | *retrati'm de ~!* porträtieren Sie mich von der Seite! | *si et gires de l'altre ~, dormiràs més bé* wenn du dich auf die andere Seite drehst, wirst du besser schlafen | *venia gent de tots ~s* es kamen Leute von allen Seiten | *estàvem assetjats per tots ~s* wir waren von allen Seiten belagert | *per un ~ ..., per l'altre ...* auf der einen Seite ..., auf der anderen ..., einerseits ..., andererseits ... | *fer ~ a alg* (*fig*) j-m zur Seite stehen | *no moure's del ~ d'alg* j-m nicht von der Seite gehen *od* weichen | *tenir bons ~s* (*fig*) einflußreiche Beziehungen haben.
costejar[1] (33) *vt nàut: vam ~ Mallorca* wir fuhren die Küste Mallorcas entlang || *vi: feia una setmana que costejaven* sie fuhren seit e-r Woche an der Küste entlang *od* längs der Küste.
costejar[2] (33) *vt* bezahlen, die Kosten (*gen*, für *ac*) tragen.
costell *m hist dr* Schandpfahl *m*.
costell|a *f* Rippe *f* | *gastr a.* Rippchen; Kotelett *n* | *nàut aeron a.* Spant *n* | *fig* (*Ehefrau*) bessere (*od* schönere) Hälfte *f* || *fam: anar de costelles* auf die Seite (*od* den Rücken) fallen | *tocar les costelles a alg* j-m mit dem Buckel schmieren, j-n verprügeln | *se't veuen les costelles* bei dir kann man die Rippen zählen | **~ada** *f col* = **~am** | Stoß *m* in die Rippen | *gastr* Kotelettengrillade *f* (*bes* im Freien) | **~am** *m col anat* Rippen *f pl* | *col tecn* Gerippe, Gerüst *n*; *nàut aeron a.* Spanten *n pl* | **~atge** *m bes tecn* = **~am** | **~eta** *f*, **~ó** *m* kl(e) Rippe | Rippchen, Kotelett *n* | **~ut** (**-uda**) *adj* mit starken Rippen.
coste|nc *adj* = **costaner** | **~r** *adj* abfallend, abschüssig | Hang... | seitlich, Seiten... | *venir ~* schwerfallen; zuwider *od* unangenehm sein || *s/m* (Ab)Hang *m* | (*Schreinerei*) Halbholz *n* (*mit Rinde*) || *s/f* Küste *f*, *poèt* Gestade *n* | (Ab)Hang *m* | (*Fischreuse*) Rohrverstärkung *f* | **~rejar** (33) *vt/i* = **costejar**[1] | **~rós** (**-osa** *f*) *adj Val* = **~rut** | **~rut** (**-uda** *f*) *adj* steil | *fig* schwer, schwierig.
costós (**-osa** *f*, **-osament** *adv*) *adj* kostspielig, teuer.
costum *m* (An)Gewohnheit *f* | (*Gemeinschaft*) Brauch *m*, (*a.* ethisch, moralisch) Sitte *f* | *~ del país* Landes-sitte *f*, -brauch *m* | *els ~s catalans* die katalanischen Bräuche *od* Sitten u. Gebräuche *pl* | *altres temps, altres ~s* andere Zeiten, andere Sitten | *la força del ~* die Macht der Gewohnheit | *bon ~* gute (An)Gewohnheit; gute Sitte *f* | *atemptar contra els bons ~s* gegen die (guten) Sitten verstoßen | *mal ~* schlechte (An)Gewohnheit; schlechte Sitte; Unsitte *f* | *un home de mals ~s* e. Mann mit schlechten Sitten | *de ~* gewöhnlich, üblich; normalerweise | *arribes més tard que de ~* du kommst später als sonst an | *és ~ de passar el Nadal en família* es ist Brauch (*od* Sitte), Weihnachten im Kreis der Familie zu verbringen | *tinc (el) ~* (*od tinc per ~*) *de llevar-me d'hora* ich stehe gewöhnlich früh auf; *lit* ich pflege früh aufzustehen | **~ari** *m* Sitten-beschreibung, -sammlung *f* | *ecl hist* Consuetudines *pl* | **~isme** *m Lit* Sitten-, Milieu-schilderung *f* | **~ista** *adj* (*m/f*) Sitten..., Milieu... | *novel·la* (*drama*) *~* Sitten-roman *m* (-stück *n*).
costur|a *f* Naht *f* | Nähen *n* | Näharbeit *f* | Näherei; Schneiderkunst *f* | *hist* Mädchenschule *f* | *fam* Narbe *f* | *alta ~* Haute Couture *f* | *saló d'alta ~* Modesalon *m* | *aplanar les costures a alg* (*fam*) j-m das Fell gerben | **~er(a** *f*) *m* Näher(in *f*) *m* | *s/m* Näh-kastenkorb, -tisch *m* || *s/f hist* Lehrerin *f* (e-r «costura»).
cot[1] *adj* gebeugt, gesenkt | *amb el cap ~* mit gesenktem Kopf.
cot[2] *f ant reg* Schleif-, Wetz-stein *m*.
cot[3] *m And* Geldstrafe *f*.
cot[4] *m hist* Überrock *m* | **~a**[1] *f hist* Gewand *n* | *ecl* (*Ministrant*) Kutte *f*, Chorhemd *n* | *~ d'armes* Tappert, Waffenrock *m* | *~ de malles od malla* Panzer-, Ketten-hemd *n*.
cota[2] *f geog* Kote, Höhenzahl *f*.

cotador *adj* stößig.
cotangent *f mat* Kotangens *m*.
cotar (33) *vt* (mit den Hörnern) stoßen.
cotera *f* = **fitora**.
cotí *m tèxt* Drillich *m*.
cotiflat (-ada *f*) *adj Bal* kränklich, schwächlich.
còtila *f anat* (Gelenk)Pfanne *f*.
cotil|èdon, -edó *m biol* Kotyledone *f* | *bot a*. Keimblatt *n* | **~edoni** (-ònia *f*) *adj: plantes cotiledònies* Keimpflanzen *f pl*.
cotill|a *f* Korsett *n* | *s: faixa* | **~aire** *m/f* Korsett-hersteller(in *f*) *m od* -verkäufer(in *f*) *m* | **~eria** *f* Korsett-fabrik *f od* -laden *m* | **~ó** *m* Kotillon *m*.
cotiloide *adj* (*m/f*) kelch-, pfannen-förmig.
cotissa[1] *f tèxt* Zettelfransen *f pl*.
cotissa[2] *f* (*Wappenkunde*) schmaler Streifen *m* | **~t** (-ada *f*) *adj* schmalgestreift.
cotitza|ble *adj* (*m/f*) *econ* notierbar | **~i negociable** börsenfähig | **~ció** *f econ* Kurs *m*, Notierung *f* | Beitragszahlung *f* | *butlletí de* **~** Kurszettel *m* | **~ de valors** Effektenkurse *m pl* | **~r** (33) *vt econ* notieren || *vi* Beitrag zahlen | **~r-se** *v/r a. fig* hoch im Kurs stehen.
cotna *f* (*bes Speck*) Schwarte *f* | Rinde, Kruste *f* | **~r** (33) *vt* schälen | *fig fam* schröpfen, ausnehmen, neppen.
cotó *m* Baumwolle *f* | Baumwollstoff *m* | **~ en floca** (*od en pèl, fluix*) Rohbaumwolle *f* | *med:* **~ hidròfil**, *fam:* **~ fluix** (Verband)Watte *f* | *una camisa de* **~** e. Hemd aus Baumwolle, e. baumwollenes Hemd, e. Baumwollhemd *n* | *teixits de* **~** Baumwolltextilien *pl*.
cotoliu *m ornit* Wiesenpieper *m*.
coton|ada *f* Baumwollstoff *m* | **~aire** *m/f* Baumwollhändler(in *f*) *m* | Baumwollpflanzer(in *f*) *m* | **~er**[1] *m bot* Baumwolle *f*, Baumwollstrauch *m* | **~er**[2] *adj* Baumwoll... | *indústria* **~a** Baumwollindustrie *f* || *s/m/f* = **~aire** | **~eria** *f* Baumwollindustrie *f* | **~ia** *f* (Baumwoll)Zwillich *m* | **~ina** *f* Katun *m* | **~ós** (-osa *f*) *adj* wollig, flauschig, flaumig.
cotorliu *m* = **cotoliu**.
cotorr|a *f ornit* (Amazonen)Papagei; Mönchssittich *m* | *fig fam* Klatschbase, Schwätzerin *f* | **~eig** *m* Geschwätz *n*, Klatscherei *f* | **~ejar** (33) *vi* schwatzen, klatschen.
coturn *m hist teat* Kothurn *m*.
cotutor *m* Mitvormund *m*.

cotxa *f ornit* Rotschwanz *m* | **~ cua roja** Gartenrotschwanz *m* | **~ fumada** Hausrotschwanz *m*.
cotx|ada *f* Fuhre, (Wagen)Ladung *f* | **~e** *m hist* (*Gespann*) Kutsche *f*, Wagen *m* | *aut* Auto *n*, Wagen *m* | *ferroc* Wagen, Waggon *m* | **~ de línia** Überlandbus *m* | **~ de lloguer** Miet-auto *n*, -wagen, Leihwagen *m* | **~ de(ls) morts** Leichenwagen *m* | **~er** *adj: porta* **~a** (Haus)Einfahrt *f*, Torweg *m* || *s/m/f* Kutscher(in *f*) *m* || *s/f* Wagenhalle, Remise *f* (*bes für Busse u. Straßenbahnwagen*) | **~eria** *f* (Wagen)Schuppen *m* | Wagenmietstelle *f* | **~et** *m* Wägelchen *n* | *bes* Kinderwagen *m*.
cotxinilla *f* (*entom u. Farbstoff*) Koschenille *f*.
coudin|ar *m*, *reg* **~etes** *f pl* Kochen *n* (*als Spiel*) | *fer* **~** Kochen spielen.
coulomb *m elect* Coulomb *n*.
coure[1] (40) *vt* kochen, garen, gar machen | (*Kuchen*) backen | (*Ton, Ziegel*) brennen | (*Essen*) *a*. verdauen | (*Pflanzen*) ausdörren, versengen || *vi* kochen, garen, gar werden | jucken, brennen (*Wunde, Körperteil*) | brennen, scharf sein (*Speise*) | *fig* kränken, ärgern, schmerzen | *els ulls em couen* mir brennen die Augen | *aquesta salsa cou molt* diese Soße ist brennend scharf.
cour|e[2] *m* Kupfer *n* | **~er** *m* Kupferschmied *m* | **~im** *m col* Kupfer(geschirr) *n*.
cova *f* Höhle *f* | *una* **~** *de lladres* (*a. fig*) e-e Räuberhöhle *f*.
cova|da *f a. fig* Brut *f* | **~dor** *m* Brutnest *n*, -korb *m* | **~ment** *m* Brut *f*, Brüten *n* | **~r** (33) *vt* (aus)brüten | *fig a*. (nach)grübeln (*od* brüten) über (*ac*) | (*Krankheit*) ausbrüten; ausschwitzen | **~ el foc** das Feuer schwelen lassen; am Feuer hocken | **~ patates** Kartoffeln in der Glut garen | *vi* brüten | schwelen (*Feuer, Leidenschaft*) | *reg* (krank *od* faul) im Bett liegen | **~r-se** *v/r: l'arròs s'ha covat* der Reis ist verquollen (*durch zu langes Stehen*).
covard|(ament *adv*) *adj* feig(e) || *s/m/f* Feigling *m* | **~ia** *f* Feigheit *f*.
cova|rot *m* Nestei *n* | (*a. ou* **~**) Windei *n* | **~terra** *m ornit* = **enganyapastors**.
cove *m* gr(r) (Trag)Korb *m* | Kiepe *f* | **~ bugader** Wäschekorb *m* | *a coves* körbeweise | *fer-ne una com un* **~** (*fam*) e-n Bock schießen | **~nada** *f* Korb *m* (*Inhalt*) | **~ner** *m* Korbmacher *m* |

Korb(waren)händler *m* | ~net *m* Körbchen *n*.
cover *m* = **covador** | ~**a** *f* Brutigkeit *f*.
coverbo *m Bal* Scherz; Witz *m* | *fer un* ~ *amb alg* mit j-m scherzen || *pl* Umschweife *m pl*.
coverol *m teat* Souffleurkasten *m*.
cox|al *adj* (*m/f*) *med* Hüft... | ~**àlgia** *f med* Koxalgie *f*, Hüftschmerz *m* | ~**itis** *f med* Koxitis, Hüftgelenkentzündung *f*.
crac *int onomat* krach! || *s/m* Krach *m* | *fig a*. Zusammenbruch *m* | *esport* Crack *m* | *fig fam* (*Mann*) Niete, Null *f* | ~**ant** *m text* Knistern *n* (*von Naturseide*) | ~**ar** (33) *vt quím* kracken.
cran *m* Einschnitt *m*, Kerbe *f* (*als Zeichen*) | ~**ar** (33) *vt* kerben.
cranc *m crust* (*ant a. med*) Krebs *m* | ~ *de riu* Flußkrebs *m* | ~ *de mar* Strandkrabbe *f* | *astr: el* ~ Krebs *m* | *anar* (*od caminar, fer*) *com els* ~*s* im Krebsgang gehen, krebsen | ~**a** *f crust* = **cabra**.
crani *m anat* Schädel *m*, Kranium *n*, Hirnschale *f* | ~**à** (-**ana**) *f*) *adj* = ~**al** | ~**al** *adj* (*m/f*) Schädel..., kranial | *ossos* ~*s* Schädelknochen *m pl* | ~**at** (-**ada**) *f*) *adj: animals* ~*s* Schädeltiere *n pl*, Kranioten *m pl* | ~**ologia** *f med* Kraniologie, Schädellehre *f* | ~**ometria** *f med* Kraniometrie, Schädelmessung *f* | ~**omètric** *adj* kraniometrisch.
cranque|jar (33) *vi* krebsen, im Krebsgang gehen | ~**t** *m fam* Krebschen *n*, *bes* Muschel- *bzw* Einsiedler-krebs *m*.
cràpula *f* Trunkenheit *f* | *p ext* Schwelgerei, Ausschweifung *f* || *s/m* Lump *m*, Kanaille *f*.
crapulós (-**osa**) *f*) *adj* schwelgerisch | *vida crapulosa* Luderleben *n*.
craquejar (33) *vi* krachen, knacken.
cras (**crassa**) *f*) *adj lit* (*Irrtum, Unwissenheit; mst vorgestellt*) grob, kraß | *bot* sukkulent | ~**i** *f ling med* Krasis, Krase *f* | ~**situd** *f* Kraßheit *f* | *bot* Sukkulenz *f* | ~**sulàcies** *f pl bot* Dickblattgewächse *n pl*.
crater *m hist* (*Krug*) Krater *m*.
cràter *m geol* Krater *m*.
cratícula *f* kl(s) Gitter *n* | *ecl* kl(s) Gitterfenster *n* | *art* Quadrierung *f*, Liniengitter *n*.
crea|ció *f* Schöpfung, Erschaffung *f* | Schaffung *f*, Schaffen *n* | Gründung *f* | Ernennung; *ecl* Kreierung *f* | *art* Schöpfung *f*, Werk *n*; (*bes Mode*) Kreation *f* | *la* ~ *del món* die Erschaffung der Welt | *les meravelles de la* ~ die Wunder der Schöpfung | *les creacions de Miró* die Schöpfungen Mirós | ~**dor** *adj* schöpfend | schöpferisch | *acte* ~ Schöpfungsakt *m* | *esperit* ~ Schöpfergeist *m* | *s/mf* Schöpfer(in *f*) *m* | Urheber(in *f*) *m* | Gründer(in *f*) *m* | *el* ~ der Schöpfer *m* | ~**r** (33) *vt* (er)schaffen | gründen | *adm* ernennen; *ecl* kreieren | (*Mode, Stil*) kreieren | schaffen; verursachen; bereiten | *Déu ha creat el món* Gott hat die Welt erschaffen | *Èsquil creà la tragèdia* Aeschylos schuf die Tragödie | ~**tina** *f quím* Kreatin *n* | ~**tinina** *f* Kreatinin *n* | ~**tiu** (-**iva** *f*) *adj* schöpferisch, kreativ | ~**tivitat** *f* Schöpfer-geist *m*, -kraft *f*, Kreativität *f*.
creba|nt *m ant* Aufschlag, Aufprall *m* | Schwächung *f* | Zerrüttung *f* | ~**ntar** (33) *vt a. fig* brüchig machen, schwächen | (*Gesundheit*) *a.* zerrütten | (*Gesetz*) übertreten | ~**ntar-se** *v/r* brüchig werden; *s.* schwächen | ~**r** (33) *vi ant nord-cat* platzen.
crec *int onomat* klirr! || *s/m* Klirren *n*.
creden|ça *f a. ecl* Kredenz *f* | ~**cial** *adj* (*m/f*) beglaubigend | Beglaubigungs... || *s/f mst pl dipl* Beglaubigungsschreiben, Akkreditiv *n* | Ernennungsurkunde *f*.
credibilitat *f* Glaubhaftigkeit *f* | Glaubwürdigkeit *f*.
crèdit *m* Glaubwürdigkeit *f* | Vertrauen *n*, Zuversicht *f* | Ansehen *n* | *econ* Kredit *m*; *a*. Kredit-würdigkeit *f*, -wesen *n*; (*Gut*)Haben, Kredit *n* | ~ *bancari* (*hipotecari, territorial, en blanc*) Bank-(Hypothekar-, Boden-, Blanko-)kredit *m* | *lletra* (*od carta*) *de* ~ Akkreditiv *n*, Kreditbrief *m* | *targeta de* ~ Kreditkarte *f* | *a* ~ auf Kredit | *digne de* ~ glaubwürdig | *donar* ~ *a u/c* e-r Sache Glauben schenken | *fer* ~ *a alg* j-m Kredit geben *od* gewähren.
credit|ici (-**ícia** *f*) *adj* Kredit... | ~**or** *m* Gläubiger *m*.
credo *m a. fig* Glaubensbekenntnis, (*a. Messe*) Kredo *n* | *fam: (en) el temps de dir un* ~ (*od un crec en un Déu*) *od en un* ~ im Nu.
crèdul *adj* leichtgläubig.
credulitat *f* Leichtgläubigkeit *f*.
cre|ença *f* Glaube *m* (*en an ac*) | *a*. Be-

creixa
kenntnis *n*, Religion *f* | *mst pl* Überzeugung(en *pl*) *f*, Glaube *m* | **~gut** (**-uda** *f*) *adj* eitel, eingebildet | **~ïble**(**ment** *adv*) *adj* (*m/f*) glaubhaft | glaubwürdig | **~ient** *adj* (*m/f*) gläubig | *fam* (*Kinder*) gehorsam || *s/m/f ecl* Gläubige(r *m*) *m/f*.
creix|a *f* (*Fluß, Meer*) = **crescuda** | **~ement** *m* Wachstum, Wachsen *n* | (*Pflanzen*) a. Wuchs *m* | Zunahme *f*, Anwachsen *n* | (*Kapital*) Zuwachs *m* | ~ *econòmic* Wirtschaftswachstum *n* | **~ença** *f* = **~ement** | *l'edat de la* ~ das Wachstumsalter *n* | **~enera** *f bot* Hohe Merk *m* | = **créixens bords**.
créixens *m pl bot* Brunnenkresse *f* | ~ *bords* Knollenblütige Sellerie *f* | ~ *de prat* Wiesenschaumkraut *n*.
creixent *adj* (*m/f*) wachsend; steigend | (*a. Mond*) zunehmend || *s/m* (*Fluß, Meer*) = **crescuda** | (*Mond*) Zunehmen *n*; (*Wappen*) Halbmond *m* | (*Teig*) Hefe *f*.
créixer (40) *vi a. fig* wachsen | *a.* größer werden (*Kind*); länger werden (*Haare, Nägel*); gedeihen (*Pflanze, Kind*) | (an)steigen, anschwellen, höher werden (*Wasser*) | zunehmen (*a. Mond, Tage*); anwachsen; s. vergrößern; s. vermehren; steigen | *el nen* (*el gos, l'arbre*) *ha crescut molt* der Junge (Hund, Baum) ist sehr gewachsen | *aquesta planta només creix a la costa* diese Pflanze wächst (*od* gedeiht) nur an der Küste | ~ *dret* (*tort*) gerade (krumm) wachsen | *hem crescut junts* wir sind zusammen aufgewachsen | *el dia ja creix* die Tage nehmen schon zu *od* werden schon länger | *la demanda creix* die Nachfrage steigt | *la població no para de* ~ die Bevölkerung wächst ständig *od* nimmt ständig zu | *la ciutat va* ~ *ràpidament* die Stadt wuchs (*od* vergrößerte s.) schnell | *la tensió anava creixent* die Spannung wuchs immer mehr | ~ *en saviesa* an Weisheit zunehmen *od* gewinnen.
crem *adj inv* creme, creme-farben, -farbig || *s/m* Cremefarbe *f* | **~a**¹ *f* Sahne *f*, Rahm *m* | *gastr* Creme, Krem; Cremesuppe *f* | (*Kosmetik*) Creme *f* | *de color* (*de*) ~ creme-farben, -farbig | *fig: la* ~ *de la societat* die Creme der Gesellschaft.
crem|a² *f* Ver-, Nieder-brennen *n* | **~à** *f Val* = **~ada** | *folk: la* ~ das Anzünden der «falles» | **~ació** *f* Einäsche-

cremant
rung, Kremation *f* | **~ada** *f* Verbrennen *n* | (*Unkraut, Gestrüpp*) Abbrennen *n* | (*Haut*) Verbrennung; Brandwunde *f* | (*Stoff*) Brand-fleck *m*; -loch *n* | *cremades de segon grau* (*med*) Verbrennungen zweiten Grades | **~adent**: *a* ~ (*loc adv*) in aller Eile, hastig | **~adís** (**-issa** *f*) *adj* leicht brennbar | **~adissa** *f: el 1986 hi va haver una gran* ~ *de boscos* 1986 gab es sehr viele Waldbrände | **~ador**¹ *adj a. fig* brennend | **~ador**² *adj* brennbar || *s/m* Verbrennungsanlage *f*, -platz *m* | *tecn* Brenner *m* | *aut* Einspritzpumpe *f* | **~all** *m* schwelendes Scheit *od* Kohlenstück *n* | **~allejar** (33) *vi* schwelen (Docht) | **~aller** *m* = **teiera**.
cremaller|a *f* Zahnstange *f* | (*Kleidung*) Reißverschluß *m* || *s/m ferroc* Zahnradbahn *f* | **~s** *m pl* = **clemàstecs**.
cremall|ó *m* = **~ot** | **~ot** *m* verkohlter Docht *m*.
cremalls *m pl* = **clemàstecs**.
crema|nt *adj* (*m/f*) brennend | brennend heiß | **~r** (33) *vi a. fig* brennen | *el bosc* (*la casa*) *crema* der Wald (das Haus) brennt | *el foc encara crema* das Feuer brennt noch | *aquest ciri* (*llum*) *crema malament* diese Kerze (Lampe) brennt schlecht | *la sopa crema* die Suppe brennt *od* ist brennend heiß | *el sol d'agost crema* die Augustsonne brennt | ~ *de febre* vor Fieberhitze glühen | ~ *de passió* vor Leidenschaft brennen || *vt* verbrennen | (*Heizstoff; Wein*) brennen | (*Gebäude, Ort*) nieder-, ab-brennen | (*Unkraut, Acker; Weihrauch*) abbrennen | (*Pflanzen*) versengen, ausdörren (*durch Hitze*); erfrieren lassen (*durch Frost*) | (*Essen*) verbrennen lassen; (*leichter*) anbrennen lassen | (*Warze, Wunde; Wespennest*) ausbrennen | *fig fam* aufbringen, auf die Palme bringen | ~ *una carta* (*deixalles, un cadàver*) e-n Brief (*Abfälle, e-e Leiche*) verbrennen | ~ *un heretge* (*una bruixa*) e-n Ketzer (e-e Hexe) verbrennen | *m'has cremat amb el cigarret* du hast mich mit der Zigarette verbrannt | ~ *la sang* (od *els sangs*) *a alg* (fig fam) j-n (bis) zur Weißglut reizen | **~r-se** *v/r* verbrennen (*Dinge*) | ab-, nieder-brennen (*Gebäude, Ort*) | ausbrennen (*etw im Inneren*) | ver- *bzw* an-brennen (*Essen*) | s. verbrennen (*j-d*) | *fig fam* s. aufregen,

aus der Haut fahren | ~ *amb la sopa* s. an der Suppe verbrennen | ~ *la mà (llengua)* s. die Hand (Zunge) verbrennen | *compte, que et cremaràs!* paß auf, verbrenn dich nicht! | *ja et cremes! (im Suchspiel)* es brennt! | **~t** (**-ada** *f*) *pp/adj:* ~ *del sol* sonnenverbrannt | *van morir ~s entre les flames* sie verbrannten in den Flammen | *fa pudor (té gust) de* ~ es riecht (schmeckt) verbrannt *bzw* angebrannt | *fig fam: (això) fa pudor de* ~ es stinkt, daran stinkt etw | *fig fam: estar* ~ *(amb alg)* (gegen j-n) aufgebracht sein || *s/m* Verbrannte(s) *n* | *gastr:* typisches Getränk aus flambiertem Kaffee mit Rum, Zukker, Zimt u. Zitrone.
crematístic *adj* volkswirtschaftlich | *fam* finanziell, Geld... || *s/f* Volkswirtschaft *f*.
crem|atori *m* Krematorium *n* | **~or** *f (bes körperlich)* Brennen *n*; Hitze *f* | Sodbrennen *n*.
crémor *m quím* Weinsteinsäure *f*.
cremós¹ (**-osa** *f*) *adj* cremig.
cremós² (**-osa** *f*) *adj (Wangen, Stirn)* heiß, fiebrig.
creoso|l *m quím* Kreosol *n* | **~ta** *f quím med* Kreosot *n* | **~tar** (33) *vt* mit Kreosot durchtränken.
crep *f/m gastr* Crêpe *f* | **~ar** (33) *vt* toupieren | **~è** *m* (*pl* **-ès**) Haarteil *n* | *tèxt* Krepp *m* | ~ *de cautxú* Kreppgummi *m*.
crepis *m bot* Pippau *m*.
crepita|ció *f* Knistern *n* | Prasseln *n* | Knattern *n* | *med* Krepitation *f* | **~nt** *adj (m/f)* knisternd | prasselnd | knatternd | **~r** (33) *vi* knistern, prasseln *(bes Feuer)* knattern *(Maschinengewehr)*.
crepusc|le *m* Dämmerung *f* | *fig* Niedergang *m* | ~ *matutí (vespertí)* Morgen-(Abend-)dämmerung *f* | *el* ~ *dels déus* die Götterdämmerung | **~ular** *adj (m/f)* dämm(e)rig | Dämmer... | *estat* ~ *(med)* Dämmerzustand *m* | *llum* ~ dämm(e)rige(s) Licht; Dämmerlicht *n*.
cresc|endo *adv mús* crescendo || *s/m* Crescendo *n* | **~uda** *f (bes erfolgtes)* Wachstum *n* | *s: creixement* | *(Fluß, Meer)* Anstieg *m*, Steigen *n*; Anschwellen *n* | *(Stricken, Häkeln)* Zunahme *f* | *el nen (l'arbre, el poble) ha fet una bona* ~ das Kind (der Baum, das Dorf) ist tüchtig gewachsen.

cresp *adj* kraus, gekräuselt | *fer-ne una de crespa (fig fam)* etw anrichten *od* anstellen || *s/m reg* Kruste; *(Flüssigkeiten)* Haut *f*; *(Milch) a.* Rahm *m* | **~ador** *m* Brennschere *f m* | **~ar** (33) *vt* locken, kräuseln | *s: crepar* | *tèxt* kreppen | **~ell** *m* = **cresp** | *gastr (schmalzgebackener)* kl(r) Kuchen *od* Krapfen *m* | **~inell** *m bot* Fettrhenne *f* | ~ *groc* Scharfer Mauerpfeffer *m* | **~ó** *m tèxt* Krepon *m* | (Trauer)Flor *m*.
cresta *f (Hühnervögel; a. fig Berg, Gebirge, Wellen, Knochen)* Kamm *m* | *(Berg) a.* Grat *m* | *(Werkzeug)* Grat *m*, scharfe Kante *f* | Federbusch *m* | *gastr* gefüllte Teigtasche *f* | *bot:* ~ *de gall* Hahnenkamm, Brandschopf *m* | *fig fam: alçar la* ~ Mut fassen; hochmütig werden | *abaixar la* ~ den Mut verlieren; kleinlaut werden | *picar la* ~ *a alg* j-m den Kopf waschen | *picar-se les crestes (fig)* s. anschnauzen; s. in den Haaren liegen | **~dor** *m (Bienenzucht)* Zeidelmesser *n* | **~ll** *m agr (Furchen)* Rücken *m*, Rippe *f* | *(Gebirge, Helm, Werkzeug)* = **cresta** | *(Dach)* = **~llera** | **~llar** (33) *vt agr* furchen | **~llera** *f (Dach)* First *m* | **~llut** (**-uda** *f*) *adj* mit großem Kamm.
cresta|r (33) *vt (bes Bienenzucht)* = **castrar** | **~t** *m* Hammel *m*.
creste|jar (33) *vi* e-n Kamm bilden | wie e. Kamm herausragen | **~ria** *f constr* gezackte Mauerkrone *f*; Mansardengesims *n* | *hist mil* Zinnen *f pl*.
crestó *m* = **crestat**.
crestomatia *f Lit* Chrestomathie *f*.
crestut (**-uda** *f*) *adj* = **crestallut**.
Creta *f* Kreta *n*.
creta *f min* Kreide *f* | **~ci** (**-àcia** *f*) *adj min* Kreide..., kreidig | *geol* kretaz(e)isch || *s/m geol* Kreide(formation) *f*.
cretenc *adj* kretisch, aus Kreta || *s/mf* Kreter(in *f*) *m*.
cret|í (**-ina** *f*) *adj* schwachsinning || *s/m a. med* Kretin *m* | **~inisme** *m med* Kretinismus, Schwachsinn *m*.
cretona *f tèxt* Cretonne, Kretonne *f/m*.
creu *f a. fig* Kreuz *n* | *(Münzen)* Schrift-, Zahl-seite *f* | *s: cara* | *(Pferd, Rind)* Widerrist *m* | *(Schwert, Degen)* Parierstange *f* | *(Baum)* Gabelung *f* | ~ *ancorada (gammada)* Anker-(Haken-) kreuz *n* | ~ *grega (llatina)* griechisches (lateinisches) Kreuz *n* | ~ *de Malta (a. cin)* Malteserkreuz *n* | ~ *de Sant Jordi (Orden Cat)* Sankt-Georgskreuz

n | ~ *de terme* Feld-, Weg-kreuz *n* | *la ~ Roja* das Rote Kreuz | *la ~ del Nord* (*Sud*) das Kreuz des Nordens (Südens), das nördliche (südliche) Kreuz | *gran* ~ (*Orden*) Großkreuz *n* | *volta de* ~ (*arquit*) Kreuzgewölbe *n* | *en* ~ kreuzweise; gekreuzt; über Kreuz | *amb els braços en* ~ mit gekreuzten (*od* verschränkten) Armen | *clavar alg a la* ~ j-n ans Kreuz schlagen | *fer* (*el senyal de*) *la* ~ das Kreuz(zeichen) schlagen *od* machen, das Zeichen des Kreuzes machen | *fer una* ~ (*als Zeichen od Unterschrift*) e. Kreuz machen; (*s. kreuzen*) e. Kreuz bilden | *fer la* ~ *a un mot* e. Wort durchkreuzen | *fer la* ~ (*od fer* ~ *i ratlla*) *a alg od a u/c* (*fig fam*) e. Kreuz hinter j-m *od* etw machen, mit j-m *od* etw nichts mehr zu tun haben wollen | *fer-se ~s d'u/c* (*fig fam*) s. über etw wundern; etw kaum fassen können | *morir a la* ~ am Kreuz sterben | *tots portem la nostra* ~ (*fig fam*) wir tragen alle unser Kreuz | **~ar** (33) *vt* über-kreuzen, -queren; durch-kreuzen, -queren | *nàut mil: els destructors creuaven la costa en cerca de submarins* die Zerstörer kreuzten vor der Küste auf der Suche nach U-booten | **~er** *m* = **encreuament, cruïlla** | *arquit* Quer-haus *n*, -schiff *n*; Vierung *f* | *nàut* Kreuzfahrt *f* | *nàut mil* Kreuzen *n*; (*Schiff*) Kreuzer *m* | **~era** *f* Querstange *f* | (*Schwert*) Parierstange *f* | (*Pferd*) Kreuz *n*, Kruppe *f* | *bot* Kreuz-Labkraut *n* | **~eta** *f* Kreuzchen *n* | *tecn* Kardankreuz *n* | *esport* (*Tor*) obere(s) Eck *n*.

creure (40) *vt* (*etw; j-m; j-s Worte od Worten*) glauben | *fam* (*j-m*) gehorchen (*bes Kinder*) | *no creguis tot el que et diguin!* glaube nicht alles, was man dir sagt! | *et crec* ich glaube (es) dir | *crèiem conèixer-lo* wir glaubten ihn zu kennen | *crec que t'equivoques* ich glaube, du irrst dich | *ja ho crec!* das will ich glauben *od* meinen!; u. ob! | *ja ho crec que és veritat!* u. ob das wahr ist! | (*voler*) *fer* ~ *u/c a alg* j-n etw glauben machen (wollen) | *vt: ja la crèiem fora de perill* wir glaubten sie schon außer Gefahr | *el creuen un savi* sie halten ihn für e-n Weisen | *ho crec convenient* (*necessari*) ich halte es für angebracht (notwendig) || *vi* (an Gott) glauben | *fam* gehorchen | ~ *en alg od u/c* an j-n *od* etw glauben | ~ *en Déu* (*el dimoni, ell, l'amistat, el futur*) an Gott (den Teufel, ihn, die Freundschaft, die Zukunft) glauben | *no crec gaire en els metges* ich halte nicht viel von Ärzten | *no hi crec, en això* daran glaube ich nicht | *qui no vol* ~ *amb raons, ha de* ~ *amb bastons* (*Spruch*) wer nicht hören will, muß fühlen | ~**'s** *v/r: això no t'ho creus ni tu mateix!* das glaubst du doch selbst nicht! | *em creia que estaves malalt* ich glaubte (*od* meinte, dachte), du wärest krank | *l'Enric es creu qui sap què* Heinrich hält s. für sonstwas | *què t'has cregut!* was fällt dir ein!

cria *f* (Tier)Zucht *f* | Aufzucht *f* (*der Jungen*) | (*tierische*) Fortpflanzung *f* | *col* (*Säugetiere*) Wurf *m*; (*Vögel, Fische, Bienen*) Brut *f* | (*Vieh*) Junge(s) *n* | ~ *de cavalls* Pferdezucht *f* | *bèstia de* ~ Zuchttier *n* | *fer* ~ s. fortpflanzen; *a. fig* s. vermehren | *fer* ~ *de coloms* Tauben züchten | *portar* ~ *de polls* verlaust sein, Läuse haben | **~da** *f s: criat* | **~dor** *adj: animals molt* (*poc*) ~*s* Tiere, die s. stark (wenig) vermehren | *una terra* ~*a de blat* e. Boden, auf dem Weizen gedeiht | *s/mf* Züchter(in *f*) *m* | **~nça** *f* Stillen *n* | Aufzucht; Erziehung *f* | *bona* (*od mala*) ~ gute (schlechte) Erziehung *f* | **~nçó** *m reg* Säugling *m* | **~r** (33) *vt* (*Säugling*) stillen, (*a. Junges*) säugen | (*Kind, Junges*) auf-, groß-ziehen | (*Kind*) erziehen | (*Vieh, Haustiere*) züchten | *fam* erzeugen, hervorbringen; gedeihen *od* entstehen lassen | *fam* ansetzen, ausbilden, entwickeln | ~ *panxa* e-n Bauch ansetzen | ~ *orgull* stolz werden | **~r-se** *v/r* aufwachsen | **~at** (**-ada** *f*) : *ben* ~ wohlerzogen | *s: malcriat* || *s/m* (Haus)Diener *m* | *reg* Knecht *m* || *s/f* (Dienst)Mädchen *n*, Hausangestellte *f* | Dienerin *f* | *reg* Magd *f* | **~tura** *f* Kreatur *f*, Geschöpf *n* | *fam* (kleines) Kind *n* | ~ *de mamella* Säugling *m* | *cara de* ~ Kindergesicht *n* | (*als Anrede*) *però,* ~, *què dius ara?* aber Kind(chen), was sagst du denn da? | *el noi ja té vint anys, però encara és una* ~ der Junge ist schon zwanzig, aber er ist noch e. (richtiges) Kind | *no siguis* ~*!* sei nicht so e. Kindskopf! | *fer criatures* Kinder machen | *perdre la* ~ e-e Fehlgeburt haben | *plorar com una* ~ laut weinen | *d'això plora la* ~ (*fig*) da

liegt der Hase im Pfeffer | *tenir una ~ e.* Kind bekommen *bzw* haben | **~turada** *f* Kinderei *f* | Alberei *f* | **~turam** *m* Kinderschar *f* | **~turejar** (33) *vi s.* kindlich (*desp* kindisch) benehmen | **~turer** *adj* kinder-lieb, -freundlich | **~tureta** *f* Kindchen *n*.
cric[1] *m tecn* Hebegerät *n* | *aut* Wagenheber *m*.
cric[2] *adj Bal* knickerig, geizig || *s/m* enghalsiges Trinkgefäß *n*.
cricoide *m anat* Ringknorpel *m*.
crid|a *f* Ruf; Aufruf; Appell *m* | Ausruf *m*, öffentliche Bekanntmachung *f* | *gràf* (Zeichen) Verweis *m* | *~ a declarar davant el tribunal* Aufruf zur Aussage vor Gericht | *~ a l'opinió pública* Appell an die Öffentlichkeit | *~ a la solidaritat* Aufruf zur Solidarität | *la ~ del bosc* der Ruf der Wildnis | *fer una ~ a la unitat* zur Einigkeit aufrufen | **~adissa** *f* (großes) Geschrei *n* | Schreierei *f* | **~ador** *m* Ausrufer *m* | **~aire** *adj* (m/f) *u. s/m/f* = **~aner** (Person) | **~aner** *adj* (Person) laut; viel schreiend | (Stimme) schrill | *fig* schreiend, grell, knallig || *s/mf* Schreier, Schreihals *m* | **~ar** (33) *vi* schreien; (plötzlich) aufschreien; (sehr wütend; befehlend) brüllen | (*s. bemerkbar machen*) rufen | *no cridis!* schrei nicht (so)! | *parlar cridant* laut(hals) sprechen | *vaig ~ de dolor* ich schrie vor Schmerz auf | *jo vinga ~, però ningú no em sentia* ich rief u. rief, aber niemand hörte mich | *~ fins a tornar-se ronc* s. heiser schreien *bzw* rufen | *~ contra alg od u/c* auf (*od* über, gegen) j-n *od* etw schimpfen || *vt (etw)* rufen; (lauter) schreien *bzw* brüllen | (*nach j-m od e-r Sache*) rufen *bzw* schreien; (j-n *od* etw) rufen, herbeirufen | (j-n beim Namen od öffentlich; j-s Namen) aufrufen | (j-n persönlich) wecken | (*Waren, Nachrichten*) aus-rufen, -schreien | (*etw spontan*) ausrufen | (j-m etw) zurufen | (j-n) anschreien *bzw* anbrüllen | *fig* an-ziehen, -locken; (nach e-r Sache) schreien; verlangen | *el malalt cridava esgargamellant-se el metge* der Kranke schrie lauthals nach dem Arzt | *crideu el metge (un taxi)!* ruft den Arzt (e. Taxi)! | *l'han cridat al telèfon* man hat ihn ans Telefon gerufen | *ens criden a dinar* wir werden zum Mittagessen gerufen | *la teva mare et crida* deine Mutter ruft nach dir *bzw* ruft dich | *el deure em crida* die Pflicht ruft mich | *demà crida'm a les sis!* weck mich morgen um sechs! | *~ a files (mil)* einberufen | *~ auxili* um Hilfe rufen | *fer ~ u/c* etw ausrufen lassen | *a mi no em cridis!* schrei mich nicht an! | *aquestes punxes criden el llamp* diese Spitzen ziehen Blitze an | *aquest formatge crida vi* dieser Käse verlangt nach Wein | *això crida venjança* das schreit nach Rache | *ell sempre vol ~ l'atenció* er will immer die Aufmerksamkeit auf s. lenken | **~òria** *f* Geschrei *n*.
crim *m a. fig* Verbrechen *n* | *~ de guerra* Kriegsverbrechen *n*.
Crimea *f* die Krim | *la guerra de ~* der Krimkrieg.
crimin|al(ment *adv) adj* (m/f) verbrecherisch | *bes fig a.* kriminell | *adm dr* kriminal, Kriminal...; strafbar, strafrechtlich, Straf... | *dret ~* Strafrecht *n* | *policia ~* Kriminalpolizei *f* || *s/m/f* Verbrecher(in *f*) *m*, Kriminelle(r *m*) *m/f* | **~alista** *adj* (m/f): *advocat ~* Anwalt *m* für Strafsachen || *s/m/f* Strafrechtler(in *f*); Kriminalist(in *f*) *m* | Kriminologe *m*, -gin *f* | **~alitat** *f* Kriminalität *f* | **~alitzar** (33) *vt* kriminalisieren | **~ologia** *f* Kriminologie *f* | **~ós** (-osa *f*) *adj ant* = **criminal**.
crin *m/f* (Mähnen-, Schwanz-, Roß-)Haar *n* | *~ vegetal* Palmenfaser *f*; (Matratzen) Seegras *n* | **~a** *f* (Pferd) Mähne *f* | **~era** *f zool* Mähne *f* | *~ de lleó* Löwenmähne | *~ d'un casc* Helmbusch *m* | **~oïdeus** *m pl zool* Haar-, Feder-sterne *m pl* | **~olina** *f* Krinoline *f* | **~ut** (-uda *f*) *adj* mähnig, mit üppiger Mähne.
criolita *f min* Kryolith *m*.
crioll *adj* kreolisch | *llengua ~a* Kreolisch, das Kreolische *n* || *s/mf* Kreole *m*, Kreolin *f*.
crioteràpia *f med* Kryo-, Kälte-therapie *f*.
cripta *f arquit* Gruft, Krypta *f* | *anat* Krypte *f*.
críptic(ament *adv) adj* kryptisch.
cript|ó *m quím* Krypton *n* | **~ògam** *adj bot* kryptogam | *s/f pl* Kryptogamen, Sporenpflanzen *f pl* | **~ògraf** *m* Kryptograph *m* | **~ografia** *f* Kryptographie *f* | **~ograma** *m* Kryptogramm *n* | **~ònim** *m* Kryptonym *n* | **~orquídia** *f med* Kryptorchismus, Hodenhochstand *m*.
criquet *m esport* Kricket *n*.

cris|àlide f zool (*Schmetterling*) Puppe f | **~antem** m bot Chrysantheme f.
crisi f Krise f | *med a.* Krisis f; *p ext* Anfall m | ~ *econòmica* Wirtschaftskrise f | ~ *de govern* (od *ministerial*) Regierungskrise f | ~ *de nervis* Nervenkrise f | ~ *de ràbia* Wutanfall m.
crisma m Chrisam n/m, Chrisma, Salböl n || s/f *fam* Schädel m, Birne f | *rompre* (od *trencar*) *la ~ a alg* j-m dem Schädel einschlagen | **~ció** f Chrismasalbung f | **~l** adj (m/f) Chrisma... | **~r** (33) vt mit Chrisma salben (*Taufe, Firmung*).
cris|oberil·le m min Chrysoberyll n | **~òlit** m min Chrysolith m | **~oprasi** (a. **~opras**) m min Chrysopras m.
crisp|ació f Zuckung, Verkrampfung f | *fig* Gespanntheit, Spannung f | ~ *dels nervis* Nervenkrampf m | *tenir crispacions* nervös zucken | **~ar** (33) vt verkrampfen | (krampfhaft) zusammenziehen | *fig* nervös machen, aufregen, reizen; (*Stimmung*) gespannt machen | ~ *el rostre* das Gesicht verzerren | **~ar-se** v/r zusammenzucken, s. verkrampfen | *fig: l'ambient es va anar crispant* die Stimmung wurde allmählich gespannt | **~atiu (-iva)** f) adj verkrampfend | **~eta** f Puffmais m, Popcorn n.
Crist m Christus m | *abans (després) de ~* vor (nach) Christus od Christo bzw Christi Geburt | *tenir l'edat de ~* dreiunddreißig Jahre alt sein || (*kleingeschrieben*) = **santcrist**.
cristall m fis Kristall m | Kristall (glas) n | ~ *de roca* Bergkristall m | *de ~ kristallen*, aus Kristall, Kristall... | **~er** m Kristallschleifer m | **~eria** f Kristallwaren-fabrik f, -handel m od -geschäft n | Kristallwaren f pl, bes Kristallgläser n pl.
cristal·l|í (-ina f) adj kristallin, Kristall... | *fig lit* kristallklar; (*Stimme*) klar, hell || s/m *anat* Linse f | **~ífer** adj (m/f) kristall-haltig, -reich | **~itzable** adj kristallisierbar | **~ització** f (Aus)Kristallisation f (Aus)Kristallisierung f | **~itzador** m *quím* Kristallisator m | **~itzar** (33) vt zum Kristallisieren bringen | aus-, heraus-kristallisieren || vi (s.) kristallisieren; (s.) aus-, heraus- kristallisieren | *fig a.* Gestalt (od feste Form) annehmen | **~ogènia** f Kristallbildungslehre f | **~ografia** f Kristallographie f | **~ogràfic** adj kristallographisch | **~oide** adj (m/f) kristallähnlich || s/m Kristalloid n.
crist|ià (-ana f, **-anament** adv) adj christlich, Christen... | *fam* (*Wein*) getauft | *parlar ~* (*fig fam*) e-e verständliche Sprache sprechen | *bes: la policia els va fer parlar ~* die Polizei zwang sie, spanisch zu sprechen || s/mf Christ(in f) m | *sant ~* (*fig fam*) guter Mensch, gutmütiger Trottel m | **~iandat** f Christenheit f | **~ianisme** m Christentum n | Christlichkeit f | **~ianitzar** (33) vt christianisieren | **~iano-demòcrata** adj (m/f) christlichdemokratisch || s/mf Christdemokrat(in f) m | **~ina** f *gastr* feiner Hefekuchen m | **~ologia** f Christologie f | **~ològic** adj christologisch.
crit m (*a. Tiere*) Schrei m | (*a. Vögel, Rotwild*) Ruf m | ~ *d'alegria (de dolor)* Freuden-(Schmerzens-)schrei m | ~ *de guerra (de socors)* Schlacht(Hilfe)ruf m | ~s *d'aplaudiment* Beifallrufe m pl | *al ~ de «visca Catalunya!», tothom es va posar dempeus* auf den Ruf «es lebe Katalonien!» erhoben s. alle | *a ~s* schreiend; mit gr(m) od lautem Geschrei; laut | *parlar (plorar) a ~s* laut(hals) sprechen (heulen) | *de ~* von Ruf, berühmt | *fer ~* Aufsehen erregen | *fer* (od *llançar*) *un ~* e-n Schrei ausstoßen; aufschreien | *fer un ~ a alg* j-n rufen; j-m Bescheid sagen | *fer* (od *clavar*) *~s a alg* j-n ausschimpfen | *va haver-hi ~s* es gab e. gr(s) Geschrei; es gab Streit | *posar el ~ al cel* lauthals protestieren.
crit|eri m *a. esport* Kriterium n | unterscheidendes Merkmal n | Urteil n, Urteils-kraft f, -vermögen n | **~èrium** m *esport* Kriterium n.
crític(ament adv) adj kritisch | *edició ~a (Lit)* kritische Ausgabe f | *edat ~a* gefährliche(s) Alter n; (*Frau*) a. kritische(n) Jahre, Wechseljahre n pl | *la fase ~a d'una malaltia* die kritische Phase e-r Krankheit | *punt ~* (*quím u. fig*) kritische(r) Punkt m | *sentit ~* Urteils-kraft f, -vermögen n || s/mf Kritiker(in f) m | ~ *literari (teatral* od *de teatre*) Literatur-(Theater-)kritiker m || s/f Kritik f | *fam a.* Tadel m, Rüge f | *m'han fet* (od *he rebut*) *moltes crítiques* ich bin schwer kritisiert worden.
criti|cable adj kritisierbar | tadelnswert | **~cador** adj u. s/mf = **~caire** | **~caire** adj (m/f) zur Kritik nei-

crivell

gend, kritt(e)lig || *s/m/f* Kritt(e)ler(in *f*), Nörgler(in *f*) *m* | **~car** (33) *vt* kritisieren | *fam a.* tadeln, rügen | *desp* bekritteln, bemäkeln || *vi*: *aquestes dones no paren de* ~ diese Frauen kritteln ständig (herum) | **~castre** *m* Kritikaster, Nörgler *m* | **~cisme** *m filos* Kritizismus *m* | **~quejador** *adj* kritt(e)lig, nörgelig | **~quejar** (33) *vt* bekritteln, bemäkeln || *vi* kritteln, mäkeln, nörgeln.

crivell *m* = **garbell** | **~ar** (33) *vt* = **garbellar** | durchlöchern.

Croàcia *f* Kroatien *n*.

croa|da *f a. fig* Kreuzzug *m* | **~t**[1] (**-ada** *f*) *adj* ant kreuzförmig; gekreuzt || *s/m hist* Kreuzritter *m* | *fig* Apostel *m*.

croat[2] *adj* kroatisch || *s/mf* Kroate *m*, Kroatin *f* || *s/m ling* Kroatisch *n* | *el* ~ das Kroatische.

croc *m* Eisenhaken *m* | **~a** *f* Kokkelskörner *n pl* | *bot*: ~ *de llevant* Kokkelspflanze *f* | **~ant** *m gastr* Krokant *m*.

croissant *m* Hörnchen, Croissant *n*.

crol *m esport* Kraul(schwimmen) *n*, Kraulstil *m* | *fer* (*od nedar*) ~ kraulen.

crom *m quím* Chrom *n* | **~ar** (33) *vt* verchromen | **~at** *m quím* Chromat *n* | **~atar** (33) *vt text* chromgerben | **~àtic** *adj fís art* chromatisch | *aberració* **~a** chromatische Aberration *f*, Farbfehler *m* | *escala* **~a** (*fís*) Farbskala *f*; (*mús*) chromatische Tonleiter *f* | **~àticament** *adv mús* chromatisch, in Halbtönen fortschreitend | **~atina** *f biol* Chromatin *n* | **~atisme** *m mús* Chromatik *f* | *fís* chromatische Aberration *f* | **~atòfor** *m biol* Chromatophor *n* | **~atografia** *f quím* Chromatographie *f*.

cròmic *adj quím* Chrom..., *bes* Chrom-III-...

crom|ífer *adj* chromhaltig | **~inància** *f tv* Chrominanz *f* | **~it** *m quím* Dichromat *n* | **~ita** *f min* Chromit *n*.

cromlec *m hist* Kromlech *m*.

crom|o *m* (*Bild*) Farbdruck *m* | *bes* (Sammel)Bildchen *n* | **~olitografia** *f* Chromolithographie *f*; Farbdruck; farbiger Steindruck *m* | **~olitogràfic** *adj quím* Chrom..., *bes* Chrom-II-... | **~osfera** *f astr* Chromosphäre *f* | **~osoma** *m biol* Chromosom *n* | **~otipografia** *f gràf* Mehrfarbendruck *m*.

crònic(ament *adv*) *adj a. med* chronisch | **~a** *f* Chronik *f* | (Zeitungs)Bericht *m*.

cron|icitat *f med* chronische(r) Charakter *m* | **~ista** *m/f* Chronist *m* | (*Zeitung*) Berichterstatter *m* | **~ògraf** *m* Chronograph *m* | **~ografia** *f* Chronographie *f* | **~ograma** *m* Chronogramm *m* | **~ogramàtic** *adj* chronogrammatisch | **~òleg** (**-òloga** *f*) *m* Chronologe *m*, -gin *f* | **~ologia** *f* Chronologie; Zeitrechnung; zeitliche Abfolge *f* | **~ològic(ament** *adv*) *adj* chronologisch | **~ologista** *m/f* Chronologe *m*, -gin *f* | **~ometrador(a** *f*) *m* Zeitnehmer(in *f*) *m* | **~ometrar** (33) *vt* (*Zeit, Geschwindigkeit*) stoppen, mit der Stoppuhr messen | **~òmetre** *m* Chronometer *n* | *bes esport* Stoppuhr *f* | **~ometratge** *m* Zeit-nahme, -messung *f*, Stoppen *n* | **~ometria** *f* Chronometrie, Zeitmessung *f* | **~omètric** *adj* chronometrisch | **~oscopi** *m* Chronoskop *n*.

croquet *m esport* Krocket *n*.

croqueta *f gastr* Krokette, Croquette *f*.

croquis *m pint* Skizze *f*, erster Entwurf *m*, Kroki *n* | **~ar** (33) *vt pint* skizzieren, krokieren.

crossa *f* Krücke *f* | Krückstock *m* | *ecl* Hirten-, Krumm-, Bischofs-stab *m* | *fig* Stütze *f*.

crost|a *f* Kruste *f* | (*Brot, Käse*) *a.* Rinde *f* | (*Wunde*) *a.* Schorf *m* | *una* ~ *de pa* e-e Brotkruste *f* | *la* ~ *terrestre* die Erdkruste | *fam desp*: (*és*)*ser de la* ~ schwarz (*od* erzkatholisch) sein | **~am** *m col* Krusten *f pl*, Schorf *m* | (Schiffs)Teer *m* | **~ar(-se)** (33) *vi* (/*r*) verkrusten | **~at** (**-ada** *f*) *adj* krustig | schorfig | **~era** *f* gr(e) Schorffläche *f* | *col* = **~am** | **~im** *m* dünne Kruste (*auf gebratenem Fleisch*) *f* | **~ís** *m* (*pl* *-issos*) Blutkruste *f* | **~isser** *m* Menge *f* Krusten *od* Schorf *f* | **~ó** *m* Brotkanten *m* | **~ós** (**-osa** *f*) *adj* krustig, verkrustet | schorfig.

cròtal *m zool* Klapperschlange *f* || *pl mús hist* (*Art*) Klapper *f*, Kastagnetten *f pl*.

cròton *m bot* Kroton *m* | *oli de* ~ Krotonöl *n*.

cru *adj* (*Fleisch, Fisch, Gemüse; Seide, Erdöl*) roh | (*Material*) *a.* Roh... | (*Geschwür*) unreif | (*Wasser*) hart | (*Winter, Kälte*) rauh, streng, hart | (*Wahrheit, Wirklichkeit*) nackt | (*Ausdruck, Antwort*) herb, hart, schonungslos, rücksichtslos | *color* ~ Naturfarbe; grelle, unpassende Farbe *f* | *de color*

~ naturfarben | *fig fam: menjar-se alg* **~** j-n (auf)fressen || *s/m* Rohöl *n* | **~ament** *adv* hart, schonungslos, rücksichtslos | **~any** *m* halbverbranntes Scheit *n*.
cruc|ial *adj (m/f) med (Einschnitt)* kreuzförmig | *fig* entscheidend | **~iata** *f bot* = **creuera** | **~íferes** *f pl bot* Kreuzblütler *m pl* | **~iferari** *m ecl* Kreuzträger *m* | **~ificació** *f* = **~ifixió** | **~ificar** (33) *vt* kreuzigen | *fig* quälen | **~ifix** *m* Kruzifix *n* | **~ifixió** *f* Kreuzigung *f* | **~iforme** *adj (m/f)* kreuzförmig.
cru|ditat *f ant* = **cruesa** | **~ejar** (33) *vi* halb roh *(od* gar*)* sein | **~el(ment** *adv) adj (m/f)* grausam | unbarmherzig | qualvoll, schmerzlich | *(és)ser* **~** *amb els animals* e. Tierquäler sein | **~eltat** *f* Grausamkeit *f* | **~ mental** seelische Grausamkeit *f* | **~enc** *adj* halb roh *(od* gar*)* | **~ent** *adj (Schlacht, Opfer)* blutig | **~entament** *adv* blutig, mit Blutvergießen | **~esa** *f* Roheit *f*, Rohzustand *m* | *fig* Rauhheit; Härte, Strenge, Herbheit *f* | *med fam* Sodbrennen *n*.
cruïlla *f* (Weg-, Straßen-)Kreuzung *f* | **~da** *f ant* = **cruïlla**.
cruix *m* = **~it** | **~ent** *adj (m/f)* raschelnd | knirschend | knackend | knarrend | *(bes Brot)* knusprig | **~idell** *m ornit* Grauammer *f* | **~idera** *f* Geraschel *n* | Geknirsche *n* | **~idor** *adj* = **~ent** | *(Arbeit)* zerschlagend, (sehr) ermüdend || *s/m* = **~idell** | **~illada** *f* = **foixarda** | **~iment** *m* Zerschlagenheit *f* | **~ir** (40) *vi* rascheln *(Seide, Papier, Laub)* | knirschen *(Schnee, Zähne)* | knacken *(Gebälk, Knochen)* knarren *(Bett, Treppe)* || *vt fam (körperlich)* erschöpfen, ermatten | *estar cruixit* wie zerschlagen *(od* gerädert*)* sein | **~it** *m* Rascheln *n* | Knirschen *n* | Knacken *n* | Knarren *n*.
crúor *m med* Blutkuchen *m*.
cruor *f* = **cruesa** | **~ina** *f biol* Blutfarbstoff *m*.
crup *m med* Krupp *m*.
crupier *m (Spiel)* Croupier *m*.
crural *adj (m/f) anat med* krural, (Unter-)Schenkel... | *artèria* **~** Schenkelschlagader *f*.
cruspir-se (37) *v/r fam* auffuttern, verspachteln, wegputzen.
crustacis *m pl zool* Krebs-, Krustentiere *n pl*.

ctenòfors *m pl entom* Rippenquallen *f pl*.
cu *f (pl* cus*) (Name des Buchstabens)* q, Q *n*.
cua *f* (a. *Endstück, Endteil, Anhängsel)* Schwanz *m* | *(Pferd) lit a.* Schweif *m* | *(Vögel) a.* Bürzel, Sterz *m* | *(Fische) a.* Schwanzflosse *f* | *(Komet) a.* Schweif *m* | *(Kleid)* Schleppe *f* | *(Früchte)* Stiel *m* | *(Menschen, Fahrzeuge)* Schlange *f* | **~** *de ca (bot)* Hasenschwanz-, Sammet-gras *n* | **~** *de cavall (Frisur)* Pferdeschwanz; *bot* Schachtelhalm; Perlpilz *m* | **~** *de guilla (bot)* Kolbenhirse; Weiche Trespe *f* | **~** *de guineu (bot)* Fuchsschwanz *m* | **~** *d'oreneta (bot)* Pfeilkraut *n* | **~** *de rata (bot)* Wiesenlieschgras *n* | *estel amb* **~** Stern mit Schweif, Komet *m* | *piano de* **~** *(mús)* Flügel *m* | *sense* **~** schwanzlos | *anar a la* **~** *(fig fam)* am Schwanz *bzw* ganz hinten stehen | *anar amb la* **~** *dreta (fig fam)* selbstzufrieden (herum)gehen | *anar-se'n amb la* **~** *entre (les) cames (fig fam)* mit eingezogenem *(od* hängendem*)* Schwanz abziehen | *deixar (od portar)* **~** *(fig fam)* Folgen haben | *fer* **~** *(fig)* Schlange stehen; s. anstellen | *girar* **~** *(fig fam)* kehrtmachen, umkehren; e-n Rückzieher machen | *mirar de* **~** *d'ull* von der Seite *(fig* mißtrauisch*)* ansehen | *remenar la* **~** schwänzeln, mit dem Schwanz wedeln; *fig fam* (herum)scharwenzeln | *tenir (la)* **~** *de palla (fig fam)* Dreck am Stecken *(od* etw auf dem Kerbholz*)* haben | **~blanc** *adj* weißschwänzig || *s/m ornit* Steinschmätzer *m* | **~curt** *adj* kurzschwänzig | **~da** *f* Schlag mit dem Schwanz | Schwänzeln, Wedeln *n* | **~dret** *adj* mit aufrechtem Schwanz | *fig fam: anar* **~** selbstzufrieden (herum)gehen | **~gra**, **~lba** *f* = **~lbra** | **~lbra** *f bot* Täubling *m* | **~llarg** *adj* langschwänzig || *s/m ornit* Schwanzmeise *f* | **~roja** *f ornit* Gartenrotschwanz *m* | *meteor* Wetterleuchten *n* | **~rutllat** (**-ada**) *adj* kringelschwänzig | **~t** (**-ada** *f) adj* geschwänzt.
cub *m mat* Kubus; Würfel *m*; dritte Potenz, Kubikzahl *f*.
Cub|a *f* Cuba *n* | **~à** (**-ana** *f) adj* kubanisch || *s/mf* Kubaner(in *f*) *m*.
cubada *f* Wanne, Bütte *f (Inhalt)*.
cubeba *f bot* Kubeber-Pfeffer *m* | Kubebe *f*.

cube|ll *m* Eimer, Kübel *m* | (*für Wein*) (Kelter)Bütte *f* | **~lla** *f* kl(e) Wanne, Bütte *f* | kl(s) Steinfaß *n* (*in Ölmühlen*) | **~llada** *f* Kübel *m* bzw Bütte *f* (Inhalt) | **~ta** *f quím* Küvette *f* | (*Barometer*) (Quecksilber)Kapsel *f* | *fotog* (Spül)Becken *n* | *geol* Becken *n*; Kessel *m*; Wanne *f*.
cúbic *adj mat* kubisch, Kubik...; würfelförmig | *arrel* **~a** Kubikwurzel *f* | *metre* **~** Kubikmeter *m/n* | *equació* **~a** (*mat*) kubische Gleichung, Gleichung *f* dritten Grades.
cubica|ció *f* Kubikinhalts-messung *f*, -berechnung *f* | Erhebung *f* in die dritte Potenz | **~r** (33) *vt* den Rauminhalt bestimmen | *mat* kubieren, in die dritte Potenz erheben, hoch drei nehmen.
cubills *m pl* = **ballarida**.
cubilot *m indús* Kupol-, Kuppel-ofen *m*.
cubis|me *m art* Kubismus *m sg* | **~ta** *adj* (*m/f*) kubistisch || *s/m/f* Kubist(in *f*) *m*.
cúbit *m anat* Ellbogenknochen *m*.
cubital *adj* (*m/f*) kubital, Ellbogen...
cuboide *adj* (*m/f*) würf(e)lig, würfelförmig | *anat: os* **~** Würfelbein *n*.
cuc *m zool* Wurm *m* | (*Larve*) *a*. Made *f* | **~** (*intestinal*) (Spul)Wurm *m* | **~** *de seda* Seidenraupe *f* | **~** *solitari* Bandwurm *m* | **~** *de terra* Regenwurm *m* | *el* **~** *de la consciència* (*fig*) der Gewissenswurm *m* | *arrossegar-se com un* **~** (*a. fig.*) wie e. Wurm kriechen | *matar el* **~** (*fig fam*) s-n Hunger notdürftig stillen; *bes* am frühen Morgen auf nüchternen Magen e-n Schnaps trinken (*bes Jäger u. Fischer*) | *tenir* **~s** Würmer haben, an Würmern leiden; *fig fam* Furcht haben | **~a** *f* (*schädliches od abstoßendes*) Tierchen *n* | *bes* Käfer(chen *n*) *m*; Schabe *f*; Wurm *m* | *fig* (*Kosewort*) Liebling, Spatz *m*, Maus *f* | *pop* Schwanz, Spatz *m* (*Penis*) | **~** *de llum* (od *de sant Joan* bzw *de Nostre Senyor*) Glüh-, Johanniswürmchen *n*, Leuchtkäfer *m* | **~** *molla* (Küchen)Schabe *f* | **~** *vinadera* Maiwurm *m* | *fig: mala* **~** boshafter Mensch | **~** *fera* (*mit*) Lindwurm, Drache *m* | *morta la* **~**, *mort el verí die tote Fliege sticht nicht mehr* | **~ada** *f* (*Angeln*) Köder *m* (*aus Würmern*) | **~ala** *f ornit* = **cornella**.
cucanya *f* Klettermast *m* (*mit Preis an der Spitze*) | *país de* **~** Schlaraffenland *n*.
cuca|r-se (33) *v/r* (*Obst*) madig werden |

~t (**-ada** *f*) *adj* madig | wurmstichig.
cucavela *f Bal* Purzelbaum *m*.
cucle|ig *m* Krächzen *n* (der Krähe) | **~jar** (33) *vi* krächzen.
cucós (**-osa** *f*) madig | wurmstichig.
cucúlids *m pl ornit* Kuckucke *m pl*.
cuc|úrbita *f fis* Destillier-gefäß *n*, -kolben *m* | **~urbitàcies** *f pl bot* Kürbisgewächse *n pl*.
cucur|ell *m* Gipfel *m*, Spitze *f* | höchster Punkt *m* | **~ull** *m* spitze Tüte *f* | spitze Haube *f* | **~ulla** *f* (spitze) Kapuze *f* | **~utxa** = **~ulla** | **~utxo** *m* = **~ull** (*für Süßigkeiten*) | *bes* Eistüte *f*.
cucut *m ornit* Kuckuck *m*.
cue|jar (33) *vi* schwänzeln | **~ll** *m* (*Früchte, bes Oliven*) Stiel *m* | **~r** *m fig fam bes esport* Schlußlicht *n* | **~ra** *f* (*Tier*) Schwanzriemen *m* | *ornit* = **~reta** | **~reta** *f ornit* Stelze *f* | **~** *blanca* Bachstelze *f* | **~** *groga* Schafstelze *f* | **~ta** *f* (*a. Frisur*) Schwänzchen *n* | *ornit* Bachstelze *f* | **~** *de barraca* od **~** *roja* Gartenrotschwanz *m* | **~tejar** (33) *vi* = **cuejar** | **~tó** *m* = **~reta groga**.
cugot *m bot* Italienischer Aronstab *m*.
cugu|ç *m ant* Hahnrei *m* | **~cia** *f ant* Ehebruch *m* (*der Frau*) | **~çós** *adj m ant* (*Ehemann*) betrogen, gehörnt.
cugul *m bot* Zwiebelkeim *m* | Blütentrieb *m* | *reg ornit* = **cucut** | **~a** *f bot* Lolch *m* | Windhafer *m* | Saathafer *m*.
cuïc *m reg* = **mosquit**.
cuida|r (33) *vt ant* glauben, annehmen, vermuten | pflegen, versorgen | betreuen | **~** + *inf* im Begriff sein, zu + *inf*; drauf u. dran sein, zu + *inf* | **~r-se** *v/r* s. pflegen | **~** *d'alg* od *d'u/c* für j-n *od* etw sorgen; s. um j-n *od* etw kümmern | *p ext: ja te'n cuidaràs ben prou, de pegar-me* du wirst dich schön davor hüten, mich zu schlagen | *s: curar(-se)* | **~t** *m ant* Mutmaßung, Vermutung *f*.
cuin|a *f* (*Raum*) Küche *f* | (Küchen)Herd *m* | Kochen *n* | *gastr* Kochkunst; Küche, Kost *f* | **~** *econòmica* (*elèctrica, de gas*) Kohle-(Elektro-, Gas-)herd *m* | *mengem a la* **~** wir essen in der Küche | **~** *alemanya* (*catalana, francesa*) deutsche (französische, katalanische) Küche *f* | **~** *casolana* (*hospitalària*) Hausmanns-(Krankenhaus-)kost *f* | **~** *de colar* Waschküche *f* | *llibre de* **~** Kochbuch *n* | *fer la* **~** das Essen machen; kochen | **~ada** *f: per dinar*

farem una ~ *de mongetes* zum Mittagessen werden wir Bohnen kochen | **~ar** (33) *vt* (*selten*) kochen, (zu)bereiten || *vi* kochen, das Essen machen | ~ *bé* (*malament, amb oli*) gut (schlecht, mit Öl) kochen | *saber* ~ (gut) kochen können || *s: bullir, coure, fer, guisar* | **~at** *m* (*einfaches*) Gericht *n* | *bes* Gemüse-eintopf *m*, -suppe *f* | *fig fam: fer un mal* ~ (*a alg*) (j-m) übel mitspielen, (j-m) etw einbrocken; e-n Schnitzer machen, s. etw einbrocken | **~ejar** (33) *vi* in der Küche herumwirtschaften; köcheln | **~er(a** *f*) *m* Koch *m*, Köchin *f*.

cuir *m* (*bes dickes od zähes*) Leder *n* | (*Rohmaterial*) Fell *n* (*von großen Tieren*) | Haut *f* (*von Dickhäutern*) | *de* ~ ledern | *un cinturó de* ~ e. Ledergürtel *m* | ~ *artificial* Kunstleder *n* | *anat: el* ~ *cabellut* die Kopfhaut *f* | **~am** *m col* Leder, Felle *n pl* | **~assa** *f hist* Küraß, Brustharnisch, Panzer *m* | *zool* Panzer *m* | *mil nàut* Panzer(ung *f*) *m* | **~assar** *vt* (33) *a. fig* panzern | **~assat** (-ada *f*) *adj a. fig* gepanzert | *s/m nàut mil* Panzerschiff *n* | **~asser** *m hist* Kürassier *m* | **~eter(a** *f*) *m* Lederbereiter(in *f*) *m* | Lederhändler(in *f*) *m* | **~eteria** *f indús* Leder(waren)fabrikation *f* | *com* Leder(waren)handel *m* | **~o** *m* = **cuir** | **~ol** *m* (Polier)Leder *n*.

cuit *adj* gekocht | gebacken | gar | *s: coure* | *fig fam: ja n'estic* ~, *de tanta xerrameca* ich habe das viele Geschwätz satt | *si no t'espaviles, ja estàs ben* ~! wenn du dich nicht rührst, bist du erledigt! | *no n'hi ha de* **~s** nein, da ist nichts zu machen | **~a**[1] *f: la* ~ *de la porcellana* das Brennen von Porzellan | *una* ~ *de carbó* e-e Gicht Kohlen | *hem fet tres cuites de pa* wir haben drei Schübe Brot gebacken.

cuita[2] *f* Eile, Hast(igkeit) *f* | Bedrängnis, Not *f* | **~corrents** : *a* ~ = **a correcuita** | **~r** (33) *vi* s. beeilen, s. drängen (*a* zu, *od* daß...) | *cuita!* beeil(e) dich! || *vt* (j-n) bedrängen; zur Eile antreiben | (*etw*) beschleunigen | ~ *el pas* schneller gehen, den Schritt beschleunigen | ~ *camí* s-n Weg eilig gehen; in (aller) Eile vorwärtskommen | **~t** (-ada *f*, -adament *adv*) *adj* eilig | in Verlegenheit, in Bedrängnis.

cuit|or *adj* leicht garend | (*Boden*) ertragreich | **~ós**[1] (-osa) *adj* leicht zu kochen | **~ós**[2] (-osa *f*, -osament *adv*) *adj* eilig, hastig.

cuix|a *f anat* (Ober)Schenkel *m* | *gastr* Keule *f* | (*Maschine*) Gestell *n*; Ständer, Stator *m* | *dret de* ~ (*hist*) Recht *n* der ersten Nacht | **~a-barba** *f bot* (*Art*) Schwarzwurzel *f* («laciniata») | **~al** *m* (*oberes*) Hosenbein *n* | (*Handwerker*) Lederschutz *m* (*für Schenkel*) | *hist mil* = **~era** *f* | (*Maschine*) = **cuixa** | **~era** *f hist mil* Diechling *m*, Schenkelstück *n* | *indús* (*Maschine*) Gestell *n*; Ständer *m* | (*Bettgestell*) Seitenholz *n* | **~ot** *m* Hosenbein *n* | *gastr* Schinken *m* | *hist mil* = **~era**.

cul *m anat* Gesäß *n*, Steiß; *umg* Hintern *m*, *a. infan* Po(po) *m*; *pop!* Arsch *m* | *p ext* After *m* | *p ext* Scham *f* | (*Gefäß, Sack*) Boden *m* | Rest *m*; End-stück *n*; -teil *m* | *galtes del* ~ Gesäß-, Hinterbacken *f pl* | *forat* (*od ull*) *del* ~ After *m*; *pop!* Arschloch *n* | ~ *de món* (*fam*) sehr abgelegene(r) Ort *m* | *anar de* ~ (*fig fam*) viel zu tun haben | *anar* (*de*) ~ *enrere* (*fam*) rück-lings, -wärts gehen | *arrossegar el* ~ *per un lloc* (*fig fam*) an e-m Ort (herum)hocken | *caure de* ~ auf den Hintern fallen; *fig* s. auf den Hintern setzen (*vor Überraschung*) | *donar pel* ~ *a alg* (*pop!*) j-m den Arsch bügeln, j-n arschficken | *ensenyar el* ~ (*fig fam*) s. e-e Blöße geben; s. blamieren | (*és*)*ser* ~ *i merda* (*fam desp*) zusammenhalten wie Pech u. Schwefel | (*és*)*ser un* ~ *de taverna* (*fam desp*) e. Kneipenstammgast sein | (*és*)*ser* (*od semblar*) *el* ~ *d'en Jaumet* (*fig fam*) e. Zappelphilipp sein | *fica't la llengua al* ~! (*fig pop!*) halt's Maul! | *llepar el* ~ *a alg* (*pop!*) j-n Arsch lecken, j-n arschlecken; *fig* j-m den Hintern (*od* Arsch) kriechen | *tenir el* ~ *llogat* (*fam*) lohnabhängig sein | *haver nascut amb la flor al* ~ (*fig fam*) e. Glückskind sein; unter e-m günstigen Stern geboren sein | *prendre pel* ~ (*pop!*) hinterschlucken | *vés-te'n a prendre pel* ~! (*fig pop!*) hau ab!, zieh Leine | *no tenir* ~ *per a seure* (*fig fam*) k. Sitzfleisch haben | *tocar el* ~ *a alg* (*fam*) j-m den Hintern versohlen | **~à** (-ana *f*) *adj* = **~ar** | *botifarra culana* dicke Blutwurst, Schlackwurst *f* | **~ada** *f* Schlag *m* auf das Gesäß | Fall *m* auf den Hintern | *fer culades* hecklastig sein | **~ar**[1] *adj* (*m/f*) Gesäß... | *budell* ~ Mastdarm *m* | **~ar**[2] (33) *vi* hecklastig sein (*Fahrzeug*) | **~ata** *f aut* Zylinderkopf *m* | (Gewehr)Kolben *m* | *nàut* (*Mast*) Fuß *m* | *gastr:* tall de la ~ Lendenstück *n* | **~atada** *f* Kolbenstoß *m* | (*beim Abfeuern*) Rückstoß *m* | **~atxo** (*Kleinkinder*) Unterlage *f*, -tuch *n* | **~-blanc** *m bot* Grüne(r) Knollenblätterpilz *m* | *ornit* Mehlschwalbe *f* | ~ de ribera Rauchschwalbe *f* | **~cosit** *m* (schlecht sitzender) Flicken *m* | **~-de-llàntia** *m gràf* Schlußvignette *f* | **~-de-sac** *m* Sackgasse *f* | **~ejar** (33) *vi* s. in den Hüften wiegen (*beim Gehen*) | hinten hin u. her schwanken (*Fahrzeug*) | **~er**[1] *m pop* Hinterlader, Schwuler *m* | **~er**[2] (**-a** *f*) *m fam* Anhänger(in *f*) *m* des Fußball-Clubs Barcelona | **~-gros** *m* Knollenblätterpilz *m*.

culinari (**-ària** *f*) *adj* kulinarisch | Küchen-..., Koch-... | *art culinària* Kochkunst *f*.

culivat (**-ada** *f*) *adj* gekauert, geduckt.

culler *m* Suppenkelle *f*, Schöpflöffel *m* | **~a** *f* Löffel *m* | (*Pelton-Turbine*) Becher *m*, Schaufel *f* | (*Bagger*) Löffel *m* | (*Fischerei*) Kescher *m* | *ornit* Gewöhnlicher *od* Weißer Löffler *m* | **~ada** *f* Eßlöffel *m* (voll) | *fig fam: ficar ~ en u/c* s. in etw (*ac*) einmischen; s-n Senf dazugeben | **~aire** ~ (Person) = **~er** | **~er** *m* Löffel-hersteller, -verkäufer *m* | Löffelbrett *n*, -kasten *m* | **~eta** *f* kl(r) Löffel, Löffelchen *n* | Tee-, Kaffee-löffel *m* | *zool* Kaulquappe *f* | **~ot** *m* = **~culler** | *zool* = **~eta**.

culmina|ció *f* Kulmination *f* | *fig a.* Gipfel-, Höhe-punkt *m*; Ende *n* | **~nt** *adj* (*m/f*) kulminierend | *punt* ~ Kulminationspunkt; *fig a.* Gipfel-, Höhe-punkt *m* | **~r** (33) *vi astr u. fig* kulminieren (*en* in *dat*) | *fig a.* s-n Gipfel-, Höhe-punkt erreichen; gipfeln (*en* in *dat*); herauslaufen (auf *ac*); enden (mit *dat*).

culot *m* halbverbranntes Scheit *n* | **~ar** (33) *vt* (*Pfeife*) anrauchen | **~s** *m pl* kurze Hose(n *pl*) *f*.

culpa *f* (*Fehler, Verantwortung*) Schuld *f* | *dr a.* (bewußte) Fahrlässigkeit *f* | *per ~ teva* deinetwegen | *per ~ del mal temps* wegen des schlechten Wetters | *donar a alg od a u/c la ~ d'u/c* j-m *od* e-r Sache an etw (*dat*) schuld geben | *la ~ és meva* die Schuld liegt an (*od* bei) mir; es ist m-e Schuld, daran bin ich schuld | *tenir la ~ d'u/c* an etw (*dat*) schuld haben *od* sein; die Schuld an etw (*dat*) tragen | **~bilitat** *f* Schuld *f*, Schuldigsein *n* | *dr a.* Straffälligkeit; Strafbarkeit *f* | *complex de* ~ Schuldkomplex *m* | *veredicte de* ~ Schuldspruch *m* | **~ble** *adj* (*m/f*) schuldig, schuldhaft | *dr a.* straffällig; strafbar | *declarar* ~ für schuldig erklären; schuldig sprechen | *declarar-se* (*sentir-se*) ~ s. schuldig bekennen (fühlen) | (*és*)*ser* ~ *d'u/c* an etw schuldig sein | *fer-se* ~ *d'u/c* s. e-r Sache schuldig machen, s. etw zuschulden kommen lassen || *s/m/f* Schuldige(r *m*) *m/f* | **~r** (33) *vt* beschuldigen, anklagen (*alg d'u/c* j-n e-r Sache) | *s: acusar, inculpar*.

cul-roget *m ornit* = **cua-roja**.

cult|ament *adv s: culte*[1] | **~e**[1] *adj* kultiviert, gebildet | (*Ausdruck*) gehoben, (*Wort*) *a.* bildungssprachlich | *un poble* ~ e. Kulturvolk *n* | **~e**[2] *m a. fig* Kult(us) *m* | (*evangelische Kirche*) Gottesdienst *m* | ~ *de la personalitat* (*polít*) Personenkult *m* | *llibertat de* ~ (*dr*) Kultusfreiheit *f* | *retre* ~ *a u/c* Kult treiben mit etw (*dat*) | **~erà** (**-ana** *f*) *adj lit* kult(eran)istisch, gongoristisch | **~eranisme** *m Lit* Kult(eran)ismus, Gongorismus *m* | **~isme** *m* gehobener Ausdruck *m* | *ling* bildungssprachliche(s) Lehnwort *n* | **~iu** *m agr* Anbau *m*; Zucht *f*; Bebauung Bestellung, Kultivierung *f* | *agr biol med* Kultur *f* | *fig* Pflege, (Aus)Übung, Ausbildung *f* | *el* ~ *del blat* der Anbau von Weizen; der Weizen(an)bau | *el* ~ *del clavell* die Zucht von Nelken; die Nelkenzucht | *el* ~ *d'un camp* die Bebauung *od* Bestellung e-s Feldes | ~ *en terrasses* Terrassenkultur *f* | ~*s de roses* Kulturen von Rosen; Rosenkulturen | ~ *bactarià* Bakterienkultur *f* | *s: brou, medi* | **~ivable** *adj* (*m/f*) anbaufähig | bestellbar, urbar | **~ivador** *adj* ackerbautreibend | Ackerbau... | *s/m/f* Landwirt *m* | *un* ~ *de vi* e. Weinbauer *m* | *un* ~ *de roses* e. Rosenzüchter *m* | *fig* (*von etw Geistigem*) Pfleger *m* | **~ivar** (33) *vt* (*Pflanzen*) an-bauen, -pflanzen; züchten | (*Acker*) be-bauen, -stellen | *bes fig* kultivieren | *fig a.* pflegen; (aus)üben, betreiben | (*Gedächtnis, Geist*) ausbilden | ~ *alg* (*fam*) s. j-n warmhalten | **~ivar-se** *v/r* s. bilden | **~ivat** (**-ada** *f*) *pp*/*adj: plantes cultivades* Kulturpflanzen *f pl* | *superfície cul-*

cumarina

tivada Anbaufläche *f* | *un esperit* ~ e. kultivierter Geist | *és molt* ~ er ist sehr kultiviert | **~ual** *adj* (*m/f*) kultisch, Kultus... | gottesdienstlich | **~ura** *f* Kultur, Bildung; Pflege *f* | *la* ~ *catalana* (*alemanya*) die katalanische (deutsche) Kultur | ~ *física* Körperkultur *f* | ~ *general* Allgemeinbildung *f* | *departament* (*od conselleria*) *de* ~ (*Katalonien*) Kultusministerium *n* | *un home de* (*sense*) ~ e. Mann mit (ohne) Kultur | (*no*) *tenir* ~ (keine) Kultur besitzen | **~ural** *adj* (*m/f*) kulturell | Kultur... | Bildungs... | *nivell* ~ Kulturstufe *f*; Bildungsstand *m*.

cumarina *f bot* Kumarin *n*.

cúmel *m* Kümmel(branntwein) *m*.

cúmul *m* Haufen *m* | *fig a.* Menge *f* | *meteor* Haufenwolke *f*.

cumulatiu (**-iva** *f*) *adj* kumulativ.

cumulonimbe *m* Kumulonimbus *m*, Gewitterwolke *f*.

cune|iforme *adj* (*m/f*) keilförmig | *escriptura* ~ Keilschrift *f* | **~ta** *f* Straßengraben *m* | *hist* Festungsgraben *m*.

cunicul|ar *adj* (*m/f*) *zool* kaninchenähnlich | **~icultor** *m* Kaninchenzüchter *m* | **~icultura** *f* Kaninchenzucht *f*.

cunnilicció *f* Cunnilingus *m*.

cuny *m* Keil *m* | *anat* (*Fuß*) Keilbein *n*.

cunyat (**-ada** *f*) *m* Schwager *m*, Schwägerin *f* | *els meus* **~s** *tenen tres fills* mein Schwager u. meine Schwägerin haben drei Kinder.

cuot *m* (*e-r Familie*) = **caganiu**.

cup *m agr* Wein-kelter, -presse *f* | Presskorb *m* | Mostkufe *f* | Keller *m*.

cup|atge *m* (*Wein*) Verschneiden *n*, Verschnitt *m* | **~è** *m* (*pl* **-ès**) *a. aut* Coupé *n*.

cupiditat *f arc* = **cobejança** | *bes* = **cobdícia**.

cuplet *m mús* Couplet *n* | **~ista** *f mús* Coupletsängerin *f*.

cupó *m econ* Coupon *m*.

cupressàcies *f pl bot* Zypressengewächse *n pl*.

cúpric *adj quím* Kupfer..., *bes* Kupfer-II-...

cupr|ífer *adj* kupferhaltig | **~ita** *f min* Rotkupfererz *n* | **~o-níquel** *m* Kupfernickel *m* | **~ós** (**-osa** *f*) *adj quím* Kupfer..., *bes* Kupfer-I-...

cúpula *f arquit* Kuppel *f* | *bot* (*Frucht-*)Becher *m* | *fig bes polít* (*führende Gruppe*) Spitze *f*.

cuquell|a *f ornit* Kuckucksweibchen *n* | **~o** *m* = **cucut**.

cuquer *adj* Wurm...

cura *f* (Für)Sorge, Pflege *f* | Sorgfalt *f* | *med* Heilverfahren *n*; Behandlung; Kur *f* | ~ *d'ànimes* (*ecl*) Seelsorge *f* | ~ *termal od d'aigües* (*d'altitud*) Bade-(Höhen-)kur *f* | ~ *d'urgència* Erste Hilfe *f* | *a* (*od sota la*) ~ *de* ... (*Veröffentlichung*) von ... besorgt | *amb* (*sense*) ~ mit (ohne) Sorgfalt | *donar* (*od confiar*) *la* ~ *d'u/c a alg* j-m die Sorge über etw (*ac*) anvertrauen | *la meva única* ~ *és la família* meine einzige Sorge ist die Familie | *fer* (*od seguir*) *una* ~ e-e Kur machen | *posar* ~ *en u/c* auf etw (*ac*) Sorgfalt verwenden | *prendre* ~ *d'alg od d'u/c* die Sorge für j-n *od* etw übernehmen | *tenir* ~ *d'alg od d'u/c* für j-n *od* etw sorgen | *això no té* ~ das ist unheilbar; *fig a.* dem ist nicht abzuhelfen, daran ist nichts zu machen | **~bilitat** *f* Heilbarkeit *f* | **~ble** *adj* (*m/f*) heilbar | **~ció** *f* (Ver-)Heilung *f* | **~dor** *m dr* Pfleger; Vormund; *arc* Kurator *m* | **~doria** *f dr* Pflegschaft; Vormundschaft; *arc* Kuratel *f* | **~ndero** *m* Kurpfuscher, Quacksalber *m* | **~r** (33) *vt* (*für j-n od etw*) sorgen; (*etw*) pflegen; (*auf etw* ac) achten, (*etw*) sorgfältig ausführen | *med* (*j-n*) pflegen, (*j-n od etw*) behandeln; (*j-n od etw*) heilen, *umg* kurieren | ~ *alg d'u/c* (*a. fig*) j-n von etw heilen *od* kurieren | ~ + (*de*) *inf* beabsichtigen (*od* vorhaben), zu + *inf* || *vi:* ~ *d'alg od d'u/c* für j-n *od* etw sorgen; *s.* um j-n *od* etw kümmern | **~r-se** *v/r* geheilt (*umg* kuriert) werden, *lit* genesen (*d'u/c* von etw) | gesund werden | heilen (*Krankheit, Wunde*); verheilen (*Wunde*) | ~ *en salut* rechtzeitig vorsorgen; *fig a.* vorbauen | *s: cuidar(-se), guarir(-se)*.

curare *m* (*Gift*) Kurare *n*.

curat *m ecl ant* = **rector** | **~iu** (**-iva** *f*) *adj* heilend, Heil... | *ungüent* ~ Heilsalbe *f*.

curbaril *m bot* Lokustenbaum *m*.

curculiònids *m pl entom* Rüsselkäfer *m pl*.

curculla *f* Muschel(schale) *f*.

cúrcuma *f bot* Kurkuma, Gelbwurzel *f*.

curcumina *f quím* Kurkumin *n*.

curd *adj u. sub* = **kurd**.

curenya *f mil* Lafette *f* | ~ *automòbil* Selbstfahrlafette *f*.

cureta *f* Kürette *f* | *tèxt* Kardenreiniger *m*.

curi *m quím* Curium *n*.
cúria *f catol u. hist* (*Rom*) Kurie *f* | *bes catol a*. Gerichtshof *m* | *hist* (*Mittelalter*) *a*. königliche Kurie *f* | *la ~ romana* (*catol*) die römische Kurie | *cardenal de la ~* Kurienkardinal *m*.
curial *adj* (*m/f*) kurial | Kurien... | *ant* höflich ‖ *s/m* Kuriale *m* | Anwalt *m*; Justizbeamte(r) *m*; *desp* Rechtsverdreher *m* | **~esc** *adj* kurial, kanzleimäßig | **~itat** *f* Höflichkeit *f*.
curie *m* (*Maßeinheit*) Curie *n*.
curió *m hist* (*Rom*) Kurienvorsteher *m*.
curi|ós (**-osa** *f*, **-osament** *adv*) *adj* neugierig | merkwürdig, sonderbar, sehenswert | **~ositat** *f* Neugier(de) | Wißbegier *f* | Merk-, Sehens-würdigkeit *f*.
curolla *f Bal* = **dèria**.
curós (**-osa** *f*, **-osament** *adv*) *adj* (*Person*) sorg-fältig, -sam, akkurat | *és ~ de l'educació dels seus fills* er ist um die Erziehung s-r Kinder bemüht.
cúrria *f* = **corriola, politja**.
curricà *m* Schleppangel *f*.
currículum *m* Lebenslauf *m*.
curripeus *m pl bot* Reiherschnabel *m*.
curs *m* (*Wasser, Fluß*) Lauf *m* | *fig a*. Weg; Verlauf; Gang *m* | *astr* Bahn *f* | *econ* (*Geld*) Umlauf *m* | *tèxt* Rapport *m* | *stud* Kurs(us) *m*; (*Universität*) Vorlesung(sreihe) *f*; Studien-jahr *n*; Lehrbuch *n* | *~ forçós* (*econ*) Zwangskurs *m* | *moneda de ~ legal* gesetzliches Zahlungsmittel *n* | *el ~ d'una malaltia* der Verlauf e-r Krankheit | *el ~ de la vida* der Lauf des Lebens | *en el ~ del temps* im Laufe der Zeit | *en ~ d'impressió* (*gràf*) im Druck | *donar ~ a u/c* etw amtlich weiterleiten; *fig* e-r Sache freien Lauf lassen | *seguir el seu ~* s-n Gang gehen | **~a** *f esport* (Wett)Lauf *m*; (Wett)Rennen *n* | *tecn* (Kolben) Hub *m* | *~ d'armaments* Rüstungswettlauf *m*, Wettrüsten *n* | *~ automobilística* od *de cotxes* (*hípica* od *de cavalls, ciclista* od *de bicicletes*) Auto-(Pferde-, Rad-)rennen *m* | *~ de braus* Stierkampf *m* | *~ d'obstacles* (*Athleten*) Hindernislauf *m*, (*Pferde*) Hindernisrennen *n* | **~r** (33) *vt* (*Telegramm*) aufgeben | (*Gesuch*) weiterleiten, einreichen | *estud: ~ estudis a Heidelberg* in Heidelberg studieren | *~ Física* Physik studieren | *vaig ~ tres anys de Romàniques* ich studierte (*od* absolvierte) drei (Studien)Jahre Romanistik | *curso el batxillerat* ich besuche das Gymnasium ‖ **~et** *m* Kurs(us), Lehrgang *m*.
cursi *adj* (*m/f*) (lächerlich) geziert, gespreizt, *umg* affig | (*Dinge*) kitschig | *un gerro ~* e-e kitschige Vase | **~leria** *f* Geziertheit, *umg* Affigkeit *f* | Kitsch *m* | *umg* Getue *n*, Affenthea-ter *n*.
curs|iu (**-iva** *f*) *adj gràf* kursiv ‖ *s/f* Kursive, Kursivschrift *f* | **~or** *m tecn* Schieber *m* | *tèxt* Läufer *m*.
curt *adj* (*Länge, Dauer*) *a. ling* kurz | zu kurz; knapp | *fig a.* klein, gering | *arma ~a* Handfeuerwaffe *f* | *un llançament ~* e. zu kurzer Wurf *m* | *narració ~a* Kurzgeschichte *f* | *~ circuit* (*elect*) Kurzschluß *m* | *~ de cames* (*vista*) kurz-beinig (-sichtig) | *~ de talla* (*Person, bes mil*) kleinwüchsig, zu klein | *a ~a distància de Reus* in geringer Entfernung von Reus | *a ~s intervals* in kurzen Abständen | *amb un ~ avantatge* mit knappem Vorsprung | *la Maria sempre va ~a* Maria kleidet s. stets kurz; (*de diners*) Maria ist stets knapp bei Kasse | *aquest vestit et va ~* dieses Kleid ist dir zu kurz | *anar de ~* kurze Kleider tragen (*Mädchen vor der Einführung in die Gesellschaft*) | *anem ~s de pa* wir haben nicht mehr viel Brot | (*és*)*ser ~* (*d'enteniment,* fam *de gambals*) beschränkt (*umg* schwer von Begriff) sein | *és ~ de mans* (*fig fam*) die Arbeit geht ihm langsam von der Hand | (*és*)*ser ~ de paraules* wortkarg sein | *lligar* (*od fermar*) *~ alg* (*fig fam*) j-n kurzhalten | *encara et quedes ~!* (*fig fam*) das ist längst noch nicht alles! ‖ *adv: farem ~* (*de vi*) es (der Wein) wird nicht reichen | *vam fer* (*od tallar*) *~* wir hatten zu knapp gerechnet | *tirar ~* (*beim Schießen, Werfen*) das Ziel nicht erreichen; *fig* knapp rechnen | *tirant ~, érem deu* wir waren mindestens zehn ‖ *s/m* Kurzfilm *m* | *s/m pl* (*Sardana*) kurze Schritte *m pl* (*die man mit gesenkten Armen tanzt*) | **~circuitar** (33) *vt elect* kurzschließen | **~edat** *f* Kürze *f* | *fig* Beschränktheit *f* | **~ejar** (33) *vi* eher zu kurz sein | knapp sein *bzw* werden | *fig* etwas beschränkt sein | *~ d'u/c* an etw knapp sein, nicht viel von etw ha-

ben | ~esa *f* = ~edat.
curull *adj* rand-, über-voll || *s/m* Überstehende(s), Herausstehende(s) *n* | Schornsteinaufsatz *m* | ~ar (33) *vt* (*Gefäß*) bis zum Rand füllen | (*Raum*) völlig ausfüllen; überfüllen.
curv|atura *f* Krümmung *f* | ~ilini (-ínia *f*) *adj* krummlinig, gekrümmt | ~itat *f* Krümmung *f*.
cuscús *m* (*pl -ussos*) *gastr* Kuskus *m*.
cuscuta *f bot* Seide *f*.
cuspidat (-ada *f*) *adj* spitz (zulaufend).
cúspide *f* Spitze *f* | (*bes Pyramiden, Kegel*) Spitze *f*.

cussol *m* Schöpfkelle *f* (*aus Kupfer*).
cussolí *m tèxt* Drillich *m*.
cust|odi (-òdia *f*) *adj* Wach..., Schutz... | àngel ~ Schutzengel *m* || *s/m* Wächter *m*, Hüter *m* | ~òdia *f* Wache *f*, Bewachung *f* | (Ob)Hut *f* | (*Polizei*) Gewahrsam *n* | *catol* Monstranz *f* | ~odiar (33) *vt* (auf)bewahren, verwahren | ~odir (37) *vt ant* = ~odiar.
cut|ani (-ània *f*) *adj* Haut... | ~ícula *f biol* Kutikula *f*, Häutchen *n* | Nagelhaut *f* | ~icular *adj* (*m/f*) kutikular | ~is *m* (Ober)Haut *f* | Gesichtshaut *f*, Teint *m*.

D

d, D *f* d, D *n*.
d' *prep s:* de².
daci (**dàcia** *f*) *adj* dakisch ∥ *s/mf* Daker(in *f*) *m ling* ∥ *s/m ling* Dakisch *n* | *el* ~ das Dakische.
dació *f dr* (Zwangs)Übergabe *f* | ~ *en pagament* Leistung *f* an Erfüllungs Statt.
dacrio|adenitis *f med* Dakryoadenitis, Tränendrüsenentzündung *f* | **~cistitis** *f med* Dakryozystitis, Tränensackentzündung *f*.
dacsa *f bot Val* Mais *m* | *s: blat de moro* | ~**r** *m Val* Maisfeld *n*.
dàctil *m Lit* Daktylus *m*.
dact|ilar *adj (m/f)* Finger... | **~ilat** (**-ada**) *adj* = **digital** | **~ílic** *adj Lit* daktylisch | **~ilògraf(a** *f) m* = **mecanògraf** | **~ilografia** *f* = **mecanografia** | **~ilologia** *f* Daktylologie, Fingersprache *f* | **~iloscòpia** *f* Daktyloskopie *f*, Fingerabdruckverfahren *n* | **~iloscòpic** *adj* daktyloskopisch | *examen* ~ Untersuchung der Fingerabdrücke.
dada *f* Angabe, Information *f* | *lit* Faktum, Datum *n* | *cient tecn* (Zahlen-)Wert *m*; *mat a.* vorgegebene Größe *f* ∥ *pl* Angaben *f pl* | Fakten, *a. cient tecn* Daten *n pl* | Datenmaterial *n* | *tractament* (*od processament*) *de dades* Datenverarbeitung *f*.
dad|à *m art Lit* Dada *m* ∥ *adj (m/f)* dadaistisch | **~aisme** *m art lit* Dadaismus *m sg* | **~aista** *adj (m/f)* dadaistisch ∥ *s/m/f* Dadaist(in *f) m*.
dador(**a** *f*) *m bes dr* (Über)Geber(in *f*) *m* | Überbringer(in *f) m* | *com* (Wechsel) Aussteller(in *f) m*.
dag|a *f* Dolch *m* | **~uer** *m* Messer-schmied *m*, -händler *m* | **~ueria** *f* Messer-schmiede *f* | Stahlwarenhandlung *f*.
daguerreotípia *f gràf* Daguerreotypie *f*.
daix|ò *inv fam* (*selten a.* **-ona** *f*, **-ons** *m pl*, **-ones** *f pl*), **~onses** *inv fam* (*ersetzt e. Wort, e-e Wortgruppe od e-n Satz, wenn man s. nicht genau ausdrücken will od kann*): *porta'm el* ~! bring mir das Ding(s) *od* das Dings-da, -bums! | *en* ~, *ja saps qui vull dir* der Dings, du weißt schon, wen ich meine | *no et fa vergonya parlar de coses tan daixonses?* schämst du dich nicht, über solche Sachen zu sprechen? | *és que* ~, *tu ja m'entens* es ist nämlich so, du verstehst mich schon ∥ (*in Verbindung mit "dallò" bzw "dallonses"*) *la senyora* ~ *i dallò* bzw *dallonses* Frau Soundso *hem xerrat sobre* ~ *i dallò* bzw *dallonses* wir haben über dies u. jenes geplaudert | *he vist en* ~ *amb la dallò* bzw *dallonses* ich habe den Dingsda mit der Dingsbums gesehen.
dàlia *f bot* Dahlie *f*.
daliera *f bot* Dahlie *f (Pflanze)*.
dall *m* (*erste*) Mahd *f* | **~a** *f agr* Sense *f* | (*Böttcher*) Rundschaber *m* | *fig: la* ~ *de la mort* die Sense des Todes | **~ada** *f* Sensenhieb *m* | Mähen *n*, Mahd *f*, Schnitt *m* | **~ador**¹ *adj* schnittreif | **~ador**² *adj* Mäh... | *màquina* ~**a** Mähmaschine *f* ∥ *s/m/f* = **~aire** ∥ *s/f* Mähmaschine *f* | **~aire** *m/f* Mäher(in *f*), Schnitter(in *f) m* | **~ar** (33) *vt* (ab)mähen, sensen.
dall|ò *inv fam* (*selten a.* **-ons** *m pl*, **-ones** *f pl*), **~onses** *inv fam: synonym od in Verbindung mit* daixò *bzw* daixonses *gebraucht*.

Dalmàcia f Dalmatien n.
dàlmata adj (m/f) dalmat(in)isch || s/m/f Dalmatiner(in f) m || s/m ling Dalmatisch n | el ~ das Dalmatische || s/m zool Dalmatiner m.
dalmàtica f catol Dalmatika f.
dalt adv (oft a ~) oben | aquí (allà) ~ hier (da od dort) oben | la mare és (a) ~ Mutter ist oben | vés (cap) a ~! geh hinauf (umg rauf) od nach oben! | vam pujar molt amunt, gairebé fins a ~ wir stiegen hoch hinauf, fast bis oben | la part de ~ der obere Teil | el pis de ~ das ober(st)e Stockwerk | l'ordre (la fe) ve de ~ die Anordnung (der Glaube) kommt von oben | de ~ estant von oben, aus der Höhe | escriuen de ~ a baix sie schreiben von oben nach unten | anaven xops de ~ a baix sie waren von oben bis unten durchnäßt | mirar alg de ~ a baix j-n von oben bis unten (herablassend von oben herab) ansehen || prep (mst ~ de) (oben) auf (ac bzw dat) | he posat la capsa (a) ~ (de) l'armari, damunt (de) la maleta ich habe die Schachtel oben auf den Schrank auf den Koffer gelegt | (a) ~ (d)el Montseny ja hi ha neu (oben) auf dem Montseny liegt schon Schnee | l'equipatge encara era (a) ~ (d)el tren das Gepäck war noch im Zug | (a) ~ de tot del campanar hi ha un niu de cigonyes ganz oben auf dem Glockenturm ist e. Storchennest || s/m mst pl obere(r) Teil m | (Haus) Obergeschoß m | **~abaix** adv: caure (tirar) ~ herunter- bzw hinunter-, umg runter-fallen (-werfen) || ~ de (loc adv): el paleta va caure ~ de la bastida der Maurer fiel vom Gerüst (herunter) | s/m Umsturz, Zusammenbruch m, Katastrophe f | Krach, Tumult, Skandal m.
daltoni|à (-**ana** f) adj med farbenblind || s/mf Farbenblinde(r m) m/f | **~sme** m med Daltonismus m, Farbenblindheit f.
dama f (a. Brett- u. Kartenspiele) Dame f | hist a. Edel-dame, -frau f | nàut Dolle f | ~ de companyia (d'honor) Gesellschafts-(Ehren- od Hof-)dame f | teat: primera (segona) ~ erste (zweite) Heldin f | ~ jove jugendliche Heldin f | polít: primera ~ First Lady f | fer una ~ (Spiel) e-e Dame bekommen | pl (a. joc de dames) Dame(spiel n) f | jugar a dames Dame spielen.
damà m mam (Klipp)Schliefer m.

dama-joana f (Korbflasche) Demijohn m | gr(r) Stöpsel m.
dam|às m = **domàs** | **~asc** m Damaskus n | **~ascè** (-**ena** f) adj = **~asquí** | Joan ~ Johannes Damascenus od von Damaskus | **~asquí** (-**ina** f) adj damaszenisch | (Stahl) Damaszener inv | tèxt Damast..., damasten | **~asquinar** (33) vt damaszieren; tauschieren | **~assè** (pl -**és**) m tèxt schwarzer Seidendamast m.
damisel·la f arc poèt Demoiselle f | entom Wasserjungfer f.
damn|able adj (m/f) ecl verdammenswert | **~ació** f ecl Verdammung; Verdammnis f | **~ar** (33) vt ant = **condemnar** | bes ecl verdammen | **~ar-se** v/r ecl verdammt werden | reg verzweifeln | **~at** (-**ada** f) adj ecl verdammt || s/mf Verdammte(r m) m/f | sofrir com un ~ Höllenqualen leiden | **~atge** m ant = **dany** | **~ejar** (33) vt ant = **~ificar**, **danyar** | **~ificació** f (Be)Schädigung f | **~ificar** (33) vt (j-n od etw) schädigen | (etw) beschädigen | **~ificat** (-**ada** f) adj geschädigt || s/mf Geschädigte(r m) m/f | **~ós** (-**osa** f) adj ant = **danyós**.
damunt adv örtl darauf (umg drauf) bzw darüber (umg drüber) | (ganz oben) oben-drauf bzw -drüber | (in e-m Text) oben | hi ets ~ du stehst darauf | posa els ous ~! leg die Eier obendrauf! | ~ hi ha un mirall darüber hängt e. Spiegel | la part de ~ die Oberseite | l'habitació de ~ das Zimmer darüber | no et poses l'abric ~? ziehst du (dir) den Mantel nicht über? | ella no portava res ~ sie hatte nichts an | com ~ hem dit wie oben erwähnt | els ~ dits (esmentats) die Oben-genannten (-erwähnten) pl | i, ~, encara m'han renyat sie haben mich obendrein noch ausgeschimpft | ~ davall (fig fam) drunter u. drüber | per ~ od ~ ~ oberflächlich, flüchtig; fig a. obenhin || prep (a. ~ de) örtl (mit Berührung) auf (ac bzw dat); (ohne Berührung od bedeckend) über (ac bzw dat) | posa el gerro ~ (de) la taula! stell die Vase auf den Tisch! | volàvem ~ (de) la vall wir flogen über dem Tal | porten un vel ~ (de) la cara sie tragen e-n Schleier über dem Gesicht | em vaig abalançar ~ (d)el lladre ich stürzte mich auf den Dieb | ja tenim els perseguidors ~ nostre die Verfol-

dàncing 303 **darrer**

ger saßen uns schon im Nacken | *una desgràcia* ~ *(de) l'altra* e. Unglück über das andere | *superioritat (poder)* ~ *(d') alg* Überlegenheit (Macht) über j-n | *per* ~ *del nivell del mar* über dem Meeresspiegel | *van saltar per* ~ *de la barrera* sie sprangen über die Schranke | *per* ~ *de la cintura* oberhalb der Gürtellinie | *ell està per* ~ *de tota crítica* er steht über aller Kritik | *per* ~ *de tot* vor allem, vor allem Dingen || *s/m* Oberseite *f* | *les camises són al* ~ *de tot* die Hemden liegen obendrauf | *la casa em cau al* ~ *(fig fam)* mir fällt die Decke auf den Kopf | *no porto diners al* ~ ich habe k. Geld bei mir | *no me'l puc treure del* ~ *(fig fam)* ich kann ihn nicht loswerden | *no posis els peus al* ~ *de la taula!* leg die Füße nicht auf den Tisch! || *s: sobre, dessobre; dalt; capdamunt; amunt; enlaire.*

dàncing *m* Tanz-, -lokal *n*, -saal *m*.

dandi *m* Dandy *m* || *adj m* dandyhaft | *fam* elegant, schick | **~sme** *m* Dandytum *n* | *hist* Dandyismus *m*.

danès (**-esa** *f*) *adj* dänish || *s/mf* Däne *m*, Dänin *f* || *s/m ling* Dänisch | *el* ~ das Dänische.

dans|**a** *f bes folk* Tanz *m* | *s: ball* | ~ *de les espases* Schwerttanz *m* | ~ *de la mort* od *macabra* Totentanz *m* | ~ *nupcial (zool)* Hochzeitstanz *m* | *en* ~ *(fig fam)* in Bewegung, in Schwung; auf Hochtouren | **~ador**(**a** *f*) *m*, **~aire** *m/f* Tänzer(in *f*) *m* | **~ar** (33) *vi/t* tanzen | **~arí** (**-ina** *f*) *m* Ballettänzer(in *f*) *m* | **~er** (**-a** *f*) *m* = **capdanser**(**a** *f*).

dantesc *adj* dantisch, Dante... | **dantesk.**

Danubi *m: el* ~ die Donau | **~à** (**-ana** *f*) *adj* Donau...

dany *m a. dr* Schaden *m* | Einbuße *f*, Verlust *m* | **~s** *materials* Sachschaden *m* | **~s** *i perjudicis (dr)* Schaden(s)ersatz *m* | *la tempesta ha fet (od causat) grans* ~*s* der Sturm hat gr(n) Schaden angerichtet (*od* verursacht) | *el* ~ *que ens han fet* (od *causat*) *és irreparable* der Schaden, den man uns zugefügt hat, ist nicht wiedergutzumachen | *ella no ha sofert cap* ~ sie hat k-n Schaden erlitten | **~ar** (33) *vt (j-m od e-r Sache)* schaden | *(j-n, die Gesundheit, den Ruf) a.* schädigen | *(Materielles)* beschädigen | **~ós** (**-osa** *f*) *adj* schädlich.

dar (33) *vt def (ungebräuchliche Formen:*

1., 2., 3. u. 6. pers prs ind, subj u. imp) fam = **donar** | *da-li!* gib's ihm *bzw* ihr!; los! | *da-li (que) da-li* ohne Pause, in e-m fort, immerzu | *xerren (cusen) hores i hores, da-li (que) da-li* sie plaudern u. plaudern (nähen u. nähen) stundenlang | *s: Déu.*

dard *m* (Wurf)Spieß *m* | *poèt u. fig* Pfeil *m* | *(Spiel)* (Wurf)Pfeil *m* | *elect* Funke *m* | *cambra de* ~*s (elect)* Funkenkammer *f* | *joc de* ~*s* Darts, Dartspiel *n* | **~ar**[1] (33) *vt (Spieß)* schleudern, werfen | mit e-m Spieß treffen *od* verwunden | *reg* schlagen, (ver)prügeln | **~ar**[2] (33) *vi reg* umher-ziehen, -streifen | **~ell** *m hist* kl(r) (Wurf)Spieß *m*.

darg|**a** *f hist* Tartsche *f* | *(Fluß)* Eisscholle *f* | **~ó** *m hist* kl(e) Tartsche *f*.

darrer *adj* letzter(r, -s) | *el* ~ *dia de l'any* der letzte (*bzw* am letzten) Tag des Jahres | *vaig quedar* ~ ich wurde letzter | *és la* ~*a cosa que faria* das wäre das letzte, was ich täte | *érem a la* ~*a fila* wir waren in der letzten (*od* hinter(st)en) Reihe | *en els* ~*s temps* in letzter (*od* in der letzten) Zeit | *la* ~*a visita va (és)ser al juny passat* der letzte Besuch war (im) letzten Juni | *ja sabeu la* ~*a notícia?* wißt ihr schon das Neu(e)ste? || *s/mf: el* ~ *tanca la porta* der letzte schließt die Tür | *és la* ~*a de la classe* sie ist die Letzte in der Klasse | *sempre sóc el* ~ *a saber-ho* ich erfahre es immer als letzter *od* zuletzt | **~a** = **~e** | **~ament** *adv* in letzter (*od* in der letzten) Zeit, letztens, letzthin | **~e** *adv* hinten, dahinter | hinterher | *s: endarrere* | *aquest auto té el motor* ~ dieses Auto hat den Motor hinten | *no sé pas què hi ha* ~ *(a. fig)* ich weiß nicht, was dahintersteckt | *allà* ~ dort hinten, da hinten, *(mit Nachdruck)* dahinten | *jo anava davant i ell venia* ~ ich ging voran u. er kam hinterher | *era el primer, però ara vaig* ~ *(de tot)* ich war der Erste, aber jetzt bin ich (ganz) hinten | *els de* ~ *fan massa xivarri* die da hinten sind zu laut | *ens van atacar per* ~ sie griffen uns von hinten (*od* hinterrücks) an | *prep (a.* ~ *de)* hinter (*ac bzw dat*) | *(Ordnung) a.* nach | *posa la cadira* ~ *(de) la porta!* stell den Stuhl hinter die Tür! | *són* ~ *teu* sie sind hinter dir | *l'adjectiu va* ~ *(d)el substantiu* das Adjektiv steht hinter (*od* nach) dem Substantiv | *de qui vaig ~?* nach wem komme ich dran? | *anar ~ (d')alg* od *(d')u/c (fig fam)* hinter j-m *od* etw hersein | *l'un ~ l'altre* einer hinter (*bzw* nach) dem anderen; hinter-, nach-einander | *festa ~ festa* ein Fest nach dem anderen | *tens molta gent ~ teu (fig)* du hast viele Menschen hinter dir | *~ seu el critiquen (fig fam)* man kritisiert ihn hinter s-m Rücken || *s/m* Hinter-, Rück-seite *f* | hintere(r) Teil *m* | *anat fam* Hinter-seite *f*, -teil *n*, Hintern *m* | *mst pl* Hinterhaus *n* | *les habitacions (rodes) del ~* die Hinter-zimmer (-räder) *pl* | *érem al ~ (de la cua)* wir standen hinten (in der Schlange) | **~enc** *adj* spät(reifend) | *fruits ~s* Spätobst *n* | **~ia** *f* Ende *n*, letzte Zeit *f* | Spätzeit *f* | *la ~ del món* die letzten Tage der Menschheit | *a la ~ de l'estiu* gegen Ende des Sommers; im Spätsommer || *pl* Nachtisch *m* | *les darreries de l'home (ecl)* die letzten Dinge *n pl* des Menschen | *l'avi és a les darreries* Großvater liegt in den letzten Zügen.

dàrsena *f nàut* Hafenbecken *n* | Dock *n*.

darwini|à (-ana *f) adj* Darwin... darwinistisch | **~sme** *m* Darwinismus *m* | **~sta** *m/f* Darwinist(in *f*) *m*.

data *f zeitl* Datum *n* | Datumsangabe *f* | *(Geschichte, Inschrift, Münze)* Jahreszahl *f* | *amb ~ d'avui* unter heutigem (*od* dem heutigen) Datum | *una carta sense ~* e. Brief ohne Datum(sangabe), e. undatierter Brief | *encara no han fixat la ~ del casament* sie haben den Hochzeitstag noch nicht festgesetzt | **~ció** *f* Datierung *f* | **~dor** *m* Datumsstempel *m* | **~r** (33) *vt* datieren || *vi: ~ de* datieren aus *bzw* von (*dat*); zurückgehen auf (*ac*) | *a ~ del dia 15* vom 15. an, ab dem 15.

dàtil *m* Dattel *f* | *~ de mar (zool)* Stein-, See-dattel *f*.

datiler *adj* Dattel... || *s/mf bot* Dattelpalme *f*.

datiu *m ling* Dativ, Wemfall *m*.

datxa *f* Datscha *f*.

dau *m* Würfel *m* | *arquit* Abakus *m*, Kapitellplatte *f* | *tecn* Lager *n* | *~ fals* od *carregat* bzw *de milloria* gefälschte(r) Würfel *m* | *jugar als ~s* Würfel spielen, würfeln | *tirar els ~s* die Würfel werfen, würfeln.

daura|da *f ict* = **orada** | *ornit* Regenpfeifer *m* | *~ grossa* Goldregenpfeifer *m* | **~della** *f bot* Schrift-, Milzfarn *m* | *ornit* Goldregenpfeifer *m* | **~dor** *m* Vergolder *m* | **~dura** *f* Vergoldung *f*, Gold-überzug *m*, -verzierung *f* | **~r** (33) *vt* vergolden | *fig* beschönigen, bemänteln | *~ la píndola* die Pille versüßen | **~t (-ada** *f) adj* golden, goldfarben, -farbig | vergoldet | *s/m ict* = **llampuga**.

davall *adv örtl* darunter, *umg* drunter | *(ganz unten)* unten drunter | *(in e-m Text)* unten | *~ ~ (Bal)* im verborgenen; heimlich; hintenherum || *prep* (a. *~ de*) unter (*ac* bzw *dat*) | *per ~ del genoll* unterhalb des Knies | *s/m* Unterseite *f* | *al ~ (del pati) hi ha un pàrquing* darunter (unter dem Hof) befindet s. e-e Tiefgarage || *s: sota, dessota; baix; avall; capdavall; damunt* | **~ada** *f* = **baixada** | *fig* Abstieg, Niedergang *m* | **~ador** *m* = **baixador** | *anat* Schlund *m* | **~ament** *m* Absteigen *n* | Herab-, Herunter-nehmen *n* | *bibl art: el ~ de la creu* die Kreuzabnahme | **~ant** *m* = **baixant** | *anat fam* Schlund *m* | *tenir un bon ~* ein tüchtiger Esser sein; *fig* alles schlukken || *s/m/f* = **descendent** | **~ar** (33) *vt* = **baixar** | *bibl: ~ el cos de Jesús de la creu* den Leib Jesu vom Kreuz abnehmen || *vi* = **baixar**; **descendir**; **procedir**, **provenir**.

davant *adv* vorn(e) | davor | voran | *la fleca és allà ~* die Bäckerei ist da vorn(e) | *~ hi ha un prat* davor liegt e-e Wiese | *fuig d'aquí ~!* geh weg!, hau ab! | *quin equip va ~?* welche Mannschaft liegt vorn(e) *od* an der Spitze? | *tothom ens passa ~* alle überholen uns | *em deixes passar ~, si us plau!* läßt du mich vor? | *passeu ~* bitte, gehen Sie voran! | *de ~ m'agrada més* von vorn(e) gefällt es mir besser | *es corda per ~ i per darrere* es wird vorn u. hinten geknöpft | *sèiem ~ per ~* wir saßen uns gegenüber | *~ per ~ de l'escola* der Schule gegenüber *od* gegenüber (von) der Schule || *prep* (a. *~ de*) vor (*ac* bzw *dat*) | *queda't ~ (de) l'entrada!* bleib vor dem Eingang! | *s'han barallat ~ nostre* sie haben s. vor uns gestritten | *no reculen ~ (de) cap perill* sie weichen vor k-r Gefahr zurück | *~ (d')aquests fets, cal actuar de pressa* angesichts dieser Tatsachen ist es nötig, schnell zu handeln | *he passat per ~ de casa teva* ich

dàvia

bin an deinem Haus vorbeigekommen ‖ *s/m* Vorder-seite *f*, -teil *m* | *anat fam mst pl* Vorbau, Busen *m* | *mst pl* Vorderhaus *n* | *la porta* (*els seients*) *del* ~ die Vorder-tür (-sitze *pl*) | *no et posis al* (*meu*) ~*!* stell dich nicht vor mich! | *l'alcalde anava al* ~ *de la processó* der Bürgermeister ging an der Spitze der Prozession ‖ *s: capdavant; endavant* | **~al** *m* Schürze *f* | (*Arbeiter*) *a.* Schurz *m* | (*Schul*)Kittel *m* | (*Text*) Vorspann *m* | *aut* Armaturenbrett *n* | *bot* (*Orchideen*) Lippe *f* | *constr* (*Brunnen*) Brüstung *f* | *tecn* Schutz-brett, -blech *n* | **~alada** *f*, **~alat** *m* Schürze *f* (voll) | **~er** *adj* vordere(r, -s), Vorder... | *línia* ~*a* (*esport*) Stürmerreihe *f* ‖ *s/mf* Vorarbeiter(in *f*) *m* | *esport* Stürmer(in *f*) | ~ *centre* Mittelstürmer *m* ‖ *s/f* Vorderseite, -teil *m* | *fam* Vorbau, Busen *m* | *esport* Sturm *m* | *mil ant* = **avantguarda** | *teat* erste Reihe *f*.

dàvia *f ornit* = **oriol**.

de¹ *f* (*pl des*) (Name des Buchstabens) d, D *n*.

de² (**d'** vor Vokal, a. wenn e. stummes h davorsteht) *prep* (*in Adverbialbestimmungen: Entfernung, Trennung; Ausgangspunkt, Herkunft*) *treu la pols* ~ *l'armari!* wisch den Staub vom Schrank! | *l'he perdut* ~ *vista* ich habe ihn aus den Augen verloren | *d'on véns?* woher kommst du? | *vinc* ~ *casa* ich komme von daheim | *sóc* ~ *Girona* ich bin aus Girona | *saluda'l* ~ *part meva!* grüß ihn von mir! | *el pa és d'ahir* das Brot ist von gestern | *la nena se'm va penjar del coll* das Mädchen hängte s. an meinen Hals | *cal partir d'aquesta hipòtesi* man muß von dieser Hypothese ausgehen | (*in Verbindung mit* a *od* en) *d'aquí a la porta hi ha tres metres* von hier bis zur Tür sind es drei Meter | *treballo del matí al vespre* ich arbeite von morgens bis abends | *hi havia* ~ *vint a trenta persones* es waren zwischen zwanzig u. dreißig Personen dort | *van* ~ *casa en casa* sie gehen von Haus zu Haus | *vindran* ~ *demà in quinze* sie kommen morgen in vierzehn Tagen | (*Zeitraum, in festen Wendungen*) ~ *dia* tags | ~ *nit* nachts | ~ (*bon*) *matí* (früh)morgens | *d'hora* früh | ~ *moment* im Augenblick; vorläufig | (*Art u. Weise, bes in festen Wendungen*) ~ *dret* gera-

de

dewegs | ~ *genollons* auf den Knien | *d'un glop* mit e-m Schluck | ~ *pressa* schnell | ~ *bat a bat* sperrangelweit | ~ *nou en nou* noch ganz neu | (*Gleichsetzung*) *fa* ~ *paleta* er arbeitet als Maurer | (*si*) *jo* (*fos*) ~ *tu, no hi aniria* wenn ich du wäre, würde ich nicht hingehen | ~ *joveneta m'agradaven* als junges Mädchen gefielen sie mir | (*Hinsicht*) *d'això, no en sé res* davon weiß ich nichts | *parlem* ~ *tot* wir sprechen über alles | (*Mittel, Werkzeug*) *tothom picava* ~ *peus* alle stampften mit den Füßen auf | *viuen d'almoines* sie leben von Almosen | (*Grund, Ursache*) *ploraven* ~ *ràbia* sie weinten vor Zorn | *ens rebentàvem* ~ *riure* wir platzten vor Lachen | ~ *tant treballar ja no sé on toco* vor lauter Arbeit weiß ich nicht mehr, wo mir der Kopf steht ‖ (*Agens in einigen passivischen Wendungen, statt* per) *com és sabut* ~ *tothom* wie allgemein bekannt ist | *seguit dels més valents* von den Tapfersten gefolgt ‖ (*in allerlei substantivischen Attributen, die im Deutschen oft ohne Präposition mit dem Genitiv, e-m Adjektiv od durch Zusammensetzung bzw Juxtaposition gebildet werden*) *formatge d'Holanda* holländischer Käse | *vent del nord* Nordwind | *el comte d'Urgell* der Graf von Urgell | *Carles d'Austria* Karl von Habsburg | *la casa del meu pare* das Haus meines Vaters | *el castell* ~ *Peralada* das Schloß von Peralada | *el castell* ~ *Heidelberg* das Heidelberger Schloß | *una cançó d'en Raimon* e. Lied von Raimon | *una dona* ~ *trenta anys* e-e Frau von dreißig Jahren *od* e-e dreißigjährige Frau | *un home* ~ *talent* e. Mann von Talent *od* e. talentierter Mann | *la ciutat* ~ *Tarragona* die Stadt Tarragona | *el nom* ~ *Gustau* der Name Gustav | *el mes d'abril* der Monat April | *el carrer* (~) *Beethoven* die Beethovenstraße | *un anell d'or* e. Goldring *od* e. goldener Ring *od* e. Ring von *bzw* aus Gold | *una col·lecció* ~ *gots* ~ *cervesa* e-e Sammlung von Biergläsern | *l'arribada del tren* die Ankunft des Zuges | *l'estudi del passat* das Studium der Vergangenheit | *un amic d'ell* e. Freund von ihm | *una màquina d'escriure* e-e Schreibmaschine | (*Bereich od Ausmaß e-r Eigenschaft*) *és mestre* ~ *professió* er ist Lehrer von Beruf | *estret*

~ *pit* schmalbrüstig | *curt ~ vista* kurzsichtig | *llarg ~ tres metres* von drei Metern Länge *od* drei Meter lang | *un text difícil ~* (od *un text ~ mal*) *traduir* e. schwer übersetzbarer (*od* zu übersetzender) Text | (*partitiv*) *he begut un got ~ vi* ich habe e. Glas Wein getrunken | *un parell ~ sabates* e. Paar Schuhe | *tres d'ells* drei von ihnen | *alguns ~ nosaltres* einige von uns | *quelcom ~ semblant* etwas Ähnliches | *res ~ bo* nichts Gutes | *res ~ nou* nichts Neues | *el llibre dels llibres* das Buch der Bücher | *el més petit ~ tots* der Allerkleinste | *més* (*menys*) *~ mil* mehr (weniger) als tausend | (*in Verbindung mit* com) *tots saben com és d'important aquesta associació* alle wissen, wie wichtig dieser Verein ist | (*in Verbindung mit* en) *la llet fresca s'ha acabat, però encara n'hi ha ~ condensada* die Frischmilch ist alle, aber es ist noch Kondensmilch da | *ells tenen un cotxe nou i nosaltres* (*en tenim*) *un ~ vell* sie haben e. neues Auto u. wir (haben) e. altes | (*emotional*) *quina meravella d'autopista!* was für e. Wunderwerk von Autobahn! | *el ruc d'en Pere s'ho creu* der Esel von Peter glaubt es | *pobre ~ mi, com vols que ho sàpiga, jo?* ich Armer, woher soll ich das wissen? | *pobre* (*od ai*) *~ tu!* wehe dir! || (*zur Rektion erforderlich*) *no s'han adonat ~ l'errata* sie haben den Druckfehler nicht bemerkt | *ara em penedeixo d'haver-t'ho dit* jetzt bereue ich, es dir gesagt zu haben | *l'avi es recorda ~ tot* Opa erinnert s. an alles | *tinc ganes d'anar a la platja* ich habe Lust, an den Strand zu gehen | *un gest digne ~ lloança* e-e lobenswerte Geste | *series ben capaç ~ matar-lo* du wärest wohl fähig, ihn umzubringen || (*fakultativ: in Infinitivsätzen, die als direktes Objekt fungieren*) *he decidit d'anar-hi demà* ich habe beschlossen, morgen hinzugehen | *m'han ofert ~ traduir-ho* man hat mir angeboten, es zu übersetzen | *prova d'entendre-ho* versuche, es zu verstehen | (*selten a. mit Substantiven, zur Betonung des partitiven Sinnes*) *no saben ~ lletra* (od *~ llegir*) sie sind des Lesens unkundig (*od* sie können nicht lesen) | (*in Infinitivsätzen, die als nachgestelltes logisches Subjekt gelten*) *feia goig ~ veure-les* es war e-e Augenweide, sie zu sehen | *no li era permès d'anar-hi* es war ihm nicht erlaubt, dorthin zu gehen | *és una temeritat ~ sortir amb aquest temps* es ist e-e Tollkühnheit, bei diesem Wetter hinauszugehen || (*Extraposition*) *d'estudiar, no estudio gaire, però aprovaré* lernen tu ich nicht viel, aber ich werde bestehen | *aquesta és ben gran, d'casa* es ist ziemlich groß, dieses Haus | *~ cantar, no en sé* singen kann ich nicht | *~ sopa, no en vull* Suppe möchte ich nicht *od* keine | *se'n queixen molt, ~ tu* über dich beklagen sie s. sehr | *~ pomes, n'hi ha poques* Äpfel sind wenig(e) da | *en sóc un bon amic, d'ell* von ihm bin ich e. guter Freund | *no ho faré pas, d'abandonar-te* verlassen werde ich dich nicht | *d'elegant, no hi va gens elegant* geht er gar nicht || (*in Verbalperiphrasen u. zusammengesetzten Präpositionen*) *zB s: acabar, deixar, ésser, haver; abans, dalt, des, fora, prop, vista.*

dea *f lit* = **deessa**.

deambula|r (33) *vi* spazieren, schlendern, wandeln (*per* durch *ac*) | **~tori** *m arquit* (Chor)Umgang *m*.

debades *adv* umsonst, vergeblich, vergebens | *Val* umsonst, gratis, kostenlos.

debana|dora *f mst pl bes tèxt* Haspel *f* | **~ll** *m* Wickel *m*, Spule *f* | **~ment** *m* Haspeln *n* | *elect* Wicklung *f* | **~r** (33) *vt* (ab)haspeln, spulen, (auf)wickeln.

debat *m a. polít* Debatte *f* | Auseinandersetzung, Erörterung, Diskussion *f* | *Lit* Streit-gespräch, -gedicht *m* | **~egar** (33) *vi* = **~re's** | **~iment** *m* inneres Ringen *n* | **~re** (34) *vt* (*Eier*) schlagen | (*Frage*) erörtern, diskutieren, debattieren | **~re's** *v/r* kämpfen, um s. schlagen, s. winden.

debel·lar (33) *vt lit* (*mit Waffen, Argumenten*) bezwingen.

dèbil(**ment** *adv*) *adj* (*m/f*) (*bes körperlich*) schwach | (*kränklich*) schwächlich | *s: feble.*

debil|esa *f* = **~itat** | **~itació** *f*, **~itament** *m* Schwächung *f* | **~itant** *adj* (*m/f*) schwächend | **~itar** (33) *vt* schwächen | **~itar-se** *v/r* schwach werden | *s: afeblir*(-*se*) | **~itat** *f a. fig* Schwäche *f* | Schwachheit, Kraftlosigkeit *f* | **~s** *humanes* menschliche Schwächen *f pl* | *~ mental* (*psic*) Debilität *f*.

dèbit *m econ* Debet, Soll(seite *f*) *n* | *~ conjugal* (*ecl*) eheliche Pflichten *f pl*.

debitori (**òria** f) adj dr Schuld... ‖ s/m hist Schuldschein m.
debò: de ~ (loc adv) wirklich, wahrhaftig; im Ernst, ernstlich; echt, tatsächlich; richtig | s: bo¹ | t'ho dic de ~ ich sage es dir im Ernst | t'estimo de ~ ich liebe dich wirklich | he pujat a l'Everest, de ~! ich bin wirklich u. wahrhaftig auf den Everest gestiegen! | m'han regalat un rellotge de ~ sie haben mir e-e richtige Uhr geschenkt.
debolit (-**ida** f) adj arc zugrundegerichtet | verfallen, zerstört.
debut m Debüt n | fer el seu ~ sein Debüt geben | **~ant** m/f Debütant(in f) m | **~ar** (33) vi debütieren.
deçà adv diesseits | (Richtung) herüber ‖ prep (a. ~ de) diesseits (gen; von dat) | (Richtung) über (ac) her ‖ s/m: el poble és al ~ del riu das Dorf liegt diesseits des Flusses od vom Fluß ‖ s: ça, ençà; dellà.
dècada f Dekade f | (zehn Jahre) a. Jahrzehnt n.
decad|ència f Verfall, Niedergang m, a. Lit art Dekadenz f | Lit Cat: la ~ die Dekadenz (veraltete Bezeichnung für die Literaturepoche zw Ende des Mittelalters u. "Renaixença") | estar en ~ nachlassen, im Verfall begriffen sein | **~ent** adj (m/f) dekadent, heruntergekommen | entartet | **~entisme** m Lit art Schule f der Dekadenz | Lit (Ende des 19. Jh.) Dekadenzdichtung f.
dec|àgon m geom Zehneck n | **~agonal** adj (m/f) zehneckig | **~agram** m Dekagramm n.
decaïment m Verfall m | Ermattung, Erschlaffung f | Niedergeschlagenheit f | ~ radioactiu (fís) radioaktive(r) Zerfall m.
decalitre m Dekaliter m/n.
decalvar (33) vt hist kahlscheren.
decàme|r adj zehnteilig | **~tre** m Dekameter m/n.
decampar (33) vi mil das Lager abbrechen.
decandi|ment m Entkräftung, Mattigkeit, Schlaffheit f | **~r-se** (37) v/r ermatten, erschlaffen, schwächer werden.
decant|ació f quím Dekantation f | **~ament** m Neigung f | Ab-, Um-gießen n | **~ar¹** (33) vt neigen,; schräg halten od stellen | (Flüssigkeit) ab-, um-gießen | quím dekantieren | ~ d'alg od d'u/c (a. fig) von j-m od etw entfernen | **~ar-se** v/r zur Seite gehen od rücken | s. neigen | fig: els àrbitres solen ~ cap a (od per) l'equip de casa Schiedsrichter pflegen die Heimmannschaft zu begünstigen | em decanto a pensar que... ich neige zu der Ansicht, daß... | la sort s'ha decantat de mi das Glück hat s. von mir ab-gewendet od -gewandt | **~ar²** (33) vt lit rühmen, (lob)preisen.
decapar (33) vt met dekapieren.
decapita|ció f Enthauptung f, Köpfen n | **~r** (33) vt enthaupten, köpfen.
decàpodes m pl crust Dekapoden, Zehnfußkrebse m pl.
decasíl·lab adj zehnsilbig ‖ s/m Dekasyllabus, zehnsilbiger Vers m.
decatl|eta m/f esport Zehnkämpfer(in f) m | **~ó** m esport Zehnkampf m.
decaure (40) vi fig verfallen | nachlassen, s. verschlechtern; herunterkommen | fís zerfallen | fam: la noia, quan hi vaig parlar, em va ~ als ich mit dem Mädchen sprach, war ich (von ihr) enttäuscht.
deceb|edor adj enttäuschend | ant täuschend | **~re** (40) vt enttäuschen | ant täuschen, trügen.
decemvir m hist Dezemvir m | **~al** adj (m/f) Dezemvir... | **~at** m Dezemvirat n.
decència f Anstand m; Anständigkeit f.
decenn|al adj (m/f) zehn-jährig, -jährlich | **~i** m Jahrzehnt n.
decent(ment adv) adj (m/f) anständig | una noia (un vestit, un comportament) ~e. anständiges Mädchen (Kleid, Benehmen) | fam: un sou ~ e. anständiges Gehalt.
decep|ció f Enttäuschung f | ant Täuschung f, (Be)Trug m | **~tiu** (-**iva** f) adj ant täuschend, trügerisch.
decés m (pl -essos) adm dr Ableben n.
deci|àrea f Deziar n | **~bel** m Dezibel n.
decidi|dament adv s: decidit | auf das (od aufs) entschiedenste | ~, ets incorregible du bist entschieden unverbesserlich | **~r** (37) vt entscheiden; bestimmen, beschließen | aquella batalla va ~ la guerra jene Schlacht entschied den Krieg | sempre ho vol ~ tot ell er will immer alles bestimmen | què has decidit? wie hast du dich entschieden? (ja od nein); was (welche Maßnahmen) hast du beschlossen? | vam ~ (de) convidar-lo wir beschlossen, ihn einzuladen ‖ vi: tu decideixes du entscheidest, die Entscheidung liegt bei dir |

decidu

~ *sobre u/c* über etw entscheiden | **~r-se** *v/r* s. entscheiden | s. entschließen | *demà es decidirà tot* morgen wird s. alles entscheiden | *els costa (de)* ~ sie können s. nur schwer entscheiden *od* entschließen | *m'he decidit a vendre el cotxe* ich habe mich entschlossen, das Auto zu verkaufen | ~ *per alg* od *u/c* s. für j-n *od* etw entscheiden | **~t** (**-ida** *f*) *pp/adj*: *encara no hi ha res (de)* ~ es ist noch nichts entschieden | *és cosa decidida* es ist beschlossene Sache | *hi estic* ~ ich bin dazu entschlossen | *és molt* ~ er ist sehr entschlossen | *un* ~ *adversari de la pena de mort* e. entschiedener Gegner der Todesstrafe | *una actitud decidida* e-e entschiedene (*od* entschlossene) Haltung | *parlar en un to* ~ in bestimmtem Ton sprechen.

decidu (**-ídua** *f*) *adj bot* = **caduc**.

deci|gram *m* Dezigramm *n* | **~litre** *m* Deziliter *m/n*.

dècim (30) *num* (*bes Bruchzahl*) = **desè** || *s/m bes* Zehntellos *n* | *s/f bes*: *una ~a de segon* e-e Zehntelsekunde *f* | *hist* = **delme** | *Lit* Dezime *f* | (*Steuer*) zehnprozentige Erhöhung *f* | (*Thermometer*) Zehntelgrad *m* | *tinc ~es* ich habe leichtes Fieber *od* erhöhte Temperatur.

dec|imal *adj* (*m/f*) dezimal, Dezimal... | *fracció* (*sistema*) ~ Dezimal-bruch *m* (-system *n*) || *s/m* Dezimale, Dezimalzahl *f* | **~ímetre** *m* Dezimeter *m/n*.

decis|ió *f a. cient dr* Entscheidung *f* | Entschluß *m* | (*mit Autorität*) *a.* Entscheid *m* | (*bes nach Beratung*) *a.* Beschluß *m* | (*Haltung*) Entschiedenheit *f*; (*Charakter*) *a.* Entschlossenheit *f* | *prendre una* ~ e-e Entscheidung treffen *od* fällen; e-n Entschluß (*bzw* Beschluß) fassen | **~iu** (**-iva** *f*, **-ivament** *adv*) *adj* entscheidend | (*Faktor, Ereignis, Argument*) *a.* ausschlaggebend | (*Schlacht, Treffer*) *a.* Entscheidungs... | **~ori** (**-òria** *f*) *adj*: *poder* ~ Entscheidungsgewalt *f*.

declama|ció *f* Deklamation *f* | **~dor**(**a** *f*) *m* Deklamator(in *f*) *m* | **~r** (33) *vt* deklamieren, (*kunstgerecht*) vortragen || *vi* deklamieren | **~tori** (**-òria** *f*, **-òriament** *adv*) *adj* deklamatorisch.

declara|ció *f* Erklärung, *adm polít* (*Völkerrecht*) *a.* Deklaration *f* | (*Versandgut*) Angabe, Deklaration *f* | (*Presse*) *mst pl a.* Äußerung(en *pl*) *f* | *dr* Aussage *f* | ~ *falsa* (*dr*) Falschaussage *f* | ~ *jurada* eidesstattliche Erklärung *f* | ~ *d'amor* (*de duana, de guerra, de renda*) Liebes-(Zoll-, Kriegs-, Einkommenssteuer-)erklärung *f* | ~ *de fallida* Konkursanmeldung, *a. fig* Bankrotterklärung *f* | ~ *de valors* Wertangabe *f* | *el govern farà una* ~ die Regierung wird e-e Erklärung abgeben | *el ministre s'ha negat a fer declaracions* der Minister hat jede Äußerung verweigert | *dr*: *prendre* ~ *a alg* j-n vernehmen, verhören | *prestar* ~ aussagen | **~dament** *adv* erklärterweise | unverhohlen, deutlich | **~nt** *m/f dr* Aussagende(r *m*) *m/f* | **~r** (33) *vt* erklären, *adm polít a.* deklarieren | (*Güter*) angeben, deklarieren | *dr* (*etw vor Gericht*) aussagen | (*etw vor der Presse*) erklären, äußern | ~ *el seu amor a alg* j-m s-e Liebe erklären | ~ *la guerra* (*a alg*) (j-m) den Krieg erklären | *té res a* ~? (*Zoll*) haben Sie etw anzumelden? | ~ *alg culpable* j-n für schuldig erklären, j-n schuldig sprechen | ~ *falsa u/c* etw für falsch erklären | *declaro oberta la sessió* ich erkläre die Sitzung für eröffnet | *el president ha declarat que...* der Präsident hat erklärt (*od* geäußert), daß... || *vi* aussagen (*Zeuge, Angeklagter*) | **~r-se** *v/r* s. erklären | s. äußern | ausbrechen (*Epidemie, Feuer*) | losbrechen (*Sturm*) | *encara no se t'ha declarat?* hat er s. dir noch nicht erklärt? | ~ *culpable* s. schuldig erklären | ~ *a favor d'alg* od *u/c* (*contra alg* od *u/c*) s. für (gegen) j-n *od* etw erklären | **~t** (**-ada** *f*) *pp/adj*: *un enemic* ~ *de reformes* e. erklärter *od* deklarierter Gegner von Reformen | **~tiu** (**-iva** *f*) *adj* erklärend | *dr* Feststellungs... | *ling* = **enunciatiu** | **~tori** (**òria** *f*) *adj dr* deklaratorisch.

declina|ble *adj* (*m/f*) *ling* deklinierbar | **~ció** *f lit* Sinken *n*; Verfall *m* | *lit* Ablehnung *f* | *astr ling fís* Deklination; *fís a.* Mißweisung *f* | *med* Nachlassen *n*, Rückgang *m* | **~dor** *m fís* Deklinatorium n | **~r** (33) *vi bes astr fís* abweichen (*de von dat*) | *lit* sinken (*Sonne, Fieber*); zur Neige gehen (*Tag, Leben*); abnehmen (*Einfluß, Bedeutung*); verfallen (*Reich, Kultur*) || *vt* ablehnen | *ling* deklinieren | **~nt** *adj* (*m/f*) abweichend | *lit* sinkend; verfallend | **~tori** (**-òria** *f*) *adj lit* ablehnend.

declivi *m*, **~tat** *f* Gefälle *n*, Neigung *f* |

decocció

en ~ abschüssig | *a. fig* bergab.
decocció *f med* Abkochen *n*, Dekokt *n*, Absud *m*.
deco|mís *m* = **comís** | **~missar** (33) *vt* = **comissar**.
decor *m lit* Dekorum *n*, Anstand *m*, Schicklichkeit *f* | *guardar el* ~ das Dekorum wahren | *arquit* Verzierung *f*, Zierat *m* | **~ació** *f* Schmücken *n*, Ausschmückung, Verzierung; *bes art* Dekoration; *(Räume) a.* Ausstattung *f* | *teat cin* Dekoration *f*, Dekor *m/n*, Ausstattung *f*; *teat a.* Bühnenbild *n*; *mst pl* Kulisse(n *pl*) *f* | ~ *d'interiors* *(interior)* Innen-dekoration (-ausstattung) *f* | **~ador** *adj* schmückend || *s/mf* Dekorateur(in *f*) *m* | **~ar** (33) *vt* (aus)schmücken, (ver)zieren, dekorieren | **~atiu (-iva)** *f*) *adj* schmückend, dekorativ | Dekorations... | **~ós (-osa** *f*, **-osament** *adv*) *adj* anständig, schicklich | geziemend, rühmlich.
de|córrer (40) *vi ant* ab-, ver-laufen | hinunter-, herunter-laufen, -rutschen | **~corriment** *m geol* Erdrutsch *m*.
decòrum *m* = **decor**.
decr|eixement *m*, **~eixença** *f* Abnahme *f*, Rückgang *m*, Verminderung *f* | Nachlassen *n* | **~eixent** *adj* (*m/f*) abnehmend | *ling (Diphtong)* fallend | **~éixer** (40) *vi* abnehmen, zurückgehen, s. vermindern | sinken *(bes Gewässer)* | *fig a.* nachlassen | **~ement** *m mat fís* Dekrement *n*.
decr|èpit *adj* abgelebt, altersschwach, hinfällig | *med* dekrepit | *fig: una societat* **~a** e-e morsche *od* verrottete Gesellschaft | **~epitar** (33) *vi quím* dekrepitieren, zerplatzen *(Kristall)* | **~epitud** *f* Abgelebtheit, Altersschwäche, Hinfälligkeit *f* | *fig* Morschheit *f*.
decrescendo *adv mús* decrescendo || *s/m* Decrescendo *n*.
decret *m polít* Erlaß *m*; (Rechts)Verordnung; Verfügung *f*, Verwaltungsakt *m*; *bes ecl* Dekret *n* | ~ *llei (polít)* Notverordnung; gesetzesvertretende Verordnung *f* | *reial* ~ königliche(r) Erlaß *m* | *per* ~ *del govern* auf Erlaß der Regierung | *fig: els* **~s** *de Déu* die Ratschlüsse Gottes | **~ació** *f* Verordnen *n* | **~al** *f ecl* Dekretale *n* | **~ar** (33) *vt* ver-, an-ordnen, verfügen, dekretieren | **~ori (-òria** *f*) *adj med* kritisch.
decúbit *m med* Liegen *n* | ~ *dorsal* od *supí (lateral)* Rücken-(Seiten-)lage *f*.

decuit *m med* Dekokt *n*, Absud *m*.
decumbent *adj* (*m/f*) *bot (Stamm)* niederliegend.
dècuple[1] *adj* (*m/f*) zehnfältig | **~**[2] *adj mat* zehnfach || *s/m* Zehnfache(s) *n*.
decuplicar(-se) (33) *vt*(*/r*) (s.) verzehnfachen.
dec|úria *f hist* Dekurie *f* | **~urió** *m* Dekurio *m*.
decurs *m* Ab-, Ver-lauf *m*.
decurvar (33) *vt* hinunterbeugen.
decussat (-ada *f*) *adj bot* kreuzständig, dekussiert.
Dèdal *m mit* Dädalus *m* || *(kleingeschrieben) bes fig* Labyrinth *n*.
dedica|ció *f* Widmung, Weihung *f* | Hingabe *f* | Eifer, Fleiß *m* | *ecl* Einweihung, Weihe; Weihinschrift *f*; Kirchweih(fest *n*) *f* | **~r** (33) *vt* widmen, *Lit* weihen | *(Kirche, Altar)* weihen | ~ *un llibre a alg* j-m e. Buch widmen *od* dedizieren | *exemplar dedicat* Dedikationsexemplar | *dedico molt de temps a cuinar* ich widme dem Kochen viel Zeit *od* ich verwende viel Zeit auf das Kochen | **~r-se** *v/r* : ~ *a alg* s. j-m widmen | ~ *a u/c* s. e-r Sache widmen; s. mit etw beschäftigen; etw (als Beruf) betreiben; *fam* etw treiben | *a què et dediques?* was machst du beruflich? | *fam: es dediquen a barallar-se* sie verbringen ihre Zeit mit Streiten; sie streiten ständig | **~tori (-òria** *f*) *adj* Widmungs..., Weih... || *s/f (Buch)* Widmung, Dedikation *f*.
de|dins, **~dintre** *adv prep* = **dins, dintre** || *s/m* Innere(s) *n*; Innenseite *f* | *la taronja té el* ~ *podrit* die Orange ist innen faul | *érem al* ~ *de tot de la cova* wir waren im Innersten der Höhle.
dedu|cció *f* Folgerung, *filos* Deduktion *f* | *econ* Abzug *m* | **~ctiu (-iva** *f*, **-ivament** *adv*) *adj* deduktiv | **~ible** *adj* (*m/f*) ableitbar, *filos* deduzierbar | *econ* abzugsfähig, (*von den Steuern*) *a.* absetzbar | **~ir** (37) *vt* folgern, schließen *(de* aus), *filos* deduzieren (von) | *mat (Formel)* ab-, her-leiten *(de* aus *od* von) | *econ* abziehen *(de* von) | *quines conseqüències en dedueixes?* welche Schlußfolgerungen ziehst du daraus? | *d'aixó es dedueix que...* daraus folgt, daß... | *d'aquí es pot* ~ *que...* daraus kann man schließen (*od* läßt s. folgern), daß... | *deduïdes totes les despeses* abzüglich (*od* nach Abzug) aller Ausgaben.
deessa *f* Göttin *f*.

defall|ença *f* = **~iment** | **~ent** *adj* (*m/f*) schwach, kraftlos, *umg* wackelig; (*vor Hunger*) flau | **~iment** *m* Mutlosigkeit, Verzagtheit *f* | Mattigkeit *f*; Schwäche (-anfall *m*; -gefühl *n*) *f*; Ohnmacht *f* | **~ior** *f* (*bes vor Hunger*) Flauheit *f*, flaues Gefühl *n* | **~ir** (37) *vi* den Mut verlieren, verzagen | ermatten; matt (*od* schwach) werden; ohnmächtig werden | *ant* fehlen; mangeln.

defeca|ció *f* Stuhlentleerung, *med* Defäkation *f* | (*Most*) (Ab)Klärung *f* | **~r** (33) *vi* Kot ausscheiden, *med* defäkieren ‖ *vt* (*Most*) (ab)klären.

defec|ció *f* Abfall, Abtrünnigkeit | **~te** *m* Fehlen *n*; Mangel *m* | Fehler; Schaden *m*; *bes tecn med* Defekt *m* | *~ de fabricació* (*forma, pronunciació*) Fabrikations-(Form-, Sprach-)fehler *m* | *~ de massa* (*fís*) Massendefekt *m* | *~ físic* körperliche(r) Schaden *od* Defekt *m* | *tothom té els seus ~s* jeder hat s-e Fehler | *tens el ~ de no escoltar* du hast die schlechte Angewohnheit, nicht zuzuhören | **~tiu** (**-iva**) *adj ling* unvollständig, defektiv | **~tuós** (**-osa** *f*, **-osament** *adv*) *adj* mangelhaft | fehlerhaft; schadhaft; *bes tecn* defekt, Defekt...

defendre (40) *vt reg* = **defensar** | *lit* verbieten, untersagen.

defenestració *f* Fenstersturz *m* | *la ~ de Praga* der Prager Fenstersturz.

defens|a *f a. dr* Verteidigung | *bes mil esport a.* Abwehr *f* | *arc* Wehr *f* | *a. tecn* Schutz *m* | *nàut* Fender *m* | *bes dr* Verteidigungs-rede *bzw* -schrift *f* | *mecanismes de ~* (*psic*) Abwehrmechanismen *m pl* | *ministre de ~* Verteidigungsminister *m* | *~ antiaèria* (*mil*) Flugabwehr *f* | *~ passiva antiaèria* Luftschutz *m* | *~ personal* (körperliche) Selbstverteidigung *f* | *legítima ~* (*dr*) Notwehr *f* | *en ~ dels oprimits* (*de l'honor*) zur Verteidigung der Unterdrückten (der Ehre) | *actuar en ~ pròpia* (*dr*) in Notwehr handeln | *declarar en ~ pròpia* (*dr*) zu s-r Entlastung aussagen | *sortir en ~ d'alg* für j-n eintreten | *no tenir ~* k-e Entschuldigung haben, nicht zu rechtfertigen sein ‖ *pl biol* Abwehrkräfte *f pl* | *mil* Verteidigungsanlagen *f pl* | *zool* (*Elefant*) Stoßzähne *m pl*; (*Keiler*) Hauer *m pl*; (*Stier*) Hörner *n pl* ‖ *s/m/f esport* Verteidiger(in *f*), Abwehrspieler(in *f*) *m* | *~ central* Stopper *m* | **~able** *adj* (*m/f*) zu verteidigen | *fig a.* zu rechtfertigen; haltbar, vertretbar | **~ar** (33) *vt a. dr* verteidigen | *fig a.* (*Rechte, Interessen*) wahren; (*Meinung, Prinzip*) vertreten, verfechten; (*j-s Verhalten, j-n*) rechtfertigen; (*j-n*) in Schutz nehmen; (*für j-n od etw*) eintreten | *el vaig ~ contra els agressors* ich verteidigte ihn gegen die Angreifer | *les muntanyes defensen el poble del vent* die Berge schützen das Dorf gegen den (*od* vor dem) Wind | **~ar-se** *v/r* s. verteidigen; s. wehren, s. zur Wehr setzen (*contra, de* gegen) | *fam: com aneu? —Ens anem defensant* wie geht's euch? —Wir kommen einigermaßen zurecht | **~iu** (**-iva** *f*, **-ivament** *adv*) *adj* defensiv, Verteidigungs..., Defensiv... | Abwehr... | *armes defensives* Verteidigungs- (*od* Defensiv-)waffen *f pl* ‖ *s/f* Defensive *f* | *estar a la defensiva* in der Defensive sein | *jugar a la defensiva* defensiv spielen | *posar-se a la defensiva* s. in die Defensive begeben | **~or** *adj* verteidigend, Verteidigungs... | *advocat ~* (*dr*) Verteidiger *m* ‖ *s/mf a. dr* Verteidiger(in *f*) *m* | *~ del poble* (*Spanien*) Ombudsman *m* | **~ori** *m* Verteidigungsschrift *f* | **~oria** *f dr* Verteidiger-amt *n*, -tätigkeit *f*.

defer|ència *f* Ehrerbietigkeit, Willfährigkeit *f* | Ehrerbietung *f* | *per ~ a* aus Achtung *od* Respekt vor (*dat*) | **~ent** *adj* (*m/f*) ehrerbietig, willfährig | übertragend, abführend | *anat: conducte ~* Samenleiter *m* | **~ir** (37) *vt* (*j-m etw* od *etw auf j-n*) übertragen | *dr* (*j-n*) anzeigen ‖ *vi* (*j-m, e-m Wunsch*) willfahren.

defici|ència *f* Mangel(haftigkeit *f*) *m* | Unzulänglichkeit *f* | *~ mental* Geistesschwäche *f* | **~ent** *adj* (*m/f*) mangelhaft | unzulänglich ‖ *s/m/f: ~ mental* Geistesschwache(r *m*) *m/f*.

dèficit *m* Defizit *n* | *econ a.* Fehlbetrag *m* | *~ pressupostari* Haushaltsdefizit *n*.

deficitari (**-ària** *f*) *adj* defizitär, Defizit...

defini|ció *f a. catol* Definition *f* | (Begriffs-)Bestimmung *f* | Abgrenzung, Festlegung *f* | *òpt fotog tv* Auflösung *f* | **~r** (37) *vt* definieren | bestimmen | abgrenzen, festlegen | *catol* (*Dogma*) definieren, entscheiden | *òpt fotog* auflösen ‖ *vi: aquest camí defineix en la font* dieser Weg endet am Brunnen | **~r-se** *v/r* s. definieren | Stellung nehmen; s. festlegen | s. klar abzeichnen

deflació / **degradació**

~t (**-ida** f) adj a. ling bestimmt | definiert | festgelegt | klar umrissen | **~tiu** (**-iva** f, **-ivament** adv) adj endgültig, definitiv | en definitiva schließlich u. endlich, letzten Endes | **~tori** (**-òria** f) adj definitorisch.
deflaci|ó f econ geol Deflation f | **~onista** adj (m/f) econ deflationistisch, Deflations...
deflagra|ció f quím Deflagration f | **~r** (33) vi/t schnell abbrennen, verpuffen.
defle|ctir (37) vt fís ablenken | **~ctor** adj ablenkend, Ablenkungs... || s/m aut Ausstellfenster n | tecn Deflektor m | **~xió** f fís Ablenkung f.
defloració f bot Ab-, Ver -blühen n.
defoliació f (vorzeitiger) Laubfall m | Entlaubung f.
defora adv u. prep = **fora** || s/m Äußere(s) n; Außenseite f | s'esperaven al ~ (de la sala) sie warteten draußen (außerhalb des Saals) | els diumenges sortim al ~ sonntags fahren wir raus od aufs Land.
deform|able adj (m/f) tecn verformbar | **~ació** f Entstellung, Verunstaltung f | a tecn Verformung f | Deformierung f | bes cient Deformation; med a. Mißbildung f Verzerrung f | **~ador** adj, **~ant** adj (m/f) entstellend | deformierend | verzerrend, Zerr... | **~ar** (33) vt entstellen, verunstalten | a. tecn verformen | bes cient deformieren | (Bild, Ton) verzerren | fig (Wahrheit, Tatsachen) entstellen; (Charakter, Geschmackssinn) verderben | **~ar-se** v/r s. verformen | deformiert werden | s. verziehen | die Form verlieren, aus der Form geraten | **~e** adj (m/f) unförmig | miß-gestaltet, -gebildet | **~itat** f Unförmigkeit f | med Mißbildung f, (a. Zustand) Deformität f | (Mensch) Mißgestalt f | fig Abartigkeit f.
defrauda|ció f Betrug m, Veruntreuung, Unterschlagung; Hinterziehung; arc Defraudation f | fig (Ent)Täuschung f | ~ fiscal Steuerkinterziehung f | **~dor(a** f) m Betrüger(in f); Hinterzieher(in f); Defraudant(in f) m | **~r** (33) vt (j-n finanziell) betrügen, hintergehen; (Geld) veruntreuen, unterschlagen; (Abgaben) hinterziehen; arc defraudieren | fig (ent)täuschen | això (m')ha defraudat (en) les meves esperances das hat meine (mich in meinen) Hoffnungen enttäuscht.
defugi m = **subterfugi** | **~r** (40) vt (ver)meiden, (etw) umgehen, (j-m, e-r Sache) ausweichen, s. entziehen.
defunció f Hinscheiden, Ableben n | Todesfall m | acta de ~ Totenschein m | partida de ~ Sterbeurkunde f.
deg|à (**-ana** f) m Älteste(r m) m/f | (Universität) Dekan(in f) m | dipl Doyen(ne f) m | ecl Dechant, Dekan m | **~anat** m Dekanat n; (Wohnung) Dekanei f | ecl a. Dechanat n; Dechanei f.
degenera|ció f Entartung, Degeneration f | Verfall m | **~r** (33) vi entarten, bes biol med degenerieren | fig a. verfallen, herunterkommen | ~ en ausarten in (ac).
deglu|ció, **~tició** f (Hinunter)Schlucken n | **~tir** (37) vt med (hinunter)schlukken.
degolla f arc = **~ment** | mil: entrar a ~ (od a mata-degolla) en un lloc in e-n Ort blutig einfallen | passar a ~ nieder-machen, -metzeln | **~ció** f = **~ment** | la ~ dels Innocents der Bethlehemitische Kindermord | **~dissa** f Blutbad, Gemetzel n | **~dor**[1] m Schlächter m | hist Scharfrichter m | Schlachtmesser n | **~dor**[2] m Schlachtbank f = **escorxador** (bes Schlachtvieh) Nacken m | **~ment** m Köpfen n, Enthauptung f | **~r** (33) vt köpfen, enthaupten | (ab)schlachten.
degot|all m Getröpfel n | Rinnsal n | Tropfstein m | **~ament** m Tropfen n | **~ant** adj (m/f) tropfend | **~ar** (33) vi tropfen | (schwächer) tröpfeln | rinnen, tropfen, undicht sein | la suor els degotava del front der Schweiß tropfte (od triefte) ihnen von der Stirn | el front els degotava de suor die Stirn triefte ihnen von Schweiß | **~eig** m Tröpfeln n | Getröpfel n | **~ejar** (33) vi tröpfeln | **~er** m = **gotera** | **~im** m = **degotall** | **~ís** m = **degotall** | = **~ament**; **~eig**.
degrada|ció f Degradation; bes mil Degradierung | Herab-, Ent-würdigung, f | Verschlechterung f | biol Verkümmerung f | quím Abbau m | pint Ab-tönung, -schattierung f | fotog Vignettierung f | **~dor** m fotog Vignette f | **~nt** adj (m/f) entwürdigend, erniedrigend | **~r** (33) vt bes mil catol geol fís degradieren | (j-n) herab-, ent-würdigen, erniedrigen | (etw) verderben, verschlechtern | biol verkümmern lassen | quím abbauen | pint fotog ab-tö-

degudament

nen, -schattieren | **~r-se** v/r s. herabwürdigen, s. verunehren | verkommen | s. verschlechtern | degradiert werden (*Boden, Energie*) | verkümmern (*Organ*).

degudament *adv* ordnungsgemäß, vorschriftsmäßig | wie es s. gehört, gebührend.

degusta|ció *f* (Ver)Kosten, Probieren, Prüfen *n*, Degustation *f* | Kostprobe *f* | ~ *de vins* Weinprobe *f* | *sala de ~* Probierstube *f* | **~dor(a** *f*) *m* Verkoster(in *f*), Probierer(in *f*), Prüfer(in *f*) *m* | **~r** (33) *vt* (ver)kosten, probieren, prüfen, *reg* degustieren.

degut (**-uda** *f*) *adj* gebührend | schuldig.

dehisc|ència *f bot* Aufspringen *n* | **~ent** *adj* (*m/f*) aufspringend | *fruit ~* Spring-, Streu-, Öffnungs-frucht *f*.

de|icida *adj* (*m/f*) gottesmörderisch ‖ *s/m/f* Gottesmörder(in *f*) *m* | **~icidi** *m* Gottesmord *m* | **~ífic** *adj* göttlich | **~ificació** *f* Vergöttlichung, Vergottung, Deifikation *f* | **~ificar** (33) *vt* vergöttlichen, vergotten, deifizieren | **~iforme** *adj* (*m/f*) gottähnlich | **~ípara** *f* Gottes-gebärerin, -mutter *f* | **~isme** *m* Deismus *m* | **~ista** *adj* (*m/f*) deistisch ‖ *s/m/f* Deist(in *f*) *m* | **~ïtat** *f* Gottheit *f*.

deix *m* = **deixat**[1] | (*bestimmter*) Tonfall *m*, Sprachfärbung *f*, leichter Akzent *m* | **~a** *f* Vermächtnis, Legat *n* | *mst pl* = **~alla** | **~ada** *f esport* Stoppball *m* | **~adesa** *f* Nachlässigkeit, Liederlichkeit, *umg* Schlampigkeit *f* | **~alla** *f mst pl* (Über-; Speise-)Rest *m*, Überbleibsel *n* | Abfall *m* | *deixalles radioactives* radioaktive Abfälle | **~ament** *m* Nachlässigkeit *f* | Schwäche, Schlaffheit *f* | *dr* Abtretung *f*, Verzicht *m* | **~ant** *m nàut* Kielwasser *n* | *aeron* Kondensstreifen *m* | **~ar** (33) *vt* (*bes* + *inf, dat od Orts-bzw Zustandsangabe*) lassen | hin-, weg-legen, aus der Hand legen | (*j-n, e-n Ort*) verlassen, *arc* lassen | (*von j-m od etw*) lassen | (*Tätigkeit, Gewohnheit, Wohnung*) aufgeben | (*Spur, Geschmack, Eindruck; Erbe, Hinterbliebene*) hinterlassen | (*Essen*) stehenlassen | (*Rest*) übriglassen | (*Gewinn*) bringen, abwerfen | *banc* (ver)leihen | *deixa el ganivet!* leg das Messer hin! | *van ~ Barcelona i es van establir a Reus* sie zogen von Barcelona fort u. ließen s. in Reus nieder | *no poden ~ l'alcohol* sie

deix

können das Trinken nicht lassen *od* aufgeben, sie können nicht vom Alkohol lassen | *ha deixat la boxa* er hat das Boxen aufgegeben | *vaig ~ caure el gerro* ich ließ die Vase fallen | *no li deixen portar pantalons* man läßt sie k-e Hosen tragen | *el van ~ morir* sie ließen ihn sterben | *deixen dormir el gos al llit* sie lassen den Hund im Bett schlafen | *no el deixen anar al cine* sie lassen ihn nicht ins Kino | *la van ~ entrar* man ließ sie hinein | *deixa passar l'ambulància* laß den Krankenwagen durch! | *deixa'm anar a estendre la roba!* ich muß jetzt die Wäsche aufhängen! | *deixa que s'ho creguin!* laß es sie nur glauben! | *com podies ~ que l'insultessin!* wie konntest du zulassen, daß man ihn beschimpft! | *em pots ~ el llapis?* kannst du mir den Bleistift leihen? | *el tribunal va ~ els fills a la mare* das Gericht überließ die Kinder der Mutter | *aquesta feina, la deixo per a vosaltres* diese Arbeit überlasse ich euch | *on has deixat les claus?* wo hast du die Schlüssel gelassen? | *et ~é a l'estació* ich setze dich am Bahnhof ab | *hi van ~ molts diners* (*la vida*) sie ließen (*od* verloren) dabei viel Geld (ihr Leben) | *deixa-ho tot tal com està!* laß alles so (stehen *bzw* liegen), wie es ist! | *deixa la finestra oberta!* laß das Fenster offen! | *deixa'm en pau!* laß mich in Ruhe! | *t'ho ~é barat* ich (über)lasse es dir billig | *la mare sempre ens deixa el dinar preparat* Mutter läßt uns das Mittagessen immer vorbereitet | *Bruckner va ~ la simfonia inacabada* Bruckner hinterließ die Sinfonie unvollendet | *han deixat escrit que tornen de seguida* sie haben (auf e-m Zettel) hinterlassen, daß sie sofort zurückkommen | *l'excursió em va ~ rendit* ich war von dem Ausflug erschöpft | *el deixen de banda* sie schieben ihn beiseite | *vam ~ tots els altres cotxes endarrere* wir ließen alle anderen Autos hinter uns zurück | *no ho deixis per a després (demà)!* verschiebe es nicht auf später (morgen)! ‖ *vi: aquesta roba deixa* dieser Stoff färbt ab | *aquest negoci deixa molt* dieses Geschäft ist sehr einträglich | *deixa, ja ho faig jo!* laß nur, das mache ich schon! ‖ *~ de + inf* aufhören zu + *inf* | *he deixat de fumar* ich habe aufgehört zu rauchen; ich rauche nicht mehr; ich habe das Rauchen gelassen *od* aufgegeben | *ha deixat de ploure* es hat aufgehört zu regnen; es regnet nicht mehr | *això ha deixat d'interessar-me* das interessiert mich nicht mehr | *els dinosaures han deixat d'existir* es gibt k-e Dinosaurier mehr || *no ~ de + inf* nicht aufhören zu +*inf*; nicht unterlassen (*od* versäumen *bzw* vergessen) + *inf* | *no deixis de visitar-nos!* du mußt uns unbedingt besuchen! | *no ~é de venir, encara que nevi* ich werde kommen, auch wenn es schneit | *no deixa de ser el teu pare* er ist immerhin dein Vater | *no deixa d'estranyar-me* es wundert mich immerhin | *no puc ~ de denunciar-te* ich kann nicht umhin, dich anzuzeigen | **~ar-se** *v/r* (a. *~ anar*) s. gehenlassen, s. vernachlässigen | (*etw*) vergessen, liegen-, stehen-, hängen-lassen | (*Wort, Zeile, j-n*) aus-, weglassen, über-gehen, -springen | *~ pegar (enganyar)* s. schlagen (täuschen) lassen | *~ manar pels fills* s. von den Kindern kommandieren lassen | *~ portar per la ira* s. vom Zorn hinreißen lassen | *~ sentir* spürbar werden | *~ veure* s. sehen (*od* blicken) lassen | *~ créixer els cabells* s. die Haare wachsen lassen | *~ barba (bigotis)* s. e-n (Schnurr)Bart wachsen lassen *od umg* stehenlassen || *~ de + sub pl od inf (mst in Aufforderungen): deixeu-vos de ximpleries!* laßt den Unsinn! | *deixa't de llegir novel·les i treballa més!* lies nicht so viele Romane u. arbeite mehr! | **~at**[1] *m* Nachwirkung *f* | Nachklang *m* | Nachgeschmack *m* | **~at**[2] (**-ada**) *f*) *adj* nachlässig, liederlich, *umg* schlampig | *~ de la mà de Déu* gottverlassen | *anar ~* schlampig herumlaufen.

deixatar (33) *vt* auflösen, zergehen lassen | **~-se** *v/r* s. auflösen, zergehen | *fig* nachlassen, ab-sinken, -flachen.

deixeble (-a *f*) *m* Schüler(in *f*) *m* || *s/m bíbl* Jünger *m*.

deixond|ar(-se) (33) *vt(/r)* = **~ir(-se)** | **~ir(-se)** (37) *vt(/r) a. fig* (s.) ermuntern, munter *od* wach machen (werden) | **~it** (**-ida** *f*) *adj* munter, wach; aufgeweckt.

deixuplina *f* Züchtigung *f* || *pl* Geißel *f* | **~r** (33) *vt* züchtigen, geißeln | **~r-se** *v/r* s. kasteien.

dejec|ció *f ant* Verworfenheit, Verkommenheit *f* | *geol* Schutt *m* | *med* Dejektion *f*; Dejekt *n* | **~tar** (33) *vt ant* erniedrigen | *reg* verleumden | **~te** *adj ant* verworfen, verrucht.

dejorn *adv* früh, zeitig.

dej|ú (**-una** *f*) *adj* nüchtern, mit leerem Magen | *encara estic ~* ich bin noch nüchtern, ich habe noch nichts gegessen | *fig: estar ~ d'u/c* e-r Sache bar sein; ohne etw sein; etw nicht haben | *en ~* auf nüchternen Magen, nüchtern | **~unador(a** *f*) *m* Fastende(r *m*) *m/f* | Hungerkünstler(in *f*) *m* | **~unar** (33) *vi* fasten | **~uni** *m* Fasten *n* | *fer ~* fasten | *rompre el ~* das Fasten nicht halten.

dejús *adv prep ant reg* = **davall**.

del (*Kontraktion*) = **de** + **el**[2].

dela|ció *f* Denunziation, Anzeige *f*, Verrat *m* | **~tar** (33) *vt desp* denunzieren, anzeigen, verraten | *aquella mirada el va ~* jener Blick verriet ihn | **~tor** *adj* verräterisch || *s/m/f* Denunziant(in *f*) *m*.

delco *m aut* Verteiler *m* | *la tapa del ~* die Verteilerkappe.

dele|àtur *m gràf* Deleatur, Tilgungszeichen *n* | **~ble** *adj* (*m/f*) (aus)löschbar, tilgbar.

delecta|ble *adj* (*m/f*) ergötzlich, wonnig, beglückend | **~ció** *f* Ergötzung, Beglückung *f* | Wonne *f*, Genuß *m* | **~nça** *f* = **~ció** | **~r** (33) *vt* ergötzen, beglücken, *lit* delektieren | **~r-se** *v/r: ~ en u/c* s. an etw ergötzen *od lit* delektieren.

delega|ció *f* Delegation *f* | (*Gruppe*) *a.* Abordnung *f* | (*von Rechten, Aufgaben*) *a.* Übertragung, Delegierung *f* | *span adm: ~ d'Hisenda (de Treball)* Finanz-(Arbeits-)amt *n* | *per ~* im Auftrag; in Vertretung | **~r** (33) *vt* (*j-n*) delegieren, abordnen | (*Rechte, Aufgaben*) delegieren (*en alg* an j-n), übertragen (*auf* j-n) | *~ alg per fer u/c* j-n abordnen (*od* beauftragen), etw zu tun | *el ministre ha delegat la seva representació en un secretari* der Minister hat e-n Sekretär mit s-r Vertretung beauftragt | **~t** (**-ada** *f*) *adj* delegiert | beauftragt, übertragen | *Auftrags...* | *s/m/f* Delegierte(r *m*), Abgeordnete(r *m*), Beauftragte(r *m*), Bevollmächtigte(r *m*) *m/f* | *~ apostòlic* Apostolische(r) Delegat *m*.

dele|jar (33) *vi* gieren (*per* nach *dat*) || *vt* begehren | **~r** *m* Leidenschaft, Heftigkeit *f* | Drang *m*; Begehren *n*; Begierde; Gier *f* (*de* nach *dat*) | **~ra** *f* =

~r | **~rar** (33) *vi/t* = **delejar** | **~rós** (**-osa** *f*) *adj* begierig, versessen, erpicht (*de* auf *ac*) | està ~ de complaure els seus clients er ist bestrebt, s-e Kunden zufriedenzustellen.

deleteri (**-èria** *f*) *adj bes med* deletär, tödlich | *fig* verderblich.

delfí *m hist u. fig* Dauphin *m*.

dèlfic *adj* delphisch.

delfínids *m pl ict* Delphine *m pl*.

deliber *m ant Bal* Beschluß *m* | Absicht *f* | **~ació** *f* Beratschlagung; Beratung; Überlegung *f* | *amb* (*sense*) ~ mit (ohne) Vorbedacht | *les deliberacions del tribunal* die Beratungen des Gerichts | **~ant** *adj* (*m/f*) beratend | **~ar** (33) *vi* beratschlagen; (s.) beraten; nachdenken (*sobre* über *ac*) || *vt* beschließen | **~at** (**-ada** *f*, **~adament** *adv*) *adj* (wohl)überlegt | bewußt | absichtlich, vorsätzlich | **~atiu** (**-iva** *f*) *adj* Beratungs....

delica|desa *f* Zartheit, Feinheit *f* | Erlesenheit *f* | Zart-, Feingefühl *n*; Empfindlichkeit; Empfindsamkeit; Delikatesse *f* | *van tenir la ~ de convidar-nos* sie waren so liebenswürdig, uns einzuladen || *pl gastr* Delikatessen *f pl* | **~dura** *f ant* = **delicadesa** | **~t** (**-ada** *f*, **-adament** *adv*) *adj* zart, fein | zerbrechlich | kränklich, empfindlich | empfindsam | zartfühlend, feinfühlig | taktvoll | köstlich, erlesen | anspruchsvoll, eigen, wählerisch | heikel, schwierig | (*bes Essen, Benehmen, Angelegenheit*) delikat.

del|ícia *f* Lust, Wonne *f* | Vergnügen, Entzücken *n* | *el jardí de les delícies* der Garten Eden | *és una ~, (de) mirar-lo* es ist e-e Freude (*od* Lust), ihm zuzusehen | *Palau-sator és una ~!* Palausator ist herrlich! | **~iciós** (**-osa** *f*, **-osament** *adv*) *adj* köstlich | entzückend | herrlich | wunderbar.

delict|e *m dr* Straftat *f*, Delikt *n* | *a*. Vergehen; (*schwerer*) Verbrechen *n* | *el cos del ~* das Corpus delicti | *en flagrant ~* auf frischer Tat | **~iu** (**-iva** *f*), **~uós** (**-osa** *f*) *adj* Delikts... | strafbar, verbrecherisch | *acte* (*od fet*) ~ strafbare Handlung *f*.

delimita|ció *f* Ab-, Begrenzung *f* | **~r** (33) *vt* ab-, begrenzen.

delinea|ció *f*, **~ment** *m* Umriß | Zeichnung *f* | **~nt** *m/f* (Plan)Zeichner(in *f*) *m* | **~r** (33) *vt* (*Plan*) zeichnen | *a. fig* umreißen.

delin|qüència *f* Straffälligkeit, Delinquenz *f* | Kriminalität *f* | Verbrechertum *n* | ~ *juvenil* Jugendkriminalität *f* | **~qüent** *m/f* Übeltäter(in *f*), Verbrecher(in *f*), Delinquent(in *f*) *m* | ~ *habitual* Gewohnheitsverbrecher *m* | **~quir** (37) *vi* e-e Straftat begehen, straffällig werden | *s.* vergehen (*contra* gegen *ac*).

deliqüesc|ència *f fís* Zerfließen *n* | **~ent** *adj* (*m/f*) zerfließend.

delir (37) *vt ant* (aus)löschen, tilgen | **~-se** *v/r s.* vor Sehnsucht verzehren | ~ *per u/c s.* nach etw verzehren.

delir|ant *adj* (*m/f*) *med* delirant | *fig* wahnsinnig, irre | (*Begeisterung*) rasend; (*Beifall*) *a.* stürmisch | **~ar** (33) *vi med* delirieren | irrereden, phantasieren | *fig:* ~ *per alg od u/c* für j-n *od* etw schwärmen | **~i** *m med* Delirium *n* | *a. fig* Wahnsinn *m* | *fig a.* Taumel, Rausch *m* | ~ *de grandeses* Größenwahn(sinn) *m* | *ell l'estima amb* ~ er ist wahnsinnig in sie verliebt | *el nen té un ~ per la fruita* das Kind ist ganz wild auf Obst | **~ium tremens** *m med* Delirium *n* tremens, Säuferwahnsinn *m* | **~ós** (**-osa** *f*) *adj med* deliriös; im Delirium | = **delerós**.

delit *m* Lust, Freude *f* | Spannkraft *f*, Elan, Schwung *m* | **~ar** (33) *vt* = **delectar** | **~ós** (**-osa** *f*) *adj* = **delectable**.

dellà *adv* jenseits | (*Richtung*) hinüber | *deçà i ~* hier u. da *od* dort; umher || *prep* (*a*. ~ *de*) jenseits (*gen*; von *dat*) | (*Richtung*) über (*ac*) hinaus | || *s/m: al* ~ *dels Pirineus* jenseits der (*od* von den) Pyrenäen || *s: lla, enllà* | **~-ahir** *adv reg* = **abans-d'ahir**.

delm|able *adj* (*m/f*) *hist* zehntpflichtig | **~ació** *f* Dezimierung *f* | **~ar** (33) *vt hist* mit dem Zehnten belegen; (*den Zehnten*) entrichten | *a. fig* dezimieren | **~e** *m hist* Zehnt(e) *m* | **~er**[1] *m hist* Zehnteintreiber *m* | **~er**[2] *adj hist* Zehnt... | = **delmable**.

dels (*Kontraktion*) = **de** + **els**[2].

delt|a *m geog* Delta *n* || *s/f* (*Buchstabe*) Delta *n* | **~oïdal** *adj* (*m/f*) = **~oide** *anat* Deltamuskel... | **~oide** *adj* (*m/f*) deltaförmig | *s/m* (*a. múscul ~*) *anat* Deltamuskel *m*.

delus|ió *f lit* Täuschung *f* | **~ori** (**-òria** *f*) *adj* täuschend, trügerisch.

demà *adv* morgen | ~ *al matí* (*al vespre*) morgen früh (abend) | *de ~ en vuit* (*quinze*) morgen in e-r (zwei) Woche(n) *od* in acht (vierzehn) Tagen | ~ *passat* übermorgen | *s: altre* | ~ *que* + *subj* wenn einmal + *ind* | *el món de* ~ die Welt von morgen | ~ *serà un altre dia* morgen ist auch (noch) e. Tag || *s/m: creure en el* ~ an das Morgen glauben.

demacra|ció *f* Abmagerung *f* | **~t** (**-ada** *f*) *adj* abgezehrt, abgemagert.

demag|og(a *f*) *m hist* Demagoge *m* | *desp* Demagoge *m*, -gin *f*, Volksverführer(in *f*) *m* | **~ògia** *f* Demagogie *f* | **~ògic-**(**ament** *adv*) *adj* demagogisch.

demana|dissa *f* gr(e) Nachfrage *f* | *hi havia molta* (od *una gran*) ~ *de billets* es war großer Ansturm nach Karten | **~dor**¹ *adj u. s/mf* = **~ire** | *s/mf ant* = **demandant** | **~dor**² *adj* zu erbitten | fragbar | bestellbar | **~ire** *adj: no siguis tan* ~*!* bettel doch nicht immer! || *s/m/f fig* Bettler(in *f*) *m* | (*Kind*) Quengler(in *f*) *m* | **~r** (33) *vt* (*um etw*) bitten | (*etw*) verlangen, *a. dr* fordern | *adm dr a* (*etw*) beantragen; einreichen | (*Ware, Menü, Taxi*) bestellen | (*nach j-m od etw*) verlangen | (*etw od nach etw*) fragen | (*etw*) verlangen, erfordern (*Aufgabe, Lage*) | ~ *diners* (*un llibre, un favor, perdó*) *a alg* j-n um Geld (e. Buch, e-n Gefallen, Verzeihung) bitten | ~ *a alg de fer* (od *que faci*) *u/c* j-n darum bitten, etw zu tun | ~ *la nota* die Rechnung verlangen, um die Rechnung bitten | ~ (*la mà d'*) *una noia* um die Hand e-s Mädchens anhalten *od* bitten | ~ (od *exigir*) *un augment de sou* (*una satisfacció*) e-e Lohnerhöhung (Genugtuung) verlangen *od* fordern | ~ *danys i perjudicis* (*una pena*) Schadenersatz (e-e Strafe) fordern | ~ *un preu d'u/c* e-n Preis für etw verlangen *od* fordern | *no es pot* ~ *més* mehr kann man nicht verlangen | *el malalt demana el metge* (*aigua*) der Kranke verlangt nach dem Arzt (nach Wasser) | *et demanen al telèfon* du wirst am Telefon verlangt | *demana al pare quina hora és* (*la seva opinió*)*!* frag Vater, wie spät es ist *od* nach der Uhrzeit (nach s-r Meinung) | *m'han demanat si poden venir* sie haben mich gefragt, ob sie kommen dürfen | *em demano com ho han pogut saber* ich frage mich, wie sie es erfahren konnten | *això demana una explicació* das bedarf e-r Erklärung | *les flors demanen aigua* die Blumen brauchen Wasser | *aquesta carn demana un bon vi negre* zu diesem Fleisch gehört e. guter Rotwein || *vi: demanen* es ist j-d da; es klopft *bzw* es klingelt | *qui demana?* wer ist da? | *demana* (*bzw demaneu, demanin*)*!* das braucht man nicht zu sagen!; u. ob!; u. wie! | ~ *per alg od u/c* nach j-m *od* etw fragen, s. nach j-m *od* etw erkundigen | ~ *per parlar* s. zu Wort melden | **~t** (**-ada** *f*) *pp/adj: aquest article és molt* ~ dieser Artikel ist sehr (*od* stark) gefragt.

demanda *f* Bitte *f*; Gesuch *n*; Antrag *m*; Forderung; Anfrage *f* | *com* Nachfrage *f* | *dr* Klage *f* | ~ *de divorci* Scheidungsklage *f* | ~ *de matrimoni* Heiratsantrag *m* | *accedir a una* ~ e-m Gesuch nachkommen | *adreçar una* ~ *al ministeri* ein Gesuch an das Ministerium richten | **~nt** *m/f dr* Kläger(in *f*) *m* | **~r** (33) *vt dr* verklagen, gerichtlich belangen | **~t** (**-ada** *f*) *m dr* Beklagte(r *m*) *m/f*.

demarca|ció *f* Abgrenzung, Demarkation *f* | Bezirk *m* | *línia de* ~ Demarkationslinie *f* | **~r** (33) *vt* abgrenzen, demarkieren.

demarrer *m* (*Motor*) Anlasser *m*.

demble *m* Paßgang *m* | *fig* (Wesens)Art *f*, Naturell *n* | *trobar alg de mal* ~ j-n bei schlechter Laune antreffen.

dem|ència *f med* Demenz *f*, Schwachsinn *m* | ~ *senil* senile Demenz *f*, Altersblödsinn *m* | **~encial** *adj* (*m/f*) *med* Demenz..., Schwachsinns... | *fig fam* wahnsinnig, irre | **~ent** *adj* (*m/f*) schwachsinnig || *s/m/f* Schwachsinnige(r *m*) *m/f*.

dementre *conj ant* = **mentre**.

demèrit *m* Fehler *m*; Verschulden *n* | *ecl* Schuld(haftigkeit) *f*.

de|més *adv* außerdem, überdies, darüberhinaus | **~mesia** *f ant* Übermaß *n* | **~mesiat** (**-ada** *f*, **-adament** *adv*) *adj ant* über-mäßig, -trieben.

demetre (40) *vt ant* absetzen | zurücktreten.

demiürg *m filos* Demiurg *m*.

dem|ocràcia *f polít* Demokratie *f* | ~ *cristiana* Christliche Demokratie *f* | ~ *popular* Volksdemokratie *f* | **~òcrata** *m/f* Demokrat(in *f*) *m* | **~ocratacristià** (**-ana** *f*) *adj* christlich-demokratisch || *s/mf* Christdemokrat(in *f*) *m* | **~ocràtic**(**ament** *adv*) *adj* demokratisch | **~ocra-**

demògraf 316 **dent**

titzatió *f* Demokratisierung *f* | **~ocratitzar** (33) *vt* demokratisieren.
dem|ògraf(a *f) m* Demograph(in *f) m* | **~ografia** *f* Demographie, Bevölkerungswissenschaft *f* | **~ogràfic** *adj* demographisch, Bevölkerungs...
demoli|ció *f* Abbruch *m*, Ab-, Ein-, Nieder-reißen *n*, Demolierung *f* | **~dor** *adj* vernichtend, niederschmetternd | **~r** (37) *vt* abbrechen, ab-, ein-, nieder-reißen, demolieren | (*Festung*) niederreißen, schleifen | *fig* vernichten; ruinieren.
demon|íac *adj* dämonisch | **~ologia** *f* Dämonologie *f*.
demora *f ant* Aufenthalt *m* | Verzögerung *f* | Verzug *m* | *nàut* Richtung *f* (*e-s Punktes*) | *sense* ~ ohne Verzug, unverzüglich | **~r** (33) *vi ant:* ~ *en un lloc* s. an e-m Ort aufhalten || *vt* verzögern, auf-, ver-schieben.
demostra|ble *adj* beweisbar | nach-, erweislich | **~ció** *f* Beweis *m*; Beweisführung *f* | Nachweis *m* | Bezeigung *f*, Zeigen *n*, Bekundung, Demonstration *f* | Darlegung, Vorführung, Veranschaulichung, Demonstration *f* | *mil* Schau *f*, Scheinmanöver *n* | ~ *d'amistat* Freundschaftsbezeigung *f* | ~ *naval* Flottenschau *f* | *fer una* ~ *d'u/c* e-e Vorführung von etw machen, etw vorführen *od* demonstrieren | **~r** (33) *vt a. mat filos* beweisen | nach-, er-weisen | zeigen, bekunden, *lit* demonstrieren | darlegen, vorführen, *lit* demonstrieren | *van* ~ (*de tenir*) *molta paciència* sie bewiesen viel Geduld | *en Joan no demostra mai els seus sentiments* Hans zeigt nie s-e Gefühle | *l'avi no demostra tenir els anys que té* Opa sieht jünger aus, als er ist | **~tiu** (**-iva** *f*, **-ivament** *adv*) *adj* beweisend, Beweis... | anschaulich | demonstrativ | *ling: pronom* ~ Demonstrativpronomen, Demonstrativum, hinweisendes Fürwort *n*.
demòtic *adj* demotisch || *s/m* (*Neugriechisch*) Demotike *f*.
dempeus *adv* stehend, aufrecht | *estar* ~ stehen | *posar-se* ~ aufstehen, s. auf die Füße stellen.
dena *f ant* = **desena** | *ecl* (*Rosenkranz*) Gesetz *n*; Vaterunserperle *f* | **~ri** (**-ària** *f*) *adj* dezimal, Dezimal..., Zehner... || *s/m hist* Denar *m*.
dendr|ita *f geol med* Dendrit *m* | **~ític** *adj* dendritisch | **~ologia** *f bot* Dendrologie, Gehölzkunde *f*.
denega|ció *f* Ablehnung *f* | Abweisung *f* | Verweigerung *f* | ~ *d'auxili* (*dr*) unterlassene Hilfeleistung *f* | **~r** (33) *vt* ablehnen, abschlagen | (*Angebot, Antrag, Klage*) *a.* abweisen | (*Recht, Genehmigung*) verweigern | **~tori** (**-òria** *f*) *adj* ablehnend, abschlägig | abweisend.
dengue *m med* Denguefieber *n*.
denier *m tèxt* Denier *m*.
denigra|ció *f* Verunglimpfung, Schmähung, Herabsetzung, Anschwärzung *f* | **~dor** *adj* Läster..., Schmäh... || *s/mf* Ehrabschneider(in *f) m* | **~nt** *adj* (*m/f*) verunglimpfend, anschwärzend | *fam* schändlich, beschämend | **~r** (33) *vt* verunglimpfen, schmähen, herabsetzen, *umg* anschwärzen | (*über j-n od etw*) lästern.
denomina|ció *f* Benennung *f* | **~dor** *m mat* Nenner *m* | ~ *comú* gemeinsame(r) Nenner *m* | **~r** (33) *vt* benennen | **~tiu** (**-iva** *f*) *adj* benennend | *ling a.* denominativ.
denota|ció *f filos ling* Denotation *f* | *filos a.* Begriffsumfang *m* | **~r** (33) *vt* (an-)zeigen, (*auf etw* ac) schließen lassen | bezeichnen (*Wort, Zeichen*).
dens *adj* (*Nebel, Wald, Bevölkerung, Verkehr*) *a. fís* dicht | (*Menge*) dichtgedrängt, undurchdringlich | *fig: un programa* (*silenci*) ~ e. dichtes Programm (Schweigen) | *un estil* ~ e. gedrängter Stil | *un llibre* ~ e. inhaltsvolles Buch | **~ament** *adv:* ~ *poblat* dicht bevölkert (*prädikativ*); dichtbevölkert (*attributiv*) | **~ificar** (33) *vt* verdichten | **~ímetre** *m fís* Densimeter *n* | **~itat** *f* Dichte *f* | *fís fotog a.* Densität *f* | ~ *de corrent* Stromdichte *f* | ~ *òptica* optische Dichte *f* | ~ *de població* Bevölkerungsdichte *f* | **~itòmetre** *m fotog* Densitometer *n*.
dent *f anat* Zahn; *bes* Schneidezahn *m* | (*Blatt, Rad, Säge*) Zahn *m*, Zacke *f* | (*Berg*)Zacke *f* | ~ *incisiva* Schneidezahn *m* | ~ *canina* = **ullal** | ~ *molar* = **queixal** | ~ *artificial od postissa* künstliche(r) *od* falsche(r) Zahn *m* | ~ *inferior od de baix* untere(r) Zahn *m* | ~ *superior od de dalt* obere(r) Zahn *m* | **~s** *de llet* Milchzähne *m pl* | **~s** *permanents* bleibendes Gebiß *n* | ~ *de lleó* (*bot*) Löwenzahn *m* | ~ *de serra* (*a. elect*) Sägezahn *m; arquit* Sägedach *n* | *amb* ~**s** *i ungles* (*fig*) mit

déntol Zähnen u. Klauen | *entre ~s (fig)* in s-n Bart (hinein), zwischen den Zähnen | *armat fins a les ~s* bis an die Zähne bewaffnet | *arrencar (od extreure) una ~* e-n (Schneide)Zahn ziehen | *se'm belluga una ~* (bei) mir wackelt e. Zahn | *m'ha caigut una ~* mir ist e. Zahn ausgefallen | *cruixir (petar) de ~s* mit den Zähnen knirschen (klappern) | *deixar-hi les ~s (fig)* s. die Zähne daran ausbeißen | *ensenyar les ~s (a. fig)* die Zähne zeigen | *posar (od treure) les ~s* zahnen, Zähne bekommen | *encara no li han sortit les ~s?* hat es noch k-e Zähne? | *riure de les ~s enfora* gezwungen lachen | *tenir les ~s llargues od esmolades (fig)* den Hals nicht voll genug kriegen (können) | *voler agafar la lluna amb les ~s (fig)* nach den Sternen greifen | **~ada** *f* Biß *m* | **~adora** *f* Zahnschneide-, Verzahnungs-maschine *f* | **~adura** *f anat* Gebiß *n* | *tenir una bona ~* e. gesundes Gebiß haben | *~ artificial* (künstliches) Gebiß *n* | **~al**[1] *adj (m/f)* Zahn... | *med ling a.* dental | *clínica (nervi) ~* Zahn-klinik *f* (-nerv *m*) || *s/f ling* Dental, Zahnlaut *m* | **~al**[2] *m agr* Pflugsterz *m* | **~ar** (33) *vi* zahnen, Zähne bekommen | *vt* zähnen | verzahnen | **~ari (-ària** *f) adj* Zahn... | *fórmula dentària* Zahnformel *f* | **~at**[1] *m* = **~adura** | **~at**[2] **(-ada** *f) adj* gezahnt | *tecn* gezähnt; verzahnt; Zahn... | *bot* gezähnt | *roda dentada* Zahnrad *n* | **~atge** *m tecn* (Ver)Zahnung *f* | **~egada** *f* = **~ada** | **~ell** *m arquit* Zahn *m* | **~eta** *f* Zähnchen *n* | *umg* Beißerchen *n* | *fig fam: fer ~ (od dentetes) a alg* j-m den Mund wäßrig machen; j-n neidisch machen | **~ició** *f* Zahnen *n*, Dentition *f* | **~icle** *m* Zähnchen, Dentikel *n* | *arquit* = **~ell** | **~iculat (-ada** *f) adj bot* gezähnt | **~iforme** *adj (m/f)* zahnförmig | **~ifrici (-ícia** *f) adj: aigua dentifrícia* Mundwasser *n* | *pasta dentifrícia* Zahnpasta *f* || *s/m* Zahnpasta *f* | **~ista** *m/f* Zahn-arzt *m*, -ärztin *f* | **~ina** *f anat* Dentin, Zahnbein *n*.

déntol *m ict* Zahnbrassen *m*.

dentut (-uda *f) adj* mit gr(n) Zähnen.

denuda|ció *f geol med* Denudation *f* | **~r** (33) *vt med* freilegen | *geol (Erdreich)* abtragen.

den|úncia *f* (Straf)Anzeige; Meldung *f* | Anprangerung; Brandmarkung; Verurteilung; Denunziation *f* | Kündigung *f* | **~unciable** *adj (m/f): un tractat ~* e. kündbarer Vertrag | **~unciació** *f* = **denúncia** | **~unciador(a** *f) m,* **~unciant** *m/f* Anzeigeerstatter(in *f*) | **~unciar** (33) *vt (Straftat; Straftäter)* anzeigen; (*a. Vorfall*) melden | *desp* = **delatar** | *fig* anprangern; brandmarken; verurteilen; *lit* denunzieren | *(Vertrag)* kündigen | *ant* = **anunciar** | **~unciatori (-òria** *f) adj* anzeigend, Anzeige... | *desp u. fig* denunziatorisch.

deontologia *f* Pflichtenlehre, Deontologie *f*.

departament *m bes adm com* Abteilung *f* | *ferroc* Abteil *n* | *polít* Bezirk *m*, *(Frankreich)* Departement *n* | *(bes katalanische Regierung)* Ministerium *n* | *(Universität)* Fachbereich *m* | **~al** *adj (m/f)* Abteilungs... | Departements... | Fachbereichs...

depart|iment *m* (od **~ença** *f*) *ant* (Ver-)Teilung; Trennung *f* | **~ir** (37) *vt ant* (ver)teilen; trennen; (unter)scheiden | = **descompartir** | *vi lit* konversieren, s. unterhalten | **~ir-se** *v/r ant* s. Trennen, s. lösen *(de* von).

depassar (33) *vt* = **ultrapassar**.

depaupera|ció *f : la teoria marxista de la ~* die marxistische Verelendungstheorie | **~r(-se)** (33) *vt(/r) lit* = **empobrir-se** | *econ: les masses es depauperaven* die Massen verelendeten.

depend|ència *f* Abhängigkeit; *filos ling a.* Dependenz *f* | *mst pl* Räumlichkeit *f* | Nebengebäude *n*; *(Hotel)* Dependance *f* | Verkaufspersonal *n* | *polít* abhängige(s) Gebiet *n* | *estar sota la ~ d'alg* von j-m abhängig sein | **~ent**[1] *adj (m/f)* abhängig | **~ent**[2](**a** *f) m (Laden)* Verkäufer(in *f*) *m* | **~re** (40) *vi* abhängen, abhängig sein *(de* von) | angewiesen sein *(auf ac)* | *depèn d'ell mateix* er ist auf s. selbst gestellt od angewiesen | *si depengués de mi, et contractaria* wenn es an mir läge, würde ich dich einstellen | *depèn de què entenguis per positiu* es kommt darauf an, was du unter positiv verstehst | *això depèn das* kommt darauf an; je nachdem.

deperdició *f bes fís* Verlust *m*.

depila|ció *f* Enthaarung *f* | *med* Haarausfall *m* | **~r** (33) *vt* enthaaren | *(Brauen)* zupfen | **~r-se** *v/r:* ~ *les cames* s. *(dat)* die Beine enthaaren | ~ *les celles* s. *(dat)* die Augenbrauen

zupfen | ~**tori** (**-òria** f) adj Enthaarungs... || s/m Enthaarungsmittel n.
deplora|ble adj (m/f) beklagenswert, bedauerlich | erbärmlich | ~**ció** f Beklagen, Bedauern n | ~**r** (33) vt beklagen, bedauern.
deponent adj (m/f) ling: verb ~ Deponens n.
depopulació f ant Entvölkerung f.
deport m (bes im Freien) Unterhaltung f, Zeitvertreib m, Vergnügen n | s: esport | ~**ació** f Deportation, Zwangsverschickung f | ~**ar**¹ (33) vt deportieren | ~**ar**² (33) vt ant ergötzen, unterhalten, vergnügen || vi ant = ~**ar-se** | ~**ar-se** v/r s. unterhalten, s. die Zeit vertreiben, s. vergnügen.
dep|osant m/f dr Aussagende(r m) m/f | ~**osar** (33) vt ab-setzen bzw -stellen; hin-, nieder-legen bzw -stellen | (Bodensatz) absetzen; (Sedimente) a. ablagern | fig (Haltung, Widerstand, Stolz) aufgeben | (Regierenden, Würdenträger) absetzen | dr aussagen | ~ les armes (la corona) die Waffen (die Krone) niederlegen || vi den Darm entleeren | dr aussagen | ~**osició** f Ab-setzen, -stellen n | Darmentleerung f; Stuhl(gang) m | Absetzung; catol Deposition f | Niederlegung f | dr Aussage f | la ~ de la Creu die Kreuzabnahme f | ~**òsit** m = **dipòsit** | ~**ositar(-se)** vt(/r) = **dipositar(-se)**.
deprava|ció f Verderbtheit, Verworfenheit f | bes Sitten-losigkeit, -verderbnis f | med Depravation f | ~**r** (33) vt (j-n, j-s Sitten) verderben | med depravieren | ~**r-se** v/r verkommen, verderben.
depreca|ció f (An)Flehen n, Anflehung f; Beschwörung f | ~**tiu** (**-iva** f), ~**tori** (**-òria** f) adj flehend, Bitt...
deprecia|ció f Entwertung, Wertminderung f | ~ monetària Geldentwertung f | ~**r** (33) vt entwerten, den Wert (e-r Sache) mindern | ~**r-se** v/r an Wert verlieren | ~**tiu** (**-iva** f) adj wertmindernd | ling = **pejoratiu**.
depreda|ció f (Aus)Plünderung f | Veruntreuung f | Verwüstung f; Raubbau m | ~**dor** adj plündernd | verwüstend | Raub... || s/m zool Raubtier n | ~**r** (33) vt (aus)plündern | (Land) verwüsten | (Gelder) veruntreuen.
depr|essió f (Ein)Senkung, Vertiefung f | geog Senke; Mulde; (bes unter dem Mee-ressspiegel) Depression f | meteor (a. ~ atmosfèrica) Tief(druckgebiet) n, Depression f | astr econ med Depression f | fig Niedergeschlagenheit; a. psic Depression f | la ~ Pre-Litoral Catalana das Katalanische Längstal | ~**essiu** (**-iva** f) adj deprimierend | depressiv || s/mf an Depressionen Leidende(r m) m/f | ~**iment** adj (m/f) niederdrückend, deprimierend | demütigend | ~**imir** (37) vt senken, ein-, herab-drücken | fig niederdrücken, deprimieren; erniedrigen, demütigen | ~**imir-se** v/r einsinken, ein-, herabgedrückt werden | deprimiert (od niedergedrückt) werden.
depura|ció f Reinigung, Läuterung, Klärung f | polít Säuberung f | ~ d'aigües (de la sang) Abwasser-(Blut-)reinigung f | ~**dor** adj reinigend, Reinigungs... | s/f Kläranlage f | ~**r** (33) vt reinigen, läutern, klären | (Organisation) säubern | ~**tiu** (**-iva** f) adj med blutreinigend = s/m Blutreinigungsmittel n.
derelicte m nàut Wrack n.
dèria f fixe Idee f | Fimmel, Tick, Spleen m, Manie f | ell tenia la ~ de casar-se er dachte nur ans Heiraten | a la mare li ha agafat la ~ de netejar Mutter hat e-n Sauberkeitsfimmel bekommen | tenen una veritable ~ per llegir sie haben e-e richtige Lesewut.
deris|ió f = **irrisió** | ~**ori** (**-òria** f) adj = **irrisori**.
deriva f nàut aeron (Ab)Drift f | anar a la ~ (ab)driften, (ab)treiben; fig dahintreiben; völlig desorientiert sein | geol: ~ dels continents Kontinentalverschiebung f | ~**ble** adj (m/f) ableitbar | ~**ció** f Ableitung f | ling a. Derivation f | tecn Nebenleitung f, Bypass m | elect Nebenschluß m | connexió en ~ Neben-, Parallel-schaltung f | ~**r** (33) vt ab-, her-leiten (de von bzw aus) | ling a. derivieren | ~ les aigües d'un riu das Wasser e-s Flusses ableiten || vi: el riu deriva en tres canals der Fluß fließt in drei Kanäle ab | el vaixell derivava cap al sud das Schiff driftete (od trieb) nach Süden ab | aquest camí deriva de la carretera dieser Weg zweigt von der Straße ab | el català deriva del llatí das Katalanische stammt vom Latein ab | aquest verb (es) deriva d'un substantiu dieses Verb

derma   319   **desafecció**

ist von e-m Substantiv abgeleitet | *d'aquí* (*es*) *deriven tots els seus mals* all sein Unglück rührt davon her | **~r-se** *v/r s: derivar* | **~t** (**-ada** *f*) *adj* abgeleitet || *s/m ling* Ableitung, a. *quím* Derivat *n* || *s/f mat* Ableitung *f*, Differentialquotient *m* | **~tiu** (**-iva** *f*) *adj ling* derivativ || *s/m* Derivation *n*.
derma *m med* Derma *n* | **~titis** *f med* Hautenzündung, Dermatitis *f* | **~tòleg** (**-òloga** *f*) *m* Haut-arzt *m*, -ärztin *f*, Dermatologe *m*, -gin *f* | **~tologia** *f med* Dermatologie *f* | **~tosi** *f med* Hautkrankheit, Dermatose *f*.
dèrmic *adj* Haut-..., dermal, dermatisch.
dermo|grafisme *m med* Dermographismus *m*, Hautschrift *f* | **~ide** *m med* Dermoid *n*.
derna *f* Scherbe; Splitter *m* | Schnitte, Scheibe *f*.
deroga|ble *adj* (*m/f*) aufhebbar | **~ció** *f* Aufhebung, Außerkraftsetzung *f* | Derogation, Teilaufhebung *f* | **~r** (33) *vt dr* aufheben, außer Kraft setzen | derogieren, teilweise aufheben | **~tori** (**-òria** *f*) *adj* aufhebend, Aufhebungs... | derogativ, derogatorisch, teilweise aufhebend | *llei derogatòria* Novelle *f*; Nachtragsgesetz *n*.
derrama *f* Umlage *f* | **~r** (33) *vt* (*Kosten*) umlegen.
derrapa|r (33) *vi aut* schleudern | **~tge** *m aut* Schleudern *n* | (*Ski*) Stemm-bogen, -schwung *m*.
derrocar (33) *vt* = **enderrocar**.
derrot|a *f* Niederlage *f* | *ant* wilde Flucht *f* | **~ar** (33) *vt* schlagen, besiegen | *mil a.* in die Flucht schlagen | *p ext* besiegen | **~er** *m nàut* Route *f*; Kurs *m* | **~isme** *m* Defätismus *m* | **~ista** *adj* (*m/f*) defätistisch || *s/m/f* Defätist(in *f*) *m*.
derruir (37) *vt* (*Gebäude*) abbrechen, ab-, ein-, nieder-reißen.
dervix *m* Derwisch *m*.
des: ~ *de* (*loc prep*) örtl ab, von (... ab *od* an *bzw* aus); *zeitl* seit, ab, von... an *od* ab | ~ *de Sils fins a Waldkirch* von Sils bis (nach) Waldkirch | ~ *del 1968 fins al 1988* von 1968 bis 1988 | ~ *d'aquí la carretera ja és bona* ab hier (*od* von hier ab *od* an) ist die Straße gut | ~ *d'aquí es veu el Tibidabo* von hier (aus) sieht man den Tibidabo | ~ *de dalt* (*lluny*) von oben (weitem) | ~ *del segle XIII* seit dem 13. Jahrhundert | ~ *de fa dos dies* (*quan?*) seit zwei Tagen (wann?) | ~ *d'avui* (*de demà*) ab heute (morgen) || ~ *que* (*loc conj*) seit(dem) | ~ *que el conec* seit(dem) ich ihn kenne | ~ *que jo recordo* solang(e) ich zurückdenken kann.
desabonar (33) *vt* mißbilligen | (*j-n*) aus der Abonnentenliste streichen | **~-se** *vt*: ~ *del diari* die Zeitung abbestellen.
desabonyegar (33) *vt tecn* ausbeulen.
desabriga|r (33) *vt* entblößen, frei machen | aufdecken (*im Bett*) | **~r-se** *v/r* den Mantel *bzw* die Jacke, den Pullover *usw* ablegen, ausziehen | s. leichter anziehen | s. aufdecken (*im Bett*) | **~t** (**-ada** *f*) *adj* (zu) leicht angezogen | luftig, ungeschützt.
desacalorar-se (33) *v/r* s. abkühlen (*Person*).
desacata|ment *m* Unehrerbietigkeit *f* | Mißachtung *f* | **~r** (33) *vt* unehrerbietig behandeln | *a. dr* mißachten.
desaccelerar(-se) *vt*(*/r*) = **descelerar(-se)**.
desacoblar(-se) (33) *vt*(*/r*) (s.) lösen, (s.) losmachen | (s.) auskoppeln | *tecn* (s.) entkoppeln | *ferroc* (s.) abkoppeln.
desacomodat (**-ada** *f*) *adj* mittel-, besitzlos, bedürftig.
desacompanyat (**-ada** *f*) *adj* ohne Begleitung, allein | einsam, verlassen.
desaconsella|ble *adj* (*m/f*) nicht ratsam | **~r** (33) *vt*: *u/c a alg* j-m von etw abraten.
desacord *m* Meinungsverschiedenheit *f* | Uneinigkeit *f* | Widerspruch *m* | Disharmonie *f* | *els jutges estan en* ~ die Richter sind s. uneinig | **~ar(-se)** (33) *vt*(*/r*) uneinig *bzw* disharmonisch machen (werden) | **~at** (**-ada** *f*) *adj bes més* disharmonisch.
desacostuma|ment *m* Abgewöhnen *n*, Abgewöhnung *f* | **~r** (33) *vt*: ~ *alg d'u/c* j-m etw abgewöhnen | **~r-se** *v/r*: ~ *d'u/c* s. etw abgewöhnen | **~t** (**-ada** *f*) *adj* ungewohnt, ungewöhnlich.
desacreditar(-se) (33) *vt* (s.) diskreditieren, (s.) in Mißkredit bringen.
desactiva|ció *f* Entschärfung *f* | Entaktivierung *f* | **~r** (33) *vt* (*Sprengkörper*) entschärfen | *quím* entaktivieren.
desacurat (**-ada** *f*) *adj* = **descurat**.
desadornar (33) *vt*: ~ *l'arbre de Nadal* den Weihnachtsbaum abnehmen *od umg* abschmücken.
desafecci|ó *f* Abneigung *f* | **~onar-se** (33) *v/r*: ~ *d'alg od d'u/c* j-n *od* etw

nicht mehr mögen.
desafecta|ció *f* Entwidmung *f*; feindliche Einstellung *f* | **~r** (33) *vt dr* entwidmen.
desafecte[1] *adj:* ~ *a alg* od *u/c* j-m *od* e-r Sache abgeneigt || *s/mf polit* Regimegegner(in *f*) *m*.
desafecte[2] *m* Abneigung *f* | Lieblosigkeit *f*.
desaferrar(-se) (33) *vt*(/*r*) (s.) los-machen, -reißen (*de* von).
desafia|dor(ament *adv*) *adj* herausfordernd || *s/m* Herausforderer *m* | **~ment** *m* Herausforderung *f* | **~r** (33) *vt* herausfordern (*a*. zu) | (j-m *od* e-r *Sache*) trotzen | *fam: et desafio a nedar* schwimm mit mir um die Wette! | *et desafio que no ho endevines* ich wette, daß du es nicht errätst.
desafillar (33) *vt* (*Weibchen*) von den Jungen trennen | *dr* (*Adoptivkind*) verstoßen.
desafina|ció *f*, **~ment** *m* *mús* Verstimmung *f* | **~r** (33) *vt mús* (*Instrument*) verstimmen | (*Noten*) falsch singen *od* spielen || *vi* falsch singen *od* spielen, vom Ton abweichen | verstimmt sein (*Instrument*) | **~r-se** *v/r* s. verstimmen | **~t** (**-ada** *f*) *adj* (*Instrument*) verstimmt | (*Ton*) falsch, unrein.
desafortunat (-ada *f*) *adj* unglücklich | (*Äußerung*) *a*. ungeschickt.
desagafar(-se) (33) *vt*(/*r*) (s.) (los-, ab-)lösen | (s.) losmachen.
desagrada|ble(ment *adv*) *adj* (*m/f*) unangenehm, unerfreulich | unfreundlich, unsympathisch | **~r** (33) *vi* mißfallen, nicht gefallen (*a alg* j-m) | **~r-se** *v/r* = **desafeccionar-se**.
desagra|ïment *m* Undank(barkeit *f*) *m* | **~ir** (37) *vt* (*etw*) nicht danken *od* lohnen, (*für etw*) undankbar sein | **~ït** (**-ïda** *f*) *adj u. s/mf* = **malagraït**.
desagrega|ció *f* Zersetzung *f* | **~r(-se)** (33) *vt*(/*r*) (s.) zersetzen | (s.) auflösen.
desagreuja|ment *m* Genugtuung *f* | Versöhnen *n* | = **desgreuge** | **~r** (33) *vt* (j-m) Genugtuung geben | (j-n) versöhnen.
desairós (-osa *f*) *adj* schwerfällig, plump, linkisch.
desajust *m* Unordnung *f*, Unausgeglichenheit *f* | *tecn* Fehleinstellung *f* | **~ar** (33) *vt tecn* verstellen | **~ar-se** *v/r* s. verstellen | s. lockern, locker werden.
desalbardar (33) *vt* absatteln.

desalenar-se (33) *v/r* außer Atem kommen.
desalienar(-se) (33) *vt*(/*r*) (s.) von der Entfremdung befreien.
desalinear(-se) (33) *vt*(/*r*) aus der Linie bringen (kommen).
desallotja|ment *m* Aus-, Ver-treibung *f* | Räumung *f* | **~r** (33) *vt* aus-, ver-treiben | zur Räumung zwingen | *p ext: la policia va ~ el local* die Polizei räumte das Lokal | *el jutge va fer ~ la sala* der Richter ließ den Saal räumen || *vi* ausziehen | *mil* abziehen.
desalterar (33) *vt* beruhigen, besänftigen.
desamarrar (33) *vt* losbinden | (*Taue*) losmachen || *vi nàut* losmachen | **~-se** *v/r* s. los-reißen, -machen.
desamic (-iga *f*) *adj u. s/mf* = **enemic**.
desamor *m*(/*f*) Lieblosigkeit *f*.
desamortitzar (33) *vt dr hist* der toten Hand entziehen.
desanar (33) *vi ant* weggehen, verschwinden | *ant u. Bal* ermatten; matt (*od* schwach) werden | **~-se** *v/r ant: ~ d'alg* od *d'u/c* s. von j-m *od* etw entfernen.
desancorar (33) *vi nàut* den *bzw* die Anker lichten.
des|ànim *m* Mutlosigkeit, Bedrücktheit *f* | **~animació** *f* Unbelebtheit, Menschenleere *f* | **~animador** *adj* entmutigend | **~animar** (33) *vt* entmutigen, mutlos machen | **~animar-se** *v/r* den Mut verlieren *od* sinken lassen | an Schwung verlieren | *no et desanimis!* nur Mut! | **~animat** (**-ada** *f*) *adj* mutlos, entmutigt, bedrückt, niedergeschlagen | (*Ort*) unbelebt; menschenleer.
desapar|egut (**-uda** *f*) *adj* verschwunden | (*Person, Flugzeug, Schiff*) vermißt | *dr* verschollen || *s/mf* Vermißte(r *m*) *m/f* | *euf* Verstorbene(r *m*) *m/f* | **~èixer** (40) *vi* verschwinden | *fig a*. vergehen, s. verlieren | aussterben | *~ del mapa* (*fam*) von der Bildfläche verschwinden | *han desaparegut diners* es ist Geld verschwunden | *va ~ a la guerra* er ist im Krieg vermißt.
desaparellar[1] (33) *vt* (*Zugtier*) abschirren | *nàut* abtakeln.
desaparellar[2] (33) *vt* (*Liebes-, Tier-paar*) trennen | (*Menschen*) *a*. entzweien | = **desparellar** | **~-se** *v/r* s. trennen | s. entzweien | = **desparellar-se**.
desapariar (33) *vt* (*Tierpaar*) trennen | = **desparellar** | **~-se** *v/r* s. trennen | = **desparellar-se**.

desaparició *f* Verschwinden | *dr* Verschollenheit *f*.
desaparionar(-se) (33) *vt(/r)* = **desparellar(-se)**.
desapassionat (**-ada** *f*, **-adament** *adv*) *adj* leidenschaftslos.
desapercebut (**-uda** *f*, **-udament** *adv*) *adj* unbemerkt | *passar* ~ unbemerkt bleiben.
desapiadat (**-ada** *f*, **-adament** *adv*) *adj* = **despietat**.
desaplica|ció *f* Faulheit *f* | **~t** (**-ada** *f*, **-adament** *adv*) *adj* (*Schüler*) faul.
desapoderar (33) *vt dr* (*j-m*) die Bevollmächtigung (*com* Prokura) entziehen.
desaprendre (40) *vt* verlernen.
desaprensiu (**-iva** *f*) *adj* skrupellos, gewissenlos.
desaprofitar (33) *vt* ungenutzt lassen, nicht (aus)nutzen | (*Gelegenheit*) *a.* verpassen, versäumen, s. entgehen lassen.
desapropiar (33) *vt:* ~ *alg d'u/c* j-m den Besitz v. etw entziehen | **~-se** *v/r:* ~ *d'u/c* s. e-r Sache entäußern (*fig* entledigen).
desaprova|ció *f* Mißbilligung *f* | *murmuri de* ~ mißbilligendes Gemurmel *n* | **~r** (33) *vt* mißbilligen.
desapuntar(-se) (33) *vt(/r)* (s.) austragen (*de* aus), wieder abmelden (*de* von).
desar (33) *vt* verwahren | weg-räumen, -packen | weg-legen *bzw* -stellen, -hängen, -schließen | *on deses les joies?* wo verwahrst du den Schmuck? | *aviat podrem* ~ *els abrics* bald werden wir die Mäntel weghängen (*od* verwahren) können | *desa les joguines!* räum das Spielzeug weg! | **~-se** *v/r fam: si tornen a perdre, ja es poden desar od que es desin* wenn sie nochmal verlieren, können sie einpacken.
desarborar (33) *vt nàut* entmasten.
desarenar (33) *vt* entsanden.
desarma|ment *m* Entwaffnung *f* | Abbau *m*, Zerlegung *f* | *mil* Abrüstung *f* | *nàut* Abtakelung *f* | *conferència de* ~ Abrüstungskonferenz *f* | ~ *aranzelari* Zollabbau *m* | **~r** (33) *vt a. fig* entwaffnen | (*Festung, Fechter*) desarmieren | (*Aufgebautes*) abbauen; auseinandernehmen, zerlegen | *nàut* abtakeln || *vi* abrüsten | **~r-se** *v/r* die Waffe(n) (*bzw* die Rüstung) ablegen | auseinander-gehen, -fallen | **~t** (**-ada** *f*) *adj* unbewaffnet.
desarnar (33) *vt* entmotten.
desarraconar (33) *vt* wieder hervorholen.

desarrambar(-se) (33) *vt(/r)* abrücken (*de* von).
desarranjar(-se) (33) *vt(/r)* durcheinander-bringen (-geraten), in Unordnung bringen (geraten).
desarrebossar (33) *vt:* ~ *una paret* den Putz von e-r Wand entfernen.
desarregla|r(-se) (33) *vt(/r)* aus der Regel bringen (kommen) | durcheinanderbringen (geraten), in Unordnung bringen (geraten) | *el vent li va* ~ *el pentinat* der Wind zerzauste ihre Frisur | *se m'ha desarreglat el ventre* ich habe mir den Magen verdorben | **~t** (**-ada** *f*) *adj* ungeregelt; unregelmäßig | ungeordnet; unordentlich | ungepflegt | *tinc el ventre* ~ ich habe e-e Magenverstimmung.
desarregnar (33) *vt* (*Pferd*) abzäumen.
desarregussar(-se) (33) *vt(/r)* = **desarromangar(-se)**.
desarrela|ment *m* Entwurz(e)lung *f* | Ausrottung *f* | **~r** (33) *vt a. fig* entwurzeln | (*Übel, Unsitte*) ausrotten || **~r-se** *v/r* entwurzelt werden | **~t** (**-ada** *f*) *adj* entwurzelt.
desarremangar(-se) *v/t(/r)* = **desarromangar(-se)**.
desarrendar (33) *vt* (*Haus, Land*) nicht weiter (ver)pachten *bzw* (ver)mieten | (*e-m Pächter*) kündigen.
desarreng|ar(-se), **~lar(-se)**, **~lerar(-se)** (33) *vt(/r)* aus der Reihe bringen (treten).
desarrestar (33) *vt* aus der Haft entlassen.
desarrissar (33) *vt* (*Haar*) entkräuseln | **~-se** *v/r* s. glätten, s. aushängen (*Haar, Locken*).
desarromangar (33) *vt* (*Ärmel, Hose*) herunterkrempeln | (*Rock, Kleid*) herunter-streifen, -lassen | **~-se** *v/r* s. herunterkrempeln | herunterrutschen (*Aufgekrempeltes*).
desarrugar(-se) (33) *vt(/r)* (s.) glätten.
desarticula|ció *f* Aus-kugelung, -renkung *f* | Zerlegung *f* | *fig* Auflösung *f*, Zerschlagung *f* | **~r** (33) *vt* (*Knochen*) aus-kugeln, -renken | (*Maschine, Mechanismus*) zerlegen, auseinandernehmen | *fig* (*Gesellschaft, soziale Bindungen*) auflösen, zersetzen; (*Bande, verbotene Partei, Komplott*) zerschlagen | **~r-se** *v/r* s. aus-kugeln, -renken.
desasfaltar (33) *vt* (*Erdöl*) entasphaltieren.
desassenyat (**-ada** *f*, **-adament** *adv*) *adj* unvernünftig, unbesonnen, leichtsinnig.

desassimilació *f biol* Dissimilation *f.*
desassosse|c *m* Unruhe, Ruhelosigkeit *f* | **~gar(-se)** (33) *vt(/r)* (s.) beunruhigen, (s.) aufregen, (s.) ängstigen.
desastr|at (-ada *f) adj ant* = **malastruc** | *Val* schlampig | **~e** *m* Katastrophe *f* | (*schweres*) Unglück *n* | Mißgeschick *n* | Fiasko, Desaster *n*, *umg* Reinfall *m* | els **~s** *de la guerra* die Verheerungen des Krieges | *un ~ ferroviari* e. Eisenbahnunglück | *un ~ econòmic* e-e wirtschaftliche Katastrophe | *els incendis forestals han estat un ~* die Waldbrände waren e-e Katastrophe | *fig fam: el teu fill és un ~* dein Sohn ist e. Reinfall *bzw* e. Nichtsnutz *od* e. Tolpatsch; mit deinem Sohn ist es e. Elend | *quin ~!* so e. Reinfall!; *pop* so e. Mist! | **~ós (-osa** *f*, **-osament** *adv) adj* katastrophal, verheerend | fürchterlich, schrecklich | *umg* elend, jämmerlich.
desaten|ció *f* Unaufmerksamkeit *f* | Unhöflichkeit *f* | **~dre** (40) *vt* vernachlässigen, s. nicht (*um j-n od etw*) kümmern | (*Rat, Bitte*) nicht beachten | **~t** *adj* unaufmerksam | unhöflich.
desatracar (33) *vt nàut* lostäuen ‖ *vi* ablegen, losmachen.
desautoritza|ció *f* Desavouierung *f* | **~r** (33) *vt* desavouieren | nicht anerkennen, in Abrede stellen | für unbefugt erklären.
desavantat|ge *m* Nachteil *m* | **~jós (-osa** *f) adj* unvorteilhaft, nachteilig, ungünstig.
desaveïnar(-se) (33) *vt:* ~ *d'un municipi* (s.) in e-r Gemeinde abmelden.
desavenç *m* Fehlbetrag *m*, Einbuße *f* | **~ar** (33) *vt* (*Geld*) einbüßen.
desavenir-se (40) *v/r* s. entzweien, s. überwerfen (*amb alg* mit j-m).
desavesar(-se) (33) *vt(/r)* = **desacostumar(-se)**.
desavin|ença *f* Uneinigkeit *f* | Zwietracht *f* | Mißhelligkeit, Meinungsverschiedenheit *f* | **~ent** *adj* (*m/f*) abgelegen | **~entesa** *f* Abgelegenheit *f* | **~gut (-uda** *f) adj* = **malavingut**.
desbalbar(-se) (33) *vt(/r)* = **desembalbar(-se)**.
desballesta|ment *m* Beschädigung; Störung *f* | Verschrottung *f*; Abwracken *n* | Unordnung, Verwirrung; Zerrüttung *f* | **~r** (33) *vt* entzwei-, kaputtmachen; (im Betrieb) stören | verschrotten, (*Fahrzeug*) *a.* ausschlachten, (*Schiff*) *a.* abwracken | *fig* durcheinanderbringen, verwirren; zerrütten | **~r-se** *v/r: aquest rellotge s'ha desballestat* diese Uhr geht (*od* funktioniert) nicht mehr richtig | *en Joan s'ha ben desballestat* Hans hat völlig durchgedreht | **~t (-ada** *f) adj* entzwei, kaputt; wackelig; gestört | durcheinander, wirr | zusammenhanglos | haltlos; unausgeglichen.
desbancar (33) *vt* (*Glücksspiel*) (*j-m*) die Bank ab-gewinnen, -nehmen | *fig* (*j-n*) verdrängen.
desbanda|da *f* wilde Flucht, Auflösung *f* | *fugir a la* **~** auseinander-stieben, -fliehen; *mil a.* e-n ungeordneten Rückzug antreten | **~r-se** *v/r* (33) s. auflösen, auseinander-stieben, -fliehen.
desbarat *m ant* = **desfeta, derrota** | *reg* = **disbarat** | **~ament** *m: el ~ de la revolució* die Vereitelung der Revolution | ~ *de ventre* Magenverstimmung *f* | **~ar** (33) *vt* durcheinanderbringen | *bes* (*Pläne*) umstoßen, durchkreuzen, vereiteln, zunichte machen | (*Organe*) schädigen, verderben | *mil* in die Flucht schlagen | **~ar-se** *v/r: els nostres plans van ~* unsere Pläne wurden umgestoßen | *se m'ha desbaratat el ventre* ich habe mir den Magen verdorben | *t'has ben debaratat* du bist völlig verlottert | **~at (-ada** *f) adj* unordentlich, wirr | ausschweifend, zügellos.
desbarba|r (33) *vt agr* (*Getreide*) entgrannen | *gràf* beschneiden | *met* ab-, entgraten | **~t (-ada** *f) adj* bartlos | (*Ähren*) grannenlos.
desbarrar[1] (33) *vt* aufsperren.
desbarrar[2]**(-se**) (33) *vt*(*/r*) (*j-m*) (s.) den Unterkiefer ausrenken.
desbarrar[3] (33) *vi* schwafeln, Unsinn reden.
desbast *m* Rohbearbeitung *f* | **~ar**[1] (33) *vt* roh bearbeiten | grob behauen | *met* abschroten | **~ar**[2] (33) *vt* = **desalbardar**.
desblo|car, ~quejar (33) *vt* (wieder) frei machen | *a. econ* freigeben | *ferroc* entblocken.
desboca|ment *m* (*Pferd*) Durchgehen *n* | Zügellosigkeit *f* | **~r-se** (33) *v/r* durchgehen, scheuen, scheu werden (*Pferd*) | *fig* ausfällig werden; loslegen | **~t (-ada** *f*, **-adament** *adv) adj* zügellos.

desbolcar (33) *vt* (*Säugling*) auswickeln.
desborda|ment *m* Übertreten *n*, Ausuferung *f* | *fig: un ~ d'entusiasme* e. Überschwang der Begeisterung | **~s** *de la fantasia* Ausschweifungen der Phantasie | **~nt** (*m/f*) über-quellend, -schäumend | *estar ~ de salut* (*d'energia*) vor Gesundheit (Energie) strotzen | **~r** (33) *vt* (*Ufer, Damm*) überfluten | (*Absperrung, Verteidigungslinien*) durchbrechen; *mil a.* überflügeln; *esport* überlaufen | *fig* über-steigen, -schreiten, hinausgehen über (*ac*) | *aquesta feina em desborda* diese Arbeit wächst mir über den Kopf || *vi* = **~r-se** (*Gewässer*) | *fig: el carrer desbordava de gent* die Straße wimmelte von Leuten | *~ de passió* vor Leidenschaft über-fließen, -schäumen, -quellen | *~ de salut* (*vitalitat*) vor Gesundheit (Lebenskraft) strotzen | **~r-se** *v/r* übertreten, über die Ufer treten, *lit* ausufern | *fig* unbändig (*od* überschwenglich) werden.
desborrar (33) *vt tèxt* (*Karde*) reinigen.
desbosca|r(-se) (33) *vt*(*/r*) (s.) entwalden | **~ssar** (33) *vt* (*Unterholz*) abholzen | **~t** (-ada) *f*) *adj* entwaldet | unbewaldet.
desbotar (33) *vi* s. entladen | losplatzen, s. Luft machen.
desbotonar (33) *vt* aufknöpfen.
desbrancar (33) *vt* = *esbrancar*.
desbrescar (33) *vt* zeideln.
desbridar (33) *vt* = *desembridar*.
desbrollar (33) *vt* = *esbrollar*.
desbrossar (33) *vt* = *esbrossar*.
desca *f* flacher Korb *m*.
descabalar (33) *vt* (*j-n*) um sein Vermögen bringen | **~-se** *v/r* sein Vermögen verlieren.
descabdell *m Bal* Unordnung; Verwirrung *f* | **~ament** *m* Abwick(e)lung *f* | *fig a.* Entwicklung; Entfaltung *f* | **~ar** (33) *vt* abwickeln | *fig* (*Thema*) entwickeln; entfalten | *ant* (*bes Truppe*) in Unordnung bringen | **~ar-se** *v/r* s. ab-wickeln, -rollen | *fig a.* s. abspielen, s. entfalten; s. ausbreiten | *ant* in Unordnung geraten.
descabestrat (-ada) *f*) *adj* abgehalftert, ohne Halfter | *fig* leichtsinnig, kopflos.
descafeïna|r (33) *vt* entkoffeinieren | **~t** (-ada) *f*) *adj* koffeinfrei | *fig* gehaltlos.
descalç *adj* barfuß (*nur prädikativ*), barfüßig | unbeschuht | *catol: frare ~* Barfüßer(mönch) *m* | *carmelites ~os* unbeschuhte Karmeliten *m pl* | *a peu ~* mit bloßen (*od* nackten) Füßen | **~ar** (33) *vt* (*j-m*) die Schuhe (*bzw* die Strümpfe *od* Schuhe u. Strümpfe) ausziehen | (*Schuh, Strumpf*) ausziehen (*a alg* j-m) | (*Baum, Zahn*) bloßlegen; (*Mauer*) *a.* unterspülen (*Wasser*) | **~ar-se** *v/r* (a. *~ les sabates*) s. die Schuhe ausziehen.
descalcifica|ció *f* Entkalkung *f* | *med a.* Kalkverlust *m* | **~r** (33) *vt* entkalken | **~r-se** *v/r* entkalkt werden | Kalk verlieren.
descamació *f med* Abschuppung *f* | *geol* Desquamation *f*.
descaminar (33) *vt* fehlleiten, irreführen | **~-se** *v/r* s. verirren, s. verlaufen, vom Weg(e) abkommen, fehlgehen.
descamisat (-ada) *f*) *adj: anar ~* schlotterig herumlaufen || *s/mf* Habenichts *m* | *bes polít* Sansculotte *m/f*.
descans *m* Ruhe; Entspannung; Erholung; Erleichterung *f* | Rast; Ruhepause; *estud teat* Pause; *esport* Halbzeit *f* | *mil* Rühren *n* | Stütze *f*; Ständer *m*; Unterlage *f*; *s: suport* | *~ etern* ewige Ruhe | *fer un ~ d'una hora* e-e Stunde Pause machen | *agafar uns dies de ~* e. paar Tage Urlaub nehmen | *és un ~, (de) saber-ho!* es erleichtert mich, es zu wissen! | *sense ~* ohne Rast u. Ruh; rastlos | *mil: ~!* rührt euch!; rühren Sie! | **~ador** *m* Ruheplatz *m* | **~ar** (33) *vi a. fig* ruhen | (s.) ausruhen | rasten; Pause machen | *en aquest llit s'hi descansa bé* in diesem Bett ruht es s. gut | *has de ~ més* du mußt mehr ausruhen | *no vols ~ una estona?* willst du dich nicht e-e Weile ausruhen? | *podem ~ aquí* hier können wir rasten | *bona nit i ~ de gust!* gute Nacht u. angenehme Ruhe! | *que descansis (bé)!* schlaf gut! | *descansi en pau!* er ruhe in Frieden! | *el meu pare que en pau descansi...* mein seliger Vater... *od* mein Vater selig... | *deixar ~ la terra* den Boden ruhen (*od* brachliegen) lassen | *~ en alg* s. auf j-n stützen | *el monument descansa en* (*od sobre*) *un sòcol* das Denkmal ruht (*od* steht) auf e-m Sockel || *vt* (*Glied, Augen*) ausruhen | (*j-m*) entlasten; (*j-m*) helfen | **~at** (-ada *f*, -adament *adv*) *adj* ausgeruht, beruhigt, unbesorgt | (*Leben*) gemächlich, geruhsam | (*Arbeit*) mühelos, bequem.

descantellar(-se) (33) *vt*(/*r*) = **escantellar (-se)** ‖ *vi*(/*r*) s-e Zunge nicht im Zaum halten.
descanviar (33) *vt* = **(bes)canviar** | *bes* (*Geld*) umwechseln.
descapitalització *f econ* Kapital-, Substanz-verlust *m*.
descapota|ble *adj* (*m/f*) *aut* mit zurückklappbarem Verdeck ‖ *s/m* Kabriolett *n* | **~r** (33) *vt* das Verdeck (*e-s Wagens*) zurückklappen.
descara|dura *f* Unverschämtheit, Frechheit *f* | **~r-se** (33) *v/r* frech (*od* unverschämt) werden | ~ *amb alg* frech zu j-m werden | **~t** (**-ada** *f*, **-adament** *adv*) *adj* frech, unverschämt.
descarbonitza|ció *f* Entkohlung, Dekarbonisierung *f* | **~r** (33) *vt* entkohlen, dekarbonisieren.
descargola|dor *m* Schraubenzieher *m* | **~r** (33) *vt* ab-, auf-, aus-, los-schrauben | aufdrehen, lockern | (*Zusammengerolltes*) auseinanderrollen | (*Locken*) auflösen | **~r-se** s. lösen; s. lockern | *s.* auseinanderrollen | s. aushängen (*Locken*).
descarna|dament *adv* unverhohlen, ohne Umschweife | **~ment** *m* Entfleischung *f* | Abmagerung, Magerkeit *f* | **~r** (33) *vt* entfleischen | auszehren, mager machen | (*Boden*) auswaschen | **~r-se** *v/r* abmagern, ausgezehrt werden | **~t** (**-ada** *f*) *adj* entfleischt, fleischlos | *p ext* ausgezehrt, abgemagert | *fig* kahl, schmucklos, knapp; sachlich, nüchtern | *està tot ~* er ist nichts als Haut u. Knochen.
des|càrrec *m bes dr* Entlastung *f* | *testimoni de ~* Entlastungszeuge *m* | *en ~ de l'acusat* zur Entlastung des Angeklagten | *per* (*od en*) *~ de la consciència* zur Entlastung (*od* Erleichterung) des Gewissens | **~càrrega** *f* Ab-, Aus-, Ent-laden *n* | *a. elect* Entladung *f* | *nàut* Löschen *n*, Löschung *f* | *arquit* Entlastung *f* | *mil* Salve *f*; Feuer *n* | (*Waffe*) Entladung *f*; Abfeuern *n* | *arc de ~* Entlastungsbogen *m* | **~carregador**[1] *m* Ab-, Aus-lader *m* | *nàut* Schauermann *m* | *elect* Ableiter, Entlader *m* | *els ~s del moll* die Schauerleute *pl* | **~carregador**[2] *m* Ab-, Aus-ladeplatz *m* | *nàut* Löschplatz *m* | **~carregar** (33) *vt* (*Waren, Lasten, Wagen*) ausladen, (*a. Lasttier*) abladen | (*Schiff, Wagen, Waffe*) entladen | (*Fracht*) löschen | (*Waffe*) *a.* abfeuern | *elect* entladen | *arquit dr fig* entlasten | *~ la consciència* sein Gewissen entlasten *od* erleichtern | *~ el cor* sein Herz ausschütten | *~ el ventre* s-e Notdurft verrichten | *~ un cop a alg* j-m e-n Schlag versetzen | *~ la responsabilitat en alg* die Verantwortung auf j-n abladen *od* abwälzen | *~ la ira en alg* s-n Zorn an j-m auslassen | *~ alg d'u/c* j-n von etw entlasten ‖ *vi* s. entladen (*Gewitter*) | niederprasseln (*Regen, Hagel*) | *els núvols van ~* die Wolken regneten s. ab | **~carregar-se** *v/r* s. entladen (*Batterie*) | losgehen (*Waffe*) | s. entwölken (*Himmel*) | s. bessern (*Kranker*) | *dr* s. entlasten | *fig* s. erleichtern; s. aussprechen (*amb alg* bei *od* mit j-m) | *~ un sac de l'esquena* s. e-n Sack vom Rücken laden | *~ d'una obligació* s. von einer Verpflichtung befreien | **~carregat** (**-ada**) *adj* (*Fahrzeug*) unbeladen | (*Waffe, Batterie*) ungeladen.
descarrerar(-se) (33) *vt*(/*r*) *ant* = **desencaminar(-se)**.
descarrila|ment *m ferroc* Entgleisung *f* | **~r** (33) *vi* entgleisen.
descart *m* (*Kartenspiel*) Ab-legen, -werfen *n* | **~ar** (33) *vt* außer Betracht lassen | aus-schalten, -schließen | **~ar-se** *v/r* Karten ablegen *od* abwerfen | *~ de l'as* das As abwerfen.
descartelització *f econ* Dekartellisierung *f*.
descasa|ment *m* (Ehe)Scheidung *f* | **~r** (33) *vt* (*Ehepaar, Verheiratete*) scheiden | **~r-se** *v/r* s. scheiden lassen.
descasta|r (33) *vt* (*Tierart*) ausrotten | **~t** (**-ada** *f*) *adj* entartet, aus der Art geschlagen.
descatalanitzar (33) *vt* entkatalanisieren | **~-se** (*v/r*) entkatalanisiert werden.
descavalca|dor *m* = **cavalcador**[2] | **~r** (33) *vi* (vom Pferd) absitzen ‖ *vt* (vom Pferd) absitzen lassen | abwerfen (*Pferd*) | aus dem Sattel werfen.
descelera|ció *f* Verlangsamung *f* | *fís* negative Beschleunigung *f* | **~r** (33) *vt* verlangsamen ‖ *vi* die Geschwindigkeit herabsetzen, *aut* Gas wegnehmen | **~r-se** *v/r* s. verlangsamen | langsamer werden (*Fahrzeug*).
descen|dència *f* Nachkommenschaft *f* | (*Genealogie*) Deszendenz *f* | **~dent** *adj* (*m/f*) absteigend | (ab)fallend | *~ d'alg* von j-m abstammend | *línia ~*

absteigende Linie *f* | *astr:* signe ~ Deszendent *m* ‖ *s/m/f* Ab-, Nachkomme, Ab-, Nachkömmling, Deszendent(in *f*) *m* | els ~s die Ab-, Nachkommen *m pl* | **~diment** *m ecl:* el ~ de la Creu die Kreuzabnahme *f* | **~dir** (37) *vi* herab-, hinab-, ab-steigen herab-, hinab-gehen, -kommen, -fahren, -führen | (ab)sinken, (ab)fallen, *fig a.* nachlassen, abnehmen | (*a.* ~ de categoria) in e-e niedrigere Rangstufe versetzt werden; *esport* absteigen | (*Skisport*) abfahren | *aeron* niedergehen | *astr* deszendieren, untergehen | *s:* baixar | ~ als detalls auf Einzelheiten eingehen | ~ *a fer u/c* s. dazu herablassen, etw zu tun | ~ *d'alg* von j-m abstammen | **~s** *m* Herab-, Hinab-steigen, -gehen, -fahren *n* | (*a. Bergsport*) Abstieg *m* | (*Ski*) Abfahrt *f* | *aeron* Anflug *m* (*zur Landung*) | *adm* Degradierung, niedrigere Einstufung *f* | ~ en paracaiguda Fallschirmabsprung *m* | ~ als inferns (*mit*) Höllenfahrt *f* | *fig:* ~ dels preus (*de les temperatures, de la natalitat*) Preis-(Temperatur-, Geburten-)rückgang *m* | un equip en perill de ~ e-e abstiegsgefährdete Mannschaft | **~sió** *f astr* Deszendenz *f*, Untergang *m*.

descentralitza|ció *f* Dezentralisierung, Dezentralisation *f* | **~dor** *adj* Dezentralisierungs... | **~r** (33) *vt* dezentralisieren.

descentra|r (33) *vt* (vom Mittelpunkt) verrücken, verschieben | verstellen | *òpt* dezentrieren | *fig* verstören | **~r-se** *v/r* s. verschieben | *fig* verstört werden | **~t** (**-ada**) *f*) *adj* vom Mittelpunkt abweichend | *tecn* verschoben | *fig* verstört.

descenyir(-se) (37) *vt*(/r) (s.) ab-, los-gürten, -schnallen.

desclassa|ment *m* Deklassierung *f* | **~r** (33) *vt sociol* deklassieren | **~r-se** *v/r* deklassiert werden.

desclava|dor *m tecn* Geißfuß *m*, Nageleisen *n* | **~r** (33) *vt* losnageln | (*Nägel*) (her)ausziehen | **~r-se** *v/r* s. lösen (*Nagel, Genageltes*) | ~ una espina s. e-n Dorn ausziehen.

descl|osa *f* Aufgehen *n* | *bot* Aufbrechen *n* | *zool* Ausschlupf *m* | *fig* Anbruch *m* | **~oure** (40) *vt* öffnen, aufmachen | **~oure's** *v/r* s. öffnen, aufgehen | *bot* auf-brechen, -springen | *fig* anbrechen | **~ucar** (33) *vt* (*die Augen*) öffnen, aufmachen.

descob|ert *adj* unbedeckt | (*Körperteil*) *a.* bloß, blank | (*Haus, Stellung, Scheck*) ungedeckt | (*Gelände, Fahrzeug*) offen | a cara ~a (*fig*) un-verhüllt, -verhohlen | anar (*amb el cap*) ~ k-e Kopfbedeckung tragen, barhäuptig (*od* mit bloßem Kopf) gehen | *s/m* (Konto-) Überziehung *f* | tenir un ~ de mil pessetes sein Konto um tausend Peseten überzogen haben | al ~ ohne Bedeckung *bzw* Dach; unter freiem Himmel; (*Bergbau*) über Tage; *a. fig* zutage; *econ* (*a.* en ~) ohne Deckung, ungedeckt | en ~ (*mil*) ohne Deckung, ungedeckt | estic al (od en) ~ od el meu compte està al (od en) ~ mein Konto ist überzogen | **~erta** *f* Entdeckung *f* | mil Erkundung *f* | **~ertament** *adv* un-verhüllt, -verhohlen | **~ridor(a** *f*) *m* Entdecker(in *f*) *m* | **~riment** *m* Aufdeckung *f* | Enthüllung *f* | Entdeckung *f* | el ~ d'Amèrica die Entdeckung Amerikas | **~rir** (37) *vt* (*Bedecktes, Spielkarte, Geheimnis, Komplott, Skandal*) aufdecken | (*Dach*) abdecken | (*Körperteil*) entblößen | (*Denkmal, Geheimnis, Plan*) enthüllen | (*bes Neues; Verborgenes; Fehler; Täter, Tat*) entdecken | *a.* herausfinden, ausfindig machen; erblicken; gewahren; bemerken, feststellen; offenbaren, enthüllen | (*j-n*) bloßstellen, (*j-n od etw*) verraten | **~rir-se** *v/r* den Hut (*od* die Kopfbedeckung) abnehmen | *fig:* al capdavall tot es descobrirà am Ende wird alles herauskommen | el culpable va ~ der Schuldige verriet sich.

descodifica|ció *f* Dekodierung *f* | **~r** (33) *vt* dekodieren.

descofat (-ada) *adj lit* barhäuptig.

descolgar (33) *vt* ausgraben | aufdecken; bloß-, frei-legen | **~-se** *v/r:* ~ del llit (*reg*) vom Bett aufstehen.

descollar (33) *vt* (*Gewinde*) auf-drehen, -schrauben | (*Deckel*) abschrauben | (*Tier*) abschirren | (*Zusammengefügtes*) lösen | **~-se** *v/r* s. losschrauben | s. lösen.

descolonitza|ció *f* Dekolonisation, De-, Ent-kolonisierung *f* | **~r** (33) *vt* de-, ent-kolonisieren.

descolor|ació *f* = **~iment** | **~ant** *adj* (*m/f*) entfärbend | bleichend ‖ *s/m* Entfärber *m* | Bleichmittel *n* | **~ar(-se)** (33) *vt*(/r) = **~ir(-se)** | **~iment** *m* Entfärbung *f* | *fig* Farblo-

descomandar sigkeit *f* | **~ir** (37) *vt* entfärben | blaß machen | (aus)bleichen | **~ir-se** *v/r* s. entfärben | blaß werden, verblassen | aus-, ver-bleichen.
descomandar (33) *vt com* abbestellen.
descompartir (37) *vt* (*Menschen, Tiere, bes Streitende*) trennen | **~-se** s. trennen.
descompassar(-se) (33) *vt*(*/r*) *a. fig* aus dem Takt bringen (kommen *od* geraten).
descompensa|ció *f med* Dekompensation *f* | **~r(-se)** (33) *vt*(*/r*) unausgeglichen machen (werden).
descomplaure (40) *vt* (*j-m*) mißfallen | (*j-m*) unangenehm sein.
descompo|ndre (40) *vt a. fís* zerlegen | *quím* zersetzen, auflösen; aufspalten; abbauen | *cient a.* dekomponieren | verfaulen (*Leiche* verwesen) lassen | *fig* (*j-n*) aus der Fassung bringen | (*Gesicht*) entstellen, verzerren | **~ndre's** *v/r* zerlegt werden | s. zersetzen, s. auflösen | verfaulen, verwesen | außer Fassung geraten, aufgelöst werden | entstellt werden, s. verzerren | **~nible** *adj* (*m/f*) zerlegbar | zersetzbar | **~sició** *f* Zerlegung *f* | Zersetzung, Auflösung; Aufspaltung *f*; Abbau *m* | Dekomposition *f* | Verfaulen *n*; Auflösung, Verwesung *f* | *med* (*a.* ~ *de ventre od intestinal*) Diarrhö(e) *f* | *fig* Auflösung, Fassungslosigkeit *f* | (*Züge*) Verzerrung *f* | (*Gesellschaft*) Zerfall *m* | **~st** *adj fig* aufgelöst, fassungslos | (*Gesicht*) verzerrt, entstellt.
descompr|essió *f tecn med* Dekompression *f* | *cambra de* ~ Dekompressionskammer *f* | **~essor** *m* Dekompressionsvorrichtung *f* | **~imir** (37) *vt* dekomprimieren, e-r Dekompression unterziehen.
descompt|ar (33) *vt* abrechnen, abziehen (*de* von) | *com* nachlassen | *banc* diskontieren | *fig: ja ho descomptàvem, que no vindrien* wir rechneten schon damit, daß sie nicht kommen würden | **~ar-se** *v/r* s. verrechnen | **~at** (*-ada f*) *pp/adj: per* ~(!) selbstverständlich(!) | *donar per* ~ für selbstverständlich (*bzw* sicher) halten | **~e** *m* Abzug *m* | (*Preis*)Nachlaß, Rabatt *m*, Skonto *m/n*, *umg* Prozente *pl* | *banc* Diskont(ierung *f*) *m*.
desconcentra|ció *f* Dekonzentration *f* | Entflechtung *f* | *fig* Unkonzentriertheit *f* | **~r** (33) *vt* dekonzentrieren, *econ a.* entflechten | *fig* zerstreuen, ablenken | **~r-se** *v/r* die Konzentration verlieren, abgelenkt (*od* unkonzentriert) werden.
desconceptuar(-se) (33) *vt*(*/r*) = **desacreditar(-se)**.
desconcert *m* Durcheinander *n*, Wirrwarr *m* | Verwirrung *f* | Fassungslosigkeit; Verlegenheit; Befremdung; Verblüffung *f* | **~ador** *adj*, **~ant** *adj* (*m/f*) verwirrend | befremdend; verblüffend | (*Person*) unberechenbar | **~ar** (33) *vt* verwirren, durcheinanderbringen | *fig a.* aus der Fassung bringen; verlegen machen; befremden; verblüffen | **~ar-se** *v/r* in Verwirrung (*bzw* außer Fassung) geraten | **~at** (*-ada f*) *adj* verwirrt, durcheinander | fassungslos; verlegen; befremdet; verblüfft.
desconcòrdia *f* Uneinigkeit, Zwietracht *f*.
descon|egut (*-uda f*) *adj* unbekannt | *estar* ~ unkenntlich sein, nicht wiederzuerkennen sein | *s/mf* Unbekannte(r *m*) *m/f* | **~eixedor** *adj* unkundig (*de* gen) | nicht informiert (über *ac*) | **~eixement** *m* Unkenntnis, Unwissenheit *f* | **~eixença** *f* = **~eixement** | *ant* Undankbarkeit *f* | **~eixent**(**ment** *adv*) *adj* (*m/f*) *ant* undankbar | **~èixer** (40) *vt* (*etw*) nicht kennen; nicht wissen | (*etw*) verkennen | (*j-n od etw*) nicht wiedererkennen | *ant* nicht anerkennen.
desconfi|ança *f* Mißtrauen *n* | *lit* Argwohn *m* | *la meva* ~ *envers ell* mein Mißtrauen gegen ihn | **~ar** (33) *vi* mißtrauen (*d'alg od d'u/c* j-m *od* e-r Sache) | **~at** (*-ada f*, *-adament adv*) *adj* mißtrauisch | *lit* argwöhnisch.
descongela|ció *f* Auf-, Ab-tauen *n* | Entfrostung *f* | Enteisung *f* | **~dor** *m* De-, Ent-froster *m* | *aeron* Enteisung *f* | **~r** (33) *vt* (*Lebensmittel*) auftauen | (*Kühlschrank*) abtauen; *aut a.* entfrosten | *aeron* enteisen.
descongesti|ó *f* Entlastung *f* | Auflockerung; *geog* Entballung *f* | *med* Dekongestion *f* | **~onar** (33) *vt* (*Verkehr*) entlasten | (*Gedränge*) auflockern | (*Organ*) abschwellen lassen | **~onar-se** *v/r: pel juny Barcelona ja començà a* ~ im Juni wird Barcelona schon leerer.
desconhort|(**ament**) *m lit* = **desconsol** | **~ar(-se)** (33) *vt*(*/r*) *lit* = **desconsolar(-se)**.
desconjunta|ment *m* Aus-, Ver-renkung *f* | Auseinandernehmen *n* | Auseinan-

der-gehen, -fallen *n* | **~r** (33) *vt* (*Knochen*) aus-, ver-renken | (*Gefüge*) auseinandernehmen, lockern | **~r-se** *v/r*: ~ *la mà* s. die Hand verstauchen.
desconne|ctar (33) *vt* (*Leitungen, Kabel*) trennen | (*Gerät*) ab-, aus-schalten | (*Strom, Gas, Wasser*) abstellen | *els ~an el telèfon* man wird ihnen das Telefon abstellen || *vi iròn* abschalten | **~xió** *f* Trennung *f* | Ab-, Aus-schaltung *f* | Abstellung *f*.
desconsellar (33) *vt* = **desaconsellar**.
desconsidera|ció *f* Geringschätzung *f* | Rücksichtslosigkeit *f* | **~r** (33) *vt* geringschätzen | **~t** (**-ada** *f*) *adj* rücksichtslos.
desconsol *m* tiefe Betrübnis, Trostlosigkeit *f* | **~ador** *adj* betrüblich | **~ar(-se)** (33) *vt*(*/r*) (s.) tief betrüben | **~at** (**-ada** *f*, **-adament** *adv*) *adj* trostlos, untröstlich | tief betrübt.
descontamina|ció *f* Entseuchung, Dekontamination *f* | (*Umwelt*)Reinigung *f* | **~r** (33) *vt* entseuchen, dekontaminieren | (*Umwelt*) reinigen.
descontent *adj* unzufrieden (*de* mit) | **~ació** *f*, **~ament** *m* Unzufriedenheit *f* (*amb* mit) | **~ar** (33) *vt* unzufrieden machen | (*j-m*) mißfallen.
descontrol *m* Unkontrolliertheit *f* | Kontrollmangel *m* | **~ar-se** (33) *v/r* außer Kontrolle geraten | die (Selbst)Kontrolle verlieren.
desconvidar (33) *vt* (*Eingeladene*) ausladen.
desconvocar (33) *vt* (*Veranstaltung*) absagen, *umg* abblasen.
descoratja|dor *adj* entmutigend | **~ment** *m* Entmutigung *f* | Mutlosigkeit, Verzagtheit *f* | **~r** (33) *vt* entmutigen, mutlos machen | **~r-se** *v/r* den Mut verlieren, *lit* verzagen | **~t** (**-ada** *f*) *adj* mutlos, entmutigt, *lit* verzagt.
descorda|r (33) *vt* (*Kleidung, Verschluß*) öffnen, aufmachen | (*Zugeknöpftes, Knöpfe*) *a.* aufknöpfen | (*Zugeschnürtes, Schnur*) *a.* auf-schnüren, -binden | (*Zugeschnalltes, Schnalle*) *a.* aufschnallen | (*Zugehaktes, Haken*) aufhaken | **~r-se** *v/r*: ~ *la camisa* (s. *dat*) das Hemd aufknöpfen | *la bragueta se t'ha descordat* dein Hosenschlitz ist aufgegangen | *fig: quan es descorden, diuen molts disbarats* wenn sie s. gehenlassen, reden sie viel Unsinn | **~t** (**-ada** *f*) *adj fig* unbeherrscht, zügellos | (*Le-*

ben) locker | (*Benehmen, Sprache*) salopp.
descoronar (33) *vt* entthronen.
descórrer (40) *vt* (*Vorhang*) auf-, weg-ziehen | (*Riegel*) zurückschieben.
descort|ès (**-esa** *f*, **-esament** *adv*) *adj* unhöflich | **~esia** *f* Unhöflichkeit *f*.
descosi|r (40) *vt* (*Naht, Genähtes*) auftrennen | (*An-, Fest-genähtes*) ab-, heraus-trennen | (*Heftklammern*) entfernen | **~r-se** *v/r* aufgehen; aufreißen | **~t** (**-ida** *f*) *adj fig* unzusammenhängend | *a la descosida* (*loc adv*) ungehemmt, zügellos || *s/m* offene Naht *f* | *fig: parlar pels descosits* wie e. Wasserfall reden.
descotxar(-se) (33) *vt*(*/r*) (s.) aufdecken (*im Bett*).
descovar-se (33) *v/r* nicht mehr brüten, das Gelege verlassen (*Henne*).
descr|èdit *m* Mißkredit *m* | Verruf *m* | **~eença** *f ant* Unglaube *m* | **~egut** (**-uda** *f*) *adj* ungläubig || *s/mf* Ungläubige(r *m*) *m/f* | **~eient** *adj* (*m/f*) *u. s/m/f ant* = **~egut** | **~eure** (40) *vt ant* nicht glauben (wollen) || *vi* nicht mehr glauben (*en alg od u/c* an j-n *od* etw).
descrema|r (33) *vt* (*Milch*) entrahmen | **~t** (**-ada** *f*) *adj* entrahmt | *llet descremada* Magermilch *f*.
descrip|ció *f* Beschreibung *f* | Schilderung *f* | *bes cient* Deskription *f* | **~tible** *adj* (*m/f*) beschreibbar | **~tiu** (**-iva** *f*) *adj* beschreibend | *bes cient* deskriptiv | *geometria descriptiva* darstellende Geometrie *f* | **~tor(a** *f*) *m* Beschreiber(in *f*) *m* || *s/m* (*EDV*) Deskriptor *m*.
descristianitzar(-se) (33) *vt*(*/r*) (s.) entchristianisieren.
descriure (40) *vt a. mat* beschreiben, schildern | (*Linie, Kreis*) *a.* ziehen | *cient a.* deskribieren.
descrostar (33) *vt* entkrusten | **~-se** *v/r: la paret es descrosta* die Wand blättert ab.
descruar (33) *vt tèxt* abkochen, ablaugen | ansieden.
descuca|dora *f agr* Raupen-beutel, -säckchen *n* | **~r** (33) *vt* (*Pflanzen*) abraupen.
descui|dar-se (33) *v/r: no et descuidis de posar el despertador!* vergiß nicht, den Wecker zu stellen! | *m'he descuidat les claus* ich habe die Schlüssel liegenlassen *od* vergessen | *si em descuido, m'a-*

tropellen es fehlte nicht viel, und ich wäre überfahren worden | ~**dat** (**-ada** *f*) *adj* ahnungslos | vergeßlich | nachlässig, unsorgfältig | ~**t** *m* Vergeßlichkeit *f* | Versehen *n* | *per* ~ aus Versehen.

descular(-se) (33) *vt*(/*r*) = **desfonar(-se)**.

descur|ança *f* Nachlässigkeit, Sorglosigkeit, Vernachlässigung *f* | ~**ar** (33) *vt* (*etw*) vernachlässigen, unsorgfältig behandeln | ~**at** (**-ada** *f*) *pp*/*adj*: *un treball* ~ e-e nachlässige *od* liederliche Arbeit | ~**ós** (**-osa** *f*, **-osament** *adv*) *adj* (*Personen*) nachlässig, unsorgfältig, liederlich.

desdaurar (33) *vt* die Vergoldung (*von etw*) entfernen | *fig* (*etw*) schmälern.

desdebanar (33) *vt* ab-rollen, -wickeln | (*Garn*) abhaspeln.

desdejun|ar-se (33) *v*/*r* frühstücken, das erste Frühstück einnehmen | ~**i** *m* erstes Frühstück *n* | *s*: **esmorzar**.

desdent|at (**-ada** *f*) *adj* = **esdentegat** ‖ *s*/*m pl zool* Zahnarme *m pl* | ~**egat** (**-ada** *f*) = **esdentegat**.

desdeny *m* Geringschätzung *f* | Mißachtung *f* | *s*: **menyspreu** | ~**ar** (33) *vt* geringschätzen | mißachten, verachten, verschmähen | ~**ar-se** *v*/*r*: *no em desdenyo pas de fer-ho* ich schäme mich nicht, es zu tun | ~**ós** (**-osa** *f*, **-osament** *adv*) *adj* geringschätzig | mißachtend, verächtlich | *p ext* hochmütig.

desdibuixa|r (33) *vt* undeutlich machen | ~**r-se** *v*/*r* verschwimmen; verschwommen *od* unklar werden | ~**t** (**-ada** *f*) *adj* undeutlich, verschwommen.

desdinerar (33) *vt* (j-n) ohne e-n Pfennig lassen | ~**-se** *v*/*r* sein ganzes Geld ausgeben | *s*. veraugaben.

desdir (40) *vi* nicht passen (*de* zu *dat*), nicht entsprechen (*dat*), unwürdig sein (*gen*) | nachgeben, nicht standhalten | *a* ~ in Hülle u. Fülle | *això desdiu d'ell* das gehört s. nicht für ihn | *aquesta novel·la no desdiu de les altres* dieser Roman ist den anderen ebenbürtig | ~**-se** *v*/*r*: ~ *d' u*/*c* etw widerrufen *od* zurücknehmen.

desdobl|ament *m*: ~ *de la personalitat* (*psic*) Persönlichkeitsspaltung *f* | ~ *sil·làbic* (*ling*) Silbenverschmelzung, Haplologie *f* | ~**ar** (33) *vt* (*Doppeltes*) vereinen, einfach machen | (*e. Ganzes*) zweiteilen, halbieren | *psic* spalten | *quím* zersetzen, aufspalten | ~**ar-se** *v*/*r* *s*. spalten *od* zerlegen | ~**egar(-se)** (33) *vt*(/*r*) (*s*.) entfalten (*s*.) glätten.

desdonar (33) *vt* (*Gegebenes*) wieder wegnehmen, zurücknehmen.

desè (**-ena** *f*) (30) *num* (*zG s*: **vuitè**) zehnte(r, -s); zehntel ‖ *s*/*m hist* = **delme** ‖ *s*: **desena**.

deseixi|da *f* = ~**ment** | *ant* Ausgang *m*, Ende *n* | ~**ment** *m* Gewandtheit *f* | Ungeniertheit, Unbefangenheit *f* | *ant* Auf-, Los-sagung *f* | ~**r** (40) *vt ant* = **desposseir** | ~**r-se** *v*/*r*: ~ *d'u*/*c s*. e-r Sache entäußern | *fig*: ~ *d'una comesa* (*d'un compromís*) *s*. e-s Auftrags (e-r Verpflichtung) entledigen | ~ *d'un afer* (*d'una dificultat*) *s*. aus e-r Affäre (Schwierigkeit) herauswinden | *ant*: ~ *d'alg s*. von j-m lossagen | ~ *de l'amistat* (*de l'amor*) *d'alg* j-m die Freundschaft (Liebe) aufsagen | ~**t** (**-ida** *f*) *adj* gewandt | ungeniert, unbefangen.

desembafar (33) *vt*: *aquest licor desembafa* dieser Likör behebt das Völlegefühl | ~**-se** *v*/*r* nicht mehr übersättigt sein | *fig s*. nicht mehr angewidert fühlen.

desembala|r (33) *vt* auspacken | ~**tge** *m* Auspacken *n*.

desembalb|ar(-se) (33), ~**ir(-se)** (37) *vt*(/*r*): *ja se m'han desembalbat* (*od desembalbit*) *les mans* meine Hände haben wieder Gefühl bekommen.

desembar|às *m* Entlastung; Erleichterung *f* | Abstellraum *m* | Flinkheit *f* | Ungeniertheit, Unbefangenheit *f* | *la Núria és un* ~ *per a mi* Núria ist e-e Entlastung für mich | ~**assar** (33) *vt* frei machen (*de* von) | ~**assar-se** *v*/*r*: ~ *d'alg od d'u*/*c* j-n *od* etw loswerden | ~**assat** (**-ada** *f*, ~**adament** *adv*) *adj* frei, geräumt | flink | ungeniert, unbefangen.

desembarca|da *f* = ~**ment** | ~**dor** *m* Landungsplatz *m* | Landungsbrücke *f* | ~**ment** *m* Ausschiffung *f* | Landung *f* | Löschen *n* | Abladen *n* | *tropes de* ~ Landetruppen *f pl* | *barca* (*od bot*) *de* ~ Landungsboot *n* | ~**r** (33) *vi s*. ausschiffen, an Land gehen | *p ext* aussteigen ‖ *vt* ausschiffen, an Land bringen | *nàut a.* (*Waren*) Löschen; (*Truppen*) (an)landen | (*Passagiere*) absetzen; (*Waren, Gepäck*) abladen.

desembargar (33) *vt dr* (*Beschlagnahmtes*) freigeben.

desembastar[1] (33) *vt* (*Saum, Ärmel*) losheften.

desembastar² (33) *vt* (*e-m Tier*) den Packsattel abnehmen.
desembeinar (33) *vt* (aus der Scheide) ziehen; blankziehen; zücken.
desembenar (33) *vt* (*von e-r Wunde od e-m Körperteil*) den Verband ablösen.
desemboca|dura *f* (*Fluß*) Mündung *f* | (*Straße*) Einmündung *f* | *fig* Ausgang *m* | **~r** (33) *vi* einmünden, *a. fig* münden (*a, en* in *ac*) | *per aquest camí ~em a la vall* auf diesem Weg werden wir ins Tal gelangen.
desemboirar(-se) (33) *vt*(/r) nebelfrei machen (werden).
desembolic *m* Entwirrung *f* | **~ar** (33) *vt* aus-wickeln, -packen | entwirren; *fig a.* (auf) klären | **~ar-se** *v/r* s. auswickeln | s. entwirren; *fig a.* s. (auf)klären.
desemborrar (33) *vt* von Fusseln befreien.
desemborratxar (33) *vt*(/r) *fam* nüchtern machen (werden).
desembors|(ament) *m com* (Geld)Ausgabe, Auszahlung *f* | **~ar** (33) *vt com* (*Geld*) ausgeben, auszahlen.
desemboscar (33) *vt caç* auf-jagen, -scheuchen | *mil* aus dem Hinterhalt vertreiben | *silv* (*Holz*) zum Holzweg bringen.
desembossar(-se) (33) *vt*(/r) *reg* = **desembussar(-se)**.
desembotar (33) *vt* (*den Seidenraupen*) die Kokons wegnehmen.
desembraga|ment *m tecn* Ausrücken *n* | *aut* Auskuppeln *n* | **~r** (33) *vt* *tecn* ausrücken | *aut* auskuppeln.
desembr|al *adj* (*m/f*) Dezember... | **~e** *m* Dezember *m*.
desembriagar (33) *vt* (*e-n Betrunkenen*) nüchtern machen, ernüchtern | **~se** *v/r* nüchtern werden, ausnüchtern.
desembridar (33) *vt* (*Pferd*) abzäumen.
desembroll, **~ament** *m a. fig* Entwirrung | **~ar(-se)** (33) *vt*(/r) *a. fig* (s.) entwirren.
desembrossar (33) *vt* = **esbrossar**.
desembruixar (33) *vt* (*e-n Verhexten*) entzaubern.
desembull, **~ament** *m a fig* Entwirrung *f* | **~ar(-se)** (33) *vt*(/r) (s.) entwirren.
desembussar(-se) (33) *vt*(/r) (*von e-r Verstopfung*) frei machen (werden) | *circ* wieder flüssig machen (werden).
desembutxacar (33) *vt* aus der Tasche ziehen | (*Geld*) herausrücken; ausgeben, bezahlen.
desemmandrir (37) *vt* (*j-m*) die Faulheit austreiben | **~se** *v/r* die Faulheit abschütteln.
desemmarcar (33) *vt* (*e-m Bild*) den Rahmen abnehmen | ausrahmen.
desemmascarar(-se) (33) *vt*(/r) (s.) demaskieren | *fig a.* (s.) entlarven.
desemmetzinar (33) *vt* (*etw*) entgiften | (*j-m*) e. Gegengift geben.
desemmidonar (33) *vt* (*aus der Wäsche*) die Stärke herausspülen.
desemmotllar (33) *vt* aus der Form nehmen.
desempacar (33) *vt* aus Ballen lösen.
desempadronar (33) *vt* aus dem Einwohnerverzeichnis austragen | abmelden | **~se** *v/r* s. abmelden.
desempallegar-se (33) *v/r fam*: ~ *d'alg od d'u/c* s. j-n *od* etw vom Hals(e) schaffen; j-n *od* etw abschütteln *bzw* loswerden; s. aus e-r Sache herauswinden.
desempalmar (33) *vt* (*Kabel, Leitung*) trennen | **~se** *v/r* s. (voneinander) lösen.
desempantanegar (33) *vt* wieder in Schuß bringen.
desempaperar (33) *vt* (*in e-m Raum, von e-r Wand*) die Tapete entfernen *bzw* herunterreißen.
desempaquetar (33) *vt* auspacken.
desempara|ment *m*, **~nça** *f* Hilflosigkeit, Schutzlosigkeit | Verlassenheit *f* | *ant* Verlassen *n*; Aufgabe *f*; Verzicht *m* | Überlassung, Abtretung *f* | **~r** (33) *vt* (*j-n*) verlassen, im Stich lassen, hilflos (*od* schutzlos) lassen | *ant* (*etw*) verlassen; aufgeben; (auf etw) verzichten | **~t** (*-ada f, -adament adv*) *adj* verlassen | hilflos (u. verlassen) | hilfsbedürftig | schutzlos, unbeschützt.
desempastar (33) *vt* (*Zahn*) entplomben.
desempat *m* Stichentscheid *m*, *esport a.* Stichkampf *m*, *polit a.* Stichwahl *f* | (a. *partit bzw partida de ~*) Entscheidungsspiel *n bzw* -partie *f* | (a. *gol de ~*) Führungstor *m* | **~ar** (33) *vi esport* um die Entscheidung spielen | *polít* e-e Stichwahl durchführen || *vt/i* entscheiden (*durch Tore, Punkte, Stimmen*).
desempatxar (33) *vt* (*j-m*) den Magen erleichtern | **~se** *v/r: ja m'he desempatxat* ich habe k. Völlegefühl mehr.
desempedr|ar (33) *vt* (*in e-r Straße*) das Pflaster aufreißen | **~egar** (33) *vt* (*Acker, Weg*) die Steine wegräumen.
desempenyora|ment *m* Einlösung *f* | **~r** (33) *vt* (*Pfand, Verpfändetes*) ein-

desemperesir

lösen, zurückkaufen.
desemperesir (37) *vt(/r)* = **desemmandrir-se**.
desempescar (33) *vt* (*Fisch*) vom Haken (*bzw* aus der Reuse, aus dem Netz) nehmen | *fig* enträtseln.
desempols(eg)ar (33) *vt* entstauben.
desempresona|ment *m* Freilassung *f* | **~r** (33) *vt* aus dem Gefängnis entlassen, freilassen.
desena *f col* (*zG s: vuitena*) (etwa) zehn | *mat* Zehner *m* | *s:* **desè, dena** | **~l** *adj* (*m/f*) Zehner... | (*bes Zeitschrift*) zehntäglich | **~ri (-ària)** *f) adj* Zehn...
desencadena|ment *m* Losketten *n* | Entfesselung *f* | Ausbruch *m* | **~r** (33) *vt* losketten | *bes fig* entfesseln | *fig a.* auslösen | **~r-se** *v/r* s-e Ketten (*od* Fesseln) lösen | *fig* losbrechen | (*Element, Sturm*); ausbrechen (*Krieg*) | **~t** (**-ada** *f*) *pp/adj:* elements **~s** entfesselte Elemente | *passions desencadenades* entfesselte Leidenschaften.
desencaixar (33) *vt* aus den Fugen (*bzw* der Fassung) reißen | (*Gesicht, Züge*) verzerren | = **dislocar** | **~se** *v/r* aus den Fugen gehen; ausrasten | s. verzerren | = **dislocar-se**.
desencalla|ment *m* Wiederflottmachen *n* | **~r** (33) *vt* (*Schiff*) abbringen; (*a.* Angelegenheit) wiederflottmachen | (*Wagen*) aus dem Schlamm (*bzw* Sand, Schnee) ziehen | *fig a.* wieder in Gang (*od* in Schuß) bringen | **~r-se:** *les negociacions s'han desencallat* die Verhandlungen sind wieder in Gang gekommen.
desencamina|ment *m* Irreführen *n*, Fehlleitung *f* | **~r(-se)** (33) *vt(/r) bes fig* = **descaminar(-se)**.
desencant *m* Enttäuschung *f* | **~ament** *m* Entzauberung *f* | **~ar** (33) *vt* entzaubern | *fig* enttäuschen | **~ar-se** *v/r* entzaubert (*fig* enttäuscht) werden.
desencarcarar(-se) (33) *vt(/r)* geschmeidig machen (werden) | (s.) lockern, (s.) entspannen.
desencarnat (-ada *f) adj* leib-, körper-los, vergeistigt.
desencarregar (33) *vt* abbestellen.
desencarrilar(-se) (33) *vt/i(/r) fig* = **desencaminar(-se)**.
desencastar(-se) (33) *vt(/r)* (s.) aus der Fassung lösen.
desencauar (33) *vt* heraustreiben, aufjagen | **~se** *v/r* aus dem Bau herauskommen, *caç* ausfahren.

desencebar (33) *vt* (*Waffe*) entschärfen.
desencert *m* Ungeschick(lichkeit *f*) *n* | Schwäche *f*, Versagen *n* | Verkehrtheit, Unrichtigkeit *f* | Fehler, Fehl-, Miß-griff *m* | *comprar aquest cotxe ha estat un* **~** es war e. Fehler (*od* Irrtum), dieses Auto zu kaufen | **~at** (**-ada** *f,* **-adament** *adv) adj* ungeschickt, unklug | mißlungen, verfehlt | verkehrt, nicht richtig, falsch | unangebracht | *el central va estar* **~** der Stopper spielte nicht gut.
desenc|ís *m lit* = **desencant** | **~isar(-se)** (33) *vt(/r) bes fig* = **desencantar(-se)**.
desenclavar (33) *vt* losnageln | loslösen | **~se** *v/r* s. lösen.
desencoblar(-se) (33) *vt(/r)* = **desacoblar(-se)**.
desencolar (33) *vt* (*Geleimtes*) ab-, los-lösen | **~se** *v/r* aus dem Leim gehen | s. ab-, los-lösen.
desencoratjar(-se) (33) *vt(/r)* = **descoratjar(-se)**.
desencorbar|(-se) (33) *vt(/r)* (s.) (wieder) gerade-richten, -biegen | (s.) strecken.
desencrespar (33) *vt* entkrausen | glätten | **~se** *v/r* s. glätten.
desencrostar(-se) (33) *vt(/r)* = **descrostar(-se)**.
desendollar (33) *vt* den Stecker (*von e-m Gerät*) herausziehen | **~se** *v/r* aus dem Stecker gehen.
desendreça|ment *m* Unordnung, Unaufgeräumtheit *f* | Unordentlichkeit *f* | **~r** (33) *vt* durcheinanderbringen, unordentlich machen, in Unordnung bringen | *ant fig* = **desencaminar** | **~r-se** *v/r ant* = **desencaminar-se** | **~t** (**-ada** *f) adj* unordentlich | (*Zimmer*) *a.* unaufgeräumt | (*Person*) *a.* liederlich.
desenduri|ment *m* Enthärtung *f* | **~r** (37) *vt* (*Wasser*) enthärten.
desenemic *m* = **repeló**.
desener *m hist* Dekurio *m*.
desenfadar(-se) (33) *vt(/r)* (s.) beschwichtigen, (s.) abregen.
desenfangar (33) *vt* von Schlamm reinigen | aus-; ab-schlämmen | aus dem Schlamm ziehen.
desenfarfegar *vt* (33) (*Überladenes*) einfacher (*od* schlichter) machen | (*Stil*) straffen | = **desempatxar** | **~se** *v/r* = **desempatxar-se**.
desenfebrar-se (33) *v/r* fieberfrei werden.
desenfeina|ment *m* Untätigkeit, Muße *f* | **~t** (**-ada** *f) adj* untätig, müßig, unbe-

schäftigt | *estar* ~ nichts zu tun haben || *s/mf* Müßiggänger(in *f*) *m*.
desenfila|ment *m* Ausfäd(e)lung *f* | **~r(-se)** (33) *vt(/r)* (s.) ausfädeln.
desenfitar(-se) (33) *vt(/r)* = **desempatxar(-se)**.
desenfoca|ment *m* Unschärfe; unscharfe Einstellung; Verschwommenkeit *f* | *fig* falsche Ausrichtung *f* | **~r** (33) *vt òpt* unscharf einstellen | *fig* falsch betrachten, nicht richtig erfassen *od* einschätzen | **~t (-ada** *f*) *adj* (*Kamera*) unscharf eingestellt | (*Bild*) unscharf, verschwommen | *fig* schief.
desenforma|dor *m* Leistenhaken *m* | **~r** (33) *vt* (*Schuh*) vom Leisten nehmen.
desenfornar (33) *vt* aus dem (Back)Ofen (heraus)nehmen.
desenfrena|ment *m* Abzäumen *n* | Zügellosigkeit *f* | **~r** (33) *vt* (*Tier*) abzäumen | **~r-se** *v/r* durchgehen (*Tier*) | *fig* zügellos werden | **~t (-ada** *f*, **-adament** *adv*) *adj* zügellos | *fig a.* hemmungslos.
desenfundar (33) *vt* aus der Hülle nehmen | (*zugedeckte Möbel*) abdecken | (*Pistole*) aus dem Halfter ziehen.
desenga|biar (33) *vt a. fig* aus dem Käfig lassen.
desenganxar (33) *vt* (ab-, los-)lösen | losmachen | (*Anhänger, Waggon*) ab-hängen, -koppeln, -kuppeln | (*Zugtier*) ab-, aus-spannen | **~-se** *v/r* s. (ab-, los-)lösen | abgehen | s. losmachen.
desengany *m* Enttäuschung, Ernüchterung *f* | *tenir un ~* e-e Enttäuschung erleben | *quin ~!* so e-e Enttäuschung! | **~ar** (33) *vt* enttäuschen, ernüchtern | (*j-m*) die Augen öffnen | (*j-m*) die Illusionen (*od* Hoffnungen) nehmen | **~ar-se** *v/r* e-e Enttäuschung erleben | nüchtern werden, wieder zu s. kommen | s-n Irrtum einsehen | die Illusionen (*od* Hoffnungen) verlieren | *ja m'he desenganyat de tu* ich traue dir nicht mehr | *desenganya't!* sieh es doch endlich ein!; mach dir nichts vor! | *desenganyem-nos!* wir wollen uns doch nichts vormachen!
desengorronir(-se) (37) *vt(/r)* = **desemmandrir(-se)**.
desenllaç *m a. Lit* Lösung *f*, (*a.* e-s Geschehens, e-r Krankheit) Ausgang *m* | **~ar(-se)** (33) *vt(/r)* (s.) losbinden, (s.) trennen | *fig bes teat* (s.) lösen.
desenllardar (33) *vt* ausschmelzen, auslassen.

desenllotar (33) *vt* = **desenfangar**.
desennuegar (33) *vt* (*j-m*) die Luftröhre frei machen | **~-se** *v/r* (*nach dem Verschlucken*) wieder Luft bekommen.
desennuvolar-se (33) *v/r* s. entwölken.
desenquadernar (33) *vt* (*Buch, Zeitschrift*) losheften | (*Einband*) auseinandernehmen | **~-se** *v/r* aus dem Einband gehen.
desenquitrana|ment *m* Entteerung *f* | **~r** (33) *vt* entteeren.
desenraonat (-ada *f*, **-adament** *adv*) *adj* unvernünftig | (*Person*) *a.* uneinsichtig, unverständig | (*Worte, Handlung*) *a.* sinnlos, unsinnig | (*Forderung, Preis*) *a.* unzumutbar, übertrieben.
desenredar (33) *vt a. fig* entwirren | **~-se** *v/r a. fig* s. entwirren | ~ *d'una complicació* s. aus e-r Verwicklung lösen.
desenrolar(-se) (33) *vt(/r) nàut* abheuern.
desenrotlla|dora *f* (*Sägewerk*) Schälmaschine *f* | **~ment** *m* Aufrollen *n* | (*Schwarten*) Schälung *f* | (*Fahrrad*) Übersetzung *f* = **desenvolupament** | **~r(-se)** (33) *vt(/r)* (s.) aufrollen | = **desenvolupar(-se)**.
desenrunar (33) *vt* enttrümmern | von Schutt befreien.
desensabonar(-se) (33) *vt(/r)* (s.) abspülen.
desensellar (33) *vt* (*Tier*) absatteln.
desensonyar (33) *vt* (*j-m*) den Schlaf vertreiben | **~-se** *v/r* die Schläfrigkeit abschütteln.
desensopir(-se) (37) *vt(/r)* ermuntern, wieder munter machen (werden).
desensorrar (33) *vt* entsanden | aus dem Sand graben | enttrümmern | (*Schiff*) wieder flottmachen; *nàut* abbringen.
desentaforar (33) *vt* hervor-holen, -kramen.
desentaular-se (33) *v/r* vom Tisch aufstehen, s. vom Tisch erheben.
desentelar (33) *vt* (*beschlagenes Glas*) abwischen | **~-se** *v/r* klar (*od* durchsichtig) werden.
desenten|dre's (40) *v/r*: ~ *d'alg* od *d'u/c* von j-m *od* etw nichts wissen wollen; mit j-m *od* etw nichts zu tun haben wollen; s. nicht um j-n *od* etw kümmern | *fer el desentès* s. unwissend (*bzw* taub, dumm) stellen | **~imentat (-ada** *f*) *adj* leichtsinnig.
desenterra|ment *m* Ausgraben *n* | **~r** (33) *vt a. fig* (wieder) ausgraben | (*Leiche*) *a.* exhumieren | (*Schatz*) *a.* heben | *fig umg desp* aufwärmen.

desentona|ció f *mús* Detonation f | **~r** (33) *vi* vom Ton abweichen, den Ton nicht halten | *bes* falsch singen | *mús a.* detonieren | *fig* unpassend (*od* störend) wirken; nicht harmonieren (*de* mit), unangenehm abstechen (von) | *vaig sentir que hi desentonava* ich fühlte mich dort fehl am Platz | **~t** (**-ada** f, **~adament** *adv*) *adj* mißtönnend | *fig* unpassend.

desentortolligar (33) *vt* (*Umschlungenes*) aufwickeln | **~-se** *v/r* s. aufwickeln.

desentranyar (33) *vt* (*Tier*) ausweiden | *fig* ergründen | **~-se** *v/r* s. völlig verausgaben | *la mare va ~ pel noi* die Mutter schindete (*od* rackerte) s. für den Jungen ab.

desentrena|ment m Untrainiertheit f, mangelnde(s) Training n | **~t** (**-ada** f) *adj* untrainiert | *estar ~* nicht mehr im Training sein; *fig a.* aus der Übung (gekommen) sein.

desentronitzar (33) *vt* = **destronar**.

desentumir (37) *vt* abschwellen lassen | (*Glieder, Muskeln*) lockern | **~-se** *v/r* abschwellen | s. (auf)lockern.

desenutjar (33) *vt* beruhigen, besänftigen, begütigen | **~-se** *v/r* nicht mehr böse sein | s. beruhigen, s. besänftigen.

desenverinar (33) *vt a. fig* entgiften | (*entzündete Wunde*) heilen.

desenvernissar (33) *vt* entlacken | **~-se** *v/r* den Lack verlieren.

desenvolupa|ble *adj* (m/f) *geom* abwickelbar | **~ment** m Entwicklung f | Entfaltung f | Ausbau m | *geom* Abwicklung f | **~** *embrionari* Embryonalentwicklung f | *àrea de ~* Entwicklungsgebiet n | *ajuda al ~* Entwicklungshilfe f | *països en via de ~* Entwicklungsländer n pl | *el ~ de l'acció* der Handlungsablauf | **~r** (33) *vt a.* biol econ entwickeln | (*Persönlichkeit, Talent; Tätigkeit; Plan, Idee*) *a.* entfalten | (*System, Theorie; Beziehungen*) *a.* ausbauen, weiterentwickeln | *ant* auswickeln; *fig* lösen (*de* von) | **~r-se** *v/r* s. entwickeln | s. entfalten | s. abwickeln, s. abspielen; ablaufen.

desequilibr|ar (33) *vt* aus dem Gleichgewicht bringen | **~ar-se** *v/r* aus dem Gleichgewicht kommen (*bes fig a.* geraten), das Gleichgewicht verlieren | **~at** (**-ada** f) *adj a.* econ ungleichgewichtig | (*Fahrzeug*) nicht im Gleichgewicht | (*Person; Charakter; Bilanz; Diät*) unausgeglichen | (*Person*) *a.* geistesgestört; *umg* nicht ganz normal; (halb) verrückt | (*bes Diät*) *a.* unausgewogen | **~i** m *a.* econ Ungleichgewicht n | *fig* Unausgeglichenheit f | **~** *mental* Geistesgestörtheit f | **~** *psíquic* seelische Unausgeglichenheit f.

deserció f Verlassen n | *mil u. fig* Fahnenflucht f | *mil a.* Desertion f.

desermar (33) *vt* roden | urbar machen.

des|ert *adj* verlassen, öde (u. leer), wüst (u. leer), (menschen)leer | *ant* (*Person*) verlassen (*de* von), entbehrt (*gen*) | *dr* (*Berufung*) versäumt | (*Wettbewerb*) ohne Teilnehmer | (*Versteigerung*) ohne Bieter | (*Literaturpreis*) nicht verliehen | *illa ~a* einsame (*od* verlassene) Insel f | *a l'hivern el poble està ~* im Winter ist der Ort verlassen || *s/m geog* Wüste f | *fig a.* Einöde f | **~ertar** (33) *vt* (*Ort*) verlassen | **~** *un partit* (*una causa*) von e-r Partei (Sache) abfallen | *mil* desertieren, Fahnenflucht begehen, *a. fig* fahnenflüchtig werden | **~èrtic** *adj geog* Wüsten...; wüstenartig | wüst, öde | *clima ~* Wüstenklima n | **~ertícola** *adj* (m/f) *bot zool* Wüsten... | **~ertització** f Desertifikation f | **~ertitzar(-se)** (33) *vt*(*/r*) *geog* zur Wüste machen (werden) | **~ertor(a** f) m Fahnenflüchtige(r m) m/f, Deserteur(in f) m.

desescumar (33) *vt* = **escumar**.

desesm|a f Mutlosigkeit, Verzagtheit f | Lustlosigkeit, Unlust f | **~ar** (33) *vt lit* entmutigen, verzagen lassen | **~ar-se** *v/r* den Mut sinken lassen, verzagen | **~e** m *oc* = **desesma**.

desesper m = **~ació** | **~ació** f Verzweiflung f | Hoffnungslosigkeit f | *caure en la ~* in Verzweiflung geraten | *fam: (és)ser la ~ d'alg* j-n zur Verzweiflung bringen | *amb ~* (*loc adv*) verzweifelt | **~adament** *adv* verzweifelt | *fam: em sentia ~ sola* ich fühlte mich entsetzlich allein | *em calia ~ parlar amb alg* ich mußte dringend (*od* unbedingt) mit j-m sprechen | **~ador** *adj* = **~ant** | **~ança** f *lit* Hoffnungslosigkeit, Verzweiflung f | **~ant** *adj* (m/f) niederschmetternd, entmutigend | *fam* unerträglich, zum Verzweifeln, zum Verrücktwerden | **~ançador** *adj* entmutigend | **~ançar** (33) *vi lit* = **~ar** || *vt* (*j-m*) jede (*od* alle) Hoffnung nehmen | (*j-n*) entmutigen | **~ançar-se** *v/r* die Hoffnung(en) verlieren | **~ar** (33) *vi* verzweifeln (*de an* *dat)*, k-e Hoffnung mehr haben (auf *ac)*, die *(od* jede, alle) Hoffnung aufgeben (auf *ac)* | *ja desesperava de trobar-te* ich dachte schon, ich würde dich nicht finden || *vt* (a. *fer ~)* in die *(od* zur) Verzweiflung treiben | *fam: em desesperes (od fas ~), amb la teva calma!* du bringst mich mit deiner Trägheit zur Verzweiflung! | **~ar-se** *v/r* verzweifeln, in Verzweiflung geraten | *cal no ~!* nur nicht verzweifeln! | *és per a ~!* es ist zum Verzweifeln! | **~at (-ada** *f) adj* verzweifelt | *(Lage)* a. hoffnungs-, ausweg-, aussichts-los | *(Bedürfnis)* dringend | *un esforç ~* e-e verzweifelte Anstrengung | *un cas ~* (a. *fig)* e. hoffnungsloser Fall | *estar ~* verzweifelt *(od* in Verzweiflung) sein | *està ~ per guanyar* er will unbedingt gewinnen | *a la desesperada* in letzter Verzweiflung *(bzw* Not); mit größter Anstrengung | *com un ~* wie e. Besessener.

desespinar (33) *vt* entgräten.
desestibar (33) *vt* *nàut* löschen.
desestima|**ble** *adj* (*m/f)* verachtenswert, unbeachtlich | ablehnbar | **~ció** *f* Geringschätzung *f* | Mißachtung, Verachtung *f* | Abweisung, Ablehnung *f* | **~r** (33) *vt* geringschätzen, mißachten, verachten | *bes adm dr* abweisen, ablehnen.
desfalc *m* Unterschlagung, Veruntreuung *f* | **~ament** *m* = **desfalc** | **~ar** (33) *vt* unterschlagen, veruntreuen.
desfasa|**ment** *m fís tecn* Phasenverschiebung *f* | *fig* Mißverhältnis *n*; Unzeitgemäßheit *f* | **~r(-se)** (33) *vt(/r)* außer Phase bringen (kommen) | *fig: avui dia costa molt no ~* heutzutage ist es sehr schwierig, Schritt zu halten | **~t (-ada** *f) adj* phasenverschoben, außer Phase | *fig: està ~* er ist hinter der Zeit zurückgeblieben | *un sistema ~* e. überholtes System.
desfavor *m(/f)* Ungunst *f* | Ungnade *f* | **~able**(**ment** *adv) adj* (*m/f)* ungünstig | negativ | **~idor** *adj* benachteiligend | *(Kleid, Aufmachung)* unvorteilhaft | **~ir** (37) *vt* benachteiligen | *aquest pentinat et desfavoreix* diese Frisur ist unvorteilhaft für dich.
desfer (40) *vt* (wieder) auseinandernehmen, zerlegen; *(Aufgebautes, Gerüst)* abbauen; *(Strick)* auf-, auseinanderdrehen; *(Gepäck, Koffer)* auspacken | durcheinanderbringen, in Unordnung bringen | aufmachen; *(Verschlungenes; Knoten; Haar)* a. (auf)lösen; *(Schleife, Gestricktes, Gehäkeltes)* a. aufziehen; *(Naht)* a. auftrennen; *(Zopf)* a. aufflechten; *(Bett)* abdecken | zer-teilen -kleinern, -bröckeln; *(Zucker, Tablette)* auflösen, zergehen lassen; *(Eis, Schnee)* schmelzen; *(Butter, Fett)* zergehen lassen, zerlassen | zerstören; vernichten, *mil esport a.* vernichtend schlagen; zunichte machen; zugrunde richten | *(Versammlung; Gesellschatf, Verein)* auflösen | *(Verwicklung; Vertrag)* (auf)lösen | *(Vereinbarung; Handlung)* rückgängig machen | *(Mißverständnis)* auflösen, (auf)klären | *(Zweifel, Verdacht)* zerstreuen, beseitigen | **~** *(el) camí* den Weg zurückgehen | *fer i ~* schalten u. walten | *fam: ~ la cara a alg* j-m das Gesicht einschlagen | *el desfaria!* ich könnte ihn zerreißen! | **~-se** *v/r* auseinander-fallen, -gehen, zerfallen | aufgehen *(Knoten, Naht, Schleife)* | s. zerteilen, zerbröckeln; s. auflösen, zergehen, zerfließen; schmelzen | *fig: l'equip (el malentès) s'ha desfet* die Mannschaft (das Mißverständnis) hat s. aufgelöst | *el nostre pla (el prometatge) s'ha desfet* unser Plan (das Verlöbnis) hat s. zerschlagen | **~** *la cotilla* (s.) das Korsett aufschnüren | **~** *el cinturó* (s.) den Gürtel aufschnallen | **~** *d'alg od d'u/c* j-n *od* etw loswerden | *haver-se desfet d'alg od d'u/c* j-n *od* etw los sein | **~** *d'una abraçada (d'un prejudici)* s. aus e-r Umarmung (von e-m Vorurteil) lösen | **~** *d'una associació* aus e-m Verband austreten | **~** *d'un confident* e-n Spitzel aus dem Weg räumen | **~** *en u/c* s. in etw *(ac)* auflösen | **~** *en llàgrimes od plors* in Tränen zerfließen | **~** *en compliments* überschwengliche Komplimente machen | *els núvols van ~ en pluja* die Wolken lösten s. in Regen auf | **~** *per alg* s. für j-n zerreißen | *van ~ per ajudar-nos* sie scheuten k-e Mühe, um uns zu helfen.
desferma|**r** (33) *vt (bes Tier)* losbinden | *fig* entfesseln, auslösen | **~r-se** *v/r* s. losreißen | *fig* losbrechen | **~t (-ada** *f) adj (Tier)* los, frei | *fig* unbändig; rasend; wild.
desferra *f (oft pl)* Überrest(e *pl) m* | *(bes von etw Gebautem)* Trümmer *pl* | *hist (Beute)* Spolien *pl.*
desfet *pp/adj: ~ en llàgrimes* od *plors* in

Tränen aufgelöst | *tempestat ~a* tobende(r) Sturm | *mar ~a* (*nàut*) sehr hohe (*bzw* äußerst schwere) See | *estar ~* (*fig*) zerschlagen (*bzw* niedergeschmettert, ganz niedergeschlagen) sein | *s/m*: *un ~ de pluja* (*od d'aigua*) e. Wolkenbruch *m* | *un ~ de llàgrimes* e. Tränenstrom *m* | *un ~ d'insults* e-e Flut (*od* e. Schwall) von Beschimpfungen ‖ *s/f* Zerstörung, Vernichtung *f* | *mil esport* vernichtende Niederlage *f* | *fam* (*Auge*) Hornhautentzündung *f*.

desfibr|ador *adj* Entfaserungs... ‖ *s/f* Entfaserungsmaschine *f* | **~ament** *m* Entfaserung *f* | Zerfaserung *f* | **~ar** (33) *vt tecn* entfasern | zerfasern | **~ar-se** *v/r* zerfasern | **~il·lació** *f med* Defibrillierung *f*.

desfici *m* (fiebrige) Erregung, Unruhe; *umg* Kribb(e)ligkeit *f* | Unrast, Rast-, Ruhe-losigkeit *f* | Unbehagen *n* | Verlangen, Fiebern *n* (*per* nach *ac*) | **~ar** (33) *vt* (sehr) erregen, beunruhigen | unruhig (*bzw* fiebrig, *umg* kribb(e)lig) machen | **~ar-se** *v/r* s. erregen, s. beunruhigen | unruhig (*umg* kribb(e)lig) werden | (vor Erregung) fiebern | *per u/c* nach etw (*ac*) fiebern | **~ejar(-se)** (33) *vi*(/*r*) = **~ar-se** | **~ós** (**-osa** *f*, **-osament** *adv*) *adj* (sehr) erregt, unruhig; *umg* kribb(e)lig | rast-, ruhe-los | fiebrig.

desfigura|ció *f*, **~ment** *m* Verunstaltung, Entstellung *f* | Verzerrung *f* | Verstellung *f* | **~r** (33) *vt* verunstalten, *a. fig* entstellen | (*Bild*, *Ton*) verzerren | (*s-e Schrift, Stimme*) verstellen | **~r-se** *v/r*: *amb la malaltia s'ha desfigurat* (*se li ha desfigurat la cara*) durch die Krankheit ist er (sein Gesicht) verunstaltet *od* entstellt.

desfila *f* Fusseln *f pl* | *med* Scharpie *f*; Wattebausch *m* | **~da** *f* Vorbei-, Vorüber-ziehen *n* | (*marschierender*) Zug; Auf-, Um-zug *m* | *bes mil* Parade *f*, Vorbei-, Auf-marsch *m*, Defilee *n*; Paradenmarsch *m* | *~ naval* Flottenparade *f* | *~ de models* Mode(n)schau *f* | **~r**[1] (33) *vi* in e-r Reihe (*bzw* in Reihen, in Reih u. Glied) gehen | *a. fig* vorbei-, vorüber-ziehen | *bes mil* vorbeimarschieren; defilieren, paradieren | *fam* abrücken, nacheinander weggehen | *els manifestants van ~ pel carrer major* die Demonstraten zogen durch die Hauptstraße | *les tropes van ~ davant el general* die Truppen marschier-

ten am General vorbei | **~r**[2] (33) *vt* (*e-m Gewebe*) die Fäden ausziehen | **~r-se** *v/r* ausfasern, (s.) ausfransen.

desflor|ació *f*, **~ament** *m* Ab-, Ent-blüten *n* | Entjungferung, *med dr* Defloration *f* | **~ar** (33) *vt* ab-, ent-blüten (*Mädchen*) entjungfern, deflorieren | (*Thema*) streifen, oberflächlich berühren | **~ir(-se)** (37) *vi*(/*r*) verblühen.

desfocar (33) *vt* = **desenfocar**.

desfogar (33) *vt* abreagieren, (*e-m Gefühl*) freien Lauf lassen | *~ el cor* sein Herz erleichtern | **~-se** *v/r* = **esbravar-se** *fig*.

desfonar (33) *vt* (*e-m Gefäß*) den Boden einschlagen | **~-se** *v/r* den Boden verlieren.

desfornit (**-ida** *f*) *adj* = **desproveït**.

desfregat (**-ada** *f*) *adj* kahl, schmucklos, verwahrlost.

desfrenar(-se) (33) *vt*(/*r*) = **desenfrenar** (**-se**) | *~ un vehicle* e-m Fahrzeug die Bremse lockern *bzw* lösen.

desfullar(-se) (33) *vt*(/*r*) = **esfullar(-se)**.

desgana *f* Appetitlosigkeit *f* | *ant* Unpäßlichkeit *f*, Unwohlsein *n* | *Val* Ohnmacht *f* | *fig* Unlust *f*, Widerwille *m* | **~r** (33) *vt* (*j-m*) den Appetit (*fig* die Lust) nehmen | **~r-se** *v/r* den Appetit (*fig* die Lust) verlieren | **~t** (**-ada** *f*, **-adament** *adv*) *adj* appetitlos | *ant* unpäßlich, unwohl | *fig* lustlos, unlustig | *estar ~* k-n Appetit haben.

desgasa|ment *m* Entgasung *f* | **~r** (33) *vt* entgasen.

desgast *m* Abnutzung *f*, Verschleiß *m* | *geol* Abschleifung; Abtragung *f* | *quím* Zerfressen *n* | *fig* Zermürbung *f* | *guerra de ~* Zermürbungskrieg *m* | **~ar** (33) *vt* abnutzen, *a. tecn* verschleißen | *a.* (*Kleidung*) abtragen; (*Schuhe*) ablaufen, abtreten; (*Stufen, Fliesen*) austreten; (*Reifen*) abfahren; (*Seil*) durchscheuern; (*Gesundheit, Nerven, Augen*) angreifen; (*Gestein, Kanten*) abschleifen | (*Gelände*) abtragen | (*Inschrift*) verwischen, *lit* tilgen | (*Metall*) zerfressen | *fig* (*j-n*) aufreiben, (*a. Kraft, Widerstand*) zermürben | **~ar-se** *v/r* s. abnutzen, verschleißen | abgetragen werden; s. ablaufen, s. abtreten; ausgetreten werden; ausgefahren werden; s. abfahren; s. durchscheuern; s. verbrauchen | s. abschleifen | verwischen | zerfressen werden | s. aufreiben, s. zermürben | *les paraules de moda es desgasten de pressa* Modewör-

ter nutzen s. schnell ab.
desgavell *m* Durcheinander *n*, Unordnung *f*, Wirrwarr, Wust *m* | fig Zerrüttung *f* | ~**ament** *m* = **esgavellament** | ~**ar(-se)** (33) *vt(/r)* = **esgavellar(-se)**.
desgel *m* = **desglaç** | ~**ar(-se)** (33) *vt/i(/r)* = **desglaçar(-se)**.
desglaç *m* Schnee-, Eis-schmelze *f* | *a. fig* Tauwetter *n* | ~**ament** *m* (Auf)Tauen *n* | Abtauen *n* | ~**ar** (33) *vt* auftauen | (*Schnee, Eis*) *a.* tauen | (*Kühlschrank*) abtauen | fig (*Beziehungen*) entspannen || *vi:* ja desglaça es taut schon | ~**ar-se** *v/r* auftauen | tauen | fig s. entspannen | *l'estany s'ha desglaçat* der See ist (wieder) aufgetaut.
desglevar (33) *vt* agr eggen.
desglossa|ment *m* Abtrennen, Loslösen, Herausnehmen *n* | fig Aufgliederung, Aufschlüsselung *f* | ~**r** (33) *vt* (*Blatt, Bogen, Dokument*) abtrennen, loslösen, herausnehmen | fig aufgliedern; *a. com* aufschlüsseln.
desgovern *m* Mißwirtschaft, schlechte Führung *bzw* Regierung *f* | Gesetzlosigkeit, Unordnung *f* | *nàut* Steuerlosigkeit *f* | ~**ar** (33) *vt* schlecht führen *bzw* regieren *od* verwalten | *nàut* steuerlos lassen.
desgr|àcia *f* (*unheilvolles Ereignis*) Unglück(sfall *m*); (*unglücklicher Vorfall*) Mißgeschick *n* | (*Elend, Verderben*) Unglück; (*ungünstige Fügung*) *a.* Mißgeschick, *umg* Pech *m* | fig fam = **calamitat, desastre** | *desgràcies personals* Personenschaden *m* | *per* ~ zum Unglück; leider | *caure en* ~ in Ungnade fallen | *ella (això) ha estat la seva* ~ sie (das) war sein (*od* wurde ihm zum) Verhängnis | *fer una* ~ (*fam*) etw Schlimmes anrichten | *tenir* (od *estar de*) ~ Unglück (*umg* Pech) haben | *vaig tenir la* ~ *de perdre'm* ich hatte das Unglück (*od* Mißgeschick, *umg* Pech), mich zu verirren | *una* ~ *no ve mai sola* e. Unglück kommt selten allein | ~**aciadament** *adv* unglücklich | zum Unglück, unglücklicherweise; leider | ~**aciar** (33) *vt* verunstalten | verunzieren, *umg* verschandeln | (*etw*) ruinieren; (*Arbeit*) verderben, *umg* verpfuschen | (*j-n*) übel zurichten; *fig* verderben | *ant* in Ungnade stürzen | ~**aciar-se** *v/r* schweren Schaden nehmen | *ant* in Ungnade fallen |
~**aciat** (**-ada**) *f*) *adj* (*k. Glück habend*) glücklos | (*nicht glücklich; widrig; bedauerlich; ungeschickt*) unglücklich | (*bedauernswert; widrig; verhängnisvoll*) unglückselig | ungraziös | *un amor* ~ e-e unglückliche Liebe | *un dia* ~ e. Unglückstag | *una persona desgraciada* e. Unglücksmensch, *umg* Pechvogel | *en el joc sóc* ~ im Spiel habe ich k. Glück | *està sol i és (se sent) molt* ~ er ist allein u. ist (fühlt s.) sehr unglücklich | *el* ~ *marit...* der unglückselige Ehemann... | (*als Schimpfwort*) *que n'ets, de* ~*!* du bist e. richtiger Dreckskerl! || *s/mf* Unglückliche(r *m*), Arme(r *m*), Notleidende(r *m*) *m/f* | *fam* arme(r) Teufel *od* Schlucker *m* | *desp* (elender) Lump *m*.
desgrana|dora *f tèxt* Egrenier-, Entkörnungs-maschine *f* | Riffelmaschine *f* | ~**r** (33) *vt* = **esgranar** | *tèxt* (*Baumwolle*) egrenieren, entkörnen | (*Hanf, Flachs*) riffeln | *màquina de* ~ = **desgranadora** | ~**r-se** *v/r* = **esgranar-se**.
desgrat *m* Mißfallen *n* | Widerwille *m* | *a* ~ ungern, unwillig, widerwillig | *a* ~ *de (que)* = **malgrat (que)** | *caure en* ~ *d'alg* j-s Mißfallen erregen.
desgrava|ble *adj* (*m/f*) (*von der Steuer*) absetzbar | ~**ció** *f dr* Steuerentlastung *f* | *bes* Steuererleichterung *f* | ~**r** (33) *vt dr* von Steuern befreien | für steuerfrei erklären | die Steuer (*für etw*) ermäßigen || *vi* (*von der Steuer*) absetzbar sein.
desgreixa|dora *f tèxt* Entfettungsmaschine *f* | ~**ment** *m* Entfetten *n* | ~**r** (33) *vt* entfetten | (*Wolle*) *a.* entschweißen | ~**tge** *m tecn* Entfettung *f*.
desgreuge *m* Genugtuung *f* | Sühne *f* | *s: desagreujar*.
desguarnir (37) *vt:* ~ *de mobles una sala* die Möbel aus e-m Saal entfernen | ~ *un cavall* v. Pferd abschirren | ~ *una fortalesa* e-e Festung entblößen.
desgu|às *m* Entwässerung *f* | Abfluß *m*, Abfließen *n* | Abfluß(-graben *m*, -rinne *f*; -rohr *n*) *m* | ~**assar** (33) *vt/i* entwässern || *vi a.* abfließen | (ein)münden (*a bzw en* in *ac*).
desguitarrar(-se) (33) *vt(/r)* = **desballestar(-se), desbaratar(-se), esgavellar(-se)**.
deshabita|r (33) *vt* (*Ort, Wohnung*) verlassen, räumen | *ant a.* entvölkern | ~**r-se** *v/r* s entvölkern | ~**t** (**-ada** *f*) *adj* unbewohnt.
deshabitua|ció *f* Entwöhnung *f* | *med a.*

desherbant

Entziehung *f* | **~r** (33) *vt* ~ *alg d'u/c j-n e-r Sache* entwöhnen | **~r-se** *v/r:* ~ *de fumar* s. des Rauchens entwöhnen.

desherba|nt *m* = **herbicida** | **~r** (33) *vt* entkrauten | **~tge** *m* Entkrautung, *bes* Unkrautvertilgung *f*.

deshereta|ment *m* Enterbung *f* | **~r** (33) *vt* enterben | **~t (-ada** *f*) *adj a. fig* enterbt || *s/mf a. fig* Enterbte(r *m*) *m/f*.

deshidrata|ció *f* Wasser- entzug, -verlust *m* | *cient tecn* Dehydratation, *med a.* Exsikkose *f* | (*Haut*) Austrocknen *n*, Austrocknung *f* | **~nt** *adj* (*m/f*) wasserentziehend, austrocknend || *s/m* wasserentziehendes Mittel *n* | **~r** (33) *vt* (*e-m Lebensmittel, e-m Lebewesen, dem Körper*) Wasser entziehen | (*Haut*) austrocknen | *quím med* dehydratisieren | **~r-se** *v/r* Wasser verlieren | austrocknen.

deshidrogena|ció *f* Dehydration, Dehydrierung *f* | **~r** (33) *vt quím* dehydrieren.

deshonest *adj* unehrlich, unredlich, (*Absicht, Tat*) *a.* unehrenhaft | (*im sexuellen Bereich*) unkeusch; unanständig; *a dr* unsittlich, unzüchtig | **~ament** *adv s: deshonest* | **~ar** (33) *vt ant* entehren, schänden | **~edat** *f* Unehrlichkeit, Unredlichkeit, Unehrenhaftigkeit *f* | Unkeuschheit; Unanständigkeit; Unsittlichkeit; Unzüchtigkeit *f* | Unzucht *f*.

deshonor *m*(/*f*) Unehre *f* | Schmach *f*, Schimpf *m* | **~able**(**ment** *adv*) *adj* (*m/f*) unehrenhaft | **~ant** *adj* (*m/f*) entehrend | **~ar**(**-se**) (33) *vt*(*/r*) (s.) entehren.

deshonr|a *f* (*a. Frau, Mädchen*) Schande; Entehrung *f* = **deshonor** | **~ar** (33) *vt* (*a. Frau, Mädchen*) schänden, in Schande bringen, entehren | (*j-m, der Familie, dem Namen*) Schande machen | **~ar-se** *v/r* Schande über s. bringen | in Schande geraten | s. entehren | **~ós (-osa** *f*, **-osament** *adv*) *adj* schändlich, entehrend | schmachvoll, schimpflich.

deshora *f* Unzeit *f* | *a* ~ zur Unzeit.

deshumanitza|ció *f* Entmenschlichung, Dehumanisation *f* | **~r**(**-se**) (33) *vt*(*/r*) (s.) entmenschlichen, (s.) dehumanisieren.

desideràtum *m* Desiderat(um) *n*.

des|ídia *f* Nachlässigkeit *f* | **~idiós** (**-osa** *f*, **-osament** *adv*) *adj* nachlässig.

desinflamar

desig *m* Wunsch *m* (*de* nach *dat*) | (*stark; a. sexuell*) Verlangen *n*; Begierde *f*, Begehren *n* (nach *dat*) | (*Schwangere*) Gelüst *n* | (*Haut*) Muttermal *n* | ~ *de glòria* Ruhmbegierde *f* | *els ~s sensuals* die sinnlichen Begierden | *per* ~ *del meu pare* auf Wunsch meines Vaters | *satisfer un* ~ e-n Wunsch erfüllen | *els teus ~s* (*od desitjos*) *són ordres* dein Wunsch ist mir Befehl.

design|ació *f* Bezeichnung *f* | Bestimmung, Ernennung, Designation *f* | (*Kandidaten*) Aufstellung *f* | **~ar** (33) *vt* bezeichnen | bestimmen, ernennen, designieren | (*Kandidaten*) aufstellen | *l'han designat successor* man hat ihn zum Nachfolger ernannt | **~atiu** (**-iva** *f*) *adj* bezeichnend, bestimmend | **~i** *m* Plan *m*, Absicht *f*, Vorhaben *n*.

desigual *adj* (*m/f*) ungleich | unterschiedlich, verschieden | ungleich-, unregelmäßig | (*Boden*) uneben | (*Stimme*) schwankend, unsicher | (*Wesen; Wetter*) unbeständig, veränderlich | *~s en llargària* ungleich (*od* unterschiedlich, verschieden) lang | *de llargària* ~ von ungleicher Länge | *un combat* ~ e. ungleicher Kampf | **~ar**(**-se**) (33) *vt*(*/r*) ungleich machen (werden) | **~tat** *f a. mat* Ungleichheit *f* | Unterschiedlichkeit, Verschiedenheit *f* | Ungleich-, Unregel-mäßigkeit *f* | Unebenheit *f* | Unbeständigkeit *f*, Veränderlichkeit *f* | *~s socials* soziale Unterschiede *m pl*.

desil·lusi|ó *f* Desillusion, Enttäuschung, Ernüchterung *f* | **~onar** (33) *vt* desillusionieren, enttäuschen, ernüchtern | **~onar-se** *v/r* desillusioniert (*od* enttäuscht, ernüchtert) werden | die Illusion(en) verlieren.

desimanta|ció *f* Entmagnetisierung *f* | **~r** (33) *vt* entmagnetisieren | **~r-se** *v/r* unmagnetisch werden.

desimbolt|(**ament** *adv*) *adj* unbefangen, ungezwungen | dreist | **~ura** *f* Unbefangenheit, Ungezwungenheit *f*.

desincrustar (33) *vt tecn* (*Kessel*) entkalken | (*Kesselstein*) beseitigen.

desinència *f ling* (Flexions)Endung *f*.

desinfec|ció *f* Desinfektion, Desinfizierung, Entseuchung *f* | **~tant** *adj* (*m/f*) desinfizierend, Desinfektions... || *s/m* Desinfektionsmittel *n* | **~tar** (33) *vt* desinfizieren, entseuchen.

desinflama|r (33) *vt med* (*entzündete Wunde od Stelle*) heilen | **~r-se** *v/r* heilen, abschwellen | **~tori** (**-òria** *f*) *adj* entzündungshemmend.

desinfla|ment *m* Abschwellen *n* | Luftablassen *n* | Entleerung *f* | **~r** (33) *vt* (*Geschwollenes*) abschwellen lassen, zum Abschwellen bringen | (*aus e-m Reifen, Ballon, Ball*) die (*bzw* etwas) Luft (ab)lassen | (*Ballon*) *a.* entleeren | *fig fam* (*j-m* od *e-r Sache*) den Schwung nehmen | **~r-se** *v/r* abschwellen | Luft verlieren | *s.* entleeren | *fig fam* den Schwung verlieren | *el pneumàtic s'ha desinflat* der Reifen ist platt.

desinformació *f* Uninformiertheit *f* | (*Täuschung*) Desinformation *f*, gezielte Fehlinformation *f*.

desinhibi|ció *f psic* Enthemmung *f* | Enthemmtheit *f* | **~r** (37) *vt* enthemmen | **~r-se** *v/r* s-e Hemmungen überwinden.

desinsecta|ció *f* Entwesung, Insektenvertilgung *f* | **~r** (33) *vt* entwesen.

desintegra|ció *f a. fís* Zerfall *m* | Zerbröck(e)lung; *geol a.* Verwitterung *f* | *bes fig* Auflösung, Desintegration *f* | **~dor** *m tecn* Desintegrator *m* | **~r** (33) *vt* zerfallen lassen | *fís a.* spalten | (*Gestein*) zerbröckeln, zerkleinern | *bes fig* auflösen, desintegrieren | **~r-se** *v/r a. fís* zerfallen | zerbröckeln; *geol a.* verwittern | *bes fig* s. auflösen, desintegriert werden.

desinter|ès *m* (*pl* -essos) Uneigennützigkeit, Selbstlosigkeit *f* | Interesselosigkeit, Uninteressiertheit *f*, Desinteresse *n* (*per* an *dat*, für *ac*) | **~essar** (33) *vt* (*j-m*) das Interesse nehmen | **~essar-se** *v/r*: **~** *d'alg* od *d'u/c* | s. für j-n od etw nicht mehr interessieren; s. um j-n *od* etw nicht mehr kümmern | **~essat** (**-ada** *f*) *adj* uneigennützig, selbstlos | interesselos, uninteressiert, desinteressiert.

desintoxica|ció *f* Entgiftung *f* | *med a.* Entziehung *f* | **~r** (33) *vt* entgiften | (*Süchtige*) heilen, *umg* entziehen | **~r-se** *v/r* entgiftet werden.

desinvitar (33) *vt* (*j-n*) (wieder) ausladen.

desisti|ment *m* Verzicht(leistung *f*) *m dr a.* (*Versuch*) Rücktritt *m*; (*Klage*) Rücknahme *f* | **~r** (37) *vi*: **~** *d'u/c* von etw Abstand nehmen *od* abstehen; von etw absehen; von etw ablassen; auf etw verzichten | **~** *d'una demanda* (*dr*) e-e Klage zurücknehmen | *vaig* **~** *de convèncer-lo* ich gab es auf, ihn überzeugen zu wollen | *el van fer* **~** *del seu pla* sie brachten ihn von s-m Plan ab.

desitj|able *adj* (*m/f*) wünschenswert | begehrenswert | *seria* **~** es wäre erwünscht | **~ar** (33) *vt* wünschen | *s.* (*dat*) wünschen | (*j-n*) begehren | *què desitja?* was wünschen Sie (bitte)?, Sie wünschen (bitte)? | *desitja res més?* haben Sie sonst noch e-n Wunsch? | *què desitges pel teu aniversari?* was wünschst du dir zum Geburtstag? | *et desitjo molta sort* ich wünsche dir viel Glück | *desitjo aprendre xinès* ich möchte Chinesisch lernen | **~ia que ja fos l'estiu** ich wünschte (*od* wollte), es wäre schon Sommer | **~ia saber què fas en aquests moments** ich wüßte gern(e), was du gerade tust | *deixa molt a* **~** es läßt viel zu wünschen übrig | *fer-se* **~** auf s. warten lassen | **~at** (**-ada** *f*) *adj* gewünscht | begehrt | erwünscht | ersehnt | *un fill* **~** e. Wunschkind *n* | *un embaràs no* **~** e-e ungewollte Schwangerschaft *f* | **~ós** (**-osa** *f*) *adj*: **~** *de glòria* ruhmbegierig | **~** *de venjança* rachsüchtig | *estic* **~** *de saber-ho* ich bin begierig (darauf), es zu erfahren | *tots estaven desitjosos d'ajudar-lo* alle wollten ihm helfen.

desllaçar (33) *vt* auf-binden, -schnüren | **~-se** *v/r* los-, auf-gehen.

desllastar (33) *vt*: **~** *un globus* (*vaixell*) (den) Ballast aus e-m Ballon (Schiff) abwerfen.

deslleial|(ment *adv*) *adj* (*m/f*) treulos, untreu | *bes polít* illoyal | *com: competència* **~** unlauterer Wettbewerb *m* | **~tat** *f* Treulosigkeit, Untreue *f* | Illoyalität *f*.

deslletar (33) *vt* (*Kind*) abstillen, entwöhnen | (*Ferkel*) *a.* spänen | (*Kalb*) *a.* absetzen.

desl liga|r (33) *vt* aufbinden, lösen | (*Person, Tier, Hände*) losbinden | *fig:* **~** *alg d'una obligació* (*promet ença*) j-n von e-r Verpflichtung (e-m Versprechen) entbinden *od* befreien | **~** *la llengua a alg* j-m die Zunge lösen | **~r-se** *v/r* aufgehen, s. lösen | s. losmachen | *fig: va* **~** *dels amics* er sagte s. von den Freunden los | **~t** (**-ada** *f*) *adj: el gos està* **~** der Hund ist los | *fig: paraules desl ligades* unzusammenhängende Worte.

desl liura|ment *m* Befreiung, Erlösung *f* (*de* von *bzw* aus); Entbindung *f* (von) |

= **alliberament** | Entbindung, Niederkunft, Geburt *f* | **~r** (33) *vt* befreien, erlösen (*de* von *bzw* aus); entbinden (von) | = **alliberar** | gebären, zur Welt bringen | *bíbl* : *deslliura'ns del mal* erlöse uns von dem Übel || *vi* entbinden, niederkommen | **~r-se** *v/r* s. befreien (*de* von *bzw* aus) | = **~r** *vi*.

desllogar *vt* entmieten | **~se** frei werden (*Haus, Wohnung*).

desllorigador *m* = **articulació**, **(con)juntura** | *fig* Dreh *m* | *trobar el ~* den richtigen Dreh finden *od* herausbekommen | **~r**[1](**-se**) (33) *vt*(/*r*) = (/*r*) **desarticular(-se)**, **desconjuntar(-se)**.

desllorigar[2](**-se**), **~uerar(-se)** (33) *vt*(/*r*) *caç* = **desencauar(-se)**.

desllu|ir (37) *vt bes fig* trüben, (e-r *Sache*) den Glanz nehmen | *la pluja va ~ la festa* der Regen beeinträchtigte das Fest | **~ir-se** *v/r* s. trüben, den Glanz verlieren | **~ït** (**-ida** *f*, **-ïdament** *adv*) *adj* glanzlos | schäbig, unansehnlich | ruhmlos, kläglich.

desllustrar (33) *vt* abglänzen | (*Glas*) mattieren | *fig* (*Ruf, Namen*) beflecken | **~se** *v/r* glanzlos (*od* matt) werden.

desmagnetització *f* Entmagnetisierung | **~r** (33) *vt* entmagnetisieren | **~r-se** *v/r* unmagnetisch werden.

desmai *m* Ohnmacht(sanfall) *f* | *bot* Trauerweide *f* | *tenir un ~* in Ohnmacht fallen | **~ar** (33) *vi* verzagen | nachlassen, erlahmen | **~ar-se** *v/r* ohnmächtig werden, in Ohnmacht fallen | *estava a punt de desmaiar-se de gana* mir wurde schwach vor Hunger | **~at** (**-ada** *f*) *adj* ohnmächtig | kraftlos, schlaff, (a. *Farbe*) matt.

desmallar (33) *vt* (*Netz, Maschenwerk*) aufknüpfen, aufziehen | (*Fisch*) aus dem Netz nehmen | *fig ant* = **disgregar** | **~se** *v/r*: *la xarxa s'ha desmallat* das Netz ist aufgerissen.

desmamar (33) *vt* = **deslletar**.

desmanar (33) *vt* = **contramanar**.

desmanega|ment *m fig* Durcheinander(bringen) *n* | Liederlichkeit *f* | **~r** (33) *vt* (e-m *Gerät*) den Stiel (*bzw* den Griff) abnehmen | kaputt-machen, -kriegen | *fig* durcheinanderbringen, in Unordnung bringen | **~r-se** *v/r*: *l'aixada s'ha desmanegat* dem Spaten ist der Stiel abgegangen | *fig*: *~ per obtenir u/c* s. abrackern, um etw zu erreichen | **~t** (**-ada** *f*) *adj fig* schlu-

d(e)rig, schlampig, liederlich | (*Aussehen, Person*) a. verlottert.

desmantella|ment *m* Schleifen *n* | Entmastung *f* | Demontage *f* | Zerschlagung *f* | **~r** (33) *vt* (*Festung*) schleifen | (*Schiff*) entmasten | (*Fabrikanlagen*) demontieren | (*Organisation*) zerschlagen.

desmanyotat (**-ada** *f*, **-adament** *adv*) *adj* linkisch, unbeholfen, ungeschickt.

desmaquillar(-se) (33) *vt*(/*r*) a. *teat* (s.) abschminken.

desmarca|r-se (33) *v/r esport* s. freilaufen | **~t** (**-ada** *f*) *adj* ungedeckt.

desmarxa|r (33) *vt* lädieren, ramponieren | verwahrlosen lassen | = **deixatar** | **~r-se** *v/r* s. abnutzen | verwahrlosen | = **deixatar-se** | **~t** (**-ada** *f*) *adj* ramponiert | abgenutzt | verwahrlost, verkommen.

desmembra|ment *m* Zerstück(e)lung; Zergliederung *f* | (Auf-, Zer-)Teilung, Zersplitterung *f* | (Ab)Trennung *f* | **~r** (33) *vt* (*Körper*) zerstückeln; *med* zergliedern | *fig* (*bes Land, Staat*) (auf-, zer-)teilen, (*stärker*) zersplittern; (*Teil*) (ab)trennen | **~r-se** *v/r*: *l'imperi va ~* das Reich zersplitterte | *~ d'Espanya* s. von Spanien (ab)trennen.

desmemoria|ment *m* Vergeßlichkeit *f* | **~r-se** (33) *v/r* das Gedächtnis verlieren, vergeßlich werden | **~t** (**-ada** *f*) *adj* vergeßlich, gedächtnisschwach.

desmenja|ment *m* Appetit-losigkeit *f*, -mangel *m* | *fig* Gleichgültigkeit, Interesselosigkeit; Ziererei *f* | **~r-se** (33) *v/r* den Appetit verlieren | **~t** (**-ada** *f*) *adj* appetitlos | *fig* unlustig; gleichgültig; verächtlich | *fer el ~* s. gleichgültig stellen; s. zieren.

desmenti|ment *m* Widerlegung *f* | Ableugnung *f* | Widerruf *m*, *bes polít* Dementi *n* | *donar un ~ oficial* e. amtliches (*od* offizielles) Dementi herausgeben | **~r** (37 *od* 36) *vt* (j-m) widersprechen (*etw*) widerlegen; be-, ab-streiten, ableugnen; widerrufen, *bes polít* dementieren | (j-n, j-s *Worte*) Lügen strafen.

desmerèixer (40) *vi*: *amb la meva covardia vaig ~ als ulls de tothom* durch meine Feigheit sank ich in der allgemeinen Achtung | *aquesta dona ha desmerescut molt* diese Frau hat sehr verloren | *això desmereix d'ell* das ist unter s-r Würde | *aquesta obra no desmereix de les altres* dieses Werk steht

desmèrit den anderen nicht nach.

desmèrit *m* Unwürdigkeit *f*, Unwürdigsein *n* | = **demèrit**.

desmesura *f* Maßlosigkeit, Unmäßigkeit *f* | Übermaß *n* | **~t** (**-ada** *f*, **-adament** *adv*) *adj* maßlos, unmäßig | übermäßig | ungeheuer, riesig.

desmilitaritza|ció *f* Entmilitarisierung *f* | **~r** (33) *vt* entmilitarisieren | **~r-se** *v/r* entmilitarisiert werden.

desmillora|ment *m* Verschlechterung *f* | Schwächung *f*; Verfall *m* | **~r** (33) *vt* (*etw*) verschlechtern | (*j-n*) schwächen, mitnehmen, (*j-m*) zusetzen | **~r-se** *v/r*: *el malalt va ~ molt* dem Kranken ging es viel schlechter; der Kranke wurde hinfällig *bzw* verfiel zusehends.

desmineralitza|ció *f* Demineralisation *f* | **~r** (33) *vt med tecn* demineralisieren.

desmit|ificació *f a. fig* Entmythologisierung *f* | **~ificar** (33) *vt a. fig* entmythologisieren | **~ització** *f* Entmythisierung *f* | **~itzar** (33) *vt* entmythisieren | **~ologització** *f* Entmythologisierung *f* | **~ologitzar** (33) *vt* entmythologisieren.

desmobilitza|ció *f mil* Demobilisierung *f* | Demobilisation, Demobilmachung *f* | Entlassung *f* aus dem Kriegsdienst | **~r** (33) *vt mil* demobilisieren aus dem Kriegsdienst entlassen.

desmobla|r (33) *vt*: *~ un pis* e-e Wohnung ausräumen, die Möbel aus e-r Wohnung ausräumen | **~t** (**-ada** *f*) *adj* unmöbliert.

desmodula|ció *f* Demodulation, Gleichrichtung *f* | **~dor** *m* Demodulator, Gleichrichter *m* | **~r** (33) *vt telecom* demodulieren, gleichrichten.

desmonetitza|ció *f* Demonetisierung *f* | **~r** (33) *vt econ* demonetisieren.

desmoralitza|ció *f* Demoralisation, Demoralisierung *f* | Entmutigung *f* | **~dor** *adj* demoralisierend | entmutigend | **~r** (33) *vt* demoralisieren, sittlich verderben | entmutigen (*j-m*) das Selbstvertrauen nehmen, (*bes Truppen*) demoralisieren | **~r-se** *v/r* die Moral (*bzw* den Mut, das Selbstvertrauen) verlieren.

desmota|r (33) *vt tèxt* entkletten | **~tge** *m* Entklettung *f*.

desmudar(-se) (33) *vt(/r)* (*j-m*) (s.) die Fest- (*od* Sonntags-)kleidung ausziehen | (*j-n*) (s.) wieder alltäglich anziehen.

desmultiplica|ció *f* Untersetzung(sverhältnis *n*) *f* | **~dor** *m a. elect* Untersetzung *f* | *tecn* Untersetzungsgetriebe *n* | *elect* Untersetzer *m* | **~r** (33) *vt* (*Getriebe*, *Signale*) untersetzen.

desmunt *m* Einschnitt *m*, (abgetragene) Erdvertiefung *f* | **~able** *adj* (*m/f*) zerlegbar | abnehmbar | **~ar** (33) *vi/t* = **descavalcar** || *vt* auseinandernehmen zerlegen; (*Gerüst*, *Zelt*) abbauen; (*bes Industrie anlagen*) demontieren, (*Teil*, *Stück*) abnehmen; *tecn* abmontieren; ausbauen | (*Edelstein*) aus der Fassung nehmen | (*Geländeerhebung*) abtragen | *fig* demontieren | *fig* (*Geschäft*, *Haushalt*) auflösen | *fam* (*j-n*) verwirren; aus der Fassung bringen; außer Gefecht setzen | **~ar-se** *v/r*: *la cadira s'ha desmuntat* der Stuhl ist auseinandergegangen | *fig fam: et desmuntes de seguida* du verlierst leicht die Fassung, du gibst (zu) leicht auf | **~atge** *m tecn* Demontage *f*.

desnacionalitza|ció *f* Entnationalisierung *f* | **~r** (33) *vt* entnationalisieren | (*j-m, der Gesellschaft, der Kultur*) den Volks-charakter (*bzw* -geist) entziehen | **~r-se** *v/r* entnationalisiert werden | s. entnationalisieren lassen.

desnansat (**-ada** *f*) *adj* henkellos.

desnarigat (**-ada** *f*) *adj* nasenlos | platt-, stups-nasig.

desnassar (33) *vt* (*j-m*) die Nase abschneiden.

desnatar (33) *vt* (*Milch*) entrahmen.

desnatur|alització *f* Denaturierung *f* | Entartung; Entstellung, Verfälschung *f* | Denaturalisation, Ausbürgerung *f* | **~alitzar** (33) *vt a. quím* denaturieren | (*Alkohol*) a. vergällen | *fig a.* entarten lassen; entmenschen; (*Text, Sinn*) entstellen, verfälschen | *dr* denaturalisieren, ausbürgern | **~alitzar-se** *v/r fig* entarten | *dr* s. denaturalisieren lassen | **~alitzat** (**-ada** *f*) *pp/adj fig: pares ~s* entartete Eltern, *umg* Rabeneltern | **~ar(-se)** (33) *vt/r* = **~alitzar(-se)**.

desnazifica|ció *f* Entnazifizierung *f* | **~r** (33) *vt* entnazifizieren.

desnerit (**-ida** *f*) *adj* schmächtig, kümmerlich, *umg* vermickert.

desniar (33) *vt* aus dem Nest werfen *bzw* nehmen | *fig* vertreiben || *vi a fig* das Nest verlassen.

desnivell *m* Höhenunterschied *m* | *a. fig* Gefälle *n* | *a. fig* Niveauunterschied *m* | (*Boden*) Unebenheit *f* | *fig a.* Un-

desnodrit

terschied *m* | **~ar** (33) *vt* uneben (*fig* ungleich) machen | aus der Waagerechten bringen | **~ar-se** *v/r* uneben (*fig* ungleich) werden | aus der Waagerechten kommen.

desnodrit (-ida) *f) adj* unterernährt.

desnona|ment *m* Rückgängigmachung *f* | Kündigung *f* | Zwangsräumung *f* | **~r** (33) *vt* (*etw*) rückgängig machen | (*e-m Mieter, e-m Angestellten; e-e Wohnung; e-n Vertrag*) kündigen | *p ext* (*j-n*) zur Räumung zwingen | (*e-n Kranken*) aufgeben.

desnuar(-se) (33) *vt(/r)* (s.) aufknoten.

desnucar(-se) (33) *vt(/r)* (*j-m*) (s.) das Genick brechen.

desnuclearitzar (33) *vt* atomwaffenfrei machen.

desnutrició *f* Unterernährung *f*.

desobe|diència *f* Ungehorsam *m* | (*Kind*) *a.* Unfolgsamkeit *f* | *bes mil* Gehorsamsverweigerung *f* | **~dient**(**ment** *adv*) *adj* (*m/f*) ungehorsam | (*Kind*) *a.* unfolgsam | **~ir** (37) *vt* (*j-m*) nicht gehorchen | (*e-m Offizier*) den Gehorsam verweigern | (*e-n Befehl*) nicht ausführen | (*Rat, Befehl*) nicht befolgen | (*e. Gesetz*) übertreten.

desobstruir(-se) (37) *vt(/r)* (*von e-r Verstopfung od Versperrung*) frei machen (werden).

desocupa|ció *f* Räumung *f* | Beschäftigungslosigkeit; Untätigkeit *f* | *sociol* Arbeitslosigkeit *f* | **~** *estacional* saisonbedingte Arbeitslosigkeit *f* | **~r** (33) *vt* (*bes Platz, Saal, Wohnung*) räumen || *vi euf* niederkommen, entbinden, gebären | **~t (-ada** *f) adj* unbeschäftigt | arbeitslos | (*Wohnung, Zimmer*) leerstehend, frei | (*Sitzplatz*) frei || *s/mf* Arbeitslose(r *m*) *m/f*.

desodor|ant *adj* (*m/f*) desodorierend || *s/m* De(s)odorant *n* | **~(itz)ar** (33) *vt* de(s)odor(is)ieren.

desoir (37) *vt* (*j-m, e-r Bitte, e-m Rat*) k. Gehör schenken.

desola|ció *f* Verwüstung, Verheerung *f* | Trostlosigkeit *f* | **~dor** *adj* verwüstet, verheerend | trostlos, betrüblich | **~r** (33) *vt* verwüsten, verheeren | (*j-n*) untröstlich machen, tief betrüben | **~t (-ada** *f,* **-adament** *adv) adj* verwüstet, verheert | *fig* trostlos | (*person*) *a.* untröstlich; tief-traurig, -betrübt.

desorbita|r (33) *vt* maßlos übertreiben | **~r-se** *v/r* s. ins Maßlose steigern |

despagament

~t (-ada *f) adj* übermäßig, maßlos, übertrieben | *amb els ulls* **~s** mit weit aufgerissenen Augen.

desord|enar(-se) (33) *vt(/r)* in Unordnung bringen (geraten); durcheinander-bringen (-geraten) | *no desordenis l'habitació!* bring das Zimmer nicht in Unordnung! | *qui ha desordenat els llibres?* wer hat die Bücher durcheinandergebracht? | **~enat (-ada** *f,* **-adament** *adv) adj* (*a. Person*) unordentlich | ungeordnet | (*nur prädikativ*) durcheinander | wirr | zügellos, ausschweifend | **~re** *m* Unordnung *f*; Durcheinander *n* | Unordentlichkeit *f* | *en* **~** in Unordnung; durcheinander | *retirar-se en* **~** e-n ungeordneten Rückzug antreten || *pl* Unruhen *f pl*.

desorganitza|ció *f* Desorganisation *f* | Unordnung *f*, Durcheinander *n* | **~r** (33) *vt* in desorganisieren | durcheinanderbringen, in e-n chaotischen Zustand versetzen | **~r-se** *v/r* s-e Organisation verlieren | durcheinandergeraten, chaotisch werden | **~t (-ada** *f,* **-adament** *adv) adj* organisationslos | systemlos | chaotisch | *l'hospital està completament* **~** im Krankenhaus geht alles drunter u. drüber.

desori *m* Wirrwarr *m*; Tohuwabohu, Chaos *n*.

desorienta|ció *f* Irreführung *f* | Richtungslosigkeit *f* | Verwirrung *f* | *bes psic* Desorientierung *f* | **~dor** *adj* irre-führend, -leitend | verwirrend | **~r** (33) *vt* irre-führen, -leiten | *fig a.* irremachen, verwirren, desorientieren | **~r-se** *v/r* die Orientierung verlieren | *fig a.* irre (*od* verwirrt, desorientiert) werden | **~t (-ada** *f) pp/adj*: *un noi* **~** e. richtungsloser Junge | *estic* **~** ich habe die Orientierung verloren; *fig a.* ich bin verwirrt *od* desorientiert.

desorme|ig *m* *nàut* Abtak(e)lung *f* | **~jar** (33) *vt nàut* abtakeln.

desossar (33) *vt* entbeinen.

desoxi|dació *f* Desoxydation *f* | **~dar** (33) *vt quím met* desoxydieren | **~genar** (33) *vt quím* (*e-m Stoff*) den freien Sauerstoff entziehen | **~ribonucleic** *adj: àcid* **~** (*ADN*) Desoxyribonukleinsäure (DNS) *f*.

despacientar(-se) (33) *vt(/r)* ungeduldig machen (werden).

despaga|ment *m ant reg* Unmut *m* | **~t (-ada** *f,* **-adament** *adv) adj ant reg* unmutig.

despallar (33) *vt agr* worfeln.
despampolar (33) *vt agr* (*Weinstock*) entlauben.
despanyar (33) *vt* = **espanyar**.
desparar (33) *vt* (a. ~ *la taula*) den Tisch ab-decken, -räumen.
desparella|r (33) *vt* (*Paar, Gepaartes*) trennen, auseinanderbringen | (*Zahl*) ungerade machen | (*mehrere Paare*) durcheinanderbringen | **~r-se** *v/r* s. trennen | ungerade werden | durcheinandergeraten | **~t** (**-ada** *f*) *pp/adj*: *un guant* ~ e. einzelner Handschuh | *portes els mitjons* ~s du trägst (zwei) verschiedene Socken.
desparençar (33) *vt* verunstalten, entstellen | *aquestes ulleres la desparencen molt* diese Brille ist sehr unvorteilhaft für sie.
despariar(-se) (33) *vt(/r)* = **desapariar(-se)** | = **desparellar(-se)**.
desparionar(-se) (33) *vt(/r)* = **desparellar(-se)**.
despassar (33) *vt* (*Durchgezogenes*) herausziehen | **~-se** *v/r*: *el fil s'ha despassat* der Faden hat s. ausgefädelt.
despatx *m* Erledigung; Abfertigung *f* | Verkauf, Absatz *m* | Büro *n*; (*Anwalt*) a. Kanzlei *f*; (*zu Hause*) Arbeitszimmer *n* | *dipl corr* Depesche *f* | (*Presseagentur*) Meldung *f* | ~ *de duanes* Zollabfertigung *f* | **~ar** (33) *vt* (*Angelegenheit, Aufgabe*) erledigen; *adm* a. abfertigen | (*Urkunde*) ausfertigen, ausstellen | (*Kunden*) bedienen; (*Waren*) verkaufen, (*Karten*) a. ausgeben | (*Mitteilung, Boten*) (ab)senden, (ab)schicken | *fam* (*j-n*) (kurz) abfertigen | *fam* (*j-n*) hinauswerfen, (*Arbeiter, Angestellte*) a. entlassen, kündigen (*dat*) | *fam* (*j-n*) umbringen, fertigmachen.
despectiu (**-iva** *f*, **-ivament** *adv*) *adj* geringschätzig, verächtlich, *lit* despektierlich | *ling* abwertend.
despe|dregar (33) *vt* = **desempedregar**.
despen|dre (40) *vt* (*Geld*) ausgeben (*en* für) | *a. fig* aufwenden (für), verwenden (auf *ac*) | *s: gastar* | ~ *el temps en discussions inútils* Zeit mit nutzlosen Diskussionen vertun | ~ *paraules en va* s-e Worte verschwenden, umsonst reden | **~edor** *adj*: *ésser* ~ viel (Geld) ausgeben; *desp* verschwenderisch sein.
despenjar (33) *vt* abhängen, ab-, herunter-nehmen | ~ *el telèfon* den Hörer abnehmen | *no* ~-*les de gaire alt* od *enlaire* (*fig fam*) nicht gerade e. Kirchenlicht sein | **~-se** *v/r*: ~ *per les roques* an den Felsen herunterklettern | ~ *amb una corda d'una finestra* s. an e-m Seil vom Fenster herunterlassen | *fig fam*: *et despenges amb cada acudit!* Einfälle hast du! | *l'amfitrió va* ~ *amb un discurs* der Gastgeber ließ e-e Rede vom Stapel.
despentina|r (33) *vt* (*j-m*) die Frisur durcheinanderbringen, das Haar zerzausen | **~r-se** *v/r*: *mira de no despentinar-te!* paß auf deine Frisur auf! | *t'has ben despentinat* du bist ja ganz zerzaust | **~t** (**-ada** *f*) *pp/adj*: *anar* ~ ungekämmt sein *bzw* herumlaufen.
despenya|dor *m* = **espenyador** | **~r(-se)** (33) *vt(/r)* = **espenyar(-se)**.
desperfecte *m* kl(r) Schaden *m* | leichte Beschädigung *f*.
despersonalitza|ció *f* Entpersönlichung, *psic* Depersonalisation *f* | **~r** (33) *vt* entpersönlichen | **~r-se** *v/r* entpersönlicht werden.
despert *adj* wach | *fig a.* klug, hell, (*Kind*) (auf)geweckt | *encara no estic ben* ~ ich bin noch nicht ganz wach *od* munter | **~ador** *m* Wecker *m*, Weckuhr *f* | ~ *automàtic* (*telecom*) Weckdienst *m* | **~ament** *m bes fig* Erwecken; Erwachen *n* | **~ar** (33) *vt* wecken; (*zufällig*) a. aufwecken | wach (*od* munter) machen | *fig* (er)wecken, wach-, hervor-rufen, erregen; (*Appetit*) anregen; (*j-n*) aufrütteln | *desperta'm a les sis!* weck mich um sechs! | *un cafè et* ~à e. Kaffee wird dich wach (*od* munter) machen | **~ar-se** *v/r* aufwachen, wach werden | *lit fig* erwachen | *fig umg* s. mausern | wieder Gefühl bekommen (*Glieder*).
despesa *f* (*Zahlung*) Ausgabe(n *pl*) *f* | *bes fig* Aufwand *m* | *reg* = **dispesa** | ~ *pública* öffentliche Ausgaben, Staatsausgaben *pl* | ~ *de temps* (*d'energia*) Zeit-(Energie-)aufwand *m* | *és una gran* ~ es ist e-e große Ausgabe | *qui pagarà la* ~? wer wird für die Kosten aufkommen? || *pl* Ausgaben *pl* | (Un-)Kosten *pl* | Auslagen *pl* | Spesen *pl* | *despeses corrents* (*extraordinàries, petites* od *menors*) laufende (ungewöhnliche, kleine) Ausgaben *pl* | *despeses generals* allgemeine Unkosten *pl* | *despeses judicials* Gerichtskosten *pl* | *despe-*

ses de manteniment Unterhaltungskosten *pl* | *despeses de representació* Repräsentations-aufwendungen, -gelder *pl* | *despeses de residència* Wohnungsgeld *n* | *despeses de viatge* Reisespesen *pl* | *contribució a les despeses* Unkostenbeitrag *m* | *cobrir les despeses* die Unkosten decken | *a despeses (od ~) d'alg* auf j-s Kosten.

despietat (-**ada** *f*, -**adament** *adv*) *adj* erbarmungslos, unbarmherzig, gnadenlos.

despinta|r (33) *vt* (*e-r Sache*) die Farbe abwaschen *bzw* abkratzen | **~r-se** *v/r* die Farbe verlieren (*Angestrichenes*) | abblättern; aus-, ver-bleichen, verblassen (*Farbe*) | *fig*: ~ *de la memòria* aus dem Gedächtnis (ent)schwinden.

despista|r (33) *vt* von der Spur abbringen *od* ablenken; irre-leiten, -führen | *fig fam a.* verwirren, täuschen | (*Verfolger*) *a.* (geschickt) abschütteln || *vi fig fam* s. verstellen | **~r-se** *v/r* die Spur verlieren | *fig fam* irre (*od* verwirrt) werden; s. versehen; s. wegschleichen; s. (vor der Arbeit) drücken | **~t** (-**ada** *f*) *adj fig fam* verwirrt | zerstreut, zerfahren, fahrig | *en física va molt* ~ in Physik hapert es bei ihm.

despit *m* Groll *m*, Verbitterung *f* (*per* über *ac*) | *sentir* ~ Groll hegen | *va casar-se amb l'altre per* ~ sie heiratete den anderen aus Trotz | *a* ~ *de* = **malgrat** | **~ar(-se)** (33) *vt*(*/r*) (s.) erbittern.

desplaça|ment *m a. fís elect quím* Verschiebung *f* | Verlagerung *f* | (Fort)Bewegung *f* | Reise; Fahrt *f* | Umsiedlung; Verschleppung, Vertreibung *f* | *fís* verdrängte Menge *f*; *nàut* (Wasser-)verdrängung *f*, Deplacement *n* | *fig* Verdrängung *f* | **~r** (33) *vt* verschieben, (von der Stelle) bewegen | (*bes Gewicht, Schwerpunkt*) verlagern | (*Wasser, Luft*) verdrängen | (*j-n*) verdrängen; *fig umg a.* ausbooten | (*Bevölkerung*) umsiedeln; (*mit Gewalt*) verschleppen, vertreiben | (*Truppen*) verlegen | **~r-se** *v/r* s. verschieben | s. verlagern | s. (fort)bewegen, fahren (*Fahrzeug*) | ~ *a un lloc* s. an e-n Ort begeben, an e-n Ort reisen | **~t** (-**ada** *f*) *pp*/*adj*: *sentir-se* ~ s. fehl am Platz (*od* deplaziert, deplaciert) fühlen.

desplae|nt(**ment** *adv*) *adj* (*m/f*) unangenehm | (*és*)*ser* ~ *a alg* j-m mißfallen | **~r** *m* Mißfallen *n* | Unbehagen *n*.

desplantar (33) *vt* (*Pflanze, Pfahl*) ausreißen.

desplaure (40) *vi* mißfallen (*a alg* j-m) | nicht behagen (*j-m*).

desplega|ble *adj* (*m/f*) *gràf* ausfaltbar, ausklappbar | *tecn* ausfahrbar || *s/m* Ausklappbild *n* | **~ment** *m a fig* Entfaltung *f* | *mil* Aufstellung *f*; Aufmarsch; Einsatz *m* | ~ *policíac* Polizeiaufgebot *n* | **~r** (33) *vt* auseinander- auf-falten, *a. fig* (*Aktivität, Prunk, Talent*) entfalten | (*Flügel*) ausbreiten, (*s. Segel*) ausspannen | (*Eingeheftetes*) ausfalten, ausklapen | (*Stuhl, Tisch*) aufklappen | (*Antenne; Landeklappen, Fahrwerk*) ausfahren | *mil* (in Schlachtordnung) aufstellen; aufmarschieren lassen; (*a. Polizei*) einsetzen, aufbieten | *met* strecken | *nàut* (*Segel, Flagge*) setzen | *fig a.* (*Kräfte, Einfluß*) einsetzen, aufbieten | **~r-se** *v/r*: *el paracaiguda no va* ~ der Fallschirm entfaltete s. nicht | *les tropes van al llarg de la frontera* die Truppen marschierten längs der Grenze auf.

desplom *m arquit* Überhang *m*, Abweichung *f* vom Lot | **~ar** (33) *vt* (*Mauer*) aus dem Lot bringen | **~ar-se** *v/r* überhängen, s. neigen (*Mauer*) | einstürzen (*Mauer, Dach, Gebäude*) | *a. fig* zusammenbrechen | *aeron* ab-, durchsacken.

despobla|ció *f*, **~ment** *m* Entvölkerung *f* | **~r** (33) *vt* entvölkern | *p ext*: ~ *un bosc d'arbres* e-n Wald völlig abholzen | **~r-se** *v/r* s. entvölkern, entvölkert werden | veröden, menschenleer werden | **~t** (-**ada** *f*) *adj* entvölkert | menschenleer, unbewohnt || *s/m* unbewohnter Ort *m* | freies (*od* offenes) Gelände *n*.

despodera|ment *m* Entkräftung, Kraftlosigkeit *f* | **~r** (33) *vt* entkräften, kraftlos machen | **~t** (-**ada** *f*) *adj* entkräftet, kraftlos.

despolaritza|ció *f* Depolarisation *f* | **~dor** *m* Depolarisator *m* | **~r** (33) *vt fís* depolarisieren.

despolititza|ció *f* Entpolitisierung *f* | **~r** (33) *vt* entpolitisieren | **~r-se** *v/r* entpolitisiert werden.

desponcellar (33) *vt* = **desflorar**.

despondre's (40) *v/r* nicht mehr legen (*Huhn*).

despopar (33) *vt oc* = **desmamar**.

desposse|ïment *m* Enteignung *f* | **~ir** (37) *vt* enteignen, *arc* depossedieren |

dèspota

~ *alg d'u/c* j-m den Besitz über etw entziehen | ~ *alg d'un càrrec* j-n s-s Amtes entheben | **~ir-se** *v/r:* ~ *d'u/c* s. e-r Sache (*gen*) entäußern | **~ssió** *f* Enteignung *f.*

dèspota *m a. fig* Despot *m* | Gewaltherrscher *m* || *adj fam: ets massa* ~ *du bist zu herrisch.*

desp|òtic(ament *adv) adj* despotisch | *fig a.* herrisch | **~otisme** *m* Despotie, Gewaltherrschaft *f* | (*System*) Despotismus *m* | ~ *il·lustrat* aufgeklärter Absolutismus *m.*

despren|dre (40) *vt* (ab)lösen (*de* von) | **~dre's** *v/r* s. (ab)lösen, abgehen (*de* von) | *fig* s. befreien, loskommen (*de* von) | *fig* zu folgern (*od* entnehmen, ersehen, schließen) sein | *d'això es desprèn que...* daraus ist zu entnehmen, daß... | *van haver de* ~ *de la casa* sie mußten das Haus veräußern | *d'aquests llibres, no me'n vull desprendre* von diesen Büchern möchte ich mich nicht trennen | **~iment** *m* (Ab)Lösung *f* | *fig* Freigebigkeit, Großzügigkeit *f* | ~ *de retina* Netzhautablösung *f.*

despreocupa|ció *f* Unbekümmerheit *f* | Leichtfertigkeit *f* | **~r-se** (33) *v/r:* ~ *d'alg* od *d'u/c* s. nicht um j-n od etw kümmern | **~t** (**-ada** *f,* **-adament** *adv) adj* unbekümmert | *desp* leichtfertig.

després *adv* nachher; danach; dann; darauf; später; hinterher | *cal dutxar-se abans i* ~ man soll s. vorher u. nachher duschen | *primer una cosa i* ~ *l'altra* erst das eine u. dann (*od* danach, nachher) das andere | *vindran* ~ od *més tard* sie kommen nachher *od* später | *què ve* ~*?* was kommt danach *od* nachher? | ~ *tot fou diferent* danach war alles anders | ~ *te'n penediràs* nachher (*od* hinterher) wirst du es bereuen | *poc (l'any)* ~ kurz (das Jahr) darauf *od* danach | *una hora* ~ od *més tard* e-e Stunde danach *od* darauf, später || ~ *de* (*loc prep*) nach (*dat*) | (*Rang-, Reihenfolge*) *a.* hinter (*dat*) | *l'adjectiu va* ~ (*od darrere*) *del substantiu* das Adjektiv steht nach (*od* hinter) dem Substantiv | *és el poeta més popular* ~ *de Verdaguer* nach Verdaguer ist er der beliebteste Dichter | ~ *de nosaltres el diluvi!* nach uns die Sintflut! | ~ *d'esmorzar* nach dem Frühstück | ~ *d'haver-ho dit, em va saber greu* nachdem (*od* als) ich es gesagt hatte, tat es mir leid | ~ *de tot el que he fet per tu!* nach allem, was ich für dich getan habe! | ~ *de tot, és el teu pare* er ist immerhin (*od* schließlich, letzten Endes) dein Vater || *després que* (*loc conj*) nachdem | *no es va posar a ploure fins* ~ *que ja se n'havia anat tothom* es begann erst zu regnen, nachdem (*od* als) alle schon gegangen waren | *què faràs* ~ *que hauràs* (*od hagis*) *acabat la carrera?* was wirst du machen, wenn du mit dem Studium fertig bist? | *el mestre se'n va adonar* ~ *que els alumnes* der Lehrer merkte es später als die Schüler | *i això* ~ *que ens hi hem esforçat tant!* und das, nachdem (*umg* wo) wir uns soviel Mühe gegeben haben!

près (**-esa** *f) adj* freigebig, großzügig.

despresa *f* (Ab)Lösung *f.*

desprestigi *m* Herab-setzung, -würdigung *f* | Prestigeverlust; (*stärker*) Verruf *m* | **~ar** (33) *vt* (j-n) herabsetzen, -würdigen | (*j-n*) um sein Ansehen bringen | (*j-n*) in Verruf bringen | **~ar-se** *v/r* sein Ansehen (*od* an Ansehen) verlieren | in Verruf geraten *od* kommen.

despre|venció *f* Unvorsichtigkeit *f,* Mangel *m* an Vorsorge | **~vingut** (**-uda** *f,* **-udament** *adv) adj* unvorsichtig, nicht vorsorglich | unvorbereitet, ahnungslos | *la notícia em va agafar* ~ die Nachricht traf mich unvorbereitet.

desprofit *m* Nachteil, Schaden *m.*

desproporci|ó *f* Mißverhältnis *n* | Unproportioniertheit *f* | *lit* Disproportion(alität) *f* | **~onat** (**-ada** *f,* **-adament** *adv) adj* unverhältnismäßig | unproportioniert, schlecht proportioniert | *lit* disproportioniert | *l'esforç és* ~ *amb els resultats* die Anstrengung steht in keinem Verhältnis zu den Ergebnissen | *tenen el cap* ~ sie haben e-n unproportionierten Kopf | *un preu* ~ e-n unverhältnismäßig hoher Preis.

despropòsit *m* Nonsens, Unsinn *m* | Ungereimtheit *f* | *això és un* ~ das ist Nonsens | *dir* ~s Nonsens reden | *l'article és ple de* ~s der Artikel strotzt von Ungereimtheiten.

desprove|ir (37) *vt:* ~ *alg d'u/c* j-n e-r Sache (*gen*) berauben *od* entblößen; j-n von etw entblößen | **~ït** (**-ida** *f) adj: la ciutat estava desproveïda* (*de queviures*) die Stadt war ohne (Lebensmittel-)Versorgung | *l'avió estava* ~ *de car-*

despulla *burant* das Flugzeug hatte k-n Treibstoff | ~ *de dents* zahnlos | ~ *de seny* bar aller Vernunft.

despulla *f* (*oft pl*) Überrest(e *pl*) *m* | (Tier-, Pflanzenhaut) Balg *m* | *hist* (Beute) Spolien *pl* | ~ (od *despulles*) mortal(s) sterbliche Hülle *f od* Überreste *pl* | **~ment** *m*: *el ~ d'un text* das Ausziehen (*od* die Exzerption) e-s Text(e)s | **~r** (33) *vt* (*j-n*) ausziehen | (Text) ausziehen, exzerpieren | *ant* (aus)plündern | *~ u/c d'ornaments* etw von Schmuck entblößen; den Schmuck von etw entfernen | *~ un arbre de fulles* e-n Baum entblättern | *~ alg d'u/c* j-n e-r Sache (gen) berauben; *dr* j-m den Besitz über etw entziehen | **~r-se** *v/r* s. ausziehen | *~ d'u/c* s. e-r Sache (gen) entäußern; auf etw verzichten; etw weggeben | **~t** (**-ada**) *adj* unbekleidet, *a. fig* nackt | (Baum, Gelände) kahl | *s: nu*² | *banyar-se ~* nackt baden | *encara vas ~?* bist du noch nicht angezogen? | *ja estic ~* ich bin schon ausgezogen.

despumar (33) *vt* = **escumar**.

despuntar (33) *vt* = **espuntar** || *vi* erscheinen, sichtbar werden | anbrechen (Tag) | sprießen (Pflanzen) | hervorragen, s. hervortun, s. auszeichnen | **~-se** *v/r* = **espuntar-se**.

despús *adv ant* = **després** | **~-ahir** *adv ant reg* vorgestern | **~-demà** *adv ant reg* übermorgen.

desqualifica|ció *f* Ausschluß *m* | *esport a.* Disqualifikation, Disqualifizierung *f* | **~r** (33) *vt bes esport* disqualifizieren.

desqueferat (-**ada**) *adj* = **desenfeinat**.

desra|ó *f* Unvernunft *f* | Unrecht *n* | **~onat** (**-ada** *f*, **-adament** *adv*) *adj* = **desenraonat**.

desratitza|ció *f* Rattenvertilgung *f* | **~r** (33) *vt* von Ratten befreien.

desroentar (33) *vt* ausglühen lassen | **~-se** *v/r* ausglühen.

desrovellar (33) *vt* entrosten | *fig* (Kenntnisse) auffrischen.

dessab|eït (**-ida** *f*) *adj* = **insípid** | **~or** *m/f* = **insipidesa** | **~orir**(-**se**) (37) *vt*(/*r*) geschmacklos machen (werden) | **~orit** (**-ida** *f*) *adj* = **insípid**.

dessagnar (33) *vt* zum Verbluten bringen | (Tier) ausbluten lassen | **~-se** *v/r* stark bluten, viel Blut verlieren | (bis zum Tode) verbluten | ausbluten (*bes Tier*).

dessala|r (33) *vt* entsalzen | (Fisch) wässern | **~tge** *m* Entsalzung *f* | Wässern *n*.

desseca|ció (Aus)trocknung *f* | = **~ment** | *quím* Exsikkation *f* | **~ment** *m* Trockenlegung; Entwässerung *f* | **~nt** *adj* (*m/f*) (aus)trocknend | *quím* exsikkativ | *s/m med* Exsikkans *n* | *quím* Sikkativ *n* | **~r** (33) *vt* (aus)trocknen | (Sumpf, Moor) trockenlegen; entwässern | **~r-se** *v/r* (aus)trocknen | **~tiu** (-**iva** *f*) *adj* = **~nt**.

dessegellar (33) *vt* entsiegeln.

dessensibilització *f med* Desensibilisation, -sierung *f*.

desserv|ei *m* schlechter Dienst *m* | **~ir** (37) *vt* (*j-m*) e-n schlechten Dienst erweisen.

desset, ~è *ant reg* = **disset, dissetè**.

dessobre = **damunt** || *bes s/m: el ~ s'ha d'envernissar* die Oberseite muß lackiert werden | *amb una capa de xocolata al ~* mit e-r Schokoladenschicht obendrauf | *al ~ del portal hi ha un balcó* über dem Portal befindet s. e. Balkon.

dessoldar (33) *vt tecn* ab-, los-löten | **~-se** *v/r* abbrechen, s. lösen (Gelötetes).

dessota = **davall** || *bes s/m: el ~ és impermeable* die Unterseite ist imprägniert | *no portes res al ~ (de la brusa)?* hast du darunter (unter der Bluse) nichts an?

dessoterrar (33) *vt* ausgraben.

desstalinització *f* Entstalinisierung *f*.

dessua|dor *m* Achsel-blatt, -tuch *n* | **~r** (33) *vt* (*j-m*) den Schweiß trocknen | *vi* s. erfrischen, s. abkühlen | **~r-se** *v/r* s. den Schweiß trocknen (lassen) | = **~r** *vi*.

dessuardar (33) *vt tèxt* = **desgreixar**.

dessulfurar (33) *vt* entschwefeln.

dessús *ant reg* = **damunt**.

destaca|ment *m mil* Sonderkommando; *arc* Detachement *n* | **~r** (33) *vt bes mil* abkommandieren | *mil arc* detachieren | *a. fig* hervorheben || *vi a. fig* abstechen, s. abheben; hervor-stechen, -ragen, -treten | **~r-se** *v/r: Anquetil va ~ (del gran grup)* Anquetil löste s. vom Feld | = **~r** *vi* | **~t** (**-ada** *f*) *pp*/*adj*: *un artista ~* e. hervorragender Künstler | *un aspecte ~* e. hervorstechender Aspekt | *van arribar ~s a la meta* sie kamen mit großem Vorsprung ans Ziel.

destalent *f* = **desgana** | **~at** (**-ada** *f*) *adj* = **desganat**.

destalonar (33) *vt* = **estalonar**².
destapar (33) *vt* aufdecken | *fig a.* enthüllen | (*Flasche*) öffnen; entkorken | (*Brust, Nase*) frei machen | **~-se** *v/r* s. aufdecken (*a. im Bett*) | frei werden (*Brust, Nase*) | *fig* aus s. herausgehen.
destarota|dor *adj* verwirrend | störend | **~ment** *m* Verwirrung *f* | Störung *f* | **~r** (33) *vt fam* verwirren, durcheinanderbringen, kopflos machen | stören | **~r-se** *v/r* in Verwirrung geraten, kopflos werden, durchdrehen | **~t** (**-ada**) *f*) *adj* verwirrt, durcheinander, kopflos | ungeordnet | wirr(köpfig).
desteixi|nar-se (33) *v/r fam Bal* = **desfer-se, desviure's** | **~r** (37) *vt* (wieder) auf-trennen, -ziehen | **~r-se** *v/r* aufgehen | *fam Bal* = **desfer-se, desviure's** | *~ de riure* s. totlachen.
destemença̧t (**-ada** *f*) *adj* furchtlos.
destemp|erat (**-ada** *f*, **-adament** *adv*) *adj* (*Klima*) rauh | *fig* = **intemperat** | **~rança** *f* Maßlosigkeit, Unmäßigkeit *f* | **~rar**(-se) (33) *vt*(/*r*) = **destrempar**(-se).
destenyi|ment *m* Entfärbung *f* | **~r** (37) *vt* (*Stoff*) entfärben || *vi: aquesta roba destenyeix* dieser Stoff färbt ab | **~r-se** *v/r* s. entfärben.
desterr|ament *m* Verbannung *f* | **~ar** (33) *vt a. fig* verbannen | **~ossar** (33) *vt* = **esterrossar**.
desteular (33) *vt* (*Haus*) abdecken | **~-se** *v/r* abgedeckt werden.
destí *m* Schicksal *n* | (*j-s*) *a.* Los, Geschick, Verhängnis *n* | *s: predestinació*.
destil·l|ació *f quím* Destillation *f* | (*Branntwein*) *a.* Brennen | **~ador** *adj* Destillier... || *s/m* Destillateur, (Destillat-, Brannwein-)Brenner *m* | *tecn* Destillator; Destillierapparat *m* | **~ ar** (33) *vt lit* (tropfenweise) absondern, ausschwitzen; tropfen (*od* tröpfeln) lassen | *quím* destillieren; (*Branntwein*) *a.* brennen | *fig: la carta destil·la sarcasme* der Brief trieft von (*od* vor) Sarkasmus | **~at** (**-ada** *f*) *adj* destilliert || *s/m* Destillat *n* | **~eria** *f* (*Betrieb*) Destillation, Brennerei *f*.
destina|ció *f* Bestimmung *f* | Bestimmungsort *m* | Reiseziel *n* | Zuweisung, Zuteilung; Berufung *f* | *port de ~* Bestimmungshafen *m* | *el tren amb ~ a Lleida* der Zug nach Lleida | **~r** (33) *vt* (*j-n od etw*) bestimmen, (*j-n*) ausersehen (*a* für *bzw* zu) | (*j-n*) zuweisen,

zuteilen (*a* dat); (*e-n Beamten*) *a.* berufen (an *ac*; nach) | *arc* vorsehen, beschließen | **~t** (**-ada** *f*) *pp/adj: un llibre ~ als joves* e. für die Jugend bestimmtes Buch | *està ~ a fer grans coses* er ist zu Großem bestimmt *od* ausersehen | *a qui va ~ el paquet?* an wen ist das Paket gerichtet? | **~tari** (**-ària** *f*) *m* Empfänger(in *f*), Adressat(in *f*) *m*.
destintar(-se) (33) *vt*(/*r*) = **destenyir**(-se).
destitu|ció *f* Absetzung | Amtsenthebung *f* | **~ïble** *adj* (*m/f*) absetzbar | **~ir** (37) *vt* (*j-n*) absetzen (*de* von) | (s-s Amtes) entheben | *ant* = **privar, desposseir**.
destorb *m* Störung *f* | Behinderung *f* | Hindernis *n* | **~ador** *adj* störend | hinderlich | lästig | **~all** *m reg* = **destorb** | **~ar** (33) *vt* stören | behindern, (*j-m*) hinderlich sein || *vi: només destorbes* du störst nur.
des|torçar (33) = **~tòrcer** | **~tòrcer** (40) *vt* geradebiegen | (*Faden, Strick*) aufdrehen | **~torçar-se** = **~tòrcer-se** | **~tòrcer-se** *v/r* s. geradebiegen | s. auf-, auseinander-drehen, -fädeln.
destr|a *f lit* (*Hand, Seite*) Rechte *f* | *ant* = **ronsal** | **~ador** *m ant* = **agrimensor** | **~al** *f* Axt *f* | (*mit kürzerem Stiel*) Beil *n* | *~ de combat* Streitaxt *f* | *~ de guerra* (*Indianer*) Kriegsbeil *n* | *~ de pedra* Steinbeil *n* | **~alada** *f* Axt-, Beil-hieb *m* | **~alejar** (33) *vt/i* (mit der Axt) hacken | holzen | **~aler** *m* Holzfäller, Holzer *m* | *mil* Pionier *m* | *fig fam* Grobian, Rauhbauz; Pfuscher; *esport* Holzer *m*, Rauhbein *n* || *adj* grob, rauhbauzig; pfuscherig; *esport* rauhbeinig | **~aleta** *f*, **~aló** *m* Handbeil *n* | **~ament** *adv* geschickt | **~ar**¹ (33) *vt ant* (*Pferd*) am Halfter führen | (*e-n Reiter*) geleiten | **~ar**² (33) *vt ant* (*Feld*) vermessen | **~e**¹ *adj lit* rechte(r, -s) | geschickt | **~e**² *m: altes Längenmaß von etwa 2,8 m*; *Bal Längenmaß von etwa 4,2 m*.
destrempar (33) *vt* stören, in Unordnung bringen | *ant* auflösen, verdünnen | (*Stahl*) enthärten | *mús* verstimmen | *fig fam* entmutigen | **~-se** *v/r: el piano s'ha destrempat* das Klavier hat s. verstimmt | *fig fam: amb el fracàs van ~* durch den Mißerfolg wurden sie mutlos.
destrenar(-se) (33) *vt*(/*r*) (s.) aufflechten, (s.) auflösen.

destrènyer (40) *vt lit* bedrängen, in Bedrängnis bringen | nötigen, zwingen (*a* zu).

destrer *m hist* Schlachtroß *n*.

destresa *f* Geschick(lichkeit *f*) *n*.

destret[1] *m lit* Bedrängnis *f* | Nötigung *f*, Zwang *m* | *nord-cat* Unwohlsein *n*; Schwäche; Übelkeit; Ohnmacht *f* | *med:* ~ *respiratori* Atembeklemmung *f*.

destret[2] *m ant* = **districte**.

destria|ment *m* (Ver)Lesen *n* | Trennung, Scheidung *f* | Unterscheidung *f* | Wahrnehmung *f*; Erkennen | **~r** (33) *vt* (*Menge*) (ver)lesen | (*Einzelnes*) trennen, scheiden, (ab)sondern (*de* von); aus-lesen, -sondern | unterscheiden (*de* von) | wahrnehmen; *fig a.* erkennen | **~r-se** *v/r* zerfallen, s. auflösen, s. zerteilen | *aquesta roba* (*salsa*) *es destria* dieser Stoff zerfasert (diese Soße gerinnt).

destrompassar (33) *vt* (*Hindernis*) überspringen.

destrona|ment *m* Entthronung *f* | **~r** (33) *vt a. fig* entthronen.

destrossa *f: la batalla fou una* ~ die Schlacht war e. Blutbad *od* Gemetzel | *fer destrosses* od *una* ~ gr(n) Schaden (*od* Verwüstungen *bzw* Verheerungen) anrichten; alles kaputt-machen, -schlagen | **~r** (33) *vt* (*etw*) zertrümmern, zerstören; (*a. Feind, Armee*) zerschlagen, zerschmettern | (*j-n, e. Tier; Schuhe, Kleider*) zerreißen | *fig* (*j-n*) zerschmettern; *umg* erledigen, fertigmachen; (*j-n; Gesundheit, Leben, Nerven*) zerstören, zerrütten, ruinieren; (*Herz*) zerreißen | *umg* kaputtschlagen, *a. fig* kaputtmachen | *fam: el ~ia!* ich könnte ihn zerreißen!

destru|cció *f* Zerstörung *f* | Vernichtung *f* | *impuls de* ~ (*psic*) Zerstörungs- (*od* Destruktions-)trieb *m* | **~ctible** *adj* (*m/f*) zerstörbar | vernichtbar | **~ctiu** (**-iva** *f*, **-ivament** *adv*) *adj* zerstörerisch | *lit med psic* destruktiv | **~ctivitat** *f* Destruktivität *f* | **~ctor** *adj* zerstörend || *s/mf* Zerstörer(in *f*) *m* || *s/m nàut* Zerstörer *m* | **~ir** (37) *vt* zerstören | (*Brief, Urkunde; j-n; Schädlinge, Unkraut*) vernichten | *fig* (*Einfluß; Hoffnungen, Pläne*) *a.* zunichte machen; (*Existenz, Leben, Gesundheit; Unternehmen*) zugrunde richten, ruinieren | *fig* (*j-n*) vernichten, zugrunde richten | **~ir-se** *v/r* s. zugrunde richten.

destrumfar (33) *vt* (*j-m*) alle Trümpfe aus der Hand nehmen.

desuet *adj lit* ungebräuchlich | **~ud** *f lit* Ungebräuchlichkeit *f*.

desullar (33) *vt* (*Nadelöhr*) abbrechen | **~se** *v/r* s. die Augen verderben *bzw* überanstrengen.

desuni|ó *f* Trennung *f* | Entzweiung *f* | Uneinigkeit, Zwietracht *f* | **~r(-se)** (37) *vt(/r)* (s.) trennen | *bes fig* (s.) entzweien, (s.) vereinigen | **~t** (**-ida** *f*, **-idament** *adv*) *adj* getrennt | *fig* uneinig | (*Ehe*) zerrüttet.

des|ús *m* Nichtbenutzung; mangelnde Benutzung *f* | Ungebräuchlichkeit *f* | *dr* Nicht-anwendung | *caure en* ~ außer Gebrauch kommen, ungebräuchlich werden | veralten | **~usat** (**-ada** *f*, **-adament** *adv*) *adj* ungebräuchlich | ungewohnt | veraltet.

desvaga|ment *m* Müßiggang *m*, Müßigkeit, Untätigkeit *f* | **~r-se** (33) *v/r* müßiggehen, müßig sein | müßig werden | **~t** (**-ada** *f*) *adj* müßig(gängerisch), untätig || *s/mf* Müßiggänger(in *f*) *m*.

desvalgut (**-uda** *f*) *adj* hilflos | mittellos || *s/m pl: els ~s* die Mittellosen *pl*.

desvalisar (33) *vt* berauben, ausplündern | ~ *alg d'u/c* j-n e-r Sache (*gen*) berauben.

desvalora|ció *f* Entwertung, Abwertung, Wertminderung *f* | **~r** (33) *vt* entwerten | abwerten | **~r-se** *v/r* entwertet werden, an Wert verlieren.

desvaporar (33) *vt* (*aus e-m Kessel*) Dampf ablassen.

desvari *m* Phantasieren, Irrereden *n* | *fig a.* Wahn-witz, -sinn; Unsinn *m* || *pl* Phantasien *f pl* | **~ar(-se)** (33) *vi(/r)* = **~ejar(-se)** | **~at** (**-ada** *f*) *adj* phantasierend, irreredend | wirr, unsinnig | **~ejament** *m* Phantasieren, Irrereden *n* | **~ejar** (33) *vi a. fig* phantasieren, irrereden, wirr reden | **~ejar-se** *v/r ant* = **variar, diversificar-se**.

desvelar (33) *vt a. fig* entschleiern.

desventura *f* = **desgràcia** | **~t** (**-ada** *f*) *adj* = **dissortat**.

desvergonyi|ment *m* Schamlosigkeit, Unverschämtheit *f* | **~r-se** (37) *v/r* unverschämt werden | ~ *amb alg* zu j-n unverschämt sein | **~t** (**-ida** *f*, **-idament** *adv*) *adj* schamlos, unverschämt.

desvesar(-se) (33) *vt*(/*r*) = **desavesar**(-se).
desvestir(-se) (37) *vt*(/*r*) (s.) ausziehen, (s.) aus-, ent-kleiden.
desvetlla|ment *m* Schlaflosigkeit *f* | *a fig.* Erwecken; Erwachen *n* | **~r** (33) *vt* wecken, (ganz) wach (*od* munter) machen *bzw* halten | nicht schlafen lassen, (*j-m*) den Schlaf nehmen | *fig* (er)wecken, wachrufen, erregen | *el te va ~-me* der Tee machte (*bzw* hielt) mich wach *od* munter; der Tee ließ mich nicht schlafen | **~r-se** *v*/*r*: *el vaig despertar, però no va ~* ich weckte ihn, aber er wurde nicht ganz wach *od* munter | *jugant es desvetllen, i després no es poden adormir* beim Spielen regen sie s. auf, u. nachher können sie nicht einschlafen | *l'interès per ell va ~ després de la seva mort* das Interesse an ihm erwachte nach s-m Tode | **~t** (-ada *f*) *adj* (ganz) wach *od* munter | hellwach | schlaflos.
desvia|ció *f* Abweichung; *cient a.* Deviation, *psic sociol a.* Devianz; *fig a.* Verirrung *f* | Ablenkung *f*, (*Magnetnadel*) *a.* Deviation *f* | Ableitung *f* | *circ* Umleitung *f* | *ferroc* Ausweichgleis *n* | *nàut aeron* Abtrieb *m*, Abtrift *f* | *~ mitjana* (*mat*) mittlere Abweichung *f* | *~ de la columna vertebral* Rückgratverkrümmung *f* | **~cionisme** *m* *polít* Abweichlertum *n*, Deviationismus *m* | **~cionista** *adj* (*m*/*f*) *polít* abweichend || *s*/*m*/*f* Abweichler(in *f*), Deviationist(in *f*) *m* | **~ment** *m* = **desviació** | **~r** (33) *vt a. fig* ablenken (*de* von); (*Strahl*) *a.* umlenken; *esport* (*Ball, Schuß*) *a.* abfälschen | (*Fluß, Rauch, Blitz*) ableiten | (*Verkehr, Fluß*) umleiten | (*Schlag, Blick*) abwenden | (*Schwimmendes, Fliegendes*) abtreiben (*de* von); vom Kurs abbringen | (*Geld, Mittel*) abzweigen (*cap a* zu) | **~r-se** *v*/*r a. fig* abweichen (*de* von) | abtreiben (*de* von); vom Kurs abweichen *od* abkommen; (*absichtlich*) vom Kurs abgehen | *circ* abbiegen (*de* von; *cap a* nach) | **~t** (-ada *f*) *pp*/*adj*: *un xut ~* e. Fehlschuß *m* | *una sexualitat desviada* e. abweichende (*cient* deviante) Sexualität.
desvincula|ció *f* (Los)Lösung *f* | **~r**(-se) (33) *vt*(/*r*) *fig* (s.) Lösen, (s.) los-lösen, -machen.
desvirgar (33) *vt pop!* entjungfern.
desvirtuar (33) *vt* (*etw*) entkräften | beeinträchtigen | (*Wert, Verdienst*) herabsetzen | **~-se** *v*/*r* an Kraft (*bzw* Gehalt) verlieren.
desviure's (40) *v*/*r*: *~ per alg* s. für j-n umbringen, s. für j-n zerreißen | *~ per u*/*c* ganz in e-r Sache aufgehen; auf e-e Sache aussein | *es desviuen per fer estudiar els fills* sie rackern s. ab, damit die Kinder studieren können.
desxifra|ble *adj* (*m*/*f*) entzifferbar | **~dor** *adj* Entzifferungs... || *s*/*m* Entzifferer *m* | **~ment** *m* Entzifferung *f* | Dechiffrierung, Entschlüsselung *f* | **~r** (33) *vt* (*Text, Inschrift*) entziffern | (*Geheimschrift, Funkspruch*) *a.* dechiffrieren, entschlüsseln | (*Geheimnis, Rätsel*) entschlüsseln, enträtseln | (*Charakter, j-n*) durchschauen.
detall *m* Einzelheit *f*, Detail *n* | (kleine) Aufmerksamkeit *f* | (*Teil e-s Bildes*) Ausschnitt *m* | (*Liste*) Einzelaufführung, Spezifikation *f* | *entrar en ~s* auf Einzelheiten eingehen, ins Detail gehen | *has oblidat un petit ~* e-e Kleinigkeit hast du (noch) vergessen | *perdre's en ~s* s. in Detailfragen verlieren | *tenen molts ~ amb nosaltres* sie erweisen uns viele Aufmerksamkeiten | *van tenir el ~ de convidar-nos* sie waren so nett, uns einzuladen | *al ~* (*com*) einzeln, im kleinen, im Detail, en détail | *comerç al ~* Einzel-, Kleinhandel *m* | *preu al ~* Einzelhandelspreis *m* | *venda al ~* Einzelverkauf *m* | *amb tots els ~* mit (*od* in) allen Einzelheiten *od* Details | **~adament** *adv* im einzelnen, in Einzelheiten, im Detail | **~ar** (33) *vt* im einzelnen darlegen *od* ausführen | *a. com* detaillieren | *com* (*Rechnung*) spezifizieren | **~at** (-ada *f*) *adj* ausführlich, eingehend, detailliert | *com* spezifiziert | **~isme** *m* Kleinmalerei *f* | **~ista** *adj* kleinmalerisch | *s*/*m*/*f* Kleinmaler(in *f*) *m* | *com* Einzel-, Klein-händler(in *f*) *m*.
detec|ció *f* Entdeckung *f*, Nachweis *m*, Feststellung *f* | Wahrnehmung, Bemerkung *f* | *elect* Gleichrichtung *f* | **~tar** (33) *vt* entdecken, nachweisen, feststellen | wahrnehmen, bemerken | **~tiu** *m* Detektiv *m* | *agència de ~s* Detektivbüro *n*, Detektei *f* | **~tivesc** *adj* detektivisch | Detektiv... | **~tor** *m tecn* Detektor *m* | *~ de mentides* Lügendetektor *m* | *~ de mines* Minensuchgerät *n*.

deten|ció f Auf-, Zurück-halten n | dr Festnahme, Verhaftung; (Gefangenschaft) Haft f, Gewahrsam m | = **~iment** | ~ il·legal Freiheitsberaubung f | ~ preventiva Untersuchungshaft f | ordre de ~ Haftbefehl m | **~iment** m: amb ~ (loc adv) sorgfältig, eingehend, ausführlich f | ho he estudiat amb molt de ~ ich habe es sehr sorgfältig untersucht | **~ir** (40) vt auf-, zurück-halten | lit in (s-m) Besitz halten; (Amt, Stellung) innehaben; (Titel) halten | dr festnehmen, verhaften, in Haft nehmen | **~ir-se** v/r ein-, inne-halten | ~ en u/c s. mit etw aufhalten | **~tor(a** f) m Inhaber(in f) m | el ~ del títol der Titelträger m.

deterg|ent adj (m/f) reinigend, Reinigungs... | poder ~ Reinigungskraft f || s/m quím Detergens (pl -entia, -enzien), Reinigungs-, Wasch-, Spül-mittel n | **~ir** (37) vt bes med reinigen.

deteriora|ció f Ver-schlechterung, -schlimmerung f | Wertminderung f | Beschädigung f | Verderben n | **~r** (33) vt ver-schlechtern, -schlimmern | im Wert mindern | (bes Waren) beschädigen | (Lebensmittel) verderben | **~r-se** v/r s. ver-schlechtern, -schlimmern | an Wert verlieren | beschädigt werden | verderben.

determin|able adj (m/f) bestimmbar | **~ació** f a. ling Bestimmung f, Fest-legung, -setzung f | Entschluß m, Entscheidung | Entschlossenheit f | filos biol psic ling Determination f | prendre una ~ e-n Entschluß fassen | **~ant** adj (m/f) a. ling bestimmend | ausschlaggebend, entscheidend, maßgebend || s/m mat biol Determinante f | ling Bestimmungswort n | **~ar** (33) vt a. ling bestimmen, determinieren | fest-legen, -setzen, determinieren | beschließen | verursachen | ~ alg a fer u/c j-n dazu veranlassen (od bewegen), etw zu tun | ~ de fer u/c beschließen, etw zu tun | **~ar-se** v/r s. entschließen, s. entscheiden | ~ a fer u/c s. entschließen, etw zu tun | **~at (-ada** f, **-adament** adv) adj a. ling bestimmt | entschlossen, fest, resolut | article ~ (ling) bestimmter Artikel m | en ~s casos in bestimmten Fällen | estar ~ (a fer u/c) entschlossen sein (etw zu tun) | **~atiu (-iva** f) adj a. ling bestimmend, determinativ | **~i** m = **~ació** | **~isme** m filos Determinismus m | **~ista** adj (m/f) deterministisch || s/m/f Determinist(in f) m.

detersi|ó f bes med Reinigung f | **~u (-iva** f) adj reinigend, Reinigungs...

detesta|ble(ment adv) adj (m/f) abscheulich | verabscheuens-wert, -würdig | **~ció** f Verabscheuung f | **~r** (33) vt verabscheuen | umg nicht ausstehen können.

detingu|dament adv sorgfältig, eingehend, ausführlich | **~t (-uda** f) adj (Untersuchung, Prüfung) sorgfältig, eingehend, ausführlich | estar ~ verhaftet sein, s. in Haft (od polizeilichem Gewahrsam) befinden || s/m/f Verhaftete(r m) m/f.

detona|ció f Detonation f | (Motor) Zündung f | Knall m | **~dor** m Detonator, Zünder m | Spreng-, Zünd-kapsel f, Zündkörper m | **~nt** adj (m/f) detonierend, knallend | mescla ~ Sprengmischung f; explosives Gemisch n | **~r** (33) vi detonieren | knallen.

detrac|ció f lit Herabsetzung f | üble Nachrede f | Verleumdung f | **~tar** (33) vt lit (j-n) verleumden | **~tor** m Verleumder m | umg Lästermaul n.

detràs ant reg = **darrere**.

detraure (40) vt ant abziehen wegnehmen | = **detractar**.

detriment m Schaden, Nachteil m | en ~ d'ell od seu zu s-m Schaden | en ~ de la salut zum Schaden der Gesundheit | en ~ de la qualitat auf Kosten der Qualität | sense ~ de la nostra reputació ohne Schaden für unseren Ruf.

detr|it m geol biol Detritus m | fig Ausschuß, Abschaum m | **~ític** adj detritisch | **~itus** m = **detrit**.

detumescència f med Detumeszenz, Abschwellung f.

deturar(-se) (33) vt(/r) = **aturar(-se)**.

deturpa|ció f lit Entstellung, Verunstaltung f | **~r** (33) vt lit entstellen, verunstalten.

deu[1] (29) num (zG s: vuit) zehn.

deu[2] f (a. ~ d'aigua) Quelle f | una ~ d'aigua calenta e-e warme (bzw heiße) Quelle | una ~ d'aigua mineral e-e Mineralquelle | s'han eixugat totes les ~s alle Quellen sind versiegt | fig: les ~ de la saviesa die Quellen der Weisheit | tenir set ~s d'u/c etw in gr(r) Menge haben; etw im Übermaß besitzen.

déu *m* Gott *m* | *els ~ s pagans* die heidnischen Götter | *el ~ de l'amor* der Liebesgott, der Gott der Liebe | *el diner és el seu ~* Geld ist sein Gott *od* Götze | *en Macià era un ~ per a ell* Macià war sein (Ab)Gott | *no hi ha ~ que us* (*ho*) *entengui!* (*pop*) aus euch (daraus) soll einer klug werden! | *tot ~* (*pop*) jeder(mann) || (*höchstes Wesen*) ⁓ *totpoderós* Gott der Allmächtige | (*ai*) ⁓ (*meu*)! (*fam*) (ach, o, mein, großer, guter) Gott!, ach (*od* o) du mein (*od* lieber) Gott! | ⁓ *del cel!* (*fam*) Gott im Himmel! | *que* ⁓ *em castigui si ...* Gott soll mich strafen (*od* strafe mich), wenn ... | ⁓ *n'hi do* od *doret!* (*fam*): *tens gana?* —⁓ *n'hi do!* hast du Hunger? —Ziemlich! | ⁓ *n'hi do els que érem!* wir waren gar nicht so wenige! | *tens una llengua que* ⁓ *n'hi do!* du hast e. ganz schönes Mundwerk! | ⁓ *ho faci* od *vulgui!* Gott gebe es!, das gebe (*od* walte) Gott! | *~ faci* (od *vulgui*) *que ...!* gebe (*od* wollte) Gott, daß ...! | ⁓ *et faci bo!* (fam *iròn*) denkste!, das hast du dir (so) gedacht! | ⁓ *me'n* (bzw *nos en*) *guard!* (*fam*) gott bewahre *od* behüte!, gott-bewahre, -behüte!, da sei Gott vor! | *com* ⁓ *mana* (*fam*) wie es s. gehört, anständig | *com* ⁓ *vol* (fam *iròn*): *aquesta empresa va com* ⁓ *vol* in diesem Betrieb geht alles drunter u. drüber | *com hi ha* ⁓*!* (*fam*) so wahr ich lebe!; bei Gott! | *de cal* ⁓ (*pop*) Mords..., Heiden..., Riesen... | *en nom de* ⁓*!* (*fam*) in Gottes Namen! | *ni* ⁓ (*pop*) k. Teufel *od* Mensch, niemand | *per* (*l'amor de*) ⁓*!* (*fam*) bei Gott!; um Gottes Willen! | *si* ⁓ *vol* od ⁓ *volent* so Gott will.

deu|mesó (-ona) *f*) *adj: és* ~(*-ona*) er (sie) ist e. Zehnmonatskind || *s/m/f* Zehnmonatskind *n* | **~milionèsim** (30) *num* (*zGs: vuitè*) zehnmillionste(r, -s); zehnmillionstel | **~mil·lèsim** (30) *num* (*zGs: vuitè*) zehntausendste (r, -s); zehntausendstel.

deu|re[1] (40) *vt* (*j-m Geld, Respekt, Gehorsam, e-e Antwort, e-e Erklärung*) schulden, schuldig sein | *fig a.* (*j-m etw*) verdanken | *els he quedat a ~ mil pessetes* ich bin ihnen tausend Peseten schuldig geblieben | *et dec la vida* ich verdanke dir mein Leben | *el poble deu el nom a un castell* das Dorf verdankt s-n Namen e-r Burg | *a què dec l'honor de la teva visita?* (*iròn*) was verschafft mir die Ehre deines Besuches? || *vi: deuen a tots els veïns* sie haben bei allen Nachbarn Schulden || (*mit Infinitiv als Modalverb der Wahrscheinlichkeit, selten a. der Notwendigkeit*) müssen | *s: haver*[1] | *ho dec haver perdut* ich muß es verloren haben | *deu* (*és*)*ser veritat* es muß wohl stimmen | *deuran arribar demà* sie werden wohl morgen ankommen | *deus tenir gana* du hast bestimmt (*od* sicher) Hunger | *algú els degué avisar* es mußte sie j-d gewarnt haben | *quina hora deu* (*és*)*ser?* wie spät ist es wohl *od* mag es sein? | **~re**[2] *m* Pflicht *f* | *econ* Soll *n* | *els drets i els ~s* Rechte u. Pflichten | *el ~ i l'haver* Soll u. Haben || *pl* Hausaufgaben, Schularbeiten *f pl* | **~te** *m* Schuld *f* | *el ~ públic* (*exterior*) die Staats-(Auslands-)schulden *pl* | *un ~ d'honor* e-e Ehrenschuld | *contreure* (*tenir*) *~s* Schulden machen (haben) | *carregar-se de ~s* s. in Schulden stürzen | *tenir un ~ amb alg* j-m etw schulden *od* schuldig sein; *fig a.* in j-s Schuld sein *od* stehen | *lliure de ~s* schuldenfrei | *carregat* (od *ple*) *de ~s* überschuldet.

deuter|agonista *m teat* Deuteragonist *m* | *~i m quím* Deuterium *n* | **~ó** *m fís* Deuteron *n* | **~ocanònic** *adj bíbl* deuterokanonisch | **⁓onomi** *m bíbl: el ~* das Deuteronomium.

deutor *adj*: (*és*)*ser ~ d'u/c a alg* (*bes fig*) j-m etw schuldig sein | (*és*)*ser ~ d'alg* (*fig*) j-m verpflichtet sein || *s/mf* Schuldner(in *f*) *m* | *bíbl*: *i perdoneu les nostres culpes així com nosaltres perdonem els nostres deutors* u. vergib uns unsere Schuld, wie wir vergeben unsern Schuldigern.

devalua|ció *f* Abwertung *f* | *econ a.* Devaluation, Devalvation *f* | **~r** (33) *vt* abwerten | *econ a.* devalvieren.

devasta|ció *f* Verwüstung *f* | **~dor** *adj* verheerend || *s/mf* Verwüster(in *f*) *m* | **~r** (33) *vt* verwüsten, verheeren.

deverbal *adj* (*m/f*) *ling* deverbal || *s/m* Deverbativ(um) *n*.

devers *prep Bal Val* = **cap**[3] | *navegàvem ~ Menorca* wir fuhren in Richtung Menorca | *~ Nadal* um Weihnachten (herum).

devesa *f* Weide(land *n*) *f* | (*eingezäunt*) Koppel *f*.

devess|all *m* (a. *~ d'aigua*) Strom, (Wasser)Schwall *m*; *bes* Wolkenbruch, Platzregen *m* | *un* ~ *de llàgrimes* e. Strom (*od* e-e Flut) von Tränen, e. Tränen-fluß, -strom, e-e Tränenflut | *un* ~ *de cartes* e-e Flut von Briefen | *un* ~ *de paraules* e. Schwall (*od* e-e Flut) von Worten, e. Wortschwall | **~ell** *m reg* = **devessall** | *Bal a.* Radau *m*.

devoci|ó *f* Andacht *f* | *rel a.* Frömmigkeit; Verehrung *f*, Kult *m* (*a gen*); Andachtsübung *f* | *fig* Ergebenheit (*a, per* gegenüber); Hingabe (an *ac*); Verehrung (für); Zuneigung (zu) | *la ~ a la Mare de Déu* (*als sants*) die Marien-(Heiligen-)verehrung | *fer les seves devocions* s-e Andacht verrichten | *amb ~* mit (*bzw* in) Andacht | *fam: no és cap sant de la meva ~* ich kann ihn nicht leiden | *primer és l'obligació que la ~* (*Spruch*) erst die Pflicht, dann das Vergnügen | **~onari** *m* Andachts-, Gebet-buch *n*.

devolu|ció *f* Rückgabe *f* | (Zu)Rückerstattung *f* | *hist: guerra de ~* Devolutionskrieg *m* | **~t** *adj dr* (zu)rückerstattet | **~tiu (-iva)** *f*) *adj dr* (zu)rückerstattend.

devonià (-ana *f*) *adj geol* devonisch || *s/m* Devon *n*.

devora *adv* nah(e), nahebei, in der Nähe | nahezu, fast | *s: vora, prop* || *prep* (a. ~ *de*): *seien ~ (de) la porta* sie saßen nahe (an) der Tür || *s/m: al meu ~* in meiner Nähe.

devora|dor *adj* gefräßig | *fig* verzehrend || *s/mf* Vielfraß *m* | *fig: una ~a d'homes* e-e mannstolle Frau | *un ~ de llibres* e. Bücherwurm | *un ~ de quilòmetres* e. Kilometerfresser *m* | **~ment** *m* Verschlingen *n* | **~r** (33) *vt* verschlingen, (auf)fressen | *fig a.* verzehren; (*Vermögen*) verprassen | *la devorava amb la mirada* er verschlang sie mit Blicken | *vaig ~ la novel·la en una nit* ich verschlang den Roman in e-r Nacht | *la fam* (*gelosia*) *el devorava* der Hunger (die Eifersucht) verzehrte ihn || *vi: aquest noi no menja, devora* dieser Junge ißt nicht, er frißt *od* schlingt.

devot(ament *adv*) *adj bes rel* andächtig, andachtsvoll | *rel a.* fromm | *fig* (treu) ergeben; zugetan, zugeneigt (*de* dat) | *objectes ~s* Devotionalien *pl* | *imatge* (*pràctica*) *~a* Andachts-bild *n* (-übung *f*) | (*és*)*ser molt ~ d'un sant* e-n Heiligen besonders verehren ||

s/mf Andächtige(r *m*); Gläubige(r *m*) *m/f* | Verehrer(in *f*), *fig a.* Anhänger(in *f*) *m* || *s/f nord-cat* (Wallfahrts)Kapelle *f*.

devuit, ~è *ant reg* = **divuit, divuitè**.

dextr|ina *f quím* Dextrin *n* | **~ogir** *adj fís quím* dextrogyr | **~osa** *f quím* Dextrose *f*.

dia *m* Tag *m* | *un ~ clar* (*núvol, assolellat, plujós*) e. klarer (bewölkter, sonniger, regnerischer) Tag | *un ~ d'estiu* (*d'hivern, de sol, de pluja*) e. Sommer-(Winter-, Sonnen-, Regen-)tag | *un ~ tranquil* (*mogut, esgotador, perdut*) e. ruhiger (bewegter, aufreibender, verlorener) Tag | *un ~ festiu od de festa* (*feiner od laborable, de classe, de dejuni*) e. Fest- *od* Feier-(Arbeits- *od* Werk-, Schul-, Fast-)tag | *un ~ de cada ~* e. Wochen-, Werk-tag | *les sabates de cada ~* die Alltagsschuhe *m pl* | *un ~ lliure* e. (arbeits)freier Tag | *~ solar* (*sideral*) Sonnen-(Stern-)tag *m* | *el ~ 23 d'abril* der (*bzw* am) 23. April | *el ~ (od la diada) de sant Jordi* der Sankt Georgstag | *el ~ del Senyor* der Tag des Herrn | *el ~ d'avui* heute, der heutige Tag | *el ~ de demà* morgen, das Morgen, die (*bzw* in) Zukunft | *d'aquí a tres dies* (heute) in drei Tagen | *una vaga de tres dies* e. dreitägiger Streik | *claror de ~* Tageslicht *n* | *a la caiguda del ~* beim Sonnenuntergang; bei Einbruch der Dunkelheit | *~ i nit od nit i ~* Tag u. Nacht | *bon ~!* guten Tag!; guten Morgen! | *l'altre ~* neulich | *a l'altre ~* am anderen Tag, tags (*od* am Tag) darauf | *un altre ~* e. andermal | *aquest* (*aquell*) *~* an diesem (jenem) Tag | *aquests dies* dieser Tage | *un d'aquests dies, qualsevol ~* (*d'aquests*) (*in Kürze*) dieser Tage, jeden Tag | *un ~, (nur künftig*) *algun* (*od qualsevol*) *~* eines Tages | *un bon ~* eines schönen Tages | *d'un ~ a l'altre* (*plötzlich*) von e-m Tag auf den anderen, von heute auf morgen; (*in Kürze*) jeden Tag | *d'un ~ per l'altre* von e-m Tag auf den anderen, bis zum nächsten Tag | *un ~ o l'altre* früher oder später, über kurz oder lang | *~ per altre od* (*un*) *~ sí,* (*un*) *~ no od un ~ sí, l'altre no od cada dos dies* e-n Tag um den anderen, jeden zweiten Tag | *~ a ~* Tag für Tag, täglich | *de ~ en ~* von Tag zu Tag | *~ per ~* auf den Tag (genau) | *~ rere*

diabasa tagaus, tagein; tagtäglich | *aquesta revista 'surt cada* ~ (*quinze dies*) diese Zeitschrift erscheint jeden Tag (alle vierzehn Tage) *od* (vierzehn)täglich | *dies seguits, dies i dies* tagelang | *a dies* tageweise | *això va a dies* das hängt vom Tag ab, es kommt auf den Tag an | *al* ~ auf dem laufenden, auf dem neuesten Stand | *viure al* ~ in den Tag hinein leben | *al seu* ~ zu seiner (*od* gegebener) Zeit | *de* ~ am Tage, tags; bei Tag(e); tagsüber, unter Tags; Tag(es)... | *el torn de* ~ die Tagschicht | *viatjarem de* ~ wir werden tags reisen | *vam arribar de* ~ wir kamen bei Tag(e) an | *encara és de* ~ es ist noch Tag | *ja es fa de* ~ es tagt schon, es wird schon Tag | *del* ~ des Tages; von heute, heutig; Tages... | *el fet del* ~ das Ereignis des Tages, das Tagesereignis | *en ple* ~ am hellen (*od* hellichten) Tag | *el* ~ *apunta od romp* (*decau*) der Tag bricht an (neigt s.) | *el* ~ *s'ha ennuvolat* (*aclarit*) es hat s. bewölkt (aufgeheitert) | *ja és* ~ *clar od gran* ~ es ist schon heller Tag | *un* ~ *és un* ~ einmal ist keinmal | *quin* ~ *és* (*od som*) *avui?* welcher Tag ist heute?, was haben wir heute? | *quin* ~ *del mes és avui?* der Wievielte ist heute? | *fa bon* (*mal*) ~ es ist schönes (schlechtes) Wetter | *fa un* ~ *esplèndid* es ist herrliches Wetter | *quin* ~ *fa?* wie ist das Wetter? | *avui no tinc un bon* ~ heute habe ich keinen guten Tag || *pl* (*Zeit*) Tage *pl* | *en els nostres dies* in unseren Tagen, heutzutage | *en els dies de Goethe* zu Goethes Zeiten | *a la fi dels seus dies* an s-m Lebensabend | *entrat en dies* (hoch) betagt | *tinc els dies comptats* meine Tage sind gezählt | *en Joan* (*aquest cotxe*) *ja té els seus dies* Joan (dieser Wagen) ist schon ziemlich alt.

diabasa *f min* Diabas, Grünstein *m*.

diab|ètic *adj* zuckerkrank, *med* diabetisch || *s/mf* Zuckerkranke(r *m*) *m/f*, Diabetiker(in *f*) *m* | **~etis** *f* Zuckerkrankheit, *med* Diabetes *f*.

diab|le *m* Teufel *m* | *fig fam a.* Teufelskerl, -braten *m* | *s: dimoni* | Schubkarren *m* | *agr* Drillschar *f* | *tèxt* Reißwolf *m* | *un pobre* ~ (*fig*) e. armer Teufel | *les vacances se n'han anat al* ~ (*fam*) der Urlaub ist zum (*od* beim) Teufel | *donar-se al* ~ *od a tots els* ~*s* (*fam*) fuchsteufelswild werden | *enviar* (*od engegar*) *al* ~ (*fam*) zum Teufel jagen *od* schicken | (*és*)*ser el* ~ (*od dimoni*) *en persona* der leibhaftige Teufel sein | (*és*)*ser posseït del* ~ *od dimoni* (*a. fig*) vom Teufel besessen sein | *no témer Déu ni el* ~ weder Tod noch Teufel fürchten | *tenir el* ~ (*od dimoni*) *al cos* (*fam*) den Teufel im Leib haben || (*emotional*) *fam:* ~(*s*)! *od dimoni*(*s*)! Teufel (auch)! | *com el* ~ *od dimoni* wie der Teufel | *del* ~ *od dimoni, de* (*cent*) *mil* (*od tots els*) ~*s od dimonis* verteufelt; Höllen..., Heiden... | (*aquest, quin*) ~ (*od dimoni*) *de*...! (dieser, so ein) verflixte(r) *od* verfluchte(r), verdammte(r)...! | *com* (*què, qui, on, quan, per què*) ~*s od dimonis...?* wie (was, wer, wo, wann, warum) zum Teufel...? | *vés-te'n al* ~! scher dich (*od* geh) zum Teufel! | *al* ~! zum Teufel! | **~lejar** (33) *vi* herumalbern (*Kind*) | **~leria** *f* Teufelei *f* | **~lessa** *f* = **entremaliadura** | **~lessa** *f* Teufelin *f* | *fig a.* Teufelsweib *n* | **~lia** *f* = **~leria** | **~ló** *m* Teufelchen *n*, kl(r) Teufel *m* | *ins* Nußbohrer *m* | **~òlic**(**ament** *adv*) *adj* teuflisch, *lit* diabolisch | Teufels... | **~olical** *adj* (*m/f*) = **~òlic** | **~olisme** *m* = **satanisme**.

diàbolo *m* (*Spiel*) Diabolo *n*.

diac|a *m ecl* Diakon *m* | **~onal** *adj* (*m/f*) *ecl* diakonisch | **~onat** *m ecl* Diakonat *n* | **~onessa** *f ecl* Diakonin *f* | (*Pflegerin*) Diakonisse *f* | **~onia** *f ecl* Diakonat *n* | (*Dienst*) Diakonie *f*.

di|àcrisi *f med* Diakrise, -sis *f* | **~acrític** *adj ling* diakritisch | *s/m* Diakritikum, diakritisches Zeichen *n*.

diacr|onia *f ling* Diachronie *f* | **~ònic** *adj* diachron(isch).

diada *f* (Fest-, Feier-)Tag *m* | *l'11 de setembre és la* ~ *nacional de Catalunya od la* ~ der 11. September ist der katalanische Nationalfeiertag.

diadema *f* Diadem *n* | *p ext* Stirnband *n bzw* -reif *m* | *poèt* Krone *f* | (*Wappen*) Helmkrone *f* | **~t** (**-ada** *f*) *adj* (*Wappen*) kronengeschmückt.

di|àfan *adj* durchscheinend | *a. fig* durchsichtig | *art cient* diaphan | **~afanitat** *f* Durchsichtigkeit *f*.

diafonia *f mús* Diaphonie *f*.

diafor|esi *f med* Diaphorese, Schweißabsonderung *f* | **~ètic** *adj* diaphoretisch, schweißtreibend || *s/m* Diaphoretikum *n*.

diafragm|a *m anat med quím* Diaphragma *n* | *anat a.* Zwerchfell *n* | (*Kontrazeptivum*) *a.* Pessar *m* | *tecn a.* Scheidewand *f* | *fotog* Blende *f* | (*Telefon*) Membrane *f* | **~àtic** *adj: respiració ~a* Zwerchfellatmung *f.*

diagn|osi *f* Diagnose *f* | (*Lehre*) Diagnostik *f* | **~òstic** *adj* diagnostisch | Diagnose... || *s/m a. fig* Diagnose *f* | **~osticar** (33) *vt* diagnostizieren.

diagonal(ment *adv*) *adj* (*m/f*) *bes geom diagonal* | schräg, quer (verlaufend) || *s/f geom* Diagonale *f.*

di|àgraf *m* Diagraph *m* | **~agrama** *m* Diagramm *n* | **~agramàtic** *adj* Diagramm...

dial *m* (*Radio*) (Frequenzbereich) Einstellskala *f.*

dial|ectal *adj* (*m/f*) *ling* dialektal, mundartlich | Dialekt..., Mundart... | **~ecte** *m* Dialekt *m*, Mundart *f* | **~èctic(ament** *adv*) *adj* dialektisch | *s/mf* Dialektiker(in *f*) *m* || *s/f* Dialektik *f* | **~ectòleg** (**-òloga** *f*) *m* Dialektologe *m*, -gin *f*, Mundartforscher(in *f*) *m* | **~ectologia** *f* Dialektologie, Mundartforschung *f.*

diàleg *m a. Lit cin polít* Dialog *m* | (Zwie)Gespräch *n* | Wechselrede *f.*

dialipètal *adj bot* freiblumenblättrig.

di|àlisi *f quím med* Dialyse *f* | *med a.* Blutwäsche *f* | *ling* Asyndeton *n* | **~alític** *adj* dialytisch | Dialyse... | **~alitzador** *m* Dialysator *m* | **~alitzar** (33) *vt* dialysieren.

dial|ogal *adj* (*m/f*) = **~ogístic** | **~ogant** *adj* (*m/f*) gesprächsbereit | **~ogar** (33) *vi* e-n Dialog (*od* e. Gespräch *bzw* Gespräche) führen | s. unterreden | verhandeln || *vt* dialogisieren | **~ogat** (**-ada** *f*) *pp/adj: una novel·la dialogada* e. Dialogroman *m* | **~ògic** *adj* dialogisch | **~ogisme** *m filos ret* Dialogismus *m* | **~ogista** *m/f* Dialogautor(in *f*), Dialogist(in *f*) *m* | **~ogístic** *adj* Dialog... | = **~ògic**.

diamagn|ètic *adj* diamagnetisch | **~etisme** *m* Diamagnetismus *m.*

diamant *m* Diamant *m* | *esport* (*Baseball*) Innenfeld *n* | *gràf* Diamant(schrift) *f* | *tecn* Diamantschneider, Glaserdiamant *m* | **~** (*en*) *brut* Rohdiamant, roher (*od* ungeschliffener) Diamant | **~** *tallat* geschliffener Diamant *m* | **~at** (**-ada** *f*) *adj* diamantenbesetzt | diamanten | **~í** (**-ina** *f*) *adj* = **adamantí** | **~ífer** *adj* diamantenhaltig | **~ista** *m/f* Diamantenschleifer(in *f*) *m* | Diamantenhändler(in *f*) *m.*

di|ametral(ment *adv*) *adj* (*m/f*) *a. fig* diametral | *geom a.* diametrisch entgegengesetzt | **~àmetre** *m* Durchmesser *m* | *geom a.* Diameter *m.*

diana *f poèt* Morgenstern *m* | *mil* Wekken, Wecksignal *n* | (*Zielscheibe*) Mittelpunkt *m*, Schwarze *n* | *fer ~* ins Ziel treffen; *a. fig* ins Schwarze treffen | *tocar ~* das Wecken blasen.

diantre *m euf* (*emotional*) = **diable**.

diapasó *m mús* Normalstimm-, Kammerton *m*; Stimmgabel *f*; Tonhöhenumfang *m* | *bes hist* Diapason *m/n* | (*Saiteninstrument*) Griffbrett *n* | *fig* (*Stimme*) Ton *m* | *alçar* (*abaixar*) *el ~* lauter (leiser) sprechen | *posar-se al ~ d'alg* s. j-m anpassen.

diapausa *f biol* Diapause *f.*

diapedesi *f med* Diapedese *f.*

diapente *m mús* Quinte *f.*

diapositiva *f fotog* Dia(positiv) *n* | *projector de diapositives* Diaprojektor *m.*

diari (**-ària** *f*, **-àriament** *adv*) *adj* täglich | Tages... | *periòdic ~* Tageszeitung *f* || *s/m* Tagebuch *n*; *com a.* Journal *n* | Zeitung *f* | *econ* Tagesausgaben *f pl* | *~ de bord* (*nàut*) Log-, Bord-buch, Schiffstagebuch *n* | *~ del matí* (*de la tarda*) Morgen-(Abend-)zeitung *f* | *~ oficial* Amtsblatt *n* | *escrius un ~?* führst du (e.) Tagebuch? | *porto el ~ d'una empresa* ich führe das Tagebuch e-r Firma.

diarre|a *f* Durchfall *m*, *med* Diarrhö(e) *f* | *fig fam: ~ verbal* Redefluß *m*, Laberei *f* | **~ic** *adj* diarrhöisch, durchfallartig | Durchfall...

diartrosi *f anat* Diarthrose *f*, Gelenk *n.*

diàspora *f* Diaspora *f.*

diaspr|at (**-ada** *f*) *adj* = **jaspiat** | **~e** *m* = **jaspi**.

diastas|a *f quím arc* Amylase, Diastase *f* | **~i** *f anat* Diastase *f.*

di|àstole *f med Lit* Diastole *f* | **~astòlic** *adj* diastolisch.

diastre *m euf* (*emotional*) = **diable**.

diat|èrman *adj fís* diatherman, wärmedurchlässig | **~ermància** *f fís* Diathermie, Wärmedurchlässigkeit *f* | **~èrmia** *f med* Diathermie *f* | **~èrmic** *adj* = **diatèrman**.

diàtesi *f med* Diathese *f.*

diatomees *f pl bot* Diatomeen, Kieselalgen *f pl.*

diatòmic *adj quím* zweiatomig.

diat|onia *f mús* Diatonik *f* | **~ònic**(**ament** *adv*) *adj* diatonisch.
diatriba *f* Schmäh-rede, -schrift *f* | *filos lit* Diatribe *f*.
diazo|compost *m quím* Diazoverbindung *f* | **~ni** *m: sal de ~* (*quím*) Diazoniumsalz *n*.
dibraqui *m Lit* Dibrachys *m*.
dibuix *m* Zeichnen *n*, Zeichenkunst *f* | *a. fig* Zeichnung *f* | *tèxt* Muster, Dessin *n* | *classe* (*quadern*) *de ~* Zeichen-unterricht *m od* -stunde *f* (-heft *n*) | *el ~ artístic* (*lineal, tècnic od industrial*) das künstlerische (lineare, technische) Zeichnen | *un ~ al carbó* (*a la ploma*) e-e Kohle-(Feder-)zeichnung | *un geni del ~* e. zeichnerisches Genie | *fas uns ~os molt macos* du zeichnest schöne Bilder | **~ant** *m/f* Zeichner(in *f*) *m* | **~ar** (33) *vt/i* zeichnen | *~ sobre paper amb llapis* mit Bleistift auf Papier zeichnen | *~ al carbó* mit (*od* in) Kohle zeichnen | *~ del natural* nach der Natur zeichnen | *paper de ~* Zeichenpapier *n* || *vt fig a.* beschreiben; andeuten; umreißen; hervortreten lassen | **~ar-se** *v/r s.* abzeichnen.
dic *m* Damm, Deich *m* | (Hafen)Mole *f* | (*Schiffbau*) Dock *n* | *fig* Hindernis *f*, Damm *m* | *~ flotant* (*sec*) Schwimm-(Trocken-)dock *n*.
dic|ció *f* Rede-, Sprech-weise, Aussprache *f* | Ausdrucks-, Vortrags-weise *f* | *lit* Diktion *f* | *ant* Wort *n* | *figura de ~* (*ling*) Metaplasmus *m* | **~cionari** *m* Wörterbuch *n* | (*Enzyklopädie, Fachwörterbuch*) Lexikon *n* | *~ manual* (*de butxaca*) Hand-(Taschen-)wörterbuch *n* | *el meu ~ de català* mein Katalanischwörterbuch | *fig fam:* (*és*)*ser un ~ vivent* (*od ambulant*) e. lebendes (*od* wandelndes) Lexikon sein | **~ible** *adj* (*m/f*) sagbar.
dicoreu *m Lit* Dichoreus *m*.
dicotiledoni (**-ònia** *f*) *adj bot* zweikeimblättrig, dikotyl | *s/f pl bot* Zweikeimblättrige Dikotyle(done)n *f pl*.
dic|òtom *adj* dichotom | **~otomia** *f bes bot filos* Dichotomie *f* | **~otòmic** *adj* dichotomisch.
dicro|ic *adj* dichroitisch | **~isme** *m fts* Dichroismus *m* | **~scopi** *m* Dichroskop *n*.
dict|ador *m a. fig* Diktator *m* | **~adura** *f* Diktatur *f* | **~àfon** *m* Diktiergerät, Diktaphon *n* | **~am** *m bot* Diptam *m* | **~amen** *m* Gutachten *n* | *donar* (*od emetre*) *un ~ sobre u/c* über etw e. Gutachten abgeben | *fig: els dictàmens de la raó* die Gebote *n pl* der Vernunft | **~aminar** (33) *vi: ~ sobre u/c* etw begutachten || *vt: els experts han dictaminat que el quadre és fals* nach dem Gutachten der Experten ist das Bild falsch | **~ar** (33) *vt a. fig* diktieren | (*Gesetz*) erlassen | *dipl* (*Vertrag*) aufsetzen | *~ sentència* (*dr*) e. Urteil fällen | **~at** *m* Diktat *n* | *al ~* nach Diktat | **~atorial**(**ment** *adv*) *adj* (*m/f*) diktatorisch | **~eri** *m* Schmähung *f*.
dida *f* Amme *f*.
didàctic|(**ament** *adv*) *adj* didaktisch | lehrhaft, belehrend | Lehr... | **~a** *f* Didaktik *f*.
didal *m* Fingerhut *m* | Fingerling *m* | (*Eichel, Nuß*) Becher *m* | *fig: posa-me'n un ~*(*et*) schenk mir e-n Fingerhut (voll) ein || *pl bot* Roter Fingerhut *m* («*dubia*») | **~era** *f bot* Roter Fingerhut *m* | **~et** *m: ~s de la Mare de Déu* (*bot*) Verschlungenes Geißblatt *n*.
didascàlic *adj bes Lit* = **didàctic**.
did|atge *m* Ammen-dienst, -lohn *m* | **~ot** *m* Mann *m* der Amme.
díedre *m geom* Dieder *n*.
dielèctric *adj* dielektrisch | *constant ~a* Dielektrizitätskonstante *f* || *s/m* Dielektrikum *n*.
dienda *f reg* Gerede, Gerücht *n*.
dièresi *f ling Lit med* Diärese, Diäresis *f* | *ling a.* Trema *n*.
diesi *f mús* Diesis *f* | (*Vorzeichen*) *a.* Kreuz *n*.
dieta[1] *f med* Diät *f* | *a.* Kranken-, Schonkost *f* | *~ làctia* Milchkur *f* | *~ rigorosa* strenge Diät | *fer* (*od estar a*) *~* Diät halten, diät leben | *posar alg a ~* j-n auf Diät (*od* schmale Kost) setzen.
dieta[2] *f* Tagegeld *n* | *hist* Reichstag *m* || *pl* Diäten *f pl* (*bes Abgeordnete*), Tagegelder *n pl* | (Reise)Spesen *f pl* | **~ri** *m* Tage-, Haushalts-buch *n* | Terminkalender *m* | *hist* (*Chronik*) Tagebuch *n*.
dietètic *adj* diätetisch || *s/m* Diätetikum *m* | **~a** *f* Diätetik *f*.
difama|ció *f* Verleumdung, Diffamation, Diffamierung *f* | **~dor** *adj* verleumderisch, diffamierend | *s/mf* Verleumder(in *f*) *m* | **~nt** *adj* (*m/f*) = **~dor** | **~r** (33) *vt* verleumden, diffamieren, in Verruf bringen | **~tori** (**-òria** *f*) *adj* verleumderisch, diffamatorisch.

difàsic *adj* = **bifàsic**.
difer|ència *f* Unterschied *m* | Verschiedenheit *f* | *a. com mat* Differenz *f* | (*a.* ~ *d'opinió*) *mst pl* Differenz(en *pl*) | Meinungsverschiedenheit(en *pl*) | ~ *d'edat* Altersunterschied *m* | *diferències socials* soziale Unterschiede *m pl* | *a* ~ *de* im Unterschied zu, zum Unterschied | *fer diferències* Unterschiede machen | **~enciable** *adj* (*m/f*) unterscheidbar | differenzierbar | **~enciació** *f* Unterscheidung *f* | Differenzierung; *bes geol ling* Differentiation *f* | **~enciador** *adj* unterscheidend, differentiell | **~encial** *adj* (*m/f*) differentiell | *mat elect* Differential... | *càlcul* ~ Differentialrechnung *f* | *s/f mat* Differential *n* ‖ *s/m aut* Differential(getriebe) *n* | **~enciar** (33) *vt* unterscheiden | differenzieren | **~enciar-se** *v/r* s. unterscheiden | s. differenzieren | **~ent** *adj* (*m/f*) andere(r, -s), (*prädikativ*) anders | (*mehrere Wesen od Dinge*) verschieden; unterschiedlich | *això és ~!* das ist etw anderes! | *tinc una opinió ~ de la teva* ich bin anderer Meinung als du | *són molt ~s de caràcter* sie sind sehr verschieden im Charakter | *són de mides ~s* sie sind verschieden groß | *portes una sabata ~ de l'altra* du hast verschiedene Schuhe an ‖ *pl* verschiedene, mehrere ‖ *adv* anders | verschieden; unterschiedlich | *jo ho faig ~* ich mache es anders | *penso ~ que tu* ich denke anders als du | *els tractes ~* du behandelst sie unterschiedlich | **~entment** *adv* auf verschiedene Weise; verschieden; unterschiedlich | anders (*de* als) | **~ir** (37) *vt* auf-, verschieben, zurückstellen ‖ *vi* verschieden sein | s. unterscheiden | **~it** (-ida *f*) *adj* aufgeschoben, verschoben | *tv* (*Sendung*) aufgezeichnet | *la cursa es va emetre en ~* das Rennen wurde als (Live)Aufzeichnung gesendet.
dif|ícil *adj* (*m/f*) schwierig; schwer | *una persona* (*un caràcter*) ~ e. schwieriger Mensch (Charakter) | *una situació* (*negociació, feina*) ~ e-e schwierige Lage (Verhandlung, Arbeit) | *una llengua* (*qüestió, comesa, lectura*) ~ e-e schwere (*od* schwierige) Sprache (Frage, Aufgabe, Lektüre) | *una vida* ~ e. schweres Leben | *temps* (*hores*) ~*s* schwere Zeiten (Stunden) | *no és gens* ~ es ist gar nicht schwer *od* schwierig | *és* ~ *de dir* es ist schwer zu sagen | *se'm fa* ~ es fällt mir schwer | *t'ho fas massa* ~ du machst es dir zu schwer | *és* ~ *que vinguin* sie werden kaum kommen | **~ícilment** *adv* schwer | schwerlich, kaum | **~icultar** (33) *vt* erschweren | **~icultat** *f* Schwierigkeit *f* | Erschwernis *f* | ~*s econòmiques* finanzielle Schwierigkeiten | *amb* ~(*s*) schwer(lich) | *sense* ~(*s*) leicht | *posar* ~*s a alg* j-m Schwierigkeiten machen | *té* ~*s per a caminar* das Gehen fällt ihm schwer | *no hi veig cap mena de* ~ ich sehe dabei keinerlei Schwierigkeit | **~icultós** (-osa *f*, -osament *adv*) *adj* mühsam | schwierig; schwer.
diflu|ència *f geol* Diffluenz *f* | **~ir** (37) *vi* zer-, auseinander-fließen.
difondre (40) *vt a. fig* verbreiten | **~'s** *v/r* s. ver-, aus-breiten.
diform|e *adj* (*m/f*) = **deforme** | **~itat** *f* = **deformitat**.
difr|acció *f fís* Diffraktion, Beugung *f* | **~actar** (33) *vt* (*Wellen*) beugen | **~actiu** (-iva *f*) *adj*, **~ingent** *adj* (*m/f*) beugend | Beugungs...
diftèri|a *f med* Diphterie *f* | **~c** *adj* diphterisch.
diftong *m ling* Diphtong *m* | **~ació** *f* Diphtongierung *f* | **~ar** (33) *vt* diphtongieren.
difuminar(-se) (33) *vt*(/*r*) *art fig* (s.) verwischen.
difunt *adj* tot, verstorben | *el meu* ~ *marit* mein verstorbener Ehemann ‖ *s/mf* Verstorbene(r *m*) *m/f* | *s: mort*².
dif|ús (-usa *f*, -usament *adv*) *adj* diffus | *fig a.* weitschweifig | **~usió** *f* Verbreitung *f* | Ausbreitung *f* | *cient tecn* Diffusion *f* | **~usor** *adj* verbreitend | Diffusions... ‖ *s/mf* Verbreiter(in *f*) *m* ‖ *s/m tecn fotog* Diffusor *m*.
dige|rible *adj* (*m/f*) (leicht) verdaulich | **~rir** (37) *vt/i a. fig* verdauen | *quím med a.* digerieren | *s: pair* | **~stibilitat** *f* Verdaulichkeit *f* | **~stible** *adj* (*m/f*) = **digerible** | **~stió** *f* Verdauung *f* | *quím med a.* Digestion *f* | **~stiu** (-iva *f*) *adj* Verdauungs... | verdauungsfördernd | *med a.* digestiv | *aparell* (*trastorn*) ~ Verdauungs-apparat *m* (-störung *f*) | *s/m* Verdauungsmittel, *med a.* Digestivum *n* | **~stor** *m tecn* Digestor, Dampfkochtopf *m*.
dígit *m* Ziffer *f*, Zahlzeichen *n* | *bes elect* Digit *n* | *un nombre de tres ~s*

e-e dreistellige Zahl.
digit|ació *f* fingerförmige Gliederung *f* | *bes mús* Finger-technik; -übung *f* | *mús a.* Fingersatz *m* | **~al** *adj* (*m/f*) Finger... | *bes elect* digital, Digital... | *s/f bot* Digitalis *f* | **~alina** *f med* Digitalis *n* | **~alitzar** (33) *vt elect* digitalisieren | **~at** (**-ada** *f*) *adj zool bot* gefingert; fingerförmig | Fingern... | **~ígrad** *adj zool* digitigrad || *s/m* Zehengänger *m* | **~oxina** *f med* Digitoxin *n*.
diglòssia *f ling* Diglossie *f*.
dign|ament *adv* würdig | **~ar-se** (33) *v/r*: ~ (*a*) *fer u/c* (*lit*) geruhen, etw zu tun; *iròn a.* s. herablassen, etw zu tun | *no va* ~ (*a*) *saludar-me* er hielt es nicht für nötig, mich zu grüßen; er würdigte mich k-s Grußes | **~atari** (**-ària** *f*) *m* Würdenträger(in *f*) *m* || *s/m catol* Dignitar, Dignitär *m* | **~e** *adj* würdig (*d'alg* od *d'u/c* j-s od e-r Sache) | (*nur prädikativ*) *a.* wert (*d'u/c* e-r Sache) | würdevoll | ehr-, acht-bar, ehren-haft, -wert | angemessen | *un ~ ancià* e. (ehr)würdiger alter Herr | *un polític ~* e. ehrenhafter Politiker | *un to ~* e. würdevoller Ton | *un sou ~* e. anständiges Gehalt | *el ~ premi als nostres esforços* die angemessene Belohnung für unsere Bemühungen | *el ~ successor del seu pare* der würdige Nachfolger s-s Vaters | *~ d'esment* od *de menció* (*de blasme, de veure's*) erwähnens-(tadelns-, sehens-)wert | *~ de llàstima* erbarmungswürdig, erbarmenswert | *~ de confiança* vertrauenswürdig | *és ~ de la nostra confiança* er ist unseres Vertrauens würdig *od* wert, er verdient unser Vertrauen | *qualsevol metge ~ d'aquest nom* jeder Arzt, der diesen Namen verdient | *intel·lectualment no és ~ d'ella* er ist ihr geistig nicht ebenbürtig | *això és ~ d'un covard com ell* das paßt zu so e-m Feigling | **~ificar** (33) *vt* (*j-m* od *e-r Sache*) Würde verleihen | **~itari** *m* = **~atari** | **~itat** *f* Würde *f* | Würdenträger *m* | *catol a.* Dignität *f* | *parlar amb ~* würdevoll sprechen.
dígraf *m ling* Digraph *m*.
digressió *f* Abschweifung *f* (*vom Thema*), *ret* Exkurs *m* | *astr* Digression *f*.
diiambe *m Lit* Dijambus *m*.
dijous *m inv* (*zG s: dimarts*) Donnerstag *m* | *~ gras* fette(r) *od* schmutzige(r)

Donnerstag *m*, Altweiberfastnacht *f* | *~ Sant* Gründonnerstag *m* | *fam: la setmana dels tres* (od *set*) *~* wenn Ostern u. Pfingsten zusammenfallen; am (Sankt) Nimmerleinstag | *posar-se al mig com el ~* s. mitten in den Weg stellen.
dilacerar (33) *vt lit* zerreißen, zerfleischen.
dilació *f* Verzögerung *f*, Aufschub *m* | *dr a.* Dilation *f* | *sense ~* unverzüglich.
dilapida|ció *f* Verschwendung, Vergeudung *f* | **~dor** *adj* verschwenderisch || *s/mf* Verschwender(in *f*) *m* | **~r** (33) *vt* verschwenden, vergeuden.
dilat|abilitat *f* (Aus)Dehnbarkeit *f* | **~able** *adj* (*m/f*) (aus)dehnbar | **~ació** *f* (Aus)Dehnung *f* | Erweiterung *f* | *fís med a.* Dilatation *f* | **~adament** *adv fig* lang u. breit | **~ador** *adj* (Aus)Dehnungs... | Erweiterungs... || *s/m med* Dilatator *m* | **~ar** (33) *vt a. fís* (aus)dehnen | *bes med* erweitern | *fís med a.* dilatieren | verzögern, auf-, ver-schieben | **~ar-se** *v/r* s. (aus)dehnen | s. erweitern | s. dilatieren | *el discurs va ~ molt* die Rede zog s. sehr in die Länge | **~at** (**-ada** *f*) *adj* ausgedehnt | (*Organ*) erweitert | **~ori** (**-òria** *f*) *adj* Verzögerungs..., Hinhalte... | *bes dr* dilatorisch.
dilec|ció *f lit* Liebe, Zuneigung *f* (*per* zu) | **~te** *adj lit* lieb, teuer.
dilem|a *m* Dilemma *n* | **~àtic** *adj* Dilemma...
diletant *m/f* Dilettant(in *f*) *m* | **~isme** *m* Dilettantismus *m*.
dilig|ència *f* Fleiß, Eifer *m* | *mst pl* Erledigung(en *pl*) *f*, Schritt(e *pl*) *m*; *dr* (Ermittlungs)Handlung(en *pl*); (Prozeß-)Akte(n *pl*) *f* | *hist* Postkutsche *f* | **~enciar** (33) *vt* (*Angelegenheit*) betreiben | **~ent**(**ment** *adv*) *adj* (*m/f*) fleißig, eifrig.
dil·lènia *f bot* Dillenie *f*, Rosenapfelbaum *m*.
dilluns *m inv* (*zG s: dimarts*) Montag *m* | *~ de Pasqua* Oster- (*bzw* Pfingst-)montag *m* | *fer* (*el*) *~* montags nicht arbeiten, montags arbeitsfrei haben.
dilucida|ció *f* Auf-klärung, -hellung *f* | **~r** (33) *vt* auf-klären, -hellen.
dilu|ció *f* Auflösung *f* | Verdünnung *f* | **~ent** *adj* (*m/f*) verdünnend | Verdünnungs... || *s/m* Verdünner *m*, Verdünnungsmittel *n* | **~ir** (37) *vt* (auf)lösen,

zergehen lassen | *(Flüssigkeit, Farbe) a. quím* verdünnen | *fig* verwässern | **~ir-se** *v/r* s. (auf)lösen, zergehen | verdünnt werden | *fig* verschwimmen | **~vi** *m bíbl*: el ~ *(universal)* die Sintflut | *(übertreibend) allò ja no era pluja, sinó un veritable ~* das war schon k. Regen mehr, das war die reinste Sintflut | *fig: un ~ de cartes (d'ofertes)* e-e (Sint)Flut von Briefen (Angeboten) | *un ~ de paraules* e. Wortschwall *m* | *un ~ de bales* e. Kugelhagel *m* | **~vià** (**-ana** *f) adj* Sintflut... | sintflutartig | *època diluviana (geol)* Diluvium *n* | **~vial** *adj (m/f) geol* diluvial, Diluvial... | *terreny ~* Diluvialboden *m* | **~viar** (33) *vi* gießen, schütten, in Strömen regnen.

dimanar (33) *vi lit:* ~ *de* (her)rühren von, (her)kommen von.

di|marts *m inv* Dienstag *m* | *el ~ és el meu dia favorit* Dienstag ist mein Lieblingstag | *ens vam conèixer un ~* wir lernten uns an e-m Dienstag kennen | *aquest any Nadal cau en ~* dieses Jahr fällt Weihnachten auf e-n Dienstag | *avui és* (od *som*) ~ heute ist Dienstag | *la festa se celebrarà el ~ dia 31 de maig* das Fest wird am Dienstag, dem (*od* den) 31. Mai gefeiert | *el(s) ~ mengem arròs* dienstags essen wir Reis | *el metge visita el(s) ~ i el(s) dijous* der Arzt hat dienstags u. donnerstags Sprechstunde | *cada ~* jeden Dienstag | *vine ~ (vinent* od *que ve)!* komm am Dienstag!, komm (am) nächsten Dienstag! | *van arribar ~ (passat)* sie kamen am Dienstag an, sie kamen (am) letzten Dienstag an | *han jugat aquest ~* sie haben diesen Dienstag gespielt | *s'emet* (od *s'emetrà) aquest ~* es wird diesen Dienstag gesendet | *la sessió del proppassat (propvinent* od *pròxim*) ~ die Sitzung am letzten *od* vergangenen (nächsten *od* kommemden) Dienstag | *la pel·lícula del ~* der Dienstagsfilm, der diensttägliche Film | *en la nostra reunió de ~* bei unserem Treffen am Dienstag, bei unserem dienstägigen Treffen | *el(s) ~ al matí (a la nit)* dienstags (*od* Dienstag) morgens (nachts) | *~ a la tarda (al vespre)* (am) Dienstag nachmittag (abend) | *la nit de ~ a dimecres* die Nacht von Dienstag auf (*od* zum) Mittwoch | **~mecres** *m inv (zG s: dimarts)* Mittwoch *m* | *~ de cendra* Aschermittwoch *m*.

dimensi|ó *f fís mat* Dimension *f* || *pl* Abmessungen *f pl*, Maße *n pl; a. fig* Ausmaß(e *pl) n*, Größe *f*, Dimensionen *f pl* | **~onal** *adj (m/f)* dimensional | **~onar** (33) *vt econ* dimensionieren.

dímer *adj* dimer, zweiteilig.

dímetre *m Lit* Dimeter *m*.

diminut *adj* winzig, sehr klein | **~iu** (**-iva** *f) adj ling* diminutiv, Verkleinerungs..., Diminutiv... || *s/m* Verkleinerungsform *f*, Diminutiv(um) *n*.

dimi|ssió *f bes polít* Rücktritt *m*, Demission *f* | Amtsniederlegung *f* | *presentar la ~* s-n Rücktritt einreichen | **~ssionari** (**-ària** *f) adj* zurückgetreten | **~tir** (37) *vt (Amt)* niederlegen, abgeben, zurücktreten von || *vi* zurücktreten | *polít a.* demissionieren | sein Amt niederlegen.

dimoni *m (Geist)* Dämon *m* | *(Widersachen Gottes)* Teufel *m* | *fig fam a.* Teufelskerl, -braten *m* | *s: diable* | *fam: el noi és un ~(et)* od *diable (diabló)* der Junge ist e. (richtiger) kleiner Teufel *od* e. (richtiges) Teufelchen | *menja com un ~* od *diable* er frißt wie e. Scheunendrescher | *és més lletja que el ~* sie ist häßlich wie die Nacht | *posar-se fet un ~* fuchsteufelswild werden | **~al** *adj (m/f)* dämonisch, teuflisch.

dimorf *adj* dimorph | **~isme** *m biol* Dimorphismus *m* | *min* Dimorphie *f*.

dina *f fís* Dyn *n*.

dinada *f (reichliches, bes geselliges)* Mittagessen *n*.

Dinamar|ca *f* Dänemark *n* | *s: danès*.

din|àmic(ament *adv) adj a. fig* dynamisch | **~àmica** *f fís mús* Dynamik *f* | *fig: la ~ de la història* die Dynamik der Geschichte | *~ de grup (psic)* Gruppendynamik *f* | **~amisme** *m (Person, Benehmen)* Dynamik *f* | *a. filos rel* Dynamismus *m* | **~amita** *f* Dynamit *n* | **~amitar** (33) *vt* (mit Dynamit) sprengen | **~amiter** *m tecn* Sprengmeister *m* | Sprengstoffattentäter *m* | **~amo** *f* Dynamo(maschine *f) m* | **~amoelèctric** *adj* dynamoelektrisch | **~amòmetre** *m* Dynamometer *n*, Kraftmesser *m*.

dinar[1] (33) *vi* (zu) Mittag essen | *dinem a les dues* wir essen um zwei (zu Mittag) | *quanta estona teniu per ~?* wie lange habt ihr Mittagspause?

dinar[2] *m* Mittagessen *n, umg* Mittag *n* | *fer el ~* das Mittagessen kochen, *umg* (zu) Mittag kochen | *hem fet un bon* ~ wir haben sehr gut (zu Mittag) gegessen | *què heu menjat per ~?* was habt ihr zu Mittag gegessen?

din|asta *m* Dynast *m* | ~astia *f a. fig* Dynastie *f* | Herrscherhaus *n* | ~àstic *adj* dynastisch.

dindi (díndia *f*) *adj s: gall, polla.*

diner *m hist* Denar *m* | *tèxt* Denier *n* | *mst pl* Geld *n* | *demanda* (*oferta*) *de* ~ Geld-nachfrage *f* (-angebot *n*) | ~(*s*) *comptant*(*s*) od *efectiu*(*s*) Bargeld *n* | *per cap* ~ *del món* nicht für Geld u. gute Worte | *per* ~*s* für Geld | *els* ~*s o la vida!* Geld oder Leben! | *anar a* (od *no valer*) *cap* ~ spottbillig sein | *no poder-se comprar* (od *pagar*) *amb* ~*s, no* (*és*)*ser pagat amb* ~*s* nicht mit Geld zu bezahlen sein, nicht für Geld zu haben sein | *fer* ~*s* Geld machen, zu Geld kommen | *guanyar* ~*s* Geld verdienen | *això és llençar els* ~*s* das ist hinausgeworfenes Geld | *encara hi perdràs* ~*s* du wirst dabei noch Geld verlieren | ~(*s*) *fa*(*n*) ~(*s*) (*Spruch*) Geld vermehrt s. von selbst | ~ada *f*, ~al *m* Sünden-, Heidengeld *n*, Batzen (Geld) *m*.

dino|saure *m zool* Dinosaurier *m* | ~teri *m zool* Dinotherium *n*.

dino|u (29) *num* (*zG s: vuit*) neunzehn | ~vè (-ena) *f*) (30) *num* (*zG s: vuitè*) neunzehnte(r, -s); neunzehntel.

dins, dintre (oft *a* ~) *adv* (*in diesem Raum, Behältnis*) darin, *umg* drin | (*im Inneren*) innen; (*bes im Haus, im Zimmer*) drinnen | (*nach innen*) her- *bzw* hin-ein, *umg* rein | *què hi ha* (*a*) ~? was ist d(a)rin? | (*a*) ~ *hi ha estalactites* innen sind Stalaktiten | *l'escalfador és* (*a*) ~ *o* (*a*) *fora*? ist der Boiler drinnen oder draußen? | *anem* (*a*) ~! gehen wir hinein! | *veniu aquí* ~! kommt hier herein! | *o* ~ *o fora!* entweder raus oder rein! | *la porta s'obre cap a* ~ die Tür geht nach innen auf | *la resposta li va sortir de* ~ s-e Antwort kam tief von innen (heraus) | *de* ~ *estant* (od *des de* ~) *no es veu res* von innen sieht man nichts | *per* ~ *és buit* es ist innen hohl | *ja he vist la casa per* ~ ich habe das Haus schon von innen gesehen | *el conec per* ~ *i per fora* ich kenne ihn (von) innen u. außen od in- u. aus-wendig | *per* ~ *se n'alegra* innerlich (od in s-m Inneren) freut er s. darüber || *prep* (a. ~ *de*) (innen *bzw* drinnen) in (*dat*) | in (*ac*) ... (her- *bzw* hin-ein) | innerhalb (*gen* bzw a. *dat*), innerhalb von; *zeitl* a. binnen (*dat*, lit *gen*) | *són* (*a*) ~ (*de*) *la cova* sie sind (innen) in der Höhle | *sempre viuràs* ~ (*d*)*el meu cor* du wirst immer in meinem Herzen leben | ~ *meu* (*teu, seu*) in meinem (deinem, seinem *bzw* ihrem) Inneren | *posa la roba* (*a*) ~ (*d*)*el calaix!* leg die Wäsche in die Schublade (hinein, *umg* rein)! | *la pilota ha caigut* (*a*) ~ (*d*)*el pou* der Ball ist in den Brunnen (hinein)gefallen | ~ (*de*) *Catalunya* innerhalb Kataloniens od von Katalonien | ~ (*de*) *l'empresa* innerhalb des Betrieb(e)s | ~ (*de*) *les nostres possibilitats* innerhalb unserer Möglichkeiten | ~ (*de*) *tres dies* innerhalb (von) od binnen drei Tagen, lit innerhalb od binnen dreier Tage || *s/m* (*mst dintres* pl) Innere(s) *n* || *s: endins; dedins.*

dinyar-la (33) *vi pop* abkratzen, ins Gras beißen.

di|ocesà (-ana) *f*) *adj* diözesan, Diözesan... || *s/m* Diozesanbischof *m* | Diözesan *m* | ~òcesi *f catol* Diözese *f*, Bistum *n*.

díode *m elect* Diode *f*.

dioic *adj bot* diözisch, zweihäusig.

dionisíac *adj* dionysisch.

di|optra *f* Diopter *m* | ~òptria *f* Dioptrie *f* | ~òptric *adj* dioptrisch | ~òptrica *f* Dioptrik, Strahlenbrechungslehre *f*.

diorama *m* Diorama *n*.

diorita *f min* Diorit *m*.

dioscoreàcies *f pl bot* Yamswurzelgewächse *n pl*.

di|òxid *m quím* Dioxyd *n* | ~oxina *f quím* Dioxin *n*.

diplo|coc *m med* Diplokokkus *m* | ~doc *m* Diplodokus *m* | ~ide *adj* (*m/f*) *biol* diploid.

diplom|a *m bes estud* Diplom *n* | *cient a.* Urkunde *f* | ~àcia *f a. fig* Diplomatie *f* | ~at (-ada) *f*) *adj* diplomiert | Diplom... | ~àtic(ament *adv*) *adj a. fig* diplomatisch | *cos* ~ diplomatische(s) Korps *n* | *carrera* ~*a* Diplomatenlaufbahn *f* | *edició* ~*a* diplomatische(r) Abdruck *m* || *s/mf polít* Diplomat(in *f*) *m* || *s/f cient* Diplomatik, Urkundenlehre *f* | ~atista *m/f cient* Diplomatiker(in *f*) *m*.

di|plopia *f med* Diplopie *f*, Doppeltsehen *n* | ~pòdia *f Lit* Dipodie *f*.

dip|òsit *m* Hinterlegung, Verwahrung, *a. banc* Deponierung *f* | *banc* Einlage *f*, Guthaben *n*; *pl* Depositen *pl* | *dr banc* Depositum *n* | *quím geol* Ablagerung *f*, *geol a.* Depot *n* | (*Wein*) Depot *n*, Bodensatz *m* | (*Ort*) Verwahrungsort *m*; Lager(-halle *f*, -haus), Depot *n* | (*Behälter*) *a.* aut Tank *m* | ~s al·luvials alluviale Ablagerungen *pl* | ~ bancari Bankguthaben *n* | ~ col·lectiu (*banc*) Sammeldepot *n* | el ~ (*de l'aigua*) der Wassertank | ~ de cadàvers Leichenschauhaus *n* | ~ de combustible Treibstofftank *m* | ~ de mercaderies Warenlager *n* | *omplir el* ~ (*aut*) den Tank füllen; volltanken | **~ositant** *m/f* Deponent(in *f*), Hinterleger(in *f*) *m* | *banc a.* Einzahler(in *f*) *m* | **~ositar** (33) *vt* hinterlegen, in Verwahrung geben | (*Geld, Wertsachen*) deponieren, einlegen, (*Geld*) *a.* einzahlen | (*Güter, Waren*) einlagern | *geol* ablagern | (*Bodensatz*) absetzen | (*Toten*) aufbahren | *fig:* ~ tota la confiança en alg sein ganzes Vertrauen auf (*od* in) j-n setzen | **~ositar-se** *v/r* s. ablagern, s. absetzen | **~ositari** *m* (**-ària** *f*) *adj* Depot... | Depositen... | *banc* ~ Depositenbank *f* || *s/mf* Depositar(in *f*), Depositär(in *f*), Verwahrer(in *f*) *m* | **~ositaria** *f* Hinterlegungsstelle *f*, Depositorium *n* | Depositenannahme *f*.

dipsacàcies *f pl bot* Kardengewächse *n pl*.

dipsomania *f med* Dipsomanie, (Quartals)Trunksucht *f*.

dípter *adj zool* zweiflüg(e)lig || *s/m arquit* (*Tempel*) Dipteros *m* || *s/m pl zool* Dipteren, Zweiflügler *m pl*.

díptic *m* Diptychon *n*.

diputa|ció *f* Abordnung, Deputation *f* | *hist:* ~ del general = **generalitat** | *adm span:* ~ provincial (*Art*) Kreistag *m* | **~r** (33) *vt* abordnen, deputieren | *ant* ansehen, (ein)schätzen; bestimmen, vorsehen | **~t** (**-ada** *f*) *m a.* polít Abgeordnete(r *m*); Deputierte(r *m*) *m/f*.

dir[1] (40) *vt* sagen | (*Gedicht, Gebet, Text*) sprechen; (*Auswendiggelerntes*) auf-, her-sagen; (*Messe*) lesen | (*Laut*) aussprechen | *digues gràcies* (*la veritat*)! sag danke (die Wahrheit)! | *encara no has dit ni una paraula* du hast noch k. Wort gesagt *od* gesprochen, geredet | *diuen disbarats* sie reden (*od* sprechen) Unsinn | «*ja n'hi ha prou*», *va* ~ *ella* «damit ist es genug», sagte (*od* meinte) sie | *i Jesús digué...* Jesus sprach ... | *ho dic de debò* ich sage es im Ernst, ich meine es ernst | *no m'agrada parlar quan no tinc res a* ~ ich spreche nicht gern, wenn ich nichts zu sagen habe | (*tu*) *deixa'l* ~! laß ihn nur reden! | *ja ho pots ben* ~! das kannst du laut sagen!; das kann man wohl sagen! | *vols* ~? meinst du (wirklich)? | *què vols* ~ (*amb això*)? was meinst du (damit)?; wie meinst du das? | *qui vols* ~? wen meinst du? | *perdoni, què ha dit od què* (*od com*) *diu?* (wie) bitte?; Entschuldigung, wie meinen Sie? | *què dius* (*ara*)! was du nicht sagst!; sag bloß! | *digui!* Sie wünschen?; (*Meldung am Telefon*) ja, bitte?, hallo? | *Déu* ~*à* das wird s. finden | *tu* ~*às!* und ob! | *això ho dius tu!* das meinst du! | *no ho hauria dit mai* das hätte ich nie gedacht | *no ho diguis tan fort!* sag das nicht (so laut)! | *no he dit res* dann will ich nichts gesagt haben | *què vaig haver dit!* was hatte ich da gesagt! | *què has de* ~? (*zu e-m Kind*) was sagt man? | *què* ~*à la gent?* was werden die Leute dazu sagen? | *el què* ~*an* das Gerede der Leute | *qui ho havia de* ~! wer hätte das gedacht! | *m'agrada una cosa de no* ~! ich kann gar nicht sagen, wie sehr es mir gefällt! | *ai, què dic...* ach, was sage ich ... | *com ja he(m) dit* wie gesagt | *com diu Marx* wie Marx sagt | *com ho* ~*ia* wie soll ich sagen | *com si diguéssim, com* (*aquell*) *qui diu, per* ~*ho aixi* sozusagen | *per no* ~ um nicht zu sagen | *diguem* sagen wir (mal *bzw* doch) | *no és cap beneit, que diguem* er ist nicht gerade dumm | *és a* ~ das heißt | *vull* ~ will sagen; ich meine | *ho* ~*é tot al mestre!* das sag' ich alles dem Lehrer! | *qui t'ho ha dit?* wer hat es dir gesagt? | *no t'ho deia pas a tu* ich habe das nicht zu dir gesagt | *no m'ho faré* ~ *dues vegades* das lasse ich mir nicht zweimal sagen | *a qui ho dius!* wem sagst du das! | (*i*) *què us* ~*é* (*beim Erzählen*) und was meint ihr | *el mateix puc* ~ *de mi* dasselbe kann ich auch von mir sagen | *no vull* ~ *mal d'ell* ich will nichts Schlechtes über ihn sagen; ich will ihm nichts (Schlechtes) nachsagen | *què han dit dels nostres plans?* was haben sie zu unseren Plänen gesagt? | *sobre això, no hi tinc res a* ~

dazu kann ich nichts sagen | *què hi dius?* was sagst (*od* meinst) du dazu? | *tots volen ~-hi la seva* alle wollen ihre Meinung dazu sagen | *hi dic mil pessetes (bei e-r Versteigerung)* ich biete tausend Peseten | *van ~ que vindrien avui* sie sagten, daß sie heute kommen würden | *la teva mare diu que vagis a dinar* deine Mutter sagt, du sollst zum Essen kommen | *ell diu que aprovarà* er sagt (*od* meint), daß er bestehen wird | *jo ~ia que t'equivoques* ich würde sagen, du täuschst dich | *després no diguis que no ho sabies!* sag nachher bloß nicht, du hättest es nicht gewußt! | *no cal ~ que me n'alegro* ich freue mich selbstverständlich darüber | *digueu-me aviat si vindreu!* sagt mir bald, ob ihr kommt! | *es diu que..., diu(en) que...* man sagt, (daß) ..., es heißt, (daß) ... | *(es) diuen tantes coses!* es wird so viel geredet! | *els preus baixaran, diuen* die Preise werden fallen, heißt es | *m'han dit que plegues* ich habe mir sagen lassen, daß du aufhörst | *què han dit a les notícies?* was kam in den Nachrichten? | *diu que t'has casat?* du hast geheiratet, nicht wahr? | *a treballar s'ha dit!* es heißt an die Arbeit! | *això no es diu!* das (*od* so etwas) sagt man nicht! | *com es diu «pa» en rus?* wie sagt man (*od* heißt) «Brot» auf Russisch? | *aviat és dit* od *es diu aviat* das ist leicht gesagt; das sagt s. so leicht | *dit sigui (od sigui dit) entre nosaltres* unter uns gesagt | *ja està tot dit* mehr gibt es nicht zu sagen | *dit i fet* gesagt, getan | *més ben* (od *millor*) *dit* richtiger (*od* besser) gesagt || (*nennen, anreden*) *com li dius al gos?* wie nennst du den Hund?; wie sagst du zu dem Hund? | *li diuen «el Ros»* man nennt ihn «den Blonden»; er wird «der Blonde» genannt | *el nen diu «papa» a tots els barbuts* das Kind sagt zu allen Bärtigen «Papa» | *digues-li com vulguis* od *digues-li naps, digues-li cols* der Name ist gleichgültig; du kannst es nennen, wie du willst | *em van ~ mentider* sie nannten mich e-n Lügner | *tothom em diu de tu* alle sagen du zu mir; alle duzen mich || (*in Verbindung mit en*) *com en diuen, d'això, a Fraga?* wie sagt man dazu in Fraga? | *com se'n diu, del «càntir», en alemany?* wie heißt «càntir» auf Deutsch? | *d'això en dic cantar!* das nenne (*lit* heiße) ich Singen! | *aquest,*

diguem-ne, artista dieser sogenannte Künstler | *és, diguem-ne, un assumpte delicat* es ist sozusagen e-e heikle Sache || (*mit nicht menschlichem Subjekt*) *la llei diu que...* das Gesetz (be)sagt, daß...; in dem Gesetz heißt es, daß... | *l'article 29 diu el següent: ...* Artikel 29 lautet folgendermaßen: ... | *què diu el diari (la carta, l'horòscop)?* was steht in der Zeitung (in dem Brief, im Horoskop)? | *la teva cara ja ho diu tot* dein Gesicht sagt alles | *el cor m'ho deia* mein Gefühl sagte es mir | *el nom (la música moderna) no em diu res* der Name (moderne Musik) sagt mir nichts | *això diu molt a favor d'ell* das spricht für ihn | *què vol ~ aquesta paraula* was bedeutet dieses Wort? | *això (no) vol ~ alguna cosa (res)* das will etw (nichts) sagen; das hat etw (nichts) zu (be)sagen *od* bedeuten; das will schon etw (will nichts) heißen | *així, vol ~ que ja ho sabies?* dann wußtest du es also schon? || *vi reg: el joc (no) li diu* od *li diu bé (malament)* er hat (k.) Glück im Spiel | *això no hi diu* (häufiger *s'hi adiu*) das paßt nicht dazu | **~-se** *v/r* heißen | s. nennen | s. (selbst *bzw* einander) sagen | *com et* (od *te*) *dius?* wie heißt du? | *el gos es deia Gora* der Hund hieß Gora | *aquest carrer es diu ...* diese Straße heißt *od* nennt s. ... | *i et deies amic meu!* u. du nanntest dich mein Freund! | *em vaig dir que havia d'aguantar* ich sagte mir, daß ich durchhalten mußte | *van ~ de tot* sie haben s. die größten Schimpfwörter gesagt.

dir[2] *m* Reden *n* | Rede-, Vortrags-weise *f* | *una cosa és el ~ i una altra és el fer* Reden u. Tun ist zweierlei | *el ~ de la gent* das Gerede der Leute | *això és un ~* das ist so e-e Redensart | *és simpàtic a tot ~* er ist äußerst sympathisch | *al teu (seu) ~* nach deiner (seiner *bzw* ihrer) Ansicht.

dir|ecció *f a. circ fís* Richtung *f* | Leitung, Führung, Direktion *f* | *aut* Steuerung, Lenkung *f* | *cin* Regie *f*; (Theater-, Hör-, Fernsehspiel) *a.* Spielleitung *f*; (*Orchester; Rundfunk-, Fernsehprogramm*) Leitung *f* | *~ contrària* (a. circ) Gegenrichtung *f* | *~ obligatòria* (circ) vorgeschriebene Fahrtrichtung *f* | *carrer de ~ única* (circ) Einbahnstraße *f* | *~ empresarial* (econ) Unternehmensführung *f* | *contra ~* (circ) in entgegengesetzter (Fahrt)Richtung | *en ~ a París* (*al mar*) in Richtung Paris (zum Meer) | **~eccional** *adj* (*m/f*) *tecn* Richtungs..., Richt... | *antena ~* Richtantenne *f* | **~ectament** *adv* direkt | unmittelbar | geradewegs | **~ecte** *adj a. ling* direkt; (*Person*) *a*. offen | unmittelbar | *acció directa* (*polít*) direkte Aktion *f* | *cop ~* (*esport*) direkte(r) Freistoß *m*; (*Boxen*) Gerade *f* | *un descendent ~* e. direkter (*od* gerader, geradliniger) Nachkomme | *domini ~* (*dr*) unmittelbare(r) Besitz *m* | *tren ~* D-Zug, Durchgangszug *m* | *venda directa* Direktverkauf *m* | *vol ~* Direktflug *m* | *rad tv: transmissió en ~* Direktübertragung, Live-Übertragung *f* | *transmetre en ~* direkt (*od* live) übertragen || *adv: me'n vaig anar ~ a casa* ich ging geradewegs nach Hause || *s/m* (*Boxen*) Gerade *f* || *s/f aut* vierte(r) Gang *m* | **~ectiu (-iva** *f*) *adj* leitend; Leitungs... | (*Norm*) direktiv | *tecn =* **~eccional** || *s/mf* Vorstand(smitglied *n*) *m* || *s/f* (*Organ*) Vorstand *m* | **~ector**[1] (**directriu** *f*) *adj bes mat* Leit... || *s/f mat* Direktrix, Leit-linie *bzw* -kurve *f* | *fig mst pl* Richtlinie(n *pl*), Direktive(n *pl*) *f* | **~ector**[2] (**-a** *f*) *m* Leiter(in *f*) *m* | (*a. e-r Schule*) Direktor(in *f*) *m* | *cin* Regisseur(in *f*); *teat rad tv a.* Spielleiter(in *f*); *mús* Dirigent(in *f*) *m* | (*Zeitung*) Chefredakteur(in *f*) *m* | *~ general* Generaldirektor *m* | **~ectori** *m* Direktorium *n* | **~ectorial** *adj* (*m/f*) direktorial | **~ectriu** *f s: director*[1] | **~igent** *adj* (*m/f*): *classe ~* Führungsschicht *f* | *paper ~* Führerrolle *f* || *s/m/f* Leiter(in *f*) *m* | *bes polít* Führer(in *f*) *m* | **~igible** *adj* (*m/f*) lenkbar || *s/m aeron* Luftschiff *n* | **~igir** (37) *vt* leiten | *a. polít* führen | *bes mús* dirigieren | *~ u/c* (*cap*) *a un punt* etw nach e-m (*bzw* auf e-n) Punkt richten | *vaig ~ els meus passos* (*el cotxe*) *cap a la vall* ich lenkte meine Schritte (den Wagen) ins Tal | *~ una carta* (*pregunta, la paraula*) *a alg* e-n Brief (e-e Frage, das Wort) an j-n richten | *~ la mirada* (*l'atenció*) *a alg od u/c* den Blick (s-e Aufmerksamkeit) auf j-n *od* etw richten | *~ una pel·lícula* bei e-m Film Regie führen | *~ una obra de teatre* e. Theaterstück leiten; die Spielleitung e-s Theaterstücks haben; bei e-m Theaterstück Regie führen | **~igir-se** *v/r: l'agulla de la brúixola es dirigeix* (*cap*) *al nord* die Kompaßnadel richtet s. nach Norden | (*cap*) *on us dirigiu* wohin geht (*bzw* fahrt) ihr? | *em vaig ~ al director* ich richtete (*od* wandte, wendete) mich an den Direktor | **~igisme** *m econ polít* Dirigismus *m* | **~igista** *adj* (*m/f*) dirigistisch.

dirim|ent *adj* (*m/f*) *dr* aufhebend, auflösend | **~ir** (37) *vt dr* aufheben, auflösen | (*Streit*) schlichten.

disbarat *m* (große) Dummheit *f*; Unfug, Unsinn *m inv* | *he fet un ~* ich habe e-e Dummheit gemacht | *no diguis ~s!* red' k-n Unsinn!

disbauxa *f* Ausschweifung *f* | **~t** (-ada *f*) *adj* ausschweifend.

disc *m* (runde) Scheibe *f* | *anat a.* Diskus *m* | *esport* Diskus; (*Eishockey*) Puck *m* | *ferroc* Signalscheibe *f* | *mús* (Schall)Platte *f* | (*Telefon*) Wählscheibe *f* | *~ compacte* (*mús*) CD-Platte, Kompaktschallplatte *f* | *~ de llarga durada* (*mús*) Langspielplatte *f* | *~ intervertebral* (*anat*) Bandscheibe *f* | *el ~ del Sol* die Sonnenscheibe *f* | *canviar de ~* (*a. fig fam*) e-e andere Platte auflegen | *engegar* (*od col·locar*) *el ~* (*fig fam*) (wieder) mit der alten Leier anfangen | **~al** *adj* (*m/f*) *anat* Diskus...

discant *m mús* Diskant *m*.

discent *adj* (*m/f*) *lit* lernend.

discerni|ble *adj* (*m/f*) unterscheidbar | wahrnehmbar; erkennbar | **~ment** *m* Unterscheidung *f* | Wahrnehmung *f*; Erkennen *n* | Unterscheidungsvermögen *n*; Urteils-fähigkeit, -kraft *f*, -vermögen *n* | *dr* Bestellung *f* | **~r** (37) *vt fig* unterscheiden (können) | wahrnehmen; *fig a.* erkennen | *dr* (*bes Vormund*) bestellen | *no ~ el bé del mal* das Gute nicht vom Bösen unterscheiden (können).

disciplina *f* Disziplin *f* | (*Ordnung*) *a.* Zucht *f* | Diszipliniertheit *f* | *ant a. pl=***deixuplina** | **~r(-se)** (33) *vt*(*/r*) (s.) disziplinieren | *ant=***deixuplinar(-se)** | **~ri (-ària** *f*) *adj* disziplinarisch, Disziplinar... | *batalló ~* (*mil*) Strafbataillon *n* | *mesures disciplinàries* disziplinarische Maßnahmen, Disziplinarmaßnahmen *f pl* | **~t** (-ada *f*, -ada-ment *adv*) *adj* diszipliniert.

discipular *adj* (*m/f*) Schüler... | schülerhaft.

disc|òbol *m hist* Diskuswerfer *m* | **~òfil** (**a** *f*) *m* Schallplattenliebhaber(in *f*) *m* |

~ografia f Diskographie f | **~oïdal, ~oide** adj (m/f) scheibenförmig, diskoidal.
díscol adj widerspenstig, rebellisch.
disconform|e adj (m/f) nicht übereinstimmend | (Person) nicht einverstanden (amb mit) | **~itat** f Nichtübereinstimmung f | Nichteinverständnis n.
discontinu (**-ínua**) f) adj unterbrochen; unzusammenhängend | lit geol meteor diskontinuierlich | mat (Funktion) unstetig | **~itat** f mangelnde Kontinuität, a. geol meteor Diskontinuität f | mat Unstetigkeit f.
disc|ordança f Disharmonie, a. geol Diskordanz f | fig a. Unstimmigkeit; Uneinigkeit f | **~ordant** adj (m/f) disharmonisch, a. geol diskordant | fig a. nicht übereinstimmend, unstimmig; ant (Personen) uneinig | (és)ser la nota ~ (fig) die Harmonie stören; unangenehm auffallen | **~ordar** vi (33) disharmonieren | fig a. nicht übereinstimmen (de mit) | **~orde** adj (m/f) lit uneinig | **~òrdia** f Zwietracht f, Unfrieden m | a. pl Zwist(e pl) m, Streitigkeit(en pl) f.
disc|órrer (40) vi ant=**transitar, circular** | =**transcórrer** | fließen | bes fig vernünftig (od logisch) denken | ~ sobre u/c etw durchdenken, über etw (ac) nachdenken; (mündlich) etw abhandeln od erörtern, s. über etw ergehen || vt ersinnen s. ausdenken | **~orriment** m bes fig: el ~ d'una solució das Ersinnen e-r Lösung.
discoteca f Diskothek f.
discreci|ó f a. cient Diskretion f | a. Verschwiegenheit f | a. Takt m | Urteilskraft f | Gutdünken, Ermessen, Belieben n | menjar i beure a ~ nach Herzenslust essen u. trinken | rendir-se a ~ s. bedingungslos ergeben | deixar u/c a la ~ d'alg etw in j-s Ermessen stellen | **~onal**(**ment** adv) adj (m/f) beliebig (nach Gutdünken) | Ermessens... | circ nicht regelmäßig | parada ~ Bedarfshaltestelle f | poder ~ Ermessensfreiheit f.
discrep|ància f Nichtübereinstimmung, lit Diskrepanz f | (Meinungs)Verschiedenheit f | **~ant** adj (m/f) nicht übereinstimmend, (voneinander) abweichend | **~ar** (33) vi nicht übereinstimmen, (voneinander) abweichen | anderer Meinung sein.
discret(**ament** adv) adj a. cient diskret | a. verschwiegen, zurückhaltend | a. taktvoll | a. unauffällig | (mittel)mäßig.
discrim m ant Unterschied m | **~inació** f lit Unterscheidung f | bes sociol Diskriminierung f | ~ racial Rassendiskriminierung f | **~inant** adj (m/f) unterscheidend | diskriminierend || s/m mat Diskriminante f | **~inar** (33) vt lit (Verschiedenes) unterscheiden | (Gruppe) diskriminieren; (j-n) benachteiligen, zurücksetzen | **~inatori** (**-òria** f) adj diskriminierend.
disculpa f Entschuldigung f | demanar disculpes um Entschuldigung bitten | **~ble** adj (m/f) entschuldbar | **~r**(**-se**) (33) vt(/r) (s.) entschuldigen | ja t'has disculpat de no haver-hi anat? hast du dich schon dafür entschuldigt, daß du nicht hingegangen bist?
discurs m Rede; (kurz) Ansprache f | desp Sermon m | filos ling Diskurs m | fer (od pronunciar) un ~ e-e Rede halten | **~ejar** (33) vi desp salbadern, Volksreden halten | **~iu** (**-iva** f, **-ivament** adv) adj filos diskursiv | (Stil) weitschweifig.
discu|ssió f Diskussion; Auseinandersetzung; Erörterung f | Auseinandersetzung f, Wort-wechsel m, -gefecht n, Streit m | això no admet ~ darüber läßt s. nicht streiten | **~tible** adj (m/f) bestreitbar, strittig, fraglich | **~tidor** adj diskussionsfreudig | **~tir** (37) vt diskutieren; besprechen; erörtern | bestreiten, in Frage stellen; (e-r Sache) widersprechen | ~ una qualitat (un dret) a alg j-m e-e Eigenschaft (e. Recht) absprechen || vi diskutieren (sobre über ac) | streiten, (um Kleinigkeiten) s. zanken | **~tir-se** v/r: van ~ amb l'entrenador sie stritten (bzw zankten) s. mit dem Trainer | **~tit** (**-ida** f) adj umstritten.
disent|eria f med Dysenterie, Ruhr f | **~èric** adj dysenterisch, ruhrartig | ruhrkrank || s/mf Ruhrkranke(r m) m/f.
disert adj lit beredt, redegewandt.
disfàgia f med Dysphagie, Schluckbeschwerde f.
disfressa f Verkleidung f, (Masken)Kostüm n; (Person) Maske f | fig Maske f; Deckmantel m; Tarnung f | **~r** (33) vt (j-n) verkleiden, kostümieren, reg maskieren (de als) | fig (etw) maskieren, tarnen, verschleiern, verhüllen; (Stimme, Schrift) verstellen | **~r-se** v/r s.

disfunció

verkleiden, s. kostümieren, *reg* s. maskieren (*de* als).
disfunció *f* Dysfunktion *f*.
disgraciós (-osa *f*) *adj* ungraziös | unansehnlich.
disgrega|ció *f* Zerfall *m*, Zersetzung *f* | *a. fig* Auflösung *f*; *quím a.* Aufschluß *m* | *geol* Verwitterung *f* | **~nt** *adj* (*m/f*) *quím* aufschließend, auflösend | **~r** (33) *vt* zerfallen lassen, zersetzen | (*Schwerlösliches*) aufschließen; löslich machen; auflösen | (*Gestein*) zerspalten | (*Gruppe, Menge*) auflösen | **~r-se** *v/r* zerfallen, s. zersetzen | s. auflösen | *geol* verwittern | auflösen | **~tiu** (-iva *f*) *adj* = **~nt**.
disgust *m* Ärger, *lit* Verdruß *m* | Unannehmlichkeit *f* | Mißfallen *n* | Kummer *m*; Leid *n*; Schmerz *m*; Enttäuschung *f*; Schlag *m* | *a* **~** ungern, mit Widerwillen | *els fills no els donen sinó* **~**(*o*)*s* die Kinder bereiten (*od* machen) ihnen nur Ärger | *si no estudies, tindràs un* **~** wenn du nicht lernst, wirst du e-e Enttäuschung erleben | *encara no m'he refet del* **~** ich habe mich von dem Schlag noch nicht erholt | **~ar** (33) *vt* (*Speise*) geschmacklos machen | (*j-n*) anwidern | (*j-m*) mißfallen, nicht gefallen | (*j-n*) ärgern; verärgern, verstimmen; traurig stimmen; enttäuschen | **~ar-se** *v/r* an Geschmack verlieren, geschmacklos werden | s. ärgern; traurig werden; enttäuscht sein (*per* über *ac*) | **~** *amb alg* auf j-n ärgerlich (*od* böse) werden | **~at** (**-ada** *f*) *pp/adj*: *estar* **~** ärgerlich (*od* verärgert *bzw* traurig, enttäuscht) sein | *estar* **~** *amb alg* auf j-n ärgerlich (*od* böse) sein.
dis|íl·lab *adj* zweisilbig || *s/m ling* zweisilbiges Wort *n* | *Lit* zweisilbiger Vers *m* | **~il·làbic** *adj* zweisilbig.
disjun|ció *f biol ling mat filos* Disjunktion *f* | **~t** *adj* disjunkt | **~tiu** (-iva *f*, -ivament *adv*) *adj* disjunktiv | *conjunció disjuntiva* disjunktive (*od* ausschließende) Konjunktion *f* | **~tor** *m bot* Trennung *f* | *elect* Selbstunterbrecher *m*.
dislèxia *f psic* Legasthenie *f*.
disloca|ció *f med geol fis* Dislokation *f* | *mil a.* Dislozierung *f* | **~r** (33) *vt cient* verschieben, verlagern | *bes med* (*Knochen, Glied*) aus-, ver-renken, auskugeln | *mil* dislozieren | **~r-se** *v/r* s. aus-, ver-renken, s. auskugeln.

dispensa

dismenorrea *f med* Dysmenorrhö(e), schmerzhafte Monatsblutung *f*.
disminu|ció *f* Verminderung, Verringerung *f* | Abnahme *f* | Nachlassen *n* | Rückgang *m* | *bes mús* Diminution *f* | **~ir** (37) *vt* (ver)mindern, verringern || *vi* s. (ver)mindern, s. verringern | abnehmen | nachlassen | zurückgehen | **~ït** (-**ïda** *f*) *adj bes mús* vermindert || *s/mf* Behinderte(r *m*) *m/f* | *un* **~** *físic* e. Körperbehinderter.
dispar *adj* (*m/f*) ungleich(artig), *lit* disparat.
dispara|dor *m* (*Feuerwaffe*) Drücker, Abzug *m* | *tecn fotog* Auslöser *m* | **~r** (33) *vt* abschießen; (*Feuerwaffe, Geschoß*) *a.* abfeuern; (*Feuerwaffe*) *a.* abdrücken | (*Schuß*) abfeuern, abgeben | *tecn fotog* auslösen | *fig fam: els periodistes no paraven de* **~***-li preguntes* die Journalisten schossen (*od* feuerten) beharrlich Fragen auf ihn ab || *vi* schießen; *bes mil* feuern | abdrücken | *quiet, o disparo!* stehenbleiben, oder ich schieße! | *ordre de* **~** Schießbefehl *m* | *el gàngster va* **~** *primer* der Gangster drückte zuerst ab *od* schoß zuerst | **~** *contra alg* (*la multitud*) auf j-n (in die Menge) schießen | *van* **~** *tot el dia contra la nostra posició* sie feuerten den ganzen Tag auf unsere Stellung *od* sie beschossen unsere Stellung den ganzen Tag | *fig fam: au, dispara!* na, leg (*od* schieß) schon los! | **~r-se** *v/r* s. auslösen (*Mechanismus*) | losgehen (*Feuerwaffe*) | in die Höhe schnellen (*Feder, Preise*) | *fig fam* los-schießen, -legen | **~** *un tret al cap* s. e-e Kugel in den Kopf schießen *od* durch den Kopf jagen.
disparitat *f* Ungleichheit, Verschiedenheit, *lit* Disparität *f*.
dispendi *m* große Ausgabe *f* | Aufwand *n* | *s: despesa* | **~ós** (-osa *f*, -osament *adv*) *adj* kostspielig, aufwendig.
dispens|a *f bes dr* Dispens, Erlaß *m* | *catol* Dispens *f* | **~able** *adj* (*m/f*) erläßlich | entschuldbar | **~ació** *f* Erweisung *f*; Spenden *n* | *ant* Aus-, Ver-teilung; Verwaltung *f* | Befreiung, Dispensierung, Dispensation *f* | **~ador**(**a** *f*) *m* Spender(in *f*), Austeiler(in *f*) *m* | **~ar** (33) *vt* (*Gutes, Gunst, Wohltaten*) erweisen; (*Lob, Segen, Beifall*) spenden; (*Hilfe*) leisten; (*Empfang*) bieten | *ant* aus-, ver-teilen; verwalten | (*bes in Höflichkeitsformeln*) entschuldigen | **~** *alg d' u/c* j-n von etw befreien, freistel-

dispèpsia 363 **disputa**

len, entbinden, *lit* dispensieren | *ja em ~an, però...* Sie müssen schon entschuldigen, aber... | *dispensa el retard (que arribi tard)!* entschuldige meine Verspätung (daß ich zu spät komme)! || *vi: dispensi!* Entschuldigung!, entschuldigen Sie (bitte)! | **~ari** *m* Poliklinik *f* | **~er(a** *f)* *m* = **ador(a)**.

dispèp|sia *f med* Dyspepsie, Verdauungsschwäche, -störung *f* | **~tic** *adj* dyspeptisch.

disper|gir(-se) (37) *vt(/r)* = **~sar(-se)** | **~s(ament** *adv) adj* zerstreut; *cient* dispers | (*bes Häuser, Ortschaften, Siedlung*) verstreut | vereinzelt (vorkommend) | *radiació (població)* **~a** Streu-strahlung (-siedlung) *f* | *núvols (xàfecs)* **~os** vereinzelte Bewölkung *f* (Schauer *pl*) | *pensaments (records)* **~os** zusammenhanglose Gedanken (Erinnerungen) | **~sador** *adj* zerstreuend | *cient* dispergierend; Dispersions..., Dispergier...; Streu(ungs)... || *s/m quím* Dispergiermittel; Dispergens *n* | *tecn* Dispersionsmühle *f* | **~sant** *adj (m/f)* = **~sador** || *s/m quím* Dispersant *n*; Dispergator *m* | **~sar** *vt (etw)* zerstreuen; *fís quím* dispergieren | (*j-n, etw*) auseinandertreiben, zerstreuen; (*Menschenmenge*) a. auflösen; (*bes Truppe, Herde*) a. auseinander-, ver-, zer-sprengen; (*Wolken, Blätter*) a. verwehen (*Wind*) | (*Kräfte, Anstrengungen*) verzetteln; (*a. Stimmen*) zersplittern | **~sar-se** *v/r* streuen (*Strahlen, Wellen, Teilchen*) | *la multitud va ~ pels carrers dels voltants* die Menge zerstreute s. in die umliegenden Straßen | *els núvols s'han dispersat* die Wolken sind auseinandergetrieben | **~sió** *f* Zerstreuung *f* | *cient* Dispersion; (*Abweichung*) Streuung *f* | *fig* Verzettelung; Zersplitterung *f* | **~siu (-iva** *f) adj* = **~sador**.

dispes|a *f* (Fremden)Pension *f* | *estar a ~ in e-r* Pension wohnen | *quant pagues de ~?* was zahlst du für Pension? | **~er(a** *f)* *m* Pensionswirt(in *f)* *m* | Pensionsgast *m*.

displàs|ia *f med* Dysplasie, Fehl-, Unterentwicklung *f* | **~ic** *adj* dysplastisch.

displic|ència *f* Interesselosigkeit *f* | Blasiertheit *f* | **~ent(ment** *adv) adj* interesselos | blasiert.

dispne|a *f med* Dyspnoe, Kurzatmigkeit, Atemnot *f* | **~ic** *adj* kurzatmig.

dispondeu *m Lit* Dispondeus *m*.

dispo|nibilitat *f* Verfügbarkeit; *lit a.* Disponibilität *f* || *pl* (finanzielle) Möglichkeiten *f pl* | **~nible** *adj (m/f)* verfügbar, zur Verfügung stehend; *lit a.* (*bes Geld, Kapital*) disponibel | *com (Waren)* vorrätig; lieferbar | *el personal ~* das verfügbare (*od* zur Verfügung stehende *od* abkömmliche) Personal | *a l'autocar encara hi ha dues places ~s* im Reisebus sind noch zwei Plätze frei | *avui no estic ~* heute bin ich nicht frei *od* abkömmlich | **~sar** (33) *vt* anordnen; herrichten (*per a* für); (*bes in Reih u. Glied*) aufstellen | verfügen, anordnen, bestimmen || *vi: ~ d'alg* od *d'u/c* über j-n *od* etw verfügen, *lit* disponieren | *disposeu* (bzw *disposi*) *de mi!* (bitte) verfügen Sie über mich! | **~sar-se** *v/r: ~ a fer u/c* s. anschikken (*od* im Begriff sein), etw zu tun | **~sat (-ada** *f) pp/adj: estar ~ a fer u/c* bereit sein, etw zu tun | *estar ben (mal) ~ envers alg* j-m wohlgesinnt (übel gesinnt) sein | **~sició** *f* Anordnung; Herrichtung; Aufstellung *f* | (*angeborene Fähigkeit*) Anlage (*per a* zu), Veranlagung (zu), Begabung *f* (für) | (*Zustand*) Verfassung *f* | Bereit-schaft, -willigkeit *f (a, per a* zu); Neigung *f (a* zu) | Verfügung, *lit* Disposition *f* (*sobre, de* über *ac*) | Verfügung, Anordnung, Bestimmung; Vorschrift *f* | *disposicions legals* gesetzliche Bestimmungen *f pl* | *~ addicional* Zusatzbestimmung *f* | *~ testamentària* letztwillige Verfügung *f* | *estar en ~ de fer u/c* in der Lage sein, etw zu tun | *estar a la ~ d'alg* j-m zur Verfügung stehen | *posar(-se) a la ~ d'alg* (s.) j-m zur Verfügung stellen | *tenir ~ per a la música* e-e Anlage zur Musik haben; musikalisch veranlagt sein | **~sitiu (-iva** *f,* **-ivament** *adv) adj* anordnend, verfügend | *dr* dispositiv || *s/m tecn* Vorrichtung *f* | *~ de protecció* Schutzvorrichtung *f* | *~ intrauterí* Intrauterinpessar *n* | **~st** *adj ant reg* bereit; fähig; stattlich, wohlgebaut | = **~sat**.

disprosi *m* Dysprosium *n*.

disputa *f* Disput *m*, Streitgespräch *n*, Kontroverse *f* | *bes hist* Disputation *f* | **~ble** *adj (m/f)* disputabel | **~ció** *f hist* = **disputa** | **~dor** *adj* = **discutidor** || *s/mf* = **~nt** | **~nt** *m/f* Disputant(in *f)* *m* | **~r** (33) *vi a. hist* dis-

putieren, streiten (*sobre* über *ac*) | = **discutir** || *vt* (*Schlacht, Wettkampf, Spiel, Meisterschaft*) austragen | ~ *u/c a alg* j-m etw streitig machen; mit j-m um etw kämpfen *bzw* konkurrieren | **~r-se** *v/r* = **discutir-se** | ~ *u/c* s. um etw streiten.
disquet *m elect* Diskette, Floppy-disk *f*.
disquisició *f* ausführliche (*desp* pedantische) Darlegung *f*.
disrup|ció *f elect* Durchschlag *m* | **~tiu** (**-iva** *f*) *adj* Durchschlags...
dissabte *m* (*zG s: dimarts*) Sonnabend, Samstag *m* | ≺ *Sant* (od *de Glòria*) Karsamstag, Ostersonnabend *m* | *fer* ~ Hausputz machen.
dissec|ació *f* Ausstopfung *f* | **~ador(a** *f*) *m* Ausstopfer(in *f*) *m* | **~ar** (33) *vt* (*e. Tier*) ausstopfen | *anat* präparieren; (*Körper*) a. sezieren | *fig* sezieren, zergliedern | **~ció** *f anat* Präparation; Sektion *f*; (*Objekt*) Präparat *n* | *fig* Zergliederung *f* | **~tor(a** *f*) *m anat* Präparator(in *f*) *m* | ~ **d'imatge** (*tv*) Sonden(bildfänger)röhre *f*, Elektronenzerleger *m*.
dissemblan|ça *f* Unähnlichkeit *f* | **~t(ment** *adv*) *adj* (*m/f*) unähnlich.
dissemina|ció *f* Aus-, Zer-streuung *f* | *a. fig* Verbreitung *f* | **~r** (33) *vt* aus-, zer-streuen | *a. fig* verbreiten | **~r-se** *v/r: els gitanos* (*els principis liberals*) *van* ~ *per tot Europa* die Zigeuner (die liberalen Grundsätze) zerstreuten s. (verbreiteten s.) über ganz Europa | *les llavors es disseminen amb el vent der Samen wird durch den Wind verbreitet.
dissen|s *m* Nichtübereinstimmung *f*, Dissens *m* | **~sió** *f* Nichtübereinstimmung *f*, Dissens *m* | *a. pl* Uneinigkeit (-en *pl*); Meinungsverschiedenheit(en *pl*), Differenz(en *pl*) *f*; Zwist (e *pl*) *m* | **~timent** *m* Nicht-einwilligung, -zustimmung *f* | *dr* Dissens *m* | **~tir** (37) *vi* s. nicht einig sein | *bes dr* dissentieren | ~ *d'alg* anderer Meinung als j-d sein; mit j-m nicht übereinstimmen.
disseny *m* Entwurf(szeichnung *f*) *m* | (*a. Kunst, Gewerbe*) Design *n* | *tecn* (*Fahrzeuge, Maschinen, Brücken*) Konstruktion *f* | *tèxt* (*Musterentwurf*) Dessin *n*; Dessinierung *f* | ~ *gràfic* graphische(s) Zeichnen *n* | ~ *industrial* Industriedesign *n* | **~ador(a** *f*) *m* Designer(in *f*) *m* | *tecn* Konstrukteur(in *f*) *m* | *tèxt* Dessinateur(in *f*) *m* | ~ *de moda* Mo-

dedesigner *m* | **~ar** (33) *vt* entwerfen | *tecn* konstruieren | *tèxt* dessinieren.
disserta|ció *f* (gelehrte) Abhandlung *f* | (*Rede*) Vortrag *m* | **~r** (33) *vi:* ~ *sobre u/c* etw (gelehrt) abhandeln; e-n Vortrag über etw halten.
disset (29) *num* (*zG s: vuit*) siebzehn | **~è (-ena** *f*) (30) *num* (*zG s: vuitè*) siebzehnte(r, -s); siebzehntel.
dissid|ència *f* (*politische od religiöse*) Abweichung *f* | Andersdenken *n* | Dissidententum *n* | **~ent** *adj* (*m/f*) dissident, andersdenkend | *s/m/f* Dissident(in *f*) *m*, Andersdenkende(r *m*) *m/f*.
dissimil|ació *f* Dissimilation *f* | **~ar** (33) *vt bes ling* dissimilieren | **~ar-se** *v/r* dissimiliert werden | **~atiu** (**-iva** *f*) *adj* dissimilierend.
dissimula|ció *f* Verbergung, Verheimlichung *f* | Verstellung, Heuchelei *f* | **~r** (33) *vt* verbergen, verheimlichen, *lit* verhehlen | (*Häßliches*) verdecken, verhüllen | (*s-e Befangenheit, Schüchternheit; j-s Taktlosigkeit*) überspielen | *arc* verzeihen || *vi* s. verstellen, heucheln | s. nichts anmerken lassen; so tun, als ob man nichts merke | s. dumm stellen | **~t** (**-ada** *f*, **-adament** *adv*) *adj* heimlich, verstohlen, unauffällig | (*Person, Haltung*) heuchlerisch, unaufrichtig; hinterhältig | *fer el* ~ = **~r** *vi*.
dissipa|ció *f* Auflösung *f* | Zerstreuung *f* | Verschwendung, Vergeudung *f* | ausschweifender Lebenswandel *m* | **~r** (33) *vt* (*Nebel, Wolken*) auflösen, vertreiben | (*Befürchtung, Zweifel*) zerstreuen | (*Vermögen, Kräfte, Zeit*) verschwenden, vergeuden, vertun | (*Gesundheit*) ruinieren | (*j-n*) verderben | **~r-se** *v/r* s. auflösen | s. zerstreuen, verschwinden | liederlich (*od* sittenlos) werden | **~t** (**-ada** *f*, **-adament** *adv*) *adj* = **dissolut**(**ament**).
dissocia|ció *f bes quím psic* Dissoziation *f* | **~r(-se)** (33) *vt*(/*r*) (s.) dissoziieren | **~tiu** (**-iva** *f*) *adj* dissoziativ.
dissol|dre (40) *vt a. quím dr polít* auflösen | *quím a.* lösen | (*Ehe*) *a.* scheiden | **~dre's** *v/r* s. auflösen | *quím a.* s. lösen | **~ubilitat** *f* Auflösbarkeit *f* | *quím a.* Löslichkeit *f* | **~uble** *adj* (*m/f*) auflösbar | *quím a.* löslich, dissolubel | **~ució** *f* Auflösung *f* | *quím a.* = **solució** | *fig* (sittliche) Zerrüttung *f*; ausschweifender Lebenswandel *m* |

dissonància 365 **distinció**

~ut(ament *adv*) *adj* liederlich, sittenlos | (*Leben*) *a.* ausschweifend | **~utiu** (**-iva** *f*) *adj* auflösend | **~vent** *adj* (*m/f*) *quím* (auf)lösend, Lösungs... | *fig* zersetzend || *s/m* Lösungsmittel, Lösemittel *n*.

disson|ància *f a. fig* Mißklang *m* | *bes mús* Dissonanz *f* | **~ant** *adj* (*m/f*) *a. fig* mißtönend | *bes mús* dissonant | **~ar** (33) *vi a. fig* mißtönen | *bes mús* dissonieren.

dissort *f lit* = **desgràcia** | **~adament** *adv lit* = **desgraciadament** | **~at** (**-ada** *f*) *adj lit* = **desgraciat**.

dissua|dir (37) *vt* (*j-n*) umstimmen | ~ *alg d'un propòsit* j-m e. Vorhaben ausreden | *ell volia anar-hi, però l'en vaig poder* ~ er wollte hingehen, aber ich konnte ihn davon abbringen | **~sió** *f* Umstimmung *f* | Ausreden, Abbringen *n* | *polit* Abschreckung *f* | **~siu** (**-iva** *f*) *adj polit* abschreckend, Abschreckungs...

dist|ància *f* Entfernung; Strecke *f* | *a. geom circ fig sociol zeitl* Abstand *m*; *bes esport fig sociol* Distanz *f* | *fig a.* Unterschied *m* | *la* ~ *de Friburg a Barcelona* (od *entre Friburg i Barcelona*) *és de...* die Entfernung zwischen Freiburg u. Barcelona beträgt... | *amb l'avió no és cap* ~ mit dem Flugzeug ist es k-e Entfernung | *vam recórrer una* ~ *de...* wir legten e-e Strecke von... zurück | *quina* ~ *hi ha de Pals a Girona* (*a la platja*)? wie weit ist es von Pals nach Girona (bis zum Strand)? | *a quina* ~ *som del poble*? wie weit sind wir vom Dorf entfernt? | *la casa és a una* ~ *de dos quilòmetres* od *a dos quilòmetres de* ~ das Haus liegt zwei Kilometer entfernt *od* in e-r Entfernung von zwei Kilometern *od* in zwei Kilometer(n) Entfernung | *es va sentir a gran* ~ man hörte es auf große Entfernung | *a aquesta* ~ *no ho puc distingir* über diese (*od* aus dieser) Entfernung kann ich es nicht erkennen | *a cent anys de* ~ aus e-m Abstand von hundert Jahren | *a* ~ in der Ferne; aus der Ferne, von fern *od* weitem; *fig* aus der Distanz, von fern | *comandar un aparell a* ~ e. Gerät fernbedienen | (*man*)*tenir a* ~ fernhalten; *fig* auf Distanz halten | *mantenir-se a* ~ s. fernhalten; *fig* auf Distanz bleiben | *guardar* (*od mantenir*) *les distàncies* (*fig*) Abstand halten, Distanz wahren | ~ *entre les rodes* Radabstand *m*, Spur(weite) *f* | ~ *entre casa i casa* Gebäudeabstand, Bauwich *m* | ~ *focal* (*òpt*) Fokaldistanz, Brenn-weite *f*, -punktabstand *m* | ~ *zenital* (*astr*) Zenitdistanz *f* | **~anciació** *f*, **~anciament** *m Lit* Verfremdung *f* | **~anciar** (33) *vt bes esport* hinter s. lassen, distanzieren, *umg* abhängen | *a. fig* (voneinander) entfernen | *Lit* verfremden | *la llarga separació el va* ~ *d'ella* die lange Trennung entfremdete ihn ihr | **~anciar-se** *v/r*: *Sito Pons va* ~ *dels seus perseguidors* Sito Pons ließ s-e Verfolger hinter s. | *fig*: ~ *d'alg* (*innerlich*) s. j-m entfremden; (*öffentlich*) s. von j-m distanzieren | ~ *del partit* (*d'unes declaracions*) s. von der Partei (von e-r Äußerung) distanzieren | *s'han distanciat* (*l'un de l'altre*) sie sind auseinandergekommen (*Freunde*); sie haben s. auseinandergelebt (*Paar*) | **~ant** *adj* (*m/f*) fern, (weit) entfernt | *fig* (*Person, Haltung*) distanziert, kühl, reserviert | *fets* ~*s* weit zurückliegende Ereignisse | *opinions* ~*s* auseinandergehende Meinungen | *són molt* ~*s d'edat* der Altersunterschied zwischen ihnen ist sehr groß, *umg* sie sind im Alter weit auseinander | **~ar** (33) *vi*: ~ *molt* (*poc, tres quilòmetres, dues hores*) *d'un lloc* weit (nicht weit, drei Kilometer, zwei Stunden) von e-m Ört entfernt sein | *fig*: *disto molt de creure-ho* ich bin weit davon entfernt, es zu glauben | *això no dista gaire de la veritat* das kommt der Wahrheit ziemlich nahe.

disteleologia *f biol* Dysteleologie *f*.

disten|dre('s) (40) *vt*(*/r*) (s.) (über)dehnen | *med* (s.) zerren | *a. fig* (s.) lockern, (s.) entspannen | **~sió** *f* (Über-)Dehnung *f* | *med* Zerrung *f* | *a. cient fig polit* Entspannung *f*.

dístic *adj bot* zweizeilig || *s/m Lit* Distichon *n*.

distin|ció *f* Unterscheidung, *lit* Distinktion *f* | Unterschied *m* | Vornehmheit, *lit* Distinguiertheit, Distinktion *f* | (*Ehrung, Preis*) Auszeichnung *f* | *sense* ~ ohne Unterschied | *sense* ~ *d'edat* (*de sexe*) ohne Unterschied des Alters (Geschlechts) | *sense* ~ *de persones* ohne Ansehen der Person | *fer distincions* Unterschiede machen | *no fer distincions* k-e Unterschiede kennen | **~gible** *adj* (*m/f*) unterscheidbar | er-

distòcia 366 **distribució**

kennbar | **~gir** (37) *vt* unterscheiden (*de* von) | (*voneinander*) *a:* auseinanderhalten (*sehen*) *a.* erkennen | (*ehren; positiv kennzeichnen*) auszeichnen | *no poden ~ el vermell del verd* sie können Rot nicht von Grün unterscheiden *od* Rot u. Grün nicht auseinanderhalten || *vi:* ~ *entre* unterscheiden zwischen (*dat*) | **~gir-se** *v/r s.* unterscheiden (*de* von; *per* durch) | *s.* auszeichnen (*per* durch) | **~git** (**-ida**) *f*) *adj* (*Person, Manieren*) vornehm, *lit* distinguiert | (*Person*) von hohem Rang; (hoch)angesehen | (*in Briefanreden*) sehr geehrt(er) (*Herr*), sehr verehrt(e) (*Dame*) | **~t**(**ament** *adv*) *adj* verschieden | deutlich, klar, *lit* distinkt | unterschiedlich | **~tiu** (**-iva** *f*) *adj* unterscheidend, Unterscheidungs... | *lit cient* distinktiv || *s/m* Kennzeichen *n* | Abzeichen; Erkennungszeichen; Ehrenzeichen; *mil* Rangabzeichen *n*.

distòcia *f med* schwere Geburt *f*.

distoma *m zool* Leberegel *m* | ~ *hepàtic* Große(r) Leberegel *m* | ~ *lanceolat* Lanzettegel, Kleine(r) Leberegel *m* | **~tós** (**-osa** *f*) *adj zool* mit zwei Mündchen | **~tosi** *f med* Leberfäule *f*.

distonia *f med* Dystonie *f*.

distorsió *f* Verzerrung *f* | *òpt a.* Verzeichnung, Distorsion *f* | *med* Verstauchung *f*, Distorsion *f*.

distr|acció *f* Zerstreutheit; (*momentan*) *a.* Geistesabwesenheit, Unaufmerksamkeit *f*; (*Irrtum*) Versehen *n* | Ablenkung; Zerstreuung; Unterhaltung *f*; Zeitvertreib *m* | *ha estat una ~* es war e. Versehen | *he tingut una ~* mir ist e. Versehen unterlaufen *od* passiert | *per ~* aus Versehen | *et cal una mica de ~* du brauchst e. wenig Ablenkung *od* Zerstreuung | *és la meva ~ favorita* es ist mein liebster Zeitvertreib | *no hi ha distraccions de cap mena* es gibt dort keinerlei Unterhaltungsmöglichkeiten | **~aure** (40) *vt* = **~eure** | **~et** *adj* zerstreut; (*momentan*) *a.* abgelenkt, (geistes)abwesend, unaufmerksam; (*gewöhnlich*) *a.* vergeßlich, *umg* schusselig | (*Zeitvertreib, Beschäftigung*) unterhaltend, kurzweilig | *un savi ~* (*iròn*) e. zerstreuter Professor | *una mirada ~a* e. (geistes)abwesender Blick | *perdona, estava ~!* entschuldige, ich war (ganz) in Gedanken *od* habe nicht aufgepaßt | *ho he fet ~* ich habe es

(ganz) in Gedanken getan | **~etament** *adv* versehentlich, aus Versehen | *s: distret* | **~eure** (40) *vt* (*j-n*) ablenken (*de* von) | (*j-n*) ablenken, zerstreuen, auf andere Gedanken bringen | (*j-n*) zerstreuen, unterhalten, (*j-m*) die Zeit vertreiben | *no el distreguis (de la feina)!* lenke ihn nicht (von der Arbeit) ab! | *pots ~ els nens mentre jo embolico els regals?* kannst du die Kinder ablenken, während ich die Geschenke einpacke? | *pintar el distreu* Malen lenkt ihn ab *od* zerstreut ihn | *amb quins jocs els distreurem?* mit welchen Spielen werden wir sie zerstreuen *od* unterhalten? | **~eure's** *v/r: quan estudien, es distreuen per qualsevol cosa* beim Lernen lassen sie s. durch jede Kleinigkeit ablenken | *m'he distret un moment, i la llet s'ha vessat* ich habe e-n Moment nicht aufgepaßt u. schon ist die Milch übergelaufen | *m'he distret d'avisar-la* ich habe vergessen (*umg* verschwitzt), ihr Bescheid zu sagen | *toco el piano per distreure'm* ich spiele Klavier, um mich abzulenken *od* zu zerstreuen | *van ~ jugant a cartes* sie unterhielten s. mit Kartenspielen.

distribu|ció *f a. elect mat* Verteilung *f* | *bes ling mat* (*Funktion*) Distribution *f* | Einteilung *f* | *com* Vertrieb *m*, Verteilung *f*; *cin* Verleih *m* | *tecn* Steuerung *f* | *gràf* Ablegen *n*; Ablegesatz *m* | (*Gas, Wasser*) Versorgung *f* | ~ *geogràfica* geographische Verteilung | ~ *de la renda* (*econ*) Einkommensverteilung *f* | *quadre de ~* (*elect*) Verteilertafel *f* | *xarxa de ~* (*elect com*) Verteilernetz *n* | **~idor** *adj elec tecn* Verteiler... | *com a.* Vertriebs... || *s/mf* Verteiler(in *f*) *m* | *com a.* Vertreiber(in *f*) *m* | ~ *cinematogràfic* Filmverleiher *m* || *s/m elec tecn* Verteiler *m* | *tecn a.* Schieber *m* | *aut* (*a.* ~ *d'encesa*) (Zünd)Verteiler *m* || *s/f* Vertriebsgesellschaft *f*; *cin* (Film)Verleih *m* | **~ir** (37) *vt* verteilen | (*Raum, Zeit, Mittel*) einteilen | *com* (*Waren*) vertreiben, verteilen; (*Filme*) verleihen | *gràf* (*Satz*) ablegen | *s: repartir* | ~ *u/c a* (*entre*) *diverses persones* etw an (unter) mehrere Personen verteilen | ~ *els refugiats en diversos camps* die Flüchtlinge auf verschiedene Lager verteilen | ~ *en grups* in Gruppen auf-, einteilen | ~ *per un espai* über e-n Raum verteilen | ~ *bé el seu* (*od* **~se** *bé* *el) temps* (s. *dat*) s-e Zeit gut einteilen | **~ir-se** v/r: *van ~ per la plaça* sie verteilten s. über den Platz | **~tiu** (**-iva** f, **-ivament** adv) adj verteilend | *bes mat ling* distributiv.

districte m (*Verwaltungs*) Bezirk, Distrikt m | *~ electoral* Wahlbezirk m.

distròfi|a f med Dystrophie, Ernährungsstörung f | **~c** adj med biol dystroph || s/mf Dystrophiker(in f) m.

disturbi m (Ruhe)Störung, bes polit mst pl Unruhe(n pl) f | *~s racials* Rassenunruhen f pl.

disúria f med Dysurie f.

dit[1] m Finger m | (a. *~ del peu*) Zehe f | (a. *~ de través* od *través de ~*) Finger (breit), Fingerbreit m | *~ anular* od *de l'anell* Ringfinger m | *~ assenyalador* (od *apuntador, saludador, mestre*) = **índex** | *~ gros* Daumen m; (*Fuß*) gr(e) Zehe f | *~ del mig* (od *mitger, llarg, llépol, del cor*) Mittelfinger m | *~ petit* (od *xic, menut, menovell, menuell, gorri, auricular*) kleiner Finger m | *~ petit* (*Fuß*) kl(e) Zehe f | *cap* (od *punta*) *del ~* Finger-spitze, -kuppe f | *dos* (od *quatre*) *~s* (*de*) e. Fingerhut (voll), e. Schlückchen; e. bißchen, e. wenig | *a dos dits de* knapp an (*dat*); *am Rand(e)* (*gen*) | *com l'anell al ~* ausgezeichnet passen; wie gerufen kommen | *assenyalar alg amb el ~* mit dem Finger (*fig a.* mit Fingern) auf j-n zeigen | *comptar amb els ~s* an den Fingern abzählen | *fig fam: es podien comptar amb els ~s* man konnte sie an den Fingern abzählen | (*és*)*ser llarg de ~s* od *tenir els ~s llargs* lang-fing(e)rig sein; fig fam a. klebrige Finger haben | *fer córrer els ~s* (*fig fam*) lange (*od* krumme) Finger machen | *ficar a alg els ~s a la boca* (*fig fam*) j-m die Würmer aus der Nase ziehen | *fica't els ~s al nas* od *al cul!* (*pop*) Finger weg!, laß die Finger davon! | *llepar-se'n els ~s* s. (*dat*) die Finger danach lecken | *no moure* (ni) *un ~* (*fig fam*) k-n Finger (*od* k-e Hand) rühren, k-n Finger krumm machen | *ell no mouria* (ni) *un ~ per mi* er würde k-n Finger (*od* k-e Hand) für mich rühren | *picar els ~s a alg* (*a. fig fam*) j-m auf die Finger klopfen, j-m eins auf die Finger geben | *picar-se* (od *agafar-se, cremar-se*) *els ~s* (*fig fam*) s. (*dat*) die Finger verbrennen; s. (*dat*) in den Finger schneiden | *tenir ~*(*et*)*s od bons ~s*

(*fig fam*) fingerfertig sein | *tenir u/c per la punta* (od *pel cap*) *dels ~s* (*fig fam*) etw im kl(n) Finger haben | *tenir el ~* (*ficat*) *a l'ull d'alg* (*fig fam*) j-n auf dem Kieker haben | *tenir la vista als ~s* (*fam*) alles anfassen müssen | *tenir-ne un* (*deu*) *a cada ~* (*fig fam*) einen (zehn) an jedem Finger haben | *voler* (od *demanar*) *~*(*et*)*s* (*fig fam*) Fingerfertigkeit verlangen | *si li'n doneu com el ~, se'n pren*(*drà*) *com la mà* wenn man ihm den kl(n) Finger reicht, nimmt er gleich die ganze Hand.

dit[2] pp/adj s: *dir*[1] | *el ~ ...* besagter ..., der besagte ..., der genannte ... | *el damunt ~ ...* der obengenannte ... || s/m ant = **~a** | **~a** f Aussage f, Wort(e pl) n | *bes* Aus-, Sinn-spruch m | Schätzung f; (*Kauf*)Angebot; (*bei Versteigerungen*) Gebot n.

dit|ada f Fingerschlag m | Fingerabdruck m | *una ~ de mel* (*melmelada, pomada*) e-e Fingerspitze voll Honig (Marmelade, Salbe) | *donar una ~ a u/c* (mit dem Finger) an etw tippen | **~ejar** (33) vi die Finger bewegen || vt ab-, be-fingern | (herum)fingern an (*dat*) | (*Instrument*) schlagen | **~ejat** (**-ada** f) pp/adj: *el mirall està tot ~* der Spiegel ist voller Fingerabdrücke | **~et** m Finger-lein, -chen n | s: *dit*[1].

ditir|ambe m Lit Dithyram-be f, -bus m | *fig. a.* Lobeshymne f, Loblied n | **~àmbic**(**ament** adv) adj dithyrambisch | *fig. a.* überschwenglich.

diumeng|e m (*zG s:* dimarts) Sonntag m | *~ de Pasqua* od *de Resurrecció* Ostersonntag m | *~ de Rams* Palmsonntag m | *vestit dels ~s* Sonntags-kleid n bzw -anzug m | **~ejar** (33) vi den Sonntag feiern | **~er** adj (*bes Person*) Sonntags... | *caçador ~* Sonntagsjäger m || s/mf Sonntagsausflügler(in f) m | **~í** (**-ina** f) adj sonntäglich, Sonntags...

diür|esi f med Diurese, Harnausscheidung f | **~ètic** adj diuretisch, harntreibend || s/m Diuretikum, harntreibendes Mittel n.

diürn adj Tages... | *bot zool* Tag... || s/m = **~al** | **~al** m ecl Diurnal(e) n.

diüturn adj lit lange dauernd | **~itat** f lit lange Dauer, Länge f.

diva f = **deessa** | (*Sängerin*) Diva f.

divaga|ció f fig Abschweifung f | **~r** (33) vi ant umher-schweifen, -streifen | fig (vom Thema) abschweifen, vom

Thema abkommen.
divalent *adj (m/f) quím* = **bivalent**.
divan *m a. hist Lit* Diwan *m*.
divaricat (-ada) *f) adj bot (Äste)* auseinandergespreizt.
divendres *m inv (zG s: dimarts)* Freitag *m* | ⌂ *Sant* Karfreitag *m* | *fer ~ (catol fam)* fasten.
diverg|ència *f* Auseinanderlaufen *n* | *cient lit* Divergenz *f* | *fig a.* Abweichung *f* | **~ent** *adj (m/f)* auseinanderlaufend, *a. fig* -gehend, -strebend | *cient lit* divergent, divergierend | *fig a.* abweichend | *lent ~* Zerstreuungslinse *f* | **~ir** (33) *vi* auseinander- laufen, *a. fig* -gehen, -streben | *cient lit* divergieren (*de* von) | *fig a.* abweichen, s. unterscheiden (*de* von).
diver|s *adj (mst nachgestellt)* verschieden(artig), unterschiedlich || *pl (nachgestellt) bes adm com* diverse *• (vorgestellt)* verschiedene; mehrere (verschiedene) | *ja m'ho han dit ~es persones* das haben mir schon verschiedene (*od* mehrere) Personen gesagt | *~es vegades* verschiedenemal, verschiedentlich, mehrmals | *els ~os països d'Europa* | die verschiedenen Länder Europas | **~sament** *adv: una frase ~ interpretada* e. unterschiedlich ausgelegter Satz | **~sificació** *f bes econ* Diversifikation, Diversifizierung *f* | **~sificar** (33) *vt* verschieden(artig) machen | abwechslungsreich(er) gestalten | (*Interessen, Unterricht*) breit(er) fächern | *econ* diversifizieren | **~siforme** *adj (m/f)* verschiedengestaltig | **~sió** *f* Vergnügen *n*, Spaß *m* | Amüsement *n*, Belustigung *f* | Unterhaltung, Belustigung *f* | *mst pl* Vergnügung *f* | *per a ell treballar és una ~* für ihn ist Arbeiten e. Vergnügen | *a Platja d'Aro hi ha moltes diversions* in Platja d'Aro gibt es viele Vergnügungsmöglichkeiten | **~sitat** *f* Verschieden-heit, -artigkeit *f* | Mannigfaltig-, Vielfältig-keit *f* | Vielfalt *f* | *~ d'opinions* Meinungsverschiedenheit(en *pl*), -vielfalt *f* | *una gran ~ de flors* e-e große Vielfalt an (*od* von) Blumen | **~tició** *f pop =* **~sió** | **~ticle** *m med* Divertikel *n* | **~timent** *m =* **~sió** | **~tir** (37) *vt* amüsieren, belustigen, erheitern, vergnügen | (lustig) unterhalten | *deixa'ls fer, si això els diverteix* laß sie doch, wenn es ihnen Spaß macht | **~tir-se** *v/r* s. amüsieren, s. vergnügen | s. (gut) unterhalten | *fer u/c per ~* etw zu s-m Vergnügen (*od* Amüsement *bzw* aus Spaß) tun | *es diverteixen fent-lo enfadar* sie machen s. e-n Spaß (*od* e. Vergnügen) daraus, ihn zu ärgern | *que us divertiu (força)!* amüsiert euch gut!, viel Spaß *od* Vergnügen! | **~tit** (-ida *f*, **-idament** *adv) adj* amüsant | *en Joan és molt ~* Hans ist e. amüsanter Gesellschafter *od* ist sehr lustig *od* witzig, spaßig | *una tarda divertida* e. amüsanter (*od* vergnügter, vergnüglicher, lustiger) Nachmittag | *una pel·lícula (novel·la) divertida* e. amüsanter (*od* lustiger, heiterer) Film (Roman) | *que ~!* wie lustig *od* witzig!, das ist ja (*od* aber) lustig *od* witzig! | *no ho trobo pas gaire divertit* das finde ich nicht gerade lustig | *et sembla ~ fer-me esperar tanta estona?* meinst du etwa, es macht Spaß, so lange auf dich zu warten?
diví (-ina *f) adj a. fig* göttlich | *culte ~* Gottesdienst *m* | *llinatge ~* Göttergeschlecht *n* | *la divina providència* die göttliche Vorsehung | *la Divina Comèdia* die Göttliche Komödie | *dret ~ (hist)* Gottesgnadentum *n* | *de dret ~ (hist)* von Gottes Gnaden | *bondat divina! (fam)* meine Güte!
divid|end *m econ* Dividende *f* | *mat* Dividend *m* | **~ir** (37) *vt* (ein-, auf-)teilen (*en* in *ac*) | aufteilen (*entre* unter *ac*) | (auf)gliedern, auf-, ein-teilen (*en* in *ac*) | (mehrere) trennen | *fig* spalten (*en* in *ac*); entzweien | *mat* dividieren, teilen (*per* durch) | *divideix i venceràs!* teile u. herrsche! | **~ir-se** *v/r: el riu es divideix en dos braços* der Fluß teilt s. in zwei Arme | *l'obra es divideix en tres parts* das Werk gliedert s. in drei Teile *od* ist in drei Teile (auf)gegliedert | *van ~ en grups* sie teilten s. in Gruppen auf | *el partit va ~ en dos bàndols* die Partei spaltete s. in zwei Lager | **~it** (-ida *f) pp/adj: 12 ~ per 4 és 3* 12 (geteilt *od* dividiert) durch 4 ist 3 | *l'opinió pública està dividida* die öffentliche Meinung ist geteilt *od* gespalten | *un poble ~* e. uneiniges Volk.
divin|al *adj lit =* **diví** | **~ament** *adv* göttlich | *fig fam: ens ho hem passat ~* wir haben uns köstlich amüsiert | *aquestes sabates em van ~* diese Schuhe passen mir ausgezeichnet | **~itat** *f* Göttlichkeit *f* | (*a.* Gott) Gottheit *f* | **~ització** *f* Vergöttlichung, Vergottung *f* | *fig* Vergötterung *f* |

~**itzar** (33) *vt* vergöttlichen, vergotten | *fig* vergöttern.

div|ís *m ant* Zwietracht *f* | ~**isa** *f* (*Wappen*) Devise *f*; Wappenspruch *m*; *fig* Devise *f*, Wahlspruch *m*, Motto *n*; Kennzeichen *n* | *econ mst pl* Devise *f* | *mercat* (*reserves*) *de divises* Devisen-markt *m* (-reserven *f pl*) | ~**isar** (33) *vt* (*Wappen*) mit e-r Devise (*bzw* e-m Wappenspruch) versehen | *ant* unterscheiden; erblicken | ~**isibilitat** *f a. mat* Teilbarkeit *f* | ~**isible** *adj* (*m/f*) *a. mat* teilbar | ~**isió** *f a. biol mat* Teilung; *mat a.* Division *f* | Gliederung, Auf-, Einteilung *f* | Teil *m*; Kategorie; *adm bot* Abteilung; *esport* (*Klasse*) Liga; *mil* Division *f*; (*Schublade, Tasche*) Fach *n* | Trennung; *fig* Spaltung; Uneinigkeit, Zwietracht *f* | ~ *harmònica* (*mat*) harmonische Teilung *f* | *la ~ del treball* (*econ*) die Arbeitsteilung | *va haver-hi ~ d'opinions* die Meinungen waren geteilt | ~**isionari** (-**ària** *f*) *adj* Teilungs... | *mil* Divisions... | *moneda divisionària* Scheidemünze *f* | ~**isiu** (-**iva** *f*) *adj* teilend | *fig* entzweiend | ~**isor** *m mat* Divisor, Teiler *m* | *tecn* Teil-kopf *m*, -vorrichtung *f* | *elect* Teiler *m* | *el màxim comú ~* (*mat*) der größte gemeinsame Teiler | ~**isori** (-**òria** *f*) *adj* (ab)trennend | *mur ~* Trennmauer *f* | *línia divisòria* (*a. fig*) Trennungslinie *f* || *s/f a. fig* Trennungslinie *f* | *divisòria d'aigües* Wasserscheide *f*.

divorci *m* (Ehe)Scheidung *f* | *fig* Trennung *f* | ~**ar** (33) *vt* scheiden | *fig* trennen | ~**ar-se** *v/r* s. scheiden lassen (*de* von) | *fig* s. trennen (von) | ~**at** (-**ada** *f*) *pp/adj: està ~* er ist geschieden || *s/mf* Geschiedene(r *m*) *m/f*.

divuit (29) *num* (*zG s: vuit*) achtzehn | ~**è** (-**ena** *f*) (30) *num* (*zG s: vuitè*) achtzehnte(r, -s); achtzehntel.

divulga|ció *f* Verbreitung, Bekanntmachung *f* | Bekanntwerden *n* | Popularisierung *f* | *obra de ~* populärwissenschaftliches Werk | ~**dor(a** *f*) *m* Verbreiter(in *f*) *m* | *fou un gran ~ del dodecatonisme* er trug viel zur Popularisierung der Zwölftonmusik bei | ~**r** (33) *vt* verbreiten, (allgemein) bekanntmachen; (*Geheimnis, Plan*) allen preisgeben | popularisieren | *umg* unters Volk (*od* unter die Leute) bringen | ~**r-se** *v/r: la notícia* (*el rumor*) *va ~ ràpidament* die Nachricht (das Gerücht) verbreitete s. rasch *od* breitete s. rasch aus | *la nova teoria encara no s'ha divulgat gaire* die neue Theorie ist noch wenig bekannt.

do[1] *m* *mús* C *n* | (*beim Solmisieren*) do *n* | *~ bemoll* Ces *n* | *~ sostingut* Cis *n* | *~ de pit* hohes C.

do[2] *m* (*Geschenk*) *a. bíbl* Gabe *f* | *fig. a.* Begabung *f*, Talent *n* | *~ de llengües* (*bíbl*) Gabe *f* des Zungenredens; *p ext* Sprachbegabung *f* | *tenir ~ de gents* die Gabe haben, s. beliebt zu machen.

dobl|a *f numis* Dublone *f* | ~**ador(a** *f*) *m cin* Synchronsprecher(in *f*) *m* || *s/m elect* Verdoppler *m* | *tèxt* Dubliermaschine *f* | ~**ament** *m* Verdopp(e)lung *f* | ~**ar** (33) *vt a. fig* verdoppeln | doppelt soviel (*bzw* so groß) wie... sein | doppelt legen; (*Faden*) doppelt nehmen | *cin* synchronisieren | *esport* überrunden | *nàut* um-fahren, -schiffen | *tèxt* dublieren | *~ el pas* s-n Schritt beschleunigen | *ells ens doblaven* sie waren doppelt so viele wie wir || *vi* s. verdoppeln | (*beim Domino*) e-n Pasch anlegen | ~**ar-se** *v/r* s. verdoppeln | ~**ària** *f* Dicke *f* | ~**atge** *m cin* Synchroni-sierung, -sation *f* | ~**e** *adj* (*m/f*) doppelt; zweifach; Doppel... | *p ext* dick; stark | *bot* gefüllt | *fig* (*Person*) doppelzüngig | *una ració ~* e-e doppelte Portion | *un whisky ~* e. doppelter Whisky | *cervesa ~* Doppel- (*od* Stark-)bier *n* | *~ nacionalitat* (*negació*) doppelte Staatsangehörigkeit (Verneinung) *f* | *~ concert* (*falta, fila, vida*) Doppelkonzert *n* (-fehler *m*, -reihe *f*, -leben *n*) | *agent* (*consonant, endoll, habitació, lletra, llit, sal, volum*) *~* Doppel-agent *m* (-konsonant, -stecker *m*, -zimmer *n*, -buchstabe *m*, -bett, -salz *n*, -band *m*) | *essa ~* Doppel-s *n* | *~ blanc* (*sis*) (Domino) Null-(Sechser-)pasch *m* | *a marxes ~s* (*a. mil*) im Laufschritt | *de ~ efecte* doppeltwirkend | *de ~ sentit* doppel-sinnig *od* -deutig | *té una ~ funció* es hat doppelte (*od* zweierlei) Funktion | *en ~* (*loc adv*): *posar la roba en ~* den Stoff doppelt (*od* zweifach) legen | *folrar un llibre en ~* e. Buch doppelt einbinden || *adv: veure-hi ~* (*a. fig*) doppelt sehen | *aquest mes cobrem ~* diesen Monat bekommen wir doppeltes Gehalt || *s/m: el ~* das Doppelte; das Zweifache | (*Domino*) Pasch *m* | *un ~* (*de cervesa, d'or*-

doc 370 **document**

xata) e. großes Glas (Bier, «Orxata») | *20 és el ~ de 10* 20 ist das Doppelte von 10 | *jo n'he pagat el ~* ich habe das Doppelte (*od* doppelt soviel) dafür bezahlt | *guanyes el ~ que ell* du verdienst doppelt soviel wie er | *vindrà el ~ de gent* es werden doppelt soviel Leute kommen | *amb nata és el ~ (de) bo* mit Sahne schmeckt es doppelt so gut || *s/m pl* (*Tennis*) Doppel *n* || *s/m/f* Doppelgänger(in *f*) *m* | *cin* Double *n* | *fa de ~ de Robert Redford* er doubelt Robert Redford | **~ec** *m* (*Teil*) Umschlag; Einschlag; Aufschlag *m* | (*Stelle*) Falte *f*; Kniff; Knick *m* | (*Billard*) Dublee *n* | **~egable** *adj* (*m/f*) biegsam | *a. fig* beugbar | **~egadís** (*-issa f*) *adj* (leicht) biegsam | *fig* gefügig | **~egament** *m* (Sich)Biegen *n* | *a. fig* (Sich)Beugen *n* | **~egar** (33) *vt* (um)biegen | (einmal) falten; (*Papier*) *a.* kniffen, falzen, (*a. unabsichtlich*) (um)knicken; (*Laken, Decke*) umschlagen, (*Saum*) *a.* einschlagen, (*Ärmel, Hose*) *a.* aufschlagen | (*j-n, Körperteil, Widerstand*) beugen; *fig a. (j-n)* gefügig machen | (*Arbeit, Schwierigkeit*) bewältigen, (*Arbeit*) *a.* schaffen | (*Jahre*) überschreiten | *~ un filferro* e-n Draht (um)biegen | *~ un full pel mig* e. Blatt in der Mitte falten | *~ un full de les puntes* e. Blatt an den Ecken (um)knicken | *vaig ~-ho i vaig fer-hi un séc* ich bog es um u. machte e-n Kniff hinein | **~egar-se** *v/r s.* (um)biegen (lassen) | *a. fig* s. beugen (*a dat*) | *fig a.* s. unterwerfen; s. fügen; nachgeben (*a dat*) | **~ement** *adv* doppelt | **~er** *m Bal numis* Dublone *f* (*zwei Denare*) | *p ext* Heller, Pfennig *m* || *pl* Geld *n* | **~et** *m esport* Double *n*; (*Schießen*) Doppel-schuß, -treffer *m* | *ling* Dublette *f* | *fís* Dublett *n* | **~ó** *m numis* Dublone *f*.
doc *m* (*Hafen*) Lagerhaus *n*.
doc|ència *f* Lehren, Unterrichten *n* | Lehr-amt *n*, -beruf *m* | **~ent** *adj* (*m/f*) lehrend, unterrichtend | Lehr... | *centre ~* Lehranstalt *f* | *personal ~* Lehrkörper *m*.
dòcil(ment *adv*) *adj* (*m/f*) fügsam | (*bes Kind*) folgsam | (*Pferd, Stier*) fromm | (*Material*) leicht zu bearbeiten.
docilitat *f* Fügsamkeit *f* | Folgsamkeit *f*.
doct|ament *adv* gelehrt | **~e** *adj* gelehrt bewandert (*en* in) | **~or** *m* Doktor *m* | *fam* (*Arzt*) Doktor *m* | *~ de l'Es-*

glésia Kirchenlehrer *m* | *~ de la llei* (*bíbl*) Schriftgelehrte(r) *m* | *~ en Filosofia i Lletres* Doktor der Philosophie | *~ honoris causa* Doktor honoris causa *od* ehrenhalber, Ehrendoktor *m* | *~ per la Sorbona* Doktor der Sorbonne | *el ~ Quintana* (Herr) Doktor Quintana | **~ora** *f* (*a. fam* Ärztin) Frau *f* Doktor | *és ~ en Dret* sie ist Doktor der Rechte | **~oral** *adj* (*m/f*) Doktor... | *desp* gelehrt, doktorenhaft, dünkelhaft | *tesi ~* Doktorarbeit, Dissertation *f* | **~oralment** *adv desp* gelehrt, schulmeisterlich | **~orar** (33) *vt* promovieren, (*j-m*) die Doktorwürde verleihen· | **~orar-se** *v/r* promovieren, s-n Doktor machen | **~orat** *m* Doktor(-titel *m*, -würde *f*) *m* | *fer el ~* s-n Doktor machen | **~orejar** (33) *vi desp* den Gelehrten spielen | **~oressa** *f* = **~ora** | **~rina** *f* Lehre, Doktrin *f* | *rel* Glaubenslehre *f* | *ecl* (*a. ~ cristiana*) Katechismus *m*; *catol* Kommunion-, *ev* Konfirmanden-unterricht *m*; *ev* (*nach der Konfirmation*) Christenlehre *f* | *cos de ~* Lehrgebäude *n* | **~rinal(ment** *adv*) *adj* (*m/f*) doktrinär | Lehr... | **~rinari** (*-ària f*, **-àriament** *adv*) *adj desp* doktrinär | *s/ mf desp* Doktrinär(in *f*) *m* | **~rinarisme** *m* Doktrinarismus *m* | **~riner** *m ecl* Katechet *m*.
document *m adm dr* Urkunde *f*, Dokument, (amtliches) Schriftstück, *mst pl* Papier *n* | (*wichtiges Schriftstück*) Dokument, *umg* Papier *n* | (*mit Angaben zur Person*) Ausweis *m*, *mst pl* Papier *n* | (*Zeugnis, Information*) Dokument *n* | *bes ling* Beleg *m* | *~ autèntic* (*dr*) öffentliche Urkunde *f* | *~* (*nacional*) *d'identitat* Personalausweis *m* | *el conductor no portava cap ~* der Fahrer hatte k-e Papiere bei s. | *aquestes fotos són un ~ importantíssim sobre la guerra* diese Bilder sind e. äußerst wichtiges Dokument des Krieges | *el ministeri elabora un ~ sobre aquesta qüestió* das Ministerium erarbeitet e. Papier zu dieser Frage || *pl a.* Unterlagen *f pl*; *cient a.* (Informations)Material *n* | *~s de duana* (*de tramesa*) Zoll-(Versand-)papiere *n pl* | *ja he presentat tots els ~s* ich habe schon alle Unterlagen eingereicht | **~ació** *f* Dokumentierung *f* | *col* Dokumentation *f*; Unterlagen *f pl*; Papiere *n pl* | *~ gràfica* Bilddokumentation *f* | *la ~ del cotxe* die Kraftfahrzeugpapiere *n pl*

(*ensenyi'm*) *la* ~! bitte (zeigen Sie mir) Ihre Papiere! | **~al**(**ment** *adv*) *adj* (*m/f*) urkundlich | dokumentarisch | Dokumentar... | *prova* ~ (*dr*) Urkundenbeweis *m* | *un llibre d'un gran valor* ~ e. Buch von großem dokumentarischem Wert | *s/m cin* Dokumentarfilm *m* | **~alista** *m/f* Dokumentar(in *f*) *m* | **~ar** (33) *vt* (*etw*) dokumentieren, (urkundlich *od* dokumentarisch) belegen | (*j-n*) mit (Ausweis)Papieren versehen | (*j-m*) Unterlagen (*od* Informationsmaterial) verschaffen (*sobre* über *ac*) | **~ar-se** *v/r* s. Unterlagen verschaffen (*sobre* über *ac*) | *fam* s. ausführlich unterrichten (über *ac*) | **~at** (**-ada** *f*) *pp*/*adj*: *aquest mot està* ~ *des del segle XII* dieses Wort ist seit dem 12. Jahrhundert belegt | *aquest assaig* (*autor*) *està ben* ~ dieser Aufsatz (Autor) stützt s. auf Dokumente | *no va* ~ er hat k-e Papiere bei s.

dodec|àedre *m* Dodekaeder *n* | **~afònic** *adj* = **~atònic** | **~àgon** *m* Zwölfeck *n* | **~agonal** *adj* (*m/f*) zwölfeckig | **~asíl·lab** *adj* zwölfsilbig || *s/m* zwölfsilbiger Vers *m* | **~asil·làbic** *adj* zwölfsilbig | **~atònic** *adj* *mús* dodekaphonisch | **~atonisme** *m* *mús* Dodekaphonie, Zwölfton-musik *f*; -system *n*.

dof|í *m* *ict* Delphin *m* | *esport* Delphin(schwimmen) *n* | **~inera** *f* (Delphin)Harpune *f*.

dog *m* *zool* Dogge *f*.

doga *f* (Faß)Daube *f* | **~l** *m* Halsstrick *m* | Galgenstrick *m*, Schlinge *f* | *fig* Joch *n* | *estar amb el* (*od* *tenir un*) ~ *al coll* (*fig*) in der Klemme (*od* Patsche) sitzen | *fer-se* (*od* *posar-se*) *el* ~ den Kopf in die Schlinge stecken | **~m** *m* *col* (Faß)Dauben *f pl*.

dogaressa *f hist* Dogaressa *f*.

dogm|a *m a. fig* Dogma *n* | **~àtic**(**ament** *adv*) *adj* *a. fig* dogmatisch | *teologia* ~*a* dogmatische Theologie, Dogmatik *f* || *s/f ecl* Dogmatik *f* || *s/mf* *a. fig* Dogmatiker(in *f*) *m* | **~atisme** *m* Dogmatismus *m, fig a.* Dogmatik *f* | **~atitzador**(**a** *f*) *m fig* Dogmatiker(in *f*) *m* | **~atitzar** (33) *vi ecl* Dogmen aufstellen | *fig* dogmatisch sein; dogmatisch reden *bzw* schreiben || *vt a. fig* dogmatisieren, zum Dogma erheben.

doi *m Bal* = **disbarat**.

doina: *en* ~ (*loc adv*) durcheinander, drunter u. drüber; auf Trab | *on hi ha mainada, tot va en* ~ wo Kinder sind, geht alles durcheinander *od* drunter u. drüber | *a les sis del matí ja van en* ~ um sechs Uhr morgens sind sie schon auf Trab.

dojo: *a* ~ (*loc adv*) in Hülle u. Fülle | *el vi anava a* ~ der Wein floß in Strömen.

dol[1] *m* Trauer *f* (*per* um) | Trauer(-kleidung; -zeit) *f* | Trauer-zug *m*; -geleit, -gefolge *n* | ~ *rigorós* tiefe Trauer *f* | *mig* ~ Halbtrauer *f* | ~ *nacional* Staatstrauer *f* | *vestit* (*dia, any*) *de* ~ Trauer-kleid *n bzw* -anzug *m* (-tag *m*, -jahr *n*) | *anar* (*vestit*) *de* ~ in Trauer gehen | *deixar el* ~ die Trauer ablegen | *estar de* ~ trauern, in Trauer sein | *portar* (*od dur*) ~ trauern, Trauer tragen | *fam*: *portes* ~ *a les ungles* deine Fingernägel haben Trauerränder | *posar-se* (*od vestir-se*) *de* ~ Trauer anlegen | *presidir el* ~ den Trauerzug führen.

dol[2] *m dr* Dolus *m* | (*Zivilrecht*) a. Arglist, arglistige Täuschung *f* | (*Strafrecht*) a. (böser) Vorsatz *m*.

dolar (33) *vt* (ab)hobeln.

dòlar *m* Dollar *m*.

dol|ç *adj* süß | *p ext* fad, ungesalzen | *aigua* ~*a* Süßwasser *n* | *ametlles dolces* süße Mandeln *f pl* | *xampany* ~ süßer Sekt *m* | *un plat* ~ e-e Süßspeise | ~ *com la mel* süß wie Honig, honigsüß | *els agrada menjar coses dolces* sie essen gern süße Sachen *od* Süßes | *la sopa és* ~*a* die Suppe schmeckt fad || *fig*: *una olor* ~*a* e. süßer (*od* lieblicher) Geruch | *el so* ~ *de la flauta* der süße Klang der Flöte | *un metall* ~ e. weiches Metall | *una llum* ~*a* e. sanftes (*od* weiches) Licht | *una veu* ~*a* e-e sanfte (*od* weiche) Stimme | *un* ~ *somriure* (*poèt*) e. holdes Lächeln | *les dolces carícies de l'amada* (*poèt*) die zarten (*od* zärtlichen) Liebkosungen der Geliebten | *una mort* ~*a* sanfter Tod | *un caràcter* ~ e. sanft(mütig)es Wesen; e. zärtliches Gemüt | *la Maria és molt* ~*a* Maria ist sehr zärtlich | *tens una boqueta més* ~*a!* (*fam*) du hast so e. süßes Mündchen! | *s/m* Süßigkeit *f, bes* kl(s) Feingebäckstück *n* | *pl* Süßigkeiten *f pl, bes* kl(s) Feingebäck *n* | **~çaina** *f mús* (*Instrument*) Flageolett *n* | **~çainer**(**a** *f*) *m mús* Flageolettspieler(in *f*) *m* | **~çamara** *f* = **dulcamara** | **~çament** *adv* süß, sanft,

doldre

mild, lieblich | **~çàs** (**-assa** *f*) *adj* widerlich süß | **~cejar** (33) *vi* süßlich sein | **~cenc** *adj* süßlich, leicht süß | **~cesa** *f* = **~çor** | *fig* Süße; Sanftheit; Milde; Weichheit; Lieblichkeit; Zärtlichkeit; liebe Art *f* | **~ceta** *f bot* = **enciamet** | **~çor** *f* Süßigkeit, Süße *f*.

dol|dre (40) *vi* (*seelisch*) schmerzen | (*a alg* j-n), betrüben (j-n), leid tun (j-m) | *ant reg* (*körperlich*) schmerzen (*a alg* j-m, j-n), weh tun (j-m) | (*és*)*ser de ~* zu beklagen sein | **~dre's** (40) *v/r*: *~ d'u/c* etw schwernehmen, s. etw zu Herzen nehmen, *lit* s. über etw betrüben; etw bedauern, beklagen; über etw klagen | *~ d'alg* j-n bemitleiden | **~ença** *f ant reg lit* (Herze)Leid *n*, (Seelen)Schmerz *m*; Leiden *n*; Betrübnis *f* | Mitleid *n* (*de* mit) | **~ençós** (**-osa**) *adj ant reg lit* leidend, leiderfüllt; betrübt | **~ent** *adj* (*minderwertig; mangelhaft; verdorben; nachteilig*) schlecht | (*unangenehm; unheilvoll; gefährlich*) *a.* übel; bös(e); schlimm | (*moralisch nicht gut*) *a.* übel; (*mit schlechter Absicht*) böse, boshaft | (*Kind*) bös(e); unartig | (*Krankheit, Verletzung*) böse, schlimm | (*Werkzeug, Gerät*) untauglich; unbrauchbar; ungeeignet | (*Geld, Scheck*) ungültig | *ant reg* leidend; betrübt; krank | *ni bo ni ~* weder gut noch schlecht | *un periodista* (*article*) *~* od *un mal periodista* (*article*) e. schlechter Journalist (Artikel) | *la segona part és més ~a* od *pitjor* der zweite Teil ist schlechter | *en llatí és ~* in Latein ist er schlecht | *el central és ~* der Stopper ist (*od* spielt) schlecht | *el peix és ~* der Fisch ist (*bzw* schmeckt) schlecht | *quin gust* (*quina olor*) *més ~*(*a*)*!* welch e. übler (*od* schlechter) Geschmack (Geruch)! | *una notícia ~a* e-e schlechte (*od* schlimme) Nachricht | *una època ~a* e-e schlechte (*od* schlimme, böse, üble) Zeit | *fa un temps ~ per a pescar* es ist schlechtes Wetter zum Angeln | *fumar és ~ per a la salut* Rauchen ist schlecht für die Gesundheit | *aquest ganivet és ~ per a tallar pa* dieses Messer taugt nicht zum Brotschneiden | *aquesta olla és ~a* dieser Topf taugt nichts | *és un home ~* er ist e. schlechter (*od* böser) Mensch, *fam* e. übler Kerl | *és ~ amb els febles* er ist

böse zu den Schwachen | *una fada* (*madrastra*) *~a* e-e böse Fee (Stiefmutter) | *un gos ~* e. böser Hund | *una acció ~a* e-e schlechte (*od* böse, üble) Tat | *si ets ~, te n'hauràs d'anar al llit* wenn du bös(e) bist, mußt du ins Bett || *s/m: els ~s aniran a l'infern* die Bösen kommen in die Hölle | *Richard Widmark solia fer de ~* Richard Widmark spielte meist den Bösen | **~enteria** *f* Schlechtigkeit, Bosheit, Bösartigkeit *f*; (*Handlung*) *a.* schlechte (*od* böse, üble) Tat *f* | (*Kind*) Unartigkeit; (*Handlung*) *a.* Unart *f*, (*böser od* übler) Streich *m* | **~entia** *f ant reg* = **~enteria** | **~er**(**-se**) (40) *vi* (*/r*) *ant* = **doldre**(**'s**).

dolicocèfal *adj antrop* dolichozephal, langköpfig.

dolina *f geol* Doline *f*.

doll *m* (Öl-, Oliven-)Krug *m* | = **càntir** | (*von Flüssigkeiten*) Strahl *m* | *a* (*bell*) *~, a ~s* in Strömen, *fig* in Hülle u. Fülle | *comprar* (*vendre*) *llet* (*vi, oli*) *a ~* Milch (Wein, Öl) offen (ver)kaufen | **~a** *f tecn* Zwinge *f* | *elect* Anschluß *m* | **~ejar** (33) *vi* strömen, quellen.

dòlman *m* Dolman *m*.

dolmen *m* Dolmen *m*.

dolom|ia *f* (*Sedimentgestein*) Dolomit *m* | **~ita** *f min* Dolomit *m* | **~ites** *f pl*: *les ~* (*geog*) die Dolomiten *pl* | **~ític** *adj* Dolomit...

dolor *m* (*ant reg f*) Schmerz *m* | (*seelisch*) *a.* Leid *n*; Betrübnis *f*; (*über e-n Verlust*) Trauer *f*; *ecl* Reue *f* | *fam* Rheuma, Reißen *n* | *els ~s del part* die Geburtswehen *f pl* | *un ~ fort* (*agut, somort, insuportable*) e. starker (heftiger, dumpfer, unerträglicher) Schmerz | *sento un ~ molt fort al pit* ich fühle starke Schmerzen in der Brust | *tinc ~ a les cames* ich habe Rheuma in den Beinen | *pariràs amb ~* (*bíbl*) du sollst mit Schmerzen Kinder gebären | *cridaven de ~* sie schrien vor Schmerzen | **~ada** *f* Rheumaanfall *m* | **~ejar** (33) *vi* schmerzen (*Körperteil*); (*seelisch*) leiden | **~it** (**-ida** *f*) *adj* = **adolorat** = **adolorit** | **~ós** (**-osa** *f*, **-osament** *adv*) *adj* schmerzhaft | *fig* schmerzlich | *bes ecl* schmerzensreich | *m'és ~ d'haver-t'ho de dir* es ist mir schmerzlich, es dir sagen zu müssen || *s/f art: la Dolorosa* die Dolorosa, die Schmerzensmutter.

dolós (**-osa** *f*, **-osament** *adv*) *adj dr* dolos | (*Zivilrecht*) *a.* arglistig | (*Strafrecht*) *a.* vorsätzlich.
dom[1] *m geol tecn* Dom *m*.
dom[2] *m* (*Titel u. Anrede für Benediktiner*) Dom *m*.
doma|ble *adj* (*m/f*) zähmbar | **~dor(a** *f*) *m* (Tier)Bändiger(in *f*) *m*, Dompteur *m*, Dompteuse *f* | Zureiter(in *f*) *m* | **~ de lleons** Löwenbändiger *m* | **~dura** *f* Zähmung, Bändigung *f* | Zureiten *n* | **~r** (33) *vt* (*Tier*) zähmen, bändigen | (*Pferd*) zureiten | *fig* bändigen, (be)zähmen.
domàs *m* (*pl -assos*) *tèxt* Damast *m*.
domatge *m* = **domadura**.
dom|èstic *adj* häuslich, Haus... | *economia* **~a** Hauswirtschaft *f* | *obligacions domèstiques* häusliche Pflichten *f pl* | *personal* **~** Hauspersonal *n* | *animals* **~s** Haustiere *n pl* | *el porc* **~** das Hausschwein | *s/mf* Haus-angestellte(r *m*) *m/f*, -diener(in *f*) *m* | (*Radrennen*) Domestik(in *f*) *m* | **~esticable** *adj* (*m/f*) zähmbar | domestizierbar | **~esticació** *f* Zähmung *f* | Domestikation, Domestizierung *f* | **~esticar** (33) *vt* zähmen | *cient fig* (*iròn*) domestizieren | **~esticitat** *f* Zahmheit *f* | Domestiziertheit *f*.
domicili *m a. dr* Wohnsitz *m* | *banc* Zahlungsort *m*, Domizil *n* | **~** *social* Sitz *m* (der Gesellschaft) | *sense* **~** (*fix*) ohne festen Wohnsitz | *cobrar les quotes a* **~** die Beiträge zu Haus(e) abholen | *repartir cartes* (*paquets*) *a* **~** Briefe (Pakete) zustellen | *servir una mercaderia a* **~** e-e Ware ins Haus liefern | *una derrota a* **~** (*esport*) e-e Heimniederlage | *treball a* **~** Heimarbeit *f* | **~ar** (33) *vt*: *van* **~** *els fills en un altre municipi* sie meldeten ihre Kinder in e-r anderen Gemeinde an | **~** *una lletra al banc X* e-n Wechsel bei der Bank X zahlbar machen *od* domizilieren | **~ar-se** *v/r*: *van* **~** *a Sils* sie meldeten ihren Wohnsitz in Sils an; sie schlugen ihren Wohnsitz in Sils auf | **~ari** (**-ària** *f*) *adj* Haus... | *visita domiciliària* (*Arzt*) Hausbesuch *m* | **~at** (**-ada** *f*) *pp/adj*: *estic* **~** *a Pals* ich habe meinen Wohnsitz in Pals.
domin|able *adj* (*m/f*) beherrschbar | **~ació** *f* Herrschaft, Beherrschung *f* | *lit* Domination *f* | **~** *estrangera* Fremdherrschaft *f* | **~ador** *adj* beherrschend | herrisch; herrschsüchtig || *s/mf* Beherrscher(in *f*) *m* | **~ància** *f biol* Dominanz *f* | **~ant** *adj* (*m/f*) (vor-, be-)herrschend; überwiegend; *lit* dominierend | herrisch, herrschsüchtig | *biol* dominant | *mús* Dominant... | *el poder* (*la classe*) **~** die herrschende Macht (Klasse) | *l'opinió* **~** die (vor)herrschende Meinung | *una posició* **~** e-e beherrschende (*od* dominierende) Stellung | *un tret* **~** e. vorherrschendes Merkmal, e-e Dominante | *la seva dona és molt* **~** s-e Frau ist sehr herrisch || *s/f mús* (*a. nota* **~**) Dominante *f* | **~ar** (33) *vi* herrschen (*sobre* über *ac*) | (vor)herrschen; überwiegen; *lit biol* dominieren | *els romans van* **~** *sobre molts pobles* die Römer herrschten über viele Völker | *hi dominava l'anarquia* dort herrschte Anarchie | *en aquesta pintura hi domina el groc* auf diesem Bild herrscht Gelb vor *od* dominiert Gelb || *vt a. fig* beherrschen | *X domina l'escena política catalana* X beherrscht (*od* dominiert) die katalanische politische Szene | *ella el domina* sie beherrscht ihn | *no vaig poder* **~** *el cotxe* (*la meva ràbia*) ich konnte den Wagen (meine Wut) nicht beherrschen *od* meistern, unter Kontrolle halten | *no et deixis* **~** *per la por!* laß dich nicht von der Angst beherrschen! | *el va* **~** *la ira* der Zorn überwältigte (*od* überkam) ihn | *dominen perfectament el basc* sie beherrschen die baskische Sprache vollkommen | *el campanar domina tot el poble* der Kirchturm beherrscht das ganze Dorf | *l'equip contrari va* **~** (*el nostre*) *durant tot el partit* die gegnerische Mannschaft war (unserer) während des ganzen Spiels überlegen | **~ar-se** *v/r* s. beherrschen, s. meistern, s. in der Gewalt haben | *domina't!* nimm dich zusammen! | **~i** *m* Herrschaft *f* (*sobre* über *ac*); *fig a.* Gewalt *f* (über *ac*) | *a. fig* Beherrschung *f* (*de* gen) | *esport* (*a.* **~** *territorial*) (Feld)Überlegenheit *f* | *dr* Besitz *m*, Eigentum(srecht) *n* | Herrschaftsgebiet *n*; (des Britischen Reiches) Dominion *n*; (Land)Gut *n*; Domäne *f*, Staatsgut *n*; *hist* Domäne, Herrschaft *f*; *fig* Domäne *f*, Bereich *m*; *mat* (Funktions)Bereich *m* | **~** *de si mateix* Selbstbeherrschung *f* | *el* **~** *dels mars* (*d'una llengua*) die Beherrschung der Meere (e-r Sprache) | **~** *lingüístic*

Sprach-raum *m*, -gebiet *n* | ~ *públic* (*dr*) öffentliche(s) Eigentum; Gemeingut *n* | (*és*)*ser del* ~ *públic* (*fig*) allgemein bekannt sein | (*és*)*ser el* ~ *d'alg* (*fig*) j-s Domäne sein | *estar sota el* ~ *d'una passió* von e-r Leidenschaft beherrscht sein | *perdre el* ~ *d'una màquina* die Herrschaft (*od* Gewalt) über e-e Maschine verlieren | *perdre el* ~ *de la situació* nicht mehr Herr der Lage sein | *el marquès es va retirar als seus* ~*s* der Marquis zog s. auf s-n Besitz (*od* auf s-e Besitztümer, Landgüter) zurück.

dom|inic *adj u. s/mf ecl =* **~inicà** | **~ínica** *f ecl* Sonntag *m* | Sonntagsperikope *f* | **~inicà (-ana** *f) adj ecl geog* dominikanisch | *ecl a.* Dominikaner... | *l'orde* ~ der Dominikanerorden | *la República Dominicana* die Dominikanische Republik || *s/mf* Dominikaner(in *f*) *m* | **~inical** *adj* (*m/f*) sonntäglich, Sonntags... | *ecl a.* des Herrn, Herren... | *dr* Eigentums... | *hist* Herrschafts...; Herren... | *el dia* ~ der Tag des Herrn | *el descans* ~ die Sonntagsruhe | *l'oració* ~ das Gebet des Herrn, das Herrengebet, das Vaterunser | ~**inó** *m* (*Kostüm*) Domino *m*.

dòmino *m* Domino(spiel) *n* | *fitxa de* ~ Dominostein *m* | *fer* ~ (*im Domino*) gewinnen; *fig* ins Schwarze treffen.

domtar (33) *vt* = **domar**.

dona *f* Frau *f* | (Ehe)Frau *f* | *bíbl desp* Weib *n* | *ecl iròn* Brevier *n* | *la (meva)* ~ meine Frau | *la* ~ *de la casa* die Frau des Hauses | *una* ~ *de sa casa od de casa seva* e-e häusliche Frau, *umg* e. Hausmütterchen *n* | ~ *de claus od de govern* Haushälterin *f* | ~ *de fer feines* (Haushalts)Hilfe, Aufwarte-, Zugeh-frau *f* | ~ *de la vida* (*od de cadira, de mala vida, de món, pública, mala* ~) Dirne, Prostituierte *f* | ~ *homenenca* Mannweib *n* | *Nostra* ~ Unsere Liebe Frau *f* | ~ *d'aigua* (*mit*) Quell-, Wasser-nymphe *f* | *casa de dones* Freuden-, Dirnen-haus *n* | *mal de dones* Geschlechtskrankheit *f* | *feina* (*metge*) *de dones* Frauen-arbeit *f* (-arzt *m*) | *xafarderies de dones* Weibergeschwätz *n* | *els drets de la* ~ Frauenrechte, die Rechte *n pl* der Frau | *ja és* (*una*) ~ sie ist schon e-e Frau | *fer-se* ~ (zur) Frau werden.

dona|ció *f dr* Schenkung *f* | (*zur Hilfe od* Förderung) Spenden *n*; (*größere Menge*) Stiften *n* | (*von Blut*) Spenden *n* | ~ *entre vius* (*dr*) Schenkung *f* unter Lebenden | *fer* (*una*) ~ (*a alg*) (*dr*) e-e Schenkung (an j-m) machen | *fer* ~ *d'una suma per a un fi benèfic* e-e Summe für e-n wohltätigen Zweck spenden *bzw* stiften | ~**da** *f* (*Kartenspiel*) Geben *n* | **~dor** *adj* freigebig || *s/mf* Geber(in *f*) *m* | *dr* Schenker(in *f*) *m* | Spender(in *f*); Stifter(in *f*) *m* | ~ *de sang* Blutspender(in *f*) *m* || *s/m fís quím* Donator *m*.

donam *m col desp* Weibsleute *pl*, Weibervolk *n*.

donant *m/f* = **donador**.

donar (40) *vt a. fig* geben | (*umsonst*) *a.* (ver)schenken, her-, hin-geben; (*Gabe*) spenden, (*in großer Menge*) stiften; (*Blut, Organ*) spenden | (*die Hand, den Arm; in die Hand*) *a.* reichen | (*Ertrag, Gewinn*) (ein-, er-)bringen, hergeben | (*Freude, Sorgen*) machen, bereiten | ~ *una almoina* (*el menjar, males cartes, una bona educació, un premi, una ordre, un termini, la seva paraula*) *a alg* j-m e. Almosen (das Essen, schlechte Karten, e-e gute Erziehung, e-n Preis, e-n Befehl, e-e Frist, sein Wort) geben | ~ *el nom* (*l'adreça*) *a alg* j-m s-n Namen (s-e Adresse) (an)geben | ~ *la cara* (*l'esquena*) *a alg od u/c* j-m *od* e-r Sache das Gesicht (den Rücken) zuwenden | *m'ho ha donat el meu oncle* das hat mir mein Onkel gegeben *od* geschenkt, das habe ich von meinem Onkel (geschenkt) bekommen | *del cotxe me'n donen un milió* für das Auto gibt man mir e-e Million | *quant me'n dónes?* wieviel gibst du mir dafür? | *t'ho* ~*é a bon preu* ich gebe es dir billig ab | *et dono la balduta per la pilota* (*per cent pessetes*) ich gebe dir den Kreisel für den Ball (für hundert Peseten) | *que em pots* ~ *la sal?* kannst du mir das Salz (her-, herüber-)geben *od* (her-, herüber-)reichen? | *els vaig* ~ *la maleta per la finestra* ich gab (*od* reichte) ihnen den Koffer durch das Fenster (hinaus) | *dóna-hi un toc de vermell!* gib etwas Rot dazu! | *no hi donen importància od valor* sie geben nichts darauf | *això dóna interès a l'assumpte* das macht die Sache interessant | *aquesta porta dóna accés al pati* diese Tür führt (*od* geht) auf den Hof (hinaus) | *volen* ~ (*od fer*) *una festa* sie wollen e. Fest geben *od* veranstalten | *aquesta emissora no dóna els resultats de futbol* dieser Sender bringt k-e Fußballergebnisse | *l'anàlisi ha donat els resultats següents* die Analyse hat folgende Resultate ergeben || (*als Funktionsverb s: das jeweilige Substantiv*) *zB: volia fer-li un petó, però ella em va ~ una bufetada* ich wollte ihr e-n Kuß geben, aber sie gab mir e-e Ohrfeige | *els pirates van ~ mort a tota la tripulació* die Seeräuber töteten die ganze Besatzung | *això ~à lloc a moltes protestes* das wird zu vielen Protesten Anlaß geben || *~ a + inf: ~ a menjar* (*entendre*) *u/c a alg* j-m etw zu essen (zu verstehen) geben | *encara no ho volen ~ a conèixer* sie wollen es noch nicht bekannt-geben *od* -machen | *a qui ho han donat a fer?* wem haben sie es in Auftrag gegeben? || *~ per + pp od adj: el donen per mort* (*desaparegut*) man hält ihn für tot (vermißt) | *ja ho pots ~ per perdut* das kannst du schon verloren geben | *dóna-ho per fet!* schon so gut wie geschehen! | *encara no ho donen per bo* sie geben s. damit noch nicht zufrieden || *vi: demaneu, i se us ~à* bittet, so wird euch gegeben | *fa més feliç ~ que rebre* Geben ist seliger denn Nehmen | *no és gaire amic de ~* er gibt nicht gern | *qui dóna?* (*beim Kartenspiel*) wer gibt? | *aquest negoci sí que dóna!* das ist ja e. einträgliches Geschäft! | *la pilota va anar a ~ en el vidre* (*contra el mur*) der Ball schlug an die Scheibe (gegen die Mauer) | *el sol em donava a la cara* die Sonne schien mir ins Gesicht | *la finestra dóna al jardí* das Fenster geht auf den Garten (hinaus) | *la porta del darrere dóna al carreró* die Hintertür führt (*od* geht) auf die Gasse (hinaus) | *la façana dóna al sud* die Fassade liegt nach Süden | *~-se v/r* s. ergeben (*Person*) | nachgeben; s. ausleiern (*Gummiband*); s. dehnen, s. weiten (*Stoff, Kleid, Schuhe*) | vorkommen, geschehen (*Ereignis*) | *~ a l'estudi* s. dem Studium er-, hin-geben *od* widmen | *~ a Déu* s. Gott ergeben | *~ a la beguda* s. dem Trunk ergeben | *~ per satisfet* s. zufriedengeben | *~ per vençut* s. geschlagen geben | *~ per entès* s. angesprochen fühlen | *a mi tant se me'n dóna!* das ist mir (völlig) gleich!, ich mache mir nichts daraus!

donard(er)a *f Bal* = **atzavara**.

donat (**-ada**) *f pp/adj:* ~ *al joc* dem Spiel ergeben | *donades aquestes circumstàncies, haig de dimitir* unter den gegebenen (*od* diesen) Umständen muß ich zurücktreten | ~ *el cas, prendrem les mesures adequades* wir werden gegebenenfalls die entsprechenden Maßnahmen ergreifen | ~ *el triangle ABC ...* gegeben ist (*od* sei) das Dreieck ABC ... | *a partir d'un moment ~ vaig perdre la por* von e-m bestimmten Augenblick an hatte ich k-e Angst mehr || *s/mf ecl* Laien-bruder *m*, -schwester *f* | **~ari** (**-ària**) *f*) *m dr* Beschenkte(r *m*) *m/f* | **~iu** *m* Spende *f* | (*größere Menge*) Stiftung *f*.

doncs *conj* (*Folge*) also | (*als Satzadverb*) *a.* denn; so; nun; na; doch; aber | *penso, ~ sóc!* ich denke, also bin ich! | *cal, ~, estalviar* man muß also sparen | *ens haurem de quedar a casa, ~* wir müssen also zu Hause bleiben | *és veritat, ~?* es ist also wahr?; ist es denn (wirklich) wahr? | *~ és veritat, encara que costi de creure!* es ist aber wahr, auch wenn es kaum zu glauben ist! | *~ a mi m'agraden!* also mir gefallen sie! | *au, ~, anem-hi!* also los, gehen wir (hin)! | *si no és teu, de qui és, ~?* wenn es nicht dir gehört, wem gehört es denn (sonst)? | *~ qui* (*què, com, quan, on, per què*)? wer (was, wie, wann, wo, warum) denn? | *com està el malalt? —~ una mica millor* wie geht es dem Kranken? —Na, etwas besser | *~ ... vull dir que ...* also ... ich meine, daß ... | *~ bé, tal com dèiem ...* also, wie gesagt ... | *bé, ~, què hem de fer?* also, was machen wir nun? || *aixi ~: aixi ~, és veritat* dann ist es (also) wahr, es ist also wahr | *aixi ~, vas tornar ahir* dann bist du also gestern zurückgekommen || *i ~: i ~, Pau, que vas a ballar?* na, Paul, gehst du tanzen? | *i ~ què volies que féssim!* was sollten wir denn sonst machen!

don|ejar (33) *vi* wie e-e Frau tun *bzw* aussehen | **~er** *adj: és molt ~* er läuft den Frauen nach, er ist e. Schürzenjäger *od* e. Weiberheld | **~eta** *f* Frauchen *n*, kl(e) Frau *f* || *s/m* weibischer Mann *m* | **~ívol** *adj lit* frauenhaft, fraulich, weiblich | **~ota** *f desp* Frauenzimmer *n*, Weibs-bild *n*, -person *f*, -stück *n*.

donques *reg* = **doncs**.

donzell *m lit* Jüngling *m* | *hist* (Edel-)

Knappe *m* | *bot* echter Wermut *m* | **~a** *f lit* Jungfrau, Jungfer *f* | *hist* Kammerjungfer *f* | *ict* Meerjunker *m* | *bot* = **vinca** | **~esa** *f lit* Jungfräulichkeit *f* | **~ívol** *adj lit* jungfräulich, jüngferlich.
dopa|r(-se) *v*/*t*(/*r*) *esport* (s.) dopen | **~tge** *m* Doping *n*.
dòping *m* Doping *n*.
dorc *m*, **~a** *f nord-cat* Krug *m*.
dordulla *f* = **cruixidell**.
dori (dòria *f*) *m* Dor(i)er(in *f*) *m*.
dòric *adj* dorisch.
dorm|ent *adj* (*m*/*f*) schlafend || *s*/*m*/*f* Schläfer(in *f*) *m*, Schlafende(r *m*) *m*/*f* | *la bella* ~ (*dels boscos*) Dornröschen *n* | *els set* ~*s* die Siebenschläfer *m pl* | **~ició** *f arc* Schlafen *n* | **~ida** *f*: *fer una ~ llarga* (*curta*) e-n langen (kurzen) Schlaf halten | *fer una bona* (od *bella*) ~ gut ausschlafen | *havent dinat faig sempre la meva* ~ nach dem Mittagessen halte ich immer meinen Schlaf || Schlafzeit *f* der Seidenraupe | **~ideta** *f* Schläfchen *n* | **~idor**¹ *m* Schlaf-raum, -saal *m* | (*Vieh*) Schlafstätte *f*, Nachtlager *n* | **~idor**² *adj* : (*és*)*ser molt* (*poc*) ~ viel (wenig) schlafen | *s*/*mf*: *sóc un(a) bon(a)* ~(*a*) ich bin e. guter Schläfer (e-e gute Schläferin) | **~ilec (-ega** *f*) *adj*, **~ilega** *adj* (*m*/*f*) : (*és*)*ser* ~ gern schlafen | *ulls* ~*s* od *dormilegues* schläfrige (od verschlafene) Augen || *sub:* *un dormilec, un(a) dormilega* ein(e) Langschläfer(in *f*) *m*, e-e Schlafmütze *f* | **~iment** *m arc* Schlafen *n* | **~ir**¹ (36) *vi a. fig* schlafen | *anar-se'n a* ~ schlafen gehen | ~ *com un soc* od *com un tronc* wie e. Sack *od* wie e. Murmeltier schlafen | ~ *amb alg* mit j-m schlafen | ~ *d'un* (od *en un*) *son* od *d'una tirada* durchschlafen | *abans vull* ~*hi* ich möchte es erst be- *od* überschlafen | *fig: deixar* ~ *u/c* e-e Sache auf s. beruhen lassen | *a l'hivern la natura dorm* im Winter schläft die Natur | *hem d'anar alerta, la competència no dorm* wir müssen aufpassen, die Konkurrenz schläft nicht | *vt:* ~ *el son etern* (*poèt*) den ewigen Schlaf schlafen | ~ *la mona* od *el gat* od *la borratxera* (*pop*) s-n Rausch ausschlafen | **~ir**² *m*: *el* ~ *és tan important com el menjar* Schlafen ist ebenso wichtig wie Essen | *tenir un* ~ *fort* (*prim*) e-n festen (leichten) Schlaf haben | **~isquejar, ~itar** *vi* (33) dösen, duseln, schlummern, im Halbschlaf liegen | **~itiu (-iva** *f*) *adj u. s*/*m arc* = **somnífer** | **~itori** *m* (*a. Einrichtung*) Schlafzimmer *n* | (*Internat, Anstalt*) Schlafsaal *m* | *arc* = **somnífer**.
dors *m lit* Rücken *m* | *anat* Dorsum *n* | (*Blatt, Bild*) Rückseite *f* | *al* ~ (*gràf*) auf der Rückseite, umseitig | **~al** *adj* (*m*/*f*) Rücken... | *ling med* dorsal | *espina* ~ Rückgrat *n* | *ict* : *aleta* ~ Rückenflosse *f* || *s*/*m* Rückenpanzer *m* | *esport* Rückennummer *f*.
dòs *m* (*pl dossos*) *fam* = **dors**.
dos (dues *f*) (29) *num* (*zG s: vuit*) zwei | ~ *i vint-i-*~ *fan vint-i-quatre* zwei u. zweiundzwanzig ist vierundzwanzig | *de* ~ *a cent* ~ *en van cent* von zwei bis hundertzwei sind es hundert | *hem guanyat per* ~ *a un* wir haben zwei zu eins gewonnen | ~ *germans i dues germanes* zwei Brüder u. zwei Schwestern | *de peres en queden vint-i-dues, i de préssecs només* ~ es sind noch zweiundzwanzig Birnen u. nur noch zwei Pfirsiche da | *nosaltres* ~ *som solters* wir beide sind Junggesellen | *totes dues estan embarassades* sie sind alle beide schwanger | *anàvem de* ~ *en* ~ wir gingen zwei u. zwei *od* zu zweien | *les noies, poseu-vos de dues en dues!* ihr Mädchen stellt euch zwei u. zwei auf! | *el* ~ *de juliol* der zweite Juli | *les dues* (*de la tarda; de la matinada* od *de la nit*) zwei Uhr (nachmittags; morgens od nachts) | *el segle* ~ od *segon* das zweite Jahrhundert | *la fila* ~ Reihe zwei *od* die zweite Reihe | *el* (*número*) ~ die (Zahl) Zwei | *tinc* ~ ~*os* ich habe zwei Zweien || *fig: els diré* ~ *i* ~ *quants fan* ich werde ihnen reinen Wein einschenken | *si goses fer-ho, sabràs* ~ *i* ~ *quants fan!* wenn du es zu tun wagst, kannst du was erleben! | *cada* ~ *per tres* sehr oft | *en un* ~ *per tres* im Nu | *ella menja per* ~ sie ißt für zwei | *en* ~ *mots* in e. paar Worten | *a dues passes* nur zwei Schritte von hier | *tocar* ~ (*fam*) abhauen; weggehen.
dos|ar (33) *vt a. fig* dosieren | **~atge** *m* Dosierung *f*.
dos|-centè (-ena *f*) (33) *num* (*zG s: vuitè*) zweihundertste(r, -s); zweihundertstel | **~-cents (dues-centes** *f*) (29) *num* (*zG s: vuit, vuit-cents*) zweihundert | *dues-centes pessetes no són* ~ *marcs*

zweihundert Peseten sind nicht zweihundert Mark.
dos|i *f a. fig* Dosis *f* | **~ificable** *adj (m/f)* dosierbar | **~ificació** *f* Dosierung *f* | **~ificar** (33) *vt* = **dosar** | **~ímetre** *m cient* Dosimeter *n* | **~imetria** *f cient* Dosimetrie *f*.
dosser *m* (Thron-, Bett-)Himmel, *a. fig* poèt Baldachin *m*.
dot *m* Mitgift, *dr a*. Dos *f* | (*bes Wäsche*) Aussteuer *f* | *fig mst pl* Gabe(n *pl*), Begabung *f* | *ict* Wrackbarsch *m* | **~ació** *f* Aus-stattung, -steuerung *f* | Aus-stattung, -rüstung *f* | Dotation, Dotierung, Zuweisung *f* von Geldmitteln | *bes* Stiftung *f*; Stiftungsgelder *pl* | zugewiesenes Geld *bzw* Personal *n* | *mil* Bedienung; *nàut* Bemannung, Besatzung *f* | **~** *cromosòmica* Chromosomensatz *m* | **~ador(a** *f*) *m* Stifter(in *f*) *m* | **~al** *adj (m/f)* Mitgifts-..., *dr a*. Dotal... | **~ar** (33) *vt* (*j-m*) die Mitgift geben; (*j-n*) aus-statten, -steuern | *a fig* aus-statten, -rüsten, versehen (*amb, de* mit) | (*e-r Institution, Stiftung, Dienststelle, e-m Organismus, Projekt*) Mittel zuweisen | (*bes* Preis) dotieren (*amb* mit) | **~** *un monestir amb un milió anual* e-e Stiftung von jährlich e-r Million an e. Kloster machen | **~** *una oficina de personal* e. Büro mit Personal besetzen | **~** *un vaixell de guerra* e. Kriegsschiff bemannen | *Déu va ~-lo de talent* Gott gab ihm Talent | **~at** (**-ada** *f*) *pp/adj:* un *esser ~ de raó* e. vernunftbegabtes Wesen | *un hotel ~ d'aire condicionat* e. mit Klimaanlage ausgestattetes Hotel | *estar ben (mal) ~ per a u/c* zu (*od* für) etw (un)begabt sein | *està ben dotada (fam)* sie ist von der Natur reichlich ausgestattet.
dotz|e (29) *num (zG s: vuit)* zwölf | **~è** (**-ena** *f*) (30) *num (zG s: vuitè)* zwölfte(r, -s); zwölftel | *llibre en ~* Duodezbuch *n* | **~ena** *f col* (etwa) zwölf; Dutzend *n* | *una ~ d'ous* e. Dutzend Eier | *tres dotzenes d'ous frescos* drei Dutzend frische Eier | *mitja ~* (etwa) sechs; e. halbes Dutzend | *hi he anat dotzenes de vegades* ich bin schon dutzendmal hingegangen | *a dotzenes* zu Dutzenden; dutzendweise | (*scherzhaft*) *~ de frare* 13 Stück.
dovella *f arquit* Keilstein *m*.
doxologia *f rel* Doxologie *f*.
drac *m mit, folk* Drache *m*.

dracma *f* Drachme *f*.
dracocèfal *m bot* Drachenkopf *m*.
draconià (**-ana** *f*) *adj* drakonisch.
draga *f* (Naß)Bagger *m* | (*Schiff*) Schwimmbagger *m* | *~ de catúfols* (*de cullera*) Schaufelrad-(Löffel-)bagger *m* | **~dor** *adj* Bagger... || *s/mf* (Naß-)Bagger *m* | **~nt** *m nàut* Heckbalken *m* | **~r**[1] (33) *vt* ausbaggern | **~r**[2] (33) *vt/i* = **tragar** | **~tge** *m* Ausbaggerung *f*.
dragea *f med* Dragée, Dragee *n* | **~r** (33) *vt* dragieren.
drag|o *m bot* Drachenlilie *f* | *~ de Canàries* Drachenbaum *m* | **~ó** *m zool* Echse *f* | *ict* Patermännchen *n; Bal a*. Spinnenfisch *m* | *mit* = **drac** | *esport* Drachenboot *n* | *mil* Dragoner *m* | *~ aquàtic* Wasseragame *f* | *~ comú* Mauergecko *m* | *~ de Komodo* Komodowaran *m* | *~ volador* Flugdrache *m* | **~oman** *m hist* Dragoman *m* | **~ona** *f zool* Echsenweibchen *n* | *~ blanca* (*bot*) katalanische Zwergbohne *f* | **~onet** *m bot* Estragon *m*, Dragon, Dragun *m/n*.
dram|a *m a. fig* Drama *n* | *~ líric od musical* Musikdrama *n* | **~àtic(a-ment** *adv*) *adj a. fig* dramatisch || *s/mf* Dramatiker(in *f*) *m* || *s/f* (*Dichtkunst*) Dramatik *f* | **~atisme** *m* (*Eigenschaft*) *a. fig* Dramatik *f* | **~atització** *f* Dramatisierung *f* | **~atitzar** (33) *vt a. fig* dramatisieren | **~aturg(a** *f*) *m* Dramatiker(in *f*) *m* | **~atúrgia** *f* Dramaturgie *f*.
drap *m* (*kl(s) Stück Stoff*) Tuch *n* (*pl* Tücher); (*minderwertig*) Lappen, Lumpen, Fetzen *m* | *Bal* Windel *f* | *ant* (*Stoff, Gewebe*) Zeug *n* | *tèxt* Tuch *n* (*pl* Tuche) | *~ de cuina* Küchen-, Geschirrtuch *n* | *~ de la pols* Staub-tuch *n*, -lappen *m* | *a tot ~* (*nàut*) mit vollen Segeln; *fig a.* mit Volldampf; ohne jede Einschränkung | *deixar alg com un ~ brut* (*fam*) j-n gründlich herunterputzen | *quedar com un ~ brut* (*fam*) s. blamieren | **~ada** *f ant* Tuchzeug *n* | *fam: amb quatre drapades netejaré la cuina* ich werde die Küche mit e. paar Handschlägen sauberwischen | **~aire** *m/f* Lumpen-händler(in *f*), -sammler(in *f*) *m* | **~ar** (33) *vt* (*Möbel, Tür, Zimmer*) drapieren || **~er** *adj tèxt* Tuch... || *s/mf* Tuch-macher(in *f*) *bzw* -händler(in *f*) *m* | **~eria** *f tèxt* Tuchmachergewerbe *n*; Tuchhandel *m*;

Tuch-fabrik *f bzw* -laden *m* | *ant* Tuchzeug *n* | (*Behang, Kleid*) Draperie *f* | **~et** *m* Läppchen *n* | *treure els ~s al sol a alg* (*fam*) j-m s-e Fehler unter die Nase reiben | **~ot** *m desp* Lumpen, Fetzen *m*.

drassana *f nàut* Werft *f*.

dràstic(ament *adv*) *adj a. fig* drastisch.

dr|àvida *m/f* Drawida *m/f* | **~avídic** *adj* drawidisch.

dre|çar (33) *vt* aufrichten; (*Gebäude, Denkmal*) *a*. errichten | gerade-machen, -richten, -biegen | *ant* (*mit e-m Adverbial*) = **adreçar**; **dirigir** | ~ *l'orella* die Ohren spitzen | **~çar-se** *v/r s*. aufrichten | **~cera** *f* (*Weg*) Abkürzung *f* | *fig* schnellster Weg *m*; Schnellverfahren *n* | *agafar una ~* e-e Abkürzung nehmen | *fer ~* den Weg abschneiden | *si passem per aquí farem ~* wenn wir hier gehen, schneiden wir ab.

dren *m med* Drain *m* | **~ar** (33) *vt a. med* drainieren | (*Boden*) *a*. dränieren, entwässern | **~atge** *m a. med* Drainage *f* | (*Boden*) *a*. Dränung, Entwässerung *f*.

dret *adj* (*ohne Krümmung; ohne Umweg*) gerade, *umg* grade | (*Haltung*) *a*. aufrecht | (*Lage*) rechte(r, -s) | *fig* (*mst in Fixierungen*) recht; richtig; aufrecht | ~ *com un fil* schnurgerade | ~ *com un ciri od pal, fus* kerzengerade | ~ *com un rave* stramm(stehend), stocksteif | ~ *i fet* voll ausgewachsen; von echtem Schrot u. Korn | *a ~a llei* von Rechts wegen | *a ~es* gezielt, absichtlich | *a ~ fil* fadengerade | *p ext* schnurgerade, in gerader Linie | *de ~* (*a, cap a*) geradewegs, direkt, *umg* (schnur)stracks (in *bzw* auf *ac*; nach *bzw* zu *dat*) | *fig: dir u/c de ~* etw gerade-heraus (*od* -wegs) sagen | *anar de ~ al tema* geradewegs auf das Thema zu sprechen kommen | *de ~ en ~* (*a. fig*) direkt | ~ *a* (geradewegs) in *bzw* auf (*ac*), nach *bzw* zu (*dat*) | *en ~ (de)* gerade gegenüber (*dat*, von) | *pel ~* direkt, auf dem kürzesten Weg | *tot ~* geradewegs; (immer) geradeaus | *vés* (*od camina*) ~! geh aufrecht *od* gerade! | *el pare els fa anar ~s* (*fig*) der Vater hält sie an der Kandare | *el quadre encara no està ~* das Bild hängt noch nicht gerade | *jo vaig poder seure, però ell es va haver d'estar ~* ich konnte sitzen, aber er mußte stehen | *el ferit no es podia posar ~* der Verletzte konnte s. nicht aufrichten | *quan entrava el mestre, tots ens havíem de posar ~s* wenn der Lehrer eintrat, mußten wir alle aufstehen || *s/m* (*Vorder-, Außenseite*) rechte Seite *f* | *m'agrada més del revés que no pas del ~* (von) links gefällt es mir besser als (von) rechts | *gira el matalàs del ~!* dreh die Matratze rechtsherum! || *s/m Bal* Treffsicherheit *f* || *s/m* (*Normensystem*) Recht *n* | (*von einzelnen*) Recht *n* (*a* auf *ac*); Anrecht *n*, Anspruch *m* (*auf ac*); Berechtigung *f* (zu) | Rechtswissenschaft *f*, *estud a*. Jura (*ohne Artikel*), *arc* Rechte *pl* | *mst pl* Gebühr(en *pl*) *f*; Steuer(n *pl*) *f*; Zoll *m*, Zölle *pl* | ~ *positiu* (*natural*) positives Recht (Naturrecht) *n* | ~ *públic* (*privat*) öffentliches Recht (Privatrecht) *n* | ~ *civil* (*penal, processal, personal, real, consuetudinari, administratiu, fiscal, internacional, marítim, mercantil, del treball* od *laboral*) Zivil-(Straf-, Prozeß- *od* Verfahrens-, Persönlichkeits-, Sachen-, Gewohnheits-, Verwaltungs-, Steuer-, Völker-, See-, Handels-, Arbeits-)recht *n* | ~ *català* (*alemany, romà*) katalanisches (deutsches, römisches) Recht *n* | ~ *al treball* (*a la vida*) Recht *n* auf Arbeit (Leben) | ~ *d'asil* (*d'autodeterminació*) Asyl-(Selbstbestimmungs-)recht *n* | *el ~ del més fort* das Recht des Stärkeren | *~s de l'home* od *humans* Menschenrechte *pl* | *~s paterns* elterliche Rechte *pl* | *~s d'autor* Urheberrechte *pl*; (*Vergütung*) Tantiemen *f pl* | *~s d'examen* (*d'emmagatzematge, notarials*) Prüfungs-(Lager-, Notar-)gebühr *f* | *~s d'exportació* (*d'importació, fiscals*) Ausfuhr-(Einfuhr-, Finanz-)zölle *m pl* | *història* (*filosofia*) *del ~* Rechts-geschichte (-philosophie) *f* | *facultat de ~* juristische Fakultät *f* | *estudiant de ~* Jurastudent *m* | *professor de ~* Professor *m* der Rechte | *a bon ~* mit gutem Recht; rechtens, von Rechts wegen | *amb quin ~?* mit welchem Recht? | *amb tot el ~* mit (vollem) Recht, mit Fug (u. Recht) | *de ~* rechtmäßig | *membre de ple ~* Vollmitglied *n* | *adquirir* (*exercir*) *un ~* e. Recht erwerben (ausüben) | *fer valer* (*reivindicar, sostenir*) *el seu ~* sein Recht geltend machen (fordern, behaupten) | *usar del seu ~* von s-m

dríade — **duana**

Recht Gebrauch machen | *privar alg dels seus ~s* j-n entrechten | *reservats tots els ~s* alle Rechte vorbehalten | *el carnet de soci dóna ~ a l'entrada gratuïta* der Mitgliedsausweis berechtigt zum freien Eintritt | *això em dóna ~ a rebre una pensió* das gibt mir Anspruch (*od* Anrecht) darauf, e-e Pension zu beziehen | *qui t'ha donat el dret de ficar-t'hi?* wer hat dir das Recht (dazu) gegeben, dich einzumischen? | *tinc ~ a un mes de vacances* ich habe Anspruch (*od* Anrecht) auf e-n Monat Urlaub | *tens ~ a una recompensa* du hast e. (An)Recht auf Belohnung | *no hi tens cap ~, a exigir-m'ho* du hast k. Recht dazu, es von mir zu verlangen | *tinc ~ a demanar-te una explicació* es ist mein (gutes) Recht, e-e Erklärung von dir zu verlangen | *tenen el ~ de negar-s'hi* sie haben das Recht, s. zu weigern | *X té els ~s (exclusius) d'aquesta marca* X hat die (alleinigen) Rechte für diese Marke ‖ *s/f a. polít* Rechte *f* | *circulació per la ~a* Rechtsverkehr *m* | *cop amb la ~a* (*Boxen*) Rechte *f* | *partit (radicalisme) de ~a od ~es* Rechts-partei *f* (-radikalismus *m*) | *són de ~a od ~es* sie sind (*od* stehen) rechts, sie sind rechtsorientiert | *~a! (mil)* rechts um! | (*mirar*) *a ~a i esquerra* (nach) rechts u. links (schauen) | *de ~a a esquerra* von rechts nach links | *el segon carrer a la ~a* die zweite Straße rechts | *més a la ~a!* weiter nach rechts! | *gira (od tomba) a la ~a!* biege (nach) rechts ab *bzw* ein | *a la ~a del Rin (del pont)* rechts des Rheins (von der Brücke) | *ella seia a la meva ~a* sie saß rechts von mir, *lit* zu meiner Rechten | *donar la ~a a alg* j-n rechts gehen lassen | **~à (-ana)** *f) adj* rechtshändig | *polít* rechts eingestellt, *umg* (prädikativ) rechts ‖ *s/m f* Rechtshänder(in *f*) *m* | *polít* Rechte(r *m*) *m/f* | **~ament** *adv* geradewegs, direkt | *fig a.* gerecht | **~cient**: *a ~ (loc adv lit)* absichtlich, bewußt, willentlich | **~er** *adj ant* treffsicher | rechtshändig | **~or** *f* Geradheit *f* | **~ura** *f* gerade Richtung *f* | *fig* Rechtschaffenheit, Redlichkeit *f* | **~urer(ament)** *adv) adj* gerade | *fig* rechtschaffen, redlich.

dríade *f mit* Dryade *f* | *bot* Silberwurz *f*.
driblar (33) *vi esport* dribbeln ‖ *vt* umdribbeln, -spielen.
dril *m tèxt* Drillich, Drill, Drell *m*.
dring *m* Klingen; Klirren *n* | (*bes Münzen*) Klimpern *n* | **~adera, ~adissa** *f* Geklingel; Geklirr *n* | Geklimper *n* | **~adís (-issa** *f) adj* klingend; klirrend | klimpernd | **~ar** (33) *vi* klingen; klirren | klimpern.
dríngola *f* (*Zugtiere*) Zaumglöckchen *n*.
drissa *f nàut* Fall *n* | *drisses de bandera* Flaggleinen *f pl*.
drog|a *f* Droge *f* | (*suchterregender Stoff*) *a.* Rauschgift *n* | *~ dura (blana od tova)* harte (weiche) Droge *f* | **~addicció** *f* Drogenabhängigkeit, Rauschgiftsucht *f* | **~aaddicte** *adj* drogenabhängig, rauschgiftsüchtig ‖ *s/mf* Drogenabhängige(r *m*), Rauschgiftsüchtige(r *m*) *m/f* | **~ar** (33) *vt* (*j-n*) unter Drogen setzen | **~ar-se** *v/r* Drogen (*bzw* Rauschgift) nehmen | *fam* s. mit Medikamenten vollpumpen | **~at (-ada** *f) pp/adj: estar ~* unter Drogen stehen; *fig fam* aufgeputscht sein ‖ *s/mf* = **~aaddicte** | **~uer(a** *f*) *m* Drogist(in *f*) *m* | **~ueria** *f* Drogerie *f* | **~uista** *m/f* = **~uer**.
dromedari *m zool* Dromedar *n*.
drop|ejar (33) *vi* faulenzen, auf der faulen Haut liegen | **~eria** *f* Faulenzerei, Faulheit *f* | **~o** (*a.* **dròpol**) *adj* (erz-, stink-)faul ‖ *s/mf* Faulenzer(in *f*), Faulpelz *m* | *fer el ~* = **dropejar**.
dròsera *f bot* Sonnentau *m*, Drosera *f*.
dros|eràcies *f pl bot* Sonnentaugewächse *n pl* | **~òfila** *f entom* Tauffliege *f* | **~òmetre** *m* Drosometer *n*, Taumesser *m*.
dru|ida *m hist* Druide *m* | **~ídic** *adj* druidisch.
drupa *f bot* Steinfrucht *f* | **~ci (-àcia** *f) adj* steinfruchtartig.
drus *adj* drusisch ‖ *s/mf* Druse *m/f*.
drusa *f min* Druse.
dual *adj* (*m/f*) Zweier... | *bes ling mat* dual, Dual... ‖ *s/m ling* Dual(is) *m* | **~isme** *m* Dualismus *m* | **~ista** *adj* dualistisch ‖ *s/m/f* Dualist(in *f*) *m* | **~ístic** *adj* dualistisch | **~itat** *f* Dualität *f*.
duan|a *f* Zoll(-behörde *f*, -amt *n*, -station, -abgabe *f*) *m* | *declaració de ~* Zollerklärung, -deklaration *f* | *drets de ~* Zölle *m pl* | *passar per la ~* durch den Zoll gehen | *aquesta mercaderia (no) paga ~ (fam)* diese Ware ist zoll-frei (-pflichtig) | **~er** *adj* Zoll... | *control ~* Zollkontrolle *f* | *tarifa (unió) ~a*

duar Zoll-tarif *m* (-union *f*) || *s/mf* Zöllner(in *f*), Zoll-beamte(r) *m*, -beamtin *f*.
duar *m* (*Nomaden*) Zelt-, Hütten-dorf *n*.
dubita|ció *f ant* = **dubte** | *bes* rhetorische Zweifelsfrage *f* | **~tiu** (**-iva** *f*, **-ivament** *adv*) *adj* zweifelnd | *ling* dubitativ.
dublé *m* (*pl -és*) Dublee *n*.
Dublín *m* Dublin *n*.
dubt|ar (33) *vi* zweifeln | zaudern, unschlüssig sein | ~ *d'alg* od *d'u/c* an j-m od etw zweifeln | ~ *de l'honestedat d'alg* (*de l'autenticitat d'u/c*) an j-s Ehrlichkeit (an der Echtheit e-r Sache) zweifeln, j-s Ehrlichkeit (die Echtheit e-r Sache) an- od be-zweifeln | ~ *que* ... (be)zweifeln, daß ... | ~ *si* ... zweifeln, ob ... | *en dubto* (*molt*) das bezweifle ich (sehr) | *dubto que vinguin* ich zweifle (daran), daß sie kommen; ich bezweifle, daß sie kommen | *no dubto que te'n sortiràs* ich bin sicher, daß du es schaffen wirst || *vt ant* fürchten | *fam: ho dubto* das bezweifle ich | **~ar-se** *v/r ant:* ~ *d'u/c* etw ahnen; etw befürchten | **~e** *m* Zweifel *m* | *ant* Befürchtung *f* | ~ *metòdic* methodischer Zweifel *m* | *en cas de* ~ im Zweifelsfall | *sens* ~ ohne Zweifel, zweifelsohne, zweifellos | *sense cap mena de* ~ ohne jeden Zweifel | *això no admet* ~ das unterliegt k-m Zweifel, das ist (od steht) außer Zweifel | *han estat aquí, no hi ha* ~ (es besteht) k. Zweifel, sie sind hier gewesen | *no hi havia* ~ *que era sincer* es bestand k. Zweifel (daran), daß er aufrichtig war | *sobre això no hi ha* ~ daran gibt es k-n Zweifel | *encara hi ha* ~*s sobre l'autenticitat del document* es herrscht (od herrschen) noch Zweifel an der (od über die) Echtheit der Urkunde | *cal posar en* ~ *aquesta afirmació* man muß diese Behauptung in Zweifel ziehen od stellen | *així sortirem de* ~*s* so werden wir uns Klarheit verschaffen | *encara tinc un* ~ ich habe (*lit* hege) noch e-n Zweifel | *tinc els meus* ~*s* ich habe so meine Zweifel | *treume d'un* ~*!* kannst du mir etw klären? | **~ós** (**-osa** *f*, **-osament** *adv*) *adj* zweifelhaft | *a.* unsicher, ungewiß, fragwürdig; zwielichtig; *lit* dubios, dubiös | *ant* furchtbar | *estic* ~ ich bin unentschlossen *od* (mir) unschlüssig, im Zweifel | *et veig* ~ du scheinst mir unentschlossen.
duc *m* Herzog *m* | *ant* Führer *m* | *ornit* (*a. gran* ~) (Eurasiatischer) Uhu *m* | ~ *blanc* (*ornit*) Schnee-Eule *f* | *gran* ~ Großherzog; (*Rußland*) Großfürst *m* | **~al** *adj* (*m/f*) herzoglich, Herzogs... | **~at** *m* Herzogtum *n* | (*Rang*) Herzogswürde *f* | (*Münze*) Dukaten *m* | *gran* ~ Großherzogtum *n*.
dúctil *adj* (*m/f*) *tecn* duktil, dehn-, streck-, verform-bar | *fig* (*Person*) leicht lenkbar, gefügig.
ductilitat *f tecn* Duktilität, Dehn-, Streck-, Verform-barkeit *f* | *fig* Gefügigkeit *f*.
duel *m a. fig* Duell *n* | *hist* (*unter Studenten*) Mensur *f* | ~ *a espasa* (*a pistola*) Duell *n* auf Säbel (Pistolen) | *batre's en* ~ s. duellieren; *estud* e-e Mensur schlagen | **~ista** *m* Duellant *m*.
duet *m mús* Duett *n* | (*Vortragende*) Duo *n* | **~ista** *m/f* Duettist(in *f*) *m*.
dui, duïll *m reg* = **dull**.
dul|a *f* Gemeindeherde *f*.
dulcamara *f bot* Bittersüß *n*.
dulcificar(-se) (33) *vt*(/*r*) *bes fig* = **endolcir(-se)**.
dulia *f catol* Dulie *f*.
dull *m nàut* Speigatt *n* | (*Faß*) Spund-, Zapfen-loch *n*.
dum-dum *f mil* Dumdum(geschoß) *n*.
duna *f* Düne *f* | **~r** *adj* (*m/f*) Dünen...
duo *m mús* Duo *n* | **~dè** *m* Zwölffingerdarm *m*, *med* Duodenum *n* | **~decennal** *adj* (*m/f*) zwölfjährig | zwölfjährlich | **~decenni** *m* zwölf Jahre *n pl* (*Zeitraum*) | **~decimal** *adj* (*m/f*) *mat* duodezimal, Duodezimal... | **~dècuple**[1] *adj* (*m/f*) zwölffältig | **~dècuple**[2] *adj mat* zwölffach || *s/m* Zwölffache(s) *n* | **~denal** *adj* (*m/f*) *med* duodenal, Duodenal..., Zwölffingerdarm... | **~denitis** *f med* Duodenitis, Zwölffingerdarmentzündung *f*.
duple *adj u. s/m mat* = **doble**.
dúpl|ex *adj* (*m/f*) Duplex... || *s/m* zweistöckige Wohnung *f* | *telecom* Duplexbetrieb *m* | **~ica** *f* Duplik *f*.
duplic|ació *f* Verdoppelung *f* | *lit cient* Duplikation *f* | **~ar** (33) *vt* verdoppeln | *lit cient* duplizieren | ~ *un document* e. Duplikat von e-r Urkunde anfertigen | **~ar-se** *v/r* s. verdoppeln | **~at** (**-ada** *f*, **adament** *adv*) *adj* (ver)doppelt | *per* ~ in doppelter Ausfertigung || *s/m* Duplikat *n*, Zweitschrift *f* | **~itat** *f* Doppelheit *f* | *lit cient* Duplizität *f* | *fig* Doppelzüngigkeit *f*.

duquessa *f* Herzogin *f* | *gran ~* Großherzogin; (*Rußland*) Großfürstin *f*.
dur[1] (40) *vt* = **portar**.
dur[2] *adj a. fig* hart | *~ com l'acer* (*una pedra*) hart wie Stahl *od* stahlhart (wie (e.) Stein *od* steinhart) | *fusta* (*carn*) *~a* hartes Holz (Fleisch) | *una feina* (*època*) *~a* e-e harte (*od* schwere) Arbeit (Zeit) | *jutges* (*càstigs, hiverns*) *~s* harte (*od* strenge) Richter (Strafen, Winter) | *un negatiu ~* (*fotog*) e. hartes Negativ | *un equip ~* e-e harte Mannschaft | *un tipus ~* (*fam*) e. knallharter Typ | *una costa ~a de pujar* e. schwer zu ersteigender Abhang | *anar ~* klemmen (*Hahn, Tür*); harten Stuhl (*od* e-n schweren Stuhlgang) haben (*Person*) | (*és*)*ser ~ amb alg* hart gegen j-n (*od* zu j-m) sein | (*és*)*ser ~ de cap* od *un cap ~, tenir el cap ~* schwer von Begriff sein; hartköpfig sein, (*eigensinnig*) a. dickköpfig sein, e-n dicken (*od* harten) Schädel haben | (*és*)*ser ~ de cor, tenir el cor ~* hartherzig sein, e. hartes Herz haben | (*és*)*ser ~ d'orella, tenir l'orella ~a* schwerhörig sein, (*absichtlich a.* harthörig) sein | *tenir la pell ~a* e. dickes Fell haben || *adv*: *hem hagut de treballar ~* wir haben hart arbeiten müssen | *van jugar molt ~* sie spielten sehr hart, sie stiegen sehr hart ein | **~abilitat** *f* Dauerhaftigkeit *f* | **~able**(**ment** *adv*) *adj* (*m/f*) dauerhaft | **~ació** *f* = **~ada** | **~ada** *f* Dauer *f* | (*Material*) *a.* Haltbarkeit, (*a. Maschinen*) Lebensdauer *f* | *la ~ del vol* (*contracte*) die Flug-(Vertrags-)dauer *od* -zeit | *la ~ d'un discurs* (*d'una representació*) die Dauer (*od* Länge) e-r Rede (Vorstellung) | *la llarga* (*curta*) *~ d'un dia d'estiu* (*d'hivern*) die Länge (Kürze) e-s Sommer-(Winter-)tages | *de* (*llarga, curta*) *~* von (langer, kurzer) Dauer | *una roba de molta ~* e. haltbarer (*od* strapazierfähiger) Stoff | *una conferència* (*pel·lícula*) *d'una hora de ~* e. Vortrag (Film) vor e-r Stunde Länge | *un permís de cinc anys de ~* e-e Genehmigung für die Dauer von fünf Jahren | *té una ~ de dues hores* es dauert zwei Stunden | **~ador** *adj* dauerhaft | (*Material*) *a.* haltbar, (*a. Maschinen*) langlebig | dauernd; (lange) anhalten, -dauern | **~al** *adj* (*m/f*) *med* dural | **~all** *m* = **~ícia** | **~alló** *m* = **grumoll** | = **~ícia** | **~alumini** *m met* Duralumin *n* | **~amàter** *f* harte Hirnhaut, *med* Dura(mater) *f* | **~ament** *adv* hart | **~ant** *prep* während (*gen*, *umg dat*) | (+ Maßangabe e-r Zeitspanne) lang (*mit vorangestelltem ac*) | *va* (*és*)*ser ~ la guerra* (*la meva absència*) es war während des Krieges (meiner Abwesenheit) | *~ sis dies* (*una temporada*) *va estar malalt* sechs Tage (e-e ganze Zeit) lang war er krank | *va ploure* (*~*) *tot el dia* es regnete den ganzen Tag (lang *od* über, hindurch, durch) | *~* (*alg*)*uns minuts* einige Minuten lang, minutenlang | *~ mesos* (*i mesos*) monatelang | **~ar** (33) *vi* (*mit Zeitangabe*) *lit* währen | (*nicht anfhören*) andauern (*Zustand, Geschehen*); anhalten (*Zustand, bes Witterung*); *lit* fort-dauern, -währen | (*gut bleiben*) halten | *s.* halten (*gutes Wetter; Mode; Minister, Trainer, Regierung*) | bleiben, aus-, durchhalten (*Beschäftigte*) | (*weiter*) leben, aus-, durchhalten (*Kranke, Alte*) |*umg* vorhalten (*Vorrat, Freude*) | *la festa va ~ molt* (*tres hores*) das Fest dauerte lange (drei Stunden) | *quant dura el programa?* wie lange dauert das Programm? | *la vaga ja fa temps* (*un mes*) *que dura* der Streik dauert schon seit langem (seit e-m Monat) an | *si la sequera dura, la collita serà magra* wenn die Dürre anhält (*od* andauert), wird die Ernte mager ausfallen | *les converses encara duren* die Gespräche dauern (noch) an | *aquest cotxe* (*matrimoni*) *no ~à gaire* dieser Wagen (diese Ehe) wird nicht lange halten | *el pernil ens ha de ~ fins diumenge* der Schinken soll uns bis Sonntag reichen (*umg* vorhalten) | *que duri!* hoffentlich bleibt es so! | **~atiu** (**-iva** *f*) *adj ling* durativ | **~bec** *m ornit* Kernbeißer *m* | **~esa** *f a. fig* Härte *f* | *assaig de ~* (*tecn*) Härteprüfung *f* | *la ~ de l'aigua* die Härte des Wassers | *~ de cor* Hartherzigkeit *f* | **~ícia** *f* Verhärtung *f* | *bes* Schwiele *f* | **~o** *m fam* Fünfpesetenstück *n*.
dut|a *f* Bringen *n* | Tragen *n* | Führen *n*, Führung *f* | **~xa** *f* Dusche *f* | (*Bad a., Raum*) Duschbad *n* | *prendre una ~* e-e Dusche (*od* e. Duschbad) nehmen | *fig*: (*és*)*ser una ~ d'aigua freda* (*per a alg*) e-e kalte Dusche (für j-n) sein, wie e-e kalte Dusche (auf j-n) wirken | **~xar** (33) *vt* (ab)duschen, abbrausen | **~xar-se** *v*/*r*(*s.*) duschen, s. ab-duschen, -brausen | *~ amb aigua calenta* (*freda*) (*s.*) warm (kalt) duschen.
duumvir *hist* Duumvir *m* | **~at** *m* Duumvirat *n*.
dux *m* (*pl* **duxs**) *hist* (*Venedig, Genua*) Doge *m* | *mús* Dux *m*.

E

e, E *f (pl es)* e, E *n* | *mat: el nombre* e die Zahl e.
eben *m* = **banús** | **~àcies** *f pl bot* Ebenholzpflanzen *f pl* | **~ista** *m/f* (Möbel-Kunst-)Tischler(in *f*) *m* | **~isteria** *f* (Möbel-, Kunst-)Tischlerei *f*.
ebonita *f* Ebonit *n*.
Ebre *m*: *l'~* der Ebre | *el delta de l'~* das Ebredelta.
ebri (èbria *f) adj* = **embriac** | **~etat** *f* = **embriaguesa**.
ebullició *f* Sieden *n* | *fig* = **efervescència** | *punt d'~* Siedepunkt *m*.
eburni (-úrnia *f) adj* elfenbeinern | elfenbeinfarben.
ec! *int* = **ecs!**
eccehomo *m* Ecce-Homo *n* | *fig fam: el van deixar fet un ~* sie richteten ihn übel zu.
eclàmp|sia *f med* Eklampsie *f* | **~tic** *adj* eklamptisch.
ecl|èctic(ament *adv) adj* eklektisch | eklektizistisch || *s/mf* Eklektiker(in *f*) *m* | **~ecticisme** *m* Eklektizismus *m*.
Eclesi|astès *m bíbl: l'~* der Prediger (Salomo), der Ekklesiastes | **~àstic(ament** *adv) adj* kirchlich; geistlich | Kirchen... | *dret ~* Kirchenrecht *n* | *festa ~a* kirchlicher(r) Feiertag *m* | *hàbit ~* geistliche(s) Gewand *n* || *s/m* Geistliche(r) *m* | *bíbl: l'~* (das Buch) Jesus Sirach, der Ekklesiastikus | **~ologia** *f teol* Ekklesiologie *f*.
ecl|ipsar (33) *vt (Gestirn)* verfinstern, verdunkeln | *fig* überstrahlen, in den Schatten stellen | **~ipsar-se** *v/r* s. verfinstern, s. verdunkeln *(Gestirn)* | *fig* von der Bildfläche (*od* in der Versenkung) verschwinden; *fam* s. davonmachen | **~ipsi** *m* Finsternis, *astr* Eklipse *f* | *fig* Verschwinden *n* | *~ de lluna (sol)* Mond-(Sonnen-)finsternis *f* | *~ total (parcial) del sol* totale (partielle) Finsternis der Sonne | **~íptic** *adj astr* ekliptisch | *(Erdbahn)* ekliptikal || *s/f* Ekliptik *f*.
eclosió *f bot* Aufbrechen *n* | *fig* Anbruch *m*; Entfaltung *f*.
eco *m* Echo *n*, Widerhall *m* | *fig a. (Zustimmung)* Anklang *m* | *mús tecn* Echo *n* | *(és)ser l'~ d'alg* j-s Echo sein *(fig)* | *tenir (trobar) ~ (fig)* Echo *(od* Widerhall, Anklang) haben (finden) | **~encefalograma** *m med* Echoenzephalogramm *n* | **~grafia** *f med* Echographie, Ultraschalldiagnostik *f* | **~ic** *adj* Echo... | **~làlia** *f med* Echolalie *f*.
ec|òleg (-òloga *f) m* Ökologe *m*, -gin *f* | **~ologia** *f* Ökologie *f* | *~ humana* Humanökologie *f* | **~ològic(ament** *adv) adj* ökologisch | Umwelt... | *equilibri ~* ökologische(s) Gleichgewicht *n* | *danys ~s* Umweltschäden *m pl* | **~ologisme** *m* Umweltschutzbewegung *f* | **~ologista** *adj (m/f)* Umweltschutz... || *s/m/f* Umweltschützer(in *f*) *m*.
ecòmetre *m tecn* Echolot *n*.
ec|ònom *m* Verwalter *m* | *ecl (a. capellà ~)* Pfarrverweser *m* | **~onomat** *m* Verwalterstelle *f* | *ecl* Verweseramt *n* | *(Laden)* Konsum *m* | **~onometria** *f econ* Ökonometrie *f* | **~onomia** *f econ* Wirtschaft *f* | *(bes Struktur) a.* Ökonomie *f* | Volkswirtschaft(slehre) *f* | Wirtschaftswissenschaft(en *pl*), Ökonomik, *arc* Ökonomie *f* | Wirtschaftlichkeit; Sparsamkeit; *(a. rationeller Umgang)* Ökonomie *f* | *mst pl* Sparmaßnahme(n *pl*), Einsparung(en *pl*) *f* | *biol*

Haushalt *m* | ~ *domèstica* Hauswirtschaft *f* | ~ *política* Volkswirtschaft(slehre); *bes* politische Ökonomie *f* | ~ *alemanya (catalana, capitalista, socialista)* deutsche (katalanische, kapitalistische, sozialistische) Wirtschaft *f* | ~ *(social) de mercat* (soziale) Marktwirtschaft *f* | ~ *dirigida* od *planificada* Planwirtschaft *f* | ~ *de guerra* Kriegswirtschaft *f* | ~ *de temps* Zeitersparnis *f* | *fer economies* sparen | **~onòmic(ament** *adv) adj* wirtschaftlich, ökonomisch | *(sparsame Person)* a. haushälterisch | *econ* a. Wirtschafts... | geldlich, finanziell, wirtschaftlich | (preis)günstig | *ciències econòmiques* Wirtschaftswissenschaften *f pl; estud bes* Volkswirtschaft(slehre) *f* | *la situació ~a de Polònia* die polnische Wirtschaftslage | *la meva situació ~a* meine finanzielle (*od* wirtschaftliche) Lage | **~onomicisme** *m econ polit* Ökonomismus *m* | **~onomista** *m/f* Wirtschaftswissenschaftler(in *f*), Wirtschaftler(in *f*) *m*, *(bes DDR)* Ökonom *m* | Volkswirt(in *f*), Volkswirtschaftler(in *f*) *m* | Betriebswirt(in *f*), Betriebswirtschaftler(in *f*) *m* | **~onomitzador** *adj (Person)* wirtschaftlich, ökonomisch, haushälterisch || *s/m (Vergaser)* Sparvorrichtung *f* | *(Dampfmaschine)* Economiser, Vorwärmer *m* | **~onomitzar** (33) *vt* (ein)sparen | sparen *(od* haushalten) mit.
eco|sistema *m biol* Ökosystem *n* | **~tip** *m biol* Ökotyp *m*.
ecs! *int* äks!, pfui!
èctasi *f Lit* Ektase *f* | *med* Ektasie *f*.
ecto|derma *m biol* Ektoderm *n* | **~paràsit** *m biol* Ektoparasit *m* | **~plasma** *m biol* Ektoplasma *n*.
ectropi *m med* Ektropium, Ektropion *n*.
ecu *m (EG)* Ecu *m*.
ecum|ene *m geog teol* Ökumene *f* | **~ènic(ament** *adv) adj* ökumenisch | *concili ~* ökumenisches Konzil *n* | **~enisme** *m* Ökumenismus *m*.
èczema *m med* Ekzem *n*.
eczematós (-osa *f) adj* ekzematös.
ed|àfic *adj* edaphisch | **~afologia** *f* Bodenkunde *f*.
edat *f* Alter *n* | *ella no aparenta l'~ que té* man sieht ihr ihr Alter nicht an | *quina ~ té la teva tia aproximadament?* in welchem Alter ist deine Tante ungefähr? | *quan jo tenia la teva ~* als ich in deinem Alter war; als ich so alt war wie du | *tenim la mateixa ~* wir sind gleichaltrig | *tinc un fill de la teva ~* ich habe e-n Sohn in deinem Alter | *a l'~ de 80 anys* im Alter von 80 Jahren | *a la nostra ~* in unserem Alter | *a cap ~ (fam)* sehr jung; sehr früh | *una senyora d' ~* e-e ältere Dame | *un home de mitja ~* e. Mann mittleren Alters *(od* in mittlerem Alter) | *major (menor) d'~* voll-(minder-)jährig, (un)mündig | *~ avançada (escolar, madura)* fortgeschrittenes (schulpflichtiges, reiferes) Alter *n* | *~ viril* Mannesalter *n* | *l'~ d'un arbre (quadre)* das Alter e-s Baumes (Bildes) | *~ geològica* Erdzeitalter *n* | *hist: l'~ antiga* das Altertum | *l'~ mitjana* das Mittelalter | *l'~ moderna* die Neuzeit *(Vorgeschichte) l'~ de la pedra (del bronze, del ferro)* die Stein-(Bronze-, Eisen-)zeit | *mit: l'~ d'or (d'argent, de coure, de ferro)* das Goldene (Silberne, Eherne, Eiserne) Zeitalter.
edelweiss *m bot* Edelweiß *n*.
edema *m med* Ödem *n* | **~tós** (-osa *f) adj* ödematös.
edèn *m bíbl: l'~* od *el jardí de l'~* der Garten Eden | *fig: un verd ~* e. grünes Eden | **~ic** *adj* paradiesisch.
edentats *m pl mam* Edentaten, Zahnarme *m pl*.
edició *f* Herausgabe, *cient* Edition *f (e-s Werkes)* | *(Werk)* Ausgabe, *cient* Edition *f* | *(Folge e-r Zeitung, e-r Sendung)* Ausgabe *f* | *(Gesamtheit der Exemplare)* Auflage *f* | Verlagswesen *n* | *~ de butxaca (de luxe, popular, extraordinària* od *especial, del vespre)* Taschen-(Luxus- *od* Pracht-, Volks-, Sonder-, Abend-)ausgabe *f* | *~ ampliada* od *augmentada* erweiterte Ausgabe *f* | *nova ~* Neuauflage *f* | *la tercera ~ de «Mirall trencat» (del diari «Avui»)* die dritte Ausgabe des «Mirall trencat» (der Zeitung «Avui») | *p ext: la quarta ~ de la festa* die vierte Abhaltung *(od* Durchführung) des Festes | *contracte d'~* Verlagsvertrag *m*.
edicte *m* Erlaß *m, bes hist* Edikt *n*.
edific|able *adj (m/f)* bebaubar, Bau... | **~ació** *f* Bau(en *n) m* | *a. fig* Erbauung *f* | *fig* Aufbau *m* | **~ador(a** *f) m* Erbauer(in *f) m* | **~ant** *adj (m/f)* erbaulich | **~ar** (33) *vt (Gebäude)* (er)bauen | *(Grundstück)* bebauen | *fig (j-n)* erbauen | *fig (Theorie, Gesell-*

edil | 385 | **efecte**

schaft) aufbauen || *vi* bauen | **~i** *m* Gebäude *n*, Bau(werk *n*) *m* | *fig* Gebäude *n*; Aufbau *m*, Gefüge *n*.

edil *m hist* Ädil *m* | *lit* Stadtrat *m*.

Edimburg *m* Edinburg *n*.

Èdip *m* Ödipus *m* | *complex d'~* Ödipuskomplex *m*.

edit|ar (33) *vt* herausgeben, *cient a.* edieren | *(Druckwerk)* heraus-geben, -bringen, verlegen | **~or** *adj: casa ~a* Verlagshaus *n* || *s/mf* Herausgeber(in *f*), Editor(in *f*) *m* | *com* Verleger(in *f*) *m* || *s/f* Verlag *m* | **~orial** *adj* (*m/f*) Verlags..., verlegerisch | editorisch || *s/f* Verlag *m* || *s/m* Leitartikel *m*, Editorial *n* | **~orialista** *m/f* Leitartikler(in *f*) *m*.

edredó *m* Deckbett *n* | *bes* Feder-, Daunen-bett *n*.

educa|ció *f* Erziehung *f* | *(bes Kenntnisse, Kultur)* Bildung *f* | *(im Umgang)* (gutes) Benehmen *n*, (gute) Umgangsformen *od* Manieren *f pl*, *umg* Schliff *m*, *lit* Gesittung *f* | *l'~ dels fills* die Erziehung der Kinder | *l'~ de la veu* die Ausbildung (*od* Schulung) der Stimme | *~ d'adults* Erwachsenenbildung *f* | *~ física* körperliche Erziehung *f*; *estud* Sport(unterricht) *m*, Turnen *n*, Leibes-erziehung *f*, -übungen *f pl* | *professor d'~ física* Sport-, Turn-lehrer *m* | *donar (rebre, tenir) una bona (mala) ~ e-e* gute (schlechte) Erziehung geben (erhalten, haben) | *(no) tenir ~, tenir bona (mala) ~* (k-e) Bildung haben, (k.) Benehmen haben, gute (schlechte) Manieren haben, *umg* e-e gute (schlechte) Kinderstube haben | *no tenen gens d'~* ihnen fehlt jede Erziehung | *tracta-la amb més ~!* sei nicht so unhöflich (*umg* ungeschliffen) zu ihr! | **~dament** *adv: discutir ~ amb alg* in höflichem Ton mit j-m diskutieren | **~dor(a** *f*) *m* Erzieher(in *f*) *m* | **~nd(a** *f*) *m/f* Schüler(in *f*) *m* | **~r** (33) *vt (bes Kind; a.* zur Höflichkeit*)* erziehen | *(j-n; bes kulturell)* bilden | *(Tier, Fähigkeiten, Sinnesorgane, Glieder)* schulen; *(Fähigkeiten, Stimme) a.* ausbilden | **~r-se** *v/r: el meu germà va ~ a l'Escola Alemanya* mein Bruder besuchte die Deutsche Schule | **~t (-ada** *f*) *adj (Person)* gebildet | (a. *ben ~)* wohlerzogen, *(Kind) a.* gut erzogen | *mal ~* unhöflich, *umg* ungeschliffen; unerzogen, *(Kind) a.* schlecht erzogen, ungezogen | **~tiu (-iva** *f*, **-ivament** *adv*) *adj* erzieherisch | Erziehungs... | Bildungs... | Lehr... | *centre ~* Bildungs- (*od* Lehr-)anstalt *f* | *mètode (sistema) ~* Erziehungs-methode *f* (-system *n*) | *política educativa* Bildungspolitik *f* | *film ~* Lehrfilm *m* | *aquests jocs no són gaire ~s* diese Spiele sind nicht sehr lehrhaft.

edulcora|ció *f* Süßen *n* | **~nt** *m* Süßstoff *m* | **~r** (33) *vt* süßen.

efa *f (Name des Buchstabens)* f, F *n*.

efeb *m hist* Ephebe *m*.

efect|e *m* Wirkung *f*, *(bes beeindruckend u. fís)* Effekt *m* | Auswirkung *f* | *banc* Wechsel *m*, Wertpapier *n*; *pl a.* Effekten *m pl* | *(Billardkugel, Ball)* Effet *m*; *(Ball) a.* Drall, Dreh *m* | *la relació de causa a ~* das Verhältnis von Ursache u. Wirkung | *petites causes, grans ~s* kleine Ursache(n), große Wirkung(en) | *els ~s de la radioactivitat en la natura* die Auswirkungen der Radioaktivität auf die Natur | *~s acústics (òptics, pictòrics)* akustische (optische, malerische) Effekte *m pl* | *~s especials* Tricks *m pl* | *enregistrament amb ~s especials* Trickaufnahme *f* | *~s en cartera (banc)* Effektenbestand *m* | *~s públics (banc)* Staatspapiere *n pl* | *a aquest ~ (adm)* zu diesem Zweck(e) | *a l'~ de + inf (adm)* um mit zu + *inf*; zwecks *(gen)*, zum Zwecke des *bzw* der | *amb (sense) ~s jurídics od legals* rechts(un)wirksam | *amb ~s des del 15 de maig* mit Wirkung vom 15. Mai | *en ~* in der Tat, tatsächlich, wirklich | *sota els ~s de l'alcohol* unter der Wirkung des Alkohols | *donar ~ a la pilota* dem Ball e-n Effet *(od* Drall, Dreh*)* geben, den Ball (an)schneiden | *els ~s de l'explosió van (és)ser terribles* die Wirkung der Explosion war furchtbar | *el remei (em) va fer ~* das Mittel wirkte (auf mich) | *una dona elegant sempre fa ~* e-e elegante Frau macht immer Eindruck | *em sembla que has fet bon ~* ich glaube, du hast e-n guten Eindruck gemacht | *la cuina em va fer mal ~* die Küche machte e-n schlechten Eindruck auf mich | *em va fer (tot) l'~ d'una mentida* ich hatte (ganz) den Eindruck, daß es e-e Lüge war | *em fa l'~ que ...* ich habe den Eindruck, daß ... | *portar (od dur) a ~ (lit)* in die Tat umsetzen | *sentir els ~s d'u/c* die Folgen

efedra 386 **ègloga**

e-r Sache spüren | *tenir* ~ *(adm)* statthaben, -finden | *tenir un* ~ *positiu* (~*s secundaris*) e-e positive Wirkung (Nebenwirkungen) haben | *xutar amb* ~ mit Effet schießen || *pl* Habseligkeiten *f pl, arc* Effekten *m pl* | **~isme** *m* Effekthascherei *f* | **~ista** *adj (m/f)* auf Effekt angelegt *bzw* bedacht, effekthascherisch || *s/m/f* Effekthascher(in *f*) *m* | **~iu** (-**iva** *f*) *adj* wirklich; *a. dr* wirksam; *a. ling* tatsächlich, effektiv | *(Geld)* bar | *(Amt, Beamter)* planmäßig | *(Mitglied)* aktiv | *esport (Spieler)* leistungsstark | *verb* ~ *(ling)* Effektiv *n* | *fer* ~ in die Tat umsetzen; *(Urteil)* vollziehen, -strecken; *(Zahlung)* leisten; *(Scheck)* einlösen || *s/m econ* Bargeld *n* | Bar-, Effektiv-bestand, Ist-Bestand *m* | *en* ~ in Bargeld, (in) bar | *pagament en* ~ Barzahlung *f* || *s/m pl bes mil* Kräfte *f pl,* Stärke *f* | **~ivament** *adv s: efectiu* | in der Tat, tatsächlich, wirklich | **~ivitat** *f* Wirklichkeit, Tatsächlichkeit; Wirksamkeit; Effektivität *f* | Leistungsstärke *f* | **~or** *m biol* Effektor *m* | **~uar** (33) *vt adm lit* vollziehen, verwirklichen; *(mst verblaßt)* durchführen | *com* tätigen | *(Zahlung)* leisten | **~uar-se** *v/r s.* vollziehen, *s.* verwirklichen.

efedr|a *f bot* Ephedra *f* | **~ina** *f med* Ephedrin *n*.

efemèride *f* Bericht *m* zum Gedenken *(an e-n Jahrestag)* | *p ext* (denkwürdiges) Ereignis *n* || *pl astr hist* Ephemeriden *f pl.*

efemina|ció *f* Verweiblichung, *lit* Effemination *f* | *p ext* Verweichlichung *f* | **~ment** *m* = **efeminació** | **~r** (33) *vt* verweiblichen, weibisch *(od* unmännlich) machen | *p ext* verweichlichen | **~r-se** *v/r* weibisch *(od* unmännlich) werden | *p ext* verweichlichen | **~t** (-**ada** *f*, -**adament** *adv) adj* weibisch, unmännlich, *lit* effeminiert | *p ext* verweichlicht.

eferent *adj (m/f) anat* efferent.

efervesc|ència *f* Aufbrausen *n* | Sprudeln *n* | *fig a.* Wallung, Auf-, Er-regung *f*; lebhaftes Treiben *n* | **~ent** *adj (m/f)* aufbrausend | *(bes Getränk)* sprudelnd | *fig a.* über-sprudelnd, -schäumend | *(Menge)* auf-, er-regt, bewegt.

Efes *m* Ephesus, Ephesos *n* | **~i** (-**èsia** *f*) *adj* ephesisch || *s/mf* Epheser(in *f*) *m* | *bíbl: l'Epístola als* ~*s* der Brief an die Epheser, der Epheserbrief.

efic|aç(ment *adv) adj (m/f)* wirksam | *valor* ~ *(mat)* Effektivwert *m* | **~àcia** *f* Wirksamkeit *f* | ~ *lluminosa (fís)* Lichtausbeute *f* | **~iència** *f* Wirksamkeit, Wirkung(skraft) *f* | Fähigkeit, Tüchtigkeit, *lit* Effizienz *f* | Leistungsfähigkeit *f* | *filos* Wirkungsgrad *m* | **~ient(ment** *adv) adj (m/f)* (be)wirkend | *(Person)* fähig, tüchtig, *lit* effizient | *(Person, Maschine, Betrieb)* leistungsfähig | *causa* ~ *(filos)* Wirkursache *f*.

efígie *f* Bildnis *n* | *en* ~ im Bildnis.

efímer(ament *adv) adj lit bot zool* ephemer | *fig a.* flüchtig, rasch vorübergehend, vergänglich, kurzlebig | *febre* ~*a* Eintagsfieber *n*.

eflores|cència *f bot* Aufblühen *n* | *med geol* Effloreszenz *f*; *geol a.* Aus-blühung, -witterung *f* | **~cent** *adj (m/f) bot* aufblühend | *med geol* effloreszierend; *geol a.* aus-blühend, -witternd.

eflu|ència *f* Ausströmung *f* | **~ent** *adj (m/f)* ausströmend | **~ir** (37) *vi* ausströmen | **~vi** *m* Ausdünstung, Ausströmung *f* | *lit* Hauch, Duft *m* | *(Person)* Ausstrahlung *f*, Fluidum *n* | *elect* Glimmentladung *f* | **~xió** *f* = **emanació**, **efluència** | *med* (früher) Abgang, Abort *m*.

èfor *m hist* Ephor *m*.

efracció *f dr* Einbruch *m*.

efusi|ó *f lit* Aus-fließen, -strömen; Vergießen *n* | *ecl* Ausgießung *f* | *cient* Effusion *f*; *geol a.* Erguß *m* | *fig lit* Herzensergießung *f*; Ausbruch; *desp* Erguß *m*; Überschwenglichkeit *f*, Erguß *m* | ~ *de sang* Blutvergießen *n* | ~ *de tendresa* überströmende Zärtlichkeit *f* | *amb* ~ überschwenglich | **~u** (-**iva** *f*, -**ivament** *adv) adj cient* effusiv; *geol a.* Erguß... | *fig* überschwenglich | *roca efusiva (geol)* Effusiv-, Erguß-gestein *n*.

egeu (-**ea** *f*) *adj* ägäisch | *la mar Egea* das Ägäische Meer, die Ägäis.

ègida *f mit lit* Ägide *f* | *sota l'~ d'algú* unter j-s Ägide *od* Schirmherrschaft.

egip|ci (-**ípcia** *f*) *adj* ägyptisch || *s/mf* Ägypter(in *f*) *m* || *s/m ling* Ägyptisch *n* | *l'*~ das Ägyptische | **~cià** (-**ana** *f*) *adj u. sub* = **egipci** | **~te** (od *l'*~) *m* Ägypten *n* | **~tòleg** (-**òloga** *f*) *m* Ägyptologe *m*, -gin *f* | **~tologia** *f* Ägyptologie *f*.

ègloga *f Lit* Ekloge *f*.

ego *m psic* Ego, Ich *n* | **~cèntric** *adj* ichbezogen, egozentrisch || *s/mf* Egozentriker(in *f*) *m* | **~centrisme** *m* Ichbezogenheit, Egozentrik *f* | **~isme** *m* Selbstsucht *f*, Egoismus *m* | **~ista(ment** *adv*) *adj* (*m/f*) selbstsüchtig, egoistisch | *s/m/f* Egoist(in *f*) *m* | **~ístic** *adj* (*Handlung, Benehmen, Trieb*) = **~ista** | **~latria** *f* Selbstverherrlichung *f* | **~tisme** *m* Egotismus *m* | **~tista** *adj* (*m/f*) egotistisch || *s/m/f* Egotist(in *f*) *m*.

egregi (**-ègia** *f*, **-ègiament** *adv*) *adj* erlaucht.

eg|ua *f zool* (Pferde)Stute *f* | **~uassada** *f* Stutenherde *f* | **~uasser** *m* Eselhengst *m* (*zur Maultierzucht*) | Stutenhirt *m* | **~üer** *m* Stutenhirt *m* | **~uí** (**-ina** *f*) *adj*: mula eguina Maultier *n* || *s/m* Wiehern *n* | **~uinar** (33) *vi* wiehern.

eh![1] *int* (*Aufforderung zur Wiederholung, Erklärung, Zustimmung*) *deixa'm un milió! —Eh?* leih mir e-e Million! —Hä? | *i ara què vols, eh?* was willst du denn jetzt, he *od* hä? | *està bé, eh?* gut, nicht (wahr)? | *eh que ja ho sabies?* du wußtest es schon, nicht (wahr) *od* südd gelt? || (*Ekel*) äh!

eh![2] *int* (*Aufforderung zur Aufmerksamkeit; Ausruf des Staunens*) he!, eh! | *eh, tu, que no em sents?* he du, hörst du mich nicht? | *eh, què és això?* he, was ist denn das?

ehem! *int* hm!

ei! *int* (*Aufforderung zur Aufmerksamkeit*) he!, (*a. Gruß*) hallo! | *ei, hi ha algú?* hallo, ist da jemand? || (*zur Einführung e-r Einschränkung, e-r Berichtigung, e-s Einwands*) *ei, no és pas del tot segur!* na, ganz sicher ist es nicht!

eia! *int ant* wohlan!

eina *f* (*einzelnes*) Werkzeug *n* | *em falten dues eines* mir fehlen zwei Werkzeuge | *sense eines no ho puc adobar* ohne Werkzeug (*od* Handwerkszeug) kann ich es nicht reparieren | *fig: els llibres són l'~ dels filòlegs* Bücher sind das Handwerkszeug des Philologen | **~m** *m col* Werkzeug, Handwerkszeug *n*, Gerätschaften *f pl*.

eivissenc *adj* eivissenkisch; aus Eivissa || *s/mf* Eivissenker(in *f*) *m* || *s/m ling* Eivissenkisch *n* | *l'~* das Eivissenkische *n*.

eix[1] *m* Achse *f* | *fig* Angelpunkt; (*a. Person*) Mittelpunkt *m*, Zentrum *n*; *polít* Achse *f* | ~ *de la roda* (*de rotació, de simetria, de coordenades, de la Terra, polar, davanter*) Rad-(Dreh- *od* Rotations-, Symmetrie-, Koordinaten-, Erd-, Polar-, Vorder-)achse *f* | ~ *cristal·logràfic* (*òptic*) kristallographische (optische) Achse *f* | ~ *monyó de l'~* Achsschenkel *m* | (*les potències de*) *l'~* (*hist*) die Achse(nmächte *f pl*).

eix[2] (**-a** *f*, **-os** *m pl*, **-es** *f pl*) *pron dem reg* = **aqueix**.

eixalar (33) *vt* (*e-m Vogel; fig j-m*) die Flügel beschneiden *od* stutzen.

eixalavar (33) *vt reg* = **esbandir** | (*Essen*) wäßrig kochen.

eixalbar (33) *vt reg* = **emblanquinar**.

eixam *m* (*bes Bienen*) Schwarm *m* | *fig* Schwarm *m*, Schar *f* | *sembra a* ~ Breitsaat *f* | **~enar(-se)** (33) *vi(/r)* (aus)schwärmen.

eixamorar (33) *vt* antrocknen lassen, leicht trocknen (lassen) | anfeuchten | **~-se** *v/r* antrocknen | etwas feucht werden.

eixampl|a *f* = **~e** | **~ament** *m* Erweiterung *f* | Aus-weitung, -dehnung *f* | Verbreiterung *f* | **~ar** (33) *vt a. fig* erweitern | (*a. Kleid, Schuhe*) weiter machen, (*bes Schuhe*) weiten; (*beim Gebrauch*) aus-weiten, -dehnen | (*Weg, Flußbett, Fenster*) verbreitern | (*Arme*) ausbreiten | (*Beine*) auseinanderstellen | *fig* (*Herz*) weiten, weit machen | **~ar-se** *v/r: cap a la sortida el túnel s'eixampla* der Tunnel erweitert s. zum Ausgang hin | *allà el riu s'eixampla* dort verbreitert s. der Fluß | *les botes se m'han eixamplat* meine Stiefel haben s. (aus)geweitet | *amb aquesta vista* (*música*) *s'eixampla el cor* bei diesem Ausblick (dieser Musik) weitet s. das Herz *od* wird e-m weit ums Herz | *el meu horitzó va* ~ mein Horizont erweiterte (*od* weitete) s. | **~e** *m* Erweiterung *f* | Neubausiedlung; Neustadt *f* | *donar ~s* (*fig*) weiten Spielraum lassen | *fer ~s* (*fig*) Raum schaffen || *pl* Nahtzugaben *f pl* (*zum Auslassen*).

eixancar(**rar**) (33) *vt* (*Beine*) spreizen | **~-se** *v/r* die Beine spreizen | *caminar eixanc*(*arr*)*at* breitbeinig gehen.

eixanguer *m mst pl agr* Jochriemen *m* (*pl*).

eix|àrcia *f nàut a. pl* Takelwerk *n*, Takelage *f* | (*Fischer*)Netz *m* | **~arciat** (**-ada** *f*) *adj* getakelt.

eixarcola|ire *m/f* Jäter(in *f*) *m* | **~r** (33) *vi agr* jäten.

eixarm *m* Gesundbeten *n* | Besprechung *f* | **~ador(a** *f*) *m* Gesundbeter(in *f*) *m* | **~ar**¹ (33) *vt* (*j-n*) gesundbeten | (*Wunde*) besprechen.
eixarmar² (33) *vt* = **eixermar**.
eixarrancar(-se) (33) *vt*(/*r*) = **eixancarrar(-se)**.
eixarre|iment *m* Dürre *f* | **~ir** (37) *vt* aus-dörren, trocknen | **~ir-se** *v*/*r* dürr werden, aus-, ver-dorren | **~it (-ida** *f*) *adj* dürr, verdorrt, ausgetrocknet.
eixartell *m* = **aixadell** | **~ar** (33) *vi* = **eixarcolar**.
eixauc *m* Wassergraben *m* | com (*bei Versteigerungen*) Zugabe *f*.
eixelebra|ment *m* Hitzköpfigkeit *f* | Leichtsinn *m* | **~t (-ada** *f*, **-adament** *adv*) *adj* hitzköpfig | leichtsinnig || *s*/*mf* Hitzkopf *m* | Leichtfuß *m*.
eixeri|t (-ida *f*, **-idament** *adv*) *adj* munter, rege, lebhaft | (*Kind*) *a*. aufgeweckt | *el menut és ~ com* (od *més ~ que*) *un pèsol* od *un gínjol* der Kleine ist quicklebendig | *avui l'avi està força ~* heute ist Opa ziemlich munter | *ulls ~* muntere Augen.
eixermar (33) *vt* = **artigar** | = **podar** | = **esbrossar**.
eixi|da *f* = **sortida** | Höfchen *n* (*e-s Wohnhauses*) | **~diu** *m* Abfluß *m* | **~r(-se)** (40) *vi*(/*r*) = **sortir(-se)** | **~t (-ida** *f*, **-idament** *adv*) *adj* = **eixerit** | *anar ~* brunsten, in der Brunst sein.
eixivernar (33) *vi ant reg* = **hivernar** || *vt* (*Vieh*) durch den Winter bringen.
eixobrir (33) *vt* = **eixorbir**.
eixonar (33) *vt agr* (*vom Zweig*) abstreifen, abstreichen.
eixorbar (33) *vt lit* blenden.
eixorbir (37) *vt agr* (*Weinstöcke*) umgraben.
eixorc(ament *adv*) *adj a. fig* unfruchtbar.
eixorda|dissa *f* (ohren)betäubender Lärm od Krach *m* | **~dor** *adj* (ohren-)betäubend | **~r** (33) *vt* betäuben, taub machen.
eixorellar (33) *vt* (*j-m*) die Ohren abschneiden | (*e-m Tier*) die Ohren stutzen.
eixori|t (-ida *f*, **-idament** *adv*) *adj* = **eixerit** | **~viment** *m* Munterkeit *f* | **~vir(-se)** (37) *vt*(/*r*) (s.) ermuntern, munter machen (werden) | **~vit (-ida** *f*, **-idament** *adv*) *adj* = **eixerit**.
eixorquia *f* Unfruchtbarkeit *f*.
eixuga|cabells *m* Haartrockner *m* | **~da** *f* (Ab)Trocknen *n* | **~dor** *adj* (ab)trocknend || *s*/*m* Geschirrtuch *n* | (Haar)Trockner *m* | **~ll** *m* = **~dor** | **~mà**, **~mans** *m* Handtuch *n* | **~parabrisa** *m aut* Scheibenwischer *m* | **~r** (33) *vt* trocknen | (*mit e-m Tuch*) abtrocknen, trockenwischen | (*Vergossenes*) aufwischen | (*Tränen, Schweiß*) trocknen, (*a. Staub*) abwischen | (*Gefäß*) leeren | (*Schulden*) tilgen | *fig* er-, aus-schöpfen | *fig: ~ la butxaca a alg* j-m die Taschen leeren | **~r-se** *v*/*r* trocknen, trocken werden | austrocknen (*Fluß*) | versiegen, vertrocknen (*Quelle, Brunnen*) | *~ el front* (*la suor, les llàgrimes*) s. die Stirn (den Schweiß, die Tränen) trocknen *od* abwischen | *~ la boca* s. den Mund abwischen | *~ el cul* s. den Hintern (ab)wischen *od* abputzen | **~vidre** *m* Scheibenputzgerät *n* | = **~parabrisa**.
eixumorar(-se) (33) *vt*(/*r*) = **eixamorar(-se)**.
eixut|(ament *adv*) *adj* trocken | *a. fig* dürr | *fig a*. herb; (wort)karg | *~ de carns* hager | *~ de paraules* wortkarg | *a peu ~* trockenen Fußes || *s*/*m* Trockenheit, Dürre *f* | **~ada** *f* = **eixut, secada** | **~esa** *f* Trockenheit *f* | Herb-, Karg-heit *f* | **~or** *f* = **~esa** | = **eixut, secada**.
ejacula|ció *f* Samenerguß *m*, Ejakulation *f* | **~dor** *adj* Ejakulations... | **~r** (33) *vt*/*i* ejakulieren.
ejec|ció *f* Auswerfen *m*, *cient* Ejektion *f* | *med* = **dejecció**; **ejaculació** | **~tar** (33) *vt* auswerfen, *cient* ejizieren | *aeron* (*Sitz, Piloten*) herausschleudern | **~tiu (-iva** *f*) *adj a. ling* ejektiv, Ejektiv... | **~tor** *m tecn* Ejektor *m*.
el¹ (**la** *f*, **els** *m pl*, **les** *f pl*; *a. l'*) (15) *art def* der, die, das | *~ meu pare* mein Vater | *l'Ernest* (*umg* der) Ernst | *~ llop és un mamífer* der Wolf ist e. Säugetier | *l'experiència és la mare de la ciència* Erfahrung ist die Mutter der Wissenschaft | *l'or pesa més que la plata* Gold ist schwerer als Silber | *ensenya-ho al teu amic, l'artista* zeig es deinem Freund, dem Künstler | *no discernir ~ ver del fals* das Wahre nicht vom Falschen unterscheiden | *mesclar ~ diví amb l'humà* das Göttliche mit dem Menschlichen mischen | *això és ~ que em sap més greu* das ist es, was mir am meisten leid tut | *no ha entès res del que li he dit* er hat nichts verstanden von dem, was ich ihm gesagt habe.

el² (**la** *f*, **els** *m pl*; a. *l'*, *'l, lo, los, 'ls*) (21 *u.* 24) *pron pers* ihn, sie, es | Sie | *no ~ (la) conec, però l'admiro* ich kenne ihn (sie) nicht, aber ich bewundere ihn (sie) | *~ vaig llegir ahir* od *vaig llegir-lo ahir* (*el llibre*) ich las es gestern (das Buch) | *no l'és pas, ell* (*ella*) er (sie) ist es nicht | *a vostè no ~ recordava* an Sie erinnerte ich mich nicht.
ela *f* (*Name des Buchstabens*) l, L *n*.
ela! *int* = **elis!**
elabora|ció *f* Ausarbeitung *f* | Herstellung; Erzeugung *f* | **~r** (33) *vt* ausarbeiten | (*Produkt*) herstellen; erzeugen; (*Sekret, Hormon*) bilden.
elació *f lit* Hoffart *f*.
elaídic *adj quím: àcid ~* Elaidinsäure *f*.
el|àstic(**ament** *adv*) *adj a. fig* elastisch || *s/m* Gummiband *n* | *mst pl* Hosenträger *m* | **~asticitat** *f a. fig* Elastizität *f* | **~astòmer** *m quím* Elastomer *n*.
Elba *m geog* die Elbe.
ele|ata *m* Eleate *m* | **~àtic** *adj* eleatisch || *s/m* Eleate *m*.
elec|ció *f* Wahl *f* | (*Möglichkeit der Entscheidung*) a. Auswahl *f* | *rel* Auserwählung *f* | *~ democràtica* (*secreta, directa, indirecta*) demokratische (geheime, direkte, indirekte) Wahl *f* | *l'~ del papa* die Wahl des Papstes, die Papstwahl | *ho deixo a la teva ~* ich lasse es dir zur Wahl || *pl polít* Wahl(en *pl*) *f* | *eleccions anticipades* vorgezogene Wahlen *f pl* | *eleccions legislatives* od *generals* (*parcials, municipals, de llista única*) Parlaments-(Teil-, Kommunal- od Gemeinde-, Einheitslisten-)wahlen *f pl* | *eleccions al Parlament de Catalunya* Wahlen *f pl* zum Parlament von Katalonien | *anar* (od *presentar-se*) *a les eleccions* s. zur Wahl stellen; kandidieren | *convocar eleccions* Wahlen ausschreiben | *guanyar* (*perdre*) *les eleccions* die Wahl gewinnen (verlieren) | **~te** *adj* (*noch nicht amtierend*) gewählt | **~tiu** (**-iva** *f*) *adj* Wahl... | *càrrec ~* Wahlamt *n* | **~tivament** *adv* durch Wahl | **~tor**(**a** *f*) *m* Wähler(in *f*) *m* | *dr* Wahlberechtigte(r *m*) *m/f* | *hist* (**~triu** *f*) Kurfürst(in *f*) *m* | *~ de Baviera* Bayerischer Kurfürst *m* | **~toral** *adj* (*m/f*) Wahl... | Wähler... | *hist* kurfürstlich | *llei* (*manifest, participació, promesa, sistema*) *~* Wahl-gesetz *n* (-aufruf *m*, -beteiligung *f*, -versprechen *od* -geschenk *n*, -system *n*) | *comportament* (*mandat*) *~* Wäh-

ler-verhalten *n* (-auftrag *m*) | *príncep ~* (*hist*) Kurprinz *m* | **~toralista** *adj* (*m/f*) *desp* stimmenfängerisch, wahlpropagandistisch | **~torat** *m* Wählerschaft *f* | *hist* Kurfürstentum *n*; Kurwürde *f*, Elektorat *n*.
Electra *f* Elektra *f* | *complex d'~* Elektrakomplex *m*.
el|ectre *m* = **ambre** | (*Legierung*) Elektron *n* | **~ètric**(**ament** *adv*) *adj* elektrisch | Elektrizitäts... | *corrent ~* elektrischer Strom *m* | *companyia* (*xarxa*) *~a* Elektrizitäts-gesellschaft *f* (-netz *n*) | *generador ~* Stromerzeuger *m* | **~ectricista** *m/f* Elektriker(in *f*) *m* | **~ectricitat** *f* Elektrizität *f* | (*zum Verbrauch*) (elektrischer) Strom *m* | *consum d'~* Stromverbrauch *m* | **~ectrificació** *f* Elektrifizierung *f* | **~ectrificar** (33) *vt* elektrifizieren | **~ectrització** *f* Elektrisierung *f* | **~ectritzant** *adj* (*m/f*) elektrisierend | **~ectritzar** (33) *vt a. fig* elektrisieren | **~ectritzar-se** *v/r* elektrisiert werden | **~ectró** *m fís* Elektron *n* | *~ secundari* Sekundärelektron *n* | **~ectroacústic** *adj* elektroakustisch || *s/f* Elektroakustik *f* | **~ectrocardiògraf** *m* Elektrokardiograph *m* | **~ectrocardiograma** *m med* Elektrokardiogramm *n* | **~ectrocució** *f* Tötung *f* durch (Strom)Schlag | *dr* Hinrichtung *f* durch den elektrischen Stuhl | **~ectrocutar** (33) *vt* durch e-n (Strom)Schlag töten | *dr* auf dem elektrischen Stuhl hinrichten | **~ectrocutar-se** *v/r* durch e-n (Strom-)Schlag getötet werden | **~èctrode** *m* Elektrode *f* | **~ectrodinàmic** *adj* elektrodynamisch || *s/f* Elektrodynamik *f* | **~ectrodomèstic** *m* Elektrogerät *n* | **~ectroencefalograma** *m med* Elektroenzephalogramm *n* | **~ectròfor** *m* Elektrophor *m* | **~ectroforesi** *f* Elektrophorese *f* | **~ectroforètic** *adj* elektrophoretisch | **~ectroimant** *m* Elektromagnet *m* | **~ectròlisi** *f* Elektrolyse *f* | **~ectròlit** *m* Elektrolyt *m* | **~ectrolític** *adj* elektrolytisch | **~ectrolitzar** (33) *vt* elektrolysieren | **~ectromagnètic** *adj* elektromagnetisch | **~ectromagnetisme** *m* Elektromagnetismus *m* | **~ectrometal·lúrgia** *f* Elektrometallurgie *f* | **~ectròmetre** *m* Elektrometer *n* | **~ectromotor**(**a** od **~ectromotriu** *f*) *adj* elektromotorisch || *s/m* Elektromotor *m* | **~ec-**

tronegatiu (**-iva**) *f*) *adj* elektronegativ, elektrisch negativ (geladen) | **~ectrònic**(**ament** *adv*) *adj* elektronisch | Elektronen... || *s/f* Elektronik *f* | **~a digital** Digitalelektronik *f* | **~ectronvolt** *m* Elektron(en)volt *n* | **~ectropositiu** (**-iva** *f*) *adj* elektropositiv, elektrisch positiv (geladen) | **~ectroquímic** *adj* elektrochemisch || *s/f* Elektrochemie *f* | **~ectroscopi** *m fís* Elektroskop *n* | **~ectrostàtic** *adj* elektrostatisch || *s/f* Elektrostatik *f* | **~ectrotècnia** *f* Elektrotechnik *f* | **~ectrotècnic** *adj* elektrotechnisch | *enginyer* ~ Elektro-ingenieur, -techniker *m* | **~ectroteràpia** *f med* Elektrotherapie *f* | **~ectrotípia** *f* = galvanotípia | **~ectroxoc** *m* Elektroschock *m*.
electuari *m med* Latwerge *f*.
elefant *m zool* Elefant *m* | ~ *mascle* (*femella*) Elefanten-bulle *m* (-kuh *f*) | ~ *marí* See-Elefant *m*, Elefantenrobbe *f* | **~í** (**-ina** *f*) *adj* Elefanten... | **~íasi** *f med* Elefantiasis *f*.
eleg|**ància** *f* Eleganz *f* | **~ant**(**ment** *adv*) *adj* (*m/f*) elegant.
eleg|**ia** *f Lit* Elegie *f* | *p ext* Klagelied *n* | **~íac**(**ament** *adv*) *adj* elegisch.
elegi|**bilitat** *f* Wählbarkeit *f* | **~ble** *adj* (*m/f*) wählbar | **~r** (37) *vt bes polít* wählen | (s.) (aus-, er-)wählen | *rel* auserwählen | ~ *alg diputat* j-n zum Abgeordneten wählen | ~ *alg com a* (od *per*) *model* s. j-n zum Vorbild wählen | **~t** (**-ida** *f*) *adj*: *els representants* ~s die gewählten Vertreter | *el poble* ~ das auserwählte Volk || *s/mf: els* ~s *de Déu* die Auserwählten Gottes.
element *m* Element *n* | *quím a*. Grundstoff *m* | *tecn a*. Bauteil *n* | (*Person*) *fam* Kerl *m*, Stück *f*; Subjekt, Individuum *n*, *pl* Elemente *n pl* | *estar* (*od trobar-se*) *en el seu* ~ in s-m Element sein | *em sentia fora del meu* ~ ich fühlte mich fehl am Platz(e) || *pl* Elemente *n pl*, Grundbegriffe; Anfangsgründe *m pl* | Material *n*, Unterlagen *f pl* | **~al**(**ment** *adv*) *adj* (*m/f*) elementar | Elementar... | Grund... | *això és* ~ das ist elementar | *classe* ~ Elementar-klasse *f* (-teilchen *n*) | *coneixements* ~s Elementar-, Grundkenntnisse *f pl*.
elemí *m* (*pl -ís*) Elemi *n*.
elenc *m* Verzeichnis *n*, Liste *f* | *teat* Besetzung *f*.

elet *m fam* Pfiffikus, Schlaumeier *m*.
eleusini (**-ínia** *f*) *adj* eleusinisch || *s/f pl* Eleusinien *pl*.
eleva|**ció** *f* Erhöhung *f* | Erhebung *f* | Anstieg *m*, Steigen *n* | *bes geol* Hebung *f* | *arquit* Aufriß *m* | *astr* Höhe, Elevation *f* | *catol* Elevation *f* | *tecn* Heben *n* | (*Gefühle, Gedanken*) Erhabenheit *f* | (*Stil*) Gehobenheit *f* | ~ *a una potència* (*mat*) Potenzierung *f* | ~ *del terreny* Bodenerhebung *f* | *angle d'*~ (*Ballistik*) Erhebungs-, Elevations-winkel *m* | **~dor** *adj tecn anat* Hebe... || *s/m* Hebezeug *n*, Aufzug *m* | *aeron* Höhenruder *n* | *agr* (*Getreide*) Elevator *m* | *anat* Levator, Hebemuskel *m* | *elect* Spannungsverstärker *m* | ~ *d'automòbils* Hebebühne *f* | **~r** (33) *vt a. fig* erhöhen | (an)steigen lassen | *tecn* heben, senkrecht fördern; (*Wasser mit Pumpe*) fördern | (*Gebäude, Denkmal*) (er)heben, errichten | (*Hostie*) emporheben | *fig* (*Preise, Lebensstandard, Wohlstand*) *a*. (an)heben; (*j-n, Gemüt*) erheben; (*Stimme*) (er)heben | ~ *al tron* (*a president, a la noblesa*) auf den Thron (zum Präsidenten, in den Adelsstand) erheben | ~ *una petició al govern* e. Gesuch an die Regierung richten | ~ *al quadrat* (*mat*) ins Quadrat erheben, quadrieren | ~ *a la cinquena potència* (*mat*) in die fünfte Potenz erheben, mit 5 potenzieren | ~ *una perpendicular a una recta* (*geom*) e. Lot auf e-r Geraden errichten | **~r-se** *v/r* s. (er)heben; hochgehen; auf-, hoch-steigen | s. erheben, auf-, hochragen (*Berg, Gebäude*) | s. heben, s. erhöhen, (an)steigen (*Wasserspiegel, Niveau, Preise*) | *aquestes muntanyes s'eleven fins a una altura considerable* dieses Gebirge erhebt s. bis zu e-r beträchtlichen Höhe | *el nombre de víctimes s'ha elevat a 57* die Zahl der Opfer hat s. auf 57 erhöht | *els místics volen* ~ *al coneixement de Déu* die Mystiker wollen zur Erkenntnis Gottes aufschwingen | *cerquen d'*~ *per damunt dels altres* sie wollen s. über die anderen erheben | **~t** (**-ada** *f*) *pp: dos* ~ *a tres* (*mat*) zwei hoch drei | *adj a. fig* hoch (prädikativ), hohe(r, -s) (*attributiv*) | (*Plattform*) erhöht | (*Straße, Bahn*) Hoch... | (*Gefühl, Gedanke*) erhaben | (*Position, Stil*) gehoben | *un cim* (*preu*) ~ e. hoher Gipfel (Preis) | *això és massa* ~ *per a mi* das ist zu hoch für mich | **~tori** (**-òria** *f*) *adj* Hebe... | *forces elevatò-*

ries Hebekräfte *f pl.*
elf *m mit* Elf *m.*
elidir (37) *vt ling* elidieren | **~-se** *v/r* elidiert werden.
elimina|ció *f* Beseitigung; Entfernung; Ausmerzung *f* | Ausschluß *m;* Ausschaltung *f* | *fam (Ermordung)* Beseitigung, Ausschaltung, Eliminierung *f* | *mat* Elimination *f* | *med* Ausscheidung, Elimination *f* | ~ *dels paràsits radiofònics* Funkentstörung *f* | *aquest gol significa l'*~ *del nostre equip* dieses Tor bedeutet das Ausscheiden unserer Mannschaft | **~r** (33) *vt* beseitigen; entfernen; ausscheiden; streichen; abschaffen; ausmerzen | ausschließen; ausschalten; *lit* eliminieren | *fam (ermorden)* beseitigen, ausschalten, eliminieren | *mat* eliminieren | *med* ausscheiden, eliminieren | *aquest xampú elimina la caspa* dieses Shampoo beseitigt die Schuppen | *van* ~ *els paràsits de la línia telefònica* die Telefonleitung wurde entstört | *ja d'entrada van* ~ *un terç dels candidats* e. Drittel der Kandidaten wurde schon zu Anfang ausgeschlossen | *volen* ~ *la competència* sie wollen die Konkurrenz ausschalten | *van* ~-*me en els quarts de final* ich wurde im Viertelfinale ausgeschaltet, ich schied im Viertefinale aus | **~tori (-òria** *f) adj* Ausscheidungs... || *s/f* Ausscheidungswettbewerb *m* | *esport* Ausscheidung(s-kampf *m,* -runde *f,* -spiel *n*) *f.*
elis! *int* ätsch!
elisabetià (-ana *f) adj* elisabethanisch.
elisi (-ísia *f) adj mit* elysäisch, elysisch | *els camps* ~*s* die elysäischen Gefilde || *s/m: l'*~ das Elysium; *(Paris)* das Elysee.
elisió *f ling* Elision *f.*
elit *f* Elite *f* | **~isme** *m* Elitedenken *n* | **~ista** *adj (m/f)* elitär.
èlitre *m entom* Deckflügel *m,* Elytron *n.*
elixir *m* Elixier *n* | ~ *de vida* Lebenselixier *n.*
ell(**a** *f,* **-s** *m pl,* **-es** *f pl*) (21) *pron pers* er, sie, es | ~*a és molt simpàtica, però a* ~ *no el puc sofrir* sie ist sehr sympathisch, aber ihn kann ich nicht ausstehen | *a* ~*a no li està bé* ihr steht es nicht gut | *justament parlàvem d'*~*s* wir sprachen gerade von ihnen | *p ext: ha escrit molts llibres, entre* ~*s* ... er hat viele Bücher geschrieben, darunter ...

el·lèbor *m bot* Nieswurz *f* | ~ *negre* Schwarze Nieswurz, Christrose *f.*
el·l|ipse *f geom* Ellipse *f* | **~ipsi** *f ling* Ellipse *f* | **~ipsògraf** *m* Ellipsenzirkel *m* | **~ipsoïdal** *adj (m/f)* Ellipsoid... | ellipsoidähnlich | **~ipsoide** *m* Ellipsoid *n* | **~íptic** *adj geom ling* elliptisch.
elm *m hist* Helm *m* | *zool* Helmschnecke *f.*
elocució *f* Sprechkunst *f* | Sprech-, redeweise *f* | *tenir una* ~ *fàcil* sprachfertig (*od* redegewandt) sein.
elodea *f bot* Wasserpest *f.*
elogi *m* Lob *n* | Lobrede *f* | ~ *fúnebre* Trauerrede *f* | *fer l'*~ *d'alg* j-m Lob spenden; j-n loben | *digne d'*~ lobenswert | **~able** *adj (m/f)* lobenswert | **~ar** (33) *vt* loben | *lit* preisen, rühmen | **~ós** (-**osa** *f,* -**osament** *adv) adj* lobend, anerkennend.
elongació *f astr fís* Elongation *f.*
eloqü|ència *f* Beredtheit, *lit* Eloquenz | Beredsamkeit *f* | **~ent(ment** *adv) adj (m/f)* beredt, *lit* eloquent | *(Person)* a. beredsam | *fig a.* vielsagend.
els[1] *art def s: el*[2].
els[2] *pron pers s: el*[1], *li.*
elucidar (33) *vt* = **dilucidar.**
elucubra|ció *f desp mst pl* Spintisiererei(en *pl*), *f,* Hirngespinst(e *pl*) *n* | *ant* Elukubration, Lukubration *f* | **~r** (33) *vt* ausspintisieren.
elu|dir (37) *vt fig* umgehen | (*e-r Frage, e-r Pflicht*) ausweichen | **~sió** *f* Umgehen *n* | Ausweichen *n* | **~siu** (-**iva** *f,* -**ivament** *adv) adj: una resposta elusiva* e-e ausweichende Antwort.
elzevirià (-**ana** *f) adj* Elzevir... | *edició elzeviriana* Elzevirausgabe *f.*
em (a. *me, 'm, m'*) (21 *u.* 24) *pron pers* mir, mich | *me'n vaig* ich gehe (weg) | *escriu-me!* schreib mir! | *besa'm!* küß mich! | *no em toquis!* rühr mich nicht an! | *a mi no m'agraden* mir gefallen sie nicht.
ema *f (Name des Buchstabens)* m, M *m.*
emacia|ció *f med* Aus-, Ab- zehrung *f,* Kräfteverfall *m* | **~t** (-**ada** *f) adj* aus-, ab-gezehrt.
emana|ció *f* Ausströmung *f* | *fig filos* Emanation *f* | **~r** (33) *vi* ausströmen (*de* von) | *fig* ausgehen, hervorgehen, herrühren (von).
emancipa|ció *f* Emanzipation *f* | *dr* Entlassung *f* aus der elterlichen Gewalt; Mündigsprechung *f* | **~dor** *adj* emanzipatorisch | **~r** (33) *vt a. hist* eman-

emasculació   392   **embarzerar**

zipieren | unabhängig (*od* selbständig) machen | (*Sklaven*) freilassen | *dr* aus der elterlichen Gewalt entlassen; mündigsprechen | **~r-se** *v/r* s. emanzipieren s. unabhängig (*od* selbständig) machen; unabhängig (*od* selbständig) | **~t** (**-ada** *f*) *pp/adj*: *una dona emancipada* e-e emanzipierte Frau, *umg desp* e-e Emanze.

emascula|ció *f med* Entmannung, Kastration *f* | **~r** (33) *vt* entmannen, kastrieren.

embabaiar(-se) (33) *vt(/r)* = **embadalir(-se)**.

embacinar (33) *vt ant* einseifen, betrügen.

embadali|dor *adj* bezaubernd, entzückend | **~ment** *m* Bezauberung *f*, Entzücken *n* | **~r** (37) *vt* bezaubern, entzücken | **~r-se** *v/r*: ~ *amb alg od u/c* j-n *od* etw mit Entzücken ansehen.

embadocar (33) *vt* ganz gefangennehmen, hypnotisieren | **~se** *v/r*: ~ *amb alg od u/c* ganz gefangengenommen (*od* wie hypnotisiert, wie gebannt) von j-m *od* etw sein.

embafa|dor *adj* widerlich (süß *bzw* fett) | *fig* lästig | **~ment** *m* Überdruß *m* (*de* an *dat*) | **~r** (33) *vt* (*j-m*) zu süß (*bzw* zu fett) sein | anwidern, (*j-m*) widerlich sein (*Süßes, Fettes*) | *fig* (*j-m*) lästig sein | **~r-se** *v/r*: ~ *d'u/c* e-r Sache (*gen*) überdrüssig werden, etw überbekommen.

embajanir(-se) (37) *vt(/r)* verdummen, verblöden.

embala|dor *adj* Verpackungs... ‖ *s/mf* Packer(in *f*) *m* | *s/f* Verpackungsmaschine *f* | **~ll** *m* Verpackung *f* (*Hülle*) | **~r** (33) *vt* ein-, ver-packen | **~r-se** *v/r a fig* auf Touren kommen | **~tge** *m* Ein-, Ver-packen *n* | Verpackung *f* | **~tjar** (33) *vt* = **~r**.

embalb|ar(-se) (33), **~ir(-se)** (37) *vt(/r)*: *se'm van embalbar* (*od embalbir*) *els dits de fred* meine Finger wurden vor Kälte taub.

embalsama|ment *m* Einbalsamierung *f* | **~r** (33) *vt* einbalsamieren | *fig* parfümieren, mit Wohlgeruch erfüllen.

embalum *m* (*übermäßige, unförmige*) Größe, Dicke *f* | Sperrigkeit *f* | (dicker, sperriger) Packen *m*; (unförmige) Masse *f*; Ungetüm *n* | *això fa massa* ~ das nimmt zuviel Platz weg *od* ist zu sperrig | **~ar** (33) *vt* überladen, über u. über bepacken.

embancar(-se) (33) *vi(/r) nàut* auflaufen.

embanderar (33) *vt* beflaggen.

embanyat (**-ada** *f*) *adj* gehörnt.

embar|às *m* (*pl* **-assos**) Behinderung, Hemmung *f* | Hindernis, *bes fig* Hemmnis *n* | (*Frau*) Schwangerschaft *f* | *interrupció de l'*~ Schwangerschaftsunterbrechung *f* | *aquest armari és un* ~ dieser Schrank stört *od* steht im Wege | **~assar** (33) *vt* behindern, hemmen | (*Frau*) schwanger machen, schwängern ‖ *vi* hinderlich sein | **~assat** (**-ada** *f*) *pp/adj*: *una dona embarassada* e-e schwangere Frau ‖ *s/f* Schwangere *f*.

embarbollar (33) *vt/i Bal* = **balbucejar** | **~se** *v/r* = **empatollar-se**.

embarbussa|r-se (33) *v/r* undeutlich (*bzw* wirr) sprechen | stammeln | s. verhaspeln | **~t** (**-ada** *f*, **-adament** *adv*) *adj* undeutlich; wirr | stammelnd | hasplig.

embarca|ció *f* Wasserfahrzeug *n* | **~da** *f* = **~ment** *m* | **~dor** *m* Ladeplatz *m* | Landungsbrücke *f* | **~ment** *m* Einschiffung *f* | (*Güter*) a. Ver-schiffung, -ladung *f* | **~r** (33) *vt* einschiffen | (*Güter*) a. ver-schiffen, -laden | *fig fam*: ~ *alg en u/c* j-n in etw hineinziehen *od* verwickeln | **~r-se** *v/r* s. einschiffen | *fig fam*: ~ *en u/c* s. in etw verwickeln; s. auf etw einlassen.

embardissar (33) *vt* mit Dornengesträuch bedecken *bzw* umgeben | überwuchern | **~se** *v/r* in e. Dornendickicht geraten | verwildern, von Dornengestrüpp überwuchert werden.

embarg *m* = **~ament** | **~ament** *m dr* Pfändung *f* | *polít* Embargo *n* | *ant* Hindernis *n* | ~ *d'armes* (*econòmic*) Waffen-(Wirtschafts-)embargo *n* | **~ar** (33) *vt dr* pfänden | *polít* mit e-m Embargo belegen | *ant* behindern, hemmen.

embarnillar (33) *vt* mit Stäben (*bzw* Stangen) versehen.

embarrancar(-se) (33) *vi(/r) nàut* stranden, auflaufen, auf Grund laufen.

embarra|r (33) *vt* verrammeln, verriegeln | einsperren | (*Vieh*) einpferchen | **~r-se** *v/r*: ~ *en un lloc* s. in e-n Raum ein-schließen, -sperren | **~t** *m tecn* Vorgelegewelle *f*.

embarrilar (33) *vt* in Fässer (ab)füllen.

embarum *m* Reisig *n* | **~ar** (33) *vt* (*bes Meiler*) mit Reisig bedecken | **~ar-se** *v/r* in e. Dickicht geraten.

embarzerar(-se) (33) *vt(/r)* = **embardissar(-se)**.

embasament *m* = **basament**.
embasardir (37) *vt: la fosca va ~-lo* es grauste ihm vor der Dunkelheit | **~-se** *v/r* s. grausen.
embascar-se (33) *v/r* ohnmächtig werden.
embassa|da *f* (An)Stauung *f* | **~ment** *m* (An)Stauen *n* | Stau *m, a. med fam* Stauung *f* | (*künstlich*) Stau-see *m*, -becken *n* | *text* Rösten *n* | **~r** (33) *vt* (*Wasser*) (an)stauen | (*Gelände*) mit Pfützen bedecken, überfluten | *text* rösten | **~r-se** *v/r* s. (an)stauen (*Wasser, Fluß, Körperflüssigkeit*) | *el camí s'ha ben embassat* der Weg steht voller Pfützen.
embasta *f* Reihstich *m* | Heftnaht *f* | **~r**[1] (33) *vt* anreihen, an- *bzw* zusammen-heften | *fig* roh anfertigen; entwerfen; (*Geschäft*) anbahnen | **~t** (*-ada f*) *pp/adj: el poema està tot just ~* das Gedicht ist erst im rohen fertig.
embastar[2] (33) *vt* (*e-m Tier*) den Packsattel auflegen.
embastardir (37) *vt* entarten lassen | *fig a.* verderben | **~-se** *v/r* entarten, degenerieren.
embat *m* (*bes von Wellen*) Anprall *m* | (*vom Wind*) Stoß *m* | *Bal* Brise *f* | **~ol** *m Bal* leichte Brise *f*.
embeinar (33) *vt* (*Waffe*) in die Scheide stecken.
embelli|ment *m* Verschönerung *f* | **~r** (37) *vt* verschönern | schmücken | (*Fehler*) beschönigen | **~r-se** *v/r* schöner werden | s. schmücken.
embena|dura *f* = **~t** | **~ment** *m* Verbinden *n* | Verband *m* | **~r** (33) *vt* verbinden | (*Gebrochenes, Verstauchtes*) *a.* bandagieren | **~t** *m* Verband *m* | Bandage *f* | *~ de guix* Gipsverband *m* | **~tge** *m* Verband(s)material *n*.
embetumar (33) *vt* bitumieren | teeren | (*Schuhe*) einkremen.
embeure (40) *vt a. fig* aufsaugen | **~'s** *v/r: ~ en un líquid* s. mit e-r Flüssigkeit vollsaugen | *~ d'una idea* von e-r Idee erfüllt werden.
embiga|r (33) *vt* Balken einziehen in (*ac*) | **~t** *m* Gebälk *n*.
emblan|car (33) *vt* = **~quinar** | **~quinada** *f*, **~quinament** *m* Weiße(l)n, Tünchen *n* | **~quinador** *m* Tüncher *m* | **~quinar** (33) *vt* weiße(l)n, tünchen | **~quir(se)** (37) *vt(/r)* weiß machen (werden).
emblavir (37) *vt* blau färben, bläuen | **~-se** *v/r* blau werden, *poèt* blauen.

emblem|a *m* Emblem *n* | **~àtic(ament** *adv*) *adj* emblematisch || *s/f* Emblematik *f*.
embó *m* *naut* Speigatt *n*.
emboca|dor *m* *naut* = **~dura** | **~dura** *f* Eingang *m; a. naut* Einfahrt *f* | (*Fluß*) Mündung *f* | *mús* Mundstück *n*; (*Lippenstellung*) Ansatz *m* | **~r** (33) *vt* in den Mund nehmen *bzw* stecken | *mús* ansetzen, an den Mund setzen | (*Weg, Straße*) hinein-gehen *od* -fahren in (*ac*) | (*Hafen*) einlaufen in (*ac*) | (*a. ~-se*) verschlingen.
emboçar (33) *vt* (*e-m Tier*) den Maulkorb anlegen | **~-se** *v/r* s. Mund u. Nase einhüllen.
embofegar-se (33) *v/r* = **embotornar-se**.
embogir (37) *vt* verrückt machen || *vi* verrückt werden | **~-se** *v/r* verrückt werden.
emboirar (33) *vt* in Nebel hüllen, einnebeln | (*ringsum; a. Verstand*) umnebeln | (*Kopf*) benebeln | **~-se** *v/r* in Nebel gehüllt werden | neblig werden, s. einnebeln.
èmbol *m* *tecn* Kolben *m* | *med* Embolus, Gefäßpfropf *m* | *~ rotatiu* Rotations-, Dreh-kolben *m*.
embolca|ll *m* Hülle, Umhüllung *f* | Windel *f* | **~(ll)ar** (33) *vt* einhüllen (*amb in ac*), umhüllen (mit) | (*Säugling*) wickeln.
embòlia *f med* Embolie *f*.
embolic *m fig* Verwicklung; Verwirrung *f*; Durcheinander *n* | *fig fam* Liebschaft *f*, Techtelmechtel *n* | *armar un ~* Verwirrung stiften | *fer-se un ~ amb u/c* mit etw nicht zurecht- (*od* klar-)kommen | **~ador** *adj u. s/mf*, **~aire** *adj* (*m/f*) *u. s/m/f: és molt* (*od és un*) *~* er muß immer alles verwickeln | **~ar** (33) *vt* ein-wickeln, -packen (*amb in ac*) | umwickeln (*amb* mit) | verwickeln; verwirren; durcheinanderbringen; *fig a.* komplizieren | *~ la troca* (*fig*) die Verwicklung noch verschlimmern | *~ alg en un afer* j-n in e-e Affäre verwickeln | **~ar-se** *v/r* s. einwickeln (*amb* in) | s. verwickeln; s. verwirren; *fig a.* s. komplizieren | = **empatollar-se** | *~ amb alg* s. mit j-m einlassen | *nen, no t'emboliquis en res!* Kind, laß dich auf nichts ein!
emboniquir(-se) (37) *vt(/r)* hübsch(er) machen (werden).
emborbollar (33) *vt* = **avalotar** | **~-se** *v/r* s. verhaspeln.

embord|eir(-se), **~ir(-se)**, **~ornir(-se)** *vt(/r) bot* unfruchtbar machen (werden) | *a. fig* = **embastardir(-se)**.
embornal *m nàut* Speigatt *n* | (*Straßen*) Gully *m*.
emborniar (33) *vt* (*j-n*) einäugig machen.
emborrar (33) *vt* (*Sitz, Sattel*) polstern | (*Kissen*) füllen.
emborrascar-se (33) *v/r* stürmisch werden (*Wetter*).
emborrassar (33) *vt gast* mit Schmalz bestreichen | (*mit Speck*) spicken.
emborratxa|dor *adj fam a. fig* berauschend | **~r** (33) *vt fam* betrunken machen | *a. fig.* berauschen, trunken machen | **~r-se** *v/r fam* s. betrinken, *pop* s. besaufen | *a. fig* s. berauschen, trunken werden.
embós *m reg* = **embús**.
embosca|da *f* Hinterhalt *m* | (*pre*)*parar una* ~ e-n Hinterhalt legen | *caure en una* ~ in e-n Hinterhalt geraten *od* fallen | **~r(-se)** (33) *vt(/r)* (s.) bewalden | (s.) tief im Wald verstecken | *mil* (s.) in den Hinterhalt legen.
embossar[1] (33) *vt* in e-e Tasche stecken; in Taschen füllen.
embossar[2](**-se**) (33) *vt(/r)* = **embussar(-se)**.
embosta *f* = **almosta**.
embotar (33) *vt* in Fässer (ab)füllen.
embotella|dor *adj* Abfüll... || *s/f* (a. *màquina* **~a**) Abfüllmaschine *f* | **~ment** *m* (Flaschen)Abfüllung *f* | **~r** (33) *vt* in Flaschen abfüllen, auf Flaschen ziehen | **~t** (**-ada**) *f*) *adj* Flaschen... | *vi* ~ Flaschenwein *m*.
embotifarrar-se (33) *v/r fam* dick anschwellen, wurstdick werden (*bes Finger*).
emboti|r (37) *vt* vollstopfen (*de* mit) stopfen (*en* in *ac*) | (*Wurst*) füllen, stopfen | (*Wasser*) anstauen | (*Verzierung*) einlegen | (*Metall*) treiben; tiefziehen; kümpeln | **~r-se** *v/r* anschwellen, prall werden | s. anstauen (*Wasser*) | *fig*: ~ *en els pantalons* s. in die Hosen zwängen | **~t** (**-ida** *f*) *adj* prall | prallvoll | *fig* überfüllt, proppenvoll || *s/m* Wurst *f* | *ens calen ~s i formatge* wir brauchen Wurst u. Käse.
embotonar (33) *vt* = **botonar** | *Bal* (an)packen.
embotorna|ment *m* Schwellung *f* | **~r** (33) *vt* (*Körperteil*) (an-, auf-)schwellen lassen | **~r-se** *v/r* (an-, auf-)schwellen | **~t** (**-ada** *f*) *pp/adj: tens els ulls ~s* du hast verschwollene Augen.
embotxa|da *f* (*Boccia*) Treffer *m* | **~dor**(**a** *f*) *m* Bocciaspieler(in *f*) *m* | **~r** (33) *vt* (*Bocciakugel*) treffen.
embotzegar-se (33) *v/r* schmollen.
embraga|ment *m tecn* Einrücken *n* | *aut* Einkuppeln *n* | **~r** (33) *vt bes nàut* (*Last*) anseilen | *tecn* einrücken | *aut* einkuppeln | **~tge** *m tecn aut* Kupplung *f* | ~ *automàtic* automatische Kupplung *f*, Kupplungsautomat *m*.
embranca|ment *m* Kreuzung *f* | Einmündung *f* | *zool* Abteilung *f* | **~r** (33) *vi: aquest camí embranca amb la carretera* dieser Weg mündet in die Landstraße (ein) | **~r-se** *v/r:* ~ *en u/c* s. in etw (*ac*) verfangen; *fig* s. in etw (*ac*) verwickeln; s. auf etw (*ac*) einlassen.
embranzida *f a. fig* Schwung *m* | (*beim Laufen, Springen*) Anlauf *m* | *prendre* (*od agafar*) ~ *a. fig* Anlauf nehmen | *portar* ~ Schwung haben.
embravir (37) *vt* (*j-n*) mutig machen | (*a. Tier*) reizen, in Wut bringen | **~-se** *v/r* Mut fassen, mutig werden | in Wut geraten, wütend werden | *fig: la mar s'embraveix* das Meer wird stürmisch.
embrear (33) *vt* teeren.
embretolir(-se) (37) *vt(/r)* verrohen.
embria|c (**-aga** *f*) *adj* betrunken | *a. fig* trunken, berauscht | **~gador** *adj a. fig* berauschend | **~gament** *m* Betrunken-machen; -werden *n* | **~gar** (33) *vt* betrunken machen | *a. fig* trunken machen, berauschen | **~gar-se** *v/r* s. betrinken | *a. fig* trunken werden, s. berauschen | **~guesa** *f a. fig* Trunkenheit *f*, Rausch *m*.
embridar (33) *vt* (*Tier*) (auf)zäumen.
embri|ó *m biol* Embryo *m* | *fig a*. Keim *m* | *en* ~ im Keim | **~ologia** *f* Embryologie *f* | **~ològic** *adj* embryologisch | **~onari** (**-ària** *f*) *adj* embryonal | *estat* ~ Embryonalstadium *n*.
embrolla *f fig* Verwirrung; Verwicklung *f* | Schwindel *m*; Schummelei *f* | **~r** (33) *vt fig* (*etw*) verworren machen, verwirren; verwickeln; komplizieren | (*j-n*) beschwindeln; (*beim Spiel*) beschummeln | **~r-se** *v/r: la situació s'embrolla cada cop més* die Lage wird immer verworrener | *el mestre va ~ en divagacions confuses* der Lehrer verstrickte (*od* verwickelte) s. in wirre Abschweifungen.

embroma|llar-se (33) *v/r* s. (mit Wölkchen) beziehen (*Himmel*) | **~r-se** *v/r* s. (ein)trüben (*Himmel*) | Schnupfen bekommen.

embrossar (33) *vt* mit Reisig ausfüllen *bzw* bedecken | **~-se** *v/r: el bosc s'ha embrossat* der Wald ist von Unterholz überwachsen.

embrostar (33) *vt* (*bes Meiler*) mit Laubwerk bedecken.

embruix *m* Zauber *m* | **~ament** *m* (*Zustand*) Verzauberung *f* | **~ar** (33) *vt a. fig* behexen.

embruni|dor *adj* bräunend || *s/m* Bräunungsmittel *n* | **~ment** *m* Bräunung *f* | (Sonnen)Bräune *f* | **~r** (37) *vt* bräunen | **~r-se** *v/r* s. bräunen, braun(er) werden.

embrut|adís (**-issa** *f*) *adj* leicht schmutzend | **~ar** (33) *vt a. fig* beschmutzen | (*stark*) verschmutzen | *p ext* verunreinigen | **~ar-se** *v/r* schmutzen, schmutzig werden | s. schmutzig machen | *fam a.* ins Bett (*bzw* in die Hose) machen | **~ les mans** (*a. fig*) s. die Hände schmutzig machen | **~idor** *adj* verrohend, vertierend | **~iment** *m* Verrohung, Vertierung *f* | **~ir** (37) *vt* verrohen *od* vertieren (lassen) | = **~ar** | **~ir-se** *v/r* verrohen, vertieren | = **~ar-se**.

embuatar (33) *vt* (aus)wattieren.

embull *m a. fig* Verwicklung; Verwirrung *f*; Durcheinander *n* | = **embrolla** | **~ar(-se)** (33) *vt(r)* (s.) verwickeln; (s.) verwirren | *fig* = **embrollar(-se)**.

emb|ús *m: un ~ a la canonada* e-e Verstopfung *f* im Rohr | *un ~ a la gola* e. Kloß *m* in der Kehle | *un ~ de cotxes* e. Stau *m* von Autos | *un ~ de la circulació* e-e Verkehrsstockung | **~ussada** *f*, **~ussament** *m* Verstopfen, Verstopftwerden *n* | **~ussar** (33) *vt* (*Rohre, Durchlässiges, Strömung*) verstopfen | *circ: ~ una carretera* e-e Straße verstopfen | **~ussar-se** *v/r* : *l'aigüera s'ha embussat* das Spülbecken ist verstopft | *se m'ha embussat el nas* meine Nase ist verstopft | *aquí el trànsit s'embussa sovint* hier staut s. der Verkehr oft | *fig: quan estic nerviós, sempre m'embusso* wenn ich nervös bin, komme ich immer ins Stocken.

embut *m* Trichter *m* | *la llei de l'~* (*fig*) das Recht des Stärkeren || *pl fig* Umschweife *m pl* | *anar amb ~s* Um-

schweife machen | *fer ~s* stockend sprechen | *sense ~s* ohne Umschweife | *parlar sense ~s* frei von der Leber weg sprechen.

embutllofar (33) *vt* (*Haut*) mit Blasen bedecken | **~-se** *v/r* Blasen werfen *od* ziehen.

embutxacar-se (33) *vr: ~ u/c* etw einstecken, einsacken, in die Tasche stecken.

emerg|ència *f* Auftauchen *n* | Notfall *m* | *òpt angle d'~* Austrittswinkel *m* | *en cas d'~* im Notfall | *polít estat d'~* Notstand *m* | *sortida d'~* Notausgang *m* | **~ent** *adj* (*m/f*) auftauchend | *dr* (*Schaden*) entstehend, eintretend | **~ir** (37) *vi* auftauchen (*de* aus) | *fís* austreten (*de* aus).

emèrit *adj* emeritiert | (*dem Titel angefügt*) emeritus.

emersió *f* Auftauchen *n* | *astr* Emersion *f*.

emètic *adj med* emetisch, Brech... || *s/m* Emetikum, Brechmittel *n*.

emetre (40) *vt fís* aus-, ab-strahlen; (*Teilchen, Wellen*) a. aussenden; (*Wärme*) a. abgeben; *cient* emittieren | *telecom* senden, ausstrahlen | *econ* ausgeben, emittieren | (*Gas, Geruch*) ausströmen | (*Laute*) von s. geben, hervorbringen | (*Stimme, Urteil*) abgeben || *vi: ~ en ona curta* auf Kurzwelle senden.

èmfasi *m/f* Nachdruck *m*, *lit* Emphase *f* | *amb ~* mit Nachdruck, nachdrücklich, *lit* emphatisch.

emf|asitzar (33) *vt* betonen, hervorheben | (*s-r Stimme, s-n Worten*) Nachdruck verleihen | **~àtic**(**ament** *adv*) *adj* nachdrücklich, *lit* emphatisch.

emfisema *m med* Emphysem *n* | **~tós** (**-osa** *f*) *adj* emphysematisch.

emfit|eusi *f dr* Erbpacht *f* | **~euta** *m/f* Erbpächter(in *f*) *m* | **~èutic** *adj* erbpachtlich | *contracte ~* Erbpachtvertrag *m*.

emigra|ció *f* Auswanderung, Emigration *f* | *col* Auswanderer, Emigranten *m pl*, Emigration *f* | **~nt** *adj* (*m/f*) auswandernd || *s/m/f* Aus-wanderer *m*, -wanderin *f*, Emigrant(in *f*) *m* | **~r** (33) *vi* auswandern, *bes polít* emigrieren | *zool* = **migrar** | **~t** (**-ada** *f*) *adj* ausgewandert, emigriert || *s/m/f* Emigrierte(r *m*) *m/f* | **~tori** (**-òria** *f*) *adj* Auswanderungs..., Emigrations...

emin|ència *f* Erhebung, Anhöhe *f* | *a. fig* Erhabenheit *f* | (*Person*) Größe *f* | *ecl*

(*Titel*) Eminenz *f* | *Sa* (*Vostra*) ⤴ S-e (Euer *od* Eure) Eminenz | ~ *grisa* (*fig*) graue Eminenz *f* | **~ent** *adj* (*m/f*) *a. fig* herausragend, hervorragend | **~entíssim** *adj sup: l'~ cardenal...* S-e Eminenz Kardinal ... | **~entment** *adv* höchst, überaus | vornehmlich.

emir *m* Emir *m* | **~at** *m* Emirat *n*.

emiss|ari *m* Emissär, Abgesandte(r) *m* | Abfluß, Ableitungskanal *m* | **~ió** *f fts* Aus-, Ab-strahlung; Aussendung; Abgabe; Emission *f* | *telecom* Sendung *f* | (*Wertpapiere, Briefmarken*) Ausgabe, Emission *f* | Ausströmen *n* | Hervorbringen *n* | Abgabe *f* | *s: emetre* | ~ *radiofònica* (*televisiva*) Rundfunk-(Fernseh-)sendung *f* | **~iu** (**-iva** *f*) *adj fts* Emissions... | **~ivitat** *f fts* Emissions-vermögen *n* -grad *m* | **~or** *adj fts* aus-strahlend; -sendend | *telecom* Sende ... | *econ* Ausgabe ..., Emissions... || *s/m fts* Strahler *m* | Sender *m*, Sendegerät *n* | (*Transistor*) Emitter *m* | *econ* Emittent, Ausgeber *m* || *s/f telecom* Sender *m*, Sendestation *f*, Sender *m* | **~a clandestina** Schwarzsender *m* | **~a de ràdio** (*de televisió*) Rundfunk-(Fernseh-)sender *m*.

emmagatzema|ment *m* = **~tge** | **~ar** (33) *vt* (*Vorrat*) (auf)speichern | (*bes Waren*) (ein)lagern | (*Energie, Daten*) speichern | **~tge** *m* (Auf)Speicherung *f* | (Ein)Lagerung *f* | *fts elect* Speicherung *f*.

emmainada|r-se (33) *v/r* Kinder bekommen | **~t** (**-ada** *f*) *pp/adj: els meus germans ja són tots ~s* meine Geschwister haben alle schon Kinder.

emmalaltir (37) *vi* erkranken, krank werden || *vt* krank machen | **~se** *v/r* erkranken, krank werden.

emmaleir(-se) (37) *vt*(*/r*) (s.) ver-schlechtern, -schlimmern; (s.) entzünden.

emmalla|r-se (33) *v/r* s. im Netz verfangen (*Fisch*).

emmalur|ar-se (33), **~ir-se** (37) *v/r* krank werden (*Pflanzen*).

emmandrir(-se) (37) *vt*(*/r*) faul (*bzw* träge) machen (werden).

emmanegar (33) *vt* stielen, schäften.

emmanilla|r (33) *vt* (*j-m*) Handschellen anlegen | **~t** (**-ada** *f*) *pp/adj: el portaven ~* man führte ihn in Handschellen.

emmanllevar (33) *vt* = **manllevar**.

emmarar-se[1] (33) *v/r* auf hohe See hinausfahren.

emmara|r-se[2] (33) *v/r: aquesta criatura s'emmara cada dia més* das Kind hängt von Tag zu Tag mehr an s-r Mutter | **~t** (**-ada** *f*) *pp/adj: està molt ~* er hängt sehr an s-r Mutter.

emmarcar (33) *vt* (ein)rahmen | *fig: els arbres que emmarquen el llac* die Bäume, die den See umrahmen | *cal ~ho en el seu context* das muß man in s-n Kontext setzen | **~se** *v/r: aquestes mesures s'emmarquen en el nou pla econòmic* diese Maßnahmen fallen in den Rahmen des neuen Wirtschftsplans.

emmaregat (**-ada** *f*) *adj* = **emmarat**.

emmaridar(-se) (33) *vt*(*/r*) = **maridar(-se)**.

emmascara *f* = **mascara** | **~r(-se)**[1] (33) *vt*(*/r*) verrußen | rußig machen (werden).

emmascarar(-se)[2] (33) *vt*(*/r*) (s.) maskieren.

emmatar-se (33) *v/r* buschig werden; s. mit Gebüsch überziehen (*Gelände*).

emmatxucar(-se) (33) *vt*(*/r*) (s.) verknautschen.

emmelangir(-se) (37) *vt*(*/r*) melancholisch machen (werden).

emmelar (33) *vt* mit Honig bestreichen *bzw* süßen.

emmenagog *m med* Emmenagogum *n*.

emmenar-se (33) *v/r* = **emportar-se**.

emmental *m* Emmentaler (Käse) *m*.

emmerd|ar(-se) (33) *vt*(*/r*) *pop!* (s.) verscheißen | *fig* = **embolicar(-se)** | **~issar(-se)** (33) *vt*(*/r*) *pop!* (s.) verscheißen.

emmetropia *f med* Emmetropie, Normalsichtigkeit *f*.

emmetxar (33) *vt* (*Holzteile*) verzapfen.

emmetzina|dor *adj* vergiftend || *s/mf* Giftmörder(in *f*) *m* | **~ment** *m* Vergiftung *f* | **~r(-se)** (33) *vt*(*/r*) *a. fig* (s.) vergiften.

emmidonar (33) *vt* (*Stoff*) stärken.

emmigranyar-se (33) *v/r* Migräne bekommen.

emmiralla|ment *m* (Wider)Spiegelung *f* | **~r** (33) *vt a. fig* (wider)spiegeln | **~r-se** *v/r* s. spielgeln, s. im Spiegel betrachten | *a. fig* s. (wider)spiegeln (*en in dat*) | ~ *en alg* s. (*dat*) j-n zum Vorbild nehmen.

emmordassa|ment *m* Knebelung *f* | **~r** (33) *vt* knebeln.

emmorenir(-se) (33) *vt*(*/r*) = **embrunir(-se)**.

emmorr|allar (33) *vt* (*Pferd*) aufzäumen | **~onar-se** (33) *v/r* = **emmurriar-se**.

emmotll|able *adj* (*m/f*) formbar | **~ador** *adj* formend || *s/mf tecn* Former(in *f*) *m* | Gießer(in *f*) *m* | **~ament** *m* Formen *n* | Gießen *n*; (Ab)Guß *m* | *fig* Anpassung *f* | **~ar** (33) *vt* formen | (*bes Metall*) (ab)gießen | **~ar-se** *v/r*: ~ *a alg* od *u/c* s. j-m od e-r Sache anpassen, s. an j-n od e-e Sache anpassen | **~urar** (33) *vt* (*Möbel*) mit Zierleisten versehen.

emmudi|ment *m* Verstummen *n* | **~r** (37) *vt* zum Schweigen bringen | *ling* (Laut) nicht sprechen || *vi* verstummen | **~r-se** *v/r ling* stumm werden, verstummen.

emmuralla|ment *m* Ummauerung *f* | **~r** (33) *vt* (*Stadt, Festung*) ummauern.

emmurria|ment *m* Mürrischkeit *f* | **~r-se** (33) *v/r* mürrisch werden.

emmust|eir(-se) (37), **~igar(-se)** (33) *vt*(/*r*) = **marcir(-se)**.

emoci|ó *f* Gefühl *n*, (Gefühls-, Gemüts-, Seelen-)Regung *f*; (Gemüts)Bewegung, Bewegtheit, Rührung, Ergriffenheit *f*; *lit cient* Emotion *f* | Aufregung, Erregung, Spannung *f* | *vaig sentir una profunda* ~ ich war tief gerührt *od* bewegt | *amb una veu plena d'*~ mit bewegter Stimme | *un dia ple d'emocions* e. Tag voller Aufregungen | **~onal(ment** *adv*) *adj* (*m/f*) emotional, emotionell | gefühlsmäßig | Gefühls... | **~onant** *adj* (*m/f*) bewegend, rührend, ergreifend | aufregend; spannend | *una pel·lícula* ~ e. spannender Film | **~onar** (33) *vt* bewegen, rühren, ergreifen | **~onar-se** *v/r*: *t'emociones massa fàcilment* du läßt dich zu leicht rühren | *em vaig emocionar tant, que no em sortien les paraules* ich war so gerührt (*od* bewegt), daß ich k. Wort herausbrachte; ich konnte vor Rührung (*od* Bewegtheit) kaum sprechen.

emol·lient *adj* (*m/f*) *med* aufweichend || *s/m* Emolliens, Aufweichmittel *n*.

emolument *m mst pl* Vergütung(en *pl*) *f* | (*Gehalt*) Bezüge *m pl*.

emoti|u (**-iva** *f*, **-ivament** *adv*) *adj* gefühlsbetont | (*Person*) *a.* (leicht) erregbar, emotional | (*Äußerung*) *a.* emotional (gefärbt) | (*Erlebnis*) bewegend, rührend | *psic* emotiv | *persona emotiva* Gefühlsmensch *m* | **~vitat** *f* Gefühlsbetontheit *f* | Emotionalität *f* | Bewegende(s), Rührende(s) *n* | Emotivität *f*.

empacar (33) *vt* in Ballen packen.

empadrona|ment *m* (An)Meldung *f* | **~r(-se)** (33) *vt*(/*r*) (s.) (an)melden (*beim Einwohnermeldeamt*).

empagesir (37) *vt* bäu(e)risch machen | **~-se** *v/r* verbauern.

empait *m* Verfolgung *f* | **~ar** (33) *vt* verfolgen, jagen, (*j-m, e-m Tier*) nach-, hinterher-jagen | *fig* (*j-m*) nach-, hinterher-laufen, nach-stellen, -steigen | *fig* (*j-n*) bedrängen, bestürmen.

empala|ment *m hist* Pfählen *n* | **~r**[1] (33) *vt hist* pfählen.

empalar[2] (33) *vt* (*Pelotaball*) schlagen.

empall *m agr* Stroh *n* | **~ar** (33) *vt* mit Stroh bedecken *bzw* umwickeln | (*Stuhl*) flechten | **~egar** (33) *vt* behindern, hemmen, stören | (*j-m*) lästig fallen | **~erar** (33) *vt agr* (*Stroh*) feimen.

empal·liar (33) *vt* (*Wand, Balkon, Fassade*) feierlich behängen.

empal·lidir(-se) (37) *vi*(/*r*) erbleichen, erblassen, bleich (*od* blaß) werden.

empallissar (33) *vt agr* (*Stroh*) einfahren, in die Scheune bringen.

empalmar (33) *vt* zusammen-, aneinander-fügen | *a. elect* verbinden | *fig:* ~ *un refredat amb un altre* e-e Erkältung nach der anderen haben.

empalomar (33) *vt nàut* anlieken.

empana|da *f* (*Speise*) Pastete *f* | **~r** (33) *vt* in Teig einwickeln | panieren.

empantan|ar (33) *vt* (*Gelände*) sumpfig machen | (*Wasser*) (an)stauen | **~ar-se** *v/r* versumpfen, sumpfig werden | s. (an)stauen | **~ec** *m* Schlamassel *m* | **~egament** *m* Stocken, Steckenbleiben *n* | **~egar** (33) *vt* ins Stocken bringen | **~egar-se** *v/r* ins Stocken geraten, steckenbleiben, s. festfahren.

empa|nxonar(-se), **~patxar(-se)** (33) *vt*(/*r*) *fam* = **empatxar(-se)**.

empapera|dor(a *f*) *m* Tapezierer(in *f*) *m* | **~ment** *m* Tapezieren *n* | **~r** (33) *vt* tapezieren | (*Karton, Koffer*) mit Papier auslegen | *fig fam* (*j-m*) e-n Prozeß anhängen.

empapussar (33) *vt* (auf)füttern, *umg* päppeln | (*Geflügel*) kröpfen.

empaqueta|dor *adj* Verpackungs... || *s/mf* Packer(in *f*) *m* | **~ment** *m* Verpackung *f* | **~r** (33) *vt* verpacken | **~t** (**-ada** *f*) *adj* verpackt || *s/m* = **~tge** | **~tge** *m* (*Tätigkeit*) Verpackung *f*.

empara *f* Schutz *m* | Stütze *f*; Halt *m* | *dr ant* Beschlagnahme *f* | *recurs d'*~ (*dr*) Verfassungsbeschwerde *f* | **~ment**

emparaular

m (Be)Schützen *n* | Schutz *m* | *dr ant* Beschlagnahme *f* | **~nça** *f* (Be-)Schützen *n* | Schutz *m* | **~r** (33) *vt* (be)schützen (*de* vor *dat*) | in Schutz nehmen | (*j-m*) Schutz gewähren | stützen; (fest)halten | *dr ant* beschlagnahmen | *que Déu t'empari!* Gott (be)schütze dich!, behüt' dich Gott! | **~r-se** *v/r*: ~ *amb l'ombrel·la* s. mit dem Sonnenschirm schützen | ~ *amb l'alcalde* s. in den Schutz des Bürgermeisters begeben | ~ *amb alg od u/c per no caure* s. auf j-n *od* etw stützen (*bzw* s. an j-m *od* etw (fest)halten), um nicht zu fallen | ~ *d'u/c* s. e-r Sache (*gen*) bemächtigen.

emparaular (33) *vt* absprechen, verabreden (*amb* mit) | versprochen bekommen (*amb* von) | ~ *alg per a una feina* j-n (mündlich) für e-e Arbeit verpflichten | **~-se** *v/r*: *ja m'he emparaulat amb un altre* ich habe schon e-m anderen mein Wort gegeben.

empareda|**r** (33) *vt* einmauern | **~t** *m* Doppelschnittchen, kl(s) Sandwich *n*.

emparenta|**ment** *m* Verschwägerung *f* | **~r(-se)** (33) *vt*(/*r*) (s.) verschwägern (*amb* mit).

emparquetar (33) *vt* parkettieren.

emparra|**r** (33) *vt* ranken | **~r-se** *v/r* (s.) ranken | **~t** *m* Weinlaube *f*.

empassar-se (33) *v/r* (hinunter)schlucken | (*versehentlich*) verschlucken | *fig* (*Lüge, Ausrede, Unangenehmes*) schlucken; (*Kritik, Beleidigung*) *a*. hinunterschlucken; (*Gefühlsäußerung*) hinunter-, ver-schlucken; (*Buch*) durchlesen *bzw* verschlingen || ~ *per* (hin-)durch-fallen (*bzw* -fließen, -rinnen) durch (*ac*).

empassegar (33) *vi* stolpern.

empassolar-se (33) *v/r reg* (hinunter-, ver-)schlucken.

empast|**ament** *m* (*Zahn*) Füllung, Plombe *f* | **~ar** (33) *vt* mit Teig (*bzw* Masse, Paste) bedecken *bzw* füllen | (*Zahn*) füllen, plombieren | (*Farbe, Gips, Teig*) anrühren | *pint* dick auftragen, impastieren | **~ellar** (33) *vt* *gràf* (*Satz*) quirlen | **~ellar-se** *v/r* durcheinandergeraten | **~ifada** *f*, **~ifament** *m* Beschmieren, Verschmieren *n* | Geschmier *n* | **~ifar** (33) *vt*(/*r*) (s.) beschmieren, (s.) verschmieren.

empat *m esport* (*Ergebnis*) Unentschieden, Remis *n*; (*Stand*) Gleichstand *m*; (*Herstellung des Gleichstands*) Ausgleich *m* | *polít* Stimmengleichheit *f* | *gol de l'*~ Ausgleichs-tor *n*, -treffer *m* | *el partit va acabar amb un* ~ das Spiel endete unentschieden *od* mit e-m Unentschieden, das Spiel ging unentschieden aus | *l'equip ja ha aconseguit sis* ~*s a fora* die Mannschaft hat auswärts schon sechsmal unentschieden gespielt | **~ar** (33) *vi esport* unentschieden spielen, s. unentschieden trennen, remis machen; (*im Spiel*) ausgleichen, den Ausgleich erzielen, den Gleichstand herstellen | *esport polít* (*bei e-m Wettkampf, Turnier; bei e-r Abstimmung*) gleichstehen | *el Nàstic i l'Europa van* ~ *a zero* Nàstic u. Europa spielten null zu null (0:0) unentschieden | **~at** (**-ada**) *f*) *pp*/*adj*: *van* ~*s al capdavant de la classificació* sie teilen s. die Tabellenspitze.

empatia *f psic* Empathie *f*.

empatoll *m*, **~ada** *f* Stuß, Quatsch, Unsinn *m* | Hirngespinst *m* | Erdichtung *f* | **~ar-se** *v/r*: ~ *una excusa* (*històries*) e-e Ausrede (Geschichten) erdichten | *què t'empatolles?* was spinnst du da zusammen?

empatx *m med fam* Magen-überladung, -verstimmung *f*, verdorbener Magen *m* | *ant* Hindernis, Hemmnis *n* | *Bal* Hemmung; Verlegenheit *f* | *tenir un* ~ *de cireres* s. den Magen mit Kirschen verdorben haben | *fig: tenir un* ~ *de música* zuviel Musik gehört haben | **~ar** (33) *vt* (j-m) den Magen überladen *od* verderben | *ant* hindern, hemmen | **~ar-se** *v/r* s. (*ac*) überessen (*de* an), s. (*dat*) den Magen überladen *od* verderben (mit) | *ant Bal* s. kümmern, s. sorgen (*de* um).

empavesa|**da** *f nàut* Schanzkleid *n* | Beflaggung *f* | **~r** (33) *vt* (*bes Schiff*) beflaggen.

empebrar (33) *vt gastr* pfeffern.

empedr|**ador** *m* Pflasterer *m* | **~ament** *m* (Straßen)Pflasterung *f* | **~ar** (33) *vt* pflastern | **~at** (**-ada** *f*) *adj* gepflastert | *fig* voll, überfüllt | *un llibre* ~ *d'errors* e. Buch voller Fehler | *l'infern és* ~ *de bones intencions* (*Spruch*) die Hölle ist mit guten Vorsätzen gepflastert || *s*/*m* (Straßen)Pflaster *n* | *gastr: verschiedene katalanische Spezialitäten, bes Omelette mit weißen Bohnen od mit Wurst u. Schinken, Salat aus Reis u. Hülsenfrüchten* | **~egar** (33) *vt Bal* = **~ar** | **~eïment** *m* Versteinerung *f* |

Verhärtung; *f* | Hartnäckigkeit; Verstocktheit *f* | **~eir** (37) *vt* versteinern | *a. fig* steinhart machen; versteinern | **~eir-se** (37) *vt* versteinern | *a. fig* steinhart werden; s. verhärten | **~ëit (-ïda)** *f*) *adj* versteinert | steinhart; verhärtet | *fig*: *un cor* ~ e. steinhartes Herz | *un bevedor (fumador)* ~ e. Gewohnheits-trinker (-raucher) *m* | *un pecador* ~ e. verstockter Sünder | *un mentider* ~ e. unverbesserlicher Lügner | *un solter* ~ e. eingefleischter Junggeselle.

empegar (33) *vt* (aus-, ver-)pichen.

empegue|ïment *m* Verlegenheit *f* | Beschämung *f* | **~ir-se** (37) *v/r Bal* verlegen werden | s. schämen.

empeguntar (33) *vt* = **empegar** | (mit Pech) beschmieren, verschmieren | **~-se** *v/r* s. beschmieren, s. verschmieren.

empellar(-se) (33) *vi(/r)* verwachsen *(Wunde, Narbe)*.

empelt *m agr* Pfropfen *n*, Pfropfung *f*; (Pfropf)Reis *n*, Pfröpfling *m*; Pfropfbastard *m*; Pfropf-, Wund-stelle *f* | Übertragung, Einpflanzung *f*; Transplantat *n* | **~ador** *m agr* Pfropfmesser *m* | **~ament** *m agr* (Auf-, Ein-)Pfropfen *n* | *med* Übertragung, Einpflanzen *n* | **~ar** (33) *vt agr* (auf-)pfropfen (*a, en* auf *ac*), (ein)pfropfen (in *ac*) | *med (Gewebe)* übertragen (*a, en* auf *ac*), einpflanzen (in *ac*).

empenatge *m aeron* Leitwerk *n*.

empent|a *f* Stoß, *umg (bes schwächer)* Schubs *m* | *a. fig* Anstoß; Ruck *m* | *a. fig* Kraft; Gewalt; Wucht *f* | *a. fig* Schwung *m* | *fig* Tat-, Spann-kraft *f*, Tatendrang, Elan *m* | *donar* (fam *clavar*) *una ~ a alg* j-m e-n Stoß (*od* Schubs) geben *od* versetzen, j-n stoßen *od* schubsen | *fig*: *ell m'hi va donar l'*~ er gab mir den Anstoß dazu | *una altra ~ i s'ha acabat!* noch e. Ruck u. fertig! | *ens vam obrir pas a empentes* wir dräng(el)ten uns durch | *se'm van treure del damunt a empentes* (fig) ich wurde unwirsch abgefertigt | *progressàvem només a empentes* wir kamen nur ruckweise voran | *a empentes i rodolons* (fig) mit Mühe u. Not, mit Hängen u. Würgen | *un home d'*~ e. tatkräftiger Mann | **~ar, ~ejar** (33) *vt* (j-n) stoßen, *umg* schubsen | (*im Vorübergehen*) anstoßen, *umg* anrempeln | (*in e-r Menge*) drängen, *umg* drängeln.

empenya *f (Fuß)* Spann, Rist *m* | *(Schuh)* Blatt *n*.

empenyalar-se (33) *v/r* hoch in die Felsen klettern.

emp|ènyer (40) *vt (etw, j-n)* schieben | *(Tür)* aufdrücken | *(j-n) (heftig, in e-r Menge)* drängen, *umg* drängeln | *un cotxe perquè s'engegui* e-n Wagen anschieben | *fig*: *sempre cal ~-lo* er muß immer geschoben werden | *~ alg a fer u/c* j-n dazu drängen (*od* treiben, antreiben), etw zu tun | *qui dia passa, any empeny!* (*Spruch*) man muß in den Tag hinein leben!, nur Geduld!; morgen ist auch e. Tag! || *vi: empenyeu!* (*an Türen*) drücken! | **~enyiment** *m* Schieben | *a. fig* Drängen *n*.

empenyora|ment *m* Verpfändung *f* | **~r** (33) *vt* verpfänden, versetzen.

empera|dor *m* Kaiser *m* | *ict* Schwertfisch *m* | **~driu** *f* Kaiserin *f*.

emperesir(-se) (37) *vt(/r)* = **emmandrir (-se)**.

emperlar (33) *vt* mit Perlen schmücken | *fig*: *les llàgrimes li emperlaven la cara* die Tränen perlten über ihr Gesicht | **~-se** *v/r*: ~ *de gotes de rosada* von Tautropfen perlen.

empernar (33) *vt* verbolzen | **~-se** *v/r tecn* s. festfressen, s. verklemmen | *fig Bal* = **entossudir-se**.

emperò *conj* = **però**.

emperpalat (-ada) *f*) *adj Bal* steif, starr.

empesa *f tèxt* Schlichte; Appretur *f* | **~r** (33) *vt (Kettfäden)* schlichten | *(Stoff)* appretieren.

empesca|da *f* Einbildung *f*, Hirngespinst *n* | Erdichtung *f* | **~r-se** *v/r*: ~ *una excusa* e-e Ausrede erdichten *od* erfinden | ~ *un truc* s. e-n Trick ausdenken | *això s'ho ha empescat ella* das hat sie s. (*dat*) aus den Fingern gesaugt.

empest|ar (33) *vt* mit Pest anstecken | *fig* verpesten | *fig a.* verderben || *vi* (wie die Pest) stinken | **~at (-ada)** *f*) *adj* pestkrank | *s/mf* Pestkranke(r *m*) *m/f* | **~iferar** (33) *vt* = **empestar**.

empetiti|ment *m* Verkleinerung *f*, Verkleinern *n* | **~r** (37) *vt* verkleinern, kleiner machen | *fig (Angelegenheit)* herunterspielen | **~r-se** *v/r* s. verkleinern, kleiner werden | (*vor Angst*) s. klein machen.

empila|ment *m* (Auf)Häufung *f* | (Auf-)Stapelung *f* | **~r** (33) *vt (Erde, Kartoffeln)* (auf)häufen | *(Bücher, Wäsche)* (auf)stapeln | **~r-se** *v/r* = **amuntegar-se**.

empinar (33) *vt* steil aufrichten | **~-se** *v/r* s. steil aufrichten | s. aufbäumen (*Pferd*).

empioca|r-se (33) *v/r fam* malade werden | **~t** (**-ada** *f*) *pp/adj: està ~* er ist nicht ganz auf dem Posten.

empipa|dor *adj* (*Ärger erregend*) ärgerlich | (*a. Person*) lästig | **~ment** *m* Ärger *m* | Ärgerlichkeit *f* | Belästigung *f* | **~r** (33) *vt fam* ärgern | belästigen | **~r-se** *v/r* s. ärgern, ärgerlich (*od* böse) werden.

empiri (**-íria** *f*) *adj* empyreisch || *s/m filos* Empyreum *n*.

emp|íric(**ament** *adv*) *adj* empirisch | Erfahrungs... || *s/mf* Empiriker(in *f*) *m* | **~iriocriticisme** *m filos* Empiriokritizismus *m* | **~irisme** *m* Empirismus *m* | (*Methode, Wissen*) Empirie *f*.

empissarrar (33) *vt* mit Schiefer decken.

empit *m* Steilhang *m*.

empitarrar-se (33) *v/r* = **empitrar-se**.

empitjora|ment *m* Verschlechterung *f* | Verschlimmerung *f* | **~r** (33) *vt* verschlechtern | verschlimmern || *vi* s. verschlechtern | s. verschlimmern | *el malalt empitjora* dem Kranken geht es schlechter | **~r-se** *v/r* = **~r** *vi*.

empitra|da *f* = **pitrada** | **~ment** *m med fam* Erkältung *f* (auf der Brust) | **~r** (33) *vi* die Brust nach vorn strecken | **~r-se** *v/r* s. (auf der Brust) erkälten.

empiular (33) *vt* (*Bretter, Balken*) zusammenfügen | *fig Bal Val* aufputzen | **~-se** *v/r Bal Val* s. aufputzen.

empixonar(**-se**) (33) *vt*(*/r*) *pop!* = **empipar**(**-se**).

emplaça|ment *m* Lage *f*, Standort *m* | **~r** (33) *vt* aufstellen, plazieren | (*e-m Bau, Denkmal*) e-n Platz zuweisen.

emplafonar (33) *vt* (*Möbel, Türen*) verschalen.

emplastr|ar (33) *vt med* (*Wunde*) (be-)pflastern | **~e** *m med arc* (*aufgestrichene*) (Wund)Pflaster *n* | *p ext* Papp, Pamps *m* | *fig* Pfusch; Stuß *m* | *fig* (*Person*) Schwächling; Langweiler *m*.

empleat (**-ada** *f*) *m* Angestellte(r *m*) *m/f*.

emplenar(**-se**) (33) *vt*(*/r*) = **omplir**(**-se**).

emplomallat (**-ada** *f*) *adj* federgeschmückt | befiedert.

emplomar (33) *vt* (*a. Zahn*) plombieren | *tecn* verbleien.

emplomissar-se (33) *v/r* s. fiedern, s. mausern.

emplorallat (**-ada** *f*) *adj* weinend | tränen-naß, -überströmt | (*Augen*) verweint, *umg* verheult.

emplu|gencat = **~jat** | **~jar-se** (33) *v/r* regnerisch werden | **~jat** (**-ada** *f*) *adj* verregnet, regnerisch.

empobri|ment *m* Verarmung *f* | Auslaugung *f* | **~r** (37) *vt* arm machen, verarmen lassen | (*Boden*) auslaugen | **~r-se** *v/r* arm werden, verarmen | ausgelaugt werden.

empolainar(**-se**) (33) *vt*(*/r*) *fam* (s.) herausputzen.

empolistrar(**-se**) (33) *vt*(*/r*) = **empolainar**(**-se**).

empols|ar, ~egar (33) *vt* staubig machen; mit Staub bedecken; be-, einstauben | **~ar-se, ~egar-se** *v/r: els llibres van ~* die Bücher verstaubten *od* staubten ein | *com t'has empols*(*eg*)*at* (*les sabates*)*!* wie hast du dich (dir die Schuhe) eingestaubt! | **~imar, ~inar** (33) *vt bes gastr* be-, ein-stäuben | = **empolsar** | **~imar-se, ~inar-se** *v/r* = **~ar-se**.

empoltronir(**-se**) (37) *vt*(*/r*) = **endropir**(**-se**).

empolvorar (33) *vt* (be-, ein-)pudern | **~-se** *v/r: no t'empolvoris tant* (*el nas*)*!* pudere dich (dir die Nase) nicht so stark!

empopar (33) *vi nàut* hecklastig sein | das Heck in den Wind drehen.

empoquir(**-se**) (37) *vt*(*/r*) (s.) verringern.

emporcar(**-se**) (33) *vt*(*/r*) *pop* (s.) versauen.

empordanès (**-esa** *f*) *adj* empordanesisch, aus dem Empordà || *s/mf* Empordaneser(in *f*) *m*.

empori *m lit* Handels-stadt *f*, -zentrum *n* | *fig* Metropole *f*.

emporprar(**-se**) (33) *vt*(*/r*) (s.) purpurrot färben.

emportar-se (33) *v/r* (s.) mitnehmen | fort-, weg-tragen, -bringen | (mit s.) (fort)reißen; mitreißen; wegreißen | *fig* bekommen; gewinnen | *m'emporto l'esmorzar de casa* ich nehme (mir) das Frühstück von zu Hause mit | *pizzes per a ~* Pizzas zum Mitnehmen | *van ~ els nens al teatre* (*a esquiar*) sie nahmen die Kinder ins Theater (zum Skifahren) mit | *van ~ el ferit amb una ambulància* man brachte den Verletzen mit e-m Krankenwagen fort | *van ~'l emmanillat* er wurde in Handschellen abgeführt | *els lladres només* *van ~ les joies* die Diebe nahmen nur den Schmuck mit | *~ un secret a la tomba* ein Geheimnis mit ins Grab nehmen | *el corrent se m'emportava* die Strömung riß mich mit *od* trieb mich ab | *la riuada va ~ el pont* das Hochwasser riß die Brücke mit s. (fort) | *~ el premi* den Preis gewinnen | *~ la victòria* den Sieg davontragen | *ell va ~ els aplaudiments* er erntete den Beifall für s.

empostissa|ment *m* Dielen *n*, Dielung *f* | **~r** (33) *vt* dielen | **~t (-ada** *f*) *adj* gedielt ‖ *s/mf* Dielenboden *m*.

empotingar(-se) (33) *vt(/r) fam* (s.) mit Medikamenten voll-pumpen, -stopfen.

empr|ament *m* Verwendung *f*, Gebrauch *m* | **~ar** (33) *vt Bal lit* verwenden, gebrauchen, benutzen, *bes südd* benützen | (*Methode, Technik, Mittel*) anwenden | *ant* bitten; beschlagnahmen | *s: amprar* | *~ una eina per a u/c* e. Werkzeug zu (*od* für) etw verwenden, gebrauchen, benutzen | *~ alg per a u/c* j-n zu (*od* für) etw verwenden, für etw einsetzen | *~ diners en almoines* Geld auf Almosen verwenden, für Almosen aufwenden | *~ oli per a fregir* zum Braten Öl verwenden *od* benutzen | *~ tots els mitjans per a aconseguir un fi* alle Mittel anwenden (*od* einsetzen), um e. Ziel zu erreichen | **~ar-se** *v/r:* *~ d'alg od d'u/c* s. j-s *od* e-r Sache bedienen.

empremta *f* Abdruck, Eindruck *m*, (Druck)Spur *f* | (a. *~ digital od dactilar*) Fingerabdruck *m* | *fig: les emprentes del dolor* die Spuren des Leidens | **~r** (33) *vt ant* = **imprimir, gravar**.

empren|dre (40) *vt* unternehmen | *~ alg* s. an j-n wenden, *lit* j-n angehen | **~edor** *adj* unternehmungslustig, unternehmend.

emprenya|dor *adj pop: aquesta feina (dona) és molt ~a* es ist e-e Plage mit dieser Arbeit (Frau)! | **~r** (33) *vt ant* schwängern | *pop: m'emprenya (d')haver-hi d'anar* es fuchst mich, hingehen zu müssen | *no m'emprenyis!* laß mich in Ruhe! | **~r-se** *v/r ant* schwanger werden | *pop* s. fuchsen.

empresa *f* Unternehmen *n*, Unternehmung *f* | *econ a.* Betrieb *m*, (*nur privat*) Firma *f* | *hist* (Bild-, Wort-)Devise *f* | *una ~ gran (petita, mitjana)* e. großes (kleines, mittleres) Unternehmen, e. großer (kleiner, mittlerer) Betrieb, e. Groß-(Klein-, Mittel-)betrieb | *la petita i mitjana ~ de Catalunya* die Klein-u. Mittelbetriebe Kataloniens | *comitè d'~* Betriebsrat *m* | **~ri (-ària** *f*) *m econ* Unternehmer(in *f*) *m* | *dr* Arbeitgeber(in *f*) *m*; Auftragnehmer(in *f*) *m* | **~rial** *adj* (*m/f*) unternehmerisch | Unternehmer-... | Unternehmens-..., Betriebs-... | **~riat** *m* Unternehmer-tum *n*, -schaft *f*.

empresona|ment *m* Einsperrung *f* | Inhaftierung *f* | (*Zustand*) Haft *f* | **~r** (33) *vt a. fig* einsperren | *dr* inhaftieren, gefangensetzen | **~t (-ada** *f*) *pp/adj: estar ~* im Gefängnis (*od* in Haft) sein *od* sitzen | *tenir ~* gefangenhalten.

emprèstit *m econ* Anleihe *f*.

emprimar (33) *vt* (*Acker*) brechen.

empri|u *m ant* = **emprament** | *hist dr* (a. *dret d'~*) Nutzungsrecht *n*, Nießbrauch *m* | *ant reg* Allmende, Gemeindeflur *f*.

emproar (33) *vi nàut* buglastig sein | den Bug in den Wind drehen | *~ cap a llevant* den Bug nach Osten richten.

emprova *f* Anprobe *f* | **~dor** *m* Anprobe-(raum *m*), (Anprobe)Kabine *f* | **~r(-se)** (33) *vt/i(/r)* anprobieren.

empude|gar (33), **~ir**, **~ntir** (37) *vt* verpesten, verstänkern.

empunya|dura *f* Heft *n*, Griff *m* | **~r** (33) *vt* ergreifen, am Griff fassen.

emú *m ornit* Emu *m*.

èmul(a *f*) *m* Nacheiferer(in *f*) *m*.

emula|ció *f* Nacheiferung *f* | **~dor** *adj* nacheifernd | *s/mf* = **èmul(a)** | **~r** (33) *vt* (*j-m*) nacheifern (*en* in *ac*).

emuls|ió *f quím fotog* Emulsion *f* | **~ionant** *adj* (*m/f*) Emulgier... ‖ *s/m* Emulgator *m* | **~ionar** (33) *vt* emulgieren | **~iu (-iva** *f*) *adj* Emulsions... | **~or** *m* Emulseur, Emulsionsapparat *m*.

en[1] (a. *ne, n', 'n*) *pron adv* (*für e-e mit de eingeführte Präpositionalgruppe als Lokaladverbial, Objekt od Attribut*) *ell ve del mercat i jo també ~ vinc* er kommt vom Markt u. ich komme a. daher | *es queixaven molt del mestre, però ara ja no se'n queixen gaire* sie klagten sehr über den Lehrer, aber nun klagen sie kaum noch über ihn | *d'això, ja no me'n recordava* daran erinnerte ich mich schon nicht mehr | *de Barcelona, encara no ~ conec el port* von Barcelona kenne ich den Hafen noch nicht | *mira que n'estàs ple, de prejudicis!* du steckst ja voller Vorurteile! || (*für e. unbestimmtes od quantitativ eingeschränktes Substantiv als Akkusativobjekt od Subjekt*) *he demanat cervesa, però no ~ tenen* ich habe Bier bestellt, aber sie haben keins | *si voleu galetes, agafeu-ne, però no us les mengeu totes!* wenn ihr Kekse möchtet, nehmt euch welche, aber eßt (sie) nicht alle auf! | *el nen acaba de fer deu anys i la nena ~ farà vuit* der Junge ist gerade zehn Jahre alt geworden und das Mädchen wird acht | *compro una dotzena d'ous? —No, compra'n dues (dotzenes)* soll ich e. Dutzend Eier kaufen? —Nein, kauf zwei (Dutzend) | *n'hi ha de moltes menes* es gibt davon viele Sorten | *de diners, sempre ~ fan falta* Geld kann man immer gebrauchen | *passen molts trens, però no ~ para cap* es fahren viele Züge durch, aber keiner hält || (*Prädikative von* dir-se, fer, fer-se, nomenar, elegir *u. ähnlichen Verben*) *et dius Pere o no te'n dius?* heißt du Peter oder (heißt du) nicht (so)? | *no l'~ nomenaran pas, de president* zum Präsidenten, werden sie ihn nicht ernennen || (*in Interferenz mit* ho, hi) *ho és* (*od n'és*) *molt, de distret!* zerstreut ist er sehr! | *no hi* (*od no ~*) *resulta gens, de car* teuer kommt es gar nicht || *s: anar-se'n, entrar-se'n, pujar-se'n, sortir-se, tornar-se.*

en² *prep* (*in Orts- u. Richtungsangaben gleichwertig mit* a; en *wird bevorzugt, wenn* un, algun *od e. Demonstrativpronomen folgt; sonst ist* a *gebräuchlicher u. vor geographischen Eigennamen erforderlich*) *s'estan ~ un apartament* sie wohnen in e-m Appartement | *~ aquell poble hi ha poques escoles* in jenem Dorf gibt es wenige Schulen | *pugem ~ aquella ermita* gehen wir hinauf zu jener Kapelle | *bes fig: ~ els cercles polítics* in politischen Kreisen | *~ el terreny filosòfic* auf dem Gebiet der Philosophie | *~ aquest llibre* (*~ ell*), *hi trobaràs un bon conseller* in diesem Buch (in ihm) wirst du e-n guten Ratgeber finden || (*Zeitpunkt od -raum*) *~ aquest moment* in diesem (*od* im) Augenblick | *~ una altra ocasió* bei e-r anderen Gelegenheit | *~ ple hivern* mitten im Winter | *~ aquell temps* zu jener Zeit | *no ha treballat ~ sa vida* er hat sein Leben lang nicht gearbeitet || (*aufgewendete od aufzu-*

wendende Zeit) *ho van acabar* (*ho acabaran*) *~ un mes* sie beendeten es in e-m Monat (sie werden es in e-m Monat beenden) || (*in Verbindung mit* de *bevorstehender Zeitpunkt*) *vindran d'avui ~ quinze* sie werden heute in vierzehn Tagen kommen || (*Art u. Weise, bes in Fixierungen u. zur Angabe e-s Zustands od Vorgangs*) *~ alemany* auf deutsch | *~ absolut* keinesfalls | *~ aparença* scheinbar; zum Schein | *~ dejú* nüchtern | *~ renou* drunter u. drüber; durcheinander | *~ un to sever* in strengem Ton | *~ mànigues de camisa* in Hemdsärmeln | *~ bon estat* in gutem Zustand | *~ marxa* im Gang || (*Beziehung, Materie, Fach*) *~ això no estic d'acord amb tu* darin bin ich nicht mir dir einverstanden | *ric ~ vitamines* vitaminreich | *és el millor ~ matemàtiques* er ist der Beste in Mathematik | *doctor ~ teologia* Doktor der Theologie | (*in Verbindung mit* de *zum Ausdruck der Verteilung od Wiederholung; a. verstärkend*) *de dos ~ dos* zwei u. zwei | *anar de porta ~ porta* von Tür zu Tür gehen | *menjar la fruita de verd ~ verd* das Obst sehr grün essen | (*in Temporal- bzw Kausalsätzen mit Infinitiv*) *~ entrar jo tots s'alçaren* als ich eintrat, standen alle auf | *el vaixell s'enfonsà ~ xocar contra un iceberg* das Schiff sank, als es gegen e-n Eisberg stieß || (*zur Rektion erforderlich; vor Infinitiv wird* en *zu* a) *entossudir-se* (*entossudiment, entossudit*) *~ u/c* s. versteifen (Versteifung, versteift) auf etw | *pensa ~ les flors i a pagar el gas* denk an die Blumen u. daran, das Gas zu bezahlen.

en³ (**na** *f*; **a**. **n'**) (15) *persönlicher Artikel*: *l'Antoni i en Josep* (*umg* der) Anton u. (*umg* der) Joseph | *l'Oliver i en Pujol* (*umg* der) Oliver u. (*umg* der) Pujol | (*höfliche Anrede; großgeschrieben*) **ant** (*etwa*) Herr (Frau).

ena *f* (*Name des Buchstabens*) n, N *n*.

enagos *m pl* (Halb)Unterrock *m* | (*versteift*) Petticoat *m*.

enagrir(**-se**) (37) *vt*(*/r*) = **agrir**(**-se**).

enaigua|**r** (33) *vt* mit Wasser bedecken = **aigualir** | **~r-se** *v/r* durchnäßt werden (*Boden*) | tränenfeucht werden (*Augen*) | verkümmern (*Kind, Tier*) | **~tejar** (33) *vi* verwässert sein | Wasser ausdünsten (*Pflanzen*).

enàl·lage *f ling* Enallage *f*.

enalti|dor *adj* erhöhend | erhebend, verherrlichend | **~ment** *m* Erhöhung *f* | Erhebung, Verherrlichung *f* | **~r** (37) *vt* (*j-n*) erhöhen | erheben, verherrlichen, preisen.

enamor|adís (**-issa** *f*) *adj* entflammbar, dauernd verliebt, s. leicht verliebend | *és molt ~* er verliebt s. sehr leicht | **~ament** *m* Verliebtmachen *n* | Sichverlieben *n* | Verliebtheit *f* | **~ar** (33) *vt* in s. verliebt machen | *fig* bezaubern, entzücken || *vi*: *és una noia que enamora* sie ist e. bezauberndes Mädchen | *fa un temps que enamora* es ist herrliches Wetter | **~ar-se** *v/r a. fig* s. verlieben (*de* in *ac*) | **~at** (**-ada** *f*) *adj* verliebt || *s/mf* Verliebte(r *m*) *m/f* | Liebender(r *m*) *m/f* | *bes iròn* Verehrer(in *f*) *m* | *bes fig* Liebhaber(in *f*) *m*. | *una parella d'~s* e. Liebespaar *n* | *el meu ~* mein Liebster, mein Schatz || *s/m Bal* (*Verlobter*) Freund *m* | **~iscament** *m* (oberflächliche) Verliebtheit *f* | **~iscar-se** *v/r* s. oberflächlich verlieben.

enan|s *adv ant Val* = **abans** | **~t** *adv ant* = (**en**)**davant** | = **abans**.

enantema *m med* Enanthem *n* | **~tós** (**-osa** *f*) *adj* Enanthem...

enantiotropia *f quím* Enantiotropie *f*.

enarborar (33) *vt* auf-, hoch-, empor-richten | hochhalten | (*Flagge*) aufpflanzen, hissen.

enarbrar (33) *vt agr* (*Tomaten, Bohnen*) stängeln | **~-se** *v/r* s. hochranken.

enarcar (33) *vt* wölben, krümmen | **~-se** *v/r* s. wölben, s. krümmen | *bes* e-n Buckel machen, buckeln (*Katze*); den Rücken krümmen.

enardi|dor *adj* anfeuernd | **~ment** *m* Anfeuerung *f* | (*a. Zustand*) Entflammung *f* | (Kampf)Mut *m* | **~r** (37) *vt fig* anfeuern, entflammen | **~r-se** *v/r* s. entflammen.

enartar (33) *vt* entzücken | bezaubern.

enartrosi *f anat* Enarthrose *f*, Nußgelenk *n*.

enasprar[1] (33) *vt* = **asprar** | **~-se**[1] *v/r* s. hochranken.

enaspr|ar(-se)[2] (33), **~ir(-se)** (37) *vt*(/*r*) rauh (*bzw* herb, spröde) machen (werden).

enastar (33) *vt* (auf)spießen.

ença *adv* her(an) | *fes-te ~!* rück heran! | *posa-ho una mica més ~!* stell es etwas näher heran! | *~ i enllà* hierhin u. dorthin; hin u. her || *de ... ~* (örtl, zeitl), *d'~ de ...* (zeitl): *del riu ~ tot són prats* diesseits des Flusses (*od* vom Fluß) sind lauter Wiesen | *de Sils ~ hi havia boira* ab Sils war es neblig | *de la guerra ~* (od *d'~ de la guerra*) *han canviat moltes coses* seit dem Krieg hat s. vieles geändert || *~ que* (*loc conj*) seit(dem) || *s*: *ça, deçà; enllà; llavors; poc*.

encabestrar (33) *vt* (*Pferd*) (an)halftern.

encabi|ment *m* Unterbringen *n*, Unterbringung *f* | **~r** (37) *vt* hinein-pferchen, -stecken, -stopfen (*a, en* in *ac*), unterbringen(in *dat*) | **~r-se** *v/r*: *van ~ tots al cotxe* sie pferchten s. alle in das Auto.

encaboria|ment *m* Grübelei *f* | **~r-se** (33) *v/r* ins Grübeln kommen, s. Gedanken machen (*amb* über. *ac*) | **~t** (**-ada** *f*) *adj* grübelnd.

encabritar-se (33) *v/r* s. (auf)bäumen (*Pferd*).

encadarna|r-se (33) *v/r* s. erkälten, s. e-n Schnupfen holen | **~t** (**-ada**) *adj* erkältet, verschnupft.

encadastrar (33) *vt* katastrieren.

encadella|r (33) *vt* (*Holzteile*) verzapfen | **~t** *m* Verzapfung *f*.

encadena|ment *m* Ankettung *f* | Verkettung *f* | *cin* Überblendung *f* | **~r** (33) *vt a. fig* anketten (*a an ac*) | (*Hund, fig j-n*) a. an die Kette legen | (*Gefangenen*) in Ketten legen | a. *fig* verketten (*amb* mit) | *~ a u/c* an etw (*ac*) (an)ketten | **~r-se** *v/r: van ~ unes quantes desgràcies* es verketteten s. mehrere unglückliche Zufälle | **~t** (**-ada** *f*) *pp*/*adj: versos ~s* verkettete Verse *m pl*.

encadirar (33) *vt tecn* (*Achse*) mit Lagern versehen.

encadufada *f col* (*Wasserrad*) Schöpfeimer *m pl*.

encaix *m* Einpassung *f* | (*Vertiefung*) Falz *m*; Nut *f* | **~ada** *f* Händedruck *m* | **~ar** (33) *vi* passen | s. die Hand geben | *el mascle no encaixa amb la femella* die Schraube paßt nicht in die Mutter | *la tapa encaixa perfectament amb la capsa* der Deckel paßt genau auf die Schachtel | *aquesta peça no encaixa bé* dieses Teil paßt nicht richtig | *fig: ell no encaixa amb els altres* er paßt nicht zu den anderen | *sempre fas comentaris que no encaixen* du machst immer unpassende Bemerkungen || *vt* einpassen, einsetzen, einfügen (*en* in *ac*) | (in Kisten *bzw* e-e Kiste) verpacken | (*Toten*) einsargen | (*Schlag, Kritik*) einstecken | **~onar** (33) *vt* (in Kästchen *bzw* e. Kästchen) verpacken.

encalbir(**-se**) (37) *vt*(/*r*) kahl(köpfig) machen (werden).

encalç *m* Verfolgung *f* | *anar a l'~ d'alg s.* j-m an die Fersen heften, j-m nachjagen | *anar a l'~ d'u/c* e-r Sache nachjagen | *donar* (*l'*) *~ a alg* j-n verfolgen *od* jagen | **~ar** (33) *vt* (*j-m*) auf den Fersen sein | verfolgen, jagen | *fig:* ~ *l'èxit* dem Erfolg nachjagen.

encalcinar (33) *vt bes agr* kalken.

encalentir(**-se**) (37) *vt*(/*r*) = **escalfar**(**-se**).

encali|**mar**(**-se**), **~tjar**(**-se**) (33) *vt*(/*r*) diesig machen (werden) | (s.) in Dunst hüllen.

encalla|**ment** *m* Klemmen *n* | *nàut* Stranden *n*, Strandung *f* | Klemmen *n* | Stocken *n*, Stockung *f* | **~r** (33) *vi* steckenbleiben, (s.) festfahren | *nàut* stranden, auflaufen; (s.) festlaufen || *vt: el rovell ~à la persiana* der Rost wird den Rolladen verklemmen | **~r-se** *v/r* = **~r** *vi* | nicht mehr weiterkommen | klemmen s. verklemmen (*Teil, Rolladen, Tür*); *tecn* s. festfressen | stocken (*Verkehr*) | ~ *a la gola* in der Kehle steckenbleiben | *fig: les negociacions s'han encallat* die Verhandlungen haben s. festgefahren | *la conversa va* ~ das Gespräch stockte *od* geriet ins Stocken | *vaig encallar-me* ich blieb stecken; (*beim Sprechen*) *a.* ich stockte | **~t** (**-ada**) *f*) *pp/adj: el vaixell està* ~ das Schiff liegt (*od* sitzt) fest *od* ist festgelaufen | *estem ~s* (*fig*) wir kommen nicht vom Fleck.

encalli|**ment** *m* Verhornung *f* | **~r** (37) *vt* schwielig machen | **~r-se** *v/r* verhornen, schwielig werden.

encalma|**r-se** (33) *v/r* s. beruhigen (*Meer, Wetter*) | **~t** (**-ada** *f*) *adj* ruhig.

encamellar (33) *vt* (*j-m*) e. Bein stellen | **~-se** *v/r:* ~ *sobre* (*od damunt*) *u/c* s. rittlings auf etw (*ac*) setzen.

encamina|**r** (33) *vt* auf den (rechten) Weg bringen | (*j-m*) den Weg zeigen *od* weisen | *fig. (j-n)* lenken | ~ *els seus esforços* (*cap*) *a u/c* s-e Bemühungen auf etw (*ac*) (aus)richten | **~r-se** *v/r:* ~ (*cap*) *a alg* od *u/c* auf j-n *od* etw zugehen *od* (*a. fig*) zusteuern | **~t** (**-ada** *f*) *pp/adj: aquest pla va* ~ *a millorar l'ensenyament* dieser Plan zielt darauf ab (*od* ist darauf ausgerichtet), das Schulwesen zu verbessern | *anar ben* (*mal*) ~ auf dem richtigen (falschen) Weg sein.

encanalar (33) *vt* durch e-n Kanal leiten.

encanallar(**-se**) (33) *vt*(/*r*) verrohen.

encanonar (33) *vt* durch Rohre leiten | den Lauf richten auf (*ac*), zielen auf (*ac*).

encant[1] *m hist dr* = **subhasta** | *tenir la vida a l'~* s-s Lebens nicht sicher sein || *pl* Floh-, Trödel-markt *m*.

encant[2] *m* Zauber *m* | *fig a.* Charme *m*; Reiz *m* | *l'~ d'una ciutat* der Zauber (*od* Charme) e-r Stadt | **~s** *femenins* weibliche Reize *m pl* | **~ador** *adj* entzückend, bezaubernd | (*Person*) *a.* charmant || *s/mf* Zauberer(in *f*) *m* | ~ *de serps* Schlangenbeschwörer *m* | **~ament** *m* Verzauberung; *fig. a.* Bezauberung *f*; Entzücken *n* | Zauber *m* | Zauberei *f* | *rompre l'~* den Zauber lösen; den Bann brechen | *com per* (*art d'*) ~ wie durch Zauberhand *od* Zauberei.

encantar[1] (33) *hist dr* = **subhastar**.

encant|**ar**[2] (33) *vt* verzaubern | *fig a.* bezaubern, entzücken | (*Schlange*) beschwören | *fam: les puntes m'encanten* ich liebe Spitzen || *vi: el tenor té una veu que encanta* der Tenor hat e-e zauberhafte Stimme | **~ar-se** *v/r fam: la gent s'encantava davant l'aparador* die Leute blieben wie gebannt vor dem Schaufenster stehen | *au, no t'encantis, que tenim pressa!* los, trödle nicht, wir haben es eilig! | **~ari** *m*, **~ària** *f: donar encantaris* (*od encantàries*) *a alg* j-n in s-n Bann ziehen | **~at** (**-ada** *f*) *adj* verzaubert, verwunschen, Zauber... | *fig* bezaubert, entzückt, *umg* ganz weg | *fam* verträumt, zerstreut; *desp* trottelig, begriffsstutzig; tranig, lahm | ~ *de conèixer-lo!* (*Formel bei der Vorstellung*) (es) freut mich, Sie kennenzulernen!, sehr angenehm! | *s/mf* Verzauberte(r *m*) *m/f* | **~eri** *m* Zauber(-bann *m*, -wirkung *f*; -spruch; -trank) *m*.

encanudir (37) *vi* ergrauen.

encany|**ar** (33) *vt med* (mit Rohrstücken) schienen | *agr* = **asprar** | **tèxt** (*Kette*) spulen | **~at** *m tèxt* Kettspulgestell *m* | **~issada** *f* Rohrgeflecht *n* | *bes* Rohr-gitter; -spalier; -dach *n*; -belag *m* | Fischzaun *m* | **~issar** (33) *vt* mit e-m Rohrgeflecht einfassen *od* umzäunen *bzw* verkleiden | **~issat** *m* Rohr-

encanyonar geflecht *n* | *bes* Rohr-gitter -zaun *n*.
encanyonar (33) *vt/i* (*bes Speichel*) schlukken.
encaparra|ment *m* Kopfschmerzen *m pl* | *fig a.* Kopfzerbrechen *n* | geistige Überanstrengung *f* | Grübelei *f* | **~r** (33) *vt* (*j-m*) den Kopf schwer machen | *fig* (*j-m*) Kopf-schmerzen (*od* -zerbrechen) bereiten *od* machen | **~r-se** *v/r* = **capficar-se**; **encaboriar-se**.
encapçala|ment *m* Einleitung *f*, Einleiten *n* | (*bes Brief*) Eingangs-, Einführungsformel *f* | *s: capçalera* | **~r** (33) *vt* (*Schrift*) mit e-m Kopf versehen; überschreiben; einleiten | *a. fig* am Anfang *bzw* an oberster Stelle (*od* an der Spitze) stehen von | *fig a.* anführen, leiten.
encapota|r-se (33) *v/r* s. bedecken (*Himmel*) | **~t** (**-ada**) *f*) *pp/adj*: *el cel està encapotat* der Himmel ist bedeckt.
encapritxar-se (33) *v/r*: ~ *amb alg od u/c, d'alg od d'u/c* s. in j-n *od* etw vernarren.
encaps|ar (33) *vt* einschachteln, (in Schachteln *bzw* e-e Schachtel) verpakken | ineinanderstecken | **~ulació** *f* Einkapselung *f* | **~ular** (33) *vt med* einkapseln | **~ular-se** *v/r biol* s. einkapseln.
encaputxar (33) *vt* (*j-m*) die Kapuze überziehen | **~-se** *v/r* s. (*dat*) die Kapuze über den Kopf ziehen.
encara (*poèt a.* **encar**) *adv* noch | (*mit Nachdruck*) immer noch, noch immer | ~ *plou* es regnet (immer) noch | ~ *no plou, però més val que entris la roba!* noch regnet es nicht, aber hol die Wäsche lieber herein! | *ja estàs?* —~ *no* bist du schon fertig? —Noch nicht | ~ *no han arribat* sie sind noch nicht angekommen | ~ *sóc del parer que ...* ich bin immer noch (*od* nach wie vor) der Meinung, daß ... | ~ *ara em sap greu* es tut mir jetzt noch (*od* noch immer) leid | ~ *ahir el vaig veure* noch gestern habe ich ihn gesehen | ~ *vindran* sie werden noch kommen | *si no ens afanyem,* ~ *farem tard* wenn wir uns nicht beeilen, kommen wir noch zu spät | *una qüestió* ~ *irresolta* e-e noch ungelöste Frage | *voldria* ~ *insistir-hi* ich möchte das nochmals betonen | *tenen una casa aquí, una altra al poble i* ~ *una altra a la costa* sie haben e. Haus hier, eines im Dorf u. (dazu *od* außerden) noch eines an der Küste | *t'ho faré* ~ *més fàcil* ich mache es dir noch leichter | *tu* ~ *treballes menys* du arbeitest noch weniger | *doncs ara* ~ *menys!* nun erst recht nicht! | ~ *més* (o *més* ~) *tenint en compte que ...* um so mehr, wenn man berücksichtigt, daß ... | ~ *has tingut sort* du hast noch Glück gehabt | ~ *sort* (*od bo, gràcies*) *que no t'has fet mal!* e. Glück noch (*od* nur gut), daß du dich nicht verletzt hast! | *ell,* ~*, però ella és insuportable!* mit ihm geht's noch, aber sie ist unausstehlich! | *només me'n donen mil pessetes, i* ~ (*gràcies*)! man gibt mir nur tausend Peseten dafür, und das ist schon viel! | *hi havia* ~ *no cent persones* es waren noch k-e hundert Personen dort | *eren* ~ *no les sis* es war noch nicht sechs ((Uhr) || (*in Temporalsätzen mit Negation*) ~ *no ho vaig haver dit, tots se'm van tirar al damunt* kaum hatte ich es gesagt, fielen alle über mich her || ~ *que* (*loc conj*): ~ *que ell ho negui, és veritat* obwohl (*od* obgleich, obschon) er es leugnet, ist es doch wahr | *ho farien* ~ *que fos prohibit* sie würden es tun, auch (*od* selbst) wenn es verboten wäre | *ell no vol casar-s'hi,* ~ *que en el fons se l'estima* er will sie nicht heiraten, obwohl (*od* obgleich, obschon) er sie im Grunde liebt.
encaramel·lar (33) *vt* (*Speisen*) karamelisieren | **~-se** *v/r* turteln (*Liebespaar*).
encara|ment *m* Gegenüberstellung *f* | **~r** (33) *vt* (einander) gegenüberstellen | *el vaig* ~ *amb el seu germà* ich stellte ihn s-m Bruder gegenüber || ~ *una arma* (*un llum*) *a alg od u/c* e-e Waffe (e. Licht) auf j-n *od* etw richten | *li vaig* ~ *la llanterna per veure'l bé* ich richtete die Taschenlampe auf ihn, um ihn richtig zu sehen | **~r-se** *v/r*: ~ *amb alg od u/c* j-m *od* e-r Sache gegenübertreten *od* die Stirn bieten.
encarbonar(-se) (33) *vt(/r)* = **emmascarar(-se)**[1].
encarcanyar (33) *vt* = **engargullar**.
encarcara|ment *m* Versteifung, Erstarrung *f* | Steife, Starre; Steifheit, Starrheit *f* | **~r** (33) *vt* steif (*od* starr) machen | **~r-se** *v/r* versteifen, erstarren, steif (*od* starr) werden | **~t** (**-ada** *f*, **-adament** *adv*) *adj* steif, starr | *fig* steif, hölzern.
encarcera|ment *m ant* Einkerkerung *f* | **~r** (33) *vt ant* einkerkern.

encari|dament *adv* angelegentlich, inständig | **~ment** *m* Verteuerung *f* | *fig* Beteuerung; Hervorhebung *f* | *amb* ~ = **encaridament** | **~r** (37) *vt* verteuern | *fig* beteuern; hervorheben | **~r-se** *v/r* s. verteuern.

encarna|ció *f* *rel* Fleisch-, Mensch-werdung, *a. fig* Inkarnation *f* | *fig a.* Verkörperung *f* | **~dura** *f* = **carnadura** | **~r** (33) *vt rel* zu Fleisch machen, (*j-m*) menschliche Gestalt geben | *fig* verkörpern | *pint* fleischfarben malen || *vi* (im Fleisch) wurzeln | (ins Fleisch) einwachsen | zuheilen | **~r-se** *v/r rel* Fleisch (*od* Mensch) werden | *fig* s. verkörpern | **~t** (-ada) *f* adj rel* fleischgeworden | *fig* verkörpert | fleischfarbig, fleischfarben, *pint a.* inkarnat, *s/m pint* Inkarnat *n*.

encarranquinar (33) *vt reg a. fig* aufbürden, aufhalsen | **~-se** *v/r:* ~ *d'u/c* s. etw aufbürden, s. etw auf den Hals laden.

enc|àrrec *m* Auftrag *m* | (*a. Botschaft*) Bestellung *f* | Botengang *m*; Besorgung *f* | *per ~ d'alg* im Auftrag j-s *od* von j-m | *és una feina d'~* das ist bestellte Arbeit | *el noi dels ~s* der Laufbursche | *vol deixar un ~?* kann (*od* soll) ich etw ausrichten *od* bestellen? | *t'havia donat l'~ d'avisar-lo* ich hatte dir aufgetragen, ihm Bescheid zu sagen | *t'haig de donar un ~* ich soll dir etw ausrichten *od* bestellen | *l'he enviada a fer un ~* ich habe sie auf e-n Botengang (*bzw* auf Besorgungen) geschickt | **~arregades** *f pl reg: donar les ~ a alg* j-m die Schuld zuschieben | **~arregar** (33) *vt* (*Arbeit, Werk*) in Auftrag geben; (*Dienst, Leistung*) auftragen (*a alg* j-m) | (*Lieferung, Tisch, Karte*) bestellen | *~ alg d'u/c* j-n mit etw beauftragen | *~ alg de fer u/c* j-m (damit) beauftragen, etw zu tun | *m'han encarregat una traducció* man hat mir e-e Übersetzung in Auftrag gegeben; ich habe e-n Übersetzungsauftrag bekommen | *vaig ~ a la noia que em despertés* ich trug dem Mädchen auf, mich zu wecken | *on l'encarrego, el pollastre?* wo soll ich das Hähnchen bestellen? | *vaig ~ el dinar per a les dues* ich bestellte das Essen für (*od* auf) zwei Uhr | *van ~-lo de vigilar l'entrada* man beauftragte ihn (damit), den Eingang zu bewachen | **~arregar-se** *v/r: jo m'encarrego del magatzem* ich betreue das Lager | *tu encarrega't de la casa i jo m'encarregaré dels nens* versorge du den Haushalt, u. ich kümmere mich um die Kinder | *te n'encarregues tu, de reservar taula?* übernimmst du es, e-n Tisch zu bestellen? | *deixa que se n'encarregui ell!* überlaß das mal ihm! | **~arregat** (-ada) *f) m* Beauftragte(r *m*) *m/f* | Leiter(in *f*), Vorsteher(in *f*) *m* | Werkmeister(in *f*) *m* | *~ de curs* (*estud*) Lehrbeauftragter *m* | *~ de negocis* (*dipl*) Geschäftsträger *m*.

encarrellar (33) *vt* (*Feigen, Tomaten, Pilze*) aufreihen.

encarrerar(-se) (33) *vt(/r) fig* = **encarrilar(-se)**.

encarrila|ment *m ferroc* Aufgleisung *f* | **~r** (33) *vt ferroc* aufgleisen | *fig* (*etw*) ins rechte Gleis bringen, in die richtige(n) Bahn(en) lenken | (*etw*) anbahnen, in die Wege leiten | (*j-n*) auf die richtige Bahn (*bes* auf den Weg zum Erfolg) bringen | **~r-se** *v/r* ins rechte Gleis (*bzw* auf die richtige Bahn) kommen.

encarta|ment *m dr* Beurkundung; (Vor-)Ladung; Verurteilung *f* in Abwesenheit | *gràf* Beilage *f* | **~r** (33) *vt dr* (*etw*) urkundlich festhalten; (*j-n*) vorladen; (*j-n*) gerichtlich verfolgen; (*j-n*) in Abwesenheit verurteilen | *gràf* beilegen.

encart(r)onar (33) *vt bes gràf* kartonieren | **~-se** *v/r* steif werden.

encartutxar (33) *vt* (*Sprengstoff*) in Patronen füllen.

encasellar (33) *vt* in Fächer einordnen | in Felder auf-, ein-teilen.

encasquetar (33) *vt* (*Hut, Mütze*) tief herunterziehen | *fig fam* einhämmern, einbleuen | **~-se** *v/r* Ladehemmung haben (*Feuerwaffe*) | *~ la gorra* s. (*dat*) die Mütze tief herunterziehen | *fig fam: quan se'ls encasqueta u/c, no afluixen* wenn sie s. etw in den Kopf setzen, lassen sie nicht locker.

encast *m* (*Edelstein*) Fassung *f* | (*Hohlraum*) Aussparung *f* | **~ar** (33) *vt* einlassen, (fest) einfügen (*a, en* in *ac*) | (*Edelstein*) (ein)fassen, einlassen (*en* in *ac*) | an-, fest-kleben (*a, en* an *ac*) | **~ar-se** *v/r: la pols s'hi ha ben encastat* der Staub hat s. darauf ganz festgesetzt | *la bala va ~ a la paret* die Kugel bohrte s. in die Wand.

encastellar (33) *vt* mit Burgen befestigen | in e-e Burg verwandeln | in e-e Burg einschließen | auftürmen | **~-se** *v/r* s. in e-r Burg verschanzen *bzw* einschließen | s. auftürmen (*bes Wolken*) | ~ *en una idea* s. in e-e Idee verbohren.

encaterinar-se (33) *v/r fam* = **encapritxar-se**.

encatifa|r (33) *vt* mit Teppichen auslegen | **~t** *m* Teppichbelag *m*.

encativar (33) *vt ant Bal* = **captivar**.

encauar (33) *vt* in den Bau treiben | **~-se** *v/r* in den Bau kriechen, *caç* einfahren | *a. fig* s. verkriechen | *que trist haver d'~ a casa amb aquest temps!* wie traurig, bei diesem Wetter zu Hause sitzen zu müssen!

encausar (33) *vt dr* (*j-n*) gerichtlich verfolgen.

encàustic *adj* enkaustisch || *s/m* Enkaustik *f*.

encavalca|ment *m* Überlappung *f* | *Lit* Enjambement *n* | **~r** (33) *vt* (rittlings *bzw* quer) aufsetzen | übereinanderlegen | **~r-se** *v/r* einander (*od* s.) überlappen.

encavalla|da *f* Gerüst *n* | Dachstuhl *m* | **~r** (33) *vt* = **encavalcar** | **~r-se** *v/r* = **encavalcar-se** | übereinander- (*bzw* durcheinander-)geraten.

enceb *m* Zünder; Zündsatz *m* | (*Pumpe*) Förderflüssigkeit *f* | **~ador** *m elect* Starter, Glimmzünder *m* | **~all** *m* Mastfutter *n* | **~ar** (33) *vt* (*Tier*) mästen | *tecn* mit Zünder (*bzw* Zündsatz) versehen; (*Pumpe*) auffüllen; *elect* vorspannen.

enc|èfal *m anat* Gehirn *n* | **~efàlic** *adj* Gehirn... | **~efalitis** *f med* Gehirnentzündung, Enzephalitis *f* | **~efalograma** *m* Enzephalogramm *n*.

encega|dor *adj* verblendend | **~ment** *m* Verblendung *f*, Verblendetsein *n* | **~r** (33) *vt* blenden | *fig a.* verblenden | **~r-se** *v/r* geblendet (*fig a.* verblendet) werden.

encen|all *m mst pl* Hobel-span *m* (-späne *m pl*) | *foc d'~s* (*fig*) Strohfeuer *n* | **~drar** (33) *vt* mit Asche bedecken | **~dre** (40) *vt* (*Feuer, Gas, Kerze, Ofen*) anzünden, anstecken, (*Pfeife, Zigarette*) *a.* anbrennen | *lit a. fig* entzünden | (*Licht, Radio*) an-, ein-schalten, (*a. Ofen, Heizung*) anmachen | (*Wangen*) röten | *fig* erhitzen | **~dre's** *v/r* anbrennen, zu brennen beginnen | *umg* angehen (*Feuer, Licht*) | *lit a. fig* s. entzünden | s. röten (*Wangen*) | *fig* s. erhitzen | **~drosar** (33) *vt* = **~drar** | **~edor** *adj* anzündend, entzündend || *s/m* Feuerzeug *n* | Anzünder *m* | **~iment** *m ant* = **encesa** | **~ívol** *adj* entzündlich, entzündbar.

encens *m* Weihrauch *m* | **~ada** *f*, **~ament** *m a. fig* Beweihräucherung | **~ar** (33) *vt* beweihräuchern | *fig a.* (*j-m*) Weihrauch streuen | **~er** *m* Weihrauchfaß *n*.

encep *m* Gewehrkolben *m* | **~ar** (33) *vt* (*Gewehr*) schäften | *hist* (*j-n*) in den Block spannen | *nàut* (*Anker*) mit dem Stock versehen; (*Schiff*) verankern | **~ar-se** *v/r* ins Fangeisen gehen (*Tier*) | s. am Ankerstock verfangen (*Tau*).

encepegar (33) *vi* = **ensopegar**.

encera|da *f* = **~ment** | *fig* = **ensarronada** | **~dora** *f* Bohnermaschine *f* | **~ment** *m* Wachsen *n* | Bohnern *n* | **~r** (33) *vt* (*Holz, Skier*) wachsen | (*Boden*) *a.* bohnern | *fig* = **ensarronar** | **~t** *m* Wachstuch *n* | Wachspapier *n* | *nàut* Persenning *f*.

encercla|ment *m* Einkreisung *f* | **~r** (33) *vt a. mil* einkreisen | umgeben.

encercolar (33) *vt* (*Fässer*) bereifen, binden.

encerr|(eg)ar (33) *vt* = **~osar** | **~osada** *f* Faserbündel *n*, Wickel *m* (*am Rocken*) | **~osar** (33) *vt* (*Hanf, Wolle*) auf den Spinnrocken wickeln.

encert *m* Treffsicherheit *f* | Geschick(lichkeit *f*) *n* | Richtigkeit *f* | (*Schuß, Wurf; Erfolg*) Treffer *m* | (*Lotto, Toto*) Richtige *f* | *reg* Zufall *m* | *ha estat un ~* (*de*) *convidar-lo* es war richtig, ihn einzuladen | *aquesta decisió del govern ha estat un ~* mit dieser Entscheidung hat die Regierung e-n guten (*od* glücklichen) Griff getan *od* e-e gute Wahl getroffen | *una travessa de catorze ~s* e. Totoschein mit vierzehn Richtigen | *jutjar u/c amb ~* etw treffsicher beurteilen | *parlar d'u/c amb ~* treffend über etw sprechen | **~adament** *adv* treffsicher | (zu)treffend | **~ar** (33) *vt* (*Ziel, das Richtige*) treffen | *fig a.* erraten, raten | *el tirador va ~ exactament el blanc* der Schütze traf das Ziel genau *od* traf genau ins Ziel | *~ el tret* (*a. fig*) ins Schwarze treffen | *la bala el va ~ de ple al cor* die Kugel traf ihn voll ins

Herz | *ho has encertat!* (*fig*) du hast es getroffen *od* erraten! | *he encertat sis resultats* ich habe sechs Richtige getippt | *avui sí que l'has encertada, la paella!* heute ist dir die Paella wirklich gelungen! | *m'has ben encertat el gust!* du hast genau meinen Geschmack getroffen! | ~ *el to* (*a. fig*) den Ton treffen | *ho vam* ~, *amb el temps* wir trafen es gut mit dem Wetter | *ho has encertat, venint avui* du triffst es heute gut | *si ho encertes, et donaré un caramel* wenn du es (er)rätst, gebe ich dir e-n (*od* e.) Bonbon | *qui l'encerta l'endevina* od *si l'encerto l'endevino* auf gut Glück, aufs Geratewohl | **~at (-ada** *f*) *adj* treffsicher | (zu)treffend; richtig; passend | geglückt, gelungen | *no vas estar gaire* ~, *fent aquest comentari* es war nicht sehr geschickt von dir, diese Bemerkung zu machen | *aquesta afirmació és plenament encertada* diese Behauptung trifft völlig zu | **~ir** (37) *vt:* ~ *alg d'u/c* j-n e-r Sache (*gen*) versichern | **~ir-se** *v/r:* ~ *d'u/c* s. (*ac*) e-r Sache (*gen*) vergewissern, s. (*dat*) über etw Gewißheit verschaffen.

enc|ès (-esa *f*) *adj* (*Lichtquelle*) brennend | (*Farbe*) leuchtend, flammend | *bes* (*Wangen*) brand-, hoch-rot | *fig* erhitzt; wutentbrannt | *d'un roig* ~ brandrot | *el llum va estar* ~ *tota la nit* die Lampe brannte die ganze Nacht || *s/f* Anzünden *n* | *elect* Einschalten *n*, Einschaltung *f* | (*Motor*) Zündung *f* | *a encesa de llums* bei Anbruch der Dunkelheit | *pesca a l'encesa* Fischerei *f* mit künstlichem Licht | **~esor** *f* (*Wangen*) Röte *f*.

enceta|da *f* (*Haut*) wunde Stelle *f* | **~ll** *m* Anschnitt *m* | **~r** (33) *vt* (*Brot, Wurst, Frage, Thema*) anschneiden | (*Vorrat, Verpacktes*) anbrechen | *med fam* (auf-, wund-)scheuern | **~r-se** *v/r: se m'han encetat els peus* meine Füße haben s. auf- (*od* wund-)gescheuert.

enciam *m bot* Gartensalat, *bes* (*a. gastr*) (Kopf)Salat *m* | ~ *bord* (*boscà*) Kompaß- *od* Stachel-(Gift-)lattich *m* | ~ *de mar* Meersalat *m* | **~ada** *f* (*angemachter*) Salat *m* | **~ar** (33) *vt* (*mst Salat*) anmachen | **~era** *f* Salatschüssel *f* | **~et** *m bot* Bunge *f*.

encíclica *f ecl* Enzyklika *f*.

enciclop|èdia *f* Enzyklopädie *f* | *p ext a.* Lexikon *n* | *fig: aquest home és una* ~ dieser Mann ist e. wandelndes Lexikon | **~èdic** *adj* enzyklopädisch | allgemeinwissenschaftlich | **~edista** *m/f* Enzyklopädiker(in *f*) *m* | *hist* Enzyklopädist(in *f*) *m*.

encimbellar(-se) (33) *vt*(/*r*) *bes fig* bis zum Gipfel (*p ext* hoch) hinauf-bringen (-kommen).

encingl(er)a|r-se (33) *v/r* steil bergauf klettern | **~erat (-ada** *f*) *adj* (*Weg*) jäh, steil, abschüssig.

encinta *adj f* schwanger.

encintar (33) *vt* bebändern, mit Bändern schmücken.

encir|ar-se (33) *v/r* = **~iar-se** | **~iar** (33) *vt* mit Kerzen schmücken | **~iar-se** *v/r* s. kerzengerade aufrichten.

enc|ís *m* = **encant**² | **~isador, ~iser** *adj* = **encantador** | **~isar** (33) *vt lit* = **encantar**².

encistar-se (33) *v/r biol* enzystieren.

encistellar (33) *vt* in e-n Korb (*bzw* in Körbe) legen || *vi* (*Basketball*) e-n Korb schießen *od* erzielen.

enclaustrar (33) *vt* in e. Kloster stecken | **~-se** *v/r* ins Kloster gehen | *fig* s. von der Welt abkapseln.

enclava|dura *f* (*Pferd*) Vernagelung | **~ment** *m geog* Enklave *f* | *geol* Einschluß *m* | *ferroc* Stellwerk *n* | *tecn* Abhängigkeitsverschluß *m* | **~r** (33) *vt* fest (hin)einstecken | an-, fest-nageln | (*Pferd*) vernageln | (*Fischernetz*) auf dem Grund befestigen | **~t (-ada** *f*) *adj*: *el temple està* ~ *entre gratacels* der Tempel ist von Wolkenkratzern umschlossen | *un os* ~ *a la base del crani* e. in der Schädelbasis verkeilter Knochen || *s/m geog* = **~ment**.

enclavillar (33) *vt* verbolzen | (*Gitarre*) mit Wirbeln versehen.

encletxa *f Bal* = **escletxa** | **~r** (33) *vt* einklemmen.

encl|í (-ina *f*) *adj ant* = **inclinat** | **~isi** *f ling* Enklise, Enklisis *f* | **~ític** *adj* enklitish | *mot* ~ Enklitikon *n*.

enclosa *f* Ein-, Um-schließung *f* | Einklemmung *f*.

enclota|r (33) *vt* einsenken (*en* in *ac*) | vertiefen, (aus)höhlen | **~r-se** *v/r:* ~ *en el matalàs* s. in die Matratze sinken lassen | *allí el riu s'enclota* dort gräbt s. der Fluß ein | *l'aigua s'hi enclota* das Wasser sammelt s. dort (in der Vertiefung) | **~t (-ada** *f*) *pp/adj: el poble està* ~ das Dorf liegt tief eingesenkt | *ulls* ~*s* tiefliegende Augen | *galtes enclo-*

tades hohle (*od* eingefallene) Wangen.
encloure (40) *vt bes fig* ein-, um-schließen | (*bes Finger*) einklemmen | **~'s** *v/r:* ~ *en u/c in etw* (*dat*) zusammengefaßt sein | ~ *els dits amb la porta* s. (*dat*) die Finger in der Tür einklemmen.
enclova *f bot* Italienische(r) Hahnenkopf *m.*
enclusa *f a. anat* Amboß *m.*
encobeir (37) *vt Bal* behüten, beschützen | *no poder ~ alg* j-n nicht ausstehen können.
encobertar (33) *vt* abdecken, bedecken | (*e-m Pferd*) die Schabracke (*bzw* den Harnisch) anlegen.
encoblar (33) *vt* = **acoblar** | *mús* in e-e «cobla» aufnehmen | **~-se** *v/r* = **acoblar-se**.
encobri|dor(a *f*) *m* Hehler(in *f*) *m* | **~ment** Hehlerei *f* | *dr a.* Begünstigung *f* | **~r** (37) *vt* verhehlen | *dr a.* begünstigen.
encofra|r (33) *vt* in Truhen packen ‖ *vt/i constr* schalen | **~t** *m constr* Schalung *f.*
encofurna|r (33) *vt* beengt unterbringen | **~r-se** *v/r:* ~ *a la taverna* s. in die Kneipe hocken | **~t** (-ada) *adj* beengt | (*Raum*) *a.* stickig.
encoixina|r (33) *vt* polstern | **~t** (-ada *f*) *adj* gepolstert | Polster... ‖ *s/f* Polsterung *f.*
encoixir(-se) (37) *vt*(*/r*) lahm machen (werden).
encolar (33) *vt* (an-, auf-, ver-)leimen.
encolerir-se (37) *v/r* (s.) erzürnen, in Zorn geraten.
encolomar (33) *vt fam* aufhalsen (*a alg* j-m) | (*Wertloses*) andrehen (*a alg* j-m) | (*Unwahres*) aufbinden (*a alg* j-m).
encoman|adís (-**issa** *f*) *adj* ansteckend | **~ament** *m* Ansteckung *f* | **~ar** (33) *vt* anvertrauen; *bes rel* empfehlen, (an)befehlen (*a alg* j-m) | (*Dienst, Leistung*) auftragen (*a alg* j-m) | (*Krankheit, Gewohnheit, Stimmung*) übertragen (*a alg* auf j-n) | ~ *l'ànima a Déu* s-e Seele Gott befehlen | ~ *una tasca a alg* j-n mit e-r Aufgabe betrauen *od* beauftragen, j-m e-e Aufgabe auftragen | *encara m'~às la grip* du wirst mich noch mit deiner Grippe anstecken | **~ar-se:** ~ *a alg* s. in j-s Obhut begeben; *bes rel* s. j-m (an)befehlen | *sense* ~ *a Déu ni al diable* (*fig*) ohne Bedacht; unüberlegt | *no saber a quin sant* ~ (*fig*) nicht aus noch ein wissen | *la SIDA* (*el riure*) *s'encomana* AIDS (Lachen) steckt an | *el meu nerviosisme va* ~ *a tothom* meine Nervosität übertrug s. auf alle | *van* ~ *del meu entusiasme* sie wurden von meiner Begeisterung angesteckt | **~da** *f ant reg* = **comanda**.
encomi *m ret* Enkomion, Enkomium *n* | *lit* Lob-rede, -preisung *f* | **~ar** (33) *vt lit* lobpreisen | **~asta** *m/f ret* Enkomiast(in *f*), Lobredner(in *f*) *m* | **~àstic(ament** *adv*) *adj* lob-rednerisch, -preisend | Lob...
enconar (33) *vt* (*Kind*) zum erstenmal stillen | *fig* gewöhnen (*a an ac*).
encongi|ment *m* (*Stoff*) Einlaufen *n* | *fig* Beklommenheit *f* | **~r** (37) *vt* (*Glieder*) anziehen, einziehen | **~r-se** *v/r* (zusammen)schrumpfen; kleiner werden | eingehen, -laufen (*Stoff*) | *fig* befangen (*bzw* bedrückt, beklommen) werden | **~t** (-**ida** *f,* -**idament** *adv*) *adj fig* befangen; bedrückt, beklommen.
encontinent *adv ant* sofort.
encontorn *m mst pl* = **voltant**.
encontrada *f* = **contrada** | *mst pl* = **rodalia**.
encontr|ar (33) *vt ant reg* (j-m) begegnen | treffen; stoßen auf (*ac*) | **~ar-se** *v/r* s. begegnen | (*bes feindlich*) zusammen-, aufeinander-stoßen | *s: topar(-se), trobar(-se)* | **~at** (-**ada** *f*) *adj ant reg* entgegengesetzt | *ant* angesteckt, befallen | **~e** *m ant reg* Begegnung *f* | *bes mil* Zusammenstoß *m* | *fig a.* Mißgeschick *n* | *anar* (*od sortir*) *a l'*~ *d'alg* j-m entgegen-gehen *bzw* -laufen-, -fahren.
enconxa|r (33) *vt* steppen, (aus)wattieren | **~t** (-**ada** *f*) *adj* Stepp...
encop: *a l'*~ (*loc adv*) zugleich.
encoratja|dor *adj* ermutigend, ermunternd | **~ment** *m* Ermutigung, Ermunterung *f* | **~r** (33) *vt* ermutigen, ermuntern | *el vaig* ~ *a escriure* ich ermunterte ihn zum Schreiben | **~r-se** *v/r* Mut fassen.
encorba|ment *m* Krümmung *f* | Krümmen *n* | Biegung *f* | **~r**(**-se**) (33) *vt*(*/r*) (s.) krümmen, (s.) biegen.
encord|a *f* Grundangel *f* | **~ada** *f* Um-, Ver-, Zu-schnürung *f* | Anseilung *f* | *col* = **cordada** | *bes: una* ~ *de gossos* e. Hundekoppel *n* | **~ar** (33) *vt* (mit Seilen) um-, ver-, zu-schnüren | (*bes Bergsteiger*) anseilen | (*Instrument,*

Schläger, *Stuhl*) = **cordar** | **~ar-se** *v/r* s. anseilen | = **encarcarar-se** | **~at** *m col* = **cordatge** | **~illar** (33) *vt* (mit Bindfäden) um-, ver-, zu-schnüren.

encorralar (33) *vt* (*Vieh*) einpferchen | (*Wild*) eingattern.

encórrer (40) *vt ant* s. (*dat*) zuziehen | (*e-r Strafe*) verfallen | (*Risiko*) eingehen || *vi* = **incórrer**.

encortinar (33) *vt* mit Gardinen (*bzw* Vorhängen) versehen.

encotilla|r(-se) (33) *vt(/r)* (s.) schnüren | **~t** (**-ada** *f*) *adj* geschnürt | *fig* steif.

encotonar (33) *vt* (aus)wattieren.

encotxar (33) *vt* ins Auto (*bzw* in die Kutsche) setzen | **~-se** *v/r* einsteigen, s. ins Auto (*bzw* in die Kutsche) setzen.

encrespa|ment *m* Kräuseln *n*, Kräuselung *f* | Aufwogen; Aufbrausen *n* | **~r** (33) *vt* (*bes Meer, Wellen*) aufpeitschen | **~r-se** *v/r* aufwogen | *a. fig* aufbrausen.

encrestar-se (33) *v/r*: el gall (*fig ell*) va ~ dem Hahn (ihm) schwoll der Kamm.

encreu|ament *m* Kreuzung *f* | ~ **de carreteres** (*de races*) Straßen-(Rassen-)kreuzung *f* | **~ar(-se)** (33) *vt(/r) a. fig* (s.) kreuzen | **~at** (**-ada** *f*) *pp/adj*: *mots* ~s Kreuzworträtsel *n* | **~ellar** (33) *vt* über(s) Kreuz binden.

encrost(iss)ar (33) *vt* überkrusten | **~-se** *v/r* verkrusten.

encrueli|ment *m* Grausamwerden *n* | Verschlimmerung *f* | **~r** (37) *vt* grausam(er) machen | (*Übel, Schmerz, Wunde*) verschlimmern | **~r-se** *v/r* grausam(er) werden | s. verschlimmern | ~ *amb* (*od envers*) *alg* s. grausam an j-m weiden.

encub|ar (33) *vt* in e-e Mostkufe gießen | **~ellar** (33) *vt* in Kübel gießen *bzw* werfen.

encuira|r (33) *vt* mit Leder beziehen | **~ssar** (33) *vt* = **cuirassar**.

encuny *m* (Münz)Stempel *m* | Prägung *f* | *de nou* ~ (*a. fig*) neu geprägt | **~ació** *f*, **~ament** *m* Münzen *n* | Prägen *n*, Prägung *f* | **~ador(a** *f*) *m* Münzer(in *f*) *m* | Präger(in *f*) *m* | **~ar** (33) *vt* münzen | *a fig* prägen.

encuriosi|ment *m* Neugier(de) *f* | **~r(-se)** (37) *vt(/r)* neugierig machen (werden) | **~t** (**-ida** *f*) *adj* neugierig.

endalt *adv* = **amunt, enlaire**.

endanyar(-se) (33) *vt(/r)* = **endenyar(-se)**.

endarrer|e (*od* **~a**) *adv* (nach) hinten; rückwärts; zurück | ~*!* zurück! | *feste* (*una passa*) ~*!* tritt (e-n Schritt) zurück! | *vaig fer-me* (*od tornar-me*) ~ *del tracte* ich trat von der Vereinbarung zurück | *ara no et facis* (*od tornis*) ~*!* mach jetzt k-n Rückzieher! | *en comptes d'anar endavant, anem* ~ (*fig*) mit uns geht es rückwärts statt vorwärts | *a veure si saps caminar cap* ~*!* mal sehen, ob du rückwärts gehen kannst! | *cap* (*od més*) ~ *encara hi ha lloc* weiter hinten (*od* zurück) ist noch Platz | *sèiem molt* ~ wir saßen weit hinten *od* zurück | *vaig caure* ~ ich fiel nach hinten | *no miris* ~*!* blick nicht zurück! | *van tornar un tros* ~ sie gingen (*bzw* fuhren) e. Stück zurück | *ara ja no podem tornar* ~ jetzt können wir nicht mehr umkehren; *fig a*. jetzt gibt es für uns k. Zurück mehr | *els vam deixar* ~ wir ließen sie hinter uns *od* zurück | *van una volta* ~ sie liegen e-e Runde zurück | *la guerra ja queda molt* ~ der Krieg liegt schon lange zurück | *un any* ~ vor e-m Jahr, *reg* e. Jahr zurück | *dies* ~ vor Tagen | **~iatges** *m pl* (Zahlungs)Rückstände *m pl* | **~iment** *m* Zurückbleiben *n*; Zurückgebliebenheit *f* | Verspätung *f* | Verzögerung *f* | Rückstand *m*; Rückständigkeit *f* | ~ *mental* geistige Zurückgebliebenheit *f* || *pl* (Zahlungs)Rückstände *m pl* | **~ir** (37) *vt* (weiter) zurück-legen *bzw* -stellen, -setzen, -ziehen | (*Ball*) zurück-geben, -spielen, -werfen | (*Uhr*) nach-, zurückstellen | *fig* verlangsamen, verzögern; zurückwerfen; in Rückstand bringen | **~ir-se** *v/r* s. (nach hinten) zurückziehen | zurückbleiben | s. verspäten (*a. Uhr*) | in Rückstand geraten *od* kommen | **~it** (**-ida** *f*) *pp/adj*: *un nen* ~ e. zurückgebliebenes Kind | *un país* ~ e. rückständiges Land | *pagaments* ~*s* ausstehende Zahlungen | *anar* ~ (*en u/c*) (mit etw) zurück (*bzw* im Rückstand) sein.

endauat (**-ada** *f*) *adj* gewürfelt, würfelig.

endavant *adv* (nach) vorn(e); vorwärts; voran; voraus; vor | ~*!* vorwärts!, voran!; weiter!; (*an der Tür*) herein! | *feu-vos* (*una passa*) ~*!* tretet (e-n Schritt) vor! | *un pas* ~ *i dos endarrere* (*a. fig*) ein Schritt vor u. zwei zurück | *aquest invent és un gran pas* ~ diese Erfindung ist e. großer Schritt vorwärts | *passa* ~, *que jo encara no es-*

endebades

tic geh du vor(aus), ich bin noch nicht fertig | *més val que miris ~!* schau lieber nach vorn(e)! | *hem de tirar ~* wir müssen weitermachen | *amb la feina no tiro ~* ich komme mit der Arbeit nicht voran *od* vorwärts, weiter | *ell tot sol ha tirat el negoci ~* er allein hat das Geschäft voran- (*od* vorwärts-, weiter-)gebracht | *fugida cap ~* Flucht nach vorn(e) | *la torre s'inclina cap ~* der Turm neigt s. vornüber | *els altres ja són força ~* die anderen sind schon ziemlich weit voraus | *el nostre equip va molt ~* unsere Mannschaft liegt weit vorn(e) | *has col·locat la taula massa ~* du hast den Tisch zu weit nach vorn(e) gestellt | *posa't més ~!* stell (*bzw* setz) dich weiter nach vorn(e)! | *més ~ hi ha una gasolinera* weiter vorn(e) ist e-e Tankstelle | *més ~ hi ha una frase reveladora* weiter unten steht e. aufschlußreicher Satz | *deixem-ho per a més ~!* verschieben wir das auf später! | *en ~ tot serà diferent* in Zukunft (*od* künftig) wird alles anders sein | *d'avui (d'ara, d'aleshores, de demà) ~* von heute (von jetzt *od* nun, von da, von morgen) an | *gràcies per ~* Dank im voraus | *pagar per ~* vorausbezahlen, im voraus bezahlen | *ja ho sabies per ~* das wußtest du doch von vornherein.

endebades *adv* = **debades**.

endega|ment *m* (An)Ordnung *f* | Ausrichtung *f* | **~r** (33) *vt* zurechtmachen, herrichten | *a. fig* (an)ordnen, arrangieren, einrichten; (aus)gestalten; aufbauen; aufziehen | *fig a.* einrenken; ins rechte Gleis bringen; ausrichten; kanalisieren; zustande (*od* zuwege) bringen, fertigbringen | **~r-se** *v/r*: *abans de sortir, van ~ una mica* bevor sie ausgingen, machten sie s. e. wenig zurecht | *endega't les faldilles!* zieh dir den Rock zurecht! | *de mica en mica l'afer va ~* die Angelegenheit renkte s. allmählich ein | *van endegar-s'ho (od ~-les) per poder fer vacances* s. richteten es s. so ein, daß sie Urlaub machen konnten.

endemà *m*: *l'~* der nächste (*od* folgende) Tag, der Tag danach; am nächsten (*od* folgenden, darauffolgenden) Tag, am Tag danach *od* darauf, tags darauf | *l'~ passat* der übernächste (*bzw* am übernächsten) Tag | *s: altre | no ho van saber fins l'~ al matí* (*al ves-*

pre) sie erfuhren es erst am nächsten Morgen (Abend) | *un dia vam anar a esquiar, i l'~ a nedar* e-n Tag gingen wir Ski laufen u. den nächsten schwimmen | *l'~ del casament ja es barallaven* am Tag nach der Hochzeit stritten sie s. schon | *el que puguis fer avui no ho deixis per a l'~!* (*Spruch*) was du heute kannst besorgen, das verschiebe nicht auf morgen!

endemés *adv* = **demés** | übrigens; andererseits; sowieso.

endè|mia *f med* Endemie *f* | **~mic** *adj med biol* endemisch.

endemig *m*: *en l'~, en aquest* (*bzw aquell*) *~* (*loc adv*) in der Zwischenzeit, inzwischen, unterdessen.

endenyar (33) *vt fam* (*Wunde, Körperteil*) böse machen | **~-se** *v/r* böse werden.

endergues *f pl* Kram *m*, Gerümpel *n* | *fig fam* Flausen; Fisimatenten; Geschichten *f pl*.

enderiar-se (33) *v/r* von e-r fixen Idee (*bzw* e-r Manie, e-m Fimmel) erfaßt werden | *ara s'han enderiat amb els segells* jetzt sind sie auf Briefmarken versessen.

enderroc *m* Abbruch *m*, Ab-, Ein-, Nieder-reißen *n* | Einsturz *m* | *mst pl* Schutt *m*, Trümmer *n pl* | *materials d'~* Abbruchmaterial *n* | **~ador** *adj* abbrechend || *s/m* Abbrucharbeiter *m* | **~ament** *m* Abbruch *m*, Ab-, Ein-, Nieder-reißen *n* | Einsturz *m* | *fig: l'~ de la monarquia* der Sturz (*od* die Abschaffung) der Monarchie | **~ar** (33) *vt* abbrechen, ab-, ein-, nieder-reißen (*j-n*) zu Boden stürzen | *fig* (*Regierung*) zu Fall bringen, stürzen | **~ar-se** *v/r* einstürzen.

endeuta|r (33) *vt* in Schulden stürzen, (*j-m*) Schulden verursachen | **~r-se** *v/r* s. verschulden, Schulden machen | verschulden, in Schulden geraten | **~t** (-ada *f*) *adj* verschuldet | *estar ~* verschuldet sein, in Schulden stecken.

endev|í (-ina *f*) *m* Wahrsager(in *f*) *m* | *a l'~* (*loc adv*) im Dunkeln tappend | **~inable** *adj* (*m/f*) erratbar | **~inació** *f* Wahrsagung *f* | Erraten *n* | **~inador(a** *f*) *m*, **~inaire** *m/f* Wahrsager(in *f*) *m* | Erraten(in *f*) *m* | **~inalla** *f* (*Denkaufgabe*) Rätsel *n* | *endevina ~ ...* (*zur Einleitung e-s Rätsels*) rat(e) mal ... | **~inament** *m* = **~inació** | **~inar** (33) *vt* wahrsagen | raten; erraten | (richtig) treffen | *~ una en-*

devinalla e. Rätsel raten *od* lösen | *endevina qui he trobat!* rat(e) mal, wen ich getroffen habe! | *no ho ~ies mai!* das (er)rätst du nie! | *era fàcil d'~* das war leicht zu erraten | *m'endevines tots els pensaments* du errätst all meine Gedanken | *com ho has endevinat?* wie hast du es erraten? | *comprant aquestes accions, ho (od la) vas ~* mit dem Kauf dieser Aktien trafst du es richtig | **~ineta** *m/f* = **~inador** || *s/f* = **~inalla**.

endiabla|dament *adv* = **endimoniadament** | **~dura** *f* = **endimoniadura** | **~r** (33) *vt* = **endimoniar** | **~t (-ada)** *f) adj u. s/m f bes fig* = **endimoniat**.

endiastra|dament *adv* = **endimoniadament** | **~t (-ada)** *f) adj fig euf* = **endimoniat**.

endimonia|dament *adv* verteufelt; teuflisch | **~dura** *f* = **diableria** | **~r** (33) *vt (j-m)* den Teufel in den Leib jagen | **~t (-ada)** *f) adj* (vom Teufel) besessen | *fig* verteufelt; teuflisch || *s/mf* Besessene(r *m) m/f*.

endins *adv* (nach) innen *bzw* drinnen; einwärts; hinein | *érem tan ~, que ja no vèiem l'entrada* wir waren so weit (*od* tief) innen, daß wir den Eingang nicht mehr sahen | *en comptes de sortir-ne, cada vegada m'hi ficava més ~* statt herauszukommen, geriet ich immer tiefer hinein | *la bala ha entrat molt ~* die Kugel ist sehr tief eingedrungen | *columnes inclinades cap ~* (nach) einwärts (*od* nach innen) geneigte Säulen | *el «sí» em va sortir de molt ~* das «Ja» kam mir aus tiefster Seele | *bosc ~* waldein(wärts) | *mar ~* seewärts | *terra ~* landeinwärts | **~ar** (33) *vt* (tief, tiefer) hinein-stecken *bzw* -schieben, -schlagen, -stoßen | **~ar-se** *v/r a. fig* eindringen (*en* in *ac*).

endintre *adv* = **endins**.

endinyar (33) *vt (Schlag)* verpassen (*a alg* j-m) | = **encolomar**.

endiumenja|r-se (33) *v/r s.* feinmachen, s. sonntäglich anziehen | **~t (-ada)** *f) adj* feingemacht, sonntäglich angezogen | im Sonntags-kleid *bzw* -anzug, (*scherzhaft*) -staat.

endívia *f bot* = **escarola** | *gastr* Chicorée *f*.

endoblir-se (37) *v/r s.* verdoppeln.

endo|cardi *m anat* Endokard *n*, Herzinnenhaut *f* | **~carditis** *f med* Endokarditis, Herzinnenhautentzündung *f* | **~carpi** *m bot* Endokarp *n* | **~crí (-ina)** *f) adj biol* endokrin | *glàndules endocrines* endokrine Drüsen *f pl* | **~crinòleg (-òloga)** *f) m med* Endokrinologe *m*, -gin *f* | **~crinologia** *f med* Endokrinologie *f* | **~derma** *m biol* Endodermis *f*.

endogala|ment *m* Erdrosselung *f* | **~r** (33) *vt* erdrosseln | *fig* unterjochen | **~r-se** *v/r fig s.* hoch verschulden.

endo|gàmia *f sociol* Endogamie *f* | **~gen (-ògena)** *f) adj cient* endogen.

endola|r (33) *vt* mit Trauer erfüllen | betrüben | verdüstern | **~r-se** *v/r* Trauer anlegen | s. betrüben | **~t (-ada)** *f) adj* in Trauer(kleidung) | mit Trauerrand.

endolci|dor *adj* (ver)süßend | **~ment** *m* (Ver)Süßen *n* | **~r** (37) *vt* süßen | *fig* versüßen; mildern; weich (*bzw* sanft) machen | **~r-se** *v/r* süß werden | *fig: l'hivern ja s'ha endolcit* der Winter ist schon milder geworden.

endolentir(-se) (37) *vt(/r)* schlecht (*bzw* böse) machen (werden).

endoll *m* Verbindung *f*, Anschluß *m* | *elect e.* Stecker *m*; Steckdose *f* | **~ar** (33) *vt* hineinstecken (*a, en* in *ac*); ineinanderstecken | (*Stiel, Griff*) einpassen (*a, en* in *ac*) | (*Stecker*) einstekken (*a, en* in *ac*); (*elektrisches Gerät*) anschließen (an *ac*), einstöpseln (in *ac*).

endomassar (33) *vt (Wand, Balkon, Fassade)* feierlich behängen | (*Stuhl*) mit Damast beziehen.

endorfina *f biol med* Endorphin *n*.

endormisca|ment *m* Eindämmern *n* | Schläfrigkeit *f* | **~r-se** (33) *v/r* eindämmern, *umg* ein-dösen, -duseln, -nicken.

endós *m (pl -ossos) banc* Indossament, Indosso, Giro *n*.

endo|scopi *m med* Endoskop *n* | **~scòpia** *f med* Endoskopie *f* | **~smosi** *f fís* Endosmose *f* | **~smòtic** *adj* endosmotisch | **~sperma** *m bot* Endosperm *n*.

endossa|dor *adj banc* indossierend | **~ment** *m banc* = **endós** | **~nt** *m/f* Indossant(in *f*), Girant(in *f*) *m* | **~ anterior** Vormann *m* | **~ posterior** Nachmann *m* | **~r** (33) *vt (Kleidungsstück)* über den Rücken hängen | *banc* indossieren, girieren | *fig fam* aufhalsen (*a alg* j-m); (*Wertloses*) andrehen (j-m) | **~r-se** *v/r:* ~ *l'abric* s. den Mantel umhängen | **~tari (-ària)** *f) m* Indos-

sat(in *f*), Indossatar(in *f*), Giratar(in *f*) *m*.
endosserar (33) *vt* mit e-m Himmel überdecken.
endo|teli *m* *med* Endothel(ium) *n* | **~tèrmic** *adj* *quím* *fís* endotherm.
endrapar (33) *vt* mit Tuch bedecken | *fig pop* (*Essen*) verputzen, verdrücken ‖ *vi pop* reinhauen, stopfen, schlingen.
endreç *m* (An)Ordnung *f* | *mals ~os* Gerümpel *n*, Kram, Plunder *m* | *cambra dels mals ~os* Rumpelkammer *f* | **~a** *f* Aufräumung *f*; Hausputz *m* | *Lit* Widmung, Dedikation *f* | *fer (l') ~* Ordnung machen *od* schaffen, aufräumen; Hausputz machen | **~adament** *adv* ordentlich | **~ament** *m* Aufräumen *n* | (An)Ordnung *f* | **~ar** (33) *vt* aufräumen | weg-räumen, -packen | (*j-n*) zurechtmachen | *lit* widmen (*a alg* j-m) | *ant* = **adreçar; redreçar** | **~at** (**-ada** *f*) *adj* (*Person, Raum*) ordentlich | (*Sachen*) a. geordnet | (*Person*) a. adrett, proper, sauber u. ordentlich | *anar ~* adrett (angezogen) sein.
endret *adj Bal* = **dret** (*Lage*) ‖ *s/m* (Vorder-, Außenseite) rechte Seite *f* ‖ *adv* = **enfront**.
endropir(-se) (37) *vt*(*/r*) faul machen (werden).
endurar (33) *vt ant* aushalten, erdulden, ertragen ‖ *vi ant bes* fasten.
enduri|ment *m* Verhärtung *f* | *fig a.* Abhärtung *f* | *tecn* Härtung *f* | **~r** (37) *vt* verhärten, hart machen | *quím constr met* härten | *fig* (*j-n körperlich*) abhärten; (*j-n seelisch*) verhärten; (*Körper, Muskeln*) kräftigen | **~r-se** *v/r* (s.) verhärten, hart werden | *tecn* härten | *fig* s. ab-, ver-härten.
endur-se (40) *v/r* = **emportar-se**.
ènema *m med* Klistier *n*, Einlauf *m*.
enemi|c (**-iga** *f*) *adj* feindlich | (*Gesinnung*) feind-schaftlich, -selig ‖ *s/mf* Feind(in *f*) *m* | **~star** (33) *vt* zum Feind machen | **~star-se** *v/r* s. verfeinden (*amb* mit) | **~stat** *f* Feindschaft *f*.
eneolític *m* Chalko-, Eneo-lithikum *m*, Kupferzeit *f*.
en|ergètic *adj fís* energetisch, Energie | *crisi ~a* Energiekrise *f* | *recursos ~s* Energievorräte *m pl* ‖ *s/f* Energetik *f* | **~ergia** *f* Energie *f* | Kraft *f* | *fig a.* Tatkraft *f*; Nachdruck *m* | *~ atòmica* (*nuclear*) Atom-(Kern-)energie, -kraft *f* | *~ elèctrica* elektrische Energie *f* | *~ hidràulica* Wasserkraft *f* | *~ solar* Solar-, Sonnen-energie *f* | *un home ple d'~* e. Mann voller Energie, e. energiegeladener Mann | *una persona sense ~* e. energieloser Mensch | *parlar amb ~* mit Energie (*od* Nachdruck, Entschlossenheit) sprechen | **~èrgic(ament** *adv*) *adj* energisch | *fig a.* tatkräftig; nachdrücklich | (*Mittel*) wirksam | **~ergumen** *m* Besessene(r) *m* | *fig desp* (wilder) Fanatiker *m* | *com un ~* wie e. Berserker.
enerva|ció *f* Enervierung *f* | **~ment** *m* Entnervung *f* | **~nt** *adj* (*m/f*) entnervend | nervenaufreibend | **~r** (33) *vt* entnerven, a. *med* enervieren | *p ext* aufregen.
enèsim *adj mat* n-te(r, -s) | *fig* x-te(r, -s) | *l'~a temptativa* der x-te Versuch | *per ~a vegada* zum x-ten Male, zum x-tenmal ‖ *s/m mat* n-tel *n*.
enfada|r-se (33) *v/r* s. ärgern, ärgerlich (*od* böse) werden | *~ amb alg* *od* *per u/c* s. über j-n *od* etw ärgern; mit j-m *od* über etw (*ac*) böse werden | *no t'enfadis!* ärger(e) dich nicht!; sei (mir) nicht böse! | **~t** (**-ada** *f*) *pp/adj: estar ~ amb alg* j-m (*od* auf j-n, mit j-m) böse sein; auf j-n ärgerlich sein; über j-n verärgert sein | *està ~ amb ell mateix* er ist s. selbst böse *od* über s. selbst verärgert.
enfade|iment *m* Fadheit, Geschmacklosigkeit *f* | **~ir** (37) *vt* fad(e) machen, geschmacklos machen | **~ir-se** *v/r* fade werden, an Geschmack verlieren.
enfadós (**-osa** *f*, **-osament** *adv*) *adj* ärgerlich | lästig | *s: cançó*.
enfaixa|r (33) *vt* (ein-, um-)wickeln | **~t** *m* (*Mast, Ruder*) Umwick(e)lung *f*.
enfangar (33) *vt* schlammig machen, mit Schlamm verschmutzen | **~-se** *v/r* schlammig werden, verschlammen | s. mit Schlamm beschmutzen | *fig: ~ en el vici* im Laster versumpfen.
enfarcellar (33) *vt* bündeln.
enfard|ador(a *f*) *m* Packer(in *f*) *m* | **~ar, ~ellar** (33) *vt* in Ballen packen.
enfardissar (33) *vt* mit dürrem Laub *od* Gestrüpp füllen.
enfarfe|c *m desp* Schwulst *m* | = **empatx** | **~gament** *m* Überladenheit, Schwülstigkeit *f* | **~gar** (33) *vt desp* überladen | **~gat** (**-ada** *f*) *adj* überladen, schwülstig.
enfarfollar-se (33) *vr* s. verhaspeln | = **empatollar-se**.

enfarinar (33) *vt* mit Mehl bestreuen | (*Fisch*) in Mehl wenden | *p ext* staubig machen | *iròn* zu stark pudern | **~se** *v/r* s. staubig machen | s. zu stark pudern.

enfaristolar-se (33) *v/r* stolz (*od* hochmütig) werden | s. erzürnen.

enfasti|dir (37) *vt* (an)öden, langweilen | **~dir-se** *v/r* s. öden, s. langweilen | **~jar(-se)** (33) *vt(/r)* = **enfastidir(-se)**.

enfavar (33) *v/r fam* = **embadalir-se**, **encantar-se**.

enfebra|r-se (33) *v/r med* (höheres) Fieber bekommen | **~t** (**-ada** *f*) *adj* fieb(e)rig.

enfein|(eg)assat (**-ada** *f*) *adj* sehr beschäftigt *bzw* geschäftig | **~at** (**-ada** *f*) *adj* beschäftigt | geschäftig | *un home molt ~* e. vielbeschäftigter Mann | *estic molt ~* ich bin sehr beschäftigt, ich habe viel Arbeit *od* viel zu tun | *es feia l'~* er tat sehr geschäftig | *anaven i venien tots ~s* sie eilten geschäftig hin u. her.

enfeix|ar, ~inar (33) *vt agr* feimen, einschobern.

enfellonir(-se) (37) *vt(/r) ant* (s.) erzürnen.

enfeltrar (33) *vt tèxt* filzen.

enfer|eir-se, ~estir-se, ~otgir-se (37) *v/r* verwildern (*Tier*).

enferritjar-se (33) *v/r* steckenbleiben | klemmen, haken (*Schlüssel*) | s. festfressen (*Maschinenteil*).

enfervori|ment *m* Anfeuern *n* | Eiferung *f* | **~r** (37) *vt* aneifern, anfeuern | **~r-se** *v/r* s. ereifern.

enfigass|ament *m* Klebrigkeit, Schmierigkeit *f* | **~ar(-se)** (33) *vt(/r)* (s.) verschmieren, schmierig machen (werden) | **~ós** (**-osa** *f*) *adj* klebrig, schmierig.

enfila *f* Tellerbrett *n* | **~da** *f* Auffädeln, *n* | Aufreihen *n* | = **~ll** | **~dís** (**-issa** *f*) *adj* kletternd, Kletter... | *plantes enfiladisses* Kletterpflanzen *f pl* | **~ll** *m* (*aufgereihte Dinge*) Schnur *f* | *fig* Reihe; Serie *f* | *un ~ de perles* e-e Perlenschnur *f* | *un ~ de disbarats* (*mentides*) e-e ganze Serie von Dummheiten (Lügen) | **~r** (33) *vt* auffädeln, aufreihen | (*Nadel*) einfädeln | (*bes Brathähnchen*) aufspießen | (*Weg*) einschlagen | (*Ziel*) ansteuern | *~ l'agulla* (*fig*) das Thema ansprechen || *vi:* ~ *pel carrer de Bach* die Bachstraße einschlagen | *~ muntanya amunt* schnurstracks bergauf steigen | **~r-se** *v/r a.* *fig* (hinauf-, hoch-)klettern (*a, en* auf *ac*) | *bot a.* (s.) hochranken | (*in e-r Diskussion*) in Fahrt kommen | *~ per les parets* (*fig*) die Wände (*od* an den Wänden) hochgehen.

enfillar-se (33) *v/r* = **emmainadar-se**.

enfilosar (33) *vt* = **encerrosar**.

enfinestrat (**-ada** *f*) *adj* mit Fenstern | (*Person*) am Fenster.

enfistular-se (33) *v/r med* zu e-r Fistel entarten.

enfit|(ament *m* = **empatx** | **~ar(-se)** (33) *vt(/r) med fam* = **empatxar(-se)** | **~er** *m bot* Wunderbaum, Rizinus *m*.

enfloca|dura *f* Fransenbesatz *m* | **~r** (33) *vt* befransen | *p ext* (heraus)putzen.

enflorar (33) *vt* mit Blumen schmücken | **~se** *v/r: el jardí s'ha ben enflorat* im Garten blüht alles.

enfoca|ment *m òpt* Fokussierung *f* | *fotog* Einstellung *f* | *fig* Betrachtungsweise, Auffassung *f* | ~ *nítid* Scharfeinstellung *f* | *~ de la qüestió* Fragestellung *f* | **~r** (33) *vt òpt* fokussieren | (*Kamera, Fernglas*) (klar *od* scharf) (ein)stellen | das Objektiv (*bzw* den Scheinwerfer, die Taschenlampe) richten auf (*ac*) | *fig:* ~ *bé* (*malament*) *una qüestió* (*un afer*) e-e Frage (Angelegenheit) richtig (falsch) angehen *od* anfassen.

enfollir(-se) (37) *vt/i(/r)* = **embogir(-se)**.

enfondir(-se) (37) *vt(/r)* = **apregonar(-se)**.

enfonsa|da *f bes fig* Zusammenbruch *m* | **~ment** *m* Versenkung *f;* Untergang *m* | Ein-, Zusammen-sturz *m* | *a. fig* Zusammenbruch *m* | *bes geol* Senkung *f* | Einsenkung *f* | *l'~ d'un submarí enemic* die Versenkung e-s feindlichen U-Boot(e)s | *l'~ del Titànic* der Untergang der Titanic | *l'~ del dòlar* der Zusammenbruch des Dollars | **~r** (33) *vt* (*bes Schiff*) versenken | (ein)senken; (tief) (ein)schlagen *bzw* (ein)stechen, (ein)drücken (*a, en* in *ac*) | (*Bau, Mauer*) ein-, nieder-reißen; (*Fenster, Tür*) ein-schlagen *bzw* -stoßen, -drücken | *li enfonsà el ganivet al pit* er stieß ihm das Messer in die Brust | *fig: volen ~ l'empresa* sie wollen den Betrieb zugrunde richten | *la mort del seu fill va ~-lo* der Tod s-s Sohnes schmetterte ihn nieder | *~ el poble en la misèria* das Volk ins Elend sinken lassen | *~ els preus* die Preise zu Boden drücken | **~r-se** (33) *v/r* (ab-, ver-)

sinken, untergehen, *umg* absacken (*Schiff*) | s. senken, absinken, *umg* absacken (*Boden, Fundament, Bau*) | einsinken, -stürzen, -fallen, -brechen; (in s.) zus. -sinken, -stürzen, -fallen, -brechen (*Bau, Mauer, Decke*) | *fig* untergehen; zusammenbrechen | *van ~ en la sorra fins als genolls* sie sanken bis zu den Knien im Sand ein | *el món s'enfonsa* die Welt geht unter | *l'acusat va ~* der Angeklagte brach zusammen | **~t** (**-ada**) *pp/adj: galtes enfonsades* eingesunkene (*od* eingefallene) Wangen | *ulls ~s* eingesunkene (*od* tiefliegende) Augen | *tinc tres costelles enfonsades* ich habe drei eingedrückte Rippen | *està ~* (*fig*) er ist am Boden zerstört.

enfony, **~all** *m Bal* enge(r) Raum; Winkel *m*; Nische *f* | Abstellraum *m* | *fig* Loch *n*, Höhle *f* | **~ar(-se)** (33) *vt(/r)* = **entaforar(-se)**.

enfora *adv* (nach) außen *bzw* draußen; auswärts; hinaus | *la casa d'ells encara és més ~* ihr Haus liegt noch weiter auswärts | *la porta s'obre cap ~* die Tür öffnet s. nach außen | *surt massa ~* es steht (*od* ragt) zu weit hinaus | *anar* (*od fer-se*) *~* (*nàut*) (aufs offene Meer) hinausfahren | *de cara* (*od de portes*) *~* (*fig*) nach außen hin || (*a l'*) *~ de, de...* (*loc prep*) außer (*dat*), mit Ausnahme von.

enforatar(-se) (33) *vt(/r)* = **entaforar(-se)**.

enforca|da *f agr* Aufgabeln *n*; Heugabel *f* (voll) | Erhängen *n* | **~dura** *f* Astgabel *f* | **~ll** *f* Gabelung *f* | **~r** (33) *vt* (*Heu, Stroh*) aufgabeln | *ant reg* (*j-n*) erhängen | (*Zwiebeln, Knoblauch*) zu e-m Zopf (*bzw* zu Zöpfen) flechten.

enforinyar(-se) (33) *vt(/r) Bal* = **entaforar(-se)**.

enforfollar (33) *vt* hinein-stopfen, -wursteln.

enforma|dor *m* Beitel *m*, Stemmeisen *n* | **~r** (33) *vt* (*Kleidungstück, Hut, Schuh*) formen.

enforna|da *f* (*Ofen*) Schub *m* | **~r** (33) *vt* in den (Back)Ofen schieben.

enforquillar (33) *vt* gabeln.

enforti|dor *adj* stärkend | kräftigend | **~ment** *m* Stärkung *f* | Kräftigung *f* | **~r** (37) *vt* stärken | (*j-n, Muskeln*) a. kräftigen | **~r-se** *v/r* s. stärken | s. kräftigen.

enfos|car(-se) (33) *vt/imp(/r)* = **~quir(-se)** | **~quiment** *m* Verdunk(e)lung *f* | Verfinsterung, Verdüsterung *f* | Trübung *f* | Abdunk(e)lung *f* | **~quir** (37) *vt* verdunkeln | (*Himmel*) *a.* verfinstern, verdüstern | (*Glanz*) *a.* trüben | (*bes Farbe*) abdunkeln | *res no pot ~ la nostra felicitat* nichts kann unser Glück verdunkeln *od* trüben | *~ la ment* den Verstand trüben *od* umnachten || *v/imp: ja enfosqueix* es wird schon dunkel, es dunkelt schon | **~quir-se** *v/r* s. verdunkeln | s. verfinstern, s. verdüstern | s. trüben | (ab)dunkeln || *v/imp* dunkel werden, *lit* dunkeln.

enfran|c *m* (*Schuhsohle*) Gelenk *n* | **~quir** (37) *vt* = **afranquir** | (*Schuh*) zusammennähen.

enfred|olicar (33) *vt* frösteln lassen | **~olicar-se** *v/r: m'he enfredolicat* es fröstelt mich, mich fröstelt (es) | **~orament**, **~oriment** *m* Frieren, Kältegefühl *n* | **~orar(-se)** (33) *vt(/r)* = **~orir(-se)** | **~orir** (37) *vt* auskühlen | **~orir-se** *v/r: m'he enfredorit* mir ist es kalt geworden; es friert mich, mich friert (es) | *les mans se m'han enfredorit* mich friert (es) an den Händen | **~orit** (**-ida**) *f) pp/adj: tinc els peus ~s* die Füße frieren mir.

enfrenar (33) *vt a. fig* zügeln.

enfront *m* Vorderseite, *bes* Fassade, Vorderfront *f* || *adv* (gerade) gegenüber | *la casa és ~ de l'església* das Haus liegt der Kirche gegenüber *od* gegenüber (von) der Kirche | **~ament** *m* Auseinandersetzung, Konfrontation *f* | *esport* Begegnung *f* | **~ar** (33) *vt* einander gegenüberstellen | *bes* gegeneinander aufbringen | *volien ~-lo amb el seu propi pare* sie wollten ihn gegen seinen eigener Vater aufbringen | *el partit ~à els dos candidats al títol* bei dem Spiel werden s. die beiden Titelanwärter gegenüberstehen | **~ar-se** *v/r: els manifestants van ~ violentament amb la policia* die Demonstranten stießen heftig mit der Polizei zusammen | *va tenir la valentia d'~ amb el caporal* er hatte den Mut, dem Gefreiten entgegenzutreten *od* die Stirn zu bieten | *avui s'enfronten Chris Evert i Steffi Graf* heute spielen Chris Evert u. Steffi Graf gegeneinander.

enfú *m ict* = **sonso**.

enfugir-se (40) *v/r* = **fugir, escapar-se**.

enfundar (33) *vt* in die Hülle (*bzw* ins Futteral, in den Bezug, ins Halfter) stecken | **~-se** *v/r ~ en u/c* (*fig*) s. in

etw (ac) vertiefen.
enfuri|ar(-se) (33), **~r(-se)** (37) vt(/r) lit = **enfurismar(-se)**.
enfurismar(-se) (33) vt(/r) wütend machen (werden).
enfurrunyar-se v/r schmollen.
enfusellar (33) vt (Wagen) verachsen.
enfusta|r (33) vt mit Holz verkleiden | (Boden) dielen | (Wand) täfeln | **~t** m Holzverkleidung f | Dielen f pl | Täfelung f.
enfuti(s)mar(-se) (33) vt(/r) reg = **enfurismar(-se)**.
engadinès m = **engiadinès**.
engabiar (33) in e-n Käfig sperren | a. fig einsperren | **~-se** v/r s. einsperren.
engafetar (33) vt mit Haken (od Häkchen) versehen | zuhaken.
engalanar(-se) (33) vt(/r) (s.) auf-, herausputzen.
engalavernar (33) vt tecn ineinandergreifen lassen | = **encarcarar** | **~-se** v/r = **enferritjar-se** | = **encarcarar-se**.
engalba f Engobe f | **~r** (33) vt engobieren.
engalipa|da f fam Schwindelei f | **~r** (33) vt fam hereinlegen, einseifen, anschmieren, übers Ohr hauen.
engallardi|ment m Kühnheit, Verwegenheit f | **~r** (37) vt anspornen, anfeuern | **~r-se** v/r kühn (od verwegen) werden.
engallar-se (33) v/r = **engallir-se**.
engallina|da f fig fam = **engalipada** | **~r** (33) vt (Federvieh) in den Stall sperren | fig fam = **engalipar**.
engallir-se (37) v/r s. (wie e. Hahn) rekken | fig = **altivar-se**.
engallofir(-se) (37) vt(/r) = **engandulir(-se)**.
engalonar (33) vt betressen.
engaltar (33) vt (Gewehr) anlegen, in Anschlag bringen || fig: **~** u/c a alg j-m etw ins Gesicht schleudern | dir-les sense **~** drauflosreden, frei von der Leber weg reden.
engalvanir(-se) (37) vt(/r) = **emmandrir(-se)**.
engalzar (33) vt vernuten.
enganar(-se) (33) vt(/r) ant reg = **enganyar(-se)**.
engandulir(-se) (37) vt(/r) faul machen (werden).
enganx|ada f: t'has fet una **~** a la brusa du bist mit der Bluse hängengeblieben | fig fam: he tingut una **~** amb el cap ich habe e-n Zusammenstoß mit

dem Chef gehabt | **~all** m aut (Anhänger)Kupplung f | ferroc (Vorrichtung) Kupplung f | **~ament** m: l'**~** automàtic dels vagons die automatische (An)Kupplung der Waggons | **~ar** (33) vt an-, ein-, fest-haken; (Zugtier) anspannen, anschirren; (Anhänger, Waggon) anhängen, ankoppeln, ankuppeln | einklemmen | an-, auf-, ein-, fest-, zusammen-kleben | esport hake(l)n | fig fam ertappen, erwischen; einfangen, (s.) kapern; s. holen | **~** els bous al carro die Ochsen vor den Wagen spannen | **~** l'arada al tractor den Pflug an den Traktor (an)hängen | **~** fotos en un àlbum Fotos in e. Album (ein)kleben | **~** cartells a la paret Plakate an die Wand (an)kleben | **~** un plat trencat e-n zerbrochenen Teller zusammenkleben || vi: el cotxer va **~** der Kutscher spannte an | aquesta cola no enganxa dieser Leim klebt nicht | **~ar-se** v/r: se m'ha enganxat la màniga en un clau ich bin mit dem Ärmel an e-m Nagel hängengeblieben; mein Ärmel hat s. an e-m Nagel verhakt od festgehakt | m'he enganxat el dit a la porta ich habe mir den Finger in der Tür eingeklemmt | aquestes etiquetes no s'enganxen diese Etiketten kleben nicht | la mosca s'ha enganxat a la mel die Fliege ist auf dem Honig kleben- (od hängen-)geblieben | fig fam: els teus amics sempre se'ns enganxen deine Freunde liegen uns ständig auf der Pelle | **~ós** (-osa) f) adj a. fig klebrig | (Melodie, Lied) eingängig.
engany m Täuschung f, lit Trug m | Betrug, Schwindel m; bes pl Betrügerei(en pl), Schwindelei(en pl) f | **~abadocs** m Flitter(-kram m, -werk n) m | faule(r) Zauber m | (Person) Bauernfänger m | **~ador** adj = **~ós** (Person) betrügerisch; falsch || s/mf Betrüger(in f) m | **~apastors** m ornit Nachtschwalbe f, Ziegenmelker m | **~ar** (33) vt täuschen, lit trügen | (bewußt) a. betrügen | belügen, umg beschwindeln | no m'enganyis! mach mir doch nichts vor od weis! | **~** el marit (la dona) s-n Mann (s-e Frau) betrügen | fig: **~** la gana s-n Magen ablenken | **~** el temps s. die Zeit vertreiben || vi täuschen, lit trügen | **~ar-se** v/r s. täuschen | **~** a si mateix s. selbst betrügen, s. (dat) etw vormachen | **~atall** m = **~ifa** | **~ifa**

engarbullar *f fam* Schwindel *m* | *bes pl* Schwindelei(en *pl*) *f* | **~ívol** *adj lit* = **~ador**, **~ós** | **~ós** (**-osa** *f*, **-osament** *adv*) *adj* täuschend, trügerisch | (*Worte*, *Absicht*, *Handlung*) betrügerisch.
engarbullar (33) *vt* = **engiponar**.
engarga(me)llar (33) *vt* = **engargullar**.
engargullar (33) *vt*: ~ u/c a alg j-m etw einflößen *bzw* hineinstopfen; *fig* j-m etw ein-bleuen, -pauken, -trichtern.
engargussar-se (33) *v/r* in der Kehle stekkenbleiben (*Bissen, Gräte*) | verstopfen (*Rohr*) | s. verschlucken (*Person*).
engarjolar (33) *vt pop* ein-lochen, -buchten, -bunkern.
engarlandar (33) *vt* bekränzen.
engarrota|dor *m* = **garrotador** | **~r** (33) *vt* = **garrotar**.
engatar (33) *vt pop* besoffen (*od* blau) machen | **~-se** *v/r pop* s. e-n Affen kaufen, s. besaufen.
engatja|ment *m*: ~ *polític* (*social*) politisches (soziales) Engagement *n* | **~r** (33) *vt ant* = **empenyorar** | *lit* verpflichten, binden | **~r-se** *v/r*: ~ *políticament* s. politisch engagieren.
engavanya|dor *adj* beengend | **~ment** *m* Beengung *f* | **~r** (33) *vt* beengen (*Kleidung*).
engegad|a *f*: *motor* d'~ Anlaß-, Startmotor *m* | *el teu cotxe té una bona* ~ dein Auto springt gut an | **~or** *m* (*Motor*) Anlasser, Starter *m*.
engegantir(-se) (37) *vt*(/*r*) = **agegantar** (**-se**).
engegar (33) *vt a. fig* in Gang setzen; (*Motor, Fahrzeug, Maschine*) anlassen, starten, anwerfen; (*Maschine, Gerät*) einschalten, anstellen, *umg* anmachen; (*Mechanismus*) auslösen | werfen, schleudern, feuern; (*Schuß*) abgeben; (*Pfeil, Torpedo*) abschießen; (*Drachen*) steigen lassen; (*Ballon*) fliegen lassen; (*Schlag*) versetzen, verpassen; (*Äußerung*) herausplatzen mit; (*Schrei, Seufzer, Fluch*) ausstoßen | (*Vieh*) austreiben; (*Geflügel*) hinauslassen | *fig fam* (j-n) ab-, zurück-weisen; wegschicken; abfahren lassen; hinauswerfen, feuern; (*Lästiges*) hin-werfen, -schmeißen | ~ *una riallada* auflachen | ~ *els gossos a alg* die Hunde auf j-n loslassen *od* hetzen; *fig fam* j-n anbellen | ~ *alg al diable od a dida, a passeig* j-n zum Teufel jagen | ~ *u/c a rodar od a passeig* etw kaputtmachen *bzw* aufstecken | **~-se** *v/r*: *el motor* (*cotxe*) *no s'engega*

der Motor (Wagen) springt nicht an | *la ràdio s'ha engegat tota sola* das Radio ist von selbst angegangen.
engelabrir-se (37) *v/r* eiskalt werden.
engelosir(-se) (37) *vt*(/*r*) eifersüchtig machen (werden).
engendra|ment *m* Zeugung *f* | Erzeugung *f* | **~r** (33) *vt* zeugen | *fig* erzeugen; hervorbringen; verursachen.
Engiadin|a *f* Engadin *n* | **~ès** *m ling* Ladin(isch) *n* | *l'*~ das Ladinische.
enginy *m* Erfindergeist *m*, Erfindungsgabe *f* | Geist, Scharfsinn *m* | = **giny** | *un home d'*~ e. geistreicher (*bzw* erfinderischer, scharfsinniger) Mensch | *més val* ~ *que força* (*Spruch*) Geist ist stärker als Macht | **~ar** (33) *vt* erfinden | ersinnen, ausdenken | **~ar-se** *v/r*: ~ *una resposta* s. (*dat*) e-e Antwort ausdenken | *fam: el murri va* **~-les** (*od enginyar-s'ho*) *per sortir-se'n amb la seva* der Schlaumeier trickste es so, daß er s-n Willen durchsetzen konnte | **~er(a** *f*) *m* Ingenieur(in *f*) *m* | ~ *agrònom* Agronom, Diplomlandwirt *m* | ~ *naval* Schiffsbauingenieur *m* | *escola d'*~*s* Ingenieurschule *f* | **~eria** *f* Ingenieurwissenschaft *f* | Ingenieurwesen *n* | Technik *f* | ~ *civil* Hoch- u. Tiefbau *m* | ~ *mecànica* Maschinenbau *m* | ~ *elèctrica* (*química*) Elektro-(Chemie-)technik *f* | *una obra d'*~ (*fig*) e-e Meisterkonstruktion | **~ós** (**-osa** *f*, **-osament** *adv*) *adj* (*Person*) erfinderisch, findig; einfallsreich | (*a. Äußerung*) geistreich; scharfsinnig | (*Erfindung*) sinnreich | (*Plan, Apparat*) gut durchdacht.
engiponar (33) *vt fam* zusammen-stoppeln, -pfuschen, -hauen, -hudeln.
engir *adv ant* = **entorn** | **~es**: *per les* ~ *de...* (*loc prep reg*) um... herum.
englantina *f bot* Großblütige(r) Jasmin *m*.
englobar (33) *vt* ein-begreifen, -schließen | umfassen.
englotir(-se) (37) *vt*(/*r*) = **engolir(-se)**.
engolat (**-ada** *f*) *adj* (*Stimme*) kehlig.
engolfar (33) *vt* (*Tür, Fenster*) mit Angeln versehen.
engolfar-se (33) *v/r* e-n Golf bilden (*Meer*) | (auf hohe See) hinausfahren | *fig*: ~ *en u/c* s. in etw (*ac*) vertiefen *od* versenken; s. auf etw (*ac*) einlassen.
engoli|dor *m* Strudel, Wirbel *m* | **~r** (37) *vt* (hinunter)schlucken | ~ *la saliva* den Speichel schlucken | *fig: les ones van* ~ *la barca* die Wellen

verschlangen das Boot | ~r-se v/r: van ~ tota la carn en un no res sie verschlagen das ganze Fleisch im Nu.

engoma|da f Gummieren n | Gummierung f | Schlammschicht f | ~r (33) vt gummieren | mit Schlamm bedecken.

engonal m anat Leiste f.

engordir(-se) (37) vt(/r) Val = **engreixar** (-se).

engorgar-se (33) v/r s. (an)stauen (Wasser, Fluß).

engorja|r (33) vt = **engargullar** | ~r-se v/r s. verengen (Fluß, Weg) | ~t m = **congost**.

engormandir(-se) (37) vt(/r) = **enllepolir(-se)**.

engorronir(-se) (37) vt(/r) = **emmandrir** (-se).

engraella|r (33) vt gitterartig anordnen | (Bau) mit Dachbalken versehen | ~t m Dach-gebälk, -gerüst n | Gitter(werk) n | (Beton) Bewehrung f.

engranall m caç Kirrung f | ~ar (33) vt (an)kirren.

engrana|r (33) vt (Mühltrichter) mit Korn füllen || vi tecn ineinandergreifen | ~ en eingreifen in (ac) | ~tge m tecn Ineinandergreifen n | Eingriff m | Verzahnung f | (Zahnrad)Getriebe n | Räderwerk n | fig Mechanismus m; Gefüge f | ~ helicoïdal Schneckengetriebe n | ~ diferencial Differential(getriebe) n.

engrandi|ment m Vergrößerung f | Erweiterung f | ~r (37) vt a. òpt vergrößern | (Raum, Bereich) a. erweitern | fig: aquesta acció l'engrandeix als meus ulls diese Handlung läßt ihn in meiner Achtung steigen || vi größer werden, wachsen (Kind) | ~r-se v/r s. vergrößern, größer werden | s. erweitern.

engranerar (33) vt agr einscheuern.

engrapa|dora f Heftmaschine f | bes (kleiner) Hefter m | ~r (33) vt (an)packen | (Blätter, Bogen) (zusammen)heften.

engravar (33) vt (Weg, Straße) bekiesen.

engreix m (Tier) Mast, Mästung f | porc d'~ Mastschwein n | ~ament m Dickwerden n | (Tier) Mästen, Mästung f | agr Düngen, Düngung f | = **greixatge** | ~ar (33) vt dick (od fett) machen | bes (Tier) mästen | (Land) düngen | = **greixar** | fig (j-n) schmieren || vi: les patates engreixen Kartoffeln machen dick | ~ar-se v/r dick (od fett) werden | zunehmen | fig (vor Stolz) schwellen | m'he engreixat bastant ich habe ziemlich zugenommen | ~inar (33) vt verschmieren | = **greixar** | ~inar-se v/r s. verschmieren.

engresca|dor adj begeisternd, mitreißend | ~ment m Begeisterung, Schwärmerei f | Leidenschaftlichkeit f; Eifer m; starkes Interesse n | ~r (33) vt begeistern, mit-, hin-reißen | anfeuern; (a. in Liebe) entflammen | ~ alg a fer u/c j-n dazu bringen, etw zu tun | ~r-se v/r s. begeistern, s. mit-, hinreißen lassen | Feuer fangen | ~ amb alg od u/c s. für j-n od etw erwärmen; s. in j-n od etw vernarren | t'engresques massa fàcilment! du bist immer gleich Feuer u. Flamme!

engrillonar (33) vt fesseln, in Fesseln legen.

engrinya f fam Krach m | mst pl Zänkerei f | ~r-se (33) v/r fam s. verkrachen.

engripa|r-se (33) v/r die Grippe bekommen | ~t (-ada f) pp/adj: estar ~ die Grippe haben.

engroguir (37) vt gelb machen bzw färben | el sol ha engroguit les cortines die Sonne hat die Gardinen vergilben lassen od vergilbt | ~-se v/r gelb werden | s. gelb färben | vergilben.

engr|òs loc adv: a l'~ im großen, im Großhandel, en gros; (loc adj) Großhandels..., Engros... | comerç a l'~ Großhandel m | preu a l'~ Großhandels-, Engros-preis m | comerciant a l'~ Großhändler, Grossist m | fig: contar u/c a l'~ etw in groben Zügen schildern.

engrossi|ment m Verdickung f | Vergrößerung f | ~r (37) vt größer (a. j-n dikker) machen; verdicken | vergrössern; vermehren; erhöhen; (bes Truppen) verstärken | aquest vestit t'engrosseix dieses Kleid läßt dich dicker erscheinen | ~r-se v/r größer (bzw dicker) werden | s. verdicken.

engrudós (-osa f) adj schmierig, schmuddelig | kleist(e)rig.

engruix|ar(-se) (33), ~ir(-se) (37) vt dikker (od stärker) machen (werden).

engru|na f Krume f, Krümel m, Krümchen f | fig: no tenir (ni) una ~ d'enteniment ihr habt keinen Deut Verstand || pl Speisereste m pl | aprofitar les engrunes od miques (fig) nichts verkommen lassen | ~nadís (-issa f) adj

engrut krümelig | **~nadissa** *f* Berg *m* Krümel | **~nar** (33) *vt* zerkrümeln | (*Brot*) einbrocken | *fig* haarklein erzählen.

engrut *m* Schmiere *f*, Schmuddel *m* | Kleister, Papp *m* | **~ar** (33) *vt* beschmieren, beschmuddeln | kleistern | **~ar-se** *v/r* schmierig (*od* schmuddelig) werden.

engualdrapar (33) *vt* (*Pferd*) mit e-r Schabracke bedecken.

enguanta|r (33) *vt* (*j-m*) die Handschuhe anziehen | **~r-se** *v/r* s-e Handschuhe anziehen | **~t** (-**ada**) *f*) *adj* behandschuht.

enguany *adv* dieses Jahr, *südd* heuer | *la collita d'~* die diesjährige (*südd* heurige) Ernte.

enguardiolar (33) *vt* in die Sparbüchse (ein)werfen | sparen.

enguerxir(-se) (37) *vt*(/*r*) = **guerxar(-se)**.

enguixa|da *f* (Ein-, Ver-)Gipsen *n* | *med* Gipsverband *m* | **~dor/a** (*f*) *m* Gipser(in *f*) *m* | **~r** (33) *vt* (ein-, ver-)gipsen | *tinc la cama enguixada* ich habe das Bein in Gips.

enharm|onia *f* *mús* Enharmonik *f* | **~ònic** *adj* enharmonisch.

enherbar (33) *vt* mit Gras bepflanzen *bzw* besäen | **~se** *v/r* s. mit Gras bedecken, von Gras überwachsen werden.

enhorabona *f* Glückwunsch *m* | *donar l'~ a alg per u/c* j-n zu etw beglückwünschen | *l'~ od la meva ~!* ich gratuliere!

enigm|a *m* Rätsel *n* | **~àtic(ament** *adv*) *adj* rätselhaft.

enjardinar (33) *vt* gärtnerisch anlegen | in e-n Garten verwandeln.

enjogassa|ment *m* Verspieltheit *f* | Übermut *m*, Ausgelassenheit *f* | **~r-se** (33) *v/r* verspielt (*bzw* übermütig) werden | **~t** (-**ada** *f*, **-adament** *adv*) *adj* verspielt; spielerisch | übermütig ausgelassen | *ara estan molt ~s* jetzt sind sie recht ausgelassen.

enjoi(ell)ar (33) *vt* mit Juwelen schmücken *od* (ver)zieren | **~se** *v/r* Schmuck anlegen.

enjoncar (33) *vt* (*Boden*) mit Binsen (*bzw* Laub, Blüten) bedecken | *fig* = **embrancar** | **~se** *v/r* = **embrancarse**.

enjondre *adv ant reg* anderswo, woanders.

enjovar (33) *vt* einjochen, ins Joch spannen.

enjovenir (37) *vt* jünger erscheinen lassen.

enjudici|ament *m dr* Einleitung *f* des Gerichtsverfahrens | **~ar** (33) *vt*: ~ *alg* (*dr*) das Verfahren gegen j-n einleiten.

enjús *adv ant* = **avall**.

enlacrar (33) *vt* = **lacrar**.

enlair|ament *m* Erhebung *f* | Aufstieg *m* | **~ar** (33) *vt* hoch-, empor-heben | steigen lassen | *a. fig* erheben | **~ar-se** *v/r* hoch-fliegen *bzw* -steigen | *a. fig* s. erheben | *a. fig* aufsteigen | *l'avió ja s'enlaira* das Flugzeug steigt schon auf | *el globus va anar enlairant-se* der Ballon stieg allmählich höher | **~at** (-**ada** *f*) *adj* hochgelegen | *a. fig* erhaben | **~e** *adv* (oben *bzw* hinauf) | in der Höhe | in die Höhe, *lit* empor | *fig* in der Schwebe, unentschieden; *Bal* vergebens | *s: amunt* | *els còndors volen molt* ~ Kondore fliegen sehr hoch | *ho vaig aixecar* ~ ich hob es hoch | *no tireu la pilota tan ~!* werft den Ball nicht so hoch! | *mans ~!* Hände hoch!

enllà *adv* nach dort | (hin)weg | weit (ab, fort, weg, entfernt) | *fes-te ~, Satanàs!* hinweg mit dir, Satan! | *el poble ja no és gaire ~* das Dorf ist nicht mehr weit (ab *od* entfernt) | *hem anat massa ~* (*a. fig*) wir sind zu weit gegangen | *tu arribaràs molt ~* du wirst es weit bringen || *més ~: allà és Pals, i el poble de més ~ és Peratallada* dort ist Pals, und das Dorf weiter hinten (*od* drüben) ist Peratallada | *el camí ja no va més ~* der Weg geht nicht mehr weiter | *el més ~* das Jenseits | *més ~ del bosc hi ha un castell* jenseits des Waldes liegt e-e Burg | *no eren més ~ de cent* sie waren nicht über hundert | *les teves exigències van molt més ~ del que puc concedir* deine Forderungen gehen weit über das hinaus, was ich geben kann | ... *~: nord* (*cel*) = nord-(himmel-)wärts | *viuen un carrer més ~* sie wohnen e-e Straße weiter | *del molí ~ tot és d'ell* von der Mühle ab (*od* jenseits der Mühle) gehört alles ihm | *de demà ~* ab morgen | *del segle passat ~* vom letzten Jahrhundert zurück *od* rückwärts || *s: allà, dellà; deçà*.

enllaç *m* Verbindung *f* | *circ a.* Anschluß *m* | (*ehelich*) *a.* Vermählung *f* | *qut m fts* Bindung *f* | *bes mil* Verbindungsmann *m* | *oficial d'~* Verbindungsof-

fizier *m* | ~**ament** *m* Verschlingung *f* | Verbindung *f*.
enllacar (33) *vt* mit Schlamm bedecken | ~**-se** *v/r* verschlammen.
enllaça|r (33) *vt* (*Bänder, Fäden*) verschlingen | *a. fig* verbinden | (*j-n, j-s Nacken, Taille*) umschlingen | (*bes Pferd*) mit dem Lasso (ein)fangen || *vi: el tren enllaça amb un autocar* der Zug hat Anschluß an e-n Bus | ~**r-se** (33) *v/r* s. verschlingen | s. verbinden; *lit* (*durch Heirat*) *a.* s. vermählen | ~**t** (**-ada** *f*) *adj* schleifengeziert.
enllagrimar-se (33) *v/r* s. mit Tränen füllen (*Augen*).
enllaminir(-se) (37) *vt*(*/r*) = **enllepolir** (**-se**).
enllandar (33) *vt* felgen.
enllangorir (37) *vt lit* (dahin)schmachten lassen | ~**-se** *v/r* (dahin)schmachten.
enllard|ador(a *f*) *m* Spicknadel *f* | ~**ament** *m* Spicken *n* | Schmalzen, Einfetten *n*, Einfettung *f* | ~**ar** (33) *vt gastr* spicken | schmalzen, einfetten | ~**issar** (33) *vt* (mit Fett) beschmieren | ~**onar** (33) *vt* = ~**ar**.
enllatar (33) *vt constr* mit Dachlatten versehen.
enllauna|r (33) *vt* mit Blech verkleiden | (*Lebensmittel*) eindosen, in Dosen konservieren | ~**t** (**-ada** *f*) *adj* in Dosen || *s/m* Blechverkleidung *f*.
enllefisca|ment *m* Beschmierung *f* | Schmierigkeit *f* | ~**r(-se)** (33) *vt*(*/r*) schmierig machen (werden).
enlleganyar-se (33) *v/r* triefäugig werden | *fig* s. mit Wolkenstreifen überziehen (*Himmel*).
enlleir-se (37) *v/r fig* verkümmern.
enllepissar(-se) (33) *vt*(*/r*) klebrig machen (werden).
enllepoli|dor *adj* verlockend | ~**ment** *m* Verlockung *f* | ~**r** (37) *vt* (*j-n*) verlocken, (*j-m*) den Mund wäßrig machen | *fig* anlocken | ~**r-se** *v/r* auf den Geschmack kommen | ~ *amb u/c* an etw Geschmack gewinnen.
enllesti|ment *m* Beendigung *f* | ~**r** (37) *vt* beenden, fertig machen | ~**r-se** *v/r* s. beeilen.
enlletgi|ment *m* Verunstaltung *f* | Häßlichwerden *n* | ~**r(-se)** (37) *vt*(*/r*) häßlich(er) machen (werden).
enlletrat (**-ada**) *adj* gelehrt, gebildet | belesen.
enllistar (33) *vt* = **allistar**.
enllistonar (33) *vt* mit Leisten versehen *bzw* verstärken.
enllitar-se (33) *v/r* = **allitar-se**.
enlloc *adv* (in Verbindung mit no; *a.* als selbständige Negation vor dem Verb u. in Ellipsen) nirgends, nirgendwo; nirgend(wo)hin | *no l'he vista* ~ ich habe sie nirgendwo gesehen | *on vas?* —~ wohin gehst du? —Nirgend(wo)hin | *d'on véns?* —*D'*~ woher kommst du? —Nirgend(wo)her | ~ *del món* (*no*) *hi trobaries aquestes platges* nirgendwo auf der Welt würdest du solche Strände finden | *així no va* ~ (*fig*) das führt zu nichts || (*beim Auftreten zusätzlicher Negationswörter; a.* mit positiver Bedeutung in Fragen, Hypothesen, Vergleichen) irgendwo, *umg* wo; irgendwohin, *umg* wohin | ~ *que el vegis, avisa'l* wenn du ihn irgendwo siehst, sag ihm Bescheid | *aquí és més barat que* ~ *més* hier ist es billiger als sonst irgendwo | *hem vingut sense parar* ~ wir sind gekommen, ohne irgendwo anzuhalten | *no anem mai* ~ wir gehen nie irgendwohin.
enllordar (33) *vt*(*/r*) = **embrutar(-se)**.
enllosa|r (33) *vt* plätteln | ~**t** *m* Plattenbelag *m*.
enllota|ment *m* Verschlammen *n*, Verschlammung *f* | ~**r(-se)** (33) *vt*(*/r*) mit Schlamm bedecken *bzw* beschmutzen | ~**ssat** (**-ada** *f*) *adj* schlammig.
enlluent|ar (33), ~**ir** (37) *vt* auf Hochglanz bringen, polieren, *umg* wienern.
enlluerna|dor(ament *adv*) *adj* blendend | ~**ment** *m* Blendung *f* | ~**r** (33) *vt a. fig* blenden.
enllumena|r (33) *vt* = **il·luminar** | *bes* (*Ort*) beleuchten | ~**t** *m* Beleuchtung *f* | ~ *elèctric* elektrische Beleuchtung *f* | ~ *públic* (*de gas*) Straßen-(Gas-)beleuchtung *f*.
enllustra|dor *m* Polierer(in *f*) *m* | *bes* Schuhputzer(in *f*) *m* || ~**r** (33) *vt* Glanz geben (*dat*), polieren | (*Schuhe, Spiegel*) putzen | ~**r-se**^{1} *v/r:* ~ *les sabates* s. die Schuhe putzen | ~**r-se**^{2} *v/r* dämmern, dunkel werden.
enmig *adv* in der Mitte; mitten darunter *od* dazwischen, *umg* mittendrunter; mittendrin | = **entremig** || ~ *de* (*loc prep*): *el saler era* ~ *dels gots* der Salzstreuer stand (mitten) unter (*od* zwischen) den Gläsern, *lit* inmitten der Gläser | ~ *de la multitud, encara em sentia més sol* mitten in der Menge

ennassat — **enramada**

fühlte ich mich noch einsamer | ~ *d'aquests dies de tristesa, hi ha hagut també moments d'alegria* während dieser traurigen Tage hat es zwischendurch auch Augenblicke der Freude gegeben | ~ *dels aplaudiments del públic* unter dem Beifall des Publikums | ~ *de grans dificultats* unter großen Schwierigkeiten.

ennass|at (-ada *f*) *adj* näselnd | *amb veu ennassada* mit näselnder Stimme.

ennavegar-se (33) *v/r* = **emmarar-se¹**, *a. fig* = **engolfar-se**.

enneàgon *adj geom* neuneckig || *s/m* Neuneck *n*.

ennegri|dor *adj* schwärzend | **~ment** *m* Schwärzen *n* | Schwarzwerden *n* | **~r** (37) *vt* schwärzen | **~r-se** *v/r* schwarz werden.

enneguitar-se (33) *v/r* unruhig werden | s. beunruhigen.

ennobli|dor *adj* veredelnd | *a. fig* adelnd | **~ment** *m* Veredelung *f* | Adeln , Adelung *f* | **~r** (33) *vt* veredeln | *a. fig* adeln | **~r-se** *v/r* s. als edel erweisen.

ennovar (33) *vt lit* berichten, mitteilen | **~-se** *v/r* = **assabentar-se**.

ennue|c *m*, **~gada** *f*, **~gament** *m* (Sich)Verschlucken *n* | Erstickungsanfall *m* | **~gar** (33) *vt*: *l'emoció m'ennuegava* die Rührung schnürte mir die Kehle zu; ich hatte vor Rührung e-n Kloß im Hals | *és tan carregós que m'ennuega* er ist so lästig, daß ich ihn nicht ausstehen kann | **~gar-se** *v/r* s. verschlucken.

ennuvola|r (33) *vt* mit Wolken bedecken | *fig* verfinstern, verdunkeln | **~r-se** *v/r a. fig* s. bewölken | **~t (-ada** *f*) *pp/adj*: *cel* ~ bewölkter Himmel.

eno|logia *f* Önologie, Wein- u. Weinbaukunde *f*.

enorgulli|ment *m* Stolz- *bzw* Hochmütigwerden *n* | Überheblichkeit *f* | **~r** (37) *vt* stolz (*bzw* hochmütig, überheblich) machen | **~r-se** *v/r* stolz (*bzw* hochmütig, überheblich) werden *bzw* sein | ~ *d'u/c* auf etw (*ac*) stolz sein.

enorm|e(ment *adv*) *adj* (*m/f*) enorm, gewaltig, riesig | *fig a.* ungeheuer | (*Person*) enorm groß | **~itat** *f* enormes (*od* ungeheures) Ausmaß *n*, *lit* Enormität *f* | (*Handlung, Äußerung*) Ungeheuerlichkeit *f*.

enquaderna|ció *f* (Ein)Binden *n*, (Ein-) Bindung *f* | Einband *m* | (*Handwerk*) Buchbinderei *f* | ~ *en pell* Ledereinband, lederne(r) Einband *m* | *taller d'*~ Buchbinderei *f* | **~dor(a** *f*) *m* Buchbinder(in *f*) *m* | **~r** (33) *vt gräf* (ein)binden | ~ *en tela* in Leinen (ein)binden | ~ *en rústica* broschieren.

enquadra|ment *m bes cin fotog tv* Bildausschnitt *m* | **~r** (33) *vt* quadratisch machen | einrahmen | *cin fotog tv* zentrieren | *mil* in Kadern aufstellen | *polít* ein-gliedern, -reihen | **~r-se** *v/r*: ~ *en un partit* Parteimitglied werden.

enquesta *f a. dr* Untersuchung *f* | *polít a.* Enquete *f* | *sociol* Umfrage *f* | *comissió d'*~ (*polít*) Untersuchungsausschuß *m*, Enquetekommission *f* | *fer una* ~ *sobre l'autodeterminació* e-e Umfrage zur (*od* über) die Selbstbestimmung machen *od* veranstalten | **~r** (33) *vt sociol* befragen.

enquibir(-se) (37) *vt*(*/r*) = **encabir(-se)**.

enquimerar (33) *vt fam* ärgern, verdrießen | beunruhigen | **~-se** *v/r* s. ärgern | s. beunruhigen, s. Sorgen machen | = **enderiar-se** | = **encapritxar-se**.

enquiridió *m* Enchiridion *n*.

enquistar-se (33) *v/r med* zystisch entarten | *biol* = **encistar-se**.

enquitrana|da *f*, **~ment** *m* Teeren *n* | Teerung *f* | **~r** (33) *vt* teeren | **~t (-ada** *f*) *adj* Teer... | teerig | *tela enquitranada* Teertuch *n* | *aigua enquitranada* teeriges Wasser *n*.

enrabia|da *f* Wut-, Tobsuchts-anfall *m* | *vaig tenir una* ~ *de mort* ich bekam e-e Mordswut | **~r** (33) *vt fam* wütend machen, zum Toben bringen | **~r-se** *v/r* wütend werden | **~t (-ada** *f*) *adj* wütend.

enraigar (33) *vt reg* = **començar**.

enraïmar-se (33) *v/r* Trauben bilden | *fig* s. zusammendrängen.

enrajar (33) *vt* einspeichern.

enrajola|dor(a *f*) *m* Fliesenleger(in *f*) *m* | **~ment** *m* Fliesenlegen *n* | **~r** (33) *vt* fliesen | **~t** *m* Fliesenbelag *m* | Fliesenboden *m*.

enrama|da *f* Laubwerk *n* | Laub-dach *n bzw* -schmuck *m* | Laube *f* | **~r** (33) *vt* mit Sträußen (*bzw* Zweigen, Laubwerk) schmücken | *reg* = **(en)asprar** | **~r-se** *v/r* s. im Laubwerk verstecken | *reg* = **enasprar-se** | *fig* = **embrancar-se**.

enrampa|da *f* (elektrischer) Schlag *m* | **~r** (33) *vt* Krämpfe verursachen in (*dat*) | (*j-m*) e-n (elektrischen) Schlag versetzen | **~r-se** *v/r* s. verkrampfen | Krämpfe bekommen | s. elektrisieren, e-n (elektrischen) Schlag bekommen | **~t** (**-ada** *f*) *adj* verkrampft | *tenir una cama enrampada* e-n Krampf im Bein haben.
enrancir(-se) (37) *vt*(*/r*) ranzig machen (werden).
enraon|adament *adv* vernünftig(erweise) | **~adissa** *f* Rederei, Plauderei *f* | *desp* Gerede, Geschwätz *n* | **~ador** *adj* gesprächig | **~ament** *m* Sprechen, Reden *n* | Gespräch *n*, Unterhaltung *f* | **~amenta** *f* Gesprächigkeit *f* | = **~adissa** | **~ar** (33) *vi* sprechen, reden (*amb* mit) | plaudern, s. unterhalten (*amb* mit) || *vt:* hem d'~-ho wir müssen das besprechen *od* darüber sprechen | **~at** (**-ada** *f*) *adj* vernünftig | (*Person*) a. einsichtig, verständig | (*Worte, Handlung*) a. sinnvoll | **~ies** *f pl* Gerede *n*, Klatsch *m*.
enrarir(-se) (37) *vt*(*/r*) = **rarificar(-se)** | *p ext; no fumeu tant, que l'aire s'enrareix!* raucht nicht soviel, sonst wird die Luft schlecht! | *una atmosfera enrarida* e-e verbrauchte (*fig* gespannte) Atmosphäre.
enrasa|r (33) *vt* abgleichen | *fig* pauschalieren | **~t** (**-ada** *f*) *pp/adj: preu* ~ Pauschalpreis *m* || *adv:* ~, *val un milió* es ist pauschal e-e Million wert.
enrastell|ar (33) *vt indús tèxt* hecheln | **~erar** (33) *vt* aneinanderreihen.
enravenar(-se) (33) *vt*(*/r*) = **enrigidir(-se)**, **encarcarar(-se)**.
enreda|da *f fig fam* = **engany(ifa)**, **engalipada** | **~ire** *adj* (*m/f*) *u. s/m/f* = **embolicaire** | **~r**[1] (33) *vt* mit dem Haarnetz halten | = **enxarxar** | *fig fam* = **embolicar; enganyar** | **~r-se**[1] *v/r* = **enxarxar-se** = **embolicar-se** | *a. fig* s. verfangen (*en* in *dat*).
enred|ar(-se)[2] (33) *vt*(*/r*) = **~erar(-se)** | **~erar** (33) *vt* steif (*od* starr) machen *bzw* werden lassen | **~erar-se** *v/r* (*vor* Kälte) steif (*od* starr) werden, erstarren | **~erat** (**-ada** *f*) *adj* steif, starr | **~erir(-se)** (37) *vt*(*/r*) = **~erar(-se)**.
enregistra|dor *adj* Registrier... | Aufnahme... | *aparell* ~ Registriergerät *n*, Recorder *m* | **~ment** *m* Registrierung *f* | Eintragung *f* | (An)Meldung *f* | Aufzeichnung *f* | Aufnahme; Aufzeichnung *f* | **~r** (33) *vt* registrieren (*a. Apparat*) | eintragen | (an)melden, eintragen lassen | aufzeichnen, niederschreiben | *elect mús* aufnehmen; (*Sendung, Rede*) *a.* aufzeichnen.
enrei|xar (33) *vt* vergittern | kreuzweise stapeln | **~xat** *m* Gitter(werk) *n* | Drahtgeflecht *n* | Netzarbeit *f*, Filet *n* | Pfahlrost *m*.
enrellentir(-se) (37) *vt*(*/r*) feucht machen (werden).
enrenou *m* = **renou**.
enrer|e (*od* **~a**) *adv* = **endarrere**.
enretirar (33) *vt* zurückziehen | ab-, wegrücken | **~-se** *v/r* ab-, weg-rücken | zurücktreten.
enrevessa|ment *m* Verzwicktheit *f* | **~t** (**-ada** *f*, **-adament** *adv*) *adj* verzwickt | (*Wort*) zungenbrecherisch.
enriallar-se (33) *v/r* = **enriolar-se**.
enrigidir(-se) (37) *vt*(*/r*) steif (*od* starr, *fig* streng) machen (werden).
enrinxolar-se (33) *v/r* s. locken, s. kräuseln (*Haare*).
enriolar-se (33) *v/r* s. erheitern; Lust zum Lachen bekommen | *els ulls van* ~-*li* s-e Augen erheiterten s.
enriqui|dor *adj* bereichernd | **~ment** *m* Bereicherung *f* | *quím* Anreicherung *f* | *dr:* ~ *injust* ungerechtfertigte Bereicherung | **~r** (37) *vt a. fig* bereichern | *quím* anreichern | **~r-se** *v/r* reich(er) werden | s. bereichern | ~ *amb el treball dels altres* s. an der Arbeit der anderen bereichern.
enriure (33) *vt tèxt* rösten.
enrivetar (33) *vt* = **rivetejar**.
enrobat (**-ada** *f*) warm angezogen.
enrobustir(-se) (37) *vt*(*/r*) robust machen (werden) | (s.) stärken, (s.) kräftigen.
enroc *m* (*Schach*) Rochade *f* | **~ador** *m ict* Lippfisch *m* («Crenilabrus ocellatus») | **~ar**[1] (33) *vi* (*Schach*) rochieren | **~ar**[2] (33) *vt* (*Angelhaken*) in Felsen verhaken | **~ar-se** *v/r* s. in Felsen verhaken | auf Felsen steigen.
enrodar (33) *vt dr hist* rädern.
enroentir(-se) (37) *vt*(*/r*) glühend machen (werden).
enrogalla|ment *m* Heiserkeit *f* | **~r-se** (33) *v/r* heiser werden | **~t** (**-ada** *f*) *adj* heiser, rauh.
enro|giment *m* Erröten, Rotwerden *n* | Rötung *f* | **~gir(-se)** (37) *vt*(*/r*) (s.) röten | **~jolar-se** (33) *v/r* (scham)rot werden, erröten.

enrola|ment *m nàut* Anheuerung *f* | *mil* Anwerbung *f* | **~r(-se)** (33) *vt(r) nàut* anheuern.
enrondar (33) *vt* einkreisen, umzingeln.
enronquir(-se) (37) *vt(r)* heiser machen (werden).
enrosar (33) *vt* betauen | *p ext* benetzen | **~-se** *v/r* betaut (*bzw* benetzt) werden.
enroscar (33) *vt* ringeln, winden | (ein-, zusammen-)schrauben | **~-se** *v/r* s. ringeln, s. winden.
enrossir (37) *vt* blond färben, blondieren | (*Fleisch, Zwiebeln*) (an)bräunen | **~-se** *v/r* blond werden, erblonden | *gastr* s. bräunen, braun werden.
enrotlla|r (33) *vt* (ein-, auf-, zusammen-)rollen, (auf-, zusammen-)wickeln | ein-, um-kreisen | **~r-se** *v/r* s. (ein-, zusammen-)rollen.
enrubinar (33) *vt* (*Gelände*) mit Schlamm bedecken.
enrullar(-se) (33) *vt(/r)* = **arrissar(-se)**.
enruna|ment *m* Zertrümmerung *f* | **~r** (33) *vt* (*Gebäude*) zertrümmern, in Trümmer legen | **~r-se** *v/r* in Trümmer gehen *od* sinken.
ens[1] *m filos* Wesen *n* | *adm* Einrichtung, Institution *f*.
ens[2] (a. *nos, 'ns; fam 's*) (21 *u.* 24) *pron pers* uns | **~ han enganyat** sie haben uns getäuscht | *a nosaltres, no ~ ho han dit* uns haben sie es nicht gesagt | *anem-nos-en!* (*fam anem's-en!*) gehen wir! | *ahir vam veure'ns* gestern sahen wir uns | *explica'ns un conte!* erzähl uns e-e Geschichte!
ensabar (33) *vt* (*Tuch*) imprägnieren.
ensabona|da *f* Einseifen *n* | *fig fam* Schmus *m*, Schmeichelei *f* | **~r** (33) *vt* einseifen | *fig fam* (*j-m*) schöntun, schmeicheln, Honig um den Bart schmieren | *~ l'esquena a alg* j-m den Rücken einseifen | **~r-se** *v/r* s. einseifen.
ensacar (33) *vt* einsacken, in e-n Sack (*bzw* in Säcke) füllen.
ensafranar (33) *vt* mit Safran färben *bzw* würzen.
ensagina|da *f gastr* Schmalzkuchen *m* | **~r** (33) *vt* schmalzen.
ensagnar(-se) (33) *vt(/r)* (s.) mit Blut beflecken *od* besudeln.
ensaïmada *f gastr* (*bes balearische Spezialität*): aus geschmalztem Teig zubereitete Schnecke.
ensajornar (33) *vt gastr* anbraten.
ensalada *f* = **amanida** | *~ russa* Gemüsesalat *m* (*mit Mayonnaise*).
ensalgar (33) *vt Bal* = **salar; empolvorar**.
ensalivar (33) *vt* einspeicheln || *vi* den Speichel hinunterschlucken | Speichelfluß bekommen | *fer ~* den Speichel im Mund zusammenlaufen lassen | **~-se** *v/r: ~ les mans* s. in die Hände spucken.
ensalvatgir (37) *vt* verwildern lassen | **~-se** *v/r* verwildern.
ensangonar(-se) (33) *vt(/r)* = **ensagnar(-se)**.
ensardinar (33) *vt* (*Menschen*) wie die Sardinen zusammendrängen.
ensarrona|da *f fig fam* Schwindelei *f*, Täuschung *f* | **~r** (33) *vt* in die Hirtentasche stecken | *fig fam* (*j-n*) in den Sack stecken, hereinlegen.
ensegonada *f agr* Kleiefutter *n*.
ensella|dura *f* (Pferde)Rücken *m* | **~ment** *m* Satt(e)lung *f* | Sattelzeug *n* | **~r** (33) *vt* (auf)satteln.
ensementar (33) *vt* = **sembrar**.
ensems *adv lit* miteinander, zusammen | zugleich | *tots ~* alle zusammen *bzw* zugleich | *~ amb* zusammen (*bzw* zugleich) mit.
ensenderar (33) *vt* = **encarrilar, encaminar**.
ensentimentat (-ada *f*) *adj* betrübt, verhärmt.
ensenya *f* Ab-, Kenn-zeichen *n* | *bes* Banner *n*; Standarte *f* | *s: insígnia* | *~ nacional* Nationalflagge *f* | **~ble** *adj* (*m/f*) lehrbar | lernfähig | **~ment** *m* Unterricht *m*; Lehre *f* | Schulwesen *n* | (Schul)Bildung *f* | (*Regel, Folgerung, Erfahrung*) Lehre *f* | *~ de l'alemany* (*per correspondència*) Deutsch-(Fern-)unterricht *m* | *~ primari* Grund- u. Hauptschul-wesen *bzw* -bildung *f* | *~ mitjà od secundari* höheres Schulwesen *n*, höhere Schulbildung *f* | *~ superior* Hochschul-wesen *n bzw* -bildung *f* | *matèria (mètode, programa) d'~* Lehr-*od* Unterrichts-stoff *m* (-methode *f*, -plan *m*) | *la recerca i l'~* Forschung u. Lehre *f* | *exercir l'~* den Lehr(er)beruf ausüben | *que això et serveixi d'~!* laß dir das e-e Lehre sein! | *els ~s de l'experiència* die Lehren *f pl* der Erfahrung | **~nça** *f* = **ensenyament** | **~nt** *m/f* Lehrende(r *m*) *m/f*, Lehrer(in *f*) *m* | **~r** (33) *vt* zeigen | *el pastor ens va ~ el camí* der Hirte zeigte (*od* wies) uns den Weg | *ensenya'm com es fa!* zeig mir, wie man

das macht! | *ensenyes massa els pits* du zeigst zuviel Busen || *vt* unterrichten, (*a.* an e-r Fach- od Hochschule) lehren | (*Tier*) abrichten | ~ *u/c a alg* j-n in etw (*dat*) unterrichten, j-m Unterricht in etw (*dat*) geben (*Lehrer*); j-n etw lehren (*j-d, Erfahrung, Geschichte*); j-m etw beibringen (*j-d*) | ~ *a alg de fer u/c*, ~ *alg a fer u/c* j-n lehren, etw zu tun; j-m beibringen, etw zu tun | *ensenyo matemàtiques* ich unterrichte (*bzw* lehre) Mathematik | *el rector ens ensenyava llatí* der Pfarrer unterrichtete uns in (*od* lehrte uns) Latein *od* gab uns Lateinunterricht | *vull ~-vos una cançó* ich möchte euch e. Lied beibringen | *ell em va ~ de* (*od a*) *ballar* er lehrte mich tanzen *od* brachte mir das Tanzen bei | *qui t'ha ensenyat de* (*od a*) *conduir?* bei wem hast du Fahren gelernt? | *ja te n'~é, jo, de* (*od a*) *dir mentides a la mare!* (*fam*) ich werde dich lehren (*od* dir beibringen), deine Mutter zu belügen! | *la història ensenya que ...* die Geschichte lehrt, daß ... || *vi:* ~ *en una escola* (*un institut*) an e-r Schule (e-m Gymnasium) unterrichten | ~ *a la universitat* an der Universität lehren | *aquest mestre no ensenya gens bé* dieser Lehrer gibt k-n guten Unterricht | ~**t** (**-ada** *f*) *pp/adj:* ningú (no) neix ~ (*Spruch*) alles will gelernt sein | *un gos molt ben ~* e. gut abgerichteter Hund.
ensenyorir (37) *vt:* ~ *alg d'u/c* j-n zum Herrn über etw (*ac*) machen | ~**-se** *v/r:* ~ *d'u/c* s. e-r Sache (*gen*) bemächtigen.
enseriosir-se (37) *v/r* ernst(haft) werden.
enserrellar (33) *vt* befransen.
ensetina|**r** (33) *vt* tèxt satinieren | ~**t** (**-ada** *f*) *adj* satiniert | ~**tge** *m* Satinage *f*.
enseuar (33) *vt* (*a. Leder*) talgen.
ensibornar (33) *vt fig fam* hereinlegen.
ensinistra|**dor** *adj* schulend | abrichtend, Dressur... || *s/m* Unterweiser(in *f*) *m* | Dresseur *m*, Dresseuse *f* | ~**ment** *m* Schulung, Unterweisung *f* | Drill *m* Abrichtung, Dressur *f* | ~**r** (33) *vt* (j-n) schulen, unterweisen; einarbeiten, anlernen; *a. mil* drillen | *p ext* (*Tier*) abrichten, dressieren, (*Pferd*) zureiten.
ensitjar (33) *vt agr* (*Korn*) einsilieren.
ensivellar (33) *vt* mit Schnallen versehen | (*Stiefel*) *a.* zuschnallen | *Bal fig* e-e Ohrfeige versetzen | *sabates ensivellades* Schnallenschuhe *m pl*.
ensofra|**da** *f*, ~**ment** *m* Schwefelung *f* | ~**dor** *m* Schwefel-kasten *m*, -grube *f* | ~**r** (33) *vt* schwefeln | *fig fam* = **ensabonar**.
ensolcar (33) *vt* = **encaminar**.
ensolella|**r** (33) *vt* sonnen, von der Sonne bescheinen lassen | ~**t** (**-ada** *f*) *adj* besonnt, sonnig, von der Sonne beschienen.
ensonya|**ment** *m* Schläfrigkeit *f* | Schlaftrunkenheit *f* | ~**r(-se)** (33) *vt(/r)* schläfrig machen (werden) | ~**t** (**-ada**) *adj* schläfrig, schlaftrunken, verschlafen.
ensope|**c** *m*, ~**gada** *f* Stolpern *n* | *fig* Fehltritt; Fehlschlag *m* | ~**gall** *m* = ~**guera** | ~**gar** (33) *vi* stolpern (*amb* über *ac*) | *fig a.* e-n Fehltritt tun | ~ *amb un mot difícil* über e. schwieriges Wort stolpern | ~ *amb dificultats* auf Schwierigkeiten stoßen | *vt fig fam* (an)treffen; treffen, erraten | *no t'ensopego mai a casa* ich treffe dich nie zu Hause an | *ho has ensopegat!* du hast es getroffen *od* erraten! | *ho vam* ~, *amb l'hotel* wir trafen es gut mit dem Hotel | ~**gar-se** *v/r* = **escaure's** | ~ *amb alg* über j-n stoßen, auf j-n stoßen, j-m unvermutet begegnen | ~**guera** *f bot* Strandnelke *f*.
ensopi|**dor** *adj: una calor* ~*a* e-e einschläfernde Hitze | ~**ment** *m* Schläfrigkeit; Benommenheit *f* | Trägheit; Lahmheit; Langeweile; Langweiligkeit *f* | ~**r** (37) *vt* einschläfern; schläfrig (*bzw* benommen; *fam* dösig) machen | träge (*od* lahm) machen | ~**r-se** *v/r* schläfrig (*bzw* benommen, dösig, träge, lahm) werden | ~**t** (**-ida** *f*) *pp/adj: el malalt està* ~ der Kranke ist benommen | *que* ~ *que ets!* du bist ja e. lahmer Kerl! | *un poble* ~ e. verschlafenes (*od* langweiliges) Dorf.
ensordir(-se) (37) *vt(/r)* taub machen (werden) | *ling* stimmlos machen (werden).
ensorra|**da** *f*, ~**ment** *m bes* Ein-, Zusammen-sturz *m* | *a. fig* Zusammenbruch *m* | ~**r** (33) *vt* im Sand ein-, versenken *bzw* vergraben; *nàut* auf Sand laufen lassen | *bes* (*Bau, Mauer*) ein-, nieder-reißen | *fig* zugrunde richten; niederschmettern | ~**r-se** *v/r* im Sand ein-, ver-sinken; *nàut* auf Sand laufen | *bes* einstürzen; (in s.) zusammenstürzen (*Bau*) | *a. fig* zusammenbrechen || *s: enfonsar(-se)*.

ensostra|ment *m* Überdachen *n*, Überdachung *f* | **~r** (33) *vt* überdachen | (*etw*) schichtweise (ein)legen.

ensota *adv* (nach) unten | *s:* avall | **~nat** *adj m* in Soutane, mit Priesterrock | **~r(-se)** (33) *vt/r* = **enclotar(-se)**.

ensucra|r (33) *vt* zuckern | *fig* versüßen | **~t** (**-ada** *f*) *adj* gezuckert | *a. fig* süß.

ensulsi|ar-se (33), **~r-se** (37) *v/r* = **enfonsar-se, ensorrar-se;** = **esbaldregar-se**.

ensum *m* | **~ada** *f* Riechen *n* | Schnuppern *n* | Geruch *m* | *fig* Eindruck *m* | Wittern *n* | **~ar** (33) *vi* riechen, durch die Nase einatmen | *a. fig* wittern || *vt* riechen an (*dat*), beriechen (*Geruch, Gefahr*) riechen | *a. fig* wittern (*Wild*) | (*Tabak*) schnupfen | (be)schnüffeln, (be)schnuppern (*Hunde*).

ensuperbir(-se) (37) *vt(/r)* überheblich machen (werden).

ensurat (**-ada** *f*) *adj* (*auf dem Wasser*) schwimmend, treibend.

ensurt *m* Schreck(en) *m* | *donar* (*fam clavar*) *un* ~ *a alg* j-m e-n Schrecken einjagen.

ensús *adv ant* = **amunt**.

ensutjar(-se) (33) *vt(/r)* verrußen.

entabanar (33) *vt* (*täuschen*) beschwatzen, ein-seifen, -wickeln | *Bal* ersticken; betäuben.

entafora|ll *m* Versteck *n* | **~r** (33) *vt* verstecken | in e-m Loch verschwinden lassen | **~r-se** *v/r s.* verstecken, *s.* verkriechen | *fig* unterschlüpfen.

entalla *f* Einschnitt *m*, Kerbe *f* | **~dor** *m* Schnitzer *m* | Steinmetz *m* | **~dura** *f*, **~ment** *m* Schnitzen *n* | (*Figur*) Schnitzerei *f*, Schnitzwerk *n* | **~r** (33) *vt* ein-schneiden, -kerben | schnitzen.

entapissar (33) *vt* (*Boden*) mit Teppichen belegen | (*Möbel*) beziehen | (*Wände*) mit Tapisserie behängen.

entarima|r (33) *vt* täfeln, dielen | belegen | **~t** *m* Täfelung *f* | Parkett(boden *m*) *n* | Podium *n*.

entataxar (33) *vt* an-, fest-nageln.

entatxonar (33) *vt* einpferchen, zusammendrängen | *gastr* spicken | **~-se** *v/r: la gent va* ~ *pels carrerons* die Leute drängten s. durch die Gassen.

entaula|ment *m* (*Spiel*) Aufstellung *f* | *arquit* Hauptgesims *n* | **~r** (33) *vt* (*Spielfiguren*) aufstellen | (*Gespräch, Schlacht, Spiel*) beginnen | (*Prozeß*) einleiten | (*Beziehung*) anknüpfen |

~r-se *v/r s.* zu Tisch setzen | **~t** *m* Bretterboden *m* | Blutgerüst, Schafott *n* | Gastmahl, Bankett *n*.

entebeir (37) *vt a. fig*, abkühlen | lauwarm machen | **~-se** *v/r a. fig* lau werden.

enteixina|r (33) *vt constr* kassettieren | **~t** *m arquit* Kassettendecke *f*.

entela|r (33) *vt* (*Glas*) beschlagen | *fig* trüben; verdunkeln | **~r-se** *v/r* (*s.*) beschlagen, anlaufen (*Glas, Brille*) | *fig* trüb werden | feucht werden (*Augen*) | **~t** (**-ada** *f*) *adj* (*Glas, Metall*) trübe, matt | (*Scheibe*) beschlagen | (*Augen*) feucht, verschleiert | (*Stimme*) belegt.

entelèquia *f filos* Entelechie *f*.

entemorir (37) *vt* = **atemorir**.

entenalls *m pl tecn* Drahtspanner *m*.

entendar (33) *vt* mit e-r Plane bespannen | überzelten.

entendre[1] (40) *vt* verstehen | begreifen | ~ *una llengua* (*una reacció*) e-e Sprache (Reaktion) verstehen | ~ *el seu ofici* sein Handwerk verstehen | *no m'entens, som massa diferents* du verstehst mich nicht, wir sind zu verschieden | ~ + *inf* vorhaben zu + *inf*, beabsichtigen zu + *inf* | *jo entenc que ...* ich meine, daß ...; ich bin der Ansicht, daß ... || *vi:* ~ *d'u/c* od *en u/c* etw von e-r Sache verstehen | ~ *en u/c* (*adm dr*) in e-r Sache erkennen; für etw zuständig sein | ~ *de* (od *en*) *cotxes* etw von Autos verstehen | *tu no hi entens!* du verstehst nichts davon! | **~'s** *v/r s.* verstehen | verständlich (*od* zu verstehen) sein | lesbar sein (*Schrift*) | ~ *amb alg s.* mit j-m verstehen, mit j-m gut auskommen; s. mit j-m verständigen; *fig fam* etw mit j-m haben | *aquests dos s'entenen* (*fig fam*) die beiden haben etw (od e. Verhältnis) miteinander | *no m'hi entenc, és massa embullat* ich werde nicht klug daraus, es ist zu verworren | *no ~ de raons* k-e Einwände hören wollen || *v/imp: com s'entén?* wie ist das zu verstehen?; was soll (denn) das?

entendre[2] *m* Ansicht, Meinung *f* | *al meu* ~ meines Erachtens.

entendri|dor *adj* rührend | **~ment** *m* Rührung *f* | **~r** (37) *vt gastr* zart (*od* weich) machen | *fig* rühren | **~r-se** *v/r* zart (*od* weich) werden | gerührt werden.

entenebr|ar(-se) (33), **~ir(-se)** (37) *vt(/r)* (*s.*) verfinstern.

enten|edor *adj* verständlich, gut (*od* leicht) zu verstehen ‖ *s/mf* Verstehende(r *m*) *m/f* | Kenner(in *f*) *m* | **~ent** *adj* (*m/f*) einsichtig, klug, verständnisvoll | *donar ~ u/c a alg* j-n etw verstehen lassen; j-n von etw (*dat*) überzeugen | *fer ~* mitteilen, wissen lassen | **~iment** *m* Begriffsvermögen *n* | Verstand *m*, Verständnis *n* | Einsicht *f* | *que t'has begut l'~?* (*fig fam*) du bist wohl übergeschnappt! | *perdre-hi l'~* s. über etw den Kopf zerbrechen | *posar ~* vernünftig (*od* einsichtig) werden | **~imentat** (**-ada** *f*, **-adament** *adv*) *adj* vernünftig, klug | besonnen.

enter *adj a. mat* ganz | vollständig | unberührt | *fig* ohne Einschränkung | *home ~* rechtschaffener, redlicher Mensch | (*Tier*) unverschnitten ‖ *s/m mat* Ganze(s) *n* | *banc* Punkt *m* | (*Lotterie*) ganzes Los *n* | **~ament** *adv* gänzlich, vollständig | uneingeschränkt.

enteranyinar-se (33) *v/r* s. mit Spinnweben überziehen *od* bedecken | s. leicht bewölken (*Himmel*).

enterboli|dor *adj* trübend | **~ment** *m a. fig* Trübung *f* | **~r** (37) *vt* trüben | *fig a.* benebeln | **~r-se** *v/r* s. trüben.

enterc *adj* steif, starr | *fig* störrisch, halsstarrig, eigensinnig.

enteresa *f* Vollständigkeit *f* | *fig* Rechtschaffenheit, Redlichkeit *f*; Standhaftigkeit, (Charakter)Festigkeit *f*; *p ext* Mut *m*.

ent|èric *adj med* Darm... | **~eritis** *f med* Enteritis *f* | **~erorràgia** *f med* Darmblutung *f*.

enterra|dor *m* = **~morts** *m* | **~ment** *m* Begräbnis *n*; Beerdigung, Bestattung *f* | Leichenzug *m* | **~morts** *m* Totengräber *m* | **~r** (33) *vt* (*j-n*) begraben; (feierlich) *a.* beerdigen, *lit* bestatten | eingraben | *fig* begraben, aufgeben; vergessen; als erledigt betrachten | *encara els enterrarà tots* er wird noch alle überleben | **~r-se** *v/r fig:* *~ en vida* s. lebendig begraben | *van ~ en un poblet de mala mort* sie vergruben s. in e-m Kaff | **~t** (**-ada** *f*) *adj* begraben | vergraben; eingegraben | *geog* (*vom Meer*) landwärts, landeinwärts | *on és ~?* wo liegt (*od* ist) er begraben?; (*auf dem Friedhof*) *a.* wo liegt er? | **~tge** *m* = **enterrament**.

ent|ès (**-esa**) *pp/adj*: *entesos!* einverstanden!, in Ordnung!; verstanden!; *iròn* so ist das also! | *entesos?* (ein)verstanden? | *és molt ~ en art* er kennt s. gut in Kunst aus | *no donar-se per ~* s. dumm stellen ‖ *s/mf* Kenner(in *f*); Experte *m*, -tin *f* | **~esa** *f* Einverständnis, Übereinkunft *f* | *polít* Entente *f*.

entesta|ment *m* Starrköpfigkeit *f* | **~r** (33) *vt* aneinanderknüpfen | anbinden | **~r-se** *v/r:* *~ en u/c* auf etw (*dat*) beharren, starrköpfig auf etw (*dat*) bestehen | *van ~ a acompanyar-nos* sie beharrten darauf, uns zu begleiten.

entitat *m* Wesen(heit *f*) *n* | Verein *n*, Körperschaft *f* | Firma *f* | *~ asseguradora* Versicherung(sgesellschaft) *f*.

entoiar (33) *vt* mit Blumensträußen schmücken | (*Blumen*) zu Sträußen binden.

entolla|dura *f nàut* Spleiß *m* | **~r^1** (33) *vt nàut* spleißen | **~r^2** (33) *vt* in e-e Lache verwandeln | mit Lachen bedecken | **~r-se** *v/r* Lachen bilden, s. ansammeln (*Wasser*).

entomar (33) *vt* auf-, ab-fangen.

entom|òleg (**-òloga** *f*) *m* Entomologe *m*, -gin *f*, Insektenforscher(in *f*) *m* | **~ologia** *f* Entomologie, Insektenkunde *f* | **~ològic** *adj* entomologisch.

entona|ció *f mús ling* Intonation *f* | *mús a.* Anstimmen, Tonangeben *n* | *ling a.* Tongebung *f* | (*Farbe*) Abtönung *f* | **~dor** *m* Vorsänger *m* | **~ment** *m* = **entonació** | *fig* Anmaßung, Aufblähung *f* | **~r** (33) *vt mús* (*Ton*) angeben, intonieren; (*Melodie*) anstimmen, intonieren | (*Farben*) abtönen | *med* kräftigen, stärken ‖ *vi mús ling* intonieren | **~r-se** *v/r fig* anmaßend (*od* eingebildet) werden | **~t** (**-ada**) *adj* anmaßend, eingebildet.

entorn *m bes pl* Umgebung *f* | Rocksaum *m* | (*tot*) *a l'~* (*loc adv*) rings-herum, -um, -umher | *a l'~ de* (*loc adv*) um... (herum) | *els ~s* (*od voltants*) *d'Olot* die Umgebung (*od* Umgegend) von Olot.

entornar (33) *vt agr* zwiebrachen, zum zweiten Male pflügen | **~-se** *v/r* einlaufen (*Wäsche*).

entornpeu *m* Fußleiste *f*, Lambris, Sockel *m* | Treppenwange *f* | *ant* Rocksaum *m*.

entortolligar(-se) (33) *vt(/r)* (s.) schlingen, (s.) winden (*a, al voltant de* um) | *l'heura s'entortolliga al tronc* das Efeu schlingt s. um den Stamm | *la llana s'ha entortolligat* die Wolle hat s. verwickelt.

entorxa|r (33) *vt* (*mehrere Kerzen*) zu e-r Fackel drehen | (*Faden*) ver-silbern, -golden | **~t** *m* Gold-, Silber-faden *m* | Gold- *od* Silber-stickerei *f*.

entossudi|ment *m* Halsstarrigkeit, Hartnäckigkeit *f* | Trotz *m* | **~r-se** (37) *v/r:* **~ en u/c** s. auf etw (*ac*) versteifen, halsstarrig (*od* hartnäckig) auf etw (*dat*) bestehen | *van ~ a negar-ho* sie versteiften s. darauf, es zu leugnen.

entòtic *adj med* entotisch, im Ohr (entstehend, gelegen).

entotsola|r-se (33) *v/r lit* s. absondern, s. von der Welt abschließen | **~t** (**-ada** *f*) *adj* einsam | vereinsamt.

entovar (33) *vt* (*Kelter, Ofen*) mit Backsteinen ausmauern.

entozou *m biol* Entozoon *n*.

entra|da *f* Eintritt *m*; *aut* Einfahrt *f*; (*über die Landesgrenze*) Einreise *f*; (*Geschoß*) Einschuß *m*; *mil* Ein-fall, -marsch, -zug *m*; *mús* Einsatz *m*; *teat* Auftritt *m* | (*Stelle*) Eingang *m*; *aut* Einfahrt *f*; (*Vorraum*) Diele *f*, (*öffentliches Gebäude*) Eingangshalle *f* | (*an e-r Trennungslinie*) Einbuchtung *f* | (*Möglichkeit, Recht*) Ein-, Zu-tritt; Ein-, Zu-gang *m* | (*Kino, Museum, Fußball*) Eintritt *m*; (*Eintritts*)Karte *f* | (*in e-e Gemeinschaft, Firma, Schule*) Eintritt *m*; (*Verband, Pakt*) a. Beitritt *m* | (*in e. Register*) Eintrag *m*; *com* a. Buchung *f*; (*Wörterbuch*) a. Aufnahme *f*; Stichwort *n*, Eintrag *m* | (*Empfang von Waren, Geld, Post*) Eingang *m*; (*von Zahlungen*) a. Einnahme *f* | (*erster Teilbetrag*) Anzahlung *f* | *zeitl* Ein-tritt, -gang *m* | *~ lliure* Zutritt frei; *com* freie Einfuhr *f*; (a. *~ gratuïta*) Eintritt frei | *prohibida l'~!* Eintritt (*od* Zutritt, Zugang) verboten! | *~ lateral* Seiteneingang *m* | *l'~ al port* die Hafeneinfahrt | *~ a l'autopista* Einfahrt zur Autobahn; Autobahnauffahrt *f* | *~ en funcions* (*adm*) Amtsantritt *m* | *~ en vigor* (*dr*) Inkrafttreten *n* | *entrades i sortides* (*com*) Ein- u. Ausgänge *m pl*; Einnahmen u. Ausgaben *f pl* | *llibre d'entrades* (*com*) Eingangsbuch *n* | *drets d'~* (*com*) Einfuhrzoll *m* | *permís d'~* Passierschein *m*; (*in e. Land*) Einreise-genehmigung, -erlaubnis *f*; *com* Einfuhrlizenz *f* | *porta* (*data*) *d'~* Eingangs-tür *f* (-datum *n*) | *a ~ de fosc* (*od de nit*) beim Eintritt der Dunkelheit | *a l'~ de la ciutat* (*del bosc*) am Eingang der Stadt (des Waldes) | *a l'~ del revolt* (*del segle*) eingangs (*od* am Anfang) der Kurve (des Jahrhunderts) | *d'~* (*loc adv*) von Anfang an, von vornherein | *donar ~ a alg* j-m Zutritt gewähren | *donar ~ a alg en una escola* (*associació*) j-n in e-e Schule (Vereinigung) aufnehmen | *donar l'~* (*mús*) den Einsatz geben | *negar l'~ a alg* j-m den Zutritt verwehren *od* verweigern | *tenir ~ a la cort* Zutritt bei Hofe haben | (*no*) *s'ha de pagar ~* es kostet (k-n) Eintritt | *avui només hi ha hagut mitja ~* heute war das Haus *od* Theater (*bzw* Kino, Stadion, der Saal) nur halb besetzt | *aquest diccionari té moltes entrades* dieses Wörterbuch enthält viele Stichwörter | *ja comences a tenir entrades* du bekommst schon Geheimratsecken | **~-i-surt** *m* Ein- und Aus-gang *m* | *els ~s dels veïns* das Ein- u. Ausgehen der Nachbarn.

entramat *m constr* Balkenwerk, Gebälk *n*.

entrampa|r (33) *vt* in die Falle locken | **~r-se** *v/r* in die Falle gehen | *fig* s. in Schulden stürzen.

entrant *adj* (*m/f*) kommend | eintretend | (*Woche, Monat*) kommend | *la part ~ de la façana* der ein- (*od* zurück-)springende Teil der Fassade | *els diputats ~s* die einziehenden Abgeordneten | *vindrem la setmana ~* wir werden nächste Woche kommen || *adj u. s/m/f:* (*és*)*ser ~ d'una casa* Zugang zu e-m Haus haben | *els ~s de la casa* die Hausfreunde *m pl* || *s/m* Einbuchtung *f* | *gastr* Haupt-gang *m*, -gericht *n* | *a l'~ de* (*loc prep*) eingangs (*gen*).

entranya *f mst pl* Eingeweide *n* (*pl*) | a. *fig* Schoß *m* | *fig* Herz, Gefühl *n*; Mitleid *n* | *a les entranyes de la terra* im Schoß der Erde | *un home sense entranyes* e. herzloser Mensch | *la guerra no té entranyes* der Krieg kennt k. Mitleid | **~ble**(**ment** *adv*) *adj* (*m/f*) innig | **~t** (**-ada** *f*) *adj fig* (*Eigenschaft*) tief eingewurzelt | *mal ~* (*Person*) von Grund auf schlecht.

entrar (33) *vi* hereinkommen *bzw* hineingehen, *umg* rein-kommen, -gehen | (*zu Fuß*) a. eintreten | (her- *bzw* hin-)einfahren (*Fahrzeug; mit e-m Fahrzeug*); *nàut ferroc* a. einlaufen; (*über die Landesgrenze*) einreisen | (*durch Klettern*) einsteigen | (gegen Widerstand; mit Gewalt) eindringen (j-d, etw) | *no paren d'~ i sortir* sie laufen ständig rein u. raus | *entreu* (od *entri*), *si us plau!* (kommen Sie) bitte herein!, bitte treten Sie ein! | *entreu* (*sense trucar*), *si us plau!* (Türschild) bitte eintreten (ohne anzuklopfen)! | *fes-lo ~!* bitte ihn herein! | *no van deixar ~ el gos* sie ließen den Hund nicht hinein | *vaig ~ a casa per la porta del darrere* ich ging durch die Hintertür ins Haus (hinein), ich trat durch die Hintertür ins Haus (ein), ich betrat das Haus durch die Hintertür | *el tren ja entra* (*ja entrem*) *a l'estació* der Zug fährt (wir fahren) schon in den Bahnhof ein | *els lladres van ~ per la finestra* die Diebe stiegen (od drangen) durch das Fenster ein | *tropes enemigues han entrat en el país* feindliche Truppen sind in das Land eingedrungen od eingefallen | *fa cinquanta anys que les tropes franquistes van ~ a Barcelona* vor fünfzig Jahren zogen (od marschierten) die Truppen Francos in Barcelona ein | *l'aigua ens va ~ al celler* das Wasser drang in unseren Keller ein | *el fum* (*fred*) *entra per aquesta escletxa* der Rauch (die Kälte) dringt durch diese Ritze ein | *per la finestra entra molt de sol* durch das Fenster fällt viel Sonne(nlicht) ein | *el clau no ha entrat prou endins* der Nagel ist nicht tief genug eingedrungen | *m'ha entrat a la carn tota la punxa* mir ist die ganze Spitze ins Fleisch eingedrungen | *per una orella m'entra i per l'altra em surt* das geht mir zum e-n Ohr hinein, zum anderen hinaus || fig: *entro* (*a treballar*) *a les vuit i plego a les tres* ich fange um acht (Uhr) an u. habe um fünf (Uhr) Feierabend | *el partit ha entrat en una fase decisiva* das Spiel ist in e-e entscheidende Phase eingetreten | *~ a l'OTAN* (*en un partit*) der NATO (e-r Partei) beitreten, in die NATO (e-e Partei) eintreten | *~ en un internat* (*una empresa*) in e. Internat (e-n Betrieb) eintreten | *~ en una professió* e-n Beruf ergreifen | *~ al parlament* ins Parlament einziehen | *~ en una conjura* e-r Verschwörung beitreten, s. e-r Verschwörung anschließen | *~ en un negoci* (*la política*) in e. Geschäft (die Politik) einsteigen | *~ en el geni d'una llengua* (a fons en un problema) in den Geist e-r Sprache (tief in e. Problem) eindringen | *entro!* (beim Kartenspiel) ich gehe mit! || (+ en *in inchoativen Funktionsverbgefügen*) *~ en acció* (*vigor, vaga*) in Aktion (Kraft, Streik) treten | *~ en negociacions* (*contacte*) in Verhandlungen (Kontakt) treten, Verhandlungen (Kontakt) aufnehmen | *~ en funcions* das Amt antreten | *~ en raó* zur Vernunft kommen || (in Spitzenstellung; + *Dativ; Subjekt: Empfindung*) *m'ha entrat gana* ich habe Hunger bekommen | *li van ~ dubtes* ihm kamen Zweifel | *va ~-los pànic* sie wurden von Panik befallen od ergriffen, erfaßt || eingehen, hereinkommen (*Kapital*) | *avui han entrat* (*en caixa*) *mil marcs* heute sind tausend Mark (in die Kasse) eingegangen || *mús* einsetzen || hinein-gehen, -passen | *aquesta clau no entra* (*al pany*) dieser Schlüssel paßt nicht (ins Schloß) | *la marxa enrere no entra* der Rückwärtsgang geht nicht hinein | (+ *Dativ*) *l'anell no m'entra* ich bekomme den Ring nicht an | *si t'eixamples la cintura, les faldilles t'~an més bé* wenn du dir die Taille weiter machst, wirst du besser in den Rock hineinkommen | fig: *no m'entra al cap* es geht (od will) mir nicht in den Kopf (hinein) | *les llengües no m'entren* Sprachen liegen mir nicht | *aquest home no m'entra* ich kann mit diesem Mann nicht warm werden || (Teil sein) *en aquest vestit hi ~an tres metres de roba* zu diesem Kleid werden drei Meter Stoff notwendig sein | *quins ingredients hi entren?* welche Zutaten gehören dazu? | *això no entrava en el tracte* das war in der Abmachung nicht inbegriffen || *vt* herein-holen *bzw* -bringen; hinein-holen *bzw* -bringen | herein- (*bzw* hinein-)fahren | (*Ernte*) einbringen *bzw* -fahren | (*Waren*) einschmuggeln | (*Kleidungsstück, Saum*) einlassen; *gràf* (*Zeile, Wort*) ein-ziehen, -rücken | (*Betrag*) eintragen, buchen; (*Stichwort*) aufnehmen; *elect* (*Daten*) eingeben | *aut* (*Gang*) einlegen | *esport* (*Gegner*) hineingehen in | *~ les patates al celler* die Kartoffeln einkellern | *~ el cotxe al garatge* das Auto in die Garage fahren *od* stellen | **~-se'n** *v/r* = **enfonsar-se, ensorrar-se**.

entravessa|r (33) *vt* quer legen *bzw* setzen, stellen | **~r-se** *v/r* s. quer legen bzw setzen, stellen | *se m'ha entravessat una espina a la gola* mir ist e-e Gräte im Hals steckengeblieben | *amb aquest mot se m'entravessa la llengua* bei diesem Wort breche ich mir die Zunge ab | *el mestre (el llatí) se m'ha entravessat* den Lehrer (Latein) kann ich nicht ausstehen | ~**t** (**-ada**) *f adj* = **enrevessat** | *nàut: vent* ~ Seitenwind *m*.

entre *prep* zwischen (*dat bzw ac*) | (*bei e-r gleichartigen Menge od Gruppe von mehr als zwei; Wechselbeziehung; Begleitumstand*) unter | *s: enmig, entremig* | *és* ~ *Girona i Vic* es liegt zwischen Girona und Vic | *vaig posar el rebut* ~ *les cartes* ich legte die Quittung zwischen die Briefe | *treballo* ~ *gent de la meva mateixa edat* ich arbeite unter Leuten meines Alters | *el cantant seia* ~ *els espectadors* der Sänger saß unter (*od* zwischen) den Zuschauern | ~ *casa i casa hi ha arbres* zwischen den einzelnen Häusern stehen Bäume | *és un costum molt estès* ~ *els catalans* es ist bei den Katalanen e-e weitverbreitete Sitte | *és un* ~ *molts* er ist einer unter vielen | *d'*~ *els teus amics, és el més simpàtic* unter deinen Freunden ist er der sympathischste | *el compto* ~ *els* (*meus*) *amics* ich zähle ihn zu meinen Freunden *od* unter meine Freunde | ~ *el 2 i el 12 de febrer* (*les vuit i les nou, trenta i quaranta, blau i verd*) zwischen dem 2. u. dem 12. Februar (acht u. neun (Uhr), dreißig u. vierzig, blau u. grün) | ~ *àpat i àpat no menjo res* zwischen den Mahlzeiten esse ich nichts | ~ *suplicant i amenaçador* halb flehend, halb drohend | *la relació* ~ *teoria i praxi* das Verhältnis zwischen Theorie u. Praxis | *les relacions comercials* ~ *els països europeus* die Handelsbeziehungen zwischen den europäischen Ländern | *la confiança* ~ *marit i muller* das Vertrauen zwischen Mann u. Frau | *la baralla* ~ *ell i la seva dona* der Streit zwischen ihm u. s-r Frau | *una discussió* ~ *els participants* e-e Diskussion zwischen (*od* unter) den Teilnehmern | ~ *ells parlen alemany* untereinander (*od* unter s.) sprechen sie deutsch | ~ *nosaltres* (*sigui dit*) unter uns (gesagt) | *que quedi* ~ *nosaltres* od *tu i jo* das muß aber unter uns bleiben | *van repartir-ho tot* ~ *els pobres* sie verteilten alles unter die Armen | *has de triar* ~ *ella i jo* du mußt zwischen ihr u. mir wählen | ~ *llàgrimes em van confessar la veritat* unter Tränen gestanden sie mir die Wahrheit || (*miteinander; im Zusammenwirken*) **tenen el pis** ~ ***tres*** sie haben die Wohnung zu dritt | ~ *tu i jo ens en sortirem* wir beide zusammen werden es schaffen | ~ *tots dos serà més fàcil* zu zweit wird es leichter sein | ~ *tots ho farem tot* zusammen (*od* gemeinsam, mit vereinten Kräften) werden wir alles erreichen | *érem cent,* ~ *gent gran i criatures* wir waren hundert, Erwachsene u. Kinder zusammengenommen | ~ *el menjar i la beguda ens ha costat un dineral* alles zusammen, Essen u. Trinken, hat uns e. Heidengeld gekostet | ~**abaltir-se** (37) *v/r* halb eindämmern (*Person*) | ~**acte** *m teat* Zwischenakt *m*; Pause *f* | Entreakt *m*, Zwischenaktmusik *f* | ~**badar-se** (33) *v/r* s. e. wenig öffnen (*Mund, Lider, Blüte*).

entrebanc *m* Behinderung, Störung *f* | Hindernis *n*, Hemmung *f* | ~**ada** *f* Stolpern *n* | ~**ador** *adj* = ~**ós** | ~**ar** (33) *vt* behindern, hemmen, stören | stolpern lassen | ~**ar-se** *v/r* straucheln, stolpern | ~ *amb un tamboret* über e-n Hocker stolpern | ~ *parlant* (*fig*) s. versprechen, beim Sprechen stolpern | ~**ós** (**-osa**) *f adj* voller Hindernisse.

entre|batre's (34) *v/r* s. schlagen | ~**besar-se** (33) *v/r* einander küssen.

entrebiga *f constr* Fach *m*, Zwischenraum *m* zwischen Balken | ~**r** (33) *vt constr* (*Fach*) ausmauern | ~**t** *m* Ausmauerung *f* (*zw Balken*).

entre|canal *f* Wölbung *f* (*zw Rillen*) | ~**canviar** (33) *vt ant* = **bescanviar** | ~**càs** *m reg* Zufall *m* | ~**cavar** (33) *vt agr* (*Saatbeet*) (aus)jäten | ~**cella** *f* Nasenwurzel; Stirnfalte *f*.

entreclar *adj* halbhell | dämmerig | ~**or** *f* Dämmer-licht *n*, -schein *m*.

entre|coberta *f nàut* Zwischendeck *n* | ~**cor** *m arquit* Zwischenchor *m/n* | ~**cot** *m gastr* Entrecôte *n*.

entrecreua|ment *m a.* biol Kreuzung *f* | ~**r-se** (33) *v/r* s. überkreuzen | *biol* s. kreuzen.

entrecuix *m anat* Zwischenbeingegend *f* | (*Hose*) Schritt *m* | ~**ar** (33) *vi* die Beine ineinanderstellen (*Gegenübersitzende*).

entredi|r (40) *vt ant* = **interdir** | *catol* mit dem Interdikt belegen | **~t** *m ant* = **interdicció** | *catol* Interdikt *n*.

entre|doble *adj* (*m/f*) (*Gewebe*) halbstark | mittelfein | **~dós** *m* (*Stoff*) (Spitzen) Einsatz *m* | *gràf* Korpus *f* | **~ferir-se** (37) *v/r* s. gegenseitig verwunden | **~fí** (**-ina** *f*) *adj* mittelfein | **~filet** *m* (*eingeschobene*) Zeitungsnotiz *f* | **~finestra** *f* *constr* Fensterzwischenraum *m* | **~folre**, **~folro** *m* (*Kleid*) Zwischenfutter *n*.

entreforc *m* (*Baum*) Gabelung *f* | **~ar-se** (33) *v/r* s. gabeln.

entre|fosc *adj* halbdunkel | **~fregar-se** (33) *v/r* s. streifen.

entrega *f* = **lliurament** | **~r** (33) *vt* = **lliurar** | **~r-se** *v/r* = **lliurar-se** | *Bal* = **comparèixer, presentar-se**.

entre|girar-se (33) *v/r* s. halb umdrehen | **~guardar** (33) *vt* *constr* loten; fluchten | **~llaçar(-se)** (33) *vt*(/*r*) (s.) ineinanderschlingen | (s.) verflechten | (s.) verweben.

entrellat *m*: *a veure si tu en pots treure l'~* mal sehen, ob du daraus schlau wirst.

entrelliga|ment *m* Verknüpftung, Verschlingung, Verbindung *f* | **~r(-se)** (33) *vt*(/*r*) (s.) verknüpfen, (s.) verschlingen, (s.) miteinander verbinden.

entre|llucar (33) *vt* = **entreveure** | **~lluir** (40) *vi* durch-scheinen, -schimmern | **~llum** *f* Halbdunkel *n* | **~lluscar** (33) *vt* = **entreveure** | *vi* *nord-cat* dämmern, Nacht werden.

entremali|adura *f* Kinderstreich *m*, Schelmerei *f* | Übermut *m*, Ausgelassenheit *f* | **~at** (**-ada** *f*) *adj* schelmisch, spitzbübisch | übermütig, ausgelassen | (immer) zu Streichen aufgelegt, *desp* unartig | **~ejar** (33) *vi* Schabernack treiben | ausgelassen sein.

entre|matar-se (33) *v/r* s. gegenseitig töten | **~mès** *m* *gastr* *mst pl* Vorspeise(n *pl*) *f* | *teat* Zwischenspiel *n*; Einakter *m*.

entremescla|ll *m* Mischmasch *m*, Gemisch *n* | **~ment** *m* Unter-, Vermischung *f* | **~r** (33) *vt* unter-, vermischen.

entremetre's (40) *v/r* s. einmischen.

entre|mig *adv* dazwischen | *zeitl a*. zwischendurch | = **enmig** | *dues cases amb un jardí ~* zwei Häuser mit e-m Garten dazwischen | *faig tres àpats al dia i ~ menjo una mica de fruita* ich nehme drei Mahlzeiten am Tag ein u. esse zwischendurch etwas Obst || *~ de* (*loc prep*): *el menut volia dormir ~ dels seus pares* der Kleine wollte zwischen s-n Eltern schlafen | *vam haver de posar el llit ~ dels dos armaris* wir mußten das Bett zwischen die beiden Schränke stellen || *s/m* Zwischenzeit *f* Zwischenraum *m* | Mittel-, Zwischen-ding *n* | **~mirar-se** (33) *v/r* einander anschauen.

entrena|dor(a *f*) *m esport* Trainer(in *f*) *m* | **~ment** *m esport* Training *n* | **~r(-se)** (33) *vt*(/*r*) (s.) trainieren.

entrenyor *m* Heimweh *n* | Sehnsucht *f* | Wehmut *f* | **~ar-se** (33) *v/r* Heimweh (*bzw* Sehnsucht) haben | wehmütig sein.

entre|obrir(-se) (40) *vt*(/*r*) (s.) halb (*bzw* e-n Spalt) öffnen | **~oir** (37) *vt* halb hören | **~pà** *m* belegtes Brötchen *n* | Vesperbrot *n* | **~parent(a** *f*) *m* entfernte(r) Verwandte(r *m*) *m/f* | **~pàs** *m* (*pl* **-assos**) Paßgang *m* | **~passegar** (33) *vi* = **ensopegar** | **~peu** *m* Sockel *m* | **~pit** *m* Brustbeingegend *f* | **~pont** *m nàut* Zwischendeck *n*.

entresaludar-se (33) *v/r* s. (*od* einander) grüßen.

entrescar (33) *vt* (*Säge*) schränken.

entresegui|ment *m* Aufeinanderfolge *f* | **~r-se** (37) *v/r* aufeinanderfolgen.

entre|senya *f* (Erkennungs)Zeichen *n* | **~sol** *m arquit* Zwischengeschoß; Hochparterre *n* | **~solc** *m agr* Ackerscholle *f*.

entreson *m* Halbschlaf *m* | **~yat** (**-ada** *f*) *adj* schläfrig.

entresu|ar (33) *vi* leicht schwitzen | **~at** (**-ada** *f*) *adj* leicht verschwitzt | **~or** *f* leichte Schweißabsonderung *f*.

entretalla|dor(a *f*) *m* (Relief)Bildhauer(in *f*) *m* | **~ment** *m* Einschneiden *n* | Einschnitt *m* | Halbrelief *n* | **~r** (33) *vt* (ein)schneiden | als Halbrelief arbeiten.

entre|tancar (33) *vt* halb schließen | **~tant** *adv* = **mentrestant** | **~teixir** (37) *vt* einweben | verschlingen, verknüpfen.

entretela *f* Steifleinen *n* | **~r** (33) *vt* mit Steifleinen verstärken.

entretemps *m* Übergangszeit *f* | *abric d'~* Übergangsmantel *m*.

entre|teniment *m* Unterhaltung *f*, Zeitvertreib *m* | Hobby, Steckenpferd *n*,

Liebhaberei *f* | **~tenir** (40) *vt*: ~ *alg* j-n auf- (*bzw* hin-)halten; j-n unterhalten; j-m die Zeit vertreiben | **~tenir-se** *v/r* s. unterhalten, s. die Zeit vertreiben | Zeit verlieren, s. aufhalten; trödeln | **~tingut** (**-uda** *f*, **-udament** *adv*) *adj* unterhaltsam | zeitraubend.

entretoc *m* (*Juwel*) Prüfung, Probe *f* | *fig* Anspielung *f* | **~ar-se** (33) *v/r* s. (*od* einander) berühren.

entretopar-se (33) *v/r* zusammen-, aneinander-stoßen.

entretzenar-se (33) *v/r* = **entestar-se**.

entre|veure (40) *vt* undeutlich sehen | *fig* ahnen | **~veure's** *v/r* einander halb (*od* flüchtig) sehen | **~ví** *m anat* Gekröse *n* | **~via** *f ferroc* Gleis-, Schienen-abstand *m* | **~viat** (**-ada** *f*) *adj* (*Stoff*) bunt gestreift.

entrevista *f* Begegnung, Zusammenkunft *f* | Besprechung *f* | Interview *n* | **~r** (33) *vt* befragen, interviewen | **~r-se** *v/r*: ~ *amb alg* s. mit j-m unterreden *od* besprechen.

entrexocar-se *v/r* aneinander-, a. *fig* aufeinander-stoßen.

entriquell *m* Gepäckstück *n* || *pl* Gepäck; Zeug *n*, Sachen *f pl*.

entrist|ar(-se) (33) *vt*(*/r*) *ant reg* = **~ir** (-se) | **~idor** *adj* betrübend | **~iment** *m* Traurigkeit, Betrübnis *f* | **~ir** (37) *vt* traurig machen, betrüben | **~ir-se** *v/r* traurig (*od* betrübt) werden.

entronca|ment *m* Abstammung *f* | Verschwägerung *f* | *ferroc* Knotenpunkt *m* | *circ* Kreuzung *f* | **~r** (33) *vt*: ~ *alg* j-s Stammbaum aufstellen || *vi* verschwägert (*od* verwandt) werden (*amb* mit) | s. kreuzen (*Eisenbahnen, Straßen*).

entronitza|ció *f* Inthronisation *f* | (*Monarch*) a. Thronerhebung *f* | *catol* a. feierliche Einsetzung *f* | **~r** (33) *vt* inthronisieren | (*Monarchen*) a. auf den Thron erheben | *catol* a. feierlich einsetzen | *fig* (j-n, etw) auf den Thron heben.

entropessar (33) *vi ant reg* = **ensopegar**.
entropia *f fis* Entropie *f*.
entrullar (33) *vt* in die Ölpresse schütten.
entrunyellar (33) *vt* Bal flechten.
entuixegar (33) *vt ant* = **emmetzinar**.
entumi|ment *m med* Gefühllosigkeit, Taubheit *f* | Anschwellung *f* | **~r** (37) *vt med fam* anschwellen; schwellen lassen | **~r-se** *v/r* einschlafen (*Glieder*).

enturió *m bot* Färberwau *m* | *ict s*: *esturió*.

entusi|asmadís (**-issa** *f*) *adj* begeisterungsfähig, leicht zu begeistern | **~asmador** *adj* begeisternd, mitreißend | **~asmar** (33) *vt* begeistern | **~asmar-se** *v/r* s. begeistern | in Begeisterung geraten (*per u/c* für etw *ac*) | **~asme** *m* Begeisterung *f*, Enthusiasmus *m* | *causar* (*od produir, infondre*) ~ Begeisterung verursachen, begeistern | **~asta** *adj* (*m/f*) = **~àstic** || *s/m/f* Enthusiast(in *f*) *m* | *un* ~ *del futbol* e. Fußballfan *m* | *una* ~ *de Mahler* e-e begeistete Anhängerin Mahlers | **~àstic**(**ament** *adv*) *adj* begeistert, enthusiastisch.

enuig *m* Ärger, Verdruß *m* | Zorn *m* | Ärgernis *n*, Belästigung, Unanehmlichkeit *f*.

ènula *f bot* (a. ~ *campana*) Alant *m*.

enumera|ble *adj* (*m/f*) aufzählbar | **~ció** *f* Aufzählung *f* | **~r** (33) *vt* aufzählen.

enuncia|ció *f* Exposition, Darlegung *f* | **~r** (33) *vt bes filos mat* exponieren, kurz darlegen | *ling* aussagen | = **pronunciar** | **~t** *m* Expositions-, Darlegungs-formel *f* | *ling* Aussage *f* | Wortlaut, Text *m* | **~tiu** (**-iva** *f*) *adj* aussagend | *oració enunciativa* (*ling*) Aussagesatz *m*.

enutj|ar (33) *vt* ärgern, verdrießen | erzürnen, aufbringen | **~ar-se** *v/r* s. ärgern | ~ *amb* (*od contra*) *alg* auf j-n (*od* mit j-m) böse werden | ~ *d'u/c* (*od per u/c*) s. über etw ärgern | **~ós** (**-osa** *f*) *adj* (Ärger erregend) ärgerlich | **~osament** *adv* ärgerlich(erweise).

envà *m constr* Zwischen-, Trenn-wand *f*.
enva|ïment *m* = **invasió** | **~ir** (37) *vt* einfallen in (*ac*) | *fig* über-kommen, -fallen, -mannen (*Empfindung*); befallen (a. *Krankheit*) | *cada estiu el país és envaït per turistes* jeden Sommer wird das Land von Touristen überschwemmt.

envalentir (37) *vt* (j-n) mutig machen, (j-m) Mut geben | **~-se** *v/r* mutig werden, Mut fassen.

envani|ment *m* Eitelkeit *f* | **~r** (37) *vt* eitel machen | **~r-se** *v/r* eitel werden | *no cal que t'envaneixis dels teus èxits* du brauchst dich nicht mit deinen Erfolgen zu brüsten; du brauchst dir nichts auf deine Erfolge einzubilden.

envant *adv reg* = **endavant**.
env|às *m* (*Tätigkeit*) = **~asament** | Ge-

fäß *n*; Flasche; Dose; Packung *f* | *p ext: pagar l'~* Flaschenpfand bezahlen | **~asadora** *f* Abfüllmaschine *f* | **~asament** *m* Abfüllung *f* | Verpackung *f* | **~asar** (33) *vt* (*bes Flüssigkeiten*) ab-, ein-füllen | eindosen | verpacken | *màquina d'~* = **~asadora** | **~asatge** *m* = **~asament**.

envej|a *f* Neid *m*, Mißgunst *f* | *tenir ~ a alg d'u/c* (*od per u/c*) j-n um etw (*ac*) beneiden | *sentir ~ envers alg* auf j-n neidisch sein | **~able(ment** *adv*) *adj* (*m/f*) beneidenswert | **~ar** (33) *vt* (*j-n*) beneiden | *t'envejo la salut* ich beneide dich um deine Gesundheit | **~ós** (**-osa** *f*) *adj* neidisch | neidvoll, neiderfüllt | **~osament** *adv* neidisch, mit (*od* voller) Neid.

envela|r¹ (33) *vt* mit e-m Sonnendach versehen *od* bedachen, e. Zelt spannen über (*ac*) | (*Boot*) besegeln | **~r**²(**-se**) (33) *vt*(/*r*) (s.) verschleiern | **~t** *m* Sonnendach *n* | Bier-, Fest-, Tanz-zelt *n*.

envelli|ment *m* Altern, Altwerden *n* | *a. tecn* Alterung *f* | (*Demographie*) Überalterung *f* | **~r** (37) *vt* alt machen || *vi* altern | alt (*bzw* älter) werden | e. hohes Alter erreichen | **~r-se** *vt/r*; *fig* | *últimament s'ha envellit molt* er ist in letzter Zeit sichtlich (*od* um Jahre) gealtert.

envelluta|r(-se) (33) *vt*(/*r*) samtig machen (werden) | **~t** (**-ada** *f*) *adj* samtig, samtweich.

enventrellat (**-ada** *f*) *adj* übersatt.
enverar (33) *vi* = **verolar**.
enverdir (37) *vt* grünen (lassen), grün machen *bzw* färben | **~-se** *v/r* grün werden, grünen.

enverga|dura *f* *nàut* Segelbreite *f* | *ornit aeron fig* Spannweite *f* | *fig a.* Umfang *m*, Ausmaß *n*, Reichweite *f* | **~r** (33) *vt nàut* (*Segel*) anschlagen.

enverin|ament *m* Vergiftung *f* | **~ar** (33) *vt a. fig* vergiften | (*Wunde*) entzünden | **~ar-se** *v/r* s. vergiften, Gift nehmen | s. entzünden (*Wunde*) | *fig* s. zuspitzen, s. verschärfen, erbittert werden (*Streit*) | **~osar** (33) *vt* vergiften, giftig machen.

envermell|ir (37) *vt* röten | rot färben | **~ir-se** *v/r* s. röten | rot werden, erröten (*Person*) | **~onar** (33) *vt* mit Zinnober (an)malen.

envermenat (**-ada** *f*) *adj* wurmstichig.
envernissa|da *f* Lackieren; Firnissen | **~dor(a** *f*) *m* Lackierer(in *f*) *m* | **~ment** *m* = **envernissada** | **~r** (33) *vt* lackieren | (*Möbel a.*, *Gemälde*) firnissen | (*Keramik*) glasieren | **~t** *m* Lackierung *f* | Lack-; Firnis-; Glasur-schicht *f*.

envers *prep* = **cap**³, **vers**² | *bes: la teva actitud ~ ell* deine Haltung ihm gegenüber | *només és amable ~ els superiors* er ist nur zu den Vorgesetzten freundlich.

envesca|da *f* Leimrute *f* | **~r** (33) *vt* mit Leim bestreichen | **~r-se** *v/r* am Leim hängenbleiben (*Vögel*) | *fig* auf den Leim gehen, hereinfallen.

envesprir (37) *v/imp* Abend werden, dunkeln, dämmern.

envesti|da *f* Angriff *m* | **~r** (37) *vt* angreifen | anfallen | los-gehen, -stürzen auf (*ac*) | prallen gegen (*ac*) | *fig* (*j-n*) bestürmen, bedrängen; (*Schwieriges*) anpacken, in Angriff nehmen.

envetar (33) *vt* mit Bändern versehen.
envia|ment *m* Schicken, *lit* Senden *n* | = **tramesa** | **~r** (33) *vt* schicken, *lit* senden | **~r-se** *v/r* verschlucken | *el nen s'havia enviat una agulla* das Kind hatte e-e Nadel verschluckt | **~t** (**-ada** *f*) *m* Gesandte(r *m*) *m/f* | *~ extraordinari* (*dipl*) Sonderbotschafter *m* | *~ especial* (*Presse*) Sonderberichterstatter *m*.

envidar (33) *vt* (*beim Spiel*) bieten, setzen; reizen.
envidat (**-ada** *f*) *adj* lebendig, lebhaft.
envidr|ar (33) *vt* verglasen | **~eir-se** (37), **~iar-se** (33) *v/r* glasig werden.
enviduar (33) *vi* verwitwen.
envigori|dor *adj* kraftspendend, kräftigend | **~ment** *m* Kräftigung *f* | Verstärkung *f* | **~r** (37) *vt* kräftigen | stärken | **~r-se** *v/r* kräftiger (*od* stärker) werden.

envili|ment *m* Erniedrigung, Herabwürdigung *f* | Niederträchtigkeit *f* | **~r** (37) *vt* erniedrigen, herabwürdigen | niederträchtig werden lassen | **~r-se** *v/r* niederträchtig werden.

envinagra|r (33) *vt* säuern; in Essig einlegen | *fig* verbittern | **~t** (**-ada** *f*) *adj* (zu) sauer || *s/m gastr* Mixed Pickles *pl*.

envinar (33) *vt*: *~ l'aigua* dem Wasser Wein zugießen | **~-se** *v/r* s. mit Wein berauschen.

envisc(ol)ar (33) *vt* = **envescar**.
envistes *a les ~* (*loc adv*) in Sicht, in Sichtweite | (*és*)*ser a les ~ d'un lloc* e-n Ort in Sicht(weite) haben.

envit *m* (*Spiel*) Bieten, Setzen; Reizen *n* |

fig a. (An)Gebot *n.*
envitricollar(-se) (33) *vt(/r) Bal* = **embullar(-se)**.
enviudar (33) *vi* = **enviduar**.
envol *m aeron* Start *m*, Abflug *m* | **~ar-se** (33) *v/r* wegfliegen | *aeron* starten, abfliegen (*cap a* nach).
envolt *adj* = **~at** | **~ant** *adj* (*m/f*) umgebend | **~ar** (33) *vt* umgeben (*de* mit) | **~ar-se** *v/r: el rei va ~ d'aduladors* der König umgab s. mit Schmeichlern | **~at** (**-ada** *f*) *adj* umgeben (*de* von).
envolupar (33) *vt* ein-hüllen, -packen, -wickeln | umhüllen.
enxampar (33) *vt* ertappen, erwischen.
enxampurrat (**-ada** *f*, **-adament** *adv*) *adj* kauderwelsch; gebrochen, holp(e)rig | *parlar ~* kauderwelsch reden.
enxardorat (**-ada** *f*) *adj* glühend | feurig, hitzig.
enxarolar (33) *vt* (*Leder*) lackieren.
enxarpar (33) *vt fam* erwischen, (an)pakken, fassen.
enxarxar (33) *vt* mit dem Netz fangen | **~-se** *v/r* s. (im Netz) verfangen.
enxavetar (33) *vt tecn* verkeilen.
enxiquir(-se) (37) *vt(/r)* = **empetitir(-se)**.
enxubat (**-ada** *f*) *adj* (*Ort*) stickig.
enyor *m* = **~ança** | *trobar a ~ alg* od *u/c* j-n od etw vermissen | **~adís** (**-issa** *f*) *adj* sehnsüchtig | leicht Heimweh bekommend | **~ament** *m* = **~ança** | (Er)Sehnen *n* | **~ança** *f* Sehnsucht *f* | Heimweh *n* | **~ar** (33) *vt: ~ alg* od *u/c* s. nach j-m *od* etw sehnen; nach j-m *od* etw Sehnsucht (*bzw* Heimweh) haben; j-n *od* etw vermissen | *t'~em molt* du wirst uns sehr fehlen | **~ar-se** *v/r* Heimweh haben; s. fremd fühlen | s. sehnen | *~ d'alg* s. nach j-m sehnen | **~ós** (**-osa** *f*) *adj* sehnsuchtsvoll, sehnsüchtig.
enze *m* Lockvogel *m* | *fig* Trottel, Gimpel, Dummkopf *m*.
enz|im *m quím* Enzym *n* | **~imàtic**, **~ímic** *adj* enzymatisch, Enzym...
eó *m* Äon *m*.
eocè *m geol* Eozän *n* | **~nic** *adj* eozän.
eòlic *adj* äolisch | *arpa ~a mús* Äolsharfe *f*.
eòlit *m* Eolith *m*.
eolític *adj* frühsteinzeitlich.
eosin|a *f* Eosin *n* | **~òfil** *adj med* eosinophil || *s/m* eosinophile(r) Leukozyt *m* | **~ofília** *f* Eosinophilie *f*.
ep! *int* (*Aufforderung zur Aufmerksamkeit*) he!, (*a. Gruß*) hallo! || (*zur Einführung e-r Einschränkung, e-r Berichtigung, e-s Einwands*) **~!**, *no és del tot segur!* Na, ganz sicher ist es nicht!
epacta *f astr* Epakte *f* | **~l** *adj* eingeschaltet | *dia ~* Schalttag *m*.
epèndima *m anat* Ependym *n*.
ep|èntesi *f ling* Epenthese *f* | **~entètic** *adj* epenthetisch.
èpic *adj* episch | *poesia ~a* Epik *f* | *poema ~* Epos *n* | *poeta ~* Epiker, epischer Dichter *m* || *s/mf* Epiker(in *f*) *m* || *s/f* Epik *f* | **~ament** *adv* episch.
epi|carpi *m bot* Epikarp *n*, Fruchthaut *f* | **~centre** *m geol* Epizentrum *n*.
epicicl|e *m astr* Epizykel *n* | **~oide** *f geom* Epizykloide *f*.
epicur|eisme *m* Epikureismus *m* | **~i** (**-úria** *f*) *adj* epikureisch || *s/mf* Epikureer(in *f*) *m*.
epid|èmia *f* Epidemie, *a. fig* Seuche *f* | **~èmic**(**ament** *adv*) *adj* epidemisch | **~emiològic** *adj* epidemiologisch.
epid|èrmic *adj anat bot* epidermal, Oberhaut... | **~ermis** *f* Epidermis, Oberhaut.
epi|diascop *m cin fotog* Epidiaskop *n* | **~dídim** *m anat* Nebenhoden *m* | **~fania** *f rel* Epiphanie *f* | *l'~* das Dreikönigsfest *n*, Epiphanias *n*.
epifenomen *m. a. med* Nebenerscheinung *f*.
epí|fisi *f anat* Epiphyse *f* | **~fit** *m bot* Epiphyt *m*.
epi|gastri *m anat* Oberbauch *m* | **~gàstric** *adj* Oberbauch...
epig|ènesi *f biol* Epigenese *f* | **~enètic** *adj biol* epigenetisch | **~ènia** *f geol* Epigenese *f*.
epiglotis *f anat* Kehldeckel *m*, Epiglottis *f*.
epígon *m* Epigone *m*.
epígraf *m* Inschrift *f*, *hist* Epigraph *n* | Überschrift *f*, Motto *n*.
epigr|afia *f* Inschriftenkunde, Epigraphik *f* | **~àfic** *adj* inschriftartig | epigraphisch | **~afista** *m/f* Epigraphiker(in *f*) *m* | **~ama** *m Lit* Epigramm, Spottgedicht *n* | **~amàtic**(**ament** *adv*) *adj* epigrammatisch, spöttisch | **~am(at)ista** *m/f* Epigrammatiker(in *f*) *m* | **~amatitzar** (33) *vi* Epigramme schreiben.
epila|ció *f* Enthaarung *f* | **~tori** (**-òria** *f*) *adj* haarentfernend || *s/m* = **depilatori**.
epíleg *m* Epilog *m* | *Lit a.* Nachwort *n* | *teat a.* Schlußwort *n* | *fig* Schluß *m*.
epilèp|sia *f med* Epilepsie, Fallsucht *f* | **~tic** *adj* epileptisch, fallsüchtig ||

epilobi

s/mf Epileptiker(in *f*) *m*.
epilobi *m bot* Weidenröschen *n*.
epilog|ar (33) *vt* abschließend zusammenfassen | **~ista** *m/f* Nachwort-, Schlußwort-verfasser(in *f*) *m*.
epirogènesi *f geol* Epirogenese *f*.
episcop|al *adj* (*m/f*) bischöflich, episkopal | Bischofs... | **~àlia** (**-ana** *f*) *adj* Episkopal... | *Església episcopaliana* Episkopalkirche *f* || *s/mf* Episkopale(r *m*) *m/f* | **~at** *m* Episkopat *n*.
epis|odi *m* Episode *f* | *a.* Neben-, Zwischen-handlung *f* | (*Geschichte, Serie*) Fortsetzung; Folge *f* | **~òdic**(**ament** *adv*) *adj* episodisch, nebensächlich.
epistemol|ogia *f filos* Epistemologie, Erkenntnistheorie *f* | **~ògic** *adj* epistemologisch.
ep|ístola *f ecl Lit* Epistel *f* | *bíbl* Brief *m* | *l'~ als Corintis* (*Gàlates, Filipencs, Tessalonicencs, Hebreus*) der Brief an die Korinther (Galater, Philipper, Thessalonicher, Hebräer); der Korinther-(Galater-, Philipper-, Thessalonicher-, Hebräer-)brief *m* | **~istolar**(**ment** *adv*) *adj* (*m/f*) brieflich | Brief... | *secret ~* Briefgeheimnis *n* | **~istolari** *m* Briefsammlung *f* | Epistelbuch *n*.
epitafi *m* Epitaph *n* | (*Grab*) *a.* Grabinschrift *f*.
epitalami *m Lit* Epithalamion, Hochzeitsgedicht *n*.
epit|eli *m anat* Epithel *n* | **~elial** *adj* (*m/f*), **~èlic** *adj* epithel... | **~elioma** *m med* Epitheliom *n*.
epí|tet *m ling* Epitheton *n* | Spitzname *m* (*e-r Person*) | **~tom** *m* Epitome *f*.
epizo|òtia *f* Epizootie, Tierseuche *f* | **~òtic** *adj* tierseuchen... | **~u** *m biol* Epizoon *n*.
època *f* Epoche *f, a. geol* Zeitalter *n* | Zeit *f*, Zeit-abschnitt, -raum *m* | *en aquella ~* damals | *des d'aquella ~* seitdem, seit jener Zeit | *fer ~* Epoche machen; Aufsehen erregen.
epònim *adj* eponym || *s/m* Eponym *n*.
epopeia *f Lit* Epos *n*.
èpsilon *f* Epsilon *n*.
equ|able(**ment** *adv*) *adj* (*m/f*) gleichmäßig | gleichförmig | **~ació** *f mat u. fig* Gleichung *f* | *~ d'estat* (*fts*) Zustandsgleichung *f* | *~ de segon grau* Gleichung *f* zweiten Grades | *sistema d'equacions* Gleichungssystem *n* | **~ador** *m* Äquator *m* | *l'~* (*Land*) Ecuador, Ekuador *n*.

equip

equ|ànime(**ment** *adv*) *adj* (*m/f*) gleichmütig, gelassen | unparteiisch | **~animitat** *f* Gleichmut *m*, Gelassenheit *f* | Unparteilichkeit *f* | **~atorià** (**-ana** *f*) *adj* ecuadorianisch, ekuadorianisch || *s/mf* Ecuadorianer(in *f*), Ekuadorianer(in *f*) *m* | **~atorial** *adj* (*m/f*) äquatorial, Äquatorial...
eqüestre *adj* (*m/f*) Reiter... | Ritter... | *ordre ~* Ritterorden *m*.
equí[1] *m arquit* Echinus *m*.
equí[2] (**-ina** *f*) *adj* Pferde...
equi|angle, **~angular** *adj* (*m/f*) gleichwink(e)lig | **~distància** *f* gleiche Entfernung *f* | **~distant** *adj* (*m/f*) gleich weit entfernt | *mat* äquidistant | **~distar** (33) *vi* gleich weit entfernt sein (*de* von).
èquids *m pl zool* Equiden *m pl*.
equi|làter *adj*, **~lateral** *adj* (*m/f*) gleichseitig.
equilibr|ament *m tecn* Auswuchtung *f* | **~ar** (33) *vt* ins Gleichgewicht bringen | *a. fig* ausgleichen | *tecn* auswuchten | **~ar-se** *v/r* ins Gleichgewicht kommen | *a. fig* s. ausgleichen | **~at** (**-ada** *f*) *adj a. fig* ausgeglichen | **~i** *m* Gleichgewicht *n* | *fig a.* Ausgeglichenheit *f* | *perdre l'~* das Gleichgewicht verlieren, aus dem Gleichgewicht kommen *od* geraten | **~ista** *m/f* Äquilibrist(in *f*), *bes* Seiltänzer(in *f*) *m*.
equimosi *f med* Ekchymose *f*.
equinocci *m astr* Tagundnachtgleiche *f*, Äquinoktium *n* | **~al** *adj* (*m/f*) äquinoktial.
equinoderms *m pl zool* Echinodermen, Stachelhäuter *m pl*.
equip *m* (*Gegenstände*) Ausrüstung; Ausstattung *f* | (*Personen*) Team *n*, (Arbeits)Gemeinschaft, (Arbeits)Gruppe *f*; *esport* Mannschaft *f*, Team *n* | *~ d'alta fidelitat* Hi-Fi-Anlage *f* | *~ d'excursionista* Wanderausrüstung *f* | *~ de* (*fer*) *gimnàstica* Turnzeug *n* | *~ de laboratori* (*núvia*) Labor-(Braut-)ausstattung *f* | *~ de futbol* Fußballmannschaft *f* | *béns d'~* (*econ*) Investitionsgüter *n pl* | *joc d'~* (*esport*) Mannschaftsspiel *n* | *treball en ~* Gemeinschafts-, Team-arbeit *f* | *treballar en ~* in Gemeinschaft (*od* im Team) arbeiten | *fer ~ amb alg* mit j-m e. Team bilden | *fan un bon ~* sie sind e. gutes Team; sie arbeiten gut zusammen | **~ament** *m* Ausrüstung; Ausstattung *f* | (*Infrastruktur*) Einrich-

tung(en *pl*) *f* | ~ *urbà* städtische Einrichtungen *f pl* | ~s *socials* soziale Einrichtungen *f pl* | **~ar** (33) *vt* ausrüsten | (*Braut, Räume*) ausstatten | **~ar-se** *vtr* s. ausrüsten, s. ausstatten.
equipara|ció *f* Gleichsetzung *f* | **~r** (33) *vt* als gleich ansehen, gleichsetzen.
equipatge *m* (Reise)Gepäck *n* | *nàut* Mannschaft, Besatzung *f* | *excés d'~* (*aeron*) Übergepäck *n*.
equison|ància *f mús* Gleichklang *m* | **~ant** *adj* (*m/f*) gleichklingend.
equitable(ment *adv*) *adj* (*m/f*) fair, gerecht, billig | (*Preis*) angemessen.
equitació *f* Reiten *n* | *esport* Reitsport *m*.
equitat *f* Fairneß, Gerechtigkeit, Billigkeit *f* | Mäßigkeit *f* | **~iu** (**-iva** *f*, **-ivament** *adv*) *adj* = **equitable(ment)**.
equival|ència *f* Gleichwertigkeit *f* | Entsprechung *f* | *lit cient* Äquivalenz *f* | **~ent(ment** *adv*) *adj* (*m/f*) gleichwertig | entsprechend | *lit cient* äquivalent || *s/m* Gegenwert *m* | *lit cient* Äquivalent *n* | **~er** (40) *vi*: ~ *a u/c* e-r Sache (*dat*) gleich(wertig) sein *bzw* gleichkommen, entsprechen | **~er-se** *v/r* (einander) gleich(wertig) sein, s. gleichkommen | s. entsprechen.
equ|ívoc(ament *adv*) *adj* zwei-, mehrdeutig, doppelsinnig, *lit* äquivok | zweideutig, verdächtig || *s/m* Zweideutigkeit *f*, Doppelsinn(igkeit *f*) *m* | **~ivocació** *f* Irrtum *m*, Versehen *n* | *per ~* irrtümlich, aus Versehen, versehentlich | **~ivocar** (33) *vt* verwechseln | verfehlen | **~ivocar-se** *v/r* s. irren | s. versprechen | s. verrechnen | *ens hem equivocat de camí* wir haben den (richtigen) Weg verfehlt.
era[1] *f hist geol* Ära *f* | Zeitalter *n* | ~ *atòmica* Atomzeitalter *n* | ~ *cristiana* christliche Ära *f*.
era[2] *f agr* Tenne *f* | *agr* Beet *n* | Trockenplatz *m* | *reg* Scheune *f*.
erable *m bot* Spitzahorn *m*.
erada *f agr* Drusch *m*.
eradica|ció *f* Ausrottung *f* | *med a*. Entfernung *f* | **~r** (33) *vt* ausrotten | *med a*. entfernen | **~tiu** (**-iva** *f*) *adj* ausrottend | entfernend.
erari *m* Staats-schatz *m*, -kasse *f*.
erb *m bot* Linsenwicke *f* («Vicia ervilia»).
erbi *m quím* Erbium *n*.
er|ecció *f* Errichtung *f* | *biol* Erektion *f* | *tenir una ~* e-e Erektion haben | **~ecte** *adj* aufrecht, gerade | *biol* erigiert, steif | *posar-se ~* erigieren (*Organ*) | **~èctil** *adj* (*m/f*) *biol* erektil, schwellfähig, Schwell... | **~ector** *adj*: *múscul ~* Rutenmuskel *m*.
erem|ita *m/f* Einsiedler(in *f*), Eremit(in *f*) *m* | **~ític(ament** *adv*) *adj* einsiedlerisch | Einsiedler..., Eremiten...
erer(a *f*) *m agr* Getreidesieb *n*.
eretisme *m med* Erethismus *m* | Überreizung *f*.
erg *m fís* Erg *n* | **~àstul** *m hist* Ergastulum *n* | **~ol** *m quím* Ergol *n* | **~ometria** *f med* Ergometrie *f*, Belastungs-EKG *n* | **~onomia** *f sociol* Ergonomie, Ergonomik *f*.
ergo|sterol *m biol* Ergosterin *n* | **~tisme** *m med* Ergotismus *m*, Mutterkornvergiftung *f*.
ericàcies *f pl bot* Erika-, Heidekrautgewächse *n pl*, Erikazeen *f pl*.
eriç|ament *m* Sträuben *n* | **~ar** (33) *vt* (*Fell, Federn*) sträuben | **~ar-se** *v/r* s. sträuben (*Haare, Fell*) | zu Berge stehen (*Haare*) | **~at** (**-ada** *f*) *adj* gesträubt | *fig*: ~ *de dificultats* mit Schwierigkeiten gespickt | **~ó** *m zool* Igel *m* | ~ *de mar* Seeigel *m* | **~onar** (33) *vt* = **~ar** | mit Stacheln besetzen | **~onar-se** *v/r* = **~ar-se**.
erigir (37) *vt* (*Denkmal, Gebäude*) errichten | *fig*: ~ *en rei* (*en principi absolut*) zum König (zum absoluten Grundsatz) erheben | **~se** *v/r*: ~ *en u/c* s. zu etw (*dat*) erheben, *desp* aufwerfen.
erina *f med* Hakenpinzette *f*.
erísim *m bot* Schöterich *m*.
eri|sipela *f med* Erysipel *n*, (Wund)Rose *f* | **~tema** *m med* Erythem *n* | **~trea** *f* Eritrea *n* | **~treu** (**-ea** *f*) *adj* eritreisch || *s/mf* Eritreer(in *f*) *m* | **~tròcit** *m biol* Erythrozyt *m*.
erm *adj* öde, wüst | *agr* brach(liegend) || *s/m* (Ein)Öde *f* | *bot geog* Ödland *n*; *agr a*. Brache *f*, Brachfeld *n* | **~ar** (33) *vt* brachliegen lassen | **~às** *m* Brache *f*, Brachfeld *n*.
ermini *m zool* Hermelin *n* | (*Pelz, Heraldik*) Hermelin *m*.
ermit|a *f* Einsiedelei, Klause *f* | Einsiedlerkapelle *f* | **~à** (**-ana** *f*) *adj* = **eremític** || *s/m a. fig* Einsiedler(in *f*) *m* | *vida d'~* Einsiedlerleben *n* || *s/m zool* Einsiedlerkrebs *m* | **~atge** *m* Einsiedelei *f*.
eroga|ció *f* Aus-, Ver-teilung *f* | **~r** (33) *vt* (*Geld, Güter*) aus-, ver-teilen.
erol *m* (Garten)Beet *n* | **~ar** (33) *vt agr* in Beete einteilen.
eros *m filos psic* Eros *m*.

erosi|ó *f geol med* Erosion *f* | **~onar** (33) *vt geol* auswaschen, erodieren | (*Haut*) abschürfen | (*Zahn*) abschleifen | **~u** (**-iva** *f*) *adj* erodierend, Erosions...
er|òtic(ament *adv*) *adj* erotisch | **~otisme** *m* Erotik *f* | **~otització** *f* Erotisierung *f* | **~otitzar** (33) *vt* erotisieren | **~otomania** *f med* Erotomanie *f*.
erra[1] *f* (*Name des Buchstabens*) r, R *n*.
err|a[2] *f ant* = **~ada** | **~ada** *f* Irrtum *m* | Fehler *m* | **~adament** *adv* irrtümlich, fälschlich | irrigerweise | **~ament** *m* = **~or** | **~ant** *adj* (*m/f*) irrend | *cavaller* ~ fahrende(r) Ritter *m* | *el jueu* ~ der Ewige Jude | *estel* ~ Wandelstern *m* | **~ar** (33) *vi* irren, umher-irren, -ziehen | *fig* (s.) irren || *vt* nicht treffen, verfehlen | ~ *el tret* vorbeischießen, *a. fig* das Ziel verfehlen | **~ar-se** *v/r* (s.) irren | ~ *de camí* den Weg verfehlen | *si no m'erro* wenn ich (mich) nicht irre | **~at** (**-ada** *f*) *adj:* anar ~ im Irrtum sein | **~ata** *f* Druckfehler *m*, Erratum *n* | *fe d'errates* Druckfehlerverzeichnis *n* | **~àtic** *adj* (umher)irrend | wandernd | *geol* erratisch | *fig* unberechenbar | **~oni** (**-ònia** *f*) *adj* irrig, Irr... | **~òniament** *adv* irrtümlicherweise | **~or** *m*(*/f*) Irrtum *m* | Fehler *m* | *p ext* Irrweg *m* | ~ *de càlcul* Rechenfehler *m*.
ert *adj* starr, steif.
èrtic *adj* = **ert**.
erubescència *f lit* Schamröte *f*.
eruct|ació *f* Aufstoßen *n*, *umg* Rülpsen *n* | *s: rot* | **~ar** (33) *vi* aufstoßen, *umg* rülpsen | **~e** *m umg* Rülpser *m*.
erudi|ció *f* Gelehrsamkeit, Gelehrtheit *f* | **~t(ament** *adv*) *adj* gelehrt || *s/mf* Gelehrte(r *m*) *m/f*.
eruga *f zool* Raupe, Larve *f* | **~t** (**-ada** *f*) *adj* voller Raupen.
eruginós (**-osa** *f*) *adj* rostig scheinend.
erup|ció *f geol med* Eruption *f*, Ausbruch *m* | *med a.* Hautausschlag *m* | **~tiu** (**-iva** *f*) *adj* Ausschlag verursachend, ausbruchs... | *bes geol* eruptiv, Eruptiv...
es[1] (a. *se*, *'s*, *s'*) (21 *u*. 24) *pron pers* sich | *se n'han alegrat molt* sie haben sich sehr darüber gefreut | *no els agrada (de) rentar-se* (*les mans*) sie waschen sich nicht gern (die Hände) | ~ *compraran un cotxe* sie werden sich e. Auto kaufen | *el nen va perdre's pel parc* das Kind verirrte sich im Park | *s'estimen* sie lieben sich | *s'enfada amb ell* (*od si*) *mateix* er ärgert sich über sich selbst | *s'ha esdevingut un accident* es hat sich e. Unfall ereignet | *la tempesta s'ha apaivagat* der Sturm hat sich gelegt | *el pont s'ha enfonsat* die Brücke ist eingestürzt || (*unbestimmt persönlich; passivisch*) ~ *deia que* ... man sagte, daß ... | ~ *es va sentir un soroll* man hörte e. Geräusch | *això no* ~ *podia preveure* das ließ sich nicht voraussehen | *aquest llibre* ~ *ven molt* dieses Buch verkauft sich gut | *aquesta llei s'aplica als estrangers* dieses Gesetz wird auf Ausländer angewendet || (*vor s, ce, ci ist se vorzuziehen*) *ella se serví més cafè* sie schenkte sich mehr Kaffee ein | *no se sap mai* man kann nie wissen.
es[2] (**sa** *f*, **ets** *od* **es** *m pl*, **ses** *f pl*; *a.* **so, sos, s'**) (15) *art def arc Bal* = **el**[2].
esbaconar (33) *vt* (*e-m Tier*) den Bauch aufschlitzen | *fig* niedermetzeln.
esbadellar-se (33) *v/r bot* aufblühen | s. öffnen, aufgehen.
esbadiar (33) *vt* (*Zöpfe*) aufflechten, lösen | (*zum Flechten*) aufteilen | **~-se** *v/r* aufgehen, s. lösen | s. teilen.
esbaf(eg)ar-se (33) *v/r* = **esbravar-se**.
esbagotar (33) *vt* (*Trauben*) nachlesen.
esbajocar (33) *vt* enthülsen.
esbala|idor *adj* erstaunlich | verblüffend | **~ïment** *m* Erstaunen *m* | Verblüffung *f* | **~ir** (37) *vt* (höchst) erstaunen | verblüffen | **~ir-se** *v/r* erstaunen, in Erstaunen geraten | verblüfft sein | aufschrecken.
esbalandra|r (33) *vt* = **esbatanar** | = **esgavellar** | **~t** (**-ada** *f*) *adj* baufällig | wackelig.
esbalçar(-se) (33) *vt*(*/r*) = **estimbar(-se)**.
esbaldir(-se) (37) *vt*(*/r*) = **esbandir(-se)**.
esbaldre|c *m* Bresche, Lücke *f* | **~gada** *f* Verfall, Einsturz *m* | Erdrutsch *m* | **~gar-se** (33) *v/r* abbröckeln | verfallen, einstürzen.
esbaltir(-se) (37) *vt*(*/r*) *Bal* = **esmicolar(-se)** | *fig* benommen (*bzw* bewußtlos) machen (werden).
esbandi|da *f* Spülen *n* | Spülgang *m* | **~r** (37) *vt* (*Wäsche*) spülen | (*Geschirr*) abspülen | **~r-se** *v/r* s. abspülen | *les mans* s. die Hände abspülen | ~ *la boca* s. den Mund (aus)spülen | *no pots esbandir-te aquest pesat?* (*fig fam*) kannst du diesen lästigen Kerl nicht abschütteln? | **~t** (**-ida** *f*) *adj* (*Haar*) lose, gelöst.

esbardellar (33) *vt* ein-, zer-schlagen | **~-se** *v/r* auseinander-, zer-brechen.

esbardissar (33) *vt agr* vom Dornengestrüpp befreien.

esbar|giment *m* Zerstreuung *f*, Zeitvertreib *m* | Ausspannung, Erholung *f* | **~gir** (37) *vt* (*Sorgen, Befürchtungen*) zerstreuen | **~gir-se** *v/r* s. zerstreuen, s. die Zeit vertreiben | herumtollen | ausspannen, s. erholen | **~jo** *m* = **esbargiment** | Auslauf *m* | *estud: una hora d'~* e-e Freistunde | **~jós** (**-osa** *f*) *adj* geräumig, weit.

esbarrellat (**-ada** *f*) *adj* entstellt | verzerrt.

esbarriar (33) *vt* (*etw*) verlegen, *umg* verschusseln | (*Geordnetes*) verstreuen | **~-se** *v/r* s. ausbreiten, s. verstreuen.

esbart *m* Schar *f*, Schwarm *m* | *Cat* (a. ~ *dansaire*) Volkstanzgruppe *f*.

esbarzer *m bot* (*bes* Ulmenblättrige) Brombeere *f* | Brombeerstrauch *m* | **~am, ~ar** *m* Brombeer-, Dornengestrüpp *n* | **~ar-se** (33) *v/r* in e. Dornengestrüpp geraten | **~ola** *f bot* Filzige Brombeere *f*.

esbatanar(-se) (33) *vt(/r*) (s.) sperrangelweit öffnen.

esbate|c *m* Flügel- (*bzw* Flossen-)schlag *m* | **~gament** *m* Flattern *n* | Zappeln *n* | **~gar** (33) *vt* schlagen (*contra* gegen *ac*) || *vi* mit den Flügeln (*bzw* Flossen) schlagen | flattern (*Vogel*) | zappeln (*Fisch*).

esbatre (34) *vt* abschütteln | *fig* (*Kummer, Sorgen*) ver-treiben, -jagen.

esbatussa|da *f* Handgemenge *n*, Schlägerei *f* | **~r-se** (33) *v/r* einander schlagen, miteinander raufen.

esbellegar(-se) (33) *vt(/r) occ* = **esquinçar** (**-se**).

esberla *f* Splitter *m*, Sprengstück *n* | Spalt(e *f*) *m* | **~r** (33) *vt* (zer)splittern | (zer)spalten | (*Nuß, Mandel*) aufbrechen, (auf)knacken | **~r-se** *v/r* zersplittern | s. spalten | aufspringen | **~dís** (**-issa** *f*) *adj* splitt(e)rig, rissig | spaltbar.

esbiaixa|da *f* schräger Schnitt *bzw* Weg *m* | Schräge *f* | **~r** (33) *vt* abschrägen, schräg schneiden || *vi* schräg gehen *bzw* verlaufen.

esbirro *m hist* Gerichtsdiener *m* | *desp* Scherge, Sbirre, Häscher *m*.

esblaimar-se (33) *v/r* erblassen, erbleichen, blaß (*od* bleich) werden.

esblanque|iment *m* Bleiche *f* | Verbleichen, Verblassen *n* | **~ir** (37) *vt* bleichen | **~ir-se** *v/r* verbleichen, verblassen | **~it** (**-ida** *f*) *adj* bleich | verblichen, verblaßt.

esbocina|ment *m* Zerstückeln, *n* | Zerstückelung *f* | **~r** (33) *vt* zerstückeln | **~r-se** *v/r* in Stücke zerbrechen, in Scherben gehen.

esboirar (33) *vt* nebelfrei machen | **~-se** *v/r* s. auflösen, s. verziehen (*Nebel*) | nebelfrei werden.

esbojarra|ment *m* Unbesonnenheit *f*, Ungestüm *n* | Tollheit *f* | **~r-se** (33) *v/r fam* überschnappen, durchdrehen | außer Rand u. Band. (*bzw* aus dem Häuschen) geraten | **~t** (**-ada** *f*, **-adament** *adv*) *adj* irre, toll, verrückt | außer Rand u. Band.

esbomba|da *f*, **~ment** *m* Verbreitung *f* | Bekanntwerden *n* | **~r** (33) *vt* ausplaudern, ausposaunen, leichtsinnig verbreiten | **~r-se** *v/r* ruchbar (*od* bekannt) werden.

esborifar(-se) (33) *vt(/r)* = **esborrifar(-se)**.

esborneiar-se (33) *v/r* den Kopf verlieren, *umg* durchdrehen | durchgehen (*Pferd*).

esborra|dor *adj* Radier... | *goma* **~a** Radiergummi *m* | *s/m* (Tafel)Lappen, (Tafel)Schwamm *m* | **~ll** *m* Klecks, Tintenfleck *m* | **~llar** (33) *vt* kritzeln | *fig* entwerfen, skizzieren | **~ment** *m* Aus-wischen *bzw* -radieren *n* | Streichen *n* | (*Tonband*) Löschen *n* | (*Text*) Korrektur, Verbesserung *f* | **~nc** *m* Kritzelei *f*, Gekritzel *n* | **~ny** *m* (*Entwurf*) Konzept *n* | Kladde *f* | **~r** (33) *vt* (*Kreidestriche*) auswischen | (*mit Gummi*) ausradieren | (durch)streichen | (*Bandaufnahme*) löschen | (*aus der Erinnerung*) löschen, tilgen | **~r-se** *v/r* s. verwischen | *fig*: ~ *de la memòria* aus dem Gedächtnis schwinden.

esborrifa|r (33) *vt* (*Fell*) sträuben | (*Haar*) strubbelig machen, zerzausen | **~r-se** *v/r* s. sträuben; struppig werden (*Fell*) | s. aufstellen; strubbelig werden (*Haar*) | **~t** (**-ada** *f*) *adj* gesträubt; struppig | strubbelig, zerzaust.

esborrona|dor *adj* haarsträubend, grauenvoll | **~ment** *m fig* Schauder *m*, Grauen *n* | **~r** (33) *vt* (*j-m*) e-e Gänsehaut verursachen, *lit* (*j-n*) erschaudern lassen | **~r-se** *v/r* (er-)schaudern | *tèxt* s. zerfasern (*Kettfäden*).

esb|ós *m* (*pl -ossos*) Skizze *f* | **~oscassar** (33) *vt art* (*Holz*) grob bearbeiten | (*Stein*) grob behauen | **~ossar** (33) *vt art* skizzieren.
esbotifarrar (33) *vt* aufreißen | **~-se** *v/r* auf-reißen, -platzen.
esbotzar (33) *vt* ein-drücken; -schlagen | (*bes Tür*) aufbrechen | **~-se** *v/r* aufbrechen, -platzen.
esbrancar (33) *vt* Äste verlieren (*Baum*) | ausästen | **~-se** *v/r* s. gabeln (*Weg*).
esbraona|ment *m* Entkräftung *f* | Erschöpfung *f* | **~r** (33) *vt* entkräften | **~r-se** *v/r* ermatten.
esbrava|ment *m* Schalwerden *n* | *fig* Erleichterung *f* | **~r-se** (33) *v/r* abgestanden (*od* schal) werden (*Flüssigkeit*) | *fig* s. austoben, s. Luft machen | **~t** (**-ada** *f*) *adj* abgestanden, schal.
esbrina|ment *m fig* Herausfinden *n* | **~r** (33) *vt* (*Pflanzen*) von Halmen (*bzw* Fasern) befreien | *fig* heraus-finden, -bekommen, *umg* -bringen, -kriegen.
esbrocar (33) *vt* (*e-r Kanne, e-m Krug*) die Tülle abbrechen | **~-se** *v/r: el càntir s'ha esbrocat* dem Krug ist die Tülle abgebrochen.
esbrollar (33) *vt agr* von Gestrüpp befreien.
esbromar (33) *vt* = **escumar**.
esbronc *m fam* Rüffel *m*, Anfuhr *f*, Anpfiff, Anschnauzer *m* | **~ar** (33) *vt fam* rüffeln, anfahren, anpfeifen, anschnauzen.
esbroquellar(-se) (33) *vt(/r)* = **esbrocar(-se)**.
esbrossar (33) *vt* von Reisig (*bzw* Gestrüpp) befreien.
esbrostar (33) *vt* entlauben.
esbudellar (33) *vt* (*Tiere*) ausnehmen; *caç* ausweiden.
esbufe|c *m* Keuchen *n* | Schnaufen *n* | **~gar** (33) *vi* keuchen | schnaufen.
esbull *m* Zerzausen; Verwuscheln *n* | Zerzaustheit; Wuscheligkeit *f* | **~ar** (33) *vt* (*Haare*) zerzausen; verwuscheln | **~ar-se** *v/r* in Unordnung geraten, zerzaust werden; s. verwuscheln.
esbutxacar (33) *vt* vergeuden.
esca *f* Zunder, Zündstoff *m* | *fig* Lockung *f*, Reizmittel *n* | (*és)ser l'~ del pecat* (*fig*) der Schuldige (*bzw* Verführer, Verleiter) sein.
escabella|ment *m* Verstrubbeln, Zerzausen *n* | Strubbeligkeit, Zerzaustheit *f* | **~r(-se)** (33) *vt(/r)* (s.) verstrubbeln, (s.) zerzausen | **~t** (**-ada** *f*) *adj* strubbelig, zerzaust | *fig* (*Wolke*) faserig || *s/m* faserige Wolke *f*.
escabetx *m gastr* Marinade, Beize *f* | (*Speise*) *en* **~** mariniert | **~ar** (33) *vt gastr* (*bes Fisch*) marinieren, beizen | *pop* umbringen | *pop estud* durchsausen (*od* durchfallen) lassen.
escabi|ós (**-osa** *f*) *adj* Räude...; Krätz... | *s/f bot* Skabiose *f*, Grindkraut *n*.
escabotar (33) *vt* (*e-m Nagel*) den Kopf abschlagen | **~-se** *v/r: el clau s'ha escabotat* dem Nagel ist der Kopf abgesprungen.
escabr|ós (**-osa** *f*, **-osament** *adv*) *adj* holprig, uneben | *fig* schwierig, heikel; anstößig, schlüpfrig | **~ositat** *f* Holprigkeit, Unebenheit *f* | *fig* Schwierigkeit; Anstößigkeit, Schlüpfrigkeit *f*.
escac *m* Schachfeld *n* | (*Bedrohung*) Schach *n* | *al* **~** (*al rei*) Schach (dem König)! | **~** *i mat!* Schach u. matt!, *umg* schachmatt! | *estar en* **~** im Schach stehen *od* sein (*König*) || *pl* Schach(spiel) *n* | Schachfiguren *f pl* | *una partida d'~s* e-e Partie Schach, e-e Schachpartie | **~at** (**-ada** *f*) *adj* (*Muster*) schachbrettartig.
escada *f* (*Angeln*) Anbringen (*od* Anhaken) *n* des Köders.
escad|ús *m* (*pl -ussos*) Überbleibsel *n* | = **escaig** | **~usser** *adj* übrig(bleibend); überschüssig | *p ext* vereinzelt.
escafandre *m nàut* Taucheranzug *m* | **~r** *m* Taucher *m*.
escafinyejar (33) *vi* mäk(e)lig sein.
escafoide *adj* (*m/f*) bootsförmig || *s/m anat* Kahnbein *n*.
escagarrina|ment *m pop* (*Angst*) Schiß *m* | **~r-se** *v/r pop* vor Angst in die Hosen scheißen | Schiß kriegen.
escagassar-se (33) *v/r pop* schwach werden (*infolge Durchfalls*) | *constr* nachgeben, weichen (*Säule*).
escaguitxar-se (33) *v/r* ausfasern.
escaien|ça *f* Angemessenheit *f* | Zweckmäßigkeit *f* | Gelegenheit; Eventualität *f* | **~t(ment** *adj*) *adj* (*m/f*) geeignet, passend, angemessen | günstig, vorteilhaft | zweckmäßig.
escaig *m* (Stoff-, Papier-)Rest *m* | *bes*: ... *i* **~** ... u. etwas; etwas über... | *per cent pessetes i ~ es podia dinar* für etwas mehr als hundert Peseten konnte man zu Mittag essen | *el vol dura una hora i ~* der Flug dauert etwas über e-e Stunde.

esca|igut (**-uda** f) adj = **escaient** | (Person) wohl-gebaut, -proportioniert | **~ïment** m Ereignis n, Begebenheit f.
escaïnar (33) vi = **escatainar**.
escaiola¹ f bot Glanzgras n | (Vogelfutter) Glanzgrassamen m.
escaiola² f Fein-, Stuck-gips m.
escair|ar (33) vt rechtwinklig machen | in den rechten Winkel bringen | (Balken) abvieren | **~e** m Winkelmaß n, rechter (Anlege) Winkel m | Zeichendreieck n | a **~** im rechten Winkel; rechtwinklig | fals **~** Stellwinkel m, Schmiege f | **~** de delineant Reißschiene f | **~** de ferro Winkeleisen n.
escala f (a. im Haar) Treppe f | (Gerät; a. Fuhrwerkteil) Leiter f | (Maßeinteilung) Skala f | (Landkarte, Zeichnung) Maßstab m | mús Tonleiter, Skala f | nàut Anlaufhafen m | Zwischen-aufenthalt m, aeron -landung f, (a. Ort) -station f | **~** de cargol Wendeltreppe f | **~** de corda Strickleiter f | **~** de tisores Bockleiter f | **~** d'incendis od de bombers Feuer(wehr)leiter | **~** mecànica Rolltreppe f | **~** social (sociol) gesellschaftliche Stufenleiter f | fer escala (aeron) zwischenlanden; nàut e-n Hafen anlaufen | fer escales (mús) Tonleitern üben | a gran **~** in großem Umfang od Maßstab | escales amunt (avall) treppauf (treppab) || pl (Treppen)Stufen f pl.
escalabornar (33) vt (Holz, Stein) grob behauen od bearbeiten, zurichten.
escalabrar (33) vt (j-m) den Schädel (od Kopf) einschlagen | a. fig (übel) zurichten | **~-se** v/r s. den Kopf einrennen | s. verletzen | a. fig kaputtgehen.
escala|da f a. esport Erklimmen n, a. fig Aufstieg m | (Verschärfung) Eskalation f | corda d'**~** Kletterseil n | **~dor(a** f) m (a. Radsport) Kletterer(in f) m | fig Aufsteiger(in f) m | **~fó** adm Stufenfolge, Rangliste f | **~ment** m Erklettern n | **~r**¹ (33) vt erklettern, klettern auf (ac) | a. fig erklimmen | hist eskaladieren | **~r**² adj (m/f) mat skalar | **~t** m (bes Farbe) Abstufung f.
escald|ada f Verbrühung f | **~adura** f Hautwolf m | **~ar** (33) vt verbrühen | gastr (ab)brühen; dämpfen, dünsten | tèxt (Gewebe) auskochen | (Haut) wund scheuern | **~ar-se** v/r s. verbrühen | s. wund scheuern | verdorren, verbrennen (Pflanze) | **~ot** m Regenguß m (im Sommer) | **~ufar** (33) vt andünsten, -kochen | fig nur halb tun | **~ums** m pl gastr Geflügelgulasch n (mit Kartoffeln u. gehackten Mandeln, Haselnüssen od Pinienkernen).
escalè (**-ena** f) adj (Dreieck) ungleichseitig | (Kegel) schief | múscul **~** (anat) Skalenus m.
esc|àlem m nàut Ruderpflock m | **~alemera** f (Ruder)Dolle f.
escaleta f dim Treppchen n | kl(e) Leiter f | Hühnerleiter f | (Mehl) Siebgestänge n | fer **~** a alg j-m hinaufhelfen, j-m beim Aufsteigen helfen.
escalf m Wärme f | fig a. Eifer m; Leidenschaft f | a l'**~** de la llar in der häuslichen Wärme | **~abraguetes** f pop desp Pißnelke f | **~acadires** m/f fam: és un **~** er hat viel Sitzfleisch | **~ada** f Erwärmung f | Erhitzung f | rebre una **~** d'orelles (fig fam) eins aufs Dach bekommen | **~ador** adj erwärmend | erhitzend || s/m Heizgerät n | Heißwasserbereiter, Boiler m | **~allits** m Bettwärmer m | Wärmflasche f | **~ament** m (Er)Wärmen n | Erhitzen n | Beheizung f | **~apanxes** m Kamin m | **~ar** (33) vt (er)wärmen | erhitzen | heizen | fig beleben, begeistern | pop (j-n) verprügeln | **~ar-se** v/r s. (er)wärmen | a. fig s. erhitzen | fig a. s. ereifern | **~eïment** m Anwärmen n | leichtes Fieber n | Verderben n | schwaches (Er)Wärmen n | **~eir** (37) vt (Essen, Getränk) anwärmen | (Lebensmittel) verderben | **~eir-se** v/r leicht fieb(e)rig werden | verderben, schlecht werden | **~eït** (**-ïda** f) adj leicht fieb(e)rig | verdorben, schlecht | **~eta** f kl(s) Kohlenbecken n | Wärmepfanne f | **~or** f Wärme f | (stärker) Hitze, Glut f.
escalinata f Freitreppe f.
escaliva|da f gastr in Glut Geröstete(s) n (bes Paprika, Auberginen) | **~r** (33) vt gastr (auf Glut) rösten | fig = **escamnar, escarmentar**.
escal|ó m a. fig Stufe f | (Leiter)Sprosse f | **~onada** f Stufenreihe f | Freitreppe f | **~onament** m (Ab)Stufung f | Staffelung f | **~onar** (33) vt a. fig (ab)stufen | a. esport mil staffeln | **~onar-se** v/r: les quotes s'escalonen segons els ingressos die Beiträge staffeln s. nach dem Einkommen od sind nach

dem Einkommen abgestuft | **~onat** (**-ada** *f*, **-adament** *adv*) *adj* (ab)gestuft | gestaffelt | stufig | stufen-artig, -förmig | Stufen...
escalopa *f gastr* (paniertes) Schnitzel *n*.
escalpel *m* Seziermesser *n* | Skalpell *n*.
escalunya *f bot* Schalotte *f*.
escama *f* = **escata** | = **esquama** | **~r** (33) *vt* schuppen, abschuppen.
escamarlà *m crust* Kaisergranat, Kronenhummer *m*.
escamarlar *vt* (33) (*Finger, Beine*) spreizen | **~-se** *v/r* = **eixancarrar-se**.
escambell *m* Schemel, Hocker *m* | *fig: fer caure alg de l'~* j-n vom Thron stoßen, j-n in Mißkredit bringen | *servir a alg d'~* j-m als Sprungbrett dienen.
escamnar(-se) (33) *vt*(/*r*) mißtrauisch (*od* argwöhnisch) machen (werden).
escamós (**-osa** *f*) *adj* schuppig.
escamot *m* kl(e) Herde *f* | Bande, Schar *f* | *a. mil* Trupp *m*; Kommando *n* | **~ar-se** (33) *v/r* s. in Trupps auflösen.
escamote|ig *m* Taschenspielerei *f*; Taschenspielertrick *m* | Verschwindenlassen *n* | **~jador(a** *f*) *m* Taschenspieler(in *f*) *m* | **~jar** (33) *vt* (durch e-n Trick) verschwinden lassen, wegzaubern | stibitzen, mopsen.
escampa|da *f*, (*intensiv*) **~dissa** *f*, **~ll** *m* (Ver-, Aus-, Zer-)Streuung *f* | Vergießen *n* | *hi havia una ~* (*od escampadissa, un escampall*) *de joguines!* das Spielzeug lag überall verstreut! | **~ment** *m* (Ver-, Aus-, Zer-)Streuen *n* | *un gran ~ de sang* e. großes Blutbad *od* Blutvergießen *n* | **~r** (33) *vt* (ver-, aus-)streuen | (*a. j-n*) zerstreuen; auseinandertreiben | (*Wolken, Nebel*) auseinandertreiben, verwehen; (*Blätter*) *a.* zerstreuen | (*Rauch, Geruch, Panik, Schrift, Creme*) verbreiten; (*Nachricht*) *a.* (aus)streuen | (*Flüssigkeit*) versprengen, -spritzen, -sprühen; verteilen; (*a. Tränen, Blut*) vergießen | *fam* (*Geld*) verschleudern | **~r-se** *v/r*: *els bandolers van ~ pels boscos* die Räuber zerstreuten s. in die Wälder | *aquesta moda s'ha escampat molt de pressa* diese Mode hat s. sehr schnell verbreitet *od* ausgebreitet | *la llet s'havia escampat per tota la catifa* die Milch war auf dem ganzen Teppich verschüttet | **~t** (**-ada** *f*) *pp/adj: els masos estan ~s pels voltants dels pobles* die Bauernhöfe liegen um die Dörfer verstreut |

escandalitzar (33) *vt* schockieren, empören || *vi fam* Radau machen, randalieren | **~-se** *v/r:* ~ *d'u/c od per u/c* über etw schockiert sein, s. über etw empören, an etw (*dat*) Anstoß nehmen.
escandall *m nàut* Lot, Senkblei *n* | *econ* Überschlag, (Preis-, Wert-)Taxierung *f* | **~ar** (33) *vt nàut* ausloten | *econ* überschlagen, taxieren | *fig* erproben.
escanda|lós (**-osa** *f*, **-osament** *adv*) *adj* anstößig, schockierend, skandalös, empörend | *fam* randalierend || *s/mf fam* Randalierer(in *f*) *m* || *s/f nàut* Gaffeltoppsegel *n*.
escandin|au (**-ava** *f*) *adj* skandinavisch || *s/mf* Skandinavier(in *f*) *m* | **~àvia** *f* Skandinavien *n*.
escandir (37) *vt* skandieren.
escàndol *m* Skandal *m* | Anstoß *m*, Ärgernis *n*, *fam* Radau, Krach *m* | *la pedra d'~* der Stein des Anstoßes | *no feu tant d'~!* macht nicht so viel Radau *od* Krach!
escant|ell *m* abgestoßene Ecke *od* Stelle *f* | **~ellar**, **~onar** (33) *vt* (*Möbelkanten, Geschirr*) ab-, an-stoßen, ab-, anschlagen | **~ellar-se**, **~onar-se** *v/r: la taula s'ha escantellat od escantonat* der Tisch hat s. abgestoßen.
escanya|gats *m bot* Schlehdorn *m* | **~gossos** *m* Schlinge *f*, Lasso *n* | **~ll** *m* Schlucht *f*, Engpaß *m f* (*bes im Gebirge*) | **~llops** *m bot* Eisenhut *m* | **~marits** *f iròn* Witwe *f* in der dritten Ehe | **~ment** *m* Erwürgung, Erdrosselung *f* | Erstickung *f* | **~mullers** *m iròn* Witwer *m* in dritter Ehe | **~pits** *m* Giftnudel *f* (*Zigarre*) | **~pobres** *m*/*f* Halsabschneider *m* | **~r** (33) *vt* erwürgen, erdrosseln | (*mit e-m Kissen*) ersticken | eng machen; verengen | *fig* (*j-m*) die Luft abdrücken | **~r-se** *v/r* ersticken | enger werden, s. verengen | *~ de set* vor Durst verschmachten | **~t** (**-ada** *f*) *adj* erwürgt, erdrosselt | erstickt | eng | *hèrnia escanyada* (*med*) Klemmbruch *m* | *veu escanyada* erstickte Stimme *f* | *sempre van ~s* (*fig*) sie sind immer in Geldnot | *un nen ~ de llet* e. schwächliches (*od* schmächtiges, unterernährtes) Kind.
escanyoli|r-se (37) *v/r* stark abmagern, spindeldürr werden | **~t** (**-ida** *f*) *adj* spindeldürr.
escanyotar (33) *vt agr* jäten.
escanyussar-se (33) *v/r* s. verschlucken.
escapa|da *f* Ausbruch *m*; Flucht *f*, Aus-

reißen n | Abstecher m; Stippvisite f; (*Abenteuer*) Eskapade f | *intent d'~* (*esport*) Ausreißversuch m | *fes (vés en) una ~ a cal forner a comprar coca!* geh beim Bäcker vorbei u. kauf Kuchen! | **~dor** m = **escapatòria** | **~ment** m Ausbrechen; Flüchten n | *tecn* (*Wasser, Gas*) = **fuita** | (*Uhr*) (Anker)Hemmung f | *aut* Auspuff m | *tub d'~* (*aut*) Auspuffrohr n | **~r** (33) *vi fig: res no escapava a la seva vigilància* nichts entging s-r Aufmerksamkeit | *això escapa a les meves possibilitats* das geht über meine Fähigkeiten | **~r-se** ausbrechen; flüchten (*Lebewesen*) | *~ de la presó* aus dem Gefängnis ausbrechen *od* entkommen, ausreißen, (*mit List*) entwischen | *~ de casa* von zu Hause ausreißen *od* weglaufen | *~ de la gàbia* aus dem Käfig ausbrechen (*Raubtier*) *bzw* entfliegen (*Vogel*) | *~ de la policia* (*dels creditors*) der Polizei (den Gläubigern) entkommen | *~ dels seus rivals* s-n Konkurrenten ausreißen (*bes Radfahrer*) | *~ d'un perill* (*càstig*) e-r Gefahr (Strafe) entgehen | *va ~ per una porta secreta* er entwischte durch e-e Geheimtür | *ens hem escapat d'una i bona* wir sind gerade noch davongekommen; da haben wir noch einmal Glück gehabt || ausfließen (*Wasser, Öl*); ausströmen (*Gas, Dampf*); entweichen (*a. Wärme*) | *per les escletxes s'escapa l'escalfor* durch die Ritzen entweicht Wärme || (*Subjekt: Verkehrsmittel, Greifbares, Hand*; + *Dativ*) *se t'escaparà el tren!* der Zug wird dir davonfahren!, du wirst den Zug verpassen! | *el ganivet va ~'m de la mà* das Messer glitt (*od* rutschte) mir aus der Hand | *se m'ha escapat la mà* mir ist die Hand ausgerutscht || fallen (*Masche*) | *se m'ha escapat un punt* ich habe e-e Masche fallen lassen || (*Subjekt: Äußerung, Vorgang, Ereignis*; + *Dativ*) *no ho volia dir, però se m'ha escapat* ich wollte es nicht sagen, aber es ist mir entschlüpft | *se m'escapava el riure* ich konnte das Lachen kaum unterdrücken | *a tu no se t'escapa cap detall* dir entgeht aber a. k-e Einzelheit.

escaparata f Schaukasten n, Vitrine f, Glasschrank m.

escapat (-**ada**) *pp/adj: punt ~* gefallene Masche; (*Strumpf*) Laufmasche f | *fu gir* (*sortir*) *~* in aller Eile fliehen (hinausgehen) | **~òria** f Ausflucht f | Entkommen n, Ausweg m | Ausrede f, Vorwand m.

escap|ça f Schnipsel m/n, Schnitzel n, Abschnitt m | *quedar-se a l'~* nichts erreichen *od* mitbekommen | **~çada** f (*Kartenspiel*) Abheben n | **~çador(a** f) m Abhebende(r m) m/f | **~çadura** f, **~çall** m *mst pl* Schnipsel m/n (*pl*), Schnitzel n (*pl*) | **~çament** m Enthauptung f, Köpfen n | Kappen n | Abknipsen, -schlagen, -schneiden n | Abheben n | **~çar** (33) *vt* enthaupten, köpfen | kappen | (*Spitze, Ende*) abknipsen, -hacken, -schlagen, -schneiden | (*Spielkarten*) abheben | **~çat** (-**ada** f) *adj* (*ohne Spitze*) stumpf | **~cia** f = **~çadura** | **~ció** f (*bes Fleisch, Fisch*) Stückchen n, Brocken, Rest m.

esc|àpol *adj* flüchtig, geflüchtet | *p ext* gerettet, außer Gefahr | *fer-se ~* ausbrechen; entwischen | *sortir ~ d'un perill* e-e Gefahr heil überstehen | **~apolir-se** (37) *v/r* entwischen | s. davon-schleichen, -stehlen.

escapollar (33) *vt* (*Obst*) entstielen | (*Knospen*) kappen, beschneiden.

escapoló m Tuchrest m.

esc|àpula f *anat* Schulterblatt n | **~apular** *adj* (m/f) Schulter... | **~apulari** m *ecl* Skapulier m.

escaqu|er m Schachbrett n | **~ista** m/f Schachspieler(in f) m.

escar[1] m *nàut* Stapel(platz) m.

escar[2] (33) *vt* ködern | (*Angel*) mit Köder versehen.

escara f *med* Schorf m.

escarab|at m Käfer m | *~ merder od piloter* Mistkäfer m | *~ candeler* Hirschkäfer m | *~ de cuina* Küchenschabe f | *~ de la patata* Kartoffelkäfer m | *~ piloter od sagrat* Pillendreher, Skarabäus m || *pl* Gekritzel n | *fer ~s* kritzeln | **~eu** m *ant* Skarabäus m.

escarad|a f Stücklohn m | *treballar a ~* im Stücklohn (*od* im Akkord) arbeiten | **~er(a** f) m Akkordarbeiter(in f) m.

escarafall|ós (-**osa** f, -**osament** *adv*) *adj* geziert | **~s** m *pl* Getue n, Ziererei f | *fer ~* s. zieren, s. haben.

escaramussa f *mil* Scharmützel n | *a. fig* Geplänkel n | **~r** (33) *vi* scharmützeln, plänkeln.

escarapel·la f Kokarde f.

escarar (33) *vt* (im Stücklohn) verdingen.

escarbotar (33) *vt* ab- (*bzw* auf-)kratzen, -reiben, -schaben.

escarcanyar-se (33) v/r s. heiser schreien.
escarcell|atge m hist Haftgeld n (für den Kerkermeister) | **~er(a** f) m Gefängnisaufseher(in f) m || s/m hist Kerkermeister m.
escardalenc adj hager, mager | (Stimme) schrill, hoch u. dünn.
escardar (33) vt = **eixarcolar**.
escardassa f = **cardassa** | **~r** (33) vt (Wolle) aufrauhen, karden.
escardot m = **cardot**.
escardussar (33) vt tèxt kämmen, mit dikken Kämmen karden.
escarifica|ció f med Skarifikation f; Schröpfen n | **~dor** m Schröpfgerät n | Schröpfkopf m | **~r** (33) vt med (Haut) einschneiden; schröpfen.
escarit (-ida f, -idament adv) adj kahl, unbedeckt, schmucklos | fig unbeschönigt.
escarlat|a adj (m/f) scharlachrot || s/m Scharlach(farbe f) m || s/f ant tèxt Scharlach m | **~ina** f med Scharlach m | Scharlachtuch m (aus Wolle).
escarlet m bot Fälbling m | **~ bord** Tongraue(r) Fälbling m.
escarment m (Erfahrung) Lehre; Abschreckung f, abschreckendes Beispiel n | Gewitztheit f | **~ar** (33) vt (j-m) e-e heilsame Lehre erteilen, (j-n) abschrecken | vi gewitzigt werden | **~ar-se** v/r (durch Schaden) klug werden, Lehrgeld zahlen.
escarn, **~i** m Spott, Hohn m | **~idor** adj spöttisch, höhnisch | **~iment** m Verspotten n | Verhöhnung f | **~ir** (37) vt verspotten, verhöhnen | fam nachäffen | **~ot** m desp = **escarni** | **~ufar** (33) vt verulken, verspotten.
escarola f bot Endivie(nsalat m) f | **~t** (-ada f) adj gekräuselt, kraus.
escaròtic adj schorferzeugend.
escarpa f Abhang m | Böschung f | **~ment** m Steilhang m | geol Schichtstufe f | **~t** (-ada f) adj abschüssig, steil.
escarpell m Raspel f | agr (Kombihacke) Zinke f | **~ar** (33) vt raspeln, mit der Raspel bearbeiten.
escarpí m leichter Schuh m | Tanzschuh m | Bettschuh m.
escàrpia f Hakennagel m | Wandhaken m.
escarpi|dor adj Kamm... || s/m a. tèxt weiter Kamm m | **~r** (37) vt (Haare) glätten, ordnen, entwirren, a. tèxt kämmen.
escarpr|a f, a. **~e** m Meißel m.

escarrabilla|r(-se) (33) vt(/r) = **eixorivir(-se)**, **espavilar(-se)** | **~t** (-ada f) adj munter, lebhaft | klug, gewitzt.
escarransi|ment m Kümmerlichkeit f | Kargheit; Knauserei f | **~t** (-ida f, -idament adv) adj kümmerlich | fig a. karg; kärglich; (Person) knauserig.
escarr|às m (pl -assos) Splitterchen n | bot Traube f, Träubchen n | Büschel n | fig (Person) Arbeits-pferd, -tier n; Kuli m | fer servir d'~ alg j-n als Kuli benutzen | **~assar-se** (33) v/r s. abmühen | umg s. abrackern, s. (ab)plagen, s. abschuften | **~assat** (-ada f, -adament adv) adj (Arbeit) schwer, anstrengend, mühevoll | (Person) schwer arbeitend | s/mf Arbeits-pferd, -tier n.
escarritx m Knirschen n | Knarren n | reg = **esquitx** | **~ar** (33) vi knirschen | knarren | vt reg = **esquitxar**.
escarrollar (33) vt = **esbagotar**.
escarrotxa f (Baum) dicke Rinde | (Obst) dicke Schale f (zB Melone).
escarser adj (Bogen) flach | arc ~ Flach-, Stich-, Segment-bogen m | = **escadusser**.
escartejar (33) vt durchblättern | (Karten) mischen.
escarufs m pl = **escarafalls**.
escarxofa f = **carxofa** | **~r-se** v/r s. hinlümmeln, s. breitmachen | **~ al sofà** s. auf dem Sofa breitmachen.
esc|às (-assa f) adj knapp | dürftig; spärlich; karg, kärglich | gering; wenig; kurz | (Person) kleinlich, knauserig | un home ~ de paraules e. wortkarger Mensch | un país ~ d'aigua e. wasserarmes Land | amb ~ (od poc) entusiasme mit geringer (od wenig) Begeisterung | l'entusiasme era ~ die Begeisterung war gering | les provisions ja eren escasses die Vorräte waren schon knapp | el sucre anava ~ i s'encaria cada vegada més Zucker war knapp u. wurde immer teurer | vaig ~ de diners ich bin knapp bei Kasse | fa una hora escassa es ist e-e knappe (od knapp, kaum e-e) Stunde her | **~assament** adv: un país ~ poblat e. spärlich (od dünn) besiedeltes Land | viuen ~ sie führen e. karges Leben | érem ~ una vintena wir waren knapp (od kaum) zwanzig | **~assejar** (33) vi knapp sein bzw werden | spärlich vorhanden sein || vt = **escatimar** | **~asser** adj knauserig, geizig | **~assesa**, **~assetat** f Knappheit f | Kargheit f |

escassigall

Mangel *m* | ~ *de diners* Geldknappheit *f od* -mangel *m*, Knappheit *f* (*od* Mangel *m*) an Geld.

escassigall *m* Lumpen *m* | **~ar** (33) *vt* = **esparracar**.

escata *f* (Fisch)Schuppe *f* | **~da**, **~dura** *f* (Ab)Schuppen *n* | **~dor** *m* Spachtel *f*.

escatain|ar (33) *vi* gackern | **~eig** *m* Gegacker *n*.

escatar (33) *vt* (*Fische*) (ab)schuppen | (*Wand*) ab-kratzen *bzw* -schrubben, -schmirgeln.

escatid|a *f* (*Bäume*) Beschneiden, Stutzen *n* | **~or(a** *f*) *m* Baumschneider(in *f*) *m*.

escatifenyar-se (33) *v/r* (*streiten*) s. in den Haaren (*od* in der Wolle) liegen.

escatimar (33) *vt* kargen (*bzw* knausern, gaizen, sparen) mit.

escatinyar (33) *vt* auf-kratzen, -scharren.

escatir (37) *vt agr* beschneiden, stutzen | *fig* erörtern, untersuchen; aufklären.

escatol|ogia[1] *f rel* Eschatologie *f* | **~ogia**[2] *f psic* Skatologie *f* | **~ògic**[1] *adj rel* eschatologisch | **~ògic**[2] *adj psic* skatologisch.

escatós (**-osa** *f*) *adj* schuppig ‖ *s/m ict* Knurrhahn *m* («*Lepidotrigla cavillone*»).

escaure (40) *vi*: ~ *a alg* j-m stehen; *fig* zu j-m passen; j-m anstehen, s. für j-n schicken *od* (ge)ziemen | *aquest barret t'escau* (*bé*) dieser Hut steht dir (gut) | *a la seva edat ja no li escau* (*de*) *pintar-se tant* in ihrem Alter paßt es nicht mehr zu ihr, s. so stark zu schminken | *aquesta manera de parlar no t'escau gens* diese Ausdrucksweise steht dir gar nicht an ‖ **~hi**: *aquest color no hi escau gaire* diese Farbe paßt nicht recht dazu | **~'s** *v/r* (zufällig) geschehen, s. be-, er-geben | *si s'escau* wenn es s. so ergibt; gegebenenfalls; unter Umständen ‖ (*mit Lokaladverbial; bes + ésser*) *llavors el rei s'esqueia* (*ésser*) *a l'estranger* damals befand s. der König gerade im Ausland ‖ (*mit Temporaladverbial*) *aquest any el meu aniversari s'escau en diumenge* dieses Jahr fällt mein Geburtstag auf e-n Sonntag | *enguany Pasqua s'escau molt aviat* dieses Jahr (*od* südd heuer) fällt Ostern sehr früh.

esc|ena *f teat* Bühne *f* | (*Teil e-s Aktes*) Auftritt *m*; Szene *f* | Ort *m* der Handlung; *a. fig* Schauplatz *m*; Szene *f* | *fig a.* (Vorfall; Anblick; Auseinandersetzung)

Szene *f* | *una ~ d'amor* e-e Liebesszene | *l'~ de la bufetada* die Szene (mit) der Ohrfeige | *l'~ del crim* der Schauplatz des Verbrechens, der Tatort | *una ~ commovedora* e-e rührende Szene | *canvi d'~* Szenenwechsel *m* | *l'~ és a Verona* Ort der Handlung ist Verona, das Stück spielt in Verona | *entrar en ~* auftreten, die Bühne (*od* Szene) betreten | *fer una ~* (*escenes*) *a alg* j-m e-e Szene (Szenen) machen | *posar en ~* in Szene setzen, auf die Bühne bringen | *posada en ~* Inszenierung *f* | **~enari** *m* Bühne *f* | Bühnenbild *n*, Szenerie *f* | **~ènic(ament** *adv*) *adj* szenisch | Bühnen..., Szenen... | bühnentechnisch | *efectes ~s* Bühneneffekte *m pl* | **~enificació** *f* Inszenierung *f* | **~enificar** (33) *vt* inszenieren | **~enògraf(a** *f*) *m* Bühnenbildner(in *f*) *m* | **~enografia** *f* Bühnenbildnerei *f* | Bühnen-dekoration *f*, -bild *n*, Szenerie *f* | **~enogràfic(ament** *adv*) *adj* szenographisch.

esc|èptic(ament *adv*) *adj* skeptisch ‖ *s/mf* Skeptiker(in *f*) *m* | **~epticisme** *m a. filos* Skeptizismus *m* | (Zurückhaltung) Skepsis *f*.

escil·la *f bot* Blaustern *m*, Szilla *f*.

Escil·la *f* Szylla *f* | *entre ~ i Caribdis* zwischen Szylla u. Charybdis.

esc|inc *m zool* Sand- *od* Apotheker-skink *m* | **~íncids** *m pl zool* Skinke *m pl*, Wühlechsen *f pl*.

escindir(-se) (33) *vt*(*/r*) (s.) spalten, (s.) teilen.

escintil·l|ació *f astr fís* Szintillation *f* | **~ar** (33) *vi astr fís* szintillieren | **~ografia** *f med* Szintigraphie *f*.

escirr|e *m med* Faserkrebs, Szirrhus *m* | **~ós** (**-osa** *f*) *adj* Faserkrebs...

escissió *f* Bruch *m* | Spaltung, Trennung *f*.

esc|ita *m/f hist* Skythe *m*, Skythin *f* | **~ític** *adj* skythisch ‖ *s/m ling* Skythisch *n* | *l'~* das Skythische.

esclafa|da *f*, **~ment** *m* Zerschmettern *n* | Zerquetschen *n*, Zerquetschung *f* | Zerstampfen, Zerstoßen, Zermalmen *n*, Zermalmung *f* | **~dor** *adj* zerschmetternd, -malmend | **~r** (33) *vt* zer-drücken, -schmettern | zerstampfen, -malmen | zerquetschen | *fig*: *alg contra la paret* j-n an die Wand drücken | *~ un adversari en una discussió* e-n Gegner in e-r Diskussion erledigen *od umg* fertigmachen | **~ssar**

(33) *vt* = **esclafar** | **~t** (**-ada** *f*) *adj* | niedergeschlagen, deprimiert | zerschlagen | **~terrossos** *m desp* Stoffel, Tölpel *m*.

esclafi|dor *m* Peitsche *f* | *pl* Kastagnetten *f pl* | *bot* weißes Leimkraut *n* | **~r** (37) *vi* knallen | krachen | *bes* in Gelächter ausbrechen | ~ *de riure* schallend lachen | ~ *a plorar* od ~ *el plor* losheulen || *vt*: ~ *el fuet a terra* mit der Peitsche auf den Boden knallen.

esclari|da *f*, **~ment** *m* Entwirrung *f* | (Auf)Klärung *f* | (*Wetter*) Aufheiterung, Aufhellung *f* | (*Tag*) Hellwerden *n* | **~dor** *m* = **escarpidor** | **~r** (37) *vt* entwirren | (*Haare*) a. durchkämmen | *fig a.* (auf)klären, klarstellen | (*Nebel*, *Wolken*) auflösen, vertreiben | **~r-se** *v/r* s. aufheitern, s. aufhellen (*Wetter*, *Himmel*) | hell werden; tagen | **~ssar-se** (33) *v/r* dünner werden (*Stoff*) | s. lichten (*Haare*, *Wald*) | **~ssat** (**-ada** *f*) *adj* dünn | *un brou* ~ e-e dünne Brühe.

esclat *m* (starker) Knall, Krach *m* | (Zer)Platzen, Zerspringen *n* | Explosion *f* | Ausbruch *m* | *a. fig* Glanz, Schimmer *m* | *fig* aufblühen *n*; Blüte; Pracht *f* | *l'* ~ *de la tempesta* der Ausbruch des Gewitters | *l'*~ *del tro* der Donnerschlag | **~ada** *f* (Zer)Platzen *n* | **~ant** *adj* (*m/f*) *fig* sensationell, eklatant | **~ar** (33) *vi* (zer)platzen, bersten, zerspringen, zersplittern | explodieren, krepieren (*Bombe*) | ausbrechen (*Krieg, Gewitter, Aufstand; Applaus; Zorn, Gelächter*) | aufbrechen, s. öffnen (*Knospe*) | ~ *a riure* laut auflachen, in Gelächter ausbrechen | ~ *de riure* (*d'orgull*) vor Lachen (Stolz) platzen *od* bersten | ~ *en riallades* (*retrets, aplaudiments*) in Lachsalven (Vorwürfe, einen Beifallssturm) ausbrechen | *un dia* ~*é!* e-s Tages werde ich platzen! | **~arada** *f* Auf-schlag, -prall *m* | *pegar una* ~ auf-schlagen, -prallen | **~a-sang** *m bot* echter Reizker *m*.

escla|u (**-ava** *f*) *m a. fig* Sklave *m*, Sklavin *f* | **~vatge** *m* Sklaventum *n* | **~vina** *f* Pelerine *f* | Pilgermantel *m* | **~vitud** *f* Sklaverei *f* | *fig a.* Knechtschaft, völlige Abhängigkeit *f* | **~vitzar** (33) *vt* versklaven | *fig* unterjochen, knechten.

escler|ós (**-osa** *f*) *adj* sklerotisch, verkalkt | *fig* erstarrt | verhärtet | **~osi** *f med* Sklerose, Verkalkung *f* | *fig* Verhärtung *f* | **~òtica** *f anat* Sklera *f* | **~otitis** *f med* Skleritis *f*.

escletxa *f* Spalt(e *f*), Riß, Schlitz *m*, Ritze *f*.

escl|ofa, ~òfia, ~ofolla *f* = **clofolla** | **~ofollar** (33) *vt* (*Mais, Hülsenfrüchte*) schälen, enthülsen.

esclop *m* Holzschuh *m* | (*modisch*) Clog *m* | **~aire** *m/f* Holzschuhmacher(in *f*) *m* | **~er(a** *f*) *m* = **~aire** || *s/m ornit* = **enganyapastors** | **~et** *m agr* (*Mäher*) hölzerner Fingerschutz *m*.

escloscar (33) *vt* ausschälen, aus der Schale nehmen.

esclov|a *f* = **clofolla** | **~ellar** (33) *vt* = **esclofollar**.

escó *m* = **escon**.

escobenc *m nàut* Klüse *f*.

esc|ocès (**-esa** *f*) *adj* schottisch || *s/mf* Schotte *m*, -tin *f* | **~òcia** *f* Schottland *n*.

escòcia *f arquit* (*Säulenfuß*) Trochilus *m*, Hohlkehle *f*.

escoda *f* Spitzhammer *m* | **~ire** *m* Stein-metz, -hauer *m* | **~r** (33) *vt* (*Steine*) behauen, mit dem Spitzhammer bearbeiten.

escodolar (33) *vt* von (Kiesel)Steinen freimachen.

escodriny *m* Erforschung, Ergründung *f* | **~able** *adj* (*m/f*) erforschbar, ergründbar | **~ador** *adj* forschend | untersuchend | **~ar** (33) *vt* erforschen, ergründen.

escola *f a. fig* Schule *f* | ~ *d'arts i oficis* Gewerbeschule *f* | ~ *de belles arts* Kunstakademie *f* | ~ *de comerç* Handelsschule *f* | ~ *d'art dramàtic* Schauspielschule *f* | ~ *d'enginyers* Ingenieurschule *f*, Technikum *n* | ~ *de formació professional* Berufsfachschule *f* | ~ *especial* Sonderschule *f* | ~ *mixta* Gemeinschaftsschule *f* | ~ *nocturna* Abendschule *f* | ~ *normal* pädagogische Hochschule *f* | ~ *primària* Grund- u. Hauptschule *f* | ~ *privada* Privatschule *f* | ~ *pública* öffentliche Schule *f* | ~ *rural* Landschule *f* | ~ *unitària* Einklassen-, Zwerg-schule *f* | *anar a* ~ in die (*od* zur) Schule gehen | *avui no hi ha* ~ heute ist schulfrei *od* k-e Schule | *l'es reuneix a la sala d'actes* die Schule versammelt s. in der Aula | *fer* ~ (*fig*) Schule machen | *l'*~ *de la vida* (*fig*) die Schule des Lebens.

escolà *m ecl* Ministrant *m* | *mús* Chor-

escolament

knabe *m* | ~ *d'amén* (*fig*) Jasager *m* | ~ *major* Mesner *m* | *un bon* ~ (*iròn*) e. schlauer Mensch, e. Schlauberger *m*.

escolament *m a. fig* Verrinnen *f* | Ausfließen *n bzw* -fluß *m* | Verblutung *f*.

escolan|alla *f col* die Ministranten *m pl* | **~esc** *adj* ministranten... | *desp* typisch für Ministranten... | **~ia** *f* Knabenkirchenchor *m*, Sängerknaben *m pl*.

escolapi (-**àpia** *f*) *adj ecl* Piaristen... ‖ *s/mf* Piarist(in *f*) *m*.

escolar[1] *adj* (*m/f*) Schul... | *en edat* ~ schulpflichtig ‖ *s/m/f* Schüler(in *f*) *m*.

escolar[2] (33) *vt* ausleeren | abgießen | **~-se** *v/r* verrinnen (*Flüssigkeit, Zeit*) aus-fließen, -laufen, -rinnen (*Flüssigkeit; Gefäß*) | verbluten (*Lebewesen*) | *la sang s'escolava per la ferida* das Blut rann aus der Wunde | *el nen va* ~ *per entre les cames de la multitud* der Junge kroch zwischen den Beinen der Menge durch.

escolaritat *f* Schul-bildung *f*, -unterricht *m*.

escol|àstic(**ament** *adv*) *adj* scholastisch ‖ *s/m* Scholastiker *m* ‖ *s/f* Scholastik *f* | **~asticisme** *m* Scholastik *f* | Scholastizismus *m*.

escòlex *m zool* Skolex *m*.

escoli[1] *m* (*Lied*) Skolion *n*.

escoli[2] *m* (*Kommentar*) Scholie *f*, Scholion *n* | **~ar** (33) *vt* mit Scholien versehen | **~asta** *m hist* Scholiast *m*.

escolim *m* Rinnsal *n*.

escoliosi *f med* Skoliose *f*.

escolla|dura *f* (Hals)Ausschnitt *m* | (*tief*) Dekolleté *n* | **~r** (33) *vt* mit e-m Ausschnitt versehen | dekolletieren | **~t** (-**ada** *f*) *adj* (*Kleid, Bluse*) ausgeschnitten | (*a. Dame*) dekolletiert ‖ *s/m* (Hals)Ausschnitt *m* | (*tief*) Dekolleté *n*.

escolli|da *f* = **~ment** | **~ment** *m* Auswahl, -lese *f*, Wahl *f* | **~r** (40) *vt* auswählen, -lesen, -suchen.

escolopendra *f zool* Skolopender *m*.

escolrit (-**ida** *f*) *adj* blaß, fahl(bleich).

escolta[1] *adj* (*m/f*) Pfadfinder... ‖ *s/m/f* Pfadfinder(in *f*) *m*.

escolta[2] *f* Zuhören *n* | Horchen, Lauschen *n* | (*Telefon*) Abhören *n* | *donar* ~ *a alg* j-m zuhören; auf j-n hören; j-m Gehör schenken | *estar a les escoltes* horchen, lauschen ‖ *s/m/f* Kundschaf ter(in *f*), Späher(in *f*) Horchposten *m* | **~dor** *adj* horchend, lauschend | **~ment** *m* Zuhören *n* | **~nt** *adj* (*m/f*)

escopidor

(zu)hörend ‖ *s/m/f* (Zu)Hörer(in *f*) *m* | **~r** (33) *vt* zuhören | hören | hören auf (*ac*) | (*heimlich*) belauschen | ~ *la ràdio* Radio hören | ~ *un concert* e. Konzert (an)hören | *m'escoltes?* hörst du mir zu? | *escolta el meu consell!* hör auf meinen Rat! | *no els escoltis!* hör nicht auf sie! ‖ *vi: escolta!* hör mal! | *si escoltes, sentiràs la mar* wenn du horchst (*od* genau hinhörst), kannst du das Meer hören | *ella no sap* ~ sie kann nicht zuhören | **~r-se** *v/r* s. gern reden hören.

escoltisme *m* Pfadfinderbewegung *f*.

escoltívol *adj lit* gefällig, angenehm anzuhören.

escombr|a *f* Besen *m* | ~ *nova escombra bé* neue Besen kehren gut | **~acarrers** *m pop* Straßenbummler, Eckensteher *m* | **~ada** *f* Besenstrich *m* | (Aus)Fegen *n* | *fig* Säuberung *f* | **~ador** *adj* Kehr..., Fege... ‖ *s/mf* Kehrer(in *f*), Feger(in *f*) *m* ‖ *s/f* (a. *màquina* ~*a*) (Straßen)Kehrmaschine *f* | **~aire** *m/f* = **~ador** | **~all** *m* Schrubber *m* ‖ *pl ant* = **~aries** | **~ar** (33) *vt* kehren, fegen | *fig* wegfegen; säubern | **~aries** *f pl* Kehricht *m* | Müll *m* | *galleda* (*bossa*) *de les* ~ Müll-eimer *m* (-tüte *f*) | **~atge** *m* (*Zweitaktmotor*) Spülung *f* | **~er**(**a** *f*) *m* Besen-macher(in *f*) *bzw* -verkäufer(in *f*) *m* | **~eta** *f* Handfeger *m* | **~iaire** *m/f* Straßenkehrer(in *f*) *m* | Müllwerker(in *f*) *m*.

escome|sa *f a. fig* Angriff *m* | (*Unternehmen*) Beginn *m* | **~tre** (40) *vt a. fig* angreifen | zugehen auf (*ac*); ansprechen | ~ *una empresa* e. Unternehmen in Angriff nehmen | **~tre's** *v/r* aufeinander losgehen.

escon *m* (*Sitz*) Bank *f* | (*Parlament*) Sitz *m* | *el partit obtingué 30 escons* die Partei erhielt 30 Sitze.

esconillar-se (33) *v/r reg* s. vor Angst verkriechen.

escopet|a *f* Flinte, Büchse *f* | Gewehr *n* | *bot* Kermesbeere *f* | ~ *d'aire comprimit* Luftgewehr *n* | **~ada** *f* Flintenschuß *m* | (Flinten)Schußwunde *f* | **~eig** *m* (Flinten)Schießerei *f* | **~ejar** (33) *vt* mit Flinten beschießen | **~er** *m* Büchsenmacher *m* | Büchsenträger | *ins* Bombardierkäfer *m* | **~eria** *f* Schützenmiliz *f*.

escopi|dor *adj* (oft) spuckend *od* speiend ‖ *s/f* Spucknapf *m* | **~na** *f* *ant* = **~nada** | Speichel *m* | **~nada** *f* (*ausgespuckte*) Spucke *f* | *tirar una ~ a alg* j-n anspucken | **~nar** (33) *vi* spucken | **~nya** *f* Herzmuschel *f* | **~r** (36) *vi* (aus)spucken, *lit* (aus-)speien | ~ *a la cara d'alg* j-m ins Gesicht spucken, *fig a.* j-n verachten | *vt* (aus)spucken | aus-stoßen, -werfen | abstoßen | ~ *sang* Blut spucken.

escora *f nàut* Schlagseite, Krängung *f* | *nàut* Stützbalken *m* | **~r** (33) *vt nàut* (ab)stützen || *vi nàut* Schlagseite haben, krängen.

escorball *m* = **corball**.

escor|but *m med* Skorbut *m* | **~bútic** *adj* skorbutartig || *s/mf* Skorbutkranker(r *m*) *m/f*.

escorç *m art* perspektivische Darstellung *f*.

escorça *f bot anat* Rinde *f* | (*Obst*) Schale *f* | ~ *terrestre* Erdrinde | *l'~ de les coses* die Oberfläche der Dinge | **~r** (33) *vt* (ab)schälen, entrinden.

escorcoll *m* Durchsuchung *f* | Durchforschung *f* | **~ador** *adj* durchsuchend | (*Blick*) durchdringend, forschend || *s/mf* Durchsucher(in *f*) *m* | Durchforscher(in *f*) *m* | **~aire** *adj* (*m/f*) = **~ador** | schnüfflerisch | **~ar** (33) *vt* (*Haus, Zimmer, j-n*) durchsuchen | (*Gebiet*) *a.* durchkämmen | *a. fig* durchforschen.

escordi *m bot* Knoblauch-Gamander *m*.

esc|òria *f min geol* Schlacke *f* | **escòries volcàniques** vulkanische Schlacken *f pl* | *l'~ de la societat* (*fig*) der Abschaum der Gesellschaft | **~oriaci** (**-àcia** *f*) *adj* schlackig | **~orificació** *f* Verschlackung *f* | **~orificar** (33) *vt* verschlacken lassen.

escornar (33) *vt* (e-m *Tier*) die Hörner abschlagen.

escorniflar (33) *vt reg* (herum)schnüffeln.

escoronar (33) *vt* (j-m) die Krone abnehmen *bzw* (e-m *Baum*) abreißen.

escorp|í *m zool* Skorpion *m* | ~ *d'aigua* Wasserskorpion | **~ió** *m astr* Skorpion *m* | **~ioide** *adj* (*m/f*) skorpionähnlich.

escorpit *m* (*Korkeiche*) Mittelrinde *f* | **~ar** (33) *vt* entrinden.

escórpora *f ict* Drachenkopf *m* | ~ *groga* Meersau *f*.

esc|orraines *f pl* = **~orrialles** | **~orranc** *m* (*Gelände*) Rinne *f, südd* Runs(e *f*) *m* | **~orrancar** (33) *vt* mit Rinnen (*od* Runsen) durchziehen | **~òrrec** *m* (*Wasser*)Rinne *f* | **~orredís** (**-issa** *f*) *adj* schlüpfrig, glatt | **~orredor** *adj* gleitend, glatt, schlüpfrig | *llaç ~* Schlaufenknoten *m* || *s/m* Ablauf *m* | Abfluß-rohr *bzw* -graben *m* | Trockenständer *m*, Abtropfgestell *n* | (*Wäsche*) Mangel *f* | *s/f* (*Küche*) Durchschlag *m*; grobes Sieb *n* | **~orregar** (33) *vt* = **escorrancar** | **~orrençat** (**-ada** *f*) *adj: estar ~* Durchfall haben | **~orrentia** *m reg* Abfluß *m* | **~orreplats** *m* Geschirrständer *m*; Tropfbrett *n* | **~órrer** (40) *vt* abtropfen lassen | (*Gefäß*) ausleeren, bis zur Neige leeren | *agr* trockenlegen, entwässern | (*Wäsche*) auswringen; mangeln; Schlendern | (*Schwamm*) ausdrücken | (*Naht*) auftrennen | **~órrer-se** *v/r* abtropfen | ab-fließen, -laufen | aufgehen (*Naht, Knoten, Masche*) | *se'm va escórrer la mà* mir rutschte die Hand aus | **~orrialles**, *reg a.* **~orries** *f pl* letzte Tropfen *m pl*, Neige *f* | **~orrim** *m* Rinnsal *n* | **~orriment** *m* Abtropfen *n* | Abfließen *n* | Entwässerung, Trockenlegung *f*.

escorta *f mil* Begleitmannschaft, Eskorte *f*, Geleit(schutz *m*) *n* | Begleitkommando *n* | *fig* Gefolge *n* | **~r** (33) *vt* begleiten, geleiten, *bes mil* eskortieren | *dr* bewachen.

escorxa *f* = **escorça** | **~dor** *m* (*Ort*) Schlacht-haus *n*, -hof *m*; Abdeckerei *f*, Schindanger *m* | (*Mensch*) Schlächter, Metzger *m* | Abdecker, Schinder *m* | *fig* (Menschen-, Leute-)Schinder *m* | **~dura** *f* (*Haut*) Wundreiben *n* | Abschürfung, wunde Stelle *f* | Schramme *f* | **~ment** *m* (*Tiere*) Abhäuten, Abziehen *n* (*des Felles*) | (*Bäume*) Entrindung *f* || (*Haut*) = **escorxadura** | *fig hist* Schinderei *f* | **~r** (33) *vt* (*Tiere*) abziehen, abhäuten | (*Bäume*) = **escorçar** | (*Haut*) aufschürfen, wund reiben | *a. fig* schinden | *fig* = **cotnar** | ~ *alg de viu en viu* (*fig*) k. gutes Haar an j-m lassen.

escossar (33) *vt* = **descossar**.

escossellar (33) *vt agr* (*Weinstock*) umgraben.

escot[1] *m* Anteil, Beitrag *m*, Umlage *f* | *cadascú ha de pagar el seu ~* jeder muß s-n Beitrag bezahlen.

escot[2] *m* Auschnitt *m*, (*weit*) Dekolleté *n*.

escota *f nàut* Schot(e) *f*.

escotadura *f* Ausschnitt *m* | *anat* Einschnitt *m*.

escotar[1] (33) *vt* (*Anteil, Beitrag*) zahlen.
escota|**r**[2] (33) *vt* (*Kleid, Bluse*) ausschneiden | **~t** (**-ada** *f*) *adj* ausgeschnitten, dekolletiert || *s/m* Ausschnitt *m*.
escotiflat (**-ada** *f*) *adj* gebrechlich, kränklich.
escotill|**a** *f nàut* Schiffsluke *f* | **~ó** *m teat* Falltür *f* | Versenkung *f* | *per l'~* urplötzlich | spurlos.
escotis|**me** *m filos* Skotismus *m* | **~ta** *m/f* Skotist(in *f*) *m*.
escotorit (**-ida** *f*) *adj* = **eixerit, trempat**.
escotx|**egar, -inar** (33) *vi* rufen, singen, schlagen (*Wachtel*) | **~inador** *m caç* (*Lockruf*) Wachtel-ruf, -schlag *m*.
escovilló *m* (*Waffen*) Laufwischer *m*.
escreix *m hist* Morgengabe *f* | Zugabe, Drauf-, Drein-gabe *f* | *pagar amb ~* (über)reichlich bezahlen *od* vergelten.
escrestar (33) *vt* (*e-m Hahn*) den Kamm abschneiden.
escriba *m hist bíbl* Schriftgelehrte(r) *m*.
escridassa|**da** *f* Geschrei *n* | **~r** (33) *vt* anschreien, anschnauzen | **~r-se** *v/r* s. anschreien (*im Streit*) | s. die Kehle ausschreien.
escriny *m* Schrein *m*.
escri|**ptor(a** *f*) *m* Schriftsteller(in *f*) *m* | **~ptori** *m* Schreibstube *f* | Geschäftszimmer, Büro *n* | Schreibtisch *m* | **~ptura** *f* Schrift *f*, Schreiben *n* | *~ fonètica* Lautschrift *f* | *~ ideogràfica* ideographische Schrift *f* | *~ jeroglífica* Hieroglyphen *f pl* | *~ xifrada* Geheimschrift *f* | *~ carolina* Karolingische Schrift | *~ gòtica* gotische Schrift | Frakturschrift *f* | *~ cursiva* Kursivschrift *f* | *~ pública* (*social*) (*dr*) öffentliche Urkunde *f* | *la Sagrada ~* Die Heilige Schrift | **~ptura-ció** *f dr* Beurkundung *f* | **~ptural** *adj* (*m/f*) schrift..., urkunden..., bibel... | **~pturar** (33) *vt* urkundlich beglaubigen | **~pturari** (**-ària** *f*) *adj dr* amtlich ausgefertigt, notariell | **~pturista** *m/f* Bibelkenner(in *f*) *m*, Bibelwissenschaftler(in *f*) *m* | **~t** *m* Schrift(stück *n*) *f*, Schreiben *n* | Werk *n* | *per ~ schriftlich* | *posar u/c en ~* etw schreiben, schriftlich abfassen | **~ta** *f ict* Rochen | **~ure** (40) *vt* schreiben | *~ una carta a un amic* e-m Freund e-n Brief schreiben | *~ un poema* e. Gedicht schreiben | *~ un article a màquina* e-n Artikel tippen *od* mit der Maschine schreiben || *vi: ~ a alg* j-m schreiben | *sempre he volgut ~* ich wollte schon immer schreiben | *no sé ~ a màquina* ich kann nicht maschineschreiben | **~ure's** *v/r* s. schreiben (*amb* mit) | **~và** *m hist* (Amts-, Gerichts-)Schreiber *m*; Notar *m*; Urkundsbeamte(r) *m* | **~vania** *f hist* (Amts-, Gerichts-)Schreiberei *f*; Notariat *n*; Kanzlei *f* | Schreibzeug *n* | **~vent(a** *f*) *m* Schreiber(in *f*) *m* | Kopist(in *f*) *m*.
escr|**òfula** *f med* Skrofel *f* | **~ofulària** *f bot* Braunwurz *f* | **~ofulisme** *m*, **~ofulosi** *f med* Skrofulose *f*, Skrofeln *f pl* | **~ofulós** (**-osa** *f*) *adj* skrofulös.
escrost|**ar** (33) *vt* entkrusten | *fig* vergiften | **~issar** (33) = **escrostar** | vom Kleister befreien | **~onar** (33) *vt* (*Brot*) entkrusten | = **escantellar**.
escrot *m anat* Hodensack *m* | **~ocele** *f* Hodenbruch *m*.
escrú (**-ua** *f*) *adj Bal* roh | hart.
escruix *a ~* (*loc adv*) zu festem Preis (*Miete*) | *en ~* (*loc adv*) ganz u. gar; (*Korkrinde*) ungebrochen.
escruixi|**dor** *adj* erschütternd | entsetzend | **~ment** *m* Schauder *m*, Zittern *n* | Erschütterung *f* | **~r** (40) *vt a. fig* erschüttern | erschauern lassen | *fer ~* schaudern machen | **~r-se** *v/r* schaudern, (er)zittern | (zusammen)zucken | zusammenfahren.
escr|**úpol** *m hist med* Skrupel *n* | *fig* (*oft pl*) Skrupel, Zweifel *m* (*pl*) | *fig* Ekel, Widerwille *m* | *tenir ~s morals* (*religiosos*) moralische (religiöse) Skrupel haben | *un home sense ~s* e. skrupelloser Mensch | **~upolejar** (33) *vi* Skrupel haben | Bedenken tragen (*en u/c* bei etw) | **~upolós** (**-osa** *f*, **-osament** *adv*) *adj* gewissenhaft | peinlich genau | **~upolositat** *f* Gewissenhaftigkeit *f* | (peinliche) Genauigkeit *f*.
escrut|**ador** *adj* forschend | *s/mf* (*Wahl*) Stimmzähler(in *f*) *m*; Wahlprüfer(in *f*) *m* | **~ar** (33) *vt* (aus)forschen, gründlich untersuchen | (*Stimmen*) auszählen | (*Wahl, Abstimmung*) nachprüfen | **~ini** *m* Erforschung, Untersuchung | Stimmenzählung *f* | Wahlprüfung *f*.
escuar (33) *vt* (*e-m Tier*) den Schwanz stutzen *od* koupieren | **~-se** *v/r* den Schwanz verlieren.
escucar (33) *vt agr* abraupen.
escud|**ar(-se)** (33) *vt*(*/r*) (s.) mit dem

escudella · 448 · **esdevenidor**

Schirm decken | *fig* (s.) schirmen, (s.) schützen | **~at** (**-ada** *f*) *adj* mit e-m Schild bewaffnet | **~ejar-se** (33) *v/r* = **escudar-se**.

escudell|a *f* Napf *m* | *gastr:* katalanisches Suppengericht mit Einlage | *terra d'escudelles* Scheuersand *m* | *fer ~* (*fig*) Widerwillen wecken; belästigen | **~ada** *f* Napf *m*, Schüssel *f* (voll) | **~am** *m* Küchengeschirr *n* | **~ar** (33) *vt* (*Suppe*) aus-, ver-teilen | **~er** *m* Tellerbrett *n*.

escude|r *m* Schildknappe *m* | *hist* Schildmacher *m* | Schilderer *m* | **~ria** *f* (*Motorsport*) Rennstall *m* | **~t** *m* *agr* Propfauge *n*.

escuixar (33) *vt* (*Ast*) losbrechen | *~ un pollastre* e-m Hähnchen die Keulen abschneiden.

escular(-se) (33) *vt*(*/r*) = **desfonar(-se)**.

escull *m* *nàut* Riff *n* | *a. fig* Klippe *f* | **~ar-se** (33) *v/r* *nàut* (an e-m Riff) zerschellen | **~at** *m* Riff *n*, Klippen *f pl* | **~era** *f* Wellenbrecher *m*.

escul|pir (37) *vt* *art* formen, arbeiten; (in Stein) hauen; (aus *Holz*) schnitzen | *fig* fest einprägen | **~tor(a** *f*) *m* Bildhauer(in *f*) *m* | **~tura** *f* Bildhauerkunst, Skulptur *f* | (*Werk*) Bildhauerwerk *n*; Skulptur, Plastik *f* | **~tural** *adj* (*m/f*) Bildhauer... | bildhauerisch | bildschön.

escum|a *f* Schaum *m* | *~ de mar* (*de les ones*) Meers-(Wellen-)Schaum *m* | *~ de niló* Nylonschaum | *p ext fig: l'~ de la societat* der Abschaum der Gesellschaft | **~adora** *f* Schaumlöffel *m* | **~all** *m* Geifer *m* | Speichel(auswurf) *m* | **~ar** (33) *vt* (*e-e Flüssigkeit*) entschäumen || *vi* = **~ejar** | **~eig** *m* *a tecn* Schäumen *n* | **~ejant** *adj* (*m/f*) schäumend | **~ejar** (33) *vi* (auf-)schäumen | *~ d'ira* vor Wut (auf-)schäumen | **~era** *f* (reicher) Schaum *m* | **~ós** (**-osa** *f*) *adj* schaumig | schäumend | Schaum... | *vi ~* Schaumwein *m*.

escura|basses *m* *fig* Abortputzer *m* | **~bosses**, **~butxaques** *m/f* Taschendieb(in *f*) *m* | Pumpgenie *n* | Spielautomat *m* | **~cassoles** *m/f* Tellerlecker(in *f*) *m*, Schlecker(in *f*) *m* | **~da** *f* Putzen, Reinigen, Säubern *n* | **~dents** *m* Zahnstocher *m* | *bot* = **bisnaga** | **~dor** *m* = **~pous** | **~lles** *f pl* Abfälle *m pl*, Kehricht, Schmutz *m* | **~ment** *m* Putzen, Reinigen *n* | **~orelles** *m* Ohrenreiniger *m* | **~pous** *m* Brunnenreiniger *m* | **~r** (33) *vt* (*bes Brunnen, Rohre, Leitungen*) reinigen; scheuern, schrubben; (*Kamin*) fegen | (*Eß-, Trinkgefäße*) leer machen; (*Glas, Flasche*) a. leer essen od putzen | *fig* (*Vorräte*) erschöpfen | *~ les butxaques a alg* (*fig*) j-m die Taschen leeren | *estic ben escurat* ich habe k-n Pfennig mehr | **~r-se** *v/r*: *~ les dents* s. (*dat*) die Zähne (mit e-m Zahnstocher) reinigen | *~ la gola* s. räuspern | *~ les ungles* s. (*dat*) die Nägel reinigen | **~ungles** *m* Nagelreiniger *m* | **~xemeneies** *m* Schornsteinfeger, Kamin-feger, -kehrer *m*.

escurça|ble *adj* (*m/f*) verkürzbar | **~da** *f*, **~ment** *m* (Ab)Kürzen *n* | Verkürzung *f* | (*Kleider*) Kürzermachen *n* | **~dura** *f* abgeschnittenes Stück(chen) *n* | **~r** (33) *vt* (ab-, ver-)kürzen | (*Haare*) kürzer schneiden | (*Rock*) kürzer machen | *~ el pas* langsamer gehen | **~r-se** *v/r* s. verkürzen, kürzer werden | einlagen (*Stoff*).

escurçó *m* *zool* Viper, Otter *f* | Kreuzotter *f* ("Vipera herus") | *fig* Schlange *f* | *llengua d'~* Lästerzunge *f*.

escur|es *f pl* Abfälle *m pl* | **~eta** *f* *tèxt* Kardenbürste *f* | **~im** *m* = **escures** | **~ó** *m* Säuberung *f*.

escut *m* Schild *m* | *fig a.* Schutz *m* | (*Heraldik*) Wappen(schild *m*) *n* | (*Münze*) Escudo *m*; *ant* (Gold-, Silber-)Taler *m* | *abraçar l'~* den Schild ergreifen.

escutiar (33) *vt* *tèxt* noppen, auszupfen, belesen.

esdent|(eg)ar (33) *vt* (*j-m, e-m Tier, e-r Säge*) die Zähne ausbrechen | **~(eg)at** (**-ada** *f*) *adj* zahnlos.

esdernegar (33) *vt* zerschlagen, zerbrechen | *fig* kaputt machen | **~-se** *v/r* zerbrechen, zersplittern | *fig* s. plagen, schuften | *s: escarrassar-se*.

esdev|enidor *adj* *lit* zukünftig || *s/m* Zukunft *f* | *pensa en el teu ~!* denk an deine Zukunft! | **~eniment** *m* *lit* Ereignis, Geschehnis *n* | (*außergewöhnlich*) *a.* Begebenheit *f* | **~enir**[1] (40) *vi lit* (+ *Prädikativ*) werden | *~ ric* (*famós*) reich (berühmt) werden | *el cap-gros esdevingué granota* die Kaulquappe wurde zum Frosch || (+ *Lokaladverbial*) *de sobte esdevingueren en una vall paradisíaca* plötzlich befanden sie s. in e-m paradiesischen Tal || (+ *Dativ*) *ens ha esdevingut una desgrà-*

cia uns ist e. Unglück widerfahren | ~**enir**² *m filos* Werden *m* | ~**enir-se** *v/r lit* s. ereignen, geschehen | s. begeben | vorkommen | *s'ha esdevingut un accident* es hat s. e. Unfall ereignet | *aleshores s'esdevingué quelcom de sorprenent* dann begab s. (*od* geschah) etw Erstaunliches | *això s'esdevé sovint* das kommt oft vor | *s'esdevingué fa deu anys (a Sabadell)* es ereignete s. (*od* geschah) vor zehn Jahren (in Sabadell) | ~**inença** *f* Vorkommen *n* | *a tota ~ (loc adv)* für alle Fälle.

esdrúixol *adj ling* auf der drittletzten Silbe betont.

esf|àcel *m* = **gangrena** | ~**acelar(-se)** (33) *vt(/r) med* = **gangrenar(-se)**.

esfalerita *f min* Zinkblende *f*, Sphalerit *n*.

esfarinar-se (33) *v/r* mehlig *od* bröckelig werden.

esf|èn *m min* Sphen *m*, Titanic *n* | ~**enoïdal** *adj anat* sphenoidal | ~**enoide** *adj (m/f)* sphenoid, keilförmig || *s/m min* Sphenoid *n* | *anat* Keilbein *n*.

esfera *f geom* Kugel *f* | (*Uhr*) Zifferblatt *n* | *fig* Sphäre, Welt *f*; Bereich *m*, Gebiet *n*; (*social*) Kreis *m*, Schicht *f* | *~ d'activitat(s)* Tätigkeitsbereich, Wirkungskreis *m* | *~ celest* Himmelskugel; *ant* Sphäre *f* | *~ dels planetes* Planetenbahn *f* | *~ fosforescent od lluminosa* Leuchtzifferblatt *n* | *~ terrestre* Globus *m*.

esfere|ïdor *adj* entsetzlich, erschreckend, schrecklich | ~**ïment** *m* Entsetzen *n*, Schrecken, Schreck *m* | ~**ir** (37) *vt* entsetzen, erschrecken | ~**ir-se** *v/r* s. entsetzen, (s.) erschrecken.

esf|èric(ament *adv*) *adj* sphärisch, Sphären... | kugelförmig, kugelig, kugelrund | ~**ericitat** *f* Kugel-form, -gestalt *f* | ~**eroïdal** *adj (m/f)* sphäroidisch, kugelähnlich | ~**eroide** *m* Sphäroid *n* | ~**eròmetre** *m* Sphärometer *n*, Kugelmesser *m* | ~**èrula** *f* kl(e) Sphäre *od* Kugel *f*.

esfetgegar-se (33) *v/r* = **escarrassar-se**.

esf|ígmic *adj med* Puls... | ~**igmògraf** *m* Sphygmograph *m* | ~**igmograma** *m* Sphygmogramm *n*.

esfil|agarsar (33) *vt* aus-fasern, -zupfen | ~**agarsar-se** *v/r* ausfasern, (s.) ausfransen | ~**eg(ass)ar** (33) *vt* = **desfilar**².

esfínter *m anat* Schließmuskel *m*, Sphinkter *m*.

esfinx *m/f (pl -inxs)* Sphinx *f*.

esflora|dís (-issa *f) adj* leicht verblühend, rasch welkend | **~r** (33) *vt* = **desflorar** | **~r-se** *v/r* = **desflorir(-se)**.

esfondrar(-se) (33) *vt(/r)* = **enfonsar(-se)**, **ensorrar(-se)**.

esforç *m* Anstrengung *f* | *fig* Bemühung *f*, Streben *n* | *tecn* Beanspruchung *f*, Druck *m*, Kraftäußerung *f* | *fer un ~* e-e Anstrengung machen | *sense ~* mühelos | **~ar-se** (33) *v/r* s. anstrengen | *esforça't a convèncer-la!* bemüh dich, sie zu überzeugen! | *t'hi has d'esforçar més* du mußt dich dabei mehr anstrengen.

esfreixura|ment *m fig* völlige Überarbeitung *f* | **~r** (33) *vt (e. Tier)* ausnehmen | umbringen, töten | **~r-se** *v/r* s. totschuften, s. zu sehr verausgaben.

esfulla|da *f*, **~ment** *m* Entlaubung *f* | Laubfall *m* | **~r** (33) *vt* entlauben, entblättern | *agr* abblatten (*Blüten*) auszupfen | **~r-se** *v/r* das Laub (*bzw* die Blätter) verlieren | s. entlauben | s. entblättern.

esfum|ar (33) *vt gràf* verwischen | **~ar-se** *v/r* s. verwischen, verschwimmen, verblassen | *fig fam* verduften, verschwinden | **~í** *m gràf* Wischer *m*.

esgaia|da *f (Stoff)* schräger Schnitt *m* | **~r** (33) *vt (Tuch)* schräg schneiden | **~t** *m* Schrägen *n*.

esgalabrar(-se) (33) *vt(/r)* = **escalabrar(-se)**.

esgallar (33) *vt* = **esberlar**.

esgarbissar (33) *vt agr* auskörnen | (*j-n*) schlagen, verprügeln | **~-se** *v/r* = **esbatussar-se**.

esgardissar(-se) (33) *vt* = **esgarrinxar(-se)**.

esgargamellar-se (33) *v/r* s. die Kehle ausschreien, s. heiser schreien.

esgarip *m* Aufschrei *m* | (*Nachtvögel*) Ruf, Schrei *m* | **~ar** (33) *vi* (gellend) aufschreien, kreischen.

esgarrany *m* = **esgarrinxada**.

esgarrap *m*, **~ada** *f* Kratzer *m* | Kratzwunde *f* | *amb una ~ada od amb quatre esgarrapades* übereilt, überstürzt | **~aire** *adj (m/f)* gern kratzend | **~all** *m* Scharren *n* | **~ar** (33) *vt (bes mit Krallen, Nägeln)* kratzen; auf- *bzw* zerkratzen | (*Erde*) aufscharren | *fig fam* rapschen, rapsen, stibitzen | **~ar-se** *v/r* s. zerkratzen | **~ós (-osa** *f) adj* kratzig, krallig.

esgarrar(-se)¹ (33) *vt(/r)* = **esguerrar(-se)**.

esgarrar² (33) *vt* = **esgarrinxar, esqueixar.**
esgarri|acries *m/f* Störenfried, Spielverderber(in *f*) *m*, Miesmacher(in *f*) *m* | **~ada** *f*, **~ament** *m* Verirrung *f*, Irreführung *f* | **~adís (-issa** *f*) *adj* s. leicht verirrend | **~ar** (33) *vt* fehlleiten | irreführen | **~ar-se** *v/r* abirren, irregehen, s. verirren, s. verlaufen | *fig* auf Abwege geraten | **~er** *adj* = **~adís.**
esgarrif|all *m* Erschaudern *n* | **~ament** *m* Schauder *m*, Zittern *n* | **~ança** *f* Schüttelfrost *m* | Erschaudern *n* | **~ar** (33) *vt* erschaudern lassen, erschüttern | erschrecken | **~ar-se** *v/r* erzittern, erschaudern | zusammenfahren | **~ós (-osa** *f*, **-osament** *adv*) *adj* erschütternd | schauerlich, schauderhaft.
esgarrin|xada *f* Kratzwunde, Schramme *f*, Kratzer *m* | **~xar** (33) *vt* (*mit etw Spitzem, Scharfem*) (zer)kratzen, schrammen | **~xar-se** *v/r*: ~ *amb u/c* s. an etw (*dat*) kratzen | **~xós (-osa** *f*) *adj* kratzig | **~yar(-se)** (33) *vt*(/*r*) = **~xar(-se).**
esgarronar (33) *vt* = **estalonar².**
esgatinyar-se (33) *v/r* s. kabbeln, s. raufen.
esgavell *m* = **desgavell** | **~ar(-se)** (33) *vt*(/*r*) entzwei-, kaputt-machen (-gehen) | *fig* durcheinander-bringen (-geraten) | *s: desballestar(-se).*
esglai *m* (jäher) Schreck(en) *m*, Entsetzen *n* | *quin* **~***!* welch (*od* so) e. Schreck! | *tenir un* ~ e-n Schreck bekommen | **~ador** *adj* schrecklich, erschreckend, entsetzlich | **~ament** *m* Erschrecken *n* | **~ar** (33) *vt* erschrecken, in Schrecken versetzen; entsetzen | **~ar-se** *v/r* erschrecken, e-n Schreck bekommen; s. entsetzen | **~ós (-osa** *f*) *adj* schreckenerregend.
esgla|ó *m a. fig* Stufe *f* | **~onar(-se)** (33) *vt*(/*r*) = **escalonar(-se).**
esgl|ésia *f* Kirche *f* | ~ *claustral od conventual* (*parroquial*) Kloster-(Pfarr-)kirche *f* | *l'*~ *de Sant Esteve* Stephanskirche *f* | ~ *anglicana* (*catòlica, evangèlica, ortodoxa*) anglikanische (katholische, evangelische, orthodoxe) Kirche *f* | *l'*~ *no s'ha pronunciat sobre aquesta qüestió* die Kirche hat s. zu dieser Frage nicht geäußert | **~esiada** *f col* Kirchenbesucher *m pl* | **~esier** *adj* Kirch... | *camí* ~ Weg zur Kirche, Kirchweg *m* | **~esiola,** **~esieta** *f* Kirchlein *n*.
esglevar (33) *vt* = **desglevar.**
esgo|lar-se, ~rjar-se (33) *v/r* = **esgargamellar-se.**
esgota|dor *adj* erschöpfend | **~ment** *m a. fig* Erschöpfung *f* | **~r** (33) *vt* ausleeren | *a. fig* erschöpfen | auf-, verbrauchen | *com* ausverkaufen | **~r-se** *v/r* s. aufbrauchen, ausgehen | *a. fig* s. erschöpfen | *fig a.* versiegen | **~t (-ada** *f*) *adj* erschöpft | (*Bücher*) vergriffen | (*Waren*) ausverkauft.
esgotima|dor(a *f*) *m* Traubennachleser(in *f*) *m* | **~r** (33) *vt agr* nachlesen | (*Traube*) zerpflücken.
esgrafia|r (33) *vt art* ein-kratzen, -ritzen | **~t** *m* Graffito *n*.
esgrama *f tèxt* Hanfschwinge *f* | **~dor** *m* Hanfbreche *f* | **~r** (33) *vt* (*Hanf*) brechen.
esgramenar (33) *vt agr* ausjäten, von Hundszahn befreien.
esgranar (33) *vt agr* auskörnen | (*Trauben*) abbeeren | (*Schotenfrüchte*) ausschalen, enthülsen | *tèxt* = **desgranar.**
esgraó *m* = **esglaó.**
esgratinya|d(ur)a *f* leichte Kratzwunde *f*, oberflächlicher Kratzer *m* | **~r** (33) *vt* leicht kratzen | **~r-se** *v/r* = **esgatinyar-se.**
esgrillar (33) *vt* (*Apfelsine*) in Scheiben zerlegen.
esgrim|a *f esport* Fechtkunst *f*, Fechten *n* | **~idor(a** *f*) *m* Fechter(in *f*) *m* | **~ir** (37) *vt* (*Waffen*) schwingen | *fig* (*Argumente*) vorbringen || *vi ant* fechten.
esgrogu|eïment *m* gelbliche Färbung *f* | Blässe, Bleiche *f* | Vergilben *n* | **~eir-se** (37) *v/r* gelblich werden | blaß (*od* bleich) werden (*Person, Haut*) | vergilben (*Blatt, Foto*) | **~eït (-ïda** *f*), **~issat (-ada** *f*) *adj* gelblich | blaß, bleich | vergilbt.
esgrumar (33) *vt* zerbröckeln, zerkrümeln | = **esterrossar.**
esgrunar (33) *vt* = **engrunar.**
esguard *m* Blick *m* | *fig* Rücksicht(nahme) *f* | *en* ~ *de* im Vergleich zu (*dat*) | *per* ~ *de* aus Rücksicht auf (*ac*) | *tenint* ~ *que ...* wenn man berücksichtigt, daß... | **~ar** (33) *vt* anblicken, ansehen, anschauen | berücksichtigen; beachten | **~ar-se** *v/r: s'esguardaren als ulls molta estona* sie sahen s. lange in die Augen.
esgüell *m* Quieken *n* | Quiekser *m* |

~ar (33) *vi* quiek(s)en.
esguerr|ar (33) *vt* verstümmeln | verderben, *umg* vermurksen, verpfuschen | **~ar-se** *v/r* zum Krüppel werden | verderben | **~at (-ada** *f*) *m adj* verkrüppelt, verstümmelt || *s/mf* Krüppel *m* | **~o** *m* Verstümmelung, Verkrüppelung *f* | Verderben *n* | *umg* Murks, Pfusch *m*.

esguimbar-se (33) *v/r* hinunter- *bzw* herunter-rutschen, s. abgleiten lassen.

eslàlom *m esport* Slalom *m* | **~ gegant** Riesenslalom *m*.

esla|u (-ava *f*) *m adj* slawisch || *s/mf* Slawe *m*, Slawin *f* | **~visme** *m* Slawismus *m* | **~vista** *m/f* Slawist(in *f*) *m* | **~vística** *f* Slawistik *f* | **~vònia** *f* Slawonien *n* | **~vònic** *adj* slawonisch || *s/mf* Slawone *m*, Slawonin *f*.

eslinga *f nàut* (Haken-, Tau-)Schlinge *f*.

eslip *m* Slip *m* | Badehose *f*.

esllangui|ment *m* Hagerkeit *f* | **~r-se** (37) *v/r* hager werden, abmagern | **~t (-ida** *f*) *adj* hager, mager.

esllavissa|da *f* Erdrutsch *m* | (*Gebirge*) Bergrutsch *m* | (*Fels*) Steinschlag *m* | (*Bau*) Einsturz | **~dís (-issa** *f*) *adj* locker, leicht abrutschend | **~ll, ~ment** *m* = **esllavissada** | **~r-se** (33) *v/r* abrutschen | (*Erdmassen*) | herabstürzen (*Geröll*) | einstürzen (*Bau*).

esllemenar (33) *vt* von Nissen befreien | = **espollar**[1].

esllenega|ment *m* Verziehen *n* | Verformung *f* | **~r(-se)** (33) *vt(/r)* (s.) verziehen, (s.) verformen.

eslloma|da *f* Zerschlagenheit *f* | **~dura** *f* Zerschlagenheit *f* | Hexenschuß *m* | **~r(-se)** (33) *vt(/r)* ermatten | kreuzlahm machen (werden).

eslògan *m* Slogan *m*, Schlagwort *n*.

eslora *f nàut* Kiel-, Schiffs-länge *f*.

eslov|ac *adj* slowakisch || *s/mf* Slowake *m*, Slowakin *f* || *s/m ling* Slowakisch *n* | *l'~* das Slowakische | **~àquia** *f* die Slowakei *f* | **~è (-ena** *f*) *adj* slowenisch || *s/mf* Slowene *m*, Slowenin *f* | *s/m ling* Slowenisch *n* | *l'~* das Slowenische | **~ènia** *f* Slowenien *n*.

esma *f* (*nur in Fixierungen gebräuchlich*) Instinkt *m*; Umsicht *f*; Verstand *m*; Besinnung *f*; Orientierung(ssinn *m*) *f* | *d'~* aus Instinkt, instinktiv; ohne weiteres Überlegen; mechanisch, unwillkürlich, gedankenlos; geistesabwesend, wie im Traum | *perdre l'~* die Orientierung (*bzw* den Mut, die Tatkraft, die Lust, den Verstand, das Bewußtsein) verlieren | *estava tan aclaparat, que no tenia ni ~ de moure'm* ich war so niedergeschlagen, daß ich noch nicht einmal die Kraft aufbrachte, mich zu rühren.

esmadeixar(-se) (33) *vt(/r)* = **esbadiar (-se)**.

esmaixellat (-ada *f*) *adj* zahnlos.

esmalt *m* Email *n* | Schmelz *m* | *fig* Glanz *m* | *anat* Zahnschmelz *m* | **~ador** *adj* emaillier... || *s/mf* Emailleur *m*, Emailleuse *f* | **~ar** (33) *vt* emaillieren | mit Schmelz überziehen | glasieren | **~at (-ada** *f*) *adj* emailliert, Email... | *còpia esmaltada* (*fotog*) Glanzabzug *m*.

esmalucar(-se) (33) *vt(/r)* lendenlahm machen (werden) | (s. *dat*) (*j-m*) die Hüften verrenken.

esmaperdut (-uda *f*) *adj* geistesabwesend, gedankenverloren.

esmaragda *f* = **maragda**.

esmarri|ment *m* Betrübnis, Betrübtheit *f* | **~t (-ida** *f*) *ant* betrübt.

esmatissar (33) *vt agr* (*e-n Wald*) von Dickicht u. Strauchwerk säubern.

esme *m oc* = **esma**.

esmena *f* (Ver)Besserung *f* | *dr polít* Abänderung(santrag *m*) *f*, Amendement *n* | *ple d'esmenes* (*gràf*) voller Korrekturen | *presentar una ~* (*polít*) e-n Abänderungsantrag (*od* e. Amendement) einbringen | **~ble** *adj* (*m/f*) verbesserungsfähig | *dr* besserungsfähig | **~r** (33) *vt* (ver)bessern | (*Schaden*) gutmachen | *dr* (*Urteil*) abändern | *gràf* korrigieren | **~r-se** *v/r* s. bessern.

esment *m* (*nur in Funktionsverbgefügen*) Erwähnung; Kunde; Aufmerksamkeit *f* | *fer ~ d'u/c* etw erwähnen | *haver* (*tenir*) *~ d'u/c* von etw Kenntnis erhalten (haben) | *parar* (*od posar*) *~ en u/c* auf etw achten | **~ar** (33) *vt* erwähnen.

esmerç *m* Ausgabe *f* | Anlage, Investition *f* | *fig* An-, Auf-wendung *f*, Gebrauch *m* | **~ar** (33) *vt* ausgeben | *bes* anlegen, investieren | *fig* an-, auf-wenden, gebrauchen.

esmerdissar (33) *vt* (*Tierdarm*) säubern.

esmeril *m* Schmirgel *m* | **~ador** *adj* Schmirgel... | Schleif... || *s/f* (a. *màquina ~a*) Schleifmaschine *f* | **~ament** *m* Schmirgeln *n* | Schleifen *n* | Schliff

esmerla m | **~ar** (33) vt schmirgeln | (ab-, ein-)schleifen.
esmerla f ornit Merlin m.
esmerlit (**-ida** f) adj ausgemergelt, hager, mager.
esmicola|ment m Zerkrümeln n, Zerbröck(e)lung, Zerstück(e)lung f | **~r** (33) vt zerkrümeln, zerbröckeln, zerstückeln | **~r-se** v/r zerbröckeln | zersplittern.
esmoca|dores f pl Licht(putz)schere f | **~r**^{1} (33) vt (Kerze) schneuzen.
esmocar^2 (33) vt (Tier) ausnehmen.
esmol|ada f Schleifen, Wetzen n | **~ador** adj Schleif..., Wetz... || s/m hist Schleifer m || s/f (a. pedra **~a**) Schleifstein n | Schleifmaschine f | **~all** m Schneide f | **~ar** (33) vt a. fig schärfen | schleifen, wetzen | (Kleidungsstücke) abwetzen | **~ar-se** v/r s. abwetzen | **~at** (**-ada** f) adj a. fig scharf | fig bes streitlustig || s/m Schneide, Schärfe f | **~et** m (Messer-, Scheren-)Schleifer m.
esmollar (33) vt (Brot) zerbröckeln.
esmolsar (33) vt entmoosen.
esmonyonar (33) vt (j-m) die Hand abhakken.
esmòquing m Smoking m.
esmorrar-se (33) v/r aufs Gesicht (od auf die Nase) fallen | abstumpfen (Werkzeug).
esmorrellar (33) vt = **escantellar**.
esmort|eïdor adj dämpfend | s/m = **amortidor** | **~eïment** m Abschwächung f | Dämpfung f | **~eir** (37) vt abschwächen, dämpfen | econ = **amortitzar** | tecn = **amortir** | **~eir-se** v/r schwächer werden | abklingen (Schmerz) | **~iment** m Betäubung f | Benommenheit f | **~ir** (37) vt (j-n) betäuben, benommen machen | = **~eir** | **~ir-se** v/r ohnmächtig werden, das Bewußtsein verlieren.
esmorza|da f Frühstücken n | **~r**^{1} (33) vi frühstücken | **~r**^{2} m (a. kräftiges ländliches) Frühstück n.
esmotxa|dura f Einschnitt m | **~r** (33) vt stutzen | agr kappen, köpfen | (a. Ärmel, Ausschnitt) einschneiden.
esmuny|edís (**-issa** f) adj schlüpfrig, glatt, rutschig | leicht entwischend | **~iment** m Aus-gleiten, -rutschen n | Entschlüpfen n | **~ir** (36) vt hindurchgleiten, -rutschen, -schlüpfen lassen | **~ir-se** v/r hindurch-gleiten, -rutschen, -schlüpfen | s. wegschleichen,

entwischen | a. fig s. einschleichen | unterlaufen (Fehler) | s: escapolir-se, escórrer-se.
esm|ús (**-ussa** f) adj abgestumpft, stumpf | **~ussador** adj stumpf machend, abstumpfend | **~ussament** m Stumpfheit f | Abstumpfung f | **~ussar** (33) vt a. fig abstumpfen | stumpf machen.
esnob m/f Snob m || adj (m/f) snobistisch, versnobt | **~isme** m Snobismus m.
esnovar (33) vt (Bäume) zurückschneiden.
es|òfag m anat Speiseröhre f | **~ofàgic** adj Speiseröhren..., ösophagisch | **~ofagitis** f med Ösophagitis f.
esot|èric(ament adv) adj esoterisch | **~erisme** m filos Geheimlehre f.
espacial adj (m/f) räumlich, (Welt-) Raum... | vol **~** (Welt)Raumflug m.
espad|ador m Hanfbrecherbrett n | **~adora** f (Hanf)Schwinge f | **~ar** (33) vt (text (Hanf) schwingen, brechen | **~at** (**-ada**) adj (sehr) steil, jäh, senkrecht || s/m Steilhang m; Felswand f | **~atxí** m tüchtiger Fechter m | Raufbold m | **~ella** f = **~adora** | (Ölmühle) Quer- od Richt-balken m | bot Gladiole f | **~ellar** (33) vt = **~ar** | (e-r Ölpresse) die Richtbalken legen od setzen.
espaguetis m pl Spaghetti pl.
espahí m (pl **-s**) mil hist Spahi m.
espai m Raum m | Zwischenraum m, Lücke f | Zeitraum m, Zeitspanne f | mús Pause f | gràf Spatium n, Ausschluß m | **~** aeri (aeron) Luftraum m | **~** interplanetari od sideral Weltraum m | **~** vital Lebensraum m | **~s** verds (Stadt) Grünflächen f pl | en l'**~** d'una setmana innerhalb e-r Woche | a poc d'**~** (loc adv) kurz nachher | **~ar** (33) vt in Abständen verteilen | gràf spationieren, sperren | (Besuche) seltener machen, seltener werden lassen | (Stühle, Tische) auseinanderrücken | **~at** m Zwischenraum, Abstand m | **~ós** (**-osa** f, **-osament** adv) adj geräumig | weit | breit | **~ositat** f Geräumigkeit f | **~-temps** m fís Raum-Zeit-Welt f, Minkowski-Raum m.
espallussar (33) vt worfeln.
espalma|dor m reg = **raspall** | **~r** (33) vt reg bürsten | nàut pichen, dichten.
espampolar (33) vt = **despampolar**.
espanotxar (33) vt agr (Maiskolben) entkörnen.

espant *m* Schreck(en) *m* | Entsetzen *n* | *donar un ~ a alg* j-m e-n Schreck einjagen | *tenir un ~* e-n Schreck bekommen | **~able** *adj* (*m/f*) = **~ós** | **~adís** (**-issa** *f*) *adj* schreckhaft | scheu | **~ador** *adj* erschreckend ‖ *s/m* = **~all** | **~all** *m* Vogelscheuche *f* | *fig a.* Schreckgespenst *n* | **~allops** *m bot* Blasenstrauch *m* | **~ament** *m* = **espant** | **~amosques** *m* Fliegenwedel *m* | **~aocells** *m* = **~all** | **~ar** (33) *vt* erschrecken, (*j-m*) e-n Schreck einjagen | (*j-m*) Angst machen | (*Fliegen*) verscheuchen | (*Pferd*) scheu machen | **~ar-se** *v/r* erschrecken | (*Tier*) scheuen | **~ívol** *adj* = **~adís** | **~ós** (**-osa** *f*, **-osament** *adv*) *adj* schrecklich | entsetzlich | grauenvoll, greulich | furchtbar, fürchterlich.

Espanya *f* Spanien *n*.

espanya|portes *m* Einbrecher *m* | **~r** (33) *vt* (*Tür*, *Koffer*) aufbrechen.

espanyol *adj* spanisch ‖ *s/mf* Spanier(in *f*) *m* ‖ *s/m ling* Spanisch *n* | *l'~* das Spanische | **~ada** *f mst desp: quina ~!* typisch spanisch! | **~isme** *m* Spanienliebe *f* | *desp* spanische(r) Imperialismus *m* | **~ista** *m/f* spanische(r *m*) Nationalist(in *f*) *bzw* Imperialist(in *f*), Zentralist(in *f*) *m* | **~itzaciò** *f* Hispanisieren *n*, Hispanisierung *f* | **~itzar** (33) *vt* hispanisieren | **~itzar-se** *v/r* hispanisiert werden | die spanische Sprache annehmen.

espaordi|dor *adj* entsetzlich, grauenhaft, furchterregend | **~ment** *m* Entsetzen, Grauen *n* | Panik *f* | **~r** (37) *vt* erschrecken, entsetzen, verängstigen | **~r-se** *v/r* erschrecken | Angst bekommen | **~t** (**-ida** *f*) *adj* ängstlich, verängstigt.

esparadrap *m med* Heftpflaster *n*.

esparagol *m* kl(e) Bucht *f*.

esparcet(a *f*) *m bot* = **trepadella**.

esparcina *f nàut* dickes Tau *n*.

espardeny|a *f*: katalanischer Leinenschuh mit Hanf-, Spart- od Jutesohle | **~er(a** *f*) *m* Espardenyes-hersteller(in *f*) *bzw* -verkäufer(in *f*) *m* | **~eria** *f* Espardenyes-werkstatt *f bzw* -geschäft *n*.

esparga *f bot* = **llúpol**.

espargi|ment *m* Verstreuung *f* | Verbreitung *f* | **~r(-se)** (37) *vt(/r)* (s.) verstreuen | (s.) verbreiten.

espàrgol *m* = **espàrrec** | = **llúpol**.

esparpallar(-se) (33) *vt(/r)* = **escampar** (-se), **espargir(-se)**.

esparpell *m* Wiederaufleuchten *n* | **~ar-se** (33) *v/r* die Augenlider öffnen | wiederaufleuchten (*Licht*).

esparpilla|r(-se) (33) *vt(/r)* = **eixorivir** (-se) | **~t** (**-ada** *f*) *adj* = **eixerit**.

esparrac *m* (*Stoff*) Riß *m* | **~ament** *m* Zer-reißen, -fetzen *n* | **~ar** (33) *vt* zerreißen, -fetzen | **~at** (**-ada** *f*) *adj* zerrissen, zerfetzt, *desp* zerlumpt.

esparrall *m ict* Ringelbrassen *m*.

esp|àrrec *m bot gastr* Spargel *m* | **~arreguera** *f bot* Spargel(staude *f*) *m* | **~arreguerar** *m* Spargel-beet, -feld *n*.

espars(ament *adv*) *adj* vereinzelt | verstreut | (*Haare*) aufgelöst.

espart *m bot* Esparto(gras *n*), Spart-(gras *n*) *m*.

Espart|a *f* Sparta *n* | **~à** (**-ana** *f*) *adj* spartanisch ‖ *s/mf* Spartaner(in *f*) *m* | **~aquista** *m/f* Spartakist(in *f*) *m*.

espart|ar[1] *m agr* Espartofeld *n* | **~ar**[2] (33) *vt* mit Esparto bedecken *bzw* umflechten | **~er(a** *f*) *m* Esparto-flechter(in *f*) *bzw* -verkäufer(in *f*) *m* | **~eria** *f* Esparto-flechterei *f bzw* -laden *m* | Sparterie *f*, Espartoflechtwerk *n*.

esparver *m ornit* Sperber *m* | **~ d'estany** (*cendrós*) Korn-(Wiesen-)weihe *f* | **~ador** *adj* entsetzlich, furchtbar, grauenvoll | **~ament** *m* Entsetzen, Grauen *n*, Furcht *f* | **~ar** (33) *vt* erschrecken | ängstigen, in Angst versetzen | scheu machen | **~ar-se** *v/r* erschrecken (*de* über *ac*) | scheu werden, scheuen.

espas|a *f* Schwert *n* | *a. esport* Degen *m* | *taur* Stoßdegen *m* | (*Person*) Fechter(in *f*) *m* | **~ de Dàmocles** Damoklesschwert *n* | *estar entre l'~ i la paret* zwischen zwei Feuern sein; in der Klemme sitzen | *posar alg entre l'~ i la paret* j-n in die Enge treiben | *passar a fil* (*od a tall*) *d'~* mitleidlos niedermetzeln; über die Klinge springen lassen ‖ *s/m taur* Matador *m* ‖ *s/f pl* (*Farbe des span Kartenspiels*) Schwerter *n pl* (*etwa Pik*) | **~ada** *f* Schwerthieb *m* | Degenstoß *m* | **~enc** *m ict* Drachenfisch *m* | **~er** *m hist* Schwertfeger, Waffenschmied *m* | **~eria** *f* Waffenschmiede *f* | Waffengeschäft *n* | **~í** *m* Zierdegen *m*.

espasm|e *m med* Krampf, Spasmus *m* | **~òdic(ament** *adv*) *adj* krampfartig, Krampf..., spasmodisch | **~olític** *adj* krampflösend || *s/m* krampflösendes Mittel, Spasmolytikum *n*.

espassar(-se) (33) *vi(/r)* nachlassen | vergehen | vorbei-, vorüber-gehen.

espat *m min* Spat *m* | ~ *fluor* Flußspat *m*.

espata *f bot* Spatha *f*.

espaterra|ment *m* Verblüffung *f* | Schreck(en) *m* | **~nt** *adj* (*m/f*) verblüffend | erschreckend | **~r** (33) *vt* verblüffen | erschrecken.

espatll|a *f* Schulter *f* | *gastr a.* Vorderkeule *f* | *ant reg* Rücken *m*; Rück-, Kehrseite *f* | *arronsar les espatlles* die (*od* mit den) Schultern (*od* Achseln) zukken; *fig* gleichgültig werden; resignieren | *dur* (*od portar*) *a les espatlles* auf dem Rücken tragen | (*és*)*ser ample* (*od carregat*) *d'espatlles* breite Schultern haben, breitschult(e)rig sein | *girar* (*od donar*) *les espatlles* den Rücken kehren; weggehen | *girar l'~* (*od les espatlles*) *a alg* (*fig*) j-m die kalte Schulter zeigen; j-m den Rücken wenden *od* kehren | *guardar* (*od cobrir*) *les espatlles a alg* (*fig*) j-m den Rücken decken *od* freihalten | **~ador** *adj* verderblich, verderbend | zerstörerisch | **~adura** *f* Beschädigung *f* | Schaden *m* | **~am** *m col* Schultern *f pl* | **~ar** (33) *vt* beschädigen | schaden (*dat*) | verderben, schädigen | zugrunde richten, ruinieren | zerstören | *umg* kaputtmachen | *això espatlla la salut* das schadet der Gesundheit | *m'has espatllat el dia* du hast mir den Tag verdorben | **~ar-se** *v/r: t'espatllaràs la vista!* du wirst dir noch die Augen verderben! | *el temps s'espatlla* das Wetter verschlechtert s. | *la rentadora s'espatlla sovint* die Waschmaschine geht oft kaputt | **~at** (**-ada** *f*) *adj* beschädigt | verdorben | zerstört | *umg* kaputt | **~ejar** (33) *vi* mit den Schultern zucken | **~er** *m* Schulterstuch *n* | (Rücken)Lehne *f* | *s: respatller* | **~era** *f hist* (*Rüstung*) Schulterstück *n* | = **respatller** | **~eta** *f: fer ~ a alg* j-m auf die Schultern helfen | **~ó** *m gastr* (*Schwein*) gesalzener Vorderbug *m* | **~ut** (**-uda** *f*) *adj* breitschult(e)rig.

espatotxí *m* Pfiffikus, Schlauberger *m*.

esp|àtula *f* Spatel *f* | *tecn* Spachtel *f* | **~atulat** (**-ada** *f*) *adj* spatel- (*bzw* spachtel-)förmig.

espavill|ament *m* Gewecktheit *f* | Findigkeit, Gewitztheit *f* | **~ar** (33) *vt* (*Kerze*) schneuzen | (*Feuer*) wieder anschüren | *fig* gewitzt (*od* findig) machen | **~ar-se** *v/r* den Schlaf abschütteln, munter werden | *fig s.* herausmachen, s. mausern; s. regen, s. rühren; s. zu helfen wissen, s. durchschlagen | **~at** (**-ada**) *adj fig* aufgeweckt, hell; gewitzt, findig, clever.

especeja|ment *m* Zerstückelung *f* | Zerreißung *f* | **~r** (33) *vt* zerstückeln | zerreißen.

esp|ècia *f* Gewürz *n* | **~eciaire** *m/f* = **especier(a)**.

especial *adj* (*m/f*) besondere(r, -s); speziell | eigentümlich | Sonder... | Fach... | *en* ~ im besonderen, insbesondere | **~ista** *m/f* Spezialist(in *f*), Fachmann *m* (*en* für) | *med* Fach-arzt *m*, -ärztin *f*, Spezialist(in *f*) *m* (*en* für) | **~itat** *f* Spezialität *f* | Besonderheit *f* | Spezial-, Fach-gebiet *n* | Eigentümlichkeit *f* | **~ització** *f* Spezialisierung *f* | **~itzar** (33) *vt* auf e. Fach (*od* e-n Zweck) begrenzen | **~itzar-se** *v/r s.* spezialisieren (*en* auf *ac*) | **~ment** *adv* besonders; speziell | insbesondere, vor allem.

especiar (33) *vt gastr* würzen.

esp|ècie *f* Art *f* | *biol filos a.* Spezies *f* | *ecl* (*Abendmahl*) Gestalt *f* | *l'~ humana* das Menschengeschlecht *n* | *combregar amb les dues ~s* das Abendmahl in beiderlei Gestalt nehmen | (*pagar*) *en* ~ in Naturalien (bezahlen) | *és una ~ d'estofat* es ist e-e Art Gulasch | *de tota ~* jeder Art.

especier|(a *f*) *m* Gewürz-händler(in *f*) *m* | **~ia** *f* Gewürz-handlung *f*, -laden *m* | Gewürzwaren, Spezereien *f pl*.

espec|ífic *adj* spezifisch || *s/m med* Spezifikum *n* | **~ificable** *adj* (*m/f*) näher bestimmbar | **~ificació** *f* besondere Bezeichnung, nähere Angabe *f* | Spezifizierung, Spezifikation *f* | **~ificar** (33) *vt* im einzelnen darlegen, detailliert ausführen, *lit* spezifizieren | **~ificat** (**-ada** *f*, **-adament** *adv*) *adj* (genau) angegeben | detailliert ausgeführt | **~ificitat** *f* Spezifität *f*.

esp|ècimen *m* Muster, Probestück *n* | **~eciós(ament** *adv*) *adj* vordergründig bestechend.

especta|cle *m a. fig* Schauspiel *n* | Vorstellung, Schaustellung *f* | *fig* Anblick *m* | *fer* (*od donar*) *un* ~ (*fig*) Aufsehen erregen | **~cular** *adj* (*m/f*) aufsehenerregend, spektakulär | **~dor(a**

f) m Zuschauer(in *f) m*.

espectr|al *adj (m/f) lit* gespenstisch | *fís* spektral, Spektral... | *anàlisi* ~ Spektralanalyse *f* | **~e** *m lit* Gespenst *n* | *fís* Spektrum *n* | **~ograma** *m* Spektrogramm *n* | **~òmetre** *m* Spektrometer *n* | **~oscopi** *m* Spektroskop *n*.

esp|ècul *m med* Spekulum *n* | **~eculació** *f a. econ* Spekulation *f* | **~eculador(a** *f) m* Spekulant(in *f) m* | **~ecular**[1] *adj (m/f)* Spiegel... | spiegelnd | **~ecular**[2] (33) *vt* aufmerksam betrachten || *vi* nachsinnen | *a. econ* spekulieren | **~eculatiu** (**-iva** *f*, **-ivament** *adv) adj* theoretisch | spekulativ.

espedaçar (33) *vt* = **especejar**.

espedregar (33) *vt (Feld)* von Steinen befreien.

espele|òleg *m* Höhlenforscher, Speläologe *m* | **~ologia** *f* Höhlen-forschung, -kunde, Speläologie *f* | **~ològic** *adj* spelaölogisch.

espellar (33) *vt* häuten.

espelleringar (33) *vt (Stoff)* zer-fetzen, -reißen.

espelletar (33) *vt reg* = **espellar**.

espellifa|r (33) *vt (Wäsche)* stark abnutzen, zerschleißen, *umg* abreißen | **~r-se** *v/r* s. abnutzen, zerschleißen | **~t** (**-ada** *f) adj* schäbig, zerschlissen, zerlumpt.

espellissar (33) *vt* = **espellifar**.

espellofar (33) *vt agr* enthülsen.

espellotar (33) *vt* = **escorxar**.

espellu|car (33) *vt* = **pellucar** | *fig* genau erforschen.

espelma *f* (Haushalts)Kerze *f* | *aguantar l'~ (fig fam)* den Anstandswauwau spielen.

espelta *f bot* Dinkel(korn *n*), Spelz *m* | Emmer *m*.

espelunca *f ant* Höhle *f*.

espent|a *f reg* = **empenta** | **~ejar** (33) *vt reg* = **empentejar**.

espenya|dor *m* Abgrund *m*, Steilwand *f* | **~r(-se)** (33) *vt(/r)* (s.) hinabstürzen.

esper|a *f* (Er)Warten *n* | Wartezeit *f* | Erwartung *f* | Aufschub *m*, Frist *f* | *comprar (vendre) a ~* auf Kredit (ver)kaufen | *no tenir ~* k-e Geduld haben | *això no té ~* das duldet k-n Aufschub | *això té ~* das kann warten | *sala d'~* Warte-raum *m*, -zimmer *n*; -saal *m* | **~ada** *f* Wartezeit *f* | **~ador** *adj* (er)wartend, in Erwartung | **~ança** *f* Hoffnung *f* | *fig* Aussicht *f* | *~ de vida* Lebenserwartung *f* | **~ançador** *adj* aussichtsreich | vielversprechend | hoffnungsvoll | **~ançar** (33) *vt (j-m)* Hoffnung(en) machen | *(etw)* erhoffen *(od* erwarten) | **~ançat** (**-ada** *f*, **-adament** *adv) adj* voller Hoffnung, hoffnungsvoll | **~ant** *m/f* Hoffende(r *m) m/f* | **~antista** *m/f* Esperantist(in *f) m* | **~anto** *m ling* Esperanto *n* | **~ar** (33) *vt* erhoffen | erwarten | hoffen auf *(ac)* | warten auf *(ac)* | *t'espero a les nou* ich erwarte dich um neun | *el pare m'espera a baix* Vater wartet unten auf mich | *fa hores que t'espero!* ich warte schon seit Stunden auf dich! | *d'ell, no n'esperis res!* von ihm kannst du nichts erwarten | *espero que puguem veure'ns* ich hoffe, daß wir uns sehen können || *vi* warten | hoffen | *~ en Déu* auf Gott vertrauen | **~ar-se** *v/r* s. gedulden, (ab)warten | *u/c* etw vermuten | s. auf etw *(ac)* gefaßt machen; (s. *dat)* etw erhoffen, (s. *dat)* etw versprechen | *qui espera es desespera* Hoffen u. Harren macht manchen zum Narren.

esperit *m* Geist *m* | Hauch, Atem, (Lebens)Geist *m* | *a. ling* Spiritus *m* | *calmar els ~s* die Gemüter beruhigen | *despertar els ~s* die Lebensgeister (er)wecken | *evocar els ~* die Geister heraufbeschwören | *exhalar l'~* den Geist aushauchen; sterben | *~ de contradicció (de l'època)* Widerspruchs-(Zeit-)geist *m* | *~ de profecia* Sehergabe *f* | *~ de vi* Weingeist, Spiritus, Sprit *m* | *l'~ maligne* der böse Geist, der Teufel | *l'⁀ Sant* der Heilige Geist | **~ar-se** (33) *v/r* besessen werden *(von bösen Geistern)* | *fig* s. aufregen, s. erregen | **~at** (**-ada** *f) adj (vom bösen Geist)* besessen | wie besessen | *fig* höchst aufgeregt | **~ós** (**-osa** *f) adj* geistvoll, mutig.

esperm|a *f biol* Sperma *n* | *~ de balena* Walrat *n* | **~aceti** *m* Spermazet(i), Walrat *n* | **~àtic** *adj* Samen... | *canal ~* Samen-gang, -leiter *m* | **~atorrea** *f med* Spermatorrhöe *f*, Samenfluß *m* | **~atozoide** *m* Spermium *n*, Samen-faden *m*, -zelle *f*.

espernallac *m bot* Heiligenkraut *n*.

esperne(te)gar (33) *vi* strampeln | trampeln.

esper|ó *m a. zool* Sporn *m* | Hahnensporn *m* | *fig* Auf-stachelung, -reizung *f* | Stachel *m* | *arquit* Strebe-mauer *f*, -pfeiler *m* | *geol* Felsvorsprung *m* |

espès

nàut hist Schiffsschnabel m | Rammsporn m | ~ de cavaller (bot) (Garten) Rittersporn m | **~onada** f Sporenstoß m | Spornstich m | fig Ansporn m | **~onador** adj (an)spornend | fig a. aufreizend, aufstachelnd | **~onament** m (An)Spornen n | **~onar, ~onejar** (33) vt spornen, (e-m Pferd) die Sporen geben | fig (an)spornen; anstacheln, aufreizen | **~onat** (-ada f) adj gespornt.

esp|ès (-essa f, -essament adv) adj dick(flüssig) | dicht(gedrängt), gedrängt | fig schwerfällig, schwer | (Luft) schlecht | boira espessa dichter Nebel m | un bosc ~ e. dichter Wald | llengua espessa belegte Zunge f | un xarop ~ e. dicker (od zähflüssiger) Saft | és una mica ~ (fig) er ist etwas begriffsstutzig | avui tinc el cap ~ (fig) heute habe ich e-n dicken (od schweren) Kopf | **~esseïdor** adj ver-dickend, -dichtend | **~esseïment, ~essiment** m Ver-dickung, -dichtung f | **~ess(e)ir** (37) vt dick(er) machen, ein-, ver-dicken | (Gewebe) dichter machen, engmaschiger stricken | verdichten, -stärken | **~ess(e)ir-se** v/r dicker werden, s. verdicken, dichter werden, s. verdichten | **~essetat, ~essor** f Dicke; Dichte f | (Nebel, Nacht) a. Undurchdringlichkeit f | fig Tiefgründigkeit f | Gehalt m.

espetarre|c m mst pl Prasseln, Knistern n | **~gar** (33) vi prasseln, knistern (Feuer).

espete|c m Knall m | Knack(s) m | ~ d'aigua Platzregen m | **~gar** (33) vi knallen | knack(s)en | **~guera** f Knallerei f.

espeterne|c m Aufstampfen n | Trampeln n | **~gar** (33) vi aufstampfen | trampeln.

espeuar-se (33) v/r fig s. die Füße ablaufen od wundlaufen.

espí m bot: ~ blanc Weißdorn m | ~ negre Schwarzdorn m | s: porc.

espia m/f Spion(in f) m | p ext Späher(in f) m | **~dimonis** m entom Libelle f | **~ment** m Spionieren n | **~r** (33) vt (j-n) bespitzeln, beobachten | (j-m) nachspionieren | (etw) ausspionieren, auskundschaften, ausspähen | (Gespräch, j-n) belauschen | fam: ~ u/c a alg j-m etw zutragen od hinterbringen.

espicassar (33) vt (an)picken | **~-se** v/r

aufeinander einpicken.

espic|ífer adj bot ährentragend | **~iforme** adj (m/f) ährenförmig.

espicossar (33) vt aufpicken.

espie|ll m, **~ra** f Guckloch n, Spion m | **~ta** m/f Spion(in f) m | fam Schleicher m, (Kind) Petze f.

espifia|da f Fehl-stoß, -griff m | **~r** (33) vt verfehlen | fam verpfuschen, vermurksen; (Prüfung) verhauen, vermasseln | ~ el cop fehl-schlagen, -greifen, umg danebenhauen.

esp|iga f bot Ähre f | tecn Pflock; Zapfen; Stift m | **~igada** f col Ähren f pl | **~igall** m (Kohl) Blüte f | = **panotxa** | **~igar** (33) vi in Ähren schießen, Ähren bilden | **~igar-se** v/r aufschießen, schnell wachsen, in die Höhe schießen | **~igat** (-ada f) adj aufgeschossen, hoch gewachsen | **~igó** m = **~igot**; **~igall** | tecn Stift m; Pflock m | agr Deichselarm m | Wellenbrecher m | Mole f | **~ígol** m bot Lavendel m | **~igolada** f Ährenlese f | **~igolador(a** f) Ährenleser(in f) m | **~igoladures, ~igolalles** f pl zurückgebliebene Ähren f pl | **~igolaire** m/f = **~igolador(a)** | **~igolament** m Nachlesen n | **~igolar** (33) vt agr nachlesen | auf-lesen, -sammeln | zusammen-lesen, -suchen, -tragen | **~igot** m entkörnter Maiskolben m | **~igueig** m Ährenbildung f | **~iguejar** (33) vi = **~igar** | **~igueta** f bot (Gräser) Ähre f, Ährchen n.

espill m occ lit a. fig Spiegel m.

espina f bot Dorn; Stachel m | ict (Fisch-)Gräte f | anat med Spina f | ~ dorsal (anat) Rückgrat n | ~ cervina (bot) Purgier-Kreuzdorn m | em fa mala ~ (fig) das kommt mir verdächtig vor.

espinac bot gastr (oft pl) Spinat m.

espina|da f anat Rückgrat n | **~della** f bot Kalisalzkraut n | **~l** m adj (m/f) spinal, Rückgrat... | **~lb** m bot Eingriffelige(r) Weißdorn m | **~r** (33) vt (mit Dornen) stechen | mit Dornen bekränzen | **~r-se** v/r s. an Dornen stechen | **~t** (-ada f) = **espinós** | **~vessa** f bot echte(r) Christusdorn m | **~xoca** f bot Dornige Spitzklette f.

espinel·la f min Spinell m.

espineta f mús Spinett n.

espingar (33) vi mús schrill klingen.

espingarda f mil hist Feldschlange f | lange Araberflinte f | fig Bal Bohnenstange f.

espinguet *m mús* schriller Klang *m* | gellender Schrei *m* | (a. *veu d'~*) schrille Stimme *f*.

esp|inós (-*osa f*) *adj* dornig | *fig* schwierig, heikel, mißlich | **~ínula** *f* Dörnchen *n*.

espiny|ar (33) *vt* (*Pinienzapfen*) aufbrechen | *fig* (*j-n*) mit der Faust schlagen | **~ocar** (33) *vt* auflösen, auseinandernehmen | = **~onar** | **~olar** (33) *vt* (*Frucht*) entkernen, entsteinen | **~onar** (33) *vt* (*Pinienzapfen*) entkernen.

espi|onatge *m* Spionage *f* | ~ *industrial* Werkspionage *f*.

espipellar (33) *vt* picken | (*Trauben*) abzupfen.

espira[1] *f* Spiral-, Schrauben-windung *f* | Spirale, Spirallinie *f*.

espira[2] *f* = **guspira**.

Espira *f geog* Speyer *n*.

espirac|ió *f med* Ausatmung *f* | *fig* Ausdünstung *f* | **~le** *m* (*Hai, Rochen*) Atemloch *n* | (*Wal*) Spritzloch *n*.

espiral *adj* (*m/f*) schnecken-, spiral-förmig || *s/f* Spirale, Spiral-, Schneckenlinie *f* | *tecn* (a. *ressort* ~) Spiralfeder *f* | *en* ~ (*loc adv*) spiralförmig | **~iforme** *adj* (*m/f*) spiralförmig.

espira|nt *f ling* Spirans *f*, Frikativ-, Reibelaut *m* | **~r** (33) *vi* sanft wehen (*Wind*).

espirejar (33) *vi* = **espurnejar**.

espirit|isme *m* Spiritismus *m* | **~ista** *adj* (*m/f*) spiritistisch || *s/m/f* Spiritist(in *f*) *m* | **~ual**(**ment** *adv*) *adj* (*m/f*) geistig | geistreich | geistlich, kirchlich | *director* ~ Seelsorger *m*; Beichtvater *m* | **~ualisme** *m filos* Spiritualismus *m* | **~ualista** *adj* (*m/f*) spiritualistisch || *s/m/f* Spiritualist(in *f*) *m* | **~ualitat** *f* Geistigkeit *f* | Geisteshaltung *f* | **~ualització** *f* Vergeistigung *f* | **~ualitzar** (33) *vt* vergeistigen | **~ualitzar-se** *v/r s.* vergeistigen | vergeistigt werden | **~uós** (-*osa f*) *adj* alkoholisch | *begudes espirituoses* Spirituosen *pl*.

espir|oide *adj* (*m/f*) spiralig | **~òmetre** *m med* Spirometer, Atmungsmesser *m*.

espitellar-se (33) *v/r* = **espitregar-se**.

espitllar (33) *vi* funkeln | glänzen.

espitllera *f mil* Schießscharte *f* | **~r** (33) *vt* mit Schießscharten versehen.

espitrega|r-se (33) *v/r s.* (*dat*) die Brust frei machen *od* entblößen | ~ *la camisa s.* (*dat*) das Hemd aufknöpfen | **~t** (-*ada f*) *adj* mit entblößter Brust.

esplai *m* Entspannung, Ablenkung *f* | (*von Gefühlen*) Erguß *m* | **~ar** (33) *vt* (*Gefühl*) freimütig äußern | **~ar-se** *v/r* = **esbargir-se** | ~ *amb alg s.* mit j-m aussprechen; j-m sein Herz ausschütten.

esplana *f indús* (*Kerzenziehen*) Glättholz *n* | **~da** *f* (eingeebnetes) Gelände *n* | *mil bes* Esplanade *f*, Glacis, Vorfeld *n* | **~dor** *adj* Planier... || *s/f* (a. *màquina ~a*) Planierraupe *f* | **~r** (33) *vt* einebnen, planieren | *indús* (*Kerzen*) glattmachen, glätten.

espl|àncnic *adj med anat* Eingeweide... | **~ancnologia** *f med* Splanchnologie *f*.

esplanissada *f* (*Schwert, Säbel*) flache(r) Hieb *m*.

espl|endent *adj* (*m/f*) strahlend | *fig a.* prächtig | **~èndid**(**ament** *adv*) *adj* glänzend | prächtig | *fig a.* herrlich, glorreich | (*Person*) freigebig, großzügig | **~endidesa** *f* Glanz *m* | Pracht *f* | (*e-r Person*) *a.* Freigebigkeit *f* | **~endor** *f* Glanz *m* | *fig* Herrlichkeit, Pracht *f* | **~endorós** (-*osa f*) *adj* glanzvoll.

espl|enètic *adj med* milzkrank || *s/mf* Milzkranke(r *f*) *m/f* | **~eni** *m anat* Splenius *m* | **~ènic** *adj* Milz... | **~enitis** *f med* Splenitis, Milzentzündung *f*.

esplet *m agr a. fig* Ernte *f* | Fülle *f*, Überfluß *m* | **~ar** (33) *vt* ernten | (aus-)nutzen, -nützen | *ant* verbrauchen || *vi* reichlich Frucht tragen (*Baum*).

esplín *m* Lebensüberdruß *m*, Schwermut *f*.

esplom|ar (33) *vt* (*Geflügel*) *a. fig* rupfen | **~issar** (33) *vt* (*e-m Vogel*) den Flaum rupfen.

espluga *f* Höhle *f* | **~bous** *m ornit* Rohrdommel *f* | Regenpfeifer *m* | **~r** (33) *vt* (ent)lausen | flöhen.

espodassar (33) *vt agr* (nur) halb beschneiden *od* stutzen.

espoleta *f mil tecn* Zünder *m*.

espol|i *m ecl* Spolien *n pl*, Nachlaß *m* (*e-s Prälats*) | **~í** *m indús tèxt* Schiffchen *n*, kl(r) Schütz *m* | **~iació** *f dr* Beraubung *f* | Plünderung *f* | **~iador** *adj* räuberisch || *s/mf* Räuber(in *f*) *m* | **~iar** (33) *vt alg d'u/c:* ~ j-n e-r Sache (*gen*) berauben | **~inar** (33) *vt indús tèxt* (*Gewebe*) Stickereieffekte einführen.

espoll|ar[1] (33) *vt agr* (*Tier, Pflanze*) (ent)lausen | (*Baum*) ausästen | **~ar**[2]

(33) *vi reg* verwerfen (*Großvieh*) | **~ar-se**¹ *v/r s.* lausen | **~ar-se**² *v/r reg* verwerfen (*Großvieh*) | **~inar-se** (33) *v/r* verwerfen (*Eselin*).

espolsa|butxaques *m* = **escurabutxaques** | **~da** *f* Abstauben *n* | **~dor** *adj* abstaubend || *s/m pl* Staubwedel *m* | **~r** (33) *vt* abstauben | ausklopfen | schütteln | **~r-se** *v/r s.* (*dat*) den Staub abschütteln | s. schütteln (*Hund, Person*) | ~ *les sabates* s. (*dat*) die Schuhe abwischen | ~ *alg* (*fig*) j-n abschütteln.

espoltrar-se (33) *v/r* verwerfen (*Stute*).

espoltrir(-se) (37) *vt*(*/r*) *reg* = **polvoritzar** (**-se**), **esmicolar**(**-se**).

espona *f* Bettseite *f* | Gang *m* zw Bett und Wand | *oc agr* Stützwall *m*; Feldrain *m*.

espond|aic *adj* spondeisch | **~eu** *m* Spondeus *m*.

esp|òndil *m anat* (Rücken)Wirbel *m* | **~ondilitis** *f med* Spondylitis, Wirbelentzündung *f* | **~ondilosi** *f med* Spondylose *f*.

esponer|a *f* Üppigkeit *f* | **~ós** (**-osa** *f*) *adj* üppig, reichlich.

espon|gera *f* Schwamm-behälter, -beutel *m* | **~giforme** *adj* (*m/f*) schwamm-artig, -förmig | **~ja** *f zool* Schwamm *m* | (Bade-, Tafel-)Schwamm *m* | *passar l'~ a u/c* etw mit e-m Schwamm ab- *bzw* aus-wischen | *passem-hi l'~!* (*fig*) Schwamm drüber! | **~jar** (33) *vt* mit e-m Schwamm aufsaugen (*od* abwischen) | (*etw*) auflockern, aufschwemmen, schwammig(er) machen | (*Teig*) aufgehen (*od* aufblähen) lassen | **~jós** (**-osa**) *adj* schwammig | *med a.* spongiös | (*Stein*) porös | **~jositat** *f* Schwammigkeit *f*.

esponsalici (**-ícia** *f*) *adj* Verlobungs...

espont|aneïtat *f* Ungezwungenheit, Unbefangenheit, Spontaneität *f* | Ursprünglichkeit *f* | **~ani** (**-ània** *f*) *adj* ungezwungen, unbefangen, spontan | ursprünglich | *bot* wildwachsend | *combustió espontània* Selbstentzündung *f* | **~àniament** *adv* aus freiem Antrieb, spontan, von selbst, von s. aus.

espor|a *f bot* Spore *f* | *espores migratòries* Schwärmsporen *f pl* | **~àdic**(**ament** *adv*) *adj* sporadisch, vereinzelt | *zeitl a.* gelegentlich | **~angi** *m bot* Sporangium *n*, Sporen-behälter, -schlauch *m*.

esporcellar-se (33) *v/r* verwerfen (*Sau*).

esporg|a *f* = **~ada** | **~ada** *f agr* Beschneiden, Aus-ästen, -lichten *n* | *fig* Säuberung *f* (*von Unerwünschtem*) | **~ador**(**a** *f*) *m* Beschneider(in *f*) *m* || *s/f agr* Rebmesser *n* | Baumschere *f* | Gartenmesser *n*, Hippe *f* | **~ar** (33) *vt agr* beschneiden, aus-ästen, -lichten | *fig* (*von Unerwünschtem*) säubern, (*Fehler*) tilgen, ausmerzen, beseitigen | ~ *un manuscrit* e. Manuskript zusammenstreichen | **~uia** *f*, **~uims** *m pl* ausgeschnittene Zweige *m pl* | **~uinyar** (33) *vt reg agr* (*Äste, Bäume*) e. wenig zurückschneiden.

espor|ífer *adj* sporentragend | **~ofil·le** *m bot* Sporophyll *n* | **~òfit** *m bot* Sporophyt *m* | **~ozou** *m zool* Sporentierchen, Sporozoon *n*.

esport *m* Sport *m* | **~s** *d'hivern* Wintersport *m* | *fer* ~ Sport treiben.

esportella|ment *m* Bresche *f* | **~r** (33) *vt* e-e Bresche schlagen in (*ac*).

esportí *m* flache(r) Espartokorb, *bes* Ölpreßkorb *m*-

esporti|sta *m/f* Sportler(in *f*) *m* | **~u** (**-iva** *f*, **-ivament** *adv*) *adj* sportlich | (*Aussehen*) *a.* sportiv | Sport... | *diari* ~ Sportzeitung *f* | **~vitat** *f* Sportsgeist *m* | Sportlichkeit *f*.

esporogui|ment *m* Einschüchterung *f* | Verängstigung *f* | **~r** (37) *vi* einschüchtern | verängstigen | **~r-se** *v/r* eingeschüchtert werden | Angst bekommen.

esp|òs (**-osa** *f*) *m lit* Gemahl(in *f*), Gatte *m*, Gattin *f* | *els esposos* die Eheleute *pl* | *la meva esposa* meine Frau | **~osalles** *f pl* Verlobung(sfeier) *f* | *dr* Verlöbnis *n* | **~osar** (33) *vt* zum Mann (*bzw* zur Frau) nehmen, heiraten | **~osar-se** *v/r s.* verloben | s. verheiraten, die Ehe eingehen | **~osori** *m* Verlobung *f*, Verlöbnis *n* | Heirat, Eheschließung *f*.

espr|emedora *f* (Frucht)Presse *f* | **~émer** (35) *vt* (aus)pressen | ausquetschen, ausdrücken | *fig* ausnutzen, erschöpfen | **~emuda** *f* Pressen *n*, Quetschen *n*.

esprimatxa|ment *m* Mager-, Hager-keit *f* | **~r-se** (33) *v/r* abmagern, hager werden | **~t** (**-ada** *f*) *adj* mager, hager, (zu) schlank | spindeldürr.

esprint *m esport* Sprint, Wettlauf *m* | *fer un* ~ sprinten, spurten, zum Endspurt ansetzen.

espuar (33) *vt:* ~ *una pinta* e-m Kamm (die) Zinken abbrechen | **~-se** *v/r: la* *pinta s'ha espuat* dem Kamm sind (die) Zinken abgebrochen.

espuça|da *f* Flöhen *n* | **~r(-se)** (33) *vt(/r)* flöhen.

espuma *f* = **escuma**.

espuntar (33) *vt(/r)* an der Spitze abbrechen.

espuny|ar (33) *vt ant (j-m)* die Hände abschlagen | **~ida** *f* Handgelenkverrenkung *f* | **~idella**, **~idera** *f bot* Labkraut *n* | **~ blanca** *bot* gemeines Labkraut *n* | **~ groga** echtes Labkraut *n* | **~ir** (37) *vt gastr (Zwiebel)* auspressen | **~ir-se** *v/r s.* das Handgelenk verrenken.

espuri (**-úria** *f*) *adj (Kind)* unehelich | *fig* unecht | *bot* wild.

espurn|a *f* Funke(n) *m f* | *fig* Tröpfchen *n*, Spritzer *m* | **~all** *m* Funkenstrahl *m* | (Funken)Sprühen *n* | **~ar** (33) *vi* = **~ejar** | **~eig** *m* Funkeln *n* | **~ejant** *adj (m/f)* funkelnd | **~ejar** (33) *vi* Funken sprühen | funkeln, blitzen | *li espurnejaven els ulls* s-e Augen glänzten feucht; ihm standen Tränen in den Augen || *v/imp reg* = **plovisquejar**.

esput *m a. med* Auswurf *m*, Sputum *n* | **~ació** *f* Ausspucken *n* | **~ar** (33) *vi* auswerfen, aus-speien, -spucken.

esquad|ra *f mil* Trupp *m*, Gruppe *f*, *bes* Korporalschaft *f* | *nàut* Geschwader *n* | *s: mosso* | **~rilla** *f nàut* Flotille *f* | *aeron* Staffel *f* | **~ró** *m* Schwadron *f* | *(Panzer)* Kompanie *f*.

esquaix *m esport* Squash *n*.

esqual *m ict* Haifisch, Hai *m*.

esquama *f bot* Schuppe *f*.

esquartera|ment *m* Vierteilen *n* | Vierteilung *f* | *p ext* Zerstückelung *f* | **~r** (33) *vt* vierteilen | *p ext* zerstückeln.

esquei *m* Kluft *f* | zerklüftete(r) Fels *m*.

esqueix *m bot agr* Ableger, Senker *m* | = **esquinç** | **~ada** *f gastr (gemischter)* Stockfischsalat *m*.

esqueixala|r (33) *vt (e-m Tier)* die Backenzähne ziehen | **~t** (**-ada** *f*) *adj* zahnlos *bzw* zahnlückig | *fig* teilweise ausgebrochen.

esqueixa|ll *m (Stoff)* Riß *m* | **~ment** *m bot (Ast)* Ab-, Los-reißen *n* | *(Stoff)* Riß *m* | **~r** (33) *vt* ab-, auf-, zer-reißen, zerfetzen | *bot (Ast)* ab-, los-reißen | *(Fisch)* in Streifen schneiden *od* rupfen | **~ la grua** *(fig)* e-n Plan vereiteln | **~t** (**-ada** *f*) *adj* zerrissen, zerfetzt | *fig* unhöflich, grob, gemein.

esquela *f* Familienanzeige *f* | **~ mortuòria** Todesanzeige *f*.

esquel|et *m anat* Skelett | *gràf* Skelett *f* | *a. fig* Gerippe, Gerüst *n* | *fig a.* Grundplan *m* | **~ètic** *adj* Skelett... | *sòl* **~** *(geol)* Skelettboden *m*.

esquell|a *f* Kuhglocke, Schelle *f* | **~at** (**-ada** *f*) *adj* mit e-r Schelle versehen | **~ejar** (33) *vi* klingeln, schellen, mit den Kuhglocken läuten | **~er(a** *f*) *m (Herde)* Leittier *n* | *s: herba esquellera* | **~eria** *f* Schellengeklingel *n* | **~erinc**, *reg* **~i**, **~inc** *m* Glöckchen *n* | **~otada** *f*, **~ots** *m pl folk* Polterständchen *n (Poltern mit Schellengeläute u. Blechmusik vor dem Haus e-s heiratenden Witwers)* | **~otar** (33) *vt (j-m)* e. Polterständchen bringen | *(etw)* an die große Glocke hängen | **~otejar** (33) *vt* = **~otar**.

esquem|a *m* Schema *n* | Abriß, Entwurf *m* | **~àtic(ament** *adv*) *adj* schematisch | **~atisme** *m* Schematismus *m* | **~atització** *f* Schematisierung *f* | **~atitzar** (33) *vt* schematisch darstellen, schematisieren.

esquen|a *f (a. Messer, Buch, Berg)* Rücken *m* | *umg* Buckel *m* | Rückseite *f* | *(Stuhl)* (Rücken)Lehne *f* | *d'~ a* mit dem Rücken nach | *caure d'~ (fig* fast) auf den Rücken fallen | *doblegar l'~* den Rücken krümmen; *fig* arbeiten; *fig* buckeln, e-n krummen Buckel machen | *donar* (*od girar*) *l'~ a alg (a. fig)* j-m den Rücken kehren | *parar l'~ (fig)* den Buckel hinhalten | *rompre's l'~ (treballant) s.* abrackern, *s.* abarbeiten | *tenir (una) bona ~ od l'~ grossa (fig)* e-n breiten Buckel *(od* Rücken) haben | *tenir un os a l'~* arbeitsscheu sein, die Arbeit nicht erfunden haben | *tirar-s'ho tot a l'~ (fig)* alles auf die leichte Schulter nehmen | *viure amb l'~ dreta (fig)* leben ohne zu arbeiten | **~ d'ase** *(bes constr)* Grat *m* | **~ada** *f* Schlag *m* auf den Rücken | **~adret** *adj* faulenzerisch || *s/mf* Faulenzer(in *f*) *m* | **~all** *m (Berg)* Grat, Kamm *m* | **~a-romput** (**-uda** *f*) *adj* völlig erschöpft, *umg* kreuzlahm | **~eta** *f: fer* **~** *(a alg* j-m) den Rücken bieten; *fig (j-m)* helfen, Hilfe leisten | **~ut** (**-uda** *f*) *adj* leicht nach außen gewölbt.

esquer[1] (**-erra** *f*) *adj reg* = **esquerre**.

esquer[2] *m* Köder *m* | *fig* Lockmittel *n*; Verlockung *f*, (An)Reiz *m* | **~ar** (33)

esquerd

vt (*Angel*) beködern.

esquerd *m* (*Korkeiche*) langer Einschnitt *m* | **~a** *f* Spalte, Ritze *f*, Riß *m* | kl(s) Bruchstück *n*, Splitter *m* | **~ar** (33) *vt* rissig machen, (auf)spalten | (auf)ritzen | (*Holz*) hacken | **~ar-se** *v/r* aufspringen, Risse bekommen, rissig werden | **~ill**, **~ís** *m* Splitter *m*, Scherbe *f* | **~issar-se** (33) *v/r* = **~ar-se**.

esquerp|(**ament** *adv*) *adj* (menschen)scheu | barsch, grob, unfreundlich | spröde, herb | **~eria** *f* (Menschen)Scheu *f* | Barschheit *f* | Spröde, Sprödigkeit *f*.

esquerr|**à** (-**ana** *f*) *adj* linkshändig | *polít* linksgerichtet || *s/mf* Linkshänder(in *f*) *m* | *polít* Linksorientierte(r *m*) *m/f* | **~ar** (33) *vt reg* = **eixonar** | **~e** *adj* linke(r, -s) | *a mà esquerra* links | *l'orella esquerra* das linke Ohr || *s/f a. polít* Linke *f* | *a l'esquerra* links; auf der linken Seite; zur Linken | *partits d'esquerra* Linksparteien *f pl* | **~er** *adj* = **esquerrà**.

esqu|**í** *m* (*pl -ís*) Ski, Schi *m* | Skisport *m* | **~** *nàutic* od *aquàtic* Wasserski *m* | *practicar l'*~ Ski laufen | **~iador**(**a** *f*) *m* Skiläufer(in *f*) *m* | **~iar** (33) *vi* Ski fahren *od* laufen.

esquif *m nàut* Beiboot *n* | Skiff *n*.

esquifi|**desa** *f*, **~ment** *m* Winzigkeit *f* | Dürftigkeit, Kargheit *f* | Kleinlichkeit; Knauserigkeit, Knauserei *f* | **~r-se** (37) *v/r* verkümmern | **~t** (-**ida** *f*) *adj* (zu) klein, winzig | dürftig, karg kleinlich; knauserig.

esquila|**da** *f* (Schaf)Schur *f* | **~dor**(**a** *f*) *m* Schafscherer(in *f*) *m* | **~r** (33) *vt* (*Schafe*) scheren | *pop* (*j-n*) kahlscheren.

esquimal *adj* (*m/f*) eskimoisch | *gos* **~** Eskimo-, Polar-hund *m* || *s/m/f* Eskimo *m*, Eskimofrau *f* || *s/m ling* Eskimoisch *n* | *l'*~ das Eskimoische.

esquinç *m* (*Kleid*, *Haut*) Riß *m* | Zerreißen *n* | *med* Zerrung; Verrenkung *f* | **~ador** *adj* zerreißend, zerfetzend | **~all** *m* Fetzen, Lumpen *m* | **~ar** (33) *vt* zer-reißen, -fetzen | **~ar-se** *v/r*: *la vela s'esquinça* das Segel zerreißt | **~** *les mitges* s. (*dat*) die Strümpfe zerreißen | **~at** (-**ada** *f*) *adj* zerrissen, zerfetzt.

esquirol *m zool* Eichhörnchen, Eichhorn *n* | *fig indús* Streikbrecher *m* | **~ejar** (33) *vi* ständig hin- und her-gehen.

esquist *m min* Schiefergestein *n* | **~ós**
(-**osa** *f*) *adj* schiefer-artig, -haltig | Schiefer(gestein)...

esquitll|**ada** *f* Abrutschen *n* | Entwischen *n* | *d'~* (*loc adv*) heimlich, verstohlen; beiläufig | **~adís** (-**issa** *f*) *adj* leicht abrutschend | leicht entwischend | **~ar-se** (33) *v/r* abrutschen | s. durch *bzw* vorbei-schleichen | s. wegschleichen | entwischen | **~entes**: *d'~* (*loc adv*) heimlich, verstohlen.

esquitx *m* Spritzer *m* | *p ext:* un ~ e. bißchen *n*; (*Person*) e. Knirps *m* | *un* ~ *d'home* e. winziger Mensch *m* | **~ada** *f* Bespritzen *n*, Bespritzung *f* | angespritzter Schmutz *m* | **~agossos** *m bot* Springgurke *f* | **~all** *m* = **~ada** | **~ar** (33) *vi* spritzen || *vt* bespritzen | *fig* (*Geld*) springen lassen, herausrücken | *fig* (*j-s Ehre*) beschmutzen | **~ar-se** *v/r* s. bespritzen | **~ell** *m* = **esquitx** | **~ó** *m* (*Kind*) Knirps, *reg* Murkel *m* | **~otada** *f* Verspritzen *n* | **~otejar** (33) *vi* stark spritzen || *vt* verspritzen, mit Spritzern bedecken.

esqu|**iu** (-**iva** *f*) *adj* scheu | ungesellig | *ant* barsch, spröde | **~ivador** *adj* ausweichend | verscheuchend || *s/m* caç Treiber *m* | **~ivament** *m* Ausweichen *n* | Vermeidung *f* | Verscheuchung *f* | caç Stöberjagd *f* | **~ivar** (33) *vt* ausweichen (*dat*), *lit* meiden | vermeiden | verscheuchen | (*Wild*) auf-scheuchen, -jagen, -stöbern | **~ivar-se** *v/r* scheuen | flüchten | **~ivesa** *f* Scheu *f* | **~ívol** *adj* = **esquiu**.

esquizo|**frènia** *f med* Schizophrenie *f* | **~frènic**(**ament** *adv*) *adj* schizophren | **~gènic** *adj biol* schizogen | **~gònia** *f biol* Schizogonie *f* | **~micets** *m pl bot* Schizomyzeten, Spaltpilze *m pl*.

essa *f* (*Name des Buchstabens*) S, s *n* | *caminar fent esses* im Zickzack gehen.

ess|**ència** *f* Wesen, Wesentlich(st)e(s) *n*, Kern *m*, *lit* Essenz *f* | *filos* Wesen(heit *f*) *n*, Essenz *f* | *quím gastr* Essenz *f* | ~ *de roses* (*de trementina*) Rosen-(Terpentin-)öl *n* | *en* ~ im wesentlichen | **~encial** *adj* (*m/f*) wesentlich, *lit* essentiell | (*absolut*) erforderlich, notwendig | *filos biol quím med* essentiell | Wesens-... | *oli* ~ ätherische(s) Öl *n* || *s/m*: *l'*~ *és que no t'hagis fet mal* Hauptsache ist, daß du dich nicht verletzt hast | **~encialisme** *m filos* Essentialismus *m*, Wesensphilosophie *f* | **~encialment** *adv* wesentlich, im

wesentlichen | dem Wesen nach.
ésser[1] (*a.* **ser**, *Bal* **esser**) (40) *vi u. Kopula* sein | *s:* **estar** || (*existieren; geschehen*) *Déu és* Gott ist | *~ o no ~* Sein oder Nichtsein | *una vegada era* (*od hi havia*) *un rei ...* es war einmal e. König ... | *això no pot ~!* das kann doch nicht sein! || (+ *Lokaladverbial*) *a.* liegen (*Zeitung, Wäsche, Teppich, Ort*); stehen (*Turm, Tasse, Stuhl*) | *normalment (s')estan tot el matí a l'oficina, però avui no hi són* normalerweise sind sie den ganzen Vormittag im Büro, aber heute sind sie nicht da | *hem d'~ a l'església a les dotze en punt* wir müssen Punkt zwölf in der Kirche sein | *no me n'he adonat fins que ja era al carrer* ich habe es erst bemerkt, als ich schon auf der Straße war | *ja sóc aquí!* ich bin schon da! | *ja deu fer estona que hi són* sie sind bestimmt schon längst da | *que hi és, l'amo?* od *que hi ha l'amo?* —*Sí que hi és* ist der Chef da? —Ja, er ist da | *el cotxe no és al garatge* das Auto ist (*od* steht) nicht in der Garage | *la representació és a l'aire lliure* die Aufführung ist im Freien | *són a dinar* sie sind zum Essen gegangen *od* zu Tisch, *umg* sie sind essen | *on ets?* wo bist du? | *on són les claus?* wo sind (*od* liegen) die Schlüssel? | *ja hi som!* wir sind schon da!; *fig fam* da haben wir's!; es ist schon soweit! | *som-hi?* (*fig fam*) fangen wir an?; gehen wir? | *som-hi!* (*fig fam*) los!, geht's!; Hand ans Werk!; gehen wir! | *no vaig voler ~-hi* (*fig fam*) ich wollte nicht mitmachen | *l'avi encara hi és tot* (*fig fam*) Opa ist geistig noch voll da | *tu no hi ets tot!* (*fig fam*) du bist wohl nicht ganz (*od* recht) bei Trost! || (+ *Temporaladverbial*) *el meu aniversari és a l'octubre* mein Geburtstag ist im Oktober | *no ha pas d'~ de seguida* es braucht nicht sofort zu sein | *quan serà el casament?* wann soll die Hochzeit sein? | *va ~ el 1968* das war 1968 | *ja som en ple estiu* wir sind schon mitten im Sommer || (+ *Prädikativ; + pp* bei der Bildung des Zustandspassivs immer mehr von estar bedrängt u. mit belebtem Subjekt außer in Fixierungen kaum gebräuchlich; wie mit anderen adjektivischen Prädikativen ist aber *a.* + *pp* e. Kontrast zu estar möglich) *és gras de mena, però ara està prim com un clau* er ist von Natur aus fett, aber jetzt ist er spindeldürr | *tot i que és sociable per naturalesa, darrerament està sempre sol* obwohl er von geselliger Natur ist, ist er in letzter Zeit immer allein | *era oberta o tancada, la botiga?* —*Avui està oberta tot el dia* war der Laden geöffnet oder geschlossen? —Heute ist er den ganzen Tag geöffnet | *és cec* (*alt, jove, savi, feliç, ric, treballador, amable, atent, endreçat, molt bona persona, de bona fe, un covard, un ruc*) er ist blind (groß, jung, weise, glücklich, reich, fleißig, freundlich, zuvorkommend, ordentlich, e. sehr guter Mensch, gutgläubig, e. Feigling, e. Esel) | *el cafè és negre* (*mòlt, en gra, car, de mala qualitat, fort, fred, com sempre*) der Kaffee ist schwarz (gemahlen, ungemahlen, teuer, von schlechter Qualität, stark, kalt, wie immer) | *la casa és gran* (*alta, acollidora, de pedra*) das Haus ist groß (hoch, gemütlich, aus Stein) | *la situació és dolenta* (*crítica, delicada*) die Lage ist schlecht (kritisch, heikel) | *ell* (*la vida*) *és així* er (das Leben) ist nun einmal so | *és millor així* es ist besser so | *tu no ets com ell* du bist anders als (*od* nicht wie) er | *cal veure les coses tal com són* man muß die Dinge sehen, wie sie sind | *sigui com sigui* od *vulgui* wie dem auch sei; sei es wie es wolle | *és possible* (*segur, increïble, cert* od *veritat, dubtós*) es ist möglich (sicher, unglaublich, wahr, zweifelhaft) | *és solter* (*casat, vidu, viu, mort, diabètic, comunista, català, metge, un aprenent, un gran físic*) er ist ledig *od* Junggeselle (verheiratet, Witwer, am Leben, tot, zuckerkrank, Kommunist, Katalane, Arzt, Lehrling, e. großer Physiker) | *és un gerro* es ist e-e Vase | *què vols ~?* was möchtest du werden? | *seré arqueòleg* ich will Archäologe werden | *què serà de nosaltres?* was soll aus uns werden? | *qui és* (*aquell barbut*)? wer ist das (der mit dem Bart)? | *han trucat, vés a mirar qui és!* es hat geklingelt, schau nach, wer es (*od* da) ist! | *era el carter* es war der Briefträger | *sóc jo!* ich bin es! | *sóc l'Artur!* ich bin es, Artur!; (am Telefon) hier Artur! | *és l'Artur!* es ist Artur! | *has estat tu* (*qui ho ha fet*)! du warst es (der es getan hat)! | *quant és?* —*Són mil pessetes* was (*od* wieviel) macht das? —Das macht tausend Peseten | *és massa* das ist zuviel | *dos i dos són* (*od fan*) *quatre* zwei u. zwei ist (*umg* sind) vier | *el negoci és el*

negoci Geschäft ist Geschäft | *sóc de Wittenberge* ich bin aus Wittenberge | *jo sóc del parer que...* ich bin der Meinung, daß... | *la culpa és teva* es ist deine Schuld || (+ Prädikativ des Besitzes) a. gehören | *de qui és el paraigua? —És meu!* wem gehört der Schirm? —Mir!, Er gehört (*reg a.* ist) mir!, Es ist meiner! | *aquesta corbata és meva!* das ist meine Krawatte!, diese Krawatte gehört mir | *és el cotxe del meu pare* das ist der Wagen meines Vaters || (+ *inf*, + *que...*) *és millor* (*de*) *dir-ho* es ist besser, es zu sagen | *el nostre deure és* (*de*) *fer-ho* unsere Pflicht ist, es zu tun | *anar-hi era la teva obligació* hinzugehen war deine Pflicht | *això és cuinar!* das nennt man kochen! | *és fàcil que t'equivoquis* es ist leicht möglich, daß du dich irrst | *la qüestió és que hem perdut* die Sache ist die, daß wir verloren haben | *això és que s'han ofès* sie sind bestimmt beleidigt | *és que no ho sé* ich weiß es einfach nicht | *és que ara no puc sortir* ich kann jetzt nämlich nicht weg | *és que no pot ~!* das geht einfach nicht! | *és que potser no parlo prou clar?* spreche ich etwa nicht deutlich genug? | *no és pas que no t'hagués avisat* es ist ja nicht so, daß ich dich nicht gewarnt hätte | (*in emphatischen Vor- od Nachstellungen e-s Satzglieds*) *és a Waldkirch que* (od *on*) *vull anar!, on vull anar és a Waldkirch!* nach Waldkirch will ich (fahren)! | *és groc que* (od *com*) *ha d'~!, com ha d'~ és groc!* gelb muß es sein! | *va ~ una nina* (*el*) *que et van regalar!, el que et van regalar va ~ una nina!* e-e Puppe schenkten sie dir!, was sie dir schenkten, war e-e Puppe! || (*in unpersönlichen Konstruktionen des Zeitpunkts*) *quina hora és* (*ara*)? wie spät ist es (jetzt)? | *és la una* es ist eins *od* ein Uhr | *són les dues* es ist zwei (Uhr) | *és tard* (*d'hora*) es ist spät (früh) | *ja és de dia* (*de nit, clar, fosc*) es ist schon Tag (Nacht, hell, dunkel) || (*in Datumsangaben*) *avui és* (*som*) *dimecres* heute ist (haben wir) Mittwoch | *som a dia 18* heute haben wir den 18. | *el dia 18 del mes que som* am 18. dieses Monats || (*in unpersönlichen Konditionalsätzen*) *si no hagués estat per tu, m'hauria mort* wenn du nicht gewesen wärst, wäre ich gestorben | *si per mi fos, ja l'hauríem despatxat* wenn es an mir läge, hätten wir ihn schon entlassen | *si no fos pel reuma ...* wäre das Rheuma nicht, ... || (+ *pp* statt *haver* zur Bildung des Perfekts u. Plusquamperfekts bes von Verben der Bewegung u. der Ruhe) *ant reg: se n'és anat* er ist gegangen | *no hi sóc pas estat mai* ich bin nie dort gewesen || (+ *pp* zur Bildung des Vorgangspassivs) werden | *va ~ segrestat el 1987* (*per ETA*) er wurde 1987 (von ETA) entführt || *~ de* + *inf: ja era d'esperar* (*de preveure*) es war ja zu erwarten (vorauszusehen) | *ets ben de plànyer!* du bist sehr zu bedauern! | *és d'agrair que hagin vingut* es ist dankenswert, daß sie gekommen sind || *sigui... sigui, sia... sia, sigui* (od *sia*)... *o* (*sigui, sia*) sei es... sei es, sei es... oder (sei es).

ésser[2] *m bes filos* Sein; Dasein; (*Essenz*) Wesen *n* | (Lebe)Wesen, Geschöpf *n*.

est[1] *m* (*zG s: nord*) Osten *m* | *bes meteor nàut* Ost *m* | (a. *vent de l'~*) Ost(wind) *m* | *l'Alemanya de l'~* Ostdeutschland *n* || *adj inv* Ost..., östlich.

est[2] (-**a** *f*, -**s** *m pl*, **es** *f pl*) *pron dem reg* = **aquest**.

estab|ilitat *f* Stabilität *f* | (a. *Wetter*) Beständigkeit *f* | (a. *Charakter*) Festigkeit *f* | **~ilització** *f a. econ* Stabilisierung *f* | **~ilitzador** *adj* stabilisierend | *s/m aut quím elect* Stabilisator *m* | *aeron* Stabilisierungsfläche *f* | **~ilitzar** (33) *vt* stabilisieren, stabil machen | beständig machen | **~ilitzar-se** *v/r s.* stabilisieren, stabil werden | (*Wetter*) beständig werden | **~la** *f* = **~le**[1] | **~lada** *f* Stallvieh *n* | *bes* Stalldung *m* | **~lar** (33) *vt* (*Vieh*) einstallen | **~le**[1] *m a. fig* Stall *m* | **~le**[2] *adj* (*m/f*) stabil | (*Wetter*) beständig, (*Arbeit, Beziehung*) a. dauerhaft | (*Charakter*) gefestigt | **~ler**(**a** *f*) *m* Stall-knecht *m*, -magd *f* | **~lia** *f* Stallung *f* | **~liment** *m* Gründung, Errichtung, Einrichtung; Etablierung *f* | Festlegung, -setzung; -stellung *f* | Anlage *f*, Unternehmen; Etablissement *n* | Geschäft *n*, Laden *m* | Aus-stellung, -fertigung *f* | **~lir** (40) *vt* (be)gründen, errichten; einrichten, etablieren | festlegen, -setzen; -stellen | (*Gesetze, Regel*) aufstellen | (*Lager*) aufschlagen | (*Bilanz*) ziehen | (*Geschäft, Laden*) einrichten, etablieren | (*Verbindung*) herstellen | **~lir-se** *s.* niederlassen, *s.* ansiedeln, *s.* etablieren.

estaborni|ment *m* Ohnmacht *f*, Bewußt-

estabulació 463 **estampa**

losigkeit *f* | **~r** (37) *vt* (*durch e-n Schlag, Stoß*) bewußtlos machen.
estabula|ció *f* Stallhaltung *f* | **~r** (33) *vt* (*Vieh*) im Stall halten.
estaca *f* Pfahl, Pflock *m* | Stecken, Stock *m* | **~da** *f* Pfahlwerk, Gatter *n* | Verhau *m* | *deixar alg a l'~* j-n im Stich lassen | **~r** (33) *vt* (*Tier*) an-pfählen, -pflocken | **~rossí** *m bot* Tragant *m* (*mit weißen Blüten*); Süßklee *m* (*mit rosa Blüten*).
estaci|ó *f a. catol* Station *f* | *ferroc a.* Bahnhof *m*; Haltestelle *f* | Jahreszeit *f* | Bade-, Kur-ort *m* | *~ d'autobusos* Omnibusbahnhof *m* | *ferroc: ~ de terme* (*mercaderies, rodalia*) Kopf- od Sack-(Güter-, Nahverkehrs-)bahnhof *m*; *~ d'entroncament* Eisenbahnknotenpunkt *m* | *~ de servei* (*circ*) Tankstelle *f* | *~ emissora* (*telecom*) Sendestation *f* | *~ d'hivern* (*esport*) Wintersportplatz *m* | *~ meteorològica* Wetterwarte *f* | **~onal** *adj* (*m/f*) jahreszeitlich | saison-bedingt, -gemäß, Saison... | **~onament** *m* Stehenbleiben *n* | *p ext* Rast *f* | *aut* Parken *n* | *~ autoritzat* (*prohibit*) Parken gestattet (verboten) | *~ en diagonal* Querparken *n* | **~onar** (33) *vt* halten (lassen) (*an e-r Haltestelle*) | **~onar-se** *v/r* stehenbleiben | stocken | *aut* parken | *a. mil* s. stationieren | *fig a.* rasten, Rast machen | **~onari** (**-ària** *f*) *adj* haltend | stockend | *desp* rückständig | (*Krankenzustand, Wetter*) gleichbleibend.
estada *f* Aufenthalt *m* | *fer ~ al camp* e-n Aufenthalt auf dem Land machen | **~l** *m* lange dünne Kerze *f* | **~nt(a** *f*) *m* Bewohner(in *f*) *m* | *bes* Mieter(in *f*) *m*.
estadi *m esport* Stadion *n* | *fig cient* Stadium *n*, (Entwicklungs)Stufe *f*.
estadia *f nàut* Liegezeit *f*.
estadista *m* Staatsmann *m*.
estadístic *adj* statistisch || *s/m/f* Statistiker(in *f*) *m* | **~a** *f* Statistik *f*.
estafa *f* Betrug, Schwindel *m* || *s/m/f* = **~dor(a)** | **~da** *f* = **estafa** | Betrügerei, Schwindelei *f* | **~dor(a** *f*) *m* Betrüger(in *f*), Schwindler(in *f*) *m* | **~r** (33) *vt* betrügen | ab-, be-gaunern | (*Geld*) *a.* veruntreuen.
estaferm *m fig* Gaffer *m*.
estafet|a *f corr* Post(hilfs)stelle *f* | *hist* (*Bote*) Stafette *f*; *dipl* Kurier *m* | **~er(a** *f*) *m* Post-beamter *m*, -beamtin *f*.

estafil|eàcies *f pl bot* Pimpernußgewächse *n pl*, Staphyleaceae *f pl* | **~ococ** *m med biol* Staphylokokkus *m*.
estafisàgria *f bot* Rittersporn *m* («Delphinium staphysagria»).
estagna|ció *f a. econ* Stagnation *f*, Stillstand *m*, Stockung *f* | **~nt** *adj* (*m/f*) stagnierend, (still)stehend, stockend.
estai *m nàut* Stag *n* | **~ar** (33) *vt* (mit Stagen) festmachen.
estala|ctita *f geol* Stalaktit *m* | **~gmita** *f geol* Stalagmit *m*.
estal|ó *m agr* (Gabel)Stange *f*, Stützpfahl *m*, Stütze *f* | **~oc** *m* Aststumpf *m* | **~onar**[1] (33) *vt* (*bes Äste*) abstützen | **~onar**[2] (33) *vt* (*j-m*) auf die Ferse(n) treten | *fig* (*j-n*) auf den Fersen folgen.
estalvi (**-àlvia** *f*) *adj* heil, unversehrt, wohlbehalten | *van tornar sans i ~s* sie kamen wohlbehalten (*od* gesund u. munter) zurück || *s/m* Sparen *n* | Ersparnis *f* | *a. econ* Rücklage *f* | *caixa d'~s* Sparkasse *f* | *fer ~(s)* sparen | *s/m pl* (Topf) Untersetzer *m* | **~ador** *adj* sparsam || *s/mf* Sparer(in *f*) *m* | **~aire** *adj* (*m/f*) = **~ador** | **~ar** (33) *vt* sparen | *a. fig* er-, ein-sparen | *fig a.* bewahren (*de* vor) | **~ar-se** *v/r* (s.) (er)sparen | *~ disgustos* s. Ärger(nisse) ersparen.
estalz|í, -im *m* Ruß *m*.
estam *m* *tèxt* Kammgarn *n* | *bot* Staubgefäß *n* | **~enera** *f nàut* Schiffsrumpf *m*.
estament *m* (*Rang*) Stand *m* | Rang *m*.
estam|enya *f tèxt* Etamin *n* | **~er** *m* Kammgarnhersteller *m* | **~inal** *adj* (*m/f*) Staubgefäß... | *fulla ~* Staubgefäß *n* | **~inodi** *m bot* Staminodium, unfruchtbares Staubgefäß *n*.
estamordi|ment *m* Einschüchterung *f* | Betäubung *f* | **~r** (37) *vt* einschüchtern | betäuben.
estamp|a *f* Bild *n* | Abbildung *f*, Farbendruck *m* | *bes* Heiligenbild *n* | *gràf* Druck *m* | *fig* Aussehen *n*, Gestalt *f* | *fig:* (*és*)*ser l'~ d'alg* j-s Ebenbild sein | **~ació** *f tecn* Prägen, Stanzen *n*, Prägung, Stanzung *f* | *bes tèxt* Zeugdruck *m* | **~ada** *f* Druck *m* | Auflage; Ausgabe *f* | **~ador** *m* Präger *m* | Drucker *m* | **~ar** (33) *vt* drucken | abdrukken | ein-, auf-drucken | (*Papier, Stoff*) bedrucken | (*plastisch*) stanzen, prägen | **~at** (**-ada** *f*) *adj* bedruckt | gestanzt, geprägt || *s/m* (*Stoff*) Muster *n* | = **~ació** | **~er(a** *f*) *m* Bilddruk-

ker(in f) m | Bilderhändler(in f) m | ~eria f Bilddruckerei f | Bilderladen m | ~idor m tecn Präge-eisen n, -stempel m, Stanze f | ~illa f Stempel m | Stempel(unter)schrift f | ~illar (33) vt (ab)stempeln | ~ir (37) vt in entgegengesetzte Richtungen drucken od pressen | ineinanderfügen | indús (Holz) einzapfen | hineinschieben.

estanc adj (Gefäß, Behälter) dicht, undurchlässig, hermetisch || s/m Tabakladen m.

estança f Wohnraum m | Lit Strophe, bes Stanza f.

estanca|ció f, **~ment** m Stockung f | Hemmung f | bes med Stauung f | econ Stagnation f | com a. Monopolisierung f | **~r** (33) vt stauen | fig hemmen, zum Stocken bringen | tecn wasserdicht machen, abdichten | (Waren) monopolisieren | **~r-se** v/r s. stauen | stocken.

estand m (Messe) Stand m.

est|ànnic adj quím Zinn..., bes Zinn-IV-... | **~annífer** adj zinnhaltig | **~annós** (-osa f) adj quím Zinn..., bes Zinn-II-...

estanque|ïtat f Undurchlässigkeit f | **~r(a** f) m Tabakhändler(in f) m.

estant s: estar || s/m = **prestatge** | **~ís** (-issa f) adj faulig | a. fig muffig; morsch; brüchig | **~olar(-se)** (33) vt = **estintolar(-se)**.

estany[1] m See m | nord-cat a. Lagune f.
estany[2] m min Zinn n | **~ada** f Verzinnung f | **~ador(a** f) m Zinngießer(in f) m | **~aire** m/f Kesselflicker(in f) m | **~er(a** f) m = **~ador**.

estanyol m Teich, Weiher, Tümpel m.

estaqu|eta f Pflock, kl(r) Pfahl m | estar a l'~ (fig) völlig in Beschlag genommen sein | **~irot** m fig Gaffer, Maulaffe m.

estar (40) vi (mit obligatorischer Orts- od Artbestimmung u. mst fakultativer Zeitraumbestimmung; bei belebtem Subjekt oft a. reflexiv) sein; stehen; bleiben; s. aufhalten | s: ésser || (in aufrechter Stellung sein) ant stehen | anar i ~ gehen u. stehen || (+ Lokaladverbial) de seguida hi serem, però no (ens) hi podrem ~ gaire wir sind gleich da, aber wir können dort nicht lange bleiben | el pastís ha d'~ una hora al forn der Kuchen muß e-e Stunde im Ofen bleiben od stehen | això no hi pot ~, aquí! das kann hier nicht (stehen)bleiben! | el meu fill està a l'empresa X mein Sohn ist bei der Firma X (tätig) | a tot ~ in Vollpension | sala d'~ Wohnzimmer | roba d'~ per casa Hauskleidung f || (+ Tätigkeits- u. Zeitraumsadverbialen) ell ho ha fet en una setmana, però tu (t')hi ~às més er hat es in e-r Woche gemacht, aber du wirst länger dazu brauchen | a peu s'hi està una hora bis dorthin geht (od braucht) man zu Fuß e-e Stunde | el tren hi està tres hores, per (a) fer aquest trajecte für diese Strecke braucht der Zug drei Stunden || (+ Adverbial od adjektivischem Prädikativ des durativen od resultativen Zustands; bes + pp zur Bildung des Zustandspassivs, + Präpositionalgruppe u. in Funktionsverbgefügen) sóc diabètica, però darrerament estic força bé ich bin zuckerkrank, aber in letzter Zeit geht es mir recht gut | com que estic calent de peus, no trobo que el pis sigui fred da ich warme Füße habe, finde ich nicht, daß die Wohnung kalt ist | al celler, el vi hi està fresc im Keller steht der Wein kühl | els frens estan malament die Bremsen sind nicht in Ordnung | ja estic vestit (llest, a punt) ich bin schon angezogen (fertig, bereit) | la botiga ~à tancada tot el mes der Laden wird den ganzen Monat geschlossen sein | tot està (od és) ja decidit es ist schon alles entschieden | va (é)ser detingut el 1960 i va estar empresonat fins el 1968 er wurde 1960 festgenommen u. war bis 1968 in Haft | va ~(-se) tres anys amagat al bosc er war drei Jahre lang im Wald verborgen | és contrari a la guerra, però està a favor de la pena de mort er ist gegen den Krieg, aber für die Todesstrafe | aquesta marca (pel·lícula) està bé od és força bona diese Marke (dieser Film) ist ganz gut | la divisió està malament die Teilung ist nicht richtig | aquest barret (color) t'està més bé que a mi dieser Hut (diese Farbe) steht dir besser als mir | com estàs (de salut)? wie steht's (mit deiner Gesundheit)?, wie geht's dir (gesundheitlich)? | com està la cosa? wie steht die Sache? | estava malalt (trist), però ara ja no ho (a. n', bes Bal hi) estic ich war krank (traurig), aber jetzt bin ich es nicht mehr | ~ sa (bo, indisposat, ferit, refredat, impedit, recuperat, guillat, malament del cap, en perfecte estat de salut) gesund (wohlauf, unwohl, verletzt, erkältet, behindert, erholt, übergeschnappt, nicht recht bei Verstand, bei bester Gesundheit) sein | ~ despert (cansat, suat, enfredorit, assedegat, borratxo, en bona forma) wach (müde, verschwitzt, durchfroren, durstig, betrunken, gut in Form) sein | ~ embarassada (en estat) schwanger (in anderen Umständen) sein | ~ de cinc mesos im fünften Monat sein | ~ gras (magre, inflat, pàl·lid) fett (mager, aufgeschwemmt, blaß) sein | ~ arruïnat (bé de diners) ruiniert (gut bei Kasse) sein | ~ content (satisfet, enrabiat, amoïnat, gelós, atent, de bon humor) froh (zufrieden, wütend, besorgt, eifersüchtig, aufmerksam, bei guter Laune) sein | ~ decidit a tot zu allem entschlossen sein | ~ desitjós de venjança rachsüchtig sein | ~ segur de si mateix selbstsicher sein | ~ convençut que ... (davon) überzeugt sein, daß ... | ~ a l'abast de la mà zur Hand sein | ~ a la disposició d'alg j-m zur Verfügung stehen | ~ de viatge (vacances) auf Reisen (Urlaub) sein | ~ de sort Glück haben | ~ de broma (nur) Spaß machen | ~ en perill in Gefahr sein, s. in Gefahr befinden | ~ en discussió in (der) Diskussion sein, zur Diskussion stehen | ~ en observació unter Beobachtung stehen | ~ en coma im Koma liegen | ~ en funcionament in Betrieb sein, s. in Betrieb befinden | ~ sota la influència d'alg unter j-s Einfluß stehen | (+ Adverbial od adjektivischem Prädikativ der Stellung, der Lage, der Bewegungslosigkeit) alguns (s')estaven drets i d'altres asseguts (ajaguts) einige standen, andere saßen (lagen) | (s')estava repenjat a la barana er stand ans Geländer gelehnt | el cadàver estava de bocaterrosa die Leiche lag mit dem Kopf zum Boden gekehrt | el quadre està tort das Bild hängt schief | la casa està sola (sobre una penya) das Haus steht allein (auf e-m Felsen) | els aiguamolls estan sota el nivell del mar die Sümpfe liegen unter dem Meeresspiegel | el dòlar està a 1,4 der Dollar steht bei 1,4 | estan tres a dos es (od das Spiel) steht drei zu zwei | estigueu(-vos) quiets! seid ruhig! | el temps sembla que estigui immòbil die Zeit scheint stillzustehen | jo (em) vaig ~ dret (quiet) tota l'estona, i tu només (t')hi vas ~ un moment ich stand die ganze Zeit (war die ganze Zeit ruhig), du dagegen nur e-n Augenblick || abs: ja estic! ich bin schon fertig! | la feina ja està die Arbeit ist schon fertig od steht schon | estigues, nen, para de bellugar-te! bleib still, Junge, hör auf zu zappeln! | per mi no estigueu! meinetwegen könnt ihr ruhig weitermachen! | deixa ~ el meu germà! laß meinen Bruder in Ruhe! || (in unpersönlichen Konstruktionen der Witterungserscheinungen) està núvol (emboirat, serè) es ist bewölkt (neblig, heiter) || ~ d'alg od d'u/c an j-m od etw hängen, umg auf j-n od etw stehen || ~ en: en això està l'error darin liegt (od besteht) der Irrtum | tot està a trencar el glaç es liegt alles daran, das Eis zu brechen | encara hi estàs, en el tracte? stehst du noch zu der Abmachung? | jo estic que guanyarem ich bin fest überzeugt, daß wir gewinnen | ~ per: ara no puc ~ per tu (aquestes coses) jetzt habe ich keine Zeit für dich (solche Sachen) | jo estic per la música clàssica ich bin für (umg stehe auf) klassische Musik || ~ per + inf: ja estava per anar-me'n ich war (od stand) schon im Begriff zu gehen | el tren està per arribar der Zug kommt gleich an | aquest pis ja fa temps que està per llogar diese Wohnung ist schon seit langem zu vermieten | el llit encara està per fer das Bett ist noch ungemacht || ~ + ger: quan hi arribarem, ~an dinant wenn wir dort ankommen, werden sie beim Mittagessen sein | va ~ plovent tot el dia es regnete den ganzen Tag lang || de ... estant von ... (aus) | de la finestra estant vaig veure-ho tot vom Fenster aus sah ich alles | de dalt estant el poble sembla molt petit von oben sieht das Dorf sehr klein aus | de fora estant és fàcil (de) criticar von außen (od als Außenstehender) kann man leicht kritisieren | ~-se v/r s: estar bes wohnen | sóc de Waldkirch, però ara m'estic a Barcelona ich bin aus Waldkirch, aber jetzt wohne ich in Barcelona | ens estem al carrer de Salses wir wohnen in der Salses-Straße || ~ de: no puc estar-me de fumar ich kann nicht vom Rauchen lassen, lit ich kann mich des Rauchens nicht enthalten | m'estic tant com puc de beure ich trinke so wenig wie möglich | ~ia f = estada | nàut mst pl Überliegetag(e pl)

estarrufar

m | *fam: fer estaries* s. lange aufhalten, herum-stehen, -sitzen.
estarrufar (33) *vt* (*Federn, Fell*) aufrichten, sträuben | (*Gefieder*) a. aufplustern | **~-se** *v/r* s. aufplustern, s. sträuben | *a. fig* s. aufplustern.
estasi *f med* Stase, Stasis, Stauung *f*, Stillstand *m*.
estassar (33) *vt* niederschlagen, zu Boden schlagen | von Gestrüpp befreien | ausholzen, lichten | *agr* niedermähen.
est|at *m a. fís* Zustand *m* | (*Gesundheit*) a. Befinden *n* | *a. dr* Stand *m* | Lage *f* | *polít* (*oft großgeschrieben*) Staat *m* | ~ **de salut** (*mental, crepuscular, natural, d'agregació, d'excepció, de guerra, de setge*) Gesundheits-(Geistes-, Dämmer-, Natur-, Aggregats-, Ausnahme-, Kriegs-, Belagerungs-)zustand *m* | ~ **crític** kritischer Zustand *m* | ~ *gasós* (*líquid, sòlid*) gasförmiger (flüssiger, fester) Zustand *m* | ~ **d'ànim** Stimmung *f* | *l'~ general del malalt* das Allgemeinbefinden des Kranken | *l'~ de les coses* der Stand der Dinge | *l'~ del temps* die Wetterlage | *l'~ de la nació* die Lage der Nation | *l'~ actual de l'economia* die gegenwärtige Wirtschaftslage | *en l'~ actual de la ciència* beim gegenwärtigen Stand der Wissenschaft | ~ **civil** (*dr*) Familien-, Personen-stand *m* | ~ **de comptes** (*econ*) Konto- *bzw* Rechnungs-stand *m* | ~ **de gràcia** (*ecl*) Zustand *m* der Gnade | ~ **major** (*mil*) (General)Stab *m* | ~**s generals** (*hist*) Generalstände *m pl* | ~ **federal** (*unitari, membre, policia, de dret*) Bundes-(Einheits-, Mitglied(s)-, Polizei-, Rechts-)staat *m* | *un ~ dins l'~* e. Staat im Staate | *els ~s Pontifícis* der Kirchenstaat | *els ~s Units* die Vereinigten Staaten | *afers* (*home, raons, secret*) *d'~* Staatsangelegenheiten *f pl* (-mann *m*, -raison *f*, -geheimnis *n*) | *estar en bon* (*mal*) ~ in gutem (schlechtem) Zustand sein | *estar en ~* (*interessant*) in anderen Umständen sein | *estar* (*od trobar-se*) *en un ~ d'excitació* s. in e-m Erregungszustand befinden | *estar en ~ de fer u/c* imstande (*od* in der Lage) sein, etw zu tun | *prendre ~* in den Stand der Ehe (*bzw* in der geistlichen Stand) treten | **~atal** *adj* (*m/f*) staatlich | Staats... | **~atge** *m* Wohnung *f*, Wohnsitz *m* | Wohnraum *m* | *dr Bal* Wohnrecht *n* | *geol bot* Stufe *f* | **~at-**

ger(a *f*) *m* = **estadant** | *Val* Untermieter(in *f*) *m* | **~àtic(ament** *adv*) *adj* statisch | **~àtica** *f fís* Statik *f* | **~atisme** *m polít* Etatismus *m* | Staatsallmacht *f* | **~atització** *f* Verstaatlichung *f* | **~atitzar** (33) *vt* verstaatlichen | **~ator** *m elect* Stator *m*.
est|àtua *f* Statue *f* | **~atuari** (**-ària** *f*) *adj* statuarisch | Statuen... || *s/m/f* Bildhauer(in *f*) *m* || *s/f* Bildhauerei, Bildhauerkunst *f* | **~atueta** *f* Statuette *f*.
estatu|ir (37) *vt* verordnen, bestimmen, festsetzen, *lit* statuieren | **~ra** *f* Statur *f* | **~t** *m dr* Status *m*, Rechtsstellung *f* | Satzung *f*, Statut *n* | ~ *municipal* Gemeindesatzung *f* | *l'~ de Berlín* der Berlinstatus | *l'~ d'Autonomia de Catalunya* das Autonomiestatut von Katalonien || *pl* Satzung *f*, Statuten *n pl* | **~tari** (**-ària** *f*, **-àriament** *adv*) *adj* statutarisch, satzungsgemäß.
estavella|dor *adj* zerschmetternd, zersplitternd | **~ment** *m* Zer-schmetterung, -splitterung *f* | **~r** (33) *vt* zerschmettern, -splittern | *fa un sol que estavella* (*les pedres*) die Sonne prallt *od* sticht | **~r-se** *v/r a. fig* zerschellen (*contra* an *dat*) *a.* abstürzen (*Flugzeug*) | krachen, prallen, schmettern (*contra* gegen *ac*) | *l'avió* (*el vaixell*) *va ~ contra una roca* das Flugzeug (Schiff) zerschellte an e-m Felsen | *el cotxe va ~ contra un arbre* das Auto krachte gegen e-n Baum.
este|arat *m quím* Salz *n* (*bzw* Ester *m*) der Stearinsäure | **~àric** *adj* Stearin... | *àcid ~* Stearinsäure *f* | **~arina** *f* Stearin *n* | **~atita** *f min* Steatit, Speck-, Seifen-stein *m* | **~atosi** *f med* Steatose, Fettsucht *f*.
estel *m astr* Stern *m* | Drachen *m* | ~ *del matí* Morgenstern *m* | ~ *fix* (*gegant, nan, polar*) Fix-(Riesen-, Zwerg-, Polar-)stern *m* | ~ *fugaç* Sternschnuppe *f* | **~a¹** *f* = **estel**.
estela² *f art* Stele *f* | *bot* Zentralzylinder *m*.
estelat (**-ada** *f*) *adj* sternbedeckt, Sternen... | *lit* be-, ge-stirnt | *cel ~* Sternhimmel *m* | *s/f* Sternenzelt *n*.
estell|a *f* Splitter, Span *m* | *fig: me n'he fet l'~* das ist mich teuer zu stehen gekommen | *treure estelles d'u/c* aus etw (*dat*) Gewinn ziehen | **~ador** *m* Holzhacker *m* | **~allenya** *m agr* Spaltkeil *m* | **~ar** (33) *vt* zersplittern | zerspalten.

estella

estel·l|ar *adj* (*m/f*) Stern(en)... | *llum* ~ Sternenlicht *n* | **~iforme** *adj* (*m/f*) sternförmig | **~ionat** *m dr* Hypothekenschwindel *m*.

estellós (**-osa** *f*) *adj* splitterig | *gastr* faserig, holzig.

estenall *m* Wust *m*, Durcheinander *n* | = **estenedor** | *s: escampall, estesa* | **~at** (**-ada** *f*) *adj* ausgestreckt, *umg* längelang (auf dem Boden liegend) | **~es** *f pl* = **tenalles**.

estendard *m* Standarte *f* | Stander *m*.

esten|dre (40) *vt* aus-strecken, -breiten | *a. fig* ausdehnen, verbreiten | (*Wäsche*) aufhängen | (*Butter*) streichen | (*Farbe, Salbe*) verstreichen, auftragen | (*Seil*) spannen | **~dre's** *v/r s.* erstrecken | *s.* ausdehnen | *fig s.* aus-, verbreiten (*sobre* über *ac*) | *mil* ausschwärmen | **~edor** *m* Wäscheleine *f* | Trocken-platz, -boden, -raum *m* | **~egall** *m* = **estenall**.

estenocàrdia *f med* Stenokardie, Herzbeklemmung *f*.

esten|ògraf(a *f*) *m* Stenograph(in *f*) *m* | **~ografia** *f* Stenographie, Kurzschrift *f* | **~ografiar** (33) *vt* stenographieren | **~ogràfic(ament** *adv*) *adj* stenographisch.

estenosi *f med* Stenose, Stenosis *f*.

estentori (**-òria** *f*): *veu estentòria* Stentorstimme *f*.

estepa¹ *f geog* Steppe *f*.

estepa² *f bot* Zistrose *f* | ~ *blanca* weißliche Zistrose *f* | ~ *borrera* salbeiblättrige Zistrose *f* | ~ *negra* Montpellier-Zistrose *f* | **~r** *m* Zistrosenheide *f* | Zistrosenpflanzung *f*.

est|epari (**-ària** *f*), **~èpic** *adj* Steppen...

ester *m quím* Ester *m*.

esteranyina|dor *m* (*langer*) Staubwedel *m* | **~r** (33) *vt* (*Decke, Wand*) von Spinnweben säubern.

estèreo *adj inv elect* stereo.

esterc|orari (**-ària** *f*) *adj* Mist... | misthaltig | im Mist gedeihend | **~uliàcia** *f bot* Sterkulie *f* | **~uliàcies** *f pl bot* Sterkuliengewächse *n pl*.

estereo|fonia *f* Stereophonie *f* | **~fònic(ament** *adv*) *adj* stereophon | **~grafia** *f* stereographische Projektion *f* | **~gràfic(ament** *adv*) *adj* stereographisch | **~metria** *f geom* Stereometrie *f* | **~mètric(ament** *adv*) *adj* stereometrisch | **~scopi** *m* Stereoskop *n* | **~scòpic** *adj* stereoskopisch | **~tip** *m gràf* Stereotyp(ie)platte *f* | *sociol* Stereotyp *n* | **~tipar** (33) *vt gràf* stereotypieren | e-e feste (*od* unabänderliche) Form geben | **~tipat** (**-ada** *f*) *adj* stereotyp | *fig a.* klischee-, formelhaft | **~tipatge** *m* Stereotyp-, Plattendruck *m* | **~típia** *f gràf* Stereotypie *f*, Druckplattenguß *m* | **~típic** *adj gràf* Stereotypie...

estergi|dor *m* (Farb)Bausch *m* | **~r** (37) *vt gràf* durchpausen.

esteri *m* Ster *m*.

esterifica|ció *f quím* Veresterung *f* | **~r** (33) *vt* verestern.

est|èril *adj* (*m/f*) unfruchtbar, steril | *med* keimfrei, steril | *fig* steril, ergebnislos, nutzlos, vergeblich | **~erilitat** *f a. fig* Unfruchtbarkeit *f* | Sterilität *f* | *fig* Unergiebigkeit *f* | Nutzlosigkeit *f* | **~erilització** *f a. med* Sterilisierung *f* | Unfruchtbarmachung *f* | Entkeimung *f* | **~erilitzador** *adj* sterilisierend, entkeimend | *s/m* Sterilisator, Sterilisierapparat *m* | **~erilitzar** (33) *vt* unfruchtbar machen | sterilisieren, entkeimen, keimfrei machen | **~èrilment** *adv* ergebnislos, nutzlos, vergebens.

esterlí (**-ina** *f*) *adj*: *lliura* ~ Pfund *n* Sterling || *s/m* Sterling *m*.

estern *m anat* Brustbein *n* | **~al** *adj* (*m/f*) *anat* Brustbein...

esternudar (33) *vi* niesen.

estèrnum *m* = **estern**.

esternut *m* Niesen *n*.

esterrejar (33) *vt* scheuern, mit Sand putzen | *agr* = **esterrossar** || *vi* in der Erde wühlen | *s.* auf dem Boden wälzen.

esterrossa|dor *m agr* Egge; Ackerwalze *f* | **~r** (33) *vt agr* (*Feld*) eggen | (*Erdschollen*) krümeln, zerkleinern.

est|ès (**-esa** *f*) *adj* ausgestreckt | *a. fig* ausgedehnt, verbreitet | *deixar* ~ *alg* j-n zu Boden strecken | *roba estesa* aufgehängte (*bzw* ausgebreitete) Wäsche | *un costum molt* ~ e-e weit verbreitete Sitte || *s/m* Länge, Weite *f* || *s/f*: *hi havia una gran estesa de llibres* überall lagen Bücher verstreut | *he fet una bona estesa de roba* ich habe viel Wäsche aufgehängt | **~esall** *m* = **estenall**.

est|eta *m/f* Ästhet(in *f*) *m* | **~ètic(ament** *adv*) *adj* ästhetisch | **~ètica** *f* Ästhetik *f* | **~eticisme** *m* Ästhetizismus *m*.

estetosc|opi *m med* Hörrohr, Stethoskop *n* | **~òpic** *adj* stethoskopisch.

esteva *f agr* Pflugsterz *m*.

estiba f nàut (Lasten) Stauen n | (Holz-)Stapel m | **~dor** m Stauer m | **~r** (33) vt bes nàut (ver)stauen | stapeln.
estibina f min Antimonglanz m.
estic m (Hockey) Stock m.
estifollar (33) vt in Stücke reißen | zerstückeln.
estigma m a. fig Stigma, Brandmal n | bot Stigma n, Narbe f | entom Stigma n, Atemöffnung f | **~titzar** (33) vt stigmatisieren | fig a. brandmarken.
estil m Stil m | hist (Schreib)Griffel, Stilus m | (Sonnenuhr) Zeiger m | bot Griffel m | ~ gòtic (romànic, impressionista) gotischer (romanischer, impressionistischer) Stil m | ~ lliure Freistil(schwimmen n) m | ~ de viure Lebensstil m | a l'~ de nach Art von | per l'~ (loc adv) so ähnlich | i altres coses per l'~ u. dergleichen mehr | **~ar-se** (33) v/r üblich (od gebräuchlich) sein | Mode sein | **~et** m Stilett n | med Metallsonde f | **~ista** m/f Stilist(in f) m | **~ístic** (**ament** adv) adj stilistisch | **~ita** m/f ecl hist Säulenheilige(r m) m/f, Stylit(in f) m | **~ització** f Stilisieren n, Stilisierung f | **~itzar** (33) vt stilisieren.
estil·lació f Tröpfeln n, Träufeln n.
estilobat m arquit Stylobat m.
estilo|gràfic adj: ploma **~a** Füller, Füllfederhalter m | tinta **~a** Füllertinte f || s/f Füller, Füllfederhalter m | **~ide** adj (m/f) griffelförmig.
estim m econ Kurs m, Notierung f | Wert m | **~a** f (Hoch)Achtung, Wertschätzung f | guter Ruf m | nàut annähernde Berechnung | tenir alg en molta ~ j-n sehr schätzen, j-n hochschätzen | **~able** adj (m/f) schätzens-, achtenswert | schätzbar | **~ació** f (Ab)Schätzung, Bewertung, Berechnung f | Achtung f | Zuneigung, Liebe f | **~ador** adj (ab)schätzend | **~ar** (33) vt (j-n) lieben, liebhaben; gern haben; hochschätzen | (etw) (ab)schätzen, wertschätzen; taxieren | ~ u/c a alg j-m für etw dankbar sein | t'estimo ich liebe dich, ich habe dich lieb | **~ar-se** v/r s. lieben, s. liebhaben | fa vint anys que s'estimen sie lieben s. seit zwanzig Jahren | què t'estimes més: una pilota o un joc? was möchtest du lieber, e-n Ball oder e. Spiel | més m'estimo de no anar-hi ich ziehe es vor, nicht hinzugehen | **~at** (-ada f) adj geliebt | geschätzt || s/mf Geliebte(r m) m/f |

~atiu (-iva f) adj Schätzung... | facultat estimativa Schätzungs-, Urteilsvermögen n.
estimba|da f Absturz m | **~ll** m Abgrund, Steil-hang m, -wand f | **~r** (33) vt hinabstürzen | **~r-se** v/r abstürzen.
est|ímul m Anreiz, Ansporn m | cient Stimulus m | **~imulació** a. fig Anregung, a. med Stimulation f | **~imulador** adj anregend, stimulierend | **~imulant** adj (m/f) a. fig anregend || s/m Anregungsmittel n | a. fig Stimulans m | **~imular** (33) vt anregen, anspornen, anreizen | a. med stimulieren.
estintol m Stützbalken m | **~ament** m (Ab)Stützen n | **~ar** (33) vt (ab)stützen | **~ar-se** v/r = recolzar-se.
estipendi m Lohn m | catol (Meß)Stipendium n | **~ar** (33) vt (j-n) entlohnen | (j-m) e. Stipendium bezahlen | **~ari** m Söldner, Mietling m | Lohn-, Gehaltsempfänger m.
estíp|it m bot (Palmen)Stamm; (Blüten-)Stiel m | **~tic** adj med styptisch.
estípula f bot Nebenblatt n, Stipel f.
estipula|ció f dr Stipulation, vertragliche Abmachung; Klausel f | Übereinkunft, Vereinbarung f | **~nt** adj (m/f) vereinbarend | les parts **~s** die Kontrahenten, die Vertragspartner m pl | **~r** (33) vt bes dr stipulieren, vertraglich abmachen od vereinbaren.
estira f Dehnung, Verlängerung f | **~bec** m = tirabec | **~bot** m Unsinn m, Ungereimtheit f, alberner Einfall m | **~cabells** m entom Libelle f | **~cordetes** m hist Henkersknecht m | fig Spießgeselle; Unmensch m | **~da** f Ruck m | fig: els nens han fet una bona ~ die Kinder haben e-n tüchtigen Schuß getan od sind in die Höhe geschossen | **~dor** adj ziehend, streckend | reckend | s/f (a. màquina **~a**) tecn Streckwalze f | **~llar** (33) vt = estiregassar | **~ment** m (Aus)Ziehen n | med (Glieder) Dehnung, Streckung f | **~r** (33) vt (aus)ziehen, dehnen, spannen, strecken | recken | tecn ziehen | (Arme) recken, strecken | (Wäsche) spannen, strecken | fig in die Länge ziehen | loc adv: a tot ~ höchstens | ~ més el braç que la màniga über s-e Verhältnisse leben | anar a ~ les cames (s.) die Beine (e. wenig) vertreten | pop!: ~ la pota abkrat-

zen | **~r-se** v/r s. dehnen | s. recken | s. ausstrecken | s. hinlegen | **~t** (**-ada** f) adj steif, straff | eitel, stolz, hochmütig | **~tge** m Strecken n, Streckung f | tecn Walzen n | Zieharbeit f | **~velles** m bot Vogelknöterich m; Kresse f.

estírax m bot Styraxbaum m.

estirega|nyar(-se) (33) vt(/r) (s.) verziehen, (s.) verzerren | **~nyós** (**-osa** f) adj zäh | **~ssada** f starker Ruck m | **~ssar** (33) vt verziehen | stark ziehen od recken | zerren.

Estíria f Steiermark f.

estirp f Stamm m | Sippe f, Geschlecht n | Herkunft f.

estisor|a f mst pl = **tisora** | **~eta** f entom Ohrwurm m || pl bot hohler Lerchensporn m.

esti|u m Sommer m | a l'~ tota cuca viu im Sommer hat auch der Ärmste k-e Not | **~uada** f Sommerurlaub m | agr Sömmerung f | **~uar** (33) vi: el bestiar estiua das Vieh ist auf der Sommerweide | **~uar-se** v/r verdorren | **~uatges** m pl agr Sommerernten f pl | **~ueig** m Sommerfrische f, Sommeraufenthalt m | **~uejador(a** f) m, **~uejant** m/f Sommerfrischler(in f) m | Sommergast m | **~uejar** (33) vi den Sommer(urlaub) verbringen | estiuegen a Dènia sie verbringen den Sommer in Dènia | **~uenc** adj sommerlich, Sommer... | **~uet** m: ~ de Sant Martí Nach-, Altweibersommer m | **~vació** f sommerliche (bleierne) Müdigkeit f | **~val** adj (m/f) sommerlich | Sommer... | **~verol** m ornit Haubenmeise f.

estoc[1] m com Lager n, Vorrat, Bestand m.

estoc[2] m Stoßdegen m | **~ada** f Degenstoß, -stich m | **~fix** m = **peixopalo**.

Estocolm m Stockholm n.

estofa f ant Stoff m | Werkstoff m, Material n | fig Güte; Sorte, Art, Gattung f | en ell hi ha l'~ d'un científic in ihm steckt das Zeug zum Wissenschaftler.

estofa|r (33) vt gastr dünsten | schmoren | **~t** (**-ada** f) adj gedünstet | geschmort || s/m (Gericht) Schmortopf m (mit Gemüse).

esto|ic(ament adv) adj stoisch | p ext gelassen, gleichmütig | s/mf Stoiker(in f) m | **~ïcisme** m filos Stoizismus m | p ext Gelassenheit f, Gleichmut m.

estoig m Futteral, Etui n | Kästchen n |

~ de compassos Zirkelkasten m.

estol m nàut Geschwader n | Flotille f | (Menschen, Tiere) Gruppe, Schar f | **~a** f bes catol Stola f.

estòlid(ament adv) adj einfallslos.

estol|ó m bot Schoß m | **~onífer** adj bot Schößlinge treibend.

estoma f med Stoma n.

estomac m Tracht f Prügel, col Schläge, Hiebe m pl.

estómac m Magen m | dolor d'~ Magenschmerzen m pl | un ~ d'estruç (fig) e. eiserner Magen.

estomacada f Tracht f Prügel.

estomacal adj (m/f) Magen... | magenstärkend | un licor ~ e. Magenbitter m.

estomacar (33) vt fam verprügeln, verdreschen, verbimsen, verwamsen.

estomat|itis f med Stomatitis f | **~ologia** f med Stomatologie f | **~ològic** adj stomatologisch | **~òpodes** m pl zool Maulfüßer m pl.

estona f Weile f | espereu-me una ~! wartet e-e Weile auf mich | han vingut fa una ~ sie sind vor e-r Weile gekommen | fa ~ que t'esperes? wartest du schon lange? | encara durarà una ~ es wird noch e-e Weile dauern | en tenim per ~ wir sind (damit) noch lange nicht fertig | a estones (loc adv) von Zeit zu Zeit, dann u. wann, ab u. zu, bisweilen | anar a estones wechselhaft sein | **~da** f ant reg (lange) Weile f | a estonades (loc adv) von Zeit zu Zeit.

Est|ònia f geog hist Estland n | **~onià** (**-ana** f) adj estnisch, estländisch | s/mf Este m, Estin f, Estländer(in f) m || s/m ling Estnisch n | l'~ das Estnische.

estontolar(-se) (33) vt(/r) = **estintolar(-se)**.

estop|a f Werg n, Hede f | fig: cap d'~ strohblondes Haar n; fam Strohkopf m | **~ada** f tecn Dichtung f | **~ejar** (33) vi weich sein || vt tecn abdichten | **~enc** adj weich, flauschig | **~eta** f tèxt Rohhanfgaze f | **~ós** (**-osa** f) adj Werg..., Hede... | = **~enc**.

estoquejar (33) vt mit dem Degen verwunden bzw stoßen, stechen.

estor m (Vorhang) Store m | tèxt dünnes Leinenzeug n | **~a** f (Esparto-, Spart-) Matte f | Fußabstreifer m | Bettvorleger m.

estorac m med Styrax m.

estorar (33) vt mit Matten belegen.

estordi|r (37) vt betäuben, halb bewußtlos machen | **~t** (**-ida** f, **-idament** adv)

estorer *adj* benommen | *p ext* leichtsinnig, unbesonnen, unüberlegt.

estore|r(a *f*) *m* Mattenflechter(in *f*) *m* | **~ria** *f* Matten-flechterei *f bzw* -geschäft *n* | **~ta** *f* kl(e) Matte *f* | Fußabstreifer *m*.

estormei|ar (33), **~r** (37) *vt* = **estabornir**.

estornell *m ornit* Star *m* | *fig* Pfiffikus *m* | **~ rosat** Rosenstar *m* | *cap d'~* (*fig*) Schussel *m*, Hitzkopf *m*.

estossar (33) *vt* (*j-n*) niederschlagen.

estosse|c *m* Husten *n* | Hüsteln *n* | **~gar** (33) *vi* husten | hüsteln.

estossina|da *f* Gemetzel *n* | **~r** (33) *vt* (*j-n*) niederschlagen; totschlagen.

estotar(-se) (33) *vt*(/*r*) *reg* = **esbrocar(-se)**.

estotjar (33) *vt* ins Futteral (*bzw* ins Etui, in den Kasten) stecken | (auf)bewahren, verwahren.

estova|da *f* Aufweichen *n* | Erweichung *f* | Verweichlichung *f* | *fig fam* Tracht *f* Prügel | **~lles** *f pl* = **tovalles** | **~ment** *m* Er-, Auf-weichung *f* | *fig* Rührung *f* | Weichheit *f* | **~r** (33) *vt* weich machen | aufweichen | *a. fig* erweichen | (*Matratze, Kissen*) aufschütteln | *fam* (durch)prügeln, verhauen | **~r-se** *v/r a. fig* weich werden | aufweichen | erweichen | *la tos s'ha estovat* der Husten hat s. gelöst.

estr|àbic *adj med* schielend | **~abisme** *m med* Schielen *n*.

estrabul·lat (-ada *f*) *adj* = **esbojarrat**.

estrada *f* Podium *n*, Estrade *f*, erhöhter Platz *m*.

estrafer (40) *vt* nach-machen, -ahmen | **~ la veu** s-e Stimme verstellen.

estrafolari (-ària *f*, **-àriament** *adv*) *adj* absonderlich, skurril, ausgefallen | (*Kleidung*) lässig, salopp.

estrafoll|a *m/f* Gauner(in *f*) *m* | Schieber(in *f*) *m* | **~eria** *f* Betrügerei *f* | Gaunerei *f* | Schiebung *f*.

estragó *m bot* = **dragonet**.

estrall *m* Verheerung, Verwüstung *f*.

estramb|ot *m Lit* (*bes Sonett*) Schlußstrophe *f*, angehängte Verse *m pl* | **~òtic(ament** *adv*) *adj* absonderlich, überspannt, verschroben.

estramoni *m bot* Stechapfel *m*.

estramp *m Lit* freier Vers *m*.

estranger *adj* ausländisch || *s/m/f* Ausländer(in *f*) *m* || *s/m: l'~* das Ausland | *són a l'~* sie sind im Ausland | *un viatge a* (*bzw per*) *l'~* e-e Auslandsreise | **~ia** *f* Ausländer-tum *n*, -status *m* | **~isme** *m ling* Fremdwort *n* | *desp* Fremdtümelei *f* | **~ització** *f* Überfremdung *f* | **~itzar** (33) *vt* überfremden | **~itzar-se** *v/r* überfremdet werden | s. ausländische Sitten aneignen.

estrangula|ció *f* Erwürgung, Erdrosselung *f* | *tecn* Drosselung *f* | *med* (*Bruch*) Einklemmung *f* | **~dor** *adj* (er)drosselnd || *s/m/f* Würger(in *f*) *m* || *s/m tecn* Drossel *f* | **~r** (33) *vt* erwürgen, erdrosseln | *tecn* drosseln | *med* (*Ader*) abbinden, abklemmen, (*Glied*) abschnüren | **~t (-ada** *f*) *pp/adj*: *hèrnia estrangulada* eingeklemmte(r) Bruch *m*.

estrangúria *f med* Harnzwang *m*, Strangurie *f*.

estrany *adj* fremd | fremdartig | *fig* seltsam, sonderbar, komisch | **~ a** nicht gehörig zu; unbeteiligt bei; nicht verwandt mit | (*és*)*ser* **~ a** *u/c* mit etw nicht zu tun haben | *no és* **~** *que...* (+ *subj*) es ist gar k. Wunder, daß... (+ *ind*) | *em fa* **~** es wundert mich; es kommt mir komisch vor | **~ament** *adv* sonderbar, seltsam, merkwürdig | **~ar** (33) *vt* entfremden, verbannen | befremden | *vi* in Erstaunen setzen | wundern | **~ar-se** *v/r* s. wundern (*de* über *ac*) | befremdet sein (*de* über *ac*) | erstaunt sein (*de* über *ac*) | *m'estranyaria que...* es sollte (*od* würde) mich wundern, wenn... | **~esa** *f* Seltsamkeit *f* | *sensació d'~* Befremden *n* | Erstaunen *n*, Verwunderung *f*.

estraperl|ada *f* Schmuggelaktion *f* | **~ista** *m/f* Schmuggler(in *f*) *m* | Schwarzhändler(in *f*) *m* | **~o** *m* Schmuggel *m* | Schwarzhandel *m*.

Estrasburg *m* Straßburg *n*.

estrassa *f* Lumpen, Lappen, Stoffetzen *m pl* | *paper d'~* (grobes) Packpapier *n*.

estrat *m cient a. fig* Schicht *f* | *meteor* Stratus *m*, Stratus-, Schicht-wolke *f* | **~ social** Gesellschaftsschicht *f*.

estrat|agema *m mil* Kriegslist *f* | *fig* List *f*, Trick *m* | **~eg** *m* Stratege *m* | *fig a.* Taktiker *m* | **~ègia** *f* Strategie *f* | *fig a.* Taktik *f* | **~ègic(ament** *adv*) *adj* strategisch | *fig a.* taktisch.

estrat|ificació *f* Schichtung *f* | Schichtenbildung *f* | *geol agr* Stratifikation *f* | **~ificar** (33) *vt* schichten | *geol agr* stratifizieren | **~ificar-se** *v/r* s. (auf)schichten, Schichten bilden | **~iforme** *adj* (*m/f*) schichtförmig |

~igrafia *f geol* Stratigraphie *f* | **~igràfic** *adj* stratigraphisch | **~ocúmul** *m meteor* Stratokumulus *m* | **~osfera** *f* Stratosphäre *f* | **~osfèric** *adj* stratosphärisch.

estreba|da *f* Ruck *m* | *d'una* ~ mit e-m Ruck | *per estrebades* stoß-, ruck-weise | **~r** (33) *vi ant* aufliegen (*en* auf *dat*) | rucken || *vt* rucken | zerren.

estrella *f bes fig* Stern *m* | *cin* (Film)Star *m* | ~ *de camp* (*bot*) Damaszener Schwarzkümmel *m* | ~ *de David* David(s)stern *m* | ~ *de mar* (*zool*) Seestern *m* | *haver nascut en bona* (*mala*) ~ unter e-m (k-m) guten (*od* glücklichen) Stern geboren sein | *tenir mala* ~ unter e-m ungünstigen Stern stehen | *veure les estrelles* (*fig fam*) Sterne sehen | *s: estel* | **~t** (-**ada**) *f*) *adj* gestirnt | sternklar | sternförmig.

estremi|ment *m* Erbeben, Erzittern *n* | Erschau(d)ern *n* | **~r-se** (37) *v/r* erbeben, erzittern | *fig a.* erschau(d)ern | *l'explosió va fer estremir la terra* die Explosion ließ die Erde erbeben *od* erzittern | *s'estremien de por* sie erschau(d)erten vor Angst.

estrena *f* erster Gebrauch *m*, *umg* Einweihung *f* | *teat cin* Erstaufführung, Premiere *f* | ~ *rigurosa od autèntica* Uraufführung *f* || *pl* (Erkenntlichkeit) Zuwendung *f*, Geschenk, *n* | **~r** (33) *vt* zum erstenmal gebrauchen *od* benutzen, *umg* einweihen | *teat cin* ur-, *bzw* erst-aufführen | (*j-n*) beschenken | **~r-se** *v/r:* ~ *amb u/c* etw zum erstenmal tun; etw zum erstenmal verkaufen.

estrenu (-**ènua** *f*, -**ènuament** *adv) adj* furchtlos, unerschrocken | mutig, kühn | **~ïtat** *f* Furchtlosigkeit, Unerschrokkenheit *f* | Kühnheit *f*.

estr|enyecaps *m* Nachtmütze *f* | **~enyedor** *adj* fester drückend, verengend | einengend | **~ènyer** (40) *vt* enger machen | ein-, ver-engen | drücken, pressen | fest umklammern *od* umfassen | *fig* (*j-n*) bedrängen; in die Enge treiben; nötigen | (Hand) drücken | (*j-n*) umarmen, in die Arme schließen | (Rechte, Umstände) aufzwingen | *fig* (Beziehung) enger gestalten | **~ènyer-se** *v/r* s. zusammenziehen | enger rücken | *fig* enger werden | **~enyiment** *m* Verengung *f* | Druck *m* | Festziehen *n* | *fig* Festigung *f* | *fig* Be-, Einschränkung *f* | **~enyor** *f lit* Enge *f* | Eingeschränktheit *f* | (*Anzug*) knapper Sitz *m* | *fig* Beschränktheit *f*.

estrep *m a.* *anat* Steigbügel *m* | (Wagen) Trittbrett *n* | *constr* Strebe-bogen *bzw* -pfeiler *m*; Widerlager *n* | *geog* (Gebirge) Ausläufer *m* | *fig* Stütze *f* || *fig*: *perdre els* ~*s* außer s. geraten, die Selbstbeherrschung verlieren | *tenir* (*ja*) *un peu a l'*~ (bereits) beim Weggehen sein.

estr|èpit *m* Lärm *m*, Getöse *n* | *l'*~ *dels canons* der Kanonendonner | *fig: sense* ~ ohne Aufwand, bescheiden, schlicht | **~epitós** (-**osa** *f*, -**osament** *adv*) *adj* schallend, lärmend, geräuschvoll | *aplaudiments estrepitosos* tosender (*od* rauschender) Beifall.

estrepto|coc *m biol med* Streptokokkus *m* | **~micina** *f med* Streptomy-cin, -zin *n*.

estr|ès *m* Streß *m* | **~essant** *adj* (*m/f*) stressig | **~essar** (33) *vt/i* stressen.

estret *adj a. fig eng* | (Band, Fenster) schmal | *fig a.* beschränkt, knapp | (moralisch) peinlich genau, kleinlich, streng | (geistig) eng, engstirnig, borniert | *un carreró* ~ e-e enge (*od* schmale) Gasse *f* | *pantalons* ~*s* enge (*od* enganliegende) Hose(*n pl*) *f* | *parentiu* ~ enge Verwandtschaft | *una amistat* ~*a* e-e enge Freundschaft | *les sabates em van* ~*es* die Schuhe sind mir zu eng, die Schuhe drücken mich || *s/m* Meerenge, Straße *f* | **~a** *f* Drücken *n* | *bes* Händedruck *m* | *mús* (Arie, Fuge) Stretta *f* | **~all** *m* Verengung *f* | *bes* Engpaß, Gebirgspaß *m* | **~ament** *adv: abraçats* ~ eng umschlungen | *vigilar* ~ scharf (*od* genau) überwachen | *viure* ~ in engen (*od* beschränkten, dürftigen) Verhältnissen leben | *lligats* ~ eng (*bzw* innig) verbunden | **~ejar** (33) *vi* eng(er) werden, s. verengen | (zu) eng sein | *el vestit m'estreteja* das Kleid ist mir etwas (zu) eng | **~esa** *f* = **~or** | **~ir**(-**se**) (37) *vt*(/*r*) enger machen (werden) | **~or** *f* Enge *f* | Eingeschränktheit *f* | Knappheit *f*, Not *f* | *fig* Beschränktheit *f* | Engherzigkeit *f* | Kurzsichtigkeit, Engstirnigkeit *f*.

estri *m* Gerät, Werkzeug *n*.

estria *f* Rille *f* | *art a.* Kannelur *f* | *med* Stria, *f*, Streifen *m* | (Farbe) Streifen *f* | **~r** (33) *vt* rillen, mit Rillen versehen | kannelieren | **~t** (-**ada**) *adj* gerillt, rillig | kannelliert | gestreift; streifig.

estribord *m nàut* Steuerbord *n*.
estrica|da *f* lange Wanderung *f* | **~dor** *m tèxt* Spannrahmen *m* | **~r** (33) *vt tèxt* spannen; ziehen, strecken.
estricnina *f* Strychnin *n*.
estrict|ament *adv*, **~e** *adj* streng, sehr genau | unerbittlich, unbedingt | strikt.
estrid|ència *f* Schrillheit *f* | **~ent**(**ment** *adv*) *adj* (*m/f*) schrill, gellend | *fig* übertrieben, extrem; schreiend | **~or** *m/f* Schrillen, Gellen *n* | *med* Stridor *m*, pfeifende(s) Atemgeräusch *n* | **~ulós** (**-osa** *f*) *adj med* pfeifend | òrgan ~ (*entom*) Stridulations-, Zirp-organ *m*.
estr|íjol *m* Striegel *m* | **~ijolar** (33) *vt* striegeln.
estring|ar (33) *vt* (*Wagenräder*) anketten; aufhalten, abbremsen | **~uet** *m* (*Wagen*) Aufhaltekette *f*.
estrinxolar (33) *vt* = esbocinar.
estrip *m* Riß *m* | **~ada** *f* Zerreißen *n* | **~all** *m* Fetzen *m* | **~ar** (33) *vt* (*Tier*) ausnehmen; ausweiden | (*j-n*) den Bauch aufschlitzen | (*Stoff, Papier*) aufreißen | zer-reißen, zer-fetzen | **~ar-se** *v/r* aufreißen | zerreißen | *aquesta roba s'estripa fàcilment* dieser Stoff zerreißt leicht | **~a-sacs** *m bot* Trespe *f* («Bromus rigidus») | **~at** (**-ada** *f*) *adj* zerrissen | zerfetzt | (*Kleider*) *a*. zerlumpt.
estritllar-se (33) *v/r s.* aufhellen (*Wetter*).
estròbil *m bot* (Tannen-, Hopfen-)Zapfen *m*.
estr|ofa *f* Strophe *f* | **~ofantina** *f med* Strophantin *n* | **~òfic** *adj* Strophen..., strophisch.
estrogen *m* Östrogen *n*.
estroma *m biol* Stroma *n*.
estrompassa|da *f* Sprung, Satz *m* (*über etw*) | **~r** (33) *vt* überspringen.
estronca|ble *adj* (*m/f*) versiegbar | **~ment** *m* Austrocknen *n* | Versiegen *n* | **~ny** *m* Splitter, Span *m*, *südd* Spreißel *m* | **~r** (33) *vt* (*Blut*) stillen | (*Quelle*) trockenlegen, (aus)trocknen (lassen) | *fig* erschöpfen | **~r-se** *v/r* austrocknen | *a. fig* versiegen.
estr|onci *m quím* Strontium *n* | **~oncianita** *f min* Strontianit *n* | **~òncic** *adj* Strontium...
estron|xar (33) *vt reg* (*Getreide, Gemüse*) zerstören | **~yar** (33) *vt reg* zerbrechen, entzweischlagen.
estrop *m nàut* Stropp *m*, Tauschlinge *f* | **~ada** *f nàut u. p ext aut* Ruck, Stoß *m*.
estropell *m* = **~ament** | **~ament** *m* Beschädigung *f* | Zerstörung *f* | **~ar** (33) *vt* beschädigen | zerstören | kaputtmachen | **~r-se** *v/r* kaputtgehen.
estruç *m ornit* Strauß *m*.
estructura *f* Struktur *f* | Anordnung *f* | Aufbau *m* | Gliederung *f* | Gefüge *n* | *constr* Skelett *n*, tragende Konstruktion | ~ *econòmica* wirtschaftliche Struktur *f* | **~ció** *f* Strukturierung *f* | Gliederung, Gestaltung *f* | **~l** *adj* (*m/f*) strukturell, Struktur... | *ling a.* strukturAL | *anàlisi* ~ Strukturanalyse *f* | **~lisme** *m ling* Strukturalismus *m* | **~lista** *adj* (*m/f*) strukturalistisch || *s/m/f* Strukturalist(in *f*) *m* | **~r** (33) *vt* strukturieren | anordnen | aufbauen | gliedern.
estuari *m geog* Ästuar *n*, trichterförmige Flußmündung *f*.
estuba *f* Schwitz-bad *n*, -kasten *m* | *fer* ~ schwül sein (*Wetter*) | **~r** (33) *vt* (*j-m*) e. Schwitzbad geben | **~r-se** *v/r* e. Schwitzbad nehmen.
estuc *m* (Gips)Stuck *m* | **~ador(a** *f*) *m* Stukkateur(in *f*), *art* Stukkator(in *f*) *m* | **~ar** (33) *vt* stuckieren | **~at** *m* Stuckarbeit, Stukkatur *f*.
estudi *m* Studium, Studieren *n* | (*Raum*) Atelier *n*, Studie *f* | Studierzimmer *n* | *dr* Anwaltsbüro *n*, Praxis *f* | *elect* (*Radio*) Senderaum *m*, Studio *n* | (*Schrift*) Studie, Abhandlung *f* | ~ *per correspondència* Fernstudium *n* | **~s** *superiors* od *universitaris* Hochschul-, Universitäts-Studium *n*; Studien *n pl* | *fig: fugir d'*~ Ausflüchte machen, ausweichen *fig* | **~ant(a** *f*) *m* Studierende(r) (*m*), Student(in *f*) *m* | *fam* Schüler(in *f*) *m* | ~ *de dret* Jurastudent *od* Student *m* der Rechte | ~ *de lletres* Philologiestudent *m* | ~ *de medicina* Medizinstudent *m* | **~antesc**, **~antí** (**-ina** *f*) *adj*, **~antil** *adj* (*m/f*) studentisch | Studenten... | **~antina** *f* Studenten(musik)kapelle *f* | **~ar** (33) *vt* studieren | (*Schulfach*) lernen | (*Rolle, Rede*) einstudieren, einüben; gründlich vorbereiten | *mús* üben | erforschen, untersuchen; ergründen; (durch)studieren || *vi* studieren | lernen | **~ar-se** *v/r s.* befleißigen (*dat*), *s.* bemühen um (*ac*) | **~at** (**-ada** *f*, **-adament** *adv*) *adj* einstudiert, gekünstelt, geziert | **~ós** (**-osa** *f*) *adj* lernbegierig | fleißig (*od* eifrig) studierend ||

s/mf Gelehrte(r) m | ~ositat f Lerneifer, Fleiß m.

estuf m Geblähtheit f | fig Aufgeblasenheit f | ~a f Ofen m | tecn Trockner m | ~ elèctrica elektrischer Heizofen m | ~adís (-issa f) adj s. leicht bauschend od aufblähend | ~ament m Auflockern n | Aufschütteln n | Aufbauschen, -schwellen, -blähen n | fig Aufgeblasenheit f | ~ar (33) vt auflockern | (Matratze) aufschütteln | auf-bauschen, -schwellen, -blähen | ~ar-se v/r aufgehen (Teig) | s. auf-blähen, -blasen, -plustern | ~at (-ada f) adj locker | bauschig | bes fig aufgebläht, -geblasen | ~era f Bauschigkeit f | bes fig Aufgeblasenheit f | ~it m Schnauben n | ~ornar (33) vi = esternudar.

estult adj dumm, blöde | ~ament adv auf törichte Weise | ~ícia f Albernheit, Dummheit, Torheit f | dummes Wort n | alberne Tat f.

estupefa|cció f höchstes (od sprachloses) Erstaunen n, Verblüffung f | ~cte adj höchst erstaunt, verblüfft | ~ent adj (m/f) verblüffend, erstaunlich || s/m Betäubungsmittel n | Rauschgift n.

estupend(ament adv) adj fabelhaft, wunderbar | erstaunlich | prächtig | prima, großartig, umg toll.

est|úpid(ament adv) adj dumm, blöde | blödsinnig, stumpfsinnig | sinnlos || s/mf desp Dummkopf, Blödian m | ~upidesa, ~upiditat f Dummheit f | Blödsinn m | Stumpfsinn m | Sinnlosigkeit f.

estupor m/f Benommenheit, Betäubung f | fig sprachloses Erstaunen n | Starrheit, Erstarrung f | fig a. Bestürzung, Verblüffung f.

estupr|ar (33) vt dr notzüchtigen | ~e m dr Notzucht f.

esturió m ict Stör m.

esva|ïda f Niederlage f | mil a. wilde Flucht, Auflösung f | ~ïdor adj auflösend | zerstreuend | ~ïment m = esvaïda | Verscheuchung f | mil Verheerung, Verwüstung f | Vertreibung f | ~ir (37) vt verscheuchen, verschwinden lassen | auflösen, zerstreuen | vernichten, zerstören | (Feind) in die Flucht schlagen | ~ir-se v/r verschmachten | fig vergehen, verschwinden | s. auflösen, s. zerstreuen | ~ït (-ïda f) adj entkräftet, siech | ~ívol adj lit leicht aufzulösen.

esvalot m Krach, Radau, Krawall m | Aufruhr m | ~ador adj aufrührerisch || s/mf Unruhestifter(in f) m | ~ament m Erregung f | Aufruhr m | ~ar (33) vi Krach (od Radau, Krawall) machen || vt erregen, auf-wiegeln, -rühren, -wühlen | ~ar-se v/r s. auf-, er-regen | in Aufruhr geraten (Menge) | außer Rand u. Band geraten (Kinder) | ~at (-ada f) adj unüberlegt, leichtsinnig | mar ~ stürmische See f.

esvani|ment m Verschwinden n | Ohnmacht, Bewußtlosigkeit f a. fig | ~r-se (37) v/r verschwinden | verfliegen (Geruch) | schwächer werden | vergehen | ohnmächtig werden, in Ohnmacht fallen.

esvàstica f Hakenkreuz n.

esvedellar-se v/r verwerfen (Kuh).

esvelt adj schlank | anmutig, geschmeidig | ~esa f Schlankheit f | Anmut, Geschmeidigkeit f.

esvent|ar (33) vt in den Wind streuen | (Getreide) worfeln | (Raum) (aus)lüften | fig (Nachricht) ausplaudern, ausposaunen | ~ar-se v/r dem Wind ausgesetzt sein | vertrocknen | const rissig werden | = ~egar-se | ~egar-se (33) v/r Luft verlieren.

esventr|ar (33) vt (e-m Tier) den Bauch aufschlitzen | fig entzwei-, zer-schlagen | ~ellat (-ada f) adj magenkrank, magenleidend.

esvera|dís (-issa f) adj (bes Tier) leicht scheuend | ~dor adj erschreckend, entsetzend | beunruhigend | ~ment m Entsetzen, Erschrecken n | Scheu f | große Unruhe f | ~r (33) vt erschrecken, entsetzen | scheu machen | stark beunruhigen, aufregen | ~r-se v/r erschrecken | s. beunruhigen, s. aufregen | außer s. geraten | außer Rand u. Band geraten (Kinder).

esversat (-ada f) adj gewohnt | tenir u/c esversada mit etw Übung haben.

esvinça|da f med Verrenkung f | Zerrüttung f | ~r (33) vt med verrenken | zerrütten.

esvolete|c m Flattern n, Flügelschlag m | ~gar (33) vi flattern, mit den Flügeln schlagen.

esvor|anc m Bresche, Lücke, Öffnung f | (Kleidung) Riß m, Loch n | ~ancar (33) vt e-e Bresche (bzw Breschen) schlagen in (ac) | einreißen | ~ar (33) vt ausfransen | ~ar-se v/r (s.) ausfransen, ausfasern | ~ell m

(*Rand*) Splitter *m* | abgestoßene Ecke *f* | ~**ellar** (33) *vt* abstoßen, ab-, anschlagen | ~**ellar-se** *v/r: el plat s'ha esvorellat* der Teller ist abgestoßen *od* angeschlagen.

et[1] (a. *te*, *'t*, *t'*) (21 u. 24) *pron pers* dir, dich | *ja te'n vas?* gehst du schon? | *vés-te'n!* geh weg! | *queda't!* bleib! | *et telefonaré aviat* ich werde dich bald anrufen.

et[2]: *amb tots els ~s i uts* mit allen Einzelheiten; bis zum Tüpfelchen auf dem i; mit allem Drum u. Dran.

eta *f* Eta *n*.

età *m quím* Äthan *n*.

etapa *f mil* Marschquartier *n*; Etappe *f* | *esport* Etappe *f* | *fig* Etappe *f*, Stadium *n*, Phase *f* | *per etapes* etappenweise | *cremar etapes* (*fig*) Zwischenstufen überspringen.

etcètera und so weiter, et cetera.

etè *m* = **etilè**.

èter *m* Äther *m*.

eteri (-**èria** *f*) *adj* ätherisch | himmlisch | ~**ficar** (33) *vt quím* veräthern | ~**sme** *m med* Äthervergiftung | ~**tzació** *f med* Äthernarkose *f* | ~**tzar** (33) *vt med* mit Äther betäuben.

etern *adj* ewig | *fig a.* endlos, (immer) gleich || *s/m: l'~* der Ewige | ~**ament** *adv* ewig, *arc lit* ewiglich | ~**al(ment** *adv*) *adj* (*m/f*) = **etern(ament**) | ~**itat** *f* Ewigkeit *f* | ~**itzar** (33) *vt* verewigen | ~**itzar-se** *v/r fig* e-e Ewigkeit dauern.

eter|òman *adj* äthersüchtig | ~**omania** *f* Äthersucht *f*.

ètic[1] *adj* hektisch | *med* schwindsüchtig, *arc* hektisch.

ètic[2]|(**ament** *adv*) *adj* ethisch, sittlich || *s/f* Ethik, Sittenlehre *f* | ~**a de situació** Situationsethik *f*.

et|il *m quím* Äthyl *n* | ~**ilè** *m* Äthylen *n* | ~**ilènic** *adj* Äthylen... | ~**ílic** *adj* Äthyl... | *alcohol ~* Äthylalkohol *m*.

ètim *m ling* Etymon, Wurzelwort *n*.

etim|òleg (-**òloga** *f*) *m* Etymologe *m*, -gin *f* | ~**ologia** *f* Etymologie *f* | ~**ògic(ament** *adv*) *adj* etymologisch | ~**ogista** *m/f* = **etimòleg**.

etiolar-se (33) *v/r* vergeilen, etiolieren (*Pflanzen*).

etiol|ogia *f bes med* Ätiologie *f* | ~**ògic** *adj* ätiologisch.

et|íop *adj u. s/mf* = ~**iòpic** | ~**iòpia** *f* Äthiopien *n* | ~**iòpic** *adj* äthiopisch | *llengües etiòpiques* äthiopische Sprachen || *s/mf* Äthiopier(in *f*) *m*.

etiquesa *f* Hektik *f* | *med* Schwindsucht *f*.

etiqueta *f* (*Schildchen*) *a. fig* Etikett *n* | (*Regeln*) Etikette *f* | *p ext* Hofsitte, übertriebene Höflichkeit *f* | Etikett *n*, Klebeadresse *f* | ~**r** (33) *vt* etikettieren.

etmo|ïdal *adj* (*m/f*) *anat* Siebbein... | ~**ide** *m* Siebbein *n*.

ètni|a *f* Ethnie *f* | ~**c**(**ament** *adv*) *adj* ethnisch | Volks... | *p ext* heidnisch.

etn|ògrafa *f*) *m* Ethnograph(in *f*) *m* | ~**ografia** *f* Ethnographie, (beschreibende) Völkerkunde *f* | ~**ogràfic** *adj* ethnographisch | ~**òleg** (-**òloga** *f*) *m* Ethnologe *m*, -gin *f* | ~**ologia** *f* Ethnologie, (vergleichende) Völkerkunde *f* | ~**ològic** *adj* ethnologisch.

eto|logia *f* Ethologie, Verhaltensforschung *f* | ~**logista** *m/f* Ethologe *m*, -gin *f*, Verhaltensforscher(in *f*) *m*.

Etr|úria *f* Etrurien *n* | ~**usc** *adj* etruskisch | *s/mf* Etrusker(in *f*) *m* | *s/m ling* Etruskisch *n* | *l'~* das Etruskische.

ets *art def s: es*[2].

etusa *f bot* Hundspetersilie *f*.

etzibar (33) *vt* (*Schlag, Tritt, Stoß*) versetzen, verpassen | (*Fluch, Schimpfwort*) ausstoßen | (*j-m*) an den Kopf werfen.

eucalipt|ol *m med* Eukaliptusöl *n* | ~**us** *m* Eukalyptus(baum) *m*.

eucar|istia *f ecl* Eucharistie *f*; *bes* Kommunion *f*, Abendmahl *n* | ~**ístic** *adj* eucharistisch.

euclidià (-**ana** *f*) *adj* euklidisch.

eudemonisme *m filos* Eudämonismus *m*.

eudi|òmetre *m quím* Eudiometer *n* | ~**ometria** *f* Eudiometrie *f*.

euf|èmic(**ament** *adv*) *adj* euphemistisch, beschönigend, verhüllend | ~**emisme** *m* Euphemismus *m*, Beschönigung *f*.

euf|onia *f bes ling* Euphonie *f*, Wohlklang *m* | ~**ònic(ament** *adv*) *adj* euphonisch, wohlklingend.

euf|orbi *m med* Euphorbium *n* | ~**òrbia** *f bot* Euphorbia, Wolfsmilch *f* | ~**orbiàcies** *f pl bot* Wolfsmilchgewächse *n pl*.

eufòri|a *f* Euphorie, Hochstimmung *f* | ~**c** *adj* euphorisch.

Eufrates *m: l'~* der Euphrat.

eufràsia *f bot* Augentrost *m*.

euga *f* = **egua**.

eugènia *f bot* Gewürznelke *f*.

eug|enèsia *f med* Eugenik *f* | ~**ènic** *adj* eugenisch, erbhygienisch.

eumicets *m pl bot* höhere (*od* echte) Pilze *m pl*.

eunuc *m* Eunuch(e) *m*.
Eur|àsia *f* Eurasien *n* | **~asiàtic** *adj* eurasisch || *s/mf* Eurasier(in *f*) *m*.
eurítmi|a *f* Eurythmie *f* | *med* Eurhythmie *f*; regelmäßiger Puls *m* | **~c(ament** *adv*) *adj* eurythmisch | (*Puls*) regelmäßig.
eur|ocomunisme *m* Eurokommunismus *m* | **~ocomunista** *m/f* Eurokommunist(in *f*) *m* | **~odòlar** *m* Eurodollar *m* | **~opa** *f* Europa *n* | **~opeisme** *m* Europabewegung *f* | **~opeista** *m/f* Anhänger(in *f*) *m* des Europagedankens *od* der Europabewegung | **~opeïtzació** *f* Europäisierung *f* | **~opeïtzar(-se)** (33) *vt*(/*r*) (s.) europäisieren | **~opeu** (-ea *f*) *adj* europäisch || *s/mf* Europäer(in *f*) *m* | **~opi** *m quím* Europium *n* | **~òpid** *adj* europid || *s/mf* Europide *m/f* | **~ovisió** *f tv* Eurovision *f* | **~oxec** *m banc* Eurocheque *m*.
èuscar *adj ling* baskisch || *s/m* Baskisch, das Baskische *n*.
eutanàsia *f* Euthanasie *f*.
eutròfia *f* Eutrophie *f*, normaler Ernährungszustand *m*.
Eva *f bíbl* Eva *f* | *les filles d'~* (*iròn*) die Evastöchter *f pl*.
evacua|ble *adj* (*m/f*) evakuierbar | **~ció** Räumung *f* | Evakuierung *f* | Entleerung *f* | Stuhlgang *m* | **~nt** *adj* (*m/f*) *med* abführend || *s/m* Abführmittel *n* | **~r** (33) *vt* (*Haus, Platz, Saal*) räumen, verlassen | (*Menschen wegen drohender Gefahr*) evakuieren, (vorübergehend) aussiedeln, *aeron* ausfliegen | (*Festung, Gebiet*) räumen, evakuieren | (*Formalität, Geschäft*) erledigen | (*Darm*) entleeren | (*Stoffwechselprodukte*) ausscheiden || *vi* s. entleeren; Stuhlgang haben, abführen | **~t** (-ada *f*) *pp/adj*: *els nens ~s* die evakuierten Kinder || *s/mf* Evakuierte(r *m*) *m/f* | **~tiu** (-iva *f*) *adj* = **~nt**.
evadir (37) *vt* umgehen, vermeiden | ausweichen (*dat*) | **~se** *v/r* entweichen, ausbrechen | *fig* s. zerstreuen, s. ablenken.
evagació *f* Zerstreutheit *f*.
evagina|ció *f* ausstülpung *f*, Umstülpung *f* | **~r** (33) *vt* ausstülpen | umstülpen.
evanescent *adj* (*m/f*) *lit* verblassend, verschwimmend.
evan|geli *m* Evangelium *n* | *els ~s* die Evangelien *n pl* | *l'~ segons Sant Marc* (*Mateu, Joan, Lluc*) das Markus-(Matthäus-, Johannes-, Lukas-)evangelium *n* | **~geliari** *m* Evangeliar(ium) *n* | **~gèlic(ament** *adv*) *adj* evangelisch | **~gelista** *m* Evangelist *m* | **~gelitzar** (33) *vt* evangelisieren.
evapor|able *adj* (*m/f*) verdunstend | **~ació** *f* Verdunstung *f* | Verdampfung *f* | *cient* Evaporation *f* | **~ador** *m* Evaporator *m*, Verdampfungsgerät *n* | **~ar** (33) *vt* verdampfen | verdunsten, zum Verdunsten bringen | eindampfen, *cient* evaporieren | **~ar-se** *v/r* verdampfen, verdunsten, *cient* evaporieren | *fig* s. verflüchtigen | *fig umg* verduften, s. verdrücken, abhauen | **~ímetre** *m* Verdunstungsmesser *m*, Evaporimeter *n*.
evasi|ó *f* Umgehung *f* | Ausweichen *n* | *dr* Entweichen *n*, Ausbruch *m*; Flucht *f* | *fig* Zerstreuung, Ablenkung *f* | **~ de capital** Kapitalflucht *f* | **~u** (-iva *f*, -ivament *adv*) *adj* ausweichend || *s/f* Ausflucht *f*.
eventració *f med* Bauchhernie *f*.
eventual *adj* (*m/f*) eventuell, möglich | *dr* Eventual... | *treballador ~* Gelegenheitsarbeiter *m* | **~itat** *f* Möglichkeit, Eventualität *f*, eventuelle(r) Fall *m* | **~ment** *adv* eventuell, unter Umständen, möglicherweise.
evicció *f dr* (*rechtmäßige*) Besitzbeschlagnahme *f*.
evid|ència *f* Augenfälligkeit *f*, Offenkundigkeit; Einsichtigkeit, Deutlichkeit; *lit* Evidenz *f* | **~enciar** (33) *vt* außer Zweifel lassen, dar-legen, -tun, deutlich (*od* einsichtig) machen | **~ent(ment** *adv*) *adj* (*m/f*) augenfällig, offenkundig; einleuchtend; einsichtig; *lit* evident.
evita|ble *adj* (*m/f*) vermeidlich, vermeidbar | **~ció** *f* Vermeidung *f*, Vermeiden *n* | **~r** (33) *vt* vermeiden | **~ alg** j-m ausweichen *od* aus dem Wege gehen.
evitern *adj* (*von s-m Anfang an*) ewig, immerwährend.
evoca|ció *f* (Geister)Beschwörung *f* | An-, Auf-rufung *f* | Wachrufen, Erwecken *n*, *lit a. dr* Evokation *f* | **~dor** *adj* Erinnerungen (*bzw* Vorstellungen) wachrufend | **~r** (33) *vt* (*Tote*) anrufen | (*Geister*) beschwören | (*Erinnerungen, Vorstellungen*) wachrufen, erwecken, *lit* evozieren | (*Vergangenheit*) heraufbeschwören | **~tiu** (-iva *f*) *adj* wachrufend, *lit* evokativ | **~tori** (-òria *f*)

adj bes dr Evokations... | = **~tiu**.
évol *m bot* Zwerg-holunder *m*, -blatt *n*, Attich *m*.
evol|ució *f* Entwicklung *f* | *biol filos* Evolution *f* | (*Truppen*) Bewegung *f* | *nàut* Schwenkung *f* | *med* Verlauf *m* || *pl esport* Bewegungen, Figuren *f pl* | **~ucionar** (33) *vi* s. (weiter)entwickeln | s. langsam ändern | s. bewegen | *nàut aeron* manövrieren | **~ucionisme** *m filos* Evolutionismus *m* | **~ucionista** *adj* (*m/f*) evolutionistisch || *s/m/f* Evolutionist(in *f*) *m* | **~uta** *f geom* Evolute *f* | **~utiu** (**-iva** *f*) *adj* Entwicklungs..., Evolutions... | **~vent** *f geom* Evolvente *f*.
evònim *m bot* Spindelstrauch *m*.
evuls|ió *f* Ausreißen, Entwurzeln *n* | **~iu** (**-iva** *f*) ausreißend, entwurzelnd.
ex- *pref* (*mst vor Personenbezeichnungen*) ehemalig, früher, Ex... | *el meu ex-marit*, *fam el meu ex* mein früherer Mann, mein Exmann, *umg* mein Ehemaliger.
exabrupte *m* barsche (*od* scharfe) Antwort *f* | unbedachte Äußerung *f*.
exacció *f dr* (*Steuern, Geldstrafen*) Eintreibung *f* | **~ il·legal** gesetzwidrige Eintreibung *bzw* überhöhte Forderung *f*.
exacerba|ció *f a. med* Verschlimmerung *f* | *psic* Erbitterung *f* | **~r(-se)** (33) *vt*(/*r*) *a. med* (s.) verschlimmern | (s.) erbittern.
exact|ament *adv* genau | **~e** *adj psic* genau, exakt, präzise | pünktlich | **~!** genau! stimmt!, richtig! | *ciències ~s* exakte Wissenschaften | **~itud** *f* Genauigkeit *f* | Exaktheit *f* | Präzision *f* | Pünktlichkeit *f* | **~or** *m* Steuereinnehmer *m*.
exagera|ció *f* Übertreibung *f* | **~dor** *adj* übertreibend || *s/m/f desp* Aufschneider(in *f*) *m* | **~r** (33) *vt* übertreiben | (*Wert*) überschätzen | (*Verdienst*) zu hoch einschätzen || *vi* übertreiben | *desp* aufschneiden | **~t** (**-ada** *f*) *adj* übertrieben | *no siguis tan ~!* übertreibe nicht so! | **~tiu** (**-iva** *f*, **-ivament** *adv*) *adj* übertreibend | *desp* aufschneiderisch.
exalça|ment *m* Verherrlichung *f* | Lobpreisung *f* | **~r** (33) *vt* verherrlichen | lobpreisen.
exalta|ció *f* Erhöhung, Erhebung *f* | Begeisterung *f* | Überspanntheit *f* | Erregung *f* | *lit* Exaltiertheit, *a. psic* Exaltation *f* | **~r** (33) *vt* erhöhen, erheben | begeistern | erregen, (auf)reizen | **~r-se** *v/r* s. begeistern, in (helle) Begeisterung geraten | s. erregen, s. ereifern, *lit* s. exaltieren | **~t** (**-ada**) *adj* aufgeregt, exaltiert | überschwenglich begeistert | überspannt.
exam|en *m* Prüfung *f* | (*Universität*) Examen *n* | Untersuchung *f* | Einsicht *f* | Nach-, Über-prüfung *f* | **~ de consciència** Gewissenserforschung *f* | **~ mèdic** ärztliche Untersuchung | **~ oral** (**escrit**) mündliche (schriftliche) Prüfung | **~inació** *f lit* Prüfung *f*, Examen *n* | **~inador** *adj* prüfend || *s/mf* Prüfer(in *f*) *m* | **~inand(a** *f*) *m* Prüfling *m* | **~inar** (33) *vt* (*gründlich*) untersuchen | (*bes Prüfling*) prüfen, *lit* examinieren | **~inar-se** *v/r* e-e Prüfung ablegen *od* machen | **~ de llatí** (*química*) in Latein (Chemie) geprüft werden.
exànime *adj* (*m/f*) leblos.
exantem|a *m med* Hautauschlag *m*, Exanthem *n* | **~àtic** *adj* exanthematisch | *tifus ~* Flecktyphus *m* | **~atós** (**-osa** *f*) *adj* Exanthem... | = **~àtic**.
exarca *m ecl hist* Exarch *m* | **~t** *m* Exarchat *n*.
exartr|ema *m*, **~osi** *f med* = **luxació**.
exaspera|ció *f* Erbitterung *f* | *med* Verschlimmerung *f* | **~nt** *adj* (*m/f*) erbitternd | zur Verzweiflung bringend | **~r** (33) *vt* aufbringen | erbittern | zur Verzweiflung bringen | *med* verschlimmern | **~r-se** *v/r* außer s. geraten | s. erbittern | *med* s. verschlimmern.
exaudir (37) *vt lit* erhören.
excarcera|ció *f* Haftentlassung *f* | **~r** (33) *vt* aus der Haft entlassen.
excava|ció *f* (*a. Archäologie*) Ausgrabung *f* | Aushöhlung *f* | Aus-heben *n*, -baggern *n* | **~dor** *adj* ausgrabend | aushöhlend | aushebend || *s/f* (*a. màquina ~a*) (Trocken)Bagger *m* | **~a amb cadena de catúfols** (*od* **cadups**) Eimer(ketten)bagger *m* | **~a de cullera** (*d'erugues*) Löffel-(Raupen-)bagger *m* | **~r** (33) *vt* ausgraben | aushöhlen | aus-heben, -baggern.
excedència *f adm* Wartestand *m* | Wartegeld *n* | **~ent** *adj* (*m/f*) überzählig | *adm* zur Wiederverwendung | übermäßig || *s/m* Überschuß *m* | Über-gewicht *n*, -länge *f* | *com econ* Mehrbetrag *m* | **~ir** (37) *vt* übersteigen, überschreiten | übertreffen | **~ir-se** *v/r* s. übernehmen | das Maß über-

excel·lència *f* Vortrefflichkeit *f* | *per* ~ in höchster Vollendung, schlechthin, *lit* par excellence | *Sa (Vostra)* ~ Seine (Euer *od* Eure) Exzellenz | **~ent(ment** *adv*) *adj* (*m/f*) vortrefflich | ausgezeichnet, vorzüglich || *s/m estud (Note)* Eins *f* | *de llatí tinc un* ~ in Latein habe ich e-e Eins *od* (die Note) «sehr gut» | *quants* ~*s tens?* wie viele Einsen hast du? | **~entíssim** *adj sup: l'*~ *senyor ambaixador* Seine Exzellenz, der Herr Botschafter | **~ir** (37) *vi* s. auszeichnen, s. hervortun (*en* in *dat*).

excels|**(ament** *adv*) *adj* hoch, erhaben | ausgezeichnet | außerordentlich | voller Erhabenheit | überaus, in höchstem Grade | **~itud** *f* Erhabenheit *f*.

exc|**èntric(ament** *adv*) *adj geom tecn* exzentrisch | (*Stadtviertel*) abgelegen | *fig (Person*) überspannt, *lit* exzentrisch || *s/mf* Exzentriker(in *f*) || *s/f tecn* Exzenter *m* | **~entricitat** *f* Exzentrizität *f* | *fig a.* Überspanntheit *f*.

excep|**ció** *f* Ausnahme *f*, Sonderfall *m* | *dr* Einwand *m* | ~ *dilatòria* aufschiebende Einrede *f* | *a* ~ *de* mit Ausnahme von | *fer una* ~ e-e Ausnahme machen | *estat d'*~ Ausnahmezustand *m* | *per* ~ ausnahmsweise | *sense* ~ ohne Ausnahme, ausnahmslos | **~cional** *adj* (*m/f*) außerordentlich, außergewöhnlich | Ausnahme... | *cas* ~ Ausnahmefall *m* | **~cionalment** *adv* ausnahmsweise | **~te** *prep* außer (*dat*) | ~ *que* (*si*) außer daß (wenn) | **~tuable** *adj* (*m/f*) auszunehmen(d) | auszuschließen(d) | **~tuar** (33) *vt* ausnehmen | ausschließen.

exc|**és** *m* (*pl -essos*) Übermaß *m* | *econ* Überschuß *m* | *fig* Ausschweifung; Unmäßigkeit *f*, *lit* Exzess *m* | ~ *d'equipatge* Übergepäck *n* | ~ *de fatiga* Übermüdung *f* | ~ *d'ofertes* (*com*) Überangebot *n* | ~ *de pes* Über-, Mehr-gewicht *n* | *més val pecar per* ~ *que per defecte* (*Spruch*) lieber zuviel als zuwenig | **~essiu** (**-iva** *f*, **-ivament** *adv*) *adj* übermäßig | übertrieben | maßlos | ungemein.

excipient *m med* Grundmasse *f*, Lösungsmittel, Vehikel *n*.

excisió *f med* Exzision *f*, Herausschneiden *n*.

excita|**bilitat** *f* Erregbarkeit, Reizbarkeit *f* | **~ble** *adj* (*m/f*) erregbar, reizbar | **~ció** *f* Auf-, Er-regung *f* | Aufreizung *f* | (An)Reiz, Ansporn *m* | Gereiztheit *f* | **~dor** *adj* erregend | Erreger... || *s/m elect* Erreger *m* | **~nt** *adj* (*m/f*) erregend | anregend || *s/m med* Reizmittel *n* | **~r** (33) *vt* auf-, er-regen | anspornen, aufwiegeln | reizen | aufmuntern | (*Leidenschaften*) schüren | ~ *al treball* zur Arbeit antreiben | **~r-se** *v/r* s. aufregen | in Erregung (*od* Zorn) geraten | **~t** (**-ada** *f*) *adj* aufgeregt, erregt | gereizt | **~tiu** (**-iva** *f*) *adj* erregend | aufreizend.

exclama|**ció** *f* Ausruf *m* | *ling* Ausrufe-, *südd* Ausrufungs-zeichen *n* | **~r** (33) *vt* ausrufen | **~r-se** *v/r* ausrufen *vi* | schreien | **~tiu** (**-iva** *f*) *adj* Ausrufungs..., Ausruf... | **~tori** (**-òria** *f*) *adj* ausrufend, *lit* exklamatorisch.

exclaustra|**ció** *f ecl* Entlassung *f* aus dem Kloster | **~r** (33) *vt* aus dem Kloster entlassen *bzw* vertreiben.

excl|**oure** (40) *vt* ausschließen (*de* aus, von *dat*) | **~usió** *f* Ausschluß *m* | Ausschließung *f* | **~usiu** (**-iva** *f*) *adj* ausschließend | ausschließlich | *lit* exklusiv || *s/f dr* ausschließliches Recht *n*; (*bes Verlagswesen*) Exklusivrecht *n*; Allein-verkauf *m* bzw, -vertretung *f*, -vertrieb *m* | (*Presse*) Exklusiv-bericht *m* bzw -interview *n* | **~usivament** *adv* ausschließlich | nicht eingeschlossen, *lit* exklusive | **~usivitat** *f* Exklusivität *f*.

excogita|**ble** *adj* (*m/f*) ausdenkbar | **~ció** *f* Ausdenken *n* | **~r** (33) *vt lit* ausdenken.

excomuni|**cable** *adj* (*m/f*) *catol* exkommunizierbar | **~cació** *f* = **~ó** | **~car** (33) *vt* exkommunizieren | **~ó** *f* Exkommunizierung *f* | Exkommunikation *f*.

excoria|**ció** *f med* Hautabschürfung *f* | Scheuerwunde *f* | **~r** (33) *vt* auf-, wund-scheuern | **~tiu** (**-iva** *f*) *adj* auf-, wund-scheuernd.

excre|**ció** *f biol* Exkretion, Ausscheidung *f* | **~ment** *m mst pl* Exkrement(e *pl*) *n*, Ausscheidung(en *pl*) *f*, *bes* Kot *m* | **~mental** *adj* (*m/f*), **~mentici** (**-ícia** *f*) *adj* Exkrement..., Kot... | **~mentós** (**-osa** *f*) *adj* exkrementartig | **~scència** *f biol* Auswuchs *m*, Wucherung *f* | **~ta** *f biol* Exkretion *f* | Exkret *n* | **~tar** (33) *vt* ausscheiden, absondern | **~tori** (**-òria** *f*) *adj biol* exkretorisch, ausscheidend, absondernd.

exculpa|ció f Entschuldigung f | Rechtfertigung f | dr Exkulpation f | **~r(-se)** (33) vt(/r) (s.) entschuldigen | dr (s.) rechtfertigen | dr (s.) exkulpieren.

excursi|ó f Ausflug m | Wanderung f | (im Wagen) Auto-fahrt, -tour f | (in e-r Rede) Abschweifung f, Exkurs m | **~onisme** m Wandern n | **~onista** m/f Ausflügler(in f) m, Wanderer m, Wand(r)erin f.

excusa f Entschuldigung f | desp Ausrede f; Ausflucht f | ~ *absolutòria* (dr) Strafausschließungsgrund m | *presentar les seves excuses* s. entschuldigen | **~ble** adj (m/f) entschuldbar | verzeihlich | **~ció** f Entschuldigen n | **~r** (33) vt (j-n, j-s *Verhalten*) entschuldigen | ~ *alg d'u/c* j-m etw ersparen od erlassen | **~r-se** v/r s. entschuldigen | **~t** m euf (stilles, gewisses) Örtchen n, Toilette f.

èxeat m ecl dr Exeat n.

execra|bilitat f Abscheulichkeit f | **~ble(ment** adv) adj (m/f) abscheulich | verabscheuens-wert, -würdig | **~ció** f Abscheu f | Fluch m | **~r** (33) vt verabscheuen | **~tori (-òria** f) adj Fluch... | s: *imprecatori*.

execu|ció f Aus-, Durch-führung | Vollziehung f | dr Bestrafung f gemäß Urteil; Exekution, Vollstreckung; Hinrichtung f; Pfändung f | **~table** adj (m/f) aus-, durch-führbar | dr vollstreckbar | *mús* spielbar | **~tant** adj (m/f) ausführend || s/m/f Ausführende(r m) m/f | **~tar** (33) vt aus-, durch-führen | zuwege bringen | dr (*Urteil*) vollstrecken; (j-n) hinrichten; (j-n) pfänden | (*Musik*) vortragen, spielen | ~ *un pla* e-n Plan ausführen | **~tiu (-iva** f) adj ausübend, vollziehend, Exekutiv... | *poder* ~ ausübende Gewalt, Exekutive f | **~tivament** adv dringend, unverzüglich | **~tor** m dr Exekutor, Vollzieher, Vollstrecker m | ~ *testamentari* Testamentvollstrecker m | **~tori (-òria** f) adj dr rechtskräftig | *sentència executòria* Endurteil n || s/f (*Titel*) Adelsbrief m, Adelsurkunde f.

exeg|esi f *bíbl* Exegese, (Bibel)Auslegung f | **~eta** m Exeget, Bibelausleger m | **~ètic** adj exegetisch.

exempció f dr Befreiung f (*de* von) | ~ *fiscal* Steuerbefreiung f.

exempl|ar[1] adj beispielhaft, vorbildlich | (*Strafe*) exemplarisch | **~ar**[2] m Exemplar n | **~aritat** f Beispielhaftigkeit, Vorbildlichkeit f | **~e** m Beispiel n | *per* ~ zum Beispiel | *predicar amb l'*~ mit gutem Beispiel vorangehen | **~ificació** f Erläuterung, Veranschaulichung, lit Exemplifizierung f | **~ificar** (33) vt (mit Beispielen) erläutern, veranschaulichen, lit exemplifizieren.

exempt adj befreit (*de* von).

exequàtur m dipl Exequatur n | dr Vollstreckungsurteil n.

exèquies f pl ecl Totenfeierlichkeiten, Exequien f pl.

exerci|ci m Übung f | Ausübung f | (Dienst-, Pflicht-)Erfüllung f | com econ Geschäftsjahr n | mil Exerzieren n | *fer* ~ s. Bewegung machen | ecl: ~s *espirituals* Exerzitien n pl | **~r** (37) vt ausüben | ~ *una influència* (*un poder*) *sobre alg* auf j-n e-n Einfluß (e-e Macht) ausüben || vi: *no* ~ nicht praktizieren (*zB Anwalt, Arzt*).

exèrcit m Heer n | Armee f | ~ *de Salvació* Heilsarmee f | fig (Un)Menge f.

exercita|ció f Einübung f | Exerzieren n | Übung f | **~nt** adj (m/f) (ein)übend || s/m/f ecl Teilnehmer(in f) m an Exerzitien | **~r** (33) vt üben, trainieren, schulen | mil drillen, exerzieren | **~r-se** v/r s. üben | **~t (-da** f) adj geübt (*en* in dat).

exerg m (*Münze*) Inschrift(steil m) f.

exfolia|ció f Abblättern n | **~r(-se)** (33) vt(/r) abblättern.

exhala|ció f geol med Exhalation f | Ausatmung, -dünstung f | Ausströmung f | *com una* ~ wie e. Blitz | **~nt** (m/f) adj aus-atmend, -dünstend | ausströmend | **~r** (33) vt geol med exhalieren | aus-atmen, -dünsten | (*Gas, Dampf, Duft*) ausströmen | (*Seufzer, Schrei*) ausstoßen | ~ *l'ànima* od *l'esperit* die Seele (*od* den Geist, s-n Geist) aushauchen | **~r-se** v/r ausströmen.

exhauri|ble adj (m/f) erschöpfbar, erschöpflich | **~ment** m Erschöpfung f | **~r** (37) vt ausschöpfen, leer schöpfen | a. fig erschöpfen | aufbrauchen | (*Ausgabe, Auflage*) ausverkaufen | ~ *un tema* (*una matèria*) e. Thema (e-e Materie) erschöpfend behandeln | **~t (-ida** f) adj (*Buch*) vergriffen.

exhaust adj a. fig erschöpft | **~ió** f Erschöpfung f | med a. Exhaustion f | **~iu (-iva** f) adj a. fig erschöpfend, lit exhaustiv | *investigació exhaustiva* vollständige Untersuchung *od* Erforschung.

exhibi|ció *f* Vor-zeigen, -weisen *n* | Vorführung *f*; Ausstellung *f* | *desp fig* Zurschau-stellen *n*, -stellung *f* | **~cionisme** *m* Exhibitionismus *m* | **~cionista** *adj* (*m/f*) exhibitionistisch || *s/m/f* Exhibitionist(in *f*) *m* | **~dor** *adj* vorzeigend, -weisend | vorführend | **~r** (37) *vt* (*Urkunde*) vor-weisen, -legen, -zeigen | (*Waren*) vorführen; ausstellen | *desp fig* zur Schau stellen, *lit* exhibieren | **~r-se** *v/r* s. zeigen, s. zur Schau stellen, *lit* s. exhibieren | **~tori** (-òria *f*) *adj* Vorführungs...

exhilarant *adj* (*m/f*) erheiternd, fröhlich machend.

exhort *m dr* Rechtshilfeersuchen *n* | **~ació** *f* Ermahnung *f* | **~atori** (-òria *f*), **~atiu** (-iva *f*) *adj* Ermahnungs... | Aufforderungs... | **~ar** (33) *vt* (er)mahnen | auffordern | ~ *alg a fer u/c* j-n eindringlich bitten, etw zu tun.

exhuma|ció *f* Exhumierung *f* | **~dor** *adj* ausgrabend || *s/mf* Ausgräber(in *f*) *m* | **~r** (33) *vt* (*Leiche*) exhumieren, ausgraben | *fig* ausgraben, der Vergessenheit entreißen.

exig|ència *f* Forderung *f*, Anspruch *m* | Bedarf *m*, Bedürfnis, Erfordernis *n* | anspruchsvolles Wesen *n* | **~ent** *adj* (*m/f*) anspruchsvoll | **~ibilitat** *f dr* Einklagbarkeit *f* | **~ible** *adj* (*m/f*) *dr* einklagbar | eintreibbar | *banc* fällig | **~ir** (37) *vt* fordern | verlangen | erfordern | ~ *u/c a alg* etw von j-m fordern.

exig|u(ament *adv*) *adj* sehr (*od* zu) klein | geringfügig | kärglich | winzig | **~üitat** *f* Geringfügigkeit, Kleinheit *f* | Enge *f*.

exili *m dr* Exil *n*, Verbannung, Landesverweisung *f* | *geog* Verbannungs-ort *m*, -stätte *a. fig* | *fig* entfernter, entlegener Ort *m* | **~ar** (33) *vt* verbannen, ins Exil schicken, *lit* exiliieren | **~ar-se** *v/r* ins Exil gehen | **~at** (-ada *f*) *adj* verbannt, *lit* exiliiert || *s/mf* Verbannte(r *m*) *m/f*.

exim|ent *adj* (*m/f*) *dr* schuld- (*od* straf-) ausschließend | *circumstàncies* ~*s* e-e Strafe ausschließende Umstände | **~i** (-ímia *f*) *adj* berühmt | erhaben, erlaucht | hervorragend | **~ir** (37) *vt* befreien (*de* von).

exist|ència *f* Vorhandensein *n*, Existenz *f* | Dasein, Leben *n*, Existenz *f* | *com:* en ~ vorrätig || *pl econ* Bestand *m*, -stände *m pl*, Vor-rat *m*, -räte *m pl* | **~encial** *adj* (*m/f*) existentiell | **~encialisme** *m* Existentialismus *m* | **~encialista** *adj* (*m/f*) existentialistisch || *s/m/f* Existentialist(in *f*) *m* | **~tent** *adj* (*m/f*) bestehend, vorhanden | *com a.* vorrätig | **~ibilitat** *f* Daseinsfähigkeit *f* | Existenzfähigkeit *f* | **~ible** *adj* (*m/f*) daseinsfähig | existenzfähig.

existimar (33) *vt ant* beurteilen; einschätzen.

existir (37) *vi* vorhanden sein, dasein bestehen, existieren | leben, existieren | *això no existeix* das gibt es nicht.

èxit *m* (*Ergebnis*) Ausgang *m* | *bes* Erfolg *m* | ~ *de venda* Verkaufsschlager *m* | *tenir* ~ Erfolg haben, erfolgreich sein, einschlagen, ankommen.

ex-libris *m* Exlibris, Buchzeichen *n*.

exo|biologia *f astr biol* Exobiologie *f* | **~crí** (-ina *f*) *adj med* exokrin.

èxode *m* Auszug *m* | *fig* Massenauswanderung *f* | ~ *rural* Landflucht *f* | *l'*~ (*bíbl*) der Exodus, der Auszug aus Ägypten.

exodi *m teat* Exodos, Schluß(teil) *m*.

exo|ftalmia *f med* Glotzauge *n* | **~gen** (-ògena *f*) *adj cient* exogen.

exonera|ció *f* Entlastung; Befreiung *f* | **~r** (33) *vt* entlasten; befreien (*de* von).

exorable *adj* (*m/f*) (*Person*) nachgiebig.

exorbit|ància *f* Übermaß *n*, Übertriebenheit, *lit* Exorbitanz *f* | **~ant(ment** *adv*) *adj* (*m/f*) übermäßig, übertrieben, *lit* exorbitant | (*Preis*) unerschwinglich.

exor|cisme *m ecl* Exorzismus *m*, Geisterbeschwörung *f* | **~cista** *m/f* Exorzist(in *f*), Geisterbeschwörer(in *f*) *m* || *s/m catol* Exorzist *m* | **~citzar** (33) *vt* (*Geister, Teufel*) exorzi(si)eren, beschwören, austreiben.

exordi *m Lit* (*bes Rede*) Einleitung *f*, Exordium *n*.

exorna|ció *f* Schmuck *m*, Zierde *f* | **~r(-se)** (33) *vt*(*/r*) (s.) schmücken, (s.) zieren.

exos|fera *f meteor* Exosphäre *f* | **~quelet** *m zool* Ekto-, Exo-, Außenskelett *n* | **~tosi** *f med* Exostose *f*, Knochenauswuchs *m*, Überbein *n* | (*Baum*) Knorren *m*.

exotèric *adj* exoterisch, allgemein verständlich.

exotèrmic *adj quím fís* exotherm.

ex|òtic(ament *adv*) *adj* exotisch, fremdartig | **~otisme** *m* Exotik *f*, exotisches Wesen *n*, Fremdartigkeit *f*.

expan|diment *m* (Aus)Dehnung, Erweiterung *f* | Verbreitung *f* | **~dir** (37) *vt* (aus)dehnen, erweitern, ausweiten | verbreiten, ausbreiten | **~sibilitat** *f* (*Gase*) Dehnbarkeit *f* | **~sible** *adj* (*m/f*) (aus)dehnbar | **~sió** *f* Ausdehnung, Ausweitung *f* | *bes econ polít* Expansion *f* | *fig* Mitteilsamkeit *f*; Gefühlserguß *m* | *una ~ d'alegria* e. Freuden-erguß, -strom *m* | **~sionarse** (33) *v/r* sein Herz ausschütten | s. frei aussprechen | **~sionisme** *m polít* Expansions-drang *m bzw* -politik *f* | **~sionista** *adj* (*m/f*) expansionistisch, Expansions... | *s/m/f* Expansionspolitiker(in *f*) *m* | **~siu** (-iva *f*, -ivament *adv*) *adj* s. ausdehnend, expansiv | *fig* mitteilsam, offenherzig, gesprächig | *força expansiva* Ausdehnungs-, Expansionskraft.

expatria|ció *f* Ausbürgerung, Expatriation *f* | Auswanderung *f* | **~r** (33) *vt* ausbürgern, expatriatieren | **~r-se** *v/r* s-e Heimat verlassen, auswandern, emigrieren | s-e Staatsangehörigkeit aufgeben.

expecta|ció *f* Erwartung *f* | **~nt** *adj* (*m/f*) abwartend | *actitud ~* abwartende Haltung *f* | **~r** (33) *vt lit* ab-, er-warten | **~tiu** (-iva *f*) *adj* Erwartungs... | **~tiva** *f* (sichere) Erwartung *f* | abwartende Haltung *f* | *estar a l'~* s. abwartend verhalten, e-e abwartende Haltung einnehmen.

expectora|ció *f med* Expektoration *f*, Auswurf *m* | **~nt** *adj med* schleimlösend || *s/m* schleimlösendes Mittel *n* | **~r** (33) *vt* (*Schleim*) auswerfen, aushusten || *vi* expektorieren.

expedi|ció *f* Beförderung *f* | *com* Versand *m* | Verfrachtung *f* | *nàut* Verschiffung *f* | *dr* Ausfertigung *f* | Expedition *f* | *mil* Feldzug *m* | *nàut* Entdeckungsfahrt *f* | **~cionari** (-ària *f*) *adj* Expeditions... | **~dor** *m* Ab- Ver-sender *m* | *dr* Aussteller *m* | **~ent** *adj* (*m/f*) zweckmäßig, angebracht || *s/m* Verfahren, Mittel *n* | Ausweg *m* | *dr* Rechtssache *f* | *adm* Verwaltungssache *f*; Aktenvorgang *m*; Protokoll *n* | *cobrir* (*od satisfer*) *l'~* den Schein wahren; s. k. Bein ausreißen | *formar un ~* e. Disziplinarverfahren eröffnen | *instruir un ~* e. Verfahren einleiten | **~r** (37) *vt* (ab- ver-)senden | verfrachten | *nàut* verschiffen | *dr* abfertigen; ausfertigen, ausstellen | **~t(ament** *adv*) *adj* frei, unbehindert | flink, gewandt, geschickt | **~tesa** *f* Unbehindertheit *f* | Flinkheit, Gewandtheit, Geschicklichkeit *f* | **~tiu** (-iva *f*, -ivament *adv*) *adj* (geschäfts)tüchtig.

expel·lir (37) *vt* austreiben | ausstoßen | ausscheiden.

expen|dre (40) *vt* verkaufen, vertreiben | (*Falschgeld*) in Umlauf bringen | **~edor(a** *f*) *m* Verkäufer(in *f*), Vertreiber(in *f*) *m* | Ausgeber(in *f*) *m* | (*Falschgeld*) Verbreiter(in *f*) *m* | *s/m* (*Waren*) Automat *m* | **~edoria** *f* Verkaufsstelle *f* | **~ses** *f pl* = **despeses**.

exper|iència *f* Erfahrung *f* | (*Experiment*) Probe *f*, Versuch *m* | *tenir ~* Erfahrung haben, erfahren sein | *sense ~* unerfahren | **~iment** *m* Experiment *n*, Versuch *m* | Untersuchungsvorgang *m* | *fer ~s* experimentieren | **~imentable** *adj* (*m/f*) erprobbar, experimentierbar | **~imentació** *f* Experimentieren *n* | Erprobung *f* | **~imentador** *adj* erprobend, experimentierend || *s/mf* Experimentator(in *f*) *m* | **~imental(ment** *adv*) *adj* (*m/f*) experimentell | Experimental..., Versuchs... | *física ~* Experimentalphysik *f* | **~imentalisme** *m* Experimentierfreude *f* | **~imentalista** *adj* experimentierfreudig | **~imentar** (33) *vt* erproben, (aus)probieren | erfahren, erleben; empfinden, fühlen, spüren || *vi* experimentieren | **~imentat** (-ada *f*) *adj* erfahren (*en* in *dat*) | erprobt, bewährt | **~t** *adj* erfahren, sachkundig (*en* in *dat*) || *s/mf* Sachverständige(r *m*) (*m/f*), Experte *m*, -tin *f* | **~tesa** *f* Sachkenntnis *f*.

expia|ció *f* Sühne *f* | *ecl a.* Buße *f* | Verbüßen *n* | **~r** (33) *vt* (ent)sühnen | (*Strafe*) ab-, ver-büßen | **~tori** (-òria *f*) *adj* (ent)sühnend, Sühne...

expilació *f* = **espoliació**.

expira|ció *f* Ausatmung *f* | *fig* Ablauf *m* | Erlöschen *n* | **~r** (33) *vt* ausatmen || *vi* ausatmen | sterben | *fig* enden; ablaufen (*Frist*).

explana|ció *f* Erklärung, Erläuterung *f* | **~r** (33) *vt* erklären, erläutern.

expletiu (-iva *f*) *adj ling: mot ~* Füllwort *n*.

explica|ble *adj* (*m/f*) erklär-bar, -lich |

~ció f Erklärung, Erläuterung f | *donar una ~ a alg* j-m Genugtuung geben | **~dor, ~tiu** (**-iva** f) *adj a. ling* erklärend, erläuternd | **~r** (33) *vt* erklären, erläutern | (*Idee, Text*) klarmachen; interpretieren | *estud* (*Stoff*) unterrichten; (vor)lesen | (*Geschichte, Erlebnis*) erzählen | *~ filosofia* über Philosophie lesen | **~r-se** *v/r* s. erklären | s. ausdrücken | s. aussprechen | s. rechtfertigen.
explícit(**ament** *adv*) *adj* ausdrücklich, eindeutig, *lit* explizit(e).
explora|ble *adj* (*m/f*) erforschbar | *mil* zu erkunden | **~ció** f (Er)Forschung f | *med* Untersuchung f | *mil* Erkundung f | (*Boden, Gelände*) Exploration f | **~dor** *adj* Untersuchungs..., Forschungs... || *s/mf* Forscher(in f) m, Forschungsreisende(r m) m/f | Pfadfinder(in f) m | **~r** (33) *vt* erforschen | *med* untersuchen | *mil* erkunden | *lit cient* explorieren | *elect* abtasten | *tv* rastern.
explos|ible *adj* explodierbar, explosibel | **~ió** f a. *ling* Explosion f | *fig* (*von Gefühlen*) a. Ausbruch m | *fís:* ~ *nuclear* Kernexplosion f; *mil* Atomexplosion f | *~ demogràfica* Bevölkerungsexplosion f | *una ~ d'ira* e. Zorn(es)ausbruch m | *fer ~* explodieren | **~iu** (**-iva** f, **-ivament** *adv*) *adj a. ling* explosiv, Explosiv... | Spreng... | *fig* explosiv | *artefacte ~* Sprengkörper m || *s/m* Spreng-, Explosiv-stoff m | *s/f ling* Explosiv(laut) m | **~or** m (*bes Bergbau*) Zündmaschine f.
explota|ble *adj* (*m/f*) nutzbar; abbaufähig; verwertbar | **~ció** f Nutzung f; Abbau m, Ausbeutung f; Bewirtschaftung f; Betrieb m; Verwertung f | *desp* Ausbeutung, *arc* Exploitation f | *fig* Ausnutzung f | *~ minera* (*a cel obert, abusiva*) Berg-(Tage-, Raub-)bau m | *~ agrícola* landwirtschaftlicher Betrieb m | **~dor**(**a** f) m Nutzer(in f) m | *desp* Ausbeuter(in f) m | **~r**[1] (33) *vt* (wirtschaftlich) nutzen; (*Bodenschätze*) abbauen, ausbeuten; (*Land; Bauernhof; Gaststätte*) bewirtschaften; (*Geschäft; Lokal*) betreiben; (*Patent*) verwerten | *desp* (*Arbeitskraft, Proletarier; Kolonie*) ausbeuten, *arc* exploitieren | *fig* (*Situation, Begabung; Freund*) ausnutzen.
explotar[2] (33) *vi a. fig* explodieren | *fer ~* zur Explosion bringen; (*Mine;*

Bau; Flugzeug) sprengen.
exponen|cial *adj* (*m/f*) *mat* exponentiell, Exponential... || *s/f* Exponentialfunktion f | **~t** m a. *fig* Exponent m.
exporta|ble *adj* (*m/f*) export-, ausfuhr-fähig | **~ció** f Export m, Ausfuhr f | *article d'~* Exportartikel m | *drets d'~* Export-, Ausfuhr-zoll m | *llicència d'~* Ausfuhrlizenz f | **~dor** *adj* exportierend, ausführend | Export... | *país ~* Exportland n | *país ~ de petroli* erdölexportierendes Land n || *s/m* Exporteur m | **~r** (33) *vt* exportieren, ausführen.
exp|osar (33) *vt* (*Bilder, Modelle*) ausstellen; (*Waren*) a. auslegen; (*Meldungen*) aushängen; *catol* (*Allerheiligstes*) aussetzen | *fig* darlegen; erläutern, auseinandersetzen; *lit* (*einleitungsartig*) exponieren || *vi* ausstellen (*Künstler*) || *vt:* ~ *al sol* (*a la pluja, a la radiació, a un perill*) der Sonne (dem Regen, der Strahlung, e-r Gefahr) aussetzen, *lit* exponieren | *~ la vida* (*la salut, la reputació*) sein Leben (seine Gesundheit, seinen Ruf) gefährden, in Gefahr bringen *od* aufs Spiel setzen | *~ una pel·lícula* (*fotog*) e-n Film belichten | *~ un infant* e. Kind aussetzen | **~osar-se** *v/r:* *no et fa res d'exposar-te a retrets?* macht es dir nichts aus, dich Vorwürfen auszusetzen? | *va ~ ell per salvar la nena* er setzte sein Leben aufs Spiel, um das Mädchen zu retten | *va ~ a (és)ser detingut* er ging das Risiko ein, festgenommen zu werden | **~osat** (**-ada** f, **-adament** *adv*) *pp/adj:* *~ al vent* dem Wind ausgesetzt | *posició exposada* (*mil*) exponierte Stellung f | *és massa ~* es ist zu riskant | *sempre estem ~s a tenir un accident* wir sind immer der Gefahr ausgesetzt, e-n Unfall zu erleiden | **~osició** f *art com* Ausstellung; *com a.* Auslage; *catol* Aussetzung f | *fig* Darlegung; Erläuterung; *a. mús teat* Exposition f || (*e-s Kindes; der Sonne, e-r Gefahr*) Aussetzung f (*de gen; a dat*) | *fotog* Belichtung(szeit) f | *~ ambulant* (*permanent, universal*) Wander-(Dauer-, Welt-)ausstellung f | *~ al nord* Nordlage f | *~ de motius* (*dr polit*) Begründung f | **~osímetre** m *fotog* Belichtungsmesser m | **~òsit**(**a** f) m Findelkind n, Findling m | **~ositiu** (**-iva** f) *adj* darlegend, erläuternd; expositorisch | **~ositor**(**a** f) m Ausseller(in f) m.

expr|és (-essa) *f*) *adj* ausdrücklich; (*Absicht*) bestimmt | Eil..., Expreß... | *cafè* ~ Espresso *m* | *tren* ~ Schnellzug, D-Zug *m* || *adv* = **~essament** || *s/m* Eil-, Expreß-bote *m* | Schnellzug, D-Zug *m* | (*Kaffee*) Espresso *m* | **~essable** *adj* (*m/f*) ausdrückbar | **~essament** *adv* ausdrücklich | absichtlich; eigens, extra; *reg* expreß | **~essar** (33) *vt* ausdrücken | zum Ausdruck bringen | (*in Worten*) a. aussprechen | **~essar-se** *v/r* s. ausdrücken | *manera* d'~ Ausdrucksweise *f* | **~essió** *f* a. *mat* Ausdruck *m* | *ple* d'~ ausdrucksvoll | *sense* ~ ausdruckslos | **~essionisme** *m* Expressionismus *m* | **~essionista** *adj* (*m/f*) expressionistisch || *s/m/f* Expressionist(in *f*) *m* | **~essiu** (-iva *f*, -ivament *adv*) *adj* Ausdrucks... | ausdrucksvoll, *lit* expressiv | **~essivitat** *f* Ausdruckskraft, *lit* Expressivität *f*.

expropia|ble *adj* (*m/f*) enteignungsfähig | **~ció** *f dr* Enteignung *f* | ~ *forçosa* Zwangsenteignung *f* | **~r** (33) *vt dr* enteignen.

expugna|ble *adj* (*m/f*) erstürmbar | **~ció** *f* Erstürmung *f* | **~r** (33) *vt mil* erstürmen | (*Feind*) bezwingen.

expuls|ar (33) *vt* (*j-n*) vertreiben, *lit* austreiben (*de aus*); (*Mieter, Unruhestifter*) hinauswerfen; (*aus e-r Gemeinschaft*) aus-stoßen, -schließen; *dr polit* ausweisen, abschieben, des Landes verweisen; *esport* vom Platz verweisen; *estud* relegieren, von der Schule (*bzw* Hochschule) verweisen | (*etw*) austoßen; (*Leibesfrucht*) a. austreiben; *tecn* a. auswerfen; (*Patronenhülse*) auswerfen; (*Harn*) ausscheiden | *el van ~ de la sala* er wurde aus dem Saal gewiesen *od* verwiesen | *el van ~ a França* er wurde nach Frankreich abgeschoben | **~ió** *f* Ver-, Aus-treibung *f*; Hinauswurf *m*; Aus-stoßung *f*, -schluß *m*; *dr polit* Ausweisung *f*; *esport* Platzverweis *m*; *estud* Relegation, Verweisung *f* | Ausstoßung *f*; Austreibung *f*; Auswerfen *n*; Ausscheiden *n*; *med* Expulsion *f* | **~iu** (-iva *f*) *adj med* expulsiv | **~or** *adj* ausstoßend || *s/m tecn mil* Auswerfer *m*.

expurga|ció *f fig* Reinigung, Säuberung *f* | **~r** (33) *vt fig* reinigen, säubern (*de von*) | *lit* die anstößigen Stellen entfernen aus | **~tori (-òria** *f*) *adj fig* reinigend, säubernd.

exquisi|desa *f* = **~tat** | **~t** (**-ida** *f*, **-ida-**
ment *adv*) *adj* vor-züglich, -trefflich, ausgesucht, erlesen, exquisit | **~tat** *f* Vorzüglichkeit, Erlesenheit *f*.

exsangüe *adj* (*m/f*) *adj* blutleer.

exsuda|ció *f* Ausschwitzung, Exsudation *f* | **~r** (33) *vi cient* ausschwitzen | **~t** *m* Exsudat *n*.

èxtasi *m* Verzückung, Ekstase *f*.

ext|asiar (33) *vt* verzücken, in Ekstase versetzen | **~asiar-se** *v/r* in Verzückung (*od* Ekstase) geraten (*amb* über *ac*) | **~àtic(ament** *adv*) *adj* verzückt, ekstatisch.

extemporani (**-ània** *f*, **-àniament** *adv*) *adj* unzeitgemäß | *fig* unpassend, unangebracht, unzeitig | *ant* unvorbereitet, Stehgreif..., extemporiert.

extens *adj* ausgedehnt, weit | (*Vortrag, Bericht, Artikel*) ausführlich | **~ament** *adv* ausführlich | **~ible** *adj* (*m/f*) (aus)dehnbar | (*Teleskop, Stativ, Tisch*) ausziehbar | **~ió** *f* Ausdehnung *f*; Umfang *m*; Fläche *f*; (*Meer, Wüste*) Weite *f* | (*Dauer*) Länge *f* | *filos ling* (Begriffs)Umfang *m*, Extension *f* | (*von e-m Glied*) Streckung; *med* Extension *f* | (*Telefon*) (Neben)Anschluß *m* | ~ *12* Apparat 12 | *per ~* (*ling*) im weiteren Sinn(e); darüber hinaus, überdies | **~iu** (**-iva** *f*, **-ivament** *adv*) *adj* ausdehnend | *agr* extensiv | *conreu ~* Extensivkultur *f* | *fer ~ a* ausdehnen auf (*ac*) | **~or** *adj bes anat* Streck... || *s/m anat* Streckmuskel, Strecker *m* | *esport* Expander *m*.

extenua|ció *f* Erschöpfung *f* | **~nt** *adj* (*m/f*) erschöpfend, aufreibend | **~r(-se)** (33) *vt*(*/r*) (s.) erschöpfen, (s.) aufreiben.

exterior *adj* (*m/f*) äußere(r, -s) | *polit com a. bes fig* äußerlich | Außen... | *angle* (*comerç, món, paret, política*) ~ Außen-winkel *m* (-handel *m*, -welt, -wand, -politik *f*) | *mercat* (*endeutament*) ~ Auslands-markt *m* (-verschuldung *f*) | *ajuda* ~ Hilfe *f* von Außen | *roba* ~ Oberbekleidung *f* | *una habitació* ~ e. Zimmer nach außen *od* zur Straße | *una alegria merament* ~ e-e rein äußerliche Freude || *s/m* Äußere(s), *lit* Exterieur *n* | (*Haus, Gegenstand*) a. Außenseite *f*, *lit* Exterieur *n* | Ausland *n* | Wohnung *f* zur Straße | *l'~ del cotxe és vermell* das Auto ist (von) außen rot | *l'estable és a l'~ de la casa* der Stall liegt außerhalb des Hauses || *s/m pl cin* Außenaufnahmen *f pl* | **~itat** *f* Äußerlichkeit *f* | **~ització** *f* Äußerung *f* |

~itzar (33) *vt* äußern, zum Ausdruck bringen | sichtbar machen | *psic* externalisieren | **~itzar-se** *v/r* s. äußern, zum Ausdruck kommen | **~ment** *adv* äußerlich | (von) außen.

extermin|ació *f* = **~i** | **~ador** *adj* ausrottend, vertilgend, vernichtend | *ecl: l'àngel* ~ der Würgengel | **~ar** (33) *vt* ausrotten, vertilgen, vernichten | **~i** *m* Ausrottung, Vertilgung, Vernichtung *f*.

extern *adj* äußere(r-, -s), *a. med* äußerlich, *lit* (*bes Schüler*) extern | Außen... | *Bal* auswärts, fremd | *med: d'ús* (od *per a ús*) ~ äußerlich anzuwenden || *s/mf estud* Externe(r *m*) *m/f* | **~ament** *adv* äußerlich | **~at** *m estud* Externat *n*.

exterritorial *adj* (*m/f*) = **extraterritorial**.

extin|ció *f* (Aus)Löschen *n* | Löschung; Tilgung *f* | *bes dr* Erlöschen *n* | *astr fis* Extinktion *f* | ~ *d'una raça* Aussterben *n* e-r Rasse | **~gir** (37) *vt* (*Feuer, Licht*) (aus)löschen | (*Durst, Recht, Pflicht*) löschen; (*Schuld*) *a.* tilgen | (*Leben, Leidenschaft, Hoffnung*) zerstören, vernichten | **~gir-se** *v/r a. dr* erlöschen | *biol fig a.* aussterben | **~git** (-**ida** *f*), **~t** *adj* erloschen | ausgestorben | **~tor** *m* (Feuer)Löscher *m*, (Feuer)Löschgerät *n*.

extirpa|ció *f* Ausreißen *n* | *a. fig* Ausrottung *f* | *med* (operative) Entfernung, Exstirpation *f* | **~r** (33) *vt* (*Pflanze*) ausreißen | *a. fig* ausrotten | *med* (operativ) entfernen, exstirpieren.

extor|quir (37) *vt dr* erpressen | **~sió** *f dr* Erpressung *f*.

extra *adj* (*m/f*) außergewöhnlich | erstklassig | zusätzlich | *umg* extra | Sonder..., Extra... | *fer hores extres* Überstunden machen || *s/m* (etwas) Besonderes *bzw* Zusätzliches *n* | (*bes Zubehör*) *mst pl* Extra *n* | *avui farem un* ~ heute leisten wir uns etwas Besonderes | *un cotxe amb molts extres* e. Auto mit vielen Extras || *s/m/f teat cin* Statist(in *f*) *m*.

extrac|ció *f* (Her)Ausziehen *n* | *med a.* Extraktion *f*; (Zahn)Ziehen *n* | *quím* Ausziehen *n*, Extraktion *f* | *mat* (Wurzel)Ziehen *n* | *econ* Gewinnung, *min a.* Förderung *f* | *sociol* (*a.* ~ *sozial*) Herkunft, soziale Abstammung *f* | (*Lotterie*) Ziehung *f* | **~tar** (33) *vt* (*Text, Rede*) zusammenfassen; ausziehen, Auszüge machen aus | (*Text*) *a.* exzerpieren | **~te** *m* (*Zusammenfassung*) Ex-

trakt *m* | (*Ausgewähltes*) Auszug *m*; (*aus e-m Schriftwerk*) *a.* Exzerpt *n* | *banc dr* Auszug *m* | = **extret** | **~tiu** (-**iva** *f*) *adj quím* extraktiv, Extraktiv... | *min* Abbau... | **~tor** *adj tecn* Abzugs... | *bes min* Forder... || *s/m* (*Feuerwaffe*) Auszieher *m* | (*Gas, Dampf*) Abzug *m* | ~ *de mel* Honigschleuder *f*.

extradi|ció *f dr* Auslieferung *f* | **~r** (37) *vt* ausliefern.

extradós *m* (*pl* -**ossos**) *arquit* Bogen-, Gewölbe-rücken *m* | *aeron* Flügel- *bzw* Tragflächen-oberseite *f*.

extra|judicial(**ment** *adv*) *adj* (*m/f*) *dr* außergerichtlich | **~legal**(**ment** *adv*) *adj* (*m/f*) außergesetzlich | **~limitar-se** (33) *v/r* das Maß (*bzw* die Grenzen, s-e Befugnisse, s-e Fähigkeiten) überschreiten; *fig* zu weit gehen | **~murs** *adv* extra muros, außerhalb der (Stadt-) Mauern | **~oficial**(**ment** *adv*) *adj* (*m/f*) außeramtlich, inoffiziell | **~ordinari** (-**ària** *f*, -**àriament** *adv*) *adj* außerordentlich | außergewöhnlich | Sonder... | *hores extraordinàries* Überstunden *f pl* | *sessió extraordinària* außerordentliche Sitzung, Sondersitzung *f* | *és un artista* ~ er ist e. außergewöhnlicher Künstler || *s/m* Außergewöhnliche(s) *n* | *gastr* zusätzliche(r) Gang *m* (*Zeitung, Geld*) Extra-, Sonder-ausgabe *f* | **~parlamentari** (-**ària** *f*) *adj polít* außerparlamentarisch.

extrapola|ció *f* Extrapolation *f* | **~r** (33) *vt a. fig* extrapolieren.

extra|radi *m* Stadtrand *m*, Peripherie *f* | **~terrestre** *adj* (*m/f*) außerirdisch, extraterrestrisch || *s/m/f* außerirdische(s) Lebewesen *n*.

extraterritorial *adj* (*m/f*) *dr* exterritorial | **~itat** *f* Exterritorialität *f*.

extraure (40) *vt* = **extreure**.

extrauterí (-**ina** *f*) *adj med* extrauterin.

extravag|ància *f* Extravaganz *f* | **~ant**(**ment** *adv*) *adj* (*m/f*) extravagant || *s/m/f* extravagante Person *f*.

extra|vasar-se (33) *v/r. a. med* austreten (*Flüssigkeit*) | **~venar-se** (33) *v/r med* austreten (*Blut*).

extraver|sió *f* Extravertiertheit *f*, *psic* Extraversion *f* | **~tit** (-**ida** *f*) *adj* extravertiert || *s/mf* extravertierte(r) Mensch *m*, Extravertierte(r *m*) *m/f*.

extravia|r (33) *vt* irreführen | *fig* auf Abwege bringen | **~r-se** *v/r* s. verirren | *fig* auf Abwege geraten | abhanden

extrem

kommen, verlegt werden (*etw*) | **~t** (**-ada** *f*) *adj* verirrt | *fig* vom rechten Weg abgekommen.

extrem *adj* äußerst(e, -s) | *fig a.* extrem | *mat* extrem | *l'~ Orient* der Ferne Osten | *l'~a dreta* (*esquerra*) die äußerste (*od* extreme) Rechte (Linke) | *un partit d'~a esquerra* (*dreta*) e-e links-(rechts-)extremistische (*od* -extreme) Partei | *mitjans ~s* äußerste (*od* letzte) Mittel *m pl* | *fins a l'~a vellesa* bis ins höchste Alter | *la més ~a pobresa* die größte (*od* bitterste) Armut | *un cas ~* e. extremer Fall, e. Extremfall *m* | *una opinió ~a* e-e extreme Ansicht | *temperatures ~es* extreme Temperaturen *f pl* || *s/m* (äußerstes) Ende *n* | *fig* Extrem *n* | *esport* Außenstürmer *m* | *mat* Extrem-punkt *bzw* -wert *m* | *esport: ~ dret* (*esquerra*) Rechts-(Links-)außen *m* | *els ~s dels dits* die Fingerspitzen *f pl* | *a l'altre ~ del carrer* am anderen Ende der Straße | *l'~ meridional d'Itàlia* der südlichste Zipfel Italiens | *amb ~* aufs äußerste; außerordentlich; im höchsten Grade | *d'~ a ~* von e-m Ende (bis) zum anderen | *anar d'~ a ~* od *anar* (od *passar*) *d'un ~ a l'altre* aus (*od* von) e-m Extrem ins andere fallen | *portar u/c a l'~* od *a l'últim ~* etw bis zum Äußersten (*od* Extrem) treiben | *ha arribat* (*fins*) *a l'~ d'amenaçar-la amb el divorci* er ist so weit gegangen, ihr mit der Scheidung zu drohen | *els ~s es toquen* die Extreme berühren s. | **~ament** *adv* äußerst, extrem, höchst | **~ar** (33) *vt* bis zum Äußersten treiben | übertreiben | **~at** (**-ada** *f*, **-adament** *adv*) *adj* maßlos | übertrieben | (*Kleid*, *Person*) todschick | **~isme** *m* Extremismus *m* |

~ista *adj* (*m/f*) extremistisch || *s/m/f* Extremist(in *f*) *m* | **~itat** *f* Extremität *f* | *anat mst pl a.* Gliedmaße(n *pl*) *f* | **~itud** *f* höchster Grad *m* | *mst pl* Zuckung(en *pl*) *f* | *en l'~ de la seva desesperació* in s-r äußersten Verzweiflung | *fer ~s zucken* | (*és*)*ser a les ~s* in den letzten Zügen liegen | **~ós** (**-osa** *f*, **-osament** *adv*) *adj* maßlos | überschwenglich | **~unciar** (33) *vt* (*j-m*) die letzte Ölung spenden | **~unció** *f ecl* letzte Ölung *f*.

extre|t *m med gastr* Extrakt *m* | *gräf* Sonder(ab)druck *m* | **~ure** (40) *vt* (her)ausziehen (*de* aus) | *med a.* (*Zahn*) ziehen, (*a. Fremdkörper*) extrahieren | *quím* ausziehen, extrahieren | *mat* (*Wurzel*) ziehen | (*Naturerzeugnis*) gewinnen, (*Erz*, *Öl*) a. fördern | (*Los*) ziehen | (*Textstelle*) heraus-ziehen, -schreiben, exzerpieren.

extrínsec(**ament** *adv*) *adj* äußere(r, -s), äußerlich, *lit* extrinsisch | *raó extrínseca* äußerer Grund *m* | *valor ~* (*econ*) Nennwert *m*.

extrus|ió *f* Extrusion *f* | *tecn a.* Fließpressen *n* | **~ora** *f tecn* Extruder *m*.

exube|rància *f* (Über)Fülle *f* | Üppigkeit *f* | *fig* Überschwenglichkeit *f* | *~ de paraules* Wortschwall *m* | **~rant**(**ment** *adv*) *adj* (*m/f*) üppig | *fig* strotzend; überschwenglich.

exulcera|ció *f med* Exulzeration, Geschwürbildung *f* | **~r** (33) *vt* geschwürartig verändern | **~r-se** *v/r* exulzerieren, s. geschwürartig verändern.

exulta|ció *f* Frohlocken *n*, Jubel *m* | **~nt** *adj* (*m/f*) frohlockend, jubelnd | **~r** (33) *vi* frohlocken, jubeln.

exúvia *f zool* Exuvie *f*.

ex-vot *m ecl* Exvoto *n*, Weih-gabe *f*, -geschenk *n* | Votivbild *n*.

F

f, F f f, F n.
fa m (pl fas) mús f; F n | (beim Solmisieren) fa n | ~ major F-Dur n | ~ menor f-Moll n | ~ natural f; F n | ~ bemoll fes; Fes n | ~ sostingut od diesi fis; Fis n | clau de ~ F-Schlüssel, Baßschlüssel m.
fabà|cies f pl bot Schmetterlingsblütler m pl | **~ria** f bot Große Fetthenne f.
fàbrica f indús Fabrik f, Werk n | constr Bau(en n) m; Mauerwerk; Gebäude n | ecl Kirchen-fabrik, -stiftung f | ~ de cervesa Brauerei f | ~ de paper Papier-fabrik, arc -mühle f | ~ tèxtil Textilfabrik f | ~ de teixits Weberei f | de ~ (constr) gemauert | marca (preu) de ~ Fabrik-marke f (-preis m).
fabri|cació f indús Fabrikation, Herstellung, (An)Fertigung f | defecte de ~ Fabrikationsfehler m | de ~ catalana in Katalonien hergestellt | **~cador(a** f) m Hersteller(in f) m | fig Erfinder(in f) m | ~ de mentides Lügen-beutel, -sack m | ~ de moneda falsa Falschmünzer m | **~cant** m/f Fabrikant(in f) m | **~car** (33) vt herstellen, (an)fertigen | (Maschinen) a. bauen | constr (er)bauen, errichten | fig aufbauen, mühsam erarbeiten | (Lüge, Betrug) erfinden, austüfteln | **~l** adj (m/f) Fabrik..., Industrie... | fabrikmäßig.
fabul|ació f Fabeln, Fabulieren n | Fabelei f | psic Konfabulation f | capacitat de ~ Fabulierkunst f | **~ista** m/f Fabeldichter(in f) m | **~ós (-osa** f, **-osament** adv) adj sagenhaft, legendär, mythisch | Fabel... | fig fabel-, märchen-, sagen-haft, fabulös | animal (món) ~ Fabel-tier n (-welt f).
faç f lit Antlitz n | Vorderseite; Oberflä-che f | la Santa ~ das Heilige Antlitz | **~ana** f Fassade f.
facci|ó f Bande, desp Rotte f; polít (Partei)Gruppe, arc Faktion f | mil Kriegstat f; (Wach)Dienst m ‖ pl Gesichtszüge m pl | **~ós (-osa** f) adj aufrührerisch, rebellisch, arc faktiös ‖ s/mf Aufrührer(in f), Rebell(in f) m.
fac|ècia f Witz, Scherz m | Streich m | **~eciós (-osa** f, **-osament** adv) adj witzig, scherzhaft | (a. Person) spaßig | un home ~ e. Spaßmacher m.
fac|eta f Facette f | fig Seite f, Aspekt m | tenir moltes facetes (fig) vielseitig sein; viele Seiten haben | **~ial** adj (m/f) Gesichts... | med a. fazial.
fàcies f cient Fazies f.
fàcil adj (m/f) leicht, einfach | (Mädchen) leicht(-fertig, -lebig, -sinnig) | (Redner) wort-, rede-gewandt | una feina (un examen) ~ e-e leichte Arbeit (Prüfung) | una posició ~ e-e bequeme Haltung | t'ho fas massa ~ du machst es dir zu leicht | un text ~ d'entendre e. leichtverständlicher (od leicht zu verstehender) Text | és ~ que vinguin es ist leicht möglich, daß sie kommen.
facilita|ció f Erleichterung f | **~r** (33) vt erleichtern | ermöglichen | zur Verfügung stellen; besorgen, verschaffen | **~t** f Leichtigkeit f | Gewandtheit, Fertigkeit f | Erleichterung, banc a. Fazilität f | ~ de paraula Wortgewandtheit f | **~s de pagament** Zahlungserleichterungen f pl | tenir ~ per a aprendre idiomes sprachbegabt sein.
fàcilment adv leicht | mühelos.
facinerós (-osa f) adj ruchlos, verbrecherisch ‖ s/mf Übeltäter(in f), Verbrecher(in f) m.

facsímil *m* Faksimile *n* | *edició* ~ Faksimileausgabe *f* | **~tible** *adj* (*m/f*) aus-, durch-führbar | möglich; machbar.

fàctic *adj* faktisch, tatsächlich, wirklich.

factici (**-ícia** *f*) *adj* künstlich | **~itiu** (**-iva**) *adj ling* faktitiv | *verb* ~ faktitives Verb, Faktitiv(um) *n* | **~or**(**a** *f*) *m com* Agent(in *f*) *m*, Bevollmächtigte(r *m*) *m/f* | *ferroc* Gepäckmeister *m* | *mil* Fourageoffizier *m* || *s/m* (*Element*) *a. biol mat* Faktor *m* | ~ *Rh* Rhesusfaktor, Rh-Faktor *m* | ~ *hereditari* Erbfaktor *m* | **~oria** *f hist* Faktorei, Handelsniederlassung *f* | **~orial** *adj* (*m/f*) Faktoren... | *anàlisi* ~ Faktorenanalyse *f* || *s/f mat* Fakultät *f* | **~òtum** *m* Faktotum *n* | **~ura** *f econ* Rechnung, Faktur *f*; (*Liste*) Lieferschein *m*, Faktur *f* | *bes art* Ausführung, Gestaltungsart *f* | **~uració** *f econ* Berechnung, Fakturierung *f* | (*Gepäck*) Aufgabe *f* | **~urador** *adj* Fakturier... || *s/mf* Fakturist(in *f*) *m* || *s/f* (*a. màquina* ~*a*) Fakturiermaschine *f* | **~urar** (33) *vt econ* berechnen, in Rechnung stellen, fakturieren | (*Gepäck, Fracht*) aufgeben.

fàcula *f astr* Sonnenfackel *f*.

facultar (33) *vt:* ~ *alg per fer u/c* j-n ermächtigen (*bzw* befähigen, befugen), etw zu tun | **~t** *f* Fähigkeit *f*, Vermögen *n*, Kraft *f* | *dr* Macht, Befugnis *f*, Recht *n*, Berechtigung *f* | (*Universität*) Fakultät *f* | *la* ~ *de pensar* die Denkfähigkeit, das Denkvermögen | *la* ~ *de medicina* (*de dret*) die medizinische (juristische) Fakultät || *pl* Fähigkeiten *f pl* | Begabung *f*; Talent *n* | *tenir pertorbades les* ~*s mentals* geistesgestört sein | **~tiu** (**-iva** *f*, **-ivament** *adv*) *adj* fakultativ | ärztlich | *prescripció facultativa* ärztliche Vorschrift *f* || *s/mf* Befähigte(r *m*) *m/f* | *bes* Arzt *m*, Ärztin *f*.

facúndia *f* Redegewandtheit *f* | *desp* Redseligkeit *f* | **~undiós** (**-osa** *f*, **-osament** *adv*) *adj* redegewandt | redselig.

fada *f* Fee *f* | *un conte de fades* e. Feenmärchen *n* | **~r** (33) *vt* verzaubern | behexen.

fadejar (33) *vi* etwas fad(e) sein | *ant reg* (herum)albern | **~sa** *f* Fadheit *f* | *ant reg* Albernheit *f*.

fadiga *f dr hist* Vorkaufsrecht *n* | = **fatiga**.

fàding *m rad* Fading *n*.

fador *f* = **fadesa**.

fadrí (**-ina** *f*) *m* Junge *m*, (junges) Mädchen *n* | *bes* Junggeselle *m*, -lin *f* | (*Handwerk*) Geselle *m*, -lin *f* | ~ *extern* = **~istern** | **~inalla** *f col: la* ~ die Jugend, das junge Volk, die jungen Leute | *la* ~ *del poble* die Dorfjugend | **~inatge** *m* Junggesellentum *n*, -stand *m* | Gesellengrad *m* | *fer el* ~ s. austoben; s. die Hörner abstoßen | **~inejar** (33) *vi* s. austoben, s. ausleben | **~inesa** *f* Jugend(zeit) *f* | Junggesellenzeit *f* | **~istern** *m* jüngerer(r) Sohn *m*.

faedor *m rel: el suprem* ~ der Schöpfer *m* | **~na** *f ant reg* = **feina** | **~r** *vt/i ant* = **fer**.

faetó *m* Phaeton *m* (*Wagen*).

fagàcies *f pl bot* Buchengewächse *n pl* | **~als** *f pl bot* buchenartige Pflanzen *f pl* | **~eda** *f* Buchenwald *m*.

fagina *f zool* Haus-, Stein-marder *m*.

fagòcit *m biol* Phagozyte, Freßzelle *f*.

fagony *m* (*Wind*) Föhn *m*.

fagot *m mús* Fagott *n* || *s/m/f* = **~ista** | **~ista** *m/f* Fagottist(in *f*) *m*.

fai *m tèxt* Seidenrips *m*.

faiança *f* Fayence *f*.

faiçó *f* Machen *n*, (An)Fertigung *f* | Machart, Fasson *f* || *pl ant* = **faccions**.

faig *m bot* (Rot)Buche *f*.

faisà (**-ana** *f*) *m ornit* Fasan(enhenne *f*) *m* | **~anera** *f* Fasanerie *f*.

faisó *f lit* Art, Weise *f*.

faixa *f* Mieder, (*mit Stäben*) Korsett *n* | Bauchbinde *f* | *p ext* Gürtel *m*; Schärpe *f* | *corr* Kreuz-, Streif-band *n* | *ict* Sensenfisch *m* | (*Papier, Stoff, Land*) Streifen *m* | (*Wappen*) Balken *m* | **~ar** (33) *vt* (ein)schnüren | (*j-n*) *a.* gürten | (*Säugling*) wickeln | *corr* mit Streifbändern versehen | **~ar-se** *v/r* s. (ein)schnüren | s. gürten | **~at** (**-ada** *f*) *adj* geschnürt | gegürtet | (*Wappen*) mit verschiedenen Balken | **~í** *m bes mil* Schärpe *f* | **~ó** *m nàut* Segelrand *m*.

faja *f bot* Buchecker *f*.

fajol *m bot* Echte(r) Buchweizen *m* | ~ *boig* od *de moro* Tatarischer(r) Buchweizen *m* | **~ar** *m agr* Buchweizenkultur *f*, -feld *n*.

fajosa *f* = **fageda**.

falaguer (**ament** *adv*) *adj* schmeichelhaft | schmeichlerisch | **~ia** *f* Schmeichelei *f*.

falange *f* Phalanx *f* | *anat a.* Finger- (*bzw* Zehen-)glied *n* | **~eta** *f anat* drittes

Finger- (bzw Zehen-)glied n | **~ina** f anat zweites Finger- (bzw Zehen-)glied n | **~ista**¹ m zool Flug(eich)hörnchen n | **~ista**² m/f polít Falangist(in f) m.
falb adj falb.
falç f agr Sichel f.
falca f Keil m | nàut Setzbord n | ling Lit Füll-, Flick-wort n | ~ publicitària Werbespot m.
falçada f Sichelhieb m | = **falçat**.
falcar (33) vt verkeilen.
fal|çat m Sichelschwaden m | **~cejar** (33) vi sicheln | **~cia** f = **~cilla**² | **~ciforme** adj (m/f) sichelförmig | **~cilla**¹ f (Schuster)Kneif m | **~cilla**² f = **~cillot** | **~cillot** m ornit Mauersegler m | **~ciot** m = **~cillot**.
falcó m ornit Falke m | ~ gros od perdiguer Habicht m | ~ negre Baumfalke m | ~ petit Merlin m | ~ vesper Wespenbussard m.
falcó m agr Hippe f.
falc|onada f Sturzflug m (des Falken auf s-e Beute) | fig Angriff m | donar (od pegar) ~ a alg od u/c s. auf j-n od etw stürzen, über j-n od etw herfallen | **~oner** m Falkner, Falkenier m | **~oneria** f Falknerei f | **~ònids** m pl ornit Falken m pl | **~oniformes** m pl ornit Greifvögel m pl.
fald|a f Schoß m | (Berg) Abhang m; Fuß m | asseure's a la ~ d'alg s. auf j-s Schoß setzen, s. j-m auf den Schoß setzen | **~ada** f: una ~ de pomes e-e Schürze (bzw e. Rock) voll Äpfel | **~ar** m Schößchen n | mil hist Panzerschurz m | (Berg) = **falda** | (Kamin) Sims m | **~ara** f (Baby) Wickeltuch n | **~ejar** (33) vt (e-n Hang, an e-m Hang) entlang-gehen, -wandern || vi auf dem Schoß sitzen | **~ellí** m (Über-)Röckchen n | **~er** adj: nen (gos) ~ Schoß-kind (-hündchen) n || s/m Schleppenträger m | desp Speichellecker m | **~illa** f mst pl Rock m | faldilles acampanades (prisades) Glocken-(Plissee-)rock m | faldilles curtes (llargues) kurzer (langer) Rock m | **~iller** adj m: és molt ~ er ist (od läuft) hinter jedem Rock her | **~illeta** f mst pl Röckchen n || s/m mst pl: és un faldilletes er ist e. Weichling od e. weibischer Kerl m | **~istori** m (Bischof) Faldistorium n, Armlehnstuhl m | **~ó** m (Frack, Rock) Schoß m.
falena f zool Nachtfalter, Spanner m.
falg|ar m = **~uerar** | **~uera** f bot Farn(kraut n) m | ~ femella Frauenfarn m | ~ mascle (Gemeiner) Wurmfarn m | **~uerar** m Farngebüsch n | **~uereta** f bot Tüpfelfarn m («Asplenium fontanum») | **~uerola** f bot = **falzilla**.
fall m geol Kluft, Spalte f | (Kopf) klaffende Wunde f | **~a**¹ f geol Verwerfung f | = **manca**.
falla² f Fackel f | folk (Fest)Feuer n; bes (Pyrenäen) Johannisfeuer n | folk (València): am Abend des Josephstags abgebrannte Figurengruppe || pl: valencianisches Volksfest am Josephstag.
fal·l|aç(ment adv) adj (m/f) trügerisch | erheuchelt (Hoffnung) eitel | **~àcia** f Trug m | Betrug m | **~aciós (-osa** f, -**osament** adv) adj = **fal·laç(ment)**.
fallada f Verfehlen n | Versagen n | Fehlschlag m | (Kartenspiel) Trumpfstich m, Trumpfen n.
fallaire m/f folk Fackelträger(in f) m.
fallar (33) vt verfehlen, nicht treffen | ~ un tret (am Ziel) vorbeischießen || vi versagen | scheitern; fehlschlagen; miß-lingen, -glücken | vorbei-schießen bzw -treffen | el motor va ~ der Motor versagte | em van ~ les cames die Beine versagten mir | no ens falleu! enttäuscht uns nicht!; laßt uns nicht im Stich! || vt/i (mit Trumpf) stechen.
falleba f Drehriegel, Espagnoletteverschluß m.
faller adj folk Falles... | s: falla² || s/mf Fallesvereinsmitglied n | **~a** major Fallesprinzessin f.
fal·lera f = **dèria** | té una gran ~ per la Maria er ist ganz weg von Maria.
falleva f = **falleba**.
fal·li|bilitat f Fehlbarkeit f | **~ble** adj (m/f) fehlbar.
fàl·lic adj phallisch, Phallus...
falli|da f Versagen n | dr econ Bankrott, Konkurs m | ~ cardíaca Herzversagen n | declarar-se en ~ s. (für) bankrott erklären | estar en ~ (a. fig) bankrott sein | fer ~ (a. fig) Bankrott machen | **~r** (37) vi = **fallar** | dr econ fallieren, Bankrott machen, in Konkurs gehen | **~t (-ida** f) adj verfehlt | Fehl... | dr econ bankrott, zahlungsunfähig.
fal·lus m Phallus m.
falòrnia f Flunkerei, Fabel(ei) f | Flause f | tot això són falòrnies das ist alles geflunkert; das ist alles Humbug od Mumpitz m.

fals *adj* falsch | *a.* unecht; unwahr, nicht wahr; unrichtig, verkehrt; unaufrichtig, hinterhältig, scheinheilig | Falsch... | Schein... | ~*a alarma* falscher (*od* blinder) Alarm *m* | ~*a costella* (*acàcia*) falsche Rippe (Akazie) *f* | ~ *equilibri* labile(s) Gleichgewicht *n* | ~*a modèstia* falsche Bescheidenheit *f* | ~ *problema* Scheinproblem *n* | ~ *profeta* falsche(r) Prophet *m* | ~ *testimoni* (*dr*) Falschaussage *f*; (*bíbl*) falsche(s) Zeugnis *n* | ~*es esperances* trügerische Hoffnungen *f pl* | *clau* ~*a* Nachschlüssel *m* | *jurament* ~ (*dr*) Falscheid; (*willentlich*) Meineid *m* | *nota* ~*a* (*mús*) falsche Note *f* | *persona* ~*a* falsche(r) Mensch *m* | *testimoniatge* ~ falsche Zeugenaussage *f* || *en* ~ : *agafar alg en* ~ j-n bei e-r Lüge ertappen | *edificar en* ~ auf unsicherem Boden bauen | *jurar* (*declarar*) *en* ~ falsch schwören (aussagen) | *posar el peu en* ~ falsch (auf)treten, fehltreten | *sortida en* ~ Fehlstart *m* | ~**ament** *adv* falsch | fälschlich(erweise) | ~**ar** (33) *vt filos* falsifizieren | *ant* = ~**ejar**; ~**ificar** | ~**ari** (-**ària**) *f*) *m* Schwindler(in *f*) *m* | *ant* Fälscher(in *f*) *m* | ~**edat** *f* Falschheit *f* | (*a. Lüge*) Unwahrheit *f* | ~**ejament** *m* Verfälschung, Entstellung *f* | ~**ejar** (33) *vt* verfälschen, entstellen | (*Versprechen*) brechen | ~ *la vista a alg* j-n absichtlich übersehen | ~**et** *m mús* Falsett *n*, Kopfstimme *f* | *veu de* ~ Falsettstimme *f* | ~**ia** Heuchelei *f* | Heimtücke *f* | = ~**edat** | ~**ificació** *f* (Ver)Fälschung *f* | ~**ificador**(**a** *f*) *m* Fälscher(in *f*) *m* | ~**ificar** (33) *vt* fälschen | (*Wein, Lebensmittel; Geschichte*) verfälschen.

falta *f* Mangel *m* (*de an dat*); Fehlen *n* (von) | (*estud a.* ~ *d'assistència*) Fehlen, Fernbleiben *n* | (*Unrichtigkeit*) Fehler *m*; *a. dr* Vergehen *n*, Verstoß *m*; *esport* Foul *n*, Regelverstoß *m*, (*bes Tennis*) Fehler *m* | ~ *de diners* (*concentració*) Mangel an Geld (Konzentration), Geld-(Konzentrations-)mangel *m* | ~ *d'escrúpols* (*de pare*) Skrupel-(Vater-)losigkeit *f* | ~ *d'ortografia* (*d'impremta*) Rechtschreib-(Druck-)fehler *m* | *a* ~ *de* mangels, in Ermang(e)lung (*gen*) | *a* ~ *d'aigua, beurem vi* da wir k. Wasser haben, werden wir Wein trinken | *per* ~ *de* aus Mangel an (*dat*) | *per* ~ *de temps* aus Mangel an Zeit, aus Zeitmangel | *sens* ~ ganz bestimmt, auf jeden Fall | *cometre una* ~ (*de disciplina*) e-n Fehler (e. Disziplinarvergehen) begehen | *han fet* ~ *al porter* der Torwart ist gefoult worden | *fas moltes faltes* du machst viele Fehler; du fehlst oft | *encara fan* ~ *metges* es fehlt noch an Ärzten | *em fas molta* ~ du fehlst mir sehr | *faig* ~ *a casa* ich werde zu Hause gebraucht *od* benötigt | *et fa* ~ *un ordinador* du brauchst e-n Computer | *em fa* ~ *el llapis* ich brauche den Bleistift | *els fa* ~ *un escarment* sie haben e-e Lektion nötig | *no fa* ~ *que vinguis* du brauchst nicht mitzukommen | *el professor t'ha posat* ~ der Lehrer hat dich als fehlend eingetragen | *només ha tingut una* ~ *i ja es pensa que està embarassada* ihre Periode ist erst einmal ausgeblieben, und nun glaubt sie s. schon schwanger | ~**r** (33) *vi* fehlen | (*nicht od nicht ausreichend verfügbar sein*) *a.* mangeln | *ens falta de tot* es fehlt (*od* mangelt) uns an allem | *em falten tres dents* mir fehlen drei Zähne | *hi falta la firma* es fehlt die Unterschrift | *falten diners* es fehlt Geld | *falta algú?* fehlt jemand? | *en Carles falta sovint a classe* (*a la feina*) Karl fehlt oft in der Schule (bei der Arbeit) | *el dia que ell falti...* wenn er einmal nicht mehr ist... | *no hi* ~**é***!* ich komme ganz bestimmt! | *només faltava això od aquesta!* das fehlte gerade noch! | *ja no falta gaire* es fehlt nicht mehr viel; es ist nicht mehr weit; es dauert nicht mehr lange | *falten cinc minuts per a les dotze* in fünf Minuten ist es zwölf Uhr; es ist fünf vor zwölf | *poc se'n va* ~ *que ens baralléssim* es fehlte nicht viel, und wir hätten Streit bekommen | *què falta fer?* was muß noch gemacht werden? | *confesso que he faltat greument* ich gebe zu, daß ich sehr gefehlt habe || ~ (*al respecte*) *a alg* j-n (in s-r Ehre) beleidigen | ~ *a una regla* gegen e-e Regel verstoßen | ~ *a una promesa* e. Versprechen brechen *od* nicht (ein)halten | ~ *a la veritat* die Unwahrheit sagen || *trobar a* ~ vermissen | *et trobaré a* ~ ich werde dich vermissen; du wirst mir fehlen | *no vaig trobar-ho a* ~ *fins que ja era al tren* ich vermißte es erst, als ich schon im Zug war || ... *falta gent!*: *a dinar* (*a jeure, cap a casa*) *falta gent!*

jetzt geht's ab zum Mittagessen (ins Bett, nach Hause)! | ~t (-ada f) adj = mancat.
falu|a f nàut Feluke f | **~ga** f nàut = **falua** | (Person) Zappelphilipp, Quirl m | **~tx** m nàut Feluke f.
falzilla f bot Frauenhaar n | ~ blanca Mauerraute f | ~ negra (roja) Schwarzer (Brauner) Streifenfarn m.
fam f (großer) Hunger m | hist sociol a. Hungersnot f | fig Hunger m; Gier; Begierde f (de nach) | ~ canina Bärenhunger m | any de ~ Hungerjahr n | la lluita contra la ~ die Bekämpfung des Hungers | ~ de glòria Hunger m nach Ruhm, Ruhmbegierde f | morir de ~ verhungern | passar (od patir) ~ hungern, Hunger leiden | tinc ~! ich habe großen Hunger!
fama f Ruf, Leumund m | Ruhm m, Berühmtheit f | de ~ berühmt | de mala ~ verrufen, berüchtigt, von üblem (od schlechtem) Ruf | tenir bona (mala) ~ e-n guten (schlechten od üblen) Ruf haben | té ~ d'honrat er gilt als ehrlich; er steht im Ruf e-s Ehrenmannes | té ~ de no tenir escrúpols er gilt als skrupellos; er steht im Ruf, e. skrupelloser Mensch zu sein; er ist als skrupelloser Mensch berüchtigt.
fam|ejant adj (m/f) = **famolenc** | **~ejar** (33) vi hungern | **~èlic** adj ausgehungert | halbverhungert | **~èlicament** adv heißhungrig.
fam|ília f a. fig Familie f | ~ nombrosa kinderreiche Familie f | la Sagrada ~ die Heilige Familie | la ~ Costa Familie Costa | llibre (pare, vida) de ~ Familien-buch n (-vater m, -leben n) | biol: la ~ dels cànids (de les rosàcies) die Familie der Hundeartigen (Rosengewächse) | ling: ~ de mots (lingüística) Wort-(Sprach-)familie f | de bona ~ aus guter Familie | de ~ noble aus adliger Familie | en ~ im Familienkreis | (és)ser de la ~ zur Familie gehören | tenir ~ Familie haben | això passa a les millors famílies das kommt in den besten Familien vor | els ve de ~ es liegt bei ihnen in der Familie | **~iliar** adj (m/f) familiär; Familien... | fig familiär; ungezwungen; vertraulich | fig a. vertraut; bekannt | ling umgangssprachlich | per motius ~s aus familiären Gründen | assessorament (empresa, envàs) ~ Familienberatung f (-betrieb m, -flasche bzw -packung f) | atmosfera ~ ungezwungene (od familiäre) Atmosphäre f | un to ~ e. vertraulicher (od familiärer) Ton | el llenguatge ~ (ling) die Umgangssprache | aquest gest m'és molt ~ diese Geste ist mir sehr vertraut | la cara em resulta ~ das Gesicht kommt mir bekannt vor || s/m (Familien)Angehörige(r) m | ant Diener; Gehilfe m | avisar els ~s die Angehörigen benachrichtigen | **~iliaritat** f Vertrautheit f | vertrautes (bzw ungezwungenes, familiäres) Verhältnis n | a. pl Vertraulichkeit(en pl), Familiarität(en pl) f | tenir ~ amb alg mit j-m auf vertrautem Fuß stehen | **~iliaritzar** (33) vt vertraut machen (amb mit) | **~iliaritzar-se** v/r s. vertraut machen (amb mit) | vertraut werden (amb mit) | **~iliarment** adv familiär; ungezwungen; vertraulich.
famolenc adj hungernd | sehr hungrig.
famós (-osa f, -osament adv) adj berühmt (per durch, für, wegen) | fig (vorgestellt) famos | mundialment ~ weltberühmt.
fàmul(a f) m lit Diener(in f) m.
fan m/f Fan m.
fanal m a. nàut Laterne f | aut Scheinwerfer m | aeron ferroc Warnlicht n; Leuchtfeuer n | bot Ballonpflanze f, Herzsame m | ~ de cua (ferroc) Schlußlicht n | **~er(a** f) m Laternenanzünder(in f) m | **~era** f nàut Laternen-halter, -mast m | **~et** m Lampion m.
fan|àtic(ament adv) adj fanatisch || s/mf Fanatiker(in f) m | **~atisme** m Fanatismus m | **~atitzador** adj fanatisierend | **~atitzar** (33) vt fanatisieren | **~atitzar-se** v/r fanatisch werden | e. Fanatiker werden.
fandango m Fandango m.
faneca f (Getreidemaß) 55 Liter; 40 Liter | **~da** f (Flächenmaß) 64,5 Ar.
fanerògames f pl bot Phanerogamen, Blütenpflanzen f pl.
fanf|ara f mús Fanfare f | Jagdsignal n | **~àrria** adj (m/f) u. s/m/f = **~arró** | s/f Aufschneiderei, Prahlerei, Großtuerei f | **~arró (-ona** f) adj aufschneiderisch, großsprecherisch, prahlerisch || s/mf Aufschneider(in f), Prahler(in f), Großsprecher(in f) m | **~arronada** f Aufschneiderei, Prahlerei, Großsprecherei f | **~arronejar** (33) vi aufschneiden, prahlen, s. wich-

tig tun | **~arroneria** f Prahlsucht f | = **~arronada**.
fang m Schlamm m | (Töpferei) Ton m | fig Dreck, Schmutz m | **~a** f agr Spaten m | **~ada** f agr Umgraben n | Spatenkultur f | **~ador** m agr (Um-)Graber m | **~al** m Morast m | Schlammloch n | **~ar**¹ m Morast, Schlammboden m, Sumpfland n | **~ar**² (33) vt agr (um)graben | **~ós** (-osa f) adj schlammig, morastig | **~ot** m agr Spatenegge f | **~ueig**, **~uer** m (Weg, Straße) Schlamm, Dreck, Schmutz m | **~ue(te)jar** (33) vi im Schlamm waten | im Schlamm wühlen od muddeln | **~uera** f, **~uissar** m = **~ar**¹.
fant|asia f (Fähigkeit) Phantasie; Einbildung(skraft) f; Einfallsreichtum m | (Produkt) Phantasie(-bild n, -vorstellung), Einbildung f; Phantasterei f | p ext Laune f; Einfall m | Lit mús Fantasie f | de ~ Phantasie...; Mode... | el castell només existeix en la teva ~ das Schloß existiert nur in deiner Einbildung od Phantasie | això són fantasies teves das bildest du dir nur ein | **~asi(ej)ar** (33) vi phantasieren | **~asiós** (-osa f, -osament adv) adj phantasie-voll, -reich | träumerisch; schwärmerisch; eingebildet | traumhaft; unrealistisch | **~asma** m Phantom, Trugbild n, Sinnestäuschung f | filos Phantasma n || fam a. s/f Gespenst n, Geist m | fig: el ~ de la guerra das (Schreck)Gespenst des Krieges || (appositiv) vaixell ~ Gespensterschiff n | embaràs ~ eingebildete Schwangerschaft f | **~asmagoria** f a. teat Phantasmagorie f | **~asmagòric(ament** adv) adj phantasmagorisch | **~asmal** adj (m/f) gespensterhaft, gespenstisch | **~tàstic(ament** adv) adj phantastisch | art Lit cin Fantasie...
fantotxe m Hampelmann, Hanswurst m.
faquir m Fakir m.
far m nàut Leuchtturm m | aut Scheinwerfer m | fig Leuchte f | ~ flotant Feuerschiff n | ~ antiboira (halogen) Nebel-(Halogen-)scheinwerfer m.
far|ad m elect Farad n | **~àdic** adj faradisch | **~adització** f med Faradisation f | **~aditzar** (33) vt med faradisieren.
faralló m nàut Klippe f.
faramalla f Firlefanz, Tand, Flitter m | Schar f, Schwarm m.

far|andola f (Tanz) Farandole f | **~àndula** f teat Wander-bühne, -truppe f | **~anduler(a** f) m teat Wanderkomödiant(in f) m | fig Prahler(in f) m.
fara|ó m hist Pharaon m | **~ònic** adj pharaonisch | Pharaonen...
farbalà m Falbel f, Faltenbesatz m.
farc|ell m Bündel n | **~iment** m gastr Füllung m, Farce f | a. fig Füllsel n | **~ir** (37) vt bes gastr füllen (de mit) | (Fleisch- u. Fischspeisen) a. farcieren (de mit) | fig spicken; überfüllen; vollpfropfen (de mit).
fard|a f Reiseutensilien pl | (Reise)Proviant m | Kram m | (Wald) Gebüsch, Buschwerk n | menjar de ~ Eintopf m (mit Kürbis, Zwiebeln, Bohnen u. Kartoffeln) | **~am** m Kram m | **~assa** m/f desp Dickwanst m | bes dicke Schlampe f | **~atge** m Reiseutensilien pl | **~atxo** m Val = **llangardaix** | **~ell** m (Waren) Ballen m | = **farcell** | **~ot** m = **~ell** | fig dicke Schlampe f.
farell m nàut = **far**.
farfallós (-osa f, -osament adv) adj stott(e)rig, stammelnd.
farfant m Schurke, Halunke m.
fàrfara f bot Huflattich m.
farf|olla f leere Versprechungen f pl | **~utalla** f Kram m, Bagatellen f pl | (Menschen) Gesindel, Lumpenpack n, Pöbel m | (Kinder) Gören n pl.
farga¹ f = **fargalada**.
farga² f Schmiede f | **~ire** m Schmied m.
fargalada f Bodensatz m.
fargar (33) vt schmieden, hämmern.
farigola f bot (Garten)Thymian m | ~ mascle Gamander m | ~ borda Stachelträubchen n | **~r** m Thymianheide f.
farin|a f Mehl n | p ext Pulver n | ~ de galeta Paniermehl n, Semmelbrösel m pl | fer la ~ blana (fig fam) klein beigeben | **~aci (-àcia** f) adj Mehl... | mehlig | mehlartig | **~ada** f Mehl-essen, bes -futter n | **~aire** m/f Mehlhändler(in f) m | **~er** adj Mehl... | s/mf = **~aire** || s/f Mehlkasten m; Mühle; Mehlfabrik f | bot Knollenblätterpilz m («Amanita ovoidea»); ~a borda Grüner Knollenblätterpilz m | **~etes** f pl gastr Mehlbrei m.
faring|e f anat Schlund, Rachen, med Pharynx m | **~i (-íngia** f) adj Rachen... | ling pharyngal | **~itis** f med Rachen(höhlen)entzündung, Pharyngitis f | **~oscopi** m med Pharyngoskop n.

farinós (**-osa** *f*) *adj* mehlig, mehlartig | mehlbedeckt.
faris|aic(ament *adv*) *adj* pharisäisch | *fig a.* pharisäerhaft | **~eisme** *m fig* Pharisäertum *n*, Pharisäismus *m* | **~eu** (**-ea** *f*) *m a. fig* Pharisäer(in *f*) *m*.
faristol *m* (Lese-; Noten-)Pult *n* | *mús a.* Notenständer *m*.
fàrmac *m med* Pharmakon, Arzneimittel *n*.
farm|acèutic *adj* Apotheker-..., pharmazeutisch || *s/mf* Apotheker(in *f*) *m* | **~àcia** *f* Pharmazie, Arzneimittelkunde *f* | Apothekerberuf *m* | Apotheke *f* | ~ *de torn* od *de guàrdia* dienstbereite Apotheke *f* | **~aciola** *f* Hausapotheke *f* | **~acologia** *f* Pharmakologie *f* | **~acopea** *f* Pharmakopöe *f*, Arzneibuch *n*.
farnaca *f occ* Junghase *f*.
farnat *m* (*Essen*) Mischmasch, *desp* Fraß *m*.
far|ó *m* Laterne *f* | *fer farons* (*fig*) prahlen | **~ola** *f nàut* = **far** | **~onejar** (33) *vi* angeben, prahlen, s. wichtig machen | **~oner(a** *f*) *m* Leuchtturmwächter(in *f*), -wärter(in *f*) *m* | *fig* Angeber(in *f*), Prahler(in *f*) *m* | **~oneria** *f* Angeberei, Prahlerei *f*.
farr|aginar *m agr* Futterpflanzenfeld *n* | **~atge** *m* (Grün)Futter *n* | **~atger** *adj* Futter... | *planta* ~**a** Futterpflanze *f* | **~atjador(a** *f*) *m agr* Futterschneider(in *f*) *m* | **~atjar** (33) *vi* Futter schneiden | **~atjó** *m* Futtermais *m* | **~igo-farrago** *m fam* Wirrwarr *m*, Durcheinander *n* | **~o** *m* (Mehl)Mus *n*, Brei *m*.
farsa *f teat* Farce; Posse *f*; Schwank *m* | *fig* Farce *f* | **~nt** *adj* (*m/f*) *fig* komödiantenhaft | schwindlerisch || *s/m/f fig* Komödiant(in *f*) *m* | Schwindler(in *f*) *m* | **~nteria** *f fig* Komödiantentum *n*, Schauspielerei *f* | Schwindelei *f*.
fart *adj fam* (über)satt | *fig: estar* ~ *d'alg* j-n satt haben | *estar* ~ *d'u/c* etw satt haben *od* sein | *ja n'estic* ~*!* ich habe es satt!, ich habe die Nase voll! || *s/mf* (*Person*) Vielfraß, Freßsack *m* || *s/m* Sichvollessen *n* | *fig* Übermaß *n* | *un* ~ *de garrotades* od *bastonades* e-e Tracht Prügel | *fer-se un* ~ *d'arròs* s. an Reis vollessen | *fer-se un* ~ *de dormir* bis in die Puppen schlafen | *fer-se un* ~ *de treballar* schuften, schwer arbeiten | *fer-se un* ~ *de riure* s. totlachen, s. kranklachen, s. auslachen | *fer-*

fas[1] *m* (*pl fassos*) bot Palmenblatt *n*.
fas[2] *m* (*pl fasos*) *mst pl ecl* Matutine(n *pl*) *f* der drei letzten Tage der Karwoche.
fas[3]: *per* ~ *o per nefas* (*loc adv*) aus irgendeinem Grund; mit Recht od mit Unrecht.
fascicle *m biol* Faszikel *m* | *gràf* Lieferung *f*, Heft *n*, Faszikel *m*.
fascina|ció *f* Faszination, Bezauberung *f*, Zauber *m* | **~dor** *adj* faszinierend, bezaubernd | **~r** (33) *vt* faszinieren, bezaubern, in s-n Bann schlagen.
fase *f* Phase *f* | (*Krankheit*) *a.* Stadium *n* | (*Bau, Projekt, Geschichte*) *a.* Abschnitt *m*.
fasiànids *m pl ornit* Fasanenartige *m pl*.
fasser *m bot reg* Dattelpalme *f*.
fasset *m* (Säuglings)Hemdchen *n*.
fassina *f indús* Brennerei, Schnapsfabrik *f* | **~ire** *m/f* Branntweinbrenner(in *f*), Destillateur(in *f*) *m*.
fast *m* Pomp, Prunk *m*.
fàstic *m* Widerwille, Ekel, Abscheu *m* | *fer* ~ an-ekeln, -widern | *dir* ~*s d'alg* j-n verleumden, j-m Übles nachreden | *dir quatre* ~*s a alg* j-n beschimpfen | *tenir u/c en* ~ Ekel haben vor etw (*dat*).
fasti|g *m* Ekel, Überdruß *m* | **~gós** (**-osa** *f*, **-osament** *adv*) *adj* widerlich, ekelhaft | empfindlich, heikel, zimperlich | **~guejar** (33) *vt* anekeln, anwidern | ärgern | (*j-m*) auf die Nerven gehen | **~jós** (**-osa** *f*) *adj* anödend, lästig.
fast|s *m pl hist* Fasti *m pl* | **~uós** (**-osa** *f*, **-osament** *adv*) *adj* prunkliebend, protzig | prunkvoll | **~uositat** *f* Pracht *f*, Prunk *m*.
fat[1] (**fada** *f*, **fadament** *adv*) *adj a. fig* fade, *bes südd* fad | *ant reg* albern, dumm, blöde.
fat[2] *m hist* Fatum *n* | *lit* Schicksal, Los *n* | **~al** *adj* (*m/f*) schicksalhaft, unabwendbar, unvermeid-bar, -lich | verhängnisvoll; verheerend, katastrophal; mißlich; *lit* fatal | (*Unfall, Ausgang*) tödlich || *fam: aixó seria* ~ das wäre tödlich, das wäre das Ende | *tens un aspecte* ~ du siehst verheerend aus | *faig una lletra* ~ meine Schrift ist scheußlich *od* furchtbar || *adv fam: em trobo* ~ ich fühle mich (tod)elend | *hem jugat* ~

wir haben miserabel gespielt | **~alisme** *m* Fatalismus *m* | **~alista** *adj* (*m/f*) fatalistisch || *s/m/f* Fatalist(in *f*) *m* | **~alitat** *f* (Schicksals)Fügung *f* | Unabwendbarkeit *f* | Verhängnis; Mißgeschick *n*; *lit* Fatalität *f* | **~alment** *adv* unvermeidlich.
fatic *m* Keuchen *n* || *pl* Anstrengungen, Mühen *f pl*, Mühsal *f*.
fatídic(ament *adv*) *adj* unheilkündend | unselig, unheilvoll.
fatig|a *f a. tecn* Ermüdung *f* | Müdigkeit, Mattigkeit *f* | Beschwerde, Strapaze, Überanstrengung *f* | Beanspruchung *f* | *amb ~* mit Mühe, mühevoll | *sense ~* mühelos | **~ació** *f* Ermüdung *f* | **~ant** *adj* (*m/f*) ermüdend | (*Mensch*) lästig | **~ar** (33) *vt* müde machen, ermüden | *a. tecn* strapazieren | **~ar-se** *v/r a. tecn* ermüden | müde werden | *s.* strapazieren | **~at** (**-ada** *f*) *adj* müde, matt, abgespannt | **~ós** (**-osa** *f*, **-osament** *adv*) *adj* mühsam, mühselig | = **~ant**.
fato *m* Traglast *f*; Gepäck *n*; *umg* Siebensachen *f pl* | Menge; Masse *f*.
fatu (**fàtua** *f*) *adj* aufgeblasen, eitel | eingebildet, überheblich | **~itat** *f* Aufgeblasenheit, Eitelkeit *f* | Eingebildetheit *f* | Überheblichkeit *f*.
fatx|a *f fam* Aussehen *n* | *fer bona* (*mala*) *~* gut (schlecht) aussehen | *en ~* in der ziemenden Stellung | *nàut: posarse en ~* beidrehen, beilegen | **~ada** *f* = façana | **~ejar** (33) *vi nàut* beidrehen.
fatxend|a *f pop* Angabe, Protzerei, Prahlerei *f* || *s/m/f* Angeber(in *f*), Protz, Prahler(in *f*) *m* | *fer el ~* protzen | **~(ej)ar** (33) *vi* angeben, protzen, prahlen | **~er** *adj* angeberisch, protzig, prahlerisch | **~eria** *f* Angabe, Protzerei, Prahlerei *f*.
faul|a *f a. fig* Fabel *f* | **~ista** *m/f* Fabeldichter(in *f*) *m*.
faun|a *f* Tierwelt, Fauna *f* | **~e** *m* mit Faun *m* | **~esc** *adj* faunisch.
faust *adj lit* erfreulich, freudig.
fàustic *adj Lit* faustisch.
fautor(a *f*) *m* Helfer(in *f*) *m* | *dr* Helfershelfer(in *f*) *m*.
fav|a *f* Saubohne *f* | *fig fam* Ohrfeige *f* | *pop* (*Penis*) Eichel *f* | *no poder dir* (*ni*) *~* aus der (*od* außer) Puste sein | *això són faves comptades* das ist todsicher | *treure faves d'olla* auf e-n grünen Zweig kommen || *adj u. s/m/f fam* = **fleuma** |

~ada *f* (*Gericht*) Saubohnen *f pl* mit Blutwurst | **~ar** *m* Saubohnenacker *m* | **~assa** *f* Quaddel, Blase *f* | **~ater** *m agr* Saubohnensieb *n* | **~era** *f bot* Saubohne *f* | **~ó**, **~olí** *m* kl(e) Saubohne *f*.
favoni *m poèt* = **zèfir**.
favor *m* Gunst *f* | Gefallen *m*, Gefälligkeit *f*, Freundschaftsdienst *m* | *entrada de ~* Freikarte *f* | *tracte de ~* Bevorzugung *f* | *a ~ de* zugunsten von (*od gen*); für | *un a zero a ~ dels nostres* eins zu null für unsere | *l'àrbitre ha anat a ~ dels altres* der Schiedsrichter hat die anderen begünstigt | *jo hi estic a ~* ich bin dafür | *demanar un ~ a alg* j-n um e-n Gefallen bitten | *fer un ~ a alg* j-m e-n Gefallen tun | *per ~!* bitte! | *faci el ~, segui!* nehmen Sie bitte Platz! | *em faria el ~ de tancar la finestra?* wären Sie bitte so freundlich, das Fenster zu schließen? | *vols fer el ~ de callar?* willst du wohl still sein? | *ho fan com un* (*od a tall de*) *~* sie tun es aus Gefälligkeit | **~able(ment** *adv*) *adj* (*m/f*) günstig | vorteilhaft | positiv | *vot ~* Jastimme *f* | *informe ~* positiver Bericht *m* | *el jutge els és ~* der Richter ist ihnen geneigt *od* gewogen | **~it** *adj* Lieblings... || *s/mf* Liebling *m* | *bes hist* Günstling *m* | *bes esport* Favorit(in *f*) *m* | **~itisme** *m* Günstlingswirtschaft *f*.
fax *m* = **telefax**.
fe[1] *f a. rel* Glaube *m* (*en an ac*) | Vertrauen *f* (*en zu*) | Treue, Zuverlässigkeit *f* | Versprechen, Wort *n* | *~ de baptisme* Taufschein *m* | *~ conjugal* eheliche Treue *f* | *~ d'errates* (*gràf*) Druckfehlerverzeichnis *n* | *~ de vida* Lebensnachweis *m* | *bona ~* Ehrlichkeit, Redlichkeit *f*; *dr* Treu u. Glauben | *mala ~* Unredlichkeit *f*; *dr* böser Glaube *m* | *~ cega* blinder Glaube *m*; blindes Vertrauen *n* | *manca de ~* Unglaube *m* | *a ~ que és veritat!* ich schwöre, daß es wahr ist! | *en ~ d'això* zu Urkund dessen | *per la meva ~!* auf Ehrenwort! | *digne de ~* vertrauenswürdig | *donar ~ d'u/c etw* beglaubigen *bzw* beurkunden, bezeugen | (*és*)*ser de bona ~* gutgläubig sein | *dr: fer ~* Beweiskraft haben | *fer u/c de bona* (*mala*) *~* etw in gutem Glauben (böser Absicht) tun | *prestar ~ a u/c* e-r Sache Glauben schenken | *ecl: tenir ~* glauben, gläubig sein | *te-*

nir ~ *en alg* zu j-m Vertrauen haben.
fe² *m* = **fenc**.
feble|(ment *adv*) *adj* (*m/f*) schwach | (körperlich) *a.* schwächlich | ~ *de voluntat* willensschwach | *el sexe* ~ das schwache Geschlecht | *costat* ~ (*fig*) schwache Seite *f* | *punt* ~ (*fig*) schwacher Punkt *m* | *síl·laba* ~ (*fig*) schwachbetonte Silbe *f* | (*és*)*ser* ~ *amb alg* j-m gegenüber nachgiebig sein | *sentir-se* ~ s. schwach fühlen || *s/m*: *els forts han d'ajudar els* ~*s* die Starken müssen den Schwachen helfen | ~**sa** *f a. fig* Schwäche *f* | Schwachheit *f* | ~ *mental* Schwachsinn *m* | *les febleses humanes* die menschlichen Schwächen *f pl* | *tenir una* ~ *per alg* e-e Schwäche (*od* e. Faible *n*) für j-n haben.
febr|ada *f med* Fieberanfall *m* | ~**e** *f a. fig* Fieber *n* | ~ *groga* (*med*) Gelbfieber *n* | ~ *d'or* Gold-fieber *n*, -rausch *m* | *tenir* ~ Fieber haben | ~**ejar**¹ (33) *vt a. fig* fiebern.
febre|jar² *v/imp*: *aquí febreja* hier ist Februarwetter | ~**r**¹ *m* Februar *m* | ~**r**² *m* = **eucaliptus** | ~**rada** *f* Unwetter *n* mit Regen u. Hagel.
febr|icitant *adj* (*m/f*) fieberkrank | ~**ífug** *adj* fiebersenkend || *s/m* fiebersenkendes Mittel *n* | ~**il**(**ment** *adv*) *adj* (*m/f*) *a. fig* fieberhaft, fiebrig | ~**ós** (-*osa* *f*, -*osament* *adv*) *adj* fiebernd | ~**osenc** *adj* leicht fiebrig *od* fiebernd.
februra *f* Februarwetter *n*.
fecal *adj* (*m/f*) fäkal | *matèries* ~*s* Fäkalien *f pl*, Kot *m* | ~**oide** (*m/f*) *adj* kotähnlich.
fècula *f gastr* Stärke(mehl *n*) *f*.
feculent *adj* stärkehaltig.
fecund|(**ament** *adv*) *adj* fruchtbar | *fig a.* reich (*en an dat*) | ~**able** *adj* (*m/f*) befruchtbar, befruchtungsfähig | ~**ació** *f* Befruchtung *f* | ~**ant** *adj* (*m/f*) befruchtend | fruchtbar machend | ~**ar** (33) *vt* befruchten | fruchtbar machen | ~**itat** *f* Fruchtbarkeit *f*.
federa|ció *f* Zusammenschluß *m* | Verband *m* | *bes polít* Bund *m*, Föderation *f* | ~**l** *adj* (*m/f*) föderal, Bundes... | *estat* ~ Bundesstaat *m* | ~**lisme** *m polít* Föderalismus *m* | ~**lista** *adj* (*m/f*) föderalistisch || *s/m/f* Föderalist(in *f*) *m* | ~**r**(-**se**) (33) *vt*(*/r*) (s.) zu e-m Verband (*bzw* Bund) zusammenschließen | ~**t** (-**ada** *f*) *adj* verbündet, föderiert | ~**tiu** (-**iva** *f*, -**ivament** *adv*) *adj* föderativ.
fefaent *adj* (*m/f*) *lit* glaubwürdig | *dr* beweiskräftig.
fein|a *f* Arbeit *f* | Aufgabe *f* | Werk *n* | *les feines de la casa* die Hausarbeit *f* | *amb prou feines* (*loc adv*) sehr mühsam; mit Müh u. Not; kaum | *anar per* ~ an die Arbeit gehen, s. an die Arbeit machen; *fig* s. ranhalten; zur Sache kommen | *cercar* (*od buscar*) ~ Arbeit suchen | *treballant es fa* ~ durch Arbeit kommt man voran | *ell tot sol fa més* ~ *que tots els altres plegats* er allein schafft (*od* leistet) mehr als alle anderen zusammen | *fer una* ~ *od les seves feines* (*fig fam*) e. Geschäft machen | ~ *feta* getane Arbeit *f* | *molts joves no tenen* (*troben*) ~ viele junge Leute haben (finden) k-e Arbeit | *tinc molta* ~ ich habe viel Arbeit, ich habe viel zu tun | *tindràs* ~ *per convèncer-lo!* es wird dich Mühe kosten, ihn zu überzeugen! | *altra* ~ *hi ha* es gibt (ich habe) Wichtigeres zu tun | ~**ada** *f* große Arbeit *f* | schweres Werk *n* | mühselige Aufgabe *f* | Schufterei *f* | ~**ador**, ~**ater** *adj* arbeitsam, fleißig | ~**ejar** (33) *vt* (herum)arbeiten | ~**er** *adj* arbeitsam, fleißig | *dia* ~ Arbeits-, Werk-tag *m* | *un home mal* ~ e. schlechter Arbeiter *m*.
feix *m* Bündel *n* | Bund *n* | *p ext* Menge *f* | Reihe *f* | *hist* Liktorenbündel *n* | *fer* ~ schwer machen, erschweren | *portar el* ~ e-e (schwere) Last (*od* Ladung *bzw* Bürde) tragen | ~**a** *f agr* Terrasse *f* | ~**ar**¹ *m col* Terrassen *f pl* | ~**ar**² (33) *vt agr* (*Hang*) terrassieren | ~**ar**³ *vt agr* (*Getreide*) in Garben binden | ~**ina** *f* Faschine *f*, Reis(ig)bündel *n* | ~**inaire** *m/f agr* Reisig-sammler(in *f*); -binder(in *f*) *m* | ~**isme** *m polít* Faschismus *m* | ~**ista** *adj* (*m/f*) faschistisch || *s/m/f* Faschist(in *f*) *m* | ~**ó** *m*, -**ola** *f agr* kl(e) Terrasse *f* | ~**uc** (-**uga** *f*, -**ugament** *adv*) *adj* schwer, lästig | (*Arbeit*) *a.* mühsam, beschwerlich, schwierig | (*Mensch*) langsam; schwerfällig | (*Wetter*) schwül | *fig* plump; stumpfsinnig | ~**ugor** *lit*, ~**uguesa** *f* Schwere, Last *f* | Lästigkeit *f*; Langsamkeit *f* | Schwerfälligkeit *f* | (*Wetter*) Schwüle *f* | *fig* Plumpheit *f*; Stumpfsinn *m*.
fel *m a. fig* Galle *f* | *fig* bitterer Schmerz; Groll *m* | *amarg com el* ~ gallenbit-

feldspat 494 **fenomen**

ter | ~ *sobreeixit* (*med*) Gelbsucht *f*.
felds|pat *m min* Feldspat *m* | **~pàtic** *adj* Feldspat...
felí (**-ina** *f*, **-inament** *adv*) *adj* katzenartig | Katzen...
feli|ç(ment *adv*) *adj* (*m/f*) glücklich | *fam* ruhig, sorglos; einfältig | *un ~ esdeveniment* e. frohes (*od* freudiges) Ereignis *n* | *una temptativa ~* e. geglückter Versuch *m* | *una expressió ~* e. glücklicher (*od* gut getroffener) Ausdruck *m* | *memòria ~* gutes (*od* treues) Gedächtnis *n* | *~ de tu!* du hast es gut! | *som molt ~os* wir sind sehr glücklich | *sóc ~ de poder-te ajudar* ich freue mich, dir helfen zu können | *el faràs ~!* du wirst ihn glücklich machen!; er wird s. freuen! | **~citació** *f* Glückwunsch *m* | (schriftliche) Gratulation *f* | *~ de Nadal* Weihnachtskarte *f* | **~citar** (33) *vt* beglückwünschen, (*j-m*) gratulieren (*per* zu) | *ja se't pot ~?* darf man schon gratulieren? | *et felicito!* gratuliere! | **~citar-se** *v/r: ara em felicito d'haver-hi anat* jetzt freue mich, daß ich hingegangen bin | **~citat** *f* Glück(seligkeit *f*) *n* | glückliches Schicksal *n* | Glückszufall *m* | *et desitjo tota mena de ~s* ich wünsche dir alles Gute (u. Schöne) | (*moltes*) *~s!* herzliche Glückwünsche!
fèlids *m pl zool* Feliden, Katzen *f pl*.
feligr|ès (**-esa** *f*) *m* Pfarrkind *n* | **~esia** *f ecl col* Gemeinde *f*.
felip|a *f ferroc* Schwelle *f* | *ecl* Oratorianerin *f* | **~ó** *m ecl* Oratorianer *m*.
fel·lació *f* Fellatio *f*.
fell|ó (**-ona** *f*, **-onament** *adv*) *adj lit* zornig, empört | **~onia** *f* Zorn *m* | Empörung *f*.
felsita *f* Felsit *m*.
feltre *m* Filz *m* | Filztuch *n*.
fem *m mst pl* Dung, Mist *m* | **~ada** *f* Düngen, Misten *n* | Dung, Mist *m* | **~ador(a** *f*) *m* = **~ater(a)** | **~ar** (33) *vt* düngen, misten | **~ataire** *m/f* = **~ater(a)** | **~ater(a** *f*) *m agr* Mistsammler(in *f*) *m*.
fembra *f ant* = **femella**; **dona**.
femejar (33) *vt* = **femar** || *vi* Mist (auf-) sammeln.
femell|a *f* Weib *n* | *zool* Weibchen *n* | *bot* weibliche Pflanze *f* | *tecn* (*Schraube*) Mutter *f* | *formiga ~* Ameisenweibchen *m* | **~am** *m col* Weibervolk *n*, Weibsleute *pl* | **~enc** *adj* weiblich,

frauenhaft *f* | *desp* weibisch | **~er** *adj* weibertoll || *s/m* Weiberheld *m* | **~ot** *m nàut* Steuerring *m*.
femení (**-ina** *f*, **-inament** *adv*) *adj* weiblich | *bes ling a.* feminin | Frauen... || *s/m ling* Femininum *n* | **~vol(ament** *adv*) *adj lit* feminin, weiblich.
fementit (**-ida** *f*) *adj ant* treulos, trügerisch.
femer *m agr* Dunghaufen *m*, Mistgrube *f*.
femi|nal (*m/f*) *adj* = **femenívol** | = **femeller** | **~neïtat** *f dr* (*Güter*) Fraueneigentum *n* | **~nisme** *m* Feminismus *m*, Frauenbewegung *f* | **~nista** *adj* (*m/f*) feministisch | *s/m/f* Feminist(in *f*) *m* | **~nitat** *f* Weiblichkeit *f* | **~nització** *f* Verweiblichung *f* | **~nitzar(-se)** (33) *vt(/r)* verweiblichen.
femoral *adj* (*m/f*) *anat* Oberschenkel...
femt|a *f* Exkrement *n*, Kot *m* | Mist *m* | **~ar** (33) *vi* den Darm entleeren | **~ós** (**-osa** *f*) *adj* kot-ähnlich, -artig.
fèmur *m* Oberschenkelknochen *m*.
fenacetina *f* Phenazetin *n*.
fen|al *m bot* = **llistó** | **~ar** *m agr* Kleefeld *n* | **~às** *m bot* = **llistó**.
fenat *m quím* Phenolat *n*.
fenc *m bot* (Inkarnat)Klee *m* | *p ext* Heu *n* | *sega del ~* Heu-mahd *bzw* -ernte *f*.
fen|dible *adj* (*m/f*) (zer)spaltbar | **~dir** (37) *vt* = **~dre** | **~dre** (40) *vt* (zer-) spalten | (*Holz*) hacken | (*Luft, Wasser*) zerteilen | **~edura** *f* Spalt *m* | Riß *m* | **~ella** *f* Ritze, Spalte *f* | **~ent** *m* (*Fels*) Riß *m* | Spalte *f*.
fènic *adj quím: àcid ~* Karbolsäure *f*, Phenol *n*.
fenicat (**-ada** *f*) *adj* Phenol... | *aigua fenicada* Phenolwasser *n*.
fen|ici (**-ícia** *f*) *adj* phönizisch || *s/mf* Phönizier(in *f*) *m* || *s/m ling* Phönizisch *n* | *el ~* das Phönizische | **~ícia** *f hist* Phönizien *n*.
feni|còpter *m ornit* = **flamenc** | **~coptèrids** *m pl ornit* Flamingos *m pl*.
fenigrec *m bot* Bockshornklee *m*, Griechisch Heu *n*.
fenil *m quím* Phenyl *n*.
fènix *m mit* Phönix *m*.
fennec *m zool* Fennek, Wüstenfuchs *m*.
fenol *m quím* Phenol *n*, Karbolsäure *f*.
fenoll *m bot* = **fonoll**.
fenologia *f* Phänologie *f*.
fenom|en *m* Phänomen *n* | **~enal(ment** *adv*) *adj* (*m/f*) phänomenal | *fig a.* wunderbar | **~enalisme** *m filos* Phänomenalismus *m* | **~enalista** *adj* (*m/f*)

phänomenalistisch || *s/m/f* Phänomenalist(in *f*) *m* | **~ènic** *adj* phänomenal | **~enologia** *f filos* Phänomenologie *f* | **~enològic** *adj* phänomenologisch.

fenosa *f bot* Strandfenchel *m*.

fenotip(us) *m biol* Phänotypus *m*, Erscheinungsbild *n*.

fenyedor *adj* Knet... || *s/f* (a. *màquina ~a*) (Teig)Knetmaschine *f* || *s/m* (*Teig*) Knetbrett *n*.

fènyer (35) *vt* (*Brot*) kneten.

fer¹ *vt* (*erzeugen; gestalten; ordnen*) machen | (*sach-, kunstgerecht*) anfertigen | (*bes industriell*) herstellen | (*Gestalt; Wort, Satz; Plural, Kasus*) bilden | (*Essen*) zubereiten, (*warm*) kochen, *umg* machen | (*Brot, Kuchen*) backen | (*Haus, Straße, Brücke; Nest, Höhle*) bauen | (*Welt, Kreatur*) (er)schaffen | (*Junges*) werfen, bekommen | (*Ei*) legen | (*Blüte, Trieb*) treiben, hervorbringen | (*Blut, Gallenstein, Wurm*) ausscheiden | ~ *mobles* Möbel anfertigen *bzw* herstellen, *umg* machen | ~ *una brusa* e-e Bluse nähen, *umg* machen | ~ *un jersei* e-n Pullover stricken, *umg* machen | ~ *vi de pomes* Wein aus Äpfeln machen | ~ *una figura de* (*en*) *marbre* e-e Figur aus (in) Marmor bilden | ~ *d'un enemic un amic* s. e-n Feind zum Freund machen | ~ *de la necessitat virtut* aus der Not e-e Tugend machen | ~ *un fill a una dona* e-r Frau e. Kind machen | *hi farem blat* wir werden dort Weizen anbauen | *aquesta terra fa bon blat* dieser Boden gibt guten Weizen | ~ *el llit* (*l'habitació*) das Bett (Zimmer) machen | ~ *el cabell a alg* j-m das Haar machen | ~ *la maleta* den Koffer packen || (*aus-, durch-, voll-führen; unternehmen; verursachen; bewirken; oft als Funktionsverb*) machen; tun | (+ *Dativ*) *a.* antun; zufügen | ~ *una bona* (*mala*) *acció* e-e gute (böse) Tat tun | ~ *bestieses* Dummheiten machen; Unfug treiben | ~ *una feina* e-e Arbeit machen *od* tun | ~ *el seu deure* s-e Pflicht tun | ~ *els deures* (*estud*) s-e Hausaufgaben machen | ~ *el servei militar* s-n Wehrdienst ableisten, *umg* machen | ~ *gestos* (*una caminada, una visita, un examen, un experiment, una confessió, faltes*) Gesten (e-e Wanderung, e-n Besuch, e. Examen, e. Experiment, e. Geständnis, Fehler) machen | ~ *un salt* e-n Sprung machen *od* tun | ~ *un revolt* e-n Bogen (*od* e-e Kurve) machen | ~ *un badall* gähnen | ~ *soroll* Lärm (*bzw* e. Geräusch) machen | ~ *bub-bub* wau, wau machen | ~ *pudor* stinken | ~ *efecte* wirken, s-e Wirkung tun | ~ *impressió* Eindruck machen | ~ *goig* gut aussehen | ~ *por a alg* j-m Angst machen | ~ *un petó a alg* j-m e-n Kuß geben | ~ *carícies a alg* j-n streicheln | ~ *una pregunta* e-e Frage stellen | ~ *un discurs* (*classe, règim*) e-e Rede (Unterricht, Diät) halten | ~ *una reunió* (*eleccions*) e-e Versammlung (Wahlen) abhalten | ~ *un àpat lleuger* e-e leichte Mahlzeit einnehmen | ~ *un mos* e-n Happen essen | ~ *un cafè* (*una cervesa*) e-n Kaffee (e. Bier) trinken | ~ *un cigarret* e-e Zigarette rauchen | ~ *una festa* e. Fest veranstalten *bzw* geben | ~ *una funció de teatre* (*circ*) e-e Theater-(Zirkus-)vorstellung geben | *què fan avui al Romea?* was wird heute im Romea gespielt *od* aufgeführt? | *a l'escola ens han fet un documental* in der Schule hat man uns e-n Dokumentarfilm vorgeführt *od* gezeigt | *aquesta pel·lícula ja no la fan a cap cine* dieser Film läuft in k-m Kino mehr | *TV3 fa un concert* TV3 sendet (*od* bringt) e. Konzert | *quan fan les notícies?* wann kommen die Nachrichten? | ~ *el paper de Manelic* die Rolle des Manelic spielen | ~ *les funcions d'alcalde* als Bürgermeister amtieren | ~ *música* Musik machen; (*als Schulfach*) Musik haben | *fem la fuga* (*Ramon Llull*) wir nehmen die Fuge (Raimundus Lullus) durch | *no he fet mai alemany* ich habe nie Deutsch gehabt *od* gelernt | ~ *medicina* (*dret*) Medizin (Jura) studieren | ~ *política* (*esport*) Politik (Sport) treiben | ~ *natació* Ski laufen | ~ *rugbi* Rugby spielen | *fes el que puguis* (*vulguis*)! mach (*od* tu), was du kannst (willst)! | *això no es fa!* das macht (*od* tut) man nicht! | *no hi puc ~ més* ich kann nicht anders; ich kann nichts dagegen machen | *ho faria tot per tu!* für dich würde ich alles tun! | *fes alguna cosa!* tu doch etwas! | *no tinc res a ~* ich habe nichts zu tun | *amb ella no hi tens res a ~* bei ihr (*bzw* gegen sie) kannst du nichts ausrichten | *no hi ha res a ~* da kann man (halt) nichts machen | *no hi fa res!*

macht nichts! | *et fa res que tanqui la porta?* macht es dir etw aus, wenn ich die Tür schließe? | *jo no t'he fet res!* ich habe dir nichts getan! | *el gos no fa res* der Hund tut nichts | *tu no n'has de ~ res!* das geht dich nichts an! | *què n'has fet, de les claus?* was hast du mit den Schlüsseln gemacht? | *què fas aquest vespre?* was machst (*od* tust) du heute abend?, was hast du heute abend vor? | *què fa la teva mare (el fetge)?* was macht deine Mutter (deine Leber)?, wie geht's deiner Mutter (Leber)? | *què hi farem!* dagegen kann man nichts machen! | *què hi vols ~!* was soll man da noch tun!, *umg* mach was dran! | *què vols que hi faci!* was kann ich denn dafür! | *què hi fa?* was macht (*od* tut) das schon? | *què ho fa que...?* woran liegt es, daß...?; wie kommt es, daß...? | *el nen ja n'ha tornat a ~ una de les seves* der Junge hat schon wieder etw angestellt *od* angerichtet | *sí que l'hem feta bona!* da haben wir ja etw Schönes angerichtet | *me'n feu cada una!* ihr macht mir ja tolle Sachen! || (*erreichen; bewältigen*) *~ el cim* den Gipfel bezwingen | *aquest cotxe fa els dos-cents* (*per hora*) das Auto macht (*od* fährt) zweihundert | *si fumes tant, no faràs gaires anys* wenn du so viel rauchst, wirst du nicht alt werden | *demà faig cinquanta anys* morgen werde ich fünfzig (Jahre alt) | *quan fas* (*els*) *anys?* wann hast du Geburtstag? | *ahir el nen va ~ un mes* gestern ist das Kind e-n Monat alt geworden | (*Land, Gegend*) durch-reisen, -fahren *bzw* -wandern | *aquest estiu farem la Cerdanya a peu* diesen Sommer werden wir die Cerdanya durchwandern || (*s. verschaffen*) *~ diners* Geld machen | *anar a ~ llenya al bosc* im Wald Holz sammeln gehen | *~ gasolina* tanken || (*verschaffen, besorgen*) *no fem dinars* wir haben k-n Mittagstisch | *feu-me una lliura de llard, si us plau!* geben Sie mir bitte e. Pfund Schmalz! | *només us en puc ~ tres unces* ich kann Ihnen nur 100 Gramm (ab)geben || (*rufen; sagen; lauten*) *«ecs!», va ~ ella* «äks!», machte sie | *«crac!», va ~ el vidre* «krach!», machte die Scheibe | *llavors ell va ~:* ... da sagte er: ... | *la cançó fa així:* ... das Lied geht so: ... || (+ *Richtungsadverbial*) rücken | *fes la taula ençà!* rück den Tisch heran! |

(+ *Objektsprädikativ*) machen | (*in e-e Stellung, e-n Status bringen*) machen zu | *tu em fas feliç* du machst mich glücklich | *fes el nus més fort* zieh den Knoten fester! | *t'ho faré fàcil* ich werde es dir leicht machen | *l'han fet ministre* man hat ihn zum Minister gemacht | *els van ~ presoners* man machte sie zu Gefangenen | (*annehmen;* + *Objektsprädikativ od Lokaladverbial*) *jo el feia mort* ich hielt ihn für tot | *et feia a París* ich glaubte dich in Paris | (+ *Dativ*) *quants anys em fas?* wie alt schätzt du mich? || (+ *Infinitiv*) bringen zum, machen | lassen | *el vaig ~ riure* ich brachte ihn zum Lachen, ich machte ihn lachen | *això no fa riure* das ist nicht zum Lachen | *les teves excuses fan riure* deine Ausflüchte sind lächerlich | *l'has feta enrojolar od tornar vermella* du hast sie zum Erröten gebracht | *encara em fareu tornar ximple!* ihr macht mich noch verrückt! | *com t'ho puc ~ entendre* wie kann ich es dir verständlich machen? | *això el farà (és)ser més prudent* das wird ihn vorsichtiger machen | *em van ~ dir la veritat* sie brachten mich dazu (*bzw* zwangen mich), die Wahrheit zu sagen | *fes-ho ~ per un especialista!* laß es von e-m Fachmann machen! | *hem de ~ arreglar la ràdio* wir müssen das Radio reparieren lassen | *el mestre ens va ~ posar drets* der Lehrer ließ uns aufstehen || (+ *que* + *subj*) *l'adob fa que les plantes creixin més de pressa* Dünger macht (*od* bewirkt), daß die Pflanzen schneller wachsen | *la neu fa que tot sembli diferent* der Schnee läßt alles anders erscheinen | *tu fas que la meva vida tingui sentit* du machst, daß mein Leben Sinn hat | *l'entrada a la CE ha fet que els preus s'apugin* der Eintritt in die EG hat bewirkt, daß die Preise steigen | *Déu meu, feu que mai més no hi hagi guerra!* lieber Gott, mach, daß es nie mehr Krieg gibt! | *Déu faci que tornin!* Gott gebe, daß sie zurückkommen! || (*Pro-Verb*) *ja has rentat els plats? —No, encara no ho he fet* hast du das Geschirr schon abgewaschen? —Nein, ich habe es noch nicht gemacht *od* getan | *ni l'he perdonat ni ho penso ~* ich habe ihm nicht verziehen u. habe a. nicht vor, es zu tun || *fam euf:* *~-ho* es machen (*koitieren*) || (*gleichkommen; kon-*

stituieren; *bes* + *Maß- od Mengenangaben*) sein; (er-, ab-)geben; (aus)machen | *farà una bona dona de sa casa* sie wird e-e gute Hausfrau abgeben | *fan bona parella* sie passen gut zusammen | *quant fa tot plegat?* wieviel macht das insgesamt? | *el pollastre fa dos quilos* der Hahn ist zwei Kilo schwer | *la paret fa dos metres d'alt* die Wand ist zwei Meter hoch | *cinc pams fan més o menys un metre* fünf Spannen sind etwa e. Meter | *dos i (per) dos fan quatre* zwei u. (mal) zwei ist (*umg* macht) vier || *v/imp* (+ *Zeitmaßangabe*) *quant (de) temps fa d'això?* wie lange ist das her? | *Catalunya existeix des de fa mil anys* Katalonien besteht seit tausend Jahren | *se n'han anat fa mitja hora* sie sind vor e-r halben Stunde gegangen | *fa gaire que el coneixes?* kennst du ihn schon lange? || *v/imp meteor*: *quin temps fa?* wie ist das Wetter? | *fa bon (mal) temps* es ist schönes (schlechtes) Wetter | *fa calor (fred, fresca, vent)* es ist warm *bzw* heiß (kalt, kühl *od* frisch, windig) | *va ~ una tempestat (boira) terrible* es war e. schrecklicher Sturm (Nebel) || *v* machen; tun | *fes, fes, no et vull destorbar!* mach nur weiter, ich will dich nicht stören! | *per tu faràs!* du mußt wissen, was du tust! | *ell fa i desfà com si fos l'amo* er schaltet u. waltet, als ob er der Herr wäre | *tu deixa'm ~!* laß mich nur machen! | *per avui ja hem fet* für heute sind wir fertig || (+ *Modaladverbial*) *fas ben fet* (*od bé*) *de dir-m'ho* du tust gut daran, es mir zu sagen | *has fet mal fet* es war falsch von dir | *farem curt* wir werden nicht genug haben | *em fa estrany* es kommt mir komisch vor | *es pensen que parlar castellà fa fi* sie meinen, daß Spanischsprechen fein wirkt | *aquí hi fa bonic (lleig)* hier macht es s. gut (schlecht) || ~ *a*: *això no fa al cas* das gehört nicht zur Sache || ~ *amb*: *aquest color no fa amb l'altre* diese Farbe paßt nicht zu der anderen | *fas amb cent pessetes?* reichen dir hundert Peseten? || ~ *com*: *tu fes com ell!* mach es wie er! | *vaig ~ com si no l'hagués vist* ich tat (so), als ob ich ihn nicht gesehen hätte | *ell va ~ com si* (*od com aquell qui*) *res* er tat, als ob nichts wäre || ~ *de*: *fa de Hamlet* er spielt den Hamlet | *és metge, però ha de ~ de paleta* er ist Arzt, aber er muß als Maurer arbeiten *od umg* den Maurer machen | *els va ~ de pare* er vertrat Vaterstelle an ihnen | *sempre he fet de mestre* ich habe immer als Lehrer gearbeitet | *aquesta pedra ens farà de taula* dieser Stein wird uns als Tisch dienen || ~ + *art def* + *adj od sub*: *només viatgen per ~ el gran* sie reisen nur, um (s.) großzutun *od* s. aufzuspielen | *el meu rellotge fa el boig* meine Uhr spielt verrückt | *han fet el ximple tota l'estona* sie haben die ganze Zeit herumgealbert || ~ *per a*: *aquest noi (això) no fa per a tu* dieser Junge (das) paßt nicht zu dir || *fa?* nicht wahr?, gelt? || ~ *de bon (mal)* + *inf*: *fa de bon entendre* es ist leicht zu verstehen | *fa de mal dir* es ist schwer zu sagen || *no ~ sinó* (*od més que*) + *inf* nichts tun als + *inf* | *no fan sinó rondinar* sie tun nichts als meckern | *pel que fa a alg od u/c...* was j-n *od* etw betrifft *od* angeht, ... || *si fa (o) no fa* ungefähr, etwa | **~-se** *v/r*: ~ *un vestit* s. (*dat*) e. Kleid machen | ~ *mal* s. (*dat*) weh tun | ~ *un nom* s. (*dat*) e-n Namen machen || (*reziprok*) verkehren, Umgang haben (*amb* mit) | *gairebé no ens fem* wir haben kaum Umgang miteinander || entstehen; s. bilden; *bibl* werden | wachsen; gedeihen; reifen | *s'hi ha fet una crosta* es hat s. e-e Kruste darauf gebildet | *faci's la llum!* (*bibl*) es werde Licht! | *els geranis no es fan (gaire)* die Geranien gedeihen nicht (gut) | *com s'ha fet, el noi!* wie der Junge s. herausgemacht hat! | *el vi es fa a la bóta* Wein reift im Faß || (+ *Subjektsprädikativ*) s. machen | werden (zu) | ~ *útil (invisible)* s. nützlich (unsichtbar) machen | ~ *ric (vell, frare, soldat)* reich (alt, Mönch, Soldat) werden | ~ *un home* zum Mann werden | *v/imp*: *es fa tard (fosc, de dia, de nit)* es wird spät (dunkel, Tag, Nacht) || (+ *Richtungsadverbial*) *fes-te un pas enrere!* tritt e-n Schritt zurück! | ~ *a la mar (nàut)* in See stechen || ~ + *art def* + *adj od sub*: ~ *l'innocent* den Unschuldigen spielen | ~ *l'ignorant* s. unwissend stellen | *es fa la simpàtica* sie tut freundlich || ~ + *inf*: ~ *estimar (odiar)* s. beliebt (verhaßt) machen | ~ *pregar* s. bitten lassen || ~ *a u/c* s. an etw (*ac*) gewöhnen *od* anpassen || ~ *d'un col·lectiu* e-r Gemeinschaft beitreten, in e-e Gemein-

schaft eintreten || **fer-s'ho** (*fam euf*) machen | *el nen s'ho ha fet a les calces* (*a sobre*) das Kind hat in die Hosen gemacht (s. vollgemacht) || *fer-se'n*: *me n'he fet mil pessetes* es hat mich tausend Peseten gekostet | *què se n'ha fet, d'en Pau?* was ist denn aus Paul geworden?
fer[2] *adj* wild | reißend | blutdürstig | *fig a.* grausam | *oc a.* häßlich | *cuca ~a* Riesendrachenfigur *f* | *porc ~* Wildschwein *n* | **~a** *f* Raubtier, wildes Tier *n* | *posar-se fet una ~* fuchsteufelswild werden.
fera|ç *adj* (*m/f*) (*Boden*) fruchtbar | *una terra ~* e. fruchtbares Land | **~citat** *f* Fruchtbarkeit *f*.
fer|al *adj* (*m/f*) verwildert | *fig* grausam; erbittert | **~am** *f col* wildlebende Tiere *n pl* | *fig* Gesindel, (Lumpen)Pack *n* | **~ament** *adv* grausam | ungezähmt | *fig a.* unmenschlich | **~edat** *f* Entsetzen, Grauen *n* | Erschrecken *n* | **~ejar** (33) *vi* erschrecken | *fig* stark mißfallen | **~esa** *f* Wildheit *f* | *fig* Grausamkeit *f* | = **~edat** | **~est**(**ament** *adv*), **~éstec** (**-ega** *f*, **-egament** *adv*) *adj* wild | scheu | ungezähmt | (*Mensch*) ungesellig, menschenscheu | *fig* furchtbar; grauenvoll; schrecklich.
fèretre *m* Sarg *m* | Bahre *f*.
ferí (**-ina** *f*) *adj* ungezähmt, wild | reißend | blut-rünstig, -dürstig.
fèria *f catol* Feria *f*.
feri|da *f a. fig* Wunde; Verletzung *f* | *bes mil a.* Verwundung *f* | *fig a.* Kränkung *f* | **~dor** *adj* verletzend, verwundend | **~dura** *f* Schlaganfall *m* | **~r** (37) *vt a. fig* verletzen | *bes mil a.* verwunden | *fig a.* kränken | *~ mortalment* od *de mort* tödlich verwunden | **~r-se** *v/r s.* verletzen | e-n Schlag(anfall) erleiden.
feristela *f* Niederwild *n* | *kl*(*s*) Haarraubwild *n*.
ferit (**-ida** *f*) *adj a. fig* verletzt | *bes mil* verwundet | von e-m Schlag(anfall) getroffen || *s/mf* Verletzte(r *m*) *m/f* | *bes mil* Verwundete(r *m*) *m/f* | *un ~ lleu* (*greu*) e. Leicht-(Schwer-)verletzter *bzw* e. Leicht-(Schwer-)verwundeter *m*.
ferm *adj a. fig* fest | (*Grundlage*) *a.* stabil, sicher | fest-haltend *bzw* -stehend, -sitzend | (*Person; Muskel; Haltung; Disziplin*) stramm | *fig a.* standhaft; beständig; *fam* fein; anständig, toll | *terra ~a* Festland *n* | *~s!* (*mil*) stillgestanden! | *caràcter ~* fester Charakter *m* | *a peu ~* (*a. fig*) festen Fußes | *de ~* (*loc adv*) kräftig; nachhaltig; tüchtig; gründlich; gehörig | *en ~* (*loc adv*; *loc adj*) fest, verbindlich | *compra en ~* fester Kauf *m* | *fer ~* (*a. fig*) festmachen | *tenir el pas ~* e-n festen Schritt haben, *fig* entschlossen auftreten | *tenir-se* (od *aguantar-se*) *~* standhalten, aushalten; festhalten | *tenir una voluntat ~a* festen Willens sein; e-n starken Willen haben || *adv*: *treballar ~* fest(e) (*od* tüchtig, stramm) arbeiten || *s/m* fester Grund *. bzw* Teil *m* || *s/f* (*Stoff, Kleid*) Umschlag *m*, Einfassung *f* | Besatz *m* | **~ador** *m* (*für Tiere*) Haken, Ring *m* | **~all** *m* Verschluß *m* | Brosche *f* | Agraffe, Spange *f* | **~ament** *adv* fest | bestimmt, entschieden, entschlossen | **~ança** *f dr* Bürgschaft *f* | Kaution *f* | Pfand *m* | **~ar** (33) *vt* an-, fest-, zubinden | annageln | *fig* bestätigen, unterzeichnen | *~ els gossos* die Hunde anketten | **~ata** *f mús* Fermate *f*.
ferment *m* Ferment *n*, Gärstoff | *fig* Keim *m* | **~able** *adj* (*m/f*) gärbar, gär(ungs)fähig | **~abilitat** *f* Gärbarkeit *f* | **~ació** *f* Fermentation; Gärung *f* | **~ar** (33) *vt* fermentieren; gären lassen || *vi a. fig* gären | aufgehen | **~atiu** (**-iva** *f*) *adj* Gärung bewirkend | vergoren | fermentativ | **~escible** *adj* (*m/f*) = **~able**.
ferme|sa, ~tat *f* Festigkeit *f* | *fig a.* Entschiedenheit, Entschlossenheit; Beharrlichkeit, Standhaftigkeit *f* | *~ de caràcter* Charakterfestigkeit *f*.
fero|ç(**ment** *adv*) *adj* (*m/f*) wild | blutdürstig | grausam | grimmig | heftig; scharf | **~citat** *f* Wildheit *f* | Grausamkeit *f* | Grimmigkeit *f* | Heftigkeit *f* | **~tge**(**ment** *adv*) *adj* (*m/f*) = **feroç** | **~tgia** *f* = **~citat**.
ferr|ada *f bes oc* Eimer *m* | = **~egada** | **~ador** *m* Hufschmied *m* | **~adura** *f* Hufeisen *n* | *en forma de ~* hufeisenförmig | **~alla** *f* Alteisen *n*, Schrott *m* | **~ament** *m* Beschlagen *n* | **~amenta** *f* Eisenwerkzeug *n* | Gerät, Werkzeug *n* | Eisenbeschläge *m pl* | **~apedres** *m* = **pau**[3] | **~ar** (33) *vt* mit Eisen beschlagen | (*bes Pferd*) beschlagen | **~assa** *f ict* = **milà** | **~at** (**-ada** *f*) *adj* mit Eisen (*bzw* Nägeln) beschlagen | *ou ~* (*gastr*) Spie-

gelei *n* | *sabates ferrades* Nagelschuhe *m pl m* || *s/m* Eimer *m* | **~atimó** *m ict* Meerneunauge *n* | **~egada** *f* Alteisen *n* | **~egot** *m* Stück *n* Eisen | **~eguí** = **~et** | **~enc** *adj* = **ferrís** | **~eny** *adj* eisern | *fig* hart, stark | unerbittlich | **~er** *m* Schmied *m* | Hufschmied *m* | **~eret** *m ornit* Gartenrotschwanz *m* | Blaumeise *f* | **~eria** *f* Schmiede *f* | Hufschmiede *f* | **~eric** *m ornit* Kohlmeise *f* | **~et** *m* Eisen-stückchen *bzw* -teilchen || *pl mús* Triangel *m* | **~etejar** (33) *vt* = **~ar** | *hist* brandmarken | **~eter** *m* Eisen(waren)händler *m* | **~eteria** *f* Eisenwarenhandlung *f*, Eisenhandel *m* | *col* Eisenwaren *f pl* | **~i**[1] (**fèrria** *f*) *adj a. fig* eisern | Eisen... | *via* **fèrria** (*ferroc*) Gleis *n*.

ferri[2] *m* Fähre *f*, Fährschiff *n*.
fèrric *adj quím* Eisen..., *bes* Eisen-III-...
ferr|ífer *adj* eisenhaltig | **~ís** (**-issa** *f*) *adj* eisern | **~ita** *f quím* Ferrit *n* | **~itja** *f* Eisen(feil)späne *m pl* | **~o** *m* Eisen *n* | *l'edat del ~* die Eisenzeit *f* | *~ colat od fos* Gußeisen *n* | *~ dolç* Weicheisen *n* | *~ laminat* Walzeisen *n* | *~ forjat* Schmiedeeisen *n* | *~ nadiu od verge* gediegenes Eisen | *~ vell* Alteisen *n*, Schrott *m* | *~ de marcar* Brandeisen *n* | (*és*)*ser de ~* (*fig*) eisern (*od* sehr hart) sein | *picar (en) ~ fred* (*fig*) in der Wüste (*od* tauben Ohren) predigen | *toca ~!* dreimal auf Holz geklopft! | *pl* (Geburts)Zange *f* | *~s d'arrissar od d'ondular* Brennschere *f*, Brenneisen *n* | **~o-alumini** *m* Ferroaluminium *n* | **~ocarril** *m* Eisenbahn *f* | *~ metropolità* Stadtbahn *f*; U(ntergrund)-Bahn *f* | *~ de via estreta* Schmalspurbahn *f* | **~omagnètic** *adj* ferromagnetisch | **~omagnetisme** *m* Ferromagnetismus *m* | **~o-manganès** *m* Ferromangan *n* | **~ós** (**-osa** *f*) *adj quím* Eisen..., *bes* Eisen-II-... | **~oviari** (**-ària** *f*) *adj* Eisenbahn... || *s/mf* Eisenbahner(in *f*) *m* | Eisenbahnarbeiter(in *f*) *m* | **~uginós** (**-osa** *f*) *adj* eisenhaltig | rostfarben | **~ussa** *f indús* Glätteisen *n* (*der Töpfer*).

ferry-boat *m* = **ferri**[2].
fèrtil *adj* (*m/f*) fruchtbar | *biol a.* fertil | (*Land*) *a.* ergiebig, ertragreich | *fig a.* reich (*en* an *dat*) | *fís* brutfähig.
fertili|tat *f a. fig* Fruchtbarkeit *f* | *biol a.* Fertilität *f* | **~tzable** *adj* (*m/f*) düngbar | fruchtbar zu machen(d) | **~tzació** *f agr* Düngen *n*, Düngung *f* | Fruchtbarmachung *f* | **~tzant** *adj* (*m/f*) düngend || *s/m agr* Düngemittel *n* | **~tzar** (33) *vt agr* düngen | fruchtbar machen.

fèrula *f* Zuchtrute *f* | (*Lehrer*) Stock *m* | *med* Schiene *f* | *fig* Fuchtel *f* | *estar sota la ~ d'alg* unter j-s Fuchtel stehen.
ferum *f* Geruch *m* | *bes* Gestank *m* | *fer ~* stinken | **~ejar** (33) *vi* stinken.
ferv|ent(ment *adv*) *adj* (*m/f*) inbrünstig | heiß | heftig | innig | **~or** *m*(*/f*) Feuereifer, glühender Eifer *m* | innige Leidenschaft *f* | Inbrunst *f* | **~orós** (**-osa**, **-osament** *adv*) *adj* inbrünstig, innig | eifrig.
fes[1] *m* Fes, Fez *m*.
fes[2] *adj* gespalten || *s/f* Spalt(e *f*) *m* | Riß *m*.
fesol *m* Bohne *f* | *bes* Nabel-, Helmbohne *f* | *~ bord* Blasen-, Juden-kirsche, Lampionpflanze *f* | *~ d'olor* wohlriechende Wicke *f* | **~ar** *m agr* Bohnenacker *m* | **~er(a** *f*) *m bot* Bohne(npflanze) *f* | **~et** *m bot* Augenbohne *f*.
fesomia *f* = **fisonomia**.
fest|a *f* Fest *n* | Feier(tag *m*) *f* | *~ de precepte* gebotener Feiertag *m* | *~ major* (*ecl*) Patronatsfest *n*, Kirchweih(fest *n*) *f*; (*Dorf, Stadt*) Jahresfest *n* | *fer ~* feiern; frei haben | *fer ~ d'u/c* mit etw zufrieden sein | *tenir ~* frei haben | *desitjar bones festes* frohe Feiertage wünschen | *fer festes a alg* j-n liebkosen *bzw* j-m schmeicheln | **~eig** *m* Liebeswerben *n* | Verlobung *f* || *pl* Feierlichkeiten, Festlichkeiten *f pl* | **~ejadís** (**-issa** *f*) *adj* elegant | gefällig | **~ejador(a** *f*) *m* Freund(in *f*) *m*, Liebste(r *m*) *m/f*; Verehrer(in *f*) *m* | **~ejament** *m* = **~eig** | **~ejar** (33) *vt* umwerben, (*j-m*) den Hof machen || *vi* (fest) miteinander gehen; verlobt sein | *umg* poussieren | **~er** *adj* festlich | fröhlich || *s/mf* Festteilnehmer(in *f*) *m* || *s/m* = **teiera** | **~í** *m* Festschmaus *m* | Bankett *n* | **~iu** (**-iva** *f*, **-ivament** *adv*) *adj* festlich | fröhlich | scherzhaft | lustig | erfreulich | **~ival** *m* großes Fest *n* | *bes* Festival *n*, Festspiele *n pl* | *mús* Musik-, Gesangs-fest *n* | *~ aeronàutic* Flugtag *m* | *~ de cançons* Schlagerfestival *n* | *~ cinematogràfic* Film-festival *n*, -festspiele *n pl* | *~ folklòric* Volksfest, Trachtenfest *n* |

festuc 500 **fi**

~ivar (33) *vt* feiern | festlich begehen | **~ivitat** *f* Festlichkeit *f* | Festtag *m* | *ecl* (Kirchen)Fest *n* | Fröhlichkeit; Festfreude *f* | **~ívol** *adj* = **~iu** | **~ós** (**-osa** *f*, **-osament** *adv*) *adj* einschmeichelnd, liebkosend, zärtlich, anschmiegsam | schmeichelhaft | **~osenc** = **~ós**.
festuc *m* Pistazie *f*.
festuca *f bot* Schwingel *m* | **~ri** *m zool* Eingeweidewurm *m*.
fet *pp/adj:* **~!** abgemacht!, einverstanden! | *dit i* **~!** gesagt, getan! | **~** *i* **~!** letzten Endes; schließlich | *ben* **~!** recht so!, gut so! | *mal* **~!** falsch! | *mobles* **~s** *a mà* hand-gearbeitete (*od* -gefertigte) Möbel | *un home* **~** e. erwachsener (*bzw* reifer) Mann | *vull el bistec* **~** (*poc* **~**) ich möchte mein Steak durch *od* durchgebraten (englisch) | *una dona ben* **~a** e-e wohlproportionierte Frau | *una casa mal* **~a** e. schlecht gebautes Haus | *és* **~** *i pastat a son pare* er ist s-m Vater wie aus dem Gesicht geschnitten | *són* **~s** *l'un per a l'altre* sie sind wie geschaffen füreinander | *és* **~** *d'or* es ist aus Gold | *ara ja està* **~** nun ist es schon geschehen | *no hi estic* **~,** *a feines tan pesades* an so schwere Arbeit bin ich nicht gewöhnt || *s/m* Tat, Handlung *f* | Tatsache *f* | Ereignis *n*; Vorfall *m* | Sache, Angelegenheit *f* | **~** *consumat* od *acomplert* vollendete Tatsache *f* | *el lloc dels* **~s** der Tatort | **~s** *diversos* (*Zeitung*) Verschiedenes *n* | *de* **~** tatsächlich; in der Tat; de facto; eigentlich | *anar al(s)* **~(s)** zur Sache kommen | *fer el* **~** es tun; aus-, zurechtkommen | *fer el seu* **~** s-n Geschäften nachgehen | *el* **~** *és que...* Tatsache ist, daß..., die Sache ist die, daß... | *el* **~** *de llegir* das Lesen | *el* **~** *d'embriagar-se* das Sichbetrinken | *el* **~** *que ell ho digui...* daß er es sagt... | *pel* **~** *que...* dadurch, daß... | *jugar a* **~** Verstecken spielen | **~a** *f* (große) Leistung *f* | Heldentat *f* | Ereignis *n* | *fam: d'aquella* **~,** *ja no em saluden* seitdem grüßen sie mich nicht mehr.
fetal *adj* (*m/f*) fetal, fötal.
fetge *m anat gastr* Leber *f* || *fig: tenir el* **~** *gros* od *tenir un* **~** *de rajada* unempfindlich (*od* dickfellig) sein | *no tirar-se pedres al* **~** s. kein Bein ausreißen | *treure el* **~** *per la boca* s. ab-

plagen, s. abrackern | **~ra** *f bot* Leberblümchen | **~** *blanca* Studentenröschen *od* (Sumpf)Herzblatt *n*.
fètid(**ament** *adv*) *adj* stinkend, übelriechend.
fetid|esa, ~itat *f* Gestank *m*.
fetill|ar (33) *vt* behexen | **~er(a** *f*) *m* Zauberer *m*, Zaub(r)erin *f*, Hexe(nmeister *m*) *f* || *s/m* Medizinmann *m* | **~eria** *f* Hexerei, Zauberei *f* | *fig* Zauber *m*.
fetitx|e *m* Fetisch *m*, Götzenbild *n* | **~isme** *m* Fetischismus *m* | *fig* blinde Verehrung *f* | **~ista** *adj* (*m/f*) fetischistisch || *s/m/f* Fetischanbeter(in *f*) *m*, Fetischist(in *f*) *m*.
fetjut (**-uda** *f*) *adj* mit großer Leber | *fig* phlegmatisch.
fetor *f* Gestank, übler Geruch *m* | **~ós** (**-osa** *f*) *adj* stinkend, übelriechend, *med* a. faulig.
fetus *m* Fetus, Fötus *m*.
feu *m hist* Lehen *n* | Lehensgut *n* | *... en* **~** zu Lehen | **~ater** *ant* = **~datari** | **~dal** *adj* (*m/f*) feudal, Lehns... | feudalistisch | **~dalisme** *m* Feudalismus *m*, Lehnswesen *n*, Feudalherrschaft *f* | **~dalitat** *f* Feudalität *f* | **~datari** *m* Lehens-träger, -mann *m*.
fi[1] *f* Ende *n* | Schluß *m* | *la* **~** *del món* das Ende der Welt; *bes rel a.* das Weltende, der Weltuntergang | *la* **~** (*od el final*) *d'un conflicte* das Ende (*od* der Ausgang) e-s Konflikts | (*cap*) *a la* **~** (*od al final*) *de l'any* (gegen) Ende des Jahres | *a la* **~** (*od al final*) *del dia* am Ende des Tages | *a la* **~** *od al final* am Ende, endlich, zum Schluß, schließlich, zuletzt | *al cap i a la* **~** schließlich (u. endlich), letztlich, letzten Endes | *en* **~** kurz u. gut, kurz(um) | *per* **~** (*has vingut*)! endlich (bist du gekommen)! | *sens* **~** endlos | *faràs una mala* **~** *od fam la* **~** *del cagaelàstics* mit dir wird es noch böse enden | *portar* (*od dur*) *a bona* **~** *u/c* etw zum guten Ende führen | *posar* **~** *a u/c* e-r Sache e. Ende machen *od* setzen; mit e-r Sache Schluß machen | *no tenir* **~** k. Ende haben; k-e Grenzen kennen.
fi[2] *m* Zweck *m* | Ziel *n*; Absicht *f* | *a* **~** *de* + *inf* um ... zu + *inf* | *a* **~** *que* + *subj* damit + *ind* | *a* **~** *de bé* in guter Absicht | (*per*) *a quin* **~**? zu welchem Zweck? | *el* **~** (*no*) *justifica els mitjans* der Zweck heiligt die Mittel (nicht).

fi³ (**fina** *f*) *adj* fein | *a.* dünn; (sehr) schlank; zierlich; auserlesen; schick, (hoch)elegant; (*Sinnesorgan*) scharf | *farina fina* feines Mehl | *paper ~* feines (Brief)Papier | *rostre ~* feines (*od* zartes) Gesicht | *una cintura ~na* e.e schlanke Taille | *or ~* Feingold, reines Gold | *vi ~* edler Wein | *~ d'orella* hellhörig, mit feinem (*od* scharfem) Gehör | *nas ~* feine Nase | *vista fina* scharfe (*od* gute) Augen | *un jugador (lladre) molt ~* e. sehr guter (*od* schlauer) Spieler (Dieb) | (*no*) *anar ~* (nicht) gut laufen; s. (nicht) wohl fühlen ‖ *adv: escriure ~* fein (*od* dünn) schreiben | *treballar ~* sorgfältig arbeiten.

fiable *adj* (*m/f*) vertrauenswürdig, zuverlässig.

fiacre *m* Fiaker *m*, Droschke *f.*

fia|dor¹ *m* Sicherheitsverschluß *m* | (*Waffe*) Sicherung *f* | (*Tür*) Riegel *m* | (*Kleidung*) Haftel *n* | **~dor**²(**a** *f*) *m econ* Bürge *m*, -gin *f*, Garant (in *f*) *m* | *fer de ~ d'alg* für j-n bürgen | **~nça** *f* Bürgschaft *f* | Kaution, Sicherheit(sleistung) *f* | Vertrauen *n* | *donar ~ a alg* j-m Bürgschaft leisten | **~nçador**(**a** *f*) *m* = **fiador** | **~nçar** (33) *vt* bürgen für (*ac*) | Kaution stellen für (*ac*) | **~r** (33) *vt*: *~ u/c a alg* j-m etw anvertrauen ‖ *vt/i com* borgen, anschreiben | *ja no em volen ~ enlloc* man will mir nirgends mehr anschreiben | **~r-se** *v/r: d'alg* j-m vertrauen, s. auf j-n verlassen | *un no pot ~'n* man kann ihm nicht trauen; man kann s. nicht darauf verlassen | *fia't de mi!* verlaß dich auf mich!

fiasco *m teat* Fiasko *n.*

fiat (**-ada** *f*) *adj* vertrauenswürdig | vertrauend.

fibl|a *f* Anstich *m* | Spund *m* | Zapfen *m* | *agr* Abzapfung *f* | (*Schleuse*) Tor *n* | (*Straße*) Abfluß *m* | **~ada** *f* (*a. Schmerz*) Stich *m* | **~ar** (33) *vt* stechen | (*Faß*) anstechen | *fig* (*j-m*) e-n Stich geben | **~e** *m* = **~ó**¹ | **~ó**¹ *m* Stachel *m* | *fig* Ansporn, Antrieb *m* | **~ó**² *m* Regenguß *m* | **~onejar** (33) *vt* an-, auf-stacheln, anspornen.

fibr|a *f* Faser, Fiber *f* | *fig* Kraft, Energie *f* | *~ sintètica* (*vegetal*) Kunst-(Pflanzen-)faser *f* | *~ de vidre* Glas-faser, -fiber *f* | *~ vulcanitzada* Vulkanfiber *f* | **~il·la** *f biol* Fibrille *f* | **~il·lació** *f med* Flimmern *n* | *~ auricular* (*ventri-*

cular) Vorhofs-(Kammer-)flimmern *n* | **~il·lar** *adj* (*m/f*) Faser... | *med* fibrillär | **~ina** *f biol* Fibrin *n*, Blutfaserstoff *m* | **~inogen** *m biol* Fibrinogen *n* | **~inós** (**-osa** *f*) *adj biol* fibrinös | **~oma** *m med* Fibrom *n*, Fasergeschwulst *f* | **~ós** (**-osa** *f*) *adj* faserig | faserartig | Faser... | *med* fibrös | **~osi** *f med* Fibrose *f.*

fíbula *f* Fibel, Fibula *f.*

fic *m bot* (Alpen)Kreuzdorn *m.*

fica|da *f* (Hinein)Stecken *n* | **~r** (33) *vt* (hinein)stecken | *~ la clau al pany* den Schlüssel ins Schloß stecken | *~ diners a la guardiola* Geld in die Sparbüchse werfen | *~ a alg els dits a la boca* (*fig*) j-m die Würmer aus der Nase ziehen | *~ el nas en els afers d'alg* (*fig*) die Nase in j-s Angelegenheiten stecken | *~ la banya en u/c* (*fig*) s. in etw verbohren | *m'has ficat en un bon embolic!* (*fig*) du hast mir etw schönes eingebrockt! | *~ els genolls en terra* (nieder)knien | *~ esperons al cavall* dem Pferd die Sporen geben | **~r-se** *v/r: on es deuen haver ficat?* wo sie wohl stecken? | *~ al llit* s. ins Bett legen | *~ u/c al cap* (*fig*) s. (*dat*) etw in den Kopf setzen | *~ de peus a la galleda* (*fig*) ins Fettnäpfchen treten | *no et fiquis els dits al nas!* pople nicht! | *a ell li agrada* (*de*) *~ en tot* er muß s. immer in alles einmischen | *tu no t'hi fiquis!* misch dich nicht ein!, halt dich da raus!

ficció *f* Verstellung, Vorspiegelung *f* | (Er)Dichtung, Fiktion *f.*

ficel·la *f = cordill.*

fic|iforme *adj* (*m/f*) feigenförmig | **~oide** *adj* (*m/f*) *bot* feigenähnlich.

fico|logia *f bot* Phykologie, Algenkunde *f* | **~micets** *m pl bot* Algenpilze *m pl.*

fictici (**-ícia** *f*, **-íciament** *adv*) *adj* erdichtet, fiktiv, fingiert, Schein... | angeblich.

fide|digne *adj* glaubwürdig | **~ïcomís** *m dr* Fideikommis *m*, unveräußerliches Erbgut *n* | Treuhänderschaft *f* | **~ïcomissari** (**-ària** *f*) *m dr* Treuhänder(in *f*) *m* | **~ïcomissariat** *m dr* Treuhänderschaft *f* | **~l**(**ment** *adv*) *adj* (*m/f*) treu (*a* dat) | (*a. Wiedergabe, Übersetzung*) getreu (*a* dat) | zuverlässig | *ecl* gläubig | *memòria ~* zuverlässiges Gedächtnis *n* | *versió ~* (wort-)getreue (*od* genaue) Übersetzung *f* ‖ *s/m/f* Getreue(r *m*) *m/f* | *ecl* Gläubi-

fideu

ge(r *m*) *m/f* | els ~s die Gläubigen *pl* | **~litat** *f* Treue *f* | Genauigkeit *f* | *rad* Klangtreue *f* | *alta* ~ High-Fidelity *f*.
fideu *m mst pl* Fadennudel(n *pl*) *f* | *sopa de* ~*s* Nudelsuppe *f* | **~er(a** *f*) *m* Fadennudelfabrikant(in *f*) *m* | **~eria** *f* Fadennudel-fabrik *f bzw* -geschäft *n*.
fiduciari (**-ària** *f*) *adj* fiduziarisch, treuhänderisch | *circulació fiduciària* Notenumlauf *m* | *societat fiduciària* Treuhandgesellschaft *f* | *s/mf* Fiduziar(in *f*), Treuhänder(in *f*) *m*.
figa *f bot* Feige *f* | *fig pop* Kuhfladen *m*; *pop!* Fotze *f* | ~ *borda* Bocks-, Geißfeige *f* | ~ *de moro* Kaktusfeige *f* || *fig fam: mitja* ~, *mig raïm* nichts Halbes u. nichts Ganzes; so mittel; soso | *fer* ~ fehlschlagen; versagen | *fer la* ~ *a alg*: j-m zum Spott den Daumen zw Zeige- u. Mittelfinger mit geschlossener Faust zeigen | *això són figues d'un altre paner* das steht auf e-m anderen Blatt; das gehört nicht hierher | *pesar figues* einnicken | *com ara plouen figues* das mach e-m anderen weis! | *en collir les figues ens veurem!* wer zuletzt lacht, lacht am besten! || *s/m/f fig desp* Pflaume *f* | **~flor** *f bot* Frühfeige *f* | *fig desp* Zimperliese *f* || *s/m desp* Pflaumenaugust *m*.
figle *m mús* Ophikleide *f*.
figue|ra *f bot* Feigenbaum *m* | ~ *borda* Bocks-, Geiß-feige(nbaum *m*) *f* | ~ *de moro* od *de pala* Feigenkaktus *m* | ~ *infernal* Rizinus-, Wunder-baum *m* | **~rar** *m* Feigen-hain *m bzw* -pflanzung *f* | **~rassa** *f* Feigenkaktus *m* | *reg* Agave *f* | **~renc** *adj* figuerenkisch; aus Figueres || *s/mf* Figuerenker(in *f*) *m* | **~reta** *f* Feigenbäumchen *n* | *fer la* ~ s. auf den Kopf stellen | **~rol** *m ornit* Fliegenschnäpper *m* | **~ta** *f* kl(e) Feige *f* | *bes* flaches Fläschchen *n*.
figur|a *f a. art ling* Lit teat esport Figur *f* | Gestalt *f* | Bild *n* | *astr* Sternbild *n* | ~ *de guix* Gipsfigur *f* | *en* ~ in bildlicher Darstellung | *fer una bona* (*mala, trista*) ~ e-e gute (schlechte, traurige) Figur machen *od* abgeben | **~ació** *f art mús* Figuration *f* | *art a.* Gegenständlichkeit *f* | *fig* Einbildung *f* | **~ança** *f lit* = **~ació** | **~ant** *m/f teat* Statist(in *f*) *m* | **~ar** (33) *vt* (bildlich *od* symbolisch) darstellen | vorgeben, -täuschen, fingieren | erdichten | *teat* spielen || *vi* vorkommen, erscheinen | *lit* figurieren | Ansehen

filaberquí

haben, e-e hohe Rolle spielen | ~ *en una llista* in e-r Liste aufgeführt sein, auf e-r Liste stehen | **~ar-se** *v/r* = **afigurar-se** | **~at** (**-ada** *f*, **-adament** *adv*) *adj* bildlich | *ling a.* (*Gebrauch, Sinn*) übertragen, figurativ, figürlich | vorgetäuscht | *en sentit* ~ in übertragenem (*od* figurativem) Sinne | **~atiu** (**-iva** *f*, **-ivament** *adv*) *adj art* figurativ, figürlich, gegenständlich | *escriptura figurativa* Bilderschrift *f* | **~eta** *f* Figürchen *n* | Statuette, Figurine *f* | **~í** *m* Modezeichnung *f* | (Schaufenster-, Modell-)Puppe *f* | **~isme** *m bíbl* bildliche Auslegung *f*.
fil *m a. fig* Faden *m* | (*zum Nähen*) *a.* Garn *n*; (*reißfest*) Zwirn *m* | *met* Draht *m*; *elect a.* Ader *f*, Leiter *m*, Leitung *f* | (*Marmor*) Ader *f* | (*Messer*) Schneide *f* | (*Gebirge*) Grat *m* | = **enfilall** *f* | ~ *de llana* (*de seda*) Woll-(Seiden-)faden *m* | ~ *de cosir* (*de brodar, d'embastar, de sargir*) Näh- (Stick-, Heft-, Stopf-) garn *n* | ~ *d'empalomar* (*d'ordit*) Bind(Kett-)faden *m* | ~ *perlé* Perlgarn *n* | *una camisa de* ~ e. Leinenhemd *n* | ~ *metàl·lic* Metall-draht, -faden *m* | ~ *de coure* (*de llautó, de plata*) Kupfer-(Messing-, Silber-)draht *m* | ~ *conductor* (*elect*) Leitungsdraht *m*; *fig* rote(r) Faden *m* | els ~*s del telègraf* (*del telèfon*) die Telegrafen-(Telefon-)drähte *m pl* | *un* ~ *de llum* e. Lichtstreifen *m* | *un* ~ *de sang* e. Faden *m* (*od* Rinnsal *n* von) Blut | *un* ~ *de veu* e. (faden)dünnes Stimmchen *n* | *passar a* ~ *d'espasa* (*mil*) über die Klinge springen lassen || *fig fam: contar u/c* ~ *per randa* etw haarklein erzählen | *donar* ~ *a alg* j-n sprechen (*bzw* reden) lassen | *no n'hi ha ni un* ~ es ist k-e Spur davon da | *penjar d'un* ~ an e-m (seidenen *od* dünnen) Faden hängen | *perdre el* ~ den Faden verlieren | *posar* ~ *a l'agulla* Hand ans Werk legen | *reprendre el* ~ den Faden (wieder) aufnehmen *od* anknüpfen | *seguir el* ~ *d'u/c* e-r Sache (*dat*) nachgehen, etw verfolgen, auf etw (*ac*) aufpassen *od* achtgeben | **~a** *f* Reihe *f* | *agr* Stichkanal *m* | *mat* (*Matrix*) Zeile *f* | *fig fam* Aussehen *n* | *fer bona* (*mala*) ~ gut (schlecht) aussehen | *quina* ~ *que fas!* wie du aussiehst! | *posar-se en* ~ s. in e-r Reihe aufstellen | *en* ~ *índia* im Gänsemarsch.
filaberquí *m tecn* Bohrkurbel *f*, Drehbohrer *m*.

fila|da *f* Spinnen *n* | Gespinst *n* | *constr* Reihe, Lage, Schicht *f* | ~ *de maons* Backsteinlage, Ziegelreihe *f* | **~dís** (**-issa** *f*) *adj tèxt* (ver)spinnbar || *s/m* Flock-, Florett-seide *f* | **~dor(a** *f*) *m* Spinner(in *f*) *m* || *s/f* Spinnmaschine *f* | **~garsa** *f* Fussel *f/m* | *pl tèxt* Spinnereiabfall *m* | **~garsós** (**-osa** *f*) *adj* fusselig, fußlig | faserig | zerfasert | **~ment** *m bes tèxt* Faden *m* | *elect* (Glüh-, Heiz-)Faden *m* | *bot* Staubfaden *m*, Filament *n* | *anat* Filament *n* | **~mentós** (**-osa** *f*) *adj* fädig | **~ndre** *m zool* Fadenwurm *m* | **~ner(a** *f*) *m* = **~dor**.

filantr|op *m* Philantrop, Menschenfreund *m* | **~opia** *f* Philantropie, Menschenfreundlichkeit, -liebe *f* | **~òpic(ament** *adv*) *adj* philantropisch, menschenfreundlich.

fil|ar (33) *vt* (ver)spinnen | (*Draht*) ziehen | *nàut* (*Tau*) fieren | *fig fam* (*j-n*) durchschauen || *vi* spinnen | *fig fam* gut gehen *od* funktionieren | ~ *prim* es (sehr) genau nehmen; Haarspalterei treiben | **~ària** *f zool* Filaria *f*, Fadenwurm *m* | **~assa** *f tèxt* Fasermasse *f* | Hede *f*, Werg *n* | **~àstica** *f nàut* Kabelgarn *n* | **~at** *m tèxt* Gespinst *n*; Faden *m*; Garn *n* | (Fang)Netz | Drahtgewebe *n* | Stacheldrahtzaun *m*.

filat|èlia *f* Philatelie *f*, Briefmarkensammeln *n* | **~èlic** *adj* philatelistisch, Briefmarken... | **~elista** *m/f* Philatelist(in *f*), Briefmarkensammler(in *f*) *m*.

fil|ater(a *f*) *m tèxt* Spinner(in *f*) *m* | **~atura** *f tèxt* Spinnerei *f* | **~empua** *f* Gaze *f* | **~era** *f* Reihe *f* | (Draht)Zieheisen *n* | *tecn* Schneideisen *n*, Kluppe *f* | **~et** *m* Fädchen *n* | *tecn* Gewinde *n* | (Zier)Leiste *f* | *gràf* Linie *f* | *gastr* Filet *m* | **~etejar** (33) *vt* mit Leisten (*gràf* Linien) verzieren | *tecn* (*e-r Schraube*) das Gewinde schneiden | **~ferro** *m* (Eisen)Draht *m* | ~ *espinós* Stacheldraht *m*.

filharm|onia *f mús* Philharmonie *f* | **~ònic(ament** *adv*) *adj* philharmonisch.

fili|ació *f* Kindschaft *f* | *bes dr* Filiation *f* | *a. fig* Abstammung, Herkunft *f* | Personalien *f pl* | *bes polít* Zugehörigkeit; Mitgliedschaft *f* | *prendre la ~ a alg* j-s Personalien aufnehmen | **~al** *adj* (*m/f*) Kindes... | Sohnes... | *a. econ* Tochter... | *amor ~* Kindesliebe *f* || *s/f econ* Tochtergesellschaft *f* | *s: sucursal* | **~ar** (33) *vt:* ~ *alg* j-s Personalien aufnehmen.

filibuster *m* (*Seeräuber*) Flibustier *m* | *polít* Obstruktionist, (*USA*) Filibuster *m* | *polít* Verschleppungstaktik *f*, Obstruktionismus *m*, (*USA*) Filibuster *n*.

filicals *f pl bot* Farne *m. pl*.

fili|forme *adj* (*m/f*) fadenförmig | **~grana** *f* Filigran(arbeit *f*) *n* | (*im Papier*) Wasserzeichen *n* | *fig* sehr feines (*od* kunstvolles) Werk *n* | *de* (*en*) ~ aus (in) Filigran; filigran, Filigran... | **~granar** (33) *vt* zu Filigran verarbeiten | mit Filigran (*bzw* Wasserzeichen) versehen | *fig* verfeinern, verschönern | **~pèndula** *f bot* Wiesenspierstrauch *m*.

filip|í (**-ina** *f*) *adj* philippinisch || *s/mf* Philippiner(in *f*) *m*, Filipino *m*, -na *f* | **~ines** *f pl: les* ~ die Philippinen *pl*.

filípica *f* Philippika, *fig a.* heftige (Straf)Rede *f*.

filis: *estar de* ~ (*loc adv*) guter (froher) Laune sein.

filisteu (**-ea** *f*) *adj hist* Philister... | *fig* philisterhaft, spießbürgerlich, banausisch | *s/mf hist* Philister(in *f*) *m* | *fig a.* Spießbürger, Banause *m*.

fill *m* Sohn *m* | (*Sohn od Tochter*) Kind *n* | ~ *adoptiu* Adoptivsohn *m* | ~ *adoptiu d'una ciutat* Ehrenbürger *m* e-r Stadt | ~ *espiritual* (*ecl*) Beichtkind *n* | ~ *il·legítim* od *natural* uneheliches Kind *n* | *el ~ de Déu* Gottes Sohn *m* | *el ~ de l'Home* (*bíbl*) der Menschensohn | ~ *polític* Schwiegersohn *m* | ~ *de puta!* (*pop!*) Hurensohn!; Schweinehund! | *és ~ de Vic* (*Catalunya*) er ist in Vic (Katalonien) geboren | *és ~ de Berlín* er ist e. Berliner Kind | *és ben bé ~ del seu pare* er ist ganz der Sohn s-s Vaters | *esperar un ~* e. Kind erwarten | *han tingut un ~* sie haben e. Kind (*bzw* e-n Sohn) bekommen || *pl* Söhne *m pl* | Kinder *n pl* | *ecl:* **~s** *de sant X* Schüler (*od* Jünger) des Heiligen X | *econ com:* Boix & **~s** Boix & Söhne | **~s** *i filles* Söhne u. Töchter *pl* | *un matrimoni sense* **~s** e. kinderloses Ehepaar | *tenir* **~s** Kinder haben | **~a** *f* Tochter *f* | ~ *política* Schwiegertochter *f* | **~ada** *f col* Nachwuchs *m* | Kindersegen *m*, *umg a.* Brut *f*, Nestvoll *n* | **~astra** *f* Stieftochter *f* | **~astre** *m* Stiefsohn *m* | **~ol** *m* Patensohn *m* | Patenkind *n* |

fil·loxera / **finar**

bot Trieb, Schößling *m* | **~ola** *f* Patentochter *f*, -kind *n* | Abzweigung *f* | (*Matratze*) Zwischenstück *f* | *ecl* Palla *f* | **~olada** *f bot col* Schößlinge, neue Triebe *m pl* | **~olar** (33) *vt* (*Rohr, Leitung*) anschließen || *vi bot* austreiben, Schößlinge treiben | **~olejar** (33) *vi bot* = **~olar**.

fil·loxera *f zool bot* Reblaus *f* | **~t** (**-ada** *f*) *adj* von der Reblaus befallen.

film *m cin* Film *m* | *s: pel·lícula* | **~ació** *f* Verfilmung *f* | Filmen *n* | **~ar** (33) *vt* (ver)filmen.

fílmic *adj* Film...

filmo|grafia *f* Filmographie *f* | **~logia** *f* Filmwissenschaft *f* | **~teca** *f* Filmo-, Kinema-thek *f* | Filmsammlung *f*.

filó *m min* (Erz)Ader *f*, Gang *m* | Flöz *n* | *fig* Goldgrube *f*.

filog|ènesi *f* Phylogenese *f* | **~ènia** *f* Phylogenie *f* | **~enètic** *adj* phylogenetisch, stammesgeschichtlich | **~in** (**-ògina** *f*) *adj* frauenfreundlich || *s/mf* Frauenfreund(in *f*) *m*.

filoja *f tèxt* Weberschiffchen *n*.

fil|òleg (**-òloga** *f*) *m ling* Philologe *m*, -gin *f* | **~ologia** *f* Philologie *f* | **~ clàssica** Klassische Philologie *f* | **~ germànica** Germanistik *f* | **~ romànica** Romanistik *f* | **~ològic**(**ament** *adv*) *adj* philologisch.

fil|ós (**-osa** *f*) *adj* voller Fäden | faserig | *fig fam* häßlich, unansehnlich | **~osa** *f* Spinnrocken *m* | **~osada** *f* = **encerrosada**.

fil|òsof(**a** *f*) *m* Philosoph(in *f*) *m* | Weise(r *m*) *m/f* | **~osofal** *adj* (*m/f*) philosophisch | *bes: pedra* **~** Stein *m* der Weisen | **~osofar** (33) *vi* philosophieren | **~osofastre** *m desp* Philosophaster *m* | **~osofia** *f* Philosophie *f* | *p ext a.* Lebensweisheit; Einstellung *f* | *fig* Gelassenheit *f*, Gleichmut *m* | *facultat de* **~** *i lletres* (*estud*) Philosophische Fakultät *f* | **~** *moral* (*natural, del dret*) Moral-(Natur-, Rechts-)philosophie *f* | **~osòfic**(**ament** *adv*) *adj* philosophisch | *fig* gelassen | **~osop** *m arc* = **filòsof**.

filot *m desp* schlechter Faden *m* || *pl* Wergbüschel *n*.

filtr|ació *f* Durch-seihen, -sickern *n* | Filtrieren *n* | **~ant** *adj* (*m/f*) durchseihend, filtrierend | **~ar** (33) *vt* (durch)seihen | filtrieren, filtern || *vi* (durch)sickern (*de, per* durch *ac*) | **~ar-se** *v/r* (durch)sickern (*per* durch

ac) | hindurchdringen | versickern | *fig: els plans del govern van* **~** *a la premsa* die Pläne der Regierung sickerten in die Presse (durch) | **~e** *m* Filter *m/n* | *Lit mit* Zauber-, *bes* Liebes-trank *m* | **~** *cromàtic* Farbfilter *m* | **~** *de l'aire* (*del combustible, de l'oli*) Luft-(Benzin-, Öl-)filter *m* | *cigarret amb* **~** Filterzigarette *f* | *paper de* **~** Filterpapier *n*.

filustrar (33) *vt* = **clissar**.

fimbra|dís (**-issa** *f*) *adj* schwingend, vibrierend, bebend | **~r** (33) *vi* schwingen, vibrieren, beben.

fímbria *f* (*Gewand*) Saum *m* | *biol* Fimbrie *f*.

fimícola *adj* (*m/f*) *biol* im Mist lebend.

fimosi *f med* Phimose *f*.

final *adj* (*m/f*) abschließend | letzte(r, -s) | End... | Schluß... | *causa* **~** (*filos*) Zweckursache *f* | *estació* (*parada*) **~** End-station (-haltestelle) *f* | *frase* **~** (*ling*) Final-, Zweck-satz *m* | *objectiu* (*resultat*) **~** End-zweck *m* (-ergebnis *n*) || *s/m* Ende *n*; Schluß; Ausgang *m* | Abschluß *m*, *lit* Finale *n* | *esport* Endspurt *m*, Finale *n* | *mús* Finale *n* | *s: fi*[1] | *un* **~** *feliç* (*trist*) e. glückliches (trauriges) Ende; e. glücklicher (trauriger) Ausgang | *l'obra té dos* **~***s* das Werk hat zwei Schlüsse | *el nostre vagó és al* **~** *del tren* unser Wagen ist am Schluß des Zuges || *s/f* (*Wettbewerb*) Finale *n*, End-kampf *m bzw* -runde *f*, -spiel *n* | **~isme** *m filos* Finalismus *m* | **~ista** *m/f a. filos* Finalist(in *f*) *m* | **~itat** *f* Zweck *m* | Ziel *n*; Absicht *f* | *filos* Finalität *f* | **~itzar** (33) *vt/i* = **finir** | **~ment** *adv* endlich | schließlich | zuletzt | am Ende | zum Schluß.

finament *adv* fein, elegant | *fam* schlau.

finan|ça *f mst pl* Finanzen *f pl*, Finanz-, Geld-wesen *n* | *ministeri* (*ministre*) *de finances* Finanz-ministerium *n* (-minister *m*) | *finances públiques* od **~** *pública* öffentliche Finanzen *f pl* | *les altes finances* die Hochfinanz | **~çar** (33) *vt* finanzieren | **~cer** *adj* finanziell, Finanz... | *societat* **~a** Finanzierungsgesellschaft, Investmentgesellschaft *f* | *crisi* **~a** Finanzkrise *f* | *sistema* **~** Finanzsystem *n* || *s/m* Finanzier, Finanzmann *m*.

fina|r (33) *vi lit* versterben, verscheiden | **~t** (**-ada** *f*) *adj* verstorben, verschieden || *s/mf* Verstorbene(r *m*), Verschiedene(r *m*) *m/f*.

finca f Grundstück n | Landgut n.
finejar (33) vi ziemlich fein sein | desp fein (od vornehm) tun.
finès (**-esa** f) adj finnisch || s/mf Finne m, Finnin f || s/m ling Finnisch n | el ~ das Finnische.
finesa f Feinheit f | Feinfühligkeit f | Zartgefühl n | Aufmerksamkeit f; kl(s) feines Geschenk n.
finestr|a f a. anat Fenster n | ~ **cega** blindes Fenster n | ~ **corredissa** (doble) Schiebe-(Doppel-)fenster n | mirar per la ~ aus dem Fenster gucken | **~ada** f Fensterzuschlagen n | = **~am** | **~al** m großes Fenster n | Kirchenfenster n | **~am** m col Fenster n pl | **~ejar** (33) vi oft am Fenster stehen bzw sitzen | **~ell**(**a** f) m Fensterchen n, Luke f | **~er** adj fenster-guckerisch | **~eta** f Fensterchen n | (Fahrzeug) Fenster n | (Schalter) (Schiebe)Fenster n | **~ó** m Fenster-, Klapp-laden m | Guckloch n.
fingi|dor adj heuchlerisch | falsch | Schein... || s/mf Heuchler(in f), Simulant(in f) m | **~ment** m Verstellung f | Heuchelei f | Vorspiegelung f | Finte f | **~r** (37) vt erheucheln, vor-täuschen, -geben, fingieren | ~ de treballar (so) tun als ob man arbeite | **~r-se** v/r: ~ malalt s. krank stellen | **~t** (**-ida** f, **-idament** adv) adj erheuchelt, falsch, verstellt | fingiert | fig a. erdichtet.
fini|ment m Beendigung f | Aufhören n | com Rechnungsabschluß m; End-, Schluß-abrechnung f | **~r** (37) vt lit (be)enden, beendigen, zu Ende führen || vi end(ig)en | aufhören | s: acabar(-se) | **~t** (**-ida** f) adj filos mat endlich | ling finit.
finl|andès (**-esa** f) adj finnländisch || s/mf Finnländer(in f) m || s/m ling (finnländisches) Finnisch n | el ~ das Finnische | **~àndia** f Finnland n.
fino-úgric adj ling finnisch-ugrisch, finnougrisch.
finor f Feinheit f | Zartheit f | Zartgefühl n.
fins prep (mst + prep, bes a bzw en) bis (ac); bis nach (dat); bis an (ac); bis auf (ac); bis zu (dat) | des de Barcelona ~ a Bonn von Barcelona bis (nach) Bonn | anem ~ al (en aquell) pont! gehen wir bis zur (zu jener) Brücke! | t'acompanyo ~ aquí (allà) ich begleite dich bis hierher (dahin) | ha durat ~ ara es hat bis jetzt gedauert | el ~ ara president der bisherige Präsident | ~ aviat (després)! bis bald (nachher, dann od später)! | tancat ~ el dia 30 bis zum 30. geschlossen | ~ quan? bis wann? | no vindran ~ per Nadal sie werden erst zu Weihnachten kommen | no pararé ~ a aconseguir-ho ich werde nicht aufgeben, bis ich es erreicht habe | compta ~ a cent! zähl bis (auf) hundert! | entrada gratuïta per als joves ~ a divuit anys Eintritt frei für Jugendliche bis (zu) achtzehn Jahre(n) || ~ que (loc conj) bis | juguen ~ que es fa fosc sie spielen bis es dunkel wird | ~ que la mort ens separi bis daß der Tod uns scheide | no començarem ~ que hi seran tots wir werden nicht anfangen, bis (od bevor nicht) alle da sind || adv (oft in der Wendung fins i tot), sogar, selbst | ~ (i tot) un cec ho veuria selbst (od sogar) e. Blinder würde es sehen | ~ (i tot) ballàrem wir tanzten sogar | van venir tots, ~ els més vells sie kamen alle, sogar (od selbst) die Ältesten.
fiola f Phiole f.
fiord m Fjord m.
fir|a f (Jahr)Markt m | (bes Ausstellung) Messe f | ~ de mostres Mustermesse f | de ~ (fig fam) wertlos, Ramsch... | fer ~ = **~ar-se** | **~aire** m/f Schausteller(in f) m | (Messe) Aussteller(in f) m | Jahrmarkts- (bzw Messe-)besucher(in f) m | **~al** m Jahrmarkts-; Meß-platz m | **~andant** m/f Schausteller(in f) m | **~ar** (33) vt (auf dem Jahrmarkt) kaufen | ~ alg amb u/c j-m etw kaufen | **~ar-se** v/r e-n Einkauf (bzw Einkäufe) machen | iròn: m'he ben firat! da habe ich mich schön bekauft! | **~ataire** m/f = **~aire** | **~eta** f Spielzeuggeschirr n | jugar a ~ Kochen spielen (Kinder).
firma f Unter-schrift, -zeichnung f | com econ Firma f | **~ment** m Firmament n | **~r** (33) vt unter-schreiben, -zeichnen.
fisc m Fiskus m; Staatskasse f; Steuerbehörde f; Finanzamt n | **~al** adj (m/f) fiskalisch | Fiskal... | Steuer... | **~alia** f dr Staatsanwaltschaft f | **~alització** f a. fig Kontrolle, Überwachung f | **~alitzar** (33) vt a. fig kontrollieren, überwachen.
fiscorn m mús Flügelhorn n.
físic|(ament adv) adj physisch, körperlich | fís physikalisch | exercicis ~s

fisiocràcia 506 **flac**

Leibesübungen *f pl* ‖ *s/mf* Physiker(in f) *m* | ~ **atòmic** Atomphysiker *m* ‖ *s/m* Äußeres, Aussehen *n*, Körperbau *m*, Gestalt *f* | ~**a** *f* Physik *f* | ~ **atòmica** (*nuclear*) Atom-(Kern-)physik *f* | ~**o-químic** *adj* physikochemisch.
fisi|ocràcia *f econ* Physiokratismus *m* | ~**òcrata** *m/f* Physiokrat(in *f*) *m*.
fisiogno|monia *f* Physiognomik *f* | ~**mònic(ament** *adv*) *adj* physiognomisch | ~**monista** *m/f* Physiognomiker(in *f*) *m*.
fisi|òleg (-**òloga** *f*) *m* Physiologe *m*, -gin *f* | ~**ologia** *f* Physiologie *f* | ~**ològic(ament** *adv*) *adj* physiologisch.
fisioter|apeuta *m/f* Physiotherapeut(in *f*) *m* | ~**àpia** *f* Physiotherapie *f*.
fison|omia *f* Gesichtsausdruck *m*, Physiognomie *f* | ~**òmic(ament** *adv*) *adj* physiognomisch | ~**omista** *adj* (*m/f*) *u. s/m/f*: ets un bon (*mal*) ~ du hast e. gutes (schlechtes) Personengedächtnis.
fissible *adj* (*m/f*) = **físsil**.
físsil *adj* (*m/f*) *bes fís* spaltbar, fissil.
fiss|ilitat *f bes fís* Spaltbarkeit, Fissilität *f* | ~**ió** *f bes fís* Spaltung, Fission *f* | ~ *nuclear* Kernspaltung *f* | ~**ípar** *adj biol* s. durch Zellspaltung vermehrend | ~**ípedes** *m pl zool* Zwei-, Paarhufer *m pl* | ~**irostre** *adj ornit* spaltschnab(e)lig | ~**ura** *f a.* geol Spalt(e *f*) *m*, Riß *m* | *a. med* Fissur *f*.
fist|ó *m* Girlande *f* | *a. arquit* Feston *n* | ~**on(ej)ar** (33) *vt* (*a. Stoffrand*) festonieren.
fístula *f med* Fistel *f* | Rinne, Röhre *f*.
fistul|ar *adj* (*m/f*) Fistel... | ~**ós** (-**osa** *f*) *adj* fistelartig, Fistel... | röhrenförmig.
fit *adj* (*Blick*) fest, unbeweglich | *mirar* (*de*) ~ *a* ~ fixieren, anstarren, starr ansehen | ~**a** *f* Grenz-, Mark-stein *m* | ~**ació** *f* Grenzsteinsetzung *f* | Vermarkung *f* | ~**ar**¹ (33) *vt* fixieren, anstarren, starr ansehen | ~**ar**² (33) *vt* (*Land*) abgrenzen, vermarken, mit Grenzsteinen bezeichnen | ~**er** *adj* fest | standhaft ‖ *s/m* Fels *m* an der Oberfläche | ~**ó** *m* Ziel(scheibe *f*) *n* | *fís* Ziel *n*.
fit|obiologia *f bot* Pflanzenbiologie *f* | ~**òfag** *adj biol* phytophag, pflanzenfressend | ~**ografia** *f* Pflanzenbeschreibung *f* | ~**olacàcies** *f pl* Kermesbeergewächse *n pl* | ~**òleg** (-**òloga** *f*) *m* Botaniker(in *f*) *m* | ~**ologia** *f* Pflanzenkunde, Phytologie *f* | ~**opatologia** *f* Phytopathologie *f*.

fitor *f* Mittags-sonne, -hitze *f* | ~**a** *nàut* Harpune *f* | ~**ada** *f* Harpunenstoß *m* | ~**ar** (33) *vt* harpunieren.
fito|sanitari (-**ària** *f*) *adj* Pflanzenschutz... | ~**teràpia** *f* Phytotherapie, Pflanzenheilkunde *f* | ~**zou** *m* = **zoòfit**.
fitx|a *f* Spielmarke *f*, (*a.* Automaten, Telefon) Jeton *m* | (*Domino, Dame*) Stein *m* | Karteikarte *f*, Zettel *m* | (*Arbeiter*) Stechkarte *f* | ~ **antropomètrica** (*Polizei*) Erkennungsbogen *m* | ~**r** (33) *vt* karteimäßig erfassen | *esport* (*bes Fußballspieler*) unter Vertrag nehmen | *vi* (den Vertrag) unterschreiben (*Spieler*) | (*an der Stechuhr*) stempeln (*Arbeiter*) | ~**er** *m* Kartothek, Kartei *f*, Zettelkasten *m*.
fix|(ament *adv*) *adj* (*unbeweglich, ständig*) fest | (*Kosten, Gehalt*) *a.* fix | (*Blick*) starr | (*Arbeitnehmer*) festangestellt, (*prädikativ*) fest angestellt | *un empleat* ~ e. Festangestellter *m* | *feina* ~**a** feste Arbeit *f* | *idea* ~**a** fixe Idee *f* | *preu* ~ fester Preis, Festpreis *m* | ~**ació** *f* Befestigung *f* | (*Ski*) Bindung *f* | *fig* Fest-legung, -setzung; Bestimmung *f* | *bes cient ling fotog* Fixierung *f* | *psic* Fixation *f* | ~**ador** *adj tecn* Fixier... ‖ *s/m* Fixativ, Fixiermittel *n* | (*Frisur*) *a.* Haarfestiger *m* | *fotog a.* Fixier-bad *bzw* -salz *n* | ~**ament** *m* Befestigen *n* | ~**ar** (33) *vt* befestigen, festmachen (*a* an *dat*) | anbringen (*a* an *dat*) | *fig* fest-legen, -setzen; bestimmen | (*bes Frisur, Zeichnung, Foto*) fixieren | ~ *amb cargols* (*claus, pega*) fest-, an-schrauben -nageln, -kleben) | ~ *per escrit* schriftlich niederlegen *od* fixieren | ~ *la residència a Vic* s. in Vic niederlassen | ~ *els ulls en alg od u/c* die Augen auf j-n *od* etw heften | ~ *l'atenció en* (*od sobre*) *alg od u/c* s-e Aufmerksamkeit auf j-n *od* etw richten | ~**ar-se** *v/r*: ~ *en u/c* auf etw (*ac*) achten *od* aufpassen, achtgeben | ~**atge** *m fotog* Fixage *f* | ~**atiu** (-**iva** *f*) *adj tecn* Fixier... | ~**edat**, ~**esa** *f* Festigkeit *f* | Starrheit *f*.
flabel·l|at (-**ada** *f*) *adj*, ~**iforme** *adj* (*m/f*) *bot* fächerförmig.
flabiol *m mús* Hirtenflöte, Rohrpfeife *f* | ~ *de set forats od de set canons* Panflöte *f* | ~**aire** *m/f* ~**er(a** *f*) *m* Flötenspieler(in *f*) *m*.
fl|ac *adj* mager | schlaff, schwach | *els*

flagel   507   **fletxa**

punts ~*s* die schwachen Stellen || *s/m* Schwäche *f*, schwache(r) Punkt *m* || *s/f* Schwäche, schwache Seite *f* | ~**acament** *adv* schwach | schwächlich | ~**àccid** *adj lit* schlaff, welk | ~**acciditat** *f* Schlaffheit, Welkheit *f* | ~**acor** *f* Magerkeit *f*.
flage|**l** *m biol* Geißel *f*, Flagellum *m* | ~**ll** *m* Peitsche *f* | *agr* (Dresch)Flegel *m* | *fig* Geißel *f* | ~**l·lació** *f* Geißelung *f* | ~**l·lant** *m/f ecl* Flagellant(in *f*) *m* | ~**l·lar** (33) *vt a. fig* geißeln | auspeitschen | ~**l·lat** (-**ada** *f*) *adj biol* Geißel... || *s/m pl* Flagellaten *m pl*, Geißeltierchen *n pl*.
flagrant *adj* (*m/f*) *lit* glühend, flammend | *fig* flagrant, offenkundig, unbestreitbar | *en* ~ *delicte* (*dr*) auf frischer Tat *od* in flagranti.
flair|**ada** *f*: *fes-hi una* ~! riech mal daran! | ~**ar** (33) *vt* riechen an (*dat*), beriechen | (*Geruch*) riechen | *fig* riechen, wittern || *vi* (gut) riechen | duften | ~**e** *f* Geruch *m* | *bes* Duft, Wohlgeruch *m* | ~**ejar** (33) *vi* = ~**ar** | ~**ós** (-**osa** *f*, -**osament** *adv*) *adj* duftend, wohlriechend.
flaix *m fotog* Blitz(licht *n*) *m* | *rad* Kurzmeldung *f*.
flam¹ *m* (Karamel)Pudding *m*.
flam² *m* (*Licht*) Flamme *f* | ~**a** *f* Flamme *f* | *fig* Leidenschaft, Glut *f* | *ecl: les flames de l'infern* das (ewige) Höllenfeuer | ~**ada** *f* (Kamin)Feuer *n* | ~**ant** *adj* (*m/f*) funkelnagelneu | glänzend | ~**ar** (33) *vi* flattern (*Fahne*) | ~**arada** *f* Lohe *f* | *fig* Strohfeuer *n* | (*és*)*ser de la* ~ (*fig*) e. Hitzkopf sein | ~**areig** *m* Lodern *n* | Flackern *n* | ~**arejar** (33) *vi* (auf)lodern | (auf)flackern | ~**ejant** *adj* (*m/f*) *a. fig* flammend | *ulls* ~*s* funkelnde Augen | ~**ejar** (33) *vi a. fig* flammen | funkeln (*Augen*) | flattern (*Fahne*).
flamenc *adj* flämisch | Flamenco... | *cant* ~ Flamencogesang *m* || *s/mf* Flame *m*, Flamin, Flämin *f* || *s/m* Flämisch, das Flämische *n* | *mús* Flamenco *m* | *ornit* Flamingo *m*.
flamera *f* Puddingform *f*.
flamí|**fer** *adj lit* flammend | ~**ger** *adj lit* flammensprühend | *art* Flamboyant... || *s/m art* Flamboyantstil *m*.
flàmula *f* Flämmchen *n* | Fahne *f*, Wimpel *m* | *ict* (roter) Band- *od* Riemenfisch *m* | *bot* Waldrebe, Klematis *f*.
flanc *m a. mil* Flanke *f*.

Flandes *m* Flandern *n*.
flanquejar (33) *vt* flankieren.
fla|**ó** *m*, ~**ona** *f gastr* Käsekuchen *m*.
flap *m aeron* Landeklappe *f*.
flaque|**dat** *f* Schwäche *f* | ~**jar** (33) *vi* schwach werden *bzw* sein | nachlassen; versagen; nachgeben, wanken; kleinmütig (*od* mutlos) werden, verzagen | mangeln, knapp werden *bzw* sein | ~**sa** *f bes fig* Schwäche *f* | *fig a.* Fehltritt *m*, Verfehlung *f*.
flasc *adj fam* pflaumenweich.
flasc|**ó** *m* Fläschchen, Flakon *n* | ~**onera** *f* Flakonkasten *m*.
flash *m* = **flaix**.
flassad|**a** *f* Bettdecke *f* | ~**er**(**a** *f*) *m* Deckenfabrikant(in *f*) *m*.
flastom|**ar** (33) *vi* lästern, fluchen | ~**ia** *f* Gotteslästerung *f* | *s:* blasfèmia.
flat *m* Hauch *m* | Blasen *n* | (Wind)Stoß *m* | *med* Blähung *f* | ~**erol** *m* leichte Brise *f* | ~**ós** (-**osa** *f*) *adj* blähend | ~**ositat** *f med* (*oft pl*) Blähung(en *pl*) *f* | ~**ulència** *f med* Blähsucht, Flatulenz *f* | ~**ulent** *adj* blähend, Blähungs...
flaut|**a** *f mús* Flöte *f* | ~ *dolça* Blockflöte *f* | ~ *de Pan* Panflöte *f* | ~ *travessera* od *d'Alemanya* Querflöte *f* | *tocar la* ~ Flöte spielen || *s/m/f* Flötist(in *f*) *m* | ~**at** *m* (*Orgel*) Flötenregister *n* | ~**er**(**a** *f*) *m* Flötenmacher(in *f*) *m* | ~**í** *m* Pikkoloflöte *f* | ~**ista** *m/f* Flötenbläser(in *f*), -spieler(in *f*) *m* | (*beruflich*) Flötist(in *f*) *m*.
flavescent *adj* (*m/f*) *lit* gelblich.
flàvia *f agr* = **pinyolada**.
flèbil(**ment** *adv*) *adj* (*m/f*) *lit* weinerlich | jämmerlich.
fleb|**itis** *f med* Phlebitis, Venenentzündung *f* | ~**òlit** *m med* Phlebolith, Venenstein *m*.
fleca *f* Bäckerei *f*, Bäckerladen *m*.
flect|**ar** (33) *vt*: ~ *el(s) genoll(s)* niederknien | ~**ir**(**-se**) (37) *vt*(/*r*) (*s.*) biegen | *a. fig* (*s.*) beugen.
flegm|**a** *f* Phlegma *n* | *med* (Rachen-)Schleim *m* | ~**àtic** *adj* phlegmatisch | träge | *s/mf* Phlegmatiker(in *f*) *m* | ~**ó** *m med* Phlegmone, Gewebsentzündung *f* | Zahngeschwür *n* | ~**onós** *adj* Gewebsentzündungs... | schleimig.
flequer(**a** *f*) *m* Bäcker(in *f*) *m* | Bäckereiverkäufer(in *f*) *m*.
fletx|**a** *f* Pfeil *m* | *arquit* (Turm)Spitze *f* | *geom* = **sagita** | ~**adura** *f nàut* (Want)

fleuma

Sprosse f | **~er** adj Pfeil... || s/m hist Pfeilschütze m.
fleuma adj (m/f) fam zimperlich | pflaumenweich || s/m/f (Person) Pflaume f; (Mann) a. Pflaumenaugust m || s/f ict Sensenfisch m | ant = **flegma**.
flex|ibilitat f Biegsamkeit, Flexibilität f | Geschmeidigkeit f | **~ible** adj (m/f) (Material, Gegenstand, Körper, Charakter) biegsam, (a. Person, Haltung, Politik) flexibel | p ext geschmeidig | (Körper) a. gelenkig | un capell ~ e. weicher Hut | una veu ~ e-e modulationsfähige Stimme | **~ió** f a. fís tecn Biegung f | a. ling Beugung f | ling med Flexion f | anat geol Flexur f | esport (a. ~ de cintura) (Rumpf)Beuge f | ~ de braços (cames od genolls) Arm-(Knie-)beuge f | **~ional** adj (m/f) ling flektivisch; Flexions..., Beugungs... | (Sprache) flektierend | **~ografia** f gràf Flexodruck m | **or** adj: múscul ~ Beugemuskel, Flexor m.
flinga|nt m (Zucht)Rute, Gerte f | **~ntada** f Rutenhieb, Gertenschlag m | **~ntejar** (33) vt (mit der Gerte) peitschen, schlagen, züchtigen | **~r** (33) vi schwingen | vibrieren.
flirt m Flirt(en n) m | **~(ej)ar** (33) vi flirten | kokettieren, tändeln | **~eig** m Flirten n.
flist-flast! int onomat klitsch, klatsch!
floc[1] m nàut Klüver m.
floc[2] m Flocke f | bot Büschel n | tèxt Posament n | (Holz) Span m | ~ de cabells Haarbüschel n | ~ de neu Schneeflocke f | un ~ de llana e-e Wollflocke f || pl Fransen f pl | **~a** f tèxt (rohe) Flocke f | **~adura** f (Saum) Fransen f pl | **~all** m (Mais) Büschel n | Federbusch m | **~ar**[1] (33) vt schlagen | **~ar**[2] (33) vi bot Kätzchen treiben | fig Bal wachsen, gedeihen | **~ós (-osa** f) adj flockig | **~ulació** f quím (Aus)Flockung f | **~ular** (33) vt quím ausflocken lassen || vi (aus)flokken.
floema m bot Phloem n.
flog|ist m hist cient Phlogiston n | **~ístic** adj med phlogistisch.
flon|gesa f Weichheit f | p ext Kraftlosigkeit; Schlaffheit f | **~jo** adj weich(lich) | p ext kraftlos; schlaff | **~jor** f Weichheit f.
flor f (a. Pflanze) Blume f | (Organ; fig bester Teil) Blüte f | (Obst) Flaum m | (Leder) Narbenseite f | fig a. Redeblu-

flor

me f; = **~eta** | **~s** de jardí (primavera) Garten-(Frühlings-)blumen f pl | **~s** fresques (artificials, marcides) frische (künstliche, verwelkte) Blumen f pl | mercat de les (ram de) **~s** Blumen-markt (-strauß) m | les **~s** d'una planta die Blüten e-r Pflanze | ~ d'ametller Mandelblüte f | ~ mascle od masculina (femella od femenina) männliche (weibliche) Blüte f | ~ d'aigua (Algenmasse) Wasserblüte f | ~ de farina Auszugsmehl n | ~ de sofre Schwefel-blume, -blüte f | la ~ de la joventut die Blüte der Jugend | en la ~ de la vida in der Blüte des Lebens | una taca de petroli a ~ d'aigua e. Ölfleck auf der Wasseroberfläche | tenir una cançó a ~ de llavis e. Lied auf den Lippen haben | tenir els nervis a ~ de pell äußerst nervös sein | collir **~s** Blumen pflücken | regar les **~s** die Blumen gießen | estar en ~ blühen, in Blüte stehen | un cirerer en ~ e. blühender Kirschbaum | fer (od treure) ~ Blüten treiben | als quinze anys tot són **~s** i violes mit fünfzehn hängt der Himmel voller Geigen | no tot han estat **~s** i violes es war nicht alles Honiglecken | néixer amb la ~ al cul e. Glücks- (od Sonntags-)kind sein | una ~ no fa estiu (Spruch) e-e Schwalbe macht noch k-n Sommer || (Pflanzennamen) ~ de cera Wachs- od Porzellan-blume f | ~ de corall Korallenstrauch m | ~ de cucut Kuckuckslichtnelke f | ~ de galàpet Bunte Aasblume f | ~ de l'amor Orientalische Schmucklilie f | ~ de lis Amaryllis f; (Wappenkunde) bourbonische Lilie f | ~ de lluna Mondwinde f | ~ de neu Edelweiß; Schneeglöckchen n | ~ de nit Wunderblume f | ~ de plata Mondviole f | ~ de sant Agustí Rote Immortelle f, Kugelamarant m | ~ de sant Benet Echte (od Gemeine) Nelkenwurz f | **~a** f Flora f | (Gesamtheit der Pflanzen) a. Pflanzenwelt f | ~ intestinal Darmflora f | **~ació** f Blühen n, Blüte(nbildung) f | **~ada** f Blumen-, Blüten-fülle f | a. fig Flor m | **~al** adj (m/f) Blumen... | bot Blüten... | jocs **~s** (Lit) Blumenspiele n pl | **~alesc** adj Lit Blumenspiel... | desp blumig; altertümelnd | **~atge** m Flor m (e-r Pflanze od Pflanzengruppe) | **~avia** f bot (Gemeine) Spitzklette f; Sterndistel f; Flockenblume f | **~ejar**

flòrid 509 **fluència**

(33) *vt* mit Blumen verzieren | aus-lesen, -wählen | *mús* verzieren || *vi* = **florir** | = **aflorar** | **~ejat (-ada** *f*) *adj* geblümt | **~ència** *f tèxt* Futtertaft *m* | **~ència** *f* Florenz *n* | **~ent** *adj* (*m/f*) blühend | *fig a.* florierend | **~entí (-ina** *f*) *adj* florentinisch, Florentiner || *s/mf* Florentiner(in *f*) *m* | **~era** *f* Blumenvase *f* | **~escència** *f bot* Floreszenz *f*, (Auf)Blühen *n* | **~escent** *adj* (*m/f*) = **~ent** | **~et**[1] *m esport* Florett *n* | **~et**[2] *m fig* Flor *m* | Blüte; Auslese *f* | *un ~ de noies* e. Flor (*od* e-e Schar blühender) junger Mädchen | **~eta** *f* Blümchen, Blümlein *n* | *fig* Artigkeit, Schmeichelei *f*, Kompliment *n* | *tirar floretes a alg* j-m Artigkeiten sagen | **~í** *m* Gulden *m* | *bes hist a.* Florin *m* | **~icultor(a** *f*) *m* Blumenzüchter(in *f*) *m* | **~icultura** *f* Blumenzucht *f*.
flòrid *adj* = **florent**.
flor|ida *f* Blühen *n*, Blüte *f* | Aufblühen *n* | *fig a.* Blütezeit *f*; Florieren *n* | *fer* (*od treure*) *~* Blüten treiben | **~idament** *adv* blumig | **~idesa** *f* Blumen-, Blüten-pracht *f* | *fig* Blüte *f*; Florieren *n*; (*im Ausdruck*) Blumigkeit *f* | **~idura** *f bot* Schimmel *m* | **~ífer** *adj bot* blütentragend | **~ilegi** *m Lit* Florileg(ium) *n*, Blütenlese, Anthologie *f* | **~iment** *m* = **florida** | (Ver)Schimmeln *f* | **~ir** (37) *vi* blühen | auf-, *lit* er-blühen | *fig a.* s-e Blütezeit haben | florieren (*Wirtschaft, Handel, Geschäft*) | **~ir-se** *v/r* (ver)schimmeln | *fig fam* s. vor Ungeduld verzehren | **~ista** *m/f* Blumen-binder(in *f*) *bzw* -händler(in *f*), Florist(in *f*) *m* | *bot* Florist(in *f*) *m* || *s/f* Blumen-frau *f bzw* -mädchen *n* | **~ístic** *adj bot* floristisch | **~it (-ida** *f*) *adj a. fig* blühend | (*Sprache, Stil*) blumig, blumenreich | *barba florida* weißer Bart *m* || verschimmelt; schimmelig || *s/m* = **~idura** | **~itura** *f mús* Fioritur *f* | **~ó** *m art arquit* Fleuron *m* | *bot* = **flòscul** | *fig* Perle *f*.
flòscul *m bot* Einzelblüte *f* (*e-r Komposite*).
flot|a *f* Menge; Schar *f*, Schwarm *m*, (*a. von Pilzen*) Gruppe *f* | *nàut* Flotte *f* | *~ mercant* (*de guerra, pesquera, aèria*) Handels-(Kriegs-, Fischerei-, Luft-)flotte *f* | *a flotes* gruppenweise, in Gruppen | **~abilitat** *f* Schwimmfähigkeit *f* | **~able** *adj* (*m/f*) schwimm-fähig | **~ació** *f* Schwimmen *n* | *econ* Floating *n* | *tecn* Flotation *f* | *línia de ~* (*nàut*) Wasserlinie *f* | **~ador** *m* Schwimmring *m* | *tecn aeron* Schwimmer *m* | **~ant** *adj* (*m/f*) schwimmend, Schwimm... | *econ* (*Währung*) floatend, freigegeben; (*Schuld*) flottierend, schwebend | *dic ~* (*nàut*) Schwimmdock *n* | **~ar** (33) *vi* = **surar** | *econ* floaten (*Währung*) | **~illa** *f nàut* Flottille *f* | **~ó** *m* Gruppe *f*, Grüppchen *n*.
fluctua|ció *f* Schwankung *f* | *a. fig* Schwanken *n* | *a. med* Fluktuation *f* | **~nt** *adj* (*m/f*) schwankend | fluktuierend | **~r** (33) *vi a. fig* schwanken | (*bes zahlenmäßig*) *a.* fluktuieren | *med* fluktuieren.
flu|ència *f a. tecn* Fließen *n* | *límit de ~* Fließgrenze *f* | **~ent** *adj* (*m/f*) fließend | **~id** *adj* flüssig *bzw* gasförmig, *cient* fluid | *fig* flüssig; fließend | *estil ~* flüssiger Stil *m* | *trànsit ~* flüssiger (*od* fließender) Verkehr *m* | *transició ~a* fließender Übergang *m* | *en un català ~* in fließendem Katalanisch | *s/m* Flüssigkeit *f bzw* Gas *n*, *cient* Fluid *n* | **~idament** *adv fig* flüssig; fließend | **~idesa** *f* (Dünn)Flüssigkeit; Fließ-fähigkeit *f*, -vermögen *n*; *cient* Fluidität *f* | *fig: la ~ del seu discurs* die Flüssigkeit s-r Rede | *parlar amb ~ l'alemany* fließend Deutsch sprechen | **~ídica** *f* Fluidik *f* | **~idificar** (33) *vt* (dünn)flüssig machen | **~iditat** *f* = **~idesa** | **~ir** (37) *vi* fließen | *fig a.* flüssig sein | **~ix**[1] *m* (Aus)Fluß, *med* Fluxus *m* | *~ blanc* Weißfluß *m* | *~ de ventre* Durchfall *m* | *fig: ~ de paraules* Redefluß *m* | **~ix**[2] *adj* locker; lose | (*nicht straff*) *a.* schlaff, schlapp | *a. fig* schwach; (*kraftlos*) *a.* schlaff; schlapp; matt; flau; (*Stimme, Klang*) *a.* leise; (*Farbe, Licht, Charakter*) *a.* weich; (*Wein*) *a.* leicht; (*Brühe, Kaffee, Tee*) *a.* dünn; (*Wind; Geschäftliches*) *a.* flau | *tens un botó ~* bei dir ist e. Knopf locker *od* lose | *aquest cable està massa ~* dieses Kabel ist zu locker *od* zu lose, zu schlaff | *tens un cargol ~* (*fig fam*) bei dir ist e-e Schraube locker | *un alumne (jugador) ~* e. schwacher Schüler (Spieler) | *en matemàtiques anava ~a* in Mathematik war ich schwach | *la collita ha estat ~a* die Ernte ist mager (*od* schlecht) gewesen | *ja no tinc febre, però encara estic (em sento) ~* ich

habe k. Fieber mehr, aber ich bin (fühle mich) noch schwach *od* geschwächt | *anar ~ de ventre* (*fam*) Durchfall haben | (*és*)*ser ~ de boca od de llengua* (*fam*) den Mund nicht halten können | *de ~* (*loc adv*) unüberlegt; leichtfertig || *adv: estira ~!* zieh sacht(e)! | *parlar ~* leise sprechen | **~ixa** *f* Schleppangel *f* | *pescar a la ~* mit der Schleppangel fischen | **~ixament** *adv s: fluix*² | **~ixedat** *f* Lockerheit *f* | Schlaff-, Schlapp-heit *f* | Schwäche, Schwachheit *f* | **~ixejar** (33) *vi* eher schwach (*bzw* schlaff, flau) sein | **~ixell** *m ant* Daunen *f pl* | **~ixesa** *f* = **~ixedat** | **~m** *m ant* Fluß *m*.

fluor *m quím* Fluor *n* | *espat ~* Flußspat *m* | **~ar** (33) *vt* fluori(di)eren, fluorisieren | **~escència** *f* Fluoreszenz, schillernde Färbung *f* | **~escent** *adj* (*m/f*) fluoreszierend | Leuchtstoff... || *s/m* Leucht-, Neon-röhre *f* | **~hídric** *adj quím* Fluorwasserstoff... | *àcid ~* Flußsäure *f* | **~ina**, **~ita** *f* Flußspat *m* | **~osi** *f med* Fluorose *f* | **~ur** *m quím* Fluorid *n*.

fluvi|al *adj* (*m/f*) Fluß... | *geol* fluvial, fluviatil | *navegació ~* Binnenschiffahrt *f* | **~òmetre** *m* Pegel, Wasserstandsmesser *m*.

flux *m* (*Fließen*) *a. fís* Fluß *m* | (Meeres-)Flut *f* | *el ~ i el reflux* Ebbe u. Flut *f*; *fig* das Auf u. Ab | **~ió** *f med mat* Fluxion *f*.

fòbia *f psic* Phobie *f* | *fam: tenir ~ a alg od u/c* e-n Horror vor j-m *od* etw haben.

foc *m a. fig mil* Feuer *n* | (*vernichtend*) *a.* Brand *m* | (Kamin)Feuer; (*a. ~ a terra, llar de ~*) Kamin *m* | *hist* (*a.* Haushalt) Herd(stätte *f*) *m* | *fig a.* Hitze; Glut *f* | *~ de camp* Lagerfeuer *n* | *~ d'encenalls* (*fig*) Strohfeuer *n* | *~ de metralladora* (*d'artilleria*) Maschinengewehr-(Geschütz-, Artillerie-)feuer *n* | *~ de sant Antoni od de sant Marçal* (*med*) Erysipel(as) *n*, (Wund-)Rose *f* | *~ de sant Elm* Elmsfeuer *n* | *~ de sant Joan* Johannisfeuer *n* | *~s d'artifici od artificials* Feuerwerk *n* | *~ follet* Irrlicht *n* | *baptisme de ~* Feuertaufe *f* | *apagar el ~* das Feuer löschen *bzw* ausmachen | *atiar el ~* (*a. fig*) das Feuer schüren | *calar ~ a u/c* etw in Brand stecken | *s'ha calat ~ a la casa* das Haus ist in Brand geraten *od* hat Feuer gefangen | *demanar ~ a alg* j-n um Feuer bitten | *donar ~ a alg* j-m Feuer geben | *encendre el ~* das Feuer anzünden *od* anmachen | *estar entre dos ~s* (*a. fig*) zw zwei Feuer geraten sein | *fer ~* Feuer machen; *a. mil* feuern | *~! es brennt!, a. mil* Feuer! | *fugir del ~ i caure a les braises* (*fig*) vom Regen in die Traufe kommen | *jugar amb ~* (*fig*) mit dem Feuer spielen | *obrir el ~* (*mil*) das Feuer eröffnen; *fig* den Anfang machen | *posar el menjar al ~* das Essen aufs Feuer stellen | *posar les mans al ~* (*fig*) die Hand ins Feuer legen | *jo no hi posaria pas les mans al ~* ich würde die Hand nicht dafür ins Feuer legen | *tens ~?* hast du Feuer? | *tirar el barret al foc* (*fig*) die Flinte ins Korn werfen | *tirar llenya al ~* (*fig*) Öl ins Feuer gießen | *tocar a ~* Feueralarm geben; die Feuerglocke läuten | *fig: treure ~ pels queixals* vor Wut schnauben | *a ~ lent* (*viu*) auf kleiner (großer) Flamme.

foca *f* Robbe *f*, Seehund *m*.

foc|al *adj* (*m/f*) fokal, Fokal... | *òpt a.* Brenn... | *distància ~* Brennweite *f* | **~alització** *f fís* Fokussierung *f* | **~us** *m fís mat* Brennpunkt, *òpt a.* Fokus *m* | *med* Herd, Fokus *m* | (*Licht, Wärme*) Quelle *f* | *elect* Flutlicht *n*; *cin teat tv* Scheinwerfer *m* | *fig* Brennpunkt, Herd *m*; Stätte *f*.

fofo *adj fam desp* schwammig, *umg* (sch)wabbelig.

fog|aina *f* (offene) Feuerstätte *f* | *tecn* Feuerraum *m* | **~allejar** (33) *vi* (auf)flammen | funkeln | **~anya** *f* = **fogaina** | **~ar**¹ *m* Feuer-stätte, -stelle *f* | *tecn* Feuerung(sanlage) *f* | *a. fig* Herd *m* | = **llar** | **~ar**² (33) *vt* verfeuern; verbrennen | **~assa** *f* Fladenbrot *n* | = **~assó** | **~assó** *m* Hüttenkäse *m* | **~ata** *f* = **~uera** | Sprengkammer *f* | **~atera** *f* = **~uera** | **~atge** *m hist* Herdsteuer *n* | **~atjament** *m hist* Herdstättenverzeichnis *n* | **~atjar** (33) *vt hist* nach Herdstätten zählen *bzw* besteuern | **~ó** *m* (Herd) Brennstelle *f*; (Gasherd) Flamme *f*, Gasbrenner *m*; (Elektroherd) Koch-, Heiz-platte *f* | *arc* (Koch-, Küchen-)Herd *m* | (*Waffen*) = **cassoleta** | *~ portàtil* Kocher *m* | *una cuina de gas de tres fogons* e. dreiflammiger Gasherd *m* | *sortir de ~* (*fig fam*) aus der

Haut fahren | **~ona** *f* Kocher *m* | **~onada** *f* Schub *m* Holz *bzw* Kohle | Pulverblitz *m* | **~onejar** (33) *vt* ansengen | leicht rösten | **~oner(a** *f) m* Heizer(in *f*), *m* | **~ony** *m* = **fagony** | **~or** *f* Erhitzung *f* | *fig* gr(r) Eifer *m* | **~ós** (**-osa** *f*, **-osament**) *adv*) *adj fig* (*a. Pferd*) feurig | ungestüm, stürmisch | **~ositat** *f fig* Feuer *n* | Ungestüm *n* | **~ot** *m* Feuerholz *n* | Reisigbündel *n* | *tenir* **~s** Hitzewallungen haben | **~uejament** *m med* (Aus)Brennen *n* | **~uejar** (33) *vt* (*Wunde*) (aus)brennen | (*Pferde*, *Menschen*) ans (Geschütz-)Feuer gewöhnen; *fig* abhärten | **~uer** *adj* Feuer... | *pedra* **~a** Feuerstein *m* | **~uera** *f* (offenes) Feuer *n* | *hist* Scheiterhaufen *m* | **~uerada** *f* loderndes Feuer *n* | *a. fig* Auf-lodern, -flammen *n* | *fig a.* Aufwallung *f* | (*Gesicht*) Röte *f* | **~ueró** *m* Feuerchen *n* | (Freuden)Feuer *n*.

foi! *int Bal* Donnerwetter! | verflucht!

foie gras *m* Gänseleberpastete *f* | *p ext* (Schweins)Leberwurst *f*.

foixarda *f bot* Alypum-Kugelblume *f*.

folc(at) *m* Herde *f*.

folg|a *f* Scherz, Spaß, Witz *m* | Vergnügen *n* | **~adament** *adv* bequem, breit | **~ança** *f* Vergnügen *n* | Erholung *f* | Geräumigkeit *f* | (*Kleidung*) Weite *f* | **~ar** (33) *vi* nicht arbeiten, feiern | s. erholen | s. vergnügen | spaßen, scherzen | (zu) weit sein (*Kleidung*) | **~at** (**-ada** *f*) *adj* behaglich, bequem | breit, weit | *fig* wohlhabend | **~ós** (**-osa** *f*) *adj* spaßig, scherzhaft, witzig.

foli *m* (*Papier*) Blatt *n* (22 × 32 cm) | (*alte Handschrift*, *altes Buch*) Blatt *n* | *gräf* Quartbogen *m*; Blattzahl *f* | **~aci** (**-àcia** *f*) *adj* blattartig | Blatt... | **~ació** *f bot* Blatt-anordnung *bzw* -bildung *f* | *gräf* Foliierung, Blattzählung *f* | **~ar**[1] *adj* (*m/f*) *bot* Blatt... | **~ar**[2] (33) *vt gräf* foliieren, mit Blattzahlen versehen.

fòlic *adj quím: àcid* **~** Folsäure *f*.

foliol *m bot* Fieder *f*.

folkl|ore *m* Folklore *f* | (*Wissenschaft*) *a.* Volkskunde *f* | **~òric** *adj* Volks... | Folklore...; folkloristisch | volkskundlich | **~orista** *m/f* Folklorist(in *f*), Volkskundler(in *f*) *m*.

foll(ament *adv*) *adj lit bes fig* irr(e), irr-, wahn-sinnig, toll | (*Tier*) tollwütig || *s/m/f* Irre(r *m*), Wahnsinnige(r *m*) *m/f* | *s: boig*.

folla|dor(a *f*) *m* Keltertreter(in *f*) *m* | *pop!* Ficker(in *f*) *m* | **~r** (33) *vt agr* (*Trauben*) keltern, treten || *vi pop!* ficken, vögeln.

foll|ejar (33) *vi lit* = **bogejar** | **~et** *m* Kobold *m* | *foc* **~** Irrlicht *n* | **~ia** *f lit bes fig* Irr-, Wahn-sinn *m* | *mús* Folia *f*; *folk* = **corranda** | *s: bogeria*.

fol·lic|le *m biol* Follikel *m* | **~ular** *adj* (*m/f*) Follikel... | folliku-lar, -lär.

folliga *f ornit* = **fotja**[2].

folr|adura *f* = **~e** | *bes* Pelzfutter *n* | **~ar** (33) *vt* (*bes Kleidung*) füttern | (*Buch*) ein-schlagen, -binden | **~ar-se** *v/r fig fam* zu Geld kommen, s. gesund-machen, -stoßen | s. voll-futtern, -fressen | **~at** (**-ada** *f*) *adj* gefüttert | *estar* **~** *de diners* (*fig fam*) vor Geld strotzen | **~e**, **~o** *m* (*Stoff*) Futter *n* | (*Buch*) Umschlag *m* | *p ext* Hülle *f*; Überzug *m*.

foment *m med* feuchtwarmer Umschlag *m* | *fig* Förderung, Unterstützung *f*; Schüren *n* | **~ador** *adj* fördernd || *s/mf* Förderer(in *f*), Unterstützer(in *f*) *m* | **~ar** (33) *vt med* mit feuchtwarmen Umschlägen behandeln | (*Eier*) bebrüten, erwärmen | *fig* fördern, unterstützen; (*Haß*, *Neid*) schüren.

fon *m fís* Phon *n*.

fona *f* (Stein)Schleuder *m*.

fonació *f* Stimm-, u. Laut-bildung, *bes med* Phonation *f*.

fon|adura *f* (*Faß*, *Schublade*) Grund, Boden *m* | **~ament** *m arquit mst pl* Fundament *n* | *fig* Grundlage *f*, Fundament *n*; Grund *m* | *posar els* **~s** *d'un edifici* das Fundament für e. Gebäude legen | *no tenir* (*cap*) **~** (*fig*) unbegründet sein; jeder Grundlage entbehren | *ho dic amb* **~** ich weiß, was ich sage | *una sospita sense* **~** e. unbegründeter (*od* grundloser) Verdacht | **~amental** *adj* (*m/f*) grundlegend, fundamental | grundsätzlich; wesentlich; fundamental | Grund... | Fundamental... | Haupt... | *acord* **~** (*mús*) Grundakkord *m* | *llei* **~** Grundgesetz *n* | **~amentalisme** *m* Fundamentalismus *m* | **~amentalista** *adj* (*m/f*) fundamentalistisch || *s/m/f* Fundamentalist(in *f*) *m* | **~amentalment** *adv* grundlegend | grundsätzlich | im Grunde | im wesentlichen | **~amentar** (33) *vt* fundamentieren | *fig a.* begründen | **~ar** (33) *vt* mit e-m Boden

fondre

versehen | **~da** *f* Gasthaus *n* | **~dal** *m* = **~dalada** | **~dalada** *f* Mulde *f* | Tiefe *f* | Vertiefung *f* | **~dament** *adv* tief | **~dant** *m* Fondant *m/n* | **~dària** *f* Tiefe *f* | **~dejar** (33) *vi* nàut ankern || *vt* verankern | **~dista** *m/f* Gastwirt(in *f*) *m* | **~do** *adj* tief || *adv*: *cavar* (*respirar*) ~ tief graben (atmen).

fon|dre (40) *vt a.* met schmelzen | (*geschmolzenes Metall*; *Lettern, Glocken*) gießen | (*Fett*) zerlassen | (*in Flüssigkeit*) zergehen lassen, auflösen (*en in dat*) | *a.* fig verschmelzen (*amb mit*) | *fig* (*Vermögen*) durchbringen, verschwenden || *vi* (auf)saugen (*Papier*) | = **~dre's** | **~dre's** *v/r* schmelzen (*Eis, Schnee, Wachs, Metall*) | durchbrennen (*Sicherung, Glühbirne*) | (*in Flüssigkeit*) zergehen, s. auflösen | *a.* fig (*zu e-r Einheit*) verschmelzen | fig zusammenschrumpfen, -schmelzen (*Geld, Vorrat*) | s. in Luft auflösen, spurlos verschwinden (*Dinge*); (*vor Ungeduld, Begierde*) s. verzehren | ~ *a la boca* (*fig*) auf der Zunge zergehen (*Essen*) | ~ *en excuses* s. in Entschuldigungen ergehen | *hauria volgut fondre'm* (*fig*) ich wäre am liebsten in den Erdboden versunken | **~edís** (**-issa** *f*) *adj* schmelzend | Schmelz... | *fer* ~ verschwinden lassen | *fer-se* ~ verschwinden, verduften | **~edor** *adj* Schmelz... | Gieß... | *s/f* (*a. màquina* **~a**) Gießmaschine *f* || *s/m/f* Gießer(in *f*) *m*.

fonell *m* (Bienenkorb)Verschluß *m* | **~ar** (33) *vt* (*Bienenkorb*) verschließen.

fonem|a *m ling* Phonem *n* | **~àtic** *adj* phonem(at)isch || *s/f* Phonem(at)ik *f*.

foner *m* Schleuderer *m*.

fonera *f* (*Meer*) Untiefe, tiefe Stelle *f*.

foneria *f indús* Gießerei *f*.

fon|ètic(ament *adv*) *adj* phonetisch | *escriptura fonètica* Lautschrift *f* || *s/f ling* Phonetik *f* | **~eti(ci)sta** *m/f* Phonetiker(in *f*) *m*.

fong *m bot med mst pl* Pilz(e *pl*) *m*.

foniatria *f med* Phoniatrie *f*.

fònic *adj* phonisch.

fon|ocaptor *m elect* Tonabnehmer *m* | **~ògraf** *m hist* Phonograph *m* | **~ografia** *f ling* Phonographie *f* | **~ogràfic** *adj* phonographisch | **~ograma** *m* Phonogramm *n* | **~olita** *f min* Phonolith *m*.

fonoll *m bot* (Wild)Fenchel, Gemeiner Fenchel *m* | ~ *dolç* Süßfenchel, Gewürzfenchel *m* | ~ *marí* Strandfenchel *m* | ~ *pudent* = **anet** | **~ada** *f bot* Kleine(r) Klappertopf *m* | **~ar** *m* Fenchelwiese *f* | **~assa** *f bot* Gefleckter Schierling *m* | ~ *blanca* Zahnstocherkraut *n* | **~eda** *f* = **~ar**.

fon|ologia *f ling* Phonologie | **~ològic** *adj* phonologisch | **~òmetre** *m* Phonometer *n* | **~ometria** *f* Phonometrie *f* | **~omètric** *adj* phonometrisch.

fons *m inv* Grund, (*a. Gefäß, Schiff, Kasten, Koffer*) Boden *m* | (*Schlucht, Brunnen*) Grund *m* | (*Raum, Saal, Foto*) Hintergrund *m*; *pint teat a.* Grund, Fond *m*; *text* (Unter)Grund, Fond *m* | *fig* Innerste(s) *n*; Grund; Kern *m*; *Lit art* Gehalt, Inhalt *m* | *econ* Fonds *m* | (*Bibliothek, Verlag*) Bestand *m* | *esport* Ausdauer *f* | *el* ~ *del mar* der Meeres-grund, -boden | *el* ~ *de l'ull* der Augenhintergrund | *el* ~ *de la qüestió* der Kern der Sache | *el* ~ *i la forma* Gehalt u. Gestalt; Form u. Gehalt *od* Inhalt | ~ *d'amortització* (*de desenvolupament, d'inversió, de reserva*) Tilgungs- *od* Amortisations-(Entwicklungs-, Investment-, Reserve-) fonds *m* | *el* ~ *Monetari Internacional* der Internationale Währungsfonds | ~ *sonor* Geräuschkulisse *f* | *els baixos* ~ die Unterwelt | *doble* ~ doppelte(r) Boden *m* | *article de* ~ Leitartikel *m* | *cursa de* (*mig*) ~ Langstrecken-(Mittelstrecken-)lauf *m* | *corredor de* ~ Langstreckenläufer *m* | *esquí de* ~ Langlauf *m* | *mar de* ~ Grundsee *f* | *una persona de bon* (*mal*) ~ e. von Grund auf guter (schlechter) Mensch | *a* ~ gründlich; kräftig, fest | *conèixer u/c a* ~ etw gründlich kennen | *pitjar l'accelerador a* ~ voll aufs Gaspedal treten | *al* ~ *de la vall* unten im Tal | *al* ~ *de la sala* hinten im Saal | *vull arribar al* ~ *de l'assumpte* ich will der Sache auf den Grund gehen | *del* ~ *del cor* aus tiefstem Herzen | *en el* (*od al*) ~ (*fig*) im Grunde (genommen) || *pl econ* Mittel, Gelder *n pl* | *els* ~ *públics* die öffentlichen Mittel, die Staatsgelder *n pl* | *taló sense* ~ ungedeckte(r) Scheck *m* | *estar sense* ~ zahlungsunfähig sein | *estar malament de* ~ (*fam*) knapp bei Kasse sein | *no hi ha* ~ (*banc*) k-e deckung *f*.

font *f a. fig* Quelle *f* | Brunnen *m* | *fig a.* Ursache *f*, Ursprung *m* | ~ *baptismal* Taufbecken *n* | ~ *de broll* Springbrunnen *m* | ~ *lluminosa* Lichtquelle *f*; (*Brunnen*) Leuchtfontäne *f* | ~*s històriques* (*literàries*) historische (literarische) Quellen *f pl* | *de* ~*s fidedignes* od *dignes de crèdit* aus zuverlässiger Quelle | *ho sé de bona* ~ ich weiß es aus guter Quelle | **~ada** *f* Picknick *n* (*an e-m Brunnen*) | **~ana** *f ant poèt* = **font** | **~anella** *f* kl(e) Quelle *f* | **~anel·la** *f anat* Fontanelle *f* | **~aner**(**a** *f*) *m* Klempner(in *f*), Spengler(in *f*) *m* | **~aneria** *f* Klempnerei *f* | Brunnenbau *m* | **~eta** *f*, **~inyó** *m*, **~inyol**(**a** *f*) *m* kl(e) Quelle *f*.

fony|ador *m* Kelterschaufel *f* | (*Teig*) Knetbrett *n* | **~ar** (33) *vt* (*Trauben*) keltern, auspressen | (*Teig*) kneten | **~egar** (33) *vt* (*Käse*) in die Form pressen.

for|a (oft *a* ~) *adv* (*im Äußeren*) außen; (*bes nicht im Haus, im Zimmer*) draußen | (*nach außen*) her- *bzw* hinaus, *umg* raus | *a l'estiu dormim* (*a*) ~ im Sommer schlafen wir draußen | *el pare és* ~, *no tornarà fins demà* Vater ist nicht da, er kommt erst morgen zurück | *la Núria va estar* ~ *tota la nit* Núria war die ganze Nacht weg | *són* ~ *amb el cotxe* sie sind mit dem Auto unterwegs | *he estat dos anys* ~, *a París* ich war zwei Jahre im Ausland, in Paris | *els diumenges sortim a* ~ sonntags fahren wir hinaus (*umg* raus), *bes* aufs Land | *treballen a la ciutat, però viuen a* ~ sie arbeiten in der Stadt, aber sie wohnen außerhalb *od* auswärts | *avui mengem* ~ heute essen wir auswärts | *avui juguen a* ~ heute spielen sie auswärts | *partit a* ~ Auswärtsspiel *n* | *l'equip de* ~ die auswärtige Mannschaft | *els alumnes de* ~ die auswärtigen Schüler *m pl* | *els de* ~ die Auswärtigen *m pl* | *gent de* ~ Fremde *m pl* | *la part de* ~ die Außenseite | *influències de* ~ äußere Einflüsse, Einflüsse *m pl* von außen | *de* ~ *estant* od *des de* ~ von außen | *per* ~ *és gris* es ist (von) außen grau | *només hem vist l'església per* ~ wir haben die Kirche nur von außen gesehen | *la pilota va anar* ~ der Ball ging ins Aus | *el vent ha fet* ~ *els núvols* der Wind hat die Wolken verjagt | *feu-lo* (*pop! foteu-lo*) ~! werft ihn hinaus!, *pop!* schmeißt ihn raus! | *l'han fet* (*pop! fotut*) ~ (*de la feina*) man hat ihn hinaus-geworfen *od* -gesetzt, *pop!* rausgeschmissen | *tothom* ~! alle Mann (*od* alles) raus! | ~ *d'aquí!* raus hier! | *sabates* ~! Schuhe aus! | "~!, ~", *cridava el públic* "raus!, raus!" schrie das Publikum | ~ *Franco* (*la dictadura*)! fort mit Franco (der Diktatur)! | ~, *vés-te'n!* raus mit dir, hau ab! | ~, *som-hi!* los (geht's)! | *tu et quedes a casa, i* ~! du bleibst daheim, und fertig (ab)! || *prep* (*mst* ~ *de*) außerhalb (*gen*); nicht in (*dat*) | aus (*dat*) ... (her- *bzw* hin-aus) | (*a. mit Ausnahme von*) außer (*dat*) | *viuen* ~ *de la ciutat* sie wohnen außerhalb der Stadt | *seré* ~ *de Barcelona tot el mes* ich werde den ganzen Monat über nicht in Barcelona sein | *ens van empènyer* (*a*) ~ *de la sala* sie drängten uns aus dem Saal (hinaus) | ~ *del període de sessions* außerhalb der Sitzungsperiode | ~ *d'hora* außer der Zeit | ~ *de l'abast* außer Reichweite | ~ *de la llei* außerhalb des Gesetzes | ~ *del país* außer Landes | ~ *de perill* (*de servei, d'ús*) außer Gefahr (Dienst, Gebrauch) | *estar* ~ *de joc* (*esport*) abseits (*od* im Abseits) stehen | *estar* ~ *de si* auswärts s. sein | ~ *d'ell, tothom aplaudia* außer ihm applaudierten alle | ~ *d'això, estic bé* abgesehen davon geht es mir gut | *no ho sabran mai,* ~ *que tu els ho diguis* sie werden es nie erfahren, außer wenn du es ihnen sagst | ~ *quan plou* außer wenn es regnet | *s/m esport* Ausball *m* | ~ *de combat* Knockout *m* | ~ *de joc* Abseits *n* || *s: defora, enfora; dins* | **~à** (**-ana**) *adj* Außen... | auswärtig | fremd | *bes Bal* ländlich, Land... | **~abord** *m* Außenbordmotor *m*; (*a. Boot*) Außenborder *m* | **~ada** *f* Ausflug *m* | Picknick *n*.

fora|da *f* Tunnel *m*, Unterführung *f* | (*Küste*) Felsentor *n* | **~ment** *m* Durchbohrung *f* | **~r** (33) *vt* e. Loch (*bzw* Löcher) machen in (*ac*) | (*mehrfach*) durchlöchern | durchbohren; durch-schlagen *bzw* -stechen, -schießen | ~ *les orelles a una noia* e-m Mädchen die Ohrläppchen durchstechen | *les sabates em foraden els mitjons* die Schuhe scheuern mir die Socken durch | **~r-se** *v/r: se m'han foradat els mitjons* meine Socken haben Löcher bekommen.

foragita|ment *m* Vertreibung *f* | **~r** (33) *vt* vertreiben.

foral *adj* (*m/f*) *dr* sonder-, partikularrechtlich | *s: fur.*
forallançar (33) *vt* = **foragitar**.
foraminífers *m pl zool* Foraminiferen *f pl*, Kammerlinge *m pl*.
for|anell *m* Seebrise *f* | **~anies** *f pl* Umgebung *f* | **~ària** *f* *nàut* Küstenentfernung *f* | *ja comencem a tenir ~* wir sind schon ziemlich weit draußen | **~assenyat** (-ada *f*) *adj* sinnlos, töricht | unbesonnen | toll | **~aster** *adj* auswärtig, fremd || *s/mf* Auswärtige(r *m*), Fremde(r *m*) *m/f* | **~asteria** *f* Fremdartigkeit *f* | Fremd-heit *f*, -sein *n* || *pl* Umgebung *f*.
forat *m* a. *anat tecn* Loch *n* | *~ d'agulla* (Nadel)Öhr *n* | *~ del nas* (*pany*) Nasen-(Schlüssel-)loch *n* | *~ d'home* (*tecn*) Mannloch *n* | *~ negre* (*astr*) schwarze(s) Loch *n* | *fer un ~ a la paret* e. Loch in die Wand bohren *bzw* schlagen | *fer-se un ~ al cap* s. (*dat*) e. Loch in den Kopf schlagen *bzw* stoßen | *fer-se un ~ als pantalons* s. (*dat*) e. Loch in die Hose reißen || *fig fam: fer un ~ en l'herència* (*els estalvis*) e. Loch ins Erbe (in die Ersparnisse) reißen | *fer un ~ per tapar-ne un altre* e. Loch aufreißen, um e. anderes zu stopfen | *tapar un ~* e. Loch stopfen | *el nou model ha fet ~* das neue Modell hat eingeschlagen.
fora|viar(-se) (33) *vt(/r)* = **extraviar** (-se) | **~viler** *adj* (*Person*) Land... || *s/m* Landbewohner(in *f*) *m*.
forbir (37) *vt* (*Metall*) (blank) putzen.
forc *m* (*Hand*) Spanne *f* | *~ d'alls* (*de cebes*) Knoblauch-(Zwiebel-)zopf *m* | **~a** *f agr* (Heu-, Mist-)Gabel, *nordd* Forke *f* | *dr mil hist* Galgen *m* | *veste'n a la ~!* geh zum Henker!
força[1] *f a. fís* Kraft *f* | Stärke *f* | Macht *f* | (a. *im Strafrecht*) Gewalt *f* | Wucht *f* | *elect* (a. *corrent de ~*) Kraftstrom *m* | *~ acceleratriu* (*central, nuclear, d'aspiració, d'inèrcia, de tracció*) Beschleunigungs-(Zentral-, Kern-, Saug-, Trägheits-, Zug-)kraft *f* | *~ electrostàtica* (*magnètica*) elektrostatische (magnetische) Kraft *f* | *~ explosiva* Sprengkraft, Brisanz *f* | *~ física* (*muscular*) Körper-(Muskel-)kraft *f* | *~ de llei* Gesetzeskraft *f* | *~ major* (*bruta*) höhere (rohe) Gewalt *f* | *~ pública* Polizei(kräfte *f pl*) *f* | *~ de voluntat* Willens-kraft, -stärke *f* | *la ~ del vent* die Stärke des Windes | *un huracà de ~ 13* e. Orkan von Windstärke 13 | *la ~ d'un àcid* (*licor*) die Stärke e-r Säure (e-s Likörs) | *la ~ del cop* die Wucht (*od* Heftigkeit) des Schlages | *la ~ de la passió* die Gewalt (*od* Macht) der Leidenschaft | *la ~ del costum* die Macht der Gewohnheit | *la ~ d'un argument* die Schlag- (*od* Überzeugungs-)kraft e-s Arguments | *camp* (*unitat*) *de ~* Kraft-feld *n* (-einheit *f*) | *prova de ~* Kraft-, Macht-probe *f* | *un home de molta ~* e. sehr kräftiger Mann | *a la* (*od per*) *~* mit Gewalt, gewaltsam; aus Zwang, notgedrungen | *a viva ~* mit aller Gewalt | *a ~ de...* durch viel(es) ... | *ho han aconseguit a ~ de diners* (*de treballar*) sie haben es durch viel Geld (vieles Arbeiten) erreicht | *amb aquest braç no puc fer ~* in diesem Arm habe ich k-e Kraft; mit diesem Arm darf ich k-e Anstrengungen machen | *fes ~!* preß (*bzw* drück, schieb, zieh) tüchtig! | *obre-ho sense fer ~!* öffne es, ohne Gewalt anzuwenden! | *el pare* (*el sol*) *encara té ~* Vater (die Sonne) hat noch Kraft | *la unió fa la ~* (*Spruch*) Einigkeit macht stark || *pl: amb totes les* (*meves, teves* usw) *forces* mit aller Kraft; aus (*od* nach) Leibeskräften | *perdre* (*recobrar*) *les forces* von (wieder zu) Kräften kommen | *treure forces de flaquesa* aus der Not Kraft schöpfen | *econ: les forces productives* die Produktivkräfte *f pl* | *mil: les forces* (*armades*) *britàniques* die britischen Streitkräfte *f pl* | *les forces aèries* (*marítimes*) die Luft-(See-)streitkräfte *f pl* | *polít: les forces reaccionàries* (*revolucionàries*) die reaktionären (revolutionären) Kräfte *f pl* | *rel mit: les forces de les tenebres* die Mächte *f pl* der Finsternis | *sociol: les forces vives* (*d'una població, d'un país*) die aktiven Kräfte *f pl* (e-r Ortschaft, e-s Landes); *fam iròn* die Honoratioren, die Stützen *f pl* der Gesellschafs.
força[2] *adv* recht (viel) | *estic ~ bé* es geht mir recht gut | *ha plogut ~* es hat recht viel geregnet | *treballa ~!* arbeite tüchtig! || (28) *pron ind* (*fam pl: forces*) recht viel(er, -e, -es) *bzw* groß(er, -e, -es) | *tinc ~ problemes* ich habe recht viel(e) Probleme | *entre l'un i l'altre hi ha ~ diferència* zwischen dem einen u. dem anderen besteht e. recht großer Unterschied.

forcad|a *f* (Heu-, Mist-)Gabelstoß *m* | Heu-, Mist-gabel *f* voll | **~ella** *f bot* Blut-Fingerhirse *f*.
forçador *m* Gewaltmensch *m* | *bes* = **estuprador**.
forca|dura *f* Gabelung *f* | Abzweigung, Verästelung *f* | **~ll** *m* = **enforcall** | = **forca** | = **forcó** | = **forcadura**.
força|ment *m bes* Vergewaltigung *f* | **~r** (33) *vt* (*j-n*) zwingen (*a* zu); (*sexuell*) vergewaltigen, (*j-m*) Gewalt antun | (*etw*) forcieren, (zu) stark beschleunigen *bzw* steigern | (*j-n, Fähigkeit*) (über)anstrengen; (*j-n, Material, Maschine*) (über)beanspruchen; (*Motor, Schraube, Feder*) überdrehen | (*der Stimme*) Gewalt antun; (*e-m Begriff*) *a.* Zwang antun | (*Gefühl, Entscheidung, Handlung*) erzwingen, forcieren | (*Tür, Schloß, Verschlossenes*) aufbrechen | *mil* (*Festung*) bezwingen, forcieren | *~ alg a fer u/c* j-n zwingen, etw zu tun | **~r-se** *v/r* s. (*dat*) Gewalt antun | *~ a fer u/c* s. dazu zwingen, etw zu tun | **~t** (**-ada** *f*, **-adament** *adv*) *adj* gezwungen | erzwungen | zwanghaft | forciert | *ant* = **forçós** | *s: marxa, treball* | *un somriure ~* e. gezwungenes (*lit* forciertes) Lächeln | *m'hi vaig veure ~* ich sah ich dazu gezwungen || *s/mf* Zwangsarbeiter(in *f*) *m* | *s/m hist* Galeerensträfling *m*.
forcat (**-ada** *f*) *adj* gegabelt | *animals de peu ~* Paar-hufer; -zeher *m pl* || *s/m* Gabeljoch *n* | Astgabel *f* | = **forc**.
force|gut (**-uda** *f*) *adj* = **forçut** | **~jament** *m* Ringen *n* | Kraftanstrengung *f* | **~jar** (33) *vi* ringen, kämpfen | s-e ganze Kraft aufbieten.
fòrceps *m med* Geburtszange *f*.
forcívol(ament *adv*) *adj lit* gewaltsam | gewalttätig.
forcó *m* (*Gabel*) Zinke *f*.
forç|ós (**-osa** *f*) *adj* Zwangs... | zwangsläufig | (zwingend) notwendig | unumgänglich | *s: aterratge | expropiació forçosa* Zwangsenteignung *f* || *s/f* (*Dame*) Zwangsspiel *n* | *fig fam: fer la forçosa a alg* j-m Zwang antun | **~osament** *adv* gezwungenermaßen | zwangs-läufig, -weise | notgedrungen | *no ~* nicht unbedingt | **~ut** (**-uda** *f*) *adj* (*Person*) kräftig, stark.
fore|jar (33) *vi nàut* auf hoher See fahren | **~nc** *adj* bäuerlich | rustikal.
forense *adj* (*m/f*) forensisch | *med a.* gerichtsmedizinisch | *medicina ~* Gerichtsmedizin, forensische Medizin *f* || *s/m* (*a. metge ~*) Gerichts-arzt, -mediziner *m*.
forest *f lit* Wald(ung *f*) *m*, Forst *m* | **~al** *adj* (*m/f*) Forst..., Wald...
forfoll(ej)ar (33) *vt* durch-kramen, -wühlen | begrapschen | herumfummeln an (*dat*) | **~ons**: *a ~* (*loc adv*) haufenweise | hastig.
forja *f* Schmiede *f* | (*Handlung*) Schmieden *n* | **~ble** *adj* (*m/f*) schmiedbar | **~dor** *m* Schmied *m* | **~r** (33) *vt* schmieden | *fig a.* formen, gestalten; aufbauen; erdichten, aushecken; erfinden | (*Verse*) drechseln | **~r-se** *v/r*: *~ il·lusions* s. Illusionen machen | **~t** (**-ada** *f*) *pp/adj*: *ferro ~* Schmiedeeisen *n*.
forma *f* Form *f* | (*äußere Erscheinung*) *a.* Gestalt *f* | (*Zustand, Leistungsfähigkeit*) *a.* Verfassung, *bes esport* Kondition *f* | *gràf* Druckform *f* | (*Schuhmacher*) Leisten *m* | *~ de govern* (*de vida*) Regierungs-(Lebens-)form *f* | *~ de pagament* Zahlungsweise *f* | *~ gramatical* grammatikalische Form *f* | *formes d'energia* Energieformen *f pl* | *la sagrada ~* (*catol*) die geweihte Hostie | *manca de ~* Formlosigkeit *f* | *sense ~* formlos | *de ~ que...* so daß ... | *de totes formes* auf jeden Fall | *en bona* (od *deguda*) *~* formgerecht | *en ~ de* in Form (od Gestalt) von *od gen* | *en ~ de comprimit* in Tablettenform | *en ~ d'àngel* od *sota la ~ d'un àngel* in Engelsgestalt *od* in Gestalt e-s Engels | *agafar ~* Form (od Gestalt) annehmen | *donar ~ a u/c* e-r Sache Form geben; etw gestalten | (*no*) *estar en ~* in (nicht in *od* außer) Form sein | *estar en bona ~* in guter Form (od Verfassung) sein, gut in Form sein | *no hi ha ~ de convèncer-lo* er ist nicht zu überzeugen | *pl* (*Körper*)Formen, Rundungen *f pl* | (*Umgangs*)Formen *f pl* | *bones* (*males*) *formes* gute (schlechte) Manieren *f pl* | **~ció** *f* Gestaltung, Bildung *f* | *estud* Ausbildung *f* | *geol mil* Formation *f* | *mil a.* Verband *m*, Formierung *f* | *ferroc* (*Zug*) Zusammenstellung *f* | **~l(ment** *adv*) *adj* (*m/f*) *a. filos mat* formal | (*offiziell*; *höflich*) formell; förmlich | ernsthaft; anständig; solide, seriös, zuverlässig.
formal|dehid *m quím* Formaldehyd *m* | **~ina** *f quím* Formalin *n*.

forma|lisme *m a. desp* Formalismus *m* | **~lista** *adj (m/f)* formalistisch || *s/m/f* Formalist(in *f*) *m* | **~litat** *f* Förmlichkeit *f* | Formalität; Formvorschrift; Formsache *f* | Ernsthaftigkeit; Anständigkeit; Seriosität, Zuverlässigkeit *f* | **~s jurídiques** juristische Formalitäten *od* Formalien *f pl* | **~lització** *f* Formalisierung *f* | ordnungsgemäße Ausfertigung *f* | **~litzar** (33) *vt* formalisieren | formell machen | ordnungsgemäß ausfertigen | **~litzar-se** *v/r* formell (*od* ernst) werden | **~nt** *m ling* Formans, Formant, Formativ *n* | **~r** (33) *vt* formen | gestalten | bilden | ausbilden, entwickeln | (*Klage*) vorbringen | *estud* ausbilden, erziehen | *ferroc* aufstellen, formieren | *mil* aufstellen | **~ part d'u/c** zu etw gehören || *vi* (*zur Arbeit*) antreten | *mil* antreten, s. aufstellen, s. formieren | **~r-se** *v/r* s. bilden, entstehen | s. entwickeln, s. entfalten | s. (aus)bilden (*Person*) | **~t** *m gràf* Format *n* | *rad tv* (*Programm*) Aufmachung; Struktur *f* | **~tge** *m* Käse *f* | **~ blanc** *od* **tou** Quark, Weißkäse *m* | **~ de bola** Edamer (Käse) *m* | **~ fos** (*fresc*) Schmelz-(Frisch-)käse *m* | **~ per a ratllar** Reibkäse *m* | **~ ratllat** Reibkäse, geriebener Käse *m* | **fer ~** Käse machen *od* herstellen | **~tger(a** *f*) *m* Käser(in *f*), Käsehändler(in *f*) *m* | Käsefreund(in *f*) *m* || *s/f* Käseform *f* | Käseglocke *f* | **~tgeria** *f* Käsefabrik, Käserei *f* | **~tget** *m* Käschen *n* | *bes* Käseecke *f* | *bot* Hirtentäschelkraut *n* | **~tiu (-iva** *f*) *adj* formend | bildend | (Aus)Bildungs... | **~tjada** *f gastr* Käsepastete *f*; Käsekuchen *m* | **~tjar** (33) *vt* verkäsen.
forment *m lit* Weizen *m* | **~er** *adj* Weizen... || *s/mf* Weizenhändler(in *f*) *m* | **~erenc, ~erer** *adj* formenterisch, aus (*bzw* von) Formentera | *s/mf* Formenterer(in *f*) *m* | **els ~s** die Formenterer *m pl* | **~ós (-osa** *f*) *adj* Weizen...
former(a *f*) *m* Formen- (*bes* Leisten-)hersteller(in *f*) *m*.
formi *m bot* Neuseeländische(r) Flachs *m*.
formiat *m quím* Formiat *n*.
fòrmic *adj bes quím* Ameisen... | **àcid ~** Ameisensäure *f*.
formica|ció *f med* Kribbeln *n* | **~nt** *adj (m/f)* kribbelnd.
formidable(ment *adv) adj (m/f) lit* furchterregend, formidabel | *fig fam* gewaltig; kolossal; riesig, großartig.
formig|a *f entom* Ameise *f* | **~ blanca** Termite *f* | **~ lleó** Ameisenlöwe *m* | **~at (-ada** *f*) *adj* von Ameisen befallen | **~ó**[1] *m* Kribbeln, Jucken *n* | **~ó**[2] *m constr* Beton *m* | **~ armat** Stahlbeton *m* | **~onera** *f* Betonmischmaschine *f* | **~ueig** *m* Kribbeln *n* | Gewimmel *n* | **~uejar** (33) *vi* kribbeln | wimmeln | **~uer** *m* Ameisen-haufen *bzw* -staat *m* | *fig* Gewimmel *n* | = **boic**.
formó *m* Form *f*, Model *m*.
formol *m quím* Formol *n*.
form|ós (-osa *f*) *adj lit* wohl-gestalt, -geformt | schön | **~osor** *f lit* Schönheit *f*.
fórmula *f* Formel *f* | *fig a.* Lösung; Methode *f*; Rezept *n* | **pura ~** reine Formsache *f* | **per pura ~** nur der Form halber.
formul|ació *f* Formulierung *f* | **~ar** (33) *vt* formulieren | *cient a.* auf e-e Formel bringen | *fig a.* ausdrücken; äußern; zum Ausdruck bringen | **~ari (-ària** *f*) *adj* formelhaft | formell, Anstands... | **visita formulària** Anstandsbesuch *m* || *s/m* Formular *n*, Vordruck *m* | Formelsammlung *f*; *dr a.* Formel-, Formular-buch *n* | **~isme** *m* Formelhaftigkeit *f* | *desp a.* Formalismus *m* | Formelsystem *n*.
forn *m* (Back)Ofen *m* | (a. **~ de pa**) Bäckerei *f* | *indús* (Brenn- *bzw* Schmelz-)Ofen *m*; Herd *m* | **alt ~** Hochofen *m* | **~ de calç** Kalkofen *m* | **~ de microones** Mikrowellenofen *m* | **~ d'obra** *od* **de terrisser** Brennofen *m* | *escalfar el ~* (*fig*) tüchtig essen | **~ada** *f* Schub, (Back)Ofen *m* (voll) | *fig* (*Gruppe*) Schub *m* | **~al** *f indús* Schmiede(feuer *n*) *f* | **~ell** *m* Kocher *m* | **un ~ d'alcohol** e. Spirituskocher *m* | **~er(a** *f*) *m* Bäcker(in *f*) *m* | **~eret** *bot* Ritterling *m* («Tricholoma robustum») | **~eria** *f* Bäckerei *f*, Bäckerberuf *m*.
fornica|ció *f* Unzucht, *desp* Hurerei *f* | **~dor(a** *f*) *m* unzüchtige(r) Mensch *m*, *desp* Hurer, Hurenbock *m*, Hure *f* | **~r** (33) *vi* Unzucht treiben, *desp* huren | **~ri (-ària** *f*) *adj* unzüchtig.
fornícula *f art constr* Mauernische *f*.
forni|dor(a *f*) *m* Lieferant(in *f*) *m* | **~ment** *m* Lieferung *f* | *col* Ausstattung *f*; Bedarf *m*; Zubehör *n* | **~r** (37) *vt:* **~ alg d'u/c** j-n mit etw versehen

forqueta / **fosfat**

od beliefern | ~ *u/c a alg* j-m etw liefern | **~t (-ida** *f*) *adj* (*Mensch*) kräftig, stark, stämmig | **~tura** *f col* = **~ment**.
forqu|eta *f dim* Gäbelchen *n* | *Bal Val* = **~illa** | *agr* (*Obstbaum*) Gabelstütze *f* | **~illa** *f* (*Besteck*) Gabel *f* || *pl bot* Reiherschnabel *m*.
forra *f* (*bes Haare*) Dicke; Fülle *f* | **~r** (33) *vt fam* = **folrar**.
forr|ellat *m* Riegel *m* | **~oll** *m* Riegel *m* | Feuerschaufel *f* | **~olla** *f* Feuerschaufel *f* | *fig: fer* ~ großes Aufsehen erregen; von s. (*dat*) reden machen; *reg a.* s-n Schnitt machen.
fort *adj* stark | kräftig | hart (*Geräusch, Schrei, Radio*) laut | (*Soße*) scharf | *un home* ~ e. starker (*od* kräftiger) Mann | *l'home* ~ *del govern* der starke Mann der Regierung | ~ *com un roure* baumstark | *caràcter* ~ feste(r) Charakter *m* | *voluntat* ~a starke(r) Willen *m* | *de voluntat* ~a willensstark | *una consonant* ~a e. harter (*od* stimmloser) Konsonant | *síl·laba* ~a betonte Silbe *f* | *una taula* ~a e. robuster (*bzw* stabiler, solider) Tisch *m* | *sabates fortes* feste Schuhe *m pl* | *cafè* (*licor*) ~ starker Kaffee (Likör) *m* | *un àpat* ~ e-e schwere (*od* schwerverdauliche) Mahlzeit | *un argument* ~ e. schwerwiegendes Argument | ~*s aplaudiments* starker Beifall | *estar* ~ *en matemàtiques* stark in Mathematik sein | *fer-se* ~ *en un lloc* s. an e-m Ort verschanzen | *fer-se* ~ *en u/c* s. auf etw versteifen || *adv: agafar-se* ~ s. (gut) festhalten | *dormir* ~ fest schlafen | *jugar* ~ hoch spielen | *parlar* ~ laut sprechen | *plou* ~ es regnet stark | ~! recht so! | *que* ~! das ist e. starkes Stück! || *s/m* Stärke, starke Seite *f* | *mil* Fort *n* | *al* ~ *de* ... auf dem Höhepunkt von ... | *al* ~ *de l'estiu* im Hochsommer || *s/m* (*Person*) Starke(r) *m* | *el dret del més* ~ das Recht des Stärkeren | **~alesa** *f* Stärke, Kraft *f* | = **~itud** | *mil* Festung *f* | ~ *volant* (*aeron*) fliegende Festung *f* | **~ament** *adv s: fort* | *estar* ~ *enamorat* sehr verliebt sein | *lluitar* ~ heftig kämpfen | **~esa** *f* Stärke *f* | Kraft *f* | **~í** *m mil* kl(s) Fort *n* | **~ificació** *f* Stärkung, Kräftigung *f* | *mil* Befestigung; Festungsanlage *f* | **~ificant** *adj* (*m/f*) stärkend, kräftigend | befestigend | **~ificar** (33) *vt* stärken, kräfti-

gen | *mil* befestigen | **~itud** *f* (innere) Stärke *od* Kraft *f* | Seelenstärke *f* | Mut *m* | **~or** *f* Gestank *n* | *ant* Stärke *f*.
fortu|it(**ament** *adv*) *adj* zufällig | **~ïtat** *f* Zufälligkeit *f* | **~na** *f* Geschick, Schicksal *n* | Glück *n* | Vermögen *n* | *nàut* Sturm *m* | *ant* Unglück *n* | *bona* ~ Glück *n* | *mala* ~ Unglück; Mißgeschick *n* | *fer* ~ sein Glück machen | *cercar* (*od buscar bzw provar*) ~ sein Glück versuchen | *costar* (*valer*) *una* ~ e. Vermögen kosten (wert sein) | *per* ~ (*loc adv*) zum Glück, glücklicherweise | *nàut: córrer* ~ in e-n Sturm geraten | **~nal** *adj* (*m/f*) (*Wind, See*) stürmisch || *s/m* Sturm *m*.
fòrum *m a. hist* Forum *n* | *dr* Advokatur *f*; Justizverwaltung *f*; Gerichtshof *m* | *teat* Hintergrund *m*.
fosa *f* Schmelzen *n*; Schmelzung; Schmelze *f* | *met a.* Gießen *n*; Guß *m* | *cin* Überblendung *f* | *s: fondre, fusió* | *la* ~ *de la neu* die Schneeschmelze | *la* ~ *d'una estàtua* das Gießen e-r Statue | *ferro de* ~ Gußeisen *n*.
fosc *adj a. fig* dunkel | (*Raum, Nacht, Gedanken, Angelegenheit*) *a.* finster | *fig a.* unklar; undeutlich; undurch-schaubar, -sichtig | *s: boca, cambra, entrada, gola* | *un blau* ~ e. dunkles Blau | *un jersei* (*blau*) ~ e. dunkler (dunkelblauer) Pullover | *un dia* ~ e. trüber Tag | *un text* (*escriptor*) ~ e. schwerverständlicher Text (Schriftsteller) | *una veu* ~a e-e dunkle Stimme | *ja és* ~ es ist schon dunkel | *es fa* ~ es wird dunkel, *lit* es dunkelt || *adv: parlar* ~ mit dunkler Stimme sprechen; *fig* s. unklar (*od* undeutlich) ausdrücken || *s/f* Dunkelheit, Finsternis *f*, *lit* Dunkel *n* | *dins la* ~a im Dunkel, in der Dunkelheit | *a les fosques* im Dunkeln, im Finstern; *fig* im dunkeln, im finstern, im unklaren | *restar* (*od quedar-se*) *a les fosques* (*fig*) so klug sein wie zuvor | **~ament** *adv fig* unklar, undeutlich | **~ant** *m* Abenddämmerung *f* | Tagesende *n* | *a hora* ~ bei Einbruch der Nacht | *entre dos* ~s in der Dämmerung, im Zwielicht | **~or** *f* Dunkelheit *f* | Finsternis *f* | **~úria** *f lit* Dunkel *n*, Finsternis *f*.
fosf|at *m quím* Phosphat *n* | **~atar** (33) *vt agr* mit Phosphat düngen | **~àtic** *adj* Phosphat..., phosphathaltig | **~it** *m* Phosphit *n*.

fòsfor *m quím* Phosphor *m*.
fosf|orar (33) *vt* mit Phosphor vermischen | ~ *una substància* e-r Substanz Phosphor zusetzen | **~orejar** (33) *vi* phosphoreszieren | **~orescència** *f* Phosphoreszenz *f* | **~orescent** *adj* (*m/f*) phosphoreszierend | *esfera* ~ Leuchtzifferblatt *n* | **~òric** *adj quím* Phosphor..., *bes* Phosphor-V-... | *àcid* ~ Phosphorsäure *f* | = **~orescent** | **~orisme** *m med* Phosphorvergiftung *f* | **~orita** *f min* Phosphorit *m* | **~oritzar** (33) *vt* = **fosforar** | **~orós** (-osa *f*) *adj quím* Phosphor..., *bes* Phosphor-III-... | *àcid* ~ phosphorige Säure *f* | **~ur** *m quím* Phosphid *n*.
fosgè *m quím* Phosgen *n*.
fosque|dat *f* = **foscor** | **~jar** (33) *v/imp* dunkel werden, *lit* dunkeln.
foss|a *f* Grube *f* | *a. fig* Grab *n* | *anat* Höhle, Höhlung *f* | ~ *comuna* Massengrab *n* | *fosses nasals* Nasenhöhlen *f pl* | *tenir un peu a la* ~ mit e-m Fuß im Grab(e) stehen | **~ana** *f* Grube *f* | **~ar** *m* Fried-, Kirch-hof *m* | **~at** *m* Graben *m*, *bes* Festungsgraben *m* | **~er(a** *f*) *m* Totengräber(in *f*) *m*.
fòssil *adj* (*m/f*) fossil | versteinert | *fig* verknöchert; starr; überlebt; veraltet || *s/m a. fig* Fossil *n* | Versteinerung *f* | *col·lecció de* ~*s* Fossiliensammlung *f*.
fossil|ífer *adj* fossilienhaltig | **~ització** *f* Fossilisation *f* | Versteinerung *f* | **~itzar(-se)** (33) *vt(/r)* fossilisieren | versteinern | *fig* erstarren.
fotesa *f* Kleinigkeit, Bagatelle, Lappalie *f*.
fòtil *m fam* Gerät *n* | Kram *m*.
fotim *m Bal fam* Lausejunge *m* | *tenir un geni de* ~*s* e. aufbrausendes Temperament haben | **~er** *m* Unmenge, große Menge *f*.
fotja[1] *f* Pfütze, Lache *f*.
fotja[2] *f* (*Person*) Tranfunzel *f* | *ornit* Bläßhuhn *n* | ~ *banyuda* Kammbläßhuhn *n* | **~r** (33) *vi* wühlen (*Schwein*) | *fam Bal* trödeln, (herum)bummeln.
fot|o *f* Foto, Photo *n* | **~ó** *m fís* Photon, Lichtquant *n* | **~ocèl·lula** *f elect* Photozelle *f* | **~ocomposició** *f gràf* Foto-, Licht-satz *m* | **~ocòpia** *f* Fotokopie *f* | **~ocopiadora** *f* Fotokopiergerät *n* | **~ocopiar** (33) *vt* fotokopieren | **~oelèctric** *adj* photoelektrisch | *cèl·lula* ~*a* Photozelle *f* | **~ofòbia** *f med* Lichtscheu, Photophobie *f* | **~ogen** (-**ògena** *f*) *adj* lichterzeugend | **~ogènia** *f* Fotogenität, Photogenität *f* | **~ogènic** *adj* fotogen, photogen | *arc* = **~ogen** | **~ògraf(a** *f*) *m* Fotograf(in *f*), Photograph(in *f*) *m* | **~ografia** *f* Fotografie, Photographie *f* | Lichtbild *n*, Aufnahme *f* | ~ *de colors* Farbfotografie *f* | ~ *a contrallum* Gegenlichtaufnahme *f* | ~ *en blanc i negre* Schwarzweißaufnahme *f* | ~ *d'exposició* Zeitaufnahme *f* | ~ *instantània* Momentaufnahme *f* | ~ *panoràmica* Rundaufnahme *f* | ~ *de format petit* Kleinbild *n* | ~ *de perfil* Profilaufnahme *f* | ~ *submarina* Unterwasseraufnahme *f* | **~ografiar** (33) *vt* fotografieren, photographieren | *fig* genau beschreiben | **~ogràfic(ament** *adv*) *adj* fotografisch, photographisch | **~ograma** *m* Meßbild, Photogramm *n* | *bes cin* Einzelaufnahme *f* | **~ogrametria** *f tecn* Photogrammetrie *f* | **~ogravat** *m gràf* Photo-, Helio-gravüre *f* | **~òlisi** *f biol* Photolyse *f* | **~olitografia** *f* Photolithographie *f* | **~omecànic** *adj* photomechanisch | **~òmetre** *m fís* Photometer, Lichtmesser *m* | *fotog* Belichtungsmesser *m* | **~ometria** *f* Photometrie *f* | **~omètric** *adj* photometrisch | **~omuntatge** *m* Fotomontage *f* | **~oquímica** *f* Photochemie *f* | **~osensible** *adj* (*m/f*) lichtempfindlich | **~osfera** *f astr* Photosphäre *f* | **~osíntesi** *f biol* Photosynthese *f* | **~otípia** *f* Fototypie *f*, Lichtdruck *m* | **~otropisme** *m bot* Phototropismus *m*.
fotral(ada *f*) *m* = **fotimer**.
fotre('s) (35) *vt/i(/r) pop!*: ersetzt intensivierend fer(-se) u. e-e Vielzahl anderer Verben | *ja et fotré, jo!* dir werd' ich's geben! | *no em fotràs pas!* mich kannst du nicht reinlegen! | *aquesta notícia m'ha ben fotut* diese Nachricht hat mich ganz fertiggemacht | *és fotut!* es ist beschissen | *estic molt fotut* mir geht's beschissen | *em fotia d'avorriment* mir war es stinklangweilig | *m'han fotut el rellotge* man hat mir die Uhr geklaut | *m'ha fotut una bufetada* er hat mir e-e geknallt | *fot-ho a la galleda!* schmeiß es in den Eimer! | *no et fotis a plorar, ara!* fang jetzt bloß nicht an zu heulen! | *em vaig fotre de morros* ich fiel

auf die Schnauze | *es fotien el vi com si fos aigua* sie soffen den Wein wie Wasser | *es van fotre tot el pastís* sie verputzten den ganzen Kuchen | *tu et fots de mi* du verarschst mich || *int: fotre!, fot!* Menschenskind! | *no fotis!* mach k-e Sachen!; sag bloß! | *(se) me'n fot!* das ist mir Wurst!, ich pfeife darauf! || *ant* begatten (*vt*); vögeln (*vi*).

fra *m catol* (*Anrede für Mönche*) Bruder *m* | ~ *Joan* Bruder Johannes.

frac *m* Frack *m*.

frac|às *m* Scheitern *n* | Mißerfolg *m*, Fiasko *n*, Fehlschlag *m* | Mißlingen *n* | *teat stud* Durchfall *m* | **~assar** (33) *vi* scheitern | mißlingen, fehlschlagen | *teat estud* durchfallen | **~assat** (**-ada** *f*) *adj* gescheitert.

frac|ció *f* (*a. ecl vom Brot*) Brechen *n* | Bruchteil *m* | *mat* Bruch *m* | *polít quím* Fraktion *f* | **~cionament** *m* Zer-, Auf-teilung *f* | *polít quím* Fraktionierung *f* | **~cionar** (33) *vt* zerteilen | *a. mil* aufteilen | *bes fig* spalten | *polít quím* fraktionieren | **~cionar-se** *v/r*: *l'opinió pública va* ~ die öffentliche Meinung spaltete s. | **~cionari** (**-ària** *f*) *adj mat* Bruch... | *polít* fraktionell | *nombre* ~ Bruchzahl *f* | **~tura** *f a. geol min* Bruch *m* | *med* (Knochen)Bruch *m*, Fraktur *f* | *dr: robatori amb* ~ Einbruchdiebstahl *m* | **~turar** (33) *vt* (*bes Knochen*) brechen | **~turar-se** *v/r*: ~ *el fèmur* s. (*dat*) den Oberschenkel brechen.

fraga *f bot* (Scharlach)Erdbeere *f*.

frag|ància *f* Wohlgeruch *m* | **~ant** *adj* (*m/f*) wohlriechend.

fragata *f nàut* Fregatte *f*.

fragatí (**-ina** *f*) *adj* Fragatiner, aus (*bzw* von) Fraga || *s/mf* Fragatiner(in *f*) *m*.

fr|àgil(**ment** *adv*) *adj* (*m/f*) zerbrechlich; (*Person, Körperbau*) *a*. zart, *lit* fragil | (*bes Greis*) gebrechlich | (*Gesundheit*) zart | (*nicht stabil*) labil | (*nicht standhaft*) schwach | **~agilitat** *f* Zerbrechlichkeit *f* | Gebrechlichkeit *f* | Zartheit *f* | Labilität *f* | Schwäche *f*.

fragment *m* Bruchstück, Fragment *n* | Splitter *m* | **~ació** *f* Zerbrechen *n* | Zerlegung *f* | *a. fig* Zersplitterung *f* | **~ar** (33) *vt* zerbrechen | (in Bruchstücke) zerlegen | zerstückeln | *a. fig* zersplittern | *cient lit* fragmentieren | **~ar-se** *v/r* zerbrechen | zersplittern | **~ari** (**-ària** *f*, **-àriament** *adv*) *adj* fragmentarisch, bruchstückhaft.

frag|or *m*(*/f*) *lit* Getöse *f* | **~orós** (**-osa** *f*, **-osament** *adv*) *adj* tosend | **~ós** (**-osa** *f*) *adj* (*Gelände*) rauh; wild; *p ext* unwegsam | **~ositat** *f* Rauheit; Wildheit; Unwegsamkeit *f*.

framenor *m catol* (*Franziskaner*) Minderbruder *m*.

franc[1] *adj hist* fränkisch || *s/mf hist* Franke *m*, Fränkin *f* || *s/m* (*Münze*) Franken; Franc *m*.

franc[2] *adj* frei | (*Person*) *a*. befreit, freigelassen; *fig* freimütig, offen(herzig) | *fig* rein, unverfälscht, wahr | *de* ~ gratis, umsonst, (kosten)frei | *ciutat* ~*a* (*hist*) Freistadt *f* | ~ *de port* portofrei.

Fran|ça *f* Frankreich *n* | **~cament** *adv* frei heraus, ganz offen | freimütig | *parlar* ~ frei u. offen sprechen | **~cès** (**-esa** *f*) *adj* französisch | *anar-se'n a la francesa* (*fig fam*) s. (auf) französisch verabschieden *od* empfehlen || *s/mf* Franzose *m*, Französin *f* || *s/m ling* Französisch *n* | *el* ~ das Französische | **~cesilla**[1] *f bot* (Asiatischer) Hahnenfuß *m* | **~cesilla**[2] *f* kl(e) Sonderausgabe *f* | **~cesisme** *m* = **gal·licisme** | **~cesització** *f* Französierung *f* | **~cesitzar**(**-se**) (33) *vt*(*/r*) = **afrancesar**(**-se**).

franciscà (**-ana** *f*) *adj ecl* franziskanisch | (*Farbe*) franziskanerbraun || *s/mf* Franziskaner(in *f*) *m*.

francmaç|ó *m* Freimaurer *m* | **~oneria** *f* Freimaurerei *f* | **~ònic** *adj* freimaurerisch.

franc|o-alemany *adj* französisch-deutsch | **~òfil** *adj* frankophil, franzosenfreundlich | **~òfob** *adj* frankophob, franzosenfeindlich | **~òfon** *adj* frankophon, französischsprachig.

francolí *m ornit* Frankolin *m*.

Franc|ònia *f* Franken *n* | **~onià** (**-ana** *f*) *adj* fränkisch || *s/mf* Franke *m*, Fränkin *f* || *s/m ling* Fränkisch *n* | *el* ~ das Fränkische.

francoprovençal *adj* (*m/f*) frankoprovenzalisch || *s/m ling* Frankoprovenzalisch *n* | *el* ~ das Frankoprovenzalische.

franctirador *m mil* Freischärler, Franktireur *m*.

franel·la *f tèxt* Flanell *m*.

frangi|bilitat *f* Zerbrechlichkeit *f* | **~ble** *adj* (*m/f*) zerbrechlich.

fràngula *f bot* Faulbaum *m*.

franja *f* Franse *f* | *fig* (*bes Land*) Streifen *m* | **~r** (33) *vt* befransen, mit Fransen versehen |

franqu|eig *m* Freimachen, Frankieren *n* | Porto *n* | **~ejar** (33) *vt* (*Post*) frankieren, freimachen | (*Paß, Fluß*) durchqueren, überschreiten | **~ejar-se** *v/r* frei u. offen miteinander sprechen | **~esa** *f* Offenheit, Offenherzigkeit *f* | Freimütigkeit *f* | **~ícia** *f ferroc* Freigepäck *n* | (*Post*) Portofreiheit *f* | (*Versicherung*) Franchise *f* | (*Zoll*) Zollfreiheit *f*.

frar|ada *f desp* Pfaffenstück *n* | **~am** *m desp col* Mönche *m pl* | **~e** *m catol* (Ordens)Bruder, Mönch *m* | *fam* Bettwärmer *m* | *gräf* blaßgedruckte Stelle *f* | (*Strumpf*) Laufmasche *f* | *bot* = **orobanque** | *ornit* = **~et** | *pl bot* Blutweiderich *m* | **~enc, ~esc** *adj* mönchisch, Mönchs... | *desp* pfäffisch | **~essa** *f* (Ordens)Schwester *f* | **~et** *m fam* Mönchlein *n* | *ornit* Papageientaucher *m* | **~ó** *m entom* Kornkäfer *m* | **~um** *m* = **~am**.

frase *f* (*Äußerung*) *a. ling* Satz *m* | *desp u. mús* Phrase *f* | **~ feta** Redewendung, Redensart *f* | *fer* **~s** (*desp*) Phrasen dreschen | **~jar** (33) *vi* Sätze bilden | *desp* Phrasen dreschen | *mús* phrasieren || *vt* ausdrucksvoll (vor)lesen *bzw* sprechen | *mús* phrasieren | **~ologia** *f ling* Phraseologie *f* | *desp* Phrasendrescherei *f* | **~ològic** *adj ling* phraseologisch.

frat|ern *adj* Bruder... | Geschwister... | (*Zwillinge*) zweieiig | **~ernal**(**ment** *adv*) *adj* (*m/f*) brüderlich | *amor* **~** brüderliche Liebe *f* | **~ernitat** *f* Brüderlichkeit *f* | *hist ecl* Bruderschaft *f* | *hist:* **~** *d'armes* Waffenbrüderschaft *f* | **~ernitzar** (33) *vi* s. verbrüdern | brüderlich verkehren | Brüderschaft schließen | **~ricida** *adj* (*m/f*) brudermörderisch || *s/m/f* Bruder (*bzw* Schwester-)mörder(in *f*) *m* | **~ricidi** *m* Bruder- (*bzw* Schwester-)mord *m*.

frau[1] *m agr* Abstand, Zwischenraum *m* (*zw Pflanzen, Beeten*) || *s/f* Engpaß *m*, Schlucht *f*.

frau[2] *m* Betrug *m* | *dr* arglistige Täuschung *f* | Unterschleif *m* | *amb* **~** betrügerisch | **~dulència** *f* Betrug *m* | Täuschung *f* | **~dulent** *adj* betrügerisch | (*Text*) *a.* gefälscht | Schwindel... | *introducció* **~***a* (*Zoll*) unerlaubtes Einbringen *n*, Schmuggel *m* | *transaccions* **~es** Schwindelgeschäfte *n pl* | **~dulós** (**-osa** *f*) *adj* = **~dulent**.

fraula *f bot* = **maduixa**.

fre *m tecn* Bremse *f* | (*Pferdezaum*) Gebiß(stange *f*) *n* | *fig* Bremse, Hemmung *f*; Zügel, Zaum *m* | **~** *d'aire comprimit* (*d'alarma, assistit, de disc, de mà, de pedal, de tambor*) Druckluft-(Not-, Servo-, Scheiben-, Hand-, Fuß-, Trommel-)bremse *f* | **~** *automàtic* (*hidràulic*) automatische (hydraulische) Bremse *f* | **~** *de la llengua* (*anat*) Zungenbändchen *n* | *sense* **~** (*fig*) zügellos, ungezügelt | *posar* **~** *a u/c* (*fig*) e-r Sache Einhalt gebieten *od* tun.

frec *m* Streifen *n*, Reibung *f* | *a* **~** (*de*) (*loc adv*) in unmittelbarer Nähe (von); (*haut*)nah (an *dat*) | **~** *a* **~** (*de*) beinahe berührend; hart dabei (vorbei) | *a* **~** *de roba* aus nächster Nähe.

fred *adj* kalt | *fig a.* kühl | (*Stil*) nüchtern | *mans* **~es** kalte Hände *f pl* | *un bany* **~** e. kaltes Bad | *un hivern* (*vent*) **~** e. kalter Winter (Wind) | *un somriure* **~** e. kaltes Lächeln | *colors* **~s** kalte Farben *f pl* | *sang* **~***a* (*fig*) Kaltblütigkeit *f* | *en* **~** (*loc adv*) kalt, in kaltem Zustand || *s/m* Kälte *f* | *agafar* **~** zu frieren beginnen | *fa* **~** es ist kalt(es Wetter) | *no em fa ni* **~** *ni calor* (*fig*) es läßt mich kalt; es ist mir gleichgültig | *tinc* **~** mir ist kalt, ich friere | *tremolar de* **~** vor Kälte zittern | **~ejar** (33) *vi* ziemlich kalt sein | *v/imp: avui fredeja* heute ist es ziemlich kalt | **~eluc** (**-uga** *f*) *adj* = **~olic** | *s/f ornit* Kiebitz *m* | **~olic** *adj:* (*és*)*ser* **~** fröstelig (*od* kälteempfindlich) sein; leicht frieren || *s/m bot* Erdritterling *m* | **~or** *f* Kälte *f* | *fig a.* Kühle *f* | **~orada** *f* eisige Kälte *f* | Kälteeinbruch *m* | **~ós** (**-osa** *f*) *adj* kühl.

frega *f* (Ab-, Ein-)Reibung *f* | **~da** *f* Reiben *n*, Reibung *f* | (*Geschirr*) Spülen *n*, Spülung *f* | *fig: una* **~** *d'orelles* e. Verweis *m* | **~dís** *m* (*pl -issos*), **~dissa** *f* Streifen *n* | (dauernde) Reibung *f* | *fig a.* Rascheln *n* | Rauschen *n* | **~dor**(**a** *f*) *m* Spülbecken *n* || *s/f* Scheuerfrau, Putzfrau *f* | **~ll** *m* Scheuerlappen *m* | *bes* Topfkratzer *m* | **~ment** *m* Reiben, Frottieren *n* | Reibung *f* | **~r** (33) *vi* streifen (*ac*); reiben, scheuern (*amb, contra* an *dat*) || *vt* streifen; reiben | (ein)reiben, frottieren | (*bes Geschirr*) spülen | (*Boden*)

fregata

wischen, putzen, scheuern, schrubben | **~r-se** v/r s. reiben | s. frottieren | ~ **les mans** (a. fig) s. (dat) die Hände reiben | ~ **els ulls** s. (dat) die Augen reiben.
fregata f ornit Fregattvogel m.
fregi|da f gastr Braten n | Fritieren n | **~dina** f Brutzeln n | **~dora** f Fritierpfanne; (elektrisch) Friteuse f | **~nat** m = **~t** | **~r** (37) vt braten | fritieren | peix fregit Bratfisch m | patates fregides Bratkartoffeln, bes Pommes Frites f pl | fig: **~-la** a alg j-n betrügen | **~r-se** v/r s. braten; gebraten werden | fig s. verzehren | **~t** m Gebratenes n | Fritüre f | **~tel·la** f = **fregida, ~t**.
freixe m Esche f | **~neda** f Eschenwald m.
freixur|a f (Tier) Eingeweide n | bes Lunge f | fig: treure la ~ per la boca s. abarbeiten; wie e-e Sau schwitzen | **~era** adj f bot: herba ~ Lungenkraut n.
frèjol adj (Kleidung) dürftig | (Körper) schmächtig.
fremir (37) vi stark zittern, schaudern.
fren|ada f Bremsen n | Bremsung f | Bremsspur f | **~ar** (33) vt/i a. fig bremsen | en sec scharf bremsen | **~ell** m ant nàut Tau m.
fren|esí m, **~esia** f Raserei f, Rasen n | med Tobsucht f | **~ètic(ament** adv) adj frenetisch | rasend, wahnsinnig | med tobsüchtig | aplaudiments **~s** frenetischer (od stürmischer, leidenschaftlicher) Beifall m | entusiasme ~ tobende Begeisterung | **~ologia** f Phrenologie f | **~opatia** f arc = **psiquiatria**.
freqü|ència f Häufigkeit f | elect Frequenz f | alta (baixa) ~ Hoch-(Nieder-)frequenz f | med: ~ del pols Pulsfrequenz f | ferroc: ~ dels trens Zugfolge f | amb ~ häufig | **~ent(ment** adv) adj (m/f) häufig | **~entació** f häufiger Besuch, Umgang, Verkehr m | **~entador(a** f) m häufig gesehener Gast; (Lokal) Stammgast m | **~entar** (33) vt häufig (od oft) besuchen | (Schule) (regelmäßig) besuchen | (Weg) begehen | ~ els sagraments oft zur Kommunion gehen | **~entat (-ada)** adj belebt | (gut) besucht | **~entatiu (-tiva** f) adj ling: verb ~ Frequentativum n.
fres m (Fluß) Laichplatz m | **~a**¹ f ict Laichen n | **~a**² f tecn Fräse f | Formfräse f | **~ada** f Fräsung f | **~ar**¹

(33) vi laichen (Fische) | **~ar**² vt tecn (aus)fräsen.
fres|c adj frisch | (mäßig kalt) a. kühl | (Stoff, Kleidung) leicht | fig fam unbekümmert, unbeschwert; eigennützig; leichtsinnig; frech, dreist, unverfroren, unverschämt | llet **~a** Frischmilch, frische Milch f | ous **~os** Frischeier, frische Eier n pl | una cervesa **~a** e. kühles Bier | un vent ~ e. frischer (od kühler) Wind | una ferida **~a** e-e frische Wunde | noves fresques neue Nachrichten, Neuigkeiten f pl | galtes fresques com una rosa frische, rosige Wangen pl | roba **~a** d'estiu leichte Sommerkleidung f | agafar-se (od prendre's) u/c a la **~a** (fig) etw auf die leichte Schulter nehmen | dir-ne una de **~a** a alg (fig) j-m etw an den Kopf werfen | la pintura encara és **~a** die Farbe ist noch frisch | no siguis tan **~**! sei nicht so frech! | estem (ben) **~os**! (iròn) schön stehen wir da! | de ~ (loc adv) frisch | afaitat de ~ frisch rasiert | en ~ (loc adv) kühl; ins Kühle; im Kühlen | posar u/c en ~ etw kühlstellen || s/m pint Fresko n, Freske f | (a. pintura al ~) Freskomalerei f || s/f Frische, Kühle f | avui fa **~a** heute ist es frisch | posar-se a la **~a** s. in die Kühle begeben | prendre la **~a** frische Luft schöpfen; die Kühle genießen | **~cal** adj (m/f) (Pflanze, Lage) frisch || s/m frischer (od kühler, schattiger) Ort m | **~cament** adv frisch | frech | **~cor** f Frische f | Kühle f | fig fam Unbekümmertheit; Eigennützigkeit; Frechheit, Dreistheit f | **~cós (-osa** f) adj ziemlich frisch od kühl | **~cum(ada** f) m frischgeschlachtetes Schweinefleisch n | **~quejar** (33) v/imp: aquest matí fresquejava heute morgen war es (ziemlich) frisch | **~quívol** adj (Ort) frisch, kühl.
fress|a f Lärm m | Geräusch n | Rauschen n | Raschen n | reg caç Fährte f | fer (od moure) ~ Lärm machen; fig Aufsehen erregen | molta ~ i poca endreça! viel Lärm um nichts! | **~ar** (33) vi fressen (Seidenraupe) | Spuren hinterlassen (Tier) || vt (Weg) austreten, bahnen | **~at (-ada** f) adj ausgetreten, häufig begangen | gebahnt | **~ejar** (33) vi lärmen | rauschen (Wasser, Blätter) | rascheln (Papier) | fig sehr geschäftig tun | **~er** adj lär-

mend, laut | **~eria** *f* Bagatelle *f* | **~eta** *m/f* (*Person*) Wirbelwind *m*; Schnüffelnase *f* | **~ós (-osa** *f*, **-osament** *adv*) *adj* lärmend, geräuschvoll.

fretur|a *f lit* Bedürfnis *n* | Not *f*, Mangel *m* | *fer ~* mangeln, fehlen | **~ar** (33) *vi*: *~ d'u/c* etw benötigen, brauchen, nötig haben | *no fretura que hi vagis* es ist nicht nötig (*od* notwendig), daß du hingehst | **~ós (-osa** *f*) *adj* bedürftig | ermangelnd | nötig.

freu *m* Meerenge *f*.

frèvol *adj* (*Körper*) schmächtig.

Friburg *m* Freiburg *n* | *~ de Brisgòvia* Freiburg im Breisgau.

fric|andó *m* (*pl -ós*) *gastr* Frikandeau *n* | **~assé** *m* (*pl -és*) *gastr* Frikassee *n*.

fric|atiu (-iva *f*) *adj ling* frikativ, Reibe... || *s/f* Frikativ, Reibelaut *m* | **~ció** *f a. fig* Reibung *f* | *bes med tecn* Friktion *f* | **~cionar** (33) *vt* ab-, ein-reiben | (*Körper*) *a.* massieren.

frifrit *m* = **pinsà**.

frigi (frígia *f*) *adj* phrygisch || *s/mf* Phrygier(in *f*) *m*.

Frígia *f* Phrygien *n*.

fr|ígid *adj* frostig | (*Frau*) frigid(e), gefühlskalt | **~igidesa** *f* Frostigkeit *f* | (*bes Frau*) Frigidität, Gefühlskälte *f* | **~igiditat** *f* (*bes Organ*) Kälte *f*.

frígola *f Bal* = **farigola**.

frigor|ia *f* Kälteeinheit, negative Kalorie *f* | **~ífic** *adj* kälteerzeugend | *installació ~a* Kühlanlage *f* | *cambra ~a* Kühlraum *m* || *s/m* Kühlschrank *m*.

fringíl·lids *m pl ornit* Finken(vögel) *m pl*.

fris *m art constr* Fries *m* | *tèxt* Friese *f*, Fries *m*.

frisa|nça *f* Unbehagen *n*; Unruhe; Ungeduld *f*; ungeduldiges Verlangen *n* | Juckreiz *m* | **~r**[1] (33) *vi* voller Unruhe sein; ungeduldig sein | brennen (*per auf ac*).

fris|ar[2] (33) *vt tèxt* ratinieren, (auf-)rauhen | **~atge** *m tèxt* Ratinieren (Auf)Rauhen *n* | **~el·la** *f* Peitschenschnur *f*.

Fr|ísia *f* Friesland *n* | **~isó (-ona** *f*) *adj* friesisch | friesländisch || *s/mf* Friese *m*, -sin *f* | Friesländer(in *f*) *m* || *s/m ling* Friesisch *n* | *el ~* das Friesische.

fris|or *f* = **frisança** | **~ós (-osa** *f*, **-osament** *adv*) *adj* sehr unruhig *od* ungeduldig.

friss|ar (33) *vi Bal* es eilig haben | s. beeilen | **~era**, **~or** *f* Eile *f* | **~ós (-osa** *f*) *adj* ungeduldig | eilig.

Friül *m*: *el ~* Friaul *n* | **~ès (-esa** *f*) *adj u. s/mf* = **furlà**.

fr|ívol *adj* unbedeutend, nichtig | oberflächlich | leicht-fertig, -sinnig, frivol | **~ivolitat** *f* Nichtigkeit *f* | Leichtfertigkeit, Frivolität *f* | **~ivolité** *m* (*pl -és*) *tèxt* Klöppelspitze *f*.

fromental *m bot* Glatthafer *m*.

frond|a *f* Laub *n* | Blatt *n* | Laubwerk *n* | **~ós (-osa** *f*) *adj* blattreich | dichtbelaubt | **~ositat** *f* dichte Belaubung *f*, dichtes Laubwerk *n* | (*Wald*) Dichte, Dichtigkeit *f*.

front *m* Stirn *f* | Vorderseite *f* | *arquit mil meteor polít* Front *f* | *abaixar el ~* (*a. fig*) den Kopf senken | *amb el ~ alt* (*a. fig*) erhobenen Hauptes *n* | *de ~* von vorn | *~ d'alliberament* (*popular*) Befreiungs-(Volks-)front *f* | *~ fred* Kalt(luft)front *f* | *fer un canvi de ~* (*fig*) die Richtung (*bzw* Front) unerwartet ändern | *no tenir dos dits de ~* (*fig fam*) e. Brett vor dem Kopf haben | **~al(ment** *adv*) *adj* (*m/f*) frontal | *anat* Stirn... | *atac* (*xoc*) *~* Frontal-angriff(-zusammenstoß) *m* | *os ~* Stirnbein *n* || *s/m* Stirnbinde *f* | Stirnband *n* | *ecl* Altarschmuck *m* | *agr* (*Pferd*) Stirnriemen *m* | **~aler** *adj* vorderste(r, -s) | Vorder... || *s/f* Vorderseite *f* | Vorderteil *m* | (*Tier*) Stirnriemen *m* | **~-ample** *adj* breitstirnig | **~er** *adj* aneinandergrenzend | s. gegenüberliegend | **~era** *f* Grenze *f* | **~erejar** (33) *vi* angrenzen | **~erer** *adj* angrenzend | Grenz... | *una ciutat ~a* e-e Grenzstadt | **~is** *m* = **~ispici** | (*Möbel*) Vorderseite *f* | **~ispici** *m arquit* Stirn-, Front-seite *f* | *gràf* Frontispiz *n*.

frontissa *f* Scharnier *n* | Türangel *f* | *fam* Winkelgelenk *n*.

frontó *m arquit* Frontispiz, Giebel(dreieck *n*) *m* | *esport* (*Pelota*) Spielplatz *m*; Wand *f*.

frottis *m med* Abstrich *m*.

fruct|icultor(a *f*) *m* Obst(an)bauer(in *f*) *m* | **~icultura** *f* Obst(an)bau *m* | **~ífer** *adj* fruchtbringend | Frucht... | **~ificació** *f bot* Fruktifikation, Fruchtentwicklung *f* | **~ificant** *adj* (*m/f*) frucht-bringend, -tragend | **~ificar** (33) *vi bot* fruktifizieren, Früchte ausbilden | *a. fig* Früchte tragen | **~osa** *f* Fruchtzucker *m*, Fruktose, Fructose *f* | **~uari** **(-ària** *f*) *adj u. s/mf* = **usufructuari** | **~uós (-osa** *f*) *adj* frucht-

fru-fru bringend | *fig* einträglich; fruchtbar.
fru-fru *m* (*pl -us*) Froufrou *m/n*.
frugal *adj* (*m/f*) mäßig, genügsam | einfach, frugal | **~itat** *f* Mäßigkeit, Genügsamkeit *f* | Einfachheit, Frugalität *f*.
frugí|fer *adj lit* fruchttragend | **~vor** *adj zool* fruktivor, fruchtfressend.
fru|ible *adj* (*m/f*) genießbar | **~ïció** *f* Genuß *m*, Wonne *f* | Vergnügen *n* | **~ir** (37) *vi*: ~ d'u/c etw genießen; an etw s-e Freude haben; s. e-r Sache erfreuen.
fruit *m* Frucht *f* | *fig a.* Ertrag, Gewinn, Nutzen *m*; Folge *f* | *treballar amb* ~ mit Erfolg arbeiten | **~a** *f* Obst *n* | Stück *n* Obst, Frucht *f* | *menjar* ~ Obst essen | ~ *confitada* kandiertes Obst *n* | ~ *cuita* Backobst *n* | ~ *primerenca* Frühobst *n* | ~ *del temps* frisches Obst *n* | ~ *de pinyol* Kern-, Stein-obst *n* | ~ *seca* Dörrobst *n* | **~ar** (33) *vi* Früchte tragen | **~er** *adj* Obst... | obsttragend || *s/m* (a. *arbre* ~) Obstbaum *m* || *s/mf* Obsthändler(in *f*) *m* || *s/f* Obstschale *f*, Obstteller *m* | **~erar** *m* Obstgarten *m* | **~eria** *f* Obst-laden *m*, -handlung *f*.
fru|ïtiu (-iva *f*) *adj* genußbringend | **~itós** (-osa *f*) *adj* = **fructuós** | (*Geschmack, Aroma*) fruchtig.
frumenta|ci (-àcia *f*) *adj* Weizen... | **~ri** (-ària *f*) *adj* Getreide... | Korn...
frunzi|ment *m* Fälteln *n* | **~r** (37) *vt* (*Stoff*) fälteln | **~t** *m* Falten *f pl*.
frustra|ció *f* Vereitelung *f* | Enttäuschung *f* | *psic* Frustration *f*, *umg* Frust *m* | **~r** (33) *vt* (*Hoffnung*) zunichte machen, zerstören | (*Plan, Vorhaben*) vereiteln, zum Scheitern bringen | (*j-n*) frustrieren, *umg* frusten | ~ *alg en les seves esperances* j-n in s-n Erwartungen (ent)täuschen | **~tori** (-òria *f*) *adj* vereitelnd, (ent)täuschend | frustratorisch, frustrierend.
frut|escent *adj* (*m/f*), **~icós** (-osa *f*) *adj* Busch..., Strauch... | busch-, strauchartig.
ft|aleïna *f quím* Phthalein *n* | **~àlic** *adj*: *àcid* ~ Phthalsäure *f*.
fua *f* Ungestüm *n* | heftiger Angriff *m*.
fúcsia *f bot* Fuchsie *f*.
fucsina *f* Fuchsin *n*.
fucus *m bot* Alge *f*, (Leder)Tang *m*.
fuel(-oil) *m* Gasöl; Heizöl *n*.
fuent *adj* (*m/f*) pfeil-, blitz-schnell.
fuet *m* Peitsche *f* | *gastr* lange, dünne Dauerwurst *f* | **~ada** *f* Peitschenhieb *m* | Peitschenknall *m* | **~ejar** (33) *vt* (aus)peitschen.
fu|ga *f* = **~gida** *f* | *tecn* = **~ita** | *mús* Fuge *f* | *punt de* ~ (*Zeichnung*) Fluchtpunkt *m* | **~gaç(ment** *adv*) *adj* (*m/f*) *fig* flüchtig | vergänglich | **~gacitat** *f a. quím* Flüchtigkeit *f* | *fig a.* Vergänglichkeit *f* | **~gat** (-ada) *adj mús* fugiert | **~gida** *f* Flucht *f* | ~ *d'estudi* (*fig fam*) Ausflucht *f*, Ausweichen *n* | **~gir** (36) *vi* flüchten, fliehen | entfliehen; (*erfolgreich*) entkommen | *vaig haver de* ~ *corrents* ich mußte eiligst flüchten *od* fliehen | *van poder* ~ (*de la policia*) sie konnten (der Polizei) entfliehen *od* entkommen; sie entkamen (der Polizei) | *han fugit de la presó* sie sind aus dem Gefängnis entflohen *od* entkommen, ausgebrochen | *l'ocell ha fugit* der Vogel ist entflogen | ~ *de casa* von zu Hause weglaufen | ~ *a l'estranger* ins Ausland flüchten *od* fliehen || *fam*: *fuig!* (*fig*) ach geh!, ach was! | *fuig d'aquí!* fort von hier!, *umg* hau ab! | *fuig-me del davant!* mach, daß du fortkommst! || *fig*: *el temps fuig* die Zeit flieht | *fuig de les temptacions!* meide die Versuchungen! | *el barret em va* ~ *del cap* der Hut flog mir vom Kopf | *m'ha fugit de les mans* es ist mir aus der Hand geglitten *od* gerutscht | **~gisser(ament** *adv*) *adj* flüchtig | vergänglich | **~gitiu** (-iva *f*) *adj* flüchtig || *s/mf* Flüchtling *m* | Flüchtige(r *m*) *m/f* | **~ita** *f* = **~gida** | *tecn* undichte Stelle; Undichtigkeit *f* | (*Wasser*) Ausfließen *n*; (*Gas*) Ausströmen *n*.
fuixarda *f* = **foixarda**.
ful *adj* falsch | unecht.
fulard *m tèxt* (*a. Maschine*) Foulard *m* | **~ar** (33) *vt tèxt* appretieren, mit dem Foulard zurichten.
fulcre *m* (*bes Hebel*) Stützpunkt *m*.
fulé *m* (*pl -és*) *tèxt* Foulé *m*.
fulg|ència *f* Glanz, Schimmer *m* | **~ent** *adj* (*m/f*) glänzend, schimmernd.
fúlgid *adj* = **fulgent**.
fulg|idesa *f* Glanz, Schimmer *m* | **~ir** (37) *vt* glänzen, schimmern | strahlen, funkeln | **~or** *m/f* Strahlen, Funkeln *n* | **~uració** *f* Blitzen, Wetterleuchten *n* | Funkeln *n* | Aufleuchten *n* | *med* Blitzschlag *m*; Fulguration, Behandlung *f* mit Hochfrequenzströmen | **~ural** *adj* (*m/f*) Blitz(schlag)... |

~urant *adj* (*m/f*) blitzend | **~urar** (33) *vi* (auf)blitzen, funkeln, (auf)leuchten | **~urita** *f geol* Fulgurit *m*.
fuligin|ós (**-osa** *f*) *adj* rußig, rußfarben | **~ositat** *f* Rußigkeit *f* | Rußschwärze *f*.
full *m* (*Papier*) Blatt *n*, Bogen *m* | (*Buch, Heft*) Blatt *n* | *pasta de* ~ (*gastr*) Blätterteig *m* | *Bal:* fer un ~ die Schule schwänzen | *s:* girar | **~a** *f bot* (Laub-)Blatt *n* | Blütenblatt *n* | *fig* Metallplatte *f* | Klinge *f* | (*Fenster, Tür*) Flügel *m* | *tecn* Ausschlageisen *n* | ~ d'afaitar Rasierklinge *f* | *fulles de bàlsam* (*bot*) Johanniskraut *n* | *fulles peludes* (*bot*) Wollziest *m*, Eselohren *n pl* | *fulles seques* welke Blätter *n pl* | *tremolar com la* ~ *a l'arbre* od *al vent* (*fig*) zittern wie Espenlaub | **~ac** *m*, **~aca** *f* = **~araca** | **~am** *m* welke Blätter *n pl* | Laub(werk) *n* | **~ar** (33) *vi bot* Blätter treiben, s. belauben | *Bal* die Schule schwänzen | **~araca** *f* gefallenes Laub, dürres Laub *n* | *fig: és tot* ~ es ist alles Quatsch | **~areda** *f* = **~am** | **~at** (**-ada** *f*) *adj* dichtbelaubt, blattreich | *pasta fullada* (*gastr*) Blätterteig *m* | **~atge** *m* Laub(werk) *n* | *pint* Rankenornament *n* | **~ejar** (33) *vt* durchblättern | blättern in (*dat*) | **~et** *m gràf* Broschüre *f* | **~etó** *m* Feuilleton *n*, Unterhaltungsteil *m* | **~etonesc** *adj* feuilletonistisch | **~etonista** *m/f* Feuilletonist(in *f*) *m* | **~ola** *f* (*Schreinerei*) Furnier, Deckblatt *n* | **~ós** (**-osa** *f*) *adj* blätt(e)rig, blattreich.
fulm|inació *f* Blitzen *n* | *fig* Schleudern *n*; Verdammung *f* | **~inador** *adj* blitzend | *lit* Blitze schleudernd | *fig ecl* verdammend | **~inant** *adj* (*m/f*) blitzartig | *fig* fulminant; drohend, tobend, wütend | *med* plötzlich | *quím* Knall... | Spreng... | Zünd... || *s/m* Zünd-hütchen, -blättchen *n* | **~inar** (33) *vt* durch Blitzschlag töten | (*Blitze*) schleudern | (*Strafe*) verhängen || *vi* toben, wettern, wütend sein | *quím* knallen | **~inat** *m quím* Fulminat, knallsaures Salz *n* | **~inatori** (**-òria** *f*) *adj ecl* Verdammungs... | **~ini** (**-ínia** *f*) *adj* blitzartig, Blitz... | **~ínic** *adj quím: àcid* ~ Knallsäure *f*.
fum *m* Rauch *m* | *p ext* Dampf; Dunst *m* | *anar-se'n en* ~ (*fig*) s. in (eitel) Dunst auflösen; zu nichts werden | ~ *d'estampa* od *negre de* ~ Lampen-, Kien-ruß *m* || *pl fig* Eitelkeit

f, Stolz *m* | *agafar* ~s hochmütig werden | *al teu germà, li han pujat els* ~s *al cap* dein Bruder ist eingebildet geworden | *l'èxit t'ha fet pujar els* ~s *al cap* der Erfolg ist dir zu Kopf gestiegen | *tenir* ~s stolz sein | *tenir* ~s *d'u/c* von etw Ahnungen (*od* Anzeichen) haben | **~able** *adj* (*m/f*) (*Tabak*) rauchbar | **~ada** *f* Rauchwolke *f* | Zug *m* (*beim Rauchen*) | *tenir bona* ~ s. gut rauchen lassen | **~ador** *a*) *m* Raucher(in *f*) *m* | ~ *de pipa* (*d'opi*) Pfeifen-(Opium-)raucher *m* || *s/m* Rauchsalon *m*; Rauchzimmer *n* | Räucherkammer *f* | **~all** *m fam* halbverbranntes Scheit *n* | Rauchkohle *f* | **~ant** *adj* (*m/f*) rauchend | qualmend | dampfend | **~ar** (33) *vi* rauchen | qualmen | dampfen || *vt* (*Tabak*) rauchen | (durch)räuchern | **~arse** *v/r gastr* Rauchgeschmack annehmen | *fig reg* s. gekränkt fühlen | **~arada**, **~areda** *f* Rauchwolke *f* | Feuerzeichen *n* | **~arell** *m ornit* Trauerseeschwalbe *f* | **~arel·la** *f* schwacher Rauch *bzw* Dampf *m* | **~ària** *f bot* Erdrauch *m* | **~àric** *adj quím: àcid* ~ Fumarsäure *f* | **~arola** *f geol* Fumarole *f* | **~assa** *f* Qualm *m* | gr(e) Rauchwolke *f* | **~assola** *f* gestreckter Rauch *m* | *p ext* Bodennebel *m* | **~at** (**-ada** *f*) *adj* geräuchert | Räucher... | Rauch... | *cansalada fumada* Räucherspeck *m* | *vidre* ~ Rauchglas *n* | **~ejant** *adj* (*m/f*) rauchend | qualmend | dampfend | **~ejar** (33) *vi* rauchen | (stark) qualmen | dampfen | blaken (*Flamme*) | *la sopa fumejava* die Suppe dampfte.
fúmer(**-se**) (35) *vt/i*(*r*) *euf* = **fotre**(**'s**).
fum|er *adj* rauchig | qualmend | **~era** *f* Rauchwolke *f* | Lust *f* zum Rauchen | **~eral** *m* Kamin, Rauchfang *m* | **~erol** *m* schwache, dünne Rauchsäule *f* | leichter Nebel *od* Dunst *m* | **~ífer** *adj* raucherzeugend | **~igació** *f* Ausräuchern *n*, Ausräucherung *f* | *med a.* Desinfektion | *agr a.* Spritzung *f* | **~igador** *m med agr* Rauchzerstäuber *m* | **~igar** (33) *vt* (aus)räuchern | *med a.* desinfizieren | *agr* (*Bäume, Reben*) *a.* spritzen | **~igatori** (**-òria** *f*) *adj med* Räucher... | **~igen** (**-ígena** *f*) *adj* raucherzeugend | *mil* Rauch..., Nebel... | **~ista** *m/f* Ofensetzer(in *f*) *m* | **~isteria** *f* Ofensetzerei *f* | **~ívor** *adj tecn* rauchverzehrend |

~ós (-osa) *f) adj* rauchig | qualmend.
fun|àmbul(a *f) m* Seiltänzer(in *f) m* | **~ambulesc** *adj* seiltänzerisch | **~ambulisme** *m* Seiltanz *m*.
funci|ó *f a. mat* Funktion *f* | *mst pl a.* Aufgabe(n *pl*) *f*; Amt(sgeschäfte *pl*) *n*; Dienst(stellung *f*) *m* | *cin teat* Vorstellung *f* | *ecl* Feier; Gebetstunde *f* | *la ~ pública* der öffentliche Dienst | *en ~ de (mat)* als Funktion von; *fig* in Abhängigkeit von | *fer la ~ d'u/c* als etw fungieren *bzw* dienen || *pl: complir les funcions del càrrec* sein Amt verrichten | *entrar en funcions* das (*od* sein) Amt antreten *bzw* übernehmen | *estar en funcions* sein Amt ausüben, im Dienst sein | *el president (secretari, ministre) en funcions* der amtierende Präsident (Sekretär, Minister) | **~onal** *adj (m/f)* Funktions... | zweckmäßig, Zweck...; *a. med quím* funktionell | *bes ling mat* funktional, Funktional... | *edifici ~* Zweckbau *m* | *trastorn ~* Funktionsstörung, funktionelle Störung *f* | **~onalisme** *m* Funktionalismus *m* | **~onament** *m* Funktionieren *n* | Arbeiten *n* | Gang, Lauf *m* | Betrieb *m* | Arbeits- *bzw* Funktions-weise *f* | *~ continu* Dauerbetrieb *m* | *posar en ~* in Gang (*bzw* Betrieb) setzen | **~onar** (33) *vi* funktionieren | *bes biol* arbeiten | *bes tecn* gehen, laufen; in Gang sein; *a. indús* in Betrieb sein | *no funciona* (Schild) außer Betrieb | *fig fam: el negoci funciona (bé)* das Geschäft geht (*od* läuft) gut | **~onari (-ària)** *m* Beamte(r) *m*, Beamtin *f*.
funda *f* Hülle, Umhüllung *f* | (Brille, Schirm) Futteral *n* | (Kissen, Möbel) Bezug, Überzug *m* | (Boot) Persenning *f* | (Pistole) Halfter *f/n* | *~ protectora* (Möbel) Schoner, Schonbezug *m*.
funda|ció *f* Gründung, Anlage *f* | *fig* Stiftung *f* | **~dor(a)** *m* Gründer(in *f*) *m* | Stifter(in *f*), *m* Begründer(in *f*) *m* | **~r** (33) *vt* gründen | stiften | *fig* gründen, stützen (*en* auf *ac*) | **~r-se** *v/r: en què es funda aquesta teoria?* worauf gründet (*od* gründet s., stützt s.) diese Theorie?
fundent *adj (m/f)* Schmelz... | *a. med* auflösend || *s/m* Schmelzmittel, Flußmittel *n* | *s:* fondre.
fúnebre *adj (m/f)* Begräbnis..., Grab... | Leichen... | Trauer... | *fig* düster; traurig; unheimlich | *cant ~* Trauergesang *m* | *ofici ~* Trauergottesdienst *m*.
fune|ral *adj (m/f)* Begräbnis... | Leichen... || *s/m mst pl* Trauergottesdienst *m* | **~rala**: *a la ~ (loc adv)* mit gesenktem Gewehr; (Gewehr) mit dem Lauf nach unten | **~rari (-ària)** *adj* Begräbnis..., Grab... || *s/f* (*a. empresa funerària*) Bestattungs-, Beerdigungsinstitut *n* | **~st** *adj* unheilvoll, verheerend | verhängnisvoll.
fungible *adj (m/f) dr* vertretbar, fungibel.
fung|icida *adj (m/f) med agr* fungizid, pilztötend || *s/m* Fungizid *n* | **~iforme** *adj (m/f)* pilzförmig | **~ós (-osa** *f) adj med* schwammig, fungös | **~ositat** *f med* Schwammigkeit, Fungosität *f* | Fungus *m*.
funic|le *m anat* Gewebsstrang *m* | *bot* Nabelstrang *m* | **~ular** *adj (m/f)* Seil... || *s/m* Drahtseilbahn *f*.
funyir (36) *vt =* **fènyer**.
fur *m dr* Gerichtsbarkeit *f* | Recht *n* | *hist dr* Sonderrecht; Privileg *n*; Stadtbrief *m* | *el ~ eclesiàstic* die kirchliche Gerichtsbarkeit | *fig: ~ intern (de la consciència)* Gewissen, Innere(s) *n*.
fur|a *f zool* Frettchen *n* | *fig* (Mensch) Schnüffler(in *f*) *m* | **~ar** (33) *vi caç* frettieren | **~er** *m* Frettchenbau *m* | **~etejar** (33) *vi* herumschnüffeln.
furga *f* Feuerhaken *n*, Schüreisen *n* | **~da** *f* Schüren *n* | Stochern *n* | **~dents** *m* Zahnstocher *m* | **~dor** *adj* schürend | stochernd | wühlend || *s/m* Schüreisen *n* | *zool* Rüssel *m* | **~ll** *m* aufgewühlte Erde *f* | Suhle *f* | **~orelles** *m* Ohrenreiniger *m* | **~r** (33) *vt* (Feuer) schüren | (Boden) aufwühlen | herum-stochern, -wühlen *in* (*ac*) | *fig* aufstacheln || *vi fig* schnüffeln, spionieren.
furg|ó *m aut* Kastenwagen, geschlossener Lieferwagen *m* | *ferroc* Gepäckwagen *m* | **~oneta** *f aut* kl(r) Lieferwagen, Kombi(wagen) *m* | *~ de correus* Postwagen *m*.
furguinyar (33) *vt =* **furgar**.
fúria *f* Wut, Raserei *f* | Ungestüm *n*; Heftigkeit *f* | (wütende Frau) Furie *f* | *mit: les Fúries* die Furien *pl* | *posar-se com* (od *fet*) *una ~* fuchsteufelswild werden.
furi|bund *adj* wütend, zornig | **~ent** *adj (m/f) lit* rasend, tobend | **~ós (-osa** *f* **-osament** *adv) adj* wütend, rasend | heftig | tobend.
furlà (-ana *f) adj* friaulisch || *s/mf* Friau-

le *m*, -lin *f*, Ostladiner(in *f*) *m* || *s/m* ling Friaulisch, Ostladinisch *n* | *el* ~ das Friaulische *od* Ostladinische.

fur|ó *m* männliches Frettchen *n* | ~**onar** (33) *vi* = **furar.**

fur|óncol *m med* Blutschwär, Furunkel *m* | ~**oncolós** (-**osa** *f*) *adj* furunkulös.

furone|jar (33) *vi* herumschnüffeln | ~**r** *adj* neugierig | wißbegierig | naseweis || *s/m* = ~**ra** | ~**ra** *f* Frettchenbau *m* | *fig* Schlupfwinkel *m*.

furor *m*(/*f*) Raserei, Wut *f* | Ungestüm *n*; Heftigkeit *f* | *fig* Begeisterung *f* | *fer* ~ Furore machen.

furot *m Bal* = **furó** | *fig fam* Eigenbrötler *m*.

furrier *m mil* Furier *m*.

furt *m dr* Diebstahl *m* | Diebesgut *n* | *a* ~ (*loc adv*) heimlich; widerrechtlich | ~**ador(a** *f*) *m* Dieb(in *f*), Stehler(in *f*) *m* | ~**ar** (33) *vt* stehlen | ~**iu** (-**iva** *f*, -**ivament** *adv*) *adj* heimlich, verstohlen | ~**ívol** *adj* = ~**iu**.

furunculosi *f med* Furunkulose *f*.

fus *m a. tecn* Spindel *f* | *mat:* ~ *esfèric* Kugelzweieck *n* | *més dret que un* ~ kerzengerade | ~**a**^{1} *f mús* Zweiunddreißigstelnote *f* | ~**a**^{2} *f nàut* (*Boot*) Aussetzen *n* | ~**ada** *f* Spindel *f* (voll) | ~**all**, ~**any** *m* Zwirnspindel *f* | ~**ell**^{1} *m* (*Wagen*) Achse *f*.

fusell^2 *m* Gewehr *n* | ~ *ametrallador* leichtes Maschinengewehr *n* | ~ *automàtic* Selbstladegewehr, Schnellfeuergewehr *n* | ~ *de repetició* Repetiergewehr *n*, Mehrlader *m* | ~**ada** *f bot* = **foixarda** | ~**atge** *m aeron* Rumpf *m* | ~**er** *m mil* Füsilier *m* | ~**eria** *f* Füsilierkorps *n*.

fuserol *m arquit* Astragal *m*.

fusib|ilitat *f* Schmelzbarkeit *f* | ~**le** *adj* (*m/f*) schmelzbar || *s/m elect* Sicherung *f*.

fusiforme *adj* (*m/f*) spindelförmig.

fusi|ó *f* Schmelzen *n*; Schmelzung; Schmelze *f* | *a. fig* Verschmelzung *f* | *econ polít fís* Fusion *f* | *s: fondre, fosa* | *punt de* ~ Schmelzpunkt *m* | ~ *nuclear* Kern-fusion, -verschmelzung *f* | ~**onar** (33) *vt fig* vereinigen, verschmelzen | ~**onar-se** *v/r* fusionieren *vi*.

fust *m arquit* (*Säule*) Schaft *m* | ~**a** *f* Holz *n* | Holz-stück, -teil *n* bzw -behälter *m* | *nàut* Boot *n*, Kahn *m* | *mús* Holzblasinstrumente *n pl* | ~ *de construcció* Bau-, Nutz-holz *n* | (*és*)*ser de bona* ~ (*fig*) kräftig gebaut sein | ~**am** *m arquit* Balkenwerk, Gebälk *n* | ~**any** *m tèxt* Barchent *m* | ~**egassa** *f* wertloses Holzstück *n* | ~**egal**, ~**eguer** *m* Tragjoch *n* (*für Wassereimer*) | ~**ejar** (33) *vi* = ~**erejar** | ~**er** *m* Tischler, Schreiner *m* | (*bei Bauten*) Zimmermann *m* | ~**erejar** (33) *vi* tischlern, schreinern | ~**eria** *f* Tischlerei, Schreinerei *f* | Zimmerei *f* | ~**et** *m bot* Perückenstrauch *m* | ~**igació** *f* (Aus)Peitschung *n* | ~**igar** (33) *vt* (aus)peitschen | geißeln | *fig* tadeln.

futbol *m esport* Fußball(spiel *n*) *m* | *pilota de* ~ Fußball *m* | ~ *sala* Hallenfußball *m* | *equip de* ~ Fußballmannschaft *f* | ~**í** *m* (*Spiel*) Tischfußball *m* | ~**ista** *m/f* Fußballspieler(in *f*) *m*.

fútil(**ment** *adv*) *adj* (*m/f*) belanglos, unbedeutend, wertlos | nichtig, nichtssagend.

futil|esa, ~**itat** *f* Unbedeutendheit, Wertlosigkeit *f* | Nichtigkeit.

futris: *de* ~ (*loc adv*) schlecht gelaunt | *estar de* ~ schlechter Laune (*od* schlecht gelaunt) sein.

futur *adj* (zu)künftig || *s/m* Zukunft *f* | *ling a*. Futur *n* | ~ *anterior od compost* zweites Futur *n* || *s/f dr* Anwartschaft(srecht *n*) | ~**ament** *adv* in Zukunft | zukünftig | künftighin | ~**ari** (-**ària** *f*) *adj dr* Anwartschafts... | ~**isme** *m* Futurismus *m* | ~**ista** *adj* (*m/f*) futuristisch | *s/m/f* Futurist(in *f*) *m* | ~**òleg** (-**òloga** *f*) *m* Futurologe *m*, -gin *f* | ~**ologia** *f* Futurologie *f*.

G

g, G f g, G n.
gabar (33) vt ant = **lloar**.
gabella f hist (Salz)Steuer f | öffentliches Salzlager n.
gàbia f Käfig m | Vogelbauer m | min Förderkorb m | ant nàut Mastkorb m | tèxt (Web)Stuhl m; Holzgestell n | masteler de ~ (nàut) Marsstenge f.
gabi|aire m/f Käfig-macher(in f) bzw -verkäufer(in f) m | **~al** m großer Käfig m | Vogelhaus n | **~er** m nàut Marsgast, Mastwächter m | **~eta** f = **arguenell**.
gabinet m Studier-, Arbeits-zimmer | a. polít Kabinett n | ~ de lectura Leseraum m | ~ de física Physiksammlung f, Physikkabinett n.
gabi|ó m caç kl(r) Käfig m | mil Schanzkorb m | **~onar** (33) vt mil durch Schanzkörbe decken.
Gabon m: el ~ Gabun n.
gade m ict Schellfisch, Dorsch m.
gadolla f geschmuggeltes Fleisch n | **~ire** m/f Schmuggelfleischverkäufer(in f) m.
gaèlic adj gälisch || s/mf Gäle m, Gälin f || s/m ling Gälisch n | el ~ das Gälische.
gaf|a f Klammer, Krampe f | **~arró** m ornit Kanariengirlitz m | **~et** m Haken m | Häkchen n | **~eta** f Öse f (zum Haken).
gai(ament adv) adj lit fröhlich, lustig | ~a ciència od ~ saber Dichtkunst f (der Troubadours) || adj m gay, homosexuell || s/m Gay, Homosexuelle(r) m.
gaia f (Kleidung) Zwickel m | **~t** (-**ada** f) adj (Kleidung) schräg gestreift.
gaiat|a f, **~o** m Hirtenstab m.
gaieta f = **atzabeja**.

gaig m ornit Eichelhäher m | ~ blau Blaurake f | ~ botxí Raubwürger od Großer Grauwürger m | estar sec com un ~ spindeldürr sein.
gaire (in negativen, interrogativen od konditionalen Sätzen nach no od sense) adv sehr; viel | no és ~ espavilat er ist nicht sehr klug | no t'està ~ bé es steht dir nicht sehr gut | nosaltres vam arribar no ~ després wir kamen nicht viel später an | és bona, la pel·lícula? —No ~ ist der Film gut? —Nicht besonders | si ve ~ sovint, es farà pesat wenn er öfter kommt, wird er uns lästig fallen || (28) pron ind (pl: **~s**) viel(er, -e, -es) | no té ~s amics er hat nicht viele Freunde | ho hem aconseguit sense ~ esforç wir haben es ohne große Anstrengung erreicht | no fa ~ que l'he vist ich habe ihn vor kurzem gesehen || abans de ~ bald, nächstens | abans de ~ tot canviarà bald wird s. alles ändern || no... (ni) poc ni ~ sehr viel; ungemein | no ens han fet riure poc ni ~! sie haben uns ungemein belustigt! | **~bé** adv beinahe, fast.
gair|ell, **~ó**: de ~ (loc adv) schief, schräg.
gait|a f mús Dudelsack m | reg = **dolçaina** | fig fam: estar de (bona) ~ gut aufgelegt sein | estar de mala ~ schlecht aufgelegt sein | no estic de ~ per a riure ich bin nicht zum Lachen aufgelegt || pl = **endergues** | **~er(a** f) m Dudelsackpfeifer(in f) m.
gal¹ m = **galet, broc**.
gal² m fís Gal n.
gal³ (**gal·la** f) adj hist gallisch | lit französisch || s/mf hist Gallier(in f) m | lit

Franzose *m*, Französin *f*.

gal|a *f* (großes) Fest *m*; Fest-akt *m*; -veranstaltung *f*; Festlichkeit *f* | Fest-kleidung *f*, -gewand *n*, -schmuck *m* | (*mst in festen Wendungen*) Gala *f* | *folk mst pl* Volksfest *f*; Johannisfeuer *n* | *vestit* (*funció*) *de* ~ Gala-anzug *m* (-aufführung, -vorstellung *f*) | *anar* (*od vestir*) *de* ~ in Gala sein | *fer* ~ *d'u/c* mit etw Staat machen; etw zur Schau tragen; s. e-r Sache rühmen | **~à** (**-ana** *f*, **-anament** *adv*) *adj lit arc* anmutig, liebreizend.

gal|àctic *adj astr* galaktisch | **~actòmetre** *m* = **lactodensímetre** | **~actorrea** *f med* Galaktorrhö(e) *f* | **~actosa** *f* Galaktose *f*.

galaic *adj* = **gallec** | **~o-portuguès** (**-esa** *f*) *adj* galicisch-portugiesisch || *s/m ling* Galicisch-Portugiesisch *n* | *el* ~ das Galicisch-Portugiesische.

galalita *f quím* Galalith *n*.

galamó *m* (*Mensch*) Doppelkinn *n* | (*Tier*) Wamme *f*.

galanesa *f* = **galania**.

galanga *f bot* Galgant *m* | (*Rhizom*) *a.* Galgantwurzel *f*.

galan|ia *f* Anmut *f*, Liebreiz *m* | **~or** *m lit arc* = **galania** | **~t**(**ment** *adv*) *adj* (*m/f*) galant | *amb les jovenetes és molt* ~ gegen junge Damen ist er sehr galant | *literatura* ~ galante Dichtung *f* | *dona* ~ Kokotte *f* || (*vorgestellt*) *un* ~ *xicot* e. stattlicher Bursche *m* | *una* ~ *noia* e. hübsches Mädchen *n* | *una* ~ *cuinera* (*estona*) e-e gute Köchin (Weile) *f* | *una* ~ *festa* (*casa*) e. schönes Fest (Haus) || *s/m bes iròn* Galan, Verehrer *m* | *teat* (jugendlicher) Liebhaber *m* | **~teig** *m* Hof *m*, Liebeswerben *n* | **~tejador** *m bes iròn* Galan, Verehrer *m* | **~tejar** (33) *vt* (*e-r Frau*) den Hof machen | **~teria** *f* Galanterie *f*.

galantina *f gastr* (*Speise*) Sülze *f*.

galanxó (**-ona** *f*) *adj Bal* = **bufó**.

galàpet *m zool* Kröte *f*.

galavars *m bot* Wicke *f* («Vicia lutea», «Vicia lathyroides»).

galàxia *f astr* Galaxie *f*, Sternsystem *n* | Galaxis, Milchstraße *f*.

gàlban *m* Galban(um) *n*.

gàlbul *m bot* (*Zypressen*) Zapfen *m*.

galda *f bot* gelbliche Reseda, Färberreseda *f*.

galdiró *m bot* Acker-Ringelblume *f*.

galdós (**-osa** *f*, **-osament** *adv*) *adj iròn* fein, schön, toll.

galega *f bot* Geißraute *f*.

gale|ig *m* Großtuerei, Prahlerei *f* | **~jar** (33) *vi* großtun, prahlen (*de* mit) || *vt* zur Schau stellen | feiern | schmücken.

gal|ena *f min* Galenit, Bleiglanz *m* | **~ènic** *adj* galenisch | *preparat* ~ Galenikum *n* || *s/f* Galenik *f*.

galer|a *f nàut* Galeere *f* | *a. pl* Galeere(nstrafe) *f* | *p ext arc* Frauengefängnis *n* | (*Fuhrwerk*) Planwagen *m* | Reihe *f* | *gràf* Setzschiff *n* | *crust* Heuschreckenkrebs *m* | *pena de* ~ Galeerenstrafe *f* | **~ada** *f gràf* (Korrektur)Fahne *f*, Fahnenabzug *m* | **~í** *m gràf* Setzschiffchen *n*.

galeria *f arquit art nàut* Galerie *f* | (*Haus*) *a.* Veranda *f*; bedeckter Balkon *m* | (*unterirdisch*) Stollen *m* | *teat* Rang, Balkon *m*; (*a. Publikum*) Galerie *f* | *d'art* Kunstgalerie *f* | *de cara a la* ~ (*fig*) für die Galerie; (nur) zum Staat || *pl* (*a. galeries comercials*) Passage *f*.

galet *m* (*Kanne, Krug*) Tülle *f*, Schnabel *m* | *beure a* ~ (*ohne anzusetzen*) vom Strahl trinken; *fig fam* alles schlucken, alles für bare Münze nehmen | *fer beure a* ~ *alg* (*fig fam*) j-n übers Ohr hauen.

galeta *f* Keks *m* | (Schiffs)Zwieback *m* | *fig fam* Ohrfeige *f* | *una capsa de galetes* e-e Dose Keks(e); (*zum Aufbewahren*) e-e Keksdose *f*.

galfó *m Bal* = **golfo**.

galga *f* (*Linie*) Parallele *f* | *tecn* Meßstock, -stab *m* | (*Fuhrwerk*) Radbremse *f*.

galiassa *f nàut* Galeasse *f* | *fig fam* Tonne *f*, Dickwanst *m*.

gàlib *m ferroc* Lade-maß *n*, -lehre, -schablone *f* | *nàut* Mall *m*.

galibar (33) *vt nàut* mallen.

Galícia *f* Galicien *n*.

galifardeu *m hist* Häscher, Scherge *m* | Gauner *m*, Taugenichts *m* | *fam* Bursche, Junge *m*.

Galil|ea *f* Galiläa *n* | **~eu** (**-ea** *f*) *adj* galiläisch || *s/mf* Galiläer(in *f*) *m*.

galimaties *m* Kauderwelsch *n*, Unsinn, Quatsch *m*.

galindaina *f* Flitter, Tand *m* || *pl* Kinkerlitzchen *n pl*, Firlefanz *m*.

galindejar (33) *vt* = **galantejar**.

galindó *m* (Fuß)Ballen *m*.

galindoi *m* Verehrer *m* | Schatz *m* | Verlobte(r) *m*.

gali|ó *m nàut hist* Galeone *f* | **~ot** *m* Galeerensträfling *m* | **~ota** *f nàut* kl(e) Galeere *f*.
galipàndria *f* = **calipàndria**.
galipot *m* Galipot, Scharrharz *m*.
Galítsia *f* Galizien *n*.
galiva|nça *f* Schein, Schimmer *m* | Illusion, Täuschung *f* | **~r** (33) *vt* undeutlich sehen | ahnen | scheinen.
gall *m ornit* Hahn *m* | *esport* (*Boxen, Ringen*) Bantamgewicht *n* | *ict* Petersfisch, Heringskönig *m* | *mús* (*Singen*) falscher Ton *m* | *fig fam* Leithammel; Prahlhans; Kampfhahn *m* | ~ *de baralla* od *de brega, de combat* Kampfhahn *m* | ~ *dindi* Truthahn, Puter *m* | ~ *fer* od *salvatge* Auerhahn *n* | *al cant del* ~ od *al* ~ *cantant* (*loc adv*) beim Hahnenschrei, bei Tagesanbruch | *fer el* ~ = **gallejar** | *ja no se'n canta* (*ni*) ~ *ni gallina* (*fig fam*) danach kräht kein Hahn mehr; niemand denkt mehr daran.
gal·la *f bot* Galle *f*.
gallad|a, ~ura *f* (*Ei*) Hahnentritt *m*.
gallard|(ament *adv*) *adj* stattlich | mannhaft | verwegen, kühn, wagemutig | **~a** *f* (*Tanz*) Gaillarde *f* | *gràf* (*Type*) Petit, Achtpunktschrift *f* | **~ejar** (33) *vi* mannhaft auftreten | Mut (*od* Schneid) zeigen | **~et** *m nàut* Wimpel *m* | **~ia** *f* Stattlichkeit *f* | Mannhaftigkeit *f* | Verwegenheit, Kühnheit *f*, Wagemut *m*.
gallare|jar (33) *vi* = **gallejar** | **~t** *m bot* = **rosella** | = **fumària** | *nàut* = **gallardet**.
gallec (**-ega** *f*) *adj* galicisch || *s/mf* Galicier(in *f*) *m* || *s/m ling* Galicisch *n* | *el* ~ das Galicische.
galleda *f* Eimer, Kübel *m* | *ficar els peus a la* ~ (*fig*) ins Fettnäpfchen treten.
gallejar (33) *vi fam* s. aufplustern, s. aufspielen, s. dicktun.
galleran *m* = **galzeran**.
gal·l|ès (**-esa** *f*) *adj* walisisch, aus Wales || *s/mf* Waliser(in *f*) *m* || *s/m ling* Walisisch *n* | *el* ~ das Walisische | **~es**: *el País de* ~ Wales *n*.
gallet *m dim* Hähnchen *n* | junger Hahn *m* | (*Gewehr*) Hahn, Hebel *m* | Wetterfahne *f*, -hahn *m* | (*Gaumen*) Zäpfchen *n* | (*Gefäß*) Schnabel *m*, Tülle *f* | *fig fam* = **gall**.
gal·li *m quím* Gallium *n*.
Gàl·li|a *f*: *la* ~ Gallien *n*; *p ext* Frankreich *n* | **~c** *adj* gallisch | *lit* französisch | *quím*: *àcid* ~ Gallussäure *f* || *s/m hist* Lustseuche, Syphilis *f*.
gal·lic|à (**-ana** *f*) *adj ecl* gallikanisch | **~anisme** *m hist* Gallikanismus *m* | **~isme** *m ling* Gallizismus *m*.
galli|marsot *m ornit* Hahn *m* ohne Kamm | *fig fam* Mannweib *n* | **~na** *f ornit* Huhn *n*, Henne *f* | ~ *cega* (*Spiel*) Blindekuh *f* | ~ *de Guinea* od *morisca* Perlhuhn *n* | ~ *de mar* Schnepfe *f* | *fam iròn: anar-se'n a dormir* (od *colgar-se, gitar-se*) *amb les gallines* mit der Hühnern schlafen (*od* zu Bett) gehen || *s/m fig fam* Angsthase, Feigling *m* || *adj* (*m/f*) feig(e) | **~naci**, *cient* **gal·linaci** (**-àcia** *f*) *adj* hühnerartig || *s/f pl* Hühnervögel *m pl* | **~naire** *m/f* Geflügelhändler(in *f*) *m* | **~nam** *m* Hühnervolk *n* | **~nassa** *f* Hühnermist *m* | **~nejar** (33) *vi fam* bummeln, trödeln | **~ner** *m* Hühner-hof *bzw* -stall *m* | *teat* Olymp *m*, Galerie *f* | *fig fam*: *això és un* ~ hier geht es zu wie im Affenkäfig | **~neta** *f ict* = **lluerna** | *entom* Marienkäfer *m* | *ornit*: ~ *de mar* graue Möwe *f*.
galló *m bot* (*Obst*) Scheibe *f*, Schnitz *m*.
gall|of *adj u. s/mf* = **~òfol** | **~ofa** *f ecl* (*Büchlein*) liturgischer Kalender *m* | **~ofejar** (33) *vi fam* (herum)faulenzen | **~oferia** *f fam* Faulenzerei *f* | **~òfol** *adj fam* faul || *s/mf* Faulenzer(in *f*) *m*.
galó[1] *m* Gallone *f*.
gal|ó[2] *m* Tresse *f* | Borte *f* | Litze *f* | **~onaire** *m/f* = **~oner(a** *f*) | **~onejar** (33) *vt* mit Tressen besetzen | **~oner(a** *f*) *m* Posamenter(in *f*) *m*.
galop *m* Galopp *m* | *a* ~ (*a. fig*) im Galopp | **~ada** *f* Lauf *m* im Galopp | **~ant** *adj* (*m/f*) galoppierend, im Galopp | **~ar** (33) *vi* galoppieren.
galotxa *f* Holzschuh *m*.
galt|a *f* Wange, Backe *f* | *tèxt* = **lliç** | **~ada** *f* Backpfeife, Ohrfeige *f* | **~aplè** (**-ena** *f*) *adj* pausbäckig | **~a-roig** *m ict* Meeräsche *f* | **~ejar** (33) *vt* ohrfeigen | **~er** *m kl(s)* Kissen *n* | (*Berg*) Hang, Fuß *m* | **~era** *f mil* Sturm-band *m*, -riemen *m* | *indús* Bleibeschlag *m* | Seiten-balken *m*, -bohle *f* | (*Berg*) Hang, Fuß *m* || *pl* Mumps, Ziegenpeter *m* | **~ut** (**-uda** *f*) *adj* pausbäckig.
galvana *f* Trägheit *f*.
galv|ànic *adj* galvanisch | **~anisme** *m*

galza — **gansejar**

Galvanismus *m* | **~anització** *f* Galvanisierung *f* | *med* Galvanisation *f* | **~anitzar** (33) *vt* galvanisieren | **~anòmetre** *m* Galvanometer *n* | **~anoplàstia** *f tecn gràf* Galvanoplastik *f* | **~anoplàstic** *adj* galvanoplastisch | **~anoteràpia** *f med* Galvanotherapie *f* | **~anotípia** *f gràf* Galvano-plastik, -typie *f*.

galza *f bot Bal* = **gandalla**.

galz|ador *m* Falzhobel *m* | Gargelhobel *m* | **~ar** (33) *vt* falzen, nuten | gargeln | **~e** *m* Falz *m*, Nut *f* | (*Böttcherei*) Gargel *m*, Kimme *f*.

galzeran *m bot* Mäusedorn *m*.

gam|(adura *f*) *m med* (Tier)Krankheit *f* | *bes* Disthomatose *f* | **~ar-se** (33) *v/r* krank werden (*bes Tiere*).

gamarús *m ornit* Waldkauz *m* | *bot* Porling *m* | *fig* Dummerjan, Dummkopf *m*.

gamb|a^1 *f* = **cama** | *tenir* (*bona*) **~** gut zu Fuß sein | **~a**^{2} *f crust* (Felsen-, Säge-)Garnele, Krevette *f* | *com gastr a.* Krabbe *f* | **~ada** *f* langer Schritt, großer Satz *m* | **~al** *m* Steigbügelriemen *m* | *reg* = **gamba**^{1} | (*és*)*ser curt de* **~s** (*fig fam*) schwer von Begriff sein | **~allut** (**-uda** *f*) *adj* langbeinig | **~ar** (33) *vi* mit Riesenschritten gehen | *fig* schnell vorankommen | **~ejar** (33) *vi* strampeln, mit den Beinen zappeln | **~er** *m* Netz *n* (*zum Garnelenfang*) | **~era** *f hist* Beinschiene *f* | **~eto** *m* langer Umhang *m* | **~ina** *f gr*(e) Reuse *f*, Fischfangkorb *m* | **~irol**(**a** *f*) *m* (Luft)Sprung *m*, Kapriole *f* | **~irot** *m* Lausbub, Schlingel *m* | Sprung *m* | **~ista** *m/f mús* Gambist(in *f*), Gambenspieler(in *f*) *m* | **~it** *m* (*Schach*) Gambit *n* | **~ot** *m* Köder *m* (*aus Garnelenpaste*).

gambuix *m* Seidenschal *m* | Kopf-, Schulter-tuch *n*.

gàmeta *m biol* Keimzelle *f*, Gamet *m*.

gamma *f* Gamma *n* | *mús* Tonleiter, Skala *f* | **~** *de colors* Farbskala *f* | **~** *d'ones* Wellen-bereich *m*, -skala *f* | *raigs* **~** Gammastrahlen *m pl* | **~cisme** *m* Gammazismus *m* | **~globulina** *f med* Gammaglobulin *n* | **~t** (**-ada** *f*) *adj: creu gammada* Hakenkreuz *n*.

gamó *m* = **porrassa**.

gamo|pètal *adj bot* gamopetal | **~sèpal** *adj bot* gamosepal.

gana *f* Appetit *m* | Hunger *m* | *mst pl* Lust *f*, Wunsch *m* | *agafar* **~** Appetit bekommen | *perdre la* **~** den Appetit verlieren | *fer patir* **~** *a alg* j-n hungern lassen | *matar de* **~** (*übertreibend*) verhungern lassen | (*no*) *tinc* **~** ich habe (k-n) Hunger | *de bona* (*mala*) **~** (un)gern | *no em dóna la* **~!** ich will einfach nicht! | *me n'han passat les ganes* mir ist die Lust dazu vergangen | (*no*) *en tinc ganes* ich habe (k-e) Lust dazu | *tinc ganes d'anar al wàter* ich muß auf die Toilette | *ni ganes!* es ist mir Wurst!

gan|àpia, **~assa** *m/f fam* Halbwüchsige(r *m*); *desp* Halbstarke(r *m*) *m/f* | *fig* gr(s) Kind *n*, Kindskopf *m*.

gandalla *f bot* Gelbe Reseda *f* | *hist* Haarbeutel *m*; Haarnetz *n*.

gandul *adj* faul, müßig, träge | *s/mf* Faulenzer(in *f*) *m* || *s/f* Liegestuhl *m* | **~ejar** (33) *vi* faulenzen | **~eria** *f* Faulenzerei *f*.

ganejar (33) *vi* Appetit (*bzw* Hunger) haben.

ganga^1 *f ornit* Flughuhn *n*.

ganga^2 *f min* Ganggestein *n*.

ganga^3 *f* gute(s) Geschäft *n*, Gelegenheit *f* | guter (Ein)Kauf *m*.

gangli *m anat med* Ganglion *n* | **~onar** *adj* (*m/f*) Ganglien...

gangren|a *f med* Brand *m*, Gangrän *f*/*n* | *fig* Sittenverderbnis *f* | **~ar-se** (33) *v/r* brandig werden | **~at** (**-ada** *f*) *adj* brandig | **~ós** (**-osa** *f*) *adj* brandig, gangränös.

gàngster *m* Gangster *m*.

gangsterisme *m* Gangstertum *n*.

gànguil *m nàut* Baggerprahm *m* | *fig fam* baumlanger Kerl, (langer) Lulatsch *m*.

ganivet *m* Messer *n* | **~** *de butxaca* (*de cuina, de llescar el pa, de postres, de taula*) Taschen-(Küchen-, Brot-, Dessert-, Tafel-)messer *n* | **~a** *f* Brotmesser *n* | Hackmesser *n* | **~** *de trinxar* Tranchiermesser *n* | **~ada** *f* Messerstich *m* | **~ejar** (33) *vt* er-, nieder-stechen | **~er** *m* Messerschmied *m* | **~era** *f* Messerkasten *m* | **~eria** *f* Messerfabrik, -handlung *f* | Stahlwaren *f pl*.

ganós (**-osa** *f*) *adj Bal* appetitlich; gelüstig.

gansalla *f* Bindfaden *m* | Schnur *f* | Riemenscheibe *f* | Schnurrolle *f* | **~r** (33) *vt* (*Bindfaden*) auf-rollen, -spulen.

gans|ejar (33) *vi* = **cançonejar** | **~eria** *f* = **cançoneria** | **~o** *adj* = **cançoner**^{1} | **~oneria** = **~eria** | **~oner** *adj* = **cançoner**^{2}.

ganta f *ornit* (Schwarz)Storch *m*.
ganu|ssa f *fam* Hunger *m* | **~t** (**-uda** f) *adj* hungrig | *desp* gefräßig.
ganx|et *m* Häkchen *n* | *bes* Häkelnadel f | *treball de* ~ Häkelarbeit f | *fer* ~ häkeln | *una vànova de* ~ e-e gehäkelte Tagesdecke | **~o** *m* (a. *Boxen*) Haken *m* | *arquit* Mauer-, Wand-haken *m* | **~ut** (**-uda** f) *adj* hakenförmig | Haken... | krumm.
ganya f *ict* Kieme f | *ornit* Wange, Ohrdecke f | *fer ganyes* Grimassen schneiden *od* ziehen | *tenir mala* ~ e. unfreundliches Gesicht haben | **~da** f Schmarre f, Schmiß *m*.
gany|ó (**-ona** f) *adj* = **gasiu** | heuchlerisch | **~ol** *m* Geheul, Heulen *n* | **~olar** (33) *vi* heulen | **~on(er)ia** f Knauserei f.
ganyot *m* = **canyó** | = **~a** | **~a** f Fratze, Grimasse f | *fer una* ~ (*de dolor, de menyspreu*) das Gesicht (vor Schmerz, verächtlich) verziehen | *fer ganyotes* = **~ejar** | **~aire** *m/f*, **~er(a** f) *m* Fratzenschneider(in f) *m* | **~ejar** (33) *vi* Gesichter (*od* Grimassen) schneiden.
gara-gara f *fam: fer la* ~ *a alg* j-m schmeicheln, j-m schöntun.
garant *adj* garantierend, verbürgend || *s/m/f* Bürge *m* -gin f, Garant *m* | *fer-se* ~ *d'u/c* Bürgschaft für etw leisten | **~ia** f Garantie, Bürgschaft, Gewähr f | Kaution, Sicherheit(sleistung) f | *sense* ~ ohne Gewähr | **~ir** (37) *vt* gewährleisten, verbürgen | garantieren.
garapinyar *vt gastr* kandieren | *ametlles garapinyades* kandierte Mandeln; gebrannte Mandeln f *pl*.
garatg|e *m* Garage f | Autowerkstatt f | ~ *subterrani* Tiefgarage f | **~ista** *m/f* Garagen-wart, -wärter(in f) *m*.
garba f *agr* Garbe f.
garballó *m* *bot* = **margalló**.
garbejar (33) *vi agr* die Garben zur Tenne fahren.
garbell *m* Sieb *n* | **~a** f gr(s) Kornsieb *n* | **~ador(a** f) *m* Kornsieber(in f) *m* | **~adures** f *pl* Aussiebsel *n pl* | **~ament** *m* Sieben *n* | **~ar** (33) *vt* (*bes Korn*) sieben | *fig* filtrieren; unterscheiden.
garber|(a f) *m agr* Schnitter(in f) *m* | **~a** f Getreidehocke f | **~ar** (33) *vi* die Garben zu Hocken aufstellen | **~ol(a** f) *m* = **garber(a)**.

garb|í *m* *nàut* Südwestwind *m* | **~inada** f starker Südwestwind *m* | **~inejar** (33) *v/imp: garbineja* es weht (*od* geht) Südwestwind.
garbís *m* (*pl* -*issos*) *mst pl* Spreu f.
garbitana f kl(e) Reuse f.
garb|ó *m* Reisigbündel *n* | **~onar** (33) *vt* bündeln, in Schwaden legen | **~onera** f Reisigbündelhaufen *m* | Holz-schuppen, -raum *m*.
garbu|ix, **~ll** *m* Gewühl, Durcheinander *n*, Wirrwarr *m* | *m'he fet un* ~ ich bin durcheinandergeraten.
gardènia f *bot* Gardenie f.
gardeny *m* Grunzen *n* | **~a** f Sau f | **~ar** (33) *vi* grunzen.
gardina f gezahnter Meißel *m*.
garfi *m* spitzer Haken *m* | Krampe f | *bot* Haftwurzel f | *esport* Steigeisen *n* | ~ *d'abordatge* (*nàut hist*) Enterhaken *m* | **~nyar** (33) *vt* zerkratzen | **~r** (37) *vt* s. fest-klammern *od* -krallen an (*dat*).
garga|ll *m* zäher Schleim *m* | Auswurf *m* | **~llejar** (33) *vi* ausspucken, Schleim auswerfen | **~llós** (**-osa** f) *adj* verschleimt | ausspuckend | **~mella** f *anat* Kehle, Gurgel f | **~melló** *m anat* Zäpfchen *n* | **~mellot** *m Bal* Gurgel f, Schlund *m* | **~ntejar** (33) *vi ant* = **xerrar** | **~nxó** *m* Adamsapfel *m* | = **~mella**.
gàrgara f *mst pl* Gurgeln *n* | *fer gàrgares* = **gargaritzar**.
gargari|sme *m* Gurgel-, Mund-wasser *n* | Gurgeln *n* | **~tzar** (33) *vi* gurgeln.
gàrgola f *arquit* Wasserspeier *m*.
gargol|ar (33) *vi* murmeln | **~ejar** (33) *vi* plätschern (*Wasser*).
gargot *m* Gekritzel *n*, Kritzelei f | Klecks *m* | **~ejar** (33) *vi* kritzeln.
gàrguil *m tecn* Dachziegelform f.
garita f *mil* Schilderhäuschen *n* | *ferroc* Bahnwärterhaus *n*; Bremserhäuschen *n*.
garjola f *fam* (*Gefängnis*) Bau *m*, Loch *n*, Bunker *m* | Bauch, Pansen *m*.
garlaire *adj* (*m/f*) u. *s/m/f* = **xerraire**.
garlanda f Girlande f.
garl|ar (33) *vi* = **xerrar** | **~eria** f = **xerrameca**.
garlop|a f gr(r) Schlichthobel *m* | Rauhbank f | **~í** *m* kl(r) Schlichthobel *m* | Schrupphobel *m*.
garnatxa[1] f (*Rebsorte*) Garnatxa *m* || *s/m* Garnatxawein *m*.
garnatxa[2] f *hist* Garnasch *m*.
garneu *adj* schlau, hinterlistig | tük-

garola

kisch || *s/m ict* Roter Knurrhahn *m*.
garol|a *f* = **xerrameca** | **~ar** (33) *vi* = **xerrar** | **~er** *adj u. s/mf* = **xerraire**.
garota *f zool* Seeigel *m*.
garra *f anat* Unterschenkel *m* | *p ext* Bein *n* | (*Tier*) = **tars**; *reg* Klaue *f* | *tenir bona* ~ gut zu Fuß sein || *pl tèxt* Fußwolle *f*, Beinlinge *m pl*, Beinstücke *n pl*.
garrafa *f* (bauchige) Korbflasche *f*.
garrallarg *adj* langbeinig.
garrameu *m* Wachtelschrei(en *n*) *m* | (*Katze*) Miau(en) *n*.
garranyi|c *m* Knirschen *n* | Knarren *n* | **~gar** (33) *vi* knirschen | knarren (*Tür*).
garr|atibat (-ada *f*) *adj* steifbeinig | starr, wie gelähmt (*vor Müdigkeit, Schreck*) | *fig* anmaßend, hochtrabend | **~ell** *adj* krummbeinig | *bes* o-beinig.
garrep|a *adj* (*m/f*) *fam* knauserig, knickerig || *s/m/f* Knauser, Knicker *m* | **~eria** *f* Knauserei, Knick(e)rigkeit *f*.
garreta *f anat* Kniekehle *f*.
garrí (-ina *f*) *m* Ferkel *n*.
garric *m bot* Kermeseiche *f*.
garridesa *f* Hübschheit *f*, Reiz *m*, Anmut *f* | Stattlichkeit *f*.
garrig|a *f* (Felsen)Heide *f* | (*mediterrane Gebüschformation*) Gar(r)igue *f* | **~ar** *m* Heide(land *n*) *f* | **~ós** (-osa *f*) *adj* strauchig | Heide... | **~uenc** *adj* Heide...
garrina|da *f zool* Ferkelwurf *m* | **~r** (33) *vi* ferkeln, Ferkel werfen.
garrit (-ida *f*) *adj* = **galà**.
garritx *m* = **garric**.
garró *m* (*Fuß*) Knöchel *m* | (*Schwein*) Eisbein *n* | Schlamm, Dreck *m* (*an Hosenenden, Socken, Strümpfen*) | (*Reben, Oliven*) aufblühende Knospen *f pl*.
garrof|a *f* Johannisbrot *n* | *fig* Lüge *f* | *guanyar-se les garrofes* (*fam*) s-n Lebensunterhalt (*od* sein Brot) verdienen | **~er** *m bot* Johannisbrotbaum *m* | ~ *del diable* Stinkstrauch *m* | **~era** *f agr* Johannisbrotscheune *f* | **~erar** *m agr* Johannisbrotpflanzung *f* | **~í** *m* Johannisbrotsamen *m* | Wicke *f*.
garroll *m bot* = **garric**.
garronar (33) *vi bot reg* knospen (*Olivenbaum*).
garroner *adj* dreckig, schmutzig (*an den Hosenenden, Socken*).
garrot *m* Knüppel, Prügel *m*, Keule *f* | = **~ador** | *dr* Garrotte *f* | *donar* ~ *a alg* (*dr*) j-n garrottieren | **~ada** *f* Knüppel-hieb, -schlag *m* | **~ador** *m* (Spann)Knebel *m* | **~ar** (33) *vt* knebeln, (mit dem Knebel) zusammenschnüren | *a. fig* einschnüren | **~ejar** (33) *vt* knüppeln, prügeln | **~era** *f ant* = **lligacama** | *orde de la* ~ Hosenbandorden *m*.
garrotxa *f* unwegsame(s) Gelände *n*.
garrova *f Bal* = **garrofa**.
garrular (33) *vi* zwitschern | = **xerrar**.
garrut (-uda *f*) *adj* mit strammen Beinen | *fig* (*Person*) ausgewachsen.
garsa *f ornit* Elster *f* | ~ *de mar* Austernfischer *m* | ~ *roja* Purpurreiher *m* | *donar* ~ *per perdiu a alg* (*fig*) j-n anschmieren, j-n übers Ohr hauen.
gas *m* Gas *n* | ~ *butà* (*ciutat, lacrimogen, natural, dels pantans*) Butan-(Stadt-, Tränen-, Erd-, Sumpf-)gas *n* | *gasos asfixiants* (*d'escapament, residuals*) Gift-(Auspuff-, Ab-)gase *n pl* | *bec* (*bzw flama*) *de* ~ Gasflamme *f* | *cuina* (*encenedor*) *de* ~ Gas-herd *m* (-feuerzeug *n*) | *estufa* (*bzw forn*) *de* ~ Gasofen *m* | *llum de* ~ Gaslicht *n* | *a tot* ~ (*aut u. fig*) mit Vollgas | *donar* ~ (*aut*) Gas geben, beschleunigen || *pl med* Blähungen *f pl*.
gasa *f tèxt med* Gaze *f*.
gasar (33) *vt* mit Kohlensäure versetzen | (j-n) vergasen | *tèxt* gasieren.
gasca *f bot* (*Art*) Steinsame *m*.
gascó (-ona *f*) *adj* gaskognisch || *s/mf* Gaskogner(in *f*) *m* || *s/m ling* Gaskognisch *n* | *el* ~ das Gaskognische.
gasejar (33) *vt tèxt* gasieren.
gasela *f zool* Gazelle *f*.
gaset|a *f arc* Gazette *f* | *fig* Klatsch-base *f*, -maul *n* | **~illa** *f* (*Zeitung*) Kurznachrichten *f pl* | Vermischtes *n* | **~iller(a** *f*) *m* Nachrichtenredakteur(in *f*) *m* | Klatschkolumnist(in *f*) *m*.
gasif|icació *f quím* Vergasung *f* | **~icar** (33) *vt quím* vergasen | *tèxt* gasieren | **~orme** *adj* (*m/f*) gas-, luft-förmig.
gasi|u (-iva *f*, -ivament *adv*) *adj* knauserig | knickerig | geizig | **~veria** *f* Knauserei, Knick(e)rigkeit *f* | Geiz *m*.
gasó *m bot* Wegerichartige Grasnelke *f*.
gasoducte *m* Gas-fernleitung, -pipeline *f*.
gasòfia *f gastr* Restegericht *n* | *desp* Fraß *m*.
gas|ogen *m* Gasgenerator *m* | **~oil**, **~oli** *m* Dieselöl, Gasöl *n* | **~olina** *f* Benzin *n* | ~ *normal* Normal(benzin)

gaspar-se

n | ~ *súper* Super(benzin) *n* | ~ *sense plom* bleifreie(s) Benzin *n* | *fer* ~ *tanken* | **~olinera** *f* Tankstelle *f* | *nàut* Motorboot *n* | **~òmetre** *m* Gasmesser, Gasometer *m* | Gasbehälter *m* | **~ós (-osa** *f)* *adj* gasartig | gashaltig | kohlensäurehaltig, sprudelnd || *s/f* Brauselimonade *f* | Sprudel *m*.

gaspar-se (33) *v/r s.* die Füße wundlaufen (*Ochsen*).

gaspatxo *m* (*Suppe*) Gazpacho *m*.

gass|a *f nàut* (*Seil*) Stropp, Ring *m* | Knoten *m* | **~ó** *m* (Tau)Schlinge *f*.

gasta|dor *adj* verschwenderisch || *s/m* mil Pionier *m* | Schanzer *m* | **~ment** *m* Abnutzung *f*, Abnutzen *n* | Verbrauch *m* | Verschleiß *m* | *arc* Früh-, Fehlgeburt *f* | *desp* Zwerg, Krüppel *m* | **~r** (33) *vt* abnutzen | verbrauchen | verschleißen | (*Kleidung*) abtragen | (*Geld*) ausgeben, aufwenden (*en für*) | *fig fam: gasten uns fums!* sie sind dermaßen eingebildet! | **~r-se** *v/r s.* abnutzen | verbraucht werden | verschleißen | s. abtragen | *ja s'han gastat tots els diners* sie haben schon das ganze Geld ausgegeben | **~t (-ada** *f)* *adj* abgenutzt | abgetragen | (*Mensch*) verbraucht, verlebt | (*Thema*) abgedroschen | (*Wort*) abgegriffen.

gaster|omicets *m*, **~omicetals** *f pl bot* Bauchpilze, Gastromycetales *m pl* | **~òpodes** *m pl* = **gastròpodes**.

gastr|al *adj* (*m/f*) *anat* gastral, Magen... | **~àlgia** *f med* Gastralgie *f*, Magenkrampf *m* | **~ectomia** *f med* Gastrektomie *f*.

gàstric *adj anat* gastrisch, Magen... | *suc* ~ Magensaft *m*.

gastr|itis *f med* Gastritis, Magenschleimhautentzündung *f* | **~o-enteritis** *f med* Gastroenteritis, Magen-Darm-Entzündung *f* | **~o-intestinal** *adj* (*m/f*) *anat* gastrointestinal, Magen-Darm-... | **~ònom(a** *f) m* Feinschmecker(in *f*) *m* | **~onomia** *f* Gastronomie *f* | **~onòmic(ament** *adv*) *adj* gastronomisch | **~òpodes** *m pl zool* Gastropoden *m pl* | **~oscopi** *m med* Gastroskop *n* | **~oscòpia** *f med* Gastroskopie *f* | **~otomia** *f med* Gastrotomie *f*, Magenschnitt *m*.

gàstrula *f biol* Gastrula *f*.

gat *m* Katze *f* | (*männlich*) Kater *m* | *tecn* Hebe-, Schrauben-winde *f* | *aut* Wagenheber *m* | *ict* Hunds-, Katzenhai *m* | *fam* (*Rausch*) Affe *m* | Weinschlauch *m*, Lederflasche *f* | ~ *d'Angora* (*cerval, mesquer, salvatge*) Angora-(Serval-, Ginster-, Wild-)katze *f* | ~ *vell* (*fig*) alter Fuchs *m* | *agafar un* ~ (*fig*) s. e-n Affen kaufen | *donar a alg* ~ *per llebre* (*fig*) j-n übers Ohr hauen, j-n betrügen, j-m e. X für e. U vormachen | *estar com (el)* ~ *i (el) gos* wie Hund u. Katze leben | *aquí hi ha* ~ *amagat* od *en sac* (*fig*) da steckt etw dahinter | *un orgue de* ~*s* e. Stimmengewirr | *quatre* ~*s* (*fig*) nur wenige Leute | *tenir un* ~ (*fig*) e-n Affen (sitzen) haben | *tenir set vides com els* ~*s* (*fig*) unverwüstlich sein; immer wieder auf die Beine fallen | ~ *escaldat l'aigua tèbia tem* gebrannte Katze scheut das Feuer || *adj: anar* (od *estar*) ~ (*fam*) besoffen sein | **~a** *f* (weibliche) Katze *f* | *nàut* Ankerbalken *m* | ~ *maula* od *moixa* Duckmäuser(in *f*), Schleicher *m* | ~ *rabiosa* (*bot*) Hahnenfuß *m* («*bulbosus*»); Waldrebe *f* | **~ada** *f* Dummheit *f* | Albernheit *f* | **~amoixa** *f ict Bal* Seekatze, Opöke *f* | **~amoixeria** *f* Duckmäuserei, Heuchelei *f* | **~assa** *f bot* Scharbockskraut *n*, Feigwurz *f* | **~ejar** (33) *vi* krabbeln, kriechen | *fig fam* herumalbern | **~ell** *m bot* Grauweide *f* | *reg* Gallische Tamariske *f* | Gänsedistel *f* | **~era** *f* Katzenloch *n* | *nàut* (*bes An*ker)Klüse *f* | *bot* Zierfarn *m* | *reg fam* (*Rausch*) Affe *m* | **~et(a** *f) m* Kätzchen *n*.

gatgejar (33) *vi* lallen.

gat|inada *f* Wurf *m* Katzen | **~inar** (33) *vi* werfen (*Katze*) | **~inyar-se** (33) *v/r s.* (herum)streiten | **~maimó** *m bot* Schmerwurz *f* | **~olins** *m pl bot* Löwenmaul, Löwenmäulchen *n* | Großes Löwenmaul *n* | **~oll** *m bot* unreife (grüne) Weintrauben *f pl* | **~ó** *m* Kätzchen, Kätzlein *n* | **~onada** *f* = **gatinada** | **~onar** (33) *vi* = **~inar** | **~onera** *f* Katzenloch *n* | **~osa** *f bot* Stechginster *m* | ~ *blanca* Stutzkelchginster *m* | ~ *negra* kl(r) Stechginster *m* | **~osar** *m* Ginsterfeld *n* | **~saule** *m bot* Sal-, Palmweide *f* | **~vaire** *m ict* Hunds-, Katzen-hai *m*.

gatzar|a *f* Krach, Radau, Spektakel *m* | Freudengeheul *n* | *fer* (od *moure, armar*) ~ = **~ejar** | **~ejar** (33) *vi* Radau machen | (zu) laut jubeln, s. laut freuen | **~ós (-osa** *f) adj* lärmend,

gatzerí laut | schreiend, jubelvoll.
gatzerí *m bot* Schwarzes Geißblatt *n*.
gatzoll *m* Gartenmesser *n*, Hippe *f*.
gatzoneta: *a la* ~ (*loc adv*) geduckt, in Hockstellung.
gaubar-se (33) *v/r ant* jubeln, s. freuen.
gaudi *m lit* Genuß *m* | Vergnügen *n* | Wonne *f* | ~**ment** *m* Genießen *n* | = gaudi | ~**r** (37) *vi*: ~ *d'u/c* s. e-r Sache (*gen*) erfreuen; etw genießen *bzw* besitzen; s. an etw (*dat*) erfreuen | ~ *de la vida* s. s-s Lebens freuen, sein Leben genießen | ~**r-se** *v/r*: ~ *d'u/c* etw aus-nutzen, nützen.
gaús *m* (*pl -üssos*) *ornit* Uhu *m*.
gauss *m fís* Gauß *n*.
gautxo *m* Gaucho *m*.
gavadal *m* Trog *m*; Bütte *f* || *fig fam*: *un* ~ *de roba* e. Haufen *m* Wäsche | *un* ~ *de mentides* e. Sack *m* voll Lügen | *a* ~*s* (*loc adv*) im Überfluß, in Hülle u. Fülle.
gavany *m* Überzieher *m* | *p ext* Mantel *m*.
gavardina *f* (*Stoff*) Gabardine *f* | (*imprägnierter*) Regenmantel *m*.
gavarr|a *f nàut* Last-, Fracht-kahn *m* | Lichter *m* | ~**er** *m nàut* Steuermann *m*.
gavarr|era *f bot* Heckenrose *f* | ~**ó** *m* Hagebutte *f*.
gavarrot *m* Polsternagel *m*.
gavatx[1] *adj u. s/m/f* = **francès**.
gavatx[2] *m* (*Vögel*) Kropf *m*.
gavell *m agr* Bund, Bündel *n* | *fig* Haufe(n) *m* | *a* ~*s* haufenweise | ~**a** *f* Korn-, Reisig-bündel *n* | kl(e) Garbe *f* | ~**ar** (33) *vt agr* in Bündel binden.
gavet *m bot* Alpenrose *f*.
gaveta *f* Mörtelkasten *m* | *agr* Futtertrog *m* | *reg* Tischschublade *f*.
gavià *m ornit* Silber-, Herings-möwe *f*.
gavial *m zool* Gavial *m*.
gavin|a *f ornit* (See)Möwe *f* | ~**eta** *f* (kle) weiße Möwe *f* | ~**ot** *m ornit* Mantelmöwe *f*.
gavota *f* Gavotte *f*.
gavotí *m ornit* Zwergsäger *m*.
gazofilaci *m lit* Schatz(sammlung *f*) *m*.
ge *f* (*Name des Buchstabens*) g, G *n*.
gebr|ada *f* (Rauh)Reif *m* | ~**ar** (33) *v/imp*: *aquesta nit* ~*à* diese Nacht wird es reifen || *vt gastr* (mit Zucker) glasieren | ~**at** (-**ada** *f*) *adj* bereift | ~**e** *m* (Rauh)Reif *m*.
gec *m* Jacke *f* | Jackett *n*.
gegant|(a *f*) *m* Riese *m*, Riesin *f* | *a passos de* ~ mit Riesenschritten || *adj mst m* riesig | ~**esc(ament** *adv*), ~**í** (-**ina** *f*, -**inament** *adv*) *adj* riesenhaft, gigantisch, Riesen... | ~**ó** *m folk* Schwellkopf *m*.

gel[1] *m quím* Gel *n*.
gel[2] *m* = **glaç** | ~**abror** *f* = ~**or** | ~**ada** *f* = **glaçada** | ~**adora** *f tecn* Eismaschine *f* | Gefrier-maschine *f*, -apparat *m* | Eiskübel *m* | *s*: *frigorífic, nevera* | ~**ar(-se)** (33) *vt/imp(/r)* *meteor fig* = **glaçar(-se)** | ~**at** *m* (Speise)Eis *n* | ~**ater** *adj* Eis... || *s/m/f* Eisverkäufer(in *f*) *m* | ~**ateria** *f* Eisdiele *f* | ~**atina** *f* Gelatine *f*, Gallert(e *f*) *n*, Knochenleim *m* | *gastr* Sülze *f* | ~**atiniforme** *adj* (*m/f*) gallertartig | ~**atinització** *f* Gelatinierung *f* | ~**atinitzar** (33) *vt* gelatinieren | ~**atinobromur** *m fotog quím* Bromsilbergelatine *f* | ~**atinós** (-**osa** *f*) *adj* gallertartig | schleimig | ~**cuit** *adj* durch Frost beschädigt, gesengt | ~**ea** *f* Gelee *n* | ~**era** *f* Firn-, Gletscher-eis *n* | = **glacera** | Schneegrube *f*.
gèlid, geliu (-**iva** *f*) *adj lit* eisig, eiskalt.
gelor *f* eisige Kälte *f*.
gel|ós (-**osa** *f*, -**osament** *adv*) *adj* eifersüchtig (*de auf ac*) | *estar* ~ *del seu honor* (*bon nom*) auf s-e Ehre (s-n guten Ruf) bedacht sein | ~**osia** *f* Eifersucht *f* | Neid *m* | (*Fenster*) Jalousie *f* | *bot reg* Bartnelke *f* | *tenir* ~ *d'alg* auf j-n eifersüchtig sein; j-n beneiden.
gema *f reg* Eidotter *m* | *gastr* Zucker-Ei *n*.
geme|c *m* (*oft pl*) Stöhnen, Ächzen, Seufzen *n* | *ornit* Girren *n* | ~**gador** *adj* stöhnend, seufzend | ~**gaire** *adj* (*m/f*) griesgrämig || *s/m/f* Griesgram *m* | ~**gar** (33) *vi* stöhnen, seufzen, ächzen | *ornit* girren | *fig* jammern | ~**gor** *f lit* Stöhnen | ~**gós** (-**osa** *f*, -**osament** *adv*) *adj* ächzend | wimmernd | jammernd | wehleidig | ~**guejar** (33) *vi* ständig ächzen, stöhnen, wimmern | ~**nt** *adj* (*m/f*) stöhnend | jammernd.
gemina|ció *f* Verdoppelung *f* | *ling a*. Gemination *f* | ~**r** (33) *vt bes ling* geminieren, verdoppeln | ~**t** (-**ada** *f*) *adj* (ver)doppelt, wiederholt | *ling a*. geminiert.
Gèmini(s) *m pl astr* Zwillinge *m pl* | *ella és* ~ sie ist Zwilling.
gemir (37) *vi* = **gemegar**.
gemm|a[1] *f bot. a.* Auge *n* | (*Pilze*) Gemme *f* | ~**a**[2] *f* Edelstein *m* | (*mit Figuren*) Gemme *f* | ~**ació** *f bot zool* Knospung *f* | ~**al** *adj* (*m/f*) Knospen... | ~**at**

gèmmula

(-ada *f*) *adj poèt* saftgrün; üppig, wuchernd; frisch | **~ologia** *f* Gemmologie *f*.
gèmmula *f biol* Gemmula *f*.
gen *m biol* Gen *n*.
genal *adj* (*m*/*f*) *anat* Backen..., Wangen...
gen|çana, ~ciana *f bot* Enzian *m* | **~cianàcies** *f pl bot* Enziangewächse *n pl*.
gendarme *m* Gendarm *m* | **~ria** *f* Gendarmerie, Landpolizei *f*.
gendre *m* Schwiegersohn *m*.
genea|logia *f* Genealogie *f* | **~lògic** *adj* genealogisch | *arbre ~* Stammbaum *m* | **~rca** *m lit* Stammvater *m*.
gener *m* Januar *m*.
gènera *f lit* = generació, nissaga.
genera|ble *adj* (*m*/*f*) erzeugbar | **~ció** *f* Erzeugung *f* | *biol* Zeugung; Fortpflanzung *f* | Generation *f*; Geschlecht; Menschenalter *n* | = **gernació** | *~ espontània* (*biol*) Urzeugung, Abiogenese *f* | **~dor** *adj* erzeugend | Zeugungs... | Schöpfungs... || *s*/*m tecn elect* Generator *m*.
general *adj* (*m*/*f*) allgemein | generell | Allgemein... | General... | *en ~* (*loc adv*) im allgemeinen; generell; im großen u. ganzen; meistens; allgemein || *s*/*m a*. *ecl* General *m* | *~ de brigada* (*divisió*) Brigade-(Divisions-)general *m* | *~ en cap* Oberbefehlshaber *m*; Heerführer *m* | *~ d'artilleria* (*d'infanteria*) General *m* der Artillerie (der Infanterie) | **~a** *f* Generalin *f* | *mús* Generalmarsch *m* | **~at** *m* Generals-rang *m*, -würde *f*, Generalat *m* | **~íssim** *m mil* Generalissimus *m* | **~itat** *f* (*a. Redensart*) Allgemeinheit *f* | *adm* (*autonome Regierung*) Cat Val Generalitat *f* | **~ització** *f* Verallgemeinerung, *lit* Generalisierung *f* | **~itzador** *adj* verallgemeinernd | **~itzar** (33) *vt*/*i* verallgemeinern, *lit* generalisieren | **~itzar-se** *v*/*r* allgemein werden | zum (All)Gemeingut werden | **~ment** *adv* im allgemeinen | generell.
genera|r (33) *vt* zeugen | *fig cient* erzeugen | *ling* generieren | *fig a*. verursachen | **~tiu** (**-iva** *f*) *adj* Zeugungs... | *bes ling* generativ | **~triu** *f geom* Erzeugende *f*.
gènere *m* Gattung *f* | *bes art Lit a*. Genre *n* | Geschlecht *n*, *ling a*. Genus *n* | Art, Sorte; Weise *f* | *com* Ware *f* | *el ~ humà* das Menschengeschlecht | *~ de punt* Strick-ware, -arbeit *f*; Trikot *n* | *teat*: *el ~ frívol* die leichte Muse | *pintura de ~* Genrebild *n*.
genèric(ament *adv*) *adj* generisch, allgemein | Gattungs...
gener|ós (**-osa** *f*, **-osament** *adv*) *adj* großmütig, -zügig | freigebig | edel(mütig) | *fig: terra generosa, sòl ~* ergiebiger Boden | *vi ~* feuriger Wein; Dessertwein *m* | **~ositat** *f* Großmut *f* | Großzügigkeit *f* | Freigebigkeit *f* || *pl* Wohltaten *f pl*.
gènesi *f* Entstehung, *cient* Genese *f* || *s*/*m bíbl*: *el ~* (die) Genesis, die Schöpfungsgeschichte.
gen|esíac *adj bíbl* Genesis... | schöpfungsgeschichtlich | **~èsic** *adj* Zeugungs...
genet *m* Reiter *m* | Jockei, Jockey, Rennreiter *m* | **~a** *f zool* Ginsterkatze, Genette *f*.
genètic *adj biol* genetisch | **~a** *f* Genetik, Vererbungslehre *f*.
geni *m* Geist, Genius *m* | Genie *n*, Geistes-, Gemüts-art, geniale Veranlagung *f*, Temperament *n* | (*Person*) Genie *n* | *el ~ d'una llengua* die Wesensart e-r Sprache | *tenir bon ~* gutmütig sein | *tenir (mal) ~* aufbrausend sein | **~al(ment** *adv*) *adj* (*m*/*f*) genial | genialisch | **~alitat** *f* Genialität *f* | genialer Einfall *m*.
genísser *m mil hist* Janitschar *m*.
genit|al *adj* (*m*/*f*) Geschlechts..., Genital..., genital | *s*/*m pl* (*a*. *òrgans ~s*) *m pl* Genitalien *n pl*, Geschlechtsteile *m pl* | **~iu** *m ling* Genitiv *m* | **~or** *m* Erzeuger, Vater *m* || *pl* Eltern *m pl*.
gènito-urinari (**-ària** *f*) *adj med* urogenital.
geniüt (**-uda** *f*) *adj* aufbrausend, jähzornig.
geniva *f anat* Zahnfleisch *n*.
genocidi *m* Völkermord *m*, *lit* Genozid *m*/*n*.
genoll *m anat* Knie *n* | *de ~s* kniefällig | *posar-se de ~s a terra* niederknien | **~ada** *f* Stoß *m* mit dem Knie | **~era** *f* Knieleder *n* | *esport* Knieschützer *m* | (*Hosenbein*) Knie *n*; Ausbeulung *f* | *hist* (*Rüstung*) Kniestück *n* | **~ons**: *de ~* (*loc adv*) kniend, auf den Knien.
genotip(us) *m biol* Genotyp(us) *m*.
Gènova *f* Genua *n*.
genovès (**-esa** *f*) *adj* genuesisch, Genueser || *s*/*mf* Genuese *m*, -sin *f*.
gens (28) *pron ind u. adv* (*verstärkend bei*

gent

Verneinungen; a. als selbständige Negation in Ellipsen u. mit positiver Bedeutung in interrogativen od hypothetischen Sätzen; Bezugswort unzählbar: no hi fa res, que no tinguis ~ d'experiència ni cap títol es macht nichts, daß du gar keine Erfahrung u. k-n Titel hast | *ho he dit sense ~ de malícia* ich habe es gar nicht böse gemeint | *saps ~ d'alemany?* kannst du e. wenig Deutsch? | *et fa mal, la ferida? —No, ~; —(No) ~* tut dir die Wunde weh? —Nein, gar nicht; —Gar nicht | *és un cas no ~ corrent* es ist e. ganz ungewöhnlicher Fall || (*in intensivierenden Wendungen mit mica od gota*) *no m'ha agradat ~ ni mica od gota* es hat mir nicht im geringsten gefallen | *per ~ ni mica (od gota) que m'estimessis, et quedaries* wenn du mich nur e. klein(es) bißchen liebhättest, würdest du bleiben.

gent *f* Leute *pl* | *dret de ~s (hist)* Völkerrecht *n* | *bona ~* rechtschaffene Leute *pl* | *~ menuda (fig)* kl(e) Leute *pl*; Kinder *n pl* | *~ de pau (als Antwort)* gut Freund! | *la ~ de lletres* die Literaten, die Schriftsteller *m pl*; die Geisteswissenschaftler *m pl* | *la ~ de mar* die Seeleute *pl* | *molta ~* viele Leute *pl* | **~ada** *f* (Menschen)Menge *f* | **~alla**, **~eta** *f desp* Gesindel, Pack *n*, Pöbel *m* | **~il** *adj* (*m/f*) heidnisch; artig, fein, niedlich | liebenswürdig, nett || *s/m* Heide *m* | **~ilesa** *f* Artigkeit, *(geistige)* Feinheit *f* | Liebenswürdigkeit *f* | Anmut *f* | **~ilhome** *m* Edelmann, Adelige(r) *m* | **~ílic** *adj ling: nom ~* Volks-, Geschlechts-name *m*, Ethnikum *n* | **~ilici (-ícia)** *adj* | **~ilitat** *f* Heidentum *n* | **~ilment** *adv* liebenswürdig, artig, nett | anmutig | **~ussa** *f desp* Gesindel, Pack *m*.

genufle|ctori *m* Betstuhl *m* | **~xió** *f* Kniefall *m* | Genuflexion, Kniebeuge *f*.

genuí (-ïna *f*, -ïnament *adv*) *adj* echt, unverfälscht.

geo|botànic *adj* geobotanisch || *s/mf* Geobotaniker(in *f*) *m* || *s/f* Geobotanik *f* | **~cèntric** *adj* geozentrisch | **~da** *f min* Geode *f* | **~dèsia** *f* Geodäsie *f* | **~dèsic** *adj* geodätisch | **~desista** *m/f* Geodät(in *f*) *m* | **~físic** *adj* geophysikalisch | *s/mf* Geophysiker(in *f*) *m* || *s/f* Geophysik *f* | **~gènia** *f* Erdentstehungslehre, Geogenese *f*.

ge|ògraf(a *f*) *m* Geograph(in *f*), Erdkundler(in *f*) *m* | **~ografia** *f* Geographie, Erdkunde *f* | **~ogràfic(ament** *adv*) *adj* geographisch | *mapa ~* Landkarte *f* | **~òleg** (-òloga *f*) *m* Geologe *m*, Geologin *f* | **~ologia** *f* Geologie, Erdgeschichte *f* | **~ològic(ament** *adv*) *adj* geologisch.

geo|magnètic *adj* erdmagnetisch | **~magnetisme** *m* Geomagnetik *f* | **~mància** *f* Geomantie *f* | **~màntic** *adj* geomantisch.

ge|òmetra *m/f* Geometriefachgelehrte(r *m*) *m/f*, *arc* Geometer *m* | **~ometria** *f* Geometrie *f* | **~omètric(ament** *adv*) *adj* geometrisch | **~opolític** *adj* geopolitisch || *s/f* Geopolitik *f* | **~oquímic** *adj* geochemisch || *s/mf* Geochemiker(in *f*) *m* || *s/f* Geochemie *f*.

ge|orgià (-ana *f*) *adj* georgisch | *s/mf* Georgier(in *f*) *m* || *s/m* Georgisch, das Georgische *n* | **~òrgia** *f* Georgien *n*.

geotropisme *m bot* Geotropismus *m*.

gep|(a *f*) *m anat* Buckel, Höcker *m* | *fig (Geld)*Schuld *f* | **~erut** (-uda *f*) *adj* buck(e)lig | höckerig | *s/mf* Bucklige(r *m*) *m/f* | *cap ~ no es veu el gep (fig)* niemand sieht die eigenen Fehler | **~ic** *adj u. s/mf* = **~erut**.

gerani *m bot* Geranie *f* | Storchschnabel *m* | *~ pudent* Stinkender Storchschnabel *m*, Rupprechtskraut *n* | **~àcies** *f pl bot* Storchschnabelgewächse *n pl*.

gerd *adj poèt* frisch; saftgrün; (voll)saftig || *s/m* Himbeere *f* | **~ell** *m bot* Ranken-Platterbse *f* | **~era** *f bot* Himbeerstrauch *m* | *~ silvestre* Blaubeer-, Heidelbeer-kraut *n* | **~ó** *m* Himbeere *f* = **~era** | **~onera** *f* = **~era** | **~or** *f poèt* Frische *f*; saftiges Grün *n*; (Voll)Saftigkeit *f*.

ger|ència *f* Geschäftsführung *f* | Verwaltung *f* | **~ent** *m/f* Geschäftsführer(in *f*) *m* | Verwalter(in *f*) *m* | Prokurist(in *f*) *m*.

gerga *f tèxt* grobes Tuch *n*.

geri|atre (-a *f*) *m* Fach-arzt *m* (-ärztin *f*) für Geriatrie, Geriater *m* | **~atria** *f med* Geriatrie, Altersheilkunde *f* | **~àtric** *adj* geriatrisch.

germ|à¹ (-ana *f*) *m a. ecl* Bruder *m*, Schwester *f* | *~ de pare (de mare)* Halbbruder *m* väterlicherseits (mütterlicherseits) | *~ gran* erstgeborener *(od* ältester) Bruder | *germans de llet* Milchgeschwister *n pl* | *~ petit* jün-

gerer Bruder | **~** *polític* = **cunyat** || *s/m pl* (*männlichen Geschlechts*) Brüder, *bes com* Gebrüder *m pl*; (*beider Geschlechter*) Geschwister *n pl* | *ecl*: *germans de la doctrina cristiana* (Ordens)Brüder *m pl* der Christlichen Lehre | **~à**² (**-ana** *f*) *m* = **~ànic** | **~anastre** (**-a** *f*) *m* Halb-, Stief-bruder *m*, -schwester *f* | **~andat** *f* Bruderschaft *f* | *ecl* (Ordens)Bruderschaft *f* | = **fraternitat** | **~** *de llauradors* Bauernverband *m* | **~anet**(**a** *f*) *m* Brüderchen, Schwesterchen *n* | *germanetes dels pobres* Vizentinerinnen *f pl* | **~ani** *m quím* Germanium *n* | **~ania** *f* Brüderlichkeit *f* | *ling* Gaunersprache *f*, Jargon *m* | *hist*: Handwerker- u. Bauernverbände, die sich in Mallorca u. València am Anfang der Herrschaft Karls V. erhoben | **~ànic**¹ *adj* germanisch | *p ext* deutsch || *s/mf* Germane *m*, -nin *f* || *s/m ling* Germanisch *n* | *el* **~** das Germanische | **~ànic**² *adj quím* Germanium..., *bes* Germanium-IV-... | **~anisme** *m* Germanismus *m* | **~anista** *m/f* Germanist(in *f*) *m* | **~anització** *f* Germanisierung *f* | **~anitzar** (33) *vt* germanisieren | eindeutschen | **~anitzar-se** *v/r* eingedeutscht werden | deutsches Wesen annehmen | **~anívol**(**ament** *adv*) *adj* brüderlich | **~ano-català** (**-ana** *f*) *adj* deutsch-katalanisch | **~anòfil** *adj* deutschfreundlich | *s/mf* Deutschenfreund(in *f*) *m* | **~anooccidental** *adj* (*m/f*) (*BRD*) westdeutsch | **~anooriental** *adj* (*m/f*) (*DDR*) ostdeutsch | **~or** *f a. fig* Brüderlichkeit *f* | **~ós** (**-osa** *f*) *adj quím* Germanium..., *bes* Germanium-II-...
germ|en *m a. fig* Keim *m* | *med a.* Krankheitserreger *m* | *ofegar u/c en el seu* **~** (*fig*) etw im Keim ersticken | **~icida** *m* keimtötendes Mittel *n* | **~inació** *f* Keimen *n* | *fig* Entstehen, Werden *n* | **~inal** *adj* (*m/f*) Keim... | **~inar** (33) *vi* keimen | *s.* entwickeln, werden | **~inatiu** (**-iva** *f*) *adj* Keim... | keimfähig.
gerna *f ict* Zackenbarsch *m*.
gernació *f* (Menschen)Menge *f*.
geront|òleg (**-òloga** *f*) *m med* Gerontologe *m*, -gin *f* | **~ologia** *f med* Gerontologie *f* | **~ològic** *adj med* gerontologisch.
gerr|a *f* gr(r) irdener Krug *m* | **~ada** *f* Krug *m* (voll) | **~er**(**a** *f*) *m* (Krug-)Töpfer(in *f*) *m*; Krughändler(in *f*) *m* | **~eria** *f* (Krug)Töpferei *f* | **~eta** *f* Krügelchen, Krüglein *n* | **~o** *m* (Blumen)Vase *f* | (Wasser-, Zier-)Krug *m*.
gerundi *m ling* Gerundium *n*.
ges *m reg* = **guix**.
gesm|í *m Bal*, **~il** *m Val* = **gessamí**.
gesneriàcies *f pl bot* Gesneriengewächse *n pl*.
gespa *f* Rasen *m*.
gessamí *m bot* Jasmin *m*.
gest *m a. fig* Geste *f* | Gebärde *f* | Zeichen *n* | *fer un mal* **~** e-e unglückliche Bewegung machen | *fer* **~**(*o*)*s* Zeichen machen | **~a** *f* gr(e) (*od* heldenhafte) Tat *f* | *s: cançó* | **~ació** *f* Schwangerschaft *f* | (*von Tieren*) Trächtigkeit, Tragezeit *f* | *fig* Reifungsprozeß *m* | *en* **~** im Werden | **~iculació** *f* Gebärdenspiel *n* | Gestikulierung *f* | **~icular** (33) *vi* Gebärden machen | gestikulieren | **~ió** *f* Betreiben *n*, Betreibung *f* | Geschäfts-, Wirtschafts-, Amts-führung, Verwaltung *f* | Schritt *m*, Maßnahme *f* | Verfahren *n* | **~ionar** (33) *vt* betreiben | vermitteln, besorgen | fördern | **~or** *adj* Vermittler... || *s/mf* (Vermittlungs)Agent(in *f*) *m* | Geschäftsführer(in *f*) *m* | Verwalter(in *f*) *m* | **~oria** *f* (Vermittlungs-)Agentur *f*.
get *m* = **git**.
Ghan|a *m geog* Ghana *n* | **~ès** (**-esa** *f*) *adj* ghanaisch || *s/mf* Ghanaer(in *f*) *m*.
ghetto *m* = **gueto**¹.
gibel·lí (**-ina** *f*) *adj* g(h)ibellinisch || *s/mf* G(h)ibelline *m/f*.
gibó *m zool* Gibbon *m*.
gib|ós (**-osa** *f*) *adj* bucklig | **~ositat** *f* Buckel, Höcker *m*.
gibrell|(**a** *f*) *m* Waschschüssel *f* | **~ada** *f* Waschschüssel *f* (voll) | **~eta** *f* Nachttopf *m*.
gicar (33) *vt pop arc* = **deixar**.
giga *f* (*Tanz*) Gigue *f*.
gigantisme *m med* Gigantismus, Riesenwuchs *m*.
gigre *m nàut* Winde, Winsch *f*.
gimcana *f esport* Gymkhana *n*.
gimn|às, **~asi** *m esport* Turnhalle *f* | *hist* Gymnasium *n* | *estud* (*Deutschland, Österreich, Schweiz*) Gymnasium *n* | **~asta** *m/f esport* Turner(in *f*) *m* | Gymnastiker *m*, Gymnastin *f* | **~àstic** *adj* Turn... | gymnastisch | *exercicis* **~s** Leibesübungen *f pl* | *pas* **~** (*od de* **~a**) Laufschritt, Dauerlauf *m* |

~àstica *f* Gymnastik *f* | Leibesübungen *f pl*, Turnen *n* | *fer* ~ turnen | ~ *terapèutica od mèdica (respiratòria)* Heil-(Atem-)gymnastik *f.*
gímnic *adj lit* gymnastisch | turnerisch | athletisch.
gimnosperm *adj bot* nacktsamig | **~es** *f pl bot* Gymnospermen *n pl*, Nacktsamer *m pl.*
gimnot *m ict* Zitteraal *m.*
Ginebra *f* Genf *n.*
ginebr|a *f* Wacholderbranntwein, Gin *m* | **~ar** *m* = **~eda** | **~e** *m bot* Wacholder(-baum, -strauch) *m* | **~eda** *f* Wacholdergebüsch *n* | **~er** *m* = **~e.**
ginebrí (**-ina** *f*) *adj* genferisch, Genfer || *s/mf* Genfer(in *f*) *m.*
ginebró *m* Wacholderbeere *f* | Zwergwacholder *m* | = **ginebre.**
ginec|eu *m hist* Gynäkeion, Frauengemach *m* | *bot* Gynäzeum *n* | **~i** *m bot* = **gineceu** | **~òleg** (**-òloga** *f*) *m med* Gynäkologe *m*, -gin *f* | **~ologia** *f* Gynäkologie *f* | **~ològic**(**ament** *adv*) *adj* gynäkologisch.
ginest|a *f bot* Ginster *m* | *bes* Binsen-Ginster *m* | ~ *borda od d'escombres* Besenginster *m* | **~ar** *m* Ginstergebüsch *n* | **~ell** *m bot* Besen-Ginster *m* | *a.* Waldginster («cinerea») | **~era** *f* Ginsterstrauch *m* | **~ó** *m bot* Wolfskerze *f* | **~ola** *f bot* Färbeginster *m.*
gingebre *m bot* Ingwer *m.*
gingiv|al *adj* (*m/f*) Zahnfleisch... | **~itis** *f med* Zahnfleischentzündung *f.*
gínjol *m* Jujubenbeere *f* | *fig fam: més trempat que un* ~ quicklebendig, sehr munter.
ginjoler *m bot* Jujube *f.*
ginkgo *m bot* Gingko(baum) *m* | **~àcies** *f pl* Gingkobäume *m pl.*
giny *m* List *f* | Trick, Dreh *m* | Artefakt *n*, Apparat *m* | Maschine *f* | **~s de guerra** Kriegs-listen *bzw* -maschinen *f pl* | *portar mal* ~ unheilverkündend sein | **~ar** (33) *vt* aushecken | ausdenken, ersinnen, erfinden || *vi* Ränke schmieden | **~ós** (**-osa** *f*, **-osament** *adv*) *adj* geistreich | sinnreich | erfinderisch, findig.
gip|ó *m a. hist* Wams *n* | (Frauen)Mieder, Leibchen *n* | *fig: un* ~ *de llenya* e-e Tracht Prügel | **~oner** *m hist* Wamsschneider *m.*
gips|ifer *adj* gipshaltig | **~ós** (**-osa** *f*) *adj* gipsartig.

gir *m* (Um)Drehung; Umkreisung; Rotation *f* | *bes ling* Wendung *f* | *econ* Über-, An-weisung *f*, Giro *n*; Umsatz *m* | ~ *bancari* Banküberweisung *f* | ~ *postal* Postanweisung *f* | ~ *telegràfic* telegrafische Anweisung *f* | *radide* ~ (*fts*) Drehradius *m* | **~a** *f* (*Kleidung*) Aufschlag, Umschlag *m*; Stulpe *f* | *la* ~ *del llençol* der Umschlag des (oberen) Bettlakens | **~ada** *f* (Um-)Drehung; Umkehrung; Wendung *f* | (*Kurve*) Kehre, Wendung *f* | Wendeplatz *m* | *esport* Wende *f* | *fig* Wende, Wendung; *bes* Abkehr, Abwendung *f* | **~adiscs** *m* (*Plattenspieler*) Laufwerk *n* | **~ador** *adj* Dreh... | Wende... || *s/m* Töpfer-, Dreh-scheibe *f.*
girafa *f zool* Giraffe *f.*
gir|agonsa *f* Windung, Krümmung *f* | **~agons(ej)ar** (33) *vi* s. winden, s. krümmen | **~ament** *m* (Sich)Drehen *n* | (Sich)Wenden *n* | Drehung *f* | Wendung *f* | **~àndola** *f* (*Feuerwerk*) Girandola, Girandole *f* | **~ant** *m* Wendepunkt *m* | *ant reg* Neumond *m* | **~ar** (33) *vi* s. drehen; *a.* kreisen *bzw* rotieren | (*die Richtung wechseln*) abbiegen; abdrehen (*Flugzeug*, *Schiff*); drehen (*bes Wind*); (*um 180 Grad*) wenden | *la Terra gira sobre ella mateixa* die Erde dreht s. (*od* rotiert) um s. selbst | *la Terra gira al voltant del Sol* die Erde dreht s. (*od* kreist, rotiert) um die Sonne | *tot gira al voltant d'ell* alles dreht s. um ihn | *la conversa va* ~ *a l'entorn de...* das Gespräch drehte s. um ... | *l'auto (el conductor) va* ~ *a mà dreta* das Auto (der Fahrer) bog nach rechts ab *od* ein | *aviat el camí gira cap a l'esquerra* bald biegt der Weg nach links ab | *on es pot* ~? wo kann man wenden? || *vt* (um-, herum-)drehen | (um)wenden; (um)kehren; umdrehen; (*Buch-*, *Heftblatt*) umblättern; (*Spielkarte*) aufdecken; *ling* umstellen; *ant* übersetzen | *econ* (*Geld*) überweisen (*a* dat); (*Wechsel*) girieren, ausstellen, trassieren, ziehen (auf *ac*) | *s: cara, cua, esquena, espatlla* | ~ *una maneta* e-e Kurbel drehen | ~ *la clau al pany* den Schlüssel im Schloß (her)umdrehen | ~ *un disc* e-e Platte umdrehen | ~ *una peça de vestir* e. Kleidungsstück wenden | ~ *els ulls en blanc* die Augen verdrehen | ~ *full* (*fig*) das Thema wechseln; e-n Strich

darunter machen *od* ziehen | ~ *la pell* (*fig*) ganz anders werden | *ella va ~ la cara cap a mi* sie wendete (*od* wandte) mir das Gesicht zu | **~ar-se** *v/r* s. um-drehen, -wenden-, -kehren | *fig* a. um-, ver-kehren | (*mit nachgestelltem Subjekt*) plötzlich auf-, ein-treten (*Witterungserscheinung*); (+ *Dativ*) plötzlich bekommen (*Arbeit Krankheit*) | s: *truita*[2] | *no et giris!* dreh (*od* kehr, wende) dich nicht um! | *gira't* (*d'esquena*), *a veure com t'està del darrere!* dreh dich mal um, mal sehen, wie es von hinten aussieht! | *els homes encara es giren per mirar-la* die Männer schauen s. immer noch nach ihr um | *m'he girat el peu* ich habe mir den Fuß verstaucht | *tota la nit t'has girat i regirat* du hast dich die ganze Nacht gedreht u. gewälzt | *vaig girar-me cap a la porta* (*la meva veïna*) ich wendete (*od* wandte) mich zur Tür (meiner Nachbarin zu *od* zu meiner Nachbarin) | ~ *contra alg od u/c* s. gegen j-n *od* etw kehren *od* wenden | *no saber on ~* nicht ein noch aus wissen | *s'ha girat vent* es ist Wind aufgekommen | *se m'ha girat molta feina* ich habe auf einmal viel Arbeit | **~a-sol** *m bot* Sonnenblume *f* | **~** *Wodans-kraut n* | *min* (*Art*) Opal *m* | **~atomb** *m* = **~avolt** | **~at** *m* (*Strumpf*) Fersenmasche *f* | **~atori** (**-òria** *f*) *adj* Dreh... | kreisend, Kreis... | *cadira* (*porta*) *giratòria* Dreh-stuhl *m* (-tür *f*) | **~avolt** *m* (*bes. in der Luft*) = **~avolta** | Purzelbaum *m* | **~avolta** *f* (Um)Drehung *f* | Wirbel *m* | = **~agonsa** | **~avoltar** (33) *vi* s. drehen | kreise(l)n | *a. fig* (herum)wirbeln | = **~agons(ej)ar**.

girfalc *m ornit* Geierfalke *m*.

gírgola *f bot* Seitling *m* | ~ *d'àlber* Hallimasch, Honigpilz *m* | ~ *de bruc* Trichterling *m* | ~ *de castanyer* Laubporling, Klapperschwamm *m*.

girofle *m ant* Gewürznelke *f*.

giròmetre *m tecn* Umdrehungsmesser *m*.

girondí (**-ina** *f*) *m hist* Girondist(in *f*) *m*.

giron|ès (**-esa** *f*), **~í** (**-ina** *f*) *adj* gironinisch, aus Girona || *s/mf* Gironiner(in *f*) *m*.

giro|plà *m aeron* Tragschrauber *m* | **~scopi** *m nàut aeron* Kreisel *m*, Gyroskop *n*.

gisca *f* sehr kalte Luft *f*.

git *m* Wurf *m*, Werfen *n* | Schuß *m* | (*Netz*) Auswerfen *n* | **~a** *f* Erbroche-ne(s) *n* | **~am** *m bot* Diptam *m* | **~ament** *m* (Weg-, Aus-)Werfen *n*.

gitan|ada *f* Zigeuner-tat *f*, -streich *m* | *desp* Schwindelei *f* | **~alla** *f col* Zigeuner *m pl* | **~ejar** (33) *vi* zigeunern | **~o** *adj* Zigeuner... || *s/mf* Zigeuner(in *f*) *m* | *desp* Schwindler(in *f*) *m*.

gitar (33) *vt* ab-, aus-, hinaus-, weg-werfen | schießen | *bes* (*Essen*) (aus-, er-) brechen | **~-se** *v/r fam* s. hinlegen, schlafen gehen | **~ada** *f* Erbroche-ne(s) *n*.

gla *f bot* Eichel, Ecker *f*.

glabre *adj bot zool* unbehaart, haarlos | **~scent** *adj* (*m/f*) beinahe unbehaart *od* haarlos.

gla|ç *m* Eis *n* | *circ a.* Glatteis *n* | *un cor de ~ e.* eisiges Herz | *rompre el ~* (*a. fig*) das Eis brechen | **~ça** *f* = **~çada** | (*Edelstein*) Fleck *m* | **~çada** *f* Frost *m* | **~çador** *adj* vereisend | eisig(kalt) | **~çar** (33) *vt* (ge)frieren lassen | *a. fig* erstarren lassen | mit Kälte durchdringen | (*Glas*) mattieren || *v/imp: aquesta nit ha glaçat* diese Nacht hat es gefroren | **~çar-se** *v/r* ge-, ein-frieren | vereisen (*Fahrbahn*) | zufrieren (*See, Fluß*) | *a. fig* erfrieren (*Pflanzen*) | *fig* erstarren | **~çat** (**-ada** *f*) *adj a. fig* eisig, eiskalt | durchfroren | *a. fig* erstarrt | *vidre ~* Milchglas *n* | *estàvem ~s de fred* wir waren völlig durch(ge)froren *od* erfroren | **~cé** *m* (*pl -és*) *m tèxt* Glacé *n* | **~cera** *f* Gletscher *m* | **~cial**(**ment** *adv*) *adj* (*m/f*) *a. fig* eiskalt, eisig | *Eis...* | *l'Oceà ~* das Eismeer | *període* (*od època*) *~* Eiszeit *f* | **~ciologia** *f* Glaziologie *f* | **~cis** *m mil* Glacis, Vorfeld *n* | **~çó** *m* Eiswürfel *m*.

gladi|ador *m hist* Gladiator *m* | **~ol** *m bot* Gladiole, Siegwurz *f*.

gland *m anat* Eichel, *med* Glans *f* | **~ífer** *adj bot* Eicheln tragend | **~iforme** *adj* (*m/f*) eichelförmig | **~ívor** *adj* Eicheln fressend.

gl|àndula *f anat* Drüse *f* | ~ *lacrimal* (*mamària, pineal, salival*) Tränen- (Brust- *od* Milch-, Zirbel-, Speichel-) drüse *f* | **~andular** *adj* (*m/f*), **~andulós** (**-osa** *f*) *adj* drüsenartig | Drüsen... | drüsig | *teixit ~* Drüsengewebe *n*.

glaner *adj* Eicheln tragend || *s/m* Eiche *f*.

glapi|r (37) *vi* kläffen | **~t** *m* Kläffen, Gekläff *n*.

glarèola *f ornit* Brachschwalbe *f*.

glassa *f* = **gasa**.
glast *m bot* Färberwaid *m*.
glatir (37) *vi* lechzen, schmachten (*per* nach) || *vt* begehren.
glauberita *f quím* Glaubersalz *n*.
glauc *adj poèt* meergrün | **~escent** *adj* (*m/f*) leicht meergrün | **~i** *m bot* Gelber Hornmohn *m* | **~oma** *m med* Glaukom *n*, grüner Star *m* | **~onita** *f min* Glaukonit *m*.
glavi *m poèt* Schwert *n*.
glena *f anat* Gelenkpfanne *f*.
gleucòmetre *m* = **glucòmetre**.
glev|a *f agr* Erdscholle *f* | Klumpen *m* | (*Blut*) Gerinnsel *n* | *hist:* serf de la ~ Leibeigene(r) *m* | **~ós (-osa** *f*) *adj* erdschollenartig | klumpig; klümp(e)rig.
glic|erat *m* Glyzerid *n* | Glyzerin-salz *n* bzw -ester *m* | **~èric** *adj* glyzerisch | **~erina** *f* Glyzerin *n* | sabó de ~ Glyzerinseife *f* | **~ina** *f bot* Glyzinie, Glyzine *f* | **~ocol·la** *f quím* Glykokoll, Glyzin *n* | **~ogen** *m* Glykogen *n* | **~ogenòlisi** *f biol* Glykogenolyse *f*, Glykogenabbau *m* | **~ol** *m quím* Glykol *n* | **~osa** *f* = **glucosa** | **~osúria** *f* = **glucosúria**.
gl|íptic *adj* Steinschneidekunst... || *s/f* Glyptik, Steinschneidekunst *f* | **~iptoteca** *f* Glyptothek *f*.
gl|obal(ment *adv*) *adj* (*m/f*) abgerundet, gesamt, global | Pauschal... | *mètode* ~ Ganzwort-, Ganzheits-methode *f* | **~obina** *f biol* Globin *n* | **~obós (-osa** *f*) *adj* kugelförmig | **~òbul** *m* Kügelchen *n* | Blutkörperchen *n* | **~s blancs** (*vermells* ode *rojos*) weiße (rote) Blutkörperchen *n pl* | **~obular** *adj* (*m/f*) Kugel... | kugelförmig | **~obulina** *f biol* Globulin *n* | **~obus** *m* Kugel *f* | Luftballon *m* | *aeron* Ballon *m* | ~ celest Himmelsglobus *m* | ~ terraqüi Erd-kugel *f*, *lit* -ball *m*; **~obulinar** *f*) Globus *m*.
gloc-gloc *int onomat:* fer ~ gluck machen, gluckern || *s/m* Gluckern *n*.
glomèrul *m bot* Blütenknäuel *n/m* | *anat* Gefäßknäuel *n/m*.
glop *m* Schluck *m* | *a ~s* schluckweise | beure un ~ de vi (*d'aigua*) e-n Schluck Wein (Wasser) trinken | **~ada** *f* Mundvoll, Schluck *m* | (*Zigarette*) Zug *m* | (*Flüssigkeit*) Schwall *m* | (*Rauch*, *Dampf*) Wolke *f* | (*Wind*) Stoß *m* | *a glopades* (*loc adv*) in großen Zügen; ruck- stoß-weise | **~eig** *m* (Aus)Spülen *n* | **~ejar** (33) *vt* (Getränk) schluckweise trinken | ~ aigua s. den Mund mit Wasser (aus)spülen || *vi* s. den Mund (aus)spülen.
glòria *f* Ruhm *m* | Ehre *f* | Stolz *m* | (*Gottes*) Herrlichkeit *f* | àvid (*afamat*) de ~ ruhmsüchtig | cobrir-se de ~ s. (fig iròn nicht gerade) mit Ruhm bedecken | estar a (od en) la ~ (fig) glückselig sein | ~ eterna (*rel*) ewige Seligkeit *f* | ~ del cel od celestial (*rel*) Himmel(reich *n*) *m* | tenir u/c a ~ s. etw zur Ehre anrechnen | treballar per la ~ für die Ehre (allein) arbeiten || *s/m* Lob *n* Gottes; (Gesang) Gloria *n* («Ehre sei Gott in der Höhe...»).
glori|apatri *m* Gloria *n* | **~ar-se** (33) *v/r* = **~ejar-se** | **~ejament** *m* = **~ficació** | **~ejar** (33) *vt* verherrlichen | **~ejar-se** *v/r:* ~ d'u/c s. e-r Sache (*gen*) rühmen | **~eta** *f* Gartenlaube *f* | **~ficable** *adj* (*m/f*) rühmenswert, ruhmwürdig | rühmlich | **~ficació** *f* Verherrlichung, Glorifizierung *f* | *rel a*. Verklärung *f* | **~ficador** *adj* verherrlichend || *s/mf* Verherrlicher(in *f*) *n* | **~ficament** *m ant* = **~ficació** | **~ficar** (33) *vt* verherrlichen, glorifizieren | rühmen | *rel a*. verklären | **~ola** *f* Glorien-, Heiligen-schein *m* | **~ós (-osa** *f*, **-osament** *adv*) *adj* ruhmvoll, glorreich | rühmlich, ehrenvoll | *rel a*. verklärt; selig.
glos|a *f Bal* Lied(chen) *n* | **~ador(a** *f*) *m Bal* Volksdichter(in *f*) *m* | **~sa** *f* Glosse, (Wort)Erklärung *f* | Bemerkung *f* | Kommentar *m* | *Lit* Kehrreimgedicht *n* | ~ marginal Randbemerkung *f* | **~sador(a** *f*) *m* Glossenschreiber(in *f*) *m* | Kommentator(in *f*) *m* | *s/m hist dr* Glossator *m* | **~sar** (33) *vt* auslegen, erklären, erläutern | glossieren | **~sari** *m* Glossar *n* | **~sema** *m ling* Glossem *n* | **~sitis** *f med* Zungenentzündung *f* | **~solàlia** *f bíbl* Zungenreden *n* | *psic* Glossolalie *f* | **~sopeda** *f* Maul- u. Klauen-seuche *f*.
gl|otal *adj anat* Stimmritzen... | *ling* glottal | **~òtic** *adj anat* Stimmritzen... | **~otis** *f anat* Stimmritze, Glottis *f* | **~otitis** *f med* Stimmritzen-entzündung *f*, -krampf *m* | **~otó (-ona** *f*) *adj u. s/mf* = **golafre** | **~otonia** *f* = **golafreria**.
gloxínia *f bot* (Echte) Gloxinie *f*.
gl|ucèmia *f med* Glykämie *f*, Blutzucker(gehalt) *m* | **~úcic** *adj* Zucker..., Glyk... | **~ucòlisi** *f biol* Glykolyse *f* |

gluma 541 **goma**

~uconat *m quím* Gluconat *n* | **~ucònic** *adj quím:* àcid ~ Gluconsäure *f* | **~ucosa** *f quím* Glu-cose, -kose *f*, Traubenzucker *m* | **~ucòsid** *m quím* Gly-, Glu-kosid *n* | **~ucosúria** *f med* Glucosurie *f*, Glykosurie *f*.
glum|**a** *f bot* Spelze *f* | **~aci** (**-àcia** *f*) *adj* spelzig | **~ífer** *adj* spelzentragend.
glut|**amat** *m quím* Glutamat *n* | **~àmic** *adj quím:* àcid ~ Glutaminsäure *f* | **~amina** *f quím* Glutamin *n* | **~atió** *m quím* Glutathion *n* | **~en** *m* Klebstoff *m* | *quím* Gluten *n*, Kleber *m*.
gluti (**-útia** *f*) *adj anat* Gesäß...
glutinós (**-osa** *f*) *adj* klebrig, leimartig.
gn|**eis** *m min* Gneis *m* | **~èissic** *adj* gneisig, gneishaltig.
gnetàcies *f pl bot* Gnetumgewächse *n pl*.
gn|**om** *m mit* Gnom *m* | **~òmic**[1] *adj* gnomenhaft.
gn|**òmic**[2] *adj Lit* gnomisch | *poetes* **~s** Gnomiker, Spruchdichter *m pl* | **~omologia** *f* Spruchsammlung *f* | **~òmon** *m* (*Sonnenuhr*) Zeiger *m* | Gnomon *m* | **~osi** *f hist rel* Gnosis *f* | **~òstic** *adj* gnostisch || *s/m/f* Gnostiker(in *f*) *m* | **~osticisme** *m hist ecl* Gnostizismus *m*, Gnosis *f*.
gobelet *m* Würfelbecher *m*.
gobi *m* = **gòbit**.
gòbi|**ds** *m pl ict* Gründeln *f pl* | **~t** *m ict* Gründling *m*.
goda *f nord-cat* Faulheit *f* | Trägheit *f*.
godall *m zool* Spanferkel *n*.
godalla *f agr* Sense *f* | **~r**[1] (33) *vt agr* mähen, schneiden.
god|**allar**[2] *vi* ferkeln, Ferkel werfen | **~í** *m* = **godall** | **~inar** (33) *vi* = **godallar**[2].
gòdua *f bot* Besenginster *m*.
goècia *f* schwarze Magie *f*.
goethita *f min* Goethit, Rubinglimmer *m*.
gofra|**r** (33) *vt tèxt* gaufrieren | **~tge** *m tèxt* Gaufrieren *n*; Gaufrage *f*.
go|**gista** *m/f catol* Lobliedersammler(in *f*) *m* | **~ig** *m* Freude *f* | Lust *f*, Vergnügen *n*, Spaß *m* | *el jardí fa* ~ (*de veure*) der Garten sieht prächtig aus | *quan s'arregla, encara fa* ~ wenn sie s. herrichtet, sieht sie noch ansprechend (*od* schmuck) aus | *és un noi que fa* ~ er ist e. prächtiger Junge | *et faria* ~ *d'acompanyar-me?* hättest du Lust, mich zu begleiten? | *ell (la cosa) no em fa* (*gens de*) ~ er (die Sache) gefällt mir (gar) nicht || *pl catol* Loblied *n* (*zu Ehren der Jungfrau od e-s Heiligen*).

goja *f mit* Quell-, Wasser-nymphe *f* | **~r** (33) *vt nord-cat* bezaubern | **~t** *m nord-cat* Bursche *m* | *bes* Freund, Schatz *m*.
gojós (**-osa** *f*, **-osament** *adv*) *adj* fröhlich | freudig | lustig.
gol *m esport* Tor *n* | ~! Tor! | *línia* (*oportunitat*) *de* ~ Tor-linie (-chance) *f* | *fer* (*un*) ~, *marcar* (*un*) ~ e. Tor erzielen, (*mit dem Fuß*) a. schießen | *fer* (*od marcar*) *un* ~ *de cap* e. Tor einköpfen.
gola *f* Kehle, Gurgel *f* | *a. zool* Rachen; Schlund *m* | Öffnung *f*; Schlund *m* | *ecl* Völlerei *f* | *hist* Halskrause *f*; *mil* Kehlstück *n* | *fosc com una* ~ *de llop* stock-dunkel, -finster | **~da** *f* Schwall *m* | Schluck, Mundvoll *m* | **~fre** *adj* (*m/f*) gefrässig, verfressen || *s/m/f* Nimmersatt, Vielfraß *m* | **~frejar** (33) *vi* gierig (*bzw* unmäßig) essen | schlingen | **~freria** *f* Gefräßigkeit, Verfressenheit *f*.
goleja|**dor** *m esport* Torjäger *m* | **~r** (33) *vt* (*gegnerische Mannschaft*) haushoch schlagen.
goleró *m geog* Gebirgspaß *m*, Schlucht *f*.
goleta *f nàut* Schoner *m*.
golf[1] *m geog* Golf, Meerbusen *m*.
golf[2] *m esport* Golf(spiel) *n*.
golfa *f mst pl* (Dach)Boden *m*, *reg* Speicher *m*.
golfo *m* (Tür)Angel *f*.
goliard *m hist* Goliard *m*.
goll *m med* Kropf *m* | **~ut** (**-uda** *f*) *adj* kropfig.
gol|**ós** (**-osa** *f*, **-osament** *adv*) *adj* naschhaft, genäschig, vernascht || *s/m/f* Leckermaul *n* | **~osia** *f* Naschhaftigkeit *f* | **~uderia** *f* = **golafreria** | **~ut** (**-uda** *f*) *adj u. s/m/f* = **golafre**.
gom: *el teatre* (*tren*) *era ple de* ~ *a* ~ das Theater (der Zug) war zum Bersten (*od* Brechen, Platzen) voll | *els manifestants omplien la plaça de* ~ *a* ~ die Demonstranten überfüllten den Platz.
goma *f* Gummi *m/n* | Kautschuk *m* | Gummiring *m*; Gummi(band) *n*; Gummischlauch *m*; Gummimanschette *f* | (*a.* ~ *d'enganxar*) Klebstoff *m* | (*a.* ~ *d'esborrar*) (Radier)Gummi *m* | *fam* (*Präservativ*) Gummi *m* | *med* Gumma *f* | ~ *líquida* Gummilösung *f*, Klebstoff *m* | *fig: fer* ~ s. wie e. Geck (*od* Modenarr) zeigen | **~t** (**-ada** *f*) *adj*

gummienthaltend.
gombolda|r (33) *vt* (*j-n*) um-, ver-sorgen | (*etw*) herrichten | *s: agombolar* | **~tge** *m* (Für)Sorge, Pflege *f* | Herrichtung *f.*
gom|er, ~ífer *adj* gummierzeugend | **~ós** (**-osa** *f*) *adj* gummiartig, Gummi... | *med* gummös ‖ *s/m fam iròn* Geck, Lackaffe, Stutzer *m.*
gònada *f biol* Keimdrüse, Gonade *f.*
gòndola *f* Gondel *f.*
gondoler *m* Gondoliere *m.*
gonfan|ó *m hist* Banner *n*, Fahne *f* | **~oner** *m* Banner-, Fahnen-träger *m.*
gong *m* Gong *m.*
gongor|í (-ina *f*) *adj* (*Stil*) schwülstig | **~isme** *m Lit* Gongorismus, schwülstiger Stil *m.*
goni|òmetre *m* Winkelmesser *m* | *aeron* Peil-gerät *n*, -kompass *m* | *mil* Richtkreis *m* | **~ometria** *f* Winkelmessung, Goniometrie *f.*
gono|coc *m med* Gonokokkus *m* | **~rrea** *f med* Gonorrhö(e) *f*, Tripper *m* | **~rreic** *adj* gonorrhoisch, Tripper...
gord *adj reg* beleibt, dick; fett | grob, rauh, roh; *p ext* hart, trocken.
gorg *m* (*Fluß*) tiefe Stelle *f*; Stau *m* | **~a** *f* Strudel(loch *n*) *m* | Kolk *m* | **~era** *f hist* (*Rüstung*) Kehlstück *n* | Halskrause *f* | **~erí** *m hist* Kehlstück *n.*
Gorgones *f pl mit* Gorgonen *f pl.*
gori-gori *m fam* Grabgesang *m.*
goril·la *m zool* Gorilla *m.*
gorj|a *f anat* Gurgel, Kehle *f*; Rachen, Schlund *m* | (*Gebirge*) Engpaß, Gebirgspaß *m*, Schlucht *f* | **~al** *m hist* (*Rüstung*) Kehlstück *n* | *ecl* Priesterkragen *m* | **~ut** (**-uda** *f*) *adj u. s/mf* = **golafre.**
gormand *adj u. s/mf* = **golafre** | = **golós** | **~ejar** (33) *vi* = **golafrejar** | = **llepolejar** | **~eria** *f* = **golafreria** | = **golosia.**
gorr|a *f* Mütze *f* | Kappe *f* | *mil* Feld-, Dienst-mütze *f*, Käppi *n* | ~ *de cop* (*Kinder*) Kopfschutz *m* (*aus Stroh*) | ~ *de dormir* (*od de nit*) Nachtmütze *f* | ~ *frígia* (*hist*) Jakobinermütze *f* | *de* ~ (*loc adv*) auf fremde Kosten, gratis | *fer una* ~ *a alg* bei j-m schmarotzen | **~ada** *f* Mützenziehen *n* (*zum Gruß*) | **~ejar** (33) *vi* (herum)schmarotzen, nassauern | **~er(a** *f*) *m* Schmarotzer(in *f*), Nassauer(in *f*) *m.* | **~eta** *f* Mützchen *n* | **~eter(a** *f*) *m* Mützenmacher(in *f*) *m* | **~eteria** *f*

Mützen-werkstatt *bzw* -laden *m* | **~ista** *m/f* Mützenmacher(in *f*) *m* | Schmarotzer, Nassauer *m.*
gos *m* (*pl* **gossos**) *a. fig* Hund *m* | ~ *d'aigua* Pudel *m* | ~ *d'atura* Schäferhund *m* | ~ *de caça* Jagdhund *m* | ~ *de falda* od *falder* Schoßhund *m* | ~ *llebrer* Windhund *m* | ~ *llop* Wolfshund *m* | ~ (*de*) *pastor* od *de ramat* Schäferhund *m* | ~ *peter* od *petaner* kl(r) Kläffer *m* | ~ *perdiguer* od *de parada* Vorstehhund, Hühnerhund *m* | ~ *policia* Polizeihund *m* | ~ *de presa* Bulldogge *f* | ~ *savi* od *ensenyat* dressierter Hund *m* | ~ *de sant Bernat* Bernhardiner(hund) *m* | ~ *de Terranova* Neufundländer *m* ‖ *pl bot* Löwenmäulchen, Großes Löwenmaul *n*; Dornige Spitzklette *f.*
gosa|dia *f* Kühnheit *f* | *desp* Verwegenheit, Dreistigkeit *f* | **~r** (33) *vi* wagen | *desp* s. erdreisten | *s/m* Wagemut *m* | *desp* = **gosadia** | **~t** (**-ada** *f*) *adj* kühn, gewagt | dreist.
goss|a *f* Hündin *f* | **~ada** *f*, **~am** *m* Meute *f* | **~er** *m* Hundeführer *m* | **~era** *f* Hundehütte *f* | **~et** *m* Hündchen, Hündlein *n* | ~ *de les praderies* Präriehund *m.*
got[1] *m* (Trink)Glas *n* | *nàut tecn* Riemenauflage *f* | *un* ~ *d'aigua* e. Wasserglas; e. Glas Wasser | *he begut dos* ~*s de vi* ich habe zwei Glas Wein getrunken | *col·leccionen* ~*s de cervesa* sie sammeln Biergläser | *una tempestat en un* ~ *d'aigua* e. Sturm im Wasserglas.
got[2] (**goda** *f*) *adj* gotisch (*Stamm*) ‖ *s/mf* Gote *m*, Gotin *f.*
got|a *f* Tropfen *m* | *gotes d'aigua* (*de pluja, de suor*) Wasser-(Regen-, Schweiß-)tropfen *m pl* | *s'assemblen com dues gotes d'aigua* sie gleichen s. wie e. Ei dem andern | ~ *freda* (*meteor*) Kaltlufttropfen *m* | *cauen gotes* es tröpfelt; es fängt an zu regnen | *només han caigut quatre gotes* es sind nur e. paar Tropfen gefallen | *et cau la* ~ dir tropft die Nase | *fins a l'última* ~ (*a. fig*) bis auf den letzten Tropfen; bis zur Neige | *fins a l'última* ~ *de sang* bis zum letzten Blutstropfen | *de* ~ *en* ~ od ~ *a* ~ tropfenweise | *de* ~ *en* ~ *s'omple la bóta* (*Spruch*) steter Tropfen höhlt den Stein | ~ *a* ~ (*med*) Tropf(infusion *f*) *m* | *li han fet el* ~ *a* ~ man hat ihm e-n Tropf angelegt ‖

pl (*Arznei*) Tropfen *m pl* | *gotes del nas* Nasentropfen *m pl* ‖ *med* Gicht *f* | *atac de ~* Gichtanfall *m* | *~ serena* schwarzer Star *m* | *~ ciàtica* Ischias *f*, Hüftweh *n* ‖ (*kleine Menge e-r Flüssigkeit*) *no queda ni una ~ d'oli* es ist kein Tropfen Öl mehr da | *posa-me'n quatre gotes* schenk mir e. paar Tropfen ein ‖ *pron ind u. adv fam = gens | no fa ~ d'aire* es weht kein Lüftchen | *per ~ salat que sigui, ja arrufa el nas* wenn es a. nur e. wenig salzig ist, rümpft er schon die Nase | *estàs content? — ~* bist du zufrieden? —Keine Spur | *~ejar* (33) *vi = degotar* | *v/imp: goteja* es tröpfelt | *~ellada f* Platzregen *m* | *~ellera f = ~era f* | *~ellim m* Sprühregen *m* | *~ellimar* (33) *v/imp: gotellima* es tröpfelt | *~era f* (*Dach, Decke*) undichte Stelle *f* | (Durch)Tropfen *n* | *~eta f* Tröpfchen *n* | *~ets m pl bot* Schwarzes (*od* Weißes) Bilsenkraut *n*.

gòtic *adj a. arquit* gotisch | *lletra ~a* gotische Schrift, Frakturschrift *f* | *estil ~* Gotik *f* ‖ *s/m* Gotik *f* | Gotisch, das Gotische.

gotós (-osa) *f*) *adj med* gichtisch ‖ *s/mf* Gichtkranke(r *m*) *m/f*.

gotzo *adj* fettleibig | dickleibig.

govern *m* Regierung *f* | Regierungsform *f* | Regierungsbezirk *m* | *fam* (*Haus*) Verwaltung, Haushaltung *f* | *nàut* Steuerung *f* | *nàut* Lenkung *f*, Lenken *n* | *~able adj* (*m/f*) regierbar, lenkbar | *nàut* steuerbar | *~ació f = ~ament* | *conseller de ~* (*Cat*) Innenminister *m* | *~ador m* Statthalter, Gouverneur *m* | *~ civil* Zivilgouverneur *m* | *~ militar* Militärgouverneur *m* | *~all m nàut aeron* Ruder, Steuer *n* | *~ament m* Regieren *n*; Regierung *f* | *~amental adj* (*m/f*) Regierungs... | regierungstreu | *~ant m/f* Regierende(r *m*) *m/f*; Regierungsmitglied *n* | *~ar* (33) *vt nàut aeron* steuern, lenken | *bes polít* regieren | (*Haushalt*) führen, leiten | *fig* (*Leidenschaften*) beherrschen | *~ar-se v/r fig s.* beherrschen | *~atiu* (-iva *f*, -ivament *adv*) *adj* Regierungs...

gra *m a. fotog geol tecn* Korn *n* | *col a.* Getreide *n* | Beere *f* | (*Kaffee, Kakao*) Bohne *f* | (*Anis, Melone, Granatapfel*) Kern *m* | (*Leder*) Narben *f pl* | (*Rosenkranz*) Perle *f*, Korn *n* | (*Haut*) Pickel; Mitesser *m* | (*älteres Gewicht*) Grain *m*; (*Apothekergewicht*) Gran *n*; (*Juwelengewicht*) Grän, Gran *n*; *numis* Korn *n* | *~ de mostassa* (*pebre, sal, sorra*) Senf- (Pfeffer-, Salz-, Sand-)korn *n* | *~ de raïm* Traube, Weinbeere *f* | *~ d'all* Knoblauchzehe *f* | *de ~ fi* (*gros*) fein- (grob-)körnig | *fig: anem al ~!* kommen wir zur Sache! | *fer-ne un ~ massa* es übertreiben | *posar-hi el seu ~* (*od granet*) *de sorra* sein Scherflein dazu beisteuern.

graal *m Lit = greal*.

gr|àcia *f* Anmut *f*; Reiz *m*; (*bes der Bewegung*) Grazie *f* | (*feiner*) Witz *m*; Geschick *n* | (*Gunst*) *a. rel* Gnade *f* | *~ santificant* (*ecl*) heiligmachende Gnade *f* | *~ de Déu* Gnade Gottes, Gottesgnade *f* | *rei per la ~ de Déu* König *m* von Gottes Gnaden | *dret de ~* Begnadigungsrecht *n* | *mesura* (*sol·licitud*) *de ~* Gnaden-akt *m* (-gesuch *n*) | *les Gràcies* (*mit*) die Grazien *pl* | *caure en ~ a alg* j-m gefallen, j-m sympathisch sein, *umg* bei j-m gut ankommen | *estar en estat de ~* (*a. fig*) im Zustand der Gnade sein | *estar en ~ prop d'alg* bei j-m in Gnaden stehen | *fer ~ d'u/c a alg* j-m etw erlassen; j-m etw schenken *bzw* bewilligen | *em sembla que aquesta noia et fa ~* ich glaube, dieses Mädchen gefällt dir | *em faria molta ~ d'anar-hi* ich würde sehr gern hingehen | *el menut fa molta ~* der Kleine ist sehr drollig | *em fas ~!* (*irón*) (*na*) du machst mir (vielleicht) Spaß! | *les teves insinuacions no em fan gens de ~* deine Andeutungen gefallen mir gar nicht | *irón: té ~ que despatxin els millors!* es ist e. Witz, daß man die Besten entläßt! | *no hi veig la ~* wo steckt der Witz? ‖ *pl* Dank *m* | *acció de gràcies* (*ecl*) Danksagung *f* | *gràcies!* danke! | *moltes gràcies!* vielen (*od* herzlichen) Dank! | *gràcies a Déu!* Gott sei Dank! | *i encara gràcies!* u. man kann noch zufrieden sein! | *donar les gràcies a alg d'u/c* od *per u/c* j-m für etw danken, s. bei j-m für etw bedanken | *ja en pots donar gràcies al teu germà!* (*a. irón*) du kannst dich bei deinem Bruder dafür bedanken! | *gràcies a* (*loc prep*) dank (*gen od dat*) | *~aciar* (33) *vt* begnadigen | *~àcil adj* (*m/f*) grazil | zierlich | *~acilitat f* Grazilität *f* | Zierlichkeit *f* | *~aciós* (-osa *f*, -osament *adv*) *adj* anmutig | graziös | reizend; witzig; geschickt | (*a.* englische

Könige) gnädig ‖ s/m (*spanische Komödie*) Spaßmacher, Narr *m* | **~aciositat** *f* Anmut(igkeit); Grazie *f* | Gnädigkeit *f*.

grad|a *f* (Treppen)Stufe *f* | *bes teat taur* Rangreihe, Sitzreihe *f* | *ecl* (Altar-)Podium *n* | *nàut* Helling, Schiffs-, Boots-werft *f* | **~ació** *f a. pint* Abstufung *f* | Stufenfolge, allmähliche Steigerung *f* | **~eria** *f* Stufen-folge, -reihe *f* | (*Stadion*) Ränge *m pl* | **~eta** *f quím* Reagenzglasständer *m* | **~ient** *m mat meteor* Gradient *m* | **~uable** *adj (m/f) tecn* einstellbar | **~uació** *f* Gradeinteilung *f* | *tecn* Einstellung *f* | *estud* Graduierung *f* | *quím* Gradierung *f* | (*Wein*) Alkoholgehalt *m* | *mil* Rang, Dienstgrad *m* | **~ual(ment** *adv) adj (m/f)* allmählich | abgestuft, stufenweise fortschreitend ‖ *s/m ecl* Graduale *n* | **~uand(a** *f) m* Kandidat(in *f) m* (*für e-n akademischen Grad*) | **~uar** (33) *vt* in Grade einteilen | abstufen, allmählich steigern | *a. estud* graduieren | *quím* gradieren | *mil* zu e-m Rang (*od* Dienstgrad) ernennen | **~uar-se** *v/r* graduieren, e-n akademischen Grad erwerben | **~uat (-ada** *f*, **-adament** *adv) adj* abgestuft | graduiert | Grad... | Meß... | *s/mf estud* Graduierte(r *m*) *m/f*.

graella *f mst pl* (Brat)Rost, Grill *m* | *fam* Fackelhalter *m*.

gr|afia *f* Schreibweise, Graphie *f* | **~àfic(ament** *adv) adj* graphisch | anschaulich | illustriert | Schrift... | *accent* ~ (*ling*) graphische(r) Akzent *m* | *arts gràfiques* Graphik; Druckindustrie *f*, graphische(s) Gewerbe *n* | *disseny* ~ graphische(s) Zeichnen *n* ‖ *s/m* Graphik, graphische Darstellung *f*, Diagramm, Schaubild *n*, *mat cient a.* Graph *m* | **~afisme** *m* (*zeichnerische Gestaltung*) Graphik *f* | **~afit** *m* Graphit *n* | (*Wand*) Graffito *m* (*pl* Graffiti) | **~afític**, **~afitós (-osa** *f) adj* Graphit... | graphithaltig | **~afitoide** *adj (m/f)* graphitartig | **~afoleg (-òloga** *f) m* Graphologe *m*, -gin *f* | **~afologia** *f* Graphologie *f* | **~afològic(ament** *adv) adj* graphologisch | **~afospasme** *m* Schreibkrampf *m* | **~afostàtica** *f constr* Graphostatik *f*.

grall *m* gelle(r) Schrei *m* | (*Dudelsack*) Rohr *n* | **~a** *f ornit* Dohle *f* | ~ *de bec groc* Alpendohle *f* | *mús* Flageolett *n*, kl(e) Schnabelflöte *f* | **~ar** (33) *vi* krächzen | **~er(a** *f) m mús* Schnabelflötenspieler(in *f*) *m* | **~era** *f* Krähennest *n* | **~ó** *m* Krähenjunge(s) *n*.

gram[1] *m* (*Gewicht*) Gramm *n*.
gram[2] *m bot* Hundszahn *m*.
gramalla *f hist* Talar *m*; Toga *f*; Leibrock *m* | Tunika *f*.
gram|àtic(a *f) m* Grammatiker(in *f*) *m* | **~àtica** *f* Grammatik *f* | ~ *històrica (normativa)* historische (normative) Grammatik *f* | **~atical(ment** *adv) adj (m/f)* grammati(kali)sch | **~aticalitat** *f* Grammatikalität *f* | **~atitzar** (33) *vt* grammatikalisieren.
gram|ínies *f pl bot* Süßgräser *n pl* | **~inífer** *adj* ährentragend.
gramnegatiu (-iva *f) adj* gramnegativ.
gram|òfon *m* Grammophon *n* | **~ola** *f arc* = **tocadiscs**.
grampositiu (-iva *f) adj* grampositiv.
gran *adj (m/f)* groß | *a.* hochgewachsen; erwachsen | (*nicht mehr jung*) älter | *s: gros* | *un jardí (una plaça, un cotxe)* ~ e. großer Garten (Platz, Wagen) | *l'abric em va* ~ der Mantel ist mir zu groß | *la nena és molt* ~ *per la seva edat* das Mädchen ist sehr groß für sein Alter | *és un nen* ~ (*a. fig*) er ist e. großes Kind | *què vols (és)ser, quan seràs* ~? was willst du werden, wenn du groß bist? | *ja ets prou* ~ *per entendre-ho* du bist schon groß (*od* alt) genug, um es zu verstehen | *sóc (un any) més* ~ *que tu* ich bin (e. Jahr) älter als du | *l'avi ja és molt* ~ Opa ist schon sehr alt | *fer-se* ~ wachsen, groß (*bzw* größer) werden (*Kind*); (*a. tornar-se* ~) altern, alt (*bzw* älter) werden (*Erwachsene*) | *la gent* ~, *les persones* ~*s* die Erwachsenen *pl*; ältere Leute *pl* | *ho diré al meu germà* ~! das sage ich meinem großen Bruder! | *el fill* ~ *és l'hereu* der älteste Sohn ist der Erbe | *la (nostra filla)* ~ unsere ältere (*bzw* älteste) Tochter, unsere Große *od* Größte, Älteste *f* | *el carrer* ~ *od major* die Hauptstraße | *la casa* ~ das Rathaus | ~ *nombre (quantitat)* große (An)Zahl (Menge) *f* | *a* ~ *velocitat* mit hoher Geschwindigkeit | *un* ~ *soroll (error, progrés)* e. großer Lärm (Irrtum, Fortschritt) | *un error molt* ~ e. sehr großer Irrtum | *l'oportunitat més* ~ *de la meva vida* die größte Chance meines Lebens | *una* ~ *idea* e-e großartige Idee *f* | *un* ~ *home* e. großer Mann, e. Mann von

grana | 545 | **grapa**

Größe | *Frederic el* ~ Friedrich der Große | *el* ~ *món* die große Welt | ~ *capital(ista)* Großkapital(ist *m*) *n* | ~ *duc(at)* Großherzog(tum *n*) *m* | *els* ~*s Llacs* die Großen Seen *pl* | *el* ~ *Londres* Groß-London *n* | *en* ~ im großen (Stil) | *això ja és una* ~ *cosa* das ist schon viel | *no és* ~ *cosa, però més val això que res* viel ist es ja nicht, aber immerhin besser als nichts | *el fill no és* (od *val) pas* ~ *cosa* der Sohn taugt nicht viel || *s/m* (*Maß; Persönlichkeit*) Größe *f* | ~ *d'Espanya* Grande *m* || *s/m pl: els* ~*s* die Großen *pl* | ~*s i petits* groß u. klein, alt u. jung.
grana *f agr* Samen *m*, Samenkorn *n* | (*Zugtiere*) Futter *n*, Hafer *m* | *entom* Kermesschildlaus *f* | (*Farbe*) Karmin *n* | ~**da**[1] *f agr* Körner-, Samen-bildung *f* | ~**da**[2] *f* Granate *f* | ~ *de mà* Handgranate *f* | ~**della** *f bot* Glaskraut *n* | ~**der** *m mil* Grenadier *m* | ~**dina**[1] *f tèxt* Grenadine *f* | ~**dina**[2] *f* (*Saft*) Grenadine *f* | ~**dura** *f* Glasperlen *f pl* | ~**lla** *f* Metallkörner *n pl* | ~**r** (33) *vi* Körner ansetzen || *vt* körnen | (*Papier*) narben, grainieren | ~**t**[1] *m min* Granat *m* || *adj* (*m/f*) granatfarben, dunkelrot | ~**t**[2] (-**ada** *f*) *adj agr* reif | gekörnt | genarbt, grainiert | *fig* (*Leute*) angesehen, vornehm; wichtig.
gran|dària *f* Größe *f* | *fig a.* Geräumigkeit *f* | Breite *f* | ~**dejar** (33) *vi* (eher) zu groß sein || *vt* erhöhen, loben | vergrößern | ~**desa** *f* Größe *f* | Großartigkeit, Erhabenheit *f* | Herrlichkeit, Würde *f* | Grandezza *f* | ~ *d'ànima* Seelengröße *f* | ~**dier** *adj* spät aufstehend | ~**diloqüència** *f* (*Sprache*) Geschwollenheit *f* | ~**diloqüent** *adj* (*m/f*) großsprecherisch | geschwollen | (*Stil*) *a.* bombastisch | ~**diós** (-**osa** *f*, -**osament** *adv*) *adj* großartig | grandiös | erhaben | ~**diositat** *f* Großartigkeit *f* | Grandiosität *f* | Erhabenheit *f* | ~**dirostre** *adj ornit* langschnäbelig | ~**díssim** *adj* (*sup von* gran) sehr groß | Erz... | ~**dolàs** (-**assa** *f*) *adj* hoch aufgeschossen | riesengroß | ~**dor** *f* Größe *f* | Großartigkeit *f* | ~**ejar**[1] (33) *vi* auf großem Fuß leben | s. oft wiederholen | *foc granejat* (*mil*) Schnell-, Trommel-feuer *n*.
grane|jar[2] (33) *vt tecn* granulieren, körnen | narben, grainieren | *a. gràf*

granieren | ~**llada** *f med* leichter Hautauschlag *m* | ~**llós** (-**osa** *f*), ~**llut** (-**uda** *f*) *adj* (*Haut*) pick(e)lig | *tecn* genarbt | (*Marmor*) körnig | ~**r**(a *f*) *m* Getreidehändler(in *f*) *m* || *s/m a. fig* Kornkammer *f* | Getreidespeicher *m* || *s/f* Besen *m* | *bot* Kornblume *f* | ~**t**[1] *m* Körnchen *n* | Pickel *m* | *s: gra*.
granet[2](a *f*) *m nord-cat* Opa *m*, Oma *f*.
granger(a *f*) *m* Bauer *m*, Bäuerin *f* | Farmer(in *f*) *m*.
gran|ífer *adj* kornreich, Getreide (*od* Körner) tragend | ~**ífug** *adj* den Hagel verscheuchend | *canó* ~ Hagelkanone *f* | ~**ís** *m* (*pl* -*issos*) Samen(korn *n*) *m* | *meteor* = **calamarsa** | ~**issa** *f* Glasperlen *f pl* | *meteor* = **calamarsa** | ~**issada** *f* = **granellada** | *meteor* = **calamarsada** | ~**issar** (33) *vt* (*Flüssigkeit*) gerinnen lassen *bzw* vereisen | (*Mandeln*) in Zucker bräunen | *v/imp* = **calamarsejar** | ~**issat** *m bes* Kaffee *m* mit gekörntem Eis (*als Erfrischung*) | ~**issó**, ~**issol** *m* = **calamarsó** | ~**issolar** (33) *v/imp* = **calamarsejar** | ~**it** *m* Granit *m* | ~**ític** *adj* Granit... | granithaltig | ~**ívor** *adj* (*Tier*) körnerfressend.
granja *f agr* Bauernhof *m* | Farm *f* | *p ext* Milch-laden *m*, -bar *f* | ~ *avícola* Geflügelfarm *f* | ~ *experimental* Versuchs-farm *f*, -gut *n*.
granment *adv* außerordentlich | gewaltig, sehr, stark | reichlich.
gran|or *f* Körner-, Samen-bildung *f* | Körnen *n*, Körnung *f* | ~**ós** (-**osa** *f*) *adj* körnig | (*Oberfläche*) rauh.
granot *m zool* = ~**a** | ~**a** *f zool* Frosch *m* | (*Anzug*) Monteur-, Arbeits-anzug *m*.
grànul *m* Körnchen *n* | *med* Kügelchen *n*.
granul|ació *f* Granulation *f*, Körnen *n*, Körnung *f* | ~**ador** *adj* granulierend | ~**ar**[1] *adj* (*m/f*) körnig | ~**ar**[2] (33) *vt* körnen | ~**ar-se** *v/r* granulieren | ~**at** (-**ada** *f*) *adj* körnig | granuliert | gekörnt | ~**ífer** *adj* körnig Körnchen bildend | granulös | ~**iforme** *adj* (*m/f*) gekörnt, körnig | ~**ita** *f min* Granulit *m* | ~**oma** *m med* Granulom *n* | ~**ós** (-**osa** *f*) *adj* körnig | granulös.
granza *f bot* Echte Färberröte *f*.
graó *m* = **esglaó**.
grap|a *f zool* Klaue, Kralle, Tatze *f* | *fam desp* (*Hand*) Pranke, Pfote *f* | *tecn* Klammer; Krampe *f* | *bot* Luftwurzel,

grapialtesa Ranke f | fig Geschick n; Handfertigkeit f | (caminar) de quatre grapes auf allen vieren (gehen) | tenir grapes en comptes de mans (fig) zwei linke Hände haben || pl agr Stroh-, Heu-gabel f | (Saumtiere) Kniekehlwunden f pl | **~ada** f Prankenhieb m | Zugriff m | Handvoll f | pegar ~ (fig) rasch zugreifen | amb quatre grapades hastig u. oberflächlich | **~allut** (-uda f) adj mit großen Krallen, Tatzen | **~ar** vt (33) (an)packen | fig ergreifen, erwischen, packen | (Boden) auf-wühlen, -scharren | **~at** m Handvoll f | fig Haufen m, Menge f | fig: a ~s reichlich, mit vollen Händen | **~eig** m fam Begrapschen; Befummeln n | **~ejament** m = **~eig** | **~ejar** (33) vt fam begrapschen; befummeln.

grapialtesa f Eibischsalbe f.

grap|iots m pl = arpiots | **~onar** (33) vi auf allen vieren gehen, kriechen | **~onejar** (33) vt = grapejar | **~oner(ament** adv) adj täppisch, tolpatschig | **~oneria** f Täppischkeit, Tolpatschigkeit f.

gras (grassa f) adj fett(ig) | (Person) dick, fett | fig reich, vollständig | carbó ~ Fettkohle f | quím reine Kohle f | formatge ~ vollfette(r) Käse m | un sou ~ e. reicher Lohn | terra grassa fruchtbares Land n; geol Lehmerde f | parlar ~ unflätig reden | **~sament** adv reichlich | fettig | **~sesa** f = **~sor** | **~set** m ornit Wasser- od Berg-pieper m | **~sor** f Fettheit, Fette f | Fettigkeit f.

grat|(ament adv) adj angenehm | gefällig | una estada ~a e. angenehmer Aufenthalt || s/m Belieben, Gutdünken n | Geschmack m | de (bon) ~ freiwillig, gern, aus freiem Antrieb | de mal ~ ungern, widerwillig | de ~ o per força wohl oder übel, im Guten oder im Bösen | són temes del meu ~ es sind Themen, die mir zusagen od gefallen | saber (od sentir) ~ a alg d'u/c j-m für etw dankbar sein.

grata|bous m bot Kornblume f («Centaurea scabiosa») | **~cel** m arquit Wolkenkratzer m | nàut Toppsegel m | **~cul** m pop Hagebutte f | **~da** f (Ab)Kratzen n | Kratzer m; Schramme f | **~dor** adj kratzend | **~dura** f = **~da** | **~ll** m Scharren n | **~ment** m Kratzen n | **~palles** m ornit Zaunammer f/m | **~peus** m pl bot Keu-lenpilze m pl | **~r** (33) vt kratzen | schaben, scharren | (Boden) aufscharren | (Farbe) abkratzen | (Erdreich) auswaschen, unterspülen (Wasser) | **~r-se** v/r s. kratzen | ~ la butxaca (fig fam) blechen | ~ la panxa (fig fam) Däumchen drehen, die Hände in den Schoß legen.

gratcient: a ~ (loc adv) absichtlich, wissentlich; bewußt.

grat|ella f Krätze f | (Tier) Räude f | Schmutzkruste f | **~era** f Jucken n, Juckreiz m | **~ibuixar** (33) vt mit der Kratzbürste behandeln | **~ibuixes** f pl (Silberschmied) Kratz-, Draht-bürste f.

gratifica|ció f Belohnung, Gratifikation f | Sondervergütung f | ~ de Nadal Weihnachtsgratifikation f | **~r** (33) vt belohnen | ~ alg amb u/c j-m e-e Sondervergütung geben; j-n mit etw beschenken.

gràtil m nàut Oberliek n.

gratinar (33) vt gastr gratinieren, überbacken.

grat|is adv unentgeltlich, gratis, kostenlos | **~itud** f Dank m | Dankbarkeit f | **~uït(ament** adv) adj unentgeltlich, kostenlos, frei | (Behauptung) grundlos | (Rat) billig | **~uïtat** f Unentgeltlichkeit | Grund-, Zweck-losigkeit f | Mutwilligkeit, Unbegründetheit f | ~ de l'ensenyament Schulgeldfreiheit f | **~ulació** f Gratulation f | Glückwunsch m | **~ular** (33) vt gratulieren (dat), beglückwünschen (dat) | **~ularse** v/r s. erfreuen | **~ulatori** (-òria f) adj Glückwunsch...

grau m Grad m | fig a. Stufe f; Maß n | (Hierarchie) Rang; mil a. (Dienst)Grad m | estud (Schule) Klasse; Stufe f; (akademischer) Grad, Rang m | (Gehalt) Volumprozent n | (Ufer) Anlegestelle f | ant reg (a. s/f) (Treppen)Stufe f | un angle de 90 ~s e. Winkel von 90 Grad | 20 ~s Celsius 20 Grad Celsius | alcohol de cent ~s hundertprozentiger Alkohol m | ~s de comparació Steigerungsstufen f pl | ~ de cultura Kulturstufe f | ~ de doctor Doktorgrad m | ~ de jurisdicció (dr) Instanz f | ~ de latitud (longitud) Breiten-(Längen-)grad m | ~ de llibertat (fís) Freiheitsgrad m | ~ de parentiu Verwandtschaftsgrad m | ~ de simetria (Kristall) Symmetriegrad m | cremada (equació, cost) de segon ~ Verbren-

graula

nung *f* (Gleichung *f*, Cousin *m*) zweiten Grades | per ~s (*loc adv*) gradweise; stufenweise.
graula *f* ornit Alpenkrähe *f* | Aaskrähe *f* | *s*: gralla.
grava *f* Kies *m* | Schotter *m* | ~ menuda = graveta.
gravа|ció *f* Gravierung *f* | (*Schallplatte*) Aufnahme *f* | ~dor(a *f*) *m* Graveur(in *f*) *m* | ~ d'acer Stahlstecher *m* | ~ de coure Kupferstecher | ~ a l'aiguafort Radierer *m* | ~ de fusta Holzschneider *m*.
grava|men *m dr* Last *f* | Abgaben *f pl* | Belastung *f* | ~r^1 (33) *vt dr* belasten | versteuern.
grava|r^2 (33) *vt* (ein)gravieren | (*Musik*) aufnehmen; (*Band, Platte*) a. bespielen | *fig* einprägen | ~ en fusta in Holz schneiden | ~ a l'aiguafort ätzen, radieren | ~t (-**ada** *f*) *adj* graviert | pocken-, blatter-narbig || *s*/*m* Gravüre *f*, Stich *m* | Gravierkunst *f* | Abbildung *f* | Illustration *f*, Bild *n* | Druck *m* | ~ d'art Kunstblatt *n* | ~ a l'aiguafort Radierung *f* | ~ sobre acer Stahlstich *m* | ~ sobre boix Holzschnitt *m* | ~ sobre coure Kupferstich *m* | ~ sobre linòleum Linolschnitt *m*.
graveta *f* Kiessand *m* | Splitt *m*.
gr|avetat *f* Schwere *f* | Ernst *m* | *mús* (*Ton*) Tiefe *f* | *fís* Schwerkraft *f* | centre de ~ Schwerpunkt *m* | la ~ de la situació der Ernst der Lage | malalt de ~ schwerkrank | parlar amb ~ voller Ernst sprechen | ~**àvid** *adj med* schwanger, gravid(e) | (*fig u. Tiere*) trächtig | ~**avidesa,** ~**aviditat** *f med* Schwangerschaft, Gravidität *f* | Trächtigkeit *f* | ~**avímetre** *m fís* Gravimeter *n*, Schwerkraftmesser *m* | ~**avimetria** *f* Gravimetrie, Schwerkraftmessung *f* | ~**avimètric** *adj* gravimetrisch | *anàlisi* ~a Gewichts-, Schwere-analyse *f* | ~**avíssim**(**ament** *adv*) *adj* (*sup von* greu) sehr schwer *bzw* schlimm | ~**avitació** *f fís* Gravitation, Anziehungs-, Schwer-kraft *f* | ~**avitacional** *adj* (*m/f*) *fís* Gravitations... | ~**avitar** (33) *vi astr fís* gravitieren | wuchten | angezogen werden, hinstreben | *fig* lasten (*sobre* auf *dat*) | ~**avitatori** (-**òria** *f*) *adj* = ~**avitacional**.
greal *m ant* tiefe(r) Teller *m* | Lit: el Sant ⁓ der heilige Gral | ~a *f* Waschschüssel *f* | Napf *m* | irdener Tiegel *m*.
grec (**grega** *f*) *adj* griechisch || *s/mf* Grieche *m*, Griechin *f* || *s/m ling* Griechisch *n* | el ~ das Griechische | ~ *clàssic* Altgriechisch *n* | ~ *modern* Neugriechisch *n* | ~**a** *f arquit* Mäander *m*.
Grècia *f* Griechenland *n*.
grec|isme *m* Gräzismus *m* | ~**itzar** (33) *vt* gräzisieren | ~**ollatí** (-**ina** *f*) *adj* griechisch-lateinisch | ~**oromà** (-**ana** *f*) *adj* griechisch-römisch | *lluita greco-romana* griechisch-römischer Ringkampf *m*.
gred|a *f geol* Kreide *f*, Ton(erde *f*) *m* | ~**ar** *m* Kreide-, Ton-grube *f* | ~**ós** (-**osa** *f*) *adj* kreidig | tonhaltig | lehmig.
gregal *m* Nordostwind *m* | ~**ada** *f* starker Nordostwind *m*.
gregari (-**ària** *f*) *adj* Herden... || *s/m mil* einfacher Soldat *m* | ~**sme** *m* Herden-geist, -trieb *m*.
gregorià (-**ana** *f*) *adj* gregorianisch | *cant* ~ Gregorianischer Choral *od* Gesang *m*.
greix *m* Fett *n* | (*Schwein*) Schmer *n* | *indús aut* Schmiere *f* | *s*: lubrificant | *desp* (*Kleidung*) Dreck, Schmutz *m* | ~**os** alimentosos Speisefette *n pl* | ~**os** animals (vegetals) tierische Fette (Pflanzenfette) *n pl* | ~**os** consistents Stauferfette *n pl* | ~ de porc Schweineschmalz *n* | li pesa el ~ er ist sehr fett | posar ~ fett werden, Speck ansetzen | ~**ador** *m* Schmierer *m* | Öler *m* | ~ *automàtic* Schmieranlage *f*, Selbstöler *m* | ~**ar** (33) *vt* einfetten | (ein)schmieren | ~**atge** *m tecn indús* Schmieren, Ölen *n* | *aut* Schmierung *f* | fer un ~ complet abschmieren | un ~ a pressió Druckschmierung *f* | ~ per circulació Umlaufschmierung *f* | ~**elló** *m* = ~**ó** | ~**era** *f* Fettnapf *m* | (*zum Schmoren*) Bräter *m* | ~**esa** *f* Fettigkeit *f* | ~**ina** *f* Schmierigkeit *f* | Schmuddel *m* | ~**inós** (-**osa** *f*) *adj* fettig, schmierig | schmuddelig | ~**ó** *m gastr* Griebe *f* | ~**onera** *f* (*Küche*) Bräter *m* | ~**or** *f* Fettigkeit *f* | Fettheit, Fettleibigkeit *f* | ~**ós** (-**osa** *f*) *adj* fettig, schmierig | schmutzig | ~**um** *m* Schmiere *f*, Schmutz, Schmuddel *m*.
grell *m biol* (*Ei*) Hahnentritt *m*, Keimscheibe *f* | *bot* Sproß *m* | ~**a** *f bot* Schößling, neuer Trieb *m* | ~**ada** *f bot col* Schößlinge, Triebe *m pl*.
gremi *m* Zunft *f* | Körperschaft, Korporation, Innung *f* | ~**al** *adj* Zunfts...,

grémola

Innungs... | körperschaftlich || *s/m ecl* (*bischöfliches*) Schoßtuch *n*.

gr|émola *f Bal* Geplärr, Gewinsel *n*, Flennerei *f* | Quengelei *f* | *fer la* ~ quengeln || *adj* (*m/f*) quengelig | **~emolejar** (33) *vi Bal* quengeln.

grenl|andès (**-esa** *f*) *adj* grönländisch; aus Grönland || *s/mf* Grönländer(in *f*) *m* | **~àndia** *f* Grönland *n*.

greny *m* zerklüftete Felsnase *f*.

grenya *f* (*Haar*) Strähne, Mähne *f*.

grenyal *adj* (*m/f*) halbreif | *gastr* halb-gar *bzw* -roh.

grenyut (**-uda** *f*) *adj* strähnig | struppig.

gres *m geol* Sandstein *m* | sandartige Erde *f* | *indús* Steingut *n*.

gresa *f nàut* Kielfalz *m*.

gresca *f* lärmende Belustigung *f*, *p ext* Freudengeheul *n* | Getöse, Spektakel *n*, Lärm *m* | Zänkerei *f* | Aufruhr *m*.

gresol *m met* Schmelztiegel *m* | Schmelzherd *m* | Öllämpchen *n* | (*Lampe*) Ölbehälter *m* | **~a** *f* Zinn-, Schnabellampe, Öllampe *f* | **~ada** *f met* Schmelztiegel *m* (voll).

greu *adj* (*m/f*) schwer | *mús* (*Ton*) tief | *fig* ernst, folgenreich; bedenklich, gefährlich; schwer(wiegend), schlimm; wichtig | *falta* ~ schwerer Fehler *m* | *un home* ~ e. ernster (gesetzter) Mann | *un ferit* ~ e. Schwerverletzter | *maltia* ~ schwere Krankheit *f* | *símptoma* ~ schlimmes (*od* bedenkliches) Zeichen *n* | *accent* ~ (*ling*) Gravis *m* | *la situació és* ~ die Lage ist ernst | *està* ~ er ist schwer krank *bzw* verletzt | *sap* ~ es tut e-m leid | *no em sap pas* ~ ich bedaure (*od* bereue) es nicht, es tut mir nicht leid | **~ge** *m* Beleidigung, (Ehren)Kränkung *f* | Beschwerde *f* | *prendre's u/c en* (*gran*) ~ etw (sehr) übelnehmen | **~gesa** *f ant* = **gravetat** | **~jar** (33) *vt ant* = **agreujar** | **~jós** (**-osa** *f*) *ant* beschwerlich, lästig; verdrießlich, unzufrieden | **~ment** *adv* schwer, ernst | ~ *ferit* schwerverletzt, (*Soldat*) schwerverwundet.

grèvol *m bot* (Gemeine) Stechpalme *f* | *ornit* Haselhuhn *n*.

grevolar *m* Stechpalmenhain *n*.

grial *m* = **greal** | **~a** *f* = **greala**.

grier *m ornit* Kaumagen *m*.

grifa[1] *f tecn* (*Maschine*, *Jacquard*) Haken *m* | (*Spiel*) Roulette *f*.

grifa[2] *f* indische(r) Hanf *m*, *bes* Marihuana *n*.

grif|ar-se (33) *v/r fig s.* innerlich aufzehren | s. verzehren | **~ó** *m ant reg* Wasserhahn *m* | *ornit* Geierfalke *m* | = **grífol**.

grífol *m bot* Schößling *m* | (*Flüssigkeit*) Sprudeln, Aufwallen *n*.

grifo|lar (33) *vi bot* knospen, Knospen treiben, sprießen, sprossen | **~lda** *f* Radau, Spektakel *m* | *bes* geselliges Essen *n* | **~lejar** (33) *vi* = **~llar** | **~ll** *m bot* Brut-knospe, -zwiebel *f* | **~llar** (33) *vi bot* Brutknospen treiben | **~nar** (33) *vi* = **~llar**.

grill[1] *m entom* (Feld)Grille *f* | Heimchen *n*, Hausgrille *f*.

grill[2] *m bot* (*Knolle*) Trieb, Sproß *m* | (*Zitrusfrucht*) Scheibe *f*, Schnitz *m*.

grill[3] *m* Hebegerät *n* | *aut* Wagenheber *m*.

grill|ar (33) *vi bot* treiben | sprossen (*Knollen*) keimen | **~ar-se** *v/r fig* vor Ungeduld brennen, s. innerlich verzehren | **~era** *f* Grillenkäfig *m* | **~ó** *m* Fußeisen *n*, Eisenfessel *f* | *tecn* Schäkel *m* | *bot* = **grill**[2].

grimmiàcies *f pl bot* Felsmoose *n pl*.

grimpa|dor *adj*, **~ire** *adj* (*m/f*) kletternd || *s/m/f* Kletterer(in *f*) *m* | **~r** (33) *vi* klettern.

grinyol *m* Jaulen, Winseln *n* | Quietschen *n* | **~ar** (33) *vi* jaulen, winseln | quietschen (*Tür*).

grip *f* Grippe *f* | *agafar* (*tenir*) *la* ~ (die) Grippe bekommen (haben) | *s: engripat* | **~al** *adj* (*m/f*) Grippe..., grippal.

gripau *m zool* Kröte *f* | *ict* Knochenbarsch *m*.

grípia *f* (Futter)Krippe *f*.

gris *adj* grau | (*Wetter*) a. trüb | (*Himmel*) *a.* verhangen | *fig a.* glanzlos; (*Person*) unscheinbar || *s/m* Grau *n* | *meteor* eisige(r) Wind *m* | *desp hist* (*grau uniformierter Staatspolizist*) Polyp *m* | **~alla** *f pint* Grisaille *f* | **~ejar** (33) *vi* grau werden | ergrauen (*bes Haare*) | ins Graue spielen (*Farbe*) | **~enc** *adj* gräulich | **~et** *m ornit* Schnatterente *f* | **~eta** *f tèxt* geblümter Seidenstoff *m*, Grisaille *f* | **~o** *m meteor* = **gris** | **~ó** (**-ona** *f*) *adj* graubündnerisch | *s/mf* Graubündner(in *f*) *m* || *s/m pl*: *els Grisons* Graubünden *n* | **~ol** *ict* Sternrochen *m* («Raja asterias») | **~or** *f* graue Farbe *f*, *a. fig* Grau *n*.

grisú *m* (*pl -ús*) *min* Grubengas *n* | *explosió de* ~ Grubengas-, Schlagwetterexplosion *f*.

griu *m mit* Greif *m*.

griva *f ornit* Misteldrossel *f* | ~ *cerdana* od *portalenca* Wacholderdrossel *f*.
grívia *f ict* Lippfisch *m* («Labrus berggylta») | Pfauenlippfisch *m*.
gro *m (pl -os) tèxt* Seidengrain *n*.
groc (groga *f) adj* gelb | *fig* bleich | ~ *clar (fosc)* hell-(dunkel-)gelb | *febre groga* Gelbfieber *n* | *la raça groga* die gelbe Rasse | *tornar-se* ~ gelb werden || *s/m* Gelb *n*.
groenl|andès (-esa *f) adj u. s/mf* = **grenlandès** | ~**àndia** *f* = **Grenlàndia**.
grofollut (-uda *f) adj* grob, roh | *(Mensch) a.* ungeschliffen.
grog *m* Grog *m*.
grog|or *f* gelbe Farbe *f*, Gelb *n* | Gelbe(s) *n* | *fig* Bleiche *f* | ~**uejar (33)** *vi* gelblich sein | gelb werden | ins Gelbe spielen *(Farbe)* | ~**uenc** *adj* gelblich | ~**uesa** *f* = **grogor** | ~**uet** *m ornit* Ortolan *m*, Gartenammer *f* | *bot* Gemeine Ringelblume *f* | ~**uinós (-osa** *f)*, ~**uissó (-ona** *f) adj* gelblich.
groller|(ament *adv) adj* grob, roh | *(Mensch) a.* unhöflich, ungeschliffen, ungezogen, flegelhaft; gemein | ~**ia** *f* Grobheit, Roheit *f* | Unhöflichkeit, Ungezogenheit, Flegelhaftigkeit *f*.
gronsa *f tecn* (Füll-, Schütt-)Trichter *m*.
gronx|ada *f*, ~**ament** *m* Schaukeln, Schwanken *n* | Wiegen *n* | ~**ador** *m* Schaukel *f* | Wippe *f* | ~**ar**, ~**ejar (33)** *vt* schaukeln, hin u. her bewegen | ~**ar-se**, ~**olar-se** *v/r* (s.) schaukeln | s. wiegen.
grop *m (Holz)* Knorren, Ast *m* | *min* Verwachsung; Wolke *f* | *meteor* Wetterwolke *f*; Sturm *m* | *fig* Schwierigkeit, Notlage *f* | *un* ~ *d'aigua* e. Regenguß, *m* | *un* ~ *de vent* e. Windstoß *m*.
gropa *f (Pferd)* Kruppe *f*, Kreuz *n*.
gropada *f* plötzlicher Sturm *m* | Regenschauer *m* | Bö(e) *f*.
gropera *f (Pferd)* Schwanzriemen *m*.
gros (grossa *f) adj (an Umfang)* groß; *(a. Person)* dick | *(Person) a.* korpulent, beleibt; stattlich | *(Sand, Korn; See)* grob | *ant a. fig* grob | *s: gran* | *un roc* ~ e. großer Stein | *un meló* ~ e-e große *(od* dicke) Melone | *una panxa* ~*sa* e. dicker Bauch | *una boca* ~*sa* od *gran* e. großer Mund | *un home alt (od gran) i* ~ e. großer stattlicher Mann | *és* ~, *però no està pas gras* er ist beleibt, aber nicht fett | *està* ~*sa* sie ist schwanger, *pop* dick | *els elefants són més* ~*sos que els hipopòtams* Elefanten sind größer *(od* massiger) als Nilpferde | *el riu ve (od baixa)* ~ der Fluß führt Hochwasser *od* ist angeschwollen | *artilleria* ~*sa (a. fig)* schweres Geschütz || *fig: un* ~ *(od gran) avantatge* e. großer Vorteil | *una* ~*sa (od gran)* suma de diners e-e große *(od* stattliche) Summe Geld | *una mentida* ~*sa* e-e grobe *(od* faustdicke) Lüge | *(això) és molt* ~*!* das ist stark *od* e. starkes Stück! | *això que t'han fet (dit) és molt* ~ was man dir angetan (gesagt) hat ist wirklich allerhand | *sí que l'he feta* ~*sa!* da habe ich ja etw Schönes angerichtet! | *els n'ha passat una de* ~*sa* ihnen ist etw Schlimmes passiert | *en* ~ im großen; in großen *(od* groben) Zügen | *s: engròs* | *s/m* Gros *n*; Groß-, Hauptteil *m* | *numis hist* Groschen *m* | *el* ~ *de l'exèrcit* das Gros des Heeres | *s/f (Maß)* Gros *n* | *la* ~*sa* das große Los, der Haupt-gewinn, -treffer *(bes bei der Weihnachtslotterie).*
grosella *f bot* (rote) Johannisbeere *f* | ~ *negra* schwarze Johannisbeere *f*.
gross|ària *f* Dicke; Größe *f*; Umfang *f* | ~**er(ament** *adv) adj bes fig* grob | ~**eria** *f bes fig* Grobheit *f* | ~**esa** *f* = **grossària**; ~**or** | Schwangerschaft *f* | *ant* Grobheit *f* | ~**or** *f* Dicke; Massigkeit, Wuchtigkeit; Korpulenz, Beleibtheit *f* | = **grossària**.
grossu|lària, ~**larita** *f min* Grossular *m*.
grotesc(ament *adv) adj* grotesk | *lletra* ~*a (gràf)* Groteskschrift *f* || *s/m art (Motiv)* Groteske *f* || *s/f gràf* Grotesk *f*.
grua *f ornit* Kranich *m* | *(Spielzeug)* Drachen *m* | *tecn* Kran *m* | *aut* Abschleppwagen *m* | ~ *de càrrega (d'obres, flotant)* Lade-(Bau-, Schwimm-) kran *m* | ~ *giratòria oscil·lant* Drehwippkran *m* | ~ *damisel·la (ornit)* Kronenkranich *m* | ~**da** *f* Kranich-flug, -zug *m* | ~**r (33)** *vt* begehren, ersehnen; erstreben | *tecn* (mit dem Kran) heben || *vi* begehrlich sein, begierig sein.
grufa *f Bal* Schweinsrüssel *m* | ~**r (33)** *vt (Erde)* aufwühlen.
gruix *m (Dimension; meßbarer Abstand)* Dicke; Stärke *f* | ~ *de neu* Schneehöhe *f* | *el* ~ *de la capa de gel és de deu centímetres* die Eisdecke hat e-e Dicke von zehn Zentimetern | *fustes de* ~*os diversos* Bretter von verschiedener Stärke | ~**ut (-uda** *f) adj* dick; stark |

(*Stimme*) tief | *fig* (*Schicksal*) hart; (*Worte*) grob, derb, unverschämt | *un abric* (*jersei, arbre*) ~ e. dicker Mantel (Pullover, Baum) | *una paret gruixuda* e-e dicke (*od* starke) Wand | *llavis* ~s dicke Lippen | *la Núria no està grassa, però té les cames gruixudes* Núria ist nicht dick (*od* fett), aber sie hat dicke (*od* kräftige, stämmige) Beine | *paraules gruixudes* derbe (*od* grobe) Worte | *és molt* ~*, això!* (*fig fam*) das ist e. starkes Stück *od* e. dicker Hund!

grum *m* (*Fackel*) Wachs *n* | = **~oll** Page, Hoteldiener *m* | **~alló** *m Bal* = **~oll** | **~(ej)ar** (33) *vi* Köder auswerfen | **~eig** *m* (Fisch)Köder *m* | Ködern *n* | **~et** *m nàut* Schiffsjunge *m* | ~ *de cambra* Kajütenjunge *m* | **~oll** *m* Klümpchen *n* | **~ollós** (**-osa** *f*) *adj* klumpig, verklumpt | flockig.

gruny *m* Grunzen *n* | (*Bär*) Brummen *n* | Knurren *n* | Murren *n* | (*Donner*) Rollen *n* | **~a** *f* (*Donner*) Rollen *n* | **~idor** *adj* brummig | mürrisch | **~ir** (36) *vi* grunzen (*Schwein*) | knurren (*Hund*) | brummen (*Bär, j-n*) | rollen (*Donner*) | murren (*j-d*) | **~it** *m* = **gruny**.

grup *m* Gruppe *f* | Menge *f* | Zirkel *m* | *elect tecn* Aggregat *n* | *mil* Abteilung *f*; Heeresgruppe *f* | ~ *electrogen* Stromgenerator *m* | ~ *d'estudis,* ~ *de treball* Arbeitsgemeinschaft *f* | ~ *parlamentari* (*polít*) Fraktion *f* | ~ *sanguini* Blutgruppe *f* | *en* ~ in Gruppen, gruppenweise | *s: agrupació, agrupament*.

gruta *f* Grotte, Höhle *f*.

gúa *f nàut* (*Maß*) vier (Hand)Spannen *f pl*.

guacamai *m ornit* Ara *m*.

guaiab|a *f* Guajave *f* | **~er** *m bot* Guajavabaum *m*.

guaiac *m bot* Guajakbaum *m* | Guajakholz *n* | *resina de* ~ Guajakharz *n* | **~ol** *m med* Guajakol *n*.

guaira *f nàut* Gaffelsegel *n*.

guaita *f* Lauern *n*, Spähen *n*, Wache *f* || *s/m* Wachposten *m* | *nàut* Leuchtturmwärter; Funkwart *m* (*e-r Küstenfunkstation*) | *mil* Späher; Wächter *m* | **~r** (33) *vi* (aus)spähen, auf der Lauer stehen, Wache halten | genau aufpassen || *vt* erspähen | belauern | (*j-n*) auflauern | anschauen | *fig* beachten.

guaix *m bot* Keim *m* | Halm *m*, Hälmchen *n* | **~ada** *f* Ähren-, Stengel-büschel, -büschelchen *n* | **~ar**

(33) *vi* aufgehen (*Saat*).

gual *m* (*Fluß*) Furt, seichte Stelle *f* | (*Gebäude*) Ausfahrt *f* | *passar un riu a* ~ e-n Fluß durchwaten | ~ *permanent* (*Schild*) Ausfahrt freihalten.

gualdrapa *f* Schabracke, Pferdedecke *f*.

guanabaner *m bot* Stachel-Annone *f*, Sauersack(baum) *m*.

guanac *m zool* Guanako *n*.

guan|idina *f* Guanidin *n* | **~ina** *f* Guanin *n* | **~o** *m* Guano *m*, Vogeldünger *m*.

guant *m* Handschuh *m* | **~s de pell** Lederhandschuhe *m pl* | *llançar el* ~ *a alg* j-n herausfordern | *deixar alg com un* ~ *brut* j-n tüchtig blamieren *od* bloßstellen | **~ellet** *m hist* Panzerhandschuh *m* | **~er(a** *f*) *m* Handschuhmacher(in *f*) *m* | Handschuhverkäufer(in *f*) *m* || *s/f bot* roter Fingerhut *m* | *aut* Handschuh-fach *n*, -kasten *m* | **~eria** *f* Handschuh-werkstatt *f*, -geschäft *n*.

guany *m* Gewinn, Ertrag *m* | Verdienst *m* | ~ *líquid od net* Nettogewinn *m* | *a* ~*s i a pèrdues* (*loc adv*) auf Gewinn u. Verlust | **~ador** *adj* gewinnend || *s/m/f* Gewinner(in *f*) *m* | **~ar** (33) *vt* verdienen | (*Kampf, Match, Spiel*) gewinnen | (*j-n*) besiegen, schlagen | (*Preis*) erlangen, erreichen, erringen, gewinnen | (*Ortschaft, Grenze, Hafen*) erreichen | ~ *diners* Geld verdienen | *guanyo poc* ich verdiene wenig | ~ *unes oposicions* e-e Auswahlprüfung bestehen | ~ *un procés* e-n Prozeß gewinnen | ~ *temps* Zeit gewinnen | ~ *terreny* (*a. fig*) Boden gewinnen, vorwärtskommen | ~ *la glòria del cel* in den Himmel kommen | ~ *alg en u/c* j-n an etw (*dat*) übertreffen | **~ar-se** *v/r:* ~ *el pa* (*la vida*) sein Brot (s-n Lebensunterhalt) verdienen | *fig:* ~ *l'amistat d'alg* j-n als Freund gewinnen, die Freundschaft von j-m gewinnen | ~ *alg* j-n (für s.) gewinnen | *iròn: haver-se guanyat una malaltia* (*un retret*) s. e-e Krankheit (e-e Rüge) zugezogen haben.

guarà *m zool* Eselshengst *m*.

guarda *f* Aufsicht, Bewachung, Beaufsichtigung *f* | *gràf* Vorsatz *m* | (*Fechten*) Stichblatt *n*, Glocke *f* | *Bal* Herde *f* | *sota la* ~ *d'alg* unter j-s Schutz *od* Obhut | *l'àngel de la* ~ der Schutzengel || *pl* (*Schloß*) Schlüsselbart *m* | (*Fächer*) Außenstäbe *m pl* || *s/m* Wächter, Aufseher *m* | ~ *forestal* Forstwart, Waldhüter *m* | ~ *jurat* (amtlicher) Feldhüter *m* | ~ *de la vinya* Weinbergschütze *m* | *s: guàrdia* | **~agulles** *m/f ferroc* Weichenwärter(in *f*), -steller(in *f*) *m* | **~barrera** *m/f ferroc* Bahn-, Schrankenwärter(in *f*) *m* | **~bosc** *m* Forstaufseher *m* | Förster *m* | **~braç** *m hist* (*Rüstung*) Armschiene *f* | **~cadena** *f tecn* (*Fahrrad*) Kettenschutz *m* | **~cantó** *m* Prellstein *m* | **~caps** *m nàut* Kausche *f* | **~costes** *m nàut* Küstenwachtschiff *n* | **~cotxes** *m/f* Parkwächter(in *f*) *m* | **~espatlles** *m* Stola *f*; Schal *m* | Leibwächter *m* | **~foc** *m* Ofenvorsetzer *m* | Feuerschutzblech *n* | **~fred** *m* Umhang *m* | **~frens** *m ferroc* Bremser *m* | **~mà** *m* Handschutz *m* | (*Waffe*) Stichblatt *n*; Säbelkorb *m* | (*Gewehr*) Abzugsbügel *m* | **~mobles** *m* Möbellager *n* | **~nàs** *m* (*pl -assos*) *m hist* (*Rüstung*) Nasenschiene *f* | **~pits** *m* Weste *f* | **~pols** *m* Staubschutz *m* | Staubmantel *m*; Kittel *m* | (*Möbel*) Überzug *m* | (*Uhr*) Staubdeckel *m* | **~punys** *m* = **~caps** | **~r** (33) *vt* bewachen; (*Kind, Vieh*), in acht nehmen, behüten, (be)schützen (*de* vor) | aufbewahren | aufheben | (be-; er-)halten | *fig* (be-)wahren; (*Geheimnis*) *a.* hüten; (*Gesetz, Gebot*) (ein)halten | *ant* = **esguardar** | *mentre sóc fora, guarda bé la nena!* paß gut auf die Kleine auf, solange ich weg bin1 | *guarda-ho bé!* verwahre es gut! | *guarda('t) els diners a la cartera!* steck das Geld in deine Brieftasche! | *guardo totes les cartes* ich hebe alle Briefe auf | *em faig ~ el pa* ich lasse mir das Brot aufheben *od* zurücklegen | ~ *la* (*seva*) *paraula* sein Wort halten | ~ *les aparences* (*formes*) den Schein (die Form) wahren | ~ *silenci* Stillschweigen (be)wahren | *Déu nos en guard, de fer aquestes coses!* der Himmel bewahre (*od* behüte) uns davor, so etw zu tun! | *Déu me'n* (*bzw nos en*) *guard!* (*Verneinung*) (Gott) bewahre *od* behüte!, gott-bewahre!, -behüte!, *umg* i bewahre! | *Déu vos* (*bzw lo*) *guard!* (*Gruß*) grüß (Sie) Gott! | **~r-se** *v/r: una noia com cal ha de saber ~* e. anständiges Mädchen muß auf s. zu halten wissen | *la llet no es guarda gaire* Milch hält s. nicht lange | *s'ho guarda tot per a ell* (*a. fig*) er behält alles für s. | ~ *de s.* hüten vor (*dat*); s. in acht nehmen vor (*dat*); s. schützen vor (*dat*) | *me'n guardaré bé prou, de fer-ho!* ich werde mich hüten, das zu tun! | *te'n guardaràs bé prou!* hüte dich ja! | **~roba** *m* Kleiderkammer *f* | Kleiderschrank | *teat* Garderobe *f* | **~rodes** *m* Prellstein *m* | **~termes** *m* Feldhüter, Flurschütz *m*.

guard|eria *f* (Kinder)Krippe *f* | **~í** *m nàut* Rudertau *n* | Steuerreep *n*.

guàrdia *f bes mil* Wache *f*; *a.* Wach-dienst *m bzw* -mannschaft *f* | (*Elitetruppe*) Garde *f* | Bereitschaft(sdienst *m*) *f*; Dienst *m* | *esport* (*Boxen*) Grundstellung *f* | ~ *de cos od de corps* (*hist*) Gardedukorps *n* | ~ *d'honor* Ehrengarde *bzw* -wache *f* | ~ *personal* Leibgarde *bzw* -wache *f* | ~ *reial* königliche Garde *f* | ~ *civil* (Spanien) Guardia civil *f* | ~ *municipal* (*urbana*) Gemeinde-(Stadt-)polizei *f* | *de ~* (*loc adj*) Wach(t)...; Garde...; wachhabend; wachestehend; (*Arzt*) Bereitschafts..., dienst-habend, -tuend; (*Apotheke*) diensbereit | *fer ~, estar de ~* Wache (*od* Posten) stehen; (*a. tenir ~*) Bereitschaft(sdienst) haben; Dienst tun *od* haben | *en ~!* (*Fechten*) en garde! | *estar en ~* (*esport*) gedeckt sein; *fig* auf der Hut sein | *posar en ~ alg* j-n warnen (*contra* vor *dat*) | *posar-se en ~* (*esport*) s. decken; *fig* s. in acht nehmen, s. vorsehen || *s/m/f mil* (Wach-, Wacht-)Posten *m*; Gardist(in *f*) *m* | Wächter(in *f*) *m* | (Gefängnis)Wärter(in *f*) *m* | (Schutz)Polizist(in *f*) *m* | Polizist *m* der Guardia Civil.

guardi|à (**-ana** *f*) *m* Wächter(in *f*) *m* | Wärter(in *f*), Aufseher(in *f*) *m* | *fig* Hüter(in *f*) *m* | *ecl* Obere(r) *m*, Oberin *f*, Klostervorsteher(in *f*) *m* | **~ola** *f* Sparbüchse *f*.

guard|ó *m* Belohnung *f* | Preis *m* | **~onador**(**a** *f*) *m* Belohner(in *f*) *m* | **~onar** (33) *vt* belohnen | ~ *alg amb un premi* j-m e-n Preis verleihen, j-n mit e-m Preis auszeichnen.

guaret *m agr* Brache *f*, Brach-feld *n*, -flur *f* | *deixar en ~* brachen, brachliegen lassen | **~ar** (33) *vt agr* brachlegen, brachen.

guari|ble *adj* (*m/f*) heilbar | **~ció** *f*, **~ment** *m* Genesung, Heilung *f* |

~dor *adj* heilend | Heil... | **~r** (37) *vt a. fig* heilen | ~ una malaltia e-e Krankheit heilen | ~ alg d'una malaltia (d'una idea fixa) j-n von e-r Krankheit (e-r fixen Idee) heilen || *vi* gesunden, genesen | heilen (*Wunde*) | **~r-se** *v/r* gesund werden; gesunden, genesen (*de* von *dat*); *a. fig* geheilt werden (*de* von *dat*); *a. fig* heilen (*Wunde*).

guarni|ció *f mil* Garnison *f* | (*Stichwaffe*) Korb *m*, Glocke *f* | Garnitur *f*, Besatz *m*, Schmuck *m* | *gastr* Beilage; Garnierung *f* | **~dor** *adj* ausstattend | ausrüstend | schmückend | *naut* Geschirr, Reitzeug *n* | Garnitur *f*, Verzierung *f* | *nàut* Takelage *f*, Takelwerk *n* | **~menter** *m* (Pferde)Schirrmacher, Sattler *m* | *s: baster* | **~r** (37) *vt* ausstatten, versehen | (*Festung*) ausrüsten | (*Kleider*) besetzen, garnieren, schmücken (*amb od de* mit) | *nàut* takeln | (*Pferd*) mit Geschirr versehen, an-, auf-schirren | *fig* (j-n) auftakeln, herausputzen; *iròn* anlügen, täuschen, betrügen | **~r-se** *v/r s.* auftakeln, *s.* herausputzen.

guaspa *f* (*Stock*) Zwinge *f* | (*Säbelscheide*) Metallbeschlag *m* | *hist* Lanzenring *m*.

Guatemal|a *f* Guatemala *n* | **~enc** *adj* guatemaltekisch, aus Guatemala || *s/mf* Guatemalteke *m*, Guatemaltekin *f*.

guatll|a *f ornit* Wachtel *f* | *fig* Lüge *f* | ~ maresa (*ornit*) Wachtelkönig *m*, Wiesenralle *f* | **~ot** *m ornit* Wachtelmännchen *n*.

gúbia *f* Hohl-beitel, -meißel *m*.

guèiser *m* Geysir, Geiser *m*.

güelf *adj hist* guelfisch || *s/mf* Guelfe *m*, Guelfin *f*.

güell *m* Quieken *n* | **~ar** (33) *vi* quieken, quieksen (*Schwein, Ratte*).

guenyo *adj* schielend | la nena és guenya das Mädchen schielt || *adv: mirar* ~ schielen.

guerr|a *f* Krieg *m* | ~ aèria (*civil, econòmica, llampec, mundial, naval*) Luft- (Bürger-, Wirtschafts-, Blitz-, Welt-, See-)krieg *m* | ~ nuclear od atòmica Atomkrieg, atomarer Krieg *m* | ~ freda (*santa*) kalter (heiliger) Krieg *m* | ~ ofensiva (*defensiva*) Angriffs-(Verteidigungs-)krieg *m* | la ~ dels Set Anys der Siebenjährige Krieg | la ~ de Corea der Koreakrieg | la ~ contra (od a) la pobresa der Kampf gegen die Armut | *estat* (*economia, criminal, heroi*) *de* ~ Kriegs-zustand *m* (-wirtschaft *f*, -verbrecher, -held *m*) | *risc* (*imminent*) *de* ~ (drohende) Kriegsgefahr *f* | anar (-se'n) a la ~ in den Krieg ziehen | declarar la ~ den Krieg erklären (*a dat*); *fig a.* den Krieg (*od* Kampf) ansagen (*a dat*) | *estar en* ~ im Krieg stehen, *s.* im Krieg befinden (*amb* mit) | *fer la* ~ Krieg führen | fer la ~ a un país Krieg gegen e. Land führen, e. Land bekriegen | fer la ~ als competidors (*prejudicis*) die Konkurrenten (Vorurteile) bekämpfen | *fer-se la* ~ *s.* bekriegen; *s.* bekämpfen | guanyar (*perdre*) la ~ den Krieg gewinnen (verlieren) | tornar de la ~ aus dem Krieg heimkehren | **~ejador** *adj* kriegerisch | kriegslüstern | **~ejar** (33) *vi* Krieg führen | *fig* kämpfen; streiten | **~er** *adj* kriegerisch | *fig* streit-, kampf-lustig | *s/mf* Krieger(in *f*) *m* | *s/f* Waffenrock *m* | **~illa** *f* Guerilla *f* | (*Verband*) *a.* Freischar | guerra de guerrilles Guerillakrieg *m* | **~iller(a** *f*) *m* Freischärler(in *f*), Guerrillakämpfer(in *f*); (*in Lateinamerika*) Guerillero *m*, Guerillera *f*.

guerx *adj* = **~o** | **~a** *f ict* Finte *f* | **~ament** *m* Krümmung *f* | Schiefwerden *n* | **~ar** (33) *vt* krümmen | schief machen | (*Holz*) verziehen || *vi* schielen | **~ar-se** *v/r s.* krümmen | schief werden | *s.* verziehen, *s.* werfen (*Holz*) | **~at** (-ada *f*) *adj* krumm | schief | verzogen | **~ejar** (33) *vi* etwas krumm (*bzw* schief, verzogen) sein | **~er** *adj* linkshändig | = **~o** | **~esa** *f med* Schielen *n* | Krümmung *f* | Schiefheit, Schiefe *f* | Verzogenheit *f* | **~o** *adj* schielend | *reg* einäugig | gekrümmt | (*Holz*) verzogen | *superfície* ~a windschiefe Fläche *f* || *adv: mirar* ~ schielen | **~ós** (-osa *f*) *adj* (*Holz*) *s.* leicht verziehen.

gueto¹ *m a. fig* G(h)etto *n*.
gueto² *adj fam* (*Person*) alt || *s/mf* Alte(r *m*) *m/f* | el (meu) ~ mein alter Herr, *pop* mein Alter.

gui|a *m/f* (Fremden-, Reise-)Führer(in *f*) *m* | *fig* Lehrmeister *m*; Richtschnur *f* || *s/m mil* Flügelmann *m* | *s/f* Führung *f* | (*Buch*) Reiseführer *m*; Stadtplan *m* | *cient* Leitfaden *m*, Lehrbuch *n* | (*Maschine*) Lauf-, Führungs-, Gleit-schiene *f* | ~ de circulació od de trànsit Zollbegleitschein *m* | ~ comercial Firmenadreßbuch *n* | ~ de ferro-

carrils Kursbuch *n*; Fahrplan *m* | ~ *telefònica* Telefonbuch *n* | **~able** *adj* (*m/f*) führbar, leitbar | **~ador** *adj* führend || *s/mf* Führer(in *f*) *m* | **~afils** *m* tèxt Fadenführer *m* | **~ament** *m* Führung *f* | **~ar** (33) *vt* führen | leiten | (*Pferde*) lenken | *aut* fahren | *fig* anleiten, einführen | **~ar-se** *v/r:* ~ *per alg* od *u/c* s. von j-m *od* etw leiten (*bzw* führen) lassen; s. nach j-m *od* etw richten | **~atge** *m bes mil* Passierschein *m* | *fig* Führung *f* | **~era** *f tecn* Führungs-stück *n od* -nut *f* | Leitschiene *f*.
guilda *f hist* Gilde *f*.
guilla *f a. fig* Fuchs *m* | **~da** *f fam* Abhauen, Davonlaufen, Ausreißen *n* | **~dura** *f fam* Verrücktheit, Spinnerei *f* | **~r** (33) *vi fam* abhauen, davonlaufen, ausreißen | **~r-se** *v/r fam* überschnappen, verrückt werden | **~t** (-**ada** *f*) *pp/adj fam: estar* ~ spinnen, verrückt (*od* nicht recht bei Verstand) sein.
guilleume *m tecn* Falzhobel *m*.
guilloixar (33) *vt tecn* guillochieren.
guillot *m* Fuchsrüde *m*.
guillotina *f* Guillotine *f*, Fallbeil *n* | *gràf* (Papier)Schneidemaschine *f* | **~da** *f* Hinrichtung *f* mit dem Fallbeil | **~r** (33) *vt* guillotinieren, mit der Guillotine hinrichten | *gràf* (Papier) schneiden.
guilopo *adj u. s/mf fam or* = **beneit**; *Val* = **murri**.
guimbar (33) *vi reg* hüpfen, tänzeln | s. tummeln | **~da** *f tecn* Nuthobel *m* | *mús* Maultrommel *f*, Brummeisen *n*.
guimbarro *m reg* (a. ~ *de pa*) dicke(r) (Brot)Kanten *m*.
guinard|**a** *f ant* = **guineu** | **~era** *f* Fuchsbau *m*.
guinda *f* Sauer-, Weichsel-kirsche *f*.
guindar (33) *vt nàut* (auf)hissen | **~essa** *f nàut* Trosse *f*.
guinder *m bot* Sauerkirschenbaum *m* | **~ar** *m* Sauerkirschpflanzung *f*.
guine|**a** *f* (*Münze*) Guinea, Guinee *f* | *fig bes Bal* Krach, Radau, Streit *m* | **~a** *f* Guinea *n* | (*la*) ~ *Equatorial* Äquatorialguinea *n* | *Nova* ~ Neuguinea *n* | *el golf de* ~ der Golf von Guinea | **~à** (-**ana** *f*) *adj* guineisch, aus Guinea || *s/mf* Guineer(in *f*) *m*.
guineu *f a. fig* Fuchs *m* | Füchsin *f* | *ict* Spinnfisch *m*; Spöke *f* | **~er** *adj* Fuchs... | *gos* ~ Fuchs-, Dachs-hund *m*.
guingueta *f* (Jahrmarkts)Bude *f*.

guinya|**da** *f nàut* Gieren *n*, Schwenkung *f* | *fer guinyades* = **~r** | **~r** (33) *vi nàut* gieren, im Zickzack segeln.
guinyol *m reg* = **grinyol** | **~ar** (33) *vi reg* = **grinyolar**.
gui|**ó** *m* Fahne *f* | Standarte *f* | (*Schreiben, Rede*) Entwurf *m* | *rad tv* Manuskript, Skript *n* | *cin* Drehbuch *n* | *ling* Gedankenstrich *m*; Trennungsstrich *m* | *nàut* (*Ruder*) Riemenholm *m* | **~onet** *m ling* Bindestrich *m* | **~onista** *m/f* Drehbuchautor(in *f*) *m* | Skriptverfasser(in *f*) *m*.
guipar (33) *vt fam* gucken auf (*ac*), (*bes verstohlen*) e-n Blick werfen auf (*ac*); schielen nach (*dat*) || *vi: no guipis!* guck nicht! | *sense ulleres no hi guipo* ohne Brille kann ich nicht sehen.
guipur *m* tèxt Guipurespitze *f*.
guipuscoà (-**ana** *f*) *adj* gipuzkoanisch, aus Gipuzkoa || *s/mf* Gipuzkoaner(in *f*) *m* || *s/m ling* Gipuzkoanisch *n* | *el* ~ das Gipuzkoanische.
guirigall *m* Stimmengewirr *n* | Tumult *m*.
guirola *f reg* (Haut)Blase *f*.
guis|**a** *f* Weise, Art *f* | *a* (od *en*) ~ *de* (*loc prep*) als, wie; nach Art (*gen*), nach Art von (*dat*) | *de tal* ~ derart | *a la seva* ~ auf s-e Weise | **~ar** (33) *vt* kochen | *bes* schmoren | **~at** *m gastr* Schmorfleisch *n* mit Gemüse | Geschmorte(s), Geschnetzelte(s) *n* | **~ofi** *m desp fam* (Schlangen)Fraß *m*.
guit *adj* (*Tiere*) falsch, hinterlistig | störrisch | bockig, widerspenstig | gern keilend *od* ausschlagend | **~ar** (33) *vi* keilen, ausschlagen | *p ext* trampeln, (wütend) auf den Boden stampfen.
guitarr|**a** *f mús* Gitarre *f* | *fig: aixafar*(-*li*) *a algú la* ~ j-s Pläne (*bzw* Freude) verderben | **~er**(**a** *f*) *m* Gitarren-macher(in *f*) *bzw* -händler(in *f*) *m* | **~ista** *m/f mús* Gitarrist(in *f*), Gitarrenspieler(in *f*) *m* | **~ó** *m* kl(e) viersaitige Gitarre *f*.
guit|**ejar** (33) *vi* = **guitar** | **~za** *f* (*Huftiere*) Keilen, Ausschlagen *n* | *p ext* Fußtritt *m* | *fig: fer la* ~ *a alg* j-m übel mitspielen; j-n schikanieren od belästigen | *enviar alg a la* ~ od *a fer guitzes* j-n zum Teufel jagen.
guix *m* Gips *m* | (*Kunst*) Gipsabguß *m* | (Tafel)Kreide *f* | ~ *de sastre* Schneiderkreide *f*.
guixa *f bot* Saatplatterbse, Deutsche Kichererbse *f*.
guix|**ada** *f* Wandschmiererei *f* | Ge-

schmiere *n*, Gekritzel *n* | **~aire** *m/f* Gipsarbeiter(in *f*), Gipser(in *f*) *m* | Gipshändler(in *f*) *m* | **~ar** (33) *vt* mit Kreide beschreiben | *p ext* bekritzeln || *vi* kritzeln | *fig fam* = **rutllar** | *aquest bolígraf no guixa* dieser Kugelschreiber schreibt nicht | **~enc, ~er** *adj* gips-artig *bzw* -haltig | **~era** *f* Gipsgrube *f* | Gipsofen *m*.
guixó *m bot* Kichererbse *f*.
guixot *m constr* Gipsschutt *m* | **~er(a** *f*) *m* Gipsgrubenarbeiter(in *f*) *m*.
gúmena *f nàut* Ankertau *n*.
gumia *f* Krummdegen *m*.
gusarapa *f infan* Schreckgespenst *n*.
gusla *f mús* Gusla *f*.
guspir|a *f* Funke(n) *m* | *elect* Funkenentladung *f* | **~eig** *m* Funkeln, Funkensprühen *n* | **~ejar** (33) *vi* funken, Funken sprühen.
gussi *m nàut* Kahn *m*.
gust *m a. fig* Geschmack *m* | *fig a.* Genuß *m*; Vergnügen *n* ; Freude *f*; Gefallen *n*; Vorliebe, Neigung; Lust *f* | *el sentit del ~* der Geschmack(s)sinn | *~ d'all* Knoblauchgeschmack *m* | *el ~ musical* der musikalische Geschmack | *bon* (*mal*) *~* (*a. fig*) guter (schlechter) Geschmack | *de bon* (*mal*) *~* (*fig*) geschmack-voll (-los) | *un home de ~* e-e Mann mit Geschmack | *un comentari de mal ~* e-e geschmacklose Bemerkung | *a ~* (*loc adv*) wohl; gern | *a ~ d'alg* nach j-s Geschmack | *al teu ~* nach deinem Geschmack, wie es dir gefällt | *amb* (*sense*) *~* (*loc adv*) mit (ohne) Geschmack | *de ~* (*loc adv*) gern, mit Vergnügen; mit Genuß | *per ~* (*loc adv*) zum Vergnügen, aus Spaß an der Freude | *agafar ~ a u/c* an etw Geschmack gewinnen, e-r Sache Geschmack abgewinnen | (*és*)*ser del ~ d'alg* nach j-s Geschmack sein | *sentir* (*od tenir*) *~ per u/c* e-e Vorliebe für (*bzw* Freude an) etw haben | *el vi té ~ de suro* der Wein schmeckt nach Kork | *la sopa no té ~ de res* die Suppe schmeckt nach (gar) nichts | *tinc mal ~ a la boca* ich habe e-n schlechten Geschmack im Mund | *tens uns ~os molt cars!* du hast e-n teuren Geschmack! | *estic tan constipat, que no trobo ~ a res* ich bin so erkältet, daß ich nichts schmecken kann | *sembla que hi trobis ~* es scheint dir Vergnügen zu machen | *no em ve de ~* ich habe k-n Appetit darauf; *fig* ich habe k-e Lust dazu | *és qüestió de ~os* das ist Geschmack(s)sache | *de ~os no hi ha res escrit* über Geschmack läßt s. nicht streiten || (*in Höflichkeitsformeln*) *molt* (*od tant*) *de ~!* (sehr) angenehm! | *amb molt de ~!* (sehr) gern!, mit (dem größten) Vergnügen! | *el ~ és meu!* ganz meinerseits! | *que vagi de ~!* lassen Sie s. 's (gut) schmecken!; guten Appetit! | **~ació** *f*, **~ament** *m* Kosten, Schmecken *n* | **~ar** (33) *vt lit* schmecken | *fig* auskosten, genießen | **~atiu** (**-iva** *f*), **~atori** (**-òria** *f*) *adj bes med* Geschmacks... | **~ós** (**-osa** *f*, **-osament** *adv*) *adj* schmackhaft | *fig: ho faré molt ~* od *ben gustosament* ich werde es sehr gern tun.
gutació *f bot* Guttation, Wasserausscheidung *f*.
gutaperxa *f bot quím* Guttapercha *f/n*.
gut|iferes *f pl bot* Öldrüsenpflanzen *f pl* | **~íferes** *f pl bot* Johanniskraut- *od* Hartheu-gewächse *n pl*.
gutural *adj* (*m/f*) kehlig, Kehl... | *bes ling* guttural, Guttural... | *veu ~* kehlige Stimme *f* || *s/f* (*a. consonant ~*) Guttural(laut), Kehllaut *m*.

H

h, H f h, H n.
ha! int (Überraschung) ha!; ah! | ~, ~! (Triumph) ha! | ~!, ~!, ~! (Lachen) haha(ha)!
hàbil(ment adv) adj (m/f) geschickt | gewandt | dr fähig, berechtigt (per a zu dat) | dr adm (Zeit) Dienst..., Geschäfts... | dia ~ Dienst-, Amts-, Arbeits-tag m.
habilita|ció f a. dr Befähigung, Berechtigung f | Ermächtigung f | (Raum) Ein-, Her-richten n; Umgestaltung f | **~r** (33) vt a. dr befähigen, berechtigen | a. polít ermächtigen | (Raum) einrichten, herrichten; umgestalten | **~t**^{1} f Geschick(lichkeit f) n | Gewandtheit, Tüchtigkeit, Kunstfertigkeit f | **~t**^{2} (**-ada** f) adj befähigt, berechtigt || s/m adm Schatzmeister m | Kassenwart m | mil Zahlmeister m.
hàbit m Gewohnheit f | ecl Ordenstracht f, Habit m/n | biol med Habitus m | penjar els ~s die Ordenstracht ablegen.
habita|bilitat f Bewohnbarkeit f | **~ble** adj (m/f) bewohnbar | **~ció** f Wohnen n | biol Lebensraum m | Zimmer n | ~ amb dret a cuina Zimmer n mit Kochgelegenheit | ~ doble (individual) Doppel-(Einzel-)zimmer n | dret d'~ Wohnrecht n | **~cle** m lit Wohnung f | Wohnstätte f | **~nt** m/f Bewohner(in f) m | Einwohner(in f) m | **~r** (33) vt bewohnen || vi wohnen, leben.
hàbitat m biol Habitat n, Lebensraum m.
habitatge m Wohnraum m.
habitu|ació f Gewöhnung f | **~al(ment** adv) adj (m/f) gewöhnlich, gewohnheitsmäßig | üblich | Gewohnheits... | **~ar(-se)** (33) vt(/r) = **acostumar(-se)** | **~d** f Gewohnheit f | com d'~ wie gewohnt, wie üblich.
hac f (Name des Buchstabens) h, H n.
haca f zool Kleinpferd, Pony n | **~nea** f zool Mittelpferd, Pony n.
hafni m quím Hafnium n.
hagi|ògraf adj: els llibres ~s (bíbl) die Hagio-grapha, -graphen pl || s/mf Hagiograph(in f) m | **~ografia** f Hagiographie, Heiligengeschichte f | **~ogràfic** adj hagiographisch | **~olatria** f Hagiolatrie, Heiligenverehrung f.
hahni m quím Hahnium n.
haiduc m hist Heiduck m.
Hait|í m Haiti n | **~ià** (**-ana** f) adj haitianisch, haitisch || s/mf Haitianer(in f), Haitier(in f) m.
haixix m Haschisch n.
hala! int auf!, heda!, los!
halar (33) vt nàut (her)einholen, einziehen | (Schiff) treideln.
hàlit m lit Atem m | Hauch m.
halitosi f med Mundgeruch m.
hal|o m fís Halo, (Licht)Hof m | fig Aureole f | **~òfit** m bot Halophyt m, Salzpflanze f | **~ogen** adj quím halogen, salzbildend || s/m Halogen n, Salzbildner m | **~oide** adj (m/f) quím salzartig | sal ~ Halogenid, Haloid n.
halter m entom esport Haltere f || pl esport Hantel f | **~ofília** f Gewichtheben n.
ham m Angelhaken m | a. fig: picar l'~ anbeißen.
hamaca f Hängematte f.
hamameli|dàcies f pl bot Hamamelisgewächse n pl | **~s** f Hamamelis, Zaubernuß f.
hamburguès (**-esa** f) adj hamburgisch,

Hamburger || *s/mf* Hamburger(in *f*) *m* || *s/f gastr* Frikadelle, Bulette *f*, Hamburger *m*.
hàmster *m zool* Hamster *m*.
handbol *m esport* Handball *m*.
handicap *m* Handi-cap, -kap *n* | *esport a.* Vorgabe *f* | *fig a.* Nachteil *m*, Behinderung *f* | ~**ar** (33) *vt* handi-capen, -kapen | *fig a.* benachteiligen, behindern.
hangar *m* Hangar *m*, Flugzeughalle *f*.
hans|a *f hist* Hansa, Hanse *f* | ~**eàtic** *adj* hanseatisch | *ciutat* ~*a* Hansestadt *f*.
haplo|grafia *f ling* Haplographie *f* | ~**logia** *f ling* Haplologie *f*.
haptè *m biol med* Hapten *n*.
hàpter *m bot* Hapter *n*.
hapto|nàstia *f bot* Haptonastie *f* | ~**tropisme** *m bot* Haptotropismus *m*.
harakiri *m* Harakiri *n*.
harem *m* Harem *m*.
harm|onia *f* Harmonie *f* | *fig a.* Einklang *m*, Eintracht, Übereinstimmung *f* | ~**ònic(ament** *adv*) *adj* harmonisch | Harmonie... || *s/f mús* Harmonika, *bes* Mundharmonika *f* | ~**oniós** (-**osa** *f*, -**osament** *adv*) *adj a. fig* harmonisch | ~**onista** *m/f* Harmoniker(in *f*) *m* | ~**onització** *f* Harmonisierung *f* | ~**onitzar** (33) *vt mús* harmonisieren | *fig a.* harmonisch gestalten; in Einklang (*od* Übereinstimmung) bringen || *vi* harmonieren (*amb* mit) | ~**ònium** *m* Harmonium *n*.
harpia *f mit ornit* Harpyie *f*.
haure (40) *vt reg* = **heure**.
hav|à (-**ana** *f*) *adj* aus Havanna || *s/m* Havanna(zigarre) *f* | ~**ana** *f: l'*~ Havanna *n* | ~**anera** *f mús* Habanera *f*.
have|dor *adj* zu haben(d), erreich-, erlang-bar | ~**r**¹ (39) *vt ant* = **tenir** || (Hilfsverb mit *pp*) haben; (*bes* bei intransitiven Verben von perfektiver Aktionsart, bei Verben der Bewegung, bei sein, werden, bleiben) sein | (*no*) *ho he vist* ich habe es (nicht) gesehen | *t'has rentat les mans?* hast du dir die Hände gewaschen? | *ja deuen* ~ *menjat* sie werden wohl schon gegessen haben | *el pacient s'ha mort* der Patient ist gestorben | *encara no havien arribat* sie waren noch nicht angekommen | *hem nedat molt* wir haben (*od* sind) viel geschwommen | *hem nedat fins a la boia* wir sind bis zur Boje geschwommen | *vindran havent dinat* sie werden nach dem Mittagessen kommen | *havent confessat, el condemnaran* da er gestanden hat, wird man ihn verurteilen || (Hilfsverb mit de + *inf*) müssen (*mit inf*); sollen (*mit inf*); haben (*mit* zu + *inf*) | *m'haig* (*od m'he*) *d'afanyar* ich muß mich beeilen | *no has de dir mentides* du sollst (*od* darfst) nicht lügen | *hauríem hagut de comprar-ho* wir hätten es kaufen sollen | *no he hagut de fer l'examen* ich habe die Prüfung nicht zu machen brauchen | *haig* (*od he*) *de parlar amb tu* ich habe mit dir zu reden, ich muß mit dir reden || *v/imp* (*mit* hi): *a la sopa hi ha un cabell* es ist e. Haar in der Suppe, in der Suppe ist e. Haar | *hi havia molts espectadors* es waren viele Zuschauer da | *a la taula hi ha un gerro* auf dem Tisch steht e-e Vase | *no hi ha ningú* es ist niemand da | *avui hi ha boira* heute ist es neblig | *després hi haurà ball* danach ist Tanz *od* wird getanzt | *hi ha hagut un accident* es ist e. Unfall passiert, es hat e-n Unfall gegeben | *hi ha molts parats* es gibt viele Arbeitslose | *què hi ha de nou?* was gibt's Neues? | *hi ha qui ho diu* manche sagen es | *n'hi ha que sempre tenen sort* manche haben immer Glück | *n'hi ha per a tornar-se boig!* es ist zum Verrücktwerden! | *n'hi ha per estona* es wird noch e-e Weile dauern || *v/imp zeitl arc:* Horta *era temps ha un poble* Horta war vor Zeiten e. Dorf | *tres hores ha* (*od hi ha tres hores*) *que el cerquem* seit drei Stunden suchen wir ihn || (40) *vt* (*a.* heure, *reg* haure) haben; bekommen; erreichen, erlangen; (auf)fangen; *umg* kriegen | *no crec que l'heguis, aquesta noia* ich glaube nicht, daß du dieses Mädchen bekommst *od umg* kriegst | *vejam si heus la clau al vol!* mal sehen, ob du den Schlüssel auffängst! | *fam:* ~-*se-les od* heure-*se-les s.* haben, s. streiten | *si et peguen, se les hauran amb mi!* wenn sie dich schlagen, bekommen sie es mit mir zu tun! | ~**r**² *m* Habe *f*, Besitz(tum *n*) *m* | (Buchhaltung) (Gut)Haben; Haben(seite *f*) *n* | *s: deure*² || *pl adm* Gehalt *n* | ~**ria** *f* Last-, Trag-tier *n*.
hebdomadari (-**ària** *f*) *adj* wöchentlich || *s/m gràf* Wochen-zeitung *f*, -blatt *n* | *ecl* Wochen(haupt)zelebrant *m*.
hebefrènia *f psic* Hebephrenie *f*.
hebr|aic *adj* hebräisch | ~**aisme** *m* Hebraismus *m* | ~**aista** *m/f* Hebraist(in

hecatombe

f) m | ~aïtzar (33) *vt* hebräisieren, hebräisch machen | **~aitzar-se** *v/r* hebräisch werden; hebräische Sitten annehmen | **~eu** (-ea *f*) *adj* hebräisch || *s/mf* Hebräer(in *f*) *m* || *s/m ling* Hebräisch *n* | *l'~* das Hebräische.

hecatombe *f hist* Hekatombe *f | fig* Blutbad *n*; Katastrophe *f*.

hectàrea *f* Hektar *m*.

hèctic *adj med* hektisch, schwindsüchtig | *febre ~a* hektisches Fieber *n*.

hect|ogram *m* Hektogramm *n* | **~olitre** *m* Hektoliter *m/n* | **~òmetre** *m* Hektometer *m/n*.

heder|aci (-àcia *f*) *adj*, **~iforme** *adj* (*m/f*) *bot* efeuartig, efeuähnlich.

hedonis|me *m filos* Hedonismus *m* | **~ta** *adj* (*m/f*) hedonistisch || *s/m/f* Hedonist(in *f*) *m*.

hegem|onia *f* Hegemonie, Vor-macht, -herrschaft *f* | **~ònic** *adj* hegemonisch.

hègira *f hist* Hedschra *f*.

heli *m quím* Helium *n* | **~ant** *m bot* Helianthus *m*, Sonnenblume *f* | **~antem** *m bot* Sonnenröschen *n* | **~antina** *f quím* Helianthin *n*.

hèlice *f* (außer *anat*) = **hèlix**.

hel|ícids *m pl zool* Schnirkelschnecken *f pl* | **~icó** *m mús* Helikon *n* | **~icoïdal** *adj* (*m/f*) schnecken-, schrauben-förmig | **~icoide** *adj* (*m/f*) spiralig || *s/m geom* Spiral-, Schrauben-fläche *f* | **~icòpter** *m aeron* Hubschrauber, Helikopter *m*.

heli|ocèntric *adj astr* heliozentrisch | **~ògraf** *m astr telecom* Heliograph *m* | **~ografia** *f* Heliographie *f* | **~ogràfic** *adj* heliographisch | **~ogravat** *m gràf* Heliogravüre *f* | **~oscopi** *m astr* Helioskop *n* | **~òstat** *m astr* Heliostat *m* | **~oteràpia** *f med* Heliotherapie, (Sonnen)Lichtbehandlung *f* | **~otropi** *m bot* Heliotrop *n* | *min* Heliotrop *m* | **~otropisme** *m bot* Helio-, Photo-tropismus *m* | **~ozous** *m pl zool* Heliozoen, Sonnentierchen *n pl*.

heliport *m* Hubschrauberlandeplatz, Heliport *m*.

hèlix *f geom* Spirale *f | art* (*Kapitell*) Volute *f | nàut* (Schiffs)Schraube *f | aeron* (Luft)Schraube *f*, Propeller *m | quím* Helix *f | anat* (*Ohr*) Helix *f*.

hel·lènic *adj* hellenisch | **~enisme** *m**

Hellenismus *m* | *ling Lit* Gräzismus *m* | **~enista** *m/f* Hellenist(in *f*) *m* | **~enístic** *adj* hellenistisch | **~enitzar** (-se) (33) *vt/i(/r)* (s.) hellenisieren.

helm|int *m zool* Helminthe *f*, Eingeweidewurm *m* | **~intiasi** *f med* Helminthiasis, Wurmkrankheit *f* | **~íntic** *adj* Wurm...

helv|eci (-ècia *f*) *adj* helvetisch || *s/mf* Helvetier(in *f*) *m* | **~ècia** *f* Helvetien *n* | **~ètic** *adj* helvetisch, schweizerisch.

hem! *int* (*Zweifel*) h(e)m! | so?

hem|atèmesi *f med* Hämatemesis *f*, Bluterbrechen *n* | **~àtic** *adj* Blut... | *quadre ~* Blutbild *n* | **~atia** *f med* rotes Blutkörperchen *n* | **~atites** *f min* Hämatit, Blutstein *m* | **~atologia** *f med* Hämatologie *f* | **~atoma** *m med* Hämatom *n*, Bluterguß *m* | **~atozou** *m* Hämatozoon *n* (*mst pl* -zoen) | **~atúria** *f med* Hämaturie *f*, Blutharnen *n*.

hemeralop *adj* (*m/f*) tagblind || *s/m/f* Tagblinde(r *m*) *m/f* | **~ia** *f med* Hemeralopie, Tagblindheit *f*.

hem|icicle *m* Halbkreis *m* | halbkreisförmiger Saal *m* | **~icíclic** *adj bot* hemizyklisch | **~icrània** *f med* Hemikranie, Migräne *f* | **~iedre** *m* halbflächiger Kristall *m*, Hemieder *n* | **~ièdria** *f* Hemiedrie *f* | **~ièdric** *adj* hemiedrisch | **~iplegia** *f med* Hemiplegie, Halbseitenlähmung *f* | **~ípters** *m pl entom* Hemipteren *f pl*, Schnabelkerfe *m pl* | **~isferi** *m astr anat geog* Hemisphäre *f | geog a.* Erd-hälfte, -halbkugel *f | geom* Halbkugel *f* | **~isfèric** *adj* hemisphärisch, halbkug(e)lig | **~istiqui** *m Lit* Halbvers *m*, Hemisti-chion, -chium *n*.

hem|ofília *f med* Bluterkrankheit, Hämophilie *f* | **~ofílic** *adj* bluterkrank || *s/mf* Bluter(in *f*) *m* | **~oglobina** *f biol* Hämoglobin *n* | **~òlisi** *f med* Hämolyse *f* | **~optisi** *f med* Blutspeien *n*, Hämoptysis *f* | **~orràgia** *f med* Blutung, Hämorrhagie *f* | *~ estomacal* Magenblutung *f* | *~ nasal* Nasenbluten *n* | **~orràgic** *adj* hämorrhagisch | **~orroïdal** *adj* (*m/f*) hämorrhoidal | *dilatació ~* Hämorrhoidalknoten *m* | **~orroide** *f* Hämorrhoide *f* | **~ostàsia** *f med* Hämostase *f* | **~ostàtic** *adj* hämostatisch | blutstillend.

hendecasíl·lab *adj Lit* elfsilbig || *s/m* Elfsilb(n)er, Hendekasyllabus *m*.

henna *m* (*Farbstoff*) Henna *f/n*.
hep|àtic *adj* Leber... | *med* hepatisch | **~atita** *f min* Hepatit, Leberstein *m* | **~atitis** *f med* Hepatitis, Leberentzündung *f* | **~atologia** *f med* Hepatologie *f*.
hept|à *m quím* Heptan *n* | **~acord** *m mús* Heptachord *m* | **~àedre** *m geom* Heptaeder *n*, Siebenflächner *m* | **~àgon** *m geom* Heptagon, Siebeneck *n* | **~agonal** *adj* (*m/f*) siebeneckig | **~àmetre** *m Lit* Heptameter *m* | **~asíl·lab** *adj* siebensilbig || *s/m Lit* Siebensilb(n)er *m* | **~ateuc** *m bíbl*: *l'~* der Heptateuch.
hèptode *m elect* Heptode *f*.
her|ald *m hist* Herold *m* | *fig* Bote *m* | **~àldic** *adj* heraldisch, Wappen... | **~àldica** *f* Wappenkunde, Heraldik *f* | **~aldista** *m/f* Heraldiker(in *f*) *m*.
herb|a *f* Gras *n* | Kraut *n* | *mala ~* Unkraut *n* | *herbes medicinals* Heilpflanzen *f pl*, -kräuter *n pl* | *sopa d'herbes* Kräutersuppe *f* | *en ~* (*loc adv*) unreif, noch grün | *segar l'~ sota els peus a alg* (*fig fam*) j-m den Boden unter den Füßen wegziehen | *mala ~ mai no mor* Unkraut vergeht nicht || (*Pflanzennamen*) *~ apegalosa* Echte Färberröte *f* | *~ berruguera* Warzen-, Wodans-kraut *n* | *~ blanca* (Meeres-) Steinkraut *n*; Kreuzkraut *n* | *~ cabruna* Asphaltklee *m* | *~ cotonera* Faden-, Filz-kraut *n* | *~ cuquera* Rainfarn *m*; Zitronenkraut *n* | *~ daurada* Schrift-, Milz-farn *m* | *~ donzella* Immergrün *n* | *~ escurçonera* Schwarzwurzel *f* | *~ espitllera* Flockenblume *f* | *~ espunyidera* Labkraut *n* | *~ esquellera* Gr(r) *u*. Kl(r) Klappertopf *m* | *~ felera* Gelber Günsel *m*; Flöhkraut *n* | *~ fetgera* Leberblümchen *n* | *~ flàmula* Waldrebe *f* | *~ foradada* Johanniskraut *n* | *~ forrera* Pimpinelle *f* | *~ freixurera* Lungenkraut *n* | *~ gatera* Katzenminze *f* | *~ gelada* Weißblühendes Eiskraut *n* | *~ menuda* Wermut *m*; Edelraute *f* | *~ negra* Kugelblume *f* | *~ passerella* Roter Spärkling *m* | *~ pedrera* Italienisches Sonnenröschen *n* | *pigotera* Tüpfelfarn; Engelsüß *m* | *~ presseguera* Flohknöterich *m* | *~ prima* Moos-Nabelmiere *f*; Hügel-Waldmeister *m*; Kalk-Kreuzblume *f* | *~ pucera* Wegerich *m* («psyllium») | *~ pudent* Gänsefuß *m* («album») | *~ puntera* Echte Hauswurz; Dachhauswurz *f* | *~ queixalera* Bilsenkraut *n* | *~ sabonera* Seifenkraut *n* | *~ sana* Minze *f* | *~ talpera* Stechapfel *m* | *~ tora* (Blauer) Eisenhut *m* | *~ vellosa* Ziest *m* | *~ verinosa* Eisenhut *m* | *~ vermella* Roter Spärkling *m* | *~ vomitòria* Weißer Germer *m* | *~ de l'ala* Echter Alant *m* | *~ de l'asma* Stechapfel *m* | *~ de les berrugues* Schöllkraut *n* | *~ de cinc costures* od *de cinc nirvis* Spitzwegerich *m* | *~ de la creu* Einbeere *f* | *~ de l'epidèmia* Gamànder *m* («marum») | *~ de l'erisipela* Mäusedorn *m* | *~ de l'esparver* Habichtskraut *n* | *~ de la feridura* Ziest *m* («recta») | *~ del ferro* Hufeisenklee *m* | *~ del fetge* Leberblümchen *n* | *~ dels fics* Seidelbast *m* | *~ de la fluxió* breitblätt(e)rige Kresse *f* | *~ de la freixura* Lungenkraut *n* | *~ dels gats* Katzengamander *m* | *~ de la gota* Rundblättriger Sonnentau *m* | *~ dels humors freds* Tüpfelfarn; Engelsüß *m* | *~ dels innocents* Erdrauch *m* | *~ dels leprosos* Ehrenpreis *m* («officinalis») | *~ de llagues* od *de Job* Waldrebe *f* («flammula») | *~ de les llunetes* Brillenschötchen *n* | *~ del mal estrany* Alant *m* («montana») | *~ del mal gra* Parnassiablättriger Hahnenfuß *m* | *~ del mal de pedra* Kahles Bruchkraut *n* | *~ de la mala bua* Ampferknöterich *m* | *~ de la Mare de Déu* Bilsenkraut *n* | *~ del mesc* Reiherschnabel *m* | *~ de mil fulles* Gemeine Schafgarbe *f* | *~ de les morenes* Scharbockskraut *n* | *~ de l'ofec* Gemeiner Stechapfel *m* | *~ d'orenetes* Schöllkraut *n* | *~ del pobre home* Knolliges Mädesüß *n* | *~ de polls* = **matapoll** | *~ de la prunella* Großblütige Braunelle *f* | *~ de les puces* Wegerich *m* («psyllium») | *~ de la ràbia* Kelch-Steinkraut *n*; Andorn | *~ de* (*sant*) *Robert* Stinkender Storchschnabel *m*; Ruprechtskraut *n* | *~ de sant Antoni* Mutterkraut *n*; Ziest *m* («recta»); Wiesen-Wucherblume *f* | *~* (od *flor*) *de sant Benet* Echte (od Gemeine) Nelkenwurz *f* | *~ de sant Cristòfol* Christophskraut *n* | *~ de sant Domènec* Echter Gamander *m*; Enzian *m* («maritima») | *~ de sant Felip* od *del pastell* Färberwaid *m* | *~ de sant Jaume* Jakobs-Kraut *n* | *~ de sant Joan* Tüpfel-Johanniskraut; Heiligenkraut

n | ~ *de sant Pelegrí* Wollziest *m*; Eselohren *n pl* | ~ *de sant Segimon* Steinbreche *f* | ~ *de santa Bàrbara* Echtes Barbenkraut *n* | ~ *de santa Sofia* Besenrauke *f* | ~ *de les set sagnies* Steinsamen *m*; Steinbreche *f* («pubescens») | ~ *de talls* Steinbreche *f* («longifolia», «aizoon»); Gemeine Schafgarbe *f*; Kunigundenkraut *n* | ~ *del traïdor* Großblütige Brunelle *f* | ~ *de la Trinitat* (Feld)Stiefmütterchen *n* | ~ *del vesc* Weiße Mistel; Apfelmistel *f* | **~aci** (-àcia *f*) *adj* krautartig, Kraut... | **~a-col** *f* Blüten *f pl* der Artischocke | **~a-fam** *f* Wegerich *m* («albicans») | **~am** *m* Gras-decke *bzw* -narbe *f* | **~ari** *m* Pflanzensammlung *f*, Herbarium *n* | **~assar** *m* Grasland *n* | **~assejar** (33) *vi* = **~ejar** | **~at** (-ada *f*) *adj* grasbewachsen || *s/m* Brachfeld *n* | **~atge** *m* Futtergras *n* | Weide(platz *m*) *f* | *dret d'~* Weide-geld *n*, -pacht *f* | **~atger**(**a** *f*) *m* Futterschneider(in *f*) *m* | Weidelandverpächter(in *f*) *m* | **~ei** *m* Rasen *m*, Gras *n* | **~ejar** (33) *vi* weiden || *vt* jäten | **~era** *f agr* Heuboden *m* | **~erola** *f bot* Odermennig *m* | **~icida** *m* Unkrautvertilgungsmittel, Herbizid *n* | **~ívor** *adj zool* pflanzenfressend || *s/m* Herbivore *m* | **~olari** (-ària *f*) *m* Heilkräuterhändler(in *f*) *m* | **~orista** *m/f* Kräutersammler(in *f*) *m* | **~orització** *f* Kräutersammeln *n* | **~oritzar** (33) *vi* Kräuter sammeln | **~ós** (-osa *f*) *adj* grasig, grasbewachsen.
hèrcules *m fig* Herkules *m*.
herculi (-úlia *f*) *adj* herkulisch, riesig, riesenstark.
her|editari (-ària *f*) *adj* erblich | Erb... | **~editat** *f biol* = **~ència** | **~ència** *f a. fig* Erbe *n* | Erbschaft *f*, Nachlaß *m*, Hinterlassenschaft *f* | *biol* Erbanlage; Vererbung *f* | **~ent** *m/f* = **hereu**.
heresiarca *m/f ecl* Häresiarch *m*, Ketzerhaupt *n* | Haupt *n* e-r Sekte.
hereta|ment *m* Erbantritt *m* | Erben *n* | **~r** (33) *vt:* ~ *u/c d'alg* etw von j-m erben | ~ *alg* j-n beerben; j-n als Erben einsetzen | **~t** *f* Grundstück *n* | Landgut *n* | **~tge** *m* Erbe *n*, Erbschaft *f* | Grundstück *n* | Grundbesitz *m*.
her|etge *m/f* Ketzer(in *f*) *m* | **~etgia** *f* Ketzerei *f* | *fig a*. Irrlehre *f* | **~ètic** *adj*, **~etical** *adj* (*m/f*) *ecl* häretisch | *a. fig* ketzerisch.
hereu (-eva od -eua *f*) *m* Erbe *m*, Erbin *f* | *fam* Stammhalter *m* | ~ *escampa* (*pop*) Verschwender *m*.
hermafrodi|ta *adj* (*m/f*) *biol med* hermaphroditisch, zweigeschlechtig, zwittrig || *s/m/f* Hermaphrodit, Zwitter *m* | **~tisme** *m* Hermaphroditismus *m*, Zweigeschlechtigkeit, Zwittrigkeit *f*.
hermenèutic *adj bes bíbl* hermeneutisch, deutend | **~a** *f* Hermeneutik *f*.
herm|ètic(**ament** *adv*) *adj* hermetisch | **~etisme** *m* hermetische Philosophie *f* | *Lit* Hermetismus *m*.
hèrnia *f med* Bruch *m*, Hernie *f* | ~ *estrangulada* eingeklemmter Bruch *m* | ~ *inguinal* (*umbilical*) Leisten-(Nabel-)bruch *m*.
herni|ari (-ària *f*) *adj med* Bruch... | **~at** (-ada *f*), **~ós** (-osa *f*) *adj* bruchleidend | **~otomia** *f med* Herniotomie, Bruchoperation *f*.
hero|i (-ïna *f*) *m* Held(in *f*) *m* | mit Halbgott *m*, -göttin *f*, *lit* Heros *m*, Heroin *f* | **~ic** *adj* heldenhaft | heroisch | *poesia ~a* Heldendichtung *f* | **~ïcitat** *f* Heldenhaftigkeit, *lit* Heroik *f* | Heldentat *f* | **~ïna** *f* Heroin *n* | **~inòman** *adj med* heroinsüchtig || *s/mf* Heroinsüchtige(r *m*) *m/f* | **~inomania** *f med* Heroinsucht *f* | **~isme** *m* Heldenmut *m*; -tum *n*; *lit* Heroismus *m*.
herp|es *m med* Herpes, Bläschenausschlag *m* | **~ètic** *adj* herpetisch | Herpes... || *s/mf* Herpeskranke(r *m*) *m/f* | **~etologia** *f zool* Herpetologie *f*.
hertz *m fís* Hertz *n* | **~ià** (-ana *f*) *adj fís* Hertz... | *ones hertzianes* Hertzsche Wellen *f pl*.
hesita|ció *f lit* Unschlüssigkeit *f* | Zögern, Zaudern *n* | **~r** (33) *vi lit* zögern, zaudern.
hetera *f hist* Hetäre *f*.
heter|òclit *adj* unregelmäßig | verschiedenartig | **~odox** *adj ecl* heterodox, andersgläubig | **~odòxia** *f ecl* Heterodoxie, Irrlehre *f* | **~ogeneïtat** *f* Heterogenität, Ungleich-, Verschiedenartigkeit *f* | **~ogeni** (-ènia *f*) *adj* heterogen, ungleich-, verschieden-artig | **~omorf** *adj* heteromorph, ungleichförmig | **~ònim** *adj ling* heteronym || *s/m* Heteronym *n* | **~ònom** *adj dr* heteronom, von fremden Gesetzen abhängig | **~oplàstia** *f med* Heteroplastik *f* | **~osexual** *adj* (*m/f*) hetero-

sexuell || *s/mf* Heterosexuelle(r *m*) *m/f* | **~osexualitat** *f* Heterosexualität *f*.
heura *f bot* Efeu *m* | ~ *de terra* Gundelrebe *f*, Gundermann *m*.
heure (40) *vt s: haver*[1].
heus *int:* ~ *aquí* (*od ací*) *l'adreça!* da (*od* hier) ist (ja) die Adresse! | **~-les** *aquí* (*od ací*), *les claus!* da (*od* hier) sind sie (ja), die Schlüssel! | *i* ~ *aquí* (*od ací*) *que*... u. so kam es, daß...
heurístic *adj* heuristisch | **~a** *f* Heuristik *f*.
hevea *m bot* Kautschukbaum *m*.
hex|à *m quím* Hexan *n* | **~acord** *m mús* Hexachord *m/n* | **~àedre** *m geom* Hexaeder *n*, Sechsflächner *m* | **~aèdric** *adj* hexaedrisch, sechsflächig | **~àgon** *m geom* Hexagon, Sechseck *n* | **~agonal** *adj* (*m/f*) hexagonal, sechseckig | **~agrama** *m* Hexagramm *n*, David-, Sechs-stern *m* | **~àmer** *adj* hexamer, sechssteilig | **~àmetre** *m* Hexameter, sechsfüßiger Vers *m* | **~àpode** *adj* sechsfüßig || *s/m* Insekt *n* | **~asíl·lab** *adj* sechssilbig || *s/m* Sechssilb(n)er *m*.
hi[1] (22 *u*. 24) *pron adv* (*für nicht mit de eingeführte Lokaladverbialien bzw Präpositionalobjekte*) *a casa?* Ara ~ *són!* zu Hause? Jetzt sind sie dort! | *pel pont, no* ~ *passis!* geh nicht hinüber, über die Brücke! | *~ vas o en véns?* gehst du (dort)hin oder kommst du von dort? | *ja no* ~ *és, damunt la taula* auf dem Tisch ist es nicht mehr | *penses en la Maria? I tant, si* ~ *penso!* denkst du an Maria? Und ob ich an sie denke! | *a això, no m'~ acostumaré mai* daran werde ich mich nie gewöhnen | *no s'~ conforma, amb mil pessetes* mit tausend Peseten begnügt er s. nicht || (*für Modal- u. Temporaladverbialien*) *diu que treballa de pressa, però no* ~ *treballa gens* er sagt, er arbeite schnell, aber er arbeitet gar nicht schnell | *tu condueixes prudentment, mentre que ell no* ~ *condueix gens* du fährst vorsichtig, er dagegen gar nicht | *no m'~ llevaré pas, tan de matí* so früh werde ich nicht aufstehen | *dedico molt de temps; al meu marit, li'n dedico poc* der Arbeit widme ich viel Zeit, meinem Mann wenig || (*Prädikativ, wenn das Verb nicht* ésser, esdevenir, estar, semblar, aparentar, parèixer *ist*) *deia que el vi no es tornaria agre*,

però prou s'~ ha tornat er behauptete, der Wein würde nicht sauer, aber dennoch ist er es geworden | *que* ~ *vas sovint, tan mudada?* machst du dich oft so fein? | *Bal: estava malalt, però ja no* ~ *estic* ich war krank, bin es aber nicht mehr || (*mit intransitiv gebrauchten Wahrnehmungsverben*) *no* ~ *sent* er hört (überhaupt) nicht; er ist taub | *no* ~ *veu* er kann nicht sehen; er ist blind | *s: a. haver-hi*.
hi[2] *pron pers s: li*.
hial|í (**-ina** *f*) *adj* hyalin, glasartig, glasig | **~ita** *f min* Hyalit *m* | **~itis** *f med* Hyalitis *f* | **~oide** *adj* (*m/f*) hyalin, glasartig.
hiat(us) *m ling* Hiatus *m*.
hibernar *vi zool* Winterschlaf halten.
hibisc *m bot* Eibisch, Hibiskus *m*.
híbrid *adj* hybrid | *ling: mots ~s* hybride Wörter *m pl*, Misch-, Zwitter-bildungen *f pl* || *s/mf biol* Hybride *f/m*.
hibrid|ació *f biol* Hybridisierung, Bastardierung *f* | **~ar** (33) *vt biol* hybridisieren, bastardieren | **~isme** *m* Zwitter-bildung; -haftigkeit *f* | Mischbildung *f*.
hidatode *m bot* Hydathode *f*.
hidr|a *mit zool* Hydra *f* | *astr:* ⌁ Hydra *f* | **~argir** *m quím* Hydrargyrum, Quecksilber *n*.
hidrastis *m bot* Kanadische Orangewurz *f*.
hidr|at *m quím* Hydrat *n* | **~atable** *adj* (*m/f*) hydratisierbar | **~ató** *f* Hydrat(at)ion, Hydratbildung *f* | **~atar** (33) *vt quím* hydratisieren, mit Wasser verbinden | **~àulic** *adj* hydraulisch || *s/f* Hydraulik *f* | **~azida** *f quím* Hydrazide *pl* | **~azina** *f quím* Hydrazin *n*.
hídria *f* Hydria *f*, Wasserkrug *m*.
hidr|oavió *m* Wasserflugzeug *n* | **~ocarbonat** *m* Kohlehydrat *n* | **~ocarbur** *m quím* Kohlenwasserstoff *m* | **~ocèfal** *adj med* wasserköpfig | **~ocefàlia** *f* Hydrozephalie, Gehirnwassersucht *f* | **~ocele** *f med* Hydrozele *f*, Wasserbruch *m* | **~odinàmic** *adj* hydrodynamisch | **~odinàmica** *f* Hydrodynamik *f* | **~oelèctric** *adj* hydroelektrisch | *central* ~*a* Wasserkraftwerk *n* | **~òfana** *f min* Hydrophan *m* | **~òfil** *adj biol quím* hydrophil | wasseraufsaugend | wasserziehend | **~òfit** *m bot* Hydrophyt *m*, Wasserpflanze *f* | **~òfob** *adj biol*

quím hydrophob | (*Hund*) tollwütig | ~**ofòbia** *f* Hydrophobie *f* | Tollwut *f* | ~**ogen** *m quím* Hydrogen *n*, Wasserstoff *m* | ~**ogenació** *f* Hydrierung *f*, Hydrierverfahren *n* | ~**ogenar** (33) *vt quím* hydrieren, mit Wasserstoff verbinden | ~**ogeologia** *f* Hydrogeologie, Grundwasserkunde *f* | ~**ografia** *f* Hydrographie, Gewässerkunde *f* | ~**ogràfic** *adj* hydrographisch | ~**òlisi** *f quím* Hydrolyse *f* | ~**ologia** *f* Hydrologie *f* | ~**ològic** *adj* hydrologisch | ~**omel** *m* = **aiguamel** | ~**òmetre** *m fís* Hydrometer *n* | ~**ometria** *f* Hydrometrie *f* | ~**omètric** *adj* hydrometrisch | ~**opatia** *f med* Hydropathie, Wasserheilkunde *f* | ~**opesia** *f med* Hydropsie, Wassersucht *f* | ~**òpic** *adj* hydropisch | ~**oplà** *m nàut* Hydroplan *m* | ~**opneumàtic** *adj tecn* hydropneumatisch | ~**oponia** *f agr* Hydro-ponik, -kultur *f* | ~**opònic** *adj* hydroponisch | ~**osfera** *f* Hydrosphäre *f* | ~**osoluble** *adj* (*m/f*) *quím* wasserlöslich | ~**ostàtic** *adj* hydrostatisch | ~**ostàtica** *f* Hydrostatik *f* | ~**oteràpia** *f med* Hydrotherapie *f* | ~**oteràpic** *adj* hydrotherapeutisch | ~**otermal** *adj* (*m/f*) hydrothermal | ~**òxid** *m quím* Hydroxyd *n* | ~**ur** *m quím* Hydrid *n*.
hiemal *adj* (*m/f*) winterlich | Winter...
hiena *f zool a. fig* Hyäne *f*.
hieràtic *adj* hieratisch | priesterlich | *escriptura ~a* hieratische Schrift *f*.
hifa *f bot* Pilzfaden *m*, Hyphe *f*.
higi|ene *f* Hygiene *f* | ~**ènic** *adj* hygienisch | *paper ~* Toilettenpapier *n* | ~**enista** *m/f* Hygieniker(in *f*) *m* | ~**enitzar** (33) *vt* hygienisch machen | (*Milch*) haltbar machen.
higr|òfil *adj bot* hygrophil, feuchte Standorte bevorzugend | ~**òfit** *m bot* Hygrophyt *m* | ~**òmetre** *m meteor* Hygrometer *n* | ~**ometria** *f* Hygrometrie, Messung *f* der Luftfeuchtigkeit | ~**omètric** *adj* hygrometrisch | ~**oscopi** *m meteor* Hygroskop *n*, Feuchtigkeitsanzeiger *m* | ~**oscòpic** *adj a. quím* hygroskopisch.
hil *m anat* Hilus *m* | *bot* Hilum *n*.
hilaritat *f* schallendes Gelächter *n*.
hilozoisme *m filos* Hylozoismus *m*.
hílum *m* = **hil**.
himen *m anat* Hymen, Jungfernhäutchen *n* | ~**eu** *m lit* Ehe *f* | *Lit hist* Hymen *m*, Hochzeitslied *n* | ~**òpters** *m pl entom* Hymenopteren *f pl*, Hautflügler *m pl*.
himn|ari *m ecl* Hymnar(ium), Gesangbuch *n* | ~**e** *m* Hymne *f*, Hymnus *m* | *ecl* Kirchengesang *m* | *~ nacional* Nationalhymne *f* | ~**ologia** *f* Hymnologie *f*.
hind|ú *m* Hindu *m* | *p ext* Inder *m* | ~**uisme** *m* Hinduismus *m* | ~**ustan** *m: l'~* Hindustan *n* | ~**ustànic** *adj* hindustanisch || *s/m ling* Hindustani *n*.
hinterland *m* Hinterland *n* | = **rerepaís**.
hioide *m anat* Hyoid, Zungenbein *n*.
hipàl·lage *f ling* Hypallage *f*.
hip|èrbaton *m ling* Hyperbaton *n* | ~**èrbola** *f geom*, ~**èrbole** *f geom ling* Hyperbel *f* | ~**erbòlic(ament** *adv*) *adj* hyperbolisch | ~**erboloide** *m geom* Hyperboloid *n* | ~**erbori** (-**òria** *f*) *adj* hyperboreisch | ~**erbúlia** *f psic* Hyperbulie *f*, übersteigerter Betätigungsdrang *m* | ~**ercrític** *adj* hyperkritisch | ~**erdulia** *f catol* Hyperdulie *f* | ~**erèmia** *f med* Hyperämie, Blutfülle *f* | ~**erestèsia** *f med* Hyperästhesie, Überempfindlichkeit *f* | ~**erestèsic** *adj* hyperästhetisch, überempfindlich | ~**erglucèmia** *f med* Hyperglykämie *f* | ~**ermercat** *m* gr(r) Supermarkt *m* | ~**ermetrop** *adj med* hypermetropisch, weitsichtig | ~**ermetropia** *f med* Hypermetropie, Weitsichtigkeit *f* | ~**erplàsia** *f med* Hyperplasie *f* | ~**ersensible** *adj* (*m/f*) hypersensibel | ~**ersònic** *adj psic* hypersonisch | ~**ertens** *adj med* hypertonisch, mit zu hohem Blutdruck | ~**ertensió** *f* Hyper-tension, *-tonie f*, Bluthochdruck *m* | ~**ertiroïdisme** *m med* Hyperthyreose, Überfunktion *f* der Schilddrüse | ~**ertròfia** *f med* Hypertrophie *f* | *fig a.* Übermaß *n* | ~**ertrofiar-se** (33) *v/r* s. krankhaft vergrößern *od* erweitern | ~**ertròfic** *adj* hypertrophiert | hypertrophisch | ~**ervitaminosi** *f med* Hypervitaminose *f*.
hípic *adj* Pferde...
hipisme *m* Pferde-, Reit-sport *m*.
hipn|osi *f* Hypnose *f* | ~**òtic** *adj* hypnotisch || *s/m* Hypnotikum, Schlafmittel *n* | ~**otisme** *m* Hypnotismus *m* | Hypnotik *f* | ~**otització** *f* Hypnotisieren *n*, Einschläferung *f* durch Hypnose | ~**otitzador** *adj* hypnotisierend || *s/mf* Hypnotiseur *m*, -seuse *f* | ~**otit-**

zar (33) *vt a. fig* hypnotisieren, in Hypnose versetzen.
hipo|camp *m ict* Seepferdchen *n* | **~castanàcies** *f pl bot* Roßkastaniengewächse *n pl.*
hipo|centre *m geol* Hypozentrum *n* | **~condri** *m anat* Unterrippengegend *f*, Hypochondrium *n* | **~condria** *f med* Hypochondrie *f* | **~condríac** *adj* hypochondrisch || *s/m* Hypochonder *m* | **~corístic** *adj ling* hypokoristisch || *s/m* Hypokoristikum *n.*
hipocr|às *m gastr* Gewürzwein *m* | **~àtic** *adj* hippokratisch.
hip|ocresia *f* Heuchelei, Scheinheiligkeit *f* | Verstellung *f* | **~òcrita** *adj* (*m/f*) heuchlerisch, scheinheilig || *s/m/f* Heuchler(in *f*) *m*, Scheinheilige(r *m*) *m/f* | **~oderma** *m anat bot* Hypodermis *f* | **~odèrmic** *adj med* Unterhaut..., subkutan.
hipòdrom *m* (Pferde)Rennbahn *f* | *hist* Hippodrom *m/n.*
hip|òfisi *f anat* Hypophyse *f*, Hirnanhangsdrüse *f* | **~ogastri** *m anat* Hypogastrium *n*, Unterbauch *m* | **~ogàstric** *adj* Unterbauch... | **~ogeu** *m arquit* Hypogäum, unterirdisches Gewölbe *n* | **~oglucèmia** *f med* Hypoglykämie *f.*
hipo|grif *m mit* Hippogryph *m* | **~pòtam** *m zool* Hippopotamus *m*, Fluß-, Nil-pferd *n.*
hip|òstasi *f* Hypostase *f* | **~ostàtic** *adj* hypostatisch | **~ostatitzar** (33) *vt* hypostasieren | **~òstil** *adj arquit hist* von Säulen getragen | *sala* **~a** Hypostylos *m* | **~otàlem** *m anat* Hypothalamus *m* | **~oteca** *f econ* Hypothek *f* | **~otecar** (33) *vt econ* hypothekarisch belasten | *fig* belasten; gefährden | **~otecari** (**-ària** *f*) *adj* hypothekarisch | Hypotheken... | *crèdit* **~** (*banc*) Hypothekarkredit *m* | **~otensió** *f med* Hypotension *f*, niedriger Blutdruck *m* | **~otenusa** *f geom* Hypotenuse *f* | **~òtesi** *f* Hypothese, Annahme *f* | **~** *de treball* (*cient*) Arbeitshypothese *f* | **~otètic** *adj* hypothetisch | fraglich, unsicher, zweifelhaft | *proposició* **~a** Bedingungssatz *m* | **~otiroïdisme** *m med* Hypothyreose, Unterfunktion *f* der Schilddrüse | **~otonia** *f med* Hypotonie *f* | **~otròfia** *f med* Hypotrophie *f* | **~ovitaminosi** *f med* Hypovitaminose, Vitaminenmangelkrankheit *f.*

hips|òmetre *m* Hypsometer, Höhenmesser *m* | **~ometria** *f* Höhenmessung *f* | **~omètric** *adj* Höhenmessungs...
hipúric *adj: àcid* **~** Hippursäure *f.*
hirsut *adj* struppig | stoppelig.
hisenda *f* Landgut *n*, Farm *f* | Grundbesitz *m* | Vermögen *n* | *adm* Finanzwesen *n* | *ministre d'*~ Finanzminister *m* | **~t** (**-ada** *f*) *m* (Groß)Grundbesitzer(in *f*) *m* | Guts-besitzer(in *f*), -herr(in *f*) *m.*
hisop *m bot* Ysop *m* | *ecl* Weih-wedel, -wassersprenger *m.*
hisp|à (**-ana** *f*) *m* Spanier(in *f*) *m* | **~ànic** *adj* (hi)spanisch | **~anisme** *m* Hispanismus *m* | **~anista** *m/f* Hispanist(in *f*) *m* | **~anística** *f* Hispanistik *f* | **~anitzar**(**-se**) (33) *vt*(*/r*) (s.) hispanisieren | **~ano-americà** (**-ana** *f*) *adj* spanisch-amerikanisch | **~anòfil** *adj* spanienfreundlich.
híspid *adj bot* borstig | stachelig.
hissar (33) *vt* (*Fahne, Segel*) hissen, hochziehen | **~se** *v/r* s. hochziehen.
histamina *f biol quím* Histamin *n.*
histerectomia *f med* Hysterektomie, Gebärmutterentfernung *f.*
histèresi *f fís* Hystere-se, -sis *f.*
hist|èria *f med* Hysterie *f* | **~èric** *adj* hysterisch || *s/mf* Hysteriker(in *f*) *m* | **~erisme** *m* = **histèria** | **~erografia** *f med* Hysterographie *f.*
hist|idina *f biol quím* Histidin *n* | **~ogènesi** *f biol* Histogenese, Gewebsentwicklung *f* | **~ograma** *m* (*Statistik*) Histogramm *n* | **~òleg** (**-òloga** *f*) *m* Histologe *m*, -gin *f* | **~ologia** *f* Histologie, Gewebelehre *f* | **~ològic** *adj* histologisch | **~òlisi** *f biol* Histolyse *f* | **~oquímica** *f* Histochemie *f.*
hist|òria *f* Geschichte *f* | Erzählung *f* | **~** *antiga* (*medieval, moderna, contemporània*) alte (mittlere, neuere, neueste) Geschichte; Geschichte *f* des Altertums (des Mittelalters, der Neuzeit) | **~** *clínica* Krankengeschichte *f* | **~** *de l'art* Kunstgeschichte *f* | **~** *de la civilització* Kulturgeschichte *f* | **~** *de l'Església* Kirchengeschichte *f* | **~** *de la literatura* Literaturgeschichte *f* | **~** *natural* Naturgeschichte, Naturkunde *f* | **~** *sagrada* biblische Geschichte *f* | **~** *universal* Weltgeschichte *f* | *deixa't d'històries!* mach doch k-e Geschichten!; laß die dummen Ausreden! | *no em vinguis amb històries!* komm mir nicht mit Geschichten! | *iròn: així s'es-*

criu la ~*!* so geht man um mit der Wahrheit! | **~oriador(a** *f*) *m* Historiker(in *f*) *m* | **~orial** *adj* (*m/f*) geschichtlich, historisch || *s/m* geschichtlicher Rückblick *m* | Personalakte *f* | Werdegang *m* | ~ *mèdic* Krankengeschichte *f* | **~oriar** (33) *vt* geschichtlich darstellen | *gràf* illustrieren | **~oriat** (**-ada** *f*) *adj gràf* illustriert | **~òric** *adj* geschichtlich, historisch | **~oricisme** *m* Histor(iz)ismus *m* | **~oricitat** *f* Geschichtlichkeit, Historizität *f* | **~orieta** *f* Histörchen *n*, Anekdote, kl(e) Geschichte *f* | ~ *il·lustrada* Comic(strip) *m* | **~oriògraf** *m* Historiograph(in *f*), Geschichtsschreiber(in *f*) *m* | **~oriografia** *f* Historiographie, Geschichtsschreibung *f*.

histri|ó *m teat* Histrione *m* | *mst desp* Komödiant *m* | **~ònic** *adj* Histrionen...

hitler|ià (**-ana** *f*) *adj* Hitler... || *s/mf* Hitleranhänger(in *f*) *m*.

hittita *adj* (*m/f*) hethitisch || *s/mf* Hethiter(in *f*) *m* || *s/m ling* Hethitisch *n* | *l'~* das Hethitische.

hivern *m* Winter *m* | *a l'~* im Winter | *al* (*bell*) *mig de l'~* mitten im Winter | *esports d'~* Wintersport *m* | *roba d'~* Winterkleidung *f* | *l'~ de la vida* (*fig*) der Lebensabend, das Alter | **~acle** *m agr* Treib-, Pflanzen-haus *n* | **~ada** *f* Winterzeit *f* | Überwinterung *f* | **~al** *adj* (*m/f*) winterlich | *clima* ~ Winterklima *n* | *fruit* ~ Winterfrucht *f* | **~ar** (33) *vi* überwintern | Winterquartiere beziehen | **~enc** *adj lit* winterlich | Winter... | gegen Winterkälte empfindlich.

ho (23 *u.* 24) *pron pers* (Akkusativobjekt; Prädikativ von *ésser, esdevenir, semblar, aparentar, parèixer* und, außer Bal, *estar*) es | *si voleu aixó, us* ~ *dono* wenn ihr das wollt, gebe ich es euch | *si us* ~ *ha promès, vindrà* wenn er es euch versprochen hat, wird er kommen | *no* ~ *sé* ich weiß es nicht | *no sóc metge, però m'agradaria ser~* ich bin kein Arzt, aber ich wäre es gern | *si no és boig,* ~ *sembla* wenn er nicht verrückt ist, so scheint er es jedenfalls | *de cansat, no* ~ (Bal *hi*) *estic* müde bin ich nicht || (*in Interferenz mit* el, la, les) *no* ~ *és* (lit *no l'és*), *el mestre* es ist nicht der Lehrer.

hodiern *adj lit* heutig | *p ext* aktuell, gegenwärtig, jetzig.

hola *int* hallo! | heda! | heil! | ei, ei! | na(nu)!

holand|a *f tèxt* feines Wäscheleinen *n* || *s/m* Holländer (Käse) *m* | **~a** *f* Holland *n* | **~ès** (**-esa** *f*) *adj* holländisch, Holländer | *a l'holandesa* (*loc adv*) nach holländischer Art | *full* ~: Blatt Papier von ca. 22 × 28 cm || *s/mf* Holländer(in *f*) *m* || *s/m ling* Holländisch *n* | *l'~* das Holländische.

hol|ocaust *m* Brandopfer *n* | *fig* Sühnopfer *n* | *fig* Massenmord, Holocaust *m* | *en* ~ als (*od* zum) Sühnopfer | **~ocè** *m geol* Holozän *n* | **~ocristal·lí** (**-ina** *f*) *adj min* holokristallin | **~òedre** *m min* Holoeder *m* | **~oèdric** *adj* holodrisch | **~ògraf** *adj* holographisch, (ganz) eigenhändig geschrieben | **~ografia** *f fís* Holographie *f* | **~ogràfic** *adj fís* holographisch | **~otúria** *f zool* Seewalze, -gurke *f*.

hom (28) *pron ind lit* man | ~ *diu* (*od es diu* bzw *diuen*) *que* ... man sagt (*od* es wird gesagt), daß ... | ~ *creia abans* ... früher glaubte man ... | (gleichbedeutend mit ich, mst: *un* ~) *quan* (*un*) ~ (*od quan un*) *està malalt, no té humor per a res* wenn man krank ist, hat man zu nichts Lust | *tant per* ~ soviel für jeden (einzelnen).

home *m* Mensch *m* | *a. mil* Mann *m* | *hist* Lehns-, Gefolgs-mann *m* (*pl* -leute); Mann *m* (*pl* Mannen) | ~*s i dones* Männer *m pl* u. Frauen | *l'~ modern* der moderne Mensch | ~ *bo* (*dr*) Mittler *m* | ~ *d'acció* Mann der Tat; aktiver Mensch *m* | ~ *de bé, bon* ~ Ehren-, Bieder-mann *m*; gutmütiger Kerl *m* | ~ *de Déu* (oft *irón*) Mann *m* Gottes *m* | ~ *d'edat* alter Mann *m* | ~ *d'estat* Staatsmann *m* | ~ *de lletres* Mann der Feder, Literat *m* | ~ *de mar* Seemann *m* | ~ *de món* (*p ex negocis, de palla*) Welt-(Geschäfts-, Stroh-)mann *m* | *l'~ del carrer* der Mann von der Straße | *l'~ del sac* (Kinderschreck) der Butzemann, der böse (*od* schwarze) Mann | *un pobre* ~ e. armer Kerl | (*és*)*ser molt* ~ sehr mannhaft sein | (*és*)*ser un altre* ~ e. anderer (*od* neuer) Mensch sein | *fer l'~* den starken Mann spielen | *ferse un* ~ zum Mann reifen | ~*!* Mensch!, Mann! | *mil* ~*s a cavall* (*mil*) tausend Berittene *m pl* | ~ *a l'aigua!* (*naut*) Mann über Bord! | (*és*)*ser* ~ *a l'aigua* (*fig*) e. toter Mann

homeòpata sein | **~i** *m ant* = **homicidi** | **~ier** *adj u. s/m/f ant poèt* = **homicida** | **~nada** *f* Mannestat *f* | Kraftprotzerei *f* | **~natge** *m hist* Lehnseid *m*; (Vasallen)Huldigung *f* | *bes* Ehrerbietung, Huldigung *f* | *retre od prestar* ~ *a alg* j-n ehren, j-m huldigen | **~natjar** (33) *vt*: ~ *alg* j-m Ehrfurcht bezeigen, j-n ehren | **~nejar** (33) *vi* den Mann spielen | **~nenc** *adj* männlich | *dona* ~*a* Mannweib *n* | **~nera** *adj f* mannstoll | **~net** *m* Männchen, Männlein *n* | **~nia** *f* Mannhaftigkeit, Mannheit *f* | Männlichkeit *f* | **~nívol** *adj lit* mannhaft, männlich | **~not** *m desp* grobschlächtiger Kerl *m* | *desp* Mannweib *n*.

home|òpata *m/f* Homöopath(in *f*) *m* | **~opatia** *f med* Homöopathie *f* | **~opàtic** *adj* homöopathisch.

homèric *adj* homerisch | *rialla* ~*a* homerisches Gelächter *n*.

homicid|a *adj* (*m/f*) Totschlag(s)... | Mord... | mörderisch | *arma* ~ Mordwaffe *f* | *s/m/f* Totschläger(in *f*) *m* | Mörder(in *f*) *m* | **~i** *m dr* Totschlag *m*, Tötung(sdelikt *n*) *f* | *p ext* Mord *m*.

homil|ètic *adj ecl* homiletisch || *s/f* Homiletik *f* | **~ia** *f ecl* Homilie, Predigt *f* | **~iari** *m* Homiliar(ium) *n*.

homínids *m pl biol* Hominiden *m pl*.

hom|ocèntric *adj geom* homozentrisch | **~òfon** *adj ling mús* homophon | **~ofonia** *f mús* Homophonie *f*, Gleichklang *m* | **~ogeneïtat** *f* Homogenität *f* | **~ogeneïtzar** (33) *vt* homogenisieren | **~ogeni** (-ènia *f*) *adj* homogen | **~ògraf** *adj ling: mot* ~ Homograph *n* | **~òleg** (-òloga *f*) *adj biol* quím *geom* homolog | **~ologació** *f dr* Bestätigung, Genehmigung *f* | *esport* Anerkennung, Beglaubigung; Homologation *f* | *aut* (Typ)Prüfung, Freigabe *f* | **~ologar** (33) *vt dr* gerichtlich bestätigen | *esport* (*Ergebnisse*) anerkennen, beglaubigen; (*Motor-, Skisport*) homologieren | **~ologia** *f biol quím geom* Homologie *f* | **~ònim** *adj* gleichnamig | *ling* homonym, gleichlautend | *un nom* ~ e. Homonym *n* || *s/m/f* Namens-vetter *m*, -schwester *f* | **~onímia** *f* Homonymie *f*, Gleichlaut *m* | **~oplàstia** *f med* Homoplastik *f* | **~òpters** *m pl entom* Gleichflügler *m pl* | **~osexual** *adj* (*m/f*) homosexuell || *s/m/f* Homosexuelle(r *m*) *m/f* | **~osexualitat** *f* Homosexualität *f* | **~oterm** *adj zool* homöotherm, warmblütig | **~ozigosi** *f biol* Homozygotie, Reinerbigkeit *f* | **~ozigot** *adj biol* homozygot, reinerbig.

hondure|ny *adj* honduranisch; aus Honduras || *s/m/f* Honduraner(in *f*) *m* | **~s** *f* Honduras *n*.

honest|(ament *adv*) *adj* ehrlich, redlich | (*a. im sexuellen Bereich*) anständig; sittlich; sittsam, züchtig | **~edat, ~esa** *f* Ehrlichkeit, Redlichkeit *f* | Anständigkeit; Sittlichkeit; Sittsamkeit *f*.

hong|arès (-esa *f*) *adj* ungarisch || *s/m/f* Ungar(in *f*) *m* || *s/m ling* Ungarisch *n* | *l'~* das Ungarische | **~ria** *f* Ungarn *n*.

honor *m*(*/f*) Ehre *f* | *afer d'~* Ehrensache *f*; Duell *n*, Zweikampf *m* | *camp d l'~* Turnierplatz *m*; Feld *n* der Ehre; *mil fig a.* Schlachtfeld *n* | (*sota*) *paraula d'~* (auf) Ehrenwort *n* | *en ~ a la veritat* um der Wahrheit die Ehre zu geben | *pel meu ~!* bei meiner Ehre! | *fer ~ a un compromís* e-e Verpflichtung einhalten | *fer ~ al seu nom* s-m Namen Ehre machen | *fer ~ a un àpat* e-e Mahlzeit zu würdigen wissen | *em faria l'~ de...?* würden Sie mir die Ehre erweisen, zu...? | *amb qui tinc l'~ de parlar?* (*a. iròn*) mit wem habe ich die Ehre? || *pl* Ehrung *f* | *mil* Ehrenbezeigung *f* | Ehrentitel *m* | Ehrerweisungen *f pl* | *~s fúnebres* Trauerfeier *f* | *~s militars* militärische Ehren *f pl* | *fer els ~s de la casa* den Gastgeber spielen, die Honneurs machen | *fer* (*od retre*) *a alg els darrers ~s* j-m die letzte Ehre erweisen | **~abilitat** *f* Ehrbarkeit *f* | **~able(ment** *adv*) *adj* (*m/f*) ehren-haft, -wert | **~ar(-se)** (33) *vt*(*/r*) = **honrar(-se)** | **~ari** (-ària *f*) *adj* Ehren-... | Honorar... | *membre* ~ Ehrenmitglied *n* | *professor* ~ Honorarprofessor *m* || *pl* Honorar *n* | **~ífic(ament** *adv*) *adj* ehrend; ehrenamtlich | *càrrec* ~ Ehrenamt *n* | *a títol* ~ ehrenamtlich.

honr|a *f* (*a. Frau*) Ehre *f* | Ehrgefühl *n* | Ansehen *n*, guter Ruf *m* | Ehrbarkeit *f* | *p ext* Ehrung *f* | Ehrerbietung *f* | *ho tinc a molta* ~ ich rechne es mir zur Ehre an | **~adesa** *f* Ehrlichkeit, Ehrbarkeit, Ehrenhaftigkeit *f* | Rechtschaffenheit | Anständigkeit *f* | **~ament** *m*, **~ança** *f* Ehre, Ehrung

horitz|ó *m a. fig* Horizont *m* | **~ontal**(**ment** *adv*) *adj* (*m/f*) waag(e)recht, horizontal | Horizontal... || *s/f* Waag(e)rechte, Horizontale *f*.
hormon|a *f biol* Hormon *n* | **~al** *adj* (*m/f*) Hormon... | hormonal, hormonell | **~oteràpia** *f* Hormon-behandlung, -therapie *f*.
hornblenda *f min* Hornblende *f*.
horòpter *m òpt* Horopter(kreis) *m*.
hor|òscop *m* Horoskop *n* | *fer l'~ d'alg j-m* das Horoskop stellen | **~oscòpic** *adj* horoskopisch.
horrible(**ment** *adv*) *adj* (*m/f*) entsetzlich, schrecklich, fürchterlich.
hòrrid(**ament** *adv*) *adj lit* grauenhaft | scheußlich, abstoßend, abschreckend.
horr|ífic *adj lit* grauenerregend | **~ipilació** *f* Haarsträuben *n* | Gänsehaut *f* | Schaudern *n* | **~ipilant** *adj* (*m/f*) haarsträubend | **~ipilar** (33) *vt lit* (*j-m*) die Haare sträuben | (*j-m*) e-e Gänsehaut verursachen | (er)schaudern lassen | **~ipilar-se** *v/r* (er)schaudern.
horror *m*(*/f*) Entsetzen, Grauen *n* | Abscheu, Horror *m* (*a vor*) | *quin ~!* wie abscheulich! | *els ~s de la guerra* die Schrecken (*od* Greuel) *m pl* des Krieges | *em fa ~ (de) fer-me vell* mir grau(s)t (es) vor dem Altwerden | *tinc ~ a les persones pedants* ich habe e-n Horror vor Pedanten | **~itzar** (33) *vt* entsetzen | **~itzar-se** *v/r* s. entsetzen, s. grau(s)en | von Grauen erfaßt werden | **~ós** (**-osa** *f*, **-osament** *adv*) *adj* = **horrible**(**ment**).
hort *m* (Nutz-, Gemüse- *od* Küchen- *bzw* Obst-)Garten *m* | *venir* (*od baixar*) *de l'~* (*fig fam*) wie aus den Wolken gefallen sein | **~a** *f* Gartenland *n* | *l'~ de València* die Ebene von València | **~alissa** *f* (Garten)Gemüse *n* | **~ènsia** *f bot* Hortensie *f* | *~ d'hivern* (rosenartiger) Ziersteinbrech *m* | **~ícola** *adj* (*m/f*) Gartenbau... | **~icultor**(**a** *f*) *m* Gärtner(in *f*) *m* | **~icultura** *f* Gartenbau *m*, Hortikultur *f* | **~olà** (**-ana** *f*) *m* Gärtner(in *f*) *m* | *s/m ornit* Gartenammer *f*, Ortolan *m*.
hosanna *int* hosianna! || *s/m* Hosianna *n*.
hospi|ci *m* Armenhaus *n* | Waisenhaus *n* | **~cià** (**-ana** *f*) *m* Armenhäusler(in *f*) *m* | Waisenkind *n* | **~tal** *m* Krankenhaus (*mst kleineres*), Hospital, *reg* Spital *n* | *hist* Herberge *f*, Hospiz; Armenhaus *n* | *~ municipal* städtisches Krankenhaus *n* | *~ militar* Lazarett *n* | *~ de sang* (*mil*) Feldlazarett *n* | **~talari** (**-ària** *f*, **-àriament** *adv*) *adj* gastfreundlich, gastfrei, gastlich | Krankenhaus... | Waisenhaus... | *un poble ~* e. gastfreundliches Volk | *ecl: orde ~* Hospitalorden *m* || *s/mf ecl* Hospitaliter(in *f*) *m* | **~taler** *adj* = **~talari** || *s/mf ecl* Johanniter(in *f*) *m* | **~talitat** *f* Gastfreundschaft, Gastfreiheit, Gastlichkeit *f* | gastliche Aufnahme *f* | **~talització** *f* Einweisung *f* ins Krankenhaus | Krankenhausaufenthalt *m* | **~talitzar** (33) *vt* ins Krankenhaus einweisen | **~talitzat** (**-ada** *f*) *pp/adj: estar ~* im Krankenhaus liegen.
host *f hist* (Feld)Heer *n*.
host|al *m* Gasthaus *n*, Gasthof *m*, *arc* Herberge *f* | *~ de mala mort* elendes Gasthaus *n*, Spelunke *f* | *haver menjat en set ~s* (*i begut en set tavernes*) (*fig fam*) mit allen Hunden gehetzt sein | **~alatge** *m* Beherbergung *f* (im Gasthaus) | (Preis) Pension *f* | **~aler**(**a** *f*) *m* (Gast)Wirt(in *f*) *m* | *fer els comptes sense l'~* (*fig fam*) die Rechnung ohne den Wirt machen | **~atge** *m* Beherbergung, Unterkunft *f* | **~atjar** (33) *vt* beherbergen | **~atjar-se** *v/r* herbergen, wohnen | **~e**(**ssa** *f*) *m* Gast *m* | Gastgeber(in *f*) *m* | *~s vingueren que de casa ens traguéren* (Spruch, etwa) es kamen Gäste, die uns aus dem Haus vertrieben || *s/m biol med* Wirt *m* || *s/f* Hostess, Hosteß *f* | *aeron a.* Stewardeß *f*.
hostejar (33) *vi mil hist* ins Feld rücken, in den Krieg ziehen.
hòstia *f rel* Opfer *n* | *ecl* Hostie *f*; (noch nicht geweihte) Oblate *f* | *fig pop* Schlag, Hieb *m* | *~!* (*pop*) Sakrament!
hostier(**a** *f*) *m* Hostien-, Oblatenbäcker(in *f*) *m* || *s/m* Hostienmodel *m* || *s/f* Hostien-gefäß *n*, -kelch *m*.
hostil(**ment** *adv*) *adj* (*m/f*) feindlich, feindselig | **~itat** *f* Feindseligkeit *f* | *començar les ~s* die Feindseligkeiten eröffnen | **~itzar** (33) *vt* befeinden | (*j-m*) Schaden zufügen.
hotel *m* Hotel *n* | *habitació d'~* Hotelzimmer *n* | **~er** *adj* Hotel... | *indústria ~a* Hotelgewerbe *n* || *s/mf* Hotelier, Hotelbesitzer(in *f*) *m* | **~eria** *f* Hotellerie *f*, Hotelgewerbe *n*.
hotentot *adj* (*m/f*) hottentottisch || *s/mf*

hopa f | Ehrerbietung f | **~ar** (33) vt ehren | beehren (amb mit) | *~às pare i mare* (bíbl) du sollst deine Eltern ehren | *la teva confiança m'honra* dein Vertrauen ehrt mich | *ens ~às amb la teva presència?* (a. iròn) wirst du uns mit deiner Gegenwart beehren? | **~ar-se** v/r *m'honro amb llur amistat* ihre Freundschaft ehrt mich, ich rechne mir ihre Freundschaft zur Ehre an | **~at** (-ada f, -adament adv) adj ehrlich, ehrbar, ehrenhaft | rechtschaffen | anständig | **~ós** (-osa f, -osament adv) adj ehrend, ehrenvoll.

hopa f dr Tunika f der Hinzurichtenden, Armesünderhemd n | **~landa** f hist Houppelande f.

hoquei m esport Hockey n | *~ sobre gel* (*herba, patins*) Eis-(Feld- od Rasen-, Roll-)hockey n.

hora f Stunde f | (Uhr)Zeit; (Zeitangabe) a. Uhr f; s: vuit | (Augenblick) Zeit, lit Stunde f | ecl Hora, Hore, Gebetsstunde f bzw Stundengebet n | *mitja ~* e-e halbe Stunde | *una ~ de camí* e-e Wegstunde | *una ~ de rellotge* genau e-e Stunde | *una ~ de feina* e-e Stunde Arbeit; e-e Arbeitsstunde | *l'~ d'anglès* die Englischstunde | *hores de classe* Unterrichts-, Schul-stunden pl | *hores de treball* Arbeitszeit f | *mil pessetes (a) l'~* tausend Peseten pro (od in der, für die, die) Stunde | *30 milles per ~* dreißig Meilen pro (od in der) Stunde | *hores i hores* stundenlang | *cada ~* jede Stunde, stündlich | *un discurs de dues hores* e-e zweistündige Rede, e-e Rede von zwei Stunden | *d'una ~ lluny* (übertreibend) von weitem | *~ local* (*universal, solar od del sol, d'estiu*) Orts-(Welt-, Sonnen-, Sommer-)zeit f | *~ de Greenwich* Greenwicher Zeit f | *a quina ~?* um wieviel Uhr?, um welche Zeit? | *l'~ de sortida del tren* die Abfahrtszeit des Zuges | *l'~ de plegar* (der) Feierabend | *l'~ de tancar* (der) Laden-, Geschäfts-schluß; (Lokal) (die) Polizeistunde | *l'~ suprema* od *fatal* od *de la mort* die Todes-, Sterbe-stunde | *la seva darrera* (od *última*) *~* s-e letzte Stunde | *bon dia* (*bona nit*) *i bona ~!* schönen guten Morgen bzw Tag (Abend)! | *abans d'~* zu früh; vor der Zeit, vor-, früh-zeitig | *a ~ baixa* gegen Abend; *Bal* am Nachmittag | *a hores d'ara* um diese Zeit, jetzt, nun; lit zur Stunde | *a l'~* pünktlich; rechtzeitig | *a l'~ en punt* pünktlich auf die Minute | *a l'~ de pagar...* wenn es ums Zahlen geht... | *a qualsevol ~* jederzeit, zu jeder Zeit | *a tota ~, a totes hores* jederzeit, zu jeder Zeit; ständig, immerzu | *d'~* früh | *encara és d'~* es ist noch früh | *en bona (mala) ~* zu (un)gelegener Zeit od Stunde, (un)gelegen | *fora d'~* außer der Zeit; zur Unzeit | *anar a l'~* pünktlich sein od fahren (Zug, Bus); richtig gehen (Uhr); fig in Ordnung sein | *nois, això no va a l'~!* Kinder, so geht das nicht! | *ha arribat l'~ d'actuar* es ist an der Zeit, zu handeln | *ha arribat la meva ~* meine Zeit ist gekommen, meine letzte Stunde (od mein letztes Stündchen od Stündlein) hat geschlagen od ist gekommen; meine (große) Stunde ist gekommen | *demanar ~* s. anmelden, s. (dat) e-n Termin geben lassen | *demanar l'~* nach der Uhrzeit fragen | *el metge m'ha donat ~ per a demà a les 10* der Arzt hat mich für morgen um 10 Uhr bestellt | *quina ~ és?* wie spät (od wieviel Uhr) ist es? | *(ja) és l'~!* es ist (schon) Zeit!; es ist (schon) soweit! | *és l'~ del te* es ist Teezeit | *ara és l'~ de fer-ho* jetzt ist der richtige Zeitpunkt (od die richtige Zeit), es zu tun | *és ~ de sopar* es ist Zeit zum Abendessen | *ja era ~!* das wurde (bzw wird) aber auch Zeit! | *ja comença a (és)ser ~ que me'n vagi* es wird langsam Zeit, daß ich gehe | *això són hores d'arribar?* wie kannst du nur so spät kommen? | *fer hores* stundenweise arbeiten; Überstunden machen | *posar el rellotge a l'~* die Uhr (richtig) stellen | *aquest rellotge toca les hores* diese Uhr schlägt die (vollen) Stunden | *quina ~ toquen?* wieviel Uhr schlägt es? | **~baixa** f/m Abenddämmerung f | *Bal* Nachmittag m.

Horaci m Horaz m | **~à** (-ana f) adj Lit horazisch.

horari (-ària f) adj Stunden... | stündlich | *fus* (*senyal*) *~* Zeit-zone f (-zeichen n) || s/m Zeitplan m | *circ* Fahrplan | *estud* Stundenplan m | (Uhr) Stundenzeiger m | *~ de treball* Arbeitszeit f | *~ flexible* gleitende Arbeitszeit f.

horda f Horde f.

Hottentotte *m*, -tin *f* || *s/m ling* Hottentottisch *n* | *l'~* das Hottentottische.
hugonot *adj (m/f)* hugenottisch || *s/m/f* Hugenotte *m*, Hugenottin *f*.
hui *adv ant reg* = **avui**.
hule *m* Wachstuch *n* | Ölleinwand *f*.
hull|a *f min* Steinkohle *f* | **~er** *adj* Steinkohlen... | *terreny* ~ Steinkohlengebiet *n* || *s/f* (a. *mina ~a* od *d'hulla*) Steinkohlenzeche *f*.
hum! *int* hm!, hum!
hum|à (-ana) *f) adj* menschlich, Menschen...; *cient* Human..., *bes med* human | menschlich, menschen-freundlich *bzw* -würdig, *lit* human | *biologia humana* Humanbiologie *f* | *ciències humanes* Geisteswissenschaften *f pl* | *l'ésser* ~ der Mensch | *un ésser* ~ e. menschliches Wesen, e. Mensch | *el gènere* ~ das Menschengeschlecht || *s/m pl lit:* els humans die Menschen *m pl* | **~anal** *adj (m/f) lit* = **humà** | **~anament** *adv* menschlich | *van fer tot l'~ possible* sie taten alles menschenmögliche | **~anisme** *m* Humanismus *m* | **~anista** *m/f* Humanist(in *f*) *m* | **~anístic** *adj* humanistisch | **~anitari (-ària** *f*, **-àriament** *adv) adj* humanitär | **~anitarisme** *m* Menschenfreundlichkeit *f* | Humanitätsdenken *n* | **~anitat** *f col* Menschheit *f* | Menschlichkeit *f*, Menschsein *n* | (*Gesinnung*) Humanität, Menschlichkeit *f* || *pl estud* Humaniora *n pl* | **~anització** *f* Humanisierung *f* | Vermenschlichung *f* | **~anitzar** (33) *vt* humanisieren | *art Lit* vermenschlichen | **~anitzar-se** *v/r* menschlich(er) werden, *lit* human(er) werden | *rel* Mensch werden.
humecta|ció *f* Befeuchtung, Benetzung *f* | **~nt** *adj (m/f)* befeuchtend, benetzend || *s/m quím tecn* Netzmittel *n* | **~r** (33) *vt* befeuchten, benetzen.
húmer *m anat* Oberarmknochen, Humerus *m*.

humeral *adj (m/f)* Oberarm... || *s/m ecl* Humerale, Schultertuch *n*.
humidifica|dor *m* Luftbefeuchter *m* | **~r** (33) *vt* = **humectar**.
humil|(ment *adv) adj (m/f)* demütig | bescheiden | gering, arm, niedrig, unbedeutend | **~iació** *f* Demütigung *f* | Erniedrigung *f* | *fig a.* Unterwerfung | **~iant** *adj (m/f)* demütigend | erniedrigend | *fig* kränkend | **~iar** (33) *vt* (*Stirn, Kopf*) beugen | (*j-n*) demütigen, erniedrigen; beschämen; kränken | **~iar-se** *v/r s.* beugen | *s.* demütigen, *s.* erniedrigen | **~itat** *f* Demut *f* | Bescheidenheit *f* | Niedrigkeit *f*.
humit (-ida *f) adj* feucht, *geog a.* humid(e) | **~at** *f* Feuchtigkeit, *geog a.* Humidität *f* | *grau d'~* Feuchtigkeitsgrad *m* | **~ejar** (33) *vt* an-, befeuchten | feucht machen | **~ejar-se** *v/r* feucht werden | **~ós (-osa** *f) adj* leicht feucht.
humor *m(/f) biol* (Körper)Flüssigkeit *f*, Humor *m* | *fig psic* Humor *m*; Laune, Stimmung *f* | ~ *aquós* (*med*) Kammerwasser *n* | *bon* (*mal*) ~ gute (schlechte) Laune *od* Stimmung *f* | *estar de mal* ~ schlechter Laune sein | **~ada** *f* witziger Einfall *m* | **~al** *adj (m/f) med* humoral, Humoral... | **~isme** *m art Lit* Humor *m* | *med ant* Humoralpathologie *f* | **~ista** *m/f* Humorist(in *f*) *m* | Spaßmacher(in *f*) *m*, Witzbold *m* | **~ístic(ament** *adv) adj* humoristisch | heiter, launig | **~ós (-osa)** *adj med* saftig, saftreich.
humus *m* Humus *m*.
húnnic *adj* hunnisch.
huns *m pl hist* Hunnen *m pl*.
hurac|à *m* Orkan *m* | **~anat (-ada** *f) adj* orkan-artig, -ähnlich.
hurí *f (pl -ts)* Huri *f*.
hurra! *int* hurra!
hússar *m mil* Husar *m*.
hussita *adj (m/f)* hussitisch || *s/m/f* Hussit(in *f*) *m*.

I

i, I *f (pl -is)* (a. ~ *llatina*) i, I *n* | ~ *grega* Ypsilon *n*.

i *conj* und | *tu ~ jo* du u. ich | *llengües eslaves, germàniques ~ romàniques* slawische, germanische u. romanische Sprachen | *una cambra petita ~ fosca* e. kleines, dunkles Zimmer | *empreses catalanes ~ de Baden-Württemberg* katalanische u. baden-württembergische Unternehmen | *plou ~ neva* es regnet u. schneit | *es van posar a saltar ~ (a) ballar d'alegria* sie begannen, vor Freude zu hüpfen u. zu tanzen | *abans ~ després del part* vor u. nach der Geburt | *necessàriament ~ innecessària(ment)* nötiger- u. unnötigerwiese | *moda de tardor ~ hivern* Herbst- u. Wintermode | *carregar ~ descarregar* be- u. entladen | *fabricació ~ venda de mobles* Möbelherstellung u. -verkauf || *(mit konsekutivem, adversativem, konzessivem Inhalt) era tancat, ~ no vam poder entrar* es war geschlossen, u. wir konnten nicht hinein | *semblava difícil, ~ és ben fàcil* es schien schwierig u. ist (doch) ganz leicht | *en Pere fuma molt, ~ és metge* Peter raucht viel, u. er ist Arzt || *(intensivierend bzw differenzierend zw Wortpaaren u. gleichen Wörtern) amunt ~ avall* auf u. ab | *treballàvem ~ treballàvem* wir arbeiteten u. arbeiteten | *va ploure dies ~ dies* es regnete tagelang | *hem caminat quilòmetres ~ quilòmetres* wir sind kilometerweit gelaufen | *hi ha diccionaris ~ diccionaris* es gibt Wörterbücher u. Wörterbücher || *(hervorhebend vor e-r abgesonderten genaueren Bestimmung) hem de fer neteja, ~ a fons!* wir müssen saubermachen, u. zwar gründlich! | *és un ruc, ~ dels més grossos!* er ist e. Esel, u. was für e-r! || *(in Anfangsstellung) ~ per què?* u. warum? | *~ ell ara què farà?* u. was wird er jetzt machen? | *~ mira que t'ho havia dit!* u. dabei hatte ich es dir gesagt! || *s: així, això, altre, aquí, ara*[1], *bé*[1], *bo*[1], *ca*[3], *doncs, encara, més, mig, molt, prou, què, tant, tot, vuit*.

iai, *fam* **~o** *m* Opa *m* | **~a** *f* Oma, Omi *f*.

iambe *m Lit* Jambus *m*, Jambe *f*.

iàmbic *adj* jambisch.

ianqui *adj (m/f)* Yankee... || *s/m/f* Yankee *m/f*.

iarda *f (Maß)* Yard *n*.

ib|er(a *f) m* Iberer(in *f*) *m* | **~èric** *adj* iberisch | *la Península ~a* die Iberische Halbinsel || *s/m ling* Iberisch *n* | *l'~* das Iberische | **~èria** *f* Iberien *n* | **~eroamèrica** *f* Iberoamerika *n* | **~eroamericà (-ana** *f) adj* iberoamerikanisch || *s/mf* Iberoamerikaner(in *f*) *m*.

ibídem *adv* ebenda, ibidem.

ibis *m ornit* Ibis *m*.

iceberg *m* Eisberg *m*.

icnèumon *m zool* Ichneumon *m/n*.

icon|a *f ecl* Ikone *f* | **~oclasta** *m/f hist fig* Ikonoklast(in *f*), Bilderstürmer(in *f*) *m* | **~oclàstia** *f hist fig* Ikonoklasmus *m*, Bilderstürmerei *f* | **~oclàstic** *adj hist fig* ikonoklastisch, bilderstürmerisch | **~ògraf(a** *f) m* Ikonograph(in *f*) *m* | **~ografia** *f* Ikonographie *f* | **~òlatra** *m/f* Ikonodule, Bilderanbeter(in *f*) *m* | **~olatria** *f* Ikonolatrie, Bilderverehrung *f* | **~ologia** *f* Ikonologie *f* | **~òmac(a** *f) m* = **~oclasta** |

icosàedre

~òmetre *m òpt* Ikonometer *n*, Rahmensucher *m* | **~oscopi** *m tv* Ikonoskop *n* | **~òstasi** *f ecl* Ikonostase, Ikonenwand *f*.
icosàedre *m geom* Ikosaeder *n*, Zwanzigflächner *m*.
ics *f* (*Name des Buchstabens*) x, X *n*.
ict|èric *adj* ikterisch, gelbsüchtig | **~erícia** *f med* Gelbsucht *f*, Ikterus *m*.
icti|ocol·la *f* Fischleim *m* | **~òfag** *adj* fischfressend | **~òleg** (**-òloga** *f*) *m* Ichthyologe *m*, Ichthyologin *f*, Fischkundler(in *f*) *m* | **~òlit** *m* Ichthyolith *m* | **~ologia** *f* Ichthyologie, Fischkunde *f* | **~ològic** *adj* ichthyologisch | **~osaure** *m zool* Ichthyo-saurier, -saurus *m* | **~osi** *f med* Ichthyose *f*.
ictus *m Lit med mús* Iktus *m*.
idea *f a. filos* Idee *f* | *a.* Begriff *m*; Vorstellung *f*; Gedanke; Einfall *m*; Ansicht; Absicht; Ahnung *f* | **~** *fixa* fixe Idee *f* | *idees progressistes* (*reaccionàries*) fortschrittliche (reaktionäre) Ideen *f pl* | *un home d'idees avançades* e. Mann von fortschrittlicher Gesinnung | *un home d'~* e. ideen- (*od* einfalls-)reicher Mann | *un llibre mancat d'idees* e. ideen-(*od* einfalls-)loses Buch | *amb la ~ d'ajudar* in (*od* mit) der Absicht zu helfen | *bona ~!* gute Idee! | *hem d'anar a la ~* wir müssen uns ranhalten | *he canviat d'~* ich habe es mir anders überlegt | *t'hi has de fer a la ~* du mußt dich an die Vorstellung gewöhnen | *ja te n'has fet una ~?* hast du dir schon e-n Begriff (*od* e-e Vorstellung, e. Bild) davon gemacht? | (*no en tinc) ni ~!* (ich habe) k-e Ahnung! | **~ció** *f* Begriffsbildung *f* | Ausdenken *n* | **~l** *adj* (*m/f*) ideal, Ideal... | (*in bezug auf Ideen*) ideell | *solució* (*tipus, valor*) *~* Ideal-lösung *f* (-typus, -wert *m*) | *un company ~* e. idealer Partner | *el clima és ~* das Klima ist ideal || *s/m a. mat* Ideal *n* | *tenir ~s* Ideale haben | **~lisme** *m* Idealismus *m* | **~lista** *adj* (*m/f*) idealistisch || *s/m/f* Idealist(in *f*) *m* | **~litat** *f* Idealität *f* | **~lització** *f* Idealisierung *f* | **~litzar** (33) *vt* idealisieren | **~lment** *adv* ideal | im Idealfall | **~r** (33) *vt* erfinden, ersinnen, s. (*dat*) ausdenken | entwerfen, planen | **~ri** *m* Ideen-, Gedanken-gut *n*.
ídem *adv* idem.
id|èntic(ament *adv*) *adj* identisch | **~entificable** *adj* (*m/f*) identifizier-

idus

bar | **~entificació** *f* Identifizierung, *a. psic* Identifikation *f* | Bestimmung *f* | **~entificar** (33) *vt* identifizieren | bestimmen | erkennen | gleichsetzen (*amb* mit) | **~entificar-se** *v/r* s. ausweisen | s. identifizieren (*amb* mit) | **~entitat** *f a. psic* Identität *f* | Übereinstimmung *f* | *document* (*nacional*) *d'~* Personalausweis *m*.
ideogè|nia *f* Ideogenetik *f* | Ideengeschichte *f* | **~nic** *adj* ideogenetisch.
ideogr|afia *f* Ideographie *f* | **~àfic** *adj* ideographisch | **~ama** *m* Ideogramm *n*.
ide|òleg (**-òloga** *f*) *m* Ideologe *m*, Ideologin *f* | **~ologia** *f* Ideologie *f* | **~ològic** *adj* ideologisch.
id|il·li *m Lit* Idylle *f* | (*Liebesverhältnis*) Romanze *f* | **~íl·lic(ament** *adv*) *adj a. fig* idyllisch.
idi|oblast *m biol* Idioblast *m* | **~òcia** *f med* Idiotie *f* | **~ocromàtic** *adj min* idiochromatisch | **~òfon** *m mús* Idiophon *n* | **~olatria** *f* Idiolatrie, Selbstanbetung *f* | **~oma** *m* (*einzelne*) Sprache *f* | **~** *nacional* (*oficial*) Landes- (Amts-)sprache *f* | **~omàtic(ament** *adv*) *adj* sprachlich | Sprach(en)... | *ling* (*eigentümlich*) idiomatisch | **~omatisme** *m ling* = **~otisme** | **~osincràsia** *f* Eigenheit, Eigenart *f* | *med* Idiosynkrasie *f* | **~osincràtic** *adj* eigenartig | *med* idiosynkratisch | **~ota** *adj* (*m/f*) *a. med* idiotisch | *p ext* blöd(e), dumm || *s/m/f med* Idiot(in *f*) *m* | *p ext* Idiot, Dummkopf *m* | **~otesa** *f a. med* Idiotie *f* | Blödheit, Dummheit *f* | **~otip** *m biol* Idiotypus *m* | **~otisme** *m med* Idiotismus *m* | *ling a.* Spracheigenheit *f*.
idò *Bal* = (**i**) **doncs**.
ídol *m rel* Götze *m*, Götzenbild *n* | *fig* Idol *m*.
id|òlatra *adj* (*m/f*) Götzen... | *fig* abgöttisch (verehrend) || *s/m/f* Götzendiener(in *f*) *m* | *fig* Verehrer(in *f*), Anbeter(in) *m* | **~olatrar** (33) *vi* Götzen anbeten || *vt fig* anbeten, vergöttern, abgöttisch lieben | **~olatria** *f* Idolo(lo)latrie *f*, Götzendienst *m* | *fig* Verehrung, Anbetung *f* | **~olàtric(ament** *adv*) *adj* götzendienerisch | *bes fig* abgöttisch.
idon|eïtat *f* Eignung *f* | Tauglichkeit *f* | **~i** (**-ònia** *f*, **-òniament** *adv*) *adj* geeignet, tauglich | passend (*per a* für).
idus *f*(*/m*) *pl hist* Iden *m pl*.

Iemen *m:* el ~ (der) Jemen *m* | ~ita *adj (m/f)* jemenitisch || *s/m/f* Jemenit(in *f*) *m*.

ien *m* Yen, Jen *m*.

iglú *m* Iglu *n/m*.

ignar *adj lit* (völlig) unwissend.

ign|i (ígnia *f*) *adj* brennend | glühend | *geol* vulkanisch | *roques ígnies* vulkanisches Gestein, Eruptivgestein *n* | **~ició** *f* Verbrennung | Glühen *n* | (*Motor*) Zündung *f* | *punt d'*~ (*quím*) Zündpunkt *m* | **~ícola** *m/f* Feueranbeter(in *f*) *m* | **~ifer** *adj* an-, ent-zündend | **~ífug** *adj tecn* feuer-fest; -hemmend | **~ifugar** (33) *vt tecn* feuerfest machen | **~itor** *m elect* Zündstift, Ignitor *m* | **~itró** *m elect* Zündstift-, Ignitron-röhre *f*, Ignitron *n* | **~ívom** *adj* feuerspeiend.

ignom|ínia *f* Schmach, Schande *f* | Schandtat *f* | **~iniós (-osa** *f*, **-osament** *adv*) *adj* schmachvoll, schändlich, schimpflich.

ignor|ància *f* Unwissenheit *f* | Kenntnislosigkeit *f* | *lit* Ignoranz *f* | *per* ~ aus Unwissenheit | **~ant(ment** *adv*) *adj* (*m/f*) unwissend | kenntnislos | *lit* ignorant || *s/m/f* Ignorant(in *f*) *m* | **~antisme** *m* Verdummungssystem *n* | **~ar** (33) *vt* nicht wissen | nicht kennen | *no* ~ (*pas*) *que ...* sehr wohl (*od* genau) wissen, daß ...

ignot *adj lit* unbekannt | *regions* **~es** unbekannte Gebiete *m pl*.

igual *adj (m/f) a. mat* gleich | gleichmäßig | gleichbleibend | (*Fläche*) eben | *dividir en parts* ~s in gleiche Teile teilen | *són* ~s *d'ample* sie sind gleich breit | *la llargada és* ~ *a l'amplada* die Länge ist gleich der Breite | *dues meitats són* ~s *a un tot* zwei Halbe sind gleich e. Ganzes | *tres per tres (és)* ~ *a nou* drei mal drei (ist) gleich neun | *tenen un cotxe* ~ *que el nostre* sie haben das gleiche Auto wie wir | *és* ~ *que el seu pare* er ist s-m Vater gleich, er gleicht s-m Vater | *esport: estan trenta* ~s es steht dreißig beide | *geom: triangles* ~s gleiche Dreiecke | *fam: és* ~*!* es ist egal!; es macht nichts! | *tot els és* ~ es ist ihnen alles egal *od* gleich(gültig) || *s/m* Gleiche(r), Gleichgestellte(r) *m* | *mat* (a. *signe* ~) Gleichheitszeichen *n* | *tu ets el meu* ~ du bist mir ebenbürtig | *tractar alg d'*~ *a* ~ j-n als ebenbürtig behandeln; j-n wie seinesgleichen behandeln | *els nostres* ~s unseresgleichen | *a l'*~ *de* (*loc prep*) ebenso wie || *adv: pensem* ~ *en tot* wir denken in allem gleich | *tu fes* ~ *que jo!* mach's ebenso wie ich! | **~ació** *f* Gleichmachung *f* | Egalisierung *f* | Ausgleich *m* | Gleichsetzung *f* | Einebnung, Planierung *f* | **~ador** *adj* gleichmachend | ausgleichen | gleichsetzend | **~ar** (33) *vt* gleichmachen | gleichmäßig machen; *tecn* egalisieren | (*Unterschiede, Chancen*) ausgleichen | (*Einkommen*) angleichen | (*Fläche*) eineben, planieren | *esport* (*Rekord*) einstellen, egalisieren | *jo igualo el teu mèrit al meu* ich setze dein Verdienst dem meinen gleich | *ningú no l'iguala en rapidesa* niemand kommt ihm an Schnelligkeit gleich | **~ar-se** *v/r: les diferències socials van igualant-se* die sozialen Unterschiede gleichen s. allmählich aus | *volien* ~ *a ell* sie wollten s. mit ihm gleichstellen | **~itari (-ària** *f*) *adj* egalitär | *desp* gleichmacherisch | **~itarisme** *m* Egalitarismus *m* | *desp* Gleichmacherei *f* | **~ment** *adv* gleich; gleichermaßen | gleichmäßig | eben-, gleich-falls; auch; ebenso | ~ *dotat* (*prädikativ*) gleich begabt; (*attributiv*) gleichbegabt | *gràcies,* ~*!* danke, eben- (*od* gleich-)falls! | **~tat** *f a. dr mat* Gleichheit *f* | *polít sociol a.* Egalität *f* | Gleichmäßigkeit *f* | (*Fläche*) Ebenheit *f* | (*Tennis*) Einstand *m* | ~ *de drets* Gleichberechtigung *f* | ~ *d'oportunitats* Chancengleichheit *f*.

iguan|a *f zool* Leguan *m* | **~odont** *m* (Paläontologie) Iguanodon *n*.

íle|um *m anat* Krummdarm *m*, Ileum *n* | **~us** *m med* Darmverschluß, Ileus *m*.

il|i *m* = íleum, íleus, ílium | **~íac**[1] *adj anat: os* ~ Hüftbein *n*.

ilía|c[2] *adj* aus Ilion, trojanisch | **~da** *f: la* ~ die Ilias.

ílium *m anat* Darmbein, Ilium *n*.

illa *f a. fig* Insel *f* | *constr* (Häuser)Block *m* | *a l'*~ *de Mallorca* auf der Insel Mallorca | *les Illes* die Balearen *pl*.

il·lació *f* (Schluß)Folgerung *f* | (Gedanken)Verbindung *f*.

illada *f anat* Weiche *f*.

il·latiu (-iva *f*) *adj* folgernd, folgerichtig | *ling* illativ.

il·legal|(ment *adv*) *adj (m/f)* ungesetzlich, gesetzwidrig, widerrechtlich, illegal | **~itat** *f* Ungesetzlichkeit, Gesetzwid-

rigkeit, Illegalität f.
il·legib|ilitat f Un-lesbarkeit, -leserlichkeit f | **~le** adj (m/f) un-lesbar, -leserlich.
il·leg|ítim adj ungesetzlich | (Kind) unehelich | (Juwel) unecht | **~itimitat** f Unrechtmäßigkeit f | Unehelichkeit | p ext Unechtheit f.
illenc adj Insel... ‖ s/mf Inselbewohner(in f), bes iròn desp Insulaner(in f) m.
il·lès (**-esa** f) adj unverletzt.
illetrat (**-ada** f) adj un-gebildet, -gelehrt | analphabetisch.
il·liberal adj (m/f) illiberal.
il·l|ícit adj unstatthaft, unzulässig | unlauter | **~icitud** f Unzulässigkeit f | Unlauterheit f.
il·limita|ble adj (m/f) unbegrenzbar, nicht zu begrenzen(d) | **~t** (**-ada** f, **-adament** adv) adj unbegrenzt, unbeschränkt, uneingeschränkt.
il·l|iri (**-íria** f) adj illyrisch ‖ s/mf Illyr(i)er(in f) m ‖ s/m ling Illyrisch n | l'**~** das Illyrische | **~íria** f Illyrien n.
il·litera|ri (**-ària** f) adj unliterarisch | **~t** (**-ada** f) adj ungelehrt.
il·lògic adj unlogisch, vernunftwidrig.
illot m Inselchen m.
il·lumin|ació f Beleuchtung f | a. fig Illumination, Illuminierung f | gràf Illumination, Buchmalerei f | fig a. Erleuchtung f | **~ador** m gràf Illuminator m | **~ar** (33) vt beleuchten | a. fig gràf illuminieren | fig a. erleuchten; aufklären | que Déu t'il·lumini! Gott möge dich erleuchten! | **~at** (**-ada** f) m Schwärmer(in f) m | Visionär(in f) m | hist Illuminat m | **~atiu** (**-iva** f) adj illuminierend | erleuchtend | aufklärend | **~isme** m Illuminaten-lehre f, -orden m.
il·l|ús (**-usa** f) adj weltfremd, verträumt | s/mf Schwärmer(in f) m | **~usió** f Illusion f | Täuschung f | Trugbild n | trügerische Hoffnung f | (Vor)Freude f | una **~** òptica e-e optische Täuschung | fer-se il·lusions s. (dat) Illusionen machen | no et fa **~**? freust du dich nicht darauf bzw darüber? | la **~** de les vacances die Vorfreude auf die Ferien | quina **~**! welch e-e Freude! | viure d'il·lusions s. trügerischen Hoffnungen hingeben | **~usionar** vt (33) täuschen, lit illusionieren | **~usionar-se** v/r s. (dat) Illusionen machen | s. Illusionen hingeben | **~amb** u/c s. auf etw freuen; s. etw unbedingt wünschen | **~usionisme** m art filos Illusionismus m | (Schau)Zauberkunst f | **~usionista** adj (m/f) illusionistisch | Zauber(kunst) ... | s/m/f Illusionist(in f) m | Zauberkünstler(in f) m | **~usori** (**-òria** f, **-òriament** adv) adj illusorisch, trügerisch.
il·lustr|ació f gràf Abbildung f, Bild n; Bebilderung, Illustration f | fig Veranschaulichung, Erläuterung, Illustration f | Bildung f | la **~** (hist) die Aufklärung | **~ador** adj illustrierend | veranschaulichend ‖ s/mf gràf Illustrator(in f) m | **~ar** (33) vt gràf bebildern, illustrieren | veranschaulichen, erläutern | bilden; aufklären | berühmt machen | **~ar-se** v/r s. bilden | **~at** (**-ada** f) adj bebildert, illustriert | gebildet; a. hist aufgeklärt | revista **~** Illustrierte f ‖ s/mf hist Aufklärer(in f) m | **~atiu** (**-iva** f) adj veranschaulichend, erläuternd, illustrativ | **~e** adj (m/f) berühmt, glanzvoll | erlaucht, lit illuster | **~íssim** adj sup (Anrede) hochwürdigst | Sa **~a** S-e Hochwürden | Vostra **~a** Euer (od Eure) Hochwürden.
ilot|a m/f hist fig Helot(e) m, Helotin f | **~isme** m Helotentum n.
imagina|ble adj (m/f) denkbar, vorstellbar | **~ció** f Einbildungs-, Vorstellungs-kraft, Phantasie, lit Imagination f | Einbildung, Vorstellung f | això són imaginacions teves das bildest du dir (nur) ein | **~ire** m art ecl Bild-hauer bzw -schnitzer, -maler m | **~r** (33) vt s. (dat) vorstellen, lit imaginieren | erdenken, ausdenken, ersinnen | **~r-se** v/r s. (dat) vorstellen, s. (dat) denken | s. (dat) ausmalen | s. (dat) ausdenken | s. (dat) einbilden | annehmen, vermuten | **~ri** (**-ària** f) adj eingebildet | erdacht, ersonnen, erfunden | lit mat imaginär | els personatges d'aquesta novel·la són **~s** die Figuren dieses Romans sind frei erfunden | **~tiu** (**-iva** f) adj einfallsreich, erfinderisch, phantasievoll | lit imaginativ ‖ s/f (a. facultat imaginativa) Einbildungskraft f.
imam m Imam m.
imant m Magnet m | **~** natural Magnetit, Magneteisenstein m | **~ació** f Magnetisierung f | **~ar** (33) vt fís magnetisieren.
imat|ge f a. Lit mat òpt tv Bild n | (geistig) a. Vorstellung f | (in der Öffentlich-

imbatible keit) Image *n* | *ecl* (*Standbild*) Figur, Statue *f*; (*Gemälde*) Bild *n* | ~ **de la Mare de Déu** Marien-bild *n bzw* -statue *f* | ~ **votiva** Votivbild *n* | *culte de les* ~**s** Bilderverehrung *f* | *Déu creà l'home a* ~ (*i semblança*) *seva* Gott (er)schuf den Menschen nach s-m Bilde | *és la viva* ~ *del seu pare* er ist ganz das (Ab-, Eben-)Bild s-s Vaters | ~**geria** *f Lit* Metaphorik, Bildersymbolik *f* | ~**jat** (**-ada** *f*) *adj* (*Stil*) bilderreich.

imbatible *adj* (*m/f*) unschlagbar.

imbecil (*od* **imbècil**) *adj* (*m/f*) blöde, dumm | *med* imbezil(l), mittelgradig schwachsinnig | ~·**litat** *f* Blödsinn *m*, Dummheit *f* | *med* Imbezillität *f*, mittelgradiger Schwachsinn *m*.

im|berbe *adj* (*m/f*) bartlos | ~**bevible** *adj* (*m/f*) nicht trinkbar.

imbibició *f* Vollsaugen *n* | *cient* Imbibition *f*.

imbrica|ció *f* dachziegel- (*od* schuppen-) artige Anordnung *f* | Überlappung *f* | *constr* Dachziegelverband *m* | ~**t** (**-ada** *f*) *adj* dachziegel-, schuppen-artig (angeordnet) | (einander) überlappend.

imbuir (37) *vt fig* einflößen (*dat*); erfüllen (*de* mit).

imita|ble *adj* (*m/f*) nachahmbar | ~**ció** *f* Nachahmung, Imitation *f* | *joies d'*~ Schmuckimitation *f*, imitierter Schmuck *m* | *a* ~ *de* nach dem Beispiel von | *la ⁀ de Crist* (*ecl*) die Nachfolge Christi | ~**dor** *adj* nachahmend || *s/mf* Nachahmer(in *f*) *m* | (*bes beruflich*) Imitator(in *f*) *m* | ~**r** (33) *vt* nach-ahmen, -machen, *a. mús* imitieren | *l'imiten en tot* sie machen ihm alles nach, sie ahmen ihn in allem nach | *ell es va aixecar, i jo vaig* ~**-lo** er erhob s., und ich folgte s-m Beispiel | ~**tiu** (-**iva** *f*) *adj* nachahmend, Nachahmungs... | *bes ling* imitativ.

immaculat (**-ada** *f*) *adj* unbefleckt | makellos | *ecl: la Immaculada Concepció* die Unbefleckte Empfängnis.

immadur *adj bes fig* unreif | ~**esa** *f* Unreife *f*.

im|mancable(**ment** *adv*) *adj* (*m/f*) *lit* unfehlbar, unweigerlich | ~**manejable** *adj* (*m/f*) unhandlich | *fig* unlenksam.

imman|ència *f filos* Immanenz *f* | ~**ent** *adj* (*m/f*) immanent.

immarcescible *adj* (*m/f*) unverwelklich | *fig* ewig(lich).

immaterial|(**ment** *adv*) *adj* (*m/f*) unkörperlich, unstofflich, *dr filos* immateriell | ~**itat** *f* Unkörperlichkeit, Unstofflichkeit, Immaterialität *f* | ~**ització** *f* Entmaterialisierung *f* | ~**itzar** (33) *vt* entmaterialisieren, entstofflichen.

immatur *adj* unreif | ~**itat** *f* Unreife *f*.

immedia|ció *f dr* (*Erbe*) unmittelbare Rechtsnachfolge *f* | ~**t** *adj* unmittelbar | sofortig; umgehend, unverzüglich | nächst(gelegen) | ~**tament** *adv* unmittelbar | sofort, gleich | ~ *abans* (*després*) unmittelbar davor (danach) | ~**tesa** *f* Unmittelbarkeit *f*.

im|medicable *adj* (*m/f*) unheilbar | ~**meditat** (-**ada** *f*) *adj* unbesonnen | unbedacht | ~**memorable**, ~**memorial** *adj* (*m/f*) unvordenklich | uralt, weit zurückliegend | *temps* ~ unvordenkliche Zeit | ~**menjable** *adj* (*m/f*) nicht eßbar, ungenießbar.

immens|(**ament** *adv*) *adj* unermeßlich, immens | *fig a.* ungeheuer; gewaltig; riesig | ~**itat** *f* Unermeßlichkeit *f* | *fig a.* Unendlichkeit *f*; ungeheure Größe *bzw* Menge *f*; gewaltige(s) Ausmaß *n* | ~**urable** *adj* (*m/f*) = **immesurable**.

immerescut (**-uda** *f*, **-udament** *adv*) *adj* unverdient.

immer|gir (37) *vt* (ein)tauchen (*en* in *ac*) | *ecl* untertauchen | ~**gir-se** *v/r* (ein) tauchen (*en* in *ac*) | *fig:* ~ *en la foscor* ins Dunkel tauchen | ~ *en una lectura* s. in e-e Lektüre vertiefen *od* versenken | ~**sió** *f* (Ein)Tauchen *n* | *cient tecn* Immersion *f* | *baptisme per* ~ Taufe durch Untertauchen, Immersionstaufe *f* | *fer una* ~ (*esport*) tauchen | ~**sionisme** *m esport* Tauchen *n* ohne Gerät.

immesurab|ilitat *f* Unmeßbarkeit *f*, *lit* Immensurabilität *f* | ~**le** *adj* (*m/f*) unmeßbar, *lit* immensurabel.

immigra|ció *f* Einwanderung, Immigration *f* | ~**nt** *m/f* Einwanderer *m*, Einwand(r)erin *f*, Immigrant(in *f*) *m* | ~**r** (33) *vi* einwandern, immigrieren | ~**tori** (-**òria** *f*) *adj* Einwanderungs... | *corrent* ~ Einwandererstrom *m*.

immillorable *adj* (*m/f*) unübertrefflich.

immin|ència *f* nahes Bevorstehen *n* | ~**ent**(**ment** *adv*) *adj* (*m/f*) drohend, nahe bevorstehend, *bes med* imminent | (*és*)*ser* ~ nahe bevorstehen | *perill* ~ drohende Gefahr *f*.

immiscib|ilitat *f* Unmischbarkeit *f* | **~le** *adj* (*m/f*) unmischbar.
immiscir-se (37) *v/r* s. einmischen (*en* in *ac*).
immissió *f* Immission *f*.
immixtió *f* Einmischung *f*.
imm|òbil(**ment** *adv*) *adj* (*m/f*) unbeweglich | bewegungslos, regungslos | **~obiliari** (**-ària** *f*) *adj* Immobiliar... | *bes com* Immobilien... || *s/f* (a. *empresa immobiliària*) Immobilienunternehmen *n* | **~obilisme** *m* (*Haltung*) Immobilismus *m* | **~obilitat** *f* Unbeweglichkeit *f* | Bewegungs-, Regungs-losigkeit *f* | **~obilització** *f* Unbeweglichmachen *n*; Lahmlegung; Immobilisierung *f* | Ruhigstellung, Immobilisation *f* | Festlegung *f* | Stillegung *f* | **~obilitzar** (33) *vt* unbeweglich machen; bewegunsunfähig machen, lahmlegen; (*bes Güter*) immobilisieren | (*Glied*) ruhigstellen | (*Kapital*) festlegen | (*Betrieb*) stillegen | **~oble** *adj* (*m/f*) = **immòbil** | *s: bé²* || *s/m* Immobilie *f* | *bes* Gebäude *n*.
immodera|ció *f* Maßlosigkeit, Unmäßigkeit *f* | **~t** (**-ada** *f*, **-adament** *adv*) *adj* maßlos, unmäßig.
immod|est(**ament** *adv*) *adj* unbescheiden | (*Forderung*) anmaßend | **~èstia** *f* Unbescheidenheit *f* | Anmaßung *f*.
im|modificable *adj* (*m/f*) unabänderlich | **~modulat** (**-ada** *f*) *adj* unmoduliert, modulationslos.
immola|ció *f* Opferung *f* | **~dor** *adj* opfernd | **~r** (33) *vt* opfern | aufopfern | **~r-se** *v/r* s. (auf)opfern (*per* für).
immoral *adj* (*m/f*) unmoralisch, (*Benehmen*) *a.* unsittlich; *lit* immoralisch | **~isme** *m* *filos* Immoralismus *m* | **~itat** *f* Unmoral, Unsittlichkeit; *lit* Immoralität *f*.
immortal|(**ment** *adv*) *adj* (*m/f*) unsterblich | unvergänglich | **~isme** *m* Unsterblichkeitsglaube *m* | **~itat** *f* Unsterblichkeit *f* | Unvergänglichkeit *f* | **~itzar** (33) *vt* unsterblich machen | verewigen.
immotivat (**-ada** *f*, **-adament** *adv*) *adj* grundlos, unbegründet | unmotiviert.
immund *adj* unsauber | *fig* unrein; unkeusch | **~ícia** *f* Schmutz *m* | Unsauberkeit *f* | Unreinheit; Unkeuschheit *f*.
immun|e *adj* (*m/f*) *a. fig* immun (*a*, *contra* gegen) | **~itat** *f* Immunität *f* | **~parlamentària** Abgeordnetenimmunität *f* | **~ització** *f* Immunisierung *f* |

~itzar (33) *vt* immunisieren, immun machen (*contra* gegen) | **~oglobulina** *f* *biol* Immun(o)globulin *n* | **~òleg** (**-òloga** *f*) *m* *med* Immunologe *m*, -gin *f* | **~ologia** *f* *med* Immunitätsforschung, Immunologie *f*.
immus|teïble, **~tigable** *adj* (*m/f*) = **immarcescible**.
immutab|ilitat *f* Unveränderlichkeit, Unwandelbarkeit *f* | **~le**(**ment** *adv*) *adj* (*m/f*) unveränderlich, unwandelbar.
immutar (33) *vt* verändern, umwandeln | *bes* (*seelisch*) verstören | **~se** *v/r* verstört werden | *sense* **~** ohne s. erschüttern zu lassen; seelenruhig; gelassen.
impaci|ència *f* Ungeduld *f* | **~ent**(**ment** *adv*) *adj* (*m/f*) ungeduldig | *p ext a.* erwartungsvoll, gereizt | **~entar** (33) *vt* ungeduldig machen | **~entar-se** *v/r* ungeduldig werden, die Geduld verlieren.
impacte *m* Aufprall *m* | (*Geschoß, Bombe*) Ein- *bzw* Auf-schlag *m* | *fig* (Aus)Wirkung *f*; *com* Impact *m* | *fer* **~** (*a. fig*) einschlagen | *el discurs va fer un gran* **~** *en l'auditori* die Rede machte gr(n) Eindruck auf die Zuhörer | *rebre l'~ d'un cop* (*d'una bala*) von e-m Schlag (e-r Kugel) getroffen werden.
impaga|ble *adj* (*m/f*) unbezahlbar | *fig a.* (*Dienst, Hilfe*) unschätzbar | **~t** (**-ada** *f*) *adj* unbezahlt.
impaïble *adj* (*m/f*) *a. fig* unverdaulich.
impala *m* *zool* Impala *f*.
impalpab|ilitat *f* Unfühlbarkeit *f* | **~le** *adj* (*m/f*) unfühlbar, nicht fühlbar | *fig a.* nicht greifbar | (*Pulver, Gaze*) sehr fein.
imparcial|(**ment** *adv*) *adj* (*m/f*) unparteiisch, unvoreingenommen | **~itat** *f* Unparteilichkeit, Unvoreingenommenheit *f* | *amb plena* **~** ganz unparteiisch; völlig unvoreingenommen.
im|parell *adj* ungleich | (*Zahl*) ungerade | **~paritat** *f* Ungleichheit *f* | Ungeradheit *f*.
impartib|ilitat *f* Unteilbarkeit *f* | **~le¹** *adj* (*m/f*) unteilbar.
imparti|ble² *adj* (*m/f*) erteilbar | **~r** (37) *vt* *lit* zuteil werden lassen (*a* dat) | (*Segen, Unterricht*) erteilen (*a* dat).
impassib|ilitat *f* Unempfindlichkeit *f* | Gleichmut *m*; Gelassenheit *f* | Unerschütterlichkeit *f* | **~le** *adj* (*m/f*) unempfindlich | gleichmütig, gelassen | unerschütterlich.

imp|àvid *adj* furchtlos, unerschrocken | **~avidesa** *f* Furchtlosigkeit, Unerschrockenheit *f*
impecab|ilitat *f* Sündlosigkeit *f* | Untadeligkeit, Tadellosigkeit *f* | **~le** *adj* (*m/f*) sündlos | *fig* untadelig, tadellos, einwandfrei.
imped|ància *f elect* Impedanz *f*, Scheinwiderstand *m* | *d'alta ~* hochohmig | **~ient** *adj* (*m/f*) *dr* (Ehehindernis) aufschiebend; verbietend | **~iment** *m* (Ver)Hinderung *f* | Hinderungsgrund *f* | *a. dr* Hindernis; *bes* Ehehindernis *n* | *~ diriment* (*dr*) trennendes Ehehindernis | *~ estèric* (*quím*) sterische Hinderung | *allò fou un s-r per a la seva carrera* das war s-r (*od* für s-e) Karriere hinderlich | **~imenta** *f mil* Troß *m* | **~ir** (37) *vt* verhindern | *~ el pas* den Weg versperren | *~ un robatori* e-n Diebstahl verhindern | *~ a alg de fer u/c* j-n (daran) hindern, etw zu tun | *la boira m'ha impedit de venir* der Nebel hat mich am Kommen gehindert | *les muntanyes impedeixen de veure el mar* die Berge versperren den Blick aufs Meer | *em van ~ de participar-hi* man verwehrte mir die Teilnahme | *la llei ho impedeix* das Gesetz verbietet es | *no vaig poder ~ que fessin preguntes* ich konnte nicht verhindern, daß sie Fragen stellten | **~it** (-ida) *adj* körperbehindert || *s/mf* Körperbehinderte(r *m*) *m/f* | **~itiu** (-iva *f*) *adj* hinderlich.
impel·l|ent *adj* (*m/f*) *a. fig* (an)treibend | *s: bomba²* | **~ir** (37) *vt a. fig* (an)treiben (*a* zu).
impenetrab|ilitat *f* Undurchdringlichkeit *f* | Unergründlichkeit *f* | **~le** *adj* (*m/f*) undurchdringlich | *fig a.* unergründlich.
impenit|ència *f ecl* Unbußfertigkeit, Reuelosigkeit *f* | **~ent** *adj* (*m/f*) unbußfertig, reuelos.
impensa|ble *adj* (*m/f*) undenkbar | **~t** (-ada *f*, -adament *adv*) *adj* unbedacht, unüberlegt | unvermutet, unerwartet, plötzlich | *a la impensada* unversehens.
impera|nt *adj* (*m/f*) herrschend | **~r** (33) *vi a. fig* herrschen | **~tiu** (-iva *f*, -ivament *adv*) *adj* gebieterisch, befehlend, zwingend, *lit* imperativ(isch) || *s/m* Imperativ *m* | *ling a.* Befehlsform *f* | *~ categòric* (*filos*) kategorischer Imperativ | **~tori** (-òria *f*) *adj* = **~torial** || *s/f bot* Kaiserwurz *f* | **~torial(ment** *adv*) *adj* (*m/f*) imperatorisch, kaiserlich.
imperceptib|ilitat *f* Nichtwahrnehmbarkeit *f* | Unmerklichkeit *f* | **~le(ment** *adv*) *adj* (*m/f*) nicht (*bzw* kaum) wahrnehmbar | *fig a.* unmerklich.
im|perdible *adj* (*m/f*) unverlierbar || *s/f* Sicherheitsnadel *f* | **~perdonable-(ment** *adv*) *adj* (*m/f*) unverzeihlich.
imperfe|cció *f* Unvollkommenheit *f* | Mangelhaftigkeit *f* | Mangel *m*, Fehler *m* | **~ctament** *adv s: imperfecte* | **~cte** *adj* unvollkommen | mangelhaft | **~ctible** *adj* (*m/f*) nicht vervollkommnungsfähig | **~ctiu** (-iva *f*) *adj ling* imperfektiv | **~t** *adj a. ling* unvollendet | (Präteritum) Imperfekt..., Vergangenheits... || *s/m ling* Imperfekt, Präteritum *n*, (erste *od* unvollendete) Vergangenheit *f*.
imperfora|ble *adj* (*m/f*) nicht durchbohrbar | *med* imperforabel | **~ció** *f med* Imperforation, angeborene Verwachsung *f* | **~t** (-ada *f*) *adj* nicht durchbohrt | *med* verwachsen.
imperi *m* Herrschaft *f* | (Kaiser-; Welt-)Reich, *a. fig* Imperium *n* | Kaisertum *n* | *dr* Imperium *n* | *el Sacre ~ Romano-Germànic* das Heilige Römische Reich (deutscher Nation) | *l'~ Britànic* das Britische (Welt)Reich, das Empire | *estil ~* Empirestil *m* | *valer un ~* (*fam*) nicht mit Gold zu bezahlen sein | **~al** *adj* (*m/f*) herrschaftlich | Reichs... | kaiserlich, Kaiser... | imperial || *s/m* (*Bus*) Oberdeck *n* | **~alisme** *m hist polít* Imperialismus *m* | **~alista** *adj* (*m/f*) imperialistisch | *s/mf* Imperialist(in *f*) *m*.
im|perible *adj* (*m/f*) unvergänglich | **~perícia** *f* Ungeschick *n* | Unerfahrenheit *f*.
imperiós (-osa *f*, -osament *adv*) *adj* gebieterisch, herrisch, herrschsüchtig | (Notwendigkeit) dringend, zwingend.
imperit(ament *adv*) *adj* unerfahren | unfachmännisch, laienhaft.
impermeab|ilitat *f* Undurchlässigkeit, Undurchdringlichkeit, Dichtheit *f* | **~ilització** *f tecn* Imprägnierung *f* | **~ilitzant** *adj* (*m/f*) imprägnierend || *s/m* Imprägnierungsmittel *n* | **~ilitzar** (33) *vt* abdichten, imprägnieren, wasserdicht machen | **~le** *adj* (*m/f*) undurchlässig, undurchdringlich,

dicht || *s/m* Regenmantel *m*.
impersonal|(**ment** *adv*) *adj* (*m/f*) *a. ling* unpersönlich || *s/m ling* Impersonale *n* | **~itat** *f* Unpersönlichkeit *f*.
impersuasib|**ilitat** *f* Unüberzeugbarkeit *f* | **~le** *adj* (*m/f*) unüberzeugbar.
impertèrrit(**ament** *adv*) *adj* unerschrocken, furchtlos | *fig* ungerührt.
impertin|**ència** *f* Ungehörigkeit, Unverschämtheit, Frechheit, Impertinenz *f* | **~ent** *adj* (*m/f*) ungehörig, unverschämt, frech, *lit* impertinent.
impertorbab|**ilitat** *f* Unerschütterlichkeit *f* | **~le**(**ment** *adv*) *adj* (*m/f*) unerschütterlich.
impetig|**en** *m med* Impetigo, Eiterflechte *f* | **~inós** (**-osa** *f*) *adj med* impetiginös.
impetra|**ció** *f* Erbeten, Erflehen *n* | Erlangung *f* | **~r** (33) *vt* erbitten, erflehen | erlangen.
ímpetu *m* Schwung *m*, Wucht *f* | Ungestüm *n* | *lit* Impetus *m*.
impetu|**ós** (**-osa** *f*, **-osament** *adv*) *adj* ungestüm, stürmisch | *un torrent* ~ e. reißender (*od* tobender) Wildbach | **~ositat** *f* Ungestüm *n*.
impi|**adós** (**-osa** *f*, **-osament** *adv*) *adj* = **~u** | = **~etós** | **~etat** *f* Unfrömmigkeit; Gottlosigkeit *f* | Herzlosigkeit; Unbarmherzigkeit *f* | **~etós** (**-osa** *f*, **-osament** *adv*) *adj* = **~u** | herzlos; unbarmherzig | **~u** (**-ia** *f*, **-iament** *adv*) *adj* unfromm; gottlos.
implacab|**ilitat** *f* Unversöhnlichkeit, Unerbittlichkeit *f* | **~le**(**ment** *adv*) *adj* (*m/f*) unversöhnlich, unerbittlich.
implant *m med* Implantat *n* | **~ació** *f* Einpflanzung *f* | *med* Implantation *f* | *fig* Einführung *f* | **~ar** (33) *vt* einpflanzen | *med* implantieren | *fig* (*Neues, Brauch*) einführen.
impl|**icació** *f* Einbeziehung *f* | *dr* Verwicklung *f* | *lit filos* Implikation *f* | **~icar** (33) *vt* einbeziehen, mit einschließen | (*j-n*) verwickeln, hineinziehen (*en* in *ac*) | *lit filos* implizieren | *això no implica que...* das bedeutet nicht, daß ... | **~ícit**(**ament** *adv*) *adj* mit inbegriffen | implizit(e *adv*).
implora|**ció** *f* (An)Flehen *n* | **~dor** *adj* flehentlich, flehend | **~r** (33) *vt* (*j-n*) anflehen, flehentlich (*od* inständig) bitten | (*etw*) erflehen, erbitten.
implosi|**ó** *f fís tecn* Implosion *f* | **~u** (**-iva** *f*) *adj* Implosions... | *ling* implosiv || *s/f ling* Implosiv(laut) *m*.
implume *adj* (*m/f*) ungefiedert.

impluvi *m hist* Impluvium *n*.
im|**politic** *adj* nicht politisch, unklug | **~pol·lut** (**-uda** *f*) *adj lit* fleckenlos | *fig* unbefleckt, makellos, rein.
imponderab|**ilitat** *f a. fig* Unwägbarkeit *f* | **~le** *adj* (*m/f*) unwägbar, nicht (ab-)wägbar || *s/m pl* Unwägbarkeiten *f pl*, Imponderabilien *n pl*.
imponent(**ment** *adv*) *adj* (*m/f*) beeindruckend, imponierend | überwältigend, imposant.
impopular *adj* (*m/f*) unbeliebt, unpopulär | **~itat** *f* Unbeliebtheit, Unpopularität *f*.
import *m* Betrag *m* | ~ *global* (*net, total*) Pauschal-(Netto-, Gesamt-)betrag *m* | **~able** *adj* (*m/f*) einführbar | **~ació** *f* Einfuhr *f*, Import *m* | **~ador** *adj* einführend, importierend || *s/mf* Importeur(in *f*) *m* | **~ància** *f* Wichtigkeit; Bedeutung *f* | *un esdeveniment d'una gran* ~ (*od de molta*) ~ e. Ereignis von großer Bedeutung | *danys de poca* ~ unbedeutende (*od* geringfügige) Schäden | *un detall sense* ~ e-e belanglose (*od* bedeutungslose, unwichtige) Einzelheit | *donar* ~ *a u/c* auf etw Wert legen; e-r Sache Bedeutung beimessen | *donar-se* ~ s. wichtig machen *od* tun | *no té* ~ das hat k-e Bedeutung; das ist unwichtig; (das) macht nichts | **~ant** *adj* (*m/f*) wichtig; bedeutend | (*quantitativ*) bedeutend, groß | *és molt* ~ *que vinguis* es ist sehr wichtig, daß du kommst | *fer-se l'*~ s. wichtig machen *od* tun | **~ar** (33) *vt* bedeuten, beinhalten; (*Summe*) betragen | *econ* einführen, importieren || *vi*: *els diners no m'importen* (*gens*) Geld bedeutet mir (überhaupt) nichts | *a tu no t'importa!* das geht dich nichts an! | *els importa molt de guanyar* es ist für sie sehr wichtig zu gewinnen | *poc importa qui ho faci* es spielt k-e Rolle, wer es tut.
import|**ú** (**-una** *f*, **-unament** *adv*) *adj* aufdringlich, lästig | unerwünscht | (*Gast*) ungebeten | **~unar** (33) *vt* belästigen, behelligen | **~unitat** *f* Aufdringlichkeit, Lästigkeit *f* | Unerwünschtheit *f*.
imp|**osable** *adj* (*m/f*) *dr* steuerpflichtig, (be)steuerbar | *s: base*[1] | **~osant** *adj* (*m/f*) = **imponent** || *s/mf* = **~ositor** | **~osar** (33) *vt* auf-legen bzw -setzen (*a alg* j-m) | *fig* auferlegen; aufdrängen; aufzwingen; gebieten (*a alg* j-m) | (*Wil-*

impossibilitar *len, Plan*) durchsetzen | (*Geld*) einlegen (*en, a* in *ac*) | *arc* (*j-n*) unterrichten (*en* in *dat*) | *arc* = **imputar, allevar** | *gràf* ausschießen | ~ *una condecoració a alg* j-m e-n Orden anheften *bzw* umhängen | ~ *la birreta a alg* j-m den Kardinalshut aufsetzen | ~ *les mans* (*bes rel*) die Hände auflegen | ~ *un deure* (*un impost, una multa*) *a alg* j-m e-e Pflicht (e-e Steuer, e-e Geldstrafe) auferlegen | *sempre ens vols ~ la teva voluntat* du willst uns immer deinen Willen auf-drängen *od* -zwingen | *el mestre va ~ silenci a la classe* der Lehrer gebot der Klasse Schweigen || *vi* imponieren, Eindruck machen | **~osar-se** *v/r*: ~ *una obligació s.* (*dat*) etw auferlegen *od* zur Pflicht machen | *saber ~ s.* durchzusetzen wissen | *s'imposa una reforma* es ist e-e Reform geboten *od* erforderlich | **~osició** *f* Auferlegung *f*, Nötigung *f* | *dr* Besteuerung *f*; Steuer(betrag *m*) *f* | *econ* Einlage *f* | *gràf* Ausschießen *n*; Leiste *f*, Steg *m* | ~ *de mans* Handauflegung *f* | **~òsit** *m* ant reg = **impost** | **~ositiu** (**-iva** *f*) adj Steuer... | **~ositor(a** *f*) *m econ* Einleger(in *f*) *m*.
impossib|**ilitar** (33) *vt* unmöglich machen, *reg* verunmöglichen | **~ilitat**[1] *f* Unmöglichkeit *f* | **~ilitat**[2] (**-ada** *f*) *adj* körperbehindert || *s/mf* Körperbehinderte(r *m*) *m/f* | **~le** *adj* (*m/f*) unmöglich | *és ~!* das ist ausgeschlossen *od* unmöglich! | *és ~ que arribin a temps* sie können unmöglich rechtzeitig ankommen | *ets ~!* (*fam*) du bist unmöglich! | *fer la vida ~ a alg* j-m das Leben sauer machen | *sembla ~!* man sollte es kaum für möglich halten! || *s/m* Unmögliche(s) *n* | *he fet els ~s per aconseguir-ho* ich habe alles menschenmögliche getan, um es zu erreichen.
impost *m* Steuer, Abgabe *f* | ~ *de luxe* (*sobre el valor afegit, sobre la renda*) Luxus-(Mehrwert-, Einkommens-)steuer *f* | ~ (*in*)*directe* (in)direkte Steuer *f* | *lliure d'~(o)s* steuerfrei | **~a** *f arquit* Kämpfer *m* | **~ació** *f* Ansatz *m* | **~ar** (33) *vt mús* (Stimme) ansetzen | **~or(a** *f*) *m* Betrüger(in *f*) *m* | *bes* Hochstapler(in *f*) *m* | **~ura** *f* Betrug *m*, Betrügerei *f* | Hochstapelei *f*.
impotable *adj* (*m/f*) nicht trinkbar.
impot|**ència** *f* Ohnmacht *f*, Unvermögen *n* | Impotenz *f* | **~ent** (*m/f*) ohnmächtig, machtlos, unvermögend | (*sexuell*) impotent.
impracticab|**ilitat** *f* Unausführbarkeit; Undurchführbarkeit *f* | Unwegsamkeit; Unbefahrbarkeit; Ungangbarkeit *f* | **~le** *adj* (*m/f*) unausführbar; undurchführbar; *lit* impraktikabel | (*Gelände*) unwegsam; (*Straße*) unbefahrbar; (*Weg*) ungangbar, nicht begehbar.
impreca|**ció** *f* Verwünschung, Verfluchung *f*, Fluch *m* | **~dor** *adj* verwünschend || *s/mf* Verflucher(in *f*) *m* | **~r** (33) *vt*: ~ *un mal a alg* e. Unheil auf j-n herabwünschen | **~tori** (**-òria** *f*) *adj* Verwünschungs..., Fluch...
imprec|**ís** (**-isa** *f*, **-isament** *adv*) *adj* ungenau, unbestimmt, vag(e) | **~isió** *f* Ungenauigkeit, Unbestimmtheit, Vagheit *f*.
impregna|**ble** *adj* (*m/f*) imprägnierbar | **~ció** *f* Imprägnierung, (Durch)Tränkung *f* | **~r** (33) *vt* imprägnieren, (durch)tränken (*de* mit) | *fig* erfüllen; (*j-n*) *a.* durchdringen (*de* mit) | **~r-se** *v/r s.* vollsaugen (*de* mit) | *fig s.* erfüllen (*de* mit).
impremedita|**ció** *f* Unüberlegtheit *f* | Mangel *m* an Vorsätzlichkeit | **~t** (**-ada** *f*, **-adament** *adv*) *adj* unüberlegt | (*Verbrechen*) nicht vorsätzlich.
impr|**emta** *f* (Buch)Druck(erkunst *f*) *m* | (*Betrieb*) (Buch)Druckerei *f* | *lletra d'~* Druck-buchstabe *m bzw* -schrift *f* | *donar a la ~* in Druck geben | **~emtar** (33) *vt* = **imprimir** | **~emter(a** *f*) *m* = **impressor(a** *f*) | **~ès** (**-esa** *f*) *adj* (*Schrift*) gedruckt | (*Papier*) bedruckt || *s/m a. corr* Drucksache *f* | Vordruck *m*, Formular *n*.
imprescindib|**ilitat** *f* Unentbehrlichkeit *f* | Unerläßlichkeit *f* | **~le(ment** *adv*) *adj* (*m/f*) unentbehrlich | unerläßlich | unbedingt notwendig *od* erforderlich.
imprescriptib|**ilitat** *f* Unverjährbarkeit *f* | **~le** *adj* (*m/f*) *dr* unverjährbar.
impress|**ió** *f* Ab-, Ein-druck *m* | *gràf* Druck *m* | (*Computer*) Ausdruck *m* | (*Ton*) Aufnahme *f* | *fotog* Belichtung *f* | *biol fig* Eindruck *m*, *lit* Impression *f* | ~ *digital* Fingerabdruck *m* | ~ *en cursiva* kursiver Druck *m* | *les impressions d'un viatge* die Eindrücke e-r Reise | *fer ~* Eindruck machen | *fer (una) bona (mala) ~ a alg* e-n guten (schlechten) Eindruck auf j-n machen | *tinc la ~ que ...* ich habe den Eindruck, daß ... | *quina ~ n'has tret,*

del nou cap? wie hat der neue Chef auf dich gewirkt? | *la primera ~ és la bona* der erste Eindruck ist immer der beste | **~ionabilitat** *f* Beeindruckbarkeit *f* | **~ionable** *adj (m/f)* für Eindrücke empfänglich, leicht zu beindrucken(d) | **~ionar** (33) *vt (j-n)* beeindrucken | *fotog* belichten | *em van ~ favorablement* sie machten e-n guten Eindruck auf mich | **~ionar-se** *v/r: en saber-ho vaig impressionar-me molt* als ich es erfuhr, war ich sehr erschüttert | *no et deixis impressionar!* laß dich nicht beeindrucken! | **~ionisme** *m art* Impressionismus *m* | **~ionista** *adj (m/f)* impressionistisch || *s/mf* Impressionist(in *f*) *m* | **~or(a)** *f) m* Drucker(in *f*) *m* | Druckereibesitzer(in *f*) *m* | *s/f (Gerät)* Drucker *m*.

imprevi|sible *adj (m/f)* unvorhersehbar | **~sió** *f* Mangel *m* an Voraussicht | **~sor** *adj* unvorsichtig | **~st(ament** *adv) adj* unvorhergesehen || *s/m* Unvorhergesehene(s) *n*.

imprim|àtur *m* Imprimatur *n*, Druckerlaubnis *f* | **~ible** *adj (m/f)* druckfähig | **~ir** (40) *vt* (ab-, ein-)drücken *(sobre, en* in *ac)*; (auf)drücken (auf *ac*); (ein-, auf-)prägen (in *bzw* auf *ac*) | *gràf* drucken; *(Papier)* bedrucken | ausdrucken *(Computer, Fernschreiber)* | *(Platte, Tonband)* aufnehmen | *(Bewegung)* übertragen *(a* auf *ac)* | *fig: ~ en la memòria* ins Gedächtnis einprägen | **~ir-se** *v/r: les petjades s'havien imprès en la neu* die Fußspuren hatten s. im Schnee ab- *(od* ein-)gedrückt | *va ~'m profundament en el cor* es prägte s. mir tief ins Herz ein.

improbab|ilitat *f* Unwahrscheinlichkeit *f* | **~le** *adj (m/f)* unwahrscheinlich.

ímprob|e *adj* unredlich | *(Arbeit)* mühselig.

improbi|ós (-osa *f*) *adj* = **ímprobe** | **~tat** *f* Unredlichkeit *f* | Mühseligkeit *f*.

improced|ència *f* Unangebrachtheit *f* | Rechtswidrigkeit; Unzulässigkeit *f* | **~ent** *adj (m/f)* unangebracht, fehl am Platze | *dr* rechtswidrig; unzulässig.

improduct|iu (-iva *f*, -ivament *adv) adj* unergiebig | *(Boden) a.* unfruchtbar, ertragsarm, ertraglos | *(Kapital)* nicht gewinnbringend, k-n Gewinn bringend | *econ fig* unproduktiv | **~ivitat** *f* Unergiebigkeit *f* | Unfruchtbarkeit, Ertragsarmut, Ertragslosigkeit *f* | Unproduktivität *f*.

impromptu *m mús* Impromptu *n*.
impronunciable *adj (m/f)* unaussprechbar.
improper|ar (33) *vt* schmähen, beschimpfen | tadeln | **~i** *m* Schmähung *f* | Tadel *m* | **~iós** (-osa *f*) *adj* schmähend, Schmäh... | vorwurfsvoll.
impropi (-òpia *f*, -òpiament *adv) adj* ungeeignet, unpassend | unangemessen | unschicklich | *(Bruch, Diphtong)* unecht | *(Gebrauch)* unsachgemäß | **~etat** *f* Ungeeignetheit *f* | Unangemessenheit *f* | Unsachgemäßheit *f* | Unpassende(s) *n*.
improrrogable *adj (m/f)* unaufschiebbar | nicht verlängerbar.
improva|ció *f* Mißbilligung *f* | **~r** (33) *vt lit* mißbilligen | *s: reprovar* | **~ tiu** (-iva *f*) *adj* Mißbilligungs-..., mißbilligend.
improv|ís (-isa *f*, -isament *adv) adj* unvorhergesehen | *d'~* *(loc adv)* unvermutet, unversehens | **~isable** *adj (m/f)* improvisierbar | **~isació** *f* Improvisieren *n* | *a. mús teat* Improvisation *f* | **~isador(a** *f) m* Improvisator(in *f*) *m* | Stegreifkünstler(in *f*) *m* | **~isar** (33) *vt* improvisieren.
imprud|ència *f* Unüberlegtheit, Unvorsichtigkeit *f* | Unklugheit *f* | *dr* Fahrlässigkeit *f* | **~ent(ment** *adv) adj (m/f)* leichtsinnig, unvorsichtig | unklug | *dr* fahrlässig || *s/m/f* Unvorsichtige(r *m*) *m/f*.
impúber *adj (m/f)* geschlechtsunreif | *dr* nicht mündig, unerwachsen.
imp|udència *f* Schamlosigkeit, Unverschämtheit *f* | **~udent(ment** *adv) adj (m/f)* schamlos, unverschämt | **~údic(ament** *adv) adj* unkeusch, unzüchtig | **~udicícia, ~udicitat** *f* Unkeuschheit *f* | Unzucht, Unzüchtigkeit *f* | **~udor** *m* Schamlosigkeit *f*.
impugna|ble *adj (m/f)* anfechtbar | **~ció** *f bes dr* Anfechtung *f* | **~dor** *adj* anfechtend || *s/m/f* Anfechter(in *f*) *m* | **~r** (33) *vt bes dr* anfechten | angreifen, bestreiten | s. entgegen-stellen, -setzen *(dat)* | **~tiu** (-iva *f*) *adj* Anfechtungs...
impuls *m a. fig* Impuls *m* | *fís a.* (Stoß-, Trieb-)Kraft *f* | *fig a.* Anstoß *m*; Anregung *f* | **~ar** (33) *vt* = **impel·lir** | *bes fig: ~ l'esport* den Sport fördern | *~ un procés* e-n Ablauf voran treiben | *~ alg a fer u/c* j-n (dazu) (an)treiben, etw zu tun | **~ió** *f* Antrieb *m* | **~iu** (-iva *f*, -ivament *adv) adj* impulsiv | *fís*

tecn (*Kraft*) Trieb..., (an)treibend | **~ivitat** *f* Impulsivität *f*.
impun|e(ment *adv*) *adj* (*m/f*) ungestraft; straf-frei, -los | **~it** (**-ida**) *f*) *adj* unbestraft | **~itat** *f* Straf-freiheit, -losigkeit *f*.
impur *adj a. fig* unrein | verunreinigt | *fig a.* unkeusch | **~esa** *f a. fig* Unreinheit *f* | Verunreinigung *f*; *met* Fremdkörper *m* | *fig a.* Unkeuschheit *f* | **~ificació** *f* Verunreinigung *f* | **~ificador** *adj* verunreinigend | **~ificar** (33) *vt* unrein machen | verunreinigen, verschmutzen | **~itat** *f* = **~esa**.
imputa|ble *adj* (*m/f*): (*és*)ser **~** *a* alg od u/c j-m od e-r Sache zuzuschreiben sein | **~ció** *f* Zuschreibung *f* | Bezichtigung, Beschuldigung *f* | **~r** (33) *vt*: **~** u/c *a* alg j-m etw zuschreiben, *bes* zur Last legen; j-n e-r Sache (*gen*) bezichtigen *od* beschuldigen | *econ*: **~** una despesa als costos e-e Ausgabe den Unkosten zuschreiben *od* mit den Unkosten verrechnen.
imputrescible *adj* (*m/f*) unverweslich, unverfaulbar.
in|abastable *adj* (*m/f*) unerreichbar | **~abordable** (*m/f*) unzugänglich, unnahbar | **~abrogable** *adj* (*m/f*) *dr* nicht aufhebbar.
inacaba|ble *adj* (*m/f*) endlos | **~t** (**-ada** *f*) *adj* unfertig | unbeendet | (*bes Kunstwerk*) unvollendet.
inaccentuat (**-ada** *f*) *adj ling* unbetont | (*geschrieben*) ohne Akzent.
inacceptab|ilitat *f* Unannehmbarkeit *f* | **~le** *adj* (*m/f*) unannehmbar.
inaccessib|ilitat *f* Unzugänglichkeit *f* | **~le** *adj* (*m/f*) unzugänglich | (*zu teuer*) unerschwinglich.
in|acció *f* Untätigkeit *f* | **~aconseguible** *adj* (*m/f*) unerreichbar | **~acostumat** (**-ada** *f*) *adj* ungewohnt | **~actiu** (**-iva** *f*) *adj a. cient* inaktiv | untätig | unwirksam | **~activació** *f* Inaktivierung *f* | **~activitat** *f* Inaktivität *f* | Untätigkeit *f* | Unwirksamkeit *f* | *com* Stille, Flaute *f*.
inadapta|bilitat *f* Anpassungsunfähigkeit *f* | **~ble** *adj* (*m/f*) anpassungsunfähig | unanpaßbar | **~ció** *f* Unangepaßtheit *f* | **~t** (**-ada** *f*) *adj* unangepaßt.
inadequat (**-ada** *f*, **-adament** *adv*) *adj* unangemessen, ungeeignet, *lit* inadäquat.
inadmissib|ilitat *f* Unzulässigkeit *f* | **~le** *adj* (*m/f*) unzulässig.

inadvert|ència *f* Unachtsamkeit *f* | *per* **~** aus Versehen | **~idament** *adv* versehentlich | **~it** (**-ida** *f*) *adj* unbemerkt.
in|aguantable *adj* (*m/f*) unerträglich | **~ajornable** *adj* (*m/f*) unaufschiebbar | sehr dringlich.
inalienab|ilitat *f* Unveräußerlichkeit *f* | **~le** *adj* (*m/f*) unveräußerlich.
inalterab|ilitat *f* Unveränderlichkeit *f* | **~le(ment** *adv*) *adj* (*m/f*) unveränderlich | (*a. Person*) unerschütterlich.
inamovib|ilitat *f* Unabsetzbarkeit *f* | **~le** *adj* (*m/f*) unabsetzbar.
in|anició *f* Hungerzustand, *cient* Inanition *f* | *morir d'*~ verhungern | **~animat** (**-ada** *f*) *adj* unbelebt | leblos, tot | **~anitat** *f* Nichtigkeit, Leere, *lit* Inanität *f*.
inapel·lab|ilitat *f* Unanfechtbarkeit *f* | **~le(ment** *adv*) *adj* (*m/f*) unanfechtbar | *fig a.* endgültig.
inapercebut (**-uda** *f*) *adj* = desapercebut.
inapet|ència *f* Appetitlosigkeit *f* | *med a.* Inappetenz *f* | **~ent** *adj* (*m/f*) appetitlos.
inaplica|ble *adj* (*m/f*) nicht anwendbar | **~t** (**-ada**) *adj* nicht angewandt | *estud* träge, faul.
in|apreciable *adj* (*m/f*) unschätzbar | nicht wahrnehmbar; kaum merklich; geringfügig, unbedeutend | **~après** (**-esa** *f*) *adj* ungelernt | **~arrugable** *adj* (*m/f*) *tèxt* knitterfrei.
inarticula|ble *adj* (*m/f*) unaussprechbar | **~at** (**-ada** *f*, **-adament** *adv*) *adj* ungegliedert | *ling* in-, un-artikuliert.
in|assequible *adj* (*m/f*) unerreichbar | unerschwinglich | **~assimilable** *adj* (*m/f*) nicht assimilierbar | nicht angleichungsfähig | **~assoluble** *adj* (*m/f*) unerreichbar | **~atacable** *adj* (*m/f*) unangreifbar | **~atenció** *f* Unaufmerksamkeit *f*.
inaudi|ble *adj* (*m/f*) unhörbar | **~t** *adj* unerhört.
inaugura|ció *f* Einweihung *f* | Eröffnung *f* | **~l** *adj* (*m/f*) Einweihungs... | Eröffnungs... | Antritts... | **~r** (33) *vt* einweihen | eröffnen | *p est* beginnen.
inavaluable *adj* (*m/f*) unschätzbar.
inca *adj* (*m/f*) = **~ic** || *s/m/f* Inka *m/f* || *s/m anat* Inka-bein *n*, -knochen *m* | **~aic** *adj* Inka..., inkaisch.
incalculable *adj* (*m/f*) *a. mat* nicht berechenbar | unschätzbar, unermeßlich; (*sehr groß*) *a.* unübersehbar.

incandesc|ència *f* Weißglut *f* | *d'*~ Glüh... | **~ent** *adj* (*m/f*) weißglühend | Glüh...
incan|sable(ment *adv*) *adj* (*m/f*) unermüdlich | **~table** *adj* (*m/f*) nicht singbar | **~viable** *adj* (*m/f*) nicht (aus-, um-) tauschbar | unwandelbar.
incapa|ç *adj* (*m/f*) *a. dr* unfähig | (*és*)*ser* ~ *de fer u/c* unfähig (*od* nicht imstande) sein, etw zu tun; etw nicht tun können | **~citar** (33) *vt* unfähig machen | *dr a.* für unfähig erklären; entmündigen | **~citat**¹ *f* Unfähigkeit *f* | *dr a.* mangelnde Berechtigung *f* | ~ *física* Körperbehinderung *f* | ~ *laboral* Arbeitsunfähigkeit *f* | ~ *mental* geistige Behinderung; *dr* Unzurechnungsfähigkeit *f* | **~citat**² (-ada *f*) *adj* unfähig | *dr a.* für unfähig erklärt; entmündigt; unzurechnungsfähig | *med* behindert.
incardina|ció *f ecl* Inkardination | **~r** (33) *vt ecl* inkardinieren.
in|casable *adj* (*m/f*) nicht (*od* schwer) zu verheiraten(d) | **~caut(ament** *adv*) *adj* unvorsichtig, unbedacht.
incendi *m* Brand *m* | ~ *forestal* Waldbrand *m* | ~ *provocat* Brandstiftung *f* | **~ar** (33) *vt* in Brand stecken, anzünden | **~ar-se** *v/r* in Brand geraten | **~ari** (**-ària** *f*) *adj* Brand... | *fig a.* auf-wiegelnd, -hetzend, Hetz... | *discurs* ~ Brandrede *f* | *s/mf* Brandstifter(in *f*) *m* | *fig* Aufrührer(in *f*), Unruhestifter(in *f*) *m*.
incensurable *adj* (*m/f*) untadelig.
incentiu *m* Anreiz *m*.
incert|(ament *adv*) *adj* ungewiß, unsicher | unbestimmt | (*Licht, Umriß*) undeutlich | (*Wetter*) unbeständig | **~esa** *f* Ungewißheit, Unsicherheit *f* | Unbestimmtheit *f* | Undeutlichkeit *f* | Unbeständigkeit *f* | *relació d'*~ (*fís*) Unschärferelation *f* | **~itud** *f* = **~esa**.
incessa|ble(ment *adv*) *adj* (*m/f*) unaufhaltbar, -sam | **~nt(ment** *adv*) *adj* (*m/f*) unaufhörlich, unablässig | ununterbrochen.
incest *m* Blutschande *f*, Inzest *m* | **~uós** (**-osa** *f*, **-osament** *adv*) *adj* blutschänderisch, inzestuös || *s/mf* Blutschänder(in *f*) *m*.
incid|ència *f* Zwischenfall *m*, Vorkommnis *n* | Auswirkung *f* | *mat* Inzidenz *f* | *fís* Auf-fallen, -treffen *n*; *òpt* Einfall *m* | *angle d'*~ (*òpt*) Einfallswinkel *m* | **~ent** *adj* (*m/f*) (*Strahl*) einfallend | *ling:* proposició ~ Zwischensatz *m* || *s/m* Zwischenfall *m* | *dr* Zwischenstreit *m* | *Lit* (*Nebenhandlung*) Episode *f* | ~ *diplomàtic* diplomatische(r) Zwischenfall *m* | ~ *fronterer* Grenzzwischenfall *m* | *sense* ~*s* ohne Zwischenfälle | **~ental(ment** *adv*) *adj* (*m/f*) nebensächlich | zufällig | (*Bemerkung*) beiläufig | *música* ~ Begleitmusik *f* | **~ir** (37) *vi fís* auf-fallen, -treffen; *òpt* einfallen (*en* auf *ac*) | *fig s.* auswirken (*en* auf *ac*) | *ant* = **incórrer; sobrevenir.**
incinera|ció *f* Verbrennung *f* | Einäscherung; Feuerbestattung *f* | **~dor** *adj:* planta ~*a d'escombraries* Müllverbrennungsanlage *f* || *s/m* Verbrennungsofen *m* | **~r** (33) *vt* (*organische Stoffe*) verbrennen | (*Leichnam*) einäschern.
incipi|ència *f* Angehen *n*, Beginn *m* | **~ent** *adj* (*m/f*) angehend, beginnend.
incircumcís (**-isa** *f*) *adj* unbeschnitten || *s/m* Unbeschnittene(r) *m*.
inc|ís (**-isa** *f*) *adj* Schnitt... | *art* Ritz... | *ling* eingeschaltet | *ferida incisa* Schnittwunde *f* || *s/m ling* Zwischensatz *m*; Parenthese *f* | *p ext* Abschweifung *f*, Exkurs *m* | **~isió** *f* Schnitt *m* | *med* Einschnitt *m*; Inzision *f* | *art* (*bes Töpferei*) Einritzung *f* | **~isiu** (**-iva** *f*) *adj* schneidend, Schneide... | *fig* treffend; scharf; prägnant; (*Kritik, Person*) *a.* scharfsinnig | *dents incisives* Schneidezähne *m pl* | *s/f* Schneidezahn, Inzisiv(zahn) *m* | **~isivament** *adv fig s: incisiu.*
incita|ció *f* Anreizung *f*; Anreiz *m* | Anstiftung *f* | Aufhetzung, Aufwieg(e)lung, Aufstachelung *f* | **~dor** *adj* anreizend | anstiftend | *s/mf bes* Anstifter(in *f*) *m* | **~ment** *m* = **incitació** | **~nt** *adj* (*m/f*) (*Figur, Gang*) aufreizend | = **estimulant** | **~r** (33) *vt* anreizen, anregen, veranlassen (*a* zu) | (*zu Bösem*) anstiften (*a* zu) | (*Masse*) aufhetzen, aufwiegeln, aufstacheln (*a* zu) | **~tiu** (**-iva** *f*) *adj* anreizend | = **estimulant.**
incivil|(ment *adv*) *adj* (*m/f*) unhöflich, ungesittet | **~itat** *f* Unhöflichkeit *f* | **~itzat** (**-ada** *f*) *adj* unzivilisiert.
inclassifica|ble *adj* (*m/f*) nicht klassifizierbar | **~t** (**-ada** *f*) *adj* nicht klassifiziert.
inclem|ència *f* Unnachsichtigkeit *f* | Ungnädigkeit *f* | Rauheit, Unfreundlich-

keit *f* | **~ent**(**ment** *adv*) *adj* (*m/f*) unnachsichtig | ungnädig | (*Wetter, Wind, Winter*) rauh, unfreundlich.
inclin|ació *f* Neigung, *lit cient* Inklination *f* | *fig a.* Veranlagung *f* | (*Sympathie*) Zuneigung *f* (*per, envers* zu) | (*Ausdruck der Ehrerbietung*) Verbeugung, Verneigung *f* | *astr* Inklination *f* | *angle d'~* Neigungswinkel *m* | *~ magnètica* magnetische Inklination *f* | *~ de cap* Kopfnicken *n* | *~ de la teulada* Dachneigung, -schräge *f* | *inclinacions artístiques* künstlerische Neigungen *f pl* | *una persona de males inclinacions* e. schlecht (*od* übel) veranlager Mensch | *fer una ~* e-e Verbeugung (*od* Verneigung) machen | *tenir ~ a u/c* zu etw neigen | **~ar** (33) *vt* (*etw*) neigen | *~ alg a u/c* j-n zu etw veranlassen *od* bewegen *bzw* geneigt machen | **~ar-se** *v/r* s. neigen | (*zur Ehrerbietung*) s. verbeugen, *lit* s. verneigen (*davant* vor *dat*) | *el terreny s'inclina cap al riu* das Gelände neigt s. zum Fluß | *m'inclino a creure que ...* ich neige zu der Annahme, daß ... | *m'inclino a donar-te la raó* ich neige dazu, dir recht zu geben | **~at** (**-ada** *f*) *adj* geneigt | *pla ~* geneigte (*od* schräge) Fläche *f* | **~òmetre** *m* (*Geophysik*) Inklinationsmesser *m*.
ínclit *adj lit* ruhm-reich, -würdig.
incl|òs (**-osa** *f*) *pp/adj: l'esmorzar va ~ en el preu* das Frühstück ist im Preis eingeschlossen *od* inbegriffen | *tot ~* alles inklusive *od* inbegriffen | *amb IVA ~* einschließlich (*od* inklusive) MwSt. *od* MwSt. inbegriffen | *els mestres inclosos* einschließlich der Lehrer | **~oure** (40) *vt* (mit) einschließen, -begreifen, -beziehen | enthalten | *~ en una llista* (*un grup*) in e-e Liste (Gruppe) aufnehmen | *això m'inclou a mi?* gilt das auch für mich? | **~usió** *f* Einschluß *m*; Einschließung *f* | *cient a.* Inklusion *f* | *la ~ d'un mot en el diccionari* die Aufnahme e-s Wortes ins Wörterbuch | *tots els països, amb ~ de Catalunya* alle Länder mit Einschluß Kataloniens | **~usiu** (**-iva** *f*) *adj* einschließend | **~usivament** *adv* einschließlich, inklusive | *fins el 15 de juliol ~* bis einschließlich 15. Juli, bis zum 15. Juli einschließlich.
incoa|ció *f dr* Einleitung *f* | **~r** (33) *vt dr* (*Verfahren*) einleiten, anstrengen | **~tiu** (**-iva** *f*) *adj ling* inchoativ.
incoercible *adj* (*m/f*) unbezwingbar | *fís* inkompressibel.
inc|ògnit(**ament** *adv*) *adj lit* unbekannt | *d'~* (*loc adv*) inkognito || *s/f fig mat* Unbekannte *f* || *s/m* Inkognito *n* | *servar l'~* das Inkognito wahren | **~ognoscible** *adj* (*m/f*) *filos* unerkennbar.
incohe|rència *f* Zusammenhanglosigkeit, Inkohärenz *f* | **~rent**(**ment** *adv*) *adj* (*m/f*) unzusammenhängend, zusammenhanglos, inkohärent | (*Worte, Gedanken*) *a.* wirr.
íncola *m ant* Ein-, Be-wohner *m*.
incolor *adj* farblos.
inc|òlume *adj* (*m/f*) unversehrt, heil | *sortir-ne ~* heil davonkommen | **~olumitat** *f* Unversehrtheit *f*.
incombustib|ilitat *f* Un(ver)brennbarkeit *f* | **~le** *adj* (*m/f*) un(ver)brennbar | feuersicher.
incommensurab|ilitat *f* Inkommensurabilität *f* | **~le** *adj* (*m/f*) *bes mat* inkommensurabel | *fig a.* unvergleichlich; unermeßlich.
in|commovible *adj* (*m/f*) unerschütterlich | **~commutable** *adj* (*m/f*) *dr* nicht umwandelbar.
inc|òmodament *adv s.: incòmode* | **~omodar** (33) *vt* belästigen, stören | unangenehm berühren | *lit* inkommodieren | **~omodar-se** *v/r* s. ärgern | **~òmode** *adj* unbequem | unbehaglich | **~omoditat** *f* Unbequemlichkeit *f* | Unbehaglichkeit *f*.
in|comparable *adj* (*m/f*) unvergleichbar | *fig* unvergleichlich | **~compareixença** *f dr* Nichterscheinen *n*.
incompatib|ilitat *f* Unverträglichkeit *f* | Unvereinbarkeit *f* | **~le** *adj* (*m/f*) unverträglich (*amb* mit) | *a. dr* unvereinbar (*amb* mit) | *aquests medicaments són ~s* diese Arzneimittel vertragen s. nicht miteinander | *som ~s* wir passen überhaupt nicht zueinander.
incompet|ència *f* Unfähigkeit; Untauglichkeit *f* | *dr* Unzuständigkeit *f* | *lit* Inkompetenz *f* | **~ent** *adj* (*m/f*) sachunkundig; unfähig; (*für e-e Arbeit*) untauglich | *dr* unzuständig, nicht zuständig | *lit* inkompetent.
incomple|ció *f* Unvollständigkeit, Unvollkommenheit *f* | **~t**(**ament** *adv*) *adj* unvollständig, unvollkommen | lückenhaft.
incompli|ment *m* Nichterfüllung *f* |

Nichteinhaltung f | ~r (37) vt nicht erfüllen | nicht einhalten.
incomportable adj (m/f) unerträglich.
incompr|ensibilitat f Unverständlichkeit f | **~ensible** adj (m/f) unverständlich | unfaßbar, unbegreiflich | **~ensiblement** adv unbegreiflicherweise | s: *incomprensible* | **~ensió** f Verständnislosigkeit f | **~ensiu** (-iva f, -ivament adv) adj verständnislos | **~ès** (-esa f) adj unverstanden | (*Künstler, Genie*) a. verkannt.
incompressib|ilitat f Inkompressibilität f | **~le** adj (m/f) inkompressibel.
incomptable adj (m/f) unzählbar | fig a. unzählig, zahllos.
incomunica|ble adj (m/f) nicht mitteilbar | **~ció** f Absonderung f | Abgeschnittenheit, Isoliertheit f | Kontaktlosigkeit f | dr Einzelhaft f | **~r** (33) vt absondern | abschneiden, isolieren | dr in Einzelhaft setzen od legen | **~r-se** v/r s. absondern | **~t** (-ada f) adj abgesondert | abgeschnitten, isoliert | kontaktlos | dr in Einzelhaft | estic ~ ich bin von der Außenwelt abgeschnitten.
in|concebible(ment adv) adj (m/f) unbegreiflich | unausdenkbar | undenkbar | **~conciliable(ment** adv) adj (m/f) unversöhnbar | unversöhnlich | unvereinbar | **~concús** (-ussa f, -ussament adv) adj unbestritten | unbestreitbar | **~condensable** adj (m/f) nicht kondensierbar od verdichtbar.
incondiciona|l(ment adv) adj (m/f) bedingungslos | unbedingt | **~t** (-ada f) adj unbedingt | nicht konditioniert.
inconegut (-uda f) adj = **desconegut**.
inconf|és (-essa f) adj dr nicht geständig | **~essable** adj (m/f) nicht einzugestehen(d) | p ext schändlich; unaussprechlich.
inconformis|me m Nonkonformismus m | **~ta** adj (m/f) nonkonformistisch || s/m/f Nonkonformist(in f) m.
in|confortable adj (m/f) unbequem | **~confusible(ment** adv) adj (m/f) unverwechselbar | **~confutable(ment** adv) adj (m/f) unwiderleglich, unwiderlegbar | **~congelable** adj (m/f) nicht gefrierbar.
incongru (-òngrua f, -òngruament adv) adj nicht passend bzw angemessen | bes mat inkongruent | **~ència** f mangelnde Übereinstimmung f | bes mat Inkongruenz f | **~ent(ment** adv) adj (m/f) ungehörig | unpassend | nicht übereinstimmend | zusammenhang(s)los | **~ïtat** f Unstimmigkeit f | Ungehörigkeit f | Mißverhältnis n | Zusammenhang(s)losigkeit f.
inconjugable adj (m/f) nicht konjugierbar.
inconnex adj unzusammenhängend | **~ió** f Zusammenhang(s)losigkeit f | Beziehungslosigkeit f.
inconqu|erible, ~istable adj (m/f) nicht zu erobern(d) | (*Festung*) uneinnehmbar.
inconsci|ència f mangelnde(s) Bewußtsein n | Unbewußtheit f | Bewußtlosigkeit f | Leichtfertigkeit f | **~ent(ment** adv) adj (m/f) unbewußt | bewußtlos | leichtfertig, unbedacht || s/m psic Unbewußte(s) n.
inconseqü|ència f Inkonsequenz, Folgewidrigkeit f | Widersprüchlichkeit f | **~ent** adj (m/f) inkonsequent | folgewidrig | widersprüchlich.
inconsidera|ble adj (m/f) unbeträchtlich, unwesentlich | **~ció** f Unbesonnenheit f | Rücksichtslosigkeit f | **~t** (-ada f, -adament adv) adj unbedacht, unbesonnen | rücksichtslos.
inconsist|ència f Unbeständigkeit f | fig Haltlosigkeit f | **~ent** adj (m/f) unbeständig, veränderlich | fig a. haltlos.
inconsolable(ment adv) adj (m/f) untröstlich.
inconst|ància f Unbeständigkeit f | Wankelmut m | **~ant(ment** adv) adj (m/f) unbeständig | a. fig schwankend | wankelmütig.
in|constitucional adj (m/f) verfassungswidrig | **~consumible** adj (m/f) unverzehrbar | **~consútil** adj (m/f) nahtlos.
incontamina|ble adj (m/f) nicht zu verunreinigen(d), unverschmutzbar | **~t** (-ada f) adj nicht verunreinigt, rein.
incontesta|ble(ment adv) adj (m/f) unanfechtbar, unbestreitbar | **~t** (-ada f) adj unbestritten.
incontin|ència f mangelnde Enthaltsamkeit f | ecl a. Unkeuschheit f | ~ d'orina (*med*) Harnfluß m; Bettnässen n | **~ent(ment** adv) adj (m/f) unenthaltsam | ecl a. unkeusch | med an Harnfluß leidend; bettnässend.
incontrastable(ment adv) adj (m/f) unwiderlegbar, unwiderleglich | unumstößlich.
incontrola|ble adj (m/f) unkontrollierbar | **~t** (-ada f) adj unkontrolliert.
incontrovertib|ilitat f Unbestreitbarkeit f | **~le(ment** adv) adj (m/f) unbestreitbar.

inconveni|ència *f* Unangebrachtheit *f* | Unschicklichkeit *f* | **~ent(ment** *adv)* *adj* (*m/f*) unangebracht | un-schicklich, -ziemlich, -gehörig || *s/m* Nachteil *m* | Bedenken *n* | *no hi tinc* (*cap*) *~* ich habe nichts dagegen (einzuwenden).

in|convertible *adj* (*m/f*) nicht umwandelbar | *econ* inkonvertibel | **~coordinació** *f* mangelnde Koordination *f* | *med* Inkoordination *f*.

incordi *m med* Leisten-adenitis, -beule *f*.

incorpor|ació *f* Einverleibung; Eingliederung; Aufnahme *f* | **~al** *adj* (*m/f*) unkörperlich | **~ar** (33) *vt* einverleiben (*a* dat); eingliedern, einfügen (*a, en in ac*); aufnehmen (in *ac*) | (*Kranken*) aufrichten, -setzen | **~ar-se** *v/r* s. aufrichten, -setzen | *~ a un grup* s. e-r Gruppe anschließen; s. in e-e Gruppe eingliedern | **~eïtat** *f* Unkörperlichkeit *f* | **~i** (-òria *f*) *adj* unkörperlich.

incorre|cció *f* Fehlerhaftigkeit *f* | Unrichtigkeit *f* | In-, Un-korrektheit *f* | Verfehlung *f* | Fehler, Irrtum *m* | **~cte** *adj* fehlerhaft | unrichtig | in-, unkorrekt | **~gibilitat** *f* Unverbesserlichkeit *f* | **~gible(ment** *adv) adj* (*m/f*) unverbesserlich.

incórrer (40) *vi lit adm:* *~ en un error* e-n Irrtum begehen | *~ en la ira d'alg* s. (*dat*) j-s Zorn zuziehen | *~ en pena de mort* der Todesstrafe verfallen || *vt ant = encórrer*.

incorrup|ció *f* Unverdorbenheit *f* | **~te** *adj* unverdorben | **~tibilitat** *f* Unverweslichkeit *f* | Unverderblichkeit *f* | Unbestechlichkeit *f* | **~tible** *adj* (*m/f*) unverweslich | unverderblich | unbestechlich.

incr|edibilitat *f* Unglaublichkeit *f* | Unglaubwürdigkeit *f* | **~èdul** *adj* ungläubig || *s/mf* Ungläubige(r *m*) *m/f* | **~edulitat** *f* Ungläubigkeit *f* | Unglaube *m* | **~eïble(ment** *adv) adj* (*m/f*) unglaublich.

increment *m* Zunahme *f*, Zuwachs *m* | Vermehrung *f* | Vergrößerung *f* | *ling* Infix *n*, Stammerweiterung *f* | **~able** *adj* (*m/f*) steigerungsfähig, erhöhbar | **~ació** *f* Erweiterung, Erhöhung *f* | Mehr-, Hinzufügen *n* | **~al** (*m/f*) Zunahme... | Vermehrungs... | **~ar** (33) *vt* vermehren, vergrößern | steigern, erhöhen.

increpa|ció *f* Zurechtweisung *f* | Tadel *m* | **~dor** *adj* zurechtweisend | tadelnd | **~r** (33) *vt* zurechtweisen | tadeln.

incrimina|ció *f* Belastung *f* | An-, Beschuldigung *f* | **~r** (33) *vt dr* belasten | an-, be-schuldigen, inkriminieren (*de* gen).

in|cristal·litzable *adj* (*m/f*) nicht kristallisierbar | **~cruent** *adj* unblutig.

incrusta|ció *f* Verkrustung, Krustenbildung *f*; *geol* Inkrustation; *bot* Inkrustierung *f* | Kesselstein *m* | *art* Einlegearbeit; Inkrustation | *amb incrustacions de vori* mit Elfenbein eingelegt | **~r** (33) *vt* überkrusten | *art* einlegen (*de* mit); *a. arquit* inkrustieren (mit) | **~r-se** *v/r* verkrusten, s. überkrusten; *geol bot* inkrustieren | *el rovell s'ha incrustat al ferro* der Rost hat s. auf den Eisen an- (*od* fest-)gesetzt.

íncub(e) *m* (*Dämon; Teufel*) Inkubus *m*.

incuba|ció *f* Bebrütung *f* | *med biol* Inkubation *f* | **~dora** *f* Brutkasten, Inkubator *m* | **~r** (33) *vt* (aus)brüten | *s: covar* | *bes* (*Frühgeburt*) im Brutkasten halten.

inculca|ble *adj* (*m/f*) einprägbar, einschärfbar | **~ció** *f* Einprägung, Einschärfung *f* | **~dor** *adj* einprägend, einschärfend | **~r** (33) *vt* einprägen, einschärfen (*a alg* j-m) | *umg* einimpfen (*a alg* j-m).

inculpa|ció *f* An-, Be-schuldigung, Bezichtigung *f* | **~r** (33) *vt* an-, be-schuldigen, bezichtigen (*de* gen) | **~t** (-ada *f*) *m* Beschuldigte(r *m*) *m/f*.

incul|te *adj agr* unbebaut | *fig* ungebildet, unkultiviert | **~tivable** *adj* (*m/f*) nicht anbaufähig | **~tivat** (-ada *f*) *adj agr* unbebaut | **~tura** *f* Unbildung, Unkultur *f*.

incumb|ència *f* Obliegenheit *f* | *no és de la meva ~* dafür bin ich nicht zuständig | **~ent** *adj* (*m/f*) obliegend | **~ir** (37) *vi* obliegen (*a alg* j-m).

incunable *m gràf* Wiegendruck *m*, Inkunabel *f*.

incurab|ilitat *f med* Unheilbarkeit *f* | **~le** *adj* (*m/f*) unheilbar.

inc|úria *f* Nachlässigkeit *f* | Sorglosigkeit *f* | **~uriós, ~urós** (-osa *f*, -osament *adv*) *adj* nachlässig | sorglos.

incursió *f mil* Überfall, Einfall *m* | *~ aèria* Einflug *m*.

incurvat (-ada *f*) *adj tecn* eingebogen, gekrümmt.

indaga|ció *f* Nachforschung *f* | *dr a.* Ermittlung *f* | *fer indagacions* Nachforschungen (*dr a.* Ermittlungen) anstellen | **~dor** *adj* (nach)forschend || *s/m/f* (Nach)Forscher(in *f*) *m* | **~r** (33) *vt* forschen nach (*dat*) | **~tori** (**-òria** *f*) *adj dr* Ermittlungs... || *s/f dr* Vernehmung *f* zur Person.

indec|ència *f* Unanständigkeit *f* | Anstößigkeit *f* | Gemeinheit *f* | **~ent**(**ment** *adv*) *adj* (*m/f*) unanständig | anstößig | gemein.

indec|ís (**-isa** *f*) *adj* unentschieden | unentschlossen, unschlüssig | unbestimmt | **~isió** *f* Unentschiedenheit *f* | Unentschlossenheit, Unschlüssigkeit *f* | Unbestimmtheit *f*.

indeclinab|ilitat *f* Unablehnbarkeit, Unweigerlichkeit *f* | *ling* Undeklinierbarkeit *f* | **~le** *adj* (*m/f*) unablehnbar, unweigerlich | *ling* undeklinierbar.

indecorós (**-osa** *f*, **-osament** *adv*) *adj* unanständig | unpassend | unwürdig.

indefectib|ilitat *f* Unausbleiblichkeit, Unweigerlichkeit *f* | **~le** *adj* (*m/f*) unausbleiblich, unweigerlich | **~lement** *adv* unfehlbar.

indefens *adj* wehrlos | **~able** *adj* (*m/f*) nicht zu verteidigen(d) | unhaltbar | **~ió** *f* Wehrlosigkeit *f* | Verteidigungslosigkeit *f*.

indefini|ble(**ment** *adv*) *adj* (*m/f*) unbestimmbar | (*a.* Gefühl, Eindruck) undefinierbar | **~t** (**-ida** *f*, **-idament** *adv*) *adj* unbestimmt | *ling a.* indefinit, Indefinit... | unklar, undeutlich | unbegrenzt.

in|defugible *adj* (*m/f*) unvermeidlich | unumgänglich | **~degut** (**-uda** *f*, **-udament** *adv*) *adj* ungebührlich | ungerechtfertigt.

indehisc|ència *f bot* Nichtaufspringen *n* | **~ent** *adj* (*m/f*) *bot* nicht aufspringend | *fruit* ~ Schließfrucht *f*.

indeleble(**ment** *adv*) *adj* (*m/f*) *a. fig* unauslöschlich | nicht zu entfernen(d).

indelibera|ció *f* Unüberlegtheit *f* | **~t** (**-ada** *f*, **-adament** *adv*) *adj* unüberlegt.

indelica|desa *f* Unfeinheit, Unzartheit, Taktlosigkeit *f* | **~t** (**-ada** *f*, **-adament** *adv*) *adj* unfein, unzart(fühlend), taktlos.

indemn|e *adj* (*m/f*) schadlos | unversehrt, heil | *n'ha sortit* ~ er ist heil davongekommen | **~itat** *f* Unversehrtheit *f* | *dr polít* Indemnität *f* | **~itzable** *adj* (*m/f*) entschädigungsfähig | **~ització** *f* Entschädigung *f* | Schadenersatz *m* | Abfindung *f* | *p ext* Abgeltung *f* | **~itzador** *adj* entschädigend | **~itzar** (33) *vt* (*j-n*) entschädigen (*de, per* für) | (*j-n*) abfinden, abgelten.

indemostrab|ilitat *f* Unbeweisbarkeit *f* | **~le** *adj* (*m/f*) unbeweisbar.

indenegable *adj* (*m/f*) unablehnbar, unverweigerlich.

independ|ència *f* Unabhängigkeit *f* | Selbständigkeit *f* | *declaració d'*~ Unabhängigkeitserklärung *f* | *lluita per la* ~ Freiheitskampf *m* | **~ent**(**ment** *adv*) *adj* (*m/f*) *a.* polít unabhängig (*de* von) | (*Person, Haltung*) *a.* selbständig | *fer-se* ~ = **~itzar-se** | *s/m/f* polít Unabhängige(r *m*) *m/f* | **~entisme** *m* Unabhängigkeits-bewegung *f bzw* -bestreben *n*, -gedanke *m* | **~entista** *adj* (*m/f*) Unabhängigkeits..., Freiheits... | *s/m/f* Anhänger(in *f*) *m der* Unabhängigkeitsbewegung | Freiheitskämpfer(in *f*) *m* | **~itzar** (33) *vt* unabhängig (*bzw* selbständig) machen | verselbständigen | **~itzar-se** *v/r* s. unabhängig (*bzw* selbständig) machen | unabhängig (*bzw* selbständig) werden | s. verselbständigen.

in|descomponible *adj* (*m/f*) unzerlegbar | **~descriptible**(**ment** *adv*) *adj* (*m/f*) unbeschreiblich | **~desitjable** *adj* (*m/f*) unerwünscht || *s/m/f fam* unerwünschte(s) Element *n* | **~deslligable** *adj* (*m/f*) *fig: una amistat* ~ e-e unzertrennliche Freundschaft.

indestructib|ilitat *f* Unzerstörbarkeit *f* | **~le**(**ment** *adv*) *adj* (*m/f*) unzerstörbar.

indesxifrable *adj* (*m/f*) nicht entzifferbar.

indetermin|able *adj* (*m/f*) unbestimmbar, *bes filos* indeterminabel | **~ació** *f* Unbestimmtheit *f* | Unschlüssigkeit *f* | *bes filos* Indetermination *f* | **~at** (**-ada** *f*, **-adament** *adv*) *adj* unbestimmt | unschlüssig | *bes filos* indeterminiert | **~isme** *m filos* Indeterminismus *m* | **~ista** *adj* (*m/f*) *filos* indeterministisch || *s/m/f* Indeterminist(in *f*) *m*.

índex *m* Anzeichen *n* | Merkmal *n* | *anat* Zeigefinger *m* | (*Sonnenuhr*) Stab *m* | *gràf* Inhaltsverzeichnis; Register *n*; *a. ecl* Index *m* | *mat* Index(zahl *f*); (Wurzel)Exponent *m* | *tecn* Kennziffer *f* | ~ *alfabètic* alphabetisches Register *n* | ~ *de matèries* Sachregister *n* | ~ *del cost de la vida* Lebenshaltungsindex *m* | ~ *d'octans* (*Benzin*) Oktanzahl *f* | ~ *de preus* Preisindex *m*.

indi (**índia** *f*) *adj* indisch | (*Amerika*) indianisch, Indianer... || *s/m/f* Inder(in *f*)

índic

m | (*Amerika*) Indianer(in *f*) *m* ‖ *s/f: l'Índia* Indien *n* | *les Índies Occidentals* (*Orientals*) West-(Ost-)indien *n* ‖ *s/m* (*Farbstoff*) Indigo *m/n*; (*Farbe*) Indigoblau *n* | *quím* Indium *n* | ~**à** (**-ana** *f*) *m* Amerika-rückwanderer *m*, -rückwanderin *f* ‖ *s/f tèxt* Chintz *m*.

índic *adj* indisch | *l'oceà ~, l'~* der Indische Ozean, der Indik.

indica|ció *f* Anzeige *f* Anweisung *f* | Angabe *f* | Hinweis *m* | Vermerk *m* | Anmerkung *f* | *med* Indikation, Heilanzeige *f* | **~dor** *adj* anzeigend, Anzeige... ‖ *s/m* Anzeiger *m* | Zeiger *m* | *quím econ tecn* Indikator *m* | **~r** (33) *vt* (an)zeigen | (hin)deuten auf (*ac*) | bezeichnen, angeben | hinweisen auf (*ac*) | schließen lassen auf (*ac*) | *med* indizieren | **~tiu** (**-iva** *f*) *adj* anzeigend | bezeichnend | hinweisend ‖ *s/m ling* (a. *mode* ~) Indikativ *m*, Wirklichkeitsform *f* | **~triu** *f mat* Indikatrix *f*.

indicció *f hist* Indiktion *f* | *ecl a.* Ankündigung *f* | *butlla d'~* Einberufungsbulle *f*.

indici *m* (An)Zeichen *n* | *bes dr* Indiz *n* | **~ar** (33) *vt* anzeigen, hinweisen auf (*ac*), schließen lassen auf (*ac*) | **~ari** (**-ària** *f*) *adj: prova indiciària* (*dr*) Indizienbeweis *m*.

indicible(**ment** *adv*) *adj* (*m/f*) unsagbar, unsäglich, unaussprechlich.

indifer|ència *f* Gleichgültigkeit *f* | *lit cient* Indifferenz *f* | **~enciat** (**-ada** *f*) *adj* ununterschieden | undifferenziert | **~ent**(**ment** *adv*) *adj* (*m/f*) gleichgültig (*a* gegenüber *dat*) | *lit cient* indifferent | **~entisme** *m* Indifferentismus *m*.

indígena *adj* (*m/f*) eingeboren | *a. bot biol* einheimisch ‖ *s/m/f* Eingeborene(r *m*) *m/f*.

indig|ència *f* Armut *f* | Bedürftigkeit *f* | **~ent** *adj* (*m/f*) arm, bedürftig ‖ *s/m/f* Arme(r *m*), Bedürftige(r *m*) *m/f*.

indige|rible *adj* (*m/f*) unverdaulich | **~st** *adj a. fig* schwerverdaulich, (*prädikativ*) schwer verdaulich | **~star-se** (33) *v/r* s. (*dat*) den Magen verderben | ~ *a. alg* (a. *fig*) j-m schwer im Magen liegen | **~stible** *adj* (*m/f*) = **indigerible** | **~stió** *f* Magenverstimmung, *med* Indigestion *f*.

indign|ació *f* Entrüstung, Empörung *f* | **~ament** *adv s: indigne* | **~ant** *adj* (*m/f*) entrüstend, empörend | **~ar**

indiscriminat

(33) *vt* empören, aufbringen | **~ar-se** *v/r* s. empören, s. entrüsten (*per u/c* über etw; *amb alg* über j-n) | **~e** *adj* unwürdig (*d'alg* od *d'u/c* j-s od e-r Sache) | (*prädikativ*) *a.* unwert | würdelos | ehrlos, unehrenhaft | schändlich, niederträchtig | *un comportament* ~ e. unwürdiges (*od* würdeloses) Benehmen | *això és ~ de tu* das ist deiner unwürdig, das ist unter deiner Würde | *és ~ de la nostra amistat* er ist unserer Freundschaft unwürdig *od* unwert, er verdient unsere Freundschaft nicht | **~itat** *f a. dr* Unwürdigkeit *f* | Würdelosigkeit *f* | Ehrlosigkeit *f* | Schändlichkeit, Niederträchtigkeit *f* | Schandtat *f* | *és una ~!* es ist e-e Schande!

indi|gotina *f* Indigoblau *n* | **~ot** *m* Truthahn, Puter *m* | **~otaire** *m/f* Truthahnverkäufer(in *f*) *m*.

indirect|ament *adv* indirekt | mittelbar | auf Umwegen | **~e** *adj a. ling* indirekt | mittelbar | *complement* ~ (*ling*) Dativobjekt *n* | *conseqüències* ~*s* mittelbare (*od* indirekte) Folgen *f pl* | *cop* ~ (*esport*) indirekte(r) Freistoß *m* | *discurs* (od *estil*) ~ indirekte Rede | *domini* ~ (*dr*) mittelbare(r) Besitz *m* | *proves* ~*s* (*dr*) indirekte Beweise *m pl* | *s/f* Anspielung, (versteckte) Andeutung *f* | *quina indirecta!* das ist (*bzw* war) ja e. Wink mit dem Zaunpfahl! | *deixar anar* (od *tirar*) ~*s* Anspielungen (*od* Andeutungen) fallenlassen | *parlar amb indirectes* durch die Blume sprechen.

indiscernible(**ment** *adv*) *adj* (*m/f*) *a. filos* ununterscheidbar | unwahrnehmbar; unerkennbar.

indisciplina *f* Undiszipliniertheit, Disziplinlosigkeit *f* | **~r-se** (33) *v/r* s. (gegen die Disziplin) auflehnen | **~t** (**-ada** *f*, **-adament** *adv*) *adj* undiszipliniert, disziplinlos.

indiscre|ció *f* Indiskretion *f* | Indiskretheit *f* | Taktlosigkeit *f* | Auf-, Zu-dringlichkeit *f* | Unklugheit *f* | **~t**(**ament** *adv*) *adj* indiskret | taktlos | auf-, zu-dringlich | unklug.

in|discriminat (**-ada** *f*, **-adament** *adv*) *adj* unterschiedslos | wahllos; willkürlich | **~disculpable** *adj* (*m/f*) unentschuldbar | **~discutible**(**ment** *adv*) *adj* (*m/f*) unbestreitbar | **~dispensable**(**ment** *adv*) *adj* (*m/f*) unerläßlich | unentbehrlich | unbedingt notwendig

od erforderlich | *fer-se* ~ s. unentbehrlich machen.
indispo|nible *adj* (*m/f*) nicht verfügbar | *lit a.* indisponibel | **~sar** (33) *vt* (*j-m*) nicht bekommen | *fig* verstimmen, verärgern | *volien ~-lo amb el seu germà* sie wollten ihn gegen s-n Bruder aufbringen | **~sar-se** *v/r: amb la xafogor van ~* durch die Schwüle wurde ihnen unwohl *od* schlecht | *~ amb alg* j-s Unwillen hervorrufen | **~sat** (**-ada** *f*) *adj* unwohl, unpäßlich, *lit* indisponiert | *estic ~* ich bin unpäßlich; mir ist unwohl | *fig: està ~ amb els altres* er steht mit den anderen auf gespanntem Fuß | **~sició** *f* Unwohlsein *n*, Unpäßlichkeit, *lit* Indisposition *f* | **~st** *adj ant reg* nicht bereit; unwillig; unfähig; ungünstig | = **~sat**.
indissolub|ilitat *f* Unauflösbarkeit *f* | *quím a.* Unlöslichkeit *f* | *fig a.* Unauflöslichkeit *f* | **~le(ment** *adv*) *adj* (*m/f*) unauflösbar | *quím a.* unlöslich | (*Verbindung, Ehe*) *a.* unauflöslich.
indistint *adj* undeutlich, unklar | (*Bild, Gestalt, Erinnerung*) *a.* verschwommen | **~ament** *adv* unterschiedslos, ohne Unterschied.
individu (**-ídua** *f*) *adj ant* = **indivisible** || *s/m lit cient* Individuum, Einzelwesen *n* | (*Mensch*) *a.* Einzelner(r) *m*, Einzelperson *f*; *desp* Individuum, Subjekt *n* || *s/f pop desp* Weibsstück *n* | **~ació** *f filos* Individuation *f* | **~al** *adj* (*m/f*) individuell | *Individual...* | *Einzel...* | *psicologia* ~ Individualpsychologie *f* | *cambra* ~ Einzelzimmer *n* | *interessos* ~*s* Einzelinteressen *n pl* || *s/m* Set, Platzdeckchen *n* | (*Golf*) Zweier *m* || *s/m pl* (*Tennis*) Einzel *n* | *~s masculins* (*femenins*) Herren-(Damen-)einzel *n* | **~alisme** *m* Individualismus *m* | **~alista** *adj* (*m/f*) individualistisch || *s/m/f* Individualist(in *f*) *m* | **~alitat** *f* Individualität *f* | **~alització** *f* Individualisierung *f* | **~alitzar** (33) *vt* individualisieren | einzeln behandeln | **~alment** *adv* individuell | einzeln | **~ar** (33) *vt* = **~alitzar**.
indiv|ís (**-isa** *f*, **-isament** *adv*) *adj* ungeteilt | *dr* (*Besitz, Gut*) Gesamt... | **~isibilitat** *f* Unteilbarkeit *f* | **~isible** *adj* (*m/f*) *a. mat* unteilbar.
ind|òcil(**ment** *adv*) *adj* (*m/f*) widerspenstig | (*bes Kind*) unfolgsam | **~ocilitat** *f* Widerspenstigkeit *f* | Unfolgsamkeit *f*.

indoct|ament *adv*, **~e** *adj* ungelehrt.
indocumentat (**-ada** *f*) *adj* nicht belegt; dokumentiert | (*Person*) ohne Ausweispapiere | *anava ~* er hatte k-e Papiere bei s.
indo|europeu (**-ea** *f*) *adj hist ling* indo-germanisch, -europäisch || *s/mf* Indo-germane *m*, -germanin *f*, Indoeuropäer(in *f*) *m* || *s/m ling* Indo-germanisch, -europäisch *n* | *l'~* das Indo-germanische, -europäische | **~germànic** *adj u. sub* = **indoeuropeu** | **~irànic** *adj* indoiranisch, arisch.
índole *f* Art, Beschaffenheit *f* | Charakter *m* | Naturell, Wesen *n* | Veranlagung *f* | *d'aquesta* (od *de tal*) ~ derartig, solch, so ein | *de mala ~* bösartig.
indol|ència *f* Trägheit, Lässigkeit, Gleichgültigkeit, *lit med* Indolenz *f* | **~ent**(**ment** *adv*) *adj* (*m/f*) träge, lässig, gleichgültig, *lit med* indolent | **~or** *adj* schmerzlos.
ind|omabilitat *f* Unbezähmbarkeit *f* | **~omable**(**ment** *adv*) *adj* (*m/f*) unzähmbar | *fig* unbezähmbar, unbezwingbar; (*Willen*) unbeugsam | **~omesticable** *adj* (*m/f*) unzähmbar | **~omesticat** (**-ada** *f*) *adj* ungezähmt, wild | **~òmit**(**ament** *adv*) *adj* ungezähmt | *fig a.* ungebärdig, unbändig = **~omable**(**ment**) | **~omtable**(**ment** *adv*) *adj* = **~omable**(**ment**).
indo|nesi (**-èsia** *f*) *adj* indonesisch || *s/mf* Indonesier(in *f*) *m* | **~nèsia** *f* Indonesien *n* | **~stan** *m* = **Hindustan** | **~stànic** *adj u. s/m* = **hindustànic** | **~-xina** *f: l'~* Indochina *n* | **~-xinès** (**-esa** *f*) *adj* indochinesisch || *s/mf* Indo-chinese *m*, -chinesin *f*.
indret *m* Ort; Platz *m*; (*a. am Körper, in e-m Raum*) Stelle *f* | *els ~s més bells del poble* die schönsten Orte (*od* Plätze) des Dorfes | *un ~ ideal per a l'acampada* e. idealer Platz (*od e-e* ideale Stelle) zum Campen | *un ~ paradisíac* e. paradiesisches Fleckchen | *neva en diversos ~s dels Alps* es schneit an verschiedenen Punkten der Alpen | *fou mort en aquest ~* er wurde an dieser Stelle getötet | *per aquests ~s hi ha cigonyes* in dieser Gegend gibt es Störche.
indubtable(**ment** *adv*) *adj* (*m/f*) unzweifelhaft, zweifellos.
indu|cció *f* Veranlassung *f* | Verleitung; Anstiftung *f* | *filos elect biol* Induktion *f* | *motor d'~* Induktionsmotor *m* |

~ctància *f elect* Induktanz *f*, induktiver Widerstand *m* | **~ctiu** (**-iva** *f*, **-ivament** *adv*) *adj filos elect* induktiv | **~ctivitat** *f elect* Induktivität *f* | **~ctor** *m adj* anstiftend | *elect* induzierend, Induktion... || *s/m* Induktor *m* | *elect a.* Induktionsapparat *m* || *s/mf* Anstifter(in *f*) *m* | **~ir** (36) *vt* veranlassen, bewegen (*a* zu) | (*negativ*) verleiten (*a* zu); *bes dr* anstiften (zu) | *filos elect* induzieren | ~ *alg a error* j-n irreführen | *tot indueix a creure que* ... alles läßt darauf schließen, daß ... | **~it** (**-ida** *f*) *adj elect* induziert, Induktions... || *s/m elect* Anker *m*.

indul|gència *f* Nachsicht, Milde *f* | *ecl* Ablaß *m* | **~genciar** (33) *vt ecl* (*Gebet*) mit e-m Ablaß verbinden | (*j-m*) Ablaß erteilen | **~gent** *adj* (*m/f*) nachsichtig, mild (*amb, envers* gegen) | **~t** *m dr* Begnadigung *f*; Straferlaß *m* | *ecl* Indult *m* | **~tar** (33) *vt dr* begnadigen | *ecl* befreien (*de* von) | **~tari** *m ecl* Pfründeverteiler *m*.

indument *m lit* Kleid(ung *f*) *n* | **~ària** *f* Trachtenkunde *f* | *fam* Kleidung *f*, Aufzug *m*.

induració *f med* Induration, Gewebeverhärtung *f*.

indusi *m bot* Indusium *n*.

ind|ústria *f* Geschicklichkeit *f*; Fleiß *m*; Betriebsamkeit *f*; *econ* Gewerbe *n*; *bes* Industrie *f*; (Industrie)Betrieb *m* | ~ *automobilística* Auto(mobil)-, Kraftfahrzeug-industrie *f* | ~ *bàsica* Grundstoffindustrie *f* | ~ *de la construcció* Bauindustrie *f* | ~ *de la fusta* holzverarbeitende Industrie *f* | ~ *del calçat* (*moble*) Schuh-(Möbel-)industrie *f* | ~ *elèctrica* Elektroindustrie *f* | ~ *electrònica* (*farmacèutica*) elektronische (pharmazeutische) Industrie *f* | ~ *lleugera* (*pesada*) Leicht-(Schwer-)industrie *f* | ~ *metal·lúrgica* Metallindustrie *f* | ~ *tèxtil* Textilindustrie *f* | ~ *transformadora* verarbeitende Industrie, Veredelungsindustrie *f* | *exercir una* ~ e. Gewerbe ausüben | **~ustrial**(**ment** *adv*) *adj* (*m/f*) industriell; gewerblich | Industrie...; Gewerbe... || *s/m/f* Industrielle(r *m*) *m/f* | **~ustrialisme** *m* Industrialismus *m* | **~ustrialització** *f* Industrialisierung *f* | **~ustrialitzar** (33) *vt* industrialisieren | **~ustriar-se** (33) *v/r s.* zu helfen wissen | *s: enginyar-se, arreglar-se* |

~ustriós (**-osa** *f*, **-osament** *adv*) *adj* geschickt; fleißig, emsig; arbeitsam betriebsam.

inèdit *adj* (noch) unveröffentlicht | *fig* noch unbekannt; neu(artig).

inefab|ilitat *f* Unaussprechlichkeit, Unsagbarkeit *f* | **~le**(**ment** *adv*) *adj* (*m/f*) unaussprechlich, unsagbar.

inefic|aç(**ment** *adv*) *adj* (*m/f*) unwirksam, wirkungslos | **~àcia** *f* Unwirksamkeit, Wirkungslosigkeit *f* | **~iència** *f* Untüchtigkeit, Unfähigkeit, *lit* Ineffizienz *f* | **~ient** *adj* (*m/f*) (*Person*) untüchtig, unfähig, *lit* ineffizient.

ineleg|ància *f* Uneleganz *f* | **~ant**(**ment** *adv*) *adj* (*m/f*) unelegant.

inelegib|ilitat *f* Unwählbarkeit *f* | **~le** *adj* (*m/f*) nicht wählbar.

in|eluctable(**ment** *adv*) *adj* (*m/f*) unvermeidlich | unabwendbar | **~eludible**(**ment** *adv*) *adj* (*m/f*) unumgänglich | **~enarrable** *adj* (*m/f*) nicht erzählbar | unbeschreiblich | **~encongible** *adj* (*m/f*) (*Stoff*) nicht einlaufend.

in|èpcia *f* Unfähigkeit, Untüchtigkeit *f* | Ungeschick(lichkeit *f*) *n* | **~epte** *adj* unfähig, untüchtig | ungeschickt || *s/mf fam* Niete *f* | **~eptitud** *f* Unfähigkeit, Untüchtigkeit *f*.

inequació *f mat* Ungleichung *f*.

inequívoc(**ament** *adv*) *adj* eindeutig, unzweideutig.

in|èrcia *f a. fís* Trägheit *f* | *med* Inertie *f* | *navegació per* ~ Trägheisnavigation *f* | **~ercial** *adj* (*m/f*) *fís: sistema* ~ Inertialsystem *n* | **~erme** *adj* (*m/f*) *lit* waffenlos | *biol* dorn- *bzw* stachel-los | **~ert**(**ament** *adv*) *adj a. fís* träge | *quím* inaktiv | *gas* ~ Inertgas *n* | **~esborrable** *adj* (*m/f*) unauslöschlich.

inescaien|ça *f* Unangemessenheit, Ungeeignetheit *f* | Unzweckmäßigkeit *f* | **~t**(**ment** *adv*) *adj* (*m/f*) unangemessen, ungeeignet | unzweckmäßig.

inescrutab|ilitat *f* Unerforschlichkeit, Unergründlichkeit *f* | **~le**(**ment** *adv*) *adj* (*m/f*) unerforschlich, unergründlich.

in|esgotable *adj* (*m/f*) unerschöpflich | **~esperat** (**-ada** *f*, **-adament** *adv*) *adj* unerwartet | unverhofft | **~esquinçable** *adj* (*m/f*) unzerreißbar, unzerreißlich.

inestab|ilitat *f* Instabilität *f* | Unbeständigkeit *f* | Unsicherheit; Unstetheit; Labilität *f* | **~le** *adj* (*m/f*) *bes fís tecn* instabil | (*bes Wetter*) unbeständig |

unsicher, schwankend; (Person, Wesen) a. unstet, psic labil.

in|estimable(ment adv) adj (m/f) unschätzbar | fig a. unbezahlbar | **~estroncable**(ment adv) adj (m/f) unversiegbar | (Blutung) unstillbar | **~evitable**(ment adv) adj (m/f) unvermeidlich | unabwendbar | unausbleiblich | zwangsläufig.

inexact|e adj ungenau | unrichtig, unzutreffend | **~itud** f Ungenauigkeit f | Unrichtigkeit f.

inexcusable(ment adv) adj (m/f) unentschuldbar, unverzeihlich.

inexecu|ció f Nicht-ausführung, -durchführung f | dr Nichtvollstreckung f | **~table** adj (m/f) unaus-, undurchführbar | dr nicht vollstreckbar.

inexhau|rible(ment adv) adj (m/f) unerschöpflich | **~st** adj unerschöpft.

inexigible adj (m/f) dr nicht einklagbar | econ (Schuld) uneintreibbar | (Wechsel) noch nicht fällig.

inexist|ència f Nichtvorhandensein n, lit Inexistenz f | **~ent** adj (m/f) nicht vorhanden, lit inexistent.

inexorab|ilitat f Unerbittlichkeit f | **~le**(ment adv) adj (m/f) unerbittlich.

inexper|iència f Unerfahrenheit f | Erfahrungsmangel m | **~imentat** (-ada f) adj unerfahren | ungeübt | noch unversucht | **~t**(ament adv) adj unerfahren.

inexpia|ble adj (m/f) unsühnbar | **~t** (-ada f) adj ungesühnt.

inexplicable(ment adv) adj (m/f) unerklärlich.

inexplora|ble adj (m/f) unerforschbar | **~t** (-ada f) adj unerforscht.

in|explosible adj (m/f) explosionssicher | **~explotat** (-ada f) adj ungenutzt | min a. unausgebeutet.

inexpress|able adj (m/f) unaussprechlich, unsagbar | **~iu** (-iva f, -ivament adv) adj ausdruckslos | nichtssagend.

inexpugnab|ilitat f Uneinnehmbarkeit f | **~le** adj (m/f) uneinnehmbar.

inextens adj ausdehnungslos | **~ible** adj (m/f) un(aus)dehnbar.

in|extingible adj (m/f) unlöschbar | fig unvergänglich; unzerstörbar; unaufhörlich | **~extirpable** adj (m/f) unausrottbar | med nicht (operativ) entfernbar | **~extricable**(ment adv) adj (m/f) unentwirrbar | (Problem) unlösbar.

infal·lib|ilitat f Unfehlbarkeit f | **~le**(ment adv) adj (m/f) a. catol unfehlbar.

inf|amació f Entehrung f | Verleumdung f | **~amador** adj = **~amant** || s/mf Entehrer(in f) m | **~amant** adj (m/f) entehrend | una pena ~ e-e entehrende Strafe | **~amar** (33) vt entehren | verleumden | **~amatori** (-òria f) adj entehrend, ehrenrührig | verleumderisch | **~ame**(ment adv) adj (m/f) ehrlos | infam, niederträchtig, schmählich, schändlich | **~àmia** f Ehrlosigkeit f | Infamie, Niederträchtigkeit, Gemeinheit f | Schande, Schmach f | Schandtat f.

inf|ància f Kindheit f | col Kinder n pl | fig Anfang(speriode f), Beginn m | **~ant** m Kind n | (Titel) Infant m | mil Infanterist m | què fan els ~s? El que veuen fer als grans! (Spruch) wie die Alten sungen, so zwitschern (auch) die Jungen! | **~anta** f (Titel) Infantin f | **~antament** m med Entbindung f | **~antar** (33) vt gebären | **~antera** adj (Frau) kinderreich | **~anteria** f mil Infanterie f | ~ de marina Marineinfanterie f | **~antesa** f Kindheit f | **~antessa** f = **~anta** | **~anticida** m/f Kindesmörder(in f) m | **~anticidi** m Kindesmord m | **~antil**(ment adv) adj (m/f) kindlich, cient infantil | Kinder... | kindhaft; desp kindisch, infantil | Kindheits... | llenguatge (malaltia) ~ Kindersprache (-krankheit) f | **~antilisme** m a. med Infantilismus m | **~antívol**(ament adv) adj kindhaft.

infart m med Infarkt m | ~ de miocardi Herzinfarkt m | **~at** (-ada f) adj med infarziert, verstopft, versperrt.

infatigable(ment adv) adj (m/f) unermüdlich.

infatua|ció f Selbstgefälligkeit f | **~r** (33) vt selbstgefällig (od eingebildet) machen | **~r-se** v/r selbstgefällig (od eingebildet) werden | s. etw einbilden (amb auf ac).

infaust adj lit unglücklich, unheilvoll.

infec|ció f Infektion f; med a. Infekt m | Ansteckung f | Entzündung f | Verseuchung, Verunreinigung f | **~ciós** (-osa f) adj infektiös, ansteckend | Infektions..., Ansteckungs... | **~tant** adj (m/f) infizierend | **~tar** (33) vt a. fig infizieren | (j-n) a. anstecken | (Luft) a. verpesten; (a. Wasser) verseuchen, verunreinigen | **~tar-se** v/r s. infi-

infecund 589 **infirmació**

zieren | s. anstecken | s. entzünden (*Wunde*) | **~te** *adj* faulig; übel(riechend); *a. fig* ekelhaft | (*Luft*) verpestet | *a. fig umg* stinkig | *un cigar* ~ e-e stinkige Zigarre | *un mentider* ~ e. gemeiner (*umg* stinkiger, mieser) Lügner | *un llenguatge* ~ e-e unflätige Sprache | *fa un temps* ~ das Wetter ist ekelhaft *od umg* gräßlich *bzw* mies | **~tiu** (**-iva** *f*) *adj* infizierend, ansteckend.
infecund *adj* unfruchtbar | *fig a.* unergiebig | **~itat** *f* Unfruchtbarkeit *f* | Unergiebigkeit *f.*
infeli|ç(ment *adv*) *adj* (*m/f*) unglücklich, unglückselig | *fam* arm(selig), elend; harm-, arg-los; einfältig, beschränkt || *s/m/f* Unglückliche(r *m*) *m/f* | *fam* Arme(r *m*) *m/f* | *és un* ~ er ist e. armer Schlucker *od* Teufel *bzw* e. armseliger Stümper | **~citat** *f* Unglück(seligkeit *f*) *n* | Einfältigkeit *f.*
infer|ència *f* (Schluß)Folgerung *f*, Schluß *m* | **~ible** (*m/f*) ableitbar, zu folgern(d).
inferior *adj* (*m/f*) untere(r, -s) | niedere(r, -s) | unterlegen | untergeordnet (*a alg* j-m) | minderwertig | Unter... | Nieder... | Minder... | niedriger, geringer (*a u/c* als etw) || *s/m/f* Untergeordnete(r *m*) *m/f* | Untergebene(r *m*) *m/f* | **~itat** *f* Unterlegenheit *f* | Minderwertigkeit *f* | *complex d'*~ (*psic*) Minderwertigkeitskomplex *m* | **~ment** *adv* weiter unten | *s: inferior.*
inferir (37) *vt* folgern, schließen (*de* aus) | (*Verletzung, Schaden*) zufügen (*a alg* j-m).
inferme|r *m* Krankenpfleger *m* | **~ra** *f* Krankenschwester *f* | **~ria** *f* (*Heim*) Krankenzimmer *n* | *mil* (Kranken)Revier *n* | **~tat** *f* Unfestigkeit *f* | *ant* Gebrechlichkeit *f*; Gebrechen *n.*
infern *m a. fig* Hölle *f* | *mit* Unterwelt *f* | (*Aufbewahrungsort*) Kellergewölbe *n* | (*Kleidung*) Innentasche *f* | *una boca d'*~ e. Lästermaul *n* | **~al**(**ment** *adv*) *adj* (*m/f*) *a. fig* höllisch | Höllen... | *fig* unaustehlich | *màquina* ~ Höllenmaschine *f* | *pedra* ~ (*quím*) Höllenstein *m.*
inf|èrtil *adj* (*m/f*) unfruchtbar | *fig a.* unergiebig | **~ertilitat** *f* Unfruchtbarkeit *f* | Unergiebigkeit *f.*
infest *adj ant* schädlich | **~ació** *f* Befall *m* | **~ar** (33) *vt* befallen (*Ungeziefer*) | (*Gegend*) unsicher machen (*Räuber,*

Feinde) | *les males herbes infesten els camps* das Unkraut überwucherte die Felder | *fig: van* ~ *el país de droga* man überflutete das Land mit Drogen | **~ar-se** *v/r: els oms van* ~ *de pugó* die Ulmen wurden von Blattläusen befallen | **~at** (**-ada** *f*) *adj* befallen (*de* von) | *estar* ~ *de formigues* (*errades*) von Ameisen (Fehlern) wimmeln | *estar* ~ *de polls* verlaust sein.
infeuda|ció *f hist* Belehnung *f* | **~r** (33) *vt hist* belehnen.
infidel|(ment *adv*) *adj* (*m/f*) un(ge)treu (*a alg* od *u/c* j-m *od* e-r Sache) | treulos | (*Wiedergabe*) ungetreu; (*Übersetzung*) *a.* ungenau | *ecl* ungläubig | *el marit li és* ~ ihr Mann ist ihr untreu || *s/m/f ecl* Ungläubige(r *m*) *m/f* | **~itat** *f* Untreue *f* | Treulosigkeit *f* | *a. pl* Treubruch *m* | Ungenauigkeit *f* | *ecl* Unglaube *m.*
infiltra|ció *f* Einsickern, Eindringen *n*, Infiltration *f* | *mil polít a.* Einschleusung, *polít* Unterwanderung *f* | *med* Infiltration *f* | **~r** (33) *vt a. fig* einsickern (*od* eindringen, infiltrieren) lassen (*en, a in ac*); infiltrieren (*a alg* j-n) | (*Agenten, Spitzel*) einschleusen (*en, a in ac*) | **~r-se** *v/r* einsickern, eindringen, infiltrieren | *fig a.* s. einschleusen | ~ *en un grup revolucionari* e-e revolutionäre Gruppe unterwandern | **~t** *m med* Infiltrat *n.*
ínfim *adj* unterste(r, -s) niedrigste(r, -s) | winzig.
infimitat *f* Winzigkeit *f.*
infinit *adj a. filos mat* unendlich | *fig a.* endlos; grenzenlos | unzählig, zahllos | *ling* infinit | *té* **~es parts** es besteht aus unendlich vielen (*od* unzähligen, zahllosen) Teilen | *t'ho he dit* **~es vegades** ich habe es dir unendlich(e)mal gesagt || *s/m: l'*~ das Unendliche | **~ament** *adv*: ~ *gran* (*lluny*) unendlich groß (weit) | *me n'alegro* ~ ich freue mich unendlich darüber | **~at** *f* Unendlichkeit *f* | *fig a.* Grenzenlosigkeit *f* | Unmenge, Unzahl *f* | **~esimal** *adj* (*m/f*) unendlich klein; kleinste(r, -s) | *mat* infinitesimal, Infinitesimal... | *càlcul* ~ Infinitesimalrechnung *f* | **~iu** *m ling* Infinitiv *m* | *proposició d'*~ Infinitivsatz *m* | **~ud** *f* = **~at**.
infirma|ció *f dr* Entkräftung *f*; Ungültigmachung *f* | **~r** (33) *vt dr* entkräften, ungültig machen, für ungültig erklären.

infix *m ling* Infix *n*.
infla|ble *adj* (*m/f*) aufblasbar | **~ció** *f* = **inflament** | *econ* Inflation *f* | **~cionari** (**-ària** *f*) *adj* inflationär, Inflations... | **~cionista** *adj* (*m/f*) inflationistisch | inflationär, Inflations... | **~dura** *f* = **inflor**.
inflama|bilitat *f* Entzünd-barkeit, -lichkeit *f* | Entflammbarkeit *f* | Feuergefährlichkeit *f* | *punt d'~* (*quím*) Flammpunkt *m* | **~ble** *adj* (*m/f*) entzünd-bar, -lich | entflammbar | (*Stoff*) *a.* feuergefährlich, inflammabel | **~ció** *f bes med* Entzündung *f* | **~r** (33) *vt a. med* entzünden | *a. fig* entflammen | **~r-se** *v/r* s. entzünden | (s.) entflammen | *~ d'ira* in Zorn entbrennen | **~tori** (**-òria** *f*) *adj med* entzündlich | Entzündungs...
infla|ment *m* Aufpumpen; Aufblasen *n* | (Auf)Blähung *f* | (Auf-, An-)Schwellung *f* | Quellen *n*, Quellung *f* | *fig* Aufgeblasenheit *f* | (*Stil*) Schwulst *m*, Schwülstigkeit *f* | **~r** (33) *vt* aufpumpen; (*mit dem Mund*) aufblasen | (*Segel, Vorhang*) (auf)blähen, (auf-, an-)schwellen, (auf)bauschen | (*Bein, Knöchel, Auge, Fluß*) (an)schwellen lassen | (*Bauch*) (auf)blähen | (*Holz*) (auf)quellen | (*Nachricht, Ereignis*) aufbauschen | (*Rechnung*) zu hoch ansetzen | *~ el cap a alg* (*fig fam*) j-m e-n Floh ins Ohr setzen | *~ els morros a alg* (*pop*) j-m die Fresse polieren | **~r-se** *v/r* s. füllen (*Ballon, Reifen*) | s. (auf)blähen, s. (auf)bauschen (auf-, an-)schwellen | quellen | *fig* s. aufblähen, s. aufblasen (*Person*).
inflexib|ilitat *f* Unbiegsamkeit *f* | *fig* Unbeugsamkeit *f* | **~le** *adj* (*m/f*) unbiegsam | *fig* unbeugsam; unerbittlich.
inflexió *f* Biegung; Beugung *f* | (*Stimme*) Ton-veränderung *bzw* -senkung *f* | *mat* (*Kurve*) Wendung *f* | *fig* Wende *f*, Wandel *f* | *punt d'~* (*a. fig*) Wendepunkt *m*.
infli|cció *f dr* Auferlegung, Verhängung *f* | **~gir** (37) *vt dr* (*Strafe*) auferlegen (*a alg* j-m), verhängen (über j-n) | (*Schaden, Niederlage*) zufügen (*a alg* j-m).
inflor *f med* Schwellung *f* | *fig* Aufgeblasenheit *f*.
inflorescència *f bot* Blütenstand *m*.
influ|ença *f med* Influenza, Grippe *f* | **~ència** *f* Einfluß *m* (*en, sobre* auf *ac*) | *elect* Influenz *f* | *les influències atmosfèriques* die Witterungseinflüsse | *un home d'~* e. Mann mit Einfluß, e. einflußreicher Mann | *tenir ~* Einfluß haben *od* besitzen | *tenir influències* (gute) Beziehungen haben, einflußreich sein | **~ent** *adj* (*m/f*) (*Person*) einflußreich | **~ible** *adj* (*m/f*) beeinflußbar | **~ir** (37) *vi*: *~ en* (*od sobre*) *alg* od *u/c* auf j-n *od* etw Einfluß haben *bzw* ausüben; auf j-n *od* etw einwirken; j-n *od* etw beeinflussen || *vt* (*j-n*) beeinflussen | *deixar-se ~* s. beeinflussen lassen | **~x** *m lit* Einfluß *m*.
infòlio *m gràf* Folioband *m* | Foliant *m*.
infondre (40) *vt* (*Gefühl*) einflößen.
informa|ció *f* Information *f* | (*Angabe; Stelle*) *a.* Auskunft *f* | (*bes durch Medien*) *a.* Nachricht(en *pl*); Meldung(en *pl*) *f*; Bericht(erstattung *f*) *m* | Benachrichtigung; Unterrichtung *f* | Erkundigung *f* | Informiertheit *f* | *dr* Untersuchung *f* | *~ local* (*col*) Lokalnachrichten *f pl* | *teoria* (*tractament*) *de la ~* Informations-theorie (-verarbeitung) *f* | **~dor(a** *f*) *m* Informator(in *f*); *a. ling* Informant(in *f*) *m* | (Nachrichten)Journalist(in *f*) *m*.
informal|(ment *adv*) *adj* (*m/f*) *bes sociol* informal | informell; unförmlich; formlos | ungezwungen, zwanglos; leger; salopp | unzuverlässig, unseriös | **~isme** *m art* Informel *n*, informelle Kunst *od* Malerei *f* | **~itat** *f* Unförmlichkeit; Formlosigkeit *f* | Ungezwungenheit, Zwanglosigkeit; Saloppheit *f* | Unzuverlässigkeit *f*.
inform|ant *m/f bes ling* Informant(in *f*) *m* | **~ar** (33) *vt a. cient tecn* informieren (*de, sobre* über *ac*) | benachrichtigen; unterrichten (*de* von) | *filos* (*der Materie*) Form geben | *p ext* prägen | *~ el governador* (*la policia*) *d'u/c* etw dem Gouverneur (der Polizei) melden | *ens informen que ...* es wird uns gemeldet (*od* berichtet), daß ... || *vi* berichten, Bericht erstatten (*de* von; *sobre* über *ac*) | *dr* plädieren | *segons que informa la Casa Blanca ...* wie das Weiße Haus meldet, ... | **~ar-se** *v/r* s. informieren (*de, sobre* über *ac*) | s. erkundigen (*de* nach *dat*) | **~àtic** *adj* Datenverarbeitungs..., EDV-... | Computer... | *delinqüència ~a* Computerkriminalität *f* || *s/mf* Informatiker(in *f*) *m* || *s/f* Informatik *f* | **~atitzar(-se)** (33) *vt*(*/r*) (s.) auf Computer (*od* EDV

umstellen | ~atiu (-iva f) adj informativ; informatorisch; Informations... | rad tv Nachrichten... || rad tv Nachrichten(sendung f) f pl | ~e¹ m m Bericht m | Gutachten n | dr Plädoyer n | mst pl Auskunft f; Referenz(en pl) f, Zeugnis(se pl) n.
inform|e² adj (m/f) unförmig | ~itat f Unförmigkeit f.
infortun|adament adv unglücklicherweise | ~at (-ada f) adj unglücklich, unglückselig | ~i m Schicksalsschlag m, Unglück(sfall m) n.
infrac|ció f Verstoß m (de gegen) | s: infringir | ~ de la llei Rechts-verletzung f bzw -bruch m | ~tor(a f) m Zuwiderhandelnder(in m) f | circ umg Verkehrssünder(in f) m | dr Rechtsbrecher(in f) m.
in fraganti loc adv in flagranti, auf frischen Tat.
infrahumà (-ana f) adj menschenunwürdig, unmenschlich.
infrangib|ilitat f Unzerbrechlichkeit f | ~le adj (m/f) unzerbrechlich.
infranquejable adj (m/f) unüberschreitbar | fig unüberwindlich.
infra|octava f ecl Infraoktav f | ~roig (-oja f) adj fís infrarot | Infrarot... || s/m Infrarotbereich m | mst pl Infrarotstrahl(en pl) m | ~scrit(a f) m Unterzeichnete(r m) f | ~sò m fís Infraschall m | ~structura f arquit ferroc Unterbau m | mil econ Infrastruktur f | ~structural adj (m/f) infrastrukturell.
infreqü|ència f Seltenheit f | ~ent(ment adv) adj (m/f) nicht häufig, selten.
infringir (36) vt verstoßen gegen | (Regel, Gesetz) a. übertreten, verletzen; brechen.
infructescència f bot Fruchtstand m.
infruct|ifer adj unfruchtbar | ~uós (-osa f, -osament adv) adj bes fig unfruchtbar | fig a. fruchtlos, nutzlos, vergeblich | ~uositat f Unfruchtbarkeit f | fig Fruchtlosigkeit f.
ínfula f hist Inful f || pl catol Inful f | fig Anmaßung; Einbildung; Eitelkeit f | té ínfules de poeta er spielt s. als Dichter auf.
inf|ús (-usa f) adj rel (von Gott) eingeflößt, eingegeben | p ext angeboren | tenir la ciència infusa (fig fam) die Weisheit mit Löffeln gegessen haben | ~usible¹ adj (m/f) einflößbar | ~usible² adj (m/f) unschmelzbar | ~usió f a. ecl (Taufe) Aufgießen n | Aufguß m |

(Kräuter)Tee m | med Infusion f | fig Einflößen n | ~ de camamilla Kamillentee m | ~usori m biol Aufgußtierchen, Infusorium n.
ingènit adj angeboren.
ingent adj (m/f) gewaltig, ungeheuer groß.
ingenu (-ènua f, -ènuament adv) adj naiv; arglos; treuherzig || s/f teat cin Naive f | ~ïtat f Naivität; Arglosigkeit; Treuherzigkeit f.
inge|rència f Einmischung f | ~rible adj (m/f) einnehmbar | ~rir (37) vt a. med einnehmen | (Nahrung) a. aufnehmen, zu s. nehmen; genießen | ~ bolets verinosos giftige Pilze genießen | ~rir-se v/r s. einmischen (en in ac) | ~stió f Einnahme f | Aufnahme f; Genuß m; biol Ingestion f | ~ d'aliments Nahrungsaufnahme f.
ingovernable adj (m/f) unlenkbar; nicht regierbar.
ingrat|(ament adv) adj unangenehm | (Person, Aufgabe) undankbar | (Boden) unfruchtbar || s/mf Undankbare(r m) m/f | ~itud f Undank m | Undankbarkeit f.
ingr|edient m Bestandteil m; a. gastr Zutat f | med a. Ingrediens n, Ingredienz f | ~és m (pl -essos) Eintritt m; aufnahme; Einlieferung f | estud (a. examen d'~, prova d'~) Aufnahmeprüfung f | econ Eingang m; Einnahme; banc Einzahlung f || pl Einkünfte pl | (regelmäßig) Einkommen n | (bes geschäftlich, öffentlich) Einnahmen pl | ~essar (33) vi eintreten (a, en in ac); aufgenommen (bzw eingeliefert) werden (in ac) | econ eingehen, arc einkommen || vt: ~ alg a l'hospital (a la presó) j-n ins Krankenhaus (Gefängnis) einliefern | avui només hem ingressat mil pessetes heute haben wir nur tausend Peseten eingenommen | ingresso dos milions anuals ich habe e. Jahreseinkommen von zwei Millionen | ahir vaig ~ diners al teu compte gestern habe ich Geld auf dein Konto eingezahlt.
inguarible adj (m/f) unheilbar.
inguinal adj (m/f) anat Leisten... | glàndules ~s Leistendrüsen f pl.
ingurgita|ció f Verschlingen, Verschlucken n | ~r (33) vt bes med verschlingen, verschlucken, (hinunter)schlucken.
inh|àbil(ment adv) adj (m/f) unge-

schickt | ungewandt | *dr* unfähig (*per a* zu) | *dies ~s* (*dr adm*) Feiertage *m pl* (*an denen nicht amtiert wird*) | **~abilitació** *f dr* Unfähigkeitserklärung *f* | (a. ~ *professional*) Berufsverbot *n* | (a. ~ *absoluta*) Aberkennung *f* der Ehrenrechte | **~abilitar** (33) *vt dr* rechtsunfähig machen; für unfähig erklären | **~abilitar-se** *v/r* unfähig werden | **~abilitat** *f* Ungeschicklichkeit *f* | Ungewandtheit *f* | Unfähigkeit *f*.
inhabita|ble *adj* (*m/f*) unbewohnbar | **~t** (**-ada** *f*) *adj* unbewohnt.
inhabitu|al *adj* (*m/f*) ungewöhnlich | **~at** (**-ada** *f*) *adj* ungewohnt, nicht gewohnt.
inhala|ció *f* Einatmung, *bes med f* | **~dor** *m* Inhalationsapparat *m* | **~r** (33) *vt* einatmen, *bes med* inhalieren.
inharm|onia *f* mangelnde Harmonie, Disharmonie *f* | **~ònic**, **~oniós** (**-osa** *f*) *adj* dis-, un-harmonisch, nicht harmonisch.
inher|ència *f* innere Verbundenheit *f*, Anhaften *n* | *filos* Inhärenz *f* | **~ent** *adj* (*m/f*) eng verbunden (*a* mit) | innewohnend (*a dat*) | *filos* inhärent (*a dat*).
inhibi|ció *f a. psic* Hemmung *f* | *biol quím a.* Inhibition *f* | *dr* Untersagung *f*; Ablehnung *f* (*e-s Richters*) | **~dor** *adj* hemmend, Hemm... || *s/m biol quím* Inhibitor, Hemmstoff *m* | **~r** (37) *vt* hemmen | *dr* untersagen; ablehnen | **~r-se** *v/r* s. heraushalten (*de aus*) | **~tori** (**-òria** *f*) *adj* hemmend ; untersagend | ablehnend | *s/f dr* Unzuständigkeitserklärung *f*.
inh|òspit *adj* (*Raum, Haus*) ungastlich | (*Klima, Gegend*) unwirtlich | **~ospitalari** (**-ària** *f*, **-àriament** *adv*) *adj* (*bes Person*) ungastlich | **~ospitalitat** *f* Ungastlichkeit *f* | Unwirtlichkeit *f*.
inhumà (**-ana** *f*, **-anament** *adv*) *adj* unmenschlich, *lit* inhuman.
inhumació *f* Beerdigung *f*.
inhumanitat *f* Unmenschlichkeit, *lit* Inhumanität *f*.
inhumar (33) *vt* beerdigen.
inic (**-iqua** *f*, **-iquament** *adv*) *adj* äußerst ungerecht | *p ext* ruchlos.
inici *m* Anfang, Beginn *m* | **~ació** *f* Einführung *f* | Einweihung; *antrop sociol rel* Initiation *f* | **~ador** *adj* einführend || *s/mf* Initiator(in *f*) *m* | **~al** *adj* (*m/f*) anfänglich, Anfangs... | *lit* initial, Initial... | *velocitat ~* Anfangsge-

schwindigkeit *f* || *s/f* Anfangsbuchstabe *m*; Initiale *f* | *signar* (*od firmar*) *amb les ~s* mit s-n Initialen unterzeichnen | **~alment** *adv* anfangs, zu (*od am*) Anfang | **~ar** (33) *vt* anfangen, beginnen | einleiten; anbahnen; *lit* initiieren | (*j-n*) einführen (*en* in *ac*) | (*j-n*) einweihen (*en* in *ac*); *antrop sociol rel* initiieren (in *ac*) | **~ar-se** *v/r* anfangen, beginnen, s-n Anfang nehmen | *~ en la física* s. mit der Physik vertraut machen | **~at** (**-ada** *f*) *adj* (*Person*) eingeweiht || *s/mf* Eingeweihte(r *m*) *m/f* | **~atiu** (**-iva** *f*) *adj* einführend | Initiations... || *s/f a. polít* Initiative *f* | Anregung *f* | Unternehmungsgeist *m* | *dret d'iniciativa* Initiativrecht *n* | *a iniciativa de* auf Anregung (*od* Initiative) von | *prendre la iniciativa* die Initiative ergreifen.
in|igualable *adj* (*m/f*) unvergleichbar | unerreichbar | **~imaginable** *adj* (*m/f*) unvorstellbar | **~imitable(ment** *adv*) *adj* (*m/f*) unnachahmlich | **~inflamable** *adj* (*m/f*) unentzündbar | **~intel·ligible(ment** *adv*) *adj* (*m/f*) unverständlich | **~interromput** (**-uda** *f*, **-udament** *adv*) *adj* ununterbrochen.
iniquitat *f* große Ungerechtigkeit *f* | *p ext* Ruchlosigkeit *f* | Missetat; Greueltat *f*.
injec|ció *f a. aut* Einspritzung *f* | *a. constr mat med met* Injektion *f* | *med* (*Flüssigkeit*) Spritze, Injektion *f* | *~ econòmica* Finanzspritze *f* | *bomba* (*motor*) *d'~* Einspritz-pumpe *f* (*-motor m*) | *donar una ~ a alg* j-m e-e Spritze (*od* Injektion) geben | **~table** *adj* (*m/f*) *med* injizierbar || *s/m* Injektionsmittel *n* | **~tar(-se)** (33) *vt*(*/r*) (s. *dat*) einspritzen, *bes med* (s. *dat*) injizieren | **~tat** (**-ada** *f*) *pp*/*adj*: *ulls ~s de sang* blutunterlaufene Augen *n pl* | **~tiu** (**-iva** *f*) *adj ling* Injektiv... | **~tor** *m tecn* Injektor *m*, (Dampf)Strahlpumpe *f* | *aut* Einspritzdüse *f*.
injunció *f lit* Anordnung, Weisung *f*.
inj|úria *f* Beleidigung *f* | Beschimpfung *f*, Schimpfwort *n* | *les injúries del temps* die Unbilden *pl* des Wetters *bzw* der Zahn der Zeit | **~uriador** *adj* beleidigend || *s/mf* Beleidiger(in *f*) *m* | **~uriar** (33) *vt* beleidigen | beschimpfen | **~uriós** (**-osa** *f*, **-osament** *adv*) *adj* beleidigend | schimpflich.
injust *adj* ungerecht | **~ament** *adv* ungerecht | zu Unrecht | **~ícia** *f* Ungerechtigkeit *f* | Unrecht *n* | **~ificable**

innat *adj* (*m/f*) nicht zu rechtfertigen(d) | **~ificat** (**-ada** *f*, **-adament** *adv*) *adj* ungerechtfertigt.
innat *adj* angeboren | **~isme** *m filos* Nativismus *m*.
innavegable *adj* (*m/f*) nicht schiffbar.
innecess|ari (**-ària** *f*) *adj* unnötig | **~àriament** *adv* unnötig(erweise).
in|negable(ment *adv*) *adj* (*m/f*) unleugbar, unbestreitbar | **~negociable** *adj* (*m/f*) *econ* unverkäuflich | (*Wertpapier*) nicht begebbar | *aquestes condicions són ~s* über diese Bedingungen kann nicht verhandelt werden.
innerva|ció *f anat* Innervation *f* | **~r** (33) *vt anat* innervieren.
innoble(ment *adv*) *adj* (*m/f*) niedrig, gemein | schändlich.
innoc|ència *f* Unschuld *f* | Harmlosigkeit, Arglosigkeit *f* | Unverdorbenheit *f* | **~ent(ment** *adv*) *adj* (*m/f*) unschuldig, schuldlos | harmlos | einfältig, naiv || *s/m/f* Unschuldige(r *m*) *m/f* | *ecl: els ~s* die Unschuldigen Kinder | *fer l'~* s. dumm stellen | **~entada** *f* Spaß, Ulk, Scherz *m* | (April)Scherz *m* (*bes am 28. Dezember*) | *fer una ~ a alg* j-n in den April schicken.
innocu (**-òcua** *f*, **-òcuament** *adv*) *adj* unschädlich | harmlos | **~ïtat** *f* Unschädlichkeit *f* | Harmlosigkeit *f*.
in|nombrable *adj* (*m/f*) unzählig | zahllos | unzählbar | **~nomenable** *adj* (*m/f*) nicht ernennbar.
innomina|ble *adj* (*m/f*) unnennbar | **~t** (**-ada** *f*) *adj* unbenannt | namenlos | *anat: os ~* Hüft-bein *n*, -knochen *m*.
innova|ció *f* Neuerung *f* | *a. tecn* Neuheit *f* | **~dor** *adj* erneuernd | neuerungsfreudig || *s/mf* Neuerer *m*, Neuer(er)in *f* | *fig a.* Bahnbrecher(in *f*) *m* | **~r** (33) *vt* neu einführen | erneuern, neu gestalten || *vi* Neuerungen einführen.
in|número *adj lit*, **~numerable** *adj* (*m/f*) = **innombrable**.
inoblidable *adj* (*m/f*) unvergeßlich.
inobserva|ble *adj* (*m/f*) unbeobachtbar | nicht einhaltbar | **~ció**, **~nça** *f* Nichtbeachtung *f* | Nichtbefolgung *f*.
inocula|ció *f* Einimpfung *f* | Inokulation *f quím* Impfung *f* | **~r** (33) *vt a. fig* einimpfen | *med a.* inokulieren.
in|ocupat (**-ada** *f*) *adj* unbeschäftigt, untätig | (*Platz*) frei, unbesetzt | **~odor** *adj* geruchlos | **~ofensiu** (**-iva** *f*, **-ivament** *adv*) *adj* unschädlich, harmlos | **~oficiós** (**-osa** *f*) *adj dr* (*Testament*) pflichtteilswidrig | **~oïble** *adj* (*m/f*) unhörbar | **~oït** (**ïda** *f*) *adj* ungehört | *fig* unerhört.
inopera|ble *adj* (*m/f*) *med* inoperabel, nicht operierbar | **~nt** *adj* (*m/f*) wirkungslos, unwirksam | *dr* ungeeignet.
inòpia *f lit* Dürftigkeit, Not, Armut *f*.
inopina|ble *adj* (*m/f*) unstreitig, unumstritten | **~t** (**-ada** *f*, **-adament** *adv*) *adj* unerwartet, unvermutet.
inoport|ú (**-una** *f*, **-unament** *adv*) *adj* ungelegen, unpassend | unangebracht, unzweckmässig | *lit* inopportun | **~unitat** *f* Ungelegenheit *f* | ungelegene Zeit *f* | Unzweckmäßigkeit *f* | *lit* Inopportunität *f*.
inorgànic(ament *adv*) *adj* unorganisch | *bes quím* anorganisch.
inosita *f quím* Inosit *m*.
in|oxidable *adj* (*m/f*) rostfrei, nichtrostend | **~qualificable** *adj* (*m/f*) unqualifizierbar | (*Verhalten, Benehmen*) unbeschreiblich; schandhaft, abscheulich | **~qüestionable(ment** *adv*) *adj* (*m/f*) unbestreitbar | unanfechtbar | fraglos.
inquiet|(ament *adv*) *adj* unruhig | ruhelos | *fig a.* beunruhigt, besorgt | *estar ~ per u/c* über etw (*ac*) beunruhigt sein | **~ador** *adj*, **~ant** *adj* (*m/f*) beunruhigend, besorgniserregend | **~ar** (33) *vt* beunruhigen | **~ar-se** *v/r* s. Sorgen machen (*per über ac*) | s. sorgen, s. beunruhigen | **~ud** *f* Unruhe *f* | Beunruhigung *f* | Besorgnis *f*.
inquil|í (**-ina** *f*) *m* (*Wohnung*) Mieter(in *f*) *m* | **~inat** *m* Miete *f*.
inqui|ridor *adj* forschend | fragend || *s/mf* Forschende(r *m*) *m/f* | Fragende(r *m*) *m/f* | **~rir** (37) *vt* forschen nach (*dat*) | fragen nach (*dat*) | **~sició** *f* Nachforschung *f* | *hist: la ~* die Inquisition | **~sidor** *adj u. s/mf* = **inquiridor** | *s/m hist* Inquisitor *m* | *el gran ~* der Großinquisitor | **~sitiu** (**-iva** *f*) *adj* forschend | neugierig | *lit* inquisitiv | *dr* Untersuchungs... | **~sitorial** *adj* (*m/f*) *hist* Inquisitions... | *fig* inquisitorisch.
inrevés *m fam* (*Seite*) = **revés**.
inri *m* (*nach* I.N.R.I.) Hohn, Spott *m* | *posar* (*od penjar*) *l'~ a alg* j-n zum Gespött der Leute machen.
insà (**-ana** *f*, **-anament** *adv*) *adj* wahnsinnig | ungesund.
insacia|bilitat *f* Unersättlichkeit *f* | **~ble(ment** *adv*) *adj* (*m/f*) unersätt-

insaculació 594 **insociabilitat**

lich | **~t (-ada** f) adj ungesättigt.
insacula|ció f hist Einsackung f | **~r** (33) vt hist (Wahlzettel) einsacken.
insadollable adj (m/f) lit unersättlich.
insaliva|ció f anat Einspeichelung f | **~r** (33) vt anat einspeicheln.
insalubr|e adj (m/f) ungesund | gesundheitsschädlich | **~itat** f Ungesundheit f.
insalvable adj (m/f) unrettbar | (Hindernis) unüberwindbar.
insan|able adj (m/f) unheilbar | **~itat** f Wahnsinn m | Ungesundheit f.
insatisf|acció f Unbefriedigtheit f | Unzufriedenheit f | **~et** adj unbefriedigt | unzufrieden.
insaturat (-ada f) adj quím ungesättigt.
inscri|pció f Inschrift f | Einschreibung; Eintragung; Anmeldung f | (Titel) Auf-, Über-schrift f | geom Einbeschreibung f | **~ptor** adj einschreibend | **~ure** (40) vt (Inschrift) eingravieren (en, a in ac); einmeißeln (in ac); einritzen (in ac) | (j-n, j-s Namen) einschreiben (en, a in ac); (in e-e Liste) a. eintragen (in ac) | geom einbeschreiben | **~ure's** v/r: ~ en una llista s. in e-e Liste einschreiben od eintragen | ~ en un curs (a l'escola) s. zu e-m Kurs (in der Schule) anmelden.
in|scrutable adj (m/f) = **inescrutable** | **~secable** adj (m/f) geom unschneidbar.
insect|e m Insekt n || pl fam Ungeziefer n | **~icida** adj (m/f) insektentötend | pólvores insecticides Insekten-pulver od -gift n || s/m Insektizid, Insektenvertilgungsmittel n | **~ívor** adj insektenfressend || s/m pl Insektenfresser m pl.
insegur adj unsicher | **~etat** f Unsicherheit f.
insemina|ció f biol zool Besamung, a. med Insemination f | ~ artificial Insemination, künstliche Besamung f | **~r** (33) vt besamen, a. med inseminieren.
insensat|(ament adv) adj sinnlos, unsinnig | verrückt | **~esa** f Sinnlosigkeit f | Verrücktheit f | Toll(kühn)heit f.
insensib|ilitat f Unempfindlichkeit f | med a. Insensibilität f | fig a. Gefühllosigkeit f | **~ilització** f bes med Betäubung f | **~ilitzador** adj bes med betäubend | **~ilitzar** (33) vt unempfindlich machen | med betäuben | **~le(ment** adv) adj (m/f) unempfindlich | gefühllos (a gegen ac) | unmerklich.

inseparab|ilitat f Untrennbarkeit f | Unzertrennlichkeit f | **~le(ment** adv) adj (m/f) untrennbar | unzertrennlich.
insepult adj unbestattet.
inser|ció f Ein-fügung, -schaltung f, -schalten n | gràf Annoncieren, Inserieren n | **~ir** (33) vt einschalten | einfügen | gràf (Anzeige) aufgeben, inserieren | **~it (-ida** f) adj biol eingewachsen | anat angesetzt, angewachsen.
inservible adj (m/f) unbrauchbar.
ins|ídia f lit Hinterlist f | **~idiar** (33) vt überlisten | (j-m) nachstellen | **~idiós (-osa** f, **-osament** adv) adj hinterlistig | verfänglich | (Krankheit) heimtückisch | escrits insidiosos Hetzschriften f pl.
in|signe adj (m/f) ausgezeichnet | berühmt | vorzüglich | desp iròn Erz... | **~sígnia** f Abzeichen n | Ehrenzeichen n || pl Insignien pl.
insignifican|ça f Geringfügigkeit f | Bedeutungslosigkeit f | **~t** adj (m/f) geringfügig | bedeutungslos, unbedeutend.
insincer adj unaufrichtig | falsch | trügerisch | **~itat** f Unaufrichtigkeit f.
insinua|ció f Andeutung, Anspielung f | (auf Unangenehmes) Anzüglichkeit f | Einschmeichelung f | Annäherungsversuch m | insinuacions malèvoles böswillige Unterstellungen f pl | **~nt** adj (m/f) bedeutungsvoll | anzüglich einschmeichelnd | verführerisch | **~r** (33) vt andeuten, durchblicken lassen; anspielen auf (ac) | què insinues? was willst du damit sagen? | **~r-se** v/r s. andeuten, s. abzeichnen | s. einschmeicheln | bes Annäherungsversuche machen | s'insinua a tots els homes s. macht allen Männern schöne Augen | **~tiu (-iva** f) adj = **~nt**.
ins|ípid adj geschmacklos | = **fat**[1] | **~ipidesa**, **~ipiditat** f Geschmacklosigkeit f | = **fadesa**.
insist|ència f Drängen n | Nachdruck m | Beharrlichkeit f | **~ent(ment** adv) adj (m/f) beharrlich | nachdrücklich, eindringlich | **~ir** (37) vi: ~ en u/c auf etw (dat) bestehen od beharren; auf etw (ac) dringen; etw betonen | no insisteixis tant! nun dräng' doch nicht so!; (zu e-m Kind) hör' auf mit .der Quengelei! | ~ a fer u/c darauf bestehen, etw zu tun.
insociab|ilitat f Ungeselligkeit f | Men-

insofrible

schenscheu *f* | **~le** *adj* (*m/f*) ungesellig | menschenscheu.
insofrible(ment *adv*) *adj* unerträglich.
insola|ció *f meteor* Sonneneinstrahlung, Insolation *f* | *med* Sonnenstich *m*, Insolation *f* | **~r** (33) *vt gràf* besonnen.
insol|ència *f* Unverschämtheit, Frechheit, *lit* Insolenz *f* | **~ent(ment** *adv*) *adj* (*m/f*) unverschämt, frech, *lit* insolent | **~entar-se** (33) *v/r* unverschämt werden (*amb* zu j-m).
insòlit(ament *adv*) *adj* ungewöhnlich.
insolub|ilitat *f* Unlöslichkeit *f* | Unlösbarkeit *f* | **~le(ment** *adv*) *adj* (*m/f*) *quím* unlöslich | *fig* unlösbar.
insolv|ència *f* Zahlungsunfähigkeit, Insolvenz *f* | **~ent** *adj* (*m/f*) zahlungsunfähig, insolvent.
insomn|e *adj* (*m/f*) schlaflos | **~i** *m* Schlaflosigkeit *f*.
insondable *adj* (*m/f*) *a. fig* unergründlich.
insonor *adj* schalldicht | **~itzar** *vt* (33) schalldicht machen.
insospita|ble *adj* (*m/f*) unahnbar | unvorhersehbar | **~t** (-**ada** *f*, -**adament** *adv*) *adj* unvermutet, ungeahnt.
insostenible *adj* (*m/f*) *a. fig* unhaltbar.
inspec|ció *f* Aufsicht, Be(auf)sichtigung *f* | (Über)Prüfung, Kontrolle *f* | Untersuchung *f* | (*a. Behörde*) Inspektion *f* | **~** *escolar* Schulaufsicht *f* | **~** *ocular* (*dr*) Augenschein *m* | **~** *veterinària* tierärztliche Beschau *f* | **~cionar** (33) *vt* besichtigen | beaufsichtigen | (über)prüfen, kontrollieren | untersuchen | inspizieren; *mil a.* mustern | **~tor(a** *f*) *m* Inspektor(in *f*) *m* | **~** *escolar* Schulrat *m* | **~** *de policia* Polizeiinspektor *m*.
inspira|ció *f* Einatmung *f* | *a. rel* Inspiration, Eingebung *f* | **~dor** *adj* inspirierend | *anat: múscuIs* **~s** Atemmuskeln *m pl* || *s/mf* Inspirator(in *f*), Anreger(in *f*) *m* | **~r** (33) *vt* einatmen | *fig* (*j-n*) inspirieren | (*Gedanken, Wunsch*) eingeben | (*Gefühl*) einflößen; erwecken; hervorrufen || *vi* einatmen | **~r-se** *v/r*: **~** *en alg od u/c* s. von j-m *od* etw inspirieren lassen; s. (*dat*) j-n *od* etw zum Vorbild nehmen | **~t** (-**ada** *f*, -**adament** *adv*) *adj* inspiriert | (*Werk*) voller Inspiration | **~tiu** (-**iva** *f*) *adj* Einatmungs... | *fig* inspirativ.
instal·la|ció *f* Installation *f* | Anschluß *m* | Einbau *m* | Anlage, Einrichtung *f* || *pl* Anlagen *f pl* | **~dor(a** *f*) *m* In-

instrucció

stallateur(in *f*) *m* | **~r** (33) *vt* installieren | (*etw*) *a.* anschließen; einbauen; einrichten; unterbringen | (*j-n*) unterbringen | **~r-se** *v/r* s. installieren, s. einrichten, s. niederlassen.
inst|ància *f* Gesuch *n* | inständige Bitte *f* | Ersuchen *n* | Eingabe *f* | *dr* Instanz *f* | *a instàncies d'alg* auf j-s Bitte | **~ant** *m* Augenblick *m* | *a l'~, a poc* **~** (*loc adv*) sofort | *un* **~**! (e-n) Moment! | **~antaneïtat** *f* Augenblicklichkeit *f* | **~antani (-ània** *f*) *adj* augenblicklich | unmittelbar, sofortig | *cafè* **~** Instantkaffee *m* || *s/f fotog* Momentaufnahme *f*, Schnappschuß *m* | **~antàniament** *adv* augenblicks, augenblicklich | **~antment** *adv* inständig, dringend | **~ar** (33) *vt* dringend bitten, drängen | **~** *alg a fer u/c* j-n drängen etw zu tun.
instaura|ció *f* Begründung, Errichtung *f* | Einführung *f* | **~dor(a** *f*) *m* Begründer(in *f*), Einführer(in *f*) *m* | **~r** (33) *vt* begründen, errichten | einführen.
instiga|ció *f* Anstiftung *f* | Aufhetzung *f* | *fig* Antrieb *m* | **~dor** *adj* anstiftend | aufhetzend || *s/mf* Anstifter(in *f*) *m* | Aufhetzer(in *f*), Aufwiegler(in *f*) *m* | **~r** (33) *vt* anstiften | aufhetzen, aufwiegeln (*a* zu).
instil·la|ció *f* Einträufelung, Instillation *f* | **~r** (33) *vt bes med* einträufeln, instillieren.
instint *m* (Natur)Trieb, Instinkt *m* | **~** *de conservació* Selbsterhaltungstrieb *m* | **~** *de reproducció* (*sexual*) Fortpflanzungs-(Geschlechts-, Sexual-)trieb *m* | *per* **~** aus Instinkt, instinktiv | **~iu** (-**iva** *f*, -**ivament** *adv*) *adj* instinktiv | instinktmäßig | triebhaft.
institu|ció *f* Einrichtung, Einführung; Gründung *f* | (*Organisation*) Einrichtung; *a. antrop social* Institution *f*; *dr* Institut *n* | Anstalt *f*, Institut *n* | (*Erbe*) Einsetzung *f* || *pl* Institutionen *f pl* | **~cional** *adj* (*m/f*) institutionell | **~cionalitzar(-se)** (33) *vt*(/*r*) (s.) institutionalisieren | **~ir** (37) *vt* einrichten; einführen; gründen; *lit* instituieren | **~** *hereu alg* (*dr*) j-n als (*od* zum) Erben einsetzen | **~t** *m* Institut *n*, Anstalt *f* | *bes* Gymnasium *n* | *catol* Ordensregel; Kongregation *f* | **~tor** *m*, **~triu** *f* (Haus)Lehrer(in *f*) *m* | Erzieher(in *f*) *m*.
instru|cció *f* Unterricht *m*, Schulung *f* |

instrument

Bildung; *a. mil* Ausbildung *f* | Wissen *n*, Kenntnisse *f pl* | *dr* Einleitung *f* | *s: jutge* | ~ *del sumari* Ermittlungsverfahren *n* || *pl* (An)Weisungen, Instruktionen *f pl* | *instruccions d'ús* Gebrauchs-anweisung, -anleitung; Bedienungsanleitung *f* | **~ctiu** (**-iva** *f*) *adj* belehrend, lehrreich, instruktiv | **~ctor** *adj* unterweisend, belehrend | *dr* Untersuchungs... | *jutge* ~ Untersuchungsrichter *m* || *s/mf a. mil* Ausbilder(in *f*) *m* | *a. esport* Lehrer(in *f*) *m* | **~ir** (37) *vt* unterrichten; lehren; schulen | bilden; *a. mil* ausbilden | belehren | *dr* (*Prozeß*) einleiten; (*Ermittlungen*) anstellen *od* in die Wege leiten | **~ir-se** *v/r* s. (aus)bilden | **~ït** (**-ïda** *f*) *adj* (aus)gebildet.

instrument *m a. fig* Instrument, Werkzeug *n* | *dr* Urkunde *f*, Dokument *n* | *mús* Instrument *n* | ~ *de corda* (*de percussió, de vent*) Saiten-(Schlag-, Blas-)instrument *n* | **~ació** *f mús* Instrumentierung *f* | **~al** *adj* (*m/f*) *mús* instrumental, Instrumental... || *s/m ling* Instrumental *m* | *mús* Instrumentarium *n*, (Orchester)Instrumente *n pl* | *med* Besteck, Instrumentarium *n* | **~alitzar** (33) *vt fig* zum Werkzeug (*od* Instrument) machen | **~alment** *adv* als Instrument | **~ar** (33) *vt mús* instrumentieren | **~ari** (**-ària** *f*) *adj dr* urkundlich, dokumentarisch | **~ista** *m/f mús* Instrumentalist(in *f*) *m*.

insubmergib|ilitat *f* Unversenkbarkeit *f* | **~le** *adj* (*m/f*) unversenkbar.

insubordina|ció *f* Widersetzlichkeit *f* | Unbotmäßigkeit *f* | *bes mil* Ungehorsam *m*, Gehorsamsverweigerung, *lit* Insubordination *f* | **~t** (**-ada** *f*) *adj* widersetzlich | unbotmäßig | ungehorsam | **~r** (33) *vt* zur Widersetzlichkeit führen *od* aufhetzen | **~r-se** *v/r* den Gehorsam verweigern.

insubornable *adj* (*m/f*) unbestechlich.

insubsist|ència *f* Haltlosigkeit | Grundlosigkeit *f* | Unwesentlichkeit *f* | **~ent** *adj* (*m/f*) haltlos | grundlos | unwesentlich.

insubstancial|(**ment** *adv*) *adj* (*m/f*) substanzlos | gehaltlos | unwesentlich | **~itat** *f* Substanzlosigkeit *f* | Gehaltlosigkeit *f* | Unwesentlichkeit *f*.

insubstituïble *adj* (*m/f*) unersetzlich.

insufici|ència *f* Unzulänglichkeit *f* | Mangel *m* | *lit med* Insuffizienz *f* | **~ent**(**ment** *adv*) *adj* (*m/f*) unzulänglich | ungenügend | *lit a. med* insuffizient.

insufla|ció *f med* Insufflation *f* | **~r** (33) *vt bes med* einblasen.

insul|ar *adj* (*m/f*) Insel..., insular | *escriptures* **~s** Insulare Schriften *f pl* || *s/m/f* Inselbewohner(in *f*), *bes iròn desp* Insulaner(in *f*) *m* | **~ina** *f* Insulin *n*.

insuls(**ament** *adv*) *adj bes fig* fad(e).

insult *m* Beleidigung *f* | Beschimpfung *f* | **~ador** *adj* beleidigend || *s/mf* Beleidiger(in *f*) *m* | **~ant** *adj* (*m/f*) beleidigend | **~ar** (33) *vt* beleidigen | beschimpfen.

insupera|bilitat *f* Unüberwindlichkeit *f* | Unübertrefflichkeit *f* | **~ble**(**ment** *adv*) *adj* (*m/f*) unüberwindlich | unübertrefflich | **~t** (**-ada** *f*) *adj* wicht überwunden | unübertroffen.

insuportable *adj* (*m/f*) unerträglich | unausstehlich.

insur|gent *m/f* Aufständische(r *m*) *m/f* | **~gir-se** (37) *v/r* s. erheben (*contra alg* gegen j-n) | **~recció** *f* Aufstand *m*, Erhebung *f* | *mil* Putsch *m* | **~reccional** *adj* (*m/f*) aufständisch | **~reccionar** (33) *vt* zum Aufstand treiben *od* aufwiegeln | **~reccionar-se** *v/r* = **~gir-se** | **~recte** *adj* aufständisch, aufrührerisch || *s/mf* Aufständische(r *m*) *m/f*.

intacte *adj* unberührt | unversehrt, unverletzt | intakt | *fig* unangetastet.

intàctil *adj* (*m/f*) unfühlbar, nicht tastbar.

intangib|ilitat *f* Unberührbarkeit *f* | *fig a.* Unantastbarkeit *f* | **~le** *adj* (*m/f*) unberührbar | *fig a.* unantastbar.

integ|èrrim *adj* (*sup von* íntegre) *fig* sehr ehrenhaft, redlich *od* rechtschaffen | ganz makellos | **~rable** *adj* (*m/f*) *mat* integrierbar | **~ració** *f mat polít* Integration *f* | Einbau *m* | **~ral** *adj* (*m/f*) vollständig | integral | *càlcul* ~ Integralrechnung *f* || *s/f* Integral *n* | **~ra(l)ment** *adv* ganz u. gar, vollständig | **~rant** *adj* (*m/f*) integrierend | wesentlich | **~rar** (33) *vt* (*e. Ganzes*) ausmachen, bilden | *mat polít* integrieren | *fig* einfügen (*en* in *ac*).

íntegre *adj* vollständig | *fig* integer, rechtschaffen, ehrenhaft, unbescholten.

integri|sme *m bes catol* Integralismus *m* | **~tat** *f* Vollständigkeit *f* | *fig psic* Unversehrtheit *f* | Unbescholtenheit, Integrität *f* | Rechtschaffenheit, Redlichkeit *f*.

integument *m bot* Integument *n*.

intel·l|ecció f Begreifen, Verstehen n | **~ecte** m Intellekt m | **~ectiu** (**-iva** f) adj Verstandes... | potència ~ Verstandeskraft f | **~ectivament** adv verstandesmäßig | **~ectual** adj (m/f) intellektuell | geistig, Geistes... | facultats ~s geistige Fähigkeiten f pl | un treballador ~ e. Geistesarbeiter m ‖ s/m/f Intellektuelle(r m) m/f | **~ectualisme** m Intellektualismus m | **~ectualista** m/f Intellektualist(in f) m | **~ectualitat** f Geistigkeit, Verstandesmäßigkeit, Begrifflichkeit f (e-r Anschauung) | col Intelligenz f | **~ectualment** adv geistig, intellektuell, verstandesmäßig | **~igència** f Intelligenz f | Einsicht f, Verständnis n | ~ artificial (tecn) künstliche Intelligenz f | ~ dels negocis Geschäftssinn m | (Fähigkeit) Intelligenz, Klugheit f, Verstand m | quocient d'~ Intelligenzquotient m | a l'abast de tota ~ allgemeinverständlich | arribar a la ~ d'u/c die Bedeutung (od den Sinn) e-r Sache erfassen | tenir intel·ligèncis amb l'enemic mit dem Feind in Verbindung stehen | viure en una bona ~ amb alg mit j-m in gutem Einvernehmen leben | arribar a una ~ amb alg mit j-m zu e-r Verständigung gelangen | **~igent** adj (m/f) intelligent | (és)ser ~ en física (música) etw von Physik (Musik) verstehen | **~igibilitat** f Verständlichkeit f | filos übersinnliches Wesen n, intelligible Artung f | **~igible** adj (m/f) verständlich | vernehmlich | filos übersinnlich, intelligibel.

intemper|ància f Maßlosigkeit, Unmäßigkeit f | Unbeherrschtheit f | **~ant** adj (m/f), **~at** (**-ada** f) adj maßlos, unmäßig | unbeherrscht.

intempèrie f Unbilden pl der Witterung | a la ~ bei Wind u. Wetter; unter freiem Himmel.

intempesti|u (**-iva** f) adj ungelegen | unpassend | **~vament** adv zur Unzeit, zu unpassender Zeit.

intenci|ó f Absicht f | Vorhaben n, Zweck m | Vorsatz m | amb (sense) ~ (un)absichtlich | de primera ~ aus dem Stegreif | (tenir) segones intencions Hintergedanken m pl (haben) | tenir la ~ de fer u/c beabsichtigen, etw zu tun | tenir males intencions böse Absichten haben od hegen | **~onal** adj (m/f) absichtlich | = **~onat**

~onat (**-ada** f, **-adament** adv) adj beabsichtigt, vorsätzlich | ben ~ guten Willens, ehrlich | mal ~ böswillig, übelgesinnt.

intend|ència f Verwaltung f | mil Intendantur f | **~ent(a** f) m Verwalter(in f) m | Intendant(in f) m | ~ mercantil Betriebsberater m.

intens|(ament adv) adj intensiv | heftig, stark | nachdrücklich | fís mús a. lautstark | **~ificació** f Verstärkung f | Intensivierung f | Steigerung f | **~ificador** adj verstärkend | s/m Verstärker m | **~ificar** (33) vt verstärken | intensivieren | steigern | **~itat** f Intensität, Stärke f | Nachdruck m | Heftigkeit f | ~ de camp (fís) Feldstärke f | ~ del so Lautstärke f | **~iu** (**-iva** f, **-ivament** adv) adj verstärkend | cultiu ~ (agr) intensive Bewirtschaftung f | curs(et) ~ Intensivkurs m | verb ~ (ling) Intensivum n.

intent m Absicht f, Vorhaben n | Versuch m | Vorsatz m | mil: ~ de cop (d'estat) Putschversuch m | **~ar** (33) vt beabsichtigen, versuchen, vorhaben | unternehmen | (Prozeß) anstrengen | ~ (de) fer u/c etw zu tun beabsichtigen od versuchen.

inter|acció f cient med Interaktion, Wechselwirkung f | **~alemany** adj polít inner-, zwischen-deutsch | **~aliat** (**-ada** f) adj interalliiert | verbündet | hist zur Entente gehörig | **~articular** adj (m/f) med zw den Gelenken liegend | **~atòmic** adj interatomar.

intercad|ència f (Puls) Ungleichheit, Unregelmäßigkeit f | **~ent** adj (m/f) (Puls) unregelmäßig.

intercalar[1] (33) vt einschalten | einschieben, einfügen.

intercalar[2] adj (m/f) eingeschaltet, interkalar | eingeschoben | dia ~ Schalttag m.

intercanvi m Austausch m | ~ comercial Handelsaustausch m | ~ d'opinions Meinungsaustausch m | **~able** adj (m/f) auswechselbar, austauschbar | **~ar** (33) vt austauschen | auswechseln.

intercedir (37) vi: ~ a favor d'alg od per alg s. für j-n verwenden; e. gutes Wort für j-n einlegen.

intercel·lular adj (m/f) biol interzellulär, Zwischenzellen...

intercep|ció f Ab-, Auf-fangen n | Abhören n | Unterschlagung f | Unterbre-

intercessió

chung *f* | Unterbindung *f* | **~tar** (33) *vt* unterbrechen, abstoppen, hemmen | (*Briefe*; *Flugzeug*, *Rakete*) abfangen | (*Bewegung*) auffangen | (*Gespräche*, *Nachrichten*) abhören; unterschlagen | (*Verkehr*, *Verbindung*) abschneiden, versperren | **~tiu** (**-iva** *f*) *adj* Ab-, Auffang... | **~tor** *adj* = **~tiu** || *s/m mil* Abfangjäger *m*.

intercess|ió *f* Fürsprache *f* | Vermittlung *f* | **~or** *adj* fürsprechend | vermittelnd || *s/m/f* Fürsprecher(in *f*) *m* | Vermittler(in *f*) *m*.

inter|columni *m arquit* Säulenabstand *m*, Interkolumnium *n* | **~comunicador** *m telecom* Gegensprechanlage *f* | **~comunió** *f ecl* Interkommunion, ökumenische Abendmahlgemeinschaft *f* | **~confessional** *adj* (*m/f*) *ecl* inter-, über-konfessionell | **~continental** *adj* (*m/f*) interkontinental | **~costal** *adj* (*m/f*) *med* Interkostal..., Zwischenrippen... | **~current** *adj* (*m/f*) *med* interkurrent, hinzutretend, dazwischenkommend | **~cutani** (**-ània** *f*) *adj med* Zwischenhaut... | **~dental** *adj* (*m/f*) *anat ling* interdental.

interdepend|ència *f* gegenseitige Abhängigkeit *f* | *econ* Verflechtung *f* | **~ent** *adj* (*m/f*) voneinander abhängig.

interdi|cció *f* Untersagung *f*, Verbot *n* | *dr*: **~** *civil* Strafentmündigung *f* | **~cte** *m dr* Verbot *n* | *dr* Besitznehmungsgericht *n* | *catol* = **entredit** | **~r** (40) *vt a. dr* untersagen, verbieten (*u/c a alg* j-m etw) | *dr* entmündigen *od* unter Vormundschaft stellen | *catol* = **entredir**.

inter|ès *m* (*pl* -**essos**) Anteil(nahme *f*) *m*, Interesse *n*, Beteiligung *f* | (*Nutzen*) Interesse *n*, Belang, Vorteil *m* | *banc* Zins *m* | **~** *compost* Zinseszins *m* | **~** *particular* Eigennutz *m* | **~** *públic* öffentliches Interesse *n* | *amb un viu* **~** mit lebhafter Anteilnahme | *prendre* **~** *en u/c* s. für etw (*ac*) interessiert zeigen | *posar od col·locar* (*diner*) *a* **~** (Geld) auf Zinsen anlegen | *sense* **~** zinslos, unverzinslich || *pl econ banc* Zinsen *m pl* | Interessen *n pl* | *els interessos creats* die Interessen-verknüpfung, -verflechtung *f* | *interessos creditors* Aktiv-, Habenzinsen *pl* | *interessos debitoris* Debet-, Passiv-zinsen *pl* | *interessos hipotecaris* Hypothekenzinsen *m pl* | **~essant** *adj* (*m/f*) interessant, anziehend | fes-

598

interior

selnd | spannend | sehens-, wissenswert | *una dona en estat* **~** e-e Frau in anderen Umständen | *fer-se l'*~ s. interessant machen, s. wichtig tun, s. aufspielen | **~essar** (33) *vt* Anteil nehmen lassen, teilnehmen lassen (*en an dat*) | (*bei j-m*) Teilnahme erwekken | angehen, betreffen | anziehen, reizen | **~** *alg per* (od *en*) *u/c* j-n für etw (zu) gewinnen (suchen) | begeistern, packen, interessieren | *med* angreifen, beeinträchtigen | *la ferida interessa el pulmó* die Wunde reicht bis an die Lunge | **~** *alg en els beneficis* j-n am Gewinn beteiligen || *vi: a ell el futbol no li interessa* ihn interessiert Fußball nicht, er hat k. Interesse an Fußball | **~essar-se** *v/r* s. interessieren (*per* für) Anteilnahme zeigen (*en an*) | interessiert sein (*en an*) | **~essat** (**-ada** *f*, **-adament** *adv*) *adj* interessehalber | interessiert, beteiligt | gewinnsüchtig, profitgierig | *estar interessat en u/c* für etw Interesse zeigen; an etw interessiert sein.

interfect|e (**-a** *f*) *m dr* Ermordete(r *m*) *m/f*, Opfer *n* | **~or(a** *f*) *m dr* Mörder(in *f*) *m*.

interfer|ència *f elect ling* Interferenz, Überlagerung *f* | *telecom a.* Störung *f* | Einmischung *f*, Dazwischentreten *n* | **~ent** *adj* (*m/f*) interferierend, überlagernd, störend | **~ir** (37) *vi* interferieren, s. überlagern, s. überschneiden.

interfoliar (33) *vt* (*Buch*) mit Papier durchschießen.

intèrfon *m elect* (interne) Sprechanlage *f*.

inter|í (-**ina** *f*) *adj* einstweilig, zeitweilig, zwischenzeitlich | Übergangs..., lit Interims... | *crèdit* **~** Zwischenkredit *m* || *s/m/f* (*Person*) Vertretung *f* | **~inament** *adv* inzwischen | vertretungsweise | **~initat** *f* Zwischenzeit, Übergangszeit *f* | einstweilige Vertretung *f* | *lit* Interim *n*.

interior *adj* (*m/f*) innere(r, -s) | innerlich | inländisch | Innen... | Binnen... | *habitació* **~** Innen-, Hof-zimmer *n* | *política* **~** Innenpolitik *f* | *roba* **~** Unterwäsche *f* | *s/m* Innere(s) *n* | (*Gegenstand*) *a.* Innenseite *f* | *arquit art* Interieur *n* | Inland *n* | *esport* Innenstürmer *m* | *cin fotog* Innenaufnahme *f* | *l'~ de la casa* das Innere des Hauses | *l'~ del cotxe és gris* das Auto ist (von) innen grau | **~isme** *m* Innenarchitektur *f* | **~ista** *m/f* Innenarchi-

interjacent

tekt(in *f*) *m* | **~itat** *f* Innenleben *n* | Verinnerlichung *f* || *pl* private (*od* interne) Angelegenheiten *f pl* | *fig lit* Familiengeheimnisse *n pl* | Intimitäten *f pl* | **~ment** *adv* innen | innerlich.
interjacent *adj* (*m/f*) dazwischenliegend.
interjec|ció *f ling* Ausruf *m*, Interjektion *f*, Empfindungswort *n* | **~tiu** (**-iva** *f*, **-ivament** *adv*) *adj* interjektionell | Interjektions...
inter|lineació *f gràf* Durchschießen *n* | Durchschuß *m* | **~lineal** *adj* (*m/f*) zwischenzeilig | Interlinear... | *traducció* ~ Interlinearübersetzung *f* | **~linear** (33) *vt gràf* durchschießen | **~línia** *f gràf* Durchschuß *m*.
interlocu|ció *f* Gespräch *n*, Dialog *m* | **~tor**(**a** *f*) *m* Gesprächs-, Verhandlungs-partner(in *f*) *m* | **~tori** (**-òria** *f*) *adj dr: sentència interlocutòria* Zwischenurteil *n*.
inter|ludi *m mús teat* kurzes Zwischenspiel *n* | **~luni** *m astr* Interlunium *n*, Neumond *m*.
intermedi (**-èdia** *f*) *adj* dazwischenliegend | Zwischen... | *s/m* Zwischenzeit *f* | *teat mús* Zwischenspiel *n*, Einlage *f* | **~ari** (**-ària** *f*) *adj* Zwischen... | Mittel... || *s/mf* Zwischenhändler(in *f*) *m* | Vermittler(in *f*) *m*.
interminable(**ment** *adv*) *adj* (*m/f*) endlos.
intermi|ssió *f* Unterbrechung *f*, Aussetzen *n* | **~tència** *f med* zeitweiliges Aussetzen *n* | (kurze) Unterbrechung *f* | **~tent** *adj* (*m/f*) zeitweilig aussetzend | *med* intermittierend | *febre* ~ Wechselfieber *n* || *s/m* Blinklicht *n*; *aut* Blinker *m* | **~tentment** *adv* ab u. zu.
intern *adj* innere(r, -s) | innerlich | intern || *s/mf* Internatsschüler(in *f*) *m*, Interne(r *m*) *m/f* | *med* (Krankenhaus) Assistenz-arzt *m*, -ärztin *f* | (*Gefängnis*) Insasse *m* | **~ació** *f* Einweisung *f* | *med mil* Internierung *f*.
internacional *adj* (*m/f*) international | zwischenstaatlich || *s/f mús polít: la* ∡ die Internationale | **~isme** *m* Internationalismus *m* | **~ista** *adj* (*m/f*) internationalistisch | *s/m/f* Internationalist(in *f*) *m* | **~itat** *f* Internationalität, Überstaatlichkeit *f* | **~ització** *f* Internationalisierung *f* | **~itzar** (33) *vt* internationalisieren.
intern|ament *m* Einweisung *f* | *med mil* Internierung *f* | **~ar** (33) *vt* (*in e-e Anstalt, e. Heim*) einweisen | *med mil* internieren | **~ar-se** *v/r* eindringen (*en*

interpretable

in *ac*) | *fig s*. vertiefen (*en* in *ac*) | **~at** *m* Internat *n* | **~ista** *m/f med* Internist(in *f*) *m*.
internunci *m dipl* Internuntius *m* | **~atura** *f* Internuntiatur *f*.
inter|oceànic *adj* interozeanisch | **~ocular** *adj* (*m/f*) zw den Augen liegend | **~parlamentari** (**-ària** *f*) *adj* interparlamentarisch.
interpel·la|ció *f* Aufforderung *f* | *dr* (*Prozeß*) Vorhalt *m* | (*Schuldrecht*) Mahnung *f* | *polít* gr(e) Anfrage, Interpellation *f* | **~nt** *m/f* Fragesteller(in *f*) *m*, Anfragende(r *m*) *m/f*, Interpellant(in *f*) *m* | **~r** (33) *vt* auffordern | *dr* (*Zeugen*) ausfragen; (*j-m*) e-n Vorhalt machen | um Beistand ersuchen | *polít* interpellieren; befragen.
interpenetra|ció *f* gegenseitige Durchdringung *f* | *p ext* Verflechtung *f* | **~r-se** (33) *v/r s*. gegenseitig durchdringen | *s*. verflechten.
interplanetari (**-ària** *f*) *adj* interplanetarisch | Weltraum...
Interpol *f* Interpol *f*.
interpola|ció *f* Interpolation *f* | *lit a*. Einschiebsel *n* | **~r** (33) *vt* interpolieren | *p ext* ein-schalten, -fügen | *lit a*. einschieben.
interpos|ar (33) *vt* einschieben | dazwischen-legen, -stellen, -setzen | *fig* einsetzen, geltend machen | *dr* (*Antrag*) stellen | ~ *recurs* e. Rechtsmittel einlegen | **~ició** *f* Einschiebung *f* | Dazwischentreten *n* | Eingreifen *n*.
intèrpret *m/f* Ausleger(in *f*), Deuter(in *f*) *m* | *a. mús* Interpret *m* | *cin teat* Darsteller(in *f*) *m* | *ling* Dolmetscher(in *f*) *m* | ~ *de conferències* Konferenzdolmetscher | ~ *consecutiu* (*simultani*) Konsekutiv-(Simultan-)dolmetscher *m*.
interpreta|ble *adj* (*m/f*) auslegbar, deutbar | *mús teat* spielbar | darstellbar | **~ció** *f a. mús* Interpretation *f* | *teat cin* Spiel *n* | *mús* Wiedergabe *f* | *a. dr* Auslegung, Deutung *f* | *ling* Dolmetschen *n*, Verdolmetschung *f*. | ~ *simultània* Simultandolmetschen *n* | **~dor** *adj* auslegend || *s/mf* Ausleger(in *f*) *m* | Deuter(in *f*) *m* | **~r** (33) *vt* auslegen, deuten | *a. mús* interpretieren | *teat cin* darstellen; *a. mús* spielen | *ling* (ver)dolmetschen | ~ *malament* falsch verstehen, miß-deuten, -verstehen; übelnehmen | **~tiu** (**-iva** *f*, **-ivament** *adv*) *adj* auslegend | inter-

interregne

pretativ, Interpretations... | Deutungs...
interregne *m* Interregnum *n*.
interroga|ció *f* Frage *f* | *signe* od *senyal d'~* Fragezeichen *n* | **~dor** *adj* fragend | prüfend | *dr* verhörend || *s/mf* (Aus)Fragende(r *m*) *m/f*, Verhörende(r *m*) *m/f* | **~nt** *adj* (*m/f*) fragend || *s/m* Frage *f* | *fig* Rätsel *n* | unbekannte Größe *f* | *ling* Fragezeichen *n* | *l'~ inicial (final)* das Fragezeichen am Anfang (am Ende) des Satzes | **~r** (33) *vt* aus-, be-fragen | *dr* verhören | (*Zeugen*) vernehmen | **~tiu (-iva** *f*) *adj mst ling* fragend | Frage... | *adverbi (pronom)* ~ Interrogativ-adverb (-pronomen) *n* | *oració* (od *proposició*) *interrogativa* Frage-, Interrogativ-satz *m* | **~tori** *m dr* Verhör *n* | (*Zeugen*) Vernehmung, *südd a*. Einvernahme *f* | ~ *contradictori* Kreuzverhör *n*.
interr|ompre (34) *vt* unterbrechen | abbrechen | *elect* ausschalten | **~omput (-uda** *f*) *adj* unterbrochen | **~upció** *f* Unterbrechung *f* | Störung *f* | **~uptor** *adj* unterbrechend || *s/m* Unterbrecher *m* | *elect* (Ein-, Aus-)Schalter *m* | ~ *automàtic* Selbstschalter *m* | ~ *d'oli (de grups)* Öl-(Serien-)schalter *m*.
intersec|ar-se (33) *v/r geom* s. schneiden | **~ció** *f geom* Schnitt *m* | Schnitt-linie *f bzw* -punkt *m*.
intersex|e *m/f biol* Intersex *m* | **~ualitat** *f* Intersexualität *f*.
inter|statal *adj* (*m/f*) zwischenstaatlich | **~stel·lar** *adj* (*m/f*) *astr* interstellar.
interstici *m* Zwischenraum *m* | Spalte *f* | Lücke *f* | *biol* Interstitium *n* | **~al** *adj* (*m/f*) interstitiell.
inter|tropical *adj* (*m/f*) zw den Wendekreisen (gelegen) | **~urbà (-ana** *f*) *adj* städteverbindend | *conferència interurbana* (Inlands)Ferngespräch *n* | **~usuri** *m econ* Interusurium *n*.
interval *m* Zwischenzeit *f* | Zwischenraum, Abstand *m* | *mús u. fig* Intervall *n* | *a ~s* in Abständen, von Zeit zu Zeit | *en l'~ de* im Zeitraum von.
interven|ció *f* Dazwischentreten, Eingreifen *n* | Eintreten *n (für j-n)* | Vermittlung *f* | *desp* Einmischung *f* | *polit dr* Intervention *f* | *med econ* Eingriff *m* | *adm econ (Waren)* Bewirtschaftung *f* | *(bei Gütern) a*. Beschlagnahme *f* | **~cionisme** *m adm polit* Interventionismus *m* | **~cionista** *m/f polit mil* In-

intoxicació

terventionist(in *f*) *m*, Befürworter(in *f*) der Einmischungspolitik | **~ir** (40) *vi* dazwischentreten | eingreifen, intervenieren (*en* in *ac*); einschreiten (in *ac*) | vermitteln (*en* in, *bei dat*) || *vt dr econ (Rechnung)* prüfen | (*Güter, Waren*) beschlagnahmen; bewirtschaften | (*Verwaltung*) nachprüfen | *a. dr med* operieren | **~tor** *adj* eingreifend | intervenierend || *s/mf* Aufsichtsbeamte(r) *m*, -beamtin *f*; Inspektor(in *f*), Prüfer(in *f*) *m* | *econ dr* Intervenient *m*.
interver|sió *f* Umkehrung *f* | **~tir** (37) *vt* umkehren.
interviu *m* = **entrevista** | **~ar** (33) *vt* = **entrevistar**.
intestat (-ada *f*) *adj dr: morir ~* sterben, ohne e. Testament zu hinterlassen.
intest|í (-ina *f*) *adj* innerlich | *lluita* od *guerra intestina* Bruderkrieg *m* || *s/m* Darm *m* | ~ *prim* Dünndarm *m* | ~ *gros* Dickdarm *m* || *pl* Eingeweide *n pl* | **~inal** *adj* (*m/f*) Darm..., Eingeweide... | *malaltia ~* Darmkrankheit *f* | *cuc ~* Darmwurm *m*.
íntim *adj* innerste(r, -s) | intim | eng, innig | *fig* vertraut, gemütlich | *amistat ~a* intime Freundschaft *f* | *relacions ~es* innige (*a. sexuell* intime) Beziehungen *f pl* || *s/f anat* Intima *f*.
intim|ació *f* Ankündigung *f* | Mahnung *f* | *dr* Vorladung *f* | **~ar** (33) *vt* ankündigen | auffordern, mahnen | ~ *la guerra* den Krieg erklären || *vi: ~ amb alg* (enge) Freundschaft mit j-m schließen.
intimida|ble *adj* (*m/f*) einzuschüchtern(d) | **~ció** *f* Einschüchterung *f* | **~r** (33) *vt* einschüchtern.
intimitat *f* Innigkeit *f* | enge Freundschaft *f* | Intimität *f* | Vertraulichkeit *f* | Gemütlichkeit *f*.
intitula|ció *f* Betiteln *n* | Betitelung *f*, Titel *m* | **~r** (33) *vt* betiteln.
into|cable *adj* (*m/f*) unberührbar | *fig* unantastbar || *s/m/f* Unberührbare(r *m*) *m/f*, Paria *m*.
intoler|abilitat *f* Unerträglichkeit, Unduldbarkeit *f* | **~able** *adj* (*m/f*) unerträglich, unduldbar | **~ància** *f* Intoleranz, Unduldsamkeit *f* | **~ant** *adj* (*m/f*), intolerant, unduldsam.
intons *adj* ungeschoren | (*Buch*) unbeschnitten.
intoxica|ció *f* Vergiftung *f* | **~nt** *adj* (*m/f*) vergiftend | **~r** (33) *vt* vergif-

ten | **~t** (**-ada** *f*) *adj* vergiftet.
intra|abdominal *adj* (*m/f*) intraabdominal | **~cel·lular** *adj* (*m/f*) intrazellular, intrazellulär.
intractable *adj* (*m/f*) unzugänglich | abweisend | unnachgiebig.
intradèrmic *adj med* intrakutan.
intradós *m* (*pl* -*ossos*) *arquit* Laibung *f*.
intraduïble *adj* (*m/f*) unübersetzbar.
intra|molecular *adj* (*m/f*) *quím* intramolekular | **~muscular** *adj* (*m/f*) *med* intramuskulär.
intranquil (**-il·la** *f*, **-il·lament** *adv*) *adj* unruhig, ruhelos | aufgeregt | (*Natur*) bewegt, erregt | *p ext* ängstlich | **~·litat** *f* Unruhe *f* | **~·litzar** (33) *vt* beunruhigen.
in|transcendent *adj* (*m/f*) unwesentlich | unwichtig | **~transferible** *adj* (*m/f*) *econ dr* unübertragbar, nicht übertragbar | **~transformable** *adj* (*m/f*) nicht umwandelbar | **~transfusible** *adj* (*m/f*) nicht umgießbar | (*Blut*) nicht übertragbar.
intransig|ència *f* Unnachgiebigkeit *f* | Unbeugsamkeit, Unversöhnlichkeit, *lit* Intransigenz *f* | *p ext* Unduldsamkeit *f* | **~ent** *adj* (*m/f*) unnachgiebig | unbeugsam, unversöhnlich, *lit* intransigent | *p ext* unduldsam.
intrans|itable *adj* (*m/f*) unwegsam | *aut* nicht befahrbar | **~itiu** (**-iva** *f*) *adj ling* intransitiv | **~missible** *adj* (*m/f*) unübertragbar | **~mutable** *adj* (*m/f*) nicht verwandelbar | **~parent** *adj* (*m/f*) undurchsichtig | **~portable** *adj* (*m/f*) nicht transportfähig.
intravenós (**-osa** *f*) *adj med* intravenös.
intr|èpid(ament *adv*) *adj* unerschrocken, verwegen | **~epidesa**, **~epiditat** *f* Unerschrockenheit *f* | Verwegenheit *f*.
intrica|r (33) *vt* verwirren | verwickeln | **~t** (**-ada** *f*) *adj* verworren | verwickelt.
intriga *f* Intrige *f* | Verwicklung *f* | **~amorosa** Liebschaft *f* || *pl* Machenschaften *f pl*, Umtriebe *m pl*; Intrigen *f pl*, Ränke *m pl* | **~nt** *adj* (*m/f*) ränkevoll | intrigierend | *s/m/f* Intrigant(in *f*) *m* | Ränkeschmied *m* | **~r** (33) *vi* intrigieren, Ränke schmieden | *vt* beunruhigen | neugierig machen | *aquest afer m'intriga molt* diese Sache läßt mir k-e Ruhe *od* beschäftig mich.
intrínsec(ament *adv*) *adj* innere(r, -s), innerlich, *lit* intrinsisch | eigentlich | wesentlich | *valor* ~ Eigenwert; innerer Wert *m*.

introbable *adj* (*m/f*) unauffindbar.
introdu|cció *f* Einführung, Einleitung *f* | Vorwort *n* | *mús* Vorspiel *n* | *dr* (*Klage*) Erhebung *f* | **~ctiu** (**-iva** *f*) *adj* = **~ctori** | **~ctor** *adj* einführend || *s/mf* Einführer(in *f*) *m* | **~ctori** (**-òria** *f*) *adj* einleitend | Einleitungs... | einführend | Einführungs... | **~ir** (37) *vt* ein-, hinein-führen | *tecn* hineinstecken, -schieben | (ein)schlagen | **~ir-se** *v/r* eindringen | *fig* s. eindrängen.
introit *m bes ecl* Introitus *m* | *p ext fig* Anfang *m* | Vorspiel *n*.
intromissió *f* Einmischung *f*.
introspec|ció *f psic* Selbstbeobachtung, Introspektion *f* | **~tiu** (**-iva** *f*) *adj* introspektiv.
introver|sió *f* Introvertiertheit, *psic* Introversion *f* | **~tit** (**-ida** *f*) *adj* introvertiert, nach innen gekehrt || *s/mf* introvertierte(r) Mensch *m*, Introvertierte(r *m*) *m/f*.
intr|ús (**-usa** *f*) *adj* eingedrungen || *s/mf* Eindringling *m*; ungebetener Gast, Störenfried *m* | **~usió** *f* (unberechtigtes) Eindringen *n* | *min* Intrusion *f* | **~usisme** *m med* Kurpfuscherei *f*.
intubació *f med* Intubation *f*.
intu|ició *f* Intuition *f* | Eingebung *f* | (Vor)Ahnung *f* | Einfühlungsvermögen *n* | **~ir** (37) *vt* intuitiv erkennen | erahnen | **~ïtiu** (**-iva** *f*, **-ivament** *adv*) *adj* intuitiv | instinktiv.
intumesc|ència *f anat* Anschwellen *n*, (An)Schwellung *f* | **~ent** *adj* (*m/f*) anschwellend.
intussuscepció *f biol med* Intussuszeption *f*.
ínula *f bot* Alant *m*.
inulina *f* Inulin *n*.
inunda|ble *adj* (*m/f*) überflutbar | **~ció** *f* Überschwemmung *f* | Überflutung *f* | Hochwasser *n* | **~r** (33) *vt a. fig* überschwemmen; überfluten (*de*, *amb* mit).
inurbà (**-ana** *f*, **-anament** *adv*) *adj* unhöflich | ungeschliffen.
inus|able *adj* (*m/f*) unbrauchbar | **~itat** (**-ada** *f*, **-adament** *adv*) *adj* ungebräuchlich, ungewöhnlich.
in|útil *adj* (*m/f*) unnütz | unbrauchbar | *a. mil* untauglich | vergeblich | wertlos | zwecklos | *un home* ~ e. Taugenichts *m* | **~utilitat** *f* Nutz-, Zwecklosigkeit *f* | Unbrauchbarkeit, Untauglichkeit *f* | **~utilització** *f* Unbrauch-

barmachen, Wertlosmachen *n* | **~utilitzar** (33) *vt* unbrauchbar (*bzw* wertlos) machen | (*Wertzeichen*) entwerten | *fig mil* außer Gefecht setzen | **~útilment** *adv* vergebens, umsonst | *s: inútil.*

invaginació *f biol med* Einstülpung, Invagination *f.*

inv|àlid *adj* invalid(e), arbeits-, dienstunfähig | *adm dr* ungültig || *s/m* Invalide *m* | ~ **de guerra** Kriegs-beschädigte(r), -versehrte(r) *m* | **~alidació** *f* Ungültigmachen *n*, Ungültigmachung *f* | **~alidar** (33) *vt dr* ungültig machen | arbeitsunfähig machen | für ungültig erklären | **~alidesa, ~aliditat** *f mst dr* Ungültigkeit *f* | Invalidität, Arbeitsunfähigkeit *f.*

invar *m* (*Legierung*) Invar *n.*

invari|abilitat *f* Unveränderlichkeit *f* | **~able(ment** *adv*) *adj* (*m/f*) unveränderlich | invariabel | **~ància** *f mat* Invarianz *f* | **~ant** *adj* (*m/f*) beständig, standhaft | *lit* invariant || *s/f mat* Invariante *f* | **~at** (**-ada** *f*, **-adament** *adv*) *adj* unverändert | ungeändert.

invas|ió *f* Invasion *f* | *mil a.* Einfall, Einmarsch *m* | *a. fig med* Eindringen *n* | **~iu** (**-iva** *f*) *adj* Invasions... | invasiv | **~or** *adj* eindringend || *s/m* Invasor, eindringender Feind *m* | *fig* Eindringling *m.*

invectiva *f lit* Invektive, Schimpf-rede *bzw* -schrift *f* | **~r** (33) *vi* schimpfen, ausfallend werden (*contra* gegen) || *vt* (*j-n*) beschimpfen.

invencib|ilitat *f* Unbesiegbarkeit *f* | **~le(ment** *adv*) *adj* (*m/f*) unbesiegbar | unüberwindlich.

invenció *f* Erfindung *f* | *fig a.* Erdichtung *f.*

in|vençut (**-uda** *f*) *adj* unbesiegt | nicht überwunden | **~vendible** *adj* (*m/f*) unverkäuflich.

invent *m* Erfindung *m* | *fig* Erdichtung *f* | **~ar** (33) *vt* erfinden | *fig a.* erdichten, ersinnen | **~ar-se** *v/r* s. (*dat*) ausdenken; *bes fig* erfinden | **~ari** *m* Bestandsaufnahme, Inventur *f* | Inventar *n* | Nachlaßverzeichnis *n* | **~ariar** (33) *vt* ins (*bzw* im) Inventar aufnehmen | **~iu** (**-iva** *f*) *adj* erfinderisch || *s/f* Erfindungsgabe *f* | **~or** *adj* erfindend, Erfindungs... || *s/mf* Erfinder(in *f*) *m.*

invers *adj* entgegengesetzt | umgekehrt | **a la ~a** (**de**) im Gegensatz (zu) | **en raó ~a** (**mat**) im umgekehrten Verhältnis.

inversemblan|ça *f* Unwahrscheinlichkeit, Unglaubhaftigkeit *f* | **~t** *adj* (*m/f*) unwahrscheinlich, unglaubhaft.

invers|ió *f* Umkehrung *f* | Umstellung *f* | *quím ling med mús* Inversion *f* | (*Geld*) Anlage, Investition *f* | *elect* Stromwendung *f* | Umschaltung *f* | **~or** *adj* umkehrend | umschaltend | umstellend | *s/m elect* Umschalter *m* | Stromwender *m* | *econ* Investor, Kapitalanleger *m* | ~ **de fase** (*elect*) Phasenschieber *m.*

invertasa *f quím* Invertase *f.*

invertebrat (**-ada** *f*) *adj* wirbellos | *animals* **~s** Invertebraten *m pl*, wirbellose Tiere *n pl.*

inverti|ble *adj* (*m/f*) umkehrbar | drehbar | umklappbar, umkippbar | **~na** *f* Invertin *n*, Invertase *f* | **~r** (37) *vt* umkehren, umdrehen, umwenden | (*Geld*) anlegen, investieren | (*Zeit*) aufwenden, brauchen | **~t** (**-ida** *f*) *adj* entgegengesetzt, umgekehrt | *med fam* invertiert, homosexuell || *s/mf* Invertierte(r), Homosexuelle(r) *m/f.*

investidura *f* Belehnung *f* | *ecl polít* Investitur *f* | **lluita de les investidures** (*hist*) Investiturstreit *m.*

investiga|ble *adj* (*m/f*) erforschbar | untersuchbar | **~ció** *f* (Er)Forschung *f* | Untersuchung *f* | *dr* Ermittlung *f* | ~ **nuclear** *od* **atòmica** Atomforschung *f* | ~ **minera** Schürfen *n* | **~dor** *adj* forschend | Forschungs... || *s/mf* Forscher(in *f*) *m* | **~r** (33) *vt* erforschen | untersuchen.

investir (37) *vt hist* belehnen | *polít:* ~ **alg d'una dignitat** j-m e-e Würde verleihen.

invetera|r-se (33) *v/r* s. einwurzeln, zur festen Gewohnheit werden | s. festsetzen (*Leiden*) | **~t** (**-ada** *f*) *adj* eingefleischt, (alt)eingewurzelt.

invict|ament *adv*, **~e** *adj* unbesiegt, ungeschlagen.

inviola|bilitat *f* Unantastbarkeit, Unverletzlichkeit *f* | **~ble** *adj* (*m/f*) unantastbar, unverletzlich | unverletzbar | **~t** (**-ada** *f*) *adj* unversehrt | unberührt.

invisib|ilitat *f* Unsichtbarkeit *f* | **~le(ment** *adv*) *adj* (*m/f*) unsichtbar.

invita|ció *f* Einladung *f* | Aufforderung *f* | *fig* Veranlassung *f* | **~dor**(**a** *f*) *m* Gastgeber(in *f*) *m* | **~r** (33) *vt* einladen | auffordern (*a* zu) | **~t** (**-ada** *f*)

invocació *adj* eingeladen ‖ *s/mf* Gast *m* | **~tori** *m ecl* Invitatorium *n*.

invoca|ció *f* Anrufung *f* | **~dor** *adj* anrufend ‖ *s/mf* Anrufende(r *m*) *m/f* | **~r** (33) *vt* anrufen | *fig dr s.* berufen auf (*ac*), (*etw*) geltend machen, vorbringen | **~tiu** (**-iva** *f*), **~tori** (**-òria** *f*) *adj* Anrufungs... | anrufend.

involuc|ió *f* Rückentwicklung *f* | Rückbildung *f* | *lit med sociol* Involution *f* | **~ral** *adj* (*m/f*) Hüllen... | **~rar** (33) *vt* einflechten, einfügen | vermengen | **~re** *m bot* Hülle *f* | Dolde *f*.

involun|tari (**-ària** *f*, **-àriament** *adv*) *adj* unfreiwillig | ungewollt, unabsichtlich | unwillkürlich.

involut (**-uda** *f*) *adj bot* eingerollt | *s/f geom* Evolvente *f* | **~iu** (**-iva** *f*) *adj biol* Rückbildungs...

invulnera|bilitat *f* Unverwundbarkeit *f* | **~ble** *adj* (*m/f*) unverwundbar | unverletzbar | **~t** (**-ada** *f*) *adj* unverwundet | unverletzt.

inxa *f* Holzsplitter *m* | Knochensplitter *m* | *mús* Zunge *f*.

ió *m quím fís* Ion *n*.

iod|ar (33) *vt* jodieren | **~at** (**-ada** *f*) *adj* jodhaltig | Jod... ‖ *s/m quím* Jodat *n* | **~e** *m* Jod *n* | *tintura de ~* Jodtinktur *f*.

iòdel *m* Jodeln *n* | Jodler, *reg* Jodel *m*.

iodhídric *adj* jodhydrisch.

iòdic *adj quím* Jod..., *bes* Jod-V-...

iod|isme *m med* Jodvergiftung *f* | **~oform** *m* Jodoform *n* | **~ometria** *f* Jodometrie *f* | **~ós** (**-osa** *f*) *adj quím* Jod..., *bes* Jod-III-... | **~oteràpia** *f* Jodtherapie *f* | **~ur** *m quím* Jodid *n* | **~urar** (33) *vt* mit Jodid tränken.

iog|a *m* Joga *m* | **~ui** *m* Jogi *m*.

iogurt *m* Joghurt *m/n*.

io-io *m* Jo-Jo *n*.

iol *m nàut* Jolle *f*.

iònic *adj* Ionen...

ion|itzable *adj* (*m/f*) ionisierbar | **~ització** *f* Ionisierung, Ionisation *f* | **~itzar(-se)** (33) *vt(/r)* ionisieren | **~osfera** *f* Ionosphäre *f*.

iot *m nàut* Jacht, Yacht *f* | *~ de motor* (*de vela*) Motor-(Segel-)jacht, -yacht *f*.

iot|a *f* Jota *n* | *fig* Quentchen | **~acisme** *m* = **itacisme** | **~itzar** (33) *vt* wie i aussprechen.

ipecacuana *f bot* Brechwurz *f*.

ira *f* Zorn *m* | Wut *f* | *~ de Déu!* Himmeldonnerwetter! | **~cund** *adj* jähzornig, leicht (sehr) zornig | **~cúndia** *f* Jähzorn *m* | **~dament** *adv s: irat*.

Iran *m*: *l'~* der Iran | **~ià** (**-ana** *f*) *adj* iranisch ‖ *s/mf* Iraner(in *f*) *m* ‖ *s/m ling* Iranisch *n* | *l'~* das Iranische.

Ira|q *m*: *l'~* der Irak | **~quià** (**-ana** *f*) *adj* irakisch ‖ *s/mf* Iraker(in *f*) *m*.

irascib|ilitat *f* Jähzorn *m* | **~le** *adj* (*m/f*) jähzornig | *ecl* zornmütig.

irat (**-ada** *f*, **-adament** *adv*) *adj* zornentbrannt | zornig.

iridàcies *f pl bot* Schwertliliengewächse *n pl*.

iridesc|ència *f* Irisfarbe *f* | Irisieren *n* | **~ent** *adj* (*m/f*) regenbogenfarbig | irisierend.

ir|idi *m* Iridium *n* | **~idià** (**-ana** *f*) *adj* Regenbogenhaut... | **~ídic** *adj quím* Iridium..., *bes* Iridium-IV-... | **~idioplatí** *m* Platin-Iridium *m* | **~idiós** *adj quím* Iridium..., *bes* Iridium-III-...

iri|s *m anat* Iris, Regenbogenhaut *f* | *meteor* Regenbogen *m* | *bot* Iris *f* | *diafragma ~* Irisblende *f* | **~sació** *f* Irisieren *n* | Schillern *n* | **~sar** (33) *vt* schillern lassen | **~tis** *f med* Regenbogenhautentzündung, Iritis *f*.

Irland|a *f* Irland *n* | *~ del Nord* Nordirland *n* | *la República d'~* die Republik Irland | **~ès** (**-esa** *f*) *adj* irisch | *hist: escriptura ~* irische (insulare) Schrift *f* ‖ *s/mf* Ire *m*, Irin *f*, Irländer(in *f*) *m* ‖ *s/m ling* Irisch *n* | *l'~* das Irische.

ir|onia *f* Ironie *f* | Spott *m* | *fig: ~ de la sort* Ironie *f* des Schicksals | **~ònic(ament** *adv*) *adj* ironisch | spöttisch | **~onisme** *m* Ironismus *m* | **~onista** *m/f* Ironiker(in *f*), ironischer Mensch *m* | **~onitzar** (33) *vi* ironisch werden *od* sprechen ‖ *vt* ironisieren.

iroquès (**-esa** *f*) *adj* irokesisch ‖ *s/mf* Irokese *m*, -sin *f*.

irós (**-osa** *f*) *adj* = **irat**.

irracional(ment *adv*) *adj* (*m/f*) *a. mat* irrational | unerfaßbar | vernunftwidrig | *p ext* unvernünftig | **~itat** *f* Vernunftwidrigkeit *f* | *mat cient* Irrationalität *f* | **~isme** *m* Irrationalismus *m*.

irradia|ció *f* Ausstrahlung *f* | Bestrahlung *f* | *cient* Irradiation *f* | **~nt** *adj* (*m/f*) strahlenförmig | (aus)strahlend | **~r** (33) *vt* ausstrahlen | bestrahlen.

irreal *adj* (*m/f*) irreal | unwirklich | **~itat** *f* Irrealität *f* | Unwirklichkeit, Nichtwirklichkeit *f* | **~itzable** *adj* (*m/f*) unausführbar, nicht zu verwirklichen(d).

irre|batible *adj* (*m/f*) unwiderleglich, unwiderlegbar | **~cobrable** *adj* (*m/f*) nicht wiederzubekommen | nicht beitreibbar | **~conciliable** *adj* (*m/f*) unversöhnlich | **~cuperable** *adj* (*m/f*) = **~cobrable** | unwiederbringlich | **~cusable** *adj* unabweislich | einwandfrei.

irredempt *adj polít* unbefreit | **~isme** *m polít* Irredentismus *m* | **~ista** *m/f* Irredentist(in *f*) *m*.

irredimible *adj* (*m/f*) *ecl* unerlösbar | *fig econ* nicht rückkaufbar.

irreductib|ilitat *f fig* Unbeugsamkeit *f* | Unreduzierbarkeit *f* | **~le** *adj* (*m/f*) nicht zu verringern | *a. quím mat* unreduzierbar | *med* nicht reponierbar *od* wiedereinrenkbar | *fig* (*Mensch*) unbeugsam, unerbittlich.

irre|elegible *adj* (*m/f*) *polít* nicht wiederwählbar | **~emplaçable** *adj* (*m/f*) unersetzbar, unersetzlich.

irreflexi|ó *f* Unüberlegtheit, Unbesonnenheit *f* | **~u** (**-iva** *f*, **-ivament** *adv*) *adj* unüberlegt, unbesonnen | unbedacht.

irre|formable *adj* (*m/f*) unverbesserlich | nicht reformierbar | **~fragable** *adj* (*m/f*) = **irrefutable** | **~frenable** *adj* (*m/f*) zügellos | nicht zu zügeln(d).

irrefuta|bilitat *f* Unwiderlegbarkeit *f* | **~ble** *adj* (*m/f*) unwiderlegbar, unwiderleglich | **~t** (**-ada** *f*) *adj* unwiderlegt.

irregular *adj* (*m/f*) *a. ling* unregelmäßig | ungleich(mäßig), irregulär | regelwidrig, unerlaubt | ungeregelt | *p ext* absonderlich | *mil: tropes* **~s** irreguläre Truppen *f pl* | **~itat** *f* Unregelmäßigkeit *f* | Ungleichmäßigkeit *f* | Regelwidrigkeit *f* | *dr* Ordnungswidrigkeit *f* | *p ext* Verfehlung *f*.

irreivindicable *adj* (*m/f*) *polít dr* nicht (zurück)forderbar.

irreligi|ó *f* Gottlosigkeit *f* | Unglaube *m* | **~ós** (**-osa**, *f*, **-osament** *adv*) *adj* irreligiös | ungläubig | religionswidrig | gottlos | **~ositat** *f* unreligiöse Einstellung *f*.

irrellev|ància *f* Unerheblichkeit, Belanglosigkeit, *lit* Irrelevanz *f* | **~ant** *adj* (*m/f*) unerheblich, belanglos, irrelevant.

irre|meiable(**ment** *adv*) *adj* (*m/f*) unheilbar | *fig* nicht wiedergutzumachen(d) | unabänderlich | (*Verlust*) unersetzlich | **~missible**(**ment** *adv*) *adj* (*m/f*) unverzeihlich | unumgänglich.

irremunera|ble *adj* (*m/f*) unbezahlbar | nicht zu belohnen(d) | **~t** (**-ada** *f*) *adj* unbezahlt | nicht belohnt *od* vergütet.

irre|nunciable *adj* (*m/f*) unverzichtbar | **~parable**(**ment** *adv*) *adj* (*m/f*) nicht wiedergutzumachen(d) | unersetzlich | **~prensible**(**ment** *adv*) *adj* (*m/f*) untadelig, untadelhaft | **~presentable** *adj* (*m/f*) unvorstellbar | *teat* nicht aufführbar | **~protxable**(**ment** *adv*) *adj* (*m/f*) tadellos | einwandfrei | **~sistible**(**ment** *adv*) *adj* (*m/f*) unwiderstehlich.

irresol|t *adj* ungelöst | **~ubilitat** *f* Unauflöslichkeit *f* | Unlösbarkeit *f* | **~uble** *adj* (*m/f*) unauflöslich | unlösbar | **~ució** *f* Unentschlossenheit *f* | **~ut** (**-uda** *f*) *adj* unentschlossen.

irre|spectuós (**-osa** *f*, **-osament** *adv*) *adj* unehrerbietig | acht-, respektlos | **~spirable** *adj* (*m/f*) nicht atembar | erstickend | stickig.

irresponsab|ilitat *f* Unverantwortlichkeit *f* | Unzurechnungsfähigkeit *f* | **~le** *adj* (*m/f*) unverantwortlich | unzurechnungsfähig | verantwortungslos.

irre|stringible *adj* (*m/f*) nicht einschränkbar | **~tractable** *adj* (*m/f*) unwiderruflich | **~tràctil** *adj* (*m/f*) *zool tecn* nicht einziehbar | **~troactivitat** *f dr* Nichtrückwirkung *f*.

irrever|ència *f* Unehrerbietigkeit *f* | **~ent**(**ment** *adv*) *adj* (*m/f*) unehrerbietig, respektlos.

irreversible(**ment** *adv*) *adj* (*m/f*) irreversibel | nicht umkehrbar, nicht rückgängig zu machen(d) | *fig* unabwendbar.

irrevocab|ilitat *f* Unwiderruflichkeit *f* | **~le** *adj* (*m/f*) unwiderruflich.

irriga|ble *adj* (*m/f*) *agr* bewässerbar | (aus)spülbar | **~ció** *f agr* Bewässerung *f* | *tecn med* Spülung *f* | *med* Durchblutung *f* | *quím* Wässerung *f* | *camps d'~* Rieselfelder *n pl* | **~dor** *m med* Irrigator *m*, Klistierspritze *f* | *agr* Sprinkler *m* | **~r** (33) *vt* bewässern, berieseln | (be)spülen.

irris|ible *adj* (*m/f*) lächerlich | **~ió** *f* Hohnlachen *n*, Verhöhnung *f* | Spott *m* | **~ori** (**-òria** *f*, **-òriament** *adv*) *adj* lächerlich | lachhaft | *un preu ~ e*. Spottpreis *m*.

irrita|bilitat *f* Reizbarkeit *f* | **~ble** *adj* (*m/f*) *a. med* irritabel, reizbar | **~ció** *f a. med* Reizung *f* | Gereiztheit *f* | *p ext* Zorn *m* | **~nt** *adj* (*m/f*) erregend | er-

bitternd | *fig* ärgerlich | Reiz... || *s/m* Reizmittel *n* | ~r¹ (33) *vt a. med* reizen | erregen | erbittern | ärgern | entzünden | *estar irritat* gereizt (*od* böse) sein | ~r-se *v/r* gereizt werden | s. ärgern | in Zorn geraten (*per* über *ac*).

irritar² (33) *vt dr* ungültig machen.

irroga|ció *f* Schadenszufügung *f* | ~r (33) *vt* (*Schaden*) zufügen, antun.

irrompible *adj* (*m/f*) unzerbrechlich.

irr|ompre (34) *vi* einbrechen, eindringen, hineinstürzen | ~upció *f* feindlicher Einfall *m* | Einbruch *m* | (*in e-n Raum*) Hineinstürzen *n* | (*Wasser*) Einbruch *m*.

isa|goge *f Lit* Einführung, Isagoge *f* | ~gògic *adj* Einführungs...

is|anemona *f meteor* Isanemone *f* | ~anòmala *f meteor* Isanomale *f*.

isard *m zool* (Pyrenäen)Gemse *f* | *adj* uneben, holprig | felsig | (*Mensch*) ungesellig, menschenscheu.

iscúria *f med* Ischurie, Harnverhaltung *f*.

isl|am *m* Islam *m* | *l'~* die Welt des Islams; die Mohammedaner | ~àmic *adj* islamisch | ~amisme *m* Islamismus *m* | ~amita *m/f* Islamit(in *f*) | ~amització *f* Islamisierung *f* | ~amitzar(-se) (33) *vt(/r)* islamisieren.

is|landès (-esa *f*) *adj* isländisch || *s/mf* Isländer(in *f*) *m* | *s/m ling* Isländisch *n* | *l'~* das Isländische | ~làndia *f* Island *n*.

is|òbar *adj fís* isobar | *s/m fís* Isobar *n* || *s/f meteor* Isobare *f* | ~obàric *adj fís* isobar | *meteor* Isobaren...

isobutà *m quím* Isobutan *n*.

iso|clina *f* Isokline *f* | ~clínic *adj* isoklinal | ~cromàtic *adj* isochrom(atisch).

is|òcron *adj fís* isochron, von gleicher Zeitdauer | ~òcrona *f* Isochrone *f* | ~ocronisme *m* Isochronismus *m*.

iso|dinàmic *adj* isodynam(isch) | ~èdric *adj geom* gleichflächig | ~etàcies, ~etals *f pl bot* Brachsenkräuter *n pl* | ~gàmia *f biol* Isogamie *f* | ~glossa *f ling* Isoglosse *f*.

is|ògon *adj geom* isogonal, gleichwinklig | *s/f* Isogone *f* | ~ogonal *adj* (*m/f*) *geom* isogonal, winkelgetreu.

iso|hèlia *f* Isohelie *f* | ~hieta *f* Isohyete *f*.

isola|ble *adj* (*m/f*) = **aïllable** | ~ció *f* = **aïllament** | ~dor *adj u. s/m* = **aïllador** | ~ment *m* = **aïllament** | ~r(-se) *vt(/r)* = **aïllar(-se)**.

isolínia *f geog* Isolinie.

is|òmer *adj* isomer || *s/m* Isomer(e) *n* | ~omeria *f* Isomerie *f* | ~omèric *adj* isomerisch.

isomorf *adj* isomorph | ~isme *m* Isomorphismus *m*.

isòsceles *adj geom* gleichschenklig.

iso|sísmica *f*, ~sista *f geol* Isoseiste *f*.

isostàsia *f geol* Isostasie *f*.

isost|èric *adj quím* isoster | ~erisme *m quím* Isosterie *f*.

isot|erm *adj bes meteor* isotherm || *s/f* Isotherme *f* | ~èrmic *adj* isotherm | Isothermen...

isòtop *m fís quím* Isotop *n* | ~s *radioactius* radioaktive Isotope *n pl*.

isòtrop *adj* isotrop.

isquèm|ia *f med* Ischämie, Blutleere *f* | ~ic *adj* ischämisch, blutleer.

isqui *m anat* Sitzbein, Ischium *n* | ~al *adj* (*m/f*) = ~àtic | ~àlgia *f med* Ischialgie *f*, Ischias *m/n* | ~àtic *adj* Sitzbein..., Ischium...

ísquium *m* = **isqui**.

Israel *m* Israel *n* | ~ià (-ana *f*) *adj* israelisch || *s/mf* Israelí *m/f* | ~ita *adj* = ~ític | hebräisch || *s/m/f* Israelit(in *f*) *m* | Hebräer(in *f*) *m* | ~ític *adj* israelitisch, jüdisch.

istme *m* Landenge *f*, Isthmus *m* | *anat* Enge *f*.

ístmic *adj* isthmisch.

itacisme *m ling* Itazismus *m*.

It|àlia *f* Italien *n* | ~alià (-ana *f*) *adj* italienisch || *s/mf* Italiener(in *f*) *m* || *s/m ling* Italienisch *n* | *l'~* das Italienische | ~alianisme *m ling* Italianismus *m* | ~alianitzar (33) *vt* italianisieren | ~àlic *adj hist* italisch || *s/f gràf* (a. *lletra ~a*) Kursive, Kursivschrift *f*.

itera|ble *adj* (*m/f*) wiederholbar | ~ció *f* Iteration, Wiederholung *f* | ~r (33) *vt lit* wiederholen | ~tiu (-iva *f*) *adj* wiederholend | *ling mat* iterativ | *verb* ~ Iterativ(um) *n*.

iterbi *m quím* Ytterbium *n*.

itinera|nt *adj* (*m/f*) umherziehend, wandernd, Wander... | ~ri (-ària *f*) *adj* Weg... || *s/m* Reiseplan *m* | (*Fahrt, Wanderung*) Route *f* | (Weg)Strecke *f*.

itri *m quím* Yttrium *n*.

ítri|a *f quím* Yttriumoxyd *n* | ~c *adj* Ytrium... | yttriumhaltig.

iuca *f bot* Yucca, Palmlilie *f*.

iugos|lau (-ava *f*) *adj* jugoslawisch || *s/mf* Jugoslawe *m*, -win *f* | ~làvia *f* Jugoslawien *n*.

iva *f bot* Bisamgünsel *m* | Gelber Günsel *m*.

iva(r)çós (-osa *f*, -osament *adv*) *adj ant* eilig | schnell.

ivori *m* = **vori**.

ixent *adj* (*m/f*) (*bes Sonne*) aufgehend.

íxia *f bot* Klebschwertel *m* («Ixia»).

ixòdids *m pl entom* Schildzecken *f pl* | Holzböcke *m pl*.

J

j, J *f* j, J *n.*

ja *adv* schon | (*zeitl od gradmäßig*) a. bereits | *el tren ~ ve* der Zug kommt schon od bereits | *~ ho havies vist?* hattest du es schon (*od* bereits) gesehen? | *~ són les dotze* es ist schon (*od* bereits) zwölf Uhr | *és tard, ~* es ist schon (*od* bereits) spät | *~ fa estona que dormen* sie schlafen schon (*od* bereits) lange | *~ és bisbe* er ist schon (*od* bereits) Bischof | *~ a l'antiguitat* schon (*od* bereits) im Altertum | *~ esmentat* schon (*od* bereits) erwähnt | *~ (només) els preparatius ...* (allein) schon (*od* bereits) die Vorbereitungen ... | *para ~ el despertador!* mach schon den Wecker aus! | *~ t'ho podies haver pensat!* das hättest du dir doch (*od* ja) denken können! | *~ hi tornes?* fängst du schon wieder damit an? | *~ fas bondat?* bist du auch brav? | *~ és pràctic, (~,) però ...* es ist schon praktisch, aber ... | *tu ~ m'entens* du weißt schon, was ich meine | *~ ho sabia!* wußte ich's doch! | (*mit Verb im Präsens zum Ausdruck der Handlungsbereitschaft*) *~ vinc!* ich komme schon *od* gleich! | *~ obro!* ich mache gleich auf! || (*mit Verb im Futur bzw Konditional zum Ausdruck der Zuversicht, des Hoffens, des Wünschens, der Warnung*) *~ el trobaré, el llibre!* ich werde das Buch schon (noch) finden!, ich finde das Buch schon (noch)! | *~ te'n penediràs!* das wirst du noch bereuen! | *~ t'arreglaria, jo!* dir würde ich helfen! || (*bei einschränkenden Aussagen*) *encara pintes? —~ només els diumenges* malst du noch? —Nur noch sonntags | *~ falta poc* es fehlt nicht mehr viel; es ist bald soweit; es ist nicht mehr weit || (*mit Negation*) *~ no plou* es regnet nicht mehr | *~ no tinc temps* ich habe k-e Zeit mehr || (*isoliert od abgesondert, a. als Antwortpartikel*) *és barat —~* (*, però de mala qualitat*) es ist billig —Schon (, aber von schlechter Qualität) | *ah ~!* ach so!; aha! | *~ ~, així és la vida!* jaja, so ist das Leben! | *~ ~, així que estaves malalt?* soso, du warst also krank? || *~... ~...* entweder... oder...; bald ... bald ... || *~ que* (*Kausalkonjunktion*) da (ja, doch); (*vor Nachsatz*) a. denn | *~ que ets aquí, em pots ajudar* da du hier bist, kannst du mir ja helfen | *ho faré tot sol, ~ que ningú no m'ajuda* ich werde es ganz allein machen, da mir niemand hilft *od* denn es hilft mir ja niemand.

jaborandi *m bot* Jaborindi *m.*

ja|**ç** *m* (*Ruheplatz; Bett*) a. *constr* Lager *n* | (*Tier*) a. Bau *m,* Höhle *f* | (*Hirte*) Almhütte *f* | *~ de palla* Strohlager *n* | *atrapar alg al ~* (*fig*) j-n überraschen, j-n überrumpeln | *jeure al ~* (*fig*) nichts ahnen, ahnungslos sein | *trobar el ~ d'alg* (*fig*) j-s Schlupfwinkel ausfindig machen | **~ça** *f* (*Bergweide*) Koppel *f* | **~cent** *adj* (*m/f*) liegend | (*Figur*) a. ruhend | **~ciment** *m geol* Lagerstätte; Lagerung *f* | (*Archäologie*) Fund-stätte *f,* -ort *m* | *~ de petroli* Erdöl-vorkommen, -feld *n.*

jacint *m bot* Hyazinthe *f* | *~ de Compostel·la* (*min*) Hyazinth *m.*

jacob|**í** (**-ina** *f*) *adj hist* jakobinisch | *s/mf* Jakobiner(in *f*) *m* | **~inisme** *m* Jakobinertum *n.*

jacquard *f tèxt* Jacquardmaschine *f.*

jact|ador *adj* großsprecherisch, prahlerisch | ruhmredig | **~ància** *f* Großsprecherei, Prahlerei *f* | **~anciós** (-osa *f*) *adj* = **jactador** | **~ar-se** (33) *v/r* prahlen (*de* mit), s. rühmen (*gen*), s. brüsten (mit).
jaculatori (-òria *f*) *adj* kurz u. inbrünstig || *s/f* Stoßgebet *n*.
jade *m min* Jade *m*.
jaguar *m zool* Jaguar *m*.
jai(a *f*) *m* Alte(r *m*) *m/f* | *a.* Großvater *m*, Großmutter *f*.
jaient *m* Neigung *f*.
jalapa *f bot* Jalapenwurzel *f* | Jalapenharz *n*.
jal|ó *m* Jalon *m*, Meß-latte, -stange *f* | **~onar** (33) *vt* (mit Jalons) abstecken.
jamai *adv lit* = **mai**.
Jamaica *f* Jamaika *n*.
jan *m, mst: bon* ~ guter Kerl *m*; *desp* gutmütiger Trottel *m*.
jangada *f* (*Floß*) Jangada *f*.
janot *m* Tölpel, Trottel *m* | Dummkopf *m*.
jansenis|me *m hist* Jansenismus *m* | **~ta** *adj* (*m/f*) jansenistisch || *s/m/f* Jansenist(in *f*) *m*.
Jap|ó *m: el* ~ Japan *n* | **~onès** (-esa *f*) *adj* japanisch || *s/mf* Japaner(in *f*) *m* || *s/m* ling Japanisch *n* | *el* ~ das Japanische.
jaqué *m* (*pl* -*és*) Frack *m*.
jaquet *m* (*Spiel*) Tricktrack *n* | **~a** *f* (Kostüm)Jacke *f* | (Herren)Rock, Sakko *m*, Jackett *n*.
jaquir (37) *vt poèt* = **deixar**.
jard|í *m* Garten *m* | ~ *botànic* botanischer Garten *m* | ~ *d'infants* Kindergarten *m* | ~ *públic* öffentlicher Park *m* | **~inatge** *m* Gartenarbeit *f* | Gärtnerei *f* | **~iner** *adj* Garten... || *s/mf* Gärtner(in *f*) *m* || *s/f* Blumenkasten *bzw* -ständer *m* | **~ineria** *f* Garten-arbeit *bzw* -pflege *f*.
jaspi *m min* Jaspis *m* | **~ar** (33) *vt* marmorieren, sprenkeln | **~at** (-ada *f*) *adj* marmoriert, gesprenkelt.
jàssera *f constr* Hauptbalken *m* | Bindebalken *m*.
jaumet *m entom* Samenkäfer *m* | *bot* Gemeine Ringelblume *f* | **~ar** (33) *vt* = **corcar**.
jaupar (33) *vi reg* bellen.
jaure (40) *vi* = **jeure** | *ací* (*od aquí*) *jau* ... hier liegt (*od* ruht) ...
Java *f* Java *n* | **~nès** (-esa *f*) *adj* javanisch | *música javanesa* javanische Musik || *s/mf* Javaner(in *f*) *m* || *s/m*

ling Javanisch *n* | *el* ~ das Javanische.
javelina *f* Wurfspieß *m* | *esport* Speer *m* | *llançament de la* ~ Speerwerfen *n*.
jazz *m mús* Jazz *m*.
jebuseu (-ea *f*) *m bíbl* Jebusiter(in *f*), Kanaaniter(in *f*) *m*.
jeep *m aut* Jeep *m*.
Jehovà *m bíbl* Jehova | *els testimonis de* ~ (*Sekte*) die Zeugen Jehovas.
jeia *f* (*beim Schlafen*) Lage *f* | *fig* Charakter *m*, Wesen *n* | *tenir bona* (*mala*) ~ e-n ruhigen (unruhigen) Schlaf haben | (*és*)*ser de bona* (*mala*) ~ (*fig*) e-n guten (bösen) Charakter haben.
jejú(num) *m anat* Leerdarm *m*, Jejunum *n*.
jer|arca *m ecl* Hierarch *m* | *fig* hoher Würdenträger *m* | *desp* Bonze *m* | **~arquia** *f* Hierarchie *f* | **~àrquic(ament** *adv*) *adj* hierarchisch | **~arquització** *f* Hierarchisieren *n*, Hierarchisierung *f* | **~arquitzar** (33) *vt* hierarchisieren.
jerbu *m zool* ägyptische Wüstenspringmaus *f*.
jeremiada *f* Jeremiade *f*, Klagelied *n* | *umg* Gejammer *n*.
jeroglífic *adj* hieroglyphisch | *escriptura* ~*a* Hieroglyphenschrift *f* || *s/m* Hieroglyphe *f* | *fig* Rätsel *n*.
jerònim *adj ecl* Hieronymiten... || *s/mf* Hieronymit(in *f*) *m*.
jersei *m* Pullover *m*.
Jes|ucrist *m* Jesus Christus *m* | **~uïta** *adj desp* jesuitisch, verschlagen, durchtrieben || *s/m ecl* u. *fig* Jesuit *m* | **~uític(ament** *adv*) *adj* jesuitisch | Jesuiten... | **~uïtisme** *m* Jesuitentum *n* | *desp* Jesuitenmoral; Verschlagenheit *f* | **~ús** *m* Jesus *m* | ~! Jesus (*od* Jesses) Maria!; (*beim Niesen*) Gesundheit! | **~uset** *m* Jesulein, Jesuskind *n*.
jet *m aeron nàut* Jet *m*, Düsenmaschine *f*.
jeure (a. **jaure**) (40) *vi* liegen | ruhen | bettlägerig sein | ~ *amb alg* mit j-m schlafen | *fig: deixar* ~ *u/c* etw ruhen lassen | **~-hi** es be- (*od* über-)schlafen.
jo (21) *pron pers* ich | ~ *no ho faig pas per a mi* ich tue es nicht für mich | *sóc* ~! ich bin es! | ~ *mateix* ich selbst | ~ *mateix!* (*am Telefon*) am Apparat! | *entre tu i* ~ zwischen dir u. mir; unter uns beiden | *malgrat* ~ gegen meinen Willen | *fes-ho com* ~

mach es wie ich | *en entrar* ~, *tots es van aixecar* als ich eintrat, standen alle auf || *s/m filos psic* Ich *n*.

joc *m a. fig* Spiel *n* | (*zusammengehörige Dinge*) Satz *m*; Set; Spiel; Service *n*; Garnitur *f* | *desp* Spielerei *f* | *~ d'atzar* Glücksspiel *n* | *fig*: *els ~s de l'atzar* das Spiel (*od* die Spiele) des Zufalls | *un ~ de cartes* (*de pilota*) *popular* e. beliebtes Karten-(Ball-)spiel | *~s d'aigua* Wasserspiele *n pl* | *~s de llum* Lichterspiel(e *pl*) *n* | *~s malabars* (Zirkus)Kunststücke *n pl* | *~ de mans* (*a. fig*) Taschenspielerei *f*, Taschenspielerstück *n* | *~ de paraules* Wortspiel *n* | *l'últim ~ del set* das letzte Spiel des Satzes | *un ~ complet de cartes* e. vollständiges Kartenspiel *od* Blatt | *un ~ de cafè* e. Kaffeeservice *n* | *~ de boles* Kugellager *n* | *un ~ de rems* e. Ruderwerk *n* | *un ~ de taula* e. Tafelgeschirr, e. (Speise)Service *n* | *amagar el ~* (*a. fig*) s. nicht in die Karten sehen lassen | *sempre em dones mal ~* du gibst mir immer schlechte Karten | *em van donar* (*od clavar*) *un ~ de bastonades* (*fam*) sie verabreichten mir e-e Tracht Prügel | *entrar en ~* in Aktion treten | *estar en ~* auf dem Spiel stehen | (*és*)*ser afortunat en el ~* Glück im Spiel haben | (*és*)*ser un ~* (*fig*) e. Kinderspiel sein | (*no*) *estar per ~s* (nicht) zum Spaßen aufgelegt sein | *fer ~ amb u/c* zu etw passen | *fer el ~ a alg* j-m in die Hände arbeiten; j-s Interessen dienen | *fer el doble ~* e. doppeltes (*od* falsches) Spiel treiben | *mostrar el seu ~* (*a. fig*) s-e Karten zeigen | *posar en ~* aufs Spiel setzen | *tenir mals ~s* zu üblen Streichen fähig sein | *veure el ~ malparat* sehen, daß es schlecht um etw steht.

jóc (**joca**) *f*) *adj* (*zum Schlafen*) zusammengekauert || *s/mf* Vogel-, Hühner-stange *f*, Wiemen *m* | *fig: anar a ~* schlafen gehen.

joc|ós (**-osa** *f*, **-osament** *adv*) *adj* spaßhaft, spaßig, witzig | drollig | **~o-seriós** (**-osa** *f*) *adj* halb heiter, halb ernst | *un drama ~* e. tragikomisches Drama *n* | **~ositat** *f* Spaßhaftigkeit, Lustigkeit *f* | Spaß, Scherz *m* | lustiger Streich *m* | **~und**(**ament** *adv*) *adj lit* fröhlich, heiter | **~unditat** *f* Fröhlichkeit, Heiterkeit *f*.

joell *m* = **xanguet**.

jog|asser *adj* = **juganer** | **~lar** *m hist* Jokulator, Jongleur *m* | *hist* Spielmann *m* | **~laressa** *f hist* Jongleurin *f* | **~uina** *f* Spielzeug *n* | *fig* Spielball *m* | **~uineig** *m* Spielerei, Tändelei *f* | **~uinejar** (33) *vi a. fig* spielen | tändeln | **~uinós** (**-osa** *f*) *adj* spielerisch.

joi|a *f* (große) Freude *f* | Wonne *f* | *a. fig* Juwel *n* | *crits de ~* Jubelrufe *m pl* | *llàgrimes de ~* Freudentränen *f pl* | *un transport de ~* e. Freudentaumel *m* | **~er**(**a** *f*) *m* Juwelier(in *f*) *m* | **~eria** *f* Juwelier-kunst, -arbeit *f* | Juwelierwerkstatt *f* | Juwelier-geschäft *n*, -laden *m* | **~ós** (**-osa** *f*, **-osament** *adv*) *adj* freudig.

joli: *en ~* (*loc adv*) wankend | *fig* gespannt.

joliu *adj lit* hübsch, gefällig, ansprechend.

jon|c *m bot* Binse *f*, *bes* Flatterbinse *f* | *~ florit* = **llinassa** | *~ marí* Strandbinse *f*; Scharfe Binse *f* | **~ça** *f bot* Zypergras *n* («olivaris») | Binsenlilie *f* («monspeliensis») | **~cada** *f med* Heilmittel *n* mit Binsenbrei | **~car** *m* Binsendickicht *n* | **~cós** (**-osa** *f*) *adj* binsenreich | mit Binsen bestanden.

jònec *m* junger Ochse *bzw* Stier *m* | **~ga** *f* Färse *f*.

joni (**jònia** *f*) *adj* ionisch || *s/mf* Ionier(in *f*) *m*.

jònic *adj a. arquit* ionisch | *ordre ~* (*arquit*) ionische Ordnung *f* | *metre ~* (*Lit*) ionisches Versmaß *n* || *s/m ling* Ionisch *n* | *el ~* das Ionische | *Lit* Ionicus *m*.

jonqu|era *f* Binsendickicht *n* | **~ill** *m bot* = **jacint** | **~illa** *f bot* Pyrenäen-Hahnenfuß *m* | **~quina** *f bot* Graugrüne Binse *f*.

joquei *m* Jockey *m*.

joquer *m* Hühnerstange *f*.

jòquer *m* (*Kartenspiel*) Joker *m*.

jordà (**-ana** *f*) *adj* jordanisch || *s/mf* Jordanier(in *f*) *m* || *s/m*: *el ~* der Jordan | **~nia** *f* Jordanien *n*.

jorn *m lit* Tag *m* | *de ~* (*loc adv*) am frühen Morgen | **~ada** *f* Tagewerk *n* | Tagereise *f* | Arbeits-tag *m*, -zeit *f* | Tagesmarsch *m* | *mil: ~ gloriosa* glorreicher Tag *m* | *~ intensiva* durchgehende Arbeitszeit *f* | *una ~ de calor* e. heißer Tag | *~ de descans* Ruhetag *m* | **~al** *m* Tagelohn *m* | (*a. Feldmaß*) Tagewerk *n* | *a ~* (*loc adv*) auf Tagelohn | **~alada** *f* Tagesarbeit

f | **~alejar** (33) *vi* taglöhnern | **~aler(a** *f*) *m* Tagelöhner(in *f*) *m*.
jota[1] *f* (*Buchstabe*) Jot *n*.
jota[2] *f* (*Volkstanz*) Jota *f*.
jou *m a.* fig Joch *n* | *posar el ~ a alg od posar alg sota el ~* j-n unterjochen | *desfer-se del ~* das Joch abschütteln | **~ell** *m* Jochhälfte *f*.
joule *m* (*Maß*) Joule *n*.
jova *f ant* Joch, Gespann *n* | *hist* Frondienst *m*, Scharwerk *n* | **~da** *f hist* Tagwerk *n* (*mit e-m Ochsengespann*).
jove *adj* (*m/f*) jung || *s/m:* un ~ e. Jüngling; e. junger Mann *m* | *els* **~s** die Jugend; (die) junge(n) Leute *pl*; (die) Jugendliche(n) *pl* || *s/f:* una ~ e. junges Mädchen *n*; e-e junge Frau *f* | *la ~* die Schwiegertochter | **~nalla** *f col lit* Jugend *f*, junge Leute *pl* | **~nça** *f lit* = **~ntut** | **~nçà** (-**ana** *f*) *adj* jung || *s/m/f* junge(r) Mann *m*; junge Frau *f* | Jungvermählte(r *m*) *m/f* | **~ncell(a** *f*) *m* Jüngling *m*; (junges) Mädchen *n* | **~nejar** (33) *vi* s-e Jugend genießen | **~nesa** *f* Jugend *f* | Jugendzeit *f* | **~nívol(ament** *adv*) *adj lit* jugendlich | Jugend... | **~nt** *m col* Jugend *f* | *el ~ d'avui* die Jugend von heute | **~ntut** *f* Jugend(zeit) *f* | *col* Jugend *f*, junge Leute *pl* | *fig* Entwicklungszeit *f*.
jover *m agr* Ackerknecht *m*.
jovial *adj* (*m/f*) fröhlich, heiter, jovial | **~itat** *f* Heiterkeit *f* | Jovialität *f*.
jua *f ornit* Kiebitz *m*.
jubila|ble *adj* (*m/f*) pensionierbar | emeritierbar | **~ció** *f adm* Versetzung *f* in den Ruhestand *m* | Pensionierung *f* | (*Geld*) Pension *f* | (*Universität*) Emeritierung *f* | Jubel *m* | **~r**[1] *adj* (*m/f*) Jubiläums... | **~r**[2] (33) *vt* in den Ruhestand versetzen, pensionieren | emeritieren || *vi lit* jubilieren | **~r-se** *v/r* in Pension gehen | s-n Abschied nehmen | emeritiert werden (*Professor*).
jubileu *m* (*jüdische Religion*) Jobeljahr *n* | *catol* Heilige(s) Jahr, Jubeljahr *n*; Jubiläumsablaß *m* | Jubiläum *n* | (*50 jähriges*) Dienstjubiläum *n* | (*Ehe*) goldene Hochzeit *f*.
jud|aic *adj* jüdisch | judäisch | **~aisme** *m* Judentum *n* | Judaismus *m* | **~aïtzant** *adj* (*m/f*) judaisierend, dem jüdischen religiösen Brauchtum folgend || *s/m/f* Judenchrist(in *f*) *m* | **~aïtzar** (33) *vi* die jüdische Religion annehmen | jüdisches Brauchtum bewahren || *vt* mosaisch machen | **~ea** *f* Judäa *n* | **~es** *m desp* Judas, Verräter *m*.
judic|ar (33) *vt* = **jutjar** | **~atiu** (-**iva** *f*) *adj: facultat judicativa* Urteilsvermögen *n* | **~atura** *f* Richteramt *n* | Richter-gewalt *f*, -stand *m* | Gerichtsbarkeit *f* | **~i** *m* Gericht(sverfahren) *n*, Prozeß *m* | Urteilskraft *f* | Urteil *n*, Beurteilung *f* | Meinung *f* | *~ contenciós* Streitsache *f* | *~ per contumàcia* Versäumnisurteil *n* | *el ~ final od universal* das Jüngste Gericht | *el dia del ~ od darrer* der Jüngste Tag | *donar el seu ~ sobre u/c* seine Meinung über etw abgeben | *formar(-se) un ~* (s. *dat*) e. Urteil bilden (*de, sobre* über *ac*) | *sotmetre u/c al ~ d'alg* etw dem Urteil j-s überlassen | *un home de recte (de clar) ~* e. Mensch von gerechtem (gescheitem, klarem) Urteil | **~ial** *adj* (*m/f*) gerichtlich | Gerichts... | *error ~* Justizirrtum *m* | *procediment ~* Gerichtsverfahren *n* | *via ~* Rechtsweg *m* | **~iari** (-**ària** *f*) *adj* = **~ial** | **~iós** (-**osa** *f*, -**osament** *adv*) *adj* vernünftig, klug, gescheit | urteilsfähig, scharfsinnig.
judo *m esport* Judo *n* | **~ka** *m/f* Judosportler(in *f*), Judoka *m*.
jue|ria *f hist* Judenviertel, G(h)etto *n* | **~u** (-**eva** *f*) *adj* jüdisch || *s/m/f* Jude *m*, Jüdin *f* | *fig* Geiz-hals, -kragen *m*.
juga|da *f* (*Spiel*) Zug *m* | (a. *mala ~*) (böser) Streich *m* | **~dor** *adj* spielend | dem Spiel verfallen | *s/m/f* Spieler(in *f*) *m* | *és un bon ~ d'escacs* er ist e. guter Schachspieler | **~ner** *adj* (*Kind, Tier*) verspielt | **~r** (33) *vi* spielen | scherzen | *~ a pilota* (a *futbol*) (Fuß)Ball spielen | *~ al billar* (a *cartes, a escacs*) Billard (Karten, Schach) spielen | *~ a la borsa* an der Börse spekulieren | *~ amb alg* (a. *fig*) mit j-m spielen | *~ amb les cartes obertes* (a. *fig*) mit offenen Karten spielen | *~ amb foc* (a. *fig*) mit dem Feuer spielen | *~ amb u/c* (*fig*) etw leichtfertig aufs Spiel setzen | *~-la a alg* (*fig*) j-m e-n Streich spielen; j-m übel mitspielen | *fer ~ u/c* etw spielen lassen, einsetzen || *vt* (aus)spielen | (*Geld*) einsetzen | (*Waffen*) führen, schwingen | *~ una partida d'escacs* e-e Partie Schach spielen | *hi jugo mil pessetes* ich setze tausend Peseten (darauf) | *~ una car-*

juglandàcies / **jurat**

ta (*a. fig*) e-e Karte ausspielen | *ell juga molt bé el sabre* er führt den Säbel sehr gut | **~r-se** *v/r* wetten, einsetzen | *fig* riskieren, aufs Spiel setzen | *~ x pessetes* um x Peseten wetten, x Peseten setzen | *~ la vida* sein Leben riskieren *od* aufs Spiel setzen.
juglandàcies *f pl bot* Juglandazeen *f pl*, Walnußgewächse *n pl*.
jugue|sca *f* Wette *f* | **~ta** *f reg* = **joguina**.
jugular[1] *adj* (*m/f*) *anat* Kehl... | *vena ~* Jugularvene, Drosselader *f*.
jugular[2] (33) *vt* erwürgen | *fig* im Keim ersticken; unterbinden.
juí *m* (*pl -s*) *ant reg* = **judici**.
jujutsu *m* Jiu-Jitsu *n*.
juli *m*: Hochheben der Palmen *od Jubelruf bei der Palmenweihe am Palmsonntag* | Beschleunigung beim Seilspringen *u. gewissen Tänzen* | *fer ~* mit der Palme wedeln; (*beim Seilspringen*) das Seil immer schneller schwingen | *~! schneller!* | *clavar un ~ a alg* j-n durchprügeln *od* verhauen; j-n ausschimpfen.
juli|à (*-ana*) *f adj* julianisch | *calendari ~* Julianischer Kalender *m* | **~ana** *f bot* Nachtviole *f* | *gastr* (*a. sopa ~*) Julienne(suppe) *f* | **~ol** *m* Juli *m* | **~ola** *f ict* Knurr-, See-hahn; Flughahn *m*.
julivert *m bot gastr* Petersilie *f* | **~assa** *f bot* Hundspetersilie *f*; Schierling *m*.
jull *m bot* Taumellolch *m*.
jumel *m tèxt* ägyptische Baumwolle *f*, Mako(baumwolle *f*) *m/n*.
junc *m nàut* Dschunke *f*.
junc|àcies *f pl bot* Binsengewächse *n pl* | **~iforme** *adj* (*m/f*) binsen-artig, -förmig.
junció *f* Verbindung *f* | *electr* (*in Halbleitern*) Übergang *m*.
jungla *f* Dschungel *m*.
júnior *adj* (*m/f*) junior | *esport* Junioren... | *Gabriel Pi ~* Gabriel Pi junior || *s/m/f esport* Junior(in *f*) *m*.
junt *adj mst pl* verbunden; vereint; (*Hände*) gefaltet | an-, bei-, neben-einander | zusammen; miteinander; beisammen | *tot ~* (alles) zusammen; insgesamt | *tot ~* (*od plegat*), *són mil pessetes* das macht insgesamt (*od* alles zusammen *od* zusammen) tausend Peseten | *ara tots ~s!* jetzt alle zusammen! | *planta les flors ben juntes!* pflanze die Blumen dicht nebeneinander! |

sempre van (*estan*) *~s* sie gehen (sind) immer zusammen | *ho farem ~s* wir werden das zusammen (*od* miteinander, gemeinsam) tun || *adv* = **~ament** | *s/m* = **~ura** || *s/f* = **~ura** *constr* Fuge *f* | *tecn* Verbindung(sstück *n*) *f*; Kupplung *f*; (*für Muttern*) Dichtung(sring *m*) *f* | *~a de Cardan* Kardangelenk *n* | *~a de culata* Zylinderkopfdichtung *f* | *~a de dilatació* (*constr*) Dehnungsfuge; *tecn* Dehnkupplung *f* || *s/f* Versammlung *f*; Sitzung *f* | Kommission *f*; Rat *m*; *polit* (*Spanien, Lateinamerika*) Junta *f* | *~a directiva* Vorstand *m* | *~a d'accionistes* (*general*) Aktionärs-(General-)versammlung *f* | *~a electoral* Wahlvorstand *m* | *~a militar* Militärjunta *f* || *s/f hist* = **justa** | **~ament** *adv* zusammen (*amb* mit) | **~ura** *f* Verbindung(sstelle) *f* | *bes anat* Gelenk *n*.
juny *m* Juni *m*.
junyent *m* Zusammenfluß *m*, Konfluenz *f*.
júnyer (35) *vt/i ant* = **junyir**.
junyi|da *f agr* Einjochen *n* | **~r** (37) *vt* = **ajuntar**, **unir** | *agr* ins Joch spannen | *vi hist* = **justar** | *~r-se v/r lit: allí es junyeixen els dos rius* dort fließen die beiden Flüsse zusammen.
jup *adj* (*m/f*): *anar* (*amb el*) *cap ~* (*a. fig*) den Kopf hängen lassen.
jup|a *f reg* (Bauern)Wams *n* | Joppe *f* | **~etí** *m* Bauern-wämschen *n*, -weste *f*.
Júpiter *m astr* mit Jupiter *m*.
jura *f* (*oft col*) Treueid *m* | *~ a la bandera* (*mil*) Fahneneid *m* | **~deria** *f hist* Geschworenenamt *n* | **~dor** *adj* schwörend || *s/mf* Schwörende(r *m*) *m/f* | **~ment** *m* Eid, Schwur *m* | *sota ~* eidlich, unter Eid | *~ fals* Meineid *m* | *~ del càrrec* Amtseid *m* | *prendre ~ a alg* j-n vereidigen | *prestar ~* e-n Eid leisten *od* ablegen | **~mentar-se** (33) *v/r* vereidigt werden | **~r** (33) *vt* schwören | eidlich geloben *od* versichern | *~ el càrrec* den Amtseid leisten | *~ per alg* (*Déu*) bei j-m (Gott) schwören | *et juro que no ho sé* ich schwöre dir, daß ich es nicht weiß.
juràssic *adj geol* jurassisch, Jura... | *formació ~a* Juraformation *f*.
jurat (*-ada*) *f adj* geschworen | beeidigt || *s/m dr* Schöffe *bzw* Geschworene(r) *m* | Preisrichter *m* | *hist* Ratsherr *m* | *col: el ~* die Schöffen *bzw* die Geschwo-

renen *m pl*; die Jury, das Preisgericht | *tribunal de* ~s (*dr*) Schöffen *bzw* Schwur-gericht *n* | **~ori** (**-òria** *f*) *adj* Eid..., Schwur...
jurcar (33) *vt reg* an-, er-streben | trachten nach (*dat*).
jur|ídic(ament *adv*) *adj* juristisch, rechtlich | *capacitat* ~*a* Rechtsfähigkeit *f* | **~idicitat** *f* Gesetzlichkeit, Rechtmäßigkeit *f* | **~isconsult** *m* Rechtsgelehrte(r), -kundige(r) *m* | **~isdicció** *f* Gerichtsbarkeit *f* | Gerichtsbezirk *m* | Rechtssprechung *f* | **~isdiccional** *adj* (*m*/*f*) richterlich, Gerichts... | Rechtssprechungs... | *nàut: aigües* ~*s* Hoheitsgewässer *n* | **~isperit** *m* Rechtskundiger *m* | **~isprudència** *f* Jurisprudenz *f* | Rechtswissenschaft *f* | Rechtssprechung *f* | **~ista** *m*/*f* Jurist(in *f*) *m*.
jusquiam *m bot* Bilsenkraut *n*.
jussà (**-ana** *f*) *adj ant* = **inferior**.
just *adj* gerecht | gerechtfertigt | richtig | genau | eng, knapp || *adv* genau, richtig | gerade, so(eben) | ~*!* stimmt! | *tot* ~ (*loc adv*) gerade, so(eben); nur; erst | (*tot*) ~ *acaben d'arribar* sie sind soeben angekommen | *tot* ~ *són les vuit* es ist erst acht Uhr | (*tot*) ~ *havíem arribat, quan* (od *que*) ... kaum waren wir angekommen, als ... || *s*/*m* Gerechte(r) *m*.
justa *f hist* Tjost *f*/*m* | *fig Lit* Wettbewerb *m*.
justacòs *m* (*pl* **-ossos**) *hist* Wams *n*.
justador *m hist* Turnierkämpfer *m* | *fig* Gegner *m*.
justament *adv* gerecht | mit Recht | gerade, (so)eben | *s: just*.
justar (33) *vi hist* tjostieren.
just|ejar (33) *vi* knapp sein | eng sein (*Kleidungsstück*) | **~esa** *f* Richtigkeit *f* | Genauigkeit *f* | Knappheit *f* | **~ícia** *f* Gerechtigkeit *f* | Recht *n* |

Rechtspflege, Rechtsprechung, Justiz *f* | Gericht *n* | *administrar* ~ Recht sprechen | *fer* ~ *a alg* j-m Gerechtigkeit widerfahren lassen | *demanar* (od *reclamar*) ~ sein Recht verlangen | *fer* ~ *pel seu compte* s. selbst sein Recht verschaffen; s. rächen || *s*/*m hist* Richter *m* | **~icier** *adj* streng rechtlich | gerechtigkeitsliebend | **~ificable** *adj* (*m*/*f*) zu rechtfertigen(d) | *fig* vertretbar, nachweisbar | **~ificació** *f a. ecl* Rechtfertigung *f* | *com econ* Nachweis, Beleg *m* | *dr* Beweisführung *f* | *gràf* Justierung *f* | **~ificador** *adj* rechtfertigend || *s*/*mf gràf* Justierer(in *f*) *m* | **~ificant** *adj* (*m*/*f*) rechtfertigend || *s*/*m* Beleg *m* | Beweisurkunde *f* | **~ificar** (33) *vt a. ecl* rechtfertigen | belegen | nachweisen | *gràf* justieren | **~ificar-se** *v*/*r* s. rechtfertigen | ~ *d'una acusació* s. von e-r Anschuldigung reinwaschen | **~ificatiu** (**-iva** *f*) *adj* rechtfertigend | Beweis... | Beleg...
jute *m têxt* Jute *f*.
jut|ge *m a. fig* Richter *m* | ~ *d'apel·lació* (*d'instrucció, de pau*) Berufungs-(Untersuchungs-, Friedens-)richter *m* | ~ *de primera instància* Richter erster Instanz; Amtsrichter *m* | *esport:* ~ *de línia* = **linier** | **~gessa** *f* Richterin *f* | Urteil *n* | **~jar** (33) *vt dr* richten | beurteilen | aburteilen | halten für (*ac*) | urteilen über (*ac*) | **~jat** *m* Gericht *n* | Gerichtshof *m* | Gerichtsbezirk *m*.
juvenil *adj* (*m*/*f*) jugendlich | Jugend...
juxta|lineal *adj* (*m*/*f*) (*Übersetzung*) zeilengetreu | **~posar** (33) *vt* nebeneinander- (*bzw* gegenüber-)stellen | **~posició** *f* Nebeneinanderstellung *f* | *bes ling* Juxtaposition *f*.

K

k, K *f* k, K *n*.
kagú *m ornit* Kagu *m*.
kàiser *m* (*deutscher*) Kaiser *m*.
kan|tià (-ana) *f) adj filos* kantisch ‖ *s/mf* Kantianer(in *f*) *m* | **~tisme** *m* Philosophie *f* Kants | Kantianismus *m*.
kappa *f* Kappa *n*.
karate *m esport* Karate *n* | **~ka** *m/f* Karateka *m/f*.
karnià (-ana) *f) adj geol* karnisch ‖ *s/m* Karn *n*.
kea *m ornit* Kea *m*.
kediv *m hist* Khedive *m*.
Keny|a *f* Kenia *n* | **~à (-ana)** *f) adj* kenianisch ‖ *s/mf* Kenianer(in *f*) *m*.
kerigma *m* = **querigma**.
ketchup *m* = **quetxup**.
khan *m hist* Khan *m* | **~at** *m* Khanat *n*.
khi (*od* **chi**) *f* Chi *n*.
khmer *adj inv* Khmer... ‖ *s/m/f inv* Khmer *m/f*.
kibbuts *m* Kibbuz *m*.
kiese|lgur *m min* Kieselgur *f* | **~rita** *f min* Kieserit *n*.
kif *m* Kif *m*.
kilo|caloria *f* Kilo(gramm)kalorie *f* | **~cicle** *m* Kilohertz *n* | **~gram** *m* = **quilogram** | **~gràmetre** *m fís* Meterkilogramm *n* | **~hertz** *m fís* Kilohertz *n*.

kilòmetre *m* = **quilòmetre**.
kilo|pond *m fís* Kilopond *n* | **~watt** *m elect* Kilowatt *n* | **~watt-hora** *m elect* Kilowattstunde *f*.
kimberlita *f geol* Kimberlit *m*.
kirguís *adj* (*m/f*) kirgisisch ‖ *s/m/f* Kirgise *m*, Kirgisin *f*.
kírie *m* (*pl kíries*) Kyrie *n*.
kirieleison *m* Kyrieeleison *n* | *fam* Trauer-, Grab-gesang *m*.
kirsch *m gastr* Kirsch(wasser *n*) *m*.
kitsch *m* Kitsch *m*.
kiwi[1] *m ornit* Kiwi *m*.
kiwi[2] *m* (*Frucht*) Kiwi *f*.
knut *m* Knute *f*.
kolkhoz *m* (*pl kolkhozos*) Kolchose *f*, Kolchos *m/n*.
Kom|inform *m polít* Kominform *n* | **~intern** *f* Komintern *f* | **~somol** *m* Komsomol *m*.
kopek *m* = **copec**.
krausis|me *m filos* Krausismus *m* | **~ta** *m/f* Krausist(in *f*) *m*.
kremlin *m* Kreml *m* | *el* **~** der Kreml.
ksi *f* Xi *n*.
kulak *m* Kulak *m*.
kurd *adj* kurdisch ‖ *s/mf* Kurde *m*, Kurdin *f* ‖ *s/m ling* Kurdisch *n* | *el* **~** das Kurdische | **~istan** *m*: *el* **~** Kurdistan *n*.
Kuwait *m* Kuwait *n* | **~ià (-ana)** *f) adj* kuwaitisch ‖ *s/mf* Kuwaiter(in *f*) *m*.

L

l, L *f* l, L *n*.
l' *pron pers s: el*[1] || *art def s: el*[2].
'l *pron pers s: el*[1].
la[1] *pron pers s: el*[1].
la[2] *art def s: el*[2].
la[3] *m* (*pl* las) *mús* a; A *n* | (*beim Solmisieren*) la *n* | ~ major A-Dur *n* | ~ menor a-Moll *n* | ~ natural a; A *n* | ~ bemoll as; As *n* | ~ sostingut od *diesi* ais; Ais *n*.
làbar(um) *m hist* Labarum *n*.
label *m bot* (*Orchideen*) Labellum *n*.
laber|int *m a. fig u. med* Labyrinth *n* | ~íntic *adj* labyrinthisch | *fig a.* verworren.
labia|des *f pl bot* Lippenblütler *m pl*, Labiaten *f pl* | ~l *adj* (*m/f*) *anat ling* labial, Lippen... | *consonants* ~s Labialkonsonanten *m pl* || *s/f* Labial(laut), Lippenlaut *m* | ~lització *f ling* Labialisierung *f* | ~litzar (33) *vt ling* labialisieren | ~t (-ada) *f*) *adj bot* lippenförmig.
làbil *adj* (*m/f*) schwankend, unsicher | *cient* labil.
labilitat *f* Unsicherheit *f* | *cient* Labilität *f*.
làbio-|dental *adj* (*m/f*) *ling* labiodental || *s/f* Labiodental(laut) *m* | ~velar *adj* (*m/f*) *ling* labiovelar || *s/f* Labiovelar(laut) *m*.
labirintiforme *adj* (*m/f*) labyrinthisch.
labor *f* (längere) Arbeit *f* | Werk *n* | *bes* Handarbeit *f* | ~ d'investigació Forschungsarbeit *f* | ~(s) de punt Strickarbeit *f* | ~able *adj* (*m/f*) *agr* bestellbar | *dia* ~ Arbeits-, Werk-tag *m* | *terra* ~ Ackerland *n*, Ackerboden *m* | ~al *adj* Arbeits... | ~ant(a *f*) *m* Laborant(in *f*) *m* | ~ar (33) *vi* (mit Ausdauer) arbeiten | ~atori *m* Labor(atorium) *n* | ~iós (-osa *f*, -osament *adv*) *adj* arbeitsam, fleißig, emsig | (*Sache*) schwierig, mühsam, schwer | ~iositat *f* Arbeitsamkeit *f*, Fleiß *m* | Mühseligkeit *f* | ~isme *m polít* Labourbewegung *f* | ~ista *adj* (*m/f*) Labour... | *partit* ~ Labour Party *f* || *s/m/f* Labouranhänger(in *f*) *m*.
labre *m entom* Oberlippe *f*, Labrum *n*.
laca *f* Lack *m* | Haarspray, Haarlack *m* | ~ *per a ungles* Nagellack *m*.
lacai *m a. fig* Lakai *m*.
lacedem|oni (-ònia *f*) *adj* lakedämonisch || *s/mf* Lakedämonier(in *f*) *m* | ~ònia *f* Lakedämon *n*.
lacera|ció *f* Zerreißung *f* | Verletzung *f* | ~r (33) *vt lit* zerreißen, zerfleischen | *fig* verletzen, verwunden | ~t (-ada *f*) *adj* zerrissen | verletzt | *bot* (*Blatt*) tief eingeschnitten.
lac|èrtids *m pl zool* Eidechsen *f pl* | ~ertiforme *adj* (*m/f*) eidechsenförmig.
laci (làcia *f*) *adj* latinisch || *s/mf* Latiner(in *f*) *m* || *s/m: el* ~ Latium *n*.
lac|ínia *f bot* Einschnitt *m*, Segment *n* | ~iniat (-ada *f*) gefurcht, furchig.
lacòlit *m geol* Lakkolith *m*.
lac|ònic(ament *adv*) *adj* lakonisch, kurz, knapp, wortkarg | ~onisme *m* Lakonik *f*, Lakonismus *m*, Wortkargheit *f*.
lacr (33) *vt* versiegeln | ~e *m* Siegellack *m*.
lacrim|al *adj* (*m/f*) Tränen... | *glàndules* ~s (*anat*) Tränendrüsen *f pl* | ~atori *m* (römischer) Parfümkrug *m* | ~ogen (-ògena *f*) *adj mil* tränenerregend | *gas* ~ Tränengas *n* | *bomba lacrimògena* Tränengasbombe *f*.

lact|ació *f biol med* Laktation *f* | Milchabsonderung *f* | Stillen *n* | Säugen *n* | **~ància** *f* Stillzeit *f* | Stillen *n* | **~ant** *m/f* Säugling *m* | **~ar** (33) *vt (Kind)* stillen | *(Tier)* säugen | **~asa** *f biol quím* Laktase *f* | **~at** *m quím* Laktat *n* | **~escència** *f biol bot* milchige Absonderung *f* | **~escent** *adj (m/f)* milchig | Milch... | *plantes* **~s** milchsaftführende Pflanzen *f pl* | **~i (làctia)** *f) adj* milchig | Milch... | *med: dieta làctia* Milchdiät *f* | *astr: Via Làctia* Milchstraße *f*.
làctic *adj*: *àcid* ~ Milchsäure *f*.
lact|icini *m* Milchspeise *f* | **~ífer** *adj anat: conductes* **~s** Milchgänge *m pl* | **~iforme** *adj (m/f)* milchartig | **~odensímetre, ~òmetre** *m* Laktodensimeter *m* | **~osa** *f* Laktose *f*, Milchzucker *m* | **~oscopi** *m* Laktoskop *n* | **~ucari** *m (Lattich)* Milchsaft *m*.
lacustre *adj (m/f)* See... | *biol* lakustrisch, limnisch | *habitacions* **~s** Pfahlbauten *m pl* | *ciutat* ~ Pfahldorf *n*.
làdan(um) *m* Ladanum, Ladanharz *n*.
ladí *m* = **engadinès**.
lagoftalmia *f med* Hasenauge *n*.
lagòpode *adj zool* mit voll behaarten *(bzw* gefiederten) Füßen.
lai *m Lit* Lai *n*.
la|ic(ament *adv) adj* Laien... | weltlich, nicht religiös, nicht geistlich | *(Schule)* nicht konfessionell || *s/mf* Laie *m* | *s: llec* | **~ïcal** *adj (m/f) bes ecl* Laien... | laizistisch | *estat* ~ Laienstand *m* | **~ïcat** *m ecl* Laientum *n* | **~ïcisme** *m ecl polít* Laizismus *m* | **~ïcització** *f* Verweltlichung *f* | ~ *de l'ensenyament* Säkularisierung *f* des Schulwesens | **~ïcitzar** (33) *vt* verweltlichen, säkularisieren.
lama *m (Priester)* Lama *m*.
lambda *f* Lambda *n* | **~cisme** *m med* Lambdazismus *m*.
lamel·l|a *f* Lamelle *f* | **~ar** *adj (m/f)* lamellar | **~at (-ada** *f) adj* lamelliert | **~ibranquis** *m pl zool* Blattkiemer *m pl* | **~iforme** *adj (m/f)* lamellenförmig | **~irostres** *m pl ornit* Gänse- u. Entenvögel *m pl*.
lament *m* Wehklage *f* | **~able(ment** *adv) adj (m/f)* kläglich | jämmerlich | beklagenswert | **~ació** *f* Wehklagen *n* | **~ar** (33) *vt* beklagen | bejammern | bedauern | **~ar-se** *v/r* jammern, wehklagen *(de* über *ac)* | **~ós**

(**-osa** *f) adj* kläglich | jämmerlich | jammernd.
làmia *f mit* Lamie *f*.
làmina *f* (dünne) Platte *f* | *a. bot* Lamelle *f* | Folie *f* | Blech *n* | Blatt *n* | *gràf* (Bild)Tafel *f* | ~ *de color(s)* Farbbildtafel *f*.
lamin|ació *f* = **~atge** | **~ador** *adj* (aus)walzend || *s/m (a. màquina* **~a)** Walzwerk *n* | Walzmaschine *f* | **~ar**[1] (33) *vt tecn* (aus)walzen | **~ar** [2] *adj (m/f) fís* laminar | blätt(e)rig, geblättert | blattförmig, lamellenförmig | **~ària** *f bot* Laminaria *f* | **~at (-ada** *f) adj tecn* gewalzt || *s/m* Walzwerkerzeugnis *n* | = **~atge** | **~atge** *m tecn* Walzen *n* | **~ós (-osa** *f) adj* blätt(e)rig, geblättert | Blätter... | schichtig.
làmpada *f* Lampe *f* | ~ *d'incandescència* Glühlampe *f*.
lamp|adari *m* Laternenmast *m* | Licht-, Lampen-ständer *m* | *hist* Lampadarius *m* | **~ista** *m/f* Elektriker(in *f) m* | Klempner(in *f) m* | **~isteria** *f* Elektriker- *(bzw* Klempner-)werkstatt *f* | kl(s) Elektrogeschäft *n*.
lan|ceolat (-ada *f) adj bot* lanzettförmig, Lanzett... | **~cinant** *adj (m/f)* stechend | quälend.
land|a *f* Heide *f*; Ödland *n* | **~gravi** *m hist* Landgraf *m* | **~graviat** *m* Landgrafschaft *f* | **~ó** *m (pl -ós)* Landauer *m*.
lànguid(ament *adv) adj* schlaff, matt | lässig | schmachtend | *com* flau, lustlos | *s: llanguir*.
lanífer *adj* wolltragend, wollig.
lansquenet *m hist* Landsknecht *m*.
lantà *m quím* Lanthan *n* | **~nid** *m quím* Lanthan(o)id *n*.
lanug|en *m anat* Lanugo *f*, Flaum *m* | **~inós (-osa** *f) adj* flaumig.
Laos *m* Laos *n* | **~ià (-ana** *f) adj* laotisch || *s/mf* Laote *m*, Laotin *f* || *s/m ling* Laotisch *n* | *el* ~ das Laotische.
laparo|scòpia *f med* Laparoskopie *f* | **~tomia** *f med* Laparotomie *f*, Bauchschnitt *m*.
làpida *f* Steintafel *f* | *bes* Grab-platte *f*; -stein *m* | ~ *commemorativa* Gedenktafel *f*.
lapi|dació *f* Steinigung *f* | **~dar** (33) *vt* steinigen | **~dari (-ària** *f) adj (Stil)* lapidar, knapp, kurz u. bündig || *s/mf* Steinschneider(in *f) m* | **~di (-ídia** *f) adj lit* steinern | steinartig | **~dificació** *f* Versteinerung *f* | **~dificar** (33)

lapó

vt versteinern | **~dós** (**-osa** *f*) *adj* = **~di** | **~slàtzuli** *m* Lapislazuli *m*.
lap|ó (**-ona** *f*) *adj* lappländisch || *s/mf* Lappländer(in *f*) *m*, Lappe *m*, Lappin *f* || *s/m ling* Lappisch *n* | *el* ~ *das Lappische* | **~ònia** *f* Lappland *n*.
laps|e *adj* geirrt | verfehlt || *s/m* Zeitspanne *f*; Zeitraum *m* | = **~us** | **~us** *m* Fehler, Lapsus *m* | *tenir un* ~ *s.* versprechen *bzw.* s. verschreiben.
larin|ge *f anat* Kehlkopf *m* | **~gi** (**-íngia** *f*) *adj* Kehlkopf... | **~gitis** *f med* Kehlkopfentzündung *f* | **~gòleg** (**-òloga** *f*) *m med* Laryngologe *m*, -gin *f* | **~gologia** *f med* Laryngologie *f* | **~goscopi** *m med* Kehlkopfspiegel *m*, Laryngoskop *n* | **~gotomia** *f med* Laringotomie *f*, Kehlkopfschnitt *m* | **~x** *f* = **laringe**.
làrix *m bot* Lärche *f*.
larv|a *f zool* Larve *f* | **~al** *adj* (*m/f*) larval, Larven... | **~at** (**-ada** *f*) *adj med* larviert, verkappt | **~iforme** *adj* (*m/f*) larvenartig | **~ípar** *adj zool* Larven erzeugend *od* legend.
las (**lassa** *f*) *adj lit* müde, matt, laß | *ant* unglücklich | *ai* ~! (*lit*) o weh!, ach weh!, weh(e)!
lasc|iu (**-iva** *f*, **-ivament** *adv*) *adj* geil, wollüstig | *lit* lasziv | **~ívia** *f* Geilheit, Wollust *f* | *lit* Laszivität | **~iviós** (**-osa** *f*, **-osament** *adv*) *adj* = **lasciu**.
làser *m fís* Laser *m* | *raigs* ~ Laserstrahlen *m pl*.
laserpici *m bot* Laserkraut *n*.
lass|ar(**-se**) (33) *vt*(/*r*) lit ermüden, ermatten | **~itud** *f lit* Müdigkeit, Mattigkeit, Laßheit *f*.
làstex *m tèxt* Lastex *n*.
lat *adj lit* weit | ausgedehnt.
lat|ència *f* Latenz *f* | *med* Latenzzeit *f* | **~ent** *adj* (*m/f*) *a. med* latent | verborgen.
lateral(**ment** *adv*) *adj* (*m/f*) seitlich | Seiten... | *cient a.* lateral || *s/m/f esport* Außenverteidiger(in *f*) *m* | ~ *dret* (*esquerre*) rechter (linker) Verteidiger.
laterit|a *f geol* Laterit *m* | **~zació** *f* Lateritbildung *f*.
latescent *adj* (*m/f*) *bot* Latex bildend.
làtex *m bot quím* Latex *m*.
lati|foli (**-òlia** *f*) *adj bot* breitblättrig | **~fundi** *m* Großgrundbesitz *m*, *econ hist* Latifundium *n* | **~fundisme** *m* Latifundienwirtschaft *f* | **~fundista** *m/f* Großgrundbesitzer(in *f*) *m*.
latimèria *f ict* Latimeria *f*.

latitud *f* Ausdehnung *f* | *bes geog* Breite *f* | *astr* Breitengrad, Himmelsstrich *m* | **~inal** *adj* (*m/f*) Breiten... | **~inari** (**-ària** *f*) *adj ecl hist* latitudinarisch || *s/mf* Latitudinarier(in *f*) *m* | **~inarisme** *m* Latitudinarismus *m*.
latria *f ecl* Anbetung, Verehrung, Latrie *f*.
latrina *f* Latrine || *pl* Fäkalien *pl*.
latzurita *f min* Lasurstein *m*.
laudable *adj* (*m/f*) *lit* lobenswert | **~ment** *adv* lobenswerterweise.
làudan(**um**) *m* Laudanum *n*.
laud|ar (33) *vt dr* schlichten, durch Schiedsspruch entscheiden | **~atori** (**-òria** *f*, **-òriament** *adv*) *adj* lobend | lobpreisend | **~e** *m* Schiedsspruch *m* || *f pl ecl* Laudes *f pl*.
laur|aci (**-àcia** *f*) *adj bot* lorbeerartig || *s/f pl bot* Lorbeerpflanzen *f pl* | **~èola** *f* Lorbeerkranz *m*.
làuric *adj quím: àcid* ~ Laurinsäure *f*.
lava *f* Lava *f*.
lava|bo *m ecl* Lavabo *n* | Waschbecken *n* | Badezimmer *n*; Waschraum *m* | *p ext euf* Toilette *f* | **~dor** *adj* waschend | Wasch... | **~ment** *m* Waschen *n* | Wäsche *f* | **~nda** *f bot* = **espígol** | Lavendelwasser *n* | **~r** (33) *vt art* (an)tuschen | **~tge** *m tecn* (Ab-, Aus-)Waschen *n*; Reinigen *n*; Spülung *f* | **~tiva** *f* = **ènema** | **~tori** *m ecl* Fußwaschung *f* (*am Gründonnerstag*).
lax|(**ament** *adv*) *adj* schlaff | *fig* (*Sitten*) locker, nachlässig, lax | (*Laut*) schwach | **~ant** *adj* (*m/f*) abführend || *s/m* Abführmittel, Laxans, Laxativ(um) *n* | **~ar** (33) *vt* lockern | *med* abführen, laxieren | **~atiu** (**-iva** *f*) *adj* abführend | **~itud** *f* Schlaffheit *f* | Lockerheit, Nachlässigkeit, Laxheit *f*.
leccionari *m ecl* Lektionar *n*.
lecitidàcies *f pl bot* Topffruchtgewächse *n pl*.
lecitina *f* Lezithin *n*.
lect|or(**a** *f*) *m* Leser(in *f*) *m* | Vorleser(in *f*) *m* | (*Universität, Verlag, Kirche*) Lektor(in *f*) *m* | *els* **~s** *d'un diari* die Leser *pl* (*od* die Leserschaft *f*) e-r Zeitung || *s/m elect tecn* Leser *m* | **~oral** *adj* (*m/f*) *ecl: canonge* ~ Domherr *m*, Bibelausleger *od* Exeget *m* | **~orat** *m a. ecl* Lektorat *n* | **~ura** *f* Lesen *n*, Lektüre *f* | Vorlesen *n* | *a. Lit ecl polít* Lesung *f* | (*Deutung*) Lesart *f* | Lesestoff *m*, Lektüre *f* | *tecn* Ablesung *f*, Ablesen *n* | ~ *labial* Lippenlesen *n* | ~ *poè-*

legació 618 **lesbià**

tica Dichterlesung *f* | *exercici (sala) de* ~ Lese-übung *f* (-saal *m*) | *fer la* ~ *del testament* das Testament verlesen | *el poeta va fer una* ~ *de les seves darreres obres* der Dichter las (*od* hielt e-e Lesung) aus s-n letzten Werken.
legació *f* Gesandtschaft *f* | *ecl* Legation *f*.
legal|(ment *adv*) *adj* (*m/f*) gesetzmäßig | gesetzlich | rechtlich, legal | **~isme** *m* Legalismus *m* | **~ista** *adj* (*m/f*) legalistisch | **~itat** *f* Gesetzmäßigkeit *f* | Rechtmäßigkeit *f* | Legalität *f* | **~ització** *f* (amtliche) Beglaubigung *f* | Legalisierung *f* | **~itzar** (33) *vt* (amtlich) beglaubigen | legalisieren.
legat *m ecl hist* Legat *m* | **~ari** (-**ària** *f*) *m* Legatar(in *f*), Vermächtnisnehmer(in *f*) *m*.
legi|ó *f a. hist fig* Legion *f* | ~ *estrangera* Fremdenlegion *f* | ~ *d'honor* Ehrenlegion *f* | **~onari** (-**ària** *f*) *adj* Legions... || *s/m* Legionär *m* | *hist* Legionar *m* | **~onel·la** *f biol med* Legionella *f* | **~onel·losi** *f med* Legionärskrankheit *f*.
leg|islació *f* Gesetzgebung *f* | *col* Gesetze *n pl* | **~islador** *adj* gesetzgebend, gesetzgeberisch || *s/m* Gesetzgeber *m* | **~islar** (33) *vi* Gesetze erlassen | **~islatiu** (-**iva** *f*) *adj* gesetzgebend | *cos* ~ gesetzgebende Körperschaft *f* | *poder* ~ gesetzgebende Gewalt, Legislative *f* | **~islatura** *f* Legislatur-, Wahl-periode *f* | **~ista** *m/f hist dr* Legist(in *f*) *m*, Rechtsgelehrte(r *m*) *m/f* | **~ítim** *adj* rechtmäßig | legitim | berechtigt | (*Kind*) ehelich, legitim | (*Juwel, Wein*) echt, unverfälscht | **~itimació** *f* Rechtmäßigkeitserklärung *f* | Legitimierung, Legitimation, (*Kind*) *a*. Ehelichkeitserklärung *f* | Beglaubigung(surkunde) *f* | **~itimar** (33) *vt* legitimieren | für rechtmäßig (*bzw* ehelich; echt) erklären | beglaubigen | **~itimista** *adj* (*m/f*) *polít* legitimistisch || *s/m/f* Legitimist(in *f*) *m* | **~itimitat** *f* Rechtmäßigkeit *f* | Legitimität *f* | Ehelichkeit *f* | Echtheit *f*.
leitmotiv *m mús Lit* Leitmotiv *n*.
lema *m bes cient* Lemma *n* | Kennwort *n* | *a. Lit* Motto *n* | Devise *f*, Wahlspruch *m* | **~titzar** (33) *vt ling* lemmatisieren.
lemming *m zool* Lemming *m*.
lemnàcies *f pl bot* Wasserlinsengewächse *n pl*.
lemniscata *f geom* Lemniskate.

lèmur *m mit* Lemur *m* | *zool* = **maqui**.
lemúrids *m pl zool* Lemuren *m pl*.
lenificar (33) *vt* lindern, mildern.
leninis|me *m polít* Leninismus *m* | **~ta** *adj* (*m/f*) leninistisch || *s/m/f* Leninist(in *f*).
lenit|at *f* Milde, Nachsicht *f* | **~iu** (-**iva** *f*) *adj* lindernd || *s/m* Linderungsmittel *n*.
lent[1] *f òpt* Linse *f* | ~ *de contacte* Kontaktlinse, Haftschale *f* | ~ *electrònica* Elektronenlinse *f*.
lent[2] *adj* langsam | *fig a*. schwerfällig, umständlich | *coure a foc* ~ (*gastr*) auf kl(r) Flamme kochen | **~ament** *adv s*: *lent*.
lent|icel·la *f bot* Lentizelle, Kork-, Rinden-pore *f* | **~ícula** *f* Kontaktlinse *f* | **~icular** *adj* (*m/f*) linsenförmig | **~iculat** (**ada** *f*) *adj* (*bes Fossil*) linsenförmig | **~iforme** *adj* (*m/f*) = **~icular** | **~igen** *m med* Lentigo *f*, Leberfleck *m*.
lentitud *f* Langsamkeit *f* | *parlar amb* ~ langsam sprechen.
lepid|iforme *adj* (*m/f*) schuppenartig | **~odendrals** *f pl bot* Schuppenbäume *m pl* | **~òpters** *m pl entom* Schuppenflügler *m pl* | **~osaures** *m pl zool* Schuppenechsen *f pl* | **~osirè** *m ict* Schuppenmolch *m* | **~ostis** *m pl ict* Kaimanfische *m pl*.
lep|orí (-**ina** *f*) *adj* Hasen... | *llavi* ~ Hasenscharte *f* | **~òrids** *m pl zool* Hasen *m pl*.
lepr|a *f med* Lepra *f*, Aussatz *m* | **~oma** *m* Leprom *n* | **~ós** (-**osa** *f*) *adj* aussätzig, leprös || *s/mf* Aussätzige(r *m*), Leprakranke(r) *m/f* | **~oseria** *f* Leprosorium *n* | Leprastation *f*.
lept|ó *m fís* Lepton *n* | **~ocèfal** *adj anat* leptozephal, kleinköpfig | **~ònic** *adj* Lepton... | *nombre* ~ Leptonenzahl *f* | **~osomàtic** *adj* leptosom.
leri-leri *adv: he estat* ~ *de caure daltabaix* ich wäre beinahe (*od* um e. Haar) hinuntergefallen | *la feina està* ~ die Arbeit ist so gut wie erledigt | *el malalt està* ~ (*de morir*) der Kranke liegt im Sterben.
les[1] *pron pers s: el*[1].
les[2] *art def s: el*[2].
les[3] *adj* verletzt | beschädigt | *crim de* ~*a majestat* Majestätsbeleidigung *f*.
lesbi|à (-**ana** *f*) *adj* lesbisch || *s/mf* Lesbier(in *f*) *m* || *s/f psic* Lesbierin, *umg* Lesbe *f* | **~anisme** *m* lesbische

lèsbic

Liebe *bzw* Veranlagung *f*.
lèsbic *adj psic* lesbisch.
lesi|ó *f med* Verletzung *f* | *dr* (Be)Schädigung *f* | **~onar** (33) *vt a. fig* verletzen | *dr* (be)schädigen, übervorteilen | **~u** (**-iva** *f*) *adj* verletzend | (be)schädigend.
letal(**ment** *adv*) *adj* (*m/f*) tödlich, *med a.* letal.
let|argia *f* Lethargie *f* | *med a.* Schlafsucht *f* | *fig a.* Teilnahmslosigkeit *f* | *zool:* **~** *d'hibernació* (*d'estivació*) Winter-(Sommer-)schlaf *m* | **~àrgic(ament** *adv*) *adj a. fig* lethargisch.
letícia *f lit* Freude, Heiterkeit *f*.
letífer *adj med* todbringend, tödlich.
letífic *adj* erfreuend, erheiternd.
let|ó (**-ona** *f*) *adj* lettisch || *s/mf* Lette *m*, Lettin *f* || *s/m ling* Lettisch *n* | *el* **~** das Lettische | **~ònia** *f* Lettland *n*.
leuc|èmia *f* = **~osi** | *q quím* Leucin, Leuzin *n* | **~ita** *f min* Leuzit *m* | **~òcit** *m anat* weißes Blutkörperchen *n*, Leukozyt *m* | **~ocitosi** *f med* Leukozytose *f* | **~opènia** *f med* Leukopenie *f* | **~orrea** *f med* Leukorrhöe *f*, Weißfluß *m* | **~osi** *f med* Leukämie *f*.
Leviatan *m bíbl* Leviathan *m* | *text:* **~** Waschzug, Leviathan *m*.
leviga|ció *f* Abschlämmen *n* | **~r** (33) *vt quím indús* abschlämmen.
levirat *m hist* Leviratsehe *f*.
levita *m bíbl catol* Levit *m* | (*Jacke*) Gehrock *m*.
levita|ció *f* Levitation *f* | **~t** *f* Leichtigkeit *f*.
levític *adj* levitisch.
levo|gir, **~rotatori** (**-òria** *f*) *adj fís quím* lävogyr, linksdrehend.
levulosa *f quím* Lävulose *f*.
lèxic *adj ling* lexikal(isch) || *s/m* Lexikon *n*, Wortschatz *m* | Lexikon, Wörterbuch *n* | (*-er Person*) Wortschatz *m*, Vokabular *n*.
lexic|al *adj* (*m/f*) lexikalisch | **~alització** *f* Lexikalisierung *f* | **~ó** *m* (*generative Grammatik*) Lexikon *n* | **~ògraf** *m* Lexikograph(in *f*) *m* | **~ografia** *f* Lexikographie *f* | **~ogràfic** *adj* lexikographisch | **~òleg** (**-òloga** *f*) *m* Lexikologe *m*, Lexikologin *f* | **~ologia** *f* Lexikologie *f* | **~ològic** *adj* lexikologisch.
li (**els** *pl*; a. **hi, los, 'ls**) (21 *u.* 24) *pron pers* ihm, ihr | Ihnen | **~** *ho comunicaré a ell* (*ella, vostè*) ich werde es ihm (ihr, Ihnen) mitteilen | *els vaig escriure* (od *vaig escriure'ls*) *fa poc* ich schrieb ihnen (*bzw* Ihnen) vor kurzem | **~** *dónes els llibres o no els hi dónes?* gibst du ihm (*od* ihr) die Bücher oder gibst du sie ihm (*od* ihr) nicht? | (*n'hi statt li'n*) *fam:* **dóna-n'hi!** statt **dóna-li'n!** gib ihm (*od* ihr) davon!

liana *f bot* Liane *f*.
li|as *m geol* Lias *m* | **~àsic** *adj* Lias..., liassisch.
libació *f* Nippen, Schlürfen *n* | *hist* Libation *f*, Trankopfer *n*.
Líban *m: el* **~** der Libanon.
libanès (**-esa**) *adj* libanesisch || *s/mf* Libanese *m*, Libanesin *f*.
libel *m* Schmähschrift *f*, Libell *n* | *dr hist* Klageschrift *f*, Libell *n* | **~·lista** *m/f* Libellist(in *f*) *m*.
libèl·lula *f entom* Libelle *f*.
líber *m bot* Bast *m*.
liberal(**ment** *adv*) *adj* (*m/f*) freigebig, freisinnig, *a. polít* liberal | freiheitlich | großzügig | (*Berufe, Künste*) frei || *s/m/f polít* Liberale(r *m*) *m/f* | **~isme** *m* Liberalismus *m* | *econ* freie Wirtschaft *f* | **~itat** *f* Freigebigkeit *f* | Liberalität *f* | **~ització** *f* Liberalisierung *f* | **~itzar** (33) *vt* liberalisieren.
Lib|èria *f* Liberia *n* | **~erià** (**-ana**) *adj* liberisch || *s/mf* Liberianer(in *f*) *m*.
libèrrim *adj lit* (*sup von* lliure) höchst frei.
libi (**líbia** *f*) *adj* libysch || *s/mf* Libyer(in *f*) *m*.
Líb|ia *f* Libyen *n* | **~ic** *adj* libysch || *s/m ling* Libysch *n* | *el* **~** das Libysche.
libid|inal *adj* (*m/f*) *psic* libidinös | **~inós** (**-osa** *f*) *adj* lüstern | triebhaft | **~inositat** *f* Lüsternheit *f* | Triebhaftigkeit *f* | **~o** *f psic* Libido *f*.
libració *f astr* Libration *f*.
licaó *m zool* Hyänenhund *m*.
liceu *m hist filos* Lyzeum *n* | literarischer Klub *m*.
lícit(**ament** *adv*) *adj* erlaubt, statthaft, zulässig.
licita|ció *f* Bieten *n* | Ersteigerung *f* | **~dor**(**a** *f*) *m* Bieter(in *f*) *m* | **~r** (33) *vt dr* (*Auktion*) bieten auf (*ac*) | ersteigern.
licitud *f* Statthaftigkeit, Zulässigkeit *f*.
lico|perdàcies *f pl bot* Weichboviste *m pl* | Stäublinge *m pl* | **~podi** *m bot* Bärlapp *m* | **~podiàcies** *f pl bot* Bärlappgewächse *n pl*.
licor *m* Likör *m* | *med* Liquor *m* | **~era** *f* Likör-ständer *m bzw* -tablett *n* |

~ista *m/f* Likör-fabrikant(in *f*) *m bzw* -verkäufer(in *f*) *m* | **~ós (-osa** *f*) *adj* likörartig, spirituos.
lictor *m hist* Liktor *m*.
líder *m* Führer *m* | *esport* Tabellenführer *m*; Erste(r) *m* || *adj* (*m/f*): *una empresa* ~ e. führendes Unternehmen.
liderat *m* Führung *f*.
lidi (lídia *f*) *adj* lydisch || *s/mf* Lydier(in *f*).
Lídia *f* Lydien *n*.
Lieja *f* Lüttich *n*.
lign|i (lígnia *f*) *adj* holzig, holzartig | **~ificació** *f* Verholzung *f* | **~ificar** (33) *vt* in Holz verwandeln | **~ificar-se** *v/r* verholzen | **~ina** *f quím* Lignin *n* | **~it** *m* Braunkohle *f*, Lignit *m* | **~ític** *adj* lignit-artig *bzw* -haltig.
lígula *f bot* Blatthäutchen *n*, Ligula *f*.
liguliflores *f pl bot* Zungenblütige *f pl*.
lígur *adj* (*m/f*) ligurisch || *s/m/f* Ligurer(in *f*) *m* || *s/m ling* Ligurisch *n* | *el* ~ das Ligurische.
Ligúria *f* Ligurien *n*.
lil|a *adj* (*m/f*) lila || *s/m* Lila *n* || *s/f bot* = **~à** | **·à** *adj* (*m/f*) fliederfarben || *s/m* (Zart)Lila *n* | *bot* Flieder *m* | ~ *de Pèrsia* Persischer Flieder *m* | ~ *de terra* Spornblume *f*.
lili|aci (-àcia *f*) *adj* lilienartig | **~àcies** *f pl bot* Liliengewächse *n pl*.
lil·liputenc *adj* liliputanisch | Liliputaner... || *s/mf* Liliputaner(in *f*) *m*.
limbe *m bot tecn* Limbus *m*.
limf|a *f anat* Lymphe *f* | **~adenoma** *m med* Lymphadenom *n* | **~angitis** *f med* Lymphangitis *f* | **~àtic** *adj* lymphatisch | *ganglis* (*vasos*) ~*s* Lymph-knoten *m pl* (-gefäße *n pl*) | **~atisme** *m med* Lymphatismus *m* | **~òcit** *m* Lymphozyt *m* | **~oma** *m med* Lymphom *n*.
limícola *adj* (*m/f*) *biol* limikol, schlammbewohnend || *s/m ornit* Limikole, Watvogel *m*.
liminar *adj* (*m/f*) einleitend | Einleitungs...
límit *m a. fig* Grenze *f* | *bes econ esport* Limit *m* | *mat* Limes, Grenzwert *m* | ~ *d'edat* Altersgrenze *f* | *sense* ~*s* grenzenlos | *conèixer els seus* ~*s* s-e Grenzen kennen | *no tenir* ~*s* k-e Grenzen kennen | *tot té un* ~ od *els seus* ~*s* alles hat s-e Grenzen || *inv* (*als Apposition*) Grenz... | *situació* ~ Grenzsituation *f*.

lim|itació *f* Beschränkung *f* | Einschränkung *f* | Begrenzung *f* | *econ* Limitierung *f* | ~ *d'armaments* Rüstungsbeschränkung *f* | ~ *de velocitat* Geschwindigkeitsbegrenzung *f* | **~itar** (33) *vt* begrenzen | beschränken | einschränken || *vi* grenzen (*amb an ac*) | **~itar-se** *v/r* s. be-, ein-schränken | ~ *a u/c* s. auf etw (*ac*) beschränken | ~ *a fer u/c* s. darauf beschränken, etw zu tun | **~itat (-ada** *f*) *adj* begrenzt | beschränkt | knapp | **~ítrof** *adj* angrenzend | *país* ~ Grenzland, Nachbarland *n*.
límnic *adj geol* limnisch.
limn|ígraf *m* Limnograph *m* | **~ímetre** *m* Limnimeter *n* | **~ologia** *f* Limnologie, Seekunde *f* | **~oplàncton** *m* Limnoplankton *n*.
limonita *f* Brauneisenstein, Limonit *m*.
límpid(ament *adv*) *adj lit* klar | lauter.
limpid|esa, ~itat *f* Klarheit *f* | Lauterkeit *f*.
linàcies *f pl bot* Leingewächse *n pl*.
linea|l *adj* (*m/f*) linienförmig | geradlinig | *geom mat gràf* linear | *dibuix* ~ Linearzeichnen *n* | *equació* ~ lineare Gleichung *f* | *mesures* ~*s* Längenmaße *n pl* | **~ment** *m* Umrißlinie *f* | **~r** *adj* (*m/f*) = **lineal** | *bot* (*Blatt*) linealisch.
lingot *m met* Barren *m* | ~ *d'or* (*de plata*) Gold-(Silber-)barren *m* | **~era** *f met* Kokille, Gußform *f*.
ling|ual *adj* (*m/f*) Zungen... | *med ling a.* lingual | **~üiforme** *adj* (*m/f*) zungenförmig | **~üista** *m/f* Linguist(in *f*), Sprach-wissenschaftler(in *f*), -forscher(in *f*) *m* | **~üístic** *adj* linguistich, sprachwissenschaftlich || *s/f* Linguistik, Sprachwissenschaft *f* | ~*a matemàtica* mathematische Linguistik *f*.
líni|a *f geom fís circ mil* Linie *f* | *bes gràf* Zeile *f* | Reihe *f* | (*Bus, Bahn*) *a.* Strecke *f* | *elect telecom* Leitung *f* | ~ *de conducta* Lebensregel; Richtschnur; Haltung *f* | *en tota la* ~ auf der ganzen Linie | *traçar una* ~ e-e Linie ziehen | ~ *aèria* Fluglinie *f* | ~ *ferroviària* Bahnlinie *f* | ~ *de flotació* Wasserlinie *f* | ~ *marítima* Schiffahrtslinie *f* | *nàut: vaixell de* ~ Linienschiff *n* | (*Genealogie*) ~ *col·lateral* Nebenlinie *f* | ~ *ascendent* (*descendent*) aufteigende (absteigende) Linie *f* | ~ *masculina* Mannesstamm *m* | *no hi ha* ~ (*telecom*) die Leitung ist besetzt |

primera ~ (*mil*) Front(linie) *f* | **seguir la ~ recta** (*fig*) auf dem geraden Weg bleiben.
linier *m esport* Linienrichter *m*.
liniment *m med* Einreibemittel, Liniment *n*.
lin|oleic *adj:* **àcid ~** Linolsäure *f* | **~òleum** *m* Linoleum *n*.
linotip *f gràf* Linotype, Zeilensetzmaschine *f* | **~ista** *m/f* Linotyp-, Zeilen-setzer(in *f*) *m*.
linx *m zool* Luchs *m* | **tenir vista de ~** Augen wie ein Luchs haben.
linxa|ment *m* Lynchen *n* | Lynchmord *m* | **~r** (33) *vt* lynchen.
Lió *m* Lyon *n*.
liofilitza|ció *f quím* Gefriertrocknung, Lyophilisation *f* | **~dor** *adj* gefriertrocknend || *s/m* Gefriertrockner *m* | **~r** (33) *vt* gefriertrocknen, lyophilisieren.
lionès (-esa) *f) adj* Lyoner || *s/mf* Lyoner(in *f*) *m* || *s/f gastr* Windbeutel *m*.
lipèmia *f med* Lipämie *f*.
lípid *m biol quím* Lipid *n*.
lip|òfil *adj quím* lipophil | **~oide** *m* Lipoid *n* | **~olític** *adj* fettspaltend | **~oma** *m med* Fettgeschwulst *f*, Lipom *n*.
li|quable *adj (m/f) fís quím* verflüssigbar | **~quació** *f met* Seigerung *f* | *fís quím* = **~qüefacció** | **~quadora** *f gastr* Entsafter *m* | **~quar** (33) *vt gastr* entsaften | *met* seigern | *fís quím* = **~qüefer** | **màquina de ~** (*gastr*) Entsafter *m* | **~qüefacció** *f fís quím* Verflüssigung, Liquefaktion *f* || **~qüefer** (33) *vt fís quím* verflüssigen.
liquen *m bot med* Flechte *f*, Lichen *m* | **~ negre** od *d'Islàndia* Island-flechte, -moos *n* | **~ologia** *f bot* Lichenologie *f*.
líquid *adj* flüssig | *com a.* rein; liquid, bar, Bar... | verfügbar; unbelastet, schuldenfrei, Netto... || *s/m* Flüssigkeit *f* || *s/f ling* Liquida *f*, Fließlaut *m*.
liquid|able *adj (m/f)* verflüssigbar | *com* liquidierbar; begleichbar | **~ació** *f* Flüssigmachen *n* | *com* Abrechnung, Liquidation *f*; Ausverkauf *m* | **~ de temporada** Schlußverkauf *m* | **~ total** od *general* Räumungs-, Total-ausverkauf *m* | **~ador** *adj* liquidierend || *s/mf* Liquidator(in *f*) *m* | **~ar** (33) *vt fís quím* flüssig machen, verflüssigen | *com econ* liquidieren; (*Schuld, Rechnung*) *a.* begleichen; (*Schuld*) *a.* tilgen;

(*Geschäft*) *a.* auf-lösen, -geben; (*Waren*) ausverkaufen | *fig fam (a. j-n)* liquidieren, erledigen | **~itat** *f* (*Zustand*) Flüssigkeit *f* | *com* Liquidität *f*.
lira[1] *f mús* Leier, Lyra *f* | *fig* dichterische Inspiration *f* | *astr:* ⌞ Leier, Lyra *f*.
lira[2] *f* (*Währungseinheit*) Lira *f* (*Italien*); Pfund *n* (*Türkei*).
líric *adj Lit mús* lyrisch | **un tenor ~** e. lyrischer Tenor *m* || *s/f Lit* Lyrik *f*.
lirisme *m* Lyrismus *m*.
liró (-ona *f) adj* schlafmützig || *s/m zool* Siebenschläfer *m* || *s/mf fig fam* Schlafmütze *f*.
lis *bot* Lilie *f* | **flor de ~** (*hist*) Wappenlilie *f*.
Lisbo|a *f* Lissabon *n* | **~eta** *adj* (*m/f*), **~nès (-esa** *f) adj* Lissaboner || *s/mf* Lissaboner(in *f*) *m*.
lis|i *f biol med* Lysis, Auflösung *f* | **~ina** *f med* Lysin *n* | **~osoma** *m biol* Lysosom *n* | **~ozim** *m biol* Lysozym *n*.
lita|gog *m med* Lithagogum *n* | **~rgiri** *m min* Bleiglätte *f*.
litera|l(ment *adv) adj (m/f)* wörtlich | buchstäblich | **traducció ~** wörtliche Übersetzung *f* | *mat:* **equació ~** Buchstabengleichung *f* | **~litat** *f* Wörtlichkeit *f* | Buchstäblichkeit *f* | **~ri (-ària** *f*, **-àriament** *adv) adj* literarisch | Literatur... | (*Ausdrucksweise, Stil*) *a.* gehoben; bildungssprachlich | **crítica literària** Literaturkritik *f* | **gènere ~** Literaturgattung *f* | **~t(a** *f*) *m* Literat(in *f*), Schriftsteller(in *f*) *m* | **~tura** *f* Literatur *f* | (*Tätigkeit*) Schriftstellerei *f* | **~ barata** od **de baixa estofa** Schundliteratur *f* | **història de la ~** Literaturgeschichte *f* | **~ universal** Weltliteratur *f*.
liti *m quím* Lithium *n* | **~asi** *f med* Steinleiden *n*, Lithiasis *f*.
lític *adj* Stein... | *quím* Lithium..., *bes* Lithium-I-... | **àcid ~** Harnsäure *f*.
litig|ant *adj dr* prozeßführend | **~ar** (33) *vt/i* = **pledejar** | **~i** *m dr* Rechtsstreit, Prozeß; Streitgegenstand *m* | *fig* Disput *m*, Diskussion *f*, (Wort)Streit *m* | **un territori en ~** e. umstrittenes Gebiet | **~iós (-osa** *f) adj bes dr* streitig | *fig* strittig, umstritten | Streit... | **~iosament** *adv dr* durch Rechtsstreit.
litina *f quím* Lithiumoxyd *n*.
lit|ocromia *f gràf* Chromolithographie *f* | **~òfag** *adj biol* lithophag | **~ofania** *f art* Lithophanie *f* | **~ogen (-ògena** *f) adj* lithogen, steinbildend | **~ogènesi**

litoral

f geol Lithogenese, Steinbildung(swissenschaft) *f* | **~oglífia** *f* Lithoglyptik, Steinschneidekunst *f* | **~ògraf**(**a** *f*) *m* **gràf** Litho-graph(in *f*), -graf(in *f*) *m* | **~ografia** *f* Litho-graphie, -grafie *f*, Steindruck *m* | **~ografiar** (33) *vt* lithographieren *m* | **~ogràfic**(**ament** *adv*) *adj* lithographisch | **~òleg** (**-òloga** *f*) *m* Lithologe *m*, -gin *f* | **~logia** *f* Lithologie, Gesteinskunde *f* | **~lògic** *adj* lithologisch.

litoral *adj* (*m/f*) Ufer..., Küsten..., *geog* litoral | *fauna* ~ Litoralfauna *f* || *s/m* Ufer-, Küsten-gebiet, *geog* Litoral(e) *n*.

lito|scopi *m med* Lithoskop *n* | **~sfera** *f geol* Lithosphäre *f*.

lítote *f ret* Litotes *f*.

lit|òtom *m med* Lithotom *n* | **~otomia** *f med* Lithotomie, Steinoperation *f* | **~otrípsia** *f med* Lithotripsie *f* | **~otritor** *m med* Lithotripter *m*.

litràcies *f pl bot* Weiderichgewächse *n pl*.

litre *m* Liter *m/n* | *dos* ~**s** *de llet* zwei Liter *pl* Milch | *una ampolla de* ~ e-e Literflasche *f*.

lituà (**-ana** *f*) *adj* litauisch || *s/mf* Litauer(in *f*) *m* || *s/m ling* Litauisch *n* | *el* ~ *das Litauische* | **~nia** *f* Litauen *n*.

lit|úrgia *f ecl* Liturgie *f* | **~úrgic**(**ament** *adv*) *adj* liturgisch | **~urgista** *m/f* Liturgiekundige(r *m*) *m/f*.

lívid *adj* schwarzblau, dunkelviolett | *p ext* bläulich, fahl, totenbleich | *med* livid(e).

lividesa *f* Fahlheit, Totenblässe *f*.

liv|onià (**-ana** *f*) *adj* livländisch || *s/mf* Livländer(in *f*) *m* | **~ònia** *f* Livland *n*.

lixivia|ció *f* Auslaugung *f* | Auswaschung *f* | **~r** (33) *vt* auslaugen, auswaschen.

lla *adv ant* = **allà** | *s: ça*.

llac *m* (Binnen)See *m* | Schlick *m* | *el* ~ *de Constança* der Bodensee.

llaç *m* (*a. Schuh, Hals*) Schleife *f* | Schlinge *f* | (*Krawatte*) Fliege *f* | *caç* (Fang)Schlinge *f*; Lasso *n/m* | *fig* Bindung *f* | *fig* Falle, Schlinge *f* | *caure al* ~ in die Falle gehen | *llançar el* ~ das Lasso werfen | *parar el* ~ e-e Falle stellen | ~ *de cable* (*nàut*) Stropp *m* | *els* ~**os** *de l'amistat* die Bande *n pl* der Freundschaft.

llaca *f* Schlamm *m* (*nach Regen auf den Feldern*) | **~da** *f* Schlamm *m* (*nach Überschwemmung*).

lla|çada *f* Binde *f*, Band *n*, Streif(en) *m* | Schlinge *f* | **~çar** (33) *vt* zusammenbinden | zubinden | **~cer**(**a** *f*) *m* Lassowerfer(in *f*) *m* | Schlingenleger(in *f*) *m* | **~cera** *f caç* Schlinge; Falle *f* | **~ceries** *f pl arquit* Entrelacs *n pl*.

llac|or *f lit* Morast, Schlamm *m* | **~orós** (**-osa** *f*), **~ós** (**-osa** *f*) *adj* morastig, schlammig | **~una** *f* Teich *m* (*am Meer*) Lagune *f* | *fig* (*Text, Gedächtnis*) Lücke *f*.

lladella *f entom* Filzlaus *m*.

lladern *m* = **aladern**.

lladra|cà *m bot* Wasserdost *m*, Kunigundenkraut *n* | **~dissa** *f* Gebell *n* | **~dor** *adj*, **~ire** *adj* (*m/f*) viel bellend | *el nostre gos és molt* ~ unser Hund bellt viel | **~ment** *m* Bellen *n* | Gebell *n* | *fig* Drohung *f* (*mit Worten*) | **~r** (33) *vi* bellen | *fig* drohen | ~ *a alg* j-n anbellen; *fig* j-m drohen.

lladr|e *m/f* Dieb(in *f*) *m* | (*bes mit Gewalt*) Räuber(in *f*) *m* | *fig a*. Gauner(in *f*) *m* | *elect pop* Dreifachstecker *m* | *tèxt* Übertragungswalze *f* | ~ *de camí ral* Wegelagerer *m* | *com un* ~ (*loc adv fam*) mordsmäßig, gewaltig | *m'he atipat com un* ~ ich habe mich (*od* mir den Bauch) vollgeschlagen | *jugar a* ~**s** *i serenos* Räuber u. Gendarm spielen | **~egada** *f* = **~egam** | Diebesstreich *m* | **~egam** *m* Diebsgesindel, Diebespack *n* | **~egot**(**a** *f*) *m fam* kl(r) Dieb *m*, kl(e) Diebin *f*, Spitz-bube *m*, -bübin *f* | **~egueig** *m* (Gelegenheits)Dieberei *f* | **~eguejar** (33) *vi* = **lladrunyar** | **~emaner**(**a** *f*) *m* Taschendieb(in *f*) *m* | **~eria** *f* Dieberei *f* | **~iola** *f reg* Sparbüchse *f* | **~ó** *m constr* Saugheber *m* | **~onejar** (33) *vi* = **lladrunyar** | **~onera** *f* Diebes-höhle *f*, -nest *n* | **~onia** *f* Dieberei *f* | **~onici** *m* (*bes* fortgesetzter) Diebstahl *m*.

lladruc *m* (Auf)Bellen *n*.

lladruny *m* (Gelegenheits)Diebstahl *m*, *umg* Spitzbüberei *f* | **~ar** (33) *vi* gelegentlich stehlen; ab und zu etwas mitgehen lassen.

llagast(**a** *f*) *m entom* Zecke *f*.

llagost *m entom* = **~a** | **~a** *f entom* Heuschrecke *f* | *crust* (Gemeine) Languste *f* | ~ *migratòria* Wanderheuschrecke *f* | **~ada** *f* Heuschreckenschwarm *m* | *gastr* Langustenessen *n* | **~era** *f* Langustenreuse *f* | **~í** *m crust* Garnele *f* («Penaeus kerathurus»).

llagot *m* Schmeichelei *f* | **~ejar** (33) *vt* (*j-m*) schmeicheln, schöntun | **~er**

llàgrima *adj* schmeichelnd | *s/mf* Schmeichler(in *f*) *m* | **~eria** *f* Schmeichelei, Schöntuerei *f*.

llàgrima *f* Träne *f* | *poèt* Zähre *f* | *llàgrimes de cocodril* Krokodilstränen *f pl* | *llàgrimes de joia* Freudentränen, Tränen *f pl* der Freude | *llàgrimes de Job* (*bot*) Hiobsträne *f* | *amb llàgrimes als ulls* mit Tränen in den Augen | *desfer-se en llàgrimes* in Tränen zerfließen | *plorar* (*vessar*) *llàgrimes de sang* blutige Tränen weinen (vergießen) | *em van venir les llàgrimes als ulls* mir traten (*od* stiegen) die Tränen in de Augen.

llagrim|all *m* = **~er** | **~eig** *m* Tränen *n* | *med* Tränenfluß *m* | **~ejar** (33) *vi* tränen | *els ulls em llagrimegen* mir tränen die Augen | **~er** *m anat* (innerer) Augenwinkel *m* | **~ós** (-osa *f*, -osament *adv*) *adj* (*Augen*) tränend; verweint |(*Geschichte, Film*) rührselig.

llagut *m nàut* (*Art*) Feluke *f*.
llama[1] *m zool* Lama *n*.
llama[2] *f tèxt* Lamé *m*.
llamàntol *m crust* Hummer *m*.
llambord|a *f* Pflasterstein *m* | **~í** *m* kl(r) Pflasterstein *m*.
llambr|(ej)ar (33) *vi* glitzern, blitzen, spiegeln | **~ec** *m*, **~egada** *f* rascher, verstohlener Blick *m* | **~ega** *f ict* = **tord** | **~egar** (33) *vt* verstohlen ansehen || *vi* um s. blicken | **~eig** *m* Glitzern, Blitzen, Spiegeln *n*.
llambrequí *m* (*Wappen*) Helmdecke *f*.
llambresc *adj reg* behend(e).
llambric *m zool* Regenwurm *m*.
llambritja *f ornit* Seeschwalbe *f*.
llambroixar (33) *vt Bal* (*Huf*) raspeln.
llambrot *m fam* Lippe *f* | *llepar-se'n els ~s* s. die Lippen (*fig* die Finger danach) lecken.
llambrusca *f bot* Fuchsrebe *f*.
llam|enc *adj* (*im Essen*) wählerisch, heikel, *nordd* krüsch | **~í** *m*, **~inadura** *f* (*oft pl*) Leckerei(en *pl*) *f* | **~inejar** (33) *vi* naschen, Leckereien essen, *südd* schlecken | **~iner** *adj* naschhaft | *fig a.* anziehend || *s/mf* Naschkatze *f*, Lecker-, Schlecker-maul *m* | **~ineria** *f* Naschhaftigkeit *f* | = **~inadura**.
llamp *m* Blitz(schlag) *m* | *~ del sostre* (*gastr*) (hängende) Schlackwurst *f* | *com un ~* blitzschnell; (schnell) wie der Blitz | *~ del cel!* od *mal ~!* Donnerwetter! | *un arbre tocat del ~* e. vom Blitz getroffener Baum | *el ~ ha caigut al campanar* der Blitz (*od* es) hat in den Kirchturm eingeschlagen | **~ada** *f* Lichtstrahl *m* | Blitzstrahl *m* | *de ~* (*loc adv*) in (*od* mit) Blitzesschnelle | **~adura** *f* (*Pflanzen*) Dürre *f*; Verdorren *n* | **~ant** *adj* (*m/f*) (funkel)nagelneu | blitzblank | (*Farbe*) schreiend, grell || *adv* blitzschnell | **~ar** (33) *vt* treffen; einschlagen in (*ac*) (*Blitz*) || *v/imp* = **~egar** | **~ar-se** *v/r* dürr werden, verdorren (*Pflanze*) | e-n Schlaganfall erleiden (*Person*) | **~ec** *m* Blitz(strahl) *m* | Wetterleuchten *n* | *fig* Augenblick *m* | *com un ~* wie der Blitz || *inv* (*als Apposition*) Blitz... | *visita ~* Blitzbesuch *m* | **~egadera**, **~egadissa** *f* Blitzen *n* | Wetterleuchten *n* | **~egant** *adj* (*m/f*) blitzend | *fig* grell | **~egar** (33) *v/imp*: *ha llampegat es hat geblitzt* | *al lluny llampegava in der Ferne wetterleuchtete es* | **~egueig** *m* Blitzen *n* | Wetterleuchten *n* | **~eguejar** (33) *vi* (auf)blitzen; funkeln, glänzen || *v/imp* = **~egar** | **~eró** *m* Kreiselschnur *f* | **~ferit** (-ida *f*) *adj* vom Blitz getroffen.
llàmpit *m oc* = **llampec**.
llampó *m* Wetterleuchten *n*.
llampre(s)a *f ict* Neunauge *n* | *~ de mar* Meerneunauge *n*, Lamprete *f* | *~ de riu* (*rierol*) Fluß-(Bach-)neunauge *n*.
llamp|uc *m Bal* = **llampec, llampó** | **~údol** *m* = **aladern** | **~uga** *f ict* Goldmakrele *f* | **~uga** (33) *v/imp* = **llampegar** | **~urnar** (33) *vi* funkeln, glitzern | **~urneig** *m* Funkeln, Glitzern *n* | **~urnejar** (33) *vi* flimmern (*a. Augen*) | = **~urnar** | **~urnetes** *f pl* Flimmern *n*.
llana *f* Wolle *f* | Wollstoff *m* | *~ bruta* Rohwolle *f* | *~ dolça* od *fil de ~* Wollgarn *n* | *articles de ~* Wollwaren *f pl* | *mitges de ~* wollene Strümpfe *m pl* | *vestits de ~* Wollkleidung *f* || *fig fam*: *tenir* (od *portar*) *~ al clatell* e. Brett vor dem Kopf haben | *treure a alg la ~ del clatell* j-m die Augen öffnen | **~t** (-ada *f*) *adj* wollig, mit Wolle bedeckt | *s/f mil* (Kanonen)Wischer *m* | *nàut* Teerwerkzeug *n*.
llan|ça *f* Lanze *f* | (*Wagen*) Deichsel *f* | *~ de Crist* (*bot*) Natternzunge *f* | *fig*: *rompre una ~ per alg* für j-n e-e Lanze brechen | **~çacaps** *m nàut* Seilwerfer *m* | **~çacoets** *m* mil Raketenwerfer *m* | **~çada** *f* Lanzen-stich,

-stoß *m* | **~çador** *adj* werfend | Wurf... || *s/f* Werfer(in *f*) *m* | ~ *de disc (javelina)* Diskus-(Speer-)werfer *m* || *s/f* **tèxt** Schiffchen *n* | *aeron:* ~**a espacial** Raum-fähre *f,* -transporter *m* | **~çaflames** *m mil* Flammenwerfer *m* | **~çagranades** *m* Granatwerfer *m* | **~çament** *m* Werfen *n*; Wurf *m* | Schleudern *n* | *(Produkt)* Einführung; Lancierung *f* | *dr* Enteignung; Exmission *f* | *(Ballast, Bombe, Fallschirm)* Abwurf *m* | *(Rakete)* Abschuß, Start *m* | *(Schiff)* Stapellauf *m* || *esport:* ~ *de bola* Kugelstoßen *n* | ~ *de disc (javelina, martell)* Diskus-(Speer-, Hammer-)werfen *n* | *un* ~ *de trenta metres* e. Dreißigmeterwurf *m* | ~ **lliure** Freiwurf *m* | **~çamíssils** *adj inv* (Raketen)Abschuß... || *s/f* Raketen(abschuß-)basis; -rampe, Abschuß-basis; -rampe *f* | **~çar** (33) *vt a.* **esport** werfen | schleudern | *com (Produkt)* einführen; lancieren | *dr* enteignen; exmittieren | *(Ballast, Bombe, Fallschirm)* abwerfen | *(Rakete)* abschießen, starten | *(Torpedo)* abfeuern | *(Schiff)* vom Stapel lassen | *(Schrei)* ausstoßen | *(Mode)* aufbringen | *(Pferd)* antreiben | ~ *una pilota (mirada)* a alg j-m e-n Ball (Blick) zuwerfen | ~ *els gossos a alg* die Hunde auf j-n hetzen *od* loslassen | ~ *alg a fer u/c* j-n antreiben, etw zu tun | **~çar-se** *v/r:* ~ *a l'aigua (l'aventura)* s. ins Wasser (Abenteuer) stürzen | ~ *amb paracaiguda* mit dem Fallschirm abspringen | ~ *contra alg* s. auf j-n stürzen; über j-n herfallen | **~çatorpedes** *m* Torpedoausstoßrohr *n* | **~cejar** (33) *vt* mit der Lanze verwunden | **~cer** *m* Lancier *m* | Lanzenmacher *m* || *pl (Tanz)* Lanciers *pl* | **~cera** *f* Lanzenständer *m* | **~ceta** *f med* Lanzette *f* | Schnäpper *m* | **~cetera** *f med* Lanzettenetui *n* | **~cívol** *adj* Wurf..., Schleuder... | *arma* ~**a** Schleuderwaffe *f*.

llanda *f* Felge *f,* Radkranz *m*.

llane|jar (33) *vi gastr* nach Wolle schmecken | **~r** *adj* Woll... | *indústria* ~**a** Wollindustrie *f* || *s/mf* Wollwarenhändler(in *f*) *m* | **~ria** *f* Wollwaren *pl* | Wollweberei *f* | Wollgeschäft *n* | **~ta** *f* feiner Wollstoff *m*.

llangardaix *m zool* (Halsband)Eidechse *f* | ~ *verd* Smaragdeidechse *f*.

llang|or *f* Mattigkeit *f* | Kraftlosigkeit *f* | Schlaffheit *f* | Abgespanntheit *f* | **~orós** (-osa *f,* -osament *adv) adj* matt | kraftlos | schlaff | abgespannt | **~uiment** *m* = **llangor** | **~uir** (37) *vi* schmachten | dahinsiechen, -welken | verkümmern | ~ *d'amor* s. in Liebe verzehren.

llan|ós (-osa *f*) *adj* wollig | flaumig | *bot a.* wollhaarig | **~ositat** *f* Wolligkeit *f*.

llanta *f* = **llanda**.

llantern|a *f* (Hand)Laterne *f* | Taschenlampe *f* | *constr* = **~ó** | ~ *màgica* Laterna magica *f* | ~ *sorda* Blendlaterne *f* | **~ó** *m constr* Laterne *f* | *tecn* Ritzel *n*.

llàn|tia *f* Öl-, Petroleum-lampe *f* | = **làmpada** | *fig fam* (Öl-, Fett-)Fleck *m* | ~ *de seguretat* Sicherheitslampe, Grubenlampe *f*.

llant|ier *m* Lampenanzünder *m* | Lampen-halter, -ring *m* | **~ió** *m* Lampion *m* | Lämpchen *n* | **~iós** (-osa *f*) *adj* fleckig | **~ó** *m (Lampe)* = **llàntia** | **~oner** *m* Lampenhalter *m*.

llanut (-uda *f*) *adj* wollig | zottig | *fig fam* beschränkt; ungeschliffen, grob.

llanx|a *f nàut a. mil* Boot *n* | (größer) Barkasse *f* | ~ *automòbil od motora (canonera, de salvament, ràpida)* Motor-(Kanonen-, Rettungs-, Schnell-)boot *n* | **~ada** *f* Boots-, Barkassen-ladung *od* -fracht *f* | **~er(a** *f*) *m* Bootsführer(in *f*) *m*.

llaor *f lit* Lob *n* | Loben *n*.

llapass|a *f bot* Klette *f* | ~ *borda* Italienische Spitzklette *f* | **~era** *f bot* Hundszunge *f*.

llapi|dera *f* Bleistifthalter *m* | Bleistift *m* | **~s** *m* Bleistift *m* | ~ *de les celles (dels llavis)* Augenbrauen-(Lippen-)stift *m* | ~ *vermell (a. fig)* Rotstift *m* | *una capsa de* ~ *de colors* e-e Schachtel Buntstifte.

llapó *m bot* Grünalgenüberzug *m* | Grünspan *m* | *(auf Ziegeln)* Moos *n*.

llaquim *m* Schlamm *m* | Morast *m*.

llar *f* (a. ~ *de foc)* Kamin *m* | *p ext* Heim *n*, Heimstätte *f* | ~ *d'infants* (Kinder)Krippe *f*; Kindergarten *m*.

llard *m* (Schweine)Schmalz *n* | **~er** *adj* Schmalz... | *s: dijous* ~ **issós** (-osa *f*) *adj* = **~ós** | **~ó** *m* Griebe *f* | **~ós** (-osa *f*) *adj* speckig | fettig | schmierig | **~ufa** *f* = **~ó**.

llarg *adj a. ling* lang | *(Weg, Reise) a.* weit | *fam* (hochgewachsen) lang | *fig fam* klug; tüchtig; flink | *fig ant* freigebig, großzügig | *(bei Maß- u. Men-*

genangaben) reichlich | *tan ~ com ample* so lang wie breit | *aquest fil és més ~ que l'altre* dieser Faden ist länger als der andere | *un trajecte relativament ~* e-e längere Strecke | *el dia més ~ de l'any* der längste Tag des Jahres | *~ de deu metres* zehn Meter lang | *com són de ~s?* wie lang sind sie? | *un vestit ~* e. langes Kleid | *calçotets ~s* lange Unterhosen | *una ~a malaltia* e-e lange (*od* langwierige) Krankheit | *~ues explicacions* lange (*od* langatmige) Erklärungen | *~ temps* lange Zeit, lang(e) | *~s anys* lange Jahre, jahrelang | *un milió ~ d'habitants* e-e reichliche (*od* reichlich e-e) Million Einwohner | *una hora ~a* reichlich e-e (*od* e-e reichliche) Stunde | *a la ~a* auf die Dauer, *umg* auf die Länge | *a la curta o a la ~a* über kurz oder lang | *va caure tan ~ com era* er fiel hin, so lang er war; er fiel der (ganzen) Länge nach hin; er schlug lang | *jeia ben ~ a terra* er lag lang ausgestreckt (*umg* längelang) am Boden | *les faldilles li van ~ues* der Rock ist ihr zu lang | *li agrada d'anar ~a* sie kleidet s. gern lang | *anar* (*od vestir*) *de ~* in Lang gehen, e. langes Kleid (*bzw* lange Kleider) tragen | (*és*)*ser ~ de cames, tenir les cames ~ues* langbeinig sein, lange Beine haben | *és ~ d'explicar* das ist e-e lange Geschichte | *l'espera se'm fa ~a* das Warten wird mir lang | *saber-la* (*molt*) *~a* (*fam*) es (faustdick) hinter den Ohren haben; (sehr) gerieben sein ‖ *adv: vam parlar ~ de l'assumpte* wir sprachen lang(e) über die Angelegenheit | *anar* (*per*) *~* s. in die Länge ziehen, s. hin(aus-)ziehen | *tirar ~* zu weit werfen *bzw* schießen; *fig* reichlich rechnen | *tirant ~, serem vint* wir werden höchstens zwanzig sein ‖ *s/m: el llit fa dos metres de ~* das Bett ist zwei Meter lang, das Bett mißt zwei Meter in der Länge | *una habitació de sis metres de ~* e. Zimmer von sechs Meter Länge | *quant fa de ~?* wie lang ist es? | *el ~ d'una mànega* die Länge e-s Ärmels | *al ~ del camí hi ha arbres* den Weg entlang (*od* entlang dem Weg, am Weg entlang, längs des Weges) stehen Bäume | *caminàvem al ~ del riu* wir gingen den (*od* am) Fluß entlang *od* entlang dem Fluß, längs des Flusses |

al ~ de tots aquests anys all die Jahre lang | *al ~ de la conversa* im Lauf(e) des Gesprächs | *només hi cap de ~* es paßt nur längs (*od* der Länge nach) hinein | *de ~ a ~* der ganzen Länge nach; von e-m Ende zum anderen; *fig* von Anfang bis Ende ‖ *s/m pl* (*Sardana*) lange Schritte *m pl* (*die man mit erhobenen Armen tanzt*) | *aut* Fernlicht *n* | **~ada** *f* Länge *f* | *zeitl a.* Dauer *f* | *s: salt* | *la ~* (*od llargària*) *de les faldilles* die Rocklänge | **~ament** *adv* lang(e) | *fig* reichlich | **~ària** *f* Länge *f* | *s: llargada* | **~arut** (**-uda** *f*) *adj* länglich | (*Mensch*) hochaufgeschossen | **~uejar** (33) *vi* etwas (zu) lang sein | *aquest abric llargueja* dieser Mantel ist e. bißchen zu lang | **~uer** *adj* länglich | **~guesa** *f ant* Freigebigkeit *f*.

llas (**llassa** *f*) *adj* = **las** | **~sar**(**-se**) (33) *vt*(/*r*) = **lassar**(**-se**).

llast *m aeron nàut fig* Ballast *m* | *fig* (*Charakter*) Festigkeit *f* | **~ar** (33) *vt* mit Ballast beladen | mit Vorrat versehen.

llàstima *f* Mitleid, Erbarmen *n* | *per ~* aus Mitleid *od* Erbarmen | (*quina*) *~!* (wie) schade! | *~ de noia!* schade um das Mädchen! | (*és*) *~ que + subj* (es ist) schade, daß + *ind* | *la casa feia ~* das Haus sah zum Erbarmen (*od* erbärmlich) aus | *la dona em fa ~* die Frau tut mir leid | *tenir ~ d'alg* mit j-m Mitleid haben, j-n bemitleiden.

llastimós (**-osa** *f*, **-osament** *adv*) *adj* mitleiderregend | bemitleidenswert, bedauernswert | erbärmlich, jämmerlich.

llata *f constr* Holzlatte, *bes* Dachlatte *f*, Sparre *f* | Zopf *m*, Flechte *f* (*aus Hanf, Jute, Esparto*) | (*Ochse*) Bugstück *n*.

llat|í (**-ina** *f*) *adj* lateinisch | *p ext* (*Volk, Sprache*) romanisch | *església llatina* westliche Kirche *f* | *vela llatina* Lateinersegel *n* | *anar ~* störungsfrei funktionieren | *aquesta màquina no va llatina* diese Maschine hat (ihre) Mucken ‖ *s/m ling* Latein *n* | *~ medieval* (*tardà, vulgar*) Mittel-(Spät-, Vulgär-)latein *n* | *s/mf* Latiner(in *f*) *m* | *els llatins* die Romanen *m pl*, die romanischen Völker *n pl* | **~inada** *f mst desp* lateinischer Ausdruck *m* ‖ *pl* lateinische Brocken *m pl* ‖ **~inisme** *m* Latinismus *m* | **~inista** *m/f* Latinist(in *f*) *m* | **~initat** *f* Latinität *f* | **~inització** *f* Latinisierung *f* | **~initzar** (33) *vt*

llàtzer

latinisieren | **~inoamèrica** *f* Lateinamerika *n* | **~inoamericà (-ana** *f*) *adj* lateinamerikanisch || *s/mf* Lateinamerikaner(in *f*) *m* | **~inòrum** *m* iròn desp (Küchen)Latein *n*.
llàtzer *m* (*bedauernswerter Mensch*) Lazarus *m* | *fet un sant* ~ übel zugerichtet | *pobre* ~ arme(r) Teufel *m*.
llatz|erat (-ada *f*) *adj ant* geschlagen, verwundet; unglücklich | *med* leprakrank; an Elephantiasis leidend | **~eret** *m hist med* Quarantänestation *f* | **~erí (-ina** *f*) *adj med* = **llatzerat** | **~èria** *f* (*oft pl*) Elend *n*, Not(lage) *f* | Plagen, Kümmernisse *f pl*, Leiden *n pl* | **~erós (-osa** *f*) *adj med* = **llatzerat**.
llaun|a *f* (Weiß)Blech *n* | Blechbüchse *f* | (Konserven)Dose *f* | Kanne *f*; Blechkanister *m* || *s/m/f fig* Nervensäge *f* | **~ar** (33) *vt tèxt* (*Seidengewebe*) mit Blechen verfeinern | **~er(a** *f*) *m* Klempner(in *f*)*m* | **~eria** *f* Klempnerei *f*.
llaur|a *f agr* Pflug *m* | = **~ada** | **~ada** *f* Feld-arbeit, -bestellung *f* | Ackerland *n* | **~adís (-issa** *f*) *adj agr* bestellbar | *terra llauradissa* Ackerland *n* | **~ador** *adj* Acker... || *s/mf* Landarbeiter(in *f*) *m*; Landwirt(in *f*), Bauer *m*, Bäuerin *f* | **~ar** (33) *vt agr* (*Acker*) bestellen | akkern, pflügen || *vi a. fig* ackern | *fer* ~ *dret alg* (*fig*) j-n an der Kandare halten | ~ *dret* (*fig*) rechtschaffen handeln | ~ *en arena* (*fig*) s. umsonst mühen, auf Sand bauen | **~ó** *m* Ackerland *n* | = **~ada**.
llaüt *m mús* Laute *f* | *naùt* = **llagut**.
llautó *m* Messing *n* | *se't veu el* ~ (*fig fam*) du bist durchschaut.
llavar (33) *vt ant reg* = **rentar**.
llavi *m* Lippe *f* | (*Tiere*) *a*. Lefze *f* | (*Wunde*) Rand *m* | ~ *superior* (*inferior*) Ober-(Unter-)lippe *f* | ~ *leporí, fes od partit* Hasenscharte *f* | **~s** *de la vulva* Schamlippen *f pl* | *estar suspès* (*od pendent*) *dels* **~s** *d'alg* (*fig*) an j-s Lippen hängen | *no obrir els* **~s** (*fig*) den Mund nicht aufmachen *od* auftun | *mossegar-se els* **~s** (*a. fig*) s. auf die Lippen beißen | *pintar-se els* ~**s** s. die Lippen schminken | **~ejar** (33) *vi* mit den Lippen zucken | die Lippen bewegen ||. *vt* stammeln, stottern, lallen | über die Lippen streichen | **~fès (-esa** *f*) *adj* hasenschartig | **~gròs (-ossa** *f*) *adj* dicklippig | **~ó** *m ict* Lippfisch *m*.

llavor *f bot* Samenkorn *n*, Same(n) *m* | Saatkorn *n* | *oc bes* Wintersaat *f* | (*Früchte*) Kern *m* | *fig* Keim *m* | *la* ~ *de la discòrdia* der Keim der Zwietracht | **~a** *f* Zuchtsau *f* | **~ar** (33) *vt* (*Metall*) treiben, stechen, (aus)meißeln | (*Stoff*) mustern; durchweben; besticken || *vi* zu stark gespannt sein (*Seil*) | *ant* arbeiten | **~er** *adj* Zucht... | *cavall* ~ Zuchthengst *m*.
llavors *adv* da, dann | damals | in diesem Fall | *des de* ~ (od *des d'aleshores*), *de* ~ (od *d'aleshores*) *ençà* seitdem, seither; seit damals.
lleba *f* = **falleba**.
llebe|ig *m* Südwestwind *m* | **~tjada** *f* starker Südwestwind *m* | **~tjol** *m* leichter Südwestwind *m*.
llebr|ada *f gastr* Hasen-braten; -pfeffer *m* | **~e** *f* Hase *m* | (*weiblich*) Häsin *f* | ~ *de les neus* od *muntanyesa* Schneehase *m* | ~ *de mar* Seehase *m* | *poruc com una* ~ hasen-füßig, -herzig | *aixecar la* ~ (*caç*) den Hasen aufscheuchen; *fig fam* Lärm schlagen; die Katze aus dem Sack lassen | **~er** *m* Windhund *m* | **~eta** *f*, **~etí**, **~etó** *m* Häschen, Häslein *n*.
llebr|ós (-osa *f*) *adj* = **leprós** | **~oseria** *f* = **leproseria** | **~osia** *f* = **lepra**.
llebrot *m* Hasenmännchen *n*.
llec (llega *f*) *adj a*. *catol* Laien... | (*nicht fachmännisch*) laienhaft | *en aquesta matèria sóc absolutament* ~ auf diesem Gebiet bin ich völliger Laie || *s/mf catol* Laie, Laien-bruder *m*, -schwester *f* || *s: laic*.
llécol *m* = **llicorella**.
lledània *f*: Prozession mit Gesang der Litaneien.
lledesme *adj ant* = **legítim**.
lled|ó *m* Frucht *f* des Zürgelbaums | **~oner** *m bot* (Südlicher) Zürgelbaum *m*.
llef|ardar (33) *vt* einfetten | einschmieren | **~ardós (-osa** *f*) *adj* fettig, schmierig | **~ec (-ega** *f*) *adj* = **llamenc** | **~iscós (-osa** *f*) *adj* klebrig, schmierig | **~re** *adj* = **~iscós** || *adj u. s/mf* = **golut** | **~uc (-uga** *f*) *adj* = **~ec**.
llegany *m* Wolken-fetzen, -streif *m* | **~a** *f* Augenbutter *f*, *umg* Schlaf *m* | *fig fam*: *tenir una* ~ *a l'ull* e-e Binde vor den Augen haben | **~ós (-osa** *f*) *adj* triefäugig, Trief... | (*Himmel*) dünn bewölkt; *p ext* (*a*. *Tag*) verhangen.

llega|r (33) *vt dr* vermachen, hinterlassen, vererben (*a alg* j-m) | *fig: quin món ~em als nostres fills?* was für e-e Welt werden wir unseren Kindern hinterlassen? | **~t** *m* Vermächtnis *n*, Hinterlassenschaft *f* | *dr a.* Legat *n*.
lleg|enda *f* (*Inschrift, erläuternder Text*) Legende *f* | (*Plan, Karte*) a. Zeichenerklärung *f* | *mit* Sage; *rel* Legende *f* | *fig* Legende; (*unglaubwürdige Geschichte*) a. Sage *f* | **~endari** (**-ària** *f*) *adj* mit sagen- *bzw* legenden-haft; Sagen...; Legenden... | *bes fig* legendär || *s/m Lit* Sagenbuch *n* | *rel* Legendar *n* | **~ible** *adj* (*m/f*) lesbar | (*Handschrift*) a. leserlich | **~ida** *f* Lesung *f* | *fer una ~ al diari* die Zeitung über-lesen, -fliegen | **~idor**[1] *adj: és molt ~* er liest viel *od* gern | *s/mf* Leser(in *f*) *m* | *s: lector* || *s/f* (*Öl*) Kelle, Schöpfe *f* | **~idor**[2] *adj* = **~ible** | **~ir** (37) *vt* lesen | *aquest llibre fa de bon ~* dieses Buch liest s. gut | *tens una lletra difícil de ~* deine Schrift ist schwer zu lesen | *ja has llegit el diari?* hast du schon die Zeitung gelesen? | *per què no llegeixes una estona el diari?* warum liest du nicht e-e Weile in der Zeitung? | *cada dia llegeixo la Bíblia* ich lese jeden Tag in der Bibel | *m'he llegit la novel·la d'una tirada* ich habe den Roman in e-m Zug aus- (*od* durch-)gelesen | *llegeix-t'ho bé!* lies es dir gut durch! | *només ho he llegit per damunt* ich habe es nur überlesen *od* flüchtig durchgelesen | *el president sol ~ els seus discursos* der Präsident pflegt s-e Reden abzulesen | *van ~ públicament la llista dels guardonats* die Liste der Preisträger wurde öffentlich verlesen | *et ~é un conte (la carta)* ich werde dir e-e Geschichte (den Brief) vorlesen || *p ext: ~ una partitura* e-e Partitur lesen | *saps ~ música?* kannst du Noten lesen? | *llegeixen el comptador cada dos mesos* der Zähler wird alle zwei Monate abgelesen || *fig: ~ a alg les ratlles de la mà* j-m aus der Hand lesen | *~ el destí en els astres* das Schicksal in den Sternen lesen | *ho llegeixo en els teus ulls* ich lese es in deinen Augen | *que pots ~ els pensaments?* kannst du Gedanken lesen? || *vi: encara no saben ~* sie können noch nicht lesen | *llegeix a poc a poc!* lies langsam! | *ara llegeixo poc* jetzt lese ich wenig.
llegítima *f dr* Pflichtteil *m/n*.
llegívol *adj* gut (*od* leicht) lesbar.
lleg|ó *m agr* kl(e) Hacke *bzw* Haue *f* | **~ona** *f agr* breite Hacke *bzw* Haue *f*.
llegua *f* (katalanische) Meile, Wegstunde *f* | *~ marina od moderna* Seemeile *f* (*etwa 5,5 km*) | *així es veu d'una ~ lluny* (*fig fam*) das sieht ja e. Blinder.
lleguda *f Bal* = **lleure**[2].
llegum *m* Hülsenfrucht *f* | **~et** *m bot* Wicke *f* | **~inós** (**-osa** *f*) *adj* hülsenfruchtartig || *s/f pl* Hülsenfrüchtler *m pl*.
llei *f* Gesetz *n* | (*Silber, Gold*) Feingehalt, Standard *m* | *arc* Art, Sorte *f* | *arc* Zuneigung, Liebe *f* | *~ agrària* (*de bases, fonamental*) Agrar-(Rahmen-, Grund-)gesetz *n* | *la ~ moral* das Sittengesetz | *la ~ natural* das Naturrecht | *~ fonètica* Lautgesetz *n* | *la ~ de la gravetat* das Gravitationsgesetz | *les ~s de Mendel* die Mendelschen Gesetze *pl* | *la ~ de Lynch* Lynchjustiz *f* | *la ~ de l'oferta i la demanda* das Gesetz von Angebot u. Nachfrage | *home de ~s* Jurist *m* | *en nom de la ~* im Namen des Gesetzes | *aprovar* (*dictar*) *una ~ e.* Gesetz verabschieden (erlassen) | *complir* (*infringir*) *una ~ e.* Gesetz einhalten (brechen) | *fer la ~ a alg* (*fam*) j-m seinen Willen aufzwingen || *arc: tenen tota ~ de roses* sie haben Rosen aller Art | *no tinc ~ de pa* ich habe gar k. Brot | *dur* (*od tenir*) *~ a alg* an j-m hängen | **~al(ment** *adv*) *adj* (*m/f*) treu, anhänglich | loyal | ehrlich | **~altat** *f* Treue *f* | Ehrlichkeit *f* | Loyalität, Pflichttreue *f*.
lleidatà (**-ana** *f*) *adj* lleidatanisch, aus Lleida || *s/mf* Lleidataner(in *f*) *m* || *s/m ling* Lleidatanisch *n* | *el ~* das Lleidatanische.
lleig (**lletja** *f*) *adj* häßlich | *fig a.* ekelhaft, widerlich | *és ~ de fer això* es ist häßlich, das zu tun.
lleixa *f* Bord, Brett *n* | Küchen-; Bücherbrett *n* | (*Kamin*) Sims *m/n* | (*Berghang*) flacher Felsvorsprung *m*.
lleixi|u *m* Lauge *f* | **~vadora** *f* Waschkessel *m* | **~var** (33) *vt* (*Wäsche*) kochen | **~ver** *m* Laugen-bottich *m*, -wanne *f*.
llémena *f bot* Semmelstoppelpilz, Stoppelschwamm *m* | *entom* (*Laus*) Nisse *f*.
llemen|er *adj* Nissen... | *s/f* (a. **pinta** *~a*) Läuse-, Laus-kamm *f* | **~ós** (**-osa** *f*) *adj* nissig || *s/f bot* Beifuß *m* («campestris»).

llemosí (**-ina** *f*) *adj* limousinisch | *ant* (alt)katalanisch || *s/m/f* Limousiner(in *f*) *m* || *s/m ling* Limousinisch; *ant* (Alt)Katalanisch *n* | el ~ das Limousinische; *ant* das (Alt)Katalanische *n*.

llenç *m tèxt* Leinwand *f*, Leinen *n* | *arquit* Wand *f* | ~ **de paret** Wandstück *n* | ~ **de muralla** Mauerfläche *f*.

llenca *f* (*Schinken*) Scheibe, Schnitte *f* | (*Papier, Land*) Streifen *m*.

llença *f constr* Richtschnur *f* | **~ire** *m/f* = **llencer(a)**.

llençar (33) *vt* wegwerfen | = **llançar** | *és bo per a* ~ das ist zum Wegwerfen.

llen|cer(a *f*) *m* Leinen-, Leinwand-hersteller(in *f*) *bzw* -verkäufer(in *f*) *m* | **~ceria** *f* Leinen-, Weißwaren-geschäft *n* | Weißwäsche *f* | Wäschekammer *f* | **~çol** *m* Bettuch, Laken *n* | **~çolet** *m* = **bolquer**.

llendera *f Bal* (Hanf)Schnur *f*.

llenega *f bot* Schneckling *m* | **~able** *adj* (*m/f*), **~adís** (**-issa**) *adj* glatt, glitschig, rutschig, schlüpfrig | **~ada** *f* Ausgleiten, Rutschen, Schlittern *n* | **~all** *m* Gleitbahn, Rutsche *f* | *bot* = **llenega** | **~ar** (33) *vi* (aus)rutschen | aus-, ab-gleiten | **~ós** (**-osa**) *adj* glitschig, rutschig | **~uívol** *adj* schlüpfrig.

llengot[1] *m gräf* Steg *m*.

lleng|ot[2] *m*, **~ota** *f*: **fer un**(**a**) *llengot*(**a**), **fer llengot**(**e**)**s** (**a** *alg*) (j-m) die Zunge herausstrecken | **~otejar** (33) *vi* die Zunge herausstrecken | **~ua** *f* Zunge *f* | ~ *carregada* od *bruta, blanca* belegte Zunge *f* | *la punta* (od *el cap*) *de la* ~ die Zungenspitze | *fer petar la* ~ mit der Zunge schnalzen | *ensenyar la* ~ *al metge* dem Arzt die Zunge zeigen | *treure la* ~ *a alg* j-m die Zunge herausstrecken || *fig fam:* ~! von wegen!; wollen wir wetten? | ~ *verinosa* od *d'escorpí, de serp* (*esmolada*) giftige (scharfe) Zunge *f* | *mala* ~ böse Zunge *f*; (*a. Mensch*) Läster-maul *n*, -zunge *f* | *és una mala* ~ *est i e.* Lästermaul | *males llengües diuen que ...* böse Zungen behaupten, daß ... | *anar à llengües de la gent* od *de tothom* ins Gerede kommen | *anar-se'n de la* ~ s. verplappern | *fer córrer la* ~ schwatzen, plappern | (*és*)*ser fluix de* ~ den Mund nicht halten können | *estirar la* ~ *a alg* j-m die Würmer aus der Nase ziehen | *frenar la* ~ s-e Zunge zügeln *od* im Zaum halten | *mossegar-se la* ~ s. auf die Zunge beißen | *tenir* ~ *a alg* vor j-m nicht schweigen | *tenir* ~ *d'u/c* etw erfahren | *tenir molta* ~ od *la llarga*, (*és*)*ser llarg de* ~ e-e lose Zunge (*od* e. loses Mundwerk) haben; immer mit dem Mund vorneweg sein; vorlaut sein | *ho tinc a la punta* (od *al cap*) *de la* ~ ich habe es (od es liegt mir) etw auf der Zunge | *que no tens* ~ od *que has perdut* (od *t'has empassat*) *la* ~? hast du die Sprache verloren? || (*bes einzelnes Sprachsystem*) Sprache *f* | *la* ~ *alemanya* (*catalana*) die deutsche (katalanische) Sprache | *llengües germàniques* (*romàniques, vives, mortes*) germanische (romanische, lebende, tote) Sprachen *f pl* | ~ *materna* (*oficial, literària, de civilització*) Mutter-(Amts- *od* Landes-, Schrift-, Kultur-)sprache *f* | ~ *d'oc* = **occità** | *aprendre* (*ensenyar, parlar*) *una* ~ e-e Sprache lernen (lehren, sprechen) || (*Zungenförmiges*) Zunge *f* | *les llengües de les flames* die Zungen der Flammen | ~ *de glacera* (*de terra*) Gletscher-(Land-)zunge *f* || *bot:* ~ *de bou* Gemeine Ochsenzunge *f*; Natternkopf; Semmelstoppelpilz; Igelschwamm *m* | ~ *de ca* (Gemeine) Hundszunge *f* | ~ *de cérvol* Hirschzunge *f* | ~ *de serp* Natternzunge *f* | **~uado** *m ict* Seezunge *f* | **⌐uadoc** *m*: *el* ~ das (*od* die) Languedoc | **~uadocià** (**-ana**) *adj* languedokisch || *s/m ling* Languedokisch *n* | el ~ das Languedokische | **~uallarg** *adj u. s/m* = **~ut** | **~uatge** *m* (*Fähigkeit; Art*) Sprache *f* | Sprechweise *f* | Ausdrucksweise *f* | ~ *comercial* kaufmännische Sprache *f* | ~ *secret* (*tècnic* od *especialitzat*) Geheim-(Fach-)sprache *f* | ~ *dels sords-muts* Taubstummensprache *f* | *el* ~ *de les flors* (*dels ulls*) die Blumen-(Augen-)sprache *f* | ~ *culte* (*familiar* od *col·loquial*) Bildungs-(Umgangs-)sprache *f* | ~ *fi* (*groller*) höfliche *od* feine (grobe) Sprache *f* | *el teu* ~ *és repugnant* deine Ausdrucksweise ist abscheulich | **~üeta** *f* (*bes Waage, Musikinstrument*) Zunge *f* | (*Schuh*) *a.* Lasche *f* | (*Angel*) Haken *m* | *gräf* Papiermesser *n* | **~üeteria** *f* (*Orgel*) Zungenpfeifen *f pl* | **~ut** (**-uda** *f*) *adj* scharfzüngig | vorlaut || *s/m ornit* Wendehals *m*.

llenti|a *f bot gastr* = **~lla** | **~lla** *f bot gastr* Linse *f* | (*Uhr*) Pendelscheibe *f* | *med* Leberfleck *m* | **~** *d'aigua* (*bot*) kl(e) Wasserlinse *f* | **~** *silvestre* (*bot*) Vielblättriger Wundklee *m* | **~llós** (**-osa** *f*) *adj* sommersprossig.
llentiscle *m bot* Mastix–strauch *m* | Pistazie, Lentiske *f*.
lleny *m ant* Schiff *n* | **~a** *f* (Brenn-)Holz *n* | *fig fam* Prügel *m pl* | *afegir* (*od tirar*) **~** *al foc* (*fig fam*) Öl ins Feuer gießen | *repartir* **~** (*bes Fußball*) holzen | **~ada** *f* Haufen *m* Brennholz | **~aire** *m* = **~ataire** | **~am** *m* Menge *f* Holz | **~ar** (33) *vi* holzen, Holz fällen *od* schneiden, Bäume schlagen | **~ataire** *m/f* Holzfäller(in *f*) *m* | **~ater(a** *f*) *m* = **~ataire** | **~er** *m* Holzplatz *m* | Holzstapel *m* | **~isser** *adj* Holzfäller... | **~ós** (**-osa** *f*) *adj* holzig, holzartig.
Lleó *m geog* León *n* | *astr* Löwe *m*.
lle|ó *m zool fig* Löwe *m* | **~** *marí* Haarrobbe *f*, Seelöwe | *la part del* **~** der Löwenanteil *m* | *domador de lleons* Löwenbändiger *m* | **~ona** *f zool* Löwin *f* | **~onat (-ada)** *adj* falb | fahlrot | **~onera** *f* Löwenkäfig *m* | **~oní (-ina** *f*) *adj* Löwen... | (*Vers, Vertrag*) leoninisch | **~opard** *m zool* Leopard *m*, Panther *m*.
llep|a *m/f pop*, **~acrestes** *m/f reg* = **~aire** | **~aculs** *m/f pop*! Arschkriecher *m* | **~ada** *f* Lecken *n* | (*Zeichen*) (Schmier)Fleck *m*; Spur; Schramme *f* (*Malfarbe*) Pinselstrich *m*; Übertünchung *f* | **~adits** *m: fer(-se)* **~** *d'u/c* s. (*dat*) die Finger nach etw lecken | **~adum** *m* dicker Saft *m* | **~afils** *adj* (*bes im Essen*) wählerisch, heikel | **~aire** *m/f* Speichellecker *m* | **~apedres** *m ict* Neunauge *n* | **~aplats** *m/f* Nimmersatt *m* | **~ar** (33) *vt* lecken (an *dat*) | ab-, an-, auf-, aus-, be-lecken | *p ext* streifen (an *dat*), anstreifen | *fig fam* (*j-m*) schmeicheln | *el gos em llepava la mà* der Hund leckte mir die (*od* an meiner) Hand | **~** *el plat* den Teller ab-, aus-lecken | **~** *un segell* an e-r Briefmarke lecken, e-e Briefmarke belecken *bzw*. (*e. wenig*) anlecken | **~** *un gelat* an e-m Eis lecken | *les flames llepaven les bigues* die Flammen leckten (*od* züngelten) an den Balken | **~ar-se** *v/r:* **~** *una ferida* (s. *dat*) e-e Wunde (be)lecken | **~**'*n els dits* od *els llavis, els bigotis* (*fig fam*) s. (*dat*) die Finger (*od* Lippen) danach lecken | **~assa** *f* (*Besen, Pinsel*) Strich *m* | (*Schreinerei*) Leiste *f* | *fer una* **~** schlecht fegen *bzw* aufwischen | **~et** *m* (*Wäsche*) Fleckchen *n*; Spur *f* | **~issós** (**-osa** *f*) *adj* klebrig, schmierig || *s/m ict* Schleimfisch *m*.
llépol *adj* naschhaft | (*Essen*) einladend, appetitlich.
llepol|ejar (33) *vi* naschen | **~(er)ia** *f* Näscherei, Naschsucht *f* | Leckerbissen *m*.
llera *f* = **glera**.
llesca *f* (*Brot*) Schnitte, Scheibe *f* | *fig fam: fer la* **~** *a alg* j-n piesacken; j-m auf den Wecker fallen | **~dor** *adj* abschneidend || *s/m* Korkschneideapparat *m* | **~r** (33) *vt* (*Brot; Kork*) in Scheiben schneiden.
llessamí *m* = **gessamí**.
llest *adj* flink u. geschickt, behend | klug, scharfsinnig | bereit, fertig | *estar* (*ben*) **~** (*a. fig*) fertig sein | *està ben* **~** *per* (*a*) *mi* ich will nichts mehr von ihm wissen *od* hören; ich bin mit ihm fertig | **~esa** *f* Flinkheit, Behendigkeit *f* | Gewandtheit *f* | Klugheit, Scharfsinnigkeit *f*.
llet *f* Milch *f* | *bot a.* Milchsaft *m* | *pop* (*Sperma*) Soße *f* | *fig pop* Schwein *n*, Massel *m* | **~** *condensada od de pot* kondensierte Milch, Kondens-, Dosen-, Büchsen-milch *f* | **~** *desnatada* Magermilch *f* | **~** *entera od natural* Vollmilch *f* | **~** *fresca* frische Milch, Frischmilch *f* | **~** *pasteuritzada* pasteurisierte Milch *f* | **~** *en pols* Milchpulver *n*, Trockenmilch *f* | **~** *de cabra* (*d'ovella*) Ziegen-(Schaf-)milch *f* | **~** *materna od de mare, de dona* Mutter-, Frauen-milch *f* | **~** *de vaca* Kuhmilch *f* | **~** *embotellada* Flaschenmilch *f* | **~** *presa od quallada* geronnene Milch *f*; Quark *m* | *dent* (*vedell*) *de* **~** Milch-zahn *m* (-*kalb n*) || *p ext:* **~** *de bruixa* (*bot*) Wolfsmilch *f* | **~** *de gallina od d'ocell(s), de pardal(s)* (*bot*) Milchstern *m* | **~** *d'ametlles* Mandelmilch *f* | **~** *de coco* Kokosmilch *f* | **~** *de calç* Kalkmilch *f* || **~** *de muntanya* (Schlämm)Kreide *f* || *fig fam: mamar u/c amb la* **~** etw mit der Muttermilch bekommen *od* einsaugen | *tenir encara la* **~** *als llavis* noch nicht trokken hinter den Ohren sein || *fig pop: mala* **~** Pech *n*; schlechte Laune; Ge-

lletania

hässigkeit *f* | *és un home de mala ~* er ist e. Schweinehund | **~ada** *f gastr* Bries(el), Brieschen *n* | *constr* Kalkmilch *f* | Mörtel(brei) *m*.
lletania *f ecl a. fig* Litanei *f*.
lleter *adj* Milch... || *s/mf* Milch-mann *m*, -frau *f* | Milchhändler(in *f*) *m* || *s/f* Milch-kanne *f bzw* -krug *m* | **~esa** *f bot* Wolfsmilch *f* | **~ia** *f* Milchgeschäft *n* | Molkerei *f* | **~ola** *f* = **~esa** | (*Pilz*) Milchling, Reizker; *bes* (Milch)Brätling, Birnenmilchling *m*.
lletgesa *f* Häßlichkeit *f*.
lleti|gada *f* Wurf *m* Ferkel | **~mó** *m bot* Eschenwurz *f* | **~ssó** *m* = **lletsó**.
lletj|ament *adv s: lleig* | **~or** *f* Häßlichkeit *f*.
lletó (-ona *f*) *m* saugendes Tierjunges *n* | *gastr* Bries(el) *n* | **~s (-osa** *f*) *adj* milchig | milchartig.
lletr|a *f* Buchstabe *m* | (Hand)Schrift *f* | *lit* Brief *m* | *gràf* Letter, Type *f* | *mús* Text *m* | *banc* (a. *~ de canvi*) Wechsel *m* | *~ d'impremta* Druckschrift *f* | *~ cursiva* od *itàlica* Kursivschrift *f* | *~ gòtica* gotische Schrift, Fraktur *f* | *~ romana* Antiqua *f* | *~ acceptada* Wechselakzept *n* | *~ al portador* Inhaberpapier *n* | *~ a la vista* (*al propi càrrec, en blanc, ficticia, nominativa*) Sicht-(Sola-, Blanko-, Keller-, Rekta-) wechsel *m* | *la ~ menuda* (*bes in Verträgen*) das Kleingedruckte | *la ~ i l'esperit* Buchstabe u. Geist | *a* (*od al peu de*) *la ~* buchstabengetreu | *amb lletres* (*Zahlen*) ausgeschrieben | *saber de ~* lesen (u. schreiben) können | *tenir bona* (*mala*) *~* e-e schöne (schlechte) Schrift haben || *fig fam: això és ~ morta* das steht nur auf dem Papier | *tenir molta ~ menuda* sehr gewitzt sein || *pl* Geisteswissenschaften *f pl* | humanistisches Studium *n* | *les belles lletres* die Belletristik, die schöngeistige Literatur | *les primeres lletres* (*fig*) das Grundwissen, die Grundkenntnisse *pl* | (*és*)*ser home de lletres* e. gebildeter Mensch sein | **~aferit (-ida** *f*) *adj* der schöngeistigen Literatur ergeben || *s/mf* Bücher-narr *m*, -närrin *f* | (Amateur)Schriftsteller(in *f*) *m* | **~at (-ada** *f*) *adj* gebildet, gelehrt | *s/mf* Gelehrte(r *m*) *m/f* | *dr* (Rechts)Anwalt *m*, (Rechts)Anwältin *f*; Rechtsgelehrte(r *m*) *m/f* | **~ejar** (43) *vt* buchstabieren | *a. p ext* Silbe für Silbe aussprechen | **~ejar-se** *v/r* lit in Brief-

lleva

wechsel stehen | **~ista** *m/f mús* Textdichter(in *f*), Texter(in *f*) *m* | **~ut (-uda** *f*) *adj* hochgelehrt | schulmeisterlich.
llet|só *m bot* Gänsedistel *f* | *~ oleraci* Kohl-Gänsedistel *f* | *~ punxós* Dornige Gänsedistel *f* | *~ d'ase* Löwenzahn *m* | *~ de foc* Greis, Kreuz-kraut *n* | **~uga** *f bot* = **enciam**.
lleu *adj* (*m/f*) leicht | *fig a.* gering(fügig) s: *lleuger* | *un ferit ~* e. Leichtverletzter | *un càstig ~* e-e milde (*lit* gelinde) Strafe || *adv reg* bald || *s/m arc oc* Lunge *f*.
lleud|a *f hist* Warensteuer *f* | **~ari**, **~er** *m hist* Warensteuereintreiber *m*.
lleuger *adj* leicht | *fig a.* gering(fügig), klein; unbedeutend; oberflächlich; *desp* leicht-fertig, -sinnig | (*in der Bewegung*) flink, gewandt, geschickt | *~ com una ploma* leicht wie e-e Feder, federleicht | *materials ~s* Leichtmaterialien *n pl* | *un fardell* (*vestit*) *~* e. leichtes Bündel (Kleid) | *un àpat ~* e-e leichte Mahlzeit | *un vi ~* e. leichter Wein | *música* (*poesia*) *~a* leichte Musik (Dichtung) | *un son ~* e. leichter Schlaf | *un cap ~* e. leichtsinniger Kopf | *una ~a* (*od lleu*) *indisposició* e-e leichte Unpäßlichkeit | *~ de mans* handfertig | *~ de peus* leichtfüßig | *a la ~a* od *de ~* (*loc adv*) leichthin, leichtfertig, unbesonnen | *agafar-s'ho tot a la ~a* alles leichtnehmen, alles auf die leichte Schulter nehmen | **~ament** *adv* leicht | leichthin | **~esa** *f* Leichtigkeit *f* | Flinkheit, Gewandtheit, Behendigkeit *f* | *fig desp* Leicht-fertigkeit *f*, -sinn *m*; Unbesonnenheit *f*; Wankelmut *m* | *les lleugereses es paguen cares* Unbesonnenheiten muß man teuer bezahlen | **~ia** *f* = **~esa**.
lleument *adv* leicht | *~ ferit* leicht verletzt.
lleure[1] (40) *vi* erlaubt sein; gebühren (*a alg* j-m) | zeitlich passen; gelegen kommen (*a alg* j-m) | *no t'és llegut de fer-ho* es ist dir nicht erlaubt, es zu tun | *quan em llaurà vindré* wenn ich Zeit habe, werde ich kommen.
lleure[2] *m* Freizeit *f* | Muße *f* | *hores de ~* Mußestunden *f pl* | *tenir ~ de fer u/c* die Zeit (*od* Muße) haben, etw zu tun || *pl* Freizeit *f* | Freizeitbeschäftigungen *f pl*.
lleva *f mil nàut* Aushebung, Einziehung

f | (*Kork*) (Ab)Schälung *f* || *pl* (Feuer-)Haken *m pl* | *tecn: arbre de lleves* Nockenwelle *f* | ~**da** *f* Auf-, Hoch-heben, Ab-, Auf-nehmen *n* | Boden-, Geländeerhebung *f* | *fer* ~ aufgehen, s. heben (*Teig*) | ~**dís** (**-issa** *f*) *adj:* pont ~ Zugbrücke *f* | ~**dor** *adj agr* fruchtbar, fruchtbringend || *s/m* (Auf-, Hoch-)Heber *m* | *tèxt* Bürstenwalze *f* | = ~**ire** || *s/mf med* Geburtshelfer(in *f*) *m* || *s/f med* Hebamme *f* | ~**ire** *m/f* (*Kork*) (Ab)Schäler(in *f*) *m* | ~**mà** *m bot* Ackerringelblume *f* | Gemeine Ringelblume *f* | = **trincola** | ~**neu** *adj* (*m/f*) schneeräumend || *s/f* Schneepflug, -räumer *m* | ~**nt** *m* Osten *m* | (*östlicher Mittelmeerraum*) Levante *f* | (*a. vent de*) ~ Ostwind, *nàut poèt* Ost *m* | *la costa de* ~ die Ostküste | *el vent ve de* ~ der Wind kommt von (*od* aus) Ost(en) | ~ *de taula* Aufstehen *n* vom Tisch; Nachtisch *m* | ~**ntada** *f* starker Ostwind *m* | ~**ntejar** (33) *vi nàut* nach Osten fahren *bzw* segeln || *v/imp: llevanteja* es weht Ostwind | ~**ntí** (**-ina** *f*) *adj* levantinisch || *s/mf* Levantiner(in *f*) *m* | ~**r** (33) *vt* ab-, fort-, weg-nehmen | entfernen | auf-, hochheben | = **allevar** | (*j-m vom Bett*) aufstehen helfen | (*Belagerung*) aufheben | (*Anker*) lichten | (*Kleid, Schuhe*) ausziehen | (*Lager*) abbrechen, räumen | (*Ehre, Leben*) nehmen | (*Frucht, Obst*) bringen, tragen | (*Korkrinde*) (ab)schälen | (*Korken*) ziehen | ~ *la taula* den Tisch abdecken || *vi* aufgehen (*Teig*) | ~**r-se** *v/r* (*vom Bett*) aufstehen | aufgehen (*Sonne*) | ~**t**^{1} *m gastr* Hefe *f* | (*a.* ~ *artificial*) Backpulver *n* | *fig* Keim *m* | ~ *de cervesa* Bierhefe *f* | ~**t**^{2} *prep* (mst ~ *de*) außer (*dat*), mit Ausnahme von, abgesehen von | ~ *que* außer daß; es sei denn (daß); außer wenn | ~**taps** *m* Korkenzieher *m* | ~**taques** *adj inv* Fleckenentfernungs... | *s/m* Fleckenentferner *m*.

lli^1 *m bot* Flachs, Lein *m* | *tèxt gràf* Leinen *n* | *un vestit de* ~ e. leinenes Kleid, e. Leinenkleid *n* | *oli de* ~ od *de llinosa* Leinöl *n*.

lli^2 *adv* = **allí.**

llibant *m* Seil, Tau *n*.

lliber|al *adj* (*m/f*) = **liberal** | ~**t**(**a** *f*) *m* (*Sklave*) Freigelassene(r *m*) *m/f* | ~**tador** *adj* befreiend || *s/mf* Befreier(in *f*) *m* | ~**tar** (33) *vt* (*von Unterdrückung*) befreien | *a. ecl* erlösen | ~**tari** (**-ària** *f*) *adj* extrem freiheitlich; anarchistisch | *s/mf* Anarchist(in *f*) *m* | ~**tat** *f a. dr* Freiheit *f* | ~ *d'acció* (*de consciència, de premsa, religiosa*) Handlungs-(Gewissens-, Presse-, Religions-)freiheit *f* | ~ *d'esperit* od *de judici* geistige Unabhängigkeit, Vorurteilslosigkeit *f* | ~ *condicional* (*dr*) bedingte Straf-aussetzung *od* -entlassung *f* | ~ *sota fiança* (*dr*) Freiheit (*bzw* Freilassung) *f* gegen Kaution | ~**s** *bàsiques* Grundfreiheiten *f pl* | ~**s** *polítiques* politische Freiheiten *f pl* | *amb tota* (*la*) ~ mit voller Freiheit; ganz offen, unbefangen | *posar en* ~ freilassen | *prendre's la* ~ *de fer u/c* s. (*dat*) die Freiheit nehmen, etw zu tun | *prendre's* (*od permetre's*) *massa* ~**s** s. zuviel Freiheiten erlauben *od* herausnehmen | ~**tí** (**-ina** *f*, **-inament** *adv*) *adj* (*moralisch*) freizügig, zügellos | *s/mf* Wüstling *m* | leichtes Mädchen *n* | ~**tinatge** *m* Libertinage, Freizügigkeit, Zügellosigkeit *f*.

llibre *m* Buch *n* | ~ *enquadernat* (*de vell od d'ocasió*) (ein)gebundenes (antiquarisches) Buch | ~ *de contes* od *de rondalles* (*de lectura, d'hores, de pregàries, de text, infantil, juvenil*) Märchen-(Lese-, Stunden-, Gebet-, Schul-, Kinder-, Jugend-)buch *n* | *adm:* ~ *blanc* (*d'adreces, de família*) Weiß-(Adreß-, Familien- *od* Stamm-)buch *n* | *com:* ~ *de caixa* (*de compres, de comptes, gran od major od mestre, de vendes*) Kassen-(Einkaufs-, Rechnungs-, Haupt-, Verkaufs)buch *n* | ~ *diari* Journal, Tagebuch *n* | *els* ~**s** *sants* die Heilige Schrift | *deixar els* ~**s** (*fig*) das Studium aufgeben | *parlar com un* ~ (*obert*) wie e. Buch reden | *portar els* ~**s** (*com*) die Buchhaltung führen | ~**r** *adj* Buch... | *s/mf* = ~**ter** | ~**ria** *f* Buchhandel | Buchhandlung *f* | Bücherregal *n*, Bücherschrank *m* | ~ *d'ocasió* od *de vell* Antiquariat *n* | ~**sc** *adj* Bücher... | buchsprachlich; *desp* papieren, trocken | ~**t** *m* Büchlein *n* | Päckchen *n* Zigarettenpapier | *mús* (*Oper*) Libretto *n* | *zool* (*Wiederkäuer*) Blättermagen *m* | ~**ta** *f* (Schreib)Heft *n* | Notiz-buch, -heft *n* | ~ *d'estalvis* Sparbuch *n* | ~ *militar* Soldbuch *n* | ~**ter**(**a** *f*) *m* Buchhändler(in *f*) *m* | ~**tista** *m/f* Librettist(in *f*) *m*.

lliç *m* *tèxt* Schaft-stab *m*, -litze *f*.

lliça *f* *hist* Schranken *f pl*, Turnierplatz *m* | (*vor e-m Bauernhaus*) Hof *m* | *entrar en* ~ (*a. fig*) in die Schranken treten.

llic|ència *f* Erlaubnis, Genehmigung *f* | Freiheit; Zügellosigkeit *f* | *bes com esport* Lizenz *f* | *mil* Urlaub *m* | ~ *absoluta* (*mil*) Entlassung *f* | ~ *d'armes* (*de caça, de pesca*) Waffen-(Jagd-, Angel-)schein *m* | ~ *d'exportació* (*d'importació*) Ausfuhr-(Einfuhr-)lizenz *f* | ~ *poètica* dichterische Freiheit, poetische Lizenz *f* | *prendre's massa* ~*s* s. zuviel herausnehmen | **~enciament** *m* *mil* Entlassung *f* | **~enciar** (33) *vt* *bes mil* entlassen | *estud* (*j-m*) das Lizentiat verleihen | **~enciar-se** *v/r* *estud* als Lizentiat graduieren | **~enciat** (**-ada** *f*) *m* *mil* Entlassene(r *m*) *m/f* | *estud* Lizentiat(in *f*) *m* | **~enciatura** *f* *estud* (*Grad*) Lizentiat *n* | **~enciós** (**-osa** *f*, **-osament** *adv*) *adj* lasterhaft, liederlich, zügellos | (*Leben*) ausschweifend | (*Buch, Film*) sehr freizügig.

llicet *m* *tèxt* kl(e) Schaftlitze *f*.

lliçó *f* *ecl* Lesung *f* (*de* aus *dat*) | Lektion *f* | (Lehr-, Unterrichts-)Stunde *f* | (*Universität*) Vorlesung *f* | (*Manuskript*) Lesart *f* | *donar una lliçó a alg* j-m e-e Lektion (*od* Belehrung) erteilen | *assistir a* (*od escoltar*) *les lliçons d'alg* bei j-m Unterricht nehmen | *que li serveixi de lliçó!* lassen Sie sich das e-e Lehre sein!

llicorella *f* *min* Schiefer *m*.

lliga *f* *polít* *mil* Bund *m*, Bündnis *n* | *a. esport* Liga *f* | *met* Legierung *f* | *la ~ Àrab* die Arabische Liga | *la ~ dels Drets de l'Home* die Liga für Menschenrechte | *fer* ~ s. verbünden | **~bosc** *m* *bot* Geißblatt *n* *od* Heckenkirsche *f* | ~ *atlàntic* Waldgeißblatt *n* | ~ *etrusc* (*japonès, mediterrani*) Etruskisches (Japanisches, Verschlungenes) Geißblatt *n* | **~cama** *f* Strumpf-halter *m*, -band *f* | *Orde de la ~ Hosenbandorden *m* | **~da** *f* (Ver-)Binden *n* | Befestigen *n* | Knüpfen *n* | Reihe *f* | *constr* Verzahnung *f* | **~dor(a)** *f* *m* (Garben)Binder(in *f*) *m* || *s/m* Frisier-toilette *f*, -tischchen *n*; Toiletten-, Wasch-tisch *m* | kl(r) Damensalon *m* | *arc* Toilettenzimmer *n* | **~dura** *f* Kopfbedeckung *f* | *med* *mús* Ligatur *f* | = **~da** | **~ll** *m* Bündel *n* | Pack, Stoß *m* | **~m** *m* *a. fig* Band

n | (Ver)Bindung | Binde *f*, Verband *m* | **~ment** *m* (Ver)Binden *n* | *anat* Band, Ligament(um) *n* | *fig* Fessel *f*; Hindernis *n*, Behinderung *f* | ~ *de trompes* (*med*) Unterbindung *f* der Eileiter | *s'ha fet fer un* ~ *de trompes* sie hat s. unterbinden lassen | **~mentós** (**-osa** *f*) *adj* *anat* bandartig | Band... | **~mosques** *m/f* Kleinigkeitskrämer(in *f*) *m* | **~nd** *m* *quím* Ligand *m* | **~nt** *m* *pint* = **aglutinant** | **~r** (33) *vt* *a. ling* *mús* binden | an-, fest-, zusammen-binden | knoten, binden | fesseln | (zu)knüpfen | verbinden, vereinigen | *fig* binden; verpflichten | *met* legieren, verbinden, mischen | ~ *caps* (*fig* *fam*) s. etw zusammenreimen, e-n Zusammenhang erkennen || *vi: això no lliga!* das paßt nicht zusammen!; da stimmt etw nicht! | ~ *amb alg* mit j-m harmonieren *od* zusammensstimmen; *pop* mit j-m anbändeln | **~r-se** *v/r* s. (ver)binden | *se'm va lligar el cor* (*fig*) es schnürte mir das Herz zusammen | **~t** (**-ada** *f*) *pp/adj*: *jo tenia la llengua lligada* mir war die Zunge gebunden | *tinc les mans lligades* mir sind die Hände gebunden || *s/m* = **~tge** | *mús* Legato *n* | **~tge** *m* *bes* *tèxt* Bindung *f*.

lli|gó *m* *agr* = **llegó** | **~gona** *f* = **llegona**.

llim *m* Schlamm, Schlick *m*.

llima[1] *f* Feile *f* | *fig* *a.* Ausfeilung *f* | schneidende Kälte *f* | ~ *dolça* (*plana, rodona*) Schlicht-(Flach-, Rund-)feile *f* | ~ *de tres caires* *od* *triangular* Dreikantfeile *f* | ~ *d'ungles* Nagelfeile *f* || *fig* *fam*: (*és*)*ser una* ~ e. Vielfraß sein | *menjar com una* ~ wie e. Scheunendrescher essen.

llima[2] *f* *Val* = **llimona**.

llimac *m* *zool* Nacktschnecke *f*.

llimad|a *f* Feilen *n* | **~or** *adj* feilend | Feil... | *s/f* (*a. màquina ~a* *od* *de llimar*) *tecn* Feilmaschine *f* | **~ura** *f* Feilarbeit *f* || *pl* Feil-späne *m pl*, -staub *m*.

llimaga *f* = **llimac**.

llima|lla *f* Feil-späne *n pl*, -staub *m* | **~r** (33) *vt* *a. fig* feilen (an *dat*); ausfeilen (*Unterschiede, Spannungen*) ausgleichen | *s: llimador* | ~ *els versos* an den Versen feilen | **~r-se** *v/r:* ~ *les ungles* s. (*dat*) die (Finger)Nägel feilen.

llimbs *m pl* *ecl* Vorhimmel *m* | *estar als* ~ geistesabwesend (*od* zerstreut) sein.

llimella *f* *agr* Hippe *f*, Reb-, Winzer-messer *n*.

llimera f nàut Hennegatt n.
llimerol m nàut oberflächliche Gegenströmung f.
llim|ó m reg = **~ona** | **~ona** f Zitrone f | **~** dolça Limette f | **~onada** f Zitronen-limonade f, -saft m, -wasser n | **~oner(a** f) m Zitronenbaum m | **~** dolç m Limettenbaum m | **~onerar** m Zitronenpflanzung f.
llim|ós (-osa f) adj schlammig | lehmig | **~utja** f (Töpferei) Glasur f | **~utjar** (33) vt glasieren.
llin|ar m agr Flachs-, Leinen-feld n | **~ària** f bot Leinkraut n | **~assa** f bot Blumenliesch m, Schwanenblume f.
llinatge m Stamm m, Geschlecht n | Nachkommenschaft f | Abstammung f | Familienname m | Gattung, Sippe f | d'antic **~** aus altem Stamm | el **~** humà die Menschen, das Menschengeschlecht n.
llinda f constr Oberschwelle f, Türsturz m | **~r** m constr Türschwelle f | fig Schwelle f | **~** d'excitació Reizschwelle | està al **~** de la vellesa er befindet s. an der Schwelle des Alters.
llin|et m = **lli**[1] | tèxt Rohflachsgewebe n | **~osa** f Leinsamen m | s: lli[1].
lliny|a f (Fischerei) Angelschnur f | **~eta** f (Peitschenschnur) Schmicke, Schmitze f | **~ol** m Pech-, Schuhdraht m | **~ola** f (Tischlerei) Absteckleine f.
lliri m bot Schwertlilie f | **~** blanc od de sant Antoni Weiße Lilie f | **~** blau Schwertlilie f | **~** d'aigua Zimmercalla f | **~** dels blats od d'espases Gladiole, Siegwurz f | **~** de bosc od de sant Bru Graslilie f | **~** de maig od de la Mare de Déu Maiglöckchen n | **~** de mar, marí od de platja Pankrazlilie f | **~** de neu Schneeglöckchen n | **~** d'olor Florentiner Schwertlilie f | **~** groc (gelbe) Schwertlilie f («pseudoacorus») | **~** morat Türkenbund m («martagon») | **~** pudent od bord Stinkende Schwertlilie f | **~** tigrat Tigerblume f, Pfauenlilie f | **~jonc** m bot Gladiole, Siegwurz f («tristis»).
llis adj (Haar, Haut) glatt; (Oberfläche) a. eben; (Meer) a. ruhig | (Kleidung) uni; einfarbig | fig (Person) freimütig, offen | **~** i ras (loc adv) ohne Umschweife; frei u. klar | anar (od passar) **~** gleiten | passar de **~** vorbeigehen ohne anzuhalten | posar **~** alg (fig fam) j-n windelweich (od zu Brei) schlagen | **~all** m Glätte, glatte Fläche f | **~ament** adv rundheraus, glattweg | **~ar** m glatter Stein m | **~cada** f Aus-, Ab-gleiten n | Schlittern n | **~cadís (-issa** f) adj glatt, glitschig, schlüpfrig | **~cador** adj = **~cant** || s/m glitschige Stelle f | rutschiger Boden m | **~cant** adj (m/f) ausgleitend | herunterrutschend | glitschend | **~car** vi (33) aus-, abgleiten | dahingleiten, umg glitschen | fig s. hinwegschleichen | **~cós (-osa** f) adj (Oberfläche) glatt, glitschig, rutschig | **~eta** f = **~ona** | **~ó** m Wölkchen n | **~ona** f zool Blindschleiche f | **~or** f Glätte, Ebenheit f | **~quent** adj (m/f) = **~cant** | **~quet** m (Tür-, Fenster-)Riegel m | **~quívol** adj = **~cadís**.
llissa, llíssera f ict Meeräsche f, bes Großkopf-Meeräsche f.
llissó m ict kl(e) Meeräsche f.
llist|a f tèxt Streif(en) m, Band n, Binde f | (Kleid) a. Besatz m, Blende f | (Register) Liste f, Verzeichnis n | **~** de correus postlagernde Sendungen f pl | **~** de cotitzacions Kurszettel m | **~** electoral Wahlliste f | **~** negra schwarze Liste f | **~** dels números guanyadors (Lotterie) Gewinnliste f | **~** de preus Preisliste f | passar **~** (namentlich) aufrufen || pl Sal-, Webkanten f pl | **~ar** (33) vt mit Streifen versehen | elect auflisten | **~at (-ada** f) adj gestreift, mit farbigen Streifen || s/m elect Auflistung f | **~ell** m arquit Leiste f | **~ó** m Holzleiste f | bot Zwenke («ramosum»); Schaf-Schwingel m; Bartgras n («hirsutum»).
llit m (a. Fluß) Bett n | (bes Tiere) Lager(statt f) n | (Kanal) Sohle f | **~** de campanya Feldbett n | **~** d'infant od de nen Kinderbett n | **~** de matrimoni (nupcial) Doppelbett, Ehebett (Brautbett) n | **~** plegable Klappbett n | **~** turc Diwan m | **~** de dolor od d'espines Schmerzenslager n | **~** de mort Sterbebett n | anar-se'n (od ficar-se) al **~** zu Bett gehen, schlafen gehen; s. ins Bett legen | fer **~** das Bett hüten | fer el **~** das Bett machen | fer **~** a part getrennt schlafen | fills del primer **~** Kinder aus erster Ehe | **~aire** m/f Bettschreiner(in f) m | **~ar** (33) vt einbetten, lagern | **~era** f Sänfte f | med Tragbahre, Kranken-

llitja   634   **lloc**

trage *f* | *nàut aeron ferroc* Bett *n*, Liegeplatz *m*; Schlafkoje *f* | Etagen-, Stockwerk-bett *n*.

llitja *f bot* Flügelginster *m*.

lliura *f* Pfund *n* (*400 Gramm*) | (*Münzeinheit*) Pfund *n* | ~ *esterlina* Pfund Sterling *n*.

lliur|ador(a *f*) *m econ* Trassant(in *f*), Wechselaussteller(in *f*) *m* | Lieferant(in *f*) *m* | **~ament** *m* (Ab-, Aus-) Lieferung *f* | Bezahlungsurkunde *f* | *termini de* ~ Liefer-frist; -zeit *f* | **~ança** *f* Zahlungsanweisung *f* | = **~ament** | **~ar** (33) *vt* (ab-, aus-)liefern, aushändigen, übergeben | ~ *combat od batalla* e-e Schlacht liefern (*a dat*) | **~ar-se** *v/r* s. ergeben (*a dat*) | s. hingeben (*a dat*) | s. widmen (*a dat*) | ~ *a un vici* e-m Laster frönen | **~e** *adj* (*m/f*) frei | unabhängig | freimütig, freiwillig, ungezwungen | ungehindert | ledig | *desp* allzu frei, ausschweifend | ~ *albir* freier Wille *m* | ~ *canvi* Freihandel *m* | *comerç* ~ Freihandel *m*, freie Geschäftsform *f* | *ensenyament* ~ freies Unterrichtswesen *n*, freier Unterricht *m* | *premsa* ~ freie (*od* unabhängige) Presse *f* | *traducció* (*od versió*) ~ freie Übersetzung *f* | *versos* ~s freie Verse *pl* | *a l'aire* ~ im Freien | *un dia* ~ e. freier Tag | *una hora* ~ e-e freie Stunde; *estud* e-e Freistunde | *tenir el camp* ~ freie Bahn haben | *tenir les mans* ~s freie Hand haben, völlig frei handeln können | *no tenir ni un instant* ~ keine freie Minute haben | **~ea** *f* Livree *f* | **~ecanvisme** *m econ* Freihandels-lehre *f od* -bewegung *f* | **~ecanvista** *adj* (*m/f*) Freihandels... || *s/m/f* Freihändler(in *f*) *m* | **~ement** *adv* frei | **~epensador(a** *f*) *m* Freidenker(in *f*), Freigeist *m*.

llivany|a *f* Ritze, Spalte *f*, Riß *m* | *geol* Sprung, Riß *m* | **~ós** (**-osa** *f*) *adj* rissig, spaltenreich | zerklüftet | (auf-)gesprungen.

llivell *m reg* = **nivell** | Mittel *n* (zum Zweck).

lloa *f* = **~nça** | *lit* Lob-lied, -gedicht *n* | *teat* Vorspiel | **~ble** *adj* (*m/f*) lobenswert, löblich | **~dor**[1] *adj* lobend | **~dor**[2] *adj* = **~ble** | **~nça** *f* Lob *n* | Lobpreisung *f* | *ecl* Lobgesang *m* | **~r** (33) *vt* loben, preisen (*per für ac*; *wegen gen*) | *lloat* (*od alabat*) *sia Déu!* Gott sei Dank!, gottlob! | **~r-se** *v/r* s.

rühmen (*de gen*), prahlen (*de mit*).

llob|a *f zool* Wölfin *f* | *agr* = **~ada** | *bot*: ~ *carda* Lanzettliche Kratzdistel *f* | **~ada** *f agr*: Stück Scholle, die der Pflug nicht erreicht hat | **~arro** *m ict* Seewolf, Wolfsbarsch *m* | **~atera** *f* Wolfs-bau, -höhle *f* | **~ató** *m* Wolfsjunge(s) *n*; Wölfchen *n* | (*Pfadfinder*) Wölfling *m* | **~í** *m bot* Weiße Lupine *f* | **~ina** *f* = **~arro**.

llòbrec (**-ega** *f*) *adj* düster, finster | traurig, trübselig, elend.

llobreguesa *f* Düster-heit, -keit *f* | Finsternis *f* | Traurigkeit, Trübseligkeit *f*.

lloc *m a. geog* (*bes Dorf*) ling mat Ort *m* | (*spezifisch*) Platz *m*; *a*. *Lit* Stelle *f* | *lit* Stätte *f* | (*Reihenfolge*; *Rang*; *Posten*, *Amt*) Stelle *f*; (*in e-m Wettbewerb a*.; *am Tisch, in der Schule, im Krankenhaus*) Platz *m* | (*verfügbarer Raum*) Platz *m* | *un* ~ *alt* (*fortificat, geomètric*) e. hochgelegener (befestigter, geometrischer) Ort | *el* ~ *indicat per a un congrés* der geeignete Ort für e-n Kongress | *un bon* ~ *per a nedar* e. guter Platz (*od* e-e gute Stelle) zum Schwimmen | *el millor* ~ *per al rebost* der beste Platz für die Speisekammer | *el meu* ~ *a taula* mein Platz am Tisch | *un* ~ *ple de sots* e-e holprige Stelle | *un* ~ *on es fan bolets* e-e Stelle, wo Pilze wachsen | ~ *de destinació* (*d'expedició, de naixença, de residència*) Bestimmungs-(Versand-, Geburts-, Wohn-)ort *m* | ~ *del crim* der Ort des Verbrechens | *el* ~ *dels fets* der Tatort | ~ *comú* (*d'honor*) Gemein-(Ehren-)platz *m* | ~ *de treball* Arbeits-platz *m*, -stelle *f* | *un* ~ *subaltern* (*de direcció*) e-e untergeordnete (leitende) Stelle *od* Stellung | *els* ~s *sants* die Heiligen Stätten *f pl* | *un cert* ~ (*euf*) e. gewisser Ort | *d'un* ~ *a l'altre* von e-m Ort zum andern | *al* ~ *d'alg* an j-s Stelle | *jo al teu* ~ ... ich an deiner Stelle ... | *a qualsevol* ~ irgendwo; überall | *en* ~ *de* an Stelle (*od* anstelle) von (*od gen*); (an)statt (*gen od dat*) | *dormir en* ~ *de treballar* schlafen (an)statt zu arbeiten | *en algun* ~ irgendwo | *en primer* (*segon*) ~ an erster (zweiter) Stelle; *esport a*. auf dem ersten (zweiten) Platz; (*in e-r Aufzählung*) *a*. erstens (zweitens) | *fora de* ~ nicht an der richtigen Stelle; *fig* fehl am Platz(e); unangebracht | *donar* ~ *a* Anlaß geben zu | *aquí no és* ~ *de* *parlar-ne* es ist hier nicht der Ort, darüber zu sprechen | *fer* ~ *a alg* j-m Platz machen | *hi ha* ~ *per a dos llits* es ist Platz für zwei Betten | *més endavant encara hi ha* ~ weiter vorn(e) ist noch Platz | *ja no hi ha* ~ es ist k. Platz mehr | *ocupar el* ~ *d'alg* j-s Platz einnehmen; an j-s Stelle treten | *sortir* (od *eixir*) *de* ~ aus dem Gelenk treten | *tenir* ~ stattfinden.

lloc|a *adj f* (Birne, Apfel) mulsch(ig) || *s/f* Glucke, Gluckhenne *f* | **~ada** *f col* Küken *n pl*, junge Brut *f* | **~ot** *m desp* Stubenhocker *m*.

lloctin|ència *f* Stellvertretung *f* | **~ent** *m* Stellvertreter *m*.

llodri|gada *f* = **llorigada** | **~gar** *vi* = **llorigar** | **~gó** *m* = **llorigó** | **~guera** *f* = **lloriguera**.

lloga *f Bal* Lohn *m* | Entlohnung *f* | **~dís** (**-issa**) *f*) *adj* vermietbar | Miet... | **~dor(a** *f*) *m* Vermieter(in *f*) *m* | **~ment** *m* Vermieten *n*, Vermietung *f*; Mieten *n*, Miete *f* | Verleihen *n*, Verleihung *f* | **~r** (33) *vt* vermieten (*Eigentümer*); mieten (*Mieter*) | (*Fahrzeug a.*, *Kleidung*) verleihen; (*s. dat*) leihen | (*j-n*) einstellen, *arc* mieten | *pis per* ~ Wohnung zu vermieten | **~r-se** *v/r s.* verdingen | **~r(r)et** *m* Weiler *m*, kl(s) Dorf *n* | **~ter(a** *f*) *m* Mieter(in *f*) *m*.

llogre *m ant* Wucher, Gewinn *m* | **~r(a** *f*) *m ant* Wucherer *m*, Wucherin *f*.

lloguer *m* Miete *f*; Mietpreis *m* | Verleih *m*; Leihgebühr *f* | *ant* Lohn; *mil* Sold *m* | *s: llogar* | ... *de* ~ Miet...; Leih... | *agafar* (*donar*) *una botiga a* ~ e-n Laden (ver)mieten | *viure a* ~ zur Miete wohnen.

llom *m anat mst pl* Lende(n *pl*) *f* | *caç* Ziemer *m* | *gastr* (bes ~ *de porc*) (Schweine)Lende *f* | (*Buch*, *Messer*, *Berg*) Rücken *m* | *em fan mal els* **~s** mir schmerzen die Lenden | **~a** *f* Hügel *m* | **~adura** *f* Lendenschmerz *m*.

llombard *adj* lombardisch || *s/mf* Lombarde *m*, Lombardin *f* | **~ia** *f: la* ~ die Lombardei.

llombrígol *m anat* Nabel *m*.

llondro *m* Trottel *m*.

llong *adj ant reg* = **llarg**; = **llunyà** | **~anissa** *f gastr* (luftgetrocknete) Hart-, Dauer-wurst, Salami *f* | **~ues** *f pl* lange Zügel *m pl* | **~uet** *m* längliches (Weizen)Brötchen *n*, *bes südd* Weckken *m*.

llonja *f Bal Val* = **llotja**.

llonz|a *f gastr* Kotelett; Rippchen *n* | *ant* = **llom** | **~e** *adj* einfältig, töricht || *s/mf* Einfaltspinsel, Simpel, Tor *m*.

llop *m zool* Wolf *m* | (*Pfadfinder*) = **llobató** | *astr: el* ⁓ der Wolf | ~ *de mar* (*ict*) Seewolf *m*; (*fig*) alter Seebär, erfahrener Seemann *m* | ~ *marí* Robbe *f*, Seehund *m* | ~ *marsupial* Beutelwolf *m* | *dent de* ~ Elfenbeinstück *n* (*zum Polieren*) | *fam de* ~ Wolfs-, Bären-hunger *m* | *fred de* **~s** Hundekälte *f* | (*és*)*ser fosc* (od *negre*) *com una gola de* ~ stockfinster sein | (*és*)*ser un* ~ *amb pell d'ovella* e. Wolf im Schafpelz | **~s** *amb* **~s** *no es mosseguen* (*Spruch*) e-e Krähe hackt der andern k. Auge aus | **~ada** *f* Rudel *n* Wölfe | *fig desp* Meute *f* | **~arró** *m zool* = **llobató**.

llor¹ *m bot* = **llorer**.

llor² *adj ant* dunkelbraun (*bes Mulatten*) | **~a** *f bot* Täubling *m* | *bes* Grünfelder Täubling; Frauentäubling; Goldtäubling *m*.

llord *adj* schmutzig, unsauber, drekkig | *reg* häßlich | **~eria**, **~esa** *f* Schmutz, Unrat *m*, *umg* Dreck *m* | Schweinerei *f*.

llore|da *f*, **~dar** *m* Lorbeerhain *m*, Lorbeerpflanzung *f* | **~jar** (33) *vt* mit Lorbeer bekränzen | *fig* mit e-m Preis auszeichnen | **~jat** (**-ada** *f*) *adj* preisgekrönt | lorbeerbekränzt | **~r** *m a. fig* Lorbeer *m* | *bot a.* Lorbeerbaum *m* | Ehrenpreis *m* | Siegerkranz *m* | ~ *bord* = **marfull** | ~ *petit* = **~ret** | ~ *reial* = **~r-cirer** | *corona de* ~ Lorbeerkranz *m* | *adormir-se sobre els* **~s** *s.* auf s-n Lorbeeren ausruhen | *conquerir* **~s** Lorbeeren ernten | **~r-cirer** *m bot* Kirschlorbeer *m* | **~ret** *m bot* Seidelbast *m*.

llorig|a *f hist mil* Schuppenpanzer *m* | Panzerhemd *n* | (*Pferd*) Panzer *m* | *nàut* (*Rad*) Eisenring *m*, Zwinge *f* | **~ada** *f* (Kaninchen)Wurf *m* | *fig desp* Bande *f* | **~ar** (33) *vi* werfen (*Kaninchen*) | **~ó** *m* Kaninchenjunge(s) *n* | **~uera** *f* Kaninchenbau *m* | *fig desp* Spelunke, Kaschemme *f*.

lloro *m ornit* Papagei *m* | *fig desp* Klatschmaul *n*, Schwätzer(in *f*) *m*; (*häßliche Frau*) Vogelscheuche *f* | *passar la nit del* ~ e-e schlaflose Nacht verbringen.

llos *m* (*pl llossos*) Schneide *f* | Schärfe *f*.

llosa *f* Steinplatte *f* | Schieferplatte *f* | *caç* Falle *f* aus Steinen | ~ *sepulcral* Grabplatte *f* | **~na** *f col* (*Balkon*) Steinplatten *f pl*, Plattenbelag *m* | **~rda** *f* (*Dach*) Schieferplatte *f* | **~t** *m* Schieferdach *n* | Plattenbelag *m*.
llosc *adj* (sehr) kurzsichtig | *fig a.* beschränkt, dumm.
llose|lla *f* kl(e) Steinplatte *f* | Falle *f* aus Steinen | **~ra** *f* Steinbruch *m* | *bes* Schieferbruch *m* | **~ta** *f* = **llosella**.
llossa *f* (Holz-, Koch-)Löffel *m* | **~da** *f* Löffel *m* (voll).
llossar (33) *vt* (*Sense, Sichel*) schärfen.
llosser *m* (*Küche*) Löffelbrett *n*.
llostre *m* Dämmerlicht *n* | Dämmerung *f* | **~jar** (33) *v/imp: ja llostreja* es dämmert schon.
llot *m* Schlamm *m* | *fig: arrossegar pel* ~ *od cobrir de* ~ in den Dreck (*od* Schmutz) ziehen | **~ejar** (33) *vi* schlammig sein | **~im** *m* Schlick *m*.
llotja *f arquit* Loggia *f* | *teat* Loge *f* | *com* (Gebäude) Börse *f* | *s: llonja, lògia.*
llotós (**-osa** *f*) *adj* schlammig.
lloure: *a* ~ (*loc adv*) in Freiheit, ungeniert, ungezwungen; gemächlich, bequem | *a son* ~, *al seu* ~ nach Herzenslust, zu seinem Vergnügen; willkürlich | *amb els cabells a* ~ mit losen Haaren.
lluc *m bot* Sproß, Trieb *m* | *fig fam* sicherer Blick *m*; Schärfe *f*, Scharfsinn *m*.
lluç *m ict* Hechtdorsch, Seehecht *m* | ~ *de riu* Hecht *m* | *fig* Dummkopf *m* | **~a** *f ict* = **llúcera**.
lluca|da *f bot* Sprießen *n* | *col* Sprosse, Triebe *m pl* | **~na** *f arquit* Dachluke *f* | **~r**[1] (33) *vi bot* sprießen, Knospen treiben || *vt fam* sehen, erblicken | *fig* durchschauen || *vi fam: no hi lluco gens* ich kann überhaupt nicht sehen; *fig da blicke ich nicht durch.*
llucareta *f ornit* Zitronen-zeisig, -fink *m*.
llúcera *f ict* Merlan, Wittling *m*.
lludri|a *f, a.* **~ga** *f zool* Fischotter *m* | ~ *marina* Seeotter *m*.
lludrigot *m* Fischotternjunge(s) *n*.
lluent *adj* (*m/f*) leuchtend; glänzend; funkelnd; schimmernd | blitzblank | **~ar** (33) *vt* auf Hochglanz bringen | (blank)schleifen | polieren | **~ejar** (33) *vi* glänzen, schimmern | **~ó** *m* Flitter-, Glimmer-blättchen *n* | **~or** *f* (schimmernder) Glanz *m*.
lluer *m ornit* (Erlen)Zeisig *m*.

lluerna *f* Dach-fenster *n*, -luke *f*, Oberlicht *n* | *entom* Glühwürmchen *n* | *ict* Knurr-, See-hahn *m* | ~ *rossa* Rote(r) Knurrhahn *m* | *fer lluernes (mit e-m Spiegel)* blinken.
lluert *m zool* = **llangardaix** | *ict* Laternenfisch *m* («Aulopus filamentosus») | **~ejar** (33) *vi reg* aufpassen, lauern.
llufa *f* leiser Furz, Schleicher *m* | *folk: Papierschwanz, der j-m zum Spott unbemerkt auf dem Rücken befestigt wird* | (*Pilz*) Bovist, Bubenfist *m* | *penjar* (*od posar*) *la* ~ *a alg* (*fig fam*) j-m e-n Bären aufbinden.
llu|idera *f* = **lluentor** | **~idesa** *f*, **~iment** *m bes fig* Glanz *m* | Pracht *f*, Prunk *m* | **~ir** (40) *vi* leuchten; glänzen; funkeln; schimmern | *fig* glänzen; prunken; zur Geltung kommen | *com lluen avui els estels!* wie die Sterne heute leuchten *od* glänzen! | *aquí, aquest gerro no hi llueix gens* hier kommt diese Vase gar nicht zur Geltung || *vt fig* zeigen, zur Schau stellen | (*Kleid, Schmuck*) prunken (*od* protzen) mit; tragen | **~ir-se** *v/r fig* glänzen | *s.* auszeichnen, *s.* hervortun | *iròn s.* blamieren | *m'he ben lluït!* da habe ich mich schön blamiert! | **~ïssor** *f* Leuchten *n*; Glanz *m*; Funkeln; Schimmern *n*; Schimmer *m* | **~ït** (**-ida** *f*, **-ïdament** *adv*) *adj* glänzend; prächtig; glanzvoll; gelungen | *iròn: estem ben lluïts!* welche Blamage (für uns)!; da haben wir uns etw Schönes eingebrockt!
lluita *f a. fig* Kampf *m* | *esport* Ringen *n*, Ringkampf *m* | *la* ~ *amb el drac* (*per la pau, pel poder, contra la fam*) der Kampf mit dem Drachen (für den Frieden, um die Macht, gegen den Hunger) | ~ *de classes* (*polít*) Klassenkampf *m* | ~ *lliure* (*esport*) Freistilringen *n* | ~ *per l'existència* (*biol*) Existenz-, Daseins-kampf, Kampf *m* ums Dasein | **~dor** *adj* kämpfend | kämpferisch | Kampfer... || *s/m* Kämpfer(in *f*) *m* | *esport* Ring-(kämpf)er(in *f*) *m* | *fig* Kämpfer(in *f*) *m* | **~r** (33) *vi a. fig* kämpfen | *bes esport* ringen | ~ *contra una epidèmia* e-e Seuche bekämpfen.
llum *f a. fig* Licht *n* | Helle, Helligkeit *f* | *anat* Lumen *n* | *constr* Spannweite, lichte Weite *f* | *tecn* Öffnung *f*; Schlitz, Kanal *m* | ~ *del dia* Tageslicht *n* | ~ *natural* (*artificial, elèctrica*) natür-

liches (künstliches, elektrisches) Licht n | ~ *del sol* od *solar* Sonnenlicht n | ~ (od *llumenetes*) *de sant Elm* Elmsfeuer n | *a la* ~ *d'una candela* bei Kerzenlicht | *a la* ~ *de les últimes descobertes* im Licht(e) der neuesten Entdeckungen | *a mitja* ~ *(loc adv)* im Zwielicht | *a plena* ~ *(loc adv)* bei hellem Tageslicht; *fig* am hellichtem Tage, in aller Öffentlichkeit | *entre dues* ~*s* im Zwielicht, in der Dämmerung | *donar a* ~ zur Welt bringen, entbinden, gebären; *fig (Buch)* veröffentlichen | *fer* ~ Licht machen | *fer* ~ *sobre u/c* etw beleuchten; *fig a.* Licht in etw bringen | *obrir els ulls a la* ~ od *veure la* ~ das Licht der Welt erblicken, geboren werden | *portar* (od *dur*) ~ *a u/c (fig)* Licht in etw bringen | *sortir a la* ~ *(fig)* ans (Tages)Licht kommen | *sortir a* ~ erscheinen *(Buch)* | *treure a la* ~ *u/c (fig)* etw ans (Tages)Licht bringen | *treure* (od *fer sortir*) *a* ~ *un llibre* e. Buch veröffentlichen || *s/m (ant a. f)* Licht n; Lampe; Leuchte f, Licht n | ~ *d'oli (de peu)* Öl-(Steh-)lampe f | ~ *de carretera* od *llarg (de fre, d'encreuament* od *curt, intermitent)* Fern-(Brems-, Abblend-, Blink-)licht n | ~ *de boira (de marxa enrere)* Nebel-(Rückfahr-)scheinwerfer m | *encendre (apagar) el* ~ das Licht ein-(aus-)schalten, *umg* an-(aus-)machen | *estar com un* ~ *(fam)* spinnen, total verrückt sein | ~**ejar** (33) *vi* leuchten | ~**ener** *m* Lampe, Leuchte f | Stern *m* | *fig* = ~**enera** | ~**enera** f (Öl)Lämpchen n | *fig* Leuchte f | ~**eneta** f *entom* Glühwürmchen n || *pl* Augenflimmern n | ~**í** *m* Zünd-, Streich-holz n | ~**inària** f Festbeleuchtung, Illumination f | ~**inós** (-**osa** f, -**osament** *adv*) *adj* lichtvoll, glänzend, strahlend | *anunci (cartell)* ~ Lichtreklame f, Leucht-plakat, -schild n | *idea lluminosa* glänzende Idee f | ~**inositat** f Helligkeit f | *cin fotog a.* Lichtstärke f.

llun|a f Mond *m* | *astr a.* Satellit *m* | *lit a.* Monat *m* | (Spiegel)Glas *n* | Schrankspiegel *m* | ~ *creixent (minvant)* zunehmender (abnehmender) Mond *m* | ~ *nova (plena)* Neu-(Voll-)mond *m* | *mitja* ~ zunehmender Mond; Halbmond *m*; *(Küche)* Wiegemesser *n*; *agr* Sichel f | *clar de* ~ Mondschein *m* | *una nit amb clar de* ~ *e-e* mondhelle Nacht | *eclipsi de* ~ Mondfinsternis f | ~ *de mel* Flitterwochen f pl || *fig fam: demanar la* ~ *(en un cove)* Unmögliches verlangen | *estar a la* ~ ganz woanders sein, nicht bei der Sache sein | *estar de bona (mala)* ~ guter (schlechter) Laune sein, gut-(schlecht-)gelaunt sein | *(voler) fer veure a alg la* ~ *al mig del dia* od *en un cove* j-m e-n Bären aufbinden (wollen) | *lladrar a la* ~ den Mond anbellen | *restar* (od *quedar-se*) *a la* ~ *de València* in den Mond gucken | *tenir llunes* wetterwendisch sein; Launen (od Grillen) haben | ~**ació** f Mondumlauf *m* | ~**ada** f *ict* Hammerfisch, -hai *m* | ~**ari** *m* Kalender *m* | ~**ària** f *bot* Mondraute f | Mondviole f («*Lunaria biennis*») | ~**at** (-**ada** f) *adj* halbmondförmig | ~**àtic** *adj* launisch, grillenhaft, launen-, schrullen-haft, schrullig | ~**er** *adj* Mond... | ~**eta** f *òpt kl(e)* Linse f | *arquit tecn* Lünette f.

lluny *adv* fern, weit, entfernt | *el poble (l'estiu) ja no és gaire* ~ es ist nicht mehr weit bis zum Dorf (Sommer) | *és molt* ~ es ist sehr weit (entfernt od weg) | *(a) deu quilòmetres* ~ zehn Kilometer entfernt | *un parent de* ~ e. entfernter od weitläufiger Verwandter | *venim de* ~ wir kommen von weit her | *és un costum que ve de* ~ es ist e. althergebrachter Brauch | *mira-t'ho de* ~ *(a. fig)* betrachte es von fern | *l'he vista de* (od *d'un tros*) ~ ich habe sie von weitem gesehen | *anar* (od *arribar*) ~ *(fig)* es weit bringen | *anar massa* ~ *(a. fig)* zu weit gehen | *jo hi crec, sense anar més* ~ ich selbst, zum Beispiel, glaube daran | ~ *de (loc prep): viuen* ~ *de la pàtria* sie leben fern von der Heimat | ~ *de la vista,* ~ *del pensament* (Spruch) aus den Augen, aus dem Sinn | *estic (ben)* ~ *de pensar-ho* ich bin (weit) davon entfernt (od es liegt mir fern), es zu denken || *adj arc lit: de* ~*es terres* aus fernen Landen || *s/m: la blavor dels* ~*s desapareix sota la boira* die Bläue der Ferne verschwindet im Nebel | *al* ~ *(del* ~) (ganz) in der Ferne | ~**à** (-**ana** f) *adj* entfernt, fern | abgelegen, entlegen | ~**ania** f Entfernung f | Ferne f | *a la* ~ in der Ferne | ~**ària** f Entfernung, Weite f | Abstand *m* | ~**edà** (-**ana** f) *adj* = ~**à** *adj* | ~**edar** *m*

(weite *od* noch sichtbare) Ferne *f* | **~edat** *f* = **~ania** | **~ejar** (33) *vi* (weit) enfernt sein | **~er** *adj reg* = **~à** | von weitem besser aussehend.
lluor *f lit* (Licht)Schein *m*; Leuchten *n*; Glanz; Schimmer *m*.
llúpia *f med* Grützbeutel *m*, Balggeschwulst *f* | (*Bäume*) Auswuchs, Knorren *m*.
llúpol *m bot* Hopfen *m*.
lluquet *m* Schwefel-stroh *bzw* -holz *n* | **~a** *f bot* Herzblättrige Kugelblume *f*.
llur(-s *pl*) (25) *pron poss ant lit reg* (*von ihnen*) ihr(e); ihrer, ihre, ihr(e)s | *el president ha invitat els seus col·laboradors i ~s famílies* der Präsident hat seine Mitarbeiter u. ihre (*od* deren) Familien eingeladen | *a casa ~* bei ihnen, in ihrem Haus | *ço del ~* das Ihre, *arc lit* das Ihrige | *tot això s'ho han fet ~* all das haben sie s. zu eigen gemacht | *encara no han decidit qui serà ~ hereu* sie haben noch nicht entschieden, wer ihr Erbe sein soll | *hi tenen posades totes ~s esperances* sie haben alle ihre Hoffnungen darauf gesetzt.
llusc *adj* = **llosc**.
llustr|ar (33) *vt* glänzend machen, polieren, blank putzen | lüstrieren (*Stiefel*) wichsen | **~e** *m a. fig* Glanz | Politur *f* | (*Schuhe*) Wichse *f* | *fig a.* Pracht *f* | Schimmer *m* | = **llostre** | *entre dos ~s* im Zwielicht, in der Dämmerung | **~ejar** (33) *v/imp* = **llostrejar** | **~í** *m* Flitter(gold) *m* | **lluentó** | **~ina** *f tèxt* Lüster *m* | **~ós** (**-osa** *f*, **-osament** *adv*) *adj* glänzend | blankgescheuert | leuchtend, schimmernd | poliert | glatt, blank | geglättet.
lo[1] *pron pers s: el*[1] | *ant oc: ~* (statt *el*) *sentirem* wir werden ihn hören.
lo[2] *art def ant oc* = **el**[2] | *ha plogut tot lo dia* es hat den ganzen Tag geregnet.
lob|ar *adj* (*m/f*) *anat* lappenartig | Lappen... | *med:* **pneumònia ~** Lungenlappenentzündung *f* | **~at** (**-ada** *f*) *adj* = **lobulat** | **~el** *m anat* Läppchen *n* | **~eliàcies** *f pl bot* Lobeliengewächse *n pl* | **~el·lar** *adj* (*m/f*) *anat* läppchenähnlich | Läppchen... | **~otomia** *f med* Leuko-, Lobo-tomie *f*.
lòbul *m anat bot* Lappen *m* | *arquit* (*Paß*) Kreisbogen *m* | *els ~s del cervell* (*del fetge*) die Gehirn-(Leber-)lappen | *el ~ de l'orella* das Ohrläppchen | *de tres ~s* (*Blatt*) dreilappig.

lobu|lar *adj* (*m/f*) Lappen..., lappenartig | **~lat** (**-ada** *f*) *adj* lappig, gelappt | *med* lobulär | **~s** *m anat* Lobus, Lappen *m*.
loca|ció *f* Vermietung *f* | *dr bes* Pachtvertrag *m* | **~l** *adj* (*m/f*) örtlich | Orts... | lokal, Lokal... | *adm a.* kommunal, Kommunal..., Gemeinde... | *l'equip ~* die Heimmannschaft | *els productors ~s* die hiesigen (*bzw* dortigen) Erzeuger *pl* || *s/m* Lokal *n* | Raum *m* | **~ comercial** Geschäftsraum *m* | **~ públic** öffentlicher Raum *m* | **~ nocturn** Nachtlokal *n* | **~ social** Firmensitz *m*; Vereinslokal *n*; Gesellschaftsraum *m* | **~lisme** *m a. desp* Lokalpatriotismus *m* | *ling* lokale Redewendung *f* | **~litat** *f adm* Örtlichkeit, Ortschaft *f* | *p ext* Ort *m*; Dorf *n*; Stadt *f* | *teat cin* (Sitz)Platz *m*; Eintrittskarte *f* | **~litzable** *adj* (*m/f*) lokalisierbar | **~lització** *f* Lokalisierung *f* | Ortung *f* | (Auf)Suchen *n* (*in Nachschlagewerken*) | Auffinden *n* | Feststellung *f* | **~litzar** (33) *vt* lokalisieren | ausfindig machen | örtlich feststellen | **~lment** *adv* örtlich (begrenzt) | **~tiu** (**-iva** *f*) *adj ling* Lokativ... || *s/m* Lokativ *m*.
locaut *m econ* Aussperrung *f*, Lockout *m*.
loci|ó *f a. med* Waschung *f* | Spülung *f* | *med* Flüssigkeit *f* | **~ capil·lar** Haarwasser *n* | **~ facial** Gesichts-, Rasierwasser *n*, Lotion *f* | **~onar** (33) *vt* spülen | einreiben.
loco|mòbil *adj* (*m/f*) ortsbeweglich || *s/f* (*a. màquina ~*) Lokomobile *f* | **~moció** *f* Fortbewegung *f* | *zool a.* Lokomotion *f* | *mitjans de ~* Fortbewegungsmittel *n pl* | **~motiu** (**-iva** *f*) *adj* Fortbewegungs... | **~motivitat** *f* Fortbewegungskraft *f* | **~motor**(**a** *od* **-motriu** *f*) *adj* fortbewegend | Bewegungs... | **~motora** *f* Lok(omotive) *f* | Triebwagen *m*.
locu|ció *f ling* Ausdrucksweise *f*; Ausdruck *m*; (Rede)Wendung *f* | *rad tv* Sprechen *n* | **~tor**(**a** *f*) *m rad tv* Sprecher(in *f*), Ansager(in *f*) *m* | **~tori** *m* (*Gefängnis, Kloster*) Sprechzimmer *n* | *telecom* Sprechzelle *f*.
logaèdic *adj Lit* logaödisch || *s/m* logaödischer Vers *m*.
loganiàcies *f pl bot* Loganiengewächse *n pl*.
logar|itme *m mat* Logarithmus *m* | **~ít-**

mic *adj* logarithmisch | *taules logarítmiques* Logarithmentafeln *f pl.*
lògia *f (Freiermaurer)* Loge *f.*
lògic *adj* logisch | *fig a.* folgerichtig || *s/mf* Logiker(in *f*) *m* | **~a** *f* Logik *f* | *fig a.* Folgerichtigkeit *f* | **~ament** *adv* logisch | logischerweise.
log|icisme *m filos mat* Logizismus *m* | **~icista** *adj (m/f)* logizistisch | **~ístic** *adj mat mil* logistisch || *s/f* Logistik *f* | **~ogrif** *m* Logogriph *m* | **~opèdia** *f med* Logopädie *f* | **~os** *m filos rel* Logos *m* | **~otip** *m gràf* Logotype *f.*
lona *f text* Segeltuch *n*; Zeltleinwand *f* | *p ext* (Zelt)Plane *f.*
lond|inenc *adj* Londoner || *s/mf* Londoner(in *f*) *m* | **~res** *m* London *n.*
long|ànime(ment *adv) adj (m/f) lit* langmütig | **~animitat** *f lit* Langmut *f* | **~evitat** *f* Langlebigkeit *f* | **~ilini (-ínia** *f) adj u. s/mf* = **astènic** | **~imetria** *f* Längenmessung *f* | **~istil** *bot* langgriffelig | **~itud** *f bes geog* Länge *f* | *astr* Längengrad *m* | **~d'ona** Wellenlänge *f* | **~itudinal** *adj (m/f)* Längen... | *(Streifen, Schnitt)* Längs... | **~itudinalment** *adv* längs, der Länge nach.
longobard *adj hist* langobardisch | *escriptura* **~a** langobardische Schrift *f* || *s/mf* Langobarde *m*, Langobardin *f.*
loqua|ç(ment *adv) adj (m/f)* redselig | **~citat** *f* Redseligkeit *f.*
lorantàcies *f pl bot* Mistelgewächse *n pl.*
lord *m* Lord *m* | *polít: Cambra dels* **~s** Oberhaus *n.*
lordosi *f med* Lordose *f.*
Lore|na *f* Lothringen *n* | **~nès (-esa** *f) adj* lothringisch || *s/mf* Lothringer(in *f*) *m.*
los[1] *pron pers s: el*[1] | *a. oc:* **~** (statt *els*) *hem vistos* wir haben sie gesehen.
los[2] *art def ant oc* = **els**[2].
losange *m (Wappen)* Raute *f*, Rhombus *m.*
lot[1] *f fam* Taschenlampe *f.*
lot[2] *m (zusammengestellter Posten)* Lot *n* | **~eria** Lotterie *f* | *(Gesellschaftsspiel)* Lotto *n* | *bitllet de* **~** Lotterielos *n* | *fig: aixó és una* **~** das ist e. Lotteriespiel.
lotus *m bot* Lotos(blume *f*) *m* | *flor de* **~** Lotosblüte *f.*
loxodròmi|a *f geog mat* Loxodrome *f* | **~c** *adj* loxodromisch.
'ls *pron pers s: el*[1].
lúbric(ament *adv) adj fig* schlüpfrig | geil, lüstern.

lubric|ació *f* = **lubrificació** | **~ant** *adj (m/f)* = **lubrificant** | **~ar** (33) *vt* = **lubrificar** | **~atiu (-iva** *f) adj* = **lubrificant** | **~itat** *f fig* Schlüpfrigkeit *f* | Geilheit, Lüsternheit *f.*
lubrifica|ció *f* Schmierung *f* | **~nt** *adj (m/f)* Schmier... || *s/m* Schmiermittel *n* | **~r** (33) *vt tecn* schmieren.
lucànids *m pl entom* Hirschkäfer *m pl.*
Lucerna *f* Luzern *n.*
lúcid(ament *adv) adj fig* klar | *(Erläuterung)* einleuchtend | *(Person)* scharfsichtig | *un moment* **~** e. lichter Augenblick *m.*
lucid|esa, ~itat *f fig* Klarheit *f* | Scharfsichtigkeit *f.*
lucí|fer *adj lit* lichtvoll, leuchtend || *s/m bíbl mit:* **~** Luzifer *m* | **~fug** *adj cient* lichtscheu.
lucr|ar-se (33) *v/r desp* gewinnen, profitieren | **~atiu (-iva** *f, -ivament adv) adj* lukrativ | **~e** *m desp* Gewinn, Nutzen *m.*
luctuós (-osa *f, -osament adv) adj lit* traurig, Trauer...
luda *f* = **aluda**.
ludibri *m lit* Hohn, Spott *m.*
lúdic *adj* Spiel... | *instint* **~** Spieltrieb *m.*
ludió *m fís* kartesianischer Teufel *od* Taucher *m.*
ludoteca *f* Spiel(i)othek *f.*
lu|es *f med* Lues *f* | **~ètic** *adj* luetisch.
lúgubre(ment *adv) adj (m/f) lit* düster | trübselig.
lul·li|à (-ana *f) adj* lullianisch | *una obra lul·liana* ein Werk von Ramon Llull | **~isme** *m* Lullismus *m*, Lehre *f* des Ramon Llull | **~ista** *adj (m/f)* lullistisch | *una obra* **~** ein Werk e-s Anhängers der Lehre von Ramon Llull || *s/m/f* Lullist(in *f*) *m.*
lulú *m* Schoßhündchen *n.*
lumb|ago *m med* Hexenschuß *m*, Lumbago *f* | **~àlgia** *f med* Lumbalgie *f* | **~ar** *adj (m/f) med* lumbal | Lenden..., Lumbal...
lumbrícids *m pl zool* Regenwürmer *m pl.*
lum|en *m biol fís* Lumen *n* | **~inal** *m med* Luminal *n* | **~inància** *f fís tv* Leuchtdichte *f* | **~inescència** *f fís* Lumineszenz *f* | **~inescent** *adj (m/f)* Lumineszenz... | luminiszierend | **~ínic** *adj* Licht... | Leucht... | **~inotècnia** *f* Lichttechnik *f* | **~inotècnic** *adj* lichttechnisch || *s/mf* Lichttechniker(in *f*) *m.*
lumpen(proletariat) *m sociol* Lumpenproletariat *n.*

lunar *adj* (*m*/*f*) Mond... | lunar.
lupa *f* Lupe *f*.
lup|inosi *f med* Lupinose *f* | ~**us** *m med* Lupus *m*.
lusit|à (**-ana** *f*) *adj hist* lusitanisch | *lit* portugiesisch || *s*/*mf hist* Lusitanier(in *f*) *m* | *lit* Portugiese *m*, Portugiesin *f* | ~**ània** *f* Lusitanien *n*.
lustr|ació *f rel* Lustration *f* | ~**al** *adj* (*m*/*f*) *rel* lustral | ~**e** *m* Jahrfünft, *hist* Lustrum *n*.
lute|ci *m quím* Lutetium *n* | ~**ina** *f biol* Lutein *n* | *bot* Luteolin *n*.
Luter *m* Luther *m* | ~**à** (**-ana** *f*) *adj* lutherisch || *s*/*mf* Lutheraner(in *f*) *m* | ~**anisme** *m* Luthertum *n*.
luti (**lútia** *f*) *adj cient* gelb | *cos* ~ (*anat med*) Gelbkörper *m*.
lux *m fís* Lux *n*.
luxa|ció *f med* Verrenkung, Luxation *f* | ~**r**(**-se**) (33) *vt*(/*r*) *med* (s.) ver-, ausrenken, (s.) luxieren.
lux|e *m* Luxus *m* | *article* (*edició, hotel, impost*) *de* ~ Luxus-artikel *m* (-ausgabe *f*, -hotel *n*, -steuer *f*) | *fig: permetre's un* ~ s. (*dat*) e-n Luxus leisten | *amb un gran* ~ *de detalls* mit zahlreichen Einzelheiten.
Luxemburg *m* Luxemburg *n* | ~**uès** (**-esa** *f*) *adj* luxemburgisch, Luxemburger || *s*/*mf* Luxemburger(in *f*) *m* || *s*/*m ling* Luxemburgisch *n* | *el* ~ das Luxemburgische.
luxós (**-osa** *f*, **-osament** *adv*) *adj* luxuriös.
lux|úria *f* Wollust *f* | *ecl* Unkeuschheit *f* | ~**uriant** *adj* (*m*/*f*) *lit* üppig | ~**uriós** (**-osa** *f*, **-osament** *adv*) *adj* wollüstig | *ecl* unkeusch.
lúzula *f bot* Hainsimse *f*.

M

m, M *f* m, M *n*.
m' *pron pers s: em.*
'm *pron pers s: em.*
ma *pron poss s: mon.*
mà *f* (*pl* **mans**) (*a. Affen*) Hand *f* | *p ext zool* (*bes* Vorder-)Pfote *f*; (*Elefant*) Rüssel *m* | (*Farbe, Kalk*) Anstrich *m*, Schicht *f* | (*Kartenspiel*) Blatt *n*; Runde; Vorhand *f* | *gràf* Buch *n* (*25 Bogen*) | *hist* Stand *m* | la ~ dreta (esquerra) (*a. fig*) die rechte (linke) Hand | ~ dura (*fig*) harte Hand *f* | ~ foradada (*fig*) verschwenderische Hand *f* | ~ forta (*a. fig*) starke Hand *f* | ~ morta (*dr*) Tote Hand *f* | mans! (*Fußball*) Hand! | mans enlaire! Hände hoch! | mans fora! Hände weg! | ~ de morter Stößel *m*, Stößer *m* | ~ d'obra Arbeit *f*; Arbeitskräfte *f pl* | ~ de pintura Anstrich *m* | ~ de santa Maria (*bot*) Löwenschwanz *m* | a ~ bei der Hand; zur Hand; mit der Hand; von Hand; hand... | a ~ alçada mit erhobener Hand; (*Zeichnung*) freihand, aus der Hand; Freihand... | a ~ armada mit Waffengewalt *f*, bewaffnet | a ~ dreta (esquerra) rechts (links) | a mans besades (*fig*) sehr gern(e) | a mans juntes (*fig*) flehentlich (bittend) | a mans plenes (*fig*) mit vollen Händen | a mans salves (*fig*) gefahrlos | a dues (quatre) mans (*mús*) zwei-(vier-)händig | a una ~ ..., a l'altra ... auf der einen Seite ..., auf der anderen ... | de llarga ~ (*fig*) von langer Hand | de ~ Hand... | de ~ mestra von Meisterhand | de primera (segona) ~ aus erster (zweiter) Hand | per ~ d'alg durch j-n | per sota ~ unterderhand, heimlich | una ~ de... (*fig fam*) e-e Menge von, e-e große Zahl von | alçar la ~ a alg j-m mit der Hand drohen | allargar la ~ (*fig*) die Hand aufhalten | allargar la ~ a alg j-m die Hand reichen; *fig* j-m e-e hilfreiche Hand bieten | anar de ~ en ~ von Hand zu Hand gehen | arribar (*od* venir) a les mans handgemein werden | carregar la ~ das Maß überschreiten | cloure la ~ (*fig*) kleinlich im Geben (*od* Schenken) sein | demanar la ~ d'una noia um die Hand e-s Mädchens anhalten | donar la ~ a alg j-m die Hand geben; *fig* j-m helfen | donar l'última ~ a u/c letzte Hand an etw legen | donar un cop de ~ a alg (*fig*) j-m an die (*od* zur) Hand gehen | (*és*)ser ~ (*beim* Kartenspiel) in der Vorhand sein | (*és*)ser llarg (curt) de mans (*fig*) (un)geschickt sein | estar ~ sobre ~ *od* amb una ~ sobre l'altra (*fig*) k-n Finger rühren *od* krumm machen | estar amb les mans a la butxaca (plegades) (*fig*) mit den Händen in der Tasche (mit verschränkten Händen) dasitzen *bzw* dastehen | fer a mans d'alg u/c j-m etw aushändigen | fer la ~ (*pop!*) wichsen, s. (*dat*) e-n abwichsen | fer mans (*Fußball*) Hand(spiel) begehen; den Ball mit der Hand spielen | guanyar per ~ alg (*fig*) j-m zuvorkommen | lligar les mans a alg (*a. fig*) j-m die Hände binden | mudar de ~ (*fig*) in andere Hände übergehen | obrir la ~ (*fig*) reichlich schenken; weniger streng sein | parar la ~ (*fig*) die Hand aufhalten; betteln | passar la ~ per la cara a alg (*fig*) j-n übertreffen | poder-se donar la ~ (*fig*) s. die Hand reichen können | portar un afer entre mans e. Geschäft in der Hand ha-

mabre

ben | *posaria la ~ al foc que*, ... ich lege m-e Hand dafür ins Feuer, daß... | *posar-se a les mans d'alg* s. in j-s Hände begeben | *rentar-se'n les mans* s-e Hände in Unschuld waschen | *vaig sortir-ne amb les mans al cap* (fig) ich bin schlecht dabei weggekommen | *tenir la ~* (beim Kartenspiel) die Vorhand haben (sein) | *tenir bones mans* (fig) fingerfertig sein | *tenir la ~ llarga* (fig) e-e lockere (od lose) Hand haben | *tenir la ~ trencada* (od *les mans trencades*) en u/c e-e glückliche Hand bei etw haben | *tenir u/c per la ~* (fig) bei etw den Dreh heraushaben | *ella té les mans foradades* (fig) ihr rinnt das Geld durch die Finger | *tinc les mans lligades* (fig) mir sind die Hände gebunden | *tinc les mans lliures* (fig) ich habe freie Hand | *tenir les mans netes* (*brutes*) (a. fig) saubere (schmutzige) Hände haben | *untar les mans a alg* (fig) j-m die Hände schmieren *od* versilbern.

mabre *m ict* Marmorbrasse *f*.

mac *m Bal* = **còdol**.

maç *m* Handvoll *f* | Bündel *n* | **~a** *f* Keule *f*, Streitkolben *m* | Amts-, Zeremonien-stab *m* | Klotz *m* | (Holz)Hammer *m* | (Küchen)Mörser, Stößel *m*.

macabeu (-ea) *f*) *adj bíbl* makkabäisch | *Judes* ⁓ Judas Makkabäus || *s/mf* Makkabäer(in *f*) *m* | *els llibres dels* ⁓s die Makkabäerbücher *n pl* || *s/m agr*: süße weiße Rebsorte | *gastr*: süßer Weißwein.

macabre *adj* makaber | *dansa ~a* Danse *f* macabre, Totentanz *m*.

macaco *m zool* Makak *m*.

maçada *f* Keulenschlag *m*.

macadam *m* Makadam *m/n* | **~itzar** (33) *vt* makadamisieren.

macad|ís *m*, **~ura** *f* Quetschung; Prellung *f*; blauer Fleck *m* | (*Obst*) Druckstelle *f*.

maçan|a *f oc Bal* Apfel *m* | **~ella** *f* Schopflavendel-Immortelle *f* | **~era** *f* Apfelbaum *m*.

macar (33) *vt* (*j-n*) lädieren | (*Obst*) beschädigen | **~se** v/r s. (*dat*) blaue Flecke(n) holen | Druckstellen bekommen (*Obst*).

macarró[1] *m fam* Zuhälter, Lude *m*.

macarr|ó[2] *m gastr* Makkaronistange *f* || *pl* Makkaroni *pl* | **~ònic** *adj* makkaronisch | *llatí ~* makkaronisches La-

tein, Küchenlatein *n*.

macarulla *f bot zool* = **ballaruga**.

maced|oni (-**ònia** *f*) *adj* makedonisch || *s/mf* Makedonier(in *f*) *m* || *s/f gastr* Obstsalat *m*; gemischtes Gemüse *n* | **~ònia** *f* Makedonien *n* | **~ònic** *adj* = **macedoni** | *s/m* Makedonisch, das Makedonische *n*.

macer *m* (Zeremonien) Stabträger *m*.

macera|ció *f* Einlegen, Einweichen *n* | Mazeration *f* | *ecl* Kasteiung *f* | **~r** (33) *vt* einlegen, einweichen | *biol quím* mazerieren | *ecl* kasteien | **~r-se** v/r s. kasteien.

macet *m reg* Knäuel *n/m* | **~a** *f constr* Eisenhammer *m* | *tecn* Schippe, Palette *f*, Stößel *m* | *macetes de fer randa* Spitzenklöppel *m pl*.

macfarlan *m* Pelerinenmantel *m*.

macilent *adj* ab-, aus-gezehrt | leichenblaß, fahl | verhärmt.

macip *m ant* Leibeigene(r); Diener; Lehrling; Junge *m* | (a. ~ *de ribera*) = **bastaix**.

macis *m* Mazis(blüte *f*) *m*.

macla *f min* Zwillingskristall *m*.

maco *adj fam* hübsch; schön | nett; lieb | *fer el ~* (s.) großtun.

maç|ó *m tecn* = **picó**[1] | *hist* = **francmaçó** | **~ola** *f* (Holz)Hammer *m* | Stampfer *m* | **~olar** (33) *vt* hämmern | stampfen | **~onar** (33) *vt* = **piconar** | **~oneria** *f constr* Mauerwerk *n* | *hist* = **francmaçoneria**.

macramé *m* Makramee *n*.

macr|obiòtic *adj* makrobiotisch || *s/f* Makrobiotik *f* | **~ocèfal** *adj* makrozephal | **~ocefàlia** *f* Makrozephalie *f* | **~ocosmos** *m* Makrokosmos *m*, Weltall *n* | **~oeconomia** *f* Makroökonomie *f* | **~oeconòmic** *adj* makroökonomisch | **~ofotografia** *f* Makrophotographie *f* | **~òpode** *adj bot* langstielig | **~opòdids** *m pl zool* Makropoden, Großflosser *m pl* | **~oscòpic** *adj* makroskopisch.

màcula *f* Makel *m*.

macula|r (33) *vt bes fig* beflecken | *gràf* makulieren | **~tura** *f gràf* Makulatur *f*.

Madagascar *m* Madagaskar *n*.

madeixa *f tèxt* Strang *m*, Docke *f* | Knäuel *n* | *fig*: *una ~ embullada* e-e verwickelte Geschichte *f*.

mad|ò *f Bal*: Anrede für Frauen *u*. Witwen niedrigen Standes | **~ona** *f Bal* Herrin *f* | *ant* (*Anrede*) gnädige Frau *f*.

madràs *m tèxt* Madras *m*.

madrastra f Stiefmutter m | desp Rabenmutter m.
madr|èpora f zool Madrepore, Steinkoralle f | **~epòric** adj Madreporen... | **~eporita** f Madreporit m.
madrigal m Lit mús Madrigal n.
madrileny adj Madrider || s/m/f Madrider(in f) m.
madr|illa f ict = **bagra** | **~ina** f Koppelriemen m | **~ona** f bot Muskat-Salbei m/f.
maduix|a f Erdbeere f | **~ar**¹ m = **~erar** | **~ar**² (33) vi Erdbeeren pflücken | **~era** f (Pflanze) Erdbeere f | **~erar** m Erdbeer-beet n bzw -pflanzung f | **~ot** m = **fraga**.
madur adj a. fig reif | (Wein; Plan) ausgereift | (Überlegung) reiflich | un abcés ~ e. reifes Geschwür n | edat ~a reife(re)s Alter n | una dona (d'edat) ~a e-e Frau im reiferen Alter | un esperit ~ e. reifer Geist | el sostre està ~ die Zimmerdecke droht einzustürzen | **~ació** f, **~ament**¹ m (Aus-) Reifung f | **~ament**² adv reiflich | **~ar** (33) vi reifen, reif werden | (völlig) ausreifen | reifer werden (Person) | vt reifen lassen | (j-n) reifer machen | **~atiu (-iva** f) adj Reifungs... | **~esa** f Reife f.
màfia f Maf(f)ia f.
mafiós (-osa f) adj Maf(f)ia... || s/m/f Mafioso m, Mafiosa f.
mag(a f) m Magier(in f), Zauberkünstler(in f) m | s: **rei**.
magall m agr (Jät)Hacke f | ornit Mauersegler m | **~a** f agr = **magall** | **~ada** f Hackenhieb m | fig Dummheit f, Unsinn m | **~ó** m kl(e) (Jät)Hacke f.
maganyar(-se) (33) vt(/r) Bal = **macar(-se)** | = **malmetre('s**).
magarr|inyes m/f fam Zieraffe m | **~ufa** f fam desp Schmeichelei f | Liebkosung f.
magatzem m Lager, Magazin n | grans ~s Kauf-, Waren-haus n | **~atge** m (Ein)Lagerung f | dr Lagergeld n | **~er(a** f) m Lagerverwalter(in f), Lagerist(in f) m | **~ista** m/f Lagerinhaber(in f) m.
magdalen|a f (Gebäck) Magdalena f | plorar com una ~ heulen wie e. Schloßhund | **~ià** m hist Magdalénien n.
magenc adj Mai(en)... | maienhaft || s/m bot Wintertrüffel f | **~a** f ict Ährenfisch m | **~ar** (33) vi agr (im Mai) ackern bzw jäten, zwiebrachen.
magenta f Magenta n.
magí m fam Kopf m | treu-t'ho del ~! schlag es dir aus dem Kopf!
màgia f Magie, Zauberei f | Zauberkunst f | fig Magie f, Zauber m | ~ blanca (negra) weiße (schwarze) Magie f.
magiar adj (m/f) madjarisch, magyarisch || s/m/f Madjar(in f), Magyar(in f), Ungar(in f) m.
màgic(ament adv) adj magisch | Zauber... | zauberhaft | s/m/f = **mag** || s/f = **màgia**.
magist|eri m a. catol Lehramt n | Lehrerschaft f | **~erial** adj (m/f) Lehr(amt)... | **~ral(ment** adv) adj (m/f) meister-lich, -haft | Meister... | Lehr(er)... | med magistral, Magistral... | ecl: el canonge ~ der Domprediger m | **~rat** m dr (Berufs)Richter m | hist Magistrat m | **~ratura** f dr Richter-amt n bzw -stand m | hist Magistratur f | ~ del treball Arbeitsgericht n.
magm|a m geol Magma n | **~àtic** adj magmatisch.
magn|ament adv s: **magne** | **~ànim(ament** adv) adj großmütig | **~animitat** f Großmut m | Großherzigkeit | Großzügigkeit f | Edelmut m | Seelengröße f | **~at** m Magnat m | ~ de la indústria Industriemagnat m | **~e** adj groß | großartig | erhaben | astr: conjunció magna große Konjunktion f.
magn|esi m quím Magnesium n | **~èsia** f quím med Magnesia f | **~èsic** adj magnesisch | Magnesia... | **~esífer** adj magnesiahaltig | **~esita** f min Magnesit n | **~et** m Magnet m | **~ètic(ament** adv) adj a. fig magnetisch | Magnet... | **~etisme** m Magnetismus m | fís (Lehre) a. Magnetik f | fig Anziehungskraft f | **~etita** f min Magnetit, Magneteisenstein m | **~etització** f Magnetisierung f | **~etitzador(a** f) m Magnetiseur(in f) m | **~etitzant** adj (m/f) magnetisierend | **~etitzar** (33) vt magnetisieren | fig a. bannen | **~eto** f aut Magnetzünder, Zündmagnet m | **~etoelèctric** adj magnetelektrisch | **~etòfon** m Tonbandgerät, Magnetophon n | **~etòmetre** m Magnetometer n | **~etomotor(a** od **-motriu** f) adj magnetomotorisch | **~etoscopi** m tv Magnetband-Fernsehaufzeichner m | **~etosfera** f Magnetosphäre f | **~etotècnia**

f Magnetotechnik *f* | **~etoteràpia** *f* Magnetotherapie *f*.

magn|ífic(ament *adv*) *adj* großartig | prächtig, glanzvoll | herrlich | (*Titel*) Magnifizenz *f*, Magnifikus *m* | **~ificar** (33) *vt lit* erheben, loben, rühmen | **~íficat** *m bibl ecl* Magnifikat *n* | **~ificència** *f lit* Herrlichkeit, Pracht *f* | Pomp *m* | Freigebigkeit *f* | **~itud** *f lit cient* Größe *f* | Ausmaß *n* | *fig a*. Bedeutung *f* | *astr* Größenklasse *f*; (*Maß*) Magnitudo *f*.

magn|òlia *f bot* Magnolie *f* | **~oliàcies** *f pl* Magnoliengewächse *n pl* | **~olier** *m* Magnolienbaum *m*.

magola|ment *m* (Zer)Quetschen, Zerdrücken *n* | Quetschung *f* | **~r** (33) *vt* (zer)quetschen | zerdrücken.

magrament *adv s: magre.*

magran|a *f bot* Granatapfel *m* | **~er** *m* Granat(apfel)baum *m*.

magre *adj* mager | *fig a*. dürftig, karg | *fer ~* (*ecl*) fasten | *passar-la* (*od ballar-la*) *magra* (*fam*) es nicht dick haben | **~jar** (33) *vi* etwas mager sein | eher knapp sein | **~sa** *f* Magerkeit *f*.

Magrib *m*: *el ~* der Maghreb | **~í (-ina** *f*) *adj* maghrebinisch || *s/mf* Maghrebiner(in *f*) *m*.

magr|ícia *f lit* = **magresa** | **~iscolis** *adj* (*m/f*), **~istó (-ona** *f*) *adj*, **~itxol** *adj* schmächtig | **~or** *f* Magerkeit *f*.

Magúncia *f* Mainz *n*.

maha|rajà *m* (*pl* -*às*) Maharadscha *m* | **~rani** *f* Maharani *f* | **~tma** *m* Mahatma *m*.

Mahom|a *m* Mohammed *m* | **~età (-ana** *f*) *adj* mohammedanisch || *s/mf* Mohammedaner(in *f*) *m* | **~etisme** *m* Mohammedanismus *m*.

mai *adv* (*in Verbindung mit* no; *a*. *als selbständige Negation vor dem Verb u. in Ellipsen*) nie(mals) | *no n'aprendràs ~ du* wirst es nie lernen | *~* (*no*) *m'ho hauria pensat* das hätte ich nie gedacht | *hi he anat sovint, però ~ tot sol* ich bin oft hingegangen, aber nie allein | *no ho faré ~ més* ich werde es nie wieder (*od* nie mehr, *reg* nimmermehr) tun | *no s'acabava ~ (més)* es wollte u. wollte nicht enden | *~ més!* nie wieder! | *ni ~!* (*trotzige Antwort auf e-e Ablehnung*) dann eben nicht! | *ni ~ que t'ho hagués dit!* hätte ich es dir nur nie gesagt! | (*o*) *ara o ~!* jetzt oder nie! || (*beim Auftreten zusätzlicher Negationswörter; a. mit po-sitiver Bedeutung in Fragen, Hypothesen, Vergleichen*) je(mals) | *havies volat ~?* warst du je(mals) geflogen? | *que el veus ~?* siehst du ihn manchmal? | *~ que fos ric, viatjaria* wenn ich je reich wäre, würde ich reisen | *dubto que hi hagin estat ~* ich zweifle (daran), daß sie je dort gewesen sind | *t'estimo més que ~* ich liebe dich mehr denn je | *millor que ~* besser als je | *sense dir ~ res* ohne je etw zu sagen | *~ per ~, ~ de la vida* (*intensivierende Wendungen*): *si ~ per ~ t'enamoressis, m'entendries* solltest du dich je(mals) verlieben, verstündest du mich | *~ de la vida!* nie u. nimmer!

maia *adj* (*m/f*) Maya... || *s/m/f* Maya *m/f* || *s/m* Mayasprache *f*.

maièutic *adj fís* mäeutisch || *s/f* Mäeutik *f*.

maig *m a. fig* Mai *m* | (*a*. *arbre de ~*) Maibaum *m* | *cara de ~* frische Gesichtsfarbe *f*.

maimó (**-ona** *f*) *adj* bumm(e)lig, langsam.

maina *f* = **mannà** | *fig* Segen *m*; Überfluß *m*, Fülle *f*.

maina|da *f col* Kinder *n pl* | *hist* Gefolge *n*; Heerschar *f* | **~dera** *f* Kindermädchen *n* | **~tge** *m nord-cat* Kind *n*.

mainell *m* (*Schublade*) Leiste; Schiene *f* | *arquit* (*Fenster*) Pfosten *m*; *pl* Stabwerk *n*.

maionesa *f gastr* Mayonnaise *f*.

maixella *f anat* Kinn-backe(n *m*), -lade *f*.

majest|at *f* (*a*. *Titel u*. *Anrede*) Majestät *f* | *fig a*. Würde *f* | *art* Majestas Domini *f* | **~àtic(ament** *adv*) *adj* majestätisch | würdevoll | **~uós** (**-osa** *f*, **-osament** *adv*) *adj* majestätisch | grandios; erhaben | (*Bewegung*) gemessen | (*Gebäude*) stattlich | **~uositat** *f fig* Majestät *f* | Erhabenheit, Größe *f*.

majola *f bot oc* Kamille *f*.

majòlica *f art* Majolika *f* | *rajola de ~* Majolikafliese *f*.

major *adj* (*m/f*) *comp* (*mst: més gran, més gros*) größer | bedeutender | gewichtiger | *mús ...* -Dur | *s: do^1, fa, la^3, mi^1, re^1, si^2, sol^2* | *caça ~* Hochjagd *f* ; Groß-, Hoch-wild *n* | *carrer ~* Hauptstraße *f* | *plaça ~* Hauptplatz *m* | *nàut: pal ~* Großmast *m* | *vela ~* Großsegel *n* | *ecl: altar ~* Hoch-, Haupt-altar *m* | *ordes ~s* höhere Weihen *f pl* | *mil: estat* (*od plana*) *~* Stab *m* | *mús: mode ~* Dur *n* | *filos: premissa ~* erste Prämisse *f*, Obersatz *m* | *dr: ~ d'edat* groß-, voll-jährig, mündig | *cas* (*od causa*) *de força* ~ Fall *m* (*od* Ursache *f*) höherer Gewalt *f* || *s/m mil* Major *m* || *s/m pl* Vorfahren, Ahnen *m pl* | ~**a** *f*: *senyora i* ~*a* unbeschränkte Herrin *f* | ~**al**(**a** *f*) *m bes agr* Vorarbeiter(in *f*) | *folk* Obmann *n*, -männin *f* | ~**ana** *f* = **marduix** | ~**dom**(**a** *f*) *m* Verwalter(in *f*) *m* | Haushofmeister(in *f*) *m* | *indús* Aufseher(in *f*) *m* | ~**domatge** *m*, ~**domia** *f* Verwalter-, Haushofmeister-amt *n* | Gutsverwaltung(sbüro *n*) *f* | ~**dona** *f* Haushälterin *f* (*e-s Pfarrers*) | ~**ia** *f a. polít* Mehrheit *f* | ~ *absoluta* (*relativa, simple*) absolute (relative, einfache) Mehrheit *f* | *la* ~ *silenciosa* die schweigende Mehrheit | *la* ~ *d'ells* die meisten von ihnen | *la* ~ *dels catalans* die meisten Katalanen | ~**ista** *m/f com* Großhändler(in *f*) *m* | ~**itari** (**-ària** *f*) *adj* Mehrheits... | ~**itat** *f* Mündigkeit, Volljährigkeit *f* | ~**ment** *adv* hauptsächlich | besonders | eigentlich, zumal.

majúscul *adj* (*Buchstabe, Schrift*) groß, Groß... | *fig* riesig, enorm | *un escàndol* ~ e. fürchterlicher Skandal *m* || *s/f* Großbuchstabe *m, gràf* Majuskel *f*.

maki *m* = **maqui**.

mal[1] *adj* (*stets attributiv u. vorgestellt*) schlecht | *a.* übel; bös(e); schlimm | *s: dolent* | *una* ~*a època* e-e schlechte (*od* schlimme, böse, üble) Zeit | *una* ~*a persona* e. schlechter (*od* böser) Mensch | ~*a consciència* schlechte(s) Gewissen | *els* ~*s esperits* die bösen Geister | ~*a intenció* böse Absicht *f* | *a* (*les*) ~*es* im bösen; mit Gewalt; unter Zwang | *ni un* ~: *no tenim ni un* ~ *tros de pa* wir hatten nicht einmal e. armseliges Stück Brot | (*és*)*ser* ~*a cosa* e-e schlechte (*od* schlimme, üble) Sache sein || (*in Beschimpfungen, Verwünschungen*) *pop!:* ~*a bèstia!* du Rabenaas! | ~ *llamp t'arreplegui!* der Schlag soll dich treffen! || *adv s: malament* | ~ *cosit* schlecht genäht | ~ *fet* schlecht gemacht; unrecht gehandelt | ~ *vestit* schlecht angezogen | *una feina de* ~ *fer* e-e schwierige Arbeit | *fa de* ~ *dir* (*trobar*) es ist schwer (*od* schlecht) zu sagen (finden) | ~ *pots fer-ho, si no tens diners* das wirst du schwer(lich) tun können, wenn du k. Geld hast | ~ *si ho fas,* ~ *si no ho fas* ganz gleich ob du es tust oder nicht, schlimm wird es immer sein | ~ *que bé* wohl oder übel | ~ *que* jedenfalls; wie dem a. sei | ~ *que* (*loc conj*): ~ *que et sàpiga greu, és així* wenn es dir a. leid tut, ist es doch so | ~ *m'està el dir-ho* wenn ich das mal selbst sagen darf | *si* ~ *no recordo* wenn ich mich recht erinnere | (*in Verwünschungen*) *pop!:* ~ *et rebentessis!* verrecken sollst du!

mal[2] *m* Übel *n* | *a. filos rel* Böse(s) *n* | Schaden *m* | Leid(en) *n*; Schmerz(en *pl*) *m*; Krankheit *f* | Wunde; Verletzung *f*; *infan* (*a.* ~*et*) Wehweh *n* | *el* ~ *menor* das kleinere Übel | *la lluita entre el bé i el* ~ der Kampf zw Gut u. Böse | *un* ~ *crònic* (*incurable*) e. chronisches (unheilbares) Leiden *od* Übel | ~ *de cap* (*coll, queixal, ronyons*) Kopf-(Hals-, Zahn-, Hüft-)schmerzen *m pl* | ~ *de cor* (*fam*) Magenleere *f*, Schwäche(anfall *m*) *f* | ~ *de dones* (*fam*) Geschlechtskrankheit; Syphilis *f* | ~ *lleig od dolent* (*fam*) böse (*od* bosärtige) Krankheit *f*, Krebs *m* | ~ *de mar* Seekrankheit *f* | ~ *de mare* (*fam*) Hysterie *f* | ~ *de pedra* Steinleiden *n* | ~ *de sant Llàtzer* Aussatz *m*, Lepra *f*; Elephantiasis *f* | ~ *de sant Pau* Fallsucht, Epilepsie *f* | ~ *de ventre* od fam *panxa* Bauch-, Leib-schmerzen *m pl*, *umg* -weh *n* | *dir* ~ *d'alg* schlecht von j-m sprechen; j-m etw Schlechtes nachsagen; etw Schlechtes über j-n sagen | *discernir* (*od distingir*) *el bé del* ~ das Gute vom Bösen unterscheiden | *el* ~ *és que ...* das Schlechte (*od* Schlimme, *umg* Dumme) ist, daß ... | *fer* ~ (*dat*) Schaden verursachen | *fer* ~ *a alg* j-m schaden *od* Schaden zufügen; j-m weh (*bzw* Übles) tun; j-n verletzen; j-m e-e Verletzung zufügen | *la pluja ha fet* ~ *a la collita* der Regen hat der Ernte geschadet | *no els feu cap* ~! tut ihnen nichts (an)! | *fer-se* ~ s. (*dat*) weh tun; s. verletzen | *no hi ha cap* ~ *a viure junts* es ist doch nichts dabei, wenn man zusammenlebt | *pensar* ~ *d'alg* Böses über j-n denken | *posar* ~ *entre dues persones* zwei Personen entzweien | *prendre's u/c a* ~ etw übelnehmen | *tinc* ~ *d'orella* ich habe Ohrenschmerzen | *tinc* ~ *en un dit* ich habe e-n bösen Finger | *tornar bé per* ~ Böses mit Gutem vergelten | *quin* ~ *hi veus?* was findest du denn (Schlimmes) dabei? | *voler* ~ *a alg* j-m übelwollen |

mala *f* (*Kartenspiel*) zweithöchster Trumpf *m*.
malab|ar *adj* (*m/f*) malabarisch, Malabar... | *jocs* ~*s* (Jongleur)Kunststükke *n pl* | **~àric** *adj* malabarisch | **~arista** *m/f* Jongleur(in *f*) *m*.
mala|bonança *f agr* schlechte Witterung *f* | **~bua** *f* = **malgrà**.
malàcia *f med* Malazie, Erweichung *f*.
malacol|ogia *f zool* Malakologie, Weichtierkunde *f* | **~ògic** *adj* malakologisch.
malaconsellar (33) *vt* schlecht beraten.
malacostuma|r (33) *vt* verwöhnen | (*Kind*) *a.* verziehen | **~r-se** *v/r* schlechte Gewohnheiten annehmen | **~t (-ada** *f*) *adj* verwöhnt.
malacura *f* = **incúria**.
màlaga *m* Malaga(wein) *m*.
mal|agradós (-osa *f*, **-osament** *adv*) *adj* mürrisch, übellaunig, unfreundlich, unangenehm | **~agraït (-ïda** *f*) *adj* undankbar | *s/mf* Undankbare(r *m*) *m/f* | *de* ~*s, l'infern n'és ple* von Undankbaren ist die Hölle voll | **~aguanyat (-ada** *f*) *adj* versäumt | (*Mensch*) unglücklich, unglückselig; frühverstorben | ~*s esforços!* schade um die Mühe!.
malai *adj* malaiisch || *s/mf* Malaie *m*, -in *f* || *s/m ling* Malaiisch *n* | *el* ~ das Malaiische.
malairós (-osa *f*) *adj* anmutlos | ungraziös | unmanierlich | plump.
mal|aisi (-àisia *f*) *adj* malaysisch || *s/mf* Malaysier(in *f*) *m* | **~àisia** *f* Malaysia *n*.
malalt *adj* krank | ~ *del cor* (*de l'estómac, de verola*) herz-(magen-, pocken-)krank | *greument* ~ schwerkrank | *una ànima* (*societat*) ~*a* e-e kranke Seele (Gesellschaft) | *estar* ~ krank sein | *posar-se* (*od caure*) ~ krank werden, erkranken | *tenir el cor* ~ e. krankes Herz haben || *s/mf* Kranke(r *m*) *m/f* | *un* ~ *greu* e. Schwerkranker *m* | **~ejar** (33) *vi* kränkeln | kränklich sein | **~ia** *f* Krankheit *f* | ~ *aguda* (*crònica*) akute (chronische) Krankheit *f* | ~ *hereditària* (*mental, venèria*) Erb-(Geistes-, Geschlechts-)krankheit *f* | *agafar una* ~ e-e Krankheit bekommen | **~ís (-issa** *f*), **~ús (-ussa** *f*) *adj* kränklich | *fig* krankhaft.
malament *adv* schlecht | *s: mal*[1] ~ (*rai*)! das ist (ja) schlecht *od* schlimm! | *bé o* ~ schlecht u. recht; wie dem a. sei; so oder so | *això acabarà* ~ das wird e. schlechtes (*od* übles, schlimmes) Ende nehmen | *el rellotge va* ~ die Uhr geht falsch | *la cosa ha anat* (*od sortit*) ~ die Sache ist schiefgegangen | *em cauen* ~ sie sind mir unsympathisch | *el malalt cada dia està més* ~ *od pitjor* dem Kranken geht es von Tag zu Tag schlechter | *estic* (*od vaig*) ~ *de diners* mir geht es finanziell schlecht, *umg* ich bin schlecht bei Kasse | *estar* ~ (*od no estar bé*) *del cap* (*fam*) nicht ganz richtig im Kopf sein | *això no està gens* ~ das ist gar nicht übel *od* schlecht | *fas* ~ (*od mal fet*) *d'acceptar-ho* es ist falsch von dir, es anzunehmen | *se't posarà* ~ das wird dir schlecht (*od* übel) bekommen | *em trobo* ~ mir ist (*od* ich fühle mich) schlecht *od* übel.
malamorós (-osa *f*, **-osament** *adv*) *adj* = **malagradós**.
malana|nça *f lit* Pech, Unglück *n* | Mißgeschick *n* | *ant* Krankheit *f* | **~t (-ada** *f*) *adj* = **desgraciat**.
malandrí *m* Straßenräuber *m*.
mal|ànima *adj* (*m/f*) grausam, herzlos || *s/m/f* Bösewicht, Verbrecher *m* | **~aparellat (-ada** *f*) *adj* verdorben, in schlechtem Zustand | = **malparat**.
malapte *adj* linkisch, ungeschickt | **~sa** *f lit* Ungeschicklichkeit *f*.
malaquita *f min* Malachit *m*.
malarec (-ega *f*) *adj agr* (*Tier*) un(be-)zähmbar.
mal|ària *f med* Malaria *f* | **~armat** *m ict* Panzer-fisch, -hahn *m*.
malastr|e *m* (schwere) Not *f*, (schweres) Unglück, Elend, Mißgeschick *n* | **~uc (-uga** *f*) *adj* unglücklich, unheilvoll, pechbringend | unselig | **~ugança**, **~uguesa** *f lit* Mißgeschick, Unglück *n* | Unfall *m* | Un(glücks)stern *m*.
malaura|dament *adv* zum Unglück, unglücklicherweise | leider | **~nça** *f* Unglück(seligkeit *f*) *n* | Unheil *n* | **~t (-ada** *f*) *adj* unglücklich, unglückselig, unselig.
malavejar (33) *vi Bal* s. plagen, s. mühen | rummeln | s. hin u. her bewegen.
malaventur|a *f* Unglück(seligkeit *f*) *n* | **~at (-ada** *f*, **-adament** *adv*) *adj* unglücklich, unglückselig, unselig | **~ós (-osa** *f*, **-osament** *adv*) *adj* unheilvoll.
mal|avesar(-se) (33) *vt* (/*r*) = **malacostu-**

malbarat

mar(-se) | **~avingut (-uda** *f)* *adj* uneinig, zwieträchtig.
malbarat *m* Verschwendung, Vergeudung *f* | **~ador** *adj* verschwenderisch || *s/mf* Verschwender(in *f*) *m* | **~ament** *m* Vergeudung, Verschwendung *f* | **~ar** (33) *vt* vergeuden, verschwenden.
mal|bé: *fer ~* verderben; beschädigen; *umg* kaputtmachen | *fer-se ~* verderben; schlecht werden; *umg* kaputtgehen | **~carat (-ada** *f)* *adj* abstoßend | mürrisch, unfreundlich; barsch, abweisend | **~casar** (33) *vt* schlecht (*bes* nicht standesgemäß) verheiraten | **~compost** *adj* = **malendreçat**.
malcontent *adj* unzufrieden (*de* mit) | **~ament** *m* Unzufriedenheit *f*.
malcoratge = **melcoratge**.
mal|creient *adj* (*m/f*) *fam* (*Kinder*) unfolgsam, ungehorsam | *ecl* nicht katholisch, irrgläubig | **~cremat** *m* qualmende Kohlenglut *f* | qualmender Scheit *n*.
malcria|desa *f* schlechte Erziehung *f* | **~r** (33) *vt* schlecht erziehen | verziehen | **~t (-ada** *f)* *adj* schlecht erzogen | verzogen.
malcuinat *m Val* schlechte Behandlung *f*.
malcuit *adj gastr* schlecht gekocht, nicht gar gekocht | **~or** *adj* (*Hülsenfrüchte*) schwer garend.
malcurós (-osa *f*, **-osament** *adv)* *adj* nachlässig.
maldament *conj reg* = **baldament**.
maldar (33) *vi* streben (*per* nach), s. bemühen (um), s. anstrengen (um).
maldat *f* Bosheit *f*.
mal|decap *m* Kopfzerbrechen *n* | **~dentat (-ada** *f)* *adj* mit ungleichmäßig gewachsenen Zähnen | **~destre** *adj* ungeschickt, unbeholfen, linkisch.
maldi|ença *f* Lästerung *f* | **~ent** *adj* (*m/f*) lästernd | lästerlich || *s/m/f* Lästerer *m*, Lästerin *f* | **~r** (40) *vi*: ~ *d'alg* über j-n lästern.
maldol *m* tiefe Betrübnis *f*.
maledic|ció *f* Verfluchung *f* | Fluch *m* | **~ència** *f* Lästerung *f*.
malefactor(a *f) m* = **malfactor**.
mal|èfic(ament *adv)* *adj* schädlich | unheilvoll, verderblich | **~eficència** *f* Boshaftigkeit *f* | Bosheit, Gemeinheit *f* | **~efici** *m* Bezauberung, Behexung, Hexerei *f* | **~eficiar** (33) *vt* verzaubern, behexen.

maleic *adj quím*: *àcid* ~ Maleinsäure *f*.
male|idor *adj* verfluchend || *s/mf* Verflucher(in *f*) *m* | **~ir** (37) *vt* verfluchen, verdammen, verwünschen | **~ït (-ïda** *f*, **-idament** *adv)* *pp/adj*: ~ *siga* od *sigui!* verflucht!, verdammt!
mal|ejar (33) *vt* verderben | böse machen, verschlechtern | **~encaminar** (33) *vt* irreführen.
malencert *m* Mißgriff, Fehlgriff *m* | **~ar** (33) *vt* verfehlen | s. irren in (*dat*), s. täuschen in (*dat*).
malenconi|a *f* Melancholie, Schwermut *f* | **~ós (-osa** *f*, **-osament** *adv)* *adj* melancholisch, schwermütig || *s/mf* Melancholiker(in *f*) *m*.
malendreç *m* Unordnung *f*, Durcheinander *n* | Verwirrung *f* | **~at (-ada** *f)* *adj* unordentlich | durcheinander(gebracht) | liederlich.
malent|endre (40) *vt* falsch verstehen, mißverstehen | **~ès** *m* Mißverständnis *n*.
mal|entranyat (-ada *f)* *adj* bösartig, schadenfroh | **~esa** *f* Bosheit *f* | Missetat *f* | **~estar** *m* Unwohlsein *n* | Unbehagen *n*.
malet|a *f* Koffer *m* | **~er** *m* Gepäckträger *m* | *aut* Kofferraum *m* | **~í** *m* Handkoffer *m* | Aktenkoffer *m*.
mal|èvol(ament *adv)* *adj* böswillig, übelwollend | **~evolència** *f* Böswilligkeit *f* | Übelwollen *n* | Feindseligkeit *f* | Mißgunst *f*.
mal|factor(a *f) m* Übeltäter(in *f*) *m* | **~faixat (-ada** *f)* *adj* = **malforjat** | **~famar** (33) *vt* verleumden | **~fardat (-ada** *f)*, **~fargat (-ada** *f)* *adj* = **malforjat** | **~fat** *m* Verhängnis *n*.
malfeiner *adj* schlud(e)rig | arbeitsscheu *m* | **~ia** *f* Schluderei, Schludrigkeit *f* | Arbeitsscheu *f*.
mal|ferir (37) *vt* schwer verletzen | **~fet** *m* Unrecht *n*.
malfia|nça *f* Mißtrauen *n* | **~r-se** (33) *v/r* mißtrauen (*de* dat) | zweifeln (*de* an *dat*) | *ja me n'havia malfiat* ich zweifelte schon daran.
mal|fixar-se (33) *v/r* s. täuschen | nicht richtig aufpassen *bzw* hin-sehen; -hören | **~forjat (-ada** *f)* *adj* schlecht (*od* geschmacklos) angezogen | **~formació** *f* Mißbildung *f* | Geburtsfehler *m*.
malgaix *adj* madagassisch || *s/mf* Madagasse *m*, Madagassin *f* || *s/m ling* Madagassisch *n* | *el* ~ das Madagassische.

malganós (-osa f) adj gleichgültig | uninteressiert | unlustig.

malgasta|dor adj vergeudend, verschwenderisch || s/mf Verschwender(in f) m | ~r (33) vt vergeuden, verschwenden.

mal|giny m (Geschäft) schlechtes Aussehen n | ~girbat (-ada f) adj = **malforjat** | ~grà m med Furunkel m | Karbunkel m.

malgrat prep trotz (gen od dat) | ho farem ~ ell wir werden es gegen s-n Willen tun | ~ això trotzdem; dessenungeachtet | ~ tot trotz alledem | ~ que (loc conj) obwohl.

mal|guany m Mißerfolg m, Scheitern n | Rückschlag, Schicksalsschlag m | ~gustós (-osa f) adj abgeneigt, unlustig | ~haja! int verflucht!

malhumor|at (-ada f, -adament adv) adj schlecht gelaunt, übelgelaunt | ~ós (-osa f) adj (gewöhnlich) verdrießlich, übelgelaunt, unfreundlich, unwirsch | gleichgültig, uninteressiert | unlustig.

màlic adj quím: àcid ~ Apfelsäure f.

mal|ícia f Bosheit; Bösartigkeit; Boshaftigkeit; Böswilligkeit f | Arg n; Arg-, Hinter-list(igkeit); (Heim)Tücke f | Verschlagenheit; Schalkhaftigkeit; Verschmitztheit f | Groll m | amb ~ aus Bosheit od Boshaftigkeit; aus Arglist | sense ~ ohne Arg(list); arglos | em fa ~ das ärgert mich | tenir ~ a alg e-n Groll gegen j-n hegen, j-m grollen | ~iciada f Ärger, Verdruß m | Wutanfall m | ~iciar (33) vt argwöhnen | ~iciar-se v/r: ja m'ho maliciava ich argwöhnte es schon | ~iciós (-osa f, -osament adv) adj boshaft; bös-artig; -willig | arg-, hinter-listig; (heim)tükkisch | verschlagen; schalkhaft; verschmitzt.

malifeta f Missetat f | Vergehen n.

malign|ament adv s: maligne | ~ant adj (m/f) argwöhnisch | ~ar (33) vi argwöhnen | ~e adj böse, boshaft | a. med bösartig | tumor ~ bösartige Geschwulst f | joia maligna, plaer ~ Schadenfreude f || s/m: el ~ (rel) der Böse, der Teufel | | ~itat f Boshaftigkeit f | a. med Bösartigkeit f | Schadenfreude f.

malintencionat (-ada f, -adament adv) adj übel-gesinnt, -wollend | heimtükkisch | hinterlistig.

maljust: de ~ (loc adv) unrechtmäßig, durch widerrechtliche (od unlautere) Mittel n pl.

mall m Fäustel, Schlägel m | (Krocket-) Hammer m; Krocket n | ~a¹ f Masche f | Maschenwerk n | (Kette) Glied n | s: cota¹ | passar per ~ (a. fig) durch die Maschen schlüpfen | ~a² f (Ei) Hahnentritt | ~a³ f hist Halbdenar m | fam: no tenir (valer) ni una ~ k-n Heller haben (wert sein) | ~ada f agr Pferch m | ~ar¹ (33) vt (mit dem Fäustel) schlagen | bes agr = **batre** | ~ar² (33) vt mit dem Netz fischen.

mà-llarg adj langhändig | fig langfing(e)rig.

mallat (-ada f) adj Maschen... | ~ge m (Netz) Maschenweite f.

mal·leab|ilitat f Schmiedbarkeit f | a. fig Formbarkeit f | ~ilitzar (33) vt tecn tempern | ~le adj (m/f) schmiedbar | a. fig formbar.

mal·lèol m anat Fußknöchel m.

mallerenga f ornit Meise f | ~ blava (carbonera, cuallarga) Blau-(Tannen-, Schwanz-)meise f.

mall|eta f nàut Tau n | ~ó m (Masche) Auge n | ~ol(a f) m agr Jungrebe f | junger Wein-berg; -garten m.

Mallor|ca f Mallorca n | ~quí (-ina f) adj mallorquinisch || s/mf Mallorquiner(in f) m | s/m ling Mallorquinisch n | el ~ das Mallorquinische | ~quinisme m ling Mallorquinismus m.

mallot m Trikot n | Badeanzug m.

mal|maridar (33) vt (Frau) schlecht (bes nicht standesgemäß) verheiraten | ~menar (33) vt grob behandeln, übel zurichten | mißhandeln | verderben | ~menjat (-ada f) adj schlecht ernährt.

mal|mès (-esa f) adj beschädigt | verdorben | ~metedor adj zerstörerisch || s/mf Zerstörer(in f) m | ~metement m Beschädigung f | Verderb(en n) m | ~metre (40) vt beschädigen | verderben | umg kapputtmachen | ~metre's v/r verderben | schlecht werden | umg kaputtgehen.

mal|mirar (33) vt unfreundlich (od feindselig bzw boshaft) ansehen | ~mirrós (-osa f) adj trübsinnig | verdrießlich, verstimmt | ~nat (-ada f) adj desp fehlgeboren | niedrig | widerlich || s/mf Schurke m, Schurkin f | ~nom m Spitzname m | ~obedient adj (m/f) ungehorsam | (Kind) a. unar-

malparir — tig | **~ordenat** (**-ada** *f*) *adj* ungeordnet | **~parat** (**-ada** *f*) *adj* übel zugerichtet | *sortir-ne* ~ schlecht dabei wegkommen.

malpari|r (37) *vi* e-e Fehlgeburt haben | **~t** (**-ida** *f*) *adj u. s/mf pop!* = **malnat** | **~!** du Hundsfott!

malparl|ar (33) *vi:* ~ *d'alg* über j-n lästern *od umg* herziehen | **~at** (**-ada** *f*) *adj* (*im Ausdruck*) grob, ordinär.

malpensa|r (33) *vi:* ~ *d'alg* von j-m Böses (*od* Schlechtes) denken | **~r-se** *v/r* argwöhnen | *no es malpensaren de res* sie argwöhnten nichts | **~t** (**-ada** *f*) *adj* argwöhnisch | mißtrauisch | (*és-*)*ser* ~ gleich das Schlechte(re) annehmen *od* denken; argwöhnisch (*od* mißtrauisch) sein.

malpighiàcies *f pl bot* Malpighiengewächse *n pl*.

mal|prendre (40) *vt* übelnehmen | **~recaptós** (**-osa** *f*) *adj* verschwenderisch | **~reeixit** (**-ida** *f*) *adj* mißlungen, gescheitert | **~robat** (**-ada** *f*) *adj* schlecht (*bzw* schmutzig, lumpig) gekleidet | **~rodó** (**-ona** *f*) *adj* unvollkommen rund.

malrubí *m bot* (Gemeiner) Andorn *m* | ~ *negre od pudent* Stinkandorn *m*.

mal|sà (**-ana** *f*) *adj a. fig* ungesund | gesundheitsschädlich | **~segur** *adj* unsicher | **~servir** (37) *vt* (*j-m* od *e-r Sache*) schlecht dienen | **~sofert** *adj* (*im Ertragen*) ungeduldig | **~son** *m a. fig* Alptraum *m* | **~sonant** *adj* (*m/f*) anstößig, unflätig | **~sucós** (**-osa** *f*) *lit* ohne Saft *m* | *fig* saftlos, trocken | lieblos | **~surat** (**-ada** *f*) *adj* (*bes Kinder*) schlecht ernährt | schwächlich | kränklich.

malt *m* Malz *n* | Malzkaffee *m*.

maltempsada *f* Unwetter *n* | *fig* schlechte Zeit *f*.

maltès (**-esa** *f*) *adj* maltesisch || *s/mf* Malteser(in *f*) *m* || *s/m ling* Maltesisch *n* | *el* ~ das Maltesische.

maltosa *f quím* Maltose *f*.

maltracta|ment *m* Mißhandlung *f* | Mißhandeln *n* | **~r** (33) *vt* mißhandeln | (*Tiere*) quälen | ~ *de fet od d'obra* tätlich mißhandeln.

malt(h)usi|à (**-ana** *f*) *m* Malthusianist(in *f*) *m* | **~anisme** *m* Malthusianismus *m*.

maluc *m anat* Hüfte *f*.

malura *f bes bot* Seuche *f* | **~t** (**-ada** *f*) *adj bot* verseucht.

malv|a *f bot* Malve *f* | ~ *de fulla rodona* Rundblättrige Malve *f* | ~ *doble* od *reial* Stockmalve *f* | ~ *major* od *de cementiri* Wilde Malve *f* | *fer malves* (fig) tot u. begraben sein || *adj* (*m/f*) malvenfarben, -farbig | **~aci** (**-àcia** *f*) *adj* Malven... || *s/f pl bot* Malvengewächse *n pl* | **~a-poma** *f bot* Zitronenpelargonie *f* | **~ar** *m* Malvenwiese *f* | **~a-rosa** *f bot* Pelargonie *f* («capitatum»).

malvasia *f bot* Malvasiertraube *f* | *gastr* Malvasier(wein) *m*.

malvat (**-ada** *f*, **-adament** *adv*) *adj* böse; ruchlos; frevelhaft; pervers || *s/mf* Bösewicht *m*.

malvendre (40) *vt* verschleudern, zu billig verkaufen.

malvera *f bot* (große) Malve *f*.

malversa|ció *f econ dr* Veruntreuung *f* | **~dor** *adj* veruntreuend | *s/mf* Veruntreuer(in *f*) *m* | **~r** (33) *vt* veruntreuen | (*öffentliche Gelder*) unterschlagen.

malvesc *m bot* Bleiwurz *f*.

malvestat *f lit* Untat, Missetat *f*.

malveure (40) *vt* nicht gern sehen | *fer-se* ~ s. unbeliebt machen.

malví *m bot* Echter Eibisch *m*, Samtpappel *f*.

mal|viatge! *int* ach!, weh! | verdammt!, verflucht! | zum Teufel! | **~vist** *adj* unbeliebt, mißliebig | verhaßt | **~viure**² (40) *vi* miserabel leben | **~viure**² *m* Lotterleben *n*.

malvol|ença *f* Übelwollen *n* | Abneigung *f* | **~ent** *adj* (*m/f*) übelwollend | gehässig | feindselig | **~er** (40) *vt* (*j-m*) übelwollen | **~gut** (**-uda** *f*) *adj* unbeliebt, verhaßt (*de* bei).

mam *m infan* Getränk *m* | *iròn* Alkohol *m* | **~a**¹ *f infan* Mama, Mutti *f* | **~a**² *f* = **~ella** | **~à** *f* (*pl -às*) *infan* Mami *f* | **~ada** *f* Saugen *n* | Stillung *f* | *el nen fa cinc mamades al dia* das Kind wird fünfmal täglich gestillt | **~ador** *adj*, **~aire** *adj* (*m/f*) saugend | **~ar**¹ (33) *vt* (*Muttermilch*) saugen | *fig:* ~ *amb la llet* mit der Muttermilch einsaugen, von Kind an lernen || *vi* (*an der Brust*) saugen | *fam* aus der Flasche trinken | *pop* saufen, pichlen | *fig fam: tots mamen de l'oncle* alle melken den Onkel | **~ar**² *m: donar* ~ *a un nodrissó* e-m Säugling die Brust geben; e-n Säugling stillen *od* säugen | **~ar-se** *v/r fam:* ~ *el dit* am Daumen lutschen; *fig* alles schluk-

mamarratxada

ken | ~-*les dolces* (*fig*) sorglos leben | ~**ari** (**-ària** *f*) *adj* Brust... | Milch... | *glàndules mamàries* Milchdrüsen *f pl*.

mamarratx|ada *f* Unfug *m* | Pfuscherei *f* | Sudelei *f* | ~**o** *m fam* (*Person*) Flasche *f* | (*Werk*) Pfuscherei; Sudelei *f*; Quatsch, Schmarren *n* ; Schmiererei *f*; Kitsch *m*.

mamballetes *f pl Bal* = **ballmanetes**.

mamell|a *f anat* Brust *f*, Busen *m* | (*Tier*) Euter *n* | ~**ada** *f* angesaugte Milchmenge *f* | ~**am** *m col fam* Busen *m*; Brüste *f pl*; (*Tier*) Euter *n pl*; Zitzen *f pl* | üppige(r) Busen *m* | ~**ó** *m* (Berg-) Kuppe *f*; Hügel *m* | Zapfen *m*, Zäpfchen *n* | ~**ut** (**-uda** *f*) *adj* vollbusig.

mameluc *m hist* Mameluck *m*.

mam|erri *m* gr(r) Säugling *m* | ~**ífer** *adj* Säuge(tier)... || *s/m* Säugetier *n* | ~**iforme** *adj* (*m/f*) warzen-; kuppenförmig | ~**il·la** *f anat* Mamilla, Brustwarze *f* | ~**ografia** *f med* Mammographie *f* | ~**otejar** (33) *vi* unlustig saugen.

mampara *f* Wandschirm *m* | spanische Wand *f* | Doppeltür, Vortür *f*.

mamprendre (40) *vt Val* = **emprendre**.

mamut *m zool* Mammut *n*.

manada *f* Handvoll *f* | Geste *f*, Schlag *m* mit der Hand | *fer manades* mit den Händen fuchteln.

mana|dor *adj*, ~**ire** *adj* (*m/f*) herrisch, befehlerisch | ~**ment** *m* Gebot *n* | Befehl *m* | *els* ~*s de la llei de Déu* od *els deu* ~*s* (*bíbl*) die Zehn Gebote *n pl* | ~**r** (33) *vt* befehlen, gebieten | anordnen | *què mana?* was wünschen (*od* wollen) Sie?; ja, bitte?

manat *m* Handvoll *f* | Bündel; Bund *m* | *a* ~*s* in Hülle u. Fülle.

manatí *m* (*pl -ts*) *zool* Seekuh *f*.

manc *adj* einarmig || *s/mf* Einarmige(r *m*) *m/f* | ~**a** *f* Mangel *m* (*de* an *dat*) | Fehlen *n* (*de* von) | ~ *de diners* Geldmangel *m* | *per* ~ *de temps* wegen Zeitmangels | ~**ada** *f*: *anar de* ~ schwächer werden, abnehmen, nachlassen (*Wind*) | ~**ament** *m* Fehler, Verstoß *m*, Verfehlung *f* | ~ *a una obligació* Nichterfüllung *f* e-r Verpflichtung | ~**ança** = ~**a**.

mançanilla *f* Manzanillawein *m*.

manc|ar (33) *vi* fehlen | mangeln | abnehmen, nachlassen, abflauen (*Wind, Regen*) | *s: faltar* | *els queviures començaren a* ~ die Lebensmittel wurden knapp | *li manca un ull* es fehlt ihm e. Auge | *hi manquen pàgines* es fehlen Seiten | *em van* ~ *les forces* meine Kräfte versagten | *manquem dels diners necessaris* wir haben nicht das nötige Geld | *manquen de talent* es fehlt ihnen an Talent; sie haben k. Talent | *cal no* ~ *als pares* man darf der Eltern die schuldige Achtung nicht versagen | ~ *al deure* s-e Pflicht verletzen | ~ *a la paraula donada* sein Wort nicht (ein)halten || *vt* verfehlen | ~**o** *adv u. pron ind reg* = **menys**.

mancom|ú: *de* ~ (*loc adv*) = ~**unadament** | ~**unadament** *adv* einmütig, einstimmig | gemeinschaftlich | ~**unar** (33) *vt* vereinigen | ~**unar-se** *v/r* s. vereinigen, s. zusammenschließen | ~**unitat** *f* Gemeinschaft *f* | *adm* Zweckverband; *bes* Gemeinde-; Städte-; Provinzen-verband *m*.

mandant *m/f dr* Mandant(in *f*) *m*.

mandar|í *m* Mandarin *m* | ~**ina** *f* Mandarine *f* | ~**iner** *m bot* Mandarinenbaum *m*.

mandat *m dr polít* Mandat *n* | *p ext* Amtszeit *f* | *ecl* Fußwaschung *f* (*am Gründonnerstag*) | ~**ari** (**-ària** *f*) *m dr* Mandatar(in *f*) *m* | *polít* Volksvertreter(in *f*) *m*; Regierende(r *m*) *m/f* | *primer* ~ Staatsoberhaupt *n*.

mand|íbula *f anat* Kiefer(knochen) *m*, Kinnlade *f* | ~ *superior* (*inferior*) Ober-, (Unter-)kiefer *m* | ~**ibular** *adj* (*m/f*) Kiefer... | Kinnbacken...

mandil *m* = **manil**.

mandioca *f bot* Maniok *m*.

mandolina *f mús* Mandoline *f*.

mandonguilla *f gastr* Fleischklößchen *n*.

mandra *f* Faulheit, Trägheit *f* || *s/m/f* Faulenzer(in *f*) *m*.

mandràgora *f bot* Mandragora, Mandragore *f*.

mandrejar (33) *vi* faulenzen.

mandrí *m tecn* (Bohr-, Spann-)Futter *n* | (Drück-, Richt-)Dorn *m*.

mandril *m zool* Mandrill *m*.

mandrinar (33) *vt tecn* auf-dornen, -weiten | ausbohren.

mandr|ó *m* (Stein)Schleuder *m* | ~**onada** *f* Schleuderwurf *m* | ~**oner** *m* Schleuderer *m*.

mandrós (**-osa** *f*, **-osament** *adv*) *adj* faul, träge, schwerfällig.

manduca *f fam* Essen *n* | ~**r** (33) *vt/i fam* essen, futtern, mampfen.

mànec *m* Griff *m* | Stiel *m* | (*Messer*) Heft *n* | (*Geige*) Hals *m* | (*Schirm*) Krücke

manefl|a *f* | *fig:* tenir la paella pel ~ die Zügel in der Hand haben | *ara li fan el ~ (iròn)* wer's glaubt, wird selig!
manefl|a *m hist* Bote, Überbringer *m* ‖ *adj (m/f)* u. *s/m/f fam:* és un ~ er ist e. Schnüffler *bzw* e. Hansdampf; er schnüffelt überall herum | **~ejar** (33) *vi fam* (überall) herumschnüffeln | *s.* (in alles) einmischen | **~eria** *f fam* Schnüffelei *f* | Einmischung *f*.
màn|ega *f* = **màniga** | Schlauch *n* | Rohr *m* | (*Wolke*) Wasser-, Wind-hose *f* | (*Netz*) Kescher *m*; Reuse *f* | (*Schiff*) größte Breite *f* | (*el canal de*) la ~ der Ärmelkanal.
mane|gar (33) *vt* stielen | zusammenlegen, verbinden | *fig fam* hinkriegen; zurechtkommen mit | **~gar-se** *v/r fig fam* zurechtkommen, es schaffen | ~ *u/c* etw geschickt anstellen | *no sé pas com t'ho manegues* ich weiß nicht, wie du es anstellst | **~got** *m* Ärmelschoner *m* | **~guí** *m* Ärmelschoner *m* | *a. tecn* Manschette *f* | Vorsteckärmel *m* | **~ig** *m*, **~jament** *m* Handhabung *f* | Bedienung *f* | Führung *f* | *a. fig* Umgang *m* | **~jable** *adj* (*m/f*), **~jadís** (**-issa**) *adj* handlich | leicht zu handhaben(d) | *aut tecn* wendig | (*Person*) gefügig | **~jar** (33) *vt* (*Gerät, Werkzeug*) handhaben | (*Maschine*) bedienen | (*Ruder, Feder, Schwert*) führen | *a. fig* umgehen mit | *aquest aparell és fàcil de ~* dieses Gerät ist leicht zu handhaben | *no saps ~ els diners (nens)* du kannst (*od* weißt) nicht mit Geld (Kindern) umzugehen | *ella el maneja com vol* sie springt mit ihm um, wie sie will ‖ *vi* gestikulieren, fuchteln | **~jar-se** *v/r s.* beeilen, *s.* regen, *s.* rühren.
maner *adj* = **~ós** | **~a** *f* Art, Weise *f* | *bes art* Manier *f* | *~ de pensar (viure)* Denk-(Lebens-)weise, -art *f* | *~ de fer (treballar)* Handlungs-(Arbeits-)weise *f* | *a la ~ catalana* nach katalanischer (*od* auf katalanische) Art | *a la ~ de Dalí (daliniana)* in der Art (*od* Manier) Dalís, in Dalíscher Art *od* Manier | *a la meva ~* auf meine Weise, nach meiner Art | *a ~ de (in Form von)* als | *a ~ d'excusa (de regal)* vorwand-(geschenk-)weise | *d'altra ~* sonst, andernfalls | *d'aquesta ~* auf diese Art (u. Weise), auf diese Weise | *d'aquella ~ (als Antwort)* so einigermaßen | *de cap ~* od *de cap de les maneres* keineswegs, durchaus nicht; auf k-n Fall | *de mala ~* schlecht; übel; böse; *fam (sehr)* unsinnig, mordsmäßig | *de ~ que: hem de procedir de (tal) ~ que...* wir müssen so (*od* in der Weise) vorgehen, daß ... | *no hi havia ningú, de ~ que me'n vaig tornar a casa* es war niemand da, also ging ich wieder nach Hause | *de ~ que ja ho sabies?* du wußtest es also schon? | *de tota ~ od de totes maneres* auf jeden Fall; ohnehin | *d'una ~ senzilla* auf einfache (*bzw* in einfacher) Weise, einfach | *d'una ~ casual* zufällig(erweise) | *d'una ~ gradual* stufenweise | *d'una ~ o (d'una) altra* auf die e-e *od* andere Weise, irgendwie; so *od* so | *en certa ~* in gewisser Weise, gewissermaßen | *quina ~: quina ~ de ploure!* wie es regnet! | *quina ~ de parlar!* so spricht man doch nicht! | *i de quina ~!* u. wie! | *segons la meva ~ de veure* meiner Anschauung nach | *sobre* (*od en gran*) *~* über die Maßen, übermäßig | *fer per ~* de (+ *inf*) od *que* (+ *subj*) es so einrichten, daß (+ *ind*); zusehen daß (+ *ind*) | *no haver-hi ~: no hi ha ~ de convèncer-lo* es ist unmöglich, ihn zu überreden ‖ *pl* Manieren, Umgangsformen *f pl*, Benehmen *n* | **~ós** (**-osa**) *f) adj* handlich, wendig.
manes *m pl hist* Manen *pl*.
manescal *m* Tierarzt *m* | *arc* Pferdeknecht *m* | **~ia** *f* Tierarzneikunde *f*.
manet|a *f* Händchen *n* | Handleder *n* | *tecn* Handgriff *m*; Kurbel *f* | (*Mörser*) Stößel *m* | (*Uhr*) Zeiger *m* | *donar una ~ a alg* (*fig fam*) j-m e-n Rüffel geben, j-n schelten ‖ *pl: fer manetes* Händchen halten | *tenir manetes* fingerfertig sein; e-e geschickte Hand haben.
maneula *f bot* Hundszunge *f* («pictum»).
mang|anat *m quím* mangansaures Salz *n* | **~anès** *m quím* Mangan *n* | **~anesa** *f min* Mangan-dioxid, -erz *n* | **~ànic** *adj quím* Mangan..., *bes* Mangan-III-... | **~anífer** *adj* manganhaltig | **~anina** *f* Manganin *n* | **~anós** (**-osa** *f*) *adj quím* Mangan..., *bes* Mangan-II-...
mangl|ar *m* Mangrove *f* | **~e** *m bot* Mangrove(n)baum *m*.
mango *m bot* Mangobaum *m* | (*Frucht*) Mango *f*.
mangosta *f zool* Manguste *f*.
mangra *f* Rötel, roter Eisenocker *m*.
màngu il *m* Bügel-maschine, -walze *f*.

man|ia *f psic* Manie *f* | *fig umg* Tick, Fimmel *m*, Schrulle, *lit* Manie *f* | ~ *de grandesa* (*persecutòria*) Größen-(Verfolgungs-)wahn *m* | *té la ~ del futbol* er ist e. Fußballnarr | *tenir ~ a alg* j-n auf dem Kieker haben; j-n nicht leiden können | *tenir el cap ple de manies* den Kopf voller Schrullen haben | *no tenir manies* vor nichts zurückscheuen; nicht gerade zimperlich sein | **~íac** *adj psic* manisch || *s/mf* Psychopath(in *f*) *m* | **~íaco-depressiu (-iva** *f*) *adj* manisch-depressiv | **~iàtic** *adj* manisch | *fam* schrullig; zimperlich; pingelig || *s/mf fam*: (*és*)*ser un ~ de la neteja* e-n Sauberkeitsfimmel haben | **~icomi** *m* Irrenanstalt *f*.
manicur(a *f*) *m* Handpfleger(in *f*) *m* || *s/f* (*Pflege*) Maniküre *f* | *fer la ~a* maniküren.
manieris|me *m art* Manierismus *m* | **~ta** *adj* (*m/f*) manieristisch || *s/m/f* Manierist(in *f*) *m*.
manifasse|jar (33) *vi fam* s. (in alles) einmischen, (überall) mitmischen | **~r** *adj u. s/mf: és un ~* er mischt s. in alles ein | **~ria** *f* Einmischung *f* | Mitmischerei *f*.
manifest *adj* offenbar; offenkundig, -sichtlich | deutlich, ersichtlich, handgreiflich; *lit* manifest | *posar*(*se*) *de ~* deutlich machen (werden) || *s/m a. nàut* Manifest *n* | *el ~ Comunista* das Kommunistische Manifest | **~ació** *f* Bekundung; Kundgebung; Offenbarung; Bezeigung; Äußerung *f* | Ausdruck *m*; (An)Zeichen *n* | Erscheinung *f* | *polít* Demonstration, Kundgebung *f* | *lit* Manifestation *f* | *la ~ de l'Onze de Setembre* die Demonstration (*od* Kundgebung) zum 11. September | *les manifestacions del president* die Äußerungen des Präsidenten | **~ament** *adv s: manifest* | **~ant** *m/f polít* Demonstrant(in *f*) *m* | **~ar** (33) *vt* bekunden; kundgeben; *a rel* offenbaren; (be)zeigen; (*a. vor der Presse*) äußern | zu erkennen geben | an den Tag legen | *lit* manifestieren | **~ar-se** *v/r* s. bekunden; s. offenbaren; s. (be)zeigen | s. äußern | s. erscheinen | *polít* demonstrieren | *lit* s. manifestieren.
màniga *f* Ärmel *m* | *mànigues curtes* kurze Ärmel *m pl* | *una brusa de mànigues curtes* (*llargues*) e-e kurz-(lang-)ärmelige Bluse | *sense mànigues* ärmellos | *en mànigues de camisa* in Hemdsärmeln | *arregussar-se les mànigues* s. die Ärmel auf-, hoch-krempeln *bzw* umschlagen | (*és*)*ser de la ~ ampla* e. weites Gewissen haben; zu nachsichtig sein | (*és*)*ser de la ~ estreta* streng (*od* unnachsichtig) sein | *donar llargues mànigues a alg* j-m freie Hand lassen | *fer mans i mànigues per* (+ *inf*) nichts unversucht lassen, um zu (+ *inf*).
mani|got *m* Pulswärmer *m* | Ärmelschoner *m* | **~guet** *m* Muff *m* | *tecn* Muffe, Manschette *f* | **~l** *m* Küchentuch *n* | Handtuch *n* | Schürze *f* | **~lla**¹ *f* Arm-band *n*, -reif *m* | *mst pl* Handschelle(n *pl*) *f*.
manilla² *f* (*Karten*) Manillespiel *n*.
manillar *m* (*Fahrrad*) Lenkstange *f*.
maniobr|a *f a. mil* Manöver *n* | *ferroc* Rangieren *n* | ~ *electoral* Wahlmanöver *n* | *maniobres navals* (*aèries*) Flotten-(Luft-)manöver *n pl* | *fer maniobres* (*mil*) (e.) Manöver abhalten; *ferroc* rangieren | **~able** *adj* (*m/f*) manövrierfähig | wendig | **~ar** (33) *vt/i* manövrieren | **~er** *m nàut* Manövrierer *m*.
maniós (**-osa** *f*) *adj* = **maniàtic**.
manip|le *m* Handvoll *f* | *hist* Manipel *m* | *ecl arc* Manipel *m/f* | **~ulació** *f* Handhabung *f* | Manipulation; *fig a. mst pl* Machenschaft(en *pl*) *f* | (*Arbeitsbewegung*) Handgriff *m* | **~ulador** *adj fig* manipulativ; manipulatorisch || *s/mf* Manipulant(in *f*), Manipulator(in *f*) *m* || *s/m tecn* Manipulator *m* | *telecom* Taster *m* | **~ular** (33) *vt* handhaben | *cient com tecn fig* manipulieren | *telecom* tasten.
manique|isme *m rel* Manichäismus *m* | *fig a.* Schwarzweißmalerei *f* | **~u** (**-ea** *f*) *m* Manichäer(in *f*) *m*.
maniquí *m* Modellpuppe *f* || *s/f* Mannequin *f*, Vorführdame *f* || *s/m* Dressman *m*.
manlle|u *m* (An)Leihen *n* | Entleihung *f* | Anleihe *f* | *ling* Entlehnung *f* | **~uta** *f ant* Pfand *n*, Deckung *f* | **~utar** (33) *vt ant* durch e. Pfand sicherstellen | **~vadís** (**-issa** *f*) *adj* entleihbar | **~var** (33) *vt* s. (*dat*) borgen, s. (*dat*) leihen | annehmen, s. (*dat*) zu eigen machen | *ling* entlehnen | *els vaig ~ mil pessetes* ich borgte mir tausend Peseten von ihnen.
mann|à *m* (*pl* **-às**) *bíbl* Manna *n/f* | **~ita** *f*, **~itol** *m quím* Mannit *m*.
mano|bre *m* Maurergehilfe, Bauarbeiter *m* | **~i!** *int* = **renoi** | **~ll** *m* Hand-

voll *f* | Bündel *n*, Büschel *m*.
man|òmetre *m tecn* Manometer *n*, Druckmesser *m* | **~omètric** *adj* manometrisch, Manometer... | **~ós (-osa** *f*) *adj* handlich | **~otada** *f* Handstreich *m* | **~otejar** (33) *vi* gestikulieren.
manque|jar (33) *vi* knapp sein | selten werden | **~sa** *f* Einarmigkeit *f*.
mans(ament *adv*) *adj* sanft(mütig) | mild | (*Tier*) zahm | (*Gewässer*) still.
mansalva: *a ~* (*loc adv*) ohne Risiko.
mansarda *f arquit* Mansard(en)dach *n* | Mansarde *f*.
mansesa *f lit* Sanftmut *f*.
mansió *f lit* Aufenthalt *m* | Haus *n*, Wohnung *f* | Herrenhaus *n*.
mans|oi *adj* sanft | (*Tier*) zahm | **~uet(ament** *adv*) *adj lit* sanftmütig | **~uetud** *f lit* Sanftmut *f*.
mant(-a *f*, **-s** *m pl*, **-es** *f pl*) (28) *pron ind arc lit* (*mst sg; e-e große Anzahl andeutend*) manch(er, -e, -es) | **~a vegada** (od **~es vegades**) so manches Mal; oftmals | *a ~a* (*loc adv*) reichlich.
manta *f* (Woll)Decke *f* | Bettdecke *f* | **~ de viatge** Reisedecke *f*.
manteg|a *f* (Tafel)Butter *f* | **~ de cacau** Kakaobutter *f* | **~ d'antimoni** Antimonbutter *f* | **~ada** *f gastr* Butterkuchen *m* | **~aire** *m/f* Butter-hersteller(in *f*); -händler(in *f*) *m* | **~ós (-osa** *f*) *adj* butterig | butterartig | butterweich | **~uera** *f* Butterknetmaschine *f* | Butterfaß *n* | Butterdose *f* | **~ueria** *f* Molkerei *f* | Milch- (*p. ext* Feinkost-)geschäft *n*.
mante|jar (33) *vt* (*j-n*) prellen, auf e-r Decke in die Höhe schleudern | **~leta** *f* Pelerine *f*, Umhang *m* (*für Frauen*) | **~ll** *m* Cape *n*, ärmelloser Umhang *m* | *zool* Mantel *m* | *geol* (Erd)Mantel *m* | **~ de corriment** (*geol*) Überschiebungsdecke *f* | **~ de la Mare de Déu** (*bot*) Echte Pestwurz *f* | **~llet** *m* Umhang *m*, Pelerine *f* | *hist mil* tragbare Deckung *f*, tragbares Sturmdach *n* | **~llina** *f* Schleier-, Kopf-tuch *n* | *portar una ~* (*fam*) blau sein.
manteni|dor *adj* (aufrecht)erhaltend || *s/mf* Erhalter(in *f*) *m* | *fig* Verfechter(in *f*) *m* || *s/m hist* (*Turnier*) Kämpe *m* | *Lit* (*bei den Blumenspielen*) Juror *m* | **~ment** *m* Erhaltung; Aufrechterhaltung *f* | Unterhalt *m* | Wartung; Instandhaltung *f*; Unterhalt(ung *f*) *m*; Pflege *f* | *el ~ de l'ordre* die Auf-

rechterhaltung (*od* Wahrung) der Ordnung | **~r** (40) *vt* halten; erhalten; *fig a.* aufrechterhalten; behalten | (*versorgen, ernähren*) erhalten, *a. dr* unterhalten | (*Maschine*) warten; (*a. Straße, Gebäude*) instand halten; (Straße, Gebäude *a.*, *Einrichtung*) unterhalten | (*Beziehungen*) unterhalten, pflegen | *~ la temperatura constant* die Temperatur konstant halten | *~ la carn fresca* das Fleisch frisch (er)halten | *~ alg viu* j-n am Leben (er)halten | *~ el cos dret* den Körper aufrecht halten | *~ el cap sota l'aigua* den Kopf unter Wasser (be)halten | *~ el foc* das Feuer unterhalten | *~ la velocitat* die Geschwindigkeit (beibe)halten | *~ els preus* die Preise (aufrecht)halten | *~ la seva posició* s-e Stellung behalten *od a.* mil behaupten | *~ la pau* den Frieden aufrechterhalten *od* wahren | *~ un secret* e. Geheimnis (be)wahren | *~ la paraula* sein Wort (ein)halten | *ell manté que ...* er hält daran fest (*bzw* behauptet, beteuert), daß ... | **~r-se** *v/r* s. halten; s. erhalten | bleiben | anhalten (*Wetter, Spannung*) | *~ sa* s. gesund (er)halten; gesund bleiben | *~ d'herbes* nur von Kräutern leben | *~ en contacte amb alg* mit j-m in Kontakt bleiben.
manteu *m ecl arc* Priesterumhang *m*.
mant|í *m* Griff *m* | Heft *m* | Knauf *m* | **~inent**: *de ~* (*loc adv*) sobald, sofort, auf der Stelle.
mantissa *f mat* Mantisse *f*.
mantó *m* Umschlagtuch *n* | *~ de Manila* Schultertuch *n* (*mit langen Fransen*).
mantorna|da *f agr* Umhacken *n* | **~r** (33) *vt agr* zum zweiten Mal hacken.
manu|al *adj* (*m/f*) Hand... | manuell | *s/m* Handbuch *n* | Lehrbuch *n* | *ecl* Ritualbuch *n* | **~alment** *adv* von Hand, manuell | **~bri** *m* Kurbel *f* | *mús* Drehorgel *f* | **~cl(ej)ar** (33) *vt Bal* befummeln, begrapschen | **~ella** *f* Stange *f* | *min* Bohrer *m* | Brechstange *f*, Hebel *m* | *nàut* (Steuer)Ruder *n* | **~factura** *f* Manufaktur *f*, Handwerksbetrieb *m* | **~facturar** (33) *vt* handwerklich anfertigen *od* herstellen | verfertigen | fabrizieren | **~facturer** *adj* gewerbetreibend | Manufaktur... | Fabrik... || *s/mf* Fabrikant(in *f*), Hersteller(in *f*) *m* | **~missió** *f* Befreiung, Freilassung *f* | **~scrit**

adj handschriftlich, handgeschrieben || *s/m* Handschrift *f*, Manuskript *m* | **~tenció** *f* Unterhalt(ung *f*) *m* | Verpflegung *f* | Ernährung *f*.

manxa *f tecn* Luftpumpe *f* | (*Herd, Orgel*) Blasebalg *m* | (*Dreschscheibe*) Kurbel *f* | **~dor, ~ire** *m* Blasebalgtreter *m* | **~r** (33) *vi* pumpen | die Orgelbalge (*bzw* den Blasebalg) treten | blasen, wehen (*Wind*) || *vt* (*Feuer*) anblasen.

manxiul|a *f med* Kantharidenpflaster, Zugpflaster *n* | **~eta** *f bot* Dunkle(r) Fingerhut *m*.

manxol *adj u. s/mf* = **manc**.

manx|ú *adj* (*m/f*) mandschurisch | Mandschu... || *s/m/f* Mandschu(rin *f*) *m* || *s/m ling* Mandschu *n* | *el* ~ das Mandschu | **~úria** *f: la* ~ die Mandschurei | **~urià (-ana)** *f*) *adj* mandschurisch | *s/mf* Mandschu(rin *f*) *m*.

many|a *f* Geschicklichkeit, Gewandtheit, Fertigkeit *f* | *donar-se* ~ *s.* geschickt anstellen | *tenir* ~ *per a u/c* in etw (*dat*) gewandt sein | **~à** *m* Schlosser *m*.

manya|c (-aga *f*) *adj* sanft(mütig), mild, freundlich | zahm | zutraulich | *s/f* Liebkosung *f*, Streicheln *n* | *fer manyagues a alg* mit j-m schmusen | **~gadura** *f* Liebkosung *f* | *desp* Schmeichelei *f* | **~gueria** *f* Liebkosung *f*, Streicheln *n* | Sanftheit, Sanftmut *f* | *desp* Schmeichelei *f*.

many|eria *f* Schlosserei *f* | **~oc** *m* (*Fäden, Haare*) Büschel *n* | Haarlocke *f* | **~oca** *f tecn* Handleder *n* | **~opla** *f* Fausthandschuh, Fäustling *m* | *hist* Panzerhandschuh *m* | **~ós (-osa** *f*, **-osament** *adv*) *adj* geschickt, gewandt | erfinderisch, geistreich.

maó *m constr* Ziegel, Back-, Ziegelstein *m* | ~ *foradat* Hohlziegel *m*.

maois|me *m polít* Maoismus *m* | **~ta** *adj* (*m/f*) maoistisch || *s/m/f* Maoist(in *f*) *m*.

maoner *m* Ziegel-brenner, -händler *m* | **~eria** *f* Ziegelei *f*.

maonès (-esa *f*) *adj* maonesisch, aus Maó | *s/mf* Maoneser(in *f*) *m*.

maori *adj* (*m/f*) maorisch | Maori... | *s/m/f* Maori *m/f* || *s/m ling* Maori *n* | *el* ~ das Maori.

mapa *m* (Land)Karte *f* | ~ *geològic* geologische Landkarte *f* | ~ *meteorològic* (*mural, de carreteres*) Wetter-(Wand-, Straßen-)karte *f* | **~mundi** *m* Weltkarte *f* | *iròn* Hintern *m*, Gesäß *n* | **~r** (33) *vt* e-e Karte zeichnen von | (*Ergebnis*) auf-, ver-zeichnen, registrieren | (ab)zeichnen, porträtieren.

maqueta *f* (verkleinertes) Modell *n*, Entwurf *m*, Skizze *f* | (*Buch*) Blindband *m*.

maqui[1] *m zool* Maki, Fuchsaffe *m*.

maqui[2] *m hist* (*bes gegen Franco*) Maquisard *m*.

màquia *f bot* Macchia *f*.

Maquiav|el *m* Machiavelli *m* | **~èl·lic(ament** *adv*) *adj bes polít* machiavellistisch | *p ext* hinter-hältig, -listig; skrupellos | **~el·lisme** *m* Machiavellismus *m* | Hinter-hältigkeit, -listigkeit; Skrupellosigkeit *f*.

màquila *f: altes Ölmaß von 156 Gramm*.

maquilla|dor(a *f*) *m* Schminker(in *f*) *m* | *cin* Maskenbildner(in *f*) *m* | **~r** (33) *vt* schminken | verschönern | **~r-se** *v/r s.* schminken | **~tge** *m* Schminken *n* | Schminke *f*.

màquina *f* Maschine *f* | *ferroc* Lokomotive *f* | *fig* Maschinerie *f* | ~ *de batre* Dreschmaschine *f* | ~ *de segar i batre* Mähdrescher *m* | ~ *de cosir* Nähmaschine *f* | ~ *d'escriure* Schreibmaschine *f* | ~ *fotogràfica* od *de retratar, de fotografiar* Fotoapparat *m*, Kamera *f* | ~ *d'imprimir* od *tipogràfica* Druck(erei)maschine *f* | ~ *de planxar* Bügelmaschine *f*, Heimbügler *m* | ~ *de rentar* Waschmaschine *f* | ~ *de rentar plats* (Geschirr)Spülmaschine *f* | ~ *de vapor* Dampfmaschine *f* | ~ *infernal* Höllenmaschine *f* | *a* ~ mit der Maschine, maschinell | *a tota* ~ mit Volldampf; *fig a.* mit aller Kraft.

maquin|ació *f* geheimer Anschlag *m* || *pl* Machenschaften *f pl*, Ränke *m pl* | **~ador** *m* Ränkeschmied *m*.

màquina-eina *f* (*pl* **màquines-eines**) Werkzeugmaschine *f*.

maquin|al(ment *adv*) *adj* maschinell | **~ar** (33) *vt* aushecken, ersinnen, erdenken | anstiften | **~ària** *f col* Maschinen *f pl* | Maschinen-bau *m*; -park *m* | Maschinerie *f* | *fàbrica de* ~ Maschinenfabrik *f* | **~eta** *f* kl(e) Maschine *f* | (*a.* ~ *de fer punta al llapis*) (Bleistift)Spitzer *m* | ~ *de tallar cabells* Haarschneidemaschine *f* | **~isme** *m* Maschinismus *m* | Maschinenzeitalter *n* | maschinelle Arbeitsweise *f*, Maschinenbetrieb *m* | **~ista** *m/f a. nàut* Maschinist(in *f*) *m* | *ferroc* Lok(omotiv)führer(in *f*) *m* | *cin tv* Kameramann *m* | *teat* Bühnenarbeiter(in *f*) *m*.

maquinyó *m* Pferdehändler *m*.
maquis *m* Maquis *m*.
mar *f/m* Meer *n*, See *f* | la ~ Jònica od el ~ Jònic das Ionische Meer | ~ *interior* Binnenmeer *n* | ~ *lunar* Mare *n* | *aigua de* ~ Meer-, See-wasser *n* | *aire de* ~ See-; *Meeres-luft f* | *cop de* ~ (Sturz)See *f*, Brecher *m* | *gent de* ~ Seeleute *pl* | *alta* ~ hohe (*od offene*) See, Hochsee *f* | *en alta* ~ auf hoher See | *per* ~ auf dem Seeweg | *córrer la*·~ *od les* ~*s* zur See fahren | *fer-se a* (*od prendre*) *la* ~ *od anar en* (*od a la*) ~ in See gehen *od* stechen | *tirar a* ~ (*fig fam*) wegschmeißen || *s/f* (*Zustand*) See(gang *m*) *f* ~ *tranquil·la* od *calma, bonança* (*plana, agitada* od *moguda, esvalotada, grossa, brava, podrida*) ruhige *od* stille (glatte, unruhige *od* bewegte, aufgewühlte, grobe *od* schwere, rauhe, faule) See *f* | ~ *de fons* (a. *de fora, de lluny, forana, llarguera, vella*) Dünung; (a. *de lleva, de lluny*) Grundsee *f* | ~ *de fons* (*fig*) dikke Luft | *fa* (*od hi ha*) *bona* (*mala od molta*) ~ die See (*od das Meer*) ist ruhig (unruhig *od* bewegt) || *fig: una* ~ *de flames* e. Flammenmeer *n* | *una* ~ *de cares* e. Meer *n* von Gesichtern | *una* ~ *de dubtes* e-e Menge Zweifel || *fig fam: hi havia la* ~ *de gent* es war e. Haufen Leute dort | *sóc la* ~ *de feliç* ich bin überglücklich | *ella m'agrada la* ~ sie gefällt mir wahnsinnig gut.
marab|ú *m* (*pl* -*ús*) *ornit* Marabu *m* | *plomes de* ~ Marabufedern *f pl* | ~**ut** *m* Marabut *m*.
maragd|a *f min* Smaragd *m* | (*Farbe*) Smaragdgrün *n* | ~**í** (-*ina f*) *adj* smaragdfarben, -artig.
marant|a *f bot* Schilfartige Pfeilwurz *f* | ~**àcies** *f pl bot* Maranten *od* Pfeilwurzgewächse *n pl*.
marasme *m med* Marasmus *m* | *fig* Niedergang *m* | *els afers estan en el* ~ *més gran* die Geschäfte liegen völlig da(r)nieder | *el* ~ *senil* die Altersschwäche.
marassa *f fam* Seele *f* von Mutter.
marat|ó *f esport* Marathon(lauf) *m* | ~**onià** (-*ana*) *adj* Marathon... | *fig: sessió maratoniana* Marathonsitzung *f* || *s/mf* Marathonläufer(in *f*) *m*.
marbr|ar (33) *vt* marmorieren | ~**e** *m* Marmor *m* | *fred com el* ~ (*fig*) kalt (*od* gefühllos) wie Marmor bzw Stein | *una estàtua de* ~ e. Marmorbild *n*, e-e Marmorstatue *f* | ~**ejar** (33) *vt* = **marbrar** || *vi* wie Marmor aussehen | ~**enc** *adj* marmorartig | *s:* marmori | ~**era** *f* Marmorbruch *m* | ~**ista** *m/f* Marmorschleifer(in *f*) *m* | Marmorarbeiter(in *f*) *m*.
marc[1] *m* (*Münze, altes Gewicht*) Mark *f*.
marc[2] *m a. fig* Rahmen | Einfassung *f*.
març *m* März *m* | *ocell de* ~ Schlangenadler *m*.
marca *f* Merkzeichen *n* | Warenzeichen, Zeichen *n* | Marke *f*, Fabrikzeichen *n* | *med* Narbe *f* | (*Papier*) Wasserzeichen *n* | (*Vieh*) Brandzeichen *n* | *esport* Leistung *f*; Rekord *m* | *geog* (Grenz)Mark *f* | ... *de* ~ (*com*) Marken...; ... hoher Qualität | ~ (*en*)*registrada* eingetragene Schutzmarke *f* | ~ *tipogràfica* Drucker-marke *f*, -zeichen *n* | *esport:* ~ *mínima* Mindestleistung *f* | *superar* (*od batre*) *una* ~ e-n Rekord brechen *od* schlagen.
marçada *f* Märzschauer *m*.
marcador *adj* (be-, kenn-)zeichnend | markierend || *s/mf* Abstempler(in *f*) | *gràf* Anleger(in *f*) *m* || *s/m esport* Totalisator *m*; Anzeige-, Ergebnis-tafel *f*.
marçal *adj* (*m/f*) März... | märzlich | *ordi* ~ Märzgerste *f*.
marca|pàs *m* (*pl* -*assos*) *med* (Herz)Schrittmacher *m* | ~**r** (33) *vt* kennzeichnen | bezeichnen | markieren | zeichnen | eichen | *a. desp* brandmarken | *esport* decken | *gràf* anlegen | (*Haare*) einlegen | (*Takt*) schlagen | *telecom:* ~ *un número* e-e Nummer wählen | *esport:* ~ *un gol* e. Tor schießen.
marcassita *f min* Markasit *m*.
marce|jar (33) *v/imp: marceja* es ist märzhaft *od* Märzwetter *n* | ~**nc** *adj* märzlich | März... || *s/m* Schlangenadler *m* | ~**r** *adj* März... | märzlich.
marcescent *adj* (*m/f*) (ver)welkend.
marcgravi *m hist* Markgraf *m* | ~**at** *m* Markgrafschaft *f* | ~**na** *f* Markgräfin *f*.
marci|à (-*ana f*) *adj* Mars... || *s/mf* Marsbewohner(in *f*) *m*, Marsmensch *m* | ~**al** *adj* (*m/f*) martialisch | kriegerisch | *la llei* ~ das Standrecht | ~**alitat** *f* martialisches Wesen *n*.
marcir (37) *vt a. fig* verwelken lassen | ~-**se** *v/r* (ver)welken.
marcolfa *f desp* Weibstück *n*.
marcòlic *m bot* wilde Lilie *f* («Lilium martagon»).

mardà *m zool oc* Widder *m*.
marduix *m bot* Majoran *m* | *ja et conec, herbeta, que et dius* ~ (*fam*) Nachtigall, ich hör dich trapsen | **~í** *m bot* Wohlriechende Reseda, Gartenreseda *f*.
mare *f* Mutter *f* | *fig a*. Quelle, Ursache *f* | (*Fluß*) Bett *n* | Hauptkanal *m*; Sammelkloake *f* | ~ *adoptiva* Adoptivmutter *f* | ~ *de llet* Amme *f* | ~ *política* Schwiegermutter *f* | ~ *superiora* (*ecl*) Mutter Oberin *f* | *la* ⚡ *de Déu* die Mutter Gottes *od* Muttergottes | *la* ~ *pàtria* das Mutterland | ~(*s*) *del vi* (*vinagre*) Wein-(Essig-)hefe *f* | *l'experiència és la* ~ *de la ciència* Erfahrung ist die Quelle der Wissenschaft | *sortir de* ~ übers Ufer treten (*Fluß*); umschlagen (*Wein*); *fig fam* auf die Palme gehen | *fer sortir* (*od treure*) *alg de* ~ (*fig*) j-n auf die Palme bringen || (*appositiv*) Mutter... | *abella* ~ Bienenkönigin *f* | *casa* ~ Mutterhaus *n* | *aigües* ~*s* (*quím*) Mutterlauge *f*; Solbad *n* || (*in Ausrufen*) *fam: ai,* ~*, deixa'm estar!* herrje(mine), laß mich in Ruhe! | ~ *de Déu!* (ach) du meine (*od* liebe) Güte! | *explica-ho a ta* ~*!* erzähl das deiner Großmutter!
marea *f nàut* Gezeiten *f pl, nordd* Tide(n *pl*) *f* | ~ *alta* Flut *f* | ~ *baixa* Ebbe *f* | ~ *negra* (*fig*) Ölteppich *m*, Ölpest *f* | ~ *viva* Springflut *f* | *la* ~ *puja* (*baixa*) die Flut steigt (fällt) | *encallat en la* ~ in der Ebbe gestrandet.
maredédeu *f* Muttergottes(bild *n*) *f*.
mare|gassa *f* grobe See *f* | **~ig** *m* Seekrankheit *f* | Schwindel *m* | Übelkeit *f* | **~jada** *f* hoher Seegang *m* | **~jar** (33) *vt* (*j-m*) Seekrankheit (*bzw* Übelkeit) verursachen | *fig* belästigen | **~jar-se** *v/r* seekrank werden | schwindelig werden | Beschädigung(en) erleiden (*Schiffsladung*) | untrinkbar werden (*Wasser*) | *em marejo* mir wird schlecht *od* übel | **~jat** (-*ada*) *f adj: estic* ~ ich bin seekrank *bzw* mir ist schlecht *od* übel | **~jol** *m* leichter Seegang *m* | **~màgnum** *m* Durcheinander *n*, Mischmasch *m* | **~ny** *m* = **maresma** | **~ògraf**, **~òmetre** *m* Pegelmesser *m* | **~perla** *f zool* Perlmutt(er *f*) *n*.
marer *adj* (*Kind*) verhätschelt | verwöhnt | *nen* ~ Schoßkind *n*.
marès¹ (-*esa f*) *adj* Meer(es)..., See...
marès² *m* Sandstein *m*.

mareselva *f bot* wohlriechendes Geißblatt *n*, Heckenkirsche *f* | Wald-Geißblatt *n*.
maresm|a *f* Marschland *n* | **~e** *m* Küstenstrich *m* | = **maresma**.
mareta *f* Mütterchen, Muttchen *n*.
marfanta *f reg pop* Luder, Flittchen *n*.
màrfega *f* Stroh-, Bett-sack *m* | *fig desp* dicke Schlampe *f*.
marfegó *m* kl(r) Strohsack *m*.
marfil *m* = **vori**.
marfondre's (40) *v/r* kraftlos werden | verschmachten | dahinwelken.
marfuga *f* (*Tiere*) Seuche *f* | *fig: passar una* ~ e-e Drangsal erleiden.
marfull *m bot* Schneeball *m*; Gemeine Schafgarbe *f* | *entom* Stechmücke *f*.
marga *f geol* Mergel *m*.
margalida *f Bal* = **margarida**.
margall *m bot* Lolch *m*, Deutsches Weidelgras *n* | Mäusegerste *f* | Taubentrespe *f* | **~ó** *m bot* Zwergpalme *f*.
margar (33) *vt agr* mergeln, mit Mergel düngen.
margari|da *f bot* Margerite *f* | *nàut* Seemannsknoten *m* | **~doia** (*od* **~deta**) *f* Gänseblümchen *n* | **~na** *f gastr* Margarine *f* | **~ta** *f* Perle *f*.
marg|e *m* Rand *m* | Böschung *f* | Rain *m* | (*Fluß*) Ufer *n* | *fig* Marge *f* Spielraum *m* | *com* Marge, Gewinn-, Verdienst-spanne *f* | *al* ~ am Rand(e) | *anotació al* ~ Randbemerkung *f* | *viure al* ~ *de la societat* am Rande der Gesellschaft leben | **~enada** *f* Schutzmauer *f* | **~enar** (33) *vt* abböschen | **~inació** *f* Marginierung | Verdrängung *f* an den Rand der Gesellschaft | **~inal** *adj* (*m/f*) Rand... marginal, Marginal... | *fig* nebensächlich | *decret* (*nota*) ~ Rand-verordnung *f* (-bemerkung *f*) | **~inament** *m* = **~inació** | **~inar** (33) *vt* rändern, mit e-m Rand versehen | (*j-n*) marginieren, an den Rand drängen | (*Probleme*) aus-, weg-lassen, beiseite lassen | **~inat** (-*ada*) *adj* an den Rand der Gesellschaft gedrängt | *bot* (*Blatt*) mit angefallenen Rändern.
marg|ós (-*osa f*) *adj* mergelig | Mergel enthaltend | **~uera** *f* Mergel-bruch *m*, -grube *f*.
marí (-*ina f*) *adj* Meer(es)..., See... | Schiffer... || *s/m* Seemann *m* || *s/f* Marine *f* | Seeküste *f*, Strand *m* | *pint* See-gemälde, -stück *n* | *marina mercant* (*de guerra*) Handels-(Kriegs-)marine *f* | *la*

gent de marina die Seeleute *pl.*

mari|a *f* (runder) Butterkeks *m* | **~à** (**-ana** *f*) *adj* marianisch | Marien... | *culte* ~ Marienverehrung *f* | **~alluïsa** *f bot* Zitronenstrauch *m.*

marid|able *adj* (*m/f*), **~adora** *adj f* heiratsfähig (*Frau*) | **~ar** (33) *vt* (*Frau*) verheiraten, vermählen | **~ar-se** *v/r s.* verheiraten, *s.* vermählen (*Frau*) | **~atge** *m* (*Frau*) Verheiratung, Vermählung *f* | *fig* Verbindung *f* | *el* ~ *de la fe amb la raó* die Verbindung des Glaubens mit der Vernunft | **~et** *m fam* Fuß- (*bzw* Bett-)wärmer *m.*

mari|eta[1] *m desp* weibischer Kerl, Weichling *m* | Schwule(r) *m* | **~eta**[2] *f* Marienkäfer *m* | *bot* Hiobsträne *f* | ~ *de llum* Glüh-, Johannis-würmchen *n* | **~huana** *f* Marihuana *f.*

marin|ada *f* Brise *f*, schwacher Seewind *m* (*aus Südsüdwest*) | **~ar** (33) *vt gastr* marinieren | **~atge** *m* Seewesen *n* | **~ejar-se** (33) *v/r* die Brise genießen | **~enc** *adj* Meer(es)..., See... | **~er** *adj* seetüchtig | See... ‖ *s/m* Matrose *m* ‖ *s/f* Matrosenbluse *f*, Windjacke *f* | *a la* **~a** (*gastr*) nach Seemannsart | **~eria** *f col* Matrosen *m pl* | Schiffsbesatzung, -mannschaft *f* | **~esc** *adj* Seemann... | Matrosen... | *a la* **~a** (*gastr*) nach Seemannsart.

marioneta *f* Marionette *f.*

marisc *m zool* (See)Muschel *f* | *col gastr* Meeresfrüchte *f pl.*

mariscal *m* Marschall *m* | ~ *de camp* (General)Feldmarschall *m.*

marista *m ecl* Marist *m.*

marit *m* (Ehe)Mann, Gatte *m* | *té un bon* ~ sie hat e-n guten Mann | **~able(ment** *adv*) *adj* (*m/f*) ehelich, ehemäßig | **~al** *adj* (*m/f*) ehelich, Ehe... | **~alment** *adv s: marital* | *bes wie Mann u. Frau, wie Eheleute*).

marítim *adj* maritim, Meer..., See... | *ciutat* **~a** See-, Küsten-stadt *f* | *potència* **~a** Seemacht *f.*

marjada *f* = **bancal.**

marjal *m* Moor *n*, Morast *m* | **~enc** *adj* sumpfig.

marmany|(a *f*) *m: zum Verkauf angebotene Landprodukte* | **~er(a** *f*) *m* Obst- u. Gemüsekleinhändler(in *f*) *m* ‖ *s/f desp* Marktweib *n.*

marmessor *m dr* Testamentsvollstrecker *m* | **~ia** *f dr* Amt *n* des Testamentsvollstreckers.

marmit|a *f* Koch-kessel, -topf *m* | **~ó** *m* Küchenjunge *m.*

marmori (**-òria** *f*) *adj* marmorn.

marmota *f zool* Murmeltier *n* | *ict* Flughahn *m.*

maroma *f* Seil *n* | Trosse *f.*

maror *f* grobe See *f* | *fig fam: hi ha* (*mala*) ~ es ist dicke Luft.

marqu|ès (**-esa** *f*) *m* Marquis(e *f*) *m* | Markgraf *m*, -gräfin *f* | **~esat** *m* Marquisat *n* | Markgrafschaft *f* | **~esina** *f* Markise *f* | Glas-, Regen-dach *n* | **~eter(a** *f*) *m* Intarsienarbeiter(in *f*) *m* | **~eteria** *f* eingelegte (Holz)Arbeit, Intarsia *f.*

marrà (**-ana** *f*) *adj fam* (*Person*) verdreckt; *a. fig* schmutzig, schweinisch | (*Kind*) bockig; trotzig, trotzköpfig ‖ *s/mf* Dreckspatz; *a. fig* Schweinigel *m* | Trotzkopf *m* ‖ *s/m zool* Schafbock, Widder *m.*

marrad|a *f* Umweg; Bogen *m*; Wegschleife *f* | *farem* ~ wir werden e-n Umweg (*od* Bogen) machen | **~ejar** (33) *vi* e-n Umweg (*od* Bogen) machen.

marraix *m ict* Heringshai *m.*

marram|au, **~eu** *m onomat* Miauen, Maunzen *n.*

marran|ada *f a. fig* Schweinerei *f* | **~ejar** (33) *vi fig fam* bocken | **~eria** *f fig fam* Bock *m* | **~ís** *m* (*pl -issos*) *zool* Hammel *m* | **~xa** *f anat* Fersenbein *n* | **~xó** *m zool* Ferkel *n.*

marrar (33) *vt* (*Weg*) verfehlen ‖ *vi* e-n Umweg machen.

marràs *m* (*pl -assos*) Doppelaxt *f.*

marrasquí *m* Marraschino(likör) *m.*

marrec *m zool* Lämmchen *n* | *fam* Bub, Schlingel *m.*

marriment *m lit* Trüb-seligkeit *f*, -sinn *m.*

marrinx|a *f* lärmende Fröhlichkeit *f*, Rummel *m* | *fer* ~ e-n Rummel veranstalten | **~ó** *m* = **marranxó.**

marrit (**-ida** *f*) *adj lit* trüb-selig, -sinnig.

marro[1] *m* Kaffee(boden)satz *m.*

marro[2] *m* (*Spiel*) Mühle *f* | *fig fam: aquí hi ha* ~! da steckt etwas dahinter! | *conèixer* (*od descobrir, veure*) *el* ~ *a alg* j-m auf die (*od* hinter j-s) Schliche kommen.

marró *adj* (*m/f*) (kastanien)braun ‖ *s/m* (Kastanien)Braun *n.*

Marro|c *m: el* ~ Marokko *n* | **~quí** (**-ina** *f*) *adj* marokkanisch ‖ *s/mf* Marokkaner(in *f*) *m* | Saffian(leder *n*) *m.*

marrubí *m* = **malrubí.**

marrucar (33) *vi* = **parrupar.**

marruixa *f fam* Mieze(katze) *f.*

marruquejar (33) *vt* = **parrupejar**.
marsapà *m reg* = **massapà**.
Marsell|a *f* Marseille *n* | **~ès** (**-esa**) *f*) *adj* Marseiller || *s/mf* Marseiller(in *f*) *m* || *s/f*: **la ~** die Marseillaise.
marsuí *m* (*pl* **-ïns**) *ict* Weißwal *m*.
marsupi *m* *zool* (Brut)Beutel *m* | **~al** *adj* (*m/f*) *zool* Beutel... || *s/m pl zool* Beuteltiere *n pl*.
mart *m, a.* **~a** *f zool* Marder, Edelmarder *m* | **~ gibelí** Zobel *m*.
Mart *m mit astr* Mars *m*.
martell *m a. esport anat* Hammer *m* | **~ de fusta** Holzhammer *m* | **~ de fuster** Schreinerhammer *m* | **~ de mà** Fausthammer *m* | **~ mecànic** (*pneumàtic*) Maschinen-(Preßluft-)hammer *m* | *cop de* **~** Hammerschlag *m* | *estar entre l'enclusa i el* **~** (*fig fam*) in die Enge getrieben sein, in e-r Zwangslage sein | **~a** *f* gr(r) Schlegel *od* Stampfer *m* | **~ada** *f* Hammerschlag *m* | **~eig** *m* Gehämmer *n* | **~ejar** (33) *vt* hämmern | **~et** *m* Hämmerchen *n* | *els* **~s** *d'un piano* die Hämmer e-s Klaviers.
Mart|í: *l'arc de sant* **~** der Regenbogen | **~inet** *m tecn* Pochhammer; Dampfhammer; Klöpfel; Schlegel *m* | *ornit* Europäischer Eisvogel *m* | **~ blanc** Edelreiher *m* | **~ de garrofera** *od d'olivera, de nit* Nachtreiher *m* | **~ menut** Zwergrohrdommel *f* | **~ ros** Schopf-, Rallen-reiher *m*.
martingala *f* (*Pferd*) Martingal *n* | (*Kartenspiel*) Erhöhung *f* des Einsatzes | *fig fam* Trick, Kunstgriff *m*.
màrtir *m/f* Märtyrer(in *f*) *m* | *fig a.* Dulder(in *f*) *m* | *mort de* **~** Märtyrertod *m* | *és el* **~** *de la seva ambició* er ist das Opfer seines Ehrgeizes.
martir|i *m a. fig* fig Martyrium *n* | Märtyrertod *m* | *fig lit a.* Marter, Folter; Qual, Peinigung *f* | *la corona del* **~** die Märtyrerkrone | **~itzador** *adj* marternd, folternd, quälend || *s/m* Marter-, Folter-knecht, Folterer *m* | **~itzar** (33) *vt* martern, zum Märtyrer machen | *fig a.* foltern, furchtbar quälen, peinigen | **~ologi** *m catol* Martyrologium, Märtyrerverzeichnis *n*.
marulla *f bot* = **gal·la**.
marxa *f a. mús mil* Marsch *m* | *esport* (a. **~ atlètica**) Gehen *n* | *a. med esport* Gang(art *f*) *m* | (*Fahrzeug, Maschine*) Geschwindigkeit *f*; (*Stufe e-r Übersetzung*) Gang *m* | *a. fig* Gang, Lauf *m*,

Funktionieren *n* | **~ d'ànec** Watschelgang *m* | **~ enrere** (*aut*) Rückwärtsgang *m* | **~ fúnebre** (*mús*) Trauermarsch *m* | *a tota* **~** in voller Fahrt | *accelerar* (*alentir*) *la* **~** die Geschwindigkeit beschleunigen (herabsetzen) | *fer* **~ enrere** (*fig*) e-n Rückzieher machen | *obrir la* **~** vorangehen, den Marsch anführen | *posar en* **~** in Gang (*bzw* Betrieb) setzen | *per fi ens vam posar en* **~** endlich setzten wir uns in Marsch *od* marschierten wir los | **~dor(a** *f*) *m esport* Geher(in *f*) *m* | **~mo** *m adm* Zollplombe *f* | **~nt** *m* fahrende(r) Händler *m* | *bes* Kunsthändler *m* | **~ntó** *m desp* = **~nt** | **~peu** *m constr* Türschwelle *f* | *aut ferroc* Trittbrett *n* | **~r** (33) *vi a. mil* marschieren | *esport* gehen | *p ext* (fort)gehen; abfahren; abreisen | gehen, laufen, funktionieren (*Maschine, Fahrzeug, Geschäft*) | *la cosa marxa* (*bé*) die Sache geht (*od* läuft) gut, die Sache marschiert (gut).
marxis|me *m polít* Marxismus *m* | **~ta** *adj* (*m/f*) marxistisch || *s/m/f* Marxist(in *f*) *m*.
marxívol *m bot* Stinkende Nieswurz *f* | Grüne Nieswurz *f*.
mas *m* (Bauern)Hof *m* | Bauernhaus *n*.
mascara *f* Rußfleck *m*.
màscara *f a. fig* Maske *f* | **~ d'esgrima** (*d'oxigen, mortuòria*) Fecht-(Sauerstoff-, Toten-)maske *f* | *arrencar* (*od treure*) *la* **~ a alg** (*fig*) j-m die Maske vom Gesicht reißen, j-n entlarven | *treure's la* **~** (*fig*) die Maske fallenlassen.
mascar|ada *f* Maskerade *f* | Masken(auf-)zug *m* | **~ó** *m arquit* Maskaron *m* | **~ de proa** (*nàut*) Galionsfigur *f* | **~ot** *m* groteske Verkleidung *f*.
mascl|ament *adv* mannhaft | **~e** *m* männliches Tier, Männchen *n* | *p ext* männliche Pflanze *f* | *tecn* (*Werkzeuge, Gerät*) Dorn *m*; Schraube *f*; Zapfen *m* || *adj biol* männlich | *fig* mannhaft | **~ejar** (33) *vi* männlich auftreten (*Frau*) | **~et** *m* (*Bart*) Fliege *f* | kl(r) Mörser *m* | **~isme** *m* Machismo *m* | **~ista** *m umg* Macho *m*.
mascota *f* Maskotte *f*, Maskottchen *n* | Talisman *m*.
mascul|í (**-ina** *f*, **-inament** *adv*) *adj* männlich | *ling a.* maskulin | Mannes... || *s/m ling* Maskulinum, männliches Geschlecht *n* | **~initat** *f* Männlich-

keit *f* | **~initzar** (33) *vt* vermännlichen.

masec *m*, **~ga** *f* Dränge(l)n *n*, Drängelei, -rei *f*, Gedränge *n* | **~gada** *f*, **~gament** *m* Zerdrücktwerden *n* | Quetschen *n* | Quetschung *f* | **~gar** (33) *vt* dränge(l)n | zerdrücken | quetschen.

maseres *f pl bot* Schwalbenwurz *f*.
masia *f* Bauernhaus *n* | *s: mas*.
masmorra *f* unterirdischer Kerker *m*.
masoquisme *m med* Masochismus *m* | **~ta** *adj (m/f)* masochistisch || *s/m/f* Masochist(in *f*) *m*.
masover(a *f*) *m* Pächter(in *f*) *m* (*e-s* «mas») | **~ia** *f* Pachthof *m* | *tenir a* **~** in Pacht haben *od* bewirtschaften.
massa[1] *f* Masse *f*, Klumpen *m*, Teig *m* | *fís elect dr* Masse *f* | (*Menschen*) *bes pl* (Volks)Masse *f* | **~** atòmica (fís) Atommasse *f* | **~** encefàlica (anat) Hirnmasse *f* | una **~** d'aire (meteor) e-e Luftmasse | una **~** de núvols e-e Wolkenmasse | una **~** de carn (desp) e. Fleischklumpen *m* | comunicació de **~** (sociol) Massenkommunikation *f* | en **~** in Massen; massen-haft, -weise | detencions en **~** Massenverhaftungen *f pl* | hi va anar el poble en **~** das ganze Dorf kam dort zusammen.

massa[2] *adv* zu; (*verstärkend*) allzu(...) | (all)zuviel; (all)zu viel | zu sehr; allzusehr | *véns* **~** *tard* du kommst zu spät | *és* **~** *car* es ist zu teuer | *en* **~** *pocs casos* in zu wenigen Fällen | *ets una mica* (od *un xic*) **~** *tafaner* du bist etwas (*od* e. bißchen) zu neugierig | *és* **~** *feixuga, aquesta càrrega!* diese Last ist allzu schwer! | *t'ho fas* **~** *fàcil* du machst es dir allzuleicht | *aquest any plou* **~** (*poc*) dieses Jahr regnet es zuviel (-wenig) | *t'estimo* **~**! ich liebe dich zu sehr! | (*am Satzanfang zur Bekräftigung e-r Bejahung*) *vindràs?* —⁓ *que vindré!* wirst du kommen? —Und ob! | (*Schadenfreude*) *t'has fet un bony?* ⁓ *poc!* hast du dir e-e Beule geschlagen? Das geschieht dir ganz recht! || (28) *pron ind* (all)zuviel; (all)zu viel(er, -e, -s) | *tenim* **~** *pa* wir haben zuviel Brot | *el mestre ens posa* **~** *deures* der Lehrer gibt uns zu viele Hausaufgaben auf | *no convideu més gent; ja som* **~**! ladet nicht (noch) mehr Leute ein; wir sind schon (all)zu viele! | *això fóra* (od *seria*) *demanar* **~** das wäre zuviel verlangt | *això ja és* **~**! (*fam*) das geht

nun doch zu weit! | *aquesta pel·lícula és* **~**! (*salopp*) dieser Film ist klasse! || *de* **~** überflüssig; zuviel | *aquí m'hi sento de* **~** ich fühle mich hier überflüssig | *hi ha un cobert de* **~** es ist e. Gedeck zuviel | *entre poc i* **~**! nicht so übertreiben! | *prou i* **~** mehr als genug.

massapà *m* Marzipan *n*.
massatge *m med* Massieren *n*, Massage *f* | **~** terapèutic Heilmassage *f* | *fer* **~** *a alg* j-n massieren | **~ista** *m/f* Masseur *m*, Masseuse *f*.
massicot *m* = **litargiri**.
massilla *f* Mastix, Kitt *m* | **~r** (33) *vt* (zusammen-, ver-)kitten.
massís (**-issa** *f*, **-issament** *adv*) *adj* massiv, dicht, fest; massig, wuchtig | *or* **~** massives Gold | *no està gras, sinó* **~** er ist nicht fett, sondern stämmig || *s/m* kompakte Masse *f* (*von Pflanzen, Gemäuer usw*) | *bes* dichtes Blumenbeet *n* | *geol* (Gebirgs)Massiv *n* | **~issar** (33) *vt* massiv *od* kompakt machen | *constr* nach-, hinter-mauern | **~iu** (**-iva** *f*, **-ivament** *adv*) *adj* (*bes Menschen*) massenhaft, massiv, Massen... | (*Dosis*) stark.

massot *m ict* Braune(r) Lippfisch *m*.
mastec *m* = **mastegall**.
màstec *m bot* Binsen-Knorpellattich *m* | = **màstic** | = **mastegot**.
mastegada *f* Kauen *n* | **~ador** *adj* kauend | **~all** *m* Gekaute(s) *n* | **~ament** *m* Kauen *n* | **~aparaules** *m/f* Nuschler(in *f*) *m* | **~ar** (33) *vt/i* kauen | *fig* nuscheln, murmeln | **~atxes** *m ornit* trauerschnäpper *m* | *fig* Nörgler, Meckerer, Krittler *m* | **~ot** *m fam* Schlag, Hieb *m* (*mit der Hand*) | **~uera** *f* Lust *f* zu kauen | *bot* = **xicoira**.

masteler *m nàut* Toppmast *m* | Stenge *f*.
mastí *m* Mastiff *m*.
màstic *m* Mastix *m* | (Spachtel)Kitt *m*.
masticable *adj (m/f)* kaubar | **~ció** *f* Kauen *n* | **~r** (33) *vt med* kauen | **~tori** (**-òria** *f*) *adj* Kau... | *muscle* **~** Kaumuskel *m*.
mastitis *f med* Mastitis *f* | **~odont** *m zool* Mastodon *n* | **~oide** *adj (m/f) anat: apòfisi* **~** Warzenfortsatz *m* (*des Schläfenbeins*) | **~oïditis** *f med* Entzündung des Warzenfortsatzes | **~orràgia** *f med* Brustdrüsenblutung *f*.
masturbació *f* Masturbation *f* | **~r(-se)**

masurca (33) *vt(/r)* masturbieren.
masurca *f* Mazurka *f*.
mat[1] *m* (*Schach*) Matt *m* | (*escac i*) ~! (Schach u.) matt! | *fer escac i ~ a alg* j-n schachmatt setzen.
mat[2] *adj* (*m/f*) matt, glanzlos | *or ~* Mattgold *n*.
mata[1] *f bot* kl(r) Strauch, Busch *m* | Staude *f* | = **llentiscle** | *una ~ d'enciam* (*escarola*) e. Kopf *m* (*od reg* e-e Staude) (Endivien)Salat | *una ~ de farigola* (*ginesta*) e. Thymian-(Ginster-)strauch *m* || *fig:* ~ *de cabell* Haarschopf *m* | *una ~ de peix* e. Fischschwarm *m*.
mata[2] *f met* (*bes Kupfer, Nickel*) Rohmetall *n*.
mata|bou *m bot* Hasenohr *n* («Bupleurum fruticosum») | **~cà** *m* gr(r) Kieselstein *m* | *hist* (*Festung*) Pechnase *f* | *bot* Brechnuß *f*; Zwerg-holunder *m*, -blatt *n* | **~cabra** *f meteor* Hagel *m* | **~degolla**: *a ~* (*loc adv*) *s: degolla* | *fig: estar a ~ amb alg* mit j-m auf Kriegsfuß stehen | **~dissa** *f* Schlächterei *f*, Gemetzel *n* | **~dor** *adj* tötend, mörderisch | *fig fam: aquesta feina és ~a* das ist e-e Mordsarbeit || *s/m* Mörder, Töter *m* | (*Tiere*) Schlächter *m* | *taur* Matador *m* | **~dura** *f* (*Lasttiere*) Druckschaden *m* | *fig fam* Qual *f*; gr(e) Sorge *f*.
matafaluga *f bot* Anispflanze *f*.
mata|foc *m bot* Echte Hauswurz *od* Dachhauswurz *f* | Cistrose *f* («clusii») | Wegerich *m* («cynops») | **~fred** *m* (*oft pl*) (dicker) Mantel, Überzieher *m* | *umg* heiße Suppe *f* | **~gent** *m* = **mataparent**.
matal|às *m* (*pl -assos*), (*reg a*. **~af**, **~ap**) Matratze *f* | *~ d'aire od pneumàtic* Luft-, Camping-matratze *f* | **~asser(a** *f*) *m* Matratzenmacher(in *f*) *m*.
mata|llops *m bot* Blauer Eisenhut *m* | **~llums** *m bot med* Schlaffe Rauke *f*.
matalot *m arc* Stallknecht *m* (*e-s Gasthauses*).
mata|ment *m fam* schwere Arbeit, Mühsal, *umg* Schufterei *f* | **~mosques** *m* Fliegenklatsche *f* | *bot* Fliegenpilz *m* | **~nça** *f* Schlachten *n* | *bes* (*oft pl*) Schweineschlachten *n*; Hausschlachtung *f*; Schlachtfest *n* | Schlächterei *f*, Massaker, Gemetzel, Blutbad *n* | **~ncer(a** *f*) *m* Schlächter(in *f*) *m* | **~pà** *m* Faulenzer, Nicht-

stuer *m* | **~parent** *m bot* Satanspilz *m* | Netzstiegeler Hexenpilz *m* | Kornblumen-Röhrling *m* | Fliegenpilz *m* | **~poll** *m bot* Rittersporn *m* | **~r** (33) *vt* (*pp:* für belebtes Objekt a. *mort*) töten | (*Menschen*) umbringen, ums Leben bringen; ermorden | (*Vieh*) schlachten | (*Wild*) schießen, erlegen | (*Fliegen, Mäuse*) tot-machen, -schlagen | (*Pflanzen*) eingehen lassen | *~ a cops* tot-, er-schlagen | *~ a ganivetades* (*punyalades*) er-stechen (-dolchen) | *~ a trets* erschießen | *~ dos ocells d'un tret* (*Spruch*) zwei Fliegen mit e-m Schlag treffen | *aquest fred ~à els geranis* bei dieser Kälte werden die Geranien erfrieren | *no ~às* du sollst nicht töten | *fam: que em matin, si no és així!* dafür lasse ich mich totschlagen! | *ni que em matessin, no ho faria* lieber (*od* eher) lasse ich mich totschlagen, als daß ich das tue | *estan a ~* sie sind s. todfeind | *si les mirades poguessin ~!* wenn Blicke töten könnten! || *fig* vernichten, zugrunde richten, *umg* umbringen, kaputtmachen | beseitigen, zum Verschwinden bringen | (*Durst, Hunger, Schmerz*) stillen | (*Feuer*) (aus)löschen | (*Glanz, Farbe*) matt machen | (*Kante, Winkel*) abrunden | (*Karten*) stechen, übertrumpfen | (*Spielsteine*) wegnehmen | (*Schachfiguren*) schlagen | (*Stimme*) übertönen | *~ de fam od gana* (*set*) verhungern (verdursten) lassen | *aquest neguit em mata* (*fam*) diese Unruhe macht mich kaputt *od* ganz fertig | *ara sí que m'has mort!* (*fam*) das (*was du sagst*) haut mich um! | *~ el nervi d'una dent* den Nerv e-s Zahns töten | *~ el temps* od *les hores* die Zeit totschlagen | *han matat les nostres esperances* sie haben unsere Hoffnungen zunichte gemacht | *matem-ho* (*aquí*)! belassen wir es dabei! | *aquesta pel·lícula es pot veure, però no mata* dieser Film läßt s. ansehen, ist aber nicht überwältigend | **~-se** *v/r* (*pp: matat*) s. töten, s. umbringen, ums Leben kommen, umkommen || *fig fam: ~ per alg* od *u/c* s. für j-n *od* etw umbringen | *~ treballant* s. totarbeiten | *no t'hi matis!* bring dich nur nicht um!
matar|rada *f bot* gr(r) Strauch *m* | Gesträuch, -strüpp *n*.
mata|-racó *m constr* Winkelgips(abguß)

matavinya ... **matèria**

m | **~-rates** *m fam* Rattengift *n* | *iròn* Fusel, schlechter Schnaps *m* | **~-segells** *m* Briefstempel *m* | **~-soldats** *m ict* = **xucla**.

matavinya *m* = **olivarda**.

mate *m bot* Mate-pflanze *f*, -strauch *m* | *gastr* Mate(tee) *m*.

mateix (**-a** *f*, **-os** *m pl*, **-es** *f pl*) (28) *pron ind* (*zu Artikel od Pronomen u. Substantiv*) der (die, das) selbe, der-(die-, das-) selbe; gleich, der (die, das) gleiche | (*betonend*) selbst, selber | (*nach pron poss*) eigen | *portes el ~ vestit que ahir* du trägst dasselbe Kleid wie gestern | *té el ~ tipus que la seva mare* sie hat die gleiche Figur wie ihre Mutter | *tots anem en la ~a barca* wir sitzen alle im selben (*od* gleichen) Boot | *en aquell ~ moment* im selben (*od* gleichen) Augenblick | *al ~ temps* zur selben (*od* gleichen) Zeit; zugleich, gleichzeitig | *de la ~a edat* gleichalt(e)rig | *de la ~a manera* auf die gleiche Weise, auf dieselbe Art; gleicher-maßen, -weise; ebenso, genauso | *una ~a cosa* ein u. dasselbe | *el ~ Dalí firmaria aquest dibuix selbst* (*od* sogar) Dalí würde diese Zeichnung signieren | *ets la ~a puntualitat* du bist die Pünktlichkeit selbst | *les seves ~es amigues la critiquen* ihre eigenen (*od* selbst ihre) Freundinnen kritisieren sie || (*substantivisch*) *no és el ~ (d'abans)* er ist nicht mehr derselbe *od* der gleiche *od* der alte | *ve a (és)ser el ~* das kommt auf das (*od* aufs) gleiche hinaus | *qualsevol dia ens pot passar el ~* jederzeit kann uns dasselbe (*od* das gleiche *od* e. Gleiches) geschehen || (*stets betonend nach dem Bezugswort; inv nach adv u. oft a. nach sub*) selbst, selber | *la casa ~a no és gaire gran* das Haus selbst (*od* an sich) ist nicht sehr groß | *el van agafar a la frontera ~* (*od a la ~a frontera*) er wurde an der Grenze selbst (*od* direkt an der Grenze) festgenommen | *sóc de Barcelona ~* ich bin aus Barcelona selbst | *vine ara ~!* komm sofort! | *ara ~ eren aquí* es waren gerade eben (*od* soeben) hier | *ho faré aquesta setmana ~* (*od aquesta ~a setmana*) ich werde es noch diese Woche machen | *va (és)ser aquí ~* es war genau hier | *posa-ho aquí ~!* leg es einfach hierhin | *es fa mal a ella ~a* sie schadet s. selbst | (*am Telefon*) *jo ~(a)!* am Apparat! | *estima els altres com a tu ~!* liebe deinen Nächsten wie dich selbst! | *hi pot anar qualsevol, ella ~a* es kann jeder hingehen, sie selbst zum Beispiel | *ells ~os, ja se'n penediran* das ist ihre Sache, sie werden es noch bereuen | *acceptaràs? —Tu ~!* wirst du zusagen? —Das kannst du annehmen! | *s: això, aixi*.

matemàtic *adj* mathematisch || *s/mf* Mathematiker(in *f*) *m* | *s/f* (*mst pl*) Mathematik *f* | *matemàtiques pures* reine Mathematik *f*.

mat|èria *f* Materie *f*, Stoff *m* | Material *n* | *fig* Gegenstand *m*, Thema *n* | Gebiet *n* | *estud* Fach *n* | *dr* Tatbestand *m* | *~ base* Grundstoff *m* | *primeres matèries* Rohstoffe *m pl* | *~ colorant* Farbstoff *m* | *~ fulminant od inflamable* Zündstoff *m*, -mittel *n* | *~ plàstica* Kunststoff *m*; Plast(ik *n*) *m* | *~ a la menuda od al detall* Schüttgut *n* | *pagament en ~* Naturalleistung *f* | *~ cerebral od grisa (anat)* Hirnmasse *f* | *~ grisa (fig fam)* Grips *m* | *~ contagiosa, infecciosa od infectant* Verseuchungsmittel *n* | *matèries fecals* Fäkalien *pl* | *matèries medicinals* Heil-, Medizinal-stoffe *m pl* | *~ purulenta* Eiter *m* | *~ lliure od d'opció* (*estud*) Wahlfach *n* | *taula de matèries* Inhaltsverzeichnis *n* | *catàleg per matèries* Materienkatalog *m*, Sachverzeichnis *n* | *en ~ de* (*loc prep*) auf dem Gebiet (*gen*) | *entrar en ~* zur Sache kommen | **~erial** *adj* (*m/f*) materiell | Sach... | stofflich | sachlich | *danys ~s* Sachschaden *m* | *(és)sers ~s* materielle Wesen *n pl* | *plaers ~s* Sinnesfreuden *f pl* | *progrés ~* sachlicher Fortschritt *m* || *s/m* Material *n*; (Werk)Stoff *m* | Betriebsmaterial *n* | Gerät *n* | *~s de construcció* Baustoffe *m pl*, Materialien *n pl* | *~(s) bèl·lic(s)* Kriegsmaterial *n* | *~(s) didàctic(s)* Lehrmittel *n pl* | *~(s) escolar(s)* Lehr- u. Lernmittel *n pl* | *de quin ~ és fet aquest abric?* aus welchem Stoff (*od* Material) ist dieser Mantel? | *ja tinc prou ~(s) per a un altre llibre* ich habe schon genügend Stoff (*od* Material) für e. weiteres Buch | **~erialisme** *m filos econ* Materialismus *m* | *~ dialèctic (històric, mecanicista)* dialektischer (historischer, mechanistischer) Materialismus *m* | **~erialista** *adj* (*m/f*) materialistisch || *s/m/f* Materialist(in *f*) *m* | **~erialitat** *f* materielles Wesen *n*, Körperlichkeit,

matern

Stofflichkeit *f* | *nega la ~ del fet* er leugnet den Tatbestand der Sache | **~erialització** *f* Materialisation *f* | Verwirklichung *f* | Verkörper(lich)ung *f* | **~erialitzar(-se)** (33) *vt(/r)* (s.) materialisieren | (s.) verwirklichen | (s.) verkörperlichen | **~erialment** *adv* körperlich, wirklich, tatsächlich | *(és)ser ~ impossible* ganz u. gar unmöglich sein.

matern *adj* Mutter... | *llengua ~a* Muttersprache *f* | *llet ~a* Muttermilch *f* | **~al**(**ment** *adv*) *adj (m/f)* mütterlich | *escola ~* Kindergarten *m* | *amor ~* Mutterliebe *f* | **~itat** *f* Mutterschaft *f* | *casa de ~* Entbindungsanstalt *f*, Wöchnerinnenheim *n* | *protecció de* (od *a*) *la ~* Mutterschutz *m*.

mat|í *m* Morgen, Vormittag *m* | *al ~ am Morgen od* Vormittag | *aquest ~* heute morgen, heute früh | *de ~* früh morgens | *de bon* (od *gran*) *~* sehr früh | *més de ~* früher | *demà al ~* morgen früh, morgen vormittag | *molt de ~* ganz früh, sehr früh | *l'endemà al ~* am nächsten Morgen | *del ~ al vespre* von früh bis spät | **~inada** *f* früher Morgen *m* | (*zw Mitternacht u. Tagesanbruch*) *a altes hores de la ~* gegen Morgen | *a les tres de la ~* nachts um drei | *han tornat passades les cinc de la ~* sie sind nach fünf Uhr morgens zurückgekommen | *fer* (od *prendre*) *la ~* s. ordentlich ausschlafen, in den Tag hineinschlafen | **~inador** *adj* früh aufstehend | **~inal** *adj (m/f)* morgendlich | Morgen... | *la missa ~* die Frühmesse *f* | **~inar** (33) *vi* = **matinejar** | morgens weiden (*Vieh*) | **~inejar** (33) *vi* früh aufstehen | **~iner** *adj* (gewöhnlich) früh aufstehend | morgendlich, Morgen... || *s/mf* Frühaufsteher(in *f*) *m* | **~ines** *f pl ecl* Frühmette *f* | *fig fam: demà hi ha ~* morgen müssen wir sehr früh aufstehen.

mat|ís *m* Schattierung *f* | *fig* Nuance *f* | Farbton *m* | **~isar** (33) *vt* schattieren, *a. mús* abtönen | *fig* nuancieren, abstufen.

mató *m gastr* Quark, *südd* Topfen *m* | *~ de monja: kl(e) Leckerei aus Mandelmilch, Ei, Zucker u. Stärke.*

matoll, ~ar *m* (lichtes) Gesträuch *n*.

matr|aca *f ecl mús (Karwoche)* Ratsche *f* | Klapper *f* | **~às** *m quím* Glaskolben *m* | Phiole *f* | *~ aforat* Meßkolben *m*.

matri|arcal *adj (m/f)* matriarchalisch, mutterrechtlich | **~arcat** *m* Matriarchat *n* | **~càrla** *f bot* Mutterkraut *n* | **~cida** *m/f* Muttermörder(in *f*) *m* | **~cidi** *m* Muttermord *m*.

matr|ícula *f* Matrikel *f*, Verzeichnis *n* | Register *n* | *adm* Steuerrolle *f* | Krankenliste *f* | *mil* Stammrolle *f* | *nàut* Seerolle *f* | *aut* polizeiliches Kennzeichen *n*, Erkennungsnummer *f* | Kennmarke *f* (*Schule*) Einschreibung, Anmeldung *f* | (*Universität*) Immatrikulation *f*; *p ext* Studentenzahl *f* | *~ d'honor* «summa cum laude» | *número de ~* Matrikelzahl *f*; *aut* Autonummer *f*; *estud* Einschreibungs- *bzw* Immatrikulations-nummer *f* | **~iculació** *f aut* polizeiliche Anmeldung *f* | *estud* Einschreibung *f* ; Immatrikulation *f*; Anmeldung *f* | Eintragung, Registrierung *f* | **~icular** (33) *vt* immatrikulieren, einschreiben | anmelden | **~icular-se** *v/r* s. einschreiben, s. immatrikulieren | s. anmelden.

matrimoni *m* Ehe *f*; Ehestand *m* | Eheschließung, Heirat, Trauung *f* | *fam a.* Ehepaar *n* | *document de ~* Heiratsurkunde *f*, Trauschein *m* | *~ civil* Zivültrauung *f* | *~ de consciència* Gewissensehe *f* | *~ de conveniència* Vernunftehe *f* | *~ religiós* od *eclesiàstic* kirchliche Trauung *f* | *contreure ~* die Ehe schließen | *consumar el ~* die Ehe vollziehen | *anul·lar un ~* e-e Ehe für null u. nichtig erklären | *un ~ molt ben avingut* e. sehr harmonisch lebendes Ehepaar *n* | *un llit de ~* e. Ehebett *n* | **~al**(**ment** *adv*) *adj (m/f)* ehelich | Ehe... | **~er** *adj* ehestiftend || *s/mf* Ehestifter(in *f*) *m*.

matr|iu *f anat* Gebärmutter *f* | *biol* ling *mat* Matrix *f* | *gràf tecn* Matrize *f*; (*Hohlform*) *a.* Gesenk *n* | *~ de l'ungla* (*anat*) Nagelbett *n* || *adj (m/f)* Stamm..., Mutter... | *església ~* Stamm- od Mutterkirche *f* | **~ona** *f a. fig* Matrone *f* | **~onal** *adj (m/f)* Matronen...

maturació *f bot* Reifung *f*.

matusser|(**ament** *adv*) *adj* grob, unsauber | oberflächlich | pfuscher-, stümper-haft | **~ia** *f* (*Arbeitsweise*) Grobheit, Unsauberkeit *f* | Oberflächlichkeit *f* | Pfuscherei, Stümperei *f*.

matuta *f* Schmuggel *m* | *bes* Schmuggelware *f*.

matutí (**-ina** *f*) *adj* morgendlich | Mor-

gen... | *estel* ~ Morgenstern *m*.
matx *m* (*pl* -**s**) *esport* Match *n*.
matxet *m* Machete *f*.
matxo *m pop* Maultier *n*.
matxucar (33) *vt* zerknautschen | *tecn* zerstampfen, zerstoßen | **~-se** *v/r* knautschen | Druckstellen bekommen (*Obst*).
maul|a *f* Hinterlist *f* | Gaunerei *f*, Trick *m* || *s/m/f* hinter-hältige, -listige Person *f* | Scheinheilige(r *m*) *m/f* || *adj* (*m/f*) hinterhältig, scheinheilig, falsch | *gata* ~ Schleicher(in *f*) *m* | **~eria** *f* Falsch(heit *f*) *m* | Hinterhältigkeit *f* | Schwindelei *f*.
maura|da *f* (Durch)Kneten *n* | Walken; Rubbeln *n* | **~dor** *m* Knetbrett *n* | **~r** (33) *vt* (durch)kneten | (*Wäsche*) walken; rubbeln.
maurit|à (-**ana** *f*) *adj* mauritanisch || *s/mf* Mauritanier(in *f*) *m* | **~ània** *f* Mauritanien *n*.
màuser *m* Mausergewehr *n*.
mausoleu *m* Mausoleum *n*.
maxifaldilla *f mst pl* Maxirock *m*.
maxil·lar *adj* (*m/f*) *adj* Kiefer..., maxillar || *s/m* Kiefer *m* | ~ *inferior* (*superior*) Unter-(ober-)kiefer *m*.
màxim *adj sup* größte(r, -s), Größt... | höchste(r, -s), Höchst... | maximal, Maximal... | *temperatura* (*velocitat*) ~*a* Höchst-temperatur (-geschwindigkeit) *f* | *rendiment* ~ Höchst-, Maximal-leistung *f* | *el* ~ *benefici possible* der höchstmögliche Gewinn *f* | *s/m a. mat* Maximum *n* | *el* ~ *de possibilitats* das Höchstmaß an Möglichkeiten | *he fet el* ~ *que he pogut* ich habe mein Äußerstes getan | *és el* ~ *que puc oferir* das ist mein höchstes Angebot | *fins a un* ~ *de cent* bis höchstens (*od* maximal) hundert | *al* ~ (*loc adv*) aufs höchste; bis zum äußersten | *com a* ~ (*loc adv*) höchstens | **~a** *f* Maxime *f*, Leitsatz *m* | *meteor* Maximum *n*.
maximal *adj* (*m/f*) *mat* maximal, Maximal... | **~isme** *m polít* Maximalismus *m* | **~ista** *adj* (*m/f*) maximalistisch || *s/m/f* Maximalist(in *f*) *m*.
màximament *adv* besonders; hauptsächlich | *s: màxim*.
maximitzar (33) *vt bes econ* maximieren.
màximum *m* = **màxim**.
maxwell *m tecn* Maxwell *n*.
me *pron pers s: em*.

meandre *m geog art* Mäander *m*.
meat *med* (Körper)Kanal *n*.
mec *adj u. s/m* = **barbamec** | *fam: fer el* ~ angeben, (s.) großtun || *s/mf* = **vedell**(**a**).
mec|ànic(**ament** *adv*) *adj* mechanisch || *enginyer* ~ Maschinen-bauer, -bauingenieur *m* || *s/mf* Mechaniker(in *f*) *m* | (Auto- *bzw* Maschinen-)Schlosser(in *f*) *m* | ~ *dentista* Zahntechniker *m* | ~ *de precisió* Feinmechaniker *m* | **~ànica** *f a. fís* Mechanik *f* | Maschinenbau(technik *f*) *m* | ~ *de precisió* (*quàntica*) Fein-(Quanten-)mechanik *f* | **~anicisme** *m filos* Mechanismus *m* | **~anicista** *adj* (*m/f*) mechanistisch || *s/m/f* Mechanist(in *f*) *m* | **~anisme** *m a. fig* Mechanismus *m* | *a.* (Trieb)Werk; Getriebe *n*; Vorrichtung *f* | ~ *de rellotgeria* Zeitzünder *m* | **~anització** *f* Mechanisierung *f* | **~anitzar** (33) *vt* mechanisieren | mechanisch bearbeiten | **~ano** *m* (Metall)Baukasten *m* | **~anògraf**(**a** *f*) *m* Maschinenschreiber(in *f*) *m*, Schreibkraft *f* | **~anografia** *f* Maschinenschreiben *n* | **~anografiar** (33) *vt* (mit der Maschine) schreiben, *umg* tippen | **~anoscrit** *adj* (*Manuskript*) maschinen geschrieben || *s/m* Typoskript *n* | **~anoteràpia** *f med* Mechanotherapie *f*.
mecen|atge *m* Mäzenatentum *n* | Gönnerschaft *f* | **~es** *m* Mäzen *m* | Gönner *m*.
meconi *m med* Mekonium, Kindspech *n* | **~na** *f quím* Mekonin *n*.
medall|a *f* Medaille *f* | *mil* Orden *m* | *el revers de la* ~ (*a. fig*) die Kehrseite der Medaille | **~er**(**a** *f*) *m* Medailleur(in *f*) *m* | **~ó** *m a. arquit gastr* Medaillon *n*.
mede *adj hist* medisch || *s/mf* Meder(in *f*) *m*.
medecin|a *f fam* Arznei, Medizin *f* | **~aire** *m/f* Kurpfuscher(in *f*), Quacksalber(in *f*) *m* | **~er** *adj* heilsam, heilkräftig || *s/mf* = **~aire**.
medi *m* Umgebung, (*a.* Ökologie) Umwelt *f* | *biol sociol* Milieu *n* | *quím fís* Medium *n* | ~ *ambient* Umwelt *f* | ~ *de cultiu* Kulturboden *m* || *s/m/f* = **mèdium** | **~à**^{1} (-**ana** *f*) *adj anat* median | **~à**^{2} (-**ana** *f*) *adj u. s/mf* = **mede** | **~ació** *f* Vermittlung *f* | *dipl* Mediation *f* | (*Arbeitsrecht*) Schlichtung *f* | *astr* Kulmination(spunkt *m*) *f* |

~ador *adj* vermittelnd ‖ *s/mf* Vermittler(in *f*) *m* | **~al** *adj* (*m/f*) medial, Mittel... | *ling: consonant* ~ mittlerer Konsonant *m* | **~ana** *f* Medianwert *m* | **~ant** *f mús* Mediante *f* | **~astí** *m anat* Mittelfell(raum *m*) *n* | **~at** *adj* mittelbar, mediat | **~atització** *f polít* Mediatisierung *f* | **~atitzar** (33) *vt polít* mediatisieren | *fig* entscheidend beeinflussen | **~atriu** *f geom* Mittelsenkrechte *f*.

mèdic(**ament** *adv*) *adj* medizinisch | ärztlich | *el cos* ~ die Ärzteschaft *f* | *tractament* ~ ärztliche Behandlung *f*.

medic|**able** *adj* (*m/f*) heilbar (*durch Medikamente*) | **~ació** *f med* medikamentöse Behandlung, Medikation *f* | Verordnung *f*, Medikamente *n pl* | **~ament** *m* Medikament, (Arznei-)Mittel *n* | **~amentós** (**-osa** *f*) *adj* heilkräftig, heilsam | medikamentös | **~ar** (33) *vt med* medikamentös behandeln | **~astre** *m* Quacksalber *m* | **~ina** *f* Medizin *f* | = **medecina** | ~ *dental* (*legal, veterinària*) Zahn-(Gerichts-, Tier-)medizin *f* | **~inal** *adj* (*m/f*) heilkräftig | Heil..., Medizinal...

medieval *adj* (*m/f*) mittelalterlich | **~isme** *m* mittelalterliche(s) Gepräge *n* | **~ista** *m/f hist* Mediävist(in *f*) *m* | **~ístic** *adj hist* mediävistisch | mittelalterlich ‖ *s/f* Mediävistik *f*.

mediocr|**e**(**ment** *adv*) *adj* (*m/f*) mittelmäßig | **~itat** *f* Mittelmäßigkeit *f*.

medís *m* (*pl* -**issos**) *nàut* Wrange *f*.

medita|**bund** *adj* nachdenklich, grüblerisch | **~ció** *f* Nach-denken, -sinnen *n* | Meditation *f* | ~ *transcendental* Transzendentale Meditation *f* | **~r** (33) *vt/i*: ~ (*sobre*) *u/c* über etw (*ac*) nach-denken, -sinnen, *filos psic rel* meditieren | ~ *llargament* lange nach-denken, -sinnen, meditieren ‖ *vt* ausdenken | ersinnen | ~ *la seva revenja* auf Rache sinnen | **~t** (**-ada** *f*, **-adament** *adv*) *adj* durchdacht | wohlbedacht | vorsätzlich | **~tiu** (**-iva** *f*) *adj* nachdenklich; besinnlich | meditativ, Meditations...

mediterrani (**-ània** *f*) *adj* mittelländisch, *cient* mediterran | *la mar Mediterrània* (*od el mar* ~) das Mittelländische Meer *n*, das Mittelmeer ‖ *s/mf*: *el* ~, *la Mediterrània* das Mittelmeer.

mèdium *m/f* (*Spiritismus*) Medium *n*.

medul·l|**a** *f anat* Mark *n* | *fig a*. Kern *m* | ~ *espinal* Rückenmark *n* | ~ *oblongada* Nachhirn, verlängertes Rückenmark *n* | **~ar** *adj* (*m/f*) Rückenmark(s)... | *os* ~ Markknochen *m* | **~ós** (**-osa** *f*) *adj* markig.

medusa *f zool* Qualle, Meduse *f* | *mit: la* ~ die Medusa | *cap de* ~ (*a. med*) Medusenhaupt *n*.

mefist|**ofèlic**(**ament** *adv*) *adj* mephistophelisch | **~òfil** *m* Mephisto *m*.

mefític *adj* mefitisch.

meg|**acèfal** *adj* großköpfig | **~acefàlia** *f* Großköpfigkeit, Makrozephalie *f* | **~àfon** *m* Megaphon, Sprachrohr *n* | **~àlit** *m hist* Megalith *m* | **~alític** *adj* megalithisch | Megalith... | *cultures megalítiques* Megalithkulturen *f pl* | **~alocèfal** *adj* (*m/f*) = **megacèfal** | **~alòman** *adj* größenwahnsinnig ‖ *s/mf* Größenwahnsinnige(r *m*) *m/f* | **~alomania** *f* Megalomänie *f*, Größenwahn *m* | **~alosaure** *m zool* Megalosaurus *m* | **~ateri** *m* Megatherium *n* | **~atona** *f* Megatonne *f* | **~avolt** *m elect* Megavolt *n* | **~ohm** *m elect* Meg(a)ohm *n*.

meiosi *f biol* Meiose *f*.

meita|**dat** (**-ada** *f*) *adj* (*Fahne, Wappen*) halbiert, halb u. halb | **~della** *f* (*Maß*) = **porró** | **~t** *f* Hälfte *f* | (*nur in Lokal- od Temporaladverbialien*) Mitte *f* | *s: mig* | *la* ~ *més grossa* (*petita*) die größere (kleinere) Hälfte | *la meva* ~ (*fig iròn*) meine bessere Hälfte | *la primera* ~ *del segle XX* die erste Hälfte des 20. Jahrhunderts | *la* ~ *de vuit és quatre* die Hälfte von acht ist vier | *la* ~ *dels alumnes estan malalts* die Hälfte der Schüler ist krank | *la* ~ *és mentida* die Hälfte ist gelogen | *és la* ~ *d'alt que el seu germà* er ist halb so groß wie sein Bruder | *jo només guanyo la* ~ *que ell* ich verdiene nur halb so viel wie er | *t'ho deixaré a* ~ *de preu* ich überlasse es dir zum halben Preis | *cap a la* ~ *del segle* gegen (die) Mitte des Jahrhunderts | *fins a la* ~ *del camí* bis zur Mitte (*od* Hälfte) des Weges | *posa'm* (*la*) ~ *aigua i* (*la*) ~ *vi!* schenk mir halb Wasser u. halb Wein ein! | ~ *i* ~ halb u. halb | ~ *blanc,* ~ *negre* halb weiß, halb schwarz.

meix(**a** *f*) *m* Milchkalb *n*.

mel[1] *m Bal* = **pòmul**.

mel[2] *f* Honig *m* | ~ *de romaní* Rosmarinhonig *m* | ~ *verge* Honigseim *m* | ~ *i mató* Quark mit Honig *m; fig* Ho-

niglecken *n* | *posar a alg la* ~ *a la boca* (*fig*) j-m dem Mund wäßrig machen | **~ada** *f gastr* = **melmelada**.
melan|colia *f* = **malenconia** | **~esi** (**-èsia** *f*) *adj* melanesisch || *s/mf* Melanesier(in *f*) *m* || *s/m ling* Melanesisch *n* | *el* ~ das Melanesische | **~èsia** *f* Melanesien *n* | **~gia** *f* Melancholie, Schwermut *f* | Trübsinn *m* | **~angiós** (**-osa** *f*, **-osament** *adv*) *adj* melancholisch, schwermütig | trübsinnig | **~isme** *m biol* Melanismus *m* | **~osi** *f med* Melanose *f* | **~úria** *f* Melanurie *f*.
mela|ssa *f* Melasse *f* | **~t** (**-ada** *f*) *adj* honigsüß | honigfarben.
melca *f bot* Mohrenhirse *f* | ~ *dolça* Zuckerhirse *f*.
melcoratge *m bot* Einjähriges Bingelkraut *n* | Wald-Bingelkraut *n*.
meler(a *f*) *m* Honighändler(in *f*) *m*.
melet *m ict* Goldmakrele *f* | **~a** *f ict* Mittelmeersprotte *f*.
melg|a *f* = **alfals** | **~ó** *m bot* Schneckenklee *m*.
mèlia *f bot* Zedrachbaum *m*.
melic *m a. fig* Nabel *m* | *bot* Hauptwurzel *f* | *el* ~ *del món* der Nabel der Welt | *mirar-se el* ~ (*fig fam*) Nabelschau halten.
mèlic *adj mús Lit* melisch, liedhaft.
melilot *m bot* Honig- *od* Stein-klee *m*.
melindr|ejar (33) *vi* s. affektiert benehmen, s. zieren | **~o** *m gastr* Löffelbiskuit *n* | *constr* = **pitxolí** || *pl* Ziererei, Affektiertheit *f* | *umg* Getue *n* | **~ós** (**-osa** *f*, **-osament** *adv*) *adj* affektiert, geziert | zimperlich.
melinita *f* (*Sprengstoff*) Melinit *m*.
melis *m* Kiefernholz *n* | **~sa** *f bot* Melisse *f* | *esperit de* ~ Melissengeist *m*.
mel·l|ífer, **~ífic** *adj* honig-tragend, -bringend | **~ificar** (33) *vi* Honig erzeugen | **~iflu** (**-íflua** *f*, **-ífluament** *adv*) *adj* honigtriefend | *fig* honigsüß | *desp a.* ölig.
melmelada *f gastr* Marmelade *f*.
meló *m* (Zucker)Melone *f* | ~ *d'aigua* od *d'Alger, de moro* Netz-, Wasser-melone *f* | *cap de* ~ (*fam*) Hohlkopf *m*.
mel|odia *f* Melodie *f* | (*melodische Eigenart*) Melodik *f* | (*Stimme*) Wohlklang *m* | **~òdic(ament** *adv*) *adj* melodisch | Melodie(n)... | **~odiós** (**-osa** *f*, **-osament** *adv*) *adj* melodiös, melodisch, wohlklingend | **~odista** *m/f* Melodienkomponist(in *f*) *m* | **~odrama** *m a. desp* Melodrama *n* | **~odra-**

màtic(ament *adv*) *adj a. desp* melodramatisch | **~òman(a** *f*) *m* Musik-liebhaber(in *f*), -narr *m*, -närrin *f* | **~omania** *f* Musikleidenschaft *f*.
melon|a *f* längliche (Zucker)Melone *f* | **~aire** *m/f* Melonenverkäufer(in *f*) *m* | **~ar** *m* Melonenpflanzung *f* | Melonenbeet *n* | **~er(a** *f*) *m* = **~aire** || *s/f bot* (*Pflanze*) Melone *f*.
melopea *f mús* Melopöie *f* | *desp* eintönige Melodik *f*.
mel|ós (**-osa** *f*, **-osament** *adv*) *adj* honigsüß | *fig a.* süßlich | (*Person*) katzenfreundlich | **~ositat** *f* Honigsüße *f* | Süßlichkeit *f* | Katzenfreundlichkeit *f*.
mels|a *f anat* Milz *f* | **~era** *f bot* Milzfarn *m*.
mèlton *m tèxt* Melton *n*.
melva *f ict* Unechter Bonito *m*.
membran|a *f* Membran(e) *f* | ~ *mucosa* od *pituïtària* Schleimhaut *f* | ~ *timpànica* od *del timpà* Trommelfell *n* | ~ *himenal* od *virginal* Hymen *m*, Jungfernhäutchen *n* | **~ós** (**-osa** *f*) *adj* membranartig | Membran...
membrar(-se) (33) *vt*(/*r*) *ant* = **recordar**(-se).
membr|e *m anat ling mat* Glied *n* | *fig a.* Mitglied *n* | (a. ~ *viril*) (männliches) Glied *n* | *els Estats* **~s** die Mitgliedsstaaten *m pl* || *pl anat* Glieder, Gliedmaßen *n pl* | **~ut** (**-uda** *f*) *adj* starkglied(e)rig.
mem|ento *m catol* Memento *n* | **~orable(ment** *adv*) *adj* (*m/f*) denkwürdig | **~àndum** *m* Notiz *f*, Vermerk *m* | Notizbuch *n* | Denkschrift *f*, *dipl* Memorandum *n* | **~orar** (33) *vt ant lit* = **recordar** | **~oratiu** (**-iva** *f*) *adj* Gedenk... | **~òria** *f* Gedächtnis *n* | Erinnerung *f* | Andenken *n*; (An)Gedenken *n* | (*Schrift*) Bericht *m*; *cient a.* Abhandlung *f*; *econ a.* Kostenaufstellung *f* | (*Computer*) Speicher *m* | *mala* (*poca*) ~ schlechtes (kurzes) Gedächtnis *n* | *de* ~ (*loc adv*) auswendig; (*Wiedergabe*) a. aus dem Gedächtnis | *en* ~ *de* zum Gedenken an (*ac*) | *caure de* ~ (*fam*) auf den Hinterkopf stürzen | *dormir de* ~ (*fam*) auf dem Rücken schlafen | *fer* ~ *d'u/c* s. an etw erinnern, s. auf etw besinnen | *tenir* (*bona* od *molta*) ~ e. gutes Gedächtnis haben || *pl Lit* Memoiren *n pl* | *fig fam* (herzliche) Grüße *m pl* | **~orial** *m* Erinnerungs-schrift *f bzw*

-buch *m* | *bes* Denkschrift, Eingabe *f* | **~oriós (-osa** *f*) *adj* mit gutem Gedächtnis | **~orització** *f*: *la ~ d'un text* das Auswendiglernen e-s Textes | **~oritzar** (33) *vt* auswendig lernen | s. (*dat*) einprägen | *elect* (*Daten*) speichern.

mena *f min met* Ader *f*, Gang *m*, Flöz *n* | *nàut* (*Tau*) Dicke, Stärke *f* | *fig* Art *f* | *quines menes de bolets coneixes?* welche Pilzarten (*od* Arten von Pilzen) kennst du? | *són de diferents menes* sie sind verschiedenartig | *flors* (*gent*) *de tota ~* Blumen (Leute) aller (*od* jeder) Art | *vam tenir tota ~ de problemes* wir hatten alle möglichen Probleme | *un home de bona ~* e. gutartiger Mensch | *ell no és d'aquesta ~ de persones* so ist er nicht | *pare i fill són de la mateixa ~* Vater u. Sohn sind vom gleichen Schlag | *és tímid de ~* er ist von Natur aus schüchtern | *en vénen de ~* es liegt bei ihnen in der Familie | *dels bons artesans, ja se n'ha perdut la ~* gute Handwerker gibt es nicht mehr | *és una ~ de flauta* es ist e-e Art (von) Flöte *od* so etw wie e-e Flöte.

mènade *f mit* Mänade *f*.

mena|dor(a *f*) *m* Führer(in *f*) *m* | *agr* Halbpächter(in *f*) *m* | **~r** (33) *vt/i* führen (*a* nach *dat*, zu *dat*, in *ac*) | *~ les vaques a pasturar* die Kühe zur Weide führen | *~ un mas* (*un tros de terra, una fonda*) e-n Bauernhof (e. Stück Land, e. Gasthaus) bewirtschaften | *~ la casa* (*el carro*) den Haushalt (Wagen) führen | *~ la dansa* (*el dol*) den Tanz (Trauerzug) anführen | *~ una vida dissipada* e. ausschweifendes Leben führen | *~ pressa a. alg* j-n zur Eile anspornen | *aquest camí mena al bosc* dieser Weg führt zum Wald.

menci|ó *f* Erwähnung *f* | *~ honorífica* (lobende) Auszeichnung *f*, Trostpreis *m* | **~onar** (33) *vt* erwähnen.

mendastre *m bot* Rundblättrige Minze *f*.

mendelevi *m quím* Mendelevium *n*.

mendel|ià (-ana *f*) *adj biol* Mendel... | **~isme** *m* Mendelismus *m*.

mendic|ant *adj* (*m/f*) bettelnd | *bes ecl* Bettel... | *orde ~* Bettel- (*od* Mendikanten-)orden *m* || *s/m/f* Bettler(in *f*) *m* | *ecl* Bettel-mönch *m*, -nonne *f*, Mendikant(in *f*) *m* | **~ar** (33) *vi* betteln || *vt* erbetteln | betteln um (*ac*) | erflehen | **~itat** *f* Bettelei *f* | *quedar-se reduït a la ~* an den Bettelstab kommen.

mener *m* = **mina**.

menest|er *m* Bedürfnis *n*, Bedarf *m* | *ant* = **mester** | *si no et faig ~, me'n vaig* wenn du mich nicht brauchst, gehe ich | *hauré de ~ molts llibres* ich werde viele Bücher benötigen *od* brauchen | **~ral(a** *f*) *m* Handwerker(in *f*) *m* || *adj: un poble ~* e. Handwerkerdorf *n* | **~ralenc** *adj* handwerklich | **~ralia** *f* Handwerker-schaft *f*, -stand *m*.

meng|era *f* Appetit *m*, Eßlust *f* | **~i(ll)a** *f* = **menjança** | **~im** *m* Krümel, (Essens)Reste *m pl* | *fer ~s* öfter (*od* ab u. zu) e-e Kleinigkeit essen | **~ívol** *adj* eßbar | *bes* schmackhaft.

menhir *m* Menhir *m*.

meniant *m bot* Bitter-, Fieber-klee *m* | **~àcies** *f pl bot* Bitterkleegewächse *n pl*.

mening|e *f anat* Hirnhaut *f* | **~i (-íngia** *f*) *adj* Hirnhaut... | **~ític** *adj med* meningitiskrank || *s/m/f* Meningitiskranke(r *m*) *m/f* | **~itis** *f med* Hirnhautentzündung, Meningitis *f*.

menisc *m anat òpt* Meniskus *m*.

menispermàcies *f pl bot* Mondsamengewächse *m pl*.

menj|a *f* Speise *f* | **~able** *adj* (*m/f*) eßbar | **~acapellans** *m fam* Pfaffenfresser *m* | **~ada** *f* (reichliches) Essen *n* | Mahlzeit *f* | **~ador**[1] *adj u. s/m/f: és molt* (*un gran*) *~* er ist e. tüchtiger Esser | *mal ~* (*med fam*) Zehrende Krankheit *f* | **~ador**[2] *adj* eßbar || *s/m* Eß-, Speise-zimmer *n*; *p ext* Wohnzimmer *n* (*Restaurant*) Speiseraum *m* || *s/f* Krippe *f* | (Futter)Trog; (Freß-)Napf *m* | **~aire** *adj* (*m/f*) *u. s/m/f* = **~ador**[1] | **~afestucs** *m/f* = **~amiques** | **~afigues** *m ornit* = **oriol** | **~ament** *m* Fraß *m*, Abfressen *n* | Abnutzung *f* | **~amiques** *m/f fam* schlechter (*bzw* wählerischer) Esser *m* | **~ança** *f* Ungeziefer *n* | Jucken *n* | = **~ançó** | **~ançó** *f* Juckreiz *m* | **~apà** *m fam* (unnützer) Fresser; Nassauer, Schmarotzer *m* | **~apinyols, ~apinyons** *m ornit* Kernbeißer *m* | **~ar**[1] (33) *vt* essen | fressen (*Tier, umg desp Mensch*) | (Spielstein, Figur) schlagen | (*Benzin, Gas, Kohle, Geld*) fressen, verschlingen, verbrauchen || *vi* essen | *lit* speisen | fressen | *en Christian menja per tres* Christian frißt für drei | **~ar**[2] *m* Essen *n* | *lit* Speise *f* | Nahrung *f* | *umg desp* Fraß *m*, Fressen *n* | (*für Tiere*) Futter; (*für Haustiere*) *a*.

Fressen *n*; (*bes für Raubtiere*) Fraß *m* | ~ **blanc**: Süßspeise aus Milch u. Reismehl | *donar* ~ *als qui passen fam* die Hungrigen speisen | *donar* ~ *als porcs* die Schweine füttern, den Schweinen Futter geben | *fer el* ~ das Essen zubereiten *bzw* kochen | **~ar-se** *v/r* aufessen | *lit* verspeisen | auffressen | (*Teller*) leer essen; (*Napf, Trog*) leer fressen | *s'han menjat tot un pa* sie haben e. ganzes Brot aufgegessen | *el gos va* ~ *el pastís* der Hund fraß den Kuchen auf || *fam*: *els mosquits se'ns menjaven de viu en viu* wir wurden von den Mücken fast aufgefressen | ~ *alg amb els ulls* od *amb la vista* j-n mit den Augen verschlingen | ~ *alg a petons* j-n abküssen | *no tinguis por, no se't menjaran pas!* hab k-e Angst, sie werden dich (schon) nicht (auf)fressen! | ~ *les ungles* an den Nägeln kauen | ~ *les paraules* Wörter verschlucken *od* auslassen | *ja s'han menjat l'herència* sie haben die Erbschaft schon durchgebracht | *el procés va* ~ *tota la nostra fortuna* der Prozeß fraß unser ganzes Vermögen auf | *el rovell es menja el ferro* Rost frißt am (*od* zerfrißt das) Eisen | *les arnes es mengen la roba* Motten zerfressen die (*od* fressen an der) Wäsche *od* fressen Löcher in die Wäsche | *l'enveja se'l menja* der Neid frißt an ihm | **~avents** *m* (*Fischerboot*) Not-, Sturm-segel *n* | **~otejar** (33) *vi* appetitlos essen, im Essen herumstochern | **~ua** *f Bal* Speise *f* | **~ucar** (33) *vi* = **~otejar** | **~ussa** *f desp* Fraß *m* | **~ussar** (33) *vi* = **~otejar**.
mennonita *m/f hist ecl* Mennonit(in *f*) *m*.
menop|ausa *f* Wechseljahre *n pl*, *med* Menopause *f* | **~àusic** *adj*: *una dona ~a* e-e Frau in den Wechseljahren.
menor *adj* (*m/f*) *comp* (*mst*: *més petit, més jove*) kleiner, geringer | jünger | minder | zweitrangig | *mús ...* -Moll | *s*: *do^1, fa, la^3, mi^1, re^1, si^2, sol^2* | *un mal* ~ e. kl(r) Schaden *m*, e. geringeres Übel *n* | *ecl*: *ordes* **~s** niedere Weihen *f pl* | *mús*: *terça* ~ kl(e) Terz *f* | *filos*: *premissa* ~ Zweite Prämisse *f* | *dr*: ~ (*d'edat*) minderjährig || *s/m/f* Minderjährige(r *m*) *m/f* | **~et(a** *f*) *m ecl* (*Franziskaner*) Minorit(in *f*), Minderbruder *m*, -schwester *f* | **~ca** *f* Menorca *n* | **~quí** (-**ina**) *adj* menorquinisch || *s/m/f* Menorquiner(in *f*) *m* |

s/m ling Menorquinisch *n* | *el* ~ das Menorquinische.
meno|rràgia *f med* Menorrhagie *f* | **~rràgic** *adj* menorrhagisch | **~rrea** *f med* Menorrhö(e) *f* | **~rreic** *adj* menorrhöisch.
menovell *m anat* kl(r) Finger *m*.
menstru *m med* Monatsblutung *f* | **~ació** *f* Menstruation, Periode *f* | **~al** *adj* (*m/f*) menstrual, Menstruations... | **~ar** (33) *vi* menstruieren.
mensual|(**ment** *adv*) *adj* (*m/f*) monatlich | Monats... | **~itat** *f* Monatsgeld *n* | *bes* Monats-miete *bzw* -rate *f* | *s: mesada*.
mènsula *f arquit* Konsole, Wandbrettvorsprung *m*.
ment *f* Geist *m* | *p ext* Intellekt *m*.
menta *f bot* Minze *f* | *bes* Pfefferminze *f* | ~ *borda* od *de bou, de gat* = **mendastre** | ~ *boscana* Roß-Minze *f*.
mentagra *f med* Kinnflechte *f*.
mental *adj* (*m/f*) geistig, Geistes... | *cient* mental | innerlich | *oració* ~ stilles Gebet *n* | *reserva* ~ (*dr*) Mentalreservation *f*, Gedankenvorbehalt *m* | *alienació* ~ Geistesstörung *f*, Wahnsinn *m* | *higiene* ~ Pflege *f* der geistigen Gesundheit *od* der Geisteskräfte | *malalties* **~s** Geisteskrankheiten *f pl* | **~itat** *f* Mentalität, Denk-art, -weise *f* | Geistesverfassung *f* | Gesinnung *f* | **~ment** *adv s: mental* | in Gedanken, im Geist.
mentastre *m* = **mendastre**.
menti|da *f* Lüge *f* | *una* ~ *pietosa* e-e fromme Lüge *od* Täuschung, e. frommer Betrug | *dic* ~! ich irre mich! ich muß mich berichtigen! | *sembla* ~! unglaublich! | **~der** *adj* lügenhaft | verlogen | trügerisch || *s/m/f* Lügner(in *f*) *m* | *fer* ~ *alg* j-n Lügen strafen | **~dor** *adj* lügnerisch | **~r** (36/37) *vi* lügen | ~ *descaradament* unverschämt lügen | *fer* ~ *alg* j-n Lügen strafen | *fer* ~ *u/c* etw widerlegen | *no* ~ (*fig*) nicht trügen, nicht täuschen | *eren senyals que no mentien* es waren untrügliche Zeichen.
mentó *m anat* Kinn *m*.
mentol *m quím* Menthol *n*.
mentonera *f mil hist* Kinnstück *n* | *med* Kinnbinde *f*.
mentor *m* Mentor, Ratgeber *m*.
mentre *conj* während | ~*que* (*adversativ*) während | **~stant** *adv* inzwischen, unterdessen.

menú *m* (*pl* -*ús*) (Speise)Karte *f* | (*Speisenfolge*; *Essen*) Menü *n* | (*Computer*) Menü *n* | ~ *del dia* Tagesgedeck *n*.

menu|dall *m* kl(e) Fragment *n pl* | Brokken *m pl* | Schotter, Kies *m* | (*Kind*) Babywäsche *f* | *reg* kleinste(s) Küken *n* | **~dalla** *f* Kleinkram *m*, Kinderschar *f*, Haufen *m* Kinder | **~dament** *adv* im einzelnen | ganz genau | umständlich | **~der** *m* Innereienverkäufer *m* | **~deries** *f pl ant* Kleinigkeiten *f pl* | *ant gastr* Innereien *f pl* | **~desa** *f* Kleinheit *f* | Geringfügigkeit *f* | **~t** (**-uda** *f*) *adj* (sehr) klein | winzig | gering(fügig) | *fig* gering, unwichtig, klein | *despeses menudes* Nebenausgaben *f pl* | *bestiar* ~ Kleinvieh *n* | *poble* ~ niederes Volk *n* | *a la menuda* (*loc adv*) im kleinen | *per* ~ ausführlich, im einzelnen | *sovint i* ~ (*loc adv*) mehrmals, öfters, oftmals | *s/m/f* Bübchen; kl(s) Mädchen *n* || *s/m pl* Kleingeld *n* | Innereien *f pl* | **~s de conill** Kaninchenklein *n* | *els* **~s** *tenen son* die Kleinen sind müde.

menxevic *adj hist* menschewistisch || *s/m/f* Menschewik(in *f*), Menschewist(in *f*) *m*.

menys (28 *u.* 19) *adv u. pron ind* (*zG s:* **més**) weniger; *lit* minder | *jo estudio poc, però ell encara (estudia)* ~ ich lerne wenig, aber er (lernt) noch weniger | *parla* ~ *i fes més!* sprich weniger u. tu mehr! | *com* ~ *faltes facis, millor* je weniger Fehler du machst, desto besser | *cada vegada m'agraden* ~ sie gefallen mir immer weniger | *no li ho puc donar per* ~ ich kann es Ihnen nicht für weniger geben || (*zur Bildung des Komparativs*) *s'ha tornat* ~ *sever* er ist weniger (*od* minder) streng geworden | *és* ~ *alt que* (*no* od *no pas*) *el seu germà* er ist nicht so groß wie (*od* er ist kleiner als) sein Bruder || (*zur Bildung des Superlativs*) *és el* ~ *puntual de tots* er ist der unpünktlichste von allen | *l'obra* ~ *coneguda d'Espriu* das am wenigsten bekannte Werk Esprius | *sóc qui* ~ *culpa hi té* ich habe die wenigste Schuld daran | (*bei Zahlen od Mengenangaben*) (*no*) ~ *de cent persones* (nicht) weniger als hundert Personen | *tinc* ~ *de vint anys* ich bin unter zwanzig || *prep* außer (*dat*), ausgenommen | ~ *la seva dona, hi eren tots* außer s-r Frau waren alle da | *hi sóc sempre,* ~ *els dijous* ich bin immer da, außer donnerstags | *arc: barca* ~ *de timó* Boot ohne Ruder || *mat* minus; weniger | *el (signe)* ~ das Minus(zeichen) *n* | ~ *dos per* ~ *dos, més quatre* minus zwei mal minus zwei gleich plus vier | *quatre* ~ *dos, dos* vier weniger (*od* minus) zwei gleich zwei | *p ext: les deu cinc* fünf vor zehn || *al* ~ + *adv: torna al* ~ *tard possible!* komm so früh wie möglich zurück! | *anar* (*od venir*) *a* ~ (*fig*) herunterkommen | *de* ~: *hi ha un ganivet de* ~ es ist e. Messer zu wenig | *els* (*les*) ~ die wenigsten | *i* (*encara* od *molt*) ~ ...: *no ho acceptaran pas, i* (*encara* od *molt*) ~ *si els ho dius tu* sie werden es nicht akzeptieren, noch weniger (*od* schon gar nicht) wenn du es ihnen sagst | *ni* ~...: *no pots callar, ni* ~ *fugir* du darfst nicht schweigen u. noch weniger fliehen | *ni* ~ *hi havíem pensat* wir hatten nicht einmal daran gedacht | *no* ~ *que*...: *és intel·ligent no* ~ *que honrat* er ist nicht weniger intelligent als ehrlich | *no res* ~... (*lit*): *i no res* ~ *causen moltes altres malalties* u. sie verursachen (auch) noch viele andere Krankheiten | *s: almenys, com, encara, més, nogensmenys, poc* | **~creient** *adj* (*m/f*) ungläubig || *s/m/f* Ungläubige(r *m*) *m/f* | **~preable** *adj* (*m/f*) verächtlich | verachtenswert | **~preador** *adj* verachtend, verschmähend | geringschätzig | *s/mf* Verächter(in *f*) *m* | **~preament** *m*, **~preança** *f lit*, **~preu** *m* Verachtung, Geringschätzung *f* | Verschmähung *f* | **~prear** (33) *vt* gering-, unter-schätzen | mißachten, verachten | verschmähen | **~prear-se** *v/r s.* gering- (*od* unter-)schätzen | **~tenir** (40) *vt* geringschätzen, mißachten | **~valorar** (33) *vt* unterschätzen, unterbewerten.

mer(ament *adv*) *adj* bloß | rein; einfach | *és una* **~a** *hipòtesi* es ist e-e bloße Hypothese | *pel* ~ *fet que*... einfach (*od* nur) weil...

meravell|a *f* Wunder *n* | Wunderwerk *n* | Erstaunen *n* | *a* ~ (*loc adv*) wunderbar; ausgezeichnet | *una* ~ *de pintura* e. wunderschönes Gemälde | *arquit: les set meravelles del món* die Sieben Weltwunder *pl* || *pl bot* Purpurprunkwinde *f* | Efeu(winde *f*) *m* | Jalapa-Wunderblume *f* | Dreifarbige Winde *f* | Gartenbalsamine *f* | **~ar** (33) *vt* in

Bewunderung versetzen | wundern | in größtes Erstaunen versetzen | **~ar-se** v/r s. (ver)wundern, (er)staunen (*de* über *ac*) | **~ós** (**-osa** *f*, **-osament** *adv*) *adj* wunder-bar, -schön, -voll | herrlich.
merca|dal *m* Marktplatz *m* | **~deig** *m* Handel *m* | Geschäftemachen *n* | Marketing *n* | Vermarktung *f* | **~dejar** (33) *vi* handeln, | Handel treiben, markten (*amb* mit) | *desp* schachern || *vt* vermarkten | *desp* verschachern | **~der(a** *f*) *m* Händler(in *f*) *m* | Geschäftsmann *m*, -frau *f* | *desp* Geschäftemacher(in *f*) *m* | **~deria** *f* Ware *f* || *pl* Waren *f pl* | Güter *n pl* | **~nt** *adj* (*m/f*) Handels... | *marina* ~ Handelsmarine *f* || *s/m* Handelsschiff *n* | **~ntil(ment** *adv*) *adj* (*m/f*), *lit* **~ntívol(ament** *adv*) *adj* kaufmännisch, *lit* merkantil | *desp* Handels..., handeltreibend | *desp* krämerhaft | **~ntilisme** *m hist* Merkantilismus *m* | *desp* kaufmännischer Geist *m*; Profitgier; Geschäftemacherei *f*.
mercaptà *m quím* Merkaptan *n*.
mercat *m* Markt *m* | *a.* Markt-platz *m* bzw -halle *f*; Handelsplatz *m* | *a.* Absatz(gebiet) *n/m* | ~ **de bestiar** (*del peix, de crèdit, del treball, interior, mundial, setmanal*) Vieh-(Fisch-, Kredit-, Arbeits-, Binnen-, Welt-, Wochen-) markt *m* | ~ **de valors** Börse *f* | ~ **negre** schwarze(r) Markt, Schwarzhandel *m* | ~ **Comú** Gemeinsame(r) Markt *m* | *dia* (*preu*) *de* ~ Markt-tag (-preis) *m* | *a bon* ~ (*loc adv*) billig | *fer un bon* ~ e. gutes Geschäft machen | *posar* (*llançar*) *al* ~ auf den Markt bringen (werfen).
merc|è *f* (*pl -ès*) Gnade *f* | Gunst(bezeigung) *f* | *la Mare de Déu de la* ~ die Gnadenmutter, die Gnadenbild | *l'orde de la* ~ der Mercedarierorden | *Vostra* ~, *la* ~ *Vostra* Euer Gnaden *pl* | *demanar* ~ *a alg* j-n um Gnade bitten | *estar a la* ~ *d'alg* j-m preisgegeben (*od* ausgeliefert) sein | *la bandera oneja a la* ~ *del vent* die Fahne flattert im Wind | *fer* ~ *a alg, prendre alg a* ~ j-n begnadigen | (*que*) *a Déu* (*sigui*) ~! Gott sei Dank!, gottlob! || *pl lit:* (*moltes*) ~s! Danke(schön)! | **~edari (-ària** *f*) *m* Mercedarier(in *f*) *m* | **~enari (-ària** *f*) *adj* mil Söldner... | *fig* geldgierig | *s/mf* Söldner(in *f*) *m* | *ecl* = **~edari** |

~er(a *f*) *m* Kurzwarenhändler(in *f*) *m* | **~eria** *f* Kurzwaren *f pl* | Kurzwaren-geschäft, -laden *m*.
merceritza|ció *f tèxt* Merzerisation *f* | **~r** (33) *vt tèxt* merzerisieren | **~tge** *f tèxt* Merzerisieren *n*, Merzerisierung *f*.
merc|uri *m quím* Quecksilber *n* | *astr mit:* ~ Merkur *m* | **~urial** *adj* (*m/f*) Merkur... | *arc* = **~úric** || *s/f bot* Bingelkraut *n* | **~urialisme** *m med* Quecksilbervergiftung *f* | **~úric** *adj quím* Quecksilber..., *bes* Quecksilber-II-... | **~uriós (-osa** *f*) *adj quím* Quecksilber..., *bes* Quecksilber-I-... | **~urocrom** *m med* Chromquecksilber *n*.
merd|a *f pop!* Scheiße *f* | *fig a.* Scheiß *m* | ~! Scheiße! | *això és una* ~! das ist e. Scheißding! | *ves-te'n a la* ~! scher dich zum Teufel! | *dur* (*od portar*) ~ *a l'espardenya* od *a la sabata, haver trepitjat* ~ (*fig*) vom Pech verfolgt sein | (*és*)*ser cul i* ~ e. Herz u. e-e Seele sein | *quina* ~ *d'home!* was für e. Scheißkerl! | **~er** *adj: escarabat* ~ Mistkäfer *m* || *s/m* Mist-haufen *m*, -grube *f* | *fig fam* (*Ort*) Saustall *m* | *fig fam* Krach, Radau; Schlamassel *m* | **~erada** *f* Kothaufen *m* | ~ *de vaca* Kuhfladen *m* | **~issaire** *m/f* Dunghändler(in *f*) *m* | **~isser** *adj* = **~er** || *s/mf* = **~issaire** | **~ós (-osa** *f*) *adj pop! a. fig* dreckig, beschissen, Scheiß...
mer|eixedor *adj a. fig* verdienstlich | würdig | *fer-se* ~ *d'u/c* s. um etw verdient machen, etw verdienen | (*és*)*ser de confiança* vertrauenswürdig sein | **~eixement** *m fig* Verdienst *m* | **~eixent** *adj* (*m/f*) verdienend | **~èixer** (40) *vt fig* verdienen | *una noia per* ~ (*fig fam*) e. noch nicht verlobtes Mädchen | **~èixer-se** *v/r: et mereixes una bufetada* du hast e-e Ohrfeige verdient.
merenga *f gastr* Meringe *f*.
mere|scudament *adv* (wohl)verdientermaßen | **~scut (-uda** *f*) *adj* (wohl)verdient | **~triu** *f lit* Freudenmädchen *n*.
merí (-ina *f*) *adj tèxt* Merino... || *s/m* Merino(tuch *n*) *m* | Merinowolle *f*.
meridi|à (-ana *f*) *adj* Mittags... | *llum meridiana* Mittagslicht *n* | *astr: altura meridiana* Mittagshöhe *f* || *s/m astr geog* Meridian *m* | **~onal** *adj* (*m/f*) südlich || *s/m/f* Südländer(in *f*) *m*.
merino *m* = **merí**.
meristema *m bot* Meristem *n*.

mèrit *m* Verdienst *n* | *de* ~ verdienstvoll.

merit|ar (33) *vt* = **merèixer** | **~íssim** *adj sup* hochverdient | **~ori** (**-òria** *f*) *adj* verdienstvoll || *s/mf* Volontär(in *f*) *m* | Büro-gehilfe *m*, -gehilfin *f* | **~òriament** *adv* verdientermaßen | **~ós** (**-osa** *f*) *adj* = **~ori**.

merla *f ornit* Amsel, Schwarzdrossel *f* | ~ *blava f* Blau-merle, -drossel *f* | ~ *d'aigua* Wasser-schmätzer *m*, -amsel *f* | ~ *de collar* od *de pit blanc* Ringdrossel *f* | ~ *de cua blanca* Steinschmätzer *m* | ~ *roquera* Steinrötel *m*.

merlet *m hist* Zinne *f* | *p ext* Zacke *f*.

merlot *m ornit* Amselmännchen *n*.

merovingi (**-íngia** *f*) *adj* merowingisch || *s/mf* Merowinger(in *f*) *m*.

mes[1] *m* Monat *m* | *el ~ de maig* der Monat Mai | *el ~ entrant* od *vinent* im nächsten Monat | *el primer de cada ~* am Ersten des Monats, am Monatsersten | *dins tres mesos* binnen drei Monaten | *del ~ passat* vorigen Monats | *d'aquest ~* dieses Monats, des laufenden Monats.

mes[2] *conj lit ant* aber | (je)doch.

mes[3] *pron poss pl s:* mon.

més (28 *u.* 19) *adv u. pron ind* (Vergleich; mit Verben od Substantiven) mehr | *m'interessa ~ la biologia que* (*no* od *no pas*) *la física* Biologie interessiert mich mehr als Physik | *fa ~ (de) fred a dins que* (*no* od *no pas*) *a fora* drinnen ist es kälter als draußen | *no corre pas ~ que tu* er läuft nicht schneller als du | *treballo molt ~ que no* (od *del que*) *et penses* ich arbeite viel mehr als du denkst | *m'estimo ~ dir-li-ho jo que no* (*pas*) *que ho faci algú altre* es ist mir lieber, es ihm selbst zu sagen, als daß es j-d anders tut | *val ~ anar-hi que no pas no anar-hi* es ist besser hinzugehen als nicht hinzugehen | *brilla ~ que si fos nou* es glänzt mehr als wenn es neu wäre | *dura ~ que mai* es dauert länger denn (od als) je | *hauries de dormir ~* du solltest mehr schlafen | *no et pensis que ets ~ que els altres* bilde dir nicht ein, du seist mehr als andere || (zur Bildung des Komparativs) *la cuina és ~ llarga que ampla* (*que el balcó*) die Küche ist mehr lang als breit (länger als der Balkon) | *estàvem ~ morts que vius* wir waren mehr tot als lebendig | *és ~ jove que no* (od *del que*) *sembla* er ist jünger als er aussieht | *quin dels dos és ~ barat?* welches von den beiden ist billiger? | *ens calen plats ~ grans* (*petits*) wir brauchen größere (kleinere) Teller | *aquest vi és ~ bo* (*dolent*) dieser Wein ist besser (schlechter) | *endavant hi ha lloc* weiter vorn(e) ist Platz | *heu de venir ~ sovint* ihr müßt öfter kommen || (zur Bildung des Superlativs) *és el ~ modest de tots* er ist der bescheidenste von allen od der Allerbescheidenste | *els dies ~ freds de l'any* die kältesten Tage des Jahres | *el llibre ~ venut de la temporada* das am meisten verkaufte (od das meistverkaufte) Buch der Saison | *és el ~ probable* es ist am wahrscheinlichsten | *aquest cotxe és el que corre ~* dieses Auto fährt am schnellsten || (bei Zahlen od Mengenangaben) *val ~ d'un milió* es kostet über e-e Million | ~ *de la meitat han suspès* mehr als die Hälfte sind durchgefallen | *dura una hora, si no ~* es dauert e-e Stunde, wenn nicht noch länger | *té ~ de noranta anys* er ist über neunzig (Jahre alt) | *ja són ~ de les sis* es ist schon nach sechs || (Zusatz) *s'han declarat dos casos ~ de SIDA* es sind zwei weitere Fälle von AIDS aufgetreten | *encara hi ha dues possibilitats ~* es gibt noch zwei andere Möglichkeiten | *una vegada ~ t'equivoques* einmal mehr irrst du dich | *sempre ~ et recordaré* ich werde mich immer an dich erinnern | *vindràs ~?* wirst du weiterhin kommen? | *què ~ vols?* was willst du (noch) mehr? | *avui ja no treballo ~* heute arbeite ich nicht mehr (weiter) | *no puc ~!* ich kann nicht mehr! | *no ho sap ningú ~* es weiß niemand sonst | *no tinc ~ remei que anar-hi* es bleibt mir nichts anderes übrig, als hinzugehen | (in Ausrufen) *tens ~ sort!* du hast e. Glück! | *és ~ simpàtic!* er ist so sympathisch! | *sona ~ bé!* wie schön es klingt! | *mengen ~!* wie (viel) sie essen! || *mat* plus | *el* (*signe*) ~ das Plus(zeichen) *n* | *dos ~ tres, cinc* zwei plus drei gleich fünf | *p ext: el capital ~ els interessos* das Kapital plus der Zinsen || *al ~ + adv: fes-ho al ~ correctament possible* od *que podràs!* mach es so korrekt wie möglich od möglichst korrekt! | *al ~ tard demà* spätestens morgen | *a* (od *de*) ~ (*a ~*) außerdem; ferner; (noch) da-

mesa

zu | *estic cansat i, a ~ (a ~), desanimat* ich bin müde u. obendrein entmutigt | *a ~ (a ~) de la casa, tenen un hort* außer dem Haus haben sie e-n Garten | *a ~ no poder* aus allen Kräften; überaus, äußerst | *de ~ =* **de massa** | *els (les) ~* die meisten | *~ aviat (a. fig)* eher | *~ i ~* mehr u. mehr | *~ o menys* mehr od weniger; ungefähr | *~ poc (fam) =* **menys** | *~ que...: és ~ que suficient* es ist mehr als genug | *mentider, ~ que mentider! (fam)* Lügner, Erzlügner!. | *~ que ~ (od encara ~* od *i ~)...* um so mehr, als... | *ni ~ ni menys* nicht mehr u. nicht weniger; genau (so) | *si ~ no* zumindest | *tot al ~* höchstens | *s: allò, com, demés, encara, només, per, poc, quant, sense, tant*.
mesa *f (Altar)* Mensa *f* | Billardpartie *f* | Vorstand(stisch) *m*, Präsidium *n*.
mesad|a *f (Zeitdauer)* Monat *m* | *econ* Monats-lohn *m*, -gehalt *n*.
mesar (33) *vi bot* knospen.
mesc *m* Moschus *m*.
mescalina *f* Meskalin *n*.
mescla *f* Mischung *f* | **~dís** (-issa *f*) *adj* mischfähig, mischbar || *s/f* Gemenge, Gemengsel *n*, Mischmasch *n* | **~dor** *adj* mischend || *s/mf* Mischer(in *f*) *m* || *s/m tecn* Misch-apparat *m*, -maschine *f*; -becher *m* | **~ment** *m* Mischen *n* | **~ntaigües** *m* Zusammenfluß *m*, -fließen *n* | **~r** (33) *vt* (ver)mischen | einmischen | *(Wein)* verschneiden | **~r-se** *v/r* s. (ver)mischen | *~ en els afers d'altri* s. in fremde Angelegenheiten einmischen | **~t** (-ada *f*, -adament *adv*) *adj* gemischt | vermischt | Misch...
més-dient *m/f* Meistbietende(r *m*) *m/f*.
mesell *adj* aussätzig | *a. fig* unempfindlich.
mesent|eri *m anat* Gekröse *n* | **~èric** *adj* Gekröse...
mesmerisme *m* Mesmerismus *m*.
mesó *m fís* Meso(tro)n *n*.
meso|carpi *m bot* Mesokarp(ium) *n* | **~cèfal** *adj anat* mesozephal || *s/m* Mesozephale *m* | **~cefàlia** *f* Mesozephalie *f* | **~cràcia** *f* Mesokratie *f* | **~derma** *m biol* Mesoderm *n* | **~lític** *adj hist* mesolitisch || *s/m* Mesolithikum *n*, Mittelsteinzeit *f* | **~potami** (-àmia *f*) *adj* mesopotamisch || *s/mf* Mesopotamier(in *f*) *m* | **~potàmia** *f* Mesopotamien *n* | **~potàmic** *adj* me-sopotamisch, Mesopotamien... | **~zoic** *adj geol* mesozoisch || *s/m* Mesozoikum *n*.
mesquer *m zool* Moschustier *n* | *gat ~* Ginsterkatze *f*.
mesqu|í (-ina *f*, -inament *adv*) *adj* kleinlich | knauserig, knickerig | schäbig, armselig | **~inejar** (33) *vi* knausern, knickern | **~ineria, ~inesa** *f* Kleinlichkeit *f* | Knauserei, Knickerigkeit *f* | Schäbigkeit, Armseligkeit *f*.
mesquita *f arquit* Moschee *f* | *agr* Dung, Mist *m*.
messalina *f* Messalina *f*.
messana *f nàut* Besan(mast *m* bzw -segel *n*) *m*.
messe|guer *m agr* Feldhüter *m* | **~s** *f pl* (schnittreifes) Getreide *n* | *a. fig* Ernte *f* | Erntezeit *f*.
messi|ànic *adj* messianisch | **~anisme** *m* Messianismus *m* | **~es** *m* Messias *m* | *el ~* der Messias.
messió *f ant* Ausgabe *f* | *Bal* Wette *f*.
mestall *m* Mengkorn *n* | **~ar** (33) *vt agr (Korn)* (ver)mischen, (ver)mengen.
mester *m ant* Handwerk *n*; Kunst *f*; Gewerke *n*; Dienst *m*; Amt *n* | = **menester**.
mest|ís (-issa *f*) *adj* mischrassig, Misch... | *biol* Bastard... || *s/mf* Mischling *m* | *bes* Mestize *f* | **~issatge** *m* Rassenmischung *f* | *biol a.* Bastardierung *f*.
mestral *m (Himmelsrichtung)* Nordwest(en) *m* | *(Wind)* Mistral *m* | **~ada** *f* starker Mistral *m* | **~ejar** (33) *v/imp: mestraleja* es weht Mistral | **~ó** *m* sanfter Mistral *m*.
mestr|ança *f mil* Artilleriewerkstätte *f* | *nàut* Werft *f* | **~atge** *m* Meisterschaft *f* | Meister-titel *m* bzw -würde *f* | Lehre, Unterweisung *f* | **~e** *adj* meisterhaft | Meister... | Haupt... | *abella mestra* Bienenkönigin *f* | *arbre ~ (nàut)* Großmast *m* | *biga mestra* Hauptbalken *m* | *obra mestra* Meisterwerk *n* | *paret mestra* tragende Wand *f* | *vela mestra* Großsegel *n* | *de mà mestra* von Meisterhand | *s/mf (Handwerker, Freimaurer, Künstler, Könner)* Meister(in *f*) *m* | *estud* Lehrer(in *f*) *m* | *mús* (a. *~ compositor)* Komponist(in *f*) *m* | *~ d'aixa* Schiffszimmermann *m* | *~ d'armes (de capella, de cases, de cerimònies, de novicis, d'obres, fuster, sastre)* Fecht-(Kapell-, Maurer-, Zeremonien-, Novizien-, Bau-, Schreiner-, Schneider-)

mesura meister *m* | ~ *d'escola* (*de cant, de natació*) Schul-(Gesangs-, Schwimm-)lehrer *m* | *el* ~ *Mompou* (*mús*) Maestro *m* Mompou | (*és*)*ser* (*un*) ~ *en* Meister sein in (*dat*) | *ep,* ~! (*fam*) hören Sie mal, Freund! | **~ejar** (33) *vi* schulmeistern || *vt ant* verschönen, ausschmücken | **~e-sala** *m hist* Truchseß *m* | **~essa** *f* Herrin *f* | (*Gasthaus*) Wirtin *f* | *estud* Lehrerin *f* | ~ *de casa* Hausfrau *f* | **~etites** *m/f desp* Schulmeister(in *f*) *m* | **~ia** *f* (großes) Können *n* | ~ **~atge** | **~ívol**(**ament** *adv*) *adj* meisterhaft.

mesura *f a. fig Lit* Maß *n* | *a. fig* Maßstab *m* | *mús* Takt *m* | *bes polít* Maßnahme *f* | *s: mida* | ~ *de longitud* (*de superfície, de capacitat*) Längen-(Flächen-, Hohl- *od* Raum-)maß *n* | *unitat de* ~ Maßeinheit *f* | *mesures de seguretat* Sicherheitsmaßnahmen *f pl* | *amb* ~ (*loc adv*) maßvoll, mäßig, in (*od* mit) Maßen | *sense* (*od fora, ultra*) ~ (*loc adv*) maßlos, un-, über-mäßig, über die Maßen | *a* ~ *que em faig gran...* je älter ich werde... | *a* ~ *que avançaven...* je weiter sie kamen... | *en la* ~ *de les meves forces* soweit meine Kräfte reichen | *donar* (*od fer*) *bona* (*mala*) ~ reichlich (knapp) ausschenken *bzw* abwiegen | *omplir la* ~ (*a. fig*) das Maß vollmachen | *l'home és la* ~ *de totes les coses* das Maß aller Dinge ist der Mensch | *prendre mesures* Maßnahmen ergreifen *od* treffen | **~ble** *adj* (*m/f*) meßbar | **~dor** *adj* Meß... || *s/mf* Messer(in *f*) *m* || *s/m* Messer *m*, Meßgerät *n* | **~ment** *m* Messung *f* | **~r** (33) *vt* (ab-, aus-)messen | *fig* abwägen; bemessen | ~ *les seves paraules* s-e Worte mit Vorsicht wählen | *la torre mesura 30 metres* der Turm ist 30 Meter hoch | ~ *u/c a* (*bell*) *ull* etw nach Augenmaß schätzen | **~r-se** *v/r*: ~ *amb alg* s. mit j-m messen | **~t** (**-ada** *f,* **-adament** *adv*) *adj* gemessen | gemäßigt | maßvoll | **~tge** *m* = **~ment**.

met *m fam: fer el* (*paper de*) ~ s. unwissend (*od* dumm) stellen.

meta[1] *f bes esport* Ziel *n*.

meta[2] *f infan* = **mamella** | *fer metes* die Brust nehmen | *metes de burra* (*bot*) Keulenpilze *m pl*.

metà *m quím* Methan *n*.

met|àbasi *f ling* Metabasis *f*, Übergang *m* | **~àbole** *f biol med* Metabolie *f* | **~abòlic** *adj* metabolisch | Stoffwechsel... | **~abolisme** *m* Stoffwechsel, Metabolismus *m* | **~acarp** *m anat* Mittelhand *f* | **~acarpià** (**-ana** *f*) *adj* Mittelhand... | **~acentre** *m nàut* Metazentrum *n* | **~acèntric** *adj* Metazentrum..., metazentrisch | **~acronisme** *m* Metachronismus *m* | **~adina** *f elect* Metadyne *f* | **~afísic** *adj filos* metaphysisch || *s/mf* Metaphysiker(in *f*) *m* || *s/f* Metaphysik *f* | **~àfora** *f ret* Metapher *f* | **~afòric**(**ament** *adv*) *adj* metaphorisch | **~aforitzar** (33) *vi* (viele) Metaphern gebrauchen | **~àfrasi** *f ret* Metaphrase, Umschreibung *f* | **~afràstic** *adj* metaphrastisch, umschreibend | **~agènesi** *f biol* Metagenese *f* | **~alepsi** *f ling* Metalepse, Metalepsis *f* | *quím* Ersatzreaktion *f* | **~alingüística** *f* Metalinguistik *f*.

met|all *m* Metall *n* | *mús* Blech *n* | ~ *blanc* (*dur, fos, lleuger, noble* od *preciós*) Weiß-(Hart-, Guß-, Leicht-, Edel-)metall *n* | *de* ~ Metall..., metallen...; metallisch | **~àl·lic** *adj* metallisch | *com econ: en* ~ bar || *s/m* Hartgeld *n* | **~al·lífer** *adj* metallhaltig | **~al·liforme** (*m/f*) e-m Metall ähnlich, metallförmig | **~al·lització** *f* Metallisierung *f*, Metallisieren *n* | **~al·litzar** (33) *vt* metallisieren | *fig* zum Geldsklaven machen | **~al·locromia** *f* Metallochromie *f* | **~al·lògraf**(**a** *f*) *m* Metallograph(in *f*) *m* | **~al·lografia** *f* Metallographie *f* | **~al·logràfic** *adj* metallographisch | **~al·loide** *m* Metalloid *n* | **~al·lúrgia** *f* Hütten-kunde *f*, -wesen *n*, Metallurgie *f* | **~al·lúrgic** *adj* Metall... | Hütten... | *indústria* ~*a* Metall-, Hütten-industrie *f* || *s/mf* Metall-arbeiter(in *f*) *m* | **~al·lurgista** *m/f* Metallurg(in *f*) *m*.

meta|mòrfic *adj* metamorph(isch) | **~morfisme** *m* Metamorphismus *m* | = **~morfosi** | **~morfosar**(**se**) (33) *vt*(*/r*) (s.) metamorphosieren | *fig a.* (s.) verwandeln | **~morfosi** *f* Metamorphose *f* | *fig a.* Verwandlung *f*.

met|aner *m nàut* Methanfrachter *m* | **~ànic** *adj quím* Methan... | **~anol** *m quím* Methanol *n*.

met|aplàsia *f biol* Metaplasie *f* | **~aplasme** *m ling* Metaplasmus *m* | **~apsicologia** *f* Metapsychologie *f* | **~apsíquic** *adj* metapsychisch || *s/f*

Metapsychik | **~astable** *adj* (*m/f*) *quím fís* metastabil | **~àstasi** *f med* Metastase *f* | **~astàtic** *adj* metastatisch | **~atars** *m anat* Mittelfuß *m* | **~atarsià** (**-ana** *f*) *adj* Mittelfuß... | *dolor* ~ Mittelfußschmerz *m* | **~àtesi** *f ling* Metathese, Buchstabenumstellung *f* | *quím* Doppelzersetzung *f* | **~azous** *m pl zool* Metazoen *n pl* | **~ec** *m hist* Metöke *m* | **~empsicosi** *f* Seelenwanderung, Metempsychose *f*.

mete|or *m astr* Meteor *m* | *meteor* Wettererscheinung *f* | *bes* Meteorstein *m* | **~òric** *adj* meteorisch | Meteor... | meteorhaft, *fig a*. kometenhaft | **~orisme** *m med* Blähsucht *f*, Meteorismus *m* | **~orit** *m* Meteorit *m* | **~oritzar** (33) *vt med* blähen | *meteor* verwittern lassen | **~oritzar-se** *v/r meteor* verwittern | **~oròfraf** *m* Meteorograph *m* | **~orografia** *f* Meteorographie *f* | **~orogràfic** *adj* meteorographisch | **~oròleg** (**-òloga** *f*) *m* Meteorologe *m*, -gin *f* | **~orologia** *f* Meteorologie, Wetterkunde *f* | **~orològic** *adj* meteorologisch, Wetter... | *previsió* ~**a** Wettervorhersage *f*.

metg|e *m* Arzt *m* | ~ *de capçalera* (*especialista, forense*) Haus-(Fach-, Gerichts-)arzt *m* | ~ *de medicina general* Arzt *m* für Allgemeinmedizin | *fig: el temps és el millor* ~ die Zeit heilt alle Wunden | **~essa** *f* Ärztin *f* | **~ia** *f lit* Arznei *f*.

meticul|ós (**-osa** *f*, **-osament** *adv*) *adj* übertrieben (*od* peinlich) genau | kleinlich | pedantisch | **~ositat** *f* übertriebene (*od* peinliche) Genauigkeit *f* | Kleinlichkeit *f* | Pedanterie *f*.

met|il *m quím* Methyl *n* | **~ilè** *m* Methylen *n* | **~ílic** *adj* Methyl... | *alcohol* ~ Methylalkohol *m*.

metja|r (33) *vt ant* = **medicar** | **~stre** *m* Quacksalber *m*.

mètode *m* Methode *f* | Verfahren *n* | Lehrbuch *n* | *un* ~ *de piano* e-e Klavierschule *f*.

met|òdic(**ament** *adv*) *adj* methodisch | planmäßig | **~odisme** *m ecl* Methodismus *m* | **~odista** *adj* (*m/f*) *ecl* methodistisch || *s/m/f* Methodist(in *f*) *m* | **~oditzar** (33) *vt* methodisieren | **~odologia** *f* Methodologie *f* | *a*. Methodenlehre; Methodik *f* | **~odològic** *adj* methodologisch.

metol *m cin fotog* Metol *n*.

meton|ímia *f ret* Metonymie *f* | **~ímic** *adj* metonymisch | **~omàsia** *f ling* Metonomasie *f*.

mètopa *f arquit* Metope *f*.

metòpic *adj anat* Stirn... | *os* ~ Stirnbein *n*.

metrall|a *f mil* (Eisen)Schrot *m*, *hist* Kartätsche *f*, Schrapnell *n* | **~ador** *adj: fusell* ~ Maschinengewehr *n* | **~adora** *f* Maschinengewehr *n* | **~ar** (33) *vt* mit dem Maschinengewehr (*bzw* der Maschinenpistole) beschießen | *hist* kartätschen | *fig* bombardieren | **~eta** *f* Maschinenpistole *f*.

metr|atge *m bes cin* (Meter)Länge *f* | *curt* (*llarg*) ~ Kurz-(Spiel-)film *m* | **~e**[1] *m* Meter *m/n* | (*Gerät*) Metermaß *n* | *Lit* Metrum, Versmaß *n* | ~ *quadrat* (*cúbic*) Quadrat-(Kubik-)meter *m/n* | ~ *plegable* Zollstock *m*.

metre[2] (40) *vt ant* = **posar**.

mètric(**ament** *adv*) *adj a. Lit* metrisch | *sistema* ~ metrisches System *n* | *tona* ~**a** Metertonne *f* || *s/f Lit mat* Metrik *f*.

metro *m* U-Bahn, Metro *f*.

metr|ologia *f* Metrologie *f* | **~òman**(**a** *f*) *m* Reimschmied(in *f*), Versemacher(in *f*) *m* | **~omania** *f* Reimerei, Versemacherei *f* | **~ònom** *m mús* Metronom *n*, Taktmesser *m*.

metr|òpoli *f* Metropole, Welt- *bzw* Hauptstadt *f* | Mutterland *n* | **~opolita** *m* (*orthodoxe Kirche*) Metropolit *m* | **~opolità** (**-ana** *f*) *adj* weltstädtisch | hauptstädtisch | (Groß)Stadt... | *ecl* Metropolitan... || *s/m catol* Metropolit *m* | *ferroc* Untergrundbahn *f*.

metx|a *f* Docht *m* | Lunte, Zündschnur *f* | (*Schreinerei*) Zapfen *m* | *tèxt* Strähne *f* | **~era** *f tèxt* Vorspinnmaschine *f*, Flyer *m*.

metxot *m: Kork der ersten Schälung.*

metzin|a *f a*. *fig* Gift *n* | *metzines de pometa* (*bot*) Sodomsapfel *m* | **~er**(**a** *f*) *m* Giftmischer(in *f*) *m* | (Brunnen)Vergifter(in *f*) *m* | **~ós** (**-osa** *f*) *adj* giftig | vergiftend.

mèu *int onomat* miau! || *s/m* = **miol** | *infan* Mieze(katze) *f*.

meu (**meva** *od reg* **meua** *f*, **meus** *m pl*, **meves** *od reg* **meues** *f pl*) (25) *pron poss* (*attributiv*) mein(e); (*prädikativ; substantivisch*) meiner, meine, mein(e)s | *la meva casa* mein Haus | *el* ~ *pare* mein Vater | *tots els* ~**s** *amics* alle meine Freunde | *aquest* (*un*) *cosí* ~

od *aquest* (*un*) ~ *així* dieser (ein) Vetter von mir | *són paraules meves* es sind meine eigenen Worte | *Déu* ~*!* mein Gott! | *aquest llibre és* (*el*) ~ dieses Buch ist mein(e)s (das meine *od arc lit* das meinige) | *tot el que és* ~ *és teu* alles, was mein ist, ist auch dein | *els* ~*s* die Meinen *od arc lit* die Meinigen | *hi diré la meva* ich werde meine Meinung dazu sagen | *jo vaig a la meva* ich gehe meinen eigenen Interessen nach | *són molt amics* (*amigues*) ~*s* (*meves*) sie sind sehr gute Freunde (Freundinnen) von mir | *records de part meva od de la meva part* Grüße von mir | *a casa meva* bei mir (zu Hause) | *davant* ~ od *de mi* vor mir | *a la vora* ~ bei mir; in meiner Nähe | *s: ço.*
meuca *f* Hure, Dirne, Nutte *f.*
Mèxic *m* Mexiko *n.*
mexicà (**-ana** *f*) *adj* mexikanisch ‖ *s*/*mf* Mexikaner(in *f*) *m.*
mi[1] *m* *mús* e; E *n* | (*beim Solmisieren*) mi *n* | ~ *major* E-Dur *n* | ~ *menor* e-Moll *n* | ~ *natural* e; E *n* | ~ *bemoll* es; Es *n* | ~ *sostingut* od *diesi* e-is; E-is *n.*
mi[2] (21) *pron pers* mir, mich | *a* ~ *em creuran* mir werden sie glauben | *ell no m'estima a* ~, *sinó a tu* er liebt nicht mich, sondern dich | *vindran amb* ~ sie werden mit mir kommen | *això no depèn de* ~ das hängt nicht von mir ab | *penseu en* ~*!* denkt an mich! | *ho han sabut per* ~ sie haben es durch mich erfahren | *què faríeu sense* ~? was würdet ihr ohne mich machen?
miàlgia *f med* Myalgie *f*, Muskelschmerz *m.*
miasm|**a** *m* Miasma *n* | ~**àtic** *adj* miasmatisch, giftig.
miastènia *f med* Myasthenie, Muskelschwäche *f.*
mica[1] *f* Stückchen *n* | (*bes Brot*) = **engruna** | *fer miques u*/*c* etw zerkrümeln *od* zerstückeln; *fig* zunichte machen | *el vidre s'ha fet miques* die Scheibe ist zersplittert ‖ (*mst nach* una) (e.) bißchen | *la* ~ *de pluja que ha caigut ens ha espatllat el dia* das bißchen Regen, das gefallen ist, hat uns den Tag verdorben | *beu una* ~ *d'aigua!* trink e. wenig Wasser! | *riu una* ~*!* lach e. bißchen! | *estic una* ~ *cansat* ich bin etwas müde | *una* ~ ~ od *una petita* ~ od *una miqueta* e. klein(es) bißchen | *una* ~ *miqueta* e. ganz klein(es) bißchen | *de* ~ *en* ~ nach u. nach; allmählich | *de* ~ *en* ~ *s'omple la pica* (*Spruch*) Steter Tropfen höhlt den Stein | *per* ~ *que* ... so wenig auch ... | *per* ~ *que pugui, vindré* wenn ich irgend kann, werde ich kommen | ~ *més,* ~ *menys* so ungefähr ‖ (*verstärkend bei Verneinungen; oft nach* ni) *no m'agrada* (*ni* od *gens ni*) ~ es gefällt mir gar nicht | *s: gens.*
mica[2] *f min* Glimmer *m* | *làmina de* ~ Glimmerplättchen *n* | ~**ci** (**-àcia** *f*) *adj* glimmer-artig, -haltig.
micaco *m* Japanische Mispel *f.*
micado *m* Mikado *m.*
micaquer *m bot* Japanische Mispel *f.*
micció *f* Harnen, Urinieren *n.*
miceli *m bot* Myzel(ium) *n.*
micènic *adj* mykenisch.
micet *m bot* Myzet, Pilz *m.*
mico *m a. fig* Affe *m* | *zool bes* langschwänziger Affe *m.*
mico|**derma** *m* Kahmpilz *m* | ~**logia** *f* Mykologie, Pilzkunde *f* | ~**lògic** *adj* mykologisch | ~**r(r)iza** *f* Mykorrhiza *f* | ~**si** *f med* Mykose, Pilzkrankheit *f.*
microbi *m med* Mikrobe *f* | ~**à** (**-ana** *f*) *adj* mikrobiell, Mikroben... | ~**cida** *adj* (*m*/*f*) keimtötend ‖ *s*/*m* keimtötendes Mittel *n.*
micr|**obiologia** *f* Mikrobiologie *f* | ~**obús** *m* Kleinbus *m* | ~**ocèfal** *adj* mikrozephal, kleinköpfig | ~**ocefàlia** *f*, ~**ocefalisme** *m anat* Mikrozephalie, Kleinköpfigkeit *f* | ~**ococ** *m* Mikrokokkus *m* | ~**ocosmos** *m filos* Mikrokosmos *m* | ~**ofarad** *m elect* Mikrofarad *n* | ~**ofilm** *m* Mikrofilm *m* | ~**ofilmar** (33) *vt* auf Mikrofilm aufnehmen | ~**òfon** *m* Mikrophon *n* | ~ *laringi* Kehlkopfmikrophon *n* | ~**òlit** *m* Mikrolith *m* | ~**òmetre** *m* Mikrometer *n* | ~**onèsia** *f* Mikronesien *n* | ~**onesi** (**-èsia** *f*) *m* Mikronesier(in *f*) *m* | ~**onèsic** *adj* mikronesisch | ~**oona** *f elect* Mikrowelle *f* | *forn* (*de*) *microones* Mikrowellen-herd *m*, -gerät *n* | ~**oordinador** *m* Mikrocomputer *m* | ~**oorganisme** *m biol* Mikroorganismus *m* | ~**oscopi** *m* Mikroskop *n* | ~ *electrònic* Elektronenmikroskop *n* | ~**oscòpic** *adj* mikroskopisch | *anàlisi* ~*a* mikroskopische Analyse *f* | ~**osolc** *m* Mikrorille *f* | Mikrorillen(schall-)platte *f* | ~**òtom** *m med* Mikrotom *m*/*n* | ~**ozous** *m pl biol* Mikroorganismen *m pl* | *bes* Protozoen *n pl.*
micturició *f med* häufiges Harnen *n.*

mida *f (bes Erstreckung)* Maß *n* | Größe *f* | *s: mesura* | *les mides d'una post (habitació)* die Maße e-s Bretts (Zimmers) | *taules de diferents mides* Tische verschiedener Größen *pl* | *a ~* nach Maß | *fet a ~* maßgearbeitet; *(Kleidung) a.* maßgeschneidert | *confecció a ~* Maßkonfektion *f* | *et va ben bé a la ~ od que ni fet a ~* es paßt dir wie angegossen | *aquest llistó ens servirà de ~* diese Leiste wird uns als Maß(stab) dienen | *això ja passa de ~! (fam)* das geht (nun doch) zu weit! | *prendre mides a alg* bei j-m Maß nehmen | *prendre mides d'una habitació* e. Zimmer ausmessen | *prendre mides d'una finestra* e. Fenster abmessen | *a aquesta feina, encara no li he pres la ~ (fam)* diese Arbeit habe ich noch nicht im Griff.

mid|ó *m quím* Stärke *f* | *gastr a.* Stärkemehl *n* | **~oner(a** *f)* *m* Stärkefabrikant(in *f) m*.

miel|ina *f biol* Myelin *n* | **~itis** *f med* Myelitis, Rückenmarksentzündung *f* | **~oma** *m med* Myelom *n*.

mig (mitja *f) adj* halb | *~ quilo (pa, got, any)* e. halbes Kilo (Brot, Glas, Jahr) *n* | *un i ~* eineinhalb, anderthalb | *una hora i mitja* eineinhalb *(od* anderthalb) Stunden *f pl* | *cinc tones i mitja* fünfeinhalb Tonnen *f pl* | *un dos i ~ per cent* zweieinhalb Prozent *n pl* | *cada mitja hora* alle halbe Stunde, halbstündlich | *només fan mitja jornada* sie arbeiten nur halbtags | *ho sap ~ Barcelona (mitja ciutat)* halb Barcelona (die halbe Stadt) weiß es | *van passar mitja vida viatjant* sie waren ihr halbes Leben auf Reisen | *mitges veritats* Halbwahrheiten *f pl* | *classe mitja od mitjana* Mittel-stand *m*, -klasse, -schicht *f* | *a mitja llum* im Halbdunkel | *a mitja veu* halblaut | *a ~ camí* auf halbem Weg(e) | *van a mitges* sie machen halb u. halb *od* halbe-halbe | *només ho he entès a mitges* ich habe es nur halb *(od* zur Hälfte) verstanden || *adv* halb | *~ ple (cuit, obert)* halb voll (gar, offen); *(attributiv)* halb-voll (-gar, -offen) | *~ adormir-se* halb einschlafen | *estàs content? —~* bist du zufrieden? —Nur halb u. halb | *~ plorant, ~ rient* halb lachend, halb weinend | *hi vols més cafè o més llet? —~ i ~* möchtest du mehr Kaffee oder mehr Milch? —Halb u. halb || *s/m bes mat* Halbe(s) *n* | Mitte *f* | *esport*

(Mittel)Läufer *m* | *al ~ de la taula* mitten auf dem Tisch; in der Mitte des Tisches | *al bell ~ de la plaça* (genau) in der Mitte des Platzes | *ell anava al ~* er ging in der Mitte | *surt del ~!* geh aus dem Weg1 | *treure del ~ (a. fig)* aus dem Weg räumen | *de ~ a ~ (loc adv)* völlig; voll (u. ganz) || *s: mitja; meitat* | **~dia** *m* Mittag *m* | Süd(en) *m* | *el ~ de França* Südfrankreich *n* | **~diada** *f* Mittagszeit *f* | Mittagsschlaf *m* | *fer la ~* Mittagsschlaf *(bzw* -ruhe) halten | **~jorn** *lit reg =* **~dia** | *vent de ~* Südwind *m* | **~jornada** *f* starker Südwind *m* | **~jornejar** (33) *v/imp: migjorneja* es weht Südwind | **~jornell** *m* sanfter Südwind *m* | **~partir** (37) *vt* halbieren | mittendurch teilen *bzw* spalten.

migra|ció *f* Wanderung *f* | *sociol zool a.* Migration *f* | **~dor** *adj* wandernd | Wander...; *(Vögel)* Zug... | **~ment** *m* Verkümmern *n* | *=* **~nça** | **~nça** *(od* **~da)** *f* Sehnsucht *f* | Heimweh *n*.

migrany|a *f med* Migräne *f* | **~ós (-osa** *f) adj* migräneartig, Migräne...

migr|ar (33) *vi* wandern | **~ar-se** *v/r (vor* Heimweh, Sehnsucht, *Ungeduld)* verkümmern | s. verzehren | dahinwelken | *el blat es migra* der Weizen verdorrt | **~at (-ada** *f) adj bot* welk | dürftig, ärmlich | mager, kümmerlich | **~atori (-òria** *f) adj* Wander... | **~olar-se** (33) *v/r =* **~ar-se**.

migtemps *m* Übergangszeit *f* | *abric de ~* Übergangsmantel *m*.

miïtis *f med* Myositis, Muskelentzündung *f*.

mil (29) *num (zG s: vuit, cent)* (ein)tausend | *un bitllet de ~ marcs* e. Tausendmarkschein *m* | *Les ~ i una nits* Tausendundeine Nacht | *~ gràcies!* tausend Dank! | *ja t'ho he dit (cent) ~ vegades* ich habe es dir schon tausendmal gesagt | *tinc ~ (i un) compromisos* ich habe tausend Verpflichtungen | *tres per ~* drei vom Tausend; drei Promille | *el (número) ~* die (Zahl) Tausend | *a ~s (od a milers)* zu Tausenden | *ni als ~s* bei weitem nicht | *s: miler*.

Milà *m* Mailand *n*.

mil|à *m ornit* Roter Milan *m*, Gabel- *od* Königs-weihe *f* | *ict =* **~ana** | *~ negre* Schwarzbrauner Milan *m* | **~ana** *f ict* Adlerrochen *m*.

milanès (-esa *f) adj* mailändisch, Mailän-

míldiu

der || *s*/*mf* Mailänder(in *f*) *m*.
míldiu *m* Mehltau *m*.
mil|è (**-ena** *f*) (30) *num* = **mil·lèsim** | **~enar** *m* = **~er** | **~en-grana** *m bot* Gänsefuß *m* («Chenopodium botrys») | **~er** *m col* (etwa) tausend; Tausend *n* | *mat* Tausender *m* | *n'hem rebut un ~* wir haben davon (etwa) tausend *od* e. Tausend erhalten | *el tercer ~ de l'edició* das dritte Tausend der Auflage | *mig ~* (etwa) fünfhundert; e. halbes Tausend | *a cent pessetes el ~* zu hundert Peseten das Tausend | *m'ho he llegit ~s od un ~ de vegades* ich habe es tausendmal gelesen | *~s i ~s* Tausende u. Abertausende | *a. ~s* zu Tausenden | **~fulles** *f bot* Gemeine Schafgarbe *f* | **~homes** *m iròn* Tausendsassa *m* | **~iar** *adj* (*m*/*f*) hirsekornartig | *febre ~* (*med*) Frieselfieber *n* | *tuberculosi ~* (*med*) Miliartuberkulose *f*.
mil|ícia *f* Miliz(heer *n*) *f* | *a.* Bürgerwehr *f* | Militärwesen *n* | Soldatenstand *m* | *fig: la ~ angèlica od celestial* die himmlischen Heerscharen *f pl* | **~icià** (**-ana** *f*) *adj* Miliz... || *s*/*mf* Milizsoldat(in *f*) *m*.
mili|ó (29) *num m* Million *f* | *dos milions quatre-cents cinquanta mil set-cents vint-i-dos (habitants)* zwei Millionen vierhundertfünfzigtausendsiebenhundertzweiundzwanzig (Einwohner) | *mil milions* e-e Milliarde *f* | *mig ~* e-e halbe Million | *tres quarts de ~* e-e dreiviertel Million | *un ~ i mig* einhalb Millionen | *un ~ d'electors (marcs)* e-e Million Wähler (Mark) | *dos milions de joves en atur forçós* zwei Millionen arbeitslose(r) Jugendliche(r) | *anit es veien milions d'estels* diese Nacht waren Millionen Sterne (*od* von Sternen) zu sehen | *ho he vist un ~ od milions de vegades* ich habe es millionenmal gesehen | *un ~ de gràcies!* tausend Dank! | *han guanyat un ~* sie haben e-e Million gewonnen | *un dèficit de milions* e. Defizit von Millionen | **~onada** *f* Millionen(summe) *f* *pl* | **~onari** (**-ària** *f*) *adj* Millionärs...; *umg* millionenschwer || *s*/*mf* Millionär(in *f*) *m* | **~onè** (**-ena** *f*), **~onèsim** (30) *num* (*zG s: vuitè*) millionste(r, -s); million(s)tel.
milit|ància *f (Partei, Gewerkschaft)* (militante) Mitgliedschaft *f* | **~ant** *adj* (*m*/*f*) *bes polít* militant || *s*/*m*/*f* Aktivist(in *f*) *m* | Verfechter(in *f*) *m* | (militantes) Mitglied *n* | **~ar**[1] *adj* (*m*/*f*) militärisch, Militär... | soldatisch, Soldaten... | *policia (règim)* Militärpolizei *f* (-regime *n*) | *cementiri ~* Soldatenfriedhof *m* || *s*/*m*/*f* (Berufs)Soldat(in *f*) *m* | *(höherer Offizier)* Militär *m* | *els ~s* das Militär *n* | **~ar**[2] (33) *vi: ~ en un partit polític* (militantes) Mitglied e-r Partei sein | *va ~ en el bàndol republicà* er kämpfte auf republikanischer Seite | **~arisme** *m* Militarismus *m* | **~arista** *adj* militaristisch || *s*/*m*/*f* Militarist(in *f*) *m* | **~arització** *f* Militarisierung *f* | **~aritzar** (33) *vt* militarisieren | unter Militärkontrolle stellen | **~arment** *adv* militärisch.

mill *m bot* Hirse *f* | *~ del sol* Steinsame *m* | *~ gruà* Blauroter Steinsame *m*.

milla *f* Meile *f* | *nàut: ~ marina* Seemeile *f* | *~ anglesa* englische Meile *f*.

mil·l|enari (**-ària** *f*) *adj* tausendjährig || *s*/*m* Jahrtausend, Millenium *n* | tausendster Jahrestag *m* | Tausendjahrfeier *f* | **~enarisme** *m rel* Chiliasmus *m* | **~enarista** *adj* (*m*/*f*) *rel* chiliastisch || *s*/*m* Chiliast *m* | **~enni** *m* Jahrtausend, Millenium *n* | **~èsim** (30) *num* (*zG s: vuitè*) tausendste(r, -s); tausendstel | *una ~a de segon* e-e Tausendstelsekunde *f*.

mil·l|iamper *m* Milliampere *n* | **~iar** *adj* (*m*/*f*) Meilen... | *pedra ~* Meilenstein *m* | **~ibar** *m* Millibar *n* | **~igram** *m* Milligramm *n* | **~ilitre** *m* Milliliter *n* | **~ímetre** *m* Millimeter *m*/*n*.

milloca *f bot* Bartgras *n* | Schilfrohr *n* | Mohrenhirse *f*.

millor *adj* (*m*/*f*) *comp* besser | *sup* beste(r, -s) | *aquest vi és ~* dieser Wein ist besser | *el meu ~ amic* mein bester Freund || *adv* besser | *trobar-se ~* s. besser fühlen | *al ~ que puguis* so gut du kannst | *(encara) ~!* um so besser! | **~a** *f* Verbesserung *f* | *agr* Melioration *f* | *med* Besserung *f* | **~able** *adj* (*m*/*f*) verbesserungsfähig | **~ament** *m* Verbessern *n* | Verbesserung *f* | **~ança** *f lit med* Besserung *f* | **~ar** (33) *vt* bessern | verbessern | verfeinern | steigern || *vi* s. bessern | *el malalt millora* dem Kranken geht es besser | **~ar-se** *v*/*r* = **~ar** *vi* | **~ia** *f* Vorteil *m* | Überlegenheit *f* | *daus de ~ od falsos* gefälschte Würfel *m pl*.

millot *m bot* Mais *m*.
milmilionèsim (30) *num* (*zG s: vuitè*) milliardste(r, -s); milliardstel.
miloca *f ornit* Rauhfußkauz *m* | Mäusebussard *m* | (*Spielzeug*) Drachen *m* | *fig* Prahler, Prahlhans *m*.
milonita *f geol* Mylonit *m*.
milord *m* (*Anrede*) Mylord *m* | (*Person*) Lord *m* | leichter Kutschwagen *m*.
mil|peus *m zool* (*verschiedene*) Tausendfüßler *m* | **~punts** *m* tèxt feine Tüpfelung *f* | feingetüpfelter Stoff *m* | **~ratlles** *m* tèxt feingestreifter Stoff *m*.
mim *m teat* (*Darstellung*) Pantomime *f*; (*Person*) Pantomine *m* | *hist* Mimus *m* | **~ar** (33) *vt* mimen, nachäffen | *teat* mimen, pantomimisch darstellen | **~esi** *f* Mimesis *f* | *bes zool* Mimese *f* | **~ètic** *adj* mimetisch | **~etisme** *m zool a. fig* Mimikry *f*.
mímic *adj* mimisch | *teat a.* pantomimisch | *llenguatge* ~ Gebärdensprache *f* | **~a** *f* Mimik *f* | Gebärdensprache *f* | Mienenspiel *n*.
mimos|a *f bot* Mimose *f* | **~àcies** *f pl* Mimosengewächse *n pl*.
mina *f min* Bergwerk *n*, (Erz)Grube, Zeche *f* | *fig* Fund-, Gold-grube *f* | *a.* mil Mine *f* | (*Bleistift*) ~ de plom Bleimine *f* | ~ de reserva od de recanvi Ersatzmine *f*.
minà *m ornit* Beo *m* («*Gracula religiosa*»).
mina|dor *adj entom* Minier... || *s/m entom* Minierer *m* | *mil* Minensuchgerät *n*; *nàut* Minenleger *m*; (*Person*) Mineur, Pionier *m* | **~ire** *m* Bergmann, Grubenarbeiter *m* | Bergwerksbesitzer *m* | **~r** (33) *vt a. fig* untergraben | *mil* verminen, *a. fig* unterminieren.
minaret *m* Minarett *n*.
miner *adj* Minen... || *s/m* = **minaire** | **~al** *adj* (*m/f*) Mineral... | mineralisch | *aigua* ~ Mineralwasser *n* | *regne* ~ Mineralreich *n* | *recursos* ~s Bodenschätze *m pl* || *s/m* Mineral *n* | Erz, Gestein *n* | *col·lecció de* ~s Mineraliensammlung *f* | **~alitzable** *adj* (*m/f*) mineralisierbar | **~alització** *f biol geol* Mineralisation *f* | **~alitzador** *adj* mineralisierend | **~alitzant** *adj* (*m/f*): *un agent* ~ e. mineralbildendes Mittel *n* | **~alitzar** (33) *vt* mineralisieren | **~alitzar-se** *v/r* Mineralstoffe aufnehmen (*Wasser*) | mineralisieren | **~alogia** *f* Mineralogie | **~alògic** *adj* mineralogisch | **~alogista** *m/f* Mineraloge *m*, -gin *f* | Mineraliensammler(in *f*) *m* | **~ia** *f* Bergbau *m* | Bergbauindustrie *f* | **~o-medicinal** *adj* (*m/f*): *aigua* ~ Heilquellwasser, heilkräftiges Mineralwasser *n*.
minerv|a *f gràf* Abziehpresse, Tiegeldruckpresse *f* | **~ista** *m/f* Tiegeldrucker(in *f*) *m*.
minestra *f gastr* Minestra *f*; Gemüseeintopf *m* | *p ext* Essen *n*.
mingo *m* rote Billardkugel *f*.
mini *m min pint* Mennige *f* | **~ar** (33) *vt* in Miniatur malen | **~atura** *f* Miniatur *f* | *en* ~ (*loc adv*) en miniature, im kleinen | **~aturar** (33) *vt* = **~ar** | **~aturista** *m/f* Miniatur(en-)maler(in *f*) *m* | **~aturització** *f elect* Miniaturisierung *f* | **~aturitzar** (33) *vt elect* miniaturisieren.
mini|faldilla *f mst pl* Minirock *m* | **~fundi** *m agr* Zwerg-betrieb *m*, -besitz *m* | **~golf** *m* Minigolf *n*.
mínim *adj sup* mindeste(r, -s), Mindest...; kleinste(r, -s), Kleinst... | tiefste(r, -s), Tiefst... | minimal, Minimal... | *p ext* geringfügig, winzig | *pena* (*velocitat*) ~a Mindest-strafe (-geschwindigkeit) *f* | *salari* ~ Mindestlohn *m* | *temperatura* ~a Tiefsttemperatur *f* || *s/m a. mat* Minimum *n* | *el* ~ *vital* das Existenzminimum *n* | *amb un* ~ *de molèsties* mit e-m Minimum an Unannehmlichkeiten | *reduir al* ~ auf das Minimum (*od* Mindestmaß) reduzieren | *el* ~ *que podies fer era telefonar* du hättest zumindest anrufen können | *per sota del* ~ unter dem Minimum | *un* ~ *de tres hores* mindestens drei Stunden | *com a* ~ (*loc adv*) mindestens | **~a** *f meteor* Minimum *n* | *mús* Minima *f*.
minimal *adj* (*m/f*) *mat* minimal, Minimal...
mínimament *adv: si fossis* ~ *intel·ligent* ... wenn du nur e. klein wenig intelligent wärest ...
minimitzar (33) *vt* verharmlosen, verniedlichen, bagatellisieren | *econ mat* minimieren.
mínimum *m* = **mínim**.
minist|eri *m* Ministerium *n* | *lit* Amt *n*; Aufgabe *f* | *ecl* geistliches Amt *n* | ~ *d'agricultura* (*d'economia, de l'interior, d'afers estrangers* od *exteriors, de cultura, de justícia*) Landwirtschafts-(Wirt-

schafts-, Innen-, Außen-, Kultus-, Justiz-)ministerium *n* | ~ *públic* od *fiscal (dr)* Staatsanwaltschaft *f*; *p ext* Staatsanwalt *m* | *durant el seu* ~ in *(od während)* s-r Amtszeit (als Minister) | *durant el* ~ *de X* als X Minister war | **~erial** *adj (m/f)* ministerial, -ell | Ministerial... | Minister... | *crisi* ~ Kabinettskrise *f* | **~erialment** *adv* als Minister | Ministerial... | **~rable** *adj (m/f) fam polít* ministrabel | **~rar** (33) *vt ant* = **ad-** *bzw* **subministrar** | **~re** (-a *f*) *m polít* Minister(in *f*) *m* | *ecl* Pfarrer(in *f*) *m* | ~ *plenipotenciari* Gesandte(r) *m* | *primer* ~ Premierminister *m* | **~ressa** *f* Ministerin *f*.
minoic *adj* minoisch.
minor|ació *f* Verminderung *f* | **~ar** (33) *vt* vermindern | **~atiu (-iva** *f*) *adj* vermindernd | *med: remei* ~ Abführmittel *n* | **~ia** *f a. polít* Minderheit *f* | *quedar-se en* ~ überstimmt werden | ~ *d'edat* = **~itat** | **~itari (-ària** *f*) *adj* Minderheits..., Minderheiten... | **~itat** *f* Minderjährigkeit *f*.
minova *f med* Skrofel *f*.
mins|ament *adv* spärlich | knapp | dürftig | **~o** *adj* dünn | dürftig.
min|úcia *f* Kleinigkeit *f* | *p ext* peinliche Genauigkeit *f* | **~uciós (-osa** *f*, **-osament** *adv) adj* eingehend, peinlich genau, *lit* minuziös | **~uciositat** *f* peinliche Genauigkeit *f* | Kleinlichkeit *f* | **~uend** *m mat* Minuend *m* | **~uet** *m* Menuett *n* | **~úscul** *adj (Buchstabe, Schrift)* klein, Klein... | *fig* winzig, sehr klein | *una «a»* ~*a* e. kleines «a» || *s/f* Kleinbuchstabe, *gráf* Minuskel *f* | *gráf a.* Minuskelschrift *f* | **~usvàlid** *adj med* behindert || *s/m/f* Behinderte(r) *m/f*.
minut *m* Minute *f* | ~ *de silenci* Schweigeminute *f* | *a cinc* ~*s d'aquí* ganz in der Nähe | **~a** *f* Urschrift *f*, Entwurf *m* | *dr econ* Gebührenrechnung *f* | **~ar** (33) *vt dr* entwerfen | **~era** *f* Minutenzeiger *m*.
minv|a *f* Mindern *n*, Abnahme *f*, Schwund *m* | Abgang, Verlust *m* | *(Meer)* letzte Ebbe *f* | *fer (od sofrir) minves* Abnahmen *od* Verluste erleiden; abnehmen, schwinden *(Gewicht)* | **~ada** *f (Fluß)* Sinken, Fallen *n* | *(Maschen)* Abnehmen *n* | **~adet** *m tèxt* = **~ada** | **~ament** *m* Abnehmen *n* | (Ver)schwinden *n* | s. Verkleinern | (Ver)kürzen *n* | Herabsetzen *n* | **~ant** *adj (m/f)* abnehmend | *lluna* ~ abnehmender Mond *m* || *s/m (Wasserstand)* Fallen, Sinken *n* | = **~ada** | **~ar** (33) *vi* abnehmen, fallen, s. vermindern, schwinden, sinken | kürzer werden *(Tage)* || *vt* kl(r) machen, vermindern, verringern | schmälern | verkleinern | herabsetzen | **~ell** *m* Regenrohr *n* | **~ós (-osa** *f*) *adj* abnehmend | s. vermindernd.
miny|ó *m* Knabe *m* | Bursche *m* | junger Mann, Jüngling *m* | ~ *de muntanya* Pfadfinder *m* | *(és)ser bon* ~ brav sein, e. braver Junge sein | **~ona** *f* Mädchen *n* | Jungfer *f* | *bes* (Dienst-) Mädchen *n* | **~onada** *f* Dummerjungenstreich *m* | **~onejar** (33) *vi* herumalbern, -kaspern | **~oneria** *f* dummer Streich *m*, Kinderei *f* | **~onesa** *f* Kindheit *f*, Knabenjahre *n pl* | Jugend *f* | **~onet(a** *f*) *m* Bürschchen *n* | Mägdlein *n* | **~onia** *f* = **~onesa** | = **~oneria** | **~onívol** *adj* knabenhaft | burschikos | jugendlich.
miocardi *m anat* Herzmuskel *m*, Myokard *n* | *s: infart* | **~tis** *f med* Herzmuskelentzündung, Myokarditis *f*.
miocè *m geol* Miozän *n* | **~nic** *adj* miozän | Miozän...
mio|clònia *f med* Myoklonie *f*, Muskelkrampf *m* | **~dinàmia** *f* Muskelkraft *f* | **~fibril·la** *f* Muskelfibrille, Myofibrille *f* | **~globina** *f biol* Myo(hämo)globin *n*.
miol *m onomat* Miau(en) *n* | **~ador** *adj*, **~aire** *adj (m/f)* miauend | **~ar** (33) *vi* miauen.
mio|logia *f anat* Myologie, Muskellehre *f* | **~ma** *m med* Myom *n*.
miop *adj (m/f) med* myop, kurzsichtig || *s/m/f* Myope(r *m*), Kurzsichtige(r *m*) *m/f* | **~ia** *f med* Myopie, Kurzsichtigkeit *f*.
mio|sina *f biol* Myosin *n* | **~sitis** *f med* = **miïtis** | **~sotis** *f bot* Vergißmeinnicht *n* | **~tomia** *f med* Myotomie *f* | **~tonia** *f med* Myotonie *f*, Muskelkrampf *m*.
miquel *m fam* Rüffel, Anpfiff *m*; Abfuhr *f* | *clavar* (od *donar) un* ~ *a alg* j-m e-n Rüffel erteilen | *rebre un* ~ eins auf den Hut kriegen | **~et** *m hist* Milizsoldat *m*.
mira *f* Blick *m* | *fig mst pl* Absicht(en *pl*) *f* | *tecn* Meßlatte *f* | *punt de* ~ Zweck

mirabolà *m*, Ziel *n* | *línia de* ~ Visierlinie *f*; *mil a.* Richt-, Visier-korn *n* | *no sé quines mires et guien* deine Absichten (*od* Zwecke) sind mir unbekannt.

mirabol|là *m* Mirabelle *f* | Myrobalane *f* | **~aner** *m bot* Mirabellen-, Myrobalanen-baum *m*.

mirac|le *m* Wunder *n* | ~ *econòmic* Wirtschaftswunder *n* | *de* ~, *com per* ~ wie durch e. Wunder | *fer* ~**s** Wunder tun *od* wirken | **~ler** *adj* wundertätig | wundergläubig | **~ulós** (-osa *f*, -osament *adv*) *adj* wunderbar, *lit* wundersam | wundertätig | *ecl: una imatge miraculosa* e. Gnadenbild *n*.

mirad|a *f* Blick *m* | *una mala* ~ e. böser Blick | *una* ~ *amenaçadora* (*tendra*) e. drohender (zarter) Blick | *donar una* ~ *a alg* e-n Blick auf j-n werfen | *donar una* ~ *tot a l'entorn* umherblikken | **~or** *m* Aussichts-punkt *bzw* -turm *m* | *umg* Ausguck *m* | (*Vorbau*) Erker *m*.

miragu|à, **~ano** *m text* Kapok *m* | *bot* Kapokbaum *m*.

mirall *m a. fig* Spiegel *m* | ~ *còncau* (*convex, parabòlic, pla*) Hohl- *od* Konkav-(Konvex-, Parabol-, Plan-)spiegel *m* | ~ *retrovisor* Rückspiegel *m* | ~ *de mà* (*de butxaca*) Hand-(Taschen-)spiegel *m* | *els ulls són el* ~ *de l'ànima* die Augen sind der Spiegel der Seele | **~et** *m* Spieglein *n* | Taschenspiegel *m* | *caç* (*Vogelfänger*) Lockspiegel *m* || *pl fig* Vorspiegelungen *f pl*.

mirambell *m bot* Sommerzypresse, Radmelde *f*.

mira|ment *m fig* Rücksicht(nahme) *f*, Achtgeben *n* | Umsicht *f* | *amb* ~**s** (*loc adv*) rücksichtsvoll, schonend | *sense* ~**s** rücksichts-, schonungs-los | **~nda** *f* Aussichtspunkt *m* | **~r** (33) *vt* ansehen, anschauen, anblicken, *umg* angucken | besehen; *a. fig* betrachten | zusehen, zuschauen, *umg* zugucken (*dat*) | *fig* beachten; berücksichtigen; *im Auge haben* | (*Film, Programm*) s. (*dat*) ansehen | *si em mires bé, veuràs una cosa* wenn du mich gut ansiehst, wirst du etwas sehen | ~ *el rellotge* (*la mar*) auf die Uhr (das Meer) sehen | *no miris directament el sol!* sieh nicht direkt in die Sonne! | *mira com ho faig!* sieh mal zu, wie ich es mache! | *mira de no fer tard!* sieh zu, daß du nicht zu spät kommst! | *mira de no fer-ho més!* versuche, es nicht mehr zu tun! | *mira que no t'equivoquis!* paß auf, daß du dich nicht irrst! | *vaig a* ~ *si hi ha correu* ich gehe nachsehen, ob Post da ist || *vi: mira!* sieh (*umg* guck) mal!; na! | ~ *guerxo* schielen | ~ *per la finestra* aus dem Fenster sehen *od* schauen, blicken, *umg* gucken | *vaig* ~ (*cap*) *al cel* ich sah zum Himmel | *la finestra mira a la plaça* das Fenster sieht (*od* geht) auf den Platz | ~ *per* sorgen für; s. kümmern um | *cadascú mira per ell* jeder sorgt für s. selbst | **~r-se** *v/r* s. ansehen | ~ *el gos* (*un llibre*) s. (dat) den Hund (e. Buch) ansehen | ~ *els uns als altres* einander ansehen | ~ *al mirall* s. im Spiegel ansehen | *no sé pas com t'ho mires* ich weiß nicht, wie du das siehst *od* darüber denkst | *m'hi he mirat molt* ich habe mir die größte Mühe dabei gegeben; ich habe es mir reiflich überlegt | *no s'hi miren gens, amb els diners* sie gehen verschwenderisch mit ihrem Geld um | **~-sol** *m bot* Sonnenblume *f* | **~t** (**-ada** *f*) *adj* rücksichtig | umsichtig | vorsichtig | *ben* ~ gern gesehen | willkommen | *ben* ~, *no hi hauries d'anar* genaugenommen, solltest du nicht hingehen | *mal* ~ ungern gesehen | unwillkommen | **~atge** *m* Luftspiegelung *f* | *nàut* Kimmung *f* | *fig* Trugbild *n*.

mirbà *m quím* Nitrobenzol *n* | *essència de* ~ Nitrobenzolessenz *f*.

mir|íade *f* Myriade, Unzahl *f* | ungezählte Mengen *f pl* | **~iàpodes** *m pl zool* Tausendfüß(l)er *m pl*.

miríf ic *adj lit* wunderbar | großartig.

mirinyac *m* Krinoline *f*, Reifrock *m*.

mirist icàcies *f pl bot* Muskatnußgewächse *n pl*.

mirlitó *m mús* Rohrflöte *f*.

miroia *f* Blickfang *m* | *fer miroies a alg* j-m etw verlockend ausmalen *od* schmackhaft machen *bzw* vorgaukeln | *posar u/c per* ~ etw verlockend zur Schau stellen.

mirra *f* Myrrhe *f* | *tintura de* ~ Myrrhentinktur *f* | **~r** (33) *vt* mit Myrrhe versetzen.

mirt|àcies *f pl* Myrtengewächse *n pl* | **~iforme** *adj* (*m/f*) myrtenähnlich | myrtenförmig | **~il** *m bot* Heidel-, Blau-beere *f*.

misantr|op *m* Menschenfeind, Misanthrop *m* | **~opia** *f* Menschenhaß *m*,

miscel·lani Misanthropie *f* | **~òpic** *adj* menschenfeindlich, misanthropisch.
misc|el·lani (-ània *f*) *adj Lit* vermischt || *s/f* Verschiedenes *n* | (*bunte*) Sammlung *f* | *bes cient* Miszell(ane)en *f pl* | **~ibilitat** *f* Mischbarkeit *f* | **~ible** *adj* (*m/f*) mischbar.
míser(ament *adv*) *adj lit* elend; miserabel.
mis|erable(ment *adv*) *adj* (*m/f*) elend, ärmlich | jämmerlich, kümmerlich, miserabel | bedauerns-, beklagens-, bejammernswert | bedürftig, notleidend | bedauerlich | geizig, knauserig, kleinlich | verächtlich | lumpig, niedrig || *s/m/f* Elende(r *m*) *m/f* | *desp* Lump *m* | **~eració** *f lit* Erbarmen *n*, Erbarmung *f* | Mit-gefühl, -leid *n* | **~erere** *m a. med* Miserere *n* | **~èria** *f* Elend *n* | Not(lage) *f* | (*mein*) *lit* Misere *f* | *mst pl* Kummer *m*; Qual(en *pl*) *f* | *fig fam* Kleinigkeit, Lappalie *f*; Dreck *m* | *morir* (*viure*) *en la ~* im Elend sterben (leben) | *sou de ~* Hungerlohn *m* | *per una ~* um e. Spottgeld *n* | **~ericòrdia** *f* Barmherzigkeit *f* Erbarmen *n* | (*Stütze*) Miserikordie *f* | *per ~ aus Erbarmen* | *obres de ~* Werke *n pl* der Barmherzigkeit | *tractar alg amb ~* j-n mit Erbarmung behandeln | **~ericordiós** (-osa *f*, -osament *adv*) *adj* barmherzig, erbarmungsvoll | **~eriós** (-osa *f*, -osament *adv*) *adj lit* = **~erable(ment**) | **~èrrim** *adj sup* elendst(e, -r, -s) | höchst ärmlich | **~èrrimament** *adv* höchst elend *bzw* ärmlich.
mis|ògam *adj* ehe-feindlich, -scheu | **~ogàmia** *f* Ehescheu, Misogamie *f* | **~ogin** *adj* frauenfeindlich, misogyn || *s/m* Frauenfeind, Mysogyn *m* | **~ogínia** *f* Frauenfeindlichkeit, Misogynie *f*.
mispíquel *m min* Arsen-opyrit, -kies *m*.
missa *f catol a. mús* Messe *f* | *~ cantada* Singmesse *f* | *~ dita* stille Messe *f* | *~ de difunts* Seelen-, Toten-messe *f* | *del gall* Christmette *f* | *~ negra* schwarze Messe *f* | *~ nova* Primiz *f* | *~ nupcial* od *de noces* Trau(ungs)messe *f* | *~ major* od *solemne* Hochamt *n* | *anar a ~* zur Messe gehen | *ajudar a ~* ministrieren | *arribar a misses dites* (*fig fam*) zu spät ankommen | *cantar ~* die Primiz feiern | *celebrar la ~* die Messe feiern | *dir ~* die Messe lesen | (*és*)*ser molt de ~* (*fam*) e. eifriger Kirchgänger sein; *desp* e. Betbruder (*bzw* e-e Betschwester) sein | **~cantant, ~dient** *m ecl* Primiziant *m* | **~ire** *m/f desp* Bet-bruder *m*, -schwester *f* | **~l** *m* Meßbuch, Missal(e) *n*.
missatge *m* Botschaft *f* | Meldung, Mitteilung *f* | *Bal* Diener *m* auf Zeit | *~ radiofònic* Funkspruch *m* | **~r** *adj: colom ~* Brieftaube *f* || *s/mf* Bote *m*, Botin *f* | *per ~* durch Boten | **~ria** *f* Fracht(unternehmen *n*) *f* | Paketdienst *m*.
misser *m ant Bal dr* Anwalt *m* | (*Anrede*) (*mein*) Herr *m* | *iròn* Besserwisser *m* | **~ejar** (33) *vi* klugreden, in den Tag hinein schwätzen.
míssil *m mil* Rakete *f* | *s: abast.*
missi|ó *f* Auftrag *m*, Sendung *f*, *bes ecl dipl* Mission *f* | Missions-haus *n bzw* -station *f* | *fig a.* Aufgabe *f* | *polít a.* Abordnung, Delegation *f* | *mil* Einsatz *m* | **~oner** *adj* missionarisch | Missions... || *s/mf* Missionar(in *f*) *m* | **~va** *f ant* Sendschreiben *n* | *lit* Brief *m*.
mistela *f: Getränk aus Branntwein, Zukkerwasser u. Zimt.*
misteri *m* Geheimnis, Rätsel *n* | *bes rel* Mysterium *n* | *teat* Mysterienspiel *n* | **~ós** (-osa *f*, -osament *adv*) *adj* geheimnisvoll, rätselhaft, mysteriös.
místic(ament *adv*) *adj* mystisch || *s/mf* Mystiker(in *f*) *m* || *s/f* Mystik *f*.
misti|cisme *m* Mystizismus *m* | **~ficació** *f* Irreführung, Täuschung *f* | Vorspiegelung *f* | **~ficador** *adj* irreführend, täuschend | vorspiegelnd || *s/mf* Betrüger(in *f*) *m* | Schwindler(in *f*) *m* | **~ficar** (33) *vt* irreführen, täuschen, *lit* mystifizieren.
misto *m fam* Streichholz *n*.
mite *m* Mythos, Mythus *m*, Mythe *f*.
mitena *f* Handschuh *m* ohne Finger.
mitge|nc *adj* mittlere(r, -s); mittelmäßig | mittel-groß *bzw* -stark, -hart || *s/m agr* Mengkorn *n* || *s/f dr* Halbpacht *f* | **~r** *adj* mittlere(r, -s) | Zwischen... | *paret ~a* Trennwand *f* || *s/mf dr* Halbpächter(in *f*) *m* | **~t** *m* Dreieckstuch *n* | **~ta** *f tèxt* (*Seide*) Dockenhälfte *f*.
mític|(ament *adv*) *adj* mythisch | Mythos... | sagenhaft.
mitiga|ble *adj* (*m/f*) abschwächbar | **~ció** *f* Milderung, Linderung *f* | Abschwächung *f* | *dr: ~ d'una pena* Strafmilderung *f* | **~dor** *adj* mildernd, lindernd || *s/mf* Abschwä-

cher(in *f*) *m* | **~ment** *m* = **~ció** | Abschwächen *n* | Mildern, Lindern *n* | **~nt** *adj* (*m/f*) = **~dor** | **~r** (33) *vt* mildern, lindern | abschwächen, beschwichtigen.
mit|ílids *m pl zool* Mies-, Pfahl-muscheln *f pl* | **~iloide** *adj* (*m/f*) miesmuschelähnlich.
míting *m polít* Treffen *n*, Veranstaltung *f*.
mitj|a *f* Strumpf *m* | fer ~ stricken | *agulles de fer* ~ Stricknadeln *f pl* | **~à** (**-ana** *f*) *adj* mittlere(r, -s), Mittel... | durchschnittlich, Durchschnitts... | *la mida mitjana* die mittlere Größe | *el curs* ~ *d'un riu* der Mittellauf e-s Flusses | *el punt* ~ *d'una línia* der Mittelpunkt e-r Linie | *una dona d'edat mitjana* e-e Frau in den mittleren Jahren | *el lector* ~ der Durchschnittsleser | *temperatura mitjana* Durchschnittstemperatur, mittlere Temperatur *f* || *s/m* Mittel *n* | ~ *de transport* Transport-, Beförderungsmittel *n* | *mitjans de comunicació* Massenmedien, Kommunikationsmittel *n pl* | *mitjans econòmics* finanzielle Mittel *n pl* | *per a ell tots els mitjans són bons* ihm sind alle Mittel recht | *pels seus propis mitjans* aus eigenen Mitteln | *per* ~ *de* durch; mit Hilfe von; mittels (*gen*) | *ho vaig fer per* ~ *d'ell* ich tat es durch s-e Vermittlung | **~acanya** *f* (*Schreinerei*) Hohlkehle *f* | Rahmenleiste, gekehlte Leiste *f* | **~aire** *m ornit* = **teixidor** | **~allana** *f tèxt* Halbwollstoff *m* | **~alluna** *f* Hack-, Wiegemesser *n* | **~an** *adj inv*: *a* ~ gegen (die) Mitte | *a* ~ *gener* gegen Mitte Januar | *a* ~ *segle dinou* gegen die Mitte des 19. Jahrhunderts | **~ana** *f* Durchschnitt *m* | *mat a.* Durchschnitts-, Mittel-wert *m*, (arithmetisches) Mittel *n* | *geom* Seitenhalbierende, Mediane *f* | *gastr* Rücken-, Lenden-stück *n* | *nàut* Besan(mast) *m* | **~anament** *adv* mittelmäßig | durchschnittlich | nicht übermäßig viel | **~ançant** *prep* mittels (*gen*); durch; mit Hilfe von | ~ *el vostre ajut* mittels eurer Hilfe | ~ *que* vorausgesetzt, daß; unter der (Vor)Bedingung, daß | **~ançar** (33) *vi* vermitteln (*entre* zwischen) | **~ancer** *adj* vermittelnd || *s/mf* Vermittler(in *f*), Mittelsmann *m* | **~anceria** *f* Vermittlung *f* | **~ania** *f* Mittelmaß *n* | Mittelmäßigkeit *f* | *a la* ~ auf halbem Wege; ge-

gen (die) Mitte | **~anit** *f* Mitternacht *f* | *de* ~ Mitternachts...; mitter-nächtig, -nächtlich | **~ó** *m* Socke *f* | Kniestrumpf *m* | *mitjons de seda* Seidensocken *f pl*.
mito|condri *m*, **~còndria** *f biol* Mitochondrium *n*.
mit|ografia *f lit* Mythographie *f* | **~ogràfic** *adj* mythographisch | **~òleg** (**-òloga** *f*) *m* Mythologe *m*, Mythologin *f* | **~ologia** *f* Mythologie *f* | **~ològic** *adj* mythologisch | **~ologista** *m/f* = **~òleg** | **~omania** *f med* Mythomanie *f*.
mit|osi *f biol* Mitose *f* | **~òtic** *adj* mitotisch.
mitra *f catol* Mitra, Bischofsmütze *f* | *p ext* Bischofswürde *f* | **~l** *adj* (*m/f*) *med* mitral | *vàlvula* ~ Mitralklappe *f*.
mitridat *m med ant* Gegengift *n* | **~isme** *m med* Immunität *f* gegen Gifte.
mix(a *f*) *m fam* Miez(e), Miezekatze *f* | *mix mix!* (*Lockruf*) mi-mi!
mixo|bacterials *m pl biol med* Myxobakterien *f pl* | **~ma** *m med* Myxom *n* | **~matosi** *f* Myxomatose *f* | **~micets** *m pl bot* Schleimpilze, Myxomyzeten *m pl*.
mixt *adj* gemischt | *escola* **~a** koedukative Schule *f* | *nombre* ~ gemischte Zahl *f* | *síl·laba* **~a** mit Konsonanten beginnende u. endende Silbe *f* | *tren* ~ gemischter Zug *m* | **~ilini** (-**ínia** *f*) *adj* ungeradlinig | **~ió** *f* Mischung *f* | **~ura** *f* Mixtur *f* | **~urar** (33) *vt* (ver)mischen.
mnem|ònic *adj* mnemonisch | **~ònica** *f*, **~otècnia** *f* Mnemonik, Mnemotechnik *f* | **~otècnic** *adj* mnemotechnisch.
moabita *adj* (*m/f*) moabitisch || *s/m/f* Moabiter(in *f*) *m*.
moaré *m tèxt* Moiré *m/n*.
mòbil *adj* (*m/f*) beweglich | *econ* unfest, nicht festgelegt || *s/m* beweglicher Körper *m* | Mobile *n* | *fig* Beweggrund, Anlaß *m*, Motiv *n* | *el* ~ *ha estat l'interès* der Beweggrund ist Profitgier gewesen.
mob|iliari (-**ària** *f*) *adj* Mobiliar... || *s/m* Mobiliar *n*, Möbel *n pl* | *dr* Hausrat *m* | **~ilitat** *f* Beweglichkeit *f* | **~ilitzable** *adj* (*m/f*) mobilisierbar | *no* ~ unabkömmlich | **~ilització** *f* Mobilmachung *f* | Einsatz *m* | *mil a.* Mobilisierung *f* | *econ* (*Geld*) Flüssig-

moc machen *n*, Flüssigmachung *f* | **~ilitzar** (33) *vt* mobil machen, mobilisieren | *fig* aufbringen, einsetzen | (*Kapital*) flüssigmachen | **~lam** *m col* (alte) Möbel *n pl* | **~lament** *m* Möblieren *n* | Möblierung, Einrichtung *f* | **~lar** (33) *vt* möblieren, mit Möbeln einrichten | **~lat (-ada)** *f*) *adj* möbliert | *llogar un pis ~ e-e* möblierte Wohnung mieten | **~latge** *m* Mobiliar *n*, Möbel *n pl*, Einrichtung *f* | Möblierung *f* | **~le** *adj* (*m/f*) *bes econ* mobil, beweglich | *béns ~s* Mobilien *pl* || *s/m* Möbel(stück) *n*.

moc *m mst pl* Nasenschleim, *pop* Rotz *m* | *p ext* Schleim *m* | (*Kerze*) Wachsträne *f* | (*Truthahn*) Fleischklunker *m/f* | ~ *de gall* (*bot*) Gartenfuchsschwanz *n* | *clavar un ~ a alg* (*fig fam*) j-m e-n Rüffel erteilen | *el nen té ~s* dem Kind läuft die Nase.

moca[1] *m* (*Kaffee*) Mokka *m*.

moca[2] *f* Eingeweide *pl* | *treure la ~* (*fig*) erschöpft sein.

moca|da *f* Schnauben, Schneuzen *n* | *pop* Rotzen *n* | **~dor** *m* Taschentuch *n* | ~ *del cap* (*del coll*) Kopf-(Hals-)tuch *n* | ~ *de paper* Papiertaschentuch *n* | ~ *de fer farcells* od *d'herbes* Bündeltuch *n* | **~dorada** *f col* Taschentücher *n pl* | *una ~ de cebes* e. Tuch *n* voller Zwiebeln | **~doret** *m* Taschen- *bzw* Kopf-tüchelchen *n* | **~llós (-osa)** *f*) *adj* rotzig || *s/mf a.* fig *desp* Rotznase *f* | *s/f ornit* Haubenlerche *f* | **~llums** *m* Lichtschere *f*.

Moçambic *m* Moçambique *n*.

mocar[1] (33) *vt* schnauben, schneuzen | *fig fam* anschnauzen | = **esmocar**[1] | ~ *un infant* e-m Kind die Nase putzen | **~-se** *v/r s.* (die Nase) schnauben, schneuzen, *s.* die Nase putzen | *fig: no ~ amb mitja mànìga* großzügig (*od* freigebig) sein.

mocar[2] (33) *vt* = **esmocar**[2].

mocassí *m* Mokassin *m*.

moció *f* Bewegung *f* | *ecl* innere Regung *f* | *polít* Antrag *m* | ~ *de censura* Mißtrauensantrag *m*.

mocós (-osa *f*) *adj desp* rotzig || *s/mf* (*Kind*) Rotznase *f* | *s/f bot* Ritterling *m pl* | Schneckling *m* | Hechelkraut *n*.

mod|a *f* Mode *f* | *a la* (od *de*) ~ nach der Mode; modisch, modern | (*és*)*ser* ~ Mode sein | *fora* (od *passat*) *de* ~ außer Mode; altmodisch, unmodern | *a l'última ~* neumodisch, nach der neuesten

Mode || *pl* Modewaren *f pl* | **~al** *adj* (*m/f*) *ling mús filos* modal | *verb* ~ Modalverb *n* | **~alitat** *f* Modalität *f* | **~e** *m* Art, Weise *f* | Form, Methode *f* | *ling mús filos* Modus *m* | *econ*: ~ *de producció* Produktionsweise *f* | *ling*: ~ *indicatiu* Indikativ *m*, Wirklichkeitsform *f* | ~ *subjuntiu* Konjunktiv *m*, Möglichkeitsform *f* | ~ *imperatiu* Imperativ *m*, Befehlsform *f* | *mús*: ~ *major* (*menor*) Dur-(Moll-)tonart *f* | *filos*: ~*s del sil·logisme* Syllogismenmodi *m pl*, Modi *m pl* der logischen Schlußformen.

mòdega *f bot* Montpellier-Zistrose *f*.

mod|el *m* Modell, Muster, Vorbild *n* | *prendre alg com a ~ s.* j-n zum Vorbild nehmen | *s/m/f art fotog pint* Modell *n* | (*Mode*) Mannequin *n*; Dressman *m* | *fer de ~* als Modell (*bzw* Mannequin, Dressman) arbeiten; *art* Modell stehen *od* sitzen | **~elador** *m* Modellierer *m* | Modelltischler *m* | *s: modelista* | **~elar** (33) *vt* formen, modeln, modellieren | *fig* nachbilden, nach e-m Muster (*od* Modell) bilden | **~elatge** *m* Modellieren *n* | **~èlic(ament** *adv*) *adj* musterhaft, vorbildlich | modellhaft | tadellos | **~elisme** *m* Modellbau *m* | **~elista** *m/f* Modellschneider(in *f*), -zeichner(in *f*) *m* | *tecn* Modellbauer(in *f*) *m*.

modera|ció *f* Mäßigung *f* | *dr* Milderung *f* | *fig* Verminderung *f* | **~dor** *adj* mäßigend | *s/m* Mäßiger *m*, beschwichtigendes Element *n* | *tecn* Regulator *m*, Reguliervorrichtung *f* | *fts* Moderator *m* | (*Kernreaktoren*) Bremsvorrichtung *f* | (*Diskussion*) Moderator *m* | **~r** (33) *vt* mäßigen | herabsetzen, vermindern | dämpfen | **~r-se** *v/r s.* mäßigen | *s.* bescheiden | **~t (-ada** *f*) *adj* mäßig | (*Preis*) maßvoll | *a. polít* gemäßigt || *s/mf* Gemäßigte(r *m*) *m/f* | **~tiu (-iva** *f*) *adj* mäßigend | herabsetzend.

modern *adj* modern | neu(zeitlich), heutig | *grec* ~ Neugriechisch *n* | *llengües* ~*es* neuere Sprachen *f pl* | *a la* ~*a* (*loc adv*) nach der letzten Mode; nach modernem Geschmack *bzw* Lebensstil *m* || *s/m pl*: *els* ~*s* die Neueren *m pl* | **~ament** *adv* neuzeitlich, in jüngster Zeit | **~isme** *m* Modernismus *m* | (*Stilrichtung*) Jugendstil *m* | **~ista** *adj* (*m/f*) modernistisch | Jugendstil... || *s/m/f* Modernist(in *f*) *m* |

Jugendstilkünstler(in *f*) *m* | **~itat** *f* Modernität *f* | Moderne *f* | **~ització** *f* Modernisierung *f* | **~itzar(-se)** (33) *vt*(/*r*) (s.) modernisieren.

mod|est(ament *adv*) *adj* bescheiden | anspruchslos | einfach, schlicht | *fam* sittsam, anständig | (*Lohn*) gering, niedrig | **~èstia** *f* Bescheidenheit *f* | Anspruchslosigkeit *f* | Schlichtheit | Sittsamkeit *f* | *falsa* ~ falsche Bescheidenheit *f* | ~ *a part*... ohne mich loben zu wollen, (muß ich doch sagen)...

mòdic *adj* mäßig, gering | (*Preis*) niedrig.

modi|citat *f* (*Preise*) Mäßigkeit *f* | Niedrigkeit *f*.

modifica|bilitat *f* Abänderungs-, Veränderungs-möglichkeit *f* | **~ble** *adj* (*m/f*) abänderungsfähig | einstellbar | *lit* modifizierbar | **~ció** *f* (Ab)Änderung, Veränderung *f* | Neugestaltung *f* | *lit* Modifikation, Modifizierung *f* | **~dor** *adj* abändernd | Änderungs... | *biol* Modifikations... | *agents* ~*s* Änderungsmittel *n pl*; Modifikationskräfte *f pl* | **~nt** *adj* (*m/f*) = **~dor** *adj* | **~r** (33) *vt* ab-, um-, ver-ändern | *ling lit* modifizieren | **~r-se** *v/r* s. (ver)ändern | **~tiu** (-**iva** *f*) *adj* abändernd | Änderungs... | Modifikations...

modis|me *m ling* idiomatische Wendung *f* | **~ta** *m/f* Damenschneider(in *f*) *m* | Modistin, Putzmacherin *f*.

modoló *m* = **garbera**.

mòdul *m arquit mat* Modul *m* | (*Medaille*) Durchmesser *m* | ~ *lunar* Mondfähre *f* | (*Raumschiff*) Kommandokapsel *f*, Mutterschiff *n* | Betriebsraum *m*.

modula|ció *f* Modulation *f* | ~ *d'amplitud* (*de freqüència*) Amplituden-(Frequenz-)modulation *f* | **~dor** *adj* modulierend | *s/m* Modulationswandler *m* | **~r**[1] (33) *vt/i* modulieren | **~r**[2] *adj* (*m/f*) modular.

mof|a *f* Spott *m*, Verhöhnung *f* | Neckerei *f* | *fer* ~ spotten | **~ador** *adj u. s/m/f*, **~aire** *adj* (*m/f*) *u. s/m/f* = **~eta**[1] | **~ar-se** (33) *v/r*: ~ *d'alg o d/u/c* j-n od etw verspotten; über j-n od etw spotten; s. über j-n *od* etw lustig machen | **~eta**[1] *adj* (*m/f*) spöttisch || *s/m/f* Spötter(in *f*) *m*.

mofeta[2] *f geol* Mofette *f* | *zool* Stinktier *n*.

mogol *m hist* Mogul *m* | *el Gran* ⤳ der Großmogul.

mogut (-**uda** *f*) *adj* bewegt | unruhig | lebhaft | *anar* (*od estar*) ~ (*fig fam*) geil (*od* scharf) sein || *s/f* Bewegung *f* | *bes* Abmarsch *m*; Ab-fahrt, -reise *f*.

mohatr|a *f hist* Wuchergeschäft *n* | **~er(a** *f*) *m* Wucherer *m*, Wucherin *f*.

moher *m tèxt* Mohair, Mohär *m*.

moix[1] *adj* bedrückt, niedergeschlagen | kleinmütig, verzagt | (*Obst*) überreif, *reg* mulsch(ig) | *amb posat* ~ mit bedrückter Miene | *aigua* ~*a* stehendes Wasser *n*.

moix[2](**a** *f*) *m* = **gat(a)** | *infan* Muschi *f* | **~aina** *f* Liebkosung, Zärtlichkeit *f* | Streicheln *n*.

moixama *f gastr* luftgetrockneter Thunfisch *m*.

moixarra *f ict* Goldbrasse(n *m*) *f*.

moixell *m tèxt* (*Spinnen*) Flor; Strang *m* | *un* ~ *d'espigues* e. Büschel *n* Ähren.

moixer|a *f bot* Mehlbeere *f* | ~ *de la guilla* Eberesche *f* | **~eta** *f bot* Rostblättrige Alpenrose *f*.

moixerif *m* = **almoixerif**.

moixernó *m bot* Mairitterling, Georgspilz *m* | Weißritterling *m* | ~ *d'estepa* Steppenritterling *m* | ~ *de prat* od *fals* Feld-, Nelken-schwindling *m* | ~ *de primavera* Georgspilz *m* | ~ *de tardor* Riesentrichterling *m*.

moixet(a *f*) *m ornit* Sperber *m*.

moixí[1] *m* = **molleric**.

moixí[2] (-**ina** *f*) *adj* Katzen... | *pèl* ~ Flaum; Flaumbart *m*.

moixiganga *f* Maskenaufzug *m*, Mummenschanz *m*.

moixina *f Bal* Nachtstuhl *m* | *ict* Fleckhai, Sägeschwanz *m*.

moixó *m* Vöglein, Vögelchen *n* | *ict* Silberfisch *m*.

moixonet *m ict* Ährenfisch *m*, *bes* Priesterfisch *m*.

moixoni *int* pst!, kusch!, still! | *fer* ~ s. nicht mucksen.

mol *m quím* Mol *n* | **~a**[1] *f a. fig* gewaltige Masse *f* | *geog* steiler Hügel *m*, der eben ausläuft | ~ *d'un arbre* gr(e) Krone *f od* gr(r) Wipfel *m* | ~ *de peix* Fischschwarm *m*.

mola[2] *f* Mühlstein *m* | Schleif-, Wetzstein *m*; Schleifscheibe *f* | *med* Mole *f* | **~da** *f* Mahlgut *n* | **~dor** *m agr* zum Dreschen ausgebreitetes Getreide *n* | **~r**[1] *adj* (*m/f*) Mahl... | Mühl... | *med* Mole... | *prenyat* ~ Moleschwangerschaft, falsche Schwangerschaft *f* || *s/f* Molar-, Mahl-zahn *f* | **~r**[2] (33) *vt reg* = **esmolar**.

mold|au (-**ava** *f*) *adj* moldauisch || *s/m/f*

Moldauer(in f) m | ~àvia f Moldau f.
moldre (40) vt mahlen | s: mòlt.
mol|ècula f quím Molekül n | fig kl(s) Teilchen n | ~ècula-gram f quím Grammol(ekül) n | ~ecular adj (m/f) molekular, Molekular... | pes ~ Molekulargewicht n.
moled|ís (-issa f) adj mahlbar | ~or adj mahlend | Mahl ... ‖ s/m Mühlwalze f.
molesquí m tèxt Moleskin m/n.
mol|est(**ament** adv) adj lästig, beschwerlich, störend, unbequem | verdrießlich | ärgerlich | ~estador adj belästigend | = **molest** | ~estar (33) vt belästigen, lästig fallen | stören | quälen | ärgern | ~estar-se v/r s. ärgern | s. bemühen, s. (dat) Umstände machen | ~èstia f Belästigung f | Stören n, Störung f | Mühe f | Unbequemlichkeit f | Verdruß m | med (oft pl) Beschwerde(n pl) f | ~estós (-osa f, -osament adv) adj = **molest**(**ament**).
molet|a f (für Farben, Medikamente) Handmühle f | tèxt Molette, Prägewalze f | ~ejar (33) vt tèxt (Druckform) mit der Molette prägen.
moletó m tèxt Molton f.
molí m Mühle f | ~ draper Walkmühle f | ~ d'oli Ölmühle f | ~ paperer Papiermühle f | ~ fariner Getreidemühle f | ~ de sang Tret-mühle f, -rad n | ~ de vent Windmühle f | s: aigua.
mol|ibdat m quím Molybdat n | ~ibdè m Molybdän n | ~ibdenita f min Molybdänglanz, Molybdänit m | ~íbdic, ~ibdós (-osa f) adj quím Molybdän..., molybdänhaltig.
molin|a f agr indús Mühlsäge f | ~ada f Mahlen n | Vermahlung f | Mahlquantum n | Oliventrester m pl (nach der Vermahlung) | Kindspech n | ~ar[1] m Mühl(en)feld n, Mühlenreihe f | ~ar[2] (33) vt = **moldre** | tèxt walken | ~er adj Mühlen... | Müller... ‖ s/mf Müller(in f) m | ~eria f Mühlenindustrie, Müllerei f | ~et m kl(e) Mühle f | (Spielzeug) Windrad n | nàut Kreis-, Anker-winde f | ~ de mà Handmühle f | ~ de cafè (pebre) Kaffee-(Pfeffer-)mühle f | fer (el) ~ amb l'espasa (amb els braços) das Schwert (die Arme) kreisförmig schwingen.
moll[1] m anat (Knochen)Mark n | fig das Innerste n | bot med eßbarer Kern m.
moll[2] m ict: ~ roquer Streifenseebarbe f | ~ fanguer Rote Meerbarbe f.
moll[3] m Hafendamm m | Kai(mauer f) m | Mole f.

moll[4] adj weich(lich) | behaglich | fts bes naß | (be)feucht(et) | eingeweicht | cera ~a weiches Wachs n | home ~ Weichling, desp Waschlappen m | de cor ~ weichherzig | ~ de boca schwatzhaft | d'ulls weinerlich | amb la roba ~a mit nassen Kleidern | ~a[1] f (Brot) Krume f | mst pl Brosame(n pl), reg Brosme(n pl), Brot-krume(n pl) f, Brösel m (pl) | ~a[2] f tecn Feder m | Sprungfeder, Stahlfeder f | aut Blattfeder f | ~ del rellotge Uhrfeder f | fluix de molles (iròn pop) dauernd furzend | ~al m Moor, Morast n, Sumpf m | ~ar adj (m/f) (Obst) weich | Knack-, Krach-... | leicht zerbrechlich | ~enc adj weichlich.
mòllera f ict Zwergdorsch, Kaplan m | ~ bròtola od de palangre bzw pigada Gabeldorsch m.
moll|eric m bot Dickröhrling m («Boletus Ixocomus bovinus bzw granulatus») | ~eró m bot = **molleric** («granulatus») | ~esa f a. fig Weichheit f | Weichherzigkeit f | (Körper) Schlaffheit f | desp übertriebene Nachsicht, Schwäche f | Verweichlichung f | Willenlosigkeit f.
mol·l|ície f Weichheit f (des Geistes) | mst desp Verweichlichung f | ~ificació f Erweichen n, Erweichung f | ~ificar (33) vt a. med erweichen | geschmeidig machen | ~ificatiu (-iva f) adj erweichend | geschmeidig machend.
molló m Grenzstein m | Wegweiser m | oc bot Olivenblüte f.
mollonar (33) vt = **amollonar**.
molls m pl Feuerzange f | (Haare) Brennschere f, -eisen n.
mol·luscs m pl zool Weichtiere n pl.
moló m gràf Farbläufer m | Reibstein m | Reib-, Mörser-keule f.
mols|a f bot Moos n | fam (Obst) Fruchtfleisch n, Pulpe f | Oliventrester m pl | ~ aquàtica Wassermoos n | ~ós (-osa f) adj bemoost | ~ut (-uda f) adj fleischig | Fleisch..., fleisch... | = ~ós.
molt (-**a** f, -**s** m pl, -**es** f pl) (28) pron ind viel(er, -e, -es) ‖ (adjektivisch; a. + de) beuen ~ (de) vi i poca aigua sie trinken viel Wein u. wenig Wasser | ~a sort! viel Glück! | amb ~a paciència mit viel Geduld | ~ (d')or pur vieles reine (od viel reines) Gold | els seus ~s mèrits s-e vielen Verdienste | de

~s *colors* vielfarbig | *ja tenen ~s més amics* sie haben schon viel mehr Freunde | *hem parlat de ~es coses (divertides)* wir haben von vielem (Lustigen) gesprochen | *fa ~ (de) temps* es ist lange her; vor langer Zeit; seit langem | *ha passat ~ (de) temps* es ist viel Zeit vergangen | *és ~a la teva responsabilitat!* deine Verantwortung ist groß! || (*substantivisch*) *tu pots fer-hi ~* du kannst viel dazu tun | *fa ~ que ho sé* ich weiß es seit langem | *això és dir* das ist viel gesagt | *~s voldrien plorar amb els teus ulls* viele möchten deine Sorgen haben | *~(e)s d'ell(e)s* viele von ihnen || *adv* viel; sehr | *ara treballes ~ (més, menys)* jetzt arbeitest du viel (mehr, weniger) | *van ~ (sovint) al teatre* sie gehen viel (sehr oft) ins Theater | *és ~ més (menys) segur* es ist viel (un)sicherer | *així és ~ millor (pitjor)* so ist es viel besser (schlechter) | *~ després (abans)* viel später (früher) | *~ tard (aviat)* sehr spät (früh; bald) | *~ bé!* sehr gut! | *és ~ lluny* es ist sehr weit | *el pare ja és ~ alt, però el fill és altíssim* der Vater ist schon sehr groß, aber der Sohn ist riesenhaft | *m'aprecien ~* sie schätzen mich sehr | *ho sento ~* es tut mir sehr leid || *~ i ~* sehr viel; äußerst, ungemein | *érem ~s i ~s* od *érem ~íssims* wir waren sehr viele | *plovia ~ i ~* od *plovia ~íssim* es regnete sehr stark | *és ~ i ~ treballador* er ist überaus arbeitsam | *de* (od *amb*) ~ um vieles, bei weitem | *tu ets de ~ la més bonica* du bist bei weitem die Hübscheste | *per ~ que...* soviel (*bzw* sosehr)... auch...; (u.) wenn auch noch... soviel (*bzw* sosehr)... | *per ~ que t'hi esforcis, no te'n sortiràs* sosehr du dich auch mühst, es wird dir nicht gelingen.

mòlt *adj* gemahlen | **~a** *f* Mahlen *n* | Vermahlung *f* | Mahlquantum *n* | Gemahlene(s) *n*.

moltíssim *adj* (*sup vno* molt) sehr viel | *hi ha ~a gent* es sind sehr viele Leute da | (*substantivisch*) *fa ~* es ist sehr sehr lange her || *adv* sehr, außerordentlich, ungemein, überaus | *ella m'agrada ~* sie gefällt mir ungemein.

molt|ó *m zool* Hammel *m* | *reg* Schöps, Böckel *m* | *mil hist* Rammbock, Mauerbrecher *m* | *gastr: carn de ~* Hammelfleisch *n* | **~onada** *f* gr~|

Hammelherde *f* | **~onejar** (33) *vi* nach Wolle riechen *od* schmecken (*Hammelfleisch*) | *fig desp* e. Herdentier sein | **~onina** *f* Schaffell *n*.

moltura *f dr hist* Mahlgeld *n*.

moma *f fam* gutes Geschäft; Schwein *n* .Geld *n* | *afluixar la ~* Geld lockermachen.

moment *m* Augenblick, Moment *m* | Zeitpunkt *m* | *fís* Moment *n* | *~ d'inèrcia (de rotació)* Trägheits-(Dreh-)moment *n* | *el ~ de la mort* der Augenblick (*od* Moment) des Todes | *l'home del ~* der Mann des Tages | *un ~ decisiu* e. entscheidender Augenblick *od* Moment | *un ~, si us plau* e-n Augenblick (*od* e-n Moment), bitte! | *a cada ~* alle Augenblicke | *al ~ d'acomiadar-se* beim Abschied | *al mateix ~ que ...* im selben Augenblick (*od* Moment), als ... | *del ~ que ...* da (ja) ... weil ... | *de ~* im Augenblick *od* Moment, zur Zeit | *de primer ~* im ersten Augenblick *od* Moment | *d'un ~ a l'altre* od *en qualsevol ~* jeden Augenblick *od* Moment | *en aquest(s) ~(s)* in diesem Augenblick *od* Moment, gerade jetzt | *en un ~* in e-m Augenblick *od* Moment, im Nu | *per un ~* e-n Augenblick *od* Moment (lang) | *per ~s* zusehends, von Minute zu Minute | *ara no és el ~ de parlar-ne* jetzt ist nicht der richtige Augenblick (*od* Moment), darüber zu sprechen | *quan serà el ~* wenn es soweit ist | *no podem perdre ni un ~* wir haben k-e Minute zu verlieren | **~ani** (-**ània** *f*, -**àniament** *adv*) *adj* augenblicklich, momentan.

mòmia *f a. fig* Mumie *f*.

momifica|ció *f* Mumifikation, Mumifizierung *f* | Einbalsamierung *f* | **~r** (33) *vt* mumifizieren.

momòtids *m pl ornit* Sägeracken *f pl*.

mon (**ma** *f*, **mos** *m pl*, **mes** *f pl*) (25) *pron poss arc lit* (stets attributiv u. vorangestellt; nur noch vor Verwandschaftsnamen u. in festen Wendungen üblich) mein(e) | *s: meu* | *mon pare i ma mare* mein Vater u. meine Mutter | *mos germans i mes germanes* meine Brüder u. Schwestern | *no l'he vista en ma vida* ich habe sie in meinem Leben nicht gesehen | (*~ statt ma*) *àvia* meine Großmutter.

món *m* (*pl mons*) Welt *f* | *el ~ animal (vegetal)* die Tier-(Pflanzen-)welt *f* | *el*

mona

~ *de les lletres* die Welt der Literatur | *el ~ dels negocis* die Geschäftswelt | *el ~ de les idees* die Gedanken- *od* Ideen-welt *f* | *el ~ antic* die Alte Welt | *el gran ~* die vornehme Welt | *el nou ~* die Neue Welt | *l'altre ~* das Jenseits | *el tercer ~ (polít econ)* die dritte (vierte) Welt | *un ~ de ...* (*fig*) e-e Unmenge (von) ... | *mig ~* die halbe Welt | *tot el ~* alle Welt | *ho diré davant tot el ~* ich werde es vor aller Welt sagen | *des que (od d'ençà que) el ~ és* seit eh u. je | *el millor cotxe del ~* das beste Auto (in) der Welt | *per res del ~* um nichts (*od* nicht um alles) in der Welt | *com hi ha ~!* was es nicht alles gibt! | *com hi ha ~, que ho faré!* das werde ich todsicher tun! | *quin ~ de mones!* was für e-e verrückte Welt! | *anar-se'n a l'altre ~ od del ~, d'aquest ~* aus der Welt gehen *od* scheiden | *córrer (od rodar, veure) ~* in der Welt herumziehen, -kommen | *se li ha enfonsat el ~* für ihn ist e-e Welt zusammengebrochen | *per això el ~ no s'enfonsa* deshalb (*od* davon) geht die Welt nicht unter | *enviar alg a l'altre ~* j-n ins Jenseits befördern | (*és*)*ser al ~* auf der Welt sein | *no* (*és*)*ser d'aquest ~* nicht von dieser Welt sein | *no és res de l'altre ~* es ist nichts Außergewöhnliches | *és un home de ~* er ist e. Mann von Welt | *el ~ és petit* die Welt ist klein | *fer la volta al ~* e-e Weltreise (*od* e-e Reise um die Welt) machen | *el ~ no fou fet en un dia* die Welt wurde nicht an e-m Tag erschaffen | *perdre el ~ de vista* ohnmächtig werden; (völlig) von Sinnen sein | *posar (od portar bzw dur) al ~* in die Welt setzen | *tenir ~* welterfahren sein | *treure del ~ (fig)* aus der Welt schaffen | *venir (od arribar) al ~* zur (*od* auf die) Welt kommen | *haver vist molt de ~* viel von der Welt gesehen haben | *no haver vist el ~ per un forat* völlig unerfahren sein.

mona *f zool* Meerkatze *f* | *p ext* Äffin *f* | Affenweibchen *n* | *fig* (*Mensch*) Nachäffer(in *f*) *m* | *pop* (*Rausch*) Affe *m* | (*Kartenspiel*) Schwarzer Peter *m* | *nàut* kl(e) Reuse *f* | *~ de Gibraltar* Magot, Berberaffe *m* | *~ negra od caputxina* Kapuziner-, Rollschwanz-affe *m* | *~ uduladora* Brüllaffe *m* | *~ vermella* Patas *od* Gewöhnlicher Husarenaffe *m* | *dormir la ~* s-n Rausch ausschlafen | *~ de Pasqua* Oster-kuchen *m*, -torte *f*.

monaca|l(**ment** *adv*) *adj* (*m*/*f*) mönchisch, Mönchs... | klösterlich, Kloster... | **~t** *m* Mönchstum *n*.

Mònaco *m* Monaco *n*.

monada *f fam* Drolligkeit *f* | Kinderei *f* | (*Frau*) Koketterie *f* | *una ~* etw Niedliches, Reizendes *n*; e. hübsches Mädchen *n*.

mònade *f fís filos* Monade *f*.

monad|isme *m filos* Monadismus *m* | **~ologia** *f fís* Monadenlehre, Monadologie *f*.

monaquisme *m* Mönchstum *n*.

mon|arca *m* Monarch *m* | **~arquia** *f polít* Monarchie *f* | **~àrquic** *adj* monarch(ist)isch || *s*/*mf* Monarchist(in *f*) *m* | **~arquisme** *m* Monarchismus *m*.

monàstic *adj* monastisch, mönchisch, klösterlich | Mönchs... | *una regla ~a* e-e Mönchsregel *f* | *vida ~a* Mönchsleben *n*.

monazita *f min* Monazit *n*.

moned|a *f* Münze *f* | Kleingeld *n* | (*e-s Landes*) Währung *f* | *~ estrangera* Devisen *f pl* | *~ falsa* Falschgeld *n* | *~ forta od alta bzw estable* harte Währung *f* | *~ fiduciària od paper ~* Papiergeld *n* | *batre ~* Münzen prägen | *pagar alg amb la mateixa ~* (*fig*) j-m mit gleicher Münze heimzahlen | **~ar** (33) *vt* (aus)münzen | zu Geld machen | **~atge** *m* Münzprägung *f* | *dr hist* königliche Steuer *f* | **~er** *m* Münzer *m* | *~ fals* Falschmünzer *m* | = **portamonedes**.

monegasc *adj* monegassisch || *s*/*mf* Monegasse *m*, Monegassin *f*.

moneia *f Bal* = **mona**.

monestir *m* Kloster *n*.

monet|ari (**-ària** *f*) *adj* Münz... | Währungs... | Geld... | *econ a.* monetär || *s*/*m* Münzsammlung *f* | **~ització** *f* Monetisierung *f* | **~itzar** (33) *vt econ* monetisieren.

mong|e *m ant reg* = **monjo** | **~er**(**a** *f*) *m* (*Nonnenkloster*) Klosterdiener(in *f*) *m* | **~eta** *f* Bohne *f* | *mongetes verdes od tendres* grüne Bohnen *f pl* | *mongetes seques* weiße Bohnen *f pl* | *mongetes vermelles* Feuerbohnen *f pl* | *guanyar-se les mongetes* (*fig fam*) s. (*dat*) sein Brot verdienen | **~etar** *m* Bohnenacker *m* | **~etera** *f bot* Bohnen-pflanze,

-ranke *f* | ~ *borda* od *d'arbre* Stinkstrauch *m* | **~ívol** *adj* mönchisch | nonnenhaft.
mong|ol *adj* mongolisch || *s/mf* Mongole *m*, Mongolin *f* || *s/m ling* Mongolisch *n* | *el* ~ das Mongolische | **~òlia** *f* Mongolei *f* | **~òlic** *adj a. med* mongolisch | Mongolen... || **~olisme** *m med* Mongolismus *m* | **~oloide** *adj* (*m/f*) *a. med* mongoloid.
moniato *m* Batate, Süßkartoffel *f*.
monició *f a. dr* Mahnung *f*.
monis|me *m filos* Monismus *m* | **~ta** *adj* (*m/f*) monistisch || *s/m/f* Monist(in *f*) *m*.
mònita *f lit* Schlauheit *f* | List(en *pl*) *f*, Kniff(e *pl*) *m*.
monitor(a *f*) *m* Mahner(in *f*), Ratgeber(in *f*), Warner(in *f*) *m* | Gruppenleiter(in *f*) *m* | *esport* Vorturner(in *f*); Turn-, Fecht-lehrer(in *f*) *m* || *s/m tecn tv* Monitor *m* | **~i** (**-òria** *f*) *adj* mahnend, erinnernd, Mahn... || *s/f bes ecl dr* Mahnschreiben *n* | Androhung *f* der Exkommunikation.
monj|a *f ecl* Nonne *f* | *ict* Adlerrochen *m* | **~o** *m ecl* Mönch *m* | *arquit* Hängesäule *f*.
monjoia *f* Grenz-, Mark-stein *m* | *agr* kl(e) Garbe *f* | **~r** (33) *vt agr* (*Heu*) (ab)mähen *u.* zu kl(n) Garben aufstellen.
mono|àcid *adj quím* einsäurig | **~atòmic** *adj quím* einatomig | **~bàsic** *adj quím* einbasisch, einbasig | **~blèpsia** *f med* Monoblepsie *f* | **~bloc** *adj tecn* Einblock... | in e-m Stück gegossen || *s/m* Zylinderblock *m* | **~carpel·lar** *adj* (*m/f*), **~càrpic** *adj bot* einfrüchtig | **~carril** *m ferroc* Einschienenbahn *f* | **~casi** *m bot* Monochasium *n* | **~cicle** *m* (*Zirkus*) Einrad *n* | **~cíclic** *adj* monozyklisch | **~clamidi** (**-ídia** *f*) *adj bot* monochlamyd | **~cle** *m* Monokel, Einglas *n* | **~clí** (**-ina** *f*) *adj* monoklin | *bot* Zwitter..., zweigeschlechtig | **~cord(i)** *m mús* Monochord *n* | **~cotiledoni** (**-ònia** *f*) *adj bot* einkeimblättrig, monokotyl || *s/f pl* Einkeimblättrige, Monokotyle(done)n *f pl* | **~cràcia** *f polít* Monokratie *f* | **~crom** *adj* einfarbig | **~cromàtic** *adj* monochromatisch | **~cular** *adj* (*m/f*) monokular | **~cultura** *f agr* Monokultur *f*.
mon|odia *f mús* Monodie *f* | **~òdic** *adj* monodisch.

mon|òfag *adj biol* monophag | **~ofàgia** *f* Monophagie *f*.
mono|fàsic *adj elect* einphasig | **~filètic** *adj* monophyletisch | **~fil·le** *adj bot* monofil, einfädig | **~fisisme** *m ecl hist* Monophysismus *m* | **~fisita** *adj* (*m/f*) monophysitisch || *s/m/f* Monophysit(in *f*) *m* | **~fòbia** *f a. med* Monophobie *f* | **~ftongar** (33) *vt ling* monophtongieren.
mon|ògam *adj* monogam | **~ogàmia** *f* Einehe, Monogamie *f*.
mono|gènesi *f biol* Monogenese *f* | **~genètic** *adj* monogenetisch | **~gènia** *f biol* Monogenie *f* | **~gènic** *adj* monogen | **~genisme** *m filos ecl* Monogenismus *m* | **~genista** *m/f* Monogenist(in *f*) *m*.
mono|grafia *f* Monographie *f* | **~gràfic** *adj* monographisch | **~grama** *m* Monogramm *n*.
mon|òleg *m bes Lit* Monolog *m* | Selbstgespräch *n* | **~olingüe** *adj* (*m/f*) *ling* einsprachig | **~olingüisme** *m* Einsprachigkeit *f* | **~òlit** *m a. elect* Monolith *m* | **~olític** *adj* monolithisch | *circuit* ~ (*elect*) Monolithschaltkreis *m* | **~ologar** (33) *vi* monologisieren | Selbstgespräche führen | **~ologuista** *m/f* Monologverfasser(in *f*) *m*.
mono|mania *f med* Monomanie *f* | fixe Idee *f* | **~maníac** *adj* monoman(isch) || *s/mf* Monomane *m*, Monomanin *f*.
mon|òmetre *m Lit* Monometer *m* | **~omètric** *adj* Monometer..., monometrisch.
mono|mi *m mat* Monom *n* | **~patí** *m* Rollerbrett, Skateboard *n* | **~pètal** *adj bot* einblätterig, monopetal | **~plà** *m aeron* Eindecker *m* | **~plaça** *adj* (*m/f*) *aeron aut* einsitzig | *s/m* Einsitzer *m* | **~plegia** *f med* Monoplegie, einseitige Lähmung *f* | **~podi** *m bot* Monopodium *n* | **~pòdic** *adj bot* monopodial.
monopoli *m a. fig* Monopol *n* | ~ *de l'estat* od *estatal* Staatsmonopol *n* | **~sme** *m* Monopolismus *m* | **~sta** *adj* (*m/f*) monopolistisch || *s/m/f* Monopolist(in *f*) *m* | **~tzació** *f* Monopolisierung *f* | **~tzar** (33) *vt* monopolisieren.
monòpter *adj zool* einflügelig || *s/m arquit* Monopteros *m*.
mono|rail *m ferroc* = **monocarril** |

~reactor *m aeron* einstrahliges Düsenflugzeug *n* | **~rim** *adj Lit* einreimig | *estrofa ~a* einreimige Strophe *f* | **~sacàrid** *m quím* Monosac(c)harid *n* | **~sèpal** *adj bot (Blume)* einblätterig | **~síl·lab, ~sil·làbic** *adj* einsilbig, monosyllabisch || *s/m* einsilbiges Wort, Monosyllabum *n* | **~sperm** *adj bot* einsamig.

monòstic *adj* monostichisch | *s/m* Monostichon *n*.

mono|teisme *m* Monotheismus *m* | **~teista** *adj (m/f)* monotheistisch || *s/m/f* Monotheist(in *f*) *m*.

mono|tip *f gràf* Monotype *f* | **~típia** *f* Monotypsatz *m* | **~típic** *adj* Monotyp... | **~tipista** *m/f gràf* Monotypsetzer(in *f*) *m*.

mon|òton(ament *adv) adj* eintönig, monoton | gleichförmig | *una vida ~a* e-e eintönige Lebensweise *f* | **~otonia** *f* Monotonie, Eintönig-, Gleichförmigkeit *f*.

monotremes *m pl zool* Monotremen *pl*.

monsenyor *m (Titel)* Monsignore *m*.

mons|ó *m* Monsun *m* | **~ònic** *adj* monsunisch, Monsun... | *clima ~* Monsunklima *n*.

monstr|e *m* Ungeheuer, Scheusal, Monster *n* | Monstrum *n*, Miß-bildung, -geburt *f* | *fig* Unmensch *m* | *un ~ d'avarícia* e. Geizdrache *m* || *(appositionell)* Monster... | *un acte ~* e-e Monsterveranstaltung | **~uós (-osa** *f,* **-osament** *adv) adj* ungeheuerlich, mißgestaltet | scheußlich | *a. fig* monströs | **~uositat** *f* Miß-bildung, -gestalt *f* | Monströsität *f* | Scheußlichkeit, Untat *f* | Ungeheuerlichkeit *f*.

mont *m (in geographischen Namen)* Berg *m* | *~ de pietat* Leihamt *n*, Versatzamt *n* | *el ~ de Venus (anat)* der Venus-berg, -hügel, der Schamberg | *el ~ Calvari (bíbl)* der Kalvarienberg *m* | **~enegrí (-ina** *f) adj* montenegrinisch | *s/mf* Montegriner(in *f*) *m* | **~enegro** *m* Montenegro *n*.

montgolfier *m aeron hist* Montgolfiere *f*.

mont|icle *m* Hügel *m* | **~uós (-osa** *f) adj* bergig, gebirgig.

monument *m* Denkmal *n* | Monument *n* | *ecl (Karwoche)* Heiliges Grab *n* | *~ funerari* Grabmal *n* | **~al** *adj (m/f)* monumental | *fig a.* enorm; gewaltig; kolossal | **~alisme** *m arquit* Monumentalismus *m* | **~alitat** *f* Monumentalität *f*.

mony|eca *f (Tischler)* Polierbausch *m* | *(für Kranke)* Leinenbausch *m* | **~ó** *m* Stumpf *m* | Handgelenk *n* | *tecn* Zapfen *m* | *mil (Kanonen)* Drehzapfen *m*.

mòpia *f Bal* Einfaltspinsel, Gimpel *m*.

moquejar (33) *vi* laufen *(Nase)* | *el nas em moqueja* mir läuft die Nase.

moqueta *f text* Ausleg(e)ware *f* | Teppichboden *m*.

moqu|im, ~ís *m (pl -issos) (Kerze)* Docht *m* | (Licht)Schnuppe *f*.

móra *f* (schwarze) Maulbeere *f* | Brombeere *f* | *~ de rostoll* Kratzbeere *f*.

morabit *m rel* Marabut *m*.

mor|àcies *f pl bot* Maulbeergewächse *n pl* | **~adenc, ~adís (-issa** *f) adj* veilchenartig | maulbeerfarben | **~adura** *f med* blauer Fleck *m*, blutunterlaufene Stelle *f*.

moral|(ment *adv) adj (m/f)* moralisch | sittlich | innerlich, seelisch | *(der Materie gegenüber)* seelisch, geistig, innerlich | *el món ~* die geistige *(od* innerliche) Welt *f* | *certesa ~* seelische *(od* innerliche) Sicherheit *f* || *s/f* Moral *f* | Sittenlehre *f* | sittliches Verhalten *n*, Sittlichkeit *f* | *fig: aixecar la ~ dels soldats* die Moral der Soldaten heben | **~isme** *m* Moralismus *m* | **~ista** *adj (m/f)* moralistisch | moralisierend || *s/m/f* Moralist(in *f*) *m* | **~itat** *f* Moral(ität), Sittlichkeit *f* | Moral, Lehre *f* | *teat hist* Moralität *f* | **~ització** *f* Moralisieren *n* | **~itzador** *adj* moralisierend || *s/mf desp* Moralprediger(in *f*) *m* | **~itzar** (33) *vt* moralisch(er) machen | *(j-m)* Moral predigen *bzw* Moralpredigten halten || *vi* moralisieren.

morat (-ada *f) adj* dunkelviolett || *s/m (Haut)* blauer Fleck *m*.

moratori (-òria *f) adj* aufschiebend | Verzugs... | *interessos ~s* Verzugszinsen *m pl* || *s/f econ polít* Moratorium *n*.

mor|avià (-ana *f) adj* mährisch || *s/mf* Mähre *m*, Mährin *f* | **~àvia** *f* Mähren *n*.

morb *m med* Morbus *m*.

mòrbid *adj ant = morbós* | *(Gesicht, Aussehen, Farbton)* morbid.

morb|idesa *f (Zustand)* Morbidität *f* | *pint* Morbidezza *f* | **~iditat** *f med* Morbidität *f* | **~ífic** *adj* krankheitserregend | **~ós (-osa** *f,* **-osament** *adv) adj a. fig* krankhaft | kränklich; morbid | Krankheits... | **~ositat** *f* Krankhaftigkeit *f* | *med* Morbosität *f*.

morca f agr Ölhefe f.
morcar (33) vi mit den Hörnern stoßen.
mord|aç(ment adv) adj (m/f) ätzend, beißend | fig a. bissig, scharf, schneidend | **~acitat** f beißende Schärfe | Bissigkeit | **~ant** m gràf Schrifthalter m | **~assa** f (Mund)Knebel m | **~ent** m tecn tèxt Beize f | Ätzwasser n | mús Mordent, Triller; Pralltriller m | **~entar** (33) vt tèxt beizen | ätzen | **~icació** f (leichtes) Ätzen n | **~icant** adj (m/f) (leicht) ätzend | **~icar** (33) vt quím (leicht) ätzen od beißen.
morè (-ena f) adj braun | bräunlich | brünett | gebräunt.
morell m ict Rochen m | **~** capellut (ornit) Reiherente f | **~a**[1] f bot Bittersüß n | katalanischer Widerstoß od Meerlavendel m | **~** roquera Mauerkraut n | **~** negra od vera Schwarzer Nachtschatten m.
morella[2] f ornit Kaumagen m.
morena[1] f geol Moräne f.
morena[2] f mst pl Hämorrhoide(n pl) f.
moren|a[3] f ict (Gefleckte) Muräne f | **~ell** m Reuse f.
moreno adj = **morè** | **~r** f Sonnenbräune f | Braunwerden n | Bräune f | Braunfärbung f.
morent adj (m/f) sterbend | aussterbend.
morer m = **~a** | **~a** f bot: **~** negra Maulbeerbaum m | **~** blanca Weißer Maulbeerbaum m | **~ar** m Maulbeer(baum)pflanzung f.
more|ria f Mauren-, Mohren-land n | Maurenvolk n | (Stadt) Maurenviertel, maurisches Stadtviertel n | **~sc** adj lit maurisch || s/m bot Mais m | **~scar** m agr Maisfeld n | **~t** m ict Mönchsfisch m.
moreu adj (Tierhaut) dunkel; schwarzbraun; schwärzlich || s/m pl bot Mohrenerbse, Narbonner Wicke f.
morf|ea f med Hautausschlag m | **~ema** m ling Morphem n | **~eu** m mit Morpheus m | reposar en els (od als) braços de **~** (fig) in Morpheus' Armen ruhen | **~ina** f quím Morphin, Morphium n | **~inisme** m med Morphinismus m, Morphiumsucht f | Morphinvergiftung f | **~inòman(a** f) m, Morphinist(in f) m, Morphiumsüchtige(r f) m/f | **~inomania** f med Morphiumsucht f, Morphinismus m | **~ogènesi** f biol Morphogenese, -sis f | **~ogènia** f biol Morpho-

genie f | **~ogènic** adj morphogenetisch | **~ologia** f Morphologie f | ling a. Formenlehre f | **~ològic(ament** adv) adj morphologisch | **~osintaxi** f ling Morphosyntax f.
morganàtic adj (Ehe) morganatisch.
mori|bund adj sterbend | moribund || s/mf Sterbende(r m) m/f | **~dor** adj sterblich | fig lit vergänglich.
morigera|ció f lit Mäßigkeit f | Mäßigung f | **~r** (33) vt mäßigen, mildern | herabsetzen, vermindern | **~r-se** v/r s. mäßigen | nachlassen | **~t** (**-ada** f, **-adament** adv) adj mäßig | bescheiden | maßvoll.
morir (36) vi sterben | fig a. enden | **~** d'un accident tödlich verunglücken; bei e-m Unfall ums Leben kommen | **~** d'una mort natural (violenta) e-s natürlichen (gewaltsamen) Todes sterben | **~** de fam verhungern | **~** de set verdursten | moria el dia der Tag ging zur Neige | aquesta carretera mor a Tavertet diese Straße endet in Tavertet | **~-se** v/r sterben | im Sterben liegen | eingehen (Pflanze) | fig: **~** de desig d'alg od d'u/c s. vor Sehnsucht nach j-m od etw verzehren | **~** de por s. zu Tode ängstigen | **~** de vergonya s. zu Tode schämen | **~** de riure s. totlachen.
morisc adj hist Morisken... || s/mf Moriske m/f | **~assa** f bot Maisrohr n.
morma f fam: clavar una **~** a alg j-m e-e Ohrfeige geben.
mormó (**-ona** f) adj rel mormonisch | Mormonen... || s/mf Mormone m, Mormonin f.
mormol m lit Gemurmel n | Rauschen n | **~(ej)ar** (33) vi murmeln.
moro adj maurisch | p ext mohammedanisch || s/mf Maure m, Maurín f | Mohammedaner(in f) m | fer **~s** (fig fam) Schmu machen | no matar **~s** (fig fam) nichts Besonderes sein.
mor|ós (**-osa** f, **-osament** adv) adj (Zahlung) säumig, langsam | träge | saumselig, nachlässig | delectació morosa verweilende (od anhaltende) Ergötzung f (an Verbotenem) | **~ositat** f Säumigkeit, Säumnis f/n | Langsamkeit, Saumseligkeit f.
morquenc adj Ölhefe(n)...
morra f Morra(spiel n) f.
morr|ada f frontaler Zusammenprall m | fig Anschnauzer m | **~al** m (Maultiere, Pferde) Futterbeutel n | fam Gro-

bian *m* | **~alejar** (33) *vi* derb handeln *od* reden | **~aller** *m* Zügelmacher *m* | Sattler *m* | **~alles** *f pl* (*Lasttier*) Kappzaum *m* | Kopfgestell *n* | **~ejar** (33) *vi pop* mit der Schnauze wühlen (*Tier*) | *fam* (*am Wasserhahn*) lutschen | *fig* maulen || *vt pop* (ab)knutschen | **~ejar-se** *v/r* (s.) knutschen.

morrena *f* = **morena**¹.

morr|ió *m* Maulkorb *m* | *mil hist* Sturmhaube *f*; Helm *m* | **~itort** *m bot* Kresse *f* | Gartenkresse *f* | ~ *d'aigua* Brunnenkresse *f* | ~ *bord* (*Art*) gr(e) Kresse *f* | ~ *d'Índies* Kapuzinerkresse *f* | **~o** *m* (*Tier*, *pop desp Mensch*) Maul *n*, Schnauze *f* | *beure a* ~ = **morrejar** | *caure de* ~*s* auf die Schnauze fallen | (*és*)*ser del* ~ *fort* starrköpfig (*od* halsstarrig, eigensinnig) sein | (*és*)*ser del* ~ *tort* griesgrämig (*od* mürrisch, schlechtgelaunt) sein | *fer* ~*s* schmollen | *inflar els* ~*s a alg* j-m eins auf die Schnauze schlagen | **~ó** *m bot* Ackergauchheil *m* || *pl bot* Vogelmiere *f*, Hühnerdarm *m* | **~ofès** (**-esa**) *adj* hasenschartig | **~ot** *m* Hügel *m* | *f* | Ausläufer *m* (*e-s Gebirges*) | **~uda** *f ict* Spitzbrassen *m* | **~ut** (**-uda**) *f*) *adj* dicklippig | *fig* griesgämig, mürrisch, unfreundlich, rauh || *s/m pl bot* Greis- *od* Kreuz-kraut *n*.

morsa *f zool* Walroß *n*.

mort¹ *f* Tod *m* | Sterben *n* | Tötung *f* | *fig* (*übertrieben*) Untergang *m*, Vernichtung *f* | Mord *m*, Ermordung *f* | Mordtat *f* | ~ *aparent* Scheintod *m* | ~ *d'accident* Unfalltod *m* | ~ *civil* (*dr*) bürgerlicher Tod *m* | ~ *natural* natürlicher Tod *m* | ~ *premeditada* vorsätzlicher Mord *m* | ~ *violenta* gewaltsamer Tod *m* | *ecl:* ~ *de l'ànima od eterna* seelischer *od* ewiger Tod *m* | *a vida o* ~ auf Leben u. Tod | ... *de mala* ~ (*fig*) elend, erbärmlich | *condemnar alg a* (*pena de*) ~ (*dr*) j-n zum Tode verurteilen | *donar* ~ *a alg* j-n töten *od* umbringen | *estar entre la vida i la* ~ zw Leben u. Tod schweben, in Lebensgefahr sein | *ferit de* ~ tödlich verletzt | *lluitar contra la* ~ mit dem Tod(e) ringen | *combat a* ~ Kampf *m* auf Leben u. Tod | *prendre's la* ~ *de pròpia mà* Hand an s. selbst legen | *sofrir mil* ~*s* (*fig lit*) Höllenqualen leiden *od* ausstehen | *tenir una bona* ~

e-n schönen Tod haben *od* sterben | *tornar alg de* ~ *a vida* (*fig*) j-m die (verlorene) Hoffnung wiedergeben.

mort² *adj* tot, gestorben, getötet, verstorben | *fig* (*etw*) gescheitert | *fig* hundemüde | totenblaß | (*Augen*) brechend, erloschen, glanzlos | *bot zool* abgestorben | *pint: natura* ~*a* Stilleben *n* | *constr* (*Kalk*) gelöscht | *econ: capital* ~ totes Kapital *n* | *aigua* ~*a* stehendes Wasser *n* | *la mar* ~*a* das Tote Meer *n* | *fig a.* leblos, untätig | *fig:* ~ *de gana* halbverhungert | *mig* ~ (*fig*) halbtot | *caure* ~ tot umfallen | *més* ~ *que viu* (*fig*) mehr tot als lebendig | *un punt* ~ e. toter Punkt *m* || *s/m* Toter, Verstorbener *m*, Leiche *f* | *dia dels* ~*s* (*od difunts*) Allerseelen *n* | *fig: carregar el* ~ *a alg* j-m den schwarzen Peter zuspielen *fig* | *fer el* ~ s. totstellen, den toten Mann spielen | *fig* wertlose, lästige Sache *f od* Person *f* | *s: morir*.

mortadel·la *f gastr* Mortadella *f*.

mortal *adj* (*m/f*) sterblich | tödlich | irdisch, vergänglich | Tod... | *fig* todsicher | *cop* ~ Todesstoß *m* | *enemic* ~ Todfeind *m* | *ecl: pecat* ~ Todsünde *f* || *s/m/f* Sterbliche(r *m*) *m/f* | *els* ~*s* die Sterblichen | **~dat** *f* Sterblichkeit *f* | ~ *infantil* Säuglingssterblichkeit *f* | **~itat** *f* Sterblichkeit *f*, *a. med filos* Mortalität *f* | *taxa de* ~ Sterberate *f* | **~la** *f* Leinentuch *n* | Totenhemd *n* | **~ment** *adv* tödlich | zu Tode.

morter *m a. mil* Mörser *m* | *constr* Mörtel *m* | ~ *de calç i sorra* Kalkmörtel *m* | *mà de* ~ Stößel *m* | **~ada** *f* Mörser (voll) *m* | *fig fam* (*Geld*) Haufen *m* | *mil* Mörserschuß *m* | *arquit* Mörtelmasse *f* | **~aire** *m constr* Mörtelhersteller *m* | **~et** *m* Böller *m* | **~ol** *m gastr* Gehackte(s) *n*.

mort|ífer(**ament** *adv*) *adj* todbringend, tödlich | **~ificació** *f* Abtötung *f* | Kasteiung *f* | Demütigung *f* | **~ificador** *adj*, **~ificant** *adj* (*m/f*) demütigend | kasteiend | **~ificar** (33) *vt fig* tief kränken, demütigen | *ecl* abtöten *bzw* kasteien | **~uori** (**-òria** *f*) *adj* Toten... | Leichen... | Sterbe... | *casa* ~*a* Trauerhaus *n* | *drap* ~ Leichentuch *n*.

morú (**-una** *f*) *adj* (*Kleidung*, *Waffen*, *Sattelzeug*) maurisch.

mos¹ *pron poss s: mon*.

mos² *m* (*pl mossos*) Biß *m* | Mundvoll, Bissen, Happen *m*; Häppchen *n* | (*Maultiere, Pferde*) Kandare *f* | *fer un* ~ *e-n* Happen essen.
mosaic¹ *adj bibl* Moses... | mosaisch | *bibl: la llei* ~*a* das mosaische Gesetz.
mosa|ic² *m a. art* Mosaik *n* | (*Fußoden*) *a.* Fliesen *f pl*; Fliesenbelag *m* | Mosaikarbeit *f* | **~ïcista** *m/f art* Mosaizist(in *f*) *m*.
mosais|me *m* Lehre *f* des Moses, Mosaismus *m* | **~ta** *m/f* Mosaist(in *f*) *m*.
mosca *f entom* Fliege *f* | *fig* (Männergesicht) Fliege *f* | ~ *d'ase* Lausfliege *f* | ~ *de bou* Gemeine Rinderbremse *f* | ~ *grossa* gr(e) Schmeißfliege *f* | ~ *saballonera* od *vironera, de cucs* Schmeißfliege *f* | *fig:* ~ *balba* od *morta* Duckmäuser, Schleicher *m* | ~! na sowas!, das ist ja toll! | *afluixar la* ~ mit dem Zaster herausrücken | *caure od morir com mosques* wie die Fliegen fallen | *no faria mal a una* ~ (*fig*) er/sie tut k-r Fliege etw zuleide | *pujar a alg la* ~ *al nas* aufbrausen; zornig werden | *saber ventar-se* (od *espolsarse*) *les mosques* s. gut die Füchse abschütteln können; wissen, wie man gerissene Kerle los wird | *quina* ~ *l'ha picat?* was mag denn in ihn gefahren sein? | **~llejar** (33) *vi* = **mosquejar** | **~lló** *m entom* (Vieh)Bremse *f* | **~m** *m col* Fliegenschwarm *m* | **~rd** *m arc Bal* (Stech)Mücke *f*.
moscat (-**ada** *f*) *adj* Moschus..., Bisam... | *nou moscada* (*bot gastr*) Muskatnuß *f* | **~ell** *m* (a. *raïm* ~) Muskatellertraube *f* | (a. *vi* ~) Muskatwein, Muskateller *m*.
Mosc|ou *m* Moskau *n* | **~ovita** *adj* (*m/f*) moskauisch | Moskauer | *s/m/f* Moskauer(in *f*) *m*.
Mosel·la *m/f* Mosel *f*.
mosqu|ejar (33) *vi* die Fliegen vertreiben (*Tier*) | **~er** *m* Fliegenschwarm *m* | Fliegenwedel *m* | Fliegenfalle *f* | (*für Tiere*) Fliegen-decke *f*, -netz *n* | **~era** *f ornit* Rotkehlchen *n* | **~et** *m mil* Muskete *f* | **~eta** *f ornit* = **~iter** | **~etada** *f* Musketenschuß *m* | **~eter** *m* Musketier *m* | **~eteria** *f* Musketensalve *f* | **~etó** *m mil* Karabiner *m* | (*Bergsteigen*) Karabinerhaken *m* | **~it** *m entom* Stechmücke *f* | (*tropische*) Moskito *m* | ~ *anòfel* Anopheles *f* | **~itam** *m col* Mückenschwarm *m* | **~iter** *m ornit* Laubsänger *m* | ~ *groc petit m* Zilpzalp *od* Weidenlaubsänger *m* | ~ *groc gros* Fitis *m* | ~ *pàl·lid* Berglaubsänger *m* | ~ *xiulaire* Waldlaubsänger *m* | **~itera** *f* Moskitonetz *n*.
mossa¹ *f* (älteres) Mädchen *n*, Jungfrau *f* | Magd *f* | (*Herde, Kamin*) Dreifuß *m* | Feuerbock *m* | *s:* **mosso**.
mossa² *f* Kerbe *f* | Scharte *f* | (*Waffe*) Kimme *f* | *tecn* Einschnitt *m* | (*Holz*) Verzahnung, Verzapfung *f* | **~da** *f* = **mos**².
mossam *m col* junge Leute *pl* | *el* ~ *del poble* die Dorfjugend *f*.
moss|àrab *adj* (*m/f*) *hist* mozarabisch | (*Schrift*) westgotisch || *s/m/f* Mozaraber(in *f*) *m* || *s/m ling* Mozarabisch *n* | *el* ~ das Mozarabische | **~arabia** *f* mozarabische Gemeinde *f* **~aràbic** *adj* = **mossàrab**.
mossatge *m Bal* Lehre, Lehrzeit *f*.
mosse|c *m* = **~gada** | **~ga** *m/f fam* Profit-jäger(in *f*), -macher(in *f*) | Dieb(in *f*) *m* | **~gada** *f* Biß *m* | *a.* Bißwunde *f* | ~ *del diable* (*bot*) Teufelsabbiß *m* | *clavar una* ~ *a alg* j-n beißen | **~gador** *adj*, **~gaire** *adj* (*m/f*) *a. fig* beissend, bissig | **~gar** (33) *vt a. fig* beißen | knabbern | *quím* ätzen | *fig* ausnützen | *gos que lladra no mossega* (*Spruch*) Hunde, die bellen, beißen nicht | **~gar-se** *v/r* s. beißen | ~ *els llavis* (*la llengua*) s. auf die Lippen (die Zunge) beißen | ~ *les ungles* an den Nägeln kauen | **~gós** (-**osa** *f*) *adj* = **~gaire** | *una mula mossegosa* e. bissiges Maultier *n*.
mossèn *m* (*Titel*) *ecl:* ~ *Josep* (*Clos*) Pfarrer Joseph (Clos) | *p ext: el* ~ der Pfarrer | *ant* = **monsenyor** | **~yer** *m ant reg* = **mossèn**.
mosso *m* Junge, Bursche *m* | Diener, *bes* Knecht; Kellner; Gepäckträger *m* | (*Gerät*) Stütze *f*; *bes* Dreifuß *m* | *s: mossa*¹ | ~ *d'esquadra* (*Cat*) Polizist *m* der Generalitat.
most *m* Weinmost *m*.
mosta *f* = **almosta**.
mostassa *f bot gastr* Senf *m*.
mostassaf *m hist* Eichmeister *m*.
mostassera *f* Senftopf *m*.
mostatx|o *m mst pl* Schnurr-, Schnauzbart *m* | *nàut* Wante(n *pl*) *f* | **~ut** (-**uda** *f*) *adj* schnurr-, schnauz-bärtig.
mostela *f zool* Wiesel *n* | *reg* Bluterguß *m*.
mostr|a *f* Muster *n* | Probe *f*; Probestück *n*; Warenprobe *f* | Stichprobe *f*; (*bes*

Statistik) *a.* Sample *n* | *bot* (*Oliven, Reben*) aufblühende Knospen *f pl* | *la ~ d'una roba* das Muster e-s Stoffes | *~ sense valor* ohne Wert | *exemplar de ~* Muster-, Probe-exemplar *n* | *ampolla de ~* Probierflasche *f* | *això només és una petita ~ del que puc fer* das ist nur e. kleines Beispiel (*od* e-e Kostprobe) meines Konnens | *fer ~ d'u/c (fig)* etw zur Schau tragen; mit etw (*dat*) prahlen; etw zeigen | **~ar** (33) *vt* zeigen, beweisen || *vi bot* erblühen (*Oliven, Reben*) | **~ar-se** *v/r: el rei es mostrà a la multitud* der König zeigte s. der Menge | *~ agraït* s. dankbar zeigen | *~ un bon amic* s. als guter Freund erweisen *od* zeigen | **~ari** *m com* Musterbuch *n* | Musterkollektion *f* | **~eig** *m* Stichprobenerhebung *f* | **~ejat** (-**ada** *f*) *adj* tèxt gemustert | bedruckt.

mot *m mst lit* Wort *n* | *~ compost* zusammengesetztes Wort *n* | *~ derivat* abgeleitetes Wort | *~ manllevat* od *emprat* Lehnwort *n* | *~ a ~, ~ per ~ (loc adv)* Wort für Wort, wortgetreu | *en un ~ (loc adv)* mit e-m Wort | *quatre ~s* e. paar Zeilen, e. paar Worte | *agafar alg pel ~* j-n beim Wort nehmen | *no entendre-hi ni un ~ k.* Wort (davon) verstehen | *s: paraula*.

mota *f* (*Erde*) Klumpen *m*; (Erd)Scholle *f* | kl(r) Erdhügel *m* | (*Pflanze*) Wurzelballen *m* | (*Haare, Fäden*) Fäserchen, Knötchen *n* | (*Geld*) Kapital *n* | (*Güter*) Büschel *n* | Gruppe *f* | (*Männer*) Bande, Gruppe, Schar *f* | (*Mühle*) Bodenstein *m* | Boden *m* | Unterlage *f* | *fer od parar ~* viel Platz (*od* Raum) einnehmen.

mot|**ada** *f* Schimpfwort *n* | **~ejar** (33) *vt* (*j-n*) betiteln, taufen, (*j-m*) e-n Spitz- (*bzw* Bei-)namen geben | verspotten | tüpfeln | *~ de (desp)* bezeichnen als | **~et** *m* *mús* Motette *f*.

mot|**í** *m* Aufruhr *m*, Meuterei *f* | (*Fische*) Schwarm, Bank *f* | Masse *f* | **~ilitat** *f* (*Physiologie*) Bewegungsvermögen *n*, Motilität *f*.

motiu^1 *m* = **malnom**.

moti|**u**^{2} (-**iva** *f*) *adj* Bewegungs... | *causa motiva* Beweggrund *m* || *s/m a. art* mús Motiv *n* | (Beweg)Grund *m* | *amb ~ de* anläßlich (*gen*) | *amb aquest ~* bei dieser Gelegenheit | *tenir els seus ~s* s-e Gründe haben | **~vació** *f* Begründung, Motivierung *f* | Veranlassung *f* | Verursachung, Herbeiführung *f* | *cient* Motivation *f* | **~vadament** *adv* aus gutem Grund | **~var** (33) *vt* begründen, motivieren | herbeiführen | veranlassen | *p ext* verursachen.

motll|**e**, *a.* **~o** *m* Model *m*, (Hohl)Form *f* | *tecn* Gieß-, Guß-form *f* | *gastr* Backform *f*; Waffeleisen *n* | *fig* Muster, Vorbild *n* | *lletres de ~* Druck-schrift *f*, -lettern *f pl* | *pa de ~* Kastenbrot *n* | *un ~ de fer caretes (fig)* e. Affe, e. häßlicher Kerl *m* | **~ura** *f arquit* Gesims *n*, Sims *m/n* | Mahlen *n* | Zierleiste *f* | **~urar** (33) *vt* (ab)formen, modellieren | *tecn* abgießen | (*Holz, Stein*) kehlen.

moto *f fam* = **~cicleta** | **~cicle** *m aut* Kraftfahrzeug *n* mit zwei *od* drei Rädern | **~cicleta** *f* Moped *n* | Mofa *n* | Motorrad *n* | **~ciclisme** *m* Motorradsport *m* | **~ciclista** *m/f* Motorradfahrer(in *f*) *m* | **~cròs** *m* Moto-Cross *m* | **~cultor** *m agr* (*Maschine*) Motorpflug *m* | Motoregge *f* | Boden-, Garten-fräse *f* | **~nau** *f nàut* Motorschiff *n* | **~nàutica** *f* Motorwassersport *m*.

motor(**a** *od* **motriu** *f*) *adj* bewegend | Antriebs..., Trieb... | *med* motorisch | *causa ~a od motriu* bewegende Ursache *f* | *força ~a od motriu* Triebkraft *f* | *llanxa ~a* Motorboot *n* || *s/m* Motor *m* | *~ de dos temps* Zweitaktmotor *m* | *~ d'explosió* Explosions-, Verbrennungs-motor *m* | *~ Diesel* Dieselmotor *m* | *~ elèctric* Elektromotor *m* | *~ de reacció* Düsentriebwerk *n* | *~ de turbines* Turbinentriebwerk *n* | **~eta** *f* Leichtmotorrad *n* | **~ista** *m/f* Motorradfahrer(in *f*) *m* | Verkehrspolizist *m* (*auf Motorrad*) | **~ització** *f* Motorisierung *f* | **~itzar**(-**se**) (33) *vt*(/*r*) (s.) motorisieren | **~itzat** (-**ada** *f*) *adj* motorisiert.

motricitat *f anat* Motrizität *f*.

motxilla *f* Rucksack *m* | Tornister *m*.

moure (40) *vt* bewegen | *fig a.* anreizen, anregen; veranlassen | *~ a compassió* Mitleid erwecken | *~ raons* Streit anregen | **~'s** *v/r* s. bewegen | s. regen | *mou-te, cuita!* los jetzt, schnell!

mov|**edís** (-**issa** *f*) *adj* beweglich | veränderlich | flatterhaft | *geol* Treib... | **~ible** *adj* (*m/f*) beweglich | verschiebbar | *fig* wankelmütig, unbe-

muciforme ständig | s: *mòbil* | **~iment** m a. *polít* Bewegung f | Regung f | *fig* a. Betrieb m; Leben n; (*Stil*) Lebendigkeit f | *circ* Verkehr m | *com* Umsatz; Betrieb m | *mús* Tempo n; Satz m | ~ *de tropes* (*dels preus*) Truppen-(Preis-)bewegung f | *un* ~ *de còlera* e-e Regung von Zorn | ~ *nerviós* Zuckung f | ~ *reflex* Reflexbewegung f | *el* ~ *obrer* die Arbeiterbewegung | ~ *de personal* Personalwechsel m | *posar*(*-se*) *en* ~ (s.) in Bewegung setzen.

muc|iforme *adj* (*m/f*) schleimartig, schleimförmig | **~ilag** m *bot* Pflanzenschleim m | *p ext* a. Büroleim m | **~ilaginós** (*-osa* f) *adj* schleim-haltig, -absondernd | schleimartig, schleimig | **~ina** f Muzin n, Schleimstoff m | **~ípar** *adj* schleimabsondernd | muzin-, schleimstoff-absondernd | **~oide** *adj* (*m/f*) schleim-ähnlich, -artig | **~ós** (*-osa* f) *adj* schleimig, *med* a. mukös | Schleim... | *membrana mucosa* (*anat*) Schleimhaut f | **~ositat** f Schleim m | **~us** m *med* Mukus, Schleim m.

muda f Wechsel(n n) m | *bes* (*Wohnung*) Umzug m | frische (Unter)Wäsche f | (a. *Bettwäsche*) Garnitur f | *ornit* Mauser(ung) f | Stimmbruch m | *fer la* ~ umziehen; Umzug machen; s. umziehen, frische Wäsche anziehen; *ornit* s. mausern | **~ble** *adj* (*m/f*) veränderlich | wandelbar | unfest | **~da** f Wäschewechsel m | frische, saubere (Unter)Wäsche f | **~dís** (*-issa* f) *adj* veränderlich | *bes* launisch, unstet, wetterwendisch | **~ment** m Umziehen n, Umzug m | **~nça** f Wandel m | Unbeständigkeit f | Veränderung f | (*Wohnung*) Umzug m | *el temps fa* ~ das Wetter ändert s. *od* schlägt um | **~ncer** *adj* (*Wetter*) unbeständig | **~r** (33) *vt* ändern, verändern | wechseln | wandeln | *adm* versetzen | ~ *les plomes* (s.) mausern | ~ *la pell od el pèl* s. häuten *od* das Haar wechseln; haaren (*Hunde*) | ~ *la veu* Stimmbruch haben || *vi* wechseln; umschlagen (*Wetter*) | ~ *d'idees* s-e Ansichten ändern | ~ *de color* s. verfärben, die Farbe wechseln | ~ *d'ofici* den Beruf wechseln *od* ändern | ~ *de govern* die Regierung wechseln | **~r-se** v/r s. sonntäglich (*od* schön, fein) anziehen | ~ *de roba* frische, saubere (Unter)Wäsche anziehen.

mudèjar *adj* (*m/f*) *hist* Mudejar... | *estil* ~ Mudejarstil m || *s/m/f* Mudejar(in f) m.
mudesa f *med* Stummheit f | *fig* Schweigen n.
muetzí m Muezzin m.
mufla f *tecn indús* Muffel f.
mugic m Muschik m.
mugi|ment m Brüllen, Muhen n | **~r** (37) *vi* brüllen, muhen | **~t** m Gebrüll n.
mugr|ó m *anat* Brustwarze f | *zool* Zitze f | **~onera** f Warzen-, Sauge-hütchen n | *zool* Melkzitze f.
muguet m *bot* Maiglöckchen n.
muj|ada f (*Feldmaß*) Joch n | **~ol** m *ant* Eidotter n | (*Windemaschine*) Haspel, Winde f.
mújol¹ m *ict* Meeräsche f.
mújol² *adj Bal* nachdenklich | schweigsam | trübsinnig.
mul m *zool* Maultier n | *bes* Maulesel m | s: *eguí, somerí* | **~a** f Mauleselin f | *ict* gr(e) Seenadel f | *med fam* Schwiele f; Bluterguß m | **~ar**¹ *adj* (*m/f*) Maultier... | *bestiar* ~ Maultiere *pl* | **~ar**² m *ict* Tümmler m («*Tursiops truncatus*») | **~assa** f *ecl* Riesendrachenfigur f | *ecl* Katafalk m | (*Bett*) Heizkissen n | **~at**¹ m *zool* junges Maultier n | **~at**² *adj* mulattisch || *s/mf* Mulatte m, -tin f | **~ater** m Maultiertreiber m | **~atí** (*-ina* f) *adj* = ~**ar**¹.
mull|a f = **gorg** | **~ada** f An-, Befeuchten n | Begießen n | Wasser-, Stockfleck m | **~ader** m *fam* (*übertreibend*) Überschwemmung f | *fig* Krach m; Aufheben n; Schlamassel m | *quin* ~ *que has fet regant les flors!* du hast ja beim Blumengießen e-e Überschwemmung angerichtet! | *si fas* ~, *et despatxaran* wenn du Krach schlägst, wirst du rausgeschmissen | **~adiu** m Sumpfland n | **~ar** (33) *vt* an-, befeuchten | benetzen | *agr* begießen | nässen, naß machen | (ein)tunken, eintauchen | **~-hi** (*fig fam*) Nutzen daraus ziehen | **~ar-se** v/r s. naß machen | naß werden | **~ena** f Nässe f.
muller f Gemahlin, Gattin f | *marit i* ~ (Ehe)Mann u. (Ehe)Frau | **~ar-se** (33) v/r = **amullerar-se**.
multa f *dr* Geld-strafe, -buße f | *m'han posat una* ~ *per aparcament indegut* ich habe e-n Strafzettel für falsches Parken bekommen | **~r** (33) *vt* mit

e-r Geldstrafe belegen.
multi|caule *adj* (*m/f*) *bot* vielstengelig | **~cel·lular** *adj* (*m/f*) vielzellig | **~color** *adj* (*m/f*) vielfarbig | *gràf* Mehrfarben... | **~copista** *f* Vervielfältigungsgerät *n* | **~dentat** (**-ada** *f*) *adj bot* vielzähnig, reich gezähnt | **~flor** *adj* (*m/f*) vielblütig, reichblütig | **~forme** *adj* (*m/f*) vielgestaltig | **~lateral** *adj* (*m/f*) *bes polit* multilateral | **~lingüe** *adj* (*m/f*) mehrsprachig | *ling* multilingual | **~lingüisme** *m* Mehrsprachigkeit *f* | **~milionari** (**-ària** *f*) *m* Multimillionär(in *f*) | **~nacional** *adj* (*m/f*) *econ* multinational || *s/f* Multinationalkonzern, *umg* Multi *m*.
multípar *adj* mehrfachgebärend || *s/f* Mehrfachgebärende, Multipara *f*.
multipartit (**-ida** *f*) *adj* vielteilig.
múltiple[1] *adj* (*m/f*) vielfältig | vielschichtig | verschieden(artig) | mehrfach | mehrglied(e)rig | zusammengesetzt | *bes med* multipel | *esclerosi* ~ multiple Sklerose *f* | *part* ~ Mehrlingsgeburt *f* | ~[2] *adj mat* vielfach | *s/m* Vielfache(s) *n* | **~x** *m telecom* Multiplexverfahren *n*.
multiplic|able *adj* (*m/f*) *mat* multiplizierbar | **~ació** *f* Vervielfachung; Vervielfältigung; Vermehrung *f* | *mat* Multiplikation *f* | *tecn* Übersetzung *f* | *la* ~ *dels pans* (*bíbl*) die Brotvermehrung *f* | ~ *vegetativa* (*biol*) vegetative Fortpflanzung *f* | **~ador** *adj* vervielfachen; vervielfältigend; vermehrend || *s/m mat* Multiplikator *m* | *tecn* Übersetzungsgetriebe *n* | ~ *de freqüència* (*elect*) Frequenzvervielfacher *m* | ~ *de tensió* (*elect*) Spannungsvervielfacher *m* | **~and** *m mat* Multiplikand *m* | **~ar** (33) *vt* vervielfachen; vervielfältigen; vermehren | *mat* multiplizieren, *umg* malnehmen | (*per* mit) | *taula de* ~ Multiplikationstabelle *f* | **~ar-se** *v/r* s. vervielfachen; s. vervielfältigen; s. (ver)mehren | *creixeu i multipliqueu-vos!* (*bíbl*) wachset u. mehret euch! | **~itat** *f* Viel-falt, -heit *f* | Mannigfaltigkeit *f*.
multi|polar *adj* (*m/f*) *elect* viel-, mehr-polig | **~racial** *adj* (*m/f*) multirassisch, gemischtrassig | **~secular** *adj* (*m/f*) *lit* jahrhundertealt | **~tud** *f* Vielzahl *f* | Unmasse, (Un)Menge *f* | *a. pl* (Volks)Masse(n *pl*) *f* | **~tudinari** (**-ària** *f*) *adj* Massen... | **~valve** *adj zool* vielschalig | **~vibrador** *m elect* Multivibrator, Vielfachschwinger *m*.
mund|à (**-ana** *f*, **-anament** *adv*) *adj* weltlich | *ecl a.* irdisch | mondän | gesellschaftlich, Gesellschafts... | *dona mundana* mondäne Frau; Halbweltdame *f* | **~anal** *adj* (*m/f*) *ecl* = **mundà** | **~anitat** *f* Weltlichkeit *f* | Mondänität *f* | Weltgewandtheit *f* | weltliche Gesinnung *f* | **~ial**(**ment** *adv*) *adj* (*m/f*) Welt... | welt-weit, -umfassend | *de fama* ~ mit Weltruf | *mundialment conegut* weltbekannt.
mundificar (33) *vt ant* reinigen.
Munic *m* München *n*.
munici|ó *f mil mst pl* Munition *f* | *pa de* ~ Kommißbrot *n* | *acabar les municions* (*a. fig*) s-e Munition verschießen | **~onament** *m* Munitionierung *f* | **~onar** (33) *vt* munitionieren.
municip|al *adj* (*m/f*) Gemeinde..., kommunal | Stadt..., städtisch | *s: consell, elecció, policia* || *s/m* städtische(r) Polizist, Stadtpolizist *m* | **~alitat** *f* Gemeindeverwaltung *f* | Gemeindebezirk *m* | **~alització** *f* Kommunalisierung *f* | **~alitzar** (33) *vt* kommunalisieren | **~i** *m adm* Ort *m*, Gemeinde *f* | = **ajuntament** | *hist* Munizipium.
mun|ífic(**ament** *adv*) *adj*, **~ificent**(**ment** *adv*) *adj* (*m/f*) *lit* großzügig | **~ificència** *f lit* Großzügigkeit *f*.
munió *f* gr(e) Menge *f* | *una* ~ *de gent* e-e (Un)Menge Leute.
muniquès (**-esa** *f*) *adj* münchnerisch, Münch(e)ner || *s/mf* Münch(e)ner(in *f*) *m*.
munir (37) *vt mil* ausrüsten | ~ *d'u/c* mit etw versehen.
munt *m* (*in geographischen Namen*) Berg *m* | *s: mont, muntanya* | *p ext* Haufen *m; fig a.* Menge *f* | *a* ~*s* haufenweise; in reicher Zahl | *un* ~ *de fems a.* Misthaufen *m* | *tenen un* ~ *de diners* sie haben e-n Haufen Geld | *fa un* ~ *d'anys* es ist viele Jahre her | **~a** *f caç* Lockvogel *m* | **~à** (**-ana** *f*) *adj* Berg..., Gebirgs... | **~acàrregues** *m* Lastenaufzug *m* | **~ada** *f* Aufstieg *m* | (*aufs* Pferd) Aufsitz *m*; Ritt *m* | **~ador** (*-a f*) *m tecn* Monteur(in *f*) *m* | *cin tv* Cutter(in), Schnittmeister(in *f*) *m* | (*Juwelen*) Fasser(in *f*) *m* | (*Heizung*, *Wasser*) Installateur(in *f*) *m* | **~ament** *m bes* Aufsteigen *n* | **~aner** *m ant* Förster *m* | **~ant** *m constr* (*Fenster, Tür*) Pfosten, *m* | *min* Stütze *f* | *tecn* Gliederbau *m* | *nàut aeron* Spant *n* | **~anya**

f Berg *m* | Gebirge *n* | **muntanyes russes** Achter- (*od* Himalaja-)bahn *f* | l'*alta* ~ das Hochgebirge | *carretera de* ~ Bergstraße *f* | *plantes de* ~ Gebirgspflanzen *f pl* | *el sermó de la* ~ (*bíbl*) die Bergpredigt | *anar a* ~ ins Gebirge fahren | *viure a* ~ im Gebirge leben | *fig fam: se'm fa una* ~ es fällt mir schwer | **~anyà (-ana** *f*) *adj* = **~anyenc** | **~anyejar** (33) *vi* (leicht) bergig sein | **~anyenc** *adj* Berg..., Gebirgs... || *s/mf* Bergsteiger(in *f*) *m* | **~anyès (-esa** *f*) *adj* = **~anyenc** || *s/mf* Bergbewohner(in *f*) *m* | **~anyisme** *m* Berg-sport *m*, -steigen *n* | **~anyós (-osa** *f*) *adj* bergig, gebirgig | **~ar** (33) *vi* (auf-, hinauf-, an-, ein-)steigen (*a*, *en* in *ac*) | *s: pujar* | *bes* (*a.* ~ *a cavall*) reiten; aufsitzen, aufs Pferd steigen | *vt* besteigen, steigen auf (*ac*) | (*Pferd*) reiten | (*Stute*) beschälen (*Hengst*) | *tecn* montieren, aufbauen, zusammenstellen | (*Zelt*) aufschlagen | (*Bild*) einrahmen | (*Edelstein*) fassen | *cin tv rad* schneiden, cuttern | (*Sendung*) zusammenstellen | *teat* inszenieren, aufführen | (*Haus*) einrichten | (*Geschäft*) aufbauen; gründen | (*Verschwörung*) anzetteln | (*Reise*) organisieren | **~atge** *m tecn indús* Aufbau *m*, Zusammenstellung *f*; *a. cin fotog* Montage *f*, *cin tv a.* Schnitt *m* | *teat* Inszenierung *f* | (*Edelstein*) Fassen *n* | *fig desp: el* ~ *d'un escàndol* die Inszenierung e-s Skandals | **~er (-era** *f*) *adj* = **~ès** || *s/m caç* Jagdreiter, Pikör, Hundeführer *m* | **~eria** *f caç* Hetz-, Hoch-jagd *f* | **~ès (-esa** *f*) *adj* (*Tier*) Gebirgs...; wild | *cabra muntesa* spanischer Steinbock *m* | **~ijol** *m lit* Hügel, kl(r) Berg *m* | **~ura** *f zool* Reittier, (Reit)Pferd *n* | *tecn* = **~atge** (*Edelstein*, *Brille*) Fassung *f*.

munyi|dor *adj* melkend || *s/mf* Melker(in *f*) *m* | (*Gefäß*) Melkeimer *m* || *s/f elect* Melkmaschine *f* | **~ment** *m* Melken *n* | **~r** (36) *vt* melken | (*Oliven*, *Beeren*, *Blätter*) abstreifen.

mur *m a. fig* Mauer *f* | *lit* = **paret** | = **~alla** | ~ *refractari* Brandmauer *f* | ~ *de contenció* Stützmauer *f* | ~ *del so* (*aeron*) Schallmauer *f* | *el* ~ *de les lamentacions* die Klagemauer | *el* ~ *de Berlín* die Berliner Mauer | **~a** *nàut* Bord-, Schiffs-wand *f* | **~ada** *f* = **~alla** | *nàut* innere Schiffswand *f* | **~al** *adj* (*m*/*f*) Mauer... | Wand... | *pintura* ~ Wand-malerei *f bzw* -gemälde *n* || *s/m art* Wandbild *n* | **~alla** *f* (Stadt)Mauer *f* | *les muralles de Morella* die Stadtmauer von Morella | *la Gran* ~ (*de la Xina*) die Chinesische Mauer, die Große Mauer | *fig: una* ~ *d'odi* (*de soldats*) e-e Mauer aus Haß (von Soldaten) | **~allar** (33) *vt* (um-, ver-, zu-)mauern | *s: emmurallar* | **~alleta** *f* Geländer *n* | Brüstung *f* | *nàut* Schand-deck *n*, -deckel *m*.

múrex *m zool* Stachelschnecke *f*.
murgó *m* (*Reben*) Absenker *m*.
múrgola *f bot gastr* Morchel *f*.
murgonar (33) *vt* (*Reben*) absenken.
múria *f bot* (flockige) Königskerze *f*.
muri|ac, ~cec *m oc zool* Fledermaus *f*.
muriàtic *adj quím: àcid* ~ Salzsäure *f*.
muricat (-ada *f*) *adj bot* stach(e)lig.
múrids *m pl zool* echte Mäuse *f pl*.
murmur|ació *f* Murren *n* | *desp mst pl* Gerede *n*, Klatscherei *f* | **~ador** *adj* boshaft geschwätzig | klatschsüchtig || *s/mf* Lästerzunge *f* | **~ar** (33) *vi* murmeln | murren | lästern, klatschen || *vt* (*j-m etw*) ins Ohr sagen | **~ejar** (33) *vi* murmeln | munkeln (*Leute*) | rauschen, säuseln (*Wind*) | rascheln | plätschern (*Wasser*) | **~i** *m* Murmeln; Gemurmel *n* | Gemunkel *n* | Rauschen, Säuseln *n* | Plätschern *n* | **~iós (-osa** *f*) *adj* murmelnd | plätschernd | säuselnd.

muró *m arquit* = **floró**.
murri (múrria *f*) *adj* durchtrieben, listig, gerissen, schlau || *s/mf fam* Pfiffikus, Schlawiner, Schlauberger *m* | **~ada** *f* schlauer Trick *m* | **~ejar** (33) *vi* tricksen | **~eria** *f* Durchtriebenheit, Gerissenheit *f* | Schlauheit *f* | Verschlagenheit *f* | = **murriada** | **~esc** *adj* gaunerisch, durchtrieben | schurkisch | *lit* Schelmen... | spitzbübisch | **~et** *adj* laus-, spitz-bübisch || *s/m* Spitzbube, Schlingel *m* | Lausbub *m*.

murt(r)|a *f bot* Myrte *f* | **~ar, ~erar** *m* Myrten-pflanzung *f bzw* -hain *m* | **~ó** *m* Myrtenbeere *f*.

mus (mussa *f*) *adj* stumpf | abgestumpft.
musa *f* Muse *f*.
musàcies *f pl bot* Bananengewächse *n pl*.
musar (33) *vi ant* Zeit vertrödeln.
musaranya *f zool* Spitzmaus *f* | ~ *d'aigua* (*dels jardins*, *nana*) Wasser-(Garten-, Zwerg-)spitzmaus *f*.
musc *adj* dunkelviolett.

múscids *m pl entom* Fliegenartige *pl.*
musc|iforme *adj* (*m*/*f*) *bot* moosartig | **~ínies** *f pl bot* Laubmoose *n pl.*
muscla|da *f* (reichliches) Muschelessen *n* | **~ire** *m/f* (Mies-)Muschelfischer(in *f*) *bzw* -verkäufer(in *f*) *m.*
muscle *m anat* Schulter, Achsel *f* | **~jar** (33) *vi* mit den Achseln zucken | die Schultern bewegen | **~ra** *f hist* (*Rüstung*) Schulterblech *n* | (*Hemd*) Schulter-stück *n bzw* -einlage *f.*
musclo *m zool gastr* Mies-, Pfahlmuschel *f.*
múscul *m anat* Muskel *m* | (*és*)*ser tot* **~s** starke Muskeln haben; sehr muskulös sein.
muscul|ar *adj* (*m*/*f*) Muskel..., *med* muskulär | *teixit* **~** Muskelgewebe *n* | **~at (-ada** *f*) *adj* mit starken Muskeln, muskulös | **~atura** *f* Muskulatur *f* | **~ós (-osa** *f*) *adj* Muskel... | muskulös.
muse|ll *m zool* Schnauze *f*, Maul *n* | **~rola** *f* (*Pferde*) Nasenriemen *m pl* | **~ta** *f ict* Schmalrüsselige Seenadel *f.*
museu *m* Museum *n* | **~** *arqueològic* Altertums- *od* Archäologie-museum *n* | **~** *d'art* Kunstmuseum *n* | **~** *d'història natural* Naturkundemuseum *n*, Museum *n* für Naturwissenschaften | *fig iròn*: (*és*)*ser una peça de* **~** (schon) e. Museumsstück sein.
músic *adj* musikalisch | Musik... | *instrument* **~** Musikinstrument *n* || *s/mf* Musiker(in *f*) *m* | (*nicht hauptberuflich*) Musikant(in *f*) *m* | **~a** *f* Musik *f* | (*Menschen*) (Musik)Kapelle *f*, *umg* a. Musik *f*; Orchester *n* | **~** *de ball* (*de cambra, de fons, orquestral*) Tanz- (Kammer-, Untermalungs-, Orchester-) musik *f* | **~** *clàssica* (*electrònica, lleugera*) klassische (elektronische, leichte) Musik *f* | *fig iròn*: **~** *celestial* schöne Worte *n pl*, leere Versprechungen *f pl.*
musi|c *m reg pop* = **músic** | *iròn* Musikus *m* | **~ca** *f reg pop* = **música** | *fig mst pl* Ärger *m*; Scherereien *pl*); Geschichte(n *pl*) *f* | **~cadura** *f* Schnörkelei *f* | **~cal(ment** *adv*) *adj* (*m*/*f*) musikalisch | Musik... | **~calitat** *f* Musikalität *f* | **~car** (33) *vt* vertonen | in Musik setzen | **~castre** *m* schlechter Musiker *m* | **~cògraf(a** *f*) *m* Musikschriftsteller(in *f*), -kritiker(in *f*) *m* | **~cografia** *f* Musik-schriftstellerei, -kritik *f* | **~còleg (-òloga** *f*) *m* Musikwissenschaftler(in *f*) *m* | **~cologia** *f* Musikwissenschaft *f* | **~còman(a** *f*) *m* = **melòman** | **~comania**

f = **melomania** | **~quer** *m* Noten-regal *n bzw* -schrank *m* | **~queries** *f pl* Schnörkeleien *f pl*, Geschnörkel *n.*
musiu (-iva *f*) *adj* musivisch | Musiv...
musl|im *adj* (*m*/*f*) *u. s/m/f* = **musulmà** | **~ímic** *adj* muslimisch, moslemisch.
mussita|ció *f* Gemurmel *n* | **~r** (33) *vi* murmeln, flüstern.
mussol *m ornit* Steinkauz *m* | Sperlingskauz *m* | *med* Gerstenkorn *n* | *fig* langweilige, wortkarge Person | **~** *banyut* Waldohreule *f* | **~** *emigrant* Sumpfohreule *f* | **~a** *f ict* Glatthai *m.*
mussolina *f tèxt* Musselin *m.*
musteir(-se) (37) *vt*(*r*) = **mustigar(-se)**.
mustèlids *m pl zool* Mardertiere *n pl.*
musti (mústia *f*), **místic (-iga** *f*) *adj* welk, verwelkt | *fig* düster, trübsinnig, niedergeschlagen | traurig | **~(g)ar** (33) *vt bot* welk machen | **~(g)ar-se** *v/r* (ver)welken, welk werden | *s: marcir, emmustir* | **~guesa** *f* Welkheit *f.*
musulmà (-ana *f*) *adj* moslem(in)isch, *arc* muselmanisch || *s/mf* Moslem *m*, Moslime *f.*
mut (muda *f*, **mudament** *adv*) *adj a. fig* stumm | *lletra muda* stummer Buchstabe *m* | *film* **~** Stummfilm *m* || *s/mf* Stumme(r *m*) *m/f* || *s/m pl* = **mutis** | *fer* **~***s* (*i a la gàbia*) verstummen.
muta|bilitat *f biol* Mutabilität *f* | **~ble** *adj* (*m*/*f*) *biol* mutabel | **~ció** *f biol* Mutation *f*, *med a.* Stimmwechsel *m* | *mús* Tonartwechsel *m*; (*Fuge*) Veränderung *f* | *teat* Kulissenwechsel *m* | **~nt** *m biol* Mutant(e *f*) *m* | **~ar** (33) *vi* mutieren.
mutila|ció *f* Verstümmelung *f* | **~r** (33) *vt a. fig* verstümmeln | **~t (-ada** *f*) *adj* verstümmelt || *s/mf* Krüppel *m* | **~** *de guerra* (Schwer)Kriegsversehrte(r), Kriegsbeschädigte(r) *m.*
mutis *m: fer* **~** schweigen; *teat* abtreten | **~!** pst! | *s: moixoni* | **~me** *m* Schweigsamkeit *f* | (*hartnäckiges*) Schweigen *n* | *psic* Mutismus *m.*
mutu (mútua *f*, **mútuament** *adv*) *adj* gegenseitig | *assegurança mútua* Versicherung auf Gegenseitigkeit *f* || *s/f dr* = **~alitat** | **~al(ment** *adv*) *adj* (*m*/*f*) *arc* = **mutu** | **~alisme** *m* gegenseitige Hilfsbereitschaft *f* | *dr* Hilfskassenwesen *n* | *biol* Mutualismus *m* | **~alista** *m/f* Hilfskassenmitglied *n* | **~alitat** *f* Gegenseitigkeit *f* | gegenseitige Hilfe *f* | *dr* Hilfskasse *f*; Versicherungsverein *m* auf Gegenseitigkeit | **~ant** *m/f dr* Darleiher(in *f*) *m* | **~atari (-ària** *f*) *m dr* Entleiher(in *f*) *m.*

N

n N *f* n, N *n*.
n' *pron adv s:* en¹ || *persönlicher Artikel s:* en³.
'n *pron adv s:* en¹.
na *persönlicher Artikel s:* en³.
nabab *m* Nabob *m*.
nab|ar *m bot Val* = **napar**.
nabiu *m bot* Heidel-, Blau-beere *f* | ~ *uliginós* od *d'aiguamoll* Rausch-, Moosbeere *f*.
naci|ó *f a. dr polít* Nation *f* | (*Gemeinschaft*) *a.* Volk *n* | *les Nacions Unides* die Vereinten Nationen *f pl* | ~**onal** *adj* (*m/f*) national, National... | Volks... | Landes...; landesweit; überregional | Staats...; staatlich; öffentlich | einheimisch; inländisch; innerstaatlich | *independència* ~ nationale Unabhängigkeit *f* | *consciència* (*estat, festa, monument*) ~ Nationalbewußtsein *n* (-staat, -feiertag *m*, -denkmal *n*) | *economia* ~ Volkswirtschaft *f* | *defensa* (*llengua*) ~ Landesverteidigung (-sprache) *f* | ~**onalisme** *m* Nationalismus *m* | ~**onalista** *adj* (*m/f*) nationalistisch | *s/m/f* Nationalist(in *f*) *m* | ~**onalitat** *f a. polít* Nationalität *f* | (*Zivilrecht*) Staatsangehörigkeit, Nationalität *f* | *sense* ~ staatenlos | ~**onalització** *f* Nationalisierung *f* | Einbürgerung *f* | Verstaatlichung *f* | ~**onalitzar** (33) *vt* nationalisieren | *dr* (*j-n*) einbürgern, naturalisieren, nationalisieren | *econ* verstaatlichen, nationalisieren | ~**onalitzar-se** *v/r:* ~ *andorrà* die andorranische Staatsangehörigkeit erwerben; in Andorra eingebürgert werden | ~**onalsocialisme** *m* Nationalsozialismus *m* | ~**onalsocialista** *adj* (*m/f*) nationalsozialistisch || *s/m/f* Nationalsozialist(in *f*) *m*.

nacr|a *f zool* Steckmuschel *f* | ~**at** (**-ada** *f*) *adj* perlmuttern | Perlmutt(er)... | perlmutter-artig *bzw* -farben | ~**e** *m* Perlmutt(er) *n*.

Nadal *m* Weihnachten *n* (*a. pl*), *lit* Weihnacht *f* | *el* ~, *la festa de* ~ das Weihnachtsfest | *el dia de* ~ Weihnachten *n*, der erste Weihnachts(feier)tag | *la nit de* ~ der Heilige Abend, der Heiligabend, die Heilige Nacht, die Christnacht | *cançó* (*vacances*) *de* ~ Weihnachts-lied *n* (-ferien *pl*) | *bon* ~ *i feliç Any Nou!* frohe (*od* fröhliche) Weihnachten u. e. gutes Neues Jahr! | *celebrar el* ~ Weihnachten feiern | *durar de* ~ *a sant Esteve* (*fig fam*) nur sehr kurze Zeit dauern *bzw* halten | *aniràs a casa per* ~? fährst du (zu *od* über) Weihnachten nach Hause? | *què t'han regalat per* ~? was hast du zu Weihnachten bekommen? | ~**a** *f* Weihnachtslied *n* | Weihnachtskarte *f* | *bot* Tazette *f* | ~**enc** *adj* weihnachtlich | Weihnachts...

nadir *m astr* Nadir *m*.

nad|ís *m* (*pl -issos*) *zool* Junge(s), Neugeborene(s) *n* | ~**iu** *adj* (*Person*) gebürtig (*de* aus) | (*Bevölkerung*) ein-heimisch, -geboren | (*Ort, Land*) Heimat..., Geburts... | (*Sprache*) Mutter... | (*Sitte, Erzeugnis*) einheimisch | *és* ~ *de Colònia* er ist gebürtiger Kölner, er ist aus Köln gebürtig, er stammt aus Köln || *s/mf: un* ~ *d'Hongria* e. gebürtiger Ungar | ~**s** *i forasters* Einheimische u. Fremde *pl* | *els* ~**s** *de Nova Guinea* die Eingebore-

nafra

nen Neuguineas | **~ó** *m* Neugeborene(s) *n* | *p ext* Baby *n*.
nafra *f* (offene) Wunde *f* | wunde Stelle *f* | Geschwür *n* | *fig* Wunde *f* | *posar el dit a la* ~ den Finger auf die Wunde legen | **~r** (33) *vt a. fig* verwunden | *bes* wund scheuern | **~t** (-ada *f*) *adj* wund.
naft|a *f* Naphtha *n* | **~alè** *m quím* Naphthalin *n* | **~alina** *f* (*bes* Mottenschutzmittel) Naphtalin *n* | *fer olor de* ~ (*fig fam*) nach Mottenkiste riechen | **~è** *m quím* Naphten *n* | **~ol** *m quím* Naphthol *n*.
naia *f arquit Bal Val* Galerie *f*.
nàiade *f mit* Najade *f*.
naip *m* Spielkarte *f*.
naixe|dor *adj* zukünftig, kommend | **~dura** = **panadís** | **~ment** *m a. adm biol* Geburt *f* | *fig a.* Entstehung *f* | (*Tag, Epoche*) Anbruch *m* | Ausgangspunkt; (*von Gliedern*) Ansatz *m*, Wurzel *f*; (*von Wasserläufen*) Quelle *f* | *art* Geburt *f* Christi | **~nça** *f* Geburt *f* | *fig a.* Abstammung, Herkunft *f* | *fig a.* Entstehung *f* | *cec de* ~ von Geburt (an) blind | *suec de* ~ Schwede von Geburt, gebürtiger Schwede | *de noble* (*humil*) ~ von edler (niedriger) Geburt | **~nt** *adj* (*m/f*) entstehend, werdend | *quím* naszierend | (*Zweifel, Stolz*) aufkommend | (*Sonne, Mond*) aufgehend | (*Tag*) anbrechend.
nàixer (40) *vi* = **néixer**.
naixó *f reg* = **naixement, naixença**.
naltres, naltros *pron pers reg* = **nosaltres**.
Namíbia *f* Namibia *n*.
nan *adj* zwerg(en)haft; zwergartig | *med* zwergwüchsig | (*Tier, Pflanze, Stern*) Zwerg... || *s/mf* Zwerg(in *f*) *m* | *fam* (*m mst* **~o**) Wicht *m*, Kleine(r *m*) *m/f*; Kind *n* | **~isme** *m med* Zwergwuchs, Nanismus *m* | **~ofarad** *m fís* Nanofarad *n*.
nans|a *f* Henkel *m* | *anat* Windung, Schlinge *f* | (*Fischerei*) Reuse *f* | **~aire** *m* Reusenfischer *m* | **~at** (-ada *f*) *adj* gehenkelt || *s/m* = **ansat** | **~er** *m* Reusenhersteller *m* | = **~aire** | **~et** *m nàut* Reusen-öffnung *f*, -trichter *m*.
nap[1] *m bot* Rübe *f* | *fig fam* Stöpsel, Knirps *m* | ~ *rodó od de bou* Weiße Rübe, Wasserrübe *f* || *fig fam: ara per* **~s**, *ara per cols* mal aus dem einen, mal aus dem anderen Grund | *tant se*

narrable

me'n dóna **~s** *com cols* das ist mir schnurz u. piepe | *no val un* ~ (*torrat*) es ist k-n Pfennig wert | *bon* ~ *n'hem arrencat* (*iròn*) da sind wir fein heraus!
nap[2] *m fam arc* = **duro**.
napa *f* Nappa(leder) *n*.
napalm *m quím* Napalm *n* | *bomba de* ~ Napalmbombe *f*.
nap|ar *m* Rübenacker *m* | **~-buf** *m fam* Dreikäsehoch *m* | **~ejar** (33) *vi* stark herausschmecken (*Rüben*) | nach Rüben schmecken | zu stark nach Rüben schmecken.
nàpia *f fam* (*Nase*) Zinken *m*.
nap|-i-col *m* Weiße Rübe, Wasserrübe *f* | **~iforme** *adj* (*m/f*) rübenförmig | **~issos** *m pl* = **~-i-col**.
napole|ó *m numis* Napoleon(dor) *m* | in Katalonien später *a.* Münze zu 5 Francs | **~ònic** *adj* napoleonisch.
napolità (-ana *f*) *adj* neapolitanisch | *s/mf* Neapolitaner(in *f*) *m*.
Nàpols *m* Neapel *n*.
naquera *f* Trog *m*.
narc|ís (-isa *f*) *adj* : *és molt* ~ er ist sehr narzißtisch || *s/m* Narziß *m* | *bot* Narzisse *f* | **~isisme** *m psic* Narzißmus *m* | **~isista** *adj* (*m/f*) narzißtisch || *s/mf* Narzißt(in *f*) *m*.
narc|olèpsia *f med* Narkolepsie *f* | **~osi** *f med* Narkose *f* | ~ *de les profunditats* Tiefenrausch *m* | **~òtic** *adj* narkotisch || *s/m* Narkotikum *n* | (*zur Betäubung*) *a.* Narkosemittel *n* | (*Suchtmittel*) *a.* Rauschgift *m* | **~otina** *f med* Narkotin *n* | **~otització** *f* Narkotisierung *f* | **~otitzar** (33) *vt* narkotisieren.
nard *m bot* Narde *f*.
narguil *m* Nargileh *f/n*.
nariu *m anat* Nasenloch *n* | (*bes Pferd*) Nüster *f*.
naron|ger *m* (*Baum*) Pomeranze, Bitterorange *f* | **~ja** *f* Pomeranze, Bitterorange *f*.
narra|ble *adj* (*m/f*) erzählbar | erzählenswert | **~ció** *f a. Lit* Erzählung *f* | Schilderung *f* | **~dor** *adj* erzählend || *s/mf* Erzähler(in *f*) *m* | **~r** (33) *vt* erzählen | (*Ereignis*) *a.* schildern | **~tiu** (-iva *f*, -ivament *adv*) *adj* erzählend; (*Begabung; Ausdrucksweise*) erzählerisch | *ling a.* narrativ; *Lit a.* narratorisch | *poema* ~ Erzählgedicht *n* || *s/f* erzählende Dichtung *f* | **~tori** (-òria *f*) *adj* = **~tiu**.

nàrtex *m arquit* Narthex *m*.
narval *m zool* Narwal *m*.
nas *m* (*pl* **nassos**) *a. fig* Nase *f* | *fig fam* (Spürsinn) *a.* Riecher *m* | *s:* *aguilenc, aquilí, camús, xato, forat, mosca, ficar, riure¹, treure* | **~ arromangat** (*de patata*) Stülp-, *iròn* Himmelfahrts-(Kartoffel-)nase *f* | *punta* (*od cap*) *del ~* Nasenspitze *f* | *davant* (*d*)*el ~* (*fam*) vor der Nase | *arrufar el ~* (*a. fig*) die Nase rümpfen | *caure de ~sos* (*fam*) auf die Nase fallen | *deixar alg amb un pam de ~* (*fig fam*) j-n mit langer Nase abziehen lassen | *ficar el ~ pertot arreu* (*fig fam*) s-e Nase in alles (hinein)stecken | *fregar pel ~ u*/*c a alg* (*fig fam*) j-m etw unter die Nase reiben | *parlar amb el* (*od de*) *~* näseln, durch die Nase sprechen | *em surt sang del ~* mir blutet die Nase, ich habe Nasenbluten | *tancar a alg la porta pels ~sos* (*fam*) j-m die Tür vor der Nase zuschlagen | *tapar-se el ~* s. (*dat*) die Nase zuhalten | *tenir* (*bon*) *~ per u*/*c* (*fig fam*) e-e (gute) Nase (*od* e-n Riecher) für etw haben | *ja en tinc els ~sos plens!* (*fam*) ich habe die Nase voll davon! | *treure el ~* (*fig fam*) s. blicken lassen | *no veure-hi més enllà del ~* (*fig fam*) nicht weiter sehen als s-e Nase (reicht) | **~al** *adj* (*m*/*f*) *anat* Nasen... | *bes ling* nasal, Nasal... | (*Stimme, Akzent*) näselnd | *paret ~* Nasenscheidewand *f* | *so ~* Nasal-, Nasen-laut *m* || *s*/*f ling* Nasal *m* | **~alització** *f ling* Nasalierung *f* | **~alitzar** (33) *vt ling* nasalieren | **~alment** *adv* nasal | näselnd, durch die Nase.
nascut (-**uda**) *f*) *adj* geboren.
naso-faringi (-**íngia** *f*) *adj* Nasen-Rachen-...
naspra *f* = **aspre¹** | **~r** (33) *vt* = (**en**)**asprar**.
nass|ada *f* Stoß *m* gegen die (*bzw* mit der) Nase | *a. fig* Schnüffeln *n* | (*Tabak*) Schnupfen *n* || *fig: donar nassades* herumschnüffeln | *haver* (*od tenir*) *~ d'u*/*c* etw wittern, von etw Wind bekommen | **~al** *m hist* (*Helm*) Nasenstück *n* | **~ejar** (33) *vi a. fig* (herum)schnüffeln | *s:* *ensumar* | **~arrut** (-**uda**) *f*) *adj* = **~ut** | **~et**, **~iró** *m* Näschen, Näslein *n* | **~um** *m Bal* gr(e) Nase *f* | **~ut** (-**uda**) *f*) *adj* großnasig, mit gr(r) Nase *f*.
nàstia *f bot* Nastie *f*.
nat (**nada** *f*) *adj* geboren | *no sóc pas ~ d'ahir* (*fig fam*) ich bin nicht von gestern | *és un comerciant ~* (*fig*) er ist e. geborener (*od* der geborene) Kaufmann || *Bal* (*verstärkend bei negativen Ausdrücken*): *ningú* (*res*) *~* niemand (nichts) auf der Welt | *no ho veurà persona nada* es wird k. Erdgeborener sehen.
nata¹ *f* Sahne *f*, Rahm *m* | *fig fam* Backpfeife *f* | **~ batuda** Schlagsahne *f* | *la flor i ~* (*fig lit*) die Creme | *la flor i ~ de la societat* die Creme der Gesellschaft | (*és*)*ser la ~* (*fig fam*) super (*od* prima) sein | *et donaré una ~!* (*fig fam*) ich schmiere dir gleich e-e!
nata² *f* (*Fischernetz*) Untersimm *n*.
natació *f* Schwimmen *n*, Schwimmsport *m*.
natal *adj* (*m*/*f*) Geburts... | (*Ort, Land*) *a.* Heimat... | **~ici** (-**ícia** *f*) *adj* Geburtstags... || *s*/*m* Geburtstag *m* | **~itat** *f* Geburtenziffer, Natalität *f*.
natatori (-**òria** *f*) *adj* Schwimm...
natgera *f anat* Hinterteil, Gesäß *n*.
natilla *f gastr* (*etwa*) Vanillecreme *f*.
nati|u (-**iva** *f*) *adj* angeboren | *min* gediegen || *adj u. s*/*mf* = **nadiu** | **~visme** *m filos* Nativismus *m* | **~vitat** *f lit* Geburt *bes* Christi Geburt *f*.
natja *f anat* (Hinter)Backe *f* | **~da** *f fam* Klaps (*bzw* Schlag) *m* auf den Hintern | **~r** (33) *vt fam* (*j-n*) versohlen, (*j-m*) den Hintern versohlen *od* die Hosen strammziehen.
nató *m nàut* (*Fischernetz*) Obersimm *n*.
natró *m quím* Natron *n*.
natur|a *f a. fig filos rel* Natur *f* | (*im Gegensatz zur Stadt*) (freie) Natur *f* | (*Boden, Material*) Beschaffenheit *f* | *la ~ humana* die menschliche Natur | *~ morta* (*pint*) Stilleben *n* | *un amant de la ~* e. Naturfreund *m* | *estat de ~* (*filos*) Naturzustand *m* | *les forces de la ~* die Natur-gewalten, -kräfte *f pl* | *les meravelles de la ~* die Wunder *n pl* der Natur | *la protecció de la ~* der Naturschutz | *el sentiment de la ~* das Naturgefühl | *els tres regnes de la ~* die drei Reiche *n pl* der Natur | *contra ~* wider die Natur, widernatürlich | *de ~* (*arc*): *era anglès de ~* er war von Geburt Engländer | *per ~* von Natur (aus *od* her) | **~al** *adj* (*m*/*f*) *a. fig mat* natürlich | (*Wissenschaft, Phänomen, Recht, Religion, Erzeugnis, Material*) Natur... | (*Eigenschaft, Begabung*) *a.* angeboren |

(*Land*) Geburts..., Heimat... | (*Sprache*) Mutter... | (*Lebensmittel*) naturrein | *mús* (*Ton, Instrument*) Natur...; (*Note*) ohne Vorzeichen | *flors* ~s natürliche Blumen *f pl* | *llum* (*vida*) ~ natürliches Licht (Leben) *n* | *estat* (*medicina, seda, vi*) ~ Natur-zustand *m* (-heilkunde, -seide *f*, -wein *m*) | *de mida* ~ in natürlicher Größe | *ella* (*la foto*) *és molt* ~ sie (das Bild) ist sehr natürlich | *és la cosa més* ~ *del món* es ist die natürlichste Sache (von) der Welt | *és* ~ *que* ... es ist (nur, nur zu) natürlich, daß ... | *és* ~! das ist doch ganz natürlich! | (*és*)*ser* ~ *d'un lloc* in e-m Ort geboren sein, aus e-m Ort stammen *od* (gebürtig) sein ǁ *s/m*: *els* ~s *de Berlín* die (gebürtigen) Berliner *m pl* | *els* ~s *de Madagascar* die Eingeborenen *m pl* Madagaskars ǁ *s/m* Natur(ell *n*) *f*, Wesen(sart *f*) *n* ǁ *al* ~: *al* ~ *encara és més atractiva* in Natur ist sie noch attraktiver ǁ *del* ~ (*art*) nach der Natur | **~alesa** *f* = **natura** | *dr* Staatsangehörigkeit, Nationalität *f* | **~alisme** *m filos Lit art* Naturalismus *m* | **~alista** *adj* (*m/f*) naturalistisch | *cient* naturwissenschaftlich ǁ *s/m/f* Naturalist(in *f*) *m* | *cient* Natur-forscher(in *f*), -wissenschaftler(in *f*) *m* | **~alitat** *f* Natürlichkeit *f* | **~alització** *f* Einbürgerung *f* | Naturalisation, Naturalisierung *f* | **~alitzar** (33) *vt a. fig* einbürgern | *biol dr a.* naturalisieren | *biol a.* heimisch machen | **~alitzar-se** *v/r*: ~ *suís* die schweizerische Staatsbürgerschaft erwerben; in der (*od* die) Schweiz eingebürgert werden | *aquest mot ja s'ha naturalitzat en la nostra llengua* dieses Wort hat s. schon in unserer Sprache eingebürgert | **~alment** *adv* (a. als Antwort) natürlich | von Natur aus; naturgemäß | **~isme** *m* Naturismus *m* | *med* Naturheilkunde *f* | *s:* nudismus | **~ista** *adj* (*m/f*) naturistisch | *med* naturheilkundlich; Naturheil... | *metge* ~ Natur-arzt, -heilkundige(r) *m* ǁ *s/m/f* Naturist(in *f*) *m*.

natzar|è (**-ena** *f*) *adj* nazarenisch ǁ *s/mf a. art* Nazarener(in *f*) *m* | *catol folk:* Büßer(in) Hemd u. Kapuze bei den Umzügen in der Karwoche | **~et** *m* Nazareth *n*.

nau *f nàut aeron* Schiff *n* | *arquit* (Kirchen)Schiff *n*; *bes indús* Halle *f* | ~ *aèria* = **aeronau** | ~ *espacial* = **astro-**

nau | ~ *central od principal* (*lateral, transversal*) Mittel- *od* Haupt-(Seiten-, Quer-)schiff *n* | *una església de tres* ~s e-e dreischiffige Kirche ǁ *fig: la* ~ *de l'estat* das Staatsschiff | *la* ~ *de sant Pere* das Petrusschiff, die Kirche | *portar la* ~ *a port* es glücklich zu Ende führen.

nàufrag *adj* schiffbrüchig ǁ *s/mf* Schiffbrüchige(r *m*) *m/f*.

naufra|gar (33) *vi* Schiffbruch erleiden | *fig a.* scheitern | **~gi**, *reg* **~ig** *m* Schiffbruch *m* | *fig a.* Scheitern *n*.

naupli *m zool* Nauplius *m*.

nàusea *f mst pl* Übelkeit *f*, Brechreiz *m* | *a. fig* Ekel *m*.

nauseabund *adj* ekelhaft, widerlich.

nauta *m/f poèt* Seefahrer(in *f*) *m*.

nàuti|c *adj* nautisch | Schiffahrts... | *escola* ~a Navigationsschule *f* ǁ *s/f* Nautik, Schiffahrtskunde *f* | **~l** *m zool* Nautilus *m*.

na|uxer *m hist* Schiffer; Steuermann *m* | **~val** *adj* (*m/f*) Schiffs... | *mil* See...; Marine...; Flotten... | *base* ~ Flotten-, Marine-stützpunkt *m* | *combat* ~ Seegefecht *n* | *construcció* ~ Schiff(s)bau *m* | *enginyer* ~ Schiffbauingenieur *m* | *forces* ~s Seestreitkräfte *f pl*.

navalla *f* (a. ~ *d'afaitar*) Rasiermesser *n* | *zool* Scheiden-, Messer-muschel *f* («Ensis ensis»).

navarrès (**-esa** *f*) *adj* navarresisch, aus Navarra | *s/mf* Navarrese *m*, Navarresin *f* ǁ *s/m ling* Navarresisch *n* | *el* ~ das Navarresische.

nav|egabilitat *f* Schiffbarkeit *f* | Seetüchtigkeit *f* | **~egable** *adj* (*m/f*) schiffbar | (*Schiff*) seetüchtig | *aigües* ~s Fahrwasser *n* | *riu* ~ schiffbarer Fluß *m* | *via* ~ Wasser-, Schiffahrtsstraße *f* | **~egació** *f* Schiffahrt *f* | (*auf dem Meer*) *a.* Seefahrt *f* | *nàut aeron* (*Kunst*) Navigation *f* | ~ *d'altura* (*de cabotatge, fluvial, interior, marítima, submarina, a vapor*) Hochsee-(Küsten-, Fluß-, Binnen-, See-, Unterwasser-, Dampf-)schiffahrt *f* | ~ *espacial* Raumfahrt *f* | ~ *polar* (*altimètrica*) Polar-(Höhen-)navigation *f* | **~egant** *adj* (*m/f*) seefahrend ǁ *s/m/f* Seefahrer(in *f*) *m* | **~egar** (33) *vi nàut* fahren *bzw* segeln; *arc* schiffen | (*als Seemann*) zur See fahren | *cient* navigieren | *fig fam* schwimmen, unsicher sein | *carta de* ~ Navigationskarte *f* | ~ *cap a Mallorca* nach Mallorca fah-

ren *bzw* segeln | **~** *per la Mediterrània* durch das Mittelmeer fahren *bzw* segeln; das Mittelmeer befahren *bzw* besegeln | **~** *amb el sextant* mit dem Sextanten navigieren | *perdre la carta de ~, no saber per quin(a) mar es navega (fig)* nicht mehr wissen, wo man s. befindet; die Orientierung verlieren | **~eta** *f* Schiffchen *n* | *ecl* Räucherfaß *n* | *arquit: schiffsförmiger Megalithbau auf Menorca u.a. Mallorca* | **~icular** *adj (m/f)* kahn-, schiffs-förmig ‖ *s/m anat* Kahnbein *n* | **~ili** *m, lit* gr(s) Schiff, *bes* Kriegsschiff *n* | *ant col* Geschwader *n* | **~ilier** *adj com* Schiffahrts... | *companyia ~a* Schiffahrtsgesellschaft, Reederei *f* ‖ *s/mf* Reeder(in *f*) *m*.
nazi *adj (m/f)* Nazi..., nazistisch ‖ *s/m/f* Nazi *m/f* | **~sme** *m* Nazismus *m*.
ne *pron adv s: en*[1].
neartrosi *f med* Nearthrose *f*.
nebo|dalla *f col* (Schar) Neffen u. Nichten, *arc reg* (Schar) Geschwisterkinder *pl* | **~der(a** *f) m* Groß-neffe *m*, -nichte *f* | **~t** (**-oda** *f) m* Neffe *m*, Nichte *f* | *(Neffe od Nichte) arc reg* Geschwisterkind *n* | = **~der(a)** | = *valencià* entfernter Neffe *m (Sohn e-s Cousins od e-r Cousine)* | *tenen trenta ~s* sie haben dreißig Neffen u. Nichten *od* dreißig Geschwisterkinder.
nebul|ar *adj (m/f) astr* Nebel... | **~itzador** *m* Zerstäuber *m* | Sprühgerät *n* | **~ós** (**-osa** *f) adj* neb(e)lig, diesig, dunstig | *meteor a.* = **nuvolós** | *astr* Nebel... | *fig* nebelhaft, *lit* nebulös ‖ *s/f astr* Nebel(fleck) *m* | *bot* Federgras *n* | *bot* Gips-, Schleier-kraut *f* | **~osament** *adv fig s:* nebulós | **~ositat** *f* Neb(e)ligkeit, Diesigkeit *f* | *meteor a.* = **nuvolositat** | *fig* Nebelhaftigkeit, Verschwommenheit *f*.
necess|ari (**-ària** *f) adj a. filos* notwendig, nötig | erforderlich | *els mitjans ~s per a la recerca (per a viure)* die für die Forschung (zum Leben) notwendigen (*od* nötigen, erforderlichen) Mittel | *un mal* **~** *e.* notwendiges Übel | *una conseqüència necessària* e-e notwendige Folge | *els documents ~s* die notwendigen (*od* erforderlichen) Urkunden | *(és)ser* **~** notwendig (*bzw* nötig *od* erforderlich) sein | *s: caldre* ‖ *s/m: el* **~** das Notwendige *od* Nötige | *s/f arc euf (Toilette)* Gelegenheit *f* | **~àriament** *adv* notwendig(erweise) |

no **~** nicht unbedingt | **~er** *m* Necessaire *n* | **~itar** (33) *vt* nötig haben, benötigen, brauchen | *necessito veure't* ich muß dich sehen | *necessiten que els ajudin* sie haben es nötig, daß man ihnen hilft | **~itat**[1] *f a. filos* Notwendigkeit *f* | Not, Bedürftigkeit *f* | (*oft pl*) Bedarf *m (de an dat)*; *a. econ psic sociol* Bedürfnis(se *pl*) *n (de* nach*)* | (a. **~** *natural od fisiològica) mst pl* Notdurft *f*, *arc* Bedürfnis *n* | *s: article* | *de* **~** notwendig(erweise) | *en cas de* **~** notfalls, im Notfall | *per* **~** aus Not | *sense* **~** unnötigerweise, *lit* ohne Not | *fer de la* **~** *virtut* aus der Not e-e Tugend machen | *fer les seves ~s* s-e Notdurft verrichten | *no n'hi havia cap* **~** dazu bestand k-e Notwendigkeit; das war völlig unnötig | *la* **~** *els hi obliga* die Not zwingt sie dazu | *satisfer una* **~** *e.* Bedürfnis befriedigen | *tenir* **~** *d'alg od d'u/c* j-n *od* etw nötig haben | *no en tinc cap* **~**, *de raspallar-lo* ich habe es nicht nötig, ihm zu schmeicheln | *veure's en la* **~** *de fer u/c s.* genötigt sehen, etw zu tun | **~itat**[2] (**-ada** *f) adj* bedürftig (*de gen*) | *els orfes ~s* die (hilfs)bedürftigen (*od* notleidenden) Waisen | *un nen* **~** *d'afecte e.* liebebedürftiges Kind | *estar* **~** *d'u/c* e-r Sache bedürftig sein *od* bedürfen ‖ *s/mf* Bedürftige(r *m*), Notleidende(r *m*) *m/f* | **~itós** (**-osa** *f) adj u. s/mf arc* = **~itat**[2].
neci (**nècia** *f) adj lit* töricht ‖ *s/mf* Tor *m*, Törin *f* | **~esa** *f* Torheit *f*.
necr|obiosi *f biol* Nekrobiose *f* | **~òfag** *adj* aasfressend, Aas... ‖ *s/m* Aasfresser *m* | *entom* Aaskäfer *m* | **~ofília** *f psic* Nekrophilie *f* | **~ologi** *m ecl* Nekrolog(ium) *n* | **~ologia** *f* Nekrolog, Nachruf *m* | **~ològic** *adj* nekrologisch | Nachruf... | **~òpoli** *f* Nekropole, Nekropolis *f* | **~òpsia** *f med* Nekropsie *f* | **~osi** *f med* Nekrose *f*, Gewebstod *m* | **~òtic** *adj med* nekrotisch, abgestorben.
nèctar *m a. fig* Nektar *m*.
nectari (**-ària** *f) adj* Nektar... ‖ *s/m bot* Nektarium *n*, Honigdrüse *f* | **~na** *f* Nektarine *f*.
nècton *m zool* Nekton *n*.
neda|da *f* Schwimmen *n* | *hem fet una bona* **~** wir sind e. schönes Stück geschwommen | **~dor** *adj: és molt* **~** er schwimmt gern ‖ *s/m* Schwimmplatz *m* ‖ *s/mf* Schwimmer(in

nèdol

f) m | **~r** (33) *vi* schwimmen | **~ d'esquena** rückenschwimmen, auf dem Rücken schvimmen | **~ com un peix** wie e. Fisch schwimmen | **~ contra corrent** (*a. fig*) gegen den Strom schwimmen | **~ i guardar la roba** (*fig fam*) zwei (*od* mehrere) Eisen im Feuer haben; s-e Schäfchen ins trockene bringen | **~ en l'abundància** im Überfluß schwimmen | **~ en sang** im Blut waten | **les patates nedaven en l'oli** die Kartoffeln schwammen im Öl.

nèdol *m* saftige Weide *f*.

neerlandès (**-esa** *f*) *adj* niederländisch || *s/mf* Niederländer(in *f*) *m* || *s/m ling* Niederländisch *n* | **el ~** das Niederländische.

nefa|nd *adj lit* verrucht, ruchlos | **~s** *s: fas*³ | **~st** *adj* unheil-voll, -bringend | un(glück)selig | *fam* katastrophal | *un dia ~* e. Unglückstag *m*.

nef|elina *f min* Nephelin *n* | **~elometria** *f quím* Nephelometrie *f* | **~oscopi** *m meteor* Nephoskop *n*.

nefr|àlgia *f med* Nephralgie *f*, Nierenschmerz *m* | **~ític** *adj med* Nieren... || *s/mf* Nierenkranke(r *m*) *m/f* | **~itis** *f med* Nephritis, Nierenentzündung *f* | **~osi** *f med* Nephrose *f*.

negació *f a. ling* Verneinung *f* | *bes filos* (*a. Logik*) Negation *f* | *ling a.* Verneinungs-, Negations-wort *n* | Leugnung; Verleugnung *f* | Verweigerung *f* | Ablehnung *f* | **la ~ de si mateix** die Selbstverleugnung | **la ~ de l'ordre establert** die Ablehnung (*od* Verneinung, *lit* Negation) der bestehenden Ordnung | *fam:* **és la ~ d'un cantant** er ist alles andere als e. Sänger.

nega|da *f* Ertrinken *n* || *pop: mala ~!* verflucht!, verflixt! || *mala ~ facis!* verrecken sollst du! | **~ment** *m: el ~ d'un camp* die Überflutung e-s Feldes.

negar¹ (33) *vt a. ling* verneinen | (*Behauptung a., Tatsache, Wahrheit*) leugnen, bestreiten; (*mit Nachdruck*) ableugnen; (*Schuld*) *a.* abstreiten; (*j-n, s-n Glauben*) verleugnen | *lit cient a.* negieren | **~ (l'existència de) Déu** Gott (das Dasein Gottes) leugnen | **Pere va ~ Crist tres vegades** Petrus hat Jesus dreimal verleugnet | **això no es pot ~** das läßt s. nicht bestreiten *od* leugnen | **~ u/c a alg** j-m etw be-, ab-streiten, abspre-

chen; j-m etw verweigern, abschlagen, *lit* versagen | **ningú no et nega el talent** niemand bestreitet dir dein Talent | **a tu no et puc ~ res** dir kann ich nichts abschlagen | **van ~-nos l'entrada** man verwehrte uns den Zugang || *vi:* **l'acusat s'entossudia a ~** der Angeklagte leugnete hartnäckig | **~r-se**¹ *v/r:* **~ a si mateix** s. selbst verleugnen | **~ a fer u/c** s. weigern, etw zu tun | **es neguen a tot compromís** sie lehnen jegliche Verpflichtung ab.

negar² (33) *vt* (*j-n*) ertränken, (*Tier*) *a.* ersäufen | (*Ort*) über-fluten, -schwemmen, unter Wasser setzen | **~-se**² *v/r* ertrinken, *pop* ersaufen | überflutet (*od* überschwemmt) werden, ersaufen | absaufen (*Motor*) | nicht sämig werden (*Soße*) | gerinnen (*Mayonnaise*) | (*od ofegar-se*) **en un got d'aigua** (*fig*) über e-n Strohhalm stolpern | **se'm van ~ els ulls de llàgrimes** mir traten die Tränen in die Augen.

negat¹ (**-ada** *f*) *adj* unfähig, untüchtig (*per a* zu).

negat² (**-ada** *f*) *adj* ertrunken || *s/mf* Ertrunkene(r *m*) *m/f*.

negat|iu (**-iva** *f*, **-ivament** *adv*) *adj a. fig fotog fís mat* negativ | (*bes Antwort*) verneinend | *ling a.* Verneinungs..., Negations...; (*Form*) verneint | (*Antwort, Haltung*) *a.* ablehnend | (*Antwort*) *adm a.* abschlägig | **posar una frase en la forma negativa** e-n Satz verneinen *od* negieren || *s/m fotog* Negativ *n* || *s/f* (*Antwort*) Verneinung *f* | Ablehnung; Absage *f* | **la negativa d'alg a fer u/c** j-s Weigerung, etw zu tun | **donar una negativa** e-e verneinende Antwort geben; e-e Absage erteilen; *adm* e-n abschlägigen Bescheid geben | **respondre amb una negativa** mit Nein antworten | **~ivitat** *f* Negativität *f* | **~(r)ó** *m fís* Negatron *n*.

neglig|é *m* Negligé *n* | **~ència** *f* Nachlässigkeit *f* | (*dr* unbewußte) Fahrlässigkeit *f* | **~ent**(**ment** *adv*) *adj* (*m/f*) nachlässig | *a. dr* fahrlässig | **~ible** *adj* (*m/f*) unwichtig, unbedeutend | (*Menge, Summe, Betrag*) geringfügig, unerheblich | **~ir** (37) *vt* vernachlässigen | (*Rat, Hinweis*) außer Acht lassen, nicht beachten | *mat* weglassen.

negoci *m bes econ* Geschäft *n* | Handel *m* Gewerbe *n* | *s: home, món, viatge* | **un ~ productiu** e. einträgliches

Geschäft | ~s *bruts* unsaubere (*od* schmutzige, faule) Geschäfte *pl* | *un bon* (*mal*) ~ e. gutes (schlechtes) Geschäft; *fig fam* e-e gute (schlechte *od* schlimme, üble) Sache | *mal* ~, *si glaçava!* es wäre schlecht, wenn Frost käme! | *el* ~ *del vi* der Weinhandel | *el* ~ *de les assegurances* das Versicherungsgewerbe | *una reunió de* ~*s* e. geschäftliches Treffen, e. Geschäftstreffen *n* | *com van els* ~*s?* wie gehen die Geschäfte?; *fig fam* wie geht's? | *la meitat és* ~ die Hälfte ist· Gewinn | (*no*) *fer* ~ *amb u/c* mit etw (k)ein Geschäft machen | *fer* ~*s amb alg* mit j-m Geschäfte machen *od* Handel treiben | *portar* (*posar, tenir*) *un* ~ e. Geschäft führen (gründen, haben) | *el* ~ *és el* ~ (*Spruch*) Geschäft ist Geschäft | ~**able** *adj* (*m/f*) verkäuflich, absetzbar | (*Wertpapier*) begebbar | *aquest punt és* ~ über diesen Punkt kann verhandelt werden *od* läßt s. verhandeln | ~**ació** *f* Verhandlung; *polit a.* Unterhandlung *f* | *entaular negociacions* Verhandlungen einleiten | *entrar* (*estar*) *en negociacions amb alg* mit j-m in Verhandlung treten (stehen) | ~**ador** *adj* Verhandlungs... | ~**ant** *adj* (*m/f*): (*és*)*ser* (*molt, poc*) ~ (viel, wenig) Geschäftssinn haben || *s/m/f* Geschäfts-mann *m*, -frau *f* | Händler(in *f*) *desp* Geschäftemacher(in *f*) *m* | ~ (*a l'engròs*) *en vins* Wein(groß)händler *m* | ~**ar** (33) *vi econ* handeln (*en mit*) | *fig* verhandeln; *polit a.* unterhandeln (*amb* mit; *sobre* über *ac*) || *vt* verhandeln | (*Vertrag, Tarif*) aushandeln | (*Wechsel*) begeben | ~**at** *m adm* Referat, Sachgebiet; Amt *n*; Geschäftsstelle *f* | ~**ejar** (33) *vi ant* = ~**ar** | ~**ós** (-**osa** *f*) *adj ant* fleißig, tüchtig.

negr|al *adj* (*m/f*) schwärzlich | ~**all** *m* schwarzer Fleck *m* | ~**e** *adj a. fig* schwarz | ~ *com el carbó* kohlschwarz | ~ *com l'infern* (*la nit*) schwarz wie die Hölle (Nacht) | *gat* ~ schwarze Katze *f* | *ulls* ~*s* schwarze Augen *n pl* | *cel* (*te*) ~ schwarzer Himmel (Schleier) *m* | *la mar Negra* das Schwarze Meer | *el continent* ~ der Schwarze Erdteil | *la música negra* die Negermusik | *un cor* ~ e. schwarzes Herz | *un dia* ~ e. schwarzer Tag | *un futur* ~ e-e schwarze Zukunft |

humor ~ schwarze(r) Humor *m* | *una pel·lícula* (*novel·la*) *de la sèrie negra* e. Film (Roman) *m* der schwarzen Serie | *diner* ~ schwarzes Geld | *treball* ~ Schwarzarbeit *f* | *ja era negra nit* es war schon stock-dunkel *od* -finster | *passar-la negra* (*fam*) nichts zu lachen haben | *veure-ho tot* ~ (*fam*) alles schwarz (in schwarz) sehen; immer nur schwarzsehen | *veure's* ~ *per* (*a*) *fer u/c* (*fam*) die größte Mühe haben, etw zu tun | *i un be* ~ (*amb potes rosses*)! (*pop*) Pustekuchen!, denkste! || *s/m* Schwarz *n* | ~ *d'anilina* Anilinschwarz *n* | ~ *d'impremta* Druckerschwärze *f* | ~ *animal* Tierkohle *f* | *el* ~ *de l'ull* das Schwarze im Auge | *fotografia en blanc i* ~ Schwarzweißfotografie *f* | *anar de* ~ Schwarz tragen; in Schwarz gehen | *una dona vestida de* ~ e-e schwarzgekleidete Frau || *s/mf* Neger(in *f*) *m*, Schwarze(r *m*) *m/f* | *treballo com un* ~ (*fam*) ich arbeite wie e. Sklave || *s/m* Ghostwriter *m* || *s/f mús* Viertelnote *f* | ~**ejar** (33) *vi* schwarz werden || *v/imp*: *ja negrejava* es dunkelte schon | ~**enc** *adj* schwärzlich | ~**er** *adj* Negersklaven... | *s/m hist* Negersklavenhändler *m* | *fig fam* Tyrann *m* | ~**et** *m ict* Dornhai *m* | *bot* Erdritterling *m* | *ornit* Seeschwalbe *f* | ~**eta** *f gràf* (halb)fette Schrift *f* | ~**itud** *f sociol* Negritude *f* | ~**oide** *adj* (*m/f*) negroid | *s/m/f* Negroide(r *m*) *m/f* | ~**or** *f* Schwärze *f* | ~**ós** (-**osa** *f*) *adj* schwärzlich.

neguit *m* Unbehagen *n*, Beklommenheit *f* | Unruhe *f* | Besorgnis, Besorgtheit, Sorge *f* | *passar* (*od tenir*) ~ in Sorge sein | ~**ejar** (33) *vt* beunruhigen | ängstigen | (*j-m*) k-e Ruhe lassen || *vi* = ~**ejar-se** | ~**ejar-se** *v/r* s. beunruhigen | s. ängstigen | nicht zur Ruhe kommen, k-e Ruhe finden | *la mare es neguiteja per no res* Mutter sorgt s. wegen jeder Kleinigkeit | ~**ós** (-**osa** *f* -**osament** *adv*) *adj* unruhig, beunruhigt | besorgt, bekümmert.

negus *m hist* Negus *m*.

néixer (40) *vi* geboren werden, zur Welt kommen | (*aus dem Ei, der Puppe*) ausschlüpfen | sprießen (*Pflanze, Knospe, Haar*) | entspringen (*Quelle, Fluß*) | anbrechen (*Tag*) | aufgehen (*Sonne, Mond, Sterne*) | *fig* entstehen | *vaig* ~ (*he nascut*) *el 1947* ich wurde

nematodes (bin) 1947 geboren | *fer* ~ (*fig*) erwekken | *haver nascut per a u/c* zu etw geboren sein.

nemato|des *m pl zool* Nematoden *m pl* | **~helmints** *m pl zool* Nemathelminten *f pl*, Rundwürmer *m pl.*

nen *m* Kind *n* | *bes* (kleiner) Junge, *südd* Bub *m* | *fam* = **fill** | *s: noi* | ~ *de bolquers* Wickelkind *n* | ~ *petit* Kleinkind, kl(s) Kind *n*; kl(r) Junge *m* | *el* ~ *Jesús* das Jesuskind, (*bes zu Weihnachten*) das Christkind | *no poden tenir* ~*s* sie können k-e Kinder bekommen | ~**a** *f* Kind, (kleines) Mädchen, *reg* Mädel *n* | (*als Kosewort*) *a.* Kindchen *n* | *fam: la* ~ *se'ns casa* unsere Tochter will heiraten.

nènia *f Lit* Nänie *f.*

nenúfar *m bot* Seerose *f* | ~ *blanc* Weiße Seerose *f* | ~ *groc* Teichrose, Mummel *f.*

neó *m quím* Neon *n* | *un llum de* ~ e-e Neonlampe.

neo|clàssic *adj* klassizistisch | neoklassizistisch | **~classicisme** *m hist* Klassizismus *m* | (*20. Jh.*) Neoklassizismus; *bes Lit* Neuklassizismus *m* | **~colonialisme** *m* Neukolonialismus *m* | **~dimi** *m quím* Neodym *n* | **~feixisme** *m* Neofaschismus *m.*

neòfit(a) *f*) *m rel* Neophyt *m* | *fig* Neuling *m.*

neo|gòtic *adj* neugotisch || *s/m* Neugotik *f* | **~gramàtic** *adj ling* junggrammatisch || *s/m* Junggrammatiker *m* | **~grec** (-ega *f*) *adj* neugriechisch || *s/m ling* Neugriechisch | *el* ~ das Neugriechische | **~lític** *adj* neolithisch, jungsteinzeitlich || *s/m* Neolithikum *n*, Jungsteinzeit, Jüngere Steinzeit *f* | **~llatí** (-ina *f*) *adj ling* romanisch | *llengües neollatines* romanische Sprachen *f pl* | **~logisme** *m ling* Neubildung *f*, Neologismus *m* | **~nazi** *adj* (*m/f*) neonazistisch || *s/m/f* Neonazi *m/f* | **~plasma** *m med* Neoplasma *n* | **~platònic** *adj* neuplatonisch || *s/mf* Neuplatoniker(in *f*) *m* | **~platonisme** *m* Neuplatonismus *m* | **~positivisme** *m* Neopositivismus *m* | **~realisme** *m* Neorealismus, Neoverismus *m* | **~romanticisme** *m* Neuromantik *f* | **~testamentari** (-ària *f*) *adj* neutestamentlich | **~zelandès** (-esa *f*) *adj* neuseeländisch || *s/mf* Neuseeländer(in *f*) *m* | **~zoic** *adj* neozoisch || *s/m* Neozoikum *n*

Nepal *m: el* ~ Nepal *n* | **~ès** (-esa *f*) *adj* nepalesisch || *s/mf* Nepalese *m*, Nepalesin *f* || *s/m ling* Nepali *n* | *el* ~ das Nepali.

nepentàcies *f pl bot* Kannenstrauchgewächse *m pl.*

neper *m fís* Neper *n* | **~ià** (-ana *f*) *adj mat: logaritme* ~ Nepersche(r) Logarithmus *m.*

nepotisme *m* Vetternwirtschaft *f*, Nepotismus *m.*

nepta *f bot med* Katzenmelisse *f.*

Nept|ú *m mit astr* Neptun *m* | **~uni** *m quím* Neptunium *n* | **~unià** (-ana *f*), **~únic** *adj* neptunisch | Neptun... | **~unisme** *m geol* Neptunismus *m.*

nerei|da *f mit* Nereide, Meernymphe *f* | **~s** *m zool* Nereis *f.*

neret *m bot* Rostblättrige Alpenrose *f.*

Ner|eu *m mit* Nereus *m* | **~ita** *f zool* Nerite *f* | **~ític** *adj biol* neritisch.

nero *m* = **anfós**.

Ner|ó *m* Nero *m* | *fig* Unmensch, Wüterich *m* | **~onià** (-ana *f*) *adj* neronisch.

nerv|ació *f bot* Nervatur, Äderung *f* | **~adura** *f bot entom* Nervatur, Äderung *f* | *tecn arquit* Rippenwerk *n* | *arquit* (Gewölbe)Rippe *f* | *volta amb nervadures* Gurtgewölbe *n* | **~al** *adj* (*m/f*) *med* nerval | **~at** (-ada *f*) *adj bot entom* geädert | **~i** *m* Nerv *m* | *bot entom a.* Ader *f* | *tecn arquit* Rippe *f* | *fig* (Spann)Kraft *f*; Schwung *m* | ~ *acústic* (*dental, òptic*) Gehör-(Zahn-, Seh-) nerv *m* | *el* ~ *d'una qüestió* der Nerv (*od* Kern) e-r Sache | *tenir* ~ (*fig*) Spannkraft haben | *pl: atac de* ~*s* Nervenzusammenbruch *m* | *estar malalt* (*od patir*) *dels* ~*s* nervenkrank sein | (*és*)*ser un sac* (*od feix, manat*) *de* ~*s* ein Nervenbündel sein | *perdre els* ~*s* die Nerven verlieren | *tenir* ~*s* nervös sein | *m'ataques els* ~*s* (*fam*) du gehst (*od* fällst) mir auf die Nerven, *pop* du nervst mich | **~í** (-ina *f*) *adj med* Nerven..., *bes* nervenstärkend | **~iat** (-ada *f*) *adj* = **~at** | **~iós** (-osa *f, -osament adv*) *adj* nervös | Nerven... | *centre* (*sistema, xoc*) ~ Nervenzentrum (-system *n*, -schock *m*) | *estar* (*posar-se, fer posar*) ~ nervös sein (werden, machen) | **~iositat** *f* Nervosität *f* | **~iüt** (-üda *f*) *adj* nervig | **~ós** (-osa *f*) *adj bot* geädert.

nesp|la *f* Mispel *f* | **~ler(a** *f*) *m bot* (*Pflanze*) (Echte) Mispel *f* | **~ra** *f* Mispel *f* | **~rer(a** *f*) *m* = **~ler(a** *f*) | (*a.*

nestorià ~ *del Japó* (Japanische) Mispel *f*.
nestori|à (**-ana** *f*) *adj* nestorianisch || *s/mf* Nestorianer(in *f*) *m* | **~anisme** *m hist ecl* Nestorianismus *m*.
net[1] *adj* sauber | *bes fig a.* rein | (*bes Person*) *a.* reinlich | (*Umrisse, Bild*) klar | (*Schnitt*) sauber, glatt | (*Farbe*) klar, rein | (*Gewicht, Betrag*) netto, Netto... | *esport* fair | *un cel ~* (*de núvols*) e. wolkenloser Himmel | *consciència ~a* reines Gewissen | *gra ~* (*de palla*) strohfreies Korn | *imatge ~a* (*tv*) scharfes Bild | *pes ~* Nettogewicht *n* | *preu ~* Nettopreis *m* | *producte* (*guany*) ~ Netto-ertrag (-gewinn), Rein-ertrag (-gewinn) *m* | *sou ~* Nettolohn *m* | *un milió ~* netto e-e Million | *una còpia en ~* e-e saubere Abschrift | *ja pots passar-ho* (od *escriure-ho*) *en ~* du kannst es schon ins reine schreiben | *què n'has tret en net, de les seves explicacions?* was hast du aus s-n Erklärungen geschlossen? || *adv*: *t'ho diré ~ i clar* od *clar i ~* od *~ i cru* ich werde es dir klar u. deutlich (*umg* klipp u. klar) sagen | *fer ~ es* restlos auf-brauchen *bzw* -essen | *encara no he fet ~ de la grip* ich habe die Grippe noch nicht hinter mir | *jugar ~* ehrlich (*esport* fair) spielen.
net[2] *m esport* Netzball *m*.
nét(**a** *f*) *m* Enkel(in *f*) *m* | (*im Kindesalter*) *a.*Enkelkind *n* | *fig*: *encara en parlaran els nostres ~s* davon werden noch unsere Enkel erzählen.
net|ament *adv* sauber | rein(lich) | klar | **~edat** *f* Sauberkeit *f* | Reinheit *f* | Reinlichkeit *f* | Klarheit *f* | **~eja** *f* Saubermachen *n* | Säuberung *f* | Reinigung *f* | *la ~ de la casa* der Hausputz | *la ~ dels carrers* die Straßenreinigung *f* | *operació de ~* (*polit mil*) Säuberungsaktion *f* | *fer* (*la*) *~saubermachen* | **~ejada** *f: a aquestes botes els cal una bona ~ od neteja* diese Stiefel müssen mal richtig geputzt werden | **~ejar** (33) *vt* saubermachen | *a. fig* säubern (*de* von) | (*bes* Fassade, Straße, Nägel, Gebiß) reinigen | (*bes* Gemüse, Schuhe) putzen | (*Geflügel, Fisch*) ausnehmen | (*mit e-m Tuch*) abwischen | (*mit dem Staubsauger*) absaugen | *~ en sec* chemisch reinigen | *~ l'hort de males herbes* den Garten von Unkraut säubern | *~ la ciutat de criminals* die Stadt von Kriminellen säubern | *els lladres van ~ el pis* (*fam*) die Diebe räumten die Wohnung aus | **~ejar-se** *v/r*: *els gats sempre es netegen* Katzen putzen s. immer | *~ les ungles* s. (*dat*) die Nägel reinigen.
neu *f* Schnee *m* | *tv a.* Grieß *m* | *blanc com la ~* weiß wie Schnee, schneeweiß | *~ carbònica* Kohlensäureschnee *m*, Trockeneis *n* | *~s perpètues* ewiger Schnee *m* | *~ pols* Pulverschnee *m* | *cau ~* es fällt Schnee.
neul|a *f ant* (dichter) Dunst *m* | *bot* (*Getreide*) Brand *m* | *gastr* Oblate *f*; (*Weihnachtsgebäck*) Waffelröllchen *n* || *s/m/f* Narr *m*, Närrin *f* | **~ar-se** (33) *v/r bot* brandig werden | **~ella** *f anat* Schwertfortsatz *m* | *Bal* (*Hals*) Zäpfchen *n* | **~er** *m* Waffeleisen *n* | *fig fam: carregar els ~s a alg* j-m den Schwarzen Peter zuschieben | **~ia** *f reg* = **boira** | *bot* Verkümmerung *f* | **~im** *m* Kümmerer, Kümmerling *m* | **~iment** *m* Verkümmerung *f* | **~irse** (37) *v/r* verkümmern | **~it** (**-ida** *f*) *adj* verkümmert | *umg* mick(e)rig, vermickert | **~ós** (**-osa** *f*) *adj reg* = **boirós**.
neum|a *m mús* Neume *f* | **~àtic** *adj mús:* notació *~a* Neumenschrift *f*.
neur|al *adj* (*m/f*) *med* neural, Neural..., Nerven... | **~àlgia** *f med* Neuralgie *f*, Nervenschmerz *m* | **~àlgic** *adj* neuralgisch | *punt ~* (*a. fig*) neuralgischer Punkt *m* | **~astènia** *f med* Neurasthenie, Nervenschwäche *f* | **~astènic** *adj* neurasthenisch || *s/mf* Neurastheniker(in *f*) *m* | **~itis** *f med* Nervenentzündung, Neuritis *f* | **~ocirurgia** *f med* Neurochirurgie *f* | **~ogènic** *adj med* neurogen | **~òleg** (**-òloga** *f*) *m* Nerven-arzt *m*, -ärztin *f*, Neurologe *m*, -gin *f* | **~olèptic** *adj med* neuroleptisch || *s/m pl* Neuroleptika *n pl* | **~ologia** *f med* Neurologie *f* | **~ològic** *adj* neurologisch | **~oma** *m med* Neurom *n* | **~ona** *f anat* Neuron *n*, Nervenzelle *f* | **~òpata** *adj* (*m/f*) nervenleidend || *s/m/f* Nervenleidende(r *m*) *m/f* | **~opatia** *f med* Neuropathie *f*, Nervenleiden *n* | **~opàtic** *adj* neuropathisch | (*Person*) *a.* nervenleidend | **~òpters** *m pl entom* Netzflügler *m pl* | **~osi** *f med* Neurose *f* | **~òtic** *adj* neurotisch || *s/mf* Neurotiker(in *f*) *m* | **~otomia** *f med* Neurotomie *f*.
neutr|al(**ment** *adv*) *adj* (*m/f*) neutral |

~alisme *m* Neutralismus | **~alista** *adj* (*m/f*) neutralistisch || *s/m/f* Neutralist(in *f*) *m* | **~alitat** *f* Neutralität *f* | **~alitzable** *adj* (*m/f*) neutralisierbar | **~alització** *f* Neutralisierung *f* | *bes esport quím* Neutralisation *f* | **~alitzador** *adj* neutralisierend | **~alitzar** (33) *vt* neutralisieren | **~e** *adj fís quím* neutral | *ling* (*Genus*) sächlich, neutral | *biol* geschlechtslos | *fig* unbeteiligt, desinteressiert; nüchtern, sachlich; farblos; (*Farbe, Einrichtung*) neutral | *vocal neutra* (*ling*) Schwa *n*, Murmellaut *m* | **~í** *m fís* Neutrino *n* | **~ó** *m fís* Neutron *n* | *bomba de neutrons* Neutronenbombe *f* | **~òfil** *adj biol* neutrophil | **~ònic** *adj fís* Neutronen...
nev|ada *f* Schneefall *m* | **~ar** (33) *v/imp*: *neva* es schneit | **~às** *m* (*pl -assos*) (heftiger) Schneefall *m* | Schneewehe *f* | **~at** (**-ada** *f*) *adj* schneebedeckt | verschneit | *fig lit* schneeweiß | **~era** *f* Kühlschrank *m* | **~isquejar**, *a*. **~iscar** (33) *v/imp*: *va ~ tot el dia* es schneite den ganzen Tag leicht | **~ós** (**-osa** *f*) *adj* Schnee... | schneeig | *temps ~* Schnee-wetter *n*, -witterung *f* | **~otejar** (33) *v/imp* = **~isquejar**.
nexe *m* Verbindung, Verknüpfung *f* | Zusammenhang *m* | *lit cient* Nexus *m*.
ni *conj* noch | und ... auch nicht | *~ ... ~* weder ... noch | *no sé* (*~*) *brodar ~ cosir* ich kann weder sticken noch nähen | *no bec* (*~*) *cafè ~ tè ~ alcohol* ich trinke weder Kaffee noch Tee, noch Alkohol | *no ha passat ~ una cosa ~ l'altra* weder das eine noch das andere ist eingetreten | *~ l'un ~ l'altre* (*no*) *són joves* weder der eine noch der andere ist (*od* sind) jung | *jo no hi aniré, ~* (*od i*) *tu tampoc* ich gehe nicht hin, und du auch nicht | *no puc ~ vull anar-hi* ich kann und will auch nicht hingehen | *~ ho sé ~ ho vull saber* ich weiß es nicht u. will es auch nicht wissen; ich weiß es nicht, noch will ich es wissen || (*Partikel*) nicht einmal | *~* (*tan sols*) *em saluden* sie grüßen mich nicht einmal | *~ ell mateix* (*no*) *se n'adona* nicht er selbst merkt es | *no érem ~ deu* wir waren nicht einmal (*od* noch keine) zehn | *no ho vull ~ regalat!* das möchte ich nicht einmal geschenkt! | *~ pensar-hi!* nicht im Traum! | *~ ganes!* will ich ja auch gar nicht! || *~*

que + subj: ~ que fossis milionari! du bist wohl Millionär! | (*konzessiv*) *no es posarà l'abric ~ que nevi* selbst wenn es schneit, wird er den Mantel nicht anziehen || *~ un: ~ una paraula* nicht ein Wort; kein (einziges) Wort | *~ un* (*no*) *hi estava disposat!* nicht einer (*od* kein einziger) war dazu bereit!
nia|da *f* = **niuada** | **~dor** *m* (*für Hühner*) Legekorb *m* | **~l** *m* Nest *n* | Nestei *n* | **~r** (33) *vi* nisten | *a. fig s.* einnisten | horsten (*Raubvögel*).
Nibelungs *m pl: els ~* die Nibelungen *m pl*.
nicaragüenc *adj* nicaraguanisch || *s/mf* Nicaraguaner(in *f*) *m*.
nici (**nícia** *f*) *adj u. s/mf* = **neci** | **~esa** *f* = **neciesa**.
nícol *m òpt* Nicol *n*.
nicot|ina *f* Nikotin *n* | **~ínic** *adj* Nikotin... | *àcid ~* Nikotinsäure *f* | **~inisme** *m med* Nikotinvergiftung *f*.
nict|aginàcies *f pl bot* Wunderblumengewächse *n pl* | **~alop** *adj* (*m/f*) nachtblind | **~alopia** *f* Nachtblindheit *f*, Nyktalopie *f* | **~itant** *adj* (*m/f*) *zool: membrana ~* Nickhaut *f* | **~ofòbia** *f* Nyktophobie, Nachtangst *f*.
nidifica|ció *f ornit* Nestbau *m* | **~r** (33) *vi* nisten.
niell *m* (*Gravierung*) Niello *n* | (*im Meer*) Riff *n*, Klippe *f* | *med =* **carrall** | **~a** *f bot* Kornrade *f* | **~ar** (33) *vt* niellieren | **~er** *m agr* Sieb *n*.
nier *adj ornit* Nest... | *ocell ~* Nestjunge(s) *n*, Nestling *m* | **~a** *f* = **niu** | **~ada** *f* = **niuada** | **~ó** *m* = **niu**.
Níger *m: el ~* der Niger.
nig|erí (**-ina** *f*) *adj* nigrisch || *s/mf* Nigrer(in *f*) *m* | **~èria** *f* Nigeria *n* | **~erià** (**-ana** *f*) *adj* nigerianisch || *s/mf* Nigerianer(in *f*) *m*.
nigrom|ància *f* Nekromantie, Toten-, Geister-beschwörung *f* | **~ant** *m* Nekromant *m* | **~àntic** *adj* nekromantisch || *s/mf* Nekromant(in *f*), Toten-, Geister-beschwörer(in *f*) *m*.
nigua *f entom* Sandfloh *m*.
nihilis|me *m* Nihilismus *m* | **~ta** *adj* (*m/f*) nihilistisch || *s/m/f* Nihilist(in *f*) *m*.
Nil *m: el ~* der Nil | *el ~ Blanc* (*Blau*) der Weiße (Blaue) Nil.
niló *m* Nylon *n* | *mitja de ~* Nylonstrumpf *m*.
nilòtic *adj* nilotisch.
nimb|ar (33) *vt* mit e-m Heiligenschein

umgeben | ~e *m art* Heiligenschein, Nimbus *m* | *meteor* Nimbus *m* | **~ostrat(us)** *m meteor* Nimbostratus *m* | **~us** *m meteor* = **~e**.

nimf|a *f mit entom anat* Nymphe *f* | **~al** *adj (m/f)* Nymphen... | **~ea** *f bot* Seerose, Wasserlilie *f* | **~ blanca** Weiße Seerose *f* | **~eàcies** *f pl bot* Seerosengewächse *n pl* | **~eu** *m mit art* Nymphäum *n* | **~òmana** *adj f* mannstoll, *psic* nymphoman || *s/f* Mannstolle, *psic* Nymphomanin *f* | **~omania** *f* Mannstollheit, *psic* Nymphomanie *f* | **~omaníac** *adj psic* nymphomanisch || *s/f* = **~òmana** | **~osi** *f entom* Verpuppung *f*.

nimi (nímia *f) adj* übermäßig, übertrieben | weitschweifig | unbedeutend, unwichtig | **~etat** *f* Übermaß *n* | Weitschweifigkeit *f* | Umständlichkeit *f* | *fam* Kleinigkeit *f*, Bagatelle *f*.

nin *m reg* = **nen** | Puppenjunge *m* | **~a** *f reg* = **nena** | *a. fig* Puppe *f* | *anat* Pupille *f* | *(és)ser la ~ (od nineta) dels ulls d'alg (fig)* j-s Augenstern *m* sein | **~ada** *f reg* Kinderei *f* | **~esa** *f reg* Kindheit *f* | **~eta** *f reg* Mädelchen *n* | Püppchen *n* | *anat* Pupille *f* | *s: nina*.

ning|-nang *int onomat* bim, bam! || *s/m* Bim-Bam *n* | **~-ning** *int onomat* kling(e)ling! || *s/m* Kling(e)ling *n*.

ningú (28) *pron (in Verbindung mit no; auch als selbständige Negation vor dem Verb u. in Ellipsen)* niemand; keiner | *no ha vingut ~* es ist niemand gekommen | *~ (no) ho sap millor que jo* niemand (*od* keiner) weiß es besser als ich | *qui t'ha vist? — ~* wer hat dich gesehen? — Niemand | *terra de ~* Niemandsland *n* | *tu no ets ~ per a impedir-m'ho* du hast k. Recht, mich daran zu hindern || (*beim Auftreten zusätzlicher Negationswörter; a. mit positiver Bedeutung in Fragen, Hypothesen, Vergleichen*) jemand | *si ~ (od algú) ho sap, que ho digui* wenn es jemand weiß, soll er es sagen | *ho he fet sense demanar ajut a ~* ich habe es getan ohne j-n um Hilfe zu bitten || *s/m: (és)ser un ~* e. Niemand (*od* e. Nichts, e-e Niete) sein.

nin|ó *m reg* Bübchen *n* | **~ona** *f reg* Mädelchen *n* | **~ot** *m* (*aus Stoff, Holz, Papiermaché*) Puppe *f*; (*bes bei den valencianischen Falles*) Figur *f* | *a. fig* Hampelmann *m* | (*gezeichnet, ausgeschnitten*) Männchen *n* | *gràf* Witzfigur *f*; Karikatur *f*; Cartoon *m/n* | *~ de neu* Schneemann *m* | *~s de paper* Papiermännchen *n pl* | **~otaire** *m/f gràf* Karikaturist(in *f*) *m* | *bes* Cartoonist(in *f*) *m*.

nínxol *m arquit biol* Nische *f* | Grabnische *f*; *a. hist* Nischengrab *n*.

ni|obi *m quím* Niob(ium) *n* | **~òbic** *adj* Niob(ium)...

nipó (-ona *f) adj* japanisch || *s/mf* Japaner(in *f*) *m*.

níquel *m quím* Nickel *n*.

niqu|elar (33) *vt* vernickeln | **~elatge** *m* Vernick(e)lung *f* | **~èlic** *adj quím* Nickel..., *bes* Nickel-III-... | **~elífer** *adj* nickelhaltig | **~elós** (**-osa** *f*) *adj quím* Nickel..., *bes* Nickel-II-...

nirvana *m* Nirwana *n*.

nirvi *m bes Bal oc* = **nervi**.

nissaga *f* Stamm *m*, Sippe *f*, Geschlecht *n*.

nit *f a. fig* Nacht *f* | *s: any, blanc, dia, hora lloro, mil, Nadal, negre; anit* | *una ~ estelada (fosca, xafogosa, tranquil·la)* e-e sternklare (dunkle, schwüle, ruhige) Nacht | *una ~ d'estiu (de lluna, de festa)* e-e Sommer-(Mond-, Fest-)nacht | *la ~ de noces (de sant Joan)* die Hochzeits-(Johannis-)nacht | *la ~ de la ignorància (eterna)* die Nacht der Unwissenheit (des Todes) | *bona ~!* guten Abend!; (*vor dem Schlafengehen*) gute Nacht! | *fig fam: bona ~ viola!, bona ~ cargol!, bona ~ i tapa't!* na, dann gute Nacht! | *les onze (quatre) de la ~* elf (vier) Uhr nachts | *a entrada (od boca) de ~* bei Einbruch der Nacht | *fins ben entrada la ~* bis spät in die Nacht hinein | *a la ~* in der Nacht; nachts | *ahir a la ~* gestern nacht | *ens veiem (avui) a la ~ od aquesta ~?* sehen wir uns heute nacht *od* diese Nacht? | *aquesta ~ ha nevat* diese Nacht hat es geschneit | *de la ~ al dia (fig)* über Nacht | (*diferents*) *com de la ~ al dia* (verschieden) wie Tag u. Nacht | *de ~ (loc adj)* Nacht... | *torn (vol) de ~* Nachtschicht *f* (-flug *m*) | *vestit de ~* Abendkleid *n* | *de ~(s) (loc adv)* nachts; bei Nacht; nachtsüber | *arribarem de ~* wir werden nachts (*od* bei Nacht) ankommen | *ja és (es fa) de ~* es ist (*wird*) schon Nacht | *de ~(s) s'estan a cals avis* nachts(über) sind sie bei den Großeltern | *fer de la ~ dia* die Nacht zum Tage machen | *fer (od passar la)*

~ en un hotel (*a Ger*) in e-m Hotel (in Ger) übernachten | *el malalt ha passat bona* (*mala*) **~** der Kranke hat e-e gute (schlechte) Nacht gehabt.

nítid(ament *adv*) *adj lit* klar; rein | *fotog tv* scharf.

niti|desa *f lit* Klarheit; Reinheit *f* | *fotog tv* Schärfe *f*.

nitr|ació *f quím* Nitrieren *n*, Nitrierung *f* | **~ar** (33) *vt quím* nitrieren | **~at** *m quím* Nitrat *n* | **~ d'argent** od *de plata* Silbernitrat *n* | **~ de potassi** Kaliumnitrat *n*, Kalisalpeter *m* | **~ de sodi** Natriumnitrat *n*, Natronsalpeter *m* | **~ de Xile** Chilesalpeter *m* | **~atina** *f* Chilesalpeter *m* | **~e** *m min* Salpeter *m* | **~era** *f* Salpetergrube, -plantage *f*.

nítric *adj quím* salpetersauer | *àcid* ~ Salpetersäure *f* | *òxid* ~ Stickstoffmonoxid *n*.

nitr|ifer *adj min* salpeterhaltig | **~ificació** *f quím* Nitrifikation *f* | **~ificar** (33) *vt quím* nitrifizieren | **~il** *m quím* Nitril *n* | **~it** *m quím* Nitrit *n* | **~oanilina** *f quím* Nitroanilin *n* | **~obenzè** *m quím* Nitrobenzol *n* | **~ocel·lulosa** *f quím* Nitrozellulose *f* | **~ogen** *m quím* Stickstoff *m*, Nitrogen(ium) *n* | **~ogenar** (33) *vt quím* mit Stickstoff verbinden | **~oglicerina** *f quím* Nitroglyzerin *n* | **~ós (-osa** *f*) *adj quím* nitros, salpetrig | *àcid* ~ salpetrige Säure *f* | *òxid* ~ Lachgas, Distickstoff(mon)oxid *n* | **~ur** *m quím* Nitrid *n*.

niu *m a. fig mil* Nest *n* | *un* ~ *d'orenetes* (*de lladres*) e. Schwalben-(Diebes-)nest *n* | *afollar ~s* Nester aus-heben od -nehmen | *caure del* ~ aus dem Nest fallen; *fig fam* noch feucht hinter den Ohren sein | *deixar el niu* (*a. fig*) das Nest verlassen | (*és*)*ser un ~ de raons* (*fig fam*) Anlaß zu Streitigkeiten geben | *fer el ~* das Nest bauen | *fer ~ de tota brossa* (*fig*) alles auszunützen wissen || (*sehr viel*) *fig fam*: *n'hi ha un ~* davon gibt's jede Menge | *d'art, en saben un ~* von Kunst verstehen sie sehr viel | **~ada** *f col* Brut *f* | **~et** *m bot* Bofist, Bovist *m* («Cyathus striatus»).

nival *adj* (*m*/*f*) *bot meteor* nival.

nivell *m* (*Gerät*) (*a.* ~ *d'aigua*) Wasser-, Richt-, Libellen-waage *f* | Höhe *f*; Stand *m*; *a. fís* Niveau *n*; *a. fís bes elect* Pegel *m* | *fig a.* Ebene *f*; Grad *m*; Stufe *f* | ~ *de bombolla* (*d'aire*) (Röhren) Libelle *f* | ~ *de l'aigua* Wasser-spiegel, -stand *m*; Pegel-höhe *f*, -stand *m* | ~ *del mar* Meeres-spiegel *m*, -höhe *f* | ~ *de l'oli* (*de la gasolina*) Öl-(Benzin-)stand *m* | ~ *d'emissió* od *transmissió* (*rad tv*) Sendepegel *m* | ~ *d'energia* (*fís*) Energie-niveau *n*, -term *m* | ~ *de preus* Preisniveau *n* | ~ *de vida* Lebensstandard *m* | ~ *d'estil* (*ling*) Stilebene *f* | ~ *mental* (*psic*) geistige(r) Entwicklungsstand *m* | *conferència d'alt* ~ Konferenz *f* auf hoher Ebene | *un alt* ~ *de civilització* e-e hohe Kulturstufe | *pas a* ~ Bahnübergang *m* | *al mateix* ~ (*de*) auf gleicher Höhe stehen (mit) | *al* ~ *del mar* auf Meereshöhe | *sobre* (*sota*) ~ über (unter) dem Meeresspiegel | *a* ~ *purament personal* auf rein persönlicher Ebene | *l'obra té un* ~ *considerable* das Werk hat e. beachtliches Niveau | **~eta** *f constr* Planierkreuz *n*.

nivi (nívia *f*) *adj poèt* schneeig | schneeweiß.

no *adv* (*alleinstehend, als verneinende Antwort*) nein, *umg* ne(e) | *vindràs, tu?* —*~!* wirst du kommen? —Nein! | *digues que* ~ sag nein | ~, *certament!* nein, gewiß nicht! || (*im Satz*) nicht | ~ *ho sé* ich weiß es nicht | ~ *és cert!* das ist nicht wahr! | *tothom ho sap* ~ nicht jeder weiß das | ~ *res l'atabala* jede Kleinigkeit verwirrt ihn | *res* ~ *l'atabala* od ~ *l'atabala res* nichts kann ihn verwirren | ~ *beu llet* er trinkt keine Milch | ~, *és clar que* ~*!* nein, natürlich nicht! | *un* ~ *sé què* e. gewisses Etwas | *per què* ~*?* warum (denn) nicht? | *perquè* ~*!* darum! | *ja... nicht nur... | ja ~... nicht mehr | que* ~*?* etwa nicht? | *que* ~ *véns, tu?* kommst du etwa nicht?, kommst du denn nicht? | ~ (*és veritat*)*?*, ~ (*és així*)*?* oder (etwa) nicht?; nicht wahr?; so, gelt? || (*als Füllwort in Furcht ausdrückenden Nebensätzen, wobei das Verb im Konjunktiv steht*) *tenia por que aixó* ~ *li fes mal* ich fürchtete, daß es ihm schaden würde || (*als Füllwort in Komparativsätzen, die Ungleichheit ausdrücken*) *promets més que* ~ *dónes* du versprichst mehr als du gibst | *fa més fred* (*a*) *dins que* ~ (*pas*) *a fora* es ist kälter drinnen als draußen || *s: pas^2; cap^2, enlloc, gens, mai, ni, ningú, res* || *s*/*m* (*pl nos*) Nein

nobeli

n | em va respondre amb un ~ rotund er hat mir e. glattes Nein gegeben | *estar entre el sí i el ~* unschlüssig sein | **~-agressió** *f* Nichtangriff *m* | *pacte de ~* Nichtangriffspakt *m* | **~-alineament** *m polít* Blockfreiheit *f*.

nobeli *m quím* Nobelium *n*.

nob|iliari (**-ària** *f*) *adj* Adels... | *títol ~* Adels-brief, -titel *m* || *s/m* Adelsbuch *n* | **~ilitat** *f bes hist* (*Rom*) Nobilität *f* | **~le(ment** *adv*) *adj* (*m/f*) (*Person*, *Rang*) ad(e)lig | *fig a.* edel, nobel, vornehm; edel-, groß-mütig | (*Erzeugnis*) edel, Edel... || *s/m/f* Ad(e)lige(r *m*) *m/f*, *hist* Edel-mann *m*, -dame *f* | **~lesa** *f a. col* Adel *m* | *fig a.* Edle(s) *n*; Vornehmheit *f*; Edel-, Groß-mut *m* | *col hist* Edelleute *pl*.

noc *m tèxt* Walkmühle, Walkerei *f* | (*Gerberei*) Lohgrube *f* | **~ar** (33) *vt tèxt* walken.

noce|r(a *f*) *m Bal* Hochzeitsgast *m* | **~s** *f pl* Hochzeit(sfeier) *f* | *s: boda*.

noci|ó *f* Begriff *m*; Idee *f* | *fam* Ahnung *f* | *no tenir ~ d'u/c* nicht die geringste Ahnung von etw haben | *no tenir ~ del temps* k. Zeitgefühl haben || *pl* Elementar-, Grund-kenntnisse *f pl* | **~onal** *adj* (*m/f*) begrifflich, begriffsmäßig.

nociu (**-iva** *f*, **-ivament** *adv*) *adj* schädlich.

noct|àmbul *adj* nachtwandelnd || *s/mf* Nacht-wandler(in *f*), -schwärmer(in *f*) *m* | **~ambulisme** *m* Nachtwandeln *n* | **~iflor** *adj bot* nachtsblühend | **~iluca** *f bot* Noctiluca, Meerleuchte *f* | **~urn** *adj* nächtlich | *a. biol* Nacht..., *zool a.* nachtaktiv || *s/m ecl* Nachtgebet *n* | *mús* Nocturne *n/f*, Notturno *m* | **~urnal** *adj* (*m/f*) nächtlich | **~urnitat** *f dr* Nächtlichkeit *f*.

nod|ació *f* Knotenbildung *f* | **~al** *adj* (*m/f*) Knoten... | **~e** *m cient* Knoten *m* | *anat a.* Nodus *m* | **~ós** (**-osa** *f*) *adj* knotig | **~ositat** *f* Knotigkeit *f* | Knoten *m*, Gewebsverdickung *f*.

nodr|idor *adj* (er)nährend | nahrhaft | **~iment** *m* Nahrung *f* | Ernährung *f* | **~ir** (37) *vt a. fig* nähren | ernähren | **~ir-se** *v/r s.* (er)nähren (*de* von) | **~ís** *m* (*pl* **-issos**) *zool* Ferkel *n* | **~issa** *f* = **dida** | **~isser** *adj* = **nodridor** | **~issó** *m* Säugling *m* | (Tier)Junge(s) *n*.

nòdul *m cient* Knötchen *n* | *geol* Klümpchen *n*.

nodu|lació *f tecn indús* Knötchenbildung *f* | **~lar** *adj* (*m/f*) Knötchen... | **~lós** (**-osa** *f*) *adj* knötchenartig | **~s** *m* = **node**.

no|esi *f filos* Noesis *f* | **~ètic** *adj* noetisch || *s/f* Noetik *f*.

noga *f* dicke Nuß *f* | **~da** *f gastr* Nußtunke | **~ssar** *m* = **noguerar** | **~t** *m gastr* Nougat, Nugat *m*.

nogensmenys *adv lit* nichtsdestoweniger, trotzdem, dennoch.

noguer|(a *f*) *m* (*a. Holz*) Nußbaum *m* | **~ar** *m*, **~eda** *f* Nußbaumpflanzung *f*, Nußbaumbestand *m* | **~eta**, **~ola** *f bot* Terebinthe, Terpentinpistazie *f*.

noi *m* (großer) Junge, *südd* Bub *m* | Bursche, *arc* Knabe *m* | (*junger Mann, Gehilfe*) Junge, Bursche *m* | *fam* (*Mann; Sohn; vertrauliche Anrede*) Junge *m* | *s: nen; renoi | el seu marit és un bon ~* ihr Mann ist e. netter Junge *od* Kerl | *aquest és el meu ~* das ist mein Junge | *què, ~s, fem una cervesa?* na, Jungs, trinken wir e. Bier? | *~* (*od renoi*), *com plou!* Junge, Junge, wie das gießt! | **~a** *f* (großes *bzw* junges) Mädchen, *reg* Mädel *n* | *zool* Blindschleiche *f* | *guia* Pfadfinderin *f* | *~ verda* (*mús*) Dudelsack *m* | *escola per a nois i noies* Schule *f* für Jungen u. Mädchen | *ens caldria una ~ per a la cuina* wir bräuchten e. Mädchen für die Küche | *col·locar una ~* (*fam*) e. Mädchen unter die Haube bringen | **~ada** *f* Kinderei *f* | Dummerjungenstreich *m*.

noli *m nàut* (*Gebühr*) Fracht *f*; Charter *m*.

nolició *f filos psic* Nichtwollen *n*.

nolieja|dor *m* Befrachter *m* | Charterer *m* | **~ment** *m* Chartern *n* | Frachtvertrag; Charter *m* | **~r** (33) *vt nàut* chartern *bzw* verchartern.

noli-me-tàngere *m bot* Nolimetangere, Rührmichnichtan, Springkraut *n*.

nòlit *m* = **noli**.

nom *m* Name *m* | *fig a.* Ruf *m* | *ling* Nomen; *bes* Substantiv, Haupt-, Nenn-, Ding-wort *n* | (*a. ~ de fonts od de pila*) Vorname *m* | *s: cognom* | *~ de bateig* (*família, guerra, lloc, persona*) Tauf-(Familien-, Deck-, Orts-, Personen-)name *m* | *l'auto* (*el compte*) *va a ~ de la seva dona* das Auto (Konto) läuft auf den Namen s-r Frau | *només el conec de ~* ich kenne ihn nur dem Namen nach | *com et dius de ~* wie heißt du mit Vornamen? | *són casats només de ~* sie sind nur auf dem Pa-

nòmada

pier verheiratet | *en* ~ *del Pare, del Fill i de l'Esperit Sant* im Namen des Vaters, des Sohnes u. des Heiligen Geistes | *en* ~ *meu, en el meu propi* ~ in meinem (eigenen) Namen | *en* ~ *de la llibertat* im Namen der Freiheit | *els conec tots pel* ~ ich kenne sie alle beim (Vor) Namen | *dir les coses pel seu* ~ die Dinge (*od* das Kind) beim (rechten) Namen nennen | *donar* ~ *a u/c* e-r Sache (*dat*) den Namen geben | *fer-se un* ~ s. (*dat*) e-n Namen machen | *posar a alg* od *u/c el* ~ *de X* j-m *od* e-r Sache den Namen X geben; j-n *od* etw X nennen | *això* (*la teva conducta*) *no té* ~*!* (*fam*) das (dein) Benehmen) ist ja ungeheuerlich!
nòmada *adj* (*m/f*) nomadisch | nomadenhaft | Nomaden... || *s/m/f* Nomade *m*, Nomadin *f*.
nomadisme *m* Nomadismus *m* | Nomaden-dasein-, -leben *n*.
nombr|a *f mat arc* Zahlentafeln *f pl* | **~e** *m mat* Zahl *f* | *p ext* (*Menge*) Anzahl, Zahl *f* | *ling* Numerus *m*, Zahl *f* | *ret* Numerus *m* | *el Llibre dels* **~s**, *els* **~s** das Vierte Buch Mosis *od* Mose, Numeri *pl* | *un gran* ~ *de visitants* e-e gr(e) (An)Zahl Besucher *od* von Besuchern | *en* ~ *de mil* tausend an der Zahl | *en gran* ~ in gr(r) Zahl | *sens* ~ ohne Zahl, zahllos | **~ós** (**-osa** *f*, **-osament** *adv*) *adj* zahlreich | *família nombrosa* kinderreiche Familie *f*.
nomen|ament *m* Ernennung *f* | Bestallung *f* | **~ar** (33) *vt* ernennen | *adm a.* bestallen | *s: anomenar, nominar* | *el van* ~ *tresorer* er wurde zum Schatzmeister ernannt | **~clàtor** *m* Namensverzeichnis *n* | **~clatura** *f cient* Nomenklatur *f* | *polít* Nomenklatura *f*.
només *adv* nur | ~ *porto cent pessetes* ich habe nur (*od umg* bloß) hundert Peseten bei mir | ~ *són les cinc* es ist erst fünf (Uhr) | ~ *ell pot aconseguir-ho* nur er (*od* er allein) kann das erreichen | ~ *de pensar-hi ja em poso malalt* der bloße Gedanke (*od* allein schon der Gedanke) daran macht mich krank | ~ *que llegissis una mica, aprovaries* wenn du nur e. wenig lesen würdest, würdest du bestehen | *l'habitació està bé*, ~ *que no té dutxa* das Zimmer ist in Ordnung, nur daß es k-e Dusche hat.

no-metall *m quím* Nichtmetall *n*.
nòmina *f* (Namen)Liste *f* | *adm econ* Personal- u. Gehalts-verzeichnis *n* | *una* ~ *de 500 persones* e-e Belegschaft von 500 (Personen) | *una* ~ *mensual de 80 milions de pessetes* e-e monatliche Lohn- u. Gehaltssumme von 80 Millionen Peseten.
nomina|ció *f* Nominierung *f* | **~l** *adj* (*m/f*) namentlich, Namen(s)... | (*dem Namen nach*) *a. econ* nominell | *econ ling* nominal, Nominal... | *votació* ~ namentliche Abstimmung *f* | *econ: valor* ~ Nenn-, Nominal-wert *m* | *ling: forma* (*frase, prefix*) ~ Nominal-form *f* (-satz, -präfix *m*) | **~lisme** *m filos* Nominalismus *m* | **~lista** *adj* (*m/f*) nominalistisch || *s/m/f* Nominalist(in *f*) *m* | **~lment** *adv* namentlich | (nur) dem Namen nach | **~r** (33) *vt* (*als Kandidaten*) nominieren | **~tiu** (**-iva** *f*) *adj econ* (*Wertpapier*) Namens... | *acció nominativa* Namensaktie *f* || *s/m ling* (*a. cas* ~) Nominativ, Werfall *m*.
nomo|grama *m* Nomogramm *n* | **~logia** *f* Gesetzeskunde *f*.
nona *f hist catol mús* None *f* | *infan* (oft *pl*) Schlaf *m* | *fer* ~ od *nones* heia machen || *pl hist* (*Rom*) Nonen *f pl* | **~genari** (**-ària** *f*) *adj* neunzigjährig || *s/mf* Neunzigjährige(r *m*) *m/f* | **~gèsim** (30) *num* = **norante**.
nonat (**-ada** *f*) *adj* (*Kind, Tiere*) ungeboren.
nònius *m tecn* Nonius *m*.
non-non *f infan*: ~*!* (h)eiapopeia! | *fer* (*la*) ~ heia machen.
nònuple[1] *adj* (*m/f*) neunfältig | ~[2] *adj mat* neunfach || *s/m* Neunfache(s) *n*.
nonuplicar(-se) (33) *vt(/r)* (s.) verneunfachen.
nopal *m bot* Feigenkaktus *m* | *s: figuera de moro*.
nora *f* Schwiegertochter *f*.
norai *m nàut* Poller *m*.
norant|a (29) *num* (*zG s: vuit, vuitanta*) neunzig | **~è** (**-ena** *f*) (30) *num* (*zG s: vuitè*) neunzigste(r, -s); neunzigstel | **~ejar** (33) *vi* in die Neunzig kommen; um (die) Neunzig sein | **~ena col** (*zG s: vuitantena*) (etwa) neunzig | **~í** (**-ina** *f*) *adj* neunzigjährig || *s/mf* Neunzigjährige(r *m*) *m/f*.
nord *m* Norden *m* | *bes meteor nàut* Nord *m* | (a. *vent del* ~) Nord(wind) *m* | *fig* Ziel; Leitbild *n*; Orientierung *f* | *el* ~ *del país* (*d'Europa*) der Norden des Landes (Europas) | *el conflicte* **~-Sud**

der Nord-Süd-Konflikt | *l'estel del ~* der Nordstern | *la mar del ~* die Nordsee | *Carolina del ~* Nordkarolina *n* | *Figueres és al ~ de Catalunya* Figueres liegt im Norden Kataloniens | *Ceret és 10 km al ~ de la frontera* Ceret liegt 10 km nördlich (von) der Grenze | *Perpinyà és més al ~ que Figueres* Perpinyà liegt weiter nördlich (*od* im Norden) als Figueres | *el Rin va cap al ~* der Rhein fließt nach Norden *od* fließt nordwärts | *sóc del ~* ich bin aus dem Norden | *el vent ve del ~* der Wind kommt von (*od* aus) Nord *od* von Norden | *perdre el ~* die Orientierung verlieren || *adj inv: la costa ~* die Nordküste, die nördliche Küste | *Girona (sortida) ~* Girona (Ausfahrt) Nord | *en direcció ~* in Richtung Norden, in nördliche(r) Richtung | **~-africà** (*-ana f*) *adj* nordafrikanisch || *s/mf* Nordafrikaner(in *f*) *m* | **~-alemany** *adj* norddeutsch || *s/mf* Norddeutsche(r *m*) *m/f* | **~-americà** (*-ana f*) *adj* nordamerikanisch || *s/mf* Nordamerikaner(in *f*) *m* | **~-català** (*-ana f*) *adj* nordkatalanisch || *s/mf* Nordkatalane *m*, *-nin f* | **~-ejar** (33) *vi nàut* nach Norden fahren || *v/imp: nordeja* es weht Nordwind | **~-est** *m* (*zG s: nord*) Nordost(en) *m* || *adj inv* Nordost..., nordöstlich | **~-europeu** (*-ea f*) *adj* nordeuropäisch || *s/mf* Nordeuropäer(in *f*) *m*.
nòrdic *adj* nordisch | *la guerra ~a* der Nordische Krieg | *s/mf* Nordländer(in *f*) *m*.
nord-oest *m* (*zG s: nord*) Nordwest(en) *m* || *adj inv* Nordwest..., nordwestlich.
no-res *m bes filos* Nichts *n*.
norma *f a. cient tecn* Norm *f* | Regel; Richtschnur; *a. adm* Vorschrift *f* | *~ jurídica* (*dr*) Rechtsnorm *f* | *normes d'aplicació* (*dr*) Durchführungs-vorschriften, -bestimmungen *f pl* | *normes de circulació* (*conducta*) Verkehrs-(Verhaltens-)regeln *f pl* | *normes de seguretat* Sicherheits-vorschriften, -normen *f pl* | *servir de ~* als Norm dienen | **~l** *adj* (*m/f*) normal | *geom* senkrecht | *s: escola, gasolina* | *solució ~* (*quím*) Normallösung *f* | *en circumstàncies ~s* unter normalen Umständen | *el noi no és del tot ~* der Junge ist nicht ganz normal | *és ~, que dubtin* es ist normal, daß sie zweifeln || *s/f geom* Normale *f* | *estud* Pädagogische Hochschule *f* | **~litat** *f* Normalität *f* | *la situació ha tornat a la ~* die Lage hat s. wieder normalisiert | **~lització** *f* Normalisierung *f* | Normung, Normierung *f* | *llei de ~ lingüística* Gesetz *n* zur sprachlichen Normalisierung | *la ~ lingüística de Pompeu Fabra* die Sprachnormung von Pompeu Fabra | **~litzar** (33) *vt a. quím* normalisieren; *met a.* normalglühen | (*Erzeugnis, Format, Qualität, Sprache*) normen, normieren | **~litzar-se** *v/r* s. (wieder) normalisieren | **~lment** *adv* normal | normalerweise, gewöhnlich.
normand *adj* normannisch || *s/mf* Normanne *m*, Normannin *f*.
normatiu (*-iva f*) *adj* normativ.
norue|c (*-ega f*) *adj* norwegisch || *s/mf* Norweger(in *f*) *m* || *s/m ling* Norwegisch *n* | *el ~* das Norwegische | **~ga** *f* Norwegen *n*.
nos *pron pers s: ens*.
nòs *pron pers fam: ~ amb ~* unter uns.
nós *pron pers ant = nosaltres* | (*Pluralis majestatis*) *~, En Pere, rei de...* Wir, Peter, König von...
nosa *f* Hindernis *n*, Hemmnis *n* | Störung *f* | (*é)ser una ~ per a alg* für j-n e. Klotz am Bein sein; j-m zur Last fallen | *si us faig ~, digueu-m'ho!* sagt es mir, wenn ich euch störe! | *les caixes fan ~ aquí* die Kisten stören hier *od* stehen hier im Weg | *tinc una ~ al coll* ich habe etw im Hals (stecken).
nosaltres (21) *pron pers* wir | (*nach prep*) uns | *~ els catalans* wir Katalanen | *que quedi entre ~* das soll unter uns bleiben | *entre ~ no hi ha problemes* es gibt k-e Probleme zwischen uns | *el cotxe no és pas de ~* od *nostre* das Auto ist nicht unseres.
nosologia *f med* Nosologie, Krankheitslehre *f*.
nostàl|gia *f* Sehnsucht; Wehmut, *lit* Nostalgie *f* | *psic* Heimweh *n* | **~gic(ament** *adv*) *adj* sehnsüchtig; wehmütig, *lit* nostalgisch | *psic* heimwehkrank | *s/mf* Nostalgiker(in *f*) *m* | Heimwehkranke(r *m*) *m/f*.
nostr|amo *m arc catol* der Leib des Herrn, die geweihte Hostie | *nàut* Bootsmann *m* | (*Anrede der Landarbeiter für den Gutsbesitzer*) Herr | **~at** (*-ada f*) *adj* heimatlich, Heimat...; heimisch; aus unserer Heimat | *a la nostrada* nach

nota

unserem Brauch; nach heimischer Art | **~e** (**nostra** *f*, **nostres** *pl*) (25) *pron poss* (*zG s: meu*) unser, uns(e)re; uns(e)rer, uns(e)re, uns(e)res, unsers | els **~s** die Uns(e)ren *od arc lit* die Unsrigen.

nota *f* (Kenn-, Merk-)Zeichen, Merkmal *n* | *bes mús* Note; *estud a.* Zensur *f*; *fig a.* Ton, Klang *m* | Vermerk *m*; (*kurze Nachricht*) Notiz *f*; (a. ~ de premsa) Kommuniqué *n*; (*persönliche Mitteilung*) Zettel *m*; *dipl* Note *f*; *econ* Rechnung *f* | (*bes zu e-m Text*) Anmerkung; *gràf a.* Fußnote *f*; Anmerkungs-zeichen *n bzw* -ziffer *f* | s: marginal, peu | com: ~ de comanda (lliurament) Bestell(Liefer-)schein *m* | *dipl*: ~ verbal (de protesta) Verbal-(Protest-)note *f* | una ~ d'alegria e-e fröhliche Note | una ~ infamant e. Schand-fleck *m*, -mal *n* | un escriptor de ~ e. bedeutender Schriftsteller | un local de mala ~ e. berüchtigtes Lokal | prendre ~ d'u/c s. (dat) etw notieren; *fig* von etw Notiz nehmen || *pl* Notizen, Aufzeichnungen *f pl* | (*Bewertung e-s Schülers*) Zeugnis(noten *f pl*) *n* | bloc (quadern) de notes Notiz-block *m* (-heft *n*) | recull de notes Notizensammlung *f* | prendre notes (s. dat) Notizen machen; (bei e-m Vortrag, Gespräch) *a.* mitschreiben | prendre notes d'una lectura s. (dat) zu e-r Lektüre Notizen machen | tenir bones (males) notes e. gutes (schlechtes) Zeugnis bekommen *bzw* haben | **~bilitat** *f* Beachtlichkeit *f* | Bedeutung *f* | (großes) Ansehen *n* | (*a.* Persönlichkeit) Berühmtheit *f* | **~ble**(**ment** *adv*) *adj* (*m/f*) bemerkens-, beachtens-wert | merklich, beachtlich, beträchtlich | bedeutend; (*Person*) *a.* angesehen, prominent || *s/m estud* (*Note*) Zwei *f* | m'han posat un ~ ich habe e-e Zwei (*od* «gut»), die Note «gut») bekommen | tinc tres **~s** ich habe drei Zweien || *s/m pl hist*: els **~s** die Notabeln *pl* | **~ció** *f cient* Notation *f* | *mús* Notenschrift, Notation *f* | **~r** (33) *vt* (be)merken | (*Wirkung, Empfindung*) spüren | s: anotar | s'hi nota el gust d'all man schmeckt den Knoblauch heraus | se'm nota, que he plorat? merkt (*od* sieht) man mir an, daß ich geweint habe? | fer ~ u/c a alg j-n etw merken lassen; j-n auf etw aufmerksam machen | fer-se ~ s. bemerkbar machen; die Aufmerk-

samkeit auf s. lenken | **~ri** *m dr* Notar *m* | davant (de) ~ vor e-m Notar | **~ria** *f* (*Kanzlei*) Notariat *n* | **~rial**(**ment** *adv*) *adj* (*m/f*) notariell | Notars... | **~riat**[1] *m* (*Amt*) Notariat *n* | col Notarsstand *m f* | **~riat**[2] (-ada *f*) *adj* notariell beglaubigt *bzw* beurkundet.

notícia *f* Kenntnis *f* | Nachricht *f*; (*durch Medien*; *bes amtlich*) *a.* Meldung *f* | Neuigkeit *f* | *lit* Kunde *f* | la ~ de la mort de l'avi die Nachricht von Großvaters Tod | una ~ de l'agència X e-e Nachricht (*od* Meldung) (von) der Agentur X | una bona (mala) ~ e-e gute (schlechte *od* schlimme) Nachricht | una ~ bomba (*fam*) e. Knüller *m* | primera ~! (*fam*) das ist mir ja das Allerneuste! | ja saps la ~? (*fam*) hast du schon (das Neueste) gehört? | (*no*) tenir ~ d'u/c (k-e) Kenntnis von etw haben | no tenir cap ~ d'alg k-e Nachricht von j-m haben || *pl* (*Lebenszeichen*) Nachricht *f* | *bes rad tv* Nachrichten *f pl* | notícies d'arreu del món Nachrichten aus aller Welt | (*no*) tenir notícies d'alg (k-e) Nachricht von j-m haben; (nichts) von j-m hören | **~iciar** (33) *vt* mitteilen, zur Kenntnis geben | **~iciari** *m cin* Wochenschau *f* | *rad tv* Nachrichten *f pl* | **~ificació** *f* Benachrichtigung *f* | *dipl* Notifizierung *f* | *dr* Zustellung *f* | **~ificar** (33) *vt* mitteilen, bekannt-geben, -machen | *dipl* notifizieren | *dr* (*Urteil, Ladung*) zustellen | ~ u/c a alg j-n von etw benachrichtigen; j-m etw mitteilen | **~ori** (-òria *f*, -òriament) *adv*) *adj* offenkundig, allbekannt | *bes desp* notorisch | **~orietat** *f* Offenkundigkeit *f* | *p ext* Berühmtheit *f*.

nòtula *f* Notiz *f* | (*Entwurf*) Konzept *n*.

nou[1] *f bot* (Wal)Nuß *f* | ~ del coll Adamsapfel *m* | ~ moscada (vòmica, d'aigua) Muskat-(Brech-, Wasser-)nuß *f* | ~ de xiprer Zypressenzapfen *m* | *hist*: ~ de ballesta Armbrustnuß *f* | *indús*: ~ de torn Docke *f*, Reitstock *m*; (*Schraubenpresse*) Spindel *f* | és més el soroll que les **~s** (*Spruch*) ~ es ist viel Lärm um nichts.

nou[2] (29) *num* (*zG s: vuit*) neun.

nou[3] (**nova** *f*) *adj* (*im Sinne von* «noch nicht gebraucht» *stets nachgestellt*) neu | (*vorgestellt*) *a.* erneut; weiter | (*anders als bisher*) *a.* neuartig, modern | un abric ~ e. neuer Mantel |

un cotxe ~ e. neuer Wagen; *(beim Verkauf)* e. Neuwagen *m* | *patates noves* neue Kartoffeln *f pl* | *un mètode* ~ od *(betonend) un* ~ *mètode* e-e neue *(od neuartige)* Methode | *el criat* ~ der neue Diener | *el* ~ *règim* das neue Regime | *un* ~ *Einstein* e. neuer Einstein | *una nova oportunitat* e-e neue *(od* erneute, weitere) Chance | *el* ~ *realisme (art)* der Neue Realismus | *la nova esquerra (polit)* die neue Linke | *Nova Anglaterra (Caledònia)* Neu-england (-kaledonien) *n* | *Nova Delhi* Neu-Delhi *n* | *Nova Orleans* (York) New Orleans (York) *n* | *de* ~ *(loc adv)* neu; frisch | *pintat de* ~! frisch gestrichen! | *de (bell)* ~ *(loc adv)* von neuem, aufs neue, neu, erneut, wieder | *de* ~ *en* ~ *(loc adv)* (noch) ganz neu | *ja de* ~ *en* ~ *no funcionava bé* schon ganz neu funktionierte es nicht richtig | *el barret encara és (ben)* ~ der Hut ist noch (ganz) neu | *sóc* ~ *en l'ofici* ich bin neu im Beruf | *què hi ha de* ~? was gibt's Neues? | *no hi ha res de* ~ es gibt nichts Neues | *això sí que em ve de* ~! das ist mir ganz neu! | *no em ve pas de* ~! das wundert mich nicht! | *els ve de* ~, *treballar* es kommt ihnen ungewohnt vor, zu arbeiten || *s/mf* Neue(r *m*) *m/f* | *els* ~*s tenen problemes d'adaptació* die Neuen haben Anpassungsschwierigkeiten || *s: nova* | ~**casat** (**-ada** *f*) *adj* neuvermählt || *s/mf* Neuvermählte(r *m*) *f*.

nou-cent|**è** (**-ena** *f*) (30) *num* (*zG s: vuitè*) neunhundertste(r, -s); neunhumdertstel | ~**isme** *m:* katalanische Kulturberwegung seit Anfang des 20. Jahrhunderts | ~**s** (**-centes** *f*) (29) *num* (*zG s: vuit, vuit-centes*) neunhundert | *s/m: el* ~ das zwanzigste Jahrhundert *n*.

noue|**ra** *f* = **noguera** | ~**ta** *f* kl(e) Nuß *f*, Nüßchen *n* | *tecn* kl(s) Rädchen *n*; Wirtel, Anschlag *m* | *zool* (Gemeine) Nußmuschel *f*.

noümen *m filos* Noumenon *n* | ~**al** *adj* (*m/f*) Noumenon...

nounat (**-ada** *f*) *adj* neugeboren || *s/mf* Neugeborene(s) *n*.

noure (40) *vt ant* = **danyar**.

nou|-**ric** *adj* neureich || *s/mf* Neureiche(r *m*) *m/f* | ~**vingut** (**-uda** *f*) *adj* neu angekommen || *s/mf* Neuankömmling *m*.

nova *f* Neuigkeit, Nachricht *f* | *la bo-na* ~ (*rel*) die Frohe Botschaft | *dur (od portar) noves Klatsch verbreiten; estud petzen* | ~**ció** *f dr* Novation *f* | ~**iorquès** (**-esa** *f*) *adj* New Yorker || *s/mf* New Yorker(in *f*) *m* | ~**l** *m* Neu-bruch *m*, -land *n* | ~**ment** *adv* von neuem, nochmals | *ant* neu; frisch; jüngst | ~**txer** *adj* klatschsüchtig.

novè (**-ena** *f*) (30) *num* (*zG s: vuitè*) neunte(r, -s); neuntel | *s: novena*.

nove|**ll** *adj* neu | (*Person*) a. unerfahren, ungeübt | *zool* (*bes Vogel*) jung | *vi* ~ neuer Wein, Heuriger *m* | (*és*)*ser* ~ *en una activitat* e. Neuling in e-r Tätigkeit sein | ~**l·la** *f Lit a.* fig Roman *m* | ~ *curta* kurzer Roman *m*; Novelle *f* | ~**llada** *f col zool: la* ~ die Jungen *pl* | ~**llament** *adv* = **recentment** | ~**l·lar** (33) *vt* in Romanform bringen || *vi* Geschichten erzählen | ~**l·lesc**(**ament** *adv*) *adj* romanhaft | ~**l·leta** *f* Novelle *f* | *desp* Romänchen *n* | ~**l·lista** *m/f* Romanschriftsteller(in *f*), Romancier *m* | ~**l·lístic** *adj* Roman... || *s/f* Roman-literatur, -dichtung *f*.

nove|**mbre** *m* November *m* | ~**na** *f col* (*zG s: vuitena*) (etwa) acht | *ecl* Novene *f* | ~**nari** *m ecl* = ~**na**.

nov|**ença** (**-ana** *f*) *adj* neu, anfangend, unerfahren || *s/mf* Neuling *m*, Anfänger(in *f*) *m* | ~**etat** *f* Neuheit; *com art Lit a.* Novität; *Lit a.* Neuerscheinung; (*Änderung*) a. neue Sache *f*; *lit* Novum *n* | (*a.* neue Nachricht) Neuigkeit *f* | Neuerung *f* | *sense* ~! (*mil*) keine besonderen Vorkommnisse! | *hi ha hagut cap* ~ *mentrestant?* hat es inzwischen etw Neues gegeben? | ~**ici** (**-ícia** *f*) *adj u. s/mf* = **novença** || *s/mf ecl* Novize *m*, Novizin *f* | ~**icial** *adj* (*m/f*) Novizen... | Noviziats... | ~**iciat** *m ecl* Noviziat *n* | ~**iluni** *m astr* Neumond *m*.

no-violència *f* Gewaltlosigkeit *f*.

'ns *pron pers s: ens*.

nu[1] *m* (*pl nus*) = **nus**.

nu[2] *adj a. bot* fig nackt | (*Person*) a. unbekleidet | (*Körperteil*) a. bloß | (*Pflanze, Fläche, Raum*) a. kahl | (*Schwert*) a. bloß, blank | ~ (*od despullat*) *de cintura per amunt* mit nacktem (*od* bloßem) Oberkörper | ~ *de braços* (*cames*) mit nackten (*od* bloßen) Armen (Beinen) | *amb els peus* ~*s* mit nackten (*od* bloßen) Füßen | *a ull* ~ mit bloßem Auge | *la veritat* ~*a* (*i*

nuada 714 **nus**

crua) die nackte Wahrheit | *anar* ~ od *despullat* nackt (*od* unbekleidet) gehen || *s/m art* Akt *m*.
nua|da *f* Ver-knotung, -knüpfung *f* | **~dor(a** *f*) *m tèxt* Knüpfer(in *f*) *m* || *s/m* Knüpfrahmen *m* || *s/f* Knüpfmaschine *f*, Knüpfer *m* | **~lós** *m* = **consolda** | = **consolva** | **~r** (33) *vt* (ver)knoten, (ver)knüpfen | **~r-se** *v/r* s. verknoten | *fig: se'm nua la gola* ich habe e-n Kloß im Hals.
nubi (núbia *f*), **~à (-ana** *f*) *adj* nubisch || *s/mf* Nubier(in *f*) *m*.
Núbia *f* Nubien *n*.
núbil *adj* (*m/f*) (*bes Mädchen*) heiratsfähig.
nubilitat *f* (*bes Mädchen*) Heiratsfähigkeit *f*.
nuca *f* Genick *n*, Nacken *m*.
nuciforme *adj* (*m/f*) nußförmig.
nucl|ear *adj* (*m/f*) Kern... | *cient mil a.* nuklear, Nuklear... | *bes mil a.* atomar, Atom... | *central* ~ Kern-, Atomkraftwerk *n* | *energia (física, química)* ~ Kern-energie (-physik, -chemie) *f* | *medicina* ~ Nuklearmedizin *f* | *prova* ~ (*mil*) Atom-, Kernwaffen-versuch *m* | **~easa** *f biol* Nuklease *f* | **~eic** *adj: àcid* ~ Nukleinsäure *f* | **~eïna** *f biol quím* Nuklein *n* | **~eó** *m fís* Nukleon *n* | **~èol** *m biol* Nukleolus *m*, Kernkörperchen *n* | **~i** *m a. fig* Kern *m* | *biol anat a.* Nukleus *m* | ~ *atòmic (magnètic)* Atom-(Magnet-)kern *m* | ~ *de població* Siedlung *f* | ~ *urbà* Stadtkern *m*.
núclid *m fís* Nuklid *n*.
nudi|branquis *m pl zool* Nacktkiemer *m pl* | **~sme** *m* Freikörperkultur *f* (FKK), Nudismus *m*, *umg* Nacktkultur *f* | **~sta** *adj* (*m/f*) FKK-..., Nudisten... | *platja* ~ FKK-Strand, Nacktbadestrand *m* || *s/m/f* Anhänger(in *f*) *m* der Freikörperkultur, FKK-Anhänger(in *f*), Nudist(in *f*), *umg* FKKler(in *f*) *m* | **~tat** *f* = **nuesa**.
nuesa *f* Nacktheit *f* | *a. pl* Blöße(n *pl*) *f*.
nu|l (nul·la *f*) *adj a. dr* ungültig, (null u.) nichtig | *esport* (*Start, Sprung*) Fehl...; (*Boxkampf*) unentschieden | *mat* Null... | (*Leistung, Erfolg, Unterschied*) gleich Null | (*Person*) untauglich | **~l·litat** *f a. dr* Ungültigkeit, Nichtigkeit *f* | *fig* (*Person*) Null, Niete *f*.
numen *m rel* Numen *n* | *fig* Inspiration *f*.
num|erable *adj* (*m/f*) numerierbar | **~eració** *f* Numerierung, Beziffern

f | Zählen, Zahlenschreiben *n* | **~erador** *m bes mat* Zähler *m* | *gràf* Zähl-apparat *m*, -werk *n* | Nummernstempel *m* | **~eral** *adj* (*m/f*) Zahl(en)... || *s/m ling* Zahlwort *n* | **~erar** (33) *vt* numerieren, beziffern, benummern | **~erari (-ària** *f*) *adj* Zähl... | (*Mitglied, Professor*) ordentlich || *s/m econ* Bargeld *n* | **~èric(ament** *adv*) *adj* numerisch | zahlenmäßig | Zahl(en)...
número *m* Nummer *f* | (*Zeitschrift*) *a.* Ausgabe *f*, Heft *n* | *mat fam* = **nombre** | ~ *de telèfon (circ)* Telefon-(Zirkus-)nummer *f* | *carrer Major*, ~ *5* Hauptstraße Nummer 5 | *el cavall* ~ *12* das Pferd Nummer 12 | ~ *extraordinari (gràf)* Sonder-nummer *f*, -heft *n*, Sonder-, Extra-ausgabe | *equivocar-se de* ~ (*am Telefon*) s. verwählen.
númida *adj m/f hist* numidisch || *s/m/f* Numid(i)er(in *f*) *m*.
num|ismàtic *adj* numismatisch | Münz(en)... || *s/mf* Münzkenner(in *f*), Numismatiker(in *f*) *m* || *s/f* Münzkunde, Numismatik *f* | **~miforme** *adj* (*m/f*) münzenförmig | **~mular**, **~muliforme** *adj* (*m/f*) münzenförmig | **~mulit** *m* Nummulit *m* | **~mulític** *adj: pedra* ~*a* Nummulitenkalk *m*.
nunci *m* (öffentlicher) Ausrufer *m* | *ecl* Nuntius *m* | **~atura** *f ecl* Nuntiatur *f*.
nuncupa|ció *f dr* Nunkupation *f* | **~tiu (-iva** *f*) *adj* nunkupativ.
nuós (-osa *f*) *adj* knotig | (*Holz*) *a.* knorrig.
nupcial *adj* (*m/f*) Hochzeits..., hochzeitlich | (*Bett, Kranz*) Braut... | *benedicció* ~ (kirchliche) Trauung *f* | **~itat** *f* Eheschließungsziffer *f*.
núpcies *f pl lit* Hochzeit *f* | *segones* ~ zweite Ehe *f*.
nus *m a. bot med Lit nàut* Knoten *m* | (*Holz*) *a.* Ast *m* | *circ elect telecom a.* Knotenpunkt *m* | (*Finger*) Knöchel *m* | *fig* Kern(punkt) *m*; Band *n* | ~ *de mariner* Seemanns-, Schiffer-knoten, Stek *m* | *doble* ~ Doppelknoten *m* | *el* ~ *de la corbata* der Krawattenknoten | ~ *de comunicacions* Verkehrsknotenpunkt *m* | ~ *gordià* Gordischer (*fig* gordischer) Knoten *m* | *sense* ~*os* (*Holz*) astlos | (*des*)*fer un* ~ e-n Knoten (auf)machen | *se'm va fer un* ~ *a la gola* (*a. fig*) mir schnürte s. die Kehle zusammen | *fes-li un* ~ *a la cua!* (*fig fam*) den (*bzw* die, das) kannst du abschreiben!

nutació *f astr biol* Nutation *f*.
nutri|ci (**-ícia** *f*) *adj lit* (er)nährend | *anat* Ernährungs... | **~ció** *f* Ernährung *f* | Ernährungslehre *f* | *cadena de* ~ (*biol*) Nahrungskette *f* | **~ent** *adj* (*m/f*) *cient* nahrhaft || *s/m* Nährstoff *m* | **~tiu** (**-iva** *f*) *adj* nahrhaft, *cient* nutritiv | Nahrungs... | Nähr... | *valor* ~ Nährwert *m*.
nuu *m poèt* = **núvol**.
nuvi (**núvia** *f*) *m* Bräutigam *m*, Braut *f* | *els* **~s** das Brautpaar | *viatge de* **~s** Hochzeitsreise *f* | **~al** *adj* (*m/f*) hochzeitlich, Hochzeits... | Braut... | **~ances** *f pl lit* = **noces** | **~atge** *m* Aussteuer *f* | *lit* = **noces**.
núvol *m* Wolke *f* | ~ *de pluja* (*tempesta, fum, pols, electrònic*) Regen-(Gewitter-, Rauch-, Staub-, Elektronen-)wolke *f* | *un* ~ *de mosquits* e-e Wolke von Mücken | *cel sense* **~s** wolkenloser Himmel *m* || *fig fam: caure* (od *baixar*) *dels* **~s** aus allen Wolken fallen | *caigut dels* **~s** wie vom Himmel gefallen | *estar als* **~s** in den Wolken schweben *od* sein | *els preus estan pels* **~s** die Preise sind unerschwinglich | *posar pels* **~s** in den Himmel heben || *adj* (*m/f*) bewölkt, wolkig, bedeckt | (*el cel*) *està* ~ es (der Himmel) ist bewölkt | *es posa* ~ es bewölkt (od bezieht) s. | *fa un temps* ~ das Wetter ist trübe.
nuvol|ada *f* Gewölk *n*, Wolkenmasse *f* | **~at** *m* (große) Wolke *f* | **~ós** (**-osa** *f*) *adj meteor* bewölkt | **~ositat** *f meteor* Bewölkung *f*.
nyac *int onomat* schnapp! || *s/m* Schnapper *m*.
nyam *m bot* Jamswurzel *f*.
nyàmera *f bot* Erdbirne, Topinambur *f*.
nyam-nyam *int onomat* jamjam!, lekker! || *s/m infan* Essen *n* | *fer* ~ jamjam machen, essen.
nyandú *m ornit* Nandu *m*.
nyanyo *m fam* (*Schwellung*) Beule *f*.
nyap *m fam* Murks, Pfusch *m* | Schmarren *m*.
nyaufar (33) *vt* zerquetschen, zerdrücken.
nyau-nyau *m/f* = **nyeu-nyeu**.
nyèbit *m* Straßenjunge, *umg* Schlingel, Bengel *m* | *desp* Lausekerl, Strolch *m*.
nyec *int onomat* quak! || *s/m* Quaken *n* | (*Kind*) Quakelchen *n* | **~-nyec** *int onomat* quak, quak! || *s/m* Gequake *n* | Gezänk, Gezanke *n*.
nyeu-nyeu *m/f* Scheinheilige(r *m*) *m/f*.
nyic *int onomat* quiek! || *s/m* Quieken *n* | Winseln | **~-i-nyac** *onomat: sempre estan* ~ sie zanken s. dauernd || *s/m* Gezänk, Gezanke *n* | **~-nyic** *int onomat* quiek, quiek! || *s/m* Gequieke *n* | *fig* Gequengel *n*, Quengelei *f*.
nyicris *m/f* Hänfling *m*.
nyigo-nyigo *m onomat* Gefiedel *n*, Fiedelei *f*.
nyigui-nyogui: *de* ~ (*loc adj*) klapp(e)rig, wack(e)lig, unsolide.
nyonya *f fam* Schläfrigkeit *f*.
nyora *f bot* Spanischer Pfeffer *m*.
nyu *m zool* Gnu *n*.

O

o, O *f* o, O *n*.
o *conj* oder | ~ *bé* oder (auch) | *sí* ~ *no* ja oder nein | ~ (*bé*)... | ~ (*bé*)... entweder... oder... | ~ (*bé*) *ho vols* ~ (*bé*) *no ho vols* entweder du willst es oder du willst es nicht.
o! *int* (*in der Anrede*) = **oh!**
oasi *m a. fig* Oase *f*.
oba|c (**-aga** *f*) *adj* schattig || *s*/*mf* schattige Stelle *f* | schattiges Laubwerk *n*, Schatten *m* | (*Berg*) Nordhang *m* | **~gor** *f* Schattigkeit *f* | **~gós** (**-osa** *f*) *adj* schattig.
obceca|ció *f* Verblendung *f fig* | **~r** (33) *vt* (*j-n*) verblenden | **~r-se** *v/r* verblendet werden | **~t** (**-ada** *f*, **-adament** *adv*) *adj* verblendet, blind.
obe|diència *f* Gehorsam *m* | Gehorsamkeit, Folgsamkeit *f* | *catol* (*Pflicht*) Obedienz *f* | ~ *cega* blinder Gehorsam, Kadavergehorsam *m* | *deure* (*refús*) *d'*~ (*bes mil*) Gehorsams-pflicht (-verweigerung) *f* | **~diencial** *adj* (*m*/*f*) Gehorsams... | **~dient**(**ment** *adv*) *adj* (*m*/*f*) gehorsam | (*bes Kind, Hund*) folgsam | **~ir** (37) *vt* (*j-m od e-r Sache*) gehorchen | (*j-m*) *a.* folgen (*bes Kind, Hund*) | (*Regel, Befehl*) befolgen | ~ *els pares* den Eltern gehorchen *od* folgen | *fer-se* ~ *s.* (*dat*) Gehorsam verschaffen | *la nau no obeïa el timó* das Schiff gehorchte dem Steuer nicht || *vi* gehorchen | folgen | ~ *a u/c* e-r Sache entsprechen; *s.* aus etw ergeben *bzw* erklären lassen | *això obeeix al fet que...* es ist darauf zurückzuführen, daß...
obelisc *m arquit* Obelisk *m*.
obenc *m nàut* Want *f*.
obert *adj a. fig ling Lit art mat mil esport* offen | (*Tür, Flasche, Hahn, Augen, Blüte; Laden, Amt, Ausstellung*) *a.* geöffnet, (*prädikativ*) auf | (*Straße, Kanal; Gelände*) *a.* frei | (*Sitzung, Verhandlung, Wettbewerb*) *a.* öffentlich | *s:* obrir | *una ferida* (*qüestió*) *~a* e-e offene Wunde (Frage) | *un home* (*caràcter*) ~ e. offener (*od* aufgeschlossener) Mann (Charakter) | *a cor* ~ (*med*) am offenen Herzen | *amb els braços* (*els ulls*) *~s* (*a. fig*) mit offenen Armen (Augen) | *deixar la finestra ~a* das Fenster offen-, auf-lassen | *la porta era ~a de bat a bat* die Tür stand sperrangelweit offen *od* auf | *el banc és* ~ die Bank ist (*od* hat) geöffnet *od* offen, auf | *encara és* (*od tenen*) ~ es ist (*od* sie haben) noch geöffnet *od* offen, auf | «~» «geöffnet» | (*és*)*ser* ~ *al trànsit* für den Verkehr frei(gegeben) sein *od* offen sein | (*és*)*ser* ~ *al públic* der Öffentlichkeit zugänglich sein | *estic* ~ *a qualsevol suggeriment* ich bin allen Vorschlägen gegenüber offen *od* zugänglich | **~ament** *adv* offen | (*sprechen*) *a.* freiheraus | **~ura** *f a. constr ling polít* Öffnung *f* | *òpt a.* Apertur *f* | (*a. Schach*) Eröffnung *f* | *circ* Freigabe *f* | *elect* (*Kreis*) Abschaltung *f* | *mús* Ouvertüre *f* | ~ *de testament* Testamentseröffnung *f* | *sessió d'*~ Eröffnungssitzung *f*.
ob|ès (**-esa** *f*) *adj lit* fettleibig | **~esitat** *f* Fettleibigkeit *f* | *med* Fettsucht *f*.
obi *m a. geol* Trog *m*.
òbit *m lit* Ableben | Sterbeurkunde *f*.
obituari (**-ària** *f*) *adj* Todes..., Sterbe... || *ecl* Sterbebuch *n* | (*Zeitung*) Todesanzeigen *f pl*.
objec|ció *f* Einwand *m*, Einwendung *f* |

dr Einspruch *m* | ~ *de consciència (mil)* Kriegs-, Wehr-dienstverweigerung *f* (aus Gewissensgründen) | *fer una ~ a alg* od *u/c* e-n Einwand gegen j-n *od* etw machen *od* erheben | **~tar** (33) *vt* einwenden (*a* gegen) | *dr (Zeugen)* ablehnen | *no hi ha res a ~* dagegen ist nichts einzuwenden | *ella em va ~ que...* sie hielt mir entgegen (*od* entgegnete mir), daß... | **~te** *m* Gegenstand *m* | *bes filos ling art òpt* Objekt *n* | *p ext a.* Zweck *m*, Ziel, Bestreben *n* | *un petit ~* (*rodó*) e. kleiner (runder) Gegenstand | *un ~ d'ús* e. Gebrauchsgegenstand *m* | *~s personals* persönliche Dinge *n pl* | *~ volador no identificat (OVNI)* unbekannte(s) Flugobjekt (UFO) *n* | *l'~ del meu amor (d'una recerca, d'una conversa)* der Gegenstand (*od lit* das Objekt) meiner Liebe (e-r Forschung, e-s Gesprächs) | *sense ~* gegenstandslos | *el meu principal ~ és...* mein Hauptanliegen *n* ist... | *(és)ser (fer) ~ d'una agressió* zum Gegenstand (*od lit* Objekt) e-r Agression werden (machen) | *tenir per ~* zum Gegenstand haben; bezwecken | **~tiu (-iva** *f*, **-ivament** *adv*) *adj* objektiv | (*unparteiisch*) *a.* sachlich || *s/m a.* mil Ziel *n* | *òpt* Objektiv *n* | **~tivació** *f* Objektivierung *f* | **~tivar** (33) *vt a. fís* objektivieren | **~tivisme** *m filos* Objektivismus *m* | **~tivista** *adj* (*m/f*) objektivistisch || *s/m/f* Objektivist(in *f*) *m* | **~tivitat** *f* Objektivität *f* | Sachlichkeit *f* | **~tor(a** *f*) *m* Gegner(in *f*) *m* | *mil:* ~ *de consciència* Kriegs-, Wehr-dienstverweigerer *m* (aus Gewissensgründen) | *~ insubmís* Totalverweigerer *m*.

obla|ció *f ecl* Oblation *f* | **~t(a** *f*) *m ecl (Person)* Oblate *m/f* | *s/f ecl (Messe)* Brot *n* u. Wein *m*.

oblic (-iqua *f*, **~iquament** *adv*) *adj* schief, schräg | *fig* indirekt | *ling: cas ~* obliquer Kasus, abhängiger Fall *m*.

oblid|adís (-issa *f*) *adj* vergeßlich | **~ança** *f lit* = **oblit** | **~ar** (33) *vt* vergessen | (*Gegenstand*) *a.* liegen- (*bzw* stehen-)lassen | **~ar-se** *v/r:* ~ *d'alg od d'u/c* j-n *od* etw vergessen | *me n'havia oblidat* ich hatte es vergessen | *oblida-te'n!* das kannst du vergessen | **~ós (-osa** *f*) *adj lit* vergeßlich.

obliga|ció *f* Verpflichtung; Pflicht *f* | *bes com* Verbindlichkeit *f* | *lit* Obliegenheit *f* | Zwang *m* | (*Wertpapier*) Obligation; Schuldverschreibung *f* | *obligacions familiars (professionals)* familiäre (berufliche) Pflichten *f pl* | *per ~* aus Pflicht; aus Zwang | *era la meva ~* das war meine Pflicht | *tinc altres obligacions* ich habe anderweitige Verpflichtungen | *tenir l'~ de fer u/c* verpflichtet sein (*od* die Pflicht haben), etw zu tun | **~cionista** *m/f* Obligationeninhaber(in *f*) *m* | **~r** (33) *vt* zwingen (*a* zu) | *a. dr* verpflichten (*a* zu) | (zu Dank) verpflichten | ~ *alg a dir la veritat* j-n zwingen, die Wahrheit zu sagen | ~ *alg a dimitir* j-n zum Rücktritt zwingen | *el contracte obliga les dues parts* der Vertrag verpflichtet beide Parteien | *vi: la situació obligava a actuar de pressa* die Situation zwang zu raschem Handeln | **~r-se** *v/r s.* verpflichten (*a* zu) | **~t (-ada** *f*, **-adament** *adv*) *adj* zwangsläufig, notwendig | verbunden, (zu Dank) verpflichtet | *bes mús obligat* | *estar ~ a fer u/c* verpflichtet (*bzw* gezwungen) sein, etw zu tun | *m'hi sento ~* ich fühle mich dazu verpflichtet | *m'hi vaig veure ~* ich sah mich dazu gezwungen | **~tori (-òria** *f*, **-òriament** *adv*) *adj* obligatorisch | *bes estud a.* Pflicht... | (*Gesetz, Norm*) verbindlich | *servei militar ~* Wehrpflicht *f* | *vacunació obligatòria* Impfzwang *m* | *el llatí és ~* Latein ist Pflicht *od* obligatorisch | **~torietat** *f: l'~ dels (de pagar) impostos* die Steuerpflicht (die Pflicht, Steuern zu zahlen).

obliq|uangle *adj* (*m/f*) *geom* schiefwinkelig | **~uar** (33) *vt* abschrägen || *vi* abbiegen; abschwenken | **~üitat** *f* Schiefe, Schräge, Neigung *f* | *astr:* ~ *de l'eclíptica* Schiefe *f* der Ekliptik.

oblit *m a psic* Vergessen *n* | Vergeßenheit *f* | Vergeßlichkeit *f* | *l'~ del passat* das Vergessen der Vergangenheit | ~ *de si mateix* Selbst-losigkeit, -aufgabe, -preisgabe *f* | *ha estat un ~* das war e. Versehen | *per ~* aus Vergeßlichkeit *od* Versehen | *caure en (l')* ~ in Vergessenheit geraten | *treure de l'~* der Vergessenheit entreißen.

oblitera|ció *f lit* Auslöschen *n*; Tilgung *f* | *med* Obliteration, Verstopfung *f* | **~r** (33) *vt lit* auslöschen; tilgen | *med (Gefäß, Hohlraum)* obliterieren, verstopfen.

oblong *adj* länglich.

obnubila|ció f Umneb(e)lung f | psic Bewußtseinstrübung f | **~r** (33) vt (Blick, Verstand) umnebeln, trüben | (j-n) verblenden | **~r-se** v/r: ~ en un examen bei e-r Prüfung den Kopf verlieren.
obo|è m (pl -ès) mús Oboe f | **~ista** m/f Oboist(in f) m.
òbol m Obolus m | fig a. Scherf(lein) n.
obra f (Tat; Arbeit; Schöpfung) Werk n | constr Bau(stelle f) m; Baumaterialien n pl; (a. ~ de fàbrica od de maçoneria) Mauerwerk n | una paret d'~ e-e gemauerte Wand | una casa d'~ vista e. Backsteinhaus n | fusta d'~ Nutzholz n | nàut: ~ morta (viva) Über-(Unter-)wasserschiff n | una ~ literària (dramàtica od de teatre) e. literarisches (dramatisches) Werk, e. Literatur-(Bühnen-)werk | una ~ científica (clàssica, d'història) e. wissenschaftliches (klassisches, geschichtliches) Werk | l'~ (completa) de Maragall das (Gesamt)Werk Maragalls | les obres (completes, escollides od selectes) de Goethe Goethes (sämtliche od gesammelte, ausgewählte) Werke | una ~ de beneficència e. wohltätiges Werk | l'~ de la parròquia (ecl) die Kirchen-fabrik, -stiftung | d'~ (loc adv) tätlich | per ~ (mst iròn i gràcia) de (loc prep) durch (ac), dank (gen od dat) | mans a l'~! Hand ans Werk! | és ~ d'ell od seva es ist sein Werk | fer una bona ~ (bones obres) e. gutes Werk (gute Werke) tun | posar en ~ ins Werk setzen, in die Tat umsetzen || pl constr Bauten m pl; Anlagen f pl | bes (Bau- bzw Straßen-)Arbeiten f pl | (Ausbesserungs) Arbeiten f pl; Umbau, (zur Erweiterung) a. Ausbau m | obres de fortificació (d'irrigació) Befestigungs-(Bewässerungs-)anlagen f pl | obres hidràuliques Wasserbauten m pl | obres públiques öffentliche (Bau)Arbeiten f pl; Tiefbau m | permís d'obres Baugenehmigung f | «obres» «Baustelle» | «carretera en obres» «Straßen(bau)arbeiten» | «tancat per obres» «wegen Umbau geschlossen» | la carretera està en obres an der Straße wird gerade gearbeitet | fer obres umbauen; ausbauen | fem obres a la cuina wir bauen die Küche um bzw aus | **~dor** m Werk-statt, -stätte f | Arbeits-stätte f, -raum m | Werkbank f; Arbeitstisch m | **~dura** f Bearbeitung f | **~ll** m (Glaserei) Arbeitswanne f | **~r** (33) vi handeln | wirken (bes Arznei) | ant werken, arbeiten | ~ bé (malament) amb (od envers) alg gut (schlecht) an j-m handeln || vt bearbeiten | verzieren | constr mauern; (auf)bauen | tèxt wirken | **~tge** m Bearbeitung f | Verzierung f, Zierat m | Arbeitslohn m.
obrellaunes m Büchsenöffner m.
obrep|ció f dr Erschleichung f | **~tici** (-ícia f) adj erschlichen | Erschleichungs...
obrer adj arbeitend, werktätig | Arbeiter... | Arbeits... | dia ~ Werktag m | moviment ~ Arbeiterbewegung f || s/mf | ~ industrial (metal·lúrgic, qualificat) Industrie-(Metall-, Fach-)arbeiter m | els ~ die Arbeiter pl, die Arbeiterschaft || s/m constr bes Val (a. ~ de vila od de cases) Maurer(meister) m | ecl hist Kirchenvorsteher m | s/f entom Arbeiterin f | **~ia** f ecl hist Kirchenvorstand m | Kirchbaugeld n | Kirchenbauamt n | **~isme** m polít Arbeiterbewegung f | Arbeiterherrschaft f | **~ista** adj (m/f) arbeiterfreundlich | Arbeiter...
obri|dor m Öffner m | **~dora** f (a. màquina ~) tèxt Öffner, Reißwolf m, Auflockerungsmaschine f | ~ de bales Ballenöffner m | **~r** (40) vt öffnen | umg a. aufmachen | (mit Schlüssel) a. aufschließen | (mit Messer, Schere) a. aufschneiden (gewaltsam) a. aufbrechen; aufschlagen | (Buch, Augen) a. aufschlagen | (Hahn) a. aufdrehen | (Flasche) a. anbrechen | (Schirm) a. aufspannen | (Arme, Flügel) ausbreiten; (a. Beine) spreizen | (Licht, Heizung) anmachen | (Loch) machen bzw schlagen, bohren | (Kanal, Straße, Tunnel) bauen; frei machen; (a. ~ al trànsit) (für den Verkehr) freigeben | (Weg) a. fig bahnen | (Konto, Testament, Ball, Feuer, Ausstellung, Sitzung, Saison, Verfahren, Aussichten) eröffnen; (Diskussion, Gespräch) a. beginnen; (Geschäft) a. aufmachen | (Gebiet, Quelle, Markt) erschließen | (Festzug, Marsch) anführen | ~ un circuit (elect) e-n Stromkreis öffnen | ~ l'aigua (el gas) das Wasser (Gas) andrehen | ~ la boca od els llavis den Mund öffnen od a. fig aufmachen | ~ la boca (els ulls) a alg (fig) j-m den Mund (die Augen) öffnen | ~ la gana den Appetit anregen, Ap-

obscè petit machen | *no he pogut ~ la porta (l'ampolla)* ich habe die Tür (die Flasche) nicht aufbekommen || *vi: aquest pany no molt bé* dieses Schloß geht leicht auf | *caldrà ~ (med fam)* man wird öffnen müssen | *no (em) volien ~* sie wollten (mir) nicht öffnen *od* aufmachen | *les botigues obren a les vuit* die Geschäfte öffnen um acht *od* machen um acht auf | *com ha obert la borsa avui?* wie hat die Börse heute eröffnet? | **~r-se** *v/r* s. öffnen, aufgehen | *(plötzlich) a.* aufspringen; aufbrechen; aufplatzen | s. weiten, s. öffnen *(Tal, Blick)* | gähnen *(Abgrund)* | s. (er)öffr.en, s. erschließen, s. auftun *(Aussichten)* | s. auseinanderziehen *(Kolonne, Gruppe)* | aus s. herausgehen; aufgeschlossener werden *(Person)* | *la finestra s'obre al jardí* das Fenster geht auf den Garten | *~ de cames (a. fig)* die Beine breit machen | *~ el cap* s. *(dat)* den Kopf aufschlagen | *~ a alg* s. j-m eröffnen *od* anvertrauen | **~ülls** *m bot* Flockenblume *f.*

obsc|è (-ena *f*, **-enament** *adv) adj* obszön | *(Sprache, Witz) a.* zotig | **~enitat** *f* Obszönität *f* | Zotigkeit; Zote *f.*

obscur(ament *adv) adj lit* dunkel; finster | *fig* dunkel; undeutlich; unklar; *(bes Herkunft, Künstler, Dorf)* unbekannt; *lit desp* obskur | *s: fosc* | **~antisme** *m* Obskurantismus *m* | **~antista** *adj (m/f)* bildungsfeindlich || *s/m/f* Bildungsfeind(in *f*) *m* | *hist* Obskurant(in *f*), Dunkelmann, Finsterling *m* | **~iment** *m* = **enfosquiment** | **~ir(-se)** (37) *vt(/r)* = **enfosquir(-se)** | **~itat** *f* Dunkelheit; Finsternis *f*; *lit* Dunkel *n* | *fig a.* Unklarheit; Unbekanntheit; *lit desp* Obskurität *f* | *s: foscor, fosca* | *viure en l'~* e. unscheinbares Leben führen.

obsedir(-se) (37) *vt(/r)* = **obsessionar**.

obsequi *m* Geschenk *n* | **~ar** (33) *vt* beschenken *(amb* mit) | s. *(j-m)* gefällig erweisen | *gastlich* aufnehmen, bewirten | *el ministre fou obsequiat amb un àpat* zu Ehren des Ministers wurde e. Essen gegeben | **~ós (-osa** *f*, **-osament** *adv) adj* gefällig, zuvor-, entgegen-kommend | ehrerbietig | **~ositat** *f* Gefälligkeit, Zuvorkommenheit *f*, Entgegenkommen *n.*

observa|ble *adj (m/f)* beobachtbar, zu beobachten(d) | sichtbar | bemerkbar || *m fís* Observable *f* | **~ció** *f* Beobachtung *f* | *cient a.* Observation *f* | Bemerkung *f* | Einhaltung *f* | *estar en ~* unter Beobachtung stehen | *fer observacions a alg* j-m Vorhaltungen machen | **~dor** *adj* aufmerksam | Beobachtungs... | *(és)ser molt ~* e. guter *(od* scharfer) Beobachter sein || *s/mf a. polit mil* Beobachter(in *f*) *m* | **~nça** *f lit* Einhaltung *f* | *ecl* Observanz *f* | *d'estricta ~* strenggläubig, orthodox | **~nt** *adj (m/f) ecl* streng(gläubig) | *s/m/f ecl* Observant(in *f*) *m* | **~r** (33) *vt* beobachten | *cient a.* observieren | *(a. äußern)* bemerken | *(Gebot, Vorschrift)* einhalten, befolgen, beachten | *lit* beobachten | *fer ~ u/c a alg* j-n auf etw *(ac)* aufmerksam machen | **~tori** *m* Observatorium *n*, Beobachtungsstation *f* | *astr a.* Sternwarte *f* | *meteo a.* Wetterwarte *f.*

obs|és (-essa *f) adj* besessen || *s/mf* Besessene(r *m*) *m/f* | **~essió** *f* Besessenheit *f* | fixe Idee *f* | Zwangsvorstellung, *psic* Obsession *f* | **~essionar** (33) *vt* nicht loslassen, ständig verfolgen *(Gedanke, Furcht)* | *aquest projecte m'obsessiona* ich bin von diesem Projekt (wie) besessen | **~essionar-se** *v/r*: *no t'obsessionis per (od amb) la feina!* laß die Arbeit nicht zum Zwang *(od* zur Manie) werden! | **~essiu (-iva** *f) adj psic* Zwangs..., Obsessions..., obsessiv | *un afany ~ de poder* e-e Sucht nach Macht | *és un record ~* es ist e-e Erinnerung, die mich ständig verfolgt *od* nicht losläßt.

obsidiana *f min* Obsidian *m.*
obsidional *adj (m/f)* Belagerungs...
obsolet *adj* veraltet; *lit ling* obsolet.
obsta|cle *m a. fig* Hindernis *n* || *esport: cursa d'~s* Hindernislauf *m*, *(a. mit Pferden)* Hindernisrennen *n* | *saltar un ~* e. Hindernis nehmen | **~culitzar** (33) *vt* behindern | *(Fortschritt, Verkehr) a.* aufhalten, hemmen | **~nt**: *no ~ (loc prep)* trotz *(gen od dat)* | *no ~ això* od *això no ~* trotz *(gen od dat)* | *no ~ això* od *això no ~* trotzdem, dennoch | **~r** (33) *vi lit*: *això no obsta perquè ho facin* das hindert sie nicht (daran), es zu tun.

obstetrícia *f med* Obstetrik, Geburtshilfe *f.*

obstina|ció *f* Starrsinn *m*, Halsstarrigkeit, Hartnäckigkeit, Sturheit *f* | Eigensinn *m* | **~r-se** (33) *v/r*: *en u/c* s. auf etw

obstrucció 721 **ocell**

(*ac*) versteifen | ~ *a fer u/c* darauf beharren, etw zu tun | **~t** (**-ada** *f*, **-adament** *adv*) *adj* starrsinnig, halsstarrig, hartnäckig, stur | eigensinnig.

obstru|cció *f* Verstopfung *f* | Versperrung *f* | Behinderung *f*; *esport a*. Sperrung *n* | *bes polít* Obstruktion *f* | **~ccionisme** *m polít* Obstruktions-, Verschleppungs-politik *od* -taktik *f* | **~ccionista** *adj* (*m/f*) *polít* Obstruktions..., Verschleppungs... || *s/mf* Obstruktionspolitiker(in *f*), Verschleppungstaktiker(in *f*) *m* | **~ctiu** (**-iva** *f*) *adj* verstopfend | *bes polít* obstruktiv | **~ir** (37) *vt a. med* (*Leitung*) verstopfen | versperren | behindern; *esport* (*Spieler*) a. sperren | hemmen, aufhalten; blockieren | *bes polít* obstruieren | **~ir-se** *v/r* verstopfen, verstopft werden.

obten|ció *f* Erlangung, Erreichung *f* | Beschaffung *f* | *quím* Gewinnung *f* | **~idor** *adj* erreichbar | erhältlich | **~iment** *m* = **obtenció** | **~ir** (40) *vt* erlangen, erreichen | erhalten, bekommen | (*Produkt*) gewinnen (*de* aus) | **~tor** *m ecl* Pfründen-besitzer, -inhaber, Pfründner *m*.

obtura|ció *f* Verschließung *f* | Verstopfung *f* | *med* (*Organ*) Verschluß *m*; (*Zahn*) Füllung *f* | **~dor** *m fotog* Verschluß *m* | *mil* Verschluß *m*; Schloß *n* | *tecn* Schieber *m* | **~r** (33) *vt* zustopfen; verschließen | (*a. zufällig*) verstopfen | *med* (*Zahn*) füllen.

obt|ús (**-usa** *f*, **-usament** *adv*) *adj* (*Winkel*) stumpf | *fig* schwerfällig, schwer von Begriff | **~usangle** *adj* (*m/f*) *geom* stumpfwinklig.

obús *m mil* Haubitze *f* | (*Geschoß*) Granate *f* | *aut* Ventilteller *m*.

obvers *m* = **anvers**.

obvi (**òbvia** *f*) *adj* augenfällig, leicht sichtbar | einleuchtend, klar | **~ar** (37) *vi*: ~ *a u/c* e-r Sache entgegentreten *bzw* vorbeugen.

oc *m reg* Gänserich, Ganter *m* | **~a** *f ornit* Gans *f* | ~ *salvatge* Wildgans *f* | *mil*: *pas de l'*~ Stechschritt *m* | *gastr*: ~ *rostida* Gänsebraten *m* | **~arina** *f mús* Okarina *f*.

ocàs *m astr fig* Untergang *m* | *bes* Sonnenuntergang *m*.

ocasi|ó *f* Gelegenheit *f* | Anlaß *m* | Veranlassung *f* | *p ext* Gelegenheitskauf *m* | *un cotxe d'*~ e. Gebrauchtwagen *m* | *mobles d'*~ Möbel *n pl* aus zweiter Hand | *a la primera* ~ bei der ersten (besten) Gelegenheit | *en aquella* ~ damals; bei (*od* zu) jener Gelegenheit *od lit* jenem Anlaß | *en algunes* (*od diverses*) *ocasions* bei (*od* zu) mehreren Gelegenheiten | *en* ~ *de* (*loc prep*) anläßlich; gelegentlich; aus Anlaß (*gen*) | *aprofitar l'*~ die Gelegenheit benutzen | *donar* ~ *a u/c* zu etw Anlaß geben | (*és*)*ser* ~ *d'u/c* Anlaß zu etw sein; etw veranlassen *bzw* verursachen | *l'*~ *fa el lladre* (*Spruch*) Gelegenheit macht Diebe | **~onal** *adj* (*m/f*) gelegentlich | Gelegenheits... | veranlassend | *cient* okkasionell | *causa* ~ (*filos*) gelegentliche Ursache *f* | **~onalisme** *m filos* Okkasionalismus *m* | **~onalista** *adj* (*m/f*) okkasionalistisch || *s/mf* Okkasionalist(in *f*) *m* | **~onalment** *adv* gelegentlich, bei Gelegenheit | **~onar** (33) *vt* veranlassen | bewirken, zur Folge haben | verursachen.

ocater(**a** *f*) *m* Gänsehirt(in *f*) *m* | *p ext* Gänsehändler(in *f*) *m*.

occident *m* Westen *m* | Abendland *n*, Okzident *m* | *polít: l'*~ der Westen | *hist: l'imperi Romà d'*~ das Weströmische Kaiserreich | **~al** *adj* (*m/f*) westlich, West... abendländisch, okzidental(isch) | *català* ~ (*ling*) Westkatalanisch *n* | *les potències* ~*s* die Westmächte *f pl* || *s/mf* Abendländer(in *f*) *m*.

occ|ípit *m anat* Hinterhaupt *n* | **~ipital** *adj* (*m/f*) Hinterhaupt(s)... || *s/m* Hinterhaupt(s)bein *n*.

occir (40) *vt lit* töten, umbringen.

occit|à (**-ana** *f*) *adj* okzitanis ch || *s/mf* Okzitane *m*, -nin *f* || *s/m ling* Okzitanisch *n* | *l'*~ das Okzitanische | **~ània** *f* Okzitanien *n* | **~ànic** *adj* okzitanisch.

oce|à *m* Ozean *m* | **~ànic** *adj* (*a. aus* Ozeanien) ozeanisch | Ozean... | **~ania** *f* Ozeanien *n* | **~anògraf**(**a** *f*) *m* Ozeanograph(in *f*), Meereskundler(in *f*) *m* | **~anografia** *f* Ozeanographie, Meereskunde *f* | **~anogràfic** *adj* ozeanographisch, meereskundlich.

ocel *m zool* Punktauge *n*.

ocell *m* Vogel *m* | ~*s cantaires* od *cantors* Singvögel *m pl* | ~*s de pas* od *migradors* Zugvögel *m pl* | ~*s de presa* od *de rapinya*, rapinyaires, rapaços Raub-, Greif-vögel *m pl* | ~ *lira* Leierschwanz *m* | ~ *del paradís* Paradiesvogel *m* | ~ *sedós* (Europäischer) Seidenschwanz m | ~ de tempesta (Gewöhnliche) Sturmschwalbe f | ~ de mal temps od de mal averany (fig fam) Unke f | ~ de (la) primera volada (fig fam) Grünschnabel m, (Mädchen) Backfisch m | l'~ ha volat (fig fam) der Vogel ist ausgeflogen | més val un ~ a la mà que una àguila volant (Spruch) e. Spatz in der Hand ist mehr wert als e-e Taube auf dem Dach | ~a f poèt Vogelweibchen n | ~ada f, ~am m col Vogel-schar f, -schwarm m | ~aire m/f Vogelfänger(in f) m | Vogelhändler(in f) m | ~eria f Vogelhandlung f | p ext Tier-, Zoo-handlung f | ~et m Vögelchen, Vöglein n | m'ho ha dit un ~ (fig fam) das hat mir e. Vögelchen gezwitschert, das hat mir mein kl(r) Finger gesagt || pl bot Akelei f | ~ot m fam gr(r) (od häßlicher) Vogel m.

ocelot m zool Ozelot m.

oci m Muße f | Müßiggang m | freie Zeit f | ~ós (-osa f, -osament adv) adj müßig | unnütz, zwecklos | preguntes ocioses überflüssige Fragen f pl | una vida ociosa e. müßiges Leben | ~ositat f Müßiggang m | Nichtstun n, Untätigkeit f.

oclusi|ó f Verschluß m | quím Einschluß m | bes med meteor Okklusion f | ~ intestinal Darmverschluß m | ~u (-iva f) adj verschließend, okklusiv | Verschluß... || s/f (a. consonant oclusiva) Verschlußlaut m.

ocórrer (40) vi geschehen, vorkommen | zusammenfallen (Feiertage) | bes min vorkommen (en in dat).

ocr|aci (-àcia f) adj ockerfarbig, ockergelb | ~e adj (m/f) ocker(-farben, -gelb) || s/m a. min Ocker m/n | ~ós (-osa f) adj ocker-haltig bzw -farbig.

oct|à m quím Oktan n | índex d'~ Oktanzahl f | ~àedre m geom Oktaeder n, Achtflächner m | ~aèdric adj oktaedrisch, achtflächig | ~àgon m geom Achteck, Oktogon, Oktagon n | ~agonal adj (m/f) geom achteckig, oktogonal | ~àmer adj achtteilig | ~ant m astr geom Oktant m | ~au m gràf: en ~ in Oktavformat n | Oktavband m, Oktav n | ~ava f mús Lit Oktave f | catol Oktav f | ~avari m Oktavefeier f | ~aví m mús Flötchen n | ~avià (-ana f) adj oktavianisch, augusteisch | ~et m mús fís Oktett n | ~obraquis m pl zool = **octòpodes** | ~ocoral·laris m pl zool Achtstrahlige Korallentiere n pl.

òctode m elect Oktode f, Achtpolrohr n.

oct|ogenari (-ària f) adj achtzigjährig || s/mf Achtziger(in f) m, Achtzigjährige(r m) m/f | ~ogin (-ògina f) adj bot mit acht Stempeln od Fruchtknoten | ~ògon m = **octàgon** | ~ogonal adj = **octagonal** | ~òpodes m pl zool Oktopoden, Achtfüßer m pl | ~osíl·lab adj achtsilbig || s/m achtsilbiger Vers m | ~osil·làbic adj achtsilbig | ~ubrada f Oktoberwetter n | ~ubrar-se (33) v/r nicht mehr legen (Hühner) | ~ubre m Oktober m | bot Garten-, Sommer-aster f | ~ubrer adj Oktober... || s/f bot = **~ubre**.

òctuple[1] adj (m/f) achtfältig | ~[2] adj mat achtfach || s/m Achtfache(s) n.

octuplicar (33) vt verachtfachen.

ocul|ar adj (m/f) Augen... | testimoni ~ Augenzeuge m || s/m òpt Okular n | ~arment adv durch Augenschein m | ~ista m/f Augen-arzt m, -ärztin f.

ocult adj geheim | verborgen | (von übersinnlichen Dingen) okkult | ~ació f Verheimlichung f | Verbergung f | a. dr Verhehlung f | astr Finsternis f | ~ador adj verheimlichend | verhehlend || s/mf (Ver)Hehler(in f) m | ~ament adv insgeheim | s: ocult | ~ar (33) vt verheimlichen | verbergen | verhehlen | ~ar-se v/r s. verbergen | ~isme m Okkultismus m | ~ista adj (m/f) okkultistisch || s/mf Okkultist(in f) m.

ocupa|ció f Besetzung f | mil a. Okkupation; (Zustand) Besatzung f | dr Aneignung, arc Okkupation f | (illegale) Hausbesetzung f | a. econ Beschäftigung f | plena ~ (econ) Vollbeschäftigung f | tropes d'~ Besatzung(struppen pl) f | dedicar-se a les seves ocupacions s-r Beschäftigung (od Tätigkeit, bzw s-n Geschäften) nachgehen | ~cional adj (m/f) Beschäftigungs... | ~nt adj (m/f) mil Besatzungs... || s/m/f Bewohner(in f); (illegal) Hausbesetzer(in f) m | (Amt) Inhaber(in f) m | (Wagen) Insasse m | mil Besatzer(in f), Okkupant(in f) m | ~r (33) vt besetzen; mil desp a. okkupieren; (Platz, Hotelzimmer) a. belegen; (Haus; rechtmäßig) bewohnen | beanspruchen; (Raum) a. einnehmen; (Zeit) a. in Anspruch nehmen; (völlig) ausfüllen | (Amt, Stelle) innehaben, be-

kleiden | (*j-n*) beschäftigen | **~r-se** *v/r* s. beschäftigen (*en; de* mit) | s. befassen (*de mit*) | s. kümmern (*de um ac*) | **~t** (**-ada** *f*) *adj* besetzt | (*Person*) beschäftigt.

ocur|rència *f* Begebnis, Ereignis *n*, Vorfall *m* | Begegnung *f* | Zufall *m* | Einfall *m* | = **ocasió** | **~rent** *adj* (*m/f*) vorfallend, vorkommend | einfallend.

oda *f Lit* Ode *f*.

odalisca *f* Odaliske *f*.

odi *m* Haß *m* (*contra, a* gegen *ac*) | **~ar** (33) *vt* hassen | **~ós** (**-osa** *f*, **-osament** *adv*) *adj* gehässig | verhaßt | **~ositat** *f* Gehässigkeit *f* | Verhaßtsein *n*.

Odissea *f mit Lit* Odyssee *f*; ⁀ *fig* Odyssee *f*.

odonats *m pl entom* Libellen, Wasserjungfern *f pl*.

odont|àlgia *f* Zahnschmerz(en *pl*) *m* | **~ocets** *m pl zool* Zahnwale *m pl* | **~òleg** (**-òloga** *f*) *m* Odontologe *m* -gin *f*, Zahnmediziner(in *f*), Zahn-arzt *m*, -ärztin *f* | **~ologia** *f med* Odontologie, Zahnheilkunde *f* | **~ològic** *adj* odontologisch.

odor|ant *adj* (*m/f*), **~ífer**, **~ós** (**-osa** *f*) *adj rie* duftend, wohlriechend | **~ar** (33) *vt ant poèt* = **olorar, flairar**.

odre *m* (Wein)Schlauch *m* | **~r** *m* Schlauchmacher *m*.

oest *m* (*zG s: nord*) Westen *m* | *bes meteor* **nàut** West *m* | (*a. vent de l'~*) West(wind) *m* | *Alemanya de l'⁀* Westdeutschland *n* | *l'⁀ llunyà* (*americà*) *der* Wilde Westen || *adj inv* West..., westlich.

ofe|c *m* Atemnot *f* | Erstickung(sanfall *m*) *f* | **~gador** *adj* erstickend | *fig* schwül | *tecn* dämpfend | **~gament** *m* Ersticken *n*, Erstickung *f* | Ertrinken *n* | Ertränken *n* | **~gar** (33) *vt* (*a. Feuer; Aufstand; Lärm, Ton; Lachen, Seufzer*) ersticken | (*im Wasser*) ertränken, (*Tier*) *a.* ersäufen | *gastr* (*vor dem Schmoren*) zugedeckt anbraten | **~gar-se** *v/r* ersticken | ertrinken | *s:* negar-se² | ~ *de calor* vor Hitze fast ersticken *od* umkommen | **~gat** (**-ada** *f*) *adj* erstickt | ertrunken | (*Raum, Zimmer*) ohne Lüftung, stickig | *gastr:* pèsols **~s** gedämpfte Erbsen || *s/mf* Erstickte(r *m*) *m/f* | **~gor** *f lit* Stickigkeit *f* | **~gós** (**-osa** *f*) *adj* sehr schwül | (*Hitze*) drückend | (er)stickend, stickig.

ofen|dre (40) *vt* (*j-n*) beleidigen, kränken | (*a. Gefühle, Geschmack, Prinzipien*) verletzen | (*Vernunft*) verstoßen gegen | (*Ohren, Augen*) beleidigen | *ecl:* ~ *Déu* gegen Gott sündigen | **~dre's** *v/r:* ~ *fàcilment* leicht gekränkt (*od* beleidigt) sein | *no t'ofenguis, però...* nimm es mir nicht übel, aber... | **~ós** (**-osa** *f*) *adj arc* beleidigend | abstoßend | **~sa** *f* Beleidigung *f* | Kränkung *f* | *ecl* Schuld, Sünde *f* | *fer una* ~ *a alg* j-n beleidigen, j-m e-e Beleidigung zufügen | **~siu** (**-iva** *f*, **-ivament** *adv*) *adj* beleidigend, kränkend | abstoßend, widerlich | anstößig | Angriffs... | *mil esport* offensiv, Offensiv... | *armes ofensives* Angriffswaffen *f pl* || *s/f mil esport* Angriff *m*, Offensive *f* | *fig: una ofensiva contra la droga* e-e Offensive gegen Drogen | *jugar a l'ofensiva* offensiv spielen | *passar a l'ofensiva* zum Angriff übergehen | **~sor**(**a** *f*) *m* Beleidiger(in *f*) *m*.

ofer|ent *m/f* (*Versteigerung*) Bieter(in *f*) *m* | *el major* ~ der Meistbietende | **~iment** *m* Anerbieten, Angebot *n* | ~ *amistós* freundliches Anerbieten *n* | *fer* (*rebutjar*) *un* ~ e. Angebot machen (ablehnen) | **~ir** (37) *vt* (an)bieten (*a alg* j-m) | *com* anbieten, offerieren | (*Anblick, Vorführung*) (dar)bieten | *rel* darbringen, opfern | ~ *els seus serveis* s. an(er)bieten | ~ *a un preu inferior u/c* den Preis für etw unterbieten | ~ *el braç a. alg* j-m den Arm (an)bieten *od* reichen | *què et puc* ~*? was darf ich dir anbieten?* | ~ *en sacrifici* zum Opfer bringen | ~ *grans dificultats* gr(e) Schwierigkeiten bieten | ~ *resistència* Widerstand bieten *od* leisten | **~ir-se** *v/r* s. an(er)bieten | s. (dar)bieten (*Anblick, Gelegenheit*) | ~ *a fer u/c* s. an(er)bieten (*od* s. erbieten), etw zu tun | **~ta** *f* Angebot *n* | *com a.* Offerte *f* | ~ *especial od extraordinària* Sonderangebot *n* | *l'~ i la demanda* Angebot *n* u. Nachfrage *f* | *d'~* im Angebot | **~tori** *m ecl* Gabenbereitung *f* | (*Gesang*) Offertorium *n*.

ofès (**-esa** *f*) *adj* beleidigt, gekränkt.

offset *m gràf* Offset(druck) *m*.

ofici *m* Aufgabe *f*; *hist. a. adm* Amt *n* | *bes* Beruf *m*; Handwerk *n* | *ecl* Amt; (*a.* ~ *solemne*) Hochamt *n* | amtliches Schreiben *n* | *Escola d'Arts i ⁀s* Gewerbeschule *f* | ~ *diví* Breviergebet *n*; Gottesdienst *m* | *el Sant* ⁀

oficleide

(*hist*) die Inquisition | *bons* ~*s* (*a. polít*) gute Dienste *m pl* | *adm:* d'~ (*loc adv*) von Amts wegen | *dr: advocat* d'~ Pflicht-, Offizial-verteidiger *m* | *tenir* ~ Erfahrung haben | ~**al-**(**ment** *adv*) *adj* (*m/f*) offiziell ; amtlich, Amts... || *s/m* (Handwerks)Geselle *m* | (Amts)Gehilfe *m* | *mil* Offizier *m* | ~**ala** *f* (Handwerks)Gesellin *f* | (Amts)Gehilfin *f* | ~**alitat** *f* Amtlichkeit *f* | *mil col* Offizierskorps *n* | ~**ant** *m ecl* Zelebrant *m* | ~**ar** (33) *vt adm dr* amtlich, schriftlich mitteilen || *vt/i catol* zelebrieren | ~**na** *f bes adm com* Büro *n* | (*Apotheke*) Offizin *f* | ~ *d'objectes perduts* Fundbüro *n* | ~ *de turisme* Verkehrs-büro, -amt *n* | *hores d'*~ Bürostunden *f pl* | ~**nal** *adj* (*m/f*) offizinal, offizinell | *plantes* ~*s* Heil-kräuter *n pl*, -pflanzen *f pl* | ~**nesc** *adj mst desp* bürokratisch | ~**nista** *m/f* Büroangestellte(r *m*) *m/f* | ~**ós** (-**osa** *f*) *adj* dienstfertig, hilfsbereit, zuvorkommend | *polít gráf* offiziös, halbamtlich | ~**osament** *adv s: oficiós* | voller Hilfsbereitschaft | ~**ositat** *f* Dienstfertigkeit *f*, Hilfsbereitschaft *f* | *polít gráf* halbamtlicher Charakter *m*.

of|icleide *m* = **figle** | ~**ídic** *adj* Schlangen-... | ~**idis** *m pl zool* Schlangen(arten) *f pl* | ~**ioglossàcies** *f pl bot* Natternfarne *m pl* | *s: llengua de serp* | ~**ioglossals** *f pl bot* (*Art*) Farne *m pl* | ~**ioide** *adj* (*m/f*) schlangenähnlich | ~**iologia** *f* Schlangenkunde *f* | ~**isaure** *m/f zool* Schleiche *f* | ~**ita** *f min* Schlangenstein *m*.

ofrena *f rel* (Opfer)Gabe *f* | *p ext* Spende; (milde) Gabe *f*; Geschenk *n* | *fer* ~ *a alg d'u/c* j-m etw darbringen *bzw* spenden, widmen, schenken | ~**r** (33) *vt* darbringen (*a alg* j-m) | *p ext* spenden; schenken; widmen.

oft|almia, ~**almitis** *f med* Augenentzündung, *esp* Bindehautentzündung *f* | ~**àlmic** *adj* Augen... | ~**almòleg** (-**òloga** *f*) *m med* Augen-arzt *m*, -ärztin *f*, Ophthalmologe *m*, -gin *f* | ~**almologia** *f* Augenheilkunde, Ophthalmologie *f* | ~**almològic** *adj med* Augen... | *clínica* ~*a* Augenklinik *f* | ~**almoscopi** *m* Augenspiegel *m*.

ofusca|ció *f* Trübung *f* | *fig a*. Umnachtung; Verblendung *f* | ~**r** (33) *vt* (*bes Blick, Verstand*) trüben | *lit* (*Himmel, Ruhm*) *a*. verdunkeln | (*Blick*) *a*. umne-

---

beln | (*Verstand*) *a*. umnachten | (*j-n*) verblenden, *umg* blind machen | ~**r-se** *v/r s*. trüben | umnebelt (*bzw* umnachtet, verblendet) werden | *umg* den Kopf verlieren.

ogiva *f arquit* Spitzbogen *m* | *mil* Geschoß-, Raketen-spitze *f* | ~ *atòmica* Atomsprengkopf *m* | ~**l** *adj* (*m/f*) *arquit* spitzbogig, Spitzbogen... | *arc* ~ Spitzbogen *m*.

ogre *m* (*Märchen*) Kinder-, Menschen-fresser *m* | *menjar com un* ~ wie e. Wolf (*od* e. Scheunendrescher) fressen | ~**ssa** *f Lit* Menschenfresserin *f*.

oh! *int* ach! | (*bes Bewunderung, Staunen, Ablehnung*) oh! | (*in der Anrede*) *a*. *poèt* o! | ~ (*od o*) *Déu!* o Gott!

ohm *m elect* Ohm *n*.

òhm|ic *adj elect* ohmsch | ~**metre** *m* Ohmmeter *n*, Widerstandsmesser *m*.

oi¹ *m ant* = **odi** | *Bal mst pl* = **nàusea**.

oi² *int* (*Überraschung*) so!, oh!, oho! | (*Schmerz*) au!, autsch!; aua!; auweh! || (*Zustimmungspartikel*) ~, *sens dubte!* o ja, zweifellos! | (*in Fragen*) gelt?, gell?; nicht wahr?; ja?; nicht? | ~ *que m'estimes?* gelt du hast mich lieb? | *no vindràs*, ~? nicht wahr, du kommst nicht?

oï|ble *adj* (*m/f*) hörbar | ~**da** *f* Gehör(sinn *m*) *n* | Hören *n* | *d'*~ vom Hörensagen *n*; *mús* nach dem Gehör.

oidà! *int* ausgezeichnet! | bravo! | (*sehr*) gut! | gut gemacht! | da!, sieh!

oïdi, oídium *m bot* Oidium *n*, Spor-, Schlauch-pilz *m*.

oïdor(**a** *f*) *m*, **oïent** *m/f* Hörer(in *f*) *m*.

oiós (-**osa** *f*) *adj Bal* ekelhaft, widerlich, abstoßend.

oir (40) *vt* hören | *dr* vernehmen | *s: sentir* | *ecl:* ~ *missa* der Messe beiwohnen, an der Messe teilnehmen.

oixque! *int* hü(h)!

ole|àcies *f pl bot* Ölbaumgewächse *n pl* | ~**aginós** (-**osa** *f*) *adj* ölig | ölhaltig | Öl... | ~**andre** *m bot* Oleander, Rosenlorbeer *m* | ~**at** *m quím* Oleat *n* | ~**fina** *f quím* Olefine *f* | ~**ic** *adj* ölig, ölhaltig | Öl... | *àcid* ~ Ölsäure, Oleinsäure *f* | ~**ícola** *adj* (*m/f*) Olivenanbau..., Ölbaumzucht... | ~**icultura** *f agr* Öl(frucht)bau *m*, Ölbaumzucht *f* | ~**ífer** *adj* ölhaltig | ~**ïna** *f quím* Olein *n* | ~**oducte** *m tecn* Ölleitung, Pipeline *f* | ~**ografia** *f gráf* Öldruck *m* | Öldruckkunst *f* | ~**ogràfic** *adj* Öl-

olfacció

druck... | **~òmetre** *m* Ölmesser *m*, Ölwaage *f* | **~otòrax** *m med* Oleothorax *m*.

olfac|ció *f* Riechen *n* | **~te** *m* Geruch(s-sinn) *m* | *fig* Riecher *m* | **~tiu** (**-iva** *f*), **~tori** (**-òria** *f*) *adj* Geruchs... | *nervis ~s* Geruchsnerven *m pl*.

oli *m* Öl *n* | *bes* Ölivenöl *n* | *~ d'ametlles* (*dolces*) Mandelöl *n* | *~ comestible* od *de taula* Speise-, Tafel-öl *n* | *~ d'anís* (*de coco, de colza, de nous, de llinosa, de rosa*) Anis-(Kokos-, Rüb-, Nuß-, Lein-, Rosen-)öl *n* | *~ verge* (*d'olives*) Jungfernöl *n* (*bestes Olivenöl*) | *~ essencial* ätherisches Öl *n* | *~ lubrificant* od *mineral* (*tecn*) Schmier-, Maschinen-öl *n* | *~ pesant* Schweröl *n*, *aut*: *~ Diesel* Dieselöl *n*, Dieselkraftstoff *m* | *~s vegetals* Pflanzenöle *n pl* | *pintura a l'~* Ölgemälde *n*; Ölmalerei *f* | *ecl*: *els sants ~s* Chrisma, Salböl *n* | (*és*)*ser* (*od estar*) *com una bassa d'~* (*fig*) sehr ruhig (*od* spiegelglatt) sein (*bes Meer*) | (*és*)*ser de pa sucat amb ~* (*fig fam*) nicht viel taugen | (*és*)*ser com posar ~ en un llum* schnell u. kräftig wirken | *ja has begut ~* (*fig*) es ist aus mit dir; du bist erledigt | *estendre's* (*od escampar-se*) *com una taca d'~* (*fig*) s. rasch ausbreiten, immer weiter um s. greifen | **~ada** *f* Öl *n* im Überfluß *m* | *agr* reichliche Olivenernte *f* | = **~asses** | **~aire** *m/f* Ölmüller(in *f*) *m* | Ölhändler(in *f*) *m* | **~anes** *f pl* = **~asses** | **~ar** (33) *vt* (ein)ölen, schmieren | **~asses** *f pl* Ölwasser *n* (*in der Mühle*) | Ölsatz *m*.

òliba *f ornit* Schleiereule *f*.

olier *adj* Öl... | *gerra ~a* Ölkrug *m* | *molí ~* Ölmühle *f* || *s/mf* = **oliaire** | Ölkännchen *n* | (Öl)Fläschchen *n*, Phiole *f*.

olifant *m caç* Hifthorn *n* | (*Rolandsepos*) Olifant *m*.

oli|garca *m/f polít* Oligarch(in *f*) *m* | **~garquia** *f* Oligarchie, Herrschaft *f* weniger | **~gàrquic** *adj* oligarchisch | **~gist** *m min* Oligist, Roteisenstein *m* | **~gocè** *m geol* Oligozän *n* | **~gocènic** *adj* Oligozän... | **~goclassa** *f min* Oligoklas *m* | **~goelement** *m biol* Spurenelement *n* | **~gofrènia** *f psic med* Oligophrenie, Geistesschwäche *f* | **~gofrènic** *adj* oligophrenisch, geistesschwach.

ol|impíada *f hist esport* Olympiade *f* | **~ímpic** *adj* olympisch | *els Jocs ~s* die Olympischen Spiele *n pl*.

oli|ós (**-osa** *f*) *adj* ölig | **~u** *m bot* = **~ver**(**a**) | **~va** *f bot* Olive *f* | *verd d'~* olivenfarbig, olivgrün | **~vaire** *m/f* Olivenhändler(in *f*) *m* | = **~vater** | **~var** *m* = **~verar** | **~varer** *adj* reich an Oliven-, Ölbaum-pflanzungen | **~vari** (**-ària** *f*) *adj* olivenförmig | *cos ~* (*anat*) Olive *f* | **~var-se** (33) *v/r* Blasen bilden (*Brotteig*) | **~vater(a** *f*) *m* Olivenpflücker(in *f*) *m* | **~veda** *f* Olivenhain *m* | Olivenpflanzung *f* | **~vella** *f bot* Liguster *m* | **~ver** = **~vera** | **~vera** *f bot* Ölbaum, Olivenbaum *m* | *~ borda* wilder Ölbaum *m* | **~verar** *m* Olivenhain *m* | **~liverer** *adj* Ölbaum... | **~vereta** *f bot* Liguster *m* | Seidelbast, Kellerhals *m* | **~vet** *m* kl(r) Olivenhain *m* | **~vetà** (**-ana** *f*) *m ecl* Olivetaner(in *f*) *m* | **~vicultura** *f agr* Öl(frucht)bau *m* | **~vina** *f min* Olivin *n* | **~vó** *m bot* Ligusterbeere *f* | kl(e), unreife Olive *f*.

oll|a *f* (Koch)Topf *m* | *~ de pressió* Schnellkochtopf *m* | *joc de trencar l'~* Topfschlagen *n* | *fig fam:* (*és*)*ser* (*od semblar*) *una ~ de grills* ein heilloses Durcheinander sein | (*és*)*ser de l'~* zum Klüngel gehören | *estàs fet una ~ bei dir rappelt es* | *no en tirarà cap tros a l'~* davon wird er nicht fett werden | **~ada** *f* Topf *m* (voll) | **~aire** *m/f* = **~er** | **~al** *m* Fischteich, -weiher *bzw* -behälter *m* | **~am col** Töpfe *m pl* | **~aó!** *int* hott! | **~er(a** *f*) *m* Töpfer(in *f*) *m* | Topfhändler(in *f*) *m* | **~eria** *f* Töpferei *f* | Tonwarenladen *m* | **~eta** *f* Töpfchen *n*.

olor *f* Geruch *m* | Duft, Wohlgeruch *m* | Duftstoff *m*; Parfüm *n* | *fig* (*Ruf*) Geruch *m* | *fer* (*bona*) *~* duften, gut riechen | *fer mala ~* schlecht riechen | *fer ~ de...* (*a. fig*) nach... riechen... | *morir en ~ de santedat* im Geruch der Heiligkeit sterben | **~ar** (33) *vt* riechen an (*dat*), beriechen | (*Geruch*) riechen | *fig* riechen, wittern; ahnen | **~ós** (**-osa** *f*) *adj* duftend, wohlriechend.

olotí (**-ina** *f*) *adj* olotinisch, Olotiner, aus Olot || *s/mf* Olotiner(in *f*) *m*.

om *m bot* Ulme *f*, Rüster *f* | *~ blanc* Silber-, Weiß-pappel *f* | *de fusta d'~* aus Ulmenholz *n* | **~a** *f bot* Bergulme *f* | **~ar** *m* = **omeda**.

ombra

ombr|a *f a. fig* Schatten *m* | *fig a.* Spur *f*; Anflug *m*; Abglanz *m* | *fig* Obhut *f*, Schutz *m* | ~ *per als ulls* Lidschatten *m* | *ombres xineses* Schatten-theater, -spiel *n* | *les ombres del passat* die Schatten *pl* der Vergangenheit | *el reialme de les ombres* (*mit*) das Reich der Schatten, das Schattenreich | *el meu germà ja no és ni l'~ del que era* mein Bruder ist nur noch e. Schatten s-r selbst | *els arbres fan* ~ Bäume spenden Schatten | *em fas* ~ du stehst mir im Licht; *fig* du stellst mich in den Schatten | *no hi havia ni l'~ d'una sospita* es bestand nicht der Schatten (*od* die Spur) e-s Verdachts | *no els resta sinó una* ~ *del seu antic poder* es bleibt ihnen nur noch e. Abglanz ihrer früheren Macht | *la segueix com si fos la seva* ~ er folgt ihr wie e. Schatten | **~ada** *f* gr(r) Schatten *m*, gr(e) Schattenzone *f* | **~adís (-issa** *f*) *adj* schattig | **~adiu** *m lit* schattiger Platz *m* | **~ar** (33) *vt* beschatten | **~ar-se** *v/r* s. in den Schatten begeben | **~at** (**-ada** *f*) *adj* beschattet | **~atge** *m* schattiges Laubwerk *n*, schattige Stelle *f*, Schatten *m* | **~eig** *m* Beschatten *n* | *bes pint* Schattierung *f* | **~ejar** (33) *vt* beschatten | *pint* schattieren | **~el·la** *f* kl(r) Sonnenschirm *m* | **~er** *adj* schattig | **~era** *f* Nordhang *m* | schattige Seite *f* | **~ia** *f lit* = **ombra** | **~iu** (**-iva** *f*), **~ívol** *adj* schattig | dunkel | beschattet | *fig* finster, trübselig, unheimlich | **~ós** (**-osa** *f*) *adj* (*Baum*) schattenspendend.

omeda *f silv* Ulmen-wäldchen *n*, -pflanzung *f*.

omega *f* Omega *n* | *l'alfa i l'*~ der Anfang u. das Ende; das A und (das) O.

ometre (34) *vt* aus-, weg-, unter-lassen | übergehen, übersehen.

omfal|itis *f med* Omphalitis, Nabelentzündung *f* | **~ocele** *f med* Nabelbruch *m*.

ominós (**-osa** *f*, **-osament** *adv*) *adj lit* abscheulich | ekelhaft, greulich | ominös.

om|ís (**-isa** *f*) *adj: fer cas* ~ *d'alg od d'u/c* j-n *od* etw unbeachtet lassen, auf j-n *od* etw nicht eingehen | **~issible** *adj* (*m/f*) aus-, weg-laßbar | **~issió** *f* Aus-, Unter-lassung *f*, Versäumnis *f/n* | *ecl: pecat d'*~ Unterlassungssünde *f*.

òmnibus *adj elect* Allzweck... || *s/m* (Stadt)Bus *m* | *ferroc* (*a. tren* ~) Personenzug *m*.

omn|idireccional *adj tecn* Rundstrahl... | **~ímode** *adj* allseitig | allumfassend | **~ipotència** *f* Allmacht, Omnipotenz *f* | **~ipotent**(**ment** *adv*) *adj* (*m/f*) allmächtig | allgewaltig | **~ipresència** *f* Allgegenwart *f* | **~ipresent** *adj* (*m/f*) allgegenwärtig | **~isciència** *f* Allwissenheit *f* | **~iscient** *adj* (*m/f*) allwissend.

òmnium *m esport* Omnium *n*.

omnívor *adj* alles fressend || *s/m* Allesfresser, Omnivore *m*.

omòfag *adj* rohes Fleisch fressend.

omòplat *m* Schulterblatt *n*.

omplir (40) *vt* (an)füllen (*de* mit) | (*Formular*) ausfüllen | *fig* erfüllen | ~ *les aspiracions* (*els desigs*) *d'alg* j-s Sehnsucht (Wünsche) erfüllen | *tu m'omples de joia* du machst mich überglücklich! | **~se** *v/r* s. füllen | voll (*fig a.* füllig) werden.

on *adv* wo | (*mit Richtung*) wohin | ~ *ets?* wo bist du? | (*a*) ~ *vas?* wohin gehst du? *od umg* wo gehst du hin? | *d'~ veniu?* woher kommt ihr? *od umg* wo kommt ihr her? | *per* ~ *passes?* wo gehst du durch? || (*relativisch*) *la casa* ~ *viuen* das Haus, wo (*od* worin) sie wohnen | *vigila* (*a*) ~ *van!* paß auf, wohin sie gehen *od umg* wo sie hingehen! | *el país d'*~ *vénen* das Land, woher sie kommen | *d'*~ *es desprèn que...* woraus zu entnehmen ist, daß... | *el camí per* ~ *han passat* der Weg, den sie gegangen sind.

ona *f a. fís rad* Welle *f* | ~ *curta* (*mitjana, llarga, ultracurta*) Kurz-(Mittel-, Lang-, Ultrakurz-)welle *f* | ~ *electromagnètica* (*retrògrada*) elektromagnetische (rücklaufende) Welle *f* | ~ *expansiva* (*explosiva, lluminosa, sonora*) Ausbreitungs-(Explosions-, Licht-, Schall-)welle *f* | ~ *sísmica* seismische Welle, Erdbebenwelle *f* | **~da** *f a. fig* Welle, *lit* Woge *f* | *fig a.* Flut *f* | *una* ~ *de calor* (*de fred*) e-e Hitze-(Kälte-)welle | *una* ~ *de protestes* e-e Welle von Protesten.

onagre *m zool mil hist* Onager *m*.

onanis|me *m* Onanie *f* | **~ista** *adj* (*m/f*) onanistisch || *s/m/f* Onanist(in *f*) *m*.

onatge *m col* Wellenbewegung *f*, Wogen *f pl.*

onça *f zool* Gepard *m* | Jaguar *m*.

oncle *m* Onkel *m* | ~ *valencià* (*reg*) Vetter *m* der Eltern.
on|da *f* (*Haar*) Welle *f* | (*Objekt*) Wellenlinie, -bewegung *f* | *Windung f* | **~dar** (33) *vt a. tecn* wellen | **~dat** (-ada *f*) *adj* wellig, gewellt | **~dejar** (33) *vt* = **~dar** || *vi s.* wellen | flattern (*Fahne*) | **~dejat** (-ada *f*) *adj* wellig, gewellt | **~dina** *f mit* Undine *f* | **~dós** (-osa *f*) *adj* wellig, gewellt | Wellen... | **~dulació** *f* Wellung *f* | Wellen-bewegung, -linie *f* | Welligkeit *f* | *fís* Schwingungswelle *f* | (*Haare*) Ondulieren *n*, Ondulation *f* | ~ *permanent* Dauerwelle *f* | **~dular** (33) *vt* (*Haar*) ondulieren || *vi* wogen | flattern | **~dulat** (-ada *f*) *adj* gewellt | (*Haar*) wellig; onduliert | *tecn arquit*: *làmina od planxa ondulada* Wellblech *n* | **~dulatori** (-òria *f*) *adj fís* Wellen... | wellenförmig | *moviment* ~ Wellenbewegung *f* | *mecànica ondulatòria* Wellenmechanik *f* | **~dulós** (-osa *f*) *adj* = **~dós** | **~eig** *m* Wogen *n* | (*Fahne*) Flattern *n* | = **onatge** | **~ejant** *adj* (*m/f*) wellend, wogend | (*Fahne*) flatternd, wehend | (*Weg, Straße*) *s.* schlängelnd | (*Kornfeld*) hin u. her wogend | **~ejar** (33) *vi* wogen, wellen | flattern, wehen (*Flagge*) | *fig s.* schlängeln | hin u. her wogen.
onerós (-osa *f*, -osament *adv*) *adj* beschwerlich, lästig | kostspielig | *dr* entgeltlich, gegen Bezahlung.
onico|fàgia *f med* Onychophagie *f*, Nägelkauen *n* | **~grifosi** *f med* Onychogryphose, Nagelverkrallung *f*.
on|íric *adj* traumhaft | **~iromància** *f hist* Traumdeutung *f*.
ònix *m min* Onyx *m*.
onocròtal *m ornit* Pelikan *m*.
onom|asiologia *f ling* Onomasiologie, Bezeichnungslehre *f* | **~asiològic** *adj* onomasiologisch | **~àstic** *adj* onomastisch, Namens... | *dia* ~ Namenstag *m* | **~àstica** *f* Onomastik, Onomatologie *f*, Namenkunde *f* | **~àsticon** *m* Onomastikon, Namenverzeichnis *n* | **~atopeia** *f ling* Onomatopöie, Lautmalerei *f* | **~atopeic** *adj ling* onomatopoetisch, lautmalend.
ono|sma *f bot* Steinbrech («Saxifraga longifolia» u. «catalaunica») | ~ *borda* Trauben-Steinbrech *m* | **~teràcies** *f pl bot* Nachtkerzen *f pl*.
onse|vulga, ~vulla *adv* irgendwo | (*mit Richtung*) irgendwohin | *d'~* irgend-

woher | ~ *que sigui* wo immer es a. sei | ~ *que miressin* wohin sie a. blickten *od umg* wo sie a. hinblickten.
òntic *adj* ontisch.
onto|gènesi *f biol* Ontogenese *f* | **~genètic** *adj biol* ontogenetisch | **~gènia** *f biol* Ontogenie *f* | **~gènic** *adj biol* ontogenisch | **~logia** *f filos* Ontologie *f* | **~lògic** *adj filos* ontologisch | **~logisme** *m filos* Ontologismus *m*.
onz|e (29) *num* (*zG s: vuit*) elf *f* | **~è** (-ena *f*) (30) *num* (*zG s: vuitè*) elfte(r, -s); elftel.
oògam *adj biol* oogam.
oo|gàmia *f biol* Oogamie *f* | **~gènesi** *f biol med* Oogenese, Ei-bildung, -reifung *f* | **~goni** *m bot* Oogonium *n*, Ureizelle *f* | **~lita** *f min* Oolith *m* | **~logia** *f ornit* Oologie, Eiforschung *f* | Eilehre *f* | **~micètides** *f pl bot* Oomyzeten, Algenpilze *m pl* | **~sfera** *f biol* unbefruchtetes Ei *n*.
oòspora *f biol* Oospore *f*.
opac *adj* undurchsichtig | *òpt med* opak | *cin fotog* lichtundurchlässig, opak | *paper* ~ Verdunkelungspapier *n* | *ulls* ~*s* trübe Augen *n pl* | *vidre* ~ Opakglas *n* | **~itat** *f* Undurchsichtigkeit *f* | *òpt med* Opazität *f* | *med:* ~ *de la còrnia* Hornhauttrübung *f*.
òpal *m min* Opal *m*.
opal|escència *f òpt* Opaleszenz *f* | **~escent** *adj* (*m/f*) *òpt* opaleszent, opalisierend | **~í** (-ina *f*) *adj* opalartig | milchweiß | **~ina** *f zool* Perlentierchen *n* | *indús* Milchglas *n*.
opci|ó *f* Wahl *f* | (Wahl)Möglichkeit *f* | *dr econ polít* Option *f* | ~ *de compra* Vorkaufsrecht *n* | *s: optar* | **~onal** *adj* (*m/f*) wahlfrei, fakultativ.
òpera *f* Oper *f* | Opernhaus *n* | ~ *còmica* komische Oper *f*.
opera|ble *adj* (*m/f*) *med* operabel | **~ció** *f a. mat med mil tecn* Operation *f* | Handlung; Unternehmung; Aktion, Tätigkeit *f* | *tecn a.* Arbeitsgang *m*; Verfahren *n* | *mat a.* Rechenart *f* | *a. dr adm* Maßnahme *f*, Vorgehen *n* (*contra* gegen) | *econ* (*einzelnes*) Geschäft *n* | ~ *de banca* (*borsa*) Bank-(Börsen-)geschäft *n* | ~ *de policia* (*salvament*) Polizei-(Rettungs-)aktion *f* | ~ *química* chemischer Prozeß *m* | *les quatre operacions* die vier Grundrechenarten *f pl* | *sotmetre's a una* ~ (*med*) s. e-r Operation unterziehen | *suspendre les operacions* (*econ*) den Geschäftsverkehr einstel-

len | ~**cional** *adj (m/f)* operational, operationell; Operations... | *tecn a.* betriebs-bereit, -fähig | *mil* einsatzfähig; Einsatz... | *càlcul* ~ *(mat)* Operatorenrechnung *f* | ~**dor(a** *f) m tecn* Bediener(in *f) m* | *(Computer)* Operator(in *f) m* | *cin* Operateur(in *f) m; bes* Kameramann *m,* -frau *f* | *med* Operateur(in *f) m* | *telecom* (Herr *m bzw* Dame *f* von der) Vermittlung *f* | ~**r** (33) *vt a.* operieren | (be)wirken | *la fe opera miracles* der Glaube wirkt Wunder | ~ *una hèrnia* e-n Bruch operieren ‖ *vi* operieren | wirken; handeln; verfahren; vorgehen | wirken, anschlagen *(Medikament)* | ~**ri** (-**ària** *f) m lit* Handwerker(in *f) m* | Arbeiter(in *f) m* | ~**tiu** (-**iva** *f) adj* operativ; Operations... | wirksam | ~**tori** (-**òria** *f) adj med* operativ, chirurgisch.

operc|le *m biol* Deckel *m* | *bot* Kapseldeckel *m* | *ict* Kiemendeckel *m* | ~**ular** *adj (m/f)* Deckel... | ~**uliforme** *adj (m/f)* deckel-ähnlich, -förmig.

oper|eta *f* Operette *f* | ~**ista** *m/f* Opernkomponist(in *f) m* | ~**ós** (-**osa** *f,* -**osament** *adv) adj* arbeitsreich, mühsam, mühselig.

opi *m med* Opium *n* | ~**aci** (-**àcia** *f) adj* opiumhaltig | ~**anat** *m med* Narkotinsäure *f* | Narkotinester *m* | ~**anina** *f* Narkotin *n* | ~**ata** *f med* Opiat *n*.

opim(ament *adv) adj* reich(lich), fett, üppig.

opin|able *adj (m/f)* fraglich | ~**ar** (33) *vt/i: jo opino que ...* ich meine *(od* bin der Meinung), daß... | *i tu què n'opines?* was meinst du dazu?, wie ist deine Meinung dazu? | *ell opina altrament* er ist anderer Meinung | *tothom té dret a* ~ jeder darf s-e Meinung äußern | *jo no opino* ich möchte mich dazu nicht äußern | ~**ió** *f a. sociol* Meinung *f* | Ansicht *f* | *filos polit rel* Anschauung *f* | *l'*~ *pública* die öffentliche Meinung | *segons la meva* ~ meiner Meinung *(od* Ansicht) nach, meines Erachtens | *segons l'* ~ *dels experts* nach Ansicht der Experten | *és qüestió d'opinions* das ist Ansichtssache | *no sóc d'aquesta* ~ ich bin nicht dieser Ansicht *od* Meinung | *fer-se (od formar-se) una* ~ *d'alg od d'u/c* s. (dat) über j-n *od* etw e-e Meinung bilden | *tenir (una) bona (mala)* ~ *d'alg* od *d'u/c* e-e gute (schlechte) Meinung von j-m *od* etw haben | ~**iós** (-**osa** *f) adj* eigensinnig, hartnäckig | halsstarrig.

opípar(ament *adv) adj gastr* üppig, reichlich.

opisòmetre *m tecn* Kurvenmesser *m*.

opist|obranquis *m pl zool* Hinterkiemer *m pl* | ~**ògraf** *adj gràf* beidseitig beschrieben | ~**osoma** *m zool* Opisthosoma *n*.

opo|bàlsam *m med* Tolubalsam *m* | ~**pònac** *m med* Opo-panax, -ponax *m*.

oport|ú (-**una** *f,* -**unament** *adv) adj* gelegen, geeignet, angebracht | zweckmässig | opportun | *en temps* ~ zu gelegener Zeit | ~**unisme** *m* Opportunismus *m,* Zweckmäßigkeitsdenken *n* | ~**unista** *adj (m/f)* opportunistisch ‖ *s/m/f* Opportunist(in *f) m* | ~**unitat** *f (günstige)* Gelegenheit *f* | Zweckmäßigkeit *f* | Opportunität *f*.

opos|able *adj (m/f)* gegenüberstellbar | ~**ant** *adj (m/f)* gegnerisch, widersprechend | ~**ar** (33) *vt* entgegen-, gegenüber-setzen, -stellen | *fig* einwenden | entgegnen | ~**ar-se** *v/r* s. widersetzen *(a* dat) | ~ *(al fet) que...* dafür eintreten, daß nicht... | ~**at** (-**ada** *f) adj* entgegengesetzt | gegenüberliegend, gegenüber befindlich | *bot* gegenständig | *mat: angles* ~**s** Scheitelwinkel *m pl* | Gegen... | *opinió oposada* Gegenmeinung; entgegengesetzte Auffassung *f* | ~**ició** *f* Widerspruch, Einwand, Einspruch *m* | Widerstand *m* | Gegensatz *m* | Gegenüberstellung *f* | *polít* Opposition, Gegenpartei, Gegnerschaft *f* ‖ *pl:* Auswahlprüfung für e. Lehramt *od* e-e Staatsstelle | ~**icionista** *adj (m/f)* oppositionell ‖ *s/m/f* Oppositioneller(r *m) m/f* | ~**itor-(a** *f) m* Gegner(in *f) m* | *adm dr* Bewerber(in *f) m* bei «oposicions».

opòssum *m zool* Opossum *n*.

opress|ió *f* Beklemmung *f* | *fig* Druck *m,* Unter-drückung, -jochung *f* | ~**iu** (-**iva** *f) adj* be-, unter-drückend | ~**or** *adj* (unter)drückend | Unterdrückungs... ‖ *s/mf* Unterdrücker(in *f) m*.

oprobi *m* Schande *f,* Schmach *f* | Schandfleck *m* | ~**ós** (-**osa** *f) adj* schändlich, schandhaft | schmachvoll.

ops|iòmetre *m med* = **optòmetre** | ~**onina** *f biol* Opsonin *n*.

opta|ble *adj (m/f)* (aus)wahlfrei | ~**ció** *f* erklärte(r) Wunsch *m* | ~**r** (33) *vi* s. entscheiden *(per* für) | *polít* optieren

òptic (*per* für) | *dr* optieren (*per* auf *ac*) | **~tiu** (**-iva** *f*) *adj* optatiu || *s/m ling* Optativ *m*.

òptic *adj* optisch | *nervi* ~ Sehnerv *m* || *s/mf* Optiker(in *f*) *m* | **~a** *f a. fig* Optik *f* | ~ *electrònica* Optoelektronik *f*.

òptim(ament *adv*) *adj* optimal, bestmöglich.

optim|ació *f* Optimierung *f* | **~ar** (33) *vt* optimal gestalten, *a. mat* optimieren | **~isme** *m* Optimismus *m* | **~ista** *adj* (*m/f*) optimistisch || *s/m/f* Optimist(in *f*) *m*.

opt|òmetre *m med* Optometer *n* | **~ometria** *f med* Optometrie *f*.

opugnar (33) *vt bes fig* bekämpfen | *dr* anfechten | *mil esport* angreifen | (*Festung*) bestürmen.

opul|ència *f* gr(r) Reichtum, Überfluß *m* | Üppigkeit *f* | **~ent** *adj* sehr reich | üppig | **~entament** *adv* im Überfluß | üppig.

opuscle *m* kl(s) Werk, Büchlein *n*, kl(e) Schrift, Broschüre *f*.

oqu|ell, ~í *m Bal* Gänschen *n* | **~er(a** *f*) *m* Gänsehirt(in *f*) *m*.

or *m quím a. fig* Gold *n* | ~ *batut* (*blanc, de llei, fi, musiu, pur*) Blatt-(Weiß-, Standard-, Fein-, Musiv- *od* Muschel-, Rein-)gold *n* | ~ *nadiu* od *verge* gediegene(s) Gold *n* | ~ *en barres* Barrengold *n* | ~ *en pols* Goldstaub *m* | ~ *negre* (*fig*) flüssige(s) Gold, Erdöl *n* | *d'*~ aus Gold, golden, Gold... | *cabells d'*~ goldenes Haar *n* | *groc d'*~ goldgelb | *anar cosit d'*~ im Geld schwimmen, Geld wie Heu haben | *fer-se d'*~ sehr reich werden | *no ho faria per tot l'*~ *del món* nicht für alle Schätze der Welt würde ich es machen | *no és* ~ *tot el que lluu* es ist nicht alles Gold, was glänzt | *a preu d'*~ sehr teuer, für teures Geld.

ora *f* Brise *f*, sanfter Wind *m* | milde Witterung *f*.

orac|ió *f lit* (*öffentliche*) Rede *f* | *ling* Satz *m* | *rel* Gebet *n* | ~ *fúnebre* Grabrede *f* | ~ *principal* (*subordinada*) Haupt-(Neben-)satz | *les parts de l'*~ die Redeteile *m pl* | ~ *dominical* Vaterunser *n* | ~ *mental* stilles Gebet *n* | *fer* ~ beten | *tocar l'*~ (*catol*) den Angelus läuten | *trencar les oracions a alg* (*fig*) j-n aus dem Konzept bringen | **~ional** *adj* (*m/f*) *lit ling* Rede... | Satz... || *s/m ecl* Gebetbuch *n* | **~ioner** *adj: és molt* ~ er betet viel || *s/mf* Gesundbeter(in *f*) *m* | **~le** *m* Orakel *n* | (*Person*) Seher(in *f*) *m; fig* Weise(r *m*) *m/f* | **~ular** *adj* (*m/f*) orakelhaft.

orad|a *f ict* Goldbrasse(n *m*) *f* | **~eta** *f ict* Spitzbrasse(n *m*) *f*.

orador(a *f*) *m* Redner(in *f*) *m*, Sprecher(in *f*) *m* | *polít* Wortführer(in *f*) *m* | ~ *sagrat* gr(r) Prediger *m*.

oradura *f* Irrsinn *m* | Verrücktheit *f* | Tollheit *f*.

oral(ment *adv*) *adj* (*m/f*) mündlich | *examen* ~ mündliche Prüfung *f* | *tradició* ~ mündliche Überlieferung *f*.

orangutan *m zool* Orang-Utan *m*.

oranyola *f ict* fliegender Fisch («Exocoetus volitans»).

orar (33) *vi lit* beten.

orat (**-ada** *f*) *adj* irrsinnig, toll | wahnsinnig | verrückt | (*Tier*) *bes Bal* wild; scheu.

orat|ge *m* (*sanfter*) Wind, *bes* Landwind *m* | *oc Val* Witterung *f* | *bon* (*mal*) ~ gute (schlechte) Witterung *f* | **~gell** *m reg* Landwind *m* | **~get** *m* = **~jol** | *Val* (*sanfter*) Seewind *m* | **~gí** *m Bal* sanfter, kalter Wind *m* | **~jol** *m* sanfter Wind *m* | Landwind *m* | **~jós** (**-osa** *f*) *adj* windig | *nit oratjosa* stürmische Nacht *f*.

oratori (**-òria** *f*, **~òriament** *adv*) *adj* rednerisch | Rede... || *s/m* Hauskapelle *f*, Bethaus *m* | *mús* Oratorium *n* || *s/f* Redekunst *f*.

orb *adj lit* blind | (*Ähre, Getreide*) taub | *Bal fig* reichlich; ausgiebig | **~ament** *adv* blindlings | unüberlegt | **~ar** (33) *vt* blenden, blind machen | berauben (*gen*).

orbe *m astr* Planetenbahn *f* | Himmelskreis *m* | Welt *f* | Erde *f*.

orbicular(ment *adv*) *adj* (*m/f*) kreisförmig | *anat: múscul* ~ Schließmuskel *m*.

òrbita *f anat* Augenhöhle *f* | *astr* Umlauf-, Kreis-bahn *f*, Orbit *m* | *posar un satèl·lit en* ~ e-n Satelliten in die Umlaufbahn schießen *od* bringen.

orbit|al *adj* (*m/f*) *astr* orbital | *moviment* ~ Umlaufbewegung *f* | **~ar** (33) *vi astr* kreisen | **~ari** (**-ària** *f*) *adj anat* orbital, Augenhöhlen...

orc *adj* rauh, unwirtlich || *s/m mit* Orkus *m* | **~a** *f zool* Mörderwal *m*.

orcaneta *f bot* (gelbe) Lotwurz *f*.

orceïna *f quím* Orcein *n*.

ordalia *f hist* Ordal, Gottesurteil *n*.

orde *m ecl hist* Orden *m* | priesterlicher Weihegrad *m* | ~s majors (menors) höhere (niedere) Weihen *f pl* | ~ de cavalleria Ritterorden *m* | ~ mendicant (monàstic) Bettel-(Mönchs-)orden *m* | ~ religiós religiöser Orden *m* | **~nació** *f* Anordnung *f* | Regelung *f* | *ecl* Priesterweihe *f* | ~ del paisatge Landschaftspflege *f* | ~ del territori Raumordnung *f* | ~ de pagaments (*adm*) Zahlungsbefehl *m* | **~nada** *f geom* Ordinate *f* | **~nadament** *adv* (wohl)geordnet | auf wohlgeordnete Weise | **~nador** *adj* anordnend, anweisend | *catol* ordinierend || *s/mf* (An-, Ver-)Ordner(in *f*) *m* | **~nament** *m* (An)Ordnung *f* | Regelung *f* | *dr* Satzung *f* | **~nança** *f adm dr* Verfügung, Verordnung, Vorschrift *f*, Erlaß *m* | *mil* Erlaß *m* | Ordonnanz *f*, (Offiziers)Bursche *m* | *adm* Amtsbote *m* | (Hotel)Boy, Laufbote *m* | *d'*~ vorschriftsmäßig | **~nand** *m catol* zu ordinierender Priester *m* | **~nant** *adj catol* ordinierend || *s/m* ordinierender Bischof *m* | **~nar** (33) *vt* ordnen, anordnen, befehlen (*a alg* j-m) | *med* verordnen, verschreiben (*a alg* j-m) | *adm a.* verfügen | *ecl* weihen, ordinieren | **~nar-se** *v/r ecl* die Weihen empfangen | **~nat (-ada** *f*) *adj* ordentlich | gut geordnet | *s: ordenada.*
ordi *m bot agr* (Mehr- *u.* Sechszeilige) Gerste *f* | ~ palmell Zweizeilige Gerste *f* | ~ perlat Graupen *f pl* | **~ar**¹ *m agr* Gerstenfeld *n* | **~ar²** (33) *vt* mit Gerste mischen | **~at** *m gastr* Gersten-saft *m*, -wasser *n* | *s: ordier; malt.*
ordid|or *adj tèxt* (an)zettelnd | Zettel... || *s/mf tèxt* Zettler(in *f*) *m* | *fig* Anzettler(in *f*) *m* || *s/m* Haspel-, Zettelmaschine *f* | Scher-, Zettelrahmen *m* | **~ura** *f tèxt* Anzetteln, Scheren *n* | *fig* Anstiften *n*, Anstiftung *f*.
ordier *adj* Gersten... | *s/f* (*Pferde*) Gerstenbeutel, -sack *m* || *s/mf* Gerstenhändler(in *f*) *m*.
ordina|dor *m* Elektronenrechner, Computer *m* | **~l** *adj* (*m/f*) Ordnungs..., Ordinal... || *s/m* Ordinale *n*, Ordinal-, Ordnungs-zahl *f* | **~ri (-ària** *f*, **-àriament** *adv*) *adj* gewöhnlich | üblich, alltäglich | ordinär; gemein, grob, *desp* vulgär | *dr* ordentlich | *d'*~ (*loc adv*) gewöhnlich; im allgemeinen, meist | *assemblea ordinària* ordentliche Versammlung *f* || *s/m* Gewöhnliche(s) *n*; gewöhnliche(s) Maß *n* | *catol* Ordo missae *m* | *gastr* (Alltags)Kost *f* | Stamm-essen, -gericht *n* | Tagesration *f* | *bes mil* Mannschaft(sverpflegung) *f* | *com* Kommissionär, Beauftragte(r) *m* | Dienstmann, Bote, Gepäckträger *m* | *estud ecl* Ordinarius *m* | **~tiu (-iva** *f*) *adj mst ecl* anordnend, anweisend.
ordiós (-osa *f*) *adj* gerstenhaltig.
ordi|r (37) *vt tèxt* zetteln | *fig* anzetteln, anstiften, schmieden | **~ssatge** *m tèxt* Zetteln *n* | **~t** *m tèxt* (Web)Kette *f*, Aufzug *m* | *fig* Intrige *f*, Komplott *n*.
ordre *m* Ordnung *f* | Anordnung, Reihenfolge *f* | *arquit* Säulenordnung *f* | *fig a.* Klasse *f*, Grad, Rang *m* | ~ alfabètic (cronològic) alphabetische (chronologische) Reihenfolge *f* | ~ d'emissions (d'audicions) Sende-(Hör-)folge *f* | *l'*~ del dia die Tagesordnung | *l'*~ dels mots die Wort-stellung, -folge | ~ de batalla (*mil*) Schlachtordnung *f* | *l'*~ públic die öffentliche Ordnung | ~ de primer erstklassig, ersten Ranges | en bon ~ in guter Ordnung; richtig; in der rechten Einstellung | mancat d'~, sense ~ unordentlich, ungeordnet | sense ~ ni concert völlig durcheinander, in völliger Unordnung | posar ~ in Ordnung bringen || *s/f com econ* Bestellung *f* | Auftrag *m* | Order *f* | Anweisung *f* | *fig mil* Befehl *m*, Order, Verfügung *f* | ~ d'atac (d'avançar) Angriffs-(Vormarsch-)befehl *m* | a les ~! (*mil*) zu Befehl! | a les vostres ~s! (*mil*) zu Ihren Diensten! | per ~ de auf Befehl von | mot d'~ Kennwort *n*, Parole *f* | *econ:* ~ de pagament Zahlungs-auftrag *m*, -anweisung *f* | ~ permanent Dauerauftrag *m* | ~ suplementària Nachbestellung *f* | ~ de transferència od de gir Überweisungsauftrag *m*.
orèade *f mit poèt* Bergnymphe, Oreade *f*.
ore|ig *m* leichter Wind *m* | = **oratge, oratjol** | **~jada** *f* (Be-, Ent-)Lüftung *f* | **~jar** (33) *vt* be-, ent-lüften | **~jar-se** *v/r* s. be-, aus-, durch-lüften | frische Luft schöpfen.
orell|a *f* Ohr *n* | *p ext* (*Pflug*) Streichblech, -brett *n*; (*Schuh*) Lasche, Zunge *f* | ~ d'ase (*bot*) Italienischer Aronstab *m*; (*Pilz*) Herbst-, Toten-trompete *f* | ~ de conill (*bot*) Trichterling *m* | ~ de Judes (*bot*) Judasohr *n* | ~ de llebre (*bot*) Hasenohr *n* | ~ de mar

(zool) Seeohr n | ~ de monjo (bot) Fetthenne f; Venusnabel m; Nabelkraut n | ~ d'ós (bot) Alpenaurikel n | ~ de rata (bot) Habichtskraut n | donar (od prestar) l'~ a alg j-m sein Ohr leihen | dreçar les orelles (fig) die Ohren spitzen | ensenyar l'~ (fig) s. verraten; sein wahres Gesicht zeigen | entrar per una ~ i sortir per l'altra (fig) zum e-n Ohr herein-, zum anderen wieder hinausgehen | escoltar amb totes les seves orelles (fig) ganz Ohr sein | (és)ser dur d'~ od tenir l'~ dura schwerhörig sein | (és)ser fi d'~ od tenir l'~ fina gute Ohren haben | estirar (od escalfar) les orelles a alg j-m die Ohren langziehen | fer orelles de marxant (fig) s. taub stellen | obrir l'~ (od les orelles) a u/c e-r Sache Gehör schenken | penjar-se a les orelles d'alg (fig) j-m in den Ohren liegen | tancar l'~ (fig) die Ohren verschließen | tenir ~ (a. fig) e. (feines) Ohr haben | veure's les orelles (fig) s. schon gerettet (od stark) fühlen | venir (od arribar) a orelles d'alg j-m zu Ohren kommen | ~ada f Langziehen n der Ohren | ~ana f gastr Backobststückchen n | bot: ~ de poll(ancre) Austernseitling m | ~ar (33) vi die Ohren bewegen (Tier) | ~era f Ohrenklappe f, Ohrenschutz m | ~eta f Öhrchen, Öhrlein n | kl(r) Ring m, Ringlein n | ~ó m (Pflug) Streich-blech, -brett n | ~ut (-uda f) adj langohrig | mit Hängeohren || s/m zool Ohrenfledermaus f.
oremus m: perdre l'~ (fam) den Kopf verlieren; außer s. geraten.
oreneta f ornit Schwalbe f | ~ de cul blanc od cuablanca Mehlschwalbe f | ~ de ribera Uferschwalbe f.
orenga f bot Wilder Majoran, Dost m.
orenol m ict = oranyola.
orenola f = oreneta.
orf|andat f Verwaisung f | Waisenpension f | ~e (òrfena f) adj verwaist | un infant ~ de mare (pare) e. mutter-(vater-)loses Kind || s/mf Waise f, Waisenkind n | ~ de pare i de mare Vollwaise f | ~ de pare od de mare Halbwaise f | ~enat m Waisenhaus n | ~enesa f Verwaisung f.
orfebre m Goldschmied m | p ext Juwelier m | ~ria f Goldschmiede-, Juwelier-arbeit f | Goldschmiedekunst f | Gold- od Silber-waren f pl.
orfe|ó m mús Gesangverein m | Chor m |
~**ònic** adj Gesangvereins..., Chor... | ~**onista** m/f Gesangvereins-, Chormitglied n.
òrfic adj orphisch | Orphiker...
orfisme m hist mit Orphik f.
òrgan m anat gràf polít Organ n | tecn a. Instrument, Werkzeug; Vorrichtung f | ~ auditiu Gehörorgan n | l'~ del partit das Parteiorgan | els ~s legislatius die Organe der Gesetzgebung.
organdí m (pl -ís) (Stoff) Organdy m.
org|ànic adj organisch | llei ~a Rahmengesetz n | malaltia (química) ~a organische Krankheit (Chemie) f | ~**anisme** m biol polít dr Organismus m | Dienststelle f | Amt n | ~**anista** m/f Orgelspieler(in f), Organist(in f) m | ~**anització** f Organisation f | Aufbau m, Gliederung f | Anlage f | Einrichtung f | Beschaffenheit, Konstitution f | Veranstaltung f | polít dr Verfassung, Grundordnung f | dr a. Verband, Bund m | ~ del treball Arbeitsplanung f | ~ de l'espai (Städte) Raum-ordnung, -planung f | ~ professional Berufsverband m | ~ d'empresaris (de treballadors) Arbeitgeber-(Arbeitnehmer-)organisation f | ~**anitzador** adj organisatorisch | ordnend, gestaltend | veranstaltend | Organisations... || s/mf Organisator(in f) m | Veranstalter(in f) m | ~**anitzar** (33) vt organisieren | einrichten, gestalten | aufbauen, zusammenstellen, gliedern | veranstalten | ~**anitzar-se** v/r s. organisieren | fam: t'has d'organitzar més bé du mußt ordentlicher werden; du mußt planvoller vorgehen | ~**anitzat** (-ada f) adj (gut) organisiert | fam ordentlich | anat biol = **orgànic** | ~**anogen** (-ògena f) adj quím organogen | ~**anografia** f Organographie f | ~**anometall** m Organometall n.
org|asme m Orgasmus m | ~**àstic** adj orgastisch, wollüstig | ~**ia** f Orgie f | ~**íac**, ~**iàstic** adj orgiastisch | zügellos.
orgue m mús Orgel f | tub d'~ Orgelpfeife f | ~ de maneta = ~**net** | fig: ~ de gats (fam) lärmender Haufen m | no estar per ~s (fig fam) nichts (mit j-m od etw) zu tun haben wollen | ~**ner** m Orgelbauer m | ~**net** m Drehorgel f, Leierkasten m.
orgull m Stolz m | Hochmut m (d'u/c auf etw ac) | (és)ser l'~ d'alg j-s Stolz

orictognòsia

sein | **~ar** (33) vt lit arc stolz, überheblich machen | **~ar-se** v/r stolz, hochmütig werden (de auf ac) | **~ós** (-osa f) adj stolz | (és)ser (od estar) ~ (d'u/c auf etw ac) stolz sein | **~osament** adv mit Stolz od Hochmut.
orictognòsia f Mineralogie f.
orient m Osten m | Orient m, poèt Morgenland n | l'Extrem ~ od l'~ Llunyà der Ferne Osten | el Pròxim ~ der Nahe Osten, der Vordere Orient | l'~ Mitjà der Mittlere Osten; (in der Presse) a. der Nahe Osten | hist: l'imperi d'~ das Oströmische Reich | **~able** adj (m/f) tecn ein-, ver-stellbar | schwenkbar | **~ació** f Orientierung f | Richtung f | fig polít Ausrichtung f, Kurs m | Orts-, Lage-bestimmung f | p ext Unterrichtung f | nàut (Segel) Stellen n | sentit de l'~ Orientierungssinn m | ~ professional Berufsberatung f | (Aussichtsturm) taula d'~ Richtungstafel f | **~ador** adj orientierend, richtungweisend, ortsbestimmend || s/mf: ~ professional Berufsberater(in f) m | **~al** adj (m/f) östlich, Ost... | orientalisch, poèt morgenländisch || s/mf Orientale m, Orientalin f, poèt Morgenländer(in f) m | **~alisme** m Orientalistik f | **~alista** m/f Orientalist(in f) m || adj orientalistisch | **~alitzar** (33) vt orientalisieren, e. orientalisches Gepräge geben | **~ar** (33) vt orientieren, die Richtung bestimmen | nach den Himmelsrichtungen ein-richten od -stellen | orten | (alg j-m) die Richtung weisen | fig ausrichten (cap a, devers auf ac) | fig (j-n) beraten | (Wirtschaft) lenken | nàut (Segel) stellen | **~ar-se** v/r s. orientieren, a. fig s. zurechtfinden | s-n Weg finden | s. richten (cap a nach dat).
orífex m lit (reiner) Goldschmied m.
orifici m Öffnung, Mündung f, Loch n.
oriflama f hist Lilienbanner n.
orig|en m Ausgangspunkt, Ursprung m, Herkunft, Abstammung f | p ext Ursache f | a l'~ ursprünglich, am Anfang | des de l'~ von Anfang an | **~inal** adj (m/f) ursprünglich, original | urschriftlich | Ur... | Original... | iròn od desp eigenartig, originell, sonderbar || s/m Original(text m) n, Urtext m, Urschrift f | Urbild n | fig iròn od desp komischer Kauz, wunderlicher Mensch, Sonderling m | a od en l'~ im Original, in der Urschrift, urschrift-

ornament

lich | gràf: edició ~ Erstausgabe f | ecl: pecat ~ Erbsünde f | **~inalitat** f Ursprünglichkeit, Originalität f | Eigentümlichkeit, Sonderbarkeit f | **~inalment** adv ursprünglich, von Haus aus | sonderbar, originell | **~inar** (33) vt veranlassen | verursachen | **~inar-se** v/r entstehen | **~inari** (-ària f) adj (her)stammend, gebürtig (de von, aus dat) | angeboren, ursprünglich | entsprossen | **~inàriament** adv ursprünglich, am Anfang.
orin|a f Harn, Urin m | incontinència d'~ Enurese f, unwillkürlicher Harnabfluß m | retenció d'~ Harnverhalten n | **~ada** f Harnen n | Urinmenge f beim Harnen | **~ador** m Bedürfnisanstalt f, Pißort, Pissoir m | **~aire** m/f Mensch m, der oft harnen muß | Pinkler m umg | **~al** m Harnglas n | Nachttopf m | **~ar** (33) vi/t urinieren, harnen | **~ar-se** v/r s. naß machen.
orinc m nàut Bojenreep n.
orin|era f Harn-drang, -zwang m | **~s** m pl Harnausscheidung f | auf einmal ausgeschiedene Urinmenge f.
Orió m astr mit Orion m.
oriol m ornit Pirol m | bot Kaiserling m | ~ foll Fliegenpilz m | **~a** f ict Bal Val (Roter) Knurrhahn m.
oripell m Flittergold n | fig Flitter m | Tand m | **~ar** (33) vt mit Flitter(gold) bemänteln | **~er** m Flitter-, Tandhersteller od -verkäufer m.
oriünd adj lit ursprünglich | angeboren | ~ de gebürtig, stammend aus (dat).
orla f (Stoff, Buch) Saum m, Bordüre f | Borte f | Randverzierung f | nàut Scherstock m | Dollbord n | **~dor** m Bortenmacher m | **~r** (33) vt säumen, (ein)fassen | gràf mit e-m Schmuck- (bzw Trauer)-rand m versehen.
orló m tèxt Orlon m.
orme|ig m nàut Auftakeln n, Takelung f | (gesamtes) Werkzeug, Gerät n | nàut Segelwerk n, Takelage f | agr Pferdegeschirr n | ~s de pesca Fischerei- od Angel-gerät n | **~jar** (33) vt allg mit Werkzeugen ausrüsten od versehen | nàut auftakeln | (Pferd) (an)schirren | s: aparellar.
ormí m bot Muskatsalbei m/f.
orna|ment m Ornament n, Verzierung f | fig Zierde f || pl ecl Priestergewänder n pl | **~mentació** f Verzieren n | Verzierung(skunst), Ornamentik f | **~mental** adj (m/f) ornamental |

orni

Schmuck-..., Zier-... | *art* ~ Ornamentik *f* | *planta* ~ Zierpflanze *f* | **~mentar** (33) *vt* verzieren | zieren, schmücken | **~mentista** *m/f* Dekorateur(in *f*), Dekorationsmaler(in *f*) *m* | **~r** (33) *vt* verzieren, schmücken | **~r-se** *v/r* s. schmücken (*amb* mit).

orni *m*: *fer l'~* (*fam*) s. dumm (*od* taub) stellen.

ornit|òfil *adj bot* durch Vögel bestäubt | **~ògal** *m bot* Milchstern *m* | **~òleg** (-òloga *f*) *m* Ornithologe *m*, -gin *f* | **~ologia** *f* Ornithologie, Vogelkunde *f* | **~ològic** *adj* ornithologisch, vogelkundlich | **~omància** *f mit* Weissagung *f* aus dem Vogel-flug *od* -gesang | **~orinc** *m zool* Schnabeltier *n*.

oroban|càcies *f pl bot* Sommerwurzgewächse *n pl* | **~que** *m* Sommerwurz *f*.

oro|gènesi, **~gènia** *f* Gebirgsbildung, Orogenese *f* | **~gènic** *adj* orogenetisch | **~grafia** *f* Gebirgsbeschreibung, Orographie *f* | **~gràfic** *adj* orographisch | **~-hidrografia** *f* Gebirgs- u. Gewässer-beschreibung *f*.

oronell[1] *m anat Bal* Nasenloch *n*.

oronell[2] *m ornit reg* = **oreneta** (*bes Männchen*) | **~a** *f ornit reg* = **oreneta**.

orònim *m* Gebirgsname *m*.

oronja *f bot Bal* Kaiserling *m* | ~ *falsa* Fliegenpilz *m*.

oros *m pl* (*Farbe des span Kartenspiels*) Goldmünzen *f pl* (*etwa Schellen bzw Karo*).

orpiment *m min* Auripigment *n* | *quím* Arsentrisulfid *n*.

orquestra *f mús* Orchester *n* | (Musik) Kapelle *f* | *arquit* Orchester-versenkung *f*, -raum *m* | **~ció** *f* Orchestration, Orchestrierung *f* | **~l** *adj* (*m/f*) Orchester-... | *orchestral*, orchestermäßig | **~r** (33) *vt* orchestrieren.

orqu|idàcies *f pl bot* Orchideengewächse *n pl* | **~ídia** *f bot* Orchidee *f*.

orquitis *f med* Orchitis, Hodenentzündung *f*.

orri *m* Melkplatz *m* | *en* ~ (*loc adv*) in Hülle u. Fülle; durcheinander, in Verwirrung | *fer* ~ (*agr*) melken | *anar en ~(s)* (*fig*) ins Wasser fallen, scheitern (*od* kaputt gehen).

ors|a *f nàut* (Segel)Seil, Tau *n* | *a l'~* nach Luv, luvwärts | *anar a l'~* = **~ar** | **~ada** *f* Aufluven *n* | Anluven *n* | **~ar**, **~ejar** (33) *vi nàut* (an-, auf-)luven.

ortiga *f bot* Brennessel, Nessel *f* | ~ *gran* Gr(e) Brennessel *f* | ~ *morta* Taubnessel *f* | ~ *de mar* (*zool*) Seeanemone *f* | **~ll** *m* Nesselgestrüpp *n* | **~r** (33) *vt* verbrennen (*Nessel*) | **~r-se** *v/r* s. an e-r Nessel verbrennen.

ortiu (-iva *f*) *adj astr* Aufgangs-...

orto|cromàtic *adj fotog* farbenempfindlich | **~dox** *adj a. fig* orthodox | *rel a.* griechisch-orthodox | *s/mf* Orthodoxe(r *m*) *m/f* | **~dòxia** *f* Orthodoxie | **~dròmia** *f nàut aeron* Orthodrome *f* | **~dròmic** *adj* orthodrom | **~èpia** *f* Orthoepie, Rechtlautung *f* | **~èpic** *adj* orthoepisch | **~gonal** *adj* (*m/f*) *geom* orthogonal, rechtwinklig | senkrecht | **~grafia** *f* Orthographie, Rechtschreibung *f* | *falta d'~* Rechtschreibfehler *m* | **~grafiar** (33) *vt* orthographisch schreiben | **~gràfic(ament** *adv*) *adj* orthographisch, rechtschreiblich | Rechtschreibungs-... | **~pèdia** *f med* Orthopädie *f* | **~pèdic** *adj* orthopädisch || *s/mf* = **~pedista** | **~pedista** *m/f* Orthopäde *m*, -din *f* | Orthopädist(in *f*) *m* | **~pnea** *f med* Orthopnoe *f*.

ortòpters *m pl entom* Geradflügler *m pl*, Orthopteren *f/n pl*.

orto|scopi *m òpt* Orthoskop *n* | **~scòpia** *f òpt* Orthoskopie *f* | **~scòpic** *adj* orthoskopisch | **~stàtic** *adj med* orthostatisch.

orval *m bot* Muskat-Salbei *m* | Johanniskraut *n* | Greis-, Kreuz-kraut *n*.

orxat|a *f gastr* Mandelmilch *f* | ~ *de xufla* Erdmandelmilch *f* | **~er(a** *f*) *m* «Orxata»-Hersteller(in *f*) *bzw* -Verkäufer(in *f*) *m* | **~eria** *f* «Orxata»-Milchbar *f*.

orxella *f* Färber-, Lackmus-flechte *f*.

os *m* (*pl ossos*) Knochen *m* | (*Werkstoff*) Bein *n* (*pl* Gebeine) | *bot* = **pinyol** | (*Tintenfisch*) Schulp *m* | ~ *sacre od bertran* Steiß(bein *n*) *m* | ~ *frontal* Stirnbein *n* | ~ *maxil·lar* Kieferknochen *m* | *en carn i ~sos* leibhaftig | *fins al moll dels ~sos* bis ins Innerste, zutiefst, bis in die Knochen, durch Mark u. Bein | *mullar-se* (*od estar calat od xop*) *fins al moll dels ~sos* pudel-, trief-naß *od* völlig durchnäßt werden (sein) | *estar enamorat fins al moll dels ~sos* bis über die Ohren verliebt sein *umg* | (*és)ser un* ~ (*dur de rosegar od de mal rosegar*) *fig* e-e schwere Arbeit *od* e-e harte Nuß sein | *em fan* *mal tots els ~sos* mir tun alle Knochen weh | *li fa mal l'~ bertran* (fig) er ist e. müder Knochen | *no tenir més que la pell i l'~* od *els ~sos* (fig) nur noch Haut u. Knochen sein | *no tenir un ~ sencer* (fig) wie gerädert (od zerschlagen) sein | *tenir un ~ a la panxa* od *a l'esquena* (fig) stinkfaul sein | *tornar els ~sos a lloc* (fig) s. erholen | *trencar* (od *rompre*) *els ~sos a alg* (fig) k. gutes Haar an j-m lassen | *no trencar-s'hi els ~sos* (fig) s. nicht mit etw ab-plagen *od* -mühen.

ós *m* (*pl óssos*) *zool* Bär *m* | *~ blanc* od *polar* (*bru, formiguer*) See-(Braun-, Ameisen-)bär *m* | *~ de mar* Eisbär *m*, Pelzrobbe *f* | *s: óssa*.

osca *f* Scharte, Kerbe *f* | schmaler, hoher Gebirgspaß *m* | *fig: anar lluny d'osques* irregehen | **~dís** (-**issa** *f*) *adj* leicht schartig werdend | **~r** (33) *vt* schartig machen | (ein)kerben | **~r-se** *v/r* schartig werden.

oscil·l|ació *f* Schwingung *f* | *fig econ* Schwankung *f* | **~ador** *m elect* Oszillator, Schwingungserzeuger *m* | *tv* Summer *m* | **~ant** *adj* (*m/f*) oszillierend, pendelnd, schwingend | **~ar** (33) *vi* schwingen, pendeln | *p ext* vibrieren | *fig* schwanken | **~atori** (-**òria** *f*) *adj* schwingend, Schwingungs... | **~ògraf** *m tecn* Oszillograph *m* | **~ograma** *m* Oszillogramm *n*.

oscitant *adj* (*m/f*) *med: febre ~* Gähnfieber *n*.

òscul *m lit* Kuß *m* | *ecl: ~ de pau* Friedenskuß *m*.

oscula|ció *f geom* Berührung, Oskulation *f* | **~dor**(**a** *od* **osculatriu** *f*) *adj geom* Berührungs...

osmi *m quím* Osmium *n*.

òsmic *adj* osmiumhaltig | *àcid ~* Osmiumsäure *f*.

osm|ologia *f* Osmologie *f* | **~òmetre** *m tecn* Osmometer *n* | **~osi** *f fts biol* Osmose *f* | **~òtic** *adj* osmotisch | *pressió ~a* osmotischer Druck *m*.

ossa, **~da** *f col* (*Person*) Gebein, Knochengerüst, Gerippe *n*.

óssa *f* Bärin *f* | *astr: l'~ Major* (*Menor*) der Große (Kleine) Bär *od* Wagen.

oss|am *m col* Konochen *m pl* | **~aments** *m pl* (Toten)Gebeine *n pl* | **~at** (-**ada** *f*) *adj* (stark)knochig | **~eïna** *f* = **osteïna** | **~era** *f* Ossarium, Beinhaus *n* | = **ossada** | **~et** *m* Knöchelchen(spiel) *n* | **~i** (**òssia** *f*) *adj* knochig | Knochen... | *sistema ~* Knochensystem *n* | **~ificació** *f* Knochenbildung *f* | Verknöcherung *f* | **~ificar** (33) *vt* verknöchern (lassen) | **~ificar-se** *v/r* verknöchern | **~ífrag** *m ornit* Fischadler *m* | **~ívor** *adj* Knochen fressend | **~ós** (-**osa** *f*) *adj* knochig | Knochen... | **~ut** (-**uda** *f*) *adj* stark-, grob-knochig.

osta *f nàut* Leine *f*, Hißtau *n* | **~da** *nàut* Hißtaue *n pl* | Tauwerk *n*.

ost|àlgia *f med* Knochenschmerz *m*.

ostatge *m* Geisel *f*.

osteï|na *f anat* Ossein *n* | **~tis** *f med* Knochenentzündung *f*.

osten|sible *adj* (*m/f*) offenkundig | ostentativ | *arc* ostensibel, augenscheinlich | **~sió** *f* Schaustellung *f* | Prahlerei *f* | *ecl* (*Reliquien*) Ausstellung *f* | **~siu** (-**iva** *f*) *adj* auffallend | ostentativ | **~sori** *m ecl* Monstranz *f* | **~tació** *f* Schaustellung *f* | Prahlerei *f* | *fer ~ d'u/c* etw zur Schau stellen | **~tador** *adj* prahlend, prahlerisch | großtuerisch | **~tar** (33) *vt* zur Schau stellen | prahlen, prunken (*u/c mit etw dat*) | **~tós** (-**osa** *f*) *adj* auffallend | prahlerisch, großtuerisch, protzig, angeberisch *umg*.

osteo|logia *f anat* Osteologie *f* | **~lògic** *adj* osteologisch | **~malàcia** *f med* Knochenerweichung *f* | **~mielitis** *f med* Knochenmarkentzündung *f* | **~plàstia** *f med* Osteo-, Knochen-plastik *f* | **~porosi** *f med* Osteoporose *f* | **~tomia** *f med* Osteotomie *f*.

ostiari *m ecl* Ostiarius *m*.

ostíol *m anat* Ostium *n*.

ostr|a *f zool* Auster *f* | *~ perlera* Perlmuschel *f* | *banc d'ostres* Austernbank *f* | *closca d'~* Austernschale *f* | **~aci** (-**àcia** *f*) *adj* muschel-artig, -förmig | **~acisme** *m hist* Ostrazismus *m*, Scherbengericht *n* | **~acita** *f* fossile Auster *f* | **~aire** *m/f* = **~er** | **~eïcultura** *f* Austernzucht *f* | **~eïforme** *adj* (*m/f*) austernähnlich, muschelförmig | **~er** *adj* Austern... || *s/mf* Austernhändler(in *f*) *m* | *p ext* Austernzüchter(in *f*) *m* | *s/f* Austernbank *f* | **~eria** *f* Austernmarkt *m* | **~ícola** *adj* (*m/f*) Austern... | **~ífer** *adj* Austernbank... | Austernzucht...

ostrogot (-**oda** *f*) *adj* ostgotisch || *s/mf* Ostgote *m*, -gotin *f*.

ot|àlgia *f med* Otalgie *f*, Ohrenschmerz *m* | **~ària** *f zool* Ohrenrobbe *f* | ~

otomà *peluda* Seelöwe *m* | **~iatria** *f med* Otiatrie, Ohrenheilkunde *f* | **~itis** *f med* Otitis, Ohrenentzündung *f* | Oto... | **~òleg** (**-òloga** *f*) *m med* Otologe *m*, -gin *f*, Ohren-arzt *m*, -ärztin *f* | **~ologia** *f med* Otologie, Ohrenheilkunde *f*.
otomà (**-ana** *f*) *adj* osmanisch || *s/mf* Osmane *m*, -nin *f* || *s/f* (*Möbel*) Ottomane *f* || *s/m tèxt* Ottoman *m*.
oto|-rino-laringòleg (**-òloga** *f*) *m* Hals-, Nasen-, Ohren-spezialist(in *f*), -arzt *m*, -ärztin *f* | **~-rino-laringologia** *f* Hals-, Nasen-, Ohrenheilkunde *f* | **~rrea** *f med* Ohrenfluß *m* | **~scopi** *m med* Ohrenspiegel *m*, Otoskop *n*.
ou *m* Ei *n*, *bes* Hühnerei *n* | *biol* = **òvul** | *ict* Rogen *m* | ~ *covat* od *passat* angebrütetes Ei *n* | ~ *fresc* od *del dia* frisches Ei *n* | *clara d'*~ Eiweiß *n* | *rovell d'*~ Eidotter *n* | *gastr:* ~ *blanc* od *passat per aigua* weich(gekocht)es Ei *n* | ~ *bullit* od *dur* hart(gekocht)es Ei *n* | ~ *ferrat* Spiegelei *n* | ~ *per a beure* Trinkei *n* | **~s remenats** Rühreier *n pl* | **~s de Pasqua** Ostereier *n pl* || *bot* : ~ *de reig* (*Pilz*) junger Kaiserling *m* | ~ *del diable* junge Stinkmorchel *f* || *fig*: *ple com un* ~ überfüllt, gepfropft voll | (*no*) (*és*)*ser la mare dels* ~*s* (nicht) der Grund (*od* die Ursache) für etw sein | *no haver sortit de l'*~ noch völlig unerfahren sein | *trobar pèls als* ~*s* an allem etw auszusetzen haben || *pl pop!* (*Hoden*) Eier *m pl* | **~a(ta)ire** *m/f*, **~ater(a** *f*) *m* Eierhändler(in *f*) *m* | **~era** *f* Eierbecher *m* | *ornit* Eierstock *m*.
ovaci|ó *f* Ovation, Beifallsturm *m* | **~onar** (33) *vt* (*j-m*) zujubeln, (*j-n*) mit stürmischem Beifall feiern.
ov|al *adj* (*m/f*) oval || *s/m geom* Oval *n* | **~alar(-se)** (33) *vt*(/*r*) oval machen (werden) | **~ari** *m bot* Fruchtknoten *m* | *anat* Eierstock *m*, Ovar(ium) *n* | **~àric** *adj anat biol* ovarial | Eierstock... | **~aritis** *f med* Eierstockentzündung *f* | **~ariotomia** *f med* Ovar(i)ektomie, Entfernung *f* des Eierstocks | **~at** (**-ada** *f*) *adj* = oval.
ovell|a *f zool* Schaf *n* | *l'*~ *negra* (*fig*) das schwarze Schaf | **~enc** *adj* Schafs... | **~er** *m* Schafhirt, Schäfer *m*.

oví (**-ina** *f*) *adj* Schaf(s)... || *s/m pl col* Schafe *n pl.*
òvids *m pl col* Schafe *n pl u.* Ziegen *f pl.*
ov|iducte *m* (*Geflügel*) Legröhre *f* | *anat* Eileiter *m* | **~ífer** *adj biol* eiertragend | **~iforme** *adj* (*m/f*) eiförmig | **~ípar** *adj biol* ovipar, eierlegend.
ovni *m* (*unbekanntes Flugobjekt*) UFO, Ufo *n*.
ovo|ide *adj* (*m/f*) *biol* ovoid(isch), eiförmig | **~vivípar** *adj* ovovivipar.
òvul *m biol* Eizelle *f* | *bot* (*Knospe*) Samenanlage *f*.
ovula|ció *f biol* Ovulation *f* | **~r¹** (33) *vi* ovulieren | **~r²** *adj* (*m/f*) Eizellen... | eiartig.
ox|alat *m quím* Oxalat *n* | **~àlic** *adj: àcid* ~ Oxalsäure *f*.
oxalidàcies *f pl* Sauerkleegewächse *n pl.*
oxhídric *adj quím* Sauerstoff-Wasserstoff... | *gas* ~ Knallgas *n*.
òxid *m* Oxyd *n*.
oxida|ble *adj* (*m/f*) *quím* oxydierbar | *tecn* rostend | **~ció** *f* Oxydierung *f* | *tecn* Rosten *n* | Rostansatz *m* | **~nt** *adj* (*m/f*) oxydierend || *s/m* Oxydationsmittel *n* | **~r** (33) *vt quím tecn* oxydieren | **~r-se** *vr quím* oxydieren, anlaufen, rosten | **~sa** *f* Oxydase *f*.
oxigen *m* Sauerstoff *m*, Oxigenium *n* | **~ació** *f* Oxydierung, Sauerstoffanreicherung *f* | **~ar** (33) *vt quím* oxydieren, mit Sauerstoff verbinden *bzw* anreichern | (*Haare*) blond färben | **~ar-se** *v/r* oxydieren, Sauerstoff annehmen | **~at** (**-ada** *f*) *adj* sauerstoffhaltig | *aigua oxigenada* Wasserstoffsuperoxyd | **~oteràpia** *f med* Sauerstofftherapie *f*.
oxi|hemoglobina *f* Oxyhämoglobin *n* | **~metria** *f* Säuremessung *f*.
oxíton *adj ling* oxyton, endbetont || *s/m* Oxytonon *n*.
oxiürs *m pl zool* Madenwürmer *m pl.*
oz|ena *f med* Nasengeschwür *n* | **~ó** *m quím* Ozon *n* | **~ocerita** *f min* Erdwachs *n*, Ozokerit *f* | **~onització** *f* Ozonisieren *n*, Umwandlung *f* in Ozon | **~onitzador** *m* Ozonisierungsapparat *m* || *adj* ozonisierend | **~onitzar** (33) *vt quím* ozonisieren | **~onitzat** (**-ada** *f*) *adj* ozonisiert | ozonhaltig | **~onòmetre** *m tecn* Ozonmeßgerät *n* | **~onometria** *f quím* Ozonmessung *f*.

P

p, P *f* p, P *n*.
pa *m* Brot *n* | ~ *anglès* (*blanc, integral, morè* od *moreno, rodó, torrat, de barra, de munició, d'ordi, de pagès, de sègol*) Kasten-(Weiß-, Vollkorn-, Schwarz-, Rund-, Toast-, Lang-, Kommiß-, Gersten-, Bauern-, Roggen-)brot *n* | ~ *del dia* od *tendre* bzw *tou* frisches Brot | ~ *dur* od *sec* trockenes Brot | ~ *de pessic* Biskuit *n* | ~ *rallat* Panier-, Semmel-mehl *n*, (Semmel)Brösel *m pl* | *per un tros de* ~ (*fig fam*) für e. Butterbrot | *condemnar alg a* ~ *i aigua* j-n auf Wasser u. Brot setzen | (*és*)*ser bo com el* (od *un tros de*) ~ herzensgut sein | *guanyar-se el* ~ (*amb la suor del seu front*) (im Schweiße s-s Angesichts) sein Brot verdienen | *no tenir un* ~ *a la post* (*fig fam*) ärmlich sein | *tenir* ~ *a l'ull* (*fig fam*) e-e Binde vor den Augen haben; e. Brett vor dem Kopf haben | *treure's el* ~ *de la boca* (*fig fam*) s. die Bissen vom Munde absparen | *vendre's com el* ~ (*fig fam*) wie warme Semmeln gehen | *qui no té* ~, *moltes se'n pensa* (*Spruch*) Not macht erfinderisch || *p ext* Klumpen *m*, Masse *f*, Stück(chen) *n* | ~ *de bresques* Honigwaben *f pl* | ~ *de cera* Jungfernwachs *n* | ~ *de figa* od *figues* (*trockene*) Feigenpaste *f* | ~ *de sucre* Zuckerhut *m* | ~ *de terra* Erdscholle *f* | ~ *d'or* (*d'argent*) Blattgold (-silber) *n* || *bot: arbre del* ~ Brot(frucht)baum *m* | ~ *de cucut* od *de borreguets* (*Val*) Waldsauerklee *u*. Hornsauerklee *m* | ~ *de porc* od *porcí* Alpenveilchen *n* («*balearicum*») | ~ *de granotes* Kl(e) Wasserlinse *f*.
pabord|e *m ecl* Propst, Vorsteher *m* | Bruderschaftsmeister *m* | **~essa** *f ecl* Pröpstin *f* | Bruderschaftsmeisterin *f* | **~ia** *f* Propstei *f*.
pàbul *m lit fig* Nahrung *f* | *donar* ~ *a u*/*c* (*fig*) e-r Sache Nahrung geben.
pac *m lit* = **pagament** | *en* ~ *de* als Belohnung für (*ac*).
paca[1] *f zool* Paka *n*.
paca[2] *f com* Ballen *m*.
pacana *f bot* Schwarznußbaum *m* | Schwarznuß *f*.
paci|ència *f* Geduld *f* | Langmut *f* | *p ext* Beharrlichkeit *f* | *perdre la* ~ die Geduld verlieren | *carregar-se* od *armar-se de* ~ s. mit Geduld wappnen | *prendre's u*/*c amb* ~ etw mit Geduld ertragen | *tenir la* ~ *d'un sant* e-e Engelsgeduld haben | **~ent** *adj* (*m*/*f*) geduldig, langmütig | *p ext* beharrlich || *s*/*m*/*f med* Patient(in *f*) *m* | **~entment** *adv* mit Geduld | geduldig.
pac|ífic *adj* friedlich, friedfertig | *l'Oceà* ~ der Stille Ozean | *s*/*m*: *el* ~ der Pazifik | **~ificació** *f* Befriedung *f* | Wiederherstellung *f* des Friedens (*de* zw) | **~ificador** *adj* friedenstiftend || *s*/*mf* Friedensstifter(in *f*) *m* | **~ificar** (33) *vt* befrieden | beruhigen, besänftigen | den Frieden wiederstellen (*els esperits* zw den Geistern) | **~ificar-se** *v*/*r* s. beruhigen | s. abkühlen (*Leidenschaft*) | s. legen (*Wind, Fieber*) | nachlassen (*Sturm, Lärm*) | **~ifisme** *m polít* Pazifismus *m* | **~ifista** *adj* (*m*/*f*) pazifistisch || *s*/*m*/*f* Pazifist(in *f*) *m*.
pacotilla *f* Ramsch(ware *f*) *m*, Ausschußware *f* | *nàut* Bei-fracht, -last *f*, Freigepäck *n* | *de* ~ (*loc adv*) minderwertig; wertlos.

pact|ar (33) *vi* paktieren, e-n Vertrag (ab-)schließen (*amb* mit) || *vt* vereinbaren, s. verständigen über (*ac*) | *van ~ la pau* sie vereinbarten den Frieden | *les coses pactades* die Abmachungen *f pl* | **~e** *m* Pakt, Vertrag *m* | Bündnis *n* | Abmachung *f*, Abkommen *n* | *fer* (*od concloure*) *un ~* e-n Vertrag (ab-)schließen | *~ de no-agressió* Nichtangriffspakt *m* | **~ejar** (33) *vi* = **pactar** | **~ista** *adj* (*m/f*) kompromißbereit.
pada *f Bal crust* (*Art*) Einsiedlerkrebs *m*.
padr|astre *m* Stiefvater *m* | *fig* Rabenvater *m* | *med* Niednagel *m* | **~í** (**-ina** *f*) *m* Taufpate, Taufpatin *f* | Brautführer(in *f*) *m* | *fig* Beschützer(in *f*), Gönner(in *f*) *m* | *fig fam: fer veure la padrina* (*j-m*) e-n gr(n) Schmerz verursachen | *tenir bons padrins* gute Gönner haben | *fam oc Bal* Groß-vater *m*, -mutter *f* | **~inatge** *m* Patenschaft *f* | Gönnerschaft *f* | **~inejar** (33) *vt* Pate stehen (*dat*) | *fig* begünstigen; fördern.
padró *m dr adm* (*Gemeinde*) Einwohnerverzeichnis *n*.
paella *f* Pfanne *f* | *gastr* Paella *f* (*typisches Reisgericht*) | *tenir la ~ pel mànec* (*fig fam*) das Heft in der Hand haben | **~da** *f* Pfanne *f* (voll) | Paellaessen *n*.
paer *m hist* Ratsherr, Stadtrat *m* | **~ia** *f* Ratsherrenschaft *f* | *col* Stadtrat *m* | (*Gebäude*) Rathaus *n*.
paf! *int* klatsch!, plumps! | paff!, baff!
pafart *adj fam* verfressen, gefräßig.
paga *f* (Be-, Aus-)Zahlung *f* | *bes* Lohn *m*; (*Beamte, Angestellte*) Gehalt *n*; *mil* Sold *m* | *com* Rate *f* | *fig* Lohn *m*; Belohnung *f* | *~ doble* doppelte(r) Lohn *m*; doppelte(s) Gehalt *n* | *la ~ de Nadal* das Weihnachtsgeld | *~ i senyal* Anzahlung *f* | *a pagues* auf Raten | (*no*) *fer*(-*se*) *~* (*od pagues*) *d'u/c* (*fig fam*) auf etw (nicht) rechnen können, s. auf etw (nicht) verlassen können.
pagà (**-ana** *f*) *adj* heidnisch || *s/mf* Heide *m*, Heidin *f*.
paga|ble *adj* (*m/f*) zahlbar | **~dor**[1] *adj* (be)zahlend || *s/mf* Zahler(in *f*) *m* | **~dor**[2] *adj* zahlbar | fällig | **~doria** *f* Zahlstelle *f* | *p ext* Kasse *f*.
pagaia *f* Pagaie *f*, Stechpaddel *n*.
pagament *m* (Be-, Aus-)Zahlung *f* | Entlohnung *f* | *el ~ d'un deute* die Bezahlung (*od* Begleichung) e-r Schuld | *~ a terminis* Ratenzahlung *f* | *dia de ~* Zahltag *m* | *fer un ~* e-e Zahlung leisten | *suspendre els ~s* die Zahlungen einstellen.
pagani|sme *m* Heidentum *n* | **~tzació** *f* Paganisierung *f* | **~tzar** (33) *vt* paganisieren | heidnisch machen | **~tzar-se** *v/r* heidnisch werden.
paga|r (33) *vt* bezahlen | (*Summe, Zinsen, Schuld, Steuern, Lohn, Prämie*) *a.* zahlen | (*Schuld, Rechnung*) *a.* begleichen | (*Lohn, Prämie*) *a.* aus(be)zahlen | (*Gelegenheitsarbeiter, Gepäckträger*) *a.* entlohnen | *~ el lloguer al propietari* dem Eigentümer die Miete (be)zahlen | *~ el sastre* den Schneider bezahlen | *~ impostos* (*duana*) *per u/c* etw versteuern (verzollen) || *fig: ~ car un error* e-n Irrtum teuer bezahlen | *~-ho amb la vida* es mit dem Leben bezahlen *od* büßen | *ja me la ~às!* das sollst du mir büßen!; das zahle ich dir heim! | *qui la fa, la paga* (*Spruch*) wer s. die Suppe eingebrockt, muß sie *a.* auslöffeln | *que Déu t'ho* (*bzw us ho*) *pagui!* vergelt's Gott! | *~ la festa* die Zeche bezahlen || *vi: ~é per endavant* ich werde im voraus (be)zahlen | *aquesta empresa paga molt bé* dieser Betrieb zahlt sehr gut | *pagant sant Pere canta* (*Spruch*) Geld öffnet alle Türen | **~r-se** *v/r: ~ molt d'u/c* gr(n) Gefallen an etw haben | **~ré** *m* (*pl* -**és**) *com* Schuldschein *m* | **~t** (**-ada** *f*) *pp/adj: ja està ~* es ist schon bezahlt | *està molt ~ d'ell mateix* er ist sehr von s. eingenommen *od* sehr selbstgefällig.
pagell *m ict* Rotbrasse *m* | **~era** *f* Rotbrassenreuse *f* | **~ida** *f* *zool* (gemeine) Schlüsselschnecke *f*.
pag|erès *m bot* Sommer-, Mai-trüffel *f* | **~erol** *adj u. s/mf fam desp* = **~ès** | **~ès** (**-esa** *f*) *m* Bauer *m*, Bäuerin, Bauern-, Bauers-frau *f* | *desp a.* Tölpel *m* | *a ~* auf dem Land; aufs Land | *de ~* Bauern...; Land...; ländlich | *casa de ~* Bauern-haus *n*, -hof *m* | *fer el ~* (*fam*) s. dumm stellen | *vinc de ~* ich bin (*od* stamme) vom Land(e) || *adj* bäuerlich | *desp* bäurisch; tölpelhaft | **~esada** *f fam desp* Tölpelei *f* | **~esalla** *f*, **~esam** *m col* Bauern *m pl* | **~esia** *f* Bauerntum *n* | *col a.* Bauernschaft *f*, Bauernvolk *n* | (Bauern)Hof *m*, Gehöft *n* | **~esejar** (33) *vi* wie e. Bauer leben *od* handeln | **~esívol**(**ament** *adv*) *adj* bäuerlich; ländlich | *desp* bäurisch.

pàgina *f gràf* Seite *f* | *fig:* una ~ gloriosa de la història de Catalunya e. Ruhmesblatt *n* in der Geschichte Kataloniens.
pagina|ció *f gràf* Paginierung *f* | **~r** (33) *vt* paginieren.
pago *m ornit* = **paó**.
pagoda *f arquit* Pagode *f*.
pagre *m ict* (Gemeiner) Sackbrasse *m*.
pagúrids *m pl zool* Einsiedlerkrebse *m pl*.
paia *f arg* Nichtzigeunerin *f* | *fam* Weib, Mensch *n*.
païble *adj* (*m/f*) verdaulich | **~da** *f* Verdauung *f* | **~dor** *m fam* Magen *m*.
pailebot *m nàut* Gaffelschoner *m*.
paio *m arg* Nichtzigeuner *m* | *fam* Kerl, Typ(e *f*) *m*.
pa|iment *m* = **païda** | Verdauen *n* | **~ir** (37) *vt* verdauen || *fig fam:* aquest llibre és de mal ~ dieses Buch ist schwer zu verdauen | *no poder* ~ *alg* j-n nicht riechen (*od* leiden, ausstehen) können.
pairal *adj* (*m/f*) Stamm... | *casa* ~ Stammhaus *n* (*e-r Familie*).
pair|ar-se (33) *v/r* s. enthalten (*de gen*); verzichten (auf *ac*) | s. entziehen (*de dat*), umg s. drücken (vor *od* von) | **~e** *m nàut:* estar al ~ beiliegen | *posar-se al* ~ beidrehen.
pa|ís *m* (*pl* -*ïsos*) Land *n* | Heimat *f* | Gegend *f*, Landstrich *m* | *els països alemanys* die deutschen Länder *od lit* Lande | *els Països Baixos* die Niederlande | *dels Països Baixos* niederländisch | *els Països Catalans* die Katalanischen Länder (*Katalonien im weiteren Sinn*) | *països en via de desenvolupament* Entwicklungsländer *n pl* | *la gent del* ~ die Einheimischen *m pl* | *productes del* ~ Landesprodukte *n pl* | *vi del* ~ Landwein *m* | **~isà** (-**ana**) *f*) *adj* heimatlich || *s/mf* Landsmann *m*, -männin *f* | Zivilist *m* | *anar* (*vestit*) *de* ~ Zivil(kleidung) tragen | **~isanatge** *m col* Zivilbevölkerung *f* | Zivilstand *m* | **~isatge** *m a. pint* Landschaft *f* | **~isatgisme** *m* Landschaftsmalerei *f* | **~isatgista** *m/f* Landschaftsmaler(in *f*) *m* | **~isatgístic** *adj* landschaftlich | Landschafts...
paixà *m* (*pl* -*às*) Pascha *m*.
pakistanès (-**esa** *f*) *adj* pakistanisch || *s/mf* Pakistani *m/f*, Pakistaner(in *f*) *m*.
pal *m* (*a. im Wappen*; *zur Folter od Hinrichtung*) Pfahl *m* | *a. esport* (*Tor*) Pfosten *m* | *p ext* Stange *f*; Stab *m* | *elect telecom* Mast *m*; (*dünner*) Stange *f* | *nàut* Mast(baum) *m* | (*Fahnen*) Mast *m*; (*a. zum Tragen*) Stange *f* | (*Gerät, Besen*) Stiel *m* | *gràf* (*Buchstabe*) Ober- *bzw* Unter-länge *f* | ~ *major* (*nàut*) Großmast *m* | *els* ~*s del telègraf* die Telegrafen-masten, -stangen *pl* | *xut al* ~ Pfostenschuß *m* | *anar dret* (*encarcarat*) *com un* ~ kerzengerade (stocksteif) gehen.
pala *f* (*a. Teil e-r Turbine, e-s Wasserrads, e-s Skis*) Schaufel *f* | (*Gerät*) *bes nordd a.* Schippe *f* | (*a.* ~ *de cavar od de fangar*) Spaten *m* | *esport* (*Tischtennis, Federball*) Schläger *m* | (*Teil e-s Spatens, e-r Axt, e-s Webstuhls, des Schuhs*) Blatt *n*; (*e-s Ruders, Paddels*) *a.* Schaufel *f*; (*e-s Propellers*) *a.* Flügel *m*; (*e-s Löffelbaggers*) Löffel *m* | (*Edelstein*) Fassung *f* | (*Mütze*) Schirm *m* | *mil* Achselklappe *f*, Schulterstück *n* | ~ *de matar mosques* Fliegenklappe *f* | ~ *de rentar* Wäschebleuel *m* | ~ *carregadora* (*tecn*) Schaufellader *m* | ~ *mecànica* (*tecn*) Löffelbagger *m* | **~da** *f* Schaufel *f* (voll) | Spaten (voll); Spatenstich *m* | *nàut* Ruderschlag *m* | (*Propeller*) Umdrehung *f* | *a palades* schaufelweise; *fig fam* in Scheffeln, scheffelweise.
palad|ar *m* Gaumen *m* | *fig a.* Geschmack(-ssinn) *m* | *tenir bon* ~ *od el* ~ *fi* e-n feinen Gaumen haben | **~eig** *m* Schmecken *n* | **~ejar** (33) *vt* kosten, schmecken | *fig a.* genießen.
paladí *m* Paladin *m*.
palafanga *f agr* Grab(e)gabel *f* | **~r** (33) *vt agr* (um)graben.
palafit *m arquit* Pfahl *m* | Pfahlbau *m*.
palafr|è *m hist* (*Pferd*) Zelter *m* | **~ener** *m hist* Reitknecht; Stallknecht *m* | ~ *major* Oberstallmeister *m*.
pala|í *m ict* Seezunge *f* | **~ïa** *f ict* Goldbutt *m*.
palanca *f fís fig* Hebel *m* | *tecn a.* Hebebaum *m*; Brech-eisen *n*, -stange *f* | (*Übergang*) Steg *m* | *esport* Sprungbrett *n*.
palangan|a *f* Waschschüssel *f* | **~er** *m* Waschtisch *m*.
palangr|e *m* Legangel *f* | **~er** *m* Legangelfischer *m* | **~ó** *m* kl(e) Legangel *f*.
palanqu|ejar (33) *vi* den Hebel (*bzw* die Brechstange) ansetzen | *fig* schwanken | **~eta** *f* Brech-eisen *n*, -stange *f* | **~í**[1], *reg* **~i** *m nàut* Gien *n*; Gei *f*.
palanquí[2] *m* (*Orient*) Palankin *m*.

palastre *m tecn* (Eisen)Blech *n* | Schwarzblech *n*.

palat|al *adj (m/f) ling med* palatal, Gaumen... || *s/f* Gaumenlaut, Palatal *m* | **~alització** *f* Palatalisierung *f* | **~alitzar** (33) *vt* palatalisieren | **~í**[1] (**-ina** *f) adj anat* Gaumen... | *os* ~ Gaumenbein *n*, -knochen *m*.

palat|í[2] (**-ina** *f) adj* Hof..., Palast... | *hist* Pfalz... | *comte* ~ Pfalzgraf, Palatin *m* || *s/m hist* Palatin *m* | **~inat** *m hist* Palatinat *n*; Pfalzgrafschaft *f* | *geog: el* ⸃ die Pfalz.

palatreca *m/f fam* Schwätzer(in *f) m*.

palau *m* Schloß *n*; (*a. öffentliches Gebäude*) Palast *m* | (*Prachtbau*) *a.* Palais *n* | ~ *reial* Königsschloß *n* | ⸃ *de Justícia* (*dels Esports*) Justiz-(Sport-)palast *m* | *revolució de* ~ Palastrevolution *f*.

paleaci (**-àcia** *f) adj bot* spelzig.

pale|ig *m* Schaufeln *n* | *agr* Worfeln *n* | *text* (Um)Rühren *n* | **~jador** *m text* Rührer *m*, Rührstange *f* | **~jar** (33) *vt* schaufeln | (*Kohle, Schnee*) *a.* schippen | *agr* worfeln | *text* (*Farblösung*) (um)rühren.

pale|obiologia *f* Paläobiologie *f* | **~obotànica** *f* Paläobotanik *f* | **~ofitologia** *f* Paläophytologie *f* | **~ògraf(a** *f) m* Paläograph(in *f) m* | **~ografia** *f* Paläographie *f* | **~ogràfic** *adj* paläographisch | **~olític** *adj* paläolithisch, altsteinzeitlich || *s/m* Paläolithikum *n*, Altsteinzeit *f* | **~ontografia** *f* Paläontographie *f* | **~ontogràfic** *adj* paläontographisch | **~ontòleg** (**-òloga** *f) m* Paläonto-loge *m*, -login *f* | **~ontologia** *f* Paläontologie *f* | **~ontològic** *adj* paläontologisch | **~ozoic** *adj* paläozoisch || *s/m* Paläozoikum, Erdaltertum *n* | **~ozoologia** *f* Paläozoologie *f*.

paler *m* Schaufler *m* | (*bes Kohlen*) *a.* Schipper *m* | **~a** *f bot* Feigenkaktus *m*.

pal|ès (**-esa** *f*, **-esament** *adv) adj lit* offen, offen-bar, -kundig, -sichtlich, klar, deutlich | **~esar(-se)** (33) *vt(/r) lit* (s.) offenbaren, (s.) zeigen | (s.) bekunden.

palest|í (**-ina** *f) adj* palästinensisch, palästinisch || *s/mf* Palästinenser(in *f) m* | **~ina** *f* Palästina *n* | **~inenc** *adj u. s/mf* = **palestí**.

palestra *f hist* Palästra *f* | *fig* Kampfplatz; *fam* Streit *m*.

palet *m* Kieselstein *m* || *pl* Geröll *n*, Kies *m*.

palet|a *m/f* kl(e) Schaufel *f* | *s: pala* | *constr* (Maurer)Kelle *f* | *pint* Palette *f* |
tecn Schaufel *f*; Blatt *n*; Flügel *m*; (*für Stapelwaren*) Palette *f* || *s/m/f constr* Maurer(in *f) m* | **~ada** *f* Schaufel *bzw* Kelle, Palette *f* (voll) | **~er** *adj ornit: ànec* ~ Löffelente *f*.

paletuvi *m* = **mangle**.

palier *m aut* Achsschenkel *m*.

pal|impsest *m* Palimpsest *n/m* | **~índrom** *m* Palindrom *n* | **~ingenèsia** *f* Palingenese, Wiedergeburt *f* | **~inòdia** *f Lit* Palinodie *f* | *cantar la* ~ (*fig*) das Gesagte widerrufen *od* zurücknehmen.

palis|sa *f* = **pallissa**[2] | **~sada** *f mil hist* Palisade(n-wand *f*, -zaun *m*) *f* | **~sandre** *m bot silv* Palisander(-baum *m*; -holz *n*) *m*.

palla *f* (*a. bri de* ~) Strohhalm *m* | *col* Stroh *n*; (*Belag auf dem Boden*) *a.* Streu *f*; (*Abfall*) Spreu *f* | Trink-, Stroh-halm *m* | (*Glas, Metall*) Fehler *m*; Riß, Sprung *m* | *fig fam* (leeres) Stroh; unnütze(s) Zeug *n* | *barret* (*foc, home, jaç*) *de* ~ Stroh-hut *m* (-feuer *n*, -mann *m*, -lager *n*) | *de color de* ~ stroh-farben, -farbig | *molta* ~ *i poc gra* (*Spruch*) viel Stroh-wenig Korn | *dormir a la* ~ im (*od* auf) Stroh (*od* auf Streu) schlafen; *fig* schlafen; k-e Augen im Kopf haben | *no pesar una* ~ federleicht sein | *separar el gra de la* ~ (*a. fig*) die Spreu vom Weizen sondern | **~da** *f* (*Futter*) Häckel *m/n*.

pal·ladi *m quím* Palladium *n*.

pall|anga *m/f reg* lange Latte *f* | **~ar** (33) *vt* mit Stroh bedecken | (*Tiere*) mit Häckel füttern | **~ard(a** *f) m reg* strammer Bursche *m*, strammes Mädchen *n* | **~assa** *f* Clownin *f* | **~assada** *f* Clownerie *f* | Kasperei *f*; Hanswursterei, -wurstiade *f* | *fer pallassades* Possen treiben | **~asso** *m* Clown *m* | *fig a.* Kasper; *desp* Hanswurst *m* | *fer el* ~ herum-kaspern, -albern | **~at** *m* Streu *f* | Strohlager *n* | **~er** *m agr* (Stroh)Schober *m* | (*überdacht*) *a.* Scheune *f* | **~era** *f agr* (kastenförmiger Stroh)Schober *m* | (*überdacht*) *a.* Scheune *f* | Strohgabel *f* | **~eró** *m agr* (Stroh)Feime(n *m*), Miete *f* | **~et** *m* Strohmatte *f* | *nàut* Seesack *m*; (*im Laderaum*) Kammer *f* | **~eta** *f* Strohhälmchen *n* | Trink-, Stroh-halm *m* | Goldkörnchen *n* | *jugar-se* (*od fer-se*) *u/c a palletes* etw mit Hälmchen auslosen | **~eter(a** *f) m* Strohhändler(in *f) m*.

pal·li *m hist ecl anat* Pallium *n* | *ecl* Bal-

dachin, Traghimmel *m.*
pàl·lia *f ecl* Kelchdeckel *m.*
pal·lia|ció *f* Milderung *f* | Linderung *f* | Beschönigung *f* | **~r** (33) *vt* mildern | *a. med* lindern | (*Fehler*) beschönigen | **~tiu** (**-iva** *f*) *adj* mildern | lindernd, Linderungs...; *med a.* palliativ | beschönigend || *s/m med* Palliativ(um), Linderungsmittel *n.*
pàl·lid(**ament** *adv*) *adj* blaß, bleich, fahl | *fig a.* farblos | glanzlos, matt | verblaßt.
pal·lidesa *f* Blässe, Bleiche *f* | fahle Farbe *f.*
pallissa[1] *f agr* Scheune, *südd* Scheuer *f.*
pallissa[2] *f fam* Tracht *f* Prügel | *fig fam* Schlappe, *esport* Packung *f.*
pall|ó *m agr* Maisstroh *n* | **~ol** *m hist* Getreidespeicher *m* | *nàut* (*im Laderaum*) Kammer *f* | **~ola** *f* (*breiter*) Strohhut, Gärtnerhut *m* | **~ós** (**-osa** *f*) *adj* Stroh... strohig | *bot =* **paleaci** | (*Glas, Metall*) fehlerhaft; rissig, brüchig | **~ot** *m agr* Spreu *f* | **~ús** (**-ussa** *f*) *adj fam* strohdumm || *s/mf fam* Strohkopf *m* || *s/m agr* Spreu *f.*
palm|a *f anat =* **~ell** | *bot* Palme *f* | Palm(en)-blatt *n*, -wedel *m* | *catol* Palm(zweig) *m* | *fig* (Sieges)Palme *f* | *endur-se'n* (od *emportar-se'n*) *la ~* (*fig*) die (Sieges)Palme erringen; *fam* alle übertreffen | **~ar** *adj anat* Handteller..., Handflächen... | **~arès** *m bes esport* Siegerliste *f* | Erfolgsbilanz *f* | **~ari** (**-ària** *f*, **-àriament** *adv*) *adj lit* handgreiflich, offen-bar, -kundig, -sichtlich |. **~at** (**-ada** *f*) *adj bot* handförmig | handnervig | **~ell** *m* Hand-teller *m*, -fläche *f* | *tenir u/c al ~* (*de la mà*) etw in der hohlen (*od* flachen) Hand halten | **~ellada** *f* Schlag *m* mit der hohlen Hand | **~er** *m =* **palmera**.
pàlmer *m indús* Mikrometer *n.*
palm|era *f bot* Palme *f* | *~ datilera* od *de dàtils* (*nana, d'oli, de sagú, de vori*) Dattel-(Zwerg-, Öl-, Sago-, Elfenbein-) palme *f* | **~erar** *m* Palmenhain *m* | **~esà** (**-ana** *f*) *adj* palmesanisch, aus Palma (de Mallorca) || *s/mf* Palmesaner(in *f*) *m* | **~eta** *f estud* (Züchtigungsmittel) Stock *m* | *arquit* Palmette *f* | **~etada** *f estud* Schlag *m* mit dem Stock, *reg* Tatze *f* | **~etejador** *m gràf* Klopfholz *n* | **~etejar** (33) *vt gràf* (*die Form*) klopfen, ebnen | **~iforme** *adj* (*m/f*) *arquit* palmenförmig | **~ípede**

adj (*m/f*) *ornit* schwimmfüßig || *s/m* Schwimmvogel *m pl* | **~itat** *m quím* Palmitat *n* | **~ític** *adj: àcid ~* Palmitinsäure *f* | **~itina** *f quím* Palmitin *n* | **~ó** *m catol* Palm(zweig) *m.*
paló *m* kl(e) Schaufel *f.*
paloma *f nàut* Kabeltau *n* | *bot* Riesenschirmling, Parasolpilz *m* | *entom reg* Schmetterling *m.*
palomida *f ict* Stachelmakrele *f* | *~ xica* Bläuel *m*, Gabelmakrele *f.*
palonnier *m aeron* Steuerhebel *m.*
palp *m =* **~ada** | (*Tastsinn*) Gefühl *n* | *zool* Palpus, Taster *m* | *no tinc ~ a les mans* ich habe k. Gefühl in den Händen | **~able**(**ment** *adv*) *adj* (*m/f*) fühlbar; greifbar | *med a.* tastbar, palpabel | *fig a.* handgreiflich | **~ació** *f med* Abtasten *n*, Palpation *f* | **~ada** *f* (tastende) Berührung *f* | **~ador** *m tecn* Taster, (Meß)Fühler *m* | **~ament** *m* Be-, Ab-tasten *n* | **~ar** (33) *vt* betasten, befühlen | abtasten, *med a.* palpieren | *fig* mit den Händen greifen.
palpebr|a *f anat* Augenlid *n* | **~itis** *f med* Augenlidentzündung *f.*
palp|eig *m* Betasten *n* | **~ejar** (33) *vt* betasten | *fam* befummeln | **~entes**: *a les ~* (*loc adv*) tastend | *anar a les ~* (herum)tasten; *fig* im dunkeln tappen | *avançar a les ~* s. vortasten | *cercar la clau a les ~* nach dem Schlüssel tasten | **~inyar** (33) *vt fam* befummeln.
palpís *m* (*pl -issos*) fleischige(r) Teil *m* | *gastr* Stück *n* Fleisch ohne Knochen | *~ del dit* Fingerkuppe *f* | *tenir bons palpissos* (*fam*) gut gepolstert sein.
palpita|ció *f* Zucken *n* | *med mst pl* Herzklopfen *n*, Palpitation(en *pl*) *f* | **~nt** *adj* (*m/f*) zuckend | (*Herz*) klopfend | *fig* ergreifend, fesselnd | *una qüestió ~* e-e brennende Frage | **~r** (33) *vi* zucken | klopfen, schlagen, pochen (*Herz*) | *med* palpitieren.
palplantat (**-ada** *f*) *adj: estar* (*restar* od *quedar-se*) *~* wie angenagelt stehen (stehenbleiben).
palpo|ns: *a ~* (*loc adv*) tastend | *s: palpentes* | **~tejar** (33) *vi* (herum)tasten.
paltejar (33) *vi =* **fatxejar**.
paltó *m* Paletot *m.*
paltrigar (33) *vt* zertreten, zertrampeln.
pal|údic *adj bes med* Sumpf... | *febres palúdiques* Sumpffieber *n* | **~udisme** *m med* Malaria *f*, Sumpffieber *n* | **~udós** (**-osa** *f*) *adj* sumpfig | **~ustre**

adj (m/f) Sumpf...
pam[1], *ant* **palm** *m (Maß)* Spanne *f* | *un ~ d'ample (de llarg)* e-e Spanne breit (lang) || *fig fam: un ~ de terra (cel)* e. Stückchen *n* Land (Himmel) | *~ a ~* Schritt für Schritt; Stück für Stück | *anem a ~s!* (immer) eins nach dem andern! | *arribar amb un ~ de llengua (fora)* mit (heraus)hängender Zunge ankommen | *estar amb un ~ d'orelles* die Ohren aufsperren | *fer ~ i pipa a alg* j-m e-e lange Nase machen | *no hi ha un ~ de net* hier ist alles faul; es ist alles fauler Zauber | *obrir un ~ d'ulls* die Augen aufsperren | *no ve d'un ~* es kommt nicht so drauf an.
pam![2] *int onomat* bums! | pardauz! | plauz! | *fer ~~ (infan)* hauen, schlagen | *s: pim-pam*.
pamela *f (Hut)* Florentiner *m*.
pàmfil *adj fig fam* lahm, *pop* lahmarschig || *s/mf* lahme Ente *f, pop* Lahmarsch *m*.
pamflet *m* Pamphlet *n*, Schmähschrift *f* | **~ista** *m/f* Pamphletist(in *f*) *m*.
pamfont *m ict* Nadelfisch *m* | *s: pixota*.
pampa[1] *f bot* Wein- (*bzw* Feigen-, Platanen-)blatt *n*.
pampa[2] *f geog* Pampa *f*.
pampa[3] *f bot* Riesentrichterling *m*.
pampallugue|ig *m* Flimmern *n* | Geflakker *n* | **~jar** (33) *vi* flimmern | flakkern | **~s** *f pl* Flimmern *n* | Flackern *n* | *els ulls em fan ~* es flimmert mir vor den Augen.
pampana *m* Dummkopf, Narr *m*.
pàmpol *m bot* Weinblatt *n* | *elect* Lampenschirm *m* | *ict* Wrackbarsch *m* | *fig fam* Ohrmuschel *f*; gr(s) Ohr *n*.
pampol|ada *f*, **~am**, **~atge** *m col* Weinlaub *n* | **~ós (osa)** *adj (Reben)* reich belaubt.
pàmula *f bot* zweizeilige Gerste *f*.
Pan *m* mit Pan *m* | *flauta de ~* Panflöte *f*.
pana[1] *f tèxt* Kordsamt *m*.
pana[2] *f* Panne *f* | *~ del motor* Motorschaden *m* | *tenir ~* e-e Panne haben.
panacea *f* Allheil-, Wunder-mittel *n*, *lit* Panazee *f*.
panada *f agr* verregnete Ernte *f* | *gastr* Teigtasche; Pastete *f*.
panadís *m (pl -issos) med* Panaritium *n*.
panadó *m gastr* Teigtasche mit Gemüsefüllung; Gemüsepastete *f*.
panafricà (-ana) *adj* panafrikanisch.

panam|à *m (pl -às) tèxt* Panama *m* | Panama(hut) *m* | **~à** *m* Panama *n* | **~eny** *adj* panamaisch || *s/mf* Panamaer(in *f*) *m*.
pan|americà (-ana) *f) adj* panamerikanisch | **~àrab** *adj (m/f)* panarabisch.
panarr|a *m/f fam* Brotesser(in *f*) *m* | **~ejar** (33) *vi* viel Brot essen.
pancarta *f* Spruchband, Transparent *n*.
pancraci *m hist esport* Pankration *n*.
pancre|àtic *adj* Pankreas... | **~atina** *f* Pankreatin *n* | **~atitis** *med* Pankreatitis, Bauchspeicheldrüsenentzündung *f*.
pàncrees *m anat* Bauchspeicheldrüse *f*, *med* Pankreas *n*.
pancromàtic *adj fotog* panchromatisch.
pandanàcies *f pl bot* Schraubenbaumgewächse *n pl*.
pandectes *f pl dr hist* Pandekten *f pl*.
pandèmi|a *f med* Pandemie, Volksseuche *f* | **~c** *adj* pandemisch.
pander|eta *f mús* Tamburin *n* | **~o** *m mús* gr(s) Tamburin *n* | *fig fam* Hintern *m*.
paneg|íric *m Lit ecl* Panegyri-kos, -kus *m* | Lobrede *f* | **~irista** *m/f* Panegyriker(in *f*) *m* | Lobredner(in *f*) *m* | **~iritzar** (33) *vt* rühmen, preisen.
pane|llet *m gastr* Marzipankonfekt *n* | **~r** *m* Korb *m* | **~ra** *f* Korb *m* | *bes* Brotkorb *m* | *(bes zu Weihnachten)* Geschenkkorb *m* | **~rada** *f* Korb *m* (voll) | **~rer(a** *f) m* Korb-flechter(in *f*), -macher(in *f*) *m* | **~rola** *f* Kellerassel *f* | **~t** *m gastr* Brötchen *n*, Semmel *f* | *~ de Viena* Milchbrötchen *n*.
pangermanisme *m* Pangermanismus *m*.
pangolí *m zool* Schuppentier *n*, Pangolin *m*.
pànic *adj* Pan... | panisch || *s/m* Panik *f*.
panical *m bot* Feldmannstreu *m*, Brachdistel *f* | *~ alpí* Alpenmannstreu *m* | *~ blau* Südeuropäische Kugeldistel *f* | *~ marí* Stranddistel *f*, Seemannstreu *m*.
pan|ícula *f bot* Rispe *f* | **~iculat (-ada** *f) adj* rispenförmig.
panifica|ble *adj (m/f)* zur Brotbereitung geeignet | *cereals* **~s** Brotgetreide *n* | **~ció** *f* Brotbereitung *f* | **~dora** *f* Brotfabrik *f* | **~r** (33) *vt* zu Brot verbacken.
panigroc *m bot* Bertram *m* («Anacyclum clavatus»).
panís *m (pl -issos) bot* Kolbenhirse *f* | (a. *~ de l'Índia*) Mais *m* | *fig fam* Moneten, Geld *n*.

panislamisme *m* Panislamismus *m*.
paniss|ar *m agr* Kolbenhirse- (*bzw* Mais-)feld *n* | **~ola** *f bot* (Gemeine) Hühnerhirse *f* | Borsthirse *f*.
panistr|a *f oc* = **panera** | **~e** *m oc* = **paner, cove**.
pann|a *f* Platte *f* | *nàut* Planke *f* | (*Fischerei*) Korkboje *f* | **~** *de suro* Korkplatte *f* | **~** *de glaç* Eisscholle *f* | **~ell** *m tecn arquit* Platte, Tafel *f* | (*Statistik*) Panel *n* | **~** *radiant* Heizplatte *f* | **~** *solar* Sonnenkollektor *m* | **~icle** *m med* Unterhautfettgewebe *n*.
panolla *f* = **panotxa**.
pan|òplia *f hist* (vollständige) Rüstung *f* | (*an der Wand*) Waffensammlung *f* | **~òptic** *adj arquit* panoptisch | **~orama** *m a. art* Panorama *n* | Rundblick *m* | *fig* Überblick *m* || *fig fam*: *com està el ~?* wie sieht die Lage (*od* Sache) aus? | *quin ~!* das sind ja schöne Aussichten! | **~oràmic** *adj* Panorama... | *una vista ~a de les muntanyes* e. Blick auf das Bergpanorama | *una visió ~a de la guerra* e. umfassender Überblick über den Krieg.
panotxa *f bot* (Mais)Kolben *m* | (Kakao)Bohne *f* | = **panícula**.
pans|a *f* Rosine *f* | *med fam* (Lippen)Bläschen *n* | **~iment** *m* Verblühen, Verwelken *n* | Welkheit *f* | **~ir** (37) *vt* (*Pflanzen, Obst*) dörren, dürr machen, verdorren lassen | **~ir-se** *v/r* verdorren | *a. fig* (ver)welken | **~it** (-ida *f*) *adj* verdorrt, dürr | *a. fig* welk; verwelkt | *fig* düster, bedrückt, niedergeschlagen.
panslavisme *m* Panslawismus *m*.
pantà *m* Sumpf *m* | Stausee *m*.
pantagruèlic *adj lit: un àpat ~* e. überreichliches Mahl.
pantalla *f* (*gegen Strahlen*) Schirm *m* | *fis a.* (*Schutzvorrichtung*) Abschirmung *f* | (Lampen)Schirm *m* | (Ofen-)Schirm *m* | *cin* Leinwand *f* | *tv* (Bild-)Schirm *m* | *la ~ petita* das Fernsehen | *~ panoràmica* (*cin*) Breitwand *f* | *~ de radar* Radarschirm *m* | *una estrella de la ~* e. Filmstar *m* | *dur* (*od* *portar*) *a la ~* verfilmen, auf die Leinwand bringen.
pantalon *m mst pl* Hose(n *pl*) *f* | *~s curts* kurze Hose(n *pl*) *f*, Shorts *pl* | *~s texans od vaquers* Bluejeans, Blue jeans, Jeans *pl* | *portar ~s* Hosen (*od* e-e Hose) anhaben *od* tragen | *portar els ~s* (*fig fam*) die Hosen anhaben | **~er(a)** *f m* Hosenschneider(in *f*) *m*.
pantanós (-osa *f*) *adj* sumpfig | Sumpf...
pante|isme *m* Pantheismus *m* | **~ista** *adj* (*m/f*) pantheistisch || *s/m/f* Pantheist(in *f*) *m* | **~ístic** *adj* pantheistisch.
panteix *m* Keuchen *n* | Röcheln *n* | **~ar** (33) *vi* keuchen | röcheln.
panteó *m arquit hist* Pantheon *n* | *p ext* Familiengrab *n*.
pantera *f zool* Panther, Leopard *m* | *~ negra* Schwarzer Panther *m*.
pant|ògraf *m tecn* Pantograph, Storchschnabel *m* | **~ografia** *f* Pantographie *f* | **~ogràfic** *adj* pantographisch | **~òmetre** *m geom* Pantometer *n*, Winkelmesser *m*.
pantom|im *m* (*Künstler*) Pantomime *m* | **~ima** *f* Pantomime *f* | *a. fig* Pantomimik *f* | **~ímic** *adj* pantomimisch.
panx|a *f* Bauch, *umg a.* Wanst, *reg* Pansen, Panzen *m* | *fig* (*Krug, Flasche, Schiff*) Bauch *m* | *mal de ~* Bauchweh *n* | *de ~ enlaire* auf dem Rücken | *estar de ~ enlaire* (*fig fam*) auf der faulen Haut liegen | *fer ~* e-n Bauch haben (*Mensch*); bauchig sein (*Gefäß*); *s.* wölben, *s.* bauchen (*Wand*); *s.* blähen, schwellen (*Segel*) | *gratar-se la ~* (*fig fam*) Daumen (*od* Däumchen) drehen | *omplir la ~* (*s.* satt) essen; *s.* (*dat*) den Bauch vollschlagen | *posar* (*od criar*) *~* e-n Bauch ansetzen *od* bekommen, kriegen | *posar-se de ~ al sol* (*fig fam*) *s.* auf die faule Haut legen | *tenir* (*molta*) *~* e-n (dicken) Bauch haben | *tenir la ~ buida* e-n leeren Bauch haben | *la ~ buida no escolta músiques* (*Spruch*) e. hungriger Bauch hat k-e Ohren | **~abuit** (-uida *f*) *adj* mit leerem Bauch | **~acontent** *adj, a.* **~acontenta** *adj* (*m/f*) *fam* bequem, sorglos, unbekümmert || *s/mf od s/m/f* lahme Ente *f*; Leichtfuß *m* | **~ada** *f* Stoß *m* mit dem Bauch | Bauchklatscher *m* | = **~ó** | **~arrut** (-uda *f*) *adj* dickbäuchig | **~ell** *m* Wade *f* | **~ó** *m: fer-se un ~ de mongetes s.* (*dat*) den Bauch mit Bohnen vollschlagen | *fig: fer-se un ~ de riure s.* (*dat*) vor Lachen den Bauch halten, platzen vor Lachen | **~ut** (-uda *f*) *adj* dickbäuchig | (*Gefäß*) bauchig.
pany *m* (*Fläche*) Stück *n*, Teil *m* | (*Tür, Behälter, Feuerwaffe*) Schloß *n* | (*Frack, Hemd*) Schoß *m* | *~ de caixa* (*cop*,

seguretat) Kasten-(Schnapp-, Sicherheits-)schloß *n* | *tancar la porta amb ~ i clau* die Tür zuschließen | *tenir els diners guardats amb ~ i clau* das Geld unter (*od* hinter) Verschluß halten.
pa|ó *m* Pfau *m* | **~ona** *f* Pfauhenne *f*.
paorós (**-osa** *f*) *adj lit* fürchterlich, furchtbar, entsetzlich.
pap *m ornit* Kropf *m* | *fam* Wampe *f*, Bauch, Magen *m* | *Val* = **papada** | *omplir el ~* (s. satt) essen; s. (*dat*) die Wampe vollhauen | *tenir el ~ buit* e-n leeren Bauch haben || *fig fam: buidar el ~* auspacken, s. (*dat*) Luft machen | *quedar-se u/c al ~* etw für s. behalten | *tenir-ne el ~ ple* die Nase davon (gestrichen) voll haben.
papa[1] *m infan* Vati, Papa *m* | *ecl* Papst *m*.
papa[2] *f* Raupe *f* | Käfer *m*.
papà *m infan* Papa *m*.
papa|benet *m* kl(s) Aniskonfekt *n* | **~ble** *adj* zum Papst wählbar.
papada *f* Doppelkinn *n* | *zool* Wamme *f*.
papaga|i, *reg* **~ll** *m ornit* Papagei *m*.
papai|a *f* Papaya *f* | **~er** *m bot* Melonen-, Papaya-baum *m*.
papal *adj* (*m/f*) päpstlich | Papst...
papall|ó *m entom* Schmetterling *m* | **~ona** *f entom* Schmetterling *m* | *esport* Butterfly(stil), Schmetterling(s-stil) *m* | *tecn* Flügelschraube *f* | *~ de nit* Nachtfalter *m* | *~ reina* Schwalbenschwanz *m* | **~oneig** *m a. fig* Geflatter *n* | **~onejar** (33) *vi* (herum-)flattern | *fig* flatterhaft sein.
papa|mosques *m ornit* Fliegen-, Grauschnäpper *m* | **~orelles** *m entom* Ohrwurm *m* | **~r** (33) *vt fam* hinunter-, ver-schlingen || = **clissar**.
paparotes *f pl bot* Klatschmohn *m*.
paparra *f zool* Zecke *f* | *fig fam* Klette *f*.
papat *m ecl* Papsttum *n*.
papa|terra *f* Regenwurm *m* | **~u** *m* = **papu**.
papaver|àcies *f pl bot* Mohngewächse *n pl* | **~ina** *f quím* Papaverin *n*.
paper *m* Papier *n* | Stück *n* Papier | (*a. ~ d'empaperar od pintat*) Tapete *f* | *a. cin teat psic* Rolle *f* | *~ d'alumini* Aluminiumfolie *f* | *~ assecant* Löschpapier *n* | *~ de barba* unbeschnittenes (Bütten-, Zeichen-)Papier *n* | *~ bíblia* Dünndruck-, Bibel-papier *n* | *~ de calcar* Pauspapier *n* | *~ carbó* Kohlepapier *n* | *~ de cartes* Briefpapier *n* | *~ ceba* Durchschlagpapier *n* | *~ couché* Kunstdruckpapier *n* | *~ de diari* Zeitungspapier *n* | *~ d'estany* Stanniol(-folie *f*, -papier) *n* | *~ d'estrassa* (grobes) Packpapier *n* | *~ d'embalar* od *d'embalatge* Packpapier *n* | *~ encolat* geleimtes Papier *n* | *~ engomat* gummiertes Papier *n* | *~ d'escriure* Schreibpapier *n* | *~ de fil* Leinenpapier *n* | *~ de filtre* Filterpapier *n* | *~ de fumar* Zigarettenpapier *n* | *~ higiènic* od *de wàter* Toilettenpapier *n* | *~ d'impremta* Druckpapier *n* | *~ indicador* Indikatorpapier *n* | *~ llis* glattes Papier *n* | *~ moneda* Papiergeld *n* | *~ negociable* Wertpapier *n* | *~ de plata* Silberpapier *n* | *~ quadriculat* kariertes Papier *n* | *~ ratllat* lini(i)ertes Papier *n* | *~ de seda* Seidenpapier | *~ de solfa* Notenpapier *n* | *~ timbrat* Stempelpapier *n* | *~ de vidre* Sandpapier, Schmirgelpapier *n* | *el ~ de Manelic* die Rolle des Manelic | *el ~ de la dona en la societat actual* die Rolle der Frau in der heutigen Gesellschaft | *un full de ~* e. Blatt *n* (*od* Bogen *m*) Papier | *un tros de ~* e. Stück *n* Papier | *un vestit de ~* e. papier(e)nes Kleid, e. Kleid aus Papier | *fàbrica* (*mocador, tovalló*) *de ~* Papier-fabrik *f* (-taschentuch *n*, -serviette *f*) | *sobre el ~* (*fig*) auf dem Papier | *embrutar ~* (*fig*) Papier beschmieren | (*és*)*ser ~ mullat* (*fig*) nur e. Fetzen Papier sein; nur auf dem Papier stehen | *fer* (od *interpretar*) *el ~ de Julieta* die Rolle der Julia spielen | *fer* (*un*) *bon* (*mal*) *~* (*fig*) s-e Rolle gut (schlecht) spielen; gut (schlecht) abschneiden; e-n guten (schlechten) Eindruck machen | *fer bon* (*mal*) *~ a alg* (un)freundlich zu j-m sein | *fer un ~ ridícul* (*fig*) s. lächerlich machen | *tenir un ~* (*important, decisiu*) *en u/c* e-e (wichtige, entscheidende) Rolle bei etw spielen || *pl* (*Dokumente*) Papiere *n pl* | *arranjar* (od *arreglar*) *els ~s* s-e Papiere in Ordnung bringen | *tenir els ~s en regla* s-e Papiere in Ordnung haben | **~ada** *f* Wust *m* von Papieren | Papierkram *m* | **~aire** *m/f* Papier-fabrikant(in *f*) *bzw* -händler(in *f*) *m* | **~am** *m* = **~ada** | **~assa** *f* Papierkram *m* | **~er** *adj* Papier... || *s/m/f* **~aire** | **~era** *f* Papierkorb *m* | **~eria** *f* Papierindustrie *f* | Papierwaren *f pl* | Papierfabrik *f* | Papier-geschäft *n*,

papessa -(waren)handlund *f*; Schreibwaren-geschäft *n*, -handlung *f* | **~eta** *f* Zettel *m* | Schein *m* | ~ *d'empenyorament* Pfand-schein, -zettel *m* | ~ *de vot* Stimmzettel *m* | **~ets** *m pl* Konfetti *n* | **~ina** *f* Papiertüte *f* | *fig fam* Rausch *m* | **~ot** *m* Papierfetzen *m* | (*Schriftstück*) Wisch *m* | *fer el ~* (*fig fam*) s. verstellen, Theater spielen.
papessa *f* Päpstin *f*.
papili|ó *m entom* Schwalbenschwanz *m* | **~onàcies** *f pl bot* Schmetterlingsblütler *m pl*.
papil·l|a *f anat* Papille *f*, Wärzchen *n* | *bot* Weichwarze *f* | **~ar** *adj* (*m/f*) *anat* papillar, warzen-artig-, -förmig | **~oma** *m med* Papillom *n*.
papil·lota *f* Papillote *f*.
papir *m* Papyrus *m* | *bot a*. Papyrusstaude *f* | *gràf a*. Papyrus-handschrift, -rolle *f* | **~òleg** (**-òloga** *f*) *m* Papyrologe *m*, Papyrologin *f* | **~ologia** *f* Papyrologie, Papyruskunde *f*.
papisme *m desp* Papismus *m*.
papissot *adj* lispelnd || *adv: parlar ~* lispeln || *s/m/f* Lispler(in *f*) *m* | **~eig** *m* Lispeln *n* | **~ejar** (33) *vi* lispeln.
papista *adj* (*m/f*) *desp* papistisch, päpstlich | (*és*)*ser més ~ que el papa* päpstlicher sein als der Papst || *s/m/f* Papist(in *f*) *m*.
pap-roig *m ornit* Rotkehlchen *m* | *s: pitroig*.
papu *m infan* Butzemann, Schwarze(r) Mann *m*.
papú (*pl -ús*) *adj* (*m/f*) papuanisch | Papua... || *s/m/f* Papua *m/f* || *s/m ling* Papuasprache *f*.
pàpula *f med* Papel, Papula *f*.
paque|bot *m nàut* Paketboot *n* | *p ext* Passagierdampfer *m* | **~t** *m* Packen; (*kleiner*) Pack *m*; Päckchen *n*; *com* Packung *f* | *a. corr econ fís polít* Paket *n*, *corr a.* (*kleiner*) Päckchen *n* | *gràf* Paketsatz *m* | *nàut* Paketboot *n* | *un ~ d'accions* e. Aktienpaket, e. Paket *n* Aktien | *un ~ de cigarrets* e-e Schachtel (*od* Packung *od* e. Päckchen) Zigaretten | *un ~ postal* e. Postpaket *n* | *fig: fer el ~* (*fig fam*) s-n Schnitt machen | **~taire** *m/f* Packer(in *f*) *m* | *p ext fam* Schmuggler(in *f*) *m* | **~teria** *f* Packerei; *corr* Paketannahme *f* | Kurzwaren *f pl*; Kurzwaren-handlung *f*; -geschäft *n*.
paqui|dèrmia *f med* Pachydermie, angeborene Hautverdickung *f* | **~dèrmic** *adj* dickhäutig | **~derms** *m pl zool* Dickhäuter, Pachydermen *m pl* | **~meningitis** *f med* Pachymeningitis *f*.
par[1] *m* (*französischer Titel*) Pair *m* | (*britischer Titel*) Peer *m*.
par[2] *adj* (*m/f*) *u. s/m ant =* **parell** || *s/m* (*Golf*) Par *n* || *s/f econ* Nennwert *m* | *a* (*sobre, sota*) *la ~* zu *od* al (über, unter) pari, zum (über dem, unter dem) Nennwert.
par|àbola *f a. mat* Parabel *f* | *Lit a.* Gleichnis *n* | **~abòlic(ament** *adv*) *adj* parabolisch | gleichnishaft | *antena ~a* Parabolantenne *f* | *mirall ~* Parabolspiegel *m* | **~aboloïdal** *adj* (*m/f*) Paraboloid... | **~aboloide** *m mat* Paraboloid *n*.
para|brisa *m aut* Windschutzscheibe *f* | **~caiguda** *m aeron* Fallschirm *m* | *tecn* Fangvorrichtung *f* | **~caigudisme** *m* Fallschirmspringen *n* | **~caigudista** *m/f* Fallschirmspringer(in *f*) *m* | *mil a.* Fallschirmjäger(in *f*) *m*.
para|caseïna *f quím* Parakasein *n* | **~central** *adj* (*m/f*) *geom* parazentrisch | **~cinèsia** *f med* Parakinese *f*.
Par|àclit, **~aclet** *m ecl: el ~* der Paraklet *m*.
parada *f* (An)Halten *n*; Halt *m* | Stoppen *n*; Stopp *m* | Stillstand *m* | Aufenthalt *m* | Station *f*; (*Zug, Bus*) Haltestelle *f* | *com* (*Markt, Messe*) Stand *m* | *esport mil* Parade *f* | ~ *discrecional* Bedarfshaltestelle *f* | ~ *de taxis* Taxistand *m* | ~ *nupcial* (*zool*) Balz *f* | *el tren hi fa una ~ de deu minuts* der Zug hat dort zehn Minuten Aufenthalt | *hem fet tres parades* wir haben dreimal haltgemacht | *fer ~ d'u/c* (*fig*) mit etw paradieren.
paradella *f =* **romàs**.
paradigm|a *m bes ling* Paradigma *n* | **~àtic** *adj* paradigmatisch.
parad|ís *m* (*pl -issos*) *a. fig* Paradies *n* | *un ~ fiscal* e. Steuerparadies *n* | *un ~ per als pescadors* e. Paradies *n* für Angler | *arbre del ~* (*bot*) Schmalblättrige Ölweide *f* | **~isíac** *adj* paradiesisch.
parador *m* Verbleib *m* | *arc* Herberge *f*, Gasthaus *n* | *ferroc* kl(e) Haltestelle *f*.
paradox|a *f* Paradox(on) *n* | **~al** *adj* (*m/f*) paradox, widersinnig | **~alment** *adv* paradox(erweise) | **~isme** *m* Paradoxie *f*.
parafang *m aut* Kotflügel *m* | (*Rad*) Schutzblech *n*.

para|fàsia f med Paraphasie f | **~fernal** adj (m/f) dr: béns **~s** Paraphernalgüter, Sondergüter n pl der Ehefrau | **~fimosi** f med Paraphimose f.
parafina f quím Paraffin n | **~r** (33) vt paraffinieren.
par|afrasejar (33) vt umschreiben, ling Lit paraphrasieren | **~àfrasi** f Umschreibung, Paraphrase f | **~afràstic(ament** adv) adj umschreibend, paraphrasierend.
parafum m Rauchfang m.
paràgraf m Absatz, Abschnitt m | bes dr Paragraph m.
Paraguai m geog: el ~ Paraguay n | **~à** (-ana f) adj paraguayisch || s/mf Paraguayer(in f) m.
paraig|ua m Regenschirm m | **~üer(a** f) m Schirm-händler(in f), -macher(in f) m || s/m Schirmständer m | **~üeria** f Schirmwerkstätte f | Schirmgeschäft n.
paraire m hist Wollrauher m.
para|làlia f med Paralalie f | **~lipsi** f ret Paralipse f.
par|àlisi f Lähmung, med a. Paralyse f | ~ infantil Kinderlähmung f | **~alític** adj gelähmt, paralytisch | s/mf Gelähmte(r m) m/f, Paralytiker(in f) m | **~alització** f Lähmung f | Lahmlegung f | **~alitzar** (33) vt lähmen, paralysieren | fig a. lahmlegen | **~alitzar-se** v/r fig stehenbleiben | stocken.
paral·l|àctic adj parallaktisch.
parallamps m Blitzableiter m.
paral·laxi f astr òpt fotog Parallaxe f.
paral·lel|(ament adv) adj a. fig parallel (a zu; amb mit) | Parallel... | s/m fig Parallele f | astr geog Parallel-, Breitenkreis; Breitengrad m || s/f geom Parallele f || s/f pl esport (Turn)Barren m | **~epípede** m geom Parallelepiped(on), Parallelflach m | **~isme** m bes geom Parallelität f | bes ling Lit Parallelismus m | **~ogram** m geom Parallelogramm n.
paralogisme m filos Paralogismus m.
paramà m bot Klatschmohn m.
paramagnètic adj paramagnetisch.
parament m Schmuck m | Ausstattung f | ~ de casa Wohnungseinrichtung f; Hausrat m | ~ de cuina Küchengerät n | ~ de taula Tischgedeck n | ~s d'altar (ecl) Paramente n pl.
par|àmetre m Parameter m | **~amètric** adj parametrisch.
para|militar adj paramilitärisch, militärähnlich | **~mitjal** m nàut Kielschwein n | **~mnèsia** f med Paramnesie f | **~morfisme** m min Paramorphose f.
parang|ó m Vergleich m | **~ona** f gràf Drucktype (20 Punkte groß) f | **~onar** (33) vt vergleichen | gràf gleichsetzen.
paranimf m estud Auditorium maximum n.
paranoi|a f med Paranoia f | **~c** adj med paranoisch || s/mf Paranoiker(in f) m | **~de** adj (m/f) med paranoid.
parany m a. fig Falle f | caure en un ~ in e-e Falle hinein-geraten, -gehen | posar (od parar) un ~ a alg j-m e-e Falle stellen; j-m e-e Schlinge legen | **~er** m caç Schlingenleger m | Fallensteller m.
parapet m mil Brustwehr f, Schutzwall m | constr Brüstung f | **~ar(-se)** (33) vt(/r) (s.) verschanzen | fig (s.) schützen.
para|plegia f med Querschnittlähmung f | **~plègic** adj Querschnittlähmungs... || s/mf Querschnittgelähmte(r m) m/f | **~psicologia** f Parapsychologie f | **~psicològic** adj parapsychologisch.
parar (33) vt anhalten; (polizeilich) a. stoppen; (Ball) halten, stoppen, abwehren, (glänzend) parieren; (Hieb, Stoß) auffangen, abwehren, stoppen, (beim Fechten) parieren; (Feind, Gegner, Angriff) abfangen, aufhalten, abwehren, stoppen; (Gerät, Maschine) abschalten, abstellen; (Entwicklung) zum Stillstand bringen; (Blutung) stillen; (Tätigkeit, Projekt) einstellen | auf-, hin-halten, entgegenstrecken | (bes Witterung) aushalten | einrichten; ausstatten; aufstellen | tèxt schlichten | ~ alg (un vehicle) a la frontera j-n (e. Fahrzeug) an der Grenze anhalten od stoppen | ~ la mà (el davantal, el cistell) die Hand (die Schürze, den Korb) aufhalten od hinhalten | ~ la galta die Wange hinhalten | ~ l'orella od orelles die Ohren spitzen | ~ atenció aufpassen, aufmerksam sein | ~ el sol s. der Sonne aussetzen; s. sonnen | haver de ~ la pluja (el sol) den Regen (die Sonne) aushalten müssen | ~ botiga e-n Laden eröffnen | ~ casa bzw pis s. häuslich einrichten | ~ taula den Tisch decken | ~ un llit e. Bett aufstellen || vi (an)halten, stoppen (Fahrzeug, Fahrer); haltmachen (Reisender, Wanderer) | (+ Lokaladverbial) a. s. auf-

halten; s. befinden; absteigen, logieren, wohnen | (*an e-m Zielpunkt*) landen; hinauslaufen; enden | (+ *Prädikativ*) werden (zu) | aufhören | streiken (*Arbeiter*) | *sense* ~ unaufhörlich | *no se sap on paren* man weiß nicht, wo sie abgeblieben sind | *on para aquest carrer?* wo befindet s. diese Straße? | *anar a ~ a la paperera* (*presó*) im Papierkorb (Gefängnis) landen | *anar a ~ a una illa deserta* auf e-e einsame Insel verschlagen werden | *on vas a ~!* wo denkst du hin! | *en què ~à tot plegat?* was soll aus allem werden? | *si continues aixi, ~às lladre* wenn du so weitermachst, wirst du zum Dieb werden | *encara ~é boig* ich werde noch verrückt werden || *~ de + inf; pareu de molestar-lo!* hört auf, ihn zu belästigen | *ja ha parat de ploure* es hat schon aufgehört zu regnen | *no paren de barallar-se* sie streiten s. ständig | *~-se* v/r: *la màquina es parà en sec* die Maschine blieb plötzlich stehen | *el temps sembla haver-se parat* die Zeit scheint stillzustehen | *em vaig parar a mitja frase* ich stockte mitten im Satz | *~ en discussions* die Zeit mit Diskussionen vertun.

para|sceve *f bibl* Parasceve *f* | **~selene** *f* (Mond)Hof *m* | **~simpàtic** *adj* parasympathisch | *sistema ~* Parasympathikus *m* | **~síntesi** *f ling* Parasynthese *f*.

par|àsit *adj a. fig* schmarotzerhaft, parasitisch, parasitär | Schmarotzer... | *planta ~a* Schmarotzerpflanze *f* || *s/m* Schmarotzer, Parasit *m* | *elect rad* Störung *f* | *ornit* Raubmöwe *f, bes* Schmarotzerraubmöwe *f* | **~asitar** (33) *vt biol* schmarotzen (*od* parasitieren) in *bzw* auf | **~asitari (-ària)** *f) adj biol* parasitär | **~asitisme** *m* Schmarotzertum *m* | *biol a.* Parasitismus *m* | **~asitologia** *f biol med* Parasitologie *f*.

para-sol *m* Sonnenschirm *m* | *cin fotog* Sonnenblende *f*.

parat (-ada) *f) adj* stillstehend | untätig | arbeitslos | *deixar ~* verblüfft (*od* erstaunt *bzw* sprachlos) machen | *restar* (*od quedar-se*) *~* stehenbleiben; *fig* baff, ver-blüfft, -dutzt sein.

para|tàctic *adj ling* parataktisch | **~taxi** *f ling* Parataxe *f*.

paratge *m* = **indret** | *tèxt* Schlichten *n* | *arc* Geschlecht *n*, Stamm *m*.

paratifus *m med* Paratyphus *m*.

paratrama *m tèxt* Hemmvorrichtung *f*.

paraul|a *f* (*sprachliche Einheit*) Wort *n* (*pl* Wörter) | *una ~ llarga* (*nova, difícil, desconeguda, alemanya*) e. langes (neues, schwieriges, unbekanntes, deutsches) Wort | *l'ordre de les paraules* die Wortstellung | *quantes paraules conté aquest diccionari?* wieviele Wörter enthält dieses Wörterbuch? || (*Äußerung*) Wort *n* (*pl* Worte) *una ~ amable* (*feridora*) e. freundliches (verletzendes) Wort | *paraules d'amor* Worte der Liebe | *paraules de salutació* Begrüßungsworte | *males paraules* böse Worte, Fluchworte | *amb aquestes paraules* mit diesen Worten | *amb mitges paraules* in Andeutungen, andeutungsweise | *de ~* (*loc adv*) mündlich | *en una ~* mit e-m Wort | *en poques paraules* mit wenigen Worten | *deixar alg amb la ~ a la boca* j-m ohne Antwort den Rücken kehren | (*és*)*ser home de poques paraules* od (*és*)*ser curt de paraules* wortkarg sein | *tot això són paraules* das sind nur leere (*od* schöne) Worte | *mesurar les paraules* s. gemessen (*od* vorsichtig) ausdrücken | *pecar de ~ i obra* in Worten u. Werken sündigen | *no trobar paraules* k-e Worte finden || *ecl*: *~ de Déu* das Wort Gottes || (*Versprechen*) Wort *n* | *~ d'honor* Ehrenwort *n* | *~ de casament* Eheversprechen *n* | *un home de ~* e. Mann von Wort; e. Mann, der zu s-m Wort steht | *~!* auf mein Wort!, mein Wort darauf! | *donar* (*la seva*) *~ a alg* j-m sein Wort geben | *~ és ~!* e. Mann, e. Wort! | *tornar la ~ enrere* sein Wort zurücknehmen || (*Redegabe; Sprache*) Wort *n* | *demanar la ~* ums Wort bitten | *donar* (*od concedir*) *la ~ a alg* j-m das Wort geben | *fer ús de la ~* das Wort ergreifen | *perdre la ~* die Sprache verlieren | *prendre la ~* das Wort ergreifen | *recobrar la ~* die Sprache wiederfinden | *retirar la ~* das Wort entziehen | *tenir la* (*darrera*) *~* das (letzte) Wort haben | *vós teniu la ~* Sie haben das Wort; *fig* die Entscheidung liegt bei Ihnen | **~ada** *f* grobes Wort *n* | Schimpfwort *n* | **~ejar** (33) *vi* schwatzen | **~er** *adj* schwatzhaft, geschwätzig || *s/mf* Schwätzer(in *f*) *m* | **~ota** *f* derber Ausdruck *m* | grobes Wort *n* | Schimpfwort *n*.

para|vent *m* spanische Wand *f* | **~-xocs**

m mst aut Stoßstange *f.*

parc[1] *m* Park *m* | (*Gestell für Kleinkinder*) Ställchen, Laufgitter *n* | ~ *d'atraccions* Vergnügungspark *m* | ~ *de bombers* Feuerwache *f* | ~ *infantil* Kinderspielplatz *m* | ~ *mòbil* Fahrzeugpark | ~ *natural* Natur(schutz)park *m* | ~ *zoològic* Tiergarten, zoologischer Garten *m.*

parc[2] *adj* sparsam, karg | mäßig | ~ *de paraules* wortkarg | ~ *en les lloances* mit Lob geizend | ~**a** *f* mit Parze *f* | **~ament** *adv s: parc*[2].

parcel·la *f* Parzelle *f* | **~ció** *f dr* Parzellierung *f* | **~r** (33) *vt* (*Land*) aufteilen, parzellieren | **~ri** (**-ària** *f*) *adj* Parzellen...

parcer(a *f*) *m agr* Pächter(in *f*) *m* | **~ia** *f dr* Pachtvertrag *m.*

parcial|(ment *adv*) *adj* (*m/f*) teilweise | Teil... | partiell | parteiisch | **~itat** *f* Parteilichkeit, Voreingenommenheit *f.*

parçoner(a *f*) *m dr* Teilhaber(in *f*) *m* | Gesellschafter(in *f*) *m.*

pardal *m ornit* (Haus)Sperling, Spatz *m* | kl(r) Vogel *m* | *pop* (*Penis*) Spatz *m* | ~ *d'ala blanca* Schnee-fink od -sperling *m* | ~ *de bardissa* Heckenbraunelle *f* | ~ *de passa* od *de verneda* Weidensperling *m* | ~ *roquer* Steinsperling *m* | ~ *xarrec* Feldsperling *m* | (*és*)*ser un cap de* ~*s* (*fig fam*) e. Spinner sein | *matar dos* ~*s d'un tret* (*fig fam*) zwei Fliegen mit e-r Klappe schlagen | *més val* ~ *a la mà que una perdiu* (od *grua*) *enlaire* e. Hab' ist besser als zwei Hätt-ich; lieber den Spatz in der Hand als die Taube auf dem Dach | **~et** *m dim* Spätzchen *n* | *tenir* ~*s al cap* (*fig fam*) Flausen im Kopf haben.

pardessú *m* Überzieher *m.*

pare *m a. fig* Vater *m* | *ecl* Pater *m* | ~ *adoptiu* Adoptivvater *m* | ~ *de família* Familienvater *m* | ~ *espiritual* (*ecl*) Beichtvater; Seelsorger *m* | ~ *pedaç* zu nachsichtiger Vater | ~ *polític* Schwiegervater *m* | *Déu* ~ Gott Vater | *el sant* ~ od *el* ~ *sant* (*ecl*) der Heilige Vater | ~*s i mares* Väter u. Mütter *pl* | *els meus* ~*s* meine Eltern *pl* | *els* ~*s de l'Església* die Kirchenväter *m pl* | *els* ~*s del desert* (*ecl*) die Wüstenväter *m pl* | *de* ~ *a fill* vom Vater auf den Sohn | *pel* ~ *i per la mare* (*loc adv*) in großer Menge, (über)reichlich | *és* ~ *de tres noies* er

ist Vater von drei Mädchen | *tenir el* ~ *alcalde* od *batlle* (*fig*) e-n sicheren Gönner haben | *si el* ~ *és músic, el fill és ballador* der Apfel fällt nicht weit vom Stamm | *tal* ~, *tal fill* wie der Vater, so der Sohn.

pared|ador *m Bal*, **~aire** *m or oc* Maurer *m* | **~ar** (33) *vt* mauern | ein-, zumauern | **~assa** *f* tragende Wand *f* | **~ó** *m* dünne Wand *f.*

parèixer[1] (40) *vi Bal* = **aparèixer**; = **semblar**.

parèixer[2] *m Bal* = **parer**[2].

parell *adj* sehr ähnlich, fast gleich | (*Zahl*) gerade | ~*s o senars* (*Spiel*) Gerade u. Ungerade | *sense* ~ unvergleichlich, ohnegleichen || *s/m* (*von gleichartigen Personen, Tieren od Dingen*) Paar *n* | (*von Zugtieren; iròn a. von Menschen*) Gespann *n* | *quin* ~! was für e. Gespann! | *un* ~ *de sabates* e. Paar Schuhe | ~ *de forces* (*fís*) Kräftepaar *n* | ~ *termoelèctric* Thermoelement *n* | *un* ~ zwei, e. Paar *n*; einige, e. paar | *a* ~*s* (*loc adv*) paarweise | ~**a** *f* Paar *n*, zwei Stück *n pl* | *bes* (*Menschen od Tiere ungleichen Geschlechtes*) Paar, Pärchen *n* | (*Guàrdia Civil*) Zweierstreife *f* | *p ext* Gegenstück *n*; Partner(in *f*) *m* | (a. ~ *de ball*) Tanz-paar *n*; -partner(in *f*) *m* | *una bona* ~ e. schönes Paar | *una* ~ *d'amics* (*d'enamorats*) e. Freundes-(Liebes-)paar *n* | *una* ~ *de coloms* e. Taubenpaar *n* | ~ *de cables* Kabelpaar *n* | *anar de* ~ *amb alg* mit j-m Hand in Hand gehen | *cada ovella amb sa* ~ (*Spruch*) gleich u. gleich gesellt s. gern || *pl* (*Kartenspiel*) gleiche Karten *f pl* | (*Würfel*) Pasch *m* | **~ada** *f agr* (*Maß*) Joch, Tagewerk *n* | **~er** *adj* Paar... | paarig, gepaart.

par|èmia *f* = **proverbi** | **~emiologia** *f* Sprichwortkunde *f.*

paren|ça *f* Anschein, äußerer Schein *m* | *p ext* Ansehen *n* | **~cer(ament** *adv*) *adj* prunksüchtig | **~ceria** *f* Großtuerei, Prahlerei *f* | Prunksucht *f* | **~çós** (**-osa** *f*) *adj* gut aussehend | von schöner Gestalt.

parènesi *f lit* Paränese *f.*

parenostre *m ecl* Vaterunser *n* | *fam: saber u/c com el* ~ etw auswendig können.

par|ènquima *m bot anat* Parenchym *n* | (*Organ*) Gewebselemente *n pl* | **~enquimàtic** *adj* Parenchym...

parent|(a f) m Verwandte(r m) m/f | ~ pròxim (llunyà) naher (entfernter) Verwandter | és ~ meu er ist mit mir verwandt | **~at** m Verwandtschaft (sverhältnis n) f | col Verwandtschaft | **~ela** f col Verwandtschaft f.
parenteral adj (m/f) med parenteral.
parentesc m Verwandtschaft(sverhältnis n) f.
par|èntesi m Parenthese f | (Zeichen) a. (runde) Klammer f | fig Pause, Unterbrechung f | (posar) entre ~s in Klammern (setzen) | **~entètic** adj ling parenthetisch.
parentiu m a. dr Verwandtschaft(sverhältnis n) f | grau de ~ Verwandtschaftsgrad m.
parer m Meinung, Ansicht f | segons el meu ~ meiner Meinung nach | són d'un altre ~ sie sind anderer Meinung | sóc del ~ que... ich meine, daß... | canviar de ~ s-e Meinung ändern | donar el seu ~ s-e Meinung äußern.
parèsia f med Parese f.
paret f Wand f | constr p ext Mauer f | ~ doble (exterior, interior, mitgera, de separació) Doppel-(Außen-, Innen-, Zwischen-, Trenn-)wand f | ~ mestra tragende Wand f | ~ abdominal (cel·lular) Bauch-(Zell-)wand f | la ~ nord del Puigmal die Nordwand des Puigmal | blanc com la ~ weiß wie die Wand | enfilar-se per les ~s (fig fam) an den Wänden hochgehen | parlar a la ~ (fig fam) gegen e-e Wand reden | les ~s tenen orelles (Spruch) die Wände haben Ohren.
parheli m astr Nebensonne f.
pària m Paria m | fig a. Ausgestoßene(r) m.
parid|a¹ f fam Gebären n; Geburt f | pop Hirngespinst n, Schnapsidee f | **~a**² adj f vor kurzem entbunden | **~ora** adj f fruchtbar | gebärend | gebärfreudig.
pàrids m pl ornit Meisen f pl.
pariet|al adj (m/f) anat biol Wand... | os ~ Scheitelbein n | placentació ~ Wandmutterkuchen m || s/f pl bot Wandsamer pl | **~ària** f bot Mauerkraut n.
parifica|ció f Gleich-setzung, -stellung f | Vergleichung f | **~r** (33) vt lit gleich--setzen, -stellen | vergleichen.
pari|ó (-ona) f) adj gleich(mäßig) | (sehr) ähnlich | sense ~ ohnegleichen; unvergleichlich | **~pinnat** (-ada f) adj bot paarig gefiedert.
par|ir (37) vt gebären | werfen (Tier) | fig pop hervorbringen, erzeugen, erschaffen || vi gebären.
Par|ís m Paris n | **~isenc** adj Pariser; pariserisch || s/mf Pariser(in f) m.
parisil·làbic adj gleichsilbig.
parit (-**ida** f) pp/adj: ben ~ (pop) wohlgebaut, gut gewachsen; wohlgebildet | s: malparit, parida².
pari|tari (-**ària** f) adj paritätisch | **~tat** f Gleichheit f | econ a. Parität f.
parl|a f Sprache f | (Art des Sprechens) a. Rede-, Sprech-weise f | ling a. Rede, Parole f | de ~ alemanya deutschsprachig | **~ada** f Gespräch n | Unterhaltung f | Besprechung f | **~ador**¹ m Sprechzimmer n | **~ador**² adj gesprächig | (Blick, Augen) sprechend || s/mf: és un gran ~ er ist sehr gesprächig | **~aire** adj u. s/m/f = **~ador(a** f) | **~ament** m Rede f | (Gespräch) Aussprache f | teat (längerer) Monolog m | polit Parlament n | el ~ de Catalunya das Parlament von Katalonien | el ~ Europeu das Europäische Parlament, das Europaparlament | **~amentar** (33) vi unter-, ver-handeln, arc parlamentieren | **~amentari** (-**ària** f, -**àriament** adv) adj parlamentarisch | mil Parlamentärs... || s/mf Parlamentarier(in f) m, Abgeordnete(r m) m/f, Parlamentsmitglied n || s/m mil Parlamentär m | **~amentarisme** m Parlamentarismus m | **~ant** adj (m/f) sprechend || s/m/f ling Sprecher(in f) m | **~ar**¹ (33) vi (a. Wörter bilden) sprechen | (bes öffentlich) reden | el nen encara no parla das Kind kann noch nicht sprechen | ~ fluix (molt, bé, confusament, cordialment, sense accent, amb les mans, en somnis) leise (viel, gut, wirr, herzlich, akzentfrei, mit den Händen, im Traum) sprechen od reden | ~ entre dents zw den Zähnen murmeln; in s-n Bart brummen | ~ en català (auf) katalanisch sprechen; katalanisch reden; s. (auf) katalanisch unterhalten | ~ en públic in der Öffentlichkeit reden | ~ al poble zum Volk reden od sprechen | contesta, quan et parlen! antworte, wenn man mit dir redet od spricht! | no parlo amb tu! ich spreche nicht mit dir! | amb qui parlo? wer ist da, bitte?; wer ist am Apparat? | ~ amb si mateix od tot sol Selbstgespräche führen, mit s. selbst

reden | *el nostre fill parla amb una noia* (*fig*) unser Sohn geht mit e-m Mädchen | *que podria ~ amb el senyor Puig?* kann ich bitte (mit) Herrn Puig sprechen? | *la gent parla de vosaltres* die Leute reden (*od* sprechen) von euch; (*negativ*) die Leute reden über euch | *~ d'una pel·lícula* über e-n (*od* von e-m) Film sprechen *od* reden | *~ del temps* vom Wetter reden | *~ d'un pla* von e-m (*od* über e-n) Plan sprechen; e-n Plan besprechen | *el llibre* (*l'autor*) *parla de la guerra* das Buch handelt (der Autor erzählt) vom Krieg | *parlant de llibres...* da (*od* wo) wir gerade von Büchern sprechen... | *ja parlen de canviar de casa* sie sprechen (*od* reden) schon davon, daß sie umziehen wollen | *ep, parlem-ne!* halt mal, darüber müssen wir noch sprechen! | *ni ~-ne!* k-e Rede davon! | *d'això se'n pot ~* darüber läßt s. sprechen *od* reden | *el professor Pi ~à sobre l'existencialisme* Porfesser Pi wird über den Existenzialismus reden *od* sprechen | *fer ~* von s. reden machen; (*negativ*) ins Gerede kommen (*j-d*); Anlaß zu Gerede geben (*j-d, etw*) | *fer ~ alg* j-n zum Sprechen (*od* Reden) bringen | *au, parla!* na, heraus mit der Sprache!, na, schieß los! | (*ves*) *qui parla!* du kannst gerade reden! || *vt: parlo alemany i català* ich spreche Deutsch u. Katalanisch | *correntment l'alemany* flüssig Deutsch sprechen | **~ar-se** *v/r: jo, amb ell, no m'hi parlo* mit ihm spreche ich nicht (mehr) | *fa anys que no es parlen* sie sprechen schon seit Jahren nicht miteinander | **~ar²** *m* Sprechen *n* | Sprache; Rede-, Sprech-weise *f* | *ling* Mundart; (Sonder)Sprache *f* | Jargon *m* | *tenir un ~ dolç* (*franc*) e-e sanfte (offenherzige) Sprache (*od* Rede-, Sprech-weise) haben | **~er** *adj* geschwätzig, schwatzhaft | gesprächig, redselig | **~era** *f* Gesprächigkeit *f* | **~eria** *f* Geschwätzigkeit *f* | Geschwätz *n*; *a. pl* Rederei(en *pl*) *f* | Sprache, Rede-, Sprech-weise *f* | **~oteig** *m* Geplauder *n*, Plauderei *f* | Plappern *n*, Plapperei *f* | **~otejar** (33) *vi* plaudern | plappern.

parmesà (**-ana** *f*) *adj* parmesanisch | *formatge ~* Parmesan(käse) *m* | *s/mf* Parmesaner(in *f*) *m*.

parn|às *m* (*pl* **-assos**) *Lit* Parnaß *m* | **~assià** (**-ana** *f*) *adj* parnassisch.

par|òdia *f a. mús* Parodie *f* | **~odiador** *adj* parodierend || *s/mf* = **~odista** | **~odiar** (33) *vt* parodieren | **~òdic** *adj* parodistisch | **~odista** *m/f* Parodist(in *f*), Parodiendichter(in *f*) *m*.

parol|a *f* Wortschwall *m* | Geplapper, Gequatsche *n* | **~ejar** (33) *vi* plappern, quatschen | wortreich sein *od* sprechen | **~er(a** *f*) *m* Plapp(e)rer, Plapperin *f*.

par|ònim *adj ling* paronymisch || *s/m* Paronymon *n* | **~onímia** *f* Paronymie *f* | **~onomàsia** *f* Paronomasie *f* | **~òtide** *f anat* Ohrspeicheldrüse, *med* Parotis *f* | **~otiditis** *f med* Parotitis *f* | (*epidemisch*) Mumps, Ziegenpeter *m* | **~oxisme** *m med* Paroxysmus *m* | *fig* Höhepunkt; Anfall *m* | **~oxíton** *adj ling* paroxyton || *s/m* Paroxytonon *n*.

parpalló *m ornit* Uferschwalbe *f*.

parpell|a *f* (Augen)Lid *n* | **~ada** *f* = **~eig** | *en una ~* in e-m Augenblick | **~eig** *m* Blinzeln *n* | Lidschlag *m* | Blinken *n* | **~ejar** (33) *vi* blinzeln | *fig* blinken | (*absichtlich u. fig*) zwinkern | *sense ~* (*fig*) ohne mit der Wimper zu zucken.

parquedat *f* Sparsamkeit *f* | Genügsamkeit, Mäßigkeit *f*.

parquet *m* Parkett(boden *m*) *n* | (Börse) Parkett *n*.

pàrquing *m* Park-platz *m bzw* -haus *n* | *~ subterrani* Tiefgarage *f*.

parra *f bot* Kletterrebe *f* | Weinlaube *f* | *~ borda* Wilde(r) Wein *m*.

parrac *m* Lumpen, Fetzen *m* | grobe Ausbesserung *f*, schlecht aufgesetzter Flicken *m* | **~aire** *m/f* Lumpen-händler(in *f*), -sammler(in *f*) *m*.

parral *m* = **emparrat**.

parraque|r(a *f*) *m* = **parracaire** | **~s** *f pl bot* (Gemeines) Bitterkraut *f*.

parrell *m agr* Gipsmehl(art *f*) *n*.

parrici|da *m/f* Vater- (*bzw* Mutter-, Eltern-, Verwandten-)mörder(in *f*) *m* | **~di** *m dr* Vater- (*bzw* Mutter-, Eltern-, Verwandten-)mord *m*.

parr|òquia *f ecl* Pfarrei, *nordd* Pfarre *f* | *a.* Pfarramt *n*; Pfarrbezirk *m*; Pfarrgemeinde *f* | Pfarrkirche *f* | *fig fam* Stammkundschaft *f* | *~ personal* (*ecl*) Personalpfarrei *f* | **~oquià** (**-ana** *f*) *m* Pfarrkind *n* | *fig fam* Stamm-kunde *m*, -kundin *f* | **~oquial** *adj* (*m/f*) Pfarr... | *església ~* Pfarrkirche *f* | *consell ~* Pfarrgemeinderat *m*.

parrup|(eig) *m* Gurren, Girren *n* | **~(ej)ar** (33) *vi* gurren, girren | *fig* turteln.
parrús *m* (*pl* -ussos) *bot* Wilde(r) Wein *m* | Wildtraube *f*.
parsec *m astr* Parsec *n*.
parsi|mònia *f* Sparsamkeit *f* | (*übertrieben*) *desp* Knauserei *f* | Bedachtsamkeit *f* | erkünstelte Umsicht *f* | *p ext* Phlegma *n* | **~moniós** (**-osa** *f*) *adj* sparsam | *desp* knauserig, knick(e)rig | bedachtsam | übervorsichtig | *p ext* phlegmatisch | **~moniosament** *adv* mit Sparsamkeit | bedächtig.
part[1] *m* Geburt, Entbindung *f* | Werfen *n* (*Tiere*) | ~ difícil (*natural, sense dolor*) schwere (natürliche, schmerzlose) Geburt *f* | ~ prematur Frühgeburt *f* | sala de ~s Kreißsaal, Entbindungsraum *m* | anar de ~ in den Wehen liegen | *fig:* el diccionari ha estat un ~ difícil od laboriós das Wörterbuch war e-e schwere Geburt | això ha estat el ~ de les muntanyes der Berg hat e. Mäuslein geboren.
part[2] *f* Teil *m* | örtl a. Seite; Gegend *f* | (*Person, Gruppe, Instanz*) a. Seite; *dr a.* Partei *f* | (*was j-m gehört od zukommt*) Teil *m/n*, Anteil *m* | (*Beitrag*) Teil *m/n* | (*Stück*) Teil *n* | *mús teat nàut* Part *m* | la ~ anterior (*posterior*) de la casa der vordere (hintere) Teil des Hauses | les ~s del cos (*món*) die Körper-(Erd-)teile *m pl* | la ~ més bonica del país der schönste Teil des Landes | ~ integrant (integrierender) Bestandteil *m* | la primera (*segona*) ~ der erste (zweite) Teil; *esport* die erste (zweite) Halbzeit | la tercera ~ (od un terç) de la població der dritte Teil (od e. Drittel) der Bevölkerung | mitja ~ (*esport*) Halbzeit; (*Vorstellung*) Pause *f* | (*una*) ~ de la veritat e. Teil *m* der Wahrheit | (*una*) gran ~ del públic e. Großteil *m* des Publikums | la major ~ dels espectadors der größte Teil der (od die meisten) Zuschauer | les ~s bel·ligerants die Kriegsführenden *m pl* | les ~s contractants die Vertragspartner *m pl*; die vertragsschließenden Parteien *f pl* | la ~ contrària die Gegenpartei, -seite | la ~ demandant der klagende Teil, die klagende Partei | la ~ superior (*inferior*) der obere (untere) Teil; das Ober-(Unter-)teil | les ~s (*sexuals*) die Geschlechtsteile *n/m pl* | a ~s iguals zu gleichen Teilen | d'altra ~ ander(e)nteils; überdies, außerdem | d'una ~..., d'altra ~ od de l'altra ~ einesteils..., ander(e)nteils | en ~ zum Teil; teils; teilweise | en gran ~ zum großen Teil, großenteils | donar ~ d'u/c a una autoritat e-r Behörde etw melden | cal escoltar les dues ~s man muß beide Teile hören | (és)ser ~ interessada Partei sein | fer les ~s auf-, ver-teilen | foradar de ~ a ~ durchbohren | formar ~ d'u/c zu etw gehören | prendre ~ en u/c s. an etw (*dat*) beteiligen; an etw (*dat*) teilnehmen | tenir ~ en u/c an etw (*dat*) beteiligt sein *od* Anteil haben || a ~: posar (parlar) a ~ beiseite (*od* zur Seite) legen *bzw* stellen (sprechen) | el vi va a ~ der Wein wird extra bezahlt | això és un cas a ~ das ist e. Sonderfall *od* e. Fall für s. | això (*aquesta excepció*) a ~ od a ~ això (*aquesta excepció*) davon (von dieser Ausnahme) abgesehen *od* abgesehen davon (von dieser Ausnahme) | a ~ que... abgesehen davon, daß... || de (+ *Zeitangabe*) a aquesta ~ seit (+ *Zeitangabe*) | de vuit dies a aquesta ~ seit acht Tagen || de ~ d'alg: jo estic de ~ teva ich stehe auf deiner Seite | vinc de ~ de la mare ich komme im Auftrag, meiner Mutter | saluda'ls de ~ meva! grüß sie von mir! || per ~ d'alg: per ~ de mare (*pare*) von der mütterlichen (väterlichen) Seite, von mütterlicher (väterlicher) Seite; mütterlicher-(väterlicher-)seits | per ~ d'ell (od seva) no hi ha inconvenient seinerseits (*od* von s-r Seite) bestehen k-e Bedenken | jo, per la meva ~, trobo que... ich für mein(en) Teil finde, daß... | la notícia ha estat desmentida per ~ del govern die Meldung ist von seiten (*od* seitens) der Regierung dementiert worden || (+ *Lokaladverb*) de ~ d'arrere (de dins) von hinten (innen) | ~ damunt del poble oberhalb des Dorfes | ~ deçà del riu diesseits des Flusses.
partença *f lit* Weggang *m*; Abreise; Abfahrt *f* | Abschied *m*, Scheiden *n* | *s:* partida.
parteno|càrpia *f biol* Parthenokarpie, Jungfernfrüchtigkeit *f* | **~gènesi** *f biol* Parthenogenese, Jungfernzeugung *f* | *mit* Parthenogenesis, Jungfrauengeburt *f*.

parter|a *f* Wöchnerin *f* | **~atge** *m* Kindbett *n*, Wochen *f pl* | **~ejar** (33) *vi* in den Wehen liegen | **~ot** *m* Geburtshelfer *m*.
parterre *m* (Blumen)Beet *n*.
part|icel·la *f mús* Part *m* | **~ició** *f* Teilung *f* | Spaltung *f* | ~ *hereditària* (*dr*) Erbteilung *f* | *funció de* ~ (*quím fís*) Verteilungsfunktion *f* | **~ícip** *adj* (*m/f*) *lit* beteiligt (*de, en* an *dat*); teilhaftig (*de* gen) | *s/m/f* Beteiligte(r *m*) *m/f* | **~icipació** *f* Beteiligung *f*; *econ a*. Anteil *m* | Teilnahme *f* | Mitteilung, Anzeige *f* | ~ *de casament* Heirats-, Vermählungs-anzeige *f* | ~ *electoral* Wahlbeteiligung *f* | ~ *en el mercat* Marktanteil *m* | ~ *en els beneficis* Gewinn-anteil *m bzw* -beteiligung *f* | **~icipant** *adj* (*m/f*) teilnehmend || *s/m/f* Teilnehmer(in *f*) *m* | **~icipar** (33) *vi a. econ* s. beteiligen; beteiligt sein (*en* an *dat*) | teilnehmen (*en* an *dat*) | Anteil nehmen, teil-nehmen, -haben (*de* an *dat*) | ~ *en la conversa* s. an Gespräch beteiligen, am Gespräch teilnehmen | ~ *en una competició* (*un curs, una reunió*) an e-m Wettkampf (e-m Kurs, e-r Versammlung) teilnehmen | ~ *en els beneficis* am Gewinn beteiligt sein | *tots participaven de la nostra joia* alle nahmen (*od* hatten) an unserer Freude teil || *vt* mitteilen | **~icipat** (**-ada** *f*) *adj econ* Beteiligungs... || *s/f* (*a. societat participada*) Beteiligungsgesellschaft *f* | **~icipatiu** (**-iva** *f*) *adj* teilnehmend | **~icipi** *m ling* Partizip(ium), Mittelwort *n* | ~ *de present* Partizip Präsens, Erste(s) Partizip, Mittelwort *n* der Gegenwart | ~ *passat od passiu* Partizip Perfekt, Zweite(s) Partizip, Mittelwort *n* der Vergangenheit | **~icipial** *adj* (*m/f*) *ling* partizipial, Partizipial... | **~ícula** *f* Teilchen *n* | *fís a*. Partikel *n* | *ling* Partikel *f* | **~icular** *adj* (*m/f*) besondere(r, -s) | einzeln | eigen; eigentümlich; persönlich | privat, Privat... | *lit* partikular, partikulär | *fís* Teilchen... | *un cas* ~ e. Einzel-, Sonderfall | *automòbil* (*secretari*) ~ Privat-wagen (-sekretär) *m* | *res de* ~ nichts (*bzw* etwas) Besonderes | *en* ~ (*loc adv*) im besonderen; besonders; (*vor allem*) *a*. insbesondere || *s/m: passar del* ~ *al general* vom Einzelnen zum Allgemeinen übergehen || *s/m* Einzelheit *f* | *sobre aquest* ~ *cal dir que ...* zu diesem Punkt (*od* hierzu) ist zu sagen, daß ... || *s/m* Privatperson *f* | **~icularisme** *m* Partikularismus *m* | **~icularista** *adj* (*m/f*) partikularistisch || *s/m/f* Partikularist(in *f*) *m* | **~icularitat** *f* Besonderheit *f* | Einzelheit *f* | Eigenheit; Eigentümlichkeit *f* | **~icularitzar** (33) *vt* im einzelnen darlegen | genau angeben | besonders auszeichnen | **~icularitzar-se** *v/r* s. hervortun, s. auszeichnen | **~icularment** *adv* besonders | (*vor allem*) *a*. insbesondere, im besonderen | **~ida** *f ant* = **part**² || *dr adm* Eintrag *m*; *com a*. Posten *m*, Position *f* | *dr adm* Urkunde *f* | *comptabilitat per* ~ *doble* doppelte Buchführung *f* | ~ *de naixement* (*de bateig, de matrimoni, de defunció*) Geburts-(Tauf-, Heirats-, Sterbe-)urkunde *f* || (*Gruppe von Arbeitern, Bewaffneten*) Trupp *m*; (*von Räubern*) Bande *f* | ~ *de caça* Jagdpartie *f* || (*Menge von Waren*) Partie *f*, Posten *m* | *una* ~ *de camises* e-e Partie Hemden || Ortsteil *m* | Gegend *f* || (*Spiel*) Partie *f* | (*Tischtennis*) Satz *m* | *una* ~ *d'escacs* e-e Partie Schach, e-e Schachpartie | *fig: jugar una mala* ~ *a alg* j-m e-n üblen Streich spielen || Weggang *m*; Abreise; Abfahrt *f* | *punt de* ~ *od partença* (*a. fig*) Ausgangspunkt *m* | **~idari** (**-ària** *f*) *adj u. s/m/f*: *són* ~*s de la independència* sie sind für die Unabhängigkeit | *sóc* ~ *de mantenir-ho en secret* ich bin dafür, es geheimzuhalten | *els* ~ *del liberalisme* (*de Lenin*) die Anhänger des Liberalismus (Lenins) | **~idista** *adj* (*m/f*) parteiisch | parteilich; parteipolitisch; Partei... | *una decisió* (*un jurat*) ~ e-e parteiische Entscheidung (Jury) | *interessos partidistes* parteiliche Interessen *pl* | *esperit* ~ Parteigeist *m* | **~idor**(**a** *f*) *m* (Ver)Teiler(in *f*) *m* || *s/m*: ~ *de cabells* Scheitelkamm *m* | ~ *d'aigües* (*in e-m Kanal*) Wasser-teiler, -scheider *m* | **~iment** *m* = **~ició** | *ant* = **~ença** | **~ió** *f* Teilung *f* | Grenze, Grenzlinie, Scheide *f* | **~ionar** (33) *vt* abgrenzen | **~ioner** *adj* Grenz... | **~ir** (37) *vt* teilen | zerteilen; zerbrechen; zerschneiden | spalten | (*Nuß, Pinienkern*) aufbrechen, knacken | ~ *una poma* (*un tros de terra*) *en dues meitats* e-n Apfel (e. Stück Land) in zwei Hälften teilen | ~ *un nombre per un altre* e-e Zahl

parva durch e-e andere teilen | ~ *el pastís amb el ganivet* den Kuchen mit dem Messer (zer)teilen *od* zerschneiden | ~ *una post* (*nuclis atòmics*) e. Brett (Atomkerne) spalten | ~ *el crani a alg* j-m den Schädel spalten | ~ *peres* (*fig fam*) s. verkrachen || *vi* weggehen; aufbrechen; abreisen; abfahren (*cap a* nach; *de* von) | *a. fig* ausgehen (*de* von) | *les caravel·les van ~ de Salou* die Karavellen segelten von Salou ab | *d'aquest punt parteixen diverses carreteres* von diesem Punkt gehen mehrere Straßen aus | *parteixes d'una hipòtesi falsa* du gehst von e-r falschen Hypothese aus | *a ~ de* (*loc prep*) von ... an; seit | **~ir-se** *v/r* s. (zer)teilen | s. spalten | ~ *de riure* (*fig fam*) s. totlachen | ~ *u/c amb alg* (s. *dat*) etw mit j-m teilen | **~isà** (**-ana** *f*) *adj* Partisanen... || *s/mf* Partisan(in *f*) *m* | **~isana** *f* (*Waffe*) Partisane *f* | **~it** *m bes polít* Partei *f* | *dr adm* Bezirk *m* | *esport* (*Match*) Spiel *n* | *els ~s polítics* die politischen Parteien *f pl* | ~ *judicial* Gerichtsbezirk *m* | ~ *de futbol* Fußballspiel *n* | ~ *d'anada* (*de tornada*) Hin-(Rück-)spiel *n* | *bon* (*mal*) ~ (Ehekandidat) gute (schlechte) Partie *f* | *prendre ~ per* (*contra*) *alg* für (gegen) j-n Partei nehmen *od* ergreifen | *prendre el ~ de fer u/c* s. entschließen, etw zu tun | ~ *pres* vorgefaßte Meinung *f*; voreingenommene(r) Entschluß *m* | *treure ~ d'u/c* aus etw Nutzen ziehen | **~itiu** (**-iva** *f*) *adj ling* partitiv | *article ~* Teilungsartikel, partitive(r) Artikel *m* || *s/m ling* Partitiv *m* | **~itura** *f mús* Partitur *f*.

parv|a *f ecl hist* Fastenfrühstück *n* | **~itat** *f lit* Kleinigkeit, Geringfügigkeit *f*.

pàrvul(a *f*) *m* Vorschulkind *n*.

parvulari *m* Kindergarten *m*.

parxís *m* (*Spiel*; *etwa*) Mensch-ärgere-dich-nicht *n*.

pas[1] *m* (*pl passos*) *a. fig* Schritt *m*; (*bes Art des Schreitens*; *Gleichschritt*) *a.* Tritt *m*; (*von Pferden*) Gang(art *f*) *m*, *bes* Paßgang *m*; Fußstapfe(n *m*), Fußspur *f* | (*Aktion*; *s: passar*) Vorbei-, Vorüber-gehen *bzw* -ziehen *n*; Durchgang *bzw* -marsch, -zug *m*, -fahrt, -reise *f*; Über-gang *m*, -schreiten, -queren *n* | (*Stelle*) Durch-gang *m bzw* -fahrt *f*; Übergang *m*; (*Gebirgs*)Paß *m*; Engpaß *m*; Meerenge *f* | *caç* Wildwechsel *m* | *ecl* (*Passionsprozessionen*) Station *f* |

pas *Lit* = **passatge** | *tecn* Durch-laß *bzw* -fluß, -satz *m*; (*Gewinde*) Steigung *f*; (*Zahnrad*) Teilung *f* | *text* (Web)Fach *n* | (*Telefon*) Gebühreneinheit *f* | *s: passa*[1], *passada* | ~ *de càrrega* (*de cursa, de l'oca*) Sturm-(Lauf-, Stech-)schritt *m* | ~ *de tango* (*vals*) Tango-(Walzer-)schritt *m* | ~ *doble* (*mús mil*) Marsch *m* | *el ~ dels ocells* (*núvols*) der Zug der Vögel (Wolken) | ~ *a nivell* Bahnübergang *m* | ~ *de vianants* Fußgängerüberweg *m* | ~ *elevat* (*subterrani*) Über-(Unter-)führung *f* | ~ *d'hèlix* (*de rosca*) Schnecken-(Gewinde-)steigung *f* | ~ *dental* (*polar*) Zahn-(Pol-)teilung *f* | *mal ~* Fehltritt *m*; Verlegenheit, *umg* Klemme *f* | *dret de ~* Durchgangsrecht *n* | ~, ~! Platz da!, Bahn frei! | ~ *a ~* Schritt für Schritt, schrittweise | *a aquest ~ ...* (*fig*) wenn es so weitergeht ... | *a bon ~* mit schnellen Schritten; *a. fig* recht schnell | *a cada ~* auf Schritt u. Tritt | *a ~ de tortuga* im Schneckentempo | *a ~sos de gegant* mit Riesenschritten | *amb el ~ dels anys* (*del temps*) im Lauf(e) der Zeit (Jahre) | *agafar el ~* (*bes mil*) Tritt fassen | *anar al ~* im Schritt (*od* Schrittempo) gehen *bzw* fahren; im Paßgang gehen (*Pferd*); im (Gleich)Schritt gehen; Schritt (*bes mil* Tritt) halten | *anar al mateix ~* im gleichen Schritt (u. Tritt) gehen | *apressar* (*od accelerar*) *el ~* s-n Schritt beschleunigen | *cedir el ~ a alg* j-m den Vortritt lassen | *cediu el ~!* (*circ*) Vorfahrt beachten! | *fer el primer ~* den ersten Schritt tun | *fer un ~ od una passa* e-n Schritt machen *od* tun | *fer un gran ~* (*endavant*) e-n gr(n) Schritt vorwärts tun | *fer un ~ fals* od *un mal ~* e-n Fehltritt tun | *fer ~sos per aconseguir u/c* Schritte tun (*od* unternehmen), um etw zu erreichen | *no puc fer un ~ sense que ...* ich kann k-n Schritt tun, ohne daß ... | *marcar el ~* (*mil*) auf der Stelle treten | *obrir-se ~* s. e-n Weg bahnen | *perdre el ~* aus dem Schritt (*bes mil* Tritt) kommen | *prohibit el ~!* Durchgang (*bzw* Durchfahrt) verboten | *seguir els ~sos d'alg* in j-s Fußstapfen treten, j-m nacheifern | *tornar sobre els seus passos* (wieder) umkehren; *umg a. fig* kehrtmachen | *treure u/c del mig del ~* etw aus dem Weg räumen.

pas² *adv* (*stets in Verbindung mit* no, *nuanciert die Verneinung; dient a. zur Sondernegation*) no he ~ estat jo *od* no he estat ~ jo ich bin es nicht gewesen (*gegen eure Meinung*) | ja t'ho diré demà; ai, demà no, no puc ~ venir, demà! ich sage es dir morgen; ach nein, morgen nicht, morgen kann ich ja gar nicht kommen! | no vindré ~ demà, sinó diumenge ich komme nicht morgen, sondern Sonntag | sí que tinc feina, però no ~ cada dia ich habe wohl Arbeit, aber nicht jeden Tag || (*in Aufforderungen*) no ho facis ~, aixó! tu das bloß (*od* ja, nur) nicht! | no hi vagis ~! geh bloß nicht hin! | no li diguis ~, que jo t'he deixat els diners! sag ihm nur (*od* ja, bloß) nicht, daß ich ihr das Geld geliehen habe! || (*in Fragesätzen*) aquest càntir vessa; no és ~ esquerdat? dieser Krug rinnt; hat er vielleicht (*od* etwa, womöglich, am Ende) einen Sprung? || (*im Verhältnis der Ungleichheit*) ell sap més de català que no ~ jo er kann besser katalanisch als ich.

pas-doble *m* (*pl* passos-dobles) *mús* Paso doble *m*.

Pasqua *f* (*jüdisches Fest*) Passah *n* || *ecl* (a. ~ de Resurrecció, fam ~ florida, primera ~) Ostern *n* od *pl* | ~ de Pentecosta, fam ~ granada, segona ~ Pfingsten *n* | estar content com (*od* més alegre que) unes pasqües (*fam*) s. wie e. Kind (*od* Schneekönig) freuen | fer ~ abans de Rams (*fam*) vorehelichen Geschlechtsverkehr haben; *bes* heiraten müssen | **~l** *adj* (*m/f*) Passah... || österlich | anyell (ciri, vetlla) ~ Osterlamm *n* (-kerze, -nacht *f*).

pas|quí *m* Schmähschrift *f*, Pasquill *n* | *p ext* Anschlag *m*, Plakat *n* | **~quinada** *f* beißendes Witzwort *n*.

pass|a¹ *f* (*bes Entfernung, Maß*) Schritt *m* | *s*: pas¹ | (*bes von Vögeln*) Zug *m* | *med fam* Seuche *f* | ocells de ~ *od* de pas Zugvögel *m pl* | una ~ de grip e-e Grippewelle *f* | només som a deu passes de la frontera wir sind nur zehn Schritt(e) von der Grenze entfernt | feu una ~ (*od* un pas) cap a la dreta! tretet e-n Schritt nach rechts! || *pl* (*Basketball*) Schrittfehler *m* | **~**²: ~ de (*loc prep*) mehr als, über | **~able(ment** *adv*) *adj* (*m/f*) leidlich, passabel | **~acamins** *m pl bot* Vogelknöterich *m* | **~acavall** *m* Pferdefähre *f* | **~acorreu** *m* Ärmelbrett *n* | **~ada** *f* Satz, gr(r) Schritt *m* | (*Aktion; s: passar*) Vorbei-, Vorüber-gehen *bzw* -ziehen *n*; *bes* (Fest)Umzug *m*; (Durch-, Arbeits-)Gang *m* | (*Ballspiele*) Paß *m*, Ab-, Zu-spiel *n*, (Ball)Abgabe *f* | (*Essen*) Gang *m* (*mit Farbe*) Anstrich *m* | (*Film*) Vorführung *f* | (*Kartenspiele*) Runde *f* | (*Vögel*) Triller *m* | *text* Schußbreite *f*; (*beim Stricken*) Reihe *bzw* Runde *f* | a (*od de*) totes passades (*loc adv*) durchaus, unbedingt; unter allen Umständen; um jeden Preis | de ~ *od* pas (*loc adv*) (nur) vorübergehend; auf der Durchreise; im Vorübergehen; nebenbei, beiläufig | dit sia de ~ nebenbei gesagt | em ve de ~ es liegt mir am Weg(e), ich komme daran vorbei | feshi una ~ amb l'escombra! feg es mal durch! | l'avió va fer tres passades per damunt del vaixell das Flugzeug flog dreimal über das Schiff | fer una ~ (*esport*) e-n Paß spielen | fer una mala ~ a alg j-m e-n bösen Streich spielen *od* übel mitspielen | **~adís** *m* (*pl* -issos) Gang *m* | Flur, Korridor *m*; *s*: corredor² | **~ador**¹(a *f*) *m*: un ~ de contraban *m* Schmuggler *m* | *s/mf* Sieb *n* || *s/m* (Haar)Spange *f* | Schnürnadel *f* | (Schub)Riegel *m* | *tecn* Stift; Splint *m*; (*Scharnier*) Zapfen; Bolzen *m* | **~ador**²(**ament** *adv*) *adj* leidlich, passabel | **~afaves** *m agr* grobes Sieb *n* | **~amà** *m text* Besatz *m* | Borte, Tresse *f* | (*Treppe*) Geländer *n*, Handlauf *m* | Seil *n* (*als Geländer*) | **~amanar** (33) *vt* mit Borten besetzen, posamentieren | **~amaner(a** *f*) *m* Posament(i)er(in *f*) *m* | **~amaneria** *f* Posamenterie, Posamenten-fabrik *f*, -handel *m* | Posamenten *n pl*, Posamentierwaren *f pl* | **~ament** *m* Auskommen *n*, (genügende) Rente *f* | tenir un bon ~ e. gutes Auskommen haben | **~amuntanyes** *m* Kopfschützer *m* | **~ant** *adj* (*m/f*) (*Wappentier*) schreitend || *s/m/f* Passant(in *f*) *m*, Vorübergehende(r *m*) *m/f* | Praktikant(in *f*) *m* | (*Anwaltspraxis*) Bürovorsteher(in *f*) *m* | (*Universität*) Assistent(in *f*) *m* | *estud* Repetitor(in *f*) *m* | **~a-passa** *m* (*Taschenspielerei*) Übertragungskunststück *n* | **~aport** *m* (Reise)Paß *m* | ~ diplomàtic Diplomatenpaß *m* | **~apunt** *m* Langette(nstich *m*) *f* | **~ar** (33) *vi* vorbei-, vorüber-gehen *bzw* -kommen, -ziehen, -fahren, -fließen | durch-gehen *bzw* -kommen, -ziehen, -fahren, -fließen | eintreten, hineingehen *bzw* hereinkommen | passieren, geschehen; vorkommen; s. abspielen; s. zutragen (*aufhören, verschwinden*) vorbei-, vorüber-gehen; vergehen | (*im Kartenspiel*) passen | *acaba de ~ una parella* gerade ist e. Paar vorbeigegangen | *el tren encara no ha passat* der Zug ist noch nicht durchgefahren | *passeu!* herein! | *m'ha passat una desgràcia* mir ist e. Mißgeschick geschehen *od* passiert | *passi el que passi* was a. (immer) geschehen mag | *què passa?* was ist los? | *què et passa?* was hast du (denn)?; was ist mit dir los?; was fehlt dir? | *què ha passat?* was ist passiert *od* geschehen? | *les vacances passen de pressa* die Ferien gehen schnell vorbei | *el temps passa volant* die Zeit vergeht im Flug | *ja ha passat l'hivern* (*el perill*) der Winter (die Gefahr) ist schon vorbei | *t'ha passat el mal de cap?* haben s. deine Kopfschmerzen gelegt? | *ja me n'han passat les ganes* mir ist die Lust dazu vergangen | *aquest alumne* (*projecte de llei*) dieser Schüler (Gesetzentwurf) wird nicht durchkommen | *aquesta* (*mentida*) *sí que no passa* das (diese Lüge) nimmt dir niemand ab | *aquesta redacció encara pot ~* dieser Aufsatz geht (gerade) noch | *anar passant* (*fig*) einigermaßen (*od* leidlich) durchkommen | *deixar ~ alg* (*la claror*) j-n (das Licht) durchlassen | *deixar ~ una falta* e-n Fehler durchgehen lassen | *deixar ~ una ocasió* e-e Gelegenheit verbeigehen lassen | *~ de llarg* vorbei-gehen *bzw* -fahren (ohne zu halten) | *~ inadvertit od desapercebut* unbemerkt bleiben | *~ sense pena ni glòria* sang- u. klanglos über die Bühne gehen | *van ~ al saló* sie gingen in den Salon hinüber | *feu-lo ~ al despatx* führt ihn ins Büro | *~ a la classe superior* in die nächste Klasse kommen | *~ a l'oposició* in die Opposition gehen | *passem a un altre tema:* gehen wir zu e-m anderen Thema über! | *ha passat a oficial* er ist zum Offizier befördert worden | *passen d'un extrem a l'altre* sie fallen von e-m Extrem ins andere | *ha passat a* (*és*)*ser el director* er ist zum Direktor geworden | *passem a votar* od *a la votació!* schreiten wir zur Abstimmung! | *passen amb molt poc* sie kommen mit sehr wenig aus | *les faldilles no li passaven dels genolls* der Rock reichte ihr nicht über die Knie | *~ de mida* das Maß überschreiten | *~ de moda* aus der Mode kommen; veralten | *passo dels setanta* (*anys*) ich bin über siebzig (Jahre alt) | *el malalt no ~à d'aquesta nit* der Kranke wird diese Nacht nicht überleben | *això ja passa de la ratlla* od *de taca d'oli!* das geht nun doch zu weit! | *~ entre dues files* zwischen zwei Reihen durchgehen | *no passis per aquest carrer!* geh (*bzw* fahr) nicht durch diese Straße! | *vam ~ per un corriol* wir gingen auf e-m Pfad | *vas ~ pel meu costat sense veure'm* du gingst an mir vorbei ohne mich zu sehen | *per on passem?* wie gehen (*bzw* fahren) wir? | *jo ~ia per Lió* ich würde über Lyon fahren | *vaig ~ per casa teva* ich kam bei dir vorbei | *aquest tren passa per Mataró* der Zug fährt über Mataró | *ara passem per damunt de París* wir fliegen jetzt über Paris | *el Ter passa per Ripoll* der Ter fließt durch Ripoll | *el gas passa per aquesta canonada* das Gas strömt durch diese Leitung | *l'armari no passa per la porta* der Schrank geht nicht durch die Tür | *això em va ~ pel cap* das ging mir durch den Kopf | *~ per dures proves* schwere Prüfungen durchmachen | *~ per tot* alles hinnehmen, s. alles gefallen lassen | *~ per damunt de tot* s. über alles hinwegsetzen | *~ia fàcilment per català* er würde ohne weiteres als Katalane durchgehen | *passava per lladre* er galt als Dieb | *es fa ~ per metge* er gibt s. als Arzt aus || *vt* überqueren, passieren; (*zu Fuß*) überschreiten | durchqueren *bzw* -fahren, -dringen, -bohren, -stechen, -stecken, -ziehen | hinüber- (*bzw* herüber-)bringen; (*ans andere Ufer*) über-holen, -fahren, -setzen; (a. *~ de contraban*) (durch)schmuggeln | (weiter)geben; (*mit der Hand*) a. reichen; (*Ball*) ab-, zu-spielen, ab-, weiter-geben, passen; (*Geld*) zukommen lassen; (*Botschaft*) übermitteln | (durch)sieben; (durch)filtern; *gastr* a. (durch)passieren | (*Riegel*) vorschieben | (*Fahrzeug, Läufer*) überholen | (*an Größe*) überragen; *fig* über-holen, -treffen, -flügeln | (*Hindernis*) überwinden; *esport* a. überspringen | (*Tennisgegner; Zensur*) passieren | (*Fehler*)

passa durchgehen lassen | (*Schlimmes*) durchmachen | (*Zeit, Urlaub*) verbringen | (*Film, Dia*) vorführen | ~ *camí* vorankommen | ~ *curs* (*in der Schule*) versetzt werden | ~ *un examen* e-e Prüfung bestehen; s. e-r Prüfung unterziehen | ~ *gana* hungern, Hunger leiden | ~ *penes i treballs* schwere Prüfungen (*od* Schweres) durchmachen | ~ *una malaltia* e-e Krankheit durchmachen | ~ *mala nit* e-e unruhige Nacht verbringen | *només ho faig per* ~ *l'estona* das mache ich nur, um mir die Zeit zu vertreiben | *passi-ho bé!* (*höflicher Abschiedsgruß*) auf Wiedersehen! | ~ *un text a màquina* e-n Text abtippen | ~ *alg a un altre departament* j-n in e-e andere Abteilung versetzen | ~ *el gra pel garbell* das Korn durchsieben | ~ *el fil pel forat de l'agulla* den Faden durch das Öhr ziehen *od* führen | ~ *la mà per u/c* mit der Hand über etw streichen *od* fahren | ~ *el drap per la taula* mit dem Tuch über den Tisch wischen | ~ *l'escombra per l'habitació* das Zimmer ausfegen | *caldria* ~*-hi la planxa* es sollte aufgebügelt werden | ~ *u/c per alt* etw übersehen; *fig* etw verzeihen | *aquesta vegada t'ho passo, però no ho facis mai més* diesmal lasse ich es dir durchgehen, aber tu es nie wieder | **~ar-se** *v/r* verderben, schlecht werden | verblühen, verwelken | *fig fam* zu weit gehen | ~ *a l'enemic* zum Feind überlaufen | *s'ha passat als socialistes* er ist zu den Sozialisten übergetreten | ~ *d'u/c* auf etw verzichten, s. e-r Sache enthalten | ~ *la vida treballant* sein Leben mit Arbeit verbringen | ~*-la* (*od passar-s'ho*) *bé* das Leben genießen | (*no*) *passar-s'ho bé* s. (nicht) amüsieren | ~ *la mà pel front* s. (*dat*) mit der Hand über die Stirn fahren | **~arel·la** *f* (*Brücke*) Steg *m* | (*für Showgirls, Mannequins*) Laufsteg *m* | **~at (-ada)** *pp/adj*: *peix* ~ verdorbener Fisch | *en temps* ~*s* in früheren (*od* vergangenen) Zeiten | *la vaga va començar dilluns* ~ der Streik begann (am) letzten Montag | *van arribar passades les tres* sie kamen nach drei (Uhr) an || ~ *de* (*loc prep*) ausgenommen von, außer || *s/m* Vergangene(s) *n* | *a. ling* Vergangenheit *f* || *s/m pl* Vorfahren *m pl* | **~atemps** *m* Zeitvertreib *m* | **~atge** *m bes Lit mús* Passage *f* | (*für Fußgänger*) *a.* Durchgang *m* | *nàut* (*Preis*) Überfahrt, Passage *f* | *p ext* Fahr-preis *bzw* -schein; Flug-preis *bzw* -schein *m* | *col* Passagiere, Fahrgäste *m pl* | **~atger** *adj* vergänglich, vorübergehend, flüchtig || *s/mf* (*Bus, Taxi*) Fahrgast *m* | (*Zug*) Reisende(r *m*) *m/f* | (*Schiff*) Passagier *m* | (*Flugzeug*) Fluggast, Passagier *m* | **~atú** *m* (*pl -ús*) Klaps *m* (beim Vorbeigehen) | **~avant** *m dr mar* Durchfahrtsschein, Passierschein *m* | Schutzbrief *m* | **~avolant** *m* Laufkunde *f* | **~eig** *m* Spazier-gang *m bzw* -ritt *m*, -fahrt *f*, *arc* Promenade *f* | (*Weg*) Promenade, Allee *f* | ~ *marítim* Ufer-straße, -promenade, Strandallee *f* | *anar* (*od sortir*) *a* ~ spazierengehen | *engegar a* ~ wegschicken; abweisen | **~ejada** *f* Spaziergang *m* | *fig fam* Spott *m* | **~ejador(a** *f***)** *m* Spazierenführer(in *m*) *m* | **~ejant** *m/f* Spaziergänger(in *f*) *m* | **~ejar** (33) *vi* spazieren(gehen) | auf u. ab gehen | (*im Wagen*) spazierenfahren || *vt* spazieren-führen, -fahren | *fig* schweifen lassen | herumzeigen | **~ejar-se** *v/r* spazieren(gehen) | ~ *alg* (*fig fam*) s. über j-n lustig machen, j-n an der Nase herumführen; *esport* j-n umspielen | **~era** *f* (*Brücke*) Steg *m* | (*Bach*) *a.* (Tritt)Steine *m pl*.

pàssera *f ornit* Blau-merle, -drossel *f* | Ringdrossel *f*.

passerell *m ornit* Hänfling *m* | *fig* Neuling, Grünschnabel *m* | ~ *bec-groc* Berghänfling *m* | ~ *golanegre* Birkenzeisig *m*.

passi *m* Durchlaß, Passierschein *m* | Frei-karte *f*, -fahrschein *m*.

passi|bilitat *f* Leidens-, Empfindungs-fähigkeit *f* | **~ble** *adj* (*m/f*) leidens-, empfindungs-fähig | **~floràcies** *f pl bot* Passionsblumengewächse *n pl* | **~ó** *f* Leiden *n*; *rel art mús* Passion *f*; *teat* Passionsspiel *n* | Leidenschaft; Leidenschaftlichkeit; Begeisterung; Vorliebe; Passion *f* | *la* ~ das Leiden (*od* die Leidensgeschichte) Christi, die Passion | *la* ~ *d'Esparreguera* das Passionsspiel von Esparreguera | *amb* ~ (*loc adv*) leidenschaftlich | *tenir una* ~ *per u/c* e-e Leidenschaft (*od* Passion) für etw haben | *fam: tenir una* ~ *de son* (*riure*) s. vor Müdigkeit (Lachen) kaum halten können | **~onal** *adj* (*m/f*) leidenschaftlich | aus Leidenschaft | *crim* ~ Totschlag *m* im Affekt | **~onera** *f bot* Passionsblume *f* | **~u** (-**iva** *f*, -**ivament** *adv*) *adj* passiv | untätig | *veu passiva* (*ling*) Passiv(um) *n*, Leideform *f* ‖ *s/m econ* Passiva *n pl*, Passivmasse *f*; Schulden, Verbindlichkeiten *f pl* | *banc a.* Soll *n* ‖ *s/f ling* Passiv(um) *n* | **~vitat** *f* Passivität *f* | Untätigkeit, Tatenlosigkeit *f*.

past *m* (Vieh)Weide *f* | Futter *n* | *fig* Nahrung, Speise *f* | *a tot ~* (*loc adv*) nach Herzenslust, reichlich, gewöhnlich.

pasta *f* Pasta, Paste *f* | Brei *m* | *fam* (*Geld*) Kies *m* | *gastr* Teig *m*; Gebäckstück, Stück *n* Gebäck | *mst pl* Nudel(n *pl*) *f*; Teigwaren *f pl* | *~ dentifrícia* od *de dents* Zahn-pasta, -paste *f* | *~ de paper* Papierbrei, Ganz-stoff, -zeug *m* | *~ fullada* Blätterteig *m* | *pastes* (*seques*) (trockenes) Gebäck *n* | *pastes de te* Teegebäck *n* | *mitja ~* (*gràf*) Halbfranz(band *m*) *n* | (*és*)*ser de bona ~* (*fig*) umgänglich (*od* verträglich, friedlich) sein | *trobar alg amb les mans a la ~* (*fig*) j-n auf frischer Tat (*od* in flagranti) ertappen | **~da** *f* Kneten *n*, Knetarbeit *f* | Massieren *n* | **~dor(a** *f*) *m* (Teig)Kneter(in *f*) *m* ‖ *s/m* Knetbrett *n*, -tisch *m* | *s/f tecn* Knetmaschine *f*.

pastanaga *f bot* Möhre, (Mohr)Rübe *f*, *südd* gelbe Rübe, Karotte *f* | *fig fam* Dumm-, Stroh-kopf *m* | dumme Gans *f*.

past|ar (33) *vt* kneten | *fig* bilden, schaffen | *fig fam: engegar alg a ~ fang* j-n zum Teufel jagen | **~at** (-**ada** *f*) *adj* sehr ähnlich ‖ *s/m* Knet-masse, -mischung *f* | *fig* Mischmasch *n*.

pasteca *f nàut* (*Flaschenzug*) Blockrolle *f*.

paste|l *m art* Pastellstift *m* | Pastellgemälde *n* | **~ll** *m gràf* Zwiebelfisch *m*; (*Satz*) Buchstabendurcheinander *n* | *fig* Durcheinander *n*, Mischmasch *m* | (*für Holz*) Flicken *m* | *bot* Färberwaid *m* | **~llar** (33) *vt* (*Holz, Bootskiel*) ausbessern, flicken | **~ra** *f* (Back-, Brot-)Trog *m* | Mulde *f* | *arquit* Nische *f* | **~rada** *f* (*Teig, Mörtel*) Masse *f* | *fig* Pfuscherei *f* | *~ de vaca* Kuhfladen *m* | **~rejar** (33) *vi* paktieren | Verzögerungstaktiken anwenden | **~reta** *f* Trog *m* | Kasten *m* | *entom* Küchenschabe *f* | **~rol** *m* (Eingeweide)Bruch *m* | **~tes** *f pl* Kleister *m* | *p ext* Papp, Pamp(s) *m*, Pampe *f*.

pasteuritza|ció *f* Pasteurisierung *f* | **~r** (33) *vt* pasteurisieren.

past|ifa *m/f* Pfuscher(in *f*), Stümper(in *f*)

m | **~ifejar** (33) *vi* pfuschen, stümpern ‖ *vt* beschmutzen, besudeln | **~illa** *f* Pastille *f* | *med a.* Tablette *f* | *~ de sabó* (*de xocolata*) Stück *n* Seife (Schokolade) | *~ de fre* Bremsbelag *m* | **~im** *m hist* Bäckerei *f* | **~ís** *m* (*pl -issos*) *gastr* Kuchen *m*; Torte *f* | (*aus Fleisch, Fisch*) Pastete *f* | **~isser(a** *f*) *m* Konditor(in *f*), Feinbäcker(in *f*) *m* | **~isseria** *f* Konditorei, Feinbäckerei *f* | *col* Feingebäck *n* | **~itx** *m* Pasticcio *n* | **~itxo** *m* Pfuscherei, Stümperei *f*.

past|iu *m* Weide(platz *m*) *f* | **~or** *m* Hirt(e), Schäfer *m* | *ecl* (*a. ~ d'ànimes*) Seelsorger *m* | *ev* Pfarrer, *reg* Pastor *m* | **~ora** *f* Hirtin, Schäferin *f* | **~oral** *adj* (*m/f*) Hirten... | *ecl* pastoral | *poesia ~* Hirten-, Schäfer-dichtung *f* ‖ *s/f ecl* (*a. carta ~*) Hirtenbrief *m* | *mús* Pastorale *f* | **~orella** *f ornit* Bachstelze *f* | **~orel·la** *f Lit* Pastorelle *f* | *poèt* Schäferin *f* | **~oret** *m* Hirten-junge, knabe *m* ‖ *pl teat* Hirtenspiel *n* | **~orívol** *adj* Hirten... | **~re** *m nord-cat =* **pastor**.

past|ós (-**osa** *f*) *adj* teigig | breiig, *umg* pappig | *llengua pastosa* belegte Zunge *f* | *veu pastosa* volltönende Stimme *f* | *vi ~* dickflüssiger Wein *m* | **~ositat** *f* Dickflüssigkeit *f* | *med* Belegtheit *f*.

pastura *f* Weiden *n*, Weidegang *m* | Weide(platz *m*) *f* | *p ext* Futter *n* | *fig* Nahrung *f* | *dr* Weiderecht *n* | **~r** (33) *vi* weiden, grasen | *vt* ab-weiden, -grasen | (*Vieh*) weiden, auf die Weide führen | *ecl fig* seelsorgerisch betreuen ‖ *vi* weiden | äsen (*Rotwild*) | **~tge** *m* Weideplatz *m*, Weide *f* | Weidegang *m*, Weiden *n* | *alpí* Alm, Bergweide *f*.

patac *m* heftiger Schlag, Stoß *m* | **~ada** *f fam* Knall, Bums *m* | *fig* harter Schlag *m* | *ball de ~* Bums, Schwof *m* | **~ó** *m numis* Albertustaler, Patagon *m* ‖ *pl fam* Pinke(pinke) *f*, Zaster *m*, Moneten *f pl*.

patafi *m fam* Murks *m*; Pfuscherei, Stümperei *f*.

patag|ó (-**ona** *f*) *adj* patagonisch ‖ *s/mf* Patagonier(in *f*) *m* | **~ònia** *f* Patagonien *n*.

patanada *f* Kuhfladen *m*.

patamoll *m oc =* **aiguamoll**.

pata|pam *int onomat* klatsch!, patsch! | *s/m* Klatsch, Patsch *m* | **~plaf**, **~pluf**, **~plum**, **~puf** *int onomat* plauz!, plumps! | bums! ‖ *s/m* Plauz,

Plumps *m* | Bums *m*.
pata|quejar (33) *v/t fam* schlagen.
patat|a *f bot gastr* Kartoffel *f* | *patates noves* (*velles*) neue (alte) Kartoffeln *f pl* | *patates primerenques* Frühkartoffeln *f pl* | *patates bullides* Salzkartoffeln *f pl* | *patates fregides* od *rosses* Pommes frites *bzw* Bratkartoffeln *f pl* | ~ *de Màlaga* (*bot*) Batate *f* | *croquetes de* ~ Kartoffelkroketten *f pl* | *farina de* ~ Kartoffelmehl *n* | *puré de patates* Kartoffelbrei *m*, -püree *n* | *truita de patates* Kartoffelomelett *n* | **~ada** *f agr* Kartoffelmenge *f* | *gastr* reichliches Kartoffelessen *n* | **~aire** *m/f* Kartoffelhändler(in *f*) *m* | **~ar** *m agr* Kartoffelfeld *n* | **~era** *f* (*Pflanze*) Kartoffel *f*.
pata|tum *int onomat* plumps! || *s/m* Plumps *m* | *fig* Reinfall *m*, Pleite *f* | **~txap**, **~txup** *int onomat* klatsch!, platsch! || *s/m* Klatsch, Platsch *m*.
patel·la *f anat* Kniescheibe *f* | *zool* Gemeine Schlüsselschnecke *f*.
patena *f ecl* Hostienteller *m*, Patene *f* | *a. fig: net com una* ~ blitzsauber.
patent|(ment *adv*) *adj* (*m/f*) offen-kundig, -bar, -sichtlich | *una injustícia* ~ *e-e* offenkundige Ungerechtigkeit *f* || *s/f adm dr* Patent *n* | **~a** *f* Gewerbeschein *m* | *pagar la* ~ (*fig*) Lehrgeld zahlen *od* geben | **~able** *adj* (*m/f*) patentfähig | **~ar** (33) *vt* patentieren | *fer* ~ *un invent* e-e Erfindung (*od* Entdeckung) patentieren lassen | **~at** (-**ada** *f*) *adj dr adm* pantentiert | **~itzar** (33) *vt* offen darlegen | bekunden | offensichtlich werden lassen | *p. ext* beweisen; erweisen.
pàtera *f hist mit* Opfer-schale *f*, -teller *m*.
patern *adj* Vater..., väterlich | *avi* ~ Großvater *m* väterlicherseits | *amor* ~ Vaterliebe *f* | *de la banda* ~*a* väterlicherseits | **~al(ment** *adv*) *adj* (*m/f*) väterlich | **~alisme** *m* Väterlichkeit *f* | *p ext* Gönnerhaftigkeit *f* | *sociol* Bevormundung *f*, Paternalismus *m* | **~itat** *f* Vaterschaft *f* | **~òster** *m ecl* Paternoster, Vaterunser *n* | Paternoster, Aufzug *m*.
pat|ètic(ament *adv*) *adj* pathetisch | **~etisme** *m* Pathetik *f* | Pathos *n*.
patge *m hist lit* Page, Edelknabe *m* | (Hotel)Bursche, Page, Boy *m*.
pati *m* Hof *m* | ~ *interior* Innenhof; Licht-hof, -schacht *m* | *el* ~ *de l'escola* (*de la presó, de l'hospital*) der Schul- (Gefängnis-, Krankenhaus-)hof *m*.
patí *m* Rollschuh *m* | Schlittschuh *m* | *aeron:* ~ *d'aterratge* Lande-, Gleit-kufe *f* | *nàut:* ~ *de vela* (*Segelboot*) Katamaran *m* | ~ *de pedals* Tretboot *m*.
pat|íbul *m dr* Galgen *m* | Blutgerüst, Schafott *n* | **~ibulari** (-**ària** *f*) *adj* Galgen-... | *cara patibulària* Galgengesicht *n*.
patilla *f mst pl* Kotelett(en *pl*) *n*; (*länger*) Backenbart *m*.
patiment *m* Leid(en) *n* | Schmerz *m*.
pàtina *f* Patina *f*, Edelrost *m*.
patin|ada *f* (Ab)Gleiten *n* | Rutschen *n* | *aut* Schleudern *n* | **~ador** *adj* abgleitend, rutschend || *s/mf* Rollschuh-, Schlittschuh-läufer(in *f*) *m* || *s/m nàut* = **patí** | **~ar** (33) *vi esport* Schlitt- *od* Rollschuh laufen | (*unbeabsichtigt*) rutschen | *aut* schleudern, ins Schleudern geraten | **~atge** *m* Rollschuhlaufen *n* | Schlittschuhlaufen *n* | ~ *artístic sobre gel* Eiskunstlauf *m* | **~et** *m* (*Kinderfahrzeug*) Roller *m*.
patir (37) *vt* (er)leiden, erdulden | ausstehen, -halten | *a. fig* empfinden | ertragen | ~ *fam i set* Hunger u. Durst (er)leiden | ~ *necessitat(s)* Not leiden || *vi:* ~ *d'u/c* an etw (*dat*) leiden; *fig* mit etw behaftet sein | ~ *d'una malaltia* an e-r Krankheit leiden | ~ *de l'estómac* magenkrank sein | *fer* ~ quälen | *no pateixi!* seien Sie unbesorgt!
pat|ofòbia *f* Pathophobie, Furcht *f* zu erkranken | **~ogen** (-**ògena** *f*) *adj* pathogen | **~ogènia** *f* Pathogenie *f*, Pathogenese *f* | **~ogènic** *adj* pathogenisch | **~ognòmia** *f med* Pathognomik *f* | **~ognòmic**, **~ognomònic** *adj* pathognomonisch | **~ografia** *f* Pathographie *f* | **~òleg** (-**òloga** *f*) *m* Pathologe *m*, -gin *f*.
patoll *m* (Menschen- *od* Volks-)Menge *f* | Gedränge *n* | *a* ~*s* (*loc adv*) in Scharen, in gr(r) Zahl | **~a** *f* = **patoll** | *fig* Durcheinander *n*, Wirrwarr *m* | Schwindel(ei *f*) *m* | **~ar** (33) *vi* patschen (*im Wasser od Schlamm*).
pato|logia *f med* Pathologie, Krankheitslehre *f* | **~lògic** *adj* krankhaft, pathologisch | **~logista** *m/f* = **patòleg**.
patota *f* (*Kartenspiel*) Betrügerei, Mogelei *f* | *fer la* ~ *a alg* j-n (*im Spiel*) betrügen, beschummeln.
patracol *m fam* (*Buch*) Schwarte *f* || *pl* (behördlicher) Papierkram *m*.
patri (**pàtria** *f*) *adj* Vaterlands..., vaterlän-

disch | väterlich | *amor* ~ Vaterlandsliebe *f* | *pàtria potestat* (*dr*) elterliche Gewalt *f* || *s*/*f* Vaterland *n* | Heimat *f* | *la pàtria celestial* (*ecl*) die himmlische Heimat, der Himmel | *mare pàtria* Mutterland *n* | *la pàtria sempre tira* die Heimat lockt immer | **~arca** *m bíbl* Patriarch *m* | **~arcal** *adj* (*m*/*f*) *a. fig* patriarchalisch | **~arcat** *m ecl* Patriarchat *n* | **~ci** (**-ícia** *f*) *adj* patrizisch || *s*/*mf* Patrizier(in *f*) *m* | **~ciat** *m* Patriziat *n* | **~moni** *m* väterliches Erbe, Vatersgut *n* | *a. ecl* Patrimonium *n* | *fig* Erbteil *n* | *biol:* ~ *hereditari* Erbgut *n* | ~ *artístic* (*d'una terra*) die Kunstschätze *m pl* (e-s Landes) | **~monial** *adj* (*m*/*f*) Erb... | Familien... | Stamm... | *a. ecl* patrimonial Patrimonial... | **~ota** *m*/*f* Patriot(in *f*) *m* | **~oter** *adj* hurrapatriotisch | chauvinistisch || *s*/*mf* Hurrapatriot(in *f*) *m* | Chauvinist(in *f*) *m* | **~oterisme** *m* Hurrapatriotismus *m* | Chauvinismus *m* | **~òtic**(**ament** *adv*) *adj* (*Gefühle, Gedicht, Lied*) patriotisch | vaterländisch (gesinnt) | **~otisme** *m* Patriotismus *m*, Vaterlandsliebe *f*.

patr|ístic *adj ecl lit hist* patristisch || *s*/*f ecl* Patristik *f* | **~ó** (**-ona** *f*) *m* Patron(in *f*), Schutzherr(in *f*) *m* | *ecl* Schutzheilige(r *m*) *m*/*f* | *indús com* Arbeitgeber(in *f*), Unternehmer(in *f*) *m* | *nàut* Schiffsführer | *hist* (*Rom*) Patron, Herr *m* freigelassener Sklaven || *s*/*m* (*Modell*) Muster(bild) *n*, Vorlage, Schablone *f* | (Schnitt)Muster *n* | ~ *de fer puntes* Stickmuster *n* | *agr silv* (*Pfropfung*) Unterlage *f* | *banc econ* Währung(ssystem *n*) *f* | ~ *doble* Doppelwährung *f* | ~ *obligat* gebundene Währung *f* | ~ *d'or* Goldstandard *m* | **~ocinador** *adj* begünstigend, fördernd || *s*/*mf* Gönner(in *f*) *m* | Schirm-, Schutz-herr(in *f*) *m* | **~ocinar** (33) *vt* begünstigen, fördern | beschützen; die Schirmherrschaft übernehmen über (*ac*) | **~ocini** *m* Schutz *m* | Beistand *m* | Protektorat *n*, Schirmherrschaft *f* | *ecl* Patrozinium *n* | Patronat *n* | **~òleg** (**-òloga** *f*) *m* Patrologe *m*, Patrologin *f* | **~ologia** *f ecl* Patrologie *f* | **~onal** *adj* (*m*/*f*) Arbeitgeber..., Unternehmer... | *ecl* Schutzheiligen... || *s*/*f* Arbeitgeberverband *m* | **~onat** *m* Arbeitgeberschaft *f*, Unternehmertum *n* | Stiftungsgesellschaft *f* | Schutzherrschaft *f* | *ecl* Patronat, Vorschlagsrecht *n* | **~onatge** *m* Schutz *m* | *fig* Patronat *n* | Schutz- *od* Schirm-herrschaft *f* | **~onejar** (33) *vt* Schiffsführer e-s Fischkutters *m* sein | **~onímic** *adj* patronymisch, vom Namen des Vaters abgeleitet | *nom* ~ Familienname *m*.

patrull|a *f polít mil* Streife, Runde, Patrouille *f* | ~ *de policia* Polizeistreife *f* | ~ *motoritzada* motorisierte Verkehrsstreife *f* | **~ar** (33) *vi* auf Streife gehen, patrouillieren | **~er** *m nàut* Patrouillenboot *n*.

patuès *m ling desp* Patois *n*, Mundart *f*, Dialekt *m*.

patufet *m* (*kleiner Junge*) Knirps *m* | *en ⸺* der Däumling.

patuleia *f fam* Kinder(schar *f*) *n pl* | *hist lit* Landstreicherbande *f* | Soldateska *f* | Bande *f* unregelmäßigen Kriegsvolks | roher, wilder Soldatenhaufe *m*.

patum *f folk: Fabeltiergestalt* | *fig* (*Person*) heilige Kuh *f* | *la ⸺* (*folk*) die «Patum» (*Fronleichnamsfest in Berga mit Tanz u. Umzug von feuerspeienden Drachenfiguren*).

patxoca *f* stattliches Aussehen *n* | *fer* ~ s. e. stattliches Aussehen geben.

pàtxuli *m bot* Patschulipflanze *f*.

pau[1] *m fam* Einfaltspinsel, Depp, Dussel *m* | *fer el* ~ tolpatschig handeln *od* tun.

pau[2] *f* Frieden, *lit* Friede *m* | *p ext a.* Ruhe *f* | *la* ~ *del cor* (*de la natura*) der Frieden des Herzens (der Natur) | *la* ~ *de Déu* (*hist*) der Gottesfriede | *el bes de la* ~ (*catol*) der Friedenskuß | *el Príncep de la ⸺* (*bíbl*) der Friedensfürst | *deixar alg en* ~ j-n in Frieden (*od in* Ruhe) lassen *od* zufriedenlassen | *en* ~ *descansi!* er ruhe in Frieden! | *ara estem en ~s* jetzt sind wir quitt (miteinander) | *fer la* ~ (*fig*) s. revanchieren; (*im Spiel*) sein Geld wieder herausbekommen | *fer les ~s amb alg* s. mit j-m versöhnen *od* aussöhnen | *posar* ~ *entre* ... Frieden stiften zw (*dat*) ... | *signar la* ~ den Frieden unterzeichnen.

pau[3] *m ict* Spinnenfisch *m* («Callionymus maculatus»).

paül *m ecl* Pauliner *m*.

paula *f fam* Trine, dumme Gans *f*.

paulí (**-ina** *f*) *adj* paulinisch | Pauli...

paulònia *f bot* Kaiserpaulownie *f*.

paup|erisme *m* Pauperismus *m*, Mas-

paüra

sen-elend *n*, -armut *f* | **~erització** *f* Verarmung *f* | **~èrrim** *adj sup* sehr arm.
paüra *f lit* (gr[e]) Furcht *od* Angst *f* | Schreck(en) *m* | *s: por*.
pauròpodes *m pl entom* Wenigfüßer *m pl*.
pausa *f a. mús* Pause *f* | Unterbrechung *f* | *fig* Langsamkeit *f*, Ruhe *f* | *fer una ~ e-e* Pause machen | *parlar amb ~* gemessen sprechen | **~t** (-ada *f*, -adament *adv*) *adj* ruhig | langsam | bedächtig, gemächlich, gemessen.
pauta *f* Lini(i)erung *f* | Linienblatt *n* | *mús* Notenlinien *f pl* | *fig* Richtlinie *f* | **~t** (-ada *f*) *adj* lin(i)iert.
pavana *f mús* Pavane *f*.
pavelló *m* Rundzelt *n* | *arquit* (*a. Messe, Ausstellung*) Pavillon *m* | (*Kaserne*) Offiziersgemach *n* | (*Bett, Altar, Thron*) Himmel *m* | *mús* Schalltrichter *m* | *nàut mil* Flagge *f* | *el ~ de l'orella* (*anat*) die Ohrmuschel | *~ neutre* (*nàut*) neutrale Flagge *f* | *hissar el ~* die Flagge hissen.
pav|ès *m mil hist* Pavese *f* | **~esada** *f* (*Schiff*) Beflaggung *f* | *s: empavesada*.
pavia *f bot* Rotblühende Roßkastanie *f*.
paviment *m constr* (Straßen)Pflaster *m* | Bodenbelag *n* | Platten- (*bzw* Stein-, Fliesen)-belag *m* | **~ació** *f* Pflasterung *f* | **~ar** (33) *vt constr* pflastern | plätteln, belegen.
pavó *m met* Brünierung *f* | *ornit* = **paó**.
pe *f* (*pl pes*) (*Name des Buchstabens*) p, P *n*.
peany(a *f*) *m arquit* Sockel, Säulenfuß *m*, Postament *n* | (*Altar*) Podium *n*.
peatge *m* Maut *f*, Straßen- (*bzw* Brükken-)zoll *m* | *bes* Autobahngebühr *f* | Mautschranke *f* | *autopista de ~* gebührenpflichtige Autobahn *f*.
pebet *m* Räuchertäfelchen *n* | **~er** *m* Räucher-faß *n*, -pfanne *f*.
pebr|ada *f gastr* Pfeffersoße *f* | **~às** *m* (*pl -assos*) *bot* Reizker; Blaublättriger Weißtäubling *m* | **~assa** *f bot* (*a. ~ blanca*) = **~às** | **~** vermella Speitäubling *m* | **~e** *m gastr* Pfeffer *m* | *~ blanc* (*negre*) weißer (schwarzer) Pfeffer *m* | *~ d'aigua* (*bot*) Wasserpfeffer *m* | *~ foll d'Espanya* (*bot*) Keuschlammstrauch, Mönchspfeffer *m* | *~ vermell* od *roig* Rosenpaprika *m* | *~ en grans* od *granat* Pfefferkörner *n pl* | *~ mòlt* gemahlener Pfeffer *m* | **~ella** *f bot* Thymian *m* («*Thymus piperella*») | **~er** *m bot* Schwarzer Pfeffer *m* (*Pflanze*), Pfefferstrauch *m* | *~ bord* Südamerikanischer Pfefferbaum *m* | **~era** *f* Pfefferstreuer *m* | **~et** *m ornit* Kiebitz; Regenpfeifer *m* | **~ina** *f bot* Spanischer Pfeffer *od* Paprika *m* | = **~ot** | (*Seidenraupen*) Fleckkrankheit *f* | **~ot** *m bot gastr* Paprikaschote *f* | *~ coent* od *picant* Spanischer Pfeffer, Cayenne-Pfeffer, Paprika *m* | **~s** *de ruc* Gelbe Reseda *f* | **~oter(a** *f*) *m bot* Cayenne- *od* Paprika-staude *f* | *pebrotera borda* Schwalbenwurz *f* | **~oterar** *m agr* Pflanzung *f* von Cayennepfefferstauden.
pec (pega *f*) *adj* dumm | albern.
peça *f* (Bestand- *od* Einzel-)Teil *m* | *a. tecn teat mús* Stück *n* | *arquit* Zimmer *n* | *dr* Aktenstück *n*, Urkunde *f* | (*Schachspiel*) Figur *f*, Stein *m* | (*Damespiel*) Stein *m* | (*Sammlung*) Stück *n* | (*Geld*) *una ~ de cinquanta pessetes* e. Fünfzigpesetenstück *n* | *~ d'artilleria* Geschütz *n* | *~ de bestiar* Stück *n* Vieh | *~ de caça* Stück *n* Wild | *~ de convicció* Beweisstück *n* | *~ de recanvi* Ersatzteil *m/n* | *~ de terra* Stück *n* Land | *~ de vestir* Kleidungsstück *n* | *bona ~* (*mst iròn*) sauberer Kerl | *mala ~* Miststück *n*, Gauner, Schurke *m* | *~ per ~* Stück für Stück | *tot d'una ~* aus e-m einzigen Stück | *per peces menudes* (*loc adv*) mit allen Einzelheiten; im einzelnen | *fer peces* u/c etw zer-schlagen, -brechen; *fig* zerschmettern, vernichten | *fig: fer ~ a alg* j-m in die Augen stechen, j-m gut gefallen.
peca|ble *adj* (*m/f*) sündhaft | sündig | **~dor** *adj* sündig || *s/mf* Sünder(in *f*) *m* | **~minós** (-osa *f*, -osament *adv*) *adj* sündhaft | *una vida pecaminosa* e. sündhaftes Leben | **~r** (33) *vi* sündigen | fehlen | *~ d'u/c* etw in übertriebenem Maße sein *bzw* tun | *peca de salat* es ist zu stark gesalzen | *~ de sever* od *per excés de severitat* übermäßig streng sein | *~ contra les regles gramaticals* gegen die Regeln der Grammatik verstoßen | **~t** *m* Sünde *f* | *~ venial* od *lleu* lässliche Sünde *f* | *~ mortal* od *greu* Todsünde *f* | *~ d'omissió* Unterlassungssünde *f* | *~ original* Erbsünde *f* | *lleig com un ~* häßlich wie die Nacht *od* die Sünde; grundhäßlich | *és ~* (*fig fam*) es ist (jammer)schade | *no tenir-hi culpa ni ~* nichts damit zu tun haben.

pechblenda *f min* Pechblende *f.*
pec|íol *m bot* Blattstiel *m* | **~iolat** (**-ada** *f*) *adj* gestielt | **~iòlul** *m* kl(r) Blattstiel, Fiederblattstiel *m.*
pècora *f* (Mutter)Schaf *n* | *fig: mala* (iròn *bona*) ~ übles Frauenzimmer, böses Weib *n.*
pèctic *adj: àcid* ~ Pektinsäure *f.*
pectina *f biol* Pektin *n.*
pecti|nat (**-ada** *f*) *adj a. bot* kamm-artig, -förmig | Kamm... | **~nibranquis** *m pl zool* Kammuscheln *f pl* | **~niforme** *adj* (*m/f*) *biol =* **~nat.**
pectoral *adj* (*m/f*) Brust... | *múscculs* **~s** Brustmuskeln *m pl* | *aletes* **~s** Brustflossen *f pl* || *s/m* Brustmittel *n* | *ecl* Brustkreuz *n.*
pecu|ari (**-ària** *f*) *adj* Vieh... | *indústria pecuària* Vieh-wirtschaft, -verwertung *f* | *riquesa pecuària* Viehbestand *m.*
pecul|at *m adm dr* Veruntreuung *f* | **~i** *m dr hist* (Eigen)Vermögen, Eigentum *n.*
peculiar|(ment *adv*) *adj* (*m/f*) eigen(tümlich) | charakteristisch | **~itat** *f* Besonderheit, Eigentümlichkeit *f* | besonderes Gepräge *n.*
pec|únia *f arc* Geld *n* | **~uniari** (**-ària** *f,* **-àriament** *adv*) *adj* geldlich, finanziell, pekuniär | *dificultats pecuniàries* finanzielle Schwierigkeiten *f pl* | *pena pecuniària* Geldstrafe *f.*
peda|ç *m* (*Kleidung*) Flick(en *m*) *n* | Fleck(en) *m* | *Bal* Fetzen, Lumpen *m* | *fig* (Not)Behelf *m* | *posar un* ~ e-n Flicken aufsetzen, flicken; *fig* behelfsmäßig lösen *od* wiederherstellen | **~cer(a** *f*) *m* Lumpensammler(in *f*) *m.*
pedag|og(a *f*) *m* Pädagoge *m*, Pädagogin *f* | **~ogia** *f* Pädagogik *f* | **~ògic(ament** *adv*) *adj* pädagogisch.
pedal *m a. mús* Pedal *n* | Fußhebel *m*; Tretkurbel *f* | ~ *del fre* Bremspedal *m* | **~ar** (33) *vi =* **~ejar** | **~eig** *m* Radeln *n* | **~ejar** (33) *vi* die Pedale treten | radeln | **~er** *m mús* Pedalklaviatur *f.*
pedani (**-ània** *f*) *adj dr: jutge* ~ Dorfrichter *m.*
pedant *adj* (*m/f*) schulmeisterlich | pedant(isch) || *s/mf* Pedant(in *f*) *m*, Kleinlichkeitskrämer(in *f*), Haarspalter(in *f*), Schulfuchs *m* | **~eria** *f* Pedanterie, übertriebene Genauigkeit, Schulfuchserei *f* | **~esc** *adj* pedantisch | schulmeisterlich | **~isme** *m =* **~eria.**
peder|asta *m* Päderast *m* | **~àstia** *f* Päderastie, Knabenliebe *f.*
pedes|tal *m arquit* Fußgestell, Piedestal *n*, Sockel *m* | *fig: posar alg en un* ~ j-n in den Himmel heben | *servir de* ~ *a alg* j-m als Sprungbrett dienen | **~tre** *adj* (*m/f*) zu Fuß (gehend), Fuß... | *fig desp* gemein, platt, vulgär | *estàtua* ~ Standbild *n.*
pedi|atre (**-a** *f*) *m* Kinder-arzt *m*, -ärztin *f* | **~atria** *f* Kinderheilkunde, Pädiatrie *f* | **~àtric** *adj med* pädiatrisch.
pedi|cel *m bot* Blütenstiel *m* (*der Einzelblüte*), Blumenstielchen *n* | **~cel·lat** (**-ada** *f*) *adj* gestielt | **~cle** *m bot anat* Stiel *m* | **~cular** *adj* (*m/f*) *med* Läuse... | *malaltia* ~ Läusekrankheit *f* | *=* **~culosi** | **~culat** (**-ada** *f*) *adj* gestielt | **~culosi** *f med* Verlausung *f*, Läusebefall *m* | **~cur(a** *f*) *m* Fußpfleger(in *f*) *m* | **~cura** *f* Fußpflege, Pediküre *f* | **~forme** *adj* (*m/f*) fußförmig | **~luvi** *m arc* Fußbad *n.*
pedologia[1] *f med* Kinderkunde *f.*
pedologia[2] *f geol* Bodenkunde *f.*
pedòmetre *m =* **podòmetre.**
pedr|a *f* Stein *m* | *meteor* Hagel *m* | *med* (Blasen-, -Nieren-, Gallen-)Stein *m* | ~ *angular* (*a. fig*) Eckstein *m* | ~ *arenosa* od *sorrenca* Sandstein *m* | ~ *artificial* od *sintètica* Kunststein | ~ *de calç* od *calcària* Kalkstein *m* |~ *d'encenedor* od *foguera* Feuerstein *m* | ~ *d'escàndol* Stein *m* des Anstoßes | ~ *filosofal* Stein *m* der Weisen | ~ *d'esmolar* od *esmoladora* Wetz-, Schleif-stein *m* | ~ *de tall* od *picada* Quaderstein *m* | ~ *de toc* (*a. fig*) Prüfstein *m* | ~ *fina* Halbedelstein *m* | ~ *fonamental* (*a. fig*) Grundstein *m* | ~ *litogràfica* lithographischer Stein | ~ *preciosa* Edelstein *m* | ~ *tosca* Bimsstein *m* | ~ *tumulària* Grabstein *m* | *de* ~ aus Stein, steinern | *cau* ~ es hagelt | *fer-se'n set pedres* (*fig*) es teuer bezahlen müssen | *no deixar* ~ *sobre* ~ (*fig*) k-n Stein auf dem ander(e)n lassen | *passar per la* ~ (*Messer*) schleifen, schärfen; *fig* (*j-n*) zwingen etw zu tun | *posar la primera* ~ (*a. fig*) den Grundstein legen | *no posar-se cap* ~ *al fetge* (*fig*) s. nicht aus der Ruhe bringen lassen; die Ruhe weghaben | *quedar-se de* ~ (*fig*) wie vom Schlag gerührt sein | *tenir el cor de* ~ e. Herz wie Stein haben | *tirar la* ~ *i amagar la mà* (*fig*) heimlich die Schuld auf j-n laden;

heimtückisch den Stein auf j-n werfen | **~ada** f Steinwurf m | **~aire** m Steinbrecher m | **~al**, **~alló** m (Fischerei) Stein(chen n) m (zum Beschweren des Netzes) | **~alta** f (Spiel)Steinchen n | p ext Steinchenspiel n | jugar a ~ mit fünf Steinchen spielen | **~am** col m = **pedregam** | **~apiquer** m = **picapedrer** | **~ega** f Steinigung f | Steinschlacht f | **~egada** f Hagel(schlag) m | **~egam** m col Gestein n (im Feld) | steinige Stelle f | **~egar**¹ m steiniges Gelände n | Geröll(e) n | **~egar**² (33) v/imp: pedrega es hagelt | **~egar-se** v/r: el seu ronyó s'ha pedregat in s-r Niere haben s. Steine gebildet | **~egat** (**-ada** f) adj verhagelt, durch Hagelschlag verdorben | **~egós** (**-osa** f) adj (Weg) steinig | **~eguer** m = **~egar**¹ m | **~ejar** (33) vt (gesundheitlich) schädigen | **~ejar-se** v/r hinfällig werden | **~enc** adj aus Stein, steinern | steinig | **~eny** m anat reg Magen m | **~enyal** m Jägerbüchse f, Stutzen n | **~enyera** f Feuerstein m | **~er** m (Mensch) Stein-brecher, -hauer m | or-nit Kaumagen m | **~era** f Steinbruch m | ~ **de marbre** Marmorbruch m | **~eria** f col Edelsteine m pl | **~erol** m bot Platterbse f, bes Saatplatterbse od Deutsche Kichererbse f | **~eta** f Steinchen n | arribar a les tres pedretes (fig) in e-e schwere Lage geraten | qui tira pedretes, tira amoretes (Spruch) was s. neckt, das liebt s. | **~ís** m (pl -is-sos) (Stein)Bank f | **~issa** f Steinbruch m | **~ó** m Gedenk-stein m bzw -säule f | **~olí** m Steinchen n | **~ols** m pl bot Kichererbsen f pl | **~ós** (**-osa** f) adj steinig || s/f bot Steintäschel n | Spornblume f («Centranthus calcitrapa») | **~usca** f = **~uscall** | **~uscada** f Graupelschauer m | **~uscall** m Schotter, Steinschlag m.

pedun|cle m bot Blütenstiel m | anat Stiel m | **~s cerebel·losos** Kleinhirnarme m pl | **~cular** adj (m/f) Blütenstiel... | Stiel... | **~culat** (**-ada** f) adj gestielt.

pega f a. fig Pech n | negre com la ~ pechschwarz | ~ **dolça** Lakritze f, reg Lakritz m/n | ~ **grega** Kolophonium n | ~ **de sabater** Schusterpech n | estar de ~ (fig) Pech haben | això hi fa ~ das paßt nicht dazu | **~da** f Schlagen n | (stärker) Tracht f Prügel |

~della f Grind m | (Säugling) Milchschorf m | **~ire** adj (m/f) roh, gewalttätig || s/m/f Schläger(in f) m | **~llós** (**-osa** f) adj klebrig | leimig | fig aufdringlich; lästig | **~ment** adv s: pec | **~r** (33) vi stoßen (contra, a gegen, an, auf ac), an-, auf-stoßen; (an)prallen (an ac) | fig überkommen, ergreifen, befallen | li va ~ un refredat er bekam e-e Erkältung | de vegades em pega el rampell d'escriure poemes manchmal ergreift mich die Anwandlung, Gedichte zu schreiben | em va ~ per plorar ich weinte los | per què li peguen, a aquest xicot? warum verhauen sie diesen Jungen? || vt: va ~li un cop (una empenta) er versetzte ihm e-n Schlag (Stoß); er schlug (stieß) ihn | ~ un salt od un bot e-n Sprung machen, (auf)springen.

Pegàs m astr mit Pegasus m.

pegat m (Klebe)Flicken m | med (Wund-)Pflaster n, Salbenverband m | **~er(a** f) m Pechsieder(in f) m.

pegorella f ict Marder-, Stern-hai m.

peg|ós (**-osa** f) adj pechig | **~ot** m Pechbelag m | Pechpflaster n | fig desp Flickwerk n | (Mensch) Flickschuster m | **~uera** f Pechsiederei f.

peguesa f Albernheit, Dummheit f.

peg|uissaire adj (m/f) u. s/m/f, **~uisser** adj u. s/mf = **pegaire** | **~unta** f Pech n.

peirer m nord-cat Maurer, Maurermeister m.

peix m a. gastr col Fisch m | ~ **d'aigua dolça** (de mar, de riu) Süßwasser-(Fluß-, See-)fisch m | ~ **congelat** (en conserva, fumat) Gefrier-(Konserven- od Büchsen-, Räucher-)fisch m | ~ **espasa** (ict) Schwertfisch m | ~ **lluna** (ict) Mond- od Sonnen-fisch m | ~ **martell** (ict) Hammer-fisch, -hai m | ~ **serra** (ict) Sägefisch m | ~ **volador** fliegende(r) Fisch m | un ~ gros (fig fam) e. großer (od dicker) Fisch; e. hohes Tier | (és)ser ~ al cove (fig fam) so gut wie sicher (bzw erledigt) sein | (és)ser un bon ~ (fig fam) e. Schlaukopf sein | (és)ser un ~ que es porta l'oli (fig fam) mit allen Wassern gewaschen sein | no (és)ser ni carn ni ~ (fig desp) weder Fleisch noch Fisch sein | estar com el ~ a l'aigua (al rostoll) (fig) s. wie e. Fisch im Wasser (auf dem Trockenen) fühlen | estar (od anar) ~ d'u/c (fig bes estud) von etw k-n (blauen) Dunst (od Schimmer) haben | el ~

peixar 763 **pell**

gros es menja el petit (*Spruch*) die gr(n) Fische fressen die kl(n) | *qui vol ~, que es mulli el cul* (*Spruch*) ohne Fleiß k. Preis || *pl astr:* ~*os* Fische *m pl* | ~**ada** *f col* = ~**alla** | *gastr* Fischessen *n* | ~**alla** *f* Fischschwarm *m*.

peixar (33) *vt* füttern, ernähren | *s: péixer* | *ben* (*mal*) *peixat* gut (schlecht) genährt.

peix|ater(a *f*) *m* Fischhändler(in *f*) *m* || *s/f* Fischgrund *m* | Angelplatz *m* | ~**ateria** *f* Fisch-markt *m bzw* -geschäft *n* | ~**ejar** (33) *vi* stark nach Fisch schmecken *bzw* riechen.

péixer (40) *vt* (*Kind, Kranken, Tier*) füttern | (*Tier*) *a.* weiden lassen; mästen || *vi* weiden | äsen (*Rotwild*).

peix|era *f* Goldfischglas *n* | Wassergraben *m* | ~**et** *m* Fisch-chen, -lein *n* | *~ de plata* (*entom*) Silberfischchen *n* | ~**opalo** *m* Stockfisch *m*.

pejoratiu (-**iva** *f*, -**ivament** *adv*) *adj ling* pejorativ, abschätzig.

pel (*Kontraktion*) = **per**^{1} + **el**^{2}.

pèl *m a. col* Haar *n* | Behaarung *f* | *s: cabell* | (*Pflanzen, Obst, Stoff*) Flaum *m* | Faser *f*, Fädchen *n*; *p ext* Fussel *m* | (*Edelstein, Glas, Metall*) kl(r) Fehler *m* | *~ caní* od *mort* Borste *f* | *~ caní* (*bot*) Borstengras *n* | *~ de boc* (*bot*) (Mauseschwanz)Fuchsschwingel *m* | *~ de ca* (*bot*) = **margall** | *~ de ca* od *de bou* (*bot*) Rispengras *n* | *~ de camell* Kamelhaar *n* | *a ~* (*loc adv*) mit dem Strich | *amb ~s i senyals* (*loc adv*) haarklein | *de ~ curt* (*llarg*) kurz-(lang-)haarig | *en ~* (*loc adv*) (splitter)nackt | *aguantar-se per un ~* (*fig*) an e-m Haar (*od* Faden) hängen | *m'ha anat d'un ~ que no se m'escapés el tren* um e. Haar hätte ich den Zug verpaßt | *la sopa és un ~ salada* die Suppe ist e. wenig versalzen | *no fa un ~ d'aire* es regt s. k. Lüftchen | *mudar de ~* (s.) haaren; *a. fig* s. mausern; *fig a.* s. verändern | *muntar a ~* ohne Sattel reiten | *no tenir ~s a la llengua* kein Blatt vor den Mund nehmen | *trobar ~s en tot* (*fig*) bei allem e. Haar in der Suppe finden; an allem etw auszusetzen haben | *ha vingut d'un ~ que no em toqués la bala* um e. Haar hätte mich die Kugel getroffen.

pela *f* (*bes Kork*) Entrindung, Schälung *f* | (Kartoffel- *bzw* Obst-)Schale *f* | Hülse *f* | ~**ble** *adj* (*m/f*) (ab)schälbar, scherbar, zu entrinden | ~**bou** *m bot* Roter Hornstrauch *m* | ~**canyes** *m fig* armer Schlucker *m* | ~**da** *f* (Ab)Schälen, Entrinden | Enthaaren *n* | Hautabschürfung *f* | ~**della** *f med* Haarausfall *m* | ~**dís** (-**issa** *f*) *adj* (ab)schälbar | ~**dor** *adj* Schäl... || *s/mf* (Kork)Schäler(in *f*) *m* | ~**dures** *f pl* (*Obst, Gemüse*) Schalen *f pl*.

pèlag *m ant lit a. fig* Meer *n*.

pelàgic *adj biol ornit* Pelagial..., Meer(es)..., pelagisch.

pela|lla *f mst pl* Schale(n *pl*) *f* | ~**r** (33) *vt* (*Haar*) (sehr) kurz schneiden, abscheren | (*Obst, Kartoffeln*) (ab)schälen | (*Baum*) entrinden | (*Tier*) (ab)häuten | (*Knie, Oberfläche*) abschürfen | *fig fam* (*j-n*) rupfen, plündern, ausrauben, um sein Geld bringen | *fig pop* (*j-n*) umlegen, umbringen | *fer-se ~ el cap* s. (*dat*) den Kopf scheren lassen | *em van deixar pelat* man hat mich ausgeplündert | *fa un fred que pela* es ist bitterkalt | ~**r-se** *v/r* s. schälen | *~ els genolls* s. (*dat*) die Knie aufschürfen | *ens pelàvem de fred* wir schlotterten vor Kälte | ~-**la** (*fig pop!*) s. e-n abwichsen.

pelargoni *m bot* Pelargonie *f*.

pel|asg *mf* Pelasger(in *f*) *m* | ~**àsgic** *adj* pelasgisch.

pelat (-**ada** *f*) *adj* geschoren | kahl | geschält | *estic ~!* (*fam*) ich bin blank! || *s/mf* Kahl-, Glatz-kopf *m* | *fig fam* arme(r) Schlucker, arme(r) Teufel, Habenichts *m* | ~**ge** *m zool* Haarkleid, Fell *n* | (Menschen) Behaarung *f*.

pèl|-blanc *adj* weißhaarig | ~-**curt** *adj* kurzhaarig.

pelegr|í (-**ina** *f*) *m ecl* Pilger(in *f*) *m*, *lit a.* Pilgrim *m* | Wallfahrer(in *f*) *m* || *s/m ornit* Wanderfalke *m* || *s/f zool* (a. *petxina de ~*) Pilgermuschel, Kammuschel *f* | ~**inar** (33) *vi* pilgern, e-e Wallfahrt machen | *s: peregrinar* | ~**inatge** *m* Pilgerfahrt *f* | Wallfahrt *f* | *anar en ~ a ...* e-e Wallfahrt nach ... machen.

pelf|a *f tèxt* Felbel *m* | Plüsch *m* | ~**ar** (33) *vt* mit Felbel (*od* Plüsch) überziehen | *tèxt* beflocken | ~**eta** *f tèxt* Felbel *m* mit wenigen u. kurzen Haaren | ~**ó** *m tèxt* Chenille *f* | ~**ut** (-**uda** *f*) *adj* samt-, plüsch-artig.

pelic|à *m ornit* Pelikan *m* || *pl bot* Rittersporn *m* («Delphinium pubescens»).

pelilla *f* dünne Schale *bzw* (Kork)Rinde *f*.

pell *f anat* Haut *f* | *bot a.* Schale *f* | *zool*

pel·lagra

Fell n; Pelz m | (gegerbt) a. Leder n | ~ abrillantada (rentable) Glanz-(Wasch-)leder n | ~ de gallina (fig) Gänsehaut f | abric de ~ Pelzmantel m | guants de ~ od de cuir Lederhandschuhe m pl | malaltia de la ~ Hautkrankheit f | no cabre a la ~ (fig) vor Stolz platzen | (és)ser només ~ i ossos od no tenir sinó la ~ i l'os (fig) nur noch Haut u. Knochen sein | (és)ser de la ~ de Barrabàs od del diable (fig) sehr unartig (od ungezogen bzw böse) sein (Kind); e. Bösewicht sein | no voldria estar en la seva ~ (fig) ich möchte nicht in s-r Haut stecken | llevar la ~ a alg j-n ausplündern, berauben; hist dr j-n enthäuten; fig k. gutes Haar an j-m lassen | jugar-s'hi la ~ sein Leben aufs Spiel setzen | hi deixaràs la ~ od te'n faràs la ~ du wirst die Haut dabei lassen | tenir la ~ dura (fig) abgehärtet sein | tenir la ~ gruixuda (fig) e. dickes Fell haben | **~adura** f (Wunde) Vernarbung f | tenir bona (mala) ~ leicht (schwer) heilendes Fleisch haben.
pel·lagra f med Pellagra n.
pell|aire m/f = **~eter** | **~am** m col Tierfell n, Pelz m | col (gegerbte) Tierhäute f pl | **~ar(-se)** (33) vi(/r) verheilen, -narben, zuheilen | **~enya** f Erdsieb n | **~er(a** f) m = **~eter** | **~eringa** f (Haut-, Stoff-, Fleisch-)Fetzen, Lappen m, Stück n | fet una ~ stark abgemagert | **~eringo** m Bal Lumpen, Fetzen m | **~eró** m agr = **pelló** | **~erofa** f agr = **pellofa** | **~erot** m = **pellissaire** | **~eter(a** f) m Kürschner(in f) m | Pelz-händler(in f), -verkäufer(in f) m | **~eteria** f Kürschnerei f | Pelzwerk n | Pelzgeschäft n.
pel·l|etierina f quím med Pelletierin n | **~ícula** f Häutchen n | cin fotog Film m | ~ de curt (llarg) metratge Kurz-(Spiel-)film m | ~ de l'Oest (policíaca) Wildwest-(Kriminal-)film m | ~ en blanc i negre (color) Schwarzweiß-(Farb-)film m | ~ en relleu 3-D-Film m | ~ negativa Negativ n | ~ positiva Positiv n | **~icular** adj (m/f) Film..., filmisch.
pelli|ngot m Lumpen, Lappen, Fetzen m | **~ssa** f pelzgefütterter Mantel m | Gehpelz m | **~ssaire** m/f Fellhändler(in f) m | **~sser(a** f) m hist Kürschner(in f) m | **~sseria** f hist Kürschnerei f.

pena

pèl|-llarg adj langhaarig | **~-negre** adj schwarzhaarig.
pell|ó m (Mandel, Nuß, Kastanie) Schale f | **~obrir-se** (40) v/r s. öffnen, aufbrechen (Obstschale) | **~ofa** f (Frucht) Haut; Schale; Hülse (Getreide) Spreu f | **~partir-se** (37) v/r = **~obrir-se** | **~roja** m/f (pl pells-roges) (Indianer) Rothaut f | **~trencar-se** (33) v/r rissig werden | = **~obrir-se**.
pelluca|lles f pl Essenreste m pl für das Vieh | **~r** (33) vt aufpicken | auflesen.
pel·lúcid adj med durchsichtig.
pellut (-uda f) adj dick-schalig bzw -häutig | (Tier) zottig.
peloia f (Obst, Kartoffeln) Schale f.
pel·lós (-osa f) adj behaart, haarig | **~osella** f bot Habichtskraut n.
pelotari m esport Pelotaspieler m.
pèl|-ras adj tèxt haarlos, schäbig | **~-roig** (-roja f) adj rothaarig | **~ros** (-rossa f) adj blond(haarig).
pels (Kontraktion) = **per**^{2} + **els**^{2}.
pelt|at (-ada f), **~inervi** (-èrvia f) adj bot schildförmig.
peltre m (Legierung) Bleizinn n.
pelu|da f bot (Gemeines) Ferkelkraut n | ict Bastardzunge f; Gestreifter Seehahn m; Rauher Seehahn m | **~ix** m tèxt Plüsch m | **~ra** f = **pelilla** | **~ssa** f Flaum m | (auf Stoff) Fussel m | **~ssera** f fam Zottel- bzw Wuschel-haar n | **~t** (-uda f) adj haarig, behaart | rauh, zottig | fig schwierig || s/m Fußabtreter m, Türmatte f | **~txo** m bot Stachelpilz m («Hydnum erinaceum»).
pelvi|à (-ana f) adj Becken... | **~s** f anat Becken n.
pèmfig m med Pemphigus m.
pena^1 f dr Strafe f | a. ecl Pein f | seelischer Schmerz, Kummer m, Leid n | Mühe f | ~ accessòria (principal) Neben-(Haupt-)strafe f | ~ aflictiva od corporal körperliche Strafe; Züchtigung f | ~ capital od de mort Todesstrafe f | les penes eternes (ecl) die ewige Pein f; die ewigen Strafen f pl | amb penes i treballs mit gr(r) Mühe; mit Mühe u. Not | a penes kaum; eben erst | sense ~ ni glòria sang- u. klanglos | sota ~ de mort bei Todesstrafe | és una ~ que ... es ist schade, daß ... | em fa ~, pobre xicot der arme Kerl tut mir leid | fa ~ de veure'l tan abatut es tut e-m weh, ihn so niedergeschlagen zu

pena

sehen | *prendre's la ~ de fer u/c* s. die Mühe machen, etw zu tun | *semblar una ànima en ~* wie e. Häufchen Unglück (*od* Elend) aussehen | (*això*) *no val la ~* das lohnt s. nicht, das ist nicht der Mühe wert | *val la ~ que ho facis* es lohnt sich, daß du es tust | *quina ~!* wie schade!

pena² *f nàut* Rahe *f*.

pena|ble *adj (m/f)* strafbar | **~l**¹ *adj (m/f) bes dr* Straf... | *antecedents ~s* Vorstrafen *f pl* | *codi ~* Strafgesetzbuch *n* | *dret ~* Strafrecht *n* | *lleis ~s* Strafgesetze *n pl* | *s/m* (a. *establiment ~*) Strafanstalt *f*; Gefängnis *n* | **~l**² *m esport* Strafstoß *m* | (*Fußball*) *a*. Elf(met)er *m* | *àrea de ~* Strafraum *m* | **~lista** *m/f dr* Strafrechtler(in *f*) *m* | **~litat** *f dr* Strafsystem *n* | Strafarbeit *f* | **~lització** *f esport* Strafe *f* | Strafstoß *m* | Strafpunkt *m* | Bestrafung *f* | **~litzar** (33) *vt esport* bestrafen | mit e-m Strafpunkt belegen | zur strafbaren Handlung erklären | **~r** (33) *vt* strafen | *dr* bestrafen | *~ alg amb u/c* j-n mit etw (*dat*) bestrafen || *vi* leiden | *fer ~ alg* j-n quälen | **~at (-ada)** *f) adj* gestraft | bestraft | = **penós**.

penats *m pl mit* Penaten *pl* | *fig* Geburtsort *m*, Heimstätte *f*.

penc|a *f (bes* Speck, Stockfisch) gr(e) Schnitte, Scheibe *f* | *~ de cansalada* Speckseite *f*, (gutes) Speckstück *n* | *tenir bones penques* (*fig fam*) gut gepolstert sein | (*és)ser un penques* (*iròn desp*) e. unverschämter Kerl sein | **~ar** (33) *vi fam* s. plagen, s. abrackern, schuften | schnell gehen | **~ut (-uda** *f) adj fam (Person)* gut gepolstert.

pend|ent *adj (m/f)* hängend | *fig* noch unentschieden *bzw* unerledigt | (*Prozeß*) anhängig, schwebend | (*Zahlung*) ausstehend | (*Gegend*) steil, abschüssig || *s/m* Abhang *m*, Gefälle *n* | Steigung *f* | Neigung(sfläche) *f* | **~ís** (*pl -issos*) *m* Abfallen *n* | Abhang *m* | Abschüssigkeit, Senkung *f*.

pendó *m* Kirchen-, Prozessions-fahne *f* | Standarte *f* | Banner *n* | *s: penó* | *fig* Schlampe(r *m*) *f*.

pèndol *m* Pendel *n* | **~a** *f* Uhrpendel *n*, Perpendikel *n/m*.

pendonista *m/f* (*Prozession*) Fahnenträger(in *f*) *m*.

pèndul *adj* (herab)hängend | frei hängend, schwebend.

pendular *adj (m/f)* Pendel... | *moviment ~* Pendelbewegung *f*.

penedi|ment *m* Reue *f* | Bedauern *n* | **~r-se** (37) *v/r: ~ d'u/c* etw bereuen; bedauern | *d'això te'n penediràs* das wirst du bereuen; das wird dir noch einmal leid tun | **~t (-ida** *f) adj* reumütig | *ecl a.* bußfertig | *estar ~ d'u/c* etw bereuen.

penell *m* Wetter-fahne *f*, -hahn *m*.

penelló *m* Frostbeule *f*.

penetra|bilitat *f* Durchdringbarkeit *f* | **~ble** *adj (m/f)* durchdringbar | *fig* erforschbar; erkennbar | **~ció** *f* Durchdringung *f* | Eindringen *n* | Scharfsinn *m* | **~dor** *adj* durchdringend | **~ment** *m* Durchdringen *n* | Eindringen *n* | **~nt** *adj (m/f)* (a. *Blick*) durchdringend | eindringend | (*Geruch*) penetrant | (*Kälte*) schneidend | (*Kopf*) scharf(-blickend, -sinnig) | (*Wunde*) tief | (*Stimme*) schrill | **~r** (33) *vt* durchdringen | (tief) eindringen in (*ac*) | *fig* durchschauen, ergründen; begreifen || *vi* eindringen (*en, a* in *ac*) | *~ (fins) al cor* j-s Herz tief rühren *od* ergreifen | *~ fins al fons d'u/c* e-r Sache auf den Grund gehen | **~tiu (-iva** *f) adj =* **~dor, ~nt**.

pengim-penjam *adv* nachlässig(erweise), schlottrig, schlampig.

penible(ment *adv) adj (m/f)* beschwerlich, mühselig | *fig* peinlich, unerfreulich | schwierig.

penic *m econ* Penny *m*.

penicil·lina *f med* Penizillin *n*.

pen|ínsula *f* Halbinsel *f* | *la ~ Ibèrica* die Pyrenäenhalbinsel *f* | **~insular** *adj (m/f)* Halbinsel... || *s/m/f* Halbinselbewohner(in *f*) *m*.

penis *m* Glied *n*, *lit med* Penis *m*.

penit|ència *f* Buße *f* | Bußfertigkeit *f* | Reue *f* | *fer ~* Buße tun | **~encial** *adj (m/f)* Buß... | *salms ~s* Bußpsalmen *m pl* | **~enciar** (33) *vt ecl* (*j-m*) e-e Buße auferlegen | **~enciari (-ària** *f) adj dr* Straf... | *establiment ~* Strafanstalt *f* | *sistema ~* Strafvollzug *m* | *s/m/f dr* Strafgefangene(r *m*) *m/f* || *s/m =* **~encier** | **~encier** *m catol* Pönitentiar *m* | *~ major* Kardinal *m*, Haupt *n* des päpstlichen Sondergerichts | **~encieria** *f catol* päpstliches Sondergericht *n*, Apostolische Pönitentiarie *f* | **~ent** *adj (m/f)* bußfertig, reuig || *s/m/f* Büßer(in *f*) *m* | Beichtkind *n*.

penj|ada f Aufhängen, Erhängen n | **~adissa** f col = **penjada** | **~ador** m Kleiderbügel m | Hutständer m | Kleider- bzw Gardinen-haken m | **~all** m bes med (Haut-, Fleisch-)Lappen m | **~ament** m Hängen n | bes Beschuldigung, Beimessung f | dir ~s d'alg j-s Ehre verletzen | **~ant** adj (m/f) hängend || s/m (Steil)Hang m | **~ar** (33) vt (an-, auf-, ein-)hängen (en, a, de an ac bzw dat) | (Mantel) aufhängen | (Hörer) auflegen | (j-n) (auf-, er-)hängen, dr a. henken | ~ u/c en (od d')un clau etw an e-n Nagel hängen | ~ un quadre a la paret e. Bild an die Wand hängen | ~ u/c a alg (fig) j-m etw anhängen, etw auf j-n schieben | que em pengin, si... man soll mich henken (od aufhängen), wenn... || vi (stark) (herab)hängen | fig in der Schwebe bleiben | els fruits pengen de l'arbre die Früchte hängen vom Baum(e) herab | fam: i el que penja! u. (sogar) noch mehr!; u. was drum u. dran hängt! | **~ar-se** v/r s. er-, aufhängen | ~ al coll d'alg s. j-m an den Hals werfen | ~ en alg s. an j-n hängen od klammern | **~arella** f Gehänge n | med Hautlappen m | **~a-robes** m Kleiderbügel m | Kleiderhaken m | Kleiderablage, Garderobe f | **~aroll** m = **penjoll** | **~arolla** f = **~arella** | **~a-sargantanes** m ornit Turmfalke m | **~olar-se** (33) v/r s. lehnen (a, en, damunt, sobre an ac), s. stützen (auf ac) | s: repenjar-se | **~oll** m agr Traube f | (Blüte) Dolde(nrispe) f | (auf e-r Schnur) aufgereihte Früchte f pl | (Schmuck) Anhänger m | Ohrgehänge n.

penn|a f ornit Schwung- bzw Schwanzfeder f | **~at** (**-ada** f) adj gefiedert | **~iforme** adj (m/f) feder-artig, -förmig | **~íger** adj gefiedert.

penó m Standarte f | Banner, Panier n | Kirchen-, Prozessions-fahne f | s: **pendó**.

penol m nàut (Rahe) Nock n/f.

penombr|a f Halb-schatten m, -dunkel n | **~ós** (**-osa** f) adj leicht schattig, halbdunkel.

penós (**-osa** f, **-osament** adv) adj bekümmert, kummervoll | mühsam, mühselig, beschwerlich | schmerzlich | peinlich.

penquer m bot Agaven-blüte, -rispe f.

pens Bal: a ~ od de ~ (loc adv) gedanklich; nach Gutdünken | **~a** f Denken, Denkvermögen n, Denkfähigkeit f | de ~ acordada (loc adv) wissentlich; bewußt, absichtlich | de pura ~ (loc adv) inkstinktiv; aus Gewohnheit; ohne Überlegen | **~ada** f Einfall, Gedanke m | **~adament** adv absichtlich, wissentlich, bewußt | **~ador** adj denkend || s/mf Denker(in f) m | lliure ~ Freidenker m | **~ament** m Gedanke m | Denken n | Vorhaben n, Absicht f | Meinung f | Idee, Vorstellung f | = **~a**, **~ada** bot Stiefmütterchen n | un ~ de (fig) e. ganz kl. bißchen, e-e Spur f, e. Tröpfchen n, e. Hauch m | en un ~ (loc adv) im Nu, in e-m Augenblick | ni per ~ (loc adv) k. Gedanke (daran) | canviar de ~ s-e Ansicht (od Meinung) ändern | **~ant** adj (m/f) denkend | **~ar** (33) vi denken | ~ a fer u/c daran denken, etw zu tun | ~ en alg od u/c an j-n od etw denken | pensa-hi! denke daran! | pensa a fer-ho denke daran, es zu tun | no hi he pensat ich habe nicht daran gedacht, ich habe mich nicht daran erinnert | ja hi penses? denkst du daran? | ni ~-hi! k. Gedanke! | sense ~(-hi) gedankenlos; unüberlegt || vt (aus)denken | meinen, glauben | gedenken, vorhaben | què en penses? was meinst du dazu?; was hältst du davon? | penso anar-hi aviat ich beabsichtige (od habe vor), bald hinzugehen | pensat i fet gedacht, getan | qui ho havia de pensar! wer hätte das gedacht! | **~ar-se** v/r meinen, glauben | ja m'ho pensava ich dachte es mir schon | em penso que és boig ich glaube, er ist verrückt | pensar-s'hi darüber nachdenken, es s. überlegen | pensa-t'hi bé! überlege es dir gut! | **~arós** (**-osa** f), **~atiu** (**-iva** f) adj nachdenklich | gedankenvoll | s: pensiu, pensívol.

pensi|ó f Rente; Pension f | estud Studienbeihilfe f, Stipendium n | Pension f, Fremdenheim n | Pension, Verpflegung f | dr Unterhaltsbeitrag m | ~ completa Vollpension f | mitja ~ Halbpension f | **~onar** (33) vt pensionieren | (j-m) e-e Rente (bzw e-e Pension, e. Stipendium) zahlen | **~onat** (**-ada** f) m Rentner(in f); Pensionär(in f) m | Stipendiat(in f) m || s/m Internat n | **~onista** m/f Internatsschüler(in f) m.

pens|iu (-iva *f*), **~ívol** *adj* nachdenklich, gedankenvoll | *s: pensarós*.
pent|à *m quím* Pentan *n* | **~acord** *m mús hist* Pentachord *n* | **~àedre** *m geom* Pentaeder *n* | **~àgon** *m geom* Fünfeck, Pentagon *n* | *polít: el ~* das Pentagon *n* | **~agonal** *adj* (*m/f*) fünfeckig, pentagonal | **~agrama** *m mús* Noten-system *n*, -linien *f pl* | **~àmer** *adj* fünfteilig | **~àmetre** *m Lit* Pentameter *m* | **~asíl·lab** *adj* fünfsilbig || *s/m* fünfsilbige(s) Wort *n* | **~ateuc** *m bíbl* Pentateuch *m* | **~atló** *m esport* Fünfkampf *m*, Pentathlon *n* | **~atònic** *adj mús* pentatonisch | **~ecosta** *f ecl* Pfingsten *n*.
pentil *m quím* Amyl *n*.
pentin|ada *f* Kämmen *n* | *fig* Tadel *m*, Rüge *f* | *indús* Kämmen *n* | *tecn* Krempeln; Hecheln *n* | **~ador** *adj* kämmend | Kämm... | Frisier... || *s/m* Frisiertoilette *f* | Frisierumhang *m* | *s/f tèxt* (a. *màquina ~a*) Kämmaschine *f* || *s/mf* Friseur *m*, Friseuse *f* | **~ament** *m bes tèxt* Kämmen *n* | **~ar** (33) *vt* kämmen | frisieren | *tèxt* kämmen, kämmeln; hecheln; krempeln | *fig fam* (*j-m*) den Kopf waschen | **~ar-se** *v/r* s. kämmen | **~at** *m* Frisur, Haartracht *f* | **~ella** *f bot* Grauer Streifling; Scheidenstreifling *m* | **~ borda** Grüner Knollenblätterpilz *m*.
penúltim *adj* vorletzte(r, -s).
penúria *f* (gr[r]) Mangel *m*, Dürftigkeit *f* | Not *f* (*bes an Lebensmitteln*).
peny *m reg* = **~al** | (Kiesel)stein *m* | **~a** *f* (hoher, spitzer) Felsen *m* | *fig* (*Personenkreis*) Stammtisch *m; esport* Fanklub *m* | **~al** *m* einzelner gr(r) Felsen *m* | steile Klippe *f* | *anat* Felsenbein *n* | **~alar** *m* felsige(s) Gelände *n* | Felswand *f* | **~aler** *m* geübter (Felsen)Kletterer *m* | **~alós** (**-osa** *f*) *adj* felsig | **~a-segat** *m mst* Felsküste *f* | Felswand *f* | **~ater** *m* Abgrund *m*, Steil-, Fels-wand *f* | **~atera** *f* felsiges Gelände *n*.
penyora *f a. fig* Unterpfand *n* | Bürgschaft *f* | **~ment** *m* Geldstrafe *f* | **~r** (33) *vt* (*j-m*) e-e Geldstrafe auferlegen.
pe|ó *m ant* Fußgänger *m*; *mil* Fußsoldat *m* | (*Schach*) Bauer *m* | (*Damespiel*) Stein *m* | *constr* Handlanger, Hilfsarbeiter *m* | *ferroc* Bahnarbeiter *m* | **~ caminer** Straßen-, Chaussee-arbeiter | **~ especialitzat** angelernter Hilfsarbeiter | **~ona** *f ict* Knurrfisch *m* | **~onada** *f col* Handlanger *bzw* Hilfsarbeiter *m pl* | **~onalla** *f hist* Fußvolk *n* | **~onar** (33) *vi* zu Fuß gehen, wandern | hüpfen (*Vogel*) | **~oner** *m hist* Fußsoldat *m*.
peònia *f bot* Päonie, Pfingstrose *f*.
pepida *f med* (*Vögel*) Pips *m*.
peple *m hist* Peplos *m*.
pepònide *f bot* Kürbisfrucht *f*.
pep|sina *f* Pepsin *n* | *med a.* Pepsinwein *m* | **~tona** *f* Pepton *n*.
Pequ|ín *m* Peking *n* | **~inès** (**-esa** *f*) *adj* Pekinger | *s/mf* Pekinger(in *f*) *m* || *s/m* (*Hund*) Pekinese *m*.
per¹ *m arc* Bottich *m* | Waschkessel *m*.
per² *prep örtl* (*Durchgang*) durch; über (*ac*) | *entrar ~ la finestra* durch das Fenster hereinkommen | *passar pel camí* auf dem Weg gehen | *sortim ~ la porta* wir gehen durch die Tür hinaus | *vés ~ aquí* geh hier durch | *~ mar* zur See | *~ terra i ~ mar* zu Wasser u. zu Lande | *passar ~ Berlín* durch Berlin fahren; über Berlin reisen | *fig: passar pel cap* durch den Kopf gehen || (*ungefähre Ortsangabe*) *el trobaràs ~ la plaça* du wirst ihn irgendwo auf dem Platz finden | *~ aquí hi ha d'haver una font* hier herum muß e-e Quelle sein || *zeitl* während (*gen*), für (*ac*); zu (*dat*), an (*dat*) | *~ sempre més* für immer | *me n'aniré ~ tres setmanes* ich fahre (für) drei Wochen weg | *pel juny* im Juni | *~ Nadal* zu Weihnachten | *pel teu aniversari farem una festa* an deinem Geburtstag werden wir e. Fest veranstalten || (*Ursache, Grund; Mittel, Werkzeug; Art u. Weise*) wegen (*gen*); durch (*ac*); aus (*dat*) | *~ això t'ho dic* deswegen sage ich es dir | *~ què ho fas?* warum tust du das? | *~ alguna raó* aus irgendeinem Grunde | *~ amistat* aus Freundschaft | *t'ho faré saber ~ la criada* ich werde es dir durch (*od* über) das Dienstmädchen mitteilen | *~ escrit* schriftlich || (*Passiv*) von | *ha estat assassinada pel seu marit* sie ist von ihrem Mann ermordet worden | *dominat ~ la passió* von Leidenschaft beherrscht || (+ *inf*) *l'oncle ha vingut ~ veure't* der Onkel ist gekommen, um dich zu sehen | *el castigaren ~ haver dit mentides* sie bestraften ihn, weil er gelogen hatte | *estava ~ dir-t'ho* ich war drauf u. dran, es dir zu sagen ||

pera (*Vertretung, Ersatz*) für (*ac*), statt (*gen*), anstelle von (*dat*) | *jo contestaré ~ ell* ich werde für ihn (*od* an s-r Stelle) antworten || (*Preis*) *t'ho venc ~ mil pessetes* ich verkaufe es dir für tausend Peseten || (*Eigenschaft*) für (*ac*), als | *t'havia pres pel teu germà* ich hatte dich für deinen Bruder gehalten | *volia ~ esposa la filla del comte* er wünschte s. die Grafentochter als Gemahlin | *donar ~ certa u/c* etw für wahr halten *od* als sicher betrachten || (*Bezugnahme, Rücksicht*) *~ mi*, ja te'n pots anar meinetwegen kannst du schon weggehen | *interessar-se ~ alg* s. für j-n interessieren || (*Einteilung, Verhältnis*) für (*ac*), pro (*ac*) | *mot ~ mot* Wort für Wort | *~ cap* pro Kopf | *x marcs ~ hora* (*setmana*) x DM pro Stunde (Woche) | *cent quilòmetres ~ hora* hundert Stundenkilometer | *al tres ~ cent* zu drei Prozent || (*Multiplikation*) *tres ~ tres són nou* dreimal drei gleich neun || *~ a* (*Bestimmung, Zweck, Ziel*) für (*ac*); zu (*dat*) | *una carta ~ al teu germà* e. Brief für deinen Bruder | *no ets bo ~ a res* du taugst zu nichts | *n'hi ha prou ~ a tothom* es reicht für alle | *un estri ~ a pescar od ~ a la pesca* e. Gerät zum Fischen | (*in Verbindung mit Verben, die Notwendigkeit od Nützlichkeit ausdrükken*) *em calen ous ~ a fer el pastís* ich brauche Eier, um den Kuchen zu backen | (*Richtung*) *surt un tren ~* (*od cap*) *a Lleida* es fährt e. Zug nach Lleida ab | *zeitl: m'ho han encarregat ~ al dilluns* man hat es mir für Montag bestellt.
pera *f* Birne *f* | (*Gesicht*) Spitzbart *m* | *~ de goma* Klistierspritze *f*.
peralt *m arquit ferroc* Überhöhung *f* | **~ar** (33) *vt* (*Gewölbe, Gleis*) überhöhen.
perboc *m* (*Werkzeug*) Schneide *f*; Maul *n*, Weite *f* | *fig* unangenehme Überraschung *f*, *umg* Reinfall *m* | **~ar** (33) *vt* (er)brechen | *s:* vomitar | *tecn* (ver)stählen.
perborat *m quím* Perborat *n*.
perbullir (36) *vt* zweimal kochen.
perca *f ict* Flußbarsch *m*.
perca|ç *m* Errungenschaft *f*, Erfolg *m* | Mißgeschick *n* | = **~çament** | *nàut =* **pescant** | **~ça** *fig* Jagd *f* | *a la ~ de* (*loc prep*) auf der Jagd (*od* Suche) nach | **~çament** *m fig* Jagd, Verfolgung *f*, Streben *n* | = **percaç** | **~çar** (33) *vt fig* nachjagen (*dat*), verfolgen erstreben, suchen | **~çar-se** *v/r* erringen, s. (*dat*) verschaffen | s. (*dat*) zuziehen, auf s. ziehen | **~ceries** *f pl* Überbleibsel *n pl* | Beute *f*.
percal|a *f tèxt* Perkal *m* | *bot* Gemeine Schafgarbe *f* | *s:* milfulles | **~ina** *f tèxt* Perkalin *n*.
percebe *m zool* Entenmuschel *f*.
percebre (40) *vt* wahrnehmen | (*Betrag*) erhalten | (*Steuern*) einnehmen.
percent|atge *m* Prozentsatz *m* | **~ual** *adj* (*m/f*) prozentual.
percep|ció *f* Wahrnehmung *f* | *cient* Perzeption *f* | (*Steuer*) Einnahme *f* | **~tibilitat** *f* Wahrnehmbarkeit *f* | *cient* Perzeptibilität *f* | *~ acústica* Hörbarkeit *f* | **~tible** *adj* (*m/f*) wahrnehmbar | *p ext* spürbar, deutlich | *cient* perzeptibel | **~tiblement** *adv* merklich, spürbar | **~tiu** (**-iva** *f*) *adj* Wahrnehmungs... | **~tor** *adj* wahrnehmend | *capacitat* (*od potència*) *~a* Wahrnehmungsvermögen *n* || *s/mf* Empfänger(in *f*) *m*.
percl|orat *m quím* Perchlorat *n* | **~òric** *adj: àcid ~* Perchlorsäure *f*.
percola|ció *f quím* Perkolation *f* | **~dor** *m quím* Perkolator *m* | **~r** (33) *f quím* perkolieren.
percu|cient *adj* (*m/f*) durchschlagend | (stark) stoßend | **~dida** *f* Stoß *m* | **~dir** (40) *vt* (an)stoßen | klopfen, schlagen | *med* perkutieren, abklopfen | **~ssió** *f* Schlag, Stoß *m* | Klopfen, Schlagen *n* | *med mil mús* Perkussion *f*; *med a.* Abklopfen *n* | *instruments de ~* (*mús*) Schlag-, Perkussions-instrumente *n pl* | **~ssor** *adj* schlagend, stoßend || *s/m mil* Schlagbolzen *m*.
perd|edís (**-issa** *f*) *adj* leicht zu verlieren(d) | *fer perdedissa u/c* etw unauffindbar machen *od* verschwinden lassen | **~edor** *adj* verlierend || *s/mf* Verlierer(in *f*) *m* | **~ible** *adj* (*m/f*) verlierbar | **~ició** *f* Verderben *n* | *fig rel* ewige Verdammnis *f*.
perdig|anya *f* junges Rebhuhn *n* | **~ó** *m ornit* Rebhuhnküken | *caç* Schrotkugel *f* | *tenir un ~ a l'ala* (*fig fam*) nicht ganz bei Trost (*od* dicht, richtig) sein | **~onada** *f caç* Schrot-schuß *m*, -verletzung *f* | **~ot** *m ornit* männliches Rebhuhn *n* | **~uer** *adj caç* Rebhuhn... | *gos ~* Hühnerhund *m* || *s/f*

caç (Hühner)Jagdtasche *f.*
perdi|ment *m lit* Verlieren *n* | Verlust *m* | **~s** *m* = **perdulari**.
perdiu *f ornit* Rebhuhn *n* | *fig* Tierlunge *f* | *Bal euf* (männliches) Glied *n* | ~ *blanca* (od *de neu*) Schneehuhn *n* | ~ *grisa* od *xerra* Rebhuhn *n* | ~ *vermella* od *roja* Rothuhn *n* | ~ *de roca* Steinhuhn *n* | ~ *de mar* Brachschwalbe *f* | ~ *per als gats* Lunge *f* für die Katzen | **~eta** *f kl(s)* Rothuhn *n* | *bot* (*oft pl*) Flockenblume *f* («conifera»).
perd|ó *m* Verzeihung *f* | *demanar* ~ *a alg* j-n um Verzeihung bitten | *~!* Verzeihung!; Entschuldigung! | **~onable** *adj* (*m/f*) (Handlung) verzeihlich | (Person) entschuldbar | **~onador** *adj* verzeihend || *s/mf* Verzeihende(r *m*) *m/f* | **~onança** *f lit* Verzeihung *f* | Begnadigung *f* | *ecl* Ablaß *m* | **~onar** (33) *vt* vergeben, verzeihen (*a alg u/c* j-m etw; *alg* j-m) | begnadigen, verschonen (*j-n*) | entschuldigen | (Pflicht; Schuld; Mühe) befreien; erlassen, schenken; (er)sparen, scheuen | *no et ~é mai aquesta ofensa* diese Kränkung werde ich dir nie verzeihen | *la mort no perdona ningú* der Tod verschont niemanden | *els perdonà la vida* er schenkte ihnen das Leben | *et perdono el que em deus* ich erlasse dir, was du mir schuldest | *no ~ penes ni fatigues* weder Beschwerden noch Mühe sparen od scheuen | *perdoni que el molesti...* entschuldigen Sie, wenn ich Sie störe, ... | *perdona: no ho volia fer* entschuldige, das wollte ich nicht tun | *perdoni: això no és ben bé veritat* verzeihen Sie, (aber) das stimmt nicht ganz | *ha mort: (que) Déu l'hagi perdonat!* er ist gestorben, Gott möge ihm verzeihen *od* Gott hab' ihn selig! | *l'avi, que Déu l'hagi perdonat, sempre ho deia* der Großvater selig sagte es immer | **~onavides** *m* Maulheld, Prahler *m*.
perdre (34) *vt a. fig* verlieren | *a.* einbüßen, um (*ac*) kommen | (Hoffnung) *a.* aufgeben | (Zeit) *a.* vergeuden, versäumen | (Gelegenheit, Zug) verpassen, versäumen | (Flüssigkeit, Gas) durchlassen | (*j-n*) verderben, zugrunde richten; *ecl* zur Verdammnis führen | ~ *les claus* die Schlüssel verlieren | ~ *el camí* vom Weg(e) abkommen | ~ *una cama* (*el patrimoni, la bona fama*) e. Bein (das Vermögen, s-n guten Ruf) verlieren *od* einbüßen | *ho he perdut tot* ich habe alles verloren *od* ich bin um alles gekommen | ~ *cabells* (*dents, la vista*) Haare (Zähne, das Augenlicht) verlieren | ~ *el coneixement* (*el coratge, el bon humor, la feina, la gana, la paciència, la vida*) das Bewußtsein (den Mut, die gute Laune, die Arbeit, den Appetit, die Geduld, das Leben) verlieren | ~ *el cap* (*el seny*) den Kopf (den Verstand) verlieren | ~ *el nord* die Orientierung verlieren | ~ *de vista* aus den Augen verlieren | ~ *el fil* (beim Sprechen) den Faden verlieren | ~ *de valor* (*de consideració*) an Wert (an Ansehen) verlieren | ~ *una batalla* (*un partit, una aposta*) e-e Schlacht (e. Spiel, e-e Wette) verlieren | ~ *diners en el joc* Geld im Spiel verlieren | *han perdut dos fills a la guerra* sie haben im Krieg zwei Söhne verloren | ~ *l'aroma* (*el color*) das Aroma (die Farbe) verlieren | ~ *terreny* an Boden verlieren, zurückgehen || *vi*: *aquesta dona ha perdut molt* diese Frau hat sehr verloren | *podíem guanyar, però hem perdut* wir konnten gewinnen, aber wir haben verloren | *el dipòsit perd* der Tank leckt | *aquesta roba perd* dieser Stoff bleicht aus | **~'s** *v/r s.* verlieren | verlorengehen | *s.* verirren, *s.* verlaufen | zugrunde gehen, verderben, verkommen | (beim Sprechen) den Faden verlieren | ~ *en conjectures* (*en detalls*) *s.* in Vermutungen (in Einzelheiten) verlieren | ~ *u/c s.* etw entgehen lassen; etw verpassen | *aquí, no se t'hi ha perdut res* (*fam*) du hast hier nichts verloren.
pèrdua *f a. fig* Verlust *m* | *a.* Einbuße *f* | *econ a.* Ausfall, Schaden, Nachteil *m* | (geistig, moralisch) Untergang, Verfall *m*, Verderben *n* | ~ *de l'ànima* ewige Verdammnis *f* | | ~ *de capitals* Kapitalschwund *m* | ~ *d'interessos* Zinsausfall *m* | ~ *dels drets cívics* od *civils* Verlust *m* der bürgerlichen Rechte | ~ *de pes* (*de forces, de sang*) Gewichts-(Kräfte-, Blut-)verlust *m* | ~ *de la vista* Erblindung *f* | ~ *de* (od *en*) *valor* Werteinbuße *f* | ~ *de velocitat* Geschwindigkeitsverlust *m* | ~ *parcial* (*total*) Teil-(Gesamt-)verlust, -schaden *m* || *pl* (Frau) Blutungen *f pl*; Ausfluß *m*.
perdu|dament *adv s*: *perdut* | ~ *enamorat* rettungslos verliebt | **~lari** (**-ària** *f*)

m Taugenichts, Nichtsnutz, Lump *m*.
perdura|bilitat *f* Dauerhaftigkeit, Beständigkeit *f* | Haltbarkeit *f* | ecl Unvergänglichkeit *f* | **~ble** *adj* (*m/f*) dauerhaft, beständig | haltbar | ecl unvergänglich, ewig(lich) | **~r** (33) *vi* (fort)dauern, bestehenbleiben | lange dauern, währen | an-halten, -dauern.
perdut (**-uda** *f*) *adj* verloren | verdorben | verirrt | liederlich | (*Kranker*) nicht mehr zu retten | (*Mühe*) unnütz ‖ *s/mf* = **perdulari** ‖ *s/f bes* Prostituierte *f*.
peregr|í (**-ina** *f*) *adj* seltsam, sonderbar, wunderlich | **~inació** *f* Herum-reisen, -wandern *n* | *vaig fer una llarga ~ per tot Àfrica* ich machte e-e lange Wanderung durch ganz Afrika | *s: pelegrinatge* | **~inar** (33) *vi* herum-reisen, -wandern, umherziehen | *ja no vull ~ més d'un país a l'altre: torno a casa* ich will nicht länger von e-m Land ins andere wandern; ich kehre heim | *s: pelegrinar* | **~initat** *f* Seltsamkeit, Sonderbarkeit.
perell|ó[1] *m med* = **penelló**.
perell|ó[2] *m* wilde Birne *f* | **~oner** *m bot* wilder Birnbaum *m*.
peremp|ció *f* Ungültigwerden *n* | Verjährung *f* | **~tori** (**-òria** *f*) *adj* dringlich | unaufschiebbar | *dr: decisió peremptòria* endgültige Entscheidung | **~tòriament** *adv* dringlich, dringend | **~torietat** *f* Dringlichkeit *f* | Endgültigkeit *f*.
perenn|al(**ment** *adv*), **~e**(**ment** *adv*) *adj* (*m/f*) fort-dauernd, -während | *bot* immergrün | ecl ewig(lich) | **~ifoli** (**-fòlia** *f*) *adj bot* nichtlaubabwerfend | **~itat** *f* Dauerhaftigkeit, Fort-dauer *f*, -bestand *m* | *p ext* Unaufhörlichkeit *f* | ecl Ewigkeit *f*.
perequació *f* gleichmäßige Verteilung *f*.
perer|(**a** *f*) *m bot* Birnbaum *m* | **~**(**a**) **bord**(**a**) wilder Birnbaum *m* | **~ar** *m*, **~eda** *f agr* Birnbaumpflanzung *f*.
peres|a *f* Faulheit, Trägheit *f* | **~ívol** *adj* (*zB Wetter*) träge (*od* schläfrig) machend | **~ós** (**-osa** *f*) *adj* arbeitsscheu | faul, träge | schwerfällig | *p ext: un estómac ~ e.* schwerfälliger Magen ‖ *s/m zool* Faultier *m*.
perfe|cció *f* Vollendung *f* | Vollkommenheit, Perfektion *f* | *a la ~* (*loc adv*) vollkommen; meisterhaft, tadellos ‖ *pl* Vorzüge *m pl* | Vollkommenheiten *f pl* | **~ccionador** *adj* vervollkommnend ‖ *s/m tecn* Vervollkommner *m* |

mús (*Ràdio*): *~ de sons* Klangveredler *m* | **~ccionament** *m* Vervollkommnung *f* | Fortbildung *f* | econ Veredlung *f* | **~ccionar** (33) *vt* vervollkommnen | aus-, fort-bilden | aus-, über-arbeiten, verbessern | **~ccionar-se** *v/r* s. vervollkommnen | s. weiterbilden | s. verbessern | **~ccionisme** *m* Perfektionismus *m* | (*Lehre*) *a*. Perfektibilismus *m* | **~ccionista** *adj* (*m/f*) perfektionistisch ‖ *s/m/f* Perfektionist(in *f*) *m* | Perfektibilist(in *f*) *m* | **~ctament** *adv s: perfecte* | **~cte** *adj* vollkommen, vollendet | vortrefflich, vorzüglich | ausgezeichnet, hervorragend, perfekt | *sí, ~, m'agrada molt!* ja, prima, das gefällt mir sehr! | **~ctibilitat** *f* Verbesserungsfähigkeit, Perfektibilität *f* | **~ctible** *adj* (*m/f*) verbesserungsfähig | **~ctiu** (**-iva** *f*) *adj* perfektiv, perfektivisch | **~r** (40) *vt* vollenden | vervollständigen | **~t** *adj* vollendet | vollkommen | vervollständigt | *s: perfecte* ‖ *s/m ling* Perfekt(um) *n* | *~ perifràstic* (*ling*) periphrastisches (*od* umschreibendes) Perfekt *n* (*des Katalanischen*).
pèrfid(**ament** *adv*) *adj* falsch, heimtückisch, hinterlistig, treulos, perfid(e).
perfídia *f* Falschheit, Heimtücke, Treulosigkeit, Verräterei, *lit* Perfidie, Perfidität *f*.
perfil *m a. tecn* Profil *n* | Seitenansicht *f*, Umriß *m* | *geogr* Durch-, Quer-seite *f* | (*Schrift*) Auf-, Haar-strich *m* | *~s laminats* (*tecn*) Walzprofile *n pl* | *de ~* im Profil, von der Seite | **~ar** (33) *vt* im Profil (*od* im Querschnitt) darstellen | umreißen | profilieren | *p ext* skizzieren | **~ar-se** *v/r a. fig* s. abzeichnen | **~at** (**-ada** *f*) *adj* (*Gesicht*) scharf geschnitten | *a. fig* profiliert | (*Wappen*) umrissen.
perfoliat (**-ada** *f*) *adj bot* (*Blatt*) durchwachsen.
perfora|ble *adj* (*m/f*) durchbohrbar, (durch)lochbar, perforabel | **~ció** *f* Durch-bohrung, -löcherung, Lochung, Reißlinie, Perforierung *f* | **~dor** *adj* (durch)bohrend, durchlochend ‖ *s/mf* (*Gerät, Maschine*) Bohrer, Locher, Perforator *m*; Perforiermaschine, Lochzange *f* | (*Person*) Locher(in *f*) *m* | **~ment** *m* = **~ció** | **~nt** *adj* (*m/f*) durch-bohrend, -lochend | **~r** (33) *vt* durch-bohren, -lochen, -löchern | lochen | perforieren | (*Schacht*) abteufen.

perfum *m* Parfüm, Parfum *n* | (*Geruch*) Duft *m* | **~ador** *m* Parfümzerstäuber *m* | = **pebeter** | **~ar** (33) *vt* parfümieren | (*Raum*) durchduften | **~ar-se** *v/r* s. parfümieren | **~at** (**-ada** *f*) *adj* duftend, wohlriechend | parfümiert | **~er(a** *f*) *m* Parfümeur(in *f*) *m* | Parfüm-fabrikant(in *f*) *bzw* -händler(in *f*) *m* | **~eria** *f* Parfümerie *f*.
perfusió *f med* Perfusion *f*.
pergamí *m* Pergament *n* | (a. *paper* ~) Pergamentpapier, Pergamin *n* | *de* ~ pergamenten, aus Pergament || *pl* Adels-briefe *m pl*, -urkunden *f pl*.
pergirar (33) *vt* umwälzen | auf-, durch-wühlen.
pèrgola *f* Laubengang *m*, Pergola *f*.
periant *m bot* Blütenhülle *f*, Perianth *n*.
perible *adj* (*m/f*) sterblich, vergänglich | (*Lebensmittel*) verderblich.
peri|cardi *m anat* Herzbeutel *m*, Perikard(ium) *n* | **~carditis** *f med* Herzbeutelentzündung, Perikarditis *f* | **~carp** *m bot* Frucht-hülle, -wand *f*, Perikarp *n* | **~cèntric** *adj* perizentrisch.
per|ícia *f* Fertigkeit, Geschicklichkeit, Gewandtheit *f* | Erfahrung, Übung *f* | Sachkenntnis *f* | **~icial** *adj* (*m/f*) fach-, sach-kundig | Sachverständigen... | tüchtig.
peri|cicle *m bot* Perizykel *m* | **~clasa** *f min* Periklas *m*.
periclitar (33) *vi* in Gefahr sein, bedroht sein.
pericó *m bot* (a. ~ *foradat* od *groc*) Tüpfel-Johanniskraut *od* Tüpfelhartheu *n* | ~ *vermell* Tausendgüldenkraut *n*.
pericondri *m anat* Knorpelhaut *f*, Perichondrium *n* | **~tis** *f med* Knorpelhautentzündung *f*.
perícopa *f bibl ecl* Perikope *f*.
pericot *m* (*Kartenspiel*) Pferd *n* im Treff.
peri|crani *m anat* Perikranium, Schädelknochenhaut *f* | **~derma** *m bot* Periderm *n*.
peridot *m min* Peridot *m* | **~ita** *f min* Peridotit *m*.
periec *m hist* Perioke *m*.
perifèri|a *f* Peripherie *f* | *la* ~ *de Barcelona* der Stadtrand (*od* die Peripherie) von Barcelona | **~c** *adj a. med tecn* peripher | Rand... | *fig a.* nebensächlich | **~cament** *adv* oberflächlich.
per|ifras(ej)ar (33) *vi* Umschreibungen benutzen || *vt* umschreiben, periphrasieren | **~ífrasi** *f* Umschreibung, Periphrase *f* | **~ifràstic(ament** *adv*) *adj* umschreibend, periphrastisch.
peri|geu *m astr* Perigäum *n*, Erdnähe *f* | **~gin** (**-ígina** *f*) *adj bot* perigyn | **~goni** *m bot* Perigon(ium) *n* | **~heli** *m astr* Perihel(ium) *n*, Sonnennähe *f*.
perill *m* Gefahr *f* | ~ *d'incendi* (*de mort*) Feuer-(Lebens-)gefahr *f* | *en* ~ in Gefahr; gefährdet | *fora de* ~ außer Gefahr | *sense* ~ ohne Gefahr; gefahrlos | *córrer el* ~ *de* + *inf* Gefahr laufen daß *od* zu + *inf* | *estar* (*od trobar-se*) *en* ~ in Gefahr sein *od lit* schweben | *hi havia* ~ *de la vida* es bestand Lebensgefahr | *no hi ha pas* ~! (*iròn*) die Gefahr besteht nicht! | *posar en* ~ in Gefahr bringen, gefährden | **~ar** (33) *vi* in Gefahr sein | *fer* ~ gefährden, in Gefahr bringen | *el pont perilla d'enfonsar-se* die Brücke droht einzustürzen | **~ós** (**-osa** *f*, **-osament** *adv*) *adj* gefährlich.
per|ímetre *m geom* Umfang, Umkreis *m* | *med* Perimeter *n* | *el* ~ *urbà* der Stadtumkreis *m* | *mil*: ~ *defensiu* Verteidigungsgürtel *m* | **~imetri** *m anat* Perimetrium *n* | **~imètric** *adj* perimetrisch, Umfang...
perínclit *adj* sehr berühmt | höchst glorreich.
perineu *m anat* Damm *m*, Perineum *n*.
per|íode *m mat fís astr geol ling mús* Periode *f* | *geol a.* Formation *f* | *astr a.* Umlauf(szeit *f*) *m* | *fís a.* Schwingungsdauer *f* | *ling a.* Großsatz *m* | ~ *de sessions* (*polít*) Sitzungsperiode *f* | ~ *radioactiu* (*de semidesintegració*) (*fís*) radioaktive Halbwert(s)zeit *f* | ~ *d'un reactor* (*fís*) Reaktorperiode *f* | ~ *terciari* (*geol*) Tertiär *n* | **~iòdic** *adj* periodisch | regelmäßig wiederkehrend | *publicació* ~**a** Zeitschrift *f* | *lit: estil* ~ ausgeglichener Stil *m* | *mat: fracció* ~**a** periodischer Bruch *m* | *med: febre* ~**a** Wechselfieber *n* || *s/m* Zeitschrift *f* | *bes* (Tages)Zeitung *f* | **~iòdicament** *adv s: periòdic* | **~iodicitat** *f* Periodizität, regelmäßige Wiederkehr *f* | **~iodisme** *m* Journalismus *m* | Journalistik *f* | **~iodista** *m/f* Journalist(in *f*) *m* | **~iodístic(ament** *adv*) *adj* journalistisch | Zeitungs....
periosti *m anat* Knochenhaut *f*, Periost *n* | **~tis** *f med* Knochenhautentzündung, Periostitis *f*.
peripat|ètic *adj filos* peripatetisch || *s/mf*

peripècia

Peripatetiker(in f) m | **~etisme** m Peripatos m.
per|ipècia f Wendung f, Umschwung m | bes Lit Peripetie f | Wechsel-, Zwischen-fall m | les peripècies de la sort die Wechselfälle m pl des Schicksals | **~iplasma** m bot Periplasma n | **~iple** m nàut Umschiffung, Umseg(e)lung f | p ext Rundreise f | **~ípter** adj arquit: temple ~ Peripteros, Peripteraltempel m.
periquito m ornit Wellensittich m.
perir (37) vi lit ums Leben kommen, sterben | fig untergehen | bot zool aussterben.
peri|scopi m nàut Periskop, Sehrohr n | **~scòpic** adj periskopisch | **~sperma** m bot Keimhülle f | **~spermàtic** adj Keimhüllen...
perisso|dàctils m pl Unpaar-hufer m pl, -zeher n pl | **~logia** f lit Wortemacherei f | Schwatzhaftigkeit f.
per|istàltic adj anat peristaltisch | moviments ~s Peristaltik f | **~istil** m arquit hist Peristyl n, Säulen-gang m, -reihe f | **~ístole** f med Peristole f | **~istoma** m biol Peristom n.
perit adj erfahren, fach-, sach-kundig (en in dat) || s/mf a. dr Sachverständige(r m) m/f | **~ar** (33) vt (fachmännisch) begutachten | **~atge** m dr Sachverständigengutachten n | fachmännische Begutachtung f | Sachverständigengebühren f pl | Sachverständigenberuf m | mittleres Fachstudium n.
periteci m bot Perithezium n.
periton|eal adj (m/f) med peritoneal, Bauchfell... | **~eu** m anat Peritoneum, Bauchfell n | **~itis** f med Peritonitis, Bauchfellentzündung f.
perjudic|ador adj schadend, schädigend || s/mf Schädiger(in f) m | **~ar** (33) vt schaden (dat), schädigen | benachteiligen | **~i** m Nachteil, Schaden m | Beschädigung f | Beeinträchtigung f | ~ jurídic (dr) Rechtsnachteil m | en ~ d'alg (loc prep) zu j-s Schaden | sense ~ dels seus drets unbeschadet s-r Rechte | **~ial** adj (m/f) schädlich, nachteilig (a od per a für ac) | ~ a la salut gesundheitsschädlich.
perjuí m (pl -ís) Bal Val = **perjudici**.
perjur adj meineidig | eidbrüchig || s/mf Eidbrüchige(r m), Meineidige(r m) m/f | **~ador** adj u. s/mf = **perjur** |

permís

~ar (33) vi falsch schwören, e-n Meineid schwören | fam ohne Not schwören || vt beharrlich schwören od versichern | **~i** m Meineid, Eidbruch m.
perl|a f a. fig Perle f | Kleinod n | ~ falsa od artificial unechte Perle f | ~ de cultiu od cultivada Zuchtperle f | ~ muntada eingefaßte Perle f | **~at** (-ada f) adj perlig | Perl(en)... | agr: ordi ~ Perlgerste f; Perlgraupen f pl | **~ejant** adj (m/f) perlend | **~ejar** (33) vt mit Perlen besetzen bzw verzieren | lit: la rosada perleja les flors der Tau schmückt die Blumen mit Perlen || vi perlen | **~er** adj Perl(en)... | ostra ~a Perlmuschel f || s/m Perlenfischer m | Perlenhändler m | **~eria** f col Perlen f pl | **~í** (-ina f) adj perlfarben | resplendor perlina Perl-glanz, -schimmer m | **~ita** f min Perlit n.
perllonga f Ansatz(stück n) m | **~ment** m Verlängerung f | Aufschub m | **~r** (33) vt verlängern | aufschieben, verzögern | **~r-se** v/r s. hinauszieh en, s. verzögern | s: prolongar(-se).
perló m tèxt Perlon n.
perman|ència f Aufenthalt m, Verweilen n | Verbleiben, Verharren n | Fortdauer f, Andauern n, Permanenz f | **~ent(ment** adv) adj (m/f) ständig | bleibend | dauernd | permanent | Dauer... | mil (Heer) stehend | comissió ~ ständiger Ausschuß m | sessió ~ Dauersitzung f || s/f Dauerwelle f.
permang|anat m quím Permanganat, übermangansaures Salz n | ~ de potassi Kaliumpermanganat n | **~ànic** adj: àcid ~ Übermangansäure f.
permeab|ilitat f Durchlässigkeit f | a. fís Permeabilität f | ~ a l'aigua Wasserdurchlässigkeit f | ~ cel·lular Zellpermeabilität f | ~ selectiva selektive Permeabilität f | **~le** adj (m/f) a. fig durchlässig | a. fís undicht | ~ a l'aigua (a la llum) wasser-(licht-)durchlässig.
permet|edor adj zulässig | **~re** (40) vt erlauben, gestatten | ermöglichen | (er)dulden, geschehen lassen | zulassen (de + inf zu + inf) | **~re's** v/r s. erlauben | m'he permès d'entrar sense trucar ich habe mir erlaubt, ohne anzuklopfen einzutreten | si m'és permès wenn es (mir) erlaubt ist.
permià (-ana f) adj geol permisch || s/m Perm n.
perm|ís m Erlaubnis f | Genehmigung,

permixtió Bewilligung *f* | Zulassung *f* | *mil* Urlaub *m* | ~ *d'armes* Waffenschein *m* | ~ *de circulació* Zulassungsschein *m* | ~ *de conducció* od *de conduir* Führerschein *m* | ~ *d'entrada* Einreise-erlaubnis, -genehmigung *f* | ~ *d'exportació* (*d'importació*) Ausfuhr-(Einfuhr-)genehmigung *f* | ~ *de pesca*(*r*) Angelschein *m* | ~ *de residència* Aufenthaltserlaubnis *f* | ~ *de treball* Arbeitserlaubnis *f* | *amb* (*el vostre*) ~ mit Verlaub; (wenn Sie nichts dagegen haben) | *mil: amb* (od *de*) ~ beurlaubt | **~issibilitat** *f* Statthaftigkeit, Zulässigkeit *f* | **~issible** *adj* (*m/f*) zulässig, statthaft | **~issió** *f lit* Erlauben *n* | **~issiu** (**-iva** *f*, **-ivament** *adv*) *adj* gestattend, erlaubend | freizügig, liberal, permissiv | *societat permissiva* permissive Gesellschaft *f*.
permixtió *f bes quím* vollständige Vermischung *f*.
permòdol *m constr* Konsole *f*, Kragstein *m* | Sparrenkopf *m*.
permuta *f* (Aus)Tausch *m* | Umtausch *m* | ~ *de cases* Wohnungstausch *m* | **~ble** *adj* (*m/f*) aus-, ver-tauschbar | *mat* permutabel | **~ció** *f* (Amts)Versetzung *f* | Stellentausch *m* | *mat ling* Permutation, Umstellung *f* | **~dor** *adj* (ver)tauschend || *s/mf* Tauschende(r *m*) *m/f* | **~nt** *m/f* Stellentauscher(in *f*), Tauschpartner(in *f*) *m* | Wohnungstauscher(in *f*) *m* | **~r** (33) *vt* (ver-, um-)tauschen | *mat ling* permutieren, umstellen | ~ *u/c amb alg* mit j-m etw (aus)tauschen | *mat* permutieren, umstellen.
pern *m tecn* Bolzen *m* | Stift *m* | Zapfen *m* | ~ *reblat* Nietbolzen *m* | *fig: el ~ del món* die Weltachse.
pern|a *f ant reg* (*bes Schwein*) Keule *f*, Schenkel *m* | *s: pernil* | *batre les pernes* sterben, verenden (*Tier*) | *caure de pernes enlaire* auf den Rücken fallen | **~abatre** (34) *vi* mit den Beinen zappeln | **~ada** *f* Fußtritt *m* | (*Tier*) Ausschlagen *n* | *fig Bal* Stichelei, Grobheit *f* | *hist* Recht *n* der ersten Nacht | **~ejar** (33) *vi* strampeln | mit den Beinen zappeln.
perniciós (**-osa** *f*, **-osament** *adv*) *adj mst med* bösartig, perniziös | *fig* schädlich | ~ *a la salut* gesundheitsschädlich | *febre perniciosa* perniziöses Fieber *n*.
pernil, *reg a.* **~l** *m* (*Tier, bes Schwein*) Keule *f*, Schenkel *m* | *a. fig fam* Schinken *m* | ~ *dolç* gekochter Schinken | *tenir bons ~s* dicke Schinken haben.
pernoctar (33) *vi lit* nächtigen.
pernoliar (33) *vt ecl* die letzte Ölung spenden.
però *conj* aber | *ha vingut, ~ no l'he vista* sie ist gekommen, aber ich habe sie nicht gesehen || (*eingeschoben*) *ell, ~, ja ho sabia* er wußte es aber schon | *ell t'ho cedirà tot, amb la condició, ~, que...* er wird dir alles abtreten, jedoch unter der Bedingung, daß... || (*Partikel*) ~ *com has crescut!* du bist aber gewachsen! | ~ *què fas?* ja was machst du denn? || (*Hervorhebend vor e-r abgesonderten genaueren Bestimmung*) *m'ha enganyat, ~ de quina manera!* er hat mich getäuscht, und wie! || *s/m* Aber *n*, Einwand *m* | Schwierigkeit *f*, Haken *m*.
perol *m* Kessel *m* | **~a** *f gr*(*r*) Kessel *m* | **~ada** *f* Kessel *m* (voll) | **~aire**, **~er** *m* Kesselschmied *m*.
peron|é *m* (*pl -és*) *anat* Wadenbein *n* | **~eal** *adj* (*m/f*) Wadenbein...
peronis|me *m polít* Peronismus *m* | **~ta** *adj* (*m/f*) peronistisch || *s/m/f* Peronist(in *f*) *m*.
perora|ció *f* Rede *f* | (*Rede*) abschluß *m*; Schlußwort(e *pl*) *n* | **~r** (33) *vi* reden, e-e Rede halten | *iròn* palavern.
peròxid *m quím* Peroxyd *n*.
perpal *m* Hebel, Hebebaum *m*.
perpendic|le *m* Lot *m* | *astr nàut* Perpendikel *n* | **~ular** *adj* (*m/f*) lot-, senkrecht, perpendikular, perpendikulär | ~ *a* senkrecht zu (*dat* od *ac*) || *s/f* Senkrechte *f*, Lot *n* | **~ularitat** *f* senkrechte Richtung *f* | **~ularment** *adv* senkrecht.
perpetra|ció *f* Begehen, Verüben *n* | **~dor** *adj* begehend, verübend || *s/mf* Täter(in *f*) *m* | **~r** (33) *vt* (*Verbrechen*) begehen, verüben.
perpetu (**-ètua** *f*, **-ètuament** *adv*) *adj* fortwährend | (*Strafe*) lebenslänglich | (*Amt, Rente*) auf Lebenszeit | *fig* ewig | unaufhörlich | **~ació** *f* Fort-dauer *f*, -bestehen *n* | Verlängerung *f* | Verewigung *f* | Fortpflanzung *f* | **~al**(**ment** *adv*) *adj* (*m/f*) = **perpetu** | **~ar** (33) *vt* fortbestehen lassen | verewigen | *lit* perpetuieren | ~ *l'espècie* s. fortpflanzen | ~ *un error* e-n Irrtum aufrechterhalten | **~ïna** *f bot* Rote Immortelle *f*, Kugelamarant *m* | **~ïtat** *f*

perpinyanès

Fortdauer, Unaufhörlichkeit *f* | Beständigkeit *f* | *fig* Ewigkeit *f* | *a* ~ (*loc adv*) auf Lebenszeit.
perpinyanès (-esa *f*) *adj* Perpinyaneser, aus Perpinyà || *s/mf* Perpinyaneser(in *f*) *m*.
perplex|(**ament** *adv*) *adj* perplex, ratlos, verwirrt | bestürzt | *umg* verdutzt | verlegen | **~itat** *f* Perplexität, Ratlosigkeit *f* | Verlegenheit *f* | Verblüffung *f*.
perpunt *m tèxt hist* Wams *n*.
perquè *conj* (+ *ind*) weil | (+ *subj*) damit | *no han vingut* ~ *plovia* sie sind nicht gekommen, weil es regnete | *calla,* ~ *no t'aguanto més* schweige, weil ich dich nicht länger ertragen kann | *t'ho dono* ~ *li ho ensenyis* ich gebe es dir, damit du es ihm zeigst || *s/m* Warum *n*, Grund *m*, Ursache *f* | *no et puc dir el* ~ ich kann (*bzw* darf) dir nicht sagen, warum.
perqui|**rir** (37) *vt lit* durchforschen | *dr* durchsuchen | **~sició** *f dr* Durch-, Haus-suchung *f* | **~sicionar** (33) *vt dr* durchsuchen | **~sitor** *adj dr* durchsuchend, Haussuchungs... || *s/mf* Durchsuchende(r *m*) *m/f*.
perranya *f* Klepper *m*.
perru|**ca** *f* Perücke *f* | **~quer(a** *f*) *m* Friseur *m*, Friseuse *f* | Perückenmacher(in *f*) *m* | *s: barber* | **~queria** *f* Frisieursalon *m* | Friseurhandwerk *n* | **~quí** *m* Toupet *n*.
pers|**a** *adj* (*m/f*) persisch || *s/m/f* Perser(in *f*) *m* || *s/m ling* Persisch *n* | *el* ~ das Persische | **~à** (**-ana** *f*) *adj u. s/mf* = **persa**.
perse|**cució** *f a. dr fig* Verfolgung *f* | ~ *judicial* gerichtliche Verfolgung | (*Radsport*) *cursa de* ~ Verfolgungsrennen *n* | **~cutor** *adj u. s/mf* = **~guidor** | **~cutori** (**-òria** *f*) *adj* Verfolgungs... | *mania persecutòria* Verfolgungswahn *m* || *s/mf* Verfolger(in *f*) *m* | **~guiment** *m* = **persecució** | **~guir** (37) *vt a. dr fig* verfolgen | *fig a.* (*j-n*) nicht loslassen; (*etw*) erstreben, zu erreichen suchen.
Perseu *m mit astr* Perseus *m*.
persever *m* Beharren *n* | **~ança** *f* Ausdauer, Beharrlichkeit *f* | Verharren *n* | Fortbestehen *n* | *s: persistència* | **~ant**(**ment** *adv*) *adj* (*m/f*) ausdauernd, beharrlich | **~ar** (33) *vi* beharren, verharren | aushalten | standhaft bleiben (*en* auf; in *dat*).

Pèrsia *f* Persien *n*.
persiana *f* Fensterladen *m* | ~ *enrotllable* Jalousie *f*; Rolladen *m*.
pèrsic *adj* persisch | *el golf* ~ der Persische Golf *m*.
persicària *f bot* Flohknöterich *m* | Flohkraut *n*.
persignar (33) *vt* bekreuzen | **~-se** *v/r* s. bekreuzigen.
persimó *m bot* Persimone, Virginische Dattelpflaume *f*.
persist|**ència** *f* Fort-bestand *m*, -bestehen *n*, -dauer *f* | An-dauern, -halten *n* | Ausdauer, Beharrlichkeit, Beständigkeit *f* | Verharren *n* | **~ent** *adj* (*m/f*) fort-dauernd, -während | an-dauernd, -haltend | bleibend | beharrlich | *med: febre* ~ anhaltendes Fieber *n* | *bot: fullatge* ~ bleibendes Blattwerk *n* | **~ir** (37) *vi* fortdauern, an-dauern, -halten | ~ *en u/c* auf etw (*dat*) beharren *od* bestehen | ~ *a fer u/c* darauf bestehen, etw zu tun | *la crisi persisteix* die Krise hält an | ~ *a negar u/c* etw beharrlich leugnen.
person|**a** *f a. dr* Person *f* | Mensch *m* | *en* ~ (*loc adv*) persönlich | *sense accepció de persones* ohne Ansehen der Person | ~ *gran* Erwachsene(r *m*) *m/f* | ~ *jove* Jugendliche(r *m*) *m/f* | *dr :* ~ *física* (*jurídica*) natürliche (juristische) Person *f* | ~ *moral privada* private Vereinigung *f* | ~ *moral pública* od *de dret públic* Körperschaft *f* des öffentlichen Rechts | *tercera* ~ (der, die) Dritte | *ecl:* ~ *divina* göttliche Person *f* | *ling: primera* (*segona, tercera*) ~ erste (zweite, dritte) Person *f* | **~ades** *f pl bot* Verwachsenblumenblättrige *f pl* | **~al** *adj* (*m/f*) *a. ling* persönlich, Personal... | personell | Personen... | *pronom* ~ Personalpronomen, persönliches Fürwort *n* || *s/m* Personal *n*, Belegschaft *f* | *cap de* ~ Personalchef *m* | ~ *fix* (*eventual*) Stamm-(Aushilfs-)personal *n* | **~alisme** *m* Ich-bezogenheit, -sucht *f* | *filos* Personalismus *m* | **~alista** *adj* (*m/f*) ich-bezogen, -süchtig | *filos* personalistisch || *s/m/f filos* Personalist(in *f*) *m* | **~alitat** *f* Persönlichkeit, Prominenz *f* | Wesensart, Persönlichkeit *f* | *culte de la* ~ Personen-, Persönlichkeits-kult *m* | **~alització** *f* Verpersönlichung *f* | Schaffung *f* e-s persönlichen Verhältnisses | persönliche Andeutung *f* | **~alitzar** (33) *vt* personifizieren | *s:*

personificar || *vi* persönlich werden | **~alment** *adv* persönlich, in (eigener) Person, *lit arc* personaliter | **~atge** *m* (hohe) Persönlichkeit *f* | *Lit teat* Person, Gestalt, Figur *f* | **~ificable** *adj* (*m/f*) personifizierbar | **~ificació** *f* Personi-fikation, -fizierung *f* | Verkörperung *f* | **~ificar** (33) *vt* personifizieren | verkörpern | *ell és la bondat personificada* er ist die personifizierte Güte.

perspecti|u (-*iva f*) *adj* perspektivisch | **~va** *f arquit art fig* Perspektive *f* | *fig a.* Aus-blick *m*, -sicht *f* | ~ *aèria* Luftperspektive *f* | ~ *lineal* Linearperspektive *f* | *tinc un bon negoci en* ~ ich habe e. gutes Geschäft in Aussicht | *s'obren noves perspectives* es öffnen s. neue Perspektiven | *amb (sense) perspectives* aussichts-reich (-los) | **~visme** *m filos* Perspektivismus *m* | **~vista** *m/f* Perspektivist(in *f*) *m*.

perspic|aç(ment *adv*) *adj* (*m/f*) scharfsinnig | **~àcia** *f* Scharf-sinn, -blick *m* | **~acitat** *f* = **~àcia** | **~u** (-*ícua f*) *adj* gut verständlich | s. klar ausdrückend | **~uïtat** *f* (gute) Verständlichkeit *f* | Klarheit *f* des Ausdrucks.

perspira|ció *f* Ausdünstung *f* | **~r** (33) *vt* ausdünsten | **~tori** (-*òria f*) *adj* Ausdünstungs...

persua|dir (37) *vt* überreden | überzeugen | *no vaig poder ~-lo de la meva sinceritat* ich konnte ihn nicht von meiner Aufrichtigkeit überzeugen | *l'he persuadit d'anar-hi* ich habe ihn überredet, hinzugehen | **~dir-se** *v/r* s. überzeugen (*de* von) | *al capdavall m'he persuadit que ella té raó* schließlich habe ich mich (davon) überzeugt, daß sie recht hat | **~sible** *adj* (*m/f*) überzeugbar | **~sió** *f* Überzeugungskraft *f* | Überredung *f* | Überzeugung *f* | **~siu** (-*iva f*, -*ivament adv*) *adj* überzeugend.

pert|anyent *adj* (*m/f*) zugehörig (*a* zu *dat*) | **~ànyer** (35/40) *vi* (an-, zu-)gehören (*a* zu *dat*); dazugehören (zu *dat*) | gebühren, zu-kommen, -stehen (*a alg* j-m).

pertin|aç(ment *adv*) *adj* (*m/f*) hartnäckig, eigensinnig, halsstarrig | **~àcia**, *a.* **~acitat** *f* Eigensinn *m*, Hartnäckigkeit, Halsstarrigkeit *f*.

pertin|ença *f a. dr* Zugehörigkeit *f* | *dr a.* (*Besitz*) Zubehör *n* | *heretà el castell amb totes les seves pertinences* er erbte das Schloß mit allem Zubehör | **~ència** *f* Sachdienlichkeit *f* | Triftigkeit *f* | Angemessenheit *f* | Sachgemäßheit *f* | **~ent(ment** *adv*) *adj* (*m/f*) sachgemäß, sachbezogen | passend, (zu)treffend, sachdienlich | triftig.

pertocar (33) *vi* anheim-, zu-fallen, zuteil werden | gebühren, zu-kommen, -stehen | *jo vull la part que em pertoca* ich will den Teil, der mir zusteht | *a tu no et pertoca de fer això* es gebührt dir nicht, das zu tun | *a tots els qui pertoca* an alle, die es angeht.

pertorba|ció *f a. astr meteor telecom* Störung *f* | Unruhe *f* | Verwirrung *f* | *telecom a.* Verzerrung *f* | ~ *atmosfèrica* atmosphärische Störung *f* | *psic:* ~ *mental* Geistesstörung *f* | ~ *de recepció* Empfangsstörung *f* | **~dor** *adj* (ruhe)störend | verwirrend | *s/mf* Ruhestörer(in *f*) *m* | Störenfried, Unruhestifter(in *f*) *m* | **~r** (33) *vt* stören | beunruhigen | verwirren.

pertot *adv* überall, allerorts | *de* ~ von überallher.

pertret *m col* (*bes mil*) Ausrüstung *f* | **~s** *de guerra* Kriegsgerät *n* | *fer* ~ *d'u/c* s. mit etw ausrüsten.

pertús (-*usa f*) *adj bot* durchbohrt; durchwachsen.

Per|ú *m: el* ~ Peru *n* | *fig* Goldgrube *f* | **~uà** (-*ana f*) *adj* peruanisch || *s/mf* Peruaner(in *f*) *m*.

pervenir (40) *vi:* ~ *a un lloc* an e-n Ort gelangen | ~ *a un fi* e. Ziel erlangen *od* erreichen | ~ *a alg* an j-n fallen, j-m (als Erbe) zufallen.

perver|s(ament *adv*) *adj* entartet, verderbt | widernatürlich, pervers | **~sió** *f* Entartung, Verderbnis *f* | *psic* Perversion, Verirrung *f* | *perversions sexuals* geschlechtliche Perversionen *pl* | ~ *dels costums* Sittenverfall *m* | **~sitat** *f* Verderbtheit, Perversität *f* | **~tidor** *adj* (*Sitten*) verderbend || *s/mf* Verderber(in *f*), Verführer(in *f*) *m* | **~timent** *m* Verderben; Verführen *n* | Verderbnis, Verderbtheit *f* | Verdorbenheit *f* | sittlicher Verfall *m* | **~tir** (37) *vt* (*sittlich*) verderben; verführen | pervertieren | **~tir-se** *v/r* (*sittlich*) verkommen *od* verfallen | entarten | pervertieren.

pervinca *f bot* Immergrün *n* | *s: vinca*.

perx|a *f* (lange) Stange *f* | *esport* Sprungstab *m* | *gr(r)* Garderoben-halter, -ständer *m* | *tecn tèxt* Krempel, Krempel-

maschine *f* | *fam* Kleiderbügel *m* | *fig* (*Person*) Hopfenstange *f* | *salt amb* ~ Stabhochsprung *m* | **~ada** *f silv* Pflanzung *f* junger Bäume | **~ador(a** *f*) *m tèxt* (Baumwoll)Krempler(in *f*) *m* | **~ar** (33) *vt tèxt* krempeln, kratzen || *vi nàut* e. Boot staken | **~atge** *m tèxt* Krempeln *n* | **~ejar** (33) *vt* (*Früchte*) vom Baum schlagen | **~ell** *m agr* Baumpfahl *m* | **~er** *m tèxt* Posamentier *m* | **~era** *f agr* Stange *f* im Strohschober.
pes *m a. fig* Gewicht *n* | Last, Schwere *f* | *fig a.* Bürde, Last *f* | (*Waage*) Gewicht(stein *m*) *n* | (Uhr)Gewicht *n* | *fís:* ~ *atòmic* (*molecular*) Atom-(Molekular-)gewicht *n* | ~ *específic* spezifisches Gewicht *n* | *circ:* ~ *de càrrega* (*en brut, d'enlairament, màxim*) Lade-(Leer-, Start-, Höchst-)gewicht *n* | ~ *mort* totes Gewicht, Eigengewicht *n* | ~ *útil* Nutzlast *f* | *com:* ~ *brut* (*net*) Brutto-(Netto-)gewicht *n* | *esport:* ~ *gall* (*lleuger, mitjà, mosca, pesant, ploma, semipesant, superlleuger, wèlter*) Bantam-(Leicht-, Mittel-, Fliegen-, Schwer-, Feder-, Halbschwer-, Superleicht-, Welter-)gewicht *n* | *aixecament de ~os* Gewichtheben *n* | *llançament de ~* Kugelstoßen *n* | *a ~ de braços* auf den Händen; mit den Armen | *a ~ d'or* sehr teuer, um e-n hohen Preis | *un home de ~* e. bedeutender (wichtiger) Mann | *una raó de ~* e. schwerwiegender Grund *m* | *en ~* vollzählig, geschlossen | *hi ha assistit el govern en ~* die Regierung hat geschlossen daran teilgenommen | *caure pel seu (propi) ~* selbstverständlich sein | *fer bon ~* großzügig wiegen | *fer el ~ (fig)* übergeugen; befriedigen | *tenir un ~ a la consciència* e-e Last auf dem Gewissen haben | *m'has tret un ~ de sobre* du hast mir e-e Last abgenommen | **~abebès** *m* Säuglingswaage *f* | **~able** *adj* (*m*/*f*) wägbar | **~acartes** *m* Briefwaage *f* | **~ada** *f* (Ab)Wiegen *n* | Abgewogenes *n* | **~adament** *adv* schwerfällig | **~adesa** *f* Schwere *f* | *fig* Schwerfälligkeit *f* | *med* Beschwerden *f pl*, Druck *m* | *desp* Plumpheit *f* | **~ador** *adj* (ab)wiegend || *s/mf* Wieger(in *f*) *m* | Waagemeister(in *f*) *m* | **~adura** *f* Plumpheit *f* | **~ainfants** *m* Babywaage *f* | **~alicors** *m* Aräometer *n*, Senkwaage *f* | **~ant** *adj* (*m*/*f*) schwer (*von*

Gewicht) | *el plom és més ~ que el ferro* Blei hat e. höheres spezifisches Gewicht als Eisen | *indústria ~* Schwerindustrie *f* | **~antor** *f* Schwere *f*, Gewicht *n* | *bes* spezifisches Gewicht *n* | *fig* Schwerfälligkeit, Last *f* | **~ar**[1] *m* Gram, Kummer *m*, Leid *n* | *bes* seelischer Schmerz *m*, Bedauern *n* | *ecl* Reue *f* | Betrübnis *f* | *a ~ de trotz* (*gen od dat*) | *a ~ que* obgleich, obwohl | **~ar**[2] (33) *vt* wiegen | *a. fig* (ab)wägen | (ab)wiegen, erwägen | reiflich überlegen | *fig:* ~ *figues* einnikken || *vi* schwer sein, Gewicht haben, wiegen | *fig: aquestes raons pesen molt* diese Gründe sind schwerwiegend | *em pesa d'haver-vos ofès* es tut mir leid, euch gekränkt zu haben | **~arós (-osa** *f*) *adj* betrübt, bekümmert | reumütig | **~at (-ada** *f*, **-adament** *adv*) *adj* schwer | (*Person*) aufdringlich, lästig; schwer-blütig, -fällig | (*Wetter*) schwül.
pesca *f* Fischfang *f* | Fischerei *f* | (gefangene) Fische *m pl*, Fang *m* | Fischen *n* | Angeln *n* | ~ *d'altura* od *d'alta mar* Hochseefischerei *f* | ~ *costanera* Küstenfischerei *f* | ~ *submarina* Unterwasserjagd *f* | ~ *d'ostres* (*de musclos*) Austern-(Muschel-)fang *m* | ~ *excessiva* Überfischung *f* | *una bona ~* e. guter Fang | **~da** *f* Fischzug, Fang *m* | **~dor** *adj* Fischer... || *s/mf* Fischer(in *f*) *m* | ~ *submarí* Unterwasserjäger *m* | ~ *de canya* Angler *m* | **~ire** *m*/*f reg* Fischer(in *f*) *m* | *s/m ornit* Grau- *od* Fisch-reiher *m* | **~ll** *m* (Kinder)Angel *f* | **~llar** (33) *vi* angeln (*Kinder*) | **~mines** *m nàut mil* Minensuchboot *n* | **~nt** *m* (Wagen) Kutschbock *m* | *nàut* Anker-, Kranbalken *m* | **~r** (33) *vt a. fig* fischen | (mit der Angel) angeln | (*Amt, reiche Frau*) ergattern | (*Übeltäter*) erwischen, fangen; festnehmen; ertappen | ~ *en aigua tèrbola* (*fig*) im Trüben fischen | **~ter(a** *f*) *m* Fischhändler(in *f*) *m* | *s: peixater* | **~teria** *f* Fischgeschäft *n* | *s: peixateria.*
pèsol *m* Erbse *f* | = **pesolera** | ~ *bord od silvestre m* Breitblättrige Platterbse *f*; Waldplatterbse *f* | ~ *caputxí* = **tirabec** | ~ *d'olor* Wohlriechende Wicke *f* | ~ *quadrat* Kichererbse *f*.
pesol|ar *m* Erbsenfeld *n* | **~era** *f bot* (*Pflanze*) Erbse *f* | **~í** *m* (Acker)Erbse *f*.
pesquer *adj* Fischer... || *s/m* Fischdampfer *m* | **~(i)a** *f* Fischen *n* | Fischfang

m | Fischerei *f* | Fischgrund *m* | Angelstelle *f*.
pessari *m med* Pessar *n*.
pessebr|e *m folk art* Weihnachtskrippe *f* | *s: menjadora, grípia* | **~ista** *m/f* Krippen-bauer(in *f*) bzw -liebhaber(in *f*) *m*.
pesset|a *f* Pesete *f* | *fig iròn: canviar la ~* (s.) erbrechen, s. übergeben | **~er(a** *f*) *m* Pfennigfuchser(in *f*), Knauser(in *f*) *m*, Raffke *m*.
pessi|c *m* Kneifen *n*, Kniff *m* | (*Folge*) blauer Fleck *m* (*auf der Haut*) | Fingerspitze(voll), Prise *f* | *pa de ~* (*gastr*) Biskuit *n* | *~ de monja* (*gastr*) Makrönchen *n* | **~gada** *f* Kneifen *n*, Zwicken *n* | (*Tier*) Biß *m* | **~gaire** *adj* (*m/f*) gern *od* oft kneifend, zwickend pickend | (*Schlangen*) bissig | **~ganassos** *m bot* Kranz-Lichtnelke *f* | **~gar** (33) *vt* kneifen, zwicken | stechen (*Insekt*) | beißen (*Schlange*) | pikken (*Vogel*).
pessigoll|eig *m* Kitzel *m* | Juckreiz *m* | **~ejar** (33) *vt* kitzeln | **~es** *f pl* Kitzeln *n* | *fer ~ a alg* j-n kitzeln | *tenir ~* kitz(e)lig sein | *fig: buscar les ~ a alg* j-n reizen; mit j-m Streit suchen.
pèssim(ament *adv*) *adj* sehr (*od* äußerst) schlecht.
pessimis|me *m* Pessimismus *m* | **~ta** *adj* (*m/f*) pessimistisch, schwarzseherisch || *s/m/f* Pessimist(in), Schwarzseher(in *f*) *m*.
pesta *f a. fig* Pest *f* | *p ext* Gestank *m* | *fig a.* Plage; Unmenge *f* | *~ bubònica* Beulenpest *f* | *malalt de ~* pestkrank | *~ bovina* (*porcina*) Rinder-(Schweine-)pest *f* | *hi ha una ~ de mosques* es gibt e-e Fliegenplage | *aquest impost* (*noi*) *és la ~* diese Steuer (dieser Junge) ist e-e Plage | (*mala*) *~!* verflucht nochmal!, pfui Teufel! | *dir* (*males*) *pestes d'alg* auf j-n fluchen; gegen j-n wettern | (*és*)*ser més dolent que la ~* sehr bösartig sein | *fugir d'alg com de la ~* j-n wie die Pest meiden.
pestany|a *f anat* Wimper *f* | *tecn ferroc* Rad-, Spur-kranz *m*; Falz *m* | *tèxt* Biese; Franse; Zettelende *n* || *pl* Wimpern *f pl*, Flimmer(härchen *n pl*) *m* | *cremar-se les pestanyes* (*fig*) bis spät in die Nacht arbeiten | **~eig** *m* Blinzeln *n* | **~ejar** (33) *vi* blinzeln | *sense ~* ohne mit der Wimper zu zucken | **~ós** (-**osa** *f*), **~ut** (-**uda** *f*) *adj bes biol* gewimpert, mit Flimmer(härchen).

pestell *m* (Tür-, Fenster-)Riegel *m* | *~ de cop* Schnäpper *m*.
pest|ífer *adj* verpestend | **~ilència** *f* Pest(ilenz) *f* | Gestank *m*, Verpestung | **~ilencial** *adj* (*m/f*) pestkrank | pestartig, pestilentialisch | *fig* verderblich | **~ilent** *adj* (*m/f*) pestartig.
pet *m pop* Furz, Pup(s), Wind *m* | *fig* Knack(s), Knall *m*; Knattern *n*; Krach *m* | *~ d'ase* (*bot*) Eseldistel *f* | *~ de llop* od *de bou* (*bot*) (Weich)Bovist od Bofist, Staubpilz, Stäubling *m* | *~ de monja* (*gastr*) Plätzchen *n* | *de ~* auf einmal, plötzlich; schnurstracks | *anar* (*od estar*) *~* blau (*od* besoffen) sein | *fer un ~* e-n fahren lassen, furzen | *fer un ~ com una gla* aufplatzen, bersten, zerspringen; krepieren, verrecken.
petaca *f* Tabaksbeutel *m* | Zigarrenetui *n* | (*Flasche*) Bocksbeutel *m*.
peta|da *f* Gefurz *n* | Geknalle *n* | Geknatter *n* | **~dor** *adj* knallend, knatternd | berstend || *s/m* (*Papier*) Knallbonbon *n* | **~ire** *m/f* Furzer(in *f*) *m*.
pètal *m bot* Blüten-, Kron-blatt *n*.
petalita *f min* Petalit *n*.
peta|ment *m* Knallen, Knattern, Krachen *n* | **~ner** *adj* furzend || *s/m fam* kl(r) Kläffer *m* | **~r** (33) *vi* knattern, knistern | knacken | knallen, schlagen | klatschen | platzen | bersten, (auf-)platzen; zerspringen | gewaltsam (an-)stoßen, schlagen (*contra* gegen) | *fam* krepieren, sterben, verrecken | *~ de dents* mit den Zähnen klappern | *fig: fer ~ la claca* od *la xerrada* od *fer-la ~* schwatzen od e. Schwätchen halten | *peti qui peti* rücksichtslos, a. wenn alles draufgeht *umg* || *vt* brechen, zerbrechen | zerschlagen, zersprengen | **~r-se** *v/r pop* furzen, pup(s)en | s. (zer)brechen | s. (*dat*) brechen | *~ de riure* s. krank-, kaputt-, tot-lachen.
petarc *m ict* Coricus *m*.
petard *m* Spreng-körper *m*, -kapsel *f* | Knallfrosch *m* | **~ejar** (33) *vt* sprengen | **~er(a** *f*) *m* Feuerwerker(in *f*) *m* | Sprengmeister(in *f*) *m*.
petarrell *m fam* Schnütchen *n* | *fer el ~* e. Schippchen (*od* e-e Schnute) ziehen || *s/m fam* Nesthäkchen *n fig* | **~ada** *f* knisterndes Reisigfeuer *n* | **~eig** *m* Knistern, Prasseln *n* | **~ejar** (33) *vi* knistern, prasseln.
pet|èquia *f med* Petechie, punktförmige

Hautblutung f | ~**equial** adj (m/f) Petechien...
peter adj u. s/m = **petaner**.
petge m (Möbel) Fuß(gestell n) m.
petici|ó f Bittschrift f, Gesuch n, Petition f | dr a. Klage f | dret de ~ Petitionsrecht n; Klagerecht n | ~ de mà Anhalten n (um die Hand e-s Mädchens) | ~ de principi (filos) «Petitio f principii» | ~**onar** (33) vi petitionieren | ~**onari** (-**ària**) f) m Bittsteller(in f), Petent(in f) m | dr a. Kläger(in f) m.
peti|floc m nàut Außenklüver m | ~**metre** m Geck m, umg Fatzke m.
petit adj klein | fig a. gering, unbedeutend | desp kleinlich | més (menys) ~ kleiner (größer), (unter Geschwistern) jünger (älter) | en ~ im Kleinen | de ~ als Kind | des de ~ von Kind auf || s/mf Kind, Kleine(s) n | kl(r) Junge m, kl(s) Mädchen n | (Tier) Junge(s) n | els ~s die Kleinen, die Kinder; (Tiere) die Jungen n pl; (Vögel) die Brut f || s/m (Maß) Schoppen m | s: petricó | ~**burgès**(-**esa**) f) adj kleinbürgerlich | s/mf Kleinbürger(in f) m | ~**esa** f Kleinheit f, kl(r) Wuchs m | Kleinigkeit, Lappalie f | fig Geringfügigkeit, Unerheblichkeit f | desp Kleinlichkeit; Gemeinheit, Niedrigkeit f | reg a. Kindheit f.
petitori (-**òria**) f) adj Bitt... | carta petitòria Bittschrift f | taula petitòria Sammeltisch m (für e-e Kollekte).
petja f Tritt m, Auftreten n | = ~**da** | ... de mala ~ schwer begehbar od gangbar | no deixar de petja alg j-m auf Schritt u. Tritt folgen | ~**da** f (Fuß-, Pfoten-)Spur f, Fußstapfe(n m) f | caç Fährte f | seguir les petjades d'alg j-m auf der Spur sein; fig j-m nachspüren od nachfolgen; fig in j-s Fußstapfen treten | ~**papers** m Briefbeschwerer m | ~**r** (33) vt (be-, zer-)treten.
pet|ó m fam Kuß m | fer un ~ a alg j-m e-n Kuß geben, j-n küssen | ~**oneig** m Abküssen n | ~**onejar** (33) vt abküssen, abknutschen | abschmatzen | ~**oner** adj gern küssend | (anziehend) zum Küssen | una cara ~a e. Gesicht n zum Küssen | ~**onet** m Küßchen n.
petrell m ornit Sturmvogel m.
petri (**pètria** f) adj steinern.
petricó m: Flüssigkeitsmaß von etwa 1/4 Litern.
petrifica|ció f Versteinerung f | ~**r** (33) vt a. fig versteinern | ~**t** (-**ada** f) adj versteinert | fig a. wie versteinert.
petro|glif m Petroglyphe, Fels-zeichnung od -inschrift f (vorgeschichtlich) | ~**grafia** f Gesteinskunde, Petrographie f | ~**gràfic** adj petrographisch, Gesteins...
petrol|eoquímica f Petrolchemie f | ~**i** m Erdöl, Petroleum n | ~**ier** adj Erdöl..., Petrol(eum)... || s/m Petrol(eum)händler m | hist Mordbrenner m | Brandstifter m | nàut Tanker m | ~**ieria** f Erdölraffinerie f | ~**ífer** adj erdölhaltig, (Schicht) erdölführend.
petr|ologia f Gesteinsforschung, Petrologie f | ~**ològic** adj petrologisch, Gesteinsforschungs... | ~**ós** (-**osa** f) adj steinhart | felsenfest | anat: os ~ Felsenbein n | ~**osílex** m min Kiesel(stein) m | Feuerstein m.
petul|ància f Anmaßung f | Eitelkeit f | Ungestüm n | ~**ant** adj (m/f) anmaßend | eitel | mutwillig | ungestüm.
petúnia f bot Petunie f.
petxina f (Muschel)Schale f | arquit Muschelzierat; (Kuppel) Hängezwickel m | ~**r** m Val Muschelbank f.
peu m a. fig Fuß m | gastr Hachse, südd Haxe f | bot agr Halm, Stengel, Stamm, Strunk m; bes (beim Pfropfen) Unterlage f | gràf Fußsteg m | Lit (Vers)Fuß m | mat Fußpunkt m | text Grundfärbung f | ~ buit (de pinya, pla) Hohl-(Klump-, Platt-)fuß m | ~s de porc (gastr) Schweinshaxen f pl | dits dels ~s (Fuß)Zehen f pl | planta del ~ Fußsohle f | punta del ~ Fußspitze f | ~ de mitjó (mitja) Socken-(Strumpf-)fuß; Füßling m | fa tres ~s de llarg i dos d'ample es ist drei Fuß lang u. zwei Fuß breit | els sis ~s de l'hexàmetre die sechs Füße des Hexameters | ~ d'impremta Impressum n | ~ de rei (tecn) Schublehre f | ~s d'ànec Schwimmflossen f pl | a ~ zu Fuß | a ~ coix hinkend, auf e-m Bein hüpfend | a ~ dret aufrecht, stehend | s: dempeus, dret | a ~ eixut trockenen Fußes | a ~ ferm festen Fußes, standhaft; fig unbeweglich | a ~ pla auf gleicher Höhe, zu ebener Erde | a ~s junts mit beiden Füßen zugleich, mit geschlossenen Füßen (bes springen) | al ~ de am Fuß(e) gen | al ~ de la lletra wörtlich, buchstäblich | nota a ~ de pàgina Fußnote f | amb

~s de plom (loc adv) umsichtig; (sehr) vorsichtig | en ~ de guerra auf dem Kriegsfuß | besar els ~s a alg j-m die Füsse küssen; fig (a. Höflichkeitsformel) s. j-m unterwerfen | buscar (od cercar) tres ~s al gat Haarspalterei treiben; e. Haar in der Suppe finden | donar ~ a u/c zu etw Anlaß geben | (és)ser més vell que l'anar a ~ so alt wie das Gehen sein | estar lligat de mans i de ~s völlig ohnmächtig sein | fer u/c amb els ~s etw ganz verkehrt machen | ficar-se de ~s a la galleda ins Fettnäpfchen treten | llançar-se als ~s d'alg s. j-m zu Füssen werfen | no moure un ~ sense que ... s. nicht zu bewegen wagen, ohne daß... | parar els ~s a alg j-m e-n Knüppel zwischen die Beine werfen | pensar amb els ~s Unsinn denken, alberne Gedanken fassen | perdre ~ (im Wasser) den Grund unter den Füßen verlieren | picar de ~s mit dem Fuß aufstampfen | poder-hi pujar de ~s e-r Sache ganz sicher sein können | posar u/c als ~s d'alg j-m etw (als Huldigung) anbieten | resta en ~ una dificultat e. Einwand (bzw e-e Schwierigkeit) besteht weiter | tenir el ~ a la gola (od al coll) d'alg j-m den Fuß auf den Nakken setzen, j-n unterworfen haben | no tenir (ni) cap ni ~s weder Hand noch Fuß haben | (no) tocar de ~s a terra (nicht) mit beiden Füßen auf der Erde stehen; (k-n) Wirklichkeitssinn haben | no deixar tocar alg de ~s a terra j-n auf Händen tragen | tractar alg a puntades de ~ j-n roh od unmenschlich behandeln | trepitjar amb els ~s mit den Füßen zertreten od zerstampfen | no voler posar els ~s en un lloc e-n Ort nicht mehr betreten wollen || bot: ~ d'ànec od d'oca Gute(r) Heinrich m | ~ de colom Lotwurz f; Goldtropfen m | ~ de corb Schlitzwegerich m | ~ de Crist Fingerkraut n | ~ de gall Hahnendorn-Hirse; Taubnessel f | ~ de gat Katzenpfötchen n | ~ de llebre Hasenklee m | ~ de llop Mittelmeer-Bocksdorn m | ~ de milà (Bal) Spatzenzunge f | ~ de rata Korallen-, Keulen-pilz m || zool: ~ d'ànec Seestern m («Ansepoda membranacea») | ~ de cabra Entenmuschel f | ~ de pelicà Pelikanfuß m | **~ada** f (Fuß)Tritt m, Treten n | = **petja, petjada** | gastr: süßsauer geschmorte Schweinshachsen mit Eiern u. Reis || pl Trippeln, Getrappel n.

peüc m Bettschuh m.

peu|calcigar (33) vt lit treten | **~crist** m bot Fingerkraut n («alchemilloides») | **~gròs** (-ossa f) adj mit gr(n) Füßen | rauh-, dick-füßig.

peü|lla f (Tier) Huf m | **~llar** (33) vi keimen | **~ngla** f = **peülla**.

pezi|zàcies f pl, **~zals** f pl bot Becherlinge, Becherpilze m pl.

pi[1] m bot (a. Holz) Kiefer; Pinie f | ~ blanc od bord, garriguenc Aleppo-Kiefer f | ~ cembra Zirbelkiefer f | ~ excels Tränenkiefer f | ~ melis od roig, rojal, rojalet Gemeine Kiefer od Föhre f | ~ negre Schwarzkiefer f; Österreichische Kiefer; Kalabrische Kiefer; Legföhre f od Bergkiefer f | ~ pinyoner od de pinyons od bo, ver Pinie f | ~ rígid Pechkiefer f | fulla de ~ Kiefern-, Pinien-nadel f | s: agulla, pinassa, pinastre, pineda.

pi[2] f mat Pi n.

pia adj f fromm | obra ~ (ecl) fromme Stiftung f | **~dós** (-osa f, -osament adv) adj fromm | liebevoll | mitleidig | andächtig | associació piadosa (ecl) Kirchliche Verbindung f.

piafar (33) vi (Reiten) piaffieren.

piamàter f anat weiche Hirnhaut f.

pian m med Frambösie f.

pian|ista m/f Klavierspieler(in f), Pianist(in f) m | **~o** m Klavier, Piano n | ~ de cua Flügel m | ~ de maneta od de manubri Drehorgel f | ~ de mitjacua Stutzflügel m | ~ vertical Pianino n | tocar el ~ Klavier spielen | **~oforte** m Pianoforte n | **~ola** f mús Pianola n.

piartrosi f med Pyarthrose f.

piastra f (Münze) Piaster m.

pic[1] m (Werkzeug) (Spitz)Hacke, Picke, Haue f | (Gebirge) Bergspitze f, Pik m | a ~ (loc adv) steil, senkrecht | nàut: anar-se'n a ~ (a. fig) untergehen.

pic[2] m (an der Tür) Schlag m, Klopfen n | fig (Zeitpunkt) Mal n | Punkt m; (auf Stoff) a. Tupfen m | fig Höhepunkt m | al ~ del sol in der Glut der Mittagshitze | al ~ de l'estiu im Hochsommer | ~ de gall Hahnentritt m, Keimscheibe f.

pica[1] f constr Becken n, (Brunnen)Schale f, (Wasser)Trog m | ~ d'aigua beneita Weihwasserkessel m | ~ baptismal Taufbecken n | ~ del lavabo Waschbecken n.

pica[2] *f hist mil* Pike *f*, Spieß *m* || *pl* (*Spielfarbe*) Pik *n*.
pica[3] *f reg* Bergspitze *f* | **~baralla** *f* (*Streit*) Geplänkel *n*, Plänkelei *f* | **~carrasques** *m ornit* Grünspecht *m* | **~da** *f* Stich *m* | Stechen *n* | (Schnabel)Hieb *m* | (Schlangen)Biß *m* | *gastr* Gehackte(s) *n* | **~dís** (**-issa** *f*) *adj* empfindlich, reizbar || *s/m* Schotter, Rollsplitt *m* | **~dor** *m tèxt* Kartonschläger *m* | Steinmetz *m* | (*Pferde*) Zureiter *m* | *taur* Picador *m* | (*Wäscherei*) Schlegel *m*, Schlagholz *n* | Türklopfer *m* | (*Platz*) Reit-bahn, -schule *f*; Tattersall *m* || *s/f reg* Wäscheschlegel *m* | **~dura** *f* Stechen *n* | Stich *m* | grober Tabak *m* | **~ferro** *m* Schmied *m* | **~figues** *m ornit* Stelze *f* («ficedula»); Fliegenschnäpper *m*; Grasmücke *f* | **~flor** *m ornit* Kolibri *m* | **~llós** (**-osa** *f*) *adj* empfindlich, reizbar | **~mà** *m* (*Mörser*) Stößel *m* | **~ment** *m* Schlagen *n* | Stoßen *n* | Stampfen *n* | **~ de mans** Klatschen *n* | **~ de peus** Getrampel, Stampfen *n* | **~mosques** *m ornit* Fliegenschnäpper *m* | **~nt**(**ment** *adv*) *adj* (*m/f*) scharf, stark gewürzt, prickelnd, pikant | *fig* (*Wort, Ausdruck*) anzüglich, schlüpfrig, *arc* pikant | **~ntor** *f* Schärfe *f*, Prickeln *n* | Pikanterie *f* | Jucken *n*, Juckreiz *m* | **~pedra**, **~pedrer** *m* Stein-metz, -hauer *m* | Steineklopfer *m* | *Bal* Maurer *m* | **~pedrell**, **~pedres** *m ornit* Grau- *od* Fisch-reiher *m* | **~-pica** *m bot* Pappelgleicher Flaschenbaum *m* | **~pinyes** *m ornit* Kiefernkreuzschnabel *m* | **~plets** *m/f desp* Winkeladvokat(in *f*) *m* | Querulant(in *f*); Krittler(in *f*), Nörgler(in *f*) *m* | **~poll** *m agr* Gutedel *m* | **~porta** *m* Türklopfer *m* | Türklinke *f* | **~portes** *m/f* Bettler(in *f*) *m* | **~punt** *m* Ehrenpunkt *m* | **~r** (33) *vt* stechen, *nordd umg* pieken (*Nadel, Insekt*) | *a.* beißen (*Flöhe, Wanzen*) | (an)picken (*Vögel*) | beißen (*Schlangen*) | (an)beißen (*Fische*) | (*Muster*) durch-, vor-stechen (*Fahrkarte*) lochen | (*kl(e) Mengen, zB e. paar Trauben, Oliven, Appetitshappen*) essen, schnabulieren, (*Süßes*) naschen, (*Nüsse, Kekse*) knabbern | *fig* kitzeln, reizen, (ver)ärgern; (*Neugierde*) erwecken | *a. fig* (an)spornen | schlagen | (*Fleisch, Knoblauch, Kräuter, Holz*) (zer-, klein-)hacken (*bes Stein*) meißeln, behauen, klopfen (*Teppich, Matratze, Wäsche*) (aus)klopfen | *l'ocell ha picat l'ou* der Vogel ist ausgeschlüpft | **~** *el cavall* dem Pferd die Sporen geben; das Pferd zureiten | **~** *el toro od brau* (*taur*) den Stier mit der Pike stechen | **~** *la bola bzw la pilota* (*esport*) den Ball stoßen *bzw* schlagen, schießen | **~** *una nota* (*mús*) e-e Note kurz abstecken *od* staccato spielen | **~** (*un text*) *a màquina* (e-n Text) mit der Maschine schreiben | **~** *el timbre* auf den Klingelknopf drücken, klingeln | **~** *l'ham* (*fig*) anbeißen | **~** *l'ullet a alg* j-m zublinzeln | **~** *els dits a alg* j-m auf die Finger klopfen | *quina mosca t'ha picat?* wie kommst du denn dazu?; was ist denn mit dir los? | *no sé quina mosca l'ha picada* ich weiß nicht, welche Laus ihr über die Leber gekrochen *od* gelaufen ist | *vi* brennen, jucken | (*im Mund*) beißen, prikkeln | stechen (*Sonne*) | beißen (*Kälte*) | (an)beißen (*Fische*) | *fig* anbeißen | klopfen (*Motor*) | *aeron* zum Sturzflug ansetzen | *el vent pica fort a la cara* der Wind beißt e-m ins Gesicht | *la grip ja pica* die Grippe greift schon um sich | *mentre faig el menjar, piqueu una mica* knabbert e. bißchen, während ich das Essen koche | *piquen od han picat* (*a la porta*) es klopft *od* es hat (an der Tür) geklopft | **~** *de mans* in die Hände klatschen | **~** *de peus* mit den Füßen trampeln *od* stampfen | **~r-se** *v/r* s. stechen | morsch werden (*Holz*) | anrosten (*Eisen*) | anschimmeln (*Brot, Wurst*) | anfaulen (*Obst*) | stockig werden (*Wäsche, Papier*) | e-n Stich bekommen (*Milch, Wein*) | s. kräuseln (*See*) | *fig* s. verletzt (*od* verärgert) fühlen; *umg* pikiert sein | **~** *d'espavilat* s. als aufgeweckt (*od* klug) rühmen, hell sein wollen | **~** *els dits* (*a. fig*) s. die Finger verbrennen.
picardi|a *f* List *f*, Gauner-, Schelmenstreich *m* | Schlauheit, Verschlagenheit *f* | *desp* Arglist *f* | Hinterlist *f* | *bot* Efeublättriges Leinkraut, Zymbelkraut *n* | **~ós** (**-osa** *f*) *adj* durchtrieben, gewitzt, *umg* gerieben, verschlagen, (hinter)listig | heimtückisch | schlau.
picaresc *adj* spitzbübisch, *Lit* pikaresk | Schelmen... | *novel·la* **~a** (*lit*) Schelmenroman *m*.
pica|rol *m* Glöckchen *n*, Schelle *f* | *alegre*

com un **~** kreuzfidel | *tenir un bon* **~** *(fig)* mit dem Mund immer vorneweg sein, nicht auf den Mund gefallen sein | **~roleig** *m* Schellen-, Glöckchen-laut, -klang *m* | **~rolejar** (33) *vi* läuten, klingen *(Vieh-schellen* od *-glöckchen)* | **~rot** *m ornit* Grünspecht *m* | **~-soques** *m ornit (a.* **~** *blau)* Kleiber; Blauspecht *m* | **~ssa** *f* (Wald-, Fäll-)Axt *f* | **~ssó** *m* kl(e) Axt *f* | **~t** (**-ada** *f) pp/adj s: picar* || *s/m aeron* Sturzflug *m* | *en* **~** steil abwärts | *mús* Stakkato *n* | **~tatxes** *m* Rechthaber *m* | Silbenstecher, Wortklauber *m*.

pícea *f bot* Rottanne *f*.

pícnic *adj antrop* pyknisch || *s/mf* Pykniker(in *f) m*.

picnidi *m bot* Pyknidium *n*, Pyknidie *f*.

picnòmetre *m fís* Pyknometer *n*, Dichtigkeitsmesser *m*.

pic|ó¹ *m tecn* Pflaster-, Hand-ramme *f* | Stampfe(r *m) f* | *Bal* Bergspitze *f* | **~ó²** (**-ona** *f*) mit hervorstehender Oberlippe | **~ola** *f* kleinere (Spitz-)Hacke *f* | **~oladora** *f* Wiegemesser *n* | **~olar** (33) *vt gastr* kleinhakken, wiegen | **~ona** *f* Holzmehl *n* | **~onador** *adj* Stampf..., Walz... || *s/f* (Straßen)Walze *f* || *s/m* Ramme *f* | **~onament** *m* Walzen *n*, Walzarbeit *f* | Feststampfen *n* | Einstampfen *n* | **~onar** (33) *vt* walzen | feststampfen | **~or** *f* Jucken *n*, Juckreiz *m* | Prickeln, Kribbeln *n* | *(Sonne)* Brennen | *iròn: l'any de la* **~** Anno dazumal | **~orada** *f Bal* starkes Jucken *n* | **~ossada** *f* Batzen *m* (Geld) | **~ot** *m* Spitzhaue *f* | Pickel *m* | Kreuzhacke *f* | *ornit* Specht *m* | **~** *garser (negre, verd)* Bunt-(Schwarz-, Grün-)specht *m* | **~ota** *f dr hist* Pranger, Schandpfahl *m* | *reg* Beil *n* | *med nord-cat* Pocken *f pl* | **~otejar** (33) *v/i* (an)picken | **~otera** *f* Spechtloch *n*.

picotí *m arc:* Getreidemaß von etwa 1,5 Litern.

picrat *m quím* Pikrat *n*.

pícric *adj: àcid* **~** Pikrinsäure *f*.

pict|ografia *f* Piktographie, Bilderschrift *f* | **~ograma** *m* Piktogramm *n* | **~òric** *adj art* malerisch | Mal...

pidola|ire *adj (m/f)* bettelnd | Bettel... || *s/m/f* Bettler(in *f) m* | **~r** (33) *vt* erbetteln || *vi* betteln.

piemontès (**-esa** *f) adj* piemont(es)isch, aus Piemont || *s/mf* Piemontese *m*, -esin *f*.

piet|at *f rel* Frömmigkeit *f* | *art* Pietà *f* | *lit* Pietät *f* | Erbarmen, Mitleid *n* | *llibres de* **~** Andachtsbücher *n pl* | **~** *filial* Kindesliebe *f* | Erbarmen, Mitleid *n* | *feia* **~** *de veure'l* es tat e-m weh, ihn zu sehen | **~isme** *m hist* Pie-·tismus *m* | **~ista** *adj (m/f)* pietistisch || *s/m/f* Pietist(in *f) m* | **~ós** (**-osa** *f*, **-osament** *adv) adj* fromm | pietätvoll, ehrfürchtig | erbarmungsvoll, mitleidig.

piez|oelèctric *adj fís* piezoelektrisch | **~oelectricitat** *f* Piezoelektrizität *f* | **~òmetre** *m* Piezometer *n*.

pífia *f fam* Fehl-stoß, -wurf *m* | *anar-se'n a la* **~** danebengehen; draufgehen | *s: espifiar*.

pif-paf! *int onomat* piff, paff!

pifre *m mús* Querpfeife *f* | Querpfeifer *m*.

piga *f* Sommersprosse *f* | Muttermal *n* | Leberfleck *m* | **~ll** *m* Blindenführer *m* | *gos* **~** Blindenhund *m* | **~llar** (33) *vt* sprenkeln, fleckig machen | **~llat** (**-ada** *f) adj* gesprenkelt, gefleckt | **~llós** (**-osa** *f*), **~rd**(**ós**, **-osa** *f*), **~t** (**-ada** *f) adj* sommersprossig.

pigarg *m ornit* Seeadler *m*.

pigment *m biol quím* Pigment *n*, Farbstoff *m* | **~ació** *f* Pigmentierung *f* | **~ar** (33) *vt* pigmentieren | **~ari** (**-ària** *f) adj* Pigment... | *degeneració pigmentària* Pigmententartung *f* | **~at** (**-ada** *f) adj* pigmentiert.

pigmeu (**-ea** *f) adj* pygmäisch || *s/mf* Pygmäe *m*, Pygmäin *f*.

pignora|ció *f dr* Verpfändung *f* | **~r** (33) *vt dr* verpfänden | beleihen | **~tiu** (**-iva** *f) adj* Pfand..., Lombard... | *crèdit* **~** Lombardkredit *m* | *s: empenyorar*.

pigot *m ornit* = **picot**.

pigot|a *f med fam* Pocken *f pl* | **~** *cristal·lina* Windpocken *f pl* | **~ós** (**-osa** *f) adj* (wind)pockenkrank.

pigr|e *adj lit* faul, träge | **~ícia** *f lit* Faulheit, Trägheit *f*.

pijama *m* Pyjama, Schlafanzug *m*.

pil|a *f* Haufen, Stapel, Stoß *m* | *fig a.* (Un)Menge *f* | Becken *n*, Trog *m* | Taufbecken *n* | *elect* Batterie *f*; Element *n* | **~** *atòmica (de carbó)* Atom-(Kohlen-)meiler *m* | **~** *seca* Trockenelement *n* | *nom de* **~** Taufname *m* | *tenen una* **~** *d'amics* sie haben eine Menge Freunde | **~ada** *f* Stapel *m* | **~ar** *m* (Stütz)Pfeiler *m* | Stütze *f* | Säule *f* | (Brücken)Pfeiler *m* | Grenz-,

Mark-, Eck-stein *m* | gr(r) Pfahl *m* || *pl* Pfahlwerk *n* | **~astra** *f* Pilaster, Wandpfeiler *m* | (Stütz)Pfeiler *m* | **~astró** *m* gr(r) (Wand)Pfeiler *m* | **~er(a** *f) m* Stapler(in *f) m* || *s*/*f* gr(r) Haufen, Stoß *m*.

pil|ifer *adj* behaart | Haar... | **~iforme** *adj (m/f)* haarförmig.

pill|ar (33) *vt* plündern | rauben | **~ard** *m* Plünderer *m* | *fam* gr(r) Bursche, Kerl *m* | **~ardejar** (33) *vi* e. Schelmenleben führen | **~atge** *m* Plünderung *f* | Raub *m* | Kriegsbeute *f* | *mil: lliurar* (od *abandonar) al* ~ zur Plünderung freigeben | **~eria** *f* Schelmerei *f* | Gaunerei *f* | **~et(a** *f) m fam* Schelm, Schlawiner *m* | **~oc** *adj fam* beschwipst, betütert | **~oscar** (33) *vt fam* stibitzen, mopsen.

pil|ó *m* (Holz)Block, Klotz *m* | *a.* Richt-, Henkers-block *m* | Haufen, Stoß *m* | *arquit* Pylon(e *f) m* | *gastr* Zuckerhut *m* | (*Trauben*) Trester *m* | ~ *de carnisser* Fleischerklotz *m* | ~ *de sabater* Leisten *m* | **~ona** *f* gr(r) Klotz *m*.

pílor *m anat* Pförtner *m*.

pilòric *adj* Pförtner...

pil|ós (-osa *f) adj* behaart, haarig | Haar... | *fol·licle* ~ Haarbalg *m* | **~ositat** *f* Haarwuchs *m*, Behaarung *f*.

pilot[1] *m* Haufen *m* | *fig* Menge, Masse *f* | (*Materie*) Ballen *m*.

pilot[2] *m nàut* Steuermann *m*; (See)Lotse *m* | *aeron* Pilot, Flieger, Flugzeugführer *m* | *aut* Rennfahrer, Pilot *m* | *fig* Lenker, Leiter, Führer *m* | ~ *automàtic* Selbststeuergerät *n*, automatischer Pilot *m* | ~ *de proves* Einflieger, Testpilot *m*; Einfahrer *m* || (*als Apposition*) Pilot..., Versuchs...

pilota *f esport* Ball *m* | *mil hist* Geschoß *n*, Kugel *f* | *gastr* (Länglicher) Fleischkloß *m* | *joc de* ~ Ballspiel *n* | ~ *basca* Pelota *f*, baskisches Ballspiel *n* | ~ *de golf* (*de ping-pong, de tennis, de basquetbol, de futbol*) Golf-(Tischtennis-, Tennis-, Korb-, Fuß-)ball *m* | *jugar a* ~ Fußball spielen | *fig: no tocar* ~ immer danebenhauen | *tornar la* ~ *a alg (fig)* die richtige Antwort nicht schuldig bleiben | *fer anar alg com una* ~ j-n mißhandeln; j-n ausnutzen; j-n zum Narren halten | **~da** *f* (Ball)Wurf *od* Schuß *m* | **~ire** *m* Ballspieler *m* | Pelotaspieler *m*.

pilota|r (33) *vt* (*Schiff, Flugzeug, Rennwagen*) steuern | *nàut a.* lotsen | *aeron a.* fliegen | *aut a.* fahren, lenken | *fig a.* führen | **~tge** *m* Steuerung *f* | Lotsendienst *m*, -geld *n*.

pilot|eig *m* Ballspiel *n* ohne Wettkampf | langweiliges Ballspiel *n* (*ohne Tore od Punkte*) | **~ejar** (33) *vi esport* (mit dem) Ball spielen, *reg* ballen | **~er** *m* Bällemacher *m* | (*Tennis*) Balljunge *m* || *adj: escarabat* ~ Pillendreher *m*.

pilotí *m nàut* Lotsen-lehrling *od* -gehilfe *m*.

pilú *m (pl -ús) tèxt* Baumwollflanell *m*.

pilular *adj (m/f) med* pillenartig | Pillen...

piment *m arc* = **pebre** | (*im Mittelalter*) Getränk *n* aus Wein, Rotpfeffer u. Honig.

pim-pam! *int onomat* piff, paff, puff!

pimpinella *f bot* Kl(r) Wiesenknopf *m*, Bibernelle, Pimpinelle *f* | ~ *major* Gr(r) Wiesenknopf *m* | ~ *morada* (*Pilz*) Ritterling *m* | ~ *rosada* Lackpilz, Bläuling *m*.

pinàcies *f pl bot* Kieferngewächse *n pl*.

pinacle *m arquit* Giebel *m* | Fiale *f* | Zinne *f* | *fig* Gipfel *m* | *posar alg sobre el* ~ j-n in den Himmel heben | *arribar al* ~ *de la glòria* zu höchstem Ruhm gelangen.

pinacoteca *f* Gemäldesammlung, Pinakothek *f*.

pina|ls *f pl bot* Nadelhölzer *n pl od* Zapfenträger *m pl* | **~r** *m* Kiefern- *bzw* Pinien-wald *m* | *s:* **pineda** | **~ssa** *f bot* Schwarzkiefer *f* («*salzamanii*») | *col* Kiefern-, Pinien-nadeln *f pl* | **~stre** *m bot* Strandkiefer *f*.

pinc *m nàut* Pink(e) *f*.

pinça *f* Büroklammer, Briefklammer *m* | (Haar)Klemme *f* | Pinzette *f* | *med zool* Zange *f* | *crust* Schere *f* | (*Kleider*) Falte *f* | **~da** *f* Pinzettengriff *m* | *fig* Zwicken, Kneifen *n* | *pegar* ~ (*fig*) greifen; zwicken, kneifen | **~-nas** (*Brille*) Kneifer, Zwicker *m* | **~r** (33) *vt (etw)* wie mit e-r Pinzette greifen | kneifen, zwicken | *fig* stibitzen.

píndola *f med* Pille *f* | ~ *anticonceptiva* Antibabypille *f* | *fig: daurar la* ~ die (bittere) Pille versüßen | *fer empassar la* ~ *a alg* j-n auf den Leim gehen lassen; j-m etw aufbinden.

pineal *adj (m/f) med: glàndula* ~ Zirbel(drüse) *f*.

pine|da *f* Kiefern- *bzw* Pinien-wald *m* | **~nca** *f*, **~tell**, *m* **~tenca** *f* (*Pilz*) Echter Reizker *od* Hirschling *m* | **~tó** *m* kl(e) Kiefer *od* Pinie *f*.

ping-pong *m* Tischtennis, Pingpong *n*.
pingüí *m ornit* Pinguin *m*.
pinifer *adj* (*Land*) mit Kiefern- *od* Pinienbestand.
pinnat (**-ada** *f*) *adj bot* (wie) gefiedert | **~ífid** *adj bot* (*Blatt*) fiederteilig | **~ilobat** (**-ada** *f*) *adj bot* lappenförmig gefiedert.
pinnípedes *m pl zool* Flossenfüßler *m pl*.
pínnula *f òpt astr* Diopter *n*.
pinós (**-osa** *f*) *adj* kiefern- *bzw* pinien-reich | Kiefern..., Pinien...
pinsà *m ornit* Buch-, Edel-fink *m* | **~ mec** Bergfink *m* | **~ borroner** Gimpel, Dompfaff *m*.
pinso *m agr* Futter *n*.
pinta[1] *f* (Frisier)Kamm *m* | **~ d'ornament** *od* ornamental Einsteck- (*od* Zier-)kamm *m* | **~ espessa** Staubkamm *m*.
pinta[2] *f* (*Fell, Gestein*) (*andersfarbiger*) Flecken *od* Tupfen *m* | (*Spielkarten*) Erkennungszeichen *n* | *a*. *fig* Aussehen *n*; Augenschein *m* | *ict* Ringelbrassen *m* | *bot* Nadelkerbel *m* | *fig desp*: **un** (*mala*) **~** e. Gauner *m* | **quin ~!** was für e. Gauner! | **fer** *od* **tenir bona** (*mala*) **~** gut (schlecht *od* böse) aussehen.
pinta|coques *m bot* Schlafmohn *m* | *s*: **cascall** | **~da**[1] *f* Anstrich *m* | Farbenschicht *f* | **~da**[2] *f ornit* Perlhuhn *n* | **~dor**(**a** *f*) *m tèxt* Zeug-, Textil-drucker(in *f*) *m*.
pintaire *m/f* Kammacher(in *f*) *m*.
pinta|llavis *m* Lippenstift *m* | **~r** (33) *vt* (an-, aus-, be-)malen | (an)streichen | *fig* (aus)malen | **~ de blau** (*de vermell*) blau (rot) anstreichen | **~ una paret de calç** *od* **de guix** e-e Wand tünchen | **~ a l'oli** in Öl malen | **~ un paisatge** (**un retrat**) e-e Landschaft (e. Porträt) malen | *fig reg*: **~-la a alg** j-n täuschen | **no me la pintes** du kannst mir (doch) nichts vormachen | **no ~-hi res** nichts darstellen, nichts zu sagen *od* zu bedeuten haben || *vi* s. färben, reifen (*Obst*) | *s*: **verolar** | **el sol ja pinta** die Sonne zeigt s. schon | **el negoci pinta bé** das Geschäft läßt s. gut an | **~-se** *v/r* s. schminken, *umg a*. s. anmalen | *fig*: **~-les d'u/c** mit etw (*dat*) prahlen, auf etw (*ac*) eitel sein | **~t** (**-ada** *f*) *adj* bunt | **~ de nou**! frisch gestrichen! | **anar** (**com a**) **~** *od* **que ni ~** wie angegossen sitzen (*Kleid*) | **el més ~** der Klügste *od* Erfahrenste *bzw* Erfahrungsreichste || *s/m* Anstrich *m* | **~tge** *m tèxt* Zeugdruck *m*.

pinte *m oc* Kamm *m* | *s*: **pinta**[1] | *tecn tèxt* Kamm | Hechelstab, Nadelstab *m* | Abzughechel *f* | **~ gros** Nadelkamm *m* | **~ fi** Abzughechel *f* | **~ a mà** Ausmachhechel *f*.
pint|or(**a** *f*) *m* Maler(in *f*) *m* | **~ de parets** Anstreicher *m* | **~ decorador** Dekorations-, Zimmer-maler(in *f*) *m* | Kunstmaler(in *f*) *m* | **~ de paisatges** Landschaftsmaler(in *f*) | **~ de retrats** Porträtmaler(in *f*) *m* | **~oresc**(**ament** *adv*) *adj* malerisch | **~ura** *f art* Malerei *f* | (*Werk*) *a*. Gemälde, Bild *n* | (*Maler*)Farbe *f* | *tecn* Anstrich *m* | *fig* Bild, Beschreibung, Darstellung *f* | **~ al fresc** (**a l'oli, al tremp**) Fresko-(Öl-, Wasser-)malerei *f* | **~ lluminosa** Leuchtfarbe *f* | **~ rupestre** Höhlenmalerei *f*, Felsenbilder *n pl* | *fig*: **no poder veure ni en ~ alg** *od* **u/c** j-n *od* etw nicht ausstehen können.
pínula *f* = **pínnula**.
pinx|ar (33) *vt* (*s-e Spielkarten*) durchsehen | **~ejar** (33) *vi* prahlen, *fam* aufschneiden | **~o** *m* Prahler, Großmaul *m* | Kraftprotz *m*.
piny|a *f bot* Pinien-, Kiefern-zapfen *m* | (*a*. **~ tropical**) Ananas *f* | *fig* Clique *f* | *fig fam* Faustschlag *m*; *p ext* Zusammenstoß, -prall *m* | **~ blava** (*bot*) Peru-Blaustern *m* | **~ de sant Joan** (*bot*) Flockenblume *f* («Centaurea conifera») | **si no calles, et clavaré una ~** wenn du nicht still bist, verpasse ich dir eine | **agafar una** (*od* **la**) **~** (*fig fam*) s. (*dat*) e-n antrinken | **~ac** *m* Faustschlag *m* | **~ata** *f* Kochtopf *m* | *folk* Topf *m* (*zum Topfschlagen am ersten Fastensonntag*) | **diumenge de ~** erste(r) Fastensonntag *m* | **~ó** *m* Pignole *f*, Pinienkern *m* | *tecn* Ritzel, kl(s) Zahnrad *n* || *pl fig fam* Geld *n* | **té molts pinyons** er hat e-n Haufen Kies | **~oc**(**a** *f*) *m* (Schwarzkiefern)Zapfen *m* | **~ol** *m* (Pfirsich, Kirsche, Olive) Kern, Stein *m* | *mús fam* lange, gellende Note *f* | **~ola**, **~olada** *f agr* Oliven-trester, -treber *m pl* | **~olar** (33) *vi* Kerne (*od* Steine) ausbilden (*Früchte*) | **~olenc** *adj* (*Obst*) kernig, voller Kerne | **~onada** *f*: *Gebäck mit Pinienkernen* | **~onaire** *m/f* Pignolen-sammler(in *f*) *bzw* -verkäufer(in *f*) *m* | **~oner** *adj bot* Pinienkerne tragend | **pi ~** Pinie *f* || *s/m/f* = **~onaire**.
pinzell *m a*. *fig* Pinsel *m* | *a*. Pinselführung *f* | *p ext Lit* Feder *f* | **~ada**

f Pinselstrich m | p ext Lit Federstrich m.
pioc[1] m Wurfangel f.
pioc[2] adj kränklich || s/m ornit Puter, Truthahn m | ~ salvatge Großtrappe f || s/f Truthenne f.
pi|òcit m med Eiter-bakterie; -zelle f | **~ogènesi** f med Eiterbildung f | **~oide** adj (m/f) dem Eiter ähnlich | eit(e)rig.
piolet m Alpenstock m.
pionefritis f Pyonephrose f.
pioner adj bahnbrechend, wegbereitend || s/mf Bahnbrecher(in f), Wegbereiter(in f), Pionier m.
pioque|jar (33) vi kränkeln | **~r(a** f) m Truthahnverkäufer(in f) m.
piorrea f med Eiterfluß m, Pyorrhoe od Pyorrhö f.
pipa f (Tabaks)Pfeife f | fumar una ~ e-e Pfeife rauchen | infan: fer ~ am Daumen lutschen | fer pam i ~ a alg j-m e-e lange Nase machen | en tinc la ~ plena ich habe davon die Nase voll | **~da** f (beim Rauchen) Zug m | a grans pipades in gr(n) Zügen | **~r** (33) vi den Rauch einziehen, schmauchen.
pipell|a f Bal = **parpella** | **~ar, ~ejar** (33) vi = **parpellejar**.
piper|àcies f pl bot Pfeffergewächse n pl | **~azina** f quím Piperazin n | **~idina** f Piperidin n | **~ina** f quím Piperin n | **~onal** m quím Piperonal n.
pipeta f Pipette f.
pipí m infan Pipi n | fer ~ Pipi machen.
pipioli m Grünschnabel, grüner Junge m.
pipiri|gall m bot Esparsette f | **~pip** m bot Klatschmohn m.
piqué m (pl -és) tèxt Pikee m/n.
pique|r m hist mil Pikenier(er) m | **~t** m mil Feldwache f, Pikett n, Vorposten m | ~ de vaga Streikposten m.
pira f hist Scheiterhaufen m | **~cant** m bot Feuerdorn m.
pirag|ua f nàut Einbaum m | Kanu n | Paddelboot n | **~üisme** m esport Kanusport m | **~üista** m/f Kanusportler(in f) m, Kanute m, Kanutin f.
pir|amidal(ment adv) adj (m/f) pyramidenförmig | fig kolossal | **~àmide** f Pyramide f.
pirandó m: tocar (el) ~ (pop) s. wegscheren, abhauen.
piranya f ict Piranha f.
pirar (33) vi pop abhauen, verduften.
pirat|a adj (m/f) Piraten... | emissora

~ Piratensender m | edició ~ Raubdruck m || s/m/f Pirat(in f), Seeräuber(in f) m | **~ejar** (33) vi Seeräuberei treiben | **~eria** f Seeräuberei, Piraterie f | ~ aèria Luftpiraterie f.
pirenaic adj = **pirinenc**.
pir|ètic adj med pyretisch, fieberartig, fiebrig | **~etre** m bot Pyrethrum n | **~èxia** f med Pyrexie f, Fieber(anfall m) n | **~idina** f quím Pyridin n | **~idínic** adj quím Pyridin... | **~idoxina** f quím Pyridoxin n.
piriforme adj (m/f) bot birnenförmig.
pirine|nc adj pyrenäisch | Pyrenäen... | **~us** m pl: els ~ die Pyrenäen pl.
pirit|a f min Pyrit, Eisen-, Schwefel-kies m | **~ífer, ~ós** (-osa f) adj Pyrit enthaltend, schwefelkiesig.
pir|oelectricitat f Pyroelektrizität f | **~òfor** m quím Pyrophor n | **~ofòric** adj quím pyrophor | **~ogàl·lic** adj quím: àcid ~ Pyrogallol n | **~ogal·lol** m quím Pyrogallol n | **~ogravar** (33) vt brandmalen | **~ogravat** m Brandmalerei f | **~olàcies** f pl bot Wintergrüngewächse n pl | **~olignós** (-osa f) adj quím: àcid ~ Holzessig m | **~olusita** f min Pyrolusit m | **~òman(a** f) m med Pyromane m, -nin f | **~omania** f med Pyromanie f | **~òmetre** m Pyrometer n | **~ometria** f tecn Pyrometrie f | **~op** m min böhmischer Granat m | **~oscopi** m tecn Pyroskop n, Hitzemesser m | **~osi** f med Sodbrennen n, Pyrosis f | **~otècnia** f Pyrotechnik, Feuerwerkerei f | **~otècnic** adj pyrotechnisch, Feuerwerks... || s/m/f Pyrotechniker(in f), Feuerwerker(in f) m | **~òtic** adj ätzend, brennend | **~oxè** m min Augit n, Pyroxen m.
pírric adj Pyrrhus... | victòria ~a Pyrrhussieg m.
pirrole m quím Pyrrol n.
pirr|ònic adj (Skepsis) pyrrhonisch | **~onisme** m filos Pyrrhonismus m, ältere Skepsis f | **~onista** m/f Pyrrhonist(in f) m.
pirul|eta f, **~í** m Lutscher m.
pis m arquit Stock(werk n) m, Geschoß n, Etage f | p ext Wohnung f | ~ principal erster Stock m | cinquè ~ fünfter Stock m, fünftes Stockwerk n | ~ de lloguer Mietwohnung f | ~ per estrenar schlüsselfertige Wohnung f | buscar ~ e-e Wohnung suchen.
pisa f Fayence f, Steingut n | **~na** f

bot Emmer *m* | **~r** (33) *vt* ein-, zerstampfen.
pisc|ar (33) *vt fam* schnappen, ergattern, erwischen | *qui no (s') arrisca, no pisca* (Spruch) wer nicht wagt, der nicht gewinnt | **~atori (-òria** *f*) *adj* Fischerei... | **~icultor** *m* Fischzüchter *m* | **~icultura** *f* Fischzucht *f* | **~iforme** *adj* (*m/f*) fischförmig | **~ina** *f* Schwimm-bad, -becken *n* | Fischteich *m* | **~** *(des)coberta* Hallen-(Frei-)bad *n* | *ecl:* **~** *sagrada* Heiliges Müllbecken *n* | **~ívor** *adj* fischfressend | **~olabis** *m gastr* Imbiß, (Appetit)Happen *m*.
pis|iforme *adj* (*m/f*) erbsenförmig | *os* **~** *(anat)* Erbsenbein *n* | **~olita** *f min* Pisolith, Erbsenstein *m*.
pispa *m/f fam* (Taschen)Dieb *m* | **~r** (33) *vt fam* mausen, stibitzen, mopsen.
pissarr|a *f min* Schiefer *m* | *placa* od *taula de* **~** Schiefertafel *f* | *coberta* od *teulat (teulada) de* **~** Schieferdach *n* | *p ext* Schreib-, Wand-tafel *f* | **~enc** *adj* Schiefer... | schieferartig | schieferig | **~er** *m* Schieferbrecher *m* | **~eria** *f* Schieferbruch *m* | **~í** *m* Griffel *m* | **~ós (-osa** *f*) *adj* schieferreich.
pista *f* Spur, Fährte *f* | *bes esport* Piste; Fahr- *bzw* Reit-, Renn-bahn *f* | *aeron* Piste *f*, Rollfeld *n* | *(Ski)* Piste *f* | **~** *d'aterratge (d'envol)* Lande-(Start-)bahn *f* | **~** *de dansa* Tanzfläche *f* | *seguir la* **~** *d'alg* j-m auf der Spur sein; j-m nachspüren.
pistatx|er, ~o *m bot* Echte Pistazie *f* | Pistazie(nnuß) *f* | *s: festuc.*
pist|il *m bot* Stempel *m* | **~il·lar** *bot adj* (*m/f*) Stempel... | **~il·lat (-ada** *f*) *bot* mit Stempel(n).
pistó *m tecn* Kolben *m* | *mús* Ventil, Piston *n* | *(Waffe)* Zündstift *m*, Piston *n*.
pistol|a *f (Waffe)* Pistole *f* | **~** *d'aire comprimit* Luftpistole | **~** *d'il·luminació* od *de senyals* Leuchtpistole | **~** *metralladora* Maschinenpistole *f* | *pint:* **~** *de pintar* Spritzpistole *f* | *tret de* **~** Pistolenschuß *m* | **~er(a** *f*) *m* Pistolen-schütze *m*, -schützin *f* || *s/f* Pistolentasche *f* | **~et** *m* Knall-, Spreng-flasche *f*.
piston|ada *f tecn* Kolbenhub *m* | **~era** *f arc* Patronentasche *f*.
pistrincs *m pl fam (Geld)* Moneten *pl*, Piepen *f pl*, Mäuse *f pl*.
pit *m* Brust *f* | *(Frau) pl* Busen *m* | *(Pferd,* *Rind)* Bug *m* | *fig* Mut *m* | *gastr (Geflügel)* Bruststück *n* | *med a.* Brust-höhle *f*, -kasten *m*; Lunge(n *pl*) *f* | *malaltia de* **~** Lungenkrankheit *f* | *veu de* **~** Bruststimme *f* | *donar-se cops al pit s.* an die Brust schlagen | *donar el* **~** die Brust geben *(Frau)* | *obrir el* **~** *a alg* *(fig)* j-m sein Herz ausschütten | *posar-se la mà al* **~** *(fig)* über etw nachdenken | *tenir u/c* **~** *avall (fig)* etw als ganz sicher betrachten | *med: té el* **~** *carregat* die Brust ist nicht frei | *fig: a* **~** *descobert (loc adv)* offen, ungeschützt, freiliegend | *(és)ser un home de* **~** e. mutiger Mann sein | *prendre('s) a* **~** *u/c* etw (ganz) ernst nehmen; s. etw zu Herzen nehmen | *tenir* **~** Mut haben | **~** *i fora!* nur Mut!
pita *f bot* (Amerikanische) Agave *f* | *tèxt* Sisal(hanf) *m*.
pitafi *m ant* = **epitafi** | *desp* Pfusch, Murks *m*.
pitag|òric *adj filos* pythagoreisch | **~orisme** *m* Pythagoreismus *m*.
pitam *m* üppiger Busen *m*.
pitan|ça *f* Armenspeisung *f*, (tägliche) Ration *f* | *fam* Alltags-kost *f*, -essen *n* | **~cer(a** *f*) *m* Armenspeiser(in *f*) *m*.
pite|jar (33) *vi* singen, zwitschern *(bes* Finken) | **~ra** *adj f (Frau)* wohlgestalt(et), gut gebaut, hübsch | **~t** *m* (Sabber)Lätzchen *n*.
piti (pítia *f*) *adj hist* pythisch || *s/f* Pythia *f*.
pítima *f pop* Affe, Rausch *m* | *agafar una* **~** s. besaufen.
pitiriasi *f med* Pithyriasis *f* | Schuppen *f pl*.
pitja *f* Keil *m* | *(bei Geräten)* Eisenkeil *m* | *constr* Stützbalken *m*; Stütze *f* | *min* Stempel *m* | *agr* Baumpfahl *m* | *(Möbel)* Stütze, Steife *f* | *(Wagen)* Gabelstütze *f* | **~da** *f a. tecn* Drücken, Pressen, Spannen *n* | Klemmen *n* | Stoß, Schub, Druck *m* | **~dor** *adj* drückend, pressend | schiebend | stampfend | **~ament** *m* = **~da** **~r** (33) *vt* drücken, pressen | schieben | zusammenpressen, feststampfen | *constr* stützen | **~** *un botó* auf e-n Knopf drücken || *vi* sehr heiß brennen *(Sonne)* | *ling* «apitxat» sprechen.
pitjor *adj (m/f) comp* schlechter; schlimmer | *sup* schlechteste(r, -s); schlimmste(r, -s) | *això encara és* **~**! das ist noch schlimmer! | *el meu* **~** *enemic* mein schlimmster Feind || *adv* schlech-

ter; schlimmer | *em trobo* ~ *od més malament* es geht mir schlechter | *de mal a* (*od en*) ~ immer schlimmer | **~a** *f* = **empitjorament** | **~ar** (33) *vi* = **empitjorar** | **~ia** *f* = **empitjorament**.

pit-negre *m ornit* Steinwälzer *m.*

pitó *m zool* Pythonschlange *f.*

pitof *adj pop* blau, besoffen || *s/mf* Besoffene(r *m*) *m/f.*

pitoliu *m ornit* Wiesenpieper *m.*

pitonissa *f hist* Pythia *f* | *p ext* Wahrsagerin *f.*

pitospor *m bot* Klebsame *m* | **~àcies** *f pl bot* Klebsamengewächse *n pl.*

pit|rada *f* Stoß (*bzw* Ruck) *m* mit der Brust | *fig fam* Rüffel, Anschnauzer *m* | **~ral** *m* (*Pferd*) Brust-, Zug-riemen *m* | **~ralada** *f* Brustlatz *m* | Vorhemd *n*, Hemdbrust *f* | **~ram** *m* (üppiger) Busen m | **~rera** *f* Brust *f* | Brustlatz *m* | Hemdbrust *f*, Vorhemd *n* | **~rerada** *f* Brustlatz *m* | Vorhemd *n* | *fam* gr(r) Busen *m* | **~-roig** *m ornit* Rotkehlchen *n.*

pituïta *f med* (Nasen-, Magen-)Schleim *m* | **~ari** (**-ària** *f*) *adj* Schleim... | *glàndula pituïtària* hirnanhangsdrüse *f* | *membrana pituïtària* Schleimhaut *f* | **~ós** (**-osa** *f*) *adj* schleimig.

pitxe|ll *m* (Wasser-, Wein-)Krug *m* | **~lla** *f* glasierte Tonschnabelkanne *f* | **~r** *m* Krug *m* | *bes* Vase *f.*

pitxolí *m constr* (dünner) Back-, Mauer-, Ziegel-stein *m* | (*Faß*) Spundhahn *m.*

piu *int* piep! | **~, ~!** piep, piep! || *s/m* Piep(s) *m* | *fig fam: no dir ni* ~ nicht (einmal) piep sagen; k-n Pieps (*od* Mucks, Ton) von s. geben | *no se sentia ni* (*un*) ~ es war mucksmäuschenstill || *s/m* Zapfen; Stift *m* | Riegel, Schieber *m* | Knopf *m*; Taste *f* | *aut* Achszapfen *m* | *elect* Stöpsel, (Kontakt)Stift, (Bananen)Stecker *m* | **~ar** (33) *vi* = **~lar** | **~la** *f* Knallfrosch *m* | *ornit* Pieper *m* | (a. ~ *de canyers*) Rohr-ammer *f*, -spatz *m* | ~ *dels arbres* Baumpieper *m* | ~ *grossa* Pfeifente *f* | ~ *hortolana* Ortolan *m*, Gartenammer *f* | **~lada** *f* Piep(s)en *n* | **~ladissa** *f* Gepiep(s)e *n* | **~lador** *adj*, **~laire** *adj* (*m/f*) piep(s)end | **~lar** (33) *vi* piepen | *a. fig* piepsen | (*mst verneint*) (s.) mucksen | *s: piu* | **~lejar** (33) *vi* = **~lar** | **~let** *m* Piepser, Piep(s) *m* | **~-piu** *m* Gepiep(s)e *n.*

piúria *f med* Pyurie *f.*

pivot *m tecn* (Dreh)Zapfen *m* | (*Basketball*) Center *m* | **~ar** (33) *vi* s. drehen.

pix|a *f pop!* Schwanz, Pimmel *m* | **~acà** *m bot* Pantherpilz *m* | Tintling *m* | Schleierling *m* | Grüner Knollenblätterpilz *m* | **~aconill** *m bot* Schneckling *m* («Hygrophorus conicus») | **~ada** *f pop* Pinkeln, *pop!* Pissen *n* | = **~arada** | **~ador** *m pop* Pissoir *n*, Pißort *m*, *iròn* Pinkulatorium *n* | **~afred**(**a**) *m fam desp* Schlappschwanz *m* | **~allits** *m bot* Löwenzahn *m* | = **lletsó** | **~aner** *adj pop* (oft) pinkelnd, *pop!* pissend | *s: boira* || *s/mf pop* Pinkler(in *f*), *pop!* Pisser(in *f*) *m* | **~ar** (33) *vi pop* pinkeln, *pop!* pissen | ~ *alt* (*fig fam*) hoch hinauswollen | ~ *fora de test* (*fig fam*) danebenhauen, -schießen || *vt pop* an-, be-, ver-pinkeln, *pop!* -pissen | (*Blut, Eiter*) *pop* pinkeln, *pop!* pissen | **~ar-se** *v/r pop* s. bepinkeln, *pop!* s. bepissen | (a. ~ *a les calces*) in die Hose(n) pinkeln *od* pissen, s. naß machen | ~ *al llit* das Bett naß machen, ins Bett machen | ~ *de riure* (*a. fig*) s. vor Lachen nicht mehr halten können | **~arada** *f pop!* Pisse *f*, Piß *m* | Piß-lache *f bzw* -fleck *m* | *fer una* ~ pinkeln, pissen | **~a-reixes** *m/f* = **~avagant** | **~arelles** *f pl fam desp* Gesöff *n* | **~at** *m mst pl pop* Pisse *f* | *agafar alg amb els* **~***s al ventre* (*fig*) j-n auf frischer Tat ertappen; j-n überrumpeln | **~atinters** *m/f fam desp* (*Bürokraft*) Tintenkleckser(in *f*), Bleistiftstemmer(in *f*) *m* | **~avagant** *m/f fam desp* Bummelant(in *f*), Bummler(in *f*) *m* | **~aví** *m fam desp* feine(r) Pinkel *m* | **~era** *f pop* Pinkelei *f.*

píxide *f ecl* Pyxis *f.*

pixi|di *m bot* Deckelkapsel *f* | **~s** *m* = **píxide**.

pix|ota *f ict* Fierasfer *m* | ~ *blanca* Weißer Schlangenfisch *m* | ~ *vermella* Roter Bandfisch *m* | **~otera** *f* nieselnder Nebel *m* | **~um** *m pop!* Pisse *f.*

pizz|a *f* Pizza *f* | **~eria** *f* Pizzeria *f.*

pla[1] (**plana** *f*) *adj* flach (*Fläche, Strecke*) *a. geom* eben | (*Gelände a., Fuß, Nase*) platt | (*bes Wasseroberfläche*) glatt | *cient tecn* plan | *geom* (*Winkel*) gestreckt | *ling* (*Wort*) auf der vorletzten Silbe betont | *fig* einfach; schlicht; offen, direkt | *corba* (*geometria*) **~na** ebene Kurve (Geometrie) *f* | *mà* **~na**

flache Hand *f* | *pits ~ns* flache (*od* platte) Brust *f* | *la terra ~na* das flache (*od* platte) Land, das Flachland | *de ~* (*loc adv*) flach; mit der flachen Hand *bzw* Klinge; *fig* glatt(weg); kurzerhand | *van confessar de ~* sie legten e. volles Geständnis ab | *caure tot* (*od ben*) *~* flach auf den Boden fallen; der Länge nach hinfallen | *dormir ~* flach (*fig* tief) schlafen | *posar u/c ~na* etw flach legen | *tu tot ho trobes ~!* für dich ist alles einfach! | *adv: parlar ~* s. einfach (*bzw* deutlich) ausdrücken || (verstärkende Partikel) *fam: ~* (*bé*) *que ho saps!* du weißt es ja!; du weißt es nur zu gut! | *en Joan és molt alt, però en Pere ~!* Hans ist sehr groß, aber Peter erst! | *ara ~ que ho faran!* jetzt werden sie es erst recht (*iròn* erst recht nicht!) tun! || *s/m a. fis geog geom fig* Ebene *f* | (Seite; Teil) Fläche; *aeron a.* Flosse *f* | *cin tv* Einstellung *f* | *~ horitzontal* (*vertical*) Horizontal-(Vertikal-)ebene *f* | *~ inclinat* (*tecn*) schiefe Ebene *f* | *el ~ de la mà* die Handfläche | *~ de sustentació* (*aeron*) Tragfläche *f* | *primer ~* (*a. fig*) Vordergrund *m*; *cin fotog* Groß- (*bzw* Nah-)aufnahme *f* | *l'han relegat a un segon ~* man hat ihn in den Hintergrund gedrängt || *s: plana.*

pla² *m* (Entwurf; Zeichnung; Vorhaben) Plan *m* | *constr a.* (Grund)Riß *m* | *~ econòmic* (*urbanístic, d'estudis, de treball*) Wirtschafts-(Bebauungs-, Lehr-, Arbeits-)plan *m* | *el ~ Marshall* der Marshallplan | *el ~ de la ciutat de València* der Stadtplan von València | *el ~ d'una novel·la* der Plan (*od* Entwurf) e-s Romans | *fer ~ns* Pläne machen *od* schmieden | *quins ~ns tens per a l'estiu?* was hast du für den Sommer für Pläne?, was hast du im (*od* für den) Sommer vor?

placa *f a. fotog tecn* Platte *f* | (Namens-, Firmen-, Nummern-, Tür-)Schild *n* | (Ausweis)Plakette; Erkennungsmarke *f*; (Ordens)Stern *m* | *elect* Anode; Elektrode *f* | *med* Plaque *f* | *~ commemorativa* Gedenktafel *f*.

plaça *f* (öffentlicher) Platz *m* | Markt(platz) *m* | *com* Handels-platz *m*, -stadt *f* | *mil* Standort *m* | (Sitz)Platz *m* | *fig* Stelle, Stellung *f*, Posten *m* | *~ lliure od vacant* freie Stelle *f* | *~ d'armes* (*mil*) Exerzierplatz *m* | *~ forta* (*mil*) fester Platz *m* | *~ de toros od de braus* Stierkampfarena *f* | *anar a ~ zum Markt gehen* | *~da f* Tageseinkauf *m* (*auf dem Markt*) | *~r* (33) *vt* plazieren, placieren.

placard *m* Plakat *n*, Anschlag(zettel) *m*.
placebo *m med* Placebo *n*.
placenta *f anat bot* Plazenta *f* | *anat a.* Mutterkuchen *m*, Plazenta *f* | *bot* Samenleiste *f* | *~ció f* Plazentation *f* | *~ri* (-*ària f*) *adj* plazentar || *s/m pl zool* Plazentatiere *n pl.*
placer(**a** *f*) *m* Markthändler(in *f*) *m* | *desp* Marktschreier(in *f*) *m*.
plàcet *m dr ecl* Plazet *n* | *p ext* Einwilligung, Zustimmung *f* | *dipl* Agrément *n*.
plàcid(**ament** *adv*) *adj* ruhig | gelassen | friedlich | beschaulich.
placi|**desa**, **~ditat** *f* Ruhe *f* | Gelassenheit *f* | Friedlichkeit *f* | Beschaulichkeit *f*.
pla|**ent**(**ment** *adv*) *adj* (*m/f*) angenehm | gefällig | vergnüglich | *~er m* Vergnügen *n* | Freude *f* | Gefallen *n* | Wonne *f* | Genuß *m* | Lust *f* | *els ~s dels sentits* die Sinnenfreuden *f pl* | *els ~s de la vida rural* die Freuden des Landlebens | *el principi del ~* (*psic*) das Lustprinzip | *un viatge de ~* e-e Vergnügungsreise | *tinc el ~ de comunicar-li que...* ich freue mich, Ihnen mitteilen zu können, daß...
plaf *int onomat* paff! | plauz! || *s/m* Plauz *m.*
plafó *m arquit* flache Decke *f*, Plafond *m* | (Möbel) Fach, Feld, Paneel *n* | (Decke) Kassette *f*.
plaga *f* (offene) Wunde *f* | wunde Stelle *f* | Seuche, Pest *f* | *bíbl* Plage *f* || *s/m* Spaß-macher, -vogel *m*, Witzbold, *desp* Witzling *m* | *~sitat f* Spaß, Scherz *m*.
plagi *m* Plagiat *n* | *~ar* (33) *vt* plagiieren | *~ari* (-*ària f*) *adj* plagiatorisch || *s/mf* Plagiator(in *f*) *m*.
plague|**jar** (33) *vi* Spaß machen, spaßen, Scherz treiben, scherzen | *~ria f* = **plagasitat**.
plaïble *adj* (*m/f*) *lit* = **plaent**.
plan|**a** *f geog* Ebene *f* | *gràf* Seite *f* | (Schreinerei) Simshobel *m* | *la ~ del Rin* die Rheinebene | *la primera ~ d'un diari* die Titelseite e-r Zeitung | *un anunci a tota ~* e-e ganzseitige Anzeige | *mil: la ~ major* der (Regiments)Stab *m* | *fig: la ~ major d'un partit* die Parteiführung *f* | *text: lligat de ~* Taft-, Leinwand-bindung *f* | *s: pla*¹ | *~ada f* Ebene *f*, Flachland *n* |

plançó 788 **planta**

~ador *m aeron* Segelflugzeug *n* |
~ament *adv* einfach | schlicht | offen, direkt | **~ar** (33) *vi* gleiten, schweben | *aeron* im Gleitflug fliegen; segelfliegen | *fig: planava sobre Europa l'amenaça de la guerra* Europa schwebte in Kriegsgefahr | **~ària** *f zool* Planarie *f* | **~assa** *f* gr(e) Ebene *f* | (*Meer*) Felsenuntiefe; Schäre *f*.
plançó *m* Pflänzling, Setzling *m* | Steckling *m* | junge(r) Baum *m* | *fig* Sproß, Sprößling *m* | **~onada** *f col* Anpflanzung *f* | *silv* Baumschule *f* | **~oneda** *f* Baumschule *f*.
plàncton *m biol* Plankton *n* | **~anctònic** *adj* planktonisch.
planejar[1] (33) *vt* (ein)ebnen, planieren | glätten | (*Holz*) glatthobeln ‖ *vi* ziemlich flach (*od* eben) sein | *el camí planeja* der Weg verläuft eben.
planejar[2] (33) *vt* planen | vorhaben.
plane|**ll** *m geog* Hochebene *f*, Plateau *n* | Messerrücken *m* | **~lla** *f* kl(e) Ebene *f* | **~r**(**ament** *adv*) *adj* ziemlich flach *od* eben | *fig* einfach; leicht | (*Stil*) ungekünstelt.
planet|**a** *m astr* Planet *m* | *arc* Wandelstern *m* | **~ petit** Asteroid *m* ‖ *s/f fig* Schicksal, Geschick, Los *n* | *fer* (*od tirar*) *la ~ a alg* j-m die Zukunft voraussagen | **~ari** (**-ària**) *f*) *adj* planetarisch | Planeten... | *sistema ~* Planetensystem *n* | *aut: engranatge ~* Planetengetriebe *n* ‖ *s/m* Planetarium *n* |
~oide *m* Planetoid, Asteroid *m*.
plan|**ic** *m* kl(e) Ebene *f* | **~ícia** *f* = **plan**(**ur**)**a**.
planifica|**ció** *f* Planung *f* | *~ familiar* Familienplanung *f* | **~r** (33) *vt bes econ polít* planen | **~t** (**-ada** *f*) *pp/adj: economia planificada* Planwirtschaft *f*.
plan|**ímetre** *m mat* Planimeter *n* |
~imetria *f* Planimetrie *f* | **~iol** *m* = **planic**; **planell** | **~isferi** *m* Erd-, Welt-karte *f* | *~ celest* Sternkarte *f* |
~ó *m* (Böttcher)Hobel *m* | **~o-convex** *adj* plankonvex | **~o-còncau** (**-ava** *f*) *adj* plankonkav.
plànol *m* Plan; (Grund)Riß *m* | *un ~ d'Alacant* e. Stadtplan von Alacant.
planor *f* Flach-, Platt-heit *f*.
plant *m arc reg* = **plany**.
plant|**a** *f bot* Pflanze *f* | *arquit* Grundriß; Plan *m* | *constr* Fundament *n*, Unterbau *m*; Geschoß, (a. *~ baixa*) Erdgeschoß *n* | (*Fabrik*) Anlage *f* | (*Fuß, Schuh*) Sohle *f* | (*Fechten*) Grundstellung *f* | (*Person*) Aussehen *n* | *~ aquàtica* (*trepadora*) Wasser-(Kletter-)pflanze *f* | *~ siderúrgica* Eisenhüttenwerk *n* | *de nova ~* (*a. fig*) von Grund auf neu | *posar en ~ u/c* etw verwirklichen, realisieren; ausführen |
~ació *f* (An)Pflanzung *f* | Plantage *f* |
~ada *f* (An)Pflanzung *f* | *una ~ d'oliveres* e-e Olivenpflanzung *f* | **~ador** *adj* Pflanz... | pflanzend | *s/mf* Pflanzer(in *f*) *m* ‖ (*Gerät*) Pflanz-, Steck-holz *n* ‖ *s/f* (*bes* Kartoffel)Pflanzmaschine *f* | **~aginàcies** *f pl bot* Wegerichgewächse *n pl* | **~ament** *m* = **~ada** |
~ar (33) *vt* (an-, ein-)pflanzen | *agr a.* anbauen | (*Feld*) bepflanzen (*de* mit) | in die Erde setzen *od* stellen *bzw* schlagen | *fam* auf-, hin-stellen; festmachen; festkleben | (*Fahne*) aufpflanzen | (*Pfahl*) einschlagen | (*Zelt*) aufstellen | *fig fam* (*Schlag*) versetzen, geben; (*j-n*) abblitzen lassen, abweisen; versetzen, sitzen lassen | *~ alg a la porta* (*al carrer*) j-n vor die Tür (auf die Straße) setzen | *~ cara a alg od u/c* j-m od e-r Sache die Stirn bieten |
~ar-se *v/r* s. hinstellen, (*bes herausfordernd*) s. aufpflanzen | (*beim Kartenspiel*) passen | *en dues hores ens vam plantar a Lleida* in zwei Stunden waren wir in Lleida | *ella s'ha plantat als quaranta* (*anys*) sie ist bei Vierzig stehengeblieben | **~at** (**-ada** *f*) *pp/adj: ~ de patates* mit Kartoffeln bepflanzt | *ben ~* gut aussehend, von stattlichem Aussehen | *deixar ~ alg* j-n stehenlassen | **~atge** *m bot* Wegerich *m* |
~ ample Breitwegerich *m* | *~ de fulla estreta* Spitzwegerich *m* | *~ d'aigua* Gemeiner Froschlöffel *m* | **~eig**, **~ejament** *m* (*Gleichung*) Ansatz *m* | (*Frage, Problem*) Aufwerfen *n* | *~ d'una qüestió* Fragestellung *f* | **~ejar** (33) *vt* (*Aufgabe*) in Ansatz bringen | (*Frage, Problem*) aufwerfen, stellen |
~ejar-se *v/r: em plantejo d'anar a viure al camp* ich spiele mit dem Gedanken, aufs Land zu ziehen | *va ~ un problema* es stellte s. e. Problem | **~er** *m agr* Saatbeet *n* | *silv* Baumschule; Schonung *f* | *fig* Bildungsstätte *f*; *bes esport* Nachwuchs *m* | **~ificar**(**-se**) (33) *vt*(/*r*) *fig fam* = **plantar**(**-se**) |
~ígrads *m pl zool* Sohlengänger *m pl* | **~illa** *f* (Schuh)Sohle *f* | Innen-, Brand-sohle *f* | *bes med* Einlegesohle *f* | *tecn* Modell *n*, Form *f*; Schablone *f*;

plantofa

Schnittmuster *n* | *adm* Stellenplan *m* | (*Betrieb*) Belegschaft *f*, (Stamm-) Personal *n* | ~ *ortopèdica* orthopädisches Fußbett *n*.

plantof|a *f* Pantoffel *m* | **~ada** *f* Schlag *m* mit dem Pantoffel | *fam* = **bufetada** | **~ejar** (33) *vt fam* ohrfeigen | verprügeln | **~er(a** *f*) *m* Pantoffelmacher(in *f*) bzw -händler(in *f*) *m*.

plant|ós (**-osa** *f*) *adj* stattlich, ansehnlich | *una noia molt plantosa* e. sehr stattliches Mädchen | **~ositat** *f* Stattlichkeit *f*.

plàntula *f bot* Keim *m*.

plan|ura, ~úria *f geog* Ebene *f*.

planx|a *f* (Metall)Platte *f* | Blech *n* | Bügeleisen *n* | *fig fam* Blamage *f*, Reinfall *m* | ~ *d'acer* (*de zenc*) Stahl-(Zink-)platte *f* | ~ *de surf* Surfbrett *n* | ~ *de vapor* (*de viatge*) Dampf-(Reise-)bügeleisen *n* | *carn a la* ~ (auf der Platte) gegrilltes Fleisch *n* | **~ada** *f* Bügeln, Plätten *n* | **~ador** *adj* Bügel..., Plätt... || *s/mf* Bügler(in *f*) *m* || *s/m* Bügelzimmer *n* || *s/f* Bügelmaschine *f* | **~ar** (33) *vt* bügeln, plätten | *post* (*od fusta*) *de* ~ Bügel-, Plätt-brett *n* | **~eta** *f* Meßtisch *m* | **~ista** *m/f* Klempner(in *f*) *m* | **~isteria** *f* Klempnerei *f*.

pl|any *m* Wehklage *f*, Weh(e) *n*, Klageruf *m* | **~anyença** *f lit* Mitleid *n* | **~ànyer** (40) *vt* bedauern, beklagen, bemitleiden | *fig*: *no hi havien de* ~ *tant el paper* sie hätten nicht so am Papier sparen sollen | *no hi vam* ~ *ni els diners ni els esforços* wir scheuten weder Geld noch Mühe | **~ànyer-se** *v/r* jammern | klagen, s. beklagen | *fig* s. schonen | *de què et planys?* worüber beklagst du dich? | **~anyiment** *m* Bedauern *n* | Schonung *f* | = **plany** | **~anyívol(ament** *adv*) *adj* kläglich, klagend | weinerlich.

pla|qué *m* (*pl -és*) Plattierung *f* | ~ *de plata* (*d'or*) Silber-(Gold-)plattierung *f* | **~quejar** (33) *vt* plattieren | **~queta** *f* Plakette *f* | (*a. Blut*) Plättchen *n*.

plasenteria *f lit arc* Pläsanterie *f*.

plasm|a *m biol* Plasma *n* | *s*: *protoplasma* | **~able** *adj* (*m/f*) gestaltbar, formbar | **~ació** *f* Gestaltung *f* | Bildung *f* | **~ador** *adj* gestaltend, bildend | gestalterisch || *s/mf* Gestalter(in), Bildner(in *f*) *m* | **~ar** (33) *vt* gestalten, bilden, formen | *Déu plasmà l'home a la seva imatge* Gott schuf den Menschen ihm zum Bilde | *fig:* ~ *el caràcter d'alg* j-s Charakter formen | **~odi** *m biol* Plasmodium *n* | **~òlisi** *f* Plasmolyse *f*.

pl|àstic *adj a. fig* plastisch | *fig a.* anschaulich | *arts plàstiques* bildende Künste *f pl* || *s/m* Plastik *n*, Kunststoff *m* | Plastiksprengstoff *m* || *s/f* Plastik, Bildhauerkunst *f* | **~asticitat** *f* Plastizität *f* | Anschaulichkeit *f* | **~astificació** *f* Plastikbeschichtung *f* | Plastifizierung *f* | **~astificar** (33) *vt* mit Plastik beschichten | plastifizieren | **~astilina** *f* Plastilin(a *f*) *n*, Knetmasse *f*.

plastró *m* Plastron *m/n*.

plat *m* Teller *m* | *gastr* Gericht *n*; Gang *m* | Waagschale *f* | ~ *de postres* kl(r) Teller, Dessertteller *m* | ~ *fondo* od *soper* tiefer Teller, Suppenteller *m* | ~ *pla* flacher Teller, Eßteller *m* | ~ *del dia* (*únic, de peix*) Tages-(Eintopf-, Fisch-)gericht *n* | *el* ~ *del dia* (*fig*) das Tagesgespräch | *el* ~ *fort* das Hauptgericht; *fig* das Wichtigste *n*, der Höhepunkt *m* | *un* ~ *preparat congelat* e. tiefgefrorenes Fertiggericht | *un* ~ *volador* e-e fliegende Untertasse | *fer el* ~ *a alg* j-m e. Gericht vorlegen | *fer* ~ *d'u/c* (*fig*) e-r Sache gr(e) Bedeutung beimessen | *menjar un* ~ *de sopa* e-n Teller (voll) Suppe essen | *menjar en el mateix* ~ (*fig*) aus e-r Schüssel essen | *pagar els* ~*s trencats* (*fig*) die Zeche bezahlen; die Suppe auslöffeln | *rentar els* ~*s* das Geschirr abwaschen *od* spülen | *sembla que no hagin trencat mai cap* ~ sie sehen aus, als ob sie k. Wässerchen trüben könnten | *tirar-se els* ~*s pel cap* (*fig*) s. streiten, s. in die Haare geraten | **~a**[1] *f* (Braten)Platte *f*, (flache) Schüssel *f* | ~ *fonda* od *alta* Schüssel *f* | *una* ~ *d'amanida* e-e Platte (*od* Schüssel) (voll) Salat; e-e Salat-platte, -schüssel | **~a**[2] *f* Silber *n* | **~abanda** *f* (schmales) Gartenbeet *n* | **~ada** *f* Schüssel *f* (voll) | **~aforma** *f a. fig* Plattform *f* | Bühne *f*; Stand *m* | Rampe *f* | ~ *continental* (*geog*) Kontinentalsockel *m* | ~ *de llançament* (*Raketen*) Abschuß-, Start-rampe *f* | ~ *de perforació* Bohrinsel *f* | ~ *espacial* Raumstation *f* | ~ *giratòria* (*ferroc*) Drehscheibe *f* | ~ *mòbil* fahrbare Plattform; Schiebebühne *f*.

pl|àtan *m bot* (Morgenländische) Platane *f* | *bot* Bananenstaude *f* | Banane *f* | **~atanàcies** *f pl bot* Platanengewächse *n pl* | **~atanar** *m* Platanenhain *m* | Bananenpflanzung *f* | **~ataner** *m bot* Bananenstaude *f*.
platea *f teat* Parterre, Parkett *n*.
platejar (33) *vt* versilbern.
plàtera *f reg* = **plata**.
platerada *f reg* = **platada**.
plateresc *adj art* plateresk || *s/m art* Plateresk *n*.
plat|erets *m pl mús* Becken *n pl* | **~et** *m* kl(r) Teller *m*; Tellerchen *n* | Untertasse *f* | (Waag)Schale *f*.
platí *m quím* Platin *n* | *pl aut elect* Unterbrecherkontakte *m pl*.
platihelmints *m pl zool* Plattwürmer *m pl*.
platina *f* (*Mikroskop*) Objekttisch *m* | *elect* Platine *f*; *mús* Plattenteller *m* | *gràf* Form-, Satz-bett *n* | *tecn* Schlüssel-, Schloß-blech, Einbaulaufwerk *n*.
platin|ar (33) *vt* platinieren, mit Platin belegen | (*Haar*) platinblond färben | **~at** (-ada) *f) adj* mit Platin belegt | platinblond || *s/m* platinsaures Salz *n* | **~ífer** *adj* platinhaltig | **~it** *m* Platinit *n*.
plati|rostre *adj* (m/f) *ornit* breitschnäb(e)lig | **~rrins** *m pl zool* Breitnasen, Neuweltaffen *m pl*.
platj|a *f* Strand *m* | **~ola** *f* kl(r) Strand *m*.
plató *m* (*pl -ós*) *cin* Filmkulisse *f*.
Plat|ó *m filos* Platon *m* | **~ònic** *adj* platonisch | *amor* ~ platonische Liebe *f* | **~onisme** *m filos* Platonismus *m*.
platós *m nàut* Skull *m*, Riemen *m*.
plats-i-olles *m/f* Tonwarenhändler(in *f*) *m*.
platx|èria *f* Vergnügung; Belustigung *f*; Amüsement *n*; Spaß *m*; Heiterkeit; Ausgelassenheit *f* | lustige Plauderei *f* | *fer* ~, *estar de* ~ s. lustig unterhalten | **~eriós** (-osa *f*) *adj* (lebens)lustig | vergnüglich.
plaure (40) *vi* angenehm sein, gefallen, behagen, belieben (*a alg* j-m) | *si us plau* bitte | *si us plau per força* auf jeden Fall.
plausib|ilitat *f* Plausibilität *f* | **~le-**(ment *adv) adj* (m/f) plausibel.
ple (**plena** *f*) *adj a. fig* voll | (an)gefüllt | füllig | vollständig, völlig | *un got* ~ *de vi* e. Glas voll Wein | *una tassa ~na a vessar* e-e randvolle Tasse | *la sala és ~na de gom a gom* od *com un ou* od *a vessar* der Saal ist gestopft (od brechend, gerammelt) voll | *el tren anava ben* ~ der Zug war vollbesetzt | *ulls ~ns de llàgrimes* Augen voll Tränen | *cara ~na* volles Gesicht | *amb les mans ~nes* (*buides*) mit vollen (leeren) Händen | ~ *d'arrugues* faltenreich | ~ *de bones intencions* voller guter Absichten | *en ~ estiu* im Hochsommer | *en ~ hivern* tief im Winter | *en ~ dia* am hellichten Tag | *en ~na guerra* mitten im Krieg | ~ *de dies* od *d'anys* hochbetagt, sehr alt | *~na ocupació* (*econ*) Vollbeschäftigung *f* | *femella ~na* (*zool*) trächtiges Weibchen *n* | *a ~nes veles* (*a. fig*) mit vollen (od prallen) Segeln | *de* ~ (*a* ~) völlig | *el sol hi bat* (od *dóna*) *de* ~ die Sonne glüht voll darauf | *encertar de* ~ voll (od ins Schwarze) treffen | *anar ~ d'u/c* sehr viel über etw sprechen | *està ~ de si mateix* er ist ganz von s. eingenommen | *dr: tenir ~s poders* (unbeschränkte) Vollmacht haben | *tenir les butxaques ~nes* die Taschen voller Geld haben | *tenir la ~na seguretat d'u/c* e-r Sache völlig sicher sein || *s/m* (Über)Fülle *f* | *fig* Vollständigkeit *f*; Höhepunkt *m* | *teat* volles Haus *n* | *polít adm* Plenarsitzung *f*, Plenum *n* | *al ~ de l'estiu* (*de l'hivern*) im Hochsommer (mitten im Winter) | *la lluna fa el* (*seu*) ~ es ist Vollmond || *s: plena*.
pleb|alla *f* = **~s** | **~eisme** *m* Pöbelhaftigkeit *f* | **~eu** (-ea *f*) *adj* plebejisch | gemein || *s/mf* Plebejer(in *f*) *m* | **~iscit** *m polít* Volks-abstimmung *f*, -entscheid *m* | **~iscitari** (-ària *f*) *adj* Volksentscheid... | *vot* ~ Volksabstimmung *f* | **~s** *f* Plebs *m/f*, Pöbel *m*.
plec *m* (*Tuch*) Falte *f* | Knick, Kniff *m* | (*Papier*) Bogen *m* | *gràf* Heft *n*, Lage *f* | Frisier-umhang, -mantel *m* | *corr* (Urkunden-, Papier-)Sendung *f*, Briefsendung *f* | *geol* Boden-falte, -senkung; Mulde *f* | ~ *del braç* (*anat*) Armbeuge *f* | *portar una criatura a ~ de braç* e. Kind im Arm halten.
pleca *f gràf* Zier-, Stanz-linie *f*.
plectògnats *m pl ict* Haftkiefer *m pl*.
plectre *m mús* Plektron, Plektrum *n*.
plede|ig *m dr* Prozeß *m*, Klage *f*; Fall *m* | **~jador** *adj* prozessierend, prozeßführend | *s/mf* prozeßführende Partei *f* | **~jaire** *m/f* Querulant(in *f*) *m* | **~jant** *adj* (m/f) = **~jador** | **~jar** (33) *vt* (*Rechtsstreit*) vor Gericht aus-

plega

tragen | ~ *una causa* mit e-m Streitfall vor Gericht gehen || *vi* prozessieren, e-n Prozeß führen (*contra* gegen).

pleg|a *f* Bündel *n* | Bund *m* | Handvoll *f* | Paket *n* | *fig* Sammlung *f* | **~able** *adj* (*m*/*f*) faltbar | zusammenlegbar | *bot* ~ Faltboot *n* | *bicicleta* (*cadira, llit*) ~ Klapp-rad *n* (-stuhl *m*, -bett *n*) | **~adís (-issa** *f*) *adj* leicht faltbar *od* zusammenklappbar *bzw* zusammenlegbar | **~ador**[1] *adj* faltend || *s*/*m gràf* Falzbein *n* | *tèxt* (a. ~ *del teixit*) Warenbaum; (a. ~ *d'ordit*) Zettelbaum *m* || *s*/*f gràf* Falzapparat *m*; (a. Büro) Falzmaschine *f* | **~ador**[2] *adj* = **~able** | **~amans** *m entom* = **pregadéu** | **~ament** *m* Falten *n* | Falzen *n* | Falte *f* | *geol* a. Faltenbildung, Faltung *f* | **~ar** (33) *vt* a. *gràf* falzen | (zusammen-)falten, -legen | aufwickeln | *fig* (*Arbeitsgerät*) wegräumen | *p ext*: ~ *la feina* aufhören zu arbeiten | ~ *el negoci* (*od el ram*) das Geschäft aufgeben | ~ *veles* (*fig*) nachgeben, kapitulieren, weichen || *vi* aufhören, Schluß machen | *plegueu* (*de treballar*), *que ja és fosc* hört auf zu arbeiten, es ist schon dunkel | *plego a les set* ich habe um sieben Feierabend | *he dit a l'amo que plego* ich habe dem Chef gesagt, daß ich gehe | *l'empresa X ha plegat* der Betrieb X hat geschlossen | *si fas trampes, plego* wenn du mogelst, spiele ich nicht mehr mit | *pleguem!* Schluß damit! || *vi reg* ankommen | *s: aplegar* | **~at**[1] (**-ada** *f*) *adj: sempre van ~s* sie gehen immer zusammen | *tots ~s* alle zusammen | *tot ~* alles in allem, alles zusammen; im ganzen gesehen | *tot d'un plegat* (*loc adv*) plötzlich, unerwartet, mit e-m Mal(e) | **~at**[2] *m tèxt* Faltung *f* | **~atge** *m* Falzung *f* | **~ó** *m* Falte *f* | Einschlag *m* | *agr* (*Oliven*) Ernte *f*.

plèiade *f lit* (Dichter)Kreis *m* | Vielzahl *f* | *les ~s* (*astr mit*) die Plejaden *f pl*.

pleixell *m ant* = **aspre**[1] | **~ar** (33) *vt ant* = **asprar**.

plen|a *f* Anfüllung *f* | Fülle *f* | Überfüllung *f* | volle Besetzung *f* | = **~amar**, **creixa** | (*Welle*) Kamm *m* | (*Gesellschaftsspiel*) Lotto *n* | *s: ple* | **~amar** *f* (*Gezeiten*) Flut *f* | **~ament** *adv* völlig | ganz | vollständig | **~ari (-ària** *f*) *adj* Plenar... | *assemblea plenària* Vollversammlung *f* | *indulgència plenària* vollkommener Ablaß *m* | *sessió plenària* Plenarsitzung *f* | **~er(ament** *adv*) *adj* vollständig, völlig | ganz (u. gar) | **~iluni** *m* Vollmond *m* | **~ipotenciari (-ària** *f*) *adj* bevollmächtigt | *ministre* ~ (bevollmächtigter) Gesandter *m* || *s*/*m* Bevollmächtigter *m* | **~itud** *f* Fülle *f* | Vollmaß *n* | Vollkraft *f* | ~ *vital* Lebensfülle *f*.

pleo|croisme *m fís* Pleochroismus *m* | **~morfisme** *m biol* Pleomorphismus, Polymorphismus *m* | **~nasme** *m ling* Pleonasmus *m* | **~nàstic** *adj* pleonastisch.

plepa *f*/*m fam* (*Person*) Plage, Nervensäge *f* | (*Sache*) Last *f*; Ärgernis *n*.

pler *m* = **plaer** | *a* ~ gern, freudig, willig | *fer u/c a* ~ etw gern (*od* willig) tun | **~et**: *a* ~ (*loc adv*) langsam, gemächlich.

pleroma *m bot* Plerom *n*.

plesiosaure *m zool* Plesiosaurier *m*.

plet *m dr* (Zivil)Prozeß *m* | Rechtsstreit *m* | *p ext* Zank *m* | ~ *criminal* Strafprozeß *m* | *posar un* ~ *a alg* gegen j-n e-n Prozeß anstrengen.

pleta *f* Pferch *m*; Koppel *f*.

pl|ètora *f med* Plethora *f* | *fig* Fülle *f*; Überfluß *m* | **~etòric(ament** *adv*) *adj med* vollblütig | *fig* überfüllt | strotzend (*de* von).

pleur|a *f anat* Brust- *bzw* Rippen-fell *n*, *med* Pleura *f* | **~esia**, **~itis** *f med* Pleuritis, Brustfell- *bzw* Rippenfellentzündung *f* | **~o-pneumònia** *f med* Pleuropneumonie *f*.

plex|e *m anat* Plexus *m*, (Ader-; Nerven-)Geflecht *n* | ~ *solar* Solarplexus *m*, Sonnengeflecht *n* | **~iforme** *adj* (*m*/*f*) plexiform, geflechtartig | **~iglàs** *m* Plexiglas *n* | **~ímetre** *m med* Plessimeter *n*.

plica *f dr* versiegelte(r) Umschlag *m* | *med* Haarverfilzung *f*, Weichselzopf *m*.

plint *m arquit* Plinthe *f*.

pliocè *m geol* Pliozän *n* | **~nic** *adj* pliozän.

ploguda *f* Regen(fall) *m*.

plom *m* Blei *n* | Blei-gewicht *n*, -kugel *f* | Plombe *f* | *nàut* Senkblei *n* | *arquit* Lot *n* | *a* ~ (*loc adv*) senk-, lot-recht | *gasolina sense* ~ bleifreie(s) Benzin *n* | *intoxicació per* ~ Bleivergiftung *f* | (*és*)*ser pesat com un* ~ (*fig*) höchst langweilig (*bzw* lästig) sein | *perdre el* ~ das Gleichgewicht verlieren || *pl pop elect* Sicherung *f* | *treure els ~s* die Sicherung ausschrauben.

ploma *f* Feder *f* | *cop de* ~ Federstrich *m* | *home de* ~ (*lit*) Mann *m* der Feder | ~ *estilogràfica* Füll-(feder-)halter, Füller *m* | ~ *de gall* Pfauenfeder *f* (*e-s Angelhakens*) | *lleuger com una* ~ federleicht | *dibuix a la* ~ Federzeichnung *f* | *deixar córrer la* ~ der Feder freien Lauf lassen | *posar mà a la* ~ die Feder zur Hand nehmen | *ornar-se amb plomes d'altri* s. mit fremden Federn schmücken | **~da**¹ *f* Federstrich *m* | (*Geflügel*) Rupfen *n*.
ploma|da² *f arquit* (Senk)Lot, Senkblei *n* | (*Fischerei*) Bleibeschwerung *f* | **~ire** *m/f* Bleiarbeiter(in *f*) *m* | Klempner(in *f*) *m*.
ploma|ll *m* (*a. Zierde*) Federbusch *m* | F(l)ederwisch, Staub-wedel, -besen *m* | *bot* Haarkelch *m* | **~llada** *f* Rupfen *n* | **~r**¹ (33) *vt* (*Geflügel*; *fig j-n*) rupfen || *vi* s. fiedern (*Vogel*).
plomar² (33) *vt* plombieren | mit Blei beschweren.
plomatge *m ornit* Gefieder *n*.
plombat (**-ada** *f*) *adj* lotrecht, senkrecht.
plome|jar (33) *vt* entwerfen, skizzieren | **~ll** *m* (*Zierde*) Feder-busch, -schmuck *m* | **~r**¹ *m* = **plomall** | Federkästchen *n*.
plomer²(**a** *f*) *m* = **plomaire** | **~ia** *f* Klempnerei *f*.
plom|í *m* Feder-kiel *m*, -spitze *f* | **~issa** *f*, **~issol** *m ornit* Flaum *m* | **~issall** *m* = **plomall** | **~ós** (**-osa** *f*) *adj* gefiedert | *bot a.* fiederteilig.
plor *m* Weinen *n* | *arrencar* (od *rompre*) *el* ~ in Weinen (*od* Tränen) ausbrechen | **~acossos** *m/f* Totenkläger(in *f*) *m* | Klageweib *n* | **~ada** *f* Weinen *n* | **~adissa** *f* Weinerei *f* | *umg* Heulerei *f*, Geheul, Geflenne *n* | **~ador** *adj u. s/mf*, **~aire** *adj* (*m/f*) *u. s/mf* = **~aner** | **~alla** *f mst pl* = **plor** | **~alleta** *f* = **~icó** | **~allós** (**-osa** *f*) *adj* weinerlich | weinend | (*Augen*) verweint | **~amiques** *m/f* Heul-peter *m*, -liese, -suse *f* | **~amorts** *m/f folk* = **~aner** | **~aner** *adj* leicht (*od* häufig) weinend || *s/mf* = **~amiques** | *folk* Totenkläger(in *f*) *m* | Klageweib *n* | **~ar** (33) *vi* weinen | *umg* heulen, flennen | ~ *amargament* bitterlich weinen | ~ *d'alegria* vor Freude weinen | ~ *a llàgrima viva* in Tränen zerfließen, heftig weinen | *qui pogués* ~ *amb els teus ulls!* (*iròn*) deine Sorgen möchte ich haben! | *em ploren els ulls* mir tränen die Augen || *vt* (*Tränen*) weinen | ~ *un mort* um e-n Toten weinen, e-n Toten beweinen | **~era** *f* Weinerlichkeit *f* | *tinc* ~ mir ist weinerlich zumute, ich muß weinen | **~icó** *m* Jammer *n* | Jammermiene *f* | *fer el* ~ jammern | **~inyar**, **~iquejar** (33) *vi* jammern | winseln, wimmern | **~ós** (**-osa** *f*, **-osament** *adv*) *adj* weinerlich | (*Augen*) verweint, *umg* verheult | weinend.

plosiu (**-iva** *f*) *adj ling* okklusiv, plosiv.
plo|ure (40) *v/imp: plou?* regnet es? | *plou a bots i barrals* es schüttet, es gießt (in Strömen) | *fig: plou sobre mullat* e. Unglück kommt übers andere || *fig* (*mit Subjekt*) *plouen recomanacions de tots costats* es regnet Empfehlungen von allen Seiten | *ara plouen figues* (*fam*) das ist völlig undenkbar *od* unmöglich | **~ver** *adj* = **plujós** | **~vineig** *m* = **~visqueig** | **~vinejar**, **~viscar** (33) *v/imp* = **~visquejar** | **~visqueig**, *a*. **~visc(ó)**, **~viscol** *m* Nieselregen *m* | **~visquejar** (33) *v/imp: plovisqueja* es nieselt.
plugastell *m tèxt: flachsähnlicher Baumwollstoff*.
plu|geta *f*, **~gim** *m* leichter Regen, Nieselregen *m* | **~gisser** *adj* regnerisch | *núvol* ~ Regenwolke *f* | **~ig** *adj m: vent* ~ Regenwind *m* | **~ja** *f a. fig* Regen *m* | ~ *àcida* (*fina*) saurer (feiner) Regen *m* | ~ *torrencial* Platzregen *m* | *núvol de* ~ Regenwolke *f* | **~jà** (**-ana** *f*) *adj* Regen... | regnerisch | **~jat** *m* Regenguß *m* | **~jós** (**-osa** *f*) *adj* regnerisch.
pl|umbagina *f min* Graphit *m* | **~umbaginàcies** *f pl bot* Bleiwurz-, Grasnelken-gewächse *n pl* | **~umbaginals** *f pl bot* Bleiwurzpflanzen *f pl* | **~umbat** *m quím* Plumbat | **~umbi** (**plúmbia** *f*) *adj* bleiern, aus Blei | **~úmbic** *adj quím* Blei..., *bes.* Blei-IV-... | **~umbicó** *m tv* Plumbikon *n* | **~umbífer** *adj* bleihaltig | **~umbós** (**-osa** *f*) *adj quím* Blei..., *bes.* Blei-II-...
pl|umífer *adj* gefiedert | **~iforme** (*m/f*) federförmig | **~umíger** *adj* = **plumifer** | **~umípede** *adj* (*m/f*) mit gefiederten Füßen | **~úmula** *f bot* Blatt-, Sproß-knospe, Plumula *f*.
plural *adj* (*m/f*) *ling* pluralisch | Plural... || *s/m* Mehrzahl *f*, Plural *m* | *en* ~ in der Mehrzahl, im Plural | **~isme** *m filos polít* Pluralismus *m* |

Vielfalt *f* | **~ista** *adj* (*m/f*) pluralistisch || *s/m/f* Pluralist(in *f*) *m* | **~itat** *f* Pluralität *f* | Vielheit, Vielzahl *f* | Mehrheit *f* | **~itzar** (33) *vt ling* in den Plural setzen, pluralisieren.
pluri|axial *adj* (*m/f*) mehr-, viel-achsig | **~cel·lular** *adj* (*m/f*) *biol* mehrzellig | **~ennal** *adj* (*m/f*) *bot* mehrjährig, plurienn | **~lateral** *adj* (*m/f*) *a. polít* mehrseitig | **~lingüe** *adj* mehrsprachig | **~partidisme** *m polít* Mehrparteiensystem *n* | **~valent** *adj* (*m/f*) mehrwertig | polyvalent.
plus *m* (Gehalts)Zulage *f* | Zuschlag *m* | **~-petició** *f com* Überforderung *f* | **~quamperfet** *m ling* Plusquamperfekt *n*, Vorvergangenheit *f* | **~-vàlua** *f* Wertzuwachs *m* | (*bes im Marxismus*) Mehrwert *m*.
Plut|ó *m* Pluto *m* | *mit a.* Pluton *m* | **~ocràcia** *f* Plutokratie, Geldherrschaft *f* | **~òcrata** *m/f* Plutokrat(in *f*) *m* | **~ocràtic** *adj* plutokratisch | **~oni** *m quím* Plutonium *n* | **~ònic** *adj geol* plutonisch | **~onisme** *m geol hist* Plutonismus *m* | **~onista** *m/f* Plutonist(in *f*) *m*.
pluvi|al *adj* (*m/f*) Regen... | *geol* pluvial | *s/m catol* (*a. capa* **~**) Pluviale *n* | **~òmetre** *m meteor* Pluviometer *n*, Niederschlagsmesser *m* | **~ometria** *f meteor* Niederschlagsmessung *f* | **~ós** *m hist* Pluviose *m* | **~ositat** *f meteor* Niederschlagsmenge *f*.
pneu|ma *m mús hist* Neume(n) *f* (*pl*) | *filos ecl* Geist *m*, Pneuma *n* | Seele *f* | **~màtic** *adj* pneumatisch | Luft... | Preßluft... || *s/m aut* (Auto)Reifen *m* | **~** *sense cambra* schlauchloser Reifen *m* | **~** *radial* Gürtelreifen *m* || *s/f fís tecn* Pneumatik *f* | **~matologia** *f ecl:* Lehre über den Heiligen Geist | **~matòmetre** *m med* Pneumatometer *n*, Atmungsmesser *m* | **~mococ** *m med* Pneumokokkus *m* | **~mònia** *f* Pneumonie, Lungenentzündung *f* | **~mònic** *adj* pneumonisch | **~motòrax** *m med* Pneumothorax *m* | *s: pulmó, pleura.*
poa *f bot* Rispengras *n*.
poagr|e *m med* Podagra *n*, Gicht *f* | **~ós** (-osa *f*) *adj med* podagrisch, gichtisch || *s/mf* Gichtkranke(r *m*) *m/f*.
poa|l *m* Krug *m* | (Schöpf)Eimer *m* | **~lanca** *f* (Zieh)Brunnen) Kurbel *f* | **~r** (33) *vt* = **pouar** | **~ter** *m* = **pouater**.
pobl|a *f dr hist* Dorf *n*, Marktflecken *m* (*mit verbrieften Privilegien*) | **~ació** *f* Ort(schaft *f*) *m*; Dorf *n*; Stadt *f* | Bevölkerung *f* | *biol astr* Population *f* | **~ador(a** *f*) *m* (Be)Siedler(in *f*) | **~ament** *m* Bevölkern *n* | Besiedeln *n* | *bot zool* Bestand *m* | Besetzen *n* | **~ar** (33) *vt* bevölkern | besiedeln | bewohnen; leben in (*dat*) | *p ext:* **~** *un terreny d'arbres* e. Grundstück mit Bäumen bepflanzen | **~** *un estany de peixos* e-n Teich mit Fischbrut besetzen | **~ar-se** *v/r a. fig s.* bevölkern | s. besiedeln | **~at (-ada** *f*) *adj* bevölkert | besiedelt || *s/m* Ortschaft *f* | *bes: un* **~** *ibèric* (*sioux*) e-e Iberer-(Sioux-)siedlung | **~e** *m* Volk *n* | Dorf *n* | *el* **~** *alemany* das deutsche Volk | **~** *baix* od *baix* **~** das niedere Volk, der Pöbel | **~** *primitiu* Naturvolk *n* | *fam: un* **~** *de mala mort* e. Kaff *n* | **~et** *m* Dörfchen | *fam:* **~** *de quatre cases* Weiler *m* | **~ejar** (33) *vi* e. dörfliches Aussehen haben | **~età (-ana** *f*) *adj* dörfisch || *s/mf* Dörfler(in *f*) *m*.
pobr|ament *adv* ärmlich | **~e** *adj* (*zum Ausdruck von Mitleid od Verachtung vorgestellt*) *a. fig* arm (*de, en* an) | ärmlich; armselig | *una família pobra* e-e arme Familie | *més* **~** *que una rata* ärmer als e-e Kirchenmaus | *un país* **~** *d'aigua* e. wasserarmes Land | *una fruita pobra en vitamines* e-e vitaminarme Frucht | *la teva pobra mare es fa un tip de plorar* deine arme Mutter weint s. die Augen aus | *és un* **~** *home* er ist e. armer Kerl od Schlucker, Tropf | **~!** *S'ha quedat tot sol* der Arme! Er ist ganz allein geblieben | **~** *de mi!* ich Armer! | **~** *de tu* (*que ho facis* od *si ho fas*)! wehe dir (wenn du das tust)! || *s/mf* Arme(r *m*) *m/f* | Bettler(in *f*) *m* | *un* **~** *d'esperit* (*bíbl*) e. geistlich Armer; *p ext* e. Geistesschwacher | *un* **~** *de solemnitat* e. ganz Armer, e. bettelarmer Mensch | **~ea** *f Val* = **~esa**; *Bal* = **~issalla** | **~ejar** (33) *vi* arm *od* ärmlich sein | s. arm stellen | **~esa** *f* Armut *f* | Dürftigkeit *f* | *fig a.* Armseligkeit *f* | **~** *d'idees* (*d'esperit*) Ideen-(Gemüts-)armut *f* | **~** *no és vilesa* (*Spruch*) Armut schändet nicht | **~et** *adj u. s/mf* (*dim von* pobre; *bes zärtlich od ironisch*) **~**, *quina pena que em fas!* du Ärmster, du tust mir so leid! | **~s i alegrets** arme, aber lustige Leute | **~etalla, ~issalla** *f col* Bettelvolk *n* | **~etat** *f* = **~esa** |

~etejar (33) *vi* = **~ejar** | **~ic,**
~issó (**-ona**) *f*) *adj u. s/mf* = **~et**.
poc (**-a** *f*, **-s** *m pl*, **poques** *f pl*) (28) *pron ind* (*attributiv*) wenig(er, -e, -es) | *fa molt ~s dies* vor ein paar Tagen, vor kurzem, unlängst | *en poques paraules od en ~s mots* mit wenigen Worten | *hi havia ~a gent* es waren wenige Leute dort | (*és)ser ~a cosa* wenig sein; *fig* unbedeutend sein || (*prädikativ*) wenig | *això és ~* das ist wenig | *la meva força és ~a* meine Kraft ist gering || (*substantivisch*) wenig; *pl* wenige | *~ hi puc fer, jo* daran kann ich wenig machen | *fa ~* (*od és de ~*) *que l'han elegit* er ist vor kurzem gewählt worden | *havien arribat feia ~* sie waren soeben angekommen | *ben ~s ho haurien fet* nur wenige hätten es getan | *n'hi ha poques que treballin tant* es gibt wenige (Frauen), die soviel arbeiten | *ets un dels ~s que ho saben* du bist e-r der wenigen, die es wissen | *el ~ que li resta de vida* das bißchen Leben, das ihm bleibt | *un ~* (*od una mica*) *de paciència* e. wenig (*od* e. bißchen) Geduld | *molts* (*de*) *~s fan un molt* (*Spruch*) viele Wenig machen e. Viel || *adv* wenig | *aquest cotxe corre ~* dieses Auto fährt nicht schnell | *som ~ amics* wir sind eigentlich nicht näher befreundet | *~ abans* (*després*) kurz vorher (nachher) || (*am Satzanfang als negative Partikel*) *fam: ~ ho sé* ich weiß es doch nicht | *~ et creuran* sie werden dir kaum glauben || *a ~ a ~* langsam | *a ~ a ~* od *a ~ a poquet!* behutsam!, langsam!; ganz sachte, nur sacht(e)! | nur leise! | *de* (*od per*) *~* beinahe, fast | *entre ~ i massa!* erst zuwenig, dann zuviel! | *ni ~ ni molt* weder zuviel, noch zuwenig; gar nicht, überhaupt nicht | *~ o molt* mehr oder weniger | *~ més ~ menys* od *~ ençà ~ enllà* beinahe; ungefähr, etwa; bis auf weniges | *per ~ que ... soweit ...; wenn ...* irgend ... | *per ~ que puguis, vine* komm, wenn es dir irgend möglich ist | **~a-pena** *m/f* Frechling *m*, unverschämte Person *f* | **~a-roba** *m/f* Arme(r *m*) *m/f* | **~a-solta** *m/f* Tölpel *m* | Blödian *m* | Trottel *m* | **~a-soltada** *f* Blödsinn *m* | Tölpelei *f* | ungereimtes Zeug *n*, Unsinn *m* | **~a-traça** *m/f* Tolpatsch, Trampel *m* | **~a-vergonya** *m/f* = **~a-pena**.

pociò *f* Trank *m*.
poda *f agr silv* Schnitt *m*, Beschneiden, Ausästen *n* | Rebschnitt *m* | **~da** *f* (*Bäume*) Beschneiden *n* | **~dor** *adj* beschneidend || *s/mf* Baumschneider(in *f*) *m* | **~dora** *f agr silv* Baum-, Ast-schere *f* | **~ire** *m/f* = **~dor** *s/mf* | **~ll** *m* Baum-messer *n*, -schere *f* | **~r** (33) *vt* beschneiden, ausästen, stutzen.
poder[1] (40) *vt* (+ *inf*) können, | dürfen | mögen | *no puc aixecar-ho* ich kann es nicht (hoch)heben | *poden venir en qualsevol moment* sie können jeden Augenblick kommen | *puc* (od *es pot*) *entrar?* darf ich eintreten? | *qui pot* (*és)ser?* wer kann (*od* mag) das sein? | *no ~ sinó* (od *menys de*) *+ inf* nicht umhin können zu + *inf* | *no ~-hi per res* nichts dafür können; nichts daran ändern können | *pot* (*és)ser que vinguin demà* es kann (*od* mag) sein, daß sie morgen kommen | (*això*) *no pot* (*és)ser* das darf (*bzw* kann) nicht sein | *ja pot* (*és)ser* das kann schon sein || *vi: pots? kannst du?* | *no puc* (*més*) ich kann nicht (mehr) | *l'amor pot més que l'odi* Liebe vermag mehr als Haß | *són gent que poden* es (*od* sie) sind vermögende Leute.
poder[2] *m* Können *n* | Fähigkeit *f* | Vermögen *n*; Leistung; Kraft *f* | Macht *f* | (Staats)Gewalt *f* | *~ adquisitiu* Kaufkraft *f* | *~ executiu* Exekutive, vollziehende Gewalt *f* | *~ judicatiu* od *judicial* Judikative, richterliche Gewalt *f* | *~ legislatiu* Legislative, gesetzgebende Gewalt *f* | *el ~ temporal dels papes* die weltliche Macht (*od* Gewalt) der Päpste | *arribar al ~* an die Macht kommen | *caure en ~ de l'enemic* in die Hände des Feindes fallen | *conquerir* (*prendre*) *el ~* die Macht erobern (übernehmen) || *pl dr* Vollmacht, Ermächtigung *f* | *matrimoni per ~s* Ferntrauung *f*.
poder|ejar (33) *vi* Macht (*bzw* Gewalt) haben u. (aus)üben | **~ós** (**-osa** *f*, **-osament** *adv*) *adj* mächtig, gewaltig | kräftig | stark.
pòdex *m anat* Steiß(bein)gebiet *n*, Podex *m*.
podi, pòdium *m a. arquit* Podium *n*.
pod|ocarpàcies *f pl bot* Steineibengewächse *n pl* | **~ofil** *m bot* Maiapfel *m*, Fußblatt *n*. | **~òmetre** *m* Podometer *n*, Schrittzähler *m*.
podri|dura *f a. fig* Fäulnis *f* | Verwesung

f | ~**mener** *m col fam* Schmutz *m* | Schweinerei *f* | ~**ment** *m* Verfaulen *n* | Faulung *f* | Fäulnis *f* | ~**r** (37) *vt* zum Faulen bringen | *a. fig* verderben | ~**r-se** *v/r* (ver)faulen | *a. fig* verderben | ~**t** (**-ida** *f*) *adj* verfault | (*Frucht*) *a.* faul | *a. fig* verdorben || *s/m* Faule(s) *n*.
podzol *m geol* Podsol *m*, Bleicherde *f*.
po|ema *m* Gedicht *n* | Poem *n* | ~ **èpic** Epos *n* | ~**esia** *f lit* Dichtkunst, Dichtung, Poesie *f* | Gedicht *n* | ~ **èpica** Epik, epische Dichtung *f* | ~ **lírica** Lyrik, lyrische Dichtung *f* | *p ext*: la ~ *d'un paisatge* die Poesie e-r Landschaft | ~**eta** *m* Dichter, Poet *m* | ~**etastre** *m* Dichterling, Poetaster *m* | ~**etessa** *f* Dichterin *f* | ~**ètic(ament** *adv*) *adj* poetisch, dichterisch | *llicència* ~*a* dichterische Freiheit *f* || *s/f* Poetik *f* | ~**etització** *f* Poetisierung *f* | dichterische Gestaltung *f* | ~**etitzar** (33) *vi* dichten || *vt* poetisieren.
pogrom *m hist* Pogrom *m*.
pol *m geog mat fís* Pol *m* | ~ **nord** od **àrtic** Nordpol *m* | ~ **sud** od **austral**, **antàrtic** Südpol *m* | *elect:* ~ **positiu** (**negatiu**) Plus-(Minus-)pol *m*.
pola|cra *f* Schnürstiefel *m* | ~**ina** *f* Gamasche *f*.
polar *adj* (*m/f*) Polar... | *a. elect* Pol... | *cercle* ~ Polarkreis *m* | *fauna* (*flora*) ~ Polar-fauna (-flora) *f* | *mar* ~ Eis-, Polar-meer *n* | *regions* ~*s* Polargebiete *n pl*, -gegenden *f pl* | ~**ímetre** *m* Polarimeter *n* | ~**imetria** *f* Polarimetrie *f* | ~**itat** *f* Polarität *f* | ~**itzable** *adj* (*m/f*) polarisierbar | ~**ització** *f* Polarisation, Polarisierung *f* | ~**itzador** *m* Polarisator *m* | ~**itzar** (**-se**) (33) *vt*(*/r*) (s.) polarisieren.
polca *f* Polka *f*.
pòlder *m* Koog, Polder *m*.
pol|èmic *adj* polemisch | Streit... | ~**èmica** *f* Polemik *f* | ~**emista** *m/f* Polemiker(in *f*) *m* | ~**emitzar** (33) *vi* polemisieren.
polemoni *m bot* Himmelsleiter *f*, Sperrkraut *n* | ~**àcies** *f pl bot* Sperrkrautgewächse *n pl*.
polenta *f gastr* Polenta *f*.
poli|addició *f quím* Polyaddition *f* | ~**andre** *adj a. bot* polyandrisch | ~**àndria** *f* Polyandrie, Vielmännerei *f* | ~**arquia** *f polít* Polyarchie, Herrschaft *f* mehrerer | ~**artritis** *f med* Polyarthritis *f* | ~**atòmic** *adj quím* polyatomar | ~**càrpic** *adj bot* polykarp(isch).
poli|cia *f* Polizei *f* | *agent de* ~ Polizist *m* | *comissari* (*funcionari*) *de* ~ Polizei-kommissar (-beamter) *m* | ~ *armada* kasernierte Polizei *f* | ~ *de trànsit* (*secreta*) Verkehrs-(Geheim-)polizei *f* | ~ *municipal* städtische Verkehrs- u. Schutz-polizei *f* || *s/m/f* Polizist(in *f*) *m*, Schutzmann *m* | ~**íac** *adj* Polizei... | *p ext* Detektiv... | *novel·la* (*pel·lícula*) ~*a* Kriminal-roman (-film) *m*.
poli|clínica *f med* Poliklinik *f* | ~**condensació** *f quím* Polykondensation *f* | ~**conreu** *m agr* Polykultur *f* | -**crom**, ~**cromat** (**-ada** *f*) *adj* polychrom, vielfarbig, bunt | ~**cromar** (33) *vt gràf* polychromieren | ~**cromia** *f* Viel-, Mehr-farbigkeit *f* | *a. art* Polychromie *f* | ~**cultiu** *m*, ~**cultura** *f agr* Polykultur *f*.
poli|dament *adv* säuberlich | ~**desa** *f* Feinheit *f* | Glanz *m* | Sauberkeit *f* | ~**dor** *adj* Polier... | Schleif... Polierer(in *f*) *m* | (*Spiegel*, *Glas*) Schleifer(in *f*) || *s/f* (*a. màquina* ~*a*) Schleifmaschine *f*.
pol|íedre *m geom* Polyeder *n*, Vielflächner *m* | ~**ièdric** *adj* polyedrisch, vielflächig | ~**iester** *m quím* Polyester *m* | ~**ifacètic** *adj lit* viel-gestaltig, -seitig | ~**ifàsic** *adj elect* mehrphasig | *corrent* ~ Mehrphasenstrom *m* | ~**ifonia** *f mús* Polyphonie, Mehrstimmigkeit *f* | ~**ifònic** *adj* polyphon, mehrstimmig | *orquestra* ~*a* gr(s) Orchester *n* | (*Buchstabe*) mit verschiedenen Aussprachen | ~**ifonista** *m/f* Polyphoniker(in *f*) *m* | ~**ígala** *f bot* (Senega)Kreuzblume *f* | ~**igalàcies** *f pl bot* Kreuzblumengewächse *n pl* | ~**ígam** *adj* polygam || *s/m* Polygamist *m* | ~**igàmia** *f* Polygamie, Vielweiberei *f* | ~**igènesi** *f biol* Polygenese *f* | ~**igenètic** *adj* polygen(isch) | ~**igenisme** *m filos* Polygenismus *m* | ~**iglot** *adj* polyglott | mehr-, viel-sprachig || *s/f* (*Bibel*) Polyglotte *f* || *s/mf* Polyglotte(r *m*) *m/f*, Sprachenkenner(in *f*) *m* | ~ **ígon** *m geom* Polygon, Vieleck *n* | ~ *de tir* (*mil*) Schießplatz *m* | ~ *industrial* Gewerbegebiet *n* | ~ *residencial* Wohngebiet *n*, -siedlung *f* | ~**igonàcies** *f pl bot* Knöterichgewächse *n pl* | ~**igonal** *adj* (*m/f*) *geom* polygonal, vielek-

poliment

kig || *s/f pl bot* Knöterichpflanzen *f pl* | **~ígraf** *m* Polyhistor *m* | vielseitiger Schriftsteller *od* Gelehrter *m* | (*Gerät*) Polygraph *m* | **~igrafia** *f* vielseitige Schriftstellerei *od* Gelehrsamkeit *f* | **~igràfic** *adj* polygraphisch | **~imatia** *f* Polymathie *f*, vielseitiges Wissen *n*.
poliment *m* Polieren *n* | Glanz *m*; Politur *f*.
pol|ímer *m quím* Polymerisat, Polymeres *n* | **~imeria** *f* Polymerie *f* | **~imèric** *adj* polymer | **~imeritzación** *f* Polymerisation *f* | Polymerisierung *f* | **~imeritzar** (33) *vt* polymerisieren.
polimorf *adj* polymorph, vielgestaltig | **~isme** *m* Polymorphismus *m*, Vielgestaltigkeit *f* | Polymorphie *f*.
polinesi (-**èsia** *f*) *adj* polynesisch || *s/mf* Polynesier(in *f*) *m*.
polin|omi *m mat* Polynom *n*, vielgliedrige Größe *f* | **~òmic** *adj* polynomisch, vielteilig.
poliol *m bot* (a. ~ **d'aigua**) Polei(minze) *f* | = **poniol**.
poliomielitis *f med* Polio(myelitis), Kinderlähmung *f*.
poliopia *f med* Polyopie *f*, Mehrfachsehen *n*.
pòlip *m zool med* Polyp *m*.
pol|íper *m* Polypenstock *m* | **~ipètal** *adj bot* vielblättrig | **~ipodi** *m bot* Tüpfelfarn *m* | **~iporàcies** *f pl bot* Porlinge *m pl* | **~ipós** (-**osa** *f*) *adj med* polypenartig | **~íptic** *m art* Polyptichon *n* | **~iquets** *m pl zool* Vielborster *m pl*.
polir (37) *vt* glätten, polieren, glänzend machen | (ab)schleifen | vorschleifen | (*Sitten*) verfeinern | (*Stil*) ausfeilen | *fam fig* klauen, stibitzen | **~-se** *v/r fam* verscheuern, verscherbeln | (*Geld*) verpulvern, verprassen.
poli|sacàrid *m quím* Poly(s)saccharid *n* | **~síl·lab** *adj* mehrsilbig || *s/m* Polysyllabum, mehrsilbiges Wort *n* | **~sil·làbic** *adj* mehrsilbig | *eco* ~ mehrfaches Echo *n* | **~síndeton** *m ling* Polysyndeton *n* | **~sintètic** *adj ling* polysynthetisch | **~sintetisme** *m ling* Polysynthetismus *m* | **~spast** *m tecn* Flaschenzug *m* | *nàut* Talje *n*.
pòlissa *f* Police *f* | Steuer- *bzw* Stempelmarke *f* | *gràf* Gießzettel *m* | ~ **d'assegurança** Police *f*, Versicherungsschein *m* | ~ **de transport** *od* **de noli** (*nàut*) Frachtbrief *m*, Konnossement *n*.

polissó[1] *m* Bengel, Schlingel *m* | *ferroc* Schwarzfahrer *m* | *nàut* blinder Passagier *m*.
polissó[2], **polisson** *m* (*Polster*) Turnüre *f*.
polit (-**ida** *f*) *adj* gepflegt | sauber, reinlich || *s/m ornit* Regenbrachvogel *m* | *ornit* Brauner Sichler *m*.
politburó *m polit* Politbüro *n*.
poli|tècnic *adj* polytechnisch | *escola* ~**a** Polytechnikum *n*, Fachhochschule *f* für Technik | **~teisme** *m* Polytheismus *m*, Vielgötterei *f* | **~teista** *adj* (*m/f*) polytheistisch | *s/m/f* Polytheist(in *f*) *m*.
pol|ític(**ament** *adv*) *adj a. fig* politisch | (*Sohn, Tochter*) Schwieger... | *drets* ~**s** politische Rechte *n pl* | *partits* ~**s** politische Parteien *f pl* || *s/mf* Politiker(in *f*) *m* | **~a** *f a. fig* Politik *f* | ~ **agrària** (**econòmica, exterior, fiscal**) Agrar-(Wirtschafts-, Außen-, Steuer-)politik | **~iticastre** *m* Politikaster, Stammtischpolitiker *m* | **~ítico-econòmic** *adj* wirtschaftspolitisch | **~ítico-social** *adj* politisch-sozial, sozialpolitisch | **~itiquejar** (33) *vi* politisieren, ständig über Politik sprechen | **~ititzar** (33) *vt* politisieren.
politj|a *f tecn* Rolle, Riemenscheibe *f* | Blockscheibe, Seilzugrolle *f* | **~ó** *m* kl(e) Riemenscheibe | kl(e) Seilzugrolle *f*.
poli|uretà *m quím* Polyurethan *n* | **~úria** *f med* Polyurie *f* | **~valència** *f* Polyvalenz, Mehrwertigkeit *f* | *fig* Vielseitigkeit *f* | **~valent** *adj* (*m/f*) polyvalent, mehrwertig | *fig* vielseitig | **~vinil** *m quím:* **clorur de** ~ Polyvinylchlorid *n*.
poll[1] *m entom* Laus *f*.
poll[2] *m* = **pollancre**.
poll[3] *m ornit* Junge(s) *n* | = **pollet** | **~a** *f* junge Henne *f* | *itc* = **escòrpora** | ~ **díndia** Truthenne *f* | ~ **d'aigua** Grünfüßiges Teichhuhn *n* | ~ **pintada** Tüpfelsumpfhuhn *n*.
pollacr|a *f nàut* Segelschiff *n*, Segler *m* | Segelboot *n* | Segel *n* | **~í** *m nàut* Sturmsegel *n*.
polla|da *f, a.* **~lla** *f*, **~m** *m col* Kükenbrut, -schar *f*.
pollanc *m* = **~re** | **~ó** *m* = **~ró** | **~re** *m bot* (Schwarz)Pappel *f* | ~ **d'Elx** Euphratpappel *f* | ~ **gavatx** Pyramidenpappel; Lombardische Pappel *f* | **~reda** *f* Pappel-hain *m bzw* -pflanzung *f* | **~ró** *m bot* Schüppling *m*.

pollar-se (33) *v/r* wurmstichig werden.
pollastr|ada *f* Hähnchenessen *n* (*bes im Freien*) | **~aire** *m/f*, **~er(a** *f*) *m* Geflügelhändler(in *f*) *m* | Geflügelzüchter(in *f*) *m* | **~e** *m* Hahn *m*, Hähnchen *n* | **~ejar** (33) *vi* s. wie e. Erwachsener benehmen (*Halbwüchsiger*).
polleg|ana *f agr* Pflug *m* mit Sterzen | **~ó** *m* Zinke, (*a. Berg*) Zacke *f* | **~uera** *f* Türangel *f*, Haspe(n *m*) *f* | *fer sortir alg de ~* (*fig fam*) j-n auf die Palme bringen | *sortir de ~* (*fig fam*) aus der Haut fahren | *treure de ~* (*fig fam*) übertreiben.
pol·len *m bot* Pollen, Blütenstaub *m*.
pollera *f* Küken-gitter *n*, -stall *m* | (*Kinder*) Lauf-gitter *n*, -stall *m*.
pollere|da *f* Pappelwald *m* | **~nca** *f* Schleierling *m*; Austernseitling *m*.
polle|ria *f* Geflügelhandlung *f* | **~t** *m* Küken *n* | (Vogel)Junge(s) *n* | *bot* Queller *m*.
pollí (-**ina** *f*) *m* Fohlen, *lit* Füllen *n*.
pol·licitació *f dr* einseitiges Versprechen *n*.
pollina|da *f col* Fohlenherde *f* | **~r** (33) *vi* fohlen.
pol·l|ini *m bot* Pollinium *n* | **~ínic** *adj* Pollen..., Blütenstaub... | **~inització** *f* Bestäubung *f* | **~inosi** *f med* Pollinose *f*.
pollís *m* (*pl -issos*) *bot* Schößling *m*.
pollós (-**osa** *f*) *adj* verlaust | lausig | sehr schmutzig.
pol·lu|ció *f* Samenerguß *m*, Pollution *f* | *fig* (*Umwelt*) Verschmutzung *f* | **~ir** (37) *vt lit* verderben, korrumpieren | (*Umwelt*) verschmutzen.
polo *m* Polo(spiel) *n*.
pol|onès (-**esa** *f*) *adj* polnisch || *s/mf* Pole *m*, Polin *f* || *s/m ling* Polnisch *n* | *el ~* das Polnische | *s/f* (*Tanz*) Polonäse *f* | **~ònia** *f* Polen *n* | **~oni** *m quím* Polonium *n*.
polp|a *f bot* (Frucht)Fleisch *m* | *~ cerebral* (*anat*) Hirnmark *n* | *~ dental* (*anat*) Zahnmark *n*, Pulpa *f* | *~ del dit* Fingerkuppe *f* | *~ de l'orella* Ohrläppchen *n* | **~ís** *m* (*pl -issos*) *reg* = **palpís** | **~ós** (-**osa** *f*) *adj* fleischig | markig.
pols¹ *m anat* Puls *m* | *fig* Handfestigkeit, Sicherheit *f* des Handelns | (*Kopf*) Schläfe *f* | = **polsada** | *a ~* (*loc adv*) mit der Hand allein; freihändig | *obtenir u/c a ~* (*fig*) etw durch eigene Kraft erreichen | *prendre el ~ a alg* j-m den Puls fühlen; *fig* j-m auf den

Zahn fühlen | *prendre el ~ a l'opinió pública* (*fig*) die öffentliche Meinung erforschen | *tenir bon ~* e-e feste (*od* sichere) Hand haben | *li tremola el ~* ihm zittert die Hand.
pols² *f* Staub *m* | Pulver *n* | *la ~ dels camins* der Staub auf den Wegen | *llet en ~* Milchpulver *n* | *sucre en ~* Puder-, Staub-zucker *m* | *cobrir-se de ~* verstauben, einstauben | *aixecar un núvol de ~* e-e Staubwolke aufwirbeln | *fer ~ u/c* (*fig*) etw vernichten *od* zermalmen | *fer la ~ a alg* (*fig*) e-n Sieg über j-n davontragen; j-n überwinden | *retornar a la ~* (wieder) zu Staub werden; sterben.
pols³ *m pl* Puder *m*.
polsa|da *f* Fingerspitzenvoll *f* | Prise *f* (*Salz, Tabak*) | **~dor** *adj* puls(ier)end || *s/m elect* Druckknopf, Pulsator *m*, Schwingungsvorrichtung *f* | **~ment** *m* = **pulsació** | **~r** (33) *vt* (*j-m*) den Puls fühlen | *fig* sondieren || *mús* (*Saiten*) schlagen || *~ sal* (*rapè*) e-e Prise Salz (Schnupftabak) nehmen || *vi* pulsieren, schlagen (*Herz*).
polse|gada, ~guera, ~guina *f* Staubwolke *f* | *aixecar una polseguera* (*fig*) Staub aufwirbeln | **~gós** (-**osa** *f*) *adj* staubig | **~jar** (33) *vi* stauben.
polse|ra *f* Schläfen-locken *f pl od* -haare *n pl* | Arm-band *n*, Arm-reif *m*, -spange *f* | Streu(sand)büchse *f* | **~t** *m* Fingerspitzenvoll, Prise *f*.
pols|im *m* sehr feiner Staub *m* | Staubregen *m* | (*beim Mahlen*) Staubmehl *n* | **~ina** *f* = **polsim** | **~inar** (33) *vt arc* zu feinem Staub werden lassen | **~inera** *f* = **polseguera** | **~ós** (-**osa** *f*) *adj* staubig | staubbedeckt.
poltr|ada *f* Fohlenherde *f* | **~e** *m* Fohlen, *lit* Füllen *n* | (*Turngerät*) Bock *m* | *hist* Folter(bank) *f* | (*Hufschmiede*) Zwangstand *m* | **~ó** (-**ona** *f*) *adj fam* faul, träge || *s/mf* Faulpelz *m* || *s/f* Lehnstuhl *m* | Armsessel *m* | **~oneria** *f* Faulheit, Trägheit *f*.
pólvora *f* (Schieß)Pulver *n* | *fig:* (*és*)*ser viu com la ~* sehr rasch reagieren | *gastar la ~ en salves* das Pulver umsonst verschießen; etw am verkehrten Ende anpacken | *no haver inventat la ~* das Pulver nicht erfunden haben || *pl* Puder *m* | *posar-se pólvores* s. pudern.
polvor|er(a *f*) *m* Pulver-hersteller(in *f*) bzw -verkäufer(in *f*) *m* | **~era** *f* Puder-

polzada dose *f* | **~í** *m* Pulvermagazin *n* | *fig* Pulverfaß *n* | **~ista** *m/f* Feuerwerker(in *f*) *m* | **~itzable** *adj* (*m/f*) pulverisierbar | zerstäubbar | **~ització** *f* Pulverisieren *n* | Zerstäuben *n* | Zermahlen *n* | ~ *amb pistola de pintar* Spritzverfahren *n* | **~itzador** *m* Pulverisator *m* | Zerstäuber *m* | Spritzdüse *f* | ~ *automàtic* automatisches Spritzgerät *n* | **~itzar** (33) *vt* pulverisieren | zerstäuben | *fig* völlig vernichten | (*Rekord*) bei weitem brechen *od* schlagen.

polz|ada *f* (*Maß*) Zoll *m* | Daumenbreite *f* | Daumenschlag *m* | **~e** *m* Daumen *m* | **~ejar** (33) *vi* mit dem Daumen drücken *od* schieben.

pom *m* Knauf *m* | (*Tür*) *a.* Griff *m* | (Degen)Knauf *m* | (Sattel)Knopf *m* | (Blumen)Strauß *m* | Riechfläschchen *n* | *bot* Kernfrucht *f* | **~a** *f* Apfel *m* | ~ *bruta* Boskop *m* | ~ *camos(in)a* Gravensteiner *m* | ~ *pera* Glockenapfel *m* | ~ *reineta* (Landsberger) Renette *f* | *compota* (*pastís, suc*) *de pomes* Apfelkompott *n* (-torte *f*, -saft *m*) | ~ *de la discòrdia* (*fig*) Zankapfel *m* | *guardar-se una* ~ *per a la set* (*fig*) vorsorgen | **~aci** (-**àcia** *f*) *adj* apfelähnlich | **~ada** *f* Pomade *f* | Salbe *f* | **~ar** *m* = **~ereda** | **~ell** *m* (Blumen) Sträußchen *n* | **~er** *m* = **~era** | **~era** *f bot* Apfelbaum *m* | ~ *salvatge* Holzapfelbaum *m*.

pomer|ani (-**ània** *f*) *adj* pommerisch, pommersch || *s/mf* Pommer(in *f*) *m* | **~ània** *f* Pommern *n*.

pom|eral *m Val Bal* = **~erar** | **~erar** *m* = **~ereda** | **~ereda** *f* Apfelbaumpflanzung *f* | **~erola** *f* = **corner** | **~iforme** *adj* (*m/f*) apfelförmig | **~òleg** (-**òloga** *f*) *m* Pomologe *m*, -gin *f* | **~ologia** *f* Pomologie *f* | **~ològic** *adj* pomologisch.

pomp|a *f* Pomp, Prunk *m*, Pracht *f*, Gepränge *n* | *servei de pompes fúnebres* Beerdigungs-, Bestattungs-institut *m* | **~ejar** (33) *vi* prunken, Pracht entfalten | **~is** *m fam* Po(po) *m* | **~ó** *m mil* Quaste, Troddel *f* | **~ós** (-**osa** *f*, -**osament** *adv*) *adj* pomphaft, prunkvoll, pompös | (*Stil*) schwülstig, geschwollen | **~ositat** *f* Pomphaftigkeit *f*.

pòmul *m anat* Backenknochen *m*.

poncell *adj ant* jüngferlich, jungfräulich | **~a** *f ant* Jungfrau *f*, unberührtes Mädchen *n* | *bot* Knospe *f* | **~ada** *f*, **~am** *m col* Knospen *f pl* | **~ar** (33) *vi bot* knospen, Knospen treiben | **~atge** *m ant* Jungfräulichkeit *f* | **~ó** *m* kl(e) Knospe *f*, Knöspchen *n*.

ponc|em *m* Zitronatzitrone *f* | *confitura de* ~ Zitronat *n* | **~emer** *m bot* Zitronatzitronenbaum *m* | **~emerar** *m* Zitronatzitronenpflanzung *f* | **~ir** *m reg* = **poncem**.

ponçó *m* Hochrot *n*.

ponder|abilitat *f* Wägbarkeit *f* | **~able** *adj* (*m/f*) wägbar | **~ació** *f* Abwägen *n* | Ausgeglichenheit *f* | *fig* Einschätzung *f* | *sobre tota* ~ (*loc adv*) über alle Maßen | **~ador** *adj* ausgleichend, das Gleichgewicht erhaltend | abwägend | *fig* mäßigend | **~al** *adj* (*m/f*) Gewichts... | *unitats* **~s** Gewichtseinheiten *f pl* | **~ar** (33) *vt* abwägen | erwägen | bewerten | ausgleichen, mäßigen | *fig lit* loben, rühmen | **~at** (-**ada** *f*) *adj* ausgeglichen, ausgewogen | gemäßigt | *p ext* überlegt | **~atiu** (-**iva** *f*, -**ivament** *adv*) *adj* lobend, rühmend, Lobes... | übertreibend | **~ós** (-**osa** *f*, -**osament** *adv*) *adj* (sehr) schwer | *fig* schwerwiegend, gewichtig | **~ositat** *f* Schwere *f* | Gewichtigkeit *f*.

pòndol *m* Haushalt(ung *f*) *m* | Hauswirtschaft *f* | *portar el* ~ den Haushalt führen.

pon|dre (40) *vt* (*Eier*) legen | *un ou post de fresc* e. frisch gelegtes Ei *n* || *vi* legen (*Huhn, Vogel*) | *fig: a ell, totes li ponen* ihm geht alles ausgezeichnet | **~dre's** *v/r* untergehen (*Gestirn*) | **~edor** *adj* legend | *gallina* **~a** Leg(e)henne *f* || *s/m* Brut-, Lege-nest *n* | Brutkorb *m* | **~ència** *f* Berichterstattung *f* | Sachbericht *m*, Referat *n* | **~ent**[1] *m geog* Westen *m* | (a. *vent de* ~) Westwind, *nàut poèt* West *m* | **~ent**[2] *m/f* Berichterstatter(in *f*), Referent(in *f*) *m* | **~entada** *f* starker Westwind *m* | **~entejar** (33) *vi nàut* nach Westen fahren *bzw* segeln || *v/imp: ponenteja* es weht Westwind | **~entí** (-**ina** *f*) *adj* westlich | abendländisch | **~entol** *m* sanfter Westwind *m*.

pongis *m tèxt* Pongé *m*, Japanseide *f*.

poni *m zool* Pony *n*.

poniol *m bot* Bohnenkraut *n* («Satureja fructicosa»).

pont *m a. anat esport med* Brücke *f* | *nàut*

Deck *n*; (Kommando)Brücke *f* | *mús* Steg *m* | (Brillen)Steg *m* | Brückentag *m* | ~ aeri (*de barques, giratori, llevadís, penjant* od *suspès*) Luft-(Ponton-, Dreh-, Zug-, Hänge-)brücke *f* | ~ dels ases (*fig*) Eselsbrücke *f* | *fer* ~ (*fig*) an e-m Brückentag nicht arbeiten | **~ana** *f nàut* (flacher) Lastkahn *m* | **~ar** (33) *vi* e-e Brücke (*od* e-n Bogen) bilden | **~arró** *m* Brückchen *n* | **~atge** *m* | Brücken-zoll *m*, -maut *f* | **~er** *m* Brückenzolleinnehmer *m* | **~et** *m* Brückchen *n* | *bes mús* Steg *m* | **~ífex** *m hist* Pontifex *m* | *bibl* Hohepriester *m* | *catol* (Erz)Bischof *m* | (a. *summe* ~ od ~ *romà, màxim*) Papst *m* | **~ifical** *adj* (*m/f*) (erz)bischöflich | päpstlich | *ornaments* **~s** Pontifikalien *pl* || *s/m* Pontifikalamt *n* | Pontifikale *n* | **~ificar** (33) *vi* e. Pontifikalamt halten | *fig* dozieren, in lehrhaftem Ton reden | **~ificat** *m* Pontifikat *n* | **~ifici** (-**ícia** *f*) *adj* (erz)bischöflich | päpstlich | *hist: Estats* **~s** Kirchenstaaten *m pl* | **~ó** *m* Brückchen *n* | *nàut* Ponton; Brückenkahn *m* | Pontonbrücke *f* | **~ona** *f nàut* Ponton; (flacher) Lastkahn *m*.

ponx *m* Punsch *m* | *p ext* Bowle *f* | **~era** *f* Punschbowle *f* | Bowle(nschale) *f*.

ponxo *m* Poncho *m*.

pop *m zool* Oktopus *m*, achtarmiger Polyp *m* | *pescar* **~s** Polypen fischen.

popa[1] *f nàut* Heck *n* | *anar* (*vent*) *en* ~ mit Rückenwind segeln; *fig* gut vorangehen.

popa[2] *f oc* weibliche Brust *f* | **~r** (33) *vt oc* an der Mutterbrust saugen.

popelín *m tèxt* Popelin(e *f*) *m* | *camisa de* ~ Popelinhemd *n*.

poper *adj* Polypen... || *s/f* (Angeln) Polypenhaken *m*.

popliti (-**ítia** *f*) *adj anat* Kniekehl... | *buit* ~ Kniekehle *f*.

popul|ar(ment *adv*) *adj* (*m/f*) volkstümlich, populär | beliebt | Volks... | **~aritat** *f* Popularität, Volkstümlichkeit *f* | Beliebtheit *f* | *fruir d'una gran* ~ s. e-r gr(n) Volkstümlichkeit erfreuen | **~arització** *f* Popularisierung | weite Verbreitung *f* | **~aritzar** (33) *vt* popularisieren | volkstümlich (*od* populär) machen | allgemeinverständlich machen | **~aritzar-se** *v/r* volkstümlich (*od* populär) werden | Gemeingut werden | **~atxer** *adj desp*

Pöbel... | pöbelhaft | billig, gewöhnlich | **~atxo** *m desp* Pöbel *m*, Plebs *f* | **~isme** *m* Populismus *m* | **~ista** *adj* (*m/f*) populistisch || *s/m/f* Populist(in *f*) *m* | **~ós** (-**osa** *f*) *adj* stark bevölkert.

popurri *m mús* Potpourri *n*.

poque|dat = **poquesa** | **~jar** (33) *vi* knapp (*bzw* rar) sein | spärlich werden.

pòquer *m* Pokerspiel *n*.

poque|sa *f* geringe Zahl *bzw* Menge *f* | Wenigkeit, Kleinigkeit *f* | **~t** *adj u. adv* (*dim von* poc) *aquesta criatura és molt* **~a** *cosa* dieses Kind ist sehr schmächtig | *s: poc*.

por *f* Angst *f* | *lit* Furcht *f* | *de* ~ *de* (*loc prep*) aus Angst vor | *de* ~ *que* (*loc conj*) aus Angst, daß | *agafar* ~ Angst bekommen | *fer* ~ *a alg* j-m Angst einjagen | *tenir* ~ *d'alg* od *d'u/c* vor j-m *od* etw Angst haben | *tenir* ~ *que* ... fürchten, daß ... | *tinc* ~ *que* (*no*) *vingui* ich fürchte, daß er kommt | *agafar* ~ Angst bekommen | *s: poruc*.

porc *m a. fig* Schwein *n* | *gastr a.* Schweinefleisch *n* | ~ *espí* Stachelschwein *n* | ~ *senglar* od *fer* Wildschwein *n* | *ict:* ~ *marí* Meerschwein *n* | *dir a alg el nom del* ~ (*pop*) j-n zur Sau machen | *de* ~ *i de senyor se n'ha de venir de mena* (*Spruch*) Schwein od Edelmann ist man von Geburt an || *adj a. fig* schweinisch, dreckig | **~a** *f a. fig* Sau *f*.

pórca *f agr* (*Arker*) Scholle *f*.

porca|da *f* Schweineherde *f* | *fig pop* Schweinerei *f* | **~irol(a** *f*) *m* Schweinehirt(in *f*) *m* | **~ment** *adv* schweinisch.

porcar (33) *vt agr* (*Acker*) furchen || *vi* auf der Scholle arbeiten.

porc|ater(a *f*) *m* Schweinehändler | **~ell** *m* Ferkel, Ferkelchen *n* | **~ella** *f col* (Wurf *m*) Ferkel *n pl*.

porcellan|a *f* Porzellan *n* | *vaixella de* ~ Porzellangeschirr *n* | ~ *de Saxònia* Meißner Porzellan *n* | ~ *de Xina* Chinaporzellan *n* | *de* ~ porzellanen || *pl med* Skrofeln *f pl* | **~er(a** *f*) *m* Porzellan-hersteller(in *f*) *bzw* -händler(in *f*) *m*.

porc|ellar (33) *vi* ferkeln (*Sau*) | **~ellera** *f* Schweinestall *m* | **~í** (-**ina** *f*) *adj* Schweine...

porci|ó *f* (An)Teil *m* | (*Speisen*) Portion *f* | **~oner(a** *f*) *m* (An)Teilhaber(in *f*) *m* | (*im Erbe*) Erbberechtigte(r *m*) *m/f* ||

s/m *catol* Pfründner *m* | **~úncula** *f* Teilchen *n* | *catol* Portiunkulaablaß *m*.
porf|ídia *f* Eigensinn *m*, Hartnäckigkeit, Halsstarrigkeit *f* | Rechthaberei *f* | **~idi(ej)ar** (33) *vi* hartnäckig bestehen *od* beharren (*en auf*) | s. rechthaberisch zeigen; trotzig (*od* eigensinnig) sein; streiten | **~idiós** (**-osa** *f*, **-osament** *adv*) *adj* eigensinnig, hartnäckig | rechthaberisch | trotzig.
pòrfir *m min* Porhyr *m*.
porf|íria *f med* Porphyrie *f* | **~íric** *adj* porphyrisch | Porphyr... | **~irina** *f quím biol* Porphyrin *m* | **~irita** *f min* Porphyrit *m* | **~iritzar** (33) *vt* sehr fein zerreiben.
porg|ador *m agr* Sieb *n* | **~adora** *f* Schaumkelle *f* | **~adures** *f pl* Aussiebsel *n* | Spreu *f* | **~ar** (33) *vt* (durch)sieben, aussieben || *vi* vor der Reife abfallen (*Obst*) | **~uer(i)es** *f pl* = **~adures**.
pornogr|afia *f* Pornographie *f* | **~àfic** *adj* pornographisch.
por|ós (**-osa** *f*) *adj biol* porös | porig | **~ositat** *f* Porosität *f* | Pore *f* | s: *porus*.
porpr|a *f* Purpur(farbe *f*) *m* | *med* Purpurausschlag *m* | *fig* Purpurmantel *m* | Kardinalswürde *f* | *de ~* purpurn; purpurrot | s: *púrpura* | *~ de Cassi* Cassiusscher Purpur *m* | **~at** (**-ada** *f*) *adj* purpurn | purpurrot | **~es** *f pl bot* Königskerze *f* («Verbascum boerhavii»).
porqu|ejar (33) *vi* Schweinereien treiben | **~ejat** (**-ada** *f*) *adj gastr* mit Schweinefleisch gekocht | **~er(a** *f*) *m* = **~erol** | **~eria** *f* Dreck, Schmutz *m* | Schweinerei *f* | *fam* wertloses Zeug *n* | **~erol(a** *f*) *m* Schweinehirt(in *f*) *m* | **~et** *m* Ferkel *n* | Schweinchen *n* | **~í** (**-ina** *f*) *adj* Schweine... | *bestiar ~* Schweine(vieh *n*) *n pl* | s: *conill* | **~ícia** *f* Schmutz, Dreck *m* | **~im** *m* Schweinefleisch(essen) *n*.
porra *f* Keule *f* | (Gummi)Knüppel *m* | *fam* Plage, Last *f* | *cop de ~* Keulen (*bzw* Knüppel-)schlag *m* | *enviar alg a la ~* (*fig fam*) j-n zum Teufel jagen | *fer ~* (*caç*) nichts jagen.
porr|aci (**-àcia** *f*) *adj* lauchgrün | **~ada** *f gastr* Lauchgemüse *n* | **~adell** *m bot* Wiesenlauch *m* | Schnittlauch *m* | **~assa** *f bot* Pyrenäenlauch *m* | Affodill, Asphodill *m* | **~at** *m folkl* Val kl(r) Leckereienmarkt *m* | **~o** *m*

bot Lauch, Porree *m*.
porr|ó *m* (*gläserner Schnabelkrug*) «Porró» *m* | (*Maß*) 0,094 l | **~ona** *f* gr(r) «Porró» *m* | **~onaire** *m/f* «Porró»-Hersteller(in *f*) *bzw* -Verkäufer(in *f*) *m*.
port[1] *m nàut* Hafen *m* | (*Berg*) Paß *m* | Schlucht *f* | s: *coll*, *pas*[1] | (*Stadt*) Hafenstadt *f* | *fig* Zufluchtsort *m* | *~ de matrícula* (*de refugi*, *esportiu*, *fluvial*, *franc*) Heimat-(Not-, Jacht-, Binnen-, Frei-)hafen *m* | *arribar a bon ~* (a. *fig*) im sicheren Hafen landen | *entrar a ~* in den Hafen einlaufen.
port[2] *m* (Körper)Haltung *f* | Beförderung *f* | *corr* Porto *n* || *pl bes nàut* Fracht *f*, Fuhrlohn *m* | *lliure de ~s* Freifracht *f*.
porta *f* Tür *f* | *a.* Tor *n*, Pforte *f* | *anat* (a. *vena ~*) Pfortader *f* | *~ d'entrada* Eingangstür *f* | *~ de dos batents* od *de dues fulles* Flügeltür *f* | *~ cotxera* Einfahrt *f*, Torweg *m* | *~ de la casa* Haustür *f* | *~ de comunicació* Verbindungstür *f* | *~ corredissa* Schiebetür *f* | *~ falsa* od *secreta* blinde Tür, Geheimtür, Hintertür *f* | *~ giratòria* Drehtür *f* | *~ de servei* Hinter-eingang *m*, -tür *f* | *~ vidrada* Glastür *f* | *~ caladissa* (*hist*) Fallgatter *n* | *la* (*Sublim*) *~* (*hist*) die (Hohe) Pforte | *a ~ tancada* od *closa* hinter verschlossenen Türen, unter Ausschluß der Öffentlichkeit | *de ~ en ~* von Tür zu Tür | *agafar el camí de la ~* hinaus-, fort-gehen | *clavar la ~ pels nassos* (od *pop pels morros*) *d'alg* j-m die Tür vor der Nase zuschlagen | (*és*)*ser a les portes de la ciutat* vor den Stadttoren stehen | *fig: sóc a les portes de la mort* ich stehe an der Schwelle des Todes | *fer passar la ~* od *posar a la ~ alg* j-n vor die Tür setzen | *tancar totes les portes a alg* j-m alle Türen verschließen | *trobar-se totes les portes tancades* vor verschlossenen Türen stehen | *trucar a la ~* (*a totes les portes*) an der Tür klopfen (bei allen anklopfen; *fig* bei allen um Hilfe bitten) | *obrir* (*tancar*) *la ~* die Tür öffnen *od* aufmachen (schließen, ab-, zu-sperren).
porta|agulles *m* Nadelhalter *m* | **~avions** *m nàut* Flugzeugträger *m* | **~bagatge** *m* = **portaequipatge** | **~bandera** *m* Fähnrich *m* | Standartenträger *m* | Fahnenträger *m* | Fahnengurt *m* | **~bilitat** *f* Tragbarkeit *f* | **~ble** *adj* (*m/f*) tragbar | *econ*: *deute*

~ Bringschuld *f* | **~bombeta** *m* (*Glühbirne*) Fassung *f* | **~bugia** *m* Handleuchter, Kerzenhalter *m* | **~carrabina** *m mil* Karabinerhaken *m* | **~cigarrets** *m* Zigarrettenetui *n* | **~cigars** *m* Zigarrenetui *n* | **~claus** *m* Schlüsselring *m* | *s: clauer* | **~creu** *m/f ecl* Kreuzträger(in *f*) *m*.

portad|a[1] *f arquit* = **portalada** | *gràf* Titelseite *f*, -blatt *n* | **~a**[2] *f* Zuschlagen *n* e-r Tür | **~ella** *f gràf* Schmutz-titel *m*, -blatt *n*.

porta|dor *adj* (her)bringend | Träger... || *s/m* (Last)Träger *m* | *bes econ* (*Papiere*) Inhaber; *banc* Überbringer *m* || *s/mf med* Träger(in *f*) *m* || *s/f telecom* Trägerwelle *f* | *agr* Kiepe *f*; Kübel *m* | (*Weinlese*) Bottich; Zuber *m* | **~eines** *m tecn* Werkzeughalter *m* | **~equipatge** *m aut* Kofferraum *m* | *ferroc* Gepäcknetz *n* | **~encenser** *m ecl* Weihrauchfaßschwenker *m* | **~estendard** *m* Standartenträger *m* | Fähnrich *m* | Fahnengurt *m* | **~estrep** *m* Steigbügelriemen *m* | **~farcells** *m/f* Klatschmaul *n* | **~feixos** *m* Lastträger *m* | **~fusell** *m mil* Gewehrriemen *m* | **~guió** *m* Fähnchenträger *m*.

portal *m* Tor(eingang *m*) *n* | Portal *n* | (Stadt)Tor *n* | **~à** *m* = **~er** | **~ada** *f gr(s)* Portal *n* | **~atge** *m* Stadtzoll *m* | **~er** *m hist* Tor-hüter, -wächter *m* | (Tor)Zöllner *m* | **~era** *f* (Tür)Vorhang *m* | *nàut* Stückpforte *f* | *aut* Tür *f* | (*Kutsche*) Wagen-, Kutschen-schlag *m*.

porta|llàntia *f* Handleuchter *m* | **~llapis** *m* Bleistifthalter *m* | **~lliços** *m* *tèxt* Schaftstab(träger) *m*.

porta|ló *m* kl(s) Tor *n* | *nàut* Fallreep *n* | **~m** *m col* Türen *f pl*.

porta|ment *m* Tragen, (Her)Bringen *n*, Überbringung *f* | **~mines** *m* Drehbleistift *m* | **~monedes** *m* Geld-beutel *m*, -börse *f*, *gal* Portemonnaie *n* | **~noves** *m/f* Klatsch-maul *n*, -base *f* | Neuigkeitskrämer(in *f*) *m* | **~nt** *adj* (*m/f*) tragend, Trag... (her)bringend || *s/m* (*Tier*) Paßgang *m* | *fig fam:* agafar el ~ s. davonmachen, weggehen | **~ntveus** *m/f arc* Stellvertreter(in *f*) *m* | **~objectes** *m* Objekt-tisch *bzw* -träger *m* | **~objectius** *m òpt* Objektivrevolver *m* | **~pau** *m ecl* Paxtafel *f*, Pacem *m* | **~ploma** *m* Federhalter *m* | **~r** (33) *vt* tragen | (her)bringen | bei s. tragen *od* haben | zur Folge haben, herbeiführen, verursachen | führen, leiten | (*Befehle*, *Nachrichten*) überbringen | (*Fahrzeug*) fahren, lenken, steuern | (*Kleidung*) tragen, anhaben | (*Namen*) tragen | (*Titel*) führen | ~ *barba* (*bigoti*) Bart (Schnurrbart) tragen | ~ *ulleres* e-e Brille tragen | ~ *el cap embenat* e-n Verband um den Kopf haben | ~ *lluny* u/c etw weit vorwärtstreiben | ~ *les coses massa lluny* (*fig*) zu weit gehen | ~ *u/c a cap od a terme* etw zum Ende bringen | ~ *la casa* den Haushalt führen | ~ *molt bé el negoci* das Geschäft sehr gut führen | ~ *una criatura al món* e. Kind zur Welt bringen | ~ *bé els anys* noch rüstig sein | ~ *u/c de cap* etw im Sinn haben | *portava una noia molt bufona al seu costat* er führte e. sehr hübsches Mädchen an s-r Seite | *el diari ho portava* es stand in der Zeitung | *aquest camió porta taronges* dieser Laster befördert Orangen | *el tren porta retard* der Zug hat Verspätung | *això ~à conseqüències* das wird Folgen haben *od* nach s. ziehen | *això ~à raons* das wird zu Streit führen | *aquest vent ~à pluja* dieser Wind bringt Regen | *fer(-se)* ~ *u/c* (s. *dat*) etw kommen lassen | ~ *amor a alg* j-m Liebe entgegenbringen | ~ *odi a alg* Haß gegen j-n hegen || *vi: tots els camins porten a Roma* alle Wege führen nach Rom | **~r-se** *v/r* s. benehmen, s. verhalten, s. aufführen | *s: emportar-se* | ~ *bé* (*malament*) *amb alg* s. gut (schlecht) j-m gegenüber betragen; s. gut (schlecht) mit j-m vertragen | ~ *bé* (*malament*) *de salut* s. gut (schlecht) befinden; gesund (krank) sein.

portatge *m hist dr* Maut *f*, Wegegeld *n*, Torzoll *m* | **~r** *m* Mautner, Zöllner *m*.

port|àtil *adj* (*m/f*) tragbar | Hand... | Taschen... | Reise... | **~atiu** (**-iva** *f*) *adj* tragend | *força portativa* Trag-kraft, -fähigkeit *f* | **~avent** *m tecn* Windfang *m* | (*Orgel*) Windlade *f* | **~aveu** *m/f* Wortführer(in *f*) *m* | Sprecher(in *f*) *m* | *a. fig* Sprachrohr *n* | **~aviandes** *m* Proviant-, Picknick-dose *f bzw* -geschirr *n*.

portell *m mil* Bresche *f* | Schalter *m* | *nàut* Stückpforte *f* | Ladepforte *f* | *plantar a* ~ (*agr*) auf Lücke (*od* versetzt) pflanzen | **~a** *f* Türchen *n* | *aut ferroc* Wagentür *f* | *nàut* Luke *f* | (*Schalter*) Fenster *n*.

portent *m a. fig* Wunder *n* | **~ós (-osa** *f*, **-osament** *adv) adj* wunderbar | erstaunlich | eindrucksvoll.
porter|(a *f) m* Pförtner(in *f) m* | *p ext* Hausmeister(in *f) m* | *esport* Torwart *m* | **~** *electrònic* Türöffner *m* mit Sprechanlage | **~ia** *f* Pförtnerstelle *f* | Pförtner-loge *bzw* -wohnung *f* | *esport (Ziel)* Tor *n*.
pòrtic *m arquit* Portikus *m*, Säulenhalle *f* | Säulengang *m* | Portalkran *m*.
portic|at (-ada *f) adj* mit Säulen u. Bogen | Säulen... | **~ó** *m* Fensterladen *m* | *s: finestró*.
pòrtland *m* Portlandzement *m*.
port|olà *m nàut* Hafenbuch *n* | Seefahrtsbuch *n* | **~o-riqueny** *adj* portorikanisch || *s/mf* Portorikaner(in *f) m* | **~uari (-ària** *f) adj* Hafen... | **~uguès (-esa** *f) adj* portugiesisch | *s/mf* Portugiese *m*, -sin *f* | *s/m* Portugiesisch *n* | *el* **~** das Portugiesische.
portulacàcies *f pl bot* Portulakgewächse *n pl*.
poruc (-uga *f*, **-ugament** *adv) adj* ängstlich, furchtsam.
porus *m biol* Pore *f*.
porx|ada *f arquit* Säulengang *m* | (offener) Söller *m* | **~at** *m* = **pòrtic, porxada** | **~o** *m arquit* Säulenvorhalle *f* | Säulengang *m* | (offener) Söller *m*.
pos|a *f a. fig* Pose *f* | **~ada** *f* Setzen, Stellen, Legen *n* | Gasthaus *n* | *(Lied)* Strophe *f* | **~** *en escena (teat)* Inszenierung *f* | *la* **~** *en marxa d'un aparell* das Ingangsetzen e-s Geräts | **~** *en pràctica* Umsetzung *f* in die Praxis | **~ader** *m hist* königlicher Quartiermacher *m* | *Bal* Haushälter *m (im Stadthaus e-s Bauern)* | Stanze *f* | **~ador** *adj* legend, setzend, stellend | aufschreibend || *s/m* Aufsteller *m* | *hist* königlicher Quartiermacher *m* | **~ar** (33) *vt* (an-, auf-, hin-)setzen, stellen, legen | *(Anmerkung)* machen, tun; schreiben | *(Antrag)* stellen, einbringen | *(Anzeige)* erstatten | *(Briefmarke, Etikett)* aufkleben | *(Essen, Speisen)* auftragen, servieren | *(Geld beim Spiel)* setzen; *(bei der Bank)* deponieren, hinterlegen | *(Geschäft)* aufmachen, eröffnen | *(Gürtel)* umschnallen | *(Hut)* aufsetzen | *(Inserat)* aufgeben | *(Kleidung)* anziehen | *(Namen)* geben | *(Ordnung)* schaffen | *(Pflaster)* auflegen | *(Ring)* anstecken | *(Schmuck)* anlegen | *(Schwierigkeiten)* bereiten | *(Sorgfalt)* aufwenden | *(Stempel)* aufdrücken | *(Steuern)* auferlegen | *(Telegramm)* aufgeben | *(Wohnung)* beschaffen; einrichten | **~** *furiós (nerviós)* wütend (nervös) machen | **~** *al corrent* j-n ins Bild setzen | **~** *les patates a fer* die Kartoffeln aufsetzen | **~** *el nen a dormir* das Kind schlafen legen | **~** *arrels (a. fig)* Wurzeln schlagen | **~** *seny* Vernunft annehmen | **~** *bé* (*od bo*) *alg* j-n heilen | **~** *un cartell* e. Plakat ankleben | **~** *una coma* e. Komma setzen | **~** *la data* das Datum schreiben | **~** *les dents* Zähne bekommen, zahnen | **~** *aigua (vi) a alg* j-m Wasser (Wein) ein-gießen *od* -schenken | **~** *un infant al món* e. Kind zur Welt bringen | **~** *afecte a alg* j-n liebgewinnen | **~** *música a un text* e-n Text in Musik setzen *od* vertonen | **~** *fi a u/c* e-r Sache e. Ende setzen *od* machen | **~** *nom a alg* j-m e-n Namen geben | *si és noi, li* **~em** *Jordi* wenn es e. Junge ist, werden wir ihn Georg nennen | **~** *preu a u/c* e-n Preis für etw festsetzen | **~** *u/c al seu lloc* etw an s-n Platz setzen, stellen *od* legen | **~** *un camp en conreu* e. Land urbar machen *od* bebauen | **~** *en comunicació* verbinden | **~** *en evidència u/c* etw klarstellen *od* beweisen | **~** *en evidència alg* j-n bloßstellen | **~** *alg en llibertat* j-n befreien | **~** *en marxa (a. fig)* in Gang bringen *od* setzen | **~** *en obra* od *en pràctica* verwirklichen *od* in die Tat umsetzen; in Angriff nehmen *od* beginnen | **~** *en relleu* hervorheben | **~** *en ús* in Gebrauch nehmen | *posem que demà et moris* setzen wir den Fall, daß du morgen stirbst | *posat que vingui, cosa que no crec* (voraus)gesetzt, daß er kommt, was ich nicht glaube | *s: suposar* || *vi (in e-m Gasthaus, Hotel)* logieren, übernachten | Modell stehen *od* sitzen | **~ar-se** *v/r*: **~** *l'abric (les sabates) (s. dat)* den Mantel (die Schuhe) anziehen | **~** *les ulleres (el barret)* die Brille (den Hut) aufsetzen | **~** *d'estiu (d'hivern)* s. sommerlich (winterlich) kleiden | **~** *pomada* s. eincremen | **~** *a la finestra* s. ans Fenster stellen, ans Fenster treten | **~** *al llit* s. krank ins Bett legen | **~** *dret* od *dempeus* aufstehen; s. aufrichten | **~** *de genolls* niederknien | *posa't còmode* mach es dir bequem | *no et posis així!* stell dich nicht so an! |

posi's al meu lloc! versetzen Sie sich in meine Lage! | *l'ocell es posà en una branca* der Vogel setzte s. auf e-n Ast | *el vi encara no s'ha posat* der Wein hat s. noch nicht gesetzt | ~ *u/c al cap* (fig) s. (dat) etw in den Kopf setzen | ~ *bo* (*malalt, vermell, content*) gesund (krank, rot, froh) werden | ~ *de mal humor* schlechte Laune bekommen | *el temps es posa plujós* das Wetter wird regnerisch | ~ *a + inf* beginnen *od* anfangen *a + inf* | ~ *a treballar* (*plorar*) zu arbeiten (weinen) beginnen | *es posa a ploure* es fängt an zu regnen | **~at** (**-ada**) *f*) *adj* gesetzt | *fig* ruhig, besonnen | *reg* muffig || *s/m* Haltung *f* | Miene *f* | Pose *f* | *fer un ~ de ...* Miene machen zu ...; s. gebärden (*od* gebaren) wie ... | **~ella** *f reg* = **lleixa, prestatge** | **~ició** *f* Stellung *f* | Lage *f* | Haltung *f* | Position *f* | *mil:* ~ *de ... ...stellung f* | ~ *clau* Schlüsselstellung *f* | ~ *social* gesellschaftliche Stellung *f* | *de* ~ (fig) von Rang, hochgestellt | *en bona* ~ (a. fig) in guter Stellung *f* | *prendre* ~ Stellung nehmen; *esport* s. aufstellen.

pòsit *m* Bodensatz *m* | (a. ~ *marítim*) Fischereigenossenschaft *f* | *fig* Reste *m pl*; Hinterlassenschaft *f*; Nachgeschmark *m*.

posit|iu (**-iva** *f*) *adj* positiv | gewiß, sicher | *p ext* tatsächlich, wirklich | *fís: electricitat positiva* positive Elektrizität *f* | *ling* Positiv *m* || *s/m cin fotog* Positiv *n* | *s: diapositiva* | **~ivisme** *m filos* Positivismus *m* | **~ivista** *adj* (*m/f*) positivistisch || *s/m/f* Positivist(in *f*) *m* | **~(r)ó** *m fís* Positron *n* | **~ura** *f* Positur, Stellung, (herausfordernde) Haltung *f* | *s: posa*.

posol|ogia *f med* Dosierung *f* | **~ògic** *adj* Dosierungs...

pospos|ar (33) *vt* hintansetzen, nachstellen | **~ició** *f* Hintansetzung *f* | Nachstellung *f* | *ling* Postposition *f* | **~itiu** (**-iva**) *adj bes ling* nachgestellt, postpositiv.

posse|ïdor *adj* besitzend | beherrschend || *s/mf* Besitzer(in), Inhaber(in *f*) *m* | **~ir** (37) *vt* besitzen | **~ir-se** *v/r* s. beherrschen (können) | **~ït** (**-ïda** *f*) *adj* besessen | *fig* wie besessen | ~ *de* ganz erfüllt von (*dat*) || *s/mf* Besessene(r *m*) *m/f* | **~ssió** *f* Besitz *m* | Besitzung *f*, Landbesitz *m* (mit Bauernhof) | *prendre ~ d'un càrrec* e. Amt

antreten | **~ssional** *adj* (*m/f*) *dr* Besitz..., zum Besitz gehörig | **~ssionar** (33) *vt* in den Besitz setzen | **~ssionar-se** *v/r* Besitz ergreifen (*de von*) | ~ *d'un càrrec* e. Amt antreten | **~ssiu** (**-iva** *f*) *adj* besitzanzeigend | *ling: adjectius ~s* adjektivische Possessivpronomina *n pl* | *pronoms ~s* Possesivpronomina, besitzanzeigende Fürwörter *n pl* | **~ssor** *adj u. s/mf* = **posseïdor**, | **~ssori** (**-òria** *f*) *adj* Besitz... | *dr acte ~ od acció possessòria* Besitz(schutz)klage *f*.

possib|ilitar (33) *vt* ermöglichen, möglich machen | **~ilitat** *f* Möglichkeit *f* | **~le** *adj* (*m/f*) möglich || *s/m* Mögliche(s) *n* | *fer tots els ~s* sein Möglichstes (*od* Möglichstes) tun || *pl* Mittel, Güter *n pl*, Vermögen *n* | *els meus ~s no arriben a tant!* meine Mittel reichen nicht so weit! | **~lement** *adv* möglicherweise.

post[1] *f* Brett *n* | Bohle, Planke *f* | ~ *de planxar* Plättbrett *n* | *anat:* ~ *del pit* Brustbein *n*.

post[2] *m mil* (Wacht)Posten *m* | ~ *avançat* Vorposten *m* | **~a** *f a. mil* Posten *m* | *caç* (*Ort*) Anstand *m* | *astr* Untergang *m* | *ornit* Legen *n*; Legezeit *f*; Gelege *n* | *hist* Posthalterei; Postkutsche; Post *f* | (*Spiel*) Einsatz *m* | *mil* Marinestation *f* | (*Fischernetz*) Auswurfstelle *f* | *a ~ de sol* bei(m) Sonnenuntergang | *fer a ~ u/c* etw absichtlich machen *od* tun.

postada *f* Wand-brett, -bord *n* | Tellerbrett *n*.

postal *adj* (*m/f*) Post... | *s/f* Postkarte *f*.

postam *m col* Bretter(werk *n*) *n pl* | *nàut* Plankenwerk *n*.

post|comunió *f catol* Postkommunion *f*, Schlußgebet *n* | **~data** *f* (*Brief*) Nachschrift *f*, Postskript(um) *n* | **~datar** (33) *vt* vorausdatieren, mit e-m späteren Datum versehen | **~dental** *adj* (*m/f*) *ling* postdental, Zahnrücken... | **~diluvià** (**-ana** *f*) *adj geol* nachsintflutlich.

pòster *m* Poster *m/n*.

posterga|ció *f* Hintan-setzung, -stellung *f* | **~r** (33) *vt* hintan-setzen, -stellen | zurücksetzen.

posteri|or *adj* (*m/f*) hintere(r, -s) | *zeitl* spätere(r, -s); nachherig | Hinter... | (*és*)*ser ~ a u/c* hinter etw (*dat*) liegen; nach etw (*dat*) kommen, auf etw (*ac*) folgen | **~oritat** *f ling* Nachzeitigkeit

posterma *f* | *amb* ~ *a* nach (*dat*) | **~orment** *adv* nachher, danach | hinterher | **~tat** *f* Nachkommenschaft *f*, Nachkommen *m pl* | Nachwelt *f*.
posterm|a *f med* Schwäre *f* | **~ejar** (33) *vi* schwären.
post|escolar *adj* (*m/f*) Fortbildungs... | *instrucció* (od *ensenyament*) ~ Fortbildungs-unterricht *m* | **~glacial** *adj* (*m/f*) postglazial, nacheiszeitlich | *període* ~ Nacheiszeit *f*, Postglazial *n* | **~guerra** *f* Nachkriegszeit *f*.
postil·la *f* Randbemerkung *f* | **~r** (33) *vt* erläutern, glossieren.
post|illó *m hist* Postillion, Postkutscher *m* | **~ís** (-**issa** *f*) *adj* künstlich, unecht, falsch | später hinzugefügt || *s/m* Haarteil, Toupé *n*.
postitis *f med* Vorhautentzündung *f*.
post|meridià (-**ana** *f*) *adj* Nachmittags..., nachmittäglich | **~modern** *adj* postmodern | **~operatori** (-**òria** *f*) *adj med* postoperativ.
postor(a *f*) *m* Bieter(in *f*) *m* | *el millor* ~ der Meistbietende.
postpalatal *adj* (*m/f*) *ling*: so ~ Hintergaumenlaut, Velar *m*.
postrar = **prostrar**.
postrem *adj* letzte(r, -s) | hinterste(r, -s) | End... | *s*: *darrer*, *últim* | **~itat** *f* äußerstes Ende, Äußerstes *n*.
postres *f pl* Nachtisch *m*, Dessert *m*.
post|tònic *adj ling* nachtonig | **~traumàtic** *adj med* posttraumatisch.
postula|ció *f* Bitte *f*, Gesuch *n* | Geldsammlung, Kollekte *f* | *mús ecl* Prozeßführung *f* | **~dor** *adj* bittend | (s.) bewerbend (um + *ac*) | postulierend | milde Gaben sammelnd || *s/m bes ecl* Beamter *m*, der den Prozeß e-r Heiligsprechung betreibt | Dom-, Stiftsherr *m*, der um e-e Wahlentbindung bittet | **~nt** *adj* (*m/f*) = **~dor** *adj* || *s/m/f ca-tol* Postulant(in *f*) *m* | **~r** (33) *vt filos* postulieren | ersuchen um (*ac*) | sich bewerben um (*ac*) || *vi* sammeln | e-e Heiligsprechung betreiben | **~t** *m* Postulat *n*, Forderung *f*.
pòstum(ament *adv*) *adj* post(h)um | (*Kind*) *a.* nachgeboren | (*Werk*) *a.* nachgelassen.
postur|a *f* Haltung, Stellung, Positur *f* | (*Kauf*) höheres Angebot *n* || *pl* Ziererei *f* | Mienenspiel *n* | Schmeicheleien *f pl* | *p ext* Liebkosungen *f pl* | *fer postures* s. zieren | **~ejar** (33) *vi* s. zieren | s. affektiert benehmen | schöntun.

postverbal *adj* (*m/f*) *ling* postverbal.
pot *m* Topf, *ndd* Pott *m* | *un* ~ *de llet* (*mel*) e. Topf (voll) Milch (Honig) | (*és*)*ser un* ~ *d'apotecari* (*fig*) kränklich sein; herumdoktern | *al* ~ *petit hi ha la bona confitura* (*fig*) klein aber oho; klein aber fein | *el* ~ *de la confitura* (*fig*) des Pudels Kern *m*.
pota *f* (*Tier*) Pfote *f*, Fuß *m* | Tatze, Pranke *f* | (*Mensch*) *fam* Bein *n* | (*Möbel*) Bein *n* | *les potes del davant* (*del darrere*) die Vorder-(Hinter-)pfoten *f pl od* -füße *m pl bzw* -beine *n pl* | ~ *de cabra* (*Schusterwerkzeug*) Glättholz *n* | *potes de gall* (*im Gesicht*) Krähenfüße *m pl* | *de potes llargues* od *llarg de potes* langbeinig | *caure de potes com els gats* (*fig*) auf die Beine fallen | *caure-hi de quatre potes* (*fig*) hereinfallen; auf den Leim gehen | *ensenyar la* ~ (*fig*) sein wahres Gesicht (*od* den Pferdefuß) zeigen | *ficar la* ~ (*fig*) ins Fettnäpfchen treten, s. blamieren || *bot:* ~ *de cavall* od *d'egua* Huflattich *m*; Echte Pestwurz *f* | ~ *de cavall negra* Duftende Pestwurz *f* | ~ *de colom* Schminkwurz *f* | ~ *de gall(ina)* Hühnergras *n* | ~ *de gat* Katzenpfötchen | ~ *de lleó* Frauenmantel *m*; Löwenschwanz *m*, Herzgespann *n* | ~ *de perdiu* Klebriger Schmierling *m*.
potab|ilitat *f* Trinkbarkeit *f* | **~ilització** *f* Wasseraufbereitung *f* | **~ilitzar** (33) *vt* (*Wasser*) aufbereiten, trinkbar machen | **~le** *adj* (*m/f*) trinkbar | *aigua* ~ Trinkwasser *n*.
potada *f* (*Mensch*) Fußtritt *m* | (*Tier*) Schlag *m* mit der Pfote; (*Pferd*) Ausschlagen *n* | (*Pfoten*)Spur *f* | Fuß(s)tapfe(n *m*) *f*.
potamo|gèton *m bot* Laichkraut *n* | **~getonàcies** *f pl bot* Laichkrautgewächse *n pl*.
pot|assa *f quím* Kaliumkarbonat *n*, Pottasche *f* | ~ *càustica* Ätzkalk *m* | **~assi** *m quím* Kalium *n* | **~àssic** *adj min* kali-, pottasche-haltig | *Kali... | sals potàssiques* Kalisalze *n pl* | *adob* ~ Kalidünger *m*.
potatge *m gastr* (Gemüse)Suppe *f* | *fig* Mischmasch *m* | Gebräu *n*.
potejar (33) *vi Tiere* = **potollar**.
pot|ència *f a. polít* Macht *f* | Kraft *f* | *tecn* Stärke, Kraft; Leistung *f* | Fähigkeit *f* | (*Mann*) Potenz, Zeugungsfähigkeit *f* | *mat* Potenz *f* | *polít mil:* *gran* ~ Großmacht *f* | *tecn:* ~ *motora* od *mo-*

triu bewegende Kraft *f;* Motorleistung *f* | ~ *de fre(nada)* Brems-leistung, -fähigkeit *f* | *elect mús:* ~ *sonora* Laut-, Klang-stärke | ~ *de selecció* od *seleccionadora* Selektivität *f* | ~ *d'un instrument òptic* Vergrößerungsgrad *m* | ~ *productiva* od *productora* Leistungsfähigkeit *f* | *mat:* elevar a una ~ in e-e Potenz erheben | **~encial(ment** *adv*) *adj (m/f) filos fís* potentiell, potential | möglich | *s/m fís a. fig* Potential *n* | *elect a.* Spannung *f* | *ling* Potential(is) *m*, Möglichkeitsform *f* | **~encialitat** *f* Leistungsfähigkeit *f* | *filos* Potentialität *f* | **~enciòmetre** *m elect* Spannungsteiler *m*, Potentiometer *n* | **~ent(ment** *adv) adj (m/f)* mächtig, gewaltig; *lit* potent | *tecn* leistungsfähig, stark | *(Mann)* potent, zeugungsfähig | **~entat** *m* Machthaber *m* | *a. fig* Potentat *m.*
potera *f* Polypen(angel)haken *m.*
poterna *f (Burg)* Ausfalltor *n.*
potestat *f* Gewalt *f* | Befugnis *f* | *pàtria* ~ elterliche Gewalt *f* | **~iu (-iva** *f) adj* freigestellt | Wahl...
poti|nejar (33) *vt fam* begrapschen | beklecksen, vollschmieren, besudeln | vermurksen, verpfuschen | *(Sprache)* radebrechen || *vi* ferkeln, sauen | manschen | murksen, schlampen, pfuschen | **~ner** *adj* schmutzig | grob, pfuscherhaft | schlampig | **~neria** *f* Schmutzigkeit *f* | Grobheit *f* | Pfuscherei, Schlamperei *f* | Murks, Pfusch *m* | **~nga** *f fam mst pl* Mixtur(en *pl*), Droge(n *pl*) *f* | Schminke(n *pl*) *f* | **~poti** *m fam* Durcheinander *n*, Wirrwarr *m*, Tohuwabohu *n*.
potó *m bes* = **peülla**.
pòtol *m* Landstreicher, Penn(brud)er, Stromer, Strolch *m*.
potollar (33) *vi* aufstampfen *(Tier)*.
potser *adv* vielleicht | möglicherweise.
pou *m* Brunnen *m* | *p ext* tiefe Grube *f* | *min* Schacht *m;* (Kohlen)Zeche *f* | ~ *artesià* artesischer Brunnen *m* | ~ *de petroli* Ölquelle *f* | ~ *mort* od *negre bzw sec, cec* Senk-, Versitz-grube *f* | ~ *pregon* od *profund* Tiefbrunnen *m* | *fig:* un ~ *de ciència* e. hochgelehrter Mensch | **~ador** *adj* schöpfend | schöpfbar | **~a(ta)ire**, **~ater** *m* Brunnenbauer *m* | **~ar** (33) *vt (Wasser)* schöpfen | *p ext* hoch-, herauf-ziehen.
pràcrit *m ling* Prakrit *n*.
pràctic *adj* praktisch | geschickt | tätig || *s/m* Praktiker *m* | *nàut* Lotse *m* | **~a** *f* Praktik *f* | (Aus)Übung, Gewandtheit *f* | *(freier Beruf)* Praxis *f* | *a la* ~ *(loc adv)* in der Praxis | *posar en* ~ in die Praxis umsetzen, praktisch durchführen; anwenden; ausführen | *tenir* ~ *en u/c* in etw *(dat)* Übung (od Erfahrung) haben, vertraut mit etw sein || *pl* Praktikum *n;* Praktiken *n pl*.
practica|ble *adj (m/f)* ausführbar, durchführbar | *(Weg)* gangbar | (be)fahrbar, passierbar.
pràcticament *adv* praktisch | in der Praxis.
practica|nt *adj (m/f)* ausübend | *un catòlic* ~ e. praktizierender Katholik || *s/m/f* Praktikant(in *f) m* | *med* Arzt-(*bzw* Apotheken-)helfer(in *f) m;* Heilpraktiker(in *f) m* | **~r** (33) *vt* ausüben, (praktisch) betreiben | ausführen | praktizieren | *esport* treiben | *(Operation)* durchführen.
prad|a, **~eria** *f* Wiese *f* | Prärie *f* | Grasweide *f* | **~ell** *m* kl(e) Wiese *f* | **~ella** *f bot* Ampfer *m*.
pragm|àtic *adj* pragmatisch | *hist: sanció* ~*a* pragmatische Sanktion | **~atisme** *m filos* Pragmatismus *m* | **~atista** *adj (m/f)* pragmatisch || *s/m/f* Pragmatist(in), Pragmatiker(in *f) m*.
prasi *m (Edelstein)* Pras(em) *m*.
prat *m* Wiese *f* | Rasen *m* | **~icultura** *f agr* Wiesenbau *m*.
pravitat *f lit* Bosheit, Schlechtigkeit *f* | Verderbtheit *f*.
prea *f* Schätzung *f* | Hochachtung *f*.
preàmbul *m bes polít* Präambel *f* | Vorrede *f* | Einleitung *f* | *sense* ~*s* ohne Umschweife.
prea|ment *m* = **prea** | **~r** (33) *vt* abschätzen, bewerten | (hoch)schätzen, hochachten | **~r-se** *v/r* s. preisen.
prebenda *f a. fig* Pfründe *f* | *catol a.* Präbende *f* | **~t** *m* Pfründner, Präbendar *m*.
prebost *m hist* Vogt *m* | *ecl* (Dom-, Stifts-)Propst *m* | *mil hist* Profos *m* | **~al** *adj (m/f) hist* Profos... | **~at** *m* Propstei *f*.
prec *m* Bitte *f*, Ersuchen *n* | *a* ~*s meus* auf mein Bitten *n* | *fer (od adreçar) un* ~ *a alg* e-e Bitte an j-n richten | *voldria fer-vos un* ~ ich hätte e-e Bitte an Sie | **~ari (-ària** *f) adj* unsicher, ungewiß | heikel, mißlich | prekär | *estat de salut* ~ (sehr) zarter Gesundheitszustand *m*.
precauci|ó *f* Vorsicht *f* | *per* ~ aus Vorsicht | *precaucions higièniques* hy-

gienische Vorschriften *f pl* | *prendre precaucions* Vorsichtsmaßnahmen treffen | **~onar** (33) *vt* vorbereiten, warnen.

preced|ència *f* Vor-tritt, -rang *m* | *zeitl* Vorhergehen *n* | *cedir la ~ a alg* j-m den Vortritt lassen | **~ent** *adj* (*m/f*) vorhergehend | früher, vormalig || *s/m* Präzedenzfall *m* | *sense ~(s)* (*loc adv*) noch nie dagewesen | **~entment** *adv* früher, vorher, zuvor | **~ir** (37) *vt* voran-, vorher-gehen (*dat*) | *a. dipl* den Vorrang haben vor (*dat*); *fig* (*j-n*) übertreffen | *~ en categoria* od *en dignitat* e-n höheren Rang haben als (*nom*).

precept|e *m* Vorschrift, Regel *f* | Gebot *n* | *festa de ~* gebotener Feiertag *m* | **~ista** *m/f* Lehrmeister(in *f*) *m* | *lit* Theoretiker(in *f*) *m* | **~iu** (**-iva** *f*) *adj* präzeptiv | Vorschrifts... || *s/f: preceptiva literària* Literatur-normen *od* -vorschriften *f pl bzw* Literaturtheorie *f* | **~or(a** *f*) *m hist* Hauslehrer(in *f*), Erzieher(in *f*) *m* | (*als Ehrenname*) Lehrer(in *f*), Praeceptor *m* | **~oral** *adj* (*m/f*) Hauslehrer..., Erzieher... | **~orat** *m* Hauslehrerstelle *f* | **~uar** (33) *vt* vorschreiben.

precessió *f a. astr* Vorrücken *n*.

precint|adora *f* Verschließmaschine *f* | Plombierzange *f* | **~ar** (33) *vt* versiegeln | plombieren | **~e** *m* Versiegelung *f* | (*Zoll*) Plombierung *f*.

preci|ós (**-osa** *f*, **-osament** *adv*) *adj* kostbar, herrlich | nett | *fig* reizend | *fig* wertvoll | **~osisme** *m Lit* (*Stil*) Geziertheit, Geschraubtheit *f* | **~ositat** *f* Kostbarkeit *f* | *fig* Prächtigkeit *f* | *quina ~ de nen!* welch e. prächtiger Junge!

precipi|ci *m* Abgrund *m* | steile Felsenkluft *od* -schlucht *bzw* -wand *f* | **~table** *adj* (*m/f*) *quím* abscheidbar, (aus)fällbar | **~tació** *f* Hast, Über-eilung, -stürzung *f* | *quím* Abscheidung, Fällung *f*, Niederschlag *m* | *meteor* Niederschläge *m pl* | *pl meteor* Niederschläge *m pl* | **~tant** *m quím* Fällungs-, Ausfäll-mittel *n* | **~tar** (33) *vt* (hinab)stürzen | hinunterwerfen | über-eilen, -stürzen | *fig* ins Verderben stürzen | **~tar-se** *v/r* s. über-eilen, -stürzen | s. stürzen (*a, en* in *ac*) | *quím* s. niederschlagen | **~tat** (**-ada** *f*, **-adament** *adv*) *adj* hastig, über-eilt, -stürzt || *s/m quím* Niederschlag, (Boden)Satz *m* | **~tós** (**-osa** *f*, **-osament**

adv) *adj* steil abfallend | vor-eilig, -schnell.

precipu (**-ípua** *f*, **-ípuament** *adv*) *adj lit* hauptsächlich | Haupt...

prec|ís (**-isa** *f*, **-isament** *adv*) *adj* genau, präzis | deutlich | pünktlich | klar, scharf || *adv* genau, bestimmt | (*Antwort*) sehr richtig!, ganz recht! | *precisament perquè ...* eben weil ... | **~isar** (33) *vt* genau angeben, klar bestimmen | präzisieren | **~isar-se** *v/r* s. klar herausstellen, deutlich (*od* klar) werden | **~isió** *f* Genauigkeit *f* | *a. fig* Schärfe, Deutlichkeit *f* | Präzision *f* | *mil: ... de ~* (*a. cient*) Präzisions... | *arma* (*instrument*) *de ~* Präzisionswaffe *f* (-instrument *n*).

preclar *adj lit* = **il·lustre**.

pre-clàssic *adj lit, mús* vorklassisch.

preco|ç *adj* (*m/f*) früh-reif, -zeitig | *a. med* früh... | *fruits ~os* Frühobst *n* | **~citat** *f* Frühreife *f* | Vorzeitigkeit *f* | **~çment** *adv* vorzeitig, verfrüht, früher als erwartet.

pre|cognició *f* Präkognition *f* | *p ext* Vorahnung *f* | **~-colombí** (**-ina** *f*) *adj* präkolumbisch | altamerikanisch.

pre-combustió *f* (*Motor*) Vorkammerverbrennung *f*.

preconcebut (**-uda** *f*) *adj* vorbedacht | *fig* vorgefaßt.

preconitza|ció *f ecl* Präkonisation *f* | Befürwortung, Empfehlung *f* | Loberhebung *f* | **~r** (33) *vt ecl* präkonisieren | lobpreisen | befürworten, empfehlen.

pre|-contracte *m dr* Vorvertrag *m* | **~-cordial** *adj* (*m/f*) *anat* prä-kardial, -kordial | **~-cristià** (**-ana** *f*) *adj* vorchristlich | **~cursor** *adj* voraus-, voran-gehend || *s/mf* Vorläufer(in *f*), Vor-bote *m*, -botin *f*.

predació *f lit* = **depredació, presa**.

predecessor(a *f*) *m* Vorgänger(in *f*) *m*.

predel·la *f art* Predella *f*.

predestina|ció *f* Vorherbestimmung *f* | Prädestination *f* | **~r** (33) *vt* vorherbestimmen | *lit* prädestinieren.

predetermina|ció *f biol* Prädetermination *f* | *ecl hist* Prädeterminismus *m* | **~r** (33) *vt* voraus-, vorher-bestimmen.

predi *m dr* Grundstück *n* | (Erb)Gut *n* | **~al** *adj* (*m/f*) Grund..., Boden...

pr|edic *m* Predigt *f* | **~èdica** *f* (*bes* Straf-) Predigt *f* | **~edicació** *f* Predigen *n* | Predigt *f* | *filos* Prädikation *f* | **~edicador** *adj* predigend || *s/m* Prediger

predicció

m | Kanzelredner *m* | **~edicaire** *m/f* Prediger(in *f*) *m* | *iròn* Klugredner, Besserwisser *m* | **~edicament** *m filos* Prädikament *n* | *ling* = **~edicatiu** | *fig* (*sozial*) Achtung *f*, Ansehen *n* | **~edicant** *adj* (*m/f*) predigend || *s/m* Prädikant *m* | **~edicar** (33) *vt/i* predigen | *ling filos* prädizieren | ~ *al desert* (*fig*) tauben Ohren predigen | ~ *amb l'exemple* mit gutem Beispiel vorangehen | **~edicat** *m a. filos* Prädikat *n* | *ling a.* Satzaussage *f* | **~edicatiu** (**-iva** *f*, **-ivament** *adv*) *adj ling* prädikativ.
predicció *f* Voraus-, Vorher-sage *f* | Weissagung *f* | *p ext* Prophezeiung *f*.
predicot *m fam* schlechte Predigt *f* | Strafpredigt, Standpauke *f*.
predilec|ció *f* Vorliebe *f* (*per alg* für j-n) | **~te** *adj* bevorzugt | Lieblings... | *plat* ~ Leib-gericht *n*, -speise *f*.
predir (40) *vt* vorher-, wahr-, weis-sagen | *p ext* prophezeien.
predispos|ar (33) *vt* geneigt machen | *med* prädisponieren, anfällig machen | empfänglich machen (*a* für) | **~ició** *f* Empfänglichkeit *f* | Anlage *f*.
predomin|ança *f* Vorherrschaft *f* | Überwiegen *n* | **~ant** *adj* (*m/f*) überwiegend, vorherrschend | **~ar** (33) *vi* vorherrschen | überwiegen | **~i** *m* Vorherrschen *n* | Überwiegen *n*.
preelecció *f* Vor-wahl, -erwählung *f*.
preemin|ència *f* Vorrang *m* | Überlegenheit *f* | **~ent** *adj* (*m/f*) hervorragend | vorzüglich | *fig* überragend.
pre|empció *f* Vorkauf *m* | *dret de* ~ Vorkaufsrecht *n* | **~escolar** *adj* (*m/f*) vorschulisch | Vorschul... | **~establir** (37) *vt* vorher festlegen *od* bestimmen.
preexcel·l|ència *f* hohe Vortrefflichkeit *f* | **~ent** *adj* (*m/f*) höchst vortrefflich | überragend | **~ir** (37) *vi* vortrefflich' (*bzw* überragend) sein.
preexist|ència *f ecl filos* Präexistenz *f*, früheres Dasein, Vorherdasein, Vorleben *n* | **~ent** *adj* (*m/f*) präexistierend, vorher bestehend, schon früher lebend | **~ir** (37) *vi* präexistieren | vorher existieren *bzw* bestehen.
prefabrica|ció *f indús* Vorfertigung *f* | **~t** (**-ada** *f*) *adj* vorgefertigt, Fertig... | *casa prefabricada* Fertighaus *n*.
prefaci *m gràf* Vorrede *f* | Vorwort *n* | *ecl* Präfation *f*.
prefect|e *m adm* Präfekt *m* | ~ *de policia* Polizeipräsident *m* | **~ura** *f* Präfektur *f*.

prefer|ència *f* Vorzug *m* | Vorliebe *f* | *dr econ* Vorrecht *n*; *econ a.* Präferenz *f* | *aut* (*a.* ~ *de pas*) Vorfahrt(srecht *n*) *f* | *concedir* (*od atorgar*) *la* ~ *a alg* j-m den Vorzug geben | *tenir* ~ *per u/c* e-e Vorliebe für etw haben | *de* ~, *amb* ~ (*loc adv*) vorzugsweise, eher, lieber, am liebsten, mit Vorliebe | **~ent** *adj* (*m/f*) bevor-rechtet, -rechtigt | Vorzugs... | *banc: acció* ~ Vorzugsaktie *f* | **~entment** *adv* mit Vorliebe | lieber, besser | **~ible** *adj* (*m/f*) vorzuziehen(d) | *és* ~ ... es ist besser... | ~ *a u/c* e-r Sache vorzuziehen(d) | *fóra* ~ *de fer-ho* es wäre besser, es zu tun | **~iblement** *adv* am liebsten | lieber | **~ir** (37) *vt* vorziehen, bevorzugen | **~it** (**-ida** *f*) *adj* Lieblings... | *amic* ~ Lieblingsfreund *m*
prefigura|ció *f* Vorgestalt(ung) *f* | Andeutung *n* | Urbild *n* | **~r** (33) *vt* vor(her-)gestalten | andeuten | *tecn* vorplanen | vorzeichnen | vorausdeutend darstellen.
prefix *m ling* Präfix(um) *n*, Vorsilbe *f* | (*a.* ~ *postal*) Postleitzahl *f* | *telecom* Vorwahl(nummer) *f* | **~ar** (33) *vt* vorsetzen | *ling* präfigieren | **~ió** *f ling* Präfigierung *f*.
pre|floració *f bot* Knospendeckung *f* | **~foliació** *f* Knospenlage *f* | **~formació** *f biol* Präformation *f* | *tecn* Vor(ver)formung *f*.
preg|adéu *m* Betstuhl *m* | *entom* Fang(heu)schrecke, Gottesanbeterin *f* | **~ador** *adj* betend | bittend, flehend || *s/mf* Beter(in *f*), *desp umg* Betbruder *m* | Bittsteller(in *f*) *m* | **~ar** (33) *vt a. fig* bitten, ersuchen | ~ *Déu* zu Gott beten | *fer-se* ~ *s.* (gerne) bitten lassen | *per més que el prego, no m'ajuda* sosehr ich ihn a. bitte, er hilft mir nicht | *li ho prego* ich bitte Sie darum | *vi rel* beten | ~ *per alg* (*per u/c*) für j-n (um etw) beten | *pregueu per nosaltres!* (*im Gebet*) bitte für uns! | **~ària** *f* Gebet *n*.
pregnant *adj* (*m/f*) *lit* dringend | nachdrücklich.
pregó *m* Festrede *f* | Aufruf *m*.
pregon *adj a. fig* tief | tiefliegend | **~ament** *adv* tief | *fig a.* zutiefst | tiefdringend | ~ *commogut* tieferschüttert.
pregon|ar (33) *vi* öffentlich ausrufen | *fig* ausposaunen | **~er** *m* (öffentlicher)

pregonesa

Ausrufer *m* | Festredner *m*.
pregonesa *f a. fig* Tiefe *f*.
preguera *f* = **pregària**.
pregunta *f* Frage *f* | ~ *capciosa* Fangfrage *f* | ~ *indiscreta* taktlose, indiskrete Frage | *fer una ~ a alg* j-m e-e Frage stellen | **~dor** *adj* fragend, fragestellend || *s/m* Frage(stelle)r *m* | **~ire** *adj* (*m/f*) oft *od* lästig fragend || *s/m/f* lästige(r *m*) Fragesteller(in *f*) *m* | **~r** (33) *vt/i* fragen | ~ *u/c a alg* j-m etw fragen | ~ *per alg od u/c* nach j-m *od* etw fragen | *pregunta-li a la mare si et pots quedar* frag Mutter, ob du bleiben darfst | **~r-se** *v/r s.* fragen | *em pregunto si val la pena* ich frage mich, ob es s. lohnt.
prehist|òria *f* Vorgeschichte, Prähistorie *f* | **~oriador** *m* Vorgeschichtler, Prähistoriker *m* | **~òric** *adj* vorgeschichtlich, prähistorisch.
preju|dici *m* Vorurteil *n* | Voreingenommenheit *f* | *dr polít* Präjudiz *n* | ~ *de casta* Standesvorurteil *n* | *sense ~s* vorurteils-frei, -los | *ple de ~s* vorurteilsvoll | *manca de ~s* Vorurteilslosigkeit *f* | **~dicial** *adj* (*m/f*) *dr polít* präjudiziell | *dr p ext* (nur) vorläufig | *s: perjudici* | **~tjar** (33) *vt* im voraus (*od* im vorhinein) verurteilen | *dr polít* präjudizieren.
prela|cia *f* = **~tura** | **~ció** *f* Vorzug *m* | *dret de ~* Vorzugsrecht *n*; Vorrecht *n* | **~t** (-ada *f*) *m ecl* Ober(in *f*) *m* || *s/m catol* Prälat *m* | **~tiu** (-iva *f*) *adj* Vorzugs... | Vorrechts... | **~tura** *f* Prälatur *f*.
prelibació *f* Vor(her)kosten, Vorherversuchen *n*.
preliminar(ment *adv*) *adj* (*m/f*) einleitend, einführend | vorläufig | *nocions ~s* Vorkenntnisse *f pl* | *nota ~* Vorbemerkung *f* || *s/m pl: ~s de la pau* Friedenspräliminarien *pl*.
prelu|di *m* Einleitung *f*, Vorspiel *n* | *mús* Präludium, Vorspiel *n* | **~diar** (33) *vi mús* präludieren, e. Vorspiel machen || *vt* einleiten | **~sió** *f* = **preludi**.
premall *m* (Preß)Rückstand, Trester *m*.
pre-matrimonial *adj* (*m/f*) vorehelich.
prematur *adj* frühreif, vorzeitig, verfrüht | **~ament** *adv* vor der Zeit | **~itat** *f* Frühreife *f* | Vorzeitigkeit *f*.
premedita|ció *f* Vorsatz *m* | *dr* Vorsätzlichkeit *f*, Vorbedacht *m* | *dr: amb ~* vorsätzlich, mit Vorbedacht | **~r** (33) *vt* vorsätzlich planen | **~t** (-ada

premsa

f, **-adament** *adv*) *adj* vorsätzlich.
prémer (35) *vt* drücken | pressen | *fig lit* (*j-n*) (be)drängen.
premi *m* Belohnung *f* | Preis *m*, Prämie *f* | (*Lotterie*) Gewinn, Treffer *m* | (*Person*) Preisträger *m* | *el primer ~* der erste Preis | ~ *d'honor* (*en metàl·lic, literari*) Ehren-(Geld-, Literatur-)preis *m* | *aconseguir un ~* e-n Preis (bekommen) | (*Lotterie*) *treure el ~ gros* das große Los ziehen, den Hauptgewinn ziehen | **~ar** (33) *vt* belohnen mit | mit e-m Preis auszeichnen, präm(i)ieren.
premissa *f* Prämisse, Voraussetzung *f* | Vorbedingung *f*.
pre|moció *f* (*Scholastik*) göttliche Anregung *f* | **~molar** *f* Prämolar(zahn), Vorbackenzahn *m*.
premoni|ció *f* (warnendes) Vorgefühl *n*, (böse *od* schlechte) Vorahnung *f* | **~tori** (-òria *f*) *adj* warnend.
premori|ència *f dr* früherer Tod | **~ent** *adj* (*m/f*) früher (*od* zuerst) sterbend.
premostrat|enc(a *f*), **~és** (-esa *f*) *m* Prämonstratenser(in *f*) *m*.
prem|sa *f tecn* Presse *f* | *gràf* (Zeitungs)Presse *f* | Buchdruckerpresse *f* | ~ *hidràulica* hydraulische Presse *f* | ~ *excèntrica* (*od mecànica*) Exzenterpresse *f* | ~ *rotativa* (*ràpida*) Rotations-(Schnell)Presse *f* | ~ *diària* Tagespresse *f* | ~ *lliure* freie Presse *f* | ~ *professional od especialitzada* Fachpresse *f* | ~ *sensacionalista* Sensationspresse *f* | *conferència* (*llibertat*) *de ~* Presse-konferenz (-freiheit) *f* | *en ~* (*Werk, Buch*) im Druck | *donar u/c a la ~* etw in Druck geben | *tenir bona ~* (*fig*) e-e gute Presse haben | **~sada** *f* (Aus)Pressen *n* | *agr a.* Keltern *n* | *fig* Drang *m*; Drängelei *f* | **~sador** *adj* (aus)pressend | druckend | *agr bes* kelternd || *s/m agr* Drukker *m* | *s: impressor* | **~saire** *m* = **~sador** | *bes agr* Kelterer *m* | **~sament** *m* = **~sada** | **~sar** (33) *vt* drücken, pressen | *agr* ausdrücken, auspressen; keltern | *fig* zusammendrängen | (be)drängen | **~sat** (-ada *f*) *adj* gepreßt | gedrückt | ausgedrückt, gekeltert || *s/m* Gepreßte(s) *n* | **~satge** *m* Pressen *n* | *agr* Auspressen, Keltern *n* | *tecn tèxt* Glätten *n* | ~ *en calent* Warmpressen *n* | **~sista** *m/f gràf* Druckereiarbeiter(in *f*), Drucker(in *f*) *m* | **~sot** *m hist* Schrauben-, Öl-presse *f* | **~uda** *f* Drücken *n* | Pressen *n*.

premunir (37) *vt (j-n)* im voraus vor etw sichern.
pre-natal *adj (m/f)* vorgeburtlich | *vestit* ~ Umstandskleid *n*.
pren|dre (40) *vt* (ab-, an-, auf-, ein-, weg-) nehmen | greifen, ergreifen, fassen | s. aneignen, s. verschaffen | (*Nahrung, Getränke*) zu s. nehmen, essen, trinken | (*Arznei*) einnehmen | (*Blutdruck, Temperatur*) messen | (*Puls*) fühlen | (*frische Luft*) schnappen | (*Fahr-, Eintritts-karte*) lösen, kaufen | (*Eid*) abnehmen | (*Entschluß*) fassen | (*Festung, Stadt*) erobern, erstürmen | (*Maßnahmen, Maßregeln*) ergreifen, treffen | (*Mut*) fassen | (*Personal*) einstellen | ~ *un acord* (*dr*) e-n Beschluß fassen | ~ *alè* Atem holen *od* schöpfen | ~ *un bany* (*de sol*) e. (Sonnen)Bad nehmen | ~ *comiat d'alg* von j-m Abschied nehmen, s. von j-m verabschieden | ~ *importància* an Bedeutung gewinnen | ~ *la lliçó a alg* j-m die Schulaufgaben abfragen | ~ *mal* e-n Unfall erleiden; s. verletzen | ~ *marit* (*muller*) s. e-n Mann (e-e Frau) nehmen, s. verheiraten | ~ *nota d'u/c* etw zur Kenntnis nehmen | ~ *la paraula* das Wort ergreifen | ~ *part en u/c* an etw (*dat*) teilnehmen | ~ *partit per alg* für j-n Partei ergreifen *od* nehmen | ~ *peu d'u/c od en u/c* etw zum Anlaß nehmen; etw als Vorwand (*od* Grund) benutzen | ~ *la ploma* zur Feder greifen, schreiben | ~ *possessió d'u/c* von etw Besitz ergreifen | ~ *el tren* den Zug nehmen | ~ *vistes* photographieren; filmen; genau beobachten | ~ *alg per un altre* j-n für e-n anderen halten | ~ *el vol* abfliegen; *fig* starten | *fig*: ~-*la amb alg* unfreundlich j-m gegenüber werden || *vi agr* gedeihen, Wurzel schlagen | entflammen, s. entzünden (*Feuer*) | **~dre's** *v/r* s. (ein)nehmen | gerinnen (*Blut, Milch*) | gefrieren (*Wasser*) | ~ *bé u/c* etw gut aufnehmen *od* auffassen | *no t'ho prenguis malament!* nimm es mir nicht übel! | ~ *u/c a la valenta* etw sehr ernst nehmen || *s: agafar(-se).*
pre|noció *f* Vorkenntnisse *f pl* | *filos* angeborene Vorstellung, Vorerkenntnis *f* | **~nom** *m hist* Vorname *m* | **~notar** (33) *vt* vor(be)merken.
pr|ènsil *adj (m/f) zool* Greif... | **~ensió** *f* Greifen *n* | **~ensor** *adj ornit* = **prènsil**.

prenunci *m* Vorverkündigung *f* | **~ar** (33) *vt* vorverkündigen.
preny|ar (33) *vt* schwängern, schwanger machen | (*Tiere*) trächtig machen | **~at**^{1} *m* Schwangerschaft, Schwängerung *f* | (*Tiere*) Trächtigkeit *f* | **~at**^{2} (-*ada*) *f) adj* schwanger; *euf* in anderen Umständen | (*Tiere*) trächtig | *fig*: *un núvol ~ de pluja* e-e regenschwere Wolke | *una empresa prenyada de dificultats* e. Unternehmen voller Schwierigkeiten | **~s** *adj reg* = **prenyada.**
preocupa|ció *f* Besorgnis, Sorge *f* | Hauptinteresse *n* | Unruhe *f*, quälender Gedanke) *m* | **~r** (33) *vt* stark beschäftigen | beunruhigen, mit Besorgnis erfüllen | **~r-se** *v/r* s. Sorgen machen | **~t** (-*ada* *f*) *adj* besorgt, sorgenvoll | *fig* höchst interessiert | beunruhigt.
pre|opinant *m/f* Vorredner(in *f*) *m* | **~-palatal** *adj (m/f) ling* Vordergaumen... || *s/f* Vordergaumenlaut *m*.
prepara|ció *f* Vorbereitung *f* | Vorbereitetsein *n* | *gastr* Zubereitung *f* | *tecn* Aufbereitung *f* | *esport* Training *n* | *en ~* in Vorbereitung | **~dor** *adj* vorbereitend | *s/mf* Assistent(in *f*) *m* | *esport* Trainer(in *f*) *m* | **~r** (33) *vt* vorbereiten (*alg per a u/c* j-n auf etw *ac*; *u/c per a u/c* etw für [*od* auf] etw *ac*) | (*Rede*) *a.* ausarbeiten | *tecn* aufbereiten | *cient* präparieren, herstellen | (*Essen, Arznei*) zubereiten | (*Gästezimmer*) fertigmachen | **~r-se** *v/r* s. vorbereiten | s. einrichten | s. rüsten | **~t**^{1} *m bes med quím* Präparat *n* | ~ *cosmètic* (*farmacèutic*) kosmetisches (pharmazeutisches) Präparat *n* | **~t**^{2} (-*ada f*) *adj* bereit | fertig | präpariert | **~tiu** (-*iva f*) *adj* vorbereitend | Vorbereitungs... || *s/m mst pl* Vorbereitung(en *pl*) *f* | *fig* Anstalten *f pl* | *fer els darrers ~s* die letzten Vorbereitungen treffen | **~tori** (-*òria f*) *adj* vorbereitend | Vorbereitungs... | Vor... | *curs ~* Vorbereitungskurs *m*.
preponder|ància *f* Übergewicht *n* | Überwiegen *n* | *polít mil* Vorherrschaft, Vormachtstellung *f* | **~ant** *adj (m/f)* überwiegend | vorwiegend | *fig* entscheidend | *motiu ~* entscheidender Grund *m* | **~ar** (33) *vi* überwiegen | vorherrschen, den entscheidenden Einfluß haben.
pre|posar (33) *vt* vor(an)stellen | *fig* vor-

ziehen | **~posició** *f* Vor(an)stellen *n* | *ling* Präposition *f,* Verhältniswort *n* | **~posicional** *adj* (*m/f*) präpositional | **~pòsit** *m* Vorsteher *m* | *ecl* Präpositus, Propst *m* | **~positiu** (**-iva**) *f*) *adj ling* vorgestellt | präpositional | *locució prepositiva* präpositionale Redewendung *f* | **~positura** *f* Vorsteheramt *n* | *ecl* Propstei *f.*
preposterar (33) *vt* (*Ordnung*) umkehren.
prepot|ència *f* Vorherrschen *n* | Übermacht *f* | **~ent** *adj* (*m/f*) vorherrschend | übermächtig.
prepuci *m anat* Vorhaut *f.*
pre-rafaelit|a *m/f* Präraffaelit(in *f*) *m* | **~isme** *m art hist* Präraffaelitentum *n.*
pre-rom|à (**-ana** *f*) *adj* vorrömisch | **~àntic** *adj* vorromantisch || *s/m* Vorromantiker *m* | **~anticisme** *m lit art* Vorromantik *f.*
prerrogativa *f* Vorrecht *n* | *fig* Vorzug *m,* hohe Ehre *f.*
pres *adj* gefangen | verhaftet || *s/mf* Gefangene(r *m*) *m/f* | Verhaftete(r *m*) *m/f* | *un ~ polític* e. politischer Häftling *m* | **~a** *f* Ergreifen, Nehmen *n* | Wegnahme *f* | (*Arznei, Speise*) Einnahme *f* | (*Schokolade*) halbe(r) Riegel *m* | *elect* ...abnahme *f* | *mil* Einnahme, Eroberung *f* | *a. zool* Beute *f,* Fang *m* | *nàut* Prise *f,* erbeutetes Schiff *n* | *constr* Stauwehr *n*; Talsperre *f* | *a. ornit* Raub *m* | *~ de consciència* Bewußtwerdung *f* | *~ de contacte* (*partit*) Fühlung-(Partei-)nahme *f* | *~ del poder* (*polít*) Machtergreifung *f* | *~ de possessió* (*dr*) Besitzergreifung *f*; *adm polít* Amtsantritt *m* | *animal de ~* Raubtier *n* | *ocell de ~* Raubvogel *m* | *fer ~* Beute schlagen (*Vogel*).
presagi *m* Vorzeichen *n,* Vorbedeutung *f* | Vermutung, Ahnung *f* | *prendre com un bon ~* als e. gutes Vorzeichen ansehen | **~ar** (33) *vt* vorhersagen | voraussehen | **~ós** (**-osa** *f*) *adj* vorhersagend | voraussehend | Vermutungs...
pre-santificat (**-ada** *f*) *adj bíbl* vorgeheiligt | im voraus geweiht.
pr|esbícia, **~esbiopia** *f med* Weitsichtigkeit *f* | **~èsbita** *adj* (*m/f*) weitsichtig || *s/m/f* Weitsichtige(r *m*) *m/f.*
presbiter|al *adj* (*m/f*) priesterlich | Priester... | *arquit* Altarraum... | **~at** *m ecl* Priester-tum *n,* -würde *f* | Priesterschaft *f* | **~i** *m arquit* Presbyterium *n,* Altar-, Chor-raum *m* | *ecl* Priester-

rat *m,* -kollegium *n* | **~ià** (**-ana** *f*) *adj* presbyterianisch || *s/mf* Presbyterianer(in *f*) *m* | **~ianisme** *m ecl hist* Presbyterianismus *m.*
presci|ència *f* Vorherwissen *n* | göttliches Vorauswissen *n* | **~ent** *adj* (*m/f*) vorherwissend | im voraus wissend.
prescindi|ble *adj* (*m/f*) entbehrlich | **~r** (37) *vi:* ~ *d'alg* ohne j-n auskommen | *~ d'u/c* ohne etw auskommen; auf etw verzichten; von etw absehen.
prescit *adj ecl* verworfen | verdammt.
prescri|pció *f* Verordnung, Vorschrift *f* | *med a.* Rezept *n* | *dr* Verjährung *f* | *terme* (od *termini*) *de ~* Verjährungsfrist *f* | *tecnol: prescripcions de verificació* Prüfvorschriften *f pl* | **~ptible** *adj* (*m/f*) vor-, ver-schreibbar | *dr* verjährbar | **~ptiu** (**-iva**) *f*) *adj* verordnend, vorschreibend | **~t** *adj* vorgeschrieben | *dr* verjährt || *s/m m lit* Verordnung *f* | Gebot *n* | **~ure** (40) *vt* vorschreiben, verordnen | *med* verschreiben | *dr* ersitzen | durch Verjährung erwerben || *vi* verjähren.
pres|ència *f* Gegenwart, Anwesenheit *f* | Vorhandensein *n* | *fig* (stattliches) Aussehen *n,* Erscheinung, Figur *f* | *~ d'esperit* Geistesgegenwart *f* | *de ~ majestuosa* majestätisch aussehend | *a la* (od *en*) *~ d'alg* in der Anwesenheit j-s | *fer acte de ~* s. zeigen; s. kurz sehen lassen | *en ~ de tals dificultats* angesichts solcher Schwierigkeiten | **~encial** *adj* (*m/f*) Gegenwarts... | *dr: testimoni ~* Augenzeuge *m* | **~enciar** (33) *vt* (*bei etw dat*) zugegen *od* anwesend sein | beiwohnen (*dat*) | Zeuge von etw (*dat*) sein | **~ent**[1] *adj* (*m/f*) anwesend, gegenwärtig, zugegen | *bes dr* vorliegend | *el document ~* (die) vorliegende Urkunde | *a l'hora ~* jetzt, in der jetzigen Stunde | *mil* (*Meldung*) *~!* hier! | *fer ~ u/c a alg* j-m etw vergegenwärtigen *od* vor Augen halten | *fer-se ~* erscheinen, s. zeigen | *tenir ~* daran denken; (*etw*) vor Augen haben || *s/m* Gegenwart *f*; Gegenwärtige(s) *n* | *ling* Präsens *n* | *en ~* im Präsens | *els ~s* die Anwesenden *m pl* | *fins al ~* bis jetzt | *els homes del ~* die heutigen Menschen | **~ent**[2] *m* Geschenk *n* | *fer a alg un ~* j-m e. Geschenk machen | **~entable** *adj* (*m/f*) annehmbar, herzeigbar | *lit* präsentierbar | gutaussehend | (*és*)*ser*

~ s. sehen lassen können | ~**entació** f Vorstellung f; Einführung f | Vorlage f | *lit* Präsentation f | *med* (Kinds)Lage f | *bibl* Darstellung f | *polít* (Amt) Vorschlag m | *adm* (Gesuch) Ein-reichen n, -reichung f | *com* (Waren) Aufmachung f | *teat* Inszenierung f | (Kino) Vorführung f | (Wechsel) Vorlegen n, Präsentation f | ~**entador** *adj* vorzeigend | vorschlagend, vorstellend | vorführend || *s/mf rad tv* Präsentator(in f); Moderator(in f) m | (Wechsel) Präsentant(in f), Vorleger(in f) m | ~**entalla** f *ecl* Weih-, Votiv-bild n, -tafel f | ~**entar** (33) *vt* vorstellen; einführen | überreichen, vorlegen | *lit* präsentieren | vorzeigen | auf-, vorweisen | (Gesuch) einreichen | (Arm e-r Dame) (dar)bieten | *fig* (an)bieten | (Thema) a. darlegen | *com econ cin* vorführen | *mil:* ~ *armes* präsentieren | ~**entar-se** *v/r* s. vorstellen | s. zeigen | erscheinen | (zu e-r Stellung) s. melden | *mil* s. stellen | (polizeilich) s. anmelden; s. vorstellen | *fig* eintreten, s. ereignen, vorkommen | *l'afer es presenta molt bé* die Sache läßt s. sehr gut an | *es presenten moltes ocasions* es bietet s. oft Gelegenheit | ~**entment** *adv* gegenwärtig | zur Zeit.

presepi m *ant* Stall m.

preserva|ció f Bewahrung, Erhaltung f, Schutz m | ~**dor** *adj* schützend (*de* gegen *ac* od vor *dat*) | ~**r** (33) *vt* bewahren (*de* vor *dat*; *contra* gegen *ac*), (be)schützen (vor *dat*) | ~**tiu** (**-iva** f) *adj* schützend || *s/m* Schutzmittel n | *med* Präservativ n | ~**tivament** *adv* zum Schutz | vorsorglich.

presid|ència f Vorsitz m, Präsidentschaft f | Präsidium n | *arquit* Präsidentenpalast m | ~**encial** *adj* (*m/f*) Präsidenten..., präsidial... | *govern* de *règim* ~ Präsidial-regierung f, -system n = a. ~**encialisme** m | ~**ent**(**a** f) m Präsident(in f) m | Vorsitzende(r m) *m/f* | ~ *d'honor* od *honorari* Ehrenpräsident m | *polít:* ⊾ *de* (*la Generalitat de*) *Catalunya* (Minister)Präsident (der Regierung) von Katalonien, Katalanischer Präsident | ⊾ *de la República* Präsident m der Republik | Staatspräsident | ⊾ *de la República Federal* (*Alemanya*) (Deutscher) Bundespräsident m || *s/m ecl* Präses m.

presidi m Zuchthaus n, Strafanstalt f | ~**ari** (**-ària** f) *adj* Zuchthaus...,

Straf... || *s/mf* Sträfling, Zuchthäusler(in f) m.

presidir (37) *vt* vorsitzen (*dat*) | präsidieren, leiten | den Vorsitz führen bei (*dat*) | vorstehen (*dat*).

pres|ó f *dr* Verhaftung, Haft f | *arquit* Gefängnis n | ~ *preventiva* Untersuchungshaft f | *pena de* ~ *major* Zuchthausstrafe f | ~ *menor* Haft f (*von 6 Monaten bis zu 6 Jahren*) | ~**oner**(**a** f) m a. *fig* Gefangene(r m) *m/f* | ~ *de guerra* Kriegsgefangener m | *caure* ~ in Gefangenschaft geraten | *fer* ~ *alg* j-n gefangennehmen.

pressa f Eile f | *de* ~ eilig; schnell | *corre* ~ es ist eilig | *no corre* ~ es hat k-e Eile | *donar* ~ *a alg* j-n zur Eile drängen | *donar-se* ~ s. beeilen | *portar* (od *tenir*) ~ es eilig haben; in Eile sein | *sense* ~ od *presses* gemächlich, in aller Ruhe | *no em vinguis amb presses* dräng mich nicht.

pr|éssec m Pfirsich m | ~**esseguer**(**a** f) m *bot* Pfirsichbaum m | ~**a borda** Ampferknöterich m | ~**esseguerar** m *agr* Pfirsich(baum)pflanzung f.

pressenti|ment m (Vor)Ahnung f, Vorgefühl n | ~**r** (36) *vt* (voraus)ahnen | vorherempfinden.

pressi|ó f a. *fig* Druck m | ~ *arterial* (*sanguínia*) arterielle(r) Blutdruck m | ~ *atmosfèrica* Luftdruck m | *aut:* ~ *de l'oli* (*dels pneumàtics*) Öl-(Reifen-)druck m | *fig:* ~ *fiscal* od *tributària* Steuerdruck m | *fer* od *exercir* ~ *sobre alg* auf j-n Druck ausüben | ~**onar** (33) *vt* Druck ausüben auf (*ac*).

pressup|osar (33) *vt* voraussetzen, annehmen | *fig* veranschlagen | ~**osició** f Voraussetzung, Annahme f | ~**òsit** m Voraussetzung f | *econ* Vor-, Kosten-anschlag m | ~**ost** m Haushalt(splan) m | ~ *públic* öffentlicher Haushalt m, Budget n | ~**ostar** (33) *vt econ* im Haushalt (*od* Budget, Etat) ansetzen, etatisieren | ~**ostari** (**-ària** f) *adj* Haushalts..., Budget...

pressu|ra f *lit* Bedrängnis, Not f | Klemme, Verlegenheit f || *pl* Hast(igkeit) f, Drang m | *s: pressa* | Übereilung f | ~**ritzar** (33) *vt tecn* auf Normaldruck halten | ~**t** (**-uda** f) *adj* eilig, in Eile.

prest(**ament** *adv*) *adj* bereit, fertig | geschwind, schnell, rasch.

presta|ble *adj* (*m/f*) verleihbar | ~**ció** f Leistung f | ~ *de jurament* Eidesleistung, Eidablegung f | ~ *de serveis*

prestatge Dienstleistung *f* | *dr:* ~ *personal* Fron(dienst) *m*) *f* | **~dor** *adj* (ver)leihend | leistend || *s/mf econ* Darlehensgeber(in *f*) *m* | Verleiher(in *f*) *m* | **~ment** *m* = **~ció**, **préstec** | **~r** (33) *vt* (aus-, ver-)leihen | (*Dienst, Sicherheit*) leisten | (*Geld*) als Darlehen geben | ~ *a interès* auf Zinsen leihen | ~ *sobre hipoteca* gegen e-e Hypothek leihen | ~ *a usura* gegen Wucherzinsen (ver)leihen | ~ *ajut* od *assistència a alg* j-m Beistand leisten | ~ *atenció* auf-merken, -passen (*a* auf *ac*) | ~ *l'orella a alg* j-m Gehör schenken | ~ *la seva veu a alg* für j-n sprechen | **~r-se** *v/r* s. hergeben (*a.* für) | s. eignen (*a* für) | s. anpassen (*a* an *ac*) | **~tari** (**-ària** *f*) *m* Darleh(e)nsnehmer(in *f*) *m* | Entleiher(in *f*) *m*.

prestatge *m* (Bücher-; Schrank-)Brett *n* | Bord *n* | Fach *n* | Platte *f* | **~ria** *f* (Bücher-; Waren-)Regal *n* | Regalwand *f*.

préstec *m econ* Aus-, Ver-leihen *n* | Darlehen *n* | *ling* Lehnwort *n* | *a* (*títol de*) ~ leihweise; als Darlehen | ~ *gratuït* (*a interès*) unverzinsliches (verzinsliches) Darlehen *n*.

prester *m* Wirbel-wind, -sturm *m* | Strudel *m* | *fig* Wirbel, Taumel *m*.

prestesa *f* Behendigkeit *f* | Schnelligkeit *f*.

prestidigita|ció *f* Taschenspieler-, Zauber-kunst *f* | **~dor** *m* Taschenspieler, Zauberkünstler *m*.

prestigi *m* Ansehen, Prestige *n* | *fig a.* Nimbus; Zauber *m* | **~ar** (33) *vt:* ~ *alg* j-m Ansehen (*od* Prestige) verleihen | **~ós** (**-osa** *f*) *adj* (sehr) angesehen | von Prestige.

prestimoni *m arc* = **préstec**.

presum|ible(**ment** *adv*) *adj* (*m/f*) vermutlich, mutmaßlich | **~ir** (37) *vt/i* vermuten, annehmen | mutmaßen | voraussetzen || *vi:* ~ *d'u/c* s. etw auf e-e Sache einbilden; mit etw prahlen *od* angeben | *presumeix d'elegant* er prahlt mit s-r Eleganz | **~it** (**-ida** *f*) *adj* eingebildet | dünkelhaft | **~pció** *f* Mutmaßung, Vermutung *f* | Dünkel *m*, Einbildung *f* | **~pte** *adj* vermeintlich, vermutlich, mutmaßlich | **~ptiu** (**-iva** *f*, **-ivament** *adv*) *adj* vermutlich, mutmaßlich | **~ptuós** (**-osa** *f*, **-osament** *adv*) *adj* dünkelhaft, eingebildet | **~ptuositat** *f* Einbildung *f*, Eigendünkel *m* | Eingebildetheit *f*.

preten|dent(**a** *f*) *m* Bewerber(in *f*) *m* | Prätendent(in *f*) *m* | (*Krone*) Thronanwarter(in *f*) *m* || *s/m* Freier, Werber *m* | **~dre** (40) *vt* beanspruchen, fordern, verlangen | erstreben | vorhaben, beabsichtigen | (*etw*) behaupten, vorgeben, versichern | *vi:* ~ *a u/c* auf etw (*ac*) Anspruch erheben; nach etw (*dat*) streben *od* trachten | **~sió** *f* Anspruch *m* | Bewerbung *f* | *a. dr* Forderung *f* | Bestrebung *f* | Streben, Trachten *n* | *p ext* Bitte *f*, Ansuchen, Gesuch *n* | *pretensions* (*econòmiques*) Gehaltsansprüche *m pl* | *amb* (*sense*) *pretensions* anspruchs-voll (-los) | **~siós** (**-osa** *f*, **-osament** *adv*) *adj* anspruchsvoll, anmaßend, eingebildet | (*Stil*) gesucht, geziert | *lit* prätentiös.

preteri|ció *f* Übergehung *f* | Auslassung *f* | Übersehen *n* | *lit poèt* Präterition *f* | **~r** (37) *vt* übergehen, auslassen | *restar preterit* übergangen werden.

pretèrit *m ling* Präteritum *n* | *fig* Vergangenheit *f* | ~ *perfet* Perfekt(um) *n* | ~ *perifràstic* perifrastisches Präteritum, zusammengesetztes Präteritum.

preter|missió *f* = **preterició** | **~natural** *adj* (*m/f*) außernatürlich | übernatürlich.

pretext *m* Vorwand *m* | Ausrede *f* | *amb el* ~, *sota el* ~ unter dem Vorwand | **~ar** (33) *vt* vorgeben, vorschützen.

pret|or *m hist* Prätor *m* | **~ori** *m* Prätorium *n* | prätorisches Gericht *n* | **~orià** (**-ana** *f*) *adj* Prätorianer... || *s/m* Prätorianer *m* | **~orial** *adj* (*m/f*) = **~orià** | **~ura** *f* Prätur *f*.

preu *m a. fig* Preis *m* | *fig a.* Wert *m* | Ansehen *n* | ~ *de cost* Gestehungs-, Selbst-kostenpreis *m* | ~ *de compra* Einkaufspreis *m* | ~ *al consumidor* Verbraucherpreis *m* | ~ *fet* Pauschalpreis *m* | ~ *de conviniença* od *convingut* Preis *m* nach Vereinbarung | ~ *fix* (*final*) Fest-(End-)preis *m* | ~ *d'orientació* Richtpreis *m* | ~ *de venda* Verkaufspreis *m* | ~ *de venda al públic* Ladenpreis *m* | *al* ~ *de* (*loc prep*) für; zum Preis von | *a baix* ~ billig | *a bon* ~ billig, preiswert | *a* ~ *d'ocasió* zum Sonderpreis | *a* ~ *d'or* (*fig*) sehr teuer | *a tot* (*od qualsevol*) ~ um jeden Preis | *a meitat de* ~ zum halben Preis | *a un* ~ *irrisori, a vil* ~ zu e-m Schleuderpreis | *a sota* ~ unter dem (Selbstkosten)Preis | *a cap* ~ (*fig*) um k-n Preis; spottbillig | *no tenir*

prevalença 813 **primavera**

~ (*fig*) unbezahlbar sein, unschätzbar sein | **~ar** (33) *vt* bewerten | (*Waren*) auszeichnen | *fig* (wert) schätzen | **~fetaire** *m/f*, **~feter**(**a** *f*) *m* Akkordarbeiter(in *f*) *m* | Selbständiger(r *m*) *m/f* mit Pauschallohn.

prevale|nça *f* Überlegenheit *f* | Vorherrschen *n* | Durchsetzung *f* | **~r** (40) *vi* überlegen sein, vorwiegen | s. durchsetzen (*contra* gegenüber), siegen (über *ac*) | den Ausschlag geben | **~r-se** *v/r*: ~ *d'u/c* s. e-r Sache bedienen; etw benutzen *bzw* ausnützen.

prevarica|ció *f* Amts-vergehen *od* -verbrechen *n* | Dienstuntreue *f* | Pflichtverletzung *f* | *dr* Rechtsbeugung *f* | **~dor** *adj* pflichtvergessen | untreu || *s/mf* Pflichtvergessene(r *m*) *m/f* | Untreue(r *m*) *m/f* | Rechtsbeuger(in *f*) *m* | **~r** (33) *vi* s-e Amtspflicht verletzen | pflichtwidrig handeln | *dr* das Recht beugen.

preven|ció *f* Vorkehrung *f* | *a. med* Verhütung, Vorbeugung *f* | Warnung *f* | Voreingenommenheit *f* | *polít dr* Anklagezustand *m*; Untersuchungshaft *f* | **~ir** (40) *vt* verhüten | vorbeugen (*dat*) | (*j-n*) warnen (*contra alg* vor j-m) | ~ *alg a favor d'alg* bei j-m e. gutes Wort für j-n einlegen, j-n für j-n einnehmen | **~tiu** (-**iva** *f*) *adj* vorbeugend, vorgreifend | *a. med* präventiv, prophylaktisch | Schutz..., Vorsorge... | *presó preventiva* Untersuchungshaft *f* | *mesures preventives* Vorsichts-, Präventiv-maßnahmen *f pl* | *vacunació preventiva* Schutzimpfung *f* | **~tivament** *adv* zur Vorbeugung, vorsichtshalber.

prever|at *m ecl* Priestertum *n* | **~e** *m* Priester, Geistliche(r) *m*.

preveure (40) *vt* voraus-, vorher-sehen | *difícil de* ~ schwer vorauszusehen.

previ (**prèvia** *f*, **prèviament** *adv*) *adj* vorherig, vorhergehend, Vor... | *sense avís* ~ (*polít mil*) ohne vorherige Mitteilung *f* || *adv* vorher, zuvor.

pre|vinent *adj* (*m/f*) vorgreifend, vorbeugend | **~vingudament** *adv* mit Vorbeugung *od* Vorkehrungen | voreingenommen | **~vingut** (-**uda** *f*) *adj* verhütet | gewarnt, vorsichtig | voreingenommen, eingenommen | **~visible** *adj* (*m/f*) voraussehbar | voraussichtlich | **~visió** *f* Voraussehung | Vorhersage, Voraussicht *f* | *fig* Fürsorge *f* | ~ *meteorològica* Wettervorhersage *f* |

contra tota ~ wider alles Erwarten *n* | ~ *social* Sozialfürsorge *f* | *en* ~ *de* (*loc prep*) vorausschauend; vorsorgend; vorsorglich | **~visor** *adj* voraus-sehend, -schauend | vorsorgend, vor-, für-sorglich | *fig p ext* vorsichtig.

priapisme *m med* Priapismus *m*.

prim[1] *num arc* = **primer** | *cosí* ~ Vetter *m* ersten Grades || *s/m pl* erste, feinste Kleie *f*.

prim[2] *adj* dünn | (*Person*) *a*. schlank | *fig a*. mager; leicht; fein | *aquests parets són* ~*es* diese Wände sind dünn | *estàs molt* ~ du bist sehr dünn *bzw* schlank | *tenir les cames* ~*es* dünne Beine haben | (*és*)*ser* ~ *de cames* dünnbeinig sein | *una sopa* ~*a* e-e dünne Suppe | *terra* ~*a* magerer Boden | *veu* ~*a* dünne Stimme *f* | *tenir un son* ~ e-n leichten Schlaf haben | *anar* ~ *de salut* e-e schwache Gesundheit haben | *anar* ~ *de butxaca* knapp bei Kasse sein | *filar* ~ (*fig*) scharfsinnig denken *od* überlegen; *desp* Haare spalten | (*no*) *mirar* ~ es sehr (nicht so *od* nicht sehr) genau nehmen | (*és*)*ser* ~ *de nas* (*de paladar*) e-e gute Nase (e-n feinen Geschmack) haben.

prima[1] *f hist* erste Stunde *f* des Tages | *ecl* Prim *f* | Abendzeit *f*; *bes* abendlicher Fischfang *m* | *mús* Primsaite *f*.

prima[2] *f econ* Prämie *f* | (*Börse*) Agio *n* | ~ *de ... ...*prämie *f*.

prima|cia *f* Vorrang *m* | *a. fig* Überlegenheit *f* | Primatswürde *f* | **~cial** *adj* (*m/f*) Primat..., Primas... | **~l**(**a** *f*) *m zool agr* (*Herdentiere*) junges Tier *n* (*zw ein u. drei Jahren*) | **~ll** *m* (*Ort, Punkt*) Schmälerung, Verdünnung *f* | *agr* dünner Ackerboden *m* | **~ri** (-**ària** *f*) *adj* erste(r, -s) | primär | Elementar... | Anfangs... | Ur... | *escola primària* Volksschule; Grund- u. Hauptschule *f* || *s/m geol* Paläozoikum *n* | *elect* Primarseite *f* || *s/f* (*Maß*) Dünne, Dünnheit *f*, Dünnsein *n*.

primat *m ecl* Primas *m*; Primat *m/n* | *zool* Primat *m* | **~xer** *m* Kantor *m* | *s*: primicer.

primatxó (-**ona** *f*) *adj* ziemlich mager | zaundürr.

primaver|a *f* Frühjahr *n* | *a. fig* Frühling *m* | *bot* Schlüsselblume; Primel *f* | *ornit* (Blau)meise *f* | *una noia de catorze primaveres* e. Mädchen von vierzehn Lenzen | **~al** *adj* (*m/f*), **~enc** *adj lit*

primejar
Frühlings... | frühlingshaft.
primejar (33) *vi* ziemlich dünn (*bzw* schlank) sein.
primer (30) *num* (*zG s: vuitè*) erste(r, -s) | *el ~ dia del mes* der Erste (am Ersten) des Monats | *vindré el ~ de juny* ich komme am ersten Juni | *el ~ de Maig* der Erste Mai | *a ~a hora del matí (de la tarda)* am frühen Morgen (Nachmittag) | *la ~a Guerra Mundial* der Erste Weltkrieg | *la ~a part d'un espectacle* der erste Teil e-s Schauspiels | *a ~a vista* auf den ersten Blick | *el ~ vingut* der erste beste | *de ~a mà* aus erster Hand | *una mercaderia de ~a qualitat* e-e Ware von erster Güte *od* Qualität | *ets un cuiner de ~a* du bist e. erstklassiger Koch | *he dormit de ~a* ich habe prima geschlafen | *tu seràs el ~ a saber-ho* du wirst der erste sein, der es erfährt | *la ~a de la classe* die Erste der Klasse | *els ~s seran els darrers* die Ersten werden die Letzten sein | *mús: el ~ violí* der Erste Geiger | *teat: la ~a actriu* die erste Schauspielerin | *aut: ~a (marxa)* erster Gang *m* | *ferroc: ~a (classe)* erste Klasse *f* | *astr: estels de ~a magnitud* Sterne *m pl* erster Größe | *mat: nombres ~s* Primzahlen *f pl* | *indús: ~es matèries* Roh-, Ur-stoffe *m pl* || *adv* erst, zuerst; erstens; vorher; eher, lieber | *~ sóc jo* erst komme ich an die Reihe | *~ mengem* zuerst essen wir | *~ morir que trair* lieber sterben als Verräter sein | *~ de tot* zuallererst | *de (bon) ~* erstens; (ganz) zu Anfang | **~ament** *adv* als erstes, zum ersten, erstens, an erster Stelle | **~ejar** (33) *vi* fast (*od* so gut wie) erstklassig sein (*etw*) | **~enc** *adj agr* früh (reifend) Früh... | *fruita ~a* Frühobst *n* | **~ia** *f* Anfang, Beginn *m* | *a la ~* anfangs, zuerst; zu Beginn | *tornarem a la ~ de juny* wir kommen Anfang Juni zurück || *pl agr* Erstlinge *m pl* | Erstobst *n*.
prim|esa *f* Dünne *f* | Schmalheit *f* | Schlankheit *f* | **~filar** (33) *vi* Haarspalterei treiben.
prim|icer *adj* oberste(r, -s) || *s/m ecl* hoher Würdenträger *m* (*in Kirchen u. Klöstern*) Kantor *m* | **~ícia** *f mst pl* Frühobst *n* | Erstling *m* | *ecl hist* Erstlings-opfer *n bzw* -abgabe *f* | **~icial** *adj* (*m/f*) Erstlings... | **~igeni** (**-ènia** *f*) *adj* ursprünglich, original, Original... | **~ípara** *f med* Erstgebärende *f*.
primiti|u (**-iva** *f*) *adj a. fig* primitiv | ursprünglich, urtümlich | Ur... | Grund... | *colors ~s* Grundfarben *f pl* | *estat ~* Urzustand *m* | *mot ~* Primitivum, Stammwort *n* | *pobles ~s* Naturvölker *n pl* | *els (homes) ~s* die Primitiven *m pl* | **~vament** *adv* am Ursprung | ursprünglich | **~visme** *m* Primitivismus *m* | **~vitat** *f* Primitivität *f*.
prim|itxol *m* (stark gedrehte) Seidensträhne *f* | **~mirat** (**-ada** *f*) *adj* übertrieben gewissenhaft | übergenau | kleinlich.
primog|ènit *adj* erstgeboren || *s/mf* Erstgeborene(r *m*) *m/f* | **~enitura** *f* Erstgeburt *f*, Erstgeburtsrecht *n*; Primogenitur *f*.
primor *f* Dünne *f* | Schlankheit *f*.
primordial *adj* (*m/f*) ursprünglich | uranfänglich | *fig* wesentlich | **~itat** *f* Ursprünglichkeit *f* | **~ment** *adv* anfangs, im ursprünglichen Zustand.
primoter *adj* fein | ausgefeilt | auspoliert.
prim|parat (**-ada** *f*) *adj* leicht fallend, hinfällig | schwach | schwächlich | **~senyar** (33) *vt* bekreuzen.
pr|ímula *f bot* Primel *f* | **~imulàcies** *f pl bot* Primelgewächse *n pl* | **~imulals** *f pl bot* Primelpflanzen *f pl* | **~imulina** *f quím* gelber Farbstoff *m*.
prínce|p *m* Fürst *m* | Prinz *m* | *~ consort* Prinzgemahl *m* | *~ hereu* Erb-, Kron-prinz *m* | *~ de (la) sang* Prinz *m* von Geblüt | *~ regent* Prinzregent *m* | *~ de l'Església* Kirchenfürst *m* | *el ~ de les tenebres* der Fürst der Finsternis *od* der Hölle, der Welt | *viure com un ~* fürstlich leben; e. fürstliches Dasein führen | **~ps** *adj inv: edició ~* Editio princeps, Erstausgabe *f*.
princesa *f* Fürstin *f* | Prinzessin *f*.
principal *adj* (*m/f*) hauptsächlich(st), wesentlich, vornehmst | Haupt... | *ling: accent ~* Hauptton *m* | *oració od proposició ~* Hauptsatz *m* | *idea ~* Grund- *od* Leit-gedanke *m* | *el ~, la cosa ~* die Hauptsache *f* || *s/m* Geschäftsinhaber *m* | Prinzipal, Chef *m* | *arquit* Zwischengeschoß *n* | **~itat** *f* Erstrangigkeit *f* | höchste Bedeutung *f* | **~ment** *adv* insbesondere | im wesentlichen | hauptsächlich.
princip|at *m* Fürstentum *n* | Fürsten-

principi *m* stand, -titel *m* | *geog:* el ~ (*de Catalunya*) Katalonien *n* (*im engesen Sinn*), das Principat || *pl* (*Engelsordnung*) Fürstentümer *pl* | **~esc(ament** *adv*) *adj a. fig* fürstlich | Fürsten...

principi *m* Anfang, Beginn *m* | Ursprung *m*, Grundursache *f* | *bes filos* Prinzip *n*, Grund-satz *m*, -regel, -norm *f* | *fís* Prinzip *n* | *quím* Grundbestandteil *m* | el ~ *d'Arquimedes* das Archimedische Prinzip | *al* ~ am Anfang | (*des*) *del* ~ (*fins*) *a la fi* vom Anfang bis zum Ende | *en* ~ im Prinzip, prinzipiell, grundsätzlich | *és el* ~ *de la fi* das ist der Anfang vom Ende | *els* ~*s són difícils* aller Anfang ist schwer || *pl* Prinzipien *n pl* | Grundbegriffe *m pl* | *qüestió de* ~*s* Prinzipienfrage *f* | *un home de* ~*s* e. Mann mit (*od* von) Prinzipien | *sense* ~*s* ohne Prinzipien, prinzipienlos | **~ant** *adj* (*m/f*) anfangend, beginnend || *s/m/f* Anfänger(in *f*) *m* | **~ar** (33) *vt* anfangen, beginnen.

priodont *m zool* Riesengürteltier *n*.

prior|a (*f*) *m catol* Prior(in *f*) *m* | **~al** *adj* (*m/f*) Prioren... | Priorats... | **~rat** *m* Priorat *n* | *gastr* Prioratswein *m* (*aus der Weingegend* «El Priorat») | **~essa** *f* = **priora** | **~ia** *f lit arc* Priorei *f* | **~itari** (**-ària**) *adj* vorrangig | *aut: carretera prioritària* Vorfahrtsstraße *f* | **~itat** *f zeitl* Voran-, Vorher-gehen *n* | *fig dr* Vorrang *m*; Vorrecht *n* | *aut* Vorfahrt(srecht *n*) *f*.

prisa|r (33) *vt* (*Stoff, Papier*) falten, fälteln, in Falten legen | *tèxt a.* plissieren | **~t** (**-ada**) *adj* gefaltet, gefältelt | plissiert | Falten... | Plissee... | *faldilles prisades* Falten- (*bzw* Plissee-) rock *m*.

prism|a *m geom* Prisma *n* | **~àtic** *adj* prismatisch | *min* prismenförmig || *s/m pl òpt* Fern-, Prismen-glas *n*, Feldstecher *m* | **~atoide** *m geom* Prismatoid *n*.

pristi (**prístina** *f*) *adj lit* ursprünglich | uralt.

priva|ció *f* Beraubung *f* | Entziehung *f* | Entbehrung *f*, Mangel *m* | Fehlen *n* | *filos* Aufhebung *f* | *dr* Aberkennung *f* | (*als Folge a.*) Verlust *m* | ~ *de la vista* Verlust *m* der Sehkraft *od* des Augenlichts | ~ *voluntària d'u/c* Verzicht *m* auf etw (*ac*) || *pl* Entbehrungen *f pl* | **~dejar** (33) *vi* in Gunst stehen (*amb alg* bei j-m) | **~desa** *f* Gunst *f* | vertraute(r) Umgang *m* (*amb alg* mit j-m) | **~r** (33) *vt:* ~ *alg d'u/c* j-n e-r Sache (*gen*) berauben; j-m etw entziehen *bzw* wegnehmen *bzw* vorenthalten | *vi arc* = **~dejar** | **~r-se** *v/r:* ~ *d'u/c* auf etw verzichten; s. (*dat*) etw nicht gönnen | **~t** (**-ada** *f*, **-adament** *adv*) *adj* privat | Privat... | persönlich | vertraulich | nichtöffentlich || *s/m* Günstling *m* | Vertrauter *m* || *s/f arc* = **comuna, latrina** | **~tiu** (**-iva** *f*, **-ivament** *adv*) *adj* entziehend | ausschließlich | *ling* privativ | eigentümlich | kennzeichnend.

privilegi *m* Vor-, Sonderrecht, Privileg *n* | Vorzug *m* | *hist* Gnadenbrief *m* | ~*s fiscals* Steuervergünstigungen *f pl* | **~ar** (33) *vt* bevorrechtigen, *lit* privilegieren | *fig a.* bevorzugen | (*j-m*) e-e Sonderstellung einräumen | **~at** (**-ada** *f*, **-adament** *adv*) *adj* bevorrechtigt, *lit* privilegiert | *fig a.* bevorzugt | privilegiert | **~atiu** (**-iva** *f*) *adj* bevorrechtigend, privilegierend.

pro *prep* pro, für | je | zugunsten (*gen*) | *en* ~ dafür, positiv; zugunsten || *s/m:* el ~ *i el contra d'u/c* das Für u. Wider e-r Sache.

proa *f nàut* Bug *m* | ~ *a vent od amb el vent de* ~ gegen den Wind, mit ungünstigem Wind | *fer* ~ *a* (*nàut*) Kurs nehmen auf (*ac*) | *fig: posar la* ~ *a alg* j-n bekämpfen.

probab|ilisme *m filos ecl* Probabilismus *m*, Wahrscheinlichkeitslehre *f* | **~ilista** *adj* (*m/f*) probabilistisch | *s/m/f* Probabilist(in *f*), Anhänger(in *f*) *m* der Wahrscheinlichkeitslehre | **~ilitat** *f* Wahrscheinlichkeit *f* | *mat: càlcul de* ~*s* Wahrscheinlichkeitsrechnung *f* | *segons tota* ~ aller Wahrscheinlichkeit nach | **~le(ment** *adv*) *adj* (*m/f*) wahrscheinlich | voraussichtlich | vermutlich.

prob|ament *adv s: probe* | **~àtic** *adj bíbl: piscina* ~*a* Teich *m* zu Bethesda | **~atori** (**-òria** *f*) *adj* Probe... | Beweis... | **~e** *adj lit* rechtschaffen, redlich | **~itat** *f* Rechtschaffenheit, Redlichkeit *f*.

problem|a *m* Problem | *mat a.* Aufgabe *f* | Schwierigkeit *f* | Rätsel *n* | *un* ~ *d'aritmètica* e-e Rechenaufgabe *f* | *resoldre* (*plantejar*) *un* ~ e. Problem lösen (stellen) | **~àtic(ament** *adv*) *adj* problematisch | fraglich, fragwürdig | zweifelhaft | **~àtica** *f* Problematik *f*.

proboscidis *m pl zool* Rüsseltiere *n pl*.

proca|ç(ment *adv) adj (m/f)* frech, unverschämt | unverfroren | **~citat** *f* Frechheit *f* | Unverschämtheit *f* | Unverfrorenheit *f*.

proced|ència *f* Herkunft *f*, Ursprung *m* | *dr* Angemessenheit *f* (*e-r Klage usw*) | **~ent** *adj (m/f)* (her)stammend | kommend (*de* aus, von) | *dr* zulässig; berechtigt | *p ext* angebracht | *el tren ~ de Figueres* der Zug aus Figueres | **~entment** *adv* berechtigt | **~iment** *m* Vorgehen *n* | Vorgang *m* | Verfahren *n* | *dr* Prozeßverfahren *n*; Rechtsgang *m*; Prozeßordnung *f* | **~ir** (37) *vi* (her)kommen, stammen (*de* aus) | herrühren, s. ableiten (*de* von) | vorgehen, verfahren, handeln | *~ a u/c* zu etw schreiten *od* übergehen; etw vornehmen | *dr: ~ contra alg* gegen j-n gerichtlich vorgehen, j-n gerichtlich belangen | *~ amb mètode* methodisch verfahren *od* handeln | *~ amb mesura* mit Maß *od* mäßig handeln.

procel·l|àrids *m pl ornit* Sturmvögel *m pl* | **~ariformes** *m pl ornit* Sturmvögel *od* Röhrennasen *m pl* | **~ós (-osa** *f) adj* stürmisch.

pròcer *m lit* hochgestellte Persönlichkeit *f* | *fig a.* Magnat *m*.

proc|és *m (pl -essos)* Prozeß *m* | *dr tecn a.* Verfahren *n* | (*Ablauf*) *a.* Vorgang *m* | *~ d'evolució od evolutiu* Entwicklungs-, Evolutions-prozeß, -vorgang *m* | *~ metabòlic* Stoffwechsel-prozeß, -vorgang *m* | *~ vital* Lebensvorgang *m* | *actes d'un ~* Prozeßakten *f pl* | *fer un ~ a alg* gegen j-n e-n Prozeß anstrengen | **~essal** *adj (m/f) dr* Prozeß..., Verfahrens... | *dr: dret ~* Prozeßrecht *n* | *costes od despeses ~s* Prozeßkosten *f pl* | **~essament** *m* gerichtliche Verfolgung *f* | **~essar** (33) *vt* gerichtlich verfolgen | prozessieren gegen | **~essió** *f arc* Vorgehen *n* | *ant =* **~essó** | **~essional(ment** *adv) adj (m/f) ecl* Prozessions... | prozessionsartig | **~essó** *f* Prozession *f* | *fig* feierlicher Umzug *m*; Reihe, Schlange, Prozession *f* | *li va la ~ per dins (fig)* er zeigt seine Gefühle nicht.

proclama *f mst polít mil* Aufruf *m* | öffentliche Bekanntmachung *f* | (*Brautleute*) Aufgebot *n* | **~ció** *f mst polít* öffentliche Bekanntmachung, Proklamation, Ausrufung, Verkündigung *f* | **~dor** *adj* verkündigend || *s/mf* Verkünd(ig)er(in *f*) *m* | **~r** (33) *vt* ausrufen, proklamieren (*alg com a, alg per* j-n als, zu etw *dat*) | verkünd(ig)en | (*Brautleute*) aufbieten | (*Wahlen*) ausschreiben.

procl|isi *f ling* Prokli-se, -sis *f* | **~ític** *adj* proklitisch | *mot ~* Proklitikon *n* | **~iu** *adj (m/f)* neigend, zugetan | **~ivitat** *f* Neigung *f*.

proc|ònsol *m hist* Prokonsul *m* | **~onsolat** *m* Prokonsulat *n* | **~onsular** *adj (m/f)* Prokonsul...

procrea|ció *f* Zeugung *f* | Fortpflanzung *f* | **~dor** *adj* zeugend, fortpflanzend | *s/m* Erzeuger *m* | **~r** (33) *vt* zeugen, fortpflanzen; hervorbringen.

procronisme *m hist* Vordatieren *n*.

proct|àlgia *f med* Proktalgie | **~itis** *f med* Proktitis *f*.

procura *f dr* Vollmacht | *econ* Prokura *f* | **~ció** *f dr* Prokuration *f*; Stellvertretung *f*; Vollmacht *f* | *per ~* im Auftrag, per Prokura, in Stellvertretung | **~dor(a** *f) m* Bevollmächtigte(r *m*) *m/f* | Anwalt *m*, Anwältin *f* || *s/m hist* Prokurator *m* | *hist: ~ a Corts* Mitglied *n* des Ständeparlaments (*unter Franco*) | **~r** (33) *vt* besorgen, verschaffen | bereiten | *~ (de) + inf* versuchen zu *+ inf* | *~ que + subj* dafür sorgen, daß..., zusehen, daß...

pr|òdig *adj* verschwenderisch | *bíbl: el fill ~* der verlorene Sohn | **~odigalitat** *f* Verschwendung(ssucht) *f* | *fig* Vergeudung *f* | *p ext* Überfluß *m* | **~odigar** (33) *vt* verschwenden, vergeuden | *fig: ~ u/c a alg* j-n mit etw (*dat*) überschütten.

prodigi *m* Wunder *n* | *nen (noi) ~* Wunder-kind *n* (*-knabe m*) | *obrar ~s* Wunder wirken | **~ós (-osa** *f*, **-osament** *adv) adj* wunderbar, außerordentlich | *fig* gewaltig | **~ositat** *f* Wunderbarkeit *f*.

prodit|ori (-òria *f) adj lit* verräterisch | Verräter... | **~òriament** *adv lit* verräterischerweise, durch Verrat.

pròdrom *m med* Prodrom *n* | *a. fig* Vorbote *m*, erstes Zeichen *n*.

produ|cció *f* Produktion, Erzeugung, Herstellung *f* | *~ agrària od agrícola* Agrarproduktion *f* | *~ artística (literària, industrial)* künstlerische (literarische, gewerbliche) Produktion *f od* Werke *n pl* | *~ en sèrie* Serienherstellung *f* | *~ en massa* Massenfertigung *f* | *~ mundial (total)* Welt-(Gesamt-)produktion *f* | **~cte** *m a. mat quím*

Produkt *n* | Erzeugnis *n* | Erlös *m* | ~ *acabat* od *elaborat* Fertig-erzeugnis, -fabrikat *n* | ~s *alimentaris* od *d'alimentació* Lebensmittel *n pl* | ~s *cosmètics* od *de bellesa* Kosmetika, Schönheits(pflege)mittel *n pl* | ~ *derivat* (*quím*) Derivat, Nebenprodukt, Abkömmling *m* | ~s *farmacèutics* Arzneimittel *n pl* | ~s *industrials* Industrieprodukte *n pl* | ~s *lactis* od *de lleteria* Molkereierzeugnisse, Milchprodukte *n pl* | ~s *laminats* (*indús*) Walzwerkerzeugnisse *n pl* | ~s *de luxe* Luxusartikel *m pl* | ~s *manufacturats* Fabrikate *n pl* | ~ *mig acabat* od *semiacabat* Halbfertigfabrikat *n* | ~ *nacional brut* (*econ*) Bruttosozialprodukt *n* | ~ *natural* Naturprodukt *n* | ~s *naturals* Naturalien, Bodenerzeugnisse *n pl* | ~s *químics* Chemikalien *f pl* | ~s *siderúrgics* Stahlerzeugnisse *n pl* | ~s *tèxtils* Gewebe *n*, Textilien *pl*, Textilwaren *f pl* | ~s *tintori(al)s* Farbstoffe *m pl*, Farbstofferzeugnisse *n pl* | **~ctiu** (**-iva** *f*) *adj* produktiv | ergiebig, einträglich | *econ a.* gewinn-, zins-bringend | *terra molt productiva* sehr fruchtbares Land *n* | Produktivität *f* | Ergiebigkeit *f* | Leistungsfähigkeit *f* | Schaffenskraft *f* | **~ctor** *adj* erzeugend, hervorbringend, produzierend || *s/mf* Erzeuger(in *f*), Hersteller(in *f*) *m*; *a. cin* Produzent(in *f*) *m* || *s/f cin* (Film)Produktionsfirma *f* | **~ible** *adj* (*m/f*) erzeugbar, herstellbar | **~ir** (37) *vt* erzeugen, hervorbringen | produzieren, herstellen | hervorrufen | (*Beweise*) liefern, vorbringen | (*Früchte*) tragen | (*Geld*) einbringen, abwerfen | Zinsen tragen | (*Gründe*) anführen; beibringen | *p ext* veranlassen, verursachen | *dr* (*Zeugen*) stellen; (*Beweise*) vor-führen, -legen, -zeigen | **~ir-se** *v/r* s. zeigen, eintreten | s. äußern | s. aufführen, s. benehmen | *teat* auftreten, *desp* s. produzieren.

proemi *m lit* Vorrede, Einleitung *f*, *arc* Proömium *n* | **~alment** *adv* als Vorrede.

proenzim *m biol quím* Proenzym *n*.

proer *m nàut* Bugmann *m*.

proesa *f* Großtat, Heldentat *f* | *fig a. iròn* gr(e) Leistung *f*.

prof|à (**-ana** *f*, **-anament** *adv*) *adj* profan, weltlich | un(ein)geweiht | entweihend, ruchlos | *fig* laienhaft || *s/mf* Laie *m* | *ecl* Uneingeweihte(r *m*) *m/f* | **~anació** *f a. fig* Entweihung, Entheiligung *f* | Profanierung, Schändung *f* | **~anador** *adj* entweihend, entheiligend | *s/mf* Entweiher(in *f*) *m* | Schänder(in *f*) *m* | **~anar** *vt* (33) entweihen, entheiligen | profanieren | schänden | *fig a.* ent-, herab-würdigen | **~anitat** *f* Profanität, Weltlichkeit *f*.

profase *f biol* Prophase *f*.

profecia *f* Prophezeiung *f* | *a. fig* Weissagung.

profer|idor *adj* ausstoßend, vorbringend | **~iment** *m* Äußerung *f* | Aussprechen *n* | **~ir** (37) *vt* äußern | aussprechen | (*Laut*) (her)vorbringen | (*Verwünschungen*) ausstoßen | *ant* = **oferir** | **~ta** *f arc* Anerbieten *n* | Angebot *n*.

prof|és (**-essa** *f*) *m catol* Professe *m/f*, Profeß *m* | **~essar** (33) *vt* (*Beruf*) ausüben | (*Gewerbe*) betreiben | (*Kunst, Fachgebiet*) lehren | (*Lehrstuhl*) innehaben | (*Religion*) s. bekennen zu || *vi catol* die Profeß (*od* Ordensgelübde) ablegen | **~essió** *f* Beruf *m* | Bekenntnis *n* | *catol* Profeß; Ablegung *f* der Ordensgelübde | ~ *de fe* Glaubensbekenntnis *n* | *fer* ~ *d'u/c* s. zu etw bekennen; etw berufsmäßig betreiben | **~essional** *adj* (*m/f*) berufsmäßig | professionell | Berufs... | Fach... | *escola* ~ Fachschule *f*; Gewerbeschule *f* | *secret* ~ Berufsgeheimnis *n* || *s/m/f* Profi, Fachmann *m* | *esport* Berufssportler(in *f*) *m*, Profi *m* | **~essionalisme** *m* Professionalität *f* | Professionalismus *m* | Profitum *n* | Berufssport *m* | **~essionalment** *adv* beruflich | fachmännisch | **~essor(a** *f*) *m* Lehrer(in *f*) *m* | ~ *universitari* Universitäts-dozent, -professor *m* | *s: a. mestre, catedràtic* | ~ *de conducció* (*gimnàstica*) Fahr-(Turn-)lehrer *m* | **~essoral** *adj* (*m/f*) lehrhaft, professoral | Professor(en)... | **~essorat** *m* (höheres) Lehramt *n* | Lehrstuhl *m*, (Universitäts)Professur *f* | Lehrerschaft *f*, Lehrkörper *m* | (*Universität*) Professorenschaft *f*.

prof|eta *m* Prophet *m* | **~etal** *adj* (*m/f*) = **~ètic** | **~etar** (33) *vt* = **~etitzar** | **~etessa** *f* Prophetin *f* | **~ètic(ament** *adv*) *adj* prophetisch | **~etitzar** (33) *vt* prophezeien, weissagen | *fig a.* voraus-, vorher-sagen |

profi|cient *adj* (*m/f*) vorangehend | Fortschritte machend | **~cu** (**-ícua** *f*) *adj lit* = **~tós** | **~làctic** *adj med* prophylaktisch, vorbeugend | **~laxi** *f med* Prophylaxe, Vorbeugung, Verhütung *f* (*von Krankheiten*) | **~t** *m* Nutzen, Profit *m* | Vorteil *m* | Gewinn *m* | *amb* **~** vorteilhaft | *de* **~** brauchbar; (*Mensch*) ordentlich | *bon* **~**! guten Appetit!, wohl bekomm's! | *fer* **~** bekömmlich sein | *treure* **~** *d'u/c* aus etw Nutzen ziehen; *umg* von etw profitieren | **~tós** (**-osa** *f*, **~osament** *adv*) *adj* nützlich, vorteilhaft | einträglich | *s: aprofitar*(*-se*).

pròfug *adj* flüchtig || *s/mf dr* Flüchtige(r *m*) *m/f* || *s/m mil* Fahnenflüchtige(r) *mil* Überläufer *m*.

profund *adj* (*a. fig*) tief | **~ament** *adv* tiefgehend | tiefenwirksam | tiefschürfend | gründlich | **~itat** *f* Tiefe *f* | Vertiefung *f* | **~itzar** (33) *vt* vertiefen | *s: aprofundir*.

prof|ús (**-usa** *f*, **-usament** *adv*) *adj* verschwenderisch | reichlich | *p ext* übermäßig | **~usió** *f* Verschwendung *f* | (*an Waren*) Überangebot *n*; Überfluß *m* | *p ext* Übermaß *n* | *amb* **~** *de* (*loc prep*) mit e-m gr(n) Aufwand an.

prog|ènie *f* Geschlecht *n* | Sippe *f* | **~enitor** *m* Ahn(e), Vorfahr *m* | *bes* Vater *m* || *pl bes* Eltern *pl* | **~enitura** *f* Nachkommenschaft *f*.

progesterona *f biol* Progesteron *n*.

pr|ògnat *adj* prognathisch, mit vorstehendem Kiefer | **~ognatisme** *m med* Prognathie *f*.

prognosi *f* Prognose *f*.

program|a *m a. polít* Programm *n* | *teat rad* (Spiel-, Sende-)Plan *m* | *estud* Lehrplan *m*; Vorlesungsverzeichnis *n* | *a. tecn indús*: **~** *de treball* Arbeitsplan *m*, -programm *n* | *mús*: *peça fora de* **~** Zugabe *f* | **~ació** *f cin tv rad teat* Programmgestaltung *f* | (*a. Computer*) Programmierung *f* | **~ador** *adj* programmierend | Programmier... || *s/mf* Programmierer(in *f*) *m* | **~ar** (33) *vt* (*a. Computer*) programmieren | (voraus)planen | **~àtic** *adj* programmatisch | Programm... | *música* **~a** Programmusik *f*.

progr|és *m* (*pl* -essos) Fortschritt *m* | *fer progressos* Fortschritte machen | **~essar** (33) *vi* fortschreiten | *fig* s. entwickeln | **~essió** *f* (stetiges) Fortschreiten *n* | Progression *f* | *mat geom* Reihe, Progression *f* | **~** *contínua* stetig zunehmende Entwicklung *f* | **~** *d'idees* Gedankenfolge *f* | **~essisme** *m* Fortschritts-bewegung *bzw* -lehre *f* | Fortschrittlichkeit *f*, *lit mst desp* Progressismus *m* | **~essista** *adj* (*m/f*) fortschrittlich | *mst desp* progressistisch || *s/m/f* Fortschrittler(in *f*), Progressist(in *f*) *m* | **~essiu** (**-iva** *f*, **-ivament** *adv*) *adj a. mat* progressiv | fortschreitend | fortschrittlich.

prohibi|ció *f* Verbot *n* | *hist* (*Alkohol*) Prohibition *f* | **~cionisme** *m polít* Prohibitionspolitik *f* | **~cionista** *m/f* Prohibitionist(in *f*) *m* | **~r** (37) *vt* verbieten, untersagen | **~tiu** (**-iva** *f*) *adj* prohibitiv, verbietend | verhindernd | untersagend | *fig: preus* **~s** Wucherpreise, unerschwingliche Preise *m pl* | **~tori** (**-òria** *f*) *adj* = **~tiu**.

prohom *m* Obmann *m* | sehr angesehener Mann *m*, prominente Persönlichkeit *f* | **~enia** *f* ehrenwerte Männlichkeit *f* | (männliche) Prominente *m pl*, *od* Prominenz *f sg*.

proís *m* (*pl -íssos*) *nàut* Bugsiertrosse *f*.

proïsm|al *adj* (*m/f*) Nächsten... | mitmenschlich | **~e** *m* Nächste(r), Mitmensch *m*.

projec|ció *f* Projektion *f* | *fís tecn* (Weg-)Schleudern, Werfen *n*, Wurf *m* | (*mat*) Hochrechnung *f* | **~** *horitzontal* Grundriß *m* | **~** *lluminosa* (Wand-)Lichtbild *n* | **~** *d'ombra* od *d'ombres* Schattenwurf *m* | *aparell de* **~** Projektions-apparat *m*, -gerät *n* | *cin fotog: pantalla de projeccions* Projektionsschirm *m*, -wand *f* | **~** *cinematogràfica* od *de films* Filmvorführung *f* | ... *amb projeccions* Lichtbilder... | **~table** *adj* (*m/f*) projizierbar | **~tant** *adj* (*m/f*) projizierend | projektierend | *rectes o línies* **~s** Projektions-geraden, -linien *f pl* | **~tar** (33) *vt* vorwärts schleudern *od* werfen | *bes cin fotog geom* projizieren | (*Film, Lichtbilder*) vorführen | (*Schatten*) werfen | planen, entwerfen, projektieren, s. (*dat*) vornehmen | *arquit* maßgetreu zeichnen | **~tar-se** *v/r* auffallen, s. abzeichnen (*sobre, en* auf *ac*) | **~te** *m* Entwurf, Plan *m*, Projekt *n* | Vorhaben *n*, *fig a.* Absicht *f* | **~** *de contracte* Vertragsentwurf *m* | **~** *de llei* Gesetzentwurf *m*, Gesetzesvorlage *f* der Regierung | *en* **~** geplant, im Entwurf | *concurs de* **~s** Planwettbewerb *m* |

~til *m mst mil* Geschoß, Projektil *n* | **~tista** *m/f* (Entwurfs)Konstrukteur(in *f*), Projektingenieur(in *f*) *m* | Projektant(in *f*) *m* | *desp* Projektemacher(in *f*) *m* | **~tiu** (**-iva** *f*) *adj bes geom* Projektions... | **~tor** *m* Scheinwerfer *m* | *cin fotog* Projektor *m*, Vorführgerät *n* | **~tura** *f constr* Vorsprung *m*.

prolapse *m med* Prolaps(us), Vorfall *m*.

prole *f* Nachkommenschaft *f*, Kinder *n pl*.

pròleg *m* Vorrede *f* | Vorwort *n* | *teat hist* Prolog *m* | Vorspiel *n*.

prolegomen *m mst pl lit* Prolegomenon *n*, Vor-rede *f*, -wort *n*.

prol|epsi *f filos ling* Prolep-se, -sis *f* | Vorwegnahme *f* | **~èptic** *adj* proleptisch, vorgreifend.

proletari (**-ària** *f*) *adj* proletarisch || *s/mf* Proletarier(in *f*) *m* | **~at** *m* Proletariat *n* | **~tzar** (33) *vt* proletarisieren.

prol|ifer *adj* s. vermehrend | *bot* sprießend | = **~ífic** | **~iferació** *f* (schnelle) Vermehrung *f* | *med* Proliferation, Wucherung *f* | *polít* (rasche) Weiterverbreitung *f* | *fig* rasches Umsichgreifen *n* | **~iferar** (33) *vi* s. rasch vermehren | *med* proliferieren, wuchern | *fig* rasch um s. greifen | **~ífic** *adj biol* fruchtbar | (*Künstler*) a. sehr produktiv | *raça* **~a** kinderreiche Rasse *f*.

prolix|(**ament** *adv*) *adj* weitschweifig, umständlich | **~itat** *f* Weitschweifigkeit, Umständlichkeit *f*.

prolog|ar (33) *vt* das Vorwort schreiben zu | **~uista** *m/f* Vorwortschreiber(in *f*) *m*.

prolonga|ble *adj* (*m/f*) verlängerbar | (*Wechsel*) prolongierbar | **~ció** *f* Verlängerung *f* | Ausdehnung *f* | Aufschub *m* | (*Wechsel*) Prolongation; Stundung *f* | *mús* (*Note*) Aushalten *n* | **~dor** *adj* ausdehnend, verlängernd | hinausschiebend | **~ment** *m* = **~ció** | *ling* (Weiter)Entwicklung, Fortsetzung *f* | **~r** (33) *vt* verlängern, ausdehnen | in die Länge ziehen | hinausziehen | *econ* stunden | (*Wechsel*) prolongieren | **~r-se** *v/r* länger dauern | s. in die Länge ziehen | **~t** (**-ada** *f*, **-adament** *adv*) *adj* ausgedehnt, lang(e dauernd) | verlängert | *econ* prolongiert (*Wechsel*) | länglich | weitläufig.

prol|oqui *m lit* voraus-gehender, -stehender Satz *m* | Vorspruch *m* | **~usió** *f lit* einleitende Übung *f*.

prom|ès (**-esa** *f*) *adj* versprochen | gelobt | verlobt || *s/mf* Verlobte(r *m*) *m/f* | **~esa** *f* Versprechen *n*, Zusage *f* | *ecl* Gelübde *n* | **~etatge** *m* Verlobung *f*, Verlöbnis *n* | **~etedor** *adj* (viel)versprechend | **~etença** *f bes ecl* Gelöbnis, Versprechen *n* | (*rel*) Gelübde *n* | **~etre** (40) *vt* versprechen | *ecl* geloben | *fig* erwarten lassen | *fam* versichern | **~etre's** *v/r* s. verloben.

promin|ència *f* (Boden)Erhebung *f* | *kl*(*e*) Anhöhe *f* | *med* Auswuchs *m* | **~ent** *adj* (*m/f*) vorspringend | hervorstehend | *bes fig* prominent.

promiscu (**-íscua** *f*) *adj* (durcheinander) gemischt | (*sexuell*) promiskuitiv | **~ïtat** *f* Promiskuität *f*.

promiss|ió *f lit bíbl* Verheißung *f* | *la terra de* **~** das Gelobte Land | **~ori** (**-òria** *f*) *adj* versprechend.

promoció *f* Beförderung *f* | *adm estud* Versetzung *f* | *estud* (abgehender) Jahrgang *m* | *fig com* Förderung *f* | **~** *social* soziale Förderung *f* | **~** *de vendes* Verkaufsförderung *f*.

promontori *m* Vorgebirge *n*.

promo|tor *adj* antreibend | *desp* anstiftend | *s/mf* Förderer(in *f*) *m* | *fig a*. Urheber(in *f*) *m* | Wegbereiter(in *f*) *m* | *desp* Anstifter(in *f*) *m* | *esport fig* Veranstalter(in *f*) *m* | **~ure** (40) *vt* fördern | (*a. im Rang*) befördern | *desp* anstiften | *ecl* ernennen, einsetzen | *fig esport* veranstalten, verursachen | **~vedor** *adj u. s/mf* = **promotor**.

prompt|ament *adv* bald, rasch, schnell, prompt, sofort | **~e** *adj* bereit, fertig (*a zu*) | prompt, rasch, schnell, baldig | **~** *a decidir-se* kurz entschlossen | **~** *a la resposta* schlagfertig | *intel·ligència prompta* schnelle (*od* leichte) Auffassungsgabe *f* || *adv* = **aviat** | **~esa** *f*, **~itud** *f* Schnelligkeit, Promptheit *f* | Behendigkeit *f* | Lebhaftigkeit *f* | rasche Auffassungsgabe *f* | **~uari** *m* Hand-, Nachschlage-buch *n*.

promulga|ció *f dr* Verkündung, Promulgation *f* | **~dor** *adj* verkündend || *s/mf* Verkünder(in *f*) *m* | **~r** (33) *vt dr* (*Gesetz*) verkünden | *p ext* verbreiten.

prona|ció *f anat* (*Hand*) Einwärtsdrehung *f* | **~dor** *adj*: *múscul* **~** Pronationsmuskel *m*.

pronom *m ling* Fürwort, Pronomen *n* | **~** *personal* persönliches Fürwort, Personalpronomen *n* | **~** *demostratiu*

hinweisende(s) Fürwort, Demonstrativpronomen *n* | ~ *indefinit* unbestimmte(s) Fürwort, Indefinitpronomen *n* | ~ *interrogatiu* Fragefürwort, Interrogativpronomen *n* | ~ *possessiu* besitzanzeigende(s) Fürwort, Possessivpronomen *n* | ~ *relatiu* bezügliches Fürwort, Relativpronomen *n* | **~inal**(**ment** *adv*) *adj* (*m/f*) pronominal | *verb* ~ rückbezügliches (*od* reflexives) Verb.
pron|òstic *m* Vorher-, Voraus-sage *f* | *med* Prognose *f* | *esport* Tip *m* | *fig* Anzeichen *n* | ~ *del temps* Wettervorhersage *f* | *ferides de* ~ *reservat* lebensgefährliche Verletzungen *f pl* | **~osticable** *adj* (*m/f*) vorher-, voraus-, sagbar | **~osticació** *f* Vorher-, Voraus-sagen *n* | **~osticador** *adj* vorher-, voraus-sagend | *s/mf* Voraussager(in *f*) *m* | **~osticar** (33) *vt* vorher-, voraussagen | *cient* prognostizieren | schließen lassen auf (*ac*) | ankündigen | **~òstiga** *f* = **pronòstic**.
pron|úncia *f* Aussprache *f* | **~unciable** *adj* (*m/f*) aussprechbar | **~unciació** *f* = **pronúncia** | Aussprechen *n* | ~ *figurada* Aussprachebezeichnung *f*, Lautschrift, phonetische Umschrift *f* | **~unciador** *adj* aussprechend || *s/mf* Aussprechende(r *m*) *m/f* | **~unciament** *m dr* Urteilsverkündung *f* | *mil* Putsch *m*, kl(e) Militärrevolte *f* | **~unciar** (33) *vt* aussprechen | (*Rede*) halten | *dr* (*Urteil*) fällen, verkünden | (*Strafe*) verhängen | *ecl:* ~ *els vots* s-e Gelübde ablegen | **~unciar-se** *v/r* s. erklären, s-e Meinung äußern | s. äußern | ausgesprochen werden | *mil polít* e-n Putsch anzetteln | **~unciat** (**-ada** *f*, **-adament** *adv*) *adj* stark ausgeprägt *od* hervortretend | *fig* ausgesprochen, entschieden, unverkennbar | *un gust* ~ e. starker Geschmack *m*; *fig a.* e-e ausgesprochene Neigung *f*.
prop *adv* (mst *a* ~) nah(e) | *ben* (*od molt*) *a* ~ nahebei, ganz in der Nähe | ~ *de* in der (*bzw* die) Nähe von *od gen*; nahe an *dat bzw ac*; *fig* nahezu; fast, beinahe | *de* ~ aus der Nähe.
propà *m* Propan(gas) *n*.
propaga|ció *f biol* Fortpflanzung *f* | *fig* Aus-, Ver-breitung, Propagierung *f* | Umsichgreifen *n* | *med:* ~ *d'una malaltia infecciosa* Ver-, Durch-seuchung *f* | ~ *del so* Schallausbreitung *f* | **~dor** *adj* aus-, ver-breitend || *s/mf* Verbreiter(in *f*) *m* | Vermehrer(in *f*) *m* | *lit* Propagator(in *f*) *m* | *med:* ~ *d'una malaltia* Krankheitsüberträger *m* | **~nda** *f* Propaganda, Werbetätigkeit, Werbung *f* | Reklame *f* | (*Lehren*) Verbreitung *f* | *full de* ~ Flugblatt *n*, Propaganda-zettel *od* -schrift *f* | *fer* ~ Propaganda machen; *p ext* Anhänger (*bzw* Käufer) werben | **~ndista** *m/f* Propagandist(in *f*) *m* | Werber(in *f*) *m* | **~r** (33) *vt biol* fortpflanzen | *fig* aus-, ver-breiten | *lit* propagieren | **~r-se** *v/r biol* s. vermehren | s. verbreiten | um s. greifen | *fig a.* bekannt werden | **~tiu** (**-iva** *f*) *adj* fortpflanzungs- *od* verbreitungs-fähig.
propala|dor *adj* ausposaunend | ans Licht bringend | **~r** (33) *vt* ausposaunen | ans Licht bringen | verbreiten, bekannt machen.
proparoxíton *adj ling* proparoxyton || *s/m* Proparoxytonon *n*.
propdit *adj* vorbenannt; soeben erwähnt.
propè *m quím* Propylen *n*.
propedèutic *adj* propädeutisch | Einführungs... || *s/f* Propädeutik *f*.
propel·lir (37) *vt tecn* antreiben.
propendir (37) *vt lit* geneigt sein, neigen (*a* zu).
propenil *m quím* Propenyl *n*.
propens *adj* (hin)neigend, zugetan | (*és)ser* ~ *a* neigen zu; anfällig sein für (*ac*) | **~ió** *f* Neigung, Hinneigung *f*, Hang *m* (*a* zu).
proper *adj* = **pròxim**.
pr|opi (**pròpia** *f*) *adj* eigen | Eigen... | *s: amor* ~ | *de pròpia mà* eigenhändig | *la seva pròpia dona* s-e eigene Frau | ~ *d'alg* typisch *od* bezeichnend für j-n | ~ *per a* geeignet für | *nom* ~ (*ling*) Eigenname *m* | *amb els meus* ~*s ulls* mit eigenen Augen | *el mot* ~ das passende Wort | *en sentit* ~ im eigentlichen Sinn; *fig* eigentlich; genau gesagt | (*és)ser* ~ *per a u/c* zu etw geeignet (*od* tauglich) sein || *s/m arc* Bote *m* | **~òpiament** *adv* eigentlich | ~ *dit* genau gesagt, eigentlich.
prop|ici (**-ícia** *f*, **-íciament** *adv*) *adj* gnädig, huldvoll | günstig | *fig a.* geneigt (*a alg* j-m) | **~iciar** (33) *vt* (j-n) gnädig *od* günstig stimmen | *fig a.* besänftigen | **~iciatori** (**-òria** *f*) *adj* versöhnend | Sühn... | *bíbl: víctima propiciatòria* Sühnopfer *n* | Opferlamm *n* || *s/m bíbl* goldene Deckplatte *f* auf der Bundeslade.

propieta|ri (**-ària** f) m Eigentümer(in f) m | (bes Grund- bzw Haus-)Besitzer(in f) m | **~t** f a. *fís quím* Eigenschaft, Eigenheit f | Eigentümlichkeit f | *dr econ* Eigentum n, (Grund-, Land-, Haus-)Besitz m; Besitztum, Gut n, Besitzung f | *fig* Angemessenheit f | ~ *industrial* gewerbliches Eigentum n; *dr* Patentwesen n | ~ *intel·lectual* geistiges Eigentum n, Urheberrecht n | ~ *rural* ländlicher Besitz m | *de* ~ Eigentums... | *un pis de* ~ e-e Eigentumswohnung.
propil m *quím* Propyl n | **~è** m *quím* Propylen n | *òxid de* ~ Propylenoxid n.
propileu m *mst pl arquit* Propyläen *pl*.
propina f Trinkgeld n | *donar una* ~ e. Trinkgeld geben | *de* ~ (*loc adv*) noch dazu, obendrein, als Zugabe | **~r** (33) vt eingeben, verabreichen | *fig iròn:* ~ *una pallissa* Prügel verpassen.
propin|c (**-ìnqua** f) *adj lit* nahe | verwandt | **~qüitat** f Nähe f | (nahe) Verwandtschaft f.
pròpolis m Bienenharz n.
proponent *adj* (m/f) vorschlagend || s/m/f Vorschlagende(r m) m/f.
proporci|ó f Verhältnis n, Proportion f | (*Größe*) Maß n | *a* ~ (*loc adv*) verhältnismäßig, im richtigen Ausmaß | *en* ~ *a* im Verhältnis zu | *de bones proporcions* gut proportioniert; ebenmäßig, ausgeglichen; wohlgebaut || *pl* Dimensionen f pl, Ausmaße n pl | *prendre proporcions alarmants* drohende Ausmaße annehmen | **~onal** *adj* (m/f) proportional, verhältnismäßig | *mitjana* ~ mittlere Proportionale f | *polít: representació* ~ Verhältniswahl(system n) f | **~onalitat** f Proportionalität, Verhältnis-mäßigkeit, -gleichheit f | *polít a.* Proporz m | **~onalment** *adv* verhältnismäßig | ~ *a* im Verhältnis zu (*dat*) | **~onar** (33) vt angleichen, anpassen, in e. richtiges Verhältnis bringen | *fig* besorgen, vermitteln, verschaffen | *et proporcionaré un pis* ich werde dir e-e Wohnung besorgen | **~onat** (**-ada** f) *adj* proportioniert.
pro|posar (33) vt vorschlagen | vorbringen | (*Aufgabe, Antrag*) stellen | *dr* (*Beweis*) anbieten, unterbreiten | (*Frage*) aufwerfen | (*Gesetz*) einbringen | *l'home proposa i Déu disposa* (*Spruch*) der Mensch denkt u. Gott lenkt | **~posar-se** v/r s. (*dat*) vornehmen, s. (*dat*) als Ziel setzen | vorhaben, beabsichtigen | **~posició** f Vorschlag m | Antrag m | Vorhaben n | *ling* Satz m | *mat filos* Lehrsatz m | *dr polít:* ~ *de llei* Gesetzentwurf m aus der Mitte des Parlaments | ~ *subordinada* (*principal*) Neben-(Haupt-)satz m | **~pòsit** m Vorsatz, Entschluß m, Absicht f | Vorhaben n, Zweck m | *a* ~ (*loc adv*) zu passender Gelegenheit, zur rechten Zeit; angemessen, gelegen | *a* ~ *de* (*loc prep*) betreffs, in Betreff (*gen*), hinsichtlich (*gen*), über (*ac*) | *això no fa* (*od no ve*) *al* ~ das gehört (*od* paßt) nicht hierher; das hat damit nichts zu tun | **~posta** f Antrag, Vorschlag m.
prop|parent(**a** f) m nahe(r) Verwandte(r m) m/f | **~passat** (**-ada** f) *adj* jüngstvergangen, lezthin geschehen | *el* ~ *diumenge* der letzte Sonntag; (am) letzten Sonntag.
pro|pretor m *hist* Proprätor m | **~ptosi** f *med* = **prolapse**.
propugna|ció f Verfechten n, Verfechtung f | **~dor**(**a** f) m Verfechter(in f), Verteidiger(in f) m | **~r** (33) vt verfechten, verteidigen | *fig* eintreten für.
propuls|ar (33) vt *tecn* antreiben | **~ió** f Antrieb m | ~ *per cadena* (*per coets*) Ketten-(Raketen-)antrieb m | ~ *per hèlix* Schrauben-, Propeller-antrieb m | ~ *per reacció od per turbines* Düsenantrieb m | *aut:* ~ *davantera* (*del darrera od posterior, total*) Vorder(Hinter-, Vier-)radantrieb m | **~iu** (**-iva** f) *adj* vorwärtstreibend, Treib..., Antriebs... | **~or** *adj* = **~iu** | s/m Propeller m | *nàut* Schiffsschraube f | *aeron* Luftschraube f, Propeller m | Raketentriebwerk n.
propvinent *adj* (m/f) nächstfolgend, nächst.
prorrat|a f Anteil m | *a* ~ (*loc adv*) anteilig, anteilmäßig | **~eig** m Aufteilung *od* anteilige Verrechnung f | **~ejar** (33) vt anteil(mäß)ig auf-, verteilen.
pr|òrroga f *zeitl* Verlängerung f | Aufschub m, Frist f | Stundung f | (*längere*) Vertagung f | **~orrogable** *adj* (m/f) aufschiebbar | verlängerbar | **~orrogació** f = **pròrroga** | *dr* Prorogation f | **~orrogar** (33) vt *zeitl* verlängern | aufschieben | *com* stunden.
prorrompre (34) *vi a. mil* hervorbrechen | *mst fig* ausbrechen (*en* in *ac*).
prosa f *a. fig* Prosa f | **~dor**(**a** f) m =

prosista | **~ic**(**ament** *adv*) *adj bes fig desp* prosaisch | **~isme** *m* prosaische Nüchternheit *f*.
prosàpia *f lit* Herkunft, Abstammung *f* | Stamm *m*.
prosceni *m teat* Proszenium *n*, Vorderbühne *f* | *llotja de* ~ Proszeniumloge *f*.
proscri|**pció** *f dr polít* Ächtung, Verbannung *f* | *fig* Abschaffung *f* | **~ptor** *adj* ächtend, verbannend || *s/m* Ächt(end)er, Verbanner *m* | **~ure** (40) *vt* ächten, verbannen | *fig* abschaffen; ausmerzen.
pro-sector *m med* Prosektor *m*.
pros|**èlit** *m* Bekehrte(r), Jünger *m* | *mst desp* Proselyt *m* | *fer* **~s** Proselyten machen | **~elitisme** *m* Bekehrungseifer *m* | *a. desp* Proselytenmacherei *f* | **~ènquima** *m bot* Prosenchym *n*.
prosista *m/f* Prosaschriftsteller(in *f*), Prosaist(in *f*) *m*.
prosòdi|**a** *f ling* Prosodie *f*, *lit a.* Prosodik *f* | **~c** *adj* prosodisch.
prosop|**àlgia** *f med* Prosopalgie *f* | **~opeia** *f lit* Prosopopöie *f* | *fig* Pathos *n*.
prospec|**ció** *f min* Schürfen *n* | Prospektion *f* | **~te** *m gràf* Prospekt *m* | **~tiu** (**-iva** *f*, **-ivament** *adv*) *adj* vorausschauend, *lit* prospektiv.
pr|**òsper**(**ament** *adv*) *adj* gedeihlich | erfolgreich, glücklich | *fig* blühend | **~osperar** (33) *vi* gedeihen | guten Erfolg haben, glücken | *fig* blühen | e-n gr(n) Aufschwung nehmen || *vt* gedeihen lassen, emporbringen | *fig* zur Blüte bringen | **~osperitat** *f* Gedeihen *n*, Aufschwung, Wohlstand *m*, Glück *n* | *fig* Blüte *f* | ~ *il·lusòria* Scheinblüte *f* | **~osperós** (**-osa** *f*, **~osament** *adv*) *adj* = **pròsper(ament)**.
prosse|**cució** *f* (*Arbeit, Rede, Vorhaben*) Verfolgung *f* | Fortsetzung *f* | **~guir** (37) *vt* verfolgen | (*Bericht, Rede*) fortsetzen || *vi* fortfahren.
pr|**òstata** *f* Prostata, Vorsteherdrüse *f* | *hipertròfia de la* ~ Prostatahypertrophie *f* | **~ostàtic** *adj* Prostata... || *s/m med* Prostatiker *m* | **~ostatitis** *f med* Prostataentzündung, Prostatitis *f*.
prosterna|**ció** *f* Knie-, Fußfall *m* | *fig* demütige Ehrenbezeugung *f* | Selbstdemütigung *f* | **~r-se** (33) *v/r s.* niederwerfen (*davant* vor) | *s: prostrar*.
pr|**òstesi** *f ling* Pro(s)these *f* | **~ostètic** *adj* prosthetisch, vorangesetzt.

prost|**íbul** *m* Bordell *n* | **~itució** *f* Prostitution *f* | *a. fig* Schändung *f* | **~ituïdor** *adj fig* entehrend; schändend || *s/mf* Kuppler(in *f*) *m* | **~ituir** (37) *vt* der Unzucht preisgeben, *lit a. fig* prostituieren | *fig* verkaufen; entehren; schänden | **~ituir-se** *v/r s.* der Unzucht ergeben *od* ausliefern | *lit a. fig s.* prostituieren | *s.* wegwerfen; *s.* verkaufen; *s.* entehren | **~ituta** *f* Prostituierte *f* | *s: puta*.
prostra|**ció** *f* Kniefall *m* | Niedergeschlagenheit *f* | **~r** (33) *vt* entkräften | zusammenbrechen lassen | **~r-se** *v/r* = **prosternar-se** | **~t** (**-ada** *f*) *adj med* entkräftet | niedergeschlagen.
protagoni|**sta** *m/f teat cin* Hauptdarsteller(in *f*) *m* | (*Roman, Drama*) Hauptperson *f*, Held(in *f*) *m bes fig* Protagonist(in *f*) *m* | **~tzar** (33) *vt*: ~ *una obra* (*pel·lícula*) in e-m Stück (Film) die (*bzw* e-e) Hauptrolle spielen.
pròtasi *f* (*Drama*) Exposition *f* | *ling* Protasis *f*, vorgestellter Bedingungssatz *m*.
prote|**àcies** *f pl bot* Silberbaumgewächse *n pl* | **~als** *f pl* Silberbaumpflanzen *f pl*.
prote|**cció** *f* Schutz *m*, Obhut *f* | Gönnerschaft, Protektion *f* | *mil a.* Panzerung *f* | ~ *del medi ambient* Umweltschutz *m* | ~ *de menors* Jugendschutz *m* | *polít:* ~ *de les minories* Minderheitenschutz *m* | *fruir de la* ~ *d'alg s.* der Gönnerschaft *j-s* erfreuen | **~ccionisme** *m* Protektionismus *m*, Schutzzollsystem *n* | Protektionswirtschaft *f* | **~ccionista** (*m/f*) *adj* protektionistisch || *s/m/f* Protektionist(in *f*) *m* | **~ctor** *adj* (be)schützend | Schutz... | fördernd | *capa* **~a** Deck-, Schutzschicht *f* | *tarifa* **~a** Schutzzolltarif *m* || *s/mf* (Be)Schützer(in *f*) *m* | Schutz-, Schirmherr(in *f*) *m*, Protektor(in *f*) *m* | **~ctorat** *m* Schirmherrschaft, Schutzherrschaft *f* | Protektorat *n* | **~ctori** (**-òria** *f*) *adj* schützend | **~gir** (37) *vt* (be)schützen | *elect tecn* sichern | (*Person*) begünstigen, *a.* protegieren | *s: afavorir* | *fig:* ~ *les arts* (*ciències*) die Künste (Wissenschaften) fördern.
protei|**c** *adj quím* Protein..., Eiweiß... | **~d** *m quím* Proteid *n*.
prot|**èids** *m pl zool* Olme *m pl* | **~eïforme** *adj* (*m/f*) (ständig) s-e Gestalt wandelnd.
prote|**ïna** *f quím* Protein, Eiweiß *n* | ~ *conjugada* Proteid *n* | **~ïnúria** *f med*

proterozoic Eiweißharnen *n*, Proteinurie *f* | ~**òlisi** *f med* Proteolyse *f*.
proterozoic *adj* proterozoisch || *s/m* Proterozoikum *n*.
pròtesi *f a. ling* Prothese *f* | ~ *dental* Zahnprothese *f*.
protest *m dr com* (Wechsel)Protest *m*; Protesturkunde *f* | ~**a(ció)** *f* Beteuerung, (feierliche) Versicherung *f* | Protest *m*, Einspruch *m* | ~ *de fe* Glaubensbekenntnis | *marxa (acció) de* ~ Protest-marsch *m* (-aktion *f*) | *en* ~ *contra ...* aus *od* zum Protest gegen ... | *fer protestes d'amistat* Freundschaftsbeteuerungen machen | *presentar una* ~ Protest einlegen | ~**ació** *f* = **protest**, ~**a** | ~**ament** *m* = **protest** | ~**ant** *adj* (*m/f*) *ecl* protestantisch || *s/m/f* Protestant(in *f*) *m* | ~**antisme** *m ecl* Protestantismus *m* | ~**ar** (33) *vt* öffentlich (*bzw* feierlich) bekennen | *econ*: ~ *una lletra (de canvi)* e-n Wechsel zu Protest geben *od* gehen lassen || *vi* protestieren, Einspruch erheben, s. verwahren (*contra od de* gegen) | ~ *innocència* s-e Unschuld beteuern | ~**atari** (-**ària** *f*) *m a. polít* Protestler(in *f*), Teilnehmer(in) *m* an e-r Protestkundgebung | ~**atiu** (-**iva** *f*) *adj* Protest...
protètic *adj med* prothetisch, künstlich, Ersatz... | *aparell* ~ Prothese *f*.
proteu *m lit* (*Mensch*) Proteus *m*.
prot|ist *m biol* Protist, Einzeller *m* | ~**ó** *m fís* Proton *n*.
protoactini *m quím* Protactinium *n*.
protocol *m bes dr dipl* Protokoll *n* | ~**'lari** (-**ària** *f*) *adj* protokollarisch | Protokoll... | ~**lització** *f* Protokollieren *n*, Protokollierung *f* | ~**litzar** (33) *vt* protokollieren, zu Protokoll nehmen.
protòfit *m biol* einzellige Pflanze *f*, Protophyton *n*.
proto|història *f* Frühgeschichte *f* | ~**llengua** *f ling* Ursprache *f* | ~**màrtir** *m* erster Blutzeuge *od* Märtyrer *m* | ~**nema** *m biol* Protonema *n*.
protònic *adj ling* vortonig.
proto|notari *m hist u. ecl* Protonotar *m* | ~**plasma** *m biol* Protoplasma *n* | ~**plasmàtic** *adj* protoplasmatisch | ~**plast** *m* Protoplast *m* | ~**tip(us)** *m* Prototyp *m*, Ur-, Vor-bild *n* | *fig a.* Muster, Ideal *n* | ~**típic** *adj* prototypisch, vorbildlich | *fig a.* musterhaft | ~**zous** *m pl biol zool* Protozoen, Ur-tierchen *n pl*, Einzeller *m pl*.
protuber|ància *f anat* Auswuchs, Vorsprung *m* | *astr* (*Sonne*) Protuberanz *f* | ~**ant** *adj* (*m/f*) vorspringend | hervorstehend.
prou *adv* genug, hinlänglich | zur Genüge | *ja heu jugat* ~ ihr habt schon genug gespielt | *les peres no són* ~ *madures* die Birnen sind nicht reif genug | *ens va* ~ *bé* es geht uns ziemlich gut | *una vegada més i* ~ nur noch einmal, dann ist es genug | ~*!* Schluß!, basta! | *ja n'hi ha* ~ *(d'aquest color)!* es reicht!; jetzt ist es aber genug! | (*Partikel*) (*bé*) ~ *m'ho han dit* man hat es mir wohl gesagt | (*bé*) ~ *que ho sap!* er weiß es sehr wohl *od* nur zu gut! | *vols menjar?* —(*Sí,*) ~ magst du essen? —(Recht) gern *od* (ja) gewiß | *a. iròn: un bon home, diús? Sí,* ~*, ara et contaré què m'ha fet* ein guter Kerl, sagst du? Ganz gewiß, jetzt werde ich dir mal erzählen, was er mir (an)getan hat || (28) *pron ind: tens* ~ *diners?* hast du genug Geld? | *ja és* ~ *que la mare no hagi vingut!* komisch, daß Mutter nicht gekommen ist! | *amb* ~ *feines* knapp, kaum; schwerlich; mit Mühe u. Not || *s/m arc* = **profit**.
prov|a *f* Beweis, Nachweis *m* | Versuch *m* | *teat* Probe *f* | *estud tecn* Prüfung *f* | *psic* Test *m* | *gràf* Probeabzug, Korrekturbogen *m* | *esport* Wettkampf *m* | *ecl* Versuchung *f* | (*Kleider*) Anprobe *f* | *a. dr* Beleg *m* | ~ *d'accés* (*estud tecn*) Aufnahmeprüfung *f* | ~ *documental* (*dr*) urkundlicher Beweis *m* | ~ *testimonial* (*dr*) Zeugenbeweis *m* | ~ *de noblesa* Adelsbrief *m* | ~ *de força* (*a. fig*) Kraftprobe *f* | ~ *negativa* (*fotog*) Negativ *n* | ~ *positiva* (*fotog*) Positiv *n* | ~ *eliminatòria* (*esport*) Ausscheidungskampf *m* | ~ *de rendiment* Leistungsprüfung *f* | ~ *de resistència* Zuverlässigkeitsprüfung *f* | ~ *de salvament* Rettungsübung *f* | ~ *nuclear* Kernversuch *m* | *temps de* ~ Probezeit *f* | *a* ~ *d'aigua* wasserdicht | *a* ~ *de bala* kugelsicher | *a* ~ *de bomba* (*a. fig*) bombensicher | *a* ~ *de polseguera* staubdicht | *a tota* ~*, a* ~ *de tot* gut erprobt; bewährt, ganz ausgezeichnet | *a títol de* ~ auf Probe; probeweise; versuchsweise | *per falta* (*od manca*) *de proves* (*dr*) aus Mangel an Beweisen | *donar proves de* Beweis(e) liefern (*od* bieten) für (*ac*) | *pas-*

sar per dures proves viel (*od* Hartes) durchmachen müssen | *posar alg od u/c a* ~ j-n *od* etw auf die Probe stellen | **~able** *adj* (*m/f*) beweis-, nachweis-bar | **~ador** *adj* beweiskräftig | prüfend | **~ança** *f* Probe *f*, Versuch *m* | *tecn* Prüfung *f* | **~ar** (33) *vt* erproben, auf die Probe stellen | prüfen | versuchen | (*Kleid*) anprob(ier)en | *gastr* (*Wein*) kosten, schmecken | *tecn a.* testen | empfinden, erleiden | fühlen | durchmachen | *cient filos dr* beweisen | nachweisen || *vi* bekommen, zuträglich sein | **~at** (**-ada** *f*) *adj* bewährt, erprobt | bewiesen | *una amistat provada* e-e bewährte Freundschaft | **~atura** *f* Versuch *m*, Probe *f* | *s: assaig*.

provecte *adj lit* vorgerückt, fortgeschritten.

prove|ïdor(a *f*) *m* Lieferant(in *f*) *m* | Versorger(in *f*) *m* | **~ïment** *m* Lieferung, Versorgung *f* | **~ir** (37) *vt* beliefern, versorgen, versehen (*de* mit) | (*Amt*) besetzen || *vi:* ~ *a u/c* für etw sorgen *od* vorsorgen | *Déu* **~à** Gott wird dafür sorgen; es steht in Gottes Hand | **~ir-se** *v/r s.* versorgen (*de* mit) | **~ït** (**-ida** *f*) *adj* versehen | versorgt | ausgestattet, ausgerüstet.

provençal *adj* (*m/f*) provenzalisch || *s/m/f* Provenzale *m*, -lin *f* || *s/m ling* Provenzalisch *m* | *el* ~ das Provenzalische | **~isme** *m ling* Provenzalismus *m* | **~ista** *m/f* Provenzalist(in *f*) *m* | *s: occità*.

provenir (40) *vi* her-kommen, -rühren, stammen (*de* von, aus *dat*).

proverbi *m* Sprichwort *n* | *bíbl: El llibre dels* **~s** Das Buch der Sprüche | **~al(ment** *adv*) *adj* (*m/f*) sprichwörtlich | *de bondat* ~ von (*bzw* aus) sprichwörtlicher Güte.

proveta *f* Reagenzglas *n* | *fotog* Entwicklerschale *f*.

pr|ovid(ament *adv*) *adj lit* vorsorglich | **~ovidència** *f* Voraussicht *f* | Vorsorge *f* | (göttliche) Vorsehung *f* | *adm dr* Vorkehrung(en *pl*) *f*; vorläufiger Bescheid *m* | **~ovidencial(ment** *adv*) *adj* (*m/f*) vorsorglich | von der Vorsehung bestimmt | *fig* sehr angebracht *od* zweckmäßig | **~ovident(ment** *adv*) *adj* (*m/f*) vorsorglich.

prov|íncia *f adm geog* Provinz *f* | **~incià** (**-ana** *f*) *adj* Provinz... || *s/mf* Provinzbewohner(in *f*), *desp* Provinzler(in *f*) *m* | **~incial** *adj* (*m/f*) provinziell, Provinz... | *desp* provinzlerisch || *s/m ecl* Provinzial *m* | **~incialisme** *m ling* Provinzialismus *m* | **~incianisme** *m* Provinzialität *f*.

provinen|ça *f* Herkunft *f*, Ursprung *m* | **~t** *adj* (*m/f*) (her)kommend (*de* von); herrührend (*de* von); stammend (*de* aus).

provis|ió *f* Vorrat *m* | *banc:* ~ *de fons* Deckung *f* || *pl* Vorräte *m pl* | *provisions de boca* Proviant *m* | **~ional(ment** *adv*) *adj* (*m/f*) provisorisch | vorläufig, einstweilig | **~or(a** *f*) *m* Lieferant(in *f*) *m* || *s/m catol* Richter *m* | **~orat** *m catol* Richteramt *n* | **~ori** (**-òria** *f*, **òriament** *adv*) *adj* vorläufig, provisorisch | **~oria** *f catol* (*Ort*) Gericht *n* | = **~orat** | (*Kloster*) Vorratskammer *f*.

provitamina *f quím* Provitamin *n*.

provoca|ble *adj* (*m/f*) (auf)reizbar, provozierbar | **~ció** *f* Herausforderung, Provokation *f* | Aufreizung *f* | **~dor** *adj* provozierend | *agent* ~ Provokateur *m* || *s/mf* Herausforderer(in *f*) *m* | Hetz(redn)er(in *f*) *m* | **~nt** *adj* (*m/f*) provozierend, *lit* provokant | (*bes Sinne*) aufreizend | **~r** (33) *vt* (j-n) provozieren, reizen, herausfordern; (*a. Sinne*) aufreizen | (*Reaktion*) hervorrufen, bewirken; *med* (*a. Symptom*) provozieren, auslösen | (*Antwort, Streit*) provozieren | (*Aufstand, Diskussion*) herbeiführen, auslösen | ~ *el vòmit* Brechen verursachen | **~tiu** (**-iva** *f*, **-ivament** *adv*), **~tori** (**-òria** *f*, **-òriament** *adv*) *adj* provozierend, *lit* provokativ | herausfordern | *bes polít* provokatorisch | = **~nt**.

proxenet|a *m/f* Kuppler(in *f*), Zuhälter *m* | **~isme** *m* Kuppelei, Zuhälterei *f*.

pr|òxim *adj* nächste(r, -s) | nahe | *la setmana* **~a** nächste Woche | *parent* ~ nahe(r) Verwandte(r) *m* || *s/mf* Nächste(r *m*) *f* | **~òximament** *adv* nächstens, in nächster Zeit, demnächst | **~oximitat** *f* Nähe *f*.

prud|ència *f* Vorsicht *f* | *fig* Umsicht *f*, *p ext* (Lebens)Klugheit *f* | Behutsamkeit *f* | **~encial(ment** *adv*) *adj* (*m/f*) angemessen | vorsichtig | vernünftig | wohlüberlegt | *mesura* ~ Vorsichtsmaßnahme *f* | *preus* **~s** annehmbare Preise *m pl* | **~ent(ment** *adv*) *adj* (*m/f*) vorsichtig | umsichtig | behutsam | vernünftig | wohlüberlegt.

pruenga *f bot* = **vinca**.
pru|ent *adj* (*m/f*) (stark) juckend | **~ija** *f* Juckreiz *m*, Jucken *n* | *fig* Lust *f*, Verlangen | *tinc* ~ *de fer-ho* es reizt (*od umg* juckt) mich, das zu tun | **~ïna** *f bot* wächserner Beschlag *m* | **~inós** (**-osa** *f*) *adj bot* mit wächsernem Beschlag | **~ir** (40) *vi* jucken.
prun|a *f* Pflaume *f*, *südd* Zwetschge *f* | ~ *seca* Back-, Dörr-pflaume *f* | **~ell** *m* = **aranyó** | **~eller** *m* = **aranyoner** | **~er**(**a** *f*) *m bot* Pflaumenbaum *m* | **~erar** *m* Pflaumen-garten *m bzw* -pflanzung *f* | **~yó** *m* = **aranyó** | **~yoner** *m* = **aranyoner**.
prurig|en *m med* Juckflechte *f* | **~inós** (**-osa** *f*) *adj* juckend | Juck...
Pr|ússia *f* Preußen *n* | **~ussià** (**-ana** *f*) *adj* preußisch || *s/mf* Preuße *m*, Preußin *f* || *s/m ling* Preußisch *n* | *el* ~ das Preußische | **~ussiat** *m quím* Zyanid *n* | **~ússic** *adj quím: àcid* ~ Blausäure *f*.
psal|m = **salm** *m* | **~teri** *m bíbl* = **saltiri**.
pseud|o-artrosi *f med* Pseudoarthrose *f* | **~o-epígraf** *m mst pl bíbl lit* Pseudepigraph *n* | **~o-epigràfic** *adj* pseudepigraphisch | **~ògraf**(**a** *f*) *m lit* Pseudograph(in *f*) *m* | **~omorf** *adj min* pseudomorph | **~omorfosi** *f min* Pseudomorphose | **~ònim** *adj* pseudonym, unter Decknamen || *s/m* Pseudonym *n*, Deckname *m* | **~opodi** *m biol* Scheinfüßchen, Pseudopodium *n* | **~oprofeta** *m bíbl* Pseudoprophet *m* | **~oscorpins** *m pl zool* Afterskorpione *m pl*.
psicoanalèptic *m med* Psychoanaleptikum *n*.
psicoan|àlisi *f med* Psychoanalyse *f* | **~alista** *m/f* Psychoanalytiker(in *f*) *m* | **~alitzar** (33) *vt* psychoanalysieren.
psic|òleg (**-òloga** *f*) *m* Psychologe *m*, -gin *f* | **~ologia** *f* Psychologie *f* | ~ *profunda* (*social*, *sexual*) Tiefen-(Sozial-, Sexual-)psychologie *f* | **~ològic** *adj* psychologisch.
psico|metria *f* Psychometrie *f* | **~mètric** *adj* psychometrisch | **~motor** *adj* psychomotorisch | **~neurosi** *f med* Psychoneurose *f*.
psic|òpata *m/f med* Psychopath(in *f*) *m* | **~opatia** *f* Psychopathie *f* | **~opàtic** *adj* psychopathisch | **~opatologia** *f* Psychopathologie *f* | **~opatològic** *adj* psychopathologisch.

psico|si *f med* Psychose *f* | **~-somàtic** *adj* psychosomatisch || *s/f* Psychosomatik *f*.
psicotècni|a *f* Psychotechnik *f* | **~c** *adj* psychotechnisch.
psicoter|apeuta *m/f* Psychotherapeut(in *f*) *m* | **~apèutic** *adj* psychotherapeutisch | **~àpia** *f* Psychotherapeutik *f* | **~àpic** *adj* psychotherapeutisch.
psicròmetre *m fís* Psychrometer *n*, Luftfeuchtigkeitsmesser *m*.
psique *f psic cient* Psyche, Seele *f* | **~dèlic** *adj* psychedelisch.
psiqui|atre (**-a** *f*) *m* Psychiater(in *f*) *m* | **~atria** *f* Psychiatrie *f* | **~àtric** *adj* psychiatrisch.
ps|íquic *adj* psychisch, seelisch | **~iquisme** *m* (*Einzelwesen*) Psyche *f*, bes Gemüt *n*.
psit|àcids *m pl ornit* (Edel)Papagaien *m pl*, Sittichfamilie *f* | **~acisme** *m med* inhaltloses Geplapper *n* | **~acosi** *f med* Papagaienkrankheit, Psittakose *f*.
psoes *m anat* Lendenmuskel, Psoas *m*.
ps|ora *f med* Krätze *f* | = **~oriasi** | **~oriasi** *f med* Psoriasis, Schuppenflechte | **~òric** *adj* krätzig | Krätz...
pst! *int* pst!, still!
pter|anodon *m zool* Pteranodon, Flugsaurier *m* | **~idina** *f quím* Pteridin *n*.
pterid|òfits *m pl bot* Farnpflanzen *f pl* | **~ospermes** *f pl bot* Samenfarne *m pl*.
pter|obranquis *m pl zool* Flügelkiemer *m pl* | **~òclids** *m pl zool* Flughühner *n pl* | **~odàctil** *m* Pterodaktylus, Flugsaurier *m* | **~osaures** *m pl* Pterosaurier *m pl*, Flugechsen *f pl*.
ptial|ina *f biol quím* Ptyalin *n* | **~isme** *m*, **~orrea** *f med* Ptyalismus, starker Speichelfluß *m*.
ptilosi *f med* Wimpernausfall *m*.
ptolemaic *adj* ptolemäisch.
ptomaïna *f* Ptomain, Leichengift *n*.
ptosi *f med* Ptosis, Senkung *f*.
pua *f* Stachel *m* | Zacke *f* | *tecn* Dorn *n* | (*Kamm*) Zahn *m* | (*Gabel*) Zinke *f* | *mús* Plektron *n* | *tèxt* Spindel *f* | *fig* (*Person*) Schlaukopf *m*.
puagra *f bot* Täubling *m* | ~ *llora* Goldtäubling *m*; Grünfelder Täubling *m* | ~ *vermella* *f* Zinnobertäubling *m*.
puat (**-ada** *f*) *adj* stachelig | gezahnt | gezackt.
púber *adj* pubertierend | pubertär.
pube|rtat *f* Pubertät(szeit) *f* | **~scència** *f* Geschlechtsreifung, Pubeszenz *f* | *bot*

pubià

Flaumhaarigkeit *f* | **~scent** *adj* (*m/f*) pubertierend | *bot* flaumhaarig.
pubià (**-ana** *f*) *adj* = **púbic**.
púbic *adj* Schambein..., Scham...
pubill *m dr* Mann *m* e-r Erbin | **~a** *f dr* (*bes* Hof)Erbin *f* | *fami a.* Fräulein; Mädchen *n* | **~atge** *m* Erbschaft *f*, Erbe *n* (*der Erbin*).
pubis *m anat* Schambein *n* | (*Frau*) *a.* Schamberg *m*.
públic(**ament** *adv*) *adj* öffentlich | allgemein bekannt | Staats... | Gemeinde... | *en* ~ in aller Öffentlichkeit, vor aller Welt | *afers* ~*s* Staatsgeschäfte *n pl* | *el bé* ~ das öffentliche Wohl, das Gemeinwohl *n* | *càrrec* ~ öffentliche(s) Amt *n* | *dona* **~a** Prostituierte, Dirne, *umg* Hure *f* | *el poder* ~ die öffentliche Hand *f* | *sessió* **~a** öffentliche Sitzung *f* | *la vida* **~a** das öffentliche Leben *f* | *fer* **~a** *u/c* etw bekanntmachen || *adv* in aller Öffentlichkeit, vor aller Welt || *s/m* Publikum *n* | die Zuschauer *m pl* | Allgemeinheit, Öffentlichkeit *f* | *desp: el gran* ~ die Allgemeinheit *f*, das Volk *n*, die kl(n) Leute *pl* | *avís al* ~ öffentliche Bekanntmachung *f*.
public|à *m bíbl* Zöllner *m* | **~ació** *f* Bekanntmachung *f* | *gràf* Publikation, Veröffentlichung *f* | Herausgabe *f* | **~ar** (33) *vt* bekanntmachen | *gràf* veröffentlichen, verlegen; herausgeben | **~ista** *m/f* Journalist(in *f*), Zeitungsschriftsteller(in *f*), Publizist(in *f*) *m* | **~itari** (**-ària** *f*) *adj* Reklame..., Werbe... | *art* ~ Werbekunst *f* | *film* ~ Werbefilm *m* | **~itat** *f* Öffentlichkeit, Offenkundigkeit *f*, öffentliche Verbreitung *f* | Reklame-, Werbe-wesen *n*, Werbung, Propaganda *f* | *agència de* ~ Werbeagentur *f* | *exemplar de* ~ Werbeexemplar *n* | *oficina de* ~ Annoncenbüro, Anzeigenbüro *n* | ~ *indirecta* Schleichwerbung *f* | ~ *lluminosa* Lichtreklame *f* | ~ *radiofònica* Funkwerbung *f*.
pu|ça *f entom* Floh *m* | ~ *d'aigua* Wasserfloh *m* | ~ *de mar* Sand od Strandfloh *m* || *pl bot* Kl(s) Zittergras *n* | **~cer** *adj* voller Flöhe || *s/f* (*a. herba* **~a**) Wegerich *m* | **~ços** (**-osa** *f*) *adj* voller Flöhe.
puda *f* Schwefel(wasser)quelle *f*.
pudela|ció *f met* Puddeln *n* | **~r** (33) *vt met* puddeln | **~t** (**-ada** *f*) *adj*: *ferro* (*acer*) ~ Puddel-eisen *n* (-stahl *m*).

pud|end *adj* Scham... | *les parts* **~es** die primären Geschlechtsmerkmale *n pl*, *lit* die Scham | **~ent** *adj* (*m/f*) stinkend | **~ibund** *adj* sehr schamhaft | *desp* prüde.
púdic(**ament** *adv*) *adj* schamhaft | keusch | *artèries púdiques* (*anat*) Schamarterien *f pl* | *nervi* ~ (*anat*) Schamnerv *m*.
pud|ícia *ant*, **~icícia**, **~icitat** *f lit* Schamhaftigkeit *f* | Keuschheit *f* | Sittsamkeit *f*.
púding *m* (*a.* gesalzen) Pudding *m*.
pudinga *f geol* Puddingstein *m*, Konglomerat *n*.
pudir (36) *vi a. fig* stinken (*a* nach) | *això put a traïdoria* (*fig*) das stinkt nach Verrat.
púdol *m bot* Alpenkreuzdorn *m* | *reg a.* Terebinthe *f* || *pl bot* Zwerg-holunder *m*, -blatt *n*.
pudor[1] *f* Gestank *m* | *fer* ~ *d'u/c* (*a. fig*) nach etw stinken, *fig a.* riechen.
pudor[2] *m* Scham(haftigkeit) *f* | Sittsamkeit *f* | Züchtigkeit *f* | **~ós** (**-osa** *f*, **-osament** *adv*) *adj* schamhaft | sittsam | züchtig | keusch.
pudós (**-osa** *f*) *adj* stinkend | *aigua* (*font*) *pudosa* Schwefel-wasser *n* (-quelle *f* od -brunnen *m*).
pudu *m zool* Pudu *m*.
pue|lla, **~l·la** *f poèt* Fräulein, Jungfrau *f* | Mädchen *n* | *s: donzella, verge.*
puer|ícia *f* Knabenalter *n* | **~icultura** *f* Kinderpflege *f* | **~il**(**ment** *adv*) *adj* (*m/f*) infantil | kindisch | Kindes... | **~ilitat** *f* Infantilität *f* | Kinderei *f* | **~peral** *adj* (*m/f*) *med* Kindbett... | *febre* ~ Kindbettfieber *n* | **~peri** *m* Wochenbett *n*.
puf *int* plumps! || *s/m* Polsterhocker, Puff *m*.
púgil *m esport hist* Faustkämpfer *m* | Boxer *m*.
pugil|at *m hist* Faustkampf *m* | *esport* Boxen *n* | *s: boxa* | **~ista** *f hist* Faustkämpfer *m* | *esport* Boxer *m* | **~ístic** *adj* boxerisch, Box...
pugna *f a. fig* Kampf *m*, Ringen *n*, Ringkampf *m* | *bes fig* Widerstreit *m* | *estar en* ~ *amb u/c* im Widerstreit zu etw stehen | **~ç** *adj* (*m/f*) kampflustig, kämpferisch | **~citat** *f lit* Kampflust *f* | **~r** (33) *vi* streiten | *a. fig* kämpfen; ringen.
pugó *m entom* Blattlaus *f*.
puig, *reg a.* **pui** *m* Hügel *m*, Anhöhe *f* |

puix Gipfel(chen) *n* | Bergspitze *f*.
puix (mst ~ *que*) *conj* da ja, weil | ~ *que ho vull, et cal fer-ho* da ich es will, mußt du es machen.
puixan|ça *f* Macht, Gewalt *f* | Kraft, Stärke *f* | Können, Vermögen *n* | Blühen, Gedeihen *n* | **~t**(**ment** *adv*) *adj* (*m/f*) gewaltig, mächtig | kräftig, stark | vermögend | *fig a.* einflußreich; blühend, gedeihend | *mús* lautstark | *mil* stoßkräftig.
puj|a *f* Steigen *n* | Ansteigen *n*, Steigerung *f* | *econ a.* Preiserhöhung *f*, Steigen *n* der Kurse | Preiswelle *f* | Hausse *f* | *s: alça* | *med* (*Temperatur*) Erhöhung, Steigerung *f* | **~ada** *f a. fig* An-, Auf-stieg *m* | Steigen *n*, Steigung *f* | *aut* Auf-, Berg-fahrt *f* | *geog* Anhöhe *f* | *com* (*Preis*) Anstieg *m*, Steigerung *f* | **~ador**[1] *m* (*für Pferd, Tier*) Steinbank *f* (*zum Aufsitzen*) | Trittbrett *n* | **~ador**[2] *adj* leicht er-, be-steigbar | **~all** *m* Aufstieg *m* | = **~ador** *s/m* | **~ament** *m* Hinauf-bringen, -tragen *n* | **~ança** *f* (Auf)Steigen *n* | *bes biol* Heranwachsen *n* | **~ant** *m* = **~ada** | (*Tür*) Pfosten, Stützpfeiler *m* | Ständer *m* | **~ar** (33) *vi* (an-, auf-)steigen | hinauf-gehen (*bzw* -fahren) | aufgehen (*Teig*) | *pugeu!* kommt herauf!; steigt ein! (*ins Auto*) | *l'aigua* (*el lloguer, la demanda, la febre, el preu*) *ha pujat* das Wasser (die Miete, die Nachfrage, das Fieber, der Preis) ist gestiegen | ~ *a cavall* (aufs Pferd) aufsitzen | ~ *al tren* in den Zug einsteigen | ~ *al tron* den Thron besteigen | ~ *a dalt d'una muntanya* auf e-n Berg steigen | ~ *al cap* (*Alkohol*) zu Kopf steigen | *la fama li ha pujat al cap* der Ruhm ist ihm zu Kopf gestiegen | *poder-hi* ~ *de peus* (*fig*) s. darauf verlassen können || *vt* besteigen, ersteigen, hinaufgehen | hinauf- (*bzw* herauf-)bringen, -tragen, -schaffen | (*Kinder*) aufziehen | (*Haus*) errichten, (auf)bauen | (*Mauer*) erhöhen; (*Haus*) *a.* aufstocken | ~ *l'escala* die Treppe hinaufgehen | **~r-se'n** *v/r* hinauf-steigen, -klettern | **~t** (**-ada** *f*) *adj* (*Preis*) hoch | (*Farbe*) intensiv, gesteigert, kräftig | **~ol** *m* Hügel *m* | **~olar** *m* Hügel-kette *f bzw* -land *n*.
pulcr|ament *adv* säuberlich | **~e** *adj lit* sauber | *fig* sorgfältig | **~itud** *f* Sauberkeit *f*, *fig* Sorgfalt *f*.
pulla *f* Stichelei *f*, beißender Witz *m*.

pul·lòver *m* Pullover *m*.
pul·lula|ció *f* Wuchern *n* | *bes* Gewimmel *n* | **~r** (33) *vi* wuchern | *s.* schnell u. stark vermehren | wimmeln.
pulm|ó *m* Lunge *f* | ~ *de ferro* (*med*) eiserne Lunge | *tenir bons pulmons* (*fig*) e-e gute Lunge haben | **~onar** *adj* (*m/f*) Lungen... | *tisi* ~ (*med*) Lungenschwindsucht *f* | **~onària** *f bot* Lungenkraut *n* | **~onat** (**-ada** *f*) *adj zool* mit Lungen versehen || *s/m pl zool* Lungenschnecken *f pl* | **~onia** *f med* Lungenentzündung *f*.
púlpit *m ecl arquit* Kanzel *f*.
pulpitis *f med* Pulpitis, Zahnmarkentzündung *f* | *s: polpa*.
puls|ació *f anat* Pulsschlag *m* | Herzklopfen *n* | **~atil·la** *f bot* Kuh- od Küchen-schelle *f* | **~atiu** (**-iva** *f*) *adj* (herz)klopfend, pulsierend | **~ímetre** *m med* Pulsmesser, Sphygmograph *m* | **~ió** *f* Antrieb *m* | **~òmetre** *m tecn* Pulsometer *n*, kolbenlose Dampfdruckpumpe *f*.
pulverulent *adj* pulv(e)rig | staubig.
pum! *int onomat* bum(s)!
puma *f zool* Puma *m*.
punció *f med* Punktion *f*.
pungent *adj* (*m/f*) = **punyent**.
punible *adj* (*m/f*) strafbar, sträflich.
púnic *adj* punisch | *guerres púniques* (*hist*) punische Kriege *m pl*.
punicàcies *f pl bot* Granatapfelbaumgewächse *n pl*.
puni|ció *f lit* Bestrafung *f* | **~dor** *adj* (be)strafend | Straf... | **~ment** *m* Bestrafung *f* | **~r** (37) *vt lit* (be)strafen (per für) | ~ *un delicte* e. Vergehen (be)strafen | **~tiu** (**-iva** *f*) *adj* Straf... | *justícia punitiva* Strafgerichtsbarkeit *f*.
punt *m a. esport u. fig* Punkt *m* | (*in e-m Buch*) Lese-, Buch-zeichen *n* | (*Feuerwaffen*) Korn *n* | (*Nähen*) Stich *m* | (*Stricken, Häkeln*) Masche *f* | ~s *de cadeneta* Luftmaschen *f pl* | ~s *de ganxet* Häkelmaschen *f pl* | ~s *de mitja* Strickmaschen *f pl* | *gèneres de* ~ (*tèxt*) Wirkwaren *f pl* | ~ *i coma* Strichpunkt *m*, Semikolon *n* | ~ *i a part* Absatz, Punkt u. neue Zeile *f* | *dos* ~s Doppelpunkt *m* | ~ *final* (*a. fig*) Schlußpunkt *m* | ~s *suspensius* Auslassungspunkte *m pl* | *a* (*bon*) ~ rechtzeitig | *tan bon* ~ (*loc conj*) sobald (als) | ~ *capital* (*od essencial*) Hauptsache *f* | ~ *d'aplicació* Angriffs-, Kraft-punkt *m* | ~s *cardinals*

Himmelsrichtungen *f pl* | ~ **cèntric** od *central* Mittelpunkt *m* | ~ *de contacte* Berührungspunkt *m* | ~ *de congelació* Gefrierpunkt *m* | *dr:* ~ *de controvèrsia* od *de disputa* Streit-gegenstand *m*, -objekt *n* | ~ *d'encesa* Zündpunkt *m* | ~ *d'ebullició* Siedepunkt *m* | ~ *de fusió* Schmelzpunkt *m* | ~ *d'honor* Ehrensache *f*; Ehrgefühl *n* | ~ *d'intersecció* Schnittpunkt *m* | ~ *mort (a. fig)* toter Punkt *m*; *aut* Leerlauf *m* | ~ *de partida* Ausgangspunkt *m* | ~ *de reunió* Treffpunkt *m* | ~ *de suport (a. fig)* Stützpunkt *m* | ~ *de vista (a. fig)* Gesichtspunkt *m* | *des d'aquest ~ de vista* von diesem Standpunkt aus... | *fins a un cert* ~ bis zu e-m gewissen Grad(e) | *fins a quin* ~ inwieweit, in welchem Maße | *les coses van arribar a tal* ~, *que...* die Dinge entwickelten s. derart, daß ... | *collir ~s* Laufmaschen aufnehmen | *(és)ser un bon* ~ *(fig fam)* mit allen Wassern gewaschen sein | *(és)ser a* ~ fertig, bereit sein | *el dinar és a punt* das Mittagessen ist fertig *od* gar | *estar a* ~ *de fer u/c* im Begriff sein, etw zu tun | *està a* ~ *de ploure* es wird gleich regnen | *fer u/c per* ~, *tenir* ~ *a fer u/c* etw aus Eigenliebe (*od* aus Halsstarrigkeit) machen (wollen) | *posar u/c a* ~ etw fertigmachen *od* letzte Hand an etw (*ac*) legen; vorbereiten; *tecn* etw überholen | *posar els ~s sobre les is (fig)* die Dinge (schonungslos) klarstellen | *aquest arròs no està al* ~ *od no té el* ~ dieser Reis ist noch nicht ganz gar | *tenir un* ~ *d'agre* e-n Anflug von Säure haben, e. wenig säuerlich schmecken | **~a** *f a. fig* Spitze *f* | *geog* Landzunge *f* | *fig* Pointe *f* | *tecn* Stift *m* | *text mst pl* Spitze(n *pl*) *f* | ~ *de cigarreta* Zigarettenstummel *m* | ~ *de diamant (Werkzeug)* Glaserdiamant *m*; *mús (Phono)* Saphir *m*; *(Schmuck)* kl(e) Diamantnadel *f* | ~ *del dit (del nas, del peu)* Finger-(Nasen-, Fuß-)spitze *f* | *hores* ~ Hauptgeschäfts-, Hauptverkehrs-seit; Stoßzeit, Spitzenzeit *f* | *a* ~ *de dia* od *d'alba* bei Tagesanbruch | *a* ~ *d'espasa (fig)* mit Gewalt | *acabar en* ~ spitz zulaufen | *fer* ~ *a u/c* etw spitz machen *od* (an)spitzen | *posar-se de* ~ *amb alg* Streit mit j-m bekommen | *estar de* ~ *amb alg* mit j-m zerstritten sein | *tenir els nervis de* ~ schrecklich nervös sein | *el rostit té una* ~ *de salat* der Braten ist e. wenig versalzen | **~ada** *f* Nadelstich *m* | ~ *de peu* Fußtritt *m* | *a puntades de peu* mit Fußtritten | **~aire** *f* Spitzenklöpplerin; Stickerin *f* | **~al** *m bes constr* Stützbalken; Träger *m* | *gr(r)* Pfahl *m* | *nàut* Vermessungshöhe *f* | *fig* Stütze *f* | ~ *de càrrega* Ladebaum *m* || *pl* Pfahlwerk *n* | **~ar** (33) *vt* interpunktieren | **~egut** (**-uda**) *f) adj* spitz(ig) | **~ejar** (33) *vt* punktieren, tüpfeln | *mús (bes Gitarre)* zupfen, *(Tanztakt)* (mit dem Fuß) klopfen | **~er** *adj a. fig* Spitzen... | *s/m tecn (Art)* Körner *m* | Bohrer *m* | Stichel *m* | *(Schule)* Zeigestock *m* || *s/f (Socken, Strumpf)* Spitze *f* | *(Schuh)* Spitze; Vorderkappe *f* | **~eria** *f (Waffen)* Richten, Zielen *n* | Visieren *n* | Ziel-, Treff-sicherheit | *tenir bona* (*od mala*) ~ e. guter (schlechter) Schütze sein | **~etes** *f pl:* *de* ~ *(loc adv)* auf Zehenspitzen | *posar-se de* ~ s. auf die Zehenspitzen stellen | **~iforme** *adj (m/f)* punktförmig | **~ill** *m (Glaserhandwerk)* Blasrohr *n* | **~illisme** *m pint* Pointillismus *m* | **~illista** *adj (m/f)* pointillistisch || *s/m/f* Pointillist(in *f*) *m* | *adj* pointillistisch | **~illó** *m* Klöppelnadel *f* | **~illós** (**-osa**) *f) adj* = **~ós** | **~imirat** (**-ada**) *f) adj* kleinlich | *p ext* pedantisch | **~ona** *f agr* Spitzhacke *f* | **~ós** (**-osa**) *f) adj* ehrsüchtig | überempfindlich | **~uació** *f* Zeichensetzung, Interpunktion *f* | *esport* Punktwertung *f* | *signe de* ~ Interpunktionszeichen *n* | **~ual**(**ment** *adv*) *adj (m/f)* pünktlich | *fig* richtig | ganz genau | **~ualitat** *f* Pünktlichkeit *f* | Genauigkeit *f* | *manca* (*od falta*) *de* ~ Unpünktlichkeit *f*; mangelnde Genauigkeit *f* | **~ualització** *f* genaue Darlegung *f* | Klar-, Richtig-stellung *f* | *mst polít od dipl* Berichtigung *f* (e-r Tatsache) | **~ualitzar** (33) *vt* im einzelnen darlegen | klar-, richtig-stellen | berichtigen | **~uar** (33) *vt (Text)* interpunktieren | *estud (Leistung)* benoten, zensieren || *vi esport (Spiel)* Punkte erreichen | **~ura** *f* Einstich *m* | *f* Stich(wunde *f*) *m* | *med* Punktur, Punktion *f* | *gräf* Haltestift *m* | **~ut** (**-uda**) *f) adj* spitz | zugespitzt | Spitz... | *(Pfropfen)* konisch | *s: puntegut, punxegut*.

punx|a *f (scharfe)* Spitze *f* | *a. fig* Stachel

m | (*Berg*) Gipfel *m*, Spitze *f* | *bot* Dorn *m* | *fig a.* Zacke *f* | *fam* Splitter *m* | ~**ada** *f* Stich *m* | Stechen *n*, stechender Schmerz *m* | *punxades al costat* Seitenstechen *n* | ~**ant** *adj* (*m/f*) stechend | Stich... | verletzend | *fig a.* schneidend, scharf | ~**ar** (33) *vt* stechen | *fig* (an-, auf-)stacheln; anspornen | *les ortigues punxen* Brennesseln brennen | *els esbarzers i els arços punxen* Brombeersträucher u. der Weißdorn stechen | *fig : tens una llengua que punxa* du hast e-e scharfe (od spitze) Zunge | ~**a-sàrries** *m hist* Stadtzöllner *m* | ~**egut** (-**uda**) *f*) *adj* spitz(ig) | Spitz... | ~**ent** *adj* (*m/f*) *oc* = ~**ant** | ~**erut** (-**uda** *f*) *adj Ross* = ~**egut** | ~**ó** *m* Pfriem(en) *m* | Stichel *m* | (Stahl)Stempel *m* | ~**ut** (-**uda** *f*) *adj* = ~**egut**.

puny *m* Faust *m* | (*Kleid*) Manschette *f* | (*Waffe, Ruder*) Griff *m* | *fig* Handvoll *f* | *cop de* ~ Faust-hieb, -schlag *m* | *mil: un* ~ *d'acer* e. Panzerfaust *m* | (*gros*) *com el* ~ faust-groß, -dick | (*és)ser del* ~ *estret* knauserig, knickerig sein; knausern | *mossegar-se* (od *rosegar-se*) *els* ~*s* (*fig*) s. aus Ärger (*od* Wut) die Haare raufen | *tenir alg al* ~ (*fig*) j-n völlig in der Hand (*od* in s-r Gewalt) haben | ~**a** *f* Ringen *n*, gr(e) Anstrengung *f* | ~**al** *m* Dolch *m* | ~**alada** *f* Dolch-stich, -stoß *m* | *clavar a alg una* ~ *per l'esquena* (*fig*) j-m in den Rücken fallen; j-m übel mitspielen | ~**aler** *m* Dolchmacher *m* | Dolchhändler *m* | ~**ar** (33) *vi* ringen, s. beharrlich anstrengen, s. alle Mühe geben.

punyent *adj* (*m/f*) stechend | *fig* ergreifend | herzzerreißend.

punyeta *f pop!: fer-se la* ~ s. (*dat*) e-n abwischen || ~*!* verdammt noch mal! | *això de no poder fumar és una* ~ daß man nicht rauchen kann ist Scheiße *od* e-e Sauerei! | *tot això que dius són punyetes* was du da sagst sind doch alles Geschichten | *fer la* ~ *a alg* j-m auf den Wecker fallen *od* gehen; j-m übel mitspielen; j-n schikanieren | *vés-te'n a la* ~*!, vés a fer punyetes!* scher dich zum Teufel! | *viure a la quinta* ~ sehr abgelegen wohnen, *pop!* am Arsch der Welt wohnen.

punyi|da *f*, ~**ment** *m* Stechen *n*, Stich *m* | *fig a.* Ansporn *m* | Antrieb *m* | ~**r** (37) *vt* stechen | *fig* an-spornen, -treiben, reizen | *fig* ergreifen | (*Herz*) zerreißen || *vi* (*Bart*) zu wachsen *od* zu sprießen beginnen.

puó *m tèxt* (*Karde*) Zahn *m*.

pupa[1] *f infant* Wehweh *n*.

pupa[2] *f entom* Puppe *f*.

pupi|l (-**il·la** *f*) *m* Mündel *m/n*, Waisen-, Pflege-kind *n* || *s/f anat* Pupille *f* | *tenir pupil·la* (*fig*) gerissen sein | ~**l·lar** *adj* (*m/f*) Mündel... | pupillarisch, minderjährig | (*Geld*) *amb garantia* ~ mündelsicher | *med* Pupillen... | *dilatació* ~ Pupillenerweiterung *f* | ~**l·laritat** *f* Minderjährigkeit *f* | ~**l·latge** *m dr* Status *m* e-s Mündels, e-s Waisenkindes.

pupitre *m* Pult *n*.

puput *f ornit* Wiedehopf *m*.

pur *adj a. fig* rein | (*unverfälscht, unvermischt*) *a.* pur | (*Metall*) *a.* gediegen; lauter, echt | *fig a.* keusch | *de* ~*a joia* aus reiner Freude | ~**a** *calúmnia* reine Verleumdung *f* | *una noia* ~*a* e. keusches Mädchen *n* | *caure de* ~*a vellesa* aus (*od* vor) lauter Alter zusammenfallen | *cavall de* ~*a sang* Vollblutpferd *n* | ~**ament** *adv* ausschließlich | bloß, nur | einzig u. allein | ~**é** *m* (*pl* -**és**) Püree *n*, Brei *m* | ~ *de pèsols* Erbs(en)püree *n* | ~**esa** *f* Reinheit *f* | *fig a.* Keuschheit *f*.

purga *f med* Abführen *n* | *bes* Abführmittel *n* | *polít* Säuberung *f* | ~**ció** *f a. fig* Reinigung *f* | *med* Abführung *f* || *pl ant* Eiterfluß *m*; Tripper *m* | ~**dor** *m tecn* Ablaßhahn *m* | ~**ment** *m* Abführen *n*, Abführung *f* | ~**nt** *adj* (*m/f*) abführend | reinigend | *s/m: un* ~ *suau* e. mildes Abführmittel *n* | ~**r** (33) *vt a. fig* reinigen | *med* abführen | *ecl* (ab)büßen | *dr* (*Strafe*) verbüßen | *polít* säubern | *tecn* (*Dampf*) abblasen | (*Flüssigkeit*) ablassen *bzw* klären | *fig* (*Verdacht*) ausräumen, zerstreuen | ~**tiu** (-**iva** *f*) *adj* reinigend | *med* abführend | ~**tori** *m catol fig* Fegefeuer *n*.

purifica|ció *f a. fig* Reinigung *f* | Läuterung *f* | *ecl: la* ~ *de la Verge Mariä* Reinigung *od* Lichtmeß *f* | ~**dor** *adj* reinigend | *s/m ecl* Kelchtuch *n* | *tecn* Klärvorrichtung *f* | ~ *d'oli* (*d'aire*) Öl-(Luft-)reiniger *m* | Klärvorrichtung *f* | ~**ment** *m* Reinigen, Läutern *n* | ~**r** (33) *vt a. fig tecn* reinigen, läutern | *fig a.* veredeln | Reinigungs... | ~**tori** (-**òria** *f*) *adj* reinigend | Reinigungs...

puriforme *adj* (*m/f*) *med* eiterartig.

pur|ina *f quím* Purin *n* | **~ínic** *adj* Purin... | *base* **~a** Purinbase *f* | **~isme** *m* Purismus *m* | **~íssim** *adj sup* sehr rein || *s/f:* **la ~a** (*ecl*) die Unbefleckte, die Jungfrau Maria | **~ista** *adj* (*m/f*) puristisch | **~ità** (**-ana** *f*) *adj* puritanisch || *s/mf* Puritaner(in *f*) *m* | **~itanisme** *m* Puritanismus *m* | **~itat** *f* (*bes* Sitten)Reinheit *f*.
púrpur|a *f =* **porpra** | *med* Purpura, Blutfleckenkrankheit *f*.
purp|urat *m* Purpurträger, Kardinal *m* | **~urescent** *adj* (*m/f*) (fast) purpurfarben | **~uri** (**-úria** *f*) *adj* Purpur... | purpur-farben, -farbig | **~urí** (**-ina** *f*) *adj* purpurn, purpurrot || *s/f* (*Farbe*) Bronzefarbe *f* | *quím* Purpurin *n* | **~úric** *adj* Purpur...
púrria, purrialla *f* (*fig*) Unterwelt *f* | Gesindel, Lumpenpack *n*, Pöbel *m*.
purul|ència *f* Eitern *n* | **~ent** *adj* eiternd, eitrig.
pus[1] *m* Eiter *m*.
pus[2] *adv arc Bal Ross* mehr || *con arc reg* sodann | da ja | also, denn.
pusil·l|ànime(**ment** *adv*) *adj* (*m/f*) kleinmütig | **~animitat** *f* Kleinmut *m*, Verzagtheit *f*.
pústula *f med* Pustel *f*.
pustul|ació *f* Pustelbildung *f* | **~ós** (**-osa** *f*) *adj med* pustulös | voller Pusteln.

puta *f pop!* Hure, Dirne, Nutte *f* | *s: prostituta* || *adj* (*m/f*) gewieft, gerissen, durchtrieben | hundsföttisch, hundsgemein | **~da** *f pop!* Streich *m*, Gemeinheit *f*.
putatiu (**-iva** *f*) *adj mst dr* vermeintlich, Putativ...
pute|jar (33) *vi pop!* nuttig sein | huren || *vt fig* piesacken | **~ria** *f pop!* Dirnenwesen *n* | *fig* Hinterlist, Gemeinheit *f*.
pútid *adj lit* stinkend, stinkig.
putre|facció *f* Fäulnis, Verwesung *f* | **~facte** *adj* verfault, verwest | **~factiu** (**-iva** *f*) *adj* fäulnisverursachend | **~scència** *f* (Ver)Faulen *n* | **~scent** *adj* (*m/f*) (ver)faulend | verwesend | **~scibilitat** *f* Verweslichkeit, Verderblichkeit *f* | **~scible** *adj* (*m/f*) (leicht) faulend, verweslich, verderblich.
pútrid *adj* faulig, moderig.
putrid|esa, ~itat *f* Fäulnis *f*.
putsch *m mil* Putsch *m*.
putxinel·li *m teat* Marionette *f* | *teatre de* **~s** Puppenbühne *f*, Marionettentheater *n* | *fig: fer ballar alg com un* **~** mit j-m umspringen, wie man will; j-n nach s-r Pfeife tanzen lassen | *s: titella* || *pl* Marionettenspiel *n*.
putzolana *f geol* Puzzolan(erde *f*) *n*.
puzzle *m* Puzzle *n* | *s: trencaclosques*.

Q

q, Q f q, Q n.
quadern m gràf Bogen m; (5 Bogen) Lage f | a. estud Heft n | **~a** f nàut Spant n, Schiffsrippe f | ~ mestra Hauptspant n | **~al** m nàut Blockrolle f mit 4 Rollen.
quadra f (Fabrik)Halle f | Kranken- bzw Schlaf-saal m | agr (Pferde- bzw Maultier-)Stall m | s: cort, establa, estable.
quadra|genari (-ària f) adj vierzigjährig || s/mf Vierziger(in f) m | **~gèsim** (30) num = **quarantè** | **~gèsima** f lit = **quaresma** | **~gesimal** adj (m/f) lit = **quaresmal**.
quadrang|le m geom Viereck n | **~ular** adj (m/f) viereckig | (Prisma) quadratisch.
quadrant m geom geog astr nàut Quadrant m | dr (Erbschaft) Viertel n | (a. ~ solar) Sonnenuhr f | **~al** adj (m/f) Quadranten...
quadr|ar vt (33) viereckig machen | mat ins Quadrat erheben | in e. Quadrat verwandeln || vi übereinstimmen (amb mit), zusammenpassen (mit) | **~arse** v/r mil still-, stramm-stehen | auf allen Vieren stehenbleiben (Stier) | fig s. auf die Hinterbeine stellen | **~at** (-ada f) adj quadratisch, fam viereckig | vierkantig | Quadrat... | fig genau | vollkommen | arrel quadrada (mat) Quadratwurzel f | cap ~ (desp iròn) Quadrat-, Dick-schädel m | metre ~ Quadratmeter m | fig: un minyó ben ~ e. stattlicher Junge m || s/m Quadrat, gleichseitiges Rechteck n | tecn Vierkant m | a. gràf Geviert n | mat Quadratzahl f | al ~ (mat) im Quadrat | elevar al ~ ins Quadrat erheben | **~atí** m gràf Geviert, Quadrat n | **~àtic** adj quadratisch | **~atura** f geom astr Quadratur f | la ~ del cercle die Quadratur des Kreises od Zirkels | **~aturisme** m pint Quadraturmalerei f.
quadre m a. fig teat Bild n | art a. Gemalde n | Tafel; Tabelle f | Quadrat n | Karo n | a. fig Rahmen m | (Brettspiele) Feld n | agr (viereckiges) Gartenbeet n | elect Schalt-brett n, -tafel f | mil Karree n | mil polít (a. pl) Kader m | teat (a. ~ escènic) Ensemble n | ~ d'avisos Warn-, Merk-tafel f | ~ de bicicleta Fahrradrahmen n | ~ clínic (med) klinisches Bild n | ~ de comandament (aut aeron) Armaturenbrett n | ~ de costums (Lit pint) Sittenbild, -gemälde, Genrebild n | ~ de distribució (elect) Schalt-, Verteilertafel f | ~ de professors Lehrkörper m, Lehrerschaft f | ~ sinòptic Übersicht(s-tabelle, -tafel) f, Überblick m | ~ viu (teat) lebende(s) Bild | una camisa de ~s e. kariertes Hemd | un partit de ~s (polít) e-e Kaderpartei | quedar-se od restar en ~ (mil) im Kader (od mit der Führung allein) bleiben | **~jar** (33) vt (Baum) vierkantig zuschneiden, kanten.
quadr|icromia f gràf Vierfarbendruck m | **~ícula** f (Papier) Liniennetz n, Raster m | tèxt Karomuster n | **~icular** (33) vt karieren | tèxt gewürfelt mustern | fig mit e-m Kontrollnetz überziehen | **~iculat** (-ada f) adj kariert | gewürfelt | **~iennal** adj (m/f) vier-jährig; -jährlich | pla ~ Vierjahresplan m | **~ienni** m vier Jahre n pl (Zeitraum), Quadriennium n | **~ifoliat** (-ada f) adj arquit vierblätterig | **~iga** f lit

hist Viergespann *n*, Quadriga *f* | **~igemin (-èmina** *f*) *adj* Vierlings... || *s/mf* Vierling *m* | **~ilàter** *adj geom* vier-seitig, -eckig || *s/m* Viereck *n* | **~ilió** (29) *num m* (*zG s: milió*) Quadrillion *f* | **~illa** *f* Gruppe *f*, Trupp *m* | *desp* Bande *f* | *bes taur* Mannschaft *f* e-s Toreros | (*Tanz*) Quadrille *f* | **~ilong** *adj* rechteckig || *s/m* Rechteck *n* | **~imestral** *adj* (*m/f*) vier-monatig; -monatlich | **~imestre** *m* vier Monate *m pl* (*Zeitraum*) | **~imotor** *adj* viermotorig | *s/m* viermotoriges Flugzeug *m* | **~ireactor** *m aeron* vierstrahliges Flugzeug *n* | **~isíl·lab** *adj* viersilbig || *s/m* ~ viersilbiges Wort *n* | **~ivalència** *f quím* Vierwertigkeit *f* | **~ivalent** *adj* (*m/f*) *quím* vierwertig | **~ivi** *m hist* Quadrivium *n* | **~umà (-ana** *f*) *adj zool* vierhändig | *s/m* Vierhänder, Quadrumane *m* | **~úpede** *adj* vierfüßig || *s/m* Vierfüß(l)er, Quadrupede *m*.

quàdruple[1] *adj* (*m/f*) vierfältig | *hist: la ~ Aliança* die Quadrupelallianz *f* | **~**[2] *adj mat* vierfach || *s/m* Vierfache(s) *n* | **~x** *m telecom* Quadruplex *n*.

quadruplica|ció *f mat* Vervierfachen *n*, Vervierfachung *f* | **~r** (33) *vt* vervierfachen | **~r-se** *v/r* s. vervierfachen, s. um das Vierfache vermehren.

qual (-s *pl*) (26) *pron rel* (*stets mit Artikel*) welche(r, -s); der, die, das | *ha vingut una amiga del meu germà, la ~ jo també conec* es ist e-e Freundin meines Bruders gekommen, die ich auch kenne | *em va fer diverses preguntes, a totes les ~s vaig respondre* er stellte mir mehrere Fragen, die (*od* welche) ich alle beantwortete | *era un home la serenitat del ~ admirava* er war e. Mann, dessen Gelassenheit beeindruckte || (*adjektivisch*) *pagaren tres mil pessetes, la ~ suma...* sie bezahlten dreitausend Peseten, welche Summe... | *la ~ cosa* welches; was | *no m'ha fet ni una pregunta, la ~ cosa m'ha sorprès molt* er hat mir k-e einzige Frage gestellt, was mich sehr überrascht hat | *s: tal* | **~cú** (28) *pron ind Bal nord-cat* = **algú** | **~cun**(-a *f*, -s *m pl*, -es *f pl*) (28) *pron ind Bal nord-cat* = **algun** | *s: qualque*.

quali|ficació *f* Qualifizierung, Benennung, Bezeichnung *f* | Qualifikation, Befähigung, Berechtigung *f* | **~ficador** *adj* qualifizierend || *s/m: ~ del Sant Ofici ecl* dogmatischer Zensor *m* | **~ficar** (33) *vt* qualifizieren, kennzeichnen | als geeignet anerkennen | näher bezeichnen (*de* als) | **~ficar-se** *v/r be esport* s. qualifizieren | **~ficat** (**-ada** *f*) *adj* qualifiziert, geeignet, a. *esport* berechtigt | *fig* angesehen | **~ficatiu** (**-iva** *f*) *adj* bezeichnend, qualifizierend | *ling: adjectiu ~* Eigenschaftswort *n* || *s/m* Bezeichnung *f* | Attribut *n* | **~tat** *f* Eigenschaft, Beschaffenheit, (*a. filos*) Qualität *f* | *loc prep: en ~ de* als...; in meiner (deiner, seiner) Eigenschaft als... | *bona ~* gute Eigenschaft, Güte, Qualität *f*, Wert *m* | *de primera ~* erstklassig | *fig: tenir ~ per a fer u/c* befähigt (*od* berechtigt) sein, etw zu tun (machen) | **~tatiu** (**-iva** *f*, **-ivament** *adv*) *adj* qualitativ | Qualitäts... | *quím: anàlisi qualitativa* qualitative Analyse *f*.

quall *m zool* (*Wiederkäuer*) Labmagen *m* | Lab(ferment) *n* | = **~ada** *f* geronnene Milch *f* | Quark *m* | **~ar** (33) *vt* zum Gerinnen bringen, gerinnen lassen, verdicken || *vi fig: aquesta iniciativa difícilment ~à* diese Initiative wird kaum glücken | **~ar-se** *v/r* gerinnen | *s: coagular* | *amatonar-se, prendre's*.

qual|que (**-s** *pl*) (28) *pron ind Bal nord-cat lit* = **algun** | *s: qualcun* | **~sevol** (**qualssevol** *pl*) (28) *pron ind* (*adjektivisch; mst vorgestellt*) irgendein(e); jede(r, -s) beliebige | *~ cosa* jede beliebige Sache, irgendwas | *de ~ manera* irgendwie; oberflächlich | *en ~ cas* in jedem Fall, jedenfalls | *~ dia* an jedem (beliebigen) Tag; irgendwann | *en ~ moment* jeden Augenblick | (*nachgestellt*) *digues una paraula ~* sag e. x-beliebiges Wort | *desp: això és una dona ~* das ist e. gewöhnliches Frauenzimmer || (*substantivisch*) irgend-wer, -jemand; jeder | *~ t'ho sabrà dir* das kann dir jeder sagen | *això ho pot fer ~!* das kann doch jeder(mann)! | *~ s'hi atreveix, tal com estan les coses!* wer würde es wagen, so wie die Dinge stehen! | *~ ho entén!* das soll e-r verstehen! | *~ qui* od *~ que* wer auch immer; jeder(mann), der | *~ de nosaltres* jeder von (*od* unter) uns | *~ altre* jeder andere | *un(a) ~* e. (e-e) x-beliebiger (beliebige); *desp* würdeloser Mensch *m* | *tu no ets un ~!* du bist doch nicht irgendwer!

~sevulla (**qualssevulla** *pl*) (28) *pron ind* = **~sevol**.
quan *adv* wann | *des de ~?, de ~ ençà?* seit wann? | *fins ~?* bis wann?, wie lange (noch)? | *cada ~?* wie oft? || *conj* (*mit prs u. fut*) wenn | (*Vergangenheit*) als | *~ escric, penso massa* wenn ich schreibe, denke ich zuviel | *~ arribaràs, ja hi seré* wenn du ankommen wirst, werde ich bereits dort sein | *~ caigué, ja era morta* als sie zu Boden stürzte, war sie schon tot | (*kausal, konditional, konzessiv*) da ja, wenn, wo, dabei | *~ et dic això, pots estar-ne segur* wenn ich dir das sage, kannst du dessen sicher sein | *sempre es pensa que té raó, ~ de fet no en té gairebé mai* er glaubt immer, er hat recht, dabei hat er in Wirklichkeit fast nie recht.
quant (**-a** *f*, **-s** *m pl*, **-es** *f pl*) (28) *pron ind* wieviel || (*adjektivisch; a.* + de) *~ de temps perdut!* wieviel verlorene Zeit! | *~ (de) pa et queda?* wieviel Brot hast du noch? | *~a (de) gent hi havia?* wie viele Leute waren dort? | *~es (de) vegades t'ho haig de dir!* wie oft muß ich dir das denn noch sagen? | (*mit unbestimmtem Artikel*) *deixa passar un ~ temps* (uns *~s dies*) laß einige Zeit (e. paar Tage) vergehen || (*substantivisch*) *~s sou tots plegats?* wie viele seid ihr zusammen? | *~ costa el viatge?* wieviel kostet die Reise? | *~ és?* was macht (*od* wieviel kostet) das? | *a ~ puja el total?* auf wieviel beläuft sich die Summe? | *~ fa que no ens vèiem?* wie lange ist es her, daß wir uns gesehen haben? | *~s en tenim avui?* der wievielte ist heute? | (*als Korrelat mit* tant) *~s en tenien, tants en venien* soviel sie hatten, soviel verkauften sie | (*mit unbestimmtem Artikel; stets pl*) *uns ~s s'hi van quedar* einige blieben dort | *en tinc unes ~es de molt bones* ich habe e. paar sehr gute || *adv* wie(viel), wie sehr | *~ gran ha estat llur gosadia!* (*arc lit*) wie groß war ihre Unerschrockenheit! | *~ més ho diu,* (tant) *més s'ho creu* je mehr (*od* öfter) er es sagt, desto mehr glaubt er es | *els era estret tot el món, ~ (i) més aquella sala* ihnen war die ganze Welt eng, um so mehr jener Raum | *~ a* (*loc prep*) was ... betrifft | **~a** *m pl s: quantum* | **~ia** *f* (*Betrag, Summe*) Höhe *f* | *dr* Streitwert *m* | *encara no s'ha establert la ~ dels danys* die Höhe des Schadens ist noch nicht festgestellt | *s: quantitat*.
quàntic *adj fís* Quanten... | *nombre ~* Quantenzahl *f* | *teoria* (*mecànica*) *~a* Quanten-theorie (-mechanik) *f*.
quanti|ficació *f* Quantifi-kation, -zierung *f* | *estud* Errechnung, Messung *f* | **~ficar** (33) *vt* quantifizieren | errechnen, (ab)messen | **~tat** *f* Menge, Anzahl *f* | (*Geld*) Betrag *m*, Summe *f* | *bes cient ling lit mús* Quantität *f* | *mat* Größe *f* | *hi havia una gran ~ de gent* es war e-e Menge Leute dort | *en ~* in Menge, haufenweise | *s: quantia* | **~tatiu** (**-iva** *f*) *adj* quantitativ | *a. quím: anàlisi quantitativa* quantitative Analyse *f* | *ling: adjectius* (*adverbis*) *~s* Mengen-adjektive (-adverbien) *f* | **~tativament** *adv* quantitativ, mengenmäßig, der Quantität nach.
quantum *m* (*pl* **quanta**) *fís* Quant *n* | *teoria dels quanta* Quantentheorie *f* | *s: quàntic*.
qu|àquer *adj* quäkerisch || *s/mf* Quäker(in *f*) *m* | **~aquerisme** *m* Quäkertum *n*.
quaran|ta (29) *num* (*zG s: vuit, vuitanta*) vierzig | *setmana de ~ hores* Vierzigstundenwoche *f* | **~tè** (**-ena** *f*) (30) *num* (*zG s: vuitè*) vierzigste(r, -s); vierzigstel | **~tejar** (33) *vi* in die Vierzig kommen; um (die) Vierzig sein | **~ena** *f col* (*zG s: vuitantena*) (etwa) vierzig | Quarantäne *f* | *fig: posar en ~ u/c* etw mit Vorbehalt aufnehmen | etw bezweifeln | **~tí** (**-ina** *f*) *adj* vierzigjährig || *s/mf* Vierziger(in *f*) *m*.
quaresm|a *f ecl* Fasten(zeit *f*) *n* | *diumenge de ~* Fastensonntag *m* | *fer* (*od* (*ob*)*servar*) *la ~* fasten; Buße tun, büßen | **~al** *adj* (*m/f*) Fasten... | **~er** *m* Fasten(zeit)prediger *m*.
quars *m min* Quarz *n* | *s: rellotge* | **~ífer** *adj* quarzhaltig | **~ita** *f* Quarzit *n*, Quarzfels *m* | **~ós** (**-osa** *f*) *adj* quarzig | *sorra quarsosa* Quarzsand *m*.
quart (30) *num* (*zG s: vuitè*) vierte(r, -s) | *hist: ~ estat* vierter Stand *m* | *fís: ~a dimensió* vierte Dimension *f* || *s/m* (*a. als Bezeichnung verschiedener Maße u. Münzen*) Viertel *n* | *un ~ de litre* e. Viertelliter *m* | *un ~ de quilo* e. halbes Pfund *n* | *un ~ de pollastre* e. viertel Hähnchen *n* | *~ creixent* (*minvant*) zunehmender (abnehmender) Mond *m* | *és un ~ d'una* (Bal Val *són les dotze i ~*) es ist (e.) Viertel eins *od*

quasi Viertel nach zwölf | *són dos ~s de dues* (Bal Val *és la una i mitja*) es ist halb zwei | *arribaren a tres ~s de tres* (Bal Val *a les dues i tres ~s*) sie kamen um drei Viertel (*od* um Viertel vor) drei an | *és un ~ i mig de sis* es ist (zwei- *od* drei-und) zwanzig nach fünf | *són ~s de vuit* es ist gegen halb acht | *dura tres hores i un ~* es dauert dreieinviertel Stunden | *vindré d'aquí a un ~* ich komme in e-r Viertelstunde | *ja fa tres ~s que m'espero* ich warte schon e-e Dreiviertelstunde | *esport: ~s de final* Viertelfinale *n* | *gràf: en ~* in Quart(format) *n* | *mús: ~ de to* Viertelton *m* | **~a** *f* (*Erbschaft, Windrose, verschiedene Maße*) Viertel *n* | *nàut* (*Kompaß*) Strich *m* | *mús* (*a. Fechten*) Quart(e) *f* | **~à** *m*: nach Gegenden unterschiedliches Hohlmaß von etwa 4, 6 *od* 18 Litern | **~ana** *f* (*a. febre ~*) *med* Viertagefieber *n*, Quartana *f*, Quartanfieber *n* | **~ar** (33) *vt* (*Acker*) zum viertenmal (*in e-m Jahr*) bestellen | **~at** (**-ada**) *f) adj* (*Schafe, Ziegen*) etwa vierjährig | **~ejar** (33) *vt* (*bes Miete*) um e. Viertel erhöhen | *nàut: ~ la rosa nàutica* alle Kompaßpunkte der Reihe nach aufzählen | **~er** *m* (*Schlachtvieh*) Viertel *n* | *hist* Stadtviertel *n*; Gebietsteil *m* | (*Wappen*) Vierung *f* | *mil* Quartier *n* | *nàut ~* Lukendeckel *m* | *~ general* Hauptquartier *n* | *~ d'hivern* Winterquartier *n* | *donar* (*mil*) Pardon geben | *lluita sense ~* erbarmungsloser Kampf *m* | **~era** *f*: *unterschiedliches (Getreide)Maß von etw 70-80 Litern* | *~ de sembradura* zw 20 u. 40 Ar | **~erada** *f* Bal (*Landmaß*) 71,03 Ar | **~erar** (33) *vt* vierteilen | **~erat** (**-ada** *f) adj* (*Wappen*) in Viertel geteilt | **~erejar** (33) *vt* = **~erar** | **~eró**[1] *m* (*Gewicht*) 1/4 «rova» | *unterschiedliches Getreidemaß zw 1 u. 1,5 Liter* | **~eró**[2] (**-ona** *f*) *m* Viertelneger(in *f*) *m* | **~erola** *f*: *unterschiedliches Hohlmaß, mst 1/4* «barraló» | **~et** *m a. mús lit* Quartett *n* | *~ de corda* (*vent*) Streich-(Bläser-)quartett *n* | **~eta** *f Lit* Vierzeiler *m* (*bes aus sieben- od achtsilbigen Versen*) | **~í** *m*: Hohlmaß von vier «porrons» | **~illa** *f* Quartblatt *n* | *p ext* Manuskriptblatt *n*; Zettel *m* | **~ó** *m* = **quarter** (*außer mil u. nàut*) | (*verschiedene Maße*) Viertel *n*.
quasi *adv* beinahe, fast | *s: gairebé*

~-contracte *m dr* Quasivertrag *m*, vertragsähnliches Verhältnis *n* | **~-delicte** *m dr* Quasidelikt *n*, unerlaubte Handlung *f*.
quàssia *f bot* Quassia(holzbaum *m*) *f*, Bitterholz *n*.
quatern *m* Quaterne, Vierzahl(verbindung) *f* | (*Lotterie*) Viererserie *f* | **~ari** (**-ària** *f) adj* vierteilig | durch vier teilbar | *geol* quaternär || *s/m* Quartär *n* | **~at** (**-ada** *f) bot* vierteilig, zu je vieren vorhanden | **~ió** *m mat* Quaternio *m* | **~itat** *f* Vierhaftigkeit *f*.
quatre (30) *num* (*zG s: vuit*) vier | *fig* ein paar | *mús: a ~ mans* vierhändig | *un vehicle de ~ portes* (*rodes*) e. viertüriges (vierrädriges) Fahrzeug | *el problema dels ~ colors* das Vierfarbenproblem | *el llac dels ~ Cantons* der Vierwaldstättersee | *el tractat de les ~ Potències* der Viermächte- (*od* Vierer-)pakt | *de ~ grapes* auf allen vieren | *a ~ passes* (*fig*) ganz in der Nähe | *érem ~ gats* wir waren nur ganz wenige | *~ ratlles* (*paraules* od *mots*) e. paar Zeilen (Worte) | *més de ~* (*fig*) viele | *treballar* (*menjar*) *per ~* (*fig*) für drei arbeiten (essen) | *és tan clar com dos i dos fan ~* das ist so klar, wie zwei mal zwei vier ist | *ja fa ~ hores que t'espero* (*fig*) ich warte schon e-e Ewigkeit auf dich | *pujar els esglaons de ~ en ~* Stufen überspringen | **~centè** (**-ena** *f*) (30) *num* (*zG s: vuitè*) vierhundertste(r, -s); vierhundertstel | **~centista** *adj* (*m/f*) aus dem Quattrocento || *s/m* Quattrocentist *m* | **~-cents** (**-centes** *f*) (29) *num* (*zG s: vuit, vuit-cents*) vierhundert | **~na** *f* (*Ölmaß*) *reg* um 16 Liter | **~ta** *f col* Vierergruppe *f*.
que[1] (26) *pron rel* der, die, das; welche(r, -s) | (*Subjekt*) *el vell, ~ era cec, va ensopegar* der Alte — der blind war — stolperte | *la noia ~ ha vingut no et buscava a tu* das Mädchen, das gekommen ist, suchte nicht dich | (*Akkusativobjekt*) *la taula ~ has comprat m'agrada* der Tisch, den du gekauft hast, gefällt mir | (*Umstandsbestimmung der Zeit*) *l'any ~ va nevar tant* das Jahr, in dem es so viel schneite || (*auf e-n ganzen Satzinhalt bezogen*) *ell ens ha deixat, ~ és el pitjor que ens podia passar* er hat uns verlassen, was das Schlimmste ist, das uns geschehen konnte || (*in sub-*

stantivischen Relativsätzen) el ~, allò ~, això ~, ço ~ (das) was | el (od allò) ~ m'agrada és llegir was ich gern tue ist lesen | el (od això) ~ dius no és veritat was du sagst, (das) stimmt nicht | s: qui².

que² *conj* (zur Einleitung von Subjekt-, Prädikativ- od Objektsätzen) daß | no m'agrada ~ et vesteixis aixi es gefällt mir nicht, daß du dich so anziehst | el fet és ~ ell s'ho creu Tatsache ist, daß er es glaubt | no és ~ no vulgui; és ~ no puc es ist nicht so, daß ich nicht will; ich kann (einfach) nicht | és ~ no tinc raó? habe ich (etwa) nicht recht? | no vull ~ hi vagis ich will nicht, daß du hingehst | em recordo ~ ho vas dir ich erinnere mich, daß du es sagtest || (*in indirekter Rede*) diu ~ està malalt er sagt, er sei krank od er sagt, daß er krank ist | diu ~ sí (no) er sagt ja (nein) || (*in Ausrufe-, Bejahungs- u. Aufforderungssätzen*) llàstima ~ hagim perdut! schade, daß wir verloren haben | sí ~ vindré! doch, ich komme! | prou ~ ho saps! du weißt es doch! | ~ sí (no)! ja (nein) doch! | ~ Déu et beneeixi! Gott segne dich! | ~ se'n vagin! sie sollen weggehen! | ~ hagi pogut viure aquest moment! daß ich diesen Augenblick erleben durfte! || (*in Iterationen mit imp + imp od imp + fut*) la pobra noia es va passar la nit plora ~ plora (od ~ ploraràs) das arme Mädchen weinte u. weinte die ganze Nacht durch | *p ext:* tu, gras ~ gras! du (wirst ja) immer dicker! || (*als Füllwort in Entscheidungsfragen od beim Erzählen*) ~ encara dorms? schläfst du noch? | ~ no té gana? hat er denn k-n Hunger? | ~ a tu no t'interessa? was, das interessiert dich nicht? | ell ~ entra i em pren el llibre da tritt er ein u. nimmt mir das Buch weg || (*zur Einleitung von Adverbialsätzen*) van arribar ~ ell encara era aquí sie kamen an, als er noch hier war | obre les finestres, ~ entri l'aire! mach die Fenster auf, daß (*od* damit) Luft hereinkommt! | me'n vaig, ~ tinc pressa ich gehe weg, (denn) ich bin in Eile | ~ jo sàpiga, no ha vingut ningú soviel ich weiß, ist niemand gekommen | (*a. in allerlei zusammengesetzten Konjunktionen*) zB s: abans, atès, com, encara, ja, mentre, sense, tal || (*Vergleichspartikel*) ets tan alt, ~ no hi caps du bist so groß, daß du nicht hineinpaßt | no tinc altre remei ~ donar-t'ho es bleibt mir nichts anderes übrig, als es dir zu geben | el mateix ~ ahir dasselbe wie gestern | és més ric ell ~ (no od no pas) tu er ist reicher als du | sóc menys vell ~ tu ich bin nicht so alt wie du || (*als Wortpaar*) ~ vingui o ~ no vingui... ob er (nun) kommt od nicht... | ~ vells ~ nous, n'hi havia ben bé un miler ob alt, od neu, es waren da wohl mehr als tausend | tot són excuses, ~ si no es troba bé, ~ si no té temps, ~ si... alles Ausreden, daß er s. nicht wohl fühle, daß er k-e Zeit habe, daß er...

que³ *adv* (*ausrufend*) wie | ~ bonic! wie hübsch! | ~ tard que és! wie spät es ist! | (28) *pron ind* (*adjektivisch, vor pl u. col*) = **quant** | ~ gent que hi ha! wie viele Leute da sind!

què¹ (27) *pron int* was | ~ se n'ha fet, d'ell? was ist aus ihm geworden? | ~ hi ha (de nou)? was gibt's (Neues)? | ~ (dius)? was (meinst du)?; (*höflich*) wie bitte? | ~ (vols)? was (ist; willst du)? | ~ mana? ja, bitte?; Sie wünschen? | ~, com anem? na, wie geht's? | ~, que no ho saps? was (denn), das weißt du nicht? | i ~? und? | ~ més? was (sonst) noch? | ~ et sembla, ho comprem? was meinst du, sollen wir es kaufen? | ~ t'ha semblat el concert? wie hat dir das Konzert gefallen? | no sé ~ dir ich weiß nicht, was ich sagen soll | de ~ vius? wovon lebst du? | en ~ penses? woran denkst du? | per ~? warum? | (*in Ausrufen*) ~ diables, ja n'hi ha prou! zum Teufel, jetzt reicht's aber! | *s/m:* el ~ i el com das Was u. das Wie | ja em diràs ~ ~ du gibst mir dann Bescheid | tenir salut és un gran ~ Gesundheit ist sehr wichtig.

què² (26) *pron rel* (auf Sachen bezüglich; nach *prep*) el llapis amb ~ escrius der Bleistift, mit dem du schreibst | el motiu per ~ ho vaig fer der Grund, weshalb ich es tat | (*auf e-n ganzen Satzinhalt bezogen*) em va dir que ..., a ~ jo vaig respondre ... er sagte mir, daß ..., worauf ich antwortete ... | s: que, qual.

quec *adj* stotterig | stotternd || *s/mf* Stotterer *m*, Stotterin *f*.

queda *f* (*mst: toc de ~*) letztes Geläute *n* (in der Nacht) | mil Zapfenstreich *m*; Ausgangssperre *f* | **~da** *f* Bleiben *n* |

Aufenthalt *m* | (*Spiel, bes Billard*) Fehlgriff, -schlag *m* | verlorene Lage *od* Stellung *f* | **~r** (33) *vi* (ver-, übrig-, zurück-)bleiben | abflauen, nachlassen, s. legen (*Wind, Wellengang*) | (*Spiel, bes Billard*) fehl-greifen, -schlagen | *fig:* ~ *en u/c* etw vereinbaren *od* verabreden, einig werden über etw (*ac*) | *hem quedat per dimarts* wir haben uns auf Dienstag verabredet | *havíem quedat que ho faries tu* wir hatten ausgemacht, daß du es machen würdest (*Spiel, bes Billard*) fehl-greifen, -schlagen | ~ *bé* (*malament*) gut (schlecht) ausfallen *bzw* passen, stehen; (*amb alg* bei j-m) e-n guten (schlechten) Eindruck hinterlassen | *la font queda a la dreta del camí* die Quelle liegt rechts des Weges | ~ *per fer* noch zu tun sein | *queda encara molt* es fehlt noch viel | *en queda encara molt* es ist noch viel (davon) übrig | ~ *amb vida* am Leben bleiben | *en què quedem?* was wollen wir nun ausmachen?; wie wollen wir nun verbleiben? | *queda entès que...* es wird vereinbart, daß... | *per mi que no quedi* an mir soll es nicht fehlen *od* liegen | *on* (*ens*) *havíem quedat?* wo waren wir stehengeblieben? | **~r-se** *v/r* (da)bleiben | *queda't tu, jo me'n vaig* bleib du hier, ich gehe weg | *el carro es va quedar parat* der Wagen blieb stehen | *m'he quedat parat od de pedra* (*fig*) ich war verblüfft *od* baff | ~ *cec* blind werden | ~ *adormit* einschlafen, vom Schlaf übermannt werden | *quedar-s'hi* (*fig fam*) umkommen | ~ *u/c* etw behalten; (*in e-m Geschäft*) etw kaufen *od* nehmen.

que|fer *m* Beschäftigung *f* | Geschäft *n* | *p ext* Arbeit *f* | **~fir** *m* Kefir *m*.

queix *m* Backe *f* | Kiefer *m* | *menjar a dos ~os* mit beiden Backen kauen; wie e. Vielfraß essen.

queixa *f* Klage *f* | Beschwerde *f*.

queixal *m* Backenzahn *m* | ~ *del seny* Weisheitszahn *m* | *mal de* ~ Zahnschmerzen *m pl* | ~*s de vella* (*bot*) (Schwarzes) Bilsenkraut *n*; Burzeldorn *m* | *arrencar* (*od treure*) *un* ~ *a alg* j-m e-n (Backen)Zahn ziehen | *treure foc pels* ~*s* (*fig*) vor Zorn Feuer speien, vor Zorn kochen | **~ada** *f* Biß *m* | Bissen *m* | Imbiß *m* | *fer una* ~ e-n kl(en) Imbiß nehmen | **~ar**, **~ejar** (33) *vt* beißen | **~er** *adj* Back(en-)zahn... | *ametlla ~a* leicht zu öffnende Mandel *f* | *s: herba* | *s/m arc* Zahnarzt *m* || *s/f* Kinn-lade *f*, -backen *m* | Kiefer *m*.

queixar-se (33) *v/r* jammern, (weh)klagen (*de* über *ac*) | ~ *d'u/c a alg* s. bei j-m über etw beschweren *od* beklagen.

queixera *f hist mil* Kinn-, Sturm-band *n*, Sturm-riemen *m*.

queixós (**-osa** *f*) *adj* klagend | unzufrieden.

queixut (**-uda** *f*) *adj* pausbackig.

quelat *m quím* Chelat *n*.

quelcom (28) *pron ind lit* etwas | ~ *de diferent* etwas anderes | *s: alguna cosa, res* || *adv* e. bißchen, e. wenig | *s: xic, poc, mica*.

quel|ícer *m zool* Kiefer-fühler, -taster *m* | **~icerats** *m pl zool* Spinnentiere *n pl*.

quelon|ídids *m pl zool* Meeresschildkröten *f pl* | **~is** *m pl* Schildkröten *f pl*.

quemosi *f med* Chemose *f*.

quenopodi *m bot* Gänsefuß *m* | **~àcies** *f pl* Gänsefußgewächse *n pl*.

quepis *m mil* Käppi *n*.

queq|**ueig** *m* Gestotter *n* | Gestammel *n* | **~uejar** (33) *vi* stottern | stammeln | **~uesa** *f psic med* Stottern *n* | **~uia** *f* = **~uesa**.

quera *f* Holzwurm *m* | Wurmmehl *n* | *fig* Wurm, Fehler *m* | *fig* Wurm, Kummer *m* | *morir de mala* ~ vor Kummer sterben | **~r-se** (33) *v/r* wurmstichig werden | *fig* verfallen, verkommen; schwinden.

querc|etina, **~ina** *f quím* Querzetin *n* | **~itrina** *f*, **~itró** *m quím* Querzit *m*, Querzitron *n*.

querell|**a** *f* Streit *m* | *dr* Klage *f*, Strafantrag *m* | **~ant** *adj* (*m/f*) klagend || *s/m/f* Kläger(in *f*) *m* | **~ar-se** (33) *v/r a. dr* klagen | s. beschweren, s. beklagen.

quèria *f bot* Miere *f* («Minuartia hamata»).

querigm|**a** *m bíbl* Kerygma *n*, Heilsverkündigung *f* | **~àtic** *adj* kerygmatisch.

quermes *m entom* Kermesschildlaus *f* | **~ita** *f* = **quermes** | *min* Karthäuserpulver *n*.

qüern *m* (**quern** *m Bal*) *arc* = **quadern** | (*bes Bal*) *col* Vierergruppe *f* | Namen *m* dreier älterer Münzen | **~a** *f* Brötchen *n* | (viersträngiges) Seil *n* | (Ölmaß) *reg* vier «quartans» | (*Münze*)

1/12 Peseta | *s:* quatrena.
querosè *m quím* Kerosin *n*.
quer|ubí *m ecl bibl* Cherub(im) *m* | **~úbic** *adj* cherubinisch, engelhaft.
querusc *adj hist* cheruskisch || *s/mf* Cherusker(in *f*) *m*.
quest *m lit arc* Nachforschen, Suchen *n* | *fig:* perdre el ~ die Orientierung *f* (*bzw* den Weg) verlieren | **~a** *f* = **quèstia**.
quèstia *f* (*Lehnswesen*) Abgabe, Steuer *f*.
qüesti|ó *f* (Streit)Frage *f* | Problem *n* | Sache *f* | *fig a.* Streit, Zank *m* | *dr hist* Tortur *f* | *la* ~ *alemanya* die deutsche Frage *f* | ~ *de dret* (*dr*) Rechtsfrage *f* | ~ *de fet* (*dr*) Tat-, Sachverhalts-frage *f* | ~ *de confiança* (*polit*) Vertrauensfrage *f* | ~ *de turment* (*hist*) Folter *f* | *l'afer* (*la persona*) *en* ~ die fragliche (*od* in Frage stehende, in Rede stehende) Angelegenheit (Person) | *en* ~ *d'art* in Sachen der Kunst | *és* ~ *de temps* es ist e-e Frage der Zeit | *és* ~ *d'un parell de dies* es ist nur e-e Frage von e. paar Tagen | *és* ~ *de gustos* das ist Geschmackssache | *és* ~ *d'afanyar-se* wir müssen uns beeilen | *la* ~ *és que...* die Frage ist, ob...; es kommt darauf an, daß... | *plantejar una* ~ e-e Frage stellen *od* aufwerfen | *posar en* ~ in Frage stellen | *sortir de la* ~ vom Thema abkommen | *resoldre* (*respondre a*) *una* ~ e-e Frage klären (beantworten) | *tenir una* ~ *amb el veí* e-n Streit mit dem Nachbarn haben | *sempre tenim qüestions* wir haben immer Streit | **~onable** *adj* (*m/f*) fraglich | streitig | zweifelhaft | **~onar** (33) *vi* diskutieren, erörtern | in Frage stellen | **~onari** *m* Fragebogen *m* | **~onejar** (33) *vi* hadern | leidenschaftlich disputieren | *s:* altercar.
qüest|or *m hist* Quästor *m* | *ecl* Spendensammler *m* | **~ura** *f hist* Quästur *f*.
queviures *m pl* Lebensmittel *n pl* | Proviant, Mundvorrat *m*.
qui[1] (27) *pron int* wer | ~ *és?* wer ist es? | ~ *són?* wer sind sie? | ~ *hi ha?* wer ist da? | *amb* ~ *anàveu?* mit wem ging(e)t ihr? | *no sé* ~ *era* ich weiß nicht, wer es war | *tu no ets* ~ *per a fer això* es kommt dir nicht zu, das zu tun | (*ausrufend*) ~ *pogués plorar amb els teus ulls!* deine Sorgen möchte ich haben! | *s: saber, qui-sap-lo*.
qui[2] (26) *pron rel* (*auf Personen bezüglich;* *nach prep in Attributsätzen*) der, die, das; welche(r, -s); (*meist in Subjektsätzen*) wer | *la noia a* ~ *vas donar el clavell* das Mädchen, dem du die Nelke schenktest | *els homes de* ~ *parlàvem* die Männer, von denen wir sprachen | ~ *no treballa, que no mengi* wer nicht arbeitet, der soll auch nicht essen | *és ell* ~ *ho diu, no pas jo* er sagt es, nicht ich | *vine amb* ~ *vulguis!* komm mit wem du willst! || (*mit art def, pron dem od pron ind*) *el* ~ *ha dit això, ment(eix)* wer dies gesagt hat, (der) lügt | *poden assistir-hi tots aquells* ~ *vulguin* es können all diejenigen daran teilnehmen, die es wollen | *fa com aquell* ~ *no hi sent* er stellt s. taub | *tothom* ~ *ho demanarà serà invitat* jeder, der darum bittet, wird eine Einladung erhalten | ~*...*~ der eine..., der andere...
quicou *m bot* Eierpilz *m*.
quid *m* wesentlicher Punkt, des Pudels Kern *m* | *aquest és el* ~ *de la cosa* (*qüestió*) hier liegt der Hase im Pfeffer | ~ *pro quo m lit* Quidproquo *n*.
quídam *m* e. gewisser Jemand, *arc* Quidam *m*.
quiditat *f filos* Quiddität *f*.
quie|scència *f* Ruhe(stand *m*) *f* | **~scent** *adj* (*m/f*) ruhend | im Ruhestand | (*Buchstaben*) stumm | **~t** *adj* ruhig, still | *estigues* ~*!* sei ruhig! | **~tisme** *m filos ecl* Quietismus *m* | **~tista** *adj* (*m/f*) quietistisch | *s/m/f* Quietist(in *f*) *m* | **~tud** *f* Ruhe, Stille *f* | (*Meer, Wind*) Stille *f* | *fig* Gemütsruhe, Gelassenheit *f*.
quil *m med biol* Chylus *m*, Darmlymphe *f* | **~ífer** *adj* Chylus... | *conducte* (*od vas*) ~ Chylusgefäß *n* | **~ificació** *f* Chylusbildung *f* | **~ificar** (33) *vt* (*Speisebrei*) in Chylus umwandeln.
quilla *f nàut* (Schiffs)Kiel *m* | *astr: la* ~ Kiel *m* des Schiffes (*Carina*).
quill·laia *f bot* Quillaja *f* | Quillajarinde *f*.
quill|ar-se (33) *v/r fig s.* herausputzen, s. schmücken | **~at** *m nàut* gr(s) Kielboot *n*.
quilma *f* (Getreide-, Oliven-)Sack *m*.
quilo *m* Kilo *n* | *un* ~ *de sucre* e. Kilo *n* Zucker | **~caloria** *f* = **kilocaloria** | **~cicle** *m* = **kilocicle**.
quilofàgia *f med* Lippenbeissen *n*.
quil|ogram *m* Kilo(gramm) *n* | **~ogràmetre** *m fís* = **kilogràmetre** | **~ometrar** (33) *vt* kilometrieren | **~ometratge** *m* Kilometrierung *f* | *ferroc*

quilòpodes Kilometertarif *m* | (*Vertreter*) Kilometergeld *n* | **~òmetre** *m* Kilometer *m* | *cent* **~s** *per hora* hundert Stundenkilometer *pl* | **~omètric** *adj* kilometrisch | Kilometer... | *fig* ellenlang.
quilòpodes *m pl zool* Hundertfüßer *m pl*.
quilós (-osa *f*) *adj* chylusartig | chylös.
quilovat *m elect* Kilowatt *n*.
quilúria *f med* Chylurie *f*.
quim *m med* Chymus *m*.
quim|era *f lit* Hirngespinst *n*, Schimäre *f* | *biol* Chimäre *f* | (*Gefühl*) Übelwollen *n*; Abneigung *f* | *fam* Unruhe *f*; (Seelen)Angst *f* | **~èric**(**ament** *adv*) *adj* schimärisch | *biol* chimärisch | *fam* wunderlich, phantastisch, träumerisch, utopisch | **~erut** (-uda *f*) *adj* übelwollend | nachtragend.
químic *adj* chemisch | *fenòmens* **~s** chemische Phänomene *n pl od* Vorgänge *m pl* | *s/mf* Chemiker(in *f*) *m* | **~a** *f* Chemie *f* | **~** (in)*orgànica* (an-)organische Chemie | **~ament** *adv* chemisch | *~ pur* chemisch rein.
quimifica|ció *f* Chymifikation *f* | **~r** (33) *vt* in Chymus (*od* Speisebrei) umwandeln.
quimio|nàstia *f bot* Chemonastie | **~taxi** *f biol* Chemotaxis *f* | **~teràpia** *f med* Chemotherapie *f* | **~tropisme** *m bot* Chemotropismus *m*.
quimono *m* Kimono *m* | *p ext* Morgenrock *m*.
quim|ós (-osa *f*) *adj* Chymus... | **~osina** *f biol* Lab(ferment), Chymosin, Rennin *n*.
quin (-a *f*, -s *m pl*, -es *f pl*) (27) *pron int* welche(r, -s); was für (ein, eine); (*in Ausrufen*) a. welch (ein, eine) | **~** (*vestit*) *t'agrada més?* welches (Kleid) gefällt dir am besten? | **~a** *hora és?* wie spät ist es? | *de* **~es** (*noies*) *parles?* von welchen (Mädchen) sprichst du? | **~a** *mena d'articles vens?* welche Art (*od* was für) Artikel verkaufst du? | **~** *soroll és aquest?* was ist das für e. Geräusch? | *no sé* **~** *d'ells dos va ser* ich weiß nicht, welcher von beiden es war | **~** *quadre més bonic!* welch schönes Bild! | **~** *dimoni d'home!* was für e. Teufelskerl! | **~a** *bleda!* welche dumme Gans! | **~a** *pega!* was für e. Pech! | **~** *un, el teu germà!* was für e. Kerl, dein Bruder! | *de* **~a** (*una*) *m'he escapat!* da bin ich noch einmal davongekommen!
quina[1] *f med* Chinarinde *f* | *s: cincona*.

quina[2] *f col arc* Fünfergruppe *f* | (*Gesellschaftsspiel*) Lotto *n* | (*Würfel*) Fünferpasch *m* | **~ri** (-ària *f*) *adj* fünfteilig | *mat* durch fünf teilbar || *s/m hist* (*Münze*) Quinar *m* | **~t** (-ada *f*) *adj bot* (*Quirl*) fünfteilig.
quincall|a *f* Flitterkram *m* | Blechwaren *f pl* | **~aire** *m/f* **~er**(a *f*) *m* Blechwarenhändler(in *f*) *m* | **~eria** *f* Blechwaren-handel *m*, -geschäft *n*.
quindecàgon *m geom* Fünfzehneck *n*.
quin|ina *f med* Chinin *n* | **~isme** *m med* Chininvergiftung *f* | **~oleïna** *f med* Chinolin *n* | **~ona** *f quím* Chinon *n*.
quinqua|genari (-ària *f*) *adj* fünfzigjährig || *s/mf* Fünfziger(in *f*) *m* | **~gèsim** (30) *num* = **cinquantè** | **~gèsima** *f ecl* Quinquagesima *f* | *arc* Pfingsten *n*.
quinqué *m* (*pl* -és) Petroleum-, Öl-lampe *f*.
quinque|foli *m* (*Wappen*) Fünfblatt *n* | **~foliat** (-ada *f*) *adj arquit* fünfblätterig | **~nnal** *adj* (*m/f*) fünf-jährig; -jährlich | *pla* **~** Fünfjahresplan *m* | **~nni** *m* Jahrfünft, Quinquennium *n*.
quint (30) *num* = **cinquè** | **~a** *essència* Quintessenz *f* | *viuen a la* **~a** *forca* (*fam*) sie wohnen jwd *od* sehr abgelegen || *s/m* unter fünfen durch Los Ausgewählter *m* | *bes mil* Rekrut *m* | **~a** *f mús* Quint(e) *f* | *mil* Einberufung *f*; Jahrgang *m* | *s: lleva* | (*Spiel*) Reihenfolge *f* von fünf Karten derselben Farbe | **~à** *m agr* Acker *m* (*bzw* Wiese *f*) am Bauernhof | **~acolumnisme** *m polít* Taktik *f* der fünften Kolonne | **~acolumnista** *m/f* Mitglied *n* der fünften Kolonne | **~aessenciar** (33) *vt* die Quintessenz ziehen aus | *fig* über-, ver-feinern | **~ana** *f agr* = **~à** | *a.* Brache *f od* Schafpferch *m* in der Nähe e-s Bauernhofs *od* Dorfes | (*altes Landmaß*) 5 «mujades» | **~ar**[1] *m* (*altes Gewicht*) Quintal, Zentner *m* (*etwa 42 kg*) | **~ar**[2] *vt* unter fünfen auslosen; *mil* einberufen | **~ern** *m* (*Lotto*) Fünftreffer *m*, Quinterne *f* | *gràf arc* fünfblättriges Heft *n* | **~et** *m* Fünfergruppe *f* | *mús* Quintett *n* | *lit* fünfzeilige Strophe | **~igemin** (-gèmina *f*) *adj* Fünflings... || *s/mf* Fünfling *m* | **~ilió** (29) *num m* (*zG s: milió*) Quinquillion, Quintillion *f* (*zG s: milió*) | **~illó** *m tèxt* (*Seide*) Fünftelstrang *m*.
quíntuple[1] *adj* (*m/f*) fünffältig | **~**[2] *adj mat* fünffach || *s/m* Fünffache(s) *n*.
quintuplica|ció *f* Verfünffachen *f* | **~r**

(33) vt verfünffachen.
quinz|e (29) *num* (*zG s: vuit*) fünfzehn | ~ *dies* vierzehn Tage, zwei Wochen | *d'aquí a ~ dies* od *d'avui en ~* in vierzehn Tagen | *sempre vénen a tres quarts de ~* sie kommen immer zur Unzeit od sehr spät | *tinc el cap a tres quarts de ~* mir ist ganz wirr im Kopf | **~è** (**-ena** *f*) (30) *num* (*zG s: vuitè*) fünfzehnte(r, -s) fünfzehntel *n* | **~ena** *f col* (*zG s: vuitena*) (etwa) fünfzehn ‖ *zeitl: la primera ~ de maig* die erste Maihälfte | *durant una ~* vierzehn Tagelang | **~enada** *f col: passaré una ~ a muntanya* ich werde vierzehn Tage im Gebirge verbringen | **~enal** *adj* (*m/f*) vierzehn-tägig; -täglich | **~enari** *m* vierzehntägige Andacht, Feier *f* | *gràf* Halbmonatsschrift *f* | **~et** *m bes Val* (*Münze*) = **ral**.
quiosc *m* Pavillon *m* | Kiosk *m* | *com* Zeitungs-, Blumen-stand *m*.
quiquiriquic *m* (*Hahn*) Kikeriki *n* | *bot* Klatschmohn *m* | *s: rosella*.
quiragra *f med* Handgicht *f*.
quirat *m* (*Juwelen*) Karat *n*.
quirguís *adj* (*m/f*) kirgisisch ‖ *s/m/f* Kirgise *m*, Kirgisin *f*.
quir|òfan *m med* Operationssaal *m* | **~ògraf** *adj mst dr* chirographisch, eigenhändig | *ecl dr* vom Papst eigenhändig unterschrieben | **~omància** *f* Chiromantie, Handlesekunst *f* | **~omàntic** *adj* chiromantisch ‖ *s/mf* Chiromant(in *f*), Handleser(in *f*) *m* | **~opràxia** *f med* Chiropraktik *f* | **~òpters** *m pl zool* Fledermäuse *f pl* | **~úrgic**(**-ament** *adv*) *adj med* chirurgisch | *s: cirurgia*.
qui-sap-lo (**-la** *f*, **los** *m pl*, **-les** *f pl*) (28) *pron ind* wer weiß wieviel | *de noies, n'hi havia qui-sap-les* es waren wer weiß wie viele Mädchen dort ‖ *adv: ja era ~ tard* es war schon wer weiß wie spät | *m'agrada ~* es gefällt mir ungeheuer.
quisca *f pop* Scheiße *f* | Dreck *m*.
quiss|o (**-a** *f*) *m* Hündchen *n*, Klaffer *m* | **~ó** (**-ona** *f*), **~oi**(**a** *f*) *m* Welf, Welpe *m* | **~oiar** (33) *vi* (*Junge*) werfen, jungen, welfen (*Hündin*) | **~ona** *f ict* (Blainvillescher) Dornhai *m*.
quist *m med* Zyste *f* | *biol* = **cist** | **~ós** (**-osa** *f*) *adj med* zystenähnlich | Zyst...
quisvulla (28) *pron ind* irgendwer, wer a. immer.
quit|ació *f*, **~ament** *m* (*Schuld*) Bezahlung *f* | Befreiung *f* | *dr* Schuld(en)erlaß *m* | **~ança** *f* = **~ament** | *dr* Quittung *f*, (Empfangs)Bescheinigung *f* | **~ar** (33) *vt dr* von Schulden befreien, lossprechen | quittieren | **~ar-se** *v/r* s. von Schulden befreien | s. quitt *od* frei machen (lassen) | **~i** (**quítia** *f*) *adj bes dr* quitt, frei, befreit.
quit|ina *f biol quím* Chitin *n* | **~inós** (**-osa** *f*) *adj* chitinhaltig, chitinös | **~ó** *m hist zool* Chiton *m* | **~osamina** *f quím biol* Chitosamin, Glucosamin *n*.
quitrà *m quím tecn* Teer *m* | ~ *d'hulla* (Stein)Kohlenteer *m* | ~ *de lignit* Braunkohlenteer | *sabó de ~* Teerseife *f* | *s: enquitranar*.
quitxalla *f col* kleine(s) Volk *n*, Kinder *n pl* | *s: xicalla*.
quítxua *adj* (*m/f*) *etnol hist* Ketschua... | *fig* inkaisch | peruanisch ‖ *s/m/f* Ketschuaindianer(in *f*) *m* ‖ *s/m ling* Ketschua *n*.
quixot *m* Don Quichotte, weltfremder Idealist *m* | **~ada** *f* Donquichotterie *f* | **~esc**(**ament** *adv*) *adj* auf «Don Quichote» bezüglich | *fig* weltfremd idealistisch | **~isme** *m* Donquichotterie *f*, weltfremder Idealismus *m*.
quocient *m mat* Quotient *m*.
quòdlibet *m filos mús lit* Quodlibet *n*.
quòn|dam *adj inv arc* einstig, ehemalig | (*in Urkunden*) verstorben | **~iam** *m: tros de ~* (*fam*) Dummkopf, Einfaltspinsel, Tölpel *m*.
quòrum *m polít* Quorum *n*.
quota *f com econ* Anteil *m* | Betrag *m* | Quote, Rate *f*.
quotidià (**-ana** *f*, **-anament** *adv*) *adj* (all-)täglich | tagtäglich.

R

r, R *f* r, R *n*.
rabada *f anat* Steiß(bein *n*) *m*.
rabadà *m* Hirten-junge, -knabe *m*.
rabass|a *f* (Baum)Stumpf *m* | *dr hist: a* ~ *morta* (*Pachtvertrag*) bis zum Absterben der ersten Pflanzung (*Weinberg*) | **~aire** *m* (*Weinbau*) Erbpächter *m* | (*Wald*) Stumpfroder *m* | **~ell** *m* Stümpfchen *n* | Hack-, Hau-klotz *m* | **~ó** *m* (Reb-, Strauch-)Stümpfchen *n* | **~ola** *f bot* Morchel *f* | **~ut** (**-uda** *f*) *adj* stämmig | untersetzt, gedrungen.
rabasta *f* (*Pferd*) Schweifriemen *m*.
rabdomàn|cia *f* (Wünschel)Rutengängerei *f* | **~tic(a** *f*) *m* (Wünschel)Rutengänger(in *f*) *m*.
rabe|ig *m* Wässern *n* | Baden *n* | (*Fluß*) Kolk *m* | *mil* Erbitterung *f* | *fig* Genuß *m* | **~jar** *vt* wässern | einweichen | baden | **~jar-se** *v/r* lange im Wasser bleiben *od* liegen | lange baden | *fig s.* weiden (*en* an); *s.* austoben.
rabell *m mús hist* (*Art*) dreisaitige Geige *f* | *bot* wilder Ölbaum *m*.
rabent *adj* (*m/f*) reißend, tobend | rasend.
rabequet *m mús* = **rabell**.
rabera *f* (Vieh)Herde *f*.
rabí *m* Rabbiner *m*.
ràbi|a *f* Wut *f* | Zorn *m* | Ärger *m* | *med* Tollwut *f* | *fer ~ a alg* j-n wütend machen | *tenir ~ a alg* auf j-n wütend (*od* zornig) sein | *quina ~!* was für e. Ärger!; ich könnte mich ohrfeigen! | **~c** *adj med* tollwütig | Hundetollwut(s)...
rabínic *adj* rabbinisch | Rabbiner...
rabi|ola *f* (*bes Kind*) Wutanfall; Bock *m* | **~or** *f* (*Speisen, Schnaps*) Schärfe *f* | (*Schmerz*) Rasen *n* | **~ós** (**-osa** *f*, **-osa-**

ment *adv*) *adj* wütend | zornig | (*a. Schmerz*) rasend | (*Hund*) tollwütig, toll | **~üt** (**-üda** *f*) *adj* jähzornig | aufbrausend | = **~ós**.
rabos|a *f zool* Fuchs *m* | *ict* Schleimfisch *m* («Blennius galerita») | *bot* Labkraut *n*, Klebkraut *n* | **~eria** *f* List, Schlauheit *f* | **~í** (**-ina** *f*) *adj* Fuchs... | *fig* listig, schlau.
raca *f nàut* gleitender Metallring *m*.
raça *f* Rasse *f* | *fig* Geschlecht *n* | *... de ~* rassig, Rasse... | *races humanes* Menschenrassen *f pl* | *~ blanca* (*groga, negra, índia*) weiße (gelbe, schwarze, indianische) Rasse *f* | *fig: de mala ~* von schlechter Art *od* Herkunft | *~ de cavalls* Pferderasse *f*.
rac|èmic *adj quím* racemisch | *àcid ~* Traubensäure *f* | **~emiforme** *adj* (*m/f*) traubenförmig.
racial *adj* (*m/f*) Rassen... | rassisch | *discriminació* (*integració, odi*) *~* Rassendiskriminierung *f* (-integration *f*, -haß *m*) | *el problema ~* die Rassenfrage *f*.
raci|ó *f* Ration *f* | (Essens)Portion *f* | *catol* Pfründe *f* | **~ocinació** *f* vernünftige Überlegung *f* | *p ext* überdachte Schlußfolgerung *f* | **~ocinar** (33) *vi* vernunftgemäß denken *od* überlegen | **~ocini** *m* Gedanken-folge *f*, -gang *m* | Überlegung *f* | Urteils-fähigkeit, -kraft *f* | **~onal(ment** *adv*) *adj* (*m/f*) *a.* mat rational, vernunftgemäß | vernünftig, überlegt, *p ext a.* klug | rationell, zweckmäßig || *s/m* vernunftbegabtes Wesen *n*, Mensch *m* | *ecl arc* Rationale *n* | **~onalisme** *m filos art* Rationalismus *m* | Vernunftstandpunkt *m* | **~onalista** *adj* (*m/f*) rationalistisch || *s/m/f* Rationalist(in *f*) *m* | **~onalitat** *f*

Vernünftigkeit *f* | *filos* Vernunftgemäßheit *f* | *mat* Rationalität *f* | ~**onalitzable** *adj* (*m/f*) rationalisierbar | ~**onalització** *f* Rationalisierung *f* | ~**onalitzar** (33) *vt* rationalisieren | ~**onament** *m* Rationierung *f* | (*staatlich*) *a.* Bewirtschaftung *f* | Rationen-ausgabe *od* -zuteilung *f* | ~**onar** (33) *vt* rationieren | (*staatlich*) *a.* bewirtschaften | *mil* Rationen ausgeben an (*ac*) | ~ *alg* j-n auf Ration setzen | ~**oner** *m ecl mil* Kirchenstifter *m* | *pop* Küchenbulle *m* | Kostverteiler *m*.

racis|me *m* Rassismus *m* | ~**ta** *adj* (*m/f*) rassistisch || *s/m/f* Rassist(in *f*) *m*.

rac|ó *m* Ecke *f* | (*a. versteckt*) Winkel *m* | *med fam* Magenverstimmung; Verdauungsstörung *f* | *el* ~ *de l'habitació* die Zimmerecke | *deixar a* (*en*) *un* ~ beiseite lassen | *fig: fer* ~ sparen, Geld auf die hohe Kante legen | *en un* ~ *de món* in e-m entfernten Land, irgendwo auf der Welt | ~**onada** *f anat* Winkel *m* des Darms | ~**oner** *adj* Ecken... | eckenliebend || *s/f* Ecktischchen *n*.

rada *f nàut* Reede *f*.

rad|ar *m tecn elect* Radar *n/m* | *instal·lació de* ~ Radaranlage *f* | *tècnic de* ~ Radartechniker *m* | ~**i** *m a. fig* Radius *m* | *geom a.* Halbmesser *m* | *min quím* Radium *n* | *anat* Speiche *f* | (Rad)Speiche *f* | *fig:* ~ *d'acció* Aktionsradius *m* | ~ *visual* Gesichtskreis *m* | ~**iació** *f* (Aus)Strahlung, Radiation *f* | ~ *acústica* (*nuclear od atòmica; solar, terrestre*) Schallabstrahlung *f* (Kernstrahlung, radioaktive Strahlung *f*; Sonnen-, Erd-strahlung *f*) | *a.* radiale, strahlige Anlage *od* Einrichtung *f* | ~**iador** *m* Heizkörper *m* | *aut* Kühler *m* | ~ *elèctric* Heizsonne *f* | ~ *de gas* Gasofen *m* | ~**ial** *adj* (*m/f*) radial, strahlenförmig | *músculs* ~*s* (Arm)Speichenmuskeln *m pl*, Speichenbeuger *m* | ~**iant** *adj* (*m/f*) strahlend | Strahlungs... | *fig:* ~ *de joia* vor Freude strahlend | ~**iar** (33) *vt a. fig* ausstrahlen | *telecom a.* senden, durch Rundfunk übertragen || *vi* leuchten, glänzen | strahlen | ~**iat** (*-ada f*) *adj* strahlig | strahlenförmig || *s/m pl zool* Strahlentiere *n pl*.

rad|icació *f* Wurzel-bindung *f*, -treiben *n* | *a. fig* Ein-, Ver-wurzelung *f* | *fig* (ständiger) Wohnsitz *m* | *mat* Wurzelziehen *n*, -ziehung *f* | ~**ical** *adj* (*m/f*) *a. bot ling* Wurzel... | *fig* gründlich, Grund... | *vici* ~ Grundübel *n*; Grundfehler *m* | *bes polít* radikal | Radikal... || *s/m ling* Stamm *m*, Wurzel *f* | *quím mat* Radikal, Wurzelzeichen *n* || *s/m/f polít* Radikale(r *m*) *m/f* | ~**icalisme** *m* Radikalismus *m* | ~**icalització** *f* Radikalisierung *f* | ~**icalitzar(-se)** (33) *vt(/r)* (s.) radikalisieren | ~**icalment** *adv* von Grund aus, radikal, gründlich | vollständig, vollkommen | ~**icand** *m mat* Radikant *m* | ~**icant** *adj* (*m/f*) *bot* Seiten-, Haft-wurzeln treibend | ~**icar** (33) *vi* wurzeln | s-n Stammsitz haben | ~**icel·la** *f bot* Wurzelfaser *f* | Wurzelkeim *m* | ~**iciforme** *adj* (*m/f*) wurzelförmig | ~**ícula** *f bot* Keimwurzel *f* | ~**icular** *adj* (*m/f*) Keimwurzel... | *med* Nervenwurzel...

ràdio *f telecom* Radio *n* | *a.* Rundfunk(wesen *n*) *m*, Rundfunkgerät *n*, Radioapparat *m* | ~ *portàtil* Kofferradio *n*.

radio|actiu (**-iva** *f*) *adj* radioaktiv | ~**activitat** *f* Radioaktivität *f* | ~**aficionat** (**-ada** *f*) *m* Funkamateur(in *f*) *m* | ~**aficionat** (**-ada** *f*) *m* = ~**afeccionat** | ~**astronomia** *f* Radioastronomie *f* | ~**balisa** *f aeron nàut* Funk-, Signal-bake *f* | ~**brúixola** *f aeron* Radiokompaß *m* | ~**carboni** *m: mètode del* ~ Radiokarbonmethode, Kohlenstoffdatierung *f* | ~**comunicació** *f* Funkverkehr *m*, Radioverbindung *f* | Funkgespräch *n* | ~**diagnosi**, ~**diagnòstic** *m med* Röntgendiagnose *f* | ~**difusió** *f* Rundfunk(wesen *n*) *m* | ~**elèctric** *adj* radioelektrisch | ~**electricitat** *f* Radioelektrizität *f* | Funktechnik *f* | ~**element** *m fís* radioaktives Element *n* | ~**emissora** *f* Rundfunksender *m*.

radi|òfon *m telecom* Radiofernsprecher *m*, Radiophon *n* | ~**ofonia** *f* Rundfunk(technik *f*) *m* | Radiophonie *f* | ~**ofònic** *adj* Rundfunk... | Funksprech...

radio|goniòmetre *m* Funkpeilgerät, Radiogoniometer *n* | ~**goniometria** *f* Funkpeilung, Radiogonometrie *f* | ~**goniomètric** *adj* Peil... | radiogoniometrisch | ~**grafia** *f med* Röntgen-aufnahme *f*, -bild *n* | ~**grafiar** (33) *vt med* röntgen, durchleuchten | ~**gràfic** *adj* Röntgen... | röntgenographisch | ~**grama** *m med* Röntgenbild *n* | *telecom* Funkspruch *m* | ~**gramòfon** *m*, ~**gramola** *f arc* Rundfunkempfänger *m* mit Plattenspieler *m* | ~**guiar** (33) *vt mst mil* fernlenken | funksteuern | ~**guiatge** *m* Funksteuerung *f* | ~**isòtop** *m fís* Radioisotop *n* | ~**laris** *m pl zool* Radiolarien *f pl*, Strahlentierchen *n pl* | ~**larita** *f geol* Radiolarit *m*.

radi|**òleg** (-**òloga** *f*) *m med* Röntgenologe *m*, -gin *f*, Radiologe *m*, -gin *f* | ~**ologia** *f med* Röntgenologie, Radiologie *f* | ~**ològic** *adj* röntgenologisch, radiologisch | Röntgen...

radi|**òmetre** *m fís* Radiometer *n*, Strahlungsmesser *m* | ~**ometria** *f* Radiometrie, Strahlungsmessung *f*.

radio|**missatge** *m* Rundfunkbotschaft *f* | Funkspruch *m* | ~**núclid** *m fís quím* Radionuklid *n* | ~**oïdor** *adj* rundfunkhörend || *s/mf* Rundfunkhörer(in *f*) *m* | ~**receptor** *m* Radio(apparat *m*) *n*, Rundfunk-empfänger *m*, -gerät *n* | ~**scòpia** *f med* Radioskopie, Röntgenuntersuchung *f* | ~**scòpic** *adj* radioskopisch, Röntgen... | ~**sensibilitat** *f med* Strahlenempfindlichkeit *f* | ~**sensible** *adj* (*m/f*) *biol* strahlenempfindlich | ~**sonda** *f aeron meteor* Radiosonde *f* | ~**tècnia** *f* Radio-, Rundfunk-technik *f* | ~**tècnic** *adj* radio-, rundfunk-technisch.

radiotele|**comunicació** *f* Funkmeldewesen *n* | ~**fonia** *f* Radiotelefonie *f*, Radiophonie *f* | ~**fònic** *adj* funktelephonisch | ~**grafia** *f* Radiotelegrafie, Funktelegrafie *f* | ~**grafiar** (33) *vt* funken | ~**grafista** *m/f* Funker(in *f*) *m* | ~**grama** *m* Funkspruch *m* | ~**scopi** *m astr* Radioteleskop *n* | ~**terapia** *f med* Röntgen-, Radiotherapie, Strahlenbehandlung *f* | ~**transmissió** *f* Radio-, Funk-übertragung *f* | ~**transmissor** *m* Übertragungsgerät *n*.

radó *m quím* Radon *n*.
radom *m telecom* Radom *n*.
ràdula *f zool* Radula *f*.
rafal *m* Überdachung *f* | Wetter-, Schutzdach *n* | Vordach *n*.
raf|**ània** *f* Kribbelkrankheit *f* | ~**anistre** *m bot* Ackerrettich, Hederich *m*.
ràfec *m* Dachvorsprung *m* | *p ext* Traufe, Regenrinne *f*.
rafega *f*: *a rafegues* stoßweise.

ràfega *f* Windstoß *m*, Bö *f* | *mil* Feuerstoß *m*, Salve *f* | *una* ~ *de metralleta* e-e Maschinenpistolensalve.
rafegada *f* starke(r) Windstoß *m*.
rafegut (-**uda** *f*) *adj* vorspringend.
rafe|**l** *m ict* Meerleyer, Pfeifenfisch *m* | ~**t** *m ict* Rotfisch *m*.
ràfia *f bot* Raphiapalme *f* | (Raphia)Bast *m*.
rafinosa *f quím* Raffinose *f*.
ragatxo *m* Bursche, Knecht *m* | Hirtenjunge *m*.
raglan *m* Raglanmantel *m* | *màniges* ~ Raglanärmel *m pl*.
rai^1 *m nàut* Floß *n*.
rai^2 (*interjektionelle Partikel, die nach e-m abgesonderten Bezugsglied Resignation od partielle Zustimmung signalisiert; in bezug auf Wörter mit negativer Bedeutung kann sie a. nur intensivierend wirken*) *trons* ~, *pedra no caigui!* das Gedonner ist nicht schlimm, wenn es nur nicht hagelt! | *amb salut* ~! wenn man nur gesund ist! | *ara* ~, *que hi ha ordinadors!* kein Problem heutzutage, wir haben doch Computer! | *això* ~! das ist leicht gelöst; das ist halb so schlimm!; macht nichts! | *tu* ~, *que tens feina!* ja du (hast es gut *od* leicht), du hast ja Arbeit! | *de noies* ~, *prou n'hi haurà!* Mädchen werden freilich genug da sein! | *malament* ~! das ist schlecht od schlimm!
raid *m mil* Raid, (Überraschungs)Angriff *m* | ~ *aeri* Luftangriff *m*.
raier(**a** *f*) *m* Flößer(in *f*) *m*.
raig *m a. fís tecn* Strahl *m* | *gastr* Schuß *m* | (*Rad*) Speiche *f* | *ant* = **rai**^{1} | ~**s** *anòdics* (*catòdics, delta, infraroigs, lluminosos, ultraviolats*, X *od Röntgen*) Anoden-(Kathoden-, Delta-, Infrarot-, Licht-, Ultraviolett-, Röntgen-)strahlen *m pl* | *un* ~ *de llum* (*d'aigua*) e. Licht-(Wasser-)strahl *m* | ~ *de sorra* (*tecn*) Sandstrahl *m* | *un* ~ *de vinagre* e. Schuß *m* Essig | *fig: un* ~ *d'esperança* e. Strahl der Hoffnung, e. Hoffnungs-strahl, -schimmer *m* | *fig fam: un* ~ *de trets* (*d'insults*) e. Hagel *m* von Schüssen (Schimpfwörtern) | *un* ~ *de disbarats* e. Haufen *m* Unsinn | *propulsió a* ~ Strahl-, Düsen-antrieb *m* | *beure a* ~ *d'ampolla* ohne anzusetzen aus der Flasche trinken | *l'oli s'hi tira a* ~ das Öl wird darübergegossen | *a* ~ *fet, a bell* ~, *a* ~ *a* ~ in Strömen; ununterbrochen, un-

rail

aufhörlich | *plou a ~ fet* es regnet in Strömen | *la ferida sagnava a ~ fet* das Blut strömte aus der Wunde.
rail (*od* **raïl**) *m ferroc* Schiene *f*.
raïm *m bot a. fig* Traube *f* | *bes* Weintraube *f* | *~ blanc* (*negre*) grüne (blaue) Weintrauben *f pl* | *un gra de ~* e-e Wein-traube, -beere | *~ bord* (*bot*) Fuchsrebe *f* | *~ de guineu* (*bot*) Einbeere *f* | *~ de llop* = **crespinell** | *~ de moro* (*bot*) Kermesbeere *f*.
raima *f col gräf* (altes) Ries *n*.
raïm|ada *f col* Menge *f* Trauben | Traubenessen *n* | **~ar** (33) *vt* (*Trauben*) lesen || *vi* Trauben tragen (*Weinstock*) | **~at** *m* Traubensirup *m* | **~era** *f bot* Wein-spalier *n*, -laube *f* | **~ós** (-osa) *f*) *adj* voller Trauben | traubig | traubenförmig.
raió *m tèxt* Reyon *m/n*.
raïss|a *f mst pl* Schabsel *n* (*pl*) | **~os** *m pl* (Brot)Reste *m pl*.
raj|a (*od* **~à**; *pl rajàs*) *m* Radscha *m*.
rajada[1] *f ict* Rochen *m* | *s: fetge ~ blanca* Bandrochen *m* | *~ de boca de rosa* Sternrochen *m* | *~ de sant Pere od de taques* od *vestideta* Zweifleckiger Rochen *m* | *~ jaspiada* od *peluda* Dornrochen *m* | *~ punxosa* Nagel-, Keulen-rochen *m* | *~ vestida* Kukkucksrochen *m*.
raja|da[2] *f* Fließen; Rinnen; Strömen *n* | *s: raig* | *una ~ de sol* e. Streifen Sonnenlicht | *fig fam: una* (*bona*) *~ de cireres* e-e (große) Menge Kirschen | **~ploma**: *escriure a ~* der Feder freien Lauf lassen | **~r** (33) *vi* fließen, laufen (*Flüssigkeit*) | (*stark*) *a.* strömen; (*schwach*) *a.* rinnen | fließen (*Quelle, Hahn*); laufen (*bes Nase*); nässen (*Wunde*) | *fig* fließen | *aquest càntir raja molt* dieser Krug hat e-n dicken Strahl | *la tetera no raja* die Teekanne ist verstopft | *tal com raja* (*fig fam*) aus dem Stegreif; aus dem Hut; drauflos | *d'on no n'hi ha no en raja* (Spruch) aus nichts wird nichts; wo nichts ist, hat der Kaiser sein Recht verloren.
rajol *m* = **~a** | **~a** *f* Fliese; (*an der Wand*) *a.* Kachel *f* | *p ext* (Kork, Kunststoff) Platte, Fliese *f* | dünner Ziegel(stein) *m* | *~ de València* (glasierte) Fliese bzw Kachel *f* | *~ de xocolata* (dicke) Schokoladentafel *f* | **~er(a** *f*) *m* Ziegelbrenner(in *f*) *m* | **~eria** *f* Ziegelei *f*.
rajolí *m* dünner Strahl *m* | (*Essig, Öl*)

ramader

kl(r) Schuß *m* | (*fließend*) Rinnsal *n*.
ral *adj* (*m/f*) *s: camí* || *s/m numis* Real *m* | *fig fam* Groschen; Pfennig *m* | *L'òpera de tres ~s* Die Dreigroschenoper.
ralentit *m* = **alentit**.
ralinga *f nàut* Liek *n* | **~r** (33) *vt* (*Segel*) anlieken | (*Segel*) straffspannen.
rall[1] *m* Wurf-netz, -garn *n*.
rall[2] *m* Geschwätz *n* | Plauderei *f* | (*Menschengruppe*) Runde *f* | **~ador** *adj* geschwätzig | schwatzhaft || *s/mf* Schwätzer(in *f*) *m* | **~ar** (33) *vi Bal* schwatzen, *südd* schwätzen | plaudern | sprechen, reden.
ral·li *m esport* Rallye *f*.
ram[1] *m* (*abgeschnittener*) Zweig *m* | *ant* = **rama**[1], **branca** | Strauß *m* (*Blumen, Zweige*) | Traube *f* (*Beeren, Kirschen*) | *caç* Leimrute *f* | *constr* (*a. ~ d'escala*) Treppen-lauf *m*, -stück *n* | *tèxt* Dokke *f* | *fig* Zweig *m*; Branche *f*; Gewerbe *n*; *p ext* Stand *m* | *med fam* (leichter) Anfall *m*; (erstes) Anzeichen *n* | = **rampell** | *un ~ de llorer* (*d'olivera*) e. Lorbeer-(Öl-)zweig *m* | *el* (*dia del*) *⁓* od *el diumenge de ⁓s* Palmsonntag *m* | *un ~ de flors* (*de roses*) e. Strauß Blumen (Rosen), e. Blumen-(Rosen-)strauß *m* | *~ d'aigua* e. Regenschauer *m* | *un ~ de bogeria* e. Anflug von Wahn | *un ~ del saber* (*de la indústria*) e. Wissens-(Industrie-)zweig *m* | *el ~* (*del*) *tèxtil* die Textilbranche | *el ~ de la construcció* das Baugewerbe | (*és*)*ser del ~* vom Fach sein | (*és*)*ser del ~ de l'aigua* (*fig fam*) von der anderen Fakultät (*od* andersherum) sein | *plegar el ~* (*fam*) das Geschäft aufgeben; *fig* die Flinte ins Korn werfen.
ram[2] *m tèxt* Spannrahmen *m*; *bes* Gewebetrockenmaschine *f*.
rama[1] *f bot* (Laub)Zweig *m* | *col* Gezweig *n*; (dürr) Reisig *n* | *cabana de ~* Laubhütte *f* | *fer ~* Reisig sammeln.
rama[2] *f gräf* Schließrahmen *m* | *tèxt* = **ram**[2] | **~da** *f col* Gezweig *n* | (*Vieh*) Herde *f* | (*Vögel*) Schwarm *m*.
ramadà *m* Ramadan *m*.
ram|ader *adj* Vieh... || *s/mf* Viehzüchter(in *f*) *m* | Viehhändler(in *f*) *m* | **~aderia** *f* Viehwirtschaft *f* | Viehzucht *f* | Viehhandel *m* | Viehbestand *m* | **~al** *m* Halfterstrick *m* | (*Weg*) Abzweigung *f* | (*Fluß*) Arm *m* | (*Gebirge*) Ausläufer *m* | *ferroc* Zweig-, Nebenlinie *f* | **~alada** *f* Schlag *m* mit dem

rambla Halfterstrick | = **rauxa** | **~alla** f Reisig n | **~allut** (**-uda** f) adj verästelt, verzweigt | **~ar** (33) vi bot ausschlagen, Zweige treiben | **~às** m Reisigbesen m | agr = **rascle** | **~assa** f col Laubwerk n | **~assada** f Zusammen-fegen, -kehren n | (Kehricht) Haufen m | meteor Schauer m | **~assar** (33) vt zusammen-fegen, -kehren | **~at** m a. fig Herde f | fig fam Haufen m, Menge f | un ~ d'ovelles e-e Schäferhunde | un gos de ~ e. Schäferhund m | **~atge** m col Gezweig n | Laubwerk n.

rambl|a f bes Cat «Rambla» f (sandiges od steiniges, mst trockenes Flußbett; p ext Allee) | **~ada** f Wasserflut f | **~aire** m/f = **~er** | **~ejar** (33) vi (auf der Rambla) flanieren, spazierengehen | **~er(a** f) m Viehhändler(in f) m.

rame|jar (33) vi = **ramar** || vt mit Sträußen (bzw Zweigen) schmücken | **~jat** (**-ada** f) adj tèxt geblümt | **~ll** m lit (Blumen)Strauß m | Traube f (Beeren) | **~ller(a** f) m Blumen-binder(in f) bzw -verkäufer(in f) m | **~ra** f = **ramatge**.

rami m bot Weiße Ramie f | tèxt Ramie f, Chinagras n.

ram|ífer adj (reich) verzweigt, verästelt | **~ificació** f a. fig Verzweigung f | **~ificar(-se)** (33) vt(/r) (s.) verzweigen | **~iforme** adj (m/f) zweigförmig | **~itxó** m Nieselregen m.

ramnàcies f pl Kreuzdorngewächse n pl.

ramós (**-osa** f) adj verästelt, verzweigt.

rampa[1] f Rampe f | ~ d'envol (de llançament) Start-(Abschuß-)rampe f.

rampa[2] f med Krampf m | ~ dels escrivents Schreibkrampf m.

rampant adj (m/f) (Wappentier) aufgerichtet.

rampell m Anwandlung f, Anfall m | Laune f, umg Rappel m | a ~s in Schüben, schubweise | **~ada** f = **rampell** | **~ut** (**-uda** f) adj launenhaft, launisch, umg rappelköpfisch.

rampeu m = **repeu** | a (o al) ~ de la muntanya am Fuß des Berges | donar un ~ a alg j-m nahekommen.

ramp|í, ~ill m agr Harke f, Rechen m | Strohgabel f | **~illar, ~inar** (33) vt harken, rechen | **~inyar** (33) vt fam klauen, stibitzen | stehlen | **~oina** f desp Plunder, Kram, Tinnef m | fig Pöbel m, Pack n.

ramut (**-uda** f) adj = **ramós**.

ran adv = **arran**.

ranc adj hinkend, lahm | cama ~a hinkendes (od lahmes) Bein n | **~allós** (**-osa** f) adj: un ase ~ e. hinkender (od lahmer) Esel.

ranc|i (**rància** f) adj ranzig | fig (Geschlecht, Adel) uralt | fig desp knauserig, knickerig | tornar-se ~ ranzig werden | s: vi | **~iejar** (33) vi (leicht) ranzig schmecken bzw riechen | **~iesa, ~ior** f Ranzigkeit f | **~or** m = **~únia** | guardar (od servar) ~ a alg e-n Groll gegen j-n hegen | **~orós** (**-osa** f, **-osament** adv) adj = **~uniós** | **~únia** f Groll m | ple (sense) ~ voller (ohne) Groll | tenir ~ a alg per u/c j-m wegen etw grollen, wegen etw e-n Grollauf j-n haben, j-m etw nachtragen | **~uniós** (**-osa** f, **-osament** adv) adj grollend | (zum Groll neigend) nachtragend; (a. von Groll zeugend) nachtragerisch.

rand|a f tèxt (Verzierung) Spitze f | nàut Segelkante f | brusa de ~ Spitzenbluse f | fil per ~ haarklein, mit allen Einzelheiten | **~aire** m/f Spitzenklöppler(in f) m | **~ar** vt mit Spitzen besetzten bzw rändern, säumen | **~atge** m Spitzenbesatz m | **~er(a** f) m Spitzenverkäufer(in f) m | = **~aire**.

ranejar (33) vi grenzen (a an ac); s. nähern (dat) | la Núria raneja als vint anys Núria ist beinah(e) zwanzig (Jahre alt).

ranera f (Todes)Röcheln n.

rang m (Stufe, Stellenwert) Rang m | d'alt ~ von hohem Rang.

rànking m bes esport Rangliste f.

ranquejar (33) vi hinken, lahmen.

rantell(a f) m Stechmücke f.

rànula f med Froschgeschwulst, Ranula f.

ranunc|le m bot Hahnenfuß m, Ranunkel f | **~ulàcies** f pl Hahnenfußgewächse n pl.

ranura f Nut, Fuge f | Schlitz m | tecn Rille f.

ranvespre m: a ~ (loc adv) gegen Abend.

ranx|er m bes mil Küchenbulle m | econ Rancher m | **~o** m mil Mannschaftskost f | p ext Verpflegung f, Eintopf m | nàut Back(schaft) f | econ Ranch f.

ra|ó f a. filos Vernunft f | a. filos (diskursiv) Verstand m | Grund m | Recht n | Rechenschaft; Auskunft f | mat Verhältnis n | ~ d'ésser od de ser Daseinsberechtigung f | ~ d'Estat Staatsräson f | ~ social Firmenname m; Firma f | el culte de la ~ der Ver-

raor 846 **raquial**

nunftglaube(n) | *la veu de la ~* die Stimme der Vernunft | *un ésser dotat de ~* e. vernunftbegabtes Wesen | *a ~ de 100 per 1* im Verhältnis 100 zu 1 | *a ~ de mil pessetes per dia* zu tausend Peseten pro Tag | *amb ~* mit Grund, mit (*od* zu) Recht | *amb més ~ perquè ...* um so mehr, als ... | *conforme a la ~* vernunftgemäß | *contra tota ~* gegen (*od* wider) alle Vernunft | *per aquesta ~* aus diesem Grund(e), deshalb, deswegen, darum | *per ~ de* wegen (*gen*) | *sense ~* ohne Grund, grundlos, zu Unrecht | *donar la ~ a alg* j-m recht geben | *donar ~ d'u/c* Rechenschaft (*bzw* Auskunft) über etw (*ac*) geben | *entrar en ~, posar-se a la ~* zur Vernunft (*od* Räson, Einsicht) kommen, Vernunft (*od* Räson) annehmen | *fer entrar en ~, fer posar a la ~* zur Vernunft (*od* Räson) bringen | *perdre la ~* den Verstand verlieren | (*no*) *tenir ~* (un)recht haben || *pl* Gründe *m pl* | (*im Gespräch*) Worte *n pl* | Streit, Zank *m*, Reibereien *f pl* | *per raons familiars* aus familiären Gründen | *per raons de seguretat* aus Sicherheitsgründen, sicherheitshalber | *cercar* (od *buscar*) *raons* Streit suchen | *deixar-se de raons* zur Sache kommen | *no entendre's de raons* s. (*dat*) nichts sagen lassen | *hi haurà raons* es wird Streit geben | *fer passar amb raons* mit Redensarten abspeisen | *vam tenir raons* wir stritten (*od* zankten) uns | *tinc les meves raons* ich habe meine Gründe | **~onable(ment** *adv*) *adj* (*m/f*) vernünftig | (*Menge, Preis*) angemessen | (*Forderung*) berechtigt | *sigues ~!* sei vernünftig!, nimm doch Vernunft an! | **~onament** *m* (vernünftiges *od* logisches) Denken *n* | Gedankengang *m* | Argumentation *f* | Überlegung *f* | **~onar** (33) *vi* (vernünftig *od* logisch) denken | argumentieren | *reg* = **enraonar** || *vt* begründen | (mit Argumenten) untermauern.
raor *m* Rasiermesser *n* | *ict* Schermesserfisch *m*.
rap *m ict* Seeteufel *m* | *~ vermell* rötliche(r) Seeteufel, Angler *m*.
rapa *f* Rapp(e *f*) *m*, (Trauben)Kamm *m* | (Oliven) Blütentraube *f* | *~ mosquera* (*bot*) Aron(stab) *m*.
rapa|ç(ment *adv*) *adj* (*m/f*) raubgierig | *a. zool* räuberisch | *fig a.* habgierig || *adj*

(*m/f*) *u. s/m ornit* = **rapinyaire** | **~citat** *f* Raubgier *f* | *fig a.* Habgier *f*.
rapa|da *f* Scheren *n* | (*von Schafen*) *a.* Schur *f* | **~dor(a** *f*) *m* Scherer(in *f*) *m* | **~r**[1] (33) *vt* (*Haar, j-n, Schafe*) scheren | (*Bart*) abrasieren, *arc* scheren.
rapar[2] (33) *vi* Blüten treiben (*Olivenbaum*).
rapè *m* (*pl -ès*) Schnupftabak *m* | *prendre ~* schnupfen.
rapejar[1] (33) *vt* = **rapinyar**.
rapejar[2] (33) *vt* (*Weintrauben*) entrappen.
ràpel *m* (*Bergsteigen*) Abseilen *n*.
ràpid *adj* schnell | (*Bewegung, Handlung*) *a.* rasch | (*bes Entwicklung*) *a.* rapide | (*Strömung*) reißend | *ciment ~* schnell bindender Zement | *foc ~* (*mil*) Schnellfeuer *n* | *llanxa ~a* (*mil*) Schnellboot *n* || *adv* schnell || *s/m* Schnell-schuster, -schuhmacher *m*; Schuhschnellreparatur *f* | (*Fluß*) (Strom)Schnelle *f* | *ferroc* (*a. tren ~*) D-Zug *m*, Schnellzug *m* | **~ament** *adv* schnell.
rapid|esa, ~itat *f* Schnelligkeit, Schnelle *f* | *amb la ~ del llamp* mit Blitzesschnelle, in Windeseile.
rapi|dor *adj lit* entreißend | raubend | **~nya** *f* Raub *m* | *ocell de ~* Raubvogel *m* | **~nyador** *adj* räuberisch || *s/mf* Räuber(in *f*) *m* | **~nyaire** *adj* (*m/f*) räuberisch | *s/mf* Räuber(in *f*) *m* | *s/m ornit* Raubvogel *m* | **~nyar** (33) *vt* rauben | **~r** (33) *vt* (*a. Menschen*) rauben.
raps|ode *m* Rhapsode *m* | **~òdia** *f* Rhapsodie *f* | **~òdic** *adj* rhapsodisch | **~odista** *m/f* Rhapsodienschreiber(in *f*) *m*.
rapt|ar (33) *vt* entführen; (*bes Frauen*) *a.* rauben | **~e** *m* Entführung *f*; Raub *m* | *fig* Verzückung *f* | *el ~ de les sabines* der Raub der Sabinerinnen | **~or(a** *f*) *m* Entführer(in *f*); Räuber(in *f*) *m*.
raqueta *f esport* (*Gerät*) Schläger *m* | (für *Schnee*) Schnee-schuh, -teller *m* | *~ de tennis* Tennisschläger *m*, Racket *n*.
raqu|ial *adj* (*m/f*) = **~idi** | **~idi** (-*ídia f*) *adj med* Rückgrat(s)... | *s: bulb* **~is** *m med* Rückgrat *n*, Wirbelsäule *f* | *bot* Spindel *f*; (*Blatt*) Mittelrippe *f* | **~ític** *adj med* rachitisch | *p ext* verkümmert; verkrüppelt; kümmerlich | *fig a.* kärglich | **~íticament** *adv fig* kümmerlich; kärglich | **~itisme**

rar

med Rachitis, englische Krankheit *f* | *p ext* Verkümmerung *f*.
rar *adj* (*in geringer Anzahl*; *nicht häufig*) selten; (*bes wertvoll, gesucht*) rar | (*eigenartig*) seltsam | *fís* (*Luft, Gas*) dünn | *amb* ~**es excepcions** mit wenigen Ausnahmen | ~**es vegades** selten | ~**ament** *adv* selten | ~**efacció** *f fís* Verdünnung *f* | ~**efactiu** (**-iva** *f*) *adj*, ~**efaent** *adj* (*m/f*) = ~**ificant**, ~**ificatiu** | ~**efer**(**-se**)(40) *vt*(/*r*) = ~**ificar**(**-se**) | ~**ejar** (33) *vi* selten sein *bzw* vorkommen | rar sein | ~**esa** *f* Seltenheit; Rarität *f* | Seltsamkeit *f* | Eigenheit, *umg desp* Schrulle *f* | (*Kind*) = **rabiola** | ~**ificació** *f fís* Verdünnung *f* | ~**ificant** *adj* (*m/f*) *fís* verdünnend | ~**ificar** (33) *vt fís* (*Luft, Gas*) verdünnen | ~**ificar-se** *v/r* dünner werden | ~**ificatiu** (**-iva** *f*) *adj fís* verdünnend | ~**itat** *f fís* Dünne, Dünnheit *f*.
ras[1] *m* tèxt Atlas *m*.
ras[2] *adj* kahl-, kurz-geschoren; glatt-rasiert | kurzhaarig | flach; (*Gelände*) *a*. glatt; (*Schiff*) *a*. niedrig; (*Flug*) *a*. tief | (*ohne Bäume, Schmuck*) kahl | (*Himmel*) wolkenlos | (*Maß, Gefäß*) gestrichen (voll) | *s: cel, soldat, taula una cullerada* ~**a** e. gestrichener Eßlöffel | *missa* ~**a** stille Messe *f* | *passada* ~**a** (*esport*) Flachpaß *m* | *a camp* ~ im Freien, unter freiem Himmel | *deixar* ~ dem Erdboden gleichmachen, *umg* rasieren || *adv* dicht über dem (*bzw* den) Boden; (hin)streichend, streifend | rasch | *tot* ~ *od clar i* ~, ~ *i curt,. llis i* ~ glatt(weg); klipp u. klar; rundheraus | *xutar* ~ (*esport*) flach schießen || *s/m* (kahle) Hochfläche; Alm *f* | *al* ~ unter freiem Himmel | *a*(*l*) ~ *de* auf gleicher Höhe mit | *a*(*l*) ~ *de terra* in Bodenhöhe; zu ebener Erde | ~**a** *f* Graben *m* | *constr* Baugrube *f* | (*Werkzeug*) Hohlmeißel *m* | ~**adora** *f* Abstreichstange *f* | ~**ament** *adv* rundheraus | ~**ant** *adj* (*m/f*) (*Geschoß, fliegendes Objekt; Bahn*) rasant || *s/f* (*Straßenbau*) Neigung *f* | ~**ar** (33) *vt* (*Gefäß, Maß*) abstreifen | streifen, beinahe berühren.
rasca|**da** *f* Kratzen *n* | Kratzer *m*, Schramme *f*, *med a*. Kratzwunde *f* | ~**dor** *m* Kratzer, Schaber *m* | = **estríjol** | = **rasora** | ~**dura** *f* Kratzen *n* || *pl* (Ab)Schabsel *n pl* | ~**nyós** (**-osa** *f*) *adj* (*Person*) wider-spenstig,

rasquet

-borstig, *umg* kratzbürstig | ~**r** (33) *vt* (ab-, aus-)kratzen | (*bes Auto*) schrammen | (ab-, aus-)schaben | ~ *el violí* auf der Geige kratzen || *vi* kratzen | ~**r-se** *v/r* s. kratzen, *umg* s. jukken | ~**t** *m* Kratzstelle *f*.
rascl|**a** *f ict* Drachenkopf *m* | *ornit* = ~**ó** | ~**ada** *f agr* Eggen *n* | Harke *f* (voll) | ~**ar** (33) *vt agr* (*Boden*) eggen; (*a. Laub, geschnittenes Gras*) harken, rechen | ~**e** *m agr* Egge *f* | Harke *f*, Rechen *m* | ~**et** *m agr* Harke *f*, Rechen *m* | *ornit* Zwergsumpfhuhn *n* | ~**ó** *m agr* = ~**et** | *ornit* Wasserralle *f* | ~**onar** (33) *vt agr* harken, rechen | ~**ot** *m ict* rote(r) Drachenkopf *m* | ~**um** *m* (Ab)Schabsel *n* | (*an Töpfen*) Kruste *f*, Ansatz *m* | ~**umejar** (33) *vt* (*Topf, Pfanne*) auskratzen.
ras|**er** *adj* gestrichen (voll) | *s/m* Höhe *f*, Niveau *n* | ~**eret** *m* Pfad *m* | ~**eta** *f: a la* ~ (*loc adv*) bis zum Rand voll, übervoll | ~**ora** *f* (*bes für Teig*) Spachtel *m*.
rasp|**a** *f* Rapel *f* | *fig desp* Dienstbolzen, Trampel *m* | ~**ador** *adj m* Kratzer, Schaber *m* Radiermesser *n* | (*Streichholzschachtel*) Reib-, Streich-fläche *f* | ~**adura** *f* Raspeln *n* | Kratzen, Schaben *n* | Radieren *n* || *pl* (Ab)Schabsel *n pl* | Raspelspäne *m pl* | ~**all** *m* Bürste *f* | *reg* Reisigbesen *m* | *bot* Liguster *m* | ~ *fort* Borsten-, Wurzel-bürste *f* | ~ *del cap* (*de la roba, de les sabates*) Haar-(Kleider-, Schuh-)bürste *f* | ~**allada** *f* Bürsten *n* | (*Tier*) Striegeln *n* | *fig fam* Schmeichelei *f* | ~ *de les dents* (*ungles*) Zahn-(Nagel-)bürste *f* | ~**allar** (33) *vt* bürsten | (*Kleider*) *a*. ab-, aus-bürsten | (*Haare*) (aus-, durch-)bürsten | (*Tiere*) striegeln | *fig fam* schmeicheln | ~**allar-se** *v/r:* ~ *les dents* s. (*dat*) die Zähne bürsten *od* putzen | ~**allet** *m dim* Bürstchen *n* | ~**ament** *m* Raspeln *n* | Abkratzen, Abschaben *n* | *med* = ~**atge** | ~**ar** (33) *vt* raspeln | abkratzen, abschaben | *bes med* aus-kratzen, -schaben | (*Schrift*) radieren | *vi* kratzen | ~**atge** *m med* Aus-kratzung, -schabung *f* | ~**era** *f* Heiserkeit *f* | ~**eta** *f bot* = **rogeta, roja** | ~**inell** *m ornit* Gartenbaumläufer *m* | ~**or** *f* Kratzigkeit *f* | Rauhheit *f* | ~**ós** (**-osa** *f*) *adj* kratzig | (*Papier, Hand, Stimme*) *a*. rauh.
rasquet *m* Dreikantschaber *m* | *gràf* Rei-

ber *m* | ~a *f* Kratzer, Schaber *m* | = **estríjol**.
rassa *f* Korkwürfel *m* | en ~ in Bausch u. Bogen.
rast *m* Reihe *f* | (*bes von Zwiebeln, Perlen*) Schnur *f* | ~**ell**¹ *m* = **rastellera**.
rastell² *m agr* (*Pflugschar*) Abstreifer *m* | (*Krippe*) Raufe *f* | Harke *f*, Rechen *m* | *hist* Fallgatter *n* | *tèxt* Hechel *f* | ~**ar** (33) *vt agr* harken, rechen | *tèxt* hecheln.
rastellera *f* Reihe, Linie *f* | ~ de dents (*fam*) Gebiß *n*.
rastre *m a. fig* Spur *f* | *bes caç* (*Schalenwild*) Fährte *f* | un ~ de sang (d'oli) e-e Blut-(Öl-)spur | deixar ~s Spuren hinterlassen | seguir el ~ d'un cérvol die Fährte (*od* Spur) e-s Hirsch(e)s verfolgen | seguir el ~ d'alg (*fig*) j-m auf der Spur (*od* Fährte) sein; j-m nachspüren | *sense deixar* (*ni*) ~ spurlos | ni ~! k-e Spur! | ~**jador** *adj* Spür... | gos ~ Spürhund *m* || *s/mf*: un ~ e. Fährtensucher(in *f*) *m* | ~**jament** *m* Verfolgen *n* | Nachspüren *n* | Durchsuchung *f* | ~**jar** (33) *vt* (*e. Tier, j-n*) verfolgen; die Spur (*e-s Tieres, j-s*) verfolgen; der Fährte (*e-s Tieres, j-s*) nachspüren | caç *a.* spüren (nach) | (*e-r Frage, e-m Verbrechen*) nachspüren | (*Gebiet*) durch-suchen, -kämmen (*Polizei*) || *vi* schleppen (*Anker*).
rasura *f lit* Rasur *f* || *pl* (Ab)Schabsel *n pl* | ~**r** (33) *vt* rasieren.
rat *m nord-cat* = ~**a** | *ant* Rattenmännchen *n* | ~**a** *f a. fig* Ratte *f* | *ict* Sternseher, Meerpfaff *m* | ~ de camp *od* negra Hausratte *f* | ~ comuna *od* de claveguera Wanderratte *f* | ~ d'aigua Schermaus, Wasserratte *f* | ~ de biblioteca (*fig fam*) Bücherwurm *m*, Leseratte *f* | ~ de sagristia (*fig fam*) Frömmler(in *f*), Bet-bruder *m*, -schwester *f* | em corre la ~ pel ventre (*fig fam*) mir knurrt der Magen || *s/m/f fam* Geizhals *m* || *adj* (*m/f*) *fam* knauserig | ~**ador** *adj* (*Tier*) mausend | ~**adura** *f* Rattenfraß *m*.
ratafia *f* (*Likör*) Ratafia *m* | *gastr* Bittermandelessenz *f*.
rat|a-penada *f* = ~**a-pinyada** | ~**apeus** *m bot* Keulen-, Korallen-pilz *m* | ~**a-pinyada** *f* (*pl rates-pinyades*) *f zool* Fledermaus *f* | ~**ar** (33) *vt* an-nagen, -fressen || *vi* mausen; Ratten (*od* Mäuse) fangen *od* jagen | ~**at** (-**ada**) *f*

adj (von Ratten) angenagt | ~ de la pigota pockennarbig || *s/m* (*Ölbaum*) Blasenfußkrankheit *f* | ~**buf** *m zool* Schermaus *f* | ~**er** *adj* mausend | gos ~ Rattler *m* || *s/f* Ratten- *bzw* Mause-falle *f* | caure a la ~a (*a. fig*) in die Falle gehen | ~**eria** *f fam* Knauserei *f* | ~**eta** *f kl*(e) Ratte *f* | *fig fam* Maus *f*, Mäuschen *n* | fer la ~ (mit dem Spiegel) blinken | ~**icida** *m* Rattengift *n*.
ratifica|ble *adj* (*m/f*) ratifizierbar | ~**ció** *f* Bestätigung(surkunde *f*) *f* | *polít* Ratifizierung *f* | ~**r** (33) *vt* bestätigen | *polít* ratifizieren | *p ext* (*Vertrag*) vollziehen | gutheißen | ~**-se** *v/r* beharren (en auf *dat*), verharren (bei), bestehen (auf *dat*), bleiben (bei) | ~**tiu** (-**iva** *f*), ~**tori** (-**òria** *f*) *adj* Bestätigungs... | Ratifizierungs...
ratina *f tèxt* Ratiné *m* | ~**r** (33) *vt tèxt* ratinieren.
Ratisbona *f* Regensburg *n*.
ratlla *f* Strich *m* | Linie, Zeile *f* | (*Land, Besitz*) Grenze, Grenzlinie *f* | (*Fell, Stoff*) Streifen *m* | (*Haar*) Scheitel *m* | ~ al costat (al mig) Seiten-(Mittel)scheitel *m* | la ~ dels pantalons die Bügelfalte | les cinc ratlles del pentagrama die fünf Linien des Notensystems | doble ~ Doppelstrich *m* | a la ~ d'un milió annähernd (*od* beinahe, fast) e-e Million | arribar a la ~ dels cinquanta auf die Fünfzig gehen | escriure quatre ratlles a alg j-m e. paar Zeilen schreiben | llegir entre ratlles zw den Zeilen lesen | passar ~ a *u/c* etw durchstreichen; *fig* e-n Strich unter etw machen | passar de la ~ (*fig*) zu weit gehen | posar alg a ~ j-n in die Schranken weisen | tenir alg a ~ j-n in Schach halten | ~**dor** *adj* kratzend, schabend || *s/m* Wiegemesser *n* || *s/f* (*Küche*) Reibe *f*; Reibeisen *n*; Raspel *f* | ~**dura** *f mst pl* Reibsel *n* (*pl*); Raspel *m* (*pl*) | ~**r** (33) *vt* lin(i)ieren | (aus-, durch-)streichen | zerkratzen; (*bes Auto*) (ver)schrammen | (*Käse, Möhren*) reiben; (*Schokolade, Nüsse*) raspeln | ~**-se** *v/r* Kratzer (*bzw* Schrammen) bekommen | ~**t** (-**ada**) *adj* lin(i)iert | gestreift | zerkratzt; verschrammt || *s/m* Lin(i)ierung *f* | Streifen *m pl*.
rat|olí *m* (*a.* Computer) Maus *f* | *bes fig a.* Mäuschen *n* | (*männlich*) Mäuserich *m* | ~**onejar** (33) *vi* mausen, Mäuse

(*od* Ratten) fangen | **~oner** *adj* = **ratador, rater** | **~penat** *m* = **rata-pinyada**.
ratx|a *f* (Wind)Stoß *m*, Bö *f* | *fig* Reihe, Strähne *f*; Stoß, Schub *m* | *una bona* (*mala*) ~ e-e (un)glückliche Strähne, e-e Glücks-(Pech-)strähne | *a ratxes* stoß-, schub-weise | **~ada** *f: una ~ de vent* starker Windstoß *m* | **~(ej)ar** (33) *vi* in Böen (*od* böig) wehen (Wind) | **~ós** (**-osa** *f*, **-osament** *adv*) *adj* böig | *fig fam: anar ~* mit Geld herumwerfen.
ràtzia *f mil* Raubzug *m* | *p ext* Einfall *m*.
rauc *adj poèt* heiser, rauh ‖ *s/m* Gequak(e) *n*, Quaken *n* | **~ar** (33) *vi* quaken.
rau|-rau *m* (*Geräusch*) Nagen; Kratzen; Schaben *n* | *fam* Magenknurren *n*; nagende(s) Gefühl *n*; Gewissens-bisse *m pl*, -wurm *m*; Schuldgefühl *n* | **~re** (40) *vt ant* (an-, be-)nagen | (ab)scheren | (ab-, aus-)schaben, mähen | abgrasen | *ant* reiben; raspeln ‖ *vi inf* (*in Verbindung mit* anar a, haver de, venir a) *van anar a ~ a la presó* sie landeten im Gefängnis | *anar a ~ a les mans d'alg* in j-s Hände gelangen | *haver de ~ amb alg* mit j-m umgehen müssen | *no sabíem on havien vingut a ~* wir wußten nicht, wohin es sie verschlagen hatte | *~ en* bestehen in (*dat*) | **~tar** (33) *vt* kratzen, (ab)schaben | **~tija** *f* Kratzen *n* (*im Hals*).
raux|a *f* (plötzliche) Anwandlung, Laune, Grille *f* | Schrulle *f* | **~ós** (**-osa** *f*, **-osament** *adv*) *adj* unbesonnen | tollkühn, verwegen | launenhaft, launisch, grillenhaft | schrullig | *s: arrauxat*.
raval *m* Vorstadt *f* | Vorort(sgegend *f*) *m* | *de ~* Vorstadt...
ravata *f* leidenschaftliche Erregung *f* | heftige Gemütsbewegung *f* | Aufbrausen *n* | Jähzorn *m*, Wut *f* | **~t** (**-ada** *f*) *adj* leidenschaftlich erregt | aufbrausend, ungestüm, jäh(zornig) | *a.* wutentbrannt, -schäumend.
rave *m* Rettich *m* | *fig fam* wertloses Werk *n*, (*Bild*) Kitsch *m* | (*Buch*) Schmöker *m* | *~ boscà od rusticà* Meerrettich *m* | *~ de mar* Meersenf *m* | **~nar** *m agr* Rettich- *bzw* Radieschen-beet *n* | **~nera** *f bot* Rettich *m*; Radieschen *n* | **~net** *m* (*a. ~ vermell*) Radieschen *n* | **~nissa** *f bot* Ackerrettich, Hederich *m* | senfblättriges

Zackenschötchen *n* | *s: matallums* | *~ blanca* Doppelsame *m* («Diplotaxis erucoides») | *~ borda* Ackersenf *m* | *~ groga* Hundsrauke *f*.
ravenxina|ment *m* = **enravenxinament** | **~r-se** (33) *v/r* = **enravenxinar-se**.
ravioli *m pl* (*od* **raviolis** *pl*) *gastr* Ravioli *pl*.
re¹ *m* (*pl* **res**) *mús* d; D *n* | (*beim Solmisieren*) re *n* | *~ major* D-Dur *n* | *~ menor* d-Moll *n* | *~ natural* d; D *n* | *~ bemoll* des; Des *n* | *~ sostingut od diesi* dis; Dis *n*.
re² *pron ind* = **res**.
rea *f dr s:* **reu**.
reabsor|bir (37) *vt* wieder aufsaugen | *med* resorbieren | **~ció** *f med* Resorption *f*.
reac|ció *f* Gegen-, Rück-wirkung *f* | *a. polit* Reaktion *f* | *med a.* Probe *f*, Test *m* | *quím a.* Verhalten *n* | *a. tecn* Rückstoß *m* | *elect* Rückkopp(e)lung *f* | *s: retroacció* | *~ en cadena* (*fís u. fig*) Kettenreaktion *f* | *a. med:* ~ *de defensa* Abwehrreaktion *f* | *quím fís: ~ tèrmica* Wärmereaktion *f* | *~ nuclear* (*fís*) Kernreaktion *f* | *~ de fissió* Spaltungsreaktion *f* | (*Körper*) *entrar en ~* warm werden, auf etw reagieren | **~cionar** (33) *vi a. quím fig* reagieren | **~cionari** (**-ària** *f*) *adj* reaktionär ‖ *s/mf polít* Reaktionär(in *f*) *m* | **~tància** *f elect* Reaktanz *f* | *~ inductiva* Blindwiderstand *m* | **~tiu** (**-iva** *f*) *adj* reagierend | reaktiv | *paper ~* (*quím*) Reagenzpapier *n* ‖ *s/m quím* Reagenz, Reagens *n* | **~tivació** *f* Ankurbelung, Wiederbelebung *f* (*der Wirtschaft*) | **~tivar** (33) *vt* reaktivieren | *bes econ* ankurbeln, wiederbeleben | **~tivitat** *f* Reaktionsfähigkeit *f* | **~tor** *m aeron* Reaktions-, Schub-triebwerk *n* | *aeron* Düsenflugzeug *n* | *~ nuclear* Kernreaktor *m*.
readapta|bilitat *f* Wiederanpassungsfähigkeit *f* | **~ble** *adj* (*m/f*) wieder anpaßbar | **~ció** *f biol* Wiederanpassung *f* | *tecn* (*Betrieb*) Umstellung *f* | **~r** (33) *vt* wieder anpassen | *tecn* (*Betrieb*) umstellen.
readm|etre (40) *vt* wieder zulassen | **~issió** *f* Wiederzulassung *f*.
reafirmar(-se) (33) *vt*(/*r*) *s: refermar*.
reagravació *f dr catol* letzte öffentliche Verwarnung *f*.
reajusta|ment *m* (*a. Löhne*) An-gleichung, -passung *f* | *tecn* (*Gerät*) Nach-justie-

rung, -stellung *f* | Neueinstellung *f* | ~r (33) *vt* wieder an-gleichen, -passen | *tecn* nach-justieren, -stellen | wieder in Ordnung bringen.
real *adj* (*m/f*) tatsächlich, wirklich, *a. filos* real | *dr* dinglich | *mat òpt* reell | *definició* ~ Realdefinition *f* | *drets* ~s dingliche Rechte *n pl* | *injúria* ~ tätliche Beleidigung *f*.
realç *m* Relief *n* | *fig* Ansehen *n*, Glanz *m* | ~**ament** *m* mit Relief versehen | *fig* Erhabenheit *f* | Erhebung, Erhöhung *f* | ~**ar** (33) *vt a. fig* erheben, erhöhen | *fig* hervorheben, verschönern | verherrlichen.
realgar *m min* Realgar *m*, Rauschrot *n*.
real|isme *m* Realismus *m* | Sachlichkeit *f* | ~**ista** *adj* (*m/f*) realistisch || *s/m/f* Realist(in *f*) *m* | ~**itat** *f* Wirklichkeit *f* | Realität, Gegebenheit, Dinglichkeit, Tatsache *f* | *en* ~ (*loc adv*) in Wirklichkeit, eigentlich, in der Tat | ~**itzable** *adj* (*m/f*) aus-, durch-führbar, realisierbar | erreichbar, möglich | *econ* verwertbar, *com* verkäuflich | ~**ització** *f* Verwirklichung, Realisierung *f* | Aus-, Durch-führung *f* | Bewerkstelligung *f* | *cin* Regie *f* | *econ com* Verwertung *f*; Verkauf *m* | ~**itzador** *m cin teat* Regisseur *m* | *s: director* | ~**itzar** (33) *vt* verwirklichen, realisieren | *a. tecn arquit* ausführen, bewerkstelligen | *esport* erreichen, schaffen | (*Wunsch*) erfüllen | *indús cin fotog* herstellen | (*Radio, Fernsehen*) zusammenstellen u. leiten | (*Reise*) unternehmen | *econ* verwerten; verkaufen; (*Geld*) flüssigmachen; (*Mittel*) zu Geld machen | *s: acomplir* | ~**itzar-se** *v/r* s. verwirklichen, stattfinden | zustandekommen (*Geschäft*) | in Erfüllung gehen (*Wunsch*) | ~**ment** *adv* wirklich | in der Tat, tatsächlich | aufrichtig, offen gestanden.
reanima|ció *f a. fig* Wiederbelebung *f* | *med a.* Reanimation *f* | ~r (33) *vt* wiederbeleben | *med a.* reanimieren | *fig econ* beleben | (*j-m*) neuen Mut einflößen.
reapar|èixer (40) *vi* wiedererscheinen, wiederauftauchen | ~**ició** *f* Wiedererscheinen, Wiederauftauchen *n*.
rearma|ment *m* Wiederaufrüstung *f* | Wiederbewaffnung *f* | ~r (33) *vt* wieder bewaffnen | ~**r-se** *v/r* wieder aufrüsten.
reassegura|nça *f* Rückversicherung *f* | ~r (33) *vt* rückversichern.
reassum|ir (37) *vt* wiederaufnehmen | wieder übernehmen | ~**pció** *f* Wiederaufnahme *f* | erneute Übernahme *f*.
reat *m* Sühne, Buße *f*.
rebaix *m* Falz *m* | *arquit* Hohlkehle *f* | *p ext* Nut(e) *f* | ~**a** *f com* Preisnachlaß, Rabatt *m*, Ermäßigung *f* | Abzug *m* | *mst pl* Ausverkauf *m* | *rebaixes d'estiu* (*d'hivern*) Sommer-(Winter-) schlußverkauf *m* | ~**ador** *m tecn* (*Tischlerei*) Kehlhobel *m* | *cin fotog* Abschwächungsbad *n* | ~**ament** *m* Herabsetzung, Verminderung, Verringerung *f* | *cin fotog* Abschwächung *f* | *arquit* Drückung *f* (*e-s Bogens*) | (*Wein*) Verdünnung *f* | ~**ar** (33) *vt tecn* (*Tischlerei*) abhobeln | glätten | (*Zahn*) abschleifen | *cin fotog* abschwächen | (*Preis*) ermäßigen | *a. fig* herabsetzen, erniedrigen | *fig* mindern, schmälern | dämpfen | (*Wert*) erniedrigen, herabsetzen | ~**ar-se** *v/r* s. demütigen, s. erniedrigen | s. herabwürdigen | ~**í** *m entom* (*im Kork*) sehr kl(e) Ameise *f* | ~**inar-se** (33) *v/r* von «rebaixins» befallen werden | ~**inc** *m* Niednagel *m* *s: repeló* | ~**inós** (-**osa** *f*) *adj* von Ameisen befallen (*Korkeiche*).
rebat *m constr* Tür-, Fenster-anschlag *m* | ~**edor** *adj* zurück-schlagend, -stoßend | *fig* widerlegend | zurückweisend.
rebatejar (33) *vt* umtaufen | wiedertaufen.
rebat|ent *m tèxt* Schaftstab *m* | ~**ible** *adj* (*m/f*) widerlegbar | ~**re** (34) *vt* ab-, zurück-schlagen | zurückstoßen | zurückweisen | (*Gründe*) widerlegen | (*von e-m Betrag*) abziehen.
rebava *f tecn* Guß- *od* Preß-naht *f* | Grat *m* | (Metall)Auslaufen *n*.
rebé *adv* sehr gut, ausgezeichnet.
rebec *adj* (*Kind*) störrisch, widerspenstig | trotzig, trotzköpfig | *fig* (*Material*) ungeschmeidig, schwer zu bearbeiten.
rebeca *f* Schläfchen *n* | *s: becaina*.
rebedor(a *f*) *m* Empfänger(in *f*) *m* || *s/m/f* Empfangs-, Vor-zimmer *n* | (*Internat*) Sprechzimmer *n* | *hist* Steuereinnehmer *m* | *s: receptor*.
rebel *adj* (*m/f*) aufständisch, aufrührerisch, rebellisch (*a alg* gegen j-n) | *fig bes med* hartnäckig | schwer | *úlcera* ~ hartnäckiges Geschwür *n* || *s/m/f* Aufständische(r *m*) *m/f*, Aufrührer(in *f*), Rebell(in *f*) *m* | ~**lar-se** (33) *v/r* s.

rebent|ada f Platzen, Bersten n | (Rohr) Bruch m | fig (Kritik) Verriß m | **~ador** adj fig aufreibend, strapaziös | **~ament** m Platzen, Bersten n | fig fam Erschöpfung(szustand m) f | **~ar** (33) vi platzen, bersten | aufbrechen | explodieren | fig fam krepieren | ~ de gras (de salut) vor Fett (vor Gesundheit) strotzen | ~ d'orgull vor Stolz platzen || vt zum Platzen (od Bersten) bringen | zersprengen | (Pferd) zu Tode reiten | (Tür, Fenster) einschlagen | med (Geschwür) auf-stechen, -drücken | fig (kritisieren) verreißen; mies-, schlecht-machen | sich (j-n erschöpfen) aufreiben; strapazieren; schaffen; fertigmachen; kaputtmachen | em rebenta amb els seus compliments mit seinen Komplimenten bringt er mich auf die Palme | **~ar-se** v/r fig fam: ~ de riure (ràbia) vor Lachen (Ärger) platzen | **~at (-ada** f) adj fig fam ganz kaputt, erschossen, geschafft, hundemüde | **~isme** m Mies-, Schlecht-macherei f.

rebequeria f Störrigkeit f, Trotz m, Widerspenstigkeit f | Bocken n.

rebes|avi (-àvia f) m Urur-großvater m, -großmutter f | **~nét(a** f) m Ururenkel(in f) m.

rebeure (40) vt auf-, ein-saugen | fig durchdringen.

reblad|a f Vernieten n | (Ver)Nietung f | **~or** adj Niet... || s/f (a. màquina ~a) Nietmaschine f.

reblani|ment m bes med Erweichung f | Aufweichen n | Verweichlichung f | **~r(-se)** (37) vt(/r) erweichen | aufweichen.

rebl|ar (33) vt (Nagel) umschlagen | tecn (ver)nieten | ~ el clau (fig) e. Argument verstärken; den eigenen Willen durchsetzen | **~e** m constr Füllung f | lit Flick-, Füll-wort n | **~ir** (37) vt constr mit (Mauer)Füllung auffüllen | fig (s.) erfüllen lassen | ausfüllen | **~ó** m tecn Niet(nagel) m | (früher) a. umgeschlagener Nagel m | **~onar** (33) vt tecnol vernieten | fig fest fesseln, verbinden | **~um** m, **~umalla** f constr (Mauer)Füllung f.

rebò (-ona f) adj oc Val sehr gut.

rebobina|dora f tecn Rück- bzw Um-spul-rad n | **~r** (33) vt rück- bzw um-spulen | umwickeln | **~tge** m Rück- bzw Um-spulen n, -spulung f | Um-wickeln n, -wicklung f.

rebolc|ada f, **~ament** m Herumwälzen n | **~ador**, **~all** m agr caç Suhle f | **~ar** (33) vt zu Fall bringen | **~ar-se** v/r s. (herum)wälzen | a. fig s. suhlen (Tiere) | **~ons**: a ~ (loc adv) s. auf der Erde (herum)wälzend.

reboll m bot Sproß, Schößling m | (a. roure ~) Kermeseiche f | s: coscoll | **~ada** f Sprießen n | Gestrüpp, Dickicht n | **~am** m col Sprosse, Schößlinge m pl | **~ar** (33) vi sprießen (bes Eichen) | **~eda** f Kermeseichenwald m.

rebombori m fam Krawall, Tumult, Radau m.

rebordall m (Gemüse, Obst) Abfall m.

rebord|eir-se (37) v/r = **~onir-se** | **~oniment** m bot Verkrüpp(e)lung, Verkümmerung f | **~onir-se** (37) v/r bot verkrüppeln, verkümmern.

rebost m Speise-, Vorrats-kammer f | (Lebensmittel)Vorrat m | **~er(a** f) m Speisemeister(in f) m | **~eria** f Speisemeisteramt n | (Lebensmittel) Vorrat m.

rebot m (Ball) Ab-, Rück-prall m | Rückstoß m | de ~ (loc adv) beim Zurückschnellen; fig als Nachwirkung; als Folge | mil: tret de ~ Prellschuß m | tornar de ~ = **~ar** | **~ar** (33) vi ab-, zurück-prallen, -springen, wieder hochspringen || vt esport (Ball) zurückschlagen, -stoßen.

rebotegar (33) vi = **rondinar**.

rebotiga f (Laden) Hinterzimmer n.

rebotir (37) vi anschwellen | hervorquellen.

rebotre (34) vi = **rebotar** || vt schleudern, schmettern (contra gegen, an).

rebre (40) vt erhalten, bekommen | (Brief, Geschenk, Lohn, Befehl) a. empfangen | (Sakrament; Sender) empfangen | (Schlag) (ab)bekommen | (Eindruck) gewinnen, bekommen | (j-n) empfangen; (in e-e Gruppe, Kirche) aufnehmen | (Angebot, Vorschlag, Nachricht) aufnehmen | (Ball) auffangen | ~ alg amb els braços oberts j-n mit offenen Armen aufnehmen od empfangen | ~ el dol das Beileid entgegennehmen | ~ una ofensa beleidigt werden.

rebre|c m tèxt Knitterfalte f | Zerknitterung *f* | *p ext fig* Lumpen *m* | ~gada *f* Zerknittern *n* | ~gadís (-issa *f*) *adj* leicht zerknitternd | ~gar (33) *vt* zerknittern.

rebr|oll *m bot* = ~ot | ~ollar, ~ostar = ~otar | ~ot *m bot* Sproß, Trieb *m* | ~otada *f* Sprießen *n* | *col* Triebe *m pl* | ~otar (33) *vi* sprießen, sprossen, ausschlagen | ~otim *m col* (schädliche) Triebe *m pl*.

rebuda *f* Empfang *m*, Aufnahme *f* | *com* = rebut.

rebuf *m* Abfuhr, Abweisung *f* | ~ada *f* Windstoß *m* | *de* ~ (*loc adv*) abweisend | ~ar (33) *vi* brausen, stark blasen (*Wind*) | Blasen werfen *od* ziehen, s. wellen (*Farbe, Putz, Tapete*).

rebuig *m* Abweisung, Ablehnung, Zurückweisung, Verwerfung *f* | Abfall *m*; Ausschuß(ware *f*) *m*; Ramsch *m*.

rebull *m* Gewühl, Durcheinander *n* | ~a *f* Aufruhr, Tumult *m* | ~ir (36) *vt* noch einmal kochen || *vi* s. bewegen, unruhig werden (*Wasserfläche*) | ~ir-se *v/r* gären, fermentieren (*Konserven*).

rebut *m com* Quittung *f*, Beleg *m* | Empfangsschein *m*.

rebutjar (33) *vt* ab-lehnen, -weisen | nicht annehmen, verwerfen | zurückstoßen, -weisen | (*Bitte*) abschlagen | (*Angriff*) zurückschlagen.

rec *m agr* Bewässerungs-graben *bzw* -kanal *m*.

recace|ig *m reg* Durchsuchung *f* | ~jar (33) *vt* durchsuchen.

recaiguda *f* Rückfall *m*.

recala|da *f nàut* Sichtung; Ansteuerung *f* | ~r (33) *vi nàut* Land sichten; Land anlaufen *od* ansteuern || *vt* (*Netz*) wieder auswerfen *od* auslegen.

recalca|ment *m* Betonung, Hervorhebung *f* | *tecn* Stauchung *f* | ~r (33) *vt* betonen, hervorheben | *tecn* stauchen || *vi nàut* (stark) krängen.

recalçar (33) *vt agr* häufeln | *arquit* stützen, (fester) untermauern.

recalcificació *f med* Behebung *f* von Kalkmangelerscheinungen.

recalcitra|nt *adj* (*m/f*) bockig, störrisch, widerspenstig, widersetzlich | ~r (33) *vi* s. widersetzen | störrisch *od* widerspenstig sein | *fam* bocken.

recalescència *f met* Rekaleszenz, Wiedererwärmung *f*.

recam *m* Reliefstickerei *f* | ~ar (33) *vt* erhaben (be)sticken.

recambr|a *f* Neben-, Hinter-zimmer *n* | Kleiderkammer *f* | (*Waffe*) Kammer; Patronenkammer *f* | ~ó *m* Ankleideraum *m* | Hinterstübchen; Nebenzimmerchen *n*.

recança *f* Bedauern *n* | Gram *m* | Leid *n*.

recanvi *m* Umtausch *m* | Ersatz *m* | (*a. peça de* ~) Ersatzteil *n/m* | ... *de* ~ zum Auswechseln; Ersatz... | ~ar (33) *vt* wieder umtauschen | aus-tauschen, -wechseln | *banc* (*Rückwechsel*) einlösen.

recapitula|ció *f* zusammenfassende Wiederholung, *lit* Rekapitulation *f* | ~r (33) *vt* zusammenfassen, kurz wiederholen, *lit* rekapitulieren.

recapt|able *adj* (*m/f*) erhebbar | einziehbar | ~ació *f* (*Steuern*) Erhebung *f* | (*Geld*) Sammlung *f* | gesammelte Summe *f* | (*Beträge*) Einziehung, Einkassierung *f* | ~ador *m* (*Steuer*)Einnehmer *m* | (*Kollekten*) Sammler *m* || *adj* einnehmend | sammelnd | einziehend, einkassierend | ~ament *m* = ~ació | *a*. Steuerein-nahme, -ziehung *f* | ~ar (33) *vt* (*Geld, Kollekten*) sammeln | (*Geldbeträge*) einziehen; einkassieren | (*Steuern*) ein-nehmen, -ziehen, erheben | *fig* (*Gnade, Verzeihung*) durch Bitten erreichen *od* erlangen | ~e *m* Vorrat *m*, *bes* Mundvorrat *m* | *reg a*. Essen *n* | *bes agr constr* Gerätschaften *f pl*; Materialien *n pl* | *donar* (*bon*) ~ *a u/c* s. mit etw (*dat*) befassen, mit etw beschäftigt sein; s. um etw kümmern | ~ós (-osa *f*) *adj* (*bes im Haushalt*) fleißig, tüchtig, häuslich.

recar (33) *vi* etw bedauern, leid tun | s. grämen | *em reca això* das tut mir leid; ich bedauere es | *a. fig* weh tun.

recargola|ment *m* Hinundherwinden *n* | starke Verdrehung *f* | ~ *de tripes med* Leibschneiden *n* | ~r (33) *vt* stark verdrehen | hin u. her winden | ~r-se *v/r*: ~ *de riure* s. halbtot lachen, s. vor Lachen schütteln.

rec|àrrec *m* Überlast(ung), Überladung *f* | (*Preis*) Aufschlag *m* | (*Steuer*) Zuschlag *m* | ~arregar (33) *vt* überladen, überlasten | (*auf den Preis*) aufschlagen | (*Steuern*) heraufsetzen | (*Waffe*) nachladen | *fig* geschmacklos ausschmücken, überladen.

recaure (40) *vi med* e-n Rückfall erleiden | *dr* rückfällig werden | ~ *sobre alg* j-m zufallen; auf j-n entfallen; auf

j-n fallen; j-m entsprechen | *tota la feina recau sobre mi* (*umg*) die ganze Arbeit bleibt an mir hängen | *les sospites requeien sobre ell* der Verdacht fiel auf ihn.
recautxuta|r (33) *vt tecn* (*Reifen*) runderneuern | **~tge** *m* Runderneuerung *f*.
recavar (33) *vt agr* erneut umgraben.
recel *m* Argwohn *m* | Besorgnis *f* | Verdacht (*d'alg* auf j-n) | *tenir ~ = ~ar* | **~ar** (33) *vi:* ~ *d'alg* gegen j-n Argwohn hegen, j-m mißtrauen, j-n in Verdacht haben, j-n verdächtigen | **~ós** (**-osa** *f*, **-osament** *adv*) *adj* argwöhnisch, mißtrauisch | besorgt.
recens|ió *f* Rezension *f* | **~ionar** (33) *vt* rezensieren | **~or**(**a** *f*) *m* Rezensent(in *f*) *m*.
recent *adj* (*m/f*) neu, frisch, jüngst geschehen | **~ment** *adv* kürzlich, vor kurzem, neulich.
recenyir (37) *vt* wieder (um)gürten.
recep|ció *f a. rad tv* Empfang *m* | (*a. in e-e Gruppe, Gesellschaft*) Aufnahme *f* | (*Hotel*) Empfang *m*, Rezeption *f* | *una ~ diplomàtica* (*oficial*) e. diplomatischer (offizieller) Empfang | **~cionista** *m/f* Empfangs-chef *m*, -dame *f* | **~ta** *f med gastr* Rezept *n* | **~tacle** *m* Behälter *m* | Sammel-becken *n*, -platz *m*, -stelle *f* | *bot* Blütenboden *m* | **~tador**(**a** *f*) *m* Rezeptaussteller *m* | **~tar** (33) *vt med* rezeptieren, verschreiben | **~tari** *m* Rezept-block *m bzw* -buch *n*, -sammlung *f* | **~tibilitat** *f dr* Zulässigkeit *f* | **~tible** *adj* (*m/f*) *dr* zulässig | **~tiu** (**-iva** *f*) *adj* aufnahmefähig, empfänglich, rezeptiv | **~tivitat** *f* Aufnahmefähigkeit, Empfänglichkeit, Rezeptivität *f* | **~tor** *adj* empfangend | *telecom* Empfangs... || *s/mf* Empfänger(in *f*) *m* || *s/m telecom* Empfänger *m*, Empfangsgerät *n* | *biol* Rezeptor *m*.
recer *m* Obdach *n*, Zuflucht *f* | *mst* Windschatten, -schutz *m* | *fig* Schutz *m* | *a ~ de* (*loc prep*) im (*bzw* in den) Schutz von; geschützt vor (*dat*) | *a ~ de la pluja* vor (dem) Regen geschützt.
recerca *f* Suche *f* | ~ *científica* wissenschaftliche Forschung | *a la ~ d'u/c* auf der Suche nach etw | *lliurar-se a la ~* s. der Forschung widmen || *pl dr* Nachforschungen, Ermittlungen *f pl* | **~r** (33) *vt lit* noch einmal suchen | (nach)forschen | ~ *alg* (*dr*) nach j-m fahnden.

rec|és *m* (*pl* **-essos**) Zurückgezogenheit, Einsamkeit *f* | einsamer Ort *m*, Zufluchtsort *m* | *ecl* Exerzitien *n pl* | **~essió** *f econ* Rezession *f*, Konjunkturrückgang *m* | **~essiu** (**-iva** *f*) *adj biol* rezessiv | **~essivitat** *f biol* Rezessivität *f*.
reciari *m hist* Netzkampfer *m*.
recicla|r (33) *vt tecn* wiederaufbereiten; recyceln | **~r-se** *v/r* s. weiter-, fortbilden | **~tge** *m tecn* Wiederaufbereitung *f*; Recycling *n* | (*von Personen*) Weiter-, Fort-bildung *f*.
recidiv|a *f dr* Rückfall *m*, *med a.* Rezidiv *n* | **~ar** (33) *vi med* e-n Rückfall erleiden | *dr* rückfällig werden | **~ista** *m/f* = **reincident**.
recinglar (33) *vt* völlig umschließen.
recinte *m* umgrenzter Platz *m* | Bereich *m* | ~ *de la fira* Messegelände *n*.
recipien|dari *m* Neumitglied *n* (*e-r Akademie*) | **~t** *adj* (*m/f*) = **receptiu** || *s/m* Behälter *m* | Gefäß *n* | *fts* Rezipient *m*.
rec|íproc(**ament** *adv*) *adj* gegen-, wechsel-seitig | *ling mat* reziprok | Gegen... | Wechsel... | *s/f mat* reziproke(r) Wert, Kehrwert *m* | **~iprocació** *f* Wechselwirkung *f* | *p ext* Erwiderung *f* | Revanche *f* | **~iprocar** (33) *vt* erwidern | s. revanchieren für (*ac*) | **~iprocitat** *f* Gegen-, Wechsel-seitigkeit *f* | Wechselbeziehung, Reziprozität *f*.
recita|ció *f* künstlerischer Vortrag *m*, Rezitation *f* | **~dor**(**a** *f*) *m* Vortragskünstler(in *f*), Rezitator(in *f*) *m* | **~l** *m mús* Recital, Rezital *n* | ~ *de poesia* Dichtervortrag *m* | ~ *de cançons* Liederabend *m* | ~ *de música* (Solo-) Konzert *n* | ~ *de piano* Klavierabend *m*, -konzert *n* | **~r** (33) *vt* künstlerisch vortragen, rezitieren | *estud: fer ~ a alg* j-n abfragen, abhören | **~t** *m mús* Rezitativ *n* | **~tiu** (**-iva** *f*) *adj mús* rezitatorisch | rezitativisch || *s/m* Rezitativ *n*.
reclam *m caç* Lock-pfeife *f*, -vogel *m* | Lock-ruf *m* | Reklame, Werbung *f* | *fig* Lockung *f*, Reiz, Zauber *m* | *caça amb ~* Lockjagd *f* | **~able** *adj* (*m/f*) beanstandbar | **~ació** *f dr* Beanstandung, Beschwerde, Reklamation *f* | Einspruch *m* | Zurückforderung *f* | **~ant** *m/f dr* Beschwerdeführer(in *f*), Reklamant(in *f*) *m* | **~ar** (33) *vt* Anspruch erheben auf (*ac*), beanspruchen | beanstanden, reklamie-

ren | (zurück)fordern, reklamieren | caç (*Vogel*) locken || *vi* reklamieren, Einspruch erheben, protestieren (*contra* gegen) | **~at** (**-ada**) *f*) *adj*: ~ per la justícia steckbrieflich gesucht.

reclau *m constr* Aussparung *f*.

reclavar (33) *vt* wieder annageln.

reclina|ció *f* An-, Zurück-lehnung *f* | **~r** (33) *vt* an-, zurück-lehnen | **~r-se** *v/r* s. an-, zurück-lehnen | s. aufstützen | **~tori** *m* Betstuhl *m*.

recl|oure (40) *vt* ein-schließen, -sperren | **~oure's** *v/r* s. einschließen | **ecl** s. zurückziehen | **~ús** (**-usa**) *f*) *adj* eingeschlossen, -gesperrt || *s/mf* Häftling *m* | Sträfling *m*, Strafgefange(r *m*) *m/f* | **~usió** *f dr* Haft *f*, Gefängnis(strafe *f*) *n* | *ecl* Zurückgezogenheit *f* | ~ perpètua lebenslängliche Freiheisstrafe *f*.

recluta *m mil* Rekrut *m* | **~ment** *m mil* Aushebung, Rekrutierung *f* | *fig* Einstellung, Anwerbung *f* | *s: lleva* | **~r** (33) *vt* ausheben, rekrutieren | (*Arbeiter*) anwerben, einstellen | (*Matrosen*) anheuern.

recoble *m mús* Kehrreim, Refrain *m* | Ritornell *n*.

recobra|ble *adj* (*m/f*) wieder erreichbar | *dr* beitreibbar | (*Geld, Schuld*) eintreibbar | einziehbar | **~ment** *m* Wiedererlangung *f* | Rückgewinnung *f* | *econ a. fig* (Wieder)Erholung *f* | **~r** (33) *vt* wieder-bekommen, -erlangen | ~ les forces wieder-, zurück-gewinnen | ~ les forces wieder zu Kräften kommen | ~ la salut wieder gesund werden | ~ el temps perdut die verlorene Zeit wieder einholen.

recobr|e *m fig lit* Obdach *n*, Schutz *m*, Zuflucht *f* | **~iment** *m* Wiederbedecken *n* | *arquit* Neudecken *n* | (völlige) Bedeckung, Verkleidung *f* | *tecn* Überlappung *f* | *arquit* Verblendung *f* | Überzug *m* | **~ir** (40) *vt* wieder (be)decken | (*mit Stoff*) überziehen | (*mit Farbe*) übermalen | umspinnen (*de* mit), verkleiden (mit) | völlig zudecken | *bot* überwachsen.

recogitar (33) *vi lit* nachsinnen.

recogni|ció *f lit* (Wieder)Erkennen *n* | *dr* Anerkennung *f* | **~tiu** (**-iva**) *f*) *adj* Erkennungs... | *dr* Anerkennungs...

reco|l·lecció *f* Einsammeln *n* | *agr* Ernte *f*; Auflesen *n* | *ecl* Sammlung, Versenkung, Andacht *f* | *s: collita* | **~l·lectar** (33) *vt lit* ernten | **~l·lecte** *adj ecl*

(sehr) andächtig, tief in s. gekehrt | *s/mf* Religiöse(r *m*) *m/f* e-r strengen Gemeinde | (früher) Rekollekte *m* | **~l·lector** *adj* (ab)erntend | pflückend | *s/mf agr* Pflücker(in *f*) *m* | Erntearbeiter(in *f*) *m* || *s/f* Erntemaschine *f* | **~llida** *f* (Ein)Sammeln *n*, Sammlung *f* | (Auf)Lesen *n* | (*Ware*) Abnahme *f* | *corr* Leerung *f* | *fig* Aufnahme, Unterkunft *m* | ~ d'escombraries Müllabfuhr *f* | **~llidor** *adj* Sammel..., Auffang... | Auflese... || *s/mf* Sammler(in *f*) *m* | *s/m* Abfall-, Kehr(icht)-schaufel *f* | **~lliment** *m ecl* innere Sammlung, Andacht *f* | Zurückgezogenheit *f* | **~llir** (40) *vt* einsammeln, zusammen-tragen, -raffen | *agr* (*Obst*) aufheben, auflesen | (*Kinder, Obdachlose*) aufnehmen, beherbergen | (*Ballon*) einfangen | (*Auskünfte*) ein-holen, -ziehen | (*Geld*) sammeln; zusammen-betteln; -bringen | (*Hose*) hochziehen | (*Kleid*) raffen | *mil* (*Material, Tote*) einsammeln, (*Truppen*) zusammenziehen | (*Briefkasten*) leeren | (*Müll*) abfahren | (*Netze*) einholen | (*Segel*) einziehen | (*Vorhang*) zusammenraffen | ~ les seves forces (*els seus pensaments*) s-e Kräfte (s-e Gedanken) zusammennehmen *od* konzentrieren | **~llir-se** *v/r* s. zurückziehen | s. sammeln | s. flüchten, Zuflucht suchen.

recolz|ada *f* (*Weg, Fluß*) Biegung *f* | Krümmung *f* | **~ador** *m* (Arm)Lehne *f* | (*Fenster*) Brüstung *f*, Fensterbrett *n* | Geländer *n* | **~ament** *m* Aufstützen *n* | *p ext* Unterstützung *f* | **~ar** (33) *vi* liegen, ruhen, gestützt sein (*a, en, sobre* auf *dat*) | *fig* beruhen (*en* auf *dat*) || *vt* (auf)stützen, (auf)lehnen, (auf)stemmen (*a, sobre* auf *ac, bzw dat*) | *p ext* unterstützen | **~ar-se** *v/r* s. stützen, s. lehnen (*a, en, sobre* auf *ac*, an *ac*) | **~e** *m* = **recolzada**.

recomana|ble *adj* (*m/f*) empfehlenswert | **~ció** *f* Empfehlung *f* | Befürwortung *f* | lletra de ~ Empfehlungsschreiben *n* | **~r** (33) *vt* empfehlen | ~ un metge (un remei) a alg j-m e-n Arzt (e. Mittel) empfehlen | et recomano d'anar-hi aviat ich empfehle (*od* rate) dir, bald hinzugehen.

recomença|ment *m* Wiederbeginn *m* | **~r** (33) *vt* erneut (*od* wieder) anfangen, (noch einmal) von vorn beginnen.

recompensa *f* Belohnung *f* | en ~ de zum Lohn für | **~ble** *adj* (*m/f*) ersetz-

recomplir

bar | belohnungswürdig | **~ció** f Belohnung f | **~dor** adj belohnend | vergeltend | **~r** (33) vt belohnen | vergelten | p ext entschädigen (de, per für) | s: compensar, rescabalar.

recomplir (40) vt (auf)füllen | ausfüllen.

recompo|ndre (40) vt wiederzusammensetzen | neu bilden | gràf neu setzen | **~sició** f Wiederzusammensetzung f | gràf Neusatz m.

recomprar (33) vt zurückkaufen.

recompt|ar (33) vt nach-zählen, -rechnen | **~e** m Nach-zählung, -rechnung f | **~ d'existències** Inventur f | **~ de vots** Stimmenzählung f.

reconcentra|ció f äußerste (od hohe) Konzentration f | a. fig Sammlung f | econ (Trust) Rückverflechtung f | **~r** (33) vt äußerst (od hoch) konzentrieren | auf e-n Punkt zusammendrängen | econ (Trust) wiederverflechten | **~r-se** v/r bes fig s. sammeln.

reconcilia|ble adj (m/f) versöhnbar | versöhnlich | **~ció** f Aus-, Ver-söhnung f | **~dor** adj versöhnend || s/mf Versöhner(in f) m | **~r** (33) vt versöhnen | wieder aussöhnen | **~r-se** v/r s. aussöhnen, s. wieder versöhnen (amb alg mit j-m) | **~ amb Déu** s-n Frieden mit Gott machen.

rec|ondir (37) vt lit verwahren, in Sicherheit bringen | **~òndit** adj (tief) verborgen od versteckt | geheim.

recondu|cció f Zurück-begleiten, -führen n | dr Verlängerung (od Erneuerung) f e-s Vertrages | **~ir** (37) vt zurück-begleiten, -führen | dr (Vertrag) verlängern; erneuern | **~ a casa** heim-begleiten, -führen.

recon|egudament adv erkenntlich, dankbar | **~egut** (-uda) adj dankbar | anerkannt | **~eixedor**¹ adj (an)erkennend | med untersuchend | **~eixedor**² adj erkennbar, kenntlich | **~eixement** m (Wieder)Erkennen n | med Untersuchung f | mil Erkundung, Aufklärung f | dr: **~ de deutes** Schuldanerkenntnis f | **~eixença** f (An)Erkennung f | Dankbarkeit f | **~eixent** adj (m/f) dankbar, erkenntlich (per für) | **~èixer** (40) vt wiedererkennen | erkennen (amb an dat) | a. dr polít dipl anerkennen | gestehen, zugeben | med untersuchen | (Gegend) auskundschaften | mil erkunden, aufklären | **~èixer-se** v/r s. wiedererkennen | s. bekennen, s. als... bezeichnen | **~ responsable** (solidari) s. verantwortlich bekennen (als s. solidarisch bezeichnen).

reconfort m Stärkung f | Ermutigung f | Trost m | Beistand m | **~ació** f Stärken n | Ermutigen n | Trösten n | **~ant** adj (m/f) stärkend | ermutigend tröstend | **~ar** (33) vt (j-n) stärken, (j-m) neue Kraft geben | (j-n) ermutigen, aufmuntern | (j-n) trösten | (j-m) beistehen.

recon|queridor m hist Wiedereroberer m | **~querir** (37) vt hist wieder-, zurück-erobern | **~questa** (od **~quista**) f Wieder-, Zurück-eroberung f (e-s Landes) | **~quistador** m = **reconqueridor** | **~quistar** (33) vt = **~querir**.

reconsagrat (-ada f) adj hart(näckig), streng, starr, unbeugsam | desp boshaft, niederträchtig.

reconsiderar (33) vt (Entscheidung, Urteil) noch einmal überdenken | (Änderung) revidieren | (Tatsachen) neu erwägen.

reconstitu|ció f Wiederherstellung f | Wiederaufbau m | **~ent** adj (m/f) bes med kräftigend | s/m Kräftigungs-, Nähr-mittel n | **~ible** adj (m/f) wiederherstellbar | **~ir** (37) vt wiederherstellen | a. dr nachbilden.

reconstru|cció f Wiederaufbau m | fig Rekonstruktion f | **~ctor** adj wiederaufbauend || s/m Wiederaufbauer m | **~ir** (37) vt wiederaufbauen | fig a. rekonstruieren.

reconven|ció f Rüge f, Verweis m | dr Gegen-, Wider-klage f | **~cional** adj (m/f) Wider..., Gegen... | dr: acció **~** Gegenklage f | **~ir** (40) vt rügen, tadeln | dr Gegenklage erheben gegen.

reconver|sió f econ Umstellung, Anpassung f | **~tir** (37) vt umstellen, anpassen.

recopila|ció f Zusammenstellung f | Sammlung f | **~dor** m Zusammensteller, Sammler m | **~r** (33) vt zusammenstellen | sammeln.

recorba|r (33) vt wieder krümmen | umbiegen | **~t** (-ada f) adj umgebogen.

record m Erinnerung f (de an ac) | Andenken n (de an ac) | **~s d'infantesa** Kindheitserinnerungen f pl | **~s de viatge** Reiseandenken n pl | **perdre el ~ d'u/c** die Erinnerung an etw verlieren || pl Grüße m pl | **~s al teu pare!** Grüße an deinen Vater!; grüß deinen Vater (von mir)! | **m'han donat ~s per tu** sie haben mir Grüße an dich auf-

rècord getragen; ich soll dich von ihnen grüßen.

rècord *m* Rekord *m* | *esport a.* Best-, Höchst-leistung *f* | *aconseguir* (*batre*) *un* ~ e-n Rekord aufstellen (brechen, schlagen) | *detenir* (*millorar*) *un* ~ e-n Rekord halten (verbessern).

recorda|ble *adj* (*m/f*) denkwürdig | erinnerungswert | **~ció** *f* Erinnern *n* | Gedenken *n* | *de feliç* ~ (*a. iròn*) seligen Angedenkens | **~nça** *f lit* Gedenken, Gedächtnis *n* | Sicherinnern *n* | **~r** (33) *vt* ins Gedächtnis rufen, erinnern | *fig a.* mahnen | ~ *u/c s.* an etw (*ac*) erinnern | ~ *u/c a alg* j-n an etw (*ac*) erinnern | *fer* ~ *u/c a alg* j-n an etw erinnern; *com* j-n mahnen | **~r-se** *v/r s.* erinnern | **~tiu** (**-iva** *f*) *adj* erinnernd | Gedenk... | Erinnerungen wachrufend | *festa recordativa* Gedächtnisfeier *f* | **~tori** *m ecl* Kommunionbild(chen) *n* | Totenerinnerungsbild *n*, Karte *f* zum Andenken an e-n Toten | Erinnerungsblatt *n* | Gedächtnishilfe *f* | *com* Mahnung *f* | *dipl* Merkblatt *n*, *bes polít* Memorandum *n* | Andenken *n*.

recorregir (37) *vt* nochmals korrigieren *od* verbessern.

rec|orregut *m* (Fahr)Strecke *f* | Weg *m* | Route *f* | *tren de llarg* ~ Fernzug *m* | **~órrer** (40) *vt* durch-laufen, -eilen, -wandern | bereisen | (*Strecke*) zurücklegen | (*Text*) durchlesen; überfliegen || *vi:* ~ *a alg* (*a un mitjà extraordinari*) bei j-m s-e Zuflucht nehmen *od* suchen (zu e-m außergewöhnlichen Mittel greifen).

re|cosir (40) *vt* nachnähen; wieder zusammennähen | (*Wäsche*) flicken, ausbessern | **~coure** (40) *vt* erneut kochen | zerkochen.

recrea|ció *f* Erholung *f* | Belustigung *f* | Ergötzung, Erquickung *f* | Entspannung, Zerstreuung *f*, Zeitvertreib *m* | Spiel-, Unterrichts-pause *f* | *ecl* neue Schöpfung *f* | erneute Welterschaffung *f* | **~r** (33) *vt* ergötzen | erquicken | *ecl* neu schaffen, wieder (er)schaffen | **~r-se** *v/r s.* ergötzen | *s.* erholen | *s.* entspannen | **~tiu** (**-iva** *f*) *adj* unterhaltend, amüsant | erheiternd, ergötzlich | entspannend | Vergnügungs...

recr|eixement *m* Nachwachsen *n* | **~éixer** (40) *vi* nachwachsen.

recrema|da *f gastr* angesengte Stelle *f* | Ansengen *n* | (*Brot*) zu lange *od* stark geröstetes Stück *n* | **~ment** *m* zu starke Röstung *f* | **~r** (33) *vt* ansengen | (*Brot*) zu stark rösten.

recrement *m* Auswurf *m* | Schlacke *f* | *med* Ausscheidungsstoff *m* | **~ici** (**-ícia** *f*), **~ós** (**-osa** *f*) *adj* (*Blut*) Ausscheidungsstoff...

recria *f* Aufzucht *f* | **~r** (33) *vt* (*Vieh*) auf-, groß-ziehen.

recrimina|ció *f* Anschuldigung *f* | Gegenbeschuldigung *f* | *dr* Gegenklage *f* | **~dor** *m* Gegen-beschuldiger *m*, *dr* -kläger | **~r** (33) *vt fig* (*j-m*) Vorwürfe machen | (Gegen)Beschuldigungen erheben gegen (*ac*), *dr* Gegenklage erheben gegen (*ac*) | **~r-se** *v/r s.* gegenseitig beschuldigen | einander Vorwürfe machen | **~tori** (**-òria** *f*) *adj* vorwurfsvoll.

recru|ada *f* = **~descència** | **~ar** (33) *vi a. med s.* (wieder) verschlimmern | *fig a. meteor s.* verschärfen | **~descència** *f* Verschlimmerung *f* | Verschärfung *f* | **~descent** *adj* (*m/f*) *s.* verschlimmernd | *s.* verschärfend.

rect|a *f* Gerade *f* | *esport:* ~ *final od de meta* Zielgerade *f* | **~l** *adj* (*m/f*) *anat* rektal | Mastdarm... | **~angle** *adj* (*m/f*) *geom* rechteckig | (*Dreieck, Trapez*) rechtwinklig || *s/m* Rechteck *n* | **~angular** *adj* (*m/f*) rechteckig | **~e** *adj* gerade | *fig* recht(schaffen), redlich | *geom: angle* ~ rechter Winkel *m* | *una línia recta* e-e gerade Linie | *ling: sentit* ~ ursprünglicher, eigentlicher Sinn *m* (*e-s Wortes*) || *s/m anat* Mastdarm *m* | **~ificació** *f* (*Fluß, Weg*) Begradigung *f* | *fig* Berichtigung, Richtigstellung *f* | Verbesserung *f* | *elect* Gleichrichtung *f* | *tecn* Schleifen *n* | *quím geom* Rektifikation *f* | **~ificador** *adj* berichtigend, richtigstellend || *s/m elect* Gleichrichter *m* | *s/f tecn* Schleifmaschine *f* | **~ificar** (33) *vt* begradigen | *fig* berichtigen, richtigstellen | verbessern | *elect* gleichrichten | entzerren | *tecn* (fein-) schleifen | *quím geom* rektifizieren | **~ificatiu** (**-iva** *f*) *adj* berichtigend, richtigstellend | Berichtigungs... | Verbesserungs... | **~ilini** (**-ínia** *f*) *adj* geradlinig | **~itis** *f med* Mastdarmentzündung *f* | **~itud** *f geom* Geradlinigkeit *f* | *bes fig* Geradheit, Rechtschaffenheit *f* | **~o** *m gràf* Rekto, Recto *n* | **~or(a** *f*) *m* (*Universität*) Rektor(in *f*) *m* || *s/m catol* Pfarrer

m | **~oral** *adj (m/f)* Rektorats... | Rektoren... | *casa ~* Pfarrhaus *n* | **~orat** *m* Rektorat *n* | **~oressa** *f* Rektorin *f* | **~oria** *f* Pfarr-amt *n*, -stelle *f, fam a.* Pfarrhaus *n* | **~oscòpia** *f med* Rektoskopie *f* | **~riu** *f ornit* Steuerfeder *f.*
recui|na *f* Nebenküche *f* | **~t** *m gastr* Quark, *südd* Topfen *m* | **~ta** *f tecn* (Aus)Glühen; Glühfrischen, Tempern *n* | *(Steingut)* Brennen *n.*
rècula *f* Zug *m* Lasttiere | *fig* lange Reihe *f.*
recul|ada *f* Rückgang *m* | Zurück-weichen, -gehen, -treten *n* | *(Feuerwaffe)* Rückstoß *m* | **~ant** *m agr (Pferdegeschirr)* Hinterzeug *n* | *(Fluß)* Gegenströmung *f* | **~ar** (33) *vi* rückwärtsgehen *bzw* fahren | zurückgehen *(Flut)* | zurück-weichen, -prallen, -schrecken *(davant de* vor *dat)* || *vt* aufschieben, verzögern | zurück-schieben, -ziehen | verspäten | **~es** *(od* **~ons)**: *a ~* od *a reculons (loc adv)* rückwärts, rücklings, nach hinten.
recull *m* Sammeln *n* | Sammlung *f* | *~ de poesies* Gedichtsammlung *f.*
recupera|ble *adj (m/f)* wieder-erreichbar, -erlangbar | noch brauchbar, verwertbar | *(Schuld)* eintreibbar | *dr* beitreibbar | **~ció** *f* Wiedererlangung *f* | Zurückgewinnung *f* | *a. fig* Gesundung; Erholung *f* | **~dor** *m tecn* Rekuperator; Abwärmeverwerter *m* | *(Geschütz)* Rückholer *m* | **~r** (33) *vt* wieder-erlangen, -bekommen, -erreichen | *bes tecn* zurückgewinnen; (wieder) verwerten | *(Arbeitsstunden, Zeit)* nachholen, wiedereinholen | *(Altmaterialien)* sammeln | *(Kosten)* wiedereinbringen | *(Schaden)* wiedergutmachen | **~r-se** *v/r esport* s. wieder erholen | *med econ* s. erholen | s. schadlos halten.
recur|rència *f* Rückläufigkeit *f* | *med* Rückfall *m* | **~rent** *adj (m/f) med mat* rückläufig | *febre ~* Rückfallfieber *n* || *s/m/f dr econ* Regreß-, Rekursnehmer(in *f*) *m* | **~s** *m* Hilfsmittel *n* | Ausweg *m* | *adm* Eingabe *f* | *dr* Rechtsmittel *n*, Berufung, Beschwerde *f*; Regreß, Rück-, Ersatz-anspruch *m* | *~ d'apel·lació* Berufung *f* | *~ de cassació* Nichtigkeitsbeschwerde *f* | *interposar un ~* e. Rechtsmittel einlegen *(davant* bei) || *pl* Hilfs-mittel *n pl*, -quellen *f pl* | Mittel *n pl*, Ressourcen *f pl* | *~os aquàtics* Wasservorräte *m pl* | *~os financers* Geldmittel *n pl* | *~os naturals* Naturschätze *m pl* | *un home de ~os* e. einfallsreicher Mann, e. Mann, der s. zu helfen weiß | *esgotar tots els ~os (dr)* alle Rechtsmittel ausschöpfen.
recusa|ble *adj (m/f)* ablehnbar, zurückweisbar | bestreitbar | **~ció** *f dr* Ablehnung, Zurückweisung *f* | Verwerfung *f* | **~nt** *adj (m/f)* ablehnend | **~r** (33) *vt* ab-, zurück-weisen | verwerfen | *dr (wegen Befangenheit)* ablehnen.
redac|ció *f* Abfassung, Anfertigung *f (e-s Schriftstücks)* | *estud* Aufsatz(übung *f*) *m* | *gràf* Schriftleitung *f* | Redaktion *f* | *de ~* Redaktions..., redaktionell | **~tar** (33) *vt* abfassen, aufsetzen, ausarbeiten | *gràf* redigieren | **~tor(a** *f*) *m* Verfasser(in *f*) *m* | Schriftleiter(in *f*), Redakteur(in *f*) *m* | *~ en cap* Chefredakteur, Hauptschriftleiter *m.*
redall *m* (zweite) Mahd *f* | Grummet *n* | **~ar** (33) *vt agr* zum zweiten Mal mähen.
redarg|ució *f* Widerlegung *f* | **~üir** (37) *vt* widerlegen.
redemp|ció *f econ* Ablösung *f, a. dr* Loskauf *m* | *rel* Erlösung *f* | **~tor** *adj* loskaufend | *rel* erlösend, rettend || *s/m rel* Erlöser, Retter, Heiland *m* | **~torista** *m ecl* Redemptorist *m.*
redescompt|ar (33) *vt banc* rediskontieren | **~e** *m* Rediskont *m.*
redhibi|ció *f com dr* Rückgängigmachung *f* e-s Kauf(vertrag)es | **~tori (-òria** *f*) *adj dr* redhibitorisch | *defecte, vici ~* Hauptfehler *m*, Gewährsmangel *m* | **~r** (37) *vt com dr (e-n Kauf)* rückgängig machen, widerrufen.
redimi|ble *adj (m/f)* ab-, ein-lösbar | *rel* erlösbar | **~r** (37) *vt* ab-, ein-lösen | loskaufen | *rel* erlösen.
redingot *m* Redingote *f/m.*
redir (40) *vt* noch einmal sagen | *li ho he dit i redit* ich habe es ihm wieder und wieder *(od* immer wieder) gesagt.
redistribu|ció *f* Neu-verteilung, -aufteilung *f* | **~ir** (37) *vt* neu verteilen.
rèdit *m econ banc* Kapitalertrag *m*; Rendite *f* | Verzinsung *f.*
redita *f* (unnötige) Wiederholung *f.*
redituar (33) *vt (Ertrag)* einbringen.
rediviu (-iva *f*) *adj lit* wiedererstanden; auferstanden.
redobl|ament *m* Verdopplung *f, fig* Vermehrung *f* | *mil* Trommelwirbel *m* |

redol 858 **reembors**

~ant *m* (Landsknechts-, Marsch-)Trommel *f* | Trommler *m* | **~ar** (33) *vt a. fig* verdoppeln || *vi* s. verdoppeln | wirbeln; (e-n) Wirbel schlagen | **~at** (**-ada** *f*) *adj* verdoppelt | *pas* ~ Eilschritt *m* | **~ec** *m* Doppelfalte *f* | **~egar** (33) *vt* nochmals falten.

redol *m Bal Val* Um-fang, -kreis *m* | *agr* (Garten)Beet *n* | *s:* erol.

red|ós *m* (*pl -ossos*) = **recer** | *a* ~ (*loc adv*) geschützt | **~ossa**: *a* ~ (*loc adv*) geschützt; *fig* in Sicherheit | *a* ~ *del mal temps* gegen Unwetter geschützt | **~ossar** (33) *vt* schützen | abschirmen.

redreç|(ament) *m* Wiederaufrichtung *f* | *fig* Berichtigung, Verbesserung, Wiedergutmachung *f*, Wiedergutmachen *n* | Geraderichten *n* | *com* Sanierung *f* | *redreçament econòmic* Belebung *f*, Aufschwung *m* der Wirtschaft | **~ador** *adj* wieder-aufrichtend, -gutmachend | **~ar** (33) *vt* (wieder) auf-, gerade-richten | wieder aufstellen | *fig* berichtigen, wiedergutmachen | *com econ* beleben, ankurbeln, sanieren | *tecn* (nach-, gerade-)richten | **~ar-se** *v/r* s. wieder aufrichten | s. bessern | **~at** (**-ada** *f*) *adj* wieder aufgerichtet, (wieder) geradegerichtet.

redubta|ble *adj* (*m/f*) furchterregend | **~r** (33) *vt* sehr (be)fürchten.

redu|cció *f com* Ermäßigung *f*, Nachlaß *m*, Verminderung *f* (*des Preises*) | *med* Einrenken *n* | *quím* Reduktion *f* | *mat* (*Bruch*) Kürzung *f* | ~ *de fraccions a un denominador comú* Gleichnamigmachen *f* mehrerer Brüche | (*Ausgaben, Löhne, Steuern*) Abbau *m* | Senkung *f* | *filos* ~ *a l'absurd* (*a l'impossible*) Beweis *m* der Unsinnigkeit (der Unmöglichkeit) | ~ *de natalitat* Geburtenbeschränkung *f* | *a. tecn* Reduktion, Untersetzung *f* | **~cte** *m mil arc u. fig* Reduit *m*, *p ext* schwer zu erobernder Platz *m* | **~ctibilitat** *f* Reduzierbarkeit *f* | **~ctible** *adj* (*m/f*) zurückführbar (*a auf ac*) | herabsetzbar | *quím* reduzierbar, auflösbar | *med* einrenkbar | *mat* (*Bruch*) kürzbar | **~ctiu** (**-iva** *f*) *adj* vermindernd, be-, ein-schränkend | **~ctor** *adj bes quím* reduzierend || *s/m med quím* Reduktionsmittel *n* | *tecn* (Untersetzungs-)Getriebe *n* | **~iment** *m* = **reducció** | **~ir** (37) *vt* zurückführen (*a auf ac*) | *econ banc* umrechnen (*a in ac*) | *com econ* abbauen | herabsetzen, ermäßigen | einschränken | nachlassen, reduzieren (*a. quím*) | vermindern, verkleinern, verringern | *mat* kürzen | (*Kosten*) senken | *med* (wieder) einrenken, einrichten | (*Feinde*) nieder-schlagen, -werfen; zur Übergabe zwingen | *fig:* ~ *a u/c* in etw (*ac*) verwandeln | ~ *a no res* (*a cendre, a pols*) zunichte machen (einäschern, zu Staub machen, pulverisieren), *fig* vollkommen *od* ganz u. gar zerstören | **~ir-se** *v/r* s. ein-, be-schränken (*a auf ac*) | **~ït** (**-ida** *f*) *adj* gering | *preu* ~ ermäßigter Preis | ~ *a la misèria* ins Elend geraten.

redund|ància *f lit* Redundanz *f* | Wortschwall *m* | *fig a.* Überfluß *m* | **~ant**(**ment** *adv*) *adj* (*m/f*) (*Stil*) schwülstig, überschwenglich, weitschweifig | *gràf* redundant | **~ar** (33) *vi* überlaufen | ~ *en...* gereichen *od* s. auswirken zu (*dat*) | ~ *en benefici d'alg* für j-n vorteilhaft sein.

reduplica|ció *f* Verdopp(e)lung *f* | *ling* Reduplikation *f* | **~r** (33) *vt* verdoppeln | *ling* reduplizieren | **~tiu** (**-iva** *f*) *adj ling* reduplizierend.

reedició *f gràf* Neu-auflage *f*, -druck *m*.

reedifica|ció *f* Wiederaufbau *m* | **~r** (33) *vt* wieder aufbauen.

reeditar (33) *vt gràf* neu herausgeben, neu auflegen.

reeduca|ció *f* Umerziehung *f* | Umschulung *f* | *med* Heilgymnastik *f* | **~r** (33) *vt* umerziehen | umschulen.

reeixi|da *f* Erfolg *m*, Gelingen *n* | **~ment** *m* = **reeixida** | **~r** (40) *vi* Erfolg (*bzw* Glück) haben | gelingen, glücken | **~t** (**-ida** *f*) *adj* gelungen | geglückt | *una obra reeixida* e. gelungenes Werk.

reele|cció *f* Wiederwahl *f* | **~gible** *adj* (*m/f*) wiederwählbar | **~gir** (37) *vt* wiederwählen.

reembarca|da *f* = **~ment** | **~ment** *m* Wiedereinschiffung *f* | **~r** (33) *vt* wieder einschiffen | (*Waren*) rückverladen.

reembors *m* (Zu)Rückzahlung; Rückvergütung *f* | (Rück)Erstattung *f* | *corr* Nachnahme *f* | **~able** *adj* (*m/f*) (zu-)rückzahlbar | **~ament** *m* = **reembors** | *contra* ~ (*corr*) per (*od* gegen, mit, unter) Nachnahme | **~ar** (33) *vt* zurückzahlen; rückvergüten | (zurück-)erstatten.

reemplaça|ble *adj* (*m/f*) ersetzbar | *p ext* auswechselbar | **~ment** *m* Ersetzung *f* | Ersatz *m* | *fig* Vertretung *f* | **~nt** *adj* (*m/f*) ersetzend, Ersatz... | stellvertretend ‖ *s/m/f* (*Person*) Vertretung *f*; Ersatz *m* | **~r** (33) *vt* ersetzen | (*j-n vorübergehend*) vertreten; (*auf Dauer*) die Stelle einnehmen (*gen*) | (*Teile*) aus-wechseln, -tauschen, ersetzen.

reencarna|ció *f bes rel* Reinkarnation, Seelenwanderung, Wiedergeburt *f* | **~r-se** (33) *v/r* wiedergeboren werden, *lit* reinkarnieren.

reenganxa|ment *m mil* Wiederverpflichtung *f* | **~r** (33) *vt* wieder ankleben | *mil* wieder verpflichten | **~r-se** *v/r mil* s. erneut verpflichten.

reenvi|dar (33) *vt* (*Einsatz*) überbieten, erhöhen | **~t** *m* höhere(r) Einsatz *m*; Überbieten *n*.

reestrena *f teat cin* Wiederaufführung *f* | **~r** (33) *vt* wiederaufführen.

reestructura|ció *f* Umstrukturierung *f* | **~r** (33) *vt* umstrukturieren.

reexamina|ció *f* Überprüfung, nochmalige Prüfung *f* | **~r** (33) *vt* überprüfen, noch einmal prüfen.

reexpedi|ció *f* Weiterbeförderung *f* | *corr* Nachsendung *f* | **~r** (37) *vt* weiterbefördern | *corr* nachsenden.

reexporta|ció *f* Wiederausfuhr *f* | **~r** (33) *vt* wiederausführen, reexportieren.

refallar (33) *vt* (*j-n, Karte*) übertrumpfen.

refe|cció *f* Ausbesserung, Reparatur *f* | Instandsetzung *f* | (*im Kloster*) Mahl(zeit *f*) *n* | **~ctori** *m bes ecl* = **refetor** | **~r** (40) *vt* noch einmal machen; neu machen | umarbeiten | wiederherstellen | ausbessern, wieder zurechtmachen | **~r-se** *v/r* s. erholen | wieder zu Kräften kommen.

refer|ència *f* Bericht *m* | Bezug(nahme *f*) *m* | Hinweis *m* | *com* Referenz, Auskunft *f* | Empfehlung *f* | (*Text*) Belegstelle *f* | *sistema de* ~ (*fís*) Bezug(s)system *n* | *amb* ~ *a* mit Bezug auf (*ac*) | *fer* ~ *a* s. beziehen auf (*ac*) | *ho sé per referències* ich weiß es (nur) von anderen *od* vom Hörensagen | **~encial** *m fís* Bezug(s)system *n* | **~endari** *m dr hist* (*Beamter*) Gegenzeichner *m* | **~èndum** *m polít* Referendum *n*, Volks-entscheid *m*, -befragung *f* | (*Gewerkschaft*) Urabstimmung *f* | **~ent** *adj* (*m/f*): ~ *a* in (*od* mit) Bezug auf (*ac*), bezüglich (*gen*); über (*ac*) | **~ir**[1] (37) *vt* berichten, *lit* referieren | in Beziehung bringen (*a* mit) | zuordnen; unterordnen (*a* dat) | **~ir-se** *v/r* s. beziehen (*a* auf *ac*) | *no em referia a tu* ich meinte nicht dich.

referi|r[2] (37) *vt constr* verputzen | **~t** *m* Verputz *m*.

referma|nça *f Bal*, **~ment** *m* (erneute) Bestärkung *f* | (wiederholte) Bestätigung *f* | (sichere) Bekräftigung *f* | **~r** (33) *vt* fester machen | *fig* wieder befestigen | (erneut) bestärken | (wiederum) bestätigen ‖ *vi meteor* stärker werden, zunehmen | **~r-se** *v/r* beharren (*en* auf *dat*), verharren (bei), bestehen (auf *dat*), bleiben (bei).

referrar (33) *vt* (*Pferd*) neu beschlagen.

refet *adj* stämmig, kräftig | erholt | **~a** *f* (*Oliven*) zweite(s) Pressen *n* | **~or** *m* (*Kloster*) Refektorium *n*, Speisesaal *m* | **~orer(a** *f*) *m* (*Kloster*) Speisemeister(in *f*) *m*.

refí (**-ina** *f*) *adj* sehr fein | *com a.* hoch-, extra-fein.

refia|nça *f lit* Vertrauen *n* | Zuversicht *f* | **~r-se** (33) *v/r*: ~ *de* s. verlassen auf (*ac*), sein Vetrauen setzen auf (*ac*); trauen (*dat*) | **~t** (**-ada** *f*, **-adament** *adv*) *adj* vertrauens-voll, -selig, gutgläubig.

refil|ada *f* Triller *m* | **~adissa** *f* Getriller, Trillern, Zwitschern *n* | **~ador** *adj* trillernd ‖ *s/m* (*Werkzeug*) Hartmeißel *m* | **~ar** (33) *vi* trillern, tirilieren, zwitschern (*Vögel*) | trillern, trällern (*j-d*) ‖ *vt* (zu)spitzen | **~et** *m* = **refilada** ‖ *pl* Getriller *n*.

refin|ació *f* Verfeinerung *f* | *tecn* Raffination *f* | **~ador** *adj* verfeinernd | **~ament** *m* Verfeinerung *f* | *fig* Feinheit *f*, Raffinement *n* | **~ar** (33) *vt* (*Sprache, Manieren, Geschmack*) verfeinern | *tecn* (*bes Öl, Zucker*) raffinieren; (*Metalle*) *a.* veredeln | **~at** (**-ada** *f*, **-adament** *adv*) *adj* raffiniert | *sucre* ~ Raffinade *f* | **~atge** *m* Verfeinern *n* | = **~ació** | **~eria** *f* Raffinerie *f*.

refistolat (**-ada** *f*) *adj fam* hochnäsig | herausgeputzt, aufgedonnert.

refle|ctir (37) *vt* zurück-strahlen, -werfen, reflektieren | (*Licht, fig*) widerspiegeln | **~ctir-se** *v/r* s. (wider)spiegeln | **~ctor** *adj* zurückstrahlend | widerspiegelnd ‖ *s/m fís telecom* Reflektor *m* | **~x** *adj* zurückgestrahlt | widergespiegelt | *bot* nach unten umgekehrt | reflektorisch, Reflex... | *moviment* ~ Reflexbewegung *f* ‖ *s/m*

Reflex *m* | *a.* Widerschein *m* | *tenir bons ~os* gute Reflexe haben.
reflex|ibilitat *f* *fís* Reflektierbarkeit *f* | **~ible** *adj* (*m/f*) reflektierbar, zurückstrahlbar | **~ió** *f* (Zu)Rückstrahlung, Reflexion, Spiegelung *f* | *fig* Nach-denken, -sinnen *n*; Überlegung, Betrachtung *f* | *sense ~* unbedacht, unüberlegt | **~ionar** (33) *vt* überlegen ‖ *vi* nachdenken (*sobre* über *ac*) | **~iu** (**-iva** *f*) *adj* nachdenklich, überlegt | *ling* reflexiv, Reflexiv...; rückbezüglich.
reflori|ment *m* zweite Blüte *f* | Wiederaufblühen *n* | **~r** (37) *vi* zum zweiten Mal blühen | *bes fig* wieder aufblühen.
reflu|ent *adj* (*m/f*) zurück-fließend, -flutend | **~ir** (37) *vi* zurück-fließen, -fluten | *fig* zurück-kehren, -strömen | **~x** *m* Ebbe *f* | Rückfluß *m* | Rückstrom *m*.
refocil·la|ció *f* Ergötzen *n*, Ergötzung *f* | Erquickung *f* | **~r(-se)** (33) *vt(/r)* (s.) ergötzen | (s.) erquicken.
refondre (40) *vt tecn* umgießen, umschmelzen, einschmelzen | *fig* umändern; überarbeiten.
reforç *m a. tecn mil* Verstärkung *f* | *fig* Hilfe *f*, Beistand *m* ‖ *pl mil* (Truppen-)Nachschub *m* | **~ament** *m* Verstärkung *f*; Verstärken *n* | *polít* Stärkung *f* | **~ant** *adj* (*m/f*) verstärkend | *a. med* kräftigend ‖ *s/m med* Kräftigungsmittel *n* | **~ar** (33) *vt* stärker machen, verstärken | (*j-n, Körper*) kräftigen | **~ar-se** *v/r s.* kräftigen; (*wieder*) zu Kräften kommen.
reforesta|ció *f* Wiederaufforstung *f* | **~r** (33) *vt* wieder aufforsten.
reform|a *f* Reform *f* | Umarbeitung *f* | (*Person*) Besserung *f* | *constr mst pl* Umbau *m*; Renovierung *f* | *~ agrària* (*fiscal, monetària*) Agrar-(Steuer-, Währungs-)reform *f* | *hist ecl: la ~* die Reformation *f* | **~able** *adj* (*m/f*) verbesserungsfähig, reformierbar | **~ació** *f* Reform(ieren *n*) *f* | Umgestaltung *f* | **~ador** *adj* reformatorisch | umgestaltend ‖ *s/m* Reformator *m* | **~ar** (33) *vt* umgestalten | umarbeiten | *tecn a.* umändern | reformieren | verbessern | **~ar-se** *v/r* umgestaltet werden | *fig* s. bessern, besser werden | *mil* s. neu formieren | **~at** (**-ada** *f*) *adj bes ecl* reformiert ‖ *s/mf ecl* Reformierte(r *m*) *m/f* | **~atori** (**-òria** *f*) *adj* neu-, um-gestaltend | *ecl*

reformatorisch ‖ *s/m* Besserungsanstalt *f* | **~isme** *m bes polít* Reformismus *m* | **~ista** *adj* (*m/f*) reformistisch, reformfreundlich ‖ *s/m/f* Reformist(in *f*), Reformer(in *f*).
refosa *f tecn* Umguß *m*, Um-, Ein-schmelzung *f* | *fig* Umänderung, Umgestaltung *f* | Überarbeitung, Umarbeitung *f* | *gràf* Neubearbeitung *f*.
refra|cció *f fís* (Strahlen-, Licht-, Schall-)Brechung *f* | **~ctar(-se)** (33) *vt(/r) fís* (s.) brechen | **~ctari** (**-ària** *f*) *adj* widerspenstig, -strebend (*a* gegen *ac*) | *fig a.* unzugänglich | *quím* hitzebeständig; feuerfest | *paret refractària* Brandmauer *f* | **~ctat** (**-ada** *f*), **~cte** *adj* (*Strahl*) gebrochen | **~ctiu** (**-iva** *f*) *adj* (strahlen-, licht-, schall-)brechend | **~ctivitat** *f* Brechungsvermögen *n* | **~ctòmetre** *m òpt* Refraktometer *n* | **~ngibilitat** *f fís* Brechbarkeit *f* | **~ngible** *adj* (*m/f*) brechbar | **~ny** *m Lit* Refrain, Kehrreim *m* | *bes* Sprichwort *n*, Spruch *m* | *s: dita, proverbi* | **~nyer** *m* Sprichwörtersammlung *f*.
refrec *m* Reiben *n*, Reibung *f*.
refreda|ment *m* Erkalten *n* | *med* Erkältung *f* | *fig* Abkühlung *f* | **~r** (33) *vt* abkühlen (lassen) | **~r-se** (33) *v/r* erkalten | *med* s. erkälten | *a. fig* (s.) abkühlen | **~t** *m* Erkältung *f*; Schnupfen *m*.
refrega|da *f* Reiben *n* | Scheuern *n* | ab- (*bzw* wund-)gescheuerte Stelle *f* | **~ment** *m* Reiben *n* | Reibung *f* | Scheuern *n* | **~r(-se)** (33) *vt(/r)* (s.) reiben | (s.) (ab)scheuern | (s.) wundscheuern.
refregir (33) *vt gastr* aufbraten.
refrena|ble *adj* (*m/f*) bremsbar | *fig* bezähmbar | **~ment** *m a. fig* Zügeln *n* | *fig* Bändigen *n*, Zähmung *f* | **~r** (33) *vt a. fig* zügeln | *fig* zähmen | **~r-se** *v/r* s. beherrschen, s. bezähmen, an s. halten, s. zusammennehmen.
refresc *m* Erfrischung(sgetränk *n*) *f* | (*bes bei e-r Abendgesellschaft*) *a.* Imbiß *m* | *de ~* Ersatz..., Austausch... | *mil: tropes de ~* Ersatztruppen *f pl* | **~ada** *f* Erfrischen *n*, Erfrischung *f* | **~ador** *adj* erfrischend | **~ament** *m* (*Wetter*) Abkühlung *f* | = **~ada** | **~ant** *adj* (*m/f*) erfrischend ‖ *s/m* Erfrischung(sgetränk *n*) *f* | **~ar** (33) *vt* abkühlen | (*Getränke*) kühlen, erfrischen | *a. fig* auffrischen | (*Ereignis*)

begießen || *vi* abkühlen, kühl(er) werden, frisch(er) werden (*Wetter*) | auffrischen (*Wind*) | **~ar-se** *v/r* s. abkühlen, kühl(er) werden, frisch(er) werden | s. erfrischen, s-n Durst löschen | frische Luft schöpfen.
refriger|ació *f* Kühlung *f* | Tiefkühlung *f* | **~ador** *m* Kühlschrank *m* | *tecn* Kühler *m* | **~ant** *adj* (*m/f*) kühlend | Kühl... || *s/m med* kühlende(s) Mittel *n* | *tecn* Kühl-mittel *n bzw* -flüssigkeit *f* | *tecn* Kühlaggregat *n* | **~ar** (33) *vt* (ab)kühlen | *s:* **refredar, refrescar** | **~atiu** (**-iva** *f*) *adj* Kühl... | kühlend | **~i** *m* Erfrischung *f* | *a. fig* Linderung *f* | *gastr* Imbiß *m*.
refring|ència *f* = **refractivitat** | **~ent** *adj* (*m/f*) = **refractiu** | **~ir** (37) *vt* = **refractar**.
refugi *m* Zuflucht(sort *m*) *f* | (*Berg*) Schutzhütte *f* | (*Stadt*) Verkehrsinsel *f* | *lloc de* ~ Zufluchts-ort *m*, -stätte *f* | *mil:* ~ *antiaeri* Luftschutz-raum, -bunker, -keller *m* | ~ *antiatòmic* Atombunker *m* | *fig ecl:* ~ *dels pecadors* Sünder-hafen *m*, -zuflucht *f* | **~ar** (33) *vt* (*j-m*) Zuflucht gewähren *od* bieten | **~ar-se** *v/r* (s.) flüchten, (s-e) Zuflucht nehmen | **~at** (**-ada** *f*) *adj* geflüchtet || *s/mf* Flüchtling *m*.
refulg|ència *f* Glanz *m* | Schimmer *m* | **~ent** *adj* (*m/f*) glänzend | (zurück-)schimmernd | (wider)strahlend | **~ir** (37) *vi* glänzen | (zurück)schimmern | (wider)strahlen.
ref|ús *m* Ablehnung, (Ver)Weigerung *f* | **~usable** *adj* (*m/f*) ablehn-, abweisbar | **~usar** (33) *vt* ablehnen | verweigern | zurückweisen, nicht annehmen | **~usar-se** *v/r* s. weigern (*a fer u/c* etw zu tun).
refusible *adj* (*m/f*) umschmelzbar.
refuta|ble *adj* (*m/f*) widerlegbar | **~ció** *f* Widerlegung *f* | **~r** (33) *vt* widerlegen | **~tori** (**-òria** *f*) *adj* widerlegend | Widerlegungs...
reg *m agr* Bewässerung *f*, Begießen *n* | **~a** *f agr* Furche, Rinne *f* | *tèxt* (*Strumpf*) Laufmasche *f* | **~ada** *f agr* Bewässerung, Berieselung *f* | (Be)Gießen *n* | **~adiu** *m* (a. *terres de* ~) Bewässerungsland *n* | Rieselfelder *n pl* | **~ador** *adj* bewässernd, berieselnd || *s/f* Gießkanne *f*.
regal *m* (Sinnen)Vergnügen *f* | Geschenk *n* | ~ *de casament* Hochzeitsgeschenk *n* | *aquest paisatge és un* ~ *dels ulls*

diese Landschaft ist e-e Augenweide | **~a** *f nàut* Dollbord *n* | **~ada**: *a la* ~ (*loc adv*) behaglich, höchst bequem | *menjar i beure a la* ~ nach Herzenslust essen u. trinken | *viure a la* ~ sorglos (*od* herrlich u. in Freuden) leben | **~ament** *m lit* Ergötzen *n*, Ergötzung *f* | **~ar** (33) *vt* ergötzen | (be)schenken || *vi* rieseln, rinnen | ~ *de* triefen von (*dat*) | **~ar-se** *v/r* s. ergötzen | schwelgen | s. gütlich tun | **~at** (**-ada** *f*, **-adament** *adv*) *adj* geschenkt | behaglich, bequem | herrlich | köstlich.
regalèssia *f bot* Süßholz *n*, Lakritzenwurzel *f* | *p ext* Lakritz(e *f*) *m/n* | ~ *de muntanya* (*bot*) (Alpen)Klee *m*.
regalia *f dr hist* königliches Hoheitsrecht, Regal(e) *n* | *fig* Privileg, Sonderrecht *n* | *tabac de* ~ Tabak *m* bester Qualität.
regalim *m* kl(r) Wasserlauf *m*, Gerinne *n* | Gerinnsel, Rinnsal *n* | *Bal* Lakritze *f* | **~ar** (33) *vi* rieseln, rinnen, triefen | **~ant**, **~ós** (**-osa** *f*) *adj* rieselnd, rinnend | triefend.
regalis|me *m hist* Royalismus *m*, Königstreue, -partei *f* | **~ta** *adj* (*m/f*) royalistisch, monarchistisch | königstreu || *s/m/f* Royalist(in *f*), Monarchist(in *f*) *m* | Königstreue(r *m*) *m/f*.
regalíssia *f bot oc Val* = **regalèssia**.
rega|ll *m* (Bewässerungs)Rinne *f* | **~nt** *m agr* Bewässerungsberechtigte(r) *m* | *comunitat de* ~s Bewässerungsgemeinschaft *f*.
regany *m* Verweis, Rüffel | **~ador** *adj* nörgelnd, meckernd || *s/mf* Meckerer *m*, Meckertante *f* | **~aire** *adj* (*m/f*) brummig | mürrisch || *s/m/f* Griesgram, Murrkopf *m* | **~ament** *m* Meckern, Nörgeln, Murren *n* | Schimpfen *n* | **~ar** (33) *vt* (*Zähne*) fletschen | fletschen | (*Körperteil*) zeigen || *vi* nörgeln, meckern, murren | **~ós** (**-osa** *f*) *adj* bärbeißig, mürrisch, brummig.
regar (33) *vt* (be)wässern | (*Felder, Garten*) *a.* berieseln | (*bes Blumen*) (be-)gießen | (*Gelände*) durchfließen | (*Rasen, Straße*) sprengen.
regata[1] *f esport* Regatta *f*.
regata[2] *f constr* (Abfluß)Rinne *f*, Rinnstein *m*; Nute, Rille, Führungsrinne *f*.
regatar[1] (33) *vi esport* an e-r Regatta teilnehmen.
regatar[2] (33) *vt* mit Nuten (*od* Rillen) versehen | nuten, rillen.

regate|ig *m com* Feilschen, Handeln *n*, *desp* Schachern *n* | *esport* (Fußball) Dribbeln *n* | **~jador** *adj com* handelnd, feilschend, marktend | **~jar** (33) *vt* feilschen um, handeln um, schachern um | ~ *u/c* (*fig*) mit etw geizen | *regateja les paraules* er ist wortkarg | *regateja les lloances merescudes* er geizt mit dem verdienten Lob ‖ *vi* feilschen, handeln, markten | **~r** *adj* = **~jador** ‖ *s/mf* Wiederverkäufer(in *f*) *m*.

regatge *m agr* Bewässerung *f*.

regató *m constr* kl(e) Furche | Nut(e) *f* | kl(e) Rille *f* | (*Mensch*) Wiederverkäufer *m* | Hausierer *m*.

regel *m* Wiedergefrieren *n* | (*Gletscher*) Regelation *f* | **~ació** *f* = **regel** | **~ar(-se)** (33) *vi(/r)* wieder gefrieren | wieder vereisen.

regència *f polít* Regentschaft *f*.

regenera|ble *adj* (*m/f*) wieder herstellbar | regenerierbar | **~ció** *f* Erneuerung, *lit* Regeneration *f* | *biol med quím* Regeneration, *tecn a.* Wiederherstellung *f* | **~dor** *adj* erneuernd | regenerierend ‖ *s/m tecn* Regenerator *m* | **~r** (33) *vt* erneuern; neu beleben; *lit* regenerieren | *biol med quím* regenerieren, *tecn a.* | wiederherstellen | **~r-se** *v/r* s. erneuern; s. neu bilden; s. regenerieren | **~tiu** (-**iva** *f*) *adj* regenerativ.

reg|ent *adj* (*m/f*) (vormundschaftlich) regierend ‖ *s/m/f* Regent(in *f*) *m* | *p ext* Vorsteher(in *f*), Leiter(in *f*) *m* ‖ *s/m hist* (*Kaiser*) Reichsverweser *m* | (*Priesterseminar*) Regens *m* | **~entar** (33) *vt hist* (vormundschaftlich) regieren | *fig* (*Amt*) verwalten | (*Geschäft*) führen, leiten | (*Lehrstuhl*) innehaben | **~i** (**règia** *f*) *adj* königlich | *fig. a* prächtig, herrlich | Königs... | *quím: aigua règia* Königswasser *n* | **~icida** *m/f* Königsmörder(in *f*) *m* | **~icidi** *m* Königsmord *m* | **~idor(a** *f*) *m* Gemeinderat *m*, -rätin *f*; Stadt-rat *m*, -rätin *f*.

règim *m polít* Regierung(-sform *f*, -system *n*) *f* | *mst desp* Regime *n* | System, Schema *n*; Ordnung *f* | (*a.* ~ *alimentari*) Ernährung(sweise); *med* Diät *f* | *ling* Rektion *f* | *bot* (*Palmen*) Blütenrispe *f* | *adm:* ~ *local* Gemeinde-, Lokal-verwaltung *f* | *llei de* ~ *local* Gemeindeordnung *f* | ~ *fiscal* Steuerwesen *n* | ~ *militar* Militärregime *n* | ~ *penitenciari* Strafvollzug *m* | ~ *lacti* Milchkur, Milchdiät *f* | ~ *vegetarià* Pflanzenkost *f*, vegetarische Lebensweise *f* | *bot* (*Datteln, Bananen*) Frucht-stand, -kolben *m*.

regiment *m a. mil fig* Regiment *n* | **~al** *adj* (*m/f*) Regiments... | **~ar** (33) *vt* e. Regiment bilden.

regina *f lit* = **reina**.

reginjolat (**-ada** *f*) *adj* quicklebendig, munter.

regi|ó *f* Gebiet *n*, Gegend, Region *f* | *a. astr anat fig* Gegend *f*, Bereich *m*, Gebiet *n* | ~ *lumbar* Lendengegend *f* | **~onal** *adj* (*m/f*) regional | landschaftlich | Landes... | *med* regionär | *ferroc: trens* **~s** Nahverkehrszüge *m pl* | **~onalisme** *m* Regionalismus *m* | **~onalista** *adj* (*m/f*) regionalistisch ‖ *s/m/f* Regionalist(in *f*) *m*.

regir (37) *vt a. ling* regieren | leiten | regeln ‖ *vi dr* Gültigkeit haben, gültig sein | *tecn* gut funktionieren | **~se** *v/r* s. richten (*per, segons* nach).

regir|ada *f* Umdrehung | Wälzen *n* | **~ament** *m* Umkehren *n*, Umkehrung *f* | Umwälzung *f* | **~ar** (33) *vt* (*Schublade*) durchwühlen | (*Haus*) umkehren, auf den Kopf stellen | (*Magen*) umdrehen | (*Taschen*) umdrehen, umkrempeln | (*Erdboden*) umgraben, umwenden; umwühlen | *fig* (*j-n*) aufwühlen, durcheinanderbringen | **~ho tot** das Unterste zuoberst kehren | **~ar-se** *v/r* s. umdrehen | (*im Bett*) s. hin u. her wälzen | ~ *un peu* s. (*dat*) den Fuß verrenken *od* verstauchen | **~ó** *m reg* = **~ament** | Ängstigung *f*, Schreck(en) *m*.

registr|ador *adj* registrierend | (*Ton, Bild*) Aufnahme... | *tecn* Registrier... | *aparell* ~ Registrier-gerät *n*, -apparat *m* | *caixa* **~a** Registrierkasse *f* ‖ *s/mf* Standes- (*bzw* Grundbuch-)beamte(r) *m*, -beamtin *f* | **~ament** *m* Registrierung *f* | Eintragung *f* | **~ar** (33) *vt* registrieren | eintragen (lassen) | *s: enregistrar* | **~e** *m* Register *n* | *gràf* (*Bibliothek*) Verzeichnis *n*, Liste *f*, Katalog *m* | (*Tat*) Registratur *f* | Registrierung *f* | Eintragung *f* | *s: enregistrament* | *tecn* (Regulier)Schieber *m*, Luft-, Zug-klappe *f* | *mús* (*Orgel*) Klappe *f*, Register *n* | (*Person*) Stimmlage *f*, Register *n* | *gràf* Register *n* (*der Drucklegung*) | ~ *civil* Personenstandsregister; Standesamt *n* | ~ *mercantil* Handelsregister | ~ *municipal*

Stadtregister *n* | ~ *de la propietat* Grundbuch *n* | *tocar tots els* ~s alle Register ziehen; alle Hebel in Bewegung setzen | *s: tecla*.

regl|a *f a. ecl* Regel *f* | ~ *de tres* Dreisatz(rechnung *f*) *m*, Regeldetri *f* | *les quatre regles* die vier Grundrechenarten *od* Grundrechnungsarten *f pl* | ~ *jurídica* Rechtsnorm *f* | *d'acord* (*od conforme*) *a la* ~ ordnungsgemäß | *en* ~ in (der) Ordnung; regelrecht, vorschriftsgemäß | *per* ~ *general* in der Regel, im allgemeinen | *no hi ha* ~ *sense excepció* keine Regel ohne Ausnahme | **~ament** *m* Vorschrift *f*, Dienstanweisung *f* | *adm* (Haus-, Betriebs-)Ordnung *f* | *dr* Satzung *f*, Statut(en *pl*) *n* | *polit:* ~ *del Parlament* Geschäftsordnung *f* des Parlaments | *aut:* ~ *de la circulació* Verkehrs- *od* Fahrvorschrift *f* | ~ *de policia* Polizeiverordnung *f* | **~amentació** *f* (gesetzliche) Regelung *f* | **~amentar** (33) *vt* (gesetzlich) regeln *bzw* ordnen, erfassen | durch Vorschriften ordnen | **~amentari** (**-ària** *f*, **-àriament** *adv*) *adj* vorschriftsmäßig | ordnungsgemäß, -mäßig | **~ar** (33) *vt* lin(i)ieren | (*j-n*) Regeln (*od* Vorschriften) unterwerfen | **~atge** *m aut* Einstellung *f* | **~e** *m* Lineal *n* | ~ *de càlcul* (*mat*) Rechenschieber *m*.

reglot *m med* Brech-, Würg-bewegung *f* | Rülps(er) *m*, Aufstoßen *n* | **~ar** (33) *vi* e-e Brech-, Würg-bewegung spüren | rülpsen, aufstoßen (*p ext*).

regna *f mst pl a. fig* Zügel *m* (*pl*) | *fig: les regnes de l'estat* die Regierung *f* des Staates | *afluixar les regnes* (*a. fig*) die Zügel lockern | *deixar* ~ *solta a u/c* (*fig*) e-r Sache die Zügel schießen lassen | *portar les regnes* (*fig*) die Zügel (fest) in der Hand haben.

regn|ant *adj* (*m/f*) *a. fig* herrschend | *la casa* ~ das Herrscherhaus | **~ar** (33) *vi a. fig* herrschen | *p ext* regieren | **~at** *m* Herrschaft *f* | Regierung(s-zeit) *f* | **~e** *m a. fig* Reich *n* | *bes* Königreich *n* | *biol geog:* ~ *animal* (*vegetal, mineral*) Tier-(Pflanzen-, Mineral-)reich *n* | ~ *de Déu* das Reich Gottes | *que vingui a nosaltres el vostre* ~ dein Reich komme! | **~ícola** *adj* (*m/f*) einheimisch || *s/m/f* Einheimische(r *m*) *m/f*.

regó *m Val s: regada, reg*.

regolf *m* (*Luft*) Wirbel *m* | (*Wasser*) Strudel; Sog *m* | **~ar** (33) *vi* wirbeln (*Luft*) | strudeln (*Wasser*) | zurückfließen, -fluten.

regraci|ament *m* Dank(sagung *f*), Dank(esworte *n pl*) *m* | **~ar** (33) *vt*: ~ *u/c a alg*, ~ *alg per u/c* j-m für etw (*ac*) danken, s. bei j-m für etw bedanken.

regr|és *m* (*pl -essos*) *lit* Rück-kehr, -fahrt, -reise *f* | **~essar** (33) *vi lit* zurück-kehren, -fahren, -reisen | zurückgehen | **~essió** *f* Rück-gang, -schritt *m* | *med* Rückbildung *f* | *lit cient* Regression *f* | **~essiu** (**-iva** *f*) *adj* rückläufig | rückschrittlich | *lit cient* regressiv.

regròs (**-ossa** *f*) *adj* sehr groß | sehr dick.

regruar (33) *vt* heiß ersehnen | sehnlich herbeiwünschen.

regruix *m* vermehrte Dicke *od* Stärke | **~ar** (33) *vt* dicker *od* stärker machen.

reguanyar (33) *vt* zurück-erhalten, -gewinnen.

reguard *m* Argwohn *m* | Mißtrauen *n* | Besorgnis *f* | **~ar** (33) *vt* beargwöhnen | mißtrauen (*dat*) | *fam* behüten, bewahren (*de* vor *dat*) | **~ejar** (33) *vt mil* auskundschaften, erkunden.

reguardona|dor *adj* lohnend, bes belohnend | **~ment** *m* Belohnung *f*, Preis *m* (*per, de* für) | **~r** (33) *vt* (*Verdienste*) belohnen, vergelten | (*j-n*) auszeichnen, ehren (*amb* mit).

reguardós (**-osa** *f*) *adj* gefährlich | gefahrvoll, unsicher.

reguer *m agr* Bewässerungs-graben, -kanal *m* | *s: rec* | **~a** *f* Streifen *m*, Spur *f* | ~ *de llum* Leuchtspur *f* | ~ *de pólvora* (*a. fig*) Lauffeuer *n* | *agr* Furche, Rinne *f* | **~all**, **~ó**, **~ol** *m* Bewässerungs-furche, -rinne *f* | **~ot** *m* Rinne *f*.

reguitn|ador *adj* (*Esel, Pferd*) störrisch | **~ar** (33) *vi* ausschlagen (*Pferd, Esel*) | *p ext* scheuen, bocken | *fig* s. widersetzen, widerspenstig sein | **~ós** (**-osa** *f*) *adj* gern ausschlagend | störrisch | *p ext* mürrisch.

reguitz|ada *f* = **~ell** | **~ell** *m* lange Reihe *f* | *ja fa un* ~ *d'anys* es ist schon e-e Reihe von Jahren her | *posar en* ~ aneinander-, auf-reihen | **~er** *m* = **~ell**.

regu|iu *m* = **regadiu** | **~ívol** *adj* bewässerbar.

règul *m* Duodezfürst *m* | *met* Regulus *m*.

regula|ble *adj* (*m/f*) regulierbar, einstellbar, verstellbar | **~ció** *f tecn* Regulierung, Einstellung *f* | *bes biol* Regelung *f* | **~dor** *adj* regulierend || *s/m tecn elect mús* Regler *m* | Regulator *m* | *aut:* ~ *d'aire* Luftklappe *f* | (*in Zssgn mst*) ...regler | ~ *de pressió* (*de tonalitat*) Druck-(Klang-)regler *m* | **~r**[1] *adj* (*m/f*) *a. ling mat* regelmäßig | geordnet | *ferroc* (fahr)planmäßig | *ecl* Ordens... | *mil* regulär | *fig* (mittel)mäßig | (*Mensch*) *fig* genau, pünktlich | **~r**[2] (33) *vt* regeln | *tecn* einstellen | regulieren | **~ritat** *f* Regel-, Gleich-mäßigkeit *f* | *dr* Ordnungsmäßigkeit *f* | (*bei e-r Verpflichtung*) genaue Befolgung *f od* Erledigung *f* | **~ritzable** *adj* (*m/f*) regelbar | **~rització** *f* Regelung, Ordnung *f* | *tecn nàut* Regulierung *f* | **~ritzar** (33) *vt* in Ordnung bringen, regeln, ordnen | *tecn nàut* regulieren | **~rment** *adv* regelmäßig | gewöhnlich | *umg* soso la la | **~tiu** (**-iva** *f*) *adj* regelnd | regulierend.

regurgita|ció *f med* Würg-, Brech-bewegung *f* | **~r** (33) *vi* leicht aufstoßen | würgen.

regust *m* Nachgeschmack *m* | *fig a.* Beigeschmack *m*.

rehabilita|ble *adj* (*m/f*) rehabilitierungsfähig | **~ció** *f* Wiedereinsetzung *f* | Ehrenrettung *f* | Rehabilitation, Rehabilitierung *f* | **~r** (33) *vt* wiedereinsetzen | *bes dr med* rehabilitieren.

rei *m a. fig* König *m* | (*Schach, Karten*) König *m* | *fig* (*Kosewort*) Herzenskind *n* | *ict* Meerbarbenkönig *m* | *el lleó, el ~ dels animals* der Löwe, der König unter den Tieren | *l'or, el ~ dels minerals* das Gold, der König der Mineralien | *~ d'armes* (*hist*) Wappenkönig *m* | *~ de guatlles* (*ornit*) Wachtelkönig *m*; Wiesenralle *f* | *~ de tords* (*ornit*) Misteldrossel *f* | *~ dels zopilots* (*ornit*) Königsgeier *m* || *pl* Geschenke *n pl* (*bes* Spielzeug *n*) zum Dreikönigsfest | *els ~s* das Königspaar | *els ~s* (*Mags od d'Orient*) die Heiligen Drei Könige | *la festa dels ~s* Dreikönige *pl*, das Dreikönigsfest | **~al**(**ment** *adv*) *adj* (*m/f*) königlich | prachtvoll | Königs... | **~alenc** *m hist* königlicher Besitz *m* | (*Güter*) *de* ~ der Krone zinspflichtig | **~alesa** *f* königliche Würde *f* | *fig* Pracht *f*, Prunk *m* | Herrlichkeit *f* | **~alisme** *m* Königstreue *f*, Royalismus | **~alista** *adj* (*m/f*) königstreu, royalistisch || *s/m/f* Königs- treue(r *m*) *m/f*, Royalist(in *f*) *m* | **~alme** *m* Königreich *n*.

rèids *m pl ornit* Nandus *m pl*.

reie|ntí *m ornit* (Sommer)Goldhähnchen *n* | Zaunkönig *m* | **~ntinc** *m ornit* Rotkehlchen *n* | **~t** *m* Namen *m* zweier kl(r) Münzen (unter den Königen Alfons XII u. XIII) | **~tó** *m* Duodezfürst *m* | *ornit* Wintergoldhähnchen *n*.

reificació *f filos* Verdinglichung *f*.

reig *m ict* Adlerfisch *m* | *s: corbina* | *bot* Kaiserling *m* | ~ *bord od foll, tinyós, vermell, de fageda* Fliegenpilz *m*.

reimplanta|ció *f fig* Wiedereinführung *f* | *med* Reimplantation, Wiedereinpflanzung *f* | **~r** (33) *vt fig* wiedereinführen | *med* reimplantieren, wiedereinpflanzen.

reimporta|ció *f* Wiedereinfuhr *f* | **~r** (33) *vt* wiedereinführen.

reimpos|ar (33) *vt econ* neu ein-legen, -zahlen | **~ició** *f* erneute Einlage *f*, wiederholte Einzahlung *f*.

reimpr|essió *f* Neudruck *m* | Nachdruck *m* | **~imir** (40) *vt gràf* neudrucken | nachdrucken.

reina *f a. fig* Königin *f* | (*im Spiel*) Dame *f* | *abella* ~ Bienenkönigin *f* | ~ *mare* Königinmutter *f* | ~ *vídua* Königinwitwe *f* | *ecl:* ~ *del cel od dels àngels, dels apòstols* Himmelskönigin *f* | ~ *santíssima!* (*int*) heilige Jungfrau!, (du) lieber Himmel! | ~ *de bellesa* (*de la festa, del ball*) Schönheits-(Fest-, Ball-)königin *f* | *la rosa és la ~ de les flors* die Rose ist die Königin der Blumen || *bot:* ~ *de les flors* Königin der Nacht («*Cereus speciosissimus*») | ~ *dels bosc*(*o*)*s* Wohlriechende(r) Waldmeister *m* | ~ *dels prats* Rüstesstaude, Wiesenkönigin *f*, Mädesüß *n* | ~ *margarida* Garten-, Sommer-aster *f* | ~ *violeta* Glockenblume *f* («*Campanula pyramidilis*»).

reïna *f* = **resina**.

reincid|ència *f dr* Rückfall *m* | **~ent** *adj* (*m/f*) rückfällig || *s/m/f* Rückfällige(r *m*) *m/f* | **~ir** (37) *vi* rückfällig werden | zurückfallen (*en* in *ac*) | *med* e-n Rückfall erleiden.

reincorpora|ció *f* Wiedereinverleibung *f* | *p ext* Wiedereingliederung *f* | **~r** (33) *vt* wiedereinverleiben | *p ext* wieder eingliedern (*a, en* in *ac*) | **~r-se** *v/r s*. wieder einverleiben | wieder eintreten | wieder aufgenommen werden.

reineta *f zool* Laubfrosch *m* | *poma* ~ (*Apfelsorte*) Re(i)nette *f*.
reinfecció *f med* Reinfektion, Wiederansteckung *f*.
reinflar (33) *vt* wieder aufpumpen | wieder aufblasen | wieder füllen | **~-se** *v/r med* wieder anschwellen | aufquellen (*Holz*).
reingr|és *m* (*pl* -*essos*) Wiedereintritt *m* | Wiederaufnahme *f* | **~essar** (33) *vi* wiedereintreten (*a, en* in *ac*) | wieder aufgenommen (*bzw* eingeliefert) werden (*a, en* in *ac*) | *econ* wiedereingehen || *vt econ* wiedereinzahlen.
reïnós (**-osa** *f*) *adj* = **resinós**.
reinstal·la|ció *f* Wiedereinrichtung *f* | (*Personen*) Wiedereinsetzung *f* | **~r** (33) *vt* wiedereinrichten | wiedereinsetzen.
reintegra|ble *adj* (*m/f*) wiedereinsetzbar | (*Verlust*) ersetzbar | **~ció** *f* Wiedereinsetzung *f* | Rückvergütung *f* | Wiedereinstellung *f* | *bes polít* Rückführung, -gliederung *f* | **~r** (33) *vt dr* wiedereinsetzen | (*j-n*) wiedereinstellen | (*Verlust*) ersetzen | rückvergüten | zurückerstatten | *polít* rück-führen, -gliedern | **~r-se** *v/r* wieder zurückkehren | s. wieder eingliedern (*a, en* in *ac*) | **~** *a la feina* die Arbeit wiederaufnehmen.
reinver|sió *f* Wieder-, Neu-anlage *f* | (*Gelder*) Wiederverwendung *f* | **~tir** (37) *vt econ* wiederanlegen.
reitera|ció *f* Wiederholung *f* | *dr* Rückfall *m* | **~r** (33) *vt* wiederholen | nochmals machen | **~t** (**-ada** *f*, **-adament** *adv*) *adj* wiederholt | nochmalig | **~tiu** (**-iva** *f*) *adj* s. wiederholend.
reivindica|ció *f* Anspruch *m* | *dr* Forderung *f* | Rückforderung *f*, Eigentumsanspruch *m* | *polít:* ~ *territorial* Gebietsanspruch *m* | *reivindicacions salarials* Lohnforderungen *f pl* | **~r** (33) *vt bes polít* beanspruchen, Anspruch erheben (*u/c* auf etw *ac*), fordern | *dr* zurück-fordern, -verlangen | *fig* für s. in Anspruch nehmen | (*Attentat*) die Verantwortung übernehmen (*de* für *ac*) | **~tiu** (**-iva** *f*) *adj* fordernd | beanspruchend | Forderungs...
reix|a *f* Gitter *n* | **~ada** *f* Gitterfenster *n* | **~adet** *m* kl(s) Gitter, Gitterchen *n* | **~aire** *adj* (*m/f*) (*Nonne, Schwester*) oftmals, zu häufig am Sprechgitter sitzend | **~at** (**-ada** *f*) *adj* vergittert | Gitter... || *s/m* (*Garten*) Gitter *n* | Gittertür *f* | *tèxt* Gitterstoff *m* | **~eta** *f* kl(s) Gitter *n* | Gitterfenster *n* | Rohr-; Stuhl-geflecht *n*.
reixinxolat (**-ada** *f*) *adj* steif, straff | gespannt | aufgerichtet, erigiert | = **reginjolat**.
rejoveni|ment *m* Verjüngung *m*, Verjüngen *n* | **~r** (37) *vt* verjüngen | **~r-se** *v/r* s. verjüngen | wieder jung werden.
rejunta|ment *m constr* Fuge *f* | **~r** (33) *vt* wieder zusammen-fügen *od* -bringen | *constr* (wieder) ausfugen.
rel *f* = **arrel**.
relaci|ó *f* Bericht *m*, Erzählung *f*, *p ext* Beschreibung *f* | *bes com* (*schriftlich*) Aufzählung *f* | (*zw Menschen*) Beziehung *f*, Verhältnis *n* | (*a. intim*) Verbindung *f*, Verkehr *m* | *tenir relacions amb alg* mit j-m in Verbindung stehen, mit j-m verkehren || *pl* Beziehungen, Verbindungen *f pl* | *relacions amistoses* od *d'amistat* freundschaftliche Beziehungen *f pl* | *relacions comercials* Geschäfts-, Handels-verbindung *od* -beziehung(en) *f* (*pl*) | *relacions diplomàtiques* diplomatische Beziehungen *f pl* | *polít econ: relacions públiques* Public Relations *pl*, Öffentlichkeitsarbeit *f* | **~onable** *adj* (*m/f*) beziehungs-, verbindungs-fähig | **~onar** (33) *vt* in Verbindung bringen (*amb* mit *dat*) | in Beziehung setzen (*amb alg* zu j-m) | **~onar-se** *v/r* zueinander in Beziehung stehen | in Beziehungen (zueinander) treten | gute Beziehungen haben | **~onat** (**-ada** *f*) *pp/adj:* *ben* ~ mit guten Beziehungen.
relapse *adj ecl* rückfällig || *s/mf* Rückfällige(r *m*) *m/f*.
relat *m* Bericht *m* | *lit* Erzählung *f* | **~ar** (33) *vt* berichten | erzählen | **~iu** (**-iva** *f*) *adj* bezüglich (*a* gen); mit Bezug auf (*ac*), in bezug auf (*ac*) | *lit bes ling cient* relativ | *ling a.* Relativ... | verhältnismäßig | *pronom* ~ Relativpronomen *n* | *proposició relativa* Relativsatz *m* | **~ivament** *adv* relativ, verhältnismäßig, vergleichsweise | **~ivisme** *m filos* Relativismus *m* | **~ivista** *adj* (*m/f*) relativistisch || *s/m/f* Relativist(in *f*) *m* | **~ivitat** *f* Relativität *f* | *teoria de la* ~ Relativitätstheorie *f* | **~or** *adj* berichtend | erzählend || *s/mf lit* Erzähler(in *f*) *m* | *dr polít* Berichterstatter(in *f*) *m*; Referent(in *f*) *m* | **~oria** *f* Referat, Dezernat *n*.

relaxa|ció f Lockerung f | Entspannung f | Nachlassen n | hist ecl Übergabe f (*an den weltlichen Richter*) | **~ment** m = **relaxació** | **~nt** adj (m/f) erschlaffend | entspannend || s/m med Entspannungsmittel n | **~r** (33) vt lockern | (*Muskeln a.*; *j-n*; *Geist*) entspannen | hist ecl (*Inquisition*) dem weltlichen Arm übergeben | **~r-se** v/r s. entspannen | s. lockern (*a. Sitten, Disziplin*) | nachlassen | fam s. gehenlassen | **~t** (-ada f) adj locker | entspannt | (*Atmosphäre*) zwanglos, gelockert, gelöst.

relè m elect Relais n.

relega|ció f Aus-, Ver-weisen, Verbannen n | Aus-, Ver-weisung, bes estud Relegation f | **~ment** m = **relegació** | **~r** (33) vt dr aus-, ver-weisen, verbannen | estud a. relegieren | fig: ~ a l'oblit der Vergessenheit anheimgeben | ~ a un segon pla in den Hintergrund (ab)drängen.

relicte adj bot relikt | bens ~s (dr) Relikten n pl, Hinterlassenschaft f || s/m biol ling Relikt n.

religi|ó f Religion f | p ext Konfession f, Glaube m | pop a. Orden(sgemeinschaft f) m, religiöse Gemeinschaft f | (*Schule*) Religions-unterricht m, -lehre f | sense ~ religionslos | història de les religions Religionsgeschichte f | guerres de ~ (*hist*) Religionskriege m pl | manca de ~ Religionslosigkeit f | nom de ~ Ordensname m | entrar en ~ e-m Orden beitreten, ins Kloster gehen | **~ós** (-osa f) adj religiös, gottesfürchtig | fig andächtig, fromm | Ordens... || s/m Mönch m | Ordensmitglied n || s/f Nonne, Ordensschwester f | **~osament** adv fig gewissenhaft | andächtig | **~ositat** f Religiosität, Gottesverehrung f | Gläubigkeit f | Frömmigkeit f.

rel|inquir (37) vt lit (*a. Schwerkranken*) aufgeben | verlassen, im Stich lassen | **~íquia** f a. fig Reliquie f | guardar u/c com una ~ etw wie e-e Reliquie aufbewahren | **~iquiari**, **~iquier** m Reliquiar n, Reliquien-behälter, -schrein m.

rella f agr Pflugschar f.

rellegir (37) vt wieder (od nochmals) lesen.

relleix m (*Berghang*) Felsvorsprung m | (*Haus*) Gesims n | Vorsprung m | Kamin-sims m, -brett n | (*Wand*) Bord n |

Rest, Rückstand m; (*Krankheit*) Nachwirkung f.

rellent adj (m/f) feucht, halb naß || s/m: el ~ de la nit die Feuchte der Nacht | **~ar** (33) vi schwitzen, (s.) beschlagen (*bes Wand*) | **~ir-se** (33) v/r feucht werden | **~or** f Feuchtigkeit f | **~ós** (-osa f) adj feucht, klamm.

rellepar (33) vt wieder(holt) (ab)lecken.

relle|u m a. geol Relief n | erhabene Arbeit f | mil Ablösung f | esport Staffel f | alt (*baix, mig*) ~ Hoch-(Flach-, Mittel-)relief n | cursa de ~s (*esport*) Staffellauf m | posar en ~ u/c (*fig*) etw hervorheben od unterstreichen, betonen | **~vada** f Ablösung f | **~vament** m art Relief n | Ablösung f | fig Hervorhebung f | **~vant** adj (m/f) hervorragend | erheblich | dr a. relevant | **~var** (33) vt bes mil ablösen | (*j-n*) entbinden, befreien (*de von*) | art hervortreten lassen | fig hervorheben; übertreiben.

relliga|da f, **~ment** m mst gràf (Ein-)Binden n | **~dor** adj verknüpfend | (ein)bindend || s/mf Buchbinder(in f) m | **~dura** f (Ein)Band m | **~r** (33) vt erneut (zusammen)binden | verknüpfen | mst gràf (ein)binden | **~t** m (Ein)Band m.

rellis|cada f Ausgleiten, Ausrutschen n, umg a. fig Ausrutscher m | fer una ~ ausgleiten, a. fig ausrutschen | **~call** m rutschige Stelle f | **~car** (33) vi ausgleiten, a. fig ausrutschen | aut (aus)rutschen | fig a. e-n Fehltritt begehen | glatt (*od* rutschig) sein (*Boden*) | **~cós** (-osa f) adj rutschig | fig schlüpfrig | **~quent** adj (m/f) = **~cós**.

rellogа|r (33) vt untervermieten | **~t** (-ada f) m Untermieter(in f) m.

rellotge m Uhr f | ~ atòmic Atomuhr f | ~ de butxaca (*de control, de paret, de polsera, de quars, de sol, de sorra* od *d'arena*) Taschen-(Stech-, Wand-, Armband-, Quarz-, Sonnen-, Sand-)uhr f || pl bot Reiherschnabel m | **~r** adj Uhren... | indústria ~a Uhrenindustrie f || s/mf Uhrmacher(in f) m | Uhrenbauer(in f); -fabrikant(in f) m || s/f Uhrenetui n | Uhrtasche f | **~ria** f Uhrmacherei f | com Uhren-handel m, -geschäft n | Uhrenindustrie f | mecanisme de ~ Uhrwerk n; (*Sprengladung*) Zeitzünder m.

relluc m neue(r) Sproß od Trieb m |

~ar¹ (33) *vi* sprossen | **~ar²** (33) *vt reg* wieder besehen.
rellu|ent *adj* (*m/f*) glänzend, leuchtend, schimmernd | **~ir** (40) *vi* glänzen, leuchten, schimmern.
reluctància *f fts* magnetischer Widerstand *m*, Reluktanz *f*.
rem *m nàut* Riemen *m*, *a. fig* Ruder *n* | (*a. esport del ~*) Rudersport *m* | *fig fam* (*Arbeit*) Schufterei, Plackerei *f* || *pl fam* Arme *m pl u.* Beine *n pl* | *ornit* Flügel *m pl* | *zool* Beine *n pl* | **~s de moro** (*bot*) Kermesbeere *f* | **~à**: *a ~* (*loc adv*) unangenehm, zuwider, widerwärtig | *em ve a ~* es ist mir zuwider | **~ada** *f* Ruderschlag *m*, Rudern *n* | **~ador(a** *f*) *m* Ruderer *m*, Rud(r)erin *f*.
remagencar (33) *vt agr* zum dritten Mal ackern.
remagrit (**-ida** *f*) *adj* ausgemergelt.
remar (33) *vi* rudern.
remarca *f* Anmerkung *f* | Bemerkung *f* | *p ext* Fußnote *f* | **~ble** *adj* (*m/f*) bemerkbar | bemerkenswert, beachtlich | **~blement** *adv* beachtlich | **~r** (33) *vt* anmerken | bemerken, be(ob)achten, wahrnehmen | nochmals bezeichnen.
remaridar(-se) (33) *vt*(*/r*) (*s.*) wieder verheiraten (*Frau*).
remata|da *f* Gnadenschuß *m* | Gnaden-, Todes-stoß *m* | *caç* Fangschuß *m* | *fig* Abschluß *m*, Ende *n*, Krönung *f* | **~dament** *adv* ganz u. gar, gänzlich, völlig | **~r** (33) *vt* (*j-m*) den Gnadenschuß (*bzw* Todesstoß) geben | (*e-m Tier*) den Gnaden- *od* Todes-stoß (*bzw caç* den Fangschuß) geben | (*Auktion*) zuschlagen | *fig* abschließen, beend(ig)en | **~t** (**-ada** *f*) *adj* rettungslos; ganz, vollständig, völlig | *un boig ~* e. völliger Narr, e. total Verrückter *m*.
remei *m* Mittel *n* | *med a.* Heilmittel *n* | *fig a.* Abhilfe *n*; Ausweg *m*, Lösung *f* | *~ casolà* Hausmittel *n* | *sense ~* unheilbar; rettungslos | *fam: ni un per ~ k-r*, überhaupt nicht | *no hi ha ~* daran ist nichts zu ändern; dem ist nicht abzuhelfen | *no hi ha cap més ~ que ...* es bleibt nichts anderes übrig, als (daß) ... | *posar ~ a u/c* e-r Sache Abhilfe schaffen | *això no té ~* dafür gibt es k-e Abhilfe | *a grans mals, grans ~s* (*Spruch*) gegen große Übel braucht man große Mittel | **~able** *adj* (*m/f*) heilbar | rettbar | behebbar | **~ar** (33) *vt med* heilen | (*Mangel,*

Mißstand) beheben | (*Lage*) bessern | (*Übel*) abhelfen (*dat*) | **~er** *adj* Heil... | *plantes ~es* Heilpflanzen *f pl* || *s/mf* Heiler(in *f*) *m* | *desp* Kurpfuscher(in *f*) *m*.
remem|brable *adj* (*m/f*) denkwürdig | **~brança** *f lit* Erinnerung *f*, Gedenken *n* | **~brar** (33) *vt lit* gedenken (*gen*) | **~orar** (33) *vt lit* gedenken (*gen*) | ins Gedächtnis rufen | **~oratiu** (**-iva** *f*) *adj* Gedenk...
remena|da *f* Schwenken *n* | Schütteln *n* | (Um)Rühren *n* | **~dissa** *f* oftmaliges Schwenken *n* | **~dor** *adj* schwenkend | schüttelnd | umrührend || *s/m* Mischer, Mischapparat *m* | *gastr* Rührgerät *n* | **~ment** *m* Schwenken *n* | Schütteln *n* | (Um)Rühren *n* | **~r** (33) *vt* schwenken | schütteln | *a. gastr* (um)rühren | (*Karten*) mischen | *fig* durch-, um-wühlen | aufwühlen | (*Korn*) umschaufeln | (*Mörtel*) mischen | | *~ el cap* den Kopf schütteln | *~ el cul* mit den Hüften wackeln | *~ la cua* mit dem Schwanz wedeln | **~r-se** *v/r* s. hin u. her wälzen (*im Bett*) | **~rocs** *m ornit* Steinwälzer *m*.
remença *f agr hist* Lösegeld *n* || *s/m hist* (*a. pagès de ~*) Schollenknecht *m*.
remenjar (33) *vt tèxt* (*Farbe*) aus-, weg-ätzen.
rementerola *f bot* Echte Bergminze *f*.
remer(a *f*) *m* Ruderer *m*, Rud(r)erin *f*.
reme|sa *f* Erlaß *m* | *fig ecl* Vergebung *f* | (Über)Sendung *f* | **~tre** (40) *vt* erlassen, verzeihen | übersenden, überweisen | (*in e-m Text*) verweisen (*a auf ac*) | *~ u/c a la discreció d'alg* etw dem Gutdünken j-s anvertrauen *od* anheimstellen || *vi* nachlassen (*Fieber*) | **~tre's** *v/r* s. berufen (*a auf ac*) | s. halten (*a an ac*).
remig *m* (*Ruderboot*) Duchtenzwischenraum *m*.
rèmige *adj* (*m/f*) ruderartig || *s/f ornit* Schwungfeder *f*.
reminiscència *f* (Wieder)Erinnerung, Reminiszenz *f* | Anklang *m*.
remintolar (33) *vi* = traspuar.
remira|ment *m gr(e)* Aufmerksamkeit *f* | Sorgfalt *f* | Umsicht *f* | **~r** (33) *vt* durchsehen, revidieren, überprüfen | sorgfältig anschauen *od* nachsehen | **~t** (**-ada** *f*) *adj* sorgfältig | umsichtig.
rem|ís (**-isa** *f*) *adj* nachlässig, sorglos | schlaff, schlapp | **~issibilitat** *f* Verzeihlichkeit *f* | **~issible** *adj* (*m/f*) ver-

zeihlich, erläßlich | ~issió f Verzeihung f | ecl Vergebung f | a. dr Verweisung f | (Text) Verweis m | med Nachlassen n, Erleichterung f | fig: sense ~ ohne Unterlaß, pausenlos, ununterbrochen | ~issiu (-iva f) adj nachlassend | verweisend | ~issori (-òria f) adj Nachlaß... | Verzeihungs... || s/f dr Verweisung f (an e. anderes Gericht) | ~tent adj (m/f) bes med nachlassend || s/m/f corr Absender(in f) m.

remit|ger m Fischer m mit Gewinnbeteiligung | ~jar (33) vi teilnehmen | s. einschalten (en in ac) | ~jó m oc Val Rest m | (kleines Endstück) a. Zipfel m | bes: ... i un ~ ... u. etwas; etwas über ...

remo|ció f, **~guda** f Bewegung f, Hinu. Herbewegen n | fig Entfernen n, Entfernung f | adm Enthebung, Absetzung f.

rèmol m ict Glattbutt m | ~ de petxines od empetxinat Steinbutt m | ~ de riu Flunder f.

remolatxa f bot Futter-, Runkel-rübe f | rote Bete f | Zuckerrübe f.

remolc m Schleppen n | aut Anhänger m | fig: anar a ~ d'alg s. von j-m ins Schlepptau nehmen lassen | portar a ~ (aut) abschleppen; nàut ins Schlepptau nehmen | ~ador adj schleppend || s/m (Schiff) Schlepper m | ~ar (33) vt nàut bugsieren, schleppen | aut abschleppen | fig mitschleppen; nachschleppen.

remoldre (40) vt noch einmal mahlen.

remolejar (33) vi s. drücken | murren.

remol|í m a. fig Wirbel m | Strudel m | ~ de vent Wirbelwind m | fig: el ~ dels afers die Hektik der Geschäfte | un ~ de gent e. Menschenauflauf m | el ~ de la vida ciutadana das Großstadtgetriebe n | ~iment m zweites Mahlen; Feinvermahlen n | ~inada f Luftwirbel m | Staubwirbel m | ~inador m constr Reibebrett n | ~inar (33) vt constr (Putz) glätten.

remolli|ment m Aufweichen n | a. med Erweichung f | ~r (37) vt weich machen, aufweichen | a. med erweichen | ~r-se v/r weich werden.

remolquista m/f Fahrer(in f) m e-s Wagens mit Anhänger.

remòlta f (von Obst, Oliven) Trester m | = remoliment.

remor f dumpfes Getöse n, unbestimmter Lärm m | Rauschen n | Brausen n | Stimmengewirr, Gemurmel; lit Raunen n | ~ d'orella (med) Ohrensausen n.

rèmora f ict Schiffshalter m | fig Hindernis, Hemmnis n.

remord|iment m Gewissensbiß m, Schuldgefühl n | ~ir (37) vi Gewissensbisse bereiten, k-e Ruhe lassen.

remor|eig m Brausen, Rauschen n | Rascheln n | Gemurmel, Murmeln n | Säuseln n | (Wasser) Plätschern n | ~ejant adj (m/f) brausend, rauschend | raschelnd | murmelnd | plätschernd | säuselnd | ~ejar (33) vi brausen, rauschen | rascheln | murmeln | plätschern (Wasser) | säuseln (Wind) | ~er adj lärmend, laut | streitlustig || s/m/f Unruhestifter(in f) m | ~ós (-osa f) adj = ~ejant | ~osament adv geräuschvoll.

remosquejar (33) vi gräf unsauber werden (Druck).

remost m Tresterwein m.

remot adj örtl entfernt, fern; entlegen, abgelegen | zeitl (Vergangenheit, Zukunft) fern | fig (Möglichkeit, Ähnlichkeit) entfernt; (Chance) gering, winzig | en la més ~a antiguitat in der frühesten Antike | ~ament adv entfernt | ni ~ (a. fig) nicht im entferntesten; fig sehr unwahrscheinlich.

remo|ure (40) vt wieder bewegen | (um)rühren | a. fig aufwühlen | (weg-)rücken, entfernen | beseitigen | adm absetzen, entheben | ~viment m (Hin- u. Her-)Bewegen n | Umrühren n | adm Absetzung, Enthebung f.

remuc m zool Wiederkäuen n | bestiar de ~ Wiederkäuer m pl.

remuda f (im Dienst) Ablösung f, regelmäßiger Wechsel m | ~r (33) vt ablösen | ~r-se v/r s. ablösen, s. abwechseln.

remug|ada f = ~ament | ~ador adj = ~ant | fig brummig, mürrisch | ~ament m zool Wiederkäuen n | fig Grollen, Meckern, Murren n | ~ant adj (m/f) wiederkäuend || s/m pl zool Wiederkäuer m (pl) | ~ar (33) vt/i wiederkäuen | vi fig brumme(l)n, meckern, murren | ~ó m = ~ament | ~ueig m Brummen, Gebrumm n, Murren, Gemurre n | ~uejar (33) vt/i bes fig = ~ar.

remull m Einweichen n | Wässern n | estar en ~ weichen, wässern, im Wasser liegen | posar la roba en ~ die Wäsche einweichen | *tenir en* ~ weichen lassen | **~a** *f* = **gorg** | **~ada** *f* Anfeuchten *n* | Befeuchtung *f* | *bes fam* Naßwerden *n* | **~ador** *m* Einweichwanne *bzw* -schüssel *f* (*für Fisch*) | **~ament** *m* = **remull**, **~ada** | **~ar** (33) *vt* ein-weichen | wässern | anfeuchten | befeuchten, tränken | einstippen, -tunken | *fig* (*Ereignis*) begießen.

remunera|ció *f* Bezahlung, Vergütung *f* | Entgelt *n* | Belohnung *f* | **~dor** *adj* einträglich, lohnend | **~r** (33) *vt* bezahlen, vergüten | belohnen | **~tiu** (**-iva** *f*) *adj* vergeltend, Vergeltungs... | einträglich, lohnend | **~tori** (**-òria** *f*) *adj* = **~tiu**.

remunta *f* (*Schuhe*) Besohlen *n* | *p ext* (*Kleid*) Änderung *f* | Flicken *n* | *mil* Pferdezucht *f* | Remonte(depot *n*) *f* | Remontierung *f* | **~r** (33) *vt mil* remontieren | (*Schuhe*) besohlen, reparieren | ändern | flicken | *text* (*früher*) nachfärben | *ornit:* ~ *el vol* höher fliegen | (*Fluß*) hinauf-fahren (*od* -steigen) | stromaufwärtsfahren | *zeitl:* ~ *a un temps anterior* aus e-r früheren Zeit herstammen | ~ *a* zurück-gehen *od* -greifen auf (*ac*) | **~r-se** *v/r ornit* s. emporschwingen | ~ *fins a un temps prehistòric* bis auf e-e vorgeschichtliche Zeit zurückgehen.

ren *m zool* Ren(tier) *n*.

renà (**-ana** *f*) *adj* rhein(länd)isch | Rhein... || *s/mf* Rheinländer(in *f*) *m*.

ren|adiu (**-iva** *f*), **~adívol** *adj lit* wiederauflebend, -erstehend | **~aixement** *m* Wiedergeburt *f* || *s/m art hist* Renaissance *f* | **~aixença** *f* = **~aixement** | *fig art cient* Wieder-aufblühen, -aufleben *n*; *Lit Cat* «Renaixença» *f* (Renaissance der katalanischen Literatur im 19. Jh.) | **~aixent** *adj* (*m/f*) zu neuem Leben erwachend, wieder-auflebend, -erstehend | **~aixentista** *adj* (*m/f*) Renaissance..., Renaixença... | **~àixer** (40) *vi* = **renéixer**.

renal *adj* (*m/f*) *med* Nieren...

Renània *f* das Rheinland | ~ *del Nord-Westfàlia* Nordrhein-Westfalen *n* | **~-Palatinat** Rheinland-Pfalz *n*.

renard *m* Fuchspelz *m*.

rend|a *f econ* Rente *f* | (Vermögens)Einkommen *n*, Einkünfte *pl* | *s: impost*; *viure* | ~ *nacional* Volks-, Nationaleinkommen *n* | ~ *per càpita* Pro-Kopf-Einkommen *n* | ~ *vitalícia* Leibrente *f* | ~ *de la vellesa* Altersrente *f* | **~al** *adj* (*m/f*) Renten... | als Rente bezahlt | **~er(a** *f*) *m* Rentenschuldner(in *f*) *m* | **~ibilitat** *f econ* Rentabilität *f* | **~ible** *adj* (*m/f*) rentabel, einträglich | **~ició** *f bes mil* Bezwingung *f*; Übergabe *f*, *p ext* Kapitulation *f* | *com:* ~ *de comptes* (*a. fig*) Rechnungslegung, Abrechnung *f* | **~iment** *m econ* Ertrag *m*, Ausbeute *f* | *banc* Rendite *f* | Leistung(sfähigkeit) *f* | Ermüdung, Erschöpfung *f* | *tecn elect* Wirkungsgrad *m*; Leistung *f* | ~ *del treball* (Arbeits)Leistung *f* | ~ *útil* (Nutz)Leistung *f* | ~ *del capital* (*del sòl*) Kapital-(Boden-)ertrag *m* | ~ *màxim* Höchstleistung *f* | ~ *net* Netto-leistung *f*, *banc* -ertrag *m* | *de bon* (*poc*) ~ leistungs-stark (-schwach) | *donar un* ~ *suficient* s. rentieren | **~ir** (37) *vt* ermüden, erschöpfen | (*Gewinn*) (ein)bringen, abwerfen | *a. tecn* leisten | = **retre** || *vi* einträglich sein, s. lohnen | **~ir-se** *v/r* s. ergeben (*a dat*), s. ermüden, s. erschöpfen | ~ *a l'enemic* s. dem Feind ergeben | **~ista** *m/f* Rentenempfänger(in *f*) *m* | Finanz-experte *m*, -expertin *f*.

renebot (**-oda** *f*) *m* Groß-neffe *m*, -nichte *f*.

renec *m* Fluch *m* | Gotteslästerung *f*.

rènec *m* vollgesogene Zecke *f*.

renega|dor *adj* fluchend, lästerlich || *s/mf* = **~ire** | **~ire** *m/f* Flucher(in *f*) *m* | Gotteslästerer *m* | *fig* Läster-maul *n*, -zunge *f* | **~ment** *m* Verleugnung, Lossagung *f* | *a. ecl* Abfall *m* | Fluch *m*, Lästern *n*, Lästerung *f* | **~r** (33) *vt* verleugnen | s. lossagen von || *vi* fluchen, lästern | ~ *d'u/c* von etw abfallen *od* abtrünnig werden | **~t** (**-ada** *f*) *adj* abtrünnig || *s/mf* Abtrünnige(r *m*) *m/f*, Renegat(in *f*) *m*.

renéixer (40) *vi* wiedergeboren werden | zu neuem Leben erwachen | *fig* wieder auf-blühen, -leben | *poèt: reneix el dia* der Tag bricht an | *ecl:* ~ *pel baptisme* durch die Taufe als Gotteskind geboren werden.

renét(a *f*) *m* = **besnét**.

reng *m hist esport* Turnier-, Kampf-platz *m* | Reihe *f*, *mil a.* Glied *n* | **~a** *f* Reihe *f*, *mil a.* Glied *n* | **~la** *f*, **~le** *m* (Nebeneinander) Reihe *f* | **~lera** *f* Reihe *f* | Linie *f* | **~ló** *m* (*Handelsgegenstand*) Artikel *m*, Ware *f* | (*Ausgabe, Einnahme*) Posten *m* | (*Schuh*)

Brandsohle *f* | ~**uera** *f* Reihe *f*, *mil a.* Glied *n*.

reni *m quím* Rhenium *n*.

rènic *adj quím* Rhenium... | rheniumhaltig.

renill *m* Wiehern *n* ∥ *pl* Gewieher *n* | ~**ador** *adj* wiehernd | ~**ar** (33) *vi* wiehern.

renina *f biol quím* Renin *n* | *gastr* Lab *n*.

renís *m* (*pl -issos*) = **tany**.

renit|ència *f* Widersetzlichkeit, Widerspenstigkeit, *lit* Renitenz *f* | ~**ent** *adj* (*m/f*) widersetzlich, widerspenstig, *lit* ungehorsam, renitent.

renoc[1] *m zool* = **cap-gros**.

renoc[2] *adj* (*Tier, Pflanze*) kümmerlich, verkümmert ∥ *s/m* eingefleischte(r) Junggeselle, *arc* Hagestolz *m* | *pl* Trödel(kram), Plunder *m* | ~**at** (*-ada*) *f) adj* = **renoc**[2].

renoi! *int* potztausend!, Donnerwetter!

renom *m* Ruf *m*, Renommee *n*, Ruhm *m* | Beiname *m*.

renòs *m* (*pl -ossos*) (Fuß)Ballen *m* | (*Holz*) Knorren, Ast *m*.

renou *m* Durcheinander, Drunter u. Drüber *n* | Hin- u. Her-bewegen *n* | Unordnung *f* | Wirrwarr *m* | *bot* = **rebrot** | *fer-ho anar tot en* ~ alles durcheinander-bewegen *od* -werfen | ~**ejar** (33) *vi* beunruhigen | durcheinanderwerfen, in Unordnung bringen | verwirren | hin- u. her-bewegen *bzw* -schieben | ~**er** *adj* lärmend, laut, unruhig | ausgelassen | geräuschvoll | alles durcheinanderbringend.

renov|able *adj* (*m/f*) erneuerbar | *com dr a.* verlängerbar | ~**ació** *f* Erneuerung *f* | *arquit* Renovierung *f*; (*Stadt*) Sanierung *f* | *p ext* Modernisierung; Umgestaltung *f* | *fig* Wiederbelebung; Auffrischung *f* | ~**ador** *adj* erneuernd ∥ *s/mf* Erneuerer *m*, Erneuer(in *f*) *m* ∥ *s/m tecn*: ~ *d'aire* Luftverbesserer *m* | ~**ament** *m* = ~**ació** | (*Paß*) Verlängerung *f* | ~**ar** (33) *vt* erneuern, *a. fig* auffrischen | *arquit* renovieren; (*Stadt*) sanieren | *p ext* modernisieren; umgestalten | *fig* wiederbeleben; auffrischen | ~**ar-se** *v/r* s. erneuern | ~**ellament** *m bes fig* Erneuerung *f* | *fig a.* Wiederbelebung; Auffrischung; Wieder-aufnahme; -herstellung *f* | ~**ellar** (33) *vt bes fig* erneuern | *fig a.* wieder beleben, aufleben lassen; auffrischen; wieder-aufnehmen; -herstellen.

rent *m oc Val* Hefe *f*.

rent|able *adj* (*m/f*) waschbar, (*Stoff*) *a.* waschecht | ~**acares** *m* Waschlappen *n* | *fig* Schmeichler *m* | ~**ada** *f* (Sich)Waschen *n* | Waschvorgang *m* | (gewaschene) Wäsche *f* | ~**adís** (-*issa f*) *adj* (*Stoff*) waschecht | ~**adissa** *f col umg desp* Wascherei *f* | gründliche Wäsche *f* | ~**ador** *adj* waschend ∥ *s/mf* Wäscher(in *f*) *m* ∥ *s/m* Wasch-platz *bzw* -trog *m* | Reiniger *m* ∥ *s/f hist* Wasch-brett *n*, -stein *m* (*bes am Fluß*) ∥ *s/f tecn* Waschmaschine *f* | ~**a** *automàtica* Waschautomat *m*, automatische Waschmaschine *f* | ~**amans** *m* (Hand)Waschbecken *n* | ~**ament** *m lit* Waschung *f* | ~**apeus** *m* Fußwanne *f* | ~**aplats** *m/f* Tellerwäscher(in *f*) *m* | *elect* Geschirrspülmaschine *f* | ~**ar** (33) *vt* waschen | abwaschen | auswaschen | *med* (*Magen*) spülen | (*Fenster, Zähne*) putzen | *tèxt* (aus-, ab-)spülen | ~ *en sec* trockenreinigen | *fig*: ~ *la cara a alg* vor j-m kriechen, j-m schmeicheln | ~**ar-se** *v/r* s. waschen | ~ *les dents* s. (*dat*) die Zähne putzen | ~'*n les mans* (*fig*) s-e Hände in Unschuld waschen | ~**atge** (*od* ~**at**) *m* Waschen *n* | Wäsche *f* | *quím* Auslaugung *f* | *fotog tecn tèxt* Wässern *n* | *med* Spülung *f* | *fig*: ~ *de cervell* Gehirnwäsche *f* | ~ *en sec* Trockenreinigung *f*, (chemisches) Bad *n* | ~**ívol** *adj* leicht zu waschen | = ~**adís** *adj* | ~**ussejar** (33) *vt* nur flüchtig (*od* oberflächlich) waschen.

ren|unci *m* (*Kartenspiel*) Nichtbedienen *n* | ~**úncia** *f* Verzicht *m* (*a* auf *ac*) | Aufgabe *f* | Entsagung *f* | ~**unciable** *adj* (*m/f*) verzichtbar | ~**unciació** *f* = ~**úncia** | Entsagung *f* (*dat*) | ~**unciament** *m* = ~**úncia** | *bes ecl* Selbstentsagung, -verleugnung *f* | ~**unciant** *adj* (*m/f*) verzichtleistend ∥ *s/m/f* Verzichtleistende(r *m*) *m/f* | ~**unciar** (33) *vt*: ~ *un càrrec* e. Amt niederlegen | ~ *una herència* auf e-e Erbschaft verzichten *bzw* e-e Erbschaft ausschlagen | ~ *un títol* e-m Titel entsagen ∥ *vi* verzichten (*a* auf *ac*) | ~ *al món* der Welt entsagen | ~**unciatari** (-**ària** *f*) *adj* selbstlos ∥ *adj u. s/m/f* = ~**unciant**.

reny *m* Tadel, Verweis *m*, Rüge *f* | ~**ada** *f* Schelten, Schimpfen, Rügen *n* | ~**aire** *adj* (*m/f*) leicht *od* oft scheltend, schimpfend | ~**ar** (33) *vt* ausschimpfen, (aus)schelten | rügen, tadeln | *la mare renya el nen* die Mutter schimpft mit dem Kind *od* schimpft das Kind aus.

renyi|na *f* Streit, Zank *m* | kl(e) Zankerei *f* | Streiterei *f* | *fam* Krach *m* | ~ *de coixí* od *de capçal* Ehekrach *m* | *donar renyines a alg* mit j-m Streit anfangen | *tenir renyines amb alg* mit j-m Streitigkeiten haben | ~**nar** (33) *vi* s. zanken, s. streiten (*amb* mit) | ~**nós** (**-osa** *f*) *adj* zänkisch, streitsüchtig | *fig a.* scheltend | mürrisch, bärbeißig | ~**r** (37) *vi* s. zerstreiten, s. verkrachen, s. entzweien, brechen (*amb* mit) | *ha renyit amb el seu promès* sie hat mit ihrem Verlobten Schluß gemacht | ~**t** (**-ida** *f*) *adj* zerstritten, verkracht | verfeindet | *estar* ~ *amb alg* mit j-m zerstritten (*od* verkracht) sein.

renyo|c *m fam* Nesthäkchen *n* | Kümmerling *m* | *s: renocat* | ~**quejar** (33) *vi biol* kümmern, schlecht gedeihen.

reob|ertura *f* Wiedereröffnung *f* | (*Unterricht nach den Ferien*) Wiederbeginn *m* | Wiederaufnahme *f* | ~**rir** (40) *vt* wieder öffnen, wieder aufmachen | (*Geschäft, Schule, Theater, Feindseligkeiten*) wiedereröffnen | (*Verhandlungen, Verfahren*) wiederaufnehmen.

reocupa|ció *f* Wiederbesetzung *f* | *mil a.* Reokkupation *f* | Wiederbeschäftigung *f* | ~**r** (33) *vt* wieder besetzen | (*Arbeitskraft*) wieder beschäftigen.

re|òfor *m elect* Stromleiter *m* | Buchse *f* | ~**ògraf** *m elect* Rheograf *m* | ~**ologia** *f fís* Rheologie | ~**ològic** *adj fís* rheologisch | ~**òmetre** *m elect* Rheometer *n*.

reomplir (40) *vt* nachfüllen, wieder füllen.

reordena|ció *f* Neuordnung *f* | *fig* Umgestaltung *f* | ~**r** (33) *vt* neuordnen | *fig* umgestalten.

reorganitza|ció *f* Neu-gestaltung, -ordnung, Umorganisierung, *lit* Reorganisation *f* | ~**dor** *adj* neugestaltend, um-, re-organisierend || *s/mf* Neugestalter(in *f*), Reorganisator(in *f*) *m* | ~**r** (33) *vt* neu-gestalten, -ordnen, umorganisieren | *a. polít* reorganisieren.

reorienta|ció *f* Neuorientierung, Neuausrichtung *f* | ~**r(-se)** (33) *vt*(/*r*) (s.) neu orientieren.

reorquestrar (33) *vt* neuorchestrieren.

reòstat *m elect* Rheostat, (Regel)Widerstand *m*.

repalassa *f bot or* Gr(e) Klette *f* | ~ *borda* (*or*) Gemeine Spitzklette *f*.

repanxolar-se (33) *v/r* den Bauch vorstrecken.

repapar-se (33) *v/r* = **arrepapar-se**.

repapie|ig *m* (Alters)Blödsinn *m* | *nordd* Tüdeligkeit *f* | *fam desp* Faselei, *fig* Spinnerei *f* | ~**jar** (33) *vi* (im Alter) kindisch (*od* einfältig, *nordd* tüdelig) sein bzw werden | *fam desp* faseln, spinnen.

repara|ble *adj* (*m/f*) (*Schaden*) reparabel, wiedergutzumachen | (*Verlust*) ersetzbar | ~**ció** *f* Ausbesserung, Reparatur, Wiederherstellung *f* | *fig* Genugtuung, Wiedergutmachung *f* | *polít* Reparation *f* | ~**dor** *adj* wiederherstellend | Wiedergutmachungs... | *s/mf* Reparateur(in *f*) *m* | Wiedergutmacher(in *f*) *m* | ~**ment** *m* = ~**ció** | ~**r** (33) *vt* ausbessern, reparieren, wiederherstellen; instand setzen | (*Fehler*) wiedergutmachen; (*Schaden*) *a.* ersetzen | (*j-n*) wiederherstellen; kräftigen | (*etw*) betrachten, beobachten, (be)merken | ~ *la teulada* das Dach ausbessern | *fer* ~ *el cotxe* (*la planxa*) das Auto (Bügeleisen) reparieren lassen || *vi: no* ~ *en les despeses* (*en sacrificis*) k-e Ausgaben (Opfer) scheuen | ~**t** *m* = **remòlta** | ~**tiu** (**-iva** *f*), ~**tori** (**-òria** *f*) *adj* ersetzend, wiederherstellend | Reparations...

reparti|ble *adj* (*m/f*) ein-, aus-, ver-teilbar | ~**ció** *f* Aus-, Ein-, Ver-teilung *f* | *econ a.* (*Aktien*) Zuteilung *f* | ~ *de beneficis* (*de dividends*) Gewinn(Dividenden)ausschüttung *f* | ~**dament** *adv* verteilt, in Teilen | ~**dor** *adj* verteilend | *s/m* (*a. elect corr*) Verteiler *m* | *com* Lieferant, Lieferer *m* | *s: distribuidor* | *s/f agr:* ~*a de fems* (*od d'adobs*) Dungstreuer *m* | ~**ment** *m* Aus-, Einteilung *f* | = ~**ció** | *cin teat* Rollenbesetzung *f* | ~ *de premis* Preisverteilung *f* | *camió de* ~ Lieferwagen *m* | ~**r** (37) *vt* aus-, ver-teilen | *corr* austragen, (*a. Ware*) zustellen | *com* liefern | *econ* (*Dividende*) ausschütten | (*Aktien od Anteilscheine*) zuteilen | *teat* (*Rollen*) besetzen.

repàs[1] *m* (*pl -assos*) *reg* = **àpat**.

rep|às[2] *m* (*pl -assos*) *estud* = ~**assada** | ~**assada** *f* nochmaliges Durchgehen *n* | Durchsicht *f* | Nach-, Über-prüfung

repatà *f* | *fig lit* Tadel *m* | **~assar** (33) *vt* nocheinmal durch- (*bzw* über-)queren | noch einmal durchgehen *bzw* durchsehen | nach-, überprüfen | (*Wäsche*) ausbessern, flicken | *tèxt* repassieren | *fig lit* tadeln.

repat|**à** (-**ana** *f*), **~ani** (-**ània** *f*) *adj* störrisch, halsstarrig, starrsinnig | **~aneria** *f* Störrischkeit, Halsstarrigkeit *f*, Starrsinn *m*.

repatria|**ció** *f*, **~ment** *m* Rückkehr in die Heimat, Heimkehr *f* | *polít* Repatriierung *f* | **~r** (33) *vt* ins Vaterland zurückführen *od* zurückschicken, repatriieren | **~r-se** *v/r* ins Heimatland zurückkehren | **~t** (-**ada** *f*) *m* Repatriierte(r *m*) *m/f*.

rep|**èl** *m* Gegenstrich *m* | *fig* Widerwille *m* | = **repeló** | *a* **~** (*loc adv*) gegen den Strich; verkehrt; *fig* widerwillig, mit Widerwillen | *venir a* **~** *a alg* j-m widerlich *od* lästig sein; j-m gegen den Strich gehen | **~elar** (33) *vt* noch einmal (ab)schälen | (*Baum*) Zurückschneiden, -stutzen | (*Haut*) glattrasieren.

repel·l|**ent** *adj* (*m/f*) *a. fig med* abstoßend | widerwärtig | **~ir** (37) *vt* (*Feind, Angriff*) zurückschlagen, abwehren | *tecn med fig* abstoßen.

repeló *m* Niednagel *m* | **~s** (-**osa** *f*) *adj* (*Material*) rauh | *fig* (*Person*) kleinlich, *umg reg* pingelig; zimperlich.

repenedit (-**ida** *f*) *adj* reumütig || *s/f catol* Büßerin *f*.

repenjar-se (33) *v/r* s. anlehnen (*a, en an ac*); s. stützen (auf *ac*).

repensar (33) *vt* nochmals über-denken *od* -legen | **~-se** *v/r* s. (e-s Besseren) besinnen, s-e Meinung ändern | *m'hi he repensat* ich habe es mir anders überlegt.

repercu|**ssió** *f* Rück-prall, -stoß *m* | *fís* Zurückwerfen *n* | (*Ton*) Widerhall *m* | *fig* Rückwirkung, Auswirkung *f* | **~tir** (37) *vi* zurückprallen | *fís* zurückgeworfen werden; widerhallen (*Ton*) | *fig* Widerhall finden; nachwirken, s. auswirken || *vt med* (*Tumor*) zurücktreiben.

repertori *m* *gràf* (*Bibliothek*) Sachregister, Verzeichnis, Inventar *n* | *teat mús* Repertoire *n*.

rep|**ès** *m* Nachwiegen *n* | (*Markt*) Nachwiegestelle *f* | **~esar** (33) *vt* nachwiegen.

repetell *m* = **baterell**.

repeti|**ble** *adj* (*m/f*) wiederholbar | **~ció** *f a. mús* Wiederholung *f* | *dr* Rückforderung *f* | *fusell de* **~** Repetiergewehr *n*, Mehrlader *m* | *rellotge de* **~** Schlag(werk)uhr *f* | ... *de* **~** *a.* Repetier...; *estud* Nachhilfe... | **~da** *f* (*Uhr*) wiederholte Uhrzeit *f* | **~dor** *adj* wiederholend || *s/mf* (*Schüler*) Repetent(in *f*), *umg desp* Sitzenbleiber(in *f*) *m* | Nachhilfelehrer(in *f*) *m* | *s/m telecom* Verstärker *m* | *tv* Relaisstation *f*, Zwischensender *m* | **~ment** *m* = **~ció** | **~r** (37) *vt* wiederholen | **~** *el curs* das Schuljahr wiederholen | *mil* (*Essen*) nachfassen | **~** *el que un altre ha dit* nachsagen (*od* nachsprechen, wiederholen), was e. anderer gesagt hat || *vi* s. wiederholen (*Anfall*) | aufstoßen (*Essen*) | **~r-se** *v/r* s. wiederholen.

repetjó *m oc kl*(e) Bergterrasse *f* | *kl*(r) Abhang *m*.

repeu *m constr* (*Haus, Wand*) Sockel *m* | (*Säule*) Fuß *m*, Basis *f* | (*Wandvorsprung*) Konsole *f* | (*Gebirge*) Ausläufer *m* | **~ar** (33) *vt* am Sockel verstärken || *vi* s. aufstemmen (*Kleinkind*).

repic|(**ada** *f*) *m* = **~ament** | **~adissa** *f col* Geläute *n* | Gebimmel *n* (*der Glocken*) | **~ador** *s/m* Glöckner *m* | **~ament** *m* Glockengeläut(e) *n* | Glockenläuten *n* | **~ar** (33) *vt* (*Stein*) erneut behauen | (*Schuhsohle*) festklopfen | (*Glocken*) anschlagen, läuten || *vi* läuten (*Glocken*) | *fer* **~** *les campanes* die Glocken zu e-m Fest läuten lassen; e. Fest einläuten | *fig: tenir-ne cinquanta de repicats* (*fam*) volle 50 Jahre alt sein | **~** *i anar a la processó* zweierlei gleichzeitig erledigen wollen, auf zwei Hochzeiten tanzen (wollen) | **~atalons** *m ornit* Rohr-ammer *f*, -spatz *m* | **~ó** *m* (*Glocken*) schnelles Geläut *n* | (*Tür*) wiederholtes Läuten *n*.

repinta|**da** *f* Übermalen *n*, Übermalung *f* | *gràf* Durchschlagen *n* (*des Druckes*) | Makulatur *f* | **~r** (33) *vt* neu (an)streichen | übermalen | *gràf* durchschlagen auf (*ac*) || *v/imp: repinta* es nieselt | **~r-se** *v/r* s. zu stark schminken.

repix *m oc* Rieseln *n* | **~ar** (33) *vi* durchsickern (*Nässe*) | schwitzen, Feuchtigkeit durchlassen (*Wand*) | leck sein, tropfen (*Gefäß, Hahn*) | *tèxt* aufeinander abfärben (*Fäden*); ineinander verfließen *od* verschwimmen

replà (*Farben*) || *v*/*imp:* està repixant es nieselt.

repl|à *m* (*Treppen*) Absatz *m* | (Berg-) Terrasse *f* | **~anar** (33) *vt* wieder einebnen | **~anell** *m* kl(r) Absatz *m*.

replant|ació, **~ada** *f agr* Neubepflanzung *f* | Umpflanzung *f* | **~ar** (33) *vt agr* neu bepflanzen | umpflanzen, versetzen | **~eig**, **~ejament** *m* (*Problem*) Wiederaufwerfen *n*; neue (*od* andere) Fragestellung *f* | (*Gelände*) Trassierung *f* | **~ejar** (33) *vt* (*Problem, Frage*) wieder aufwerfen; anders angehen; neu überdenken | *arquit* trassieren.

replè (-ena *f*) *adj* (sehr) voll, überfüllt | (*Leib*) gepolstert, rundlich.

replec *m a. anat* Falte *f* | (*Papier*) Knick *m* | *geog* Boden-, Gelände-falte *f*.

repleció *f* Völle, Übersättigung *f*.

replega *f* = **arreplega** | **~ment** *m psic* Sammlung *f* | *mil* geordneter Rückzug *m* | **~r** (33) *vt* wieder (zusammen)falten | nochmals falten | (*Truppen*) zurückziehen, abziehen | (*Flügel*) einziehen | = **arreplegar** | **~r-se** *v/r s.* zurückziehen, abziehen (*Truppen*).

replet *adj* = **replè** | beleibt, dick.

rèplica *f* Entgegnung, Erwiderung *f* | *lit dr art* Replik *f* | *dr a.* Gegen-, Wider-rede *f* | *art a.* Nachbildung *f* | *no tenir* **~** unwiderleglich sein.

replica|ció *f* = **rèplica** | **~dor** *adj* erwidernd, entgegnend | **~ire** *adj* (*m/f*) (oft u. gern) widersprechend || *s*/*m/f* (*Person*) Widerspruchsgeist *m* | **~r** (33) *vi* erwidern, entgegnen | widersprechen | *lit dr art* replizieren.

replujar (33) *vt* = **soplujar**.

repobla|ció *f* Wiederbevölkerung *f* | *agr:* **~** *forestal* (Wieder)Aufforstung *f* | **~ment** *m* Wiederbevölkerung *f* | Wieder- (*bzw* Neu-)besidlung *f* | **~r** (33) *vt* wiederbevölkern | wieder (*bzw* neu) besiedeln | (*Wald*) wiederaufforsten | (*mit Pflanzen*) wieder (*bzw* neu) bepflanzen | **~** *un estany* (*de peixos*) e-n See wieder (mit Fischen) besetzen.

repodrir (37) *vt* zur vollen Fäulnis bringen | *fig* völlig verderben | **~se** *v/r fig s.* abgrämen, *s.* verzehren.

repoli|r (37) *vt* nochmals polieren | auf Hochglanz polieren | *fig* auf Hochglanz bringen; verfeinern | **~t** (-ida *f*) *adj* sehr gepflegt *bzw* sauber, reinlich.

rep|ort *m* Bericht(erstattung *f*) *m* | *bes cient* Report *m* | *gràf* (lithographischer) Überdruck *m* | **~ortar** (33) *vt* berichten, melden | begutachten | anführen | (*Gewinn, Nutzen*) eintragen, einbringen, *fig* abwerfen | *gràf* überdrucken | **~ortar-se** *v/r s.* beherrschen; *s.* mäßigen | **~ortatge** *m* Reportage *f*, aktueller Bericht *m* | **~** *gràfic od il·lustrat* Bildbericht *m* | **~orter** *adj* berichterstattend || *s/m/f* = **~òrter** | **~òrter** *m/f* Reporter(in *f*), Berichterstatter(in *f*) *m* | **~** *gràfic* Bildreporter *m*.

rep|òs *m* Ruhe *f* | Ausruhen *n* | Erholung *f* | *el* **~** *etern* die ewige Ruhe | *sense* **~** (*loc adv*) pausenlos, ununterbrochen | **~osadament** *adv* gemächlich | in aller Ruhe | **~osador** *m* Ruheplatz *m* | **~osament** *m* = **reposició** *f* (*Eigenschaft*) Besonnenheit; Gesetztheit *f* | **~osar** (33) *vt* wieder zurücksetzen *bzw* -stellen, -legen | (*Denkmal*) wieder aufstellen | (*Beamten*) wiedereinsetzen | (*Theaterstück*) wieder spielen || *vi* ruhen | (s.) ausruhen | *agr* brachliegen | lagern | *hauries de* **~** *més* du solltest mehr (aus)ruhen | *la volta reposa sobre pilars* das Gewölbe ruht auf Pfeilern | **~osar-se** *v/r* ruhig(er) werden, besonnen werden (*Jugendlicher*) | **~osat** (-ada *f*) *adj* ruhig, besonnen; gesetzt | (*Wein*) abgelagert | **~osició** *f a. dr adm* Wiedereinsetzung *f* | Rückerstattung *f* | *teat* Wiederaufführung *f* | *tv* Wiederholung *f*.

repregunta *f dr* (*im Verhör*) Rückfrage *f* | **~r** (33) *vt* erneut befragen.

repre|ndre (40) *vt* wieder nehmen | wieder-bekommen, -erlangen | (*Tätigkeit, Gespräch*) wieder aufnehmen | (*j-n*) tadeln, rügen, verweisen | **~** *alè* Atem holen, (s.) ausatmen, (s.) verschnaufen | *el menjar m'ha reprès* das Essen ist mir schlecht bekommen *od* liegt mir schwer im Magen | *la notícia el va* **~** die Nachricht überraschte ihn unangenehm | *aquests retrets m'han reprès* ich habe mich über diese Vorwürfe geärgert | **~nedor** *adj* wieder aufzunehmen(d) | **~nsible**(**ment** *adv*) *adj* (*m/f*) tadelnswert | **~nsió** *f a. dr* Tadel, Verweis *m*, Rüge *f* | **~** *pública* öffentlicher Verweis *m* | **~nsiu** (-iva *f*) *adj* = **~nsor** | **~nsor** *adj* tadelnd, rügend || *s/m/f* Tadler(in *f*) *m* | **~sa** *f* Wiederaufnahme *f* | (*Un-*

terricht) Wiederbeginn *m* | *econ* (*Geschäfte*) Wiederbelebung *f* | (*Kurse*) Steigen, Wiederanziehen *n* | (*Wirtschaft*) Ankurbelung *f* | *mil polít* Wieder-, Zurück-eroberung; Wiedereinnahme *f* | *arquit* arc Konsole *f*, Kragstein *m* | *aut* Beschleunigung(s-kraft) *f* | **~sàlia** *f mst pl* Repressalie(n *pl*), Straf-, Vergeltungs-maßnahme(n *pl*) *f* | *prendre* (od *usar*) *represàlies* Repressalien ergreifen.

representa|ble *adj* (*m/f*) *teat* aufführbar, darstellbar | **~ció** *f* Vorstellung *f* | Darstellung *f* | Vertretung *f*; *dipl polít a.* Repräsentation *f* | *teat cin tv* Aufführung; Vorstellung *f* | *despeses de ~* Repräsentationsaufwendungen *f pl* | *~ comercial* (*corporativa*) Handels-(Stände-)vertretung *f* | *~ cinematogràfica* Kinovorstellung *f* | **~nt** *m/f* Vertreter(in *f*), Stellvertreter(in *f*) *m* | (*bes des Volkes*) Repräsentant(in *f*) *m* | **~r** (33) *vt* vorstellen | darstellen | vertreten; (*Land, Volk, Firma*) *a.* repräsentieren | *teat* (*Stück*) aufführen, darstellen; (*Rolle*) spielen, darstellen | *representa* (*és*)*ser més jove que tu* er sieht jünger aus als du | *~ bé un paper* e-e Rolle gut spielen | *què hi representes aquí?* (*fam*) was machst du hier?, was willst du eigentlich hier? | *qui representes?* wen vertrittst du? | **~r-se** *v/r s.* (*dat*) vorstellen | **~tiu** (**-iva** *f,* **-ivament** *adv*) *adj* repräsentativ | *enquesta representativa* Repräsentativbefragung *f* | *poder* (*sistema*) *~* Repräsentativgewalt *f* (-system *n*) | **~tivitat** *f bes polít* Repräsentanz *f* | (*Statistik*) *a.* Repräsentation *f*.

repress|ió *f* Unterdrückung *f* | *lit polít a.* Repression *f* | *psic* Verdrängung *f* | **~iu** (**-iva** *f*) *adj* repressiv | *lleis* (*mesures*) *repressives* repressive Gesetze *n pl* (Maßnahmen *f pl*) | **~or** *adj* Unterdrückungs... | *s/mf* Unterdrücker(in *f*) *m* ǁ *s/mf biol* Repressor *m*.

reprim|enda *f* Verweis, (starker) Tadel *m* | **-ible** *adj* (*m/f*) niederhaltbar | *fig a.* zügelbar, zu unterdrücken | *dr* strafbar | **~idor** *adj* nieder-, unterdrückend | zügelnd | **~ir** (37) *vt a. fig* unterdrücken | **~ir-se** *v/r s.* beherrschen, s. zurückhalten.

rèprobe *adj* verdammt ǁ *s/mf ecl* Verdammte(r *m*) *m/f* | *s: reprovació*.

repro|ducció *f biol* Fortpflanzung, Zeugung *f* | *gràf* Vervielfältigung *f*; Nach-,

Neu-druck *m* | *gràf cin fotog a.* Reproduktion, Wiedergabe *f* | *~* (*a*)*sexual* (un)geschlechtliche Fortpflanzung *f* | *~ del so* Tonwiedergabe *f* | *dret de ~* Vervielfältigungsrecht *n* | *poder de ~* Fortpflanzungsfähigkeit *f* | **~ductibilitat** *f* Fortpflanzungsfähigkeit *f* | Reproduzierbarkeit *f* | **~ductiu** (**-iva** *f*) *adj* zeugungsfähig | reproduktiv | *força reproductiva* Fortpflanzungs-, Zeugungs-kraft *f* | **~ductor** *adj* fortpflanzend, zeugend; Fortpflanzungs-, Zeugungs... | *s/m* männliches Zuchttier *n* | **~duïble** *adj* (*m/f*) reproduzierbar | **~duir** (37) *vt* (wieder) hervorbringen | wieder vorbringen | *gràf* (wieder) nach-, neu-drucken; *a. art* reproduzieren | **~duir-se** *v/r s.* wiederholen | *biol s.* fortpflanzen, s. vermehren | **~grafia** *f gràf* Reprographie *f*.

repropi (**-òpia** *f*) *adj* störrisch, widerspenstig | **~esa** *f* Störrischkeit *f* | Widerspenstigkeit *f* | **~ós** (**-osa** *f*) *adj* = **repropi**.

reprotx|able *adj* (*m/f*) tadelnswert | **~ar** (33) *vt: ~ u/c a alg* j-m etw vorwerfen; j-n wegen etw tadeln | **~e** *m* Vorwurf; Tadel *m*.

reprova|ble *adj* (*m/f*) verwerflich, verdammenswert | **~ció** *f ecl* Verdammnis, Verdammung *f* | *fig* Mißbilligung *f* | Verwerfung *f* | **~dor** *adj* verwerfend | vorwurfsvoll, tadelnd ǁ *s/mf* Tadler(in *f*) *m* | **~r** (33) *vt ecl* verdammen | *fig* mißbilligen; verurteilen, verwerfen.

reps *m inv tèxt* Rips *m*.

reptació *f zool* Kriechen *n*.

rept|ador *adj* herausfordernd | tadelnd ǁ *s/mf* Herausforderer(in *f*) *m* | Tadler(in *f*) *m* | **~ament** *m* = **~e** | **~ar** (33) *vt* herausfordern | tadeln | **~e** *m* Herausforderung *f*.

rèptil *adj* (*m/f*) *a. bot zool* kriechend ǁ *s/m pl zool* Reptilien, Kriechtiere *n pl*.

rep|ública *f* Republik *f* | *⁓ Federal d'Alemanya* Bundesrepublik *f* Deutschland | *⁓ Democràtica Alemanya* (*hist*) Deutsche Demokratische Republik *f* | *~ popular* Volksrepublik *f* | **~ublicà** (**-ana** *f*) *adj* republikanisch | *s/mf* Republikaner(in *f*) *m* | **~ublicanisme** *m* Republikanismus *m*.

repudi *m dr* Verstoßung *f* | **~ació** *f dr* Verstoßung *f* | Ablehnung, Ausschlagung; Zurückweisung *f*; Verzicht

repugnància

m | *la ~ d'un dret* der Verzicht auf e. Recht | **~ament** *m* = **~ació** | **~ar** (33) *vt dr (j-n)* verstoßen | ablehnen, ausschlagen | zurückweisen, verzichten auf | *~ la dona (filla)* s-e Frau (Tochter) verstoßen | *~ una herència* e-e Erbschaft ausschlagen *od* ablehnen.

repugn|ància *f* Widerwille, Abscheu *m*, Abneigung *f (per* gegen *ac*, vor *dat)* | *sentir ~ per u/c* s. vor etw ekeln, e-n Abscheu vor etw haben | **~ant** *adj (m/f)* abstoßend, widerlich, ekelhaft | **~ar** (33) *vi* abstoßen, anekeln, anwidern *(a alg* j-n) | *aquest home em repugna* dieser Mann ist mir widerlich *od* widert mich an | *em repugna de fer això* es widerstrebt mir, das zu tun.

repuls|a *f* scharfer Verweis, harter Tadel *m*, Abfuhr *f* | **~ió** *f fís* Repulsion, Abstoßung *f* | *fig* (heftige) Abneigung *f*, Abscheu, Widerwille *m* | *sentir ~ per (od envers) alg* Abneigung gegen j-n fühlen *od* spüren *bzw* haben | **~iu** *(-iva f) adj a. fig* abstoßend | *fís a.* repulsiv | **~ori** *(-òria f) adj* = **~iu**.

repunt *m* Stepp-stich *m bzw* -naht *f*, Stepperei *f* | **~ar** (33) *vt* steppen, mit Steppstichen nähen ‖ *vi* e-n Stich bekommen, sauer werden *(Wein)* | **~ejar** (33) *vt* absteppen.

repunxó *m bot* Glockenblume *f* («Campanula rapunculus»).

repussa|ll *m* Auswurf, Abfall *m* | **~r** (33) *vt (a. Leder)* punz(ier)en | = **rebutjar**.

reputa|ció *f* Leumund, Name, Ruf *m*, Ansehen *n*, *a. econ* Renommee *n* | *mala ~* schlechter Ruf, Verruf *m* | *una persona de mala ~* e-e verrufene Person | *fer perdre la (bona) ~ a alg* j-n um s-n guten Ruf bringen | *gaudir d'una bona ~* in gutem Ruf *(od* in Ansehen) stehen | **~r** (33) *vt* erachten *(de* als, für*)*, halten (für), ansehen (als) | *~ un bon home* für e-n guten Mann halten.

reputegar (33) *vi nord-cat* brummen | murren | knurren.

reque|ridor *adj* ersuchend | auffordernd | e-n Antrag stellend | verlangend ‖ *s/mf* Antragsteller(in *f*) *m* | *dr* Beschwerdeführer(in *f*); Kläger(in *f*) *m* | **~riment** *m a. dr* Antrag *m*, Gesuch *n* | Aufforderung *f* | Ersuchen *n* | **~rir** (37) *vt* fordern, verlangen | auffordern | ersuchen | anfordern, beantragen | *(Zeit, Geschicklichkeit)* erfordern, *(Zeit) a.* in Anspruch nehmen | *dr: ~ una pena* e-e Strafe beantragen | **~sta** *f* (inständige) Bitte *f*, Antrag *m*, Gesuch *n* | *(Waren)* Nachfrage *f* | *~ d'amor* Liebeserklärung *f* | *~ de batalla* Herausforderung *f* | *~ de matrimoni* Heiratsantrag *m*, | *a ~ de (loc prep)* auf Ersuchen *gen* | *a ~ meva* auf mein Ersuchen | **~star** (33) *vt bes dr* = **~rir**.

requetè *m* Straßenjunge *m* | Lausbub *m* | *polít hist: Soldat od* Anhänger der Karlistenpartei.

rèquiem *m* Requiem *n* | *catol a. (a. missa de ~)* Totenmesse *f*.

requincalla *f* Flitter(kram) *m*.

requint *m mús* Es-Klarinette *f* | kl(e) Gitarre *f* | «Requint»-Spieler, Klarinettist *bzw* Gitarrist *m*.

requis|a, **~ició** *f mil* Requisition *f* | *polít a.* Beschlagnahme *f* | **~ar** (33) *vt mil polít* requirieren, beschlagnahmen | **~it** *m dr* Voraussetzung, Vorbedingung *f* | *fig* Erfordernis *n* | *gastr* Leckerbissen *m*, Köstlichkeit, Delikatesse *f* | *s: formalitat* | **~itori** *(-òria f) adj dr* ansuchend ‖ *s/mf dr* Anklagerede *f (des Staatsanwalts*.

rere *(od* **rera)** *adv u. prep reg* = **darrere** | **~cor** *m arquit* Raum *m* hinterm Chor | **~guarda** *f*, *mil arc a.* **~ssaga** *f* Nachhut *f* | *a ~ (loc adv)* verzögert | zurückgeblieben | **~país** *m geog* Hinterland *n* | **~vera** *f reg* = **tardor**.

res (28) *pron ind (in Verbindung mit* no; *a.* als selbständige Negation vor dem Verb *u. in Ellipsen)* nichts | *(beim Auftreten zusätzlicher Negationswörter; a.* mit positiver Bedeutung in Fragen, Hypothesen, Vergleichen) etwas, *umg* was | *s: cap^2, gens | saps ~ del pare? —No, (no en sé) ~* Weißt du etwas von Vater? —Nein, (ich weiß) nichts (von ihm) | *de ~!* k-e Ursache!, gern geschehen!, bitte! | *abans de (od que) ~* vor allem, vor allen Dingen | *com si (no passés) ~* als wenn nichts wäre | *no ~* nichts; Nichtigkeit *f* | *s: no-res | en un no ~* in e-m Augenblick, im Nu, im Handumdrehen | *per (un) no ~* für nichts | *(això) no em diu ~* (das) sagt mir nichts | *(això) no hi fa ~* (das) macht nichts | *no hi comptes per a ~* du hast darauf k-n Einfluß; du zählst nicht | *sense fer(-hi) ~* ohne etw (dabei) zu tun ‖ *int: ~, home, ~, deixa--*

ho córrer! kümmere dich nicht drum, laß es sein!
rés *m* Gebet, Beten *n* | s: *prec, pregària*.
resaigües *f pl* Tresterwein *m*.
resar (33) *vt/i* beten | *missa resada* stille (gelesene) Messe *f*.
rescabala|ment *m lit* Schadenersatz *m*, Entschädigung *f* | **~r** (33) *vt lit:* ~ *alg d'u/c* j-n für etw entschädigen, j-m für etw Schadenersatz leisten | **~r-se** *v/r* s. schadlos halten (*de* für) | *fig* s. erholen.
rescalf *m* Aufgewärmte(s) *n* | **~ament** *m* (Wieder)Aufwärmen *n* | (Wieder)Erwärmung *f* | **~ar** (33) *vt* (wieder) aufwärmen | *fig* erwärmen; erneut anfeuern | **~ar-se** *v/r* s. aufwärmen | wärmer werden | **~at (-ada** *f*) *adj* aufgewärmt || *s/m* Aufgewärmte(s) *n* | **~ó** *m* = **rescalf, ~at.**
rescat *m* Rück-, Wieder-kauf *m* | *dr* (*Gefangenen*) Los-, Frei-kauf *m*; Ab-, Einlösung *f*; Lösegeld *n* | (*Schuld*) Ablösung *f* | **~able** *adj* (*m/f*) rück-, zurück-käuflich | ein-, ab-lösbar | tilgbar | **~ador** *adj dr* ablösend | Ablösungs... | *fig* befreiend, erlösend || *s/mf* Rückkäufer(in *f*) *m* | Freikäufer(in *f*) *m*.
resci|ndible *adj* (*m/f*) (*Vertrag*) kündbar | **~ndir** (37) *vt* (*Vertrag*) kündigen, annulieren | (*Erlaß, Pflicht*) aufheben | **~ssió** *f* Kündigung, Annulierung *f* | Aufhebung *f* | **~ssori (-òria** *f*) *adj* aufhebend.
rescl|osa *f* Staudamm *m*, Talsperre *f* | Schleuse *f* | Wehr *n* | **~osir-se** (37) *v/r* muffig werden *bzw* riechen | **~osit (-ida** *f*) *adj* stickig, muffig | *aire* ~ Stickluft *f* | *pudor de* ~ Muff, muffiger Geruch *m* | *fer olor* (od *pudor*) *de* ~ muffig riechen | **~um** *m* Muff *m*.
rescri|pte *m hist* Antwortschreiben *n* (römischer Kaiser) | *ecl* Erlaß, *m* Reskript *n*, Verfügung *f* | **~ptori (-òria** *f*) *adj* Erlaß..., Verfügungs... | **~t** *m* = **rescripte** | **~ure** (40) *vt* (er)neu(t) schreiben | *lit* umschreiben.
resecció *f med* Resektion *f*.
resed|a *f bot* Reseda *f* | ~ *groga* Gelbe Reseda *f* | **~àcies** *f pl bot* Resedagewächse *n pl*.
reserv|a *f a. econ mil* Reserve *f* | *com* Rücklage *f*, *gastr mst pl* Vorrat *m* | *a. banc* Bestand *m* | Rücklagen *f pl* | *a. dr* Vorbehalt *m* | *psic* Zurückhaltung *f* | *ferroc* Reservierung *f* | *ecl* Aufbewahrung *f* des verhüllten Altarsakraments im Tabernakel | *tèxt* Reservage *f* | ~ *de caça* Jagd-bezirk *m*, -revier, Gehege *n* | ~ *de divises* (*d'or*) Devisen-(Gold-)reserve(n) *f* (*pl*) | ~ *forestal* Schonung *f* | ~ *d'habitació* Zimmerbestellung *f* | ~ *d'indis* (*USA*) Indianerreservat *n* | ~ *legal* od *hereditària* (*dr*) Pflichtteil *m/n* | ~ *mental* Mentalreservation *f* | ~ *natural* (*zoològica*) Natur-(Tier-)schutzgebiet *n* | *amb tota la* ~, *sota totes les reserves* unter Vorbehalt, vorbehaltlich | *de* ~ Reserve... | *sense* ~ vorbehaltlos | *fer les seves reserves* Vorbehalte machen | *posar en* ~ beiseite legen | *mil: passar a la* ~ zur Reserve abgestellt werden | *tenir en* ~ in Reserve haben | *usar* ~ *amb alg* j-m gegenüber (gegen j-n) zurückhaltend sein || *pl mil* Reserve *f* || *s/m esport* Ersatzspieler, -mann *m* | **~ació** *f* (*Plätze, Karten*) Reservierung *f* | **~adament** *adv* vertraulich | **~ar** (33) *vt* reservieren | (*Platz, Sitz*) belegen, vorausbestellen | (*Geld*) zurücklegen, ersparen | *psic* (*Meinung*) vorbehalten, zurückhalten, verheimlichen | *ecl:* ~ *el Santíssim* das Allerheiligste im Tabernakel verschließen | **~ar-se** *v/r* für s. reservieren *od* zurücklegen *bzw* zurückbehalten | *fig* s. (*dat*) vorbehalten (*de fer u/c* etw zu tun) | **~at (-ada** *f*, **-adament** *adv*) *adj* zurückhaltend, reserviert | *fig a.* vertraulich | (*Plätze*) reserviert, belegt | (*Rechte*) vorbehalten || *s/m a. fig* Reservat *n* | (*in Lokalen*) Nebenzimmer *n* | *silv* Wildschonung *f* | *ferroc* Sonderabteil *n* | **~ista** *m mil* Reservist *m*.
resguard *m a. fig* (Vor)Sorge *f* | Schutz, Schirm *m* | *com banc* (Beleg)Schein *m* | **~ar** (33) *vt* (be)schützen, (be-)schirmen | be-, ver-wahren | **~ar-se** *v/r* s. hüten, s. bewahren (*de* vor).
resid|ència *f* Aufenthalt(sort) *m* | Wohnsitz *m* | Amtssitz *m* | Residenz *f* | ~ *camperola* Land-haus *n*, -sitz *m* | ~ *universitària* Studentenheim *n* | *segona* ~ Zweitwohnung *f*, Nebenwohnsitz *m* | **~encial** *adj* (*m/f*) Wohn... | *dr ecl* residenzpflichtig | **~enciar** (33) *vt* (*j-n*) über e. Amt zur Rechenschaft ziehen | **~ent** *adj* (*m/f*) wohnhaft | ansässig || *s/m dipl* Geschäftsträger *m* | (Devisen) Inländer *m* | *polít adm a.* Resident *m* | **~ir** (37) *vi* wohnen, ansässig sein | residieren | *fig* liegen; innewohnen | **~u** *m tecn quím* Rest *m*;

Rückstand *m* | Bodensatz *m* | *gastr* (*Küche*) Abfälle *m pl* | ~s de combustió Abbrand *m* | ~s industrials Industrieabfälle *m pl* | ~s radioactius Atommüll *m* | ~ual *adj* (*m/f*) Rest..., Abfall... | zurückbleibend.

resigna|ció *f* Verzicht *m* | (*Amt*) Abtretung *f* | Resignation, Ergebung *f* | ~nt *m/f dr* Verzichtende(r *m*) *m/f* | ~r (33) *vt* (*Amt*) niederlegen, (*j-m*) abtreten | ~r-se *v/r* resignieren | s. ergeben, s. fügen (*a in ac*) | *a u/c* s. in etw (*ac*) schicken; s. mit etw abfinden; etw aufgeben.

resin|a *f* Harz *n* | ~ sintètica Kunstharz *n* | ~ació *f* Harzgewinnung *f* | ~ar (33) *vt silv* harzen | ~er *adj* harzig | Harz... | indústria ~a Harzindustrie *f* | arbre ~ harziger Baum *m* | ~ifer *adj* harzliefernd | harzhaltig | ~ificació *f quím* Verharzung *f* | ~ificar (33) *vt quím* verharzen, in Harz verwandeln | ~ós (-osa *f*) *adj* harzig | Harz...

resipiscència *f ecl* (tätige) Reue *f*.

resist|ència *f a. elect fís polít* Widerstand *m* | *polít* (a. *moviment de* ~) Widerstandsbewegung *f* | Widerstands-kraft *od* -fähigkeit *f*, Ausdauer *f* | Haltbarkeit *f* | *tecn* Festigkeit *f* | *arquit* Tragfähigkeit *f* | ~ passiva passiver Widerstand *m* | ~ a les pressions Druckbeanspruchung *f* | ~ a la ruptura Bruchfestigkeit *f* | ~ de la línia (*elect*) Leitungswiderstand *m* | ~ de l'aire (*fís*) Luftwiderstand *m* | ~ent *adj* (*m/f*) widerstehend | *med* resistent, widerstandsfähig | ausdauernd, zäh | (*Stoff*) haltbar, dauerhaft; strapazierfähig | *tecn*: ~ a beständig gegen (*ac*) | ~ als àcids säurefest | ~ a la calor hitzebeständig, hitzefest | ~ a l'aigua (al foc, a la llum, al rentat) wasserdicht (feuerfest, lichtecht, waschecht) || *s/m/f hist polít* Mitglied *n* e-r Widerstandsbewegung, Widerstandskämpfer(in *f*) *m* | ~ibilitat *f* Erträglichkeit *f* | ~ible *adj* (*m/f*) erträglich | ~idor¹ *adj* = ~ent | ~idor² *adj* = ~ible | ~ir (37) *vi* s. widersetzen (*a dat*) | Widerstand leisten (*a gegen ac*) | s. wehren (*a gegen ac*) | standhalten (*a dat*) widerstreben (*a dat*) | ~ a la temptació der Versuchung widerstehen | *vt* (*Schmerz, Leid*) aushalten, ertragen | ~ir-se *v/r* s. widersetzen, s. sträuben | s. wehren | s. weigern | ~ivitat *f elect* spezifischer (Leitungs)Widerstand *m*.

resol|dre (40) *vt a. quím mat* (auf)lösen | (*in Elemente*) zerlegen | (*Aktion, Sache*) beschließen | (*Frage*) entscheiden | (*Problem*) lösen | (*Schwierigkeit*) beheben | (*Zweifel*) zerstreuen, beseitigen, klären | *med* zum Rückgang bringen | *mús* (*Akkord*) auflösen | encara no hem resolt res wir haben noch nichts beschlossen | hem resolt d'anar-hi ara mateix wir haben beschlossen, sofort hinzugehen | ~dre's *v/r* s. auflösen | s. entschließen, s. entscheiden (*a* zu) | *med* zurückgehen | els núvols es resolen en pluja die Wolken regnen s. ab | ~t *adj* (*Rätsel, Problem*) gelöst | = ~ut | ~uble *adj* (*m/f*) (auf)lösbar | ~ució *f quím mat mús* Auflösung, Lösung *f* | (*Problem*) Lösung *f* | *polít* Resolution, Entschließung *f* | *dr* Entscheid *m* | (*Wille*) Entschluß, Beschluß *m*; Entschlossenheit, Resolutheit *f* | *med* Resolution, Rückbildung *f* | adoptar una ~ e-e Entschließung annehmen | prendre una ~ e-n Entschluß fassen | ~ut (-uda *f*, -udament *adv*) *adj* (fest) entschlossen, resolut | ~utiu (-iva *f*) *adj* auflösend | Auflösungs... | mètode ~ analytische Methode *f* | ~utori (-òria *f*) *adj* entscheidend | auflösend | ~vent *adj* (*m/f*) auflösend || *s/m med* Lösemittel *n* || *s/f mat* Resolvente *f*.

resorcin|a *f*, ~ol *m quím* Resorzin, Resorcin *n*.

resorció *f biol med* Resorption *f*.

respatller *m* Rück(en)lehne *f*.

respect|abilitat *f* Achtbarkeit *f* | *lit* Respektabilität *f* | ~able *adj* (*m/f*) achtbar | ansehnlich | beachtlich, nennenswert | *lit* respektabel | ~ar (33) *vt* achten, respektieren | ehren | Rücksicht nehmen auf *ac* | verschonen | (*Recht*) beachten, einhalten, wahren | fer-se ~ s. Achtung verschaffen || *vi* betreffen | pel que respecta a mi... was mich betrifft... | ~e *m* Achtung, Ehrerbietung, Ehrfurcht *f*, Respekt *m* (*a vor dat*) | (*von Gesetzen, Regeln*) Einhaltung, Befolgung, Beobachtung *f* | àncora de ~ Notanker *m* | llit de ~ Gastbett *n* | manca (*od* falta) de ~ Respektlosigkeit *f* | de ~ (*loc adj*) Not..., Reserve... | en aquest ~ in dieser Beziehung *od* Hinsicht | ~ a (*loc prep*) hinsichtlich (*gen*), bezüglich (*gen*), in bezug auf (*ac*) | ~iu (-iva *f*)

respir *adj* betreffend, bezüglich | verhältnismäßig | jeweilig | **~ivament** *adv* beziehungsweise, *lit* respektive | jeweils | **~uós (-osa** *f*, **-osament** *adv*) *adj* respektvoll, rücksichtsvoll | ehrerbietig, ehrfürchtig.

respir *m* = **~ació** | *bes fig* Atempause *f*; Aufatmen *n* | **~able** *adj* (*m/f*) atembar | **~ació** *f* Atmung *f* | Atmen *n* | ~ *artificial* künstliche Atmung *od* Beatmung *f* | ~ *difícil od fatigosa* Atem-beklemmung *f*, -beschwerden *f pl* | *òrgans de la* ~ Atmungsorgane *n pl* | **~ador** *m* Luftloch *n* | *esport* Schnorchel *m* | ~ *de superfície* Atemschlauch *m* | *med:* ~ *artificial* Atmungsapparat *m* | **~all** *m* = **~ador** | **~ar** (33) *vi* atmen | *p ext* leben, am Leben sein | *fig* aufatmen | *fig* s. erholen (können); ausruhen, verschnaufen | *arquit* belüftet sein, Lüftung haben | *sense* ~ ohne Atem zu holen; *fig* atemlos; unermüdlich; mit angehaltenem Atem || *vt* (*bestimmte Luft*) einatmen | **~atori** (**-òria** *f*) *adj* Atmungs..., Atem... | *funció respiratòria* Atmungstätigkeit *f* | *òrgans ~s* Atmungsorgane *n pl*.

respit *m* Aufschub *m*, Frist *f*.

resplend|ent(ment *adv*) *adj* (*m/f*) glänzend, strahlend (*de* vor *dat*) | **~ir** (37) *vi* leuchten, (er)glänzen, strahlen | **~or** *f* Glanz *m* | Schimmer *m* | *fig* Herrlichkeit, Pracht *f* | *s: a. esplendor* | ~ *de la nit* (*bot*) Rundblättriger Sonnentau *m*.

resp|ondre (40) *vt* antworten, *a. fig* erwidern | entgegnen | (*e-n Brief*) beantworten || *vi* Antwort geben, antworten (*a* dat) | reagieren, ansprechen (*a* auf *ac*) | entsprechen | *dr* s. verantworten (*a* für) | *no* ~ nicht wie erwartet ausfallen; nicht gehorchen (*Maschinen, Glieder*); nicht reagieren (*Kranker*) | ~ *de* haften für | ~ *d'alg* für j-n bürgen | ~ *al nom d'X* auf den Namen X hören | **~onement** *m mús* Kehrreim *m* | **~ons** *m ecl* Responsorium *n* | *bes* Grab-gesang *m bzw* -gebet *n* | **~onsabilitat** *f* Verantwortung *f* | Verantwortlichkeit *f* | *a. com* Haftung *f* | *societat de* ~ *limitada* Gesellschaft *f* mit beschränkter Haftung | *assumir la* ~ *d'u/c* die Verantwortung für etw übernehmen | **~onsabilitzar-se** (33) *v/r:* ~ *d'u/c* etw verantworten, die Verantwortung für etw übernehmen |

~onsable *adj* (*m/f*) verantwortlich (*de* für) | *dr* haftbar (*de für*) | *fer-se* ~ *d'u/c* für etw einstehen || *s/m/f* Verantwortliche(r *m*) *m/f* | Haftende(r *m*) *m/f* | **~onsiu** (**-iva** *f*) *adj* Antwort..., beantwortend | **~onsori** *m ecl* Responsorium *n*, Wechselgesang *m* | **~òs** *m* Kehrreim *m* | **~osta** *f* Antwort *f* | Erwiderung, Entgegnung *f* | Beantwortung *f* | *psic* Response *f* | *fig* Reaktion *f*, *lit* Respons *m* | ~ *pagada* Rückantwort bezahlt | *en* ~ *a* als Antwort auf (*ac*), in Beantwortung (*gen od* von *dat*) | *fer de* ~ (be)antworten | *deixar sense* ~ *alg* j-m k-e Antwort geben | *tornar respostes* widersprechen | **~ostejador** *adj* gern widersprechend | *umg desp* patzig | **~ostejar** (33) *vi* widersprechen | *umg desp* patzig sein *bzw* antworten | **~oster** *adj* = **~ostejador**.

resquícies *f pl a. hist* Überreste *m pl* | Spuren *f pl* | Überbleibsel *n pl*.

resquill *m* (Knochen-, Glas-)Splitter *m* | (*vorgeschichtlich*) Steinsplitter *m*.

resquitar (33) *vt* = **rescatar** | *Bal* entschädigen | **~se** *v/r* = **rescabalar-se**.

resquitllar *vi* = **relliscar**.

ressaca *f* Brandung *f* | Dünung *f* | *fig fam* Kater, Katzenjammer *m*.

ressag|a *f col: la* ~ die Nachzügler *m pl* | **~ar-se** (33) *v/r a. fig* zurückbleiben | *umg* hinterher-kleckern, -zokkeln | *anar ressagat* (*a. fig*) zurückgeblieben sein, *umg* (weit) zurück sein | **~ot** *adj* (*Herdentier*) zurückgeblieben | **~uer** *adj* nachzüglerisch, zurückgeblieben || *s/mf* Nachzügler(in *f*) *m* | *fig* Rückständige(r *m*) *m/f*.

ressalt *m* Vorsprung, Absatz *m* | **~ar** (33) *vi* hervor-ragen, -springen | *fig* hervortreten | *fer* ~ hervorheben.

ressec *adj* vertrocknet, strohtrocken, ausgetrocknet | (*Person*) dürr, abgemagert | **~ament** *m bot agr* Austrocknung, Entwässerung *f* | Trockenlegung *f* | *p ext* Dörren *n* | Abmagerung *f* | Einschrumpfen *n* | **~ar** (33) *vt* austrocknen, entwässern, trockenlegen | (*Obst*) dörren | (*j-n*) abzehren | **~ar-se** *v/r* trocken werden, vertrocknen | abmagern.

re|ssegar (33) *vt agr* zum zweiten Mal mähen | **~ssegellar** (33) *vt* umstempeln | wieder versiegeln.

ressegui|ment *m fig* Nachforschung *f* | Nachsuchen *n* | Nachbessern *n* | **~r**

ressemblar (37) *vt a. fig* mehrmals durchgehen | *fig* nachforschen; nachsuchen; nachlesen | (*Wäsche*) aus-, nach-bessern.
ressemblar (33) *vi* = **assemblar-se**.
ressembra|da *f agr* Nachsaat *f* | **~r** (33) *vt agr* wieder säen, nachsäen, neu einsäen.
ressenti|ment *m* Groll *m* | Rachegefühl, Ressentiment *n* | *p ext a.* Ärger, Unwille *m* | **~r-se** (36) *v/r*: ~ *d'u/c* die Nachwirkungen von etw spüren *od* verspüren | ~ *per u/c* s. über etw (*ac*) ärgern; s. wegen etw (*gen*) beleidigt fühlen; über etw (*ac*) ungehalten sein.
ressenya *f mil* Besichtigung *f* | (*Buch*) Besprechung, Rezension *f* | (*Person*) kurze Beschreibung, Charakterisierung *f* | Zusammenfassung *f* | **~r** (33) *vt* (*Buch*) besprechen, rezensieren | (*Person*) kurz beschreiben, charakterisieren | zusammenfassen.
ressò *m* Widerhall *m* | *fig* Anklang *m*, Echo *n*.
ressol *m* Rückstrahlung *f* der Sonne- (nhitze).
ressòl *m* = **solatge**.
resson|ador *m fís mús* Schallverstärker, Resonator *m* | **~ància** *f* Resonanz *f* | Nach-, Wider-hall *m* | *fig* Anklang *m*, Echo *n* | **~ant** *adj* (*m/f*) nach-, widerhallend | *fig* nachhaltig | **~ar** (33) *vi* nachklingen | *a. fig* nach-, wider-hallen.
ressop|ar (33) *v/i* nochmals zu Abend essen | **~ó** *m* (nächtlicher *od* später) Imbiß *m*.
ressorgi|ment *m* Wieder-aufleben, -erscheinen *n* | **~r** (37) *vi* wieder-aufleben, -erscheinen | wiedererstehen.
ressort *m tecn* Spannfeder *f*; Sprungfeder *f* | *fig* Triebfeder *f* || *pl fig fam* Mittel *n pl* u. Wege *m pl* | *fig*: *tocar tots els* ~*s* alle Hebel in Bewegung setzen | **~ir** (40) *vi* hervorspringen | *fig* hervortreten | = **ressaltar**.
ressuscitar (33) *vt* auferwecken vom Tode erwecken | *fig* zu neuem Leben erwekken; aufleben lassen || *vi bíbl ecl* auferstehen.
rest¹ *m arc* Lanzenschuh *m* | Rüsthaken *m*.
rest² *m* Seil *n* | Trosse *f* | Reihe *f* | ~ *d'alls* (*de cebes*) Knoblauch-(Zwiebel-) zopf *m* | ~ *de perles* Perlenkette *f*.
resta *f* Rest *m* | *mat* Rest *m*; (*Abzieh-*) Subtraktion *f* | *tota la* ~ alles übrige || *pl* (Über)Reste *m pl* | *les restes mortals* die sterblichen (Über)Reste *m pl* | *les restes d'un naufragi* die Wrackteile *pl*; (*angeschwemmt*) das Strandgut.
restabli|dor *adj* wiederherstellend || *s/mf s: restaurador* | **~ment** *m* Wiederherstellung *f* | *med* Genesung, *a. fig* Gesundung *f* | *s: curació, guariment* | **~r** (37) *vt* wiederherstellen | **~r-se** *v/r* s. erholen, genesen | heilen | gesund werden.
resta|nt *adj* (*m/f*) restlich, übrig || *s/m* Rest *m* | Übrige(s) *n* | **~r** (33) *vi* lit (da-, übrig-, ver-, zurück)bleiben | *no em resten sinó mil pessetes* es bleiben mir nur tausend Peseten | *ell restà estupefacte* er war bestürzt | *t'he restat fidel* ich bin dir treu geblieben | *resta saber qui és el culpable* es bleibt zu wissen (*od* zu erfahren), wer der Schuldige ist | *s: quedar*(-*se*), *romandre* || *vt* abziehen, subtrahieren | *esport* (*Ball*) zurück-geben, -schlagen.
restaura|ció *f* Wiederherstellung, Restaurierung, *polít* Restauration *f* | **~dor** *adj* wiederherstellend, restaurierend || *s/mf* Wiederhersteller(in *f*) *m* | *art* Restaurator(in *f*) *m* | **~ment** *m* = **restauració** | Wiederherstellen *n* | **~nt** *adj* (*m/f*) = **~dor** || *s/m* Gaststätte, -wirtschaft *f*, Restaurant *n* | **~r** (33) *vt* wiederherstellen | *arquit art* restaurieren | *polít* wiedereinführen, *lit* restaurieren | **~tiu** (-**iva** *f*) *adj* wiederherstellend | *med* kräftigend | *polít* restaurativ.
restitu|ció *f* Rückgabe, Rückerstattung *f* | *lit bes dr* Restitution *f* | (*Text*) Restaurierung, Wiederherstellung *f* | **~ïble** *adj* (*m/f*) zurückzuerstatten(d) | (*Schaden*) ersetzbar | wiederherstellbar | **~ïdor** *adj* erstattend | **~ir** (37) *vt* zurück-geben, -erstatten | (*Schaden*) ersetzen | (*Zustand*) wiederherstellen | **~tori** (-**òria** *f*) *adj bes dr* Erstattungs-... | Rückerstattungs...
restr|enyedor *adj* beschränkend | *med* stopfend || *s/m* Mittel *n* gegen Durchfall | **~ènyer** (40) *vt* be-, ein-schränken | einengen | *bes med* stopfen | *s: restringir* | **~enyiment** *m* (*Stuhl*) Verstopfung *f* | **~et** *adj* verstopft | *anar* ~ an Verstopfung leiden | **~icció** *f* Ein-, Be-schränkung, *lit* Restriktion *f* | Vorbehalt *m* | ~ *mental* Mentalreservation *f*, stiller Vorbehalt | *restriccions de corrent* Stromeinschränkungen *f pl*, -sperre *f* | *res-*

triccions d'importacions Einfuhrbe-schränkungen *f pl* | **~ictiu** (**-iva** *f*, **-ivament** *adv*) *adj* ein-, be-schränkend | *bes econ* restriktiv | **~ingent** *adj* (*m/f*) einschränkend | *med* zusammenziehend || *s/m* Adstringens *n* | **~ingible** *adj* (*m/f*) einschränkbar | **~ingir** (37) *vt* (*Freiheit*) ein-, be-schränken | (*Bedeutung*) einengen | ~ *a* begrenzen auf (*ac*) | **~ingir-se** *v/r* s. einschränken (*a* auf *ac*) | **~ingit** (**-ida** *f*) *adj* beschränkt (*a* auf *ac*).

resulta *f mst pl* (End)Ergebnis *n* | *p ext* Folge *f* | *de resultes de* (*loc prep*) infolge (*gen*) | **~nt** *adj* (*m/f*) resultierend, s. daraus ergebend || *s/f fís* (a. *força ~*) Resultante, Resultierende *f* | **~r** (33) *vi* s. ergeben, *lit* resultieren (*de* aus) | s. erweisen als, s. herausstellen als | entspringen | sein (*per a* für *ac*) | gelingen, einschlagen, Erfolg haben | taugen, brauchbar sein | ~ *barat* (*car*) billig (teuer) sein | ~ *mort* (*per accident*) (durch Unfall) ums Leben kommen | *resulta que* ... es ergibt s., daß ... | es ist so, daß... | *no* ~ k-n Erfolg haben; unbrauchbar sein | **~t** *m* Ergebnis, Resultat *n* | Erfolg *m* | *el ~ final* das Endergebnis | ~ *d'una votació* Abstimmungsergebnis *n* | *sense* ~ ergebnis-, resultat-, erfolg-los | **~tiu** (**-iva** *f*) *adj ling* resultativ.

resum *m* Zusammenfassung *f* | Überblick *m*, -sicht *f* | Resümee *n* | *en ~* (*loc adv*) kurz (u. gut), zusammenfassend; alles in allem | **~idament** *adv* zusammenfassend, kurz | **~ir** (37) *vt* zusammenfassen | **~pció** *f lit* Zusammenfassen *n* | = **resum**.

resurrecció *f bíbl* Auferstehung *f* | *fig* Wiederaufleben *n* | *s: Pasqua*.

ret *m* (*Frauen*) Haarnetz *n*.

retall *m* Bruchstück, Fragment *n* (a. *e-s Textes*) | Stoff-, Zeug-rest *m* | Tuchabfall *m* | Abschnitt *m* | (*Zeitung*) Ausschnitt *m* | *un cobrellit de ~s* e-e Patchworktagesdecke *f* | *polít econ fig*: *~s al pressupost* od *pressupostaris* Haushaltskürzungen *f pl* | **~ada** *f* Aus-, Zer-schneiden *n* | *cin teat tv* Kürzung, Streichung *f* | *fig a.* scharfe Kritik *f* | **~adures** *f pl* (*Papier, Stoff*) Schnippel(chen *n pl*), Schnitzel, Abfälle *m pl* | **~ament** *m* Ab-, Auf-, Aus-, Zu-schneiden *n* | = **~ada** | **~ar** (33) *vt* beschneiden | (*Figuren, Annoncen*) ausschneiden | (*Haar*) kürzen | (*Haarspitzen*) abschneiden | (*Haushalt, Rede, Roman, Film*) kürzen | (*Textstelle, Passage*) heraus-schreiben *bzw* -schneiden; (*a. zensierend*) streichen | ~ *alg* (*fig*) über j-n herziehen, j-n durchhecheln, j-m k. gutes Haar lassen | **~ar-se** *v/r fig* s. abzeichnen, s. abheben.

retaló *m* Ferse *f* | (*Schuh*) Hinterkappe *f* | *dur les sabates a ~* schlurfen.

retanyar (33) *vi bot* sprießen, neue Schößlinge treiben.

retard *m* Verspätung *f* | Verzögerung *f* | *fig com* Verzug *m*, (a. *kulturell*) Rückstand *m* | (*geistig*) Zurückgebliebenheit *f* | *amb ~* verspätet | *ferroc: arribar amb ~* verspätet (*od* mit Verspätung) ankommen | **~ació** *f fís* Verzögerung *f* | Verlangsamung *f* | **~ador** *adj fís med* hemmend | verzögernd | **~ament** *m* = **~ació** | *mil: amb ~* mit Zeitzünder; *fig* erst nachträglich | **~ant** *adj* (*m/f*) = **~ador** | **~ar** (33) *vt/i* verzögern, aufhalten | *fís* (*Bewegung*) hemmen, retardieren, verlangsamen, verzögern | (*Termin*) auf-, hinaus-schieben | *s: ajornar* | (*Uhr*) zurückstellen || *vi* nachgehen (*Uhr*) | **~ar-se** *v/r* s. verzögern | s. verspäten | nachgehen (*Uhr*) | **~at** (**-ada** *f*) *adj* verspätet | verzögert | (*bes geistig*) zurückgeblieben | im Rückstand | *med: efecte ~* Langzeitwirkung *f* | **~atari** (**-ària** *f*) *adj* rückständig | verspätet | **~atriu** *adj f: força ~* verzögernde (*od* verlangsamende, hemmende) Kraft *f*.

retast *m* erneute Kostprobe *f* | **~ar** (33) *vt* erneut kosten.

retaul|e *m art* Altar-aufsatz *m*, -blatt, Retabel *n* | Altar-bild, -gemälde *n* | **~ó** *m* kl(s) Votivbild *n*.

reteixi|r (37) *vt* nochmals (*bzw* sehr dicht) weben | **~t** *m* dichte(s) Gewebe *n*.

reteler *m agr* (*Pflug*) Splint, Bolzen *m*.

retemptar (33) *vt* abermals versuchen *od* auf die Probe stellen.

reten|ció *f* Zurückbehaltung *f* | Vorenthaltung *f* | *med* Verhaltung *f* | ~ *de la bilis* Gallenverschluß *m* | ~ *d'orina* Harnverhaltung *f* | ~ *d'un càrrec* Beibehaltung *f* e-s Amtes | *dr:* ~ *del salari* Lohneinbehaltung *f* | *dret de ~* Zurückbehaltungsrecht *n* | **~idor** *adj* zurückhaltend | hemmend || *s/m nàut* Tau *n* | **~iment** *m* = **retenció** | **~ir** (40) *vt* zurück-, auf-, fest-halten (*j-n*)

(*Lohn*) einbehalten | (*Atem*) anhalten | (*im Gedächtnis*) behalten | (*von e-m Betrag*) abziehen | (*in der Schule*) nachsitzen lassen | *dr* (*Zuständigkeit*) vorbehalten | **~ir-se** *v/r* s. mäßigen, s. zurückhalten.
retentir (37) *vi* = **retrunyir**.
retenti|u (**-iva** *f*) *adj* aufnahmefähig || *s/f* (a. *força retentiva*) = **~vitat** | **~vitat** *f* (*Gedächtnis*) Aufnahmefähigkeit *f*; (*Person*) Merkfähigkeit *f*.
retenyir (37) *vt* nach- *bzw* um-färben.
rètic *adj hist* rätisch || *s/m ling* Rätisch *n* | *el* ~ das Rätische.
retic|ència *f* Verschweigung, absichtliche Auslassung *od* Übergehung *f* | *parlar amb* ~ s. in versteckten Andeutungen ausdrücken | **~ent** *adj* (*m/f*) verschweigend | reserviert, zögernd, zurückhaltend.
ret|icle *m biol* Netz-gewebe, -werk *n* | *zool* Netzmagen *m* | *òpt* Fadenkreuz *n* | *cin fotog* Raster *m* | **~ícula** *f òpt* = **reticle** | **~icular** *adj* (*m/f*) netz-artig *bzw* -förmig | Netz... | **~iculat** (**-ada** *f*) *adj* netzartig | *una fulla reticulada* e. netzartiges Blatt | **~iforme** *adj* (*m/f*) netzförmig.
retiment *m mil* Übergabe *f* | Kapitulation *f*.
retina[1] *f* = **ratina**.
retina[2] *f anat* Netzhaut *f* | **~l** *adj* (*m/f*) *anat* Netzhaut...
retin|ència *f* Zurück-, Bei-, Ein-behaltene(s) *n* | *s: retenció* | **~guda** *f* Zurück-, Bei-, Ein-behalten *n* | **~gudament** *adv* zurückhaltend.
retinitis *f med* Netzhautentzündung, Retinitis *f*.
retint *m* Nachfärben *n*, zweite Einfärbung *f*.
retir *m* Zurückgezogenheit *f* | *fig* Einsamkeit *f* | *a. mil* Ruhestand *m* | *p ext* Ruhesitz *m* | Ruhegehalt *n* | **~ada** *f mil* Rückzug *m* | (gewisse) Ähnlichkeit *f* | *tallar la ~ a l'enemic* dem Feind den Rückzug abschneiden | **~adament** *adv* insgeheim, im geheimen | **~ament** Entzug *m* | *fig* Rücknahme, Zurücknahme *f* | Zurückziehen *n* | **~ança** *f* (gewisse) Ähnlichkeit *f* | **~ar** (33) *vt* zurück-, heraus-ziehen | entziehen, wegnehmen | *gràf* umschlagen | (*Geld, Zinsen*) abheben | (*Freundschaft, Vertrauen*) entziehen | ~ *un nen de l'escola* e. Kind aus der Schule nehmen | ~ *u/c de la circulació* etw aus dem Verkehr ziehen | *corr* abholen | ~ *la nacionalitat a alg* j-m die Staatsangehörigkeit aberkennen *od* entziehen || *vi* ähneln, ähnlich sein (*a alg* j-n) | (*am Abend*) nach Hause zurück-kehren, -ziehen | **~ar-se** *v/r* s. zurückziehen | zu Bett gehen | zurückgehen, -treten, -fluten (*Hochwasser*) | *mil* den Abschied nehmen | **~at** (**-ada**) *adj* zurückgezogen | (*Platz*) entlegen | *mil adm* außer Dienst.
retoc *m art fotog a. fig* Retusche *f* | *fig* Abänderung; Nachbesserung *f* | **~ador**(**a** *f*) *m fotog* Retuscheur(in *f*) *m* | **~ar** (33) *vt fotog a. fig* retuschieren | *fig* abändern; nachbessern.
rètol *m* Schild *n* | Straßenschild *n* | *bes com* Etikett, Preisschild *n* | Untertitel *m* | Aufschrift *f* | (*Plakat*) Anschlag *m* | *s: etiqueta, cartell*.
retola|ció *f*, **~ment** *m* Beschilderung *f* | Beschriftung *f* | *bes com* Etikettierung *f* | **~dor**(**a** *f*) *m* Beschilderer(in *f*) *m* | Beschrifter(in *f*) *m* || *s/m* Filz-schreiber, -stift *m* | *com* Etikettiermaschine *f* | **~r** (33) *vt* beschildern | beschriften | etikettieren | (*Bilder*) mit Untertiteln versehen | *p ext* betiteln.
retomb *m* (*Weg, Fluß*) starke Krümmung, ausgeprägte Biegung *f*.
retop *m* Rückstoß *m* | Abprall *m* | *de* ~ (*loc adv*) durch Rückprall, *fig* als Folge; indirekt | *no tenir* ~ unwiderlegbar sein | **~ada** *f* = **retop** | **~ar** (33) *vi* ab-, auf-prallen | *fig* zurückstoßen.
rètor *m hist* Rhetor *m* | = **retòric**.
ret|orçar(-se) (33) *vt*(/*r*) = **~òrcer(-se)** | **~orcedor**(**a** *f*) *m* Zwirner(in *f*) *m* || *s/f* Zwirnmaschine *f* | **~òrcer** (40) *vt* wieder drehen | (*Wäsche*) auswringen | (*Fäden*) zwirnen | *a. fig* verdrehen | krümmen, winden | (*Gründe*) umkehren | **~òrcer-se** *v/r* s. krümmen, s. winden | **~orciment** *m* Verdrehung *f* | Verdrehtheit *f* | *tèxt* Zwirnen *n* | **~orçó** *m* = **~orciment** | *bes med* Bauchgrimmen *n*, Leibschmerz *m*.
ret|òric *adj* rhetorisch | rednerisch || *s/m* Rhetoriker *m* | *fig a.* guter Redner *m* | **~òrica** *f* Rhetorik, Redekunst *f* | *desp* Phrasendrescherei *f* || *pl* Spitzfindigkeiten, Haarspaltereien *f pl* | **~òricament** *adv* nach den Regeln der Rhetorik, rhetorisch | **~oricisme** *m* nichtssagendes Gerede *n* | Schwülstigkeit *f*.
retorn *m* Rückkehr *f* | *corr* Rücksendung *f* | Rückgabe *f* | *viatge de* ~ Rück-

retoromànic

fahrt, -reise f | vol de ~ Rückflug m | en ~ dafür, als Gegenleistung | **~ador** adj med wiederbelebend | kräftigend | Kräftigungs... | **~ament** m (bes med) Wiederbelebung f | **~ar** (33) vt wieder-, zurück-geben | zurükkerstatten | med wiederbeleben | p ext kräftigen, (j-m) neue Kraft geben | ~ l'ànim od els esperits a alg j-n wiederbeleben; fig j-m neuen Mut (od neue Kraft) einflößen || vi zurück-kehren bzw -fahren, -reisen, aeron -fliegen | wieder zu s. (dat) kommen.

retoromànic adj rätoromanisch || s/m ling Rätoromanisch n | el ~ das Rätoromanische.

retor|quir (37) vt (Gründe) umkehren, zurückweisen | fig erwidern, entgegnen | **~sió** f Umkehrung, Zurückweisung f | Erwiderung, Entgegnung f | dr Retorsion, Vergeltung f | **~siu** (-iva f) adj umkehrend, zurückweisend | dr Vergeltungs... | **~t** adj (Weg) gewunden | fig krumm, unlauter, verborgen || s/m tèxt gezwirntes Baumwollzeug n | **~ta** f quím Retorte f | **~tilló** m med = **retorçó**.

retr|acció f Zurückziehen n | med Retraktion, Zusammenziehung, Schrumpfung f | **~actable** adj (m/f) zurückziehbar; zurücknehmbar | einziehbar | **~actació** f Widerruf m, Zurücknahme f | **~actar** (33) vt zurücknehmen; zurückziehen | (Krallen) einziehen | fig widerrufen | **~actar-se** v/r e-n Rückzieher machen | sein Wort zurücknehmen, s-e Aussage widerrufen | ~ d'u/c etw widerrufen | **~acte** m dr Vorkaufsrecht n; Wieder-, Rück-kaufsrecht n | **~àctil** adj (m/f) zool ein-, zurück-ziehbar | **~aïment** m Zurückhaltung f | Zurückgezogenheit f.

retranga f = **rabasta**.

retransm|etre (40) vt rad tv übertragen | ~ en directe direkt übertragen | **~issió** f rad tv Übertragung f | ~ en directe Direkt-, Live-übertragung f.

retrat m Porträt, Brustbild n | Bild(nis) n | fig Schilderung f | (és)ser el ~ d'alg (fig) j-m sehr ähnlich sein, das Ebenbild j-s sein | **~ador** adj porträtierend || s/mf Porträtmaler(in f) m | **~ar** (33) vt porträtieren | fotog aufnehmen | lit fig schildern | això el retrata (fig) das ist bezeichnend für ihn | **~ista** m/f Porträtist(in f), Porträtma-

retrobable

ler(in f) m | Porträtphotograph(in f) m.

retraure (40) vt = **retreure**.

retre (34) vt zurück-geben, -erstatten | bes fig vergelten, zurückbezahlen | (Achtung, Ehrung) erweisen, zuteil werden lassen | (Gewinn) abwerfen, einbringen | ~ bé per mal auf Böses mit Gutem erwidern | ~ armes (mil) das Gewehr präsentieren | ~ l'ànima s-e Seele aushauchen, s-n Geist aufgeben | ~ les armes (a. fig) die Waffen strecken | ~ comptes Rechenschaft ablegen | ~ compte d'u/c Bericht über etw (ac) erstatten | ~ gràcies Dank sagen, danken | ~ homenatge a Déu Gott ehren | ~ honor a alg j-m Ehre erweisen | ~ justícia a alg j-m Gerechtigkeit widerfahren lassen | ~ una plaça (mil) e-n (befestigten) Platz übergeben || vi aufquellen (Erbsen) | einträglich sein (Geschäft) | **~'s** v/r s. ergeben | s. unterwerfen | ~ a l'evidència s. vom Augenschein überzeugen lassen | m'he retut als seus encants ich bin ihren Reizen verfallen.

retre|t[1] m Vorwurf m | arc Kammer f | fer ~s a alg j-m Vorwürfe machen | **~t**[2] adj zurückhaltend, reserviert | **~ta** f mil Rückzug m | ~ militar abendliches Militärkonzert n | toc de ~ (mil) Zapfenstreich m | **~tament** adv zurückhaltend, reserviert | **~ure** (40) vt: vorhalten, vorwerfen (a alg j-m) | (Krallen, Fühler) ein-, zurück-ziehen | ab-, zurück-halten (de von) | **~ure's** v/r s. zurückziehen.

retria f erneute Auswahl f | **~r** (33) vt erneut (bzw sorgfältig) auswählen.

retribu|ció f Entlohnung, Bezahlung f | Vergütung f | **~ïble** adj (m/f) bezahlbar | **~ir** (37) vt (Arbeit, Dienst, j-n) entlohnen, bezahlen | (Arbeit) a. vergüten.

retrinxa|ment m Zerstückelung, Zerkleinerung f | **~r** (33) vt zerstükkeln, zerkleinern | fig kürzen, einschränken.

retrò m Dröhnen n | fig gr(r) Widerhall m.

retro|acció f Rückwirkung f | rad Rückkopp(e)lung f | **~actiu** (-iva f, -ivament adv) adj rückwirkend | efecte ~ rückwirkende Kraft f | dr: llei retroactiva rückwirkendes Gesetz n | **~activitat** f rückwirkende Kraft f.

retroba|ble adj (m/f) (wieder) auffindbar | **~ment** m Wiederbegegnung f, Wiedersehen, Wiedertreffen n | Wie-

retrocedir derfinden *n* | **~r** (33) *vt* wiederbegegnen (*dat*), wiedertreffen | wiederfinden, auffinden | **~r-se** *v/r* s. wiederbegegnen, s. wiedertreffen | s. wiederfinden.
retroc|edir (37) *vi* zurück-gehen, -schreiten, -weichen | *aut ferroc* zurück- *bzw* rückwärts-fahren | **~és** *m* (*pl -essos*) Rückschritt *m* | *tecn a.* Rückgang *m* | (*Waffe*) Rücklauf *m*, (*Feuerwaffe*) Rückstoß *m* | *s: reculada* | **~essió** *f* Zurückweichen *n* | (*Wehen*) Stillstand *m* | *dr* Wiederabtretung *f*.
retrocoet *m* Bremsrakete *f*.
retr|ògrad *adj bes astr* rückläufig | rückgängig | *fig* rückschrittlich | *un polític* ~ e. rückschrittlicher (*od* reaktionärer) Politiker *m* | **~ogradació** *f astr* (scheinbarer) Rücklauf *m* | **~ogradar** (33) *vi astr* (scheinbar) zurücklaufen | **~ogressió** *f biol filos* Rückwärtsbewegung *f*, Rückschritt *m*.
retrona|dor *adj*, **~nt** *adj* (*m/f*) (*Donner*) rollend, grollend, dröhnend | **~r** (33) *vi* rollen, grollen, dröhnen (*Donner*) | dröhnen (*Krach, Stimme*).
retronxa *f* Kehrreim *m*.
retro|propulsió *f* Rückstoßantrieb, Raketenantrieb *m* (nach hinten) | **~pulsió** *f med* (*bes Geburt*) Retropulsion *f* | *med* Neigung *f* nach hinten zu fallen | **~spectiu** (-**iva** *f*, -**ivament** *adv*) *adj* rück-blickend, -schauend | *exposició retrospectiva* Retrospektive *f*.
retrossa|ment *m* Aufschürzen *n* | Auf-, Um-krempeln *n* | **~r** (33) *vt* (*Kleid, Rock*) aufschürzen, (hoch)raffen | (*Ärmel*) auf-, um-krempeln.
retrotr|acció *f* Zurückdatierung *f* | **~aure, ~eure** (40) *vt* zurückdatieren.
retrovend|a *f* Zurückverkauf *m* | **~re** (40) *vt* zurückverkaufen.
retro|versió *f med* Retroversion *f*, Rückwärtsneigung *f* | **~visor** *m aut* Rückspiegel *m*.
retruc *m* (*Billard*) Rückstoß *m* | (*bes Kartenspiel*) Überbieten *n* | *de* ~ (*loc adv*) durch Rückprall; *fig* indirekt; gelegentlich | **~ar** (33) *vi* (*Billard*) erneut anstoßen | (*Kartenspiel*) überbieten, den Einsatz vermehren.
retrumfar (33) *vi* (*Kartenspiel*) höher trumpfen.
retruny, ~iment *m* Dröhnen *n* | **~ir** (36) *vi* dröhnen.
reu (**rea** *f*) *adj* (be)schuldig(t) | (*és*)*ser* ~ *de* schuldig sein (*gen*) || *s/mf* Beschuldigte(r *m*) *m/f* | Angeklagte(r *m*) *m/f*.
reüll *m* Seitenblick *m* | *mirar de* ~ verstohlen (*bzw* argwöhnisch) ansehen.
reum|a *m med* Rheuma *n* | *med* Saftfluß *m*, Anschwellung *f*; Entzündung *f* | **~àtic** *adj* rheumatisch | an Rheuma leidend | *s/mf* Rheumatiker *m* | **~atisme** *m med* Rheumatismus *m*.
reuni|dora *f text :* ~ *de vetes* Doublier-, Wickel-maschine *f* | **~ficació** *f bes polít* Wiedervereinigung *f* | **~ficar** (33) *vt* wiedervereinigen | **~ó** *f* Vereinigung, Zusammenkunft *f* | *p ext* Gesellschaft *f*; Versammlung *f* | *econ polít a.* Sitzung | *fig a.* Tagung *f* | **~r** (37) *vt* sammeln, versammeln | verein(ig)en | (*Teile, Stücke*) zusammen-fügen, -setzen | (*Mittel*) aufbringen | (*Getrennte*) zusammenführen | (*Bedingungen, Fähigkeiten*) vereinen | **~r-se** *v/r* s. versammeln, zusammenkommen, -treten | s. treffen | *fig* tagen.
revac|cinació *f med* Nachimpfung *f* | **~cinar** (33) *vt* nachimpfen | **~unació** *f* = revaccinació | **~unar** (33) *vt* = **~cinar**.
revalenta *f* (Linsen)Mehlbrei *m*.
rev|àlida *f* Anerkennung *f* | **~alidació** *f* Anerkennung, *dr a.* Nostrifikation *f* | **~alidar** (33) *vt* (*Examen, Titel, Urkunde*) anerkennen, *dr a.* nostrifizieren | **~alorar** (33) *vt* wieder (wert)schätzen | **~aluació** *f* Aufwertung, Erhöhung *f* | **~aluar** (33) *vt* (*Währung*) aufwerten.
reveixí *m Bal* Haarwirbel *m* | *reg* Niednagel *m*.
revela|ció *f* Enthüllung *f* | *ecl* Offenbarung *f* | **~dor** *adj* enthüllend | aufschlußreich || *s/m cin fotog* Entwickler *m* | **~r** (33) *vt* enthüllen, aufdecken | *ecl* offenbaren | *cin fotog* entwickeln | **~t** (-**ada** *f*) *adj ecl* (ge)offenbart | **~tge** *m cin fotog* Entwickeln *n*, Entwicklung *f*.
revelli|ment *m* vorzeitiges Altern *n* | **~r** (37) *vt* vorzeitig altern, alt machen, älter erscheinen lassen | **~r-se** *v/r* altern | alt werden (*od* aussehen) | **~t** (-**ida** *f*) *adj* früh gealtert | alt aussehend | *fam* kraftlos; welk.
revèncer (40) *vt* (*Sieger*) besiegen.
revencillada *f oc* = **revinclada**.
reven|da *f* Wieder-, Weiter-verkauf *m* | **~dre** (40) *vt* wieder-, weiter-verkaufen | **~edor(a** *f*) *m* Wiederverkäu-

fer(in *f*) *m* | (*bes* Lebensmittel)Kleinhändler(in *f*) *m* | ~**edoria** *f* Einzelhandelsgeschäft *n*.

reveni|ment *m* Heim-, Rück-kehr *f* | Anschwellen *n* | Quellung *f* | Erholung, Besserung *f* | ~**r** (40) *vi* wiederkommen | anschwellen, steigen (*Fluß*) | quellen, schwellen (*Holz*) | fig s. erholen, wieder zu Kräften kommen; wieder zu s. kommen | *s: retornar, tornar en si*.

revenja *f* Vergeltung, Rache *f* | a. esport Revanche *f* | *partit de* ~ Revanche(spiel) *f* | *prendre la seva* ~ Rache (*esport* Revanche) nehmen; s. revanchieren | *en* ~ (*loc adv*) als Revanche; dafür; dagegen | ~**r-se** (33) *v/r* s. rächen (*de* für) | s. revanchieren (*de* für).

reverber *m fís* = ~**ació** | *òpt* Reflektor; Rückstrahler *m* | Straßenlaterne *f* | ~**ació** *f* (*Licht*) Zurückstrahlen, Reflexion *f* | (*Schall*) Widerhall, Nachhall *m* | ~**ant** *adj* (*m/f*) rückstrahlend | ~**ar** (33) *vi fís* zurückstrahlen, reflektieren (*Licht, Wärme*) | widerhallen, nachhallen (*Schall*) || *vt* (*Licht, Wärme, Schall*) zurückwerfen, reflektieren.

reverdi|ment *m* Wiedergrünwerden, Ergünen *n* | ~**r** (37) *vi* wieder grün werden, ergrünen | fig aufleben, wiederkehren.

rever|ència *f* Ehrfurcht *f* | Ehrerbietung, *lit* Reverenz *f* | (von Frauen) Knicks *m* | ~ *profunda* (tiefe) Verbeugung *f* | *catol: Vostra* ~ (Euer) Hochwürden | ~**encial** *adj* (*m/f*) ehrerbietig | ehrfurchtsvoll | *temor* ~ kindliche Ehrfurcht *f* | ~**enciar** (33) *vt* verehren | ~**enciós** (-osa *f*, -osament *adv*) *adj* ehrerbietig | ~**end** *adj ecl* ehrwürdig | ~**a** *Mare* Ehrwürdige Mutter *f* | ~ *senyor rector* ehrwürdiger Herr Pfarrer *m* || *s/f pl ecl*: *les* ~**es** das Dimissoriale | ~**ent**(**ment** *adv*) *adj* (*m/f*) ehrerbietig | respektvoll | ~**ible** *adj* (*m/f*) *lit* verehrungswürdig | ~**ir** (37) *vt lit* verehren.

rev|ers *m* Rückseite *f* | numis a. Revers *m* fig a. Kehrseite *f* | *el* ~ *de la medalla* (*fig*) die Kehrseite der Medaille | ~**ersibilitat** *f fís* Umkehrbarkeit *f* | *dr* Übertragbarkeit *f* | ~**ersible** *adj* (*m/f*) umdreh-, umkehr-bar | *dr* übertragbar | *cient med* reversibel | Klapp... | *cin fotog* Umkehr... | *s/m* (*Kleidung*) Wendemantel *m* | ~**ersió** *f* Rückfall *m* | *biol* Rückschlag *m* | a. fig Umkehrung *f* | *dr* Zurück-fallen, gehen *n* | ~**ertir** (37) *vi dr* zurück-fallen, -gehen (*a* an *ac*) | ~**és**[1] *m* (*pl -essos*) Rück-, Kehr-seite *f* | *tèxt* (Stoff) linke, untere Seite *f* | (*Kleidung*) Auf-, Umschlag *m*; (*Kragen*) Revers *n* | fig Mißgeschick *n* | ~ *de fortuna* Schicksalsschlag *m* | ~ *de la mà* Handrücken *m* | *un cop de* ~ e. Schlag *m* mit dem Handrücken; *esport* (Tennis) e. Rückhandschlag *m* | *botes amb* ~ Stulpenstiefel *m pl* | *al* ~ (*loc adv*) umgekehrt; verkehrt (*od* falsch) herum; andersherum | *és just al* ~ es ist genau umgekehrt | *portes el jersei al* ~ du hast den Pullover verkehrt (*od* falsch) herum an | *escriviu la paraula al* ~! schreibt das Wort andersherum! | ~**és**[2] (-essa *f*) *adj* (Kind, Person) bokkig, widerspenstig, störrisch | fig *a*. (sehr) schwer *od* schwierig | ~**essa** *f* Gegenströmung *f* | *nàut* Rückströmung *f* | ~**essar** (33) *vt* auf den Kopf stellen | um-kehren, -stülpen | um-setzen, -stellen | um-werfen, -stoßen | ~**essejar** (33) *vt arc* = ~**essar** | *reg* (*j-n*) mit dem Handrücken schlagen | ~**essia** *f* Widerspenstigkeit *f* | Störrischkeit *f*.

revesti|ment *m constr tecn* Ver-, Aus-kleidung *f* | Belag *m* || *pl ecl* Ornat *m*, Priestergewänder *n pl* | ~**r** (37) *vt* bekleiden (*de* mit) | *constr* ver-, auskleiden; überziehen (*amb*, *de* mit) | a. *dr*: ~ *importància* (fig) bedeutungsvoll sein | ~**r-se** *v/r ecl* den Ornat anlegen | ~ *de paciència* s. mit Geduld wappnen | ~ *de valor* s. mutig zeigen.

re|vetlla *f* Vorabend *m* (*e-s Festes*), *bes* Sommernachtsfest *n* | ~**veure** (40) *vt* wiedersehen | *a* ~! auf Wiedersehen! | ~**ví** *m* Tresterwein *m*.

revifa|dor *adj* (wieder *od* neu) belebend | ~**lla** *f* (Wieder)Aufleben *n* | Wiederbelebung *f* | fig a. Wiederaufflackern *n* | ~**ment** *m* Wiederaufleben *n* | Wiederbelebung *f* | ~**r** (33) *vt* (wieder *od* neu) beleben | (wieder) aufleben lassen | (Feuer) wieder anfachen | (Farbe) auffrischen | (Gesundheit) wiederherstellen | ~**r-se** *v/r* s. (wieder *od* neu) beleben | (wieder) aufleben | a. fig wieder aufflackern (Flamme) | wieder lebhafter werden.

revincla|da *f med* Verrenkung, Verstauchung *f* | ~**r-se** *v/r* s. verrenken | ~

el peu s. (*dat*) den Fuß verrenken *od* verstauchen.
revingu|da *f* (*Fluß*) Anschwellen *n*, Anschwellung *f* | **~t** (**-uda** *f*) *adj fam* kräftig, stämmig | *s: robust*.
revisar (33) *vt* nach-, durch-sehen | nachprüfen | (*a. Text*) revidieren.
reviscola|ment *m*, **~nça** *f* = **revifament** | **~r(-se)** (33) *vi*(/*r*) wieder aufleben.
revis|ió *f* Revision, Durchsicht, Nach-, Über-prüfung *f* | *tecn* Überholung *f* | *aut* Inspektion *f* | *mús* Änderung *f* | (*Text*) Revision *f*, Durchsehen *n* | **~ mèdica** ärztliche (Reihen)Untersuchung *f* | **~or(a** *f*) *m* Nachprüfer(in *f*) *m* | Revisor(in *f*) *m* | (*Zug, Bus*) Schaffner(in *f*), Kontrolleur(in *f*) *m* | **~oria** *f* Amt *n od* Stelle *f* e-s Revisors | **~ta** *f* Besichtigung, genaue Durchsicht *f* | *mil* Truppen-besichtigung, -schau, Parade *f* | *teat* Revue *f* | *gràf* Zeitschrift *f* | *fer la ~, passar ~* (*bes mil*) die Truppe besichtigen | *~ especialitzada* Fachzeitschrift *f* | *~ científica* wissenschaftliche Zeitschrift *f* | *~ il·lustrada* Illustrierte *f* | **~tar** (33) *vt mil* (Truppen) besichtigen.
revi|ure (40) *vi* ins Leben zurückkehren | wieder aufleben (*a. Streit*) | *fig* wieder aufkommen, s. erneuern (*Brauch, Mode*) | *fer ~* ins Leben zurückrufen; *ecl* auferstehen lassen; *fig* wieder aufleben, aufblühen lassen | **~vificació** *f* Wiederbelebung *f* | **~vificar** (33) *vt* (wieder *od* neu) beleben | **~viscència** *f biol fig* Wiederaufleben *n* | **~viscent** *adj* (*m/f*) wiederauflebend.
revoca|bilitat *f* Widerruflichkeit *f* | *adm* Absetzbarkeit *f* | **~ble** *adj* (*m/f*) widerruflich | **~ció** *f dr* Widerruf(ung *f*) *m* | Aufhebung, Zurücknahme *f* | *adm* Abberufung *f* | *com* Zurückziehung, Stornierung *f* | **~dor** *adj* = **~tori** | **~r** (33) *vt a. dr* widerrufen | aufheben, zurücknehmen | *adm* (*Beamten, Amtsträger*) abberufen | *com* abbestellen, stornieren | *fig p ext* absagen | **~tori** (**-òria** *f*) *adj* widerrufend | Widerrufs... | Absetzungs...
rèvola *f bot* Gr(e) Sternmiere *f* | Klebkraut *n* | Labkraut *n* («*Galium sacharatum*») | *~ borda* Ackerröte *f*.
revola|da *f* zweiter Flug; Rückflug *m* | *mst fig* Ruck; Stoß *m* | *d'una* (*od amb una*) *~* auf einmal, plötzlich, mit e-m Ruck | **~r** (33) *vi* zum zweiten Mal fliegen; zurückfliegen.

revol|t^1 *m* Biegung, Krümmung *f* | Kehre *f* | Kurve *f* | **~t**^{2} *adj* unruhig, wild, ungestüm | stürmisch | tobend | **~ta** *f* Aufstand, Aufruhr *m* | *bes mil* Putsch *m*; Revolte *f* | *~ de palau* Palastrevolution *f* | *portar en ~* in Aufruhr halten | **~tant** *adj* (*m/f*) empörend | **~tar** (33) *vt* empören, zum Aufstand bewegen | in Aufruhr versetzen | (*etw*) um-drehen, -wenden | umrühren, -wälzen || *vi: les seves paraules em revolten pel cap* s-e Worte gehen mir im Kopf herum | **~tar-se** *v/r* s. auflehnen, s. empören, meutern, e-n Putsch machen, revoltieren | **~ter** *adj* zu Aufruhr neigend, aufrührerisch | **~tí** *m* Wirbelwind *m* | **~tillada** *f reg* Verrenkung *f* | **~tillar** (33) *vt reg* (aus)wringen | zwirnen | **~tilló** *m reg* = **~tillada** | **~tim** *m* Durcheinander, Wirrwarr *m* | **~ó** *m constr* Gewölbebogen *m* | Sparrenfeld *n* | **~onada** *f col constr* Deckengewölbe *n* | Deckengebälk *n* | Zwischenboden *m* | **~ós** (**-osa** *f*) *adj* aufsässig | (*Kind*) unruhig, unartig || *s/mf* Aufrührer(in *f*) *m* | **~ució** *f astr* Umlauf(zeit *f*) *m* | *tecn* Umdrehung *f* | *hist sociol* Revolution *f*, Umsturz *m* | *~ cultural* (*mundial*) Kultur-(Welt-)revolution *f* | *la ~ Industrial* die industrielle Revolution | *nombre de revolucions* Umdrehungszahl *f* | **~ucionar** (33) *vt a. fig* revolutionieren | in Aufruhr bringen, aufwiegeln | von Grund auf umgestalten | **~ucionari** (**-ària** *f*, **-àriament** *adv*) *adj* revolutionär || *s/mf* Revolutionär(in *f*) *m* | **~ut** (**-uda** *f*) *adj bot* (*Blatt*) nach außen umgerollt.
revòlver *m* Revolver *m*.
revuls|ió *f med* Ableitung *f* | **~iu** (**-iva** *f*) *adj* ableitend || *s/m med* Ableitungsmittel *n*.
rhesus *m* Rhesus(affe) *m*.
rho *f* Rho *n*.
ria *f geog* Ria *f* | **~da** *f* = **riuada** | **~l** *m* (Wild)Bächlein *n*.
riall|a *f* Lachen *n* | *~ sardònica* höhnisches Lachen *n* | **~ada** *f* Gelächter *n* | **~ejar** (33) *vi* s. heiter (*od* lächelnd) zeigen | **~er** *adj* lachend | lächelnd | heiter, lustig | (*Gesicht*) *a.* strahlend | *fig* (*Land*) anmutig, lieblich; sonnig | **~era** *f* Lachlust *f* | **~eta** *f* freundliches Lächeln | *a. desp* falsches Lächeln *n* | *fer la ~ a alg* j-m freundlich (*od* falsch) zulächeln | *s:*

riure, somriure | **~ós (-osa** *f) adj* = **~er**.
riba¹ *f* Ufer *n,* (*Meer*) a. Strand *m,* Küste *f* | (*Land*) = **marge** | (*Berg*) = **cinglera**.
riba² *f* (*Frucht*) Johannisbeere *f* || *pl a.* Stachelbeeren *f pl* | *s: agrassons*.
ribald *m* Bursche, Schlingel *m* | **~eria** *f* Liederlichkeit *f* | Gaunerei *f.*
rib|às *m* (*pl -assos*) steile Böschung *f* | Abhang *m* | **~atge** *m* = **riba**¹.
ribell *m* Waschschüssel *f* | **~a** *f* kl(s) Waschbecken *n.*
riber¹ *m bot* Johannisbeerstrauch *m,* Johannisbeere *f* | ~ *alpí* Alpenjohannisbeere *f* | ~ *espinós* Stachelbeere *f* | ~ *petri* Felsenstachelbeere *f* | ~ *vermell* Rote Johannisbeere *f.*
riber² *m* Schwemmland *n* | Flußsand *m* | **~a** *f* Ufer-, Strand-land(schaft *f*) *n* | (tiefes) Tal *n* | Becken, Wasserabzugsgebiet *n* | **~al** *m* Flußlandschaft *f* | **~ejar** (33) *vi* am Ufer (*bzw* Strand) entlanggehen | am Flußufer weiden (*Herde*) | **~enc** *adj* Ufer...
ribo|flavina *f biol quím* Riboflavin *n* | **~nucleasa** *f* Ribonuklease *f* | **~sa** *f* Ribose *f* | **~soma** *m biol* Ribosom *n.*
ribot *m tecn* Hobel *m* | **~(ej)ar** (33) *vt tecn* ab-, be-hobeln.
ric *adj a. fig* reich (*en* an *dat*) | *fig a.* kostbar; reich geschmückt; wertvoll; ausgezeichnet; glänzend | (*Land, Boden*) gehaltreich, ergiebig | *una llengua ~a* e-e reiche Sprache | *un país ~ en blat* e. weizenreiches Land | *una persona ~a en virtuts* e-e tugendreiche Person | *un ~ perfum* e. wertvolles Parfüm || *s/m:* els ~s *han de socórrer els pobres* die Reichen sollen den Armen helfen | **~ament** *adv* reichlich | *donzella ~ vestida* e-e reich gekleidete Jungfrau.
ricar (33) *vi oc* mit den Hörnern stoßen.
ric|í *m bot* Rizinus-, Wunder-baum *m* | *oli de ~* Rizinusöl *n* | **~ínic** *adj* Rizinus... | *àcid ~* od *ricinoleic* Rizinussäure *f* | **~inoleat** *m* Salz *n* der Rizinussäure.
rickèttsia *f biol med* Rickettsie *f* | **~ettsiosi** *f med* Rickettsiose *f.*
ricor *m* Reichtum *m,* Fülle *f* | Pracht *f.*
ric-ric *m onomat* Zirpen *n* | *p ext* Grille *f.*
rictus *m med* krampfhaftes Grinsen *n* | Gesichtsverzerrung *f.*
rid|ícul *adj* lächerlich | *desp a.* lachhaft | *caure en ~* s. lächerlich machen | *posar en ~* ins Lächerliche ziehen | *posar-se en ~* s. lächerlich machen |

~iculesa *f* Lächerlichkeit *f* | **~iculitzar** (33) *vt* lächerlich machen.
ridorta *f bot* Waldrebe *f.*
riell *m* (*Gold, Silber*) Barren *m* | **~era** *f* met Gußform *f.*
rient *adj* (*m/f*) lachend | heiter, strahlend | *fig* anmutig, lieblich | sonnig.
rier|a *f* (Wild)Bach *m* | **~ada** *f* Wasserflut *f*; Wildwasser *n* | **~al** *m* Bachbett *n* | **~any** *m* | kl(r) Gieß-, Sturzbach *m* | **~enc** *adj* Bach... | **~ó, ~ol** *m* Bächlein *n* | Rinnsal *n.*
rifa *f* (staatliche) Lotterie *f* | *p ext* Verlosung *f* | *bitllet* (*premi*) *de la ~* Lotterie-los *n* (-gewinn *m*) | *els ha tocat la ~!* sie haben in der Lotterie gewonnen! | **~da** *f* Fopperei, Neckerei, Spöttelei *f* | **~ire** *m/f* iròn Spötter(in *f*) *m* | **~r** (33) *vt* auslosen, verlosen | **~r-se** *v/r: ~ d'algú* s. über j-n lustig machen, j-n verspotten *od umg* hochnehmen, aufziehen.
rifle *m* (*Gewehr*) Büchse *f* | ~ *de repetició* Repetierbüchse *f.*
rígid(ament *adv*) *adj* steif | hart | (*Haltung*) starr | *fig* (*Person*) streng.
rigid|esa, ~itat *f* Steife, Steifheit *f* | Starre, Starrheit *f* | *fig* Strenge *f* | ~ *cadavèrica* Leichenstarre *f* | ~ *de principis* Grundsatzstrenge *f.*
rigodons *m pl* (*Tanz*) Rigaudon *m.*
rigor *m*(/f) Strenge, Härte *f* | (*Klima*) a. Rauheit *f* | (*Wissenschaft*) Genauigkeit *f* | *de ~* (*loc adj*) unerläßlich, unbedingt erforderlich | *en ~* streng-, genau-genommen | *tractar alg amb ~* streng mit j-m (*od* gegen j-n) verfahren | *treballar amb ~ científic* mit wissenschaftlicher Akribie arbeiten | **~isme** *m* (Sitten)Strenge *f* | übertriebene Härte *f* | **~ista** *adj* (*m/f*) sittenstreng | übermäßig streng | rigoristisch || *s/m/f* Rigorist(in *f*), strenger Sittenrichter *m* | **~ós (-osa** *f) adj* streng, unerbittlich, rigoros | hart | rauh | peinlich genau *od* gewissenhaft.
rim *m Lit* (skandierter) Vers *m* | Reim *m* | **~a**¹ *f Lit* Reim *m* | ~ *aguda* (*plana*) männlicher (weiblicher) Reim *m* | ~ *assonant* Assonanz *f* | ~ *consonant* Vollreim *m* || *pl* gereimte Versdichtung *f.*
rima² *f* (*von Sachen*) Haufen, Stapel, Stoß *m.*
rima|ire *m/f* Reimer(ling), Reim(e-)schmied *m* | **~r** (33) *vi* s. reimen || *vt* reimen.

rimer *m* = **rima**².
rímmel *m* Wimperntusche *f*.
Rin *m*: el ~ der Rhein | vi del ~ Rheinwein *m*.
ring *m* (Box)Ring *m*.
rin|itis *f med* Rhinitis *f* | **~oceront** *m zool* Nashorn, Rhinozeros *n* | **~oplàstia** *f med* Nasenplastik *f*.
rinxol *m reg* = **ronc**.
rínxol *m* Ringel-locke *f*, -löckchen *n*.
rinxolar (33) *vi reg* = **roncar**.
rio|ler *adj* = **rialler** | **~lera** *f* Lachlust *f* | **~ta** *f* gr(e) Gelächter *n* | (*Gegenstand des Spottes*) Gespött *n*.
riquer *m entom* Eichen-, Held-bock *m* | **~ar** (33) *vt a. fig* anbohren | Löcher bohren in *ac*.
riqu|esa *f a. fig* Reichtum *m* | *agr a.* Fruchtbarkeit, Ergiebigkeit *f* | *fig a.* Kostbarkeit, Pracht *f* || *pl* gr(e) Schätze *m pl od* Güter *n pl* | *fig: creació de riqueses* Erschaffung *f* von Gütern | *les riqueses de la natura* (*del subsòl*) die Reichtümer der Natur (der Erde) | **~íssim** *adj sup* steinreich.
ris¹ *m* (*pl rissos*) (*Haare*) Locke *f*.
ris² *m* (*pl rissos*) *nàut* Reff *n* | *prendre ~sos* die Segel reffen.
risc *m* Risiko, Wagnis *n*, Gefahr *f* | *~ d'incendi* Feuergefahr *f* | *a ~ de* auf die Gefahr (*gen*) hin | *córrer el ~ de + inf* das Risiko eingehen, zu + *inf* | *córrer el ~ que + subj* Gefahr (*od* das Risiko) laufen, daß + *ind*, *bzw* zu + *inf* | *s: arriscar-se*.
riscla *f tèxt* Hanfabfall *m*.
riscle *m* (*Sieb*) Holzrahmen *f*.
riscós (*-osa f*) *adj* gewagt, riskant.
risible(**ment** *adv*) *adj* (*m/f*) lächerlich(erweise).
rissar (33) *vt nàut* (*Segel*) reffen.
ritm|ar (33) *vt* rhythmisieren | **~at** (-**ada** *f*) *adj* = **rítmic** | **~e** *m lit mús* Rhythmus *m* | Takt *m*, Tempo *n*.
rítmic(**ament** *adv*) *adj* rhythmisch.
ritu *m ecl fig* Ritus *m* | **~al** *adj* (*m/f*) rituell || *s/m* Ritual(buch) *n* | *de ~* (*fig*) gebräuchlich, gewohnheitsmäßig | **~alisme** *m hist ecl* Ritualismus *m* | **~alista** *m/f* Ritualist(in *f*) *m* | *fig* Formalist(in *f*), Pedant(in *f*) *m*.
riu *m* Fluß *m* | (*größer, breiter*) *a. fig* Strom *m* | *fig fam: fer un ~ e.* Bächlein machen | **~ada** *f* Hochwasser *n*.
riure¹ (40) *vi* lachen | *una pel·lícula de ~ e.* komischer Film | *ho he dit (de)* *per ~* ich habe es zum Spaß gesagt | *~ d'u/c* über etw (*ac*) lachen | *no és cosa de per ~* das ist nicht zum Lachen, da gibt's (gar) nichts zu lachen | *fer ~* zum Lachen bringen | *no em faci(s) ~!* daß ich nicht lache! | *morir-se de ~ s.* totlachen | *plorar de ~* Tränen lachen | *rebentar-se* (*od partir-se*) *de ~* vor Lachen platzen | *~ per sota el nas* schmunzeln | *~ pels colzes* schallend *od* laut loslachen | *tot rient rient* als wenn nichts wäre || *vt* lachen über *ac*, belachen | **~'s** *v/r: ~ d'u/c od d'alg* über etw *od* j-n lachen; *s.* über etw *od* j-n lustig machen; etw *od* j-n nicht ernst nehmen *bzw* mißachten | *te'n pots ben ~!* du hast gut lachen!
riure² *m* Lachen, Gelächter *n* | *umg des Lache f* | *un ~ sarcàstic* e. sarkastisches Lachen *n* | *s: rialla(da)*.
rival *adj* (*m/f*) wetteifernd, rivalisieren || *s/m/f* Rivale *m*, Rivalin *f* | Nebenbuhler(in *f*) *m* | **~itat** *f* Rivalität *f* | (*bes in der Liebe*) Nebenbuhlerschaft *f* | Wetteifer *m* | *fig a.* Feindschaft *f* | **~itzar** (33) *vi* wetteifern, rivalisieren (*amb* mit).
rivet *m* (*Kleidung*) bandförmige Umrandung *f* | Besatz, Saum *m* | **~aire** *m/f* Besatznäher(in *f*) *m* | **~ejar** (33) *vt* (*mit Besatz, Saum*) einfassen; paspelieren.
riz|oderma *m bot* Rhizodermis *f* | **~òfit** *m bot* Rhizophyt *m*, Wurzelpflanze *f* | **~oforàcies** *f pl bot* Mangrovenbaumgewächse *n pl* | **~oma** *m bot* Rhizom *n*, Wurzelstock *m* | **~òpodes** *m pl zool* Rhizopoden, Wurzelfüßer *m pl* | **~osfera** *f biol* Rhizosphäre *f*.
roassa *f ict* Mond- *od* Sonnen-fisch *m*.
rob|a *f tèxt* Stoff *m*, Gewebe *n* | Wäsche *f* | Kleidung *f* | Robe *f* | *ant* Beute *f* | *~ blanca od interior* Leib-, Unterwäsche *f* | *~ bruta* Schmutzwäsche *f* | *~ de color* Buntwäsche *f* | *~ d'estiu* (*d'hivern*) Sommer-(Winter-)kleidung *f* | *~ feta* Konfektion *f* | *~ de llit* (*de taula*) Bett-(Tisch-)wäsche *f* | *~ vella* gebrauchte (*od* alte) Kleidung *f* | *rentar, esbaldir i estendre la ~* (die) Wäsche waschen, spülen u. aufhängen | *fig: hi ha ~ estesa!* Vorsicht, man hört uns zu! | **~ada** *f col* Menge *f* Wäsche | **~ador** *adj* diebisch | *s/m/f* Dieb(in *f*) *m* | **~ament** *m* Diebstahl *m* | **~ar** (33) *vt* rauben, stehlen |

robí

(*Karten im Spiel*) ·abheben; (*Trümpfe*) herauszwingen | ~ **alg** j-n berauben | ~ **una casa** e. Haus ausrauben; in e. Haus einbrechen | ~ **diners** (*el rellotge*) *a alg* j-m Geld (die Uhr) stehlen | ~ **la dona a alg** j-m die Frau wegnehmen | ~ **el cor d'alg** j-s Herz erobern | ~ **un petó a alg** j-m e-n Kuß rauben | **~atori** *m* Diebstahl *m* | Raub *m* | ~ **a mà armada** Raubüberfall *m* = **atracament** | ~ **amb homicidi** Raubmord *m* | **~avellaire** *m/f* Altkleiderhändler(in *f*) *m* | **~er** *m col* Garderobe *f* | **~eria** *f* Diebereí *f* | = **~atori** | *reg* = **~er** | **~eta** *f* Kinder-kleidung, -wäsche *f*.

robí *m* Rubin *m* | (*e-r Uhr*) Stein *m*.

robínia *f bot* Robinie, Gemeine Scheinakazie *f*.

robora|ció *f lit* Stärkung, Kräftigung *f* | **~nt** *adj* (*m/f*) stärkend, kräftigend || *s/m med* Stärkungs-, Kräftigungs-mittel *n* | **~r** (33) *vt lit* stärken, kräftigen | **~tiu** (-**iva** *f*) *adj* stärkend, kräftigend.

robot *m lit tecn* Roboter *m*.

robu|rita *f* Roburit *m* | **~st**(**ament** *adv*) *adj* stämmig, kräftig, robust | *fig a.* stark | rüstig | widerstandsfähig | **~stesa** *f* Stämmigkeit *f* | Robustheit *f* | Rüstigkeit *f* | Widerstandskraft *f*.

roc *m* Stein *m* | (*Schach*) Turm *m* | **~a** *f* Fels *m*, Gestein *n* | Felsen *m*, Felsmasse *f*, -massiv *n* | *s:* **penya**(**l**) | **cristall de** ~ Bergkristall *m* | **~all** *m col* Steingeröll *n* | **~alla** *f art* Rocaille *n/f* | **~allós** (-**osa** *f*) *adj* felsig | steinig | **~am** *m* felsige(s) Gelände *n* | **~ocó** *adj* (*m/f*) Rokoko... || *s/m* Rokoko *n* | **~olar** (33) *vt* mit Steinen bewerfen | **~ós** (-**osa** *f*) *adj* felsig, steinig.

roda *f a. fig* Rad *n* | *hist* (*Folter*) Rad *n* | ~ **caterina** *od* **d'àncora** (*tecn*) Steigrad *n* | ~ **dentada** (*tecn*) Zahnrad *n* | ~ **hidràulica** Wasserrad *n* | ~ **lliure** (*Fahrrad*) Freilauf *m* | ~ **d'aterratge** (*aeron*) Laufrad *n* | ~ **del davant** (*del darrera*) Vorder-(Hinter-)rad *n* | ~ **de molí** Mühlrad *n* | ~ **de la Fortuna** (*fig*) Glücksrad *n* | ~ **de popa** (*proa*) Hinter-(Vorder-)steven *m* | ~ **de premsa** Pressekonferenz *f* | ~ **de presos** Identifizierungsparade, Gegenüberstellung *f* | ~ **de recanvi** (*de reserva*) Ersatz-(Reserve-)rad *n* | **executar a la** ~ (*hist*) rädern | **fer la** ~ e. Rad schlagen | **fer** (**la**) ~ im Kreis, in der Runde herumstehen | **això no pot anar ni amb rodes** (*fig fam*) das kann ja unmöglich gutgehen *od* klappen, hinhauen *bzw* funktionieren | **cal untar les rodes, perquè** ... (*fig*) man muß schmieren, damit... | **posar alg en** ~ j-n in Verwirrung bringen | **~ble** *m* = **tiràs** | **~da** *f* Rollen *n* | Umdrehung *f* | (*Spiel*) Reihe *f* | **~dits** *m med* Umlauf *m* | **~dor** *adj* rollend, umdrehend | **~ire** *m/f* Bummelant(in *f*), Bummler(in *f*) *m* | Globetrotter(in *f*) *m* | **~l** *m* (*im Gelände*) Fleck, Stelle *f* | **~lanya** *f* (runde) Korkscheibe *f* | (*Fischerei*) Korkschwimmer *m* | (*zum Schwimmenlernen*) Schwimmkork *m* | **~lia** *f* Umgebung, Umgegend *f* | Umkreis *m* | **~m** *m col tecn* Radsatz *m* | (*Uhr*) Räderwerk *n* | Rädergetriebe *n* | **~ment** *m* Rollen *n* | Umlauf *f* | Sichdrehen *n* | *tecn* Lager, Kugellager *n* | ~ **de cap** Schwindel(-anfall *m*; -gefühl *n*) *m*.

rodamina *f quím* Rhodamin *n*.

rod|amón *m* Globetrotter(in *f*), Weltenbummler(in *f*) *m* | *desp* Vagabund *m* | **~amot** *m tèxt* handbewegtes Rad *m* | **~anxa** *f* (runde) Scheibe *f* (*Fisch, Wurst, Gurken*) Scheibe *f* | *s:* **llonza, tall, llesca** | **~anxó** (-**ona** *f*) *adj* (*Person*) rundlich, *umg* pummelig | **~ar** (33) *vi* rollen | s. drehen | s. wälzen | *fig umg* herum-schweifen, -streifen, *s.* herumtreiben | **em roda el cap** mir ist schwind(e)lig, *umg* mir dreht s. alles | **engegar-ho tot a** ~ (*fig fam*) den Laden (*od* die Klamotten) hinschmeißen | **fer** ~ **el cap a alg** (*fig*) j-n ganz wirr machen || *vt* (*Töpferscheibe, Film*) drehen | (*Motor*) einfahren | (*Land, Welt*) bereisen, durchreisen | **~a-soques** *m/f* Bummler(in *f*), Landstreicher(in *f*) *m* | **~at** (-**ada** *f*) *adj* rollend, auf Rädern | **trànsit** ~ Wagen-, Auto-verkehr *m* | **artilleria rodada** motorisierte Artillerie *f* | **~atge** *m* Räderwerk *n* | *cin* Dreharbeiten *f pl*, Drehen *n* | *aut* Einfahren *n* | **fer el** ~ **d'un cotxe** e-n Wagen einfahren | **~ejar** (33) *vt* umgeben (*amb, de* mit) || *vi* herum-streifen, -schweifen | **~ell** *m* hölzerne Drehscheibe *f* | *p ext* Töpferscheibe *f* | Faßreif(en) *n* | (*Fischernetz*) Korkschwimmer *m* | **~ella** *f* Rundschild *n* | *bes* Zielscheibe *f* | **~er** *adj* herumstreifend, s. herumtreibend || *s/m hist Val* Wegelagerer *m* | **~era** *f* Rad-,

Wagen-spur *f* | **~esa** *f* (a. **~** *de cap*) Schwindel (-anfall *m*, -gefühl *n*) *m* | **~et** *m* Spule *f* | Garnrolle *f* | *tecnol* Drahtspule *f* | *elect* Drossel-, Rückkopplungs-spule *f* | *fotog* Filmrolle *f* | *p ext* Walze *f* | *s:* bobina, politja | **~eta** *f* (a. *Gerät*) Rädchen *n*, kl(s) Rad *n* | **~eter(a** *f*) *m tèxt* Spuler(in *f*) *m* | **~etí** *m tèxt* kl(e) Spule *f* | Garnröllchen *n*.
rodi *m quím* Rhodium *n*.
rodó (**-ona** *f*) *adj* (*Kreis, Kugel*) *a. fig* rund | *fig* vollständig; vollkommen | *en* **~** (*loc adv*) gänzlich, schlankweg | *un any* **~** e. ganzes (*umg a.* rundes) Jahr | *ball* **~** Ringelreihen, Rundtanz *m* | *nombre* **~** runde (*bzw* abgerundete) Zahl | *taula rodona* (*a. fig*) runde(r) Tisch *m* | *viatge* **~** Rund-reise, -fahrt *f* | *caure* **~** plötzlich (schwer) hinfallen | *dir en* **~** schlankweg sagen | *fer* **~** (*estud reg*) die Schule schwänzen | *tallar en* **~** *u/c* etw abhauen *od* abschlagen.
rodo|dèndron *m bot* Rhododendron *n/m* | *s: gavet* | **~fícies** *f pl bot* Rotalgen *f pl*.
ròdol *m* ungefähr runder Umkreis *m*, Rund *n*, Runde *f*, *fig a.* Umgebung *f*.
rodo|lada *f*, **~lament** *m* Rollen *n* | *fig a.* Rutschen *n* | Weg-rollen, -wälzen *n* | **~ladís** (-**issa** *f*) *adj* leicht weg-rollend, -kullernd | **~lar** (33) *vi* rollen, *umg a.* kullern | *fig* umstürzen | **~lí** *m hist* Wahl-, Los-kugel *f* | (*Bilderbogen*) Bild *n*; Verspaar *n* | (humoristisches *bzw* satirisches) Verspaar *n* | **~lons**: *a* **~** (*loc adv*) rollend | **~na** *f* Runde *f* | Umkreis *m* | kreisförmige Linie *f* | *gràf* Rundschrift *f* | *mús* ganze Note *f* | **~nament** *adv* rund | schlankweg | rund heraus | entschieden, kategorisch | **~nenc** *adj* rundlich | **~nesa** *f* gerundete Form, Rundung *f* | Rundheit *f*.
roent *adj* (*m/f*) rotglühend | **~ar** (33) *vt* zum Glühen bringen | **~or** *f* Rotglut *f*.
rogació *f ecl* Bittgang *m* || *pl* Bittprozessionen *f pl*.
rogall *m* Heiserkeit *f* | **~ós** (-**osa** *f*, -**osament** *adv*) *adj* heiser.
rogat|iu (-**iva** *f*) *adj* bittend, betend || *s/f pl ecl* Bettage *m pl*, Bittprozessionen *f pl* | **~ori** (-**òria** *f*) *adj* Bitt...
roge|jar (33) *vi* rötlich schimmern | rot durchschimmern | **~nc** *adj* (*Erde*) rot-gelb | rötlich | leicht gerötet | **~nt** *adj* (*m/f*) (*Himmel*) rot | rötlich | *cel* **~** Abend-rot *n*, -röte *f* | **~r** *m ict* Meer-, See-barbe *f* | **~t** *m ict* Roter Knurrhahn *m* | *ornit* Moorente *f* | (*Schminke*) Rot *n* | **~ta** *f bot* Täubling *m* («Russula integra») | Fremde Färberröte *f* | *s: roja*.
roí (-**ïna** *f*) *adj* (*Qualität, Wert*) niedrig | *fig* knauserig, kleinlich, knickerig; niederträchtig, verachtenswert, gemein.
roig (**roja** *f*) *adj a. polít* rot | *s: vermell* | **~** *clar* (*fosc*) hell-(dunkel-)rot | *la Creu Roja* das Rote Kreuz | *la mar Roja* das rote Meer | *una barba roja* e. Rotbart *m* || *s/m* Rot *n* || *s/mf polít* Rote(r *m*) *m/f* | *s: roja*.
roina *f* Nieselregen *m* | Sprühregen *m* | **~r** (33) *v/imp* nieseln | sprühen.
roïn|dat, **~esa** *f* Gemeinheit, Niedrigkeit *f* | Knauserei, Knickerei *f*.
roinejar (33) *v/imp* nieseln | sprühen.
roj|a *f bot* Echte Färberröte *f* | *bot* (*Krankheit*) Brand *m* | *ict Bal* Meersau *f* | **~or** *f* Röte *f*.
rol *m nàut* Musterrolle, Mannschaftsliste *f* | Schiffspapiere *n pl*.
roldo|níssa *f bot* = **~rassa** *f* | **~r** *m bot* Gerberstrauch *m* | *bes* Gerbersumach *m* | **~rassa** *f* Gerbersumachreste *m pl*.
roleu *m gràf* Druckwalze *f* | Farbwalze *f*.
roll[1] *m* Rund-, Stamm-holz *n* | Knüppelholz *n* | (*Ölmühle*) Mühlstein *m*.
roll[2] *m* (*Flüssigkeit*) Strahl *m* | *Val agr* Stichkanal *m*.
rom[1] *m* Rum *m*.
rom[2] *adj* (*ohne Spitze*) stumpf.
rom[3] *ict* Glattbutt *m* | *s: rèmol*.
Rom|a *f* Rom *n* | **~à** (-**ana** *f*) *adj* römisch | *art* **~** römische Kunst | *dret* (*imperi*) **~** römisches Recht (Reich) | *lletra romana* (*gràf*) rundliche, lateinische Schrift *f*; Antiqua; Rotunda; Humanistische Schrift *f* | *xifres romanes* römische Ziffern *f pl* || *s/mf* Römer(in *f*) *m* | **~ana** *f* Laufgewichtswaage *f* | **~aic** *adj bes ling* neugriechisch || *s/mf* Grieche *m*, Griechin *f* || *s/m ling* Neugriechisch *n* | *el* **~** das Neugriechische.
romanalla *f lit* Rest *m*, Überbleibsel *n*.
roman|ç *m ling* romanische Sprache *f* | *Lit* Romanze *f*; (Ritter)Roman *m* | **~ça** *f bes mús* Romanze *f* | **~cejar** (33) *vi* Ausflüchte gebrauchen, Märchen erzählen | trödeln, bummeln |

~cer *adj Lit* Romanzen... | *fam* bummelig, langsam || *s/mf* Bummelant(in *f*), Trödler(in *f*), *umg* Trödel-fritze *m*, -liese *f* | *desp fam* Märchen-onkel *m*, -tante *f* || *s/m Lit* (*Spanien*) Romanzero *m* | **~ceria** *f* Bummeligkeit *f* | *pl* Ausflüchte, Geschichten *f pl*, Märchen *n pl* | **~cista** *m/f* Romanzen-schreiber(in *f*) *bzw* -sänger(in *f*), -verkäufer(in *f*) *m* | **~ço** *m pop* Romanze *f* | *fam* Freundin, Geliebte *od* Liebhaberin *f* || *pl* Ausreden, Geschichten *f pl*, Märchen *n pl*.

roman|dre (40) *vi lit* (da-, übrig-, ver-, zurück-)bleiben | verweilen | *els Reis encara romanen a Mallorca* das Königspaar verweilt noch auf Mallorca | *s: restar* | **~ent** *adj* (*m/f*) restlich | übrig(geblieben) || *s/m* Rest(betrag) *m* | Rückstand *m*.

roman|ès (-esa *f*) *adj* rumänisch || *s/mf* Rumäne *m*, Rumänin *f* || *s/m ling* Rumänisch *n* | *el ~* das Rumänische.

romaní *m bot* Rosmarin *m* | *~ mascle* Zistrose *f*.

Rom|ania *f* Rumänien *n* | **~ànic** *adj* romanisch | *arquitectura ~a* romanische Architektur *f* | *llengües romàniques* romanische Sprachen *f pl* | *filologia ~a* Romanistik *f* | **~anista** *m/f ling* Romanist(in *f*) *m* | **~anística** *f* Romanistik *f* | **~anització** *f* Romanisierung *f* | **~anitzar** (33) *vt* romanisieren | **~o-germànic** *adj s: imperi* | **~àntic** *adj* romantisch || *s/mf* Romantiker(in *f*) *m* | **~anticisme** *m a. art Lit mús* Romantik *f* | (*e-r Person*) romantische(s) Wesen *n* | **~anx** *adj ling* romantsch || *s/m ling* Romantsch *n* | *s: reto-romànic*.

romàs *m bot* Ampfer *m*.

romàtic *adj* (ungesund, unangenehm) feucht.

romb|al *adj* (*m/f*) *geom* = **ròmbic** | **~all** *m a. nàut* Bolzen, Zapfen, Pflock, Dübel *m* | **~allar** (33) *vt* (*a. Leck*) verstopfen, zustopfen | **~e** *m geom* Rhombus *m*, Raute *f*.

ròmbic *adj* rhombisch, rautenförmig.

romb|òedre *m geom* Rhomboeder *n* | **~oèdric** *adj* Rhomboeder... | rhomboederförmig | **~oïdal** *adj* (*m/f*) rhomboid, rautenförmig | **~oide** *m* Rhomboid *n*.

romboll *m reg* = **remolí** | *arg* Stab, Stock *m* | **~ada** *f* Menge *f* | Volksmasse *f* | **~ar(-se)** (33) *vt* = **arremolinar(-se)**.

romeguer|a *f bot* Brombeerstrauch *m* | *ict bes Bal Val* Stech-, Stachelrochen *m* | *~ de rostoll* = **~ó** | **~ar** *m* Brombeer- *bzw* Kratzbeer-gesträuch *n* | **~ó** *m bot* Kratzbeere *f*.

romejar (33) *vt* (*Spitze*) abstumpfen.

romer *m oc Val* = **romaní**.

romeria *f* Pilger-, Wall-fahrt *f*.

romerola *f bot* Zistrose *f* («*Cistus clusii*»).

romesco *m gastr* Romesco-Soße *f* (*scharfe Soße zu Fischgerichten*).

rom|eu (-eva *od* -eua *f*) *m* Pilger(in *f*), Wallfahrer(in *f*) *m* | **~iatge** *m* Pilger-, Wallfahrt *f*.

romp|ent *m nàut* Brandung *f* | (*Welle*) Brecher *m* | **~iment** *m a. fig* Brechen *n* | Auf-, Zer-brechen *n* | Riß, Sprung, *kl(r)* Spalt *m* | *fig med* Bruch *m* | **~re** (34) *vt* brechen | zerbrechen | zerreißen | durchbrechen, sprengen | *fig a.* ab-, unter-brechen | *s: trencar* | *~ el cor* das Herz brechen | *~ el foc* (*mil*) das Feuer eröffnen | *~ el glaç* das Eis brechen | *~ el silenci* das Schweigen brechen | *~ files* (*mil*) wegtreten | *~ els ossos a alg* j-m die Knochen zusammenschlagen | *~ la terra* (*agr*) das Land roden | *~ les cadenes* die Fesseln sprengen | *~ les relacions* die Beziehungen abbrechen | *~ una llança a favor d'alg* für j-n e-e Lanze brechen | *~ una promesa* e. Versprechen brechen | *~ una reunió* e-e Versammlung ab- *bzw* unter-brechen || *vi* brechen | e-n Bruch bekommen | hervorkommen, durchbrechen | aufbrechen (*Knospen*) | anbrechen (*Tag*) | *~ amb alg* mit j-m brechen | *les ones rompien contra les roques* die Wellen brachen s. an den Felsen | **~re's** *v/r* (zer)brechen | abbrechen | zerreißen | entzweigehen | *~ el cap od la closca* (*fig*) s. (*dat*) den Kopf zerbrechen | *~ la cama* (*la nou del coll*) s. (*dat*) das Bein (den Hals) brechen | **~uda** *f* (Zer)Brechen *n* | Bruch *m* | *agr* Rodung, Urbarmachung *f*; Neubruch *m*, -land *n* | **~udaire** *m* = **artigaire** | **~ut** (-uda *f*) *adj* zerbrochen | *Bal* bruchleidend | (*Farbe*) fahl, blaß.

ronc *adj* heiser | rauh || *s/m* Schnarchen *n* | **~adera**, **~adissa** *f* Geschnarche *n* | (*bes von Tieren*) *col* Grunzen, Gegrunze *n*; Brummen, Gebrumm *n* | **~ador** *adj* schnarchend || *s/mf* Schnarcher(in *f*) *m* || *s/m ornit* graue

Schwimmente f | ~aire adj (m/f) u. s/m/f. = ~ador | ~ament adv rauh, unwirsch | ~ar (33) vi schnarchen | p ext brausen (Sturm) | brüllen (Tiere) | röhren (Hirsche) | grunzen (Schweine) | gurren, girren (Tauben) | fig brummen, murren.

ronda f a. mil Runde f | Nachtrunde f | gastr (Tisch)Runde f | (Rund)Gang m | mús Rund-gesang, -tanz m | (Gruppe) Runde f; mil Patrouille, (a. Polizei) Streife f | camí de ~ (hist) Wallgang m, p ext Ringstraße f | fer la ~ die (Nacht)Runde machen; Streife fahren | pagar una ~ de cervesa e-e Runde Bier ausgeben od spendieren | ~dor adj u. s/mf = ~ire | ~ire adj (m/f) umher-streifend, -schlendernd || s/m/f Herumtreiber(in f) m | Nachtschwärmer(in f) m || s/m Verehrer, Bewerber, arc Freier m.

rondall|a f volkstümliches Märchen n | ~aire m/f Märchenerzähler(in f) m | ~ari m Märchen-buch n bzw -sammlung f.

rondalle|**jar** (33) vi = **ronsejar** | ~r adj = **ronsejaire** | ~**ria** f = **ronseria**.

rondallístic adj Märchen... || s/f Märchendichtung f | Märchenforschung f.

rond|**ar** (33) vi die (Nacht)Runde machen | nachtschwärmen, umherstreifen, herumbummeln || vt umkreisen | umschwärmen | herumscharwenzeln um ac | ~ una dona e-r Frau den Hof machen | em ronda la son ich werde schläfrig | ~**ejar** (33) vi/t = **rondar**.

rond|**ell** m lit hist Rondeau n, Ringelgedicht n | ~**í** m Wächter m.

rondin|**ada** f = ~**ament** | ~**ador** adj mürrisch, brummig || s/mf Brummbär, -bart m | ~**aire** adj (m/f) nörglerisch | ~**ament**, brummig, murrig | s/m/f Brumm-bär, -bart m; Meckerfritze m, -liese f | ~**ament** m Murren n | ~**ar** (33) vi murren, nörgeln, brummen, knurren, umg meckern | ~**eig** m Murmeln n | Säuseln; Rauschen n | Plätschern n | ~**ejar** (33) vi fig murmeln | säuseln; rauschen (Wind); plätschern (Wasser) | ~**ós** (-osa f) adj = ~**aire** | murmelnd | säuselnd; rauschend | plätschernd.

rondó m mús Rondo n.

rònec (-ega f, -egament adv) adj dürr | einfach, schlicht | (Haus, Gegend) einsam, verlassen, öde, wüst | (Haus) a. unbewohnt, verwahrlost, verkommen.

ronque|**jar** (33) vi heiser sein | ~**ra** f Heiserkeit f.

ronsa m/f fam = **ronsejaire** | fer el ~ bummeln, trödeln.

ronsal m Halfterstrick m.

ronse|**jaire** adj (m/f) bumm(e)lig, langsam | drückebergerisch || s/m/f Bummelant(in f), Trödler(in f) m | Drückeberger(in f) m | ~**jar** (33) vi bummeln, trödeln | schlendern, zotteln | s. drücken | ~**r** adj u. s/mf = **ronsejaire** | ~**ria** f Bummelei, Trödelei f; Schlendrian m | Drückebergerei f.

röntgen m fís Röntgen | ~**teràpia** f = **radioteràpia**.

ronx|**ar** (33) vi reg schnarchen | ~**et**, ~**o** m Schnarchen n | s: ronc.

ronya f med Krätze; (bes bei Tieren) Räude f | fig fam Schmutzkruste f | Unflat m | ~**c** m (Baum) Knorren m | ~**gut** (-uda f) adj knorrig.

rony|**ar** (33) vt med (Knochen) (ab)schaben | ~**era** f Schabeisen n | Kratzer m.

rony|**ó** m Niere f | fig Herz, Zentrum n, Mittelpunkt m | ~ artificial künstliche Niere f || fig fam: costar un ~ e. Heidengeld kosten, sündhaft teuer sein | tenir el ~ cobert gut betucht sein | tenir ronyons Mumm haben | ~**onada** f anat Nierengegend f | Nierenfett n | ~**onal** m (von Schlachttieren) = ~**onal** | ~**onera** f med Nierenschale f.

ronyós (-osa f) adj med krätzig, räudig | fam schmutzig | (Metall) rostig | fig filzig, schäbig; knauserig.

ropit m ornit Rotkehlchen n | s: pit-roig | ~**et** m ornit Sommergoldhähnchen n.

roque|**jar** (33) vi: aquest peix roqueja dieser Fisch schmeckt nach Felsen | ~**r** adj bes bot zool Fels(en)..., Stein... | falcilla ~**a** (ornit) Fahlsegler m | peix ~ Felsenfisch m | s/m (Meer, See) felsiger Grund m | ~**rar** m felsiges Gelände n | s: roquissar | ~**rol** m ornit Felsenschwalbe f.

roquet m catol Rochett, Chorhemd n.

roquet|**am** col, ~**ar** m = **roquerar**, **roquissar** | ~**er(a** f) m felsige(s) Gelände; Geröll n.

roquill m = **petricó**.

roqu|**ís** (-issa f) adj steinig | ~**issar**, ~**isser** m felsige(s) Gelände n.

rorqual m zool Furchen-, Finn-wal m.

ros[1] m lit = **rosada**, **rou**.

ros[2] m (pl -ossos) mil hist Sturmhaube f.

ros[3] (**rossa** f) adj blond | a. bot goldgelb |

(*Essen*) braungebraten ‖ *s/mf* Blonde(r m) *m/f*, Blondine *f*.

ros|a *f bot* Rose *f* | *med* Röteln *pl* | *s: rubèola* | *~ boscana* od *salvatge* wilde Rose, Heckenrose *f* | *~ blanca* weiße Rose *f* | *~ de cent fulles* Zentifolie *f* | *~ damasquina* Monatsrose *f* | *~ de Jericó* Rose *f* von Jericho | *~ de Nadal* Christrose *f* | *~ de te* Teerose *f* | *~ dels vents* od *nàutica* Windrose *f* | *arquit s: rosassa, rosetó* | *aigua (essència) de roses* Rosen-wasser (-öl) *n* | *color de ~* Rosa *n*, rosa Farbe *f* | *fig: fresc com una ~* von frischem Teint (*wie e-e Rose*) | *estar sobre un llit de roses* wie auf Rosen gebettet sein | *no hi ha ~ sense espines* k-e Rose ohne Dornen | *veure-ho tot de color de ~* alles in rosigem Licht sehen ‖ *adj* rosa, rosafarben | *novel·la ~* Kitschroman *m* ‖ *s/m* Rosa *n* | **~aci** (-àcia) *f*) *adj* rosen-artig, -farbig | **~àcies** *f pl bot* Rosengewächse *n pl*.

rosada *f* Tau *m* | *punt de ~* (*fis*) Taupunkt *m* | *cau ~* es taut, es fällt Tau.

rosa|denc *adj* zartrosa | **~lia alpina** *f entom* Alpenbock *m* | **~ls** *f pl bot* Rosenpflanzen *f pl* | **~nilina** *f quím* Fuchsin *n*.

rosar (33) *v/imp* tauen | *aquesta nit ha rosat molt* heute Nacht hat es stark getaut *od* ist viel Tau gefallen.

rosa|ri *m ecl* Rosenkranz(gebet *n*) *m* | *anat* (a. *~ de l'esquena*) Wirbelsäule *f* | *fig* Kette, Reihe, Serie *f* | *dir* (*od passar*) *el ~* den Rosenkranz beten | *acabar com el ~ de l'aurora* (*fig*) e. schlechtes Ende nehmen | **~riaire** *m/f*, **~rier(a** *f*) *m* Rosenkranz-hersteller(in *f*) *bzw* -verkäufer(in *f*) *m* | **~ssa** *f arquit* Rosette *f*, Fensterrose *f* | **~t** (-ada) *adj* rosenrot | rosig | Rosen... | *oli ~* Rosenöl *n* | *mel rosada* Rosenhonig *m* | *ungüent ~* Rosensalbe *f* | *vi ~* Rosé(wein) *m*.

rosbif *m gastr* Roastbeef *n*.

rosca *f tecn* Gewinde *n* | Windung *f* | *gastr* Kringel *m* | *~ exterior* od *mascle* (*interior* od *femella*) Außen-(Innen-)gewinde *n* ‖ *fig: fer la ~ a alg* j-m um den Bart gehen | *li falta una ~* (*fam*) bei ihm ist e-e Schraube locker | *trencar la ~ a alg* j-m in den Weg treten; j-m etw in den Weg legen | **~r** (33) *vt* mit e-m Gewinde versehen | **~t** (-ada) *f*) *adj tecn* mit e-m Gewinde versehen.

rose|c *m* (Be)Nagen *n* | *fig a.* Gram, Kummer *m*; Sorge *f* | **~gaaltars** *m/f* iròn Frömmler(in *f*) *m*, Bet-bruder *m*, -schwester *f* | **~gada** *f* (Ab)Nagen *n* | **~gador** *adj* (ab-, be-)nagend ‖ *s/m pl zool* Nagetiere *n pl* | **~gaire** *adj* (*m/f*) = **~gador** | **~gall** *m* Abgenagte(s) *n* ‖ *m pl* Essens-, Speise-reste *m pl* | *fig* Überbleibsel *n* | **~gar** (33) *vt* nagen an (*dat*), ab-, be-nagen (*Tiere*) | knabbern an (*dat*), knuspern an (*dat*) | zernagen | *fig* zermürben, quälen, plagen; nagen an (*dat*), zehren an (*dat*) | *els corcs roseguen la fusta* die Holzwürmer zerfressen das Holz | *el rosegava l'enveja* (*el remordiment*) der Neid (die Reue) plagte ihn *od* nagte an ihm | **~gar-se** *v/r*: *~ els punys* (*fig*) s. (*dat*) die Haare raufen | *~ les ungles* an den Nägeln kauen | **~gó** *m* (*von Brot*) Kanten, Knust *m*; Stückchen *n* | **~guies** *f pl reg* = **rosegalls**.

ros|ella *f bot* Klatschmohn *m* | *~ borda* od *silvestre* Buschwindröschen *n* | *~ marina* Gelber Hornmohn *m* | **~enc** *adj* zartrosa | rosig | **~èola** *f med* Roseole *f* | **~er** *m bot* Rosen-stock, -strauch *m* | *~ boscà* od *bord, salvatge* wilder Rosenstrauch *m* | **~erar** *m* Rosengarten *m*, Rosenpflanzung *f* | **~eta** *f a. arquit bot mús* Rosette *f* | **~etó**, **~ó** *m* = **rosassa** | **~olis** *m* Rosolio *m*.

rosquilla *f gastr* Kringel *m*.

ròssa *f* Schindmähre *f*, (elender) Klepper *m* | *fig* klapprige(r) Alte(r *m*) *m/f* | Aas *n*, Tierleiche *f*.

rossam *m col* Pferde-, Esel-herde *f*.

ròssec *m* (*Kleid*) Schleppe *f* | *fig* Folge *f* | Konsequenz *f*, Zusammenhang *m* | *com econ* Rückstände *m pl*; (*von Forderungen*) Außenstände *m pl* | (*Konto*) Übertrag *m* | *a ~* (*loc adv*) schleppend.

rosseg|all *m* Schlepplast *f* | (*Kleid*) Schleppe *f* | (*Fischerei*) Schleppnetz *n* | *fig* (*Personen*) Begleitung *f*, Gefolge *n*; *p ext* (*einzelner*) Schatten *m* | = **ròssec** | **~ar(-se)** (33) *vt/i(/r)* = **arrossegar(-se)** | **~ons**: *a ~* (*loc adv*) kriechend; *fig* kriecherisch | **~uera** *f* Holz-rutsche, -riese *f*.

rossellonès (-esa *f*) *adj* rossellonesisch, *p ext* nordkatalanisch ‖ *s/mf* Rossellonèser(in *f*) *m*, *p ext* Nord-katalane *m*, -katalanin *f* | *s/m ling* Rossellonesisch *n* | *el ~* das Rossellonesische.

rosse|nc *adj* (semmel-, stroh-)blond |

~t¹ *adj* blond(haarig) || *s/m ornit* Knäkente *f* || *s/f ornit* Kriekente *f*.
rosset² *m* (*Zimmerei*) Anreißwinkel *m*.
rossí *m desp* Schindmähre *f*, Klepper, Gaul *m*.
rossinyol *m ornit* Nachtigall *m* | **~ bastard** *od* **bord** Seidensänger *m* | **~ d'aigua** (*d'estany*) Drossel-(Sumpf-)rohrsänger *m* | **~ de muralla** Gartenrotschwanz *m* || *bot* Pfifferling *m* | **~ negre** Herbst-, Totentrompete *f* || *tecn* Dietrich, Drahthaken *m*.
rossol|a *f* rutschige Halde *f* | **~adís** (-issa *f*) *adj* leicht abrutschend | **~aire** *adj* (*m/f*) rutschig | **~ar** (33) *vi* ab-, hinunter-rutschen, -gleiten | **~era** *f* Geröllhalde; *fig* Rutschbahn *f*.
rossor *f* Blondheit *f*.
rost *adj* abschüssig, steil | jäh || *s/m* Abhang, Steilhang *m*, Böschung *f*, Gefälle *n*.
rost|a *f gastr* gebratene (*bzw* geröstete) Scheibe *f* (*bes Speck*, *Brot*) | **~ada** *f* Pfanne *f* voll «rostes» | **~ar** (33) *vt* (*Pfanne*, *Topf*, *Teller*) mit e-m Stück Brot (aus)putzen | **~ida** *f* Braten *n* | Schmoren *n* | Rösten *n* | **~idor** (runder) Bräter *m* | **~illó** *m* Griebe *f* | **~iment** *m* Braten *n* | Schmoren *n* | Rösten *n* | **~ir** (37, *Val a.* 36) *vt* braten | (*in Saft*) schmoren | (*ohne Zusatz*) rösten | *fig* verbrennen | **patates rostides** Röstkartoffeln *f pl* | **~ir-se** *v/r* braten | schmoren | rösten | **~ al sol** in der Sonne braten | **~it** *m* Braten *m* | **~ de vedella** Kalbsbraten *m*.
rostoll *m agr* Stoppel(n *pl*) *f* | Stoppelfeld *n* | **~ada** *f*, **~ar**¹ *m agr* Stoppelfeld(er *pl*) *n* | **~ar**² (33) *vt* (*Stoppelfelder*) umpflügen | (*Herden*) auf die Stoppelfelder führen.
rostr|al *adj* (*m/f*) Gesichts... | Schnabel... | **~at** (-ada *f*) *adj* schnabelförmig zugespitzt | mit Schnabel | **~e** *m* Schnabel *m* | *hist* (Schiffs)Schnabel *m* | *hist* (*Rom*) Rostra *f* | *lit* Antlitz, Gesicht *n*.
rot *m* Rülps(er) *m*, Aufstoßen *n* | **el nen ha de fer el ~** *od* **rotet** das Baby muß noch aufstoßen *od umg* e. Bäuerchen machen.
rota¹ *f ecl dr* Rota *f* | *Bal agr* = **rompuda** | *hist* Stück Pachtland *n* | *agr:* **terra de ~** dünne, schlechte Erde.
rota² *f mús hist* (*Kanon*) Rotta *f*; (*Instrument*) Rotta *f* | **~ci** (-àcia *f*) *adj bot* (*Blütenkrone*) radförmig | **~ció** *f* (Um)Drehung *f* | *astr fís a.* Rotation *f* | *agr:* **~ de conreus** Fruchtwechsel *m* | **~ de la terra** Erdumdrehung *f*.
rotacisme *m ling* Rhotazismus *m*.
rota|ire *m/f* Aufstoßer(in *f*), Rülpser(in *f*) *m* | **~r** (33) *vi* aufstoßen, *umg* rülpsen | *fig pop:* **no em rota!** ich habe k-e Lust dazu!; das fällt mir gar nicht ein!
rotat|iu (-iva *f*) *adj* Rotations... | rotierend, kreisend | *tecnol:* **motor ~** Drehkolben-, Wankel-motor *m* || *s/f gràf* Rotationspresse *f* | *s/m gràf* Zeitung *f* | **~ori** (-òria *f*) *adj* rotierend | Wechsel... | *tecn* = **rotatiu**.
roter(a *f*) *m agr* = **artigaire** | Anbauer(in *f*) *m* | *hist* Pächter(in *f*) *m*.
rotífer *adj* radtragend || *s/m pl zool* Rädertierchen *n pl*.
rotija *f* = **rautija**.
rotll|ada *f* (*Personen*) Kreis *m*, Runde *f* | **~ana** *f* (*Faß*) Reif(en), Ring *m* | *fig* Runde *f*, Kreis *m* | **~ar** (33) *vt* umringen, umstehen | umstellen | **~at** *m* Personenkreis *m* | Menschenrunde *f* | **~e**, **~o** *m* (*Papier*) Rolle *f* | (*Menschen*) Kreis *m*, Runde *f* | *astr* Halo, Hof *m* | *cin fotog* Lichthof *m* | **fer ~ a part** s. absondern; s-n eigenen Weg gehen | *fig:* **fer ~** s. hören lassen; Hörer anziehen.
roto|grafia *f*, **~gravat** *m gràf* Rotationstiefdruck *m* | Heliogravüre *f* | **~nda** *f arquit* Rotunde *f*, Rundbau *m* | **~r** *m aeron elect tecn* Rotor *m*.
ròtula *f med* Kniescheibe *f* | *tecn* Wellenknie *n*.
rotund *adj* rund | *fig a.* ganz, völlig; entschieden | (*Stil*) abgerundet | **~ament** *adv* rundweg | kategorisch, entschieden, bestimmt | **~itat** *f* Rundheit *f* | Entschiedenheit *f* | Abgerundetheit *f*.
rou *m lit* Tau *m* | *s:* **rosada**.
rour|e *m bot* Eiche *f* | *p ext* Eichenholz *n* | **fort com un ~** baumstark | **~eda** *f* Eichenwald *m* | **~etell** *m* junge Eiche *f* | **~ó** *m* = **alzinoi**.
rova *f:* Maß von 10,4 kg.
rovell *m a. bot* Rost *m* | (a. **~ d'ou**) Eigelb *n* | **~ del blat** Getreiderost *m* | **~ d'ou** (*bot*) Trollblume *f* | **~ament** *m* (Ein-, Ver-)Rosten *n* | **~ar** (33) *vt* rosten lassen | *fig a.* einrosten (*od* verkümmern) lassen | **~ar-se** *v/r* rosten, Rost ansetzen, verrosten | *bot* brandig werden | *a. fig* einrosten | **~at** (-ada *f*) *adj* rostig | verrostet | rostfarben |

rovina

a. fig eingerostet | **~ó** *m bot* Echter Reizker, Hirschling *m* | Südlicher Blutreizker *m* | **~ol** *m* Feld-, Wiesenchampignon *m* | *s: camperol* | **~ola** *f bot* (von Schlauchpilzen befallener) Blutreizker *m* | = **camperol** | **~ós** (**-osa**) *f*) *adj* rostig | verrostet | rostfarben | **~ut** *adj m* mit gr(m) Eigelb.
rovin|a *f* (*Fluß*) Anschwemmung *f* | **~ada** *f* Wasserflut *f*, Hochwasser *n* | **~ós** (**-osa** *f*) *adj* (*Wasser*) trüb, schlammig.
rovira *f ant reg* = **roureda**.
rua *f ant* Straße *f* | Reihe, Schlange *f*, Zug *m* | (*bes* Karnevals)Umzug *m* | *a rues* (*loc adv*) scharen-, haufen-weise; (*Tiere*) rudel-weise.
ruac *m bot* Hechelkraut *n*, Hauhechel *f* («*Ononis tridentata*»).
rub|efacció *f med* (*Haut*) Rötung *f* | **~efaent** *adj* (*m/f*) die Haut rötend *od* reizend || *s/m* Hautreizmittel *n* | **~èola** *f med* Röteln *pl* | **~escència** *f* Rötung *f* | **~escent** *adj* (*m/f*) s. rötend | rötlich | **~iàcies** *f pl bot* Rötegewächse *n pl.*
Rubicó *m* Rubikon *m* | *passar el ~* den Rubikon überschreiten.
rubi|cund *adj* (*Gesicht*) hochrot | gerötet | **~cundesa**, **~cunditat** *f* Röte, Rotfärbung *f* | **~di** *m quím* Rubidium *n*.
rubi|ginós (**-osa** *f*) *adj* rostig | rostfarben | **~ol(a** *f*) *m bot* Feld-, Wiesenchampignon *m*.
ruble *m* Rubel *m*.
rubor *m/f* Schamröte *f* | **~itzar-se** (33) *v/r* erröten, schamrot werden | **~ós** (**-osa** *f*) *adj* schamrot | gerötet.
rúbrica *f* (*Kodex*, *Liturgie*) Rubrik, rotgeschriebene Über-, Vor-schrift *f* | Namenszeichen *n*, Schnörkel *m* (*am Namenszug*) | *fig: és de ~* es ist üblich.
rubric|ador *m hist* Maler *m* von Anfangsbuchstaben, Rubrikator *m* | **~ar** (33) *vt* rubrizieren | mit dem (Namens-)Schnörkel versehen | *com* abzeichnen | *dr* unterschreiben | *dipl* paraphieren | **~isme** *m ecl* Rubrizistik *f* | **~ista** *m/f bes ecl* Formalist(in *f*), Rubrizist(in *f*) *m*.
ruc(a *f*) *m zool* Esel(in *f*) *m* | *fig* Esel, Dummkopf *m*.
ruca *f bot* Ölrauke, Ruke *f*.
ruc|ada *f* Eselei *f* | *dir rucades* Unsinn reden | **~ó** *m reg* Vesperbrot *n*.
ruda *f bot* Raute *f* | *~ de bosc* od *de muntanya* Wilde Raute *f* | *~ borda*

Steppenraute *f* | *~ cabrissa* od *cabruna* Asphaltklee *m* | *~ de ca* od *de gos* Hunds-Braunwurz *f*.
rude *adj* (*m/f*) roh | grob, rauh | (*Benehmen*) rüde, grob, ungehobelt | (*Klima*) rauh | *un hivern ~* e. strenger Winter.
ruderal *adj* (*m/f*) *bot: plantes ~* Ruderalpflanzen *f pl.*
rud|esa *f* Roheit *f* | Grobheit, Rauheit *f* | Rüdheit *f* | Strenge *f* | **~iment** *m biol* Rudiment *n* | Anfang, Ansatz *m* || *pl fig* Grundbegriffe *m pl* | Anfangsgründe *m pl* | **~imentari** (**-ària** *f*, **-àriament** *adv*) *adj* rudimentär | unentwikkelt | *òrgan ~* Rudimentärorgan *n* | **~itat** *f* = **rudesa**.
ruera *f reg* = **corrua**.
rufa[1] *f* Falte *f* | Runzel *f* | *nàut* (*Kiel*) Verformung *f*.
ruf|a[2] *f meteor* Gewitter *n* | Schneesturm *m* | Gewitterwolken *f pl* | **~ada** *f* Regenbö *f* | Schneegestöber *n* | **~aga** *f* Regenbö *f* | Schneesturm *m* | **~agada** *f* Wind-stoß *bzw* -wirbel *m* | *fig: una ~ d'ira* e. Wut-anfall *od* -ausbruch *m* | **~agós** (**-osa** *f*) *adj* stürmisch | **~ejar** (33) *v/imp: avui rufeja* heute ist es wolkig *od* trübe; heute ist der Himmel verhangen | **~era** *f* Sturmwind *m* im Gebirge.
rufí *m ict* Brauner Drachenkopf *m*.
rufi|à *m* Zuhälter *m* | Gauner, Ganove *m* | **~anejar** (33) *vi* als Zuhälter leben | *fig* gaunern | **~aneria** *f* Zuhälterei *f* | *fig* Gaunerei *f* | **~anesc** *adj* zuhälterisch, Zuhälter... | *fig* Gauner... | **~anisme** *m dr* Zuhälterei *f*.
rufl|ar (33) *vi* durch. die Nase atmen | schnauben, schnaufen | **~et** *m* Schnauben, Schnaufen *n* | (*Wind*) Sausen, Brausen *n*.
rúfol *adj meteor* wolkig, verhangen | stürmisch | gewitterschwül.
rufolós (**-osa** *f*) *adj* = **rúfol**.
ruga *f* = **arruga**.
rugbi *m esport* Rugby *n*.
rug|ent *adj* (*m/f*) brüllend | tobend | heulend | **~ir** (37) *vi a. fig* brüllen | toben (*Meer*) | heulen (*Wind*) | **~it** *m a. fig* Brüllen, Gebrüll *n* | Toben *n* | Heulen *n*.
rug|ós (**-osa** *f*) *adj* runz(e)lig | (*Fläche*) rauh; uneben | **~ositat** *f* Rauh-, Uneben-heit *f* | Runzel *f*.
ruibarbre *m bot* Rhabarber *m*.
ruïn|a *f* Einsturz, Verfall *m* | Ruin, Un-

tergang *m* | *fig a*. Verarmung *f* | Zerstörung, Zertrümmerung *f* | *amenaçar* ~ einzustürzen drohen | *causar la* ~ zugrunde richten | *(és)ser una* ~ *(fig)* nur noch e. Wrack sein | *estar en* ~ ruiníert sein || *pl art* Ruine(n *pl*) *f*, Trümmer *n pl* | *estar en ruïnes* zerstört sein, zertrümmert sein | **~ós (-osa** *f*) *adj* baufällig | schädlich | verderblich | *com econ* ruinös, Verlust... | *fig: ésser* ~ sehr kostspielig sein | *arquit: estat* ~ Baufälligkeit *f* | **~osament** *adv* in verheerender Weise | *econ: viure* ~ zu kostspielig leben | *s: arruinar* | enrunar.
ruixa *f tèxt* Rüsche *f*.
ruix|ada *f agr* Bewässerung, Besprengung *f* | = **~at** | **~ador** *m* Rasensprenger *m* | Sprengwagen *m* | **~ament** *m* Besprengen *n*, Besprengung *f* | Bespritzen *n* | Bespritzung *f* | **~ar** (33) *vt* besprengen | bespritzen | besprühen | **~at** *m* Regen-guß, -schauer *m* | **~im** *m* Sprühregen *m*.
ruixó *m nàut* Draggen *m*.
ruleta *f* Roulette *f* | *geom* Radlinie *f*.
rull *m* (Ringel)Locke *f* | Löckchen *n* | = **roll**[1] | **~ol** || *adj* lockig | gekräuselt | **~ar** (33) *vt (Haare)* locken | kräuseln | **~ol** *m* = **pinyola**.
rumb *m nàut* Kompaßstrich *m* | (Weg-, Fahrt-)Richtung *f* | *nàut aeron a. fig* Kurs *m* | *fig* Großzügigkeit; *desp* Protzigkeit *f* | ~ *a l'oest* Kurs *m* auf Westen | *fer* ~ *a* Kurs nehmen auf *(ac)* | *prendre un altre* ~ *(a. fig)* e-n neuen Kurs einschlagen; *fig a*. e-e Wendung vornehmen | **~ejar** (33) *vi* prahlen, protzen, prunken, aufschneiden || *vt* prahlerisch zur Schau tragen, zeigen | protzen mit | **~ós (-osa** *f*) *adj* freigebig, großzügig | prahlerisch | prunkvoll.
rumi|ador *adj* nachdenklich | **~ament** *m* Nach-denken, -sinnen *n*, Überdenken *n* | **~ar** (33) *vt* nach-denken, -sinnen über *ac*, überdenken | **~nació** *f* Wiederkäuen *n* | **~nant** *adj (m/f) zool* wiederkäuend || *s/m pl* Wiederkäuer *m pl* | **~nar** (33) *vt* wiederkäuen | *s: remugar* | *fig* = **~ar** | **~nat (-ada** *f*) *adj* runz(e)lig, faltig, zerfurcht | **~ós (-osa** *f*) *adj* nachdenklich, gedankenvoll.
rum|or *m/f* Gerücht *n* | **~orejar** (33) *vi* munkeln | *fig* flüstern | **~-rum** *f fam* = **rumor**.
runa[1] *f* Rune *f*.

runa[2] *f* Bauschutt *m* | **~m** *m* Haufen *m* Bauschutt.
rúnic *adj* Runen... | *inscripció* **~a** Runeninschrift *f*.
rupestre *adj (m/f)* Felsen... | *pintura* ~ Felsenmalerei(en) *f (pl)*.
rupia *f (Münze)* Rupie *f*.
rúpia *f bot* Salde *f* | *med* Rhypia, Schmutzflechte *f*.
rupícola *adj (m/f)* auf Felsen lebend.
rupit *m ornit* Rotkehlchen *n*.
rúptil *adj (m/f) bot* unregelmäßig aufspringend.
rupt|or *m elect* Unterbrecher *m* | *aut* Zündunterbrecher *m* | **~ura** *f* Bruch *m* | *med (Gefäß, Organ) a*. Ruptur *f* | *(Verhandlungen, Beziehungen)* Abbruch | *a. mil* Durchbruch.
ruque|jar (33) *vi* (herum)albern | **~ria** *f* = **rucada**.
rural *adj (m/f)* ländlich | Land... | *propietat (vida)* ~ Land-gut(-leben) *n* | **~isme** *m* Ländlichkeit *f* | *ling* ländlicher Ausdruck *m* | **~ista** *m/f* Anhänger(in *f*) *m* des Landlebens.
rus (russa *f*) *adj* russisch | *muntanyes russes* Achterbahn *f* || *s/mf* Russe *m*, Russin *f* | ~ *blanc* Weißrusse *m* || *s/m tèxt* (langer) Morgen-mantel, -rock *m* | *s/m ling* Russisch *n* | *el* ~ das Russische.
rus|c *m* Bienen-korb, -stock *m* | *s: eixam* | **~ca** *f* unbearbeitete Korkrinde *f* | **~cador** *m* Bienenzüchter, Imker *m*, *bes* der die Bienenstöcke besorgt | **~call** *m* Abfall *m* der Korkrinde *(od -n*platten) | *s: brescar, crestar* | **~cat** *m* Korkbecher *n* | **~quer** *m* Korkstapel *m*.
Rússia *f* Rußland *n*.
russò|fil *adj* russenfreundlich | **~fob** *adj* russenfeindlich.
rúst|ec (-ega *f*) *adj* holp(e)rig, rauh, roh | grob | plump | tölpelhaft | flegelhaft | **~ic** *adj* bäuerisch, ungeschliffen | *fig* rustikal | ländlich, Land... | *estil* ~ rustikaler Stil, Bauernstil *m* | *gràf: en* **~a** *(loc adv)* broschiert.
rusti|citat, ~quesa *f* bäuerliches Wesen *n* | *fig* ländliche Einfachheit *f* | *fig desp* Derbheit; Grobheit; Ungeschliffenheit *f*.
ruta *f* (Reise)Weg *m* | Fahrtrichtung *f* | *bes aeron nàut* Route *f* | ~ *de terra* Landweg *m* | ~ *marítima* Seeweg *m*.
rutàcies *f pl bot* Rautengewächse *n pl*.
rut|è (-ena *f*) *adj* ruthenisch || *s/mf* Ru-

rútilthe-ne *m*, -nin *f* || *s/m ling* Ruthenisch *n* | ~**eni** *m quím* Ruthenium *n* | ~**ènic** *adj quím* Ruthenium...
rútil *m min* Rutil *m*.
rutila|nt *adj* (*m/f*) glänzend, schimmernd | ~**r** (33) *vi* glänzen, schimmern.
rutina *f* R(o)utine *f* | *de* ~ R(o)utine... |
~**ri** (-**ària** *f*, -**àriament** *adv*) *adj* routine-, gewohnheits-mäßig || *s/mf* Gewohnheitsmensch, Routinier *m*.
rutlla *f tecn* (Block)Rolle, Riemenscheibe *f* | (*Spiel*) Spielreifen *m* | *jugar a la* ~ Reifen spielen | ~**r** (33) *vi* rollen | *fig fam* klappen, hinhauen, funktionieren.

S

s, S *f* s, S *n*.
s' *pron pers s: es^1* ‖ *art def s: es^2*.
's *pron pers s: es^1, ens^2, us*.
sa^1 *art def s: es^2*.
sa^2 *pron poss s: son^2*.
sa^3 (**sana**) *f*) *adj a. fig* gesund | ~ *i estalvi* wohlbehalten | ~ *de cos i d'esperit* gesund an Leib u. Seele | *principis* ~ns gesunde Prinzipien.
saba *f bot* (*im Gewebe*) Saft *m* | *fig a.* (Lebens-)Kraft *f*.
sabadellenc *adj* Sabadellenker, aus Sabadell | *s/mf* Sabadellenker(in *f*) *m*.
saball|ó *m entom* Made *f* | **~onera** *f* (*a. mosca* ~) Schmeißfliege *f*.
sabana *f geog* Savanne *f*.
sàbat *m* Sabbat *m*.
sabat|a *f* Schuh *m* | *tecn bes* Brems-, Hemm-schuh *m* | *nàut* Kielschwein *n*; (Anker) Schuh *m* | *trobar* ~ *de son peu* (*fig fam*) sein Gegenstück finden, der e-m gewachsen ist ‖ *s/m/f fig fam* Tölpel, Taps *m* | **~ada** *f* Schlag *m* mit dem Schuh | *fig fam* Unsinn *m* | **~asses** *m/f fam* Tölpel, Taps *m* | **~ejar** (33) *vt* mit den Schuhen schlagen | *fig fam* herunterputzen, ausschimpfen | **~er**(**a** *f*) *m* Schuhmacher(in *f*), Schuster(in *f*) *m* | (*a.* ~ *de vell*) Flickschuster(in *f*) *m* ‖ *s/m* Schuhschrank *m* | *entom* Teichläufer *m*; *reg* Gemeine Sandwespe *f* ‖ *s/f bot* Porling *m* («Polyporus pes-caprae») ‖ *adj* (*von Eingemachtem*) verdorben | (*im Kartenspiel*) ohne e-n Stich | *restar* ~ k-n Stich bekommen haben, schwarz werden | **~erada** *f fam* Schusterei, Pfuscherei *f* | **~eria** *f* Schuhgeschäft *n* | Schuhmacherei *f* | **~eta** *f dim* Schühchen *n* | ~ *de la Mare de Déu* (*zool*)

Seeohr *n* ‖ *pl bot* Frauenschuh *m*; Spinnen-Ragwurz *f*.
sab|atí (**-ina** *f*) *adj* Samstag(s)... | **~àtic** *adj* Sabbat... | *estud* (*Zeit*) Forschungs... | *any* ~ Sabbatjahr *n*; *estud* (einjähriger) Forschungsurlaub *m* | *descans* ~ Sabbatruhe *f*.
sabatilla *f* Hausschuh *m* | Pantoffel *m* | Balletschuh *m* | Turnschuh *m*.
sabati|sme *m* Sabbatismus *m* | **~tzar** (33) *vi* den Sabbat einhalten.
sabato|na *f dim* Schühchen *n* | *bes* Babyschuh *m* | **~t** *m* alter Schuh *m* | *fig fam* Tölpel, Taps *m*.
sabe|dor *adj* benachrichtigt, unterrichtet | *fer alg* ~ *d'u/c* j-n von etw benachrichtigen *od* unterrichten *bzw* über etw (*ac*) unterrichten | **~nt** *adj* (*m/f*) wissend | benachrichtigt, unterrichtet | *ant* gelehrt | (*Fett*) ranzig | **~ntment** *adv* wissentlich | absichtlich, bewußt | **~r^1** (40) *vt/i* wissen | erfahren | (*Sprache, Lehrstoff, Rolle, Technik*) können | *ja saps la notícia?* weißt du schon das Neu(e)ste? | *com ho has sabut?* wie hast du es erfahren? | *no ho vaig* ~ *fins ahir* ich habe es erst gestern erfahren, ich habe erst gestern davon erfahren *od* gehört | *fa temps que no sé res d'ell* ich habe schon lange nichts von ihm gehört | *d'això no en sé res* davon weiß ich nichts | ~ (*molt, poc*) *de gramàtica* (*política*) s. (gut, schlecht) in der Grammatik (Politik) auskennen; etwas (viel, wenig) von Grammatik (Politik) verstehen | ~ *alemany* (*la lliçó, una poesia de memòria*) Deutsch (die Lektion, e. Gedicht auswendig) können | ~ *ballar* (*conduir, cuinar, llegir*) tanzen (fahren, ko-

sabeu

chen, lesen) können | *no sé fer res* ich kann nichts | ~ *callar (comportar-se, sortir-se'n)* zu schweigen (s. zu benehmen, s. zu helfen) wissen | *sé que tens raó* ich weiß, daß du recht hast | *tu saps com t'estimo* du weißt, wie sehr ich dich liebe | *no saben si vindran* sie wissen nicht, ob sie kommen (werden) | *no sé per què* ich weiß nicht, warum | *aneu (od vés) a* ~! wer weiß! | *(és) a* ~ (*bei Aufzählungen*) nämlich, das heißt | *fer* ~ *u/c a alg* j-n etw wissen lassen; j-m von etw Bescheid sagen *od* geben | *no saben el que es fan (diuen)* sie wissen nicht, was sie tun (sagen) | *no* ~ *què dir* nicht wissen, was man sagen soll | *no sabria dir-t'ho* das kann ich dir schlecht sagen; das ist schwer zu sagen | *no se sap mai!* man kann nie wissen! | *no sé* ich weiß nicht | *avui estic no sé com* heute fühle ich mich komisch | *expliquen no sé què d'un nan* sie erzählen irgend so etwas von e-m Zwerg | *un no sé què* e. gewisses Etwas | *tenen un no sé què de feréstec* sie wirken irgendwie unheimlich | *no voler* ~ *res d'alg od u/c* nichts von j-m *od* etw wissen wollen | *que jo sàpiga* soviel ich weiß | *què sé jo!* od *jo què sé!* was weiß ich! | *qui sap!* wer weiß! | *qui (Déu) sap on (què, qui, si)* wer (Gott) weiß, wo (was, wer, ob) | *saps?* weißt du? | *saps què?* weißt du was? | ~*la llarga* gut Bescheid wissen; alle Kniffe kennen, mit allen Wassern gewaschen sein | *sabran qui sóc jo!* denen werde ich es zeigen! | *tot se sap* es spricht s. alles herum || *vi* schmecken *bzw* riechen (*a* nach) | *sap a ranci* es schmeckt ranzig | *em sap greu* es tut mir leid, ich bedauere es | ~**r-se** *v/r:* *ell s'ho sap* das weiß nur er; er muß es selbst wissen | ~**r**² *m* Wissen *n* | Kenntnis(se *pl*) *f* | Können *n* | ~**rut** (-**uda**) *adj bes iròn* hochgelehrt | *iròn* besserwisserisch | (Wein, Öl) mit Beigeschmack || *s/mf iròn* Besserwisser(in *f*) *m*.

sabeu (-**ea** *f*) *adj* sabäisch || *s/mf* Sabäer(in *f*) *m*.

sable *m* (Wappenkunde) Schwarz *n*.

sab|ó *m* Seife *f* | *pastilla de* ~ Stück *n* Seife | ~ *d'afaitar* Rasierseife *f* | ~ *de coco* Kernseife *f* | ~ *de gitana* (*bot*) Seifenkraut *n* | ~ *de sastre* Schneiderkreide *f* | ~ *de vidriers* (*quím*) Magnesiumdioxyd *n* | *fig fam: donar* ~ *a alg* j-m Honig um den Bart schmieren.

saboga *f ict* Alse *f*, Maifisch *m* | ~**l** *m* Alsennetz *n*.

sabon|aire *m/f* Seifen-sieder(in *f*) *bzw* -verkäufer(in *f*) *m* | ~**er** *adj* Seifen... || *s/mf* = **sabonaire** || *s/f* Seifenschaum *m* | Seifen-dose *bzw* -schale *f* | *bot* Seifenkraut *n* | ~**eria** *f* Seifen-fabrik *f bzw* -geschäft *n* | ~**eta** *f* Stück *n* Toilettenseife *f* | ~**ós** (-**osa** *f*) *adj* seifig | Seifen...

sabor *m*(/*f*) *a. fig* Geschmack *m* | *fig mst* Reiz *m*, Würze *f* | *tenir un* ~ *amarg (dolç, salat)* e-n bitteren (süßen, salzigen) Geschmack haben, bitter (süß, salzig) schmecken | ~**all** *m reg gastr* Suppenknochen *m pl* vom Schwein | *fam* Topfgucker *m*.

saborija *f* = **sajolida**.

saborós (-**osa** *f*, -**osament** *adv*) *adj* schmackhaft, wohlschmeckend | köstlich.

sabot|atge *m* Sabotage *f* | ~**ejador** *m* Saboteur *m* | ~**ejar** (33) *vt* sabotieren.

sabre *m* Säbel *m* | *cop de* ~ Säbelhieb *m* | *s/m ict Val* Strumpfbandfisch *m* | ~**jar** (33) *vt* nieder-säbeln, -hauen.

sabuda *f* Kenntnis, Kunde *f* | Wissen *n* | *a (sense)* ~ *d'alg* mit (ohne) j-s Wissen *od* Kenntnis.

sabulós (-**osa** *f*) *adj geol* sandig, sandhaltig.

saburr|a *f med* (Zunge) Belag *m* | ~**al** *adj* (*m*/*f*): *llengua* ~ belegte Zunge *f* | ~**ós** (-**osa** *f*) *adj* = ~**al**.

sac *m a. med bot zool* Sack *m* | *mil hist* Plünderung *f* | ~ *de blat (de ciment, de dormir, de gemecs, lacrimal)* Weizen (Zement-, Schlaf-, Dudel-, Tränen-) sack *m* | *cursa de* ~*s* Sack-hüpfen, -laufen *n* | *roba de* ~ Sack-leinen, -tuch *n*, -leinwand *f* | *buidar el* ~ den Sack leeren; *ecl* beichten; *fig* s. offen aussprechen | *compra un* ~ *de patates!* kauf e-n Sack Kartoffeln! | *entrar a* ~ *en una ciutat* plündernd (u. mordend) in e-e Stadt einfallen | *(és)ser al* ~ (*fig*) gefangen (*od* verloren) sein | *(és)ser un* ~ *dels cops* (*fig*) der Sündenbock (*od* der Prügelknabe) sein | *(és)ser un* ~ *d'ossos* nur noch Haut u. Knochen (*od* klapperdürr) sein | *(és)ser un* ~ *de mal profit* (*fig*) k-n Nutzen ziehen; s. schlecht entwickeln (Kind) | *no diguis blat que no sigui al* ~, *i encara ben lligat* (Spruch) verkaufe nicht das

sacada

Fell, bevor du den Bären hast | **~a** f gr(r) Sack m | corr Postsack m | **~ada**¹ f Sack m (voll) | col Ladung f (in Säcken).

saca|da² f esport Anspiel n; Anstoß m | Aufschlag m | **~r** (33) vi esport anspielen; (Fußball) anstoßen | (Tennis) aufschlagen.

sac|arasa f quím Sa(c)charase f | **~arí** (-ina f) adj Zucker... | matèries sacarines Zuckerstoffe m pl | **~àric** adj: àcid ~ Zuckersäure f | **~arífer** adj zuckerhaltig | **~arificació** f Zuckerbildung f | **~arificar** (33) vt quím verzuckern | **~arímetre** m tecn Sa(c)charimeter, Zuckermeßgerät n | **~arimetria** f quím Sa(c)charimetrie f | **~arina** f quím Sa(c)charin n | **~aromicet** m bot Sa(c)charomyzet m | **~arosa** f Sa(c)charose f, Rohrzucker m.

sacciforme adj (m/f) sackförmig.

sacerdo|ci m Priestertum n, Priesteramt n | **~t** m Priester m | ~ obrer Arbeiterpriester m | ~ regular (secular) Ordens-(Welt-)geistliche(r) m | **~tal** adj (m/f) priesterlich | Priester... | **|~tessa** f Priesterin f.

saci|ar (33) vt = **sadollar** | **~etat** f lit Sättigung f | fins a la ~ bis zum Überdruß.

saco m pop esport Pelota f.

sacotell m Säckchen n, kl(r) Sack m.

sacr|amental(ment adv) adj (m/f) ecl sakramental | fig üblich | paraules **~s** Sakramentsworte m pl | **~amentari** (-ària f) adj sakramental || s/m ecl Sakramentar n | **~atíssim** adj sup hochheilig | **~e** adj lit sakral | anat a. Kreuzbein... | = **sagrat** | s/m anat (a. os ~) Kreuzbein n | **~ificació** f Opferung f | **~ificar** (33) vt a. fig opfern | p ext (Vieh zum Verbrauch) schlachten | ~ un anyell a Déu Gott e. Lamm opfern | ~ la vida per alg od u/c sein Leben für j-n od etw (auf)opfern | **~ificar-se** v/r s. (auf)opfern (per für) | **~ificat** (-ada f, -adament** adv) adj aufopfernd | opferwillig | **~ifici** m a. fig Opfer n | rel (Geopfertes) a. Opfergabe f | ~ expiatori (humà) Sühn-(Menschen-)opfer n | el sant ~ od el ~ de l'altar (catol) das heilige Meßopfer | esperit de ~ Opfergeist m | amb grans **~s** unter großen Opfern | fer **~s** (un ~) per alg od u/c für j-n od etw (e.) Opfer bringen od auf s. nehmen; s. für j-n od etw opfern | oferir (od fer) un ~ a un déu e-m Gott e. Opfer (od e-e Opfergabe) darbringen | no recular davant (de) cap ~ k. Opfer scheuen | **~íleg(ament** adv) adj gotteslästerlich | a. fig sakrilegisch, frevelhaft || s/mf Gottes-lästerer m, -lästerin f | a. fig Frevler(in f) m | **~ílegi** m a. fig Sakrileg n, Frevel(tat f) m | **~osant** adj lit sakrosankt.

sacs|ar (33) vt = **~ejar** | **~eig** m Schütteln, Rütteln n | bes Rüttelei f | **~ejada** f Schütteln, Rütteln n | Erschütterung f | **~ejar** (33) vt schütteln, rütteln | durch-schütteln, -rütteln | erschüttern (Erdbeben).

sacs|ó m (Saum) Einschlag m | (am Körper) Fettwulst m/f | **~onut** (-uda f) adj wulstig.

sàcul m anat Säckchen n | (Ohr) Sacculus m.

sàdic adj sadistisch || s/mf Sadist(in f) m.

sadisme m Sadismus m.

sadoll adj lit Bal satt, gesättigt | **~ament** m Sättigung f | **~ar(-se)** (33) vt(/r) (s.) sättigen (de mit, an dat).

sado-masoquis|me m Sadomasochismus m | **~ta** adj (m/f) sadomasochistisch || s/mf Sadomasochist(in f) m.

saduceu (-ea f) adj bíbl fig saduzäisch || s/mf Saduzäer(in f) m.

safa f Val Wasch-becken n, -schüssel m.

safan|ària f Bal, **~òria** f oc Val = **pastanaga**.

safare|ig m Waschtrog m | (öffentlich) Wasch-haus bzw -platz m | agr (gemauerter) Wasserbehälter m | fig fam Gewäsch n, Klatsch, Tratsch m | fer ~ klatschen, tratschen | **~tger(a** f) m Waschhausaufseher(in f) m.

safari m Safari f.

safar|ós (-osa f) adj reg schmierig, schmutzig | **~rí** m Bal Schmiere f, Schmutz m.

safata f Tablett n | Servierbrett n.

sàfic adj Lit psic sapphisch | estrofa **~a** sapphische Strophe f.

safir m min Saphir m | **~í** (-ina f) adj saphirblau | **~ina** f min Saphirin m.

safra f agr Zuckerrohrernte(zeit) f | (Rohr)Zuckerfabrikation f.

safr|à m bot Safran m | ~ bord Färberdistel f | ~ de muntanya Frühlingskrokus m | fer ~ (fig fam) die Schule schwänzen; ausreißen, durchbrennen || adj inv safrangelb | **~anada** f fam Ausreißen, Durchbrennen n (für

kurze Zeit) | **~aner(a** *f)* *m* Safranhändler(in *f)* | *fig fam* Schwänzer(in *f*); Ausreißer(in *f*) *m* || *s/f bot* Echte(r) Safran *m* | **~anó** *m bot* Färberdistel *f* | Herbstzeitlose *f.*
saga[1] *f* Rück-, Hinter-seite *f* | *(Truppe)* Schwanz *m* | *(Fahrzeug)* Heck *n* | *anar a la ~ d'u/c* hinter etw *(dat)* hersein | *no restar a la ~ d'alg* j-m nicht nachstehen.
saga[2] *f Lit* Saga *f.*
saga|ç(ment *adv) adj (m/f)* scharfsinnig | schlau | **~citat** *f* Scharfsinn *m* | Spürsinn *m.*
sagal *m* Schäferknecht, Hirtenjunge *m* | *reg* Bursche *m.*
saget|a *f lit* Pfeil *m* | **~era** *f* Schießscharte *f.*
sagetia *f nàut hist* kl(r) Zwei- *od* Dreimaster *m.*
sag|í *m zool* tierisches Fett *n* | *anat* Gekröse *n* | *fig: posar bons sagins* verfetten, Speck ansetzen | **~inada** *f* = **ensaginada** | **~inar** (33) *vt (Tiere)* mästen | **~inera** *f anat* Gekröse *n* | *bot Bal* Vogelmiere *f*, Hühnerdarm *m.*
sagit|a *f geom* Bogen-, Sehnen-höhe *f* | **~al** *adj (m/f)* pfeilförmig | *biol a.* sagittal | *sutura ~ (anat)* Pfeilnaht *f* | **~ari** *m hist mil* (Bogen)Schütze *f* | *astr:* ≮ Schütze *m* | **~ària** *f bot* Pfeilkraut *n* | **~at** (-ada) *f) adj bot (Blatt)* pfeilförmig.
sagn|ador(a *f) m* Aderlasser(in *f)* *m* || *s/m* Abfluß, Auslaß *m* | **~ant** *adj (m/f)* blutig, blutend | **~ar** (33) *vt (j-n)* zur Ader lassen | *(Behälter)* ablassen | *(Bäume)* harzen, anritzen, anzapfen | *gràf (Zeile)* einrücken || *vi* bluten | *caç* schweißen | *~ pel nas* Nasenbluten haben | *em sagnava el cor (fig)* mir blutete das Herz | **~ia** *f a. fig* Aderlaß *m* | *anat* Armbeuge *f* | *(Behälter)* Ablassen *n* | *(Hochofen)* Abstich *m* | *(Baum)* Anzapfung *f* | *fig a.* Einbuße *f.*
sàgola *f (Fischnetz)* Schlepptau *n* | *p ext* Schnur *f.*
sagr|ament *m ecl* Sakrament *n* | *el Santíssim* ≮ die Heilige Eucharistie *f* | *els darrers ~s* die Sterbesakramente *n pl* | *freqüentar els ~s (catol)* oft kommunizieren *od* zur Kommunion gehen | **~amental** *m* Sakramentale *n* | *fig fam: moure* (od *armar*) *un ~* e-n Skandal machen *od* verursachen | **~amentar** (33) *vt* mit den Sterbesakramenten versehen | **~ari** *m ecl* Ta-
bernakel *m*, *(bes gotisch)* Sakramentshäuschen *n* | **~at** (-ada *f)* *adj a. fig* heilig | *rel a.* sakral | *el* ≮ *Cor de Jesús* das Heilige Herz Jesu | *els ordes ~s (ecl)* die heiligen Weihen *f pl* | *història sagrada* od *sacra (ecl)* biblische Geschichte *f* || *s/m hist ecl* heilige Stätte; *bes* Frei-statt, -stätte *f* | **~era** *f hist ecl* heilige Stätte; *bes* Frei-statt, -stätte *f* | **~istà** *m catol* Sakristan, Kirchendiener, Küster, Mesner *m* | **~istania** *f* Küster-, Mesner-amt *n* | **~istia** *f* Sakristei *f.*
sagú *m (pl -ús) gastr* Sago *m* | *palmera de ~* Sagopalme *f.*
saguer *adj* nachzüglerisch || *s/mf* Nachzügler(in *f) m.*
Sàhara *m: el (desert del) ~* die (Wüste) Sahara | *el ~ Occidental* die Westsahara.
sah|arià (-ana *f) adj* saharanisch | Sahara... || *s/mf* Saharabewohner(in *f) m* || *s/f tèxt* (leichte) Tropenjacke *f* | **~àric** *adj* Sahara...
saig *m hist* Häscher, Gerichtsdiener *m* | *Bal* Gemeindediener; Ausrufer *m* | *ict* Mittelländische Goldmaid *f* | *ornit* Bachstelze *f.*
saïm *m bes Bal* = **sagí.**
sainet *m teat* (kurzer) Schwank *m* | **~ista** *m/f* Schwankdichter(in *f) m.*
sai|ó *m agr* Acker | **~oner(a** *f) m* Bauer *m*, Bäuerin *f.*
sajolida *f bot* Bohnenkraut *n*, Bergminze, Kölle *f* | *~ de muntanya* Winterbohnenkraut *n* .
sal *f* Salz *n* | *fig* Mutterwitz, Geist *m*; Schlagfertigkeit *f* | *~ alcalina (d'adob)* Laugen-(Dünge-)salz *n* | *~ de bany* Badesalz *n* | *~ comuna* od *de cuina* Kochsalz *n* | *~ fina* od *de taula* Speisesalz *n* | *~ gemma (marina, volàtil)* Stein-(Meer-, Riech-)salz *n* | *la ~ de la terra (fig)* das Salz der Erde | *extracció de ~* Salzgewinnung *f* | *posar carn en ~* Fleisch in Salz legen *od* einsalzen | *posar ~ a la sopa* Salz an (od in) die Suppe tun *od* geben.
sala *f* Saal *m* | Raum *m* | *gr(s)* Zimmer *n* | Wohnzimmer *n* | *(Universität, Schule)* Aula *f* | *s: aula* | *(Gericht)* Kammer *f*; Senat *m* | *~ d'audiència* Gerichtssaal *m*, Audienzsaal *m* | *~ d'afers civils (criminals)* Zivil-(Straf)kammer *f* od -senat *m* | *~ de ball* Tanzlokal *n* | *~ de conferències* Vortragssaal *m* | *~ d'esgrima* Fechtbo-

salabardà den *m* | ~ *d'espera* Wartesaal *m* | ~ *d'espectacles* Theatersaal *m*; Vorführ-, Zuschauer-raum *m* | ~ *d'exposició* Ausstellungsraum *m* | ~ *de festes* Vergnügungslokal *n* | ~ *d'hospital* Krankensaal *m* | ~ *de màquines* (*nàut*) Maschinenraum *m* | ~ *de professors* Lehrerzimmer *n* | ~ *de projeccions* (*Kino*) Vorführungssaal *m* | ~ *de sessions* Sitzungs-saal *m bzw* -zimmer *n* | ~ *de visites* Besuchszimmer *n*.

salabardà *m bot reg* Rostblättrige Alpenrose *f*.

salabret *m* Kescher *m*.

salabr|or *f* Salzigkeit *f* | **~ós** (**-osa**) *f*) *adj* salzig.

sala|ç *adj* (*m/f*) geil, lüstern | **~citat** *f* Geilheit *f*.

salacot *m* Tropenhelm *m* | Sonnenhut *m*.

salad|ar *m geog* Salzpfanne *f* | **~or(a** *f*) *m* Einsalzer(in *f*) *m* || *s/m* Pökel-, Salzfaß *n* | Einsalzungsraum *m*, Pökelhaus *n* | **~ura** *f* Einsalzen, Pökeln *n* | Gesalzene(s) *n*.

salafarda *f* (scharfer) Verweis *m*.

salam|andra *f zool* Salamander *m* | ~ *comuna* (*negra*) Feuer-(Alpen-)salamander *m* | *fig* Dauerbrandofen *m* | **~andrí** (**-ina** *f*) *adj* salamanderähnlich | Salamander... | feuerfest | **~àndria** *f* = **salamandra**.

sala|ment *m* Einsalzen, Pökeln *n*.

salamó *m* = **salomó**.

salanc *m reg* = **salobre**.

salanca *f bot* Purpurweide *f* | Sal- *od* Palm-weide *f* | Grauweide *f*.

salangana *f ornit* Salangane *f*.

sala|ó *f* Einsalzen, Pökeln *n* | Gesalzene(s); Salz-, Pökel-fleisch *n*; Salzfisch *m* | **~r**^{1} (33) *vt* einsalzen, (ein)pökeln | (*gastr*) salzen, *bes* zu stark salzen, versalzen.

salar^2 (33) *vi* den bestimmten Artikel «es» gebrauchen | *s: es*^{2}.

sala|ri *m econ sociol* Lohn *m* | (*der Beamten u. Angestellten*) Gehalt *n* | ~ *base* Grund-lohn *m bzw* -gehalt *n* | ~ *social* Soziallohn *m* | **~rial** *adj* (*m/f*) Lohn...; Gehalts... | *augment* ~ Lohn-; Gehalts-erhöhung *f* | *escala* (*política*) ~ Lohn-skala (-politik) *f* | **~t** (**-ada** *f*) *adj* eingesalzen | salzig | *gastr* gesalzen, *mst* versalzen | *fig* geistreich, witzig, schlagfertig | *fer* ~ (*fig*) zu spät kommen | *ho hem fet* ~ (*fig Val*) wir haben es falsch gemacht || *s/m bot* Strauchige Sode *f* | ~ *blanc* Melde *f* («Atriplex halinus»).

salconduit *m bes mil* Passierschein *m*.

sald|ar (33) *vt* saldieren; (*Rechnung*) *a.* begleichen; (*Konto*) *a.* ausgleichen; (*Schuld*) *a.* tilgen | (*Waren, Restposten*) ausverkaufen, abstoßen, *umg* losschlagen, *desp* verramschen, im Ramsch verkaufen | **~ista** *m/f* Reste-, *desp* Ramsch-händler(in *f*) *m* | **~o** *m banc com* Saldo *m* | *com mst pl* Warenrest(e *pl*) *m*; Billig-, *desp* Ramsch-ware(n *pl*) *f*, Ramsch *m* | ~ *creditor* (*actiu, debitor, passiu*) Haben-(Aktiv-, Debet-, Passiv-)saldo *m* | *a preu de* ~ zum Ausverkaufspreis || *pl* Ausverkauf, Resteverkauf *m*.

sale|jar (33) *vi* salzig (*bzw* versalzen) sein | **~r** *m* Salzstreuer *m* | Pökeltisch *m* | **~ra** *f* Salz-faß *n*, -napf *m* | (*für Tiere*) Salzlecke *f*.

sales|a *f catol* Salesianerin *f* | **~ià** (**-ana** *f*) *adj* Salesianer... || *s/m* Salesianer *m*.

salfumant *m quím* Salzsäure *f*.

sali (**sàlia** *f*) *adj* salisch || *s/mf hist* Salier(in *f*) *m*.

sal|í (**-ina** *f*) *adj* salzig, salzhaltig | salzartig | *a. bot* Salz... || *s/m hist* Salz-stock *m*; -steuer *f*; = **salina** | **~ic** *m* Getröpfel *n* | Rinnsal *n*.

sàlic^1 *adj hist* salisch | *dr: la llei* **~a** das salische Gesetz *n*.

sàlic^2 *m bot* Purpurweide *f*.

salicàcies *f pl bot* Weidengewächse *n pl*.

salicall *m* = **salic**.

salicals *f pl bot* Weiden *f pl*.

salicar (33) *vi* = **degotar** | (hervor)quellen (*Wasser*).

salic|ària *f bot* Blutweiderich *m* | **~ilat** *m quím* Salicylat, Salizylat *n* | **~ílic** *adj*: *àcid* ~ Salicyl-, Salizyl-säure *f* | **~ina** *f biol quím* Salizin *n*.

sal|ícola *adj* (*m/f*) *biol* halophil, Salz... | **~icòrnia** *f bot* Queller *m*, Glasschmalz *n* | **~ífer** *adj* salzhaltig | **~ificable** *adj* (*m/f*) *quím* salzbildungsfähig | **~ificació** *f quím* Salzbildung *f* | **~ificar** (33) *vt quím* in Salz verwandeln.

saligar *m bot* (Purpur)Weidengebüsch *n*.

salin|a *f mst pl* Saline *f*, Salzwerk *n* | Salzgrube *f* | **~aire** *m/f* Salzwerker(in *f*) *m* | Salzhändler(in *f*) *m* | **~ar-se** (33) *v/r* verwittern, zerfallen (*Ziegel, Steine*) | **~er** *adj* Salinen... | verwitternd || *s/m* Salzlecke *f* | **~itat** *f* Salzgehalt *m*.

saliquejar (33) *vi* = **salicar**.

saliv|a *f* Speichel *m*, *umg* Spucke *f* | *això*

es cura amb ~ dejuna (fig) dem ist leicht abzuhelfen | *empassar-se la ~* (fig) schlucken; hinunterschlucken, was man sagen wollte; s-e Zunge in Zaum halten | *gastar ~ en va* (fig) tauben Ohren predigen; *umg* s. (*dat*) den Mund fransig (*od* fusselig) reden, *pop* s-e Spucke vergeuden | **~ació** f Speichelfluß m | **~ada** f = **~all** | **~al** adj (m/f) med: glàndules ~s **~all** m Spucke f, Auswurf m | **~(ej)ar** (33) vi viel Speichel bilden | **~era** f (reicher) Speichelfluß m | *fer venir ~* das Wasser im Munde zusammenlaufen lassen | *treure ~* (fig fam) vor Wut kochen | **~ós** (**-osa** f) adj speichelreich.
sall|ar (33) vi die Wellen teilen *od* durchschneiden (*Schiff*) | *p ext* schnell fahren | **~ent** m Wasserfall m, Kaskade f.
salm m Psalm m | *el llibre dels ~s* das Buch der Psalmen | **~aire** m Psalmen-sänger m | **~ejar** (33) vi Psalmen singen.
salmer m *arquit* (*Bogen*) Anfänger; Kämpfer(stein) m.
salmista m Psalmist m.
salmó m *ict* Lachs, Salm m || *adj inv* (a. *color ~*) lachs-rosa, -farben, -farbig.
salm|òdia f Psalmodie f | fig eintöniger Gesang m | **~odiar** (33) vi psalmodieren | fig eintönig singen.
salmonat (**-ada** f) adj lachs-farben, -farbig, -rosa | *truita salmonada* (*ict*) Lachsforelle f.
sal|morra f Lake, Salzbrühe, Sole f | Pökel m | **~nitre** m *quím* Salpeter m | **~nitrera** f Salpetergrube f | **~nitreria** f Salpeterwerk n | **~nitrós** (**-osa** f) adj salpeterhaltig, salpetrig.
saló m Salon m | *~ de l'automòbil* Automobil-salon m, -ausstellung f | *~ de bellesa* Kosmetiksalon m | *~ de te* Teestube f, Tea-Room m.
salobre adj (m/f) salzig | Salz... | s/m Salzschicht f | **~jar** (33) vi Salz auswittern (*Gestein*) | Salz lecken (*Tiere*).
Salom|ó m *bibl* Salomon m | *les illes ~* die Salomonen *od* Salomoninseln f pl | **~ó** m Kronleuchter m | Laterne f, Lampion m | **~ònic** adj *bibl* salomonisch | *columna ~a* gewundene Säule f | *judici ~* salomonische(s) Urteil n.
salpa f *ict* Salpe f.
salpar (33) vt *nàut* (*Anker*) lichten || vi losmachen, ablegen.
sal|pàs m (pl -assos) *catol* österlicher Haussegen m (mit Salz *u*. Wasser) | **~passa** f = **salpàs** | **~passer** m Weihwedel m | **~pebrar** (33) vt salzen *u*. pfeffern | **~pebre** m Pfeffer m *u*. Salz n (*zum Würzen*) | **~petre** m = **salnitre** | **~picar** (33) vt (*bes mit Salz*) bestreuen | (*mit Flüssigkeit*) besprenkeln | **~picó** m Bestreuen n | Besprenkeln n.
salpingitis f *med* Salpingitis, Eileiterentzündung f.
salprendre (40) vt *gastr* mit Salz einreiben.
salpuga f giftige Ameise f.
salroig m = **solraig**.
sals|a f Soße, Sauce f | (*bes kalt*) Tunke f | Brühe f | fig Würze f | *mús* Salsa f | *~ blanca* (*de tomàquet, tàrtara*) Mehl-(Tomaten-, Tataren-)soße f | *~ verda* grüne Soße f | *~ vinagreta* Vinaigrette f | *~ de sant Bernat* (fig) Hunger | **~era** f Soßenschüssel, Sauciere f | **~ir** (37) vt ausdörren, versengen | **~ir-se** v/r anbrennen, ansengen | **~itxa** f Wurst f, Würstchen n | *~ de Frankfurt* Frankfurter (Würstchen n) f | *~ de Viena* Wiener (Würstchen n) f, *reg* Wienerle n | **~itxaire** m/f Wurster(in f) m | Wurstverkäufer(in f) m.
salsufragi m *bot* Leimkraut n («Silene saxifraga»).
salt m a. *esport* fig Sprung m | (a. *~ d'aigua*) Wasserfall m | *~ d'alçada* (*de llargada, amb perxa*) Hoch-(Weit-, Stabhoch-)sprung m | *~ de cavall* (*Schach*) Rösselsprung m | *~ mortal* Salto mortale m | *triple ~* Dreisprung m | *un ~ endavant* (a. fig) e. Sprung nach vorn | *un ~ en el text* e. Sprung im Text | *un ~ qualitatiu* e. qualitativer Sprung | *a ~s* in Sprüngen | *en un ~* auf e-n Sprung; im Nu, gleich, sofort | *fer un ~* e-n Sprung machen; springen | *la natura no fa ~s* die Natur macht k-e Sprünge | *fer el ~ a alg* (fig) j-n versetzen; j-m untreu sein, *umg* fremdgehen, j-n betrügen | *el seu marit li feia el ~ sovint* ihr Mann machte oft Seitensprünge | *el cor em va fer un ~* das Herz zersprang mir beinahe | **~abardissa** f *ict* Himmelsgucker, Sternseher m | **~abarrancs** m Draufgänger, Luftikus, Hallodri m | **~ada** f Doppelfischernetz n | **~ador** adj springend || s/mf Springer(in f) m | *esport*: *~ d'alçada* (*de llargada, de perxa*) Hoch-

(Weit-, Stabhoch-)springer *m* || *s/m* Absprungstelle *f* | *estar al* ~ *(fig)* auf dem Sprung sein *od* stehen | **~a-marges** *m* Felddieb *m* | *fig* Schürzenjäger *m* | **~amartí** *m* Stehaufmännchen *n* | *entom* Heuschrecke *f* | **~ant** *m* Wasserfall *m* | **~aparets** *m* Dieb *m* | **~ar** (33) *vi* springen | *(in kleinen Sprüngen)* hüpfen | abspringen *(Knopf, Kruste, Farbe)* | ~ *a corda* seil-springen, -hüpfen | ~ *a l'aigua (a terra)* ins Wasser (auf den Boden *bzw* an Land) springen | ~ *al coll d'alg* j-m um den Hals fallen | ~ *a peus junts* aus dem Stand springen | ~ *als ulls (fig)* ins Auge springen, augenfällig sein | ~ *d'alegria* vor Freude Luftsprünge machen | ~ *del llit* aus dem Bett springen | ~ *d'un tema a l'altre* von e-m Thema zum anderen springen | *fer* ~ *la banca (im Spiel)* die Bank sprengen | *fer* ~ *el cap a alg* j-n enthaupten, j-m den Kopf abschlagen | *fer* ~ *una mina (un pont)* e-e Mine in die Luft jagen (e-e Brücke sprengen) | *estar a la que salta (fig)* auf der Lauer liegen || *vt* springen über *(ac)*, *a. fig* überspringen | *fig a.* auslassen, *(Seiten) a.* überblättern | *gastr* sautieren | *zool* bespringen | **~ar-se** *v/r*: ~ *u/c (fig)* etw über-springen, -sehen, -gehen | *t'has saltat el semàfor* du hast die Ampel überfahren | **~a-regle** *m tecn* Stellwinkel *m*, Schmiege *f* | **~arel·la** *f entom reg* Heuschrecke *m* | **~at** (-ada *f*) *adj gastr* sautiert | **~ataulells** *m fam* Ladenschwengel *m* | **~aterrats** *m* Einbrecher *m* | **~ejador(a** *f*) *m* Straßenräuber(in *f*) *m* | **~ejament** *m* Straßenraub *m* | **~ejar** *vt* (33) berauben.
salteri *m* = **saltiri**.
saltimbanqui *m/f* Gaukler(in *f*), Straßenakrobat(in *f*) *m*.
saltiri *m* Psalter *m*.
saltir|ó *m* Hüpfer, kl(r) Sprung *m* | **~onant** *adj* (*m/f*) hüpfend | tänzelnd | **~on(ej)ar** (33) *vi* hüpfen | tänzeln.
salu|bèrrim *adj sup* sehr gesund | **~bre** *adj* (*m/f*) gesund(heitsfördernd), heilsam | **~britat** *f* Heilsamkeit | **~dable(ment** *adv*) *adj* (*m/f*) gesund | (*Lehre, Erfahrung*) heilsam | **~dador** *adj* (be)grüßend || *s/mf* Gesundbeter(in *f*) *m* | **~dar** (33) *vt a. fig* begrüßen | *(bei Begegnung)* grüßen | *mil* salutieren vor *(dat)*; *(a. Fahne)* grüßen | *(Kranken)* gesundbeten | *us saluda cordialment (am Briefschluß)* mit herzlichen Grüßen | *saluda'l de part meva!* grüß ihn von mir! | **~dar-se** *v/r*: *ja no se saluden* sie grüßen s. *(od lit* einander) nicht mehr.
salums *m pl* Gesalzene(s) *n*.
sal|ut[1] *f* Gesundheit *f* | *rel* Heil *n* | ~! *(beim Trinken)* zum Wohl!, pros(i)t! | *a la teva* ~! (auf) dein Wohl! | ~ *als vencedors!* Heil den Siegern! | *beure a la* ~ *d'alg* auf j-s Wohl *(od* Gesundheit) trinken | *(és)ser bo (dolent) per a la* ~ gesund (ungesund *od* gesundheitsschädlich) sein | *com estàs (od vas) de* ~? wie geht es dir gesundheitlich? | *estar ple de* ~ vor Gesundheit strotzen | *(no) tenir* ~ (nicht) gesund sein | **~utació** *f* Begrüßung *f* | Gruß *m* | *rebeu les meves salutacions cordials (Briefschluß)* mit herzlichen Grüßen verbleibe ich | **~utifer(ament** *adv*) *adj* = **saludable** | **~va**[1] *f* Salut *m*, Ehrensalve *f* | Salutschuß *m* | *una* ~ *d'aplaudiments* e. Beifallsturm *m* | *cartutx de* ~ Platzpatrone *f* | *disparar (od tirar) una* ~, *fer la* ~ Salut schießen, salutieren | *disparar 20 salves* 20 Schuß Salut *(od* Salutschüsse) abfeuern | **~va**[2] *adj f* heil | unbeschädigt | *sana i* ~ wohlbehalten | **~vable** *adj* (*m/f*) zu retten(d), *lit* rettbar | **~vació** *f bes rel* Rettung *f*; Erlösung *f*; Heil *n* | ~ *de l'ànima* das Seelenheil | *l'Exèrcit de* ~ die Heilsarmee | *fig*: *has estat la meva* ~ du warst meine Rettung | **~vador** *adj* rettend | erlösend || *s/mf* Retter(in *f*) *m* | *el* ~ *(rel)* der Heiland, der Erlöser; *(geog)* El Salvador *n* | **~vadorenc** *adj* salvadorianisch | *s/mf* Salvadorianer(in *f*) *m* | **~vaguarda** *f* Schutz(wache *f*) *m* | Gewährleistung *f* | Wahrung *f* | *fig a.* sicheres Geleit *n* | *mil* Schutzbrief *m* | **~vaguardar** (33) *vt* bewahren, schützen, beschützen | *dr* gewährleisten | wahren, sicherstellen | **~vament** *m* Rettung; Bergung *f* | *drets de* ~ Bergegeld *n*, -lohn *m* | *operació de* ~ Rettungs-, Bergungs-aktion *f* | **~vant** *prep* = **~vat** | **~var** (33) *vt a. fig* retten | *rel a.* erlösen | *(Verunglückte, Schiffbrüchige) a.* bergen | *(Hindernis)* überwinden | *esport (Tor)* verhindern | ~ *la vida a alg* j-m das Leben retten | ~ *alg de la mort* j-n vom Tod erretten | ~ *de la ruïna* j-n vor dem Ruin

salvatge bewahren *od* retten | ~ *la pell* s-e Haut retten | ~ *la vida* mit dem Leben davonkommen | ~ *les aparences* den Schein wahren ‖ *vi: només la fe salva* der Glaube allein macht selig | **~var-se** *v/r* s. retten | *rel* selig werden | *que se salvi qui pugui!* rette s., wer kann! | **~vat** *prep* außer (*dat*) | ~ *error o omissió* Irrtum od Auslassung vorbehalten.

salvat|ge(ment *adv*) *adj* (*m/f*) wild; Wild... | *fig a.* ungesittet; roh; brutal; grausam; scheu; ungesellig | *tornarse* ~ verwildern ‖ *s/m/f* Wilde(r *m*) *m/f* | *fig a.* Barbar(in *f*); Rohling *m* | **~gejar** (33) *vi* ziemlich wild sein | **~geria** *f* = **~gia** | (*Handlung*) Grausamkeit, Greueltat *f* | **~gí (-ina** *f*) *adj* wildlebend; Wild... ‖ *s/f mst pl* Wild *n* | Wildbret *n* | *pells de* ~ Felle *n pl* wilder Tiere | **~gia** *f* Wildheit *f* | *fig a.* Roheit, Brutalität, Grausamkeit *f* | **~gisme** *m* (*von Völkern*) Wildheit *f* | = **~gia** | **~jada** *f* Grausamkeit, Greueltat *f*.

salv|avides *m* Rettungs-ring *m bzw* -boje *f* | Schwimmgürtel *m* | *bot* ~ Rettungsboot *n* | *jaqueta* (*od armilla*) ~ Schwimmweste *f* | **~e** *int lit* salve!, sei(d) gegrüßt ‖ *s/f catol* Salve *f*.

sàlvia *f bot* Salbei *m/f* | ~ *romana* Muskat-Salbei *m/f*.

salviniàcies *f pl bot* Schwimmfarne *m pl*.

salze *m bot* Weide *f* | ~ *plorarer* Trauerweide *f* | **~(re)da** *f* Weidengehölz *n*.

samaniat *m* Durcheinander *n*, Wirrwarr *m* | Streit, Zank *m* | *fam* Krakeel *m*.

sàmara *f bot* Flügelfrucht *f*.

samari *m quím* Samarium *n*.

samari|tà (-ana *f*) *adj bíbl* aus Samaria, samaritanisch ‖ *s/mf* Samarit(an)er(in *f*) *m* | *el bon* ~ der barmherzige Samariter.

samarr|a *f* Schaffell *n* (*als Hirtenjacke*) | **~eta** *f* Unterhemd *n* | *esport* (Sport-) Hemd, Trikot *n* | **~etaire** *m/f* Unter- (*bzw* Sport-)hemdenfabrikant(in *f*) *m* | **~ó** *m* = **samarra**.

samaruga *f* = **sangonera**.

samfaina *f gastr* Ratatouille *f*; Schmorgemüse *n* | *fig* Mischmasch *m*.

samoiede *adj* samojedisch | *llengües* **~s** samojedische Sprachen *f pl* ‖ *s/mf* Samojede *m*, Samojedin *f*.

samovar *m* Samowar *m*.

samuga *f* Seil *n*.

samurai *m* Samurai *m*.

sana|ble *adj* (*m/f*) heilbar | **~dor(a** *f*) *m* (*von Tieren*) Verschneider(in *f*) *m* | **~porcs** *m* = **~truges** | **~r** (33) *vi* gesund werden | (ver-, zu-)heilen ‖ *vt* heilen | (*Tiere*) verschneiden, kastrieren | **~tiu (-iva** *f*) *adj* heilend | **~tori** *m* Heilstätte *f*, Sanatorium *n* | **~truges** *m* Pfeife *f* (*mit der s. der Verschneider ankündigte*).

sancallós (-osa *f*) *adj* X-beinig.

sanci|ó *f* Billigung, Zustimmung, *lit* Sanktion *f* | *dr* (*e-s Gesetzes*) Bestätigung, Sanktion *f* | *dr a.* Straf-bestimmung, -maßnahme, Sanktion *f* | (*Völkerrecht*) *mst pl* Gegen-, Vergeltungs-maßnahme(n *pl*), Sanktion(en *pl*) *f* | **~onar** (33) *vt* billigen, gutheißen, *lit a. dr sociol* sanktionieren | *dr a.* bestätigen | (*Land*) mit Sanktionen belegen | ~ *una llei* e. Gesetz sanktionieren, e-m Gesetz Gesetzeskraft verleihen.

sanctus *m catol* (*Messe*) Sanctus *n*.

sàndal *m bot* Sandelbaum *m* | *fusta de* ~ Sandelholz *n* | *oli de* ~ Sandel-(holz)öl *n*.

sandàlia *f* Sandale *f*.

sandàraca *f pint* Sandarak(harz *n*) *m* | *min* = **realgar**.

sandvitx *m* Sandwich *m/n* | *s: entrepà* | *home* ~ Sandwichman(n) *m*.

sanedrí *m* Synedrium *n*, Sanhedrin *m*.

sanefa *f tèxt* Saum, Rand *m* | Einfassung, Borte *f* | *s: orla*.

saneja|ble *adj* (*m/f*) heilbar | sanierbar | **~dor** *adj* sanierend; Sanierungs... | **~ment** *m* Sanierung *f* | Hygiene, Gesundheitspflege *f* | *dr* Haft-, Schadenersatz-pflicht *f* | **~r** (33) *vt econ med arquit fig* sanieren | hygienisch einwandfrei machen | (*j-n*) entschädigen.

sang *f* Blut *n* | *fig a.* Geblüt *n*; Herkunft *f* | ~ *arterial* (*venosa*) arterielles (venöses) Blut *n* | ~ *blava* blaues Blut *n* | ~ *de dragó* (*quím*) Drachenblut *n* | ~ *freda* Kaltblütigkeit, Gelassenheit, Ruhe *f* | *baptisme de* ~ (*hist rel*) Bluttaufe *f* | *coàgul* (*donació, pèrdua, transfusió, vessament*) *de* ~ Blut-gerinnsel *n* (-spende *f*, -verlust *m*, -transfusion *od* -übertragung *f*, -erguß *m*) | *cop de* **~s** (*med fam*) Schlaganfall *m* | *els lligams de la* ~ die Bande *n pl* des Blutes | *mala* ~ böses Blut *n* | *vessament de* ~ Blutvergießen *n* | *la veu de la* ~ die Stimme des Blutes | *a* ~

freda kaltblütig | *a ~ i foc (mil)* mit Feuer u. Schwert | *em bullia la ~ a les venes* mir kochte das Blut in den Adern | *això em crema les ~s* das macht mich wütend *bzw* ungeduldig | *donar la ~ per...* sein Herzblut hingeben für... | *donar ~* Blut spenden | *fer mala ~* den Zorn erregen; reizen | *fer-se ~* s. verletzen | *se'm glaçà la ~ a les venes* das Blut erstarrte (*od* gefror) mir in den Adern | *no perdre la ~ freda* kaltes Blut bewahren | *plorar llàgrimes de ~* blutige Tränen weinen, bitterlich weinen | *ho porten* (*od tenen*) *a la ~* es liegt ihnen im Blut | *em pujà la ~ al cap* ich geriet außer mich *od* mir | *suar ~* Blut u. Wasser schwitzen | *tenir la ~ calenta* feuriges (*od* heißes) Blut haben | *no tenir ~ a les venes* k-n Mumm in den Knochen haben, e. Schlappschwanz sein | *la ~ sempre tira* die Abstammung ist nie zu verleugnen | *xuclar la ~ a alg* j-m das Mark aus den Knochen saugen, j-n ausbeuten | **~ada** *f gastr* gekochte(s) Blut | **~assa** *f* verdorbenes Blut *n* | **~cremar-se** (33) *v/r* ungeduldig werden, vor Ungeduld vergehen | **~fluix** *m* Blutfluß *m*, Blutung *f* | **~glaçar-se** (33) *v/r* (vor Schreck) erstarren.
sanglot *m* Schluchzer *m* | **~(ej)ar** (33) *vi* schluchzen | **~eig** *m* Schluchzen *n* | Geschluchze *n*.
sang-nua *f bot* Ackerschachtelhalm *m* | *~ borda* Waldschachtelhalm *m*.
sang|onejar (33) *vi* = **sagnar** | **~onella** *f* = **~onera** | **~onent** *adj (m/f)* blutig | **~onera** *f zool* Blutegel *m* | *fig* Blutsauger, Schmarotzer *m* | **~onós** (-osa *f*) *adj* blutig | blutbefleckt | *mort sangonosa* gewaltsamer Tod *m* | **~ós** (-osa *f*) *adj* blutbefleckt | blutrot | blutig | **~ota** *f* = **sangassa** | **~près** *m* (nicht mehr blutende) Wunde *f* | **~traït** *m* blaue(r) Fleck *m* | **~uejar** (33) *vi* bluten, Blut verlieren | **~uificació** *f* Blutbildung *f* | **~uificar** (33) *vt* in Blut umwandeln | **~uina** *f* Rötel(stift) *m* | *pint* Rötelstiftzeichnung *f* | **~uinari** (-ària *f*) *adj* blut-gierig, -dürstig, -rünstig | *p ext* rachsüchtig | *s/f bot* Katzenpfötchen *n* | **~uini** (-ínia *f*) *adj* Blut... | vollblütig | *psic* sanguinisch | *grup ~* Blutgruppe *f* | *vasos ~s* Blutgefäße *n pl* | *s/mf psic* Sanguiniker(in *f*) *m* | **~uinolent**

adj mit Blut vermischt | blutig | blutbefleckt | **~uinyol** *m bot* Roter Hornstrauch *m* | **~uívor** *adj* blutsaugend | s. von Blut ernährend.
san|ícula *f bot* Sanikel *m*, Heildolde *f* | **~itari** (-ària *f*) *adj* Gesundheits... | Sanitäts... | gesundheitlich | (*Anlagen, Keramik*) sanitär | *policia sanitària* Gesundheitspolizei *f* | *s/mf* Sanitäter(in *f*) *m* | **~itat** *f* Gesundheit(swesen *n*) *f* | *mil* Sanitätswesen *n* | **~itós** (-osa *f*) *adj* heilsam | gesund(heitsfördernd).
sansa *f agr* Oliventrester *m*.
sànscrit *adj* sanskritisch || *s/m ling* Sanskrit *n*.
sanscritista *m/f* Sanskritist(in *f*) *m*.
sant *adj* heilig | *p ext a.* selig; fromm; gottgefällig; gottgeweiht | *~ Joan* der heilige Johannes, Sankt Johannes | *l'església (la nit) de ∠ Joan* die Johanniskirche (-nacht) | *l'Esperit ∠* der Heilige Geist *m* | *el ∠ Ofici* (*ecl*) die Inquisition *f* | *el ∠ Pare* der Heilige Vater | *la ∠a Seu* der Heilige Stuhl | *la Terra ∠a* das Heilige Land || *fam: un ~ consell* e. guter (*od* weiser) Rat | *tot el ~ dia* den lieben langen Tag | *s/m a. fig* Heilige(r) *m* | Heiligenbild *n*; *fam* Bild *n*, Illustration *f* | Heiligenfest *n*; (*a. dia del ~*) Namenstag *m* | *~ i senya* Losung *f*, Kennwort *m* | *Tots ∠s* Allerheiligen(fest) *n* | (*és-*) *ser un ~* (*a. fig*) e. Heiliger sein | *quedar-se* (*od restar*) *per a vestir ~s* (*fig fam*) sitzenbleiben, e-e alte Jungfer werden || *s/f a. fig* Heilige *f* | **~abàrbara** *f nàut* Pulver-, Munitions-kammer *f*.
santal|àcies *f pl bot* Leinblatt- u. Sandelbaumgewächse *n pl* | **~als** *f pl bot* Sandelhölzer u. Verwandte *pl*.
sant|ament *adv* heilig | *p ext* klug, weise | **~bernat** *m zool* Bernhardiner *m* | **~crist** *m* Kruzifix *n* | *art* Kruzifixus *m* | **~edat** *f* Heiligkeit *f* | (*Titel*) *Sa ∠* Seine Heiligkeit | **~ejar** (33) *vi* wie e. Heiliger leben | **~ificació** *f* Heiligung | Heilighaltung *f* | **~ificador** *adj* heiligend | **~ificant** *adj* (*m/f*) heiligend | *la gràcia ~* die heiligmachende Gnade *f* | **~ificar** (33) *vt* heiligen | (*Sonntag*) *a.* heilighalten | *catol* heiligsprechen; als Heiligen verehren | **~imònia** *f* Frömmigkeit *f* | **~íssim** *adj sup* heiligste(r, -s) || *s/m: el ∠* das Allerheiligste | **~joanista** *m/f hist* Johanniter(in *f*) *m* | **~joans**

m pl bot Königskerze *f* | **~ó** *m* (*Islam*) Heilige(r) *m*.
sant|ònic *m bot* Beifuß *m* («Artemisia cina») | **~onina** *f med* Santonin *n*.
sant|oral *m ecl* Heiligen-kalender *m*; -legende(n *pl*) *f* | **~uari** *m* Heiligtum *n* | *catol* Sanktuar(ium) *n*.
sa|ó *f* Reife *f* | *bes agr* Bodengare *f* | *fig* Gelegenheit; (rechte) Zeit *f* | **~onada** *f agr* Bodengare; Saatzeit *f*.
sapa *f* Grabschaufel *f*, scharfer Spaten *m* | *mil* Sappe *f*, Laufgraben *m* | *treball de ~* (*mil fig*) Unter-graben *n*, -grabung *f* | **~dor** *m mil* Pionier *m*.
sapastre *m* Pfuscher, Stümper *m* | Tolpatsch, Tölpel *m*.
sapel·li *m* (*Holz*) Sapelli *n*.
sàpid *adj lit* schmackhaft.
sapid|esa *f*, **~itat** *f lit* Schmackhaftigkeit *f*.
sapi|ència *f lit* Weisheit *f* | **~encial** *adj* (*m/f*) *lit* Weisheits... | *els llibres* **~s** (*bibl*) die Bücher *n pl* der Weisheit | **~ent(ment** *adv*) *adj* (*m/f*) *lit* weise | gelehrt.
sapind|àcies *f pl bot* Seifenbaumgewächse *n pl* | **~als** *f pl bot* Seifenbaumpflanzen u. Verwandte *f pl*.
saplà *m* = **replà**.
sapon|aci (-**àcia** *f*) *adj* seifig | *s: sabonós* | **~ària** *f bot* Seifenkraut *n* | **~ificable** *adj* (*m/f*) *quím* verseifbar | **~ificació** *f* Verseifung *f* | **~ificar** (33) *vt quím* verseifen | **~ina** *f quím* Saponin *n* | **~ita** *f min* Saponit *m*.
sapotàcies *f pl bot* Sapotengewächse *n pl*.
sapr|òfag *adj biol* saprophag | *un organisme ~ e.* Saprophage *m* | **~òfil** *adj biol* saprophil | **~òfit** *m bot* Saprophyt *m* | **~ofític** *adj* Saprophyten...
saque|ig *m* Plünderung *f* | **~jador** *adj* plündernd || *s/m* Plünderer *m* | **~jar** (33) *vt* plündern | (völlig) ausplündern | **~r** *adj* Sack... || *s/mf* Sack-näher(in *f*) *bzw* -händler(in *f*) *m* | **~ria** *f* Sackfabrik *f* | Sacklager *n*.
saraband|a *f mús hist* Sarabande *f* | **~ista** *m/f* Sarabandenkomponist(in *f*) *m*.
saragata *f* Krach, Radau *m* | Aufruhr, Tumult *m*.
saragatona *f* (*Abführmittel*) Wegerichsamen *m*.
saragüells *m pl Val* weite Kniehosen *f pl*.
sarau *m* Tanzerei *f*, Tanzvergnügen *n* | *fig* Krakeel, Krawall *m* | **~ista** *adj* (*m/f*) lebenslustig || *s/m/f* Tanzliebhaber(in *f*) *m*.

sarbatana *f* Blas-, Puste-rohr *n*.
sarc|asme *m* Sarkasmus, schneidender Hohn *m* | **~àstic(ament** *adv*) *adj* sarkastisch | **~itis** *f med* = **miositis** | **~ocarp** *m bot* Mesokarp, Fruchtfleisch *n* | **~ocele** *m med* Hodentumor *m* | **~òfag** *m* Sarkophag, Prunksarg *m* | **~olemma** *m med* Sarkolemm, Myolemm *n* | **~oma** *m med* Sarkom *n* | **~omatós** (-**osa** *f*) *adj med* sarkomatös | **~omatosi** *f med* Sarkomatose *f*.
sard[1] *m ict* Gr(r) Geißbrassen *m*.
sard[2] *adj* sardisch, sardinisch || *s/mf* Sarde *m*, Sardin *f*, Sardinier(in *f*) *m* || *s/m ling* Sardisch *n* | *el ~* das Sardische | **~a**[1] *f min* Sardonyx *m*.
sarda[2] *f* = **sardina**.
sardan|a *f folk* Sardana *f* (*katalanischer Reigentanz*) | **~ejar** (33) *vi* die Sardana tanzen | **~ista** *m/f* Sardanatänzer(in *f*) *m* | **~ístic** *adj* Sardana...
sardin|a *f ict* Sardine *f* | *sardines en conserva* Ölsardinen *f pl* | *com les sardines al barril* (*fig*) wie die Sardinen *od* Heringe | **~ada** *f gastr* Sardinen-essen, -gericht *n* | **~aire** *m/f* Sardinenhändler(in *f*) *m* | **~al** *m* Sardinennetz *n* | **~aler(a** *f*) *m* Sardinenfischer(in *f*) *m* | *bes s/f* Sardinenfischerboot *n* | **~ell** *m constr* Mauerkrone *f* | Ziegelkante *f* | **~er** *adj* Sardinen... || *s/mf* = **~aire** | **~yola** *f ict* = **xanguet**.
sardò|nic(ament *adv*) *adj* sardonisch | *rialla ~a* höhnisches Lachen *n* | **~nica** *f*, **~nix** *m min* Sardonyx *m*.
sarga *f bot* Grauweide *f* | Weidenrute *f*.
sargantana *f zool* Mauereidechse *f*.
sargàs *m* (*pl* -**assos**) *bot* Beerentang, Sargassum *m*.
sarg|é *m* (*pl* -**és**) *tèxt* Serge *f* | **~er(a** *f*) *m* Sergeweber(in *f*) *m*.
sargi|dor(a *f*) *m* Flicker(in *f*) *m* | (*Kunst*) Stopfer(in *f*) *m* | **~l** *m tèxt* grobes Wolltuch *n* | **~r** (37) *vt* flicken | (kunst)stopfen | **~t** *m* Flicken *n* | (Kunst)Stopfen *n* | geflickte (*bzw* gestopfte) Stelle *f*.
sarg|uer(a *f*) *m* = **sarga** | **~uerar** *m* Grauweidengebüsch *n* | **~ués** *m* (*pl* -**essos**) = **sarga** | **~uessar** *m* = **~uerar**.
sariga *f zool* Beutelratte *f*.
sarja *f tèxt* Köper *m*.
sarment *f*(/*m*) *bot* Weinranke *f*, Rebe(nzweig *m*) *f* | **~ada** *f col* Weinranken *f pl*, Rebenzweige *m pl* | **~ós** (-**osa** *f*) *adj* rebentreibend.

sarmeny|a f Muskatellerbirne f | **~era** f bot Muskatellerbirnbaum m.
sarn|a f = **ronya** | **~ós** (**-osa** f) adj = **ronyós**.
sarpa f reg Klaue, Pranke f | **~t** m = **grapat**.
sarra|cènia f bot Schlauchpflanze f | **~ceniàcies** f pl bot Schlauchgewächse n pl | **~í** (**-ïna** f) adj sarazenisch || s/mf Sarazene m, Sarazenin f | p ext Moslem m, Moslime f | **~ïnesc** adj sarazenisch.
sarri m Stroh-, Binsen-korb m | Gemüsekorb m.
sàrria f Packsattel m | Lastkorb m (der Lasttiere).
sarriada f Lastkorb m (voll).
sarriassa f bot Italienischer Aronstab m.
sarrió m kl(r) Packsattel m | Lastkörbchen n (der Lasttiere).
sarr|ó m Hirtentasche f | caç Jagdtasche f | fig a. Reisetasche f | Val Futtersack m | bot Gute(r) Heinrich m | **~ de pastor** (bot) Hirtentäschelkraut n | **~ona** f gr(e) Hirtentasche f (für Tiersalz) | **~oner(a** f) m Taschner(in f) m | Schmuggler(in f) m.
sarsa, **~parrella** f bot (Stachelige) Stechwinde f.
sarsuela f teat mús Zarzuela f | gastr (Fischgericht) Sarsuela f.
sartori m anat Schneidermuskel m.
sassafràs m (pl **-assos**) bot Sassafras m.
sàssola f nàut Wasserschaufel f.
sassolada f Wasserschaufel f (voll).
sassoli|na, **~ta** f min Sassolin n.
sastr|e m Schneider m | **~eria** f Schneiderei f | **~essa** f Schneiderin f | **~inyol** m desp Flickschneider m, Schneiderlein n.
satalia f bot weiße Muskatrose f.
Sat|anàs m Satan, Teufel m | **~ànic** adj satanisch, teuflisch | orgull ~ teuflischer Hochmut m | **~anisme** m Satanismus m, Teufelskult m.
satèl·lit m Satellit m | astr fig a. Trabant m | ~ **artificial** künstlicher Satellit m | ~ **de telecomunicacions** Kommunikations-, Nachrichten-satellit m | estat ~ Satellitenstaat m.
sàtir m mit Satyr m | fig Lüstling m.
sàtira f Satire f.
satiriasi f med Satyriasis f.
sat|íric adj satirisch | poesia **~a** satirische Dichtung f | poeta ~ Satiriker m | **~iritzar** (33) vt satirisch darstellen | mit beißendem Spott geißeln.

satisf|acció f Befriedigung f | Zufriedenstellung f | Erfüllung f | Genugtuung; Ehrenerklärung, arc Satisfaktion f | ecl Buße f | (Zustand) Zufriedenheit, Befriedigung, Genugtuung f | ~ **professional** berufliche Befriedigung f | donar ~ (pública) (öffentliche) Genugtuung leisten; (öffentlich) Abbitte tun | demanar (od exigir) ~ Genugtuung verlangen od fordern | prendre's la ~ s. Genugtuung verschaffen | n'he tingut una gran ~ ich war darüber sehr froh bzw befriedigt, erfreut | **~actori** (**-òria** f, **-òriament** adv) adj befriedigend, zufriedenstellend | (Leistung) genügend, ausreichend | erfreulich | **~aent** adj (m/f) lit befriedigend | **~er** (40) vt (j-n, Bedürfnisse, Gläubiger) befriedigen | (Kunden, Angestellte, Wünsche) zufriedenstellen | (Durst, Hunger) stillen | (Bedingungen; Wünsche a.) erfüllen | (Forderungen) nachkommen (dat), genügen (dat), arc genugtun (dat); (j-m) Genugtuung geben | (Schuld) begleichen, tilgen | (Frage) beantworten | ~ **una curiositat** e-e Neugierde befriedigen | ~ **una demanda** e-e Anforderung erfüllen | ~ **la demanda** (com) die Nachfrage befriedigen, den Bedarf decken | **~et** adj befriedigt (de über ac), zufrieden (mit) | satt | fig froh, erfreut | ~ **de si mateix** mit s. selbst zufrieden | donar-se per ~ s. zufriedengeben | estar ~ befriedigt (bzw zufrieden, satt) sein.
satiu (**-iva** f) adj angepflanzt, angebaut | plantes **satives** Kulturpflanzen f pl.
sàtrapa m hist Satrap m | fig Schlauberger, -meier m | viure com un ~ wie e. Fürst leben.
satrapia f hist Satrapie f.
satura|bilitat f quím Sättigungsfähigkeit f | **~ble** adj (m/f) quím sättigungsfähig | **~ció** f quím fig Sättigung f | **~dor** m quím Sättiger m | **~r** (33) vt quím fig sättigen, saturieren | tränken (amb mit) | **~t** (**-ada** f) adj gesättigt, saturiert (de mit) | fig a. übersättigt.
saturn[1] m (Alchimie) Blei n | sal de ~ neutrales Bleiazetat n | astr: ♄ Saturn m.
saturn[2] adj trübsinnig | ungesellig | düster, schwermütig | **~al** adj (m/f) saturnisch || s/f pl Saturnalien pl, Saturnfeste n pl | fig Ausschweifungen

f pl | **~í** (**-ina** *f*) *adj* saturnisch | Blei... | Bleivergiftungs... | **~ià** (**-ana** *f*) *adj* Saturn... | **~isme** *m med* Saturnismus *m*, Bleivergiftung *f*.

saüc *m bot* (Schwarzer) Holunder *m* | **~ doble** (*bot*) Gemeiner Schneeball *m* | **~ racemós** Traubenholunder *m*.

saule *m bot* Weidenbaum *m* | **~da** *f* = **salzereda**.

saul|**ó** *m* sandige Erde *f* | *Bal* Sandstein *m* | **~onenc**, **~onós** (**-osa** *f*) *adj* sandig | Sand...

sauna *f* Sauna *f*.

saüquer *m* = **saüc**.

saur *adj* gelbbraun.

saure *m zool* Saurier *m* || *pl* Echsen *f pl*.

saurí *m* Rutengänger *m*.

savi (**sàvia** *f*, **sàviament** *adv*) *adj* (*a. klug*) weise | gelehrt | (*Tier*) abgerichtet | *mot* ~ (klassisches) Lehnwort; Buchwort *n* || *s/mf* Weise(r) *m/f* | Gelehrte(r) *m/f* | **~esa** *f* Weisheit *f* | Gelehrtheit *f*.

savina *f bot* Phönizische Zeder *f* | ~ *de muntanya* Sadebaum *m*.

Savoi|**a** *f: la* ~ Savoyen *n* | **~à** (**-ana** *f*) *adj* savoyisch, Savoyer | *s/mf* Savoyarde *m*, Savoyer(in *f*) *m*.

sax|**àtil** *adj* (*m/f*) *biol* zwischen Steinen (*bzw* Felsen) lebend | **~ífrag** *adj med* steinlösend | **~ífraga** *f bot* Steinbrech *m* | **~ifragàcies** *f pl bot* Steinbrechgewächse *n pl*.

saxó (**-ona** *f*) *adj* sächsisch | *s/mf* Sachse *m*, Sächsin *f* || *s/m ling* Sächsisch *n* | *el* ~ das Sächsische.

sax|**òfon** *m mús* Saxophon *n* | **~ofonista** *m/f* Saxophonist(in *f*) *m*.

Saxònia *f* Sachsen.

scheelita *f min* Scheelit, Scheelspat *m*.

se *pron pers s: es*[1].

seb|**aci** (**-àcia** *f*) *adj quím* talgartig, Talg... | *glàndules sebàcies* Talgdrüsen *f pl* | **~àcic** *adj: àcid* ~ Talg-, Fettsäure *f* | *s: seu*.

sebel·**lí** *m ornit* Triel, Dickfuß *m*.

sebest *m* Brustbeere *f* | **~er** *m bot* Brustbeerbaum *m* («Cordia myxa»).

sebollir (37) *vt lit* begraben.

seborrea *f med* Seborrhö(e), Talgfluß *m*.

sec *adj* trocken | getrocknet | (*Mensch*) abgemagert | (*Wein*) herb, trocken | *fig* ohne Anmut, ungeschminkt; einsilbig; frostig | (*Stil*) trocken | (*Ton, Stimme*) unfreundlich, rauh; klanglos | (*Ast, Blatt*) trocken, dürr | *soroll* ~ kurzes u. heftiges Geräusch | *cop* ~

Hieb *m* | *a peu* ~ (*loc adv*) trockenen Fußes | *en* ~ (*loc adv*) plötzlich, mit e-m Male; schlagartig || *s/m* trockenes Wetter | *fa* ~ es ist trockenes Wetter *n*.

séc *m* Falte *f* | Kniff *m* | *el* ~ *dels pantalons* die Bügelfalte *f* | Druckstelle *f* e-r Schnur.

sec|**a** *f* Trockenheit, Dürre *f* | *nàut* Untiefe *f* | (*Segel*) Stagfock *f* | *numis* Münzanstalt, Münze *f* | *fig fam: la* ~ *der Tod* | *pl gastr: seques amb botifarra* Weiße Bohnen *f pl* mit Wurst | **~à** (**-ana** *f*) *adj* (*Boden, Land*) trocken | *agr* unbewässert || *s/m* (a. *terres de* ~) unbewässertes Land *n*; Trockenfelder *n pl* | *conreu de* ~ Trockenfeldbau *m* | **~ada** *f* Trockenheit, Dürre *f* | **~all** *m* trockenes Reis *n* | *col* trockene Zweige *m pl* | *gastr* dünnes Biskuit *n* | *fig fam* (*Person*) Knochengerüst *n* | **~alló** (**-ona** *f*) *adj* schrumplig || *s/m* verschrumpelte Olive *f* | **~allós** (**-osa** *f*) *adj* halb vertrocknet *od* dürr | **~ament** *adv fig* trocken, unverblümt.

secança *f* (*Kartenspiel*) Sequenz, Folge *f*.

secaner *adj* trocken, spröde, herb | (*Land*) wasserarm.

secant *adj* (*m/f*) *geom* schneidend || *s/f geom* Sekante *f*.

seca|**ny** *m nàut* Untiefe *f* | Riff *n* | **~rdí** (**-ina** *f*), **~rdinenc** *adj* abgemagert, mager | hager.

secci|**ó** *f a. mat* Schnitt *m* | Abschnitt *m* | *art* Querschnitt *m*, Profil *n* | *med* Durchschneiden *n* | (*Buch, Schrift*) Abschnitt *m*; Kapitel *n* | (*Zeitung*) Sparte *f* | *a. adm* Abteilung *f* | (*Turnen*) Riege *f* | *mil* Zug *m* | ~ *horitzontal* Grundriß *m* | ~ *jurídica* Rechtsabteilung *f* | ~ *de personal* (*de vendes*) Personal-(Verkaufs-)abteilung *f* | ~ *de trajecte* Streckenabschnitt *m* | ~ *transversal* Querschnitt *m* | *cap de* ~ (*mil*) Zugführer *m*; (*Pfadfindertrupp*) Führer, Chef *m*; *ferroc* (*Ort*) Stationsvorsteher *m* | *punt de* ~ Schnittpunkt *m* | **~onament** *m* (Ein)Teilen *n*, (Ein)Teilung *f* in Abschnitte | Zerlegung *f* | **~onar** (33) *vt* in Abschnitte (ein)teilen | durchschneiden | im Schnitt darstellen.

secessi|**ó** *f bes polít* Absonderung, Abspaltung, Sezession *f* | **~onista** *adj* (*m/f*) Sezessions..., sezessionistisch || *s/m/f* Sezessionist(in *f*) *m*.

secre|**ció** *f biol* Sekretion, Absonderung

secta

f | Sekret n | **~t** adj geheim, Geheim... | heimlich | policia (societat) ~a Geheim-polizei (-gesellschaft) f | serveis ~s Geheimdienst m || s/m Geheimnis n | Heimlichkeit f | p ext Geheimhaltung; Verschwiegenheit f | ~ de confessió (ecl) Beichtgeheimnis n | ~ comercial (professional) Geschäfts-(Berufs-)geheimnis n | ~ d'estat (de guerra) Staats-(Kriegs-)geheimnis n | ~ públic od conegut de tothom offenes Geheimnis n | en ~ (loc adv) im geheimen; heimlich | (man)tenir u/c en ~ etw geheimhalten || s/f catol Sekret f | fam euf Örtchen n | **~tament** adv im geheimen | heimlich | insgeheim, im stillen | **~tar** (33) vt biol absondern, sekretieren | **~tari (-ària** f) m adm Sekretär(in f) m | ~ general (particular) General-(Privat)sekretär m | secretària de direcció Chefsekretärin f | **~taria** f, **~tariat** m Sekretariat n | **~teig** m Getuschel n | Geheimniskrämerei f | **~tejar** (33) vi tuscheln, heimlich reden | **~ter** m (Möbel) Sekretär m | **~tesa** f geheimer Charakter m | = **~teig** m | **~or** adj absondernd | **~tori (-òria** f) adj med absondernd | Sekretions... | glàndules secretòries Sekretionsdrüsen f pl.

secta f Sekte f | **~ri (-ària** f) adj Sekten... | sektiererisch || s/mf Sektierer(in f) m | fig engstirniger Fanatiker m | **~risme** m Sektierertum, Sektenwesen n.

sector m a. mat Sektor m | fig a. Gebiet n, Zweig m, (Sach)Bereich m | un ~ del públic e. Teil m der Öffentlichkeit | el ~ públic (privat) der öffentliche (private) Sektor | el ~ primari (secundari, terciari) der pimäre (sekundäre, tertiäre) Sektor.

secular adj (m/f) hundert-jährig bzw -jährlich, lit säkular; jahrhundertealt, p ext uralt | ecl weltlich; Welt...; laienhaft; säkular | clergue ~ Weltgeistliche(r), Säkularkleriker m | institut ~ Säkularinstitut n | **~itat** f Weltlichkeit f | **~ització** f bes econ Säkularisation f | bes sociol Säkularisierung f | Verweltlichung f | (e-s Mönches) Säkularisierung; (e-s Priesters) Laisierung f | **~itzar** (33) vt säkularisieren | (Güter, Sitten) a. verweltlichen | (Priester) laisieren, in den Laienstand versetzen | **~itzar-se** v/r verweltlichen | säkularisiert werden | laisiert werden; in den Laienstand treten.

secund|ar (33) vt (j-n, Initiative) unterstützen | **~ari (-ària** f, **-àriament** adv) adj zweitrangig, nebensächlich; untergeordnet | Neben... | lit cient tecn sekundär, Sekundär... | qüestió secundària Nebenfrage f | personatge ~ Nebenperson f || s/m geol Mesozoikum n || s/f Sekundenzeiger m | **~ines** f pl med Nachgeburt f.

seda f tèxt Seide f | ~ artificial (crua, natural) Kunst-(Roh-, Natur-)seide f | de ~ seiden, Seiden... | de ~ pura reinseiden | com una ~ (fig) glatt, völlig reibungslos | això va com una ~ (fig) das klappt (od läuft) wie am Schnürchen.

sedació f med Beruhigung f.

seda|ire m/f Seiden-fabrikant(in f) bzw -händler(in f) m | **~l** m Angelschnur f | = **sedeny** | **~lina** f tèxt merzerisierte Baumwolle.

sedan m aut (viertürige) Limousine f.

sedant adj (m/f) med beruhigend, sedativ || s/m Beruhigungsmittel, Sedativ(um) n.

sed|às m (pl -assos) Sieb n | passar pel ~ sieben | **~assaire** m/f Sieb-hersteller(in f) bzw -verkäufer(in f) m | **~ass(ej)ar** (33) vt (aus-, durch-)sieben || vi fig klatschen | **~asser** adj klatsch-haft, -süchtig || s/mf = **~assaire** | **~asseria** f Siebmacherei f | fig Klatschsucht f || pl fig Klatsch m, Klatscherei f.

sedatiu (-iva f) adj reizlindernd || s/m reizlinderndes Mittel n.

sede|c (-ega f) adj reg = **cobejós** | **~ga** f reg = **cobejança** | **~gar** (33) vt begehren | **~gós (-osa** f) adj durstig, dürstend | fig reg = **cobejós** | **~jant** adj (m/f) (sehr) durstig, von Durst geplagt | **~jar** (33) vi Durst haben od leiden || vt dürsten nach dat, begehren.

sedenc adj seidenartig | seidig, Seiden...

sedentari (-ària f) adj seßhaft | häuslich | fig alteingesessen | vida sedentària sitzende Lebensweise f | ornit: ocell no ~ Zugvogel m | **~sme** m Seßhaftigkeit f.

sede|ny m med Eiterband n | Haarschnur f | **~r** adj Seiden... | indústria ~a Seidenindustrie f || s/mf = **sedaire** | **~ria** f Seidenfabrik f | Seidenhandel m | Seiden-tücher n pl, -waren f pl.

sedici|ó f Aufstand m | polít mil a. Putsch m | **~ós (-osa** f, **-osament** adv) adj auf-

rührerisch, -ständisch, meuterisch.
sediment *m a. quím med* Sediment *n*, Bodensatz, Niederschlag *m* | *geol* Ablagerung *f*, Sediment *n* | **~ació** *f* Sedimentation *f* | *geol a.* Ablagerung *f* | **~ globular** Blutsenkung *f* | *velocitat de* **~ globular** Blutkörperchensenkungsgeschwindigkeit *f* | **~ar** (33) *vt* ablagern | **~ar-se** *v/r* sedimentieren | s. ablagern | ausfällen, s. niederschlagen | **~ari** (**-ària** *f*) *adj geol* sedimentär | Ablagerungs... | Niederschlags... | *roques sedimentàries* Sedimentgestein *n* | **~ós** (**-osa** *f*) *adj* = **~ari**.
sedós (**-osa** *f*) *adj* seidenartig | seidig | Seiden... | seidenweich.
sedu|cció *f* Verführung *f* | *fig* Verlockung *f*, Zauber *m* | *ecl* Versuchung *f* | **~ctor** *adj* verführerisch ‖ *s/m/f* Verführer(in *f*) *m* | **~ïble** *adj* (*m/f*) verführbar | **~ir** (37) *vt* verführen | *fig* verlocken, bezaubern, faszinieren | *~ una noia* e. Mädchen verführen.
seent *adj* (*m/f*): *béns ~s* Immobilien *pl*, Grundbesitz *m*, Liegenschaften *f pl*.
sefardita *m/f* Sephardit(in *f*) *m* | *els sefardites* die Sephardim.
sega *f agr* (*Getreide*) Ernte *f* | *p ext* Erntezeit *f* | *~ del fenc* Heuernte *f* | **~bosses** *m* Taschendieb *m* | **~da** *f agr* Mähen, Ernten *n* | Heuern *n* | **~dor**[1] *adj agr* schnittreif | **~dor**[2] *adj* mähend ‖ *s/m/f* Schnitter(in *f*) *m* | *s/f* (a. *màquina ~a*) Mähmaschine *f* | **~dora-batedora** *f* Mähdrescher *m* | **~ire** *m/f* Schnitter(in *f*) *m*.
sègal *m oc* = **sègol**.
segall *m* Zicklein, Geißlein *n*.
sega|ment *m*: *~ de cames* Körperschwäche *f*, Versagen *n* der Beine | **~r** (33) *vt agr* (ab)mähen | *p ext* abschneiden | (*Hoffnung*) zerstören | (*Glieder*) schwächen | s. einschneiden in *ac* (*Schnur, Band*) | **~r-se** *v/r* s. auf-, durch-scheuern | brüchig werden | *se'm van segar les cames* die Beine versagten mir | *se m'han segat els braços* die Arme haben mir versagt.
segell *m* Siegel *n* | Stempel *m* | Stempelmarke *f* | Petschaft *n* | *corr* Briefmarke *f* | *fig* Merkmal *n* | *~ de l'Estat* Staatssiegel *n* | *~ oficial* Amts-, Dienst-siegel *n* ‖ *bot*: *~ de Salomó* Salomonssiegel *n od* Weißwurz *f* | *~ de ram* Vielblütige Weißwurz *f* | **~ador** *adj* siegelnd | stempelnd |

Siegel... ‖ *s/m/f* Versiegelnde(r *m*) *m/f* | Stempelnde(r *m*) *m/f* | *fig* Besiegler(in *f*) *m* | **~ament** *m* (Ver)Siegelung *f*, *dr* Versiegeln *n* | Stempeln *n*, Stempelung *f* | **~ar** (33) *vt* (ver)siegeln | (ab)stempeln | *fig* besiegeln.
segl|ar *adj* (*m/f*) *ecl* = **secular** ‖ *s/m/f ecl* Laie *m* | **~e** *m* Jahrhundert *n* | *p ext* Zeitalter *n* | *fig fam* Ewigkeit *f* | *ecl* (irdische) Welt *f* | *fa un ~ que no la veig* ich habe sie seit e-r Ewigkeit nicht gesehen | *renunciar al ~* (*ecl*) der Welt entsagen | *a la fi del ~* um die Jahrhundertwende.
segment *m* Abschnitt *m*, Teilstück *n* | *lit cient* Segment *n* | *~ circular* (*esfèric*) Kreis-(Kugel-)segment *n* | *~ de l'èmbol* (*Motor*) Kolbenring *m* | **~ació** *f* Zerlegung *f* | *ling lit* Segmentierung *f* | *biol* Segmentation, Furchung *f* | **~ar** (33) *vt* in Abschnitte teilen *od* gliedern | *lit cient* segmentieren | **~ar-se** *v/r biol* s. furchen | **~ari** (**-ària** *f*) *adj* segmentär.
segó *m agr* Kleie *f* | *~ gros od gruixut* Schrotkleie | *s*: **segonet**.
sègol *m bot* Roggen *m* | *~ banyut* Mutterkorn *n* | *pa de ~* Roggenbrot *n*.
segol|ar *m* Roggenfeld *n* | **~ós** (**-osa** *f*) *adj* mit Roggen gemischt.
segon[1] (30) *num* (*zG s: vuitè*) zweite(r, -s) | *una cremada de ~ grau* e-e Verbrennung zweiten Grades | *la ~a Guerra Mundial* der Zweite Weltkrieg | *~a residència* zweiter Wohnsitz *m*; Zweitwohnung *f* | *de ~a mà* aus zweiter Hand | *un autor de ~a fila* e. zweitrangiger Schriftsteller | *la ~a ciutat del món* die zweitgrößte Stadt der Welt | *ets el ~ en edat* du bist der Zweitälteste | *a escola sóc la ~a* in der Schule bin ich die Zweitbeste *od* die Zweite | *amb ~a intenció od amb ~es* (*intencions od de canvi*) mit Nebenabsicht *od* Hintergedanken | *aut*: *posa la ~a!* schalte den zweiten Gang ein! | *ferroc*: *un de ~a, si us plau* bitte eimal Zweiter | *mús*: *cantar* (*fer*) *~* die zweite Stimme singen.
segon[2] *m* Sekunde *f* | *un ~, ja vinc!* e-e Sekunde, ich komme sofort! | *estaré* (*llest*) *en un ~* ich bin in e-r Sekunde fertig | **~a** *f mús* Sekunde *f* | **~ament** *adv* zweitens | **~et** *m agr* (sehr) feine Kleie *f*.
segons *prep* nach, gemäß (*dat*), laut (*gen*) | *~ això* demnach | *~ ell* nach

ihm, s-r Meinung nach | ~ els seus desigs nach s-n (bzw Ihren) Wünschen; wunschgemäß | ~ la informació der Auskunft (dem Bericht) zufolge || conj je nachdem, so wie | ~ (que) diu nach dem, was er sagt | ~ (que) siguis bo o dolent je nachdem, ob du gut od böse bist | ~ (que) sembla wie es scheint, anscheinend | ~ com vagi (je) nachdem wie es geht | ~ (i) com je nachdem.

segrega|ció f Absonderung f | Trennung f | ~ **racial** Rassentrennung f | **~cionista** m/f Anhänger(in f) m der Rassentrennung | **~r** (33) vt absondern, ausscheiden | (Rassen) trennen | s: secretar | **~tiu** (-**iva** f) adj absondernd.

segrest m Beschlagnahme f | Freiheitsberaubung f | Menschenraub m | Entführung f | **~ador(a** f) m Entführer(in f) m | ~ d'avions Flugzeugführer, Luftpirat m | **~ar** (33) vt dr beschlagnahmen | widerrechtlich der Freiheit berauben | (Person, Flugzeug) entführen, (bes Kind) a. kidnappen.

seguda f Sitzstreik m, Sit-in n.

següent adj (m/f) folgend | (in e-r Reihenfolge) a. nächste(r, -s) | de la manera ~ folgendermaßen | vaig dir el ~ ich sagte folgendes od das Folgende | el ~, si us plau! der nächste, bitte! | la pàgina ~ die folgende (od nächste) Seite | el dia ~ der (darauf)folgende (od nächste) Tag; am (darauf)folgenden (od nächsten) Tag.

segui|ci m Gefolge n | Gefolgschaft, Anhängerschaft f | ~ fúnebre Leichenzug m, Trauergefolge n | **~da** f Folge, Reihe f | Val Folgerichtigkeit f, normaler Weg m | de ~ (loc adv) gleich, sofort | **~dament** adv sofort, (so)gleich, auf der Stelle | ohne Unterbrechung | **~dor** adj (nach)folgend || s/mf Verfolger(in f) m | Anhänger(in f) m | **~ment** m Verfolgung f | = **segui**-**ci** | **~r** (37) vt folgen (dat) | (bes später) a. nachfolgen (dat) | (j-m, e-r Spur) a. nach-gehen bzw -fahren; (j-n, e-e Spur) a. verfolgen | (Weg) a. verfolgen, weiter-gehen bzw -fahren; (entlang)gehen bzw (entlang)fahren; einschlagen, nehmen; (Bahn) ziehen, beschreiben; (Studiengang) durchlaufen bzw einschlagen, (Beruf) nachgehen (dat), ausüben; (Methode, Plan) vorgehen nach; (Politik) verfolgen | (mit e-m Sinnesorgan) a. verfolgen; (mit den Augen) a. nachsehen (dat); (Verlauf, Angelegenheit) (weiter)verfolgen; (Fortsetzungsroman, Sendereihe) verfolgen | (Rat, Befehl) a. befolgen | (Mode) a. mitmachen | (in e-r Reihe) a. folgen auf (ac), kommen nach (dat) | el gos em segueix pertot arreu der Hund folgt mir überall hin | van ~-lo a l'exili sie folgten ihm ins Exil (nach) | segueixi'm! folgen Sie mir!, gehen (bzw fahren) Sie mir nach! | ens segueixen wir werden verfolgt | la fa ~ per un detectiu er läßt sie von e-m Detektiv verfolgen | la barca seguia la costa das Boot fuhr die Küste entlang | la carretera segueix el riu die Straße folgt dem Fluß od verläuft am Fluß entlang | parles tan de pressa, que no puc ~-te du sprichst so schnell, daß ich dir nicht folgen kann || vi: com segueix wie folgt | segueixen cent signatures es folgen hundert Unterschriften | **~r-se** v/r folgen, s. ergeben (de aus) | d'on se segueix que ... woraus folgt, daß ... | **~t** (-**ida**) adj gefolgt (de von) | ununterbrochen; aufeinanderfolgend; hinter-, nach-einander | tot ~ (loc adv) sogleich, gleich darauf; auf der Stelle || s/m Reihe, Folge f (de von) | per un ~ (loc adv) fortlaufend; ununterbrochen.

segur adj (a. ungefährdet, gefahrlos) sicher | (Mittel, Freund; Methode a.) zuverlässig, verläßlich | (Glauben) fest | un èxit ~ e. sicherer Erfolg | un remei ~ e. zuverlässiges Mittel | un home ~ de si mateix e. selbstsicherer Mann | un lloc ~ e. sicherer Ort | a cop ~ (loc adv) mit hundertprozentiger Sicherheit, todsicher, ganz sicher od bestimmt | ben ~, de ~ (loc adv) (ganz) sicher, sicherlich, bestimmt | estic ~ que ... ich bin sicher, daß ... | no n'estic tan ~ da bin ich (mir) gar nicht so sicher || s/f bot Hundskamille f | Mutterkraut n | **~ament** adv mit Sicherheit | sicherlich, bestimmt | p ext wahrscheinlich | **~ança** f = **~etat** | **~etat** f Sicherheit f | Zuverlässigkeit, Verläßlichkeit f | ant = **assegurança** | ~ de si mateix Selbstsicherheit f | seguretat pública öffentliche Sicherheit f | ~ social Sozialversicherung f | llàntia (mesura, vàlvula) de ~ Sicherheits-lampe f (-maßnahme f, -ventil n) | amb ~ mit Sicherheit | per a una major (od més gran) ~

zur größeren Sicherheit | *per raons de* ~ aus Sicherheitsgründen.
seie|dora *f* (Weber)Sitz *m* | **~nt** *m* Sitz *m* | Sitzplatz *m* | Sessel, Stuhl *m* | *no trobar ~ en el tramvia* k-n Sitzplatz in der Straßenbahn finden.
seit|ó *m* ict (Europäische) Sardelle *f* | **~onera** *f* Sardellenreuse *f*.
seixant|a (29) *num* (*zG s: vuit, vuitanta*) sechzig | *el ~nou* (*fig pop*) das Neunundsechzig *od* Sixty-nine | *això és* (*od sembla*) *a can ~* (*fig fam*) hier geht es zu wie in e-m Tollhaus *od* Affenkäfig | **~è** (**-ena** *f*) (30) *num* (*zG s: vuitè*) sechzigste(r, -s); sechzigstel | **~ejar** (33) *vi* in die Sechzig kommen; um (die) Sechzig sein | **~ena** *f col* (*zG s: vuitantena*) (etwa) sechzig | **~í** (**-ina** *f*) *adj* sechzigjährig || *s/mf* Sechziger(in *f*) *m*.
selacis *m pl* ict Haifische, Haie *m pl*.
selaginel·lals *f pl* bot Moosfarne *m pl*.
selec|ció *f* Auslese, Auswahl *f* | *biol a.* Selektion, Züchtung *f* | *esport* Auswahl(mannschaft) *f* | *~ natural* natürliche Auslese, Selektion *f* | *fer una ~* e-e Auswahl treffen *od* vornehmen | **~cionar** (33) *vt* auslesen, auswählen | *lit cient a.* selektieren | **~cionat** (**-ada** *f*) *adj* ausgewählt || *s/mf esport* Auswahlspieler(in *f*) *m* | **~ta** *f* Lit Auswahl, Anthologie *f* | **~te** *adj* ausgewählt, -erlesen, -erwählt | *poesies ~s* ausgewählte Gedichte *n pl* | *els més ~s* die Elite *f* | **~tiu** (**-iva** *f*) *adj rad* selektiv, trennscharf | **~tivitat** *f rad* Selektivität, Trennschärfe *f* | *prova de ~* (*estud*) Aufnahmeprüfung *f* | **~tor** *m tecn* Wählschalter *m*; Schaltgriff *bzw* -knopf, *aut* -hebel *m* | *rad* Stationstaste *f* | *~ de canals* (*tv*) Programmtaste *f*, Kanal-wähler, -schalter *m* | *~ del canvi de marxes* (*aut*) Gangschalter, -wähler *m* (*bei Automatik*).
sell|enat *m quím* Selenat *n* | **~eni** *m* Selen *n* | *cèl·lula de ~* Selenzelle *f* | **~ènic** *adj* Selen... | **~eniós** (**-osa** *f*) *adj* selenig | **~enit** *m quím* Selenit *n* | **~enita**[1] *f min* (Gips) Selenit *m* | **~enita**[2] *m/f* mit Mondbewohner(in *f*) *m* | **~enitós** (**-osa** *f*) *adj geol* selenithaltig | **~eniür** *m quím* Selenverbindung *f* | **~enografia** *f* Selenographie, Mondbeschreibung *f* | **~enologia** *f* Selenologie, Mondforschung *f*.
selfactina *f* tèxt Selfaktor *m*.
sell|a *f* Sattel *m* | **~e(te)r(a** *f*) *m* Sattler(in *f*) *m* | *s: baster* | **~ó**[1] *m* Bocksattel *m* | (*Fahrrad, Traktor*) Sattel *m* | Kindersitz *m*.
selló[2] *m* Krug *m*.
selv|a *f* ausgedehnter Wald *m* | *la ~ Negra* der Schwarzwald *m* | *~ verge* Urwald *m* | **~àtic** *adj* Urwald... | waldig | *fig* wild | rauh.
sem *adj bes oc Val* welk, verwelkt | *fig* lahm | *Bal* dumm, albern, einfältig | **~a**[1] *f* (*Zimmerei*) Waldkante *f*.
sema[2] *m ling* Sem *n*.
sem|àfor *m* Verkehrsampel *f* | *ferroc* Signal *n* | *~ intermitent* Blinkampel *f* | *passar un ~ vermell* bei Rot über die Kreuzung fahren | **~afòric** *adj* semaphorisch | Verkehrsampel...
semal|(a *f*) *m* (*Weinlese*) Bottich, Zuber *m* | **~ada** *f* Bottich, Zuber *m* (voll) | *plou a semalades* es gießt, es schüttet | **~er** *m* (*Bottich*) Tragstiel *m* | Holzstange *f* | **~ó** *m* kl(r) Bottich *od* Zuber *m*.
sem|antema *m ling* Semantem *n* | **~àntic** *adj* semantisch || *s/f* Semantik *f* | **~antista** *m/f* Semantiker(in *f*) *m*.
semar (33) *vt* welk machen, verwelken lassen | *vi* (ver)welken.
semasiol|ogia *f ling* Semasiologie *f* | **~ògic** *adj* semasiologisch.
sembla|nça *f a. geom* Ähnlichkeit *f* | Gleichartigkeit *f* | *Lit* Gleichnis *n*; Lebensbild *n* | (An)Schein *m* | Aussehen *n* | **~nt** *adj* (*m/f*) *a. geom* ähnlich, gleich(artig) | solch, derartig | *fer ~ de* so tun als ob, s. so stellen (als ob) || *s/m* Aussehen *n*, Gesicht(sausdruck *m*) *n* | Mitmensch, Nächste(r) *m* | *estimar els seus ~s* seine Nächsten lieben | *avui fas bon ~* heute siehst du gut aus | *els meus ~s* meinesgleichen | **~ntment** *adv* ebenso, gleichfalls, in gleicher Weise | **~r** (33) *vi* scheinen, aussehen (wie) | *sembla honest* (*un noi trempat*) er scheint ehrlich (e. netter Junge) zu sein | *em sembla bé* es scheint mir richtig; es gefällt mir | *em sembla que* ... mir scheint, daß ... | *què te'n sembla?* was meinst du dazu? | *només t'ho sembla* das kommt dir nur so vor | *sembla que vol ploure* es sieht nach Regen aus | *com us sembli* wie Sie meinen, wie Sie wollen | *si et sembla* wenn es dir recht ist; wenn du meinst.
sem|bra *f* Saat *f*, Säen *n* | Saatzeit *f* | **~brada** *f* (Aus)Säen *n*, Aussaat *f* |

Saatfeld *n* | **~brador** *adj* (aus-)säend | besäend || *s/m/f* Sämann *m* | Säerin *f* | *fig* Verbreiter(in *f*) *m* || *s/f* (a. *màquina ~a*) Sämaschine *f* | **~bradura** *f col* Saat(gut) *n*, Samenkörner *n pl* | **~brament** *m* (Aus)Säen *n* | **~brar** (33) *vt agr* (aus)säen | (*Feld*) einsäen | besäen (*de, amb* mit) | *fig* ausstreuen, verbreiten; hervorrufen; (*Streit*) stiften | ~ *rumors* Gerüchte verbreiten | ~ *odi* Haß säen || (*Sprüche*) *qui no sembra, no cull* wer nicht sät, erntet nicht | *qui sembra vents, cull tempestats* wer Wind sät, wird Sturm ernten | **~brat** (**-ada**) *f*) *adj a. fig* besät || *s/m* Saat(feld *n*) *f* | **~en** *m biol* Samen *m*, Sperma *n* | **~ença** *f* Samen *m* | Saat *f* | *fig* Keim *m* | Ursache *f* | **~ent** *f* Saat-gut, -korn *n* | Sämerei *f* | **~ental** *adj* (*m/f*) Saat... | Zucht... || *s/m zool* Vatertier *n* | *bes* Zucht-bulle, -stier *bzw* -hengst *m* | **~entera** *f* (Aus)Saat *f*, Säen *n* | **~entici** (**-ícia** *f*) *adj* zur Bestellung geeignet.
semestr|al(ment *adv*) *adj* (*m/f*) halbjährlich | halbjährig | sechsmonatlich | sechsmonatig | *estud* Semester... | **~e** *m* Semester, Halbjahr *n*.
semi|anular *adj* (*m/f*) halbringförmig | **~automàtic** *adj tecnol* halbautomatisch | **~breu** *f mús* Halbbrevis, ganze Note *f* | **~cercle** *m* Halbkreis *m* | **~circular** *adj* (*m/f*) halbkreisförmig | **~conductor** *m elect* Halbleiter *m* | **~consonant** *f* Halbkonsonant *m* | **~corxera** *f mús* Sechzehntelnote *f* | **~déu** (**-deessa** *f*) *m* Halb-gott *m*, -göttin *f* | **~eix** *m* Halbachse *f* | **~elaborat** (**-ada** *f*) *adj* (*Ware*) halbfertig | **~final** *f esport* Halbfinale *n*, Vorschlußrunde *f* | **~finalista** *m/f* Halbfinalist *m* | **~forme** *adj* (*m/f*) halbgeformt | **~fusa** *f mús* Vierundsechzigstelnote *f* | **~lunar** *adj* (*m/f*) halbmondförmig, *cient* semilunar | **~luni** *m astr* Halbmondphase *f* | **~mínima** *f mús* Semiminima *f*.
semin|ació *f bot arc* = **disseminació** | **~al** *adj* (*m/f*) Samen... | *càpsules* **~s** (*bot*) Samenkapseln *f pl* | *vesícules* **~s** (*anat*) Samenbläschen *n pl* | **~ari** *m ecl* Priesterseminar *n* | *estud* (Studien-, Fach-)Seminar *n* | **~arista** *m/f ecl* Seminarist(in *f*) *m* | **~ífer** *adj biol* Samen... | *túbul* ~ Samenleiter *m* | **~oma** *m med* Seminom *n*.

semi|nòmada *adj* (*m/f*) halbnomadisch || *s/m/f* Halb-nomade *m*, -nomadin *f* | **~nomadisme** *m* Halbnomadismus *m* | **~nou** (**-nova** *f*) *adj* halbneu | fast neu | **~obscur** *adj* halbdunkel | **~oficial** *adj* (*m/f*) halbamtlich.
semiol|ogia *f ling med* Semiologie *f* | **~ògic** *adj* semiologisch.
semi|ona *f fís* Halbwelle *f* | **~opac** *adj* halb-opak, -undurchsichtig | **~oscil·lació** *f* Halbschwingung *f*.
semiòtic *adj ling med* semiotisch || *s/f* Semiotik *f*.
semi|permeable *adj* (*m/f*) *fís* halbdurchlässig, semipermeabel | **~plè** (**-ena** *f*) *adj dr*: *prova semiplena* halbgültiger Beweis *m* | **~regular** *adj* (*m/f*) *geom* halbregelmäßig | **~remolc** *m aut* Sattel-anhänger *m*, -schlepper *m* | **~salvatge** *adj* (*m/f*) halbwild | **~sfera** *f geom f* Halbkugel *f* | **~sfèric** *adj geom* halbkugelförmig.
sem|ita *adj* (*m/f*) semitisch || *s/m/f* Semit(in *f*) *m* | **~ític** *adj* semitisch | *llengües semítiques* semitische Sprachen *f pl* | **~itisme** *m* Semitentum *n* | *ling* Semitismus *m* | **~itista** *m/f* Semitist(in *f*) | **~itística** *f ling* Semitistik *f*.
semi|tò *m mús* Halbton *m* | **~tònic** *adj* halbtonig, **~transparent** *adj* (*m/f*) halblichtdurchlässig | **~vocal** *f ling* Halbvokal *m* | **~vocàlic** *adj* halbvokalisch.
sèmola *f gastr* Grieß *m* | *sopa de* ~ Grießsuppe *f*.
semolí *m Bal* feinste Kleie *f*.
semós (**-osa** *f*) *adj* (*Balken*) baumkantig.
semovent *adj* (*m/f*) (selbst)beweglich | *béns* ~**s** das Vieh.
semp|ervirent *adj bot* immergrün | **~itern** *adj*, **~iternal** *adj* (*m/f*) immerwährend, ewig | **~iterna(l)ment** *adv* ewiglich | **~iternitat** *f* Ewigkeit *f* | **~re** *adv* immer | ~ *es barallen* sie streiten s. immer *od* ständig | *tu* ~ *ets benvingut* du bist immer (*od* stets, jederzeit) willkommen | ~ *passa el mateix* es ist immer (wieder) dasselbe | ~ *ho hem fet així* das haben wir (schon) immer so gemacht | *com* ~ wie immer; wie üblich; nach wie vor | *de* ~ (*loc adj*) gewohnt; alt, langjährig | *des de* ~ schon immer, seit eh u. je, von (*od* seit) jeher | *gairebé* ~ fast immer, meist(ens) | *per* ~ (*més*) für immer, für alle Zeit(en) | ~

sena *més (loc adv)* immer; ewig | ~ *que (loc conj)* immer (*od* jedesmal) wenn; (+ *subj*) wann immer (+ *ind*); vorausgesetzt, daß (+ *ind*) | *pots venir ~ que vulguis* du kannst kommen, wann immer du willst *od* du kannst jederzeit kommen | *vindrem demà, ~ que us vagi bé* wir kommen morgen, sofern es euch paßt || (*Partikel*) *si no, sempre els pots dir la veritat* wenn nicht, kannst du ihnen immer noch die Wahrheit sagen | *la casa, sempre la tindries* das Haus hättest du immer noch | **~re-en-flor** *m bot* Meeressteinkraut *n* | **~reviva** *f bot* Immortelle *f* | ~ *borda* Schopflavendel-Immortelle *f*.
sena *f* (*Würfel*) Sechser *m* | *fer senes* (*fig*) e. gutes Geschäft machen; s-n Schäfchen ins Trockene bringen.
sena|dor(a *f) m* Senator(in *f) m* | **~doria** *f* Senatorenwürde *f*.
senal *m nàut* Geitau *n*.
senalla *f* (Gemüse)Korb, Esparto-, Marktkorb *m* | **~da** *f* Korb *m* (voll).
senar *adj* (*m/f*) *ant* einfach, nicht doppelt | *mat: nombres* **~s** ungerade Zahlen *f pl*.
sena|ri (-ària *f) adj* sechs... | sechserlei sechsmalig | *lit* sechs-füßig, -silbig | **~t** *m* Senat *m* | **~torial** *adj* (*m/f*) senatorisch | Senats... | Senatoren...
sencer *adj* ganz | vollständig | heil, unversehrt, unbeschädigt, *umg* ganz | *ho res* **~es** stundenlang | *una setmana ~a* e-e ganze Woche (lang) | *no ha quedat cap vidre ~* es ist k-e Fensterscheibe ganz geblieben.
senda *f* = **sendera**.
sendal *m tèxt* Zindel(taft) *m*.
sendemà *m or dial Bal* = **endemà**.
sender *m* Pfad *m* | **~a** *f* Pfad *m* | (*Frettchenjagd*) Fang-garn, -netz *n* | *la ~ de la virtut* der Pfad der Tugend.
senderi *m fam* gesunder Menschenverstand *m* | *perdre el ~* den Verstand verlieren.
sender|ó *m*, **~ola** *f* schmaler Pfad *m*.
Sèneca *m* Seneca *m* | *fig: és un ⚹* er ist e. Weiser.
senectut *f lit* Greisenalter *n*.
Senegal *m: el ~* (der) Senegal | **~ès (-esa** *f) adj* senegalesisch || *s/mf* Senegalese *m*, Senegalesin *f*.
senescal *m hist* Seneschall *m* | *fig* Truchseß *m*.
senet *m bot* Kassie *f*, Sennesstrauch *m* | ~ *bord* Strauchige Kornwicke *f* | ~ *de pobres* Gemeine Kugelblume *f*.
sengl|ar *m zool* (a. *porc ~*) Wildschwein *n* | (*männlich*) Eber, Keiler *m* | ~ *femella* Bache *f* | **~es** *adj pl lit* je ein | jeder (s)ein.
senigrec *m* = **fenigrec**.
senil *adj* (*m/f*) greisenhaft, senil | Alters... | *debilitat ~* Altersschwäche *f* | **~itat** *f* Greisenhaftigkeit, *bes med* Senilität, Altersschwäche *f* | **~ment** *adv* wie e. Greis.
sènior *adj* (*m/f*) senior | *esport* Senioren... || *s/m/f esport* Senior(in *f) m*.
senó *m nàut* (*Deck*) Aufbau *m*; Kastell *n*.
sens *prep* (*mst in Fixierungen*) = **sense** *s: dubte, fi¹, nombre*.
sensa|ció *f* Sinneseindruck *m* | Empfindung *f*, Gefühl *n* | Aufsehen *n*, Sensation *f* | *causar ~* Aufsehen erregen | **~cional** *adj* (*m/f*) sensationell, aufsehenerregend | **~cionalisme** *m filos* = **sensualisme** | *fig* Sensations-gier *f*, -hunger *m* | **~cionalista** *adj* (*m/f*) sensations-gierig, -lüstern | *bes gräf* Sensations... | *premsa ~* Sensationspresse *f* | **~t(ament** *adv) adj* besonnen, verständig, vernünftig | **~tesa** *f* Besonnenheit *f* | Verständigkeit *f*.
sense *prep* ohne | *un vestit ~ mànigues* e. Kleid ohne Ärmel, e. ärmelloses Kleid | ~ *cap falta* ohne e-n (einzigen) Fehler, fehlerlos | ~ *circumloquis* ohne Umschweife | ~ *amics ni coneguts* ohne Freunde u. Bekannte | ~ *més ni més* aus heiterem Himmel; auf einmal | *no ~ repugnància* nicht ohne Widerwillen | ~ *tu estem perduts* ohne dich sind wir verloren | ~ *el balcó, fa cent metres quadrats* ohne Balkon ist es hundert Quadratmeter groß | *amb sucre o ~?* mit oder ohne Zucker? | *i el pijama? —Ara sempre dormo ~* und der Schlafanzug? —Jetzt schlafe ich immer ohne || (+ *inf*) ~ *vacil·lar* ohne zu zögern | ~ *dir ni una paraula* ohne e. Wort zu sagen || ~ *que* ohne daß | *van fer-ho ~ que se n'adonés ningú* sie taten es, ohne daß es jemand bemerkte.
sens|ibilitat *f* Empfindlichkeit *f* | Empfindungs-fähigkeit *f*, -vermögen *n* | Empfindsamkeit *f* | Sensibilität *f* | *d'alta ~* hochempfindlich | ~ *auditiva* (*ocular*) Hör-(Augen-)empfindlichkeit *f* | **~ibilització** *f* Sensibilisierung *f* | **~ibilitzador** *adj* sensibilisierend || *s/m fotog* Sensibilisator *m* |

~ibilitzar (33) *vt* empfindlich machen | *lit med fotog* sensibilisieren | **~ible** *adj* (*m/f*) empfindlich (*a* gegen) | *fotog a.* lichtempfindlich | *lit med fotog* sensibel | *a. psic* sensibel, feinfühlig, empfindsam; gefühlvoll; empfänglich (*a.* für) | (*Tier, Wesen*) empfindungsfähig | (*Veränderung, Unterschied*) spürbar, fühlbar, merklich | (*Verlust*) schmerzlich | **~iblement** *adv* merklich, spürbar | **~ibleria** *f* Gefühlsduselei *f*, Sentimentalität *f* | **~itiu** (-*iva f*) *adj* Sinnes...; Empfindungs...; Gefühls... empfindsam | empfindungsfähig | sinnlich || *s/f bot* Sinnpflanze *f* | **~itivitat** *f* Empfindsamkeit *f* | Empfindungsfähigkeit *f* | Empfindungsvermögen, Gespür *n* | **~or** *m tecn* Sensor *m* | **~ori** *m med* Sensorium, Bewußtsein *n* | *bes* Sensorien *pl* | **~orial** *adj* (*m/f*) sensorisch | **~ual**(**ment** *adv*) *adj* (*m/f*) sinnlich, sensuell | **~ualisme** *m* Sensualismus *m* | Sinnlichkeit *f* | **~ualista** *m/f* Sensualist(in *f*) *m* | **~ualitat** *f* Sinnlichkeit, Sensualität *f*.

sent|ència *f* Aus-, Sinn-spruch *m*, Sentenz *f* | *dr* Urteil *n*, Rechtsspruch *m* | *ling* unabhängige(r) Satz *m* | ~ *arbitral* Schiedsspruch *m* | ~ *definitiva* (od *ferma*) Endurteil *n* | ~ *de mort* Todesurteil *n* | **~enciar** (33) *vt dr* (ver)urteilen | entscheiden | *fig* richten, (be)urteilen | **~enciari** *m* Sammlung *f* von Sinnsprüchen od Sentenzen | **~enciós** (-*osa f*, -**osament** *adv*) *adj* sentenziös | sentenzenreich | lehrhaft, schulmeisterlich.

senti|da *f* (stechender) Schmerz *m* | Geruch; (*Speise, Getränk*) *a.* Beigeschmack *m* | **~dament** *adv* gefühlvoll, tief empfunden | **~ment** *m* Gefühl *n*; Empfindung *f* | Empfindungs-kraft *f*, -vermögen *n* | Leid *n*, Schmerz *m*; *bes* Bedauern, Mitleid *n* | ~ *d'inferioritat* (*de solidaritat*) Minderwertigkeits-(Solidaritäts-)gefühl *n* | *us acompanyo en el* ~ mein herzliches Beileid | **~mental**(**ment** *adv*) *adj* (*m/f*) Gefühls... | gefühlsmäßig | gefühlvoll | *mst desp* sentimental | *desp* rührselig | *música* ~ sentimentale Musik *f* || *s/m/f* Gefühlsmensch *m*, Sentimentale(r *m*) *m/f* | **~mentalisme** *m*, **~mentalitat** *f mst desp* Sentimentalität *f*.

sentina *f nàut* Kielboden, unterster Schiffsraum *m* | *fig* Kloake *f* | ~ *dels vicis* Sündenpfuhl *m*.

sentinella *m mil* Wach(t)posten *m*, Schildwache *f* | *fer de* ~ Posten stehen.

sent|ir (36) *vt* fühlen; empfinden; (ver-)spüren | *bes* (*mit den Ohren*) hören | (*mit der Nase*) riechen | (*mit der Zunge, dem Gaumen*) schmecken | (*Unglück, Fehler*) bedauern | ~ *un dolor* (*el fred*) e-n Schmerz (die Kälte) fühlen *od* empfinden; (ver)spüren | *de cop he sentit fred* auf einmal ist mir kalt geworden | ~ *el pols a alg* j-s Puls fühlen *od* spüren | ~ *els efectes d'un medicament* die Wirkung e-s Medikaments spüren | ~ *un soroll* (*música, passes, alg*) e. Geräusch (Musik, Schritte, j-n) hören | ~ *alegria* (*tristesa*) Freude (Traurigkeit) empfinden *od* fühlen | ~ *u/c instintivament* etw instinktiv fühlen *od* spüren | ~ *profundament la mort d'alg* j-s Tod tief empfinden | *ho sento molt!* ich bedauere es sehr! | *et sento absent* ich fühle (*od* spüre), daß du in Gedanken anderswo bist | *tal com ho sents* so wie ich es sage, buchstäblich | *he sentit dir que* ... ich habe sagen hören (*od* ich habe gehört), daß ... | *n'he sentit parlar* ich habe davon gehört | *com si sentís ploure!* als ob er taub wäre! | *sentien xiular el vent* sie hörten den Wind pfeifen | *sentia que es moria* er fühlte (*od* spürte, merkte), daß er im Sterben lag | *fer* ~ *u/c a alg* j-n etw spüren (*od* fühlen) lassen | *fer-se* ~ s. bemerkbar machen; s. Gehör verschaffen || *vi: sents?* hörst du? | **~-hi** hören (können) | *hi senten els nadons?* können Neugeborene hören? | **~-hi** *bé* (*malament, només d'una orella*) gut (schwer, nur auf e-m Ohr) hören | **~-ir-se** *v/r* s. fühlen | ~ *cansat* (*abatut*) s. müde (niedergeschlagen) fühlen | ~ *bé* (*malament*) s. gut (schlecht) fühlen | *em sentia trist* (*estrany*) mir war traurig (seltsam) zumute | *ni me n'he sentit* ich habe es gar nicht gespürt | *me'n vaig sentir molt, de les teves paraules* deine Worte kränkten mich sehr | *algun dia te'n sentiràs* e-s Tages wird es dir leid tun *od* wirst du es büßen | **~it**¹ *m* Sinn *m* | Bedeutung *f* | Richtung, Seite *f* | ~ *del gust* (*de l'oïda, de l'olfacte, del tacte, de la vista*) Geschmacks-(Gehör-, Geruchs-, Tast-, Gesichts-)sinn *m* | ~ *artístic od* *estètic* Kunstsinn *m* | ~ *comú* gesunder Menschenverstand *m* | ~ *moral* sittliches Empfinden *n* | ~ *de l'orientació* Orientierungssinn *m* | ~ *pràctic* praktischer Sinn *m* | *amb tots els cinc ~s* mit aller Aufmerksamkeit | *buit de (mancat de* od *sense)* ~ sinnlos | *doble* ~ Doppel-sinn *m* | *sisè* ~ sechster Sinn *m* | *de* ~ *múltiple* vieldeutig | *en* ~ *figurat* in (von) bildlicher, übertragener Bedeutung *f* | *en tots (els)* ~s in jedem Sinne, in jeder Hinsicht | *en cert* ~ in gewissem Sinn(e), in gewisser Hinsicht | *en* ~ *contrari (al de les agulles d'un rellotge)* in der Gegenrichtung (gegen den Uhrzeigersinn) | *en* ~ *oposat* in der Gegenrichtung | *costar un* ~ furchtbar teuer sein | *perdre els* ~s ohnmächtig werden | *recobrar els* ~s wieder zu s. kommen | **~it**² (**-ida** *f*) *adj* empfindlich; übelnehmerisch | gefühlvoll | tief empfunden | **~or** *f* Geruch *m* | (Speise, Getränk) *a.* Beigeschmack *m*.

seny¹ *m* Besonnenheit, Umsicht, Vernunft *f*, gesunder Menschenverstand *m* | *ant* Sinn *m* | *queixal del* ~ Weisheitszahn *m* | *beure's el* ~ (*fam*) s-n Verstand versaufen | *que t'has begut el* ~? (*fam*) du bist wohl übergeschnappt? | *fer les coses amb* ~ mit Umsicht handeln | *eixir de* ~, *perdre el* ~ den Verstand verlieren | *no estar en bon* ~, *estar fora de* ~ nicht ganz bei Sinnen sein | *posar* ~ vernünftig (*od* einsichtig) werden.

seny² *m ant* Zeichen *n* | große Glocke *f* | *ple a* ~ randvoll | **~a** *f* (Kenn)Zeichen, Merkmal *n* | Erkennungszeichen *n* || *pl* Zeichen *n pl*, Gebärden *f pl* | **~ador(a** *f*) *m* Gesundbeter(in *f*) *m* | Quacksalber(in *f*) *m* | **~al** *m* Zeichen, Signal *n* | Kennzeichen, Merkmal *n* | Spur *f* | *med* Narbe *f*, Wundmal *n* | ~ *d'alarma* Alarm-, Warn-signal, Alarmzeichen *n* | ~ *de circulació* Verkehrszeichen *n* | *el* ~ *de la Creu* das Kreuzzeichen *n* | ~ *horari* (rad) Zeitzeichen *n* | ~s *lluminosos* Lichtsignale *n pl* | *no donar* ~s *de vida* k-e Lebenszeichen geben | *en (com a)* ~ *de* zum (als) Zeichen von *od* gen | **~ala** *f* (Tafel)Kreide *f* | **~alar** (33) *vt* kennzeichnen, bezeichnen, markieren | (aus-) zeichnen, mit e-m Zeichen versehen, anzeichnen | signalisieren | Spuren hinterlassen auf *dat* | *fig* (j-n) zeichnen | **~aler** *m mil hist* Fahnenträger *m* | **~ar** (33) *vt catol* bekreuzen, mit dem Kreuzzeichen segnen | = **~alar** | **~ar-se** *v/r* s. bekreuz(ig)en | **~era** *f* Fahne *f* | Standarte *f* | *bes* die katalanische Nationalflagge.

senyor|(**a** *f*) *m* Herr(in *f*) *m*, Dame *f* | Besitzer(in *f*) *m* | Gebieter(in *f*) *m* | (*a.* Anrede) Herr *m*, Frau *f* | (*höflich von Ehepartnern*) Gatte *m*, Gattin *f* | (*Déu*) *nostre* ⩘ od *el* ⩘ (Gott) der Herr | *nostra* ⩘*a* Unsere Liebe Frau | ~*s* *i* ~*es!* meine Damen u. Herren! | *distingit* ~ (*Brief*) sehr geehrter Herr! | *el* ~ *professor* Herr Professor | *el* ~ *X* Herr X | *perdoni,* ~! entschuldigen Sie, mein Herr! | *sí* ~, *no* ~! ja (mein Herr), nein (mein Herr)! | *com està la seva* ~*a?* wie geht's Ihrer Frau? | *els* ~s *X* Herr und Frau (*bzw* Familie) X | *els* ~s *han anat al teatre* die Herrschaften sind ins Theater gegangen! | *fer el* ~ den gr(n) Herren spielen | *és un gran* ~ er ist e. vornehmer Herr | *viure com un(a) gran* ~*(a)* in gr(m) Stil(e) leben | *a tal* ~, *tal honor!* Ehre, wem Ehre gebührt! || *adj* vornehm, fein, gediegen | *el noi és unes maneres molt* ~*es* der Junge hat sehr feine Manieren | (*vorgestellt*) stattlich, ansehnlich, beträchtlich | *quin* ~ *cotxe!* was für e. stattliches Auto! | **~ada** *f* herrische Tat *f*, gebieterisches Auftreten *od* Wirken *n* | **~alla** *f col* vornehme Herrschaften *f pl* | **~às** *m fam* gr(r) (*od* hoher) Herr *m* | **~atge** *m hist* Lehnsherrlichkeit *f* | **~ejador** *adj* beherrschend | herrschsüchtig || *s/mf* Beherrscher(in *f*) *m* | Herrschaftssüchtige(r *m*) *m/f* | **~ejar** (33) *vt* beherrschen | überragen | *fig* (*Leidenschaften*) beherrschen, bezwingen || *vi* herrschen (*sobre* über *ac*) | s. als Herr geben, *desp* den gr(n) Herren spielen | **~et** *m* junger Herr *m* | *iròn* feiner Pinkel *m* | **~eta** *f* Fräulein *n* | junge Dame *f* | *ornit* Schwanzmeise *f* | *ict* Meerjunker *m* | *entom* Libelle *f* | **~ia** *f* Herrschaft *f* | (Titel) *vostra* ~ Euer Gnaden! | **~ial** *adj* (*m/f*) = **~ívol** | **~iu** *m* = **~ia** | *col* vornehme Herrschaften *f pl* | **~ívol**(**ament**) *adv) adj* herrschaftlich | Herren..., Stamm...

senzill|(**ament**) *adv) adj* einfach | schlicht | nicht zusammengelegt |

sèpal | leicht verständlich | unkompliziert | (*Person, Wesen*) natürlich, unverbildet | **~esa** *f* Einfachheit *f* | Schlichtheit *f*.

sèpal *m bot* Kelchblatt *n*.

separa|ble *adj* (*m/f*) (ab)trennbar | *quím* scheidbar | **~ció** *f* Trennung | (Ab-) Sonderung *f* | *adm* Amtsenthebung *f* | Entlassung *f* | *quím* Abscheidung *f* | **~ de béns** (*dr*) Gütertrennung *f* | **~ conjugal** *od* **de cossos** (*dr catol*) Ehetrennung *f*, Trennung von Tisch u. Bett *f* | **~ de poders** (*polít*) Gewaltenteilung *f* | **~dament** *adv* getrennt, einzeln, jeder für s. | **~dor** *adj* trennend | *poder* **~** Trennschärfe *f* (*bes elect Radio*) || *s/m tecn quím* Abscheider *m* | **~ centrífug** Separator, Trennschleuder *m* | **~ magnètic** Elektro-, Magnet-scheider *m* | **~r** (33) *vt* trennen | absondern, ablösen, scheiden | (*Personen*) auseinanderbringen, entzweien, scheiden | (*aus dem Dienst*) entlassen | **~ el gra de la palla** Spreu vom Weizen trennen | *geog arquit* (ab)teilen | **~r-se** *v/r* s. trennen (*de von*) | s. (ab)lösen (*de von*) | auseinandergehen | **~t** (**-ada** *f*) *adj* getrennt | *per* **~** (*corr*) mit getrennter Post | **~ta** *f gräf* Sonderdruck *m* | **~tisme** *m polít* Separatismus *m* | **~tista** *adj* (*m/f*) separatistisch || *s/m/f* Separatist(in *f*) *m* | **~tiu** (**-iva** *f*) *adj* trennend | scheidend | teilend.

sepeli *m lit* Begräbnis *n*, Bestattung *f*.

sèpia *f* = **sípia** | *pint* Sepia *f*.

sèpsia *f med* Sepsis, Blutvergiftung *f*.

septe *m biol* Septum *n*, Scheidewand *f*.

sept|enari (**-ària** *f*) *adj* siebenfach | siebenerlei | (*Zahl*) siebenstellig || *s/m* Siebenergruppe *f* | *bes* sieben Tage *m pl* | **~ennal** *adj* (*m/f*) siebenjährig | siebenjährlich | **~enni** *m* Septennat, Septennium *n* | **~entrió** *m astr* Große(r) Wagen; Kleine(r) Wagen *m* | *p ext* Norden *m* | **~entrional** *adj* (*m/f*) nördlich, Nord... | **~et** *m mús* Septett *n* |.

sèptic *adj med* septisch | keimhaltig.

septicèmi|a *f med* Blutvergiftung, Septikämie *f* | **~c** *adj* Blutvergiftungs...

septicida *adj* (*m/f*) *bot* septizid, scheidewandspaltig.

sèptima *f mús* Septime *f*.

sept|imí *m mús* = **septet** | **~uagenari** (**-ària** *f*) *adj* siebzigjährig || *s/mf* Siebziger(in *f*) *m* | **~uagèsim** (30) *num* =

setantè | **~uagèsima** *f ecl* Septuagesima *f*.

sèptuple[1] *adj* (*m/f*) siebenfältig | **~**[2] *adj mat* siebenfach || *s/m* Siebenfache(s) *n*.

septuplicar(**-se**) (33) *vt*(/*r*) (s.) versiebenfachen.

sepul|cral *adj* (*m/f*) Grab(es)..., Toten... | *inscripció* **~** Grabinschrift *f* | *veu* **~** (*fig*) Grabesstimme *f* | **~cre** *m* Grab(stätte *f*) *n* | *ecl*: **el Sant ~** das Heilige Grab | *fig bíbl*: **~s emblanquinats** Heuchler, Pharisäer, Scheinheilige *m pl* | **~tar** (33) *vt a. fig* begraben | bestatten | vergraben | **~tura** *f* Bestattung *f* | Grab *n* | *donar* **~ a alg** j-n bestatten.

sequaç *adj* (*m/f*) *mst desp* Anhänger... || *s/m/f* Parteigänger(in *f*), Anhänger(in *f*) *m* | Mitläufer(in *f*) *m*.

sequedat *f* Trockenheit *f* | Dürre *f* | *fig* Unfreundlichkeit *f*.

seqü|ela *f lit* Folge, Konsequenz *f* | *a. med* Folge(erscheinung) *f* e-r Krankheit | **~ència** *f* Sequenz, Folge *f* | Bildfolge *f*.

sequer *m* Obstdarre *f* | **~a** *f* Trockenheit, Dürre *f* | Ameisenhaufen *m* | **~al** *m* trockenes Gelände *n*.

sequí *m numis* Zechine *f*.

sèquia *f* Bewässerungs-graben, -kanal *m*.

sequi|er *m* Bewässerungsaufseher, Kanalwärter *m* | **~ó** *m*, **~ola** *f agr* kl(r) Bewässerungs-graben *od* -kanal *m*.

sequoia *f bot* Sequoia, Wellingtonia *f* | **~ gegant** Mammutbaum *m*.

ser (40) *vi u. s/m* = **ésser**.

ser|afí *m bíbl ecl* Seraph(im) *m* | **~àfic**(**ament** *adv*) *adj* seraphisch | engelhaft.

serb|i (**sèrbia** *f*) *adj* serbisch || *s/mf* Serbe *m*, Serbin *f* | **~o-croat** *adj* serbokroatisch | *s/m ling* Serbokroatisch *n* | **el ~** das Serbokroatische.

serclet *m Bal* Ährenfisch *m* | *fig* Schlaukopf *m* | Ohrfeige *f*.

ser|è (**-ena** *f*) *adj* heiter | (*Himmel*) *a.* wolkenlos | *fig* ruhig | *gota serena* (*med*) schwarzer Star *m* | *tenir el cap* **~** e-n klaren Kopf haben || *s/f* Abendtau *m* | Nachtkühle *f* | *dormir a la serena* unter freiem Himmel schlafen | **~enament** *adv* mit Ruhe, gefaßt | gelassen | geistesgegenwärtig | **~enata** *f mús* Serenade *f* | **~ení** *m* Abendtau *m* | **~eníssim** *adj*: **sa ~a Majestat** s-e Durchlaucht | *s/mf* Duchlaucht *f* | *arc* Serenissimus *m*, Serenissima *f* |

~enitat *f* Gemütsruhe *f* | Gelassenheit *f* | *la vostra* ~ Eure Durchlaucht *f* | **~eno** *m* Nachtwächter *m* | **~enor** *f* Heiterkeit *f* | Gemütsruhe, Gelassenheit *f* | Geistesgegenwart *f*.
serf (**serva** *f*) *m hist* Unfreie(r *m*); *bes* (a. ~ *de la gleva*) Leibeigene(r *m*) *m/f* | *fig* Knecht *m*, Sklave *m*, Sklavin *f*; Diener(in *f*) *m*.
sergé *m* (*pl -és*) *tèxt* Serge *f*.
sergent *m mil* Sergeant *m*, Unteroffizier *m* | ~ *primer* od *major* Feldwebel *m*.
seria|l *adj* (*m/f*) seriell | in Fortsetzungen || *s/m* Fortsetzungsroman *m* | Sendereihe; Fernsehserie *f* | **~r** (33) *vt* in e-r Reihe (*od* Serie) anordnen.
sèric[1] *adj* aus Seide, seiden.
sèric[2] *adj* Serum...
seric|ícola *adj* (*m/f*) Seidenzucht..., Seidenbau... | **~icultor** *m* Seidenzüchter *m* | **~icultura** *f* Seiden-zucht *f*, -bau *m* | **~ina** *f* Bast, Seidenleim *m*.
sèrie *f* Reihe *f* | Folge *f* | Serie *f* | *fig a.* Satz *m* | ~ *de televisió* Fernsehserie *f* | *fabricació en* ~ Serien-herstellung, -fabrikation *f* | *en* ~ serienmäßig | *fora de* ~ außergewöhnlich.
serietat *f* Ernst(haftigkeit *f*) *m* | Seriosität *f*.
serigrafia *f gràf tèxt* Siebdruck *m*, Serigraphie *f*.
seri|ós (**-osa** *f*) *adj* ernst; ernsthaft; (*Bedenken, Absicht, Wunsch, Gefahr*) *a.* ernstlich | seriös; solide; anständig; zuverlässig | gewissenhaft | *un nen* (*temperament*) ~ e. ernstes Kind (Wesen) | *un investigador* ~ e. ernsthafter Forscher | *un empresari* (*vestit*) ~ e. seriöser Unternehmer (Anzug) | *una malaltia seriosa* e-e ernste (*od* ernsthafte) Krankheit | *el problema és* ~ das Problem ist ernst (zu nehmen) | *estar* (*posar-se*) ~ ernst(haft) sein (werden) | *fer una cara seriosa* e-e ernste (*od* ernsthafte) Miene machen | **~osament** *adv* ernst; ernsthaft; ernstlich | im Ernst | *ho dic* ~ ich meine das ernst *od* im Ernst; das ist mein Ernst | *estar* ~ *malalt* ernsthaft (*od* ernstlich) krank sein | *prendre's u/c* ~ etw ernst nehmen | **~ositat** *f* = **serietat**.
serjant *m tecn* (Schraub)Zwinge *f*, Preßwerkzeug *n*.
serm|ó *m* Predigt *f* | *fig a.* Standpauke, Moral-, Straf-predigt *f* | *el* ~ *de la muntanya* (*bíbl*) die Bergpredigt | **~onador**(**a** *f*) *m* Prediger(in *f*) *m* |

~onaire *m/f* Moralprediger(in *f*), Nörgler(in *f*) *m* | **~onari** *m ecl* Predigt-buch *n*, -sammlung *f* | **~onejador** *adj* nörgelnd, ermahnend || *s/mf* Nörgler(in *f*), Moral-, Straf-prediger(in *f*) *m* | **~onejar** (33) *vt* (*j-m*) e-e Strafpredigt halten, *umg* (*j-m*) die Leviten lesen | **~oner** *adj u. s/mf* = **~onaire**, **~onejador**.
ser|odiagnosi *f*, **~odiagnòstic** *m* Serodiagnostik *f* | **~ologia** *f* Serologie *f* | **~ós** (**-osa** *f*) *adj med* serös || *f* Serosa, seröse Haut *f* | **~ositat** *f* seröse Flüssigkeit *f* | = **sèrum** | **~oteràpia** *f med* Serumtherapie *f*.
serp *f zool* Schlange *f* | ~ *de cascavell* Klapperschlange *f* | ~ *de mar* Seeschlange *f*, *bes* Seenadel *f* | ~ *marina* Seeschlange *f* | ~ *de vidre* Blindschleiche *f* | **~ejar** (33) *vi* s. schlängeln | **~ent** *f* Schlange *f* | **~entari** *m ornit* Schlangenadler *m* | Sekretär, Stelzengeier *m* | **~entària** *f bot* Drachenwurz *f*, Schlangenkraut *n* | **~entejar** (33) *vi* s. schlängeln, s. winden | **~entí** (**-ina** *f*) *adj* Schlangen... | schlangenförmig | *fig: llengua serpentina* giftige Zunge *f*, (*a. Person*) Lästermaul *n* || *s/f* Papierschlange *f* || *s/m tecn* Schlangenrohr *n* | *min* Serpentin, Schlangenstein *m* | *ict reg* = **lluert** | **~entiforme** *adj* (*m/f*) schlangenförmig | **~entinament** *adv* schlangenartig | **~eta** *f* kl(e) Schlange *f* | *fig* böswillige Person *f* | **~oll** *m bot* Feldthymian, Quendel *m*.
serr|a *f* Säge *f* | *geog* Bergkette *f*; Gebirge *n* | ~ *circular* (*de mà, de trepar, de vogir*) Kreis-(Hand-, Schrot-, Laub-)säge *f* | **~à** *m ict* Sägebarsch *m* | **~à** (**-ana** *f*) *adj* Berg..., Gebirgs... | **~abosses** *m nàut* Ankerkette *f* | **~acaps** *m* Nachtmütze *f* | **~adell** *m* Bergchen *n*, Hügel *m* | Hügelkette *f* | **~adella** *f bot* Serradella *f* | **~adís** (**-issa** *f*) *adj* (gut) sägbar | *fusta serradissa* (gut *od* leicht) sägbares Holz *n* | **~ador** *adj* sägend | Säge... || *s/mf* Säger(in *f*) *m* | *s/f* Sägewerk *n* | **~adura** *f* Ein-sägen *n*, -sägung *f* || *pl* Sägemehl *n*, Sägespäne *m pl* | **~al** *m* Anhöhe *f*, Hügel *m* | **~alada** *f* Bergkette *f* | Gebirgszug *m*.
serrall *m* Serail *n*.
serra||ller *m* = **manyà** | **~na** *f bot* Zyperngras *n* | **~r**[1] (33) *vt* (ab-; durch-; zer-) sägen.

serrar² (33) *vt* drücken, pressen, einengen | ~ *les dents* die Zähne zusammenbeißen.
serr|at (-ada *f*) *adj* gesägt | gezackt || *s/m* Berg-; Hügel-kette *f* | *anat* (a. *múscul* ~) Sägemuskel *m* | **~ejar** (33) *vi* im Gebirge wandern.
serrell *m tèxt* Franse *f* | ausgefranster Rand *m* | (*Haare*) Pony *n* | **~er(a** *f*) *m tèxt* Fransenhersteller(in *f*) *m* || *s/f* (*Löwe, Pferd*) Mähne *f*.
serr|era *f constr* First *m* | Haufen, Stoß *m* | **~eta** *f nàut* Ankerwinde *f*, Spill *n* | (*Lasttier*) Kappzaum *m* | **~etejar** (33) *vi* = **serrejar** | **~ill** *m* Sägemehl *n*, -späne *m pl* | **~ulat** (-ada *f*) *adj* fein gezackt.
sèrum *m biol* Serum *n* | *fig* Molke *f*.
serva¹ *f s:* serf.
serva² *f* Spierapfel *m*.
serval *m zool* Serval *m*.
servar (33) *vt lit* (fest)halten | = **conservar** | (*Gebot, Versprechen*) (ein)halten | (*Unschuld, Würde*) bewahren | *fruita de* ~ Dauer-, Winter-obst *n*.
serv|atge *m hist* Leibeigenschaft *f* | *fig* Knechtschaft, Sklaverei *f* | **~ei** *m* Dienst *m* | (*Tätigkeit*) a. Dienstleistung *f* | (*Funktionieren; System*) a. Betrieb *m* | (*a. Fahrverbindung*) Verkehr *m* | *com* Kundendienst, Service *m*; *gastr* Bedienung *f*, Service *m* | (*im Haushalt*) Dienerschaft *f*, Dienstpersonal *n* | (*für den Tisch*) Service, Geschirr *n* | *esport* (*Tennis, Badminton*) Aufschlag, Service *m* | (a. ~ *militar*) Militär-, Wehr-dienst *m* | ~ *d'assistència al client* Kundendienst *m* | ~ *automàtic* (*Telefon*) Selbstwählferndienst *m*, Selbstanschluß *m* | ~ *auxiliar* Hilfsdienst *m* | ~ *de banda* (*Fußball*) Einwurf *m* | ~ *de cafè* (*te*) Kaffee-(Tee-)service, -geschirr *n* | ~ *civil* (*mil*) Zivil-, Ersatz-dienst *m* | ~ *de correus* Post-dienst, -verkehr *m*; -wesen *n* | ~ *diví* (*ecl*) Gottesdienst *m* | ~ *d'informacions* Nachrichtendienst *m* | ~ *inicial* (*Fußball*) Anstoß *m* | ~ *mèdic d'urgència* ärztlicher Notdienst *m* | ~ *meteorològic* Wetterdienst *m* | ~ *militar obligatori* Wehrpflicht *f* | ~ *de porteria* (*Fußball*) Abstoß *m* | ~ *de postvenda* Kundendienst *m* | ~ *postal* (*aeri*) (Luft)Postdienst *m* | ~ *públic* öffentliche(r) Dienst *m* | ~ *ràpid* Eil-, Schnell-dienst *m* | ~ *de taula* Tafel-service, -geschirr *n* | ~ *de vigilància* Überwachungsdienst *m* | *anys de* ~ Dienstjahre *n pl* | *estació de* ~ Tankstelle *f* | *metge de* ~ diensthabende(r) Arzt *m* | *fora de* ~ außer Dienst bzw Betrieb; außerdienstlich | *entrar de* ~ s-n Dienst antreten | *entrar en* ~ den Betrieb aufnehmen, in Dienst gestellt werden | *estar al* ~ *d'alg* in j-s Dienst(en) sein *od* stehen, bei j-m (*bzw* für j-n) arbeiten; j-m zu Diensten (*od* zur Verfügung) stehen | *fer* ~ (*a alg*) (j-m) nützlich sein | *fer un* ~ *a alg* j-m e-n Dienst (*od* Gefallen) tun | *el bressol ja no em feia cap* ~ ich konnte die Wiege nicht mehr brauchen || *pl econ* Dienstleistungen *f pl* | *empresa de* ~*s* Dienstleistungs-betrieb, -unternehmen *n* | **~ent(a** *f*) *m* Diener(in *f*) *m* | *s/f a.* Dienstmädchen *n*, Magd *f*.
server|(a *f*) *m bot* Speierling *m*, Zahme Eberesche, Schmerbirne *f* | **~ola** *f bot* Odermennig *m*.
servi|cial *adj* (*m/f*) dienst-eifrig, -beflissen | hilfsbereit | gefällig, entgegen-, zuvor-kommend | **~dor** *adj* dienst-eifrig, -beflissen || *s/mf* Diener(in *f*) *m* || (*in Höflichkeitsformeln*) disposeu del vostre amic i ~ (*Briefschluß*) Ihr sehr ergebener | **~!** (*als Antwort*) ich (war es); (hier) bin ich | *un(a)* **~(a)** meine Wenigkeit; ich | **~l(ment** *adv*) *adj* (*m/f*) knechtisch, unterwürfig, *umg* kriecherisch | **~lisme** *m*, **~litat** *f* Unterwürfigkeit *f*.
serviola *f nàut* (Boots)Davit *m* | (*Matrose*) Wache *f* am Davit.
servi|r (37) *vt* dienen (*dat*) | (*bes j-n bei Tisch, im Geschäft; Trumpf, Farbe; Geschütz*) bedienen | (*Speisen, Getränke*) servieren (*bes Kellner*), auftragen, auftischen; (*auf den Teller*) *umg* auftun; (*ins Glas*) einschenken | (*Waren, Auftrag*) liefern | (*Ball; beim Tennis, Badminton*) aufschlagen, servieren | ~ *Déu* (*el rei, l'estat, la pàtria*) Gott (dem König, dem Staat, dem Vaterland) dienen | *ningú no pot* ~ *dos senyors* (*bíbl*) niemand kann zwei Herren dienen | *ja la serveixen, senyora?* werden Sie schon bedient, gnädige Frau? | *en què puc* **~-vos**? womit kann ich (Ihnen) dienen?, was steht zu (Ihren) Diensten? | *per a* **~-vos!** zu dienen!, zu (Ihren) Diensten! || *vi* dienen | nützlich (*od* dienlich) sein, nutzen, *bes südd* nützen; taugen | bedienen; (*bes in e-r Gaststätte*) a. servieren | *esport* aufschlagen, servieren | ~ *a casa d'alg*

(*a la marina*) bei j-m (bei der Marine) dienen | *que no serveix ningú, aquí?* bedient hier denn niemand? | ~ *de banda* (*Fußball*) einwerfen | ~ *de porteria* (*Fußball*) den Abstoß ausführen | ~ *de pretext* (*model*) als Vorwand (*Vorbild*) dienen | ~ *d'adorn* (*de diversió*) als (*od* zum) Schmuck (Zeitvertreib) dienen | *la caserna serveix ara d'escola* die Kaserne dient jetzt als Schule | *les excuses no et ~an de res* Ausflüchte werden dir nichts nützen | *avui no serveixo per a res* heute tauge ich zu nichts, heute bin ich zu nichts zu gebrauchen | *la sella serveix per a cavalcar* der Sattel dient zum Reiten || **fer ~** (be)nutzen, (be)nützen; gebrauchen; verwenden; anwenden | *s: emprar, usar, utilitzar, aprofitar* | *feu ~ el diccionari!* benutzt (*od* gebraucht, verwendet) das Wörterbuch! | *per què no fas ~ un martell?* warum nimmst du nicht e-n Hammer dazu? | *em volien fer ~ de coartada* sie wollten mich als Alibi benutzen | **~r-se** v/r s. bedienen | *serviu-vos vosaltres mateixos!* bedient euch selbst! | ~ *d'alg* od *d'u/c* j-n od etw benutzen, s. j-s od e-r Sache bedienen | **~ta** m/f catol Servit(in f) m | **~tud** f hist Leibeigenschaft f | fig Knechtschaft, Sklaverei f | dr Dienstbarkeit f; (a. Völkerrecht) Servitut f.
servo|direcció f aut Servolenkung f | **~frè** m aut Servobremse f | **~mecanisme** m Servomechanismus m | **~motor** m tecn Servomotor m.
ses[1] m (pl sessos) anat After m.
ses[2] art def s: es².
ses[3] pron poss s: son².
sèsam m Sesam m | *oli de ~* Sesamöl n.
sesamoide m anat Sesambein n.
sèseli m bot Sesel m, Bergfenchel m.
seslèria f bot Kopfgras n.
sesquiàlter adj anderthalbfach.
sèssil adj (m/f) bot ungestielt.
sessió f a. art med Sitzung f | Tagung f | ~ (*extra*)*ordinària* (außer)ordentliche Sitzung f | ~ *plenària* Plenarsitzung f | *cloure* (*interrompre, obrir, tenir*) *una ~* e-e Sitzung schließen (unterbrechen, eröffnen, abhalten).
sest|a f (Zeit) Mittagsruhe f | Mittagsschlaf m, Siesta f | **~ador** m (Vieh) Ruheplatz m | **~ar** (29) vi = **amorriar** (-se) | **~ejar** (33) vi Mittagsruhe (bzw s-n Mittagsschlaf) halten | **~er** m Sechter m | **~erci** m numis Sesterz m.

set[1] f Durst m | fig a. Gier f | ~ *de glòria* od *d'honors* Ruhmsucht f | ~ *d'or* (*de riqueses*) Gold-(Besitz-)gier f | ~ *de plaers* Vergnügungssucht f | ~ *de venjança* Rachsucht f | *apagar*) *la ~* den Durst stillen od löschen | fig: *guardar una poma per a la ~* e-n Notgroschen zurücklegen.
set[2] (29) num (zG s: vuit) sieben || s/m fig (Riß) Dreiangel, Triangel m.
set[3] m esport (bes Tennis) Satz m.
seta f bot Seta f, Kapselstiel m | **~ci** (-àcia f) adj a. bot borstig; borstenähnlich.
set|anta (29) num (zG s: vuit, vuitanta) siebzig | **~antè** (-ena f) (30) num (zG s: vuitè) siebzigste(r, -s); siebzigstel | **~antejar** (33) vi in die Siebzig kommen; um (die) Siebzig sein | **~antena** f col (zG s: vuitantena) (etwa) siebzig | **~antí** (-ina f) adj siebzigjährig || s/mf Siebziger(in f) m | **~centè** (-ena f) (30) num (zG s: vuitè) siebenhundertste(r, -s); siebenhunderstel n | **~cents** (-centes f) (29) num (zG s: vuit, vuit-cents) siebenhundert | **~ciències** m/f iròn Siebengescheite(r m), Neunmalkluge(r m) m/f | **~è** (-ena f) (30) num (zG s: vuitè) siebte(r, -s); siebtel | (*és*)*ser al ~ cel* im siebten Himmel sein | **~embre** m September m | **~ena** f col (zG s: vuitena) (etwa) sieben.
setge m mil Belagerung f | bot Braunwurz f | *estat de ~* (dr polít) Belagerungszustand m | *aixecar* (od *alçar*) *el ~* die Belagerung aufheben | *posar ~ a una ciutat* e-e Stadt belagern.
seti m Sitz m | Platz, Ort m.
setí m tèxt Satin m | Satinholz n.
setia|l m Ehrensitz m | fig Chorstuhl m | **~r** (33) vt (an s-m Platz) aufstellen.
setin|a f tèxt Satinserge f | Atlas m | **~ar** (33) vt satinieren, atlasartig glätten | **~at** (-ada f) adj satiniert | atlasweich | seidig | *paper ~* Glanzpapier n | *pell setinada* atlasweiche, seidige Haut f | **~s** m pl bot Mondviole f («Lunaria biennis»).
set|mana f Woche f | ~ *anglesa* (*Arbeit*) Fünftagewoche f | *la ~ Santa* (ecl) die Karwoche f | *cap de ~* Wochenende n | *entre ~* (loc adv) wochentags | fig fam: *la ~ dels tres dijous* nie u. nimmer | *estar de ~* diese Woche Dienst haben | **~manada** f Wochenlohn m | **~manal** adj (m/f) wöchentlich || s/m

col Wochenlohn *m* aller Arbeiter e-s Betriebs | *revista* ~ = **~manari** | **~manari** *m* Wochenschrift *f* | ~ *il·lustrat* illustrierte Wochenschrift *f* | **~maner(a** *f*) *m* Arbeiter(in *f*) *m*, der (die) in e-r bestimmten Woche mit der Arbeit an der Reihe ist | **~mesó (-ona** *f*) *adj med* Siebenmonats... | siebenmonatig || *s/mf* Siebenmonatskind *n* || *s/m ornit Bal* kl(r) Lappentaucher *m*.

setr|a *f* Vase *f*, Krug *m* | **~ill** *m* (Öl- *bzw* Essig-)Ännchen *n* | **~illeres** *f pl* Menage *f*, Öl- u. Essig-ständer *m*.

setz|e (29) *num* (*zG s: vuit*) sechzehn | *fig fam:* fer ~ in der Nase bohren *od* popeln | **~è (-ena** *f*) (30) *num* (*zG s: vuitè*) sechzehnte(r, -s); sechzehntel | **~ena** *f col* (*zG s: vuitena*) (etwa) sechzehn | (*Inhaltsmaß*) acht «porrons».

seu[1] *f* (*Ort*) Sitz *m* | *arquit* Bischofskirche *f*, Kathedrale *f* | ~ *episcopal* (*catol*) Bischofssitz *m* | ~ *social* (*com*) Geschäftssitz *m* | ~ *vacant* (*catol*) Sedisvakanz *f* | *la Santa* ~ (*catol*) der Heilige Stuhl | *la* ~ *del Parlament* der Sitz des Parlaments | (*és*)*ser l'obra de la* ~ (*fig*) e-e langwierige Arbeit sein.

seu[2] (**seva** *f*, **seus** *m pl*, **seves** *f pl*) (25) *pron poss* (*zG s: meu*) sein(e); seiner, seine, sein(es) | ihr(e); ihre(r, -s) | Ihr(e); Ihre(r, -s) | *ell creu que el* ~ *fill serà la seva salvació* er glaubt, daß sein Sohn seine Rettung sein wird | *digues a la teva germana que la seva amiga té el* ~ *paraigua* sag deiner Schwester, daß ihre Freundin ihren Schirm hat | *si vostè ho fa, tots els* ~s *col·legues l'imitaran* wenn Sie es tun, werden alle Ihre Kollegen es Ihnen nachmachen | (*Briefschluß*) *atentament* ~ ... hochachtungsvoll Ihr ...

sèu *m* Talg *m* | *untar amb* ~ mit Talg einfetten *od* einschmieren.

seuós (-osa *f*) *adj* talgig | fettig | schmierig.

seure (40) *vi* sitzen | ~ *en una cadira* (*a terra*) auf e-m Stuhl (am Boden) sitzen | *seu!* setz dich! | *segui!* nehmen Sie Platz! | *s: asseure*.

sèver *m med* Aloe-extrakt, -saft *m* | *bot* Aloe *f*.

sever|(ament *adv*) *adj* streng, hart | *dr* unnachsichtig | *fig a*. rigoros; genau | *estil* ~ scharfer Stil *m* | **~itat** *f* Strenge, Härte *f* | *dr* Unnachsichtigkeit *f* | *fig a*. Schärfe *f* | Rigorismus *m*.

sevícia *f* Grausamkeit *f* | Mißhandlung *f*.

sevillanes *f pl* (*Tanz*) Sevillana *f*.

sexag|enari (-ària *f*) *adj* sechzigjährig || *s/mf* Sechziger(in *f*) *m* | **~èsim** (30) *num* = **seixantè** | **~èsima** *f ecl* Sexagesima *f* | **~esimal** *adj* (*m/f*) *mat* sexagesimal.

sexdigitat (-ada *f*) *adj* sechsfingerig.

sexe *m* Geschlecht *n* | (*modern*) Sex(us) *m* | *p ext* (äußere) Genitalien, Geschlechtsteile *n pl* | *el bell* ~ das schöne Geschlecht | *el* ~ *dèbil* (*fort*) das schwache *od* zarte (starke) Geschlecht.

sexenn|al *adj* (*m/f*) sechsjährlich; sechsjährig | **~i** *m* (*Zeitraum*) sechs Jahre *n pl*.

sex|isme *m* Sexismus *m* | **~ista** *adj* (*m/f*) sexistisch || *s/m/f* Sexist(in *f*) *m* | **~ofília** *f* Neigung *f* zum Sex | **~ofòbia** *f* Abneigung *f* gegenüber dem Sex | **~òleg (-òloga** *f*) *m* Sexologe *m*, Sexologin *f* | **~ologia** *f* Sexual-forschung, -wissenschaft, Sexologie *f* | **~ològic** *adj* sexologisch.

sext|a *f mús* Sext(e) *f* | *hist* sechste Tagesstunde *f*, Mittagsstunde *f* | *ecl* Sext *f* | **~ant** *m nàut* Sextant *m* | **~et** *m mús* Sextett *n* | *Lit* (*Strophe*) Sestine *f* | **~ina** *f Lit* (*Gedicht*) Sestine *f*.

sèxtuple[1] *adj* (*m/f*) sechsfältig | **~**[2] *adj mat* sechsfach | *s/m* Sechsfache(s) *n*.

sextuplicar (33) *vt* versechsfachen.

sexua|l *adj* (*m/f*) geschlechtlich, sexuell | Sexual..., Geschlechts... | *caràcters* ~s Geschlechtsmerkmale *n pl* | *crim* ~ Sexualverbrechen *n* | *educació* ~ Sexualerziehung *f* | *ètica* ~ Sexualethik *f* | **~litat** *f* Geschlechtlichkeit, Sexualität *f* | **~t (-ada** *f*) *adj* mit Geschlechtsorganen versehen | (*Fortpflanzung*) geschlechtlich.

si[1] *m anat* Höhle, Vertiefung *f* | *nàut* Meerbusen *m* | (*Frau*) Busen *m*, Brust *f*; *bes* Schoß *m* | *fig* Herz, Innere(s) *n* | *el* ~ *matern* Mutter-brust *f bzw* -schoß *m* | *el* ~ *d'Abraham* (*bíbl*) Abrahams Schoß *m* | *anat:* ~ *frontal* (*etmoidal, maxil·lar*) Stirn-(Siebbein-, Kiefer-)höhle *f* | *en el* ~ *de* innerhalb *gen* | *en el* ~ *de la terra* im Erdinneren.

si[2] *m* (*pl sis*) *mús* h; H *n* | (*beim Solmisieren*) si *n* | ~ *major* H-Dur *n* | ~ *menor* h-Moll *n* | ~ *natural* h; H *n* | ~ *bemoll* b; B *n* | ~ *sostingut od diesi* his; His *n*.

si[3] (21) *pron* sich | *ell parla sempre de* ~ *mateix* er redet immer von s. (selbst) | *ho han fet per* (*od de*) ~ *mateixos* sie haben es von s. aus (*od* von selbst) getan | *aquestes declaracions són en ~ mateixes correctes* diese Äußerungen sind an (u. für) s. korrekt | *fora de ~* außer s. | *tornar en ~* wieder zu s. kommen | *filos: en (per a) ~* an (für) sich.

si[4] *conj (konditional)* wenn; falls | *~ puc, vindré* wenn ich kann, werde ich kommen | *~ plou, tanca la finestra!* wenn (*od* falls) es regnet, mach das Fenster zu! | *què faries, ~ podies* (od *poguessis*) *triar?* was würdest du tun, wenn du die Wahl hättest? | *~ fos d'ell, m'hi negaria* ich an seiner Stelle würde mich weigern | *~ haguessis vingut, ho hauries vist* wenn du gekommen wärst, hättest du es gesehen | *~ de* (od *per*) *cas el veus, avisa'l!* falls du ihn sehen solltest, sag ihm Bescheid! | *~ de* (od *per*) *cas, el més barat* wenn überhaupt, dann das billigste | *agafo el paraigua, per ~ (de cas) plou* ich nehme den Schirm mit, für den Fall daß es regnet | *per ~ de cas, emporta't l'abric!* nimm für (*od* auf) alle Fälle den Mantel mit! | *~ no, et trucaré* wenn (*od* falls) nicht, rufe ich dich an | *fes-ho ara, que, ~ no, serà massa tard!* tu es jetzt, sonst ist es zu spät! | *un ~ és no és salat* (um) e-e Spur zu salzig || (konzessiv; kausal) *~ (bé) en general no comparteixo les teves opinions, en aquest cas et dono la raó* wenn ich auch im allgemeinen deine Ansichten nicht teile, gebe ich dir in diesem Fall recht | *~ tu ho dius, deu (és)ser veritat* wenn du es sagst, wird es wohl stimmen || (+ *Objektsatz*) ob | *no sé ~ ha estat ell* ich weiß nicht, ob er es gewesen ist | *pregunta-li ~ ho sap!* frage ihn, ob er es weiß! | *mira ~ hi són!* schau nach, ob sie da sind! || (in *Komparativsätzen*) *m'he divertit més que ~ haguéssim sortit* ich habe mich mehr amüsiert, als wenn wir ausgegangen wären | *és com ~ estiguéssim maleïts* es ist, als ob wir verflucht wären | *tant ~ els agrada com ~ no* ob es ihnen paßt oder nicht || (in *Ausrufesätzen*) *~ ho sabessis!* wenn du es wüßtest! | *però ~ és en Joan!* das ist doch Hans! | *~ n'ets, de savi!* und ob du klug bist! || *s: bé*[1], *com, més, que*[2].

sí *adv* ja | (*auf negative Fragen*) doch | *véns? ~* kommst du? -Ja | *no t'agrada? ~, molt* gefällt es dir nicht? -Doch, sehr | *~, home!* ja doch!, aber ja! | *és clar que ~!* selbstverständlich!; das ist (doch ganz) klar! | *oh ~!* o ja! | *perquè ~* aus Eigensinn *od* Trotz | *perquè ~!* darum! | *aquesta ~ que és bona!* (*iròn*) das ist wirklich gut! || *s/m* Ja(wort) *n* | *donar el ~* s-e Zustimmung geben.

sia *conj:* ~ ... ~ sei es ... sei es | ~ ... o sei es ... oder, entweder ... oder.

sial|agog *adj med* speichelerzeugend || *s/m* speichelerzeugendes Mittel *n* | **~isme** *m med* Speichelfluß *m* | **~oide** *adj (m/f)* speichelähnlich.

siamès (-esa *f) adj* siamesisch | *gat ~* Siamkatze *f* | *germans siamesos* siamesische Zwillinge *m pl* || *s/mf* Siamese *m,* Siamesin *f* || *s/m ling arc* Siamesisch *n* | *el ~* das Siamesische.

sibar|ita *adj (m/f)* sybaritisch | schlemmerhaft | schwelgerisch | *s/m/f* Sybarit(in *f) m* | Schlemmer(in *f) m* | Schwelger(in *f) m* | **~ític** *adj =* **sibarita** | **~itisme** *m* Genußsucht *f* | Schlemmerei *f* | Schwelgerei *f* | Verweichlichung *f*.

Sib|èria *f* Sibirien *n* | **~erià (-ana** *f) adj* sibirisch || *s/mf* Sibirier(in *f) m*.

sibila|ció *f med* Pfeifen *n* | **~nt** *adj* (*m/f*) *ling* Zisch... || *s/f* Zischlaut, Sibilant *m*.

sibil·l|a *f mit* Sibylle *f* | **~í (-ina** *f),* **~ític** *adj* sibyllinisch | *fig* rätselhaft.

siboc *m ornit* Nachtschwalbe *f,* Ziegenmelker *m*.

sicard *m ornit* Seeadler *m*.

sicari *m lit* gedungene(r) Meuchelmörder *m* | *pop* Killer *m*.

Sic|ília *f* Sizilien *n* | **~ilià (-ana** *f) adj* sizilianisch || *s/mf* Sizilianer(in *f) m*.

sic|ofanta *m hist* Sykophant *m* | *p ext* Verräter *m* | **~òmor** *m bot* Maulbeerfeigenbaum *m,* Sykomore *f*.

sícon *m zool* Sykonschwamm *m*.

sico|ni *m bot (Feige)* Sykonion *n* | **~si** *f med* Sykose, Bartflechte *f*.

SIDA *f med* Aids *n* | *malalt de ~* aidskrank.

sidecar *m* (*Motorrad*) Beiwagen *m*.

sider|ació *f* Einfluß der Sterne *m* | *med* (Hirn)Schlag *m* | *agr* Gründüngung *f* | **~al** *adj (m/f)* Stern(en)... | siderisch | **~i (-èria** *f) adj* siderisch, Stern(en)... | **~isme** *m* Glaube *m* an den Einfluß der Sterne.

sider|ita *f min* Siderit, Eisenspat *m* | **~osa** *f =* **siderita** | **~osi** *f med* Siderose *f,* Eisenstaub *m* in der Lunge |

sidra 923 **siliqüiforme**

~úrgia f tecn Eisenhüttenkunde f | Eisenhüttenwesen n | **~úrgic** adj eisen-herstellend u. -verarbeitend, Eisen(hütten)... | indústria ~a Eisenindustrie f.
sidra f Apfelwein, Zider m | ~ aixampanyada od escumosa Apfelsekt m.
sífilis f med Syphilis, Lues f.
sifilític adj syphilitisch, luetisch || s/mf Syphilitiker(in f) m.
sif|ó m fís (Saug)Heber m | Saugröhre f | Siphon(flasche f) m | arquit (Abflußrohr) Geruchverschluß m, Kniestück n | zool Sipho m | (Getränk) Sodawasser m | vi amb ~ (Wein)Schorle f | **~onàpters** m pl entom Flöhe m pl | **~onòfors** m pl zool Staatsquallen f pl | **~onogàmia** f biol Siphonogamie, Schlauchbefruchtung f.
sigil·l|ar¹ adj (m/f) Siegel... | **~ar**² (33) vt lit besiegeln | **~at (-ada** f) adj besiegelt | versiegelt | **~ògraf(a** f) m Siegel-kenner(in f), -forscher(in f) m | **~ografia** f hist Siegelkunde, Sphragistik f | **~ogràfic** adj siegelkundlich, sphragistisch.
sigla f Sigel n | Abkürzung f, Kürzel n.
sigm|a f Sigma n | anat (a. ~ilíaca) Sigmoid m | **~atisme** m ling Sigmatismus m | **~oide** adj (m/f) Sigma... | sigmaförmig | anat: vàlvules ~s sigmaförmige Drüsen f pl.
sign|acle m aufgedrucktes Zeichen n | **~ador** adj unterzeichnend | unterschreibend || s/mf = **~ant** | **~ament** m Unterschreiben n, Unterzeichnung f | **~ant** adj (m/f) = **~ador** || s/mf f Unterzeichner(in f) m | polít a. Signatar m | **~ar** (33) vt unterzeichnen, unterschreiben | (Wunsch) bedeuten, andeuten | **~atari (-ària** f) m bes dr u. polít Unterzeichner(in f), Signatar(macht f) m | **~atura** f Unterschreiben m, -zeichnung f | Unterschrift f | gràf Signatur f | Signet n | **~e** m Zeichen n | Signal n | (Symptom) Anzeichen n | (Wink) Andeutung f; Zeichen n | mús (Vor)Zeichen n | s: senyal | ~ d'addició (de subtracció) Additions-, Plus-(Subtraktions-, Minus-)zeichen n | ~ de divisió (de multiplicació) Divisions-, Teilungs-(Multiplikations-, Mal-)zeichen n | **~s** de puntuació Interpunktionszeichen n pl | ~ d'admiració (d'interrogació) Ausrufe-(Frage-)zeichen n | **~s** del Zodíac Tierkreiszeichen n pl | ~ caracterís-

tic od distintiu Kennzeichen, Merkmal n | **~s** fonètics phonetische Symbole od Lautzeichen n pl | ~ precursor Vor-zeichen n, -bote m | parlar amb **~s** s. durch Zeichen verständigen | **~ificació** f a. fig Bedeutung f | Sinn m | fig a. Wichtigkeit f | **~ificador** adj bezeichnend, anzeigend | **~ificament** m Bedeuten n | Bezeichnen n | **~ificança** f lit = **~ificació** | **~ificant** adj (m/f) bedeutend | bezeichnend || s/m ling Signifikant m | **~ificar** (33) vt bedeuten | bezeichnen | heißen | fig andeuten | ~ u/c a alg j-m etw zu verstehen geben od lit bedeuten | **~ificar-se** v/r auffallen, s. bloßstellen | **~ificat** m ling Signifikat n | = **~ificació** | **~ificatiu (-iva** f, **-ivament** adv) adj bezeichnend | bedeutend | fig (Blick) bedeutsam, bedeutungsvoll, vielsagend.
silen|ci m (Still)Schweigen n | a. fig Stille, Ruhe f | mús Pause(nzeichen n) f | ~! Ruhe! | guardar (od servar) ~ sobre s. ausschweigen über (ac) | passar u/c en (od sota) ~ etw stillschweigend übergehen | trencar (od rompre) el ~ das Schweigen brechen | **~ciador** m tecn Schalldämpfer m | aut Auspufftopf m | **~ciós (-osa** f, **-osament** adv) adj schweigend | geräuschlos, still | (Mensch) schweigsam, verschwiegen; wortkarg.
silene f bot Leimkraut n.
Sil|èsia f Schlesien n | **~esià (-ana** f) adj schlesisch || s/mf Schlesier(in f) m.
sílex m min Silex; Feuerstein, Flint m.
silf, sílfide m/f mit Elf(e f) m, Sylphe m, Sylphide f.
silicat m quím Silikat, kieselsaure(s) Salz n.
sílice f quím Kiesel(erde f) m.
sil|ici¹ m quím Silicium n | **~ici**² **(-ícia** f) adj Kiesel... | kieselerdehaltig | roca silícia Kieselschiefer m | **~ícic** adj quím Silicium... | àcid ~ Kieselsäure f | **~icificació** f Verkieselung, Silifikation f | **~icificar** (33) vt geol bot verkieseln, silifizieren | **~iciür** m quím Kieselverbindung f | **~icona** f quím Silikon n | **~icosi** f med Silikose, Staublungenkrankheit f.
sil|ícula f bot Schötchen n | **~iculós (-osa** f) adj bot Schötchen...
síliqua f bot Schote f.
sili|qüiforme adj (m/f) schotenförmig |

síl·laba

~quós (**-osa** f) adj bot schotentragend.
síl·laba f Silbe f.
sil·l|abari m Fibel f, Abc-Buch n | **~abejar** (33) vt Silbe für Silbe aussprechen | **~àbic** adj silbisch | Silben... | *escriptura* ~a Silbenschrift f.
síl·labus m Verzeichnis n, Aufstellung f | *catol* Syllabus m.
sil·l|epsi f *ling* Syllepsis, Syllepse f | **~èptic** adj sylleptisch.
sil·log|isme m *filos* Syllogismus m | **~ístic(ament** adv) adj syllogistisch || s/f Syllogistik f | **~itzar** (33) vi Syllogismen denken, mit Syllogismen argumentieren.
silueta f Schattenriß m, Silhouette f.
silur m *ict* Wels, Waller m.
sil|urià (**-ana** f), **~úric** adj *geol* silurisch | *període* ~ Silur n.
siluriformes m pl *ict* Welse m pl.
silv|a f *Lit*: Gedicht in verschiedenen Versmaßen | **~à** m *mit* Waldgott m | **~estre** adj (m/f) Wald... | wildwachsend | *plantes* ~s Wildpflanzen f pl | **~ícola** adj (m/f) in Wäldern lebend | **~icultor(a** f) m Forstwirtschaftler(in f) m | **~icultura** f Waldbau m | Forstwirtschaft bzw -wissenschaft f.
sima f *nàut* Tau n.
simarubàcies f pl *bot* Bittereschengewächse n pl.
simbi|ont m *biol* Symbiont m | **~osi** f Symbiose f | **~òtic** adj symbiotisch.
simblefàron m *med* Symblepharon n.
símbol m Symbol, Sinnbild n | *cient* Symbol, (Formel)Zeichen n | *rel* (a. ~ *de fe*) Symbolum n.
simb|òlic(ament adv) adj symbolisch, sinnbildlich | **~olisme** m Symbolismus m | **~olista** adj (m/f) symbolistisch || s/m/f Symbolist(in f) m | **~olització** f Symbolisierung, Versinnbildlichung f | **~olitzar** (33) vt symbolisieren, versinnbildlichen | symbolisch darstellen | **~ologia** f Symbolkunde f.
simbomba f *mús* Hirten-, Schnarrtrommel f.
sim|etria f Symmetrie f | **~ètric** adj symmetrisch | *fig* entsprechend | **~etritzar** (33) vt symmetrisch machen.
símfisi f *anat* Symphyse f | *med* a. Verwachsung; Knochenfuge f | ~ *del pubis* Scham(bein)fuge f.
sim|fonia f *mús* Sinfonie, Symphonie f | **~fònic(ament** adv) adj sinfonisch, symphonisch | **~fonista** m/f Sinfoniker(in f), Symphoniker(in f) m.
simi m *zool* Affe m | **~esc** adj affenartig | Affen... | *fig* a. Fratzen...
símil m *lit* Gleichnis n | Vergleich m.
simil|ar adj (m/f) ähnlich | gleichartig | **~itud** f a. *lit* Ähnlichkeit f | Gleichartigkeit f | **~itudinari** (**-ària** f) adj = **similar** | **~or** m *tecn* Scheingold, Similor n.
simitarra f Krummsäbel m.
simon|ia f *ecl* Simonie f, Ämterkauf m | **~íac** adj simonistisch || s/mf Ämterkäufer(in f) m | Ablaßverkäufer(in f) m.
simp|atia f Sympathie, Zuneigung, innere Verbundenheit f | **~àtic(ament** adv) adj a. *anat* sympathisch | *fig* nett, freundlich | *tinta* ~a unsichtbare Tinte f || s/m *anat* Sympathikus m | **~atitzant** adj (m/f) sympathisierend | Gesinnungs... || s/mf Gesinnungs-genosse m, -genossin f | Anhänger(in f) m | Sympathisant(in f) m | **~atitzar** (33) vi sympathisieren (*amb* mit) | **~ètal** adj *bot* gamopetal, sympetal, verwachsenblättrig.
simpl|e adj (m/f) einfach, nicht zusammengesetzt | leicht, klar | schlicht, schmucklos, einfältig (*bíbl*) | natürlich, ungekünstelt | bloß | *cos* ~ Element n, Grundstoff m | *estil* ~ einfacher *od* ungekünstelter Stil m | *oració* (*od proposició*) ~ (*ling*) einfacher Satz m | *una* ~ *pregunta* nur eine Frage f | *a* ~ *vista* mit den bloßen Auge | *és la* ~ *veritat* das ist die nackte Wahrheit | **~ement** adv (ganz) einfach | bloß, nur | offen | schlecht-hin, -weg | **~icíssim** sup sehr (*od* höchst) einfach | **~icitat** f a. *tecn* Einfachheit f | Schlichtheit, Prunklosigkeit, Schmucklosigkeit f | (*bes geistige*) Einfalt; Natürlichkeit, Unbefangenheit f | **~ificable** adj (m/f) zu vereinfachen(d) | simplifizierbar | *mat* kürzbar | **~ificació** f Vereinfachung f | *mat* (*Bruch*) Kürzen *od* Einrichten n | **~ificador** adj vereinfachend | **~ificar** (33) vt vereinfachen | *lit* (*stark*) simplifizieren | *mat* a. (*Brüche*) kürzen | **~ificatiu** (**-iva** f) adj vereinfachend | simplifizieren | **~isme** m grobe Vereinfachung, Simplifizierung f | (*als Folge*) Einseitigkeit f | **~ista** adj (m/f) grob vereinfachend, simplifizierend | einseitig.
simp|odi m *bot* Scheinachse f, Sympodium n | **~òdic** adj sympodial.

simposi *m* Symposium *n*.
símptoma *m* Symptom *n* | Anzeichen *n* | *símptomes de decadència* (*a. fig*) Verfallserscheinungen *f pl* | *els primers símptomes d'una malaltia* die ersten Symptome (*od* Anzeichen) e-r Krankheit | *hi ha símptomes d'un canvi imminent* es gibt Anzeichen für e-n baldigen Wandel.
simptom|àtic *adj* symptomatisch (*de* für) | **~atologia** *f med* Symptomatologie, Semiologie *f* | *col* Symptome *n pl* | **~atològic** *adj med* symptomatologisch, semiologisch | Symptom...
simul|ació *f* Vor-spiegelung, -täuschung *f* | Verstellung *f* | Simulation *f* | **~acre** *m* Schein-, Trug-bild *n* | Schein *m* | *~ de combat* Scheingefecht *n* | **~ador(a** *f*) *m* Simulant(in *f*) *m* | *s/m tecn* Simulator *m* | *~ de vol* Flugsimulator *m* | **~ar** (33) *vt* vorspiegeln, -täuschen, *a. med tecn* simulieren | *fig lit* fingieren | **~at** (**-ada** *f*) *adj* vorgetäuscht, fingiert | Schein... | *venda simulada* Scheinverkauf *m* | **~taneïtat** *f* Gleichzeitigkeit *f* | Simultaneität *f* | **~tani** (**-ània** *f*) *adj* gleichzeitig | Simultan... | (*Schach*) *partides simultànies* Simultanpartien *f pl*.
simun *m* Samum *n*.
sina *f* Busen *m* | *bot* Kerbe *f*.
sinagoga *f* Synagoge *f* | **~l** *adj* (*m/f*) synagogal.
sin|alefa *f ling poèt* Synalöphe *f* | **~al·lagmàtic** *adj dr* zweiseitig, synallagmatisch | **~andre** *adj bot* synandrisch.
sinapisme *m med* Senf-pflaster *n*, -umschlag *m*.
sin|apsi *f biol* Synapse *f* | **~artrosi** *f anat* Synarthrose *f* | **~càrpic** *adj bot* synkarp.
sincer *adj* aufrichtig | offen(herzig) | ehrlich | **~ament** *adv: parlant ~* offen (*od* ehrlich) gesagt, offen gestanden | **~ar(se)** (33) *vt*(/*r*) (s.) rechtfertigen, (s.) entschuldigen | **~itat** *f* Aufrichtigkeit *f* | Offenheit; Offenherzigkeit *f* | Ehrlichkeit, Wahrheitsliebe *f* | *amb tota* (*la*) *~* in aller Offenheit | *manca de ~* Unaufrichtigkeit *f*.
sincl|í *m geol* Synkline, Mulde *f* | **~inal** *adj* synklinal, muldenartig || *s/m* Synklinale, Synkline *f* | **~ínic** *adj* synklinal.
sincopa|r (33) *vt mús ling Lit* synkopieren | **~t** (**-ada** *f*) *adj mús* synkopiert | synkopisch.
síncope *f a. med* Synkope *f*.
sin|crasi *f lit* Verschmelzung, Vermischung *f* | **~crètic** *adj ling rel* synkretistisch | **~cretisme** *m* Synkretismus *m*.
síncron *adj a. fís* synchron.
sincr|onia *f* Gleichzeitigkeit *f* | *bes ling* Synchronie *f* | **~ònic** *adj* synchron, gleichzeitig | *ling a.* synchronisch | **~onisme** *m* Synchronismus *m* | *tecn a.* Gleichlauf *m* | *ling* Synchronie *f* | **~onització** *f* Synchronisierung *f* | **~onitzar** (33) *vt a. cin tv tecn* synchronisieren | *hist* zeitlich anordnen | **~onitzat** (**-ada** *f*) *adj* synchronisiert | *plenament ~* (*aut*) vollsynchronisiert | **~otró** *m tecn* Synchrotron *n*.
sind|àctil *adj* (*m/f*) mit zusammengewachsenen Fingern *bzw* Zehen | **~actília** *f*, **~actilisme** *m med* Syndaktilie *f* | **~èresi** *f* (natürliches) Urteilsvermögen *n*.
síndic *m* Syndikus, Vertreter; Rechtsbeistand *m* | (*Katalonien*) *~ de greuges* Ombudsmann, Volksvertreter *m* für Bürgerrechte.
sindica|ció *f* Zusammenschluß *m* in Gewerkschaften | Syndizierung *f* | **~l** *adj* (*m/f*) gewerkschaftlich | Gewerkschafts... | Syndikats... | **~lisme** *m* Gewerkschaftsbewegung *f*, Syndikalismus *m* | **~lista** *adj* (*m/f*) gewerkschaftlich, Gewerkschafts..., syndikalistisch || *s/m/f* Gewerkschaftler(in *f*), Syndikalist(in *f*) *m* | **~r(-se)** (33) *vt*(/*r*) (s.) in Gewerkschaften zusammenschließen | **~t** *m* (*Arbeiter*) Gewerkschaft *f* | (*Kartell, Verbrecher*) Syndikat *n* | *~ groc m* arbeitgeberfreundliche Gewerkschaft *f*.
síndria *f* Wassermelone *f*.
sindri|ar *m agr* Wassermelonenfeld *n* | **~era** *f bot* Wassermelone *f*.
síndrome *f med* Syndrom *n*.
sin|ècdoque *f ret* Synekdoche *f* | **~ecdòquic** *adj* synekdochisch.
sinecura *f* Pfründe, Sinekure *f* | Druckposten *m*.
sin|èresi *f ling* Synärese *f* | **~ergètic** *adj* synergetisch | **~ergia** *f biol quím* Synergie *f* | Zusammenwirken *n* | **~estèsia** *f med* Synästhesie *f*.
singalès (**-esa** *f*) *adj* singhalesisch || *s/m/f* Singhalese *m*, Singhalesin *f* || *s/m ling*

singlad(ur)a

Singhalesisch *n* | *el* ~ das Singhalesische.
singla|d(ur)a *f nàut* Tagesreise *f*, Etmal *n* | **~r** (33) *vi nàut* segeln | Kurs halten.
singlot *m* Schluckauf, Schlucken *m* | *tenir* ~ (den) Schluckauf haben | **~ar** (33) *vi* (den) Schluckauf haben, *umg* schlucksen | *fig* glucksen.
singular *adj (m/f)* einzeln | einzigartig, sonderbar, selten | eigentümlich || *s/m ling* Einzahl *f*, Singular *m* | *fig* Sonderbare(s) *n* | **~itat** *f* Sonderbarkeit, Eigentümlichkeit *f* | Eigen-art, -heit *f* | **~ització** *f* Heraushebung *f* | **~itzar** (33) *vt* absondern | auszeichnen | herausheben | **~itzar-se** *v/r* aus der Reihe tanzen | **~ment** *adv* besonders, im besonderen | äußerst, außerordentlich | eigenartig, seltsam | seltsamerweise.
sínia *f agr* Wasserhebe-, Paternoster-werk *n* | Schöpfrad *n*.
sinistr|e *adj* unheil-verkündend, -voll, düster, *lit* sinister | unheimlich | linke(r, -s) || *s/m* Unglück(sfall *m*) *n*, Unfall *m* | Schaden *m* | Unheil *n* | (*Versicherung*) Schadens-, Verlust-fall *m* | **~ors** *adj* linksdrehend.
sinó *conj* sondern | vielmehr | *no solament* ... ~ nicht nur... sondern auch | *no vull que callis*, ~ *que no cridis* ich will nicht, daß du schweigst, sondern daß du nicht schreist | *no* ... ~ nur, außer, ausgenommen | *ningú no ho sap*, ~ *tu* niemand weiß es außer dir | *no tenia* ~ *un fill* er hatte nur e. (einziges) Kind.
sínoc *adj* fort-laufend, -während | *febre* ~*a* ständiges Fieber *n*.
sinodal *adj (m/f) ecl* synodal, synodisch | *constitució* ~ Synodalverfassung *f* | **~ment** *adv* auf e-r Synode.
sínode *m* Synode *f*.
sinòdic *adj a. astr* synodisch.
sinoic *adj bot* synözisch, monözisch, einhäusig | *bot* gemischtgeschlechtig.
sin|òleg (-òloga *f*) *m* Sinologe *m*, Sinologin *f* | **~ologia** *f* Sinologie *f*.
sin|ònim *adj ling* synonym | *bes fig a.* gleichbedeutend | *s/m ling a.* fig Synonym *n* | **~onímia** *f* Synonymie *f* | **~onímic** *adj* synonymisch.
sinople *adj (m/f)* (*Wappenkunde*) grün.
sin|opsi *f* Über-blick *m*, -sicht *f* | Zusammenschau *f* | *bes cient* Synopse, Synopsis *f* | **~òptic** *adj* übersichtlich, synoptisch (zusammengestellt), Über-

siringa

sichts... | *bíbl: evangelis* ~*s* Synoptiker *m pl*.
sin|òvia *f biol* Gelenkschmiere, Synovia *f* | **~ovial** *adj (m/f)* Gelenk... | *membrana* ~ Gelenkhaut *f* | **~ovitis** *f med* Gelenkentzündung *f*.
sint|àctic(ament *adv*) *adj ling* syntaktisch | **~axi** *f* Syntax *f*.
síntesi *f* Synthese *f* | Zusammen-fassung, -setzung, -fügung *f* | *quím* Aufbau *m*, Synthese *f* | *fig* Inbegriff *m* | *en* ~ kurzgefaßt; insgesamt | *fer la* ~ *de* synthetisch herstellen *bzw* darstellen.
sint|ètic(ament *adv*) *adj* synthetisch | künstlich | Kunst... | *text: fibra* ~*a* Kunstfaser *f* | **~etitzable** *adj (m/f)* zusammenfaßbar | *quím* synthetisch herstellbar | **~etitzar** (33) *vt bes quím* synthetisieren | zusammenfassen.
sint|onia *f rad* Abstimmung *f* | **~ònic** *adj* abgestimmt | **~onització** *f rad* Abstimmen, Einstellen *n* | Abstimmung *f* | **~onitzar** (33) *vt rad* abstimmen, einstellen | ~ *una emissora* e-n Sender einstellen *bzw* hören.
sinu|ós (-osa *f*, **-osament** *adv*) *adj* geschlängelt | gekrümmt | gewunden | *fig* dunkel, verborgen | **~ositat** *f* Gewundenheit *f* | **~s** *m mat* Sinus *m* | **~sitis** *f med* Sinusitis, Nasennebenhöhlenentzündung *f* | **~soïdal** *adj (m/f)* sinus-artig, -förmig | Sinuslinien... | **~soide** *f* Sinus-kurve, -linie *f*.
sionis|me *m polít* Zionismus *m* | **~ta** *adj (m/f)* zionistisch || *s/m/f* Zionist(in *f*) *m*.
sipai *m mil hist* Sepoy *m* | Spahi *m*.
sípia *f ict* Tintenfisch *m*, Sepie *f*.
síquia *f or Bal* = **sèquia**.
siren|a *f a. mit fig* Sirene *f* | *fig a.* Nixe, Meer(jung)frau *f* | ~ *d'alarma* Alarmsirene *f* | **~is** *m pl zool* Sirenen, Seekühe *f pl*.
sirga *f nàut* Treidel *m* | Schlepptau *n* | *camí de* ~ Treidel-pfad, -weg *m* | **~r** (33) *vt nàut* treideln | schleppen || *vi* getreidelt werden | *fig* schwer arbeiten, s. abplagen, s. schinden.
siri (síria *f*) *adj u. s/mf* = **sirià, siríac**.
Síria *f* Syrien *n*.
sir|ià (-ana *f*) *adj* syrisch || *s/mf* Syr(i)er(in *f*) *m* | **~íac** *adj bes hist ling art* syrisch || *s/mf* Syr(i)er(in *f*) *m* || *s/m ling* Syrisch *n* | *el* ~ das Syrische.
siring|a *f mús* Panflöte, Syrinx *f* | *med (After)* Fistel *f* | **~e** *f anat (Vögel)*

sirventès 927 **sobirà**

Syrinx *f* | **~omièlia** *f med* Syringomyelie *f* | **~otomia** *f med* (*After*) Fistelamputation *f*.
sirventès *m hist* (*Troubadours*) Sirventes *n*.
sis (29) *num* (*zG s: vuit*) sechs ‖ *fig:* tenir el dia ~ schlecht aufgelegt sein; zu nichts Lust haben | *tenir sempre un* ~ *o un as* immer irgendein Wehwehchen haben | *trobar un* ~ *o un as* immer etw auszusetzen haben | *fonda de* ~*os* schäbiges Gasthaus *n* | **~al** *m bot* Sisal(hanf) *m* | **~avat (-ada)** *f*) *adj* sechsseitig.
sisca *f bot* Alang-Alang-Gras *n*.
siscall *m bot* Salzkraut *n* («Salsola vermiculata»).
sis|-centè (-ena) *f*) (30) *num* (*zG s: vuitè*) sechshundertste(r, -s); sechshundertstel | **~-cents** (-centes) *f*) (29) *num* (*zG s: vuit, vuit-cents*) sechshundert | **~è** (-ena) *f*) (30) *num* (*zG s: vuitè*) sechste(r, -s); sechstel.
siseta *f ornit* Val Wasserläufer *m*.
sisimbri *m bot* Wegrauke *f*.
sisme *m* Erdbeben *n* | ~ *submarí* Seebeben *n*.
sísmic *adj* seismisch, Erdbeben... | *moviments* ~*s* (Erd)Erschütterungen *f pl*.
sism|isme *m col* seismische Phänomene *n pl* | **~ògraf** *m* Seismograph *m* | **~ografia** *f* Seismographie *f* | **~ogràfic** *adj* seismographisch | **~ograma** *m* Seismogramm *n* | **~òleg** (-òloga) *f*) *m* Seismologe *m*, Seismologin *f* | **~ologia** *f* Seismik, Seismologie *f* | **~òmetre** *m* Seismometer *n* | **~ometria** *f* Seismometrie *f* | **~omètric** *adj* seismometrisch.
sisó *m ornit* Trappe *f* («Otis tetrax»).
sist|ema *m* System *n* | *p ext a.* Verfahren *n*; Methode *f* | ~ *d'alarma* Alarmanlage *f* | ~ *de coordenades* (*decimal, econòmic, electoral, monetari*) Koordinaten-(Dezimal-, Wirtschafts-, Wahl-, Währungs-)system *n* | ~ *mètric* (*polític*) metrisches (politisches) System *n* | *anàlisi de sistemes* Systemanalyse *f* | *amb* ~ mit System | *sense* ~ ohne System, systemlos | **~emàtic**(**ament** *adv*) *adj* systematisch | planmäßig | **~ematització** *f* Systematisierung *f* | **~ematitzar** (33) *vt* systematisieren | **~èmic** *adj anat* systemisch.
sístole *f med* Systole *f* | *Lit* Silbenkürzung *f*.
sistòlic *adj med* systolisch.

sistre *m mús hist* Sistrum *n*.
sit *m ornit* Ammer *f* | ~ *blanc* (*groc, negre*) Schnee-(Zaun-, Zipp-)ammer *f*.
siti (**sítia** *f*) *adj ant* liegend, gelegen | befindlich ‖ *s/m* = **seti**.
sitja *f agr* Silo *m* | (*Köhlerei*) Meiler *m* | **~m** *m col* Silos *m pl* | **~r** *m* Silostandort *m*.
sito|fòbia *f med* Nahrungsabneigung *f* | **~logia** *f* Ernährungslehre *f*.
sitr|a *f* Öl-behälter, -kanister *m* | **~ell** *m* = **setrill** | **~ella** *f reg* Wasser-, Trink-krug *m* | **~elleres** *f pl reg* = **setrilleres**.
situa|ció *f* Lage *f* | *fig a.* Situation *f* | (*financiell, familiär*) *a.* Verhältnisse *n pl* | *nàut aeron* Standort *m*, Position *f* | ~ *jurídica* Rechtslage *f* | *posa't en la meva* ~! versetz dich in meine Lage! | **~r** (33) *vt* plazieren, legen *bzw* (auf-)stellen, setzen | (*Ort*) ausmachen | *fig* einordnen, situieren | **~r-se** *v/r fig s.* (*dat*) e-e Position (*od* Stellung) verschaffen | **~t (-ada)** *f*) *adj* gelegen | (*financiell*) gestellt, *lit* situiert | *una família ben situada* e-e gutsituierte Familie | *el meu fill està ben* ~ mein Sohn ist gut situiert | *la botiga està mal situada* der Laden liegt ungünstig *od* ist ungünstig gelegen.
siular (33) *vt/i Bal* = **xiular**.
siur|eny, **~ó** *m* = **sureny**.
sivella *f* Schnalle *f* | ~ *de cinyell* od *cinturó* Gürtelschnalle *f*.
sivina *f* = **savina**.
sizígia *f astr* Syzygie *f*.
so *m a. mús* Klang *m* | *ling* Laut *m* | *fís* Schall *m* | *rad tv* Ton *m* | *a* ~ *de campanes* unter Glockengeläut | *en* ~ *de pau* in friedlicher Absicht | *ballar segons el* ~ (*fig*) mit den Wölfen heulen.
sobec *m* unüberwindliche Schläfrigkeit *f* | Schläfchen *n*.
soberg *adj* hoffärtig | übermütig, stolz | *fig* herrlich, stattlich | *desp* tyrannisch | herrisch | **~uejar** (33) *vt a. fig* überragen | beherrschen | *desp* tyrannisieren | **~ueria** *f* Hoffart *f* | Hochmut, Übermut *m* | tyrannische Beherrschung *f*.
sobines: *de* ~ (*loc adv*) auf dem Rücken liegend.
sob|irà (-ana *f*) *adj* oberste(-r, -s), höchste(r, -s) | (*Staat, Macht*) souverän ‖ *s/mf* Souverän *m*, Herrscher(in *f*) *m* | **~irania** *f* Oberhoheit, Oberherrschaft, Souveränität *f* | ~ *popular*

Volkssouveränität *f* | *drets de* ~ Hoheitsrechte *n pl* | **~ra** *f* Übermaß *n* | Überfluß *m* | *de* ~ überflüssig; im Überfluß || *pl* Reste *m pl*, Überbleibsel *n pl* | **~ralles** *f pl* (Über)Reste *m pl* | *bes* Speisereste *m pl* | **~rancer** *adj* übrig | überschüssig | **~rances** *f pl* = **~ralles** | **~rant** *adj* (*m/f*) übrig(geblieben) | restlich || *s/m* Überrest *m* | *com* Restant, Restbestand *m*; Überschuß *m* | **~rar** (33) *vi* übrigbleiben | überflüssig sein | *els sobra raó* sie haben mehr als recht | *et sobra temps per a tot* du hast Zeit für alles | *em sembla que aquí hi sobro* ich komme mir hier überflüssig vor || *vt ant* = **superar** | **~rassada** *f gastr* Paprikastreichwurst *f* | **~rat** (**-ada** *f*) *adj* über-mäßig, -flüssig | überreichlich | *fig a.* lästig.

sobre *adv* darauf (*umg* drauf) *bzw* darüber (*umg* drüber) | oben-drauf *bzw* -drüber | *s: damunt* | *deixa-ho allà* ~! leg es dort drauf! | *a* ~, *te'n fums!* du machst dich obendrein noch darüber lustig! || *prep* auf (*ac bzw dat*); über (*ac bzw dat*) | (Inhalt, Thema) über (*ac*) | *s: damunt* | *la marxa* ~ *Roma* der Marsch auf Rom | *tres graus* ~ *zero* drei Grad über Null | *l'impost* ~ *la renda* die Einkommensteuer | *un assaig* ~ *Verdaguer* e. Essay *n* über Verdaguer | *~ això no cal dir res més* darüber ist nichts mehr zu sagen || *s/m* Oberseite *f* | (Brief)Umschlag *m* | **~abundància** *f* Überfülle *f* (*de an od von dat*) | *fig* Überschwang *m* | **~abundant**(**ment** *adv*) *adj* (*m/f*) überreichlich, -schwenglich | über-flüssig, -zählig | **~abundar** (33) *vi* im Überfluß vorhanden sein | überfließen (*de, en* von) | **~afegir** (37) *vt* zum Überfluß hinzufügen | **~agut** (**-uda** *f*) *adj* *mús* sehr (*bzw* zu) hoch | *med* äußerst akut | **~alçament** *m arquit* Überhöhung *f* | **~alçar** (33) *vt arquit* überhöhen | **~alè** *m med* keuchende(r) Atem *m* | **~alimentació** *f* Überernährung *f* | **~alimentar** (33) *vt* überernähren | überfüttern | **~argentar** (33) *vt* (*Metall*) versilbern | **~baixament** *m arquit* (*Bogen*) Drückung *f* | **~baixar** (33) *vt arquit* (*Gewölbe*) flach aufbauen | **~baixat** (**-ada** *f*) *adj arquit* abgeflacht | niedrig | **~bò** (**-ona** *f*) *adj* ausgezeichnet, vortrefflich, vorzüglich | **~calça** *f* Gamasche *f* | **~calze** *m ecl* = **cobrecalze** | **~canya** *f*

(*Pferde*) Überbein *n* (*am Mittelfuß*) | **~càrrec** *m nàut* Ladungsoffizier *m* | **~càrrega** *f* Über-ladung, -last *f* | *fig* allzu gr(e) Steuerlast *f* | **~carregar** (33) *vt* über-laden, -lasten | *fig adm* hoch besteuern | **~carta** *f* Briefumschlag *m* | **~cel** *m* = **cobricel** | **~cella** *f* Stirn *f* (über den Augenbrauen) | **~cingla** *f* (*Pferdegeschirr*) Obergurt *m* | **~claustre** *m arquit* Raum *m* über e-m Kreuzgang | **~coberta** *f gràf* Schutzumschlag *m* | *nàut* Aufbaudeck *n* | **~cor** *m med* Ohnmacht *f* | *fig* gr(e) Seelenangst *f* | **~creix** *m* Vermehrung *f*, Zuwachs *m* | **~créixer** (40) *vi* zuwachsen, (zu stark) wachsen | **~daurar** (33) *vt* vergolden | **~dent** *f med* Überzahn *m* | **~dit** *adj* oben-gesagt *od* -erwähnt | **~dosi** *f med* Überdosis *f* | **~edificar** (33) *vt constr* überbauen (*sobre* auf), darüberbauen | **~eixidor** *m tecn* Überlauf-, Rücklauf-rohr *n* | Wasserablaß *m*, Wehr *n* | **~eiximent** *m* Über-fließen *n*, -fluß *m* | **~eixir** (40) *vi* über-fließen, -laufen | **~entendre** (40) *vt* darunter verstehen, stillschweigend (mit) einbegreifen *od* einschließen | **~entès** *m* Hintergedanke, heimliche(r) Vorbehalt *m* | Anspielung *f* | **~escalfament** *m tecn quím* Überhitzung *f* | **~escalfar** (33) *vt tecn quím fig* über-heizen, -hitzen | **~estimació** *f* Über-schätzung, -bewertung *f* | **~excedir** (37) *vt* übersteigen, überschreiten | (bei weitem) übertreffen | **~excel·lent** *adj* (*m/f*) über jedes Maß vorzüglich *od* ausgezeichnet | **~excitabilitat** *f* Übererregbarkeit *f* | **~excitable** *adj* (*m/f*) übererregbar | **~excitació** *f* Überreiztheit *f* | übergroße Erregung *f* | **~excitar** (33) *vt* überreizen | übererregen | stark er-, auf-regen | **~faç** *f* Oberfläche *f* | **~fil** *m* (Reih)Naht *f* | **~filar** (33) *vt* (mit dem Reihfaden) (an- *bzw* um-)reihen | **~fusió** *f tecn* Unterkühlung, Überschmelzung *f* | **~humà** (**-ana** *f*) *adj* übermenschlich | **~ïxent** *adj* (*m/f*) überlaufend | **~llinda** *f constr* Tür-, Fenster-sturz *m* | **~llit** *m arquit* Auflagefläche *f* | **~llom** *m* (*Tragtier*) Rückenriemen *m* | **~mà** *m* (*Pferde*) Fußgeschwulst *f* (*an der Vorderhand*) | **~màniga** *f* Ärmelschoner *m* | Überärmel *m* | **~menjar** (33) *vi* überessen | **~mitjana** *f nàut* Bramsegel *n*,

Vorbramsegel *n* | **~muntar** (33) *vt* = **~pujar** | **~naixement** *m*, **~naixença** *f* Geburt *f* nach dem Tod des Vaters | **~nat** (**-ada** *f*) *adj* nachgeboren | **~natural** *adj* (*m/f*) übernatürlich | **~nedar** (33) *vi* oben(auf) schwimmen | **~néixer** *vi* (40) nach dem Tod des Vaters geboren werden | **~nom** *m* Beiname *m* | **~nomenar** (33) *vt* e-n Beinamen geben | **~òs** *m* (*pl* -*ossos*) *med* Überbein *n* | **~oxidació** *f* *quím* Überoxydierung *f* | **~oxidar** (33) *vt* überoxydieren | **~paga** *f* Zulage, Gratifikation *f* | **~part** *m med* Wochenbett *n* | **~passar** (33) *vt* übersteigen, übertreffen | **~pellís** *m* (*pl* -*issos*) *ecl* Chorhemd *n* | **~peu** *m* (*Pferde*) Fußgeschwulst *f* (*an der Hinterhand*) | **~plè** (-**ena** *f*) *adj* überfüllt | **~plom** *m constr* Überhängen *n*, Ausladung *f* | **~plomar** (33) *vi* überhängen, aus dem Lot heraustreten | **~porta** *f*, **~portal** *m arquit* Sopra-, Supra-porte *f* | *p ext* Vorhangstange *f* | **~posar** (33) *vt* darüber-, übereinander-legen | aufsetzen (*a* auf *ac*) | hinzufügen | **~posar-se** *v/r* s. hinwegsetzen (*a* über *ac*) | die Oberhand gewinnen (über *ac*) | ~ *a si mateix* s. beherrschen, s. bemeistern | **~post** *m* (*Überlage*) Aufsatz *m* | Applikation *f* | **~prendre** (40) *vt* (plötzlich) befallen, ergreifen, erfassen, überkommen | **~preu** *m* Preisaufschlag *m* | Aufpreis *m* | **~proa** *f nàut* Bug-, Vorderschiff-deck *n* | **~producció** *f econ* Überproduktion *f* | **~puig** *m* Übertreffen *n* | Überbieten *n* | **~puja** *f com* erneute Erhöhung *od* Steigerung *f* | *arquit* Überhöhung *f* | **~pujar** (33) *vt* über-treffen, -ragen | *com* überbieten | **~quilla** *f nàut* Kielschwein *n*; Mittelträger *m* | **~r** *adj* überflüssig | übrig | überzählig | *arc* übermächtig | **~ria** *f* Überfluß *m* | *arc* Gewalttat *f* | **~salt** *m* jäher Schreck *m* | **~saltar**(-**se**) (33) *vt*(/*r*) aufschrecken, erschrecken | *vi* eitern | **~sanar-se** (33) *v/r* vereitern | s. infizieren | **~sang** *m med ant* Blutung *f* | Schlaganfall *m* | **~saturació** *f a. econ* Übersättigung *f* | **~saturar** (33) *vt quím* übersättigen | **~scrit** *m* Aufschrift *f* | **~scriure** (40) *vt* mit e-r Aufschrift versehen | **~seïment** *m dr* Aussetzung *f* | (*Verfahren*) Einstellung *f* | **~sembrar** (33) *vt agr* nachsäen | **~seure** (40) *vt dr* aussetzen | (*Verfahren*) einstellen | **~solar** (33) *vt* (neu) besohlen | **~sortint** *adj* (*m/f*) hervorragend | *fig* sehr gut | **~sortir** (40) *vi* hervorspringen, -treten | *fig* hervorragen; s. auszeichnen | **~sou** *m* (Lohn-, Gehalts-)Zulage *f* | **~stant** *m* Aufseher, Werk-meister, -führer *m* | **~taula** *m* Tischdecke *f* | Nachtisch(zeit *f*) *m* | *de* ~ nach Tisch; Tisch... | **~taxa** *f* Zuschlag *m* | *corr:* ~ *de franqueig* Nach-gebühr *f*, -porto *n* | **~teixir** (37) *vt tèxt* auf- *bzw* über-weben | **~tot**[1] *m* Überzieher *m* | **~tot**[2] *adv* vor allem, vor allen Dingen | **~valer** (40) *vi* wertvoller sein | **~valorar** (33) *vt* überschätzen | überbewerten | **~venir** (40) *vi* plötzlich an- *od* dazukommen | unerwartet eintreten | **~vent** *m nàut* Luv, Windseite *f* | **~vesta** *f hist* Ober-kleid, -gewand *n* | **~vingut** (-**uda** *f*) *adj* nachträglich hinzugekommen | (*Verwandte*) angeheiratet | **~viure** (40) *vi* überleben | am Leben bleiben | ~ *en el record* in der Erinnerung fortleben | **~vivent** *adj* (*m/f*) = **supervivent** | **~volar** (33) *vt* überfliegen | **~voltatge** *m elect* Überspannung *f*.

sobri (**sòbria** *f*) *adj a. fig* nüchtern | *fig a.* gemäßigt, maßvoll; karg, sparsam (*im Lob, an Worten*); (*Kleidung*) einfach, schlicht; (*Stil*) schlicht, schmucklos | **~etat** *f a. fig* Nüchternheit *f* | *fig a.* Mäßigung, Zurückhaltung; Knappheit; Einfachheit; Schlichtheit, Schmucklosigkeit *f*.

sobt|**à** (-**ana** *f*) *adj* = **~at** | *mort sobtana* plötzliche(r) Tod *m* | **~ada** *f* plötzliche(r) Anfall *m*, plötzliche, jähe Gemütsbewegung *f* | *de* ~ (*loc adv*) auf einmal, jäh, plötzlich | **~adesa** *f* Plötzlichkeit, Schlagartigkeit *f* | **~ar** (33) *vt* überraschen | *fig a.* überfallen, überrumpeln; erstaunen, verdutzen | *la mort el va* ~ *al tren* der Tod ereilte ihn im Zug | **~ar-se** *v/r bes agr* verderben | *fam* kaputt gehen | *gastr* anbrennen | **~at** (-**ada** *f*, -**adament** *adv*) *adj* plötzlich, jäh, unerwartet | *gastr* (außen) verbrannt | *morir de mort sobtada* e-s plötzlichen Todes sterben | **~e**: *de* ~ (*loc adv*) plötzlich, jäh, unerwartet | schlagartig | **~ós** (-**osa** *f*, -**osament** *adv*) *adj* ungestüm | überstürzt, übereilt | = **~at**.

soc *m* Holzschuh *m* | Pantine | (Holz)Klotz *m* | Bremsklotz *m* | *dormir com un ~* (*fig*) wie e. Klotz (*od* Murmeltier, Ratz) schlafen | **~a** *f* Baumstamm *m* | *bes* Baumstumpf, Strunk *m* | *biol* Stamm *m* | *fig:* (*és*)*ser de bona ~* sehr gesund u. stark sein | **~ada** *f* = **~a** | **~aire** *m/f* Holzschuhmacher(in *f*) *m*.
socalivar (33) *vt* = **escalivar**.
soca-rel: *de ~* (*loc adv*) ganz u. gar | *arrencar de ~* entwurzeln, mit den Wurzeln ausreißen | (*és*)*ser català de ~ e.* waschechter Katalane sein.
socarra|da *f*, **~ment** *m* Ansengen *n* | angesengte Stelle *f* | **~r** (33) *vt* an-, absengen | **~r-se** *v/r gastr* an-kohlen, -brennen.
socarre|ll *m bot* Halbstrauchartige(r) Backenklee *m* | Dornige Gänsedistel *f* | Porling *m* («Polyporus tunetanus») | **~lla** *f bot* Tragant *m* («poterium»).
socarrim *m* Angesengte(s), Versengte(s) *n*, Versengung *f* | **~ada** *f* Ansengen, Versengen *n* | Versengung, leichte Verbrennung *f* | **~ar** (33) *vt* ansengen, (*stärker*) versengen.
soci (**sòcia** *f*) *m* Gesellschafter(in *f*), Sozius, Teilhaber(in *f*) *m* | (*Klub*) Mitglied *n* | *~ comanditari* (*econ*) Kommandi-tist, -tär *m* | *~ correspondent* korrespondierendes (*od* auswärtiges) Mitglied | *~ efectiu* od *numerari* ordentliches Mitglied *n* | *~ honorari* Ehrenmitglied *n* | **~abilitat** *f* Gemeinschafts-gefühl *n*, -sinn *m* | Geselligkeit *f* | *sociol* Soziabilität *f* | *a. fig* Umgänglichkeit *f* | **~able**(**ment** *adv*) *adj* (*m/f*) gesellig | *sociol* soziabel | umgänglich | **~al**(**ment** *adv*) *adj* (*m/f*) gesellschaftlich, sozial | Gesellschafts... | *capital ~* (*econ*) Gesellschaftskapital *n* | *classe ~* Gesellschaftsklasse *f* | *ciències ~s* Sozialwissenschaften *f pl*, Gesellschaftswissenschaft *f* | **~aldemocràcia** *f* Sozialdemokratie *f* | **~aldemòcrata** *adj* (*m/f*) sozialdemokratisch || *s/m/f* Sozialdemokrat(in *f*) *m* | **~alisme** *m* Sozialismus *m* | **~alista** *adj* (*m/f*) sozialistisch || *s/m/f* Sozialist(in *f*) *m* | **~alització** *f* Sozialisierung *f* | Verstaatlichung, Vergesellschaftung *f* | **~alitzar** (33) *vt* sozialisieren | verstaatlichen, vergesellschaften | **~etari** (**-ària** *f*) *adj* Gesellschafts... | Ver-

eins... | *bes* Arbeitsvereins... | **~etat** *f a. sociol dr* Gesellschaft *f* | *~ anònima* Aktiengesellschaft *f* | *~ benestant* Wohlstandsgesellschaft *f* | *~ de beneficència* Wohltätigkeitsverein *m* | *~ col·lectiva* offene Handelsgesellschaft *f* | *~ de consum* Konsumgesellschaft *f* | *~ distribuïdora* Vertriebsgesellschaft *f* | *~ filial* Tochtergesellschaft *f* | *~ financera* Finanzierungsgesellschaft *f* | *~ filharmònica* Musikverein *m* | *~ industrial* Industriegesellschaft *f* | *~ immobiliària* Immobiliengesellschaft *f* | *~ mercantil* od *comercial* Handelsgesellschaft *f* | *~ de les Nacions* Völkerbund *m* | *~ opulenta* Überflußgesellschaft *f* | *~ protectora dels animals* Tierschutzverein *m* | *~ primitiva* Urgesellschaft *f* | *~ de responsabilitat limitada* Gesellschaft *f* mit beschränkter Haftung | *~ sense classes* klassenlose Gesellschaft *f* | *~ d'utilitat pública* gemeinnützige Gesellschaft *f* | *fundació* (*dissolució*) *d'una ~* Gründung (Auflösung) *f* e-r Gesellschaft | *dansa* (*joc*, *vetllada*, *vestit*) *de ~* Gesellschafts-tanz *m* (-spiel *n*, -abend *m*, -anzug *m*).
sòcio-econòmic *adj* sozioökonomisch.
soci|òleg (**-òloga** *f*) *m* Soziologe *m*, Soziologin *f* | **~olingüístic** *adj* soziolinguistisch || *s/f* Soziolinguistik *f* | **~ologia** *f* Soziologie *f* | Gesellschaftswissenschaft *f* | **~ològic**(**ament** *adv*) *adj* soziologisch.
socó *m* (Holz)Block, Klotz *m* | *s: soc*(*a*).
sòcol *m arquit* Sockel *m* | Unterbau *m*.
socol|ada *f* Unterbau *m* | *s: sòtol* | **~tre** *adj reg* faul, träge.
soc|órrer (40) *vt* (*j-m*) helfen *od* zu Hilfe kommen | (*j-m*) beistehen | *fig a.* (*j-n*) unterstützen | **~orriment** *m* = **~ors** | **~orrisme** *m* erste Hilfeleistung, Unfallhilfe *f* | Ausbildung *f* in erster Hilfe | *tècnica de ~* Rettungstechnik *f* | **~orrista** *m/f* (Laien)Helfer(in *f*), Retter(in *f*) *m* | Teilnehmer(in *f*) an einem Erste-Hilfe- Kurs | *~ de la Creu Roja* Rotkreuz-Helfer(in *f*) *m* | **~ors** *m* Hilfe *f* | Beistand *m* | Unterstützung *f* | *dr* Hilfeleistung *f* | *mil* Entsatz *m* | *~!* Hilfe! | *omissió de ~* (*dr*) unterlassene Hilfeleistung *f* | *demanar ~* um Hilfe rufen | *donar* (*od prestar*) *~ a alg* j-m Hilfe leisten.
Sòcrates *m* Sokrates *m*.
socr|àtic *adj* sokratisch | **~atisme** *m* Sokratik *f*.

sod|a *f quím* Soda, kohlensaures Natron *n* | *gastr* Sodawasser *n* | = **sosa** | **~i** *m quím* Natrium *n*.
sòdic *adj* natron-, natrium-haltig.
sodom|ia *f* Analverkehr *m* | Homosexualität *f* | **~ita** *m arc* Homosexueller *m* | **~ític** *adj* homosexuell.
sofà *m* (*pl* **-às**) Sofa *n*.
sofert *adj* (*im Ertragen*) geduldig, duldsam | (*Farbe*) fest, haltbar | (*Material*) strapazierfähig.
sof|isma *m* Sophis-ma *n*, -mus *m* | Trugschluß, Scheinbeweis *m* | **~ista** *m/f* Sophist(in *f*) *m* | **~isteria** *f* Sophisterei *f* | **~ístic** *adj* sophistisch || *s/f* Sophistik *f* | **~isticació** *f* Verfälschung *f* | Künstelei *f* | Verfeinerung; Raffiniertheit *f* | **~isticar** (33) *vt* verfälschen | verfeinern || *vi* Sophismen vorbringen | **~isticat** (**-ada** *f*) *adj* verfälscht | gekünstelt | verfeinert; raffiniert.
sòfora *f bot* Schnurbaum *m*.
sofra *f* = **sobrellom**.
sofraja *f anat* (*Tiere*) Kniekehle *f* | Sprunggelenk *n*.
sofre *m quím* Schwefel *m* | *flor de* **~** Schwefelblüte *f* | **~** *vegetal* Sporen *f pl* des Bärlapps, Hexenmehl *n*.
sofregall *m* Scheuerwunde *f*.
sofregi|nar (33) *vt* = **~r** | **~nat** *m* = **~t** | **~r** (37) *vt gastr* anbraten, anbräunen | **~t** *m gastr* Angebratene(s), Angebräunte(s) *n* | *bes:* Fond aus zerhackten Zwiebeln, Knoblauch u. Tomatenpüree als Grundlage für viele Gerichte, zB a. Paella.
sofrena|da *f* Zügelruck *m* | **~r** (33) *vt* mit e-m Ruck zügeln.
sofr|ença *f lit* = **~iment** | **~ent** *adj* (*m/f*) leidend | **~ible** *adj* (*m/f*) erträglich | **~iment** *m* Leiden *n* | Kummer *m* | Leid *n*, Schmerz *m* | **~ir** (40) *vt* erleiden | erdulden, ertragen | *fig a.* dulden; gestatten, zulassen || *vi* leiden.
sofrós (**-osa** *f*) *adj* schwefel(halt)ig.
soga *f* Seil *n*, Strick *m* | **~ll** *m* Leine *f* | (dicke) Schnur *f* | **~r** (33) *vt* (*bes Last*) festbinden.
sogr|astre (**-a** *f*) *m* Stiefschwieger-vater *m*, -mutter *f* | **~e** (**-a** *f*) *m* Schwiegervater *m*, -mutter *f*.
sogue|jar (33) *vt* mit e-m Seil (ab)messen | **~r(a** *f*) *m* Seiler(in *f*) *m*.
soia *f* Soja(bohne) *f*.
soja *f* = **soia**.

sojorn *m lit* Aufenthalt *m* | **~ar** (33) *vi lit* s. aufhalten, verweilen.
sol[1] *m* Sonne *f* | Sonnenlicht *n* | *taur* Sonnenseite *f* | *fig* (*Person*) Schatz *m* | **~** *de mitjanit* Mitternachtssonne *f* | **~** *ixent* aufgehende Sonne *f*; Sonnenaufgang *m*; *p ext* Osten *m* | **~** *ponent* untergehende Sonne *f*; Sonnenuntergang *m*; *p ext* Westen *m* | *en sortir* (*eixir* od *llevar-se*) *el* **~** bei Sonnenaufgang | *en pondre's* (*od colgar-se*) *el* **~** bei Sonnenuntergang | *al* **~** unter der Sonne | *a* **~** *i serena* (*loc adv*) bei Tag u. Nacht unter freiem Himmel | *de* **~** *a* **~** (*loc adv*) vom Morgen bis zum Abend; den ganzen Tag | *fa* **~** die Sonne scheint | *prendre el* **~** s. sonnen | *amb* (od *sota*) *un* **~** *cremant* (*ardent*) in (unter) glühender Sonne | *posar u/c al* **~** etw in die Sonne legen | *el* **~** *surt* od *ix* die Sonne geht auf | *el* **~** *es pon* od *es colga* die Sonne geht unter | *rebre una cremada* (od *rostida*) *de* **~** e-n Sonnenbrand bekommen (*od* s. zuziehen) | *el* **~** *es tapa* od *es cobreix* die Sonne verdunkelt s.
sol[2] *m mús* g; G *n* | (beim Solmisieren) sol, so *n* | **~** *major* G-Dur *n* | **~** *menor* g-Moll *n* | **~** *natural* g; G *n* | **~** *bemoll* ges; Ges *n* | **~** *sostingut* od *diesi* gis; Gis *n*.
sol[3] *adj* allein | einzig | einzeln | alleinstehend | *deixat* **~** verlassen | *per si* **~** für s. allein | *tot* **~** ganz allein | **~** *i vern* mutterseelenallein | *una* **~a** *vegada* e. einziges Mal *n*; nur einmal.
sòl *m* (Erd-, Fuß-)Boden *m* | (*e-s Gerätes*) Grund, Boden *m* | *agr: un* **~** *fèrtil* e. fruchtbarer (*od* ergiebiger) Boden.
sola *f* (Schuh)Sohle *f* | *p ext* gegerbte Ochsenhaut *f* | (*Billardstock*) Lederkuppe *f* | *arquit* Schwelle *f* | (*Geländer*) Fuß *m* | (*Ölmühlen*) Bodenstein *m* | *nàut* Dollbord *n* | *no arribar a alg a la* **~** *de la sabata* (*fig fam*) j-m nicht das Wasser reichen können | *posar mitja* **~** *a una sabata* e-n Schuh (be)sohlen.
solà (**-ana** *f*) *adj* sonnig | Sonnen... || *s/m arquit* sonnige Galerie *od* Veranda *f* || *s/f* Sonnenseite *f* | (*Berg*) *a.* Südhang *m*.
sola|ç *m lit* = **esbargiment** | **~çar(-se)** (33) *vt*(*/r*) *lit* (s.) ergötzen, (s.) vergnügen | **~cívol** *adj lit* ergötzlich, vergnüglich.
solada *f* = **solatge** | *agr* Fallobst *n*.

solament *adv* nur, bloß | erst | *no ~ de pa viu l'home* der Mensch lebt nicht vom Brot allein.
solan|àcies *f pl bot* Nachtschattengewächse *n pl* | **~ina** *f bot quím* Solanin *n*.
solapa *f* (*Kleidung*) Aufschlag *m*, Revers *m/n* | *nàut* Dollbord *n*.
solar[1] *m* (*Familie*) Stamm(sitz) *m* | *arquit* Baugelände *n*, -platz *m*.
solar[2] *adj* (*m/f*) Sonnen... | *calor* (*energia, sistema*) ~ Sonnen-wärme *f* (-energie *f*, -system *n*).
sola|r[3] (33) *vt* (be)sohlen | *constr* pflastern | (*Fischernetz*) am Grund festmachen | **~r-se** *v/r* unten anbrennen (*Brot*) | s. setzen (*Flüssigkeit*) | **~tge** *m* Hefe *f*, Bodensatz *m*.
solc *m agr* Furche *f* | *fig* Spur *f* | (*Schallplatte*) Rille *f* | *fig: tornar a ~* auf den rechten Weg zurückbringen | **~ar** (33) *vt a. fig* furchen.
solcuit *adj* sonnenverbrannt.
soldà *m* Sultan *m*.
soldad|a *f arc* Besoldung | **~esc** *adj* soldatisch | Soldaten... || *s/f* Soldateska *f*.
soldad|or(a *f*) *m* Schweißer(in *f*) *m* || *s/m* (*Gerät*) Lötkolben; Schweißbrenner *m* | **~ura** *f* Löten *n* | Lötung *f* | Lötfuge, -stelle *f* | Schweißen, Schweißverfahren *n* | Schweißnaht *f* | ~ *autògena* autogenes Schweißen *n* | *grup de soldadura* od *de soldatge* (*tecn*) Schweißaggregat *m*.
soldanella *f bot* Troddelblume *f*, Alpenglöckchen *n*.
soldar (33) *vt tecn* löten; schweißen | **~-se** *v/r* verheilen, zusammenwachsen (*Knochenbruch*).
soldat (-**ada**) *m mil* Soldat(in *f*) *m* | ~ *ras* Gemeine(r) *m* | *fer el ~* den Wehrdienst (ab)leisten | *s/m ict* Mönchsfisch *m*.
soldatge *m tecn* Löten; Schweißen *n*.
solear *adj: múscul ~* untere(r) Wadenmuskel *m*.
solecisme *m ling* Solözismus, grober Syntaxfehler *m*.
soledat *f* Einsamkeit *f* | Einöde *f*.
sole|jar (33) *vt* der Sonne aussetzen | in die Sonne legen *bzw* stellen | **~ll** *m* (*Berg*) Sonnenseite *f* | *Bal* Sonne *f* | **~llada** *f med* Sonnenstich *m* | **~llós** (-**osa**) *adj* (sehr) sonnig.
solemn|e(ment *adv*) *adj* (*m/f*) feierlich | festlich, Fest... | *irón* (*vorgestellt*) Riesen..., Mords...; großartig | *una ~ bufetada* e-e schallende Ohrfeige | *una ~ mentida* e-e faustdicke Lüge | **~ial** *adj* (*m/f*) = **solemne** | **~itat** *f* Feierlichkeit *f* | *amb ~* feierlich; festlich | *pobre de ~* (*fig*) bettelarm | **~itzar** (33) *vt* feierlich begehen *bzw* vollziehen, gestalten.
solenoide *m fís elect* Solenoid *n*.
soler[1] *m* = **sòl** | *arquit* Erdgeschoß, Parterre *n*.
soler[2] (40) *vi* pflegen | *solien llevar-se d'hora* sie pflegten früh aufzustehen, sie standen gewöhnlich früh auf | *v/imp: als vespres sol fer fresca* abends ist es meist frisch.
sole|ra *f* Grund(fläche *f*), Boden *m* | *constr* Decke *f* | (*Mühle*) Bodenstein *m* | **~ta** *f* Strumpfsohle *f* | Einlegesohle *f* | *nàut* Dollbord *n*.
solfa *f mús* Noten *f pl*, Musikschrift *f* | = **solfeig** | *fig* Fleck *m* | *fig reg* Schelte *f*.
solfatara *f geol* Solfatara, Solfatare *f*.
solf|eig *m mús* Gesangsübungen *f pl*, Solfeggieren *n* | **~ejador** *adj* solfeggierend || *s/mf* Musik-, Gesang-schüler(in *f*) *m* | **~ejar** (33) *vt mús* solfeggieren, solmisieren | **~ista** *m/f* Gesangschüler(in *f*) *m*.
soli *m* Thron *m* mit Himmel.
sòlid(ament *adv*) *adj* fest, solide | dauerhaft, haltbar | *a. fig* stabil | massiv | (*Farbe*) echt | *fig* gediegen, gründlich | (*Gründe*) stichhaltig; (Argument) handfest, gut fundiert || *s/m* fester Körper *m* | *fig a.* fester Grund *m*.
solid|ar (33) *vt* festigen, konsolidieren | **~ari** (-**ària** *f*, -**àriament** *adv*) *adj a. dr* solidarisch | *dr* gemeinsam (verantwortlich); Gesamt... | *obligació solidària* gemeinsame Verpflichtung *f* | **~aritat** *f* Solidarität *f* | *dr* Gesamthaftung *f* | Gemeinschafts-geist *od* -sinn *m* | **~arització** *f* Solidarisierung *f* | **~aritzar** (33) *vt* solidarisieren | *dr* gemeinsam verantwortlich machen | **~aritzar-se** *v/r* s. solidarisieren (*amb* mit) | s. solidarisch erklären (*amb* mit) | **~esa** *f* Festigkeit, Solidität *f* | Haltbarkeit *f* | Dauerhaftigkeit *f* | Stärke, Strapazierbarkeit *f* | Gediegenheit *f* | Gründlichkeit *f* | Zuverlässigkeit *f*.
solideu *m catol* Kalotte, Priestermütze *f*.
solidi|ficació *f* Erstarrung, Verdichtung *f* | Verfestigung *f* | **~ficar** (33) *vt* fest machen, (ver)festigen | verdichten | **~tat** *f* = **solidesa**.

sol|iloqui *m* Selbstgespräch *n* | **~ípede** *adj* (*m/f*) (*Tier*) einhufig | *animals ~s* Einhufer *m pl* | **~ista** *m/f mús* Solist(in *f*) *m*.
sòlit *adj* gewohnt | gewöhnlich, üblich.
soli|tari (**-ària** *f*, **-àriament** *adv*) *adj* einsam | einsiedlerisch | einzelgängerisch | (*Ort*) einsam, verlassen, abgeschieden || *s/mf* Einzelgänger(in *f*) *m* || *s/m* Bandwurm *m* | (*Edelstein*) Solitär *m* | (*Kartenspiel*) Patience *f* | *fer ~s* Patiencen legen | **~tud** *f* Einsamkeit *f* | (*Ort*) *a*. Verlassenheit, Abgeschiedenheit *f* | **~u** *adj* = **solitari** | *gastr* allein, ohne Beilage.
soll *f* Schweinestall *m* | **~ament** *m lit* Beschmutzung *f* | *a. fig* Besud(e)lung *f* | **~ar**(**-se**) (33) *vt*(/*r*) (s.) beschmutzen | *a. fig* (s.) besudeln.
sól·lera *f ornit Bal* Grauammer *f* | *fig desp* geriebenes Weibsbild *n*.
solleva|ment *m* (Boden)Erhebung *f* | *fig* Auf-stand, -ruhr *m* | **~r** (33) *vt* (er)heben | aufheben | *fig* in Aufruhr versetzen, aufrühren | *med* anekeln, Übelkeit *f od* Ekel *m* erregen.
sol·l|ícit *adj* besorgt, eifrig, emsig | *p ext* hilfsbereit | **~icitació** *f* An-, Ersuchen *n* | *dr* Betreiben *n* | Gesuch *n* | dringende Bitte *f* | **~icitador**(**a** *f*) *m*, **~icitant** *m/f* Bittsteller(in *f*), Bewerber(in *f*) *m* | Antragsteller(in *f*) *m* | **~icitar** (33) *vt* s. bemühen *od* s. bewerben um (*ac*) | nachsuchen um (*ac*) | beantragen, erbitten | (*Angelegenheit*) *dr* betreiben | (*j-n*) umwerben | (*Aufmerksamkeit*) auf s. lenken | *fís* anziehen | *~ alg de fer u/c* j-n ersuchen (*od* dringend bitten) etw zu tun | *estar molt sol·licitat* sehr begehrt (*od* gefragt) sein | **~icitud** *f* (Für)Sorge, Sorgfalt, Sorgfältigkeit *f* | Eifer *f*, tätiges Streben *n* | Eingabe *f*, Gesuch *n* | Antrag *m*, Bewerbungsschreiben *n* | *presentar una ~* e-n Antrag stellen.
solo *m mús* Solo *n*.
solraig *m ict* (*Makrelenhai*) Mako *m*.
sols *adv* nur, bloß | erst | *ni tan ~* nicht einmal | *Bal: ~ que ...* vorausgesetzt, daß ...; sofern ...; wenn doch nur ...
solstici *m astr* Sonnenwende *f* | **~al** *adj* (*m/f*) Sonnenwend...
sol|t *adj* lose, losgelöst, locker | freigelassen | *fig* ledig | fließend, flüssig | frei | (*Schuh*) einzeln | *una notícia ~a* e-e einzelne Nachricht | *galopar a regnes ~es* mit schleifenden Zügeln galoppieren | *tenir la llengua* (*od la paraula*) *~a* rede-, wort-gewandt sein | **~ta** *f* Folge(richtigkeit) *f*, Zusammenhang *m* | Sinn *m* | Sinnigkeit *f* | Umsicht, Besonnenheit *f* | Verständigkeit *f* | *paraules sense ~* sinnlose (*od* leichtfertige) Worte *n pl* | *amb molt poca ~* unsinnig, sinnlos; albern, leichtfertig | *tenir ~* Sinn haben | *això no té ni ~ ni volta* das ist völlig unsinnig | *sense ~ ni volta* ohne Sinn u. Verstand | *s: poca-solta* | **~tament** *adv* gelöst, frei | ungezwungen, ungeniert | **~tar** (33) *vt* aus-, frei-, loslassen | (*Frage, Rätsel*) lösen | **~ter** *adj* ledig, unverheiratet | *quedar-se* (*od lit restar*) *~* unverheiratet bleiben, *ung* sitzenbleiben || *s/mf* Ledige(r *m*) *m/f*; Junggeselle *m*, -gesellin *f* | **~teria** *f* Ehelosigkeit *f* | Junggesellenstand *m*, -tum *n* | *ecl* Zölibat *n* | **~ubilitat** *f* (Auf)Lösbarkeit, Löslichkeit *f* | **~uble** *adj* (*m/f*) (auf)lösbar, löslich | *~ dins l'aigua* wasserlöslich | **~ució** *f* (Auf)Lösung *f* | Aufgelöste(s) *n* | *fig a. mat quím* Lösung *f* | *~ de continuïtat* Lücke, Unterbrechung *f* | *~ d'emergència* (*de transició*) Not-(Übergangs-)lösung *f* | **~ucionar** (33) *vt* (*Problem, Gleichung*) lösen | (*Frage*) klären | (*Geheimnis*) enträtseln | **~utiu** (**-iva** *f*) *adj med* abführend | **~vència** *f com econ* Solvenz *f*, Zahlungsfähigkeit *f* | **~vent** *adj* (*m/f*) solvent, zahlungsfähig.
som *adj* seicht, untief | oberflächlich.
soma *m med biol psic* Soma *n*.
somad|a *f* (*Lasttier*) Traglast, Ladung *f* | **~er** *m* = **traginer**.
som|ali *adj* (*m/f*) somalisch || *s/m/f* Somalier(in *f*) *m* || *s/m ling* Somali *n* | *el ~* das Somali | **~àlia** *f* Somalia *n*.
somall *adj* halb trocken.
som|àtic *adj med biol psic* somatisch | körperlich | **~atologia** *f* Somatologie *f* | **~atològic** *adj* somatologisch.
somer|(**a** *f*) *m* Esel(in *f*) *m* | *fig* Schafs-, Dumm-kopf *m* | **~er**(**a** *f*) *m* Esel(s-) treiber(in *f*) *m* | **~í** (**-ina** *f*) *adj zool*: *mul ~* Maulesel *m*.
sometent *m hist mil Cat* Bürgerwehr *f* | *tocar a ~* Alarm läuten *od* schlagen.
somia|dor *adj* träumerisch, verträumt || *s/mf* Träumer(in *f*) *m* | **~r** (33) *vi* träumen | *~ amb u/c* von etw träumen | *~ despert* mit offenen Augen

träumen || *vt* träumen | *fig a.* erträumen | *qui ho hauria somiat mai!* wer hätte s. das träumen lassen! | ~ *truites* s. Illusionen machen | *ni ho somiïs!* k. Gedanke (davon)! | **~truites** *m/f fam* Träumer(in *f*), Phantast *m*.
somic *m* Wimmern *n* | Winseln *n* | **~aire** *adj* (*m/f*) wimmernd | winselnd | **~ar** (33) *vi* wimmern | winseln | **~ó, ~oi** *m* Wimmern *n* | Winseln *n* | Gewimmer. *n* | Gewinsel *n* | *fer el ~* wimmern | winseln | **~ós** (**-osa** *f*) *adj* wimmernd | winselnd.
somie|ig *m* Träumerei *f* | Phantasie, Einbildung *f* | **~jador** *adj* verträumt | träumerisch, versonnen | **~jar** (33) *vi* mit offenen Augen träumen | Träumen nachhängen.
somier *m* (*Bett*) Sprungfederrahmen *m*.
sòmines *m fam* Schlafmütze *f*, Trottel *m*.
somiós (**-osa** *f*) *adj* träumerisch.
somiquejar (33) *vi* = **somicar**.
somn|àmbul(a *f*) *m* Nachtwandler(in *f*) *m*, Mondsüchtige(r *m*) *m/f* | **~ambulisme** *m* Nachtwandeln *n*, Mondsüchtigkeit *f*.
somni *m* Traum *m* | ~ *feixuc* od *pesat* Alp(traum) *m* | *en ~* im Traum | *tenir un mal ~* e-n Alp(traum) haben | **~ador** *adj u. s/mf* = **somiador** | **~ar** (33) *vt/i* = **somiar**.
somn|ífer *adj med* einschläfernd, Schlaf... || *s/m* Schlafmittel *n* | **~olència** *f* Schläfrigkeit, Schlaftrunkenheit *f* | *med* Schlafsucht *f* | **~olent** *adj* (*m/f*) schläfrig | *med* schlafsüchtig.
somorgoll|ar (33) *vt* untertauchen | eintauchen | **~ó** *m* = **cabussó** | *ornit* Taucher *m*.
somort *adj* sterbend, kraftlos | *fig* matt, schwach; dumpf; (*Licht*) *a.* trüb; (*Ton*) *a.* gedämpft.
somoure (40) *vt* leicht bewegen | umrühren | *fig* heben, erheben; erschüttern | *p ext* aufrühren; aufrütteln.
somr|ient *adj* (*m/f*) lächelnd | *fig* heiter, strahlend | (*ironisch, hämisch*) grinsend | **~ís** *lit*, **~iure**[1] *m* Lächeln *n* | ~ *irònic* od *maliciós, malèvol* Grinsen *n* | **~iure**[2] (40) *vi* lächeln | ~ *a alg* j-n anlächeln; j-m zulächeln | ~ *amb satisfacció* od *satisfet(a)* schmunzeln | ~ *irònicament* od *maliciosament* grinsen | ~ *forçadament* od *per força, sense sinceritat* gezwungen lächeln | *fig: la fortuna els va ~* das Glück lachte (*od lit* lächelte) ihnen.
son[1] *m* Schlaf *m* | *té el ~ fort* er schläft (sehr) tief | *agafar el ~* einschlafen | *fer un ~* od *trencar el ~* e. Nickerchen machen | *fig: el darrer ~, el ~ etern* der letzte (*od* ewige) Schlaf, der Tod | *zool: el ~* (od *la dormida*) *hivernal* der Winterschlaf || *s/f* Schläfrigkeit, Müdigkeit *f* | *malaltia de la ~* Schlafkrankheit *f* | *caure de ~* vor Müdigkeit umfallen | *perdre la ~* k-n Schlaf finden | *tenir ~* schläfrig (*od* müde) sein.
son[2] (**sa** *f*, **sos** *m pl*, **ses** *f pl*) (25) *pron poss* (*zG s: mon*) sein(e) | ihr(e) | Ihr(e) | *Sa Eminència* Eure Eminenz.
son[3] (*in Ortsnamen*) = **çon**.
sona|da *f mús* (*Musikstück*) Spielen *n* | *fig* Geläut *n* | **~dor** *adj* tönend, klingend || *s/mf* Instrument(al)ist(in *f*) *m* || *s/m* Hirtenflöte, Rohrpfeife, Schalmei *f* | **~ll(a** *f*) *m* (Trommel-, Tamburin-) Schelle *f* | **~lls** *m pl* Kinderklapper *f* | Rassel *f* | **~nt** *adj* (*m/f*) tönend, klingend | *moneda ~* (klingende) Münze(n *pl*) *f* | *s/f ling* Sonant, Vokal *m* | **~r**[1] (33) *vi* (er)klingen, (er)tönen | (er)schallen | läuten | schlagen | klingen, s. anhören | *en català la h no sona* im Katalanischen wird das h nicht ausgesprochen | *això em sona* das kommt mir bekannt vor | *tal com sona!* genau wie ich es sage! | *ha sonat la teva darrera hora* dein letztes Stündchen hat geschlagen | *dr: el seu nom no hi sona* sein Name kommt dort nicht vor || *vt ant mús* = **tocar** | **~r**[2] *tecn* Sonar(gerät) *n* | **~t** (**-ada** *f*) *adj fam* aufsehenerregend, sensationell | *estar ~* verrückt sein, spinnen | **~ta** *f mús* Sonate *f* | **~tina** *f* Sonatine *f*.
sond|a *f nàut* Lot, (Senk)Blei *n* | *astr med* Sonde *f* | *tecn* Sonde *f*; Erdbohrer *m* | ~ *interplanetària* Raumsonde *f* | **~able** *adj* (*m/f*) sondierbar | auslotbar | **~ar** (33) *vt nàut* loten, peilen, *a. med tecn fig* sondieren | (*Meinung, Lage*) erkunden, erforschen, sondieren | **~atge** *m nàut* Lotung *f* | *a. fig* Sondierung *f* | ~ *sonor* (*nàut*) Echolotung *f* | **~eig** *m* = **~atge** | *sociol:* ~ *d'opinió* Meinungs-umfrage, -erforschung *f* | **~ejar** (33) *vt bes fig* = **~ar**.
sondroll *m* Rütteln, Schütteln *n* | Schwanken *n*, Schwankung *f* | **~ar** (33) *vi* schaukeln, schwanken || *vt* rüt-

teln, schütteln | ins Schwanken bringen | hin u. her bewegen, wiegen | **~ejar** (33) *vi/t Bal* = **~ar**.
soneguera *f Val* Schläfrigkeit *f*.
sonet *m Lit* Sonett *n*.
soneta *f infan* Schläfchen *n* | *tinc* ~ ich bin müde.
sonetista *m/f* Sonett(en)dichter(in *f*) *m*.
sònic *adj*: *amb velocitat* ~*a* mit Schallgeschwindigkeit.
son|òmetre *m* Schallstärkemesser *m* | **~ometria** *f* Schallstärkemessung *f*.
sonor|(ament *adv*) *adj* wohl-klingend, -tönend | klang-reich, -voll | volltönend | *ling* stimmhaft, sonor | (*Raum*) akustisch, mit guter Akustik | **~itat** *f* Klangfülle *f* | Wohlklang *f* | *rad* Tonstärke *f* | *ling* Stimmhaftigkeit *f* | **~itzaciò** *f cin* Vertonung | *rad* Beschallung *f* | *ling* Sonorisierung *f* | **~itzar** (33) *vt* klangvoll machen | *ling* stimmhaft machen; sonorisieren | *rad* beschallen | *cin* vertonen | **~ós** (**-osa** *f*) *adj* = **sonor**.
sonós (**-osa** *f*) *adj* schläfrig.
sons|ada *f* Lahmheit, Langweiligkeit *f* | Dummheit *f* | **~ejar** (33) *vi* ziemlich lahm (*od* langweilig) sein | **~o** *adj fam desp* lahm, langweilig || *s/m* lahme(r) Kerl *m*, lahme Ente *f*, Langweiler(in *f*) *m* || *s/m ict* Sandaal *m* («Gymmammodytes cicerellus») | **~otera** *f* Sandaalfangnetz *n*.
sop|a *f gastr* Suppe *f* | ~ *d'all* (*de cebes, de fideus, de peix*) Knoblauch-(Zwiebel-, Nudel-, Fisch-)suppe *f* | ~ *aigualida* (*espessa*) dicke (dünne) Suppe *f* | *moll* (*od xop*) *com una* ~ pudelnaß | *estic fet una* ~ ich bin ganz verschnupft | *borratxo com una* ~ (*pop*) sternhagelvoll *od* -besoffen, total blau | **~ada** *f* Abendessen *n* (außer Haus) | gr(e) Suppenmenge *f* | **~ador** *adj* reichlich zu Abend essend | **~aller** *adj* gern u. viel Suppe essend | **~ar**[1] (33) *vi* zu Abend essen | **~ar**[2] *m* Abendessen *n* | ~ *fred* (*lleuger*) kaltes (leichtes) Abend-brot, -essen *n* | **~er** *adj* Suppen... | *plat* ~ Suppenteller *m* | *és molt* ~ er ist e. gr(r) Suppenfreund || *s/f* Suppen-terrine, -schüssel *f* | **~ta** *f infan* Süppchen *n*.
sòpit *adj* benommen | schlaftrunken.
sopitesa *f* Benommenheit *f* | bleierne Müdigkeit *f* | Schläfrigkeit *f*.
soplu|ig *m* Schutz *m*, Obdach *n* vor dem Regen | **~jar(-se)** (33) *vt(/r)* (*s.*) vor dem Regen schützen, (*s.*) unterstellen.
sopols: *en* ~ (*loc adv*) in der Schwebe; aus der freien Hand.
sopor *m/f* tiefe(r) Schlaf *m* | (starke) Benommenheit *f* | *med* Sopor *m* | **~ífer** *adj* einschläfernd || *s/m* Schlafmittel *n* | **~ós** (**-osa** *f*) *adj* stark benommen, schlaf-trunken | *med* soporös.
soprano *m* Sopran *m* || *s/m/f* Sopranist(in *f*) *m* | ~ *lleugera* Soubrette *f*.
soquet *m oc Bal Val* Verbindungsstück, Holz-klötzchen, -stückchen *n* | Dübel *m*.
sor[1] *f catol* (*Anrede für Nonnen*) Schwester *f* | ~ *Agnès* Schwester Agnes.
sor[2] *m* = **sorus**.
sora *f* = **agrella**.
sòrab *adj* sorbisch || *s/mf* Sorbe *m*, Sorbin *f* || *s/m ling* Sorbisch *n* | *el* ~ das Sorbische.
sorbet *m gastr* Sorbet(t), Scherbett *m/n*.
sòrbic *adj quím*: *àcid* ~ Sorbinsäure *f*.
sorbitol *m quím* Sorbit *m*.
sord *adj* taub, schwerhörig | (*Lärm, Stimme, Schmerz*) dumpf | (*Konsonant*) stimmlos | ~ *d'una orella* auf e-m Ohr taub | *fer el* ~ s. taub stellen | ~ *com una campana* (*fig*) stocktaub | ~ *a la veu de la consciència* taub gegen die Gewissensstimme | *a la* ~*a* (*loc adv*) = **~ament** || *s/mf* Taube(r *m*) *m/f* | **~ament** *adv* dumpf, heimlich, geräuschlos, still | **~ària** *f* = **~esa** | **~ejar** (33) *vi* schwer hören, etwas schwerhörig sein | **~esa** *f med* Taubheit *f* | Schwerhörigkeit *f*.
sòrdid(**ament** *adv*) *adj a. fig* schmutzig | dreckig | *fig* schäbig, geizig; miserabel.
sordid|esa, **~itat** *f* Schmutzigkeit *f* | *fig a.* Schäbigkeit *f*, Geiz *m*.
sord|ina *f mús* Sordine *f*, Schall-, Tondämpfer *m* | (*bei Musikinstrumenten*) Dämpfer *m* | (*Repetieruhr*) Sperrfeder *f* | *fig*: *posar* ~ *a les seves reclamacions* s-e Forderungen mäßigen | **~mut** (**sorda-muda** *f*) *adj* taubstumm || *s/mf* Taubstumme(r *m*) *m/f* | **~or** *f* = **sordesa**.
soredi *m bot* Soredium *n*.
sorell *m ict* Stöcker *m* | ~ *de penya* (*ict*) Bläuel *m*; Gabelmakrele *f* | **~era** *f* Stöckernetz *n* | **~et** *m ict* Dreistachliger Stichling *m*.
sorge *m fam* Soldat *m* | *un mal* ~ e. Gauner, e. Schurke *m*.

sorgir (37) *vi* hervorsprudeln (*Wasser*) | *fig* auf-tauchen, -treten; zum Vorschein kommen || *vt ant* (*Anker*) auswerfen.
sorgo *m bot* Sorgho *m*, Sorghum *n*.
sorites *m filos* Kettenschluß *m*.
sorn *adj* bummelig, langsam | *fer el ~* (herum)bummeln, trödeln | *~a f* boshafte (*od* höhnische) Ironie *f* | hämischer Tonfall *m* | *~eguer adj* heimtückisch | hinterhältig | verschlagen | verschmitzt | *~egueria f* Hinterhältigkeit *f* | Verschlagenheit | Bauernschläue *f* | *~ejar* (33) *vi* bummeln, trödeln | zögern | langsam sein | *~eria f* Bummelei *f* | Langsamkeit *f* | Trödelei *f* | *~ut* (-uda) *f* *adj* verschlossen, zurückgezogen | mürrisch | *s: sorrut*.
soroll *m* Lärm *m* | Geräusch *n* | *rad* Rauschen *n* | Krach *m*, *p ext* Streit *m* | *el ~ del motor* das Motorgeräusch | *el ~ dels motors* der Lärm der Motoren | *el ~ de la pluja* (*de la cascada, del vent*) das Rauschen des Regens (Wasserfalls, Windes) | *fer ~* Lärm machen; *fig* Aufsehen erregen | *fugir del ~* dem Lärm entfliehen | *hi haurà ~* (*fig*) es wird Krach (*od* Streit) geben | *he sentit un ~* ich habe e. Geräusch gehört | *~ar* (33) *vi* wackeln, wanken, locker sein || *vt* rütteln, schütteln | *~ós* (-osa *f*, -osament *adv*) *adj* geräuschvoll | lärmend | brausend, rauschend, sausend | *fig* aufsehenerregend.
sorpre|ndre (40) *vt* überraschen | überrumpeln | in Erstaunen versetzen | ertappen, erwischen | *~nent*(ment *adv*) *adj* (*m/f*) überraschend | erstaunlich | *~sa f* (*a. Geschenk*) Überraschung *f* | Überrumpelung *f* | Erstaunen *n* | *atac per ~* Überraschungsangriff, Überfall *m* | *agafar alg de ~* j-n überraschen, j-n ganz unvorbereitet treffen.
sorra[1] *f* (*Thunfisch*) Bauchteil *m*.
sorr|a[2] *f* Sand *m* | *~ d'emmotllament* (*met*) Formsand *m* | *~ marina* od *de mar* Seesand *m* | *sorres movedisses* Flug-, Treib-sand *m* | *~al m* Sandfläche *bzw* -grube *f* | *~alenc adj* = *~enc* | *~amoll m* nasse Sandgrube *f* | *~ar* (33) *vt nàut* mit Sand als Ballast beladen | (*Weg*) mit Sand bedecken | *~ejador adj tecn* Sandstrahl... || *s/f* (*a. màquina ~a*) Sandstrahlgebläse *n* | *~ejar* (33) *vt tecn* sandstrahlen | *~ejat* (-ada) *f*) *adj* gesandstrahlt, *tecn a.* sandgestrahlt | *~enc adj* sandig | sand-artig | *~er adj* schwer | langsam | *~era f* Sandgrube *f* | Streusandbüchse *f* | *~ós* (-osa *f*) = *~enc*.
sorru|deria *f* mürrische Stimmung *f* | schlechte Laune, Unfreundlichkeit *f* | *~t* (-uda *f*) *adj* mürrisch | barsch, schroff | verschlossen | unfreundlich, verdrießlich, übelgelaunt.
sort *f* Los, Schicksal *n* | Zufall *m* | Glück(sfall *m*) *n* | *arc* Sorte *f* | *agr* kl(s) Landstück *n* | *ens farem a la ~ qui començа* wir werden auslosen, wer beginnt | *tenir* (*bona*) *~* Glück haben | *bona ~!* od *que hi hagi ~!* viel Glück! | *mala ~* Unglück, Pech *n* | *per ~* zum Glück | *~ que has vingut* e. Glück, daß du gekommen bist | *~at* (-ada *f*) *adj* = *sortós* | *~eig m* Ver-, Aus-losung *f* | (*Lotterie*) Ziehung *f* | *~ejable adj* (*m/f*) auslosbar | sortierbar | *~ejar* (33) *vt* aus-, ver-losen | losen um (*ac*) | (*Waren*) sortieren | *~er*(a *f*) *m* jüngerer Sohn *m*, jüngere Tochter *f* | *ant = sortiller*.
sorti|da *f* Ausgang *m* | *bes fig* Ausweg *m* | (*Zug, Bus*) Abfahrt *f* | (*Garage*) Ausfahrt *f* | *aeron* Abflug, Start *m* | *nàut* Auslaufen *n* | Ab-, Aus-reise *f* | (*Wanderung*) Ausflug, Spaziergang *m* | (*im Krieg*) *mil* Ausfall *m* | (*Feuerwehr*) Einsatz(fahrt *f*) *m* | *esport* Anstoß *m* | (*Schach*) Anzug *m* | (*Waren*) Ausfuhr *f* | *estud a. adm com* Austritt *m*; Ende *n*; Verlassen *n* | *fig* witziger Einfall *m* | *~ d'emergència* Notausgang *m* | *~ excusada* Hintertür *f* | *a la ~ de l'escola* bei Schulschluß | *a la ~ del despatx* bei Büroschluß *m* | *a la ~ de l'hivern* zu Ende des Winters | *a la ~ del sol* bei Sonnenaufgang *m* | *fig: d'una situació difícil* Ausweg *m* aus e-r schwierigen Lage | *a la ~ de* (*loc adv*) beim Verlassen (*gen*); zu Ende, am Schluß (*gen*); nach Ende *od* Schluß (*gen*) | *donar ~ a* das Abfahrtzeichen (*esport* das Startzeichen) geben zu (*dat*) | (*Waren*) *tenir ~* Absatz finden | *dr: dret de ~* Ausgangszoll *m* | *punt de ~* (od *de partida*) Ausgangspunkt, Ausfahrtspunkt *m* | *~dor m* Springbrunnen *m*.
sort|ija *f* Ringreiten, Ringelstechen *n* |

sortint | 937 | **sostreta**

~iller(a *f*), **~íleg(a** *f*) *m* Zauberer *m*, Zauberin *f* | **~ilegi** *m* Zauberei, Hexerei *f* | Wahrsagerei *f*.
sorti|nt *adj* (*m/f*) vorspringend | hervorkommend, -stehend | *polít* ausscheidend || *s/m* Vorsprung *m* | **~r** (40) *vi* hinaus-, heraus-gehen | hinaus-, heraus-fahren | heraus-treten | aus-, weg-, fort-gehen | ab-fahren, -reisen, aufbrechen (*cap a, devers* nach *dat*) | aufgehen (*Saat, Sonne*) | *mil* ausfallen; e-n Ausfall machen | *gràf* herauskommen | herausgehen, weggehen (*Fleck*) | **~** *bé* (*malament*) gelingen, gut (schlecht) ausgehen *od* ausfallen | **~** *car* (*a. fig*) teuer zu stehen kommen | **~** *en favor d'alg* für j-n eintreten | **~** *de maldecaps* od *de trifulgues* aus der Verlegenheit herauskommen | **~** *fiador d'alg* für j-n bürgen | **~(-ne)** *plorant* am Ende losheulen | **~(-hi)** *od* **~(-ne)** *perdent* schlecht (dabei) abschneiden; e-n Verlust (daraus) erleiden | **~** *de polleguera* (*fig*) s. nicht mehr beherrschen können; wütend werden | **~** *de la presó* aus dem Gefängnis entlassen werden | *med:* **~** *d'una malaltia* e-e Krankheit hinter s. haben | **~** *d'uns pares dolents* von schlechten (*od* bösen) Eltern abstammen | **~** *en públic* s. in der Öffentlichkeit zeigen | *la millor obra sortida de les seves mans* das beste Werk von s-r Hand | *fer* **~** *alg* j-n auffordern, hinauszugehen | **~-se** *v/r:* **~** *amb la seva* tun, was man will; s-n Dickkopf durchsetzen | **~'n** s. aus der Affäre ziehen; zurechtkommen (mit), *umg* klarkommen (*mit*); es fertigbringen, *umg* es hinkriegen | *ja se'n surten sols, ara* jetzt kommen sie schon allein zurecht.
sort|ós **(-osa** *f*) *adj* glücklich, beglückt, vom Glück begünstigt | **~osament** *adv* zum Glück, glücklicherweise.
sorus *m biol* Sorus *m* (*pl* Sori).
sosa *f bot* Salzkraut *n* | *quím* Soda, (kohlensaures) Natron *n* | **~** *càustica* Ätznatron *n*.
soscaire *m* Mißgeschick *n* | Nachteil *m* | Schaden *m* | Unannehmlichkeit *f*.
soscavar (33) *vt* unter-graben, -minieren, aushöhlen | unterspülen.
sospedra|r (33) *vt constr* untermauern, stützen | **~t** *m constr* Untermauerung *f*.
sosp|ès *m lit* Gewicht *n*, Schwere *f* | **~esable** *adj* (*m/f*) wägbar | **~esador(a** *f*) *m* Ab-wiegende(r *m*), -wägende(r *m*) *f* | **~esar** (33) *vt* in (*od* auf) der Hand wiegen | *fig* abwägen.
sospir *m* Seufzer *m* | *fer* **~** e-n Seufzer ausstoßen, seufzen | *el darrer* **~** der letzte Atemzug *m* | **~all** *m constr* Keller-loch, -fenster *n* | **~ar** (33) *vi* seufzen | **~** *per alg od u/c* s. nach j-m *od* etw sehnen.
sospit|a *f* Verdacht *m* | Argwohn *m* | Vermutung, Verdächtigung *f* | **~ar** (33) *vt* vermuten | fürchten | *vi* argwöhnen, mißtrauen | **~** *d'alg* j-n verdächtigen *od* im Verdacht haben | *no* **~** *de ningú* niemanden im Verdacht haben | **~ós (-osa** *f*) *adj* verdächtig (*de* gen) | argwöhnisch | mißtrauisch | verdachterregend | zweifelhaft | *ferse* s. verdächtig machen | **~osament** *adv* verdächtig(erweise) | argwöhnisch.
sost|enible *adj* (*m/f*) haltbar, vertretbar | erträglich | **~enidor(a** *f*) *m estud* (*Dissertation*) Verfechter(in *f*) *m* || *s/m* (*Türrahmen*) Schließe *f* | Schließkette *f* | *tecn allg* Träger *m* | *fig* Stütze *f* || *pl* Büstenhalter, *umg* BH *m* | **~eniment** *m* (Unter)Stützung *f* | *arquit* (Wider) Halt *m*, Stütze *f* | Aufrechterhaltung *f* | (*Meinung*) Behauptung *f* | *fig* Unterhalt *m*; Erhaltung *f* | **~enir** (40) *vt* (unter)stützen | (unter)halten, tragen, stützen | (*Meinung*) behaupten | (*Kampf*) bestehen | aufrechterhalten | *estud* (*Dissertation*) verteidigen, verfechten | *fig* nicht erlahmen lassen, in Gang halten | **~enir-se** *v/r* s. aufrecht halten | *fig* s. halten *od* behaupten | nicht nachlassen *od* erlahmen (*Interesse*) | **~** *mútuament* s. gegenseitig unterstützen | **~ingut** **(-uda** *f*) *adj* anhaltend | *mús* (*Note*) erhöht || *s/m mús* Kreuz, Erhöhungszeichen *n*. •
sostrac|ció *f mat* Subtraktion *f*, Abziehen *n* | **~tiu (-iva** *f*) *adj* = **subtractiu.**
sostra|da *f constr* Bedachung *f*, Dach *n* | Schicht *f* | **~r** (33) *vt* = **ensostrar.**
sostraure (40) *vt bes oc Val* = **sostreure.**
sostre *m constr* Dach *n* | Zimmerdecke *f* | *fig* Schicht, Lage *f* | *sota* **~** geschützt, unter einem schützenden Dach | *disposat a* **~s** geschichtet | **~mort** *m* Dachboden *m* | Bodenkammer *f*.
sostre|ta *f* Abziehen *n* | *fig* Entwendung *f* | unterschlagenes Gut *n od* Geld *n* |

~ure (40) *vt* abziehen, subtrahieren | *fig* entziehen; unterschlagen | **~ure's** *v/r* s. entziehen (*a* dat) | s. zurückziehen.
sot *m* Grube *f* | *p ext* Lache, Pfütze *f* | *anar al ~* (*fig fam*) in die (*od* zur) Grube fahren, ins Gras beißen.
sota[1] *f* (*ins Wasser*) (Unter)Tauchen *n* | Kopfsprung *m* | (*Kartenspiel*) Bauer *m* | *fer una ~* (unter-, ein-)tauchen.
sota[2] *adv* darunter, *umg* drunter | (*ganz unten*) untendrunter | *allà ~ da drunter bzw* die Nachbarn darunter *bzw* unter uns; *fig* die Unteren | *prep* unter (*ac bzw* dat) | *~ terra* unter der Erde; unterirdisch | *un grau ~ zero* ein Grad unter Null | *~ els efectes de l'alcohol* unter der Wirkung des Alkohls | *~ la dictadura* unter der Diktatur | *~ pena de mort* unter Androhung der Todesstrafe | *~ la pluja* im Regen | *posa-ho ~ el llit!* leg es unter das Bett! | *neva per ~ dels mil metres* es schneit unterhalb von tausend Metern || *s: davall* | **~banc** *m constr* Sattel-, Träger-schwelle *f* | Gewölbepfeilerstütze *f* | **~barba** *m anat* Doppelkinn *n* | **~barra** *m* Kinnriemen *m* | **~bosc** *m silv* Unterholz *n* | **~copa** *f* Kredenzteller *m* (*für Gläser*) | **~cor** *m ecl arquit* Raum *m* unter dem Chor.
sotaiguar (33) *vt* unter Wasser setzen.
sotal *m* = **sot**, **clotada** | **~ada** *f* Bodensenke *f* | Mulde *f* | Niederung *f*.
sota|mà: *de ~* (*loc adv*) unter der Hand, heimlich | **~mola** *f* (*Ölmühle*) Bodenstein *m* | **~na** *f catol* Soutane *f* | (*Matratze*) Unter-seite *f*, -teil *m* | = **~mola** | **~plujar-se** (33) *v/r* s. vor dem Regen unterstellen | **~posar** (33) *vt* unter-ordnen, -stellen | **~scrit**(**a** *f*) *m* Unterzeichnete(r *m*) *m/f* | **~scriure** (40) *vt* unter-schreiben, -zeichnen | **~signat** (**-ada** *f*) *m* Unterzeichnete(r *m*) *m/f* | **~teler** *m* *tèxt* Reste, Rückstände *m pl* | **~vent** *m nàut* Lee(seite) *f* | *a ~* leeseits, im Windschatten | **~ventrera** *f* (*Tier*) Bauchgurt *m* | **~volta** *f arquit* Laibung *f*.
sotbat|re (34) *vt* = **sotragar** | **~uda** *f* = **sotragada**.
soterra|ment *m* Beerdigung, Bestattung *f*, Begräbnis *n* | Eingraben *n* | **~ni** (**-ània** *f*) *adj* unterirdisch || *s/m* Keller *m* | **~r** (33) *vt* beerdigen, bestatten, begraben | ein-, ver-graben.

sotil *adj* (*m/f*) gering, unbedeutend.
sòtil *m constr* Decke *f bzw* Fußboden *m*.
sotilesa *f* Geringheit, Unbedeutendheit *f*.
sotja|dor *adj* lauernd | **~r** (33) *vt* belauern | verstohlen beobachten.
sotm|ès (**-esa** *f*) *adj* unterworfen, unterwürfig | **~etre** (34) *vt* unterwerfen | *fig* unterbreiten, vorlegen (*a alg* j-m) | *~ alg a un tractament* j-n e-r Behandlung unterziehen | **~etre's** *v/r* s. unterwerfen | s. fügen.
sòtol *m arc constr* Grundmauer *f* | kl(r) Bauplatz *m* (*ca. 5 m breit*).
sotra|c *m* = **~gada** | *fer ~s* holpern, rütteln | **~gada** *f* Stoß *m* | Rütteln, Stoßen *n* | *a. fig* Erschütterung *f* | *fig* Schlag, Schock *m* | **~gar** (33) *vt* rütteln, hin u. her schütteln | **~gueig** *m* (*Wagen*) Rütteln, Holpern *n* | *aut* Erschütterung *f*, Erschüttern *n* | **~guejar** (33) *vi* holpern, rütteln (*Wagen*) || *vt* = **~gar**.
sots *prep ant* = **sota** | **~-arrendador**(**in** *f*) *m* Unter-verpächter(in *f*); -vermieter(in *f*) *m* | **~-arrendament** *m* Unterpacht; -miete *f* | **~-arrendar** *vt* (33) unter-(ver)pachten, -(ver)mieten | **~-arrendatari** (**-ària** *f*) *m* Unter-pächter(in *f*); -mieter(in *f*) *m* | **~-delegat** (**-ada** *f*) *m* Subdelegierte(r *m*), Unterabgeordnete(r *m*) *m/f* | **~-diaca** *m ecl* Subdiakon *m* | **~-diaconat** *m ecl* Subdiakonat *n* | **~-llogater**(**a** *f*) *m* Untermieter(in *f*) *m*.
sotsobr|ar (33) *vt ant* (*Gegner*) umwerfen, zu Boden zwingen | *vi nàut* kentern | **~e** *m nàut* Kentern | *fer ~* kentern.
sots-|oficial *m mil* Unteroffizier *m* | **~prefecte** *m* Unterpräfekt *m* | **~secretari** *m a. polit* Untersekretär *m* | **~d'Estat** Unterstaatssekretär *m* | **~tinent** *m mil* Leutnant *m*.
sou *m* (*Münze*) Sou *m* | *per quins cinc* (*od set*) *~s?* (*fig fam*) warum denn nur? || (Arbeits)Lohn *m*; (*der Beamten u. Angestellten*) Gehalt *n*; *mil* (Wehr)Sold *m* | *~ base* Grund-lohn *m bzw* -gehalt *n* | *~ fix* feste(r) Lohn *m*; feste(s) Gehalt *n* | *augment de ~* Lohn-; Gehalts-erhöhung *f* | *a ~* gegen Lohn | *assassí a ~* gedungene(r) Mörder *m* | *a ~ d'alg* in j-s Sold | *a ~ de l'enemic* im Sold des Feindes.
sovi|et *m* Sowjet *m* | **~ètic** *adj* sowjetisch | *la Unió ~a* die Sowjetunion || *s/mf* Sowjetbürger(in *f*) *m*.
sovint *adv* oft | **~ejar** (33) *vt* oft (*bzw* öf-

stalinisme ter) tun *od* machen || *vi* oft vorkommen *od* geschehen | häufig sein.

stalinis|me *m* Stalinismus *m* | **~ta** *adj* (*m/f*) stalinistisch || *s/m/f* Stalinist(in *f*) *m*.

su|abi (-àbia *f*) *adj* schwäbisch || *s/mf* Schwabe *m*, Schwäbin *f* || *s/m ling* Schwäbisch *n* | el ~ das Schwäbische | *parlar* ~ schwäbeln | **~àbia** *f* Schwaben *n*.

suad|a *f* Schweiß(ausbruch) *m* | *fig* Schweiß *m*, Müh | *fer una* ~ reichlich schwitzen | *les meves suades em costa* es kostet mich viel Schweiß *od* Mühe | **~or** *adj* zum Schwitzen neigend | *és molt* ~ er schwitzt sehr viel.

suahili *m/f* Suaheli *m/f* || *s/m ling* Suaheli *n* | *el* ~ das Suaheli.

suar *vi* (33) *a. fig* schwitzen || *vt* schwitzen | (*Wäsche*) verschwitzen | mit s-m Schweiß verdienen | *bíbl:* ~ *sang i aigua* Blut und Wasser schwitzen.

suara *adv* vorhin, (so)eben.

sua|rda *f* *tèxt* Wollschweiß *m* | **~rdós (-osa *f*)** *adj:* *llana suardosa* Schweißwolle *f* | **~t (-ada *f*)** *adj* schweißig, verschwitzt | schweiß-bedeckt, -naß.

sua|u(ment *adv*) *adj* (*m/f*) mild(e), sanft | weich | sanftmütig | zart | **~vitat** *f* Milde, Sanftheit *f* | Weichheit *f* | Sanftmütigkeit *f* | Zartheit *f* | **~vització** *f* Weich(er)machen *n* | Milderung *f* | Besänftigung *f* | **~vitzador** *m* Streichriemen *m* | **~vitzant** *m* *quím* Weichmacher *m* | (*Wäsche*) Weich-spüler *m*, -spülmittel *n* | **~vitzar** (33) *vt* weich(er) machen | (*Rasiermesser*) abziehen | *a. fig* mildern | *fig* besänftigen.

sub|alimentació *f* Unterernährung *f* | **~alimentat (-ada *f*)** *adj* unterernährt | **~alpí (-ina *f*)** *adj geog* subalpin | **~altern** *adj* untergeordnet, subaltern | *proposició* **~a** untergeordnete(r) Satz *m*, Nebensatz *m* | *personal* ~ untergeordnete(s) Personal *n* | **~alternar** (33) *vt adm com* unterordnen | **~aquàtic** *adj* Unterwasser... | *geol* subaquatisch | **~àrtic** *adj geog* subarktisch | **~atòmic** *adj fís* subatomar | **~classe** *f biol* Unterklasse *f* | **~clavi (-àvia *f*)** *adj: artèria subclàvia* Schlüsselbein-arterie, -schlagader, Subklavia *f* | **~comissió** *f* Unterausschuß *m* | **~conjunt** *m mat* Teil-, Unter-menge *f* | **~consciència** *f psic* Unterbewußtsein *n* | **~conscient** *adj* (*m/f*) unterbewußt || *s/m* Unterbewußte(s), Unterbewußtsein *n* | **~consum** *m econ* mangelnde Nachfrage *f* | **~continent** *m geog* Subkontinent *m* | **~costal** *adj* (*m/f*) *anat* unter den Rippen gelegen | **~cultura** *f sociol* Subkultur *f* | **~cutani (-ània *f*)** *adj anat med* subkutan | *injecció subcutània* subkutane Injektion *f* | **~delegació** *f adm* Subdelegation *f* | Unterabordnung, -bevollmächtigung *f* | **~delegar** (33) *vt* (*j-m*) s-n Auftrag weiterübertragen | **~delegat** *m* = *sots-delegat* | **~desenvolupament** *m* Unterentwicklung *f* | **~desenvolupat (-ada *f*)** *adj* unterentwickelt | **~distinció** *f filos* weitere (*od* genauere) Unterscheidung *f* | **~distingir** (37) *vt* weiter (*od* genauer) unterscheiden.

súbdit(a *f*) *m polít* Untergebene(r *m*) *m/f*, Untertan(in *f*) *m* | Staatsbürger(in *f*) *m*.

subd|ividir (37) *vt* unterteilen | **~ivisible** *adj* (*m/f*) unterteilbar | **~ivisió** *f* Unterteilung *f* | Unterabteilung *f* | **~ominant** *f mús* Subdominante *f*.

súbduple *adj* halb so groß.

súber *m biol bot* Kork *m*.

sub|èric *adj* Kork... | **~erina** *f quím bot* Suberin *n*, Korkstoff *m* | **~erització** *f* Verkorkung *f* | **~eritzar(-se)** (33) *vt*(/*r*) *bot* verkorken | **~erós (-osa *f*)** *adj* korkig | *capa* (*cèl·lula*) *suberosa* Kork-schicht(-zelle) *f* | *teixit* ~ Korkgewebe, Phellem *n*.

sub|estimar (33) *vt* unterschätzen | **~família** *f biol* Unterfamilie *f* | **~gènere** *m biol* Untergattung *f* | **~glacial** *adj* (*m/f*) *geol* subglazial | **~grup** *m* Untergruppe *f* | **~harmònic** *adj mat fís* subharmonisch.

subhasta *f* Versteigerung, Auktion *f* | *dr adm* öffentliche Ausschreibung *f* | *en* ~ *judicial* gerichtlich versteigert | *comprar* (*od vendre*) *en una* ~ in e-r Auktion kaufen (verkaufen) | *treure a* ~ *pública* zur öffentlichen Versteigerung bringen, öffentlich versteigern | **~dor** *m* Versteigerer, Auktionator *m* | **~r** (33) *vt* versteigern, auktionieren | ausschreiben.

subjacent *adj* (*m/f*) darunterliegend | *fig* latent; zugrundeliegend.

subjec|ció *f* Unterwerfung *f* | Untertänigkeit *f* | *fig* Abhängigkeit *f* | *tecn* Befestigung *f* | *lit* Subjektion *f* | **~tar** (33)

subjugació 940 **subscripció**

vt befestigen, festmachen | festhalten | unterwerfen, unterjochen | ~ *amb cadenes* mit Ketten fesseln, ketten | *tecn:* ~ *amb cargols* verschrauben | **~te** *adj* unterworfen | *tecn* befestigt | ~ *a* unterworfen (*dat*); anfällig gegen (*ac*); neigend zu (*dat*) | *dr:* ~ *a* ... pflichtig | ~ *a impostos* steuerpflichtig | *estar* ~ *a u/c* e-r Sache (*dat*) unterworfen sein; für etw anfällig sein; von etw abhängig sein || *s/m* Untertan *m*, Staatsangehörige(r *m*) *m/f* | Person *f* | *ling* Subjekt *m* | (*Gegenstand*) Stoff *m*; Thema *n* | *med* Patient *m* | Versuchsperson *f* | *agr* Unterlage *f* (*zum Veredeln*) | **~tiu** (**-iva** *f*, **-ivament** *adv*) *adj* subjektiv | unsachlich | persönlich | **~tivisme** *m filos* Subjektivismus *m* | **~tivista** *adj* (*m/f*) subjektivistisch || *m/f* Subjektivist(in *f*) *m* | **~tivitat** *f* Subjektivität *f* | persönliche Auffassung *od* Einstellung *f* | Unsachlichkeit *f*.
subjuga|ció *f* Unterjochung *f* | **~dor** *adj* unterjochend | *s/mf* Unterjocher(in *f*) *m* | **~r** (33) *vt* unterjochen | *fig* beherrschen.
subjuntiu (**-iva** *f*) *adj* konjunktivisch || *s/m ling* Konjunktiv *m*.
sublim *adj* (*m/f*) erhaben, hoch, sublim | **~able** *adj* (*m/f*) *quím* sublimierbar | **~ació** *f quím psic* Sublimation, Sublimierung *f* | *fig a.* Erhebung *f* | Überhöhung *f* | **~ar** (33) *vt quím psic* sublimieren | *fig a.* in höhere Sphären erheben, erheben, überhöhen | **~at** *m quím* Sublimat *n* | **~atori** (**-òria** *f*) *adj* Sublimations... | **~inar** *adj* (*m/f*) *psic* subliminal, unterschwellig | **~itat** *f* Erhabenheit, *lit* Sublimität *f*.
sub|lingual *adj* (*m/f*) *med* sublingual, unter der Zunge (befindlich) | **~llenyós** (**-osa** *f*) *adj biol* unterholzig | **~lunar** *adj* (*m/f*) sublunarisch, unter dem Mond (befindlich) | *el món* ~ die Erde *f* | **~luxació** *f med* Subluxation, Teilverrenkung *f* | **~marí** (**-ina** *f*) *adj* unterseeisch | Untersee... | U-Boot... || *s/m nàut* Unterseeboot, U-Boot *n* | ~ *atòmic* Atom-U-boot *n* | **~marinisme** *m esport* Sporttauchen *n* | **~marinista** *m/f* Sporttaucher(in *f*) *m* | **~maxil·lar** *adj* (*m/f*) *anat* Unterkiefer...
submer|gibilitat *f* Tauchfähigkeit *f* | **~gible** *adj* (*m/f*) *nàut* tauchfähig | untertauchbar | *nau* ~ Unterseeboot *n* | **~gir** (37) *vt* unter Wasser setzen,

über-fluten, -schwemmen | untertauchen, versenken | **~gir-se** *v/r* (unter-) tauchen | versinken | *fig* s. versenken (*en* in *ac*) | **~sió** *f* Überschwemmung *f* | Untertauchen *n*, Versenkung *f* | Versinken *n* | *geol* Submersion *f* | Ertränken *n* | *mort per* ~ Tod *m* durch Ertrinken.
subministra|ble *adj* (*m/f*) lieferbar | **~dor** *adj* Liefer... || *s/mf* Lieferant(in *f*) *m* | **~ment** *m* Lieferung *f* | Belieferung *f* | *dificultats de* ~ Versorgungsschwierigkeiten *f pl* | *fer el* ~ *d'u/c* etw liefern | **~r** (33) *vt* (*Waren, Beweis*) liefern.
subm|ís (**-isa** *f*, **-isament** *adv*) *adj* gehorsam | unterwürfig, unterworfen | *fig* ergeben | **~issió** *f* Unterwerfung *f* (*a unter ac*) | Unterwürfigkeit *f* | Ergebenheit, Gehorsam *f* | *fer la seva* ~ (*mil*) s. ergeben | *mostrar* ~ Gehorsam zeigen.
sub|normal *adj* (*m/f*) (*Kind*) zurückgeblieben || *s/mf* Schwachsinnige(r *m*) *m/f* | *escola per a* ~*s* Sonderschule *f* || *s/f mat* Subnormale *f* | **~nota** *f* Unteranmerkung *f* | **~ocupació** *f econ* Unterbeschäftigung *f* | **~ocupat** (**-ada** *f*) *adj* unterbeschäftigt | **~orbital** *adj* (*m/f*) *anat* unter den Augenhöhlen (befindlich) | *astr* suborbital.
subordina|ble *adj* (*m/f*) unterstellbar | unterordnungsfähig | **~ció** *f a. ling* Unterordnung *f* | *mil* Dienstgehorsam *m* | *fig* Abhängigkeit *f* | **~ment** *m* Unterordnen *n* | *a. fig* Unterstellen *n* | = **~ció** | **~r** (33) *vt* unterordnen | unterstellen | **~t** (**-ada** *f*) *adj ling* untergeordnet | *proposició subordinada* Nebensatz *m* || *s/mf* Untergeornete(r *m*), Untergebene(r *m*) *m/f*.
suborn *m dr* Bestechung *f* | **~able** *adj* (*m/f*) bestechlich | **~ació** *f* Bestechen *n* | = **suborn** | **~ador** *adj* bestechend || *s/mf* Bestecher(in *f*) *m* | **~ament** *m* = **~ació** | **~ar** (33) *vt* bestechen.
subproduc|ció *f* Unterproduktion *f* | **~te** *m* Nebenprodukt *n*.
subratllar (33) *vt a. fig* unterstreichen.
subrep|ció *f dr* Erschleichung *f* | **~tici** (**-ícia** *f*, **-íciament** *adv*), **~tiu** (**-iva** *f*) *adj* erschlichen | heimlich.
subroga|ció *f dr* Surrogation *f* | **~r** (33) *vt* ersetzen, substituieren | **~tori** (**-òria** *f*) *adj* Ersatz..., ersetzend.
subscri|pció *f* Unter-zeichnung, -schrift

subsegüent *f* | *com econ* Abonnement *n*, gràf *a*. Subskription *f* | (*Aktien, Anleihe*) Zeichnung *f* | (*Aktien*) Bezugsrecht *n* | certificat de ~ (*Aktien*) Bezugsschein *m* | **~ptor(a** *f*) *m* Unterzeichner(in *f*) *m* | Abonnent(in *f*) *m* | (*banc*) Zeichner(in *f*) *m* | **~ure** (40) *vt* unter-zeichnen, -schreiben | beipflichten (*dat*) | *el qui subscriu* der Unterzeichnete | **~ure's** *v/r:* ~ *a una revista* e-e Zeitschrift abonnieren | ~ *a una enciclopèdia* (auf) e. Lexikon subskribieren.

subse|güent *adj* (*m/f*) nach-, darauf-folgend | **~güentment** *adv* daraufhin | infolgedessen | **~guir** (37) *vt* s. anschließen an (*ac*); unmittelbar folgen (*dat* od auf *ac*) | **~qüent** *adj* (*m/f*) = **subsegüent** | **~qüentment** = **~güentment**.

subsid|ència *f* Senkung *f* | **~i** *m* Beihilfe, Unterstützung *f*, Zuschuß *m* | ~ *d'atur*, sociol *a*. ~ *de desocupació* Arbeitslosengeld *n* | ~ *familiar* Familienzulage *f* | ~ *de vellesa* Altersrente *f* | **~iari** (*-ària f*) *adj* Hilfs... | Unterstützungs... | unterstützend, zusätzlich | *dr polít sociol* subsidiär | **~iàriament** *adv* aushilfsweise, behelfsmäßig, als Aushilfe | subsidiär | **~iarietat** *f bes dr polít sociol* Subsidiarität *f*.

subsist|ència *f* Fortbestand *m*, Weiterleben *n*, Weiterbestehen *n* | Lebensunterhalt *m*, Auskommen *n* | *filos* Subsistenz *f* | *mitjans de* ~ Mittel *n pl* zum Leben || *pl* Lebens-, Existenz-grundlage *f* | Proviantamt *n* | **~ent** (*m/f*) fortbestehend, weiterbestehend | **~ir** (37) *vi* (fort-, weiter-)bestehen | (noch) in Kraft bleiben, Bestand haben | s-n Lebensunterhalt haben.

sub|sòl *m agr* Untergrund *m* | *riqueses del* ~ Bodenschätze *m pl* | **~sònic** *adj fts* Unterschall...

subst|ància *f* Substanz, Materie *f*, Stoff *m* | *fig* Substanz *f*, Gehalt, Kern *m* | *biol quím:* ~ *activa* (*estructural*) Wirk-(Bau-)stoff *m* | *med:* ~ *excitant* (*inhibidora*) Reiz-(Hemm-)stoff *m* | ~ *grisa* graue Substanz *f* | *en* ~ im wesentlichen, im großen u. ganzen | **~anciació** *f* Erhärtung *f*, Untermauerung *f* | **~ancial(ment** *adv*) *adj* (*m/f*) substantiell | Wesens..., wesentlich | gehaltvoll | **~ancialitat** *f filos* Substantialität *f* | Wesentlichkeit *f* | **~anciar** (33) *vt* erhärten, untermauern, begründen, fundieren, *lit* substantiieren | **~anciós** (*-osa f*, *-osa*-

ment *adv*) *adj* substanzreich | kräftig, nahrhaft | wesentlich | gehaltvoll | bedeutend | **~antiu** (*-iva f*, *-ivament adv*) *adj ling* substantivisch, hauptwörtlich || *s/m ling* (a. *nom* ~) Substantiv, Nomen, Haupt-, Ding-, Nenn-wort *n* | **~antivació** *f ling* Substantivierung *f* | **~antivar** (33) *vt ling* substantivieren | **~antivitat** *f* substantivische(r) Charakter *m*.

substitu|ció *f* (Stell)Vertretung *f* | Ersetzung *f* | Ersatz *m* | *adm dr* Einsetzung *f* (*an Stelle e-s anderen*) | **~ible** *adj* (*m/f*) ersetzbar, auswechselbar | *lit cient* substituierbar | **~ïdor** *adj* ersetzend, Ersatz... | **~ir** (37) *vt* ersetzen | *adm dr* einsetzen (*per alg* für j-n) | (*im Amt*) vertreten | *lit cient* substituieren | **~t(a** *f*) *m* (Stell) Vertreter(in *f*) *m* | *econ* Substitut(in *f*) *m* | **~tiu** (*-iva f*) *adj* Ersatz... | Vertretungs... || *s/m* Ersatz *m*, *lit* Substitut *n* | *gastr* = **succedani**.

sub|strat *m lit cient* Substrat *n* | **~sumir** (37) *vt lit filos* subsumieren | **~sumpció** *f* Subsumierung, Subsum(p)tion *f* | **~tangent** *f geom* Subtangente *f* | **~tendir** (37) *vt geom* durch e-e Sehne verbinden.

subterfugi *m* Aus-flucht, -rede *f* | Vorwand *m*.

subterrani (*-ània f*, *-àniament adv*) *adj* unterirdisch, *cient a*. subterran | *un passadís* ~ e. unterirdischer Gang.

subtil|(ment *adv*) *adj* (*m/f*) dünn, fein | *fig* scharfsinnig; spitzfindig, ausgeklügelt; raffiniert; *lit* subtil | **~esa**, **~itat** *f* Dünne, Feinheit *f* | Scharfsinn *m*; Spitzfindigkeit; Raffiniertheit; *lit* Subtilität *f* | **~ització** *f* Verfeinerung *f* | Scharfsinnig-, Spitzfindig-machen *n* | **~itzar** (33) *vt* verfeinern | fein nuancieren *bzw* ausklügeln || *vi* spintisieren, klügeln, tüfteln.

sub|títol *m* Untertitel *m* | **~titular** (33) *vt* untertiteln | mit e-m Untertitel (*cin* mit Untertiteln) versehen | **~tracció** *f mat* Abziehen *n*, Subtraktion *f* | **~tractiu** (*-iva f*) *adj* abziehend | subtraktiv, Subtraktions... | **~trahend** *m mat* Subtrahend *m* | **~tropical** *adj* (*m/f*) subtropisch.

subulat (*-ada f*) *adj bot* priemförmig.

sub|unitat *f* Untereinheit *f* | **~urbà** (*-ana f*) *adj* vorstädtisch, Vorstadt... | *línia suburbana* Vorortbahn *f od* Vorortbus *m* || *s/mf* Vorstadtbewohner(in

f), Vorstädter(in *f*) *m* | **~urbi** *m* Vorstadt *f* | Vorort *m* | **~urbicari** (**-ària** *f*) *adj catol* suburbikarisch.
subven|ció *f* Subvention *f*, Unterstützung *f*, Zuschuß *m* | **~cional** *adj* (*m/f*) als Unterstützung dienend | **~cionar** (33) *vt* subventionieren, unterstützen, finanziell fördern | **~ir** (40) *vi* zu Hilfe kommen | (*finanziell*) beisteuern, beitragen (*a* zu).
subver|sió *f* Umsturz *m* | (*Tätigkeit*) Subversion *f* | **~siu** (**-iva** *f*) *adj* subversiv, umstürzlerisch, Umsturz... | *moviment* **~** Umsturzbewegung *f* | **~tir** (37) *vt* umstürzen | zu stürzen versuchen | (*System*) untergraben, unterminieren | (*j-n*) zum Umsturz anstacheln.
suc *m* Saft *m* | Brühe *f* | *gastr a.* Soße *f* | *fig* Nutzen, Vorteil *m* | **~** *de fruita* (*llimona, taronja*) Frucht-(Zitronen-, Orangen-)saft *m* | **~** *gàstric* Magensaft *m* | **~** *de mitjons* (*fam desp*) Abwaschwasser *n* (*Kaffee*) | *sense* **~** *ni bruc* (*fig desp*) ohne Saft u. Kraft, saft u. kraftlos | **~ada** *f* Ein-tauchen, -tunken, -stippen *n* | **~a-mulla** *f* in Wein getunktes Brot *n* | *fer* **~** Brot in Wein eintunken | **~ar** (33) *vt* (ein)tauchen, tunken | (*Feder*) in Tinte tauchen.
succ|edani (**-ània** *f*) *adj* Ersatz... || *s/m a. gastr* Ersatz(mittel *n*) *m*, Surrogat *n* | **~edent** *adj* (*m/f*) = **~essor** | **~eïdor** *adj* u. *s/mf* = **~essor** | **~eïment** *m* (Nach)Folge *f* | = **~essió** | **~eir** (37) *vi* folgen (*a* auf *ac*) | (*im Amt*) nachfolgen, folgen | (*j-n*) beerben | (*j-s*) Nachfolger(in *f*) *m* sein | *lit* geschehen || *vt: el succeí en el tron* er folgte ihm auf dem Thron | **~eït** *m* Geschehnis *n* | **~és** *m* (*pl -essos*) Ereignis, Geschehnis *n* | Verlauf *m* | Ausfall, Vor-fall *m* | *lit a.* Erfolg *m* | **~essibilitat** *f dr* Erbberechtigung *f* | **~essible** *adj* (*m/f*) *dr* erbberechtigt | **~essió** *f* Folge *f* | Erb-, Thron-folge *f* | Erbschaft *f* | Nachlaß *m* | *col* Nachkommen(schaft *f*) *m pl* | **~** *intestada* (*testamentària*) gesetzliche (testamentarische) Erbfolge *f* | *les guerres de* **~** (*hist*) die Erbfolgekriege | **~essiu** (**-iva** *f*) *adj* folgend | auf- *od* nacheinanderfolgend | ununterbrochen | *drets* **~s** Erbfolgerechte *n pl* | **~essivament** *adv* nach u. nach | nacheinander | laufend | *i així* **~** u. so fort | **~essor** *adj* nachfolgend || *s/mf* Nach-

folger(in *f*) *m* | Erbe *m*, Erbin *f*.
succ|í *m min* Bernstein *m* | **~inat** *m quím* Sukzinat, Succinat *n*, bernsteinsaures Salz *bzw* bernsteinsaurer Ester | **~ínic** *adj*: *àcid* **~** Bernsteinsäure *f* | **~inimida** *f quím* Succinimid, Bernsteinsäureimid *n*.
succint(**ament** *adv*) *adj* kurz, gedrängt | *gramàtica* **~a** Kurzgrammatik *f*.
succió *f* (Ein-, Aus-)Saugen *n*.
sucós (**-osa** *f*, **-osament** *adv*) *adj* saftig | *fig* ergötzlich.
sucr|aire *m/f* Zuckerfabrikant(in *f*) *m* | **~e** *m* Zucker *m* | **~** *candi* (*de canya, en terrossos, refinat*) Kandis-(Rohr-, Würfel-, Fein-)zucker *m* | **~** *de llet* (*malta, raïm*) Milch-(Malz-, Trauben-) zucker *m* | **~er** *adj* Zucker... | *indústria* **~a** Zuckerindustrie *f* || *s/mf* = **sucraire** | **~eria** *f* Zuckerfabrik *f* | Zuckerdose *f* | **~eria** *f* Zuckerindustrie *f*.
súcube *m mit* Sukkubus *m*.
sucul|ència *f* Saftigkeit *f* | Schmackhaftigkeit *f* | *bot* sukkulenz *f* | **~ent**(**ament** *adv*) *adj* saftig | köstlich, schmackhaft | *bot* sukkulent | *fig* nahrhaft.
sucumbir (37) *vi* unterliegen | *fig* fallen | sterben, umkommen | **~** *a la fatiga* von Müdigkeit überwältigt (*od* übermannt) werden | **~** *a una temptació* e-r Versuchung erliegen.
sucursal *adj* (*m/f*) Filial... | Zweig... | *església* **~** Filialkirche *f* || *s/f* Filiale *f* | Niederlassung *f* | Zweiggeschäft *n*, Zweig-niederlassung, -anstalt *f*.
sud *m* (*zG s: nord*) Süden *m* | *bes meteor nàut* Süd *m* | (a. *vent del* **~**) Süd-(wind) *m* | *Àfrica* (*Amèrica*) *del* **~** Süd-afrika (-amerika) *n* || *adj inv* Süd..., südlich.
sudació *f med* Schwitzen *n*.
sud-|africà (**-ana** *f*) *adj* südafrikanisch || *s/mf* Südafrikaner(in *f*) *m* | **~àfrica** *f* (*Republik*) Südafrika *n* | **~americà** (**-ana** *f*) *adj* südamerikanisch || *s/mf* Südamerikaner(in *f*) *m*.
Sudan *m: el* **~** *der* Sudan | **~ès** (**-esa** *f*) *adj* sudanesisch || *s/mf* Sudanese *m*, Sudanesin *f*.
sudari *m* Leichentuch *n* | *ecl* Schweißtuch *n*.
sud-|eslau (**-ava** *f*) *adj* jugoslawisch || *s/mf* Jugoslave *m*, -vin *f* | **~est** *m* (*zG s: nord*) Südost(en) *m* | *adj inv* Südost..., südöstlich | **~ista** *adj* (*m/f*) *hist* südstaatlich || *s/mf* Südstaatler(in *f*)

sudorífer

m | **~-oest** m (zG s: nord) Südwest(en) m || adj inv Südwest..., südwestlich.
sudor|ífer, ~ífic adj med schweißtreibend || s/m Schwitzmittel n | **~ípar** adj anat: glàndules ~es Schweißdrüsen f pl | s: suar.
su|ec adj schwedisch || s/mf Schwede m, -din f || s/m ling Schwedisch n | el ~ das Schwedische | **~ècia** f Schweden n.
suèter m Sweater, dicke(r) Pullover m.
sueu (-eva) f) adj hist swebisch || s/mf Swebe m, Swebin f.
sufici|ència f Genüge, Hinlänglichkeit f | Selbstvertrauen n | desp Selbstgefälligkeit, Überheblichkeit, lit Süffisanz f | **~ent** adj (m/f) genügend, ausreichend, hinlänglich | desp selbstgefällig, überheblich, lit süffisant | tres homes són ~s drei Mann reichen od sind genug | **~entment** adv genügend, hinreichend.
sufix m ling Nachsilbe f, Suffix n | **~ar** (33) vt ling suffigieren, mit e-m Suffix versehen.
sufoca|ció f Atemnot f | fig a. Beklemmung f | **~dor** adj, **~nt** adj (m/f) erstickend, stickig | fig erröten lassend | **~r** (33) vt ersticken | (Feuer) a. löschen | fig beklemmen; erröten lassen | **~r-se** v/r ersticken | fig schamrot werden.
sufrag|ani (-ània) f) adj catol Suffragan... | església sufragània Suffragankirche f | **~ar** (33) vt helfen (dat), unterstützen | (Kosten) zu bezahlen helfen, teilweise bestreiten | **~i** m (Wahl)Stimme f | Wahl- (bzw Stimm-)recht n | arc Beistand m | rel Fürbitte f | ~ universal allgemeines Wahlrecht n | **~ista** m/f Anhänger(in f), m des allgemeinen Wahlrechtes | bes Frauenrechtler(in f) m || s/f hist Suffragette f.
sufrut|escent adj (m/f), **~icós (-osa** f) adj bot halbholzig | halbstrauchartig.
sufusió f med Suffusion f, Bluterguß m.
sugge|riment m Vorschlag m, Anregung f | p ext Andeutung f | **~rir** (33) vt nahelegen | vorschlagen | (Gefühl, Vorstellung) erwecken, einflößen, hervorrufen | **~stibilitat** f Beeinflußbarkeit, Suggestibilität f | **~stible** adj (m/f) (leicht) beeinflußbar, suggestibel | **~stió** f Eingebung, Anregung, Einwirkung, Beeinflussung f | Suggestion

f | **~stionable** adj (m/f) beeinflußbar, suggestibel | **~stionar** (33) vt psic suggerieren, eingeben, einflüstern | **~stiu (-iva** f, **-ivament** adv) adj suggestiv | (stark) beeinflussend | (Blick) suggestiv, vielsagend | **~stivitat** f beeinflussende Kraft, Suggestivität f.
sugil·lació f med Sugillation f, Bluterguß m.
suïcid|a adj (m/f) selbstmörderisch || s/m/f Selbstmörder(in f) m | **~ar-se** (33) v/r Selbstmord begehen, s. das Leben nehmen | **~i** m Selbstmord m | lit Suizid m/n | (a. intent de ~) Selbstmordversuch m.
su|ís (-ïssa f) adj schweizerisch, Schweizer || s/mf Schweizer(in f) m || s/m gastr Tasse Schokolade f mit Sahne | ornit Zwergrohrdommel f | **~ïssa** f die Schweiz.
sulciforme adj (m/f) e-r Furche ähnlich.
sulf|amida f med Sulf(on)amid n | **~at** m quím Sulfat, Vitriol n | **~atar** (33) vt agr schwefeln, mit Kupfervitriol behandeln | in Sulfat verwandeln | **~hidrat** m Sulfhydrat n | ~ amònic Ammoniumsulfhydrat n | **~hídric** adj: àcid ~ Schwefelwasserstoff m | aigües sulfhídriques schwefelwasserstoffhaltiges Wasser | **~it** m quím Sulfit n | **~onal** m med Sulfonal n | **~ur** m quím Sulfid n | ~ de calci Kalziumsulfid n | **~uració** f Schwefelung, Sulfuration f | **~urar** (33) vt mit Schwefel verbinden, schwefeln | fig reizen, erzürnen | **~uri (-úria** f) adj Schwefel... | aus Schwefel, schwef(e)lig | **~úric** adj: àcid ~ Schwefelsäure f | **~uril** m: clorur de ~ Sulfurylchlorid n | **~urós (-osa** f) adj schweflig, schwefelhaltig | àcid ~ schweflige Säure f | anhídrid ~ Schwefeldioxid n.
sull adj mit abgestoßenen Hörnern | fig ganz allein, einsam | Bal finster, mürrisch.
sulla f bot Italienische(r) Hahnenkopf m.
sulsir (37) vt (ver)sengen.
sult|à (-ana f) m Sultan m, Sultanin f | **~anat** m Sultanat n.
suma f mat Addition f | (Ergebnis; Geld) Summe f | fig Hauptinhalt m | com econ: una ~ important e. wichtiger Betrag m, e-e bedeutende Summe f | en ~ (loc adv) zusammenfassend, kurz; alles in allem, im Grunde; schließlich.

sumac *m bot* Sumach *m* | **~ar** *m* Sumachpflanzung *f*.

sum|ador *adj* addierend || *s/f* (a. *màquina ~a*) Addiermaschine *f*, *p ext* Rechenmaschine *f* | **~and** *m mat* Summand *m* | **~ar** (33) *vt* addieren, zusammenzählen | zusammenfassen | (*Betrag*) ausmachen, s. belaufen auf (*ac*) | **~ar-se** *v/r* hinzukommen, s. anschließen | ~ *a u/c* s. an etw (*dat*) beteiligen | **~ari (-ària** *f*, **-àriament** *adv*) *adj* zusammengefaßt | summarisch || *s/m* Zusammenfassung *f* | Inhalts-angabe *f*, -verzeichnis *n* | *dr* Ermittlungsverfahren *n* || *s/f dr* (Prozeß) Protokoll *n* | (*Militärgericht*) Voruntersuchung *f* | **~aríssim** *adj sup* höchst kurz | summarisch zusammengefaßt | **~atori (-òria** *f*) *adj* Additions... | Zusammenfassungs... | Summen...

Sumer *m hist* Sumer *n* | **~i (-èria** *f*) *adj* sumerisch || *s/mf* Sumerer(in *f*) *m* || *s/m* Sumerisch *n* | *el ~* das Sumerische.

sumir (37) *vt* versenken | ein-, unter-tauchen | (*Sakrament*) empfangen | (*Hostie u. Wein*) zu s. nehmen (*bes Priester*) | **~-se** *v/r* s. versenken (*en* in *ac*) | ~ *en la desesperació* s. in die Verzweiflung stürzen.

summ|a *f* systematische Gesamtdarstellung *f* | *bes filos rel* Summa *f* | **~ament** *adv* äußerst, höchst | **~e** *adj* höchste(r, -s) | größte(r, -s) | **~itat** *f* äußerste Spitze *f*, höchster Gipfel *m* | *fig a.* Höhepunkt *m*.

súmmum *m* höchste(r) Grad *m*, Höchstmaß *n*.

sumpt|uari (-ària *f*) *adj* Aufwands..., Luxus... | Pracht... | *lleis sumptuàries* Aufwands-, Luxus-gesetze *n pl* | **~uós (-osa** *f*, **-osament** *adv*) *adj* prächtig, prunkvoll, luxuriös | prunkliebend | **~uositat** *f* Pracht *f*, Prunk, Aufwand, Luxus *m*.

sunn|a *f* (*Islam*) Sunna *f* | **~ita** *adj* (*m/f*) sunnitisch || *s/m/f* Sunnit(in *f*) *m*.

su|or *f* Schweiß *m* | *s: amarat* | **~ós (-osa** *f*) *adj* schweißig | verschwitzt, schweißnaß.

supedita|ció *f* Unterordnung *f* | Abhängigkeit *f* | Unterwerfung *f* | **~r** (33) *vt* unterordnen | abhängig machen | unterwerfen | ~ *u/c a una altra* etw von etw anderem abhängig machen.

superable *adj* (*m/f*) überwindbar.

superabund|ància *f* = **sobreabundància** |

~ar (33) *vi* = **sobreabundar**.

supera|ció *f* Überwindung *f* | *fig a.* Überwältigung *f* | **~r** (33) *vt* übertreffen | überwinden | ~ *un rècord* e-n Rekord brechen od schlagen | **~r-se** *v/r* s. (selbst) übertreffen.

superàvit *m econ com* Überschuß *m* | *~ sobre el pressupost* Haushaltsüberschuß *m*.

sup|erb(ament *adv*) *adj* herrlich, prächtig | wunderschön | = **~erbiós** | **~èrbia** *f* Hochmut, Stolz *m* | **~erbiós (-osa** *f*, **-osament** *adv*) *adj* hochmütig, stolz.

super|carburant *m* Superkraftstoff *m*, Superbenzin *n* | **~conductivitat** *f elect* Supraleitfähigkeit *f* | **~conductor** *adj elect* supraleitend || *s/m* Supraleiter *m* | **~dotat (-ada** *f*) *adj* überdurchschnittlich begabt | **~ego** *m psic* Über-Ich *n* | **~eminència** *f* große Erhabenheit *f* | (*Person*) überragende, erstklassige Persönlichkeit *f* | **~eminent** *adj* (*m/f*) ganz vortrefflich | (*Mensch*) überragend; erstklassig, hervorragend | **~erogació** *f lit* Zusatzleistung *f* | **~erogatori (-òria** *f*) *adj* zusätzlich | **~fecundació** *f med* Überschwängerung *f* | **~fí (-ina** *f*) *adj* hoch-, super-fein.

superf|icial(ment *adv*) *adj* (*m/f*) oberflächlich | *fig a.* flüchtig, nachlässig | **~icialitat** *f* Oberflächlichkeit *f* | **~ície** *f* Oberfläche *f* | Fläche *f* | *fig* äußere(r) Schein *m* | *~ conreada* Anbaufläche *f* | ~ *útil* Nutzfläche *f* | *mesura de ~* Flächenmaß *n*.

superflu (-èrflua *f*, **-èrfluament** *adv*) *adj* überflüssig, entbehrlich | un-nötig, -nütz | **~ïtat** *f* Überfluß *m* | Überflüssigkeit, Entbehrlichkeit *f* | Überflüssige(s) *n*.

super|fosfat *m quím agr* Superphosphat *n* | **~heterodí (-ina** *f*) *adj* superheterodyn || *s/m rad* Superheterodyn-, Überlagerungs-empfänger *m* | **~home** *m* Übermensch *m* | **~humeral** *m* (*Priester*) Schultertuch *n* | **~infecció** *f med* Superinfektion *f* | **~intendència** *f adm* Superintendentur *f* | **~intendent** *m* Superintendent *m*.

superior *adj* (*m/f*) obere(r, -s) | höhere(r, -s) | überlegen | übergeordnet (*a alg* j-m) | (*Qualität*) besser (*a* als) | Ober... | Hoch... | *fig a.* großartig, ausgezeichnet, hervorragend | (*Geist*) überragend | *escola ~* (technische) Hoch-

superjò | 945 | **suposar**

schule f | (és)ser ~ a alg j-m überlegen sein; j-n übertreffen | (és)ser ~ en nombre zahlenmäßig überlegen sein || s/mf Vorgesetzte(r m) m/f | catol Oberer m, Oberin f; Superior(in f) m | **~at** m catol Superiorenamt n | **~itat** f Überlegenheit f | Obrigkeit f | mil Übermacht f | ~ numèrica Überzahl f | **~ment** adv ausgezeichnet, hervorragend, vorzüglich.
superjò m psic Über-Ich n.
superlati|u (-iva f) adj Superlativ... | superlativisch || s/m ling Superlativ m | **~vament** adv im höchsten Grad.
supermercat m Supermarkt m.
supernal adj (m/f) ant = **superior, suprem.**
super|numerari (-ària f) adj überzählig | außer-ordentlich, -planmäßig | **~ordre** m biol Überordnung f | **~població** f Übervölkerung f | **~poblat** (-ada f) adj übervölkert | **~posar** (33) vt darüberlegen | überlagern | **~posat** (-ada f) adj übereinanderliegend | überlagert | **~posició** f Übereinander-legung, -setzung, Überlagerung f | **~potència** f polit mil Supermacht f | **~producció** f Überproduktion f | cin Monster-, Monumental-film m | **~realisme** m = **surrealisme** | **~realista** adj (m/f) = **surrealista** | **~sònic** adj Überschall... | fís a. supersonisch | velocitat ~a Überschallgeschwindigkeit f | vol (avió) ~ Überschallflug (zeug n) m.
superstici|ó f Aberglaube m | **~ós** (-osa f, -osament adv) adj abergläubisch.
super|strat m ling Superstrat n | **~structura** f econ Überbau m | **~substancial** adj (m/f) geistlich | pa ~ (ecl ant) Hostie f | **~venció** f Dazukommen n | **~visar** (33) vt beaufsichtigen, überwachen | durchsehen, überprüfen | **~vivència** f Überleben n | **~vivent** adj (m/f) überlebend || s/m/f Überlebende(r m) m/f | dr Hinterbliebene(r m) m/f.
superxeria f Täuschung f, umg Schwindel m.
sup|í (-ina f, -inament adv) adj auf dem Rücken liegend | (Hände) nach auswärts gedreht | ignorància supina krasse (od grobe) Unwissenheit f || s/m ling Supinum n | **~inació** f Rückenlage f | anat (Extremität) Auswärtsdrehung, Supination f | **~inador** m anat Armspeichenmuskel m.

suplanta|ció f Verdrängung f | Ausstechen n | fig Ersatz m | **~dor** adj verdrängend | ausstechend | **~r** (33) vt verdrängen | (e-n Rivalen) ausstechen | fig ersetzen.
suple|ment m Ergänzung f | Nachtrag m | (Nahrung) Zusatz m | (Lohn) Zulage f, Zuschuß m | geom Ergänzungs-, Supplement-winkel m | gräf Beilage f; Ergänzungsband m, Supplement n | com Zuschlag m | ~ de velocitat (ferroc) Schnellzugzuschlag m | prendre un ~ e-e Zuschlagkarte (nach)lösen | **~mentari** (-ària f, -àriament adv) adj zusätzlich, ergänzend | angle ~ Ergänzungswinkel m | entrades suplementàries Nebeneinnahmen f pl | pagament ~ Zuschlag m; Nachzahlung f | **~nt** adj (m/f) stellvertretend || s/m/f Stellvertreter(in f) m | estud Vertreter(in f) m, Vertretung f || s/m esport Ersatzmann m | **~tiu** (-iva f), **~tori** (-òria f) adj Ergänzungs... | ergänzend | zusätzlich || s/m telecom (a. aparell ~) Nebenanschluß m.
súplica f inständige, demütige Bitte f | Flehen n | Bittschrift f | Gesuch n.
suplica|ció f Bitten n | Flehen n | = **súplica** | **~dor** adj demütig bittend | flehend | **~nt** adj (m/f) = **~dor** || s/m/f Bittsteller(in f) m | **~r** (33) vt inständig u. demütig bitten | (j-n) anflehen; (etw) erflehen, flehen um (ac) | adm ersuchen | **~tori** (-òria f) adj inständig u. demütig bittend | flehend | ersuchend || s/m Bittschrift f | Gesuch n.
suplici m Folter m, a. fig Qual f | Marter f | el darrer ~ die Hinrichtung f | el ~ de Tàntal Tantalusqualen f pl.
suplir (40) vt ergänzen, ersetzen | (Fehler od Mängel) wettmachen | ~ alg j-n vertreten; an j-s Stelle treten | ~ u/c etw ersetzen; Ersatz für etw bieten.
suport m Stütze f | fig a. Unterstützung f | (Fahrrad, Motorrad) Ständer m | arquit tecn a. fig Träger m | Untergestell n | Lagerung f | prestar ~ a una iniciativa e-e Initiative unterstützen | **~able** (ment adv) adj (m/f) erträglich | med verträglich | **~ar** (33) vt tragen, stützen | a. fig (v)ertragen, aushalten, verkraften (umg) | fig a. leiden, (er)dulden, ertragen | **~-se els uns als altres** einander ertragen od erdulden.
sup|osar (33) vt annehmen | voraussetzen | suposo que no ho sabien ich neh-

supra|costal

me an (*od* vermute), sie wußten es nicht *od* daß sie es nicht wußten | *suposem que...* angenommen, daß..., vorausgesetzt, daß... | *vindràs? —Suposo que sí* wirst du kommen? —Ich denke (*od* glaube) schon | *aquesta feina suposa molta paciència* diese Arbeit setzt viel Geduld voraus *od* verlangt viel Geduld | **~osició** *f* Annahme *f* | Voraussetzung *f* | Vermutung, Mutmaßung *f* | *lit* Supposition *f* | *fer una ~ e-e* Vermutung anstellen | (*és*)*ser home de ~* eine hochgestellte Persönlichkeit sein | **~òsit** *m* Annahme, Voraussetzung *f* | Mutmaßung, Vermutung *f* | **~ositiu** (**-iva** *f*) *adj* mutmaßlich, vermutlich | wohl | **~ositori** *m med* Zäpfchen, Suppositorium *n*.

supra|costal *adj* (*m/f*) *anat* auf den Rippen (befindlich) | **~mundà** (**-ana** *f*) *adj* überweltlich | **~nacional** *adj* (*m/f*) supra-, über-national | **~natural** *adj* (*m/f*) übernatürlich | **~renal** *adj* (*m/f*) *anat* über den Nieren (befindlich) | *glàndula ~* Nebenniere | **~sensible** *adj* (*m/f*) übersinnlich | **~terrenal** *adj* (*m/f*) überirdisch.

suprem *adj sup* höchste(r, -s) | oberste(-r, -s) | äußerste(r, -s), letzte(r, -s) | *l'ésser ~* das höchste Wesen; Gott, der Allerhöchste | *l'hora ~a, el moment ~* die letzte Stunde, die Todesstunde | *poder ~* Ober-vollmacht, -herrschaft *f* | *el tribunal ~* der Oberste Gerichtshof | *amb un esforç ~* mit äußerster (*od* letzter) Kraft | **~acia** *f* Oberherrschaft, -hoheit *f* | *fig* Überlegenheit *f* | **~ament** *adv* in höchstem Maß.

supr|essió *f* Abschaffung *f* | Streichung *f* | Fort-, Weg-lassung *f* | Beseitigung *f* | Behebung *f* | Einstellung *f* | Entziehung *f* | *~ d'interferències* Funkentstörung *f* | **~essiu** (**-iva** *f*) *adj* abschaffend, hemmend | **~essor** *adj* beseitigend || *s/m: ~ de soroll* Geräuschdämpfer *m* | **~imible** *adj* (*m/f*) abschaffbar | **~imir** (37) *vt* abschaffen | (*Text, Rente*) streichen | fort-, weg-lassen | (*Hindernis*) beseitigen, entfernen | (*Ursache, Schmerz*) beheben | (*Produktion*) einstellen | (*Zeitung*) nicht erscheinen lassen | (*j-n*) beseitigen | *~ u/c a alg* j-m etw entziehen.

supura|ció *f med* Eiterung *f* | **~nt** *adj* (*m/f*) eit(e)rig | **~r** (33) *vi* eitern | **~tiu** (**-iva** *f*) *adj* eitererregend || *s/m* Eitererreger *m*.

suputa|ció *f mat* Berechnung *f*, (Rechnungs)Überschlag *m* | **~r** (33) *vt* berechnen, schätzen, überschlagen.

suque|jar (33) *vi* nässen (*Wunde*) | Saft verlieren (*Obst*) | **~t** *m gastr* (a. *~ de peix*): gemischtes Fischgericht mit Soße.

sura *f* (*Koran*) Sure *f*.

surada *f* Schwimmgürtel *m* | (*Fischernetz*) Flottholz *n*.

sural *adj* (*m/f*) *anat* Waden... | *artèries ~s* Wadenschlagadern *f pl*.

sur|ar (33) *vi* (obenauf) schwimmen, treiben | *fig* s. oben halten, emporkommen; *p ext* gedeihen | *fer ~* (a. *fig*) flottmachen | **~eda** *f* Korkeichenwald *m* | **~eny** *m bot* Steinpilz *m* («Boletus tubiporus edulis») | *~ fosc* Dunkelhütige(r) Steinpilz *m* («Boletus aereus») | **~er** *adj* Kork... | *alzina ~a* (*bot*) Steineiche *f* || *s/f* (a. *alzina ~a*) Korkeiche *f* | **~o** *m* (*Material*) Kork *m* | (*Flaschen*) Korken, Pfropfen *m* | *bot* Korkeiche *f* | *de ~* korken (*és*)*ser un ~* (*fig fam*) e. Tölpel sein | **~olí** *m bot* Steineiche *f* | **~ós** (**-osa** *f*) *adj* korkartig | korkhaltig.

surra *f* Prügel, Schläge *m pl*.

surrealis|me *m* Surrealismus *m* | **~ta** *adj* (*m/f*) surrealistisch || *s/m/f* Surrealist(in *f*) *m*.

surrejar (33) *vt* verprügeln, versohlen.

surt *m* Zusammenschrecken *n* | Schreck *m* | *causar* (*od donar*) *un ~ a alg* j-m e-n Schreck einjagen.

suscep|ció *f anat* Aufnahme *f* | *ecl: ~ dels ordes* Empfang *m* der Weihen | **~tibilitat** *f* Empfindlichkeit *f* | *fig a.* Reizbarkeit; Empfänglichkeit *f* | *ferir la ~ d'alg* die Empfindlichkeit j-s kränken | **~tible** *adj* (*m/f*) empfindlich | reizbar | empfänglich; anfällig (*a, per a* für) | *~ de millorament* verbesserungsfähig.

suscita|ció *f* Anstiftung *f* | Hervorrufung *f* | Erregung *f* | **~dor** *adj* anstiftend | hervorrufend | *s/mf* Anstifter(in *f*) *m* | Erreger(in *f*) *m* | **~ment** *m* Anstiftern *n* | Hervorrufen *n* | Erregen *n* | **~r** (33) *vt* (*Streit, Krieg*) anstiften | (*Erstaunen*) hervorrufen | (*Argwohn*) erregen | (*Probleme*) aufwerfen.

susdit *adj* obengenannt(e, -r, -s).

suspecte *adj* verdächtig | *gent suspecta*

verdächtige Leute *f.*
susp|endre (40) *vt* aufhängen | *fig* vorläufig einstellen, unterbrechen | *adm* suspendieren, (einstweilig) des Dienstes entheben | *estud* (*j-n*) durchfallen lassen; (*Prüfung*) nicht bestehen | (*Verfahren*) aussetzen, unterbrechen | (*Zeitung*) vorübergehend verbieten | *fig:* ~ *l'esperit* (*l'ànim*) in Erstaunen setzen | *ésser suspès de quatre assignatures* in vier Fächern ungenügende Noten haben | *estar suspès dels llavis d'alg* (*fig*) an j-s Lippen hängen | **~ens** *adj* unschlüssig | erstaunt | *en* ~ (*loc adv*) unentschieden; in Ungewißheit | (*man*)*tenir en* ~ hinhalten || *s/m estud* ungenügende Note *f* | **~ensió** *f* Aufhängung *f* | *tecn* Federung *f* | *quím med* Suspension *f* | *adm* Suspendierung, Suspension, (einstweilige) Enthebung *f* | *fig com econ adm* Einstellung, Stillegung, Unterbrechung *f*; Aufschub *m* | (*Sitzung*) Vertagung *f* | ~ *anterior* (*posterior*) Vorderrad-(Hinterrad-)Aufhängung *f* | ~ *cardànica* od *de Cardan* kardanische Aufhängung, Kardanaufhängung *f* | ~ *hidropneumàtica* hydropneumatische Aufhängung od Federung *f* | ~ *d'immunitat* (*polít*) Aufhebung *f* der Immunität | ~ *d'hostilitats* (*mil*) Einstellung *f* der Feindseligkeiten | ~ *de pagaments* Zahlungseinstellung *f* | ~ *del permís de conduir* zeitweilige(r) Führerscheinentzug *m* | **~ensiu** (**-iva** *f*) *adj* aufschiebend | *dr* suspensiv | *punts* ~*s* Auslassungspunkte *m pl* | **~ensor** *adj* Hänge... | *lligament* ~ Hängeband *n* | **~ensori** *m med* Suspensorium *n* | **~ès** (**-esa** *f*) *adj* schwebend, Schwebe... | hängend, Hänge... | *stud* durchgefallen | *pont* ~ Hängebrücke *f* || *s/mf estud* Durchgefallene(r *m*) *m/f.*
suspic|aç(**ment** *adv*) *adj* (*m/f*) argwöhnisch, mißtrauisch | **~àcia** *f* argwöhnisches Wesen *n* | Mißtrauen *n*, Argwohn *m* | **~ió** *f* Verdacht, Argwohn *m.*
sustenta|ció *f* Ernährung *f* | Unterstützung *f* | *aeron* Gleichgewichtserhaltung *f* | **~cle** *m* Träger, Ständer *m*, Stütze *f* | *tecn* Unter-gestell *n*, -lager *m* | **~cular** *adj* (*m/f*) tragend, Trag... | Untergestell... | **~dor** *adj* stützend | tragend | haltend... | Auftrieb verleihend | Trag... || *s/mf* Ernährer(in *f*), Unterhalter(in *f*) *m* | **~r** (33) *vt* stützen | tragen | ernähren, unterhalten, beköstigen | *dr* verteidigen.
sut|ge *m*, **~ja** *f* Ruß *m* | **~jós** (**-osa** *f*) *adj* rußig, verrußt.
sutura *f med bot* Naht *f* | *anat med* Sutur *f* | *sense* ~ nahtlos.
sutz|e *adj lit* dreck(ig), schmutzig | **~esa**, **~or**, **~ura** *f lit* Dreck, Schmutz *m*.
svedberg *m quím* Svedberg-Einheit *f.*

T

t, T *f* t, T *n*.
t' *pron pers s: et.*
't *pron pers s: et.*
ta *pron poss s: ton.*
taba *f anat* Sprungbein *n* | *dr (Verkauf, Auktion)* Bedingungen *f pl* | *fam* Gerede *n* | *joc de la* ~ Knöchelchenspiel *n* | *agafar la* ~ loslegen | *donar* ~ *a. alg* j-n nicht zu Wort kommen lassen.
tabac[1] *m* Tabak *m* | Tabakware(n *pl*) *f* | ~ **bord** (*bot*) Belladonna, Tollkirsche *f* | ~ **de muntanya** (*bot*) Arnika *f*, Marienkraut *n* | ~ **de paret** (*bot*) Bilsenkraut *n* | ~ **negre** (od *ros*) dunkler (heller) Tabak *m*.
tabac[2] *m Val* Binsenkörbchen *n*.
tàbac *m*, **tabacada** *f reg* Faustschlag *m*.
tabac|aire *m/f* Tabak-pflanzer(in *f*) *bzw* -händler(in *f*) *m* | ~**ar** *m agr* Tabakpflanzung *f* | ~**ós** (**-osa**) *adj* nach Tabak riechend, rauchig | ~**osi** *f med* Tabakstaublunge *f* | Nikotinvergiftung *f*.
tabal *m* = **timbal** | = ~**ot** | *fer od posar a alg un cap com un* ~ j-m auf die Nerven gehen | ~**a** *f mús* gr(e) Trommel *f* | ~**ada** *f mús* Trommeln *n, desp* Trommelei *f* | ~**ejar** (33) *vi* = **timbalejar** | *fig* lärmen | poltern | ~**er(a** *f*) *m* Trommler(in *f*) *m* | Paukenschläger(in *f*) *m* | ~**et** *m* kl(e) Handtrommel *f* | ~**ot** *m* Strohkopf, Schussel *m*.
tabanc *m* = **llúcera**.
tabaqu|ejar (33) *vi* Tabak verbrauchen | mit Tabak handeln | ~**er** *adj* Tabak... | *s/mf* Tabak-händler(in *f*) *bzw* -arbeiter(in *f*) *m* | *s/f* Tabak(s)dose, Tabatiere *f* | ~**eria** *f* Tabak-geschäft *n*, -laden *m* | ~**isme** *m med* Nikotinvergiftung *f*.
tabard *m hist* Heroldsmantel *m* | *agr reg* Bauernmantel *m*.
tabarra *f desp* Gequatsche, Gequassel *n* | (*Person*) Quatschkopf *m*, Nervensäge *f* | *donar la* ~ *a alg* j-m mit s-m Gequatsche auf die Nerven gehen.
tabel·l|ari (**-ària** *f*) *adj* tabellarisch | = **tabular** | ~**ió** *m ant* Notar *m*.
tabernacle *m bíbl* Hütte *f*, Zelt *n* | *ecl* Tabernakel *n/m* | *festa dels* ~*s* Laubhüttenfest *n*.
tabes *f med* Tabes *f* | ~ **dorsal** Rückenmarksschwindsucht *f* | ~**cència** *f* Tabeszenz *f* | ~**cent** *adj* (*m/f*) tabisch || *s/m/f* Tabiker(in *f*) *m*.
tàbid *adj med* tabisch, ausgezehrt.
tabissot *m* entkörnte(r) Maiskolben *m*.
tabol|a *f* Radau, Spektakel *m* | Krach, Lärm *m* | *fer od moure* ~ Spektakel machen, Krach schlagen; s. amüsieren; lauten Spaß machen | ~**ada** *f* gr(r) Radau | ~**aire** *m/f* Spaßvogel *m* | Radau-bruder, -macher *m* | ~**ejar** (33) *vi* s. laut vergnügen *od* amüsieren.
taboll *adj* (*Getreide, Obst*) halbreif | *fig* grob; plump; stumpfsinnig | ~**eria** *f fig* Grobheit; Plumpheit *f*; Stumpfsinn *m*.
tab|ú *m* (*pl* -*ús*) Tabu *n* | ~**uitzar** (33) *vt* tabuisieren.
tabula|dor *m* Tabulator *m* | ~**dora** *f* Tabelliermaschine *f* | ~**r**[1] *adj* (*m/f*) tafelförmig | tabellarisch; tabellenförmig; Tabellen... | = **tabel·lari** | ~**r**[2] (33) *vt* tabellarisieren, (*maschinell*) *a*. tabellieren.

tabust, ~ol(l) *m* Getöse *n*, gr(r) Lärm *m* | Krach *m*.
tac *m* *tecn* Dübel, Zapfen *m* | Pflock *m* | (Billard)Stock *m*, Queue *n* | *(Weberei)* Treiber *m* | *mil hist* Ladestock *m* | *tenir ~ o bac (fig reg)* irgendeinen Fehler haben.
taca *f* Fleck *m* | *fig a.* Schandfleck *m*, Entehrung *f* | *passar de ~ d'oli (fig)* zu weit gehen | **~dís (-issa** *f)* adj* leicht schmutzend, fleckend | **~r** (33) *vt* beflecken, *fig a.* besudeln || *vi: el vi negre taca* Rotwein fleckt *od* macht Flecken | **~r-se** *v/r* s. beflecken | fleckig werden | **~t (-ada** *f)* adj* befleckt *(de, amb mit)* | voller Flecken, fleckig.
tàcit(ament *adv) adj a. dr* stillschweigend.
taciturn *adj* schweigsam | *fig a.* wortkarg; verschlossen | **~itat** *f* Schweigsamkeit *f* | Wortkargheit; Verschlossenheit *f*.
tacó *m (Schuh)* Absatz; *bes* Stöckelabsatz *m* | *s: taló* = **tip**; **fart** | = **pallissa²**.
tac|òmetre *m tecn* Tachometer, Drehzahlmesser *m* | **~ometria** *f* Drehzahlmessung *f*.
taconejar (33) *vi* mit den Absatzen (auf)stampfen | stöckeln.
tacte *m* Tastsinn *m* | Berühren *n* | *fig* Takt(gefühl *n) m*, Feingefühl *n* | *manca de ~* Taktlosigkeit *f* | *òrgan del ~* Tastorgan *n* | *tenir bon ~* s. weich anfühlen | *no tens gens de ~* du hast überhaupt k-n Takt, du bist taktlos.
tàctic(ament *adv) adj* taktisch || *s/mf* Taktiker(in *f) m* || *s/f* Taktik *f* | *~a de l'estruç* Vogel-Strauß-Politik *f*.
tàctil *adj (m/f)* *biol* taktil, Tast... | *nervis ~s* Tastnerven *n pl*.
tactilitat *f* Tastbarkeit *f*.
tad|jic *adj* tadschikisch || *s/mf* Tadschike *m*, Tadschikin *f* || *s/m* ling Tadschikisch *n* | *el ~* das Tadschikische | **~jikistan** *m: el ~* Tadschikistan *n*.
tafane|jar (33) *vt* neugierig beobachten || *vi* neugierig sein, (herum)schnüffeln | **~r(ament** *adv) adj* neugierig | **~ria** *f* Neugier(de) *f* | Schnüffeln *n*, Schnüffelei *f*.
tafarra *f* = **rabasta** | *fig Val* Dünkel *m* | *tocar la ~ a alg (fig)* j-s wunden Punkt treffen.
tafetà *m* *tèxt* Taft *m* | *~ anglès (med)* englisches Pflaster *n*.
tafia *f* Rum *m*.
tafilet *m* Saffian(leder *n) m* | **~er(a** *f)*

m Saffiangerber(in *f) m* | | **~eria** *f* Saffiangerberei *f*.
tafon|a *f* Ölmühle *f* | **~er(a** *f) m* Ölmüller(in *f) m*.
taf-taf! *int onomat* töff, töff!
tafur *m* (Gewohnheits)Spieler *m* | **~ejar** (33) *vi* (um Geld) spielen | vom Spiel leben | **~er(a** *f) m* (Berufs- *bzw* Falsch-)Spieler(in *f) m* | **~eria** *f* Spielwut *f* | Trick; Betrug *m* | Spielhölle *f*.
tag|al *adj*, **~àlog** *adj inv* tagalisch || *s/m/f* Tagale *m*, Tagalin *f* || *s/m* ling Tagalog *n* | *el ~* das Tagalog.
tagarí (-ina *f) m* Mudejar(in *f) m*.
tagarot *m ornit* Wanderfalke *m*.
tagmema *m ling* Tagmem *n*.
Tahit|í *m* Tahiti *n* | **~ià (-ana** *f) adj* tahitisch || *s/mf* Tahitianer(in *f) m* || *s/m* ling Tahitisch *n* | *el ~* das Tahitische.
tai *adj (m/f)* Thai..., Tai... | *llengües ~* T(h)aisprachen *f pl* | *s/mf* T(h)ai *m/f* || *s/m* ling = **thai**.
taigà *f geog bot* Taiga *f*.
tai|landès (-esa *f) adj* thailändisch || *s/mf* Thailänder(in *f) m* | **~làndia** *f* Thailand *n*.
tal (-s *pl)* (28) *pron ind* solche(r, -s), so ein(e, -es); gewisse(r, -s) || *(adjektivisch) no he emprat mai un ~ llenguatge* ich habe nie e-e solche Redeweise gebraucht | *ella no ha dit mai ~ cosa* sie hat nie so etwas gesagt | *plovia de ~ manera, que ens vam quedar a casa* es regnete derart, daß wir zu Hause blieben | *~ pare, ~ fill* wie der Vater, so der Sohn | *~ dia com avui es va enfonsar el Titanic* heute jährt s. der Untergang der Titanic | *ens trobarem ~ i ~ dia, en ~ i ~ lloc* wir treffen uns dann u. dann, da u. da | *a ~ i ~ hora* um die u. die Zeit | *per ~ i ~ motiu* aus diesem u. jenem Grund | *demana per tu un ~ Quintana* e. gewisser Herr Quintana verlangt nach dir || *(substantivisch) ~ faràs, ~ trobaràs (Spruch)* wie man s. bettet, so liegt man | *en ~* Herr Soundso | *en ~ i en ~* altre dieser u. jener || *adv* so | *ho faré ~ com dius* ich werde es so machen, wie du sagst | *compro la casa ~ qual* ich kaufe das Haus so wie es ist | *per ~ com (+ ind)* da, weil *(+ ind)* | *per ~ de (+ inf)* um zu *(+ inf)* | *per ~ que (+ subj)* damit *(+ ind)*.
tala *f* silv Abholzen *n*, Abholzung *f*;

talabaixons Einschlag *m* | *fig* Verwüstung, Verheerung *f*.
talabaixons: *a ~* (*loc adv*) *Bal* in Strömen, in Hülle u. Fülle.
talabard[1] *m* = neret.
talabard[2] *m mil* Leibriemen, Gurt *m*; (*Degen*) Koppel *n* | **~er** *m* Geschirrmacher, Sattler *m*.
talai|a *f* Warte *f* | Wach(t)-, Aussichts-turm *m* | *hist* Wartturm, Aussichtsturm *m* | **~ar** (33) *vt* = **atalaiar** | **~ot** *m* Talaiot *m* (*Megalithbau auf den Balearen*).
talar[1] *adj* (*m/f*) (*Gewand*) bis auf die Fersen herabreichend | *vestit ~* Talar *m*, Robe *f* || *s/m pl mit* (*Merkur*) Flügelschuhe *m pl*.
talar[2] (33) *vt* (*Bäume*) fällen, schlagen | (*Wald*) abholzen | *fig* verwüsten, verheeren.
tal|àssic *adj* thalasso..., Meer(es)... | **~assoteràpia** *f med* Thalassotherapie *f*.
talc *m min* Talk(um *n*) *m* | **~ós** (**-osa** *f*) *adj* talkig.
taleca *f* (*Brot*)Beutel *m* | *~ de pastor* (*bot*) Hirtentäschelkraut *n*.
taleia *f fam* Arbeit *f*, Werk *n*; Aufgabe *f* | Tick *m*, Grille, Schrulle *f*.
tàlem *m lit* Brautbett *n* | *bot* Blütenboden *m* | *ecl* Baldachin, Traghimmel *m*.
talemer(**a** *f*) *m* Baldachinträger(in *f*) *m*.
talent *m* Begabung *f*, Talent *n* | *ant* Bereitschaft *f*, Wille *m* | *hist* Talent *n* | *un home de ~* e. talentierter Mann || *s/f arc reg* Hunger, Appetit *m* | **~ejar** (33) *vi* hungrig sein | **~ós** (**-osa** *f*) *adj* hungrig.
tàler *m numis* Taler *m*.
talió *m hist dr* Talion, Vergeltung *f* von Gleichem mit Gleichem.
talipot *m bot* Talipotpalme *f*.
talismà *m mit* Talisman *m*.
tall *m* (*a. Schneiderei, Buchwesen, technisches Zeichnen, Histologie*) Schnitt *m* | (*in etw*) *a*. Einschnitt *m* | (*Verletzung*) *a*. Schnittwunde *f*; (*beim Fechten*) Hieb (-wunde *f*) *m* | (*scharfe Kante*) Schneide; (*e-s Hammers*) Finne *f* | (*von Lebensmitteln*) Stück *n*; (*dünn*) Scheibe, Schnitte *f* | (*bei e-r Mahlzeit*) Fleisch *n* bzw Fisch *m* (*im Gegensatz zu den Beilagen*); *p ext* Haupt-gang *m*, -gericht *n* | (*in e-m Text, Film*) Streichung *f* | Unterbrechung; *elect* (*befristet*) *a*. Sperre; *circ* e. Sperrung *f* | *el ~ del ganivet* die Schneide des Messers, die Messerschneide | *una arma de doble ~*

(*fig*) e. zweischneidiges Schwert | *eina de ~* Schneidewerkzeug *n* | *ferrer de ~* Grobschmied *m* | *~ rodó de la cuixa* (*gastr*) Frikandeau *n* | *~ rodó de l'espatlla* (*gastr*) Oberschale *f* | *un abric de ~ italià* e. Mantel von italienischem Schnitt | *un curset de ~* e. Zuschneidekurs(us) *m* | *un ~ de corrent* e. Stromausfall *m*; e-e Stromsperre | *a ~ de* als | *un cordill a ~ de cinturó* e-e Schnur als Gürtel | *a ~ d'exemple* als Beispiel | *m'he fet un ~ al dit* ich habe mir in den Finger geschnitten | *aquest vestit jaqueta té un ~ molt elegant* dieses Kostüm hat e-n sehr eleganten Schnitt | *venir a ~* gelegen kommen | **~a** *f* (*Bäume, Sträucher*) Schnitt *m*, Beschneiden *n* | (*Stein*) (Be)Hauen *n* | (*Kristall, Edelstein*) Schliff, Schnitt *m* | (*Holz, Elfenbein*) Schnitzerei *f*; Schnitzwerk *n* | (*Mensch a. fig; Bekleidung*) Größe *f* | *hist dr* Volkszählung, *p ext* (*Steuer*) Taille *f* | *~ dolça* (*art*) Kupferstich *m* | *mitja ~* (*art*) Halbrelief *n* | *pedra de ~* (*constr*) behauene(r) Stein *m*, Bau-stein *m* | *un home de ~* (*fig*) e. Mann von Format | **~abarder** *m agr* Gartenmesser *n*, Hippe *f* | **~abosses** *m fam* (*Taschendieb*) Beutelschneider *m* | **~acigars** *m* Zigarrenabschneider *m* | **~ada** *f* Schneiden *n*, (*a. fig* Anteil) Schnitt *m* | (*bes Melone*) Scheibe *f* | *una ~ de cabells* e. Haarschnitt *m* | *fer una ~ al bosc* im Wald Holz schneiden *od* Bäume fällen | **~ador** *adj* Schneide..., Schnitt... || *s/m* Schneider *m*, Schneide-gerät, -werkzeug *n* | (*Schneiderei*) Zuschneideraum *m* | (*Metzgerei*) Hack-, Hau-klotz *m* | = **~ant** | = **~aferro** || *s/mf bes* (*von Kleidung*) Zuschneider(in *f*) *m* | (*von Edelsteinen*) Schleifer(in *f*) *m* | **~adures** *f pl* Schnipsel *m/n pl*, Schnitzel *n pl* | **~aferro** *m* Schrotmeißel *m* | **~afoc** *m* Brandmauer *f* | (*Wald*) Isolierstreifen *m* | **~agespa** *m* Rasenmäher *m* | **~amar** *m nàut* Schaft, Schegg *m* | **~ament** *m* Schneiden *n* | **~ant** *adj* (*m/f*) schneidend | scharf | *s/m* (*e-s Schneidewerkzeugs*) Klinge *f*; (*am Pflug*) Sech, *nordd* Kolter *n* | (*für Fleisch*) Hackbeil; Wiegemesser *n* | (*für Stein*) schwere(s) Flächeneisen *n* | = **~aferro** | **~anta** *f* (großes) Hackbeil *n* | **~antar** (33) *vt* schnitzen | (be)hauen | **~antó** *m constr* Maurermeißel *m* | **~apapers** *m* Brieföffner *m* | *a. gràf* Papiermesser *n* | **~aplomes** *m* Federmesser *n* | **~ar** (33) *vt* schneiden | (*Stück, Teil*) *a.* abschneiden; (*mit e-r Axt, e-m Schwert*) abschlagen | (*Gras, Korn*) *a.* mähen; (*Baum*) *a.* fällen; (*Wald*) abholzen | (*Baum, Strauch, Hecke*) *a.* beschneiden, stutzen; (*Haar, Nägel*) *a.* beschneiden; (*Schwanz, Flügel, Ohren*) kupieren, stutzen | (*Stoff, Kleidungsstück*) *a.* zuschneiden | (*in bzw aus Holz, Elfenbein*) *a.* schnitzen; (*in bzw aus Stein*) *a.* hauen | (*Edelstein, Kristall*) *a.* schleifen | (*Stein, Felsblock*) behauen | (*Schnur, Band*) durchschneiden; *nàut* kappen | (*Verband, Verpackung; Braten, Torte*) aufschneiden; (*in mehrere Stücke*) *a.* zerschneiden | (*vom Rand aus*) einschneiden | (*Flüssigkeit*) verdünnen; (*mit anderem Alkohol*) verschneiden | (*Teile e-s Textes, Films*) streichen; (*Text, Film*) kürzen | unterbrechen; (*Versorgung; Rückzug*) abschneiden; (*Durchgang, Verkehr*) sperren; (*Strom, Gas, Wasser*) abstellen, (*wegen Zahlungsrückstand*) (ab-) sperren; (*Krankheit, Fieber*) kupieren; (*Appetit*) verschlagen | *esport* (*bes Tennisball*) (an)schneiden | *la nau tallava l'aigua* das Schiff durchschnitt (*od* zerschnitt) das Wasser | *poder-se ~* (*fig*) zum Schneiden (dick) sein | *~ el coll* (*un dit*) *a alg* j-m den Hals (e-n Finger) abschneiden | *~ els braços* (od *les cames*) *a alg* (*fig*) j-n lahmlegen | *el fred m'ha tallat els llavis* mir sind die Lippen vor Kälte aufgesprungen | *vigila de no ~ les tovalles!* paß auf daß du nicht ins tischtuch schneidest! | *~ alg en sec* j-m das Wort abschneiden | *~ u/c en sec* etw kurzerhand abbrechen || *vi: aquest ganivet no talla* dieses Messer schneidet nicht | *fa un fred que talla* es ist schneidend kalt | *tallant per aquí, arribarem abans* wenn wir hier abschneiden, kommen wir früher an | *~ curt* kurzen Prozeß machen; zu knapp rechnen | **~ar-se** *v/r* s. schneiden | aufspringen, rissig werden (*Lippen, Haut*) gerinnen (*Milch, Mayonnaise*) | stokken (*Redner*) | abreißen (*Verbindung*) | *~ els cabells* s. (dat) die Haare schneiden (lassen) | *m'he tallat el dit amb un vidre* ich habe mir (*od* mich) mit e-r Glasscherbe in den Finger geschnitten | *m'he tallat a la cama* ich habe mich am Beim geschnitten | *les dues línies es tallen* die beiden Linien schneiden s. | *ell s'ho talla i ell s'ho cus* (*fig*) er macht alles nach s-m Kopf **~aret** *m ornit* Mönchsgrasmücke *f* | **~areta** *f ornit* Dorngrasmücke *f* | (graue) Grasmücke *f* | **~arina** *f gastr* Bandnudel *f* | **~arol** *m ornit* Grasmücke *f* | *~ capnegre* Mönchsgrasmücke *f*, Schwarzkopf *m* | *~ emmascarat* Orpheusgrasmücke *f* | *~ gros* Gartengrasmücke *f* | *~ xerraire* Zaun- *od* Klapper-grasmücke *f* | **~at** (**-ada** *f*) *pp/adj*: *uns pantalons ben ~s* e-e gutgeschnittene Hose | *un rostre ben ~* e. fein geschnittenes Gesicht | *~ a l'antiga* vom alten Schlag; *desp* altbacken || *s/m* Kaffee *m* mit e. wenig Milch.

tal·là-tal·lera *loc adv* mehr od weniger, ungefähr, (so) einigermaßen.

tall|aungles *m* Nagelzange *f* | **~ent** *adj* (*m/f*) schneidend, scharf | **~er**[1] *m ant* Fleischer *m*.

taller[2] *m* Werkstatt *f* | *art* Atelier *n* | *~ de reparacions* Reparaturwerkstatt *f*.

tal·li *m quím* Thallium *n*.

tàl·lic *adj* Thallium...

talli|có *m* Schnitzel, Stückchen *n* | **~sta** *m/f* Bildschnitzer(in *f*) *m*.

tal·l|òfit *m bot* Thallophyt *m*, Lagerpflanze *f* | **~us** *m bot* Thallus *m*.

talma *f* Pelerine *f* | Umhang *m*.

talment *adv* derart(ig); dergestalt; dermaßen | so | genau(so), gleich | *plovia ~, que ...* es regnete derart (*od* dermaßen), daß ... | *~ com si fóssim a casa* (so) als wären wir zu Hause | *~ una gasela* gleich e-r Gazelle.

Talm|ud *m: el ~* der Talmud | **~údic** *adj* talmudisch | **~udista** *adj* (*m/f*) talmudistisch || *s/m/f* Talmudist(in *f*) *m*.

tal·ló *m* Ferse *f*, *reg* Hacke(n *m*) *f* | (*Schuh*) Absatz *m*, *reg* Hacke(n *m*) *f* | (*Pferd*) Huf *m* | (*Pflug*) Nase, Sohle *f* | *mús* (*Bogen*) Griffende *n*, Frosch *m* | *arquit* Kehl-stoß *m*, -leiste *f* | *com econ* Abschnitt, Kupon, Schein *m*; *bes* Scheck *m* | *~ barrat* Verrechnungsscheck *m* | *~ en descobert* ungedeckter Scheck *m* | *~ d'Aquil·les* (*fig*) Achillesferse *f* | *sabates de ~* (*alt*) hohe Schuhe, Stöckelschuhe, Pumps *m pl* | *portar talons* (*alts*) hohe (*od* hochhackige) Schuhe tragen | **~onari** *m* Kupon-heft *n*, -block *m* (a. *~ de*

talòs *xecs)* Scheckheft *n* | ~ *de rebuts* Quittungsblock *m* | **~onejar** (33) *vi* (beim Gehen) mit den Absätzen stampfen || *vt (Pferd)* mit den Fersen anspornen | = **estalonar** | **~onera** *f (Schuh)* Absatz *m*.

talòs (-ossa) *f) adj* schwerfällig | tölpelhaft, tolpatschig || *s/mf* Tölpel, Trottel, Tolpatsch *m*.

talp *m zool* Maulwurf *m* | **~a** *f* Balggeschwulst *f* | **~ejar** (33) *vi* s. vorwärts tasten, tappen | tastend, tappend | **~era** *f* Maulwurfsloch *n* | Maulwurfshügel *m* | **~inar** (33) *vt (Boden)* durchgraben *(Maulwurf)* | **~ó** *m* Wühlmaus, Erdmaus, Schneemaus *f*.

talús *m (pl -ussos)* Böschung *f*, Abhang *m*, Abschrägung *f* | *fer* ~ schräg abfallen.

tàlveg *m* Talweg *m*.

talvina *f gastr*: mit Mandelmilch gekochter Brei *m* | **~da** *f*: mit Milch gekochte Kleie *f*.

tamar|ell *m* = **tamariu** | **~ellar** *m* = **~igar** | **~icàcies** *f pl bot* Tamariskengewächse *n pl* | **~igar** *m* Tamariskenpflanzung *f*.

tamarinde *m bot* Tamarinde *f*.

tamar|iu *(reg a.* **~isc, ~it, ~ó)** *m bot* Tamariske *f*.

també *adv* auch | *ell* ~ *hi era* er war auch dort | *hi anem tots, jo* ~ wir gehen alle hin, ich auch || *(Partikel) sempre et deixes enganyar;* ~ *ets ben babau!* du läßt dich immer täuschen; du bist aber auch e. Dummerchen!

tambor *m a. tecn* Trommel *f* | *(Person)* Trommler, *bes mil* Tambour *m* | *(Uhren)* Federgehäuse *n* | *anat* Trommelfell *n* | *arquit* Tambour *m* | *(Tür)* Windfang *m* | *text* Tambur, Stickrahmen *m* | *aut:* ~ *del fre* Bremstrommel *f* | *a* ~ *batent* bei Trommelschlag; mit Sang u. Klang | **~a** *f* gr(e) Trommel *f* | *bes* (Kessel)Pauke *f* | **~et** *m* Hocker, Schemel *m* | *nàut* Eselshaupt *n* | ~ *de bar (de piano)* Bar-(Klavier)-hocker *m* | **~í** *m* kl(e) Handtrommel *f*, Tamburin *n* | **~inada** *f* gewittrige(r) Schauer *m* | **~inaire** *m/f* = **~iner** | **~inar** (33) *vi* das Tamburin schlagen | *p ext* trommeln, prasseln *(Regen)* | **~inejar** (33) *vi* = **~inar** | **~iner(a** *f) m* Tamburinspieler(in *f)* *m* | **~ino** *m bot* Lavendel *m* («Lavandula pedunculata»).

Tàmesi *m: el* ~ die Themse.

tàmil *adj (m/f)* tamilisch || *s/m/f* Tamile *m/f* || *s/m ling* Tamil *n* | *el* ~ das Tamil.

tam|ís *m* (feines) Sieb *n* | **~isar** (33) *vt* fein (durch)sieben | **~isatge** *m* (feineres) (Durch)Sieben *n*.

tampó *m* Stempelkissen *n* | *med gràf* Tampon *m* | *quím* Puffer *m* | *solució* ~ *(quím)* Pufferlösung *f*.

tampoc *adv* auch nicht | *ni en Joan ni en Pere, ni* ~ *l'Enric* weder Hans noch Peter, und auch Heinrich nicht | *tu no ho saps, i jo* ~ du weißt es nicht u. ich auch nicht | *jo no hi vaig! —Jo* ~! ich gehe nicht hin! —Ich auch nicht! | *jo* ~ *(no) tinc germans* ich habe auch keine Geschwister || *(Partikel)* ~ *(no) vindrà d'un dia!* auf e-n Tag kommt es doch auch nicht an! | ~ *(no) se n'adonaran!* das merken sie doch sowieso nicht!

tamponar (33) *vt med* tamponieren.

tam-tam *m* Tamtam *n*.

tan *adv (nur vor adj u. adv; sonst* **tant**) so (sehr) | *sóc* ~ *treballador com tu* ich bin (eben)so fleißig wie du | *no cridis* ~ *fort!* schrei nicht so laut! | *no vagis* ~ *de pressa!* geh nicht so schnell! | *parles* ~ *baix, que no et sento* du sprichst so leise, daß ich dich nicht höre.

tana *f* Tabak *m* aus Andorra.

tanagra *f* Tanagrafigur *f*.

tanarida *f bot* Rainfarn *m*.

tanasi (-àsia *f) m* Einfaltspinsel *m*.

tanc[1] *m tecn* Tank *m* | *nàut* Wassertank *m*; Tankschiff *n*; Schlingertank *m* | *mil* Panzer *m*.

tanc[2] *m* Verschluß(weise *f) m* | *tenir bon* ~ gut schließen | **~a** *f* Umzäunung *f*; Zaun *m*; *(aus Büschen)* Hecke *f*; *esport* Hürde *f* | *(Vorrichtung)* Verschluß *m* | **~ador** *adj* Schließ... || *s/m* Schloßblech *n*, Grundplatte *f* | Riegelloch *n* | Schließe *f*, Verschluß *m* | **~adura** *f* Schließvorrichtung *f* | **~ament** *m* Schließen *n*, Schließung *f*; Schluß *m* | *(a. Bilanz, Konto)* Abschluß *m* | *bes tecn* Verschluß *m* | *bes circ* Sperrung *f* | *(bes von Gefangenen)* Einschluß *m*; Einsperrung *f* | *bes ling* Geschlossenheit *f* | *a. psic* Verschlossenheit *f* | **~ar** (33) *vt* schließen | *umg a.* zumachen | *(mit Schlüssel) a.* ab-, zu-schließen | *(mit Riegel) a.* ab-, ver-, zu-riegeln | *(mit Klinke) a.* zuklinken | (*fest; hermetisch*) *a.* ver-, abschließen | (*Buch, Koffer, Taschenmesser, Schirm*) *a.* zuklappen; (*Umschlag, Brief*) *a.* zukleben; (*Beine, Zange*) schließen | (*Fabrik*) *a.* stillegen | (*Wasser, Gas, Strom; Gerät*) abstellen, ab-, aus-drehen *bzw* -schalten; (*Licht; Heizung; Gerät*) *a.* ausmachen; (*Hahn*) zu-, ab-drehen, schließen | (*Stromkreis*) schließen | (*Gelände*) ummauern; umzäunen; vergittern | (*Haus*) verschließen | (*Weg; Durchgang, -fahrt*) sperren | (*j-n, etw*) (ein)schließen, (*j-n a., Vieh*) (ein)sperren (*a, en* in *dat bzw ac*) | *fig* (ab)schließen; (*Brief, Rede, Feier*) *a.* beschließen | ~ *la porta de cop* die Tür zuschlagen *od* (*mit Wucht*) zuknallen | ~ *el llibre amb indignació* verärgert das Buch zuschlagen | *no poder* ~ *u/c* etw nicht zu-bekommen, -kriegen | ~ *la boca a alg* (*fig fam*) j-m den Mund stopfen | ~ *l'orella a u/c* (*fig fam*) die Ohren vor e-r Sache verschließen | ~ *alg a la presó* j-n (ins Gefängnis) einsperren || *vi* schließen, zugehen (*Verschluß, Tür*) | schließen, geschlossen werden, zumachen (*Geschäft, Büro, Museum*); (*endgültig*) *a.* stillgelegt werden (*Betrieb*) | **~ar-se** *v/r s.* schließen | *a.* zu-gehen; -fallen; -schlagen (*Tür, Fenster*) | *a.* zuheilen (*Wunde*) | *s.* (ein)schließen; *fig s.* verschließen (*j-d*) | *la porta es tanca tota sola* die Tür schließt (s.) von selbst | *la maleta no es tanca* der Koffer geht nicht zu | *se'm tanquen els ulls* mir fallen die Augen zu | ~ *en un convent s.* in e. Kloster zurückziehen | ~ *a les influències exteriors s.* äußeren Einflüssen verschließen | **~at (-ada** *f*) *adj a.* ling geschlosen | verschlossen | (*nur prädikativ*) zu | (*Bart*) dicht | (*Charakter, Person*) verschlossen, unzugänglich; unaufgeschlossen | (*Kurve*) scharf | ~ *i barrat* verriegelt u. verrammelt || *s/m* = **tanca; clos(a)**.

tanda *f* (*bes von Wartenden*) Reihe *f* | (Arbeits)Schicht *f* | (Verhandlungs)Runde *f* | *demanar* ~ (*beim Sichanstellen*) nach dem Letzten fragen | *aquí hi ha* ~ hier muß man s. anstellen.

tàndem *m a. tecn* Tandem *n*.

tàngara *f ornit* Tangare *f*.

tang|ència *f geom* Berührung *f* | **~encial** *adj* (*m/f*) *geom* tangential, Tangential... | *fig* nebensächlich | *acceleració* ~ Tangentialbeschleunigung *f* | **~encialment** *adv fig* nebenbei; indirekt; nur am Rand(e) | **~ent** *adj* (*m/f*) *geom* tangierend, berührend; tangential, Tangential...; Tangenten... || *s/f* Tangente *f* | *fig: anar-se'n* (*od fugir*) *per la* ~ vom Thema ablenken | **~ibilitat** *f* Greifbarkeit *f* | **~ible** (**-ment** *adv*) *adj* (*m/f*) *a. fig* greifbar.

tango *m mús* Tango *m*.

taní *m quím* Tannin *n*.

tanmateix *adv* dennoch, trotzdem, immerhin; jedoch, indes(sen); doch, freilich | *és difícil;* ~ *vull intentar-ho* es ist schwierig; dennoch will ich es versuchen | ~ *hauries pogut dir-m'ho* du hättest es mir doch sagen können.

tannara *f* (Haar)Knoten, Dutt *m*.

tannat *m quím* Tannat *n*.

tànnic *adj: àcid* ~ Gerbsäure *f*, Tannin *n*.

tano|ca *adj* (*m/f*) albern, dumm | tölpelhaft | *s/m/f* Blödian, Dummkopf, Tor(in *f*) *m* | **~queria** *f* Albernheit, Dummheit, Torheit *f*.

tanqueta *f mús* Taktstrich *m*.

tant (**-a** *f*, **-s** *m pl*, **-es** *f pl*) (28) *pron ind* soviel || (*adjektivisch; a.* + *de*) *no beguis* ~ (*de*) *vi* trink(e) nicht soviel Wein | *fas* ~ (*de*) *soroll, que no sento res* du machst soviel Lärm, daß ich nichts höre(n kann) | ~*s* (*de*) *dies perduts!* so viele verlorene Tage! | ~*s caps,* ~*s barrets* (*Spruch*) viele Köpfe, viele Sinne || (*substantivisch*) *som* ~*s com ells* wir sind so viele wie sie | ~*s en guanya,* ~*s en perd* alles, was er gewinnt, verliert er wieder | *no n'hi ha per a* ~*!* so schlimm ist es nicht! | *fa* ~*, que ja ningú no se'n recorda* es ist so lange her, daß s. niemand mehr daran erinnert | *em van demanar quant valia, i vaig dir:* ~ sie fragten mich, wieviel es kostete, u. ich sagte: soundso viel || *s/m: un* ~ e. regelmäßig zu zahlender Betrag *m* | *el meu pare em passa un* ~ *cada mes* mein Vater gibt mir monatlich e-e feste Summe | ~ *per cent* Prozent(satz *m*) *n* || *adv* so (viel, sehr); soviel; ebenso -sehr, -viel | *encara plou* ~? regnet es noch so? | ~ *com m'hauria agradat de veure't!* ich hätte dich doch so gern gesehen! | ~ *com ell és bo, és dolent el seu germà* so gut er ist, so böse ist sein Bruder | ~ *l'un com l'altre ho saben* sowohl der eine als auch der andere wissen es | *t'excites* ~*, que no dormiràs* du regst dich so auf, daß du nicht schlafen

tàntal

wirst || (*in festen Wendungen*) *de* ~ *en* ~ ab u. zu, manchmal, gelegentlich | *en* ~ *que* in dem Maße wie; insofern als | *i* ~*!* u. ob!; u. wie! | *per* ~ also, daher, folglich, infolgedessen | ~ *de bo! Em fa molta il·lusió* hoffentlich! Ich freue mich sehr darauf | ~ *de bo que fos veritat!* wenn es nur (*od* doch) wahr wäre! | ~ (*m'*)*és*, ~ *se val*, ~ *li* (*me*) *fa* es ist (mir) gleich | ~ *és* (*se val* od *li fa*) *que vinguis com que no* (*vinguis*) es ist gleich, ob du kommst oder nicht | ~ *més que* um so mehr als | ~ *per* ~, *compra el més gros* wenn beide gleich viel kosten, kaufe den größeren | ~ *per* ~, *m'hauria pogut quedar a casa* ich hätte ebensogut zu Hause bleiben können | ~*s a* ~*s* (*zahlenmäßig*) untereinander gleich, ausgeglichen; *fig* quitt | *et devia un favor: ara estem* ~*s a* ~*s* ich schuldete dir e-n Gefallen; jetzt sind wir quitt | ~ *sí com no* um jeden Preis, unbedingt || *s: tan, entretant, mentrestant, quant*.

tàntal *m quím* Tantal *n* | *ornit* Nimmersatt *m* || *mit:* ⤴ Tantalus *m* | *suplici de* ⤴ Tantalusqualen *f pl*.

tant|alat *m quím* Tantalat *n* | **~àlic** *adj:* *àcid* ~ Tantalsäure *f* | **~alita** *f min* Tantalit *n* | **~alitzar** (33) *vt lit* (*j-n*) wie Tantalus quälen.

tantost *adv lit* sofort, sogleich, auf der Stelle | *reg* beinahe, fast | ~ *com arribaren* sobald sie ankamen | ~ (*que*) *caic* ich wäre beinahe (*od* fast) gestürzt.

tany *m bot* Schößling *m* | **~ada** *f col* Schößlinge *m pl* | **~ar** (33) *vi* Schößlinge treiben.

tanzà (**-ana** *f*) *adj* tansanisch || *s/mf* Tansanier(in *f*) *m* | **~nia** *f* Tansania *n*.

taois|me *m* Taoismus *m* | **~ta** *adj* (*m/f*) taoistisch | *s/m/f* Taoist(in *f*) *m*.

tap *m* (*Flasche*) Stöpsel, Pfropfen; *bes* (*a.* ~ *de suro*) Korken *m* | (*Faß, Tonne*) Spund, (Holz)Zapfen *m* | (*Rohr, Ader*) Pfropf *m* | *fig fam* (*Person*) Knirps, Stöpsel *m* | *posar el* ~ *a una ampolla* e-e Flasche ver-, zu-korken | *posar* ~*s a tot* (*fig fam*) an allem etw auszusetzen haben | *treure el* ~ *d'una ampolla* e-e Flasche entkorken | **~a** *f* Deckel *m* | (*Faß*) Spund *m* | (*Pferd*) Hornüberzug, Huf *m* | (*Schuhabsatz*) Sohlenschicht *f* | ~ *de l'ull* (*Val*) Augendeckel *m* | ~ *del wàter* Klosettdeckel *m* | ~ *plana*

tapiada

(*Rind*) Schwanzstück *n*, Oberschale *f* || *pl gastr* (*Restaurant*) Appetithappen *m pl* | *gràf: les tapes del llibre* die Buchdeckel *m pl* | *posar tapes a un llibre* e. Buch einbinden | **~aboques** *m* Halstuch *n*, Schal *m* | *aut* Radkappe *f* | **~abruts** *m* Tarnung, Verkleidung *f* (*von Häßlichem*) | **~acoll** *m* Halstuch *n* | **~ador** *m* Deck(el)glas *n* | **~adora** *f* (Topf)Deckel *m* | *fig* Deckmantel; Vorwand *m*; Finte *f* | **~adura** *f* Zudeck(e *f*) *n* | Überdecke *f* | *fig Bal* Blindheit, Verblendung *f* | *del llit* Bettdecke *f*, Deckbett *n* | **~aforats** *m* Lückenbüßer(in *f*) *m*, Aushilfe *f* | *desp* (*Maurer*) Stümper *m* | **~ajuntes**, **~ajunts** *m* Abdichtung *f* | (*Zimmerei*) Dichtungsleiste *f*, Abdeckstab *m* | **~all** *m* Bedeckung *f* | Überdecke *f* | *oc Bal* Bettdecke *f* | **~ament** *m* Be-; Zu-; Ab-decken *n* | Ver-, Zu-stopfen *n* | *med fam* Atemnot *f* | **~apeus** *m* Fußwärmer *m* | Gamasche *f* | **~ar** (33) *vt* bedecken; (*Topf; j-n im Bett*) zudecken; (*zum Schutz gegen Staub, Witterung*) abdecken | (*den Blicken entziehen*) verdecken; verhüllen | (*Loch, Riß, Leck*) ver-, zu-stopfen | (*Flasche*) zustöpseln; *bes* ver-, zu-korken | *fig* zudecken; verschleiern; vertuschen | ~ *la boca* (*el nas, les orelles, els ulls*) *a alg* j-m den Mund (die Nase, die Ohren, die Augen) zuhalten | ~ *la boca a alg* (*fig*) j-m den Mund stopfen | ~ *la vista a alg* j-m die Sicht verdecken | **~ar-se** *v/r* s. be-; zu-decken | s. verhüllen, s. bedecken, s. bewölken | verstopft werden | kaum Luft bekommen | *tapa't bé!* deck dich gut (*od* warm) zu! | ~ *les orelles* s. (*dat*) die Ohren zuhalten *bzw* zustopfen | *se m'han tapat les orelles* mir sind die Ohren zugefallen | **~arada** *f* Wolkendecke *f* | **~arot** *m* schlechter Korken *m* | (*Rohr, Ader*) Pfropf *m* | (*Nase*) Verstopfung *f* | **~er** *adj* Korken... | *indústria* ~*a* Korkenindustrie *f* || *s/mf* Korkenmacher(in *f*) *m*.

tàpera *f* Kaper *f*.

taper|era *f bot* Kapernstrauch *m* | **~ot** *m* Frucht *f* des Kapernstrauches.

tapet *m* Tischdecke *f* | *ant* = **cobrellit**.

tapeta *f* Taschenklappe *f* | (*Hemd*) Brustlatz *m* | (*Schuhabsatz*) = **tapa**.

tàpia *f constr* Lehmwand *f* | Umfassungsmauer, *bes* Gartenmauer *f* | *sord com una* ~ stocktaub.

tapia|da *f* Lehmumfassungsmauer *f* |

~dor(a f) m Lehmmaurer(in f) | **~r** (33) vt mit e-r Lehmmauer umgeben | (*Fenster, Loch*) ver-, zu-mauern || vi e-e Lehmmauer er-, auf-richten.

tapioca f gastr Tapioka(stärke) f.

tapir m zool Tapir m.

tap|ís m (Wand)Teppich m | (Stoff)Tapete f | **~isser(a** f) m (Wand)Teppichweber(in f) bzw -händler(in f) m | Polsterer(in f) m | Tapezierer(in f) m | **~isseria** f (Tapeten)Behang m | Stofftapeten f pl, Draperie f | Wandteppiche m pl, Tapisserie f, Tapisseriewaren f pl | Wandteppich-fabrik f bzw -geschäft n | Tapezierer-, Polster- geschäft n.

tapissot m bot Gelbweiße Platterbse f | ~ bord Ranken-, Platt-erbse f.

tapit m ant = **catifa**.

tàpsia f bot med Purgierdolde f.

taquera f (*Billard*) Queueständer m.

taquí (-ina f) adj knauserig, knick(er)ig, geizig.

taqu|icàrdia f med Tachykardie f, Herzjagen n | **~ígraf(a** f) m Stenograph(in f) m | **~igrafia** f Stenographie, Kurzschrift f | **~igrafiar** (33) vt stenographieren | **~igràfic(ament** adv) adj stenographisch.

taquill|a f Schalter m | teat cin esport Kasse f; Kartenverkauf m | **~er** adj: aquest actor (*film, cantant*) és molt ~ dieser Schauspieler (Film, Sänger) ist e. Kassen-magnet od -schlagen || s/mf Schalter-beamte(r) m, -beamtin f | Kartenverkäufer(in f) m.

taqui-mecanògraf(a f) m Stenotypist(in f) m.

taqu|ímetre m (*Geodäsie*) Tachymeter n | **~imetria** f Tachymetrie f | **~imètric** adj tachymetrisch.

taquineria f Knaus(e)rigkeit f, Geiz m.

tara f com Tara f, Verpackungsgewicht n | med Belastung f | (*Ware*) Fehler, Schaden, Mangel m | ~ *hereditària* erbliche Belastung f.

tara|l·la f onomat Geträller n | a. fig Trara n | **-l·larà!** int onomat tralla(la)la! | **~l·larejar**, **~l·lejar** (33) vi trällern | **~l·lirot** m fam Hallodri, Luftikus m | **~mbana** m = **~l·lirot**.

tarannà m (pl -às) Naturell n | Charakter m | Wesensart, Beschaffenheit f.

tar|anta f Bal = **~àntula** | **~antel·la** f mús Tarantella f | **~àntula** f zool Tarantel f.

tara|r (33) vt tarieren | beschädigen | **~t** (**-ada** f) adj fehlerhaft | beschädigt | *fruita tarada* beschädigtes Obst n.

tarar|à int onomat trara! || s/m Trara n | **~í** int onomat trari! || s/m Trari n | **~ot** m fam Springinsfeld; Hitzkopf m.

tarasca f folk: bei Umzügen mitgeführtes Fabeltier.

tard adv (zu) spät | massa ~ zu spät | més ~ später | (*tot*) al més ~ spätestens | cap al ~ gegen Abend | de ~ en ~ von Zeit zu Zeit | ~ o d'hora früher oder später | arribar ~ a la feina zu spät zur Arbeit kommen | és ~ es ist spät | ara ja és ~ jetzt ist es schon zu spät | fer ~ zu spät kommen; spät dran sein; s. verspäten | fer-se ~ spät werden | **~a** f Nachmittag m | a la ~ am Nachmittag | bona ~! guten Tag! (am Nachmittag); guten Abend! | **~à** (**-ana** f, **-anament** adv) adj spät | Spät... | verspätet | *fruita tardana* Spätobst n | *gòtic ~ Spätgotik* f | *l'obra tardana d'un artista* das Spätwerk e-s Künstlers | *penediment ~* späte Reue f | **~ança** f Verzögerung f | Verspätung f | Langsamkeit f | lit Säumnis f | **~aner** adj langsam, umg bummelig, lit säumig, saumselig | **~an(er)ies** f pl agr Spätobst n; Spätemte f | **~ar** (33) vi spät kommen; s. verspäten; lange ausbleiben | lange brauchen bzw dauern | lit säumen | *has tardat molt, avui!* du bist heute sehr spät gekommen! | *no tardeu!* kommt bald zurück! | *quant tardes d'aquí fins allà?* wie lange brauchst du von hier bis dort? | *encara ~an venir* sie werden noch lange nicht kommen | *el tren encara ~à mitja hora a arribar* der Zug wird erst in e-r halben Stunde ankommen | *tardes massa a fer la feina* du arbeitest zu langsam | *ja em tarda d'arribar-hi!* ich wäre am liebsten schon da! | *sense ~* ohne Verzögerung, unverzüglich | **~ejar** (33) vi etwas spät kommen; s. etwas verspäten || v/imp: *ja tardejava* es wurde schon Abend | **~et** adj ziemlich spät | **~ígrads** m pl zool Bärtierchen n pl | **~itat** f lit Säumigkeit, Saumseligkeit f | **~or** f Herbst m | *a la darreria de la ~* im Spätherbst od Spätjahr | *ja arriba la ~* es herbstet schon, es wird schon Herbst | **~orada** f Herbst-zeit f bzw -ernte f | **~orenc** adj herbstlich | Herbst...

target|a f Karte f | (a. ~ de visita)

Visitenkarte *f* | *arquit* Ziertafel *f* | ~ *de crèdit* Kreditkarte *f* | ~ *d'estudiant* Studentenausweis *m* | ~ *de lector* (*perforada, postal*) Lese-(Loch-, Post-)karte *f* | **~er** *m* Brieftasche *f* (*für Visitenkarten*).
tarida *f nàut:* mittelalterliches Lastschiff.
tarifa *f* Tarif, Satz *m* | Gebühr *f* | Fahrpreis *m* | **~r** (33) *vt* tarifmäßig festlegen; tarifieren | *fig* kalkulieren, abschätzen.
tarima *f* Podium *n*.
tarit-tarot *m* = **taral·lirot, baliga-balaga**.
tarja *f mil hist* Tartsche *f* | (Namens-, Hinweis-)Schild *n* | *constr* Fensterluke *f*.
tarlatana *f tèxt* Tarlatan *m*.
taro *m* kalter Wind *m*.
taron|ger *m bot* Apfelsinenbaum, Orangenbaum *m* | ~ *agre* bittere Pomeranze, Bitterorange *f* | ~ *mandarí* Mandarinenbaum *m* | **~gerar** *m*, **~gereda** *f agr* Orangen-pflanzung *f*; -hain *m* | **~gina** *f* Melisse *f* | Apfelsinen-, Orangen-blüte *f* | **~ja** *f* Apfelsine, Orange *f* | ~ *agra* Pomeranze, Bitterorange *f* | *de color de* ~ orangenfarben, -farbig || *s/m* Orange *n* | **~jada** *f* Orangensaft *m* | **~jaire** *m/f* Orangen-pflanzer(in *f*), -züchter(in *f*) *bzw* -händler(in *f*) *m*.
tarós (**-osa** *f*) *adj* fehler-, schad-haft.
tarot[1] *m* alter, schäbiger Hut *m*.
tarot[2] *m* Tarot *n/m*.
tar|ota *f* (*Billard*) numerierte(r) Bolzen *m* | *fam* (*Nase*) Zinken *m*, Gurke *f* | **~quim** *m bes agr* Schlamm, Morast *m*.
tarra|conense *adj* (*m/f*) aus dem alten Tarraco | **~goní** (**-ina** *f*) *adj* tarragoninisch, aus Tarragona || *s/mf* Tarragoniner(in *f*) *m*.
tarràs *m* (*pl -assos*) (zweihenkeliger) Tonrug *m*.
tàrrec *m bot* Salbei *m/f* («Salvia verbenaca»).
tarró *m bot* Wiesensalbei *m/f*.
tars *m anat* Fußwurzel *f* | **~al** *adj* (*m/f*), **~ià** (**-ana** *f*) *adj* Fußwurzel...
tartà *m tèxt* Tartan *m*.
tartamu|dejar *vi* = **quequejar** | **~t** (**-uda** *f*) *adj* = **quec**.
tartan|a *f nàut* Tartane *f* | zweirädeiger Plan-, Pferdewagen *m* | *tren* ~ (*fam*) Bummelzug *m* | **~er(a** *f*) *m* Kutscher(in *f*) *m*.
tàrtar[1] *m quím* Weinstein, Tartarus *m* | ~ **emètic** Brechweinstein *m*.

tàrtar[2] *adj* tatarisch | *bistec* ~ Tatar (*beefsteak*) *n* || *s/mf* Tatar(in *f*) *m* | *s: tàtar*.
tart|àric *adj* = **tàrtric** | **~aritzaciό** *f* Behandlung *f* mit Weinsteinsäure | **~aritzar** (33) *vt* mit Weinsteinsäure behandeln.
tarter(a *f*) *m* Geröllhalde *f*.
tartrà *m quím* Weinstein *m*.
tartrany *m* Regenwurm *m*.
tartrat *m quím* Tartrat *n*.
tàrtric *adj* Weinstein... | *àcid* ~ Weinsteinsäure *f*.
tasca *f* (*Auftrag, Pflicht*) Aufgabe *f* | *p ext* Arbeit *f* | *hist* Abgabe *f* (*an den Lehnsherrn*) | *a* ~ (*loc adv*) zum Festpreis (*Arbeit*) | **~r** (33) *vi* s-e Arbeit (*od* Aufgabe) erfüllen | schwer arbeiten.
tasc|ó *m* Keil *m* | *Bal a.* Baumstumpf *m* | **~onar** (33) *vt* mit dem Keil spalten | (*befestigen*) verkeilen | **~oner** *adj* keilförmig.
tasquera *f reg* Abkürzungsweg *m*.
tass|a *f* Tasse *f* | ~ *de broc* Schnabeltasse *f* | ~ *del wàter* Klosettbecken *n* | ~ *de cafè* (*te*) Kaffee-(Tee-)tasse *f* | *he pres dues tasses de cafè* ich habe zwei Tassen Kaffee getrunken | **~ada** *f* Tasse *f* (voll) | **~er** *m* Tassenregal *n* | **~ó** *m* Täßchen *n* | Glas *n*.
tast *m* Kostprobe *f* | Kosten, Probieren *n* | *a* ~ (*loc adv*) zur Kostprobe | *fer el* ~ *d'u/c* etw kosten | *tenir bon* ~ gut schmecken | **~ador(a** *f*) *m* Abschmecker(in *f*) *m* | ~ *de vins* Weinprüfer *m* | **~ament** *m* Kosten, Probieren, Schmecken, Versuchen *n* | **~aolletes** *m/f* Topfgucker(in *f*) *m* | *fig* Flattergeist *m* | **~ar** (33) *vt* kosten, probieren, versuchen | *fig:* ~ *les garrotades* Stockschläge bekommen | **~avins** *m/f* Weinprüfer(in *f*) *m* | **~et** *m* kl(e)e Kostprobe *f* | (*beim Schlachten*) Brät *n*; *reg* Bratwurst *f* | *fer el* ~ *d'u/c* etw kosten *od* abschmecken.
tat *m fam* Gucken *n* || *int infan* kuckuck!
tat|à, *pop* **~ano** *m infan* Hotte-hü, -pferdchen, Hotto *n*.
tàtar *adj* tatarisch | *s/mf* Tatar(in *f*) *m* || *s/m ling* Tatarisch *n* | *el* ~ das Tatarische.
tatú *m* (*pl -ús*) *zool* Gürteltier *n*.
tatua|r (33) *vt* tätowieren | **~tge** *m* Tätowieren *n*, Tätowierung *f*.
tatx *m* (*Melone*) Anschnitt *m* | (*Frucht*) Scheibe *f*.
tatxa *f* Reiß-zwecke *f*, -nagel *m* | Zier-

tatxar nagel *m* | Tapeziernagel *m* | *fig* Fehler *m*, Makel, Fleck *m* | *en tot trobes tatxes, tu* du hast an allem etw auszusetzen.

tatxar (33) *vt* (*Melone*) zum Kosten anschneiden.

tatx|ó *m* = **~ot** | **~onar** (33) *vt* mit Reißzwecken befestigen | mit Ziernägeln beschlagen | **~ós (-osa** *f*) *adj* fehlerhaft, makelhaft | **~ot** *m* Ziernagel *m*.

taujà (-ana *f*) *adj* unbeholfen, ungeschliffen | arglos, treuherzig || *s/mf* gutmütiger Trottel *m*.

taül *m* Halunke, Schuft, Schurke *m* | Betrüger *m*.

taul|a *f* Tisch *m* | (*festlicher Eßtisch*; *Essen, Küche*) Tafel *f* | (*Zusammenstellung, Verzeichnis*) Tabelle, Tafel *f* | *constr* Brett *n*; Diele; *bes nàut* Planke *f* | (*für Meldungen*) Tafel *f*, Brett *n* | *art* Tafel(bild *n*) *f* | *gastr* (*zB Schokolade*) *geol* Tafel *f* | *agr* Beet *n*, Rabatte *f* | *tecn* Tafel *f*, Brett, Pult *n* | ~ *de cafè* (*d'escriure* od *de despatx, de joc, de billar, d'operacions*) Kaffee-(Schreib-, Spiel-, Billard-, Operations-)tisch *m* | ~ *extensible* (*plegable*) Auszieh-(Klapp-) tisch *m* | ~ *rodona* (*a. fig*) runder Tisch *m*; *Lit* Tafelrunde *f*; *polít* Konferenz *f* am runden Tisch | ~ *de salvació* rettende Planke *f*; *fig* Rettungsanker *m* | ~ *d'avisos* Anschlag-brett *n*, -tafel *f* | ~ *de logaritmes* Logarithmentafel *f* | ~ *d'interessos* (*de salaris*) Zins-(Lohn-)tabelle *f* | ~ *de matèries* Inhaltsverzeichnis, Sachregister *n* | ~ *de multiplicar* Einmaleins *n* | ~ *de comandament* od *control* Schaltbrett *n*, -tafel *f* | *a* ~ bei Tisch | *a* ~! zu Tisch! | *per* ~ (*Billard*) über die Bande | *m'agrada la bona* ~ ich lege großen Wert auf e-e feine Tafel | *aixecar-se* od *alçar-se de* ~ vom Tisch aufstehen; s. von der Tafel erheben | *asseure's a* ~ s. zu Tisch setzen | *beneir la* ~ das Tischgebet sprechen | (*des*)*parar* ~ den Tisch (ab)decken | *fer* ~ *rasa* (*fig*) reinen Tisch machen | *posar sobre la* ~ (*fig*) aufs Tapet bringen | *tenir* ~ *parada a casa d'alg* bei j-m freie Kost haben | *a la* ~ *d'en Bernat qui no hi és no hi és comptat* (Spruch) wer nicht kommt zur rechten Zeit, der muß nehmen was übrig bleibt || *pl* (*Bühne*) Bretter *n pl* | *les taules de la Llei* (*bíbl*) die Gesetzestafeln *f pl* | *fer taules* (*Schach*) Remis

machen | **~ada** *f* Tischgesellschaft *f* | **~adora** *f* *agr* Egge *f* | **~aplom** *m constr* = **plomada** | **~at** *m mst constr* Gerüst *n*, Arbeitsbühne *f* | Gestell *n* | Bühne *f* | *agr* Beet *n* | **~ejar** (33) *vi* tafeln | *vt Val agr* in Beete einteilen | **~ell** *m* Ladentisch *m* | (*im Lokal*) Theke *f* | Werkbank *f* | ~ *de cuina* Arbeitsplatte *f* | **~er** *m* Tafel *f* | Platte *f* | Tischplatte *f* | ~ *d'anuncis* Anschlagbrett, schwarze(s) Brett *n* | ~ *de dibuix* Zeichen-, Reiß-brett *n* | ~ *de dames* (*d'escacs, de joc*) Dame-(Schach-, Spiel-)brett *n* | **~eta** *f* Täfelchen *n* | Tischchen *n* | ~ *de cosir* Nähtisch *m* | ~ *de nit* Nachttisch *m* | **~ó** *m* Bohle *f*, starkes Brett *n*.

taumat|urg *m* Wundertäter *m* | **~úrgia** *f* Wundertätigkeit *f* | **~úrgic(ament** *adv*) *adj* wundertätig.

Taur|e *m astr* Stier *m* | **~í (-ina** *f*) *adj* Stier... | Stierkampf... | **~ina** *f quím* Taurin *n*.

tauró *m ict* Hai(fisch) *m*.

taur|òfil(a *f*) *m* Stierkampfliebhaber(in *f*) *m* | **~òmac** *adj* = **~omàquic** || *s/mf* Kenner(in *f*) *m* des Stierkampfes | **~omàquia** *f* Stierkampf(kunst *f*) *m* | **~omàquic** *adj* Stierkampf...

taüt *m* Sarg *m*.

tau-tau *loc adv* halb (halb), mittelmäßig.

tauto|grama *f Lit* Tautogramm *n* | **~logia** *f ret filos* Tautologie *f* | **~lògic** *adj* tautologisch | **~merisme** *m quím* Tautomerie *f*.

tavà *m* = **tàvec**.

tàvec *m entom* (Vieh)Bremse *f*.

tàvega *f hist* Verlies *n*, Kerker *m*.

tavella *f bot* Hülse, Schote *f* | *oc* grüne Bohne *f* | (*Kleid*) Falte *f* | **~r** (33) *vi* Hülsen (*od* Schoten) bilden.

tavern|a *f* Ausschank *m* | Schenke, Taverne *f* | **~ari (-ària** *f*) *adj* Schenken... | Tavernen... | Sauf... | *fig* niedrig, gemein | **~er(a** *f*) *m* Schankwirt(in *f*) *m*.

taxa *f dr econ* Taxe *f*; Tax-preis *bzw* -wert *m*; Gebühr *f*; Tarifsatz *m* | (*Verhältnis*) Rate *f* | ~ *d'inflació* Inflationsrate *f* | **~ble** *adj* (*m/f*) taxierbar, schätzbar, besteuerbar.

taxàcies *f pl* Eiben *f pl*.

tax|ació *f* Taxierung *f* | Kostenfestsetzung *f* | **~ador** *adj* schätzend, taxierend || *s/mf* Taxator(in *f*), Schätzer(in *f*) *m* | **~ar** (33) *vt bes dr* schätzen, taxieren, bewerten | (*Essen*) zumes-

taxi sen | ~ *alg d'una falta* j-m e-n Fehler anlasten *od* zumessen | **~atiu (-iva** *f*, **-ivament** *adv*) *adj* be-, einschränkend | kategorisch | **~ema** *m ling* Taxem *n* | **~i**¹ *m* Taxi *n* | *xofer de* ~ = **taxista**.

taxi² *f biol med* Taxis *f* | **~dèrmia** *f* (*Tiere*) Taxidermie, Präparation *f* | **~dermista** *m/f* Taxidermist(in *f*), Präparator(in *f*) *m*.

tax|ímetre *m* Fahrpreisanzeiger, Taxameter *m* | **~ista** *m/f* Taxifahrer(in *f*) *m*.

taxon|omia *f biol* Taxonomie, Formgliederung *f* | **~òmic** *adj* taxonomisch.

te¹ *m* (*pl* **tes**) Tee *m* | *bot a*. Teestrauch *m* | *fulles de* ~ Teeblätter *n pl* | *convidar alg a prendre el* ~ j-n zum Tee einladen.

te² *f* (*pl* **tes**) (*Name des Buchstabens*) t, T *n*.

te³ *pron pers s: et*.

teàcies *f pl bot* Teegewächse *n pl*.

teàndric *adj ecl* theandrisch, göttlichmenschlich.

teatí (-ina *f*) *adj* Theatiner... || *s/mf* Theatiner(in *f*) *m*.

teatral *adj* (*m/f*) Theater... | Bühnen... | bühnengerecht | theatralisch; *fig a*. pathetisch | **~itat** *f* Bühnengemäßheit *f* | Gespreiztheit, Theatralik *f*.

teat|re *m a. fig* Theater *n* | (*Gebäude*) *a*. Schauspielhaus *n* | (a. *representació de* ~) Theater-aufführung, -vorstellung *f* | *fig a*. Schauplatz *m* | ~ *a l'aire lliure* Freilicht-bühne *f*, -theater *n* | ~ *èpic* epische(s) Theater *n* | ~ *del món* (*Lit hist*) Welttheater *n* | ~ *d'òpera* Opernhaus *n* | ~ *d'operacions* (*mil*) Kriegsschauplatz *m* | ~ *de titelles* Puppentheater *n* | *cop de* ~ Bühneneffekt *m*; *fig* Knalleffekt *m*; Theater-coup, -streich *m* | *obra de* ~ Theaterstück *n* | *fer* ~ (a. *fig*) Theater spielen | **~rí** *m* Miniaturbühne *f*.

teb|à (-ana *f*) *adj* thebanisch | *legió tebana* (*ecl*) Thebaische Legion *f* || *s/mf* Thebaner(in *f*) *m* | **~aïna** *f quím* Thebain *n*.

tebi (tèbia *f*, **tèbiament** *adv*) *adj* lau(warm) | *a. fig* lau | *fig a*. halbherzig, unentschlossen | **~esa**, *lit* **~or** *f a. fig* Lauheit *f* | *fig a*. Halbherzigkeit, Unentschlossenheit *f*.

tec¹ *m bot* Teakbaum *m* | *p ext* Teak(-holz) *n*.

tec² *m* Eßgelage *n*, Schlemmerei *f* | *fer un* ~ schlemmen | **~a**¹ *f fam* Essen *n*.

tec|a² *bot* (*Anthere*) Theke *f* | *zool* Theka-

Schale *f* | **~i** *m bot* (*Schlauchpilze u. Flechten*) Hymenium *n*.

tecl|a *f* (*Klavier, Schreibmaschine*) Taste *f* | *fig* Triebfeder *f*; Materie *f*, Thema *n* | *com* Geschäft *n* | *tocar totes les tecles* (*fig*) alle Register ziehen; k. Mittel unversucht lassen | **~at** *m mús* Klaviatur *f*, Tasten *f pl* | (*Gerät*) Tastatur *f* | (*Orgel*) Manual *n* | (*Schreibmaschine*) Tastenfeld *n* || *pl* (*Jazzband*) Tasteninstrumente *n pl* | **~eig** *m* Geklimper *n* | **~ejar** (33) *vi* die Tasten anschlagen | klimpern | mit den Fingern trommeln.

tècnic(ament *adv*) *adj* technisch | fachlich | Fach... | *revista* ~a Fachzeitschrift *f* || *s/mf* Techniker(in *f*) *m* | Fachmann *m* | Experte *m*, Expertin *f*, Sachverständige(r *m*) *m/f* || *s/f* Technik *f*.

tecn|icisme *m* Fach-ausdruck *m*, -wort *n*, Technizismus *m* | Fachsprache *f* | **~ocràcia** *f* Technokratie *f* | **~òcrata** *m/f* Technokrat(in *f*) *m* | **~ologia** *f* Technologie *f* | Technik *f* | **~ològic** *adj* technologisch | technisch | *parc* ~ Technologiepark *m*.

tectita *f min* Tektit *m*.

tect|ogènesi *f geol* Tektogenese *f* | **~ònic** *adj geol* tektonisch || *s/f* Tektonik *f*.

tector (tectriu *f*) *adj biol* bedeckend, Deck... || *s/f ornit* Deckfeder *f*.

tedèum *m catol mús* Tedeum *n*.

tedi *m lit* Langeweile, Öde *f* | *fig* Überdruß; Ekel *m* | **~ós (-osa** *f*, **-osament** *adv*) *adj* langweilig, öde | *p ext* ek(e)lig, widerlich.

teginat *m arquit* Kassettendecke *f* | *p ext reg* (Zimmer)Decke *f*.

tegument *m biol* Integument *n* | *zool anat* Häutchen *n*, Haut *f* | *bot* Samen-haut, -schale *f* | **~ari (-ària** *f*) *adj* häutig | Häutchen... | schalig | Schalen...

tei|a *f* (Kien)Fackel *f* | Kienspan *m* | Kohlenanzünder *m* | *fig* Wesen(sart *f*) *n* | *la* ~ *de la discòrdia* (*fig*) der Zankapfel *m* | **~era** *f* Fackel-stuhl *m*, -halterung *f*.

teïna *f quím* Thein *n*.

teiós (-osa *f*) *adj* kienig, kienholzähnlich | *p ext a*. harzig | Harz...

teis|me *m filos* Theismus *m* | **~ta** *adj* (*m/f*) theistisch || *s/m/f* Theist(in *f*) *m*.

teix *m bot* Eibe *f* | **~ar** *m* Eiben-gehölz *n*, -wald *m*.

teixi|dor *adj* webend || *s/mf* Weber(in *f*)

teixó *m* ∥ *s/m* (*Werkstatt*) Weberei *f* ∣ *entom* Wasser-, Teich-läufer *m* ∣ *ornit* Beutelmeise *f* ∣ **~m** *m* = **trama** ∣ **~r** (37) *vt* weben ∣ *fig* flechten ∣ *fig* (*Komplott, Ränke*) schmieden ∣ *p ext* bearbeiten ∣ vorbereiten ∣ **~t** *m a*. *biol* Gewebe *n* ∣ Stoff *m* ∥ *pl* Textilien *pl*, Textilwaren *f pl*.

teix|ó *m zool* Dachs *m* ∣ **~onera** *f* Dachsbau *m*.

tel *m* Häutchen *n*, Membran *f* ∣ (*Ei*) Häutchen *n* ∣ (*Milch, Zwiebel*) Haut *f* ∣ (*Fenster, Glas*) Beschlag *m* ∣ **~ de la llengua** (*anat*) Zungenbändchen *n* ∣ **~ virginal** Jungfernhäutchen *n* ∣ **~a** *f tèxt* Gewebe, Tuch *n* ∣ Stoff *m*, Zeug *n* ∣ (a. **~ d'aranya**) Spinnen-gewebe, -netz *n* ∣ (*für Fische, Vögel*) Fangnetz *n* ∣ *pint* Leinwand *f*; *p ext* Gemälde *n* ∣ *fig fam* Gesprächsstoff *m*; Thema *n*; Beschäftigung *f* ∣ **~ d'amiant** Asbest(faserstoff) *m* ∣ **~ metàl·lica** Draht-gewebe, -geflecht *n*; *bes* Fliegendraht *m* ∣ **~ de sac** Sack-leinen *n*, -leinwand *f* ∣ **en ~** (*gràf*) in Leinen ∣ *hi ha molta* **~** *per tallar* (*fig fam*) es gibt viel zu besprechen; es kann lange dauern ∣ *tenim* **~** *per estona* (*fig fam*) fürs erste sind wir beschäftigt; wir haben uns viel zu erzählen ∥ *pl caç* (*Vogel*)Netz *n* ∣ *parar teles a alg* (*fig fam*) j-m e-e Falle stellen ∣ **~aire** *m/f* Leinenhändler(in *f*) *m*.

telamó *m arquit* Telamon *m/n*.

telar (33) *vt* mit Tuch bespannen.

tele *f fam* = **televisió** ∣ **~arrossegador** *m* = **telesquí** ∣ **~cabina** *f* (*Ski*) Kabinenlift *m* ∣ **~cadira** *f* = **telesella** ∣ **~comandament** *m* Fern-bedienung, -steuerung *f* ∣ **~comandar** (33) *vt* fernbedienen, -steuern ∣ **~comunicació** *f* Fern-verbindung, -übertragung *f* ∥ *pl* Fernmeldewesen *n* ∣ **~còpia** *f* Fern-, Tele-kopie *f* ∣ **~copiador** *m* Fern-, Tele-kopierer *m* ∣ **~direcció** *f* Fern-lenkung, -steuerung *f* ∣ **~dirigit** (**-ida** *f*) *adj* fern-gelenkt, -gesteuert ∣ **~fax** *m* Telefax *n* ∣ **~fèric** *m tecn* (Draht)Seilbahn *f* ∣ Seilschwebebahn *f* ∣ **~film** *m* Fernsehfilm *n*.

tel|èfon *m* Telefon, Telephon *n*, *adm* Fernsprecher *m* ∣ (a. *número de* **~**) Telefonnummer *f* ∣ **~** *vermell* (*polít*) heiße(r) Draht *m* ∣ *per* **~** telefonisch, per Telefon ∣ *parlar per* **~** (*amb alg*) (mit j-m) telefonieren ∥ *pl* Fernsprechamt *n* ∣ **~efonada** *f* (Telefon)Anruf *m*, Telefonat *n* ∣ Telefongespräch, Telefonat *n* ∣ **~efonar** (33) *vi* telefonieren, telephonieren ∣ **~** *a Alemanya* nach Deutschland telefonieren ∣ **~** *al despatx* im Büro (*od das* Büro) anrufen ∣ **~** *a alg* j-n (*od* bei j-m) anrufen ∥ *vt* durchtelefonieren, telefonisch mitteilen ∣ **~efonema** *m* Telefonatsprotokoll *n* ∣ **~efonia** *f* Telefonie *f*, Fernsprechwesen *n* ∣ **~efònic**(**ament** *adv*) *adj* telefonisch, fernmündlich ∣ (*Gespräch*) Telefon...; (*Buch, Zelle*) *a*. Fernsprech... ∣ **~efonista** *m/f* Telefonist(in *f*) *m*.

telefoto(**grama**) *f* Funkbild *n*.

tel|ègraf *m* Telegraf, Telegraph *m* ∣ *pal de* **~s** Telegrafen-mast *m*, -stange *f* ∣ *central* (*od oficina*) *de* **~s** Telegrafenamt *n* ∣ **~egrafia** *f* Telegrafie, Telegraphie *f* ∣ **~** *sense fils* drahtlose Telegrafie, Funktelegrafie *f* ∣ **~egrafiar** (33) *vt/i* telegrafieren, telegraphieren (*a alg* j-m) ∣ **~egràfic**(**ament** *adv*) *adj* telegrafisch ∣ Telegrafen... ∣ (*Adresse, Gebühr, Stil*) Telegramm... ∣ **~egrafista** *m/f* Telegrafist(in *f*) *m* ∣ *nàut aeron* Funker(in *f*) *m* ∣ **~egrama** *m* Telegramm *n* ∣ **~** *d'adhesió od de simpatia* Grußtelegramm *n* ∣ **~** *de felicitació* Glückwunschtelegramm *n* ∣ **~èmetre** *m* Entfernungsmesser *m*, Telemeter *n* ∣ **~emetria** *f* Telemetrie *f* ∣ **~emètric** *adj* telemetrisch ∣ **~eobjectiu** *m fotog* Teleobjektiv *n*.

teleo|logia *f filos* Teleologie *f* ∣ **~lògic** *adj* teleologisch ∣ **~stis** *m pl ict* Teleost(i)er, Knochenfische *m pl*.

tel|èpata *m/f* Telepath(in *f*) *m* ∣ **~epatia** *f* Telepathie *f* ∣ **~epàtic**(**ament** *adv*) *adj* telepathisch.

teler *m tecn* Webstuhl *m* ∣ *teat* Schnürboden *m* ∣ **~** *de brodar* Stickrahmen *m* ∣ **~** *automàtic* (*mecànic*) automatischer (mechanischer) Webstuhl *m* ∣ *el malalt té mala peça al* **~** (*fam*) es steht schlecht um den Kranken.

telera *f* (*Pflug*) Lenkscheit *n* ∣ (*Wagen*) Deichselarm *m* ∣ *mil hist* Lafettenriegel *m*.

teler|ada *f tèxt* Kartenspiel *n* ∣ **~ia** *f* Tuch-fabrik *f bzw* -geschäft *n*.

tele|scopi *m* Teleskop, Fernrohr *n* ∣ **~scòpic** *adj* teleskopisch ∣ **~sella** *f* (*Ski*) Sessellift *m* ∣ **~squí** *m* Skilift *m* ∣ **~spectador**(**a** *f*) *m* Fernsehzuschauer(in *f*), *umg* Fernseher(in *f*) *m* ∣ **~tip**(**us**) *m* Fernschreiber *m* ∣ *p ext*

Fernschreiben *n* | **~vident** *m/f* = **~spectador** | **~visar** (33) *vt* (im Fernsehen) senden *bzw* übertragen | **~visió** *f* Fernsehen *n* | ~ **en color** (*per cable*) Farb-(Kabel-)fernsehen *n* | *mirar la* ~ fernsehen | *sortir a la* ~ im Fernsehen kommen *bzw* auftreten | **~visiu** (**-iva** *f*) *adj* Fernseh... | **~visor** *m* Fernsehgerät *n*.

tèlex *m* Telex *n* | (*Mitteilung*) *a*. Fernschreiben *n* | (*Gerät*) *a*. Fernschreiber *m* | *transmetre per* ~ telexen.

tell *m bot* Linde *f* | ~ **argentat** Silberlinde *f* | ~ **de fulla gran** (*petita*) Sommer-(Winter-)linde *f* | **~eda** *f* Lindenhain *m*.

tellerina *f zool* Gemeine Stumpfmuschel *f*.

tellol *m agr* Pflugsterz *m*.

tel·l|ur *m quím* Tellur *n* | **~urat** *m quím* Tellurat *n* | **~úric** *adj geol* tellurisch; Erd... | *àcid* ~ Tellursäure *f* | **~urit** *m quím* Tellurit *n* | **~urita** *f* Tellurmineral *n* | **~urós** (**-osa** *f*) *adj quím* Tellur..., *bes* tellurig | *àcid* ~ tellurige Säure *f*.

teló *m teat* Vorhang *m* | ~ **blanc** (*cin*) Leinwand *f* | ~ **de ferro** od *d'acer* (*polit*) Eiserner(r) Vorhang | ~ **de fons** (*a. fig*) Hintergrund *m* | *puja* (od *s'aixeca*) *el* ~ der Vorhang hebt sich.

telofase *f biol* Telophase *f*.

tem *m bot Bal* Thymian *m* | ~ **bord** Bohnenkraut *n* («*Satureja filiformis*») | ~ **reial** Winterbohnenkraut *n*.

tem|a *m a. mús* Thema *n* | (*Gespräch*) *a*. Stoff *m* | *ling a*. Stamm(form *f*) *m* | *Lit art a*. Motiv *n* | *cin* (*Musik*) (*Titel*)Melodie *f* | *estud* Aufsatz(thema *n*) *m*; Übungs-aufgabe *f*, -stück *n* | ~ **central** od *dominant* (*mús Lit*) Leitmotiv *n* | ~ **principal** Hauptthema *n* | ~ **de conversa** Gesprächs-thema *n bzw* -stoff *m* | ~ **de disputa** Streitgegenstand *m* | *el* ~ **del mal en Bernanos** das Motiv des Bösen bei Bernanos | *canviar de* ~ das Thema wechseln | *prendre alg de* ~ (*fig fam*) j-n auf dem Kieker haben | *sortir-se del* ~ vom Thema abkommen | **~ari** *m* Themen(-kreis *m*; -liste *f*) *n pl* | **~àtic** *adj* thematisch | Themen... | *vocal ~a* (*ling*) Themavokal *m* | **~àtica** *f* Thematik *f*.

temen|ça *f lit* = **temor** | *bes* Befürchtung *f* | **~t** *adj* (*m/f*) *arc* = **temorós**.

témer (35) *vt* (*j-n* od *etw*) fürchten; s. fürchten vor (*dat*) | (*Unangenehmes*) (be)fürchten | ~ *Déu* Gott fürchten, vor Gott Ehrfurcht haben | *temíem el pitjor* wir (be)fürchteten das Schlimmste | *temo que plourà* od *que no plogui* ich (be)fürchte, daß es regnen wird | *és de* ~ *que* ... es steht (od ist) zu befürchten, daß ... || *vi: jo temia per ell* (*per la seva salut*) ich fürchtete für (od um) ihn (s-e Gesundheit).

temer|ari (**-ària** *f*, **-àriament** *adv*) *adj* verwegen, tollkühn, waghalsig | (*Urteil, Äußerung*) voreilig, unbegründet | **~itat** *f* Verwegenheit, Tollkühnheit, Waghalsigkeit *f*.

tem|ible *adj* (*m/f*) zu fürchten(d) | furchterregend | **~or** *m*(/*f*) Furcht *f* (*de vor dat*) | Scheu *f* (*de vor dat*) | (*Respekt*) *a*. Ehrfurcht *f* | (*Erwartung*) Befürchtung *f* | ~ **de Déu** Gottesfurcht *f* | *viure en el* ~ **de Déu** in der Furcht vor Gott leben | **~orec** (**-ega** *f*) *adj* (*von Natur aus*) furchtsam, ängstlich, scheu | **~orejar** (33) *vi* s. ängstigen | **~orenc** *adj* = **~orec** | = **~orós** | **~orós** (**-osa** *f*, **-osament** *adv*) *adj* furchtsam, ängstlich, voller Angst | ehrfürchtig | ~ **de Déu** gottesfürchtig.

tempanell *m* = **envà**.

temper|ament *m* Temperament *n* | (*Wesen*) *a*. Veranlagung *f*; Charakter(anlage *f*) *m* | **~amental** *adj* (*m/f*) Temperaments... | temperamentvoll; *p ext* launenhaft | **~ància** *f* Mäßigung, Mäßigkeit *f* | **~ar** (33) *vt* Mäßigung, mildern; (*bes in bezug auf Temperatur*) temperieren | **~ar-se** *v/r* s. mäßigen | ~ *a les circumstàncies* s. den Umständen anpassen | **~at** (**-ada** *f*) *adj* mäßig; (*a. Person*) maßvoll; (*bes Klima, Zone*) gemäßigt | (*Luft, Winter*) mild | (*Badewasser, Wein*) temperiert | **~atura** *f* Temperatur *f* | ~ **basal** (*med*) Basaltemperatur *f* | ~ **màxima** (*mínima*) Höchst-(Tiefst-)temperatur *f* | **~i** *m* (Un)Wetter *n* | *fig fam* Donner-, Un-wetter *n*.

tempest|a(t) *f* Gewitter *n* | (*starker Wind; Aufruhr; Tumult; heftige Erregung*) Sturm *m* | ~ **frontal** (*tèrmica, d'estiu*) Front(Wärme-, Sommer-)gewitter *n* | *núvols de* ~ Gewitterwolken *f pl* | ~ **magnètica** magnetische(r) Sturm *m* | ~ **de neu** Schneesturm *m* | *la calma que precedeix la* ~ die Ruhe vor dem Sturm | **~ejar** (33) *v/imp: ha tempestejat tota la nit* es hat die ganze Nacht

tempir

gewittert *bzw* gestürmt || *vi* (*mit Subjekt*) *fig* wettern, toben, wüten | **~iu** (*-iva f*, **-ivament** *adv*) *adj lit* gelegen, rechtzeitig | **~ós** (**-osa** *f*, **-osament** *adv*) *arc*, **~uós** (**-osa** *f*, **-osament** *adv*) *adj* gewittrig; Gewitter...; gewitterschwül | *a. fig* stürmisch; Sturm... | *front ~* Gewitterfront *f* | *precipitacions tempestuoses* gewittrige Niederschläge *m pl*.

tempir *m* Landregen *m* | **~ada** *f* kurze(r) Landregen *m* | **~ar** (33) *vt* (*Boden*) wässern; garen || *v/imp: tempira es geht e.* Landregen nieder.

templa *f anat* Schläfe *f*.

templ|às *m* (*pl -assos*) *tèxt* (*Webmaschine*) Breithalter *m* | **~e** *m* Tempel *m* | *fam ev* Kirche *f* | *fig* Heiligtum *n* | *orde del ⟂* (*hist*) Templerorden *m* | **~er** *m hist* Templer, Tempel-ritter, -herr *m* | **~et** *m* Tempelchen *n* | Pavillon *m*.

tempo *m mús* Tempo *n*.

temporada *f* Zeit(raum *m*) *f* | Jahreszeit *f* | Saison *f*; *teat a.* Spielzeit *f* | Zeitlang *f* | *~ alta* Hochsaison *f*; (*Touristik*) *a.* Hauptsaison *f* | *~ baixa* Vorbzw Nach-saison *f* | *~ de banys* Badezeit, -saison *f* | *la ~ de les pluges* die Regenzeit *f* | *la ~ futbolística* die Fußballsaison *f* | *feina de ~* Saisonarbeit *f* | *he estat malalt una ~* ich war e-e Zeitlang krank.

temporal[1] *adj* (*m/f*) *anat* Schläfen... | *regió ~* Schläfengegend || *s/m* (*a. os ~*) Schläfenbein *n*.

tempor|al[2] *adj* (*m/f*) zeitlich, *lit* temporell; *rel a.* weltlich; Zeit..., *ling a.* temporal | zeitweilig; vorübergehend; *lit* temporär | *contracte ~* Vertrag *m* auf Zeit | *el poder ~* die weltliche Macht || *s/m meteor* (*bes auf See*) Sturm *m* | **~alitat** *f* Zeitlichkeit *f* | Zeitliche Beschränkung *f* || *pl ecl* Temporalien *pl* | **~alment** *adv s: temporal*[2] | zeitweise, zuweilen | für einige Zeit | **~ani** (**-ània** *f*, **-àniament** *adv*) *adj* zeitweilig; vorübergehend; *lit* temporär | **~er** *adj* (*Arbeiter*) Saison...; Gelegenheits... || *s/mf* Saison- *bzw* Gelegenheits-arbeiter(in *f*) *m*.

témpores *f pl ecl* Quatember *m*.

temporitzador *m tecn* Zeitgeber *m* | Schaltuhr *f*.

tempra|dor *m mús* Stimmschlüssel *m* | **~ment** *m mús* Stimmung *f* | **~nça** *f ecl* Mäßigkeit *f* | **~r** (33) *vt mús* stimmen.

temps

temps *m* Zeit *f* | *ling a.* Zeitform *f*, Tempus *n* | *meteor* Wetter *n*; (*über längere Zeit*) *a.* Witterung *f* | *mús* Tempo, Zeitmaß *n*; Takt; Satz *m* | *tecn* (*Motor*) Takt, Hub *m* | *~ solar* (*pasqual, d'acceleració, rècord*) Sonnen-(Oster-, Beschleunigungs-, Rekord-)zeit *f* | *el ~ de les maduixes* die Erdbeerzeit | *el ~ de Goethe* Goethes Zeit, die Zeit Goethes | *espai* (*període, unitat*) *de ~* Zeit-raum *m bzw* -spanne *f* (-abschnitt *m*, -einheit *f*) | *diferència* (*manca, pèrdua*) *de ~* Zeit-unterschied *m* (-mangel *m*, -verlust *m bzw* -vergeudung *f*) | *gens* (*una mica*) *de ~* k-e (e. wenig) Zeit | *més ~* mehr Zeit; länger | *poc ~* wenig Zeit; kurze Zeit; kurz | *molt* (*de*) *~* viel Zeit; lange (Zeit) | *un* (*quant*) *~ od algun ~* einige Zeit; e-e Zeit (lang), e-e Zeitlang | *d'un* (*quant*) *~ ençà* od *des de fa un* (*quant*) *~* seit einiger Zeit | *durant algun ~* e-e Zeit lang, e-e Zeitlang | *dos dies de ~* zwei Tage Zeit | *~ lliure* freie Zeit, Freizeit *f* | *~ mort* Pause; *tecn* Totzeit; *esport* Auszeit *f* | *primer* (*segon*) *~* (*esport*) erste (zweite) Halbzeit *f* | *~ simples* (*compostos*) (*ling*) einfache (zusammengesetzte) Zeit(form)en *od* Tempora *pl* | *~ fred* (*ventós*) kaltes (windiges) Wetter | *bon* (*mal*) *~* schönes *od* gutes (schlechtes) Wetter | *un canvi de ~ e.* Wetter-wechsel *bzw* -umschlag, -umschwung *m* | *un motor de quatre ~ e.* Viertaktmotor *od* Viertakter *m* | *al mateix ~* zur gleichen Zeit; gleichzeitig, zugleich | (*cada cosa*) *al seu ~* (alles) zu s-r Zeit | *als* (*od en els*) *~ de* zur Zeit *gen* | *als* (*od en els*) *meus ~* zu meiner Zeit | *amb el ~* mit der Zeit | *amb ~* beizeiten, (früh)zeitig, rechtzeitig (genug) | *a ~* rechtzeitig, zur rechten Zeit | *en altre ~* in früheren Zeiten, früher | *en aquell ~* zu der Zeit, damals; zu jener Zeit | *en ~ de pau* (*guerra*) in Friedens-(Kriegs-)zeiten | *fora de ~* außer der Zeit | *~ a venir* in (ferner) Zukunft, einst | *~ era ~* vor Zeiten | *aprofitar el ~* die Zeit (aus)nützen | *cridar el mal ~* (*fig fam*) den Teufel an die Wand malen | *el ~ ho dirà* (*fam*) es wird sich mit der Zeit herausstellen | *donar ~ a alg* j-m Zeit geben *bzw* lassen | *donem ~ al ~!* (*fam*) wir wollen nichts überstürzen!; wir wollen erst einmal abwarten | *el ~ és or* (*Spruch*) Zeit ist

Geld | *és qüestió de* ~ es ist e-e Frage der Zeit *od* e-e Zeitfrage | *aquells eren altres* ~! *(fam)* das waren noch Zeiten! | *vaig fer* ~ *llegint* ich vertrieb mir die Zeit mit Lesen | *ja fa* ~ es ist schon lange her | *(des) de fa* ~ seit langem | *ja feia* ~ *que ho sabíem* wir wußten es schon lange *od* längst | *fer un bon (mal)* ~ *(esport)* e-e gute (schlechte) Zeit laufen *bzw* fahren, schwimmen | *quin* ~ *fa?* wie ist das Wetter? | *guanyar* ~ Zeit gewinnen | *encara hi ha* ~ es ist noch Zeit | *no hi ha* ~ *a perdre* es ist k-e Zeit zu verlieren | *com passa el* ~! wie die Zeit vergeht! | *perdre el* ~ s-e Zeit vergeuden | *perdre* ~ Zeit verlieren | *prendre's* ~ s. *(dat)* Zeit lassen | *(no) tenir* ~ (k-e) Zeit haben | *quin* ~ *té el teu fill?* wie alt ist dein Sohn? | *voler* ~ Zeit brauchen *od* erfordern | **~-llum** *m astr* Lichtzeit *f*.
tempta|ció *f a. rel* Versuchung *f* | Verlokkung *f* | **~dor** *adj* verführerisch, verlockend | *una proposició* ~*a* e. verlockender Vorschlag *m* ‖ *s/mf* Versucher(in *f*) *m* | Verführer(in *f*) *m* | **~r** (33) *vt a. rel* in Versuchung führen, versuchen, auf die Probe stellen | (*Schwieriges*) versuchen | (*j-n*) *a.* verlocken, (erfolgreich) verführen | *estic temptat de fer-ho* ich bin versucht, es zu tun | **~tiva** *f* Versuch *m*, Probe *f* | ~ *d'assassinat* Mordversuch *m*.
tempte|ig *m* Sondierung *f* | *dr* Vorkaufsrecht *n* | **~jar** (33) *vt* vorfühlen, (vorsichtig) erkunden, erforschen, *lit* sondieren | ~ *alg* j-m auf den Zahn fühlen.
tempura *f lit* Wetter *n* | *bes* Unwetter *n*.
tena|ç(ment *adv) adj (m/f)* zäh | *fig a.* hartnäckig; beharrlich | (*Gedächtnis*) sicher, zuverlässig | **~citat** *f* Zähigkeit *f* | Hartnäckigkeit; Beharrlichkeit *f* | (*Gedächtnis*) Sicherheit, Zuverlässigkeit *f*.
tenalla[1] *f* = **gerra**.
tenalla[2] *f (Festung)* Zangenwerk *n* ‖ *pl* Zange *f* | *bes* Beiß-, Kneif-zange *f* | **~r** (33) *vt* mit e-r Zange zwicken *od* kneifen | *fig* quälen, peinigen, martern.
tènar *m anat* Daumenballen *m*.
tenassa *f agr* steinharter (Lehm)Boden *m* | *nàut* felsige(s) Flach *n*.
tenca[1] *f ict* Schleie *f*.
tenca[2] *f* = **penca** | *bes* Korkplatte *f*.

tençó *m Lit* Tenzone *f*.
tenda *f* (a. ~ *de campanya*) Zelt *n* | (*Schiff, Wagen*) Plane *f* | *com* Geschäft *n*, Laden *m* | *parar (desparar) les tendes* die Zelte aufschlagen (abbrechen) | **~l** *m* Zelt-dach, -tuch *n* | Sonnendach, -segel *n* | *pl or* Dünen *f pl*.
tend|ència *f* Tendenz *f* | *a.* Neigung *f*; Hang *m*; Richtung *f*; Trend *m* | ~ *alcista* steigende Tendenz *f* | *canvi de* ~ Tendenz-, Trend-wende *f* | *la* ~ *a la perfecció* das Streben nach Vollkommenheit | *tenir* ~ *a engreixar-se* zum Dickwerden neigen | **~encial** *adj (m/f)* tendenziell | **~enciós** (**-osa** *f*, **-osament** *adv*) *adj* tendenziös.
tender(a *f) m* Ladeninhaber(in *f*) *m* | Kleinhändler(in *f*), Krämer(in *f*) *m*.
tènder *m ferroc* Tender *m*.
tenderol *m* kl(s) Zeltdach *bzw* Sonnensegel *n*.
tendinós (**-osa** *f*) *adj* sehnig.
tendir (37) *vi: les plantes tendeixen cap a la llum* die Pflanzen streben nach dem (*od* zum) Licht | *el partit tendeix cap a l'esquerra* die Partei tendiert nach links | *en Joan tendeix a la tristesa* Hans neigt (*lit* tendiert) zur Traurigkeit | *els preus tendeixen a l'alça* die Preise tendieren nach oben | *tots tendim al mateix fi* wir streben alle nach dem gleichen Ziel, wir streben alle das gleiche Ziel an | *jo tendeixo a creure-me'l* ich neige (*lit* tendiere) dazu, ihm zu glauben.
tend|ó *m anat* Sehne *f* | **~ovaginitis** *f med* Sehnenscheidenentzündung *f*.
tendr|al *adj (m/f) (Fleisch, Gemüse)* zart | (*Obst*) frisch | (*Gemüse*) *a.* jung ‖ *s/m* Jungtier *n* | **~ament** *adv* zart | zärtlich | liebevoll | **~e** *adj a. gastr* zart | (*Laub a., Brot, Farbe*) frisch | *fig* zartfühlend; zart; sanft; zärtlich | *p ext* liebevoll; gefühlvoll | **~ejar** (33) *vi* (ziemlich) zart sein | **~er** *adj* frisch, jung | neu | *mare* ~*a* Wöchnerin, junge Mutter *f* | *ovella* ~*a* Mutterschaf *n* | **~esa** *f* Zartheit *f* | Zärtlichkeit *f* | Sanftheit *f* | zärtliches Wesen *n* ‖ *pl* Zärtlichkeiten, Liebkosungen *f pl* | **~or** *f lit* Zartheit *f* | **~um** *m anat* Knorpel *m*.
tenebr|a *f mst pl* Dunkelheit, Finsternis *f* ‖ *pl ecl* Rumpelmette *f* | **~ari** *m* Kerzenhalter *m* der Karwoche | **~or** *f lit* (völlige) Finsternis *f* | **~ós** (**-osa** *f*, **-osament** *adv) adj* dunkel, düster,

tenella

finster | *fig* (*Plan*) undurchsichtig | (*Stil*) dunkel, unklar | **~ositat** *f* Finsternis, tiefe Dunkelheit *f*.
tenella *f agr* = **telera**.
tenesme *m med:* ~ *rectal* Stuhl-zwang, -drang *m* | ~ *vesical* Blasenschneiden *n*, Harndrang *m*.
tènia *f med* Bandwurm *m*.
tenidor|(**a** *f*) *m dr* Inhaber(in *f*) *m* | *el* ~ *d'una lletra* der Inhaber e-s Wechsels | ~ *de llibres* Buchhalter *m* | **~ia** *f* Buch-führung, -haltung *f* | ~ *per partida doble* doppelte Buchführung *f*.
ten|iforme *adj* (*m/f*) bandwurmförmig | e-m Bandwurm ähnlich | **~ífug** *adj med:* un remei ~ e. Wurmmittel *n*.
tenir (40) *vt* haben | (fest)halten | (*Sitzung, Rat, Gericht*) (ab)halten | (*Versprechen*) (ein)halten | ~ *diners* (*família, bones relacions, convidats, temps, experiència*) Geld (Familie, gute Beziehungen, Gäste, Zeit, Erfahrung) haben | ~ *x anys* x Jahre alt sein | ~ *banyes* (*tres parts, dues portes, molts habitants*) Hörner (drei Teile, zwei Türen, viele Einwohner) haben | ~ *una malaltia* (*un accident, febre, resistència, dubtes, por*) e-e Krankheit (e-n Unfall, Fieber, Ausdauer, Zweifel, Angst) haben | ~ *gana* (*set*) Hunger (Durst) haben, hungrig (durstig) sein | *tinc calor* (*fred*) mir ist warm (kalt) | *sempre tens pressa* du hast es immer eilig, du bist immer in Eile | *he tingut un atac de nervis* (*un premi*) ich habe e-n Nervenanfall (e-n Preis) bekommen | *ja tenen dos fills i ara tindran el tercer* sie haben schon zwei Kinder u. bekommen jetzt das dritte | *aquest vespre tinc reunió* heute Abend habe ich Versammlung | *avui no tenen classe* heute haben sie k-e Schule | *hem tingut bon temps* wir haben schönes Wetter gehabt | ~ *el timó* (*les regnes*) das Ruder (die Zügel) halten; *fig* die Zügel in der Hand haben | *has de* **~***ho amb una sola mà* du mußt es mit einer Hand (fest-) halten | *tenia el nen a la falda* sie hatte (bzw hielt) das Kind auf dem Schoß | *què tens contra ell?* was hast du gegen ihn? | *tenen tot el partit darrere seu* sie haben die ganze Partei hinter s. | **~***ho bé* (*fàcil, lluny*) es gut (leicht, weit) haben | ~ *el vi en fresc* den Wein kühl halten | *ja ho tinc llest* ich habe es schon fertig | *tinc l'abric penjat a l'armari* ich habe meinen Mantel im Schrank hängen | *el tinc per boig* ich halte ihn für verrückt | *ho tinc per bo* ich halte es für gut | (*és*)*ser tingut de + inf* (*lit*) verpflichtet sein, zu + *inf* | **~***hi* (*molt*) *a veure* etwas (viel) damit zu tun haben | *no* **~***hi res a perdre* nichts dabei zu verlieren haben | *aquí tens el llibre!* hier hast du das Buch! | *té!* hier!; da, nimm!; *fig* schau mal an! | *ja ho tinc!* (*fig*) ich hab's! | **~***se v/r* s. halten | ~ *amb un sol peu* s. auf e-m Bein halten | **~***les* s. haben, s. streiten | *ja tornen a* **~***les* sie haben s. schon wieder.
tennis *m* Tennis *n* | ~ *de taula* = **ping-pong** | *camp* (*pilota*) *de* ~ Tennis-platz (-ball) *m* | *partit de* ~ Tennisspiel *n* | **~ta** *m/f* Tennisspieler(in *f*) *m*.
teno|nitis *f med* Sehnenentzündung *f* | **~plàstia** *f med* Sehnenplastik *f*.
tenor *m a. mús* Tenor *m* | **~a** *f mús* (*Sardana*) Tenora *f* || *s/m/f* Tenoraspieler(in *f*) *m*.
tens *adj* (an)gespannt, straff, stramm | (*Atmosphäre, Stimmung*) gespannt, spannungsgeladen | (*durch Stress, Sorgen*) angespannt | (*durch Angst, Nervosität*) verkrampft | *la situació és* **~***a* die Lage ist gespannt | **~ímetre** *m* Spannungsmesser *m* | Oberflächenspannungsmesser *m* | **~ió** *f a. fís* Spannung *f* | *fís* (*Gas, Dampf*) *a.* Tension *f*, (Gas-, Dampf-)Druck *m* | *fig a. polít* Spannung *f; psic* Anspannung; Belastung; Überlastung *f* | *alta* (*baixa*) ~ (*elect*) Hoch-(Nieder-)spannung *f* | ~ *arterial* arterielle(r) Blutdruck *m* | ~ *disruptiva* (*superficial*) Durchbruch-, Durchschlag-(Oberflächen-) spannung *f* | ~ *muscular* Muskeltonus *m* | **~ioactiu** (**-iva**) *adj quím fís* oberflächen-, grenzflächen-aktiv | *agent* ~ Tensid *n* | **~or** *adj* Span..., Spannungs... | *aparell* (od *dispositiu*) ~ Spannvorrichtung *f* || *s/m anat* Spannmuskel, Tensor *m* | *fís mat* Tensor *m* | *tecn* (Riemen)Spanner *m*.
tentac|le *m zool* Tentakel *m/n* | *entom a.* Fühler *m* | (*Mollusken*) *a.* Fangarm *m* | **~ulat** (**-ada** *f*) *adj* mit Tentakeln versehen | **~ulats** *m pl zool* Tentakelträger, Kranzfühler *m pl*.
tentine|jar (33) *vi* unsicher gehen, (sch)wanken, taumeln | torkeln (*Betrunkene*) | tappen, tapsen (*Baby, Greis*) | **~s** *f pl* unsichere Schritte, (erste) Gehversuche *m pl* | *fer* ~ mit

unsicheren Schritten gehen | (die ersten) Gehversuche machen | = **tentinejar**.

tentipotenti: *a ~* (*loc adv*) reichlich, nach Herzenslust | *menjar a ~* s. vollessen.

tènue *adj* (*m/f*) dünn, fein | schwach | zart.

tenuï|rostre *adj* (*m/f*) *mst ornit* dünnschnäbelig | **~tat** *f* Dünnheit, Feinheit *f* | Dünne *f* | Schwäche *f* | Verdünnung *f*.

tenuta *f dr* vorläufige Nutznießung *f*.

tenyi|da *f* Färben *n*, Färbung *f* | **~dor** *adj* färbend || *s/mf* Färber(in *f*) *m* | **~ment** *m* Färben *m*, Färbung *f* | **~r** (37) *vt* färben | **~r-se** *v/r* s. (*ac*) färben | *~ de negre* s. schwarz färben | *~ els cabells* s. (*dat*) die Haare färben (lassen) | **~t** (**-ida** *f*) *adj* gefärbt || *s/m* Färbung *f*.

te|obromina *f quím* Theobromin *n* | **~ocèntric** *adj rel filos* theozentrisch | **~ocràcia** *f* Theokratie *f* | **~òcrata** *m/f* Theokrat(in *f*) *m* | **~ocràtic** *adj* theokratisch | **~odicea** *f filos* Theodizee *f*.

teodolit *m fís* Theodolit *n*, Winkelmesser *m*.

te|ofania *f rel* Theophanie, Gotteserscheinung *f* | **~ogonia** *f filos* Theogonie *f* | **~ogònic** *adj* theogonisch | **~òleg** (**-òloga** *f*) *m* Theologe *m*, Theologin *f* | **~ologal** *adj* (*m/f*) göttlich, theologisch | *les virtuts ~s* die göttlichen (*od* theologischen) Tugenden *f pl* | **~ologia** *f* Theologie *f* | *~ moral* (*catol*) Moraltheologie; (*ev*) theologische Ethik *f* | **~ològic**(**ament** *adv*) *adj* theologisch | **~ologitzar** (33) *vi* theologisieren | **~omania** *f med* Theomanie *f*, religiöser Wahnsinn *m* | **~omàquia** *f* mit Kampf *m* unter Göttern | **~omòrfic** *adj* theomorph(isch).

te|orema *m* Theorem *n*, Lehrsatz *m* | **~oremàtic** *adj* Theorem... | **~orètic** *adj* theoretisch | **~oria** *f* Theorie *f* | *~ econòmica* (*de la música, de les probabilitats, de la relativitat*) Wirtschafts-(Musik-, Wahrscheinlichkeits-, Relativitäts-)theorie *f* | *en ~* theoretisch | **~òric**(**ament** *adv*) *adj* theoretisch || *s/mf* Theoretiker(in *f*) *m* | **~oritzaciò** *f* Theoretisieren *n* | **~oritzador**(**a** *f*) *m* Theoretiker(in *f*) *m* | **~oritzar** (33) *vi* Theorien aufstellen, theoretisieren || *vt* theoretisch untermauern.

te|òsof(**a** *f*) *m* Theosoph(in *f*) *m* | **~osofia** *f* Theosophie *f* | **~osòfic** *adj* theosophisch.

tèpal *m bot* Tepal, Perigonblatt *n*.

teranyin|a *f* Spinnennetz *n*; Spinnwebe *f* | (*Fischerei*) Ringwade *f*; Fischerboot *n* | **~aire** *m/f* (Ringwaden)Fischer(in *f*) *m* | **~ós** (**-osa** *f*) *adj* voller Spinnweben.

ter|apeuta *m/f med* Therapeut(in *f*) *m* | **~apèutic** *adj* therapeutisch | Heil... | **~apèutica** *f med* (*Behandlung*) Therapie *f* | (*Lehre*) Therapeutik, Heilkunde *f* | **~àpia** *f med* Therapie *f* | *s: hidroteràpia, radioteràpia, termoteràpia*.

terato|gen (**-ògena** *f*) *adj med* teratogen, Mißbildungen verursachend | **~logia** *f med* Teratologie *f* | **~lògic** *adj* teratologisch | **~ma** *m med* Teratom *n*.

terbi *m quím* Terbium *n*.

tèrbic *adj quím* Terbium..., *bes* Terbium-IV-...

tèrbol(**ament** *adv*) *adj* trübe | *a. fig* unklar | *fig a.* anrüchig, undurchsichtig, verdächtig.

terbol|enc *adj* leicht trübe | **~esa** *f* Trübe, Trübheit *f* | Un-klarheit, -durchsichtigkeit *f* | Verdächtigkeit *f* | **~í** *m* Wirbelwind *m* | *s: remolí* | **~ina** *f* wechselhaftes, stürmisches Wetter | **~inar** (33) *vi* (auf)wirbeln.

ter|ç (30) *num* (*zG s: vuitè*) *arc* dritte(r, -s) | *s: tercer* || *s/m* Drittel *n* | (*Spanien*) *mil: el ~* (*estranger*) die (Fremden)Legion *f* | **~ça** *f* (*bes Teilzahlung*) Drittel *n* | (*Gewicht*) Pfund *n* (*400 g, bes Fleisch u. Fisch*) | **~çana** *f med* (*a. febre ~*) Dreitagefieber *n*, Tertiana(fieber *n*) *f* | **~çanell** *m tèxt* doppelte(r) Taft *m* | **~çar** (33) *vt* (*Acker*) zum dritten Mal bestellen | **~çat** (**-ada** *f*) *m* (*Schaf, Ziege*) zwei- bis dreijähriges Tier *n* | **~cejar** (33) *vt* dritteln | *agr* = **~çar** || *vi* = **~cerejar** | **~cer** (30) *num* (*zG s: vuitè*) dritte(r, -s) | *la ~a edat* das (Renten)Alter, die Senioren *pl* | *el ~ Món* die Dritte Welt *f* | *un hotel de ~a classe* e. drittklassiges Hotel | *he quedat ~* ich bin Dritter geworden | *el ~ cim dels Pirineus* der dritthöchste Gipfel der Pyrenäen | *per ~a vegada* zum drittenmal, zum dritten Mal(e) | *a la ~a va la vençuda* (*Spruch*) beim drittenmal klappt es | *dues ~es parts* od *dos terços* zwei Drittel | *la ~a part* (od *un terç*) *de la* *població* der dritte Teil (*od* e. Drittel) der Bevölkerung | *ecl:* ~ *orde* Dritter Orden *m* | *hist:* ~ *estat* dritter Stand *m* || *s/m* Dritte(r), Unbeteiligte(r), Außenstehende(r) *m* | Vermittler *m* | *aut:* assegurança a ~s Kraftfahrzeughaftpflichtversicherung *f* | **~cera** *f* Vermittlerin, *bes* Kupplerin *f* | *mús* Terz *f* | **~cerament** *adv* drittens | **~cerejar** (33) *vi* als Dritter (ver)mitteln | **~ceria** *f* Vermittlung *f* | **~cermundista** *adj* (*m/f*) der dritten Welt | *un país* ~ e. Land *n* der dritten Welt | *una sanitat* ~ e. Gesundheitswesen *n* wie in der dritten Welt | **~cerol** *m arc* (*nach Rang od Ordnung*) Dritte(r) *m* | *nàut* drittes Reff *bzw* Segel *n* | **~cerola** *f mil hist* kurzer Karabiner *m* | *p ext* Terzerol *n* | **~cet** *m a. Lit mús* Terzett *n.*

tèrcia *f hist* dritte Stunde *f* des Tages | *catol* Terz *f.*

ter|ciaire *m* (*Fischerboot*) dritter Mann *m* | **~ciana** *f* = **terçana** | **~ciari** (-**ària** *f*) *adj lit cient tecn* tertiär | *s/m geol* Tertiär *n* || *s/mf catol* Tertiarier(in *f*), Terziar(in *f*) *m* | **~cina** *f Lit* Terzine *f* | **~çó** (**-ona** *f*) *m* (*bes Einhufer*) zweibis dreijähriges Tier *n.*

terebint *m bot* Terebinthe, Terpentinpistazie *f* | **~àcies** *f pl bot* Seifenbaumpflanzen u. Verwandte *pl.*

terebr|ació *f med* Bohrung; Trepanation *f* | **~ant** *adj* (*m/f*) *zool* bohrend, Bohr... || *s/m pl zool* Bohrmuscheln *f pl* | Schlupfwespen *f pl* | **~àtula** *f zool* Terebratula *f.*

teresià (**-ana** *f*) *adj* theresianisch || *s/f ecl* Theresianerin *f.*

tergal *m tèxt* Tergal *n.*

tergiversa|ció *f* (Wort)Verdrehung *f* | **~dor** *adj* (wort)verdrehend || *s/mf* (Wort)Verdreher(in *f*) *m* | **~r** (33) *vt* (*Worte, Tatsachen*) verdrehen | (im Sinn) entstellen, verfälschen.

teriomòrfic *adj rel* theriomorph, tiergestaltig.

terliç *m tèxt* Drillich *m.*

term|al *adj* (*m/f*) Thermal... | Bäder... | *aigua* ~ Thermalwasser *n* | *estació* ~ (Thermal-, Heil-)Bad *n*, Kurort *m* | **~alització** *f fís tecn* Thermalisierung *f* | **~àntic** *adj med* erwärmend | *medicament* ~ wärmeerzeugendes Mittel *n.*

terme *m* Ende; Ziel *n* | Grenzstein *m* | (*a.* ~ *municipal*) Gemeindebezirk *m*; Stadtgebiet *n* | *a. dr* Termin *m*; Frist *f*; Laufzeit; Rate *f* | Terminus, (Fach-)Ausdruck *m* | *mat filos fís* Term *m*; *mat a.* Glied *n* | *el primer* ~ *d'una pintura* (*d'un paisatge*) der Vordergrund e-s Gemäldes (e-r Landschaft) | *a curt* (*mitjà, llarg*) ~ *od termini* kurz- (mittel-, lang-)fristig | *a* ~s *od a terminis* (*com*) auf (*bzw* in) Raten | *en el* ~ *de deu dies* binnen zehn Tagen | *en primer* (*segon*) ~ (*a. fig*) im Vorder-(Hinter-)grund | *en darrer* (*od últim*) ~ (*fig*) letzten Endes | *en* ~s *comercials* in der Handelssprache *f* | *en* ~s *generals* im allgemeinen | *per* ~ *mitjà* im Durchschnitt, durchschnittlich | *portar* (*od dur*) *a* ~ *u/c* etw zum Abschluß bringen | *posar a u/c* e-r Sache e. Ende machen || *pl* Bedingungen *f pl* | ~s *contractuals* Vertragsbedingungen *f pl* | **~nal** *m* Grenz-, Scheide-linie *f* | **~nar** (33) *vt a. fig* abgrenzen | **~nejar** (33) *vi* angrenzen (*amb* an *ac*) | **~ner** *adj* angrenzend | *pedra* ~a Grenzstein *m.*

termes *f pl* Thermalquellen *f pl* | *hist* Thermen *f pl.*

tèrmic *adj* thermisch, Wärme... | *central* ~a Wärmekraftwerk *n.*

termidor *m hist* Thermidor *m.*

termin|ació *f* Abschluß *m*, Ende *n* | Beendigung *f* | *ling* Endung *f* | **~al** *adj* (*m/f*) End... | *bot* terminal, endständig | terminal | Terminal... | Abschluß... | *fig* ab-, schließend, auslaufend || *s/m tecn* Abschlußstück *n* | Endstück *n* | (Datenverarbeitung) Terminal *n* | *elect* Kabelschuh *m* || *s/f* Endstation *f* | **~ant** *adj* (*m/f*) entscheidend | entschieden | aus- *od* nachdrücklich | **~antment** *adv* (ganz) entschieden | ~ *prohibit* strengstens verboten | **~ar** (33) *vt/i lit* = **acabar** | **~atiu** (**-iva** *f*) *adj* abschließend, beend(ig)end | ab-, aus-laufend | zu Ende führend | **~i** *m bes dr econ* Termin *m*; Frist; Rate *f* | *s: terme* | *en el* ~ *que disposa la llei* innerhalb der gesetzlichen Frist | *en el* ~ *convingut* zum vereinbarten Termin | *comprar a* ~s auf Raten kaufen | *pagar a* ~s in Raten bezahlen | **~isme** *m filos* Terminismus *m* | **~ologia** *f ling* Terminologie *f* | **~ològic** *adj* terminologisch.

tèrmit *m entom* Termite *f.*
termita *f quím* Thermit *n.*

termiter *m* Termitenhügel *m*.
term|oanestèsia *f med* Wärmeunempfindlichkeit *f* | **~ocauteri** *m med* Thermokauter *m* | **~odinàmic** *adj* thermodynamisch | **~odinàmica** *f fís* Thermodynamik *f* | **~oelèctric** *adj* thermoelektrisch | **~oelectricitat** *f* Thermoelektrizität *f* | **~òfil** *adj* (*m/f*) *biol* thermophil | **~ogen** (**-ògena** *f*) *adj* wärmeerzeugend | **~ogènesi** *f* Wärmeerzeugung *f* | **~ògraf** *m* Thermograph, Temperaturschreiber *m* | **~ografia** *f fotog* Thermographie *f* | **~olàbil** *adj* (*m/f*) *fís* thermolabil | **~òlisi** *f quím* Thermolyse *f* | **~ologia** *f* Wärmelehre *f* | **~omagnètic** *adj fís* thermo-, wärme-magnetisch | **~omagnetisme** *m* Thermo-, Wärmemagnetismus *m* | **~òmetre** *m* Thermometer *n* | ~ *d'alcohol* (*clínic, de mercuri*) Alkohol-(Fieber-, Quecksilber-)thermometer *n* | ~ *de màxima i mínima* Maximum-Minimum-Thermometer *n* | **~ometria** *f fís* Wärmemessung *f* | **~omètric** *adj* thermometrisch | *Thermometer...* | **~omotor** *m tecn* Wärmemotor *m* | **~onuclear** *adj* (*m/f*) *fís* thermonuklear | *armes ~s* Thermonuklearwaffen *f pl* | **~opila** *f elect* Thermoelement *n* | **~oplàstic** *adj* thermoplastisch | **~oquímic** *adj* thermochemisch | **~oquímica** *f* Thermochemie *f* | **~os** *m* Thermosflasche *f* | **~osifó** *m* Warmwasserheizung *f* | elektrischer Boiler *m* | **~òstat** *m tecn* Thermostat *m* | **~oteràpia** *f med* Thermotherapie *f*.
tern *m* Dreizahl *f* | Terne *f* | Herrenanzug *m* (*mit Weste*) | *catol* (*Messe*) Hauptzelebranten *m pl* (*Priester, Diakon, Subdiakon*) | **~a** *f* Dreiervorschlag *m* (*von Kandidaten für e. Amt*) | *fig* Dreigespann; Triumvirat *n* | **~al** *m mst pl* Flaschenzug *m* | **~ari** (**-ària** *f*) *adj* aus drei Elementen bestehend | dreigliedrig | *quím* ternär | *mús: compàs ~* Dreiertakt *m*.
terp|è *m biol* Terpen *n* | **~enoide** *m quím* Terpenoid *n* | **~ina** *f* Terpin *n*.
terr|a *f* Erde *f* | *agr a.* Land *n* | *agr geol a.* Boden *m* | (*im Gegensatz zum Meer, zur Luft; Region*) Land *n*; (*a.* ~ *natal*) Heimat(land *n*) *f* | *elect* Erde, Masse *f* | (*Keramik*) Erde *f*, Ton *m* | *la* ⸝ (*astr*) die Erde | *al principi, Déu creà el cel i la* ~ (*bíbl*) am Anfang schuf Gott Himmel u. Erde | ~ *bladera* od *campa* od *de pa* Getreideland *n* | ~ *baixa* Tiefland *n* | ~ *de conreu* Acker-land *n*, -boden *m* | ~ *cuita* (*art*) Terrakotta *f* | ~ *d'escudelles* Scheuersand *m* | ~ *ferma* Festland *n* | ~ *fèrtil* fruchtbare Erde *f*, fruchtbarer Boden *m*; fruchtbares Land *n* | ~ *grassa* (*magra* od *prima*) fette (magere) Erde *f*, fetter (magerer) Boden *m* | ~ *negra* Schwarzerde *f* | ~ *de ningú* (*mil*) Niemandsland *n* | ~ *nova* Neubruch *m* | *la* ~ *promesa* (*bíbl*) das Gelobte Land | ⸝ *Santa* Heilige(s) Land *n* | ~ *vegetal* Mutter-boden *m*, -erde *f* | *un gerro de* ~ e-e irdene Vase | *personal de* ~ (*aeron*) Bodenpersonal *n* | *la superfície de la* ⸝ die Erdoberfläche | *vi de la* ~ Landwein *m* | *per* ~ auf dem Landweg | *per* ~, *mar i aire* zu Wasser, zu Land(e) u. in der Luft | (*a*) *sota* ~ unter der Erde | ~ *endins* landeinwärts | *conrear* od *cultivar* (*treballar*) *la* ~ das Land bebauen (bearbeiten) | *posar els peus en* ~ (*nàut*) an Land gehen | *prendre* ~ (*nàut aeron*) landen | *tirar* ~ *al damunt d'u/c* etw begraben; *fig a.* über etw Gras wachsen lassen | *cada* ~ *fa sa guerra* (*Spruch*) Wo's der Brauch ist, legt man die Kuh ins Bett; andere Länder, andere Sitten || *pl* Land(besitz *m*) *n*, Grundbesitz, Grund u. Boden *m* | Ländereien *f pl* | *viatjar per terres d'Aragó* durch aragonesische Lande reisen || *s/m* (Erd-, *bes* Fuß-)Boden *m* | *el* ~ *de la cuina* der (Fuß-)Boden der Küche | ~ *a* ~ zu ebener Erde | *la casa se'n va anar a* ~ das Haus stürzte ein | *m'ha caigut a* ~ es ist mir auf den Boden (*od* die Erde) gefallen | *em van tirar a* ~ sie warfen (*bzw* rissen) mich zu Boden | *s/m elect* Erde, Erdung(sleitung) *f* | **~abastada** *f* = **~abastall** *m* | *meteor* Platzregen *m* | *fig* Unglücks-, Pech-strähne *f*; (Sckicksals)Schlag *m* | **~abastall** *m* Getöse *n* | *a. fig* Kladderadatsch *m* | *bes agr* Scheune *f*, Speicher; Dachboden *m* | **~abastejar** (33) *vi* tosen, krachen, poltern || *v/imp: terrabasteja* es pladdert, es gießt | **~abuit** *m* Mulde *f* | Grube *f* | = **desmunt** | **~acotta** *f* (*Plastik*) Terrakotta *f* | **~ada** *f constr* (überdachte) Dachterrasse *f* | **~al** *adj* (*m/f*) (*Wind*) seewärtig || *s/m* Landwind *m* | Tongrube *f* || *pl* = **~ejants** | **~alada** *f* starker Landwind | **~aló** *m* sanfter Landwind *m* | **~amper** *m*

Ödland *n* | **~andós** *m bot* Brennreizker, Erdschieber *m* | **~anova** *m zool* Neufundländer *m* | **~anova** *f* Neufundland *n* | **~aplè** *m* Aufschüttung *f* | (Bahn-, Straßen-)Damm *m* | **~aplenada** *f*, **~aplenament** *m* Aufschütten *n* | Auffüllen *n* | **~aplenar** (33) *vt* aufschütten | (mit *Erde od Gestein*) auffüllen | **~aqüi** (-**àqüia** *f*) *adj*: globus ~, esfera terràqüia Erd-ball *m*, -kugel *f* | **~assa** *f* Terrasse *f* | **~assà** (-**ana** *f*) *m* Bauer *m*, Bäuerin *f* | *fam* Landratte *f* | **~assenc** *adj* Terrassenker, aus Terrassa || *s/mf* Terrassenker(in *f*) *m* | **~at** *m* Dachterrasse *f* | Flachdach *n* | **~atge** *m* Pachtzins *m* | **~atger** *m* Landpächter *m* | **~atinent** *m/f* (Groß)Grundbesitzer *m* | **~atrémer** (35) *vi* beben (*Erde*) | **~atrèmol** *m* Erdbeben *n* | **~è** (-**ena** *f*) *adj* = **~enal** | **~egada** *f* Kohlenstaub *m* | *fig desp* Kroppzeug, Gesindel, Pack *m* | **~egall** *m* Erd- (*bzw* Geröll-, Schutt-)haufen *m* | **~egaller** *m* Geröll(halde *f*) *n* | **~ejador** *m agr* Getreidesieb *n* | **~ejants** *m pl* Bauern *m pl*, Landleute *pl* | *bes fam* Landratten *f pl* | **~ejar** (33) *vi* mit Erde vermischt sein (*Korn*) | *agr* Ackerbau treiben; vom Ackerbau leben | *gastr* erdig schmecken | mit Erde spielen; im (*od* mit) Sand spielen, *reg* sandeln | *nàut* die Küste entlang fahren | *vt* mit Erde abreiben *od* scheuern | (*Gegner*) zu Boden schlagen | **~ella** *f* = **~amper** | **~elló** *m* Landarbeiter *m* | *p ext* Straßen(bau)arbeiter *m* | **~elloner** *m* Landarbeiter *m* | **~enal**(**ment** *adv*) *adj* (*m/f*) *rel* irdisch, weltlich | els béns ~s die irdischen Güter *n pl* | **~enc** *adj* erdig, erdfarben | **~eny** *m* Gelände *n* | *bes mil a.* Terrain *n* | *agr* Grund, Boden *m*; Grundstück, Land *n* | *constr* Grundstück *n*, Bauplatz *m* | *esport* Spielfeld *n* | *geol* Schicht, Formation *f* | *fig* Boden; Bereich *m*, Gebiet *n* | ~ conreable *od* cultivable Kulturland *n*, anbaufähiger Boden *m* | ~ edificable Bau-land, -gelände *n bzw* -platz *m* | sobre el ~ (*a. fig*) an Ort u. Stelle, vor Ort | conèixer el ~ (*a. fig*) s. auskennen | disputar el ~ a alg (*a l'enemic*) j-m (dem Feind) das Feld streitig machen | guanyar ~ (*mil*) Gelände gewinnen | guanyar (perdre) ~ (*fig*) (an) Boden gewinnen (verlieren) | preparar el ~ (*fig*) den Boden vorbereiten | sondar el ~ (*fig*) das Terrain sondieren | **~er** *adj* Erd..., Boden... | boira ~a Bodennebel *m* || *s/m* Heimat(erde) *f* | Lehm-, Tongrube *f* | Erd-haufen, -hügel *m* | ~ de formigues Ameisenhaufen *m* | ~ de talp Maulwurfshügel *m* || *s/f* Lehm-, Tongrube *f* | *bot* Meeressteinkraut *n* | *constr* Dachrinne *f*, *bes* Traufziegel *m* || *s/mf* Tongrubenarbeiter(in *f*) *m* | **~erol**(**a** *f*) *m ornit* Feldlerche *f* | **~estre** *adj* (*m/f*) (vom Planeten Erde) irdisch, Erd... | biol Land..., auf dem Land lebend | *mil* Boden... | forces ~s (*mil*) Boden-, Land-streitkräfte *f pl* | l'esfera ~ die Erdkugel || *s/m/f* Erdbewohner(in *f*) *m* | **~eta** *f* Scheuersand *m* | **~etita** *f ornit* Temminckstrandläufer *m* | **~etitona** *f ornit* Zwergstrandläufer *m* | **~i** (**tèrria** *f*) *adj* aus Erde, erdig | Erd...

terrib|ilitat *f* Schrecklichkeit, Fürchterlichkeit *f* | **~le**(**ment** *adv*) *adj* (*m/f*) schrecklich, fürchterlich, furchtbar | *fig* gewaltig, riesig, enorm | phantastisch, toll.

terr|ícola *adj* (*m/f*) *zool* terrikol, auf (*bzw* im) Erdboden lebend || *s/m/f* Erdbewohner(in *f*) *m* | **~ier** *m zool* Terrier *m*.

terrífic *adj* schreckenerregend | schrecklich.

terr|igen (-**ígena** *f*) *adj lit* erdgeboren | *bes geol* terrigen | **~ina** *f* (glasiertes Ton)Schälchen *n* | **~issa** *f col* Ton-, Töpfer-, Irden-waren *f pl*; Steingut *n* | **~issaire** *m/f*, **~isser**(**a** *f*) *m* Töpfer(in *f*) *m* | **~isseria** *f* Töpferei *f* | **~it** *m ornit* Strandläufer *m* | ~ fosc (variant) Meer-(Alpen-)strandläufer *m* | **~itori** *m* Gebiet *n* | *polít* Territorium, Staats-, Hoheits-gebiet *n* | *dr adm* Bezirk *m* | (von Tieren) Revier *n* | ~ autònom autonomes Gebiet *n* | ~ duaner Zollgebiet *n* | ordenació del ~ Raum-ordnung, -planung *f* | **~itorial** *adj* (*m/f*) Gebiets... | Territorial..., territorial | aigües ~s Territorial-, Hoheits-gewässer *n pl* | exèrcit ~ Territorialheer *n* | **~itorialitat** *f* Territorialität *f* | **~ola** *f ornit* = **alosa**.

terror *m*(/*f*) Schrecken *m*, Entsetzen *n* | *bes polít* Terror *m*, Schreckensherrschaft *f* | **~ífic** *adj* schreckenerregend | **~isme** *m sociol polít* Terrorismus *m* | **~ista** *adj* (*m/f*) terroristisch || *s/m/f* Terrorist(in *f*) *m* | **~itzar** (33) *vt* terrorisieren.

terr|òs *m* (*pl* -ossos) *agr* Erdklumpen *m* | Klumpen, Brocken *m*; (*Zucker*) Stück *n*, Würfel *m* | *agr* Acker *m*; Ackerkrume *f* | (*és*)*ser del* ~ Bauer sein | **~ós** (-osa *f*) *adj* erdig | erdhaltig | erdfarben | *de boca terrosa* (*loc adv*) auf dem Bauch (liegend), bäuchlings, mit dem Mund zur Erde | *dormir de boca terrosa* auf dem Bauch schlafen | **~ossenc** *adj* klumpend, Klumpen bildend | **~ossós** (-osa *f*) *adj* klumpig, voll(er) Klumpen | **~otxa** *f agr* schlechtes u. ödes Land *n* | **~ús-terrús** *loc adv* (*nàut*) in Küstennähe, nicht weit vom Land entfernt | *anar* ~ die (*bzw* an der) Küste entlangfahren.

tert|úlia *f* Gesellschaft *f*, gesellige Runde *f* | Kreis, Zirkel *m*, Gruppe *f*; (*von Frauen*) a. Kränzchen *n* | (*in e-r Gaststätte*) Stammtisch *m* | ~ *literària* literarischer Stammtisch *m*; Literatenverein *m* | **~ulià** (-ana *f*) *m* Teilnehmer(in *f*) *m* an e-r «tertúlia» | Gesellschafts-, (Stammtisch-)mitglied *n*.

tes[1] *pron poss s: ton*.

tes[2] *adj* straff, (an)gespannt | steif | **~a** *f* Steifheit, Straffheit *f* | *elect* (*Leitungen*) Spannen *n* | *a* ~ (*loc adv*) nach Belieben (*od* Herzenslust); *fig* mit freien Zügeln, zügellos; zu jeder Stunde | **~ar** (33) *vt* straffen, (an)spannen.

tesi *f a. filos* These *f* | *mús Lit* Thesis *f* | *estud* (a. ~ *doctoral*) Doktorarbeit, Dissertation *f* | **~na** *f estud* wissenschaftliche Arbeit *f* (für die Graduierung zum Lizentiaten).

tesor *f Val* = **tibantor**.

tess|ali (-àlia *f*) *adj* thessalisch || *s/mf* Thessalier(in *f*) *m* | **~àlia** *f* Thessalien *n* | **~alonicenc** *adj* thessalonisch || *s/mf bíbl* Thessalonicher(in *f*) *m* | *s: epístola*.

tessel·la *f* Mosaiksteinchen *n* | **~t** (-ada *f*) *adj* aus Mosaiksteinchen (zusammengesetzt).

tessitura *f mús* Stimmlage *f*.

test[1] *m* Scherbe *f* | Blumentopf *m* | (*Spruch*) *els* **~os** *s'assemblen* (*od es retiren*) *a les olles* wie der Herr, so's Gescherr; der Apfel fällt nicht weit vom Stamm | *fig: pixar fora del* ~ den Gaul beim Schwanz aufzäumen.

test[2] *m psic* Test *m* | Eignungsprüfung *f*.

test[3] *adj* steif, starr | aufrecht | ~ *com un rave* kerzengerade; stocksteif.

testa *f lit* Haupt *n* | *a. fig* Kopf *m* | *bot* Testa, Samenschale *f* | (*Balken*) Ende *n* | (*Faß*) Boden *m* (*mit Faßreifen*) | *les testes coronades* die gekrönten Häupter *n pl* | **~ci** (-àcia *f*) *adj zool* schalentragend.

testador *m dr* Erblasser(in *f*), Testator(in *f*) *m*.

testaferro *m fig* Strohmann.

testa|ment *m dr* Testament *n*, letzter Wille *m* | *fer el* ~ sein Testament machen | *bíbl: l'Antic* (*el Nou*) ⌐ das Alte (Neue) Testament | **~mentari** (-ària *f*) *adj* testamentarisch | Testaments... || *s/mf* Testamentsvollstrecker(in *f*) *m* | **~mentaria** *f* Testamentsvollstreckung *f* | Rat *m* der Testamentsvollstrecker | **~r** (33) *vi* e. Testament errichten, testieren.

test|ard *adj* = **~arrut** | **~arrada** *f* Stoß *m* mit dem Kopf | **~arrudesa** *f* Starrköpfigkeit, Halsstarrigkeit *f*, Eigensinn *m*, *umg* Dickköpfigkeit *f* | **~arrut** (-uda *f*, -udament) *adv*) *adj* starrköpfig, halsstarrig, eigensinnig, *umg* dickköpfig | **~avirar** (33) *vt* verstören | um den Verstand bringen | **~era** *f* Vorderseite *f* | *constr* Giebel *m* | (*Pferd*) Kopfgestell *n* | Kappzaum *m* | **~erola** *f* = **capet**.

test|icle *m* Hoden, Testikel *m* | **~icular** *adj* (*m/f*) Hoden..., Testikel... | **~ificació** *f* Bezeugung *f* | **~ificador** *adj* bezeugend | bescheinigend | *s/mf* Bezeuger(in *f*) *m* | **~ifical** *adj* (*m/f*) Zeugen... | **~ificar** (33) *vt mst dr* bezeugen | **~ificatiu** (-iva *f*) *adj* bezeugend | **~imoni** *m a. fig* Zeuge *f* | *dr* Zeuge *m*, Zeugin *f* | = **~imoniatge** *m* | ~ *auricular* od *d'oïda* Ohrenzeuge *m* | ~ *de càrrec* (*dr*) Belastungszeuge, Zeuge *m* der Anklage | ~ *de descàrrec* (*dr*) Entlastungszeuge *m* | ~ *fals* falscher Zeuge *m* | ~ *ocular* od *de vista* Augenzeuge *m* | *allevar fals* ~ falsches Zeugnis ablegen | *prendre per* ~ zum Zeugen nehmen | **~imonial** *adj* (*m/f*) als Zeugnis dienend | Zeugen... | *prova* ~ Zeugenbeweis *m* | **~imoniança** *f* Zeugnis *n*, Beweis *m* | **~imoniar** (33) *vt* bezeigen, bekunden, bezeugen | äußern, zeigen, erkennen lassen | **~imoniatge** *m* Zeugenaussage *f* | Zeugnis *n* | Beweis *m* | **~imoniejar** (33) *vt* bezeigen, bekunden, beweisen | **~osterona** *f biol quím* Testosteron *n*.

teta *f infan* (große) Schwester *f* | Kindermädchen *n*, -frau *f* | *reg* (*Tier*) Eu-

tètan ter *n*, Zitze *f*; (*Frau*) Brust, *pop* Zitze, Titte *f*.
tètan *m med* (Wund)Starrkrampf, Tetanus *m*.
tetàni|a *f med* Tetanie *f* | **~c** *adj* tetanisch.
tetera *f* Teekanne *f* | Teekessel *m*.
tetina *f* (*an der Milchflasche*) Sauger *m*.
tètol *m ornit:* ~ **cuabarrat** Pfuhlschnepfe *f* | ~ **cuanegre** Uferschnepfe *f*.
tetra|clorur *m quím* Tetrachlorid *n* | ~ **de carboni** Tetrachlorkohlenstoff *m* | **~cord** *m mús* Tetrachord *m*/*n*.
tètrade *f bes biol* Tetrade *f*.
tetr|adimita *f quím* Tellurwismut, Tetradymit *m* | **~àedre** *m geom* Tetraeder *n* | **~aèdric** *adj* tetraedrisch | **~àgon** *adj* = **~agonal** || *s*/*m* Tetragon, Viereck *n* | **~agonal** *adj* (*m*/*f*) tetragonal, viereckig | **~agrama** *m mús* Vierliniensystem *n* (*der Gregorianik*) | **~alina** *f quím* Tetralin *n* | **~alogia** *f Lit* Tetralogie *f* | **~àmer** *adj* vierteilig | **~àmetre** *m Lit* Tetrameter *m* | **~àpter** *adj zool* vierflügelig | **~arca** *m hist* Tetrarch *m* | **~arquia** *f hist* Tetrarchie *f* | **~asíl·lab** *adj* viersilbig || *s*/*m* viersilbige(s) Wort *n* | **~asil·làbic** *adj* viersilbig | **~avalent** *adj quím* vierwertig | **~axial** *adj* (*m*/*f*) vierachsig.
tètric(ament *adv) adj* trübselig | finster | düster | unheimlich.
tètrode *m elect* Tetrode *f*.
teu (**teva** *f*, **teus** *m pl*, **teves** *f pl*) (25) *pron poss* (*zG s: meu*) dein(e); deiner, deine, dein(e)s | (*Briefschluß*) **salutacions cordials del ~ amic...** herzliche Grüße von Deinem Freund...
teul|a *f* (Dach)Ziegel *m* | **~ada** *f* (Ziegel)Dach *n* | **~ader** *adj* Dach... || *s*/*m ornit* Spatz *m* | **~adí** *m ornit* Spatz, Sperling *m* | **~ar** (33) *vt* (mit Ziegeln) decken | **~at** *m* (Ziegel)Dach *n* | **sota ~** unter(m) Dach | **~er(a** *f) m* Ziegelbrenner(in *f*) *m* | **~eria** *f* Ziegelbrennerei *f* | **~ís** *m* (*pl -issos*) Ziegelscherbe *f*.
te|ürg *m* Theurg, Zauberpriester *m* | **~úrgia** *f* Theurgie *f* | **~úrgic** *adj* zauberisch, zauberhaft.
teut|ó (-**ona**) *f*) *adj* teutonisch || *s*/*m*/*f* Teutone *m*, Teutonin *f* | **~ònic** *adj* teutonisch | **l'orde ~** (*ecl hist*) der Deutsche Orden.
tex *m tèxt* Tex *n*.
texà (-**ana**) *f*) *adj* texanisch | *s*/*m*/*f* Texaner(in *f*) *m* || *s*/*m pl* (a. *pantalons texans*) Bluejeans, Blue jeans; Jeans *pl*.
text *m* Text *m* | Wortlaut *m* | *bíbl* Bibelstelle *f* | *fig* Zitat *n* | **llibre de ~** Lehr-, Schul-buch *n*.
tèxtil *adj* (*m*/*f*) Textil... | **fàbrica ~** Textilfabrik *f* | **matèries ~s** Textilwaren *f pl*, Spinnstoffe *m pl*, Textilien *pl*.
textu|al(ment *adv) adj* (*m*/*f*) textgetreu | wörtlich | **crítica ~** Textkritik *f* | **~alista** *m*/*f desp* Wortklauber *m* | **~ra** *f tèxt* Gewebe *n* | *geol quím tecn* Textur *f* | *Lit* (innerer) Aufbau *m*, Struktur, Textur *f* | **~rar** (33) *vt tèxt* texturieren.
thai *adj* (*m*/*f*) *u. s*/*m*/*f* = **tai** || *s*/*m ling* T(h)ai *n* | **el ~** das T(h)ai.
tia *f* Tante *f* | *fam* Tante, Tunte; *desp* Schrulle, alte Schachtel *f* | *fam* (*attraktiv, flott*) Biene, Puppe *f*, Weib *n* | *pop desp* (*leichtlebig*) Schickse *f*, Weibsstück *n* | **conta-ho a ta ~!** mach das e-m anderen weis! | **quedar per ~** sitzen bleiben, eine alte Jungfer werden | **quina ~!** was für e. Weib!
tiara *f ecl* Tiara *f*.
tiba|ment *m* Ruck *m* | Ziehen *n* | Zug *m* | **~nt** *adj* (*m*/*f*) straff | *a. fig* gespannt | **~ntor** *f* Straffheit *f* | *a. fig* Gespanntheit; Spannung *f* | **la ~ de les relacions** die Gespanntheit der Beziehungen | **~r** (33) *vt* straffen, straff ziehen | (an)spannen || *vi* spannen, zu eng sein | *fig* s-e Kräfte anspannen, s. (mehr) anstrengen | **la brusa em tiba** die Bluse spannt mir | **~r-se** *v*/*r* s. straffen | s. spannen | **~t** (-**ada** *f*) *adj* straff | gespannt | *fig* steif; stolz, hochnäsig, eingebildet.
tiberi *m fam* Prasserei *f*, Schmaus *m*, Schlemmerei *f* | *a. fig* Fraß *m*.
Tibet *m: el ~* Tibet *n* | **~à** (-**ana** *f*) *adj* tibet(an)isch | *s*/*m*/*f* Tibet(an)er(in *f*) *m* || *s*/*m ling* Tibetisch *n* | **el ~** das Tibetische.
tíbia *f anat* Schienbein *n*.
tibial *adj* (*m*/*f*) Schienbein...
tible *m mús* (*kleine Tenora*) Tible *m*.
tic *m med* Tic, Tick *m* | *fig* Tick *m* | **~-tac** *m onomat* Ticktack, Ticken *n* | **fer ~** ticken.
tifa *adj* (*m*/*f*) *fam desp* pflaumenweich, memmenhaft || *s*/*m*/*f fam desp* Pflaume *f*; Waschlappen, Schlappschwanz; aufgeblasene(r) Tropf *m* | **fer el ~** s. aufblasen, s. aufspielen, s. wichtig tun || *s*/*f* = **cagarada**.

tifàcies *f pl bot* Rohrkolbengewächse *n pl.*
tif|arada *f* gr(r) (Kot)Haufen *m* | **~ejar** (33) *vi* s. aufblasen, s. aufspielen, s. wichtig tun | **~eria** *f* Memmenhaftigkeit, Feigheit *f.*
tífic *adj med* Typhus... | typhuskrank.
tiflitis *f med* Blinddarmentzündung *f.*
tifó *m* Taifun *m.*
tif|oïdal *adj* (*m/f*) *med* typhusartig, typhös | **~oide** *adj* (*m/f*) *med:* febre ~ Typhus *m* | **~us** *m med* Typhus *m* | ~ exantemàtic Fleckfieber *n.*
tigmotaxi *f biol* Thigmotaxis *f.*
tigr|at (-ada) *f) adj* getigert | **~e** *m zool* Tiger *m.*
tija *f bot* Stiel, Stengel *m* | *tecn fig* Stange, Spindel *f,* Hebel, Stift *m* | (*Säule*) Schaft *m* | (*Schlüssel*) Dorn *m* | *aut:* ~ de l'èmbol od del pistó Kolbenstange *f.*
tílburi *m* Tilbury *m.*
til|iàcies *f pl bot* Lindengewächse *n pl* | **~la** *f* Lindenblütentee *m* | **~ler** *m* Linde(nbaum) *m*) *f.*
tim[1] *m anat* Thymus *m,* Thymus-, Brustdrüse *f.*
tim[2] *m* Team *n.*
tímal *m ict* Äsche *f.*
timba *f* Abgrund *m* | Felssturz *m* | *fig* Spielhölle *f.*
timbal *m mús* Trommel *f* | **~a** *f mús* (Kessel)Pauke *f* | **~ejar** (33) *vi mús* trommeln | **~er(a** *f) m* Trommel- (*bzw* Pauken-)schläger(in *f) m* | Trommler(in *f) m.*
timbarro *m* (*Brot, Fleisch*) gr(s) Stück *n.*
timbera *f =* **timba, cinglera.**
timbr|ar (33) *vt* (ab)stempeln | *mús* timbrieren | **~atge** *m* (Ab)Stempeln *n,* Abstempelung *f* | **~e** *m* (*Wappenkunde*) Rang-, Würde-zeichen *n* | *adm* Stempelmarke *f;* Siegel *n;* Stempelsteuer *f* | *corr* Briefmarke *f* | (*Tür*) Klingel *f* | *mús* Timbre *n;* Klang(farbe *f) m* | tocar el ~ klingeln, läuten.
timeleàcies *f pl* Seidelbastgewächse *n pl.*
tímic[1] *adj bot* Thymian... | àcid ~ Thymol *n.*
tímic[2] *adj anat* Thymus...
tímid(ament *adv*) *adj* schüchtern | scheu, ängstlich.
timid|esa, **~itat** *f* Schüchternheit *f* | Scheu, Ängstlichkeit *f.*
timó[1] *m nàut aeron* Ruder, Steuer *n* | (*Wagen*) Deichsel *f* | (*Pflug*) Gründel, Pflugbaum *m* | *fig* Ruder *n* | ~ de profunditat (*nàut*) Tiefenruder *n.*

timó[2] *m bot* (Garten)Thymian *m* | *s:* farigola | ~ negre Feldthymian *m* | ~ reial Diptam *m.*
timocrà|cia *f polít* Timokratie *f* | **~tic** *adj* timokratisch.
timol *m quím* Thymol *n.*
timone|jar (33) *vt nàut* steuern | **~r** *adj* Ruder..., Steuer... || *s/m nàut* Steuermann, Rudergänger || *s/f nàut* Ruderhaus *n;* Ruderschaft *f* | *ornit* Steuerfeder *f.*
timorat (-ada *f*) *adj* gottesfürchtig | *p ext* furchtsam.
timp|à *m anat* Trommelfell *n* | *arquit* Giebelfeld, (*Antike*) Tympanon *n* | *gràf* Druck-rahmen *bzw* -tisch *m* | caixa del ~ (*anat*) Paukenhöhle *f* | **~ànic** *adj anat* Trommelfell... | **~anisme** *m med* Tympanie *f,* Darmblähungen *f pl* | **~anitis** *f med* Trommelfellentzündung *f.*
timus *m =* **tim**[1].
tina *f* Bottich *m,* Bütte *f* | Trog *m* | Kübel *m* | Wanne *f* | (*Färberei*) Küpe *f* | (*Kellerei*) Mostkufe *f* | (*Brauerei*) Klärbottich *m* | **~rd** *m ant* Kübel *m* | Eimer *m.*
tinció *f biol quím* Färbung *f.*
tineïds *m pl entom* Mollen *f pl.*
tinell *m* kl(r) Kübel *m* | (*Küche*) Wandbrett *n; reg* Geschirrständer *m* | *hist* Prunkbüfett *n;* Silberschrank *m; bes* (Fest-, Speise-)Saal *m* (*in Herrenhäusern*).
tin|ença *f* Besitz *m* | Haltung *f* | (*Gefäß*) Fassungsvermögen *n* | ~ il·lícita d'armes unerlaubte(r) Waffenbesitz *m* | **~ència** *f mil* Leutnants-rang *m bzw* -stelle *f* | **~ent** *adj* (*m/f*) innehabend, besitzend | fassend, enthaltend | formfest, -beständig || *s/m/f* Inhaber(in *f) m* | *bes* Stellvertreter(in *f) m* | ~ d'alcalde stellvertretende(r) Bürgermeister *m* || *mil:* ~ coronel (*general*) Oberst-(General-)leutnant *m* | primer ~ Oberleutnant *m* | segon ~ Leutnant *m.*
tíngids *m pl entom* Gitterwanzen *f pl.*
tingla *f* (*Glaser*) Kittmesser *m.*
tinguda *f* (*Gefäß*) Fassungsvermögen *n* | (*Feld, Acker*) Größe, Ausdehnung, Fläche *f* | ~ de llibres Buchhaltung *f* | la ~ d'una sessió die Abhaltung e-r Sitzung.
tint *m* Farbstoff *m* | (Ein)Färben *n* | Färbung *f* | Färberei *f* | **~a** *f* Tinte *f* | (Stempel)Farbe *f* | Farbton *m* | ~ es-

tilogràfica Füllhaltertinte *f* | ~ d'impremta Druckerschwärze *f* | ~ simpàtica Geheimtinte *f* | ~ xinesa Tusche *f* | *fig: mitges tintes* Halbheiten *f pl* | **~ada** *f col* Färbegut *n* | **~ar** (33) *vt bes gràf* einfärben | = **tenyir** | **~atge** *m* Einfärbung *f* | *mecanisme de* ~ Farbwerk *n* | **~er** *m* Tintenfaß *n* | *gràf* Farb-behälter, -kasten *m*.
tintinabulació *f* Glocken-klang *m*, -läuten, Klingen *n*.
tint|orell *m bot* Seidelbast *m* | **~orer(a** *f) m* Färber(in *f) m* || *s/f ict* Blauhai *m* | **~oreria** *f* Färberei *f* | chemische Reinigung *f* | **~ori** (**-òria** *f) adj: substàncies tintòries* Farbstoffe *m pl* | **~orial** *adj* (*m/f*) Farb... | *procediments* **~s** Färbverfahren *n pl* | **~ura** *f* Färben *n* | Färbemittel *n* | Farbstoff *m* | *med* Tinktur *f* | ~ *de iode* Jodtinktur *f*.
tiny|a *f* Grind *m* | *entom* Motte *f*; *p ext* Mottenfraß *m* | *bot* Vogelmiere *f*, Hühnerdarm *m* | **~adura** *f* Mottenloch *n* | **~ar-se** (33) *v/r* von Motten angefressen werden | **~eta** *m fam* (Taschen)Dieb *m*; Schlitzohr *n*; Ellbogenmensch *m* | **~ós** (**-osa** *f) adj* grindig | *fig* knauserig.
tió *m* Holz-scheit *n bzw* -klotz *m* | *folk:* Holzklotz, den die Kinder im Advent täglich füttern, damit er sie am Heiligabend reichlich beschert | *fer cagar el* ~ den «tió» bescheren lassen; bescheren (wobei unter Singen auf den zugedeckten Holzklotz geklopft wird, unter dem die Geschenke versteckt sind).
tio|cianat *m quím* Thiocyanat *n* | **~èter** *m quím* Thioäther *m* | **~fè** *m quím* Thiophen *n* | **~l** *m quím* Thiol, Mercaptan *n* | **~sulfat** *m quím* Thiosulfat *n* | **~urea** *f quím* Thio-, Schwefelharnstoff *m*.
tip *adj* satt | *estic* ~ ich bin satt || *fig: estar* ~ *d'alg* j-n satt haben | *estar d'u/c* etw satt haben *od* sein | *ja n'estic* **~!** ich habe es satt!, ich habe die Nase voll! || *s/m* Übersättigung *f* | *fig* Übermaß *n* | *fer-se un* ~ *d'u/c* s. gründlich an etw satt essen; *fig* etw bis zum Überdruß tun | *fer-se un* ~ *d'esperar* lange warten | *fer-se un* ~ *de riure* s. kranklachen, s. totlachen.
típic(ament *adv) adj* typisch, charakteristisch (*de* für) | *fig a.* bezeichnend (*de* für).
tipi|ficació *f* Typisierung *f* | *econ* Typung *f* | **~ficar** (33) *vt* typisieren | *econ*

typen, normen | **~sme** *m* eigene Note *f* | (unverkennbare) Eigentümlichkeit *f*.
tiple *m/f* = **soprano**.
tip|ogènesi *f biol* Typogenese *f* | **~ògraf(a** *f) m gràf* (Schrift)Setzer(in *f) m* | *p ext* Buchdrucker(in *f*), Typograph(in *f*) *m* | **~ografia** *f* Buchdruckerkunst, Typographie *f* | **~ogràfic** *adj* Buchdruck... | typographisch | **~ologia** *f* Typologie *f* | **~ològic** *adj* typologisch | **~òmetre** *m gràf* Typometer *n* | **~us** *m* (Kategorie, Art, Individuum) *a. biol psic* Typ, *lit* Typus *m* | *dr* Rechtsfigur *f*, Typ(us) *m* | *gràf* Type *f* | *fam desp* Type *f* || *econ:* ~ *de canvi* Wechselkurs *m* | ~ *de descompte* Diskontsatz *m* | ~ *d'interès* Zinsfuß *m* | ~ *de nolis* Frachtsatz *m*.
tiquet *m* Eintrittskarte *f* | Schein, Kupon *m* | Fahr-schein *m*, -karte *f*, (*bes Flug- od Schiffsreise*) Ticket *n*.
tir *m* Wurf *m* | Schießen *n* | = **tret**[1] | Schieß-platz; -stand *m* | (*Munition*) Ladung *f* | Schießlehre *f* | (*Zugtiere*) Gespann *n* | *angle de* ~ Schußwinkel *m* | *animal de* ~ Zugtier *m* | ~ *al blanc* (*al plat*) Scheiben-(Tontauben-) schießen *n* | *un* ~ *de dos cavalls* e. Gespann *n* mit zwei Pferden.
tira *f* (*Tuch, Papier*) Streifen *m* | (*zum Ziehen*) Lasche; Zugleine *f* | *agr* Reihe *f*.
tirà (**-ana** *f) m a. fig* Tyrann(in *f) m*.
tira|bec *m bot* Erbse («Pisum sativum var. macrocarpum») | **~botes** *m* Stiefelknecht *m* | **~botó** *m* Schuhknöpfer *m* | **~buixó** *m* Korkenzieher *m* | Korkenzieherlocke *f* | **~buquet** *m* = **trabuquet** | **~da** *f* (*bes Spiel*) Wurf *m* | (*Schach*) Zug *m* | (*Trinken*) Zug; Schluck *m* | (*Länge, Entfernung*) Strecke *f* | *fig* Neigung *f* (*a* zu) | *a. fig* Ruck *m* | *a. mús* Tirade *f* | *gràf* Auflage *f* | *una* ~ *de 20.000 exemplars* e-e Auflage von 20.000 Exemplaren | *una* ~ *a part* e. Sonderdruck *m* | *d'una* ~ in e-m Zug(e) | *no tenen gens de* ~ *a estudiar* sie lernen gar nicht gern | **~dor**[1] *adj* (*Weg, Straße*) leicht zu gehen | **~dor**[2](**a** *f) m* Schütze *m*, Schützin *f* | **~a** *de cartes* Kartenlegerin *f* | ~ *d'or* Golddrahtzieher *m* || *s/m* (*Gerät*) (Gabel)Schleuder *m* | **~fons** *m inv* gr(e) Holz-, Vierkant-schraube *f* | *ferroc* Schwellenschraube *f* | *med* Kugelzange *f* | **~línies** *m inv* Reißfeder *f* | **~llet** *m* Milchpumpe *f* | **~llon-**

tiranejar ga *f* lange Reihe, Kette *f*.

tir|anejar (33) *vt* = **~anitzar** | **~ania** *f hist* Tyrannis *f* | *a. fig* Tyrannei *f* | Tyrannenherrschaft *f* | **~ànic(ament** *adv) adj a. fig* tyrannisch | **~anicida** *adj (m/f)* tyrannenmörderisch || *s/m/f* Tyrannenmörder(in *f) m* | **~anicidi** *m* Tyrannenmord *m* | **~anitzar** (33) *vt a. fig* tyrannisieren.

tir|ant *m mst pl agr (Wagen, Pflug)* Strang *m* | Zug-, Trag-riemen *m* | Schulterriemen *m* | *arquit* Binde-, Zug-balken *m*, -band *n* | *(Hose, Rock)* Träger *m* | **els ~ dels pantalons** die Hosenträger *m pl* | **~any** *m reg* Pfad *m* | *(für Zugtiere)* Riemen *m* | **~apeu** *m (Schuster)* Knieriemen | **~apits** *m fam* steile(r) Anstieg *m* | Milchpumpe *f* | **~ar** (33) *vt (bes Wagen, Pflug; Linie)* ziehen | *(Vorhang, Gardinen)* vor-, zuziehen | *(Rolläden)* herunterlassen | *(Kette, Riegel)* vorlegen | *s: estirar* | *(mit Richtungsadverbial)* rücken | werfen | *a. mil* schießen, *(Pfeil, Torpedo) a.* abschießen; *(Schuß)* abgeben | *fotog (Bild)* machen; *(Schnappschuß) a.* schießen | *gràf* abziehen; drucken | **~ un moble enrere** e. Möbel nach hinten rücken | **~ el cos endavant** den Körper vorbeugen | **~ una pedra a alg** e-n Stein auf j-n werfen | **~ els daus** *(un as)* die Würfel (e. As) werfen | **~ les cartes a alg** j-m die Karten legen | **~ una carta** e-n Brief einwerfen | **~ un arbre a terra** e-n Baum fällen | **~ sucre al cafè** Zucker in den Kaffee tun *od* geben || *vi* ziehen *(Ofen, Pfeife, Zigarre; Zugtier)* | *l'auto no tira* das Auto zieht nicht gut | *aquestes botes encara poden ~ tot l'hivern* diese Stiefel können noch den ganzen Winter halten | **~ a la dreta** *(l'esquerra)* nach rechts (links) abbiegen | *per quin camí ~em?* welchen Weg werden wir einschlagen? || *fig fam: tira a vermell* es spielt ins Rote | *tira per a capellà* er möchte gerne Priester werden | *això no em tira* das zieht *(od* lockt) mich nicht an | *vaig tirant* es geht mir so einigermaßen | *tira!* los!; mach weiter!; ach was! | **~-se** *v/r*: **~ a terra** s. zu Boden werfen | **~ al riu** in den Fluß springen; s. in den Fluß stürzen | **~ al tren** s. vor den Zug werfen | **~ per la finestra** s. aus dem Fenster stürzen | **~às** *m (pl -assos) agr* Harke *f*, *reg* Rechen *m* | *(Haushaltsgerät)* Mop *m* | *(für Lasten)* Schleppbrett *n*; Schlitten *m* | **~assa** *f agr* gr(s) Schleppbrett *n* | **~assar** (33) *vt agr* zusammen-harken, -rechen | *(Boden)* moppen | **~at** *m (Linie, Weg)* Ziehen *n*, Zeichnung *f* | Miene *f* | Haltung *f* | **~atge** *m (Ofen, Kamin)* (Luft)Zug *m* | *gràf* Auflage *m* | **~ curt** kl(e) Auflage *f* | **~ a part** Sonderdruck *m* | **~avira** *f* Zugseil *n* | **~eganyós** (-osa *f) adj a. gastr* zäh.

tire|lla *f* Streifchen *n*; Paspel *f* | Hemdbund *m* | kl(r) Saum *m* | **~ta** *f* Streifchen *n (Schuh)* Lasche *f* | *(für Wunden)* Heftpflaster *n* | Schnür-riemen *m od* -band *n* | *fer tiretes d'alg* j-n zerreißen *od* zerfetzen.

tiristor *m elect* Thyristor *m*.

tiró[1] *m lit* Neuling, Anfänger *m*.

tiró[2] *m reg* Ente *f* || *s/m pl: Lockruf für Enten u. Gänse.*

tirocini *m lit* erster Anfang *m*; Lehrzeit *f*.

tiroia *f (bes Zier)Streifchen n*.

tiro|idal *adj (m/f) anat* Schilddrüsen... | **~ide** *adj (m/f): glàndula ~* Schilddrüse *f* | *cartílag ~* Schildknorpel *m* | *hormona ~ od tiroïdal* Schilddrüsenhormon *n* || *s/f* Schilddrüse *f* | **~iditis** *f med* Thyreoiditis, Schilddrüsenentzündung *f*.

Tirol *m*: *el ~* Tirol *n* | **~ès** (-esa *f) adj* tirol(er)isch, Tiroler | *capell ~* Tirolerhut *m* || *s/mf* Tiroler(in *f) m* || *s/f mús* Tirolienne *f*.

tironià (-ana *f) adj hist: notes tironianes* Tironische Noten *f pl*.

tirós (-osa *f) adj* steil, jäh | = **tireganyós**.

tirosina *f quím* Tyrosin *n*.

tirote|ig *m* Schußwechsel *m* | Schießerei *f* | **~jar** (33) *vt*: ~ *alg* auf j-n schießen *od* feuern | **~jar-se** *v/r* aufeinander schießen.

tírria *f* Groll, Ärger *m* | Widerwille *m* | *tenir ~ a alg* auf j-n e-n Pik haben.

tirrit *m* = **territ**.

tirs *m mit* Thyrsus(stab) *m*.

tisa *f (Köhlerei)* schwelendes Scheit *n*.

tisana *f* Kräuter-, Heil-tee *m*.

tisan|òpters *m pl entom* Blasenfüße, Fransenflügler *m pl* | **~urs** *m pl entom* Borstenschwänze *m pl*.

tisi *f med* Schwindsucht *f*.

tísic *adj* schwindsüchtig || *s/mf* Schwindsüchtige(r *m) m/f*.

tisor|a *f* Scherenklinge *f* | *(Ringen)* Schere *f* | *(Werkzeug) mst pl* Schere *f* | *tisores de podar (de tallar filferro)* Hecken-, Rosen-(Draht-)schere *f* | **cadira de ~**

tissatge Klappstuhl *m* | **~ada** *f gràf* Schnitt *m* mit der Schere | **~eta** *f entom* Ohrwurm *m* || *pl* Scherchen *n* | *bot* Gefingerte(r) Lerchensporn *m*.

tiss|atge *m* Weben *n* | **~ú** *m* (*pl -ús*) Gold- *bzw* Silber-stoff *m* | Lamé *m* | **~ular** *adj* (*m/f*) *med* Gewebe... | gewebeartig.

tit *m infan* Piep-matz, -vogel *m* | **~a** *f infan* Putput *n* | *ornit* Pute, Truthenne *f* | *fam* (*Penis*) Piephahn *m* || *pl: tites, tites!* put, put! (*Lockruf für Hühner*).

tit|à *m mit fig* Titan *m* | *tecn* Kran *m* | **~anat** *m quím* Titanat *n* | **~ani** *m quím* Titan *n* | **~ànic**[1](**ament** *adv*) *adj* titanisch | *fig a.* riesenhaft, gewaltig, titanenhaft | **~ànic**[2] *adj quím* Titan..., *bes* Titan-IV-...... | **~anífer** *adj* titan-haltig *bzw* -liefernd | **~anita** *f min* Titanit, Sphen *m* | **~anós (-osa** *f*) *quím* Titan...

titella *m* Gliederpuppe *f* | *a. fig* Marionette *f* | *fig a.* Hampelmann *m* | *teatre de titelles* Puppen- *bzw* Marionettentheater *n* || *s/f ornit* Wiesenpieper *m* | **~ire** *m/f* Marionetten-, Puppen-spieler(in *f*) *m*.

titet(a *f*) *m* Putenküken *n* || *s/f ornit* Brachpieper *m*.

tití *m zool* Witwenaffe *m* | **~ tigre** (*Nachtaffe*) Mirikina *m*.

titil·la|ció *f* Flimmern *n* | Flackern *n* | Zittern *n* | **~nt** *adj* (*m/f*) flimmernd, flackernd, zitternd | **~r** (33) *vi* flimmern, flackern, zittern.

titi|na *f ornit* Brachpieper *m* | **~ sorda** Wiesenpieper *m* | **~t** *m infan* Piep-matz, -vogel *m*.

titll|a *f* (*Zeichen*) Tilde *f* | *fig* Makel *m* | *en tot has de posar la* **~**! du hast an allem etw auszusetzen!, du findest in allem e. Haar | **~ar** (33) *vt ling* mit e-r Tilde versehen | *fig* tadeln, rügen | **~** *alg de* ... (*fig*) j-n als ... abstempeln *od* etikettieren | **~et** *m* = **titlla** | **text** (*Stoffballen*) Etikett *n*.

títol *m a. gràf esport Lit mús* Titel *m* | *dr a.* Urkunde *f* | *estud a.* Diplom *n* | (*e-s Kapitels*) Überschrift *f* | *econ* (Wert-)Papier *f* | *quím text* Titer *m* | **~** *de noblesa* Adels-titel *bzw* -brief *m* | **~** *de glòria* (*fig*) Ehrentitel *m* | **~** *de doctor* Doktortitel *m* | **~** *executiu* (*dr*) Vollstreckungstitel *m* | **~** *al portador* (*econ*) Inhaberpapier *n* | **~** *de propietat* (*econ*) Eigentumsurkunde *f* | *a* **~** *de compensació* als Ausgleich | *a* **~**

gratuït kostenlos, unentgeltlich || *pl* (*Film*) Vorspann *m*.

tito|la *f fam* (*Penis*) Piephahn, Pimmel, Schwanz *m* | **~t** *m zool* Truthahn *m*.

titub|ació *f* Taumeln, *a. fig* Schwanken *n* | **~ant** *adj* (*m/f*) taumelnd, *a. fig* schwankend | stammelnd | **~ar** (33) *vi* taumeln, *a. fig* schwanken | *fig a.* unschlüssig sein, zögern | (*beim Sprechen*) stammeln | **~eig** *m bes fig* Schwanken *n* | Stammeln; Gestammel *n* | **~ejant** *adj* (*m/f*) schwankend | *fig a.* unschlüssig, zögernd | stammelnd | **~ejar** (33) *vi* schwanken, unschlüssig sein, zögern | (*beim Sprechen*) stammeln.

titula|ció *f* Betitelung *f* | *quím* Titration *f* | **~r**[1] *adj* (*m/f*) Titel... | betitelt | festangestellt, verbeamtet | Titular... | *estud: professor* **~** ordentlicher Professor *m* || *s/m/f* Inhaber(in *f*) *m* | Titelträger(in *f*) *m* | *el* **~** *del compte* der Kontoinhaber || *s/m* (*Zeitung*) Schlagzeile *f* | **~r**[2] (33) *vt* (*bes Buch, Roman, Aufsatz*) betiteln | *quím* titrieren | **~** *alg* j-m e-n Titel verleihen | **~r-se** *v/r* e-n Titel erwerben; s. graduieren | *com es titula el llibre?* welchen Titel hat (*od* trägt) das Buch? | **~t (-ada** *f*) *adj* graduiert | *p ext: una infermera titulada* e-e ausgebildete Krankenschwester.

tixotropia *f quím fís* Thixotropie *f*.

tmesi *f ling* Thmesis *f*.

to *m a. fig* Ton *m* | *mús a.* Tonhöhe; Tonart *f* | **~** *major* (*menor*) Dur-(Moll-)tonart | *quart de* **~** Viertelton *m* | **~ns clars** (*foscs*) helle (dunkle) (Farb-)Töne *m pl* | **~** *cardíac* Herzton *m* | **~** *muscular* Muskeltonus *m* || *fig: el bon* **~** der gute Ton; die feine Sitte | (*no*) *és de bon* **~** es gehört (nicht) zum guten Ton | *broma de mal* **~** geschmackloser (*od* übler) Scherz *m* | *canviar de* **~** e-n ander(e)n Ton anschlagen | *donar el* **~** den Ton angeben | *donar-se* **~** s. wichtig machen *od* angeben | *a mi no em parlis en aquest* **~**! in diesem Ton kannst du mit mir nicht reden! | *posar-se a* **~** s. anpassen, mitmachen; in Stimmung kommen | *prendre un* **~** *familiar amb alg* mit j-m e-n vertraulichen Ton anschlagen | *pujar de* **~** stärkere Saiten aufziehen; ausarten.

toaleta *f lit* Toilette *f* | *fer-se la* **~** Toilette machen.

tobogan *m* Toboggan *m* | *p ext* (Rodel)Schlitten *m*; *bes* Rutschbahn *f* | *baixar pel* ~ die Rutschbahn hinunterrutschen.

toc *m* Berührung *f* | Anfassen *n* | (leichter) Schlag *m* | (*Wunde*) Betupfen *n* | (*Gewebe*) Griff *m*, Griffigkeit *f* | (*Metall*) Probe, Prüfung *f* | (*an e-m Werk*) Hand(griff *m*) *f*; *art* Strich *m*, *p ext* Stil *m*; *fig* Anstrich *m*, Note *f* | (*Instrument*) Spielen *n*; (*Glocken*) Schlag *m bzw* Läuten *n*; (*Uhr*) Schlag *m*; (*Horn*, *Trompete*) Stoß *m bzw* Signal *n*; (*Blaskapelle*) Tusch *m* | ~ *d'alarma* (*a. fig*) Alarmzeichen *n* | ~ *d'atenció* (*fig*) Warnung *f* | ~ *d'hores* Stunden-, Uhren-schlag *m* | ~ *d'oració* Angelus *m*; Mittags-, Abend-läuten *n* | ~ *de mort(s)* Sterbegeläut *n* | ~ *de queda* (*mil*) Sperrstunde, Ausgangssperre *f* | ~ *de trompeta* Trompeten-stoß *m*, -signal *n* | ~ *de retreta* (*mil*) Zapfenstreich *m* | ~ *d'ombra* (*pint*) Schlagschatten *m* | ~ *de llum* (*pint*) (aufgesetzte) Lichter *n pl* | *pedra de* ~ (*hist*) Probierstein; *fig* Prüfstein *m* | *donar l'últim* ~ *a u/c* letzte Hand an etw legen, e-r Sache den letzten Schliff geben.

toca *f* (*a. Nonnen*) Haube *f* | *hist* Toque *f*.
toca|ble *adj* (*m/f*) berührbar | *mús* spielbar | **~boires** *m/f* = **somiatruites** | **~campanes** *m/f fam* Quatschkopf *m* | Trottel *m* | **~da** *f mús* Darbietung *f* | *a les onze hi haurà una* ~ *de sardanes a la plaça* um elf werden auf dem Platz Sardanes gespielt *od* gibt es auf dem Platz e. Sardanakonzert | **~discs** *m* Plattenspieler *m*.
tocador[1] *m* Toilettentisch *m*, Frisiertoilette *f*.
toca|dor[2] *adj* berührend | *mús* spielend || *s/mf mús* Spieler(in *f*) *m* | *un* ~ *de guitarra* e. Gitarrenspieler | *s/m* Trommel-schlegel, -stock *m* | *estud* Zeigestock *m* | **~dura** *f* (*bes Pferd*) wunde Stelle *f* | **~nt** *adj* (*m/f*) berührend | ~ *a ...* (*loc prep*) in bezug auf (*ac*); was ... betrifft *od* angeht; örtl (ganz) in der Nähe (*gen*) | **~r** (33) *vt a. fig* be-, anrühren | anfassen | anfühlen | *med* betupfen | (*Argument*, *Thema*) berühren, anschneiden, streifen | (*Ehre*) antasten, betreffen | (*Glocke*) läuten | (*Hafen*) anlaufen | (*Herz*) rühren, tief ergreifen | (*Instrument*) spielen; blasen; schlagen | (*Kapital*, *Geld*) einnehmen | (*Lohn*, *Gehalt*) beziehen | (*Schießscheibe*, *Wild*) treffen | (*Rätsel*, *Problem*) erraten; lösen | (*Ziel*) erreichen, erlangen | ~ *l'adversari* den Gegner anschlagen *bzw* treffen | *tocat!* sitzt! | ~ *la pilota amb la mà* Hand spielen | *han tocat les sis* es hat sechs (Uhr) geschlagen | *això et toca de prop* das geht dich besonders an | ~ *el voraviu a alg* j-s wunden Punkt treffen | *toca-la!* schlag ein!, topp! || *vi* rühren (*a* an *ac*) | zustehen (*a alg* j-m); entfallen (auf j-n) | *el sol hi toca tot el dia* die Sonne scheint den ganzen Tag darauf | ~-*hi* (*fig*) etw richtig beurteilen *od* sehen | *no* ~-*hi od no* ~ *quarts ni hores* (*fig*) nicht recht bei Verstand sein; *umg* nicht alle beisammenhaben | *quina orquestra toca avui?* welches Orchester spielt heute? | ~ *a missa* zur Messe läuten | (*és*)*ser a* ~ (*d'un lloc*) in der Nähe (von e-m Ort) liegen; benachbart sein mit (e-m Ort) | *ara et toca a tu!* jetzt bist du dran *od* an der Reihe! | *ens va* ~ *la grossa* das große Los fiel auf uns | *pel que toca a ...* was ... betrifft ... | *si toca no toca* beinahe richtig, um e. Haar | **~r-se** *v/r* s. berühren | aneinander-grenzen *bzw* -stoßen | (*Gesellschaft*) Mensch an Mensch stehen *od* sitzen | (*a.* ~ *de l'ala od del bolet*) verrückt werden | *fig*: *els extrems es toquen* die Extreme berühren s. | **~son** *m/f* Langschläfer(in *f*) *m*, Schlafmütze *f* | **~t** (**-ada**) *adj*: ~ *de poagre* an Fußgicht leidend | *ja són les sis tocades* es ist schon nach sechs | *és molt* ~ *i posat* er ist sehr pingelig | *sempre va* ~ *i posat* er ist immer makel- (*od* tadel-)los angezogen | *aquest xicot està* ~ *del cap* od *de l'ala* bzw *del bolet* dieser Junge ist nicht ganz bei Verstand *od* nicht ganz richtig im Kopf *od* hat nicht alle beisammen | **~tardà** (**-ana**) *adj* nachzüglerisch || *s/mf* Nachzügler(in *f*) *m*.
toc|òleg (**-òloga** *f*) *m med* Geburtshelfer(in *f*) *m* | **~ologia** *f med* Tokologie, Geburtshilfe *f* | **~ològic** *adj med* tokologisch, Geburtshilfe...
tòdol *m anat* Sprungbein *n*.
tof|a *f* (*Laub*, *Gebüsch*) Dichte *f* | (*Haar*) Büschel *n*, Strähne, Tolle *f* | ~ *de neu* Schnee-höhe, -masse *f*, *Bal* Schneeflocke *f* | **~enc** *adj* weich, schwammig.
tòfona *f bot* Trüffel *f* | ~ *blanca* Sommer-, Mai-trüffel *f* | ~ *d'hivern* Braune Trüffel, Wintertrüffel *f* | ~ *negra*

tofonaire 976 **tonada**

Périgord-Trüffel f.
tofon|aire m/f Trüffel-sammler(in f) bzw -verkäufer(in f) m | **~er** adj Trüffel... | un bosc ~ e. Wald, in dem es viele Trüffeln gibt | un gos ~ e. Trüffelspürhund || s/mf = **tofonaire**.
tofus m med Gichtknoten m.
tofut (**-uda** f) adj dicht | buschig | (Baum) dicht belaubt | fig üppig.
toga f hist Toga f | Talar m; (Juristen) a. Robe f | **~t** (**-ada** f) adj mit Toga (bzw Talar, Robe) bekleidet || s/mf Talar-; Roben-träger(in f) m.
toia f Blumenstrauß m.
to|ís (**-ïssa** f) m Jungschaf n | **~isó** m mit Vlies n | hist: el ~ d'Or das Goldene Vlies.
toix adj stumpf | fig stumpfsinnig; dumm, blöde | **~arrudesa** f Grobheit, Plumpheit f | Rüpel-, Flegel-haftigkeit f | **~arrut** (**-uda** f) adj grob, plump | rüpel-, flegel-haft.
toixó m zool = **teixó**.
toldre (40) vt ant = **llevar, treure**.
toler|abilitat f Erträglichkeit f | Duldbarkeit f | **~able** adj (m/f) erträglich | (er)duldbar | lit tolerabel | **~ància** f Duldsamkeit f | Duldung f | lit med tecn Toleranz f | **~ant** adj (m/f) duldsam | tolerant | **~antisme** m Toleranz f | bes Religionsfreiheit f | Toleranzpolitik f | übertriebene Duldsamkeit od Toleranz f | **~ar**, (33) vt ertragen | dulden, zulassen | lit tecn tolerieren | med vertragen, tolerieren.
toli|dura f Lähmung f | **~r-se** (37) v/r lahm werden | **~t** (**-ida** f) adj lahm, gelähmt || s/mf Gelähmte(r m) m/f.
toll m Pfütze, Lache f | (Fluß) tiefe Stelle f | **~a** f Kolk m | Tümpel m.
tol·le-tol·le m lit (Zeter)Geschrei n.
tolteca adj (m/f) toltekisch || s/mf Tolteke m, Toltekin f.
tol|ú m (pl -ús) bot Echter Balsambaum m | med Tolubalsam n | **~uè** m quím Toluol n | **~uïdina** f quím Toluidin n.
tom m gràf Band m | s: volum | de dos ~s zweibändig.
tomaca f = **tomàquet**.
tomaní m bot Stöchas-, Schopf-lavendel m.
tomany adj tölpelhaft | albern, töricht.
tomanyí m bot = **tomaní** | (Flakon) Stöpsel m.
tom|aquera (reg a. **~atera**, **~ateguera**, **~atiguera**) f bot (Pflanze) Tomate f | **~àquet** (reg a. **~aca** f, **~ata** f,

~àtec m, **~àtic** m, **~àtiga** f) m Tomate f.
tomar (33) vt ab-, auf-fangen | reg umwerfen, (a. Gebäude) niederreißen | ~ la pluja den Regen über s. ergehen lassen.
tomb m (Schlüssel) (halbe) Drehung f | fig Änderung f | Wende f | Wendung f | (neue) Richtung f | fer un ~ e-n kurzen Spaziergang machen | prendre un cert ~ e-e gewisse Richtung einschlagen | venir a ~ zu passender Zeit (od zu gelegener Stunde) kommen; fig passend (od gelegen) kommen.
tomba f Grab(stätte f) n | Grabmal n | Gruft f.
tombac m Tombak m.
tombada f Drehen n, Drehung f | (Wetter) Umschlag, Umschwung, Wechsel m | astr Mondwechsel m | fig Wende f, Wandel m.
tombal adj (m/f) Grab(es)...
tomba|ll(ej)ar (33) vi s. überschlagen | fam purzeln; trudeln, kullern | fig straucheln; taumeln | **~llons** m pl: anar de ~ s. (mehrmals) überschlagen; purzeln; trudeln, kullern | **~nt** m (Weg, Straße) Biegung, Wendung f | fig Wende f | ~ de segle Jahrhundertwende f | al ~ del segle XX an der Wende zum 20. Jahrhundert | **~r** (33) vt (halb) umdrehen | (um)wenden, herumdrehen | zu Fall bringen, umstürzen, -werfen | (Gefäß) umstülpen | fig fam (j-n) herumkriegen || vi ab- (bzw ein-)biegen | s. wandeln, s. verändern | ~ a la dreta nach rechts ab- (bzw ein-)biegen | **~r-se** v/r s. umkehren, s. umwenden | nàut kentern, umschlagen | **~rell** m Kipper m | Kippkarren m | **~rella** f Purzelbaum m | **~ssejar** (33) vi purzeln; trudeln, kullern.
tombejar (33) vi hohl klingen.
tómbola f Tombola f.
toment m bot Flaum m | **~ós** (**-osa** f) adj bot flaumig, wollig, dichtbehaart.
tomis|me m filos rel Thomismus m | **~ta** adj (m/f) thomistisch || s/mf Thomist(in f) m.
ton (**ta** f, **tos** m pl, **tes** f pl) (25) pron poss (zG s: mon) dein(e).
tona f Faß n | (a. Maßeinheit) Tonne f | Spund, (Holz)Zapfen m.
tona|da f mús Weise, Melodie f | **~litat** f mús Tonalität; Tonart f | pint Tönung, Farbgebung f.

tonant *adj* (*m/f*) *lit* donnernd | *Júpiter ~* der donnernde Jupiter.
tonatge *m nàut* Tonnage *f*.
ton|dosa *f tèxt* (Tuch)Schermaschine *f* | **~dosar** (33) *vt tèxt* (*Tuch*) scheren | **~dosatge** *m tèxt* Tuchscheren *n* | **~dre** (40) *vt* (*Schaf, Wolle*) scheren | **~edís** *m* (*pl -issos*) Schur(wolle) *f* | **~edor** *adj: màquina ~a* (Tuch-) Schermaschine *f* || *s/mf* Schaf- (*bzw* Tuch-)scherer(in *f*) *m*.
tonell *m* Faß *n* | Tönnchen *n* | Tonne *f*.
tongada *f* Reihe, Serie *f* | *reg* Zeit(raum *m*) *f* | *una ~ de pluges* (*de morts*) e-e Reihe von Regen-(Todes-)fällen.
tònic *adj med* tonisch, kräftigend, stärkend | *p ext* belebend | (*Muskeln*) angespannt, tonisch | *ling* betont; Betonungs... | *accent ~* Betonungszeichen *n* | *aigua ~a* Tonic *n* | *síl·laba ~a* betonte Silbe *f* || *s/m med* Tonikum, kräftigendes Mittel *n* | *s/f mús* Tonika *f* | (*Wasser*) Tonic *n*.
ton|icitat *f med* Tonus, Spannungszustand *m* | **~ificant** *adj* (*m/f*) *med* kräftigend, stärkend | *fig* belebend | **~ificar** (33) *vt med* tonisieren, kräftigen, stärken | *fig* beleben | **~òmetre** *m med* Tonometer *n*.
tonsil·la *f anat* Gaumen-, Rachenmandel, *med* Tonsille *f*.
tonsura *f catol* Tonsur *f* | **~r** (33) *vt* tonsurieren | **~t** *m catol* Geistliche(r) *m*.
tonus *m* (Muskel)Tonus *m*.
tonyina *f ict* Thunfisch *m* | *fig fam* Dresche *f*, Prügel *m pl* | **~ire** *f* Thunfisch-fänger(in *f*) *bzw* -händler(in *f*) *m* || *s/m* Thunfischdampfer *m*.
topa|da *f a. fig* Zusammen-stoß, -prall *m* | **~dís** (-*issa f*) *adj* (*Person*) überall (*od* leicht) auffindbar | *fer-se ~ a alg* j-m über (*od* in) den Weg laufen | **~dor** *adj* stößig | **~ll** *m ferroc* Puffer *m* | **~ment** *m bes fig =* **topada** | **~nts** *m pl* (*Ort*) Winkel *m pl* | *el gos coneix tots els ~ de la casa* der Hund kennt alle Winkel des Hauses | **~r** (33) *vi* stoßen (*amb an ac, contra* gegen *ac*) | *a. fig* zusammen-stoßen, -prallen (*amb* mit) | *s: xocar* | *vaig ~ de cap amb el sostre* ich stieß mit dem Kopf an die Decke | *el cotxe va anar a ~ contra un arbre* das Auto prallte gegen e-n Baum | *topàvem amb grans dificultats* wir stießen auf große Schwierigkeiten || *vt* treffen | *el vaig ~ a l'estació* ich traf ihn (*od* begegnete ihm) im Bahnhof, ich stieß im Bahnhof auf ihn | **~r-se** *v/r: si ara ens topéssim no el coneixeria* wenn wir uns jetzt begegneten, würde ich ihn nicht kennen.
topazi *m min* Topas *m*.
tòpic *adj* örtlich | *med* topisch, örtlich, äußerlich || *s/m Lit* Topos *m*; *p ext* bes Gemeinplatz *m* | *med* örtliches Heilmittel *n*.
top|ògraf(**a** *f*) *m* Topograph(in *f*), Vermessungsingenieur(in *f*) *m* | **~ografia** *f geog anat* Topographie *f* | **~ogràfic** *adj* topographisch | **~ologia** *f geom* Topologie *f* | **~ònim** *m* Ortsname *m* | **~onímia** *f* Toponymie, Ortsnamenkunde *f* | **~onomàstic** *adj* Ortsnamen... | **~onomàstica** *f* Toponomastik, Toponymik *f*.
toquejar (33) *vt* ab-, be-tasten | *umg* befingern, befummeln, betatschen.
toquer(**a** *f*) *m* Hauben-macher(in *f*) *bzw* -verkäufer(in *f*) *m*.
toquerejar (33) *vt =* **toquejar**.
toqueta *f* Kopf-, Schulter-tuch *n*.
tor[1] *m arquit geom* Torus *m*.
tor[2] *m fís* (*Maß*) Torr *n*.
tora *f bot* (Blauer *u.* Gelber) Eisenhut *m*.
Torà *f rel: la ~* die Thora.
tor|àcic *adj* Brustkorb... | Brust... | **~acoplàstia** *f med* Thorakoplastik *f* | **~acotomia** *f med* Thorakotomie *f*.
tora|da *f* Rund-, Stamm-holz *n* | **~l** *adj* (*m/f*) *arquit: arc ~* Hauptbogen *m* (e-r Kuppel).
tòrax *m anat* Brustkorb, Thorax *m*.
torb *m* Wirbelwind *m* | Schneesturm *m* | *fig* Durcheinander *n*.
torba[1] *f* Torf *m*.
torba[2] *f =* **~ment** | *~ de cap* (*med*) Schwindel *m* | **~ció** *f* Verwirrung *f* | Bestürzung *f* | **= ~ment** | **~dor** *adj* aufregend | verwirrend | störend | **~ment** *m* Verlegenheit *f* | Aufregung *f* |⸱ Störung *f* | **= ~ció** | **~r** (33) *vt* (*Arbeit, Ordnung, Ruhe*) stören | (*Wasser*) trüben | (*j-n*) in Aufregung setzen; stören, ablenken; verwirren; verstören; in Verlegenheit bringen; beunruhigen | **~r-se** *v/r s.* beunruhigen | verwirrt werden | in Verlegenheit (*od* Verwirrung) geraten | *s.* aufhalten | *no t'hi torbis!* halte dich damit nicht auf!
torbera *f* Torf-grube *f bzw* -moor *n*.
torbonada *f* Sturmbö *f* | *bes* stürmische(r) Schauer *m*.
torbós (-**osa** *f*) *adj* Torf... | torfig | *terrenys*

torbosos Torfboden *m*.
torcaboques *m Bal Val* Serviette *f*.
torça|da *f* Krümmung *f* | Windung *f* | Verdrehung *f* | *med* Verstauchung *f* | **~l** *m* Kordonnetseide *f* | Kordel *f* | **~let** *m* dünne Kordonnetseide *f*.
torca|mans *m Val* Handtuch *n* | **~r** (33) *vt* abwischen.
torçar (33) *vt* = **tòrcer**.
torca-raor *m* Rasiertuch *n* (*zum Abwischen des Messers*).
torce|coll *m ornit* Wendehals *m* | **~dís** (**-issa** *f*) *adj* biegsam, geschmeidig | *fig* lenkbar | **~dor** *adj* (ver)biegend | drehend | krümmend || *s/m text* Spindel *m* | *s: fus* | **~dura** *f* = **~ment** | **~jar** (33) *vi* leicht gekrümmt (*bzw* verbogen) sein | *s.* werfen, *s.* verziehen (*Holz*) | **~ment** *m* Krümmung *f* | Windung *f* | Verbiegung *f* | Verdrehung *f* | *med* Verstauchung *f*.
tòrcer (40) *vt* verbiegen | verdrehen | krümmen | (*Glied*) verrenken, verstauchen | (*a. Mund*) verziehen, verzerren | (*Recht, Gesetz*) beugen | (*Hände*) ringen | (*Fäden*) zusammendrehen; zwirnen | (*Wäsche*) (aus)wringen | *fig* (*j-n*) verderben | ~ *el coll a alg* j-m den Hals umdrehen | *les males companyies l'han torçut del camí dret* der schlechte Umgang hat ihn auf die schiefe Bahn gebracht || *vi: allà el camí torça a la dreta* dort biegt der Weg nach rechts ab | **~-se** *v/r* *s.* krümmen, *s.* biegen | *fig* auf Abwege geraten | ~ *el braç* *s.* den Arm verrenken *od* verstauchen.
tor|cívol *adj* biegsam, geschmeidig | (*Stoff*) *a.* weich | *fig p ext* wendig, lenksam | **~có** *m* (*krampfartiger*) Bauchschmerz *m* | **~cor** *m* (*Handsäge*) Knebel *m*.
tòrcul *m gràf* Handpresse *f*.
tord *m ornit* Singdrossel *f* | ~ *ala-roig* Rot-, Wein-drossel *f* || *ict* Pfauenlippfisch *m* | ~ *massot od negre* Braune(r) Lippfisch *m* | ~ *roquer* Goldmaid *f* | ~ *verd m* Grüne(r) Lippfisch *m*.
toreja|dor(a *f*) *m* Stierkämpfer(in *f*) *m* | **~r** (33) *vt taur* den Stier reizen || *vi* mit Stieren kämpfen.
torell *m* Holzblock *m* | **~ó** *m* Holz-dübel, -stift *m*.
torero (-a *f*) *m* Stierkämpfer(in *f*) *m* || *s/m* Torero *m* || *s/f* Bolero(jäckchen *n*) *m*.
torèutica *f art* Toreutik *f*.
tori *m quím* Thorium *n*.

Torí *m* Turin *n*.
tòria¹ *f bot* Weinrebe *f*.
tòria² *f quím* Thoriumdyoxid *n*, Thorerde *f*.
toriam *m col* Weinreben *f pl*.
torianita *f min* Thorianit *m*.
tòric¹ *adj geom* Torus..., Kreiswulst...
tòric² *adj quím* Thor(ium)..., *bes* Thorium-IV-...
torinès (-esa *f*) *adj* turinisch, Turiner || *s/mf* Turiner(in *f*) *m*.
torita *f min* Thorit *n*.
torlit *m ornit* Triel, Dickfuß *m*.
torm *m* = **penyal**.
tormentil·la *f bot* Fingerkraut *n*.
torn *m tecn* Drehbank *f* | (*Holz*) Drechselbank *f* | *text* Spinnrad *n* | (*Seilerei*) Garnhaspel *f*; Seilerrad *n* | (*Töpferei*) Dreh-, Töpfer-scheibe *f* | Drehfenster *n*, (drehbare) Durchreiche *f* | Reihe(nfolge) *f*; Turnus *m* | (*Arbeit*) Schicht *f* | ~ *de dia* (*de nit*) Tag-(Nacht-)schicht *f* | *estar de* ~ Dienst haben; an der Reihe sein | *ara et toca el* ~ du kommst jetzt an die Reihe *od umg* dran | **~a** *f mst pl* Gegenleistung, Entschädigung *f* | (*bei e-m Tausch*) Ausgleich *m*, Draufgabe *f* | *per* ~ als Zugabe | *un panet per* ~ e-e Semmel als Zugabe | *anar a tornes* Gleiches mit Gleichem vergelten | **~aboda** *f* (*Hochzeit, p ext Fest*) Nachfeier *f*; zweite(r) Feiertag *m* | **~ada** *f* Rück-, *lit* Wieder-kehr *f* | Rückweg *m* | *Lit mús* Refrain, Kehrreim *m* | *viatge* (*vol*) *de* ~ Rück-fahrt, -reise *f* (-flug *m*).
tornado *m* Tornado *m*.
torn|aguia *f com* Rückzollschein *m* | **~ajornals**: *a* ~ (*loc adv*) gegenseitig | *ajudar-se a* ~ (*en la feina*) *s.* gegenseitig (bei der Arbeit) helfen | *anar a* ~ Gleiches mit Gleichem vergelten | **~all** *m agr* Furchenende *n* | letzte Furche *f* | **~apunta** *f constr* Strebe *f* | **~ar** (33) *vi* zurück-, wiederkommen, -kehren, zurückfahren, noch einmal kommen | *el dinar em torna a la boca* das Mittagessen stößt mir auf | ~ *a casa* nach Hause gehen, heimkehren | ~ *a fer u/c* etw wieder tun | ~ *de la guerra* aus dem Krieg zurückkommen | ~ *d'una excursió* von e-m Ausflug wiederkehren | ~ *en si* wieder zu *s.* kommen | *quan tu hi vas, jo ja en torno* (*fig*) ich habe viel mehr Erfahrung als du | ~ *a la mateixa* auf etw hartnäckig beharren; *umg* auf etw

herumreiten | ~-*hi* etw wiederholen | *tornem-hi!* fangen wir nochmals an!; (*als Vorwurf*) schon wieder dasselbe! | *bitllet d'anar i* ~ Rückfahrkarte *f* || *vt* zurück-erstatten, -geben, -bringen | zurückschicken | ~ *el canvi* das Wechselgeld herausgeben | ~ *resposta* die Antwort geben | **~ar-se** *v/r* werden | ~ *agre* sauer werden | ~ *groc* gelb werden | ~ *vermell* (*a. fig*) rot werden | ~ *boig* verrückt werden | *s'ha fet ric, però no s'ha tornat avar* er ist reich geworden, aber er ist (deswegen) nicht geizig geworden | ~'*n* um-, zurück-kehren | *me'n torno ara mateix* ich kehre sofort zurück | *tornars'hi* s. verteidigen, Gleiches mit Gleichem vergelten | **~assol** *m* Schillern *n* | *bot* Lackmuskraut *n* | *quím* Lackmus *m* | *paper* (*tintura*) *de* ~ Lackmus-papier *n* (-tinktur *f*) | **~assolar** (33) *vt* zum Schillern bringen | **~assolar-se** *v/r* schillern | **~assolat** (-**ada** *f*) *adj* schillernd, changierend | **~aveu** *m* Schalltrichter *m* | (*Kirche*) Schall-, Kanzeldeckel *m* | *teat* Souffleurkasten *m* | *fig* (*Person*) Echo *m* | **~avís** *m* Schraubenzieher *m* | **~eig** *m hist esport* Turnier *n* | *fig Lit art* Wettbewerb *m* | *un* ~ *d'escacs* e. Schachturnier *n* | **~ejador** *m* Turnierkämpfer *m* | **~ejament**[1] *m* = **~eig** | **~ejament**[2] *m* Drehen *n* | Drechseln *n* | **~ejar**[1] (33) *vi* turnieren | **~ejar**[2] (33) *vt* (*Metall*) drehen | (*Holz*) drechseln | *fig* um-kreisen, -geben | **~er(a** *f*) *m* Dreher(in *f*) *m* | Drechsler(in *f*) *m* | **~eria** *f* Dreherei *f* | Drechslerei *f* | Dreh-; Drechsler-arbeit *f* | **~iol** *m* (Spiral)Windung *f* | (*Wasser*) Strudel *m* | (*Wind*) Wirbel *m* | (*Rauch*) Kringel *m* | **~iquet** *m* Dreh-kreuz *n bzw* -tür *f* | *med* Aderpresse *f*.

toro *m zool* Stier, Bulle *f* | *agafar el* ~ *per les banyes* (*fig*) den Stier bei den Hörnern packen || *pl* Stierkampf *m*.

torped|e *m ict* Zitterrochen *m* | *mil* Torpedo *m* | **~inar** (33) *vt a. fig* torpedieren | **~iner** *m* Torpedoboot *n* | Torpedoflugzeug *n* | **~ínids** *m pl ict* Zitterrochen *m pl*.

torpor *f med* Stumpfsinn *m* | *fig* Erstarrung *f* | *a. fig* Empfindungs-; Regungslosigkeit *f*.

torra|collons *m/f pop* Nervensäge *f*; *bes* Quertreiber *m* | **~da** *f* Röstung *f*, Rösten *n* | *bes* Röstbrot *n*, Toast *m* | Rösten, auf e-m Rost Braten *n* | **~dor** *adj* röstend, Röst... | *s/f* Röster *m* | *fig fam* (Voll)Rausch *m* | *una* ~*a de castanyes* e. Kastanienröster *m* | **~pà** *m* Toaster *m* | **~pipes** *m/f* Faulenzer(in *f*), Nichtstuer(in *f*) *m* | **~r** (33) *vt* (*a. Kaffee, Mandeln*) rösten | (*Brot*) *a.* toasten | *p ext* bräunen | **~r-se** *v/r* rösten, geröstet werden | *fig fam* s. betrinken, *pop* s. vollaufen lassen | ~ *al sol* s. in der Sonne rösten | **~t** (-**ada** *f*) *adj* geröstet | *fig fam* betrunken, blau.

torr|assa *f gr(r)* Turm *m* | **~atxa** *f* Türmchen *n* | *bes* Aussichtsturm *m* | *reg* Blumentopf *m* | **~e** *f a. mil nàut* Turm *m* | Villa *f*; Wochenendhaus *n* | *hist* Land-gut, -haus *n* | ~ *d'antena* Funkturm *m* | ~ *de Babel* Turm *m* zu Babel; *fig* Babel *n* | ~ *de control* (*aeron*) Tower, Kontrollturm *m* | ~ *de guaita* od *fam de moros* Wachtturm *m* | ~ *de les hores* Glocken-, Uhr-turm *m* | ~ *mestra* Schloßturm *m* | ~ *de televisió* Fernsehturm *m* | ~ *de vori* (*fig*) Elfenbeinturm *m* | **~edà** (-**ana** *f*) *m* = **torrer**.

torrefac|ció *f* Röstung *f*, Rösten *n* | **~te** *adj* (*bes Kaffee*) mit Zucker geröstet.

torre|jar (33) *vi* aufragen, s. türmen | **~jat** (-**ada** *f*) *adj* mit Türmen | **~lla** *f* Türmchen *n* | **~llat** *m ornit* Braune(r) Sichler *m* | **~lló** *m* (*Festung, Stadtmauer*) Türmchen *n* e-r Stadtmauer | Festungstürmchen *n*.

torren|cial *adj* (*m/f*) reißend | *bes: pluja* ~ strömender (*bzw* wolkenbruchartiger) Regen *m* | *sorres* ~*s* Schwemmsand *m* | **~cialment** *adv* in Strömen | **~t** *m* Wild-, Gebirgs-, Sturzbach *m* | *p ext* Klamm *f*, *südd* Tobel *m/n* | *fig* Strom *m* | *un* ~ *de lava* e. Lavastrom *m* | *un* ~ *de llàgrimes* e. Strom *m* von Tränen | **~tada** *f* Wasserflut *f*, Wildwasser *n* | **~tal** *m*, **~tera** *f* Klamm *f*, *südd* Tobel *m/n* | **~tol** *m* kl(r) Wildbach *m*.

torr|er(a *f*) *m* Türmer(in *f*) *m* | Turmwächter(in *f*) *m* | Leuchtturmwächter(in *f*) *m* | **~eta** *f* Türmchen *n* | *mil* Geschütz-, *bes* Panzer-turm *m*; (*Festung*) Drehturm *m*; *nàut* Geschützturm, (*a. U-Boot*) Turm *m* | Wochenendhaus *n* | *reg* Blumentopf *m* | **~icó** *m mil* Festungstürmchen *n*, *bes* Burgwarte *f* | Wachttürmchen *n*.

tòrrid *adj* (sehr) heiß | (*Sonne*) sengend |

la zona ~a (*geog*) tropische Zone, die Tropen.

torr|ó *m* «Torró» *m* (*nougatähnliche Weihnachtssüßigkeit in Tafeln; die Masse besteht je nach Sorte aus mehr od weniger fein zerkleinerten Mandeln od Pinienkernen, Nüssen, Haselnüssen, Kokos, Eiweiß u. Honig*) | ~ *de massapà* (*etwa*) Marzipanbrot *n* | *fig: calent com un torró od torronet* behaglich (*od mollig*) warm | **~onaire** *m/f* Torró-hersteller(in *f*) bzw -verkäufer(in *f*) *m* | **~oner** *adj* Torró... | *indústria ~a* Torróindustrie *f* || *s/mf* = **~onaire**.
tors *m anat* Oberkörper *m* | *art* Torso *m*.
torsimany *m* Dolmetscher, Dragoman *m*.
tor|sió *f* Ver-drehung, -drillung, -windung *f* | *fís mat tecn a.* Torsion *f* | *tèxt* Drall *m* | *angle de ~* Verdrehungswinkel *m* | *barra de ~* Dreh-, Torsions-stab *m* | *resistència a la ~* Torsionsfestigkeit *f* | **~siòmetre** *m* Torsiometer *n* | Drehmomentmesser *m* | **~siu** (**-iva**) *adj* spiralförmig verdreht | **~t(ament**) *adj* krumm | schief | gedreht | (*Faden*) gedreht; gezwirnt | (*Säule*) gewunden | *Bal Val* einäugig | *de ~* (*loc adv*) schief, schräg von der Seite; auf Umwegen | *anar de ~* schwanken, *umg* Schlagseite haben || *s/m* Unrecht *n*, Ungerechtigkeit *f* | *fig* Übel *n* | *a ~* (*loc adv*) zu Unrecht | *a ~ i a dret* (völlig) unüberlegt, aufs Geratewohl | *s/f* Krümmung, Biegung, Windung *f* | (*Straße, Weg*) *a.* Kurve *f* | *fig fam* Umweg *m* | *caminar fent tortes* torkeln, taumeln, schwankend gehen | **~tejar** (33) *vi* krumm (*bzw* schief) sein | s. winden (*Pfad, Fluß*) | s. werfen, s. verziehen (*Holz*).
tortell *m* (gefüllter) Blätterteigkranz *m*.
tort|ellatge *m bot* Wolliger Schneeball *m* | **~era** *f tèxt* (*Spindel*) Haspel *f* | **~erol** *m* (*Rauch, Wind*) Spirale *f* | *oc* Fußknöchel *m* | **~icoli** *m med* Schiefhals *m*; *bes* steifer Hals *m*.
tortó *m agr* Ölkuchen *m*.
tórtora *f ornit* Turteltaube *f* | *~ turca* Türkentaube *f*.
tortosí (-**ina**) *adj* Tortosiner, aus Tortosa || *s/mf* Tortosiner(in *f*) *m* | *s/m ling* Tortosinisch *n* | *el ~* das Tortosinische.
tortrícids *m pl entom* Wickler *m pl*.
tortuga *f zool* Schildkröte *f* | *constr* (*Ziegel*) Hohlpfanne *f* | *hist mil* (*Rö-*

mer) Schilddach *n* | *~ carei* Karettschildkröte *f* | *~ d'aigua dolça* (*marina, terrestre*) Süßwasser(Meeres- od See-, Land-)schildkröte *f* | *~ d'estany* (*bes Kaspische*) Wasserschildkröte *f* | *a pas de ~* (*fig*) im Schnecken-gang *m od* -tempo *n* | **~da** *f constr* Dachrinne *f*.
tortu|ós (-**osa** *f*, -**osament** *adv*) *adj* (*Weg*) gewunden, geschlängelt | *fig* gewunden; heimtückisch; unlauter, *umg* krumm | **~ositat** *f* Krümmung, Windung *f* | (Heim)Tücke *f* | **~ra** *f* Folter, Tortur *f* | *fig* Qual, Quälerei, Tortur *f* | **~rador** *adj* folternd | quälend, quälerisch || *s/mf* Quäler(in *f*), *lit* Peiniger(in *f*) *m* || *s/m hist* Folterer, Folter-, Henkers-knecht *m* | **~rar** (33) *vt* foltern | *fig* quälen, *lit* peinigen | **~rat** (-**ada** *f*, -**adament** *adv*) *adj a. fig* gequält | qualvoll | *un estil ~* e. gequälter Stil.
torxa *f* Fackel *f* | Wachsstock *m*.
tos[1] *m* (*pl tossos*) *geog* = **tossa**.
tos[2] *m* (*pl tossos*) *anat* Hinterkopf *m* | (*Tiere*) Stirn *f bzw* Nacken *m*.
tos[3] *f* Husten *m* | *~ espasmòdica* Krampfhusten *m* | *~ ferina* Keuchhusten *m* | *~ productiva* Husten *m* mit Auswurf | *~ seca od fam de gos* trockene(r) Husten *m* | *accés* (*od atac*) *de ~* Hustenanfall *m* | *caramel* (*remei*) *contra la ~* Husten-bonbon *m* (-mittel *n*).
tosa *f* (Schaf)Schur *f* | Schurzeit *f* | *folk:* Fest anläßlich der Schur.
tosc(**ament** *adv*) *adj a. fig* rauh, roh; grob, ungeschliffen | unbearbeitet, ungehobelt, ungeschliffen || *s/f* (*a. pedra ~a* Bimsstein *m* | (*Ablagerung*) Kalk *bzw* Kessel-stein *m* | *~a dentària* Zahnstein *m*.
tosc|à (-**ana** *f*) *adj* toskanisch, Toskaner || *s/mf* Toskaner(in *f*) *m* || *s/m ling* Toskanisch *n* | *el ~* das Toskanische | **~ana** *f: la ~* die Toskana.
tosc|ar[1] *m* = **tosquera** | **~ar**[2] (33) *vt* mit Bimsstein abreiben | **~ós** (-**osa** *f*) *adj* mit Kalk- (*bzw* Kessel-, Zahn-)stein bedeckt.
tosell *adj* kahlgeschoren | kahl | (*Weizen*) bartlos || *s/mf* Kahlkopf *m*.
tosque|dat *f* Rauheit *f* | Grobheit *f* | Ungeschliffenheit *f* | **~jar** (33) *vt* bimsen, mit Bimsstein abreiben | abschleifen | **~ra** *f* Bimssteinbruch *m*.
tosquirar (33) *vt* = **tondre**.

tossa *f* Größe, Dicke, Stärke *f* | Umfang *m*, Masse *f* | *geog* größere, gewellte Erhebung *f* | **~da** *f* (*Horntier*) Stoß *m* | **~dor** *adj* (*Horntier*) stößig | **~l** *m* Anhöhe *f* | Hügel *m* | *reg a.* Gipfel *m* | **~r** (33) *vi* mit dem Kopf stoßen | *fig* = **entossudir-se**.

toss|egós (-osa *f*) *adj* an Husten leidend | hüstelnd | **~era** *f* starker, anhaltender Husten *m* | **~eta** *f* Hüsteln *n* | **~ida** *f* Hustenanfall *m* | **~iguera** *f* *Bal* Hustenreiz *m* | **~ir** (40) *vi* husten.

toss|ol *m lit reg* Hügel; Bergrücken *m* | *ant reg a.* (Tier)Kopf *m* | **~oló** *m reg:* *donar-se un* ~ s. am Kopf stoßen | **~uderia**, **~udesa** *f* Dickköpfigkeit *f* | Halsstarrigkeit *f* | **~ut** (**-uda** *f*, **-udament** *adv*) *adj* dickköpfig, halsstarrig.

tost *adv ant reg* = **aviat**.

tostemps *adv ant lit* = **sempre**.

tostorro *m* Schlag *m* auf den Kopf | *gastr* gr(s) Stück *n* Brot; Kanten *m*.

tot *adj* ganze(r, -s) | ~ *l'any* das ganze Jahr | ~*a la setmana* die ganze Woche | ~*a la vida* sein Leben lang | ~ *el món* die ganze Welt; jedermann, jeder | *ja he llegit* ~ *el llibre* ich habe schon das ganze Buch gelesen | *no (és)ser-hi tot(a)* nicht ganz bei Verstand sein | (*unflektiert*) *ell coneix* ~ *Catalunya* er kennt ganz Katalonien || *adv* (*oft flektiert*) ganz | *la pobra noia estava* ~*a avergonyida* das arme Mädchen war ganz verschämt | *els he deixats* ~(*s*) *sols* ich habe sie ganz allein gelassen | (*vor e-m Gerund*) ~ *escrivint aprens a escriure* indem du schreibst, lernst du schreiben || (28) *pron ind* all(er, -e, -es); jede(r, -s) | *en* ~ *moment* in jedem Augenblick | ~*a ocasió* bei jeder Gelegenheit | *de* ~*es parts* von allen Seiten | *a* ~ *preu* um jeden Preis | ~*s plegats* od *junts* alle zusammen *od* insgesamt | ~ *plegat* alles zusammen | ~*s els altres* alle anderen; alle übrigen | *m'ho ha dit* ~ *hem de morir* wir alle müssen sterben | ~ *de* ... lauter ..., viele ... | ~ *el que* ... all das, was ... | ~ *és u* alles ist eins *od* gleich | ~*s i cadascun de nosaltres* alle u. jeder von uns || (*in festen Wendungen*) *aixi i* ~ trotzdem, immerhin | *amb* ~ jedoch, trotzdem | (*amb*) ~ *i això* od ~ *amb* ~ trotz alledem; dessenungeachtet | *del* ~

gänzlich, völlig | *després de* ~ schließlich | *en* ~ *i per* ~ ganz u. gar, in jeder Hinsicht; absolut | *fins i* ~ sogar; darüber hinaus | *va venir* (*fins*) *l'avi i* ~ sogar (*od* selbst) der Großvater kam | ~ *just* kaum; erst | ~ *seguit* sofort; gleich | ~ *sovint* sehr oft | ~ *i* + *inf:* ~ *i tenir diners no vam comprar la casa* obwohl wir Geld hatten, kauften wir das Haus nicht | ~ *i que* obgleich, obwohl | ~ *d'una* plötzlich, mit e-m Mal(e); unerwartet || *s/m* Ganze(s) *n* | *això és el* ~ das ist das Wichtigste *od* die Hauptsache | *jugar-se el* ~ *pel* ~ alles auf e-e Karte (*bzw* aufs Spiel) setzen.

tòt *m* (Tonkrug) Schnabel *m*.

total *adj* (*m/f*) ganz, völlig | Gesamt..., Total... || *adv* alles in allem; schließlich | ~ *res* mit e-m Wort nichts || *s/m* Gesamtsumme *f* | *el* ~ *de ferits és* ... die Gesamtzahl der Verwundeten beträgt ... | **~itari** (**-ària** *f*) *adj polít* totalitär | **~itarisme** *m polít* Totalitarismus *m*; totalitäre(s) Regime *n* | **~itarista** *adj* (*m/f*) totalitaristisch | **~itat** *f* Gesamtheit *f* | Ganzheit *f* | Vollständigkeit *f* | *astr filos lit* Totalität *f* | **~itzable** *adj* (*m/f*) totalisierbar | **~ització** *f* Totalisierung *f* | Vervollständigung *f* | **~itzador** *m tecn* Zählwerk *n* | Totalisator *m* | **~itzar** (33) *vt* zusammenzählen, summieren | *lit* totalisieren | (Menge) zusammenbringen | **~ment** *adv* ganz (u. gar), völlig.

tòtem *m* Totem *n*.

tot|èmic *adj* Totem... | **~emisme** *m* Totemismus, Totemglaube *m*.

tot|estiu *m ornit* Kohlmeise *f* | **~hom** *pron* jedermann | jeder | alle | ~ *ho sap* jedermann weiß es | **~hora** *adv* immer | ständig | *s: tostemps.*

tòtil[1] *m zool* Kröte *f*.

tòtil[2](**-a** *f*) *m* Simpel, Trottel, Einfaltspinsel *m*.

totpoderós *adj* allmächtig || *s/m: El* ~ der Allmächtige.

totx|ana *f constr* Langlochziegel *m* | **~eria**, **~esa** *f fam* Dußligkeit, Dämlichkeit *f* | **~o** *adj fam* dußlig, dämlich | *s/mf* Dussel *m* || *s/m* Back-, Ziegel-stein *m* | *reg* Knüppel(holz *n*) *m*.

tou (**tova** *f*) *adj* weich | *fig a.* weichherzig, nachgiebig | (*vor Erschöpfung, Müdigkeit*) schlapp, schlaff | *un coixí* (*llit*) ~ e. weiches Kissen (Bett) | *pa ~* weiche(s) Brot | *les parts toves del cos* die Weichteile des Körpers | *després de la caminada estàvem ben ~s* nach der Wanderung waren wir ganz schlapp | *posar-se ~* (*fig*) s. aufblähen | *tornar-se ~* weich werden ∥ *s/m* Weiche(s) *n* | Dicke *f* | Menge *f* | *reg* (wilder) Bienenstock *m* | *el ~ de la cama* (*anat*) die Wade | *el ~ del dit* (*anat*) die Fingerkuppe | *un ~ d'arbres* e-e dichte Baumgruppe | *un ~ de neu* e-e (dicke) Schneedecke | *un ~ de palla* e-e Menge Stroh ∥ *s/f* Tuffstein *m* | *fam* (*Kot*) Haufen *m*.

tova *f constr* Luft-, Lehm-ziegel *m*.

tovall|a *f ant reg* Handtuch *n* ∥ *pl* Tischdecke *f*, -tuch *n* | *ecl* Altar-decke *f*, -tuch *n* | **~ó** *m* Serviette *f* | **~ola** *f* Handtuch *n* | *~ de bany* Badetuch *n* | *~ de rus* od *ris* Frottier(hand)tuch, *umg* Frottee(hand)tuch *n* | **~oler** *m* Handtuchhalter *m*.

tovenc *adj* weichlich.

tovera *f tecn aeron* Düse *f* | *~ de propulsió* Schub-, Treib-düse *f* | *~ polvoritzadora* Zerstäuberdüse *f*.

tovor *f* Weichheit, *lit* Weiche *f* | *fig* Weichheit, Weichherzigkeit, Nachgiebigkeit *f* | Schlappheit, Schlaffheit *f*.

tovot *m constr* dicker Luft- (*od* Lehm-)ziegel *m*.

tòxic *adj* giftig, toxisch ∥ *s/m* Gift(stoff) *m*), Toxikum *n*.

tox|icitat *f* Giftigkeit, Toxizität *f* | **~icodèrmia** *f med* Toxidermie *f* | **~icogènic** *adj* toxigen | *bes* gifterzeugend | **~icòleg** (-**òloga** *f*) *m* Toxikologe *m*, Toxikologin *f* | **~icologia** *f* Toxikologie *f* | **~icològic** *adj* toxikologisch | **~icòman** (*a*) *m* Drogensüchtige(r *m*), Rauschgiftsüchtige(r *m*) *m/f* | **~icomania** *f med* Toxikomanie, Drogensucht, Rauschgiftsucht *f* | **~icosi** *f med* Toxikose *f* | **~igen** (-**ígena** *f*) *adj* (*Bakterien*) toxigen, gifterzeugend | **~ina** *f biol med* Toxin *n* | **~oide** *m med* Toxoid *n* | **~oplasmosi** *f med* Toxoplasmose *f*.

trabu|c *m* Kipper *m* | Kippkarren *m* | *mil hist* Bombarde, Steinschleuder *f*; (*Gewehr*) Donnerbüchse *f*, Stutzen *m* | *... de ~* Kipp... | **~cable** *adj* (*m/f*) kippbar | **~cador** *adj aut ferroc* Kipp... ∥ *s/m* Kippvorrichtung *f* | **~caire** *m hist Cat* Freischärler *m* | **~cament** *m*, *ant* **~cança** *f* Kippen *n* | Umstoßen *n* | Umsturz *m* | **~car** (33) *vt* kippen | um-kehren, -kippen, -stoßen | (*bes Wörter*) verwechseln, durcheinanderbringen | **~car-se** *v/r* (um)kippen | *bes* s. versprechen, *umg* s. verhaspeln | **~quet** *m mil hist* Wurfmaschine *f* | Goldwaage *f* | *anar com un ~* wie am Schnürchen gehen.

traç *m* Strich *m*, Linie *f* | Schriftzug *m*.

traca[1] *f* aneinandergereihte Feuerwerkskörper *m pl* | *bes* Feuerwerkssalve *f*.

traca[2] *f nàut* Plankenreihe *f*.

traça *f* Mittel *n*, Weg *m* | Geschick *n*, Geschicktheit; Geschicklichkeit *f* | Spur *f* | *geom* Schnittpunkt *m* | *seguir la ~ d'alg* j-s Spur folgen | *tenir molta* (*poca*) *~* viel (wenig) Geschick haben, sehr (un)geschickt sein | *no hi tinc gens de ~* ich habe k. Geschick dazu *od* dafür | *més val ~ que força* (*Spruch*) Geschick geht über Gewalt ∥ *pl bes quím* Spuren *f pl* | *anàlisi de traces* Spurenanalyse *f* | **~dor** *m fís quím* Tracer, (Isotopen)Indikator *m* | (*Zeichnen*) Reißnadel *f*.

tracamanya *f* List *f*, Trick *m*.

tra|çar (33) *vt* (auf)zeichnen, entwerfen, aufreißen | anlegen | planen | (*Linie*) ziehen | (*Straße, Strecke*) trassieren, abstecken | *fig* umreißen; (*Verhalten, Laufbahn*) vorzeichnen | **~çat** *m* Entwurf *m* | (Auf-, An-)Riß *m* | (*Linie*) Ziehen *n* | (*Strecke*) Trasse, Linienführung *f* | **~cció** *f* Ziehen *n*, Zug *m*; *fís tecn ferroc a.* Traktion *f* | Antrieb *m* | *tecn* Zugkraft *f* | *~ animal* od *de sang* Betrieb *m* durch Zugtiere | *~ davantera* (*aut*) Front-, Vorderrad-antrieb *m* | *~ doble* (*ferroc*) Doppeltraktion *f* | *assaig de ~* (*tecn*) Zugversuch *m* | *límit de ~* (*tecn*) Streckgrenze *f* | *resistència a la ~* (*tecn*) Zugfestigkeit *f*.

traci (**tràcia** *f*) *adj* thrakisch ∥ *s/mf* Thraker(in *f*), Thrazier(in *f*) *m*.

Tràcia *f* Thrakien *n*.

tracoma *m med* Trachom *n*.

tra|ctable *adj* (*m/f*) umgänglich | verträglich | **~ctació** *f ant* Verhandlung *f* | **~ctadista** *m/f* Verfasser(in *f*) *m* von Abhandlungen | **~ctador** *adj* ver-, unter-handelnd ∥ *s/mf hist* Vermittler(in *f*), Unterhändler(in *f*) *m* | **~ctament** *m a. med* Behandlung *f* | *sociol* Anrede *f*; Titel *m* | *~ ambulatori* (*específic, mèdic, profilàctic, quirúrgic*) ambulante (spezifische, ärztliche, vorbeugende *od* prophylaktische, operative od chirurgische) Behandlung *f* | ~ causal (*curatiu*) Kausal-(Heil-)behandlung *f* | ~ de l'aigua residual Abwasseraufbereitung *f* | ~ superficial Oberflächenbehandlung *f* | **~ctant** *m/f* com Händler(in *f*) *m* | ~ en bestiar Viehhändler *m* | **~ctar** (33) *vt a.* med behandeln | (*Thema, Angelegenheit*) *a.* erörtern, besprechen, durchsprechen | (*j-n*) *a.* bewirten, versorgen, verpflegen | (*Geschäft*) aushandeln | ~ alg com a amic j-n als Freund behandeln | ~ alg de tu j-n mit «du» anreden, j-n duzen | ~ alg de lladre j-n e-n Dieb nennen | els coneixem, però no els tractem wir kennen sie, aber wir haben k-n Umgang mit ihnen || *vi:* ~ de (+ *inf*) versuchen zu (+ *inf*) | ~ d'u/c über etw (ver)handeln *od* sprechen; von (*od* über) etw handeln (*Buch*) | ~ amb alg mit j-m verkehren *od* Umgang haben; mit j-m Handel treiben | ~ en bestiar (en vins) mit Vieh (Wein) handeln | **~ctar-se** *v/r* miteinander verkehren | no ~ amb ningú mit niemandem verkehren | es tracta de ... es geht um ..., es kommt darauf an, zu ... | de què es tracta? worum geht es?, wovon ist die Rede? | **~ctat** *m econ* Vertrag *m* | *polít* Staatsvertrag *m* | *cient* Abhandlung *f* | *estud* Hand-, Lehrbuch *n* | ~ de comerç *od comercial* Handelsvertrag *m* | ~ de pau Friedensvertrag *m* | **~cte**¹ *m* Behandlung *f* | Benehmen, Betragen *n*; Umgang *m* | (*Hotel*) Bewirtung, Verpflegung *f* | *dr* Vertrag *m*; Vereinbarung *f* | ~ carnal Geschlechtsverkehr *m* | mals ~s Mißhandlung(en *pl*) *f* | cloure un ~ e-n Vertrag schließen; e-e Vereinbarung treffen | donar un mal ~ a alg j-n schlecht behandeln; s. j-m gegenüber schlecht benehmen | ~ fet! abgemacht! | estar en ~s amb alg sobre u/c mit j-m wegen etw in Verhandlungen stehen | tenir ~ amb alg mit j-m verkehren | **~cte**² *m anat med* Trakt *m* | ~ alimentari Verdauungs-trakt, -apparat *m* | **~ctejar** (33) *vi* verkehren (*amb* mit); in Verhandlungen stehen (*amb* mit) | **~ctiu (-iva)** *adj mst tecn: potència tractiva* Zugkraft *f* | **~ctívol** *adj* umgänglich | liebenswürdig | **~ctor** *m* Traktor *m* | **~ctorista** *m/f* Traktorfahrer(in *f*), *reg* Traktorist(in *f*) *m* | **~ctus**¹ *m* = **~cte**² | **~ctus**² *m catol* Traktus *m* |

~çudament *adv* mit Geschick | **~çut (-uda)** *adj* geschickt | listig.

tradici|ó *f* Tradition *f* | Überlieferung *f* | Brauch *m* | *dr* Übergabe, Auslieferung *f* | **~onal** *adj* (*m/f*) herkömmlich, traditionell | **~onalisme** *m* Traditionsgebundenheit *f*, -bewußtsein *n* | Festhalten *n* am Alten | *filos polít* Traditionalismus *m* | **~onalista** *adj* (*m/f*) traditions-gebunden, -bewußt | *lit* traditionalistisch || *s/m/f* Traditionalist(in *f*) *m* | **~onalment** *adv* traditionell | traditionsgemäß.

tradu|cció *f* Übersetzung, *Lit a.* Übertragung *f* | (*Genetik*) Translation *f* | *fig* Auslegung, Deutung *f* | ~ lliure freie Übersetzung *f* | ~ simultània (*tècnica*) Simultan-(Fach-)übersetzung *f* | dret de ~ Übersetzungsrecht *n* | **~cianisme** *m filos rel* Traduzianismus, Generatianismus *m* | **~ctor(a** *f*) *m* Übersetzer(in *f*) *m* | **~ïble** *adj* (*m/f*) übersetzbar | **~ir** (37) *vt* übersetzen, (*literarisches Werk*) *a.* übertragen | *fig* ausdrücken, erkennen lassen | ~ una novel·la del català a l'alemany e-n Roman vom (*od* aus dem) Katalanischen ins Deutsche übersetzen *od* übertragen.

tr|àfec *m* Umfüllen *n*, Umfüllung *f* | *fig* (*bes pl*) Scherereien(en *pl*), Lauferei(en *pl*) *f*, *reg* Umtrieb *m*; geschäftiges (*od reges*) Treiben *n*; Trubel, Betrieb *m* | (*és*)*ser un* ~ (*fig*) e. Hansdampf sein; k. Sitzfleisch haben | no sortir de ~s aus dem Trubel nicht herauskommen | **~afegament** *m* Um-füllen *n*, -füllung *f* | **~afegar** (33) *vt* (*bes Wein*) umfüllen | **~afegós (-osa)** *f*) *adj* = **~afegut** | **~afeguejar** (33) *vi* sehr geschäftig sein | rastlos tätig sein | herumwirtschaften | **~afegut (-uda)** *f*) *adj* geschäftig, betriebsam | **~àfic** *m com* Handel *m* | Schleich- *bzw* Schwarz-handel *m* | Verkehr *m* | ~ de blanques Mädchenhandel *m* | ~ de divises Devisenschiebung *f* | ~ d'esclaus (de drogues) Sklaven-(Rauschgift-)handel *m* | ~ il·lícit Schleichhandel *m* | ~ aeri Luftverkehr *m* | ~ de camions Lastwagenverkehr *m* | ~ ferroviari Eisenbahnverkehr *m* | ~ fronterer (de frontera) *kl(r)* Grenzverkehr *m* | ~ marítim (*portuari*) See-(Hafen-)verkehr *m* | ~ terréstre (*rodat*) Land-(Straßen-)verkehr *m* | ~ urbà Stadt-

trafolla verkehr *m* | **~afica** *f* (*oft pl*) Machenschaft(en *pl*) *f* | Täuschungsmanöver *n*, Finte *f* | Schwindel *m* || *s/m/f* Schwindler(in *f*) *m* | Schleichhändler(in *f*) *m* | **~aficant** *m/f* (*oft desp*) Händler(in *f*) *m* | Schleich-; Schwarz-händler(in *f*), Schieber(in *f*) *m* | ~ de drogues Rauschgifthändler *m* | **~aficar, ~afiquejar** (33) *vi* handeln (*en* mit) | Schwarzhandel treiben.

trafolla *m/f* = **embrollaire** | **~r** (33) *vt reg* zertreten.

tragacant *m bot* Tragant *m* («Astragalus gummifer») | *med* (*a.* goma ~) Tragantgummi *n/m* | **~a** *f* Tragantgummi *n/m*.

tragar (33) *vt* verschlingen, fressen | *no poder* ~ *alg* (*fig*) j-n gefressen haben || *vi: el veiessis com traga!* wenn du sehen könntest, wie er schlingt!

tragèdia *f* Tragödie *f* | *teat a.* Trauerspiel *n* | *passar una* ~ (*fig*) e-e Tragödie durchmachen.

trag|ella *f agr* Egge *f* | **~ellar** (33) *vt* eggen | **~í** *m* Beförderung *f*, Transport *m* | *fig* geschäftiges Hin u. Her *n*; Schufterei, Plackerei *f* | *anar al* ~ als Fuhrmann arbeiten || *pl* Fuhrlohn *m*.

tr|àgic *adj* tragisch || *s/m/f teat* Tragöde *m*, Tragödin *f* | *Lit* Tragödiendichter(in *f*), Tragiker(in *f*) *m* | **~àgicament** *adv* auf tragische Weise | **~agicomèdia** *f lit* Tragikomödie *f* | **~agicòmic** *adj* tragikomisch.

tragin|a *f dr hist* Fuhr-fron *f*, -dienst *m*, -pflicht *f* | **~ada** *f* (*Fahrt*) Fuhre *f* | Beförderung *f*, Transport *m* | **~ar** (33) *vt* befördern, fort-bringen, -schaffen, transportieren | tragen, schleppen | *p ext fam* (*bes Hunger*) haben | **~er** *m* Fuhrmann *m* | Lastträger; (*a.* Personen) Träger *m* | **~eria** *f* Fuhrwesen *n*.

tragirar (33) *vt fig* umwerfen | (*j-n*) *a.* erschüttern, aus der Fassung bringen.

tragit *m* Brechreiz *m* | **~ar** (33) *vt* anekeln, zum Erbrechen reizen.

trag|o *m* Schluck, Zug *m* | *s: glop, tirada* | *un mal* ~ (*fig*) e-e unangenehme Nachricht; e- schwerer (*od* harter) Schlag | *fer un* ~ e-n Schluck nehmen; *umg* e-n heben | **~ueig** *m* Süffeln *n* | **~uejar** (33) *vi* süffeln | **~uet** *m* Schlückchen *n* | *fer un* ~ e. Schlückchen trinken | **~uinyol, ~uitxó** *m* = **~uet**.

tragúlids *m pl* Zwergmoschustiere *n pl*.

traï|ció *f* Verrat *m* | *alta* ~ Hochverrat *m* | *a* ~ (*loc adv*) verräterisch, in verräterischer Weise | *fer* ~ Verrat begehen *od* üben, treiben | **~da** *f* = **traïció** | **~dor(ament** *adv*) *adj* verräterisch | *fig* (heim)tückisch; falsch | (*Tier*) bösartig, tückisch || *s/m/f* Verräter(in *f*) *m* | *fig* Treulose(r *m*) *m/f* | *de* ~ (*loc adv*) hinterlistig, heimtückisch | **~dorenc** *adj* heimtückisch | **~doria** *f mst dr* Hinterlist, Heimtücke *f* | Verräterei *f*.

traiga *f agr* Deichselring *m*.

traiguera *f bot* wilde(r) Weizen *m*.

tràiler *m aut cin* Trailer *m*.

tra|ïment *m* Verrat *m* | = **traïció** | **~ir** (37) *vt a. fig* verraten | *fig* (*j-n*) *a.* hintergehen; (*Vertrauen*) mißbrauchen | ~ *les esperances d'alg* j-s Hoffnungen enttäuschen | **~ir-se** *v/r s.* verraten.

traïr|ar (33) *vt* harpunieren | **~e** *m gr(e)* Harpune *f*.

traject|e *m* (Fahr)Strecke *f* | Weg *m* | *final de* ~ Endstation *f* | *recórrer un* ~ e-e Strecke (*od* e-n Weg) zurücklegen | **~òria** *f mil aeron* Geschoß-, Flug-bahn *f* | *geom* Trajektorie *f* | *fig* Werdegang; Lebensweg *m* | ~ *d'un planeta* (*astr*) Planetenbahn *f*.

tralla *f* Peitsche(nschnur) *f* | Strick *m* | **~r** (33) *vt reg* festbinden | *fig* herrichten.

tram[1] *m* Abschnitt *m* | Strecke *f*, Teilstück *n* | (*Rohrleitung*, *Schienen*) Strang *m* | *constr* Treppen-lauf *m*, -stück *n*; Brücken-glied *n*, -abschnitt *m* | (*Flößerei*) Gestör *n*.

tram[2] *m* = **tramvia**.

trama *f tèxt* Einschlag, Schuß *m* | *fotog gràf* Raster *m* | *tv* Raster *n* | (*Roman*) Plan *m*, Anlage *f* | (*Drama*) Knoten *m* | *fig* Verbindung *f*, Zusammenhang *m* | *fig* Intrige *f* | *ordir una* ~ e-n Plan aushecken, e-e Intrige spinnen *od* einfädeln | **~da** *f* (*Flößerei*) Gestör *n*, Flügel *m*, Tafel *f* | *constr* Fachwerk *n*; (*Zimmer*) Decke *f* | **~dor(a** *f*) *m* Anstifter(in *f*) *m* | *fig* Intrigant(in *f*), Ränkeschmied *m* | **~r** (33) *vt tèxt* einschlagen, -schießen | *gràf* rastern | *fig* an-stiften, -zetteln; (*Plan*) aushecken | ~ *un complot* e. Komplott schmieden | **~t** *m tèxt* = **trama** | *gràf* Rasterung *f* | *arquit* Raster *m*; *constr* Skelett, Gerüst *n* | **~tge** *m tèxt* Ein-schlagen, -schießen *n* | *gràf* Rasterung *f*, Rastern *n*.

tràmec *m agr* (*Hacke*) Karst *m*.
trame|sa *f* (Über)Sendung *f* | **~tre** (40) *vt* (über)senden | zuschicken | *s: enviar*.
tr|àmit *m adm* Dienstweg *m*, Instanz *f* | Geschäftsgang *m* | **~s duaners** Zollformalitäten *f pl* | *fer els ~ necessaris* die nötigen Formalitäten erledigen | **~amitable** *adj* (*m/f*) auf dem Dienstweg erreichbar | **~amitació** *f adm* Amts-, Dienst-weg *m* | Instanzenweg *m* | Formalitäten *f pl* | amtliche Erledigung *f* | **~amitar** (33) *vt adm* (amtlich) bearbeiten | weiter-geben, -leiten | (amtlich *od* bürokratisch) erledigen.
tramoi|a *f teat* Bühnenmaschinerie *f* | *fig* Täuschung, Fiktion, Erfindung; Intrige *f* | **~sta** *m/f teat* Maschinist(in *f*); Bühnenarbeiter(in *f*) *m*.
tramostar (33) *vt reg* (*Weinmost*) in Fässer umfüllen.
tramp|a *f a. fig* Falle *f* | *caç a.* Fanggrube *f* | Falltür; *teat* Bodenklappe *f* | *fig* (*Betrug*) Schwindel *m*, Täuschung *f*; (*Kunstgriff*) Kniff, Trick *m*; (*beim Spielen*) *bes pl* Mogelei *f* | *caure a la ~* (*a. fig*) in die Falle gehen | *fer trampes* mogeln, schummeln; schwindeln | *viure de la ~* vom Betrug (*od* Schwindel) leben | **~ejar** (33) *vi* mogeln, schummeln; schwindeln | betrügen || *vt* tricksen, deichseln | *~ la situació* s. aus der Affäre ziehen | **~ista** *adj* (*m/f*) schwindlerisch, betrügerisch, gaunerisch || *s/m/f* Schwindler(in *f*), Betrüger(in *f*), Gauner(in *f*) *m*.
tràmpol *m* Windstoß *m* | *fig* = **tràngol**.
trampol|ejar (33) *vi* (sch)wanken, taumeln | **~í** *m esport* Trampolin; (*am Schwimmbecken*) Sprungbrett *n* | (*Ski*) Sprungschanze *f*.
trampós (**-osa** *f*) *adj* betrügerisch, gaunerhaft | mogelnd.
tramunt|à (**-ana** *f*) *adj* von jenseits der Berge || *s/f* (*kalter Nordwind*) Tramuntana *f* | **~anada** *f* starke Tramuntana *f* | **~anal** *adj* (*m/f*) Tramuntana... || *s/m* (*a. vent ~*) starke Tramuntana *f* | **~anella** *f* sanfte Tramuntana *f* | **~ar** (33) *vt* (*Gebirge*) überschreiten || *vi: el sol ja ha tramuntat* die Sonne steht schon hinter den Bergen.
tram|ús *m* (*pl -ussos*) *bot* Weiße Lupine *f* | *agr* Lupinensamen *m*, Lupinenkorn *n* | **~ussar** *m agr* Lupinenpflanzung

f | **~usser** *m bot* = **tramús** | **~usset** *m* = *agr* **tramús**.
tramvia *m* Straßenbahn *f* | **~ire** *m/f* Straßenbahn-fahrer(in *f*) *bzw* -schaffner(in *f*) *m* | **~ri** (**-ària** *f*) *adj* Straßenbahn...
tranc *m reg* = **tarannà** | *Bal* Geschicklichkeit *f*.
tràngol *m* hoher Seegang *m* | *fig fam* Trubel, Aufruhr *m*, Unruhe; Notlage; Klemme, Patsche | *passar un ~* (*fig fam*) Schweres (*od* Schlimmes) durchmachen; in der Klemme (*od* Patsche) sitzen.
tranquil (**-il·la** *f*, **-il·lament** *adv*) *adj* (*a. See*) ruhig | (*Ort, Mensch*) *a.* still, (*a. Leben, Stunde*) geruhsam | (*Person*) *a.* gelassen | (*Person*) unbesorgt, beruhigt | (*Person*) unbekümmert, *desp* unverfroren | *un barri ~* e. ruhiges Stadtviertel | *una vall tranquil·la* e. stilles Tal | *una vida tranquil·la* e. geruhsames (*od* ruhiges, stilles) Leben | *deixa'm ~!* laß mich in Ruhe! | *ara ja puc dormir ~* nun kann ich beruhigt schlafen | *estigues ~, tot anirà bé* sei unbesorgt, es wird alles gutgehen | *fer u/c amb la consciència tranquil·la* etw mit gutem Gewissen tun, ruhigen Gewissens etw tun | *tenir la consciència tranquil·la* e. reines (*od* gutes, ruhiges) Gewissen haben | **~litat** *f* Ruhe *f* | Stille *f* | Geruhsamkeit *f* | Gelassenheit *f* | Unbesorgtheit *f* | Unbekümmertheit; Unverfrorenheit *f* | *~ d'esperit* Gemütsruhe *f* | **~litzador** *adj* beruhigend | **~litzant** *adj* = **~litzador** || *s/m med* Beruhigungsmittel *n* | **~litzar** (33) *vt* beruhigen | *fig a.* beschwichtigen | **~litzar-se** *v/r s.* beruhigen.
trans|acció *f dr* Übereinkunft *f*, Vergleich, Kompromiß *m* | *com econ* Vertrag *m*; Geschäft *n*, Transaktion *f* | *transaccions bancàries* Bank-verkehr *m*, -geschäfte *n pl* | **~alpí** (**-ina** *f*) *adj* jenseits der Alpen (gelegen), transalpin(isch) | **~aminació** *f quím* Transaminierung *f* | **~aminasa** *f quím* Transaminase *f* | **~andí** (**-ina** *f*) *adj: ferrocarril ~* (Trans)Andenbahn *f* | **~atlàntic** *adj* überseeisch, transatlantisch || *s/m* Überseeschiff *n* | Ozeandampfer *m*.
transbord *m nàut* Umschiffung *f* | *ferroc* (*Güter, Waren*) Umladung *f*, Umschlag *m*; (*Personen*) Umsteigen *n* | *de ~*

transcendència 986 **transició**

(*ferroc nàut*) Umschlag... | *vagó de* ~ Umladewagen *m* | **~ador** *adj* umladend | *pont* ~ Umladeanlage *f*, Umlader *m*; Schiebebühne *f* ‖ *s/m nàut* (Eisenbahn-, Auto-)Fähre *f*, Fährschiff *n* | **~ament** *m nàut* Umschiffen *n* | *a. ferroc* Umladen, Umschlagen *n* | Umsteigen *n* | **~ar** (33) *vt nàut* (*Güter, Waren, Passagiere*) umschiffen | *a. ferroc* (*Güter, Waren*) umladen, umschlagen | (*mit der Fähre*) überfahren, übersetzen ‖ *vi* umsteigen.

transcend|ència *f filos* Transzendenz *f* | *p ext* Übersinnlichkeit *f* | *fig* Wichtigkeit, Bedeutung, Tragweite *f* | **~ent** *adj* (*m/f*) *filos* transzendent, übersinnlich, übernatürlich | *fig* überragend, alles übersteigend; von größter Bedeutung, äußerst wichtig | **~ental(ment** *adv*) *adj* (*m/f*) *filos* transzendental | *fig* von größter Bedeutung, äußerst wichtig; weitgreifend; folgenschwer ‖ *s/m pl filos* Transzendentalien *pl* | **~entalisme** *m filos* Transzendentalphilosophie *f* | **~ir** (37) *vt* überschreiten | *filos* transzendieren ‖ *vi* durchdringen, bekannt werden | übergreifen (*a auf ac*) | s. auswirken (*a auf ac*).

trans|ceptor *m telecom* Transceiver, Sende-Empfangs-Gerät *n* | **~conductància** *f elect* (Trans)Konduktanz *f*, (Über) Leitungskoeffizient *m* | **~continental** *adj* (*m/f*) transkontinental | **~córrer** (40) *vi* ver-gehen, -streichen.

transcri|pció *f* Abschreiben *n*; Abschrift *f* | Umschreiben *n*; Umschrift *f* | *bes mús ling* Transkription *f* | ~ *fonètica* phonetische Umschrift, Lautschrift *f* | **~ure** (40) *vt* abschreiben, übertragen | umschreiben | *bes mús ling* transkribieren.

trans|curs *m* Verlauf *m* | *amb el* ~ *del temps* im Laufe der Zeit, mit der Zeit | *en el* ~ *d'un any* im Laufe e-s Jahres | **~danubià** (**-ana**) *adj* transdanubisch | **~ducció** *f biol* Transduktion *f* | **~ductor** *m elect* Transduktor *m* | **~eünt** *adj* (*m/f*) vorübergehend | auf der Durchreise | *adm* nichtansässig | = **transient** | *soci* ~ Gastmitglied *n* | *s/m/f* Vorübergehende(r *m*) *m/f*, Passant(in *f*) *m* | Durchreisende(r *m*) *m/f* | *adm* Nichtansässige(r *m*) *m/f*.

transfer|ència *f* Über-eignung, -tragung *f* | *banc* Überweisung *f* | *econ* Transfer *m* | **~ibilitat** *f* Übertragbarkeit *f* | **~ible** *adj* (*m/f*) transferierbar, übertragbar | überweisbar | *econ* transferabel | **~iment** *m* = **transferència** | **~ir** (37) *vt örtl* überführen, (*bes Sitz, Wohnsitz*) verlegen | *dr* über-eignen, -tragen, abtreten | *banc* überweisen | *econ* transferieren.

transfigura|ció *f* Verwandlung *f* | *rel* Verklärung, Transfiguration *f* | **~r(-se)** (33) *vt*(*/r*) (s.) verwandeln | *bes rel* (s.) verklären.

trans|fixió *f* Durch-bohrung, -stechung *f* | **~florar** (33) *vi* durch-scheinen, -schimmern | **~fondre** (40) *vt* umfüllen | *med* (*Blut*) übertragen.

transform|able *adj* (*m/f*) umwandelbar | **~ació** *f* Um-wandlung, -formung, -gestaltung, *lit cient* Transformation *f* | Verwandlung *f* | Verarbeitung *f* | *elect* Umspannung, Transformation *f* | **~acional** *adj* (*m/f*) transformationell | *bes ling: gramàtica* ~ Transformationsgrammatik *f* | **~ador** *adj* umwandelnd, -formend, gestaltend | *indústria* ~*a* verarbeitende Industrie *f* | *s/m elect* Transformator, Trafo *m* | **~ar** (33) *vt* um-wandeln, -formen, -gestalten, *lit cient* transformieren | (*völlig*) verwandeln | (*Rohstoff, Material*) verarbeiten | *elect* umspannen, transformieren | **~ar-se** *v/r* s. verwandeln (*en* in *ac*) | **~atiu** (**-iva** *f*) *adj* um-wandelnd, -formend, -gestaltend | **~isme** *m biol* Evolutionstheorie *f* | **~ista** *adj* (*m/f*) evolutionistisch ‖ *s/m/f biol* Evolutionist(in *f*) *m* | *teat* Verwandlungskünstler(in *f*) *m*.

trànsfuga *m/f polít mil* Überläufer(in *f*) *m* | *fig* Abtrünnige(r *m*) *m/f*.

transfus|ió *f* Umfüllung *f* | Hinüberleitung *f* | ~ *de sang* (*med*) Bluttransfusion, -übertragung *f* | **~or** *adj: aparell* ~ Transfusionsgerät *n*.

transgre|dir (37) *vt dr* übertreten | **~ssió** *f dr* Übertretung *f* | *geol* Transgression *f* | **~ssiu** (**-iva** *f*) *adj* Transgressions... | **~ssor** *adj* übertretend ‖ *s/mf* Übertreter(in *f*) *m*.

transhum|ància *f* Transhumanz *f*, Weidewechsel *m*, Herdenwanderung *f* | **~ant** *adj* (*m/f*) Wander... | wandernd | *ramat* ~ Wanderherde *f* | **~ar** (33) *vi* wandern (*Herde*).

transi|ció *f* Über-leitung *f*, -gang *m* | (*Wetter*) Wechsel, Umschwung *m* | *elements* (*estat*) *de* ~ (*quím*) Übergangselemente *n pl* (-zustand *m*) | *període de* ~ Übergangs-periode, -zeit *f* | **~ent**

transigència

adj (m/f) arc = **transitiu** | über das eigene Maß hinaus-gehend, -wirkend | transzendent.
transig|ència *f* Nachgiebigkeit *f* | *fig* Versöhnlichkeit *f* | **~ent** *adj (m/f)* nachgiebig | versöhnlich | **~ir** (37) *vi* nachgeben | s. vergleichen, e-n Vergleich schließen (*amb* mit).
transir (37) *vi ant lit* heimgehen, dahinscheiden, sterben.
transistor *m elect* Transistor *m* | *p ext* Transistor(-gerät, -radio *n*) *m*.
tr|ànsit *m* Verkehr *m* | (*von Waren*) Durchfuhr *f*; (*von Personen*) Durchreise *f*; (*durch e. Drittland*) Transit *m* | Durchgangs-, (*bes durch e. Drittland*) Transit-verkehr *m* | Übergang *m* | *rel* Heimgang, Hingang *f* | *psic* Trance *f* | *fig* kritische(r) Augenblick *m* | ~ *d'avions* (*d'embarcacions, de ferrocarrils*) Flug-(Schiffs-, Eisenbahn- *od* Zug-)verkehr *m* | ~ *pesant* Lastkraftwagenverkehr, LKW-Verkehr *m* | *la densitat del* ~ die Verkehrsdichte | *viatgers de* ~ Durchreisende; Transitreisende *pl* | *el* ~ *és fluid* der Verkehr ist flüssig | *obstaculitzar el* ~ den Verkehr behindern | *de nit és perillós de* ~ *per aquests carrers* nachts ist es gefährlich, durch diese Straßen zu gehen | **~ansitiu** (-**iva** *f*) *adj ling* transitiv | **~ansitori** (-**òria** *f*) *adj* vorübergehend, Übergangs... | *disposicions transitòries* (*dr*) Übergangsbestimmungen *f pl* | *règim* ~ Übergangsregime *n*, Übergangsregierung *f* | **~ansitòriament** *adv* vorübergehend.
transla|ció *f* Verlegung *f* | Versetzung *f* | Verschiebung *f* | *dr* Übertragung *f* | *fís* Translation; (*Kristallgitter*) *a.* Parallelverschiebung *f* | (*Genetik*) Translation *f* | (*Reliquien*) Translation, Überführung *f* | *ret* Translation, Metapher *f* | **~tici** (-**ícia** *f*, -**íciament** *adv*) *adj ret* metaphorisch | **~tiu** (-**iva** *f*) *adj bes dr* übertragend | Übertragungs...
translimita|ció *f* Über-schreitung, -tretung *f* der Grenzen | *fig* Zuwiderhandlung *f* | **~r** (33) *vt* (*Grenze, Schranken*) über-schreiten, -treten | **~r-se** *v/r* zu weit gehen.
translitera|ció *f ling* Transliteration *f* | **~r** (33) *vt ling* transliterieren.
translocació *f biol* Translokation *f*.

transparència

transl|úcid *adj* durchscheinend, *fís a.* trans-luzent, -luzid | **~ucidesa**, **~uciditat** *f fís* Durch-scheinen *n*, -sichtigkeit *f*.
transmarí (-**ina** *f*) *adj* überseeisch.
transmetre (40) *vt* über-mitteln, -senden | *dr med tecn telecom* übertragen; *biol a.* vererben | (*bes Energie, Schall, Strom, Wärme*) leiten | ~ *en directe* direkt übertragen, live senden | **~'s** *v/r s.* übertragen, *biol a. s.* vererben | *qualitats que es transmeten d'una generació a l'altra* Eigenschaften, die s. von e-r Generation auf die andere vererben.
transmigra|ció *f* (Völker)Wanderung *f* | (*a.* ~ *de les ànimes*) Seelenwanderung *f* | **~cionisme** *m* Seelenwanderungslehre *f* | **~r** (33) *vi* wandern (*Volk, Seele*).
transmiss|ibilitat *f* Übertragbarkeit *f* | Erblichkeit *f* | **~ible** *adj (m/f)* übertragbar | erblich | **~ió** *f* Über-mittlung, -sendung *f* | *dr med tecn telecom* Übertragung *f*; *biol a.* Vererbung *f* | *tecn a.* Transmission *f*; Antrieb *m* | (*Strahlen, Licht*) Transmission *f*, Durchgang *m* | (*Wärme*) Leitung, Übertragung *f* | ~ *d'energia* Energie-, Kraft-übertragung *f* | ~ *de notícies* Nachrichtenübermittlung *f* | ~ *del pensament* Gedankenübertragung *f* | ~ *en directe* Direktübertragung, Live-Sendung *f* | ~ *per cadena* Kettenantrieb *m* | *arbre de* ~ Transmissionswelle *f* | *corretja de* ~ Treibriemen *m* | **~or** *adj* übermittelnd | übertragend | Übertragungs... Sende... | *estació* ~*a* Sendestation *f*, Sender *m* || *s/m* Übertragungsgerät *n*; Übertrager; Geber; Transmitter; Sender *m* | *med* Überträger *m*.
transmuta|bilitat *f* Verwandelbarkeit *f* | **~ble** *adj (m/f)* verwandelbar | **~ció** *f* Verwandlung *f* | (*fís* Kern)Umwandlung *f* | *quím* Transmutation *f* | **~r** (33) *vt* verwandeln | *fís* (*Kern*) umwandeln | *lit cient* transmutieren | **~r-se** *v/r s.* verwandeln | **~tiu** (-**iva** *f*), **~tori** (-**òria** *f*) *adj* verwandelnd | umwandelnd.
transoceànic *adj* jenseits des Ozeans (liegend), transozeanisch.
transpar|ència *f* Durchsichtigkeit, (Licht-) Durchlässigkeit, Transparenz *f* | *fotog* Diapositiv *n* | **~ent** *adj (m/f)* durchsichtig, -scheinend, transparent | *fig*

transpiració

durchschaubar; klar ersichtlich || *s/m* (*Stoff, Papier*) Transparent *n* | **~entar** (33) *vt* durchscheinen lassen | *a. fig* transparent machen | **~entar-se** *v/r* durchscheinen | **~entment** *adv* durchschaubar; er-, offen-sichtlich.

transpira|ció *f* (Haut)Ausdünstung *f* | Schweißabsonderung, *lit a. bot* Transpiration *f* | **~r** (33) *vi* Schweiß absondern, schwitzen, *cient* transpirieren | *bot* Feuchtigkeit verdunsten | *fig* durchsickern, *lit* ruchbar werden.

transpirinenc *adj* jenseits der Pyrenäen (gelegen), transpyrenäisch.

transport *m a. biol elect tecn* Transport *m* | Beförderung *f* | *nàut* Transportschiff *n*, Transporter *m* | *mst pl* Transportwesen; *p ext* Verkehrswesen *n* | *fig* Entzückung; Entrückung *f*; (*a. von Wut*) Ausbruch *m* | **~** *per carretera* (*ferrocarril*) Beförderung *f* (*od* Transport) auf der Straße (mit der Bahn, per Bahn), Straßen-(Eisenbahn-)transport *m* | **~** *aeri* Transport *m* (*od* Beförderung *f*) auf dem Luftweg, Lufttransport *m* | **~** *de mercaderies* Beförderung *f* (*od* Transport *m*) von Gütern, Gütertransport, -verkehr *m* | **~** *de passatgers* Fahr- (*bzw* Flug-)gastbeförderung *f* | **~** *de viatgers* Personen-beförderung *f*, -verkehr *m* | **~** *de tropes* Truppentransport *m* | **~** *col·lectiu* Sammeltransport *m* | **~s** *públics* öffentliche Verkehrsmittel *n pl* | *avió de* **~** Transportflugzeug *n*, Transporter *m* | *despeses de* **~** Beförderungs-, Transport-kosten *f pl*; Fracht(kosten *pl*) *f* | *empresa de* **~s** Transportunternehmen *n*, Spedition *f* | **~able** *adj* (*m/f*) transport-fähig, -abel, -ierbar | fahrbar, tragbar | **~ador** *adj tecn* Förder... | Transport... || *s/m* Förderer *m*, Fördermittel *n* | (*Person*) Transporteur *m* | *geom* Winkelmesser *m* | **~** *de cinta* Förderband *n* | **~ament** *m* Befördern, Transportieren *n*, Transportierung *f* | **~ar** (33) *vt* transportieren | (*Güter, Lebewesen*) *a.* befördern | *mús* transponieren | *fig* entzücken, hinreißen; *bes rel* entrücken; überwältigen | **~ista** *m/f* Transportunternehmer(in *f*), Spediteur(in *f*) *m*.

transpos|ar (33) *vt a. ling* (*Wörter*) umstellen | versetzen, umsetzen | *ling* (*in e-e andere Wortklasse*) transponieren | *mat* (*Gleichungsgröße*) auf die andere Seite bringen | *mús* transponieren |

~ició *f* Umstellung *f* | Versetzung, Umsetzung *f* | *ling mús* Transposition *f* | **~itiu** (**-iva** *f*) *adj* umstellungs-fähig, Umstellungs... | **~itor** *adj bes mús* transponierend | *instrument* **~** transponierendes Instrument *n*.

trans|saharià (**-ana** *f*) *adj* transsaharanisch | *carretera transsahariana* Transsaharastraße *f* | **~septe** *m arquit* Querhaus, Transept *n* | **~sexual** *adj* (*m/f*) transsexuell || *s/m/f* Transsexuelle(r *m*) *m/f* | **~sibèria** (**-ana** *f*) *adj* transsibirisch | *ferrocarril* **~** transsibirische Eisenbahn *f* | **~silvà** (**-ana** *f*) *adj* siebenbürgisch, Siebenbürger || *s/mf* Siebenbürger(in *f*) *m* | **~silvània** *f* Siebenbürgen *n* | **~sònic** *adj fís* transsonisch | Überschall...

transsubstancia|ció *f ecl* Transsubstantiation, Substanzverwandlung *f* | **~l** *adj* (*m/f*) Transsubstantiations... | **~r** (33) *vt* substantiell verwandeln.

transsuda|ció *f anat* Transsudation, Ausschwitzung *f* | **~r** (33) *vi* (aus)schwitzen | **~t** *m med* Transsudat *n*.

transsumpte *m dipl* Abschrift *f*.

transurani|c *adj fís* Transuran... | **~d** *m fís* Transuran *n*.

transvasa|ment *m* Um-füllen *n*, -füllung *f* | **~r** (33) *vt* umfüllen | (*fließendes Gewässer*) ab-, um-leiten.

transverberació *f* Durchbohrung *f*.

transvers *adj* quer (verlaufend) | Quer... | **~al** *adj* (*m/f*) quer (verlaufend) | schräg | *cient* transversal, Transversal... | Quer... | *geom: secció* **~** Querschnitt *m* || *s/f geom* Transversale, Treffgerade *f* | **~alment** *adv* quer, *cient* transversal.

transvesti|ment *m med* Tranvestieren *n* | **~r-se** (37) *v/r* transvestieren | **~sme** *m med* Transvesti(ti)smus *m* | **~t** *m* Transvestit *m*.

tranuita *lit: de* **~** (*loc adv*) ohne zu schlafen | **~dor(a** *f*) *m lit* Nachtschwärmer(in *f*) *m* | **~r** (33) *vi lit* die Nacht aufbleiben *bzw* durch-arbeiten, -feiern.

trapa *f* Falle, Klappe *f* | Fall-, Klapp-tür *f* | *teat* Versenkung *f*.

Trapa *f catol: la* **~** der Trappistenorden.

trapàcies *f pl bot* Wassernußgewächse *n pl*.

trapeig *m reg* starke(r) Seegang *m*.

trapell|a *m/f* Schelm(in *f*) *m* | Gauner(in *f*) *m* | Spitz-bube *m*, -bübin *f* | (*Kind*)

a. Lausbub, Racker, Schlingel *m* | **~ejar** (33) *vi* schwindeln | krumme Dinger machen | Unfug anstellen; Streiche aushecken (*Kind*) | **~eria** *f* Schelmen-streich *m*, -stück *n* | Spitzbüberei *f*.
trapenc *adj catol* trappistisch || *s/mf* Trappist(in *f*) *m*.
trapez|i *m* Trapez *n* | *esport a.* Schaukelreck *n* | *anat* Trapezmuskel *m* | *anat* Trapezbein *n* | **~ial** *adj* (*m/f*) Trapez... | **~iforme** *adj* (*m/f*) trapezförmig | **~ista** *m/f* Trapezkünstler(in *f*) *m* | **~òedre** *m* Trapezoeder *n* | **~oïdal** *adj* (*m/f*) Trapezoid(al) ... | **~oide** *m geom* Trapezoid *n* | *anat* Trapezoidbein *n*.
tr|àquea *f anat* Luftröhre, *med* Trachea *f* | *zool bot* Trachee *f* | **~aqueal** *adj* (*m/f*) *anat* Luftröhren..., *med* tracheal | *zool bot* Tracheen... | *animals* **~s** Tracheentiere *n pl* | **~aqueïtis** *f med* Tracheitis, Luftröhrenentzündung *f* | **~aquèola** *f zool* Tracheole *f* | **~aqueoscòpia** *f med* Tracheoskopie *f* | **~aqueotomia** *f med* Tracheotomie *f*, Luftröhrenschnitt *m* | **~aquita** *f min* Trachyt *m*.
trasbals *m* Umfüllen *n* | *fig* Hin- u. Herschieben *n* | Durcheinander *n*, Wirrwarr *m* | Um-sturz *m*, -wälzung *f* | Erschütterung *f* | **~ador** *adj fig* umstürzend, -wälzend | durcheinanderbringend, zerrüttend | verwirrend | **~ament** *m* Um-sturz *m*, -wälzung *f* = **trasbals** | Um-füllen, -gießen *n* | **~ar** (33) *vt* (*Wein usw*) um-, ab-füllen, -gießen | um-laden, -schaufeln | *fig* umstürzen, umwerfen; zerrütten; bestürzen, verwirren; tief berühren; erschüttern.
tras|camar (33) *vi* die Beine bewegen; e. Bein vor das andere stellen | **~cantó**: *de ~* (*loc adv*) aus dem Hinterhalt, unversehens, plötzlich, unvermutet.
trascol *m* Umfüllung *f* | *vi de ~* (*Lehnswesen*) Weinabgabe *f* | **~ament** *m* Um-füllen *n*, -füllung *f* | **~ar** (33) *vt* (*Wein*) umfüllen || *vi* trinken, zu tief ins Glas gucken.
traslla|dar (33) *vt* (*a. j-n dienstlich*) versetzen | woanders hinstellen | umstellen | befördern | (*Termin*) verlegen, verschieben | (*Schrift, Urkunde*) ab-, um-schreiben, übertragen | **~dar-se** *v/r* umziehen (*a* nach) | **~at** *m* Versetzung *f* | Verlegung *f* | Verschiebung *f* | Abschrift, Übertragung *f* | *dr* notarielle Abschrift *f* | Umzug *m*.
tras|lluir-se (37) *v/r* durch-scheinen, -schimmern | *fig* zu ersehen (*od* zu entnehmen) sein (*de* aus) | **~mudar(-se)** (33) *vt*(*/r*) (s.) völlig verändern | *bes* (s.) verfärben | **~palar** (33) *vt* umschaufeln | *agr* worfeln | **~paperar-se** (33) *v/r* verlorengehen, verlegt werden | *se m'ha traspaperat el document* die Urkunde ist mir abhanden gekommen; ich habe die Urkunde verlegt.
trasp|às *m* Überquerung *f* | *a. fig* Überschreitung *f* | Durchbohrung *f* | Durchdringen *n* | Hinscheiden *n*, Tod *m* | *dr* (Eigentums)Übertragung; Überschreibung; Abtretung *f* | (Mietvertrag) Abstand(ssumme *f*) *m* | *esport* Ablösesumme *f*; Transfer *m* | *any de ~* Schaltjahr *n* | **~assament** *m* Hinscheiden *n*, Tod *m* | **~assar** (33) *vt* (*Straße, Fluß*) überqueren | *a. fig* schreiten | durchbohren | durchdringen | *dr* (*Eigentum*) übertragen; überschreiben; (*Rechte*) übertragen, abtreten (*a* an, auf *ac*) | (Miet-, Pachtvertrag) gegen Abstand abgeben *od* abtreten | *esport* (*Spieler*) abgeben, transferieren | (*bes Feiertag*) verlegen || *vi* sterben, verscheiden, dahinscheiden.
traspic *m bot* Acker-Hellerkraut *n*.
traspintar (33) *vt tèxt* entfärben.
trasplanta|ble *adj* (*m/f*) *a. fig* verpflanzbar | **~ció** *f* Um-, Ver-pflanzung *f* | *med* Transplantation *f* | *fig* (*Bevölkerung*) Umsiedlung *f* | **~ment** *m* = **~ció** | **~r** (33) *vt agr silv* um-, verpflanzen | *med* verpflanzen, transplantieren | *fig* (*j-n*) verpflanzen; (*Bevölkerung*) umsiedeln | **~r-se** *v/r fig* umsiedeln.
tras|pontí *m* kl(e) Matratze *f* (*unter den Hauptmatratzen*) | *aut* Klapp-, Notsitz *m* | **~postar-se** (33) *v/r med* s. verfärben | *fig* außer s. geraten | **~puar** (33) *vt* (*Feuchtigkeit*) ausschwitzen, absondern | (durch)dringen durch, (durch)sickern durch, durchnässen | *fig* ausströmen, erfüllt sein von, *desp* triefen von *od* vor || *vi* durch-, ein-dringen (*Licht*) | **~puntar** (33) *vi* anbrechen (*Tag*) | aufgehen (*Sonne*) | grauen, dämmern (*Morgen*) | *fig* zum Vorschein kommen | **~punxar** (33) *vt* durchbohren | (*bes mit der Ahle*) durchstechen.
trast *m ant* Ruderbank *f* | *mús* (*Gitarre*)

Bund *m* | *fig* Reihe *f*; Platz; Stelle(nwert *m*) *f*; Rang(stufe *f*) *m* | *Bal* Grundstück *n*; Parzelle *f* | (*Haushalt*) Hausarbeit *f* | de ~ en ~ (*loc adv*) hie(r) u. da || *fam* (a. ~o) *mst pl* Gerümpel *n*; Plunder, Kram *m*; Tinnef, Klimbim *m* | *fig* (*Person*) Nichtsnutz, Flasche *f* | **~aire** *m/f* Altwarenhändler(in *f*) *m* | **~am** *m col* Gerümpel *n* | **~eig** *m* (*Bewegung*) Hin u. Her *n* | **~ejar** (33) *vi* s. (*dat*) zu schaffen machen | herumhantieren, -wirtschaften; -kramen || *vt* (*bes Möbel*) hin u. her rücken | **~er** *m* Abstell-, Geräte-kammer *f* | Rumpelkammer | **~ets** *m pl fam* Habseligkeiten *f pl*; Krimskrams, Trödel, Kram *m* | agafar els ~ sein Bündel schnüren, s-e Siebensachen (ein)packen; s. packen.

trastoca|ment *m* Geistesverwirrung *f* | Verrücktheit *f* | **~r** (33) *vt* verrückt machen, um den Verstand bringen | **~r-se** *v/r* verrückt werden, den Verstand verlieren.

trastorn *m* Umkehrung *f* | Umsturz *m* | Verwirrung *f* | ~ mental Bewußtseinsstörung *f* | **~ador** *adj* verwirrend | zerrüttend | störend | **~ar** (33) *vt* in Unordnung bringen, durcheinanderbringen | erschüttern, bestürzen, verwirren, zerrütten | aus der Fassung bringen | stören | **~ar-se** *v/r* außer s. geraten | verwirrt werden | = trastocar-se.

trasviar (33) *vt* = **desviar, extraviar**.

trau *m* (*bes Knopf*)Loch *n* | m'has fet un ~ al cap du hast mir e. Loch in den Kopf geschlagen | **~c** *m ant nord-cat* Loch *n* | **~cador** *m* Locher *m*, Locheisen *n* | **~car** (33) *vt ant reg* = **foradar** || *vi reg* auf-gehen, -keimen (*Saat*) | **~er(a** *f*) *m* Knopflochnäher(in *f*) *m* | Knopfloch-schere *f*, -maschine *f*.

traüll *m* Plackerei *f* | **~ar** (33) *vi* s. abmühen.

traum|a *m med* Trauma *n*, Verletzung *f* | *med psic* Trauma *n* | **~àtic** *adj* traumatisch | **~atisme** *m* Trauma *n*, Verletzung *f* | Schock *m* | **~atòleg (-òloga** *f*) *m* Traumatologe *m*, Traumatologin *f* | Unfall-arzt *m*, -ärztin *f* | **~atologia** *f med* Traumatologie *f* | **~atològic** *adj* traumatologisch.

traure (40) *vt bes oc Val* = **treure**.

traüt *m* Plackerei *f* | Trubel *m* | Tumult *m*.

trava *f* Halterung, Haltevorrichtung *f* | Band *n*, Fessel *f* | (*Pferd*) Fußfessel *f* | (*Hose, Tisch*) Steg *m* | (*Wagen*) Bremsklotz, -schuh; a. *fig* Hemmschuh *m* | *fig a.* Hindernis, Hemmnis *n* | posar traves a u/c e-r Sache Hindernisse in den Weg legen | **~cavalls** *m bot* Vogelknöterich *m* | **~da** *f* Fesseln *n* | Hemmen *n* | Fesselung, Feßlung *f* | Hemmung *f* | Verbindung *f* | **~dor** *adj* hemmend, fesselnd || *s/m* (*Pferd*) Fessel *f* | **~r** (33) *vt* an-, fest-binden | ver-binden, -koppeln | fesseln | (*Flüssigkeit*) eindicken | (*Gerät, Hebel*) feststellen, sperren, arretieren, blockieren | (*Wagen*) verkeilen | *fig* hindern, hemmen | **~r-se** *v/r*: se m'havia travat la llengua meine Zunge war wie gelähmt *od* gehorchte mir nicht.

travertí *m min* Travertin *m*.

trav|és *m* (*Körper*) Schräge, Schrägheit *f* | Dicke, Stärke *f* | a ~ de (*loc prep*) a. *fig* durch (ac) | camps a ~ querfeldein | de ~ (*loc adv*) schräg, scheel; quer, schief; *fig* verkehrt, falsch | mirar alg de ~ j-n schief (*od* über die Achsel) ansehen | prendre u/c de ~ etw übelnehmen, etw falsch verstehen | tot els va de ~ alles geht (*od* läuft) bei ihnen schief | **~essa** *f ferroc* Schwelle *f* | *constr* Gerüst-, Dach-balken *m*, *bes* Quer-balken, -träger *m* | (Durch)Wanderung *f* | (*Spiel*) Wette *f*; *esport* Toto(zettel) *m* || *pl* (*Fußball*) Toto *n* | **~essada** *f* Durch- (*bzw* Über-)querung *f* | *bes* (Durch)Wanderung *f* | Durchschwimmen *n* | *nàut* Überfahrt *f* | **~essar** (33) *vt* durch-, über-queren | überschreiten | (*Land*) durchreisen, -fahren; (zu Fuß)-wandern | *aeron* überfliegen | (*Berg*) übersteigen | (*Gebirge*) durchwandern | ~ carrer die Straße überqueren, über die Straße gehen | ~ la frontera die Grenze überschreiten | ~ un riu nedant e-n Fluß durchschwimmen, durch (*od* über) e-n Fluß schwimmen | la bala li havia travessat el cor die Kugel hatte ihm das Herz durchbohrt | la pluja li travessava els vestits der Regen durchnäßte s-e Kleider | els raigs poden ~ les parets més gruixudes die Strahlen können die dicksten Wände durchdringen | **~esser** *adj* Quer... | Seiten... | carrer ~ Querstraße *f* | *s/m* Querbalken *m* | Quer-holz, -eisen *n* | Keilkissen *n* || *s/f* Querstraße *f* | *bes* Durchgangsstraße *f* | **~essia** *f* Quer-

straße *f* | = **~ada** | *nàut bes* Seereise *f* | **~essós (-osa** *f*) *adj* schwierig | (*Person*) *a.* querköpfig.

traveta *f* (*Hose*) Steg *m* | *fig* Beinstellen *n* | *fer la ~ a alg* (*a. fig*) j-m e. Bein stellen.

treball *m a. fís* Arbeit *f* | (*Frucht*) *a.* Werk *n* | *mst pl* Mühe(n *pl*), Drangsal(e *pl*), Schwierigkeit(en *pl*) *f* | *a. med quím* Tätigkeit *f* | *~ cardíac* Herztätigkeit *f* | *~ corporal* (*intel·lectual*) körperliche (geistige) Arbeit *f* | *~ negre* (*social, a domicili, a jornada reduïda, a preu fet*) Schwarz-(Sozial-, Heim-, Kurz-, Akkord-)arbeit *f* | *~s forçats m* Zwangsarbeit *f* | *~s manuals* (*estud*) Handarbeit *f*; *bes* Werken *n*, Werkunterricht *m* | *un ~ delicat* (*fàcil*) e-e knifflige (leichte) Arbeit | *carta od permís* (*dinar, sessió, lloc*) *de ~* Arbeits-erlaubnis *f* (-essen *n*, -sitzung, -stelle *f*) | *inútil per al ~* arbeitsunfähig | *amb* (*penes i*) *~s* mit Mühe (u. Not), nur mühsam | *passar ~s* Mühsal erleiden | *tenir un ~* e-n (Schwindel)Anfall erleiden | *vaig tenir ~s per convèncer-lo* ich hatte Mühe, ihn zu überzeugen | **~ada** *f* (*hartes*) Stück *n* Arbeit | *col* Arbeiter(gruppe *f*) *m pl* | **~ador** *adj* werktätig, arbeitend | arbeitsam, fleißig || *s/mf* Werktätige(r *m*) *m/f*, Arbeiter(in *f*) *m* | **~ar** (33) *vi* arbeiten (*a. Herz, Maschine*) | *südd* schaffen | Arbeit haben, tätig sein | Ertrag bringen (*Boden*) | *~ corporalment* (*intel·lectualment*) körperlich (geistig) arbeiten | *~ a hores* (*a jornal, a preu fet*) stundenweise (im Tagelohn, im Akkord) arbeiten | *~ al camp* (*a la construcció, a la fàbrica, en una editorial*) auf dem Feld (auf dem Bau, in der Fabrik, bei e-m Verlag) arbeiten | *~ com un negre* schuften | *en un diccionari* an e-m Wörterbuch arbeiten | *~ per un futur millor* für e-e bessere Zukunft arbeiten | *fer ~ el cap* s-n Kopf anstrengen | *fer ~ els diners* das Geld arbeiten lassen || *vt* (*Stein, Eisen, Boden*) bearbeiten | (*Rede*) ausarbeiten | (*Teig*) kneten | **~at (-ada** *f*) *adj* (*Leben*) arbeitsreich; (*fig*) schwer, hart | (*Person*) abgearbeitet; *fig* abgehärmt, verhärmt | **~ós (-osa** *f*, **-osament**) *adv*) *adj* mühsam, mühselig | **~otejar**, *reg* **~uscar** (33) *vi* gelegentlich arbeiten, s. hier u. da zu schaffen machen.

trebinella *f tecn* = **barrina**.
trefí *m* (Sekt)Korken *m*.
trefila|**r** (33) *vt* (*Draht*) ziehen | **~tge** *m* Drahtziehen *n*.
trema *f* (*Fischerei*) Stellnetz *n* | = **~ll** | *caç* Vogelnetz *n* | **~ll** *m* (dreifaches) Fischernetz *n*.
trematodes *m pl zool* Saugwürmer *m pl*.
treme|**bund** *adj* schrecklich, furchterregend | **~l·lals** *f pl bot* Zitterpilze *m pl* | **~nd** *adj* fürchterlich | furchtbar, schrecklich | gewaltig, riesig | **~nt** *adj* (*m/f*) zitternd, bebend.
trementina *f* Terpentin *n* | *essència de ~* Terpentinöl *n*.
tr|**émer** (35) *vi ant lit*, **~emir** (37) *vi ant lit* = **tremolar** | **~èmol**[1] *m bot* Zitterpappel *f* | **~èmol**[2] *m* Spiegelschrank *m* | **~emoladís (-issa** *f*) *adj lit* zitt(e)rig | **~emolador** *adj* zitternd, bebend | **~emolament** *m* Zittern, Beben *n* | *~ de terra* Erdbeben *n* | **~emolar** (33) *vi a. fig* zittern, *lit* beben | *~ de fred* (*de por*) vor Kälte (vor Angst) zittern *od* schlottern | *~ com una fulla* zittern wie Espenlaub | *~ de cap a peus* an allen Gliedern schlottern | *li tremola la mà* (*la veu*) s-e Hand (s-e Stimme) zittert | **~emoleda** *f* Zitterpappelhain *m* | **~emolejar** (33) *vi* leicht zittern | **~emolenc** *adj* zitt(e)rig | **~emolí** *m* leichtes Zittern *n* | Schauer *f* | *bot* Birkenröhrling *m* | **~emolitja** *f* (*Köder*) Wurm *m* | **~èmolo** *m* *mús* Tremolo *n* | (*Orgel*) Tremulant *m* | **~emoló** *m ict* Zitterrochen *m* | **~emolor** *m/f* Zittern *n* | *bes med* Tremor *m* | **~emolós (-osa** *f*, **-osament**) *adv*) *adj* zitt(e)rig | zitternd || *s/f ict* Zitterrochen *m* | **~emor** *m/f med* Tremor *m*.
tremp *m bes met* Härten *n*, Härtung *f*; (*a. Glas*) Abschrecken *n* | Härte *f* | (*Federkiel*) Einschnitt *m*; *p ext* (Schreib)Feder *f* | *pint* Tempera *f*; (*der Farbe*) Bindekraft *f* | *fig* Charakterfestigkeit; Prägung *f*, Schlag *m* | *pintura al ~* Tempera-farbe *bzw* -malerei *f* | **~a** *f pint* Temperaemulsion *f* | **~ament** *m* = **temprament** | **~aplomes** *m* Federmesser *n* | **~ar** (33) *vt tecn* (*Stahl, Glas, Keramik*) härten; abschrecken; *bes met* glühfrischen, tempern | (*Feder*) schneiden | *mús* = **temprar** || *vi pop* (*erigieren*) steif werden, stehen | **~at (-ada** *f*) *adj* gesund | *fig* aufgeweckt; nett, sympathisch, *umg* in Ordnung |

la seva dona és trempada s-e Frau ist in Ordnung | *és un xicot molt ~* er ist e. sehr netter Kerl.
tremuja *f tecn* Mühltrichter *m*, Gosse *f* | Einwurf-, Füll-trichter *m* | (*Rüben, Kalk*) Bunker *m* | Glockenhelm *m*.
trèmul *adj* zitternd, bebend.
tren *m* Garnitur *f*; Gestell *n*; Getriebe *n*, Satz *m* | *mil* Train, Troß *m* | *ferroc* Zug *m* | *~ automotor* (*directe, especial, exprés, de mercaderies* od *de càrrega, ràpid*) Triebwagen-(Fernschnell-, Sonder-, Eil-, Güter-, D-Zug *od umg* Schnell-)zug *m* | *~ de joguina* Spielzeugeisenbahn *f* | *~ d'aterratge* Fahrgestell, -werk *n* | *~ de barques* od *barcasses* Bootsflotille *f* | *~ de camions* Lastzug von LKW *m*, LKW-Kolonne *f* | *~ d'engranatges* Räderwerk *n* | *~ de laminació* Walz-straße *f*, -werk *n* | *~ d'ones* Wellenzug *m* | *~ de vida* Lebens-weise *f*, -stil *m* | *a tot ~* in vollem Tempo; in rasendem Tempo | *a un ~ diabòlic* in e-m höllischen Tempo | *agafar el ~* mit dem Zug fahren, den Zug nehmen | *se m'ha escapat el ~* od *he perdut el ~* ich habe den Zug verpaßt.
trena *f* Flechte *f* | Zopf *m* | *p ext* Geflecht *n* | Tresse *f* | **~dora** *f tecn* Flechtmaschine *f* | **~r** (33) *vt* (*Haare, Schnüre, Weide*) flechten | **~t** (**-ada**) *adj* geflochten || *s/m* Flechtart *f* | Geflecht *n* | Flechtwerk *n*.
trenc *m* Bruch *m* | Riß *m* | Platz- (*bes* Kopf-)wunde *f* | *a ~ d'alba* bei Tagesanbruch *m* | **~a** *f* = **~adissa** *f* (*Weg*) Abzweigung *f* | = **fita** | *ornit* Schwarzstirnwürger; Kl(r) Grauwürger *m* | **~aaigües** *m* (*Fenster*) Regenleiste *f* | **~aavellanes** *m ict* = **enrocador** | **~able** *adj* (*m/f*) brechbar | zerbrechlich | **~acaps** *m* Kopfzerbrechen *n*; Problem *n*; Sorge *f* | **~aclosques** *m* (schwieriges) Rätsel *n* | *bes* Puzzle(spiel) *n* | **~acolls** *m* gefährlicher Abgrund *m* | *fig* gefährliche Angelegenheit *f*; halsbrecherische(s) Unternehmen *n* | **~ada** *f* Brechen *n* | Bruch *m* | Zerreißen *n* | Zerbrechen *n* | (*Weg*) Abbiegung *f* | **~adís** (**-issa** *f*) *adj* leicht zerbrechlich || *s/f* Zerbrechen; Zerbersten; Zerklirren *n* | **~ador** *adj* zerbrechend || *s/mf* Zerbrecher(in *f*) *m* | (*Gesetz*) Übertreter(in *f*) *m* | *~ de fe* Wortbrüchige(r) *m* | *~ de pedra* Stein-

brecher, -brucharbeiter *m* || *s/m* (*Gerät*) Brecher *m* | Nußknacker *m* || *s/f* *tèxt* Breche *f* | *constr* Brech-stange *f*, -eisen *n* | **~adura** *f* *a. med* (*Eingeweide*) Bruch *m* | *s: hèrnia* | **~afila** *f gràf* Kapitalband *n* | **~aglaç** *m nàut* Eissporn *m* | (*Schiff*) Eisbrecher *m* | **~ahams** *m ict* Blaufisch *m* | **~all** *m* (*Weg*) Abzweigung *f* | (*Meer*) = **rompent** | **~allums** *m arquit* (*Fenster*) Pfosten *m*; *pl* Stabwerk *n* | **~alòs** *m ornit* Bart-, Lämmer-geier *m* | **~ament** *m* Brechen *n* | Bruch *m* | Zerbrechen *n* | Aufbrechen *n a. dipl* Abbruch *m* | **~anous** *m* Nußknacker *m* | *ornit* Tannenhäher *m* | **~ant** *m* Brandung *f* | **~anua** *f bot* (Acker-) Schachtelhalm *m* | **~apedra** *f bot* Bruchkraut *n* | *bot* Steinbrech *m* | **~apins** *m* Tausendsassa *m* | Gernegroß *m* | **~apinyes** *m ornit* Fichtenkreuzschnabel *m* | **~apinyons** *m* kl(r) Nußknacker *m* (*für Mandeln, Pinienkerne*) | = **~apinyes** | **~ar** (33) *vt* zerbrechen | zerschlagen | (*Geschirr*) *umg a*. zer-deppern, -teppern | (*Spielzeug*) *umg a*. kaputt-machen | (*Nüsse, Mandeln*) aufbrechen, knacken | (*Fenster, Zähne*) einschlagen | (*Knochen, Marmor, Schiefer, Schweigen, Vertrag, Ehe, Eid, Treue, Wort*) brechen | (*Gespräch, Beziehungen, Verhandlungen*) abbrechen; unterbrechen | *~ l'alè a alg* (*fig*) j-m den Atem nehmen *od* rauben | *~ el color a alg* (*fig*) j-n erblassen (*od* erbleichen) lassen | *~ el cor a alg* (*fig*) j-m das Herz brechen | *la pau* den Frieden brechen *bzw* stören | *~ les oracions a alg* (*fig*) j-m ins Wort fallen; *p ext* j-n aus dem Konzept bringen | *~ el son* e. Schläfchen halten *od* machen | *vi* brechen (*amb* mit) | anbrechen (*Tag*) | durchbrechen (*Zahn, Knospe*); aufbrechen (*Knospe*) | abbiegen (*Weg*) | *ja trenca el dia* der Tag bricht an | *el camí trenca a l'esquerra* der Weg biegt nach links ab | **~ar-se** *v/r* zerbrechen | zerreißen | zerspringen | entzweigehen | platzen | s. brechen (*Wellen*) | *med* (*dat*) e-n Bruch zuziehen *bzw* heben | *~ el cap* (*fig*) s. den Kopf zerbrechen | *~ un braç* (*una cama*) s. den Arm (das Bein) brechen | *~ el coll* (*fig*) s. den Hals brechen; schweren Schaden erleiden | *~ de riure* vor Lachen platzen, s. kranklachen | ~at (-ada f) adj a. fig (Farbe, Mensch) gebrochen | zerbrochen | entzwei, umg kaputt | (Gelände) unwegsam; zerklüftet | línia trencada (geom) gebrochene Linie | hi tens la mà trencada (fig) du hast dazu (od dafür) sehr viel Geschick || s/m Bruch m | Riß m | mat Bruch(zahl f) m | reduir un ~ e-n Bruch kürzen.

trent|a (29) num (zG s: vuit, vuitanta) dreißig | la Guerra dels ~ Anys der Dreißigjährige Krieg | ~è (-ena f) (30) num (zG s: vuitè) dreißigste(r, -s); dreißigstel | ~ejar (33) vi in die Dreißig kommen; um (die) Dreißig sein | ~ena f col (zG s: vuitantena) (etwa) dreißig | ~enari (-ària f) adj dreißigjährig || s/m ecl dreißigtägige Andacht f | ~enni m dreißig Jahre n pl.

trenyella f tèxt Tresse, Litze f.

trep m reg = trenc; estrip.

trepa[1] f Schablone f | hist (Schlitzmode) Schlitz m | pintar a la ~ mit e-r Schablone zeichnen.

trepa[2] f fam desp iròn (Lause)Bande f | quina ~! so e-e Bande!

trep|à m med Trepan(iermeißel) m | ~adella f bot Esparsette f | ~ador adj durchbohrend | s/f (a. màquina ~a) Bohr-, Loch-maschine f || s/m med (Schädel) Bohrer, Trepan m | tecn Bohrer m, Tiefbohrgerät n; Meißel m | ~adura f = ~atge | ~anació f med Schädelbohrung, Trepanation f | ~anar (33) vt med trepanieren | tecn durchbohren | auf-, aus-meißeln | fig lit durch-, ein-dringen | fa un fred que trepana es herrscht schneidende Kälte | ~ant m tecn Bohrer m | Bohrgestänge n | Bohrhammer m | Bohrknarre f | Bohrmaschine f | ~ar (33) vt (durch)bohren | hist (Kleidungsstück) aufschlitzen | s: trepa[1] | ~atge m (Durch)Bohren n | (Durch)Lochen n.

trepida|ció f Beben, Zittern n | asr Trepidation f | ~nt adj (m/f) bebend, zitternd | fig (Leben, Stadt) pulsierend; (Rhythmus) bewegt | ~r (33) vi beben, zittern.

trepi|g m Treten n | Auftreten n, Tritt m | el ~ dels raïms das Traubentreten n | ~tjada f Darauftreten n, Tritt m | Fuß-spur f, -stapfen m | ~tjador(a f) m Keltertreter(in f) | ~tjar (33) vt (Boden, Rasen, Neuland) betreten | treten auf bzw in | (zerstören) zertreten | fig mit Füßen treten | ~ un escarabat

e-n Käfer zertreten | m'has trepitjat l'ull de poll du bist (od hast) mir auf das Hühnerauge getreten.

trepó m bot Königskerze, Wollblume f | bot Kolbenhirse f.

trepollar (33) vt zerstampfen, zertreten.

tres (29) num (zG s: vuit) drei | nàut: la zona de les ~ milles die Dreimeilenzone f || fig: per un ~ i no res wegen nichts u. wieder nichts; aus e-m belanglosen Grund(e) | en un ~ i no res im Null Komma nichts; im Nu; im Handumdrehen | ~avi (-àvia f) m Ururgroß-vater m, -mutter f.

tresc m emsiges (od rastloses) Hin u. Her n | (Bienen) Aus- und Ein-fliegen n | ~a f = tresc | la ~ i la verdesca (fam) dies, das u. jenes | ~ador adj aus- u. ein-fliegend (Bienen) | fig emsig, rastlos | ~ament m (Bienen) Aus- u. Ein-fliegen n.

trescanar (33) vi tèxt umspulen.

trescar (33) vi emsig ein- u. aus-fliegen (Bienen) | fig rastlos (od emsig) arbeiten bzw hin u. her gehen | ~ per la muntanya kreuz u. quer durch das Gebirge wandern.

tres|-centè (-ena f) (30) num (zG s: vuitè) dreihundertste(r, -s); dreihundertstel | ~-cents (-centes f) (29) num (zG s: vuit, vuit-cents) dreihundert | ~et m mús Triole f | ~eta f numis hist Dreier m | Bal fig: no tenir una ~ k-n Pfennig haben | ~illo m (Karten) Tresillospiel n | (Möbel) Sofagarnitur f (mit zwei Sesseln) | ~lliures m ict kl(r) Sägebarsch m.

tresor m a. fig Schatz m | fig a. Kostbarkeit f; (Person) a. Perle f, Juwel n; (Ort) Fundgrube f | Lit hist Thesaurus m | ~s de l'art modern moderne Kunstschätze m pl | ~ públic Fiskus m, Staatskasse f; Schatzamt n | aplegar ~s Schätze ansammeln od zusammentragen | la teva secretària és un ~ deine Sekretärin ist e-e Perle od e. Juwel, e. Schatz | valer un ~ Geld (od Gold) wert sein | ~ejament m Schatzsammlung f | ~ejar (33) vt horten, ansammeln | ~er(a f) m Kassenwart(in f) m | Schatzmeister(in f) m | ~eria f Schatzamt n | Finanzverwaltung f | fig Barmittel n pl | (Verein) Kasse f | lletra de ~ (econ) Schatz-anweisung f, -wechsel m.

trespeus m Dreifuß m | fotog Stativ n.

trespol m arquit (Zimmer)Decke f | Bal

Boden(belag) *m*; *p ext* Boden *m* | **~ar** (33) *vt arquit* decken | *Bal* mit Bodenbelag belegen; *p ext arquit* pflastern.

tresquera *f* (*Bienen*) Flug *m* | *p ext* Weg, Pfad, Steig *m*.

tresquiornítids *m pl ornit* Ibisse *m pl*.

tressa *f* (*Fischerei*) Brailtau *n* | *ant* = **trena**.

tret[1] *m* (*Waffe*) Schuß *m* | *disparar* ~*s* Schüsse ab-geben *od* -feuern | *sense disparar un* ~ (*mil*) kampflos || (*Entfernung*) Strecke *f* | *a llarg* ~ (*loc adv*) früher od später | *encara hi ha un* (*gran*) ~ (bis dort) ist es noch e. gutes Stück Weges || (Gesichts)Zug *m* | *els* ~*s fins de la seva fisonomia* s-e feinen Gesichtszüge *m pl* | *fig* (Wesens)Zug *m* | *a grans* ~*s* in großen (*od* groben Zügen | *els* ~*s principals* die Hauptzüge.

tret[2] *prep* ausgenommen, mit Ausnahme | außer (*dat*) | ~ *de nosaltres dos, tots hi han anat* außer uns beiden sind alle hingegangen | ~**a** *f* Heraus-nehmen, -ziehen *n* | Entnahme *f* | *com* Ertrag, Gewinn *m*; (*Ware*) Absatz, Abgang *m*; (ins Ausland) Ausfuhr *f* | Einfall, Geistesblitz *m*.

tretz|e (29) *num* (*zG s: vuit*) dreizehn || *fig fam: estar* (od *mantenir-se*) *en els seus* ~(*s*) halsstarrig auf etw bestehen | *ell,* ~ *són* ~, *no es deixava convèncer* er ließ s. partout nicht überzeugen | ~**è** (**-ena**) (30) *num* (*zG s: vuitè*) dreizehnte(r, -s); dreizehntel | ~**ena** *f col* (*zG s: vuitena*) (etwa) dreizehn.

treure (40) *vt* heraus-nehmen, -holen, -ziehen | *a. fig* ent-, weg-nehmen | (*Fleck*) entfernen | (*Kopf, Zunge*) herausstrecken | (*Wasser*) schöpfen | (*Waffe aus der Scheide, Zahn, Los, Schlüsse*) ziehen | ~ *alg a ballar* j-n zum Tanz auffordern | ~ *alg de casa* j-n hinauswerfen | ~ *alg d'un càrrec* j-n aus e-m Amt *od* aus e-r Stellung entlassen | ~ *un nen del col·legi* e. Kind aus der Schule nehmen | ~ *alg d'un mal pas* j-m aus der Patsche helfen | ~ (od *llançar*) *al mercat* herausbringen | ~ *d'una quantitat x unitats* x Einheiten von e-r Menge (*od* Zahl) abziehen *od* subtrahieren | ~ *diners d'u/c* aus etw Geld machen | ~ *la grossa* den Haupttreffer gewinnen | ~ *una còpia* e-e Abschrift anfertigen, e-e Kopie machen | ~ *fulla* (*flor, fruit*)

Laub (Blüten, Früchte) treiben (*od* tragen) | ~ *les castanyes del foc* (a. *fig*) die Kastanien aus dem Feuer holen | ~ *la pols d'u/c* etw abstauben | ~ *el menjar* brechen | ~ *sang pel nas* Nasenbluten haben | ~ *una moda* e-e Mode einführen *od* schaffen | ~ *un malnom a alg* für j-n e-n Spitz- (*od* Spott-)namen erfinden | *què en treus?* was hast du davon?; was hilft's dir? | *què n'he de* ~ was soll mir das nützen? | *no en trec res* das hilft mir nichts; davon habe ich nichts | ~**'s** *v/r*: ~ *l'abric* den Mantel ablegen | ~ *la camisa* (s. *dat*) das Hemd ausziehen | ~ *u/c de la barretina* s. (*dat*) etw aus dem Kopf schlagen | ~ *u/c de la boca* s. (*dat*) etw vom Mund absparen | ~ *del damunt* (od *de sobre*) *alg od u/c* s. von j-m *od* etw befreien; j-n *od* etw loswerden *bzw* abschütteln.

treva *f* Waffenruhe *f* | *a. fig* Waffenstillstand *m* | *fig a.* (Atem-, Ruhe-)Pause *f* | *hist: la* ~ *de Déu* die Treuga Dei, der Gottesfriede | *sense* ~ unablässig.

Trèveris *m* Trier *n*.

tr|èvol *m bot* Klee *m* | ~ *de prat* Wiesenklee *m* | ~ *pudent* Asphaltklee *m* | ~**evolat** (**-ada**) *adj* kleeblattförmig | ~**evolet** *m* Weißklee *m*.

tri (**trina** *f*) *adj arc* dreifach | *bes rel: el Déu* ~ der dreieinige Gott, die Heilige Dreifaltigkeit.

tria *f* Aus-wahl, -lese *f*.

tri|absidial *adj* (*m/f*) *arquit* mit drei Apsiden | ~**àcid** *adj quím* dreisäurig.

triada *f* Aus-lesen, -wählen *n* | = **tria**.

tríade *f lit* Dreiheit, Trias *f* | Triade *f*.

triàdic *adj mat* drei-zählig, -gliederig.

triad|issa *f* Aus-suchen, -wählen *n* unter mehreren *od* vielen | ~**or** *adj* aus-lesend, -wählend | *s/mf* Ausleser(in *f*) *m* || *s/m* (*Geräte*) Schrotsieb *n*; *tecn* Trommelsieb *n*, Siebtrommel *f*; (*Küche*) Schaumlöffel *m* | ~**ures** *f pl* Ausschuß *m* | Reste *m pl* | Rückstände *m pl* | Abfall *m* aus e-r Aus-lese, -wahl.

triaga *f med hist* Theriak *m*.

trialles *f pl* (*bes* Korken)Ausschuß *m*.

triang|le *m geom* Dreieck *n* | *mús* Triangel *m* | ~ *acutangle* (*equilàter, esfèric, isòsceles, obtusangle, rectangle*) spitzwinkliges (gleichseitiges, sphärisches, stumpfwinkliges, rechtwinkliges) Dreieck *n* | ~**ulació** *f* Triangulation *f* | ~**ular**[1] *adj* (*m/f*) dreieckig | ~**ular**[2]

(33) *vt* triangulieren, trigonometrisch vermessen | **~ularment** *adv* dreieckkig, im Dreieck.

tria|pedrar (33) *vt* (*Getreide*) sieben | **~pedres** *m* Getreidesieb *n* | **~r** (33) *vt* (aus)lesen, aussuchen, (aus)wählen | sortieren | (*Korn*) (aus)sieben, aussondern | *donar a* ~ wählen lassen.

triarquia *f polít hist* Dreierherrschaft, Triarchie *f*.

tri|as *m geol* Trias(formation) *f* | **~àsic** *adj* Trias..., triasisch || *s/m* Trias(formation) *f*.

triat (-ada) *f*) *adj* erlesen | (*im Essen*) wählerisch | **~ge** *m a. tecn* Aus-lesen, -suchen, -wählen *n*, Sichten, Sortieren *n* | *agr* (*Korn*) (Aus)Sieben, Aussondern *n*.

triaxial *adj* (*m/f*) dreiachsig.

triba *f tecn* gr(r) Bohrer *m*.

tr|íbade *adj f psic* lesbisch || *s/f* Tribade *f* | **~ibadisme** *m* Tribadie *f*, Tribadismus *m*.

tribal *adj* (*m/f*) Stammes...

triban|a *f tecn* Bohrer *m* | **~ar** (33) *vt* = **barrinar** | **~ella** *f* kl(r) Bohrer *m*.

trib|ologia *f fís* Tribologie *f* | **~oluminescència** *f* Triboluminesenz *f* | **~òmetre** *m* Tribometer *n*, Reibungsmesser *m*.

tribraqui *m Lit hist* Tribrachys *m*.

trib|u *f* Volksstamm *m* | *hist biol* Tribus *f* | *lit iron* Sippe *f* | **~ú** *m hist* Tribun *m* | ~ *de la plebs* (*militar*) Volks-(Militär-)tribun *m*.

tribul|ació *f* Drangsal, Mühsal *f* | Widerwärtigkeit *f* | Leid *n* | **~ar** (33) *vt* bekümmern, ängstigen | quälen | *p ext* peinigen | **~et** *m* Schlingel, Lausbub *m*.

tribun|a *f* Tribüne *f* | (*Kirche*) Empore *f* | *polít* Rednerbühne *f* | ~ *d'honor* Ehrentribüne *f* | **~al** *m dr* Gericht(shof *m*) *n* | *fig* Prüfungskommission *f* | ~ *d'apel·lació* Berufungsgericht *n* | ~ *d'arbitratge* Schiedsgericht *n* | ~ *de comptes* Rechnungshof *m* | ~ *del comerç* (*de guerra*) Handels-(Kriegs-)gericht *n* | ⩴ *Constitucional* Verfassungsgericht *n* | ⩴ *Europeu dels Drets de l'Home* Europäischer Gerichtshof *m* für Menschenrechte | ~ *d'honor* (*de jurats*) Ehren-(Schwur-)gericht *n* | ~ *popular* Volksgericht(shof *m*) *n* | ⩴ *Superior* (*etwa*) Oberlandesgericht *n* | ⩴ *Suprem* Oberster Gerichtshof *m* | ~ *tutelar de menors* Jugend- u. Vormundschaftsgericht *n* | *comparèixer davant un* ~ vor e-m Gericht erscheinen | **~at** *m* Tribunat *n* | **~ici** (-*ícia f*) *adj* tribunizisch | *fig* Volksredner...

tribut *m a. fig* Tribut *m* | (öffentliche) Abgabe, Steuer(n *pl*) | *lit: pagar* ~ *a la mort* sterben | **~ació** *f* Besteuerung *f* | = **tribut** | *sotmès a* ~ = **~ari** | **~ador** *adj u. s/m/f* = **~ant** | **~ant** *adj* (*m/f*) steuerpflichtig || *s/m/f* Steuerzahler(in *f*) *m* | **~ar** (33) *vi* Tribut (*bzw* Steuern) zahlen || *vt fig* (*Ehre*) erweisen | (*Lob*) zollen | **~ari** (-*ària f*) *adj* Steuer..., steuer-, tribut-pflichtig | (*Fluß*) zufließend | *reforma tributària* Steuerreform *f* | *un riu* ~ e. Nebenfluß *m*.

tri|cèfal *adj* dreiköpfig | **~cennal** *adj* (*m/f*) dreißig-jährig *bzw* -jährlich.

tríceps *m anat* Trizeps *m*.

tri|ci *m quím* Tritium *n* | **~cicle** *m a. aut* Dreirad *n* | ~ *de repartiment* Lieferdreirad *n* | **~clini** *m hist* Triklinium *n* | **~clínic** *adj* triklin, triklinisch | *cristalls* ~*s* triklinische Kristalle *n pl* | **~cloroetilè** *m quím* Trichloräth(yl)en *n*.

tric|òfit *m med* Trichophyton *n* | **~ofitosi** *f* Trichophytie *f* | **~oloma** *m bot* Ritterling *m*.

tricolor *adj* (*m/f*) dreifarbig | *la bandera* ~ *de França* die Trikolore.

tric|oma *m biol* Trichom, Pflanzenhaar *n* | **~omoniasi** *f med* Trichomoniase *f* | **~opatia** *f med* Haarkrankheit *f* | **~òpters** *m pl entom* Trichoptera, Köcherfliegen *f pl*.

tri|cord *m mús* Dreisaiteninstrument *n* | Dreiklang *m* | **~corn** *m* (*Hut*) Dreispitz *m* | **~corne** *adj* (*m/f*) mit drei Spitzen, dreispitzig | **~corni** *m* (*Guardia Civil*) Dreispitz *m*.

tricot *m tèxt* (*Gewebe*) Trikot *m*; Strickware *f* | *p ext* (*schwarzes*) Unterhemd *n* | ~ *de llana* (*Hirten*) wollenes Unterhemd *n* | **~ar** (33) *vt* (*a.* auf der Maschine) stricken | **~atge** *m* Stricken *n* | Trikotage *f*; Gestrick *n*.

tric|òtom *adj lit* dreigeteilt | **~otomia** *f* Dreiteilung, *dr filos* Trichotomie *f* | **~otòmic** *adj* Dreiteilungs... | *lit* trichotomisch.

tricotosa *f tèxt* Strickmaschine *f*.

tricrom|àtic *adj fís* dreifarbig; Dreifarben... | **~ia** *f* Dreifarbendruck *m*.

tricúspide *adj* (*m/f*) drei-gipfelig; -spitzig | *anat: vàlvula* ~ (*Herz*) Trikuspidalklappe *f*.

tri|dàctil *adj* dreifingerig | **~dent** *m*

Dreizack *m* | **~dentat (-ada** *f*) *adj* dreizackig.
tridentí (-ina *f*) *adj* Trienter | *bes ecl* Tridentiner, tridentinisch | *el concili ~* das Konzil von Trient, das Tridentinum.
tri|digitat (-ada *f*) *adj* dreifingerig | **~dimensional** *adj* (*m/f*) dreidimensional | *arquit: estructures ~s* dreidimensionale Strukturen *f pl* | **~du** *m ecl* dreitägige Andacht *f*.
tr|íedre *m geom* Dreiflächner *m* | **~ièdric** *adj* dreiflächig.
trienn|al *adj* (*m/f*) drei-jährig *bzw* -jährlich | **~i** *m* drei Jahre *n pl* (*Zeitraum*), Triennium *n*.
tri|facial *adj* (*m/f*) *u. s/m anat* = **trigemin** | **~fàsic** *adj elect* dreiphasig | Dreiphasen... | **~fil·le** *adj* (*m/f*) dreiblätt(e)rig | **~foli** *m bot* = **trèvol** | *arquit* Kleeblattbogen *m* | **~foliat (-ada** *f*) *adj bot* dreiblätterig | **~fori** *m arquit* Triforium *n* | **~forme** *adj* (*m/f*) drei-gestaltig, -förmig | *mit: deessa ~* (*Diana, Artemis*) dreigestaltige Göttin *f* | **~formitat** *f* Dreigestalt(igkeit) *f* | **~ftong** *m ling* Triphthong *m*.
trifulga *f* (*oft pl*) Plackerei(en *pl*), Schererei(en *pl*), Ungelegenheit(en *pl*) *f*; Ärgernis(se *pl*), Hindernis(se *pl*) *n*.
trifurca|ció *f* dreifache Gabelung *od* Verzweigung *f* | **~r** (33) *vt* in drei Zweige (*od* Gabelungen) teilen | **~r-se** *v/r s.* in drei Zweige (*od* Gabelungen) teilen | *el camí es trifurca* der Weg teilt (*od* gabelt) *s.* in drei (Wege, Abzweigungen).
triga, ~nça *f* = **tardança** | **~ner** *adj* = **tardaner** | **~r** (33) *vi* = **tardar** | *t'esperem, no triguis!* wir warten auf dich, beeil dich!
trigemin (-èmina *f*) *adj* Drillings... | *anat* Trigeminus... || *s/mf* Drilling *m* || *s/m anat* Trigeminus *m* | *neuràlgia del ~* Trigeminusneuralgie *f* | **~at (-ada** *f*) *adj* dreipaarig.
trigèsim (30) *num* = **trentè**.
tri|glids *m pl ict* Seehähne *m pl* | **~glif** *m arquit* Triglyph *m*.
tr|ígon *adj geom* drei-seitig, -eckig || *s/m* = **triangle** | *astr* Trigon *n* | **~igonocèfal** *adj zool* mit dreieckigem Kopf | **~igonometria** *f* Trigonometrie *f* | **~igonomètric** *adj* trigonometrisch | *funcions trigonomètriques* trigonometrische Funktionen *f pl*.

trigós (-osa *f*) *adj reg* = **triganer**.
tri|lateral *adj* (*m/f*) dreiseitig | *polít a.* trilateral | (*Konferenz, Abkommen*) *a.* Dreier... | **~lingüe** *adj* (*m/f*) dreisprachig | **~lió** (29) *num m* (*zG s: milió*) Trillion *f*.
trill *m agr* Dresch-flegel *m bzw* -walze *f* | **~a** *f* Dreschen *n* | (*Wagen*) Radspur *f* | Furt *f* | **~ador** *adj* dreschend, Dresch... || *s/f* (*a. màquina ~a*) Dreschmaschine *f* || *s/mf* = **~aire** | **~aire** *m/f* Drescher(in *f*) *m* | **~ar** (33) *vt agr* (aus)dreschen | (*Stroh*) zerstückeln.
tri|lobat (-ada *f*) *adj* dreilappig | (*Fenster*) dreiflügelig | **~lobits** *m pl zool* Trilobiten *m pl* | **~locular** *adj* (*m/f*) *anat* dreifächerig | **~logia** *f Lit* Trilogie *f* | **~marà** *m nàut* Trimaran *m* | **~membre** *adj* (*m/f*) drei-gliederig, -teilig.
trímer *adj* dreigliederig | *quím* trimer || *s/m quím* Trimer *n*.
trimestr|al *adj* (*m/f*) vierteljährlich | Dreimonats... | **~alment** *adv* alle drei Monate | **~e** *m* Vierteljahr, Quartal, Trimester *n*.
trímetre *m Lit* Trimeter *m*.
trimorf *adj* dreigestaltig, *bes min biol* trimorph | **~isme** *m min* Trimorphie *f*, Trimorphismus *m*.
trimotor *adj* dreimotorig || *s/m aeron* dreimotorige(s) Flugzeug *n*.
trina|r (33) *vi mús* trillern | **~t** *m* Triller *m*.
trinc *m* Klirren *n* | Knacks *m* | **~a** *f nàut* Seil, Band *n*, Strick *m* | Dreiergruppe *f* | *bes esport* Dreiermannschaft *f* | *fig: nou de ~* funkelnagelneu | **~ar** (33) *vt nàut* anknüpfen, befestigen | festzurren | anspannen | anketten || *vi fam* (*beim Trinken*) anstoßen, prosten | *~ a la salut d'alg* auf j-s Gesundheit trinken | **~ó** *m* (Wein-) Trinker *m* | **~ola** *f bot* Gipskraut *n* («*Gypsophila hispanica*») | *Bal a.* Viehglocke *f*.
triner|vat (-ada *f*), **~vi (-èrvia** *f*) *adj bot* dreinervig.
trineu *m* Schlitten *m* | *anar amb ~* Schlitten fahren.
trinita|ri (-ària *f*) *adj rel* Dreifaltigkeits..., Dreieinigkeits...; trinitarisch | *teologia trinitària* Dreifaltigkeitstheologie *f* || *s/mf* (*Dreifaltigkeitsorden*) Trinitarier(in *f*) *m* | **~t** *f* = **tríade** | *rel* Dreifaltigkeit, Dreieinigkeit, Trinität *f* | *Festa de la Santíssima ~* Trinitatis(fest) *n*, Dreifaltigkeitssonntag *m*.

tri|nitrofenol *m quím* Trinitrophenol *n*, Pikrinsäure *f* | **~nitrotoluè** *m quím* Trinitrotoluol, Trotyl, Tritol *n* | **~nomi** (**-òmia** *f*) *adj mat* trinomisch || *s/m mat* Trinom *n*.

trinquet *m nàut* Fock-mast *m*, -rahe *f* | *vela del* ~ Focksegel *n* || (Hallen-)Ballspiel *n* | **~a** *f nàut* Focksegel *n*.

trin|quis *m* = **trencadissa** | *fer* ~ zerbrechen, zerschlagen; Bruchschaden verursachen | **~xa**[1] *f* (Hosen)Bund *m* | **~xa**[2] *m* = **~xeraire** | **~xadissa** *f* vielfältiges Zerstückeln *n* | **~xador** *adj* zerschneidend | Schneide..., Tranchier... | **~xadora** *f* Hack-, Wiegemesser *n* | **~xant** *m hist* Truchseß; Vorschneider, Zerleger *m* | (*Gerät*) Tranchiergabel *f* | Beistell-, Serviertisch *m* | **~xar** (33) *vt* (*Fleisch*) tranchieren, vorschneiden, zerlegen | *p ext* zerkleinern, zerhacken | **~xat** *m gastr* (Gemüse)Haschee *n* | Gehackte(s) *n* | **~xera** *f mil* Schützengraben *m* | Trenchcoat *m* | **~xeraire** *m/f* Halbstarke(r *m*) *m/f* | Stadt-; Land-streicher(in *f*) *m* || *s/m a.* Penner, Pennbruder *m* | **~xet** *m* Schusterkneif *m* | kl(e) Hippe *f*.

trio *m a. fig* Trio *n*.

tríode *m elect* Triode *f*.

triomf *m* Sieg *m* | *a. fig* Triumph *m* | *arc de* ~ (*arquit*) Triumphbogen *m* | **~ador** *adj* siegreich, triumphierend, erfolgreich || *s/mf* Sieger(in *f*) *m* | *s/m hist a. fig* Triumphator *m* | **~al-** (**ment** *adv*) *adj* (*m/f*) triumphal, großartig | Triumph... | Sieges... | *entrada* ~ triumphale(r) Einzug *m* | *marxa* ~ Triumphzug *m* | **~alisme** *m mst polít* Zweckoptimismus *m* | Selbstgefälligkeit *f* | **~alista** *adj* (*m/f*) *desp* zweckoptimistisch | selbstgefällig || *s/m/f* Zweckoptimist(in *f*) *m* | **~ant** *adj* (*m/f*) triumphierend | siegreich | gefeiert | **~ar** (33) *vi* siegen | *a. fig* triumphieren.

trions *m pl ant Lit* Gr(r) u. Kl(r) Wagen *m* | *p ext* Sterne *m pl* des Gr(n) u. des Kl(n) Wagens.

tripa *f mst pl* Eingeweide *n* (*pl*), Gedärm *n* | *gastr* Kaldaune(n *pl*), *südd* Kuttel(n *pl*) *f* | *fam* Bauch *m* | (*Wiederkäuer*) Magen *m* | *fig* (*Melone, Zigarre*) Innere(s) *n* | *treure les tripes per la boca* s. übergeben, *pop* s. auskotzen, s. die Seele aus dem Leib kotzen | **~da** *f* Eingeweide *n pl* | *gastr* (*Gericht*) Kaldaunen,

Kutteln *f pl* | **~ire** *m/f* Kaldaunen-, Kuttel-verkäufer(in *f*) *m*.

tripanosom|a *m biol* Trypanosoma *n* | **~iasi** *f med* Trypanosomiase *f*.

triparti|ció *f* Dreiteilung *f* | **~r** (37) *vt* dreiteilen dritteln | **~t** (**-ida** *f*) *adj* dreigeteilt | Dreier... | *polít: pacte* ~ Dreierpakt *m*.

triper|(**a** *f*) *m* = **tripaire** | **~ia** *f* Kaldaunen, Kuttel-geschäft *n bzw* -stand *m*.

tripètal *adj bot* (*Blüte*) dreiblättrig.

tripijoc *m fam* Schlamassel *m* | *bes* Machenschaft *f*, dunkle(s) Geschäft *n*.

tri|pinnat (**-ada** *f*) *adj bot* dreifach gefiedert | **~plà** *m aeron* Dreidecker *m* | **~ple**[1] *adj* (*m/f*) dreifältig | *hist polít: la* ~ *Aliança* der Dreibund, die Tripelallianz | ~ *concert* (*mús*) Tripelkonzert *n* | **~ple**[2] *adj mat* dreifach || *s/m* Dreifache(s); Tripel *n* | **~plement** *adv* dreimal | dreifach wiederholt.

tríplica *f dr* Triplik *f*.

triplic|ació *f* Verdreifachung *f* | **~ar** (33) *vt* verdreifachen | *dr* auf e-e Duplik erwidern | **~at** (**-ada** *f*) *adj: per* ~ in dreifacher Ausfertigung | *s/m* Triplikat *n*, dritte Ausfertigung *f* | **~itat** *f* dreifaches Vorkommen *od* Auftreten *n*, Triplizität, Dreiheit *f*.

trípode *m* Dreifuß *m* | Stativ *n*.

trípol *m min* Tripel *m*.

tripolar *adj* (*m/f*) *elect* dreipolig.

Tr|ípoli *m* (*Libanon*) Tripoli *n* | (*Libyen*) Tripolis *n* | **~ipolità** (**-ana** *f*) *adj* tripolitanisch, aus Tripoli(s) || *s/mf* Tripolitaner(in *f*) *m*.

tripsin|a *f biol* Trypsin *n* | **~ogen** *m* Trypsinogen *n*.

tríptic *m art* Triptychon *n* | *p ext Lit* Trilogie *f*; *gräf* Faltblatt *n*.

triptòfan *m biol quím* Tryptophan *n*.

trip-trap *m onomat* (*Herz*) Klopfen, Pochen *n*.

tripula|ció *f nàut aeron* Besatzung, Mannschaft, Bemannung *f* | **~nt** *m/f* Besatzungsmitglied *n* | *els* **~s** die Besatzung | **~r** (33) *vt nàut aeron* bemannen.

triquènids *m pl zool* Rundschwanzseekühe *f pl*, Lamantine *m pl*.

triquet *m* (*Spiel*) = **trinquet**.

triqui|asi *f med* Trichiasis *f* | **~na** *f zool* Trichine *f* | **~nós** (**-osa** *f*) *adj med* trichinös | **~nosi** *f* Trichinose *f*.

tri|radiat (**-ada** *f*) *adj bot* dreistrahlig | **~reactor** *m aeron* dreistrahliges

Flugzeug, dreimotoriges Strahlen-, Düsen-flugzeug *n* | **~rectangle** *adj (m/f) geom* dreirechteckig | **~rrem** *m nàut hist* Triere, Trireme *f* | **~sacàrid** *m quím* Trisaccharid *n* | **~sagi** *m ecl* Trishagion *n*.

triscar (33) *vi reg* = **trescar.**

trisec|ar (33) *vt bes mat* dreiteilen | **~ció** *f* Dreiteilung *f* | **~tor** *adj* dreiteilend.

tri|sèpal *adj* mit drei Kelchblättern | **~setmanal** *adj (m/f)* dreimal wöchentlich stattfindend *bzw* erscheinend | **~síl·lab** *adj* dreisilbig || *s/m* dreisilbige(s) Wort *n* | **~sil·làbic** *adj* dreisilbig | (*Aussprache*) *a.* in drei Silben.

trisme *m med* Trismus, Kaumuskelkrampf *m*; Kieferklemme *f*.

tri|solcat (-ada *f*) *adj* mit drei Furchen *bzw* Rillen | **~somia** *f biol med* Trisomie *f*.

trist|(ament *adv*) *adj* traurig | *fig a.* trostlos, freudlos, *lit* trist | *ulls* **~os** traurige Augen *n pl* | *un carreró* **~** e-e trostlose (*od* trübselige) Gasse | *un cas* **~** e. trauriger Fall | *una joventut* **~a** e-e traurige (*od* freudlose) Jugend | *és* **~** *de no poder ajudar-lo* (es ist) traurig, daß man ihm nicht helfen kann | *estar (posar-se)* **~** traurig sein (werden) | *fer posar* **~** *alg* j-n traurig machen | (*vorangestellt*) armselig, elend, jämmerlich | *un* **~** *consol* e. magerer (*od* schwacher) Trost | *fer un* **~** *paper* (*fig*) e-e klägliche Rolle spielen *od* Figur abgeben | *no teniu ni una* **~a** *cadira?* habt ihr denn nicht einmal e-n Stuhl? || *s/m ornit* Cistensänger *m* | **~esa** *f* Traurigkeit *f* | *fig a.* Trostlosigkeit, Freudlosigkeit, *lit* Tristesse *f* | **~oi** *adj* (etwas) traurig | **~or** *f* = **~esa.**

tris-tras *m int onomat* trapp, trapp! || *s/m* Trappe(l)n *n.*

trit *adj* zerbröckelt | zersplittert | zermalmt, -rieben | *s/m pl* = **segonet.**

triteisme *m ecl hist* Tritheismus *m*, Dreigötterlehre *f*.

triti *m* = **trici.**

tritici (-ícia *f*) *adj* Weizen...

tritlle|ig *m* Glocken-läuten, -geläut(e) *n* | **~jar** (33) *vi* (hell) läuten.

tritó *m* mit *astr* Triton *m* | *zool* Wassermolch *m* | **~ alpí** (*crestat, marbrat, rugós* od *pirinenc*) Berg-(Kamm-, Marmor-, Pyrenäen-)molch *m*.

tritò *m mús* Tritonus *m.*

tritura|ció *f* Zerkleinerung *f* | Zer-malmung, -reibung *f* | **~dor** *adj* Zerkleinerungs... | *s/mf* (a. **màquina ~a**) Zerkleinerungsmaschine *f* | (*Gestein*) Brecher *m* | *agr* Schrotmühle *f* | **~a giratòria** (*de martells*) Kreisel-(Hammer-)brecher *m* | **~r** (33) *vt* zerkleinern | zer-malmen, -reiben | (*Argumente*) zerpflücken | (*Getreide*) schroten.

triumvir *m hist* Triumvir *m* | **~at** *m hist* Triumvirat *n.*

trival|ència *f quím* Dreiwertigkeit *f* | **~ent** *adj (m/f)* dreiwertig.

trivi *m estud hist* Trivium *n* | **~al(ment** *adv*) *adj (m/f)* trivial | platt, abgedroschen | alltäglich, gewöhnlich | *nom* **~** (*quím*) Trivialname *m* | **~alitat** *f* Trivialität *f.*

tro *m* Donner *f* | *fig* Knall *m* | Knallkörper *m* | *veu de* **~** Donnerstimme *f* | *fer* **~** (*fig*) Aufsehen erregen | *fer un* **~**, *fer* **~ns** donnern | *la resta són* **~ns** (*fig*) alles andere ist unwichtig.

troan|a *f bot* Liguster *m* («Ligustrum japonicum») | **~ella** *f bot* Liguster *m* («Ligustrum ovalifolium»).

troba *f* Fund *m* | *Lit hist* Troubadour-, *Cat* Trobador-dichtung *f* | *de* **~** (*loc adv*) als Finderlohn | **~da** *f* Treffen *n* | Zusammenkunft *f* | **~dís** (-issa *f*) *adj*: (*és*)*ser* **~** leicht zu finden (*bzw* zu treffen, anzutreffen) sein | *fer-se* **~** *a alg* j-m über (*od* in) den Weg laufen | **~dor** *adj* (auf)findend | begegnend, treffend | erfindend || *s/mf* Finder(in *f*) *m* || *s/m Lit hist* Troubadour, *Cat* Trobador *m* | **~doresc** *adj* Troubadour..., *Cat* Trobador... | **~dures**: *de* **~** (*loc adv*) als Finderlohn | **~lla** *f* (guter, großer, wichtiger) Fund *m* | Auffinden *n* | Entdeckung *f* | *fer una* **~** e-n Fund (*bzw* e-e Entdeckung) machen | **~ment** *m* Begegnung *f*, Zusammentreffen *n* | **~r** (33) *vt* (auf)finden | erfinden, entdecken | (j-n zufällig, auf der Straße) treffen; (*zu Hause, im Büro*) antreffen | erachten, finden, dafürhalten | *t'he trobat adormit* ich habe dich schlafend vorgefunden | *com ho trobes?* wie gefällt es dir?; wie findest du es | *ha trobat la mort inesperadament* er ist unerwartet gestorben | **~ la solució** die Lösung finden | *trobo que tens raó* ich finde, daß du recht hast | *la vaig* **~** *a la cantonada* ich traf sie (*od* begegnete ihr) an der

Straßenecke | *et trobo molt millorat* es scheint dir viel besser zu gehen ‖ *vi Lit hist* dichten ‖ *vi: no hi he trobat* ich habe nicht hingefunden | **~r-se** *v/r* s. treffen | s. befinden, s. fühlen | *aleshores em trobava a París* ich befand mich (*od* war) damals in Paris | *ens hem trobat al mercat* wir haben uns auf dem Markt getroffen | *ens trobarem d'aquí a una hora a la sortida* wir treffen uns in e-r Stunde am Ausgang | *com et trobes?* wie geht es dir?; wie fühlst du dich? | *em trobo cansat* ich fühle mich müde | *ja em trobo millor* es geht mir schon besser; ich fühle mich schon wohler | *no m'hi trobo* ich fühle mich hier (*bzw* dort) nicht wohl | **~t** *m ornit* Brachpieper *m*.

troc *m* = **barata, canvi**.

troca *f text* Knäuel *m* | Docke *f*, Strang *m*.

troc|aic *adj Lit* trochäisch | **~ànter** *m anat* Rollhügel, Trochanter *m*.

trocar *m med* Trokar *m*.

trocoide *f geom* Trochoide *f*

trofeu *m mil caç esport* Trophäe *f* | *p ext esport* Wettkampf *m*.

tròfic *adj med* trophisch.

trofo|blast *m biol* Trophoblast *m* | **~logia** *f* Trophologie, Ernährungswissenschaft *f* | **~taxi** *f biol* Trophotaxis *f*.

troglo|bi (**-òbia** *f*) *adj: animals ~s* Höhlentiere *n pl*, Troglobionten *pl* | **~dita** *m/f* Höhlenbewohner(in *f*), Troglodyt(in *f*) *m* | *fig iròn* Primitivling, einfältiger Mensch *m* | **~dític** *adj* troglodytisch | Höhlen... | **~dítids** *m pl ornit* Zaunkönige *m pl*.

trogònids *m pl ornit* Trogons, Nagelschnäbler *m pl*.

Troi|a *f* Troja *n* | **~à** (**-ana** *f*) *adj hist* trojanisch, troisch ‖ *s/mf* Trojaner(in *f*), Troer(in *f*) *m*.

troica *f* Troika *f*, Dreigespann *n*.

troina *f* (*Fischernetz*) Korkschwimmer *m*.

tr|òlei *m* Stromabnehmer *m* | (*Obus*) *a.* Kontaktarm *m* | *p ext* Obus *m* | **~oleibús** *m* Oberleitungsomnibus, Obus *m*; (*Schweiz*) Trolleybus *m*.

tromba *f meteor* Trombe, Wasserhose *f*.

tromb|e *m med* Thrombus, Blutpfropf *m* | **~ina** *f* Thrombin *n*.

trombó *m mús* Posaune *f* | *p ext* Posaunenbläser, Posaunist *m*.

tromb|òcit *m med* Thrombozyt *m*, Blutplättchen *n* | **~ocitosi** *f med* Thrombozytose, Blutplättchenvermehrung *f* | **~opènia** *f med* Thrombopenie,
Blutplättchenmangel *m* | **~osi** *f med* Thrombose *f* | **~us** *m med* = **trombe**.

trompa *f mús* (Wald)Horn *n* | *zool a. fig* (*Nase*) Rüssel *m* | *arquit* Trompe *f* | *fig fam* Rausch, *pop* Affe, Suff *m* | ~ *de caça* (*mús*) Jagdhorn *n* | ~ *d'Eustaqui* (*anat*) Eustachische Röhre *f* | ~ *de Fal·lopi* od *uterina* (*anat*) Eileiter *m* | *agafar una* ~ (*fam*) s. (*dat*) e-n Rausch (*pop* e-n Affen) antrinken *od pop* kaufen ‖ *s/m/f mús* Waldhornbläser(in *f*), Hornist(in *f*) *m* | *fig fam* (*Versager*) Flasche *f*; (*Alkoholiker*) Trinker(in *f*), *pop* Säufer(in *f*) *m* ‖ *adj* (*m/f*) *fam: estar* ~ betrunken (*pop* besoffen) sein | **~da** *f* Schlag *m* mit dem Rüssel | *p ext* Stoß, Schlag *m* | *aut* Zusammen-stoß *m*, -prall *m* | **~r** (33) *vt* = **enganyar** | *mús ant* (*Horn*) blasen.

trompassa|da *f* Stolpern *n* | **~r** (33) *vi* stolpern | *s: ensopegar*.

tromp|ejar (33) *vt* mit dem Rüssel schlagen | *p ext* stoßen, schlagen | **~ejar-se** *v/r* aufeinander einschlagen | **~era** *f bot* Meerträubel *m* | ~ *d'aigua* Schachtelhalm *m* («Equisetum ramosissimum») | **~et** *m* Trompeter *m* | **~eta** *f mús* Trompete *f* | *bot* Totentrompete *f* | *escampar u/c a so de trompetes* etw ausposaunen *od* an die große Glocke hängen ‖ *pl bot* Engelstrompete *f* | *s/m/f mús* Trompeter(in *f*) *m* | *fig fam* Klatschmaul *n* | **~etada** *f* Trompetenstoß *m* | **~eteig** *m* Trompeten *n* | *fig* Ausposaunen *n* | **~etejar** (33) *vi mús* trompeten ‖ *vt fig* trompeten, ausposaunen | **~eter(a** *f*) *m* Trompeter(in *f*) *m* | Trompeten-hersteller(in *f*), -macher(in *f*) *m* ‖ *s/m ict* Seeschnepfe *f*, Schnepfenfisch *m* | **~eteria** *f* Trompetengeschmetter *n* | (*Orgel*) Trompetenregister *n* | **~is**: *anar* (*od caure*) *de* ~ auf die Nase (*od* Schnauze) fallen | **~itxol** *m* kl(r) Kreisel *m*, Kreiselchen *n* | **~ons**: *a* ~ (*loc adv*) in gr(r) Menge, in Hülle u. Fülle.

tron *m a. ecl* Thron *m* | *ascendir* (*od pujar*) *al* ~ den Thron besteigen | **~a** *f ecl* Kanzel *f* | (*Kinder*) Hochstuhl *m* | *fig* Zylinder(hut) *m* | *ecl: tirar* ~ *avall una parella* e. Paar aufbieten.

trona|da *f* Donnern *n* | Donnergrollen *n* | Gewitter, *arc* Donnerwetter *n* | **~dissa** *f* = **tronada** *f* | **~dor** *adj* donnernd | **~r** (33) *v/imp: ha tronat tota la nit* es hat die ganze Nacht gedon-

nert | *trona i llampega* es blitzt u. donnert | *fer ~ i ploure (fig fam)* Staub aufwirbeln; Furore machen || *vi (mit Subjekt) fig fam* donnern | *(laut schimpfen) a.* wettern | **~t** (**-ada** *f*) *adj (Gebäude)* verwittert, halb zerfallen | *(Kleidung)* schäbig, abgenutzt, abgetragen | *(Person)* heruntergekommen.
tronc *m bot* (Baum)Stamm *m* | *biol (Kategorie)* Stamm *m* | *anat* Rumpf; *(Gehirn)* Stamm *m* | *(Kegel, Pyramide)* Stumpf *m* | *(Säule)* Schaft *m* | *(Genealogie)* Stamm *m*, Geschlecht *n*, Sippe *f* | *(Zugtiere)* Gespann *n* | *fig: dormir com un ~* wie e. Murmeltier *(od pop* e. Sack) schlafen | **~a** *f* dicker Baumstamm *m* | *reg* = **tió** | *reg (Mais)* Rohr *n* | **~al** *adj (m/f) dr* Stamm... | **~ocònic** *adj* kegelstumpfförmig | **~ar** (33) *vt (Baum)* fällen | = **truncar** | **~ut** (-**uda** *f*) *adj (Stroh)* hart, holzig.
tronera *f mil nàut* Schießscharte; Geschützluke *f* | Billardloch *n*.
trontoll *m* Erschütterung *f* | Schwanken, Wanken *n* | Zittern *n* | Wackeln *n* | **~adís** (-**issa** *f*) *adj* unsicher, wack(e)lig | **~ant** *adj (m/f)* (sch)wankend | wackelnd | **~ar** (33) *vi* (sch)wanken | zittern *(Fenster)* | wackeln *(Zahn)* | *fer ~* erschüttern, *fig a.* ins Wanken bringen | **~ós** (-**osa** *f*) *adj* wack(e)lig.
tronxo *m bot* Kohlstrunk *m*.
tronyella *f* Strick *m*, Leine *f*.
trop *m ret* Trope *f, a. ecl mús* Tropus *m*.
tropa *f* Trupp *m* | *bes mil* Truppe *f* | *classe de ~* Truppengattung *f* | *fer ~ (fig)* stattlich aussehen.
tropà *m quím* Tropan(alkaloid) *n*.
tropari *m ecl mús* Troparion *n*.
tropell *m* Gewimmel, Getümmel, wirres Durcheinander *n*; Auflauf *m* | *med fam* Anfall, Kollaps *m* | *fig* Unglück *n*; Rückschlag *m*; *pl a.* Wirren, Unruhen *f pl*.
tropeolàcies *f pl bot* Kapuzinerkressengewächse *n pl*.
tròpic *adj bot ret* tropisch, Tropen... || *s/m geog* Wendekreis *m* || *s/m pl: els* **~s** die Tropen *pl*.
trop|ical *adj (m/f)* tropisch, Tropen... | *bosc de pluja ~* tropischer Regenwald *m* | *calor (clima) ~* Tropen-hitze *f* (-klima *f*) | **~isme** *m biol* Tropismus *m* | **~òfit** *m bot* Tropophyt *m* | **~ologia** *f ret* bilderreiche Sprache *f* | *bíbl* bildliche Exegese *f* | **~ològic** *adj ret* bildlich; Tropen... | **~ològica-**

ment *adv* im übertragenen Sinn | **~opausa** *f meteor* Tropopause *f* | **~osfera** *f* Troposphäre *f*.
troqueu *m Lit* Trochäus *m*.
troquílids *m pl ornit* Kolibris *m pl*.
troquilló *m tèxt* kl(s) Knäuel *n* | *(Maß)* Strang *m* von 80 Haspelgängen.
troquisc *m med* Trochiscus *m*, Plätzchen *n*, Pastille *f*.
tros *m (pl* -**ossos**) Stück *n* | Fetzen *m* | *agr* Acker *m*, Feld *n* | *un ~ de pa* e. Stück *n* Brot; *fig* e. herzensguter Kerl | *un ~ de terra* e. Stück *n* Land | *un ~ d'ase, d'animal* e. Dummkopf *m* | *un ~ de quòniam* e. Trottel *m* | *un ~ d'home (de dona)* e. Manns-(Weibs-)bild *n* | *a ~sos* stückweise, in Stükken | *d'un ~ lluny* von weitem | *(ni) de bon ~* bei weitem (nicht) | *encara falta un bon ~* es fehlt noch e. gutes Stück | *fer ~sos u/c* od *d'u/c* etw zerhacken, -stückeln, -reißen; *fig a.* etw kaputt machen | *fer-se ~sos* in Stükke gehen; entzwei-gehen *bzw* -springen; *fig a.* kaputtgehen | *me'n vaig al ~* ich gehe zum Acker *od* aufs Feld.
trossa *f* Bündel *n*, Ballen *m* | Pack(en *m*) *n* | *nàut* Rack *n*, Trosse *f* | **~da** *f (gerafte)* Falte *f* | **~dor** *m (Korsett)* Schnur *f* | **~r** (33) *vt (Korsett, Schuhe)* schnüren | *(zu e-m Bündel)* zusammenschnüren | *(Rock)* raffen | = **arromangar** | **~r-se** *v/r s.* schnüren | *(Haare)* hoch-, auf-binden, -stecken | = **arromangar-se**.
trosseja|ment *m* Zerstückeln *n*, Zerstückelung *f* | **~r** (33) *vt* zerstückeln | zerreißen, zerfetzen | *(mit Messer, Schere)* zerschneiden | **~t** (**-ada** *f*) *adj* zerstückelt | zerrissen, zerfetzt.
trossell *m* Bündel *n* | Pack *n* | *reg* Wikkeltuch *n*; Windel *f*.
trot *m (Pferd)* Trab *m* | *al ~ (a. fig)* im Trab | *agafar el ~* in Trab fallen *(Pferd)* | *anar al ~* traben | *cavalcar al ~* Trab reiten | *tocar el ~ (fig) s.* in Trab setzen | **~ada** *f* Trabritt *m* | Traben *n* | **~ador** *adj* trabend | *fig* wanderlustig | *s/m (Pferd)* Traber *m* | **~ar** (33) *vi* traben | *fig* auf Trab sein | *fer ~ alg (fig)* j-n auf Trab bringen | **~er** *m hist* Postbote *m*.
trotskis|me *m polit hist* Trotzkismus *m* | **~ta** *adj (m/f)* trotzkistisch || *s/m/f* Trotzkist(in *f*) *m*.
trotxar (33) *vi reg* brodeln.
tru|à *m ant* Possenreißer *m* | = **bufó** |

Gauner *m* | **~aneria** *f* Gaunerei *f*.
truc *m* Schlag *m* | (*an der Tür*) Klopfen; *p ext* (*a. Telefon*) Klingeln, Läuten *n* | (*Billard, Kegel*) Stoß *m*; *p ext* Kugel *f* | *reg* (Kiesel)Stein *m* | *fig* Trick *m* | *fes tres ~s!* klingle (*bzw* klopf) dreimal! | *perdre els ~s* (*fig fam*) durchdrehen | **~a** *f* Tauschhandel *m* | Tausch *m* | *s: barata, canvi, troc* | **~ada** *f* (*Telefon*) Anruf *m* | **~ar** (33) *vi* klopfen *bzw* klingeln, läuten (*a* an dat) | anrufen (*a* alg j-n) | *el telèfon truca* od *truquen* (*al telèfon*) das Telefon klingelt *od* läutet | *et ~é demà* ich rufe dich morgen an || *vt text* zusammenpressen | *fig* fälschen; (*Möbel*) auf alt zurechtmachen; (*Motor*) (hoch)frisieren; (*Film*) Trickaufnahmen anwenden bei | **~atge** *m* Schwindel *m* | Fälschung *f* | *aut* Frisur *f* | *cin* Trickaufnahme *f*.
trucul|ència *f* Schauerlichkeit *f* | Grausamkeit *f* | **~ent** *adj* (*m/f*) schauerlich | grausam | *història ~a* Schauergeschichte *f*.
truf|a *f ant* Spaß, Scherz; Spott *m* | *bot gastr* (*a. Praline*) Trüffel *f*; *reg* Kartoffel *f* | **~ador(a** *f*) *m ant* Spaßmacher(in *f*) *m* | **~ar**[1] (33) *vt gastr* trüffeln | **~ar**[2] *vi ant* spaßen, scherzen; spotten | **~ar-se** *v/r: ~ d'alg* j-n verspotten, s. über j-n lustig machen | **~ejar** (33) *vi* spaßen, scherzen.
truger *m agr* Saustall *m*.
truisme *m filos* Binsenwahrheit *f*.
truita[1] *f ict* Forelle *f* | *~ irisada f* Regenbogenforelle *f*.
truita[2] *f gastr* (*a. ~ a la francesa*) Omelett(e *f*) *n* | (*a. ~ de farina*) Eierkuchen *m* | *fer-se una ~* s. (*dat*) e. Omelett machen | *les maduixes s'han fet una ~* die Erdbeeren sind völlig zerquetscht *od* emg zermanscht, zermatscht | *s'ha girat la ~* (*fig*) das Blatt hat s. gewendet | *somiar truites* (*fig*) Luftschlösser bauen | **~da** *f* gr(s) Omelett *n*.
truiter(a *f*) *m* Forellen-fischer(in *f*) *bzw* -züchter(in *f*), -verkäufer(in *f*) *m*.
truja *f zool* Sau *f* | *ict* Meerschwein *n* | **~da** *f* Sauherde *f*.
trull *m* Ölmühle *f* | Öl-, Oliven-presse *f* | (Öl)Auffangbecken *n* | Oliven- (*bzw* Acker-)Walze *f* | *ant* Weinpresse, Kelter *f* | **~ada** *f* (*Oliven*) Mahlquantum *n* | **~aire** *m/f* Ölmüller(in *f*) *m* | **~ar** (33) *vt* Oliven (aus)pressen, zermalmen | **~ola** *f* (Öl)Auffangbecken *n*.

trumfa *f reg* Kartoffel *f* | **~da**[1] *f reg* Kartoffelessen *n*.
trumfa|da[2] *f* = **atotada** | **~r** (33) *vi* trumpfen.
trumfau *m ict* Makrelenhecht *m*.
trumfo *m* Trumpf *m*.
trunca|dament *adv: parlar ~* abgehackt sprechen | **~ment** *m* Abschneiden *n* | Verstümmeln *n* | Abstumpfung *f* | Verstümmelung *f* | **~r** (33) *vt* abschneiden, kürzen | verstümmeln | abstumpfen | *~ una frase* e-n Satz unbeendet lassen; mitten im Satz abbrechen | **~t** (*-ada f*) *adj* verstümmelt | *con ~* Kegelstumpf *m* | *piràmide truncada* Pyramidenstumpf *m*.
trupials *m pl ornit* Stärlinge *m pl*.
trust *m econ* Trust *m*.
tsar *m* Zar *m* | **~èvitx** *m* Zarewitsch *m* | **~evna** *f* Zarewna *f* | **~ina** *f* Zarin *f* | **~isme** *m* Zarismus *m* | **~ista** *adj* (*m/f*) zaristisch || *s/m/f* Zarist(in *f*) *m*.
tse-tse *f entom* (*a. mosca ~*) Tsetsefliege *f*.
tu (21) *pron pers* du | (*nach prep*) dir, dich | *parlaven amb ~* sie sprachen mit dir | *ens tractem de ~* wir duzen uns | *t'estima a ~* er liebt dich.
tuareg *adj* (*m/f*) Tuareg... || *s/m/f* Targi *m/f* | *els ~s* die Tuareg *pl*.
tuatara *f zool* Brückenechse, Tuatera *f*.
tub *m* Rohr *n*, Röhre *f* | Schlauch *m* | (*Zahnpasta*) Tube *f* | (*Orgel*) Pfeife *f* | *~ acústic* Sprachrohr *n* | *~ d'assaig* Reagenzglas *n* | *~ d'escapament* Auspuffrohr *n* | *~ digestiu* Verdauungskanal *m* | *~ electrònic* Elektronenröhre *f* | *~ fluorescent* Leucht(stoff)röhre *f* | *~ d'imatge* Bildröhre *f* | *~ llançatorpedes* Torpedo(ausstoß)rohr *n* | *~ de raigs X* Röngenröhre *f* | **~a** *f mús hist* Tuba *f* | *anat* Eileiter *m* | **~al** *adj* (*m/f*), **~ari** (-**ària** *f*) *adj* Eileiter...
tuber|als *f pl bot* Trüffelpilze *m pl* | **~cle** *m biol bot* Knolle *f* | *anat* Höcker *m* | *med* Tuberkel *m* | **~culina** *f med* Tuberkulin *n* | **~culització** *f med* Tuberkelbildung *f* | **~culitzar** (33) *vt* tuberkulös machen, tuberkulisieren | **~culós** (-**osa** *f*) *adj* knollig, höckerig, tuberkular | *med* tuberkulös, tuberkulosekrank | *s/m/f* Tuberkulosekranke(r *m*) *m/f* | **~culosi** *f med* Tuberkulose *f* | **~ós** (-**osa** *f*) *adj bot* knollig, mit Knollen | knollenförmig | *s/f bot* Tuberose *f* | **~ositat** *f bot* Knolle *f*, Aus-

tubet wuchs *m*, Verdickung *f* | *anat* Höcker *m*.
tub|et *m dim* Röhrchen *n* | *tecn* Niethammer *m* | **~iflores** *f pl bot* Röhrenblütler *m pl* | **~iforme** *adj (m/f)* röhrenförmig.
túbul *m anat* Röhrchen *n* | ~ *renal (urintfer)* Nieren-(Harn-)kanälchen *n*.
tubul|adura *f tecn* Rohransatz, Stutzen *m* | **~ar** *adj (m/f)* röhren-, schlauchförmig | Rohr... | *pneumàtic* ~ Schlauchreifen *m* | *pont* ~ Rohrbrücke *f* | **~at (-ada** *f) adj* mit Röhren *(bzw* Rohransatz) versehen | *una retorta tubulada* e-e Röhrenretorte *f* | **~identats** *m pl zool* Röhrenzähner *m pl* | **~ós (-osa** *f) adj* röhren-; schlauchartig | Röhren..., Schlauch...
tuc(a¹ *f) m oc* (Berg)Gipfel *m*.
tuca² *f bot* Zaun-, Gift-rübe *f*.
tucan *m ornit* Pfefferfresser, Tukan *m*.
tudar (33) *vt ant reg* auslöschen; *fig* verderben; vergeuden.
tudell *m mús* Ansatzrohr *n*.
tudó *m ornit* Ringeltaube *f*.
tudor *m dr ant* = **tutor**.
tuejar (33) *vt* = **tutejar**.
tuf¹ *m geol* Tuff *m*.
tuf² *m* Ausdünstung *f*, Dampf, Dunst *m* | *bes* unangenehmer Geruch *m* | Körpergeruch *m* | *(in e-m Raum)* Muff *m*, *pop desp* Mief *m* | **~ejant** *adj (m/f)* übel riechend | *pop desp* miefig | **~ejar** (33) *vi* (unangenehm) riechen | *pop desp* miefen.
tufita *f geol* Tuffit *m*.
tuguri *m* Hütte *f* | *fam desp* Bruchbude *f*.
tuia *f bot* Lebensbaum *m*, Thuje *f*.
tuïció *f lit* Beschirmung *f*, Schutz *m*.
tuït *m ornit* Raubwürger *m*.
tuïtiu (-iva *f) adj* beschirmend, schützend.
túixec *m ant* Gift *n*.
tuixos *m pl bot* Laserkraut *n*.
tul *m tèxt* Tüll *m*.
tularèmia *f med* Tularämie *f*.
tuli *m quím* Thulium *n*.
tulip|a *f bot* Tulpe *f* | *fig* Lampenglocke *f* | ~ *de jardí (silvestre)* Garten(Wald-)tulpe *f* | **~er** *m bot* Tulpenbaum *m*.
tumbaga *f* Tombak *m* | *p ext* Ring *m*.
tume|facció *f med* Schwellung *f* | **~facte** *adj* geschwollen | **~scència** *f* (An-)Schwellung *f* | **~scent** *adj (m/f)* (an-)schwellend.
túmid *adj arquit* ausgebaucht | *med* geschwollen.

tum|iditat *f* Schwellung *f* | Geschwollenheit *f* | **~or** *m med* Tumor *m*, Geschwulst *f* | ~ *benigne (maligne)* gutartige (bösartige) Geschwulst *f* | ~ *cancerós* Krebsgeschwulst *f* | ~ *cerebral* Gehirntumor *m* | **~oral** *adj (m/f)* Geschwulst...
túmul *m* Grabhügel *m*, Hügelgrab *n*; *(Archäologie)* a. Tumulus *m* | Katafalk *m*, Trauergerüst *n*.
tumul|ari (-ària *f) adj* Grab... | *inscripció tumulària* Grabinschrift *f* | **~t** *m* Aufruhr, Tumult *m* | Krawall, Lärm *m* | Getümmel *n* | *fig* Drängen *n*, Unruhe *f* | **~tuari (-ària** *f*, **-àriament** *adv) adj*, **~tuós (-osa** *f*, **-osament** *adv) adj* aufrührerisch, *lit* tumultuarisch, tumultuös | stürmisch, tobend | lärmend.
tundra *f geog* Tundra *f*.
túnel *m* Tunnel *m*, Unterführung *f* | ~ *aerodinàmic* Windkanal *m* | ~ *de carretera* Straßentunnel *m* | *efecte (fís)* ~ Tunneleffekt *m*.
tuneladora *f tecn* Tunnelvortriebsmaschine *f*.
tungst|at *m quím* Wolframat *n* | **~è** *m min* Wolfram *n* | *acer al* ~ Wolframstahl *m*.
túngstic *adj* Wolfram... | *àcid* ~ Wolframsäure *f*.
túnica *f hist* Tunika *f* | *biol* Haut *f*; Häutchen *n*; *(Zwiebel)* Schale *f*.
tunic|at (-ada *f) adj* Mantel... | **~ats** *m pl zool* Manteltiere *n pl*, Tunikate *pl* | **~el·la** *f ecl* Tunizella *f*.
túnids *m pl ict* Thunfische *m pl*.
Tun|is *m* Tunis *n* | **~isenc** *adj* tunisisch, Tuniser ‖ *s/mf* Tuniser(in *f*) *m* | **~isià (-ana** *f) adj* tunesisch ‖ *s/mf* Tunesier(in *f*) *m* | **~ísia** *f* Tunesien *n*.
tupada *f Bal* Tracht *f* Prügel.
tupaia *f zool* Tupaja, Spitzhörnchen *n*.
tupar (33) *vt reg* schlagen | klopfen.
tupè *m (pl* -**ès)** Stirnlocke *f* | (Haar)Büschel *n* | *(Haarteil)* Toupet *n* | *tenir molt de* ~ *(fig)* dreist *(od* frech) sein.
tupí¹ *m reg* (Henkel)Töpfchen *n*.
tupí² *m/f (pl* -**ís)** Tupi *m/f* ‖ *s/m ling* Tupi *n* | **~-guaraní** *f ling* Tupi-Guaraní *n*.
tupina *f* (Einmach)Topf *m* | *p ext (Fleisch)* Eingemachte(s) *n* | **~da** *f* Topf *m* (voll); Eingemachte(s) *n* | *polít* Wahl-betrug, -schwindel *m* | **~ire** *m/f* Wahlschwindler(in *f*) *m*.
tur¹ *m* = **turo**.
tur² *m zool* kaukasische Ziege *f*.
turba *f* (Volks)Haufen *m*, Menge *f* |

~multa *f* Gedränge, Gewühl, Getümmel *n*.
turbant *m* Turban *m*.
turbel·laris *m pl zool* Strudelwürmer *m pl*.
turbin|a *f tecn* Turbine *f* | *tèxt* Zentrifuge *f*, Schleuder *m* | ~ **de gas** (*hidràulica, de vapor*) Gas-(Wasser-, Dampf-)turbine *f* | **~ar** (33) *vt tèxt* (aus)schleudern | **~at** (**-ada**) *f*) *adj* kreiselförmig | **~el·les** *f pl zool* Kreiselschnecken *f pl*.
turbo|agitador *m tecn* Turborührer *m* | **~bomba** *f* Turbopumpe *f* | **~compressor** *m* Turbo-kompressor, -verdichter *m* | **~generador** *m* Turbogenerator *m* | **~motor** *m* Turbomotor *m* | **~propulsió** *f aeron* Turbinenantrieb *m* | **~propulsor** *m* Turboprop, Turboprop(eller)triebwerk *n* | *aeron* Turbomaschine *f* | **~reactor** *m* Turbo-, Turbinen-luftstrahltriebwerk *n*.
turbot *m ict* Steinbutt *m*.
turbul|ència *f* Aufregung *f* | Verwirrung *f* | Ungestüm, Toben *n* | *fís meteor* Turbulenz *f* | **~ent** *adj* (*m/f*) ungestüm, tobend, wild | ausgelassen, aufgeregt | aufrührerisch | turbulent.
turc *adj* türkisch || *s/m/f* Türke *m*, Türkin *f* || *s/m ling* Türkisch *n* | **el ~** das Türkische | **~man** *adj* turkmenisch || *s/m/f* Turkmene *m*, Turkmenin *f* || *s/m ling* Turkmenisch *n* | **el ~** das Turkmenische | **~omongol** = **~otàtar** | **~otàtar** *adj* turktatarisch || *s/m/f* Turktatar(in) *f*) *m* || *s/m ling* Turktatarisch *n* | **el ~** das Turktatarische.
túrdids *m pl ornit* Drosseln *f pl*.
turg|ència *f* Prallheit, Gespanntheit *f* | *med* Schwellung *f* | *biol med* Turgor *m*, Turgeszenz *f* | *fig* Geschwollenheit *f* | **~ent** *adj* (*m/f*) prall, gespannt, *a. med fig* geschwollen | *biol med* turgeszent | **~escència** *f med* Schwellung | **~escent** *adj* (*m/f*) *med* geschwollen.
túrgid(ament *adv*) *adj* geschwollen | *fig a.* schwülstig.
tur|íbul *m* = **encenser** | **~iferari** *m* Rauchfaßschwenker *m*.
tur|ingi (**-íngia** *f*) *adj* thüringisch || *s/m/f* Thüringer(in *f*) *m* | **~íngia** *f geog* Thüringen *n*.
turió *m bot* Wurzelknospe *f*.
tur|isme *m* Fremden-, Reise-verkehr, Tourismus *m* | Touristik *f* | *aut* Personenwagen, Pkw *m* | **oficina de ~** Reise-, Verkehrs-büro *n* | **promoció del ~ Verkehrswerbung** *f* | **~ista** *m/f* Tourist(in *f*) *m*, Fremde(r *m*) *m/f* | **~ístic** *adj* Touristen..., Fremdenverkehrs... | touristisch.
turma *f zool* Tier-hoden, -testikel *m*.
turmalina *f min* Turmalin *m*.
turmell *m anat* Fußknöchel *m* | (*Gegend*) Fessel *f*.
turment *m* Folter, Tortur, *lit* Marter *f* | *a. fig* Qual *f* | *a. fig* Plage *f* | **~ador** *adj* folternd | quälend | plagend || *s/m/f lit* Peiniger(in *f*) *m* | **~ar** (33) *vt* foltern, martern | *a. fig* quälen, peinigen | *a. fig* plagen | **~ós** (**-osa** *f*) *adj* quälerisch | = **~ador**.
turnedó *m gastr* Tournedos *n*.
turneràcies *f pl bot* Turneragewächse *n pl*.
turnícids *m pl ornit* Laufhühnchen *n pl*.
turo *m min* Tuff(stein) *m* | Kesselstein *m*.
turó[1] *m* Hügel *m*, Anhöhe *f*.
turó[2] *m zool* (Wald)Iltis *m*.
turpitud *f lit* Schändlichkeit, Niederträchtigkeit *f*.
tur|quès (**-esa** *f*) *adj* Turk... | **~quesa** *adj inv* türkis | **de color ~** türkis-farben, -farbig || *s/m* (*Farbe*) Türkis *n* || *s/f min* Türkis *m* | **~quí** (**-ina** *f*) *adj arc* = **turc** | *bes: blau* **~** türkischblau | **~quia** *f* die Türkei.
tusc *adj u. s/m/f* = **etrusc**; **tosca**.
tussar (33) *vi* = **tossar**.
tussilag *m bot* Huflattich *m*.
tussor *m tèxt* Tussahseide *f*.
tust *m* Klaps, Schlag *m* | **~a** *f* Kopfstoß *m* | **~ar** (33) *vt* schlagen || *vi*: **~ a la porta** an die Tür klopfen.
tuta *f* (*Unterschlupf*) Höhle *f*.
tute|ig, **~jament** *m* Duzen *n* | **~jar(-se)** (33) *vt*(/*r*) (s.) duzen.
tutela *f dr* Vormundschaft *f* | *polít* Treuhandschaft *f* | *fig* Schutz *m* | **~r**[1] *adj* (*m/f*) vormundschaftlich, Vormundschafts..., Bevormundungs... | *polít* Treuhänder... | *fig* Schutz... | **jutge ~** Vormundschaftsrichter *m* | **sant ~** Schutzheilige(r) *m* | **~r**[2] (33) *vt dr* unter s-r Vormundschaft haben; als Vormund vertreten | *fig* schützen; verteidigen.
tuti *m*: ein Kartenspiel.
tutor|(a *f*) *m dr* Vormund *m* | Beschützer(in *f*) *m* | Pfleger(in *f*) *m* | *estud* (*Schule*) Klassenlehrer(in *f*); (*Universität*) Tutor(in *f*) *m* | *p ext* Führer(in *f*) *m* | **~ia** *f dr* Vormundschaft *f*.

tutú *m* (*Ballet*) Tutu *n*.
Txad *m: el* ~ der Tschad | ~ià (**-ana** *f*) *adj* tschadisch || *s/mf* Tschader(in *f*) *m*.
txapela *f* gr(e) Baskenmütze *f*.
txec *adj* tschechisch || *s/mf* Tscheche *m*, Tschechin *f* || *s/m ling* Tschechisch *n* | *el* ~ das Tschechische.
txeca *f hist* Tscheka *f*.

txecoslov|ac *adj* tschechoslowakisch || *s/mf* Tschekoslowake *m*, Tschechoslowakin *f* | ~àquia *f* die Tschechoslowakei.
txerkès (-essa *f*) *adj* tscherkessisch || *s/mf* Tscherkesse *m*, Tscherkessin *f*.
txuktxi *adj* (*m/f*) tschuktschisch || *s/mf* Tschuktsche *m*, Tschuktschin *f*.
txusinga *f zool* Vierhornantilope *f*.

U

u, U *f* (*pl us*) u, U *n*.
u (29 *u.* 30) *num* (*nur als Bezeichnung der Zahl; sonst* un) eins | *el número* ~ die Zahl Eins; *fig* Nummer eins | *el quilòmetre* ~ Kilometer eins | *el dia* ~ (*od l'*~ *od el primer*) *de gener* der erste Januar || *s/m* (*pl uns*) Eins *f* (*pl* -en) | *onze s'escriu amb dos uns* elf wird mit zwei Einsen geschrieben | *a Catalunya l'*~ *és una nota pèssima* in Katalonien ist die Eins e-e sehr schlechte Note | (*Fußball*) *un a zero: un* ~ *a la travessa* eins zu null: e-e Eins im Toto || (28) *pron ind* eins (e. Ganzes) | *pujar a la bicicleta i caure fou tot* ~ aufs Rad steigen u. hinfallen war eins | *tot és* ~ alles ist eins || *adj* (*f una, m pl uns, f pl unes*) eins, einig | *un poble* ~ e. einiges Volk | *vull* (*és*)*ser una amb tu* ich will mit dir eins sein | *serem tots uns* wir werden alle eins sein | *filos: l'*~ das Eine.
uacari *m zool* Uakari *m*.
uadi *m geog* Wadi *n*.
ualabi *m zool* Wallaby *n*.
uapití *m* = **wapití**.
ubèrrim *adj lit* sehr fruchtbar, überreich(lich).
ubi|c (**-iqua** *f*) *adj lit* allgegenwärtig | **~cació** *f adm* Lage *f*, Standort *m* | **~car** (33) *vt adm* (*e-m Bau, Denkmal*) den Platz zuweisen | **~cat** (**-ada** *f*) *adj adm* befindlich, gelegen, lokalisiert | **~quinona** *f biol quím* Ubichinon *n* | **~qüitat** *f bes rel* Allgegenwart, Ubiquität.
ucàs *m a. fig* Ukas *m*.
Ucraïn|a *f* die Ukraine | **~ès** (**-esa** *f*) *adj* ukrainisch || *s/mf* Ukrainer(in *f*) *m* || *s/m ling* Ukrainisch · *n* | *l'*~ das Ukrainische.

udol *m* Heulen *n* | Jaulen *n* | (Schmerzens)Schrei *m* | *els* ~*s del vent* das Heulen des Windes | **~adissa** *f* Geheul *n* | Gejaule *n* | Geschrei *n* | **~ador** *adj* heulend | **~ament** *m* Heulen *n* | Jaulen *n* | Schreien *n* | **~ar** (33) *vi* heulen (*Tier, Wind, Sirene*) | *a.* jaulen (*Hund*) | (*vor Schmerz*) schreien (*Mensch*).
udòmetre *m* = **pluviòmetre**.
uf! *int* (*Anstrengung, Belastung*) uff!, (*a. Distanzierung*) puh!
ufan|a *f* Prunk, Pomp *m* | Großtuerei, Prahlerei *f* | (*Lebewesen, bes Pflanzen*) (üppiger) Wuchs *m*; Üppigkeit; Pracht *f* | *fer* ~ *d'u/c* s. e-r Sache (*gen*) rühmen, stolz auf etw (*ac*) sein | **~ejar** (33) *vi* prahlen, protzen | **~or** *f* (*Wuchs*) = **ufana** | **~ós** (**-osa** *f*, **-osament** *adv*) *adj* stolz (*de* auf *ac*) | (*Lebewesen, bes Pflanzen*) wüchsig; üppig; prächtig; (*Wiesen*) saftig, saftgrün.
Ugand|a *f* Uganda *n* | **~ès** (**-esa** *f*) *adj* ugandisch || *s/mf* Ugandier(in *f*) *m*.
úgric *adj ling* ugrisch | *llengües úgriques* ugrische Sprachen *f pl*.
ugro-finès (**-esa** *f*) *adj* = **fino-úgric**.
ui! *int* (*Schmerz*) autsch! | (*Erstaunen*) ui!; nanu!
uigur *adj* (*m/f*) uigurisch || *s/m/f* Uigure *m*, Uigurin *f* || *s/m ling* Uigurisch *n* | *l'*~ das Uigurische.
uix[1] *m* (*Faß*) Spundloch *n*.
uix![2] *int* i!, pfui!; puh!
uixer *m* Saaldiener *m* | Amts-, Gerichtsdiener *m*.
ujar (33) *vt ant* = **cansar, fatigar**.
ulà *m mil hist* Ulan *m*.
úlcera *f med* Geschwür *n*.

ulcer|ació *f med* Geschwürbildung *f* | **~ar** (33) *vt med* e. Geschwür verursachen in *bzw* auf (*dat*) | **~ar-se** *v/r* geschwürig werden | **~atiu** (**-iva** *f*) *adj* geschwürbildend | **~ós** (**-oša** *f*) *adj* geschwürig | geschwürartig.
ulema *m* (*Islam*) Ulema *m*.
uliginós (**-osa** *f*) *adj a. bot* Sumpf...
Ulisses *m* Odysseus *m*.
ull *m a. elect* Auge *n* | **~s grossos** (*petits, blaus, negres, alegres, tristos*) große (kleine, blaue, schwarze, lustige, traurige) Augen *n pl* | **una morena d'~s blaus** od **ullblava** e-e blauäugige Brünette | **l'~ dret** (*esquerre*) das rechte (linke) Auge | **~ compost** (*entom*) zusammengesetzte(s) Auge, Facetten-, Komplex-, Netz-auge *n* | **~ simple** (*entom*) Punkt-, Einzel-, Neben-auge *n* | **~ màgic** (*elect*) magische(s) Auge *n* | **l'~ de l'amo** das Auge des Herrn | **els ~s de la raó** das Auge der Vernunft | **~ de bou** (*arquit*) Ochsenauge *n; nàut* Bullauge *n; bot* Wucherblume *f* («*Chrysantemum coronarium bzw segetum*»); *ornit* Zaunkönig *m* | **~ de gat** (*min*) Katzenauge *n* | **~ de peix** (*fotog*) Fischauge *n* | **~ de perdiu** (*bot*) Sommeradonisröschen *n*; *min* (feinkörniger) Bleiglanz *m* | **~ de poll** (*med*) Hühnerauge *n* | **~ de tigre** (*min*) Tigerauge *n* | **~ de vidre** Glasauge *n* | **~s d'àngel** (*bot*) Herbstadonisröschen *n* | **als ~s d'alg** in j-s Augen | **als meus ~s** in meinen Augen | **a quatre ~s** unter vier Augen | **a (bell) ~** nach Augenmaß *od* Gutdünken | **a ~ nu** mit bloßem Auge | **a ~s clucs** (*a. fig*) mit geschlossenen Augen | **a ~s veients** offensichtlich; zusehends | **amb els meus** (*bzw teus, seus*) **propis ~s** mit eigenen Augen | **davant els meus** (*propis*) **~s** (direkt) vor meinen Augen | **de cua d'~** aus den Augenwinkeln | **en un tancar i obrir d'~s** od **en un girar** (*od batre*) **d'~s** in e-m Augenblick, im Handumdrehen | **~ per ~** Auge um Auge | **~ viu!** Augen auf *od* aufgemacht!, aufgepaßt!, Achtung! | **abaixar** (*alçar*) **els ~s** die Augen senken (heben) | **caure a l'~ a alg** (*fig*) j-m ins Auge (*od* in die Augen) stechen | **costar un ~ de la cara** e. Heidengeld kosten | **cremar-se els ~s** cosint (*llegint*) s. beim Nähen (Lesen) die Augen verderben | (*és*)**ser tot ~s** ganz Auge sein | **fer els ~s grossos** (*fig*) e. Auge (*od* beide Augen) zudrücken | **fer l'~ viu** aufpassen, die Augen offenhalten | **fer mal d'~s** (*fig*) das Auge beleidigen | **fer uns ~s com unes taronges** (große) Augen machen, die Augen (weit) aufreißen | **girar els ~s en blanc** die Augen verdrehen | **menjar-se amb els ~s alg** od **u/c** j-n od etw mit den Augen verschlingen | **obrir els ~s** die Augen öffnen *od* aufmachen | **ja se t'obriran els ~!** dir werden die Augen noch aufgehen! | **no perdre u/c alg** od **u/c** j-n od etw nicht aus den Augen verlieren *bzw* im Auge behalten | **saltar als ~s** ins Auge springen *od* fallen | **tancar els ~s** die Augen schließen *od* zumachen (*a. Sterbender*) | **tancar els ~ a la realitat** die Augen vor der Realität verschließen | **tancar** (*od cloure*) **els ~s a un mort** e-m Toten die Augen zudrücken *od* schließen | **tenir** (*bon*) **~ per a u/c** für etw e. (sicheres) Auge haben | **tenir els ~s al clatell** k-e Augen im Kopf haben | **no tenir ~s per a veure u/c** etw nicht mit ansehen können | **veure u/c de bon** (*mal*) **~** etw (un)gern sehen | **no veure-hi de cap ~** (vor Freude) außer s. (*dat*) sein ‖ *p ext* (*bes Keim, Knospenansatz, Fleck im Pfauenschwanz, Öffnung am Mühlstein, Kuppelöffnung, Zentrum e-s Sturms, Schlinge bzw Öse an e-m Tau*) Auge *f* | Loch *n*; Öffnung *f* | (*Kohl, Salat*) Herz *n* | (*bes Nadel*) Öhr *n* | (*Netz*) Masche *f* | (*Wasserlauf*) Quelle *f* | gràf (Schrift)Bild *n*; (*im a, b, d*) weißer Raum *m* | **l'~ del cul** (*pop*) das Arschloch | **l'~ de l'escala** der Treppenschacht | **els ~s del pa** (*formatge*) die Löcher im Brot (Käse) ‖ *pl iròn* Brille *f* | **deixar-se** (*od descuidar-se*) **els ~s** s-e Brille vergessen *od* liegenlassen | **~ada** *f* (rascher) Blick *m* | **donar** (*od clavar*) **una ~ a alg** od **u/c** e-n Blick auf j-n *od* etw werfen | **~al** *m anat* Augen-, Eck-zahn *m* | (*Raubwild, Hund*) Fangzahn *m* | (*Elefant*) Stoßzahn *m* | (*Keiler*) **caç** Hauer *m*, Gewehr *n* | (*Schlange*) Giftzahn *m* | **ict** Elefantenzahnschnecke *f* | (*Wasserlauf*) Quelle *f* | **~ar** (33) *vt* beäugen | **iròn a.** beäugeln ‖ *vi* knospen, keimen | **~ar-se** *v/r* Löcher bekommen (*Brot, Käse*).
ullastr|ar *m* Oleasterhain *m* | **~e** *m bot* Oleaster *m* | **~ d'ase** Mittelmeer-

bocksdorn *m* | **~eda** *f* = **ullastrar**.
ull|at (**-ada** *f*) *adj* (*Brot, Käse*) löch(e)rig | **~blau** (**-ava** *f*) *adj* blauäugig | **~cluc** *adj* mit geschlossenen Augen | **~era** *f*: **~** *binocular* Scherenfernrohr *n* | **~** *de llarga vista* Fernrohr *n* || *pl* Brille *f* | *p ext* Augen-schatten, -ringe *m pl* | (*Pferd*) Scheuklappen *f pl* | (*Gebäck*) Schweinsohr *n* | *unes ulleres de sol* e-e Sonnenbrille | *estoig d'ulleres* Brillenfutteral *n* | *dur* (*od portar*) *ulleres* e-e Brille tragen | *fer ulleres* Schatten (*od* Ringe) unter den Augen haben | *posar-se* (*treure's*) *les ulleres* die Brille auf-(ab)setzen | **~eral** *m arquit* (Brükken) (Bogen)Öffnung *f* | **~erat** (**-ada** *f*) *adj* = **~erós** | **~erol** *m* (*Bau, Höhle*) Schlupfloch *n* | **~erós** (**-osa** *f*) *adj* mit umränderten Augen | **~et** *m dim* Äugelchen, Äug(e)lein *n* | (Schnür-)Loch *n*; (*Metallring*) Öse *f* | *fer* (*od picar*) *l'~* (mit den Augen) zwinkern | *fer* (*od picar*) *l'~ a alg* j-m zuzwinkern | *fent* (*od picant*) *l'~* augenzwinkernd, mit (*od* durch) Augenzwinkern | **~etera** *f* (*Korsett*) Schnür-leiste *f*, -rand *m* | **~negre** *adj* schwarzäugig | **~ot** *m ict* Roter Drachenkopf *m*, Gr(e) Meersau *f* | **~prendre** (40) *vt* durch den bösen Blick behexen | *fig* betören, faszinieren, in s-n (*bzw* ihren) Bann ziehen.
ulmà|cies *f pl bot* Ulmengewächse *n pl* | **~ria** *f bot* Rüsterstaude *f*, Mädesüß *n*, Wiesenkönigin *f*.
ulna *f anat* Elle *f* | **~r** *adj* (*m/f*) *anat med* Ellen...
ulterior *adj* (*m/f*) *geog hist* jenseitig | *zeitl* weitere(r, -s), Weiter...; spätere(r, -s); Nach... | *desenvolupament ~* Weiterentwicklung *f* | *els canvis ~s a la guerra* die auf den Krieg folgenden Veränderungen | **~ment** *adv* später, nachher, danach.
últim *adj u. sub* = **darrer** | *a l'~* (*loc adv*) zuletzt; schließlich, endlich | **~ament** *adv* = **darrerament**.
ultim|ar (33) *vt*: *~ els preparatius* die letzten Vorbereitungen treffen | **~àtum** *m a. fig* Ultimatum *n*.
ultra[1] *prep lit* außer (*dat*), zusätzlich zu | *~ mesura* (*loc adv*) über die Maßen, im Übermaß, übermäßig.
ultra[2] *adj* (*m/f*) *polít* rechts-extremistisch, -radikal || *s/m/f* Rechts-extremist(in *f*) *m*, -radikale(r *m*) *m/f*.
ultra|centenari (**-ària** *f*) *adj* überhundert-jährig | **~centrífuga** *f tecn* Ultrazentrifuge *f* | **~correcció** *f ling* Hyperkorrektion *f* | **~cuidança** *f ant* Hochmut *m* | **~curt** *adj fís*: *ones ~es* Ultrakurzwellen *f pl* | **~dreta** *f polít* äußerste (*od* radikale) Rechte *f* | **~esquerra** *f polít* äußerste (*od* radikale) Linke *f* | **~filtració** *f quím* Ultrafiltration *f* | **~filtre** *m* Ultrafilter *m* | **~isme** *m* Extremismus | *Lit* Ultraismo *m* | **~ista** *m/f* Extremist(in *f*) *m* | *Lit* Ultraist(in *f*) *m* | **~mar** *m* Übersee *f* | (*Blau*) Ultramarin *n* | *d' ~* überseeisch | **~marí** (**-ina** *f*) *adj* überseeisch | (*blau*) ultramarin || *s/m pl* Kolonialwaren(geschäft *n*) *f pl* | **~microscopi** *m tecn* Ultramikroskop *n* | **~microscòpic** *adj* ultramikroskopisch | **~micròtom** *m med* Ultramikrotom *n* | **~modern** *adj* hypermodern | **~mundà** (**-ana** *f*) *adj* überweltlich | **~muntà** (**-ana** *f*) *adj polít* ultramontan || *s/mf* Ultramontane(r *m*) *m/f* | **~muntanisme** *m polít* Ultramontanismus *m* | **~nça** *f*: *a ~* (*loc adv*) bis zum Exzeß, aufs äußerste | *combat a ~* Kampf *m* auf Leben u. Tod | **~ncer** *adj* maßlos; extremistisch | **~passar** (33) *vt* überschreiten | *fig a.* übertreffen | **~pressió** *f fís* Höchstdruck *m* | **~r** (33) *vt lit* übertreiben | **~roig** *adj fís* ultra-, infrarot || *s/m* Ultra-, Infra-rot *n* | **~sò** *m fís* Ultraschall *m* | **~sònic**, **~sonor** *adj fís* Ultraschall... | **~terrenal** *adj* (*m/f*) über-irdisch; -weltlich.
ultrat|ge *m a. dr* Beleidigung *f* | Schimpf *m*; Schmach *f* | Schändung *f* | *p ext*: *un ~ a la moral* e. (empörender) Verstoß *m* gegen die Moral | *fig*: *els ~s del temps* der Zahn der Zeit | *fer un ~ a alg* j-n beleidigen | **~jador** *adj* beleidigend | *s/mf* Beleidiger(in *f*) *m* | Schänder(in *f*) *m* | **~jant** *adj* (*m/f*) beleidigend | **~jar** (33) *vt* beleidigen | (*a. Grab, Kirche*) schänden | *p ext* verstoßen gegen, verletzen | **~jós** (**-osa** *f*, **-osament** *adv*) *adj* beleidigend | schändend, ehrenkränkend.
ultra|tomba *f* Jenseits *n* | **~tropical** *adj* (*m/f*) hochtropisch | **~violat** (**-ada** *f*) *adj fís* ultraviolett | *raigs ~s* ultraviolette Strahlen *m pl* || *s/m* Ultraviolett *n*.
ulular (33) *vi* = **udolar**.
ulva *f bot* Meersalat *m*.
umb|el·la *f bot* Dolde *f* | **~el·lar** *adj*

(m/f) Dolden... | ~**el·lat** (**-ada** f) adj doldig | ~**el·lífer** adj doldentragend | ~**el·líferes** f pl Doldengewächse n pl, Umbelliferen f pl | ~**el·liflores** f pl Doldenblütler m pl | ~**el·liforme** adj (m/f) doldenförmig | ~**èl·lula** f Döldchen n.

umbilica|l adj (m/f) anat Nabel... | cordó ~ Nabelschnur f | ~**t** (**-ada** f) adj mit Nabel | nabelförmig | bot nabelartig.

umbràtic adj lit schattig | schattenspendend.

un (**-a** f, **-s** m pl, **-es** f pl) (29) num eins | (adjektivisch) ein(e) | (substantivisch) ein(er), eine, ein(e)s | s: u | comptar d'~ a vint-i-~ von eins bis einundzwanzig zählen | ~ i ~ fan dos eins und eins ist zwei | dos a ~ zwei zu eins | ~a hora i mitja eineinhalb Stunden | he comprat ~s pantalons i dues camises ich habe e-e Hose u. zwei Hemden gekauft | d'aquí a ~ o dos dies in ein bis zwei Tagen | ~a (sola) vegada e. (einziges) Mal; einmal | la ~a del migdia (de la tarda) e. Uhr (nach)mittags | la ~a de la matinada od de la nit e. Uhr nachts | ja és la ~a es ist schon eins | vindré a quarts d'~a ich komme gegen halb eins | tinc dos vestits vells i ~ de nou ich habe zwei alte Anzüge u. e-n neuen | ~ dels dos cavalls e-s der beiden Pferde | dos ulls hi veuen més que ~ zwei Augen sehen mehr als ein(e)s | ~ per a tots i tots per a ~ e-r für alle u. alle für e-n | ~a de dues: o dins o fora eins von beiden: entweder herein oder heraus | entreu d'~ a (od en) ~! tretet e-r nach dem anderen ein! | compteu-les ~a per ~a! zählt sie Stück für Stück! || (16) art ind ein(e) (ohne pl) | mst pl einige(r, -s); (vor Kardinalzahlen) etwa | era ~ home, i no ~a dona es war e. Mann u. nicht e-e Frau | es pensa que és ~ Einstein er hält s. für e-n Einstein | tens ~s pares molt agradables du hast sehr nette Eltern | (verallgemeinernd) ~ home no plora e. Mann weint nicht | (intensivierend) tinc ~a gana! ich habe solchen (umg so e-n) Hunger! | ja fa ~ (od algun od ~ quant od ~ cert) temps es ist schon einige Zeit her | fa ~s (od alguns od ~s quants) dies vor einigen (od e. paar) Tagen | ~s (od alguns od ~s quants) centenars einige (od mehrere)

hundert | ~es tres-centes pessetes etwa dreihundert Peseten | ell té ~a trentena d'anys er ist etwa dreißig || (28) pron ind einer, jemand; man (für ich) | ein(er), eine, ein(e)s | m'ho ha dit ~ que ho ha vist es hat mir e-r (od j-d) gesagt, der es gesehen hat | ~ (hom) ja no sap què fer man weiß nicht mehr, was man machen soll | ~a no és la Marilyn Monroe man ist ja k-e Marilyn Monroe | tu ets ~ d'ells du bist e-r von ihnen | sempre hi ha baralles entre ~s i altres es gibt immer Streit zwischen den e-n u. den anderen | l'~ diu que sí i l'altre que no der e-e sagt ja, der andere nein | ajudeu-vos els ~s als altres! helf(e)t einander! | per l'~a li entra i per l'altra li surt es geht ihm zum e-n Ohr herein u. zum anderen wieder hinaus | au, cantem-ne ~a! los, singen wir eins! | quin ~, tu! du bist e-r! | me'n fas cada ~a! du machst mir Sachen! | m'he escapat d'~a i bona ich bin noch einmal davongekommen | tot d'~a auf einmal; mit eins | hem d'anar tots a l'~a wir müssen uns einig sein | s: cada || adj s: u.

un|ànime(ment adv) adj (m/f) einmütig | (Wahl, Beschluß) einstimmig | ~**animitat** f Einmütigkeit f | Einstimmigkeit f | per ~ (loc adv) einstimmig.

un|ça f a. numis Unze f | fig: no tenir ni una ~ nicht e-n Pfennig haben, ohne e-n Pfennig sein | ~**cial** adj (m/f) Unzen... | escriptura ~ Unzialschrift f.

unci|forme adj (m/f) anat, ~**nat** (**-ada** f) adj bot hakenförmig.

unció f catol Ölung, Salbung f | med Einreibung, -salbung f | fig ecl Andacht, Inbrunst f | amb ~ salbungsvoll; inbrünstig.

uncirostre adj (m/f) ornit mit hakenförmigem Schnabel.

ungi|dor adj salbend || s/mf Salbende(r m) m/f | ~**ment** m Ölung f | Salbung f | ~**r** (37) vt ölen | bes catol salben | ~ un malalt (ecl) e-m Kranken die Letzte Ölung geben.

ungl|a f anat Nagel m | a. fig Kralle, Klaue f | (Pferd) Huf m | (Paarhufer) Zehe, Klaue f | les ungles de les mans (dels peus) die Finger-(Fuß- od Zehen-)nägel m pl | ~ de canari (bot) Vogelfuß m | ~ de gat (bot) Hechelkraut n, Hauhechel f | ~ encarnada eingewachsene(r) Zehennagel m | clavar l'~ a alg (fig) fam j-n schröpfen |

ungüent

(*és*)*ser carn i* ~ (*fig fam*) e. Herz u. e-e Seele sein | (*és*)*ser llarg d'ungles* od *fer córrer l'*~ (*fig fam*) klauen, krallen | *fer-se les ungles* s-e Fingernägel maniküren | *portar les ungles negres, portar ungles de dol* (*fam*) Trauerränder an den Fingernägeln haben | *tallar-se les ungles* s. (*dat*) die Nägel schneiden | *treure les ungles* (*fig fam*) die Krallen zeigen | ~**ada** *f* (Fest)Krallen *n* | ~**ar** (33) *vt* mit dem Nagel drücken | ~**ejar** (33) *vt* (mit den Nägeln) kratzen | zerkratzen | ~**era** *f* eingewachsene(r) Nagel *m* | ~**ot** *m* (Paarhufer) Zehe, Klaue *f*.

ungüent *m* Salbe *f* | *fig* Balsam *m*.

ung|uiculat (**-ada** *f*) *adj zool* Klauen... | ~**uis** *m anat* Tränenbein *n* | ~**ulat** (**-ada** *f*) *zool* huftragend ‖ *s/m pl* Huftiere *n pl*, Ungulaten *n pl* | ~**ulígrad** *adj zool* unguligrad ‖ *s/m pl zool* Zehen(spitzen)gänger *m pl*.

uniat *adj ecl* uniert ‖ *s/mf ecl* Unierte(r *m*) *m/f*.

uniaxial *adj* (*m/f*) einachsig | Einachs...

únic *adj* einzig | einzigartig | einmalig | *mat* eindeutig | *exemplar* ~ Unikum *n* | *preu* ~ Einheitspreis *m* | *una* ~*a vegada* e. einziges Mal | *una ocasió* ~*a* e-e einmalige Gelegenheit | *és fill* ~ er ist e. Einzelkind | *és el meu* ~ *fill* er ist mein einziger Sohn *bzw* einziges Kind | *sóc l'*~ *que ho sap* ich bin der einzige, der es weiß | *és l'*~ *que pots fer* es ist das einzige, was du tun kannst | ~**ament** *adv* einzig (u. allein), nur.

uni|caule *adj* (*m/f*) *bot* ein-stämmig, -stengelig | ~**cel·lular** *adj* (*m/f*) *biol* einzellig | *organisme* ~ Einzeller *m*.

unicitat *f* Einzigkeit *f* | *mat* Eindeutigkeit, Unität *f*.

uni|color *adj* (*m/f*) einfarbig | ~**corn** *m* mit Einhorn *n* | ~**corne** *adj* (*m/f*) einhörnig | ~**dimensional** *adj* (*m/f*) eindimensional | ~**direccional** *adj* (*m/f*) *a. elect* (Richtung) einseitig.

unifica|ció *f* Vereinheitlichung *f* | (Ver-)Einigung *f* | ~**r** (33) *vt* (*Unterschiedliches, System*) vereinheitlichen | *a. polít* (ver)einigen, *lit* vereinen | ~**r-se** *v/r* s. vereinigen.

uni|filar *adj* (*m/f*) *elect* einadrig, Eindraht... | ~**flor** *adj bot* einblütig | ~**foliat** (**-ada** *f*) *adj bot* einblättrig.

uniform|ar (33) *vt* einheitlich gestalten, vereinheitlichen | gleichförmig machen, *lit* uniformieren | (*Rekruten, Beamte, Schüler*) uniformieren | ~**e**(**ment** *adv*) *adj* (*m/f*) einheitlich | gleich-förmig, *desp* einförmig, *lit* uniform | (*Schritt, Tempo*) gleichmäßig ‖ *s/m* Uniform *f* | *d'*~ in Uniform | ~**itat** *f* Einheitlichkeit *f* | Gleich-, Ein-förmigkeit, Uniformität *f* | Gleichmäßigkeit *f*.

un|igènit *adj* (*Kind*) einzig | *rel* eingeboren | ~**lateral**(**ment** *adv*) *adj* (*m/f*) *a. dr* einseitig | *polít a.* unilateral | ~**lateralitat** *f a. dr* Einseitigkeit *f* | ~**lingüe** *adj* (*m/f*) einsprachig | ~**literal** *adj* (*m/f*) aus e-m einzigen Buchstaben.

uni|ó *f* (Ver)Einigung *f*; Zusammenschluß; *bes polít rel a.* Union *f* | *a. mat tecn* Verbindung *f* | (*Gruppe*) Vereinigung *f*; Bund; Verband *m*; Union *f* | ~ *conjugal* Ehebund *m* | ~ *duanera* (*personal*) Zoll-(Personal-)union *f* | ∠ *Internacional d'Estudiants* (*UIE*) Internationaler Studentenbund (ISB) *m* | ∠ *Postal Universal* (*UPU*) Weltpostverein *m* | *la* ~ *fa la força* (*Spruch*) Einigkeit macht stark | ~**onista** *m/f polít* Unionist(in *f*) *m*.

uni|personal *adj* (*m/f*) Einmann..., Einpersonen... | *ling* unpersönlich | ~**polar** *adj* (*m/f*) *elect* einpolig, unipolar.

unir (37) *vt* (ver)einigen; (ver)einen; zusammenschließen | verbinden; *tecn a.* zusammen-fügen, -setzen | ~ *en matrimoni* (ehelich) trauen | *la nova carretera* ~*à els dos pobles* die neue Straße wird die beiden Dörfer verbinden | *els unia una antiga amistat* es verband sie e-e langjährige Freundschaft | ~**-se** *v/r* s. vereinigen; s. zusammenschließen; s. verbinden | ~ *en matrimoni* s. ehelich verbinden.

unisex *adj inv* Unisex..., unisex | ~**ual** *adj* (*m/f*) *biol* eingeschlechtig | ~**uat** (**-ada** *f*) *adj* = ~**ual**.

un|íson *adj mús* einstimmig, unisono ‖ *s/m* Einklang *m*, Unisono *n* | *a l'*~ einstimmig, unisono, *fig* übereinstimmend, in Übereinstimmung, im Einklang | ~**isonància** *f mús* Einstimmigkeit *f* | Einklang *m* | ~**isonant** *adj* (*m/f*) = **unison**.

unit|ari (**-ària** *f*) *adj* einheitlich | Einheits... | *a. ecl* unitarisch | *estat* (*preu*) ~ Einheits-staat (-preis) *m* ‖ *s/mf ecl* Unitarier(in *f*) *m* | ~**arià** (**-ana** *f*) *adj*

ecl unitarisch || *s/mf* Unitarier(in *f*) *m* |
~arianisme *m ecl*, **~arisme** *m polít*
Unitarismus *m* | **~at** *f* (*Ganzheit;
Größe, Maß; militärische Formation*)
Einheit *f* | (*Geschlossenheit*) *a*. Einheitlichkeit *f* | *mat a*. (*Zahl zw eins u. neun*)
Einer *m*; (*kleinste ganze Zahl*) Eins *f* |
(*Ein-, Vor-richtung*) *a*. Anlage *f*; Werk;
Aggregat *n* | (*Einzelding; Gruppe; Teil*)
a. Element; Stück *n*; Abteilung *f* |
(*Harmonie*) Einigkeit, Einmütigkeit
f | ~ *d'acció* Aktionseinheit *f* | ~ *de
calor* (*compte, longitud, pes, temps*)
Wärme(Rechnungs-, Längen-, Gewichts-, Zeit-)einheit *f* | ~ *d'acció* (*de
lloc, de temps*) (*teat*) Einheit *f* der Handlung (des Ortes, der Zeit) | *les tres ~s*
(*teat*) die drei Einheiten | ~ *de vigilància intensiva* (*med*) Intensivstation
f | **~iu** (-**iva** *f*) *adj* (ver)einigend | verbindend | *via unitiva* (*rel*) Weg *m* der
Ein(ig)ung.
uni|valent *adj* (*m/f*) *quím* einwertig |
~valve *adj* (*m/f*) *biol* einschalig.
univers *adj ant: l' ~ món* die ganze
Welt || *s/m* (Welt)All, Universum *n* | *p
ext* Welt *f* | (*Statistik*) Grundgesamtheit, Population *f* | ~ *del discurs* (*Logik*) Gesamtheit *f* aller Gegenstände
der Abhandlung | **~al**(**ment** *adv*) *adj*
(*m/f*) allgemein(gültig); weltweit;
all-, viel-seitig; universell | Welt... |
lit cient universal; Universal...; *tecn
a*. All-, Mehr-zweck...; *elect a*. Allstrom... | *concepte* ~ Allgemeinbegriff *m* | *història* ~ Welt-, Universalgeschichte *f* | *hereu* ~ (*dr*) Allein-,
Gesamt-, Universal-erbe *m* | *motor* ~
Universal-, Allstrom-motor *m* | *proposició* ~ (*Logik*) Universalaussage *f* |
remei ~ Allheil-, Universal-mittel *n* |
renom (*od fama*) ~ weltweiter Ruhm,
Weltruhm *m* || *s/m filos ling* Universalie *f* | *la disputa dels ~s* (*hist*) der
Universalienstreit | **~alisme** *m filos
rel* Universalismus *m* | **~alista** *m/f*
Universalist(in *f*) *m* | **~alitat** *f* Allgemeinheit; allgemeine Verbreitung; Allgemeingültigkeit *f* | All-, Viel-seitigkeit
f | *lit cient* Universalität *f* | **~alitzar**
(-**se**) (33) *vt*(/*r*) (s.) allgemein verbreiten |
~íada *f esport* Universiade *f* | **~itari** (-**ària**) *adj* Universitäts... | (*Qualifikation, Bildung*) *a*. akademisch | (*Einrichtungen*) *a*. universitär | *s/mf* Student(in *f*) *m* | Akademiker(in *f*) *m* |
~itat *f* Universität *f* | ~ *popular*

Volkshochschule *f*.
univitel·lí (-**ina** *f*) *adj biol* eineiig | *bessons univitel·lins* eineiige Zwillinge
m pl.
un|ívoc(**ament** *adv*) *adj a. filos* eindeutig |
~ivocació, **~ivocitat** *f* Eindeutigkeit *f*.
unt *m* = **~et** | **~ament** *m* (Ein)Schmieren *n* | **~ar** (33) *vt* (ein)schmieren
(*amb* mit) | (*unabsichtlich*) ver-, beschmieren (*de* mit) | (*Brot*) beschmieren, bestreichen | (*Haut, Gesicht,
j-n*) ein-reiben, -schmieren | *fig fam*
(*j-n*) schmieren | ~ *una màquina amb
oli* e-e Maschine (ein)ölen *od* mit
Öl schmieren | ~ *les rodes amb greix*
die Räder (ein)fetten *od* mit Fett
schmieren | ~ *una torrada amb mantega* e-n Toast mit Butter beschmieren
od bestreichen; Butter auf e-n Toast
schmieren | ~ *l'esquena a alg amb
una crema* (*pomada*) j-m den Rücken
eincremen (einsalben) *od* mit Creme
(Salbe) einreiben *od* einschmieren |
~ar-se *v/r* s. ver-, be-schmieren | s.
ein-reiben, -schmieren | *fig fam*: ~
(*les mans*) *amb els diners del poble* s. am
Geld des Volkes bereichern | **~atge**
m Schmierung *f* | **~et** *m* Schmiere *f*,
Schmiermittel *n* || *pl fig fam* Schmiergelder *n* | **~ós** (-**osa** *f*) *adj* schmierig |
~uós (-**osa** *f*, -**osament** *adv*) *adj*
schmierig | *fig desp a*. salbungsvoll |
~uositat *f* Schmierigkeit *f* | *fig desp
a*. Salbung *f* | **~ura** *f* Einreibung *f* |
Salbe *f* | *fer-se fer una ~ a l'esquena*
s. (*dat*) den Rücken einreiben lassen.
up(**a**)! *int* hopp!, hops! | *infan* hopsa!,
hopsala!, hopsasa! | (*beim Heben*) hau
ruck! | *d'upa* (*loc adj*) von hohem
Rang; großartig | *gent d'upa* prominente Leute *pl* | *un banquet d'upa* e.
Bankett *n* mit allem Drum u. Dran.
uperitza|ció *f* Uperisation, Ultrapasteurisation *f* | **~r** (33) *vt* uperisieren,
ultrapasteurisieren | *llet uperitzada*
H-Milch *f*.
upúpids *m pl ornit* Hopfe *m pl*.
Urà *m astr* Uranus *m*.
Ural *m: l'~* der Ural (*Fluß*) || *pl: els ~s*
der Ural (*Gebirge*) | **~ià** (-**ana** *f*) *adj*
uralisch | *llengües uralianes* uralische
Sprachen *f pl* | **~ita** *f constr* Faserzement *m*.
ur|anat *m quím* Uranat *n* | **~ani**
quím Uran *n* | *diòxid d'~* Urandioxyd
n | **~ànic** *adj quím* Uran..., *bes* Uran-VI-... | **~anífer** *adj* uranhaltig |

~anil *m quím* Uranyl *n* | **~aninita** *f min* Uranpecherz *n*, Pechblende *f*, Uraninit *n* | **~anisme** *m lit* Uranismus *m* | **~anista** *m* Uranist *m* | **~anita** *f min* Uranglimmer *m*, Uranit *n* | **~anografia** *f* Uranographie, Himmelsbeschreibung *f* | **~anometria** *f* Uranometrie, Himmelsmessung *f* | **~anoplàstia** *f med* Urano-, Gaumenplastik *f* | **~anós (-osa** *f) adj quím* Uran..., *bes* Uran-IV-... | **~anoscòpids** *m pl ict* Himmelsgucker *m pl*.
urat *m quím* Urat *n*.
urb|à (-ana *f*, **-anament** *adv) adj* städtisch, urban | Stadt... | *lit* urban, höflich || *s/mf* Stadtpolizist(in *f*) *m* | **~anificació** *f* Urbanisierung, städtebauliche Erschließung *f* | **~anisme** *m* Urbanistik *f* | **~anista** *m/f* Städte-bauer(in *f*), -planer(in *f*) *m* | **~anístic** *adj* städtebaulich || *s/f* Urbanistik *f* | **~anitat** *f* Höflichkeit, *lit* Urbanität *f* | **~anitzable** *adj (m/f)* städtebaulich erschließbar | urbanisierbar | **~anització** *f* städtebauliche Erschließung, Urbanisation *f* | Verstädterung, Urbanisierung *f* | (Stadt *bzw* Bungalow-)Siedlung *f* | *pla d'~* Bebauungsplan *m* | **~anitzar (33)** *vt arquit* städtebaulich erschließen, urbanisieren | verstädtern, *lit* urbanisieren | **~s** *f lit* (Groß-, Welt-)Stadt *f*.
urc *m lit* Stolz, Hochmut *m*, Überheblichkeit *f*.
urea *f quím med* Harnstoff *m*, Urea *f* | **~sa** *f biol* Urease *f*.
ured|inals *f pl bot* Rostpilze *m pl* | **~òspora** *f bot* Uredo-, Sommer-spore *f*.
urèmi|a *f med* Urämie, Harnvergiftung *f* | **~c** *adj* urämisch.
urent *adj (m/f) lit* brennend.
ur|èter *m anat* Harnleiter, Ureter *m* | **~eteral** *adj (m/f)* Harnleiter... | **~eteritis** *f med* Harnleiterentzündung *f* | **~etra** *f anat* Harnröhre, Urethra *f* | **~etral** *adj (m/f)* Harnröhren... | **~etritis** *f med* Harnröhrenentzündung, Urethritis *f* | **~etrotomia** *f med* Harnröhrenschnitt *m*.
urg|ència *f* Dringlichkeit *f* | *med* dringende(r) Fall *m* | declaració (moció) d'~ (*polit*) Dringlichkeits-erklärung *f* (-antrag *m*) | servei d'~ od d'urgències (*med*) Not-, Bereitschafts-dienst *m*; (*Krankenhaus*) *a.* Unfallstation *bzw* Notaufnahme *f* | en cas d'~ im Notfall, notfalls | **~ent(ment** *adv) adj* (*m/f*) dringend, eilig | (*Angelegenheit*) *a.* dringlich | (*Sendung*) Eil... | **~!** Eilt!, Eilig! | (*és*)ser ~ dringend (*od* eilig) sein | **~ir (37)** *vi* drängen, eilen, dringend (*od* eilig) sein | els urgia un metge sie brauchten dringend e-n Arzt.
úric *adj* Harn... | Harnsäure... | Harnstoff... | àcid ~ Harnsäure *f*.
urin|ari (-ària *f) adj* Harn... | aparell ~ Harnwege *m pl* || *s/m adm* Bedürfnisanstalt *f* | **~ífer** *adj anat* harn-(ab)leitend.
urna *f* Urne *f* | Vitrine *f*, Glaskasten *m* | ~ electoral (funerària) Wahl-(Grab-)urne *f* | acudir a les urnes zur Wahl (*od* an die Urnen) gehen.
urobilin|a *f biol* Urobilin *n* | **~ogen** *m biol* Urobilinogen *n*.
uro|cordats *m pl zool* Manteltiere *n pl* | **~dels** *m pl zool* Schwanzlurche *m pl*.
ur|o-genital *adj (m/f) anat med* urogenital | aparell ~ Urogenitaltrakt *m*, Harn- u. Geschlechts-organe *n pl* | **~ografia** *f med* Urographie *f* | **~òleg (-òloga** *f) m* Urologe *m*, Urologin *f* | **~òlit** *m med* Urolith, Harnstein *m* | **~olitiasi** *f med* Urolithiasis *f* | **~ologia** *f med* Urologie *f*.
uropigi *m ornit* Bürzel, Sterz *m* | **~al** *adj (m/f)* Bürzel... | glàndula ~ Bürzeldrüse *f*.
uro|scòpia *f med* Uroskopie *f* | **~tropina** *f quím* Urotropin *n*.
urp|a *f zool* Kralle *f* || *pl a.* Klauen *f pl* | *fig*: les urpes de la mort die Krallen (*od* Klauen) des Todes | caure a les urpes d'alg j-m in die Klauen geraten | **~ada** *f* Krallen-, Klauen-hieb *m* | Kratzwunde *f* | **~ar (33)** *vt* mit den Krallen packen | **~ejar (33)** *vt* (mit den Krallen) zerkratzen.
úrpia *f* = urpa.
urpir (37) *vt or nord-cat* = urpejar.
ursí (-ina *f) adj zool* Bären...
úrsids *m pl zool* Bären *m pl*.
ursulina *f catol* Ursuline(rin) *f*.
urtic|àcies *f pl bot* (Brenn)Nesselgewächse *n pl* | **~ació** *f* Nesselbrand *m*, Brennen *m* | **~als** *f pl bot* Nesselpflanzen *f pl* | **~ant** *adj (m/f)* brennend | pèl ~ Nessel-, Brenn-haar *n* | **~ària** *f med* Nessel-sucht *f*, -ausschlag *m*, -fieber *n*.
Uruguai *m*: l'~ Uruguay *n* | **~à (-ana** *f) adj* uruguayisch, Uruguayer || *s/mf* Uruguayer(in *f*) *m*.
us (*a. vos, pop 's*) (21 *u.* 24) *pron pers*

euch | Sie, *arc* Euch; Ihnen, *arc* Euch | *a vosaltres dos ja ~ havien avisat* euch beide hatte man schon benachrichtigt | *si vós voleu, ~ ho explicaré* wenn Sie wollen (*arc* Ihr wollt), erkläre ich es Ihnen *od arc* Euch | *vaig sentir-vos, però no vaig veure-~* ich hörte euch (*bzw* Sie *od arc* Euch), aber ich sah euch (*bzw* Sie *od arc* Euch) nicht | *aneu-vos-en,* fam *aneu's-en!* geht weg!; gehen Sie! | *ant reg: ja vos* (statt ~) *el porto* ich bringe es euch (*bzw* Ihnen *od arc* Euch) schon | *Déu vos guard!* grüß Gott!

ús *m* Gebrauch *m*; Benutzung; Verwendung *f* | Anwendung *f* | Brauch *m*, Sitte *f* | Gewohnheit *f* | ~ *de raó* Verständigkeit *f* | *usos i costums* Brauchtum *n*, Sitte *f* | *un medicament d'~ extern* (*intern*) e. Medikament *n* zur äußerlichen (innerlichen) Anwendung | *d'~ general od comú* allgemein gebräuchlich | *d'~ personal* (*diari*) für den persönlichen (täglichen) Gebrauch | *fora d'~* außer Gebrauch; ungebräuchlich | *segons l'~ antic* nach altem Brauch | *arribar a l'~* (*tenir ~*) *de raó* verständig werden (sein) | *estar en ~* gebräuchlich sein | *fer bon* (*mal*) *~ d'u/c* von etw guten (schlechten) Gebrauch machen | *fer ~ de la paraula* das Wort ergreifen | *posar u/c en ~* etw in Gebrauch nehmen.

us|ança *f* Brauch *m*, Sitte *f* | **~ar** (33) *vt* gebrauchen; verwenden; benutzen, *bes südd* benützen | (*Verfahren, Mittel*) anwenden | *s: emprar, utilitzar, servir* || *vi:* ~ *d'u/c* von etw Gebrauch machen | **~at** (**-ada**) *f) adj* gebraucht | (*Kleider, Schuhe*) getragen; abgetragen, abgenutzt | *aquest mot no és gaire ~* dieses Wort ist nicht sehr gebräuchlich | **~atge** *m a. hist dr* Brauch *m*, Sitte, Gewohnheit, *com* Usance *f* | **~defruit** *m dr* Nießbrauch *m* | **~defruitar** (33) *vt* = **usufructuar**.

userda *f* = **alfals**.

usitat (**-ada** *f) adj lit* gebräuchlich, üblich.

usne|a *f bot* Bartflechte *f* | **~àcies** *f pl bot* Bartflechten *f pl*.

ust|ilag *m bot* (*Mais*) Brandpilz *m* | **~ilaginals** *f pl bot* Brandpilze *m pl* | **~ió** *f lit* (Ver)Brennen *n* | **~ori** (**-òria** *f) adj: mirall ~* Brennspiegel *m*.

usu|al *adj* (*m/f*) gebräuchlich | herkömmlich | üblich | gewohnt |

~alment *adv* üblicherweise, gewöhnlich | **~ari** (**-ària** *f) m* Benutzer(in *f*) *m* | *dr* (*bes Wasser*) Nutzungsberechtigte(r *m*) *m/f* | **~capió** *f dr* Ersitzung *f* | **~capir** (37) *vt dr* ersitzen | **~fructuar** (33) *vt dr* den Nießbrauch haben von | **~fructuari** (**-ària** *f) m* Nieß-braucher(in *f*), -nutzer(in *f*), Nutznießer(in *f*) *m*.

usur|a *f* Wucher *m* | *pagar amb ~* (*fig*) reichlich vergelten; (*Böses*) tüchtig heimzahlen | *prestar amb ~* auf Wucherzinsen leihen | **~ari** (**-ària** *f) adj* wucherisch, Wucher... | **~er**(**a** *f*) *m* Wucherer *m*, Wucherin *f*.

usurpa|ció *f* Usurpation *f* | ~ *d'atribucions* Amtsanmaßung *f* | **~dor** *adj* usurpatorisch || *s/mf* Usurpator(in *f*) *m* | ~ *del tron* Thronräuber *m* | **~r** (33) *vt* usurpieren, *s.* (*dat*) widerrechtlich aneignen, widerrechtlich an s. reißen.

ut *m mús hist* (*C, Do*) Ut *n* | *s: et²*.

utensili *m* Gerät *n* | Werkzeug *n* | *mst pl* Utensil(ien *pl*) *n* | *~s domèstics* Haushaltsgeräte *n pl*.

úter *m anat* Uterus *m*, Gebärmutter *f*.

uter|í (**-ina** *f) adj* Uterus..., Gebärmutter... | *germans uterins* Halbbrüder *m pl* mütterlicherseits | *furor ~* (*psic*) Mannstollheit *f* | **~optosi** *f med* Uterusprolaps, Gebärmuttervorfall *m*.

útil(**ment** *adv*) *adj* (*m/f*) nützlich | brauchbar | *a. mil* tauglich | Nutz... | (*es*)*ser ~ a alg* j-m nützlich sein, j-m nützen | *fer-se ~ s.* nützlich machen.

uti|litari (**-ària** *f) adj* Gebrauchs... | Nützlichkeits..., utilitär | *moral utilitària* Nützlichkeitsmoral *f* || *s/m* Gebrauchswagen *m* | **~litarisme** *m* Nützlichkeitsdenken *n* | *filos* Utilitarismus *m* | **~litarista** *adj* (*m/f*) auf Nützlichkeit ausgerichtet | *filos* utilitaristisch || *s/mf* Utilitarist(in *f*) *m* | **~litat** *f* Nützlichkeit *f* | (*Vorteil, Gewinn*) Nutzen *m* | Brauchbarkeit *f* | Tauglichkeit *f* | *d'~ pública* gemeinnützig | ~ *marginal* (*econ*) Grenznutzen *m* | **~litzable** *adj* (*m/f*) verwendbar; (be)nutzbar; brauchbar | verwertbar | **~lització** *f* Verwendung; (Be)Nutzung *f*; Gebrauch *m* | Verwertung *f* | Ausnutzung *f* | *factor d'~* (*elect*) Verwertungsfaktor *m* | **~litzar** (33) *vt* verwenden; (be)nutzen, *bes südd* (be)nützen; gebrauchen | (*Reste, Alt-*

material, Ungenutztes) verwerten; (*Wärme, Bodenschätze*) a. aus-nutzen, -nützen | *desp (j-n)* aus-nutzen, -nützen | *s: emprar, usar, servir* | **~llatge** *m tecn indús* Ausrüstung *f*; Gerät(schaft *f*); Werkzeug *n*.
ut|opia *f bes polít* Utopie *f* | **~òpic(ament** *adv*) *adj* utopisch | **~opista** *m/f* Utopist(in) *m*.
utraquista *m/f hist ecl* Utraquist(in *f*) *m*.
utric|le *m anat* Utriculus *m* | **~ulària** *f bot* Wasserschlauch *m*.

úvea *f anat* Uvea *f*.
úvula *f anat* (Gaumen)Zäpfchen *n*, Uvula *f*.
uvular *adj* (*m/f*) Zäpfchen..., *ling a.* uvular.
uxorici|da *m* Gattenmörder *m* | **~di** *m* Gattenmord, Mord *m* an der Ehefrau.
uzbek *adj* usbekisch || *s/mf* Usbeke *m*, Usbekin *f* || *s/m ling* Usbekisch *n* | *l'~* das Usbekische | **~istan** *m: l'~* Usbekistan *n*.

V

v, V *f* (*pl ves*) v, V *n*.
va (**vana** *f*) *adj* eitel, leer, nichtig | grundlos | hohl | **~nes esperances** grundlose Hoffnungen | **~nes paraules** leere Worte *n pl* | **en ~** vergebens, umsonst; vergeblich.
vaca *f* Kuh *f* | *ict* Zitterrochen *m* | (*Fischerei*) Grund(schlepp)netz *n* | **~ de llet** Milchkuh *f* | **~ sagrada** (a. *fig Person*) heilige Kuh *f* | *fig bíbl*: *les vaques grasses* (*magres*) die (sieben) fetten (mageren) Jahre | *pesca a la ~* Schleppnetzfischerei *f*.
vacació *f* = **vacança** *f*.
vacada *f* Kuhherde *f*.
vaca|nça *f* Vakanz *f*, Frei-, Unbesetzt-sein *n* || *pl* Urlaub *m*, a. *estud* Ferien *pl* | *vacances pagades* bezahlter Urlaub | *les vacances d'estiu* (*de Setmana Santa, de Nadal*) die Sommer-(Oster-, Weihnachts-)ferien | *anar-se'n de vacances* in Urlaub (*bzw* in die Ferien) fahren | *estar de vacances* in (*od* im, auf) Urlaub (*bzw* in den Ferien) sein | *fer* (*tenir*) *vacances* Urlaub (*bzw* die Ferien) machen (haben) | *passar les vacances a Dènia* den Urlaub (*bzw* die Ferien) in Dènia verbringen | **~nt** *adj* (*m/f*) (*Dienststelle*) frei, offen, *bes estud* unbesetzt, vakant ǁ *s/f* freie (*od* offene, *bes estud* unbesetzte, vakante) Stelle, Vakanz *f* | **~r** (33) *vi* frei (*od* offen, *bes estud* unbesetzt, vakant) sein.
vac|ària *f bot* Kuhkraut *n* | **~cí** (**-ina** *f*) *adj* Kuh... | Rind(s)..., Rinder... | *s*: *boví* ǁ *s/m med* Kuhpocken *f pl*; Kuhpockenlymphe *f* | Impfstoff *m*, Vakzin(e *f*) *n* | **~cinació** *f med* (Schutz)Impfung *f* | **~cinador** *adj med* Impf... ǁ *s/mf* Impf-arzt *m*, -ärztin *f* | **~cinar** (33) *vt*

med impfen, vakzinieren | **~cinel·la** *f med* falsche (*bzw* leichte) Kuhpocken *f pl* | **~cínic** *adj med* Kuhpocken... | **~cínide** *f med* Impfpustel *f* | **~cinostil** *m med* Impfmesser *n*.
vacil·la|ció *f* Schwanken, Wanken *n* | Unentschlossenheit, Unschlüssigkeit *f*, Zögern *n* | **~nt** *adj* (*m/f*) (sch)wankend | unentschlossen, unschlüssig, zögernd, zaudernd | (*Licht*) flakkernd | **~r** (33) *vi* (sch)wanken | *fig a*. unentschlossen (*od* unschlüssig) sein, zögern, zaudern | flackern (*Licht*) | **~ a fer** u/c zögern, etw zu tun.
vacu (**vàcua** *f*, **vàcuament** *adv*) *adj bes fig* leer | **~ïtat** *f bes fig* Leere *f*.
vacu|m *adj* = **vaccí** ǁ *s/m col* Rindvieh *n* | **~na** *f* (*Impfstoff*) = **vaccí** | **~nar** (33) *vt* = **vaccinar**.
vac|úol *m biol* Vakuole *f* | **~uòmetre** *m tecn* Vakuummeter *n*.
vademècum *m* Vademekum *n*, Leitfaden *m*.
vaga *f* Streik *m* | **~ de braços caiguts** (*general*) Sitz-(General-)streik *m* | **~ de (la) fam** Hungerstreik *m* | **~ de zel** Dienst *m* nach Vorschrift | **~ salvatge** wilde(r) Streik *m* | *declarar-se en ~* in den Streik treten | *fer ~* streiken.
vagabund *adj* herumstreifend, umherstreichend, vagabundierend | *p ext* faul | *vida ~a* unstetes (*bzw* faules) Leben, Vagabunden- (*bzw* Faulenzer-)leben *n* ǁ *s/mf* Landstreicher(in *f*), Stromer(in *f*), Vagabund(in *f*) *m* | *p ext* Faulenzer(in *f*) *m* | **~ejar** (33) *vi* umherstreichen, s. herumtreiben, vagabundieren | **~eria** *f* Landstreicherei *f* | Vagabundenleben *n* | *p ext* Faulenzerei *f*; Faulenzerleben *n*.

vagament *adv s:* vague.
vag|ància *f fam* Faulenzerei *f*, Müßiggang *m* | **~ant**[1] *adj (m/f)* untätig, müßig | *ant* = **vacant** | *béns* **~***s (dr)* herrenlose Güter *n pl* | **~ant**[2] *adj (m/f)* = **vagabund** | *clergue* **~** *(Lit)* Vagant *m* | **~ar**[1] (33) *vi* untätig sein; Muße haben; stillstehen | *ant* = **vacar** | **~** *a alg de fer u/c* Muße haben, etw zu tun | *si et vaga, vine demà!* wenn du Zeit hast, komm morgen! | **~ar**[2] (33) *vi* umher-streifen, -ziehen, -wandern, *arc* vagieren | (umher)schlendern, *a. fig* (umher)schweifen | **~** *pels carrers* durch die Straßen schlendern *od desp* streunen | *deixar* **~** *la mirada (els pensaments)* den Blick (s-e Gedanken) schweifen lassen | **~areig** *m* Umherstreifen, -ziehen, -wandern *n* | **~arejar**[1] (33) *vi* faulenzen | **~arejar**[2] (33) *vi* = **~ar**[2] | **~arívol**(**ament** *adv*) *adj lit* (umher)schweifend | **~arós** (**-osa** *f*, **-osament** *adv*) *adj lit* müßig | **~arro** (**-a** *f*) *m fam* Faulpelz *m* || *s/m entom* = **abellot** | **~assejar** (33) *vi* faulenzen.
vàgil *adj (m/f)* biol vagil.
vag|ina *f anat* Scheide, *med* Vagina *f* | **~inal** *adj (m/f)* Scheiden..., *med* vaginal | **~inat** (**-ada** *f*) *adj bot* mit e-r Scheide versehen | **~inisme** *m med* Scheidenkrampf, Vaginismus *m* | **~initis** *f med* Scheidenentzündung *f* | **~ínula** *f bot (Moos)* Vaginula, Scheide *f*.
vagit *m (von Neugeborenen)* Wimmern *n* | Schreien *n*.
vag|ó *m ferroc* Wagen, Waggon *m* | **~** *de càrrega* Güterwagen *m* | **~** *llit (llitera, restaurant)* Schlaf-(Liege-, Speise-)wagen *m* | **~onada** *f* Wagen-, Waggon-ladung *f* | **~oneta** *f* (Kipp)Lore *f*, Kippwagen *m* | *min* Förderwagen *m*.
vagoto|mia *f med* Vagotomie *f* | **~nia** *f med* Vagotonie *f*.
vague (**vaga** *f*, **vagament** *adv*) *adj* vage; unbestimmt; ungenau | *(Umrisse)* verschwommen | *fam* faul, träge | *una mirada vaga* e. gedankenverlorener Blick || *s/m* (a. *nervi* **~**) *anat* Vagus *m* | **~jar** (33) *vi* s-e Gedanken schweifen lassen | **~ries** *f pl* schweifende Gedanken *m pl* | **~tat** *f* Vagheit; Unbestimmtheit *f* | Ungenauigkeit *f* | Verschwommenheit *f* | *dir* **~***s* s. unbestimmt *(od* vage) ausdrücken.
vagu|ista *m/f* Streikende(r *m*) *m/f* | **~ístic** *adj* Streik...

vailet *m fam* (a. *Gehilfe, Geselle*) Bursche, Junge *m* | *hist* Edelknabe, Page *m*.
vainilla *f bot gastr* Vanille *f* | *gelat de* **~** Vanilleeis *n*.
vairó *m ict* Elritze *f*.
vai|tot *m:* *fer un* **~** (a. *fig*) alles aufs Spiel setzen | **~vé** *m a. fig* Hin u. Her *n*; Auf u. Ab *n* | *els vaivens de la vida* das Auf u. Ab des Lebens | **~ver** *adj: (és)ser* **~** ständig hin u. her laufen | **~verejar** (33) *vi* umher-laufen, -streifen.
vaixell *m* Faß *n* | *nàut* Schiff *n* | **~** *cisterna* Tanker *m*, Tankschiff *n* | **~** *d'altura* (*de guerra, de passatgers, de vela*) Hochsee-(Kriegs-, Fahrgast-, Segel-)schiff *n* | **~** *de vapor* Dampfer *m*, Dampfschiff *n* | **~** *escola* (*factoria, llanterna, mercant*) Schul-(Fabrik-, Feuer-, Handels-)schiff *n* | **~a** *f* Geschirr *n* | **~** *de pisa* (*de terrissa*) Steingut-(Ton-)geschirr *n* | **~ada** *f* Ab-, Auf-wasch *m*.
vaja! *int* na (ja)! | na so was! | **~** *quin un!* na so einer!
val *m* Gutschein, Bon *m* | Schuldschein *m* | **~** *de caixa (compra)* Kassen-(Bezugs-)schein *m*.
valdès (**-esa** *f*) *adj ecl hist* waldensisch | *geog* walliserisch, Walliser || *s/mf* Waldenser(in *f*) *m* | Walliser(in *f*) *m*.
val|edor[1] (**-a** *f*) *m* Beschützer(in *f*) *m*; Helfer(in *f*) *m* | *hist a.* Bürge *m*; Verbündete(r *m*) *m/f*; *p ext* Helfershelfer(in *f*) *m* | **~edor**[2] *adj* gültig | annehmbar, triftig | *dr* rechts-gültig, -kräftig | **~ença** *f lit* Beistand *m* | Schutz *m* | *fer* **~** *a alg* j-m beistehen | **~ència** *f quím* Wertigkeit, *a. ling* Valenz *f* | **~** *ecològica* ökologische Valenz *f*.
Val|ència *f* València *f* | *el Regne de* **~** (*hist*) das Königreich València | **~encià** (**-ana** *f*) *adj* valencianisch, Valencianer | *el País* **~** das Land València || *s/mf* Valencianer(in *f*) *m* | *s/m ling* Valencianisch *n* | *el* **~** das Valencianische | **~encianisme** *m ling hist* Valencianismus *m*.
valent|(**ament** *adv*) *adj* tapfer | mutig | rüstig | *(vorgestellt)* mächtig, gewaltig, *umg a.* mords..., Mords... | *a la* **~a** (*loc adv*) ernsthaft, im Ernst | *de* **~** (*loc adv*) tüchtig, gehörig, mächtig; stark | *estudiar de* **~** tüchtig (*od* fleißig) lernen | *ploure de* **~** stark regnen | *prendre's u/c a la* **~a** *s.* (*dat*) etw zu Herzen nehmen | **~ia** *f* Tapferkeit

valentinià
f | Mut *m* | mutige Tat *f*.
valentinià (-ana) *f) m hist ecl* Valentinianer(in *f) m*.
valentinita *f min* Valentinit *n*.
valer[1] (40) *vi* gelten, gültig sein | wert sein; *p ext* kosten | taugen | nutzen, *bes südd* nützen | (+ *dat*) beistehen, helfen (*bes Gott, die Heiligen*) | *quant de temps val el passaport?* wie lange gilt der Paß *od* ist der Paß gültig? | *això no val!* das gilt nicht! | *quant val?* was (*od* wieviel) ist das wert *bzw* kostet das? | *val mil pessetes* es ist tausend Peseten wert; es kostet tausend Peseten | *val el que costa* es ist sein Geld wert | *en Joan (aquest llibre) no val res (gran cosa)* Hans (dieses Buch) taugt nichts (nicht viel) | *aquest metge val molt* dieser Arzt ist sehr tüchtig *od* gut | *per a aquesta feina no vals* zu dieser (*od* für diese) Arbeit taugst du nicht | *no hi valgueren precs ni amenaces* es nützten weder Bitten noch Drohungen | *et valdrà molt més que no t'ha costat* es wird dir viel mehr einbringen, als es dich gekostet hat | *això només ens ha valgut disgustos* das hat uns nur Ärger eingebracht | *val més (od més val) això que res* das ist besser als gar nichts | *val més (od mes val) deixar-ho (od que ho deixem) córrer!* lassen wir es lieber sein! | *val a dir que...* es stimmt, daß...; allerdings... | *valgui el mot (la comparació)* wenn man mir das Wort (den Vergleich) gestattet | *valga'm Déu!* Gott stehe mir bei!; mein Gott!; Herr Gott! | *fer* ~ geltend machen | *fer-se* ~ s. Geltung verschaffen; s. durchsetzen | **~-se** *v/r: l'avi encara es val* (*od pot* ~) *per si mateix* Opa kommt noch allein zurecht | *no poder* ~ (*per si mateix*) auf fremde Hilfe angewiesen sein | ~ *d'u/c* s. e-r Sache bedienen; von etw Gebrauch machen; etw zu Hilfe nehmen | ~ *d'alg* auf j-n zurückgreifen; bei j-m Hilfe suchen | *no s'hi val!* das darf man nicht!; das ist ungerecht! | *no s'ho val!* das ist nicht der Rede wert!; (*Höflichkeitsformel*) k-e Ursache!
valer[2] *m* Wert *m*, Verdienst *n*, Ansehen *n*.
valer|at *m quím* = **valerianat** | **~iana** *f bot* Baldrian *m* | **~ianàcies** *f pl bot* Baldriangewächse *n pl* | **~ianat** *m quím* baldriansaures Salz *n* | **~iànic** *adj: àcid* ~ (*quím*) Valeriansäure *f*.

valerós (-osa *f*, **-osament** *adv) adj* tapfer, wacker.
valetudinari (-ària *f) adj lit* kränklich, siech.
vàlid(ament *adv) adj* gültig | *dr a.* rechtsgültig, -wirksam | *bes mil* tauglich.
vali|dació *f* Gültigmachung *f* | Gültigkeitserklärung *f* | **~dar** (33) *vt* gültig machen | für gültig erklären | **~desa**, **~ditat** *f* Gültigkeit, Geltung *f* | **~ment** *m* Beistand, Schutz *m* | Gunst *f* | *tenir* ~ *davant alg* bei j-m in Gunst stehen.
valina *f quím* Valin *n*.
valisa *f* Handkoffer *m* | *corr* Postbeutel *m* | ~ *diplomàtica* Diplomaten-koffer *m*, -gepäck *n*.
vall[1] *f* Tal *n* | ~ *de llàgrimes* (*fig*) (irdisches) Jammertal *n*.
vall[2] *m (Festung)* Graben *m* | **~ejar** (33) *vt* mit e-m Graben umgeben.
val|ó (-ona *f) adj* wallonisch || *s/mf* Wallone *m*, Wallonin *f* || *s/m ling* Wallonisch *n* | *el* ~ das Wallonische | **~ona** *f* breite Halskrause *f* | *ornit* Wasserläufer *m* («Tringa glareola») | **~ònia** *f* Wallonien *n*.
valor *m(/f) a. cient econ filos sociol* Wert *m* | Mut *m*, Tapferkeit *f* | *banc* Wertpapier *n* | *mat* (Zahlen)Wert *m* | *mús* (Zeit-, Noten-)Wert *m*, Dauer *f* | ~ *afegit (brut, net, nominal, real)* Mehr-(Brutto-, Netto-, Nenn-, Real-)wert *m* | ~ *adaptatiu (nutritiu)* Anpassungs-(Nähr-, Nahrungs-)wert *m* | *el* ~ *d'una obra literària* der Wert e-s literarischen Werkes | ~ *cívic* Zivilcourage *f* | *de (gran)* ~ (sehr) wertvoll | *d'alt* ~ von hohem Wert | *objectes de* ~ Wertsachen *f pl* | *per* ~ *de* im Wert von | *sense* ~ wertlos | *armar-se de* ~ s-n Mut zusammennehmen | *donar* ~ *a u/c* e-r Sache Wert beimessen; etw schätzen | *van tenir el* ~ *de negar-ho* (*iròn*) sie besaßen die Frechheit, es zu leugnen || *pl* (sittliche) Werte *m pl* | *banc* Wertpapiere *n pl*, Effekten *pl* | **~s** *disponibles (immobilitzats od en dipòsit)* Bar-(Anlage-)vermögen *n* | **~s** *declarats (corr)* Wert-brief *m*, -sendung *f* | *teoria dels* **~s** (*filos econ*) Wert-lehre, -theorie *f* | **~ació** *f* (Be)Wertung *f* | (Ab)Schätzung *f* | (Wert)Schätzung, (Hoch)Achtung *f* | *quím* Titration *f* | ~ *de si mateix* Selbsteinschätzung *f* | **~ar** (33) *vt* (be)werten | (ab)schätzen | (wert-) schätzen, (hoch)achten | *quím* titrie-

valquíria

ren | *la casa va (és)ser valorada* (od *avaluada*) *en un milió* das Haus wurde auf e-e Million geschätzt.
valquíria *f mit* Walküre *f*.
vals *m mús* Walzer *m* | ~ *lent* langsamer Walzer *m* | **~ar** (33) *vi* Walzer tanzen.
vàlua *f* Wert *m* | *econ* Schätzung *f*; Schätzwert *m* | *major* ~ = **plus-vàlua** | *un home de gran* ~ e. Mann von gr(r) Bedeutung | *tenir consciència de la pròpia* ~ s. s-s Wertes bewußt sein.
valuós (**-osa** *f*) *adj* wertvoll.
valv|a *f zool* (Muschel)Schale *f* | *bot* (Frucht)Klappe *f* | **~ar** *adj* (*m/f*) Schalen... | Klappen... | **~iforme** *adj* (*m/f*) klappen-artig, -förmig | ventilförmig | wie e. Ventil wirkend.
vàlvula *f anat* Klappe *f* | *tecn a.* Ventil *n* | *elect* Röhre *f* | ~ *cardíaca* (*mitral*) Herz-(Mitral-)klappe *f* | ~ *de seguretat* Sicherheitsventil *n*.
valvul|ar *adj* (*m/f*) *anat* Klappen... | *tecn a.* Ventil... | **~itis** *f med* (*bes* Herz-) Klappenentzündung *f*.
vampir *m mit zool* Vampir *m* | *fig a.* Blutsauger, Ausbeuter *m* | *pel·lícula de* ~s Vampirfilm *m* | **~essa** *f fam* Vamp *m*.
van|adat *m quím* Vanad(in)at *n* | **~adi** *m quím* Vanadium *n* | **~àdic** *adj quím* Vanadium-..., *bes* Vanadium-V-... | **~adífer** *adj geol* vanadiumhaltig | **~adinita** *f min* Vanadinit *m* | **~adiós** (**-osa** *f*) *adj quím* Vanadium-..., *bes* Vanadium-II (*bzw* III, IV)-...
vana|glòria *f* Ruhmsucht *f* | Eitelkeit *f* | Dünkel *m* | **~glori(ej)ar-se** (33) *v/r* = **~r-se**, **glori(ej)ar-se** | **~gloriós** (**-osa** *f*, **-osament** *adv*) *adj* ruhmsüchtig | eitel | dünkelhaft | **~ment** *adv* vergeblich, vergebens, umsonst | **~r-se** (33) *v/r s.* brüsten (*de* mit), prahlen (mit).
vàndal *adj hist* wandalisch || *s/mf a. fig* Wandale *m*, Wandalin *f*.
vand|àlic(**ament** *adv*) *adj* wandalisch | **~alisme** *m* Wandalismus *m*, blinde Zerstörungswut *f*.
vanejar (33) *vi* phantasieren | schwärmen | versagen (*Glieder*).
vanessa *f entom* Vanessa *f*.
van|íl·lic *adj* Vanille... | **~il·lina** *f quím* Vanillin *n*.
vanit|at *f* Nichtigkeit *f* | Eitelkeit | *p ext* Aufgeblasenheit, Blasiertheit *f*, Hochmut *m* | **~ós** (**-osa** *f*, **-osament** *adv*)

adj eitel, eingebildet | aufgeblasen, blasiert.
vano *m fam* Fächer *m*.
vànova *f* (*Bett*) Tages-, Zier-decke *f*.
vantar-se (33) *v/r* = **vanar-se**.
vapor *m* Dampf *m* | Dunst *m* | ~ *d'aigua* Wasserdampf *m* | *bany de* (od *en*) ~ Dampfbad *n* | *màquina de* ~ Dampf-maschine *f*; *ferroc* -lokomotive | *punt de* ~ Siedepunkt *m* || *pl* Grillen, hysterische Launen *f pl* | **~ada** *f* Dampf-; Dunst-schwaden *m* | **~ador** *m tèxt* Dämpfer *m* | **~ar** (33) *vt tèxt* dämpfen, mit Dampf bearbeiten | **~atge** *m tèxt* Dampfen *n* | **~ífer** *adj* dampfhaltig | **~ització** *f* Verdampfung *f*, Verdampfen *n* | Verdunstung *f* | Zerstäubung *f* | Dampfbildung, Verdampfung *f* | **~itzador** *adj* verdampfend | verdunstend || *s/m* Verdampfer, Zerstäuber *m* | **~itzar** (-**se**) (33) *vt*(/*r*) verdampfen | verdunsten | **~ós** (**-osa** *f*, **-osament** *adv*) *adj* dampfig | (*Wetter*) dunstig, neb(e)lig | (*Stoff*) duftig, luftig.
vaqu|er *adj*: *pantalons* ~s Bluejeans, Blue jeans, Jeans *pl* || *s/mf* Kuh-, Rinder-hirt(in *f*) *m* | Kuhstall- (*bzw* Milchgeschäfts-)besitzer(in *f*) *m* | Schleppnetzfischer(in *f*) *m* || *s/f* (*Fischerei*) Trawler *m* | **~eria** *f* Kuhstall *m* | *p ext* Milchgeschäft *n* | **~eta** *f* junge Kuh, Färse *f* | Vacheleder *n* | *bot* Blaue Ochsenzunge *f* | ~ *de Sant Antoni* (*entom*) Marienkäfer *m* | **~í** (**-ina** *f*) *adj* = **boví**.
vara *f* Gerte, Rute *f* | Stange *f* | (Amts)Stab *m* | Taktstock *m* | (*Karren*, *Wagen*) Deichsel *f* | ~ *de Jessè* (*bot*) Narde *f* | ~ *d'or* (*bot*) Echte Goldrute *f* | *deixar la* ~ (*fig*) das Amt ablegen | *tenir* ~ *alta* (*fig*) Autorität haben *od* besitzen.
varad|a *f nàut* Stapellauf *m* | **~or**(**a** *f*) *m nàut* Dockarbeiter(in *f*) *m* | *s/m* Stapel *m*.
varal *m teat* (Scheinwerfer)Stange *f*.
varànids *m pl zool* Warane *m pl*.
varar (33) *vt nàut* = **avarar**.
varec *m bot* Seegras *n*, Tang *m*.
varenga *f nàut* Bodenwrange *f* | **~tge** *m nàut col* Bodenwrangen *f pl*.
vareta *f* Stäbchen *n* | dünner Stab *m* | ~ *màgica* Zauberstab *m* | ~ *de saurí* Wünschelrute *f*.
vari (**vària** *f*, **vàriament** *adv*) *adj* veränderlich | verschieden, abwechselnd |

viel-fach, -fältig | *humor* ~ wechselhafte (*od* unstete) Laune *f* | *remeis* ~*s* verschiedene Heilmittel *n pl* | *de colors* ~*s* von verschiedenen Farben | **~abilitat** *f a. ling* Veränderlichkeit *f* | *fig* Unbeständigkeit *f* | **~able** *adj* (*m/f*) veränderlich, wechselnd | *a. mat* variabel | *p ext* verstellbar | *fig* wankelmütig, unstet | *temps* ~ veränderliche(s) Wetter *n* || *s/f mat* Variable *f* | **~ació** *f* Veränderung *f*, Wechsel *m*, Schwankung *f* | *mús mat* Variation *f* | (*Magnetnadel*) Abweichung *f* | **~ada** *f ict* Zweibindenbrassen *m* | **~ància** *f fís* Varianz *f* | **~ant** *adj* (*m/f*) wechselnd || *s/f a. Lit mús* Variante *f* | **~ar** (33) *vt* (ab-, ver-)ändern, *fig a.* wechseln | *mús* variieren || *vi* s. ändern, s. wandeln, wechseln, abwechseln | veränderlich (*bzw* verschieden) sein | abweichen, variieren | schwanken (*Preis*) | *biol* abarten | **~at** (-ada *f*, -adament *adv*) *adj* abwechselnd, abwechslungsreich | mannigfach, -faltig | reichhaltig | vielseitig | verschiedenartig.

variça *f med* Krampfader, Varize *f*.
varicel·la *f med* Windpocken, Varizellen *f pl.*
varic|ocele *f med* Varikozele *f* | **~ós** (-osa *f*) *adj med* Krampfader..., varikös | **~osi** *f med* Krampfaderbildung, Varikose *f* | Varikosität *f*.
var|iejar (33) *vi* mit den Gedanken abschweifen | **~ietat** *f* Abwechslung *f* | Mannigfaltigkeit, Verschiedenheit *f* | Varietät, *biol a.* Abart *f* || *pl teat* Varieté(theater) *n* | **~ímetre** *m elect* Variometer *n* | **~ioloide** *f med* falsche Blattern *f pl* | **~iolós** (-osa *f*) *adj med* Pocken... | pockenkrank | *s/mf* Pockenkranke(r *m*) *m/f* | **~iòmetre** *m aeron* Variometer *n* | **~iscita** *f min* Variszit *n* | **~istor** *m elect* Varistor *m* | **~iu** *f* = **variça**.
Vars|òvia *f* Warschau *n* | *pacte de* ~ Warschauer Pakt *m* | **~ovià** (-ana *f*) *adj* warschauisch, Warschauer || *s/mf* Warschauer(in *f*) *m*.
varvassor *m hist* Aftervasall *m* | **~ia** *f* Afterlehen *n*.
vas *m a. anat* Gefäß *n* | Grabstätte *f* | ~ *limfàtic* (*sanguini*) Lymph-(Blut-)gefäß *n* | **~os comunicants** (*fís*) kommunizierende Röhren *f pl* | **~a** *f* (viereckiger) Rahmen *m* | **~al** *adj* (*m/f*) *anat* Gefäß..., vasal | **~cular** *adj* (*m/f*)

anat Gefäß..., *med biol a.* vaskular, vaskulär | *cordó* (*sistema*) ~ Gefäßstrang *m* (-system *n*) | **~cularització** *f* Vaskularisation, Gefäßneubildung *f* | **~cularitzat** (-ada *f*) *adj* gefäßreich.
vaselina *f quím* Vaselin(e *f*) *n*.
vaso|constricció *f med* Gefäßverengung *f* | **~dilatació** *f med* Gefäßerweiterung *f* | **~motor** *adj* vasomotorisch || *s/m pl* Vasomotoren *m pl* | **~pressina** *f med quím* Vasopressin, Adiuretin *n*.
vassall *adj* vasallisch | Vasallen... || *s/m* Vasall *m* | **~atge** *m*, **~ia** *f hist* Vasallität *f* | *a. fig* Vasallentum *n*.
vast|(ament *adv*) *adj* weit, ausgedehnt | geräumig | *fig* groß; gewaltig; umfassend | *una* ~*a cultura* e-e umfassende Bildung | **~itud** *f* Weite *f* | Ausdehnung *f* | Geräumigkeit *f*.
vat *m elect* Watt *n*.
vatic|à (-ana *f*) *adj* vatikanisch | *la Biblioteca Vaticana* die Vatikanische Bibliothek | **~à** *m*: *el* ~ der Vatikan | *Ciutat del* ~ Vatikanstadt *f* | **~anisme** *m* Papismus *m* | **~anista** *m/f* Papist(in *f*) *m* | Vatikankenner(in *f*) *m*.
vaticin|ador *adj* wahrsagend | prophezeiend | *irón desp* unkend | **~ar** (33) *vt* wahrsagen, prophezeien | *irón desp* unken | **~i** *m* Wahrsagung *f* | Voraussage *f* | *irón desp* Unkerei *f*.
vatua! *int* Donnerwetter! | ~ *Déu!* bei Gott!
vauma *f Bal* = **malva**.
ve *f* (*pl ves*) (*Name des Buchstabens*) v, V | ~ *doble* (*Name des Buchstabens*) w, W.
veç|a *f bot* Wicke *f* | *pl fig fam* Essen *n*, Nahrung *f* | *guanyar-se les veces* sein tägliches Brot verdienen | **~ar** *m agr* Wickenfeld *n* | **~ot** *m*: ~ *bord* Platterbse *f* («*Lathyrus clymenum*»).
vector *m mat fís* Vektor *m* | **~ial** *adj* (*m/f*) vektoriell, Vektor...
Veda *m rel*: *el* ~ der Weda *od* Veda | *els Vedes* die Weden *od* Veden *pl*.
veda *f caç* Schonzeit *f* | *fig* Verbot *n* | **~r** (33) *vt fig* verhindern | *bes* verbieten | **~t** *m* Gehege, Revier *n* | ~ *de caça* Jagd(revier *n*) *f*.
vedell *m zool* Kalb *n* | ~ *marí* (*zool*) Kegelrobbe *f* | *el* ~ *d'or* (*bíbl*) das Goldene Kalb || *m pl bot* Löwenmaul *n* | **~a** *f zool* Kalbe *f* | (*a. carn de* ~) Kalbfleisch *n* | **~ada** *f* Kälberherde *f* | **~ar** (33) *vi* kalben.
vèdic *adj* wedisch, vedisch || *s/m ling* We-

vedisme
disch, Vedisch *n* | *el* ~ das Wedische *od* Vedische.
vedisme *m* Wedismus, Vedismus *m*.
vedruna *f dr (Abgrenzung)* Steinhaufen *m*.
veedor *m hist* Aufseher *m* | *(Andorra)* ~ *d'aigües* Wasserinspektor *m*.
vega *f Bal* Ausflug *m*; Picknick *n* | (Hoch)Genuß *m* | *fer* ~ die Schule schwänzen.
vegada *f Mal n* | *a* (od *de* od *algunes)* vegades manchmal, bisweilen, ab u. zu | *a la* ~ gleichzeitig, zur gleichen Zeit | *per darrera* (od *última)* ~ zum letztenmal, zum letzten Mal | *una* ~ ein Mal; (*a. e-s Tages)* einmal | *una sola* ~ e. einziges Mal | *d'una* ~ auf einmal; e. für alle Mal; *(emotional)* endlich | *una* ~ *hi havia* ... es war einmal ... | *una* ~ *(que)* *(loc conj)* sobald | *una* ~ *(que) estiguis llest, avisa'm* sobald du fertig bist, sag mir Bescheid | *una altra* ~ od *una* ~ *més* nochmals, wieder (einmal) | *una* ~ *per totes* ein für allemal | *dues (tres, quatre) vegades* zwei-(drei-, vier-)mal | *cada* ~ *més* immer mehr; immer stärker | *cada* ~ *que (loc conj)* jedesmal wenn | *moltes vegades* oft | *rares vegades* selten | *part de les vegades* meist(ens) | *tota* ~ dennoch, trotzdem | *tota* ~ *que (loc conj)* immer wenn | *totes les vegades que vulguis* sooft du willst | *quantes vegades?* wie oft? | *no fer-se dir u/c dues vegades* s. *(dat)* etw nicht zweimal sagen lassen | *cinc vegades vuit fan quaranta* fünf mal acht ist vierzig.
vegeta|bilitat *f* Wachstumsfähigkeit *f* | **~ble** *adj (m/f)* wachstumsfähig | **~ció** *f* Pflanzenwuchs *m* | *col* Vegetation *f* || *pl med* Wucherungen *f pl* | *vegetacions adenoides (Nase)* adenoide Wucherungen *f pl* | **~l** *adj (m/f)* pflanzlich, Pflanzen... | *carbó* ~ Holzkohle *f* || *s/m* Pflanze *f* | **~lisme** *m* (strenger) Vegetarismus *m* | **~nt** *adj (m/f)* vegetierend | **~r** (33) *vi a. fig* vegetieren | **~rià (-ana)** *adj* vegetarisch || *s/mf* Vegetarier(in *f*) *m* | **~rianisme** *m* Vegetarismus *m* | **~tiu (-iva)** *adj* vegetativ | *aparell* ~ Wachstumsapparat *m* | *sistema nerviós* ~ vegetatives Nervensystem *n*.
veguer *m dr hist* (Land)Vogt *m* | *(Andorra)* Viguier *m* | **~ia** *f dr hist* Vogtei *f* | *Verwaltungsbezirk in Katalonien (1933-36).*

vehem|ència *f* Heftigkeit *f*, Ungestüm *n*, *lit* Vehemenz *f* | Wucht *f* | **~ent(ment** *adv)* *adj (m/f)* heftig, ungestüm, *lit* vehement | *(Schlag)* wuchtig.
vehic|le *m* Fahrzeug *n* | *(Mittel)* Träger *m*, *lit med* Vehikel *n* | ~ *amfibi (espacial, tot terreny)* Amphibien-(Raum-, Gelände-)fahrzeug *n* | *l'aire és el* ~ *del so* die Luft ist der Leiter des Schalls | *la llengua és el* ~ *de l'activitat mental* die Sprache ist das Vehikel der geistigen Tätigkeit | **~ular**[1] *adj (m/f)* Fahrzeug... | *ling: llengua* ~ Verkehrssprache *f* | **~ular**[2] (33) *vt* befördern | leiten.
ve|í (-ïna *f) adj (pl* -ïns, -ïnes) benachbart | Nachbar... | an-liegend, -grenzend | *les cases veïnes* die Nachbarhäuser, die benachbarten Häuser *n pl* | *(és)ser* ~ *de Barcelona* in Barcelona wohnhaft (od ansässig) sein || *s/mf* Nachbar(in *f*) *m* | Einwohner(in *f*) *m* | *els veïns d'un carrer* die Anwohner (od Anlieger) e-r Straße | *els veïns de la casa (del poble)* die Haus-(Dorf-)bewohner | *els nostres veïns de taula* unsere Tischnachbarn | **~ïnal** *adj (m/f)* nachbarlich | *camí* ~ Gemeindeweg, Feldweg *m* | **~ïnat** *m* Einwohnerschaft *f* | **~ïnatge** *m* Nachbarschaft *f* | *fig* Nähe *f* | *polít: un bon* ~ e-e gute Nachbarschaft | **~ïner** *adj lit* = **~ïnal**.
veire *m ant* = **vidre** | *Lit* = **got**[1].
veiró *m ict* Piloten-, Lotsen-fisch *m*.
veixiga *f anat* (Harn)Blase *f* | ~ *natatòria* Schwimmblase *f*.
veixina *f reg* leiser Furz *m*.
vel *m* Schleier *m* | *fig* Hülle *f*, Deckmantel *m* | ~ *del paladar* Gaumensegel *n* | *prendre el* ~ den Schleier nehmen, Nonne werden | *tirar un* ~ *sobre u/c* den Schleier (des Vergessens) über etw breiten | **~a** *f nàut* Segel *n* | *p ext* Segelschiff *n*, Segler *m* | *(Verdeck)* Plane *f*; Sonnensegel *n* | *esport* Segeln *n*, Segelsport *m* | ~ *de capa (llatina)* Sturm-(Lateiner-)segel *n* | *barca de* ~ Segelboot *n* | *carro de* ~ Planwagen *m* | *amainar* (od *baixar) veles* die Segel einziehen *od* reffen *bzw fig* streichen | *anar a la* ~ mit geschwellten Segeln fahren; *fig* betrunken sein | *anar a tota* ~ *(a. fig)* mit vollen Segeln vorankommen | *fer* (od *donar)* ~, *fer-se a la* ~ absegeln, unter Segel gehen | **~ació** *f* Verschleierung

vèlic

f | *bes catol* (*sg bei der Nonnenweihe*; *pl bei der Trauung*) Bedeckung *f* mit dem Brautschleier | **~am** *m col* Segel(werk *n*) *n pl* | Planen *f pl* | **~ar**¹ *adj anat* Gaumensegel... | *ling* velar, Velar... | **~ar**² (33) *vt* verschleiern; verhüllen | *fotog* verschleiern, unscharf (*od* verschwommen) machen | **~ar-se** *v/r s.* verschleiern | *bes fotog* unscharf werden | **~ari** *m hist* (Amphitheater) Plane *f*, Sonnensegel *n* | **~aritzaciό** *f ling* Velarisierung *f* | **~aritzar** (33) *vt ling* velarisieren | **~àrium** *m* = **~ari** | **~at** *m fotog* Schleier *m* | **~ejar** (33) *vi nàut* segeln | **~er** *adj* Segel... | *s/m nàut* Segelschiff *n*, Segler *m* | *aeron* Segelflugzeug *n* | *s/f* Segel-hersteller(in *f*) *bzw* -verkäufer(in *f*) *m* | **~er**²(**-a** *f*) *m* Schleiermacher(in *f*) *m* | *hist* Seidenweber(in *f*) *m* | **~eria** *f nàut* Segelmacherwerkstatt *f* | Segelfabrikation *f* | *hist* Seidenweberei *f*.

vèlic *adj* Segel...

vell¹ *m* = **vellό**.

vell² *adj* alt | *s: antic* | *un home* (*gos*) **~** e. alter Mann (Hund) | *la ciutat* **~a** die Altstadt | *Plini el ~* Plinius der Ältere | *un cotxe* **~** e. altes Auto | *les sabates* **~es** die alten Schuhe | *roba de ~* gebrauchte Kleidung, *com a.* Secondhandkleidung *f* | *llibreria de ~* Antiquariat *n* | *llibres de ~* antiquarische Bücher *n pl* | *una* **~a** *amistat* e-e alte (*od* langjährige) Freundschaft | (*és*)*ser més ~ que Matusalem* älter als Methusalem sein | *fer-se* (*od tornar-se*) **~** alt werden || *s/mf* alter Mann, Alter *m*; alte Frau, Alte *f* | *els* **~s** alte Leute, die Alten *pl* | **~ard** *adj* alt, greisenhaft || *s/mf* Greis, *p ext* alte(r) Junggeselle *m*; Greisin, *p ext* alte Jungfer *f* | **~catòlic** *adj ecl* altkatholisch || *s/mf* Altkatholik(in *f*) *m* | **~edat** *f* = **vellesa**.

vel·leït|at *f* Anflug *m* | Anwandlung *f* | Laune *f* | Gelüst *n* | **~ós** (**-osa** *f*) *adj* wankelmütig, launisch, wetterwendisch | unbeständig.

vellesa *f* (hohes) Alter *n* | *a les meves vel·leses...* auf meine alten Tage... | *assegurança de ~* Altersversicherung *f* | *caure de ~* vor Alter(sschwäche) zusammen-fallen *od* -stürzen *od* einstürzen (*Gebäude*).

vell|ó *m* Vlies *n* | *el ~ d'or* (*mit*) das Goldene Vlies | **~ós** (**-osa** *f*) *adj*

(flaum)haarig | (fein) behaart | **~ositat** *f* (feine) Behaarung *f* | Körperhaar *n* | ~ *púbica* Schamhaar *n*.

vell|ura *f* = **~úria** | = **vellosa** | **~úria** *f* Altertum *n*.

vellut *m* *tèxt* Samt; Velours *m* | Velours(leder) *n* | *jaqueta de ~* Samtjacke, samtene Jacke *f* | *ull de ~* (*fam*) blaue(s) Auge *n* | *pl bot* Dreifarben-, Ganges-fuchsschwanz *m*; Ausgebreitete Sammetblume *f* | **~às** *m* (*pl* **-assos**) *tèxt* Samt *m* von langem Flor | **~at** (**-ada** *f*) *adj a. fig* samtig | samt-weich, -artig | **~ejar** (33) *vi* samtartig wirken | **~er(a** *f*) *m* Samt-weber(in *f*) *bzw* -fabrikant(in *f*) *m* || *s/f bot* Gartenfuchsschwanz *m* | **~et** *m tèxt* Samt *m* mit kürzerem Faserflor | **~í** (**-ina** *f*) *adj bes bot* samtig.

velnegrar (33) *vt:* ~ *una monja* e-r Nonne den schwarzen Schleier anlegen.

vel|oç(ment *adv*) *adj* (*m/f*) geschwind | schnell | **~ocímetre** *m tecn* Geschwindigkeitsmesser *m* | *aut* Tacho(meter *n*) *m* | **~ocípede** *m* Veloziped *n* | **~ocipedista** *m/f* Velozipedist(in *f*) *m* | **~ocitat** *f* Geschwindigkeit *f* | Schnelligkeit *f* | ~ *angular* (*d'ascensió*) Winkel-(Steig-)geschwindigkeit *f* | ~ *màxima* (*mitjana*) Höchst-(Durchschnitts-)geschwindigkeit *f* | ~ *del so* (*de la llum*) Schall-(Licht-)geschwindigkeit *f*. | *límit de* ~ Geschwindigkeitsbegrenzung *f* | *suplement de* ~ (*ferroc*) Schnellzugzuschlag *m* | *a tota* ~ mit Höchstgeschwindigkeit | *perdre* ~ (an) Geschwindigkeit verlieren | **~òdrom** *m* Radrennbahn *f*, Velodrom *m* | **~omotor** *m* Mofa *n*.

vena *f anat* Vene, Blutader *f* | *p ext anat bot entom geol min fig* Ader *f* | *bot a.* Blatt-ader *f*, -nerv *m* | *min a.* Flöz *n*, Gang *m* | ~ *cava* (*cefàlica, porta*) Hohl-(Kopf-, Pfort-)ader *f* | ~ *cubital* Unterarmvene *f* | ~ *fluida* (*fís*) Flüssigkeitsstrahl *m* | *les venes de la fusta* die Maserung (*od* Masern) des Holzes | *les venes del marbre* die Äderung des Marmors | ~ *poètica* dichterische Ader *f* | *estar* (*od sentir-se*) *de* ~ in Stimmung sein | *obrir la ~ a alg* j-n zur Ader lassen | *obrir-se les venes s.* (*dat*) die Adern öffnen | *no tenir sang a les venes* (*fig fam*) k. Mark in den Knochen haben | *tenir ~ d'u/c* (*fig*) e-e Ader (*od* Begabung) für etw haben.

vena|ble *m* Wurf-, Jagd-spieß *m* | **~ció**¹

f lit Jagd *f* ‖ *pl hist* (*Amphitheater*) Tierhetze *f*; Kampfspiele *n pl*.
vena|ció² *f anat* Gefäßsystem *n* | *entom* Aderung, Nervatur *f* | **~l**¹ *adj* (*m/f*) venös, Venen...
venal² *adj* (*m/f*) käuflich | *fig a*. bestechlich | *valor* ~ Kaufwert *m* | **~itat** *f desp* Käuflichkeit *f* | *fig a*. Bestechlichkeit *f*.
venatori (**-òria** *f*) *adj lit* Jagd...
vencedor *adj* siegend | siegreich | *el cavall* ~ das Siegerpferd | *s/mf* Sieger(in *f*) *m* | ~ *per punts* Punktsieger *m*.
vèncer (40) *vt* besiegen | *fig* über-wältigen, -winden; (be)meistern, bezwingen | ~ *alg en u/c* j-n in etw (*dat*) übertreffen | ~ *les pròpies passions* die eigenen Leidenschaften bezwingen | *vi* siegen | *com* fällig sein *bzw* werden; verfallen; ablaufen (*Frist*).
vencible *adj* (*m/f*) besiegbar.
vencill *m* = **lligam** | *agr* Stroh-, bes Garben-band *n* | **~ar** (33) *vt agr* (mit e-m Stroh- *od* Garben-band) binden | **~ó** *m* Schnur *f* | (*Pferdegeschirr*) Strang *m*.
ven|ciment *m* Besiegung *f* | *com dr* Fälligkeit *f*; Fälligkeits-datum *n*, -termin *m* | = **~çó** | **~çó** *f ant* Besiegung *f*; Niederlage *f* | *posar en* ~ *l'enemic* über den Feind siegen, dem Feind e-e Niederlage beibringen.
venda *f* Verkauf *m* | *com a*. Absatz *m* | *dr* Kaufvertrag *m* | ~ *a crèdit* Verkauf *m* auf Kredit | ~ *al comptat* Barverkauf *m* | ~ *a termes* od *terminis* Ratengeschäft *n* | *departament de vendes* Verkaufsabteilung *f* | *en* ~ zu verkaufen | *estar en* ~ zum Verkauf stehen | *posar u/c en* ~ etw zum Verkauf anbieten.
vendaval *m* starker Wind, Sturm *m*.
vend|ibilitat *f* Verkäuflichkeit *f* | **~ible** *adj* (*m/f*) verkäuflich | **~re** (40) *vt* verkaufen | (*Waren*) *a*. ab-, um-setzen | *fig a*. verraten | ~ *u/c a alg* j-m etw (*od* etw an j-n) verkaufen | ~ *u/c a l'encant* etw versteigern | ~ *u/c a bon preu* (*a la menuda* od *al detall, a l'engròs, a preu de cost*) etw billig (im Klein- *od* Einzel-handel, im Großhandel, zum Selbstkostenpreis) verkaufen | *haver-n'hi per a donar i per a* ~ in sehr gr(r) Menge vorhanden sein | *en tenim per a llogar i per a* ~ wir haben übergenug (*od* überreichlich) davon | «*es ven*» «zu verkaufen» | *aquest producte es ven molt bé* dieses Produkt verkauft s. gut *od* läßt s. gut verkaufen | *així m'ho han venut* (*fig fam*) so wurde es mir erzählt *od umg* aufgetischt | **~re's** *v/r fig fam* s. verkaufen, s. bestechen lassen | *fig fam* s. verplappern | ~ *la casa* sein Haus verkaufen.
Ven|ècia *f* Venedig *n* | **~ecià** (**-ana** *f*) *adj* venezianisch ‖ *s/mf* Venezianer(in *f*) *m* ‖ *s/m ling* Venezianisch *n* | *el* ~ das Venezianische.
veneç|olà (**-ana** *f*) *adj* venezolanisch | *s/mf* Venezolaner(in *f*) *m* | **~uela** *f* Venezuela *n*.
vened|or¹ *adj* verkäuflich | **~or**² *adj* verkaufend ‖ *s/mf* Verkäufer(in *f*) *m* | ~ *ambulant* Straßenverkäufer *m* | **~ures** *f pl com* Provision *f*.
venema *f ant reg* = **verema**.
venenós (**-osa** *f*) *adj* = **verinós**.
ven|era *f* (*Ritterorden*) Ehrenkreuz *n* | **~erabilitat** *f* Ehrwürdigkeit *f* | **~erable** *adj* (*m/f*) ehr-, hoch-würdig | verehrungswürdig | **~eració** *f* Ehrfurcht *f* | *ecl a*. Verehrung *f* | **~erador** *adj* verehrend ‖ *s/mf* Verehrer(in *f*) *m* | **~erar** (33) *vt* verehren | **~eri** (**-èria** *f*) *adj med* venerisch, Geschlechts... | *malaltia venèria* venerisches Leiden *n*, Geschlechtskrankheit *f* | **~èrids** *m pl zool* Venusmuscheln *f pl*.
vènia *f* Verzeihung *f* | *p ext* Erlaubnis | *amb la vostra* ~ mit Ihrer Erlaubnis; mit Verlaub (gesagt).
venial *adj* (*m/f*) *ecl* (*Sünde*) läßlich | **~itat** *f* Läßlichkeit *f*.
veni|dor *adj* kommend, (zu)künftig ‖ *s/m* = **esdevenidor** | **~r** (40) *vi* kommen | *s: anar; vinga!* | *ep, tu, vine* (*aquí*)! —*Ja vinc!, Vinc de seguida!* he, du, komm mal (hier)her! —Ich komm' ja schon!, Ich komme gleich *od* sofort! | *vine, que et vull fer un petó!* komm zu mir, ich will dich küssen! | *què, véns* (*amb mi*) *o no véns?* na, kommst du mit (mir) oder nicht? | *demà vindré tard* morgen komme ich später | *han vingut a peu* (*amb avió*) sie sind zu Fuß (mit dem Flugzeug) gekommen | *quan vindràs a Horta* (*a casa, a veure'ns*)? wann wirst du nach Horta (zu uns, uns besuchen *od* zu uns zu Besuch) kommen? | *vénen sovint a la ciutat a comprar* sie kommen oft in die Stadt zum Einkaufen | *vinc a buscar els llibres* ich

venja

komme die Bücher abholen | ~ *a costar* ungefähr kosten | ~ *a (és)ser igual* od *el mateix* auf dasselbe hinauslaufen, -kommen | ~ (od *anar*) *a menys* herunterkommen | ~ *a pobresa* (*arc*) verarmen | *d'on véns?* woher kommst du? | *vinc de Berlín* (*de casa, d'allà, de la feina, del teatre*) ich komme aus Berlin (von daheim, von dort, von der Arbeit, aus dem Theater) | *el vent ve de ponent* (*de mar*) der Wind kommt von (od aus) West od von Westen (von See) | *els Schrollers venim de Prússia* wir Schrollers kommen (od stammen) aus Preußen | *ve de la pàgina 7* Fortsetzung von Seite 7 | *ja no ve d'aquí!* darauf kommt es nun a. nicht mehr an! | *fer* ~ kommen lassen | *veure* ~ *u/c* (*a. fig*) etw kommen sehen | *veure* ~ *alg* j-n kommen sehen; *fig* j-n durchschauen || (in e-r Reihe, Folge; im Lauf der Zeit) kommen | *després de Xàbia ve Calp* nach Xàbia kommt Calp | *després de les rialles vénen les ploralles* (Spruch) nach dem Lachen kommt das Weinen | *una desgràcia no ve mai sola* (Spruch) e. Unglück kommt selten allein | *ara que ve l'hivern* jetzt wo es Winter wird od der Winter kommt | *aviat vindran les cireres* bald kommen die Kirschen od kommt die Kirschenzeit | *dilluns que ve* (od *vinent*) *és festa* nächsten (od kommenden) Montag ist Feiertag || ~ + *dat: no em vinguis amb excuses* (*històries*)*!* komm mir nicht mit Ausflüchten (Geschichten)! | *m'ha vingut gana* (*la regla*) ich habe Hunger (meine Regel) bekommen | *ja em ve la son* der Schlaf überkommt mich; ich werde schon müde | *m'ha vingut una idea* mir ist e-e Idee gekommen | *em va* ~ *de nou* (*molt bé, malament*) es kam mir überraschend (sehr gelegen, ungelegen) | *la carn* (*no*) *em ve bé* ich habe (keinen) Appetit auf Fleisch | *aquestes sabates em vénen* (od *van*) *estretes* diese Schuhe sind mir zu eng | **~r-se'n** *v/r arc* einstürzen.

venja *f ant =* **~nça** *f* | **~dor** *adj* rächend || *s/mf* Rächer(in *f*) *m* | **~nça** *f* Rache *f* | ~ *de sang* Blutrache *f* | *prendre* ~ *d'alg* s. an j-m rächen | **~r** (33) *vt* rächen | **~r-se** *v/r:* ~ *d'alg* an j-m Rache nehmen, s. an j-m rächen | ~ *d'u/c* s. für etw rächen | **~tiu** (-**iva**) *adj* rach-süchtig, -gierig | *acte* ~ Racheakt *m* | **~tiva-ment** *adv* als (*bzw* aus) Rache.

venós (-**osa** *f*) *adj* Venen..., venös | aderig, geädert | *sang venosa* venöses Blut *n*.

vent *m* Wind *m* | *caç a.* Witterung *f* | Haltetau; Abspannseil *n*; Zelt(spann-)leine *f* | *fam* (Darm)Wind *m*, Blähung *f* | ~ *fort* (*suau*) starker (sanfter) Wind *m* | ~ *ascendent* (*descendent*) Auf-(Ab-)wind *m* | ~ *del nord* (*de l'est*) Nord-(Ost-)wind *m* | ~ *solar* (*astr*) Sonnen-, Solar-wind *m* | *els quatre* ~*s* die vier Himmelsrichtungen *f pl* | *la rosa dels* ~*s* die Windrose | *instruments de* ~ (*mús*) Blasinstrumente *n pl* | *bon* ~ (*i barca nova*)! (*fig fam*) auf Nimmerwiedersehen! | *contra* ~ *i marea* (*fig*) allen Widerständen zum Trotz | *ràpid com el* ~ schnell wie der Wind | *bufa un* ~ *glaçat* es geht (od weht, bläst) e. eisiger Wind | *fa* (*molt de*) ~ es ist (sehr) windig | *fer un* ~ (*fam*) e-n (Wind) streichen lassen | *a la nit s'ha girat* ~ in der Nacht ist Wind aufgekommen | *girar-se a tots els* ~*s* (*fig*) sein Mäntelchen nach dem Wind hängen | *mirar de quin costat ve el* ~ (*fig*) sehen, woher der Wind weht | *quin* ~ *et porta* (*per aquí*)? was für e. seltsamer Zufall bringt dich hierher?; wie kommst du hierher? | *saber el* ~ *i no saber el torrent* die Glocke läuten hören, aber nicht wissen, wo sie hängt | *tenir* ~ *al cap* Flausen im Kopf haben | **~ada** *f* Windstoß *m* | **~ador** *adj agr* Worf(el)... | *s/f* (a. *màquina* ~*a* od *de ventar*) Worfelmaschine *f* | **~afocs** *m* (Feuer)Fächer *m* | *s/f* (Dienst)Magd *f* | *Lit: la* ~ (das) Aschen-puttel, -brödel | *fig: sóc la* ~ *de la família* ich bin das Aschen-puttel (od -brödel) der Familie | **~all** *m* Fächer *m* | *fig* Spektrum *n*, Auswahl *f* | **~alla** *f* Glastür *f* | Jalousie *f* | (Helm) Luftloch *n* | **~allada** *f* Schlag *m* (mit dem Fächer) | **~allar** (33) *vt* fächeln; (j-m) Luft zufächeln | (*Feuer*) anfachen | **~allar-se** *v/r* s. fächeln, s. (*dat*) Luft zufächeln | **~aller**(**a** *f*) *m* Fächer-hersteller(in *f*) *bzw* -verkäufer(in *f*) *m* | **~alló** *m* Fensterladen *m* | **~allola** *f tecn* Ventil *n*; Klappe *f* | (Helm) Luftloch *n* | **~ament** *m agr* Worfeln *n* | **~ar** (33) *vt* fächeln; (j-m) Luft zufächeln | (*Feuer*) anfachen | (*Fliegen*) verjagen | (*Asche*) in den Wind streuen | *agr* (*Getreide*) worfeln | (*Glok-*

ke, *Schwert*) schwingen | *fig fam* = **clavar, pegar** | *forca de* ~ (*agr*) Worfschaufel *f* | ~ *la cua* mit dem Schwanz wedeln || *v/imp* = **~ejar** | **~ar-se** *v/r* s. fächeln, | (*dat*) Luft zufächeln | *fig fam:* ~ *un cop* s. stoßen | ~ *a córrer* (*plorar*) los-rennen (-heulen) | **~eguera** *f* Windstoß *m* | Sturm, starke(r) Wind *m* | **~ejar** (33) *vt* (aus)lüften | fächeln | (*Getreide*) worfeln | *v/imp: fa tres dies que venteja* seit drei Tagen windet es *od* ist es windig | **~ijol** *m* sanfte(r) Wind *m* | **~ilació** *f* (Be)Lüftung, Ventilation *f* | *min* Bewetterung *f* | ~ *natural* (*artificial*) natürliche (künstliche) Belüftung *f* | **~ilador** *adj* (Be)Lüftungs... || *s/m* Ventilator, Lüfter *m* | *tecn* a. Gebläse *n* | **~ilar** (33) *vt* (be-, ent-)lüften, ventilieren | *min* bewettern | *fig* (*Frage, Angelegenheit*) erörtern, ventilieren | **~im** *m* = **ventijol** | *Bal* Tracht *f* Prügel; Verweis, Rüffel *m* | **~olejar** (33) *vi reg* flattern || *v/imp* = ~ **ejar** || *vt reg* = **~ejar** | **~oler** *adj* = **~ós** | **~olím, ~olina** *f* sanfter(r) Wind *m*; Windhauch *m* | **~ós** (-osa *f*) *adj* windig | blähend | **~osa** *f med* Schröpfkopf *m*; (*bei der Entbindung*) Saugglocke *f* | *a.* *zool* Saugnapf *m* | *fer* ~ (durch Saugwirkung) haften | **~ositat** *f* Wind *m* | *bes* (Darm)Wind *m*, Blähung *f*.

ventr|ada *f zool* Wurf *m* (Junge) | **~al** *adj* (*m/f*) *anat* ventral | Bauch... | **~e** *m* Bauch, *lit* Leib *m* | *el baix* ~ der Unterleib | *el* ~ *d'una ampolla* der Bauch e-r Flasche | *el* ~ *de la cama* die Wade | *mal de* ~ Bauch-schmerz *m*, *umg* -weh *n* | *anar* (*od fer*) *de* ~, *buidar* (*od descarregar*) *el* ~ Stuhlgang haben | *fer un* ~ *a una dona* (*fam*) e-e Frau dick machen | *fer* ~ e-n dicken Bauch haben (*Schwangere*) | *omplir el* ~ (*fam*) s. (*dat*) den Bauch vollschlagen | *treure el* ~ *de pena od de mal any* s-n Hunger stillen | *treure's el* ~ entbinden (*Frau*) | *el* ~ *no admet* (*od no s'entén de*) *raons* (*Spruch*) e. hungriger Bauch hat k-e Ohren; den Hungrigen ist nicht gut predigen | **~egada** *f* = **ventrada** | **~ell** *m* Magen *m* | ~ *de la cama* Wade *f* | *fer bon* ~ gut bekommen (*Essen*) | **~ellada** *f* Magenverstimmung *f* | **~ellut** (-uda *f*) *adj* = **~ut** | **~era** *f* Bauchbinde *f* | (*Lasttiere*) Bauch-gurt, -riemen *m* | *constr* (un-terster) Querbalken *m* | **~esca** *f* (*bes Fische*) Bauch *m* | (*Schweine*) Bauchspeck *m* | **~icle** *m anat* Kammer *f*, Ventrikel *m* | ~ *del cor* Herz-kammer *f*, -ventrikel *m* | **~icular** *adj* (*m/f*) ventrikular, ventrikulär | Kammer..., Ventrikel... | **~íloc** (**-oqua** *f*) *m* Bauchredner(in *f*) *m* | **~ilòquia** *f* Bauchreden *n* | **~ut** (-uda *f*) *adj a. fig* dickbauchig | *tecnol* bauchig | *una ampolla ventruda* e-e bauchige Flasche.

ventur|a *f* Zufall *m* | (*a. bona* ~) Glück *n* | *a la* ~ (*loc adv*) aufs Geratewohl, auf gut Glück; ins Blaue | *per* ~ (*loc adv*) vielleicht, etwa | *provar* ~ sein Glück versuchen | **~er** *adj* zufällig; etwaig, eventuell | Gelegenheits... | *un llibre* ~ e. antiquarisches Buch.

ventúria *f* = **ventada**.
venturina *f min* Aventurin *m*.
venturós (-osa *f*, -osament *adv*) *adj* glücklich.

Venus *f mit astr* Venus *f* | *la* ~ *de Milo* die Venus von Milo | *fig: és una* ~ sie ist e-e Venus | **~ià** (-ana *f*) *adj* Venus... || *s/mf* Venusbewohner(in *f*), Venusmensch *m* | **~t** *adj lit* liebreizend, anmutig, sehr schön | **~tat** *f lit* Liebreiz *m*, Anmut, gr(e) Schönheit *f*.

venut (-uda *f*) *adj* (aus)verkauft | *fig fam* gekauft, bestochen | *anar* ~ (*fig fam*) verraten u. verkauft sein | *portar alg* ~ (*fig fam*) j-n irreführen *od* betrügen | *s/mf fig fam* Bestochene(r *m*) *m/f*.

ver *adj lit Bal* = **veritable** | *bot* echt | *el* ~ *i el fals* das Wahre u. das Falsche | *de* ~(*es*) *od de bon de* ~*es* = **de debò** | *és* ~ es ist wahr, es stimmt | **~aç** *adj* (*m/f*) wahrhaftig | **~acitat** *f* Wahrhaftigkeit *f* | **~acreu** *f ecl* (Reliquie *f* vom) Kreuz *n* Christi.

verada *f ict* = **variada**.
veral *m* Stück *n* Land *n* | *agr* Einödhof *m* || *pl* abgelegene Gegend *f*.
verament *adv* = **veritablement**.
veranda *f arquit* Veranda *f*.
verat *m ict* Makrele *f* | ~ *d'ull gros* Blasenmakrele *f* | ~ *volador* Fliegender Fisch *m*.
veratr|e *m bot* Weißer Germer *m* | **~ina** *f quím* Veratrin *n*.
verb *m arc lit* (*Ausdruck*) Wort *n* | *ling* Verb, Zeitwort, Verbum *n* | *ecl: el* ~ *de Déu* das Wort Gottes | **~a** *f bes Bal* (*Ausdruck*) Wort *n* | *bes* Spaß, Witz *m* | **~al**(**ment** *adv*) *adj* (*m/f*) mündlich, *lit* verbal | Wort... | *ling* verbal, Ver-

bal... | *memòria* ~ Wortgedächtnis *n* | *substantiu* ~ Verbalsubstantiv | **~alisme** *m a. estud* Verbalismus *m* | *desp a.* Wortemacherei; Wortklauberei *f* | **~alista** *adj* (*m/f*) verbalistisch || *s/m/f* Verbalist(in *f*) *m* | **~alitzar** (33) *vt a. ling* verbalisieren.
verbenàcies *f pl bot* Eisenkrautgewächse *n pl.*
verbigràcia *adv lit* zum Beispiel, beispielsweise.
vèrbola *f* Geschwätz *n*, Schwatzerei *f*.
verb|orrea *f lit* Redefluß *m* | **~ós** (-**osa** *f*, -**osament** *adv*) *adj* schwatzhaft; redselig | weitschweifig; wortreich | **~ositat** *f* Geschwätzigkeit | Weitschweifigkeit *f*.
verd *adj a. fig* grün | (*Obst*) *a.* unreif | *fig fam* schlüpfrig, anstößig | ~ *clar* (*fosc, malva, maragda*) hell-(dunkel-, malven-, smaragd-)grün | ~ (*d')oliva* oliv(en)grün | *llenya* ~*a* grüne(s) Brennholz | *llum* ~ (*circ*) grüne(s) Licht | *vell* ~ Lustgreis *m* | *zona* ~*a* Grünanlage *f* | *aquest préssec* (*noi*) *encara és* ~ dieser Pfirsich (Junge) ist noch grün | *estar amb alg a les* ~*es i a les madures* (*fam*) mit j-m durch dick u. dünn gehen | *fer-ne* (*passar-ne*) *de* ~*es i de madures* od *de seques i de* ~*es* (*fam*) allerhand anstellen (durchmachen) | *tornar-se* ~ *d'enveja* (*fam*) vor Neid grün werden | *la guineu, quan no les pot haver, diu que són* ~*es* (*Spruch*) dir (*bzw* ihm *usw*) sind die Trauben zu sauer od hängen die Trauben zu hoch | *de més* ~*es en maduren!* (*Spruch*) bei Gott ist k. Ding unmöglich! || *s/m* Grün *n* | Grüne(s) *n* | *agr a.* Grünfutter *n* || *s/m/f mst pl polít* Grüne(r *m*) *m/f* | *els* ~*s* die Grünen *pl* | **~al** *adj* (*m/f*) *agr* (Feigen, Oliven) Grün... | **~anc** *m bot* (Baum) Schößling, Trieb *m* | *Bal* Rutenhieb *m* | Striemen *m* | **~assegar** (33) *vt agr* (Getreide) unreif mähen | **~aula** *f ornit* Zaunammer *f* | **~ejant** *adj* (*m/f*) grünend | **~ejar** (33) *vi* (er)grünen | grün werden | noch grün (od unreif) sein | ins Grüne spielen | *la fruita encara verdeja* das Obst ist noch grün *od* noch nicht reif genug | **~erol** *m ornit* = **verdum** | *ict* (junge) Seriola *f* | *bot* Echter Ritterling, Grünling *m* | **~erola** *f ornit* Goldammer *f* | **~esca** *f Bal* Laubwerk *n* | *gastr* Grüne(s) *n* | *fig* Obszönität *f* | **~et** *m* Grünspan *m* | (*Gewässer*) grüne Schleimschicht *f*.
verdolaga *f bot* Portulak *m*, Bürzelkraut *n*.
verd|or *f* Grüne *f*, Grün *n* | **~ós** (-**osa** *f*) *adj* grünlich, blaßgrün || *s/f ornit* = **verderola** | **~osenc** *adj* = **~ós** | **~uc** *m bot* (Baum) Schößling *m* | **~ugada** *f* Striemen *m* | **~uguet** *m nàut* äußerster Bord *m* | **~ulaire** *m/f* Gemüsehändler(in *f*) *m* | **~um** *m ornit* Grün-ling, -fink *m* | **~ura** *f* Gemüse *n* | Grüne(s) *n* | = **verdor**.
vere|dicte *m dr* (Wahr)Spruch *m, a. fig* Urteil(sspruch *m*) *n* | ~ *de culpabilitat* Schuldspruch *m* | *dictar* (od *pronunciar*) *el* ~ das Urteil fällen.
verem|a(da) *f agr* Wein-ernte, -lese *f* | **~ador(a** *f*) *m* Weinleser(in *f*), Winzer(in *f*) *m* | **~ar** (33) *vt* (Trauben) lesen, ernten || *vi* Weinlese halten.
verg|a *f* (*a. pop!* Penis) Rute *f* | *adm* = **vara** | *nàut* Segelstange, Rahe *f* | *bot* Grauweide *f* | **~às** *m* (*pl -assos*), **~assa** *f* gr(e) Rute *f* | **~assada** *f* Rutenstreich, Stockschlag *m* | Striemen *m* | **~assejar** (33) *vt* verprügeln | (*Baumwolle, Wolle*) schlagen, klopfen | **~at** *m* Flechtwerk, Geflecht *n* | *bes* Forellenreuse *f*.
verge *f* Jungfrau *f* | *astr: la* ~ die Jungfrau | *ecl: la* ~ (Maria) die Heilige Jungfrau (Maria) | *una* ~ *de pedra* e. steinernes Marienbild *n* || *adj* (*m/f*) (*Frau*) jungfräulich, unberührt; (*a. Mann*) unschuldig | *fig* jungfräulich, unberührt; rein | *cera* (*mel, oli*) ~ Jungfern-wachs *n* (-honig *m*, öl *n*) | *cinta* ~ unbespieltes Band *n* | *selva* ~ Urwald *m* | *terra* ~ jungfräuliche (*od* unberührte) Erde *f* | *les illes* ~*s* die Jungferninseln *f pl* | *el meu germà encara és* ~ mein Bruder ist noch unschuldig.
vergella *f* (*Baum*) Schößling *f* | = **vareta**.
verger *m* (Obst)Garten *m*.
vergony|a *f* Scham(gefühl *n*), Schamhaftigkeit *f* | Beschämung *f* | Schande, Blamage *f* | *quina* ~*!* was für (*od* so) e-e Schande! | *és una* ~*!* es ist e-e Schande! | *aquest carrer és la* ~ *de la ciutat* diese Straße ist der Schandfleck (*od* die Schande) der Stadt | *te n'hauries de donar* ~*!* du solltest dich schämen! | *em fa* ~ (*de*) *dir-ho* ich schäme mich, es zu sagen | *no et fa* ~*?* schämst du dich nicht? | *perdre la*

~ die Scham (*od* Scheu) verlieren | *tenir* ~ schamhaft sein; s. schämen; schüchtern (*od* scheu) sein | *no tenir* ~ k-e Scham (*od* Scheu) empfinden; *desp* schamlos (*od* unverschämt) sein || *pl* Scham(teile *m pl*) *f* | **~ant** *adj* (*m/f*) verschämt | **~ar-se** (33) *v/r* s. schämen, *s: avergonyir-se* | **~ós** (**-osa** *f*, **-osament** *adv*) *adj* (*subjektiv*) schamhaft, *südd* schämig; schüchtern, scheu | (*objektiv*) beschämend, schandhaft; schandbar, schändlich | *una noia molt vergonyosa* e. sehr scheues Mädchen | *és ~!* es ist e-e Schande!

vergue|jar (33) *vt* = **vergassejar** | **~r**[1] *m agr* Ableger *m*, Propfreis *n* | **~r**[2] *m hist* Ratsdiener *m* | **~ta** *f* = **vareta** | *mús* Trommelschlegel *m*.

verí *m* (*bes tierisches*) Gift *n* | *s: metzina* | *és un home ple de* ~ er ist e. giftiger Mann *od* Mensch.

ver|ídic(ament *adv*) *adj* wahrhaftig | wahrheitsgemäß | **~idicitat** *f* Wahrhaftigkeit *f* | **~ificable** *adj* (*m/f*) nachweisbar, nachprüfbar, *lit* verifizierbar | **~ificació** *f* (Über-, Nach-)Prüfung *f* | Bestätigung *f* | Kontrolle *f* | Feststellung *f*, Nachweis *m* | *lit* Verifikation, Verifizierung *f* | *principi de* ~ (*filos*) Verifikationsprinzip *n* | **~ificador** *adj* Prüf... | *s/mf* Prüfer(in *f*), Kontrolleur(in *f*) *m* || *s/mf* Prüf-, Kontroll-gerät *n* | **~ificar** (33) *vt* nachprüfen, kontrollieren | bestätigen | feststellen | nachweisen | *lit* verifizieren.

verin|ada *f a. fig* (angesammeltes) Gift *n* | **~or** *f lit* Giftigkeit *f* | **~ós** (**-osa** *f*, **-osament** *adv*) *adj* giftig | *fig a.* boshaft, bösartig | *serp verinosa* Giftschlange *f* | **~ut** (**-uda** *f*) *adj reg* = **~ós**.

veri|sme *m Lit art mús* Verismus *m* | **~table** *adj* (*m/f*) wahr | (*mst vorgestellt a.*) wahrhaft; wirklich; richtig; echt | **~tablement** *adv* wahrhaftig | **~tat** *f* Wahrheit *f* | *una* ~ *a mitges* e-e Halbwahrheit | *de* ~ = **de debò** | *en* ~ in Wahrheit; *bes bibl* wahrlich | *~?* nicht wahr?, gelt? | *dir la* ~ die Wahrheit sagen | *dir* (*od cantar*) *les ~s a alg* j-m unverblümt die Wahrheit (*od* j-m die Wahrheit ins Gesicht) sagen | *a dir* ~ ehrlich gesagt; in Wirklichkeit | (*no*) *és* ~ das ist (nicht) wahr, das stimmt (nicht) | *és la pura* ~ das ist die reine Wahrheit | *és* ~ *que* ..., *però* ... es stimmt (*od* es

ist wahr), daß ..., aber ...; zwar ..., aber ... | *la* ~ *és que* ... die Wahrheit ist, daß ..., in Wahrheit ... | *la* ~ *sempre sura* (*Spruch*) die Wahrheit kommt immer ans Licht.

verm *m ant nord-cat* Wurm *m* | **~ell** *adj* rot | *un ferro* ~ e. rotglühendes Eisen *n* | *tornar-se* ~ erröten, rot werden | *llavis ~s* rote Lippen *f pl* || *s/m* Rot *n* | ~ *d'ou* (*Bal*) Eigelb *n* | **~ellejar** (33) *vi* rötlich schimmern | **~ellenc** *adj* rötlich | **~elló** *m quím* Zinnober(rot) *n* | **~ellor** *f* Röte *f* | *la* ~ *del cel a posta de sol* das Abendrot | *la* ~ *de les galtes* die Röte der Wangen | **~ellós** (**-osa** *f*) *adj* rötlich | **~ener** *adj* = **vironer**, **~icida** *adj* (*m/f*) wurmabtreibend || *s/m* Wurmmittel *n* | **~icular** *adj* (*m/f*), **~iforme** *adj* (*m/f*) wurmförmig | wurmartig | **~iculita** *f min* Vermiculit *n* | **~ífug** *adj* wurmabtreibend || *s/m* Wurmmittel *n* | **~ina** *f* Darmparasit *m* | **~inós** (**-osa** *f*) *adj med* Wurm... | **~is** *m anat* Vermis *m* | **~ívor** *adj zool* würmerfressend.

vermut *m gastr* Wermut(wein) *m*.

vern[1] *m bot* Erle *f*, *bes* Schwarz- *od* Roterle *f* | ~ *bord od menut* Faulbaum *m* | ~ *pilós* Weiß- *od* Grau-erle *f*.

vern[2] *adj: sol i* ~ mutterseelenallein, ganz u. gar einsam.

vernac|le *adj* einheimisch | *llengua vernacla* Heimatsprache *f* | **~ular** *adj* (*m/f*) = **vernacle**.

vernal *adj* (*m/f*) Frühlings... | *astr: solstici* ~ Frühlingsanfang *m*, Frühjahrssonnenwende *f* | **~ització** *f agr* Vernalisation, Jarowisation *f*.

verneda *f* Erlenwäldchen *n*.

vern|ís *m* (*pl -issos*) Firnis, Lack *m*, Glasur *f* | *fig* oberflächlicher Belag *m* | *un* ~ *d'il·lustració* e-e oberflächliche Bildung *f* | ~ *del Japó* (*bot*) Götterbaum *m* | **~issatge** *m art* Vernissage *f* | *p ext* Eröffnung *f*.

verol *m agr* reifende Frucht *f* | **~a** *f med* Pocken, Blattern *f pl* | *tacat de* ~ pocken-, blattern-narbig, pockig | **~(ej)ar** (33) *vi* s. färben (*Obst, bes* Trauben) | **~ós** (**-osa** *f*) *adj u. s/mf* = **variolós**.

veronal *m med* Veronal *n*.

verònica *f art hist* Abbild *n* Christi | *bot* Ehrenpreis *m*, Veronika *f* | *taur* Veronika *f*.

verr|a *f* Sau *f*, Mutterschwein *n* | *mús*

fam Kontrabaß *m* | ~**atell** *m* Ferkel *n* | ~**im** *m* Kleister *m* | Schmiere *f* | ~**o** *m* Eber *m* | *fig* Schwein *n*.

verruc|ària *f bot* Warzenflechte *f* | ~**iforme** *adj* (*m/f*) warzenförmig | ~**ós** (**-osa** *f*) *adj* = **berrugós**.

vers[1] *m Lit* Vers *m* | *ecl* = **verset, versicle** | ~ *blanc* Blankvers *m* | ~ *lliure* freie(r) Vers *m* | *en* ~ in Versform | *drama en* ~ Versdrama *n* | *dir un* ~ e-n Vers aufsagen | *fer* (*escriure*) ~**os** (*fam*) Verse machen (schreiben), dichten | *escriure en* ~ in Versen schreiben | *posar en* ~ in Verse bringen *od* setzen.

vers[2] *prep lit* auf (*ac*) zu, in Richtung auf (*ac*), nach | (*ungefähre Angabe*) gegen | (*Beziehung*) gegenüber, zu | *s: cap*[3], *devers, envers* | *caminaven* ~ *la ciutat* sie gingen auf die Stadt zu | ~ *l'any 1900* gegen 1900 | *l'amor dels pares* ~ *els fills* die Liebe der Eltern zu den Kindern.

versal *f gràf mst pl* Versal(ien *pl*), Versalbuchstabe(n *pl*) *m* | ~**eta** *f gràf mst pl* Kapitälchen *n* (*pl*).

vers|ar (33) *vi:* ~ *sobre u/c* von etw handeln; über etw (*ac*) handeln | ~**at** (**-ada** *f*) *adj pp/adj:* ~ *en matemàtiques* in Mathematik bewandert *od* versiert | ~**àtil** *adj* (*m/f*) wankelmütig, unstet | launenhaft, wetterwendisch | vielseitig | ~**atilitat** *f* Wankelmut *m*, Unstetigkeit *f* | Launenhaftigkeit *f* | Vielseitigkeit *f* | ~**ejar** (33) *vi* Verse schmieden, dichten.

versemblan|ça *f* Wahrscheinlichkeit *f* | ~**t**(**ment** *adv*) *adj* (*m/f*) wahrscheinlich | glaubhaft.

vers|et *m*, ~**icle** *m* (*Bibel, Koran*) Vers *m* | ~**ificació** *f* Vers-bau *m*, -kunst *f* | Versifizierung *f* | ~**ificador**(**a** *f*) *m* Versemacher(in *f*), Verskünstler(in *f*) *m* | *desp* Reimschmied(in *f*) *m* | ~**ificar** (33) *vt* in Versform bringen, versifizieren || *vi* Verse machen, dichten.

versim *m bot* Alexandriner Klee *m*.

vers|ió *f* Version *f* | *a.* Über-setzung, -tragung; Fassung; Darstellung *f* | *med* (*Geburtshilfe*) Wendung *f* | *un film en* ~ *original* e. Film in Originalfassung | ~**o** *m gràf* Rückseite *f*, Verso *n*.

versta *f* Werst *f*.

vertader(**ament** *adv*) *adj* = **veritable**(**ment**).

vèrtebra *f anat* Wirbel *m* | ~ *cervical* (*dorsal, lumbar*) Hals-(Brust-, Lenden-)wirbel *m*.

vertebr|al *adj* (*m/f*) Wirbel..., vertebral | *columna* ~ Wirbelsäule *f*, Rückgrat *n* | ~**ar** (33) *vt* = **articular** | ~**at** (**-ada** *f*) *adj zool* Wirbel... || *s/m zool* Wirbeltier *n*.

vèrtex *m bes geom* Scheitel(punkt) *m* | *anat* Scheitel *m* | *fig* Gipfel; Höhepunkt *m*.

vertical||(**ment** *adv*) *adj* (*m/f*) senkrecht, lotrecht, vertikal || *s/f* Senk-, Lot-rechte, Vertikale *f*, Lot *n* | *astr* Vertikalkreis *m* | ~**itat** *f* senkrechte Stellung *bzw* Richtung *f*.

verticil *m bot* (Blatt-, Blumen-)Wirtel, Quirl *m* | ~**lades** *f pl bot* Quirlblättrige Pflanzen *f pl* | ~**lastre** *m bot* Scheinquirl *m* | ~**lat** (**-ada** *f*) *adj bot* wirtelig, quirlständig.

vertig|en *m med* Schwindel *m* | ~**inós** (**-osa** *f*, **-osament** *adv*) *adj* schwindelig | (*Geschwindigkeit*) irr-, wahn-sinnig | (*Höhe*) schwindelnd.

ves! *int s:* **veure.**

vés! *int s:* **anar.**

vesàni|a *f lit* Wahn-, Irr-sinn *n* | ~**c** *adj* wahn-, irr-sinnig.

vesc *m* Vogelleim *m* | *bot* Mistel *f*.

vescomt|e(**ssa** *f*) *m: katalanischer Adelstitel zw Baron u. Graf.*

vescós (**-osa** *f*) *adj* = **viscós.**

ves|icació *f med* Blasenbildung *f* | ~**ical** *adj* (*m/f*) *anat* Blasen... | ~**icant** *adj* (*m/f*), ~**icatori** (**-òria** *f*) *adj med* blasenziehend || *s/m* Vesikans, Vesikatorium | Zugpflaster *n* | ~**ícula** *f anat* Blase *f*; Bläschen *n* | ~ *biliar* (*natatòria, seminal, urinària*) Gallen(Schwimm-, Samen-, Harn-)blase *f* | ~**icular** *adj* (*m/f*) *anat* Blasen... | blasenförmig | bläschenartig.

vesp|a *f* Wespe *f* | *fig fam* schlaue(r) Fuchs *m* | ~ *comuna* (*de galet, terrissaire*) Feld-(Dolch-, Pillen-)wespe *f* | *picada de* ~ Wespenstich *m* | *cintura de* ~ (*fig*) Wespentaille *f* | ~**er** *m* Wespennest *n* | *med* Karbunkel *m* | ~ *d'olla* unterirdisches Wespennest *n* | *encendre* (*od punyir*) *el* ~ (*fig fam*) in e. Wespennest stechen *od* greifen | *ficar-se en un* ~ (*fig fam*) s. in e. Wespennest setzen.

vespert|í (**-ina** *f*) *adj* Abend..., abendlich | *ofici* ~ = **vespres** | ~**iliònids** *m pl zool* Fledermäuse *f pl*, Abendsegler *m pl*, Glattnasen *f pl*.

vèspids *m pl entom* Faltenwespen *f pl*.

vespr|a *f* Vorabend *m* | **~ada** *f* Abend *m* | **Val** Nachmittag *m* | **~al** *adj* (*m/f*) abendlich | Abend... | **~e** *m* Abend *m* | *al ~* (*loc adv*) am Abend; abends | *les nou del ~* neun Uhr abends | *a l'hivern es fa ~ molt d'hora* im Winter wird es früh Abend | **~ejar** (33) *v/imp:* *ja comença a ~* es wird schon Abend | **~es** *f pl ecl* Vesper *f.*

vessa|da *f:* *tot el terra era ple de vessades d'oli* der ganze Boden war voller Öllachen | **~dor** *m* Ausgußloch *n* | Ablauf-rohr *bzw* -loch *n*, -rinne *f* | **~ment** *m: una revolució sense ~ de sang* e-e Revolution ohne Blutvergießen *n* | *med:* ~ *cerebral* Gehirnblutung *f* | **~na** *f agr* Morgen *m* | **~nt** *m* (Ab)Hang *m* | (*Dach*) Schräge *f* | *fig* Seite *f*, Aspekt *m* | **~r** (33) *vi* über- *bzw* aus-laufen (*Flüssigkeit, Gefäß*) | lecken, rinnen, undicht sein (*Gefäß*) | *p ext* überfüllt sein (*de* mit) | *ple a ~* zum Überlaufen voll; über-füllt, -voll || *vt* schütten; (*Flüssigkeit*) a. gießen | (*versehentlich*) verschütten; (*a. Tränen, Blut*) vergießen | **~la** (*fig fam*) ins Fettnäpfchen treten; e-n Bock schießen | **~r-se** *v/r* überlaufen; verschüttet werden | (*in großer Menge*) s. ergießen.

vesta *f lit* Tunika *f* | *ecl* Bußtunika *f* | **~l** *f hist* Vestalin *f.*

vest|íbul *m constr* Vorhalle, Diele *f*; *teat* Foyer; *lit* Vestibül; *hist* Vestibulum *n* | *anat* Vorhof *m*, Vestibulum *n* | **~ibular** *adj* (*m/f*) *med* Vorhof..., vestibular.

vesti|ció *f ecl* Einkleidung | **~dor** *m* Ankleide-raum *m*; -kabine *f* | *a. esport* Umkleide-raum *m*, -kabine *f* | *teat* Garderobe *f* | **~dura** *f* Kleidung *f* | Gewand *n* || *pl ecl* liturgische Gewänder *n pl*.

vestigi *m a. fig* Spur *f* | Überrest *m* | *anat* Rudiment *n* | *no en resten ni ~s* es bleiben k-e Spuren davon | **~al** *adj* (*m/f*) *anat* rudimentär.

vest|iment *m* An-kleiden, -ziehen *n* | **~imenta** *f* (Be)Kleidung *f* | *lit* Gewandung *f* | *iròn* Aufzug *m* | **~ir** (37) *vt* (*Kind, Puppe*) anziehen, *lit* ankleiden | (*bes mit Kleidung versehen*) (be)kleiden | (*Novizen, Rekruten*) einkleiden | (*Kleidung*) tragen, anhaben | *p ext* be-, ver-kleiden; be-, über-ziehen; ein-, um-hüllen; schmücken; *fig a.* (ein)kleiden | *quedar-se* (*od restar*) *per (a) ~ sants* (*fam*) sitzen bleiben, k-n Mann bekommen; e-e alte Jungfer werden || *vi:* ~ *de dol* (*de paisà*) Trauer-(Zivil-)kleidung tragen | ~ *a la moda* s. modisch kleiden | *sempre vesteixen de negre* sie gehen immer in Schwarz; sie sind immer schwarz gekleidet | *la Maria vesteix molt bé* Maria kleidet s. sehr gut | *aquesta corbata vesteix molt* diese Krawatte ist sehr kleidsam | *fig: anar a l'òpera vesteix molt* in die Oper zu gehen sieht gut (*od* fein) aus | **~ir-se** *v/r:* ~ *tot sol* (*de pressa*) s. allein (schnell) anziehen | ~ *de frac* e-n Frack anziehen *od lit* anlegen | *em vesteixo a can X* ich (be)kleide mich bei X | *el prat es vesteix de flors* (*poèt*) die Wiese legt s. ihren Blütenschmuck an | **~it** *m* Anzug *m* | (Damen)Kleid *n* | Kleidung, Tracht *f* | *un ~ de ball* (*de nit, de núvia, de seda*) e. Ball-(Abend-, Braut-, Seiden-)kleid *n* | *un ~ de bany* e. Badeanzug *m* | *un ~ jaqueta* e. (Damen)Kostüm *n* | *canviar-se* (*od mudar-se*) *el ~* s. umziehen | **~it** (**-ida** *f*) *pp/adj: encara no vaig ~* ich bin noch nicht angezogen | *anar d'uniforme* (*de blanc*) in Uniform (in Weiß) gekleidet sein | *anar ben* (*mal*) ~ gut (schlecht) angezogen (*od* gekleidet) sein | **~uari** *m* (*Kleidung*; *Raum*) Garderobe *f*.

vet[1] *m* Veto *n* | *tenir el dret de ~* das Vetorecht haben.

vet[2] *int s: veure.*

veta *f tèxt* Band *n* | Schnür-band *n*, -senkel *m* | *nàut a.* Seil *n* | *min* Ader *f*, Gang *m* | *gastr* Bandnudel *f* | *ict* Roter Bandfisch *m* | *una botiga de vetes i fils* e. Kurzwarenladen *m* | *seguir la ~ a alg* (*fig fam*) nach j-s Pfeife tanzen; *bes* j-m nach dem Mund reden | **~ire** *m/f* Band-weber(in *f*), -wirker(in *f*) *m* | *com* Bandhändler(in *f*) *m*.

veter|à (**-ana** *f*) *adj* altgedient | *fig* (alt)erfahren || *s/mf* Veteran(in *f*) *m* | **~inari** (**-ària** *f*) *adj* Veterinär..., Tiermedizin... | *s/mf* Veterinär(in *f*) *m*, Tierarzt *m*, -ärztin *f* || *s/f* Tiermedizin *f* | **~otestamentari** (**-ària** *f*) *adj bíbl* alttestamentlich.

vetes-i-fils *m/f* Kurzwarenhändler(in *f*) *m*.

vetlla *f* Wachen *n*; (Nacht)Wache *f* | Abend *m* | Vorabend *m* | *ecl* Vigil *f* | *s: vigília* | *les vetlles d'estiu* die Sommerabende | *passar les vetlles estudiant* die halbe Nacht über den Büchern verbringen | ~**da** *f* = **vetlla** | *bes* Abendgesellschaft *f* | Gesellschaftsabend *m* | Abendveranstaltung *f* | ~**dor** *adj* wachend | schlaflos || *s*/*mf* Wächter(in *f*) *m* | (*bes bei Kranken*) Nachtwache *f* || *s*/*m* (*Möbel*) Nachttischchen *n* | ~**ire** *m*/*f* Nachtschwester *f*, Nachtpfleger *m* | ~**r** (33) *vi* wachen (*per* über *ac*) || *vt:* ~ *un malalt* bei e-m Kranken wachen | ~ *un difunt* Totenwache halten | ~ *les armes* (*hist*) Schwertwache halten | ~ *el Santíssim* (*ecl*) (*vor dem Allerheiligsten*) an der eucharistischen Wache teilnehmen.

veto *m* = **vet**[1].

vetust *adj lit* sehr alt, veraltet, uralt.

veu *f* Stimme *f* | *p ext* Wort *n*, Vokabel *f* | *ling* Aktionsart *f*, Genus (verbi) *n* | *fig* Gerücht *n* | *la* ~ *de la natura* (*del poble, de la raó*) die Stimme der Natur (des Volkes, der Vernunft) | ~ *de cap* (*de gola od engolada, de pit*) Kopf-(Kehl-, Brust-)stimme *f* | ~ *ronca* (*trencada*) heisere (brüchige) Stimme *f* | *mús:* ~ *de baix* (*de baríton, de contralt, de soprano, de tenor*) Baß-(Bariton-, Alt-, Sopran-, Tenor-)stimme *f* | ~ *activa* (*ling*) Aktiv *n* | ~ *passiva* (*ling*) Passiv *n* | ~ *mitjana* (*ling*) Medium *n* | ~ *consultiva* (*polít*) beratende Stimme *f* | *a dues* (*tres*) ~*s* (*mús*) zwei-(drei-)stimmig; für zwei (drei) Stimmen | *a mitja* ~ halblaut | *a plena* ~ mit voller (*od* lauter) Stimme | *de viva* ~ mündlich; persönlich | *en* ~ *baixa* (*alta*) mit leiser (lauter) Stimme | *aixecar* (*od alçar*) *la* ~ *a alg* (*fig*) j-m widersprechen | *corre la veu que ...* es geht das Gerücht um (*od* es heißt), (daß) ... | *fer córrer la veu que ...* verbreiten, daß ... | *donar* (*od llançar*) ~*s d'u/c* etw unter die Leute bringen | *fer* ~ *de nas* näseln | *estar en* ~ (*mús*) bei (guter) Stimme sein | *perdre la* ~ heiser werden; *bes mús* s-e Stimme verlieren | *portar la* ~ *cantant* (*fig*) den Ton angeben | *tenir bona* ~ e-e gute (*od* schöne) Stimme haben | *tenir* ~ *i vot* Sitz u. Stimme haben.

veure (40) *vt a. fig* sehen | *dr* (*Prozeß*) verhandeln, abhalten | *si mires per la finestra, veuràs els nuvis* wenn du aus dem Fenster schaust, wirst du das Brautpaar sehen | *vegeu la pàgina 34* siehe Seite 34 | *jo ho veig així* (*d'una altra manera*) ich sehe das so (anders) | *ara veig el meu error* jetzt sehe ich meinen Irrtum ein | *el veig sovint al metro* ich sehe ihn oft in der U-Bahn | *l'amo et vol* ~ der Chef will dich sprechen | *ja has vist «Psicosi»* (*el nostre pis*)? hast du «Psycho» (unsere Wohnung) schon gesehen? | *aquesta pel·lícula l'has de* ~ diesen Film mußt du dir ansehen | *vam* ~ *tota la ciutat vella* wir besichtigten die ganze Altstadt | *no l'he vist plorar mai* ich habe ihn noch nie weinen sehen | *el van* ~ *a l'edifici* er wurde gesehen (*od* man hat ihn gesehen), als er das Gebäude betrat | *vols* ~ *com es fa?* willst du sehen, wie man es macht? | *ja veig que tindré molta feina* ich sehe schon, daß ich viel zu tun haben werde | *no veus que et perjudiques a tu mateix?* siehst du denn nicht (ein), daß du dir selbst schadest? | *no veig per què* ich sehe nicht ein, warum | *no l'havia vist mai tan feliç* ich hatte ihn nie so glücklich gesehen | *se'l veu cansat* er sieht müde aus | *ho veig impossible* ich halte es für unmöglich | *van* ~ *satisfets tots els seus desigs* sie sahen alle ihre Wünsche erfüllt | *hi veig un avantatge* ich sehe e-n Vorteil darin | *anar* (*venir*) *a* ~ *alg* j-n besuchen (gehen *bzw* kommen) | *hem anat a* ~ *una obra de Brecht* (*l'exposició, el pis*) wir haben uns e. Stück von Brecht (die Ausstellung, die Wohnung) angesehen | *vaig a veure qui hi ha* ich gehe mal nachsehen (*umg* ich gucke mal), wer da ist | *deixa-m'ho* ~! laß (es) (mich) sehen! | *deixar-se* ~ s. sehen (*od* blicken) lassen | *es veu que s'han casat* sie haben anscheinend geheiratet | *els ho has de fer* ~ du mußt es ihnen klarmachen | *fer* ~ *a alg u/c per altra* j-m etw vormachen | *només ho fan* ~ sie tun nur so | *fes* ~ *que no en sabies res!* tu so als ob du nichts davon wüßtest! | *fer-se* ~ die Aufmerksamkeit auf s. lenken | *ho veus?* (*fig*) siehst du (wohl)?, *umg* siehste? | *ja ho* ~*m* (*fig*) wir werden ja (*od* schon) sehen | *ja ho has vist prou!* (*fig*) das wirst du nicht wiedersehen! | *no poder* ~ *alg* (*fig*) j-n nicht riechen (*od* ausstehen) können | *no sé pas què li veus!* ich weiß nicht, was du an ihm findest! | *on s'és vist* (*això*)! hat man so etwas schon gesehen!; wo gibt's denn so etwas! | ~ *la llum* (*fig*) das Licht der Welt erblicken; erscheinen, veröffentlicht werden | *viatjar per ~ món* reisen, um die Welt zu sehen || *vi: veus?, jo ho faig així* siehst du, ich mache es so | *veus, ja t'ho deia!* siehst du (*umg* siehste), ich sagte es dir doch! | *ja veureu, si continueu així!* ihr werdet schon sehen, wenn ihr so weitermacht! | *segons (que) es veu* wie es scheint anscheinend | *tenir (alguna cosa, molt, poc) a ~ amb alg* od *u/c* (etwas, viel, wenig) mit j-m *od* etw zu tun haben | *no (hi) tenen res a ~* sie haben nichts miteinander (damit) zu tun || *vi: ~-hi* sehen (können) | *~-hi bé (malament)* gut (schlecht) sehen (können) | *només hi veig d'un ull* ich sehe nur auf e-m Auge | *~-hi clar* (*fig*) klarsehen | *a ~, vejam: a ~* (od *vejam*) *si guanyeu!* mal sehen, ob ihr gewinnt! | *a ~* (od *vejam*)*, ensenya'm'ho!* laß mal sehen, zeig es mir mal! | *a ~* (od *vejam*)*, com et dius?* na, wie heißt du denn? || *ves: ves que no et passi a tu!* nicht daß es dir passiert! | *ves què hi farem!* na, da kann man nichts machen! | *ves per on!* na, so was! | *ves si no!* na klar! || *vet* = **heus** | *vet aquí el problema!* das ist das Problem! | *vet aquí per què reies tant!* ach deshalb lachtest du so! | *i vet aquí com* und zwar folgendermaßen || *ve* (statt *veges* bzw *vegi*)*, veu* (statt *vegeu*)*: ve't aquí el teu llibre!* hier hast du dein Buch! | *ve't'ho aquí!* so ist das! | *veu's-el aquí, el vostre fill!* hier (*od* da) ist er, euer Sohn! | *~'s* v/r s. sehen | *~ amb alg* s. mit j-m treffen | *quan ens veurem?* wann sehen (*od* treffen) wir uns? | *on ens hem vist?* wo haben wir uns (schon) gesehen? | *veure-se'n de totes* allerhand durchmachen | *~ enganyat* s. betrogen sehen | *~ obligat a fer u/c* s. genötigt sehen, etw zu tun | *amb aquestes ulleres (aquesta fosca) no m'hi veig* mit dieser Brille (bei dieser Dunkelheit) kann ich nicht sehen.

vexa|ció *f* Belästigung *f* | Plage, Schikane *f* | **~dor** *adj* belästigend, bedrückend | quälend | **~nt** *adj* (*m/f*) ärgerlich | plagend, schikanierend | (*Person a.*) enervierend | **~r** (33) *vt* belästigen | plagen, schikanieren, quälen | ärgern, verdrießen | drangsalieren | **~tori** (-òria *f*) *adj* drückend, lästig, schikanös.

vexil·lologia *f* Vexillologie *f*.

vi *m* Wein *m* | *~ blanc (bo, de brisa, clar*et od *rosat, dolç, escumós, negre, ranci*) Weiß-(Dessert-, Trester-, Rosé-, Süß-, Schaum-, Rot-, Firne-)wein *m* | *~ sec* trockene(r) Wein *m* | *adobar el ~* dem Wein Alkohol zusetzen | *batejar el ~* (*fam*) den Wein panschen | *tenir bon (mal) ~* (*fig*) in der Trunkenheit friedlich (aggressiv) sein.

via *f a. fig* Weg *m* | *a. tecn* Bahn *f* | Straße *f* | *~ d'accés (a una autopista)* (Autobahn)Zubringer *m*, Zubringerstraße *f* | *~ de comunicació* Verkehrsweg *m*; Verbindungs-weg *m bzw* -straße *f* | *~ pública* (*dr*) offene Straße *f* | *~ ràpida* Schnellstraße *f* | *~ urbana* Stadtautobahn; Stadtstraße *f* | *~ Crucis* = **~crucis** | *les vies del Senyor* die Wege des Herrn | *fer ~* gehen, wandern; *a. fig* schnell vorankommen | *fes-ne ~!* beeil dich damit! | *ferroc* Schiene *f*; Gleis(e *pl*) *n* | (*Weite*) Spur *f* | *~ ampla (estreta)* Breit-(Schmal-)spur *f* | *~ d'enllaç* od *de connexió* Verbindungsgleis *n* | *~ morta* totes Gleis, Abstellgleis *n* | *un nou tram de ~* e-e neue (Gleis)Strecke | *el tren surt de la ~ 8* der Zug fährt von Gleis 8 ab || *nàut: ~ d'aigua* Leck *n* | *~ marítima* Seeweg *m* | *~ navegable* Schiffahrtsweg *m* || *med: vies digestives* Verdauungs-trakt *m*, -wege *m pl* | *vies respiratòries (urinàries)* Atem-(Harn-)wege *m pl* || *adm dr: ~ administrativa (judiciària* od *legal)* Verwaltungs-(Rechts-)weg *m* | *bes text zool* Streifen *m* || *per ~: per ~ aèria* auf dem Luftweg; *corr per* Luftpost | *per ~ marítima (terrestre)* auf dem See-(Land-)weg | *per ~ diplomàtica* auf diplomatischem Weg(e) | *per la ~ acostumada* od *usual* auf dem üblichen Weg(e) || *per ~ de* mittels (*gen*); über (*ac*) || *prep* über, via | *el tren a Munic ~ Ginebra* der Zug nach München über Genf | **~bilitat** *f aut* Befahrbarkeit *f* | *biol* Lebensfähigkeit *f* | *fig* Durchführbarkeit *f* | **~ble** *adj* (*m/f*) *aut* befahrbar | *biol* lebensfähig | *fig* durchführbar | **~crucis** *m ecl* Kreuzweg *m* | **~dor(a** *f*) *m* = **vianant** | *ecl* Erdenpilger(in *f*) *m* | **~ducte** *m* Viadukt *m*, Tal-brücke, -überführung *f* | *~l*[1] *m lit* Allee *f* | breiter Gartenweg *m* | *~l*[2] *m med* Ampulle *f* | **~nant** *m/f* Wand(e)rer *m*, Wand(r)erin *f* | Reisende(r *m*) *m/f* | Passant(in *f*) *m* | *circ* Fußgänger(in *f*) *m*.

vianda *f gastr* Speise *f*; *bes* Handfeste(s) *n* | *oc* Gemüseeintopf *m* | *Bal* Schmorfleisch *n*; (Nudel)Suppe *f*.
via|r (33) *vt* streifen, Streifen versehen | **~rany** *m*, **~ró** *m* Pfad *m* | **~t** (-ada *f*) *adj tèxt* gestreift | *gastr:* *cansalada viada* durchwachsener Speck *m*.
vi|atge *m* Reise *f* | Fahrt *f* | ~ *aeri* od *amb avió* Luft-, Flug-reise *f* | ~ *amb tren* (*amb automòbil*) Bahn-(Auto-)fahrt *f* | ~ *per mar* (*per terra*) See-(Land-)reise *f* | ~ *d'estudis* (*de negocis, de noces, de plaer, col·lectiu, rodó*) Studien-(Geschäfts-, Hochzeits-, Vergnügungs-, Gesellschafts-, Rund-)reise *f* | ~ *d'anada* (*de tornada*) Hin-(Rück-)reise *f* | *bon* ~! gute Fahrt!, gute Reise!; *iròn* auf Nimmerwiedersehen! | *mal* ~! *emprendre un* ~ auf Reisen gehen | *estar de* ~ verreist sein, auf Reisen sein | *fer un* ~ *a Itàlia* e-e Reise nach Italien machen; nach Italien reisen || *p ext* Gang *m*, Fahrt *f*; Fuhre *f* | *tres* ~*s amb la furgoneta* drei Fahrten mit dem Lieferwagen | *dos* ~*s de vi* zwei Fuhren Wein | **~atger** *adj* reisend | reiselustig || *s/mf* Reisende(r *m*) *m/f* | = **passatger** | **~àtic** *m* Reise(un)kosten *pl* | Wegzehrung *f* | *dipl mil* finanzielle Unterstützung *f*, Reisebeihilfe *f* | *ecl: el* ~ die letzte Wegzehrung, das Viatikum | **~aticar** (33) *vt* (*e-m Sterbenden*) die Sterbeeucharistie (*od* letzte Wegzehrung) spenden | **~atjador** *adj* reisend | reiselustig || *s/mf* Reiselustige(r *m*) *m/f* | **~atjant**(**a** *f*) *m* (Handels-, Handlungs-)Reisende(r *m*), (Geschäfts-)Reisende(r *m*) *m/f* | (Firmen)Vertreter(in *f*) *m* | **~atjar** (33) *vi* reisen | *viatja per la casa X* er reist für die (*od* ist Vertreter der) Firma X.
vibra *f* = **escurçó** | = **víbria**.
vibr|ació *f* Schwingung *f* | Vibration *f* | Flimmern *n* | Erschütterung *f* | Rütteln *n* | **~ador** *m tecn mús* Vibrator *m* | *elect* Summer *m* | *med* Vibrationsgerät *n* | *constr* (*Beton*) Außen-, Umwucht-rüttler *m* | **~àfon** *m mús* Vibraphon *n* | **~ant** *adj* (*m/f*) schwingend | vibrierend | *fig* (*Rede*) schwungvoll | (*Farbe, Ton*) warm | **~ar** (33) *vi a. fís* schwingen | vibrieren, zittern, beben | flimmern (*Film*) | *fer* ~ in Schwingung versetzen; *fig* ergreifen, erschüttern | **~àtil** *adj* (*m/f*) *zool* Zitter... | schwingungsfähig | **~atilitat** *f* Schwingungsfähigkeit *f* | **~atori** (-òria *f*) *adj* Schwingungs... | schwingend, vibrierend | *moviment* ~ Schwingungsbewegung *f*.
víbria *f mit* (weiblicher) Drache *m*; teuflische Schlange *f* | Lindwurm *m*.
vibr|ió *m biol* Vibrio, Kommabazillus *m* | **~issa** *f zool* Schnurrhaar(e *pl*) *n* | *anat* Nasenhärchen *n* (*pl*) | **~ògraf** *m tecn* Vibrograph *m*, Schwingungsmesser *m*.
viburn *m bot* Schneeball *m*, Viburnum *n*.
vicari (-ària *f*) *adj* stellvertretend || *s/mf* (Stell)Vertreter(in *f*) *m* | *bes ecl* Vikar(in *f*) *m* | ~ *apostòlic* Apostolischer Vikar *m* | **~a** *f* Vikariat *n* | **~al** *adj* (*m/f*) Vikar... | **~at** *m* Vikariat *n*.
vice-|almirall *m nàut mil* Vizeadmiral *m* | **~almirallat** *m* Vizeadmiralsamt *n* | **~canceller** *m hist polít* Vizekanzler *m* | **~cònsol** *m* Vizekonsul *m* | **~consolat** *m* Vizekonsulat *n* | **~gerent** *m* stellvertretender Geschäftsführer *m* | **~gerència** *f* stellvertretende Geschäftsführung *f* | **~legació** *f* Vizelegatenstelle *f* | **~legat** *m* Vizelegat *m*.
vicenn|al *adj* (*m/f*) zwanzigjährig *bzw* -jährlich | **~i** *m* zwanzig Jahre *n pl* (Zeitraum).
vice-|presidència *f* Vizepräsidentschaft *f* | **~president**(**a** *f*) *m* Vizepräsident(in *f*) *m* | **~rector** *m* Prorektor *m* | **~rectorat** *m* Prorektorat *n* | **~secretari** (-ària *f*) *m* Vizesekretär(in *f*) *m* | **~secretariat** *m* Vizesekretariat *n*.
viceversa *adv* vice versa; umgekehrt.
vici *m* Laster *n* | Untugend *f* | Fehler *m* | *p ext* schlechte Angewohnheit *f* | ~ *de conformació* Mißbildung *f* | ~ *de construcció* Konstruktionsfehler *m* | ~ *de forma* (*dr*) Formfehler *m* | ~ *de pronúncia* Sprachfehler *m* | *caure en un* ~ e-m Laster verfallen | *lliurar-se al* ~ s. dem Laster hingeben | *prendre* ~ schief werden, s. (ver)ziehen (*Holz*) | *queixar-se per* ~ aus bloßer Gewohnheit jammern | **~ar** (33) *vt* verderben | verführen | verfälschen (*Text*) verdrehen | **~ar-se** *v/r* = **aviciar-se** | **~at** (-ada *f*) *adj* verdorben (*Luft*), schlecht, verbraucht | (*Brett*) schief | (*Kind*) verwöhnt | **~ós** (-osa *f*, -osament *adv*) *adj* lasterhaft | schlecht | (*Person*) *a.* verkommen; verwöhnt | *dr* fehler-, mangel-haft | (*Tier*) bösartig, tückisch | *una vida viciosa* e.

Lasterleben *n* | ~**ositat** *f* Lasterhaftigkeit *f*.

vicissitud *f* (plötzlicher) Wechsel *m*, (völliger) Umschwung *m* | *les ~s de la fortuna* die Schicksalsschläge *m pl* | *les ~s de la vida* die Wechselfälle *m pl* des Lebens | ~**inari** (-**ària** *f*) *adj* wechselvoll.

víctima *f hist bíbl ecl* Opfer(tier) *n* | *(Person)* Opfer *n* | *~ d'un accident* Unfallopfer *n* | *les víctimes de la guerra* die Kriegsopfer *n pl* | *(és)ser ~ d'alg* j-m zum Opfer fallen *od* j-s Opfer werden | *fer víctimes* Opfer *(od* Menschenleben) fordern | *no cal lamentar víctimes* es sind k-e Opfer zu beklagen; es ist niemand verletzt.

víctor *m mst pl* Jauchzer *m (pl)*, Jubelruf(e *pl*) *m*.

vict|orejar (33) *vt (j-n)* be-jauchzen, -jubeln | *(j-m)* Beifall zujubeln | ~**òria**[1] *f* Sieg *m* | *hist art* Viktoria *f* | *~ decisiva* entscheidender Sieg *m* | *~ per punts* Punktsieg *m* | *cantar ~* Viktoria rufen; s. des Sieges rühmen; *umg* hurra schreien | *guanyar od emportarse la ~* den Sieg erringen (davontragen) | ~**òria**[2] *f (Wagen)* Landauer *m* | *bot* Königliche Seerose *f* | ~**orià** (-**ana** *f*) *adj hist (England)* viktorianisch | ~**oriós** (-**osa** *f*, -**osament** *adv*) *adj* siegreich.

vicunya *f zool* Vikunja *n* | *p ext* Vikunjawolle *f*.

vida *f a. fig* Leben *n* | *(bes e-s Materials, e-r, Maschine)* Lebensdauer *f* | *(Buch)* Biographie; *(bes e-s Heiligen, e-s Königs)* Lebensbeschreibung *f* | *la ~ orgànica (terrenal, eterna)* das organische (irdische, ewige) Leben | *~ familiar (interior, privada)* Familien-(Innen-, Privat-)leben *n* | *una ~ agitada (tranquil·la, solitària)* e. bewegtes (ruhiges, einsames) Leben | *~ d'artista (de solter)* Künstler-(Junggesellen-)leben *n* | *la ~ econòmica (cultural, política) d'un país* das wirtschaftliche (kulturelle, politische) Leben e-s Landes | *~ mitjana (fís)* mittlere Lebensdauer *f*; Halbwertzeit *f* | *~ meva!* mein Schatz!, mein Liebling! | *aquesta ~ (a. rel)* dieses Leben | *l'altra ~ (rel)* das Jenseits | *assegurança (condicions, esperança, formes, qualitat) de ~* Lebens-versicherung *f* (-bedingungen *f pl*, -erwartung *f*, -formen *f pl*, -qualität *f*) | *ple de ~* voller Leben | *amb ~* am Leben; lebendig | *en ~ (d'alg)* bei *(od* zu) (j-s) Lebzeiten | *en ma (ta, sa) ~ (in Verneinungen)* in meinem (deinem, seinem) ganzen Leben; im (ganzen) Leben; mein (dein, sein) Lebtag | *mai de la ~* nie im Leben | *per a tota la ~* für das ganze Leben, fürs (ganze) Leben; auf Lebenszeit; lebenslänglich | *sense ~* leblos; unbelebt; ohne Leben | *tota la ~* das ganze Leben (hindurch); mein *(bzw* dein, sein *usw)* Leben lang; zeitlebens; lebenslang | *m'hi va la ~* mein Leben hängt davon ab | *canviar de ~* sein Leben ändern | *començar una nova ~* e. neues Leben anfangen | *costar moltes vides* viele Menschenleben fordern | *deixar amb ~* am Leben lassen | *donar la ~ per alg od u/c* sein Leben für j-n *od* etw hingeben | *donar-se bona ~* es s. (*dat*) gut gehen lassen; in Saus u. Braus leben | *donar ~ a u/c* etw ins Leben rufen; Leben in etw bringen | *(és)ser de ~* e. guter Esser sein | *(és)ser mitja ~ (fig)* das halbe Leben sein | *aquí la ~ és cara* hier ist das Leben teuer | *fer la ~ a alg* j-n unterhalten *od* beköstigen | *fer la ~ impossible a alg* j-m das Leben sauer machen | *fer (od portar) una ~ de gos* e. Hundeleben führen | *fer ~ comuna amb alg* mit j-m zusammenleben | *mentre hi ha ~ hi ha esperança (Spruch)* wo noch Leben ist, kann man noch hoffen | *llevar la ~ a alg* j-n ums Leben bringen | *llevar-se la ~* s. (*dat*) das Leben nehmen | *perdonar la ~ a alg* j-m das Leben schenken | *passar a millor ~* ins ewige Leben eingehen.

vidalb|a *f bot* (gemeine) Waldrebe *f* | ~**í** *m bot* = **dulcamara**.

vidassa *f* sorgloses (*od* unbeschwertes *bzw* flottes) Leben *n*.

vident *adj (m/f)* (ein)sehend | *bíbl* prophetisch || *s/m/f* Hellseher(in *f*) *m*.

vídeo *m* Video *n* | *aparell de ~* Videogerät *n*.

vide|ocassette *f* Videokassette *f* | ~**oclip** *m* Videoclip *m* | ~**oclub** *(Laden)* Videothek *f* | ~**odisc** *m* Bild-, Video-platte *f* | ~**òfon** *m* Bild-, Video-telefon *n* | ~**otext** *m* Videotext *m*.

vidiella *f bot* = **ridorta** | *~ blanca* = **vidalba**.

vidr|at (-**ada** *f*) *adj* Glas... | glasiert | *porta vidrada* Glastür *f* | *ceràmica vidrada* glasierte Keramik *f* | ~**e** *m* Glas *n* | Glas-, Fenster-scheibe *f*; *aut a.* Fenster *n* | ~ *d'augment* od *de multiplicar* Vergrößerungsglas *n* | ~ *desllustrat* od *esmerilat* Mattglas *n* | ~ *de rellotge* (*de seguretat*) Uhr-(Sicherheits-)glas *n* | *elèctrode de* ~ Glaselektrode *f* | *serp de* ~ (*zool*) Blindschleiche *f* | *rompre* (od *trencar*) *els* ~*s die Fenster ein-schlagen* od *-werfen* | ~**enc** *adj* glasartig, glasig | *fig* gläsern | ~**iaire** *m/f* = ~**ier** | ~**ier** *adj* Glas... | *indústria* (*porta*) ~*a* Glas-industrie (-tür) *f* || *s/mf* Glaser(in *f*) | Glashändler(in *f*) *m* || *s/f* Glas-; Kirchen-fenster *n* | Glastür *f* | gr(e) Verglasung *f* | Glas-wand *f*; -dach *n* | Glasfenster *n* | *aeron* Glaskuppel *f* | ~**ieria** *f* Glaserhandwerk *n* | Glashütte *f* | Glaserei *f* | Glasbläserei *f* | Glasfabrik *f* | Glashandel *m* | ~**iol** *m quím arc:* ~ *blanc* (*blau*, *verd*) Zink-(Kupfer-, Eisen-)vitriol *n* | *oli de* ~ Schwefelsäure *f* || *zool* Blindschleiche *f* | ~**iola** *f* Sparbüchse *f* | ~**iós** (**-osa** *f*) *adj* glasig | zerbrechlich | *fig* empfindlich; (*Frage*) heikel.

vidu (**vídua** *f*) *adj* verwitwet || *s/mf* Witwe(r *m*) *f* | *restar* ~ Witwer werden || *s/f ornit bot* = **viuda** | ~**al** *adj* (*m/f*) Witwen... | ~**atge** *m*, ~**ītat** *f* Witwen-, Witwer-stand *m*.

Vien|a *f* Wien *n* | ~**ès** (**-esa** *f*) *adj* wienerisch, Wiener || *s/mf* Wiener(in *f*) *m*.

Vietnam *m*: *el* ~ Vietnam *n* | ~**ita** *adj* (*m/f*) vietnamesisch || *s/mf* Vietnamese *m*, Vietnamesin *f* || *s/m ling* Vietnamesisch *n* | *el* ~ das Vietnamesische.

vigatà (**-ana** *f*) *adj* aus Vic || *s/mf* Vigataner(in *f*) *m*.

vig|ència *f dr* Rechtskraft *f* | Gültigkeit, Geltung *f* | ~**ent** *adj* (*m/f*) *bes dr* geltend, gültig.

vig|èsim (30) *num* (*bes Bruchzahl*) = **vintè** | ~**esimal** *adj* (*m/f*) *mat* (*System*) Zwanziger... | vigesimal.

vig|ilància *f* Wachsamkeit *f* | Be-, Überwachung *f* | Aufsicht *f* | ~**ilant(ment** *adv*) *adj* (*m/f*) wachsam | *fig a.* umsichtig || *s/m/f* Wächter(in *f*) *m* | ~ *nocturn* Nachtwächter *m* | ~**ilar** (33) *vt* bewachen | überwachen | aufpassen auf (*ac*) | achtgeben auf; achten auf (*ac*) | ~ *un pres* (*la frontera*) e-n Gefangenen (die Grenze) bewachen | ~ *un espia* (*l'execució d'una ordre*) e-n Spion (die Ausführung e-s Befehls) überwachen | *un home que cal* ~ e. Mann, den man im Auge behalten muß |

vigila la porta! paß auf die Tür auf! | *vigila de no fer-te mal!* paß auf (*od* gib acht), daß du dir nicht weh tust! || *vi: vigila!* paß auf!; sei vorsichtig! | ~**ília** *f* Vorabend *m* | Vortag *m* | Wachen *n*; (Nacht)Wache *f* | *s: vetlla* | *la* ~ *de Nadal* (der) Heiligabend | *en vigílies del casament* am Vorabend (*od* kurz vor) der Hochzeit | *felices vigílies!* herzlichen Glückwunsch zum Vortag!

vig|ir (37) *vi dr* gültig (*od* in Kraft) sein | gelten (*a. Gewohnheit*) | ~**or** *m*(/*f*) Kraft *f* | *dr a.* Gültigkeit, Gesetzeskraft *f* | *ple de* ~ in s-r Vollkraft; kraftstrotzend | *entrar en* ~ in Kraft treten | *estar en* ~ in Kraft (*od* gültig) sein | *posar en* ~ in Kraft setzen | ~**oria** *f lit* gr(e) Kraft *f* | ~**orització** *f* Kräftigung *f* | Stärkung *f* | ~**oritzador** *adj* kräftigend, stärkend | ~**oritzar** (33) *vt* kräftigen, stärken | *fig* beleben | ~**orós** (**-osa** *f*, **-osament** *adv*) *adj* kräftig, stark | rüstig | *fig* nachdrücklich, energisch.

víking *adj* (*m/f*) *hist* wikingisch | *nau* ~ Wikingerschiff *n* || *s/m/f* Wiking(er) *m*, Wikingerin *f*.

vil(ment *adv*) *adj* (*m/f*) niedrig | gemein, niederträchtig | schändlich | *de* ~ *llinatge* aus niedrigem Geschlecht | *una* ~ *calúmnia* e-e niederträchtige Verleumdung | *a* (*bzw de*) ~ *preu* spottbillig, zu e-m spottbilligen Preis.

vil|a *f* gr(s) Dorf *n*, Marktflecken *m* | Kleinstadt *f*, Städtchen *n* | ~ *franca* (*hist*) freier Marktflecken *m*; freie Kleinstadt *f* | *fora* ~ (*loc adv*) außerhalb e-r Siedlung, auf dem Land | ~**à** (**-ana** *f*, **-anament** *adv*) *adj desp* bäu(e)risch, ländlich | grob, derb; gemein, niederträchtig || *s/mf* Grobian, Rohling *m* | *Bal* = ~**atà** | ~**ania** *f* = ~**esa** | ~**atà** (**-ana** *f*) *adj* aus e-r «vila» | kleinstädtisch || *s/mf* Einwohner(in *f*) *m* e-r «vila» | Kleinstädter(in *f*) *m* | ~**atge** *m* kl(s) Dorf *n* | ~**atjà** (**-ana** *f*) *adj* dörflich || dörfisch || *s/mf* Dörfler(in *f*), Dorfbewohner(in *f*) *m* | ~**er** *adj u. s/mf* = ~**atà**.

vilesa *f* Gemeinheit *f*.

vilipendi *m* Verachtung *f* | Herabsetzung *f* (*j-s, e-r Sache*) | ~**ar** (33) *vt* geringschätzen | verächtlich behandeln | heruntersetzen | ~**ós** (**-osa** *f*) *adj* geringschätzig, verächtlich | herabsetzend.

vil·la *f arquit* Villa *f*.

vil·là *m bot* Haarkelch *m*.

vilorda *f* Gestrüpp *n* | Reisig, dürres Laub *n*.
vim *m bot* Silberweide *f*.
vímet *m bot* Weiden-gerte, -rute *f*.
vimetera *f bot* Bruchweide *f* | ~ *groga* Silberweide *f* | **~r** *m* Weidengebüsch *n*.
vina|ci (-àcia *f*) *adj* Wein... | weinfarben | weinrot | **~grada** *f* Essigwasser *n* | **~gre** *m* Essig *m* | **~grella** *f bot* Sauerampfer *m* | **~grelleta** *f bot* Kl(r) Ampfer *m* | **~grer** *adj* Essig... || *s/f* Essiggestell *n*, Menage *f* | **~gret** *m* dünner Essig *m* | *bes* parfümierter Essig *m* (*für die Toilette*) | **~greta** *f gastr* Vinaigrette *f* | **~grós (-osa** *f*) *adj* (*Geschmack*) essigartig | *fig* griesgrämig, sauertöpfisch | **~ssa** *f* (*Wein*) Bodensatz *m* | **~ter** *adj* Wein... | Winzer... || *s/m/f* Winzer(in *f*) *m* | Weinhändler(in *f*) *m* | **~teria** *f* Wein-handel *m bzw* -handlung *f*.
vinca *f bot* Immer-, Winter-grün *n* | **~pervinca** *f bot* Immergrün *n* (*bes* «media»).
vinça *f* (*Holz, Gestein*) Ader *f*, Gang *m* | Maser *f* | **~t (-ada** *f*) *adj* geädert | gemasert.
vinc|lada *f* Biegung, Krümmung *f* | Biegen, Krümmen *n* | Falten *n* | Falzen *n* | **~ladís (-issa** *f*) *adj* biegsam, geschmeidig | *fig a.* flexibel | **~lament** *m* Biegen, Krümmen *n* | **~lar** (33) *vt* biegen, beugen | krümmen | zusammen-falten, -legen, in Falten legen | **~lar-se** *v/r s.* biegen | *fig s.* beugen, *s.* erniedrigen | ~ *davant els poderosos s.* vor den Mächtigen beugen *od* demütigen | **~le** *m bes fig* Band *n*; Bindung *f* | *dr* Bindung, Verpflichtung *f* | *el* ~ *conjugal* der Ehebund | **~s** *de sang* Blutsbande *n pl* | **~ulació** *f* Bindung; (enge) Verbindung *f* | *econ* Vinkulation, Vinkulierung *f* | *dr* Fideikommiß(vermächtnis) *n* | **~ulant** *adj* (*m/f*) verbindlich, bindend, verpflichtend | **~ular** (33) *vt fig* binden (*a* an *ac*); (eng) verbinden (*amb* mit) | *econ* vinkulieren | *dr* unveräußerlich machen; als Fideikommiß (*od* Majorat) vermachen | **~ular-se** *v/r s.* (ver)binden.
vindic|ació *f lit* (*bes* schriftliche) Verteidigung *f* | Forderung *f* (*e-s Rechts*) | **~ar** (33) *vt lit* (*j-n*) verteidigen (*gegen e-e falsche Beschuldigung*) | (*etw*) fordern | **~atiu (-iva** *f*) *adj lit* rachsüchtig, rächend | *justícia vindicativa* strafende Gerechtigkeit *f* | **~ta** *f lit* Sühnung, Ahndung *f*.
vinent *adj* (*m/f*) kommend, nächste(r, -s) | *el mes* ~ (im) kommenden (*od* nächsten) Monat; der nächste Monat || *s/m pl: els* ~*s* die Kommenden.
vine|r *adj* Wein... | *una bota* ~*a* e. Weinfaß *n* | **~t** *m* leichter Wein *m* | *p ext* guter (*od* edler) Tropfen *m*.
ving|a! *int* auf!, los! | **~uda** *f* Ankunft *f* | Kommen *n*.
vínic *adj* Wein... | *alcohol* ~ Weingeist *m*.
vin|ícola *adj* (*m/f*) Weinbau... | **~icultor(a** *f*) *m* Winzer(in *f*) *m* | **~icultura** *f* Weinbau *m* | **~ífer** *adj* weinerzeugend | *regió* ~*a* Wein(an)baugebiet *n* | **~ificació** *f* Weinbereitung *f* | **~ificar** (33) *vt* *quím* in Wein umwandeln | *agr* keltern | **~ós (-osa** *f*) *adj* weinig, nach Wein schmeckend | weinartig | weinrot | *veu vinosa* Säuferstimme *f*.
vint (29) *num* (*zG s: vuit, vuitanta*) zwanzig | **~è (-ena** *f*) (30) *num* (*zG s: vuitè*) zwanzigste(r, -s); zwanzigstel | **~ena** *f col* (*zG s: vuitantena*) (etwa) zwanzig | **~(en)ejar** (33) *vi* in die Zwanzig kommen; um (die) Zwanzig sein.
viny|a *f bot* Wein-rebe *f*, -stock *m* | Weinberg, -garten *m* | *fig fam* reiches Bergwerk *n*, Fundgrube *f* | ~ *verge* Jungfernrebe *f* | *pàmpol de* ~ Weinblatt *n* | *la* ~ *del Senyor* (*ecl*) der Weinberg des Herrn | *la por guarda la* ~ (*Spruch*) Vorsicht ist die Mutter der Weisheit *od umg* der Porzellankiste | **~al** *m zool* Weinbergschnecke *f* | **~ar** *m* Weinberg *m* | Wein-gegend *f*; -gut *n* | **~ataire** *m/f*, **~ater(a** *f*) *m* Winzer(in *f*) *m* | **~er, ~et** *m* = **~ar** | **~eta** *f gràf* Vignette *f*, Titelbildchen *n* | Randzeichnung, Zierleiste *f* | **~òvol** *m agr* Weinbergaufseher *m*.
vió *m* Linie, Reihe *f* | *tèxt* (*bes* Nadel)Streifen *m* || *pl tèxt* Rayé *m*.
viola[1] *f bot* Veilchen *n* | ~ *blanca* Weißes Veilchen *n*; Echte Kuhschelle *f* | ~ *boscana* Waldveilchen *n* | ~ *canina* Hundsveilchen *n* | ~ *d'olor od vera* Märzveilchen, Wohlriechendes Veilchen *n* | ~ *d'aigua* Sumpfveilchen *n* | ~ *de galàpet od de llop, de pastor* Leberblümchen *n*.
viola[2] *f mús* Viola, Bratsche *f* | ~ *de gamba* Gambe *f* | *s/m/f* Bratschenspieler(in *f*), Bratschist(in *f*) *m* | **~ble** *adj* (*m/f*) verletzbar.

viol|aci (-àcia *f*) *adj* ins Violette übergehend | **-àcies** *f pl* Veilchengewächse *n pl*.

viola|ció *f dr* Übertretung, Verletzung, Zuwiderhandlung *f* | strafbare Handlung *f* | (*Frau*) Notzucht, Vergewaltigung *f* | Schändung; *ecl a.* Entweihung *f* | ~ *de domicili* (*dr*) Haus(friedens-)bruch *m* | **~dor** *adj* übertretend | verletzend || *s/mf* Übertreter(in *f*) *m* | Verletzer(in *f*) *m* | Schänder(in *f*) *m* | (*von Frauen*) Vergewaltiger *m* | **~ment** *m* = **violació** | **~r**¹ (33) *vt* übertreten, verletzen | *ecl* ent-heiligen, -weihen, schänden | (*j-n*) notzüchtigen, vergewaltigen | ~ *un domicili* das Hausrecht verletzen | ~ *un jurament* e-n Eid brechen.

violar² *m* Veilchen-beet *n*; -pflanzung *f*.

violari *m dr* Leibrente *f* (*gegen Zahlung e-s Vermögens*).

violat (-ada) *f*) *adj* Veilchen... | violett, veilchenfarben | *xarop* ~ Veilchensirup *m* || *s/m* Violett.

viol|ència *f* Heftigkeit, Wildheit *f* | Leidenschaftlichkeit *f* | Gewalt *f* | Zwang *m* | Vergewaltigung *f* | Gewalttätigkeit *f* | *lit* Violenz *f* | *la* ~ *de la tempesta* die Heftigkeit des Sturmes | ~ *de caràcter* aufbrausende(r) Charakter *m* | *fer* ~ *a alg* j-m Gewalt antun | *fer* ~ *a una dona* e-e Frau vergewaltigen | *fer-se* ~ s. Zwang auferlegen, s. zur Beherrschung zwingen | *fer* ~ *a un text* e-n Text verdrehen *od* entstellen, e-m Text Zwang antun | *respondre a la* ~ *amb la* ~ Gewalt mit Gewalt vergelten | **~ent(ament** *adv*) *adj* heftig, gewaltig | ungestüm | *fig* aufbrausend | gewaltsam, gewalttätig | *lit* violent | *mort* ~*a* gewaltsamer Tod | *esports* ~*s* kräftige sportliche Übungen *f pl* | *retrets* ~*s* heftige Vorwürfe *m pl* | *un temperament* ~ e. jähzorniger Charakter *m* | *estar* (*od sentirse*) ~ (*en un lloc*) s. gehemmt fühlen (an e-m Ort) | **~entar** (33) *vt* Gewalt antun (*dat*) | (*j-n*) nötigen | (*Tür*) aufbrechen, sprengen | (*Worte*) verdrehen.

violer¹ *m bot* Levkoje *f* | Goldlack *m*.

violer² (**a** *f*) *m* Geigenbauer(in *f*) *m*.

viole|rar *m* = **violar**² | **~ta** *adj* (*m/f*) violett, veilchenblau || *s/m* Violett, Veilchenblau *n* || *s/f* (Wald)Veilchen *u.* Wohlriechendes Veilchen *n*.

viol|í *m mús* Geige, Violine *f* || *s/m/f* Geiger(in *f*) *m* | **~inista** *m/f* Geigenspieler(in *f*), Geiger(in *f*), Violinist(in *f*) *m* | **~ó** *m hist* Kontrabaß *m* | Baßgeige *f* | **~oncel** *m mús* (Violon)Cello *n* | **~oncel·lista** *m/f* Cellist(in *f*), Cellospieler(in *f*) *m*.

vio|nar (33) *vt tèxt* mit Streifen versehen | **~nat** (-ada) *f*) *adj tèxt* gestreift | **~t** *m tèxt* Streifen *m*.

vip|erí (-ina *f*) *adj* Vipern... | Schlangen... | *fig* giftig | *llengua viperina* giftige Zunge, Lästerzunge *f* | **~èrids** *m pl zool* Vipern, Ottern *f pl*.

vira *f hist* dünner Pfeil *m* | (*Schuh*) genähter Rand, Rahmen *m* | Streifen *m*.

virad|a *f bes nàut* Drehung, Wendung *f* | Schwenkung *f* | **~or** *m fotog* Toner *m*, *bes* Ton(fixier)bad *n*.

viral *adj* (*m/f*) *med* Virus...

virar (33) *vt* drehen, wenden | *nàut* aufwinden | *nàut aeron* abdrehen | *fotog* (*Bilder*) durch das Tonfixierbad gehen lassen, tonen | (*Schuhe*) mit genähten Rändern ausstatten | säumen || *vi* drehen; wenden (*Fahrzeug*) | *tèxt* s. ändern (*Farbe*) | *quím* umschlagen | *fig* umschwenken.

virat (-ada) *f*) *adj* gestreift | gefleckt, getigert | (*Speck*) durchwachsen.

viratge *m aut* starke Kurve *f* | *ferroc* Kehre *f* | Wendung *f* | *fotog* (*Bilder*) Tonen *n*, Tonung *f* | *fer un* ~ e-e Kurve nehmen; e-e Schwenkung machen.

virató *m hist* dünner Pfeil *m*.

viresc|ència *f bot biol* Vireszenz, Vergrünung *f* | **~ent** *adj* (*m/f*) vergrünend.

viret *m ict* Roter Knurrhahn *m*.

virgin|al *adj* (*m/f*) jungfräulich | **~itat** *f* Jungfräulichkeit *f* | Unschuld *f* | *s: verge*.

víric *adj med* Virus...

vírgula *f lit* Beistrich *m*, Komma *n* | Stäbchen *n*.

virgular *adj* (*m/f*) stäbchenförmig.

viri|l(ment *adv*) *adj* (*m/f*) männlich | mannhaft | *edat* ~ Mannesalter *n* | *membre* ~ männliches Glied, Zeugungsglied *n* | *resolució* ~ mannhafte Entschlossenheit *f* | **~lisme** *m* Virilismus *m* | **~litat** *f* Mannbarkeit *f* | Mannhaftigkeit *f* | Männlichkeit *f* | Mannesalter *n* | **~or** *f lit* Kraft *f* | Mut *m* | Seelenstärke *f*.

viró *m entom* Made *f*.

virolai *m Lit mús* Virelai *n* | *Marienhymme im Kloster Montserrat*.

virola|r (33) *vi* bunt erscheinen | **~t** (-ada) *f*) *adj* bunt.

viròleg (-òloga f) m med Virologe m, Virologin f.
virolet m Puff-, Glücks-spiel n.
virolla f (Stock, Regenschirm) Zwinge f, Endring m.
virol|ogia f med Virologie f | **~ògic** adj virologisch.
vironera f (a. mosca ~) Schmeißfliege f.
vir|ós (-osa f) adj (sehr) giftig | stinkend, übelriechend | **~osi** f med Viruserkrankung, Virose f.
virosta f dürres Laub n | Reisig n.
virre|gnal adj (m/f) Vizekönigs... | **~gnat** m Vizekönig-tum, -reich n | Regierungszeit f des Vizekönigs | **~i** m hist Vizekönig m | **~ina** f Vizekönigin f.
virtu|al adj (m/f) wirkungsfähig | möglich, denkbar, theoretisch vorhanden | fig verborgen, schlummernd | fís virtuell | filos kraftbegabt, potentiell, möglich, virtuell | ja és el ~ guanyador er ist praktisch schon der Gewinner | **~alitat** f innere Kraft f | Virtualität f, Wirkungsfähigkeit f | **~alment** adv der Wirkungskraft (od dem Wesen) nach | eigentlich, praktisch | ~ derrotat praktisch geschlagen | **~ós** (-osa f, -osament adv) adj tugendhaft | s/mf bes mús Virtuose m, Virtuosin f | **~ositat** f bes mús Virtuosität f | **~t** f (Heil)Kraft f | Fähigkeit, Macht f | a. med Wirksamkeit f | bes Tugend f | p ext Sittsamkeit f, bes Keuschheit f | fig Verdienst m | ~ medicinal Heilkraft f | en ~ de (loc prep) kraft, vermöge (gen) | per ~ de auf Grund von | en ~ de què? aus welchem Grund?; mit welchem Recht? | ple de ~s (sehr) tugendhaft | fer de la necessitat ~ aus der Not e-e Tugend machen.
virul|ència f Giftigkeit, Virulenz f | fig Boshaftigkeit, Bösartigkeit f | Bissigkeit f | **~ent(ament** adv) adj giftig, virulent | bösartig, boshaft | fig a. bissig | una invectiva ~a e-e bissige Schmähung.
virumbelles f pl bot Klematis, Waldrebe f.
virus m med biol Virus n/m | fig Gift(igkeit f) n; Bösartigkeit f.
vis[1] m tecn Schraube f | ~ sens fi Schnecke(ngewinde n) f.
vis[2] f lit: ~ còmica Komik, komische Wirkung f; Esprit, Witz m.
visa|r (33) vt adm (Urkunde) mit e-m Vermerk versehen, visieren | bes mil visieren; zielen (od visieren) auf (ac) | vor Augen haben, anschauen | fig trachten nach | **~t** m adm Visum n | **~tge** m Gesicht n | fig Fratze, Grimasse f.
visca int hoch lebe...! | hoch!, hurra! || s/m Hoch(ruf m), Hurra(ruf m) n.
víscera f mst pl anat Eingeweide n (pl) | Weichteile m pl.
viscer|al adj (m/f) anat Eingeweide..., viszeral | esquelet ~ Viszeralskelett n | **~optosi** f med Eingeweidesenkung f.
visc|ós (-osa f) adj klebrig, zäh-, dick-flüssig | quím viskos, viskös || s/f tèxt Viskose f | **~osímetre** m tecn Viskosimeter m/n | **~ositat** f Klebrigkeit f | Zähflüssigkeit f | tecn quím Viskosität f.
vis|era f hist Helmgitter, Visier n | (Mütze, Augen) Schirm m | gorra amb ~ Schirmmütze f | **~ibilitat** f Sichtbarkeit f | circ meteor Sicht(weite) f | ~ limitada beschränkte Sicht f | **~ible(ment** adv) adj (m/f) sichtbar | fig a. sichtlich | estar ~ empfangsbereit sein.
visig|ot (-oda f) adj westgotisch || s/mf West-gote m, -gotin f | **~òtic** adj = **visigot**.
visi|ó f Sehen n; med Seh-kraft f bzw -vermögen n | Anblick m | Vorstellung f, Bild n, Vision f | (in Trance od Ekstase) Vision f, lit Gesicht n; (im Traum) a. Traumbild n | (Halluzination) Vision f | ~ beatífica (rel) selige Anschauung f Gottes | restar (od quedar-se) com qui veu visions s-n Augen nicht trauen | tenir visions Visionen haben | veure visions (fig) Gespenster sehen | **~onari** (-ària f) adj visionär | seherisch || s/mf Visionär(in f) m | Geisterseher(in f) m.
visir m Wesir m | gran ~ Großwesir m | **~at** m Wesirat n.
visita f Besuch m | (Museum) Besichtigung f | Untersuchung; med a. Visite f | ~ a domicili (de comiat, de cortesia, de compliment, oficial) Haus-(Abschieds-, Höflichkeits-, Anstands-, Staats-)besuch m | ~ pastoral (ecl) Visitation f | hores de ~ Besuchszeit f; med Sprechstunde f | fer una ~ e-n Besuch abstatten | rebre visites Besuche (od Besucher) empfangen | **~ció** f: la ⚡ (de la Mare de Déu) Mariä Heimsuchung f | **~dor** adj besuchend || s/mf Besucher(in f), fig Gast m | Besichtiger(in f) m | ecl Visitator(in f) m | adm Inspektor(in f) m, Un-

tersuchungs-, Kontroll-beamter *m*, -beamtin *f* | ~ *a domicili* Hausbesucher *m* | ~ *mèdic* Ärztebesucher *m* | **~nt** *m/f* Besucher(in *f*) *m* | **~r** (33) *vt* besuchen | besichtigen | aufsuchen | *med* untersuchen | kontrollieren (*Polizei, Zoll*).
visiu (-*iva f*) *adj* Seh... Gesichts..., visuell | *potència visiva* Sehkraft *f*.
visó *m zool* Nerz *m* | ~ *europeu* Wisent *m* | *pell de* ~ Nerz-fell *n*, -pelz *m*.
vis|or *m cin fotog* Sucher *m* | *mil tecn* Ziel-fernrohr, -gerät; Visier *n* | **~t** *pp/adj:* ~ *i no* ~ (und) hast du nicht gesehen; unversehens; im Nu | ~ *i plau* (*adm*) gesehen u. genehmigt | **~os els resultats...** in Anbetracht der Ergebnisse... | ~ *que...* in Anbetracht dessen, daß..., da (ja)... | *en* ~ (*loc prep*) im Vergleich zu *od* mit *el teu estil, en* ~ *el d'ell, és perfecte* dein Stil ist im Vergleich zu s-m vollkommen | **~ta** *f* Sehvermögen *n*; (*mehr od weniger stark*) Sehkraft *f* | Gesichtssinn *m*, *arc* Gesicht *n* | Sicht *f* | Aussicht *f*, Ausblick *m*, (*a. Urteilskraft*) Blick *m* | (*Bild, Abbildung*) Ansicht *f* | *dr* (Gerichts)Verhandlung *f* | ~ *cansada* (*curta, llarga*) Alters-(kurz-, Weit-)sichtigkeit *f* | *el do de la* ~ die Gabe des Sehens | ~ *frontal* (*lateral*) Vorder-(Seiten-)ansicht *f* | *una* ~ *de la catedral* e-e Ansicht (von) der Kathedrale | *punt de* ~ Gesichts-, Stand-punkt *m* | *a la* ~ in Sicht(weite); im Auge; *com* auf (*bzw* bei) Sicht | *terra a la* ~! Land in Sicht! | *lletra a la* ~ (*com*) Sichtwechsel *m* | *a la* ~ *d'alg* vor j-s Augen | *a la* ~ *de tothom* vor aller Augen | *a la* ~ *de u/c* angesichts (od beim Anblick) e-r Sache | *a* ~ *d'ocell* aus der Vogelschau | *a primera* ~ auf den ersten Blick | *a simple* ~ mit bloßem Auge | *amb* ~ *a* (*loc prep*) im Hinblick auf (*ac*), mit der Absicht zu (+ *inf*) | *en* ~ *de* (*loc prep*) in Anbetracht (*gen*), angesichts (*gen*); mit Rücksicht auf (*ac*) | *en vistes de* (*loc prep*) in der Sicht(weite) von | *clavar la* ~ *sobre alg* den Blick auf j-n heften | *conèixer alg de* ~ j-n vom Sehen kennen | (*és*)*ser curt de* ~ (*a. fig*) kurzsichtig sein | *menjar-se alg od u/c amb la* ~ j-n *od* etw mit den Augen verschlingen | *perdre de* ~ aus den Augen verlieren | *perdre la* ~ blind werden, *lit* das Augenlicht verlieren | *prendre vis-*
tes s. *umseh*en; *fotog* Aufnahmen machen | *saltar a la* ~ ins Auge fallen *od* springen; augenfällig sein | *tenir* ~ *a* (*od sobre*) *u/c* Aussicht (*od* Ausblick, Blick) auf etw haben | *tenir* ~ *per u/c* e. Auge (*od* e-n Blick) für etw haben | *tenir u/c en* ~ etw in Aussicht haben; etw vorhaben || *s/m/f adm* Zoll-beamter *m*, -beamtin *f* | **~tent** *adj* (*m/f*) sichtbar, sichtlich | *p ext* = **~tós** | **~t-i-plau** *m adm* Genehmigung(svermerk *m*), Einwilligung *f*; Plazet *n*; Sichtvermerk *m* | *donar el* ~ *a u/c* s-e Zustimmung zu etw erteilen | **~tós** (-*osa f*, -*osament adv*) *adj* ansehnlich, gut aussehend | auf-fallend, -fällig | **~tositat** *f* Ansehnlichkeit *f*, gute(s) Aussehen *n* | Auffälligkeit *f*.
Vístula *m:* *el* ~ die Weichsel.
visual *adj* (*m/f*) Seh..., Gesichts... | visuell | *angle* (*raig*) ~ Seh-winkel (-strahl) *m* | *memòria* ~ visuelle(s) Gedächtnis *n* | *poesia* ~ visuelle Dichtung *f* || *s/f* Gesichts-, Seh-linie *f* | **~itat** *f cient* Visualität *f* | **~itzar** (33) *vt* sichtbar machen | veranschaulichen | (*bes Werbung*) visualisieren | **~ment** *adv* visuell, mit den Augen.
visura *f* Besichtigung *f* | *dr* Augenschein *m* | **~r** (33) *vt* besichtigen | inspizieren, durch Augenschein prüfen.
vit *m bes zool* männliche(s) Glied *n*, Penis *m* | ~ *de bou* Ochsenziemer *m* | **~àcies** *f pl bot* Weinrebengewächse *n pl*.
vital *adj* (*m/f*) Lebens... | (*a. Person*) vital | lebens-notwendig, -wichtig | **~ici** (-*ícia f*) *adj* auf Lebenszeit; lebenslänglich | *renda vitalícia* Leibrente *f* || *s/m* Leibrente *f* | **~icista** *m/f* Leibrentenempfänger(in *f*) *m* | **~isme** *m filos* Vitalismus *m* | **~ista** *adj* (*m/f*) vitalistisch || *s/m/f* Vitalist(in *f*) *m* | **~itat** *f* Vitalität *f* | *fig a.* Lebenskraft *f* | **~ització** *f* Belebung *f* | Kräftigung, Stärkung *f* | **~itzador** *adj* belebend | *med* kräftigend || *s/m* Stärkungsmittel *n* | **~itzar** (33) *vt* beleben, *lit* vitalisieren | *med* kräftigen, stärken | **~ment** *adv* lebens-wichtig, -notwendig | *s: vital*.
vitam|ina *f biol* Vitamin *n* | **~inat** (-*ada f*) *adj* vitaminiert | **~ínic** *adj* Vitamin... | *complex* ~ *B* Vitamin-B-Komplex *m* | **~inós** | **~inós** (-*osa f*) *adj* vitaminreich, vitaminiert | **~inoteràpia** *f med* Vitaminbehandlung *f*.
vitel *m biol* Dotter *n/m*, Vittellus *m* |

~·la *f* feines Pergament *n* | *paper ~* Velin(papier) *n* | **~·lí** (**-ina** *f*) *adj* Dotter... || *s/f* Vitellin *n*.

vitet *m bot gastr* Spanische(r) Pfeffer, Paprika *m*.

vit|ícola *adj* (*m/f*) *agr* Weinbau... | **~icultor(a** *f*) *m agr* Winzer(in *f*) *m* | **~icultura** *f* Weinbau *m*.

vitilig|en, ~o *m* Vitiligo, Scheckhaut *f*.

vitivin|ícola *adj* (*m/f*) Weinbau..., Winzer... | **~icultura** *f* (*des*) Weingarten-, Weinreben-bau *m*.

vitr|all *m art* Glas-gemälde, -bild *n* | *bes* (buntes) Kirchenfenster *n* | **~aller** *adj* glasmalerisch || *s/mf* Glasmaler(in *f*) *m* | **~alleria** *f* Glasmalerei *f* | **~e** *m* *tèxt* feines Segeltuch *n* | **~i** (**vítria** *f*) *adj* gläsern | Glas... | glasartig, glasig | *humor* ~ Glaskörperflüssigkeit *f* | *roques vítries* vulkanisches Glas *n*.

vítric *adj* glasartig, glasig | gläsern.

vitri|ficació *f* Verglasung *f* | **~ficar** (33) *vt* verglasen; zu Glas schmelzen; glasig machen | (*Parkett*) versiegeln | **~ficar-se** *v/r* verglasen, glasig (*od* zu Glas) werden | **~na** *f* Glasschrank *m* | *bes com* Schaukasten *m*, Vitrine *f* | **~ta** *f min* Vitrit *m*, Glanzkohle *f*.

vitroceràmica *f* Glaskeramik *f*.

vitualla *f mst pl bes mil* Lebensmittel *n pl* | Proviant *m*.

vituper|able *adj* (*m/f*) schmählich | **~ador** *adj* schmähend | schmähsüchtig || *s/mf* Schmäher(in *f*) *m* | **~ar** (33) *vt* schmähen | **~i** *m* Schmähung *f* | **~iós** (**-osa** *f*, **-osament** *adv*) *adj* schmählich | Schmäh...

viu (**viva** *f*) *adj* lebendig, (*attributiv*) lebend | *fig* lebendig; lebhaft; rege; stark, heftig | *fig* (*Person*) schnell von Begriff, hell; clever, schlau, gewitzt, gerissen | (*Kante*) scharf; (*Winkel*) spitz | *els éssers ~s* die Lebewesen *n pl* | *la natura viva* die belebte Natur | *un animal ~* e. lebend(ig)es Tier | *~ o mort* lebend oder tot, tot oder lebendig | *aigua viva* Quellwasser; fließendes Wasser | *carn viva* rohes (*od* wundes) Fleisch | *un color ~* e-e kräftige (*od* lebhafte, lebendige) Farbe | *un estil ~* e. lebendiger (*od* lebhafter) Stil | *un foc ~* e. lebhaft brennendes Feuer | *força viva* (*fís*) lebendige Kraft, Bewegungsenergie *f* | *un fred ~* e-e schneidende Kälte | *una intel·ligència viva* e. scharfer Verstand | *llengua viva* lebende Sprache *f* | *el pes ~ d'un animal* das Lebendgewicht e-s Tieres | *roca viva* nackter Fels | *sang viva* strömendes Blut | *ulls ~s* lebhafte (*od* muntere) Augen | *un temperament ~* e. aufbrausendes Temperament | *un ~ afecte* e-e tiefe Zuneigung | *una viva discussió* e-e heftige (*od rege*, lebhafte) Auseinandersetzung | *un ~ interès* e. starkes (*od* lebhaftes) Interesse | *de viva força* mit roher Gewalt | (*de ~*) *en ~* bei lebendigem Leib(e) | *enterrar alg ~* j-n lebendig begraben | *encara és ~* er lebt noch, er ist noch am Leben | *el seu record és ~ entre nosaltres* sein Andenken lebt in uns | *estar més mort que ~* (*fig*) mehr tot als lebendig sein | *mantenir ~ am Leben erhalten | (etw) a.* lebendig erhalten | *s/m* rohes (*od* wundes) Fleisch | empfindliche Stelle *f*; *fig* wunder Punkt; Kern(punkt) *m* | scharfe Kante *f* | *tèxt* Besatz; Saum *m*; Einfassung *f* || *s/m pl: els ~s* die Lebenden *pl* | *els ~s i els morts* die Lebenden u. die Toten.

viud|o, ~a *f adj u. s/mf* = **vidu** || *s/f ict* Adlerrochen *m* | *ornit* Witwe *f* | *viuda del paradís* Paradieswitwe *f* || *s/f pl bot* Skabiosen *f pl*; Grindkraut *n* | *viudes bordes* Acker-Witwen-blume *f*.

viu|re[1] (40) *vi* leben | wohnen | *s: visca viurà, doctor?* wird er (über)leben, Herr Doktor? | *~ llargament* (*cent anys*) lange (hundert Jahre) leben | *Jaume I va ~ al segle XIII* Jakob I lebte im 13. Jahrhundert | *deixar de ~* sterben | *~ i deixar ~* leben u. leben lassen | *aquesta criatura (la consciència) no la deixa ~* dieses Kind (das Gewissen) läßt ihr k-e Ruhe | *fer ~ alg artificialment* j-n künstlich am Leben erhalten | *no ~* (*fig*) nicht zur Ruhe kommen, k-e Ruhe haben | *~ feliç* (*modestament, per sobre de les seves possibilitats*) glücklich (bescheiden, über s-e Verhältnisse) leben | *aquí s'hi viu bé* hier lebt es s. gut | *~ al dia* in den Tag hinein leben; von der Hand in den Mund leben | *ensenyar de ~ a alg* j-m Lebensart beibringen | (*no*) *saber ~* (nicht) zu leben wissen | *~ d'un sou* (*a l'esquena d'alg*) von e-m Gehalt (auf j-s Kosten) leben | *~ de renda* von s-n Renten leben; *fig* s. auf s-n Lorbeeren ausruhen | *~ de patates* (*del cel* od *de l'aire del cel*) von Kartoffeln (von der Luft *od* von Luft u. Liebe) leben | *no sols de pa viu l'home* (Spruch) der Mensch lebt nicht vom Brot allein | ~ *a l'aire lliure* im Freien leben | ~ *al camp* (*a ciutat*) auf dem Land (in der Stadt) leben *od* wohnen | *vivim al carrer Major* (*al tercer pis*) wir wohnen in der Hauptstraße (im dritten) Stock | ~ *amb els pares* bei s-n Eltern wohnen | ~ *amb una dona* mit e-r Frau leben | ~ *junts* od *plegats* zusammenleben || *vt:* ~ *la fe* (*la música*) den Glauben (die Musik) leben | ~ *una vida tranquil·la* e. ruhiges Leben führen *od* leben | ~ *un esdeveniment* e. Ereignis (mit)erleben | ~ *un període de transició* e-e Periode des Übergangs erleben *od* (*von Anfang bis Ende*) durchleben | ~ *una experiència tràgica* e-e tragische Erfahrung durchmachen | ~ *dies feliços amb alg* mit j-m glückliche Tage verleben *od* verbringen | ~re² *m* Leben *n* | Auskommen *n* | *tenir un bon* ~ e. gutes Auskommen haben | ~**-viu** *f*: *fer la* ~ (kümmerlich) dahinleben *od* sein Leben fristen.

viv|aç(ment *adv*) *adj* (*m/f*) lebhaft; lebendig | munter, rege | *bot* (*Pflanze*) ausdauernd, Dauer... | ~**acitat** *f* Lebhaftigkeit; Lebendigkeit *f* | Munterkeit, Regheit *f* | ~**ament** *adv* lebhaft | kräftig, kurzerhand | *m'ha colpit* ~ es hat mich lebhaft (*od* tief, sehr, stark) beeindruckt | ~**ari** (*od* ~**àrium**) *m* Vivarium *n* | ~**ència** *f* Erlebnis *n* | ~**ent** *adj* (*m/f*) *adj* lebend(ig) | *un ésser* ~ e. lebendiges Wesen, e. Lebewesen *n* | *no s'hi veia* (*ni*) *una ànima* ~ es war dort k. lebendes Wesen (*od* k-e Menschenseele) zu sehen || *s/m* Lebenszeit *f* | *ja del* ~ *dels pares* schon zu Lebzeiten der Eltern | *del meu* ~ *no havia vist mai res de semblant* ich hatte mein Lebtag nichts dergleichen gesehen | *els van donar una renda per a llur* ~ man gab ihnen e-e Rente auf Lebenszeit | *s/m pl: els* ~s die Lebenden *pl* | *bíbl: els quatre* ~s die vier Wesen *n pl* (*der Apokalypse*) | ~**er** *m bot* Baumschule *f* | *ict* Fischteich *m* | *fig* Brutstätte *f* | ~**esa** *f* = **vivor**.

vivianita *f min* Vivianit *m*, Blaueisenerz *n*.

vívid(ament *adv*) *adj* (*Beschreibung, Stil, Metapher*) lebendig, anschaulich | (*Farbe*) leuchtend, kräftig, lebhaft | (*Licht*) hell.

viv|idor *adj* langlebig || *s/m desp* Schmarotzer, Nassauer *m* | ~**ífic** *adj* = ~**ificant** | ~**ificació** *f* Belebung *f* | ~**ificador** *adj* belebend | ~**ificant** *adj* (*m/f*) belebend | ~**ificar** (33) *vt* beleben, lebendig machen | ~**ípar** *adj biol* vivipar | *zool a.* lebendgebärend | ~**iparisme** *m*, ~**iparitat** *f biol* Viviparie *f* | *zool a.* Lebendgebären *n* | ~**isecció** *f med* Vivisektion *f* | ~**or** *f* Lebendigkeit; Lebhaftigkeit *f* | *s: viu* (*fig*) | *la* ~ *de la seva intel·ligència* die Schärfe s-s Verstandes | *respondre amb* ~ schlagfertig antworten | *aquest noi té molta* ~ dieser Junge hat viel Scharfsinn.

Vixnu *m* Wischnu *m* | ~**isme** *m* Wischnuismus *m*.

voc|able *m* Wort *n*, Vokabel *f* | ~**abulari** *m* Wörterverzeichnis *n* | Wortschatz *m* | *lit* Vokabular *n* | ~**ació** *f* (*Gabe*) Berufung *f* | *tenir* ~ *de metge* s. zum Arzt berufen fühlen | ~**acional** *adj* (*m/f*): *un mestre* ~ e. Lehrer aus Berufung | ~**al(ment** *adv*) *adj* (*m/f*) mündlich | stimmlich; Stimm... | Gesang..., Vokal... | *concert* ~ Gesangkonzert *n* | *cordes* ~s Stimmbänder *n pl* | *música* ~ Vokalmusik *f* | *oració* ~ mündliches Gebet *n* || *s/m/f* (*Gesellschaft*) stimmberechtigtes Mitglied *n* | Rat(sherr) *m*, Rätin *f* || *s/f ling* Vokal *m* | ~**àlic** *adj ling* vokalisch, Vokal... | ~**alisme** *m ling* Vokalismus *m*, Vokalsystem *n* (*e-r Sprache*) | ~**alització** *f* Vokalisation, Vokalisierung *f* | (*Gesangsübung*) Vokalise *f* | ~**alitzar** (33) *vt/i* vokalisieren | ~**atiu** *m ling* Vokativ *m* | ~**iferació** *f* (*lautes*) Geschrei, Gebrüll *n* | ~**iferant** *adj* (*m/f*) schreiend, brüllend | ~**iferar** (33) *vt/i* (*laut*) schreien, brüllen.

vodevil *m teat* Vaudeville *n*.

vodka *f gastr* Wodka *m*.

vodú *adj* (*m/f*) Wodu..., Voodoo... || *s/m* Wodu, Voodoo *m*.

voga *f nàut* Rudern *n* | *fig: estar en* ~ beliebt (*od* in Mode) sein | ~**da** *f nàut* Ruderschlag *m* | ~**dor(a** *f*) *m* Ruderer *m*, Ruderin *f* | ~**marí** *m Bal* Seeigel *m* | ~**ment** *m* Rudern *n* | ~**r** (33) *vi nàut* rudern | *p ext* schaukeln; flattern; schweben || *vt* (*Ruder*) führen | (*Boot*) rudern | *p ext* schwingen; wiegen.

vogi *m* Um·kreis, -fang *m*, Peripherie *f* |

(*Tretwerk*) Umlauf *m* | *tecn* = **argue** | **~r** (37) *vt* um-gehen *bzw* -fahren | drehen | (*Umkreis, Peripherie*) (ab)messen | *tecn* aus-schneiden *bzw* -kehlen; laubsägen | = **trepar**.
vol *m* Flug *m* | *fig* (*der Gedanken, Phantasie*) *a.* Höhenflug *m* | (*Gruppe von Vögeln, Insekten, Fischen*) Schwarm; *caç* (*von Vögeln*) Flug *m* | (*Rock, Ärmel*) Weite *f* | *el* ~ *d'un ocell* (*avió, projectil*) der Flug e-s Vogels (Flugzeugs, Geschosses) | *un* ~ *a París* (*a la lluna*) e. Flug nach Paris (zum Mond) | ~ *acrobàtic* (*d'exhibició, lliure, de pendent, en picat, sense escales, sense motor, sense visibilitat*) Kunst-(Schau-, Frei-, Hangsegel-, Sturz-, Nonstop-, Segel-, Blind-)flug *m* | ~ *a vela* (*a. ornit*) Segelflug *m* | ~ *planat* (*a. ornit*) Gleitflug *m* | ~ *nupcial* (*entom*) Hochzeitsflug *m*; (*ornit*) Begattungsflug *m* | ~ *estacionari* od *vibrat* (*entom*) Schwirrflug *m* | *autonomia de* ~ (*aeron*) Reichweite *f* | *durada del* ~ Flugzeit *f* | *al* ~ (*loc adv*) im Flug(e), in der Luft | *fig: caçar una notícia al* ~ e-e Nachricht aufschnappen od mitbekommen | *en un* (od *d'un*) ~ (*fig*) auf e-n Sprung; im Nu | *alçar* (od *aixecar, agafar, prendre*) *el* ~ auf-, hoch-, davon-, weg-fliegen | *alçar* (od *aixecar*) *el* ~ (*fig*) Reißaus nehmen, unbemerkt verschwinden | *prendre* ~ (*aeron*) starten, abfliegen | *moure* (od *armar*) *un* ~ *a alg* (*fig*) j-m den Marsch blasen | **~ada** *f* (*bes von Vögeln*) Flug *m* | *col* Schwarm *m* | *constr* Vorsprung, Überhang *m* | *fig* Aufschwung *f* | *d'alta* (od *de gran*) ~ (*loc adj*) hochfliegend, von hohem Anspruch *m* | (*és*)*ser de la primera* ~ (*fig*) noch grün (od unerfahren) sein | *prendre* (od *agafar*) ~ auf-, hoch-, davon-, weg-fliegen; *fig* e-n gr(n) Schwung nehmen; in Schwung kommen | **~adís** (**-issa** *f*) *adj* (*Blätter*) auf-wirbelnd, -wehend | (*Vogel*) flügge | *fig* flüchtig | *constr* überhängend, vorspringend || *s/f* Geschwirr, Schwirren *n* | **~ador** *adj* fliegend | Flug... | *aparell* ~ Fluggerät *n* | *peix* ~ Flugfisch *m* | **~adura** *f* Sprengung *f* | **~adúria** *f col* Schwarm *m* | **~ament** *m* = **~adura** | **~ander** *adj: boires* ~*es* Nebelschwaden, ziehende Nebel *m pl* | *fulls* ~*s* fliegende Blätter *n pl* | *música* ~ fahrende(r) Musikant *m* | *re-*

lacions ~*es* flüchtige Beziehungen *f pl* | *veus* ~*es* umgehende Gerüchte *n pl* || *s/mf agr* Schnitter(in *f*) *m* || *s/f tecn* (Achsen-; Unterleg-)Scheibe *f* | (Dichtungs-; Schluß-)Ring *m* | **~ant** *adj* (*m/f*) fliegend | Flug... | *full* ~ Flugblatt *n* | *s/m* Lauf-, Hand-zettel *m* | (*vom Arzt*) Krankenschein *m*; Überweisung *f* | *tecn* Schwungrad *n*; (*Uhr*) Unruh *f*; *tèxt* Hand(trieb)rad *n*; *tèxt* Haspel-, Weif-rahmen *m* | *aut aeron* Steuer(rad), *aut a.* Lenkrad *n*; (*Fahrrad*) Lenker *m* | (*Besatz*) Rüsche *f*, Volant *m* | *agr* gr(e) Sichel *f* | (*Spiel*) Federball *m* | (*Fußball*) Läufer *m* | **~antí** *m* (*Fischerei*) Langleine *f* | **~ar** (33) *vi* fliegen | *fig a.* verfliegen, im Flug vergehen (*Zeit*); sausen (*Person, Fahrzeug*) | *a. fig* explodieren, *umg* hochgehen, in die Luft gehen | *fig fam* (spurlos) verschwinden | *constr* vorspringen, überhängen (*Balkon, Dach*) | ~ *amb un helicòpter* mit e-m Hubschrauber fliegen | ~ *alt* (*baix*) hoch (tief od niedrig) fliegen | ~ *al cel* (*euf*) sterben (*bes Kind*) | *fer* ~ *un estel* e-n Drachen steigen (od fliegen) lassen | *fer* ~ *un pont* e-e Brücke sprengen | *el cotxe va passar volant* das Auto sauste (od flitzte) vorbei | *vaig anar-hi volant* ich eilte (od flog, sauste) hin | *la notícia va* ~ *de boca en boca* die Nachricht flog (od verbreitete s.) von Mund zu Mund | *a tu vola el meu pensament* (*poèt*) zu dir fliegen meine Gedanken | *les claus han volat* die Schlüssel sind (spurlos) verschwunden || *vt* (*Glocken*) läuten | (*Haus, Brücke*) sprengen | *fig* ärgern, reizen, aufbringen | *gràf* (*bes Zahl*) hochstellen | **~at** (**-ada** *f*) *adj fig* aufgebracht, empört | *gràf* hochgestellt | **~ateria** *f* Geflügel, Federvieh *n* | **~àtil** *adj* (*m/f*) *quím* flüchtig (*Partikel*) schwebend | *fig* (*Mensch*) flatterhaft, unstet | **~atilitat** *f* Flüchtigkeit *f* | Flatterhaftigkeit, Unstetigkeit *f* | **~atilització** *f quím* Verflüchtigung, Verdunstung, Verdampfung *f* | **~atilitzar** (33) *vt* verflüchtigen, verdampfen | **~atilitzar-se** *v/r a. fig s.* verflüchtigen | verdunsten.
volc|à *m* Vulkan *m* | (*és*)*ser un* ~ (*fig*) sehr leidenschaftlich (od stürmisch) sein | *estar sobre un* ~ (*fig*) auf e-m Vulkan leben; auf e-m Pulverfaß sitzen | **~ànic** *adj* vulkanisch | Vul-

kan... | **~anicitat** *f geol* Vulkanismus *m*.
vole|a *f esport* Volley, Flugball *m* | *mitja ~* Halb-volley, -flugball *m* | **~iar** (33) *vi* schweben | (im Wind) flattern | **~ibol** *m esport* Volleyball *m*.
vole|nça *f* Wollen *n*, Wille *m* | *bes* Zuneigung *f*, Wohlwollen *n* | *estar a la ~ d'alg* j-m zur Verfügung stehen | *s: benvolença, malvolença* | **~nter(ament** *adv*), **~nterós** (**-osa** *f*, **-osament** *adv*) *adj* willig | **~r**¹ (40) *vt* wollen | (höflich) mögen | *vull* (höflich *voldria*) *una entrada* ich will (möchte, hätte gerne) e-e Eintrittskarte | *vols ametlles?* möchtest du Mandeln? | *en vols?* (beim Essen) möchtest du mitessen? | *què més vols?* (fig) was willst du (noch) mehr? | *què deuen ~ de mi?* was sie wohl von mir wollen? | *no saben el que volen* sie wissen nicht, was sie wollen | *quant en vols, del cotxe?* wieviel willst du für das Auto (haben)? | *~ bé (mal) a alg* j-m Gutes (Böses *od* Übles) wollen | *aquesta planta vol sol* diese Pflanze will (*od* braucht) Sonne | *on vols anar?* wohin willst du (gehen)? | *vull creure que dius la veritat* ich will glauben, daß du die Wahrheit sagst | *vols dir?* meinst du (wirklich)? | *això no vol dir res* das will nichts sagen *od* heißen | *què vol dir «vogi»?* was heißt «vogi»? | *vols callar d'una vegada!* willst du wohl endlich still sein! | *el motor no es vol engegar* der Motor will nicht anspringen | *sembla que vol ploure* es sieht nach Regen aus | *voldria que ja fos demà* ich wollte, es wäre schon morgen | *vull que sàpigues que ...* du sollst wissen, daß ... || *vi: no vull!* ich will nicht! | *com (quan, on) vulguis* wie (wann, wo) du willst | *sigui com vulgui* wie dem sei (*od* sei dem), wie ihm wolle; wie dem a. sei | *si vols* wenn du willst *od* möchtest | *sense ~* ohne es zu wollen; ungewollt; unabsichtlich | *vulgues no vulgues* du magst wollen oder nicht; so oder so | *~ és poder* (Spruch) was man will, das kann man auch; wo ein Wille ist, (da) ist auch ein Weg | **~r**² *m* Wollen *n* | Wille *m*.
voletejar (33) *vi* umher-fliegen, -flattern | herum-fliegen, -flattern.
volfram *m min* Wolfram *n* | **~ita** *f* Wolframit *m* | *s: tungstè*.
volia|c *m oc* Fledermaus *f* | **~ina** *f* = **volva** | *entom reg* Schmetterling *m*.
volició *f filos* Willensakt *m* | Wille *m*.

volior *f col* Schwarm *m*.
volitiu (**-iva** *f*) *adj filos* Willens...
volt¹ *m* Um-fang, -kreis, -riß *m*, Kontur *f* | (Um)Drehung *f* | Rund-gang *m bzw* -fahrt *f*, Tour *f* | *fer un ~ per la ciutat* e-n Bummel durch die Stadt machen | *donar dos ~s a la clau* den Schlüssel zweimal umdrehen || *pl* Umgebung, Umgegend *f* | *pels ~s de les vuit* gegen acht (Uhr), *umg* acht (Uhr) herum | *s: voltants*.
volt² *m elect* Volt *n*.
volta *f* (Um)Drehung *f* | Wende *f* | Runde *f* | Rund-gang *m bzw* -fahrt; Tour *f* | Umweg *m* | *arquit* Gewölbe *n*; Wölbung *f* | *polít* Wahlgang *m* | *arc* = **vegada** | *~ al món* Weltreise *f* | *~ ciclista* Radrundfahrt *f* | *~ de canó* (*creu*) Trommel-(Kreuz-)gewölbe *n* | *~ del crani* (*anat*) Schädeldach *n* | *~ del cel* Himmels-gewölbe, -rund *n* | *donar voltes a u/c* etw hin u. her überlegen | *donar cent* (*od* mil) *voltes a alg* j-m haushoch überlegen sein | *la Terra fa voltes entorn del Sol* die Erde kreist um die Sonne | *el carter ja ha fet la seva ~* der Briefträger hat schon s-e Runde gemacht | *qui ha fet la ~ més ràpida?* wer ist die schnellste Runde gelaufen *bzw* gefahren | *vaig a fer una ~ amb el gos* ich gehe (e-e Runde) mit dem Hund spazieren | *la carretera fa ~* die Straße macht e-n Umweg | *fer mitja ~* s. umdrehen; kehrtmachen | **~dits** *m med* Umlauf *m*, Nagelgeschwür, Panaritium *n*.
voltaic *adj elect* galvanisch, voltaisch | *arc ~* Lichtbogen *m*.
voltairi|à (**-ana** *f*) *adj* voltairisch | skeptisch, sarkastisch | unehrerbietig || *s/mf* Voltairianer(in *f*) *m* | **~anisme** *m* Voltairianismus *m*.
voltam *m col arquit* Gewölbe *n pl*.
volt|àmetre *m elect* Voltameter *n* | **~ampère** *m elect* Voltampere *n* | Watt *n* | **~amperímetre** *m elect* Wattmeter *n*.
volta|nt: *al ~* (*loc adv*) in der Umgebung *f*; ringsum, ringsherum | *al ~ de* (*loc prep*) in der Umgebung (*bzw* in der Nähe) von; um; rings um || *s/m pl* Umgebung, Umgegend *f* | **~r** (33) *vi* s. drehen; kreisen (*entorn de* um *ac*) | e-n Umweg machen | spazieren-gehen *bzw* -fahren; (herum)reisen; umherlaufen, -schweifen, -streichen | *~ pels carrers* (*per la ciutat*) durch die Straßen

(die Stadt) streifen | *han voltat per tot Europa* sie haben ganz Europa durchreist || *vt* umkreisen; umrunden; gehen (*bzw* fahren) um (*ac*) | umgeben (*de mit*) | *mil* einkreisen, umzingeln | (*Stadt, Gebiet*) durch-laufen, -streifen; durch-fahren, -reisen.

volt|atge *m elect* Spannung, Voltzahl *f* | **~-coulomb** *m elect* Joule *n*.

volte|ig *m bes nàut* Herumfahren, Zickzackfahren *n* | Herumspazieren *n* | *esport* Purzelbäume schlagen *n* | *s: volta* | **~jar** (33) *vi* = **voltar** | Purzelbäume schlagen; Kunstsprünge ausführen | voltigieren (*Kunstreiter*) | *nàut* herumfahren, im Zickzack fahren | **~ra** *f* Umweg *m*.

voltímetre (*od* **vòltmetre**) *m elect* Spannungsmesser *m*, Voltmeter *n*.

voltor *m ornit* Geier *m* | **~ comú** Gänsegeier *m* | **~ negre** Mönch-, Kuttengeier *m* | **~ petit** Schmutzgeier *m* | **~ reial** Königsgeier *m*.

volub|ilitat *f* Unbeständigkeit *f* | Flatterhaftigkeit *f* | *quím* Flüchtigkeit *f* | **~le**(**ment** *adv*) (*m/f*) veränderlich | unbeständig, unstet(ig), wetterwendisch | *quím* flüchtig | *bot* s. windend.

vol|um *m geom* Rauminhalt *m*, Volumen *n*, Umfang *m* | *gràf* Band *m* | *rad tv* Lautstärke | (*Stimme*) Klangfülle, Lautstärke *f* | **~ de vendes** (*econ*) Umsatz *m* | **~ sanguini** Blutvolumen *n* | **~ per minut** Herzminutenvolumen *n* | **~úmetre** *m fís* Volumeter *n*, Senkwaage *f* | **~umetria** *f* Volumetrie *f* | **~umètric**(**ament** *adv*) *adj* volumetrisch, maßanalytisch | **~uminós** (**-osa** *f*) *adj* umfangreich, voluminös | (*Buch*) dick.

volunta|ri (**-ària** *f*, **-àriament** *adv*) *adj* freiwillig | *s/mf* Freiwillige(r *m*) *m/f* | **~rietat** *f* Freiwilligkeit *f* | *desp* Willkür *f* | **~risme** *m filos psic* Voluntarismus *m* | **~rista** *adj* (*m/f*) voluntaristisch || *s/m/f* Voluntarist(in *f*) *m* | **~t** *f* Wille *m* | Beliebtheit *f* | Zuneigung *f* | *p ext* (*fester*) Wunsch | *bona* **~** guter Wille *m*; Wohlwollen *n* | *mala* **~** Übelwollen *n*; Böswilligkeit *f* | *les darreres* **~***s d'alg* j-s letzter Wille | **~ de ferro** eiserner Wille | **~ d'entesa** (*de pau, de sacrifici*) Verständigungs-(Friedens-, Opfer-)wille *m* | *acte de* **~** Willens-akt *m*; -äußerung *f* | *autonomia de la* **~** Willensfreiheit *f* | *a* **~** (*loc adv*) nach Belieben | *fer la seva* (*santa*) **~** s-n Willen durchsetzen | *guanyar-se les* **~***s* s. beliebt machen | *portar a alg molta* **~** j-m gegenüber gr(e) Zuneigung empfinden | **~tiu** (**-iva** *f*) *adj* = **volitiu** | *proposició voluntativa* Willenserklärung *f*, Willenssatz *m*.

volupt|at *f* Sinnenlust, Wollust *f* | *fig* Wonne *f* | **~uós** (**-osa** *f*, **-osament** *adv*) *adj* sinnenfreudig | lustvoll | wollüstig | *fig* wonnevoll, wonnig(lich) | **~uositat** *f* Wollust *f* | *poèt* Lust *f*.

volut|a *f arquit* Volute *f* | **~ina** *f biol* Volutin *n*.

volv|a *f* (*Schnee*) Flocke *f* | Fäserchen *n*; Fussel *m/f*; Stäubchen *n* | *bot* (*Pilze*) Wulsthaut *f* | **~ós** (**-osa** *f*) *adj* (*Flüssigkeit*) trübe.

vòmer *m anat* Pflugscharbein *n*.

vòmi|c *adj med* Erbrechen erregend | *nou* **~a** (*med*) Brechnuß *f* | **~t** *m* (Er)Brechen *n*.

vomit|ada *f* (starkes) Erbrechen *n* | **~ar** (33) *vt* (aus-, er-)brechen | *fig* (aus-)speien | **~** *injúries* Beleidigungen ausstoßen | **~** *lava* Lava auswerfen || *vi* brechen, s. erbrechen, s. übergeben | *ganes de* **~** Brechreiz *m* | *haver de* **~** brechen müssen | **~ejar** (33) *vi med* s. oft übergeben | **~iu** (**-iva** *f*) *adj* Erbrechen erregend || *s/m* Brechmittel *n* | **~ori** *m hist* (*Amphitheater*) Vomitorium *n* | **~urició** *f* (*bei Brechreiz*) Würgen *m*.

vor|a *f* Rand *m* | Kante *f* | Saum *m* | (*Fluß, See*) Ufer *n* | *fig* Nähe *f* | *les vores d'una ferida* der Wundrand | *les vores d'un llac* das Seeufer | *la* **~** *de les faldilles* der Rocksaum | *fer la* **~** *d'unes faldilles* e-n Rock (ein-, um-)säumen | *a la* **~** (*loc adv*) in der Nähe, nahebei || *prep* (a. **~** *de*, *a la* **~** *de*) nah(e) bei *od* an | **~** *meu* (*seu*) in meiner (s-r) Nähe | *ja érem* (*a la*) **~** (*de*) *la ciutat* wir waren schon nahe bei der Stadt | **~** *el foc* am Kaminfeuer | **~à** (**-ana** *f*) *adj* nahe (gelegen) | benachbart.

vora|ç(**ment** *adv*) *adj* (*m/f*) a. *fig* gefräßig | (*Feuer*) verheerend, verwüstend | **~citat** *f* Gefräßigkeit *f*.

vorada *f* Rand *m* | Ufer *n* | Einfassung, Umrandung *f* | (*Bürgersteig*) Bordsteinkante *f* | (*Weg, Allee*) Baumreihe *f*.

voraginós (**-osa** *f*) *adj* voller Strudel.

vor|al *m* Rand *m* | *bes* Ufer *n* | **~avia** *f* = **~era** | **~aviu** *m tèxt* Sal-, Web-

kante *f* | *tocar el ~ a alg (fig)* j-s wunden Punkt treffen | **~ejar** (33) *vt* entlang-gehen bzw -fahren | *fig: ~ un perill* e-r Gefahr nahe sein | **~ell** *m* Rand *m*, Umrandung, Einfassung *f* | Randleiste | **~ellar** (33) *vt* rändern, umranden, einfassen | = **~etar** | **~er** *adj* nahe (gelegen), in der Nähe befindlich | benachbart | **~era** *f* Bürger-, Geh-steig *m* | **~etar** (33) *vt* (ein-, um-)säumen.

vori *m* Elfenbein *n* | *de ~* elfenbeinern; elfenbeinfarbig.

vòrtex *m* Strudel *m* | *(Zyklon)* Zentrum, Auge *n*.

vorticel·la *f zool* Glocken-, Wirbel-tierchen *n*.

vos *pron pers s: us*.

vós (21) *(pl vosaltres) pron pers (zunehmend von «vostè» verdrängt; vor allem auf dem Land u. in der gehobenen Sprache gebräuchlich; spezifische Anrede für Würdenträger, Volksvertreter, Gott u. die Heiligen; bes auf dem Land a. als vertraulichere Anrede neben «vostè» gebraucht)* Sie, *arc* Ihr | *(zur Familie, zu Gott, zu den Heiligen)* du | *sou ~, el ferrer?* sind Sie *(arc* seid Ihr) der Schmied? | *vindré amb ~* ich komme mit Ihnen *od arc* Euch | *aquest llibre és de ~* od *és vostre* dieses Buch ist Ihres *od arc* Eu(e)res | *això és per a ~* das ist für Sie *od arc* Euch | *als pobles la gent gran és tractada de ~, però els forasters, de vostè* auf den Dörfern werden die älteren Leute geihrzt, die Auswärtigen jedoch gesiezt | *~, pare, no m'estimeu* du, Vater, hast mich nicht lieb | *beneita sou ~ entre totes les dones* gebenedeit bist du unter den Frauen *od arc* Weibern.

vos|altres (21) *pron pers* ihr; *(nach prep)* euch | *(pl von «vós»)* Sie, *arc* Ihr; *(nach prep)* Sie *bzw* Ihnen, *arc* Euch | *és de ~ (od és vostra) aquesta casa?* ist dieses Haus eures *bzw* Ihres, *arc* Eures? | **~tè(s)** *pl* (21) *pron pers* Sie | *s: vós* | *és de ~* od *és seu* es ist Ihres | *~ (~s) no hi era (eren)* Sie waren nicht da | **~tre** (**vostra** *f*, **vostres** *pl*) (25) *pron poss (zG s: meu)* euer, eure; eure(r, -s) | Ihr(e), *arc* Euer, Eure; Ihre(r, -s), *arc* Eure(r, -s) | *no vull pas parlar amb vós, sinó amb el ~ fill* ich möchte nicht mit Ihnen *(arc* Euch) sprechen, sondern mit Ihrem *(arc* Eurem) Sohn | *(Briefschluß) sincerament ~...* Ihr sehr ergebener... | *Vostra Eminència* Eure Eminenz.

vot *m* Gelübde, Gelöbnis *n* | *polít* Stimme *f*; Votum *n*; Stimmrecht *n* | *~ consultiu* beratende Stimme *f* | *~ de censura (de confiança)* Mißtrauens-(Vertrauens-)votum *n* | *~s de felicitat* Glückwünsche *m pl* | *abstenció de ~* Stimmenthaltung *f* | *dret de ~* Stimmrecht *n* | *caça de ~s* Stimmenfang *m* | *empat (od igualtat) de ~s* Stimmengleichheit *f* | *majoria de ~s* Stimmenmehrheit *f* | *donar el ~ a* s-e Stimme abgeben für | *fer un ~ e*. Gelübde *(od* Gelöbnis) ablegen | *fer ~s perquè...* innigst wünschen, daß ...; beten, daß ... | *fer (od pronunciar) els seus ~s (catol)* die (Ordens)Gelübde ablegen | **~ació** *f* Abstimmung *f* | *papereta de ~* Stimmzettel *m* | *sistema de ~* Abstimmungssystem *n* | *~ a mà alçada* Abstimmung *f* durch Handzeichen | *~ per correu* Briefwahl *f* | *~ plural* Pluralwahlsystem *n*, Mehrstimmenwahl *f* | *~ secreta (pública)* geheime (offene, öffentliche) Abstimmung *f* | *posar a ~* zur Abstimmung stellen | **~ant** *adj (m/f)* stimmberechtigt || *s/m/f* Wähler(in *f*) | Abstimmende(r *m*) *m/f* | Stimmberechtigte(r *m*) *m/f* | **~ar** (33) *vi polít* wählen; abstimmen, s-e Stimme abgeben || *vt* abstimmen über *(ac)* | *(Gehorsam)* geloben | *portar-la votada a alg (fig)* entschlossen sein s. an j-m zu rächen *od* j-m etw zurückzuzahlen | **~iu** (**-iva** *f*) *adj* angelobt | Votiv... | Gedächtnis... | Dankes... | *festa votiva* Erntedankfest *n* | *missa votiva* Votivmesse *f*.

vuit (29) *num* acht | *(nachgestellt) a*. achte(r, -s) | *s: vuitè* | *vint-i-~* achtundzwanzig | *vuitanta-~* achtundachtzig | *~-cents ~* achthundertacht | *~ mil ~* achttausendacht | *~ milions* acht Millionen | *~ i mig* achteinhalb | *~ i (per) dos fan (od són) deu (setze)* acht u. (mal) zwei ist *(od* macht) zehn (sechzehn) | *d'un a ~ en van set* von eins bis acht sind es sieben | *repeteix-ho ~ vegades* wiederhole es achtmal *od* acht Mal(e) | *de ~ menes* achterlei | *jornada de ~ hores* Achtstundentag *m* | *de ~ anys* achtjährig | *ja tens ~ anys?* bist du schon acht? | *una casa de ~ pisos* e. achtstöckiges Haus | *canvia cada ~ setmanes* es wechselt achtwöchentlich *od*

vuitanta

alle acht Wochen | *el* (od *un*) *~ per cent* acht Prozent | *uns ~* etwa acht | *tots ~* alle acht | *som ~* wir sind (zu) acht | *un vestit nou i ~ de vells* e. neues Kleid u. acht alte | *guanyen per ~ a zero* sie gewinnen acht zu null | *costa ~ marcs* es kostet acht Mark | *~ tones de blat* acht Tonnen Weizen | *s'han begut ~ gots de vi* sie haben acht Glas Wein getrunken | *tenim ~ gots de vi* wir haben acht Weingläser | (*a*) *les ~ del vespre* (*matí*) (um) acht Uhr abends (morgens) | *són les ~ en punt* es ist Punkt acht (Uhr) | *les ~ i cinc* fünf nach acht | *arribaran cap a les ~* sie werden gegen acht (Uhr) ankommen | *falten* (*manquen*) *cinc minuts per a les ~* es ist fünf (Minuten) vor acht | *obert de 8.30* (*~ trenta*) *a 20.30* (*vint trenta*) geöffnet von 8.30 (acht Uhr dreißig) bis 20.30 (zwanzig Uhr dreißig) | *s: quart* | *aquest atemptat és el que fa ~ en un mes* dieser Anschlag ist der achte in e-m Monat | *el segle ~* (od *vuitè*) das achte Jahrhundert | *al segle VIII* im 8. Jahrhundert | *l'any* (od *el*) *1908* od *l'any ~* (das Jahr) 1908 | *hi anirem el* (*dia*) *~ de maig* wir werden am achten Mai hingehen | *avui és* (od *som*) *el* (*dia*) *~* heute ist der Achte | *Blanes, 8 d'abril de 1986* Blanes, den 8. April 1986 || *p ext: d'aquí a ~ dies* in acht Tagen | *d'avui* (*de demà*) *en ~* heute (morgen) in acht Tagen || *s/m* (*pl -s*) Acht *f* (*pl -en*), *reg* Achter *m* | *fas els ~s com els tresos* du schreibst die Achten wie Dreien | *de català tinc «notable», un ~* in Katalanisch habe ich «gut», eine Acht | *que passa pel carrer X, el ~?* fährt die Acht durch die X-Straße? | *descarta't del ~* wirf die Acht ab | *fig fam: ~s i nous* (*i cartes que no lliguem*) Quatsch, Humbug, Unsinn *m* | **~ada** *f mst ecl* Oktave, Woche *f* | (*Spruch zur Entschuldigung*) *tots els sants tenen ~* zum Namenstag darf man noch e-e Woche später gratulieren.

vuit|anta (29) *num* (*zG s: vuit*) achtzig | *a.* achtzigste(r, -s); *els* (*anys*) *~* die achtziger Jahre *od* die Achtziger | *la mare passa dels ~* (*anys*) (meine) Mutter ist über achtzig (Jahre alt) | *ja vaig pels ~* ich komme schon in die Achtzig | **~antè** (**-ena**) *f* (30) *num* (*zG s: vuitè*) achtzigste(r, -s); achtzigstel |

~antejar (33) *vi* in die Achtzig kommen; um (die) Achtzig sein | **~antena** *f col* (*zG s: vuitena*) (etwa) achtzig; Gruppe *f* von achtzig | *un vell d'una ~ d'anys* e. Alter von ungefähr achtzig Jahren | (*és*)*ser a la ~* in den Achtzigern sein | *aviat arribaràs a la ~* du kommst bald in die Achtzig *od* du wirst bald achtzig | **~antí** (**-ina**) *f*) *adj* achtzigjährig || *s/m/f* Achtziger(in *f*) *m*.

vuitavat (**-ada** *f*) *adj* achtflächig, mit acht Seiten.

vuit|-centè (**-ena** *f*) (30) *num* (*zG s: vuitè*) achthundertste(r, -s); achthundertstel | **~centista** *adj* (*m/f*) des neunzehnten Jahrhunderts || *s/m/f* Schriftsteller(in *f*) *bzw* Künstler(in *f*) *m* des 19. Jahrhunderts | **~cents** (**-centes** *f*) (29) *num* (*zG s: vuit*) achthundert | *a.* achthundertste(r, -s) | *bes lit art: el ~* das Neunzehnte Jahrhundert.

vuit|è (**-ena** *f*) (30) *num adj* achte(r, -s) | *el ~ volum* (od *el volum ~*) *de la col·lecció* der achte Band der Sammlung | *en ~ lloc* an achter Stelle; achtens; zum achten | *ara ocupo el ~ lloc* jetzt stehe ich an achter Stelle | *he quedat ~* ich bin achter geworden | *anem vuitens* wir liegen an achter Stelle | *ja és la vuitena vegada* es ist schon das achte Mal | *per vuitena vegada* zum achten Mal(e) | *Enric VIII* (*~*) Heinrich VIII. (der Achte) | *carrer X, 7, 8è. 1a.* X-Straße 7, 8. Stock 1. Tür || *s/m/f vam* (*és*)*ser els vuitens a arribar* wir kamen als achte an | *ja és la vuitena que es mor* sie ist schon die achte, die stirbt | *sóc el ~ de la llista* (*classe*) ich bin der achte auf der Liste (der Achte in der Klasse) || (*partitiv*) *adj: la vuitena part de l'electorat* der achte Teil (*od* e. Achtel) der Wählerschaft | *ja hem fet set vuitenes parts del camí* wir haben schon sieben Achtel des Weges zurückgelegt || (*partitiv*) *s/m mat: un* (*cinc*) *~* (*vuitens*) ein (fünf) Achtel *n* (*pl*) | *un ~ de litre* e. achtel Liter *od* e. Achtelliter *m* | *esport: vuitens de final* Achtelfinale *n* | *gràf: en ~* in Oktav(format) *n* | **~ena** *f col* (etwa) acht; Achtergruppe *f* | *distribueix-los en vuitenes* teile sie in Achtergruppen (od in Gruppen von acht) auf | *ja t'ho he dit ben bé una ~ de vegades* ich habe es dir schon gut u. gern achtmal gesagt | *ja fa una ~ de mesos que hi treballem*

wir arbeiten schon (etwa) acht Monate daran | *som una ~* wir sind (etwa) acht *od* zu acht.
vulcan|isme *m geol* Vulkanismus *m* | **~ita** *f* Ergußgestein *n*, Vulkanit *m* | **~ització** *f tecn* Vulkanisierung *f* | **~itzar** (33) *vt* vulkanisieren | **~òleg** (-òloga *f*) *m* Vulkanologe *m*, Vulkanologin *f* | **~ologia** *f* Vulkanologie *f*.
vulgar *adj* (*m/f*) gemein, niedrig, ordinär, vulgär, Volks... | *llatí ~* Vulgärlatein | *llengua ~* Volkssprache *f* | *nom ~* (*biol*) Trivialname, volkstümliche(r) Name *m* ‖ *s/m*: *el ~* das gemeine Volk; *desp* der Pöbel; *col* das Niedrige, das Vulgäre, das Ordinäre | **~isme** *m ling* vulgärer (*od* derber) Ausdruck *m* | **~itat** *f* Vulgarität *f* | Gemeinplatz *m* | Banalität, Trivialität *f* | **~itzable** *adj* (*m/f*) allgemeinverständlich darstellbar | **~ització** *f* Gemeinverständlichmachen *n* | Popularisierung, Verbreitung *f* | *de ~ científica* populärwissenschaftlich | *obra de ~* (all)gemeinverständliches Werk *n* | **~itzador(a** *f*) *m* Populärwissenschaftler(in *f*) *m* | **~itzar** (33) *vt* allgemeinverständlich darstellen | allgemein verbreiten | (*Kenntnisse*) verbreiten | verallgemeinern | vulgarisieren |

~ment *adv* gemeinhin, gewöhnlich | *lit* vulgo.
Vulgata *f bíbl* Vulgata *f*.
vulnera|bilitat *f* Verletz-barkeit, -lichkeit *f* | Verwundbarkeit *f* | **~ble** *adj* (*m/f*) verletz-bar, -lich, verwundbar | *costat ~* (*fig*) schwache Seite *f* | *punt ~* (*fig*) wunde(r) Punkt *m* | **~ció** *f lit* Ver-letzung, -wundung *f*, *s*: *lesió, ferida* | **~nt** *adj* (*m/f*) verwundend | **~r** (33) *vt* verwunden | *a. fig* verletzen (*Rechte, Gefühle*) | *s*: *ferir, lesionar* | **~ri** (-ària *f*) *adj med* Wunden heilend ‖ *s/m* Wundmittel *n* ‖ *s/f bot* Wundklee *m*.
vulp|í (-ina *f*) *adj* Fuchs... | *fig* schlau wie e. Fuchs | **~inita** *f min* Vulpinit *m*.
vult *m arc reg* Gesicht, Antlitz *n* | *p ext* Bildsäule *f*, Standbild *n* | **~uós** (-osa *f*) *adj* (*Gesicht*) *med* hochgerötet, rotgeschwollen.
vult|urí (-ina *f*) *adj ornit* geierartig | **~úrids** *m pl ornit* Geier, Neuweltgeier *m pl*.
vulv|a *f anat* weibliche äußere Scham(spalte), Vulva *f* | **~ar** *adj* (*m/f*) Vulva... | **~itis** *f med* äußere Scham(spalten)entzündung | **~o-vaginitis** *f med* Entzündung *f* der Scham(spalte) u. der Scheide.
vúmetre *m elect* (*Tonband-, Stereogeräte*) Volt-Universalmeter *n*.

W

w, W *f* w, W *n*.
wagner|ià (-ana *f*) *adj* wagnerisch | Wagner... ‖ *s/mf* Wagnerianer(in *f*) *m* | **~isme** *m* Wagnerismus *m*.
wàter *m* *fam* Abort *m*, Klosett, Wasserklosett (WC) *n*, Toilette *f*.
waterpolo *m* *esport* Wasserpolo *n*.
watt *m* Watt *n* | *s: vat*.

wèlter *m* *esport* Weltergewicht *n*.
Westf|àlia *f* Westfalen *n* | **~alià (-ana** *f*) *adj* westfälisch ‖ *s/mf* Westfale *m*, Westfälin *f*.
wolfram *m* = **volfram**.
wulfenita *f* *min* Wulfenit *n*.
würmià (-ana *f*) *adj* *geol* Würmeiszeit...
wurtzita *f* *min* Wurtzit *n*, Zinkblende *f*.

X

x, X f (ics od xeix) x, X n | s: raig | el senyor X Herr X.
xa m (pl xas) Schah m.
xabec m nàut Schebeke f.
xac int onomat klatsch! | plauz!, plumps! || s/m Klatsch m | Plumps m.
xacal m zool Schakal m | ~ de llom negre Schabrakenschakal m | ~ ratllat Streifenschakal m.
xacó m (pl -ós) mil Tschako m.
xacolí m (pl -ís) gastr: leichter herber Wein aus dem Baskenland.
xacona f mús hist Chaconne f.
xacr|a f med Gebrechen n | Kränklichkeit f | Beschwerde f | ~**at** (-ada f) adj, ~**ós** (-osa f, -osament adv) adj hinfällig, gebrechlich, kränklich.
xafaldet m nàut Gei-, Segel-tau n.
xafallós (-osa f) adj: das s beinahe wie sch aussprechend.
xafar (33) vt = **aixafar** | ben xafat gut gesagt, gut gesprochen.
xafard|eig m Klatsch(erei f), Tratsch(erei f) m | ~**ejar** (33) vi klatschen, tratschen | (herum)schnüffeln | ~**er(a ment** adv) adj klatsch-haft, -süchtig || s/mf Klatsch-maul m, -base, Tratsche f | Schnüffler(in f) m | ~**eria** f Klatschsucht f | Klatsch(erei f), Tratsch(erei f) m.
xafarnat m = **esvalot, rebombori, xivarri**.
xafarranxo m nàut Klarmachen n | Klarschiff n | fig = **xafarnat** | ~ de combat Klarmachen n zum Gefecht.
xàfec m meteor Platzregen, (Regen-)Schauer m | fig: un ~ d'improperis e. Hagel m von Schmähungen.
xafeg|ada f = **xàfec** | Regenbö f | ~**uer** m Lehmgrund, Sumpfboden m.
xafog|or f Schwüle f | ~**ós** (-osa f) adj schwül, (drückend) heiß.

xagr|í m Chagrinleder n | ~**inat** (-ada f) adj chagriniert.
xai m zool gastr Lamm n, Schaflamm n | fig sanfte Person f | ~**a** f weibliches Lamm n | ~**ar** (33) vi lammen | ~**enc** adj Lamm... | ~**er(a** f) m Lämmer-hirte m, -hirtin f | ~**et** m Lämmchen n.
xal m Schultertuch n, Stola f.
xala f Treiben n, Trubel m | bes Ausflug m.
xalambrí m ornit Heckenbraunelle f.
xalana f nàut Schute f | Leichter, Prahm m.
xalapa f = **jalapa**.
xala|r (33) vi herumalbern, spaßen, ausgelassen sein | s. amüsieren, s. unterhalten | ~**r-se** v/r: ~**-la** sein Leben genießen, s. s-s Lebens freuen; in den Tag hinein leben | ~**t** (-ada f) pp/adj: passar-se-la xalada sein Leben genießen, s. e. Vergnügen aus dem Leben machen || s/f = **xala**.
xàldiga f reg Funke f.
xalest adj fröhlich, heiter | lustig || s/f = **xala**.
xalet m Schweizerhäuschen n | kl(s) Landhaus n, Sommervilla f; Wochenendhaus n | p ext Villa f; Einfamilienhaus n.
xalina f Künstlerkrawatte f | Halsbinde f.
xalma f leichter Saumsattel m.
xalo|c m meteor Schirokko m | ~**cada** f starker Schirokko m | ~**quell** m sanfter Schirokko m.
xalupa f nàut Schaluppe f.
xaman m Schamane m | ~**isme** m Schamanentum n.
xamb|a f pop Dusel, Massel m, Schwein

xamellot

n | **~ó** m (*im Spiel*) Glücks-kind n, -pilz m | **~onada** f (*im Spiel*) Zufallstreffer m.
xamellot m *tèxt* Kamelott n.
xamerlí m = torlit.
xamfrà m Schrägkante f | *arquit* (abgeschrägte, -stumpfte) Haus- *bzw* Straßen-ecke f.
xam|ós (-osa f) *adj* anmutig | hübsch | niedlich, allerliebst | graziös | zierlich | **~osia** f *lit* Anmut f | Hübschheit, Niedlichkeit f | Grazie f | Zierlichkeit f | Lieblichkeit f | *p ext* Liebkosung, Zärtlichkeit f.
xampany m Champagner m | *fam p ext* Sekt, Schaumwein m, s: *cava* | **~ització** f Verarbeitung f zu Champagner | **~itzar** (33) vi zu Champagner verarbeiten.
xampinyó m *bot gastr* Champignon m.
xampú m (*pl -ús*) Shampoo(n), Schampun, Schampon, Haarwaschmittel n.
xampurr|at (-ada f) *adj* = enxampurrat | **~eig** m Kauderwelsch n | Radebrechen n | **~ejar** (33) vi/t radebrechen.
xanc|a f a. *fig fam* Stelze f | **~arella** f *ict* junger Glatthai m | **~le** m Clog, Korkpantoffel m | Galosche f, Überschuh m | Unterschuh m | **~leta** f Pantolette f.
xancre m *med* Schanker m | ~ dur (*tou*) harter (weicher) Schanker m.
xandall m Trainingsanzug m.
xanguet m *ict* Ährenfisch m.
xano-xano *adv*: *anar* (*od caminar*) ~ schön langsam (*od* gemächlich, gemütlich) gehen; schlendern.
xantatg|e m Erpressung f | *fer* ~ a *alg* j-n erpressen | **~ista** m/f Erpresser(in f) m.
xant|è m *quím* Xanthen n | *colorants de* ~ Xanthenfarbstoffe m pl | **~elasma** m *med* Xanthelasma n.
xàntic *adj bot* gelb, gelblich | *àcid* ~ Dithiokohlensäure f.
xant|ina f *biol quím* Xanthin n | **~inúria** f *med* Xanthinurie f | **~oderm** *adj* xanthoderm | *grup* ~ (*antrop*) gelbgefärbte Menschengruppe f | **~odèrmia** f *a. med* Xanthodermie f | **~oficies** f pl *bot* (*Goldalgen*) Heterocontae f pl | **~ofil·la** f *biol quím* Xanthophyll n | **~oma** m *med* Xanthom n | **~omatosi** f *med* Xanthomatose f | **~òpsia** f *med* Xanthopsie f, Gelbsehen n | **~opterina** f *quím* Xanthopterin n | **~òria** f *bot* Wandflechte f |

~osi f *med* = **xantodèrmia**.
xantre m *ecl* Chorsänger m | Kantor m | *fig* Sänger m | *primer* ~ Vorsänger m.
xanx|a f Spaß, Scherz m | *mala* ~ übler Scherz m; derber Witz m | **~ejar** (33) vi Spaß (*od* Scherz) treiben; scherzen, spaßen.
xap! *int onomat* klatsch! | patsch! | platsch!
xapa f Blech n | (*Holz, Blech*) Beschlag m | Platte f | (*Holz*) a. Furnierplatte f | ~ *ondulada* Wellblech n | ~ *protectora* Schutzblech n | ~ *de llautó* Messingblech n | **~da** f Verkleidung f mit Platten | Plattierung f | Furnierarbeit f | **~r**[1] (33) vt mit Platten verkleiden | (*Metall*) plattieren; dublieren | (*Holz*) furnieren.
xapar[2] (33) vt spalten, (auf-, zer-)spalten | hacken | zerteilen | spleißen.
xap|arro *adj* schwerfällig, unbeholfen | ungeschlacht | gedrungen, untersetzt, stämmig | **~às (-assa** f) *adj* = xaparro.
xap|at (-ada f) *adj* verkleidet | plattiert | (*Holz*) furniert | **~eria** f = xapada.
xap|eta f *agr* Jäthacke f | Distelhacke f | **~o** m *agr* Häufelhacke f.
xapó m (*pl -ós*) (*Billard*) Kegelspiel n.
xapolina f = xapeta.
xapotejar (33) vi = **xipollejar**.
xàquera f: *feierlicher valencianischer Tanz aus dem 16. Jh.*
xàquima f *ant* = cabestre.
xarada f Scharade f, Silbenrätsel n.
xaragall m (*Gelände*) Rinne f, *südd* Runs(e f) m.
xarampió m *med* Masern (f)pl | ~ *alemany* Röteln pl.
xaranga f *mús a. mil* Blaskapelle f.
xarbot[1] m starkes Bespritzen m | Platzregen, Schauer m.
xarbot[2] *adj* (m/f) *ornit* (*Ei*) unbefruchtet | *ou* ~ (*a. fig*) Windei n.
xarbot|ada f Platzregen, Schauer m | = **~ament** m Bespritzen n | **~ar** (33) vi spritzen | schwappen | **~eig** m Schwappen, Spritzen n | **~ejar** (33) vi spritzen.
xarcuteria f Schweinemetzgerei f | Wurstwaren f pl | Feinkostgeschäft n.
xardor f (drückende) Hitze; Schwüle f | *fig* gr(r) Eifer, Feuereifer m | *ecl* Inbrunst f | **~ós (-osa** f, **-osament** *adv*) *adj a. fig* hitzig; feurig | *a. ecl* inbrünstig | *meteor* (drückend) heiß; schwül.

xarel·lo *m agr* Muskateller *m* | *fam* Wein *m*.

xarla|tà *m* Marktschreier *m* | Quacksalber *m* | **~tanisme** *m* Geschwätzigkeit *f* | *s: xerrameca* | Marktschreierei *f* | Quacksalberei *f* | Scharlatan-erie *f*, -ismus *m*.

xarleston *m* Charleston *m*.

xarlot *m ornit* Gr(r) Brachvogel *m*.

xarnego (-a *f*) *m desp Cat:* nicht integrierter Einwanderer spanischer Sprache.

xarnera *f* Scharnier *n* | (*Tür*) Angel *f* | (*Muschel*) Schloß-, Schließ-band *n*.

xaró (-ona *f*) *adj* geschmacklos, platt | plump, derb, gemein.

xarol *m* Lack *m* | Glanz-, Lack-leder *n* | *fig* (äußerer) Glanz *m*; *desp* Schmiere *f*, Schmuddel *m* | *sabates de ~* Lackschuhe *m pl* | **~ar** (33) *vt* = **enxarolar**.

xarop *m gastr med* Sirup *m* | *~ de fruita* Obstsirup *m* | *~ simple* Zuckerwasser *n* | *~ contra la tos* Hustensaft *m* | **~era** *f* Sirupflasche *f* | **~ós (-osa** *f*) *adj* siruppartig | *fig* süßlich.

xarpa[1] *f* Schulterriemen *m* | Schärpe *f* | *med* Armbinde *f*.

xarpa[2] *f zool* = **grapa**, **urpa**.

xarpellera *f* Sackleinen *n*, Sackleinwand *f*, Rupfen *m*.

xarra|bascat *m reg* Platzregen, Regenguß *m* | Gepolter *n* | Spektakel, Radau *m*.

xarrasclet *m ornit* Schwimmente, *bes* Knäkente *f*.

xarret *m* (zweirädriger) Pferdekarren *m*.

xarretera *f mil* Achselstück *n*, Schulterklappe, Epaulette *f*.

xarrup *m* (*beim Schlürfen*) Schluck *m* | *beure a ~* = **~ar** | **~ada** *f* = **xarrup** | **~ar** (33) *vt/i* schlürfen | **~eig** *m* Geschlürfe *n* | **~ejar** (33) *vt/i* (in kleinen Schlucken) schlürfen.

xaruc (-uga *f*) *adj* altersschwach, hinfällig | kindisch, vertrottelt.

xaruga *f agr* (tiefer) (Reis)Pflug *m*.

xarxa *f a. esport fig* Netz *n* | (*Fischerei*) *mst pl* (Fischer-, Fang-)Netz(e *pl*) *n* | *~ de carreteres (de comunicacions, de distribució, d'espionatge, de ferrocarrils od ferroviària, telefònica)* Straßen-(Verkehrs-, Verteiler-, Spionage-, Eisenbahn-, Telefon-)netz *n* | *calar (od tirar) les xarxes (Fischerei)* die Netze auswerfen | *caure a la ~ (a. fig)* ins Garn (*od* in die Falle) gehen | **~da** *f a. fig* Fischzug *m* | *fer (od agafar, pescar) una bona ~* e-n guten Fang machen |

~ire *m/f* Netzknüpfer(in *f*) *m*.

xarxet *m ornit* Krickente *f*.

xarx|ó *m fam* Liederjan *m*; Schlampe *f* | **~ot** *adj* (*in der Kleidung*) liederlich, schlampig.

xasclet *m* = **xanguet**.

xassís *m* (*pl -issos*) *aut* Fahrgestell *n* | *aut elect* Chassis *n* | *tecn* Gestell *n*.

xato *adj* = **camús**.

xató *m gastr:* scharfer Salat mit Kabeljau u. Thunfisch.

xatrac *m ornit* Flußseeschwalbe *f* | *~ bec-llarg* Brandseeschwalbe *f* | *~ menut* Zwergseeschwalbe *f*.

xautar-se (33) *v/r: ~ d'u/c s.* den Teufel um etw scheren | *~'n* darauf pfeifen.

xauxa *f* Schlaraffenland *n*.

xau|-xau *adv* langsam | so, so, weder gut noch schlecht || *s/m* (Wachtel, Rebhuhn) Schlag *m* | **~xinar** (33) *vi* brutzeln | **~xineig** *m* Brutzeln *n* | **~xinejar** (33) *vi* = **~xinar**.

xaval *m fam* Gör(e *f*) *m*.

xavalla *f* Kleingeld *n*.

xàvega *f gr(s)* Fischernetz *n* | *tèxt* großmaschiges Netz *n*.

xavegada *f gr(s)* Fischernetz *n*.

xaveta *f tecn* Bolzen, Keil, Splint *m* | *perdre la ~ (fig fam)* den Verstand verlieren.

xavo *m:* alte Kupfermünze | *fam: no tenir ni un ~* k-n Pfennig haben || *ict* = **gallet** || *bot mst pl* Froschbiß *m*.

xe! *int Val* he! | hör mal! | Mensch! | ach, du! || *s/m fam* Valencianer *m*.

xebró *m* (*Wappen*) Sparren *m*.

xec[1] *m banc* Scheck *m* | *~ barrat* Verrechnungsscheck *m* | *~ en descobert* ungedeckte(r) Scheck *m* | *~ intransferible* Rektascheck *m* | *~ al portador* Überbringer-, Inhaber-scheck *m* | *~ postal* Postscheck *m* | *~ de viatge* Reisescheck *m*.

xec[2] *int* (*Schachspiel*) = **escac!**

xec[3] *m onomat* Plauz *m*.

xef *m* Küchenchef, Chefkoch *m*.

xefl|a *f*, **~is** *m gastr* Schmaus(erei *f*) *m*.

xeire *m tecn* Wetzstahl *m*.

xeix *f* (*Name des Buchstabens*) x, X *n*.

xeixa *f bot agr* Saat-, Weich-weizen *m* | feinste Korkart *f*.

xemeneia *f* Kamin *m* | (*a. Schiff*) Schornstein *m* | *a. geol* Schlot *m* | *~ de fàbrica* Fabrikschornstein, Schlot *m* | *~ de boca* (*od faldar*) *de ~* Rauch-abzug, -fang *m* | *~ campana de la ~* Kaminaufsatz *m* | *~ pantalla de ~* Kamin-

xemic

schirm *m* | *tapa* (od *barret*) de ~ Schornsteinaufsatz *m*.
xemic *m text* (*Garn*) dünnere Stelle *f* | **~ar** (33) *vt* zermalmen, zerquetschen.
xenartres *m pl zool* Nebengelenker *m pl*.
xèni|a *f bot* Xenie *f* | **~c** *adj* Xenien...
xenilla *f text* Chenille *f*.
xenixell *m bot* Gemeines Greiskraut *n*.
xen|ó *m quím* Xenon *n* | **~òfil** *adj* ausländer-, fremden-freundlich | **~ofília** *f* Xenophilie, Vorliebe *f* für Fremde | **~òfob** *adj* ausländer-, fremden-feindlich | **~ofòbia** *f* Xenophobie, Fremdenfeindlichkeit *f*, -haß *m* | **~ogàmia** *f bot* Allogamie, Fremdbestäubung *f*.
xera *f* Schmeichelei *f* | Liebkosung *f* | Feier *f*, Fest *n* | *p ext* Strohfeuer *n*.
xereix *m* = **cerreig**.
xerem|ell *adj* (*Stimme*) grell, kreischend, schrill | **~ia** *f mús* Hirtenflöte *f* | Schalmei *f* | **~ina** *f* (*Lederflasche*) Mundstück *n*, Schnabel *m*.
xerès *m* (*pl* -essos) Sherry *m*.
xerevia *f* = **xirivia**.
xeric|ar (33) *vi ornit* piep(s)en | **~s** *m pl* Gepiepe *n*.
xerif *m hist* Scherif *m*.
xèrif *m* Sheriff *m*.
xerigot *m gastr* Molke(n *m*) *f* | *p ext* Serum *n*.
xering|a *f med* Injektionsspritze *f* | *fam* (*Schlauch*) Spritze *f* | **~** *de lavatives* Klistierspritze *f* | **~** *d'un sol ús* Einwegspritze *f* | **~ada** *f* Einspritzung, Spritze *f* | **~ar** (33) *vt* spritzen, (*j-m*) e-e Spritze geben | (*etw*) einspritzen | *fig fam* ärgern, stören; (*Vorhaben*) durchkreuzen | *m'has ben xeringat* du hast mich schön geärgert; du hast mir e-n Strich durch die Rechnung gemacht | **~uilla** *f bot* Falscher Jasmin *m*.
xerinola *f* (fröhlicher) Krach, Radau, Spektakel *m* | *fer* ~ s. lautstark amüsieren.
xerlovita *f* = **xivita**.
xerna *f ict Val* = **nero**.
xer|ocòpia *f fotog* Xerokopie, Ablichtung *f* | **~ocopiar** (33) *vt* xerokopieren, ablichten | **~odèrmia** *f med* Xerodermie *f* | **~òfil** *adj bot* xerophil | **~òfit** *m bot* Xerophyt *m* | **~ografia** *f fotog gràf* Xerographie | **~ografiar** (33) *vt fotog gràf* xerographieren | **~ogràfic** *adj* xerographisch | **~osi** *f med* Xerose, Trockenheit *f*.

xerpa *m etnol* Sherpa *m*.
xerra *f: moure* ~ = **xerrar**.
xerrac *m tecn* Fuchsschwanz *m* | **~ar** (33) *vt* (mit e-m Fuchsschwanz) sägen.
xerr|ada *f* Geplauder, Geschwätz *n* | Plauderei *f* | (formloser) Vortrag *m* | *fer petar la* ~ e. Plauderstündchen abhalten | **~adissa** *f* belebte Plauderei *f* | = **xerrada** | *ornit* Gezwitscher *n* | **~aire** *adj* (*m/f*) geschwätzig, schwatzhaft || *s/m/f* Plauderer(in *f*), Schwätzer(in *f*) *m* | *ornit* Blauracke *f* | **~ameca** *f* Geschwätz *n* | *desp* Palaver *m* | **~amenta** *f* = **~adissa** | **~ar** (33) *vi* plaudern, schwatzen, *südd* schwätzen | *Bal fam* reden || *vt* aus-plaudern, -schwatzen | *no li'n diguis res, que ho ~ia* sag ihr nichts davon, denn sie würde es weitererzählen | **~era** *f* Lust *f* zu schwatzen.
xerri *m* Schaf- *bzw* Ziegen-mist *m*.
xerric *m* Knirschen *n* | Knarren *n* | Quietschen *n* | Zirpen *n* | (*beim Trinken*) Glucksen *n* | *fig nàut* Schiffsjunge *m* | *beure a* ~ (*ohne anzusetzen*) glucksend von Strahl trinken | **~ada** *f* (*Rad*, *Tür*) Quietscher, Quiekser, *m* | Knarren *n* | (*Zähne*) Knirschen *m* | (*beim Trinken*) Glucksen *n* | **~ar** *vi* (33) knarren | knirschen | quietschen | glucksend trinken.
xerric-xerrac *m infan* Kinderklapper *f* | *tecn* = **xerrac**.
xerr|im *m reg* = **xerrameca** || *s/m/f Bal* Schwätzer(in *f*) *m* | **~ola** *f reg mst pl* Geplapper, *reg* Gebabbel *n* | **~oteig** *m* erstes Lallen *n* | *ornit* Zwitschern *n* | **~otejar** (33) *vi* zu lallen beginnen, *reg* babbeln (*Kleinkind*) | *ornit* zwitschern.
xeviot *m* Cheviotschaf *n* | *text* Cheviot *m*.
xi *m arg* Dolch *m*, Messer *n*.
xibeca *f* = **òliba**.
xibuc *m* Tschibuk *m*.
xic *adj bes oc* klein | *un* ~ e. bißchen, e. wenig || *s/mf* = **noi(a)** | **~alla** *f oc* = **quitxalla** | **~arró** (-ona *f*) *m* Büblein *n* | kl(s) Mädchen *od* Mädel *n*.
xiclet *m* Kaugummi *m*.
xicoi|a *f bot* Kuhblume *f* | **~ra** *f bot med* (Gemeine) Wegwarte, (*a. an Kaffee*) Zichorie *f* | *~ dolça* = **escarola**.
xicot(a *f*) *m* junger Mann *m*; junges Mädchen *n* | Verlobte(r *m*) *m/f* | *bon* ~ guter Junge *m*.
xicra *f kl(e)* Tasse *f* (*bes für Schokolade*).
xífids *m pl ict* Schwertfische *m pl*.

xifoide *adj* (*m/f*) *anat* schwertförmig || *s/m* (a. *apèndix ~*) Schwertfortsatz *m*.

xifra *f mat* Ziffer *f*, Zahlzeichen *n*, Chiffre *f* | *p ext* Zahl *f* | (*e-r Geheimschrift*) Chiffre *f* | *dipl* Monogramm *n* | *xifres romanes* römische Ziffern *f pl* | *xifres astronòmiques* (*fig fam*) astronomische Zahlen *f pl* | *escriure en ~* in Geheimschrift schreiben | **~r** (33) *vt* beziffern; numerieren | (*Text*) chiffrieren, in Geheimschrift abfassen, verschlüsseln | **~t** (**-ada** *f*) *adj* beziffert | chiffriert, verschlüsselt | *mús: baix ~* bezifferter Baß *m* | **~tge** *m* Chiffrierung, Verschlüsselung *f*.

xifre|da *f reg* = **xiprerar** | **~r** *m* = **xiprer**.

Xil|e *m* Chile *n* | **~è**¹ (**-ena** *f*) *adj* chilenisch | *s/mf* Chilene *m*, Chilenin *f*.

xil|è² *m quím* Xylol *n* | **~ema** *m bot* Xylem *n* | **~enol** *m quím* Xylenol *n* | **~idina** *f quím* Xylidine *f*.

xíling *m* Schilling *m*.

xil|òfag *adj: insectes* **~s** Xylophagen, Holzfresser *m pl* | **~òfon** *m mús* Xylophon *n* | **~ofonista** *m/f* Xylophonspieler(in *f*) *m* | **~ògraf(a** *f*) *m* Xylograph(in *f*), Holzschneider(in *f*) *m* | **~ografia** *f* Xylographie, Holzschneidekunst *f* | *p ext* Holzschnitt *m* | **~ografiar** (33) *vt gràf art* in Holz schneiden | **~ogràfic** *adj* xylographisch | **~oide** *adj* (*m/f*) holz-ähnlich, -artig | holzig | **~osa** *f biol* Xylose *f*, Holzzucker *m*.

ximbla *f bot nord-cat* Keuschlammstrauch, Mönchspfeffer *m*.

ximpanzé *m* (*pl -és*) *zool* Schimpanse *m*.

ximple *adj* (*m/f*) einfältig, dumm | albern, kindisch, kindsköpfig | *s/m/f* Simpel, Einfaltspinsel, Kindskopf *m* | **~jar** (33) *vi* herumalbern Dummheiten machen | dummes Zeug reden | **~ria** *f* Dummheit *f* | *no facis ximpleries!* mach k-e Dummheiten! | **~sa** *f* Einfältigkeit *f* | Albernheit *f* | = **~ria**.

xim-xim *m* Nieselregen *m* | *fig* Festmusik *f* | *desp* Pauken u. Trompeten *f pl*.

xin(a *f*) *m reg fam* Kater *m*, Katze *f* | *bes* Kätzchen *n*.

Xina *f: la ~* China *n*.

xindri *m arquit* = **cintra**.

xíndria *f* = **síndria**.

xinel·la *f* Hausschuh *m* | Pantoffel *m*.

xinès (**-esa** *f*) *adj* chinesisch | *ombres xineses* Schattenspiel *n* | *porcellana xinesa* chinesisches Porzellan | *tinta xinesa* Tusche *f* || *s/mf* Chinese *m*, Chinesin *f* || *s/m ling* Chinesisch *n* | *el ~* das Chinesische.

xintois|me *m* Schintoismus *m* | **~ta** *adj* (*m/f*) schintoistisch || *s/m/f* Schintoist(in *f*) *m*.

xinx|a *f entom* Wanze *f* | *~ de camp* Grüne Stinkwanze *f* | *fig fam: ~ de fàbrica* Fabrikarbeiterin *f* | **~arella** *f ornit* Tannenmeise *f* | **~eta** *f* Reißnagel *m*, -zwecke *f* | (*in Öl schwimmendes*) Nacht-licht, -lämpchen *n*.

xinx|illa *f zool* Chinchilla, Wollmaus *f* | (*Pelz*) Chinchilla *n* | **~íl·lids** *m pl zool* Hasenmäuse *f pl*.

xinx|ó *m kl(e)* Wanze *f* | *fam* (*alte Goldmünze*) Fünfpesetenstück *n* | **~ollar** (33) *vt* (*Flüssigkeit*) schütteln | *~ alg* (*fig fam*) j-m auf dem Pelz sitzen.

xipell *m bot* Besenheide *f* | Vielblütiges Heidekraut *n*.

xipoll *m* Pfuhl *m* | Pfütze *f* | Lache *f* | **~(ej)ar** (33) *vi* plätschern (*Wasser*) | (*im Wasser*) planschen || *vt* be-; vollspritzen | **~eig** *m* Plätschern *n* | Planschen *n*.

xipòtol *m* = **xarxot**.

xiprer *m bot* Zypresse *f* | *fusta de ~* Zypressenholz *n* | **~ar** *m* Zypressenhain *m*.

xipriota *adj* (*m/f*) zypriotisch, zyprisch | *s/m/f* Zypriot(in *f*) *m* || *s/m ling* Zypri(o)ti)sch *n* | *el ~* das Zypri(oti)sche.

xip-xap! *m int onomat* platsch, platsch! | *fer ~* planschen, platschen.

xique|sa *f bes oc* = **petitesa** | = **infantesa** | **~t(a** *f*) *m* = **nen(a)** | *els ~s de Valls* (*folk*) die (Menschen)Turmbauer *m pl* aus Valls.

xiquina *f* (*im Fluß*) Erd-arm *m*, -stück *n*.

xiribec *m fam* Wunde *f*; *bes* Loch *n* im Kopf.

xiriguejar (33) *vi* = **xerricar**.

xirimoi|a *f gastr* Chirimoya *f*, Rahmapfel *m* | **~er** *m bot* Chirimoya-, Rahmapfel-baum *m*.

xirinxina: *a la ~* (*loc adv*) rittlings.

xiripia *f oc* = **ortiga**.

xirivia *f bot gastr* Pastinak *m* | *~ borda* Möhre, Mohrrübe *f*; *südd* Karotte, gelbe Rübe *f*.

xirlot *m ornit* Goldregenpfeifer *m*.

xiroi *adj* fröhlich, lustig, heiter.

xisca *f bot* Alang-Alang-Gras *n* | *fam* Dung, Mist *m* | **~da** *f* (*Kork*) Ab-, Ausschneiden *n* | Abschälen *n* | *fam* Dün-

gen, Misten *n* | **~r** (33) *vt* (*Kork*) ab-, aus-schneiden | abschälen | *fam* düngen; misten.
xiscl|adissa *f col* Gekreisch *n* | Geschrei *n* | Gequieke *n* | **~ador** *adj* kreischend, gellend, schrill | **~aire** *adj* (*m/f*) = **~ador** || *s/m/f* Schreier, *umg* Schreihals *m* | **~ar** (33) *vi* kreischen | schreien | quieken (*a. Schwein*) | **~e(t)** *m* (geller) Schrei, Aufschrei *m* | Quiekser *m* || *pl* Gekreisch *n* | Geschrei *n* | Gequieke *n*.
xisquejar (33) *vt* = **xiscar**.
xitxarel·lo *m fam* Grünschnabel, Neuling *m* | *desp a.* Geck, Lackaffe *m*.
xiul|ada *f col* Auspfeifen *n* | Gepfeife *n* | Auszischen *n* (*bes teat*) | **~adera**, **~adissa** *f col* Aus-pfeifen, -zischen *n* | Gepfeife, Gezische *n* | Schwirren *n* | Sausen *n* | **~ador** *adj* pfeifend, zischend || *s/m ornit* Pfeifente *f* | **~ar** (33) *vi* pfeifen (*a. Wind, Tiere*) | schwirren (*Pfeil*) | *fís zool* zischen | sausen (*Wind; Blut in den Ohren*) | *no et van ~ les orelles?* (*fig*) haben dir nicht die Ohren geklungen? || *vt bes teat* auspfeifen, -zischen | *~ una cançó* e. Lied (vor s. hin) pfeifen | *~ el gos* den Hund herbeipfeifen, (nach) dem Hund pfeifen | **~et** *m* Pfeifen *n* | Pfeifton; Pfiff *m* | (*Instrument*) Pfeife *f* | *els ~s de la tempesta* das Brausen des Sturms | *el ~ de les serps* das Zischen der Schlangen | **~etada** *f* lautes Pfeifen *n*, lauter Pfiff *m*.
xiu|-xiu *m* Gepiepse, Piepen, Zwitschern *n* | Geflüster, *umg* Getuschel, Gemurmel *n* | (*Feuer*) leise(s) Knistern *n* | *el ~ dels ocells* das Vogelgezwitscher *n* | *el ~ del ventijol* das Säuseln des Windes | **~xiuar** (33) *vi* = **~xiuejar** | **~xiueig** *m* Flüstern, Geflüster *n* | *fig* Murmeln, Plätschern *n* | Säuseln, Rauschen *n* | Brausen, Rascheln | Flüstern *n* | **~xiuejar** (33) *vi* flüstern; *umg* tuscheln, zischeln | *estud* vorsagen | murmeln, plätschern (*Wasser*) | säuseln, murmeln (*Wind*) | rascheln (*Laub*) | knistern (*Feuer*).
Xiva *m* Schiwa *m* | **~isme** *m* Schiwaismus *m*.
xivarri *m* Lärm *m*, Gepolter *n* | Radau, Krach *m* | Spektakel *m* | *fer* (od *moure*) *~* Radau machen.
xivi|ta *f ornit* Waldwasserläufer *m* | **~tona** *f ornit* Flußuferläufer *m*.
xixell(a *f*) *m ornit* Hohltaube *f*.

xixina *f gastr* Hackfleisch *n* | *fer ~* (od *xixines*) *d'alg* (*fig fam*) j-n zerreißen *bzw* verspotten.
xo! *int* (*zu Zugtieren*) brr!
xoc *m a. fig* Zusammen-stoß, -prall *m* | *med* Schock *m* | *~ nerviós* Nervenschock *m* | **~ant** *adj* (*m/f*) anstößig | auffällig | schockierend | amüsant | **~ar** (33) *vi a. fig* (an-, zusammen-) stoßen, -prallen | *fig* wundern, frappieren, schockieren | *fig* amüsieren, belustigen | *~ amb* (od *contra*) *la paret* an (od gegen) die Wand prallen | *han xocat dos trens* zwei Züge sind zusammengestoßen | *són molt diferents: acabaran xocant* sie sind sehr verschieden: sie werden noch zusammenstoßen | *em va ~ que anés tan mal vestida* es schockiert mich, daß sie so schlecht gekleidet war | *a ell l'esport no li xoca gaire* ihm macht Sport nicht viel Spaß.
xocolat|a *f* Schokolade *f* | *~ desfeta* (Trink)Schokolade *f* | *~ en pols* Schokoladenpulver *n* | *una tassa* (od *xicra*) *de ~* e-e Tasse Schokolade | *una teula de ~* e-e Tafel Schokolade | *un pastís de ~* e. Schokoladenkuchen *m* | **~ada** *f* Schokoladetrinken *n* | **~er** *adj: és molt ~* er mag sehr gern Schokolade || *s/mf* Schokoladen-fabrikant(in *f*) *bzw* -händler(in *f*) *m* || *s/f* Schokoladen-, Kakao-kanne *f* | **~eria** *f* Schokoladen-fabrik *f bzw* -geschäft *n* | **~í** (**-ina** *f*) *m* Schokoladen-bonbon *n*, -praline *f*.
xofer *m* Chauffeur *m* | (Kraft)Fahrer *m*.
xoll[1] *m* = **toll**.
xoll[2] *adj* kurzgeschoren | kahl | *nord-cat* dumm, blöde | **~a** *f anat* Hirnschale *f*, Schädel *m* | *fig fam* Köpfchen *n*, Verstand *m* | **~ada** *f* (Haar)Scheren *n*, Schur *f* | *ecl* Tonsur *f* | **~ador** *m* Scherer *m* | **~ar** (33) *vt* scheren.
xona *f Val* kl(e) Schnecke *f* | *fig* (*Vulva, schlampige Frau*) Schnecke *f*.
xop[1] *m bot* Schwarzpappel *f*.
xop[2] *m* (*Bier*) Schoppen *m*.
xop[3] *adj* (völlig) naß | *estic ben ~* ich bin ganz durchnäßt | **~ada** *f* Nässen *n* | Naßwerden *n* | **~ar** (33) *vt* naß machen, *lit* nässen | benetzen | befeuchten | einweichen, durchtränken | ein-tauchen, -tunken | **~ina** *f* Lache, Pfütze *f* | **~inejar** (33) *vi* = **xipollar** | **~oll** *m* = **xipoll**.
xorc *adj u. s/mf* = **eixorc**.

xoric *m* = **xoriguer**.
xoriç *m gastr* = **llonganissa** | ~o *m gastr* Paprikawurst *f* | *ict* Rote Garnele *f*.
xoriguer *m ornit* (a. ~ *gros*) Turmfalke *m* | ~ *petit* Rötelfalke *m* || *ict* Flughahn *m*.
xorrar (33) *vi reg* = **rajar** | (*Fischerei*) die Netze einziehen.
xòrrec, xorregall *m* = **xaragall**.
xorrencar (33) *vt* = **aixaragallar**.
xot *m ornit* Zwergohreule *f* | *Bal* Lämmchen *n*.
xotis *m* (*Tanz*) Schottisch *m*.
xovinis|me *m polít* Chauvinismus *m* | ~ta *adj* (*m/f*) chauvinistisch || *s/m/f* Chauvinist(in *f*) *m*.
xucl|a *f ict*: ~ *vera* Sparfisch *m* | ~ *blanca* Schnauzenbrassen *m* | ~à *m ict* Streifenlippfisch *m* | ~ada *f* Saugen *n* | (ab)gesaugte Flüssigkeit *f* | ~adit *m ict* Hohlhering *m* | ~ador *adj* (ein-, aus-)saugend || *s/m* Strudel *m* | Wirbelwind *m* | *ict* Ansauger *m* | *bot* Wiesen-Wachtelweizen *m* || *s/m pl tèxt* Lieferwalzen *f pl* | ~amel *m bot* Geißblatt *n*, Heckenkirsche *f* | ~ *de roca* Pyrenäengeißblatt *n* | ~ *negre* Schwarzes Geißblatt *n* | ~ *xilosti* Rotes (*od* Verschlungenes) Geißblatt *n* | ~ar (33) *vt* (ein-, auf-, aus-)saugen | *p ext* verschlingen | ~ *u/c amb la llet materna* (*fig*) etw mit der Muttermilch (ein)saugen | ~ *la sang d'alg* (*fig*) j-n aussaugen *od* ausbeuten | ~at (-ada *f*) *pp/adj*: ~ *de cara od de galtes* mit eingefallenem (*od* hohlem) Gesicht | ~era *f* Fischreuse *f* (*für* «xucles») | ~et *m* (*auf der Haut*) Saug-, Knutschfleck *m*.

xucrut *f gastr* Sauerkraut *n*.
xueta *m/f hist*: mallorkinischer Jude.
xufl|a *f bot gastr* Erdmandel *m* | orxata de xufles Erdmandelmilch *f* | ~aire *m/f* Erdmandelverkäufer(in *f*) *m* | ~ar *m* Erdmandelfeld *n* | ~er(a *f*) *m* Erdmandelverkäufer(in *f*) *m*.
xulla *f gastr* Speck *m* | gebratener Speck *m* | *bes* Rippchen, Kotelett *n*.
xum|ada *f* Nuckeln, Saugen *n* | Zug *m* (aus der Flasche) | Säuglingsmahlzeit *f* | ~ar (33) *vt/i* nuckeln, saugen || *vi* schwitzen (*Wand*) | ~et *m* Schnuller, Nuckel *m*.
xupa *f* = **òliba**.
xup-xup *onomat: fer* ~ langsam kochen, auf kl(m) Feuer sieden.
xurí *m arg* Messer *n*.
xurla *f* = **colltort**.
xurma *f col hist* Galeerensträflinge *m pl* | = **xusma**.
xurra *f ornit* Sandflughuhn *n*.
xurr|er(a *f*) *m* Spritzkuchenverkäufer(in *f*) *m* | ~eria *f* Fritier-stand *m*; -bäkkerei *f*.
xurria|cada *f* Peitschenschlag *m* | ~quejar (33) *vt* auspeitschen, geißeln | mit der Reitpeitsche schlagen | ~ques *f pl* Peitsche *f* | Reitpeitsche *f*.
xurro[1] *m gastr* (länglicher) Spritzkuchen *m* | *fig pop* = **xamba**.
xurro[2] *adj* «Xurro...» || *s/mf*: spanischsprachiger Bewohner im Innern des Valencianisches Landes || *s/m*: Mundart der «Xurros».
xusma *f* Pöbel *m*, Plebs *f* | Gesindel, Pack *n*, Mob *m* | Unterwelt *f* | *s: xurma*.
xut[1] *m esport* (*bes Fußball*) Schuß *m* | ~ar (33) *vi* (*Fußball*) schießen.
xut[2] *m onomat* Eulenschrei *m* || *int* pst!

Y

y, Y *f* y, Y *n* | *s: i grega.*
yacht *m* = **iot**.

yperita *f* = **iperita**.

Z

z, Z *f* z, Z *n*.
za|hirites *m pl* (*Islam*) Zahiriten *m pl* | **~ídites** *m pl hist* Zaiditen *m pl*.
Zair|e *m*: el ~ Zaire *n* | **~ès** (**-esa** *f*) *adj* zairisch | *s/m/f* Zairer(in *f*) *m*.
Zàmbia *f* Sambia *n*.
zas! *int onomat* paff!, klatsch!, patsch!
zebra *f zool* Zebra *n* | *pas* ~ Zebrastreifen *m* | **~t** (**-ada** *f*) *adj* zebraartig | gestreift.
zebú *m zool* Zebu *m/n*, Buckelrind *n*.
zèfir *m a. tèxt* Zephir, Zephyr *m*.
zel *m* Eifer *m* | zäher Fleiß *m* | *fig a.* Beflissenheit *f* | *zool* Brunst(zeit) *f*; (*Hündin*) Läufigkeit *f* | ~ *excessiu* Übereifer *m* | ~ *per l'estudi* Lerneifer *m* | *amb* ~ eifrig, mit Eifer | *estar en* ~ brünstig (*bzw* läufig) sein | *mostrar* ~ *per u/c* s. für etw einsetzen | *posar* ~ *a fer u/c* etw mit Eifer betreiben | **~ador(a** *f*) *m* Eiferer *m*, Eiferin *f* | *bes* Aufseher(in *f*); Wächter(in *f*) *m*.
Zelanda *f* Seeland *n* | *Nova* ~ Neuseeland *n*.
zel|ar (33) *vt* beaufsichtigen, überwachen | **~ós** (**-osa** *f*, **-osament** *adv*) *adj* eifrig | diensteifrig.
zelota *adj* (*m/f*) *bíbl* zelotisch || *s/m/f* Zelot(in *f*) *m*.
zenc *m quím* (*bes gewalztes*) Zink *n*.
zenit *m astr* Scheitelpunkt, Zenit *m* | *fig* Gipfel *m* | **~al** *adj* (*m/f*) Zenit..., zenital | im Zenit stehend | *arquit*: *llum* ~ von oben kommende Beleuchtung.
zeolita *f min* Zeolith *m*.
zero (29) *num* (*zG s: vuit*) null | ~ *coma dos* null Komma zwei (0,2) | *el tren surt a les* ~ *cinquanta* (*0.50*) der Zug fährt um null Uhr fünfzig (0.50 Uhr) | ~ *graus* null Grad | ~ *absolut* absoluter Nullpunkt *m* | *creixement* ~ (*econ*) Nullwachstum *n* | *marca* ~ (*ling*) Nullmorphem *n* | *número* ~ (*gràf*) Nullnummer *f* | *temperatures sobre* (*sota*) ~ Temperaturen über (unter) Null | *vint graus sota* ~ zwanzig Grad unter Null, zwanzig Grad minus | *hi has d'afegir uns quants ~s* (*iròn*) da mußt du noch e. paar Nullen anhängen | (*és*)*ser un* ~ *a l'esquerra* (*fig fam*) e-e völlige Null (*od* e-e Niete) sein | *una fortuna reduïda a* ~ e. zu nichts gewordenes Vermögen.
zeta *f* (*Name des Buchstabens*) z, Z *n*.
zeugma *m ling* Zeugma *n*.
zífids *m pl zool* Schnabelwale *m pl*.
ziga-zaga *f* Zickzack(linie *f*) *m* | *fer zigazagues* zickzacken; (*aus Trunkenheit*) torkeln.
zig|ofil·làcies *f pl bot* Jochblattgewächse *n pl* | **~oma** *m anat* Jochbogen *m* | **~omàtic** *adj* Jochbein... | *os* ~ Jochbein *n* | **~omorf** *adj* zygomorph, monosymmetrisch | **~osi** *f biol* Zygose, Zygosis *f* | **~òspora** *f bot* Zygospore *f* | **~ot** *m biol* Zygote *f*.
zig|-zag *m* = **ziga-zaga** | **~zaguejar** (33) *vi* zickzacken.
zim|asa *f biol quím* Zymase *f* | **~ogen** *m biol quím* Zymogen, Pro-enzym, -ferment *m* | **~ologia** *f biol* Zymologie, Gärungskunde *f* | **~otècnia** *f* Gärungsverfahren *n* | **~òtic** *adj* zymotisch.
zim-zam *m* Hin- u. Herbewegung *f*.
zinc *m* Zink *n* | *làmina* (*od planxa*) *de* ~ *od de zenc* Zink-blech *n*, -folie *f* | *òxid* (*sulfat*) *de* ~ Zink-oxyd (-sulfat) *n* | **~at** *m* Zinksalz *n*.
zíncic *adj* Zink... | zinkhaltig.
zinc|ita *f min* Zinkit *m* | **~ògraf** *m* Zinkstecher *m* | **~ografia** *f* Zink-druck *m*, -druckerei *f* | Zinkätzung *f* | **~ogravat** *m* Zinkotypie *f*, Zinkstich *m*.
zíngar *adj* Zigeuner... || *s/m/f* Zigeuner(in *f*) *m*.
zingiberàcies *f pl* Ingwergewächse *n pl*.
zing-zing *m* = **sonall**.
zirc|ó *m min* Zirkon *m* | **~oni** *m* Zirkonium *n* | **~ònia** *f quím*: diòxid de ~ Zirkoniumdioxyd *n* | **~ònic** *adj quím* Zirkonium..., zirkoniumhaltig.
zitzània *f bot* Lolch *m* | *fig*: *sembrar la* ~ Zwietracht säen.
zod|íac *m astr* Tierkreis *m* | **~iacal** *adj* (*m/f*) Tierkreis...

zoe(a *f*) *m biol* Zoea *f*, Nauplius *m*.
zoeci *m zool* Zoid, Moostierchen *n*.
zoïsita *f min* Zoisit *m*.
zona *f* Zone *f* | *fig polít mil* Gebiet *n*, Zone *f* | ~ *climàtica* Klima-zone *f*, -gürtel *m* | ~ *de combat* (*mil*) Kampfgebiet *n* | ~ *de lliure comerç* Freihandeszone *f* | ~ *de silenci* (*telecom*) Zone des Schweigens, tote Zone *f* | ~ *de vianants* (*circ*) Fußgängerzone *f* | ~ *erotògena* erogene Zone *f* | ~ *fiscal* Zollgrenzbezirk *m* | ~ *franca* Zollfreigebiet *n* | ~ *glacial* (*temperada, tòrrida*) kalte (gemäßigte, heiße) Zone *f* | ~ *verda* Grün-, Garten-zone *f*.
zoo *m* Zoo *m* | **~clorel·la** *f bot* Zoochlorelle *f*.
zoòfag *adj biol* zoophag, Tiere fressend.
zoo|fòbia *f psic* Zoophobie *f* | **~gènic** *adj geol* zoogen | **~geografia** *f* Zoo-, Tier-geographie *f* | **~grafia** *f* Zoografie *f* | **~latria** *f* Zoolatrie *f*, Tierkult *m*.
zo|òleg (-òloga *f*) *m* Zoologe *m*, Zoologin *f* | **~ologia** *f* Zoologie, Tierkunde *f* | **~ològic** *adj* zoologisch | *parc* ~ zoologischer Garten, Zoo, Tierpark *m*.
zoo|morf *adj* zoomorph, tiergestaltig | *rel* theriomorph | **~nímia** *f* Zoonymie *f*, Tiernamenskunde *f* | **~nosi** *f med* Zoonose *f* | **~plàncton** *m biol* Zooplankton *n*.
zo|òspora *f bot* Schwärmspore *f* | **~osporangi** *m bot* Schwärmsporenzellraum *m*.
zoo|tècnia *f* Tierzucht, Zootechnik *f* | **~teràpia** *f* Tierheilkunde *f* | **~tomia** *f* Zootomie *f* | **~toxina** *f* Zootoxin, Tiergift *n*.
zòster *m med* Gürtelrose *f*.
zostera *f bot* Gemeines Seegras *n*.
zuau *m mil hist* Zuave *m*.
zub-zub *m* stechender Schmerz *m*.
zulu *adj* (*m/f*) Zulu... || *s/m/f* Zulu *m/f* || *s/m ling* Zulu *n*.
zum|zada *f* Schwingung *f* | stechender Schmerz *m* | **~zeig** *m* Schwingung *f* | Gebrumme, Geknatter, Brummen, Knattern *n* | **~zejar** (33) *vi* schwingen, erzittern, vibrieren | brummen, dröhnen | knattern (*Motor*) | **~~zum** *m onomat* Summen *n* | Gemurmel *n* | dumpfes Geräusch *m* | ~ *d'orelles* Ohrensausen *n*.
zwitterió *m quím* Zwitterion *n*.